全面改訂版
(第13版)

憲法學原論

鄭 宗 燮

博 英 社

CONSTITUTIONAL LAW

Thirteenth Edition

BY

CHONG, JONG-SUP
Ph.D. in Law

2022

Parkyoung Publishing & Company
Seoul, Korea

자　　서

－제13판(전면개정판)－

「憲法學原論」 제13판을 출간한다. 제12판을 낸 지 4년 만이다. 그간에 저자는 학계를 떠나 행정부의 행정자치부 장관을 맡아 행정에도 참여하고, 국회의원으로 국회에도 참여하였다. 헌법학자로서는 이론(Theorie)의 영역에서 활동하다가 실무(Praxis)의 영역에서 활동한 셈이다. 저자가 학계에 발을 담그기 전에 우리 헌정사상 처음으로 출범한 헌법재판소에서 헌법연구관으로 활동한 시기를 실무에 참여한 것으로 보면 매우 오랜 세월이 지난 후 다시 실무에 참여한 셈이다.

그간 저자가 우리나라에서 헌법학을 연구하면서 학계에서 활동할 때에는 우선 우리 정치사에 있었던 독재와 권위주의통치의 시대를 극복하고 헌법국가가 실현되는 우리 사회를 꿈꾸었다. 그것은 저자가 이러한 역사적 시기를 지나며 이 땅에 살았기 때문에 자연 그런 문제의식과 함께 삶의 걸음도 그렇게 옮겨졌다. 지금도 이러한 꿈은 변함이 없다. 그러기 위해서는 헌법이 지배하는 진정한 헌법국가(憲法國家)가 무엇인지를 연구하여야 하고, 헌법에 대한 이론적인 연구를 하여야 했다. 그간에 많은 글을 쓰면서 우리 사회에 헌법에 대한 올바른 이해를 넓혀나가기도 했다. 그리고 헌법학에서 근본적인 과제인, 과연 헌법이란 무엇이며, 이러한 '헌법이 지배하는 나라'가 모든 인간으로 하여금 행복하게 살아갈 수 있게 만들어주는 나라인가 하는 문제가 항상 중심적 자리에 있었다. 국가란 왜 존재하는 것이고, 왜 필요한 것인지, 그리고 어떤 국가가 되어야 모든 국민이 행복하게 살아갈 수 있는 것인지 하는, 실로 인간과 국가에 관한 학문영역에 종사하는 연구자라면 정면으로 마주해야 하는 물음에 답하는 것이 헌법학자인 저자의 숙제였다.

이 책은 그에 대한 저자의 연구적 결과물이다. 헌법이란 한 공동체에서 그 공동체에 살고 있는 구성원이 인간의 존엄성을 가지고 자기가 원하는 대로 자신의 삶을 영위하며 행복하게 살아갈 수 있도록 하는 근본적 가치와 질서를 형성하고, 이를 실현할 수 있도록 하는 메커니즘(mechanism)인 국가의 기본적인 요소와 각종 제도 등을 정하는 근본적인 틀이며, 우리의 삶을 규율하는 생활규범이라는 결론이다. 우리나라를 예로 들면, 대한민국 국민 개개인이 다른 사람들과 함께 생활하는 대한민국이라는 나라에서 안전하게 살면서 인간의 존엄성을 가지고 자기가 하고자 하는 바를 다할 수 있으면서 자신의 삶을 행복하게 영위할 수 있도록 하는 데 필요한 근본적인 가치와 질서를 정하고, 이러한 것을 실현하기 위한 국가에 대하여 기본적인 요소와 사항을 정하는 설계라고 할 수 있다. 그것이 헌법이라면 과연 헌법은 어떤 내용을 가져야 하는가 하는 것을 탐구하는 것이 헌법학자의 과업이다. 그런데 이러한 영역에 속하는 많은 것들이 어떤 한 사람의 머릿속에서 갑자기 생겨난 것이 아니라 인간이 수천 년 동안 살아오면서 가장 인간에게 이로운 것들을 축적하면서 형성되어 온 것이다. 결과적으로 보면, 인간의 본질에 가장 합당한 것은 실존적인 인간이 많은 시행착오를 겪으면서 인간을 이롭게 하는 것이 무엇인지를 선택해왔고, 그 걸음은 지금도 진행되고 있다. 그렇다면 인간은 어떻게 해야 자기가 원하는 대로 행복한 삶을 살아갈 수 있는 틀을 만들 수 있을까 하는 것이 마지막에 남는 문제이다. 이러한 것들에 대한 응답들이 우리가 말하는 인간의 권리라는 이름으로 선택되어 졌고, 국가가 필요한가 하는 문제에서도 과연 국가가 무엇이기에 인간다운 삶의 실현에 있어 필요한 것인가 하는 물음으로 다시 질문되어 졌고, 이에 대한 응답을 찾아 나선 것이다. 그 결과 국가와 국가를 작동하게 하는 제도도 결국 '인간다운 삶을 실현'하는 데 적합한 것으로 설계된 것인가 하는 것이 제도의 옳고 그름을 판정하는 기준이 될 수밖에 없다는 결론에 이르렀다.

우리는 대한민국을 건국하면서 비로소 대한민국헌법을 우리 손으로 만들었고, 헌법에 따라 사는 나라를 실현하려고 노력해왔다. 그 과정에서 현실에서는 헌법과 현실이 별개로 존재한 적도 많았고, 헌법이 지배하는 국가가 무엇을 말하는지 이에 대한 이해도 저조하였다. 그렇지만 헌법학자는 때로는 현실을 비판하면서 가장 좋은 헌법국가에 대하여 연구하여야 하고 그 담론을 펼쳐나가야 한다. 여기서는 인간관, 국가관, 자연관의 문제들이 생겨나고, 철학적 문제들은 필히 관통하지 않으면 안 된다.

이 책은 이러한 문제들을 붙잡고 저자가 오랫동안 연구한 것이다. 저자가 이론에만 매몰된 것은 아닌가 하는 물음도 스스로 물어보기도 하지만, 짧은 기간 동안이나마 헌법재판소, 정부, 입법부에 참여하면서 무엇이 문제이며, 헌법국가를 실현하려면 무엇이 갖추어져야 하는지, 장애물은 어떻게 극복하고 해소하여야 할 것인지 하는 것들에 대해서도 다시 생각해보는 좋은 기회였기도 했다.

이 결과 이번에는 기존의 「憲法學原論」을 전면 개정하는 일을 하지 않을 수 없었다. 그동안 기술하지 않았던 나의 생각들을 추가하는 일이 중요한 부분을 차지하였고, 그 외에는 그동안 바뀐 제도와 법령들을 고치는 일과 헌법재판소의 재판의 결과물들에 대한 평가와 추가하는 일이 더해졌다. 이러한 일들에는 문제들에 대한 논의와 자료의 수집과 분석이 필요한데, 서울대의 전종익 교수님, 인하대의 정상우 교수님, 한양대의 윤성현 교수님, 전북대의 김정현 교수님, 성균관대의 이황희 교수님의 도움이 컸다. 헌법학계에서 연구의 길을 걸어가는 제현들의 도움에 감사의 말씀을 드린다. 아울러 이 책의 편집과 출간의 과정에서 도움을 주신 박영사 조성호 이사님과 이승현 과장님, 박가온 편집위원께도 감사를 드린다.

저자는 젊은 시절부터 우리 사회의 문제들에 대하여 민감하게 느끼며 살아왔다. 우리 사회의 모순과 문제들에 대해 비판도 활발히 전개하였고, 놓치고 있는 점들을 찾아내 제도를 정상화시키는 일도 적극적으로 해왔다. 권위주의통치의 시대가 지나고 이제는 보다 정상적인 국가를 가질 수 있는가 하는 기대도 하였지만, 권력을 쥔 자들의 행태는 별로 변하지 않는 것 같다. 자신들의 이익을 탐하여 국가의 기능을 파괴하거나 왜곡하는 일을 잘못한다는 인식도 없이 하는 것이나 대의정치가 무엇인지를 이해하지 못하고 국회의원이 높은 벼슬을 차지한 것으로 착각하고 국민 위에 군림하는 자세는 크게 고쳐지지 않은 것 같다. 저자가 30대에 문제로 삼았던 것들이 30여 년이 지난 지금에도 별로 개선되지 않은 것은 과연 어디에 원인이 있는 것인가? 헌법학에는 '어느 세대나 자기의 헌법을 새로 쓸 권리가 있다'는 법언이 있는 반면 '어떤 국민도 그 국민 수준만큼의 헌법을 가진다'라는 법언도 있다. 저자는 30대에 헌법적인 문제들을 고민하였듯이 새로운 세대는 더 좋은 헌법국가를 이 땅에 실현하기 위하여 고민하고 실천하여야 자기 세대의 헌법을 가질 수 있다.

국가의 작용에서 발생하는 많은 문제들은 인공지능이 더 잘 해결할 수 있다는 생각을 해본다. 재판을 인간이 하는 것보다 분명한 법을 만들고 방대한 자료들을 분석하여 결론을 추론하는 수퍼컴퓨터에 기초한 인공지능이 더 공정하고 정확하게 할 수 있다고 본다. 각자의 이익을 극대화하기 위하여 인간들 간에 투쟁하기보다는 충돌하는 이익을 어떻게 조절하면 모두가 행복하게 살아갈 수 있는 합리적인 솔루션을 찾을 것인가 하는 문제는 인공지능에게 맡기는 것이 욕망을 가진 인간이 개입하는 것보다 더 나을 수 있다. 이렇게 되면 종래의 입법과 정책의 기능이 새로운 모습을 띠게 된다. 국가의 운영에서는 리스크를 낮추고 비용을 줄이면 인간은 더 많은 비용을 자신의 행복한 삶을 실현하는 데 투입할 수 있다. 이러한 국가에 대한 패러다임의 변화와 제도의 변화에는 기존 질서 속에서 이익을 추구하던 기득권자들은 강력하게 반발하겠지만, 인간이 보다 인간답게 살아 갈 수 있는 길을 찾아나서는 것을 막을 수는 없다. 새로운 시장이 들어서면 지대추구를 일삼던 재래시장은 사라질 수밖에 없다. 저자는 지금까지 존재해온 근대국가의 모델이 수명을 다해간다고 본다. 인공지능에 기초한 국가모델은 인간을 더 행복하게 살 수 있게 만들 것이라는 것과 국가의 본래의 기능을 수행하는데도 훨씬 더 적합한 모델이 될 것이라는 생각하며 그에 대해 구상을 계속하고 있다. '헌법은 디자인이다'라고 제시했던 저자의 주장은 지금도 변경할 필요를 느끼지 못한다.

2022年 陽春에

정 종 섭(鄭 宗 燮)

—제10판—

「憲法學原論」 제10판을 출간한다. 한국에서는 민주화가 성공적으로 이루어졌음에도 정치적 갈등은 심각한 수준에 있다. 우선 민주화 이후에도 헌법이 정하고 있는 代議制度가 제대로 작동하지 못하고 있다. 대의제도는 부분이익을 초월하여 국민전체의 이익을 찾아 공동선을 실현하는 제도로서 현재까지 인간이 발견한 제도 중 상대적으로 우수하다고 인정되고 있다. 여기서는 가장 중요한 것이 국민대표자를 선출하는 합리적인 선거제도를 구축하는 것이고, 그 다음에는 국가정책을 결정함에 있어 국민대표자가 국민에 대하여 반응성의 책임(responsiveness)을 지는 것이다. 선출된 자가 선거 이후에 국민과 유리되어 국민의 요구와 국가의 이익을 등지고 자신의 이익을 추구하는 것은 대의정치가 아니다. 그러나 한국에서는 대의민주주의에 대한 이해와 교육의 부족으로 선거에서 당선만 되고 나면 그 다음에는 차기 선거에서 당선만을 위하여 수단과 방법을 가리지 않고 국회의원 자신의 이익만을 추구한다. 대의민주주의의 실패이다. 대의민주주의가 성공하려면 무엇보다 국민대표자로서 합당한 역할을 할 수 있는 인물을 선발(selection)하는 것인데, 한국의 정치에서는 선거(election)가 있기는 하지만 대표자의 역할을 수행하는 데 충분한 능력과 지식과 공인으로서의 책임감을 가진 인물을 선발하는 데 성공하지 못하여 국회의 질은 날로 떨어지고, 급기야 국민으로부터 외면당하고 있다. 시민사회의 역량과 지식은 강화되고 국민의 평균적 수준은 높아가는 데 비하여 정치권에 충원되는 인적 자원의 수준은 날로 저하되고 있다.

이러한 문제가 해결되지 않으면 국민소환제도(recall)를 도입하여 국민대표자에 적합하지 않은 국회의원들을 국민의 손으로 파면시키는 것이 필요하고, 더 나아가 국민이 직접 정책을 결정하는 국민투표(referendum)도 적극 고려해볼 여지가 있다. 더 나아가 국회에 제출된 법률안이 정쟁으로 인하여 합리적인 기간 내에 처리되지 못하면, 국민발안(initiative)의 방법으로 국민투표에 부의하여 처리하는 방안도 생각해볼 여지가 있다. 이러한 直接民主主義의 방식이 안고 있는 문제점은 있지만, 현재와 같이 대의의 실패가 가져오는 위험과 직접민주주의가 안고 있는 위험을 비교하여 직접민주주의의 방식으로 결정하는 것이 상대적으로 덜 위험하다면 이 방법으로라도 국가정책을 결정하는 방법을 선택할 필요가 있다. 국민이 주인인 국민주권의 나라에서 주권자인 국민이 언제까지나 국회의원들이 자기들의 이익만을 놓고 싸우는 것을 쳐다보고 있을 수는 없다.

한국의 정치가 여전히 상대를 배제하고 승자가 독식하는 구조를 유지하고 있는 것은 현재와 같은 대통령제에 근본적인 원인이 있다고 보인다. 이에 더하여 한국에서는 고질적인 '지역문제'가 결합되어 정치권에서의 상호 대립과 상대의 배제, 지역 갈등이 날로 심화되어 가고 있다. '지역문제'는 권력과 돈과 같은 자원(resources)의 배분이 대통령의 출신지역이나 연고가 있는 지역에 상대적으로 집중되는 왜곡현상을 말한다. 이러한 현상은 민주화 이후에도 여전히 반복되고 있다. 여기서 대통령선거는 헌법이 기대하는 합당한 대통령을 선출하는 것보다는 권력과 돈을 쟁취하기 위한 권력투쟁으로 변질되어 이제는 대통령선거 다음날부터 패자는 승자를 인정하지 않고 바로 승자를 상대로 싸움하는 일이 일상화되고 있다. 민주주의의 근본이 붕괴되는 현상이다. 행정부의 운영에서도 헌법이 정하고 있는 국무회의의 법적 성질과 기능에 대한 이해가 제대로 되어 있지 않아, 민주화 이후에도 역대 정부에서 대통령이 국무위원들에게 지시하는 각료회의 정도로 인식하고 있다. 국무회의와 각료회의를 구별하지 못하다 보니 국무회의의 심의에서는 국무위원들간에 자유로운 토론과 의사소통은 이루어지지 못하고 대통령의 일방적인 지시와 이를 받아 적는 모습이 건국 이래 지금까지 전혀 변하지 않고 있다.

이를 해결하는 방법으로는 정치권에서 활동하는 정치인들이 반성하여 그렇게 하지 않도록 하는 방법도 있지만, 이 방법이 현실성을 가지기는 어려워 보인다. 그렇다면 갈등이 심각한 국가에서 공존의 틀을 만들어 내는 방법을 제도를 통하여 모색할 필요가 있다. 즉 多數決民主主義보다는 合議制民主主義의 모델을 찾아보는 길이다. 그 한 방법으로 국가를 대표하는 국가원수는 국민이 직접 선출하고, 나머지는 총선을 기반으로 하여 승자와 패자가 각각 자기의 지분을 가지고 행정부를 구성하고 국회에서도 서로 공존하여 활동하는 의회주의제(=의원내각제)를 결합하는 방식을 진지하게 생각해볼 필요가 있다. 정당도 다당제를 수용하고, 다수당이 형성되지 않는 경우에는 연립정부를 구성하는 방법을 긍정적으로 생각해볼 필요가 있다. 이러한 국정 운영을 통하여 공존의 정치를 만들어 내고, 사회의 통합을 이루어 국가의 구심력을 강화하는 길이다. 이러한 방안은 헌법의 해석이 아니라 헌법의 개정을 요하는 것이다.

이 책은 憲法原理를 가장 중심에 놓고 우리 헌법을 해석하는 것으로 서술되어 있는데, 이러한 문제를 모색함에 있어서는 헌법원리들에 대하여 깊은 이해를 필요로 한다. 아무쪼록 이 책이 이러한 사유의 체계를 형성하는 데 기여할 수 있으면 저자로서는 망외의 보람을 얻는다.

제10판에서는 필요한 내용을 추가함과 동시에 그간에 나온 헌법재판소와 대법원의 새로운 판례들도 해당 부분에 모두 반영하였다. 인하대학교 정상우 교수님과 한양대학교 윤성현 교수님이 개정판을 손질하는 데 많은 도움을 주셨다. 독자들이 발견한 오자나 탈자도 바로 잡았다. 새해에도 憲法實現의 희망적인 모습을 기대한다.

2015年 新春

居然齊 思無邪室에서

정 종 섭

－제 1 판－

「大韓民國 憲法」에 관한 교과서 형식의 책을 출간한다. 이는 그간에 내가 진행하여 온 헌법학연구에 바탕을 두고 현재 존재하는 대한민국 헌법의 내용을 규명하기 위한 작업이고, 또 한편으로 대학에서 강의를 하면서 강의의 범위를 정하고 그 방법상 편의를 기하기 위한 작업이다.

나의 헌법학연구는 대한민국이라는 공동체에 살면서 여기서 발생하는 헌법적 문제들에 직면하여 이를 어떻게 해결할 것인가 하는 문제와 대한민국이 어떠한 규범질서의 공동체로 나아가야 하는가 하는 문제를 중심으로 전개하여 왔다. 이러한 작업을 수행함에 있어서는 언제나 실천적 이론과 이론적 실천이 중심되는 자리를 잡고 있었다. 그러한 과정에서 「憲法硏究」 시리즈, 「憲法裁判硏究」 시리즈, 「憲法判例硏究」 시리즈, 「憲法訴訟法」 등이 출간되었다. 이에는 과거 수험서위주의 법학풍토와 실정법해석중심의 법학풍토를 극복하고자 한 의도도 포함되어 있었다. 그래서 때로는 헌법정책적인 관점을 채택하기도 하였고, 때로는 헌법개혁·제도개혁론적인 관점도 채택하였다. 그러나 이러한 작업을 진행하면서 동시에 발견한 점은 실정법해석중심의 풍토를 극복해 보고자 한다고 하더라도 현재 존재하는 실정법의 의미와 내용을 정확히 밝히는 작업이 법학의 중요한 과제라는 것이며, 그런 점에서 헌법학도 규범학으로서의 지위를 놓치면 안 된다는 점이었다. 그간에 있은 나의 헌법학연구에서 때로는 정치학의 연구와 겹치는 부분도 있었고 사회학적인 연구와 밀접한 연관을 가지는 것도 있었지만, 언제나 놓치지 않아야겠다고 한 것은 현재 존재하는 「大韓民國 憲法」의 내용을 정확히 읽어 내는 작업이었다. 여기서는 법도그마틱이 강력한 방법으로 요청되는 것이었다.

그런데 이러한 헌법해석작업을 하면서 다시 제기된 질문이 과연 그간에 「大韓民國 憲法」에 대한 해석은 제대로 이루어져 왔는가 하는 것이었다. 실정법으로 존재하는 「大韓民國 憲法」에 대한 해석작업이 제대로 행해져 왔다면 왜 현실에서 헌법적 문제가 발생할 때마다 의견이 구구하며 전문가들조차 설득력 있는 답을 제시하지 못하는가 하는 의문이었다. 이 문제를 해결하기 위하여 나는 그간에 우리 헌법에 들어 있는 원리와 가치와 제도 등에 대하여 하나씩 밝혀가는 연구를 하여 왔다. 이러한 작업은 현재 존재하는 「大韓民國 憲法」을 제대로 해석하는데 필수적으로 요구되는 것이었기 때문에 그 자체가 헌법도그마틱을 성공시키기 위한 작업으로서도 의미를 가졌다.

현재 존재하는 實定法을 해석하는 작업은 문학작품이나 예술작품을 해석하듯이 수용자가 자기마음대로 해석하고 감상할 수 있는 것이 아니다. 실정법은 법제정 때부터 그 구체적인 규범적 내용과 의미를 법조문의 형태로 입력해 놓은(encode) 것이기 때문에 그 해석은 이러한 입력코드를 다시 풀어내는(decode) 작업이다. 물론 이에는 입력 당시에 예측하지 못한 사안들의 발생으로 인하여 예측하지 못한 사안들을 포섭하는 일도 포함된다. 실정법의 해석은 文句 그 자체의 의미를 訓古學的으로 해설하는 것이 아니라, 오랜 기간 동안 축적된 法理論과 法價値를 탐구하여 이를 구체적인 사안에 적용하여 그 법규정의 의미를 밝히는 작업이다. 따라서 「大韓民國 憲法」을 해석하는데도 헌법에 관한 헌법이론과 헌법철학에 대한 연구가 필요하고, 헌법규범의 형성에서 바탕이 되었던 역사와 철학에 대한 천착이 필요하다.

그간에 「大韓民國 憲法」을 해석한 작업에서는 특정 외국의 이론을 바로 대입하여 우리 헌법의 의미도 그러하다고 하는 기계론적인 작업도 있었고, 규범의 전후 맥락을 제대로 따져보지도 않고 외국의 이런저런 문헌에서 마구잡이로 짜깁기한 것도 있었다. 더 심한 경우는 외국 대학의 강의자료를 바로 번안하여 우리의 것인 양 떠벌린 모습도 있었다. 이러한 작업은 그 저변에 한국을 얕잡아보고 외국의 특정한 시각에 한국이라는 공동체를 짜맞추려는 무모함도 있었고, 전후 맥락을 모른 채 이것저것을 동원하는 것을 학문이라고 이해한 무지함도 있었으며, 무엇인가 새로운 것을 말해야 한다는 강박관념도 작용하고 있었다고 보인다. 이러한 복잡한 맥락으로 인하여 우리 헌법에 대한 해석도 갈피를 잡지 못하고 편한 대로 행해져 왔다. 물론 현재의 「大韓民國 憲法」에 규정된 내용 가운데는 미합중국연방헌법과 그에 관한 이론에서 영향을 받은 것도 있고, 일본국의 헌법에서 따온 것도 있으며, 독일연방헌법에서 수용한 것도 있다. 그렇기 때문에 우리 헌법이 영향을 받은 나라의 헌법해석과 헌법이론에 대하여 연구하는 것은 「大韓民國 憲法」을 해석함에 선결적으로 요구되는 것이기도 하지만, 외형상 유사한 규정이라는 점을 근거로 외국의 논의를 우리의 현실에 바로 적용하는 것은 방법론상의 오류를 면할 수 없다.

나는 헌법학에 대한 일반적인 연구를 하면서도 언젠가는 우리 자신의 헌법, 즉 「大韓民國 憲法」을 제대로 해석하는 작업을 숙제로 삼아왔다. '이 땅에서 헌법학을 어떻게 할 것인가' 하는 질문(「憲法硏究 1」의 自序를 참조하기 바람)에서는 내가 대한민국의 국민으로 살고 일상생활에서 매일같이 헌법문제에 직면하는 이상 대한민국의 헌법문제를 해명하는 것이 이 땅에서 헌법학을 하는 자의 큰 책무라고 생각하여 왔다. 그 일련의 작업의 한 결과가 이 책이다.

어떤 사람이 자기의 주장을 하는 것은 쉽다. 그것이 옳든 그르든 누가 인정하든 하지 않든 자기 생각이 그렇다고 우기고 살면 되고, 남에게 피해를 주지 않는 이상 이러한 주장은 언제나 가능하다. 그러나 국민의 합의로 나타난 규범으로서 모든 이에게 적용되는 헌법의 내용과 의미를 자기 마음대로 해석한다는 것은 있을 수 없는 일이고, 통용되지도 못한다. 그렇다면 결국 「大韓民國 憲法」을 해석하는 작업은 해석자의 주관적 가치나 철학을 관철하는 작업이 아니고, 헌법문제를 해결하는데 가장 설득력이 있는 답을 찾는 작업이다. 그 답이 비록 자기의 주관적 가치지향과 다르다고 할지라도 그러하다(老莊哲學이나 특정 宗

教의 教理에 입각한 해석이 통용되지 않는 이유이다). 이렇게 되면 헌법의 해석이란 실정헌법에 입력된 코드의 의미를 인식하고 확정함에 있어 가장 합리적이고 객관적이며 설득력이 있고, 헌법문제를 잘 해결할 수 있는 이론이나 견해를 찾거나 만들어 내는 작업이다. 그리하여 나도 내가 섭렵한 지식들 가운데 「大韓民國 憲法」의 의미를 확정함에 있어 가장 설득력이 있는 이론과 견해들을 찾아내는 작업을 하였고, 이러한 것이 때로 나의 개인적인 가치나 주관 또는 기호와 합치하지 않더라도 국가의 작동이 올바르게 이루어지고 많은 사람들에게 행복을 가져다주는 것이면 헌법의 해석에서는 이러한 지적 자원을 채택하여 헌법의 해당 조항의 의미를 해석하는데 적용하였다. 이렇게 볼 때, 실정법의 해석이란 법문제의 해결에 가장 타당성이 있고 설득력이 있는 견해를 적용하여 그 조문의 의미를 확정하는 것이지 해석자가 자기가 좋아하는 대로 그림이나 만화를 그려가는 것이 아니라는 것이 분명해진다. 따라서 나는 「大韓民國 憲法」을 해석함에 있어서도 이러한 입장을 견지하였고, 혹시라도 나의 개인적인 好不好나 嗜好가 해석이라는 형태로 나타나지 않을까 하는 점을 조심하고 유의하였다. 이러한 것은 앞으로 나의 공부가 깊어져 문제해결에 더 나은 방도를 발견하면 종전의 것을 취소하고 더 나은 것을 채택할 수 있음을 의미하는 것이기도 하다.

이러한 작업을 하면서 나는 그간에 있은 「大韓民國 憲法」의 해석에서 오류가 있음도 발견하였고, 논의가 왜곡되었던 점도 발견하였다. 또 학문적으로 별 근거도 없이 어떤 견해를 지지하는 사람이 많다는 이유만으로 다수설이라는 명칭이 붙은 것도 발견하였다. 학설에서는 여러 견해가 공존할 수 있을 때만 학설로 존재하며 그렇지 아니한 경우에는 정답이거나 오답의 어느 하나에 해당할 뿐이다. 나는 이 책을 집필하면서 종래 학설이라는 이름으로 주장된 견해들을 국내외적으로 점검하고 그것이 근거가 없는 것인 경우에는 이를 고려하지 않았고, 학술적인 논문으로 뒷받침되지 않은 단순한 주장도 학문적 고려에서 배제하였다. 따라서 특별한 경우가 아닌 한 통설이니 다수설이니 소수설이니 하는 것은 의미를 가지지 못한다. 중요한 것은 어떤 견해가 가장 설득력이 있으며 문제를 가장 잘 해결할 수 있는가 하는 것일 뿐이다.

「大韓民國 憲法」의 의미를 이해하는 작업은 오랫동안 진행되었다. 나는 그간에 다른 저작들을 출간하느라 이에 대한 단행본을 출판하지 못했다. 이러한 과정에서 강의에서는 불편함도 있었다. 학생들은 나의 논문을 읽거나 빠르게 진행되는 나의 강의를 받아 적어야 했다. 그러한 과정에서 시간상 강의에서 다 설명하지 못하는 부분은 생략되기도 하였다. 이 책을 저술함에 있어서는 이런 문제들을 가능한 한 해소하고 「大韓民國 憲法」의 내용과 의미를 올바로 기술하는데 목적을 두었다.

이런 오랜 과정의 작업을 진행하면서 나는 헌법공부에서 가르침을 주신 許營, 金哲洙, 權寧星, 鞠淳玉, 崔大權, 桂禧悅, 許慶 선생님으로부터 많은 것을 배우게 되었고, 서울대학교 법과대학에서 근무하면서 많은 교수님들로부터 의문점이 있을 때마다 질문을 하거나 논의를 하며 새로운 이해와 지식을 얻을 수 있었다. 헌법분야에서의 安京煥, 成樂寅, 宋石允 교수님, 민사법분야의 梁彰洙, 尹眞秀 교수님, 민사소송법 분야에서의 胡文赫, 吳姃厚 교수님, 행정법 분야의 朴正勳 교수님, 세법분야의 李昌熙 교수님, 경제법분야의 權五乘 교수님, 국제법분야의 鄭印燮, 李根寬 교수님, 형사법분야의 申東雲, 韓寅燮 교수님, 環境法분야의 趙弘植 교수님들이 그 분들이다. 이 분들로부터 배운 것에서 잘못 이해한 점이 있다면 그것은 전적으로 나의 淺學非才함 때문이다. 이 책의 원고를 작성함에 있어 鄭印燮, 李根寬, 朴正勳, 李昌熙 교수님과 경북대학교 법학부의 朴眞完 교수님께서는 원고의 해당 草稿부분을 직접 살펴보시고 귀한 말씀을 주셨다. 이 책의 출간에 즈음하여 이 모든 분들께 진심으로 감사를 드린다.

이 책을 저술하는 오랜 작업 끝에 원고를 다듬는 막바지의 일에서는 많은 사람들이 참여하고 도와주었다. 金光在 변호사와 서울대학교 대학원의 博士課程에 재학중인 鄭相宇, 奇賢錫, 碩士課程에 재학중인 宋淳燮, 朱聲薰, 尹基烈, 金廷泫, 군법무관으로 봉직하는 朴成鎬, 金旼秀, 林孝亮, 康健, 사법연수원에서 연수중인 都映昨, 辛潤珍, 沈賢根 諸氏들이 열성으로 나의 작업을 도와주었다. 이 책의 출간이 앞당겨진 것은 이들의 도움에 힘입은 바가 크며, 참으로 고맙게 생각한다.

이 책을 구상하는 단계에서부터 출간하기에 이르기까지 博英社의 식구들은 한결같이 필요한 모든 일을 맡아주었다. 安鍾萬 회장님은 언제나 변함없는 마음으로 나의 연구를 독려·지원하여 주셨고, 宋逸根 주간님과 金善敏 차장님, 趙成晧 차장님은 나의 많은 책 출간에서와 같이 이 책의 기획과 편집·출간의 전 과정에서도 성심성의를 다하여 힘써주셨다. 특히 이 책의 표지 제작에서 평생 한국화의 의미를 깊이 탐색하여 오신 酉山 閔庚甲 선생님께서는 선생님의 작품을 표지로 하겠다는 나의 제의를 쾌히 받아주셨고, 古岩 鄭昺例 선생님은 전각으로 題字를 해주셨다. 이 분들의 따뜻하고 베푸시는 마음에 독자와 더불어 감사를 드린다.

2006年 1月

1
헌법의 기초와 원리

제 1 편 헌법의 기초

제 1 장 헌법의 개념과 본질

제 1 절 헌법의 개념

1. 국가법과 국가

2. 헌 법

제 2 절 헌법의 특성

제 3 절 헌법의 기능

제 5 장 헌법의 적용범위

제 2 편 헌법의 기본원리

제 1 장 국민주권

제 2 장 기본권의 보장

제 3 장 공동체의 보장

제 4 장 국가구조원리

제 1 절 개 관

제 2 절 민주국가원리

제 3 절 법치국가원리

제 4 절 국가형태원리

제 3 편 한국 헌법의 역사와 기본원리

제 1 장 대한민국 헌법의 제정과 개정

제 2 장 한국 헌법의 근본이념과 기본원리

제 1 절 한국 헌법의 구조

제 2 절 한국 헌법의 근본이념

제 3 절 한국 헌법의 기본원리

1. 국가구조원리

2
헌법상의 권리와 의무

제 4 편 한국 헌법의 역사와 기본원리

제 1 장 기본권의 발달과 개념

제 1 절 기본권의 발달과 보장

제 2 절 기본권의 개념과 본질

제 2 장 기본권의 기능

제 3 장 기본권의 주체

제 1 절 개 설

제 2 절 기본권의 주체

제 3 절 기본권의 포기

제 4 장 기본권의 효력

제 1 절 국가영역에 대한 효력

제 2 절 사적영역에 대한 효력

제 5 장 기본권의 제한

제 1 절 개 관

제 2 절 기본권 제한의 목적

제 3 절 기본권 제한의 형식

제 4 절 기본권 제한의 한계

제 6 장 기본권의 보호

제 1 절 국가의 기본권보호의무

제 2 절 기본권의 침해와 기본권의 보호

제 5 편 헌법상의 기본권과 의무

제 1 장 인간의 존엄과 가치

제 1 절 인간의 존엄과 가치

제 2 절 행복의 추구

제 2 장 평등의 보호

제 3 장 자유권적 기본권

제 1 절 생명 및 인신의 자유

1. 생 명 권

2. 인신을 훼손당하지 않을 권리

3. 신체의 자유

4. 인신보호를 위한 헌법원리

3. 통신의 비밀과 자유

4. 정보의 자유

제4절 사회·경제적 자유

1. 거주·이전의 자유

2. 직업의 자유

3. 재 산 권

제4절 국민투표권

제5장 사회권적 기본권

제1절 인간다운 생활을 할 권리

제2절 근로의 권리

제3절 교육을 받을 권리

제 4 절 보 건 권

제 6 장 청구권적 기본권

제 1 절 재판청구권

제 2 절 국가배상청구권

제 3 절 손실보상청구권

제 4 절 형사보상청구권

제 5 절 범죄피해자구조청구권

제 7 장 환경권적 기본권

제 8 장 국민의 헌법상 의무

3
국가작용

제 6 편 국가작용의 기본제도

제 1 장 대의제도

제 1 절 대의제도의 형성과 발달

제 2 절 대의원리

제 3 절 대의제도와 선거

제 4 절 대의제도와 정당

제 5 절 대의제도와 정치자금

제 2 장 권력분립

제 1 절 권력분립의 이념

제 2 절 권력분립의 내용

제 3 장 정부형태

제 4 장 공무원제도

제 5 장 지방자치제도

제 6 장 헌법재판제도

제 1 절 헌법재판권

제 2 절 헌법재판의 목적

제 3 절 헌법재판의 성질

제 4 절 헌법재판의 기능

제 5 절 헌법재판의 지배원리

제 6 절 헌법재판의 한계

제7편 국가작용과 국가기관

제1장 국 회

제1절 의회주의

제2절 국회의 헌법상 지위

제3절 국회의 구성

제4절 국회의 기능과 권한

1. 입 법

2. 재 정

7. 헌법의 개정

제5절 국회의 회의운영과 의사원칙

1. 국회의 회의운영

2. 국회의 의사원칙

제6절 국회의원

1. 헌법상의 지위

2. 선거와 임기

3. 의정활동상의 권한과 임무

4. 직무상의 면책과 특권

5. 의 무

6. 자격의 소멸

제7절 국회의 조직

1. 의장과 부의장

2. 위 원 회

3. 교섭단체

5. 직무상의 의무

6. 퇴임 후의 예우

제 2 절 행 정 부

1. 국무총리

2. 국무위원

3. 국무회의

제 4 절 재판의 심급과 관할

제 5 절 법원의 구성과 조직

제 6 절 사법권의 범위와 한계

제 7 절 국민의 사법참여

제 4 장 헌법재판소

제 1 절 헌법상의 지위

제2절 헌법재판소의 구성과 조직

1. 헌법재판소의 구성

2. 헌법재판소의 조직

제3절 헌법재판의 독립

제4절 일반심판절차

제 5 절 특별심판절차

1. 개 설

2. 위헌법률심판

3. 탄핵심판

4. 정당해산심판

5. 권한쟁의심판

6. 헌법소원심판

《국내 주요 인용문헌의 약어》

계희열a	계희열, 「헌법학(상)」 서울: 박영사, 2005.
계희열b	계희열, 「헌법학(중)」 서울: 박영사, 2005.
권영설	권영설, 「헌법이론과 헌법담론」 서울: 법문사, 2006.
권영성	권영성, 「헌법학원론」 서울: 법문사, 2008.
김성수	김성수, 「개별행정법」 서울: 법문사, 2002.
김승대	김승대, 「헌법학강론」 서울: 법문사, 2010.
김철수	김철수, 「헌법학개론」 서울: 박영사, 2007.
감학성	김학성, 「헌법학원론」 서울: 박영사, 2010.
문광삼	문광삼, 「한국헌법학」 서울: 삼영사, 2008.
박봉국	박봉국, 「국회법」 서울: 박영사, 2004.
성낙인	성낙인, 「헌법학」 서울: 법문사, 2009.
신동운	신동운, 「신형사소송법」 서울: 법문사, 2008.
양　건	양　건, 「헌법연구」 서울: 법문사, 1995.
이관희a	이관희, 「한국민주헌법론 Ⅰ」 서울: 박영사, 2008.
이관희b	이관희, 「한국민주헌법론 Ⅱ」 서울: 박영사, 2008.
이승우등	이승우등, 「탄핵심판제도에 관한 연구」 서울: 헌법재판소, 2001.
이준일	이준일, 「헌법학강의」 서울: 홍문사, 2008.
이창희	이창희, 「세법강의」 서울: 박영사, 2005.
장영수	장영수, 「헌법학」 서울: 홍문사, 2008.
전광석	전광석, 「한국헌법론」 서울: 법문사, 2010.
정만희	정만희, 「헌법과 통치구조」 서울: 법문사, 2003.
정종섭a	정종섭, 「헌법연구 1」 서울: 박영사, 2004.
정종섭b	정종섭, 「헌법연구 2」 서울: 박영사, 2001.
정종섭c	정종섭, 「헌법연구 3」 서울: 박영사, 2004.
정종섭d	정종섭, 「헌법연구 4」 서울: 박영사, 2003.
정종섭e	정종섭, 「헌법연구 5」 서울: 박영사, 2005.
정종섭l	정종섭, 「헌법소송법」 서울: 박영사, 2014.
정종섭n	정종섭, 「헌법재판연구 1」 서울: 박영사, 2005.
정종섭t	정종섭, 「헌법판례연구 1」 서울: 박영사, 2005.
정재황	정재황, 「헌법학」 서울: 박영사, 2021.
최대권	최대권, 「헌법학강의」 서울: 박영사, 2001.
한수웅	한수웅, 「헌법학」 서울: 법문사, 2010.
한태연a	한태연, 「헌법학」 서울: 법문사, 1983.
한태연b	한태연, 「헌법과 정치체제」 서울: 법문사, 1987.
한태연c	한태연, 「헌법과 국민」 서울: 고시연구사, 1995.
허　영a	허　영, 「한국헌법론」 서울: 박영사, 2008.
허　영b	허　영, 「헌법이론과 헌법」 서울: 박영사, 2008.
홍성방	홍성방, 「헌법학」 서울: 현암사, 2005.

《법률명칭의 약어》

경제회의법	국민경제자문회의법
공선법	공직선거법
공수처법	고위공직자범죄수사처 설치 및 운영에 관한 법률
공윤법	공직자윤리법
과기회의법	국가과학기술자문회의법
국공법	국가공무원법
국배법	국가배상법
국정원법	국가정보원법
국조법	국군조직법
투표법	국민투표법
민소법	민사소송법
방통위법	방송통신위원회 설치 및 운영에 관한 법률
법공법	법령 등 공포에 관한 법률
법조법	법원조직법
보상법	공익사업을 위한 토지 등의 취득 및 보상에 관한 법률
안보회의법	국가안전보장회의법
언중법	언론중재 및 피해구제 등에 관한 법률
원로회의법	국가원로자문회의법
재등법	재외국민등록법
정조법	정부조직법
증감법	국회에서의 증언·감정 등에 관한 법률
지방교육법	지방교육자치에 관한 법률
지자법	지방자치법
평통회의법	민주평화통일자문회의법
형소법	형사소송법
형보법	형사보상 및 명예회복에 관한 법률
형참법	국민의 형사재판 참여에 관한 법률
환기법	환경정책기본법

《법령조문 및 판례의 표시》

법령조문표시: 법령의 조문표시에서는 특별한 경우를 제외하고는 편의상 부호를 사용하였다.
제1조 제1항 제1호는 §1①i로 표시하였다.

판례표시: 헌법재판소 판례는 「憲」으로, 대법원의 판례는 「大」로 표시하였다. 판례는 선고일과 사건번호로 표시하고, 병합사건은 사건번호를 모두 표시하지 않고 하나의 사건번호만 표시하고 「등」으로 약하는 방식을 따랐다.

대한민국 헌법

[헌법 제10호, 1987. 10. 29, 전부개정]

前　　文

悠久한 歷史와 傳統에 빛나는 우리 大韓國民은 3·1運動으로 建立된 大韓民國臨時政府의 法統과 不義에 抗拒한 4·19民主理念을 계승하고, 祖國의 民主改革과 平和的 統一의 使命에 입각하여 正義·人道와 同胞愛로써 民族의 團結을 공고히 하고, 모든 社會的 弊習과 不義를 타파하며, 自律과 調和를 바탕으로 自由民主的 基本秩序를 더욱 확고히 하여 政治·經濟·社會·文化의 모든 領域에 있어서 各人의 機會를 균등히 하고, 能力을 最高度로 발휘하게 하며, 自由와 權利에 따르는 責任과 義務를 완수하게 하여, 안으로는 國民生活의 균등한 향상을 기하고 밖으로는 항구적인 世界平和와 人類共榮에 이바지함으로써 우리들과 우리들의 子孫의 安全과 自由와 幸福을 영원히 확보할 것을 다짐하면서 1948年 7月 12日에 制定되고 8次에 걸쳐 改正된 憲法을 이제 國會의 議決을 거쳐 國民投票에 의하여 改正한다.

1987년 10월 29일

第1章　總　　綱

第1條　① 大韓民國은 民主共和國이다.
② 大韓民國의 主權은 國民에게 있고, 모든 權力은 國民으로부터 나온다.

第2條　① 大韓民國의 國民이 되는 요건은 法律로 정한다.
② 國家는 法律이 정하는 바에 의하여 在外國民을 보호할 義務를 진다.

第3條　大韓民國의 領土는 韓半島와 그 附屬島嶼로 한다.

第4條　大韓民國은 統一을 指向하며, 自由民主的 基本秩序에 입각한 平和的 統一 政策을 수립하고 이를 추진한다.

第5條　① 大韓民國은 國際平和의 유지에 노력하고 侵略的 戰爭을 否認한다.
② 國軍은 國家의 安全保障과 國土防衛의 神聖한 義務를 수행함을 使命으로 하며, 그 政治的 中立性은 준수된다.

第6條　① 憲法에 의하여 체결·公布된 條約과 一般的으로 승인된 國際法規는 國內法과 같은 效力을 가진다.
② 外國人은 國際法과 條約이 정하는 바에 의하여 그 地位가 보장된다.

第7條　① 公務員은 國民全體에 대한 奉仕者이며, 國民에 대하여 責任을 진다.
② 公務員의 身分과 政治的 中立性은 法律이 정하는 바에 의하여 보장된다.

第8條　① 政黨의 設立은 自由이며, 複數政黨制는 보장된다.
② 政黨은 그 目的·組織과 活動이 民主的이어야 하며, 國民의 政治的 意思形成에 참여하는데 필요한 組織을 가져야 한다.
③ 政黨은 法律이 정하는 바에 의하여 國家의 보호를 받으며, 國家는 法律이 정하는 바에 의하여 政黨運營에 필요한 資金을 補助할 수 있다.
④ 政黨의 目的이나 活動이 民主的 基本秩序에 違背될 때에는 政府는 憲法裁判所에 그 解散을 提訴할 수 있고, 政黨은 憲法裁判所의 審判에 의하여 解散된다.

第9條　國家는 傳統文化의 계승·발전과 民族文化의 暢達에 노력하여야 한다.

第2章　國民의 權利와 義務

第10條　모든 國民은 人間으로서의 尊嚴과 價値를 가지며, 幸福을 追求할 權利를 가진다. 國家는 개인이 가지는 不可侵의 基本的 人權을 확인하고 이를 보장할 義務를 진다.

第11條　① 모든 國民은 法 앞에 平等하다. 누구든지 性別·宗敎 또는 社會的 身分에 의하여 政治的·經濟的·社會的·文化的 生活의 모든 領域에 있어서 차별을 받지 아니한다.
② 社會的 特殊階級의 制度는 인정되지 아니하며, 어떠한 形態로도 이를 創設할 수 없다.
③ 勳章등의 榮典은 이를 받은 者에게만

效力이 있고, 어떠한 特權도 이에 따르지 아니한다.

第12條 ① 모든 國民은 身體의 自由를 가진다. 누구든지 法律에 의하지 아니하고는 逮捕·拘束·押收·搜索 또는 審問을 받지 아니하며, 法律과 適法한 節次에 의하지 아니하고는 處罰·保安處分 또는 强制勞役을 받지 아니한다.

② 모든 國民은 拷問을 받지 아니하며, 刑事上 자기에게 不利한 陳述을 强要당하지 아니한다.

③ 逮捕·拘束·押收 또는 搜索을 할 때에는 適法한 節次에 따라 檢事의 申請에 의하여 法官이 발부한 令狀을 제시하여야 한다. 다만, 現行犯人인 경우와 長期 3年 이상의 刑에 해당하는 罪를 범하고 逃避 또는 證據湮滅의 염려가 있을 때에는 事後에 令狀을 請求할 수 있다.

④ 누구든지 逮捕 또는 拘束을 당한 때에는 즉시 辯護人의 助力을 받을 權利를 가진다. 다만, 刑事被告人이 스스로 辯護人을 구할 수 없을 때에는 法律이 정하는 바에 의하여 國家가 辯護人을 붙인다.

⑤ 누구든지 逮捕 또는 拘束의 이유와 辯護人의 助力을 받을 權利가 있음을 告知받지 아니하고는 逮捕 또는 拘束을 당하지 아니한다. 逮捕 또는 拘束을 당한 者의 家族등 法律이 정하는 者에게는 그 이유와 日時·場所가 지체없이 통지되어야 한다.

⑥ 누구든지 逮捕 또는 拘束을 당한 때에는 適否의 審査를 法院에 請求할 權利를 가진다.

⑦ 被告人의 自白이 拷問·暴行·脅迫·拘束의 부당한 長期化 또는 欺罔 기타의 방법에 의하여 自意로 陳述된 것이 아니라고 인정될 때 또는 正式裁判에 있어서 被告人의 自白이 그에게 不利한 유일한 증거일 때에는 이를 有罪의 증거로 삼거나 이를 이유로 處罰할 수 없다.

第13條 ① 모든 國民은 行爲時의 法律에 의하여 犯罪를 구성하지 아니하는 행위로 訴追되지 아니하며, 동일한 犯罪에 대하여 거듭 處罰받지 아니한다.

② 모든 國民은 遡及立法에 의하여 參政權의 제한을 받거나 財産權을 剝奪당하지 아니한다.

③ 모든 國民은 자기의 행위가 아닌 親族의 행위로 인하여 불이익한 處遇를 받지 아니한다.

第14條 모든 國民은 居住·移轉의 自由를 가진다.

第15條 모든 國民은 職業選擇의 自由를 가진다.

第16條 모든 國民은 住居의 自由를 침해받지 아니한다. 住居에 대한 押收나 搜索을 할 때에는 檢事의 申請에 의하여 法官이 발부한 令狀을 제시하여야 한다.

第17條 모든 國民은 私生活의 秘密과 自由를 침해받지 아니한다.

第18條 모든 國民은 通信의 秘密을 침해받지 아니한다.

第19條 모든 國民은 良心의 自由를 가진다.

第20條 ① 모든 國民은 宗敎의 自由를 가진다.

② 國敎는 인정되지 아니하며, 宗敎와 政治는 分離된다.

第21條 ① 모든 國民은 言論·出版의 自由와 集會·結社의 自由를 가진다.

② 言論·出版에 대한 許可나 檢閱과 集會·結社에 대한 許可는 인정되지 아니한다.

③ 通信·放送의 施設基準과 新聞의 機能을 보장하기 위하여 필요한 사항은 法律로 정한다.

④ 言論·出版은 他人의 名譽나 權利 또는 公衆道德이나 社會倫理를 침해하여서는 아니된다. 言論·出版이 他人의 名譽나 權利를 침해한 때에는 被害者는 이에 대한 被害의 賠償을 請求할 수 있다.

第22條 ① 모든 國民은 學問과 藝術의 自由를 가진다.

② 著作者·發明家·科學技術者와 藝術家의 權利는 法律로써 보호한다.

第23條 ① 모든 國民의 財産權은 보장된다. 그 내용과 限界는 法律로 정한다.

② 財産權의 행사는 公共福利에 적합하도록 하여야 한다.

③ 公共必要에 의한 財産權의 收用·사용 또는 제한 및 그에 대한 補償은 法律로써 하되, 정당한 補償을 支給하여야 한다.

第24條 모든 國民은 法律이 정하는 바에 의하여 選擧權을 가진다.

第25條 모든 國民은 法律이 정하는 바에 의

하여 公務擔任權을 가진다.

第26條 ① 모든 國民은 法律이 정하는 바에 의하여 國家機關에 文書로 請願할 權利를 가진다.

② 國家는 請願에 대하여 審査할 義務를 진다.

第27條 ① 모든 國民은 憲法과 法律이 정한 法官에 의하여 法律에 의한 裁判을 받을 權利를 가진다.

② 軍人 또는 軍務員이 아닌 國民은 大韓民國의 領域안에서는 중대한 軍事上 機密·哨兵·哨所·有毒飮食物供給·捕虜·軍用物에 관한 罪중 法律이 정한 경우와 非常戒嚴이 宣布된 경우를 제외하고는 軍事法院의 裁判을 받지 아니한다.

③ 모든 國民은 신속한 裁判을 받을 權利를 가진다. 刑事被告人은 상당한 이유가 없는 한 지체없이 公開裁判을 받을 權利를 가진다.

④ 刑事被告人은 有罪의 判決이 확정될 때까지는 無罪로 推定된다.

⑤ 刑事被害者는 法律이 정하는 바에 의하여 당해 事件의 裁判節次에서 陳述할 수 있다.

第28條 刑事被疑者 또는 刑事被告人으로서 拘禁되었던 者가 法律이 정하는 不起訴處分을 받거나 無罪判決을 받은 때에는 法律이 정하는 바에 의하여 國家에 정당한 補償을 請求할 수 있다.

第29條 ① 公務員의 職務上 不法行爲로 損害를 받은 國民은 法律이 정하는 바에 의하여 國家 또는 公共團體에 정당한 賠償을 請求할 수 있다. 이 경우 公務員 자신의 責任은 免除되지 아니한다.

② 軍人·軍務員·警察公務員 기타 法律이 정하는 者가 戰鬪·訓練등 職務執行과 관련하여 받은 損害에 대하여는 法律이 정하는 報償외에 國家 또는 公共團體에 公務員의 職務上 不法行爲로 인한 賠償은 請求할 수 없다.

第30條 他人의 犯罪行爲로 인하여 生命·身體에 대한 被害를 받은 國民은 法律이 정하는 바에 의하여 國家로부터 救助를 받을 수 있다.

第31條 ① 모든 國民은 能力에 따라 균등하게 敎育을 받을 權利를 가진다.

② 모든 國民은 그 보호하는 子女에게 적어도 初等敎育과 法律이 정하는 敎育을 받게 할 義務를 진다.

③ 義務敎育은 無償으로 한다.

④ 敎育의 自主性·專門性·政治的 中立性 및 大學의 自律性은 法律이 정하는 바에 의하여 보장된다.

⑤ 國家는 平生敎育을 振興하여야 한다.

⑥ 學校敎育 및 平生敎育을 포함한 敎育制度와 그 운영, 敎育財政 및 敎員의 地位에 관한 基本的인 사항은 法律로 정한다.

第32條 ① 모든 國民은 勤勞의 權利를 가진다. 國家는 社會的·經濟的 방법으로 勤勞者의 雇傭의 增進과 適正賃金의 보장에 노력하여야 하며, 法律이 정하는 바에 의하여 最低賃金制를 施行하여야 한다.

② 모든 國民은 勤勞의 義務를 진다. 國家는 勤勞의 義務의 내용과 조건을 民主主義原則에 따라 法律로 정한다.

③ 勤勞條件의 基準은 人間의 尊嚴性을 보장하도록 法律로 정한다.

④ 女子의 勤勞는 특별한 보호를 받으며, 雇傭·賃金 및 勤勞條件에 있어서 부당한 차별을 받지 아니한다.

⑤ 年少者의 勤勞는 특별한 보호를 받는다.

⑥ 國家有功者·傷痍軍警 및 戰歿軍警의 遺家族은 法律이 정하는 바에 의하여 優先的으로 勤勞의 機會를 부여받는다.

第33條 ① 勤勞者는 勤勞條件의 향상을 위하여 自主的인 團結權·團體交涉權 및 團體行動權을 가진다.

② 公務員인 勤勞者는 法律이 정하는 者에 한하여 團結權·團體交涉權 및 團體行動權을 가진다.

③ 法律이 정하는 主要防衛産業體에 종사하는 勤勞者의 團體行動權은 法律이 정하는 바에 의하여 이를 제한하거나 인정하지 아니할 수 있다.

第34條 ① 모든 國民은 人間다운 生活을 할 權利를 가진다.

② 國家는 社會保障·社會福祉의 增進에 노력할 義務를 진다.

③ 國家는 女子의 福祉와 權益의 향상을 위하여 노력하여야 한다.

④ 國家는 老人과 靑少年의 福祉向上을 위한 政策을 실시할 義務를 진다.

⑤ 身體障碍者 및 疾病·老齡 기타의 사유로 生活能力이 없는 國民은 法律이 정하는 바에 의하여 國家의 보호를 받는다.
⑥ 國家는 災害를 豫防하고 그 위험으로부터 國民을 보호하기 위하여 노력하여야 한다.

第35條 ① 모든 國民은 건강하고 快適한 環境에서 生活할 權利를 가지며, 國家와 國民은 環境保全을 위하여 노력하여야 한다.
② 環境權의 내용과 행사에 관하여는 法律로 정한다.
③ 國家는 住宅開發政策등을 통하여 모든 國民이 快適한 住居生活을 할 수 있도록 노력하여야 한다.

第36條 ① 婚姻과 家族生活은 개인의 尊嚴과 兩性의 平等을 기초로 成立되고 유지되어야 하며, 國家는 이를 보장한다.
② 國家는 母性의 보호를 위하여 노력하여야 한다.
③ 모든 國民은 保健에 관하여 國家의 보호를 받는다.

第37條 ① 國民의 自由와 權利는 憲法에 열거되지 아니한 이유로 輕視되지 아니한다.
② 國民의 모든 自由와 權利는 國家安全保障·秩序維持 또는 公共福利를 위하여 필요한 경우에 한하여 法律로써 제한할 수 있으며, 제한하는 경우에도 自由와 權利의 本質的인 내용을 침해할 수 없다.

第38條 모든 國民은 法律이 정하는 바에 의하여 納稅의 義務를 진다.

第39條 ① 모든 國民은 法律이 정하는 바에 의하여 國防의 義務를 진다.
② 누구든지 兵役義務의 이행으로 인하여 불이익한 處遇를 받지 아니한다.

第3章 國 會

第40條 立法權은 國會에 속한다.

第41條 ① 國會는 國民의 普通·平等·直接·秘密選擧에 의하여 選出된 國會議員으로 구성한다.
② 國會議員의 數는 法律로 정하되, 200人 이상으로 한다.
③ 國會議員의 選擧區와 比例代表制 기타 選擧에 관한 사항은 法律로 정한다.

第42條 國會議員의 任期는 4年으로 한다.

第43條 國會議員은 法律이 정하는 職을 겸할 수 없다.

第44條 ① 國會議員은 現行犯人인 경우를 제외하고는 會期중 國會의 同意없이 逮捕 또는 拘禁되지 아니한다.
② 國會議員이 會期전에 逮捕 또는 拘禁된 때에는 現行犯人이 아닌 한 國會의 요구가 있으면 會期중 釋放된다.

第45條 國會議員은 國會에서 職務上 행한 發言과 表決에 관하여 國會외에서 責任을 지지 아니한다.

第46條 ① 國會議員은 淸廉의 義務가 있다.
② 國會議員은 國家利益을 우선하여 良心에 따라 職務를 행한다.
③ 國會議員은 그 地位를 濫用하여 國家·公共團體 또는 企業體와의 契約이나 그 處分에 의하여 財産上의 權利·이익 또는 職位를 취득하거나 他人을 위하여 그 취득을 알선할 수 없다.

第47條 ① 國會의 定期會는 法律이 정하는 바에 의하여 매년 1회 集會되며, 國會의 臨時會는 大統領 또는 國會在籍議員 4分의 1 이상의 요구에 의하여 集會된다.
② 定期會의 會期는 100日을, 臨時會의 會期는 30日을 초과할 수 없다.
③ 大統領이 臨時會의 集會를 요구할 때에는 期間과 集會要求의 이유를 명시하여야 한다.

第48條 國會는 議長 1人과 副議長 2人을 選出한다.

第49條 國會는 憲法 또는 法律에 특별한 規定이 없는 한 在籍議員 過半數의 출석과 出席議員 過半數의 贊成으로 議決한다. 可否同數인 때에는 否決된 것으로 본다.

第50條 ① 國會의 會議는 公開한다. 다만, 出席議員 過半數의 贊成이 있거나 議長이 國家의 安全保障을 위하여 필요하다고 인정할 때에는 公開하지 아니할 수 있다.
② 公開하지 아니한 會議內容의 公表에 관하여는 法律이 정하는 바에 의한다.

第51條 國會에 제출된 法律案 기타의 議案은 會期중에 議決되지 못한 이유로 폐기되지 아니한다. 다만, 國會議員의 任期가 만료된 때에는 그러하지 아니하다.

第52條 國會議員과 政府는 法律案을 제출할 수 있다.

第53條 ① 國會에서 議決된 法律案은 政府에 移送되어 15日 이내에 大統領이 公布한다.

② 法律案에 異議가 있을 때에는 大統領은 第1項의 期間내에 異議書를 붙여 國會로 還付하고, 그 再議를 요구할 수 있다. 國會의 閉會중에도 또한 같다.

③ 大統領은 法律案의 일부에 대하여 또는 法律案을 修正하여 再議를 요구할 수 없다.

④ 再議의 요구가 있을 때에는 國會는 再議에 붙이고, 在籍議員過半數의 출석과 出席議員 3分의 2 이상의 贊成으로 前과 같은 議決을 하면 그 法律案은 法律로서 확정된다.

⑤ 大統領이 第1項의 期間내에 公布나 再議의 요구를 하지 아니한 때에도 그 法律案은 法律로서 확정된다.

⑥ 大統領은 第4項과 第5項의 規定에 의하여 확정된 法律을 지체없이 公布하여야 한다. 第5項에 의하여 法律이 확정된 후 또는 第4項에 의한 確定法律이 政府에 移送된 후 5日 이내에 大統領이 公布하지 아니할 때에는 國會議長이 이를 公布한다.

⑦ 法律은 특별한 規定이 없는 한 公布한 날로부터 20日을 경과함으로써 效力을 발생한다.

第54條 ① 國會는 國家의 豫算案을 審議·확정한다.

② 政府는 會計年度마다 豫算案을 編成하여 會計年度 開始 90日전까지 國會에 제출하고, 國會는 會計年度 開始 30日전까지 이를 議決하여야 한다.

③ 새로운 會計年度가 開始될 때까지 豫算案이 議決되지 못한 때에는 政府는 國會에서 豫算案이 議決될 때까지 다음의 目的을 위한 經費는 前年度 豫算에 準하여 執行할 수 있다.

1. 憲法이나 法律에 의하여 設置된 機關 또는 施設의 유지·운영
2. 法律上 支出義務의 이행
3. 이미 豫算으로 승인된 事業의 계속

第55條 ① 한 會計年度를 넘어 계속하여 支出할 필요가 있을 때에는 政府는 年限을 정하여 繼續費로서 國會의 議決을 얻어야 한다.

② 豫備費는 總額으로 國會의 議決을 얻어야 한다. 豫備費의 支出은 次期國會의 승인을 얻어야 한다.

第56條 政府는 豫算에 變更을 加할 필요가 있을 때에는 追加更正豫算案을 編成하여 國會에 제출할 수 있다.

第57條 國會는 政府의 同意없이 政府가 제출한 支出豫算 各項의 金額을 增加하거나 새 費目을 設置할 수 없다.

第58條 國債를 모집하거나 豫算외에 國家의 부담이 될 契約을 체결하려 할 때에는 政府는 미리 國會의 議決을 얻어야 한다.

第59條 租稅의 種目과 稅率은 法律로 정한다.

第60條 ① 國會는 相互援助 또는 安全保障에 관한 條約, 중요한 國際組織에 관한 條約, 友好通商航海條約, 主權의 制約에 관한 條約, 講和條約, 國家나 國民에게 중대한 財政的 부담을 지우는 條約 또는 立法事項에 관한 條約의 체결·批准에 대한 同意權을 가진다.

② 國會는 宣戰布告, 國軍의 外國에의 派遣 또는 外國軍隊의 大韓民國 領域안에서의 駐留에 대한 同意權을 가진다.

第61條 ① 國會는 國政을 監査하거나 특정한 國政事案에 대하여 調査할 수 있으며, 이에 필요한 書類의 提出 또는 證人의 출석과 證言이나 의견의 陳述을 요구할 수 있다.

② 國政監査 및 調査에 관한 節次 기타 필요한 사항은 法律로 정한다.

第62條 ① 國務總理·國務委員 또는 政府委員은 國會나 그 委員會에 출석하여 國政處理狀況을 보고하거나 의견을 陳述하고 質問에 응답할 수 있다.

② 國會나 그 委員會의 요구가 있을 때에는 國務總理·國務委員 또는 政府委員은 출석·답변하여야 하며, 國務總理 또는 國務委員이 出席要求를 받은 때에는 國務委員 또는 政府委員으로 하여금 출석·답변하게 할 수 있다.

第63條 ① 國會는 國務總理 또는 國務委員의 解任을 大統領에게 建議할 수 있다.

② 第1項의 解任建議는 國會在籍議員 3分의 1 이상의 發議에 의하여 國會在籍議員 過半數의 贊成이 있어야 한다.

第64條 ① 國會는 法律에 저촉되지 아니하는 범위안에서 議事와 內部規律에 관한 規則을 制定할 수 있다.

② 國會는 議員의 資格을 審査하며, 議員

을 懲戒할 수 있다.
③ 議員을 除名하려면 國會在籍議員 3分의 2 이상의 贊成이 있어야 한다.
④ 第2項과 第3項의 處分에 대하여는 法院에 提訴할 수 없다.

第65條 ① 大統領·國務總理·國務委員·行政各部의 長·憲法裁判所 裁判官·法官·中央選擧管理委員會 委員·監査院長·監査委員 기타 法律이 정한 公務員이 그 職務執行에 있어서 憲法이나 法律을 違背한 때에는 國會는 彈劾의 訴追를 議決할 수 있다.
② 第1項의 彈劾訴追는 國會在籍議員 3分의 1 이상의 發議가 있어야 하며, 그 議決은 國會在籍議員 過半數의 贊成이 있어야 한다. 다만, 大統領에 대한 彈劾訴追는 國會在籍議員 過半數의 發議와 國會在籍議員 3分의 2 이상의 贊成이 있어야 한다.
③ 彈劾訴追의 議決을 받은 者는 彈劾審判이 있을 때까지 그 權限行使가 정지된다.
④ 彈劾決定은 公職으로부터 罷免함에 그친다. 그러나, 이에 의하여 民事上이나 刑事上의 責任이 免除되지는 아니한다.

第4章 政 府

第1節 大統領

第66條 ① 大統領은 國家의 元首이며, 外國에 대하여 國家를 代表한다.
② 大統領은 國家의 獨立·領土의 保全·國家의 繼續性과 憲法을 守護할 責務를 진다.
③ 大統領은 祖國의 平和的 統一을 위한 성실한 義務를 진다.
④ 行政權은 大統領을 首班으로 하는 政府에 속한다.

第67條 ① 大統領은 國民의 普通·平等·直接·秘密選擧에 의하여 選出한다.
② 第1項의 選擧에 있어서 最高得票者가 2人 이상인 때에는 國會의 在籍議員 過半數가 출석한 公開會議에서 多數票를 얻은 者를 當選者로 한다.
③ 大統領候補者가 1人일 때에는 그 得票數가 選擧權者 總數의 3分의 1 이상이 아니면 大統領으로 當選될 수 없다.
④ 大統領으로 選擧될 수 있는 者는 國會議員의 被選擧權이 있고 選擧日 현재 40歲에 達하여야 한다.
⑤ 大統領의 選擧에 관한 사항은 法律로 정한다.

第68條 ① 大統領의 任期가 만료되는 때에는 任期滿了 70日 내지 40日전에 後任者를 選擧한다.
② 大統領이 闕位된 때 또는 大統領 當選者가 死亡하거나 判決 기타의 사유로 그 資格을 喪失한 때에는 60日 이내에 後任者를 選擧한다.

第69條 大統領은 就任에 즈음하여 다음의 宣誓를 한다.
"나는 憲法을 준수하고 國家를 保衛하며 祖國의 平和的 統一과 國民의 自由와 福利의 增進 및 民族文化의 暢達에 노력하여 大統領으로서의 職責을 성실히 수행할 것을 國民 앞에 엄숙히 宣誓합니다."

第70條 大統領의 任期는 5年으로 하며, 重任할 수 없다.

第71條 大統領이 闕位되거나 事故로 인하여 職務를 수행할 수 없을 때에는 國務總理, 法律이 정한 國務委員의 順序로 그 權限을 代行한다.

第72條 大統領은 필요하다고 인정할 때에는 外交·國防·統一 기타 國家安危에 관한 重要政策을 國民投票에 붙일 수 있다.

第73條 大統領은 條約을 체결·批准하고, 外交使節을 信任·접수 또는 派遣하며, 宣戰布告와 講和를 한다.

第74條 ① 大統領은 憲法과 法律이 정하는 바에 의하여 國軍을 統帥한다.
② 國軍의 組織과 編成은 法律로 정한다.

第75條 大統領은 法律에서 구체적으로 범위를 정하여 委任받은 사항과 法律을 執行하기 위하여 필요한 사항에 관하여 大統領令을 발할 수 있다.

第76條 ① 大統領은 內憂·外患·天災·地變 또는 중대한 財政·經濟上의 危機에 있어서 國家의 安全保障 또는 公共의 安寧秩序를 유지하기 위하여 긴급한 措置가 필요하고 國會의 集會를 기다릴 여유가 없을 때에 한하여 최소한으로 필요한 財政·經濟上의 處分을 하거나 이에 관하여 法律의 效力을 가지는 命令을 발할 수 있다.
② 大統領은 國家의 安危에 관계되는 중대한 交戰狀態에 있어서 國家를 保衛하기 위하여 긴급한 措置가 필요하고 國會의 集會가 불가능한 때에 한하여 法律의 效力을

가지는 命令을 발할 수 있다.
③ 大統領은 第1項과 第2項의 處分 또는 命令을 한 때에는 지체없이 國會에 보고하여 그 승인을 얻어야 한다.
④ 第3項의 승인을 얻지 못한 때에는 그 處分 또는 命令은 그때부터 效力을 喪失한다. 이 경우 그 命令에 의하여 改正 또는 廢止되었던 法律은 그 命令이 승인을 얻지 못한 때부터 당연히 效力을 회복한다.
⑤ 大統領은 第3項과 第4項의 사유를 지체없이 公布하여야 한다.

第77條 ① 大統領은 戰時·事變 또는 이에 準하는 國家非常事態에 있어서 兵力으로써 軍事上의 필요에 응하거나 公共의 安寧秩序를 유지할 필요가 있을 때에는 法律이 정하는 바에 의하여 戒嚴을 宣布할 수 있다.
② 戒嚴은 非常戒嚴과 警備戒嚴으로 한다.
③ 非常戒嚴이 宣布된 때에는 法律이 정하는 바에 의하여 令狀制度, 言論·出版·集會·結社의 自由, 政府나 法院의 權限에 관하여 특별한 措置를 할 수 있다.
④ 戒嚴을 宣布한 때에는 大統領은 지체없이 國會에 통고하여야 한다.
⑤ 國會가 在籍議員 過半數의 贊成으로 戒嚴의 解除를 요구한 때에는 大統領은 이를 解除하여야 한다.

第78條 大統領은 憲法과 法律이 정하는 바에 의하여 公務員을 任免한다.

第79條 ① 大統領은 法律이 정하는 바에 의하여 赦免·減刑 또는 復權을 命할 수 있다.
② 一般赦免을 命하려면 國會의 同意를 얻어야 한다.
③ 赦免·減刑 및 復權에 관한 사항은 法律로 정한다.

第80條 大統領은 法律이 정하는 바에 의하여 勳章 기타의 榮典을 수여한다.

第81條 大統領은 國會에 출석하여 發言하거나 書翰으로 의견을 표시할 수 있다.

第82條 大統領의 國法上 행위는 文書로써 하며, 이 文書에는 國務總理와 관계 國務委員이 副署한다. 軍事에 관한 것도 또한 같다.

第83條 大統領은 國務總理·國務委員·行政各部의 長 기타 法律이 정하는 公私의 職을 겸할 수 없다.

第84條 大統領은 內亂 또는 外患의 罪를 범한 경우를 제외하고는 在職중 刑事上의 訴追를 받지 아니한다.

第85條 前職大統領의 身分과 禮遇에 관하여는 法律로 정한다.

第2節 行 政 府

第1款 國務總理와 國務委員

第86條 ① 國務總理는 國會의 同意를 얻어 大統領이 任命한다.
② 國務總理는 大統領을 補佐하며, 行政에 관하여 大統領의 命을 받아 行政各部를 統轄한다.
③ 軍人은 現役을 免한 후가 아니면 國務總理로 任命될 수 없다.

第87條 ① 國務委員은 國務總理의 提請으로 大統領이 任命한다.
② 國務委員은 國政에 관하여 大統領을 補佐하며, 國務會議의 構成員으로서 國政을 審議한다.
③ 國務總理는 國務委員의 解任을 大統領에게 建議할 수 있다.
④ 軍人은 現役을 免한 후가 아니면 國務委員으로 任命될 수 없다.

第2款 國務會議

第88條 ① 國務會議는 政府의 權限에 속하는 중요한 政策을 審議한다.
② 國務會議는 大統領·國務總理와 15人 이상 30人 이하의 國務委員으로 구성한다.
③ 大統領은 國務會議의 議長이 되고, 國務總理는 副議長이 된다.

第89條 다음 사항은 國務會議의 審議를 거쳐야 한다.
1. 國政의 基本計劃과 政府의 一般政策
2. 宣戰·講和 기타 중요한 對外政策
3. 憲法改正案·國民投票案·條約案·法律案 및 大統領令案
4. 豫算案·決算·國有財産處分의 基本計劃·國家의 부담이 될 契約 기타 財政에 관한 중요사항
5. 大統領의 緊急命令·緊急財政經濟處分 및 命令 또는 戒嚴과 그 解除
6. 軍事에 관한 중요사항
7. 國會의 臨時會 集會의 요구
8. 榮典授與
9. 赦免·減刑과 復權

10. 行政各部間의 權限의 劃定
11. 政府안의 權限의 委任 또는 配定에 관한 基本計劃
12. 國政處理狀況의 評價·分析
13. 行政各部의 중요한 政策의 수립과 調整
14. 政黨解散의 提訴
15. 政府에 제출 또는 회부된 政府의 政策에 관계되는 請願의 審査
16. 檢察總長·合同參謀議長·各軍參謀總長·國立大學校總長·大使 기타 法律이 정한 公務員과 國營企業體管理者의 任命
17. 기타 大統領·國務總理 또는 國務委員이 제출한 사항

第90條 ① 國政의 중요한 사항에 관한 大統領의 諮問에 응하기 위하여 國家元老로 구성되는 國家元老諮問會議를 둘 수 있다.
② 國家元老諮問會議의 議長은 直前大統領이 된다. 다만, 直前大統領이 없을 때에는 大統領이 指名한다.
③ 國家元老諮問會議의 組織·職務範圍 기타 필요한 사항은 法律로 정한다.

第91條 ① 國家安全保障에 관련되는 對外政策·軍事政策과 國內政策의 수립에 관하여 國務會議의 審議에 앞서 大統領의 諮問에 응하기 위하여 國家安全保障會議를 둔다.
② 國家安全保障會議는 大統領이 主宰한다.
③ 國家安全保障會議의 組織·職務範圍 기타 필요한 사항은 法律로 정한다.

第92條 ① 平和統一政策의 수립에 관한 大統領의 諮問에 응하기 위하여 民主平和統一諮問會議를 둘 수 있다.
② 民主平和統一諮問會議의 組織·職務範圍 기타 필요한 사항은 法律로 정한다.

第93條 ① 國民經濟의 발전을 위한 重要政策의 수립에 관하여 大統領의 諮問에 응하기 위하여 國民經濟諮問會議를 둘 수 있다.
② 國民經濟諮問會議의 組織·職務範圍 기타 필요한 사항은 法律로 정한다.

第3款 行政各部

第94條 行政各部의 長은 國務委員 중에서 國務總理의 提請으로 大統領이 任命한다.

第95條 國務總理 또는 行政各部의 長은 所管事務에 관하여 法律이나 大統領令의 委任 또는 職權으로 總理令 또는 部令을 발할 수 있다.

第96條 行政各部의 設置·組織과 職務範圍는 法律로 정한다.

第4款 監査院

第97條 國家의 歲入·歲出의 決算, 國家 및 法律이 정한 團體의 會計檢査와 行政機關 및 公務員의 職務에 관한 監察을 하기 위하여 大統領 所屬下에 監査院을 둔다.

第98條 ① 監査院은 院長을 포함한 5人 이상 11人 이하의 監査委員으로 구성한다.
② 院長은 國會의 同意를 얻어 大統領이 任命하고, 그 任期는 4年으로 하며, 1次에 한하여 重任할 수 있다.
③ 監査委員은 院長의 提請으로 大統領이 任命하고, 그 任期는 4年으로 하며, 1次에 한하여 重任할 수 있다.

第99條 監査院은 歲入·歲出의 決算을 매년 檢査하여 大統領과 次年度國會에 그 결과를 보고하여야 한다.

第100條 監査院의 組織·職務範圍·監査委員의 資格·監査對象公務員의 범위 기타 필요한 사항은 法律로 정한다.

第5章 法 院

第101條 ① 司法權은 法官으로 구성된 法院에 속한다.
② 法院은 最高法院인 大法院과 各級法院으로 組織된다.
③ 法官의 資格은 法律로 정한다.

第102條 ① 大法院에 部를 둘 수 있다.
② 大法院에 大法官을 둔다. 다만, 法律이 정하는 바에 의하여 大法官이 아닌 法官을 둘 수 있다.
③ 大法院과 各級法院의 組織은 法律로 정한다.

第103條 法官은 憲法과 法律에 의하여 그 良心에 따라 獨立하여 審判한다.

第104條 ① 大法院長은 國會의 同意를 얻어 大統領이 任命한다.
② 大法官은 大法院長의 提請으로 國會의 同意를 얻어 大統領이 任命한다.
③ 大法院長과 大法官이 아닌 法官은 大法官會議의 同意를 얻어 大法院長이 任命한다.

第105條 ① 大法院長의 任期는 6年으로 하며, 重任할 수 없다.
② 大法官의 任期는 6年으로 하며, 法律이

정하는 바에 의하여 連任할 수 있다.
③ 大法院長과 大法官이 아닌 法官의 任期는 10年으로 하며, 法律이 정하는 바에 의하여 連任할 수 있다.
④ 法官의 停年은 法律로 정한다.

第106條 ① 法官은 彈劾 또는 禁錮 이상의 刑의 宣告에 의하지 아니하고는 罷免되지 아니하며, 懲戒處分에 의하지 아니하고는 停職·減俸 기타 不利한 處分을 받지 아니한다.
② 法官이 중대한 心身上의 障害로 職務를 수행할 수 없을 때에는 法律이 정하는 바에 의하여 退職하게 할 수 있다.

第107條 ① 法律이 憲法에 위반되는 여부가 裁判의 前提가 된 경우에는 法院은 憲法裁判所에 提請하여 그 審判에 의하여 裁判한다.
② 命令·規則 또는 處分이 憲法이나 法律에 위반되는 여부가 裁判의 前提가 된 경우에는 大法院은 이를 最終的으로 審査할 權限을 가진다.
③ 裁判의 前審節次로서 行政審判을 할 수 있다. 行政審判의 節次는 法律로 정하되, 司法節次가 準用되어야 한다.

第108條 大法院은 法律에 저촉되지 아니하는 범위안에서 訴訟에 관한 節次, 法院의 內部規律과 事務處理에 관한 規則을 制定할 수 있다.

第109條 裁判의 審理와 判決은 公開한다. 다만, 審理는 國家의 安全保障 또는 安寧秩序를 방해하거나 善良한 風俗을 해할 염려가 있을 때에는 法院의 決定으로 公開하지 아니할 수 있다.

第110條 ① 軍事裁判을 관할하기 위하여 特別法院으로서 軍事法院을 둘 수 있다.
② 軍事法院의 上告審은 大法院에서 관할한다.
③ 軍事法院의 組織·權限 및 裁判官의 資格은 法律로 정한다.
④ 非常戒嚴下의 軍事裁判은 軍人·軍務員의 犯罪나 軍事에 관한 間諜罪의 경우와 哨兵·哨所·有毒飮食物供給·捕虜에 관한 罪중 法律이 정한 경우에 한하여 單審으로 할 수 있다. 다만, 死刑을 宣告한 경우에는 그러하지 아니하다.

第6章 憲法裁判所

第111條 ① 憲法裁判所는 다음 사항을 管掌한다.
1. 法院의 提請에 의한 法律의 違憲與否 審判
2. 彈劾의 審判
3. 政黨의 解散 審判
4. 國家機關 相互間, 國家機關과 地方自治團體間 및 地方自治團體 相互間의 權限爭議에 관한 審判
5. 法律이 정하는 憲法訴願에 관한 審判

② 憲法裁判所는 法官의 資格을 가진 9人의 裁判官으로 구성하며, 裁判官은 大統領이 任命한다.
③ 第2項의 裁判官중 3人은 國會에서 選出하는 者를, 3人은 大法院長이 指名하는 者를 任命한다.
④ 憲法裁判所의 長은 國會의 同意를 얻어 裁判官중에서 大統領이 任命한다.

第112條 ① 憲法裁判所 裁判官의 任期는 6年으로 하며, 法律이 정하는 바에 의하여 連任할 수 있다.
② 憲法裁判所 裁判官은 政黨에 加入하거나 政治에 관여할 수 없다.
③ 憲法裁判所 裁判官은 彈劾 또는 禁錮 이상의 刑의 宣告에 의하지 아니하고는 罷免되지 아니한다.

第113條 ① 憲法裁判所에서 法律의 違憲決定, 彈劾의 決定, 政黨解散의 決定 또는 憲法訴願에 관한 認容決定을 할 때에는 裁判官 6人 이상의 贊成이 있어야 한다.
② 憲法裁判所는 法律에 저촉되지 아니하는 범위안에서 審判에 관한 節次, 內部規律과 事務處理에 관한 規則을 制定할 수 있다.
③ 憲法裁判所의 組織과 운영 기타 필요한 사항은 法律로 정한다.

第7章 選擧管理

第114條 ① 選擧와 國民投票의 공정한 管理 및 政黨에 관한 事務를 처리하기 위하여 選擧管理委員會를 둔다.
② 中央選擧管理委員會는 大統領이 任命하는 3人, 國會에서 選出하는 3人과 大法院長이 指名하는 3人의 委員으로 구성한다. 委員長은 委員중에서 互選한다.

③ 委員의 任期는 6年으로 한다.
④ 委員은 政黨에 加入하거나 政治에 관여할 수 없다.
⑤ 委員은 彈劾 또는 禁錮 이상의 刑의 宣告에 의하지 아니하고는 罷免되지 아니한다.
⑥ 中央選擧管理委員會는 法令의 범위안에서 選擧管理·國民投票管理 또는 政黨事務에 관한 規則을 制定할 수 있으며, 法律에 저촉되지 아니하는 범위안에서 內部規律에 관한 規則을 制定할 수 있다.
⑦ 各級 選擧管理委員會의 組織·職務範圍 기타 필요한 사항은 法律로 정한다.

第115條 ① 各級 選擧管理委員會는 選擧人名簿의 작성등 選擧事務와 國民投票事務에 관하여 관계 行政機關에 필요한 指示를 할 수 있다.
② 第1項의 指示를 받은 당해 行政機關은 이에 응하여야 한다.

第116條 ① 選擧運動은 各級 選擧管理委員會의 管理下에 法律이 정하는 범위안에서 하되, 균등한 機會가 보장되어야 한다.
② 選擧에 관한 經費는 法律이 정하는 경우를 제외하고는 政黨 또는 候補者에게 부담시킬 수 없다.

第８章 地方自治

第117條 ① 地方自治團體는 住民의 福利에 관한 事務를 처리하고 財産을 관리하며, 法令의 범위안에서 自治에 관한 規定을 制定할 수 있다.
② 地方自治團體의 종류는 法律로 정한다.

第118條 ① 地方自治團體에 議會를 둔다.
② 地方議會의 組織·權限·議員選擧와 地方自治團體의 長의 選任方法 기타 地方自治團體의 組織과 운영에 관한 사항은 法律로 정한다.

第９章 經 濟

第119條 ① 大韓民國의 經濟秩序는 개인과 企業의 經濟上의 自由와 創意를 존중함을 基本으로 한다.
② 國家는 균형있는 國民經濟의 成長 및 安定과 적정한 所得의 分配를 유지하고, 市場의 支配와 經濟力의 濫用을 방지하며, 經濟主體間의 調和를 통한 經濟의 民主化를 위하여 經濟에 관한 規制와 調整을 할 수 있다.

第120條 ① 鑛物 기타 중요한 地下資源·水産資源·水力과 經濟上 이용할 수 있는 自然力은 法律이 정하는 바에 의하여 일정한 期間 그 採取·開發 또는 이용을 特許할 수 있다.
② 國土와 資源은 國家의 보호를 받으며, 國家는 그 균형있는 開發과 이용을 위하여 필요한 計劃을 수립한다.

第121條 ① 國家는 農地에 관하여 耕者有田의 원칙이 達成될 수 있도록 노력하여야 하며, 農地의 小作制度는 금지된다.
② 農業生産性의 提高와 農地의 合理的인 이용을 위하거나 불가피한 事情으로 발생하는 農地의 賃貸借와 委託經營은 法律이 정하는 바에 의하여 인정된다.

第122條 國家는 國民 모두의 生産 및 生活의 基盤이 되는 國土의 효율적이고 균형있는 이용·開發과 보전을 위하여 法律이 정하는 바에 의하여 그에 관한 필요한 제한과 義務를 課할 수 있다.

第123條 ① 國家는 農業 및 漁業을 보호·육성하기 위하여 農·漁村綜合開發과 그 지원등 필요한 計劃을 수립·施行하여야 한다.
② 國家는 地域間의 균형있는 발전을 위하여 地域經濟를 육성할 義務를 진다.
③ 國家는 中小企業을 보호·육성하여야 한다.
④ 國家는 農水産物의 需給均衡과 流通構造의 개선에 노력하여 價格安定을 도모함으로써 農·漁民의 이익을 보호한다.
⑤ 國家는 農·漁民과 中小企業의 自助組織을 육성하여야 하며, 그 自律的 活動과 발전을 보장한다.

第124條 國家는 건전한 消費行爲를 啓導하고 生産品의 品質向上을 촉구하기 위한 消費者保護運動을 法律이 정하는 바에 의하여 보장한다.

第125條 國家는 對外貿易을 육성하며, 이를 規制·調整할 수 있다.

第126條 國防上 또는 國民經濟上 緊切한 필요로 인하여 法律이 정하는 경우를 제외하고는, 私營企業을 國有 또는 公有로 移轉하거나 그 경영을 統制 또는 관리할 수 없다.

第127條 ① 國家는 科學技術의 革新과 情報

및 人力의 開發을 통하여 國民經濟의 발전에 노력하여야 한다.
② 國家는 國家標準制度를 확립한다.
③ 大統領은 第1項의 目的을 達成하기 위하여 필요한 諮問機構를 둘 수 있다.

第10章 憲法改正

第128條 ① 憲法改正은 國會在籍議員 過半數 또는 大統領의 發議로 提案된다.
② 大統領의 任期延長 또는 重任變更을 위한 憲法改正은 그 憲法改正 提案 당시의 大統領에 대하여는 效力이 없다.

第129條 提案된 憲法改正案은 大統領이 20日 이상의 期間 이를 公告하여야 한다.

第130條 ① 國會는 憲法改正案이 公告된 날로부터 60日 이내에 議決하여야 하며, 國會의 議決은 在籍議員 3分의 2 이상의 贊成을 얻어야 한다.
② 憲法改正案은 國會가 議決한 후 30日 이내에 國民投票에 붙여 國會議員選擧權者 過半數의 投票와 投票者 過半數의 贊成을 얻어야 한다.
③ 憲法改正案이 第2項의 贊成을 얻은 때에는 憲法改正은 확정되며, 大統領은 즉시 이를 公布하여야 한다.

부 칙

第1條 이 憲法은 1988年 2月 25日부터 施行한다. 다만, 이 憲法을 施行하기 위하여 필요한 法律의 制定·改正과 이 憲法에 의한 大統領 및 國會議員의 選擧 기타 이 憲法施行에 관한 準備는 이 憲法施行 전에 할 수 있다.

第2條 ① 이 憲法에 의한 최초의 大統領選擧는 이 憲法施行日 40日 전까지 실시한다.
② 이 憲法에 의한 최초의 大統領의 任期는 이 憲法施行日로부터 開始한다.

第3條 ① 이 憲法에 의한 최초의 國會議員選擧는 이 憲法公布日로부터 6月 이내에 실시하며, 이 憲法에 의하여 選出된 최초의 國會議員의 任期는 國會議員選擧후 이 憲法에 의한 國會의 최초의 集會日로부터 開始한다.
② 이 憲法公布 당시의 國會議員의 任期는 第1項에 의한 國會의 최초의 集會日 前日까지로 한다.

第4條 ① 이 憲法施行 당시의 公務員과 政府가 任命한 企業體의 任員은 이 憲法에 의하여 任命된 것으로 본다. 다만, 이 憲法에 의하여 選任方法이나 任命權者가 변경된 公務員과 大法院長 및 監査院長은 이 憲法에 의하여 後任者가 選任될 때까지 그 職務를 행하며, 이 경우 前任者인 公務員의 任期는 後任者가 選任되는 前日까지로 한다.
② 이 憲法施行 당시의 大法院長과 大法院判事가 아닌 法官은 第1項 但書의 規定에 불구하고 이 憲法에 의하여 任命된 것으로 본다.
③ 이 憲法중 公務員의 任期 또는 重任制限에 관한 規定은 이 憲法에 의하여 그 公務員이 최초로 選出 또는 任命된 때로부터 適用한다.

第5條 이 憲法施行 당시의 法令과 條約은 이 憲法에 違背되지 아니하는 한 그 效力을 지속한다.

第6條 이 憲法施行 당시에 이 憲法에 의하여 새로 設置될 機關의 權限에 속하는 職務를 행하고 있는 機關은 이 憲法에 의하여 새로운 機關이 設置될 때까지 存續하며 그 職務를 행한다.

1

헌법의 기초와 원리

선현(先賢)의 가르침을 배우고 쉼 없이 익히고 실천해 간다면 어찌 그 속에서 진정한 마음의 즐거움을 누리지 않을 수 있겠으며, 뜻이 맞는 동지(同志)가 먼 곳에서도 서로 공부가 좋아 찾아온다면 진정 즐거운 일이 아니겠는가. 그리고 세상 사람들이 나를 인정해 주지 않는다고 하더라도 그에 개의치 않고 원망하지 않을 수 있다면 진정 덕(德)을 완성한 사람이 아니겠는가.

[學而時習之不亦說乎, 有朋自遠方來不亦樂乎, 人不知而不不亦君子乎]

– 論語 –

제 1 편 헌법의 기초

제 2 편 헌법의 기본원리

제 3 편 한국헌법의 역사와 기본원리

제 1 편

헌법의 기초

공부는 거문고의 줄을 고루듯이 팽팽하고 느슨함이 알맞게 하여야 한다. 너무 애쓰면 집착하게 되고 잊어버리면 무명에 떨어지게 된다. 성성(惺惺)하고 역역(歷歷)하게 하면서도 차근차근 쉼 없이 하여야 한다.

-청허(淸虛) 휴정(休靜)

제 1 장 헌법의 개념과 본질

제 1 절 헌법의 개념

1. 국가법과 국가

[1] 제1 국 가 법

Ⅰ. 국가법의 개념

헌법의 개념을 이해함에 있어서는 먼저 「국가법」(國家法 Staatsrecht)에 대한 이해가 필요하다. 헌법의 영역에서 국가가 어떠한 자리를 차지하고 있으며, 헌법은 국가 이외에 무엇을 규율하고 있는지를 이해할 필요가 있기 때문이다. 헌법은 과거에 국가법과 동의어로 사용된 적이 있고 오늘날에도 종종 그렇게 사용하고 있기 때문에 헌법과 국가법을 구별하는 것은 헌법의 개념과 성격을 이해함에 있어 선결적인 과제이다.

국가법은 국가의 형태, 성질, 조직, 체계, 작용 등에 관한 법으로서, 국가에 관한 전체적인 법질서 가운데 중심 부분을 차지하면서 국가권력의 법적 근거와 행사에 대하여 규율하는 동시에 국가작용에 관한 나머지 하위법규범의 생성과 효력의 바탕을 이루는 법이다. 국가법은 추상적 · 일반적인 국가에 대한 법이 아니라 특정한 공동체에 존재하는 구체적 · 개별적인 국가에 관한 법이기 때문에 「국가법학」(國家法學 Staatsrechtswissenschaft)에서의 논의는 국가에 대한 일반적인 논의가 아니라 구체적인 특정 국가에 관한 법규범과 그의 해석에 대한 것이다. 이런 점에서 국가법학은 추상적 · 일반적인 국가에 대하여 논의하는 「국가학」(國家學 Staatslehre)과 비교하여 그 논의의 영역과 관심의 대상에서 서로 구별된다.

국가법은 현재 존재하는 국가를 전제로 하기 때문에 그 개념의 정의도 「존재하는 국가」에 의해 이루어진다. 따라서 국가법은 특정한 공동체의 구체적인 국가를 전제로 하는 법이다. 대한민국의 국가법도 대한민국이라는 공동체에 현재 존재하는 국가에 대한 법이다. 이런 점에서 모든 국가는 공간과 시간에 의해 규정되는 정치적 · 경제적 · 사회적 · 문화적 · 기술적 · 정신적인 관계 및 표상과 뗄 수 없게 되어 있는 자신의 국가법을 가진다.

그런데 국가는 시간과 삶의 환경이 변화함에 따라 변하기 때문에 고정된 불변의 것으로 존재할 수 없다. 특히 오늘날 국가는 과거의 국가와 비교하여 기능과 역할에서 빠른 속도로 변화를 거듭하고 있기 때문에 국가법도 이에 따라 변하고 있으며, 나라에 따라 그 변화의 양상도 다르게 나타난다. 국가법은 변화하는 이러한 국가를 전제로 하기 때문에 그 논의의 내용도 변화할 수밖에 없다.

국가법의 영역에서는 국가학의 전통적 주제에 속하는 국가의 개념, 본질, 목적, 정당성 등에 대한 논의는 상대적으로 그 중요성이 크지 않다. 국가법학도 국가철학적인 논의나 정치철학적인 논의와 연관을 가지기는 하지만, 이 문제를 중심 주제로 다루지는 않는다. 이런 점에서 국가법학과 국가학은 구별된다. 그러나 국가법학이 현재 존재하는 국가를 전제로 하는 학문이라고 하더라도 오로지 현재 존재하는 국가법에만 논의를 한정하는 것은 아니다. 헌법학이 그렇듯이, 국가법학에서도 「현재 있는 국가법」을 전제로 논의하되, 이와 관련된 국가학, 국가이론, 국가철학, 정치철학 등의 논의들도 충분히 수용할 필요가 있다.

II. 국가법과 국제법

「국가법」은 특정한 공동체의 국가에 관한 법이다. 「국제법」(international law)도 국가에 관한 법이기는 하지만 국가들간의 관계를 규율하는 법이다. 국제법에서도 국제법의 주체(主體 subject of international law) 또는 법인격자(法人格者 international legal person)의 문제에서 국가만을 국제법의 주체로 인정하는 견해, 국가 이외에 개인을 넓게 또는 한정적으로 국제법의 주체로 인정하는 견해가 있어 국제법이 국가에 관한 법이냐 하는 점에 대해서는 논란이 있으나, 국가를 국제법의 주체로 인정하는데는 일치하고 있다. 따라서 국가는 전형적이고 생래적 · 본원적인 국제법의 주체이고, 국제법은 이런 국가들간의 관계에 관한 법이다.

국제법상 국제법의 주체는 자기 이름으로 국제법에 의거하여 권리를 보유하고 행사하거나 의무를 부담할 수 있는 능력을 가진 실체를 말한다. 오늘날 국제법에서는 과거와 달리 국가가 아닌 실체들(non-state entities), 즉 국제기구(international organization), 망명정부(亡命政府 government in exile), 혁명단체나 민족해방단체와 같은 조직된 민족(national liberation movements), 개인이나 비정부단체(non-government organization)와 같은 다양한 실체들이 제한적이나마 국제법상 법인격을 인정받기에 이르렀기 때문에 국가만이 국제법의 주체라고 하기는 어려워지고 있다.

[2] 제2 국　가

Ⅰ. 국가의 개념

(1) 개　설

「국가의 권리와 의무에 관한 몬테비데오협약」(Montevideo Convention on the Rights and Duties of States 체결: 1933. 12. 26., 발효: 1934. 12. 26.)은 국제사회에서 국제법상 국가로 인정받기 위해서는 i) 항구적으로 살고 있는 주민(permanent population), ii) 일정한 영역(defined territory 넓은 의미의 영토), iii) 주민과 영역을 통치하는 정부(government), iv) 다른 국가들과 관계를 맺을 수 있는 능력(capacity to enter into relations with the other states)을 가져야 한다고 한다(동협약 §1).

국제법분야의 논의에서 주민, 영역, 정부 이외에 대외적인 문제를 처리하는 능력을 제4의 요소로 파악할 것인가 아니면 이런 능력까지 정부의 요소에 포함된다고 할 것인가 하는 것은 학설상의 문제로 남아 있지만, 국가법에서는 국가의 기본적인 구성요소로서 「국민」(國民 Staatsvolk), 「영역」(領域 Staatsgebiet), 「국가권력」(國家權力 Staatsgewalt)을 든다. 국가의 구성요소로서 이러한 3가지 요소를 드는 것은 전통적으로 인정되어온 「국가 3요소이론」(Drei-Elemente-Lehre)의 중심내용이다(예: G. Jellinek의 3요소이론). 이에 의하면, 국가라는 것은 일정한 영역과 그 영역에서 살고 있는 주민과 이를 다스리는 배타적인 국가조직과 국가권력(=통치권)을 가지고 있는 공동체라고 정의한다. 즉, 국가는 지구상의 특정한 영역에서 고권적(高權的) 통치권력에 의해 지배를 받으면서 일정한 목적에 의해 질서가 형성된 사회공동체에 살고 있는 주민들에 의해 결합된 조직체이다.

국제법상 「다른 국가들과 관계를 맺을 수 있는 능력」(capacity to enter into relations with the other states)은 국가가 조약의 체결이나 외교사절의 교환과 같은 대외관계를 자주적으로 처리하는 능력을 말하는데, 외교능력이라고도 한다. 국제법의 관점에서 보면, 이러한 외교능력은 국가의 권리능력을 구성하는 하나의 독립적인 요소로 파악할 수는 있으나, 헌법에서 이러한 능력은 국가작용의 하나에 해당되므로 국가를 구성하는 3요소 가운데 하나인 국가권력에 포함시켜도 무방하다.

국가(國家)라는 용어는 영어 state, 프랑스어 état, 독일어 Staat, 이탈리아어 stato로 표기되는 말의 번역어이다. 이 말은 라틴어 status에서 유래하는 것으로 원래는 사물의 어떠한 상태를 뜻하는 말이었다. 이런 말이 헌법학, 국가학, 정치학에서 사용하는 국가라는 의미를 가지기 시작한 것은 유럽에서 근대 초기 절대주의국가가 형성되던 시기라고 본다. J. Bodin은 「국가론」(Six livres de la République 1576)에서 République라는 용어를 사용하기도 했다. T. Hobbes는 「리바이어던」(Leviathan 1651)에서 state, commonwealth, republic이라는 용어를 사용했다. A. Smith는 「국부론」(國富論 An Inquiry into the Nature and Causes of the Wealth of Nations 1776)에서 nation이라는 용어를 사용했다. 동양에서는 중국의 고전에서 일찍부터 나라를 지칭하는 말로 「國」이라는 용어가 사용되었다. 서양의

state라는 개념이 동양에서 오늘날의 의미로 수용되던 시기에 일본국에서는 「國」, 「國家」 또는 「政府」로 번역되어 사용되었다. 「英和對譯袖珍辭書」(1862)와 福澤諭吉,「西洋事情」(1866)에서는 「國家」, 「國」으로 일컬었다. 우리나라에서는 1883년 창간한 「漢城旬報」, 1886년 창간한 「漢城週報」, 1896년 창간한 「독립신문」 등에서 우리말 '나라'라는 말과 동시에 「國家」라는 용어를 사용하였다. 이승만(李承晩)이 1901년에서 1903년 사이에 저술한 「독립정신」에는 이미 국가의 개념, 성격, 기능, 형태에 대한 오늘날과 같은 수준의 인식이 나타나 있다. 국가학에 관한 최초의 단행본인 羅瑨/金祥演(譯述), 「國家學」(1906)에서도 국가라는 말이 정착되었으며, 그 이후 국가에 관한 저술에서 널리 통용되었다. 1906년 6월 8일 「皇城新聞」에서는 헌법과 국가에 관하여 이미 출간된 저술로 萬國憲法比較, 國憲汎論, 憲法要義, 憲法精理, 萬國憲法志, 憲政論, 國家學綱領, 國家學原論, 共和政體論, 政治學全編, 議會政黨論, 泰西各國政治論, 歐美政體通覽, 警察學全書, 國際公法大綱 등이 있음을 알렸다.

(2) 국가 구성의 3요소

(a) 국 민

국가의 구성요소인 국민(國民)은 공동체에 항구적으로 정주(定住)하고 있는 주민(住民)을 말하며, 해당 국가의 국적을 취득하여 공동체를 형성하는데 참여하고 있는 인간집단을 의미한다. 항구적인 주민인가 아닌가 하는 것은 그 영역 내에 거주하는가의 여부에 의해 결정되는 것이 아니라 해당 주민이 동의한 바에 의한 국적(國籍)으로 정해진다(주관주의). 어떤 지역에 다른 나라의 국적을 가지고 있는 사람들이 모여 살고 있다고 하더라도 그 지역은 국가가 되지는 못한다.

국가의 구성요소인 국민이 국적을 기준으로 정해진다고 볼 때, 외국인은 자기가 속한 나라의 국적을 가지고 있기 때문에 그가 현재 정주하고 있는 국가의 구성요소가 될 수 없다. 그런데 오늘날 사람들의 활동에서 국가간의 국경이 장벽이 되지 않고 점차 외국에서 정주하는 경우가 많아지면서 정주외국인(定住外國人)과 일반외국인(一般外國人) 사이에 법적인 지위에서 차이가 있는가 하는 것이 문제로 등장하고 있으며, 일반외국인과 비교하여 정주외국인에 대하여 특별히 취급하는 나라도 있다.

공직선거법은 지방의회의원과 지방자치단체의 장의 선거에서 일정한 정주외국인, 즉 「출입국관리법」 제10조(체류자격)의 규정에 따른 영주의 체류자격 취득일 후 3년이 경과한 19세 이상의 외국인으로서 제37조 제1항의 선거인명부작성기준일 현재 「출입국관리법」 제34조(외국인등록표등의 작성 및 관리)의 규정에 따라 해당 지방자치단체의 외국인등록대장에 올라 있는 사람에 대하여 선거권을 부여하고 있다(동법 §15②iii). 영주의 체류자격은 「출입국관리법 시행령」 제12조에서 정하고 있다.

(b) 영　역

국가의 구성요소인 영역(領域)은 지구상 일정한 범위를 차지하는 지역적 공간을 의미한다. 이러한 공간은 정주하는 주민이 생활하는 데 있어 필수불가결한 것이다. 이 영역에는 영토(領土)의 지표와 지하공간, 영공(領空), 영해(領海)가 포함된다. 영역은 반드시 국경이 엄밀하게 획정(劃定)되어 있어야 하는 것은 아니며, 지리적으로 반드시 연속되어 있어야 하는 것도 아니다. 주민이 형성한 공동체가 실효성을 가지는 지배권을 계속적으로 행사하는 확정적인 지역이면 된다.

독립 국가는 이러한 「영역고권」(領域高權)에 근거하여 자기 영역 내에 있는 외국인이나 무국적자의 지위를 결정한다. 자기 국민과 비교하여 외국인이나 무국적자에 대하여 어떠한 지위를 인정할 것인가 하는 것은 해당 국가의 영역고권에 의하여 결정된다. 외국인의 경우에 자기 모국의 법에 의하여 보장되는 지위가 있지만, 특정 나라에 입국한 경우에는 원칙적으로 해당 국가의 영역고권에 의하여 지배를 받는다. 외국인의 권리나 외국인과 내국인간의 평등대우 문제는 특별한 사유가 없는 한 권리나 의무의 성질에 의하여 선험적으로 정해지는 것이 아니고 해당 국가의 영역고권에 의하여 정해진다. 어떤 나라가 영역고권을 제한하는 국제조약에 가입한 경우에는 해당 조약에 의하여 영역고권이 제한되고, 이에 따라 외국인이나 무국적자의 지위를 정함에 있어 제약을 받을 수 있다.

영역의 개념

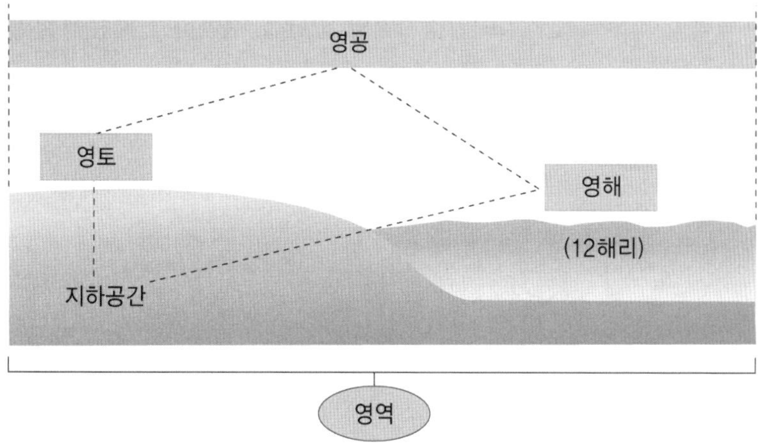

(c) 국가권력=주권적 지배력

국가의 구성요소인 국가권력(國家權力=統治權)은 주민과 영역에 대한 본원적이고 무제한적인 주권적 지배력(Herrschaftsmacht)을 말한다. 통치권이 국민에게 미치는 경우에 「대인고권」(對人高權 Personalhoheit)으로 나타난다. 대인고권은 자기 나라의 국적을 가지고 있는 국민에 대해서는 다른 국가의 국가권력이 미치지 못하고 오직 해당 국가의 국가권력이 지배권을 가지는 것을 말한다. 「영역고권」(領域高權 Gebietshoheit, Territorialhoheit)은 영역에 대한 영유권(領有權)과 처분권(處分權 dominium)을 의미하며, 한 나라가 타 국가의 간섭 없이 자기 영역 내의 모든 사람과 일체의 사물에 대하여 미치는 배타적인 힘(imperium)을 의미한다. 대인고권과 영역고권은 「대내적 주권」(對內的 主權)의 내용을 이룬다.

이런 국가의 지배력은 국가로 하여금 구속적인 규율이나 명령을 일방적으로 행할 수 있게 하고, 강제력을 행사할 수 있게 하는 힘을 의미한다. 주민이나 영역은 사실적인 것임에 비하여, 국가권력은 본원적 지배력으로서 주민과 영역에 대하여 효과적으로 통치할 수 있는 규범적 실효성(實效性)을 가지는 것이다. 국가의 지배력은 국민 이외에 어떠한 타 존재로부터도 파생되는 것이 아니라는 의미에서 본원적인 것이다. 이런 국가권력은 헌법에 의하여 구체화되고 규범화되어 통치권력으로 작용하는데, 이런 의미에서 국가권력은 헌법에 의해 창설된다.

국가권력의 효력에 의하여 지표상의 일정한 지역은 특정 국가의 영역으로 되고 그 지역에 정주하는 주민은 특정 국가의 국민이 된다. 국가의 구성요소 중 국민이나 영역의 문제는 사실의 문제이어서 판단하기가 용이하지만, 국가권력의 문제는 그 실효성과 관련하여 구체적인 경우에 법적 또는 정치적인 판단을 수반하기 때문에 판단하기 쉽지

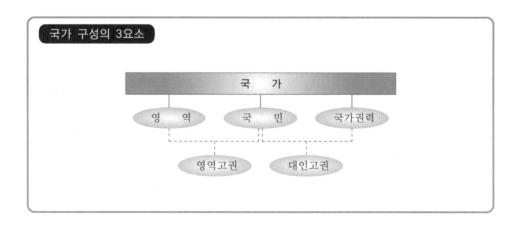

국가 구성의 3요소

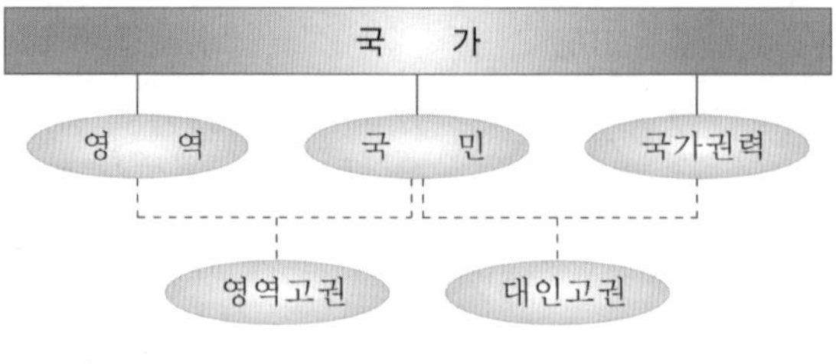

않다. 국민과 영역에 대한 국가적 지배력은 다른 국가에 대해서 대외적인 독립성을 가진다. 따라서 한 나라의 국가적 지배력이 미치는 부분에 대해서는 다른 국가의 지배력이 미치지 않는다.

국가권력이 이러한 지배력을 의미한다고 하여 국내적으로 국가와 국민간의 관계에서 국가가 국민보다 우위에 있거나 국가가 국민보다 선재(先在)하는 것은 아니다. 국가의 지배력은 국가가 국가 내에 존재하는 대상에 대하여 효과적으로 규율하는 힘을 말하기 때문에 국가권력의 원천이나 정당성과는 다른 것이다. 오늘날 국민주권원리에 의할 때, 국가권력의 원천은 국민이고, 국가권력의 정당성도 국민적 정당성(=민주적 정당성)이지 않을 수 없다.

《주권의 문제》

주권(主權 sovereignty, Souveränität, souveraineté)이 국가의 구성요소에 해당하는가 하는 문제가 있다. 주권이라는 말은 자주 개념에 대한 정확한 정의가 없이 사용되어 그 의미와 내용이 애매하지만, 국제법적으로는 국가의 법적 독립성과 배타적인 최종적 결정권능과 관련하여 주권이라는 말이 사용된다. 근대 국제법에서는 국제법질서보다 각 국가가 우위에 있다는 것을 나타내기 위하여 주권이라는 말이 사용되기도 하였고, 각 국가가 국제법상의 의무를 면하기 위한 논리로 주권이라는 것이 동원되기도 하였다. 그러나 오늘날 국제법질서에 있어서는 국가의 의사를 초월한 강행법규(强行法規 jus cogens)의 존재가 인정되고 있을 뿐 아니라, 개별 국가들은 국제법질서 아래에 놓이게 되고, 「국제인권규약」(1966년) 등과 같이 초국가적으로 규범력을 가지는 국제법규범이 등장하면서, 국가도 의무를 지고 이러한 의무의 불이행에 대해서는 국제법적인 제재(制裁)가 가해지게 되었다. 따라서 과거에 국가는 국제법규범과 국제법질서에 복종하지 않는다는 의미로 사용되기도 했던 주권이라는 개념은 더 이상 통용되기 어렵게 되었다. 그러나 국가의 구성요소에 해당하는 국가권력이 그 본원적인 지배력에 따라 대외적 독립성과 최종적 결정권능을 가지는 이상, 국제법상으로도 이런 요소가 침해될 수는 없고, 이러한 부분을 국제법상 「국가주권」이라고 한다면, 주권이라는 용어는 아직도 실익이 있는 개념이라고 볼 수 있다. 국제법상 인정되는 주권은 「대외적 주권」(äußere Souveränität)과 「대내적 주권」(innere Souveränität)으로 나뉘는데, 대외적 주권은 주권적 평등과 주권적 자유를 핵심 내용으로 하고, 대내적 주권은 국민에 대한 배타적 지배권인 대인고권과 영역에 대한 배타적 지배권인 영역고권을 핵심내용으로 하고 있다. 대외적 의미의 주권은 통상 국제사회나 국제관계에 따라 국가간의 권리의무관계를 규율하는 국제법규범에 의하여 제약될 수 있다. 대내적 의미의 주권은 위에서 본 바와 같이, 국가권력을 주권의 면에서 볼 때 뜻하는 말이다. 독립국가의 국가권력을 주권의 면에서 보면 성질상 국제법적인 주권의 개념으로 파악되는 것이지만, 일상적으로는 국가권력과 주권이라는 용어를 동일한 개념으로 사용하지 않기 때문에 이를 구별하여 사용하기도 한다. 이러한 경우에는 국제질서 속에서 독립국가로 되려면 주민(population), 영토(territory), 정부(government), 주권(sovereignty)이 그 구성요소로 요구된다고 서술할 수 있다.

II. 국가의 본질

(1) 정치사회로서의 국가

국가를 영역, 국민, 국가권력이라는 3요소로 이루어지는 개념이라고 할 때는 국제법상의 국가를 의미한다. 다른 한편으로 정치사회학적인 측면에서 보면 국가는 이러한 요소들이 작용하는 공동체를 의미한다. 이 경우에는 국가와 사회는 범위에 있어서 동일한 것으로 존재한다.

사적 이익(=사익 private interest)과 대비되는 공적 이익(=공익 public interest) 또는 국가이익(=국익 national interest)이 존재하는 경우에 있어서 국가는 사회와 별개로 존재하는 것이 아니라 사회를 의미한다. 이러한 맥락에서 보면, 공동체의 안전을 보장하는 헌법 제37조 제2항의 「국가안전보장」이라는 문언에서 말하는 국가도 대한민국이라는 사회, 즉 공동체를 의미한다. 이러한 경우에 국가는 사회와 동일한 의미를 가진다. 국민(people)이라는 개념도 특정 국가의 국적을 보유하고 있는 사람이라는 의미에서는 외국인이나 무국적자와 구별되지만, 그 소속 영역과 크기에서는 사회의 구성원을 의미한다.

(2) 정치권력체로서의 국가

이와 달리 공동체의 존속·유지와 그 구성원의 자유·권리를 실현하는 공적 강제력의 메커니즘으로 파악되는 국가(정치권력체로서의 국가)는 보다 좁은 의미이며, 이는 정부(government)를 의미한다. 국가를 정부의 의미로 사용하는 경우에는 국가와 사회는 동일하지 않으며, 국가는 강제의 메커니즘이고 사회는 자율의 메커니즘으로 이해된다. 헌법학에서 권력체로서의 국가라고 하는 경우는 대부분 공권력의 메커니즘인 정부를 의미한다.

국가를 정부의 의미로 파악하는 경우에 국가의 본질은 권력(power)이라는 점에 있다. 국가가 권력적 속성을 지니고 있지 않으면 더 이상 국가가 아니다. 권력이라 함은 타자가 무엇을 하고자 하는 의지를 좌절시키는 힘을 의미하는 강제력인데, 국가의 권력은 사적인 것이 아니라는 점에서 공적 강제력(=공권력)을 뜻한다.

헌법에서 정하고 있는 통치메커니즘인 국가는 이러한 공적 강제력으로서의 통치권력의 메커니즘을 의미한다(예: 현행 헌법 제3장~제8장).

《강제력으로서의 국가》

정치학이나 사회과학에서 전개되는 국가와 사회에 대한 논의에서 국가의 본질은 '폭력'(暴力 violence)이라고 규정하는 견해를 발견할 수 있다. 자연상태에 있는 인간에 대하여 어떤 영향력을 행사하여 인간으로 하여금 자기가 원하지 않는 것을 하도록 강제하는 힘을 폭력이라고 규정하고, 이러한 폭력은 불필요하거나 특별한 경우에만 인정할 수 있는 '필요악'(必要惡 necessary evil)이라고 한다. 이러한 경우에는 인간은 아무런 영향력도 받지 않고 자유의지에 의하여 자기가 원하는 대로 사는 것이 선이라고 하는 관점을 전제로 한다. 따라서 이때 사용하는 폭력이라는 개념은 가치판단에서 부정적인 가치를 가진다. 그런데 인간이 자연상태(自然狀態 state of nature)에서 초원의 양들처럼 사는 것은 가능하지도 않고 인간으로 살아가는 데 바람직하지도 않다는 것이 증명되면서 인간은 국가를 형성하여 살게 되었고, 이때 국가는 인간의 안전과 평화, 행복한 삶의 영위를 실현하게 해주는 공동체메커니즘으로 인정되는 것이었다. 그리고 국가가 인간의 삶을 위하여 이러한 본연의 역할을 할 수 있기 위해서는 그 범위 내(즉 공적 영역)에서 강제력 즉 무엇을 가능하게 만드는 힘을 필수적으로 가져야 한다는 결론에 도달하였다. 여기서 그 강제력 또는 힘을 권력이라고 하고, 이는 인간의 사적인 자율영역에는 인정되지 않고 공동선을 실현하는 공적 영역에만 한정되어 인정되기 때문에 공적 권력이라고 한다. 강제력을 본질로 하는 공적 권력 그리고 그 권력체로서의 국가는 이렇게 정당화되기 때문에 국가의 본질을 '폭력'이라고 규정하는 것은 잘못된 것이고, 국가를 '필요악'이라고 하는 것도 잘못된 것이다. 인간의 현실적인 삶에서는 자연상태야말로 폭력이 난무하는 것을 막을 방법이 없고 국가야말로 폭력을 방지할 수 있는 유일한 메커니즘이 된다. 그런데 이러한 강제력을 본질적 요소로 하는 국가가 원래의 역할을 하지 않고 그것이 남용되거나 오용되는 경우에는 인간의 자유와 권리, 행복한 삶을 침해하기 때문에 이때는 공적 권력으로 정당화되지 못하며, 그야말로 폭력으로서 나타나며 국가는 폭력성을 띠게 된다. 이때는 헌법적으로 볼 때, 불법국가(不法國家)로 되기 때문에 헌법상 허용되지 않는다. 헌법은 바로 국가가 본래의 역할을 하는 공적 권력체로 작동할 수 있게 정하는 동시에 어떠한 경우에도 폭력성이 출현하는 것을 부정 · 금지하고 있다.

Ⅲ. 국가의 목적과 책무

국가(=정부)는 공동체가 존속하고 안전하게 유지되며, 공공재(公共財) 또는 필요재(必要財)를 제공하고 개인의 자유와 권리를 보장하여 공동체의 구성원이 각자 자기의 행복을 추구하고 개성을 실현할 수 있도록 하는 수단으로 존재하는 강제력의 메커니즘이다. 이러한 공적 강제력은 공동체의 존속 · 유지와 그 구성원의 행복추구 및 개성실현이라는 목적을 달성하기 위한 수단일 뿐 아니라, 자율적인 사회공동체에서 발생하는 사적 권력이 공동체의 안전과 구성원의 행복추구를 침해할 수 없도록 하기 위한 도구이기도 하다. 따라서 국가는 이러한 목적을 달성하기 위한 수단으로서만 정당화되며, 자기 스스로 목적이 되는 자기목적적인 존재가 아니다.

이러한 국가의 본질적 목적과 책무에 비추어 보면, 국가는 어떠한 경우에도 공동체와 그 구성원(=주민)을 국가의 수단으로 삼을 수 없고, 국가에 종속되게 할 수 없다. 우리 헌법도 현대 입헌주의국가의 헌법과 마찬가지로 이러한 성격을 가진 국가를 상정하고 있다.

《국가주의에서의 국가와 국민》

근대 국민주권주의로 이행하기 전에는 군주주권주의와 국가주권주의가 사회를 지배하는 이념으로 존재하였다. 여기서는 군주가 곧 국가이기도 했는데, 국가(=군주)가 절대적인 지위에 있고 국민은 그에 종속된 도구에 불과했다. 오늘날 국민주권주의에서 보면 주객이 전도된 것이었다. 따라서 여기서는 국가주의적 정당성, 군주주의적 정당성이 통치의 정당성을 유지하고 있었기 때문에 인간의 자유와 권리, 인간적 존엄, 행복 등은 독자적으로 존재할 수 없고 국가(=군주)가 은혜로 베풀어주는 경우에만 인정되는 것이었다. 국가주권주의를 정당화한 국가이론중 하나가 「국가유기체설(organic state theory, state organism)」이다. 국가도 인간과 같이 생명을 가지고 있는 유기체라고 설정하고, 이 유기체가 살아 활동하기 위해서는 인체의 두뇌, 호흡기관, 각 신체기관과 같은 각 기관이 작동하듯이 국가도 이런 기관이 작동하여야 존속·활동할 수 있다고 하며, 이런 국가의 기관을 구성하는 것이 국민이라는 것이다. 국민은 국가의 두뇌에 해당하는 기관과 산업, 노동, 전쟁 등을 수행하는 각 기관에 배정되어 국가를 위하여 복무하는 존재라는 것이다. 국가가 목적적 존재이고 국민은 각기 국가기관에 속하여 국가에 종속된 존재이다. 유기체라는 '의인화의 착시적 조작'을 통하여 국가를 인간과 같은 유기체인양 착각하게 조작해낸 도그마로 황당하기 그지없는 궤변이다. 이러한 국가주권주의 또는 군주주권주의의 정당성의 체계는 근대 국민국가로 이행하면서 완전히 부정되었을 뿐만 아니라 그와 관련된 이론이나 학설은 폐기된 지 오래되었다. 그런데 우리 역사에서는, 일본국이 조선을 침탈하여 36년 동안 식민지로 지배하였고, 이 기간 동안 일본국이 군주 즉 천황(天皇)이 곧 국가이고 절대적인 존재라는 국가절대주의 내지 천황절대주의에 기반하여 식민지 조선을 통치하였다. 국민은 주권을 가진 천황이 다스리는 나라 즉 황국(皇國)의 종인 신민(臣民)에 불과한 존재였다. 그리하여 천황이 죽으라고 명령하면 국민은 당연히 죽어야 하는 존재였다. 이렇게 국민을 광기의 전쟁 속으로 몰아넣었고, 이 과정에서 조선의 주민도 엄청나게 희생되었다. 이러한 시대를 지나면서 우리나라에도 국가주권주의, 국가절대주의, 국가우위주의의 진한 그림자가 오랫동안 드리워졌다. 특히 천황주권주의(天皇主權主義) 즉 천황절대주의를 내세운 군국주의(軍國主義)세력들이 세계 전쟁을 도발하여 한반도가 그 전쟁에 휘말리고 동원되면서 일본국이 스스로 초래한 '위기국가'(危機國家)의 시대에 국가우월주의는 최고도로 기승을 부렸고, 대한민국이 건국된 이후에도 우리나라에서 오랫동안 독재와 권위주의통치가 극복되지 못하면서 과거에 팽배했던 국가주의적 요소가 아직도 우리 사회에 남아 있다. 이러한 것이 우리 사회에서 완전히 청산되어야 국민주권주의에 기반한 국민의 국가를 실현할 수 있다. 오늘날 국민주권주의에 기반한 국가에서는, 전쟁이 발생한 공동체의 위기 상황에서 국민이 희생을 감수하면서 자기 공동체를 지켜야 하는 것은 그 공동체에 살고 있는 모든 국민의 생존과 자유로운 삶을 지키기 위한 것이지 공동체나 국가 그 자체를 지키기 위한 것이 아니다. 전쟁의 상황에서도 국가는 위기관리국가로 작동하는 것이며, 위기를 이유로 국가가 목적이 되고 국민이 수단으로 바뀌는 것은 아니다. 이러한 국가위기 상황에서 국가가 어떻게 작동하여야 하는지는 국민이 정하는 헌법에서 규정할 성질의 사항이며, 우리 헌법도 국가위기사태를 극복하기 위한 국가의 역할과 기능에 대하여 정하고 있다.

Ⅳ. 사회와 국가

국가(=정부 state)는 공적 강제력의 메커니즘이기 때문에 타율적인 것이며, 이런 점에서 자율을 본질로 하는 사회(=사회공동체 society)와 구별된다(국가와 사회의 이원론 dualism). 인간은 국가를 창설하기 이전에 자연인인 개인으로서 존재하며, 이러한 개인들이 모여 자율적인 사회를 구성하고, 그 일원으로 각자 자기의 삶을 영위한다. 그러나 사회에는 다른 공동체나 내부 구성원의 공격에 의하여 소멸되거나 해체될 수 있는 위험이 상존하고, 사적 권력의 발생으로 인하여 사회의 자율성이 강자의 의지에 의해 지배되는 현상이 발생하기도 한다. 이 경우에는 사회가 자율성을 상실하고 그 구성원도 타자의 지배를 받는 타율의 메커니즘 속에 처해질 위험이 있다. 국가는 구성원들이 살고 있는 공동체가 존속·유지될 수 있도록 이러한 위험에 대비하고, 공동체 내에서 사적 권력의 발생과 이로 인하여 사회의 자율성이 상실되는 것을 방지하는 역할을 한다(國家性).

이러한 국가는 그 실제에서 권력의 작용·행사로 나타나기 때문에 이에는 일정한 규칙에 의할 것이 요구된다. 그래서 국가권력은 규칙에 따른 것이어야 하는바, 이것을 법치라고 한다(法治性). 근대 국가에 들어오면서 국가권력이 국민이 정한 헌법을 최정점으로 한 법치에 바탕을 두고 행해지는 것을 입헌주의(立憲主義 constitutionalism)라고 부르게 되었다.

이러한 점에서 공동체에 있어 국가는 사회보다 좁은 개념이며, 인간의 자율영역은

사회와 국가

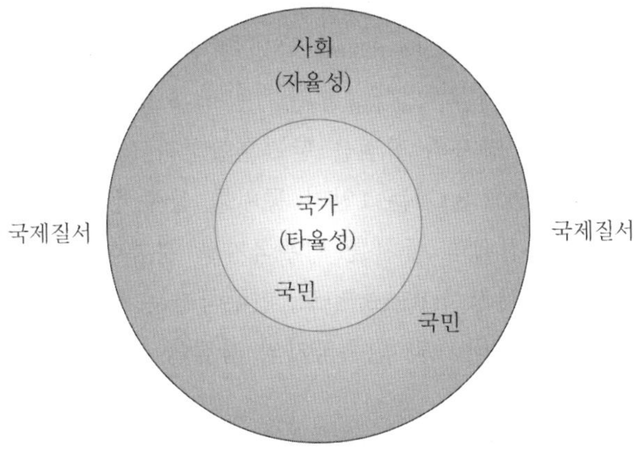

국가보다 훨씬 광범하다. 국가의 타율 메커니즘은 필요최소한으로 존재하고 그에 합당하게 기능해야 한다. 자율을 바탕으로 형성되는 시장에 대한 국가의 개입이 시장의 실패(market failure)가 심각할 경우에 한하여 허용되는 것도 이러한 이유 때문이다. 이와 같이 사회에 대한 국가의 작용은 보충적인 것이며(補充性의 原理 Prinzip der Subsidiarität), 자율에 기초하여 공동체가 유지되고 그 구성원의 삶이 영위될 수 있는 한 국가의 개입이나 간섭은 금지된다.

국민(people)은 본질적으로 자율적인 사회의 구성원으로 존재하기 때문에 국가가 그 목적을 달성하기 위해 강제력을 바탕으로 규율하는 범위 내에서만 국가에 의해 규율된다. 따라서 국민은 국가에 종속되어 있는 것이 아니라 사회의 구성원으로 존재한다.

[3] 제3 국가형태

Ⅰ. 개 념

국가형태란 국가의 성질, 구조, 체계에 의해 정해지는 통일된 정치적 일원체(一元體)의 유형을 말한다. 국가형태를 파악하는 경우에는 i) 국가의 구조, 조직, 성격, 작용 등에 대하여 헌법이 정하고 있는 국가형태를 이해하는 정태적인 이해와 ii) 헌법에 정해져 있는 국가형태 이외에 현실에서 국가의 작용에 의해 나타나는 국가형태를 이해하는 동태적인 이해가 있다. 동태적인 이해에 따르면, 일정한 시기 동안에는 헌법이 정하고 있는 국가형태가 존재하다가 다른 시기 동안에는 헌법상의 국가형태와는 다른 국가형태가 존재할 수 있다.

Ⅱ. 국가형태론에서의 기본 유형

국가형태에 관하여 고대의 Herodotus(485?-425? B.C.)는 통치자의 수를 기준으로 1인통치(monarkhia), 소수통치(oligarkhia), 국민전체의 통치(demokratia)로 나누었고 (oligarkhia와 demokratia는 Herodotus에게서 나타나고, monarkhia는 그 이전에 나타났다. 이러한 3분법은 Isocrates, Pindaros에게서도 나타났으며, Aristoteles에 이어졌다), Platon(427-347 B.C.)은 군주국가와 민주국가로 분류한 다음 양자의 장점을 딴 「혼합국가」(混合國家 mixed government)를 구상하였다. Aristoteles(384-322 B.C.)는 1인의 통치를 군주국가, 우수한 소수의 통치를 귀족국가(=賢人國家), 국민 전체의 통치를 민주국가로 분류하고, 군주국가는 폭군정치(暴君政治)로, 귀족국가는 과두정치(寡頭政治)로, 민주국가는 중우정치(衆愚政治)로 변질될 위험이 있다고 하였으며, 귀족국가와 민주국가의 장점을 모은 혼합국가를 최선의 통치로 파악하였다.

이러한 국가형태의 분류는 국가권력을 누가 보유하고 있는가 하는 것을 기준으로 한 것이다. Aristoteles의 이러한 분류는 중세에도 이어져 내려왔고, 3가지 국가의 장점이 모두 혼합된 혼합국가를 추구하는 양상도 나타났다(예: 로마의 Cicero(106-43 B.C.); 중세의 Thomas Aquinas(1225-1274), Niccolò Machiavelli(1469-1527)). 국가형태의 분류에 대해서는 오늘날까지도 합의된 것이 없고, 필요에 따라 다양한 기준에서 분류되고 있다.

Ⅲ. 군주국가와 공화국가

「군주국가」(君主國家)는 군주주권에 입각하여 세습적인 군주에 의해 통치되는 국가를 의미하고, 「공화국가」(共和國家)는 국민주권에 입각하여 군주의 존재를 부정하고 국민으로부터 나온 권력에 의해 통치되는 국가를 의미한다(예: N. Machiavelli의 분류). 국가학을 집대성한 G. Jellinek는 국가를 군주국가(Monarchie)와 공화국가(Republik)로 나누었다.

군주국가에는 전제군주국가(專制君主國家)와 입헌군주국가(立憲君主國家)가 존재하는데, 오늘날 군주제를 취하고 있는 나라는 대체로 입헌군주국가이다(예: 영국, 타이랜드, 네팔, 일본국). 군주가 상징적 존재로만 기능하는 군주국가는 실질적으로 민주국가에 해당한다. 오늘날 공화국가는 군주국가가 아닌 국가를 뜻하는 소극적 의미를 가지는 개념으로 통용된다. 공화국가에도 민주국가, 독재국가, 권위주의국가, 전제주의국가 등이 존재한다.

Ⅳ. 단일국가와 연방국가

「단일국가」(單一國家 unitary state, Einheitsstaat)는 하나의 공동체가 단일한 주권하에 헌법을 제정하고, 통치권이 여러 공동체에 분할되지 않고 단일한 중앙정부에 집중된 국가를 말한다. 정치권력이 집권주의(集權主義)에 의해서 작동한다. 단일국가에서는 통치권이 국가에 속하기 때문에 국가 내에서 통치권의 기능에 따라 분권이 이루어지더라도 통치권이 분할되어 국가에서 떨어져 나가는 것이 아니라 여전히 국가에 속해 있다. 따라서 지방자치를 실시하는 경우에도 이는 통치권이 국가 내에 있는 것이지, 국가와 분리된 존재에 속하는 것이 아니다. 대외적 주권과 대내적 주권이 각기 불가분의 상태로 하나의 국가에 속하고 있으며, 단일한 하나의 국가가 국제법상의 주체로 된다.

「연방국가」(聯邦國家 federal state, Bundesstaat, Etat fédéral)는 복수의 공동체가 공동의 목적을 추구 · 실현하기 위하여 연방헌법을 제정하고, 국가의 주권을 전체국가(全體國家 Gesamtstaat)인 연방(Bund)과 연방을 구성하는 구성국가(構成國家 constituent state, Gliedstaat)인 지방(支邦)(예: 미합중국의 state, 독일의 Land, 스위스의 canton)에 나누어, 통치권이 연방과 지방에 분산된 국가를 말한다(예: 미합중국, 캐나다, 독일, 오스트리아, 스위스, 아르헨티나, 브라질, 멕시코, 인디아, 말레이시아, 나이지리아, 남아프리카 공화국). 정치권력이 분권주의(分權主義)에 의하여 작동한다. 연방국가는 연방헌법에 의하여 연방차원에서의 국가기관과 법질서는 통일되어 있지만, 연방과 지방은 각기 「국가로서의 성질」(statehood, Staatsqualität)을 지니고 있으며, 국가적 업무와 기능이 연방과 연방을 구성하는 지방 사이에 분할되어 있다(수직적 권력분립). 이러한 국가적 업무와 기능의 분할은 연방헌법에 의하여 입법권의 분할로 구체화되어 나타나는데, 연방국가에서 연방이 배타적인 입법권을 가지는 영역을 제외한 영역에서는 지방이 입법권을 가진다.

연방은 연방헌법과 연방정부를 가지고 연방을 구성하고 있는 모든 지방의 구성원에 대하여 통치력을 행사한다. 따라서 지방의 구성원은 연방헌법과 연방법률 및 지방헌법과 지방법률에 의한 이중적인 적용을 받는다. 연방의 통치력이 연방을 구성하는 지방의 구성원에게까지 미친다는 점에서 구성국가의 구성원에게는 통치력이 미치지 않고 구성국가 자체에게만 효력이 미치는 국가연합(國家聯合)의 경우와 구별된다. 연방법의 집행에 있어서는 연방이 직접 집행하는 경우(예: 미합중국)와 지방이 집행하는 경우(예: 독일, 오스트리아)가 있다.

주권의 면에서 보면, 연방은 대외적 주권(對外的 主權 äußre Souveränität)과 연방수준에서의 대내적 주권(對內的 主權 innere Souveränität)을 가짐에 반하여, 지방(支邦)은 대내적 주권을 가지고 자신의 헌법에 의해 창설된 입법부, 행정부, 사법부를 통하여 통치한다. 연방의 구성국가인 지방은 대내적 주권을 가진다는 점에서 주권을 가지지 못하는 지방자치단체(地方自治團體)와 구별된다.

연방국가는 국가연합에 비하여 복수의 공동체가 강한 결속력을 가지고 결합된 형태이기 때문에 연방과 지방에 주권이 나누어져 있더라도(연방의 주권과 지방의 주권은 그 자체로서는 불가분적이다) 대외적으로는 연방의 주권이 강하게 나타나고(예: 외교권, 군사권), 예외적으로 그 나라의 연방헌법(예: 독일 연방헌법 §32, 스위스연방헌법 §3)이나 헌법의 관례에 따라 지방이 한정된 범위 내에서 대외적인 권한을 가지는 경우도 있다(예: 지방과 외국과의 교류 협정, 계약, 조약 체결 등). 그래서 연방은 국제법상의 주체임이 분명하고 국제법적으로는 연방만 하나의 단위국가로 인정하지만, 국제질서의 변화하는 현실에 따라 지방도 한정된 범위 내에서 국제법의 주체가 될 수 있다(이런 경우는 개별 사안에 따라 다양하게 나타난다).

「국가의 권리와 의무에 관한 몬테비데오협약」 제2조는 「연방국가는 국제법상 단일의 인격을 구성한다」고 규정하여 국제법상으로는 연방만을 하나의 나라로 취급하고 있는데, 이는 구성국가의 국제법 위반의 효과는 연방정부에게 귀속되고, 그 결과 대외적으로는 연방정부가 구성국가의 국제법상의 위법행위에 대해 책임을 지는 것이 원칙이라는 것을 뜻한다. 그런데 연방국가의 연방헌법에서 지방에 대하여 한정된 범위 내에서 조약을 체결할 수 있는 권한을 인정하고 있고, 그 지방이 국제법상의 위법행위를 한 경우에 그 법적 책임을 연방에 대하여 물어야 하는가 지방에 대하여 물어야 하는가 하는 점에 있어서는 조약체결당사자가 구성국가에 대해서 책임을 묻기로 합의한 경우에는 구성국가에게 책임을 물을 수 있다고 본다(예: ILC 국가 책임초안 주석).

연방국가와 국가연합

항목 \ 국가형태	연방국가	국가연합
성립	연방헌법	조약
국제법의 주체	연방: 인정 지방: 제한적 인정	연합: 불인정 구성국가: 인정
주권	연방: 인정 지방: 인정(대내적 주권)	연합: 불인정 구성국가: 인정
대내적 통치권	연방: 보유 지방: 보유	연합: 보유불가 구성국가: 보유
대외적 통치권	연방: 보유 지방: 원칙적 불가(예외적 인정)	연합: 예외적 보유 구성국가: 보유
구성국가 상호간 관계	국내법적 관계	국제법적 관계
병력보유 (전쟁의 주체)	연방: 인정 지방: 불인정	연합: 불인정 구성국가: 인정

연방국가에도 국가적 업무의 관장과 권한을 배분함에 있어 연방에 보다 큰 비중을 두어 사실상 단일국가와 유사한 「통합형 연방국가」(unitarischer Bundesstaat 독, 1919년 바이마르헌법)와 연방을 구성하는 각 지방의 지위를 보다 강화하고 이에 큰 비중이 두어지는 연방주의적 「분권형 연방국가」(föderativer Bundesstaat 독, 1871년 제국헌법)가 있듯이, 연방과 지방간의 권한과 비중에 따라 다양한 형태가 존재한다.

V. 국가연합

「국가연합」(國家聯合 confederation, confédération, Staatenbund)은 개별 국가들이 각기 주권국가로서의 독립성을 유지한 채 상호 조약을 체결하여 일정한 상황에서 국가주권의 제한을 수용하는 복수의 독립국가들의 연합으로서 잠정적으로 하나의 정치적 결합체를 형성한 것(Staatenverbindungen)을 말한다. 이런 의미에서 국가연합은 단위국가가 아니다. 국가연합은 국가가 아니기 때문에 원칙적으로 국제법상의 주체가 되지 못하며, 연합조약에서 정한 범위 내에서 부분적으로 국제법상의 주체가 될 수 있을 뿐이고(예: 제한된 범위에서 외교의 주체), 국가연합에 속한 구성국가들인 개별 국가들이 각각 국제법상의 주체가 된다. 국가연합에 속해 있는 구성국가들간의 관계도 조약에서 특별히 정하고 있지 않는 한 국제법적인 관계이다.

국가연합에서 연합은 구성국가들의 상위에 존재하는 실체가 아니다. 그 결과 국제법상의 책임에 있어서도 국가연합은 책임을 지지 않고 국가연합을 구성하는 개별국가만이 책임을 진다.

국가연합에서 연합과 구성국가간의 관할사항, 결합의 강도 등도 경우에 따라 다르게 나타난다. 국가연합은 구성국가의 국민에 대하여 통치적 지배력을 가지지 못하고, 조약에 따로 정하지 않는 한 구성국가의 외교권이나 병력도 공동의 기구에 이양하지 못하며 국가연합이 스스로 외교권이나 병력을 보유하지도 못한다. 개별 국가만이 이를 가진다. 연합의 법규범은 구성국가들의 국민에게 미치지 않으며, 구성국가가 이를 수용하여 국내법화할 때만 해당 국가의 국민에게 효력이 미친다. 이런 국가연합에 해당하는 것으로는 1781-1787년의 아메리카 13개 state들의 연합, 1815-1848년의 스위스연합, 1815-1866년의 독일연합, 1991년에 성립한 독립국가연합(Commonwealth of Independent States)이 있다.

유럽공동체(European Union)는 「국가결합」(國家結合 combination of states, Staatenverbindung)의 새로운 형태를 보여주고 있는데, 이러한 것은 국가연합보다도 더 결속력이 강한 형태인 초국가적 국가결합(Supranationale Staatenverbindung)으로서 스스로 외교사절도 파견하고 자기 명의로 조약을 체결한다. 유럽공동체는 국제법의 주체로서 활동하고 있으며, 국제법에서도 이를 인정하고 있다. 이는 국가결합에 의해 새로운 국가성을 획득하고 있지는 않지만 구성국가인 개별 국가를 초월하는 초국가적인 고권적 결합(高權的 結合 Hoheitsverband)을 보이고 있다. 유럽공동체가 헌법을 가지게 되면 사실상 연방체제와 같이 결속력이 강한 형태가 된다.

위에서 살펴본 국가형태를 국가권력의 보유자, 국가최고기관의 구성방법, 구성국가의 존재 여부를 기준으로 다시 분류하여 보면, 아래의 표와 같이 정리할 수 있다.

국가형태의 분류

국가권력의 보유자	• 군주국가 • 귀족국가 • 민주국가 ─ 직접민주제 국가 　　　　　└ 대의민주제 국가 ─ 의회주의제(=의원내각제) 국가 / 대통령제 국가 / 혼합제 국가
국가최고기관의 구성방법	• 공화국가 • 군주국가 ─ 절대군주국가 / 입헌군주국가
구성국가의 존재 여부	• 단일국가 • 연방국가 ─ 통합형 연방국가 / 분권형 연방국가

2. 헌 법

[4] 제1 헌법의 개념

Ⅰ. 공동체의 근본법

(1) 헌법의 의의

헌법은 국가와 공동체 및 공동체 구성원들의 생활의 근본과 그 질서를 형성하는 공동체의 근본법(根本法 fundamental law)이다.

「공동체」에는 공동체의 구성원들이 살고 있는데, 공동체의 존속·유지와 구성원들의 행복추구 및 공동체 내에서의 생활을 보장하기 위한 필요에 의하여 「국가」를 창설한다. 헌법은 공동체를 존속·유지할 수 있게 하고, 그 공동체 내에 살고 있는 구성원들이 행복을 추구하고(「幸福追求의 原理」) 개개인의 개성과 자율성에 기초하여 자기결정에 따라 자기의 삶을 영위할 수 있도록(「自己決定의 原理」) 하기 위하여 헌법상의 자유와 권리를 보장하며, 국가의 형태, 종류, 성질, 작용에 대한 기본적인 사항을 정한다.

이러한 의미에서 헌법은 무정형(無定形)의 공동체와 그 구성원의 삶에 일정한 질서와 틀을 만들어 공동체의 작동과 개인의 삶을 정형적인 것으로 형성하고, 이런 질서와 틀이 작동되고 유지될 수 있도록 하는 규범으로서의 기능을 가진다.

우리가 「헌법」이라고 일컫는 말은 영어와 프랑스어로는 constitution이라고 하고, 독일어로는 Verfassung이라고 한다. constitution이라는 말은 라틴어의 constituere에서 나온 말로서, 무정형의 어떠한 상태에서 정형을 가지는 어떤 것을 형성하고 만들어낸 구성체, 체제, 조직, 구조, 전체적인 틀 등을 의미한다. 고대 그리스에서는 이런 의미로 politeia라는 말을 사용했다. 라틴어에 constitutio라는 말이 있지만, 이것은 제정법(制定法)을 의미하는 것으로서 헌법이라는 의미의 constitution과는 관련이 없다. 2세기 이래 복수형으로 사용되었던 constitutiones는 주권자가 제정한 법규집이라는 의미로 사용되었는데, 이는 교회가 제정한 cannon law에 대응한 개념으로 칭해진 것이었다. 법학, 정치학 등에서 사용하는 constitution이라는 말은 일정한 방향과 틀과 질서를 형성하고 있는 국가를 포함한 공동체의 구성태(構成態)를 지칭한다. 이러한 개념의 헌법은 통상 한 공동체 또는 국가를 단위로 하여 사용하지만, 유럽공동체와 같이 국가단위를 넘어선 단위공동체의 경우에도 사용한다.

헌법상의 권리를 의미하는 기본권에 대한 보장을 헌법의 주요한 구성부분으로 하기 이전에 헌법은 통치메커니즘으로서의 국가(=정부)에 관한 법, 즉 국가법을 의미하였다(예: Walter Baghot, *English Constitution*(1867)). 그러나 기본권의 헌법적 보장으로 인한 「기본권적 입헌주의」(Grundrechtskonstitutionalismus)의 성립과 기본권의 발달에 따라 헌법은 국가법과 구별되는 지위를 차지하기에 이르렀다. 기본권이란 공동체 구성원인 국민이 국가와 어떠한 관계를 가지는가를 정하는 것인 동시에 공동체와 그 구성원, 구성원 상호간의 관계를 정하는 것이기 때문에(자율영역의 보장) 이는 국가의 영역을 넘어선 국가와 사회를 포괄하는 공동체의 영역에서 설정되는 성질의 것이다. 따라서 헌법은 정치적 통일체인 국가영역의 기본적인 법적 질서인 동시에 비국가적인 영역, 즉 사회공동체의 기본적인 법적 질서이다. 이는 곧 헌법이 권력세계인 국가만이 아니라 생활세계의 법적 기본질서임을 의미한다. 이런 의미에서 헌법을 단순히 국가법만을 의미하는 것이 아니라, 공동체의 법형태를 구성하기 위한 특정한 의미원리를 지향하는 기본적 구조의 설계라고(예: A. Hollerbach; K. Hesse) 하는 것은 타당하다.

헌법과 국가법의 개념적인 분화는 해당 나라의 헌법의 구성, 내용, 현실적 상황, 기본권 보장에 대한 인식에 따라 차이를 보였다. 미합중국의 경우에 1787년에 효력을 발생한 연방헌법은 초기에는 국가에 관한 기본적인 사항을 정하는 국가법으로서의 모습을 가졌으나, 1791년 10개의 수정조항(修正條項 amendment)으로 된 권리장전(權利章典)이 추가되면서 헌법은 국가법을 넘어선 모습을 가졌다. 독일에서는 헌법을 국가법으로 이해하다가 20세기에 들어와 기본권의 보장을 포함하는 헌법의 개념이 정립되었다. 프랑스에서는 1789년 혁명 이후 성립한 1791년헌법 이래 헌법과 권리장전(=「인간 및 시민의 권리선언」)을 하나의 헌법에 통합하지 않고 구분하는 태도를 보여왔는데, 현재도 헌법에서는 권리장전을 정하고 있지 않다. 우리나라에서는 최초헌법인 1948년헌법부터 권리장전과 국가법을 모두 헌법의 구성부분으로 정하는 현대 헌법의 모습을 취한 이래 현행 1987년헌법에 이르기까지 이러한 모습을 유지하고 있다. 오늘날 헌법은 예외적인 경우를 제외하고는 「기본권보장부분」과 「국가법부분」으로 구성되어 있는데, 어떤 경우에도 국가의 형태, 종류, 성질, 작용 등 국가의 기본적인 사항에 관한 규정을 두지 않은 것은 헌법이라고 할 수 없다.

이렇게 볼 때, 헌법이란 한 공동체에서 그 공동체에 살고 있는 구성원이 인간의 존엄성을 가지고 자기가 원하는 대로 자신의 삶을 영위하며 행복하게 살아갈 수 있도록 하는 근본적 가치와 질서를 형성하고, 이를 실현할 수 있게 하는 메커니즘(mechanism)인 국가의 기본적인 요소(형태, 구조, 원리, 작용 등)와 사항(각종 제도, 권한, 절차 등)을 정하는 근본규범이라고 할 것이다. 우리나라를 예로 들면, 대한민국 국민 개개인이 대한민국이라는 나라에 안전하게 살면서 인간의 존엄성을 가지고 자기가 하고자 하는 바를 다 할 수 있으면서 자신의 삶을 행복하게 영위할 수 있도록 하는 데 필요한 근본적인 가치와 질서를 정하고, 이러한 것을 실현하기 위한 국가에 대하여 기본적인 요소와 사항을 정하는 설계를 규범으로 정한 최고의 법규범이 대한민국헌법이다.

(2) 「헌법」이라는 용어

한국, 일본국, 중국 등에서는 헌법이라는 개념을 「國制」, 「憲章」, 「國憲」, 「政體」, 「政規」, 「約憲」 등으로 표현하기도 하였는데, 이는 영어의 constitution, constitutional law, 프랑스의 constitution, droit constitutionnel, 독일어의 Verfassung, Verfassungsrecht이라는 말을 엄격히 구별하지 않고 이를 칭하는 번역어로 사용되었다. 그런데 constitutional law, Verfassungsrecht, droit constitutionnel은 constitution 또는 Verfassung과 달리 constitution 또는 Verfassung이 의미하는 일정한 구성체를 규율하는 법규범을 일컫는다. 헌법학에서 「헌법」이라는 용어를 사용할 때에는 이 둘 가운데 어느 하나를 지칭하기도 하고 그 둘을 모두 지칭하기도 한다. 「헌법」이라는 용어가 사용된 그 때의 내용과 의미의 맥락에 맞게 이해하면 된다. 실정헌법을 지칭하는 것으로 「헌법전」(憲法典 Verfassungsurkunde)이라는 말을 사용하기도 한다.

번역용어인 「憲法」이라는 말은 우리나라를 위시하여 한자언어권인 중국, 일본국, 타이완에서 공통으로 사용하고 있다. 그 연원을 살펴보면, 「憲法」이라는 말은 중국의 戰國時代(403-221 B.C.) 문헌인 「國語」'晉語' 九의 「賞善罰姦 國之憲法也」(선한 행위를 한 자에게 상을 주고 간악한 자에게는 벌을 주는 것이 국가의 헌법이다)라는 문장과 「管子」의 「能出號令明憲法矣」(호령을 내리고 헌법을 밝힐 수 있다)라는 문장에까지 소급할 수 있다. 그 이후 「後漢書」, 「書經」, 「禮記」, 「唐律疏議」 등 중국의 문헌에서는 헌법이라는 말이 법을 통칭하는 것으로 사용되었다. 일본국에서는 「日本書記」와 1820년에 편찬된 법령집 「憲法捷覽」과 「憲法傳聞叢書」 등에서 법령을 통칭하는 말로 「憲法」이라는 말을 사용하였다. 서구의 constitution이나 constitutional law라는 개념이 동양에 들어오는 과정에서 國憲, 律例, 根本律法, 國制, 國柄, 朝綱, 國憲, 國綱, 朝憲, 國憲, 政典, 政體라는 말이 일본국에서 먼저 사용되다가 1873년 箕作麟祥이 「佛蘭西法律書 憲法」이라는 번역서를, 林正明이 「合衆國憲法」과 「英國憲法」이라는 번역서를 각 출간하면서 「憲法」이라는 말을 오늘날의 constitution이나 constitutional law라는 개념을 지칭하는 용어로 처음 사용하였다. 중국에서는 1838년 선교사 E. C. Bridgman이 「美理哥合省國志略」에서 章程, 大典으로 칭하였고, H. Wheaton의 Elements of International Law, with a Sketch of the History of the Science(1836)를 번역한 「萬國公法」에서는 國法이라는 말로 번역했다. 1893년 鄭觀應이 그의 책 「盛世危言」에서 처음으로 「憲法」이라는 말을 오늘날의 의미로 사용하였다. 梁啓超의 「各國憲法異同論」(1899)과 「立憲法議」(1901)에서도 오늘날의 의미인 「憲法」이라는 말을 사용했다. 실정헌법에서 「憲法」이라는 말이 오늘날의 의미로 처음 사용된 것으로는 1889년에 반포된 일본국의 「大日本帝國憲法」과 1908년에 반포된 중국의 「欽定憲法大綱」이 있다. 우리나라에서는 법령을 통칭하는 國制라는 용어가 조선시대에 편찬된 「高麗史」에 보이고, 「憲法」이라는 말은 1884년 1월 30일 漢城旬報에 실린 "歐美立憲政體"라는 글에서 오늘날의 의미로 사용된 것이 가장 초기의 것으로 나타나 있다. 「憲法」이라는 말이 이런 의미로 처음 사용된 실정헌법은 대한민국 임시정부에서 1919년 9

월 11일 공포한 「大韓民國臨時憲法」이다(정종섭d, 17).

II. 최고의 법규범

(1) 형식적 최고성

헌법은 국가의 실정법(實定法) 체계에서 최고법(最高法 supreme law)의 지위를 가진다. 나라마다 실정법의 체계가 가지는 구체적인 양태는 다양하지만, 우리나라는 「헌법-법률-명령-규칙」이라는 실정법상의 위계(位階)를 가지고 있는데, 헌법은 이러한 실정법의 체계에서 가장 강력한 효력을 가지는 최고법의 지위에 있다. 이를 헌법이 가지는 「형식적 최고성」이라고 한다.

헌법은 최고법으로서의 지위를 가지기 때문에 법률, 명령, 규칙 등 하위법을 창설하는 규범이고, 이런 하위법에 대하여 「존재근거」인 동시에 「효력근거」로서 존재한다. 따라서 하위법은 어떠한 경우에도 헌법에 위배될 수 없으며, 헌법에 위배되는 하위법은 효력을 상실한다.

헌법의 부칙 제5조는 「이 헌법시행 당시의 법령과 조약은 이 헌법에 위배되지 아니하는 한 그 효력을 지속한다」라고 정하고 있기 때문에 구헌법하의 법령과 조약이 현행 헌법하에서도 효력을 가지고, 현행 헌법에 위배되면 효력을 가지지 못한다. 따라서 헌법재판소는 현행 헌법을 심사기준으로 하여 구헌법하의 법령이나 조약의 위헌여부를 심판할 수 있다.

헌법이 가지는 이러한 최고의 형식적 효력으로 인하여 헌법을 개정함에 있어서는 통상의 법규범의 개정과 달리 엄격한 요건과 절차를 요구한다(경성헌법(硬性憲法)).

《법의 단계이론》

실정법의 체계에서 헌법과 하위법의 관계를 잘 설명하는 것이 법의 「단계이론」(Stufentheorie)이다. H. Kelsen(1881-1973)이 주창한 법단계이론에 따르면, 실정법의 체계는 통일체를 이루고 있으며, 이러한 통일체에는 상위와 하위의 위계가 있고, 개별 법규범은 어느 하나의 위계에 속하게 된다. 하위의 법규범은 상위의 법규범에 근거하여 창설되므로 상위의 법규범은 하위의 법규범의 효력근거가 된다고 한다. 그는 이러한 통일된 법의 체계에서 가장 상위에 있는 규범을 근본규범(Grundnorm)이라고 하였다. 이러한 법단계이론은 국내법뿐만 아니라 국제법으로까지 확장되어 국내법과 국제법을 하나의 통일된 단일의 법체계로 파악하려고 하는 자세를 보이기도 하는데, 국내 실정법의 체계에서 헌법이 가지는 최고법의 지위를 설명하는 규범이론으로서는 강한 설득력을 지니고 있다.

헌법이 가지는 형식적 최고성은 국제법인 조약과의 관계에서도 유지된다. 국가간에 헌법의 효력을 가지는 조약을 체결한 것(조약헌법)이 아닌 이상 헌법은 조약보다 상위의 지위에 있다.

(2) 실질적 최고성

국가에 대한 규정과 기본권에 대한 보장인 권리장전을 헌법에서 정하면서 공동체의 존속 · 유지라는 가치, 자유, 평등, 정의는 한 공동체에서 어떠한 경우에도 부정할 수 없는 최고의 가치로서 지위를 차지하게 되었다. 이러한 가치는 국가의 입법권, 행정권, 사법권, 헌법재판권에 의해서도 침해되거나 부정될 수 없다. 이런 점에서 헌법은 가치적으로도 공동체 내에서 최고의 지위를 차지하는 규범이다. 이를 헌법이 가지는 「실질적 최고성」이라고 한다.

헌법의 실질성 최고성은 형식적 최고성의 바탕을 이룬다. 즉 공동체의 존속과 기본권의 불가침성이 최고의 가치를 가지고 있고 헌법이 이를 정하는 규범이기 때문에 국가의 실정법 체계에서 최상위의 지위를 점하는 것이다.

헌법의 실질적 최고성을 인정하는 것은 헌법규범을 규범적 가치서열로 이해하게 만드는데, 여기에는 가치체계상의 서열이 존재하게 된다. 이러한 가치서열을 인정하면, 규범원리상 「헌법을 만드는 권력」(constituent power)이 「헌법에 의해 만들어진 권력」(constituted power)과 구별되어 선행하여 존재하게 되고, 「헌법제정권력 → 헌법개정권력 → 국가권력(입법권 · 행정권 · 사법권 · 헌법재판권)」이라는 위계구조가 성립하게 된다. 이런 위계구조는 법적 효력에서 중요한 의미를 가진다.

Ⅲ. 공동체 구성원의 합의

헌법은 공동체 구성원의 합의로 나타난 법규범이다. 헌법을 제정하거나 개정할 때에는 공동체 구성원 전체의 논의와 참여가 있게 되고, 이에 근거하여 이루어지는 국민대표기관의 의결이나 국민투표에 의한 헌법의 확정은 헌법으로 하여금 합의로 나타난 법규범으로서 효력을 가지게 한다. 개개인의 수준에서 존재하는 반대는 헌법이 합의로서 효력을 가지는데 아무런 영향을 미치지 못한다. 기존의 헌법이 존재하는 상태에서 출생한 자는 이에 동의를 한 것으로 본다. 다만, 개인은 이러한 헌법이 규율하는 공동체에서 이탈할 수 있는데, 국적이탈의 자유는 이를 보장한다([264] Ⅲ).

Ⅳ. 형식적 의미의 헌법과 실질적 의미의 헌법

헌법의 개념을 확정함에 있어 사용되는 개념으로 「형식적 의미의 헌법」(Verfassung im formellen Sinn)과 「실질적 의미의 헌법」(Verfassung im materiellen Sinn)이 있다.

(1) 형식적 의미의 헌법

형식적 의미의 헌법은 헌법의 명칭·내용·효력을 정하고 있는 성문의 실정헌법(written constitution), 즉 헌법전을 의미하는데, 이는 헌법의 존재형식에 따라 붙인 명칭이다. 따라서 모든 성문헌법국가는 형식적 의미의 헌법을 가지며, 형식적 의미의 헌법은 최고법으로서의 지위를 가진다. 예컨대 현행의 「대한민국 헌법」이 이에 해당한다. 「독일연방공화국기본법」(Grundgesetz für die Bundesrepublik Deutschland)에는 「헌법」이라는 명칭은 없지만 그 형식·내용과 효력에서 형식적 의미의 헌법에 해당한다. 영국은 형식적 의미의 헌법을 가지고 있지 않다.

(2) 실질적 의미의 헌법

실질적 의미의 헌법은 국가의 조직과 작용 및 국가기관의 권한과 그 행사 등에 관한 사항들을 정하고 있는 모든 법령을 총칭하는 개념으로 사용되어 왔다. 이러한 실질적 의미의 헌법이라는 개념은 헌법을 국가법으로 이해하는 것을 전제로 하여 성립한다. 예컨대 국회법, 헌법재판소법, 법원조직법, 정부조직법, 공직선거법, 감사원법, 검찰청법, 지방자치법 등이 이에 속한다. 따라서 실질적 의미의 헌법에 속하는 내용을 헌법전에 모두 정하지 않는 한 형식적 의미의 헌법과 실질적 의미의 헌법은 일치하지 않는다. 이와 같은 실질적 의미의 헌법은 고대국가나 중세국가에도 존재하였고(예컨대 관제에 관한 규정) 불문헌법(不文憲法 unwritten constitution)을 가지고 있는 국가에도 존재한다(예: 국가에 관한 법률·법령 등). 실질적 의미의 헌법이라는 개념에서 형식적 의미의 헌법을 제외하면 나머지 법령의 규정들은 최고법으로서의 지위에 있지 않기 때문에 위헌법률심판에서 심판규준(=심판기준)으로 되지 못한다.

그런데 권리장전을 헌법의 구성부분으로 포섭하고 있는 오늘날의 헌법개념에서는 실질적 의미의 헌법이라는 개념을 국가의 조직·작용 등에 관한 법령의 총체를 의미하는 것만으로는 충분하지 않고 유용성도 적다. 오히려 어떤 사항이 헌법입법상의 오류로 인하여 그 형식에서는 헌법보다 하위의 규범에 정해져 있으나 성질에서는 헌법에서 정해야 할 사항은 실질적 의미의 헌법에 해당한다고 할 것이다. 예컨대 헌법재판소법 제4조 「재판관은 헌법과 법률에 의하여 양심에 따라 독립하여 심판한다」라는 규정은 헌법 제103조에 비추어 볼 때, 헌법사항에 해당하는 것이므로 실질적 의미의 헌법이라고 할 것이다. 이런 의미에서 말하는 실질적 의미의 헌법에 해당하는 내용은 성질상 헌법적 사항이므로 헌법을 포함하는 법규범의 해석·적용에서 형식적 의미의 헌법과 동일하게 고려해야 한다.

국가의 근본법, 즉 국가의 기본적 사항을 정하고 있는 법규범에도 헌법적 사항을 정하고 있는 것이 있는가 하면 법률적 사항을 정하고 있는 것도 있으므로 이의 효력상의 차이를 구별함이 없이 국가의 기본틀을 의미하는 전통적 의미의 constitution이라는 문자적 의미에만 집착하여 국가의 조직, 권한, 그 행사에 관한 법령을 총칭하는 개념으로 「실질적 의미의 헌법」이라는 개념을 설정하는 것은 법효력의 면에서 타당하지 않다. 그리고 실질적 의미의 헌법에는 그 형식에서는 법률에 정해져 있으나 성질에서는 헌법적 사항(기본권 보장)에 해당하는 권리보장의 규범도 포함되므로 국가사항에 한정하는 것도 타당하지 않다.

《헌법의 유형》

헌법의 개념적 이해를 위하여 다양한 기준에 따라 헌법은 다음과 같은 유형으로 분류된다. ① 헌법이 성문화되었는가의 여부를 기준으로 성문헌법과 불문헌법으로 구분된다. 불문헌법의 국가(예: 영국, 캐나다, 뉴질랜드)에서 국가의 구조, 조직, 권한, 작용에 관해서는 법률로 정하고 있다. ② 헌법제정권력의 주체를 기준으로 군주가 제정한 것을 흠정헌법(欽定憲法=君定憲法 oktroyierte Verfassung), 군주와 국민의 협약으로 제정한 것을 협약헌법(協約憲法=契約憲法), 국민이 제정한 것을 민정헌법(民定憲法 demokratische Verfassung), 국가간의 협약으로 제정한 것을 국약헌법(國約憲法=條約憲法)으로 구분한다. ③ 개정의 엄격성을 기준으로 법률개정과 동일한 절차로 개정하는 것을 연성헌법(軟性憲法), 이보다 엄격한 절차로 개정하는 것을 경성헌법(硬性憲法)이라고 한다. ④ 독창성을 기준으로 다른 나라의 헌법에서 유래되지 않고 제정된 헌법을 독창적 헌법, 다른 나라의 헌법에서 유래한 것을 모방적 헌법이라고 한다. ⑤ 군주제를 두고 있느냐를 기준으로 군주제를 두고 있는 군주제헌법과 이를 두지 않는 민주제(=공화제)헌법으로 분류한다. ⑥ 헌법에 의해서 성립되는 국가가 단일국가냐 연방국가냐에 따라 단일국가헌법과 연방국가헌법으로 분류한다.

V. 헌법실체법, 헌법소송법, 헌법판례법

실정헌법과 관련하여 헌법재판이 이루어지는 경우에 헌법재판의 규준이 되는 헌법(=헌법실체법)과 헌법재판의 구체적인 절차를 정하고 있는 헌법소송에 관한 법(=헌법소송법)이 존재하며, 재판기관에서 헌법을 구체적인 사건에 적용하여 재판을 통하여 헌법의 의미를 확정한 판례(=헌법판례법)가 존재한다. 이러한 것 가운데서도 헌법은 그 중심적 지위에 있기 때문에 헌법소송법과 헌법판례법은 헌법에 종속된다.

[5] 제2 국가법과 헌법

권리장전이 헌법에 포함되어 있지 않은 상태에서는 국가법과 헌법은 동일한 것이었으나, 권리장전이 헌법에 포함되어 국민의 기본권이 헌법상의 자유와 권리로 보장되고 있는 대다수 현대 입헌주의국가에서 국가법은 헌법의 일부를 형성할 뿐이기 때문에 이 둘은 더 이상 동일한 것이 아니다. 따라서 오늘날 헌법은 국민의 자유와 권리의 보장에 관한 최고법인 동시에 국가에 관한 최고법으로 존재한다. 헌법이 권리장전과 국가를 규율하고 있는 기능에 주목하여 헌법을 「권력과 자유를 조화시키는 기술」이라고 하기도 한다(A. Hauriou).

[6] 제3 관습헌법

Ⅰ. 이 론

(1) 개 념

관습헌법(慣習憲法 constitutional convention, Konventionalverfassung)이란 사회공동체에서 발생한 관행 또는 관습이 반복하여 행해지고, 헌법으로서의 규범력을 가짐에 대한 사회구성원들의 법적 확신(法的 確信 또는 法的 認識)을 통하여 국가 내의 최고법으로서의 규범성을 획득하여, 헌법과 동일한 효력을 가지는 것을 말한다.

관습헌법은 헌법적 수준의 법규범이므로 법률 이하의 수준에 있는 관습법이나 법규범으로서의 효력을 가지지 못하는 실제에서의 관행(慣行) 또는 관례(慣例 usage, Kovenfional-regeln)나 사실상의 관습(custom)과 구별된다. 특히 현실에서 반복하여 행해지더라도 형식적 의미의 헌법에 위반되는 것, 즉 「헌법규범에 위반되는 관습」(consuetudo contra constitutionem)은 아무리 반복된다고 하더라도 규범성을 획득할 수 없다. 이러한 것은 실정헌법의 규범력상 헌법에 위반되는 것으로써 헌법질서에서 배제되거나 바로잡아야 할 성질의 것이다.

(2) 유 형

관습헌법의 개념을 위와 같이 정의하면, 헌법관습(憲法慣習)에는 논리적인 유형으로 성문헌법에 기초하여 본래의 의미를 발전 · 변경시킨 관습(consuetudointra constitutionem)과 성문헌법의 명문규정이 존재하지 않고 하위 법규범에서도 이를 메우는 규정이 없어 공백이 생긴 경우에 이를 메우는 관습(consuetudo praeter constitutionem)이 있을 수 있다. 그런데 전자의 경우는 대부분 헌법해석의 문제로 해결되기 때문에 실제상 관습헌법이 문제가 되는 것은 후자의 경우이다.

(3) 효 력

성문헌법과 경성헌법을 가지고 있는 국가에서 관습헌법은 형식적 의미의 헌법을 개폐할 수 없고 단지 보충하는 효력만 가진다(통설).

관습헌법에는 성문헌법과 달리 헌법의 개정이 존재하지 않는다. 관습헌법의 성립과 소멸이 존재할 뿐이다. 어떠한 내용이 관습헌법으로 성립되어 규범력을 가지고 있는 때에도, 이와 동시에 존재하는 성문헌법이 새로 제정 또는 개정되거나 성문헌법상 국민투표제도가 있어 그 국민투표가 행해진 결과가 해당 관습헌법의 내용과 상치되는 내용을 가지게 된 경우에는 해당 관습헌법은 소멸한다. 이때 국민투표는 헌법의 개정을 위한 국민투표에 한하지 않고 어떤 계기로 행해진 것이라도 국민투표의 결과가 관습헌법의 내용과 상치되는 경우에는 종래 효력을 가져온 관습헌법에 대한 국민적 합의가 소멸하였음을 증명하는 것이 된다.

(4) 인 정

성문헌법을 가지고 있는 국가에서 관습헌법을 인정하는 경우는 거의 존재하지 않는다. 어떤 것이 관습헌법인가 하는 것은 최종적으로 헌법재판소의 재판을 통하여 확인된다.

II. 판 례

(1) 관습헌법의 인정여부

헌법재판소는 현행 성문헌법하에서도 예외적으로 관습헌법을 인정하고 있다. 관습헌법이 인정되기 위해서는 i) 어떤 사항에 관하여 어떠한 관행 내지 관례가 존재할 것(관행 · 관례의 존재), ii) 그 관행은 국민이 그 존재를 인식하고 사라지지 않을 관행이라고 인정할 만큼 충분한 기간 동안 반복 내지 계속되어야 할 것(반복성 · 계속성), iii) 관행은 지속성을 가져야 하는 것으로서 그 중간에 반대되는 관행이 이루어지지 않았을 것(항상성), iv) 관행은 여러 가지 해석이 가능할 정도로 모호한 것이 아닌 명확한 내용을 가진 것일 것(명료성), v) 이러한 관행이 헌법관습으로서 국민들의 승인 내지 확신 또는 폭넓은 컨센서스를 얻어 국민이 강제력을 가진다고 믿고 있어야 할 것(국민적 합의) 등 5가지의 관습법의 일반적 성립요건을 충족시키고, 이에 더하여 이에 해당하는 관행이나 관례가 법률로 정할 사항이 아니라 반드시 헌법에 의하여 규율되어 법률에 대하여 효력상 우위를 가져야 할 만큼 헌법적으로 중요한 기본적 사항이어야 할 것(기본적 헌법사항성)이 필요하다고 판시하였다(예: 憲 2004. 10. 21.-2004 헌마554등).

[憲 2004.10.21.-2004헌마554등] 「(가) 우리나라는 성문헌법을 가진 나라로서 기본적으로 우리 헌법전(憲法典)이 헌법의 법원(法源)이 된다. 그러나 성문헌법이라고 하여도 그 속에 모든 헌법사항을 빠짐없이 완전히 규율하는 것은 불가능하고 또한 헌법은 국가의 기본법으로서 간결성과 함축성을 추구하기 때문에 형식적 헌법전에는 기재되지 아니한 사항이라도 이를 불문헌법(不文憲法) 내지 관습헌법으로 인정할 소지가 있다. 특히 헌법

제정 당시 자명(自明)하거나 전제(前提)된 사항 및 보편적 헌법원리와 같은 것은 반드시 명문의 규정을 두지 아니하는 경우도 있다. 그렇다고 해서 헌법사항에 관하여 형성되는 관행 내지 관례가 전부 관습헌법이 되는 것은 아니고 강제력이 있는 헌법규범으로서 인정되려면 엄격한 요건들이 충족되어야만 하며, 이러한 요건이 충족된 관습만이 관습헌법으로서 성문의 헌법과 동일한 법적 효력을 가지는 것이다. (나) 헌법 제1조 제2항은 '대한민국의 주권은 국민에게 있고, 모든 권력은 국민으로부터 나온다'고 규정한다. 이와 같이 국민이 대한민국의 주권자이며, 국민은 최고의 헌법제정권력이기 때문에 성문헌법의 제·개정에 참여할 뿐만 아니라 헌법전에 포함되지 아니한 헌법사항을 필요에 따라 관습의 형태로 직접 형성할 수 있는 것이다. 그렇다면 관습헌법도 성문헌법과 마찬가지로 주권자인 국민의 헌법적 결단의 의사의 표현이며 성문헌법과 동등한 효력을 가진다고 보아야 한다. 이와 같이 관습에 의한 헌법적 규범의 생성은 국민주권이 행사되는 한 측면인 것이다. 국민주권주의 또는 민주주의는 성문이든 관습이든 실정법 전체의 정립에의 국민의 참여를 요구한다고 할 것이며, 국민에 의하여 정립된 관습헌법은 입법권자를 구속하며 헌법으로서의 효력을 가진다. (다) 관습헌법이 성립하기 위하여서는 먼저 관습이 성립하는 사항이 단지 법률로 정할 사항이 아니라 반드시 헌법에 의하여 규율되어 법률에 대하여 효력상 우위를 가져야 할 만큼 헌법적으로 중요한 기본적 사항이 되어야 한다. 일반적으로 실질적인 헌법사항이라고 함은 널리 국가의 조직에 관한 사항이나 국가기관의 권한 구성에 관한 사항 혹은 개인의 국가권력에 대한 지위를 포함하여 말하는 것이지만, 관습헌법은 이와 같은 일반적인 헌법사항에 해당하는 내용 중에서도 특히 국가의 기본적이고 핵심적인 사항으로서 법률에 의하여 규율하는 것이 적합하지 아니한 사항을 대상으로 하는 것이다. 일반적인 헌법사항 중 과연 어디까지가 이러한 기본적이고 핵심적인 헌법사항에 해당하는지 여부는 일반추상적인 기준을 설정하여 재단할 수는 없는 것이고, 개별적 문제사항에서 헌법적 원칙성과 중요성 및 헌법원리를 통하여 평가하는 구체적 판단에 의하여 확정하여야 한다. (라) 다음으로 관습헌법이 성립하기 위하여서는 관습법의 성립에서 요구되는 일반적 성립 요건이 충족되어야 한다. 이러한 요건으로서 첫째, 기본적 헌법사항에 관하여 어떠한 관행 내지 관례가 존재하고, 둘째, 그 관행은 국민이 그 존재를 인식하고 사라지지 않을 관행이라고 인정할 만큼 충분한 기간 동안 반복 내지 계속되어야 하며(반복·계속성), 셋째, 관행은 지속성을 가져야 하는 것으로서 그 중간에 반대되는 관행이 이루어져서는 아니 되고(항상성), 넷째, 관행은 여러 가지 해석이 가능할 정도로 모호한 것이 아닌 명확한 내용을 가진 것이어야 한다(명료성). 또한 다섯째, 이러한 관행이 헌법관습으로서 국민들의 승인 내지 확신 또는 폭넓은 컨센서스를 얻어 국민이 강제력을 가진다고 믿고 있어야 한다(국민적 합의). 이와 같이 관습헌법의 성립을 인정하기 위해서는 이러한 요건들이 모두 충족되어야 한다.」

(2) 관습헌법의 사항

헌법재판소는 위와 같이 관습헌법이 성립·존재할 수 있음을 확인하고, 현행 헌법하에서 수도(首都)에 관한 사항은 기본적인 헌법사항이고 관습헌법으로서의 성립요건도 충족되었다고 판시하였다(예: 憲 2004. 10. 21.-2004 헌마554등).

[憲 2004.10.21.-2004헌마554등] 「헌법기관의 소재지, 특히 국가를 대표하는 대통령과 민주주의적 통치원리에 핵심적 역할을 하는 의회의 소재지를 정하는 문제는 국가의 정체성(正體性)을 표현하는 실질적 헌법사항의 하나이다. 여기서 국가의 정체성이란 국가의 정서적 통일의 원천으로서 그 국민의 역사와 경험, 문화와 정치 및 경제, 그 권력구조나 정신적 상징 등이 종합적으로 표출됨으로써 형성되는 국가적 특성이라 할 수 있다. 수도를 설정하는 것 이외에도 국명(國名)을 정하는 것, 우리말을 국어(國語)로 하고 우리글을 한글로 하는 것, 영토를 획정하고 국가주권의 소재를 밝히는 것 등이 국가의 정체성에 관한 기본적 헌법사항이 된다고 할 것이다. 수도를 설정하거나 이전하는 것은 국회와 대통령 등 최고 헌법기관들의 위치를 설정하여 국가조직의 근간을 장소적으로 배치하는 것으로서, 국가생활에 관한 국민의 근본적 결단임과 동시에 국가를 구성하는 기반이 되는 핵심적 헌법사항에 속하는 것이다. 이와 같이 수도의 문제는 내용적으로 헌법사항에 속하는 것이며 그것도 국가의 정체성과 기본적 조직 구성에 관한 중요하고 기본적인 헌법사항으로서 국민이 스스로 결단하여야 할 사항이므로 대통령이나 정부 혹은 그 하위기관의 결정에 맡길 수 있는 사항이 아니다.」

Ⅲ. 「명시되지 않은 헌법」

관습헌법과 구별되는 것으로 실정헌법에 명시적으로 표시되지 않은 「명시되지 않은 헌법」(ungeschriebenes Verfassungsrecht)이 있다. 실정헌법의 명문의 규정상으로는 표시되어 있지 않지만 해당 헌법조항의 내용이나 체계상 당연히 인정되는 내용이 이에 해당한다. 이러한 「명시되지 않은 헌법」은 기존의 실정헌법의 존재와 그에 구속됨을 전제로 하기 때문에 통상 헌법의 해석을 통하여 드러나게 된다. 관습헌법은 실정헌법에 의지할 규정이 없어도 인정되지만, 「명시되지 않은 헌법」은 실정헌법에 의지할 만한 명시적인 조항이 존재할 것을 필요로 한다.

《헌법학의 체계》

헌법학은 헌법을 인식하는 것을 목적으로 하는 학문이다. 헌법학은 연구의 대상, 방법, 성격, 범위 등에 따라 다양한 모습을 가지지만, 국가의 기본적인 조직이나 내용 그리고 국민의 기본적인 권리와 의무를 정하는 법규범이나 법명제를 대상으로 하는 것을 중심으로 삼는다. 이러한 의미에서 말하는 헌법학이란 넓은 의미에서의 헌법학을 의미한다. 이를 분류하여 보면 다음과 같다. 학문의 대상을 기준으로 하여 보면, 헌법의 원리와 가치에 대하여 연구하는 「헌법철학」(헌법원리론, 헌법철학사, 헌법사상사, 헌법가치론, 헌법학방법론), 헌법이 존재하는 사회에서 헌법과 사회간의 관계에 관하여 연구하는 「헌법사회학」, 헌법이 존재하는 형태를 유형론적으로 설명하는 「일반헌법학」, 둘 이상의 국가의 헌법을 비교하여 분석하는 「비교헌법학」, 특정한 시간과 장소에서 적용되는 특정 헌법을 인식하는 「특별헌법학」(각국 헌법학, 특정 헌법학, 헌법존재론), 과거에 통용된 헌법에 대하여 분석하는 「헌법사학」(헌법사, 헌법학설사, 헌법제도사, 비교헌법사)

이 존재한다. 그리고 학문의 임무를 기준으로 보면, 헌법규범이나 헌법명제의 의미 또는 이 전부를 둘러싼 정치과정을 이론적인 목적하에 인식하고 분석하는 것을 목적으로 삼는 「헌법이론학」, 실제 헌법문제를 해결하기 위한 실천적인 목적하에 헌법규범이나 헌법명제의 의미를 인식하고 확정하는 「헌법해석학」(=헌법도그마틱), 현실의 헌법문제를 해결하기 위한 정책을 개발하는 것을 목적으로 하는 「헌법정책학」이 존재한다. 이러한 헌법학의 체계는 어디까지나 일응의 분류이고, 이들은 상호 밀접한 관련을 가지고 있을 뿐 아니라, 헌법학이 인문학, 사회과학, 자연과학 등의 바탕 위에서 정립되는 규범학이므로 이는 연관되는 개별학문들을 통합하는 종합학문으로서의 성질을 가지고 있음을 유의할 필요가 있다(정종섭a, 15, 85).

제 2 절 헌법의 특성

[7] 제1 개 설

헌법은 법규범의 영역에서 여타의 법규범과 구별되는 성질을 가지는데, 이러한 헌법이 가지는 특별한 성질을 헌법의 특성이라고 한다. 헌법의 특성이라는 면에서 헌법은 최고규범(最高規範), 윤곽규범(輪廓規範), 시원규범(始原規範), 정치규범(政治規範)으로서의 속성을 가진다.

헌법은 그 특성으로 인하여 헌법의 제정 및 개정의 성격과 방법, 헌법의 해석, 헌법의 실현, 여타 법규범에 대한 효력, 헌법재판의 성질과 헌법재판기관의 구성방법, 헌법입법의 기술 등에서 여타 법규범의 경우와 다른 양상을 띠게 된다. 헌법의 특성에서 각 해당영역에 적용되는 원리들이 발생하며, 따라서 각 해당영역의 시스템과 그에 적용되는 법리들은 이러한 원리와 합치하여야 한다.

헌법의 특성을 올바로 파악하는 것은 헌법적 문제들의 이해와 해결책을 모색함에 있어 그 전제가 된다.

[8] 제2 최고규범

Ⅰ. 개 념

헌법은 최고규범, 즉 최고법(最高法 supreme law)으로의 특성을 가진다. 헌법이 최고규범이라는 것은 한 공동체 내의 법규범의 구조에서 헌법이 최고·최상의 지위에 있다는 것을 말한다. 최고규범으로서의 헌법은 주권자이자 헌법제정권력의 주체인 국민의 주권적 결정으로 만들어지고, 모든 법규범이 헌법에서 파생되어 창설되므로 헌법은 공동체 내에 존재하는 법규범의 존재와 내용과 효력에서 최고 우위를 점하고 있다. 공동체의 법규범구조에서 헌법은 다른 법규범의 효력의 출발점인 동시에 근원으로 존재한다.

Ⅱ. 헌법의 우위

헌법은 공동체의 최고규범으로서 국가를 창설하는데, 국가권력은 기능에 따라 입법권력(立法權力 legislative power), 행정권력(行政權力 administrative power), 사법권력(司法權力 judicial power), 헌법재판권력(憲法裁判權力 constitutional review power)으로 나누어진다. 헌법 이외의 법규범은 입법권력에 의해 만들어진다. 이와 같이 헌법이 국가를 창설하기 때문에 헌법은 국가 창설의 규범적 모체가 되며, 「헌법에 의해 만들어진 권력」에 대하여 존재, 내용, 효력에서 우위를 점한다. 공동체의 법질서와 국가질서에서 헌법이 점하는 이러한 우월적 지위를 「헌법의 우위」(憲法의 優位 supremacy of constitution, Vorrang der Verfassung)라고 하며, 헌법의 우위에서 그에 상응하는 효력이 발생한다.

헌법의 우위로 인하여 헌법에 의해 창설된 국가권력, 즉 입법권력, 행정권력, 사법권력, 헌법재판권력은 어떤 경우에도 헌법에 위배될 수 없고, 이를 부정할 수 없으며, 언제나 헌법에 기속된다. 헌법에 의해 창설된 통치권의 행사가 헌법에 위배되는 경우에는 무효이다.

헌법의 우위는 헌법의 최고규범성에서 당연히 도출되는 본질필연적인 귀결이기 때문에 성문헌법에서 이를 명시적으로 정하고 있든 정하고 있지 않든 관계없이 인정된다. 우리 헌법은 헌법의 우위를 명시적으로 정하고 있지 않지만, 주권이 국민에게 있고(헌법 §1②), 주권자인 국민이 헌법을 제정하였으며, 헌법개정절차를 특별히 규정하고 있고(헌법 §128, §129, §130), 위헌법률심판을 포함한 헌법재판을 제도화하고 있으며(헌법 §107①, ②, §111), 국가의 기본권보호의무를 두고 있는 것(헌법 §10)에서 헌법의 우위가 분명하게 나타나 있다.

「헌법의 우위」를 성문헌법의 법문에서 명시하고 있는 경우도 있다. 예컨대 미합중국 연방헌법은 「이 헌법은……이 나라의 최고의 법이다」(Article Ⅵ, Clause 2)라고 정하고 있고, 독일연방헌법은 「입법은 헌법적 질서에, 집행권과 사법권은 법률과 법에 각 기속된다」(§20③)라고 정하고 있으며, 일본국헌법은 「이 헌법은 국가의 최고법규이고, 따라서 그 규정에 위반하는 법률, 명령, 조칙 및 국무에 관한 기타 행위의 전부 또는 일부는 그 효력을 가지지 못한다」(§98①)라고 정하고 있다.

Ⅲ. 최고규범성의 보장

헌법규범이 가지는 최고성은 이를 효과적으로 보장할 때 실현될 수 있다. 헌법의 최고규범성을 보장하는 방법으로는 헌법보장제도와 헌법개정을 어렵게 하는 경성헌법의 방식이 있다.

우선 모든 형태의 국가기관은 제1차적으로 헌법을 보호하고 실현할 의무가 있기 때문에 국가기관이 수행하여야 하는 이러한 헌법보호의무를 통하여 헌법의 최고성이 보장된다. 국가의 기본권보호의무(헌법 §10)도 이러한 헌법보호의무의 한 내용을 이룬다.

국가가 헌법보호의무를 지니고 있음에도 이를 수행하지 않고 헌법의 최고성을 침해하는 경우에 최고규범으로서의 규범력을 효과적으로 보장하는 것이 헌법재판을 통한 최고성의 보장이다. 입법권에 대해서는 위헌법률심판이나 법률에 대한 헌법소원심판 등을 통하여 최고성을 보장하고, 집행권에 대해서는 탄핵심판이나 헌법소원심판 등을 통하여 이를 보장하며, 법원의 재판권에 대해서는 재판에 대한 헌법소원심판 그리고 헌법을 위반한 법관에 대한 탄핵을 통하여 이를 보장한다. 법규범의 구조 내에서 헌법의 최고성을 보장하는 헌법재판은 규범통제(規範統制)이므로 규범통제는 최고성의 보장에서 중핵을 이룬다. 이와 같이 헌법재판은 헌법의 최고성을 보장하는 가장 강력하고 효과적인 장치이므로 헌법재판이 없으면 헌법의 최고성은 구호에 불과하게 된다.

그러나 헌법재판이 헌법을 침해하는 경우도 있으므로 헌법의 최고성을 지키는 최후의 방어선은 헌법제정권력의 주체인 국민이다. 따라서 국민이 헌법을 보호하고 실현시키려는 의지는 헌법의 최고성을 보장함에 있어 무엇보다 중요하다. 모든 국가권력이 헌법을 침해하는 불법국가(不法國家)의 사태가 발생할 때 헌법을 만든 국민은 불법국가로부터 헌법을 수호하기 위하여 저항권을 행사하게 된다.

헌법의 최고성은 다른 법규범을 개정하는 것과 비교하여 보다 엄격하고 곤란하게 하는 헌법개정의 방식에 의하여 보장할 수 있다. 이러한 헌법개정방식을 가지는 헌법을 경성헌법이라고 하는데, 경성헌법방식은 헌법의 최고성을 보장해준다.

[9] 제3 윤곽규범

Ⅰ. 골격규범으로서의 성격

헌법은 그 구조에 있어 공동체와 그 구성원의 지위 및 국가의 기본적인 사항에 대하여 그 골격(=윤곽)만 정할 뿐 법률이나 명령과 같이 세세히 정하지 않는다. 헌법을 제정하는 때 현실에서 발생할 모든 경우를 예측할 수도 없거니와 예측할 수 있는 사항도 이를 모두 헌법에 명문화할 수 없다. 헌법은 더 상세한 내용에 관해서는 법률이나 명령 등 하위법규범에서 정하도록 하면서 하위법률의 모체가 되는 기본적인 사항만 정한다.

따라서 헌법에는 불확정개념(不確定槪念)이나 일반조항(一般條項)의 성격을 가지는 것이 존재하며, 이는 헌법의 해석을 통하여 구체화되고, 그 기본사항을 구체적으로 입법화하는 것은 하위법률에 의하여 이루어진다. 물론 헌법에서도 헌법사항으로 상세히 정하여야 하는 것(예: 국가기관과 그 권한 및 행사방법 등에 관한 사항)은 세세히 정하지만, 그렇지 아니한 경우에는 골격만 정한다.

II. 개방된 체계

헌법은 그것이 규율할 사회와 헌법을 둘러싸고 있는 국내외적 환경의 변화에 대응하여야 하고, 헌법을 제정할 당시에 국민이 합의한 것은 변화를 전제로 한 기본적인 사항이기 때문에, 헌법의 내용에 있어 1회의 결정으로 공동체와 인간에 관한 모든 사항을 완결적으로 정할 수 없다(비완결성). 예컨대 국민의 기본권을 정하는 경우에도 헌법을 제정할 당시에는 이러 저러한 종류의 자유나 권리를 헌법상의 권리로 결정하였다고 하더라도 사회의 변화에 따라 새롭게 헌법상의 권리가 등장할 수 있으므로 이러한 것은 개방된 상태로 두게 한다. 헌법 제37조 제1항에서 「국민의 자유와 권리는 헌법에 열거되지 아니한 이유로 경시되지 아니한다」고 정하고 있는 것도 이러한 개방성을 보여주고 있다.

헌법은 개방된 체계 또는 개방된 법질서로서의 규범이기 때문에 현실의 경제적·사회적·기술적인 변화에도 불구하고 현실에 탄력적으로 대응할 수 있다. 헌법이 제정된 후 사회의 변화가 있더라도 헌법을 개정하는 단계에 이르기까지 헌법이 중단되지 않고 헌법해석을 통하여 규범력을 가질 수 있는 것도 이러한 개방성 때문이다.

그러나 헌법이 개방성을 지닌다고 하여 헌법의 규정과 내용이 불명확해야 한다는 것은 아니다. 헌법은 공동체 내에서 무정형으로 존재하는 상태와 가치에서 정형의 상태와 질서를 창출하는 것이기 때문에 헌법을 제정할 당시에 국민이 일정한 방향으로 합의한 내용과 질서를 명확하게 정하고 기본적인 사항을 모두 정한다. 이런 사항들은 가치적으로나 체계적으로 통일된 방향성을 가지므로(통일성) 헌법은 하나의 체계이고, 체계 그 자체가 자기완결성을 추구하더라도 그 성격에서는 열린 체계로서의 특성을 가진다(개방된 체계).

헌법이 윤곽규범으로서의 성질을 가진다고 하더라도 국가의 구조, 성격, 국가기관의 권한의 배분과 행사에서 불확정적이고 개방된 상태로 두는 것은 아니다. 국가에 대해서는 국가에 적용되는 헌법원리나 헌법원칙을 분명히 하고, 국가가 본연의 기능을 할 수 있도록 국가권력의 배분과 행사에 대하여 명확히 정하여야 한다. 특히 헌법에서 절차규정을 두는 경우에는 의사결정이나 권한 행사의 적법성을 명확하게 보장하여야 하므로 개방적이거나 불완전한 것으로 존재할 수 없다(동지: 계희열a, 55). 이러한 것은 헌법이 가지는 국가권력의 창설과 제한이라는 기능에서 요청되는 사항이기 때문에 개방성도 이러한 지점에서는 한계를 가진다.

[10] 제4 시원규범

Ⅰ. 자기근거

헌법은 다른 법규범에 의해 만들어진 것이 아니라 주권자의 헌법제정권력에 의해 만들어진 것이므로 규범적으로 자기가 자기의 근거가 된다는 정당화의 특성을 가진다. 다른 법규범은 모두 헌법으로부터 창설된 규범이기 때문에 이 점에서 헌법은 다른 법규범과 구별된다. 헌법의 제정에 있어 헌법제정절차를 정하는 규범(예: 헌법제정회의에 관한 법률)이 먼저 만들어지더라도 헌법은 이러한 규범에서 나오는 것이 아니라 헌법제정권력으로부터 나온다.

Ⅱ. 자기보장

헌법은 효력에 있어 스스로 보장하는 특성을 가진다. 헌법이 아닌 다른 법규범의 경우에는 상위법에 의해 그 효력이 보장되지만, 헌법은 자기 이외에 외부 법규범(상위의 법 또는 초헌법적 법)을 가지고 있지 아니하므로 국가권력이 그 효력을 부정하거나 침해할 수 없도록 하는 장치를 스스로 마련하여 지니고 있다. 예컨대 헌법의 우위의 명문화, 권력의 분립, 헌법재판 등이 그에 해당한다. 헌법은 이러한 자기보장에 따라 이를 실현할 장치를 마련하고 일차적으로 국가권력으로 하여금 헌법을 보장하게 하고 있으나, 모든 국가권력이 헌법의 자기보장체계를 부정할 때에 이를 최후로 보장하는 것은 주권자인 국민의 헌법수호의지와 저항권밖에 없다.

헌법이 지니는 자기보장적인 특성은 헌법제정권력과 헌법 이외에 「헌법의 수호자」라는 것이 따로 존재하지 않는다는 것을 의미하기도 한다. 헌법은 헌법의 수호자를 그 내부에 포함하고 있으므로 헌법의 외부에서 찾을 수는 없다. 종종 독재와 권위주의통치는 헌법 외부에 헌법의 수호자가 있다는 주장으로 그 통치를 합리화하기도 하였으나, 이러한 주장은 헌법의 자기보장성에 비추어 볼 때 성립할 수 없다.

[11] 제5 정치규범

헌법은 공동체에서의 정치적인 합의나 타협의 산물이다. 공동체에서는 가치나 이해관계 등에서 구성원간에 동질성이나 이질성이 나타날 수 있는데, 정치적 대립이 투쟁으로 나아가지 않는 한 헌법은 정치적인 합의나 타협에 의하여 규범으로 정립된다. 따라서 헌법은 공동체를 초월하여 선험적으로 존재하는 것이 아니고 현실에서 공동체 구성원의 합의나 타협으로 나타난다. 정치적 대립이 타협을 이루지 못하고 투쟁으로 나아가는 극단적인 경우에는 헌법은 투쟁에서 승리한 자들의 가치와 의사로 나타난다. 이와 같이 헌법은 생성에서부터 정치성을 띠게 된다.

헌법이 공동체 내의 정치적인 합의나 타협의 산물로 나타나는 경우에 이는 윤곽으로서 정리되므로 통상의 법률이나 명령 등 하위규범보다는 정치적 판단이 개입할 여지를 상대적으로 많이 안고 있다. 헌법보다 하위에 있는 법률이나 명령의 제정에서는 여러 가지 선택 가능한 정책 가운데 어느 하나를 선택하여(예컨대 입법형성의 자유) 상대적으로 넓은 정치적 판단 속에서 헌법을 실현할 정책을 구체화시킨다.

이와 같이 헌법은 다른 법규범에 비하여 상대적으로 강한 정치성을 가지므로 헌법의 운용에서도 보다 넓은 논의의 장과 판단의 가능성이 있고, 헌법을 개정하지 않고도 현실의 변화에 대응할 수 있는 힘이 강하다.

헌법의 정치규범성으로 인하여 헌법의 해석도 다른 법규범의 해석과 달리 정치적 판단이 상대적으로 넓게 개입할 수 있는 여지를 가진다. 헌법의 해석이 다른 법규범의 해석과 다른 특성을 가지는 이유도 정치규범으로서의 특성에서 비롯한다. 헌법의 해석이 이와 같은 특성을 가지기 때문에 헌법의 해석과 적용을 통한 유권적 판단작용인 헌법재판도 이러한 특성을 가지게 되어 법원에서 행해지는 통상의 재판과는 구별되고, 헌법재판을 담당하는 기관이나 그 구성방식도 통상의 법원의 경우와 달라질 수밖에 없다.

헌법이 정치적인 성격을 가진다고 하더라도 이는 그 특성 중의 하나일 뿐이고 법규범으로서 지니는 속성은 변하지 않으므로 헌법이 단순한 정치적 판단으로 해체될 수는 없다. 따라서 헌법의 해석에서도 헌법에서 명시적으로 정하고 있는 내용은 정치적 이해관계나 상황에 따라 아무렇게나 이해될 수 없다. 특히 국가권력에 관한 규정과 절차에 대한 규정은 정치적인 편의에 따라 해석될 수 없다. 권력의 자의적 행사를 통제하기 위하여 헌법은 국가에 관한 여러 사항을 직접 정하고 있으므로 국가의 권력작용에 대한 해석은 엄격하게 하여 헌법 본래의 내용을 왜곡시키지 않도록 하여야 한다.

제 3 절 헌법의 기능

[12] 제1 기본권의 보장

헌법은 공동체의 구성원이 가지는 자유와 권리를 보장하는 권리장전으로서의 기능을 가진다. 헌법의 발달을 보면, 인간의 자유와 권리의 보장은 권리장전의 모습으로 정해져 국가에 관한 근본법을 의미한 원래의 헌법과는 형식에서 따로 존재한 경우도 있었으나(예: 프랑스의 1791년헌법, 1793년헌법, 1795년헌법), 오늘날 현대 입헌주의국가에서 권리장전은 헌법에 편입되어 헌법의 구성부분으로서 국민의 자유와 권리를 보장하고 있다. 우리 헌법도 예외가 아니다. 헌법은 대표적으로 제2장에서 「국민의 권리와 의무」라는 제목하에 기본권을 정하고 있다.

헌법에서 국민의 자유와 권리를 정한다는 것은 공동체의 구성원이 보유하고 행사하는 일정한 자유와 권리를 공동체의 최고법에 보장하는 것을 의미하고, 공동체의 구성원이나 헌법에 의해 창설된 국가권력은 어떤 경우에도 이러한 기본권을 침해할 수 없다는 것을 뜻한다. 헌법 제10조는 「국가는 개인이 가지는 불가침의 기본적인 인권을 확인하고 이를 보장할 의무를 진다」라고 정하여 이러한 법리를 확인하고 있다.

[13] 제2 국가의 창설

헌법은 공동체 내에 사는 구성원들로 하여금 일정한 질서 속에서 삶을 영위할 수 있게 하는 정치적 통일체를 형성하고 창설하는 기능을 가진다. 다양한 의견과 가치와 이해관계를 가진 구성원들 사이에 발생하는 갈등과 대립이 해소되지 않아 일정한 구속적인 단일한 의사가 형성되지 못하는 공동체에서는 공동체의 강력한 원심력에 의해 국가가 성립되기 어려우며, 결국 공동체는 해체의 길로 나아간다.

공동체가 이러한 상태에 이르지 않고 그 구성원이 하나의 정치적 생활공동체에서 살아가기 위해서는 공동체 구성원의 다양한 이해관계와 갈등 · 충돌하는 가치를 조정(調整)하는 국가가 필요한데, 헌법은 이러한 국가를 창설하고 이를 규율한다. 따라서 헌법은 국가의 창설규범과 근본적인 법질서로서의 기능을 가진다.

규범적으로 헌법이 국가를 창설하는가 국가가 헌법을 창설하는가 하는 것은 지배의 정당성의 문제이고 주권의 문제이다. 군주적 정당성(=군주주의적 정당성 monarchical legitimacy)에 기초하여 군주의 지배체제가 곧 국가였던 군주국가에서는 군주를 정점으로 하는 국가가 존재하고 군주가 헌법을 제정하기 때문에(흠정헌법) 헌법은 군주의 주권적 통치의

사로 나타나고, 따라서 「국가가 헌법을 창설한다」는 법리가 성립한다. 그러나 국민주권에 근거하여 국민이 헌법제정권력을 보유·행사하여 헌법을 제정하고, 이러한 민주적 정당성(=민주주의적 정당성 democratic legitimacy)에 기초한 헌법에 의해 국가가 창설되는 민주국가에서는 「헌법이 국가를 창설한다」는 법리가 성립한다. 이것이 국민주권에 기초한 입헌주의원리와 헌법국가원리의 핵심적인 법리이다.

[14] 제3 국가권력의 조직과 제한

Ⅰ. 개 설

헌법에서 권리장전의 부분을 제외하면 국가에 대한 규정이 나머지 구성부분의 중핵을 차지하는데, 헌법은 국가를 창설하는 규범인만큼 국가의 성격, 구조, 국가권력의 배분과 조직, 작용, 국가권력에 대한 통제 등에 대하여 정하고 있다.

이와 같이 헌법은 국가에 관하여 조직규범(組織規範)과 수권규범(授權規範)으로서의 기능을 가진다.

Ⅱ. 조직규범

헌법은 조직규범으로서의 기능을 가진다. 헌법은 공동체로부터 정치적 통일체로서의 국가를 조직하여 창설한다. 헌법이 국가를 조직하는 경우에는 국가의 여러 기능에 따라 국가권력을 분할하고 배분하여 국가를 통하여 얻고자 하는 바를 충분히 획득할 수 있도록 이를 체계정합적으로 조직한다.

헌법은 조직규범으로서의 기능을 통하여 국가권력을 둘러싼 정치적인 투쟁을 헌법이라는 규범영역 안으로 편입시키고, 국가로 하여금 본래의 기능을 할 수 있도록 규범적으로 뒷받침하며(국가작용의 법적 효력 발생 보장), 배분된 기능들간에 충돌이 발생하지 않도록 하고, 국가의 권력행사가 오용되거나 남용되지 못하도록 한다.

헌법이 조직규범이라고 하여 국가에 관한 세세한 것까지 모두 정하는 것은 아니다. 국가의 조직에 관한 세세한 것은 헌법으로부터 위임을 받은 법령에서 정하고, 헌법에서는 그 구조, 체계, 골격, 기관, 권한, 권한행사의 중요한 절차 등에 대한 기본적인 사항을 정한다. 같은 조직규범에 속하지만 헌법보다 하위에 있는 것으로는 국회법, 헌법재판소법, 정부조직법, 법원조직법 등이 있다.

그런데 헌법이 조직규범인 이상 조직에 대한 기본적인 사항에 대해서는 명확히 정하여야 한다. 조직에 관하여 불명확하게 정하면 국가작용에서 혼란을 초래하고 국가기관간의 분쟁과 갈등을 야기하여 체계의 안정성을 해치게 되고, 권력의 오용과 남용을 초래하게 된다. 따라서 헌법조항 가운데 조직에 관한 조항은 명확히 정하여야 하는 동시에 그 해석에 있어서도 엄격하게 해석하여야 한다. 이러한 점이 헌법의 다른 조항에 대한 해석과 차이가 있다.

Ⅲ. 수권규범

헌법은 수권규범으로서의 기능을 가진다. 헌법은 국가를 창설하고 국가권력을 기능적으로 조직함에 있어 국가의 기능을 수행하는 개별 기관에게 그에 합당한 권한을 부여한다. 국가기관이 구체적으로 작동하기 위해서는 법적으로 뒷받침된 강제력이 주어져야 하고, 이런 강제력은 「권한」(權限 competence, Kompetenz)으로 구체화되는데, 국가권력을 창설하는 헌법만이 이러한 권한을 독점적으로 부여할 수 있다.

헌법이 수권규범으로서 국가기관에 대하여 권한을 배분하여 부여하는 경우에도 조직에 관한 규정과 같이 이에 대해서는 명확히 정하여야 한다. 그렇지 않으면 이 경우에도 국가작용에서 혼란과 국가기관간의 분쟁 · 갈등을 야기하고, 권력의 오용과 남용을 초래하게 된다. 국가기관의 권한에 대한 헌법조항을 해석함에 있어 이를 엄격하게 해석하여야 함은 조직에 관한 조항에 대한 해석에서와 동일하다.

헌법이 가지는 수권규범으로서의 기능을 보장하기 위하여 권한쟁의심판을 헌법재판으로 제도화하고 있다(헌법 §111①).

[15] 제4 공동체의 유지 · 통합

헌법은 공동체의 구성원들이 추구하는 가치에 합치하는 일정한 가치지향과 질서로 나타나므로 이는 공동체의 구성원으로 하여금 공동체의 생활에 동화되고 통합되어 살 수 있도록 만든다. 헌법은 사회공동체의 통합을 통하여 국민의 기본권이 실현되게 하고, 공동체가 존속하고 유지될 수 있게 한다.

이러한 통합은 헌법을 제정한 국민들에 의해 헌법이 준수되는 정도와 그 공동체내의 정치의식, 문화, 연대성, 지도자들의 지도력, 갈등 해소 시스템의 작동 수준 등에 의해 결정되는데, 헌법의 통합력이 강하게 나타나는 나라는 강력한 나라로 나아가고, 통합력이 미약하고 쇠퇴하는 나라는 국가의 해체 또는 공동체의 해체로 나아가는 약한 나라로 전락한다.

헌법이 사회공동체를 통합한다고 하여, 이러한 통합이 폐쇄적인 통합을 의미하는 것은 아니다. 이러한 통합은 사회의 변화에 따라 변화하고 적응하면서 존재하는 통합이므로 그 통합의 체계는 닫힌 체계가 아니라 「열린 체계」를 의미한다. 통합의 과정에서도 갈등이 끊임없이 발생하고, 갈등은 때로 사회발전의 장애가 되기도 하지만 그 동력이 되기도 하는데, 갈등이 발생하고 존재하는 상황에서도 그와 동시에 그 갈등이 심각한 수준에 이르기 전에 해소되는 것이 필요하다. 헌법은 갈등의 발생과 조정 그리고 갈등의 해소와 통합의 동적 운동이 존재하는 사회에서 갈등으로 인하여 공동체가 해체되지 않도록 하는데 중추적인 역할을 수행한다.

[16] 제5 정치적 정의와 평화의 실현

헌법은 정치적 정의와 평화를 실현하는 규범으로서의 기능을 가진다. 헌법은 공동체의 정치활동 가운데서 탄생하고, 사회현실에는 공동체 구성원간에 국가권력을 둘러싼 경쟁과 대립이 항상 있게 마련인데, 헌법은 일정한 규범을 정함으로써 정치활동이 규범의 틀 속에서 합리적이고 평화적으로 이루어지게 한다.

헌법이 국가기관을 구체적으로 정하고(국가기관의 설치), 국가기관에 어떻게 접근하는가에 대하여 규칙과 시스템(선거, 정당, 재판 등)을 정함으로써 「권력에의 의지」가 규범에 의하여 순화되고, 국가권력을 장악한 세력이나 집단이 자의로 이를 행사할 수 없게 된다. 이러한 과정을 통하여 정치활동은 적나라한 권력투쟁이 아니라 헌법이 정하는 자유와 권리(정치적 기본권)의 행사를 통하여 건전한 경쟁으로 자리잡게 되고, 다양한 정치적 이익들간의 대립과 갈등은 규범의 틀 속에서 해소된다.

제 4 절 헌법과 헌법재판

[17] 제1 헌법국가에서의 헌법재판

헌법이 사회와 국가에서 공동체의 최고법으로서 제 기능을 할 수 있기 위해서는 무엇보다 헌법의 규범력과 실효성을 보장하는 장치가 필요하다. 헌법이 현실에서 규범력을 가지고 작동하는 경우에만 헌법국가(憲法國家 Verfassungsstaat)가 존재할 수 있는데, 헌법의 규범력을 유지하고 그 실효성을 보장하는 장치 가운데서 가장 효과적인 것이 헌법재판이다. 헌법재판은 헌법의 내용 또는 헌법문제에 대하여 다툼이 발생한 경우에 재판을 통하여 이를 유권적(有權的)으로 해결하는 헌법의 실현작용으로서, 헌법의 규범력과 실효성을 보장하고, 헌법에서 보장하고 있는 기본권을 실현하며, 국가작용의 합헌성을 보장하여 모든 국가작용으로 하여금 헌법질서 속으로 들어오게 한다.

이와 같이 헌법재판이 가동될 때 헌법은 비로소 생명력을 지니고 우리의 삶 속에서 살아 숨쉴 수 있기 때문에 오늘날 헌법재판은 현대 입헌주의와 자유민주주의의 핵심적 징표 중의 하나로 평가되고, 헌법국가와 불가분의 관계에 있다. 헌법재판이 없는 헌법질서란 사상누각(沙上樓閣)과 같아 그 규범력을 유지할 수 없기 때문에 입헌민주국가에서 헌법재판이 없는 헌법은 생각할 수 없다.

[18] 제2 헌법재판에 의한 권력통제와 헌법질서의 유지

헌법은 무엇보다 헌법에 의하여 창설된 국가권력으로 하여금 헌법을 침해하지 못하게 하는 것과 국민들이 스스로 헌법을 존중하고 생활하도록 하는데서 규범력을 가질 수 있다. 따라서 헌법재판은 먼저 각종의 국가작용을 헌법에 합치되도록 만드는 데 근본적인 존재의의가 있다. 헌법재판은 국회의 입법작용, 행정부의 행정작용, 법원의 재판작용이 합헌성을 확보하도록 통제하며, 국가기관 또는 지방자치단체 상호간에 발생하는 권한쟁의를 심판하여 각 국가기관 또는 지방자치단체에 상응하는 권한의 배분을 확인하고, 이를 통하여 국가법의 질서가 유지되도록 한다. 헌법재판은 고도로 헌법정책적이고 정치적인 성격을 가지는 헌법사건에 대해서도 헌법이 무엇인지를 선언한다. 예컨대 탄핵심판, 정당해산심판, 대통령이나 국회의원 선거재판, 중요한 국정문제의 결정 · 자문(예컨대 대통령의 직무수행 불능 판단, 국가의 중요정책에 대한 헌법적 자문 등) 등이 이러한 범주에 속한다.

근대 국민주권주의와 입헌주의가 성립한 이후 오늘날 대부분의 입헌민주국가에서 재판기관에 의한 규범통제는 기본권의 보장, 대의민주주의, 법치국가, 성문헌법주의와 함께 입헌주의 또는 헌법국가의 필수적인 구성요소를 이루고 있다.

우리나라는 위헌법률심판, 헌법소원심판, 탄핵심판을 통하여 국회의 입법작용과 정부의 행정작용이 남용되는 것을 통제하고, 권한쟁의심판, 정당해산심판을 통하여 국가작용을 정상화시키고 정당을 보호함과 동시에 헌법의 적들이 정당의 형태로 집단화 · 조직화하여 헌법을 침해하는 것을 방지하고 교정한다(헌법 §111①).

제 2 장 헌법의 제정과 정당성

제 1 절 헌법의 제정

[19] 제1 개 설

Ⅰ. 헌법의 형성

헌법은 인간이 공동체를 형성하고 그 생활을 영위함에 있어 공동체의 존속·안전을 보장하고 공동체와 그 구성원의 삶에 필요한 일정한 질서와 규범을 형성하고, 이러한 질서와 규범을 유지할 수 있게 하는 권력체인 국가를 창설하면서 생겨난 개념이다. 이미 인간이 사회계약(社會契約 social contract)에 의하여 만든 공동체에서 다시 국가를 창설하는 경우에 국가의 성격, 구조, 형태, 국가권력의 배분과 조직, 국가작용, 국가권력의 오·남용과 그에 대한 통제 등을 일정한 메커니즘으로 규율하는 규범이 필요하고, 공동체와 그 구성원 그리고 이들과 국가 사이에 일정한 관계를 설정하는 것이 필요한데, 헌법은 이러한 사항에 대한 기본적인 내용을 정하는 근본적 법규범으로 기능을 한다. 이렇게 볼 때, 원리적으로는 먼저 인간이 존재하고 이러한 인간들이 공동체를 형성하고, 공동체에서 강제력을 가지는 국가를 창설하기 위하여 헌법을 제정한다는 체계, 즉 「인간→공동체→헌법→국가」라는 체계가 성립한다.

그런데 이러한 「인간→공동체→헌법→국가」의 체계는, 공동체의 구성원 가운데 강자가 그 구성원을 지배하고, 그 강자의 의지와 의사에 기초한 지배체제가 곧 국가이며, 강자인 지배자의 의지와 의사가 곧 헌법이라고 파악된 군주국가의 이념이나 국가가 곧 헌법이라고 이해한 19세기 독일의 법실증주의 국가이론에서는 발붙일 여지가 없었다. 「인간→공동체→헌법→국가」의 체계는 공동체의 단계에서 헌법제정권력이 존재하고, 그 구성원이 주권자(主權者 sovereign)로서 헌법을 형성하고 그에 따라 국가가 창설된다는 인식구조에서 성립될 수 있기 때문에 국민주권(國民主權=人民主權 popular sovereignty)과 입헌주의(立憲主義 constitutionalism)를 인정하는 인식체계에서만 규범적인 의미를 가질 수 있다.

이렇게 하여 헌법의 의미와 존재는 포착되지만, 사람들의 실제적인 생활에서 헌법이 형성되기 위해서는 그에 필요한 전제요건들이 충족되어야 한다. 헌법이 성립하기 위해서는 i) 공동체 내에서 공동체에 일정한 가치와 질서를 부여하여 이를 일정한 방향성을 가진 하나의 규범질서적인 생활통일체로 만들고자 하는 구성원간의 공감대 또는 합의가 생겨나야 하고(헌법계약이라는 개념으로 설명하기도 한다), ii) 이러한 합의를 공동체, 그 구성원, 국가를 규율할 규범으로 만들어 내고자 하는 중심세력이 형성되어야 하며, iii) 합의가 규범으로 형성되면 이를 존중하고 준수하겠다는 공동체 구성원들의 의식이 존재하여야 한다. 현실에서는 이렇게 하여 헌법이 형성되기 때문에, 「헌법의 형성」(=헌법의 성립)이라는 개념은 규범학적으로 파악되는 규범적 개념이 아니라 정치사회학적으로 파악되는 사실적 개념이다(허영a, 40).

역사적으로 보면, 헌법의 형성에 있어 공동체 구성원 가운데 1인의 강자가 등장하여 공동체와 그 구성원의 삶에 일정한 가치와 질서를 일방적으로 부여하고, 이를 규범으로 정한 경우도 있었으나(예: 영주국가, 군주국가, 독재국가), 오늘날 국민주권의 시대에서 이러한 것은 인정되지 않는다. 헌법의 형성은 통상 식민지지배로부터의 해방(무력투쟁을 통한 해방, 평화적 해방), 체제전환(20세기 말 동유럽 및 중앙아시아지역의 사회주의국가에서 자유민주주의국가로의 체제 전환), 혁명(1789년의 프랑스혁명, 1919년의 러시아혁명), 쿠데타(coup d' État)로 인하여 새로운 사회질서가 창출될 때 이루어진다. 혁명과 쿠데타는 소수집단이 헌정체제의 변화를 기도하는 점, 기존 정부(existing government)를 폐지하는 점에서 공통점이 있고, 양자 모두 때로 국민의 지지를 얻거나 얻지 못할 수도 있지만, 혁명은 새로운 헌정체제를 형성하기 위해 헌법제정권력을 국민에게 부여함에 반하여, 쿠데타는 국민의 의사와 관계없이 기존 집권세력을 추방하고 자기세력으로 대체한다는 점에서 구별된다. 군부세력이 무력으로 기존 정부를 전복한 후 새로운 체제를 형성하기 위하여 헌법제정회의를 구성하고 국민투표로 새 헌법을 제정하여 새로운 체제를 출범시킨 경우는 혁명에 해당한다.

II. 헌법의 제정

헌법의 제정은 법규범(法規範 Rechtsnorm)으로서 효력을 가지는 헌법규범을 의식적으로 창조하는 헌법제정권력의 행사를 말한다. 헌법이 법적 효력을 발생하는 것은 헌법의 제정(憲法의 制定 Verfassungsgebung, constitution-making)에 의하여 비로소 이루어지며, 이런 점에서 법적 효력을 아직 가지지 못하는 상태에 있는 「헌법의 형성」과 구별된다. 「헌법의 형성」이 사실적인 개념인데 반하여, 「헌법의 제정」은 법적인 개념이다. 역사적으로 보건대, 자생적으로 서서히 형성되어 규범력을 획득하는 자생적 헌법(예: 서구 중세의 자생적 헌법)이 예외적으로 있기는 하지만, 오늘날에는 더 이상 존재하지 않는다. 헌법은 언제나 헌법의 제정이라는 헌법제정권자의 의식적 행위에 의하여 효력을 발생하고 법규범으로 기능을 하게 된다.

헌법의 제정은 그 이전에 헌법을 제정하는 힘(=권능, 능력)이 존재하는 것을 전제로 하여 성립하는 개념인데, 이를 헌법제정권력이라고 한다. 역사적으로는 이러한 힘을 누가 가지느냐 하는 것이 중요하였는데, 이론에 따라 신, 군주, 국가, 의회, 법, 국민이 그 주체라고 본 여러 관점이 있었으나, 오늘날에는 국민주권의 확립으로 국민만이 헌법제정권력을 가지는 것으로 귀착되었다.

[20] 제2 헌법제정권력

Ⅰ. 개념과 헌법제정권력이론

(1) 개 념

헌법제정권력(*憲法制定權力* constituent power, verfassungsgebende Gewalt, pouvoir constituant)이란 공동체의 근본법이자 최고법인 헌법을 만들어내는 힘을 의미하는, 헌법을 제정하는 작용력 또는 능력을 말한다. 헌법제정권력은 사실로 존재하는 헌법규범을 창조하는 힘이기 때문에 규범인 헌법에 선행하고 헌법 이전에 존재한다. 따라서 헌법제정권력과 헌법에 의해 만들어진 권력과는 구별되며, 이들 상호간에는 「헌법제정권력→헌법→헌법에 의해 만들어진 권력」이라는 체계가 성립한다. 서양의 법사상에 의할 때, 이러한 인식의 구조는 최고법(最高法, higher law)사상과 국민주권의 결합에 의하여 이루어진 것이며, 사상적으로는 신의 의지로부터 인간이성에로의 세속화를 의미한다.

(2) Locke의 이론

헌법을 만드는 힘, 헌법, 헌법에 의하여 만들어진 권력이라는 개념의 구별에 대한 초기의 인식은 원시(原始) 계약(사회의 형성)과 신탁(信託) 계약(국가의 형성)이라는 「이중계약」의 개념으로 국가와 입법권, 그리고 이 양자와 국민과의 관계를 체계화한 J. Locke(1632-1704)의 국가이론(또는 국민주권이론)에서 나타나기 시작하였다. 여기서는 초기 형태의 국민주권관념에 근거를 둔 헌법제정권(이념적으로 저항권과도 연관)에 대한 원류적인 관념이 전제되어 있었다.

(3) Sieyès 이론

헌법제정권력을 이론적으로 처음 체계화한 것은 프랑스의 E.-J. Sieyès(1748-1836)의 이론에서 비롯한다. 그에 의하면, 헌법제정권력은 헌법이나 국가 이전에 존재하는 자연상태에서 조직되지 않은 채로 존재하는 「무엇을 조직하는 권력」(pouvoir constituant)이며, 이는 헌법제정권력에 의해 「조직된 권력」(pouvoir constitué)과 구별된다. 따라서 헌법에 의해 조직된 권력인 입법권은 헌법제정권력과 비교하여 본질에서 서로 다른 것이기 때문에 입법권으로서 헌법을 폐지하거나 변경할 수 없다. 그의 헌법제정권력이론이 밝히고자 한 핵심적인 사항은 입법권의 성격을 분명히 하여 입법권으로 헌법을 변경하거나 폐지할 수 없도록 하는 데 있었다.

이러한 그의 헌법제정권력이론은 그 이후 프랑스에서는 크게 발전 · 확산되지 못하였다. 그의 이론이 혁명이론으로 치부되어 주목을 받지 못한 가운데 오히려 헌법제정권력이론은 한편으로는 1814년의 루이 18세 헌법에서 군주주권론(君主主權論)과 결합하는 양상을 보였고, 다른 한편으로는 독일에서 프랑스와 다른 정치적인 여건하에서 등장한 19세기 국가주권설(國家主權說) 또는 국가법인설(國家法人說)과 결합하는 양상도 보였다. 국가주권론에서 헌법제정권력은 헌법개정권력과 동일한 것이었으며, 나아가 입법권, 집행권, 사법권과도 동일한 지위에 있는 것으로 파악되었다. 이는 헌법제정권력은 국가권력과 다름이 없고, 따라서 국가권력을 행사하는 자는 헌법도 제정할 수 있다는 것을 정당화하는 것으로 귀착하였다. 이러한 헌법제정권력의 부정은 법실증주의 헌법이론에서 극에 달하였다. 권리주체인 국가가 곧 법의 연원이고 원천이기 때문에 헌법의 최고성은 물론이고 국가와 별개로 존재하는 헌법을 태동시키는 힘이라는 것은 인정할 여지조차 없었다.

이와 달리 헌법제정권력과 헌법에 의하여 제정된 권력의 구별은 미합중국에서 꽃을 피우게 되는데, 여기서는 국민주권사상을 정립하여 헌법제정회의와 입법기관을 구별하고 헌법제정권력의 우위성과 영구성을 확립했다. 미합중국에서는 헌법제정권력과 헌법의 우위를 인정하여 이를 국가권력인 통치권력, 즉 대의기관에 의하여 행사되는 권력과 구별하고, 헌법보다 하위에 있는 국가권력이 상위의 헌법 또는 헌법제정권력을 침해하는 경우에 이를 심사하는 사법심사(司法審査 judicial review)를 제도화하여 헌법제정권력과 헌법에 의하여 만들어진 권력 사이의 위계를 분명히 하였다.

(4) Schmitt의 이론

헌법제정권력이론이 헌법의 암흑기를 지나 화려한 복귀를 하게 된 것은 20세기 初 C. Schmitt(1888-1985)의 헌법이론에서였다. C. Schmitt는 E.-J. Sieyès의 이론을 부활시키되, 현대적으로 변용하여 보다 정밀화하고 정형화시켜 헌법제정권력에 관한 이론을 체계적으로 구성하였다. 그에 의하면, 헌법제정권력이란 자기 자신의 정치적 실존의 양식과 형태에 대하여 근본결단(根本決斷 Dezision)을 내릴 수 있는 정치적 의지로 파악되었고, 이 시원적인 의지에 의하여 그 이외의 모든 헌법률로서의 성격을 가지는 규정의 효력이 도출된다고 하였다. 그래서 그는 「헌법제정권력 → 헌법 → 헌법개정권력 → 헌법률 → 헌법에 의해 만들어진 권력」이라는 위계구조를 체계화하고, 헌법에 의해 만들어진 권력인 헌법개정권력과 국가권력은 법에 의해 창설된 권력이지만, 헌법제정권력은 법 이전에 존재하는 시원적이고 창조적인 힘 또는 능력이라고 하였다. 이런 헌법제정권력은 단일하고 불가분이며 항구적인 성질을 가지는 것으로 위탁, 양도, 소모될 수 없으며, 그 근본결단의 구체적인 집행만이 특별한 수임자에게 위탁될 수 있다고 하였다. 헌법과 헌법률의 관계에서는 헌법(憲法 Verfassung)은 근본결단이고 헌법률(憲法律 Verfassungsgesetz)은 이보다 하위의 결단이라고 본다.

현대 입헌주의에서 헌법제정권력이론은 E.-J. Sieyès에서 출발하여 C. Schmitt에 의하여 정밀화되고 체계화된 이러한 이론을 이어받고 있다.

II. 사상적 연원

헌법이라는 개념이 지배체제에 대하여 가치중립적으로 성립한다고 할지라도, 서구에서 헌법제정권력이라는 개념은 현실에서 군주의 권력에 대한 대항적 개념으로 형성·발전하였다. 1789년 프랑스혁명을 전후하여 E.-J. Sieyès가 개창한 헌법제정권력이론에 의하여 헌법제정권력이라는 개념이 성립하였다고 보는 것이 대체적인 견해이다. 그는 헌법을 창설하는 힘이나 권능은 그 무엇으로부터 나오는 것이 아니라 스스로 원초적으로 존재하는 것이라고 하고, 그렇기 때문에 이런 원초적인 힘은 군주나 국가에게 있는 것이 아니라 그 이전에 국민에게 있다고 하였다. 이러한 인식구도에서 헌법제정권력은 국가, 군주, 헌법에 구속되지 않으며, 군주의 권력도 헌법제정권력과는 구별되는 헌법에 의해 만들어진 권력이라고 하였다. 이것은 이념적으로 군주라고 하더라도 헌법제정권력을 보유하는 자에 의하여 지배된다는 구조를 정립하여 군주의 지배를 극복하려고 한 것이었다. C. Schmitt도 헌법제정권력이라는 개념으로 19세기 이래 독일을 지배하던 국가주권설을 극복하려고 했다.

이러한 헌법제정권력이라는 개념의 등장은 「지배의 정당성」을 군주적 정당성 또는 국가적 정당성에서 민주적 정당성 또는 국민적 정당성으로 변경하는 것을 시도한 의미를 가진다. 이렇게 헌법제정권력이라는 개념은 초기에 강한 이념적인 성격을 띠고 형성되기 시작하였으나, 그 이후 군주정의 재등장으로 군주들도 헌법제정권력을 요구하였다. 그 결과 헌법제정권력은 국민이 가질 수도 있고 군주도 가질 수 있는 중립적 개념인 것으로 여겨지기도 하였다. 그러나 군주제는 국민주권의 발달과 함께 역사에서 소멸하였고, 오늘날 국민주권원리에서 헌법제정권력은 국민이 독점적으로 보유하는 원초적인 힘으로 이해되고 있다.

Ⅲ. 성 질

헌법제정권력은 그 성질에 있어 창조성, 시원성, 불가분성, 불가양도성, 항구성을 가진다.

(1) 창 조 성

헌법제정권력은 헌법을 창조하는 성질을 가진다. 헌법에 의해 권력이 만들어지므로 헌법제정권력은 헌법개정권력과 국가권력을 창설하는 성질을 가지는 힘으로 존재한다. 이에 따라 「헌법제정권력-헌법-헌법개정권력-국가권력」이라는 위계구조가 성립된다. 입법기관과 같이 대의기관이 행사하는 권력은 국가 내의 권력이다. 따라서 대의기관은 헌법제정권력을 행사할 수 없다. 헌법제정회의가 선거에 의하여 구성되어 대의기관의 외형을 갖추고 있다고 하더라도 이는 대의원리가 적용되는 「보통대표」(representants ordinaires)가 아니라 헌법제정이라는 특별하고 한정된 임무를 수행하는 한시적인 기관으로서 「특별대표」(representants extraordinaires)로서의 성격을 지닌다.

한편으로 헌법제정권력이 가지는 창조성은 헌법제정의 형식이나 내용에 있어 어떠한 규정에 의해서도 규율되지 않는 무조건성을 의미한다. 헌법제정의 형식이나 절차에서 문제가 되는 것은 정당성일뿐이다. 물론 헌법을 제정하는 과정에서 그 절차를 먼저 정한 경우에는 그 절차에 따라야 하는데, 이것도 헌법제정권력과 따로 존재하는 규정이 아니라 헌법제정권력의 행사에 해당한다. 따라서 헌법제정권력은 헌법을 제정함에 있어 필요한 절차를 정할 수 있을 뿐만 아니라 필요한 경우에 이를 자유로이 변경할 수 있다.

(2) 시 원 성

헌법제정권력은 외부의 타 존재에서 나온 것이 아니고 스스로 생성하여 존재하는 시원성(始原性 originality)과 어떤 외부의 법규범이나 법질서에도 구속되지 아니하는 자율성(自律性=獨自性 autonomy)을 가진다. 이런 점에서 헌법제정권력은 본질적으로 「시원적 헌법형성권력」(始原的 憲法形成權力 original constituent power, pouvoir constituant originaire)이고, 「제도화된 헌법형성권력」(制度化된 憲法形成權力 instituted constituent power, pouvoir constituant institué)인 헌법개정권력과 구별된다. 헌법제정권력이 시원적인 것인 이상 이를 정당화하거나 합법화하는 상위의 규범이나 힘은 존재하지 않는다. 헌법제정권력에는 정당성(正當性 legitimacy)은 존재하지만 합법성(合法性 legality)은 존재하지 않는다. 이러한 법리에 의할 때, 헌법제정권력은 국가가 성립하기 이전에 존재하는 「국가 밖의 권력」, 즉 「초국가적 권력」임에 비하여, 국가권력은 헌법에 의하여 만들어진 권력으로서 「국가내의 권력」이다. 따라서 헌법에 의해 만들어진 권력은 어떠한 경우에도 헌법을 제정하는 힘을 가지지 못한다.

(3) 불가분성

헌법제정권력은 나눌 수 없는 하나의 통일적 전체로서의 성질을 가진다. 헌법제정권력의 주체가 국민 개개인이라고 하더라도 헌법제정권력의 행사에 의해 헌법이 제정되는 것은 이들 국민 각자에 의해 각각의 헌법을 만드는 여러 행위로 나타나는 것이 아니라 하나의 헌법을 만드는 행위로 나타난다. 이러한 것은 헌법제정권력이 불가분으로 통일된 것이기 때문에 가능하다. 또 국가권력은 입법권, 행정권, 사법권, 헌법재판권으로 분할되지만, 헌법제정권력은 이와 달리 이 모두를 창출해내는 모체로서 나누어지지 않는 불가분의 것이다. 따라서 헌법제정권력의 불가분성과 권력분립은 서로 구별되며, 국가권력을 행사하는 대의기관의 권력도 헌법제정권력과 구별된다. 이렇게 볼 때, 주권이 불가분한 것과 국가권력이 권력분립에 따라 분리되는 것이나 주권의 불가분성과 대의권력의 가분성은 서로 모순되는 것이 아니다.

(4) 불가양도성

헌법제정권력은 헌법제정권력의 주체에게 독점적으로 보유되어 있고, 이를 다른 주체에게 양도하거나(veräußern) 위임하는(übertragen) 것은 허용되지 않는다. 오늘날 국민주권원리에서 헌법제정권력의 주체는 국민뿐이고 국민 이외에 어떤 존재도 헌법제정권력을 보유할 수 없으며, 국민은 누구에게도 이를 양도할 수 없다.

(5) 항 구 성

헌법제정권력은 비상시뿐만 아니라 평상시에도 존재한다. 평상시에는 소멸·소진한(konsumiert) 상태로 있다가 비상시에 나타나는 것이 아니다. 따라서 국민이 헌법제정권력을 행사하여 헌법을 제정한 후라고 하더라도 헌법제정권력은 항상 국민이 보유하고 있으며, 헌법이 제정된 이후에는 국민은 다음의 헌법을 제정할 때까지 헌법제정권력을 행사하지 않고 있을 뿐이다. 이러한 항구성(=영구성)으로 인하여 헌법제정권력은 다른 권력이나 존재에 흡수되지도 않는다.

헌법제정권력의 항구성으로 인하여 헌법을 제정하여야 하는 상황이 다시 발생하면 국민은 이전의 질서로부터 아무런 구속도 받지 않고 새로운 헌법의 내용을 정할 수 있다. 기존 헌법에서 헌법개정에 관하여 어떠한 제한을 두더라도 헌법제정권력은 이로 인하여 축소되거나 이전의 헌법제정권력의 행사로 소진된 것이 아니기 때문에 새로 헌법을 제정하는 경우에는 기존 헌법의 헌법개정에 관한 규정에 의해 제한을 받지 않는다. 물론 이는 헌법의 제정에 있어 그러하다는 것이며, 헌법의 개정에서는 국민투표로 헌법을 확정한다고 하더라도 이는 헌법개정권력의 행사이기 때문에 헌법제정과 달리 헌법개정에서 인정되는 한계에 의하여 제한받는다. 헌법개정의 방법으로 선택된 국민투표는 헌법제정권력에 의하여 선택된 것이기 때문에 이는 헌법제정권력에 의하여 만들어진 권력에 해당한다. 외형상 동일한 국민투표라고 하더라도 헌법제정권력의 행사방법으로서의 국민투표와 헌법개정권력의 행사방법으로서의 국민투표는 서로 성질이 다르다.

Ⅳ. 주　체

국민주권원리에서 헌법제정권력은 언제나 해당 공동체의 구성원(people)이 보유한다. 이러한 공동체 구성원은 헌법이 제정된 후 국민으로서의 지위를 가지기 때문에 헌법제정권력을 보유하는 주체는 국민이다. 역사적으로 볼 때, 국민이 헌법제정권력을 보유하는 것은 주권원리가 군주주권원리로부터 국민주권원리로 변경된 것의 논리필연적인 귀결이며, 정당성의 체계가 군주적 정당성에서 민주적 정당성으로 변경된 정당화(legitimation)의 본질적 내용이기도 하다.

헌법제정권력은 국민이 독점적으로 보유하지만, 국민이 헌법제정권력의 행사를 타자에게 위임하는 경우는 있을 수 있다. 국민이 선출하여 구성하는 헌법제정회의는 국민에 의해 헌법제정권력의 행사를 위임받아 헌법을 제정하는 행위를 하는 것이다. 오늘날 국민이 헌법제정권력의 행사를 타자에게 위임하는 경우는 거의 없다. 국민이 헌법제정권력을 보유할 뿐만 아니라 헌법제정권력을 직접 행사하는 것이 국민주권원리를 보다 철저하게 실현하는 것이 된다. 헌법의 제정에서 국민투표로 헌법을 확정하는 것은 국민이 직접 헌법제정권력을 행사하는 것이다.

유의할 것은, 국민주권원리에서 예외적으로 국민이 헌법제정권력의 행사를 타자에게 위임하는 경우가 있다고 하더라도, 헌법제정권력 자체는 언제나 국민이 보유하며 어떤 경우에도 이를 타자에게 양도(주권의 경우에는 위임이라고 표현하여도 본질은 양도에 해당한다)할 수 없다는 점이다(헌법제정권력의 불가양도성). 국민이 헌법제정권력을 타자에게 양도하는 경우에는 새로운 주권원리가 생성하며, 정당성의 체계도 변경된다. 이런 변경이 있는 경우에는 국민주권원리는 더 이상 존재하지 않으며, 민주적 정당성도 확보할 수 없다.

우리나라의 경우 헌법이 9차례 개정되는 과정에서 1948년헌법은 형식에서 헌법제정회의의 성격을 가진 1948년국회에서 제정되었고, 그 이후 헌법의 개정에서는 국회에 의해 개정되거나(예: 1952년헌법, 1954년헌법, 1960년6월헌법, 1960년11월헌법) 국민이 국민투표로 직접 개정하기도 하였지만(예: 1962년헌법, 1969년헌법, 1972년헌법, 1980년헌법), 어느 경우에도 헌법제정권력은 국민에게 보유되어 있었다.

[21] 제3 헌법제정의 방법

헌법을 제정하는 방법, 즉 헌법제정권력을 행사하는 방법에는 헌법제정회의가 헌법제정권을 행사하는 방법과 헌법제정권력의 주체인 국민이 직접 행사하는 방법이 있다.

Ⅰ. 헌법제정회의에 의한 헌법제정

헌법은 헌법제정회의(憲法制定會議 constitutional convention, verfassunggebende Versammlung)에서 제정되기도 한다. 헌법제정회의는 통상 공동체의 구성원이 선거로 대표를 선출하여 구성한다. 예외적으로 공동체의 비상사태에서 헌법을 제정해야 하는 경우에는 선거 없이 헌법제정회의가 구성되기도 한다. 이런 경우에는 헌법의 민주적 정당성이 문제가 된다.

헌법제정회의는 헌법제정권자인 국민으로부터 헌법제정권력의 행사를 특별히 위임받은 수임기관이다. 따라서 헌법제정회의는 국민의 의사에 구속되고, 국민은 필요한 경우에 언제나 헌법제정회의의 구성원을 교체할 수 있다. 이런 점에서 헌법제정회의는 그 명칭이 어떠하든 국가의사결정원리인 대의원리(代議原理 repräsentatives Prinzip)에서 말하는 보통대표로 구성된 대표기관이 아니다. 헌법제정회의에는 대의원리가 적용되지 않는다. 유의할 것은 헌법제정회의는 국민으로부터 헌법제정권력을 위임받은 것이 아니라 헌법제정권력의 행사를 위임받았다는 점이다.

헌법제정회의에 의한 헌법제정에 관한 논의는 프랑스 혁명 당시 E.-J. Sieyès의 이론에서 정연하게 전개되었다. 그는 대표라는 개념을 둘로 구별하여 헌법제정권력을 행사하는 자를 「특별대표」(representants extraordinaires)라고 하고, 헌법에 의해 만들어진 권력을 행사하는 자를 「보통대표」(representants ordinaires)라고 하였다. 특별대표는 한정된 특정 사항을 처리하기 때문에 권한에서 제한될 뿐 아니라 시간적으로 한정된 기간 동안만 존재한다고 한다. 따라서 특별대표에게는 보통대표와 달리 명령적 위임이 핵심적 요소로 고려된다고 본다(정종섭a, 230).

1945년 8월 15일 일본제국주의의 식민지지배에서 해방된 우리나라에서는 북위 38도선을 경계로 하여, 북쪽은 8월 9일부터 진공해 들어온 소련의 공산 군대가 꼭두각시정부를 세우고, 남쪽은 이에 대응하여 미합중국의 군대가 9월 7일 진주하여 9월 11일부터 군정(軍政 military government)을 실시하였다. 미군정기간중 국제연합(UN)의 결의에 따라 법에 의거하여 1948년 5월 10일 남한지역에서 국회의원총선거를 실시하여 「1948년국회」를 구성하였다. 이를 제헌국회라고도 하는데, 6월 1일 국회는 헌법안을 작성할 헌법기초위원회(憲法起草委員會)를 구성하여 헌법제정작업을 시작하였다. 6월 23일 헌법안은 국회 본회의에 상정되어 3회의 독회를 거친 후 7월 12일 의결 · 확정되었다. 1948년 7월 17일 대한민국헌법(大韓民國憲法)이 공포 · 시행되었다. 법적인 성격에서 보면, 1948년국회는 6월 1일부터 7월 17일까지는 헌법제정회의로서의 성격을 가졌고, 헌법제정이라는 특별한 임무수행이 종료된 이후인 7월 18일부터는 「이 헌법을 제정한 국회는 이 헌법에 의한 국회로서의 권한을 행하며 그 議員의 任期는 國會開會日로부터 二年으로 한다」라는 동헌법 제102조의 전환규정에 의하여 입법기관으로 전환되어 입법기관으로서의 성격을 가졌으며, 더 이상 헌법제정회의로서의 성격은 가지지 않았다(정종섭e, 183).

II. 국민투표에 의한 헌법제정

국민주권원리에서 헌법의 제정은 통상 국민의 직접 투표에 의하여 이루어진다. 국민투표(國民投票 referendum, Referendum)를 하기 위해서는 통상 헌법안을 기초하는 헌법기초회의나 다른 기관에서 헌법안을 만들고, 이 헌법안에 대해 국민투표의 절차를 정하는 입법이 선행한다. 이러한 국민투표는 헌법개정의 한 방법으로 채택되는 국민투표와 달리 헌법제정권력의 행사라는 점에 특징이 있다.

국민투표에 의한 헌법의 제정에서 중요한 것은 국민투표에 의해 확정한다는 점 이외에 국민이 투표에 임하기까지 헌법안에 대하여 충분히 숙지하고 투표로 의사를 표시하여야 한다는 절차적 정당성의 획득이다. 국민투표에 의한 헌법제정은 헌법의 민주적 정당성은 확실하게 확보하여 주지만 이것으로 헌법의 정당성이 완전히 획득되는 것은 아니다. 국민투표에 의한 헌법제정이 통치자나 집권세력에 대한 신임투표(信任投票 plebiscite, Plebiszit)로 변질되는 경우에는 진정한 의미의 헌법제정이 있다고 하기 어렵다.

우리나라의 경우 1961년 5월 16일 군사쿠데타가 발생하고 그 이후 군정이 실시되었다. 군사정부는 군사혁명위원회(軍事革命委員會)를 조직하여 비상계엄(非常戒嚴)을 선포하고 국회와 지방의회를 해산하고 장면정부를 사퇴시켰다. 5월 19일 군사혁명위원회는 국가재건최고회의(國家再建最高會議)로 개명하고 國家再建非常措置法(1961. 6. 6. 법률 제42호)을 제정 · 공포하여 이에 따라 통치하였다. 1960년11월헌법은 이 국가재건비상조치법에 위반되지 않는 범위에서 효력을 가졌다. 1962년 7월 11일 국가재건최고회의 특별위원회로 헌법심의위원회(憲法審議委員會)를 구성하고, 국가재건비상조치법에 따라 헌법을 개정하기로 하여, 1962년 10월 8일 국가재건비상조치법의 개정을 통해 「헌법의 개정은 국가재건최고회의의 의결을 거친 후 국민투표에 부하여 유권자 과반수의 투표와 투표자 과반수의 찬성을 얻어야 한다」 등 헌법개정에 관한 조항을 추가하고, 10월 12일 國民投票法(1962. 10. 12. 법률 제1166호)을 제정 · 공포하였다. 1962년 11월 5일 헌법심의위원회가 마련한 헌법안을 국가재건최고회의가 의결 · 공고하고, 12월 17일 국민투표로 확정한 후 12월 26일에 공포하였다. 이에 의해 만들어진 1962년헌법(1962. 12. 26. 공포)은 부칙규정에 따라 1963년 12월 17일부터 시행되었다.

Ⅲ. 연방국가의 헌법제정

연방국가에서는 헌법안에 대하여 연방을 구성하는 지방국가(支邦國家)의 동의를 요하는데, 그 방법으로는 헌법안에 대한 동의를 처리하기 위한 지방국가의 헌법회의가 의결로 동의하는 방법(예: 미합중국 연방헌법의 제정)과 지방국가의 주민의 국민투표로 동의하는 방법이 있다.

[22] 제4 헌법제정의 한계

Ⅰ. 헌법제정의 한계

헌법을 제정함에 있어서 한계가 있는가 그렇지 아니한가 하는 문제가 헌법제정의 한계문제이다. 법적인 논의에서는 법적 한계가 존재한다면 이 한계를 넘어서는 경우에는 효력에서 변화가 있어야 한다. 한계를 일탈한 경우와 한계를 일탈하지 않은 경우에 효력에서 동일하다면 최소한 법적으로는 한계의 문제를 논의할 실익이 없다. 따라서 헌법의 제정에 있어서도 한계를 긍정한다는 것은 그 한계를 일탈하여 헌법이 제정된 경우에는 헌법으로서 효력을 가지지 못한다는 것을 의미한다. 즉 헌법의 외양을 가지고 있으나 사이비헌법(似而非憲法)이라는 것을 의미한다. 헌법제정의 한계문제에 있어서는 한계긍정설과 한계부정설이 대립한다.

(a) 한계긍정설

헌법의 제정도 법질서의 창조이므로 법적 영역에 속하고, 따라서 법적 이성, 정의, 법적 안정성과 같은 기본적인 법원리나 기본적 인권의 보장에 제한된다거나(허영a, 46), 법치주의, 민주주의의 원리에 제한된다고 본다(김철수a, 38; 권영성, 47).

(b) 한계부정설

헌법제정권력은 시원적인 것이므로 이를 제한하는 어떠한 법원리도 존재하지 않는다거나(예: E.-J. Sieyès) 헌법제정권력의 주체의 결단에 의해 헌법은 정당성을 획득하므로(예 : C. Schmitt) 헌법제정에서는 한계가 없다고 본다.

(c) 한계논의무용설

헌법제정권력의 한계문제를 정당성의 문제라고 하고(철학이나 신학의 문제로 넘김), 합법성의 문제만이 법학에서 논할 수 있는 것이므로 헌법학에서 헌법제정의 한계를 논의하는 것은 무용하다는 견해이다. 예컨대 법실증주의나 순수법학의 관점에서는 이러한 입장을 취한다.

(d) 학설에 대한 평가

헌법제정의 한계 문제가 법적인 문제라고 볼 때, 헌법의 제정에 한계가 있는가 하는 문제는 일률적으로 말할 수 없다. 헌법의 제정에서 한계를 긍정하여야 하는 경우도 있고, 한계를 긍정할 수 없는 경우도 있다.

무엇보다 명백한 것은 어느 경우나 헌법제정은 구 헌법질서에는 구속되지 않는다는 점이다.

헌법의 제정에 있어 헌법제정회의가 헌법을 제정하는 방식을 취하고, 이 회의가 정할 수 있는 헌법 내용의 방향이나 범위를 미리 실정법으로 정한 경우에는 헌법제정회의는 이런 범위에서 한계를 가진다. 따라서 이런 경우에 헌법제정회의가 미리 정해진 범위를 벗어나 헌법을 제정한 경우에는 헌법제정의 한계를 일탈한 것으로서 효력을 가질 수 없다.

헌법제정을 국민투표로 유효하게 확정하는 경우에는 정당성의 문제는 별론으로 하고 합법성에서는 어떠한 한계도 존재하지 않는다. 이는 국민주권원리에서 나오는 당연한 귀결이다. 국민투표로 헌법을 제정한 이상 투표에서 반대한 자나 제3자가 볼 때, 비록 그 헌법에 수긍하기 어려운 내용이 들어 있다고 하더라도 그 헌법을 폐지하거나 개정하지 않는 이상 헌법의 효력을 부정할 방법이 없다. 헌법제정회의의 활동에 아무런 한계를 정하지 않은 경우에는 헌법제정회의는 어떠한 제한도 받음이 없이 자유로이 헌법을 제정할 수 있고, 그에 따라 국민투표로 제정된 헌법은 헌법으로서 법적인 효력을 가진다.

II. 헌법원칙과 국민주권

헌법제정의 한계에서는 공동체의 기본적인 틀(frame) 또는 질서(order)를 의미하는 헌법(constitution 실정헌법을 의미하는 것이 아님)의 원칙과 국민주권원리와의 관계가 어떠한가 하는 문제가 제기된다. 공동체와 그 구성원들의 삶에 대한 기본적인 틀을 만드는 것이 오로지 그 구성원들이 결정했다는 것만으로 정당성이 인정되는가 하는 문제이다. 인간의 삶에 특정한 공동체의 상황과 그 특정한 구성원들의 현실적인 결정을 넘어선 보편적인 원리와 원칙과 그리고 가치(이를 통칭하여 헌법원칙(Verfassungssatz)이라고 한다)가 존재한다고 보면, 국민주권하에서도 이러한 헌법의 여러 원칙은 국민주권원리에 앞선다. 이에 의하면, 인간의 존엄 · 가치 · 인격 · 자율의 보장, 공동체의 존속과 유지, 의사결정에서는 자의가 배제되어야 한다는 원칙, 공적 권력은 그 자체가 목적이 될 수 없다는 원칙 등과 같은 것은 헌법이라는 개념에 본질적으로 내포되어 있는 원리, 원칙, 가치로서 국민주권에 의해서도 변경될 수 없다는 결론에 이른다. 이는 본질상 다수결로 결정될 사항이 아닌 것(비다수결주의의 영역), 즉 법 자체를 이루는 것들이다.

실정헌법이 국민주권에 바탕을 둔 다수결에 의하여 비다수결주의의 영역에 속하는 사항을 배제하고 제정되었을 때(예: 다수결로 인간의 존엄을 인정하지 않는 것으로 결정할 경우), 이를 법적으로 무효화할 수 있는가 하는 문제가 발생한다. 실정헌법규범을 무효화하는 메커니즘은 합법성(合法性 legality, Legalität)의 문제에 해당하는데, 이러한 경우에는 합법성의 문제와 별개로 정당성(正當性 legitimacy, Legitimität)의 문제가 발생한다. 정당성의 문제를 합법성의 메커니즘으로 해결할 수는 없기 때문에 현실에서는 정당성이 없는 헌법의 효력을 제거할 수는 없지만, 법원리상 정당성이 없는 실정헌법은 정당화될 수 없기 때문에 유효한 것으로 될 수 없다. 이러한 경우에는 국민이 헌법제정권력을 다시 행사하여 새로이 헌법을 제정하게 된다.

Ⅲ. 헌법제정에서의 제약

헌법제정의 한계와 구별하여야 할 것이 헌법의 제정에 있어 영향을 미치는 제약이다. 헌법제정권자가 스스로 정한 방향과 내용으로 헌법을 제정하고자 하지만 그렇게 할 수 없게 만드는 요소나 원인이 있는 경우에 헌법의 제정은 일정한 제약을 받게 된다. 헌법제정에서의 제약이란 헌법의 제정에 있어 헌법제정권자의 결정에 영향을 미치는 힘을 말한다.

헌법의 제정에 있어 이러한 제약의 요소로 들 수 있는 것으로는 패전국(敗戰國)이 헌법을 제정할 때 승전국(勝戰國) 또는 국제기구의 의사나 영향력에 의해 제약을 받거나 식민지 지배에서 해방된 나라가 헌법을 제정하면서 종전의 지배국의 의사에 의해 일정한 제약을 받는 경우가 이에 해당한다(국제법적 제약). 헌법을 제정할 당시의 국민의 수준이나 그 나라의 정치적 · 경제적 · 사회적 · 문화적 여건 등도 이런 제약요소로 작용할 수 있다(현실적 제약). 헌법을 제정할 당시에 지배하고 있던 이데올로기나 시대정신 또는 국제질서도 이런 제약요소로 작용할 수 있다(환경적 제약).

이러한 제약요소는 실제에서 작용하는 것이므로 헌법을 제정할 때 사실상 피하기 어렵다. 헌법을 제정할 때 이런 제약요소를 배제하지 못하고 헌법을 제정하였다고 하여 그 헌법이 효력을 가지지 못하는 것은 아니다. 이런 점에서 헌법제정의 한계(법적 효력의 문제)와 헌법제정에서의 제약(사실적 문제)은 개념적으로 구별할 필요가 있다.

제2절 헌법의 정당성

[23] 제1 개 설

헌법의 정당성(正當性 legitimacy, Legitimität)은 헌법의 올바름을 뜻하는 것으로 헌법이 규율하는 대상에 대하여 최종적으로 법적인 구속력을 가지는 바탕·근거를 뜻한다. 이는 합법성의 영역과 달리 헌법이 올바른 것(Richtigkeit)인가, 즉 정법(正法 richtige Recht)인가 하는 문제로서, 올바른 헌법인 경우에만 그 헌법은 정당성을 가지고 규율대상에 대하여 정당하게 규율할 수 있다.

법은 원래 합법적이고 정당할 때만 수범자(受範者)의 존경과 복종을 이끌어 낼 수 있다. 헌법은 시원적이기 때문에 헌법 제정의 절차를 미리 정하고 있는 경우 이외에는 합법성에 있어서는 그 자체로 합법적이지만, 정당성은 헌법 그 자체로 인정되지 않는다. 헌법제정의 한계에서 보듯이, 실정헌법의 제정에서 법적으로는 한계가 존재하지 않는 경우에도 원리적 또는 가치적으로는 정당성의 문제에서 한계가 존재하고, 이를 충족시킬 때 비로소 정당한 헌법으로서 타당성과 실효성을 가진다.

[24] 제2 내 용

헌법의 정당성은 내용적 정당성, 주권적 정당성, 민주적 정당성, 절차적 정당성을 그 내용으로 한다. 이러한 내용을 이루는 각각의 정당성을 모두 갖추어야 정당한 헌법이 된다.

Ⅰ. 내용적 정당성

헌법은 아무 내용이든지 정하기만 하면 정당한 것으로 효력을 발생하는 것은 아니다. 헌법은 공동체의 존속·유지와 공동체 내에서 살고 있는 구성원이 인간으로서 가지는 존엄·가치·인격·자율을 보장하고, 이를 구체적으로 실현함에 있어 자유와 권리를 침해하지 않을 때 정당성을 가질 수 있다. 그리고 국가와 공권력은 그 자체 자기목적적인 것이 될 수 없고 이러한 가치를 목적으로서 보장하고 실현하는 수단으로 존재할 때만 정당성을 가지기 때문에, 헌법도 이러한 메커니즘을 정하는 것일 때 정당성을 가질 수 있다.

이러한 점은 특정 공동체가 처한 개별성을 초월하여 공동체와 인간의 삶에 보편적으로 적용되는 가치와 내용으로서 확인된 것이다. 이는 구성원의 다수결에 의하더라도 부정할 수 없는 성질의 것으로 「본래적 헌법원칙」이라고도 한다.

힘과 사실적인 것을 규범적인 것으로 파악하고, 이러한 관점에서 헌법을 이해한사회학적 실증주의 또는 권력실증주의의 시각에서는 어떠한 내용이든지 일단 헌법제정권자인 국민이 결정한 이상 이로써 헌법의 정당성은 충족된 것이고(민주적 정당성만 정당성의 요소라고 보는 시각), 내용은 정당성의 요소가 아니라고 한 견해도 있었으나(예: C. Schmitt의 결단주의), 이는 공동체와 인간의 가치를 부정하고 오로지 국민의 환호성과 갈채에 바탕을 둔 독재와 인권 침해를 정당화시켜 주는 길(예: 히틀러의 나치즘)을 열어 주는 우를 범하고 말았다.

Ⅱ. 주권적 정당성

헌법은 공동체에서 주권자의 지위에 있는 자에 의하여 제정되어야 비로소 정당성을 가진다. 주권은 공동체의 문제에 대하여 최종적으로 결정을 내리는 능력이므로 이런 능력을 가진 자만이 헌법을 제정하는 권능을 가진다. 역사적으로 볼 때, 주권이론에 따라 주권자의 지위를 신, 군주, 국가, 의회, 법, 국민 등이 점한다는 다양한 견해가 있었으나, 오늘날에는 국민주권의 확립과 더불어 국민만이 주권자의 지위에 있다.

예컨대 승전국의 의사에 따라 패전국의 헌법이 제정된 경우에는 자기 나라 국민이 자주적으로 헌법을 제정하지 않았기 때문에 주권적 정당성을 가지기 어렵다(예: 일본국 헌법).

Ⅲ. 민주적 정당성

국민주권이 확립된 오늘날에는 헌법제정권력의 주체가 국민임을 더 이상 부정할 수 없게 되었다. 따라서 헌법은 주권자인 국민이 이를 제정하여야 하고, 국민의 헌법제정권력에 의하여 헌법이 제정되어야 한다. 국민이 헌법을 제정하는 경우에 헌법은 민주적(=민주주의적=국민적) 정당성을 가진다.

헌법을 개정하는 경우에도 모두 국민투표로 확정하는 방법, 헌법의 본질적이고 핵심적인 사항은 국민투표로 결정하고 나머지는 의회에서 결정하는 방법, 헌법의 본질적이고 핵심적인 사항은 헌법개정의 대상에서 제외시키고 나머지 부분에 대하여 의회에서 개정하는 방법 등이 있는데, 어느 경우나 헌법의 본질적이고 핵심적인 사항은 국민이 결정하는 것이므로 헌법의 민주적 정당성은 확보된다.

Ⅳ. 절차적 정당성

헌법은 합리적이고 정당한 절차를 거쳐 제정되어야 정당성을 확보할 수 있다. 이를 절차적 정당성이라고 한다. 헌법을 제정하기 이전에 실정법으로 헌법을 제정하는 합리적 절차를 먼저 정하고, 이런 절차에 따라 헌법이 제정되면 합법성과 정당성이 동시에 획득되지만, 이러한 절차에 관한 실정법이 없어도 의사결정에 필요한 합리적인 절차를 거쳐 헌법이 제정되어야 한다.

헌법에 규정될 내용들이 모두 공개되고 자유로운 상태에서 이에 대한 논의가 충분히 이루어져야 하며, 공동체 구성원은 이를 충분히 숙지할 수 있어야 한다. 헌법의 내용이 국민적 합의의 열매가 될 수 있도록 하는 평화롭고 자유로운 의사소통과 참여가 이루어져야 한다. 구체적으로는 헌법제정에 대한 논의의 공개와 참여, 헌법안의 충분한 공고 기간, 개별 사항에 대한 자유롭고 합리적인 토론과 찬반 의사의 표명, 공동체 구성원의 숙의(熟議 deliberation)의 과정, 평화로운 논의와 합리적인 절차에 의한 의결과 국민투표, 논의를 왜곡하는 선전·선동의 배제 등이 이에 해당한다.

[25] 제3 기 능

Ⅰ. 헌법제정의 한계

헌법의 정당성은 법적으로 헌법제정의 한계를 설정하여 준다. 헌법이 정당성을 획득하지 못한 때에는 헌법은 제정의 한계를 일탈한 것으로서 무효이다.

Ⅱ. 헌법준수의 기반

헌법이 정당성을 획득하여야 국가 및 공동체의 구성원에게 헌법을 존중하고 준수할 것을 요구할 수 있는 근거를 가질 수 있다. 헌법은 시원적인 것이어서 그 자체의 권위에 의하여 공동체와 국가를 규율하지만, 헌법이 진정하게 타당성과 실효성을 가지기 위해서는 정당성을 획득하여야 한다.

제 3 장 헌법의 규범력과 헌법의 보호

제 1 절 헌법의 규범력

[26] 제1 개 설

Ⅰ. 헌법의 규범력

헌법의 규범력(憲法의 規範力 normative Kraft der Verfassung)은 헌법이 법규범으로서 사회현실을 규율하는 법적인 힘을 말한다. 헌법은, 헌법이 규율하는 현실의 사회, 국가, 정치, 경제, 문화, 기술, 과학, 군사, 노동, 환경 등 모든 영역에 대하여 규범력을 가진다. 헌법이 법규범으로서 사회현실에 어느 정도의 힘을 가지고 있는가 하는 것이 헌법의 규범력 문제이다.

헌법의 규범력이 높을 때 헌법은 생명력과 대상에 대한 실효적 효력을 가지고 살아 있는 법으로서 본래의 기능을 수행하지만, 그 규범력이 낮아지면 헌법의 생명력과 실효적 효력은 줄어든다. 헌법의 규범력이 약화되거나 소멸하면 공동체의 기존 질서에서 입헌주의와 헌법국가는 더 이상 실현될 수 없으며, 공동체는 와해되는 길로 나아가 소멸하거나 새롭게 형성되는 헌법질서에 의하여 다시 규율된다.

헌법이 높은 규범력을 가질 수 있는 경우는 헌법의 내용이 규율하려는 대상이나 상황에 잘 상응하는 것이어서 규범력을 가지는 경우(헌법 내용에 의한 규범력의 확보)와 헌법을 규율대상이나 상황에 맞추어 적합하게 운용하는 경우이다(헌법 운용에 의한 규범력의 확보). 전자의 경우를 실현하기 위해서는 헌법의 내용이 그 시대를 지배하는 가치와 공동체가 나아 갈 방향을 잘 담고 있어야 하고, 기술적으로는 세세히 규정하는 것이 아니라 윤곽규범으로서 기능하도록 정하여야 한다. 그리고 현실에서 테제(these)에 대한 안티테제(anti-these)가 성립하여 헌법의 중단이나 헌법개정이 생기는 부분에서는 테제와 안티테제가 서로 보완하는 상응구조(相應構造 Gegenstruktur)가 갖추어져 있어야 한다(예: 평상시에는 국가긴급권과 같은 구조가 아니지만, 비상시에는 국가긴급권으로 평상시의 구조를 변경할 수 있도록 하는 것). 그런데 후자의 경우에는 헌법의 규범력을 높인다는 이유로 헌법제정권자인 국민이 합의한 내용을 왜곡하거나 변경하여서는 안 되며, 구체적인 사안에서 국민의 다수가 정하는 방향으로 헌법질서가 전개된다고 하더라도 소수를 그 질서에서 배제하면 안 된다는 한계가 있다.

II. 규범적 헌법

현실의 헌법 가운데 규범력을 높게 유지하면서 실현되는 헌법을 「규범적 헌법」(規範的 憲法 normative Verfassung, normative constitution)이라고 한다. 헌법이 규범적 헌법인 경우에는 사회현실은 헌법제정권력의 주체가 합의한 방향으로 실효성 있게 규율되고, 입헌주의와 헌법국가가 실현된다. 그러나 헌법이 규범적 헌법으로 되지 못하는 경우에는 헌법은 사회를 통합하고 규율하는 능력을 상실하게 된다.

장기적으로 보면, 어떤 시기에 존재하는 특정한 헌법은 항상 규범적 헌법으로 존재하는 것이 아니라 사회변화와 상황에 따라 명목적이거나 장식적인 것으로 전락할 수도 있고, 규범력이 약해질 수도 있다. 입헌주의질서에서 헌법의 규범력을 높이는 방법으로는 헌법을 보장(=보호)하는 시스템을 마련하여 이를 정상적으로 작동시키는 것과 사회현실의 변화에 대응하여 그에 합당하게 현실적응성을 높이는 방법이 있다. 후자의 방법으로는 헌법해석이나 헌법개정과 같은 방법이 있다. 헌법의 규범력을 높이기 위하여 헌법을 개정하는 경우에도 헌법개정이 빈번해지면 헌법존중과 헌법수호에 대한 국민의 의지와 믿음이 약화되어 신헌법은 규범력을 지속하기 어려워질 수 있다.

《규범적 헌법, 명목적 헌법, 장식적 헌법》

K. Loewenstein은 헌법규범이 사회현실에 대하여 어느 정도의 규범력을 가지고 헌법의 기능을 수행하느냐 하는 점을 논의하면서, 현실에 존재하는 나라별로 비교헌법학적으로 분석한 뒤, 현재 존재하는 헌법을 3가지 범주로 나누었다. 즉 헌법규범이 사회현실을 충실히 규율하여 헌법이 규범력을 확보하고 있는 「규범적 헌법」(規範的 憲法 normative Verfassung, normative constitution)이 존재하는 경우, 헌법규범에서 추구하는 가치와 지향하는 바가 어느 정도는 실현되고 있으나 사회현실의 미성숙으로 인하여 아직 제대로 실현되지 못하여 헌법이 규범력을 제대로 확보하지 못하고 있는 「명목적 헌법」(名目的 憲法 nominalische Verfassung, norminal constitution)이 존재하는 경우, 헌법규범은 존재하지만 사회현실은 이와 분리되어 있어 헌법이 규범력을 상실하고 있는 「장식적 헌법」(裝飾的 憲法 semantische Verfassung, semantic constitution)이 존재하는 경우가 있다고 하였다. 규범적 헌법이 존재하는 국가에서는 헌법규범과 사회현실이 일치하여 입헌주의와 헌법국가가 실현되고 있으나, 신생국가나 입헌국가로 나아가려는 저발전국가의 경우와 같이 명목적 헌법이 존재하는 나라에서는 헌법규범에 합치하는 사회현실에 이르기 위해서는 아직 사회의 성숙이 더 요구되고, 국민의 기본권을 억압하고 독재를 추구하는 독재국가, 공산주의국가, 사회주의국가와 같이 장식적 헌법이 존재하는 국가에서는 헌법은 형식적으로 문자와 말로만 존재할 뿐 현실에서는 국가권력이 국민을 자의로 통치·지배하

고 있다. 이러한 3가지의 범주는 헌법규범과 사회현실간의 현 상태를 인식하기 위한 도구적 개념이므로 헌법의 종류에 해당하지는 않는다. 이러한 개념은 현실에서 헌법이 가지고 있는 규범력의 정도를 측정하는데 유용하다.

[27] 제2 규범력의 보장

I. 제도적 장치

헌법의 규범력을 보장함에 있어 제1차적인 의무를 지고 그 역할을 수행하는 것은 당연히 국가이다. 국가는 구체적으로 입법권, 행정권, 사법권, 헌법재판권을 통하여 헌법의 규범력을 유지 · 보장할 뿐 아니라, 헌법을 부정하고 파괴하려는 온갖 기도와 행위에 대응하여 그에 필요한 조치를 취함으로써 헌법의 규범력을 보장하여 입헌주의와 헌법국가를 실현시킨다.

헌법의 규범력은 평상시뿐만 아니라 비상시에도 유지되어야 하므로 국가비상사태에 대응하여 헌법의 규범적 테두리와 헌법질서 속에서 이를 극복하고 해소하기 위한 장치가 필요하다. 대표적인 것이 국가긴급권이다.

(1) 평 상 시

헌법의 규범력은 평상시 국가의 정상적인 활동에 의하여 유지되고 보장되는데, 국가는 헌법의 규범력을 유지하고 보장하기 위하여 헌법이 정하고 있는 내용을 적극 실현시키고, 헌법을 부정하고 침해하는 행위에 대하여 제재하는 방법을 취한다. 국회는 입법을 함에 있어 헌법합치적으로 입법권을 행사하고, 대통령과 행정부 역시 집행권을 헌법에 합치되도록 행사한다. 법원도 헌법에 합치되도록 재판을 한다. 헌법재판소는 모든 종류와 형태의 국가권력의 행사가 헌법에 합치하는지의 여부를 심사하여 헌법에 위배되는 국가권력의 효력을 상실시키고, 헌법을 부정하고 침해하는 정당을 해산시키며, 국가기관(지방자치단체 포함)간의 권한의 배분과 행사가 합헌적으로 이루어져 헌법질서에 부합하도록 한다.

(2) 비 상 시

헌법의 규범력은 평상시뿐만 아니라 비상시에도 유지되어야 공동체에서 입헌주의가 중단되지 않고 지속되며 헌법국가가 실현되고 유지될 수 있다. 비상시에도 헌법의 규범력을 유지함에 있어서는 대부분 평상시의 국가작용이 그대로 행해지지만, 특별한 경우에는 국가비상사태(國家非常事態)의 다양한 양상에 따라 그에 적합한 방식의 비상적인 조치가 행해진다. 그에 해당하는 것이 국가긴급권(國家緊急權 emergency power, Staatsnotrecht)이다. 국가긴급권을 헌법에 미리 명시적으로 정하여 놓고 국가비상사태가 발생한 경우에 발동하는 것은 비상시라고 할지라도 사실적인 것이 규범적인 것으로 될 수 없게 하고자 하는 것, 즉 자의와 권력에의 의지가 헌법질서를 배제하는 것을 막아 현실에서는 여전히 규범이 사실을 규율할 수 있도록 하고자 하는 헌법상의 장치이다.

이와 같이 국가긴급권은 국가비상사태에서 헌법의 규범력을 유지하기 위한 수단이므로 이를 정권의 유지나 독재의 연장 등 다른 목적으로 이용할 수 없으며, 이를 이용하여 국민의 기본권을 침해하는 것을 정당화할 수 없다. 원래의 목적과 기능에서 일탈한 국가긴급권의 행사가 있는 경우에는 그에 따른 법적 책임을 지게 되고(예: 大1997. 4. 17.-96도3376), 헌법재판의 대상이 된다(예: 憲1996. 2. 29.-93헌마186; 2013. 3. 21.-2010헌바132등).

[憲 1996.2.29.-93헌마186] 「고도의 정치적 결단에 의한 행위로서 그 결단을 존중하여야 할 필요성이 있는 행위라는 의미에서 이른바 통치행위의 개념을 인정할 수 있고…… 통치행위를 포함하여 모든 국가작용은 국민의 기본권적 가치를 실현하기 위한 수단이라는 한계를 반드시 지켜야 하는 것이고, 헌법재판소는 헌법의 수호와 국민의 기본권 보장을 사명으로 하는 국가기관이므로 비록 고도의 정치적 결단에 의하여 행해지는 국가작용이라고 할지라도 그것이 국민의 기본권 침해와 직접 관련되는 경우에는 당연히 헌법재판소의 심판대상이 될 수 있는 것일 뿐만 아니라, 긴급재정경제명령은 법률의 효력을 갖는 것이므로 마땅히 헌법에 기속되어야 할 것이다.」

[大 1997.4.17.-96도3376] 「대통령의 비상계엄의 선포나 확대 행위는 고도의 정치적·군사적 성격을 지니고 있는 행위라 할 것이므로, 그것이 누구에게도 일견하여 헌법이나 법률에 위반되는 것으로서 명백하게 인정될 수 있는 등 특별한 사정이 있는 경우라면 몰라도, 그러하지 아니한 이상 그 계엄선포의 요건 구비 여부나 선포의 당·부당을 판단할 권한이 사법부에는 없다고 할 것이나, 이 사건과 같이 비상계엄의 선포나 확대가 국헌문란의 목적을 달성하기 위하여 행하여진 경우에는 법원은 그 자체가 범죄행위에 해당하는지의 여부에 관하여 심사할 수 있다고 할 것이고, 이 사건 비상계엄의 전국확대조치가 내란죄에 해당함은 앞서 본 바와 같다.」

II. 헌법수호의 의지

헌법의 규범력을 유지하는데는 제도적 장치만으로 충분하지 않고, 헌법을 만든 국민이 헌법을 스스로 수호하고 실현하는 실천적인 의지가 요구된다. 이러한 것을 헌법수호의 의지라고 하는데, 국민이 가지는 헌법수호의 의지는 평상시와 비상시에 따라 다양하게 나타난다. 헌법수호의 의지는 통치자가 권력으로 규범과 국민의 합의를 부정하고 입헌주의를 배제하려는 「권력에의 의지」(Wille zur Macht)에 대항하여 헌법제정권력의 주체인 국민이 가지는 헌법을 수호하고 실현하려는 의지인 「헌법에의 의지」(Wille zur Verfassung)에 의해 이루어진다.

(1) 평 상 시

헌법의 규범력을 유지하고 보장하는 장치로는 국가권력에 의존한 제도적 보장이 일차적이고 가장 효과적이지만, 헌법을 제정한 국민이 일상적으로 헌법을 준수하고 수호하여 헌법을 실현하려고 하는 실천과 생활이 중요하다.

(2) 비 상 시

공동체의 생활에서는 국가가 헌법의 규범력을 유지하는 것을 포기하거나 파괴하는 불법적인 한계상황이 발생할 수 있는데, 이런 한계상황에서는 국민이 스스로 정한 헌법을 수호하기 위하여 최후의 방어선을 펼치지 않을 수 없다. 국가에 의해 자행된 불법적인 한계상황에서 국민의 헌법수호의 의지가 최후로 현실화되는 것이 저항권의 행사이다. 이러한 점에서 국민이 가지는 저항권은 헌법에 명문으로 실정화되어 있든 있지 않든 관계없이 헌법원리상 본질필연적으로 인정되는 헌법보호의 방법이다.

제 2 절 헌법의 보호

1. 헌법보호제도의 발달

[28] 제1 헌법보호의 의의

헌법의 보호(憲法의 保護 Verfassungsschutz)는 「헌법의 수호」라고 하기도 하고 「헌법의 보장」이라고 하기도 한다. 헌법의 특성상 헌법규범과 사회현실 사이에는 긴장관계가 존재하기 때문에, 헌법의 존속과 규범력을 확보함에 있어서는 헌법의 보호가 중요한 의미를 가진다.

[29] 제2 헌법수호자 논쟁

헌법수호자 논쟁이란 헌법의 규범력이 정치적 · 사회적 상황에 의해 위협받는 경우에 누가 헌법의 규범력 보호에 최종적 책임을 지는가 하는 점에 대한 논쟁으로, 1930년대 입헌민주주의가 정착되는 과정에서 독일의 C. Schmitt와 오스트리아의 H. Kelsen간에 벌어졌던 논쟁이 대표적이다. 헌법수호자에 대한 관심은 일반적으로 헌법의 규범력이 위협받는 상황에서 종종 제기되는 것으로 역사상 체제의 수호자에 대한 계획과 제안이 등장한 것은 스파르타의 행정감독위원회(Ephoren), 로마의 원로원부터 크롬웰 사후의 영국, 프랑스 혁명 당시의 헌법이념에서도 찾아볼 수 있다.

C. Schmitt는 독일의 바이마르국가에서 정치적 혼란과 의회가 노정한 무능과 무책임 등에 직면하여 의회에 대해 회의적인 태도를 가지게 되면서, 최종적인 헌법의 수호는 강력한 민주적 정당성을 지니면서 국가긴급권을 가지고 있는 대통령만이 할 수 있다고 보았다. 그는 「헌법의 수호자」(Hüter der Verfassung)에서 자칭 헌법수호자로 자리매김하는 라이히 국사재판소(國事裁判所 Staatsgerichtshof), 즉 사법부는 헌법에 대해 부수적 · 임시적 · 소극적이며 산만한 옹호자에 불과하여 헌법의 진정한 옹호자로 볼 수 없고, 헌법의 수호자는 독립적이고 중립적이어야 한다는 전제 아래 당파성에서 벗어나 있는 대통령이 헌법의 수호자라고 판단하였다. 이에 대하여 H. Kelsen은 C. Schmitt의 주장이 행정부의 헌법파괴의 가능성을 간과하였음을 거론하며 헌법에 의해 구성된 국가권력은 어느 하나가 헌법수호자의 역할을 전임하는 것이 아니라 일방이 헌법 파괴로 나아가는 경우 다른 국가기관이 헌법수호자의 의무를 지게 되는 것이라고 보고, 대통령의 권력도 헌법을 침해할 수 있음을 들어 법적으로는 국사재판소, 즉 헌법재판소가 최후의 헌법수호자가 된다고 하였다.

헌법수호자는 기본적으로 모든 국가기관이고, 어느 하나는 다른 국가기관에 대하여 권력을 통제하면서 헌법을 수호한다. 다만, 국정의 운영이나 비상적인 사태에서 헌법을 수호하는 문제에서는 정부형태에 따라 논의가 달라진다. 대통령제정부에서는 기본적으로 대통령이 국가원수이고 행정부의 수반이며 국정운영의 중심에서 국정을 조정하는 지위에 있기 때문에 헌법의 수호자로서 상대적으로 중요한 비중을 차지하고 있다. 그러나 의회주의제정부(=의원내각제정부)에서는 의회가 헌법의 수호자로 보다 중요한 기능을 한다. 그런데 법규범적으로 보면, 헌법을 침해하는 모든 국가기관의 행위를 무효화하는 권한은 헌법재판소가 가지므로 헌법재판소가 최종적인 헌법수호자로서의 지위를 가진다. 국가비상사태에서도 국가긴급권이 무한정하게 작용하는 것이 아니므로 실제에서는 국가긴급권을 가지는 자가 헌법의 수호에서 중요한 역할을 하지만, 국가긴급권의 남용에 대해서는 의회와 헌법재판소가 통제하는 점에서 이들 기관도 헌법수호자로서의 역할을 하게 된다. 이와 같이 헌법의 수호에서는 일차적으로 국가기관이 책임을 지지만 국가기관에 의한 헌법의 수호가 불가능한 상태에서는 주권자인 국민이 최종적인 헌법의 수호자로 저항권 등을 행사하여 그 책무를 이행한다.

2. 헌법보호의 수단

[30] 제1 개 설

헌법보호의 수단은 헌법에 대한 침해의 유형에 따라 다양하게 설명할 수 있다. 여기서는 헌법침해가 발생하는 영역을 기준으로 하여 평상시와 비상시의 헌법침해와 그 보호수단을 설명하기로 한다.

헌법의 보호를 설명함에 있어 평상시와 비상시로 구분하여 평상적 헌법수호제도(平常的 憲法守護制度)와 비상적 헌법수호제도(非常的 憲法守護制度)로 나누고, 평상적 헌법수호제도를 다시 사전예방적 헌법수호제도(事前豫防的 憲法守護制度)와 사후교정적 헌법수호제도(事後矯正的 憲法守護制度)로 나누는 견해도 있다. 사전예방적 헌법수호제도로는 헌법의 최고규범성의 선언, 헌법준수의무의 선서, 국가권력의 분립, 헌법개정의 곤란성, 공무원의 정치적 중립성 보장, 방어적 민주주의의 채택을 들고, 사후교정적 헌법수호제도로는 위헌법령심사제도, 탄핵제도, 위헌정당의 강제해산제도, 의회해산제도, 공무원책임제도, 각료의 해임건의 · 의결제도를 든다(권영성, 66). 이러한 것은 헌법침해가 발생하는 영역, 헌법침해의 유형, 헌법보호제도의 유형을 체계적으로 설명함에 있어 채택하는 기준에 따라 다양하게 나타나는 설명방식 중의 하나이다. 어떤 방식으로 설명하든 내용에서는 차이가 없다.

[31] 제2 헌법개정권력에 의한 침해와 보호방법

헌법의 침해는 헌법개정권력에 의해서도 발생한다. 헌법개정권력이 헌법개정의 한계를 넘어 헌법의 기본적이고 본질적인 내용을 변경하는 경우에는 헌법의 침해가 발생한다. 헌법의 개정은 헌법의 제정과 달리 헌법의 본질적이고 기본적인 내용을 변경하는 것을 포함하지 않기 때문이다.

헌법개정권력에 의한 헌법의 침해는 헌법의 일부 사항에 대해서는 국민투표로 개정하고 나머지 사항에 대해서는 의회와 같은 헌법개정기관에서 개정하는 경우와 헌법의 개정을 의회와 같은 헌법개정기관의 권한으로 하되 헌법의 기본적이고 본질적인 사항에 대해서는 헌법의 개정을 금지하는 방식을 취하는 경우에 주로 발생한다. 이런 경우에 헌법개정기관이 그의 권한의 범위를 넘어 헌법의 내용을 변경하면, 이는 헌법의 침해가 된다. 예컨대 독일연방헌법 제79조는 헌법개정에 있어 연방헌법의 명시적 내용은 헌법개정법률에 의해서만 변경 또는 추가할 수 있다고 정하면서, 이런 헌법개정법률은 연방의회(聯邦議會) 재적의원(在籍議員)의 3분의 2 이상의 찬성과 연방참사원(聯邦參事院) 투표의 3분의 2 이상의 찬성을 요한다고 정하고 있고, 연방을 각 란트(Land)로 분할하거나 입법에 있어서 란트의 원칙적인 협력이나 동헌법 제1조(인간의 존엄과 가치), 제20조(헌법의 기본원칙, 저항권)

에 정해진 기본 원칙들에 위반되는 헌법의 개정은 허용되지 않는다고 정하고 있다(이러한 내용의 변경은 헌법제정을 통하여 이루어진다.).

그런데 문제는 현행 헌법상으로 우리나라에서도 헌법개정권력에 의한 헌법의 침해가 발생할 수 있는가 하는 점이다. 헌법개정은 국민투표에 의해 확정되고(헌법 §130) 헌법개정권력을 주권자인 국민이 보유하고 행사하지만, 국민투표에 의한 개정이 헌법의 기본적인 동일성과 계속성을 부정하는 것이 될 때에는 헌법의 침해가 된다고 할 것이다.

> 한번 정한 헌법질서를 빈번하게 변경하는 것을 방지하기 위해 경성헌법(硬性憲法)의 형태를 취하는데, 이런 점을 넓은 의미에서 헌법의 보호를 실현하는 방법으로 이해할 여지는 있어도 헌법개정권력에 의한 헌법침해에 대하여 직접적으로 헌법을 보호하는 수단이라고 평가하기는 어렵다.

[32] 제3 국가영역에서의 침해와 보호방법

헌법에 의해 국가가 창설되는 입헌주의원리에 의할 때, 국민의 기본권을 보호하고 국가의 존재와 형태를 유지 · 보호하는 제1차적인 책무는 국가에 부과되어 있다. 국가는 이런 본래의 역할과 기능을 수행하기 위하여 국가권력을 입법권, 행정권, 사법권, 헌법재판권으로 나누어 행사한다. 그런데 국가권력은 사람에 의해 행사되기 때문에 항상 남용되고 오용될 가능성이 있다. 이런 국가권력의 남용과 오용에 의해 헌법의 침해가 발생할 수 있다. 헌법의 침해는 입법권, 행정권, 사법권, 헌법재판권에 의해서도 발생할 수 있다.

Ⅰ. 입법권에 의한 침해와 보호방법

입법권에 의한 헌법의 침해에 있어서는 입법의 과정에서 국가기관간에 서로 통제하거나, 국민이 참여하는 방법 등으로 사전적으로 이를 예방하는 방법이 있지만, 헌법을 침해한 법률에 대한 통제로 가장 효과적인 장치는 규범통제이다.

Ⅱ. 행정권에 의한 침해와 보호방법

행정권에 의한 헌법의 침해에 있어서는 행정입법에 대한 규범통제가 효과를 가진다. 행정권에 의한 침해는 행정구제절차를 통하여 일부 통제되기도 하지만, 행정구제절차를 통하여 헌법침해적인 상태를 교정할 수 없는 경우에는 헌법소원심판을 통하여 교정한다.

Ⅲ. 사법권에 의한 침해와 보호방법

사법권에 의한 헌법의 침해에 있어서는 상소절차(上訴節次)를 통하여 헌법침해적인 상태를 교정할 수 있다. 그러나 이러한 통상의 방법으로 충분하지 아니한 경우에는 재판에 대한 헌법소원심판을 통하여 기본권의 침해를 구제하는 동시에 헌법질서를 유지하게 하는데, 이 점에서 재판에 대한 헌법소원심판제도는 효과적인 헌법보호의 수단이다. 그러나 현행법에서는 헌법재판소가 인정하는 예외적인 경우 이외에는 재판에 대한 헌법소원심판제도가 인정되지 않고 있다. 헌법재판소법 제68조 제1항에서 법원의 재판에 대해서는 헌법소원심판을 청구할 수 없도록 정하고 있기 때문이다.

Ⅳ. 헌법재판권에 의한 침해와 보호방법

헌법재판은 최종적인 재판이라는 성격을 가지기 때문에 헌법재판권에 의한 헌법의 침해에 있어서는 헌법재판소의 구성방법 등과 같은 사전적인 방법을 통하여 그 침해를 방지하는 장치를 둘 수 있을 뿐이고, 헌법재판에 대한 재심(再審)을 인정하는 이외에는 사후적으로 교정(矯正)하는 장치는 두기 어렵다. 따라서 헌법의 보호라는 면에서도 헌법재판기관의 구성방법과 헌법재판의 절차는 중요한 의미를 가진다.

[33] 제4 사회영역에서의 침해와 보호방법

Ⅰ. 사인에 의한 침해와 보호방법

헌법에 대한 침해는 국가권력뿐만 아니라 개인 또는 단체에 의해서도 행해질 수 있다. 사인이 사적인 이익을 추구하는 과정에서 헌법이 정하고 있는 규정과 헌법질서를 침해하는 현상은 통상 발생할 수 있는 일이다. 사인에 의한 헌법침해에 대해서는 여러 형태의 행정적 또는 입법적인 조치를 하고, 그러한 헌법을 침해하는 행위가 범죄를 구성하는 경우에는 형사적 처벌을 하는 등 다양한 법제도에 의하여 예방하고 교정한다.

사인이 기본권을 남용하여 헌법을 침해하거나 타인의 기본권을 침해하는 경우에 일정한 기본권을 그 기본권의 주체로부터 박탈하는 방법도 있다. 기본권을 박탈하는 것은 헌법재판의 일종인 기본권상실재판(基本權喪失裁判=基本權失效裁判)에 의해서 이루어지기도 한다(예: 독일의 기본권 상실재판).

Ⅱ. 정당에 의한 침해와 보호방법

헌법은 민주주의를 실현하는 정치적 행위의 하나로 정당활동을 보장하고 있다. 특히 정당에는 그에 소속한 국회의원이나 대통령이 존재하기 때문에 정당의 활동은 국가의 정책결정이나 국정운영에 직접 영향을 미친다. 정당은 국가기관은 아니지만 그에 소속한 국회의원이나 대통령으로 인하여 국가기관에 버금갈 정도로 국가에 대해 영향을 미치고 있다. 그래서 정당의 활동은 다른 어떤 단체보다 국가영역에 근접하거나 부분적으로 개입하는 상태에서 이루어지고 있다.

이런 정당이 국가운영에 직·간접으로 개입하면서 자신의 정치적 이익을 추구하는 과정에서 헌법을 침해하는 경우가 발생할 수 있는데, 정당에 의하여 저질러지는 헌법침해는 조직적이고 광범하며 영향력이 강하므로 한번의 행위에 의해서도 헌법질서와 헌법체제는 회복하기 어려운 상태에 처해질 수 있다(예: 공산당에 의한 체제전복행위). 따라서 헌법보호의 관점에서는 정당에 의해 자행되는 헌법침해를 심각하게 받아들여 이에 대해서는 특단의 조치를 하는 것이 필요하다. 정당해산제도가 그 한 예이다.

헌법을 침해하는 정당을 해산하는 것은 곧 헌법에서 정하고 있는 국민의 자유와 권리를 정당의 집단적인 힘으로부터 보호하는 것이며, 집단적인 위력에 의한 국가침해행위나 국가전복행위로부터 국가를 보호하는 것이기도 하다. 그래서 위헌정당에 의해 행해지는 헌법침해에 대한 보호는 「조직된 헌법의 적」으로부터 헌법을 보호하는 의미를 가진다. 민주주의가 정치적 활동의 자유를 보장하고, 복수정당을 인정한다고 할지라도 민주주의의 이름으로 입헌주의와 민주주의를 부정하는 것을 인정할 수는 없다. 헌법의 자기부정은 헌법제정권자인 국민이 헌법제정권을 행사하는 방법에 의해서만 가능할 뿐 어떤 경우에도 허용되지 않는다(예: 憲 1999. 12. 23. -99헌마135).

정당이 헌법을 침해하는 경우에 헌법을 보호하는 방법으로는 정당을 강제로 해산시키는 것에서부터 대체정당(代替政黨)을 창설할 수 없게 하는 것, 정당의 구성원을 처벌하는 것, 정당의 재산을 국고(國庫)에 귀속시키는 것, 해당 정당에 소속되었던 국회의원의 직을 상실시키는 것, 선거의 참여나 기타 정치활동을 할 수 없게 하는 것 등 다양한 방법이 있다. 정당을 강제로 해산시키는 경우에도 일반 정치단체와 같이 행정적인 조치로 해산시키는 방법도 있고, 헌법재판소에 의한 정당해산심판으로 해산시키는 방법이 있다. 우리나라는 후자의 방법을 채택하고 있다(헌법 §111①).

조직된 힘에 의해 헌법이 침해되는 경우는 조직이나 단체에 의한 헌법침해에서도 발생한다. 현행법에는 정당해산제도는 있지만 조직이나 단체가 헌법을 침해한 경우에 해당 조직이나 단체를 해산하거나 활동을 제한하는 조치를 정하고 있는 규정은 없다. 헌법보호의 면에서 볼 때, 입법의 불비이다.

[34] 제5 국가비상사태와 헌법의 보호

Ⅰ. 국가비상사태

국가가 정상적으로 작용할 수 없는 비상사태를 맞이한 경우에는 헌법도 마찬가지로 위기상황에 빠져든다. 국민의 기본권은 언제나 침해될 수 있는 상태에 빠져 정상적으로 보호되기 어렵고, 국가는 헌법이 정하고 있는 기능을 수행하기 어렵게 된다. 이러한 상황은 곧 헌법의 중단이 발생하는 것을 의미하고, 헌법의 중단이 발생하면 규범의 공백이 발생하며, 공동체의 존속과 안진 및 국민의 자유는 오로지 힘의 시배에 내맡겨지게 된다.

II. 국가긴급권과 헌법의 보호

헌법은 비상사태로 인한 이러한 헌법의 중단을 없애고 비상사태의 경우에도 헌법규범의 틀 속에서 공동체가 존속·유지되고 국민의 자유와 권리가 보장되며 국가가 제 기능을 하여 헌법에 따라 사태를 극복할 수 있도록 하는 장치를 마련해야 할 필요가 있는데, 국가긴급권(國家緊急權)이 이에 해당한다.

국가긴급권은 그 본질에서 헌법의 중단없이 헌정을 유지하는 것을 목적으로 하는 것이기 때문에 헌법의 보호에 해당한다. 따라서 국가긴급권은 헌법의 보호를 실현하기 위해서 인정되는 것이며, 통치의 예외적인 수단(예: 정권유지, 독재, 권위주의 통치의 수단)을 허용한 것이 아니라는 점을 인식하는 것이 중요하다. 그런데 국가긴급권은 비상사태를 극복하는 비상적인 권한으로서 필요한 범위 내에서 국민의 기본권이나 국가의 기능을 제약하는 것이 허용되므로 남용의 위험성은 매우 높다. 이러한 점 때문에 헌법은 국가긴급권을 인정함과 동시에 이의 행사방법과 절차를 상세히 규정하여 그 남용을 방지하는 장치를 동시에 규정한다. 현행 헌법은 국가긴급권을 대통령에게 부여하고 국회로 하여금 이의 남용을 통제하게 하는 시스템을 채택하고 있다(헌법 §76, §77).

III. 초헌법적 국가긴급권의 문제

헌법은 국가비상사태에 대처하기 위하여 통상적인 장치 이외에 비상적인 국가긴급권이라는 장치를 마련하고 있는데, 이러한 경우에 헌법이 마련하고 있지 아니한 조치를 「초헌법적 국가긴급권」으로 인정할 수 있는가 하는 문제가 있다. 헌법은 국가긴급권을 정하는 경우에도 이러한 작용이 국민의 자유와 권리를 제한하고 국가의 기능을 제약하므로 그 권한의 소재, 범위, 행사방법, 통제에 대해서도 정하고 있다. 그리고 헌법이 정하고 있는 국가긴급권으로 국가비상사태에 대처하기에 충분하므로 이에 해당하지 않는 권력행사를 국가비상사태에 대응한다는 이유만으로 정당화할 수 없다. 따라서 초헌법적 국가긴급권은 인정되지 않으며, 이에 해당하는 권력행사는 헌법에 위반된다.

헌법재판소도 國家保衛에관한特別措置法(제정 1971. 12. 27. 법률 제2312호)이 헌법에서 정하고 있지 아니한 국가긴급권을 법률로 정한 것이어서 초헌법적 국가긴급권에 해당하고, 따라서 이는 헌법에 위반된다고 판시하였다.

[憲 1994.6.30.-92헌가18] 「헌법에 엄연히 국가긴급권의 종류, 발동요건과 절차 및 효력, 통제와 한계 등이 규정되어 있음에도 불구하고 헌법에 규정된 것과 별도로 대통령에게 또 다른 국가긴급권을 부여하고 있는 특별조치법 자체의 위헌이 문제되지 않을 수 없다. 주지하다시피 입헌주의적 헌법은 국민의 기본권 보장을 그 이념으로 하고 그것을 위한 권력분립과 법치주의를 그 수단으로 하기 때문에 국가권력은 언제나 헌법의 테두리 안에서 헌법에 규정된 절차에 따라 발동되지 않으면 안 된다. 그러나 입헌주의 국가에서도 전쟁이나 내란, 경제공황 등과 같은 비상사태가 발발하여 국가의 존립이나 헌법질서의 유지가 위태롭게 된 때에는 정상적인 헌법체제의 유지와 헌법에 규정된 정상적인 권력행사방식을 고집할 수 없게 된다. 그와 같은 비상사태하에서는 국가적·헌법적 위기를 극복하기 위하여 비상적 조치가 강구되지 않을 수 없다. 그와 같은 비상적 수단을 발동할 수 있는 권한이 국가긴급권이다. 즉 국가긴급권은 국가의 존립이나 헌법질서를 위태롭게 하는 비상사태가 발생한 경우에 국가를 보전하고 헌법질서를 유지하기 위한 헌법보장의 한 수단이다. 그러나 국가긴급권의 인정은 국가권력에 대한 헌법상의 제약을 해제하여 주는 것이 되므로 국가긴급권의 인정은 일면 국가의 위기를 극복하여야 한다는 필요성 때문이기는 하지만 그것은 동시에 권력의 집중과 입헌주의의 일시적 정지로 말미암아 입헌주의 그 자체를 파괴할 위험을 초래하게 된다. 따라서 헌법에서 국가긴급권의 발동기준과 내용 그리고 그 한계에 관해서 상세히 규정함으로써 그 남용 또는 악용의 소지를 줄이고 심지어는 국가긴급권의 과잉행사 때는 저항권을 인정하는 등 필요한 제동장치도 함께 마련해 두는 것이 현대의 민주적인 헌법국가의 일반적인 태도이다. 우리 헌법도 국가긴급권을 대통령의 권한으로 규정하면서도 국가긴급권의 내용과 효력 통제와 한계를 분명히 함으로써 그 남용과 악용을 막아 국가긴급권이 헌법보호의 비상수단으로서 제 기능을 나타내도록 하고 있다. 이상과 같은

헌법의 침해와 보호

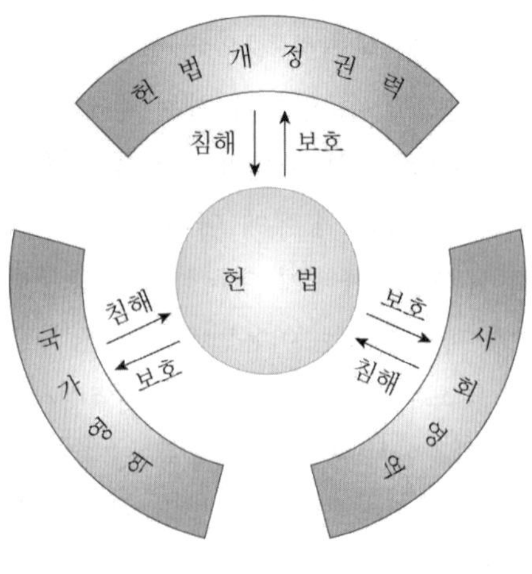

> 이론에서 볼 때 특별조치법은 첫째, 초헌법적인 국가긴급권을 대통령에게 부여하고 있다는 점에서 이는 헌법을 부정하고 파괴하는 반입헌주의, 반법치주의의 위헌법률이다.」

이와 달리 현행 헌법하에서도 엄격한 요건하에 초헌법적 국가긴급권이 예외적으로 인정될 수 있다는 견해가 있다. 헌법이 정하고 있는 국가긴급권의 행사로 극복할 수 없는 국가비상사태의 상황에서, 국가의 존립과 안정을 지키고 헌법질서를 유지하기 위한 보수적 목적으로(보수성의 원칙), 실정법이 인정하는 모든 수단을 다 동원해 보아도 국가위기사태를 해결할 수 없는 경우에(보충성의 원칙), 국가위기사태를 해결하기 위한 필요한 기간 동안에 한하여 행사되고(잠정성의 원칙), 기본권의 제한을 최소화하는 경우에는(최소성의 원칙) 예외적으로 초헌법적 국가긴급권이 인정될 수 있다고 한다(김승대, 28). 그러나 현행 헌법에서 정하고 있는 국가긴급권의 시스템으로 해결할 수 없는 극히 예외적인 이러한 사태가 발생하는 현실적인 경우가 있을 수 있는지는 의문이다. 현행 국가긴급권 제도는 현실적으로 발생할 수 있는 국가비상사태를 모두 전제로 하고 있기 때문이다.

[35] 제6 헌법보호의 한계

헌법의 보호를 위한 제도라 할지라도 그것은 기본적으로 권력 행사의 제한, 국민의 권리의 제한을 수반하므로 제도의 적용에 있어 한계가 있음은 물론이다. 그러나 헌법의 보호를 위한 각종 장치들은 각각 개별적인 목적과 대상을 가지고 있으며, 그 형태도 상술한 바와 같이 다양하므로 모든 경우에 일률적으로 인정되는 동일한 한계를 갖는다고 할 수는 없다. 개별 제도의 설명에서 그 한계를 구체적으로 서술할 것이다. 다만, 공통적으로 적용되는 것은 달성하고자 하는 헌법 보호의 공익과 그로 인해 제한되는 다른 공익 내지 사익간에 비례성이 충족되어야 한다는 점이다(비례원칙).

3. 저 항 권

[36] 제1 저항권의 개념

Ⅰ. 저항권의 발달

(1) 저항권 사상의 발달

저항권(抵抗權 right of resistance, Widerstandrecht) 사상은 고대 그리스 도시국가에 있었던 참주(tyrant)에 대한 국외추방제도(=陶片追放制度 ostracism)에서도 그 단초를 찾을 수

있을 정도로 민주주의와 깊은 관계를 맺고 있을 뿐만 아니라, 맹자(孟子)의 역성혁명론(易姓革命論)과 같이 동서양의 폭군방벌론(暴君放伐論)의 사상에서 공통적으로 전개되어 왔다. 국민을 위해 존재하는 국가나 군주가 국민을 괴롭히고 불행하게 만드는 경우에는 그 국가나 군주를 타도하는 권리를 국민이 가진다는 것이다. 이러한 사상이 저항권의 모습을 갖추고 정비된 것은 Johanes von Salisbury의 폭군방벌론으로부터 15세기의 M. Luther, J. Calvin, 16세기의 J. Bodin을 거친 후 T. Althusius에 의해 종합되어 J. Locke에 이르러 완성되는 모습을 보여준다. 이러한 저항권 사상은 시민혁명기의 유럽에 전파되어 근대 시민혁명의 사상적 기초가 되었고, 미합중국의 독립선언서와 버지니아 권리선언, 프랑스 「인간과 시민의 권리선언」 등에 명문화되기에 이르렀다.

⑵ 저항권의 실정화

저항권은 자연권으로 발전된 것이었는데 이를 성문화한 것으로는 영국의 1215년의 대헌장(Magna Carta)에서 초기의 모습을 볼 수 있다(왕에 대한 귀족들의 저항권). 미합중국에서는 1776년의 독립선언서나 여러 state의 권리선언(예: 버지니아 권리선언(1776) §3 매릴랜드 헌법(1776) §4 버몬트헌법(1777) §6 매사추세츠헌법(1780) §7 펜실베니아헌법(1780) §5 등)에서 저항권을 정하였고, 프랑스에서는 1789년 인간과 시민의 권리선언(§2), 1791년헌법, 1793년 헌법(§33)에서 실정화하였다. 독일에서는 1946년 Hessen헌법, 1947년의 Bremen헌법(§19), 1950년의 Berlin헌법(§23)에서 실정화되었고, 1968년에는 기본법(§20④)에 실정화되었다. 우리나라에서는 9차례의 개헌이 있었으나 저항권을 실정 헌법에 명문화한 경우는 없다.

Ⅱ. 저항과 저항권

⑴ 저 항

저항권에서 말하는 저항은 국가권력의 전면적인 불법적 행사가 행해지는 「불법국가」(不法國家 Unrechtsstaat)에 대한 저항을 의미한다. 이는 국가권력에 의해 헌법과 국가가 부정되고 파괴되는 경우에 주권자인 국민이 국가를 대신하여 헌법과 국가를 불법상태에서 구조하는 「헌법긴급구조」(憲法緊急救助 Verfassungsnothilfe)인 동시에 「국가긴급구조」(國家緊急救助 Staatsnothilfe)로서의 성질을 지니는 것이다.

국가의 전면적인 불법이 아니라 부분적 위법행위에 대한 비판이나 저항은 이에 해당하지 않는다. 또 국가에 대한 비판행위도 정치적 표현의 자유로 인정되는 것이므로 저항권의 저항에는 해당하지 않는다.

⑵ 저 항 권

헌법상 저항권이라 함은 국가권력의 불법적인 행사에 대하여 국민 개개인이 저항할 수 있는 헌법상의 권리를 말한다. 이런 저항권은 국민에게만 인정되고 외국인이나 무국적자에게는 인정되지 않는다. 저항권이 기본권의 영역에 속하는 것임에는 이견이 없으나, 이를 법적 권리로 인정할 것인지에 대해서는 견해가 대립되고 있다.

《시민불복종》

시민불복종(civil disobedience, Ziviler Ungehorsam)은 불법이거나 부정당함이 중대하고 명백한(unjust) 입법 내지 행정권의 행사에 대하여 당해 권력 행사의 불법성(unlawfulness) 또는 부정당성(injustice)을 바로잡기 위하여 의도적으로 용의주도하게 국가권력에 대하여 복종을 거부하는 도덕적 양심에 바탕을 둔 공공성을 띤(public) 고의적 작위 내지 부작위를 의미한다. 법률이 불법인 경우는 헌법에 위반되는 경우인데, 이 경우 시민불복종으로 저항하지 않고 제도적으로 문제를 해결하는 장치로는 예방적 규범통제, 추상적 규범통제, 법률에 대한 헌법소원제도와 같은 것이 있다. 시민불복종은 통상 국가의 법률이나 정책결정에 변경을 가져올 것을 의도하는 국가권력에 대한 저항이라는 점에서 저항권과 유사하지만 i) 권력의 정당성은 인정하면서 그 행사의 불법성 또는 부정당성을 알리기 위한 것이라는 점에서 저항의 상대방을 제거하는 것을 목적으로 하는 저항권과 차이가 있고, ii) 폭력적 방법이 허용되지 않는다는 점에서 그 수단에 한계가 없는 저항권과 다르며, iii) 시민불복종은 처벌을 받는 것을 감수함으로써 국가권력 행사의 불법성 또는 부정당성을 바로잡고자 하는 정치적 행위이므로 저항권과 달리 위법성이 조각되는 행위가 아니라는 점에서 차이가 있다.

[37] 제2 저항권의 근거

Ⅰ. 헌법의 수호

헌법은 단순한 통치규범이 아니라 공동체 내의 정치, 경제, 사회적 규범에 대한 국민의 근본적인 합의를 의미하며, 권력 행사의 한계를 지우는 역할도 수행한다. 따라서 국가나 개인 등 어떤 세력도 헌법을 침해하거나 무력화할 수 없다. 이런 점에서 공동체의 존속 · 유지를 목적으로 헌법수호를 위한 저항권의 발동은 정당화된다.

Ⅱ. 인간의 자기 수호

인간이 자신의 자유와 권리에 대한 국가의 부당한 침해에 대해 방어하는 것은 실정법의 존부를 불문하고 인간의 본질과 국가의 기능상 정당화된다. 저항권은 이러한 개인의 방어권을 사회적 영역으로 넓힌 것으로 인간의 자기 수호를 전제로 하고 있는 헌법을 수호하기 위한 필수불가결한 수단으로 정당화된다.

[38] 제3 저항권의 법적 성격

저항권의 법적 성질을 무엇으로 볼 것인가에 대해서는 자연권설과 실정권설이 제시되고 있다. 자연권설은 저항권은 기본적으로 인간의 자기 수호의 본성에 근거하고 있으며, 실정법의 규정 유무에 따라 저항권의 인정여부가 결정되는 것은 저항권의 본질에 반하며, 헌법에 저항권이 규정되어 있더라도 그것은 자연적인 권리를 확인한 것에 지나지 않는다고 본다(김철수a, 97; 권영성, 78). 실정권설은 저항권은 군주주권을 무너뜨리고 시민혁명을 완수하기 위해 생겨난 이데올로기적 이념에 가까운 개념이며, 이미 국민주권이 확립되고 국가의 권력 통제를 위한 각종 장치들이 마련된 이상 성문헌법에서 명시적으로 정하고 있지 않는 한 이를 인정할 수 없다고 본다.

생각건대, 저항권은 국민주권원리, 헌법의 본질, 국가의 본질과 기능, 국민의 기본권 보장에 비추어 볼 때, 헌법제정권자이자 기본권의 주체인 국민의 지위에 본질필연적으로 따라오는 자연적인 권리라고 할 것이다. 따라서 헌법에서 이를 명문화하고 있지 않더라도 헌법에서 정하고 있는 전체적인 가치와 원리에 포함되어 있다고 할 것이므로 자연권이 헌법에 실정화되어 있는 헌법상의 기본권, 즉 「명시되지 않은 헌법」상의 기본권이라고 할 것이다.

[39] 제4 저항권 행사의 요건

저항권은 비상적인 상황에서 예외적으로 공동체의 존속 · 유지 및 기본권의 보호라는 헌법의 수호를 위하여 인정되는 최종적인 권리이기 때문에 그 행사에는 엄격한 요건이 요구된다.

저항권의 요건은 국민이 저항권을 행사하였으나, 실패하여 국가권력부터 책임추궁을 당하게 될 때 그 법적 책임이 면제되기 위한 요건이다. 예컨대 저항권의 행사가 범죄행위를 구성하는 경우에 위법성을 조각시키는 요건이다. 저항권 행사의 요건을 충족시키면 위법성의 조각으로 법적 책임을 지지 아니한다.

Ⅰ. 목적상의 요건

저항권은 헌법의 근본적 가치질서, 즉 공동체의 존속 · 유지 또는 기본권 보장에 의하여 뒷받침되는 인간의 존엄과 가치, 법치주의와 민주주의 등의 가치를 수호하기 위한 것이어야 한다. 저항권 행사의 목적은 언제나 헌법침해상태를 제거하고 기존 헌법질서를 회복하는 소극적 목적에 국한된다. 새로운 헌법질서나 국가질서를 수립하기 위한 적극적 목적을 달성하는 수단으로 저항권은 인정되지 않는다.

[憲 1997.9. 5.-97헌가4] 「저항권은 국가권력에 의하여 헌법의 기본원리에 대한 중대한 침해가 행하여지고 그 침해가 헌법의 존재 자체를 부인하는 것으로서 다른 합법적인

구제수단으로는 목적을 달성할 수 없을 때에 국민이 자기의 권리 · 자유를 지키기 위하여 실력으로 저항하는 권리이므로, 국회법 소정의 협의 없는 개의시간의 변경과 회의일시를 통지하지 아니한 입법과정의 하자는 저항권 행사의 대상이 되지 아니한다.」

II. 상황적 요건

국가권력의 불법한 행위가 중대하고 명백하여 누가 보더라도 객관적으로 더 이상 수인할 수 없는 헌법질서의 파괴 또는 침해가 발생해야 한다.

III. 수단적 요건

(1) 평화적 · 비평화적 수단

저항권의 행사는 평화적인 방법과 수단으로 행할 수 있으나, 평화적인 방법으로 헌법질서를 수호할 수 없는 경우에는 국민은 국가권력에 대항하여 비평화적 또는 폭력적 방법을 동원할 수 있다(동지: 김철수a, 103; 권영성, 80). 이러한 경우에는 저항권의 목적을 달성하기 위한 어떠한 방법과 수단의 동원도 가능하다. 저항권의 행사에도 목적과 수단의 적합성이라는 비례원칙이 요구되지만, 비상상황이기 때문에 이를 엄격히 요구할 수 없다.

(2) 최종적 수단

저항권은 헌법과 기본권을 보호함에 있어 다른 유효한 수단들이 목적을 달성할 수 없는 경우에 한하여 최후의 수단으로(ultima ratio) 행사될 때만 정당화된다. 다른 수단들이 있는 경우에는 먼저 그 수단을 행사하여야 한다. 이를 저항권 행사에서의 보충성이라고 한다.

저항권 행사의 요건으로 성공가능성을 드는 견해가 있으나(홍성방, 67), 저항권은 피지배자인 국민이 폭력을 합법적으로 독점하고 있는 국가권력에 대항하여 최후의 방어선을 펼치는 것이기 때문에 성공가능성의 여부를 판단할 수 없다. 따라서 가능성이 있을 때 저항권의 행사가 정당화된다는 논리는 저항권의 법리와는 합치하지 않는다고 할 것이다.

[40] 제5 저항권의 실효성

저항권은 한계상황에서 포착되는 개념인 만큼 그 행사에 있어서도 독특한 성격을 드러낸다. 국가권력에 의해 헌법과 기본권이 부정되는 한계상황에서 국민이 저항권을 행사한 경우에 그 저항이 성공하면 그 저항권의 행사에 대하여 실정법의 위반이라는 이유로 책임을 묻는 경우는 발생하기 어렵다. 그러나 저항권의 행사가 실패로 돌아가 국가가 저항권을 행사한 국민을 실정법에 위반한 행위라고 하여 책임을 묻거나 재판을 하는 경우에는 저항권을 인정하기가 쉽지 않다. 이미 국가권력(=국가권력을 장악한 세력)

과 국민이 치열한 투쟁을 통하여 국민이 패배한 상황이기 때문이다. 따라서 저항권의 인정에서도 현실에서 중요한 의미를 가지는 것은 국민과 국가권력간에 존재하는 힘의 우열이다. 그러나 저항권이 완전히 현실적인 힘의 문제에 불과한 것은 아니다. 저항권의 규범적인 의미는 국민이 불법적 국가권력에 대항하여 저항권을 행사한 것이 실패로 돌아간 경우라 할지라도 이를 저항권의 행사로 인정하여 법적 책임을 면제해야 한다는 데 있다. 이런 점은 법집행자에게 중요한 의미를 가진다.

[41] 제6 현행 헌법과 저항권

헌법의 본문에는 저항권이 명문으로 규정되어 있지는 아니하다. 헌법 전문에 「불의에 항거한 4·19민주이념을 계승하고」라는 문구가 저항권을 인정하는 근거가 될 수 있는가에 대하여 긍정설(권영성, 81)과 부정설의 논란도 있지만, 저항권은 헌법의 본질과 헌법이 정하고 있는 기본권의 보장 및 국가의 본질과 역할에서 자연적으로 도출되는 권리라고 할 것이다.

저항권은 헌법을 보호하는 최후의 수단이기 때문에 국민주권원리에 의할 때, 그러한 최후의 수단은 국민에게 유보되어 있는 것이며, 국가권력에 의하여 공동체의 존속·유지와 기본권이 부정되는 극한적인 상황에서는 헌법에 명문의 규정이 있는가에 관계없이 국민은 불법한 국가권력에 대하여 전면적으로 저항하고 상황을 타개할 권리를 가진다.

대법원은 판례상 저항권을 인정하지 않는다(예: 大1980. 5. 20.-80도306; 1980. 8. 26.-80도1278; 1992. 8. 14.-92도1246). 헌법재판소는 현행 헌법상 저항권이 인정된다고 판시한 적은 없지만, 저항권의 개념은 인정한 바 있다(예: 憲1997. 9. 25.-97헌가4).

> [大 1980.5.20.-80도306] 「…현대 입헌 자유민주주의국가의 헌법이론상 자연법에서 우러나온 자연권으로서의 소위 저항권이 헌법 기타 실정법에 규정되어 있든 없든간에 엄존하는 권리로 인정되어야 한다는 논지가 시인된다 하더라도 그 저항권이 실정법에 근거를 두지 못하고 오직 자연법에만 근거하고 있는 한 법관은 이를 재판규범으로 원용할 수 없다. 더구나 오늘날 저항권의 존재를 긍인하는 학자 사이에도 그 구체적 개념의 의무내용이나 그 성립요건에 관해서는 그 견해가 구구하여 일치된다 할 수 없어 결국 막연하고 추상적인 개념이란 말을 면할 수 없고, 이미 헌법에 저항권의 존재를 선언한 몇 개의 입법례도 그 구체적 요건은 서로 다르다 할 것이니 헌법 및 법률에 저항권에 관하여 아무런 규정도 없는(소론 헌법전문 중 "4.19의거운운"은 저항권 규정으로 볼 수 없다) 우리나라의 현 단계에서는 더욱이 이 저항권이론을 재판의 준거규범으로 채용·적용하기를 주저하지 아니할 수 없다.」
>
> [憲 1997.9.25.-97헌가4] 「저항권이 헌법이나 실정법에 규정이 있는지 여부를 가려볼 필요도 없이 제청법원이 주장하는 국회법 소정의 협의 없는 개의시간의 변경과 회의일

시를 통지하지 아니한 입법과정의 하자는 저항권행사의 대상이 되지 아니한다. 왜냐하면 저항권은 국가권력에 의하여 헌법의 기본원리에 대한 중대한 침해가 행하여지고 그 침해가 헌법의 존재 자체를 부인하는 것으로서 다른 합법적인 구제수단으로는 목적을 달성할 수 없을 때에 국민이 자기의 권리·자유를 지키기 위하여 실력으로 저항하는 권리이기 때문이다.」

제4장 헌법의 변동

제1절 개 관

[42] 제1 개 념

헌법이 제정되면 이 때부터 헌법은 사회현실을 규율하게 된다. 헌법은 공동체의 최고법이고 근본법으로서의 성격을 지니기 때문에 헌법질서의 안정성을 유지해야 하는 필요상 통상의 법령보다는 강한 고정성(固定性)과 오랜 지속성(持續性)을 가질 것이 요구되지만, 이러한 것이 사회변화에 관계없이 영구불변하고 절대적이라는 것을 의미하는 것은 아니다. 헌법이 규율하는 사회현실은 경제적 · 사회적 · 기술적 · 문화적인 면에서 다양한 여건과 요인으로 인하여 변화한다. 헌법은 이러한 사회의 변화에 적응하면서 당위인 법규범으로서 사회현실을 규율하지만, 사회의 변화는 헌법에 끊임없이 영향을 주면서 처음 제정된 헌법의 변화를 요구하는 경우가 발생하는데, 이러한 사회의 변동에 의하여 헌법규범에 변동이 생기는 것을 헌법의 변동이라고 한다.

「헌법과 시간」이라는 관계를 장기적인 관점에서 볼 때, 헌법규범의 영역에서 사회의 변화에 대응하여 헌법에 변동이 생기는 현상은 「헌법의 해석」, 「헌법의 변천」, 「헌법의 개정」, 「헌법의 교체」 등으로 나타난다.

[43] 제2 헌법규범과 사회현실

Ⅰ. 헌법규범

헌법규범(憲法規範 Verfassungsnorm)은 법규범으로서의 헌법을 말한다. 헌법이 법으로서 존재한다는 것은 그 본질에서 법적인 효력(效力 validity, Geltung)을 발생한다는 것을 의미한다. 헌법이 법으로 존재하는 이상 헌법은 그 외부를 향하여 자기실현을 추구하고 주장하며, 이러한 주장은 효력이라는 법적인 작용으로 나타난다.

헌법이 법으로서 자기실현을 위한 법적 효력을 주장하는 것(Geltungsanspruch)은 헌법이 규율하고자 하는 대상을 향한 것이다. 그 규율의 대상은 존재(存在 Sein) 또는 당위

(當爲 Sollen)(예: 하위 법규범)의 형태를 띠고 있다. 사회공동체 내에서 헌법을 제정하는 것은 현실을 규율할 규범이 필요하기 때문이므로 헌법은 최고법규범으로서 언제나 현실을 규율하는 힘을 가지고 있다. 헌법은 하위 법규범에 대해서는 최고법의 지위에서 존재근거와 효력근거가 되기 때문에 모든 법규범은 헌법에 종속되고 복종하여야 한다.

Ⅱ. 사회현실

사회현실은 공동체에서 현실로 존재하는 현상과 상태를 말한다. 헌법규범과 사회현실의 관계에 있어 사회현실은 헌법이 규율하는 대상이기도 하지만 헌법이 이로부터 형성된 모체이기도 하다. 헌법은 공동체가 지향할 가치(보편적 가치와 개별적 가치 포함)와 공동체가 처해 있는 현실적 상황이라는 사회현실에 의하여 만들어진다. 이렇게 지향가치와 사회현실을 바탕으로 탄생한 헌법은 제정된 이후에는 거꾸로 사회현실을 규율한다. 이런 의미에서 사회현실은 헌법규범의 효력주장이 닿는 대상으로 존재하고, 당위에 의해 규율되는 존재로서의 지위에 있게 된다.

그런데 이러한 사회현실은 어느 시기에서는 공동체 구성원의 합의가 형성되어 헌법을 탄생시키기도 하지만, 공동체 및 삶의 여건과 환경의 변화로 인하여 계속 변화하는 상태에 있고, 이러한 변화는 헌법규범에도 영향을 미친다.

《헌법현실》

헌법규범과 사회현실 사이의 상호관계를 인식함에 있어 양자간에 발생한 거리 또는 간극이 존재하는 현실적 상황을 지칭하여 「헌법현실」(憲法現實 Verfassungswirklichkeit)이라고 부르는 경우가 있다. 헌법의 규범력이 강할 때는 공동체의 통합이 이루어지는 헌법현실이 존재하지만, 헌법의 규범력이 약할 때는 공동체의 통합이 이루어지지 않고 사회구성원들간의 원심력이나 외부(예: 외국)의 흡인력에 의하여 공동체가 와해되거나 해체되는 상황으로 나아가거나 헌법이 교체되는 헌법현실이 발생한다. 그런데 이러한 헌법현실이라는 개념은 그러한 현실을 당연시하여 자칫 헌법의 왜곡이나 침해에 따른 사회현실을 정당화하는 도구로 이용될 수도 있으므로 유의할 필요가 있다(허영 a, 30). 양자간에 발생하는 불일치현상은 그것의 원인, 양상, 상황, 해결 등에 관하여 정확히 분석하고 기술하는 것이 필요하기 때문에 이를 헌법현실이라는 말로 치부하고 모순을 은폐하는 것은 타당하지 않다.

Ⅲ. 상호의존성

(1) 정태적인 관점

헌법규범과 사회현실이 이와 같은 성질을 지니고 있을 때 양자간의 관계를 어떻게 이해할 것인가 하는 문제가 발생한다. 이에 대해서는 역사상 두 가지 극단적인 사고가 여러 가지 모습을 띠고 표출되었다.

하나는 헌법규범은 사회현실의 단순한 반영에 지나지 않는 것이고, 따라서 헌법은 언제나 현실에 복종하여야 한다는 관점이다. 이는 의지 또는 의욕이 법이고, 힘이 법이라는 인식체계이다. 여기서는 실제에 존재하는 힘만이 정의와 질서를 형성하는 동인이고, 힘의 작용에 의하여 모든 것이 정당화된다고 본다. 헌법규범은 사회현실에 의하여 일방적으로 정해지고, 사회현실의 변화에 따라 종속적으로 변하는 것으로 이해된다. 실재성(實在性 Normalität)이 항상 규범성(規範性 Normativität)을 지배한다는 관점이다. 독재, 전체주의, 사회학적(또는 정치적) 실증주의, 권력(=힘)실증주의, 정치우위주의, 국가우위주의, 국가주권론 등은 이러한 인식체계를 기반으로 하고 있다.

다른 하나는 헌법규범은 사회현실을 일방적으로 정해가는 것이고, 따라서 사회현실은 헌법규범에는 영향을 미치지 못하고 언제나 헌법규범에 복종하여야 한다는 인식체계이다. 규범성이 항상 실재성을 지배한다는 관점이다. 헌법규범은 사회현실의 변화에 무관하게 일방적으로 사회현실을 규율한다는 것이다. 이는 당위와 존재의 엄격한 분리를 전제로 하여, 당위는 존재로부터 영향을 받지 않고 언제나 존재를 규정한다는 것이다. 법실증주의, 법주권론, 규범주의 등은 이러한 인식체계를 기반으로 삼고 있다.

그러나 이러한 사고는 모두 헌법규범과 사회현실을 정태적(靜態的 static)으로만 보는 관점에서 각기 어느 하나에 우위를 설정한 것이다.

(2) 동태적인 관점

헌법규범과 사회현실을 동태적(動態的 dynamic)으로 보면, 헌법규범을 탄생시킨 사회현실은 공동체의 삶의 영역에서 경제적 · 사회적 · 기술적 · 문화적 · 국제적으로 다양한 여건과 요인 및 환경으로 인하여 끊임없이 변화하여 가고, 이러한 변화는 헌법규범에 대하여 그에 맞는 규범질서를 요구하며, 헌법규범은 사회현실의 이러한 요구들에 대응하여 공동체의 존속과 구성원의 행복추구에 배치되는 것은 지속적으로 제어하고 규율하면서도 공동체와 구성원들의 삶을 보다 발전시키는 요구들에 대해서는 새로운 질서를 형성하여 준다. 이와 같이 헌법규범과 사회현실을 동태적인 시각에서 보면, 이 둘은 서로 의존하면서 제약과 적응에서 상호 영향을 주고 있으며, 이 양자의 관계 속에서 「헌법의 현실제약성」과 「현실의 규범제약성」, 그리고 「헌법의 현실적응성」과 「현실의 규범적응성」이 작용하고 있다. 규범성과 현실성은 상호 의존하고 제약하는 관계에 있다는 관점이다. 이러한 인식체계에서는 존재와 당위는 구별되기는 하지만, 서로 분리되어 있는 것이 아니고 상호작용을 한다고 본다.

헌법규범이 사회현실에 대하여 현실적응력을 가지고 있다고 하더라도, 사회현실에서 분출하는 모든 요구들을 그대로 수용하는 것은 아니다. 국민의 합의가 여전히 존재하고 이러한 합의에 의해 일정하게 정서된 질서가 유지되는 한 다양한 요구들은 이러한 합의 속으로 해소되고 통합되지 않으면 안 된다. 그래서 헌법은 공동체 구성원이 합의로 헌법을 만들었을 때 규율하고자 했던 바와 헌법에 정해둔 가치를 사회현실에 충실히 실현하고 헌법제정권력의 주체가 추구하는 질서를 구축해간다. 이런 점에서 헌법규범은 사회현실과 상호의존적 관계를 가지고 있는 가운데서도 자율성(自律性=獨自性 autonomy)과 항상성을 보유하고 이를 실천한다. 그러나 이런 헌법규범이 가지는 자율성과 항상성은 동태적으로 볼 때, 상호관계적 자율성과 항상성, 즉 상대적 자율성과 항상성으로서의 속성을 가진다.

헌법규범과 사회현실 간의 동적 의존구조

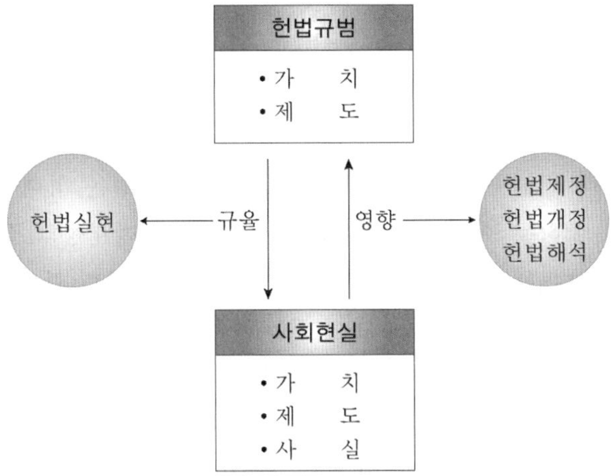

Ⅳ. 헌법의 규범력

정태적인 일정한 시점이든 동태적인 기간이든 헌법규범과 사회현실이 서로 합치하는 경우에는 헌법은 완전한 규범력을 가진다. 그러나 대부분의 경우에는 양자가 합치하지 않는 상태이며, 여기서는 양자간의 간극(gap)이 어느 정도인가 하는 것이 문제가 된다. 헌법의 규범력은 양자간의 간극이 작을 때 높아지고 그 간극이 클 때 낮아진다. 헌법의 현실적응성이든 현실의 규범적응성이든 어느 하나가 심하게 저하되면 헌법의 규범력은 약화된다. 결국 어떤 공동체의 헌법은 헌법의 효력주장이 사회현실에 실현되는 만큼만 규범력을 가지는 것으로 된다. 각 나라마다 규범력에서 차이를 보이는 것도 이러한 이유 때문이다. 양자간의 간극이 좁혀질수록 헌법국가에 다가가고 입헌주의의 실현에 충실하게 되고, 그 간극이 넓어질수록 사회와 국가영역에서 힘이 지배하는 권력국가가 되고 입헌주의의 실현에서 점점 멀어지게 된다.

헌법의 규범력이 강하다는 것은 헌법제정권력자의 의사가 현실에 잘 관철되어 현실의 다양한 욕구와 권력과 이해관계가 제어되고 조정되어 국민이 원래 추구했던 사회로 나아간다는 것이며, 헌법이 국민의 일상생활에 살아서 숨쉬고 헌법상의 자유와 권리들이 잘 실현되어 국민의 행복추구가 보다 용이해지고 국가권력은 원래의 제 기능에 충실하고 권력의 남용이 없다는 것을 의미한다([26]).

제 2 절 헌법의 변천

[44] 제1 개 념

사회변화에 따라 헌법규범이 변경되는 경우에 헌법개정은 정해진 헌법상의 절차를 통하여 의식적으로 행하는 헌법의 변경이지만, 이러한 헌법개정의 절차를 통한 헌법변경에 의하지 않고 헌법규범의 내용에 변경을 가져오는 경우가 있는데, 이를 통상 헌법변천(憲法變遷=憲法變質 Verfassungswandel)이라고 한다.

헌법변천은 실정헌법의 특정 조항의 조문은 그대로 존속하는 상태에서 그 의미 또는 내용이 종전과 다르게 실질적으로 변화하는 것을 일컫는다. 이런 점에서 명시적으로 실정헌법의 조문을 변경하는 헌법개정과 구별된다. 헌법변천은 의식적 또는 무의식적으로 발생한다.

헌법변천이라는 개념은 19세기 말 독일 법실증주의자인 P. Laband가 헌법학의 영역에 도입하였고, G. Jellinek와 Hsu Dau-Lin이 이를 헌법개정과는 구별되지만 헌법의 영역에서 허용되는 헌법변경으로 개념화하였다.

헌법변천이 생기는 경우에 관해서 G. Jellinek는 i) 입법부, 행정부, 재판기관이 헌법의 특정 내용을 종래와 다르게 해석·적용함으로 인하여 발생하는 경우, ii) 정치상의 필요에 따라 입법부나 행정부의 관례(慣例)나 관행(慣行)에 따라 헌법규범의 실질이 변화함으로 인하여 발생하는 경우, iii) 헌법상의 관행에 의하여 헌법규범의 의미가 변화함으로 인하여 발생하는 경우, iv) 장기간의 국가권력의 불행사로 인하여 해당 헌법 내용이 규범력을 상실하여 발생하는 경우, v) 헌법규범에 흠결이 있는 경우에 이를 보충함으로써 헌법의 의미가 변하여 발생하는 경우가 있다고 하였다.

[45] 제2 인정여부

의식적인 헌법의 개정에 의하여 실정헌법을 변경할 수 있음에도, 헌법변천이라는 개념을 인정하고 그에 따른 헌법내용의 변경이라는 법적 효력을 인정할 수 있는가 하는 점에 대하여 긍정설과 부정설이 대립된다.

Ⅰ. 긍 정 설

헌법과 모순되는 행위라도 반복되거나 계속하여 행해져 헌법적 관습으로 되고 국민이 이를 명시적 또는 묵시적으로 인정하는 경우에는 헌법의 개정이 없어도 헌법의 변경이 가능하고, 이를 헌법변천이라고 본다(권영성, 61).

Ⅱ. 부 정 설

헌법과 모순되는 행위는 아무리 반복되거나 계속되어도 그 반복의 횟수나 기간의 장단에 관계없이 기존의 헌법질서에서는 헌법에 위반된다는 이유로 헌법변천이라는 개념을 인정할 수 없다고 본다. 헌법의 의미변화는 헌법의 개정을 통해서만 달성할 수 있다고 본다(허영a, 30).

Ⅲ. 학설에 대한 평가

헌법규범은 기본적인 내용과 중요한 사항에 대하여 윤곽을 정하고 있으므로 헌법규범의 내용은 사회변화에 탄력적으로 대응하며 현실을 규율해나가는 과정에서 그 의미의 변화가 불가피하게 요구되는 경우가 발생한다. 어떠한 헌법 조항의 의미에 대하여 과거에 적용한 내용과 달리 내용이 더 보충되거나 의미가 변경된 경우(예: 판례의 변천)가 이에 해당하는데, 이러한 경우에는 헌법개정이라는 방법을 통하지 않고 헌법의 의미가 변경된다.

그런데 성문헌법이 아무리 헌법의 기본적인 사항만을 정하고 개방적인 윤곽규범으로서의 성격을 가진다고 하더라도 명문상의 내용에 반하는 행위를 헌법변천이라는 이름으로 정당화할 수는 없다. 이를 인정하는 것은 곧 헌법침해나 헌법부정을 허용하는 길이며, 헌법을 권력의 단순한 지배도구로 전락시키는 것을 의미하기 때문이다. 헌법에 위반되는 행위를 반복하여 행하거나 국가기관이 자기의 권한이나 의무를 행하지 않고 장기간 방치하는 것은 그 반복의 횟수나 기간의 장단에 관계없이 헌법에 위반되는 행위일 뿐 이것이 합헌적인 행위로 될 수는 없다. 이를 인정하는 것은 헌법의 규범성을 부정하고 「사실이 규범을 지배한다」는 국법실증주의(國法實證主義 staatsrechtlicher Positivismus)의 오류를 반복하는 것에 지나지 않는다(G. Jellinek의 기본적인 입장은 헌법실증주의에 기초하고 있었다). 따라서 긍정설과 같은 주장에 대해서는 동의하기 어렵다.

사회현실에 대한 헌법규범의 적응이라는 과제는 헌법의 개정이 요구되지 않는 단계에서는 헌법해석을 통하여 수행되기 때문에 이와 별개로 G. Jellinek가 말한 것과 같은 경우를 합리화하기 위하여 헌법변천이라는 개념을 설정하는 것은 인정할 필요가 없다고 할 것이다.

[46] 제3 헌법변천과 헌법해석

종래 헌법변천의 개념을 인정할 필요가 있다고 한 영역에서는 헌법해석을 통하여 필요한 문제를 해결할 수 있으므로 헌법해석을 인정하는 한 헌법변천이라는 개념은 인정할 필요가 없다. 그런데 이러한 헌법해석을 통한 헌법규범의 의미변화를 인정하더라도, 해석의 한계를 넘어 헌법규범의 의미를 변질시킬 수는 없다. 따라서 헌법해석을 통한 헌법의 의미변화는 헌법개정의 단계까지 나아갈 필요가 없는 범위 내에서만 허용된다. 이러한 한계를 설정해주는 것은 현재 존재하는 헌법의 규범성과 헌법으로서의 기능이다. 이러한 규범성과 기능이 여전히 요청되고 있는 한 헌법개정은 이루어지지 않고, 헌법해석을 통한 헌법내부의 변화가 이루어진다. 왜냐하면 해석의 한계를 넘은 헌법의 적용은 헌법해석이라는 이름으로 헌법을 부정하거나 파괴하는 것이고, 헌법해석을 하는 기관이 해석이라는 수법을 통하여 주권자의 헌법개정권이나 헌법제정권을 대신 행사하는 것이기 때문이다.

헌법개정이라는 방법을 통하여 헌법의 의미를 변경할 필요가 있는 경우에는 반드시 헌법이 정하고 있는 헌법개정의 절차를 거쳐 헌법을 변경하여야 하며, 헌법해석을 통하여 이를 달성할 수는 없다. 여기에서 헌법규범과 사회현실의 관계에 있어 존재하는 현실성은 규범성에 의하여 그 한계를 인식하게 되고 그 운동을 멈추게 된다. 이렇게 볼 때, 헌법해석과 헌법개정은 서로 함수관계에 있다고 할 수 있다.

헌법변천을 이렇게 이해할 때, 실정헌법을 가지는 나라에서는 헌법에 위반되는 행위가 반복되더라도 이를 관습헌법으로 인정하는 것은 타당하지 않다. 관습헌법이 헌법에 위반되는 행위의 반복이 아니라 헌법에서 명시되어 있지 않지만 성질상 헌법에 규정될 수 있는 내용이 흠결된 경우에 인정되는 것이라고 하더라도 이를 인정하는 것은 매우 엄격하여야 한다. 실정헌법에서 헌법상의 명시적인 규정의 흠결은 헌법의 해석이 허용되는 범위 내에서 이를 통하여 해결하고 이로써 해결이 되지 않으면 헌법의 개정이라는 방법을 통하여 해결하므로 관습헌법을 인정할 여지는 거의 없다고 할 것이다.

제3절 헌법의 해석

[47] 제1 헌법해석의 의의와 특성

Ⅰ. 헌법해석의 의의

헌법의 해석은 현재 존재하는 실정헌법(=헌법전)에 정해져 있는 내용의 의미를 확정하는 헌법인식작용을 말한다.

모든 법규범에서 나타나듯이, 어떠한 상황이나 사물에 대하여 언어와 의미에서 빠짐없이 일의적으로 정하거나 표현하는 것은 불가능하다. 그래서 일의적으로 명확하게 정하고 있는 경우 이외에 법규범에서 정하고 있는 규정의 의미를 확정하기 위해서는 법규범에 대한 해석이 필수적으로 요구된다. 특히 헌법은 기본법이고 윤곽규범으로서의 성격을 가지며 기본권 규정의 경우에는 개방적이고 추상적으로 규정하고 있기 때문에, 개별적이고 구체적인 경우에 대하여 명확하게 정하고 있는 경우(예: 국가작용의 권한 소재나 작용절차 등) 이외에 대부분의 경우(예: 헌법적 가치나 기본권에 관한 조항)에는 해석행위를 통하여 의미를 확정하는 작업이 필요하다.

헌법해석과 구별되는 것이 「법률의 헌법합치적 해석」인데, 법률을 헌법에 합치되도록 해석하는 경우에 법률해석과 헌법해석이 동시에 행해지기도 하지만, 이는 개념과 본질에서 법률의 해석이라는 점에서 헌법해석과 구별된다는 점을 유의할 필요가 있다.

《법률의 헌법합치적 해석》

1. 개 념 「법률의 헌법합치적 해석」(verfassungskonforme Auslegung)은 하나의 법률규정이 위헌적으로도 해석될 수 있는 부분과 합헌적으로도 해석될 수 있는 부분이 공존하는 경우에는 반드시 헌법에 합치되도록 해당 법률조항을 해석하여야 한다는 법률의 해석지침을 말한다. 이러한 해석지침은 미합중국연방최고법원에 의하여 확립되었고, 독일연방헌법재판소에서도 채택하고 있으며, 우리나라의 헌법재판소와 대법원도 이를 채택하고 있다(예: 憲 1989. 7. 14.-88헌가5등; 1989. 7. 21.-89헌마38; 1990. 4. 2.-89헌가113; 2002. 11. 28.-98헌바101등; 2007. 4. 26.-2006헌가2; 大 1992. 5. 8.-91부8).

[憲 2007.4.26.-2006헌가2] 「일반적으로 어떤 법률에 대한 여러 갈래의 해석이 가능할 때에는 원칙적으로 헌법에 합치되는 해석을 하여야 한다. 왜냐하면 국가의 법질서는

헌법을 최고법규로 하여 그 가치질서에 의하여 지배되는 통일체를 형성하는 것이며 그러한 통일체 내에서 상위규범은 하위규범의 효력근거가 되는 동시에 해석근거가 되기 때문이다.」

2. 성 질 법률을 헌법합치적으로 해석 · 적용함에 있어 헌법의 의미가 일의적으로 확정되는 경우에는 문제가 없으나, 그렇지 않은 경우에는 해당 법률규정의 적용에는 헌법의 해석과 법률의 해석이라는 두 개의 작업이 요구된다. 이러한 경우는 헌법의 해석으로 헌법의 내용을 먼저 확정한 후에 법률을 그에 맞추어 해석하여야 한다. 이런 점에서 법률의 헌법합치적 해석은 법률의 해석이고 헌법의 해석이 아니라는 점을 유의할 필요가 있다.

3. 근 거 입헌주의국가에서 법체계는 최고법인 헌법을 정점으로 하여 통일성을 유지하여야 하기 때문에 법률은 헌법에 합치되게 해석되어야 하고(법질서의 통일성 유지), 법률의 내용 가운데 헌법에 합치되는 여지가 있는 이상 이를 폐기하는 것보다는 존중하고 유지하는 것이 민주주의적 정당성에 기반하고 있는 입법권을 존중하고 민주주의의 유지 · 실현을 가능하게 하기 때문에 법률은 헌법합치적으로 해석되어 유지되는 것이 타당하다(민주주의의 유지). 따라서 행정부나 법원과 같이 법률을 적용하는 기관은 법률을 적용함에 있어 헌법에 합치되도록 해석 · 적용하여야 하는 의무를 진다.

4. 실현형태 법률이 헌법에 합치되는 것으로 해석되는 이상 이를 위헌으로 무효화할 수 없다. 따라서 어떤 법률조항이 위헌적인 내용으로도 해석가능하고 합헌적인 내용으로도 해석이 가능할 때에는 합헌적인 해석에 입각하여 해당 법률을 적용하여야 한다. 그리고 구체적 규범통제에서 제청법원이 위헌확신을 가질 때만 헌법재판소에 제청할 수 있는 경우(예: 독일)에 위헌인지 합헌인지에 대하여 확신을 가질 수가 없는 경우에는 재판의 전제가 되는 법률에 대하여 위헌심판을 제청하는 것이 아니라 해당 법률을 헌법에 합치되게 해석하여 이를 적용하여 재판해야 한다. 규범통제에서 헌법재판소가 행하는 한정위헌결정과 한정합헌결정도 해당 법률에 대한 헌법합치적인 해석을 한 결과로 나타나는 것이다. 법원이 법률의 위헌여부심판제청신청에 대하여 합헌확신을 가지고 신청을 기각하는 경우에도 법률의 헌법합치적 해석이 행해진다. 헌법재판소는 법률의 헌법합치적 해석을 하여 합헌결정도 하고 있다(예: 憲2007. 4. 26.-2006헌가2).

5. 한 계 법률의 헌법합치적 해석은 어디까지나 해석기준이 되는 헌법에 비추어 법률을 해석하는 법률해석이지 헌법을 법률에 끌어다 붙이는 것이 아니다. 법률을 합헌적이게 하기 위하여 헌법의 내용을 지나치게 확대하거나 변질시키는 것은 헌법이 허용할 수 없다. 따라서 법률의 헌법합치적 해석이 「헌법의 법률합치적인 해석」(gesetzeskonforme Auslegung der Verfassung)이 되어서는 안 됨을 유의할 필요가 있다(헌법허용적 한계). 그리고 법률의 헌법합치적 해석에는 법률이 정하고 있는 문의의 뜻을 넘어 완전히 다른 의미로 변질되어서는 안 되는 한계(문의적 한계)와 입법권자가 그 법률의 제정으로 추구하고자 하는 입법자의 명백한 의지와 입법의 목적을 무화시키는 것으로 해석해서는 안 된다는 한계(입법목적상의 한계=권력분립상의 한계)가 있다(예: 憲1989. 7. 14.-88헌가5등).

6. 법률의 합헌성추정론과의 관계 법률의 헌법합치적 해석과 법률의 합헌성 추정은 구별되어야 한다. 법률의 합헌성이 추정되는가 하는 것은 의회의 헌법합치적 입법에 대한 강한 신뢰와 위헌의 입증책임을 국민에게 지울 때 가능한 입론이다. 그런데 모든 국가행위는 합헌성이 추정되어 통용되는 것이 아니라, 국가의 기능과 본질에서 도출되는 통용력에 의하여

일단 통용되고, 합헌인지 아닌지는 다툼이 되었을 때 판정하는 것이며, 국가가 권한을 행사할 때는 언제나 헌법에 합치되도록 권한을 행사해야 하는 의무를 지고 있으므로 국가행위의 위헌성을 다투는 국민에게 위헌의 입증책임(立證責任)을 지우는 것은 국민주권과 기본권의 보장에 반한다. 따라서 입법행위를 포함하여 모든 국가행위는 합헌성이 추정되지 않는다고 보는 것이 타당하다.

II. 헌법해석의 특성

헌법의 해석에서는 법규범의 해석에 공통으로 적용되는 부분과 헌법규범이 다른 법규범과 다르기 때문에 해석에서도 다를 수밖에 없는 부분이 있다.

실정헌법에는 헌법상의 가치, 원리, 원칙, 권리와 의무, 국가작용에서의 국가기관과 그 권한 및 권한행사의 방법과 절차 등에 대한 규정이 정해져 있는데, 이러한 규정들은 성질이 서로 다르다. 국가작용에서 권한의 내용, 범위, 보유주체 등과 같이 어떤 규정은 문의적인 해석에 충실해야 하는 것도 있고, 헌법상의 기본이념, 기본원리, 기본권에 관한 규정과 같이 어떤 것은 문의적 해석만으로 충분하지 못한 것도 있다. 이러한 경우에는 각기 그에 적합한 방법을 사용하여 헌법을 해석한다.

특히 헌법은 윤곽규범으로서의 특성을 가지기 때문에 이러한 윤곽규범으로서 가지는 미완성성이나 개방성으로 인하여 법률이나 명령과 같이 구체적이고 세세한 것을 정하고 있는 법규범을 해석할 때에 사용하는 방법만으로는 헌법을 충실하게 해석할 수 없다. 따라서 헌법해석은 그 해석에 있어서도 다른 법규범의 해석과 다른 특성을 가질 수밖에 없는데, 이는 헌법의 특성에 기인한다.

III. 헌법해석의 구조

헌법의 해석이 행해지는 체계(system)는 「구체화가 필요한 헌법규범」, 「해석행위를 하는 해석의 주체」, 「헌법해석의 방법」이라는 요소(factor)가 존재하고 있는 상태에서 「해결해야 하는 문제상황」이 투입(input)으로 행해지고, 이 요소들이 헌법해석의 원리와 원칙이라는 규칙에 의하여 상관관계를 형성하여 「헌법문제의 해결」이라는 산출(output)이 나오게 하는 메커니즘이다.

이렇게 볼 때, 헌법해석은 「해결해야 하는 문제상황」에 대한 정확한 인식, 「구체화가 필요한 헌법규범」의 의미 확정, 「해석행위를 하는 해석의 주체」의 정확한 자기 역할, 「해석의 방법」의 합당한 적용이 있을 때 비로소 올바로 이루어진다고 할 것이다. 따라서 헌법해석의 과제는 어떻게 해야 올바른 헌법해석이 이루어질 수 있게 할 것인가 하는 점에 있다.

헌법해석의 구조

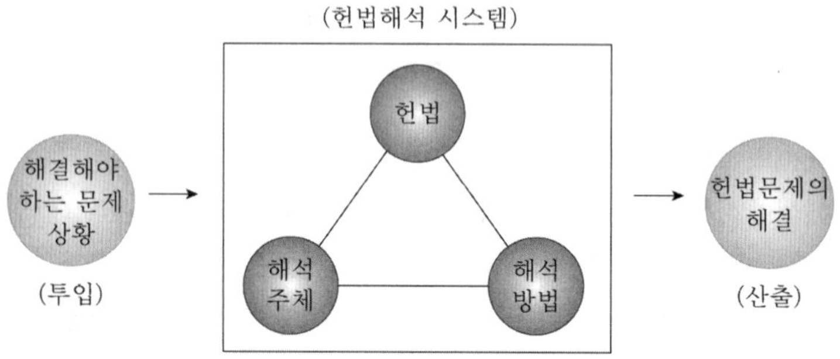

[48] 제2 헌법해석의 주체

Ⅰ. 강학적 해석

헌법을 해석하는 작업은 헌법학자들에 의하여 광범하게 수행되는데, 헌법학의 영역에서 헌법학자들이 행하는 헌법해석을 강학적 해석(講學的 解釋=學問的 解釋=學理的 解釋)이라고 한다. 이러한 해석은 헌법이론에 바탕을 두고 전문가적 지식과 능력을 바탕으로 하여 행해지는 것이어서 유권적 해석에 많은 영향을 주지만, 국가나 국민 등에 대하여 구속력을 가지지는 못한다.

그러나 이러한 강학상의 해석에 의하여 헌법해석이 발전하고 헌법의 내용이 이론적으로 보다 명확하게 드러난다.

Ⅱ. 유권적 해석

헌법의 해석은 헌법을 적용하여 국가행위를 수행하여야 하는 헌법기관과 국가기관이 이를 행하는 경우에 무엇보다 중요한 의미를 가진다. 이와 같이 헌법기관이나 국가기관이 행하는 헌법해석을 유권적 해석(有權的 解釋)이라고 한다.

국회, 행정부, 법원, 헌법재판소, 그리고 각종의 국가기관은 그 권한을 행사함에 있어 언제나 헌법에 합치되어야 하는데, 이러한 경우에는 그러한 기관에 의하여 필수적으로 헌법을 해석하는 작업이 요구된다. 입법부에서 입법을 하는 경우에도 헌법에 합치되는 입법을 하여야 하고, 행정부가 행정을 하는 경우나 법원이 재판을 하는 경우, 그리고 헌법재판소가 헌법재판을 하는 경우 모두 헌법에 합치되어야 한다. 그래서 헌법이 작용하고 있는 현실에서는 헌법기관과 국기기관이 행하는 헌법해석이 중요한 의미를 가진다.

그런데 이러한 헌법기관과 국가기관이 행하는 헌법해석이라고 할지라도 각 기관마다 헌법을 각자 나름대로 구구하게 해석할 수는 없다. 법질서의 통일성이라는 법치주의의 요청에 의할 때, 헌법질서도 하나의 의미를 가지는 것으로 형성되어야 한다. 사회현실에서는 헌법이 정하고 있는 내용의 의미에 대하여 여러 가지의 견해가 경쟁하는 경우에는 헌법적 분쟁이 발생하게 되는데, 이러한 헌법적 분쟁을 해결하기 위해서는 헌법이 정하는 내용을 하나의 의미로 확정하여 그 확정된 의미에 따라 헌법을 적용하여 헌법적 분쟁을 해결한다. 이러한 헌법적 분쟁을 해결하는 재판이 헌법재판인데, 헌법재판에서 행하는 헌법해석이 최종적이고 가장 실제적인 것이다. 그래서 헌법재판기관의 헌법해석이 가장 중요한 의미를 가진다.

[49] 제3 헌법해석의 목표

헌법해석의 목표는 실정헌법에 규정되어 있는 사항의 의미를 밝히는데 있다. 그 규정의 내용이 일의적인 경우에는 정해진 내용 그대로 의미를 확정하면 된다.

그런데 헌법은 공동체와 그 구성원, 국가에 관한 사항에 대하여 기본적인 내용만 정하고 있는 윤곽규범으로서의 성격을 가지고 있기 때문에 모든 헌법규정이 항상 일의적인 것으로 명확한 것은 아니다. 개별규정의 종류, 성격, 개방성의 정도에 따라 그 의미를 확정하는 일이 필요하고, 여기에는 해석이 요구된다. 이러한 경우에는 헌법해석의 방법만으로 의미를 확정할 수 없고 일반적인 법해석의 경우와 마찬가지로 헌법해석의 목표를 어디에 둘 것인가 하는 것이 문제가 된다.

헌법해석의 목표를 어디에 둘 것인가에 대해서는 전통적으로 두 개의 대립되는 입장이 전개되어 왔다. 그 하나는 헌법해석은 헌법제정자(憲法制定者 Verfassunggeber)인 국민이 처음 헌법에 정한 내용의 의미, 즉 「헌법제정자의 의사」(Wille des historischen Verfassunggebers)를 밝히는데 목표가 있다는 태도(「주관적 방법」 subjektive Methode)이고, 다른 하나는 헌법해석은 현재 존재하는 「헌법규범의 의사」(Wille des Verfassung)를 밝히는 데 목표가 있다는 태도(「객관적 방법」 objektive Methode)가 그것이다.

Ⅰ. 주관적 방법

헌법의 해석에서 해석자의 의사보다 헌법제정자의 의사에 무게중심을 두는 주관적 방법을 견지하는 대표적인 견해로는 원의주의적 태도(原意主義的 態度 originalism)를 들 수 있다. 이에는 보다 엄격한 태도에서 완화된 태도에 이르기까지 편차는 있으나 기본적으로 헌법해석을 법창조가 아니라 법발견이라고 이해한다. 법규정은 문학이나 예술의 텍스트와 달리 처음부터 규율하려고 하는 내용을 정하여 규범화한 것이므로 법규정을 적용하기 위한 해석은 원래의 의미를 규율대상에 적합하게 확정하는 것이라고 본다. 따라서 헌법규정의 해석도 헌법을 제정한 자의 의사를 밝혀 확정하는 것이라고 본다. 즉, 헌법해석은 헌법제정자가 해당 헌법규정을 어떻게 이해하고 있었으며 왜 그런 규정을 실정헌법에 두었는가를 밝혀 그 규범적 의미를 현재의 규율대상에 적용하는 것이라고 한다. 이는 원전(text)의 해석에 철저한 해석주의적 태도(解釋主義的 態度 interpritivism)를 견지한다.

원의주의적 태도에서는 헌법제정자가 사용한 언어법에 따른 헌법규정의 문언적 의미를 중요시하기 때문에 헌법해석의 대상인 헌법전이나 헌법적 자료(헌법제정회의의 회의록, 기초자의 견해, 헌법안 성립의 기초자료 등)의 문언과 명백한 의미 그리고 헌법제정권자의 원래 의사나 의도(original intent)에 근거하여 헌법을 해석하는 역사적 해석의 방법에 무게를 둔다.

헌법해석에서 중립성과 비정치성을 강조하고 해석자의 주관적 태도나 의견을 배제하고자 한다. 헌법이 침묵하고 있는 내용은 무엇이 헌법인가를 정하는 헌법제정자의 몫에 해당하며, 헌법해석자인 재판기관에 의해 정해질 수 있는 것이 아니라고 한다. 주관적 방법은 선출되지 않은 재판관에 의한 사법심사(judicial review)는 다수결원리를 본질로 하는 민주주의의 궤도에서 벗어난 것이라는 시각을 선호하고, 사법적극주의(司法積極主義 judicial activism)는 민주주의와 조화되기 어려운 것이라고 보는 성향을 띠기도 한다. 특히 개인의 자유는 다수결에 의해 정해지는 것이 아니므로 재판관의 개인적 가치나 주관이 개입하는 것(재판관들이 다수결로 헌법의 의미를 확정하는 것)은 타당하지 않다고 한다. 헌법의 발달(constitutional evolution)은 헌법개정의 방법만으로 이루어진다고 본다.

II. 객관적 방법

헌법의 해석에서 헌법제정자의 의사보다는 헌법의 의미를 찾아내는 해석자의 의사에 보다 무게중심을 두는 대표적인 견해로는 비원의주의적 태도(非原意主義的 態度 non-originalism)를 들 수 있다. 이는 기본적으로 헌법해석을 법발견이 아니라 해석자에 의한 법형성 또는 법창조라고 이해하고 주관적 방법을 지양(止揚)하고자 한다. 이는 헌법규정의 의미가 일의적(一義的)이지 않은 이상 재판관은 헌법전이나 헌법적 자료 또는 헌법제정권자의 원래 의사나 의도의 애매하고 확정적이지 아니한 문언과 완벽하지 않은 내용에 구속받지 말고 이를 넘어서서 사회변화의 요구와 사건 해결에 가장 합당한 응답을 추구하면 된다고 본다. 입법자의 의도가 명백하지 않거나 명시되어 있지 않은 권리라고 할지라도 이를 보호하기 위해서 재판기관이 헌법을 적극적으로 해석하는 것은 허용된다고 본다. 이는 원전의 문언해석을 넘어서는 비해석주의적 태도(非解釋主義的 態度 noninterpritivism)를 견지한다.

민주주의는 다수결원리 외에도 실질적 가치와 절차적 규범을 포함하는 것이므로 이런 해석에 바탕을 두는 사법심사는 민주주의와 합치하는 것이라고 보고, 사법적극주의가 민주주의와 모순되는 것은 아니라는 시각을 견지한다.

헌법의 발달은 헌법개정뿐만 아니라 헌법해석을 통해서도 이루어진다고 본다. 전통, 현재 통용되는 가치, 자연법, 재판관의 가치관 등이 헌법해석에서 중요한 기능을 한다고 본다. 헌법의 대상이 가지는 의미가 일의적이지 않고 애매한 경우에 중립적이고 비정치적인 해석이 가능한가 하는 점에 대해서는 회의적인 태도를 취한다.

Ⅲ. 평 가

원의주의적 태도는 헌법해석도 국민주권의 이념하에 있어야 하고, 그러한 의미에서 헌법해석자는 헌법제정자가 될 수 없다고 본다. 헌법의 해석은 이러한 범위 내에서 이루어지는 것이며, 이를 넘어서는 것은 헌법개정을 통하여 해결하여야 한다고 본다. 또 원의주의는 헌법해석이 최종적으로 사법관이 행하는 헌법재판에서 이루어짐에 주목하여 원의를 넘어서는 해석은 한편으로 「사법관의 지배」를 불러와 의회에 의해 실현되는 민주주의를 축소시킨다고 본다. 비원의주의는 헌법규정이 명확하지 않는 한 문제가 된 사안을 해결하는 가장 타당한 결론을 찾아야 하는데, 이에는 원의주의적 방식으로 헌법제정자의 의사를 확정하는 것으로는 부족하고, 헌법해석자가 적극적으로 그 의미를 확정하여야 한다고 본다.

미합중국의 연방최고법원은 수차에 걸쳐 양쪽의 견해를 오가는 태도를 보이고 있다. 원의주의와 비원의주의에도 엄격한 태도(strict originalism)와 완화된 태도(moder-ate originalism) 그리고 고려해야 할 항목에 따라 이들 양 태도들 사이에서 다양한 차이를 보이고 있어 양극 사이에서 존재하는 스펙트럼의 범위는 넓게 존재한다. 독일연방헌법재판소도 주관적 방법과 객관적 방법에서 어느 하나를 선택하지 않고 수렴하는 양상을 보이고 있다.

원의주의 대 비원의주의는 가치지향적인 태도가 아니라 해석방법과 해석목표에서 달라지는 태도이므로 양자의 대립이 곧 보수주의 대 진보주의라고 하는 등식은 성립하지 않는다. 헌법해석의 결과에서는 원의주의적 태도가 보수 또는 진보의 성향을 가져올 수도 있고, 비원의주의가 보수 또는 진보의 성향을 가져올 수도 있다.

[50] 제4 헌법해석의 방법

Ⅰ. 개 설

전통적인 실정법해석의 방법으로 F. C. v. Savigny는 문언적 해석, 논리적 해석, 역사적 해석, 체계적 해석 등 4가지의 해석방법을 제시하였고, 이를 바탕으로 하여 K. Larenz는 문언적 해석, 체계적 해석, 역사적 해석, 목적론적 해석, 헌법합치적 해석 등 5가지의 해석방법을 제시하였으며, H. J. Wolff는 문언적 해석, 논리적 해석, 체계적 해석, 역사적 해석, 비교법적 해석, 입법자의 주관적 의사 표명, 목적론적 해석 등 7가지 해석방법을 제시하였다. 이러한 해석방법은 실정법률을 해석하는 방법으로 제시된 것이다.

그런데 법률해석이든 헌법해석이든 그 방법에서 양자를 특별히 구별할 필요가 없는 경우에는 헌법해석에서도 이러한 방법이 사용된다. 그 해석방법의 종류를 보면 대체로 아래와 같다. 그리고 이러한 해석방법은 어느 하나가 다른 것을 배척하는 것은 아니기 때문에 하나의 방법을 통하여 헌법규정의 의미를 확정할 수 있는 경우도 있고, 여러 방법을 결합하는 방법을 통하여 헌법규정의 의미를 확정할 수 있는 경우도 있다. 헌법해석이 법률해석과 달라서 이에 필요한 방법이 새롭게 요구되는 경우에는 새로운 해석방법이 사용된다.

Ⅱ. 해석의 방법

(1) 문언적 해석

문언적 해석(文言的 解釋=文法的 解釋 grammatische Auslegung)이라 함은 헌법규정에 명시된 문언의 의미를 헌법제정자의 언어법에 따라 밝히는 해석을 말한다. 실정법해석의 출발점이고 기초를 이룬다. 헌법규정 가운데도 국가기관의 권한의 소재, 행사방법, 절차, 효력 등에 대하여는 헌법을 제정할 때부터 가능한한 명확한 개념을 사용하여 정하는데, 이러한 경우에는 원래 사용한 언어법에 따라 그 의미를 확정한다. 문법적으로 명백한 의미를 그와 달리 해석하는 것은 허용되지 않는다.

(2) 논리적 해석

논리적 해석(論理的 解釋 logische Auslegung)이라 함은 해석의 방법으로 헌법규정의 문언에 구애되지 않고 논리적인 정합성에 따라 그 의미를 밝히는 해석을 말한다. 이러한 논리적 정합성을 확보하는 방법으로 동원되는 기술로 확장해석, 축소해석, 반대해석, 물론해석, 보정해석 등이 있다.

(3) 역사적 해석

역사적 해석(歷史的 解釋 historische Auslegung)이라 함은 헌법규정의 의미를 확정함에 있어 그 규정이 정해지게 된 역사적인 상황과 배경을 중요시하여, 헌법이 성립하기까지의 회의록, 심의록, 근거 자료, 제안자의 의사 등에 근거하여 그 의미를 밝히는 것을 말한다. 이러한 해석은 원래의 의미를 밝히는 작업에서는 유효한 점이 있다. 다만, 이러한 방법은 법을 과거의 시간에 묶어 놓을 우려가 있고, 시간의 경과에 따라 의미의 변환이 필요한 경우에 이에 대처하기 어렵게 하는 점이 있다.

(4) 체계적 해석

체계적 해석(體系的 解釋 systematische Auslegung)이라 함은 헌법상의 해당규정이 실정헌법에서 배치되어 있는 위치를 고려하여 다른 규정과의 관계를 정서하고 이에 따라 그 의미를 확정하는 것을 말한다. 헌법규정이 서로 정합적이지 않으면 안 되지만, 모든 헌법규정이 선후의 위치나 경중에 따라 정확하게 배치되어 있지 않기 때문에 체계적인 해석만으로는 충분하지 않은 점이 있다.

(5) 목적론적 해석

목적론적 해석(目的論的 解釋 teleologische Auslegung)이라 함은 헌법규정의 의미를 헌법규정에 내재되어 있는 목적에 합치되도록 해석하는 것을 말한다. 헌법규정이 달성하고자 하는 목적은 결국 헌법제정자의 의사라는 것으로 정당화하는 것인데, 이것이 역사적 해석으로서 정당화되지 않으면, 해석자의 주관적 의사를 헌법제정자의 의사라고 하게 될 위험을 지니고 있다.

(6) 비교적 해석

비교적 해석(比較的 解釋 vergleichende Auslegung)이라 함은 헌법에서 정하고 있는 사항과 동일하거나 유사한 사항을 정하고 있는 외국의 헌법규정이나 제도들과 비교하는 방법을 통하여 헌법규정의 의미를 밝히는 해석을 말한다. 비교적 해석은 헌법의 어떤 규정이 국가간의 차이에 관계없이 보편적으로 인정되는 내용을 가지고 있는 것인지 아니면 국가의 상황에 따라 동일하거나 유사한 헌법규정이라고 하더라도 서로 다른 내용을 가지고 있는 것인지를 밝히는데 유용하다.

[51] 제5 헌법해석의 지침

헌법해석의 목표에 있어 어떠한 입장을 채택하고 헌법해석의 방법을 적절히 사용하여 헌법을 해석한다고 하더라도 헌법의 해석에는 지켜야 할 지침이 있다. 이러한 지침은 헌법규범이 가지는 기능과 성질에서 비롯하는 것인데, 이러한 지침을 벗어난 해석은 헌법해석이라고 할 수 없다. 헌법해석의 지침을 헌법해석의 원리라고 하기도 하는데, 이에는 「헌법의 통일성 원리」(Prinzip der Einheit der Verfassung), 「실제적 조화의 원리」(Prinzip der praktischer Konkordanz), 「기능적 정합성의 원리」(Prinzip der funktionellen Richtigkeit), 「공동체 통합의 원리(Prinzip der integrierenden Wirkung), 「헌법의 규범력 유지의 원리」(Prinzip der normativen Kraft der Verfassung) 등이 있다.

Ⅰ. 헌법의 통일성

헌법은 국가의 최고법으로서 가지는 기능과 역할을 수행하여 공동체 내의 통일된 법질서를 형성하고 유지하여야 하기 때문에 헌법에 정해져 있는 여러 개의 규정들은 통일된 헌법질서를 형성하고 유지함에 있어 서로 충돌되어서는 안 된다. 헌법이 추구하는 전체적인 지향점과 가치질서에 부합할 수 있도록 개별 조항의 의미가 정해져야 한다. 따라서 개별 조항은 그 자체만으로 독자적으로 존재할 수 없고 다른 조항과 함께 헌법이라는 통일된 규범체계를 유지하는 범위 내에서 존재할 수 있다.

Ⅱ. 규범의 실제적 조화

헌법의 통일성을 유지하기 위해서는 서로 충돌하거나 상반되는 내용을 포함하고 있는 개별규정들간에 상하의 우열관계가 있으면 각각의 규정들이 보장하고 있는 법익들간에 형량하여 우위에 있는 이익을 우선적으로 보호하는 방향으로 해석하고(「법익형량의 원리」), 이들 규정간에 상호 우열관계에 있지 아니한 경우에는 서로를 실제적으로 조화될 수 있도록 해석하여야 한다(「규범조화의 원리」).

헌법에서 명시적으로 헌법개정의 한계를 정하고 있는 경우에는 헌법개정으로 변경할 수 있는 규정과 헌법개정으로 변경할 수 없는 규정간에는 우열의 관계가 존재한다. 이러한 경우에 헌법개정으로 변경할 수 있는 규정은 변경할 수 없는 규정보다 열위에 있으므로 변경할 수 없는 규정을 우선적으로 보호하는 방향으로 해석한다. 그리고 헌법개정을 국민투표로 하는 경우와 의회에서 하는 경우로 이원화하여 보다 가치적으로 중요한 것은 국민투표를 통하여 개정할 수 있게 한 경우에는 국민투표로 개정할 수 있는 규정이 의회에서 개정할 수 있는 규정보다 국민주권원리에 비추어 볼 때 가치적으로 상대적 우위에 있다고 할 것이다.

그런데 현행 헌법과 같이 국민투표로 헌법을 개정하는 경우에는 모든 헌법규정을 국민이 결정하고 변경하기 때문에 국민주권원리상 개별 규정간에는 우열을 가릴 수 없다고 할 것이므로, 규범적으로 조화되도록 해석하는 것이 필요하다. 헌법재판소도 현행 헌법에서는 헌법규정 상호간에 효력상 차이를 원칙적으로 인정하지 않고 있다(예: 憲 1995. 12. 28.-95헌바3). 다만, 기본권의 충돌에서 보는 바와 같이 가치에 있어서 우열이 인정되는 경우에는 법익형량에 의하여 가치적으로 우위에 있는 가치를 우선시 하는 예외적인 경우도 있을 수 있다.

Ⅲ. 국가의 기능적 정합성

헌법규정을 해석함에 있어서는 국가의 기능에 혼란을 초래하여서는 안 된다. 헌법은 국가의 여러 기능을 헌법기관과 국가기관에 배분하여 각기 자기 기능을 충실히 수행하게 하여 전체적으로 국가로 하여금 헌법이 정하고 있는 기능을 수행하도록 하는데, 헌법해석이 이들 헌법기관과 국가기관의 기능을 서로 모순되게 하거나 침해하는 결과를 초래하여서는 안 된다. 뿐만 아니라 헌법이 정하고 있는 각종의 제도도 각기 자기에게 부여된 기능을 합당하게 수행하여 통일적인 헌법구조와 헌법질서를 형성하고 유지하도록 되어 있는데, 헌법해석이 이들 제도들의 기능을 혼란스럽게 하는 것이어서는 안 된다.

Ⅳ. 공동체의 통합

헌법해석은 헌법이 수행하는 기능과 합치하여야 한다. 헌법은 하나의 규범질서를 형성하여 공동체를 통합하는 기능을 수행하므로 헌법해석도 헌법이 공동체를 통합하는 기능을 수행할 수 있게 하는 것이어야 한다. 헌법해석이 공동체를 분열하게 만들거나 해체되는 결과를 가져오게 하는 것은 어떤 경우에도 허용되지 않는다.

그런데 이러한 통합에도 한계가 있다. 실정헌법은 하나의 통일된 규범질서이고 규범구조이지만 이는 닫힌 체계가 아니라 일정한 수준에서 열린 체계이므로 과도한 통합을 시도하는 경우에는 변화하는 사회에 대응하는 헌법의 대응력을 상실하게 하고, 경직된 헌법질서를 불러올 수 있다. 이런 점에서 헌법해석은 변화 속에서의 통합과 통합 속에서의 변화를 동시에 충족시키는 것이 되어야 한다는 점을 유의할 필요가 있다.

Ⅴ. 헌법의 규범력

헌법해석은 헌법실현을 목적으로 하는 행위이므로 그 결과가 헌법의 규범력을 높이고 유지하는 것이어야 한다. 헌법해석이 헌법의 규범력을 약화시키거나 소멸시키는 결과를 가져오는 것인 경우에는 그 자체 자기모순이므로 어떠한 경우에도 허용되지 않는다.

[52] 제6 헌법해석의 한계

Ⅰ. 개념본질적 한계

헌법의 해석이라는 것이 현재 존재하는 실정헌법을 실현하는 작용이라는 점에서 헌법의 해석자는 어떤 경우에도 헌법의 제정권자나 개정권자가 하는 역할을 수행할 수 없다. 따라서 헌법의 해석이 헌법제정이나 헌법개정에 이르는 것은 헌법해석의 개념본질상 위헌이다. 헌법해석은 어디까지나 현재 존재하는 헌법규정을 대상으로 하여 해석하는 것이므로 실정헌법이 정하고 있지 아니한 사항은 처음부터 헌법해석의 대상이 되지 못한다.

헌법해석의 목표에 있어 객관적 방법을 취한다고 하더라도 헌법해석자가 실질적으로 헌법을 제정하거나 헌법을 개정하는 역할을 수행하는 것은 헌법해석의 한계를 넘어선 것이다. 헌법해석자가 헌법재판소 재판관이거나 법원의 법관인 경우에는 그 한계를 넘어서는 순간 재판관과 법관이 헌법제정권자 또는 헌법개정권자의 지위를 차지하는 것이 되고 이들의 권리를 침해하는 것이 되어 위헌이다. 이러한 것은 국민주권원리상 허용될 수 없다.

재판관이나 법관이 헌법재판이라는 이름으로 자신의 주관적인 판단을 주권자의 판단과 대체하는 것은 국민의 지배가 아닌 사법관의 지배이고, 국민주권의 침해이기 때문에 헌법해석에서는 항상 이를 경계하여야 한다.

Ⅱ. 국가기능적 한계

헌법의 해석은 입법권자에게 주어진 입법형성의 자유를 침해하지 못한다. 입법권

헌법해석의 영역

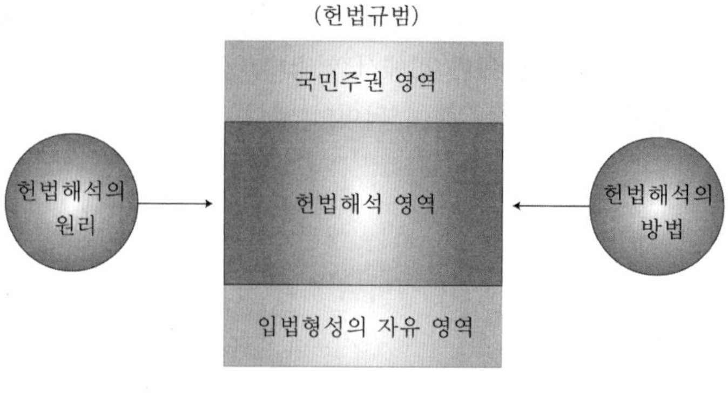

자가 가지는 입법형성의 자유는 헌법이 입법권자에게 전속적으로 결정할 수 있는 자유를 인정하는 영역이며, 헌법이 보호하는 민주주의의 영역이기 때문이다. 입법권자는 민주주의적 정당성을 바탕으로 하여 광범한 입법형성의 자유를 가지고 질서를 형성하여 가는데, 재판관이나 법관이 헌법해석이라는 이름으로 이를 침해하게 되면, 헌법에 의하여 보호되는 민주주의가 오히려 헌법의 이름으로 사망하게 된다. 다만, 입법형성의 자유도 국민이 정한 헌법의 틀 내에서 보장되는 것이므로 입법형성의 자유라는 것을 내세워 입법자의 의무를 수행하지 않거나 헌법을 침해하는 것은 그 역시 스스로 헌법과 민주주의를 부정하는 것이 된다는 점도 유의할 필요가 있다.

이와 같이 헌법해석은 국민이 주권자로서 결정하는 영역을 침해하지 않고, 국민대표기관인 입법자의 입법형성의 자유영역을 침해하지 않는 범위 내에서만 허용된다고 할 것이다.

제 4 절 헌법의 개정

[53] 제1 개 설

Ⅰ. 개 념

헌법의 개정(憲法의 改正 Verfassungsänderung)은 현재 존재하고 있는 헌법의 기본적인 동일성(同一性 Identität)과 연속성(連續性 Kontinuität)을 유지하면서 헌법이 정한 절차에 따라 의식적으로 헌법의 조항을 변경(수정, 삭제, 추가)하는 헌법개정권력(憲法改正權力 amendment power, verfassungsandernde Gewalt)의 행사를 말한다.

헌법의 개정은 성문헌법(成文憲法), 즉 형식적 의미의 헌법을 전제로 하여 성립하는 개념이다. 성문헌법인 이상 연성헌법(軟性憲法)이든 경성헌법(硬性憲法)이든 구별 없이 헌법의 개정이 인정된다.

헌법의 개정은 헌법개정권력의 행사에 의해 이루어지는데, 헌법개정권력의 주체로는 국민 또는 국민대표기관이 있으며, 이들이 헌법개정권을 단독 또는 공동으로 행사하거나 사항별로 서로 나누어 행사할 수 있다.

Ⅱ. 유 형

헌법의 개정에는 기존 헌법의 일부 내용을 변경하는 일부개정(一部改正=部分改正)과 기존 헌법의 내용 대부분을 변경하는 전면개정(全面改正=全部改正)이 있다. 전면개정은 헌법의 대부분의 내용을 변경하지만, 헌법제정과 다른 점은 기존 헌법의 기본적인 동일성과 연속성을 유지한다는 점에 있다. 따라서 헌법제정으로 정하여야 할 사항을 헌법개정의 절차를 통하여 정할 수 없다.

우리나라의 경우 1960년6월헌법, 1962년헌법, 1972년헌법, 1980년헌법, 1987년헌법은 전면개정에 해당하고, 1952년헌법, 1954년헌법, 1960년11월헌법, 1969년헌법은 일부개정에 해당한다.

Ⅲ. 헌법제정과의 구별

헌법의 제정은 헌법의 내용을 시원적으로 정하는 행위이지만, 헌법의 개정은 제정된 헌법의 기본적인 동일성과 연속성을 유지하면서 헌법 조항의 일부 또는 전부를 손질하여 헌법의 내용을 변경하는 것이다. 기존의 헌법을 없애고 그와 동일성과 연속성이 없는 헌법을 만드는 것은 「헌법의 파기(=폐기)」와 「헌법의 제정」에 해당하는 행위를 하는 것이다.

헌법의 개정을 행하는 헌법개정권력은 헌법에 의해 만들어진 「제도화된 권력」으로서 헌법제정권력에 구속된다. 헌법제정권력과 헌법개정권력을 구별함에 있어, C. Schmitt는 헌법을 만들고 변경하는 힘의 성질과 효력을 그 위계에 있어 「헌법제정권력 → 헌법(핵) → 헌법개정권력 → 헌법률」로 체계화하여 헌법과 국가를 동일시하는 법실증주의적 시각을 극복하였다. 이와 같은 인식 구조에서, 헌법제정권력을 「헌법을 만드는 시원적인 권력」(pouvoir constituant originaire)이라고 하고, 그에 반하여 헌법개정권력을 「헌법을 만드는 제도화된 권력」(pouvoir constituant institué)이라고 하기도 한다(G. Burdeau).

《헌법개정과 구별되는 개념》

「헌법개정」의 개념을 분명히 인식하기 위하여 이와 구별해야 할 개념을 이해할 필요가 있다. 헌법의 개정과 구별되는 개념으로는 앞에서 본 「헌법의 변천」 이외에도 「헌법의 침해」(憲法의 侵害 Verfassungsdurchbrechung), 「헌법의 파기」(憲法의 破棄 Verfassungsvernichtung), 「헌법의 폐지」(憲法의 廢止 Verfassungsbeseitigung), 「헌법의 정지」(憲法의 停止 Verfassungs-suspension)가 있다. 이러한 개념은 헌법의 개정에 해당하지 않는다.

헌법의 침해: 헌법의 침해는 헌법의 명문상의 규정에는 아무런 변화가 없고 그 효력도 유지되는 상태에서 헌법상의 명문 규정에 위반되는 조치를 취하는 것을 말한다. 이를 「헌법의 침훼」(憲法의 侵毁) 또는 「헌법의 침식」(憲法의 侵蝕)이라고 부르기도 한다. 이에는 헌법상 명시적 규정에 근거한 합헌적 헌법침해와 헌법에 근거가 없는 위헌적 헌법침해가 있다. 헌법 제77조 제3항의 비상계엄에 따른 「특별한 조치」에 의해 이러한 합헌적 헌법침해가 발생할 수 있다. 합헌적 헌법 침해는 헌법적으로 허용되는 것이다. 합헌적 헌법침해가 일시적인 경우는 합헌적 헌법정지에 해당한다. 위헌적 헌법침해는

헌법을 부정하는 위헌행위로 헌법적으로 허용되지 않으며, 이러한 행위를 한 자는 헌법위반의 책임을 진다(동지: 계희열a, 108). 위헌적 헌법침해는 규범통제 또는 헌법소원심판의 대상이 된다.

헌법의 파기: 헌법의 파기는 기존에 존재하는 성문헌법을 파괴하고, 그 헌법의 기초가 된 헌법제정권력의 주체까지 배제하는 것을 말한다. 이 경우에는 파기된 구 헌법과 새로 제정된 신 헌법의 사이에는 아무런 규범적 연속성이나 동일성이 인정되지 않는다. 정변이나 혁명(revolution)이 이에 해당한다. 군주제헌법에서 공화제헌법으로 바뀌는 경우나 그 반대의 경우가 이에 해당한다. 1789년 프랑스혁명에 의한 군주제헌법의 파기, 1917년 러시아혁명에 의한 제정러시아헌법의 파기, 1918년 독일 11월혁명에 의한 군주제헌법의 파기가 이에 해당한다. 이를 「헌법의 폐기」(憲法의 廢棄) 또는 「헌법의 파괴」(憲法의 破壞)라고 부르기도 한다.

헌법의 폐지: 헌법의 폐지는 기존의 성문헌법은 배제되지만, 헌법제정권력의 주체에 변경이 없는 경우를 말한다. 이를 「헌법의 폐제」(憲法의 廢除) 또는 「헌법의 제거」(憲法의 除去)라고 하기도 한다. 기존의 헌법이 배제된다는 점에서 기존의 헌법이 유효하게 존재하는 헌법의 개정과 구별되고, 헌법제정권력의 주체에 변경이 없다는 점에서 헌법의 파기와 구별된다. 동일한 헌법제정권력의 주체에 의해 새로운 헌법이 제정된 경우 이는 「헌법의 교체」(憲法의 交替 Verfassungswechsel)를 의미한다.

헌법의 정지: 헌법의 정지는 헌법의 특정조항의 효력을 일시 상실시키는 것을 말한다. 이는 특정조항의 일시적인 효력정지가 종료되면 원래의 헌법상태로 다시 복귀한다는 점에서 헌법의 개정과 구별된다. 이에는 합헌적 헌법정지와 위헌적 헌법정지가 있다. 합헌적 헌법정지는 헌법의 명시적인 규정에 따라 특정조항의 효력을 정지시키는 것을 말한다. 헌법 제77조 제3항의 비상계엄에 따른 「특별한 조치」에 의해 이러한 일시적인 정지가 있을 수 있다. 위헌적 헌법정지는 성문헌법에 헌법조항의 일시적인 정지를 정하고 있지 않음에도 헌법을 정지시키는 행위를 말한다. 위헌적인 헌법정지행위는 규범통제나 헌법소원심판 등 헌법재판의 대상이 된다. 우리 헌법사에서는 1961년 5 · 16군사쿠데타 이후의 국가비상조치, 1972년의 10 · 17비상조치, 1980년 국가보위비상대책위원회의 5 · 17조치에 의한 헌법의 정지가 있었는데, 세 경우 모두 비상계엄을 선포하여 비상계엄체제하에서 국가를 운영하였고, 헌법의 정지를 지속시킨 후에도 원래의 헌법으로 돌아가지 않고 비상계엄하에서 국민투표로 새 헌법을 만들었다. 1962년헌법은 1960년11월헌법에 따라 헌법을 개정한 것이 아니라 국가재건비상조치법과 국민투표법에 의해 헌법을 개정하였고, 1972년헌법은 1969년헌법에 따라, 1980년헌법은 1972년헌법에 따라 헌법을 개정하였다.

[54] 제2 헌법개정의 방법

Ⅰ. 의회에 의한 개정

국민의 대표기관인 의회가 헌법을 개정하는 방법이다. 이 경우 의회는 국민이 구성하지만 실제 헌법개정권력의 주체는 의회가 된다. 의회가 헌법을 개정할 때 통상의 법률의 개정절차와 동일한 절차로 개정하는 것을 연성헌법이라고 하고, 법률개정절차보다 더 강화하여 특별다수의 정족수로 헌법개정을 발의하고 의결하여 개정하는 것을 경성헌법이라고 한다. 경성헌법의 경우에 헌법을 개정하는 내용을 규율하는 헌법개정법률은 「헌법적 법률」로서 효력을 가진다.

우리나라의 1948년헌법, 1952년헌법, 1954년헌법, 1960년6월헌법, 1960년11월헌법(1954년헌법, 1960년6월헌법, 1960년11월헌법에서 주권의 제약, 영토의 변경을 가져올 국가안위에 관한 중대사항은 국민투표로 확정), 독일연방헌법의 일부 사항(독일연방헌법 §79③은 §1와 §20에 저촉되는 사항을 제외한 사항을 의회에서 개정할 수 있는 것으로 정하고 있다. 독일에서는 의회에 의한 헌법개정만 인정하기 때문에, 독일연방헌법 §1와 §20를 변경하거나 이에 저촉되는 사항을 정하고자 하는 경우에는 헌법제정의 방법을 통해야 한다), 헝가리헌법 등이 이에 해당한다.

II. 국민투표에 의한 개정

국민이 직접 투표로 헌법을 개정하는 방법이다. 여기에는 의회가 먼저 헌법개정안을 의결 · 발의한 후 국민투표로 확정하는 방법(예: 1987년헌법, 일본국헌법, 스위스연방헌법, 덴마크헌법)과 의회의 이러한 의결 없이 바로 국민투표로 확정하는 방법이 있다(예: 1972년헌법). 프랑스헌법, 이탈리아헌법, 오스트리아헌법은 예외적인 경우에 한하여 국민투표로 헌법을 개정할 수 있도록 정하고 있다.

1972년헌법은 대통령이 제안한 헌법개정안은 국민투표로 확정하고, 국회의원이 제안한 헌법개정안은 국회의 의결을 거쳐 통일주체국민회의(統一主體國民會議)의 의결로 확정하는 방식을 취하였다. 이것은 당시 박정희정부가 대통령의 의도대로 헌법을 개정하기 쉽게 하기 위하여 고안한 것이다. 대통령이 제안한 헌법개정안을 국민투표로 확정하는 방법은 대부분 대통령의 신임을 묻는 것과 결합하여 대통령에 대한 신임투표로서 행해지기도 하는데(예: 1962년 프랑스 de Gaulle의 대통령직선제 개헌), 이는 헌법개정의 과정을 왜곡시키는 것이다.

III. 연방국가에서의 개정

연방국가에서 연방헌법을 개정하는 경우에는 연방을 구성하는 지방국가(支邦國家)의 동의를 얻는 것을 필수적인 요건으로 한다. 연방국가원리의 요청에 따른 것이다. 지방국가의 동의(同意=批准)를 얻는 방법에는 주민의 투표에 의한 동의 방법(예: 스위스연방헌법)과 지방국가의 대표기관에 의한 동의 방법(예: 미합중국연방헌법, 독일연방헌법) 등이 있다. 미합중국에서는 각 주(州, state)마다 헌법개정안에 대한 동의를 처리할 헌법의회(憲法會議 convention)를 따로 구성하여 여기서 처리하고, 독일에서는 연방참사원(聯邦參事院 Bundesrat)에서 헌법개정안에 대한 동의를 처리한다.

IV. 헌법회의에서의 개정

헌법을 개정하기 위하여 기존의 국가기관과는 따로 헌법회의를 새로 구성하여 여기서 헌법개정을 하는 방법이다. 헌법제정회의에 의한 헌법제정의 경우와 유사하다. 헌법제정도 아닌 헌법의 개정에서 헌법개정안을 심의·의결하기 위한 방법으로는 너무 번거롭기 때문에 좀처럼 채택하지 않는 방법이다. 미합중국에서는 연방헌법의 개정에 있어 최종적으로 헌법개정안에 대한 주의 비준을 처리함에 있어 이러한 헌법회의에 의한 방법을 채택하고 있다.

[55] 제3 헌법개정의 절차

Ⅰ. 제 안

헌법 제128조 제1항은 「헌법개정은 국회재적의원 과반수 또는 대통령의 발의(發議)로 제안(提案)된다」고 정하고 있다.

이에 따라 헌법개정의 발의권은 국회와 대통령이 가진다. 강력한 민주적 정당성을 가진 국민의 대표기관인 국회가 발의권을 가지는 것은 당연하다. 대통령도 국민의 대표자로서의 지위를 가지기 때문에 대통령에게 발의권을 부여할 수는 있으나, 헌법개정의 발의에서 1인 기관인 대통령이 합의제기관과 동일한 비중을 가지는 권한을 가질 수 있는가 하는 점에서는 문제가 있다. 대통령이 헌법개정을 제안하는 경우에는 국무회의의 심의를 거쳐야 한다(헌법 §89iii).

우리나라에서 국회와 동시에 대통령에게 헌법개정의 발의권을 부여한 것은 1948년헌법부터 시작되었다. 1962년헌법과 1969년헌법에서는 국회와 국민(=국회의원선거권자 50만인 이상 찬성)에게 헌법개정의 발의권을 부여하였으나, 유신체제를 출범시킨 1972년헌법에서 다시 대통령에게도 헌법개정의 발의권을 부여하여 결국 국회와 대통령에게 그 권한을 인정하는 방식을 현재까지 유지하고 있다. 대통령에게 헌법개정발의권을 부여한 것은 대통령을 우월적 지위에 있게 만든 요인이기도 하다.

Ⅱ. 공 고

헌법 제129조는 「제안된 헌법개정안은 대통령이 20일 이상의 기간 이를 공고하여야 한다」고 정하고 있다. 이러한 공고는 대통령이 반드시 행해야 하는 의무이고, 이를 행하지 않으면 직무유기의 책임을 질뿐만 아니라 탄핵사유가 된다.

1948년헌법에서 1969년헌법까지 30일 이상 헌법개정안을 공고하도록 하였으나, 유신체제를 출범시킨 1972년헌법 이래 현재까지 20일 이상으로 단축되어 있다. 헌법개정안에 대한 국민들의 이해와 충분한 논의를 위하여 하한선을 늘일 필요가 있다. 국민이 쟁점을 숙지하고 이에 대한 논의와 이해를 충분히 한 다음에 국민투표에 임하는 것은 헌법의 정당성을 확보함에 반드시 필요하다.

헌법제정 및 헌법개정 방법의 변천

헌법 / 항목	1948년헌법	1952년헌법	1954년헌법-1960년6월헌법-1960년11월헌법	1962년헌법-1969년헌법	1972년헌법	1980년헌법-1987년헌법
헌법제정 및 개정	국회 제정	국회 개정	→	국민투표	국민투표, 통일주체국민회의의 의결	국민투표
개정의 발의·제안	대통령, 국회 재적의원 1/3 이상	대통령, 민의원 재적 1/3 이상, 참의원 재적 2/3 이상	대통령, 민의원, 참의원 각 재적 1/3 이상, 민의원 의원 선거권자 50만인 이상	국회 재적의원 1/3, 국회의원 선거권자 50만인 이상	대통령, 국회 재적의원 과반수	→
공고	대통령, 30일 이상	→	→	→	대통령, 20일 이상	→
의결	국회재적의원 2/3 이상 찬성	민의원, 참의원 각 재적2/3 이상 찬성			대통령 제안-의결절차 없음 국회의원 제안-국회재적의원 2/3 이상 찬성	국회재적의원 2/3 이상 찬성
확정	국회의 의결	→	→ 단: 주권의 제 약, 영토의 변경을 가져올 국가안위에 관한 중대사항-국민투표	국민투표	대통령 제안-국민투표 국회의원 제안-통일주체국민회의의 의결	
공포	대통령, 즉시 공포	→	→	→	→	→

Ⅲ. 의　결

헌법 제130조 제1항은 「국회는 헌법개정안이 공고된 날로부터 60일 이내에 의결하여야 하며, 국회의 의결은 재적의원 3분의 2 이상의 찬성을 얻어야 한다」고 정하고 있다. 국회가 행하는 헌법개정안에 대한 의결은 국민투표에 붙이기 위한 절차적 적법요건이다. 국회의 의결이 없이 헌법개정안을 국민투표에 붙이는 것은 위헌으로서 효력을 가지지 못한다. 그러나 국회가 이러한 의결권을 가진다는 것이 국회가 헌법개정권력을 가지는 것을 의미하지는 않는다.

대통령은 헌법 제72조의 중요정책 국민투표회부권을 행사하여 헌법개정안을 국민투표에 붙일 수는 없다. 헌법 제72조는 이를 정하고 있지 않기 때문이다([516]IV(3)(c)). 헌법 제72조의 국민투표회부에 의거하여 강행된 국민투표로 행해진 헌법개정은 헌법에 위반되기 때문에 헌법개정으로서 효력을 가지지 못한다. 국민투표법도 헌법 제130조의 국민투표에 적용되기 때문에(동법 §1) 위와 같은 국민투표는 법의 근거가 없는 것으로 무효이다.

Ⅳ. 확 정

헌법 제130조 제2항은 「헌법개정안은 국회가 의결한 후 30일 이내에 국민투표에 붙여 국회의원선거권자 과반수의 투표와 투표자 과반수의 찬성을 얻어야 한다」라고 정하고 있다. 헌법개정안이 국민투표(國民投票 referendum)에서 이와 같은 찬성을 얻은 때에는 헌법개정은 확정된다(동조 ③). 이러한 국민투표는 國民投票法에 의하여 실시된다.

헌법개정안을 국민투표로 확정하는 것은 헌법개정권력을 국민에게 부여하여 헌법의 개정을 최종적으로 국민이 하도록 한 것이다. 따라서 국회가 헌법개정안을 의결하는 것이 국민투표를 조건으로 하여 헌법개정의 효력을 발생시키는 것이 아니라는 점을 유의할 필요가 있다(국회가 헌법개정권력을 가지지 않기 때문). 다만, 국민은 국회나 대통령의 헌법개정의 발의가 없으면 헌법개정을 할 수 없으므로 국민의 헌법개정권력은 이러한 한도에서 제한을 받는다.

국민투표의 효력에 관하여 이의가 있는 경우에 투표인은 투표일로부터 20일 이내에 투표인 10만인 이상의 찬성을 얻어 중앙선거관리위원회위원장을 피고로 하여 대법원에 국민투표무효소송을 제기할 수 있다(투표법 §92). 국민투표에 관하여 국민투표법이나 그에 의하여 발하는 명령에 위반하는 사실이 있는 경우라도 국민투표의 결과에 영향이

헌법개정의 절차

제 안	→	공 고	→	의 결	→	확 정	→	공 포
• 권한(발의권): 국회 재적의원 과반수 또는 대통령	→	• 권한: 대통령 • 기간: 20일 이상	→	• 권한: 국회 • 기간: 60일 이내 • 의결: 재적의원 2/3 이상	→	• 권한: 국민 • 방법: 국민투표 • 기간: 30일 이내 • 확정: 국회의원선거권자 과반수 투표+투표자 과반수 찬성	→	• 권한: 대통령 • 기간: 확정 즉시

미쳤다고 인정하는 때에 한하여 국민투표의 전부 또는 일부의 무효를 판결한다(동법 §93). 국민투표의 전부 또는 일부의 무효판결이 있을 때에는 재투표를 실시하여야 한다(동법 §97①). 국민투표의 일부가 무효인 경우에라도 다시 투표를 하지 아니하고 국민투표의 결과를 결정할 수 있을 때에는 일부 재투표를 실시하지 아니한다(동조 ⑦). 국민투표의 효력에 대한 재판은 국사재판(國事裁判)으로서의 성격을 가지므로 헌법재판소의 관할로 하는 것이 타당하다.

> 헌법정책의 관점에서 보건대, 헌법개정을 언제나 국민투표로 확정하여야 하는 것은 아니다. 헌법이 정하는 사항 가운데 그 중요도에 따라 중요한 것은 국민투표로 확정하고, 상대적으로 중요하지 않은 것은 국회에서 헌법개정법률로 확정하게 하는 것이 헌법의 운용에서 현실적응성과 탄력성을 실현하는데 충실할 수 있다. 물론 이 경우에 국회가 확정할 수 있는 사항은 반드시 열거적으로 정하여야 하고, 이를 위반한 경우에 대해서는 헌법재판소가 심판하게 하는 장치가 마련되어야 한다. 이러한 경우 전면개정이 아니라 일부개정의 경우라 할지라도 그 사항이 중요한 사항에 해당하는 경우에는 국민투표로 확정하도록 하는 것이 필요하다.

V. 공 포

확정된 헌법개정에 대해서는 「대통령은 즉시 이를 공포(公布)하여야 한다」(헌법 §130③). 공포된 헌법은 개정된 내용 이외에는 종래의 헌법과 하나의 헌법을 이루어 「대한민국헌법」으로서 효력을 가진다. 대통령은 공포하기 전에 확정된 헌법개정의 내용이 있는 헌법개정공포문에 대하여 서명(署名)하고 국무총리와 국무위원은 부서(副書)한다(법공법 §4).

대통령의 공포권은 권한인 동시에 의무이다. 대통령 이외의 기관은 헌법개정을 공포할 수 없고, 대통령이 즉시 이를 공포하지 않으면 헌법위반의 책임을 진다. 대통령은 공포권이 자기 권한임을 이유로 하여 헌법개정의 공포를 지체하거나 거부할 수 없다. 대통령의 공포권은 형식적인 절차에 불과하여 이러한 권력이 국민의 헌법개정권력을 제한하거나 침해할 수 없기 때문이다.

[56] 제4 헌법개정의 한계

Ⅰ. 한계의 의미

(1) 개념상의 한계

헌법의 개정은 현존하는 헌법의 기본적 동일성과 연속성을 유지하는 한도 내에서만 인정되므로 현재의 헌법의 기본적 동일성과 연속성을 변경하는 것은 헌법의 개정에 해당되지 않는다. 따라서 헌법의 개정은 현존하고 있는 기존 헌법의 기본적 동일성과 연속성을 침해할 수 없다는 개념본질적인 한계를 가진다.

C. Schmitt의 이론에 따르면, 헌법개정권력은 성질과 효력상 「헌법제정권력」과 「헌법」(=헌법핵)을 변경할 수 없으며, 헌법률(憲法律 Verfassungsgesetz)만 변경할 수 있을 뿐이다. 따라서 성문헌법에 들어 있는 헌법의 내용 가운데 헌법의 핵(Verfassungskern)에 해당하는 내용은 헌법 개정의 방법으로 변경할 수 없고, 헌법률에 해당하는 내용만 헌법개정의 방법으로 변경할 수 있다. 이를 정확히 말하면, 개념상 「헌법의 개정」(Verfassungsänderung)은 성립할 수 없고, 「헌법률의 개정」(Verfassungsgesetzsänderung)만 가능하다는 것이다.

이와 같은 헌법개정의 개념정의에 따를 때, 헌법개정의 절차를 통하여 기존 헌법의 기본적 동일성과 연속성을 침해하는 형태로 헌법을 변경하는 것은 행할 수 없다는 결론에 도달한다. 이러한 점에서 헌법개정의 한계는 헌법보호의 관점에서 이해되어야 하는 면도 가지고 있다. 헌법개정의 개념적 한계는 우리 헌법의 경우에도 마찬가지로 인정된다(동지: 김철수a, 53 허영a, 56 성낙인, 55 권영성, 54 계희열a, 156). 이를 「헌법내재적 한계(憲法內在的 限界)」라고 칭하기도 한다.

그런데 실제에서는 헌법의 규정을 가치적으로 정확히 헌법과 헌법률로 구분하거나 헌법의 모든 조항을 가치적으로 서열을 정하여 우열을 정하는 것이 쉽지 않다. 특히 국민투표로 헌법을 개정한 경우에는 국민투표가 가지는 강한 민주적 정당성으로 인하여 개별 헌법규정들간의 우열을 판단하기 쉽지 않다. 이 문제를 해결하기 위해서는 실정헌법에서 헌법률과 구별되는 헌법의 핵에 해당하는 내용을 명시하고 이를 헌법개정의 한계로 정하는 것이 필요하다. 그 이외의 헌법 조항간에 서로 우열을 판단하기 어려울 때는 헌법의 통일성을 추구하면서 조화있게 해석하여야 한다.

[憲 1995.12.28.-95헌바3] 「우리나라의 헌법은 제헌헌법이 초대국회에 의하여 제정된 반면 그 후의 제5차, 제7차, 제8차 및 현행의 제9차 헌법 개정에 있어서는 국민투표를 거친 바 있고, 그간 각 헌법의 개정절차조항 자체가 여러 번 개정된 적이 있으며, 형식적으로도 부분개정이 아니라 전문까지를 포함한 전면개정이 이루어졌던 점과 우리의 현행 헌법이 독일기본법 제79조 제3항과 같은 헌법개정의 한계에 관한 규정을 두고 있지 아니하고, 독일기본법 제79조 제1항 제1문과 같이 헌법의 개정을 법률의 형식으로 하도록 규정하고 있지도 아니한 점 등을 감안할 때, 우리 헌법의 각 개별규정 가운데 무엇이 헌법제정규정이고 무엇이 헌법개정규정인지를 구분하는 것이 가능하지 아니할 뿐 아니라, 각 개별규정에 그 효력상의 차이를 인정하여야 할 형식적인 이유를 찾을 수 없다. 이러한 점과 앞에서 검토한 현행 헌법 및 헌법재판소법의 명문의 규정취지에 비추어, 헌법제정권과 헌법개정권의 구별론이나 헌법개정한계론은 그 자체로서의 이론적 타당성 여부와 상관없이 우리 헌법재판소가 헌법의 개별규정에 대하여 위헌심사를 할

수 있다는 논거로 원용될 수 있는 것이 아니다. 또한 국민투표에 의하여 확정된 현행 헌법의 성립과정과 헌법 제130조 제2항이 헌법의 개정을 국민투표에 의하여 확정하도록 하고 있음에 비추어, 헌법은 그 전체로서 주권자인 국민의 결단 내지 국민적 합의의 결과라고 보아야 할 것으로……헌법은 전문과 단순한 개별조항의 상호관련성이 없는 집합에 지나지 않는 것이 아니고 하나의 통일된 가치체계를 이루고 있는 것이므로, 헌법의 전문과 각 개별규정은 서로 밀접한 관련을 맺고 있고, 따라서 헌법의 제규정 가운데는 헌법의 근본가치를 보다 추상적으로 선언한 것도 있고, 이를 보다 구체적으로 표현한 것도 있어서 이념적·논리적으로는 규범 상호간의 우열을 인정할 수 있는 것이 사실이다. 그러나, 그렇다 하더라도, 이 때에 인정되는 규범 상호간의 우열은 추상적 가치규범의 구체화에 따른 것으로 헌법의 통일적 해석에 있어서는 유용할 것이지만, 그것이 헌법의 어느 특정규정이 다른 규정의 효력을 전면 부인할 수 있는 정도의 개별적 헌법규정 상호간에 효력상의 차등을 의미하는 것이라고는 볼 수 없다.」

헌법개정의 개념적 한계에 해당하는 사항에 관하여 실정헌법에서 명시하고 있는 경우도 있지만, 이러한 것은 실정헌법에서 명시하든 하지 않든 헌법개정의 한계로서 헌법적 효력을 가진다. 헌법의 제정에서 한계로서 작용하는 헌법의 원리·원칙·가치는 당연히 헌법개정의 개념적 한계로 작용한다. 국민주권과 그에 기초한 국가원리, 공동체의 존속, 인간의 존엄과 이를 실현하는 자유와 권리, 법치주의와 자유민주주의의 핵심적인 내용, 국제평화주의, 시장경제원리 등이 이에 해당한다.

(2) 실정법상의 한계

(a) 명시적 규정

성문헌법에 헌법개정의 한계나 특정사항의 개정금지를 명시해 놓은 경우에는 헌법개정의 방법으로 이러한 사항을 변경하지 못한다.

성문헌법에 따라서는 헌법의 기본적 동일성과 연속성에 해당하는 내용을 명시하기도 하고(이런 경우는 개념적 한계의 실정법적 확인을 의미한다), 성질상 헌법의 핵에는 해당하지 않으나 특별한 사정으로 인하여 헌법개정의 절차를 통해서는 특정내용을 개정하지 못한다고 정하고 있는 경우가 있다. 전자의 경우에는 헌법의 핵일 뿐 아니라 실정헌법에서 개정을 금지하여 놓았기 때문에 개정할 수 없고(동지: 김철수a, 53), 후자의 경우는 특정 내용에 대하여 개정을 금지한 것은 헌법제정권력이 정한 근본결단이므로 이를 개정할 수 없다(동지: 김철수a, 53 계희열, 121 권영성, 58). 결국 헌법제정권력이 실정헌법의 규정에 명문으로 개정의 한계를 정하거나 일정한 내용에 대하여 개정을 금지하고 있는 경우에는 헌법 개정의 방법과 절차를 통하여 이를 변경할 수 없다.

1954년헌법과 1960년6월헌법 및 1960년11월헌법은 「제1조, 제2조와 제7조의2의 규정은 개폐할 수 없다」라고 정하고 있었는데(각 헌법 §98), 이 때 제1조는 「대한민국은 민주공화국이다」라고 정하고 있었고, 제2조는 「대한민국의 주권은 국민에게 있고 모든 권력은 국민으로부터 나온다」라고 정하고 있었다. 독일연방헌법은, 연방이 란트로 구성되어 있다는 점, 입법에 대한 란트의 원칙적인 관여, 제1조(인간의 가치 보호)와 제20조(헌법원칙, 저항권)의 기본원칙에 충돌되는 헌법개정은 할 수 없다고 정하고 있다(독일연방 헌법 §79 ③).

헌법에 명문으로 개정의 한계를 정하거나 일정한 내용에 대하여 개정을 금지하고 있는 규정을 변경·삭제하는 행위는 새로운 헌법의 제정을 통해서만 가능하다(정치현실에서는 이러한 헌법의 제정은 평화적으로 행해질 수도 있고, 혁명이나 군사쿠데타 등과 같이 폭력적 상태를 거쳐 행해질 수도 있다). 특히 의회에 의한 헌법개정의 방식을 채택하는 경우에는 실정법상의 한계를 분명히 정해두는 것이 보통이다.

헌법과 국가를 동일시하고, 헌법을 제정하는 권력과 헌법에 의해 만들어진 권력간에 효력상의 차이를 부정한 과거 법실증주의(예: 독일 Weimar국가 시기의 법실증주의)에서는 헌법제정권력과 헌법개정권력과 입법권이 모두 동일하다고 보았기 때문에 의회는 입법의 형식으로 헌법을 언제나 아무런 한계도 없이 제정하거나 개정하고 폐지할 수 있다고 하였다. 오늘날 이런 법실증주의이론은 폐기되었다. 독일에서 대표적으로 C. Schmitt는 그의 헌법제정권력이론으로 이러한 국가주의적 법실증주의 헌법이론을 극복하고 헌법제정과 헌법개정에 대한 이론을 체계화하였다.

(b) 실제의 예

실정헌법에서 헌법의 기본적 동일성과 연속성에 해당하는 사항에 관하여 개정할 수 없도록 정하고 있는 경우는 국민주권(예: 한국의 1954년헌법, 1960년6월헌법, 1960년11월헌법 §98,§2) 또는 국가형태에 관한 내용(예: 한국의 1954년헌법, 1960년6월헌법, 1960년11월헌법 §98, §1; 프랑스의 1946년헌법 §95, 1958년헌법 §89 ⑤; 독일연방헌법 §79 ③; 이탈리아의 1948년헌법 §139; 터키의 1961년헌법 §102), 연방국가의 기본 원리와 원칙(예: 독일연방헌법 §79 ③; 브라질헌법 §217 ⑥), 기본권의 보장(예: 독일연방 헌법 §79 ③), 국민투표에 관한 규정(예: 한국의 1954년헌법, 1960년6월헌법, 1960년11월헌법 §98, §7의2), 외국 군대의 점령하에서의 헌법개정의 금지(예: 프랑스의 1946년헌법 §94)나 국가비상사태하에서의 헌법개정의 금지(예: 1931년 작센헌법 §151. 반대로 한국의 1962년헌법, 1972년헌법, 1980년헌법은 비상계엄하에서 개정된 헌법이다)와 같이 헌법의 개정이 금지되는 상태 등에 대하여 명시하고 있는 경우이다.

《헌법개정에서의 제약》

헌법개정은 법리에 있어서 넘어서는 안 되는 한계가 있고, 또 헌법개정에 영향을 주는 제약이 있다. 헌법개정에 영향을 미치는 것으로는 공동체 구성원의 수준, 사회적·경제적·문화적 요인, 국제법적 요인(예: 패전국) 등이 있다. 헌법개정에서는 이러한 제약에 의하여 그 내용이 헌법에 반영되기도 한다. 헌법개정의 한계에 있어 헌법규정이 한계를 유월(踰越)한 경우에는 규범적으로 무효가 되지만, 헌법개정상의 제약은 그러한 효력이 없고 헌법개정에 사실상 영향을 미치는데 그친다.

II. 한계를 넘은 헌법개정의 효력

(1) 법 리

헌법원리상 헌법의 개정에는 그 한계가 있기 때문에, 헌법개정의 절차를 통하여 행한 헌법의 변경이 헌법개정의 한계를 넘은 경우에는 그러한 헌법변경행위는 헌법에 위반되어 효력을 가지지 못한다(동지: 성낙인, 56).

(2) 한계 준수의 보장

헌법개정의 한계를 넘은 헌법개정은 유효한 효력을 가지지 못한다. 따라서 이러한 경우 헌법개정의 한계를 넘은 헌법변경행위에 대하여 무효라고 심판하는 장치가 필요하다.

헌법개정의 한계 일탈여부에 대한 심판을 헌법재판으로 해결하는 방법이 있다. 의회가 헌법개정권을 행사한 경우에 이에 대한 헌법재판은 수월하다. 그러나 국민이 헌법개정권을 가지고 국민투표로 헌법을 개정한 경우에는 헌법에 의해 만들어진 권력인 헌법재판권이 이를 심판하기는 어렵기 때문에 이 문제에 대해서는 헌법을 제정하거나 헌법을 개정할 때 헌법에 명시적으로 정하는 것이 필요하다.

헌법개정의 한계를 넘은 헌법개정에 대해서는 헌법개정권자가 헌법을 개정하여 이를 바로잡을 수 있다. 의회가 헌법개정을 한 경우에는 의회가 다시 헌법을 개정하여 이를 바로잡을 수 있고, 국민투표로 헌법을 개정한 경우에는 국민투표로 다시 헌법을 개정하여 이를 바로잡을 수 있다.

III. 헌법개정조항의 개정

(1) 문제의 소재

헌법의 개정과 관련하여 현존하는 헌법상의 헌법개정에 관한 방법과 절차를 통하여 헌법개정에 관한 조항 그 자체를 개정할 수 있는가 하는 문제가 있다. 즉 헌법 제128조, 제129조, 제130조의 절차에 따라 바로 이 조항들의 내용을 변경할 수 있는가 하는 점이다. 예컨대 국민투표를 폐지하거나 국회만이 헌법개정을 발의하게 하거나 국회만이 헌법적 법률로서 헌법을 개정하게 하거나 헌법안의 공고나 의결에서 기간의 제한을 변경하는 것이다.

(2) 학 설

헌법개정의 방법이나 절차에서도 「비본질적인 부분」은 헌법개정의 방법으로 변경할 수 있으나, 「본질적인 부분」은 헌법제정의 방법으로 변경하여야 한다(동지: 계희열a, 122).

헌법개정의 발의권을 대통령이 아닌 국회에게만 부여할 것인가 하는 문제나 헌법안의 공고나 의결에서의 기간의 제한을 어느 정도로 할 것인가 하는 문제는 비본질적 부분에 해당하여 현행의 헌법 개정조항에 따라 이를 변경할 수 있다. 그러나 국회만이 헌법개정을 할 수 있게 하거나 국민투표를 폐지하는 것은 헌법개정권력의 주체를 교체하는 것이고, 연성헌법에서 경성헌법으로의 변경이나 경성헌법에서 연성헌법으로의 변경은 헌법의 본질적 성격의 변경에 해당하므로 헌법제정권력의 주체가 정할 성질의 것이어서, 이에 관한 조항은 헌법개정의 방법이나 절차로 변경할 수 없다고 할 것이다(연성헌법에서 경성헌법으로 변경하는 것은 헌개정의 방법으로 할 수 있다고 보는 견해가 있다. 김철수a, 50; 권영성, 56).

유의할 것은 헌법의 편제상 헌법의 개정부분(예: 헌법 제10장)에 규정되어 있다고 하더라도 해당 조항이 헌법의 개념적 한계를 명시하고 있거나 개정을 금지하고 있는 조항인 경우에는 위에서 본 바와 같이 헌법개정의 한계로 인하여 헌법개정의 절차인 헌법 제128조, 제129조, 제130조의 절차로 이를 변경할 수는 없다는 점이다.

(3) 헌법 제128조 제2항의 개정 문제

헌법 제128조 제2항은 「대통령의 임기연장 또는 중임변경을 위한 헌법개정은 그 헌법개정 제안 당시의 대통령에 대하여는 효력이 없다」라고 정하고 있다(1980년헌법에서 규정되었음). 이 규정은 편제상 헌법개정을 정하고 있는 헌법 제128조에 정하는 것이 타당한가, 헌법 제70조에서 정해야 하지 않는가 하는 문제가 있지만, 내용으로는 대통령의 임기연장 또는 중임변경을 위한 헌법개정을 인정하되, 다만, 그 헌법개정 제안 당시의 대통령에게는 현행의 헌법 제70조의 5년 단임규정이 적용될 뿐 새로 변경된 임기규정이 적용되지 않는다는 것을 정하고 있다.

그런데 문제는 대통령의 임기에 관한 헌법 제70조를 변경하는 내용과 헌법 제128조 제2항을 폐지하는 내용으로 헌법을 개정하면 헌법 제안 당시의 대통령은 새로운 헌법상의 임기에 따라 계속 재직할 수 있는가 하는 점이다. 이 조항을 둔 것은, 현재 대통령이 대통령으로 재직을 하면서 계속 집권을 하기 위하여 헌법상의 임기 조항을 고쳐 장기집권의 길로 나아간 우리 헌정사의 불행을 반성하고 한국의 민주화를 달성하기 위해서는 이러한 행위가 앞으로는 생길 수 없도록 하기 위한 장치로서 국민의 결단으로 정한 것이고, 헌법 제128조 제2항은 이 조항을 개정하려고 헌법개정을 제안하는 순간부터 「제안 당시의 대통령에 대하여는 효력이 없다」라는 효력이 생기기 시작하므로(헌법개정효력의 소급적용제한) 이 조항을 폐지하는 헌법개정을 하더라도 그 헌법개정 제안 당시의 대통령에 대해서는 신 헌법상의 대통령 임기에 관한 조항은 적용되지 못한다

(동지: 김철수a, 53; 성낙인, 56; 권영성, 59; 허영a, 62). 따라서 대통령의 임기연장 또는 중임변경을 위한 헌법개정이 현행 헌법에 따라 이루어지더라도 그러한 헌법개정이 제안된 당시의 대통령은 그 당시 진행되고 있는 임기종료시까지만 재직할 수 있고, 신 헌법에 따른 대통령의 선거에 입후보할 수 없다(이 점은 헌법개정할 때 신 헌법의 부칙에 명시는 것이 바람직하다).

한편 헌법 제128조 제2항만 먼저 폐지하는 헌법개정을 하고, 그 다음에 헌법 제128조 제2항과 같은 규정이 없는 상태에서 다시 대통령의 임기연장 또는 중임변경을 하는 내용으로 헌법 제70조를 변경하는 것은 가능한가 하는 점이 문제가 된다. 이러한 2회에 걸친 순차적인 헌법개정의 과정을 보면, 형식적으로는 하자가 없는 것으로 보이나, 헌법 제128조 제2항의 제도적 취지와 내용을 절차적으로 피하기 위한 기술적 조작에 불과하므로 이러한 경우에도 헌법 제128조 제2항을 폐지하는 헌법개정이 제안되던 당시의 대통령에게는 신 헌법의 규정이 적용되지 않으며, 신 헌법에 따른 대통령의 선거에 입후보할 수 없다.

제5장 헌법의 적용범위

[57] 제1 인적 적용범위

Ⅰ. 국 민

대한민국 헌법은 원칙적으로 대한민국 국민에게 적용된다. 여기서 말하는 「국민」은 대한민국의 국적법에 의하여 부여되는 국적을 가지고 있는 개개의 자연인을 말한다. 이러한 국민은 공간적으로 대한민국의 영토 내에 있거나 외국에 있거나 관계없이 대한민국 헌법의 적용를 받는다.

국민은 개념상 혈연을 바탕으로 하고 있는 민족, 인종, 종족과도 다르다. 민족, 인종, 종족에서는 서로 달라도 대한민국의 국적을 가지는 이상 대한민국의 국민이다. 국민에는 서로 문화가 다른 사람들도 포함되기 때문에 국민은 문화적 개념도 아니다.

헌법의 적용범위에 있어 헌법이 국민에게 적용되는 이상 「재외국민」에게도 그 효력이 미친다. 여기서 말하는 재외국민이라 함은 대한민국의 국적을 가지고 외국에 장기 체류하거나 영주하는 사람을 말한다. 단기간 외국에 체류하는 사람은 일반국민에 해당한다. 오늘날 교통수단의 발달과 활동 및 생활영역의 확장으로 인하여 단위 국가간의 국경의 의미가 축소되면서 국민들이 생활상 외국에 장기간 체류하거나 영주하는 경우가 점점 늘어나고 있다. 이 경우에도 대한민국은 이들이 체류하는 나라에서 부당한 대우를 받거나 불법적인 침해를 받지 않도록 보호하는 것이 필요하다. 헌법은 「국가는 법률이 정하는 바에 의하여 재외국민을 보호할 의무를 진다」라고 정하여 재외국민의 보호의무를 국가에게 부과하고 있다(헌법 §2②). 국가가 이러한 보호를 효과적으로 수행하기 위해서는 재외국민의 현황을 파악할 필요가 있는데, 현재 외국의 일정한 지역에 계속하여 90일 이상 거주하거나 체류할 의사를 가지고 체류하는 대한민국 국민은 재외국민등록법에 따라 등록을 하여야 한다(동법 §2).

Ⅱ. 국 적

(1) 개 념

국적(國籍 nationality, Staatsangehörigkeit)이라 함은 특정 국가의 국민이 되는 법적 자격을 의미한다. 누가 자기 나라의 국민인가는 각 국가가 자국법(自國法)에 따라 결정한다. 국적의 부여와 박탈에 관한 일반적인 원칙에 관한 국제법규범으로는「국적법의 충돌 문제에 관한 헤이그협약」(Convention on Certain Questions relating to the Conflict of Nationality Laws 1930)이 있다.

국적에 관한 사항을 실정법에 정함에 있어서는 나라마다 다양한 양상을 보이고 있다. 헌법에서 직접 정하는 방식, 민법의 가족법 부분에서 정하는 방식, 독립된 단행법으로 정하는 방식 등이 있다. 헌법은「국민이 되는 요건은 법률로 정한다」라고 하여(헌법 §2①) 단행법으로 정하는 방식을 취하고 있다. 이에 따라 국적에 관한 사항을 정하고 있는 것이 국적법(國籍法)이다. 국적법은 원칙적으로 복수국적(複數國籍)을 허용하지 않는 단일국적주의(單一國籍主義)를 취하고 예외적으로 복수국적을 인정하고 있다(동법 §12. 한국인부모가 속지주의를 취하는 국가에서 자녀를 출산한 경우에 그 자녀는 복수국적을 취득하는 것이 한 예이다).

국적은 국내법적으로는 헌법을 비롯한 국내법의 인적 적용범위를 확정하는 의미를 가지고, 국제법적으로는 대외적으로 자기 국민에 대한 보호를 제공하는 근거와 재외국민에 관한 법적 관할권을 설정하게 하는 의미를 가진다.

(2) 국적의 취득

(a) 선천적 취득

선천적 국적의 취득은 출생이라는 자연적 사실로 인하여 자동적으로 국적을 취득하는 것을 말한다. 선천적 국적취득의 방식에는 부모의 국적에 따라 출생자의 국적을 정하는 속인주의(屬人主義=血統主義 jus sanguinis)(예: 한국, 독일, 스위스, 일본국)와 부모의 국적에 무관하게 출생한 장소에 따라 출생자의 국적을 취하는 속지주의(屬地主義=出生地主義 jus soli)(예: 미합중국)가 있다.

우리나라는 부모양계혈통주의(父母兩系血統主義)에 기초한 속인주의를 원칙으로 하면서 속지주의를 보충적으로 채택하고 있다. 즉「출생한 당시에 부 또는 모가 대한민국의 국민인 자」와「출생하기 전에 부가 사망한 때에는 그 사망한 당시에 부가 대한민국의 국민이었던 자」는 출생과 동시에 대한민국의 국적을 취득하고(속인주의)(국적법 §2①i, ii),「부모가 모두 분명하지 아니한 경우나 국적이 없는 경우」에는 대한민국에서 출생하면 대한민국의 국적을 취득하고(동항 iii),「대한민국에서 발견된 기아」의 경우에는 대한민국에서 출생한 것으로 추정되어(동조 ②) 이에 따라 대한민국의 국적을 취득한다(속지주의). 부모양계혈통주의를 적용함에 있어서는 부와 모의 지위는 평등하게 고려된다(예: 憲 2000. 8. 31.-97헌가12).

[憲 2000. 8. 31.-97헌가12] 「부계혈통주의 원칙을 채택한 구법조항은 출생한 당시의 자녀의 국적을 부의 국적에만 맞추고 모의 국적은 단지 보충적인 의미만을 부여하는 차별을 하고 있으므로 위헌이라는 결론에 이르게 된다. 다시 말하면, 한국인 부와 외국인 모 사이의 자녀와 한국인 모와 외국인 부 사이의 자녀를 차별취급하는 것은, 모가 한국인인 자녀와 그 모에게 불리한 영향을 끼치므로 헌법 제11조 제1항의 남녀평등원칙에 어긋남이 분명하고 이러한 차별취급은 헌법상 허용되지 않는 것이다.……구법조항은 헌법 제36조 제1항이 규정한 "가족생활에 있어서의 양성의 평등원칙"에 위배된다.」

(b) 후천적 취득

후천적 국적의 취득은 출생 이외의 사실에 의하여 국적을 취득하는 것을 말한다. 국적법은 이러한 경우로서 인지(認知 legitimation), 귀화(歸化 naturalisation), 수반취득, 국적회복(國籍回復 redintegration)을 들고 있다.

(i) 인지에 의한 취득 대한민국의 국민이 아닌 자로서 대한민국의 국민인 부 또는 모에 의하여 인지된 자는 대한민국의 민법에 의하여 미성년이고 출생한 당시에 그 부 또는 모가 대한민국의 국민인 경우에 한하여 법무부장관에게 신고함으로써 대한민국의 국적을 취득할 수 있는데, 국적취득의 시점은 이러한 신고를 한 때이다(동법 §3①,②).

(ii) 귀화에 의한 취득 대한민국의 국적을 취득한 사실이 없는 외국인은 법무부장관의 귀화허가를 받아 대한민국의 국적을 취득할 수 있다(동법 §4①). 이러한 귀화에는 일반귀화(동법 §5), 간이귀화(동법 §6), 특별귀화(동법 §7)가 있는데, 법무부장관은 각 경우에 요구되는 요건을 심사하여 요건을 갖춘 자에 한하여 귀화를 허가한다(동법 §4②).

(iii) 부모의 귀화에 수반한 취득 외국인의 자로서 대한민국의 민법에 의하여 미성년인 자는 그 부 또는 모가 귀화허가를 신청할 때 함께 국적취득을 신청할 수 있다(동법 §8①). 이에 의하여 국적취득을 신청한 자는 그 부 또는 모에 대하여 법무부장관이 귀화를 허가한 때에 함께 대한민국의 국적을 취득한다(동조 ②).

(iv) 국적회복허가에 의한 취득 대한민국의 국민이었던 외국인은 법이 정하고 있는 저촉사유가 없는 경우에 한하여 법무부장관의 국적회복허가를 받아 대한민국의 국적을 취득할 수 있는데(동법 §9①,②), 국적회복허가를 받은 자는 법무부장관 앞에서 국민선서를 하고 국적회복증서를 수여받은 때에 대한민국의 국적을 취득한다(동조 ③).

(3) 복수국적

(i) 복수국적의 원칙적 금지 우리나라는 대한민국의 국적을 가진 자가 외국의 국적을

함께 가지는 복수국적을 원칙적으로 인정하지 않으며, 예외적인 경우에 한하여 인정하고 있다.

(ii) 복수국적자의 법적 지위 복수국적을 가진다고 하여 항상 대한민국의 국민과 해당 외국의 국민의 지위를 동시에 가지는 것은 아니다. 복수국적이라고 하더라도 국적법의 원리에 합당하게 해당자의 법적 지위가 설정된다. 국적법은 출생이나 그 밖에 국적법에 따라 대한민국 국적과 외국 국적을 함께 가지게 된 복수국적자는 대한민국의 법령 적용에 있어서 대한민국 국민으로만 처우한다(동법 §11의2①). 즉 복수국적자는 대한민국의 법령을 적용 받음에 있어서 대한민국 국민으로만 주장할 수 있을 뿐이고, 외국국적자임을 주장하지 못한다. 복수국적자가 관계 법령에 따라 외국 국적을 보유한 상태에서 직무를 수행할 수 없는 분야에 종사하고자 하는 경우에는 외국 국적을 포기하여야 한다(동조 ②). 그리고 중앙행정기관의 장이 복수국적자를 외국인과 동일하게 처우하는 내용으로 법령을 제정 또는 개정하려는 경우에는 사전에 미리 법무부장관과 협의하도록 하여 다른 법과의 충돌이 없도록 하고 있다.

(iii) 국적선택의 의무 복수국적자에게는 일정한 연령이 되면 국적을 선택하여야 하는 국적선택의무가 발생한다. 즉 만 20세가 되기 전에 복수국적자가 된 자는 만 22세가 되기 전까지, 만 20세가 된 후에 복수국적자가 된 자는 그 때부터 2년 내에 국적법 제13조와 제14조에 따라 하나의 국적을 선택하여야 한다. 다만, 국적법 제10조 제2항에 따라 법무부장관에게 대한민국에서 외국 국적을 행사하지 아니하겠다는 뜻을 서약한 복수국적자는 제외한다(동법 §12①).

복수국적자의 지위를 이용하여 병역의무를 면탈, 기피하는 것은 허용되지 않는다. 병역법 제8조에 따라 병역준비역에 편입된 자는 편입된 때부터 3개월 이내에 하나의 국적을 선택하거나 ① 현역·상근예비역 또는 보충역으로 복무를 마치거나 마친 것으로 보게 되는 경우, ② 전시근로역에 편입된 경우, ③ 병역면제처분을 받은 경우의 어느 하나에 해당하는 때부터 2년 이내에 하나의 국적을 선택하여야 한다(동조 ②). 직계존속이 외국에서 영주(永住)할 목적 없이 체류한 상태에서 출생한 자는 병역의무의 이행과 관련하여 위의 세 경우 중 어느 하나에 해당하는 경우에만 국적법 제14조에 따른 국적이탈(외국 국적을 취하기 위하여 대한민국 국적을 포기하는 것)신고를 할 수 있다(동조 ③).

복수국적자로서 국적법이 정한 기간 내에 국적을 선택하지 아니한 자에 대해서는 법무부장관은 1년 내에 하나의 국적을 선택할 것을 명하여야 한다(동법 §14의2①). 이러한 국적선택명령을 받은 자가 대한민국 국적을 선택하려면 외국 국적을 포기하여야 한다. 국적선택명령을 받고도 이를 따르지 아니한 자는 그 기간이 지난 때에 대한민국 국적을 상실한다(동조 ③,④).

헌법재판소는 국적법 제12조 제2항 본문의 입법목적은 병역준비역에 편입된 사람이 병역의무를 면탈하기 위한 수단으로 국적을 이탈하는 것(=대한민국 국적을 포기하는 것)을 제한하여 병역의무 이행의 공평을 확보하고자 하는 것이라고 하고, 병역준비역에 편입된 복수국적자의 국적선택 기간이 지났다고 하더라도, 그 기간 내에 국적이탈 신고를 하지 못한 데 대하여 사회통념상 그에게 책임을 묻기 어려운 정당한 사유가 존재하고, 병역의무 이행의 공평성 확보라는 입법목적을 훼손하지 않음이 객관적으로 인정되는 경우라면, 예외적으로 국적이탈을 허가하는 방안을 마련할 여지가 있으므로 국적법의 이 규정이 병역준비역에 편입된 복수국적자에게 국적선택 기간이 경과하였다고 하여 일률적으로 국적이탈을 할 수 없다고 정한 것은 헌법상 과잉금지원칙에 위배하여 국적이탈의 자유를 침해하는 것이라고 판시하였다(憲 2020. 9. 24. -2016헌마889).

(4) 국적의 상실

대한민국의 국민으로서 자진하여 외국 국적을 취득한 자는 그 외국 국적을 취득한 때에 대한민국의 국적을 상실한다(동법 §15①). 복수국적자의 경우에는, 법무부장관은 복수국적자가 국가안보, 외교관계 및 국민경제 등에 있어서 대한민국의 국익에 반하는 행위를 하는 경우나 대한민국의 사회질서 유지에 상당한 지장을 초래하는 행위로서 대통령령으로 정하는 경우의 어느 하나의 사유에 해당하여 대한민국의 국적을 보유함이 현저히 부적합하다고 인정하는 경우에는 청문을 거쳐 대한민국 국적의 상실을 결정할 수 있다. 다만, 출생에 의하여 대한민국 국적을 취득한 자는 제외한다(동법 §14의3①).

국적상실의 결정을 받은 자는 그 결정을 받은 때에 대한민국 국적을 상실한다(동조 ②). 대한민국의 국적을 상실한 자는 국적을 상실한 때부터 대한민국의 국민만이 누릴 수 있는 권리는 이를 향유할 수 없다(동법 §18①). 이러한 권리 중 대한민국의 국민이었을 때 취득한 것으로서 양도가 가능한 것은 그 권리와 관련된 법령이 별도로 정한 바가 없는 한 3년 내에 대한민국의 국민에게 양도하여야 한다(동조 ②).

(5) 국적의 판정

법무부장관은 대한민국 국적의 취득 또는 보유여부가 분명하지 아니한 자에 대하여 이를 심사한 후 판정할 수 있다(동법 §20①).

Ⅲ. 외 국 인

외국인이나 무국적자가 헌법상의 기본권 주체로 인정되는 경우에는 헌법은 이러한 자에게도 미친다. 다만, 이러한 자에게 헌법이 미치는 것은 대한민국정부의 인정에 의하여 합법적으로 대한민국의 영토에 들어온 때부터이다.

Ⅳ. 법 인

대한민국 헌법은 국내의 내국법인에게도 적용된다. 법인은 성질상 법인에게 인정되는 기본권과 헌법상의 의무를 부담한다. 외국법인의 경우에는 외국인에게 적용되는 범위내에 법인의 성질상 허용되는 경우에 한하여 효력이 미친다.

[58] 제2 장소적 적용범위

Ⅰ. 개 설

국가는 일정한 범위를 가지는 지리적 공간을 그 성립의 구성요소로 하고 있으므로, 헌법은 당연히 이러한 장소적 공간에 미친다. 이를 영역(領域)이라고 한다. 따라서 헌법의 효력이 미치는 장소적 적용범위는 한 국가의 영역이다.

이러한 영역에는 영토(領土), 영해(領海), 영공(領空)이 포함된다. 영해와 영공은 영토를 기준으로 하여 정해진다. 국가는 주권에 의하여 이러한 영역에 대하여 배타적인 지배권을 가진다. 이를 통상 영역권(領域權) 또는 영역고권(領域高權)이라고 한다.

Ⅱ. 영 토

(1) 개 념

영토(領土 territory)는 국가영역의 기초가 되는 일정한 범위의 토지를 말한다. 헌법의 효력이 미치는 이러한 영토는 지표뿐만 아니라 지하도 포함한다. 모든 독립국가는 영역주권(領域主權 territorial sovereignty, territoriale Souveränität)을 가지는데, 영역주권은 자국의 영토 내에서 다른 국가를 배제하고 국가의 기능을 수행하는 권능을 말한다.

(2) 대한민국의 영토

영토에 대해서는 헌법에서 명시하고 있는 경우와 헌법에서는 명시하지 않고 하위법령에서 정하고 있는 경우가 있다.

(a) 헌법 제3조의 성격

우리나라는 헌법에서 「대한민국의 영토는 한반도와 그 부속도서로 한다」라고 정하고 있다(헌법 §3). 헌법의 규정에 의할 때, 대한민국의 영토는 현재의 북한지역을 포함한 한반도 전역과 그 부속도서를 의미한다. 따라서 휴전선 이북의 북한지역도 우리의 영토이다. 이 영토규정은 1948년헌법 이래 한번도 변함없이 현행 헌법에까지 그대로 이어져 유지되고 있다. 헌법 제3조는 법규범적인 것(de juris)이어서 현실의 상황이나 변화에 무관하게 대한민국의 영토를 규범적으로 확정하고 있다. 따라서 북한지역에 대한 외국의 침략행위는 대한민국의 영토를 침략하는 것이 된다. 그리고 북한이 외국과 영토에 관한 협정을 체결하여도 이는 대한민국에 대하여 효력을 가지지 못한다.

북한과 중화인민공화국간에 북한지역과 중국 사이의 국경을 확정하는 내용을 체결한 1962년의 「朝中邊界條約」과 1964년의 「朝中邊界議定書」는 대한민국에 대하여 효력을 가지지 못한다. 마찬가지로 1985년 북한과 소련 사이에 체결한 「소비에트사회주의공화국연방과 조선민주주의인민공화국 사이의 국경선에 관한 협정」도 대한민국에 대해서는 효력을 가지지 못한다.

(b) 북한의 법적 지위

헌법 제3조에 의할 때, 한반도에서 유일한 주권국가이며 합법정부는 대한민국뿐이고, 이 영토에서 대한민국과 주권이 충돌하는 어떠한 단체도 존재할 수 없다. 북한정권은 대한민국의 영토 일부를 불법적으로 점령하고 있는 단체이기에 대한민국에 대해서는 법적으로 반국가단체의 성격을 가지고 있으며, 그에 의해 점령당하고 있는 지역은 법적으로 미수복지역(未收復地域)에 해당한다(동지: 김철수a, 168; 계희열a, 171; 권영성, 124). 따라서 대한민국과 북한간에 협정 등이 체결되어도 복수의 주권국가간에 체결되는 조약이 되지 못한다(상호간의 협정문서의 명칭이 조약이라고 하더도 조약으로서의 성질을 가지지 못한다).

헌법재판소와 대법원은 모두 이러한 법리를 판례로 인정하고 있다(예: 憲1993. 7. 29.-92헌바48; 2000. 7. 20.-98헌바63; 大1954. 9. 28.-4286刑上109; 1961. 9. 28.-4292行上48; 1990. 9. 25.-90도1451; 1992. 7. 24.-92도1148; 1996. 11. 12.-96누1221).

[憲 1993.7.29.-92헌바48] 「현 단계에 있어서의 북한은 조국의 평화적 통일을 위한 대화와 협력의 동반자임과 동시에 대남적화노선을 고수하면서 우리 자유민주체제의 전복을 획책하고 있는 반국가단체라는 성격도 함께 갖고 있음이 엄연한 현실인 점에 비추어, 헌법 제4조가 천명하는 자유민주적 기본질서에 입각한 평화적 통일정책을 수립하고 이를 추진하는 한편 국가의 안전을 위태롭게 하는 반국가활동을 규제하기 위한 법적 장치로서, 전자를 위하여는 남북교류협력에관한법률 등의 시행으로써 이에 대처하고 후자를 위하여는 국가보안법의 시행으로써 이에 대처하고 있는 것이다.」
이러한 헌법재판소의 판례의 취지가 북한이 법적으로 이중적인 지위에 있다는 것을 의미하지는 않는다. 법적으로는 북한은 언제나 대한민국에 대하여 반국가단체의 지위에 있다. 사실상(de facto)으로는 현실적 상황의 변화에 따라 북한은 대한민국에 대하여 대화의 동반자도 될 수 있고 적대적인 지위에 있을 수 있으며 중립적인 지위에 있을 수도 있다.

[大 1990.9.25.-90도1451] 「헌법 제3조는 "대한민국의 영토는 한반도와 그 부속도서로

한다"고 규정하고 있어 법리상 이 지역에서는 대한민국의 주권과 부딪치는 어떠한 국가단체도 인정할 수가 없는 것이므로, 비록 북한이 국제사회에서 하나의 주권국가로 존속하고 있고, 우리정부가 북한 당국자의 명칭을 쓰면서 정상회담 등을 제의하였다 하여 북한이 대한민국의 영토고권을 침해하는 반국가단체가 아니라고 단정할 수 없으며……」

[大 1996.11.12.-96누1221] 「원심은……원고는 조선인인 위 소외 1을 부친으로 하여 출생함으로써 위 임시조례의 규정에 따라 조선국적을 취득하였다가 1948. 7. 17. 제헌헌법의 공포와 동시에 대한민국 국적을 취득하였다 할 것이고, 설사 원고가 북한법의 규정에 따라 북한국적을 취득하여 1977. 8. 25. 중국 주재 북한대사관으로부터 북한의 해외공민증을 발급받은 자라 하더라도 북한지역 역시 대한민국의 영토에 속하는 한반도의 일부를 이루는 것이어서 대한민국의 주권이 미칠 뿐이고, 대한민국의 주권과 부딪치는 어떠한 국가단체나 주권을 법리상 인정할 수 없는 점에 비추어 볼 때 이러한 사정은 원고가 대한민국 국적을 취득하고, 이를 유지함에 있어 아무런 영향을 끼칠 수 없다고 판단하였다. 기록과 관계 법령의 규정에 비추어 보면 원심의 위 사실인정 및 판단은 정당하고, 거기에 소론과 같이 국적법에 관한 법리를 오해한 위법이 있다고 할 수 없다.」

그런데 현실적으로 휴전선 이북의 북한지역은 북한정권이 점령하고 있어 대한민국의 통치권이 미칠 수 없게 되어 있다. 북한의 주민에게는 대한민국의 헌법과 법령의 효력이 미치기 때문에 북한 주민도 규범적으로는 대한민국의 국민으로서의 지위를 가지지만(예: 大 1990. 9. 28.-89누6396; 1996. 11. 12.-95누1221), 분단에 의하여 현실적인 제한을 받고 있다.

이렇게 볼 때, 헌법 제3조는 법규범적인 것(de juris)으로서의 성질을 가지는 것이며, 현실적인 것과 일치하지 않는다. 이는 분단국가에서 발생하는 현상이다. 헌법 제3조는 법규범적인 것이기 때문에 현실의 상황변화에 따라 달라지는 것도 아니다. 즉 대한민국과 북한 사이에 관계가 악화되든(예: 대남적화통일태도의 유지, 전쟁 또는 핵무기로 위협 등) 개선되든(예: 경제교류 등 남북교류의 활성화 등) 국제관계의 변화가 있든 없든(예: 북한의 국제연합에의 가입 또는 탈퇴, 중국, 미합중국, 일본국과의 수교 또는 단교) 관계없이 헌법 제3조는 규범적 효력을 가진다(예: 大 2003. 4. 8.-2002도7281; 2003. 9. 23.-2001도4328; 2004. 8. 30.-2004도3212; 2004. 7. 22.-2002도539). 상황의 변화에 따라 북한정권이 교류의 대상이고 통일논의의 대화 상대자라고 대한민국이 인정하든 또는 북한정권이 이러한 것을 거부하든 관계 없이 헌법 제3조의 규범적 의미는 동일하다.

[大 1990.9.28.-89누6396] 「저작권법의 규정들에 의하면……이러한 저작재산권은 특별한 경우를 제외하고는 저작자가 생존하는 동안과 사망 후 50년간 존속한다고 규정하고 있다. 그리고 이 법규정의 효력은 대한민국 헌법 제3조에 의하여 여전히 대한민국의 주권범위 내에 있는 북한지역에도 미치는 것이다. 원심판결 목록기재 저작자들은 모두 6.25 사변 전후에 납북되거나 월북한 문인들로서, 그들이 저작한 위 목록기재 작품들을 발행하려면 아직 그 저작재산권의 존속기간이 만료되지 아니하였음이 역수상 명백한 만큼, 동인들이나 그 상속인들로부터 저작재산권의 양수 또는 저작물이용허락을 받거

나 문화부장관의 승인을 얻었음을 인정할 자료가 없는 이 사건에 있어서 원고는 이 사건 처분의 부존재확인을 구할 법률상 지위에 있는 자라고 할 수 없다 할 것이고……」
[大 2004.8.30.-2004도3212] 「북한이 여전히 우리나라와 대치하면서 우리나라의 자유민주주의 체제를 전복하고자 하는 적화통일노선을 완전히 포기하였다는 명백한 징후를 보이지 않고 있고, 그들 내부에 뚜렷한 민주적 변화도 보이지 않고 있는 이상, 북한은 조국의 평화적 통일을 위한 대화와 협력의 동반자임과 동시에 적화통일노선을 고수하면서 우리의 자유민주주의 체제를 전복하고자 획책하는 반국가단체라는 성격도 아울러 가지고 있다고 보아야 하고, 남북 사이에 정상회담이 개최되고 남·북한 사이의 교류와 협력이 이루어지고 있다고 하여 바로 북한의 반국가단체성이 소멸하였다거나 대한민국의 안전을 위태롭게 하는 반국가활동을 규제함으로써 국가의 안전과 국민의 생존 및 자유를 확보함을 목적으로 하는 국가보안법의 규범력이 상실되었다고 볼 수는 없다는 것이 대법원의 확립된 견해이다.」

(c) 개인의 영토권 문제

헌법 제3조의 규정에서 국민에게 영토권이 인정되는 것인가 하는 문제가 있다. 영토는 공동체에 유보된 객관적 성질을 가지는 것이어서 무엇보다 개인의 주관적 판단에 의하여 결정될 수 없기 때문에 영토에 관한 주관적 권리는 성립할 여지가 없다. 영토에 관하여는 영토의 합병 또는 할양에 관하여 국민투표로 결정하는 경우에는 국민투표권이 인정될 수 있을 뿐이다. 영토에 관하여 개개인은 어떠한 권리도 가질 수 없다.

그런데 헌법재판소는 영토에 관한 권리가 개인의 주관적 권리는 될 수 없어도 영토의 변경이 국민의 기본권에도 영향을 준다는 것을 전제로 하여 국민의 기본권 침해에 대한 권리구제를 위하여 그 전제조건으로서 영토에 관한 권리, 즉 영토권을 구성할 수 있고, 영토조항만을 근거로 하여 헌법소원심판을 청구할 수는 없으나 이러한 영토권을 헌법소원심판의 대상이 되는 기본권으로 간주하는 것은 가능하다고 본다(예: 憲2001. 3. 21.-99헌마139). 기본권의 성질이나 헌법소원심판제도의 성질에 비추어 볼 때, 이러한 견해는 성립하기 어려운 기이한 주장이어서 동의하기 어렵다.

[憲 2001.3.21.-99헌마139] 「헌법 제3조는 "대한민국의 영토는 한반도와 그 부속도서로 한다"고 규정하여, 대한민국의 주권이 미치는 공간적 범위를 명백히 선언하고 있다. 이러한 영토조항의 헌법적 의미가 무엇인가에 대해서는 여러 가지 견해가 존재하지만, 이러한 영토조항이 국민 개개인의 주관적 권리인 기본권을 보장하는 것으로 해석하는 견해는 거의 존재하지 않는 것으로 보인다. 이는 기본권이라는 것이 국민의 국가에 대한 주관적인 헌법상의 권리인데 대하여, 영토조항은 국가 공동체를 구성하는 본질적인 요소에 대한 규정임을 고려하여 볼 때 쉽게 납득할 수 있을 것이다. 그러나, 모든 국가적 권능의 정당성근거인 동시에 국가권력의 목적인 국민의 기본권을 가장 실질적으로 보

장해주는 대표적인 헌법재판제도로서의 헌법소원심판의 본질은 개인의 주관적 권리구제뿐 아니라 객관적인 헌법질서의 보장도 겸하고 있다고 보아야 한다. 국민의 개별적인 주관적 기본권을 실질적으로 보장하기 위해서는 경우에 따라서는 객관적인 헌법질서의 보장이 전제되지 않으면 안 되는 상황을 상정해 볼 수 있다. 그 예로서, 헌법 제3조의 영토조항은 우리나라의 공간적인 존립기반을 선언하는 것인바, 영토변경은 우리나라의 공간적인 존립기반에 변동을 가져오고, 또한 국가의 법질서에도 변화를 가져옴으로써, 필연적으로 국민의 주관적 기본권에도 영향을 미치지 않을 수 없는 것이다. 이러한 관점에서 살펴본다면, 국민의 개별적 기본권이 아니라 할지라도 기본권보장의 실질화를 위하여서는, 영토조항만을 근거로 하여 독자적으로는 헌법소원을 청구할 수 없다 할지라도, 모든 국가권능의 정당성의 근원인 국민의 기본권 침해에 대한 권리구제를 위하여 그 전제조건으로서 영토에 관한 권리를, 이를테면 영토권이라 구성하여, 이를 헌법소원의 대상인 기본권의 하나로 간주하는 것은 가능한 것으로 판단된다.」

(3) 영토의 변경

헌법에서 영토에 관한 사항을 정하는 경우에 영토의 임의적 변경(예: 영토의 병합, 할양)에서는 헌법의 개정을 필요로 한다. 영토의 변경에는 임의적 변경과 자연적 변경이 있는데, 어느 경우에나 영토의 변경이 있게 되면 헌법의 장소적 적용범위가 변경되고, 따라서 국가의 지배권이 미치는 공간적 범위가 달라진다.

헌법사적으로 보면, 영토변경을 헌법개정의 방법으로 할 수 있게 한 때와 별도로 국민투표로 결정하게 한 때가 있었다. 그 내용을 표로 보면 다음과 같다.

영토변경에 관한 헌법규정

헌법 / 항목	1948년헌법- 1952년헌법-	1954년헌법- 1960년6월헌법- 1960년11월헌법	1962년헌법- 1969년헌법- 1972년헌법- 1980년헌법- 1987년헌법-
헌법개정	○	×	○
국민투표		국회의 가결을 거친 후에 국민투표에 부하여 민의원의원 선거권자 3분지 2 이상의 투표와 유효투표 3분지 2 이상의 찬성을 얻어야 한다. 전항의 국민투표의 발의는 국회의 가결이 있은 후 1개월 이내에 민의원의원선거권자 50만인 이상의 찬성으로써 한다. 국민투표에서 찬성을 얻지 못한 때에는 제1항의 국회의 가결사항은 소급하여 효력을 상실한다.	

Ⅲ. 영 해

영해(領海 territorial sea)는 연안국(沿岸國 coastal state)의 영토에 접속한 일정한 범위의 해역(海域)을 말한다. 연안국의 주권은 영해의 상공, 해저(海底), 하층토(下層土)에 미친다(해양법에관한국제연합협약 §2, 1980. 10. 12. 결, 1994. 12. 16. 발효, 1996. 2. 28. 우리나라 발효). 영해는 연안국의 해상상의 권리가 미치는 공공물(公共物)이 아니라, 연안국의 주권이 미치는 영역에 속하는 배타적인 부분이다. 따라서 영해는 관할국의 주권이 미치는 영역이다. 영해에서는 외국선박이 연안국의 평화, 안전보장, 공공질서 등을 침해하지 않는 한 자유로이 항해할 수 있는 국제법상의 무해통항권(無害通航權 right of innocent passage)이 인정된다. 우리나라도 이를 인정하고 있다(영해및접속수역법 §5).

영해의 범위를 정함에 있어서는 개별 국가가 접하고 있는 해양으로 무한정 나아갈 수 없기 때문에 국제법적인 문제가 된다. 그런데 영해의 범위에 대해서는 통일된 의견이 없다. 각 나라마다 6해리(海里 sea mile, Seemeile), 12해리(대부분의 국가) 등을 주장하고 있다. 우리나라는 「영해 및 접속수역법」(領海 및 接續水域法)에서 「대한민국의 영해는 기선으로부터 측정하여 그 바깥쪽 12해리의 선까지에 이르는 수역(水域)으로 한다. 다만, 대통령령으로 정하는 바에 따라 일정수역의 경우에는 12해리 이내에서 영해의 범위를 따로 정할 수 있다」라고 정하여(동법 §1) 원칙적으로 기선(基線 baseline)으로부터 12해리까지의 영해로 하고 있고, 대한해협에 대해서는 잠정적으로 3해리를 적용하고 있다(동시행령 §3).

영해는 아니더라도 해당 국가의 일정한 범위의 통치권과 국제법상의 권리가 미치는 수역이 있는데, 이에 해당하는 것으로는 대한민국의 영토나 영해에서 관세, 재정, 출입국관리, 보건 · 위생에 관한 법규를 위반하는 행위를 방지 또는 제재할 수 있는 24해리 이내의 접속수역(接續水域 contiguous zone)(영해및접속수역법 §3의2, §6의2)과 해양법에 관한 국제연합협약에 따라 정한 배타적경제수역법에 의하여 일정한 범위에서의 대한민국의 권리와 외국 또는 외국인의 권리 · 의무가 인정되는 200해리 이내의 배타적 경제수역(排他的 經濟水域 EEZ exclusive economic zone)이 있다.

근래에는 각 나라마다 대륙붕(大陸棚 continental shelf)에 대한 관심이 점점 높아지고 있는데, 연안국에게는 대륙붕의 탐사와 천연자원의 개발에 관한 권리가 인정된다(해양법에관한국제연합협약 §77). 현재 대륙붕의 범위에 대해서는 연변부의 외연, 즉 영해의 범위를 측정하는 영해기선(領海基線)으로부터 200해리의 거리에 이르는 해면하의 해저구역을 연안국의 관할 대륙붕으로 간주한다. 그러나 대륙붕 연변부가 200해리를 넘을 경우에는 i) 퇴적암의 두께가 대륙사면각부(大陸斜面脚部)까지 이르는 최단거리의 적어도 1%까지와 ii) 대륙사면각부로부터 60해리를 넘지 않는 지점까지로 한다. i), ii)의 경우 모두 영해기선으로부터 350해리, 또는 수심 200m의 등심선(等深線)으로부터 100해리를 넘지 않아야 한다. 국제법상 대륙붕에 관한 법원(法源)으로는 1958년의 「대륙붕에 관한 협약」(Convention on the Continental Shelf), 1969년의 「북해 대륙붕 사례」(North Sea Continental Shelf Case), 1982년의 「유엔해양법협약」(UN Convention on the law of the Sea)이 있다. 대륙붕의 경계획정에 대해서는 「대륙붕에 관한 협약」은 등거리선/중간선의 원칙을, 「북해 대륙붕 사례」는 육지영토에서 자연적으로 연장된 곳까지로 정하는 자연적 연장의 원칙을, 「유엔해양법협약」은 형평성의 원칙을 각각 유지하고 있다.

문제는 각국이 자국의 대륙붕을 주장하는 경계가 서로 겹치는 경우를 어떻게 해결할 것인가 하는 점이다. 관련국간의 분쟁을 피하기 위해 가능한한 공동개발하는 방향으로 문제를 해결해 가는 태도를 보이고 있다. 한국의 경우 동중국해에서 한국, 일본국, 중국의 대륙붕의 주장이 서로 겹쳐지고 있어 문제가 되고 있다. 이에 대해서는 한국과 일본국간에는 「대한민국과 일본국간의 양국에 인접한 대륙붕남부구역의 공동개발에 관한 협정」(1974. 1. 30. 서명, 1978. 6. 22. 발효. 2028년 종료예정)을 체결하여 서로 공동개발하는 것으로 문제를 해결해가고 있다. 이에 대하여 중국은 이러한 양국의 협정에 대하여 인정하지 않는 태도를 보이고 있다.

헌법재판소는 독도 등을 중간수역으로 정한 「대한민국과 일본국 간의 어업에 관한 협정」(1998. 11. 28. 조약 제1447호로 체결되고 1999. 1.22. 발효된 것) 제9조 제1항, 부속서1의 제2항 가목, 제8조 가목은 어업에 관한 협정으로서 배타적경제수역을 직접 규정한 것이 아니고, 이런 점들은 이 사건 협정에서의 중간수역에 대해서도 동일하다고 할 것이므로 독도가 중간수역에 속해 있다 할지라도 독도의 영유권문제나 영해문제와는 직접적인 관련을 가지지 아니하기 때문에 헌법상 영토조항에 위반되지 않는다고 하였다(憲2001. 3. 21.-99헌마139등; 2009. 2. 26.-2007헌35).

Ⅳ. 영 공

영공(領空 territorial air space)은 영토와 영해 위에 있는 수직 상공을 말한다. 영공은 영토를 가지는 나라의 배타적인 주권이 미치는 영역이다(국제민간항공협약(Convention on International Civil Aviation 1944)). 각 나라가 가지는 영공의 범위에 관하여는 여러 학설이 존재한다. 영공에서는 무해통항권(無害通航權)이 원칙적으로 인정되지 않는다. 국제법상으로는 민간항공기(civil aircraft)에는 일정한 경우에 무해통항이 인정되나, 국가항공기(state aircraft)에는 원칙적으로 무해통항이 인정되지 않는다(국제민간항공협약 §3).

대한민국의 영역

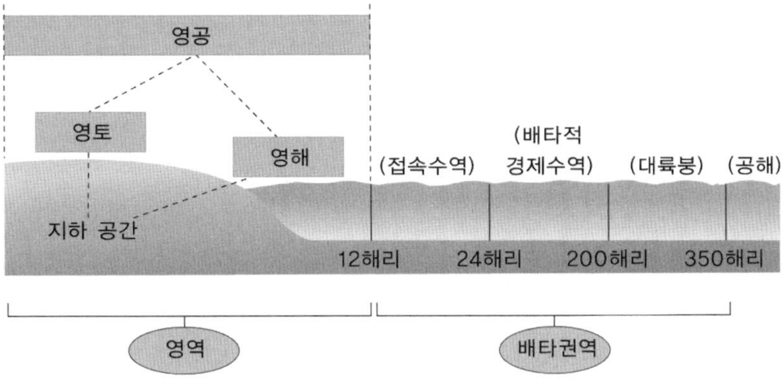
영공
영토
영해
지하 공간
(접속수역)
(배타적
경제수역)
(대륙붕)
(공해)
12해리
24해리
200해리
350해리
영역
배타권역

제 2 편

헌법의 기본원리

항상 마음에 만백성에게 혜택을 주어야 하겠다는 생각과 만물을 자라게 해야 하겠다는 뜻을 가지고 있은 뒤라야만 바야흐로 참다운 독서를 한 군자라 할 수 있다.

－다산(茶山) 정약용(丁若鏞)

제 1 장 국민주권

[59] 제1 주권의 개념

Ⅰ. 개념의 연원과 전개

주권(主權 sovereignty, Souveränität, souveraineté)의 개념은 그 기원에서 신학적(神學的)인 개념이고 법학적인 개념은 아니었다. 신학적으로 주권이라 함은 만물을 생기게 하고 이를 통제하는 절대적인 존재자가 행하는 최종적인 결정권능을 의미한다. 따라서 주권자는 모든 일을 관장하는 주인이고, 이를 처리하는 최종적인 권위를 가진다. 이러한 것은 세속정치를 정당화하는 단계에서 교황으로부터 독립한 중세자유도시의 지위를 정하거나 신정정치(神政政治)와 왕권신수설에 기반을 두고 있었던 군주정치에서 수장(首長) 또는 군주의 최고의 지배권(suprema potestas)을 정당화하기 위한 개념으로 수용되었다. 이로써 주권자의 지위에 있는 존재는 종교적 절대자에서 세속의 통치자로 옮겨가게 되었고, 13세기 말과 14세기 초 유럽의 정치이론과 실제에서 이는 주권이라는 개념으로 정당화되었다. 근대 시민혁명 이후에 군주의 권능이 국민에게로 이전됨에 따라 군주주권은 국민주권으로 나타났다.

세계정치사에 나타난 주권은 시대와 국가에 따라 다양한 정치적 상황 속에서 다의적인 개념으로 사용되었다. 국가와 관련해서는 경우에 따라 i) 국가권력(=통치권력), ii) 국가권력의 최고독립성, iii) 국정의 방향을 결정하는 힘 또는 권위를 의미하는 국정에 있어서의 최종적 결정권을 의미하는 개념으로 각기 사용되었다. 예컨대 국가우위적인 국가법인설에서는 주권을 국가의사를 의미하는 것으로 사용했고, 국제법에서는 종종 개별국가의 통치권을 지칭하는 용어로 주권이라는 말을 사용하기도 했다(예: 포츠담 선언 §8). 주권을 국가의 최고독립성으로 파악한 경우에는 국가가 그의 의사를 형성·결정함에 있어서는 대외적으로 어떠한 외부의 권력주체로부터도 제한을 받지 않으며(대외적 주권), 대내적으로도 어떤 권력보다 우위에 있는 최고의 것(대내적 주권)이라는 의미로 사용되었다.

프랑스에서 중앙집권적 국가가 성립하던 때에는 군주의 권력이 대내적으로는 봉건

영주와 자유도시에 대하여 최고성을 가져야 하고 대외적으로는 신성로마제국의 황제와 로마교황에 대하여 독립성을 확보해야 할 필요성이 있었는데, 이 때 군주의 권력을 뒷받침하는 정치이론에서 주권의 개념을 동원하여 군주의 지위와 권력을 정당화하였다. 여기서 주권은 위에서 본 3가지의 모든 의미를 지칭하는 개념으로 나타났다. 즉 주권=군주의 권력=국가권력=최고·독립성=국가의 방향을 최종적으로 결정하는 힘 또는 권위라는 등식이 성립하였다(예: J. Bodin의 주권이론).

《J.Bodin의 주권이론》

주권개념을 본격적으로 국가와 정치의 영역으로 끌어들인 것은 J. Bodin에 의하여 이루어졌다. 그의 「국가론 제6편」(Les six livres de la République, 1576)에 의하면, 주권은 국가의 절대적·영속적 권력으로서 최고의 지위를 가지며 모든 법률(lex)에서 독립된 권력으로 정의되었고, 이런 권력의 존재는 국가의 본질로서 국가의 존재에 있어 필요불가결한 요소로 이해되었다. 주권은 이러한 권력이었고, 군주는 이런 권력을 가지고 있기 때문에 신민에 대하여 복종을 요구하는 권위를 가진다고 했다. 그런데 주권이 모든 법률에서 독립되어 있다고 해도 신의 법과 자연법에는 복종하여야 하는데, 이를 위반할 때는 신민은 복종을 거부할 권리를 가진다고 했다. 이러한 주권은 입법권, 관리임명권, 전쟁선포·강화권, 재판권, 은사권(恩赦權), 화폐주조권, 과세권, 충성·복종요구권으로 구체화되어 나타나는 것이었다. 그에 의하면 이런 권력을 가지는 군주가 존재하느냐의 여부에 의해 국가이냐 아니냐 하는 것이 결정된다고 했는데, 이로써 중세봉건구조를 탈피하고 군주에 의해 통합되는 국가와 군주의 권력이 이론적으로 뒷받침되었다.

II. 개 념

이런 과정에서 주권은 통치권과 동일시되기도 하였지만, 입헌국가가 성립된 이후에는 통치권도 주권자가 제정한 헌법에 의해 창설되고 통제된다는 법리가 정립되면서 헌법제정권력으로 이해되기도 하였다. 주권이 국민주권의 모습으로 된 현재의 단계에서는 주권은 공동체의 의사를 스스로 결정하는 최종적인 지위와 권위를 의미하며, 이러한 권위에는 헌법을 제정하는 권능도 포함된다.

Sovereignty, Souveränität, souveraineté를 한자어로 「主權」이라고 번역하면서, 이를 「權」자가 붙은 權力, 權利, 權能 등과 같이 실체적인 것으로 오해되기도 하지만, 이는 구체적인 내용을 가지는 실체적 개념(Substanzbegriff)이 아니라 상태나 지위를 의미하는 기능적 개념(Funktionsbegriff)임을 유의할 필요가 있다.

[60] 제2 국민주권

근대 이후 오늘날 주권은 국민(people)에게 존재하는 것으로 국민주권(popular sovereignty, Volkssouveränität)이 확립되었다. 공동체의 주인은 그 공동체의 구성원이고, 공동체의 문제와 공동체의 의사는 공동체의 주인인 국민만이 최종적으로 결정하는 것으로 되었다. 그런데 공동체의 의사결정은 공동체의 구성원이 스스로 정하는 경우도 있지만, 국민이 대표자를 선출하여 그로 하여금 결정하게 하고 이의 정당성을 국민에게서 구하기 때문에 국민주권원리는 공동체의 의사결정을 정당화하는 원리로 기능한다. 따라서 국민주권은 공동체의 의사결정이 종국적으로 국민에 의하여 정당화된다는 정당화원리로 기능을 한다. 이는 구체적으로 헌법을 제정하는 힘은 국민만이 독점하고, 공동체의 의사결정은 언제나 국민에게 바탕을 두어야 한다는 것을 의미한다([94]).

국민주권에서 주권자(主權者 sovereign, Souverän)의 지위에 있는 국민은 국적을 보유하고 있는 자이지만, 이는 유권자의 총체도 아니고 전체국민도 아니다. 국적을 보유하고 있는 개개인이 모두 주권자의 지위에 있다(정종섭 a, 313). 그런데 유의할 것은 국민주권은 공동체의 문제에 대한 결정을 정당화하는 원리이기 때문에 개개인이 각자 자기나름대로 주권적 결정을 하는 것은 아니라는 점이다.

국민주권을 헌법에서 명시적으로 정하고 있지 않아도 현대국가에서는 당연한 것이지만, 우리나라 헌법과 같이 헌법에서 명시하고 있는 경우도 있다. 터키헌법은 이에 대하여 「주권은 온전하게 무제한적으로 국민에게 있다. 터키국민은 헌법이 정한 원칙에 의거하여 정해진 바에 따라 정당한 조직을 통하여 주권을 행사하게 한다. 주권행사의 권리는 개인이나 집단, 계층에 위임될 수 없다. 어떤 개인이나 기관도 헌법으로부터 발생하지 않은 국가권력을 행사할 수 없다」(터키 헌법 §6)라고 정하고 있다.

제2장 기본권의 보장

[61] 제1 헌법으로서의 권리장전

헌법이라는 관념이 생겨난 초기에 헌법은 국가의 기본적인 틀을 정하는 규범으로 이해되었다. 그래서 근대 최초의 헌법인 미합중국연방헌법도 처음에는 국가의 기본적인 틀에 관한 사항만을 정하였다.

그러나 근대 인권사상의 발달에 따라 기본적인 자유와 권리들이 성문화되고 보장됨으로써 국가의 최고법인 헌법에는 이러한 자유와 권리들로 구성된 권리장전(權利章典 bill of right)이 또 하나의 구성부분으로 자리를 잡게 되었다. 그리하여 오늘날 입헌주의에서는 기본권의 보장이 중요한 내용을 이루게 되었다. 이러한 헌법에 의해 기본권을 보장하는 실질적 입헌주의를 「기본권적 입헌주의」(Grundrechtskonstitutionalismus)라고 부르기도 하고, 기본권적 입헌주의에 입각한 헌법을 「입헌적 헌법」이라고 하기도 한다.

대한민국 헌법도 1948년 제정될 때부터 기본적인 자유와 권리를 헌법에 명시하여 권리장전을 헌법의 한 구성부분으로 정립한 후 현재 1987년헌법에 이르기까지 변함없이 기본권적 입헌주의를 유지하고 있다.

[62] 제2 「헌법적 권리」의 성문화

헌법에서 보장하고 있는 자유와 권리를 헌법적 권리(憲法的 權利 constitutional right)라고 한다. 이러한 권리들이 헌법에 보장되어 있다는 것은 무엇보다 이러한 권리를 실정법적 권리로 보장하고 보호한다는 것을 의미하며, 권리의 보장에 있어 실효성을 강화하는 것을 의미한다. 기본적인 자유와 권리들이 헌법에 보장됨으로써 인권은 도덕적이거나 선언적인 것에서 비로소 국가권력을 구속하고 공동체의 구성원이 존중하고 준수해야 하는 규범으로 되었다.

한편 헌법에서 일정한 자유와 권리를 보장한다고 함은 이를 「헌법의 수준에서 보장한다」는 것을 의미하여, 법률로써 이를 부정하거나 침해하지 못한다는 것을 의미한다. 따라서 전통적으로 민주주의에 바탕을 두고 국민대표기관이 광범하게 국민의 자유와 권리를 설정하던 것은 더 이상 통용될 수 없고, 입법권도 헌법상의 권리인 기본권에 기속되기에 이르렀다. 이는 결국 다수결로 부정하거나 변경할 수 없는 자유와 권리가 있다는 것을 명확히 하는 것이며, 기본적인 국민의 자유와 권리는 민주주의에 의하여 좌지우지되지 않는다는 것을 말한다. 이로써 국가도 「법률국가」(法律國家)에서 「헌법국가」(憲法國家)로 전환을 하게 되었다.

[63] 제3 기본권의 실효성 보장

기본권을 헌법의 수준에서 보장하여 기본권적 입헌주의와 실질적 입헌주의를 실현함에 있어서는 헌법에서 보장하고 있는 기본권이 현실에서 실효성을 가져야 한다. 이는 모든 국가권력을 기본권에 기속시키고, 국가권력이 기본권을 실현하는데 제1차적인 임무를 가지고 있음을 제도화하는 것이다. 이로써 기본권의 보장은 정치적인 보장이나 도덕적인 보장에서 법적 보장으로 나아가게 된다.

기본권의 실효성을 보장하는 것에는 입법부가 기본권을 구체적으로 실현하는 입법을 하고 행정부가 개개의 사안에서 기본권을 철저하게 보호하고 실현하는 방향으로 이를 집행하는 것도 필요하지만, 기본권이 침해당했을 때 이를 구제하는 시스템도 완벽하게 갖추어져야 한다. 법원의 재판제도와 헌법재판제도가 이에 해당한다. 특히 기본권의 보장에서는 위헌법률심판제도와 헌법소원심판제도가 최후의 보루로서 그 역할을 한다. 그 가운데 헌법소원심판제도(憲法訴願審判制度)는 모든 종류의 국가적 침해행위에 대하여 기본권을 구제할 수 있게 한다. 국가로부터 침해당한 모든 형태의 기본권침해에 대하여 먼저 통상적인 권리구제절차를 통하여 이를 구제하게 하고, 그러한 절차를 통해서도 기본권의 구제가 되지 않을 경우에 최후로 국가의 공권력의 행사와 불행사로 인하여 발생한 기본권의 침해에 대하여 이를 구제하는 것이 헌법소원심판이다. 국가의 권력행위 가운데 헌법소원심판의 대상이 되지 않는 것은 없기 때문에 헌법소원심판의 완벽한 제도화는 기본권적 입헌주의를 실현함에 있어 필수불가결하다.

제3장 공동체의 보장

[64] 제1 공동체의 존속과 안전

Ⅰ. 내 용

공동체는 영토를 기반으로 하여 주민이 살고 있는 결합체를 말한다. 사회가 존재하는 이상 어떤 사회이든지 공동체를 전제로 하여 그 주민이 해당 공동체에서 살고 있다. 이러한 공동체는 주민과의 관계에서 필연적인 연관성을 가지는데, 주민의 삶은 공동체를 전제로 하지 않는 경우에는 사실상 불가능하다. 개인은 자기가 살고 있는 공동체를 떠나서 살 자유도 있기 때문에 개인의 삶에 있어 특정 공동체가 항상 전제가 되는 것은 아니지만(공동체 이탈의 자유, 국적변경의 자유), 대부분의 경우에는 해당 공동체의 존속은 그 공동체에서 살고 있는 개인의 삶에서 전제가 된다.

따라서 헌법은 개인의 삶을 보장함에 있어 원칙적으로 공동체를 전제로 하여 보장하되, 다른 공동체, 즉 외국으로의 이주의 자유와 국적변경의 자유도 인정한다. 이러한 점에서 공동체의 존속과 안전은 그 공동체에 살고 있는 구성원의 삶과 행복의 추구에 있어 전제로서 보장되는 것이고, 한 개인에게 공동체의 이탈의 자유가 인정된다고 하더라도 그 공동체에서 살고 있는 나머지 구성원의 자유와 권리를 보장하기 위하여 특정 개인에게 공동체의 존속과 안정을 이유로 한 제한이 가해진다.

헌법은 그 자체 공동체가 존재함을 전제로 하기 때문에 명시적으로 정하든 정하지 않든 공동체의 존속과 안전은 모든 헌법 규정이 전제로 하고 있는 것이다. 헌법이 정하고 있는 가치 가운데 개인의 순전한 내적 영역(=내심의 영역)에 속하는 가치를 제외한 나머지 가치는 모두 공동체를 전제로 하고 있기 때문에 명시적으로 정하지 않아도 인정되지만(사회적 유보), 이를 명확히 하여야 할 필요가 있는 경우에는 이를 명시하기도 한다. 예컨대 기본권을 제한함에 있어 공동체의 존속과 안전이라는 가치를 명시하거나 국가에게 공동체의 보전의무를 부여하는 것을 정하는 것이 이에 해당한다. 헌법 제37조 제2항에서 기본권 제한의 목적으로 정하고 있는 국가안전보장은 이러한 의미의 공동체의 존속과 안전의 보장을 의미한다. 그리고 헌법은 대통령의 책무로 국가의 독립과 계속성 및 영토의 보전에 대하여 책무를 진다고 정하고 있는데(헌법 §66②), 이러한 책무는 모든 국가기관에게도 당연히 부과되는 것인데, 대통령이 국가원수의 지위에 있기 때문에 특히 강조하여 정하고 있는 것이다.

II. 기 능

공동체의 보장은 이러한 가치를 가지는 헌법원리로서 국가의 구조원리를 지배한다. 즉 국가의 구조원리인 민주국가원리, 법치국가원리, 국가형태원리(단일국가원리 또는 연방국가원리)는 이러한 공동체의 보장을 실현하는 수단으로 존재하며, 공동체 보장의 원리에 기속된다.

[65] 제2 국가의 존속과 안전

공동체를 그 공동체에 살고 있는 구성원이 자율적으로 형성하는 사회영역과 강제적 권력을 바탕으로 하여 성립되는 국가영역으로 구성된다고 볼 때, 국가는 공동체에서 자율영역을 제외한 타율의 영역을 말한다. 여기서 국가는 권력체로 존재하되 그 공동체의 존속과 안전을 보장하고 공동체에 살고 있는 구성원의 삶과 행복추구를 보장하기 위하여 존재한다.

국가가 존재하지 않는 공동체도 논리적으로는 가능하고 하나의 사상으로는 존재할 수 있지만(예: 아나키즘, 극단적 자유주의, 극단적 개인주의), 이러한 공동체는 현실에서 존재하지 않고 그 구성원이 모두 합의하기 어렵기 때문에 헌법은 국가의 존속과 안전이 인정되지 않는 공동체를 상정하지 않는다. 따라서 헌법은 본질필연적으로 국가를 창설하고 이를 유지하게 하는 국가창설규범(國家創設規範)으로 존재한다. 헌법은 국가에 대한 규정과 국민의 자유와 권리에 대한 규정을 동시에 두고 이들 사이에 상호조화적인 질서가 창출되고 형성되게 한다.

[66] 제3 공동체의 보장과 기본권의 보장

이상에서 보건대, 공동체의 존속과 안전은 그 공동체에서 살고 있는 구성원의 자유와 권리의 보장에서 전제를 이루고 있으므로 헌법은 이 둘을 동시에 보장한다. 따라서 공동체의 보장원리와 기본권의 보장원리는 헌법원리로 존재한다. 헌법 제37조 제2항이 개인의 기본권을 제한함에 있어 국가안전보장, 공공복리, 질서유지를 기본권제한의 목적으로 정하고 있는 것에서 이러한 법리를 전형적으로 보여주고 있다. 이는 구체적으로 공익과 사익, 공동체와 개인, 국가와 자유, 국가와 시장의 관계로 나타나기도 한다.

제4장 국가구조원리

제1절 개　　관

[67] 제1 개　념

국가의 구조원리(構造原理 Strukturprinzip)란 헌법이 국가를 창설함에 있어 국가를 구성하고 이를 유지하는 기본적인 원리를 말한다. 이를 국가의 구성원리(構成原理)라고 하기도 한다.

국가의 구조원리는 국가를 형성하는 단계에서 적용될 뿐 아니라 국가가 형성된 후 그 유지와 작용에도 적용된다. 따라서 국가의 구조원리는 모든 국가작용에 적용된다.

[68] 제2 내　용

국가구조원리의 내용을 이루는 것으로는 민주주의원리, 법치주의원리, 국가형태원리가 있는데, 특히 민주주의원리와 법치주의원리는 본질적으로 국가영역에서 작용하므로 이는 성질상 민주국가원리와 법치국가원리로 존재하고 작용한다.

[69] 제3 상위가치와 국가구조원리

국가는 공동체의 존속·유지와 국민의 기본권을 보장하는데 기여하는 정치적 통일체인만큼 국가구조원리도 이러한 가치의 보장과 실현에 헌신해야 하고 종속되는 것이다. 따라서 민주주의와 법치주의는 그 원리의 성질상 공동체의 존속·유지와 기본권을 부정하거나 침해할 수 없다. 그래서 인간의 존엄과 가치가 그 바탕을 이루는 기본권의 보장을 항상 전제로 하는 민주주의와 법치주의를 각각 「실질적 민주주의」(substantive democracy)와 「실질적 법치주의」(materieller Rechtsstaat)라고 부르기도 한다.

여러 헌법의 원리들을 정밀하게 체계화하고 이들간의 관계를 정확히 이해하면, 기본권 보장의 원리와 국가구조원리의 상호관계에 비추어 볼 때, 굳이 민주주의와 법치주의라는 말 앞에 「실질적」이라는 단어를 덧붙일 필요는 없다. 원리의 본질상 민주주의는 의사결정원리로서 절차성과 정당성이 핵심을 이루고, 법치주의는 형식성이 핵심을 이루는데 민주주의를 절차적 민주주의라고 이해하고, 법치주의를 형식적 법치주의라고 하는 경우에 자칫 민주주의와 법치주의는 인간의 자유와 권리를 보장하는 것과 연관이 없는 것으로 오해할 우려가 있고, 또 역사상 이러한 오류를 저지른 예(인민민주주의, 법실증주의, 나치즘, 독재, 공산주의)도 있기 때문에 이러한 오해를 방지하기 위하여 「실질적 민주주의」라든가 「실질적 법치주의」라는 말을 사용하기도 한다.

민주주의와 법치주의는 그 본질에서는 형식원리이고 가치중립적인 원리이지만, 공동체의 존속·유지와 인간의 존엄과 행복추구라는 가치를 실현하는 데 헌신하지 않으면 안 되는 연관을 가지므로 이는 가치중립적으로 존재할 수 없다. 민주주의와 법치주의는 그 자체로 존재하는 것이 아니라 상위의 가치를 실현하는 도구원리 또는 기능원리로 존재한다.

상위가치와 국가구조원리의 관계

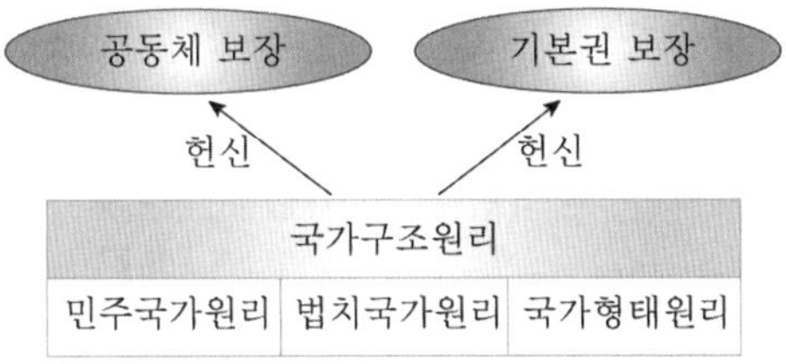

제 2 절 민주국가원리

[70] 제1 개 설

Ⅰ. 개 념

민주국가원리는 민주주의(民主主義 democracy, Demokratie, démocratie)가 국가영역에서 이를 규율하는 원리로서 작동한다는 헌법원리를 말한다. 국가는 공적 가치를 실현하기 위한 공권력의 구성체이기 때문에, 국가권력은 어떠한 경우에도 개인의 의사에 기초하여 행사될 수 없다. 국가는 그 자체 자기목적적으로 정당화되는 것이 아니라 공동체의 유지와 그 구성원의 자유와 권리를 실현하기 위하여 존재하고, 공동체의 주인은 그 구성원이므로 공동체 구성원에 의하여 정당화되지 않으면 안 된다. 공동체의 구성원이 그 공동체의 주권자(=주인)라는 점이 국민주권원리로 확립되어 있는 오늘날에는 민주주의는 곧 이를 실현하는 원리이고, 국가는 민주주의원리에 의하여 성립 · 유지 · 작동될 수 있다.

II. 내 용

민주국가원리는 개인의 사적 자치(私的 自治 Privatautonomie) 영역에 속하지 않는 공동체의 문제는 공동체의 구성원이 결정할 때 정당화된다는 원리를 말한다. 즉 공동체가 수행하여야 하는 과제나 공동체에서 발생하는 문제들에 대하여 어떻게 결정하여야 하는가 하는 공동체의 의사를 결정하는 원리(=공동체의사결정원리)를 말한다. 오늘날 이러한 공동체의 문제는 국가의사로서 권위를 가지고 나타나므로 민주국가원리는 결국 국가의사를 결정하는 원리(=국가의사결정원리)로 나타난다.

국가의사는 이러한 민주국가원리에 따라 결정되어야 하는데, 그 방법에서는 공동체의 구성원이 모두 참여하여 직접 국가의사를 결정하는 방식과 국가의사를 결정하는 업무에 가장 합당한 인물을 선정하여 그로 하여금 국가의사를 결정하게 하는 방식이 있다. 전자를 직접결정방식이라고 하고 후자는 간접결정방식이라고 하는데, 민주주의의 형태로서 말할 때는 전자를 직접민주주의(直接民主主義 direct democracy, direkte Demokratie)라고 부르고, 후자를 대의민주주의(代議民主主義 representative democracy, repräsentative Demokratie)라고 부른다.

헌법에서 정하고 있는 민주주의원리는 국가원리 또는 정치원리로서의 성질을 가지고 있기 때문에 사적인 영역에는 적용되지 않고, 강제되지 않는다. 개인적 영역이나 사적인 영역에 민주주의를 강제하는 것은 헌법상의 사적자치원리(私的自治原理)와 개인의 자유와 자율적 인격 보장에 위반된다. 따라서 개인적인 사항, 가정, 가족, 자발적인 사적 집단(동호회, 임의 단체), 종교단체, 학술단체 등과 같은 자율적인 공동체에는 민주주의원리를 강제할 수 없다.

개인이나 자율적인 단체, 자율적인 공동체에서 개인적 사항, 단체의 사항, 공동체의 사항에 관한 의사를 어떻게 결정할 것인가는 해당 개인이나 단체, 공동체의 자율적인 결정에 따라 정해진다. 예컨대, 민법상 제사(祭祀)의 주재자가 누구이며 어떻게 정하는지에 대하여 정하고 있지 않은 경우에 민주주의원리를 적용하여 다수결의 방식으로 결정하게 강제할 수는 없다. 대법원은 이에 관하여, 민법 제1008조의3의 규정상 제사주재자는 우선적으로 망인(亡人)의 공동상속인들 사이의 협의에 의해 정하되, 협의가 이루어지지 않는 경우에는 제사주재자의 지위를 유지할 수 없는 특별한 사정이 있지 않은 한 망인의 장남(장남이 이미 사망한 경우에는 장남의 아들, 즉 장손자)이 제사주재자가 되고, 공동상속인들 중 아들이 없는 경우에는 망인의 장녀가 제사주재자가 된다고 판시하였다(大 2008. 11. 20. -2007다27670).

[71] 제2 국가의사결정의 민주적 정당성

Ⅰ. 국가의사

국가의사(國家意思 Staatswille)는 공동체의 과제에 대하여 공동체의 구성원이 따라야 하는 결정을 말하는데, 이는 대외적 또는 대내적 국가정책으로 나타난다. 이러한 국가의사는 공동체의 구성원 모두에게 이익이 되는 결정을 말하는데, 현재 공동체에서 살고 있는 구성원뿐만 아니라 미래 그 공동체에서 살 구성원의 이익도 포함된다.

국가의사라는 것은 선험적(先驗的 a priori)으로 존재하는 것이 아니라 국민 전체에게 이익이 되는 것으로 결정된 결과적(結果的 a posteriori) 개념이다. 국가의사는 어디까지나 국민주권과 민주주의를 전제로 한 개념이지 국민 이전에 국가가 독자적·선험적으로 가지고 있는 국가주의적인 개념이 아니다. 그래서 국가의사는 민주주의적 정당성(=민주적 정당성)을 가질 때만 정당화된다.

Ⅱ. 국민적 합의의 형성

국가의사는 공동체 구성원 모두에게 이익이 되는 결정이라는 점에서 이는 공동체 구성원의 합의로 표현된다. 이러한 국민적 합의는 국민이 직접 합의한 결과로 나타나기도 하지만, 대의민주주의에서는 국민의 대표자가 국민 모두에게 이익으로 돌아가는 결정을 함으로써 나타난다.

합의를 도출하는 데는 합의도출을 위한 기술이 필요하다. 가장 이상적인 합의는 참여자 전원이 의사의 일치에 도달하여 얻는 결론이지만, 선호가 다른 참여자가 의사의 일치에 이르지 못하는 때는 합의를 얻기가 어렵고 국가정책을 결정하기 어렵게 된다. 국가의사는 결정되어야 하고, 결정에 참여한 구성원이 단일한 결정에 의사의 합치를 보지 못하는 경우에 불가피하게 선택하는 것이 다수결의 방식이다. 따라서 다수결은 국가의사를 도출하기 위한 차선의 기술에 불과할 뿐 민주주의의 본질은 아니다. 민주주의의 본질은 어디까지나 공동의 과제에 대한 결정을 구성원 모두의 의사의 합치에 의할 때 정당화된다는 것에 있기 때문이다.

Ⅲ. 다수결의 원리

(1) 개 념

다수결의 원리(多數決의 原理 Mehrheitsprinzip)는 어떤 결정에 참여자 전원이 의사의 합치를 보지 못하는 경우에 하나의 결론을 도출하기 위한 기술로서 참여자의 과반수가 의사의 합치를 본 결론을 참여자 전원의 공동체가 내린 결론으로 삼는 정당화원리이다.

(2) 성 질

다수결의 방식은 하나의 결론을 도출하기 위한 의사결정의 형식원리이고 의사결정에서 선호가 다른 사람들이 하나의 결론에 승복하도록 하기 위한 기술이므로 민주주의적 의사결정에서 전원일치가 이루어지지 않는 경우에 불가피하게 채택하는 차선의 방법이다.

따라서 다수결원리는 그 자체로서 민주주의적인 것이 될 수는 없으며, 구성원간의 합의나 절충이 불가능하고 하나의 결론은 내려야 하는 경우에 한하여 인정된다.

(3) 전제조건

다수결의 방식은 구성원 가운데 다수가 결정하였다고 하는 결과만으로 정당화되는 것은 아니고, 공동체의 존속 · 유지나 기본권의 보장과 같은 근본적인 가치와 충돌하지 않아야 하며, 민주주의적 요청과 법치주의적 요청을 충족시킬 때만 정당화된다.

다수결의 방식이 정당화되기 위해서는 그에 필요한 전제조건을 충족시켜야 한다. 다수결의 방식은 i) 공동체의 존속 · 유지나 자유, 평등, 정의와 같은 헌법의 근본가치를 침해하지 않는 것이어야 한다. 이는 민주주의를 실현하고자 하는 의사결정의 기술에 지나지 않기 때문에 공동체의 존속과 그 공동체에서 살고 있는 인간의 존엄과 가치를 다수결로 결정할 수는 없다. ii) 의사결정에 참여하는 참여자가 다수결로 의사를 결정한다는 것에 전원 합의하여야 한다. 이러한 합의가 없으면 소수에 대한 다수의 억압이 발생하고 그 의사결정은 다수의 독단에 지나지 않아 정당성을 가질 수 없다. iii) 논의와 표결에 참여하는 참여자는 서로 평등한 지위와 상황에 있어야 한다. iv) 논의와 표결에 참여하는 참여자가 발언, 토론, 설득, 타협, 절충 등의 행위를 함에 있어 자유가 보장되어야 한다. v) 다수결의 방식에는 고정된 다수가 없어야 한다. 구성원 가운데 일정한 수의 집단이 언제나 다수를 형성하고 소수에게는 다수가 될 수 있는 기회와 가능성이 없는 경우에는 다수결은 일정한 다수 집단의 독재 · 독주를 합리화하는 수단일 뿐이다. vi) 다수결이 표결에 의하여 이루어지는 경우에는 표결에 이르기까지의 전 과정과 절차가 합리적이어야 한다. 표결의 대상에 대한 충분한 논의와 숙고가 있어야 하고, 사안과 관련된 이해관계자의 의사표명의 기회가 완전히 보장되어야 한다. 서로 대립하는 쟁점에 대한 이해를 충분히 하거나 조정하는데 전문가의 역할이 필요하며 이러한 절차를 거칠 때 과정의 정당성을 확보할 수 있다. 충분한 숙의도 없이 서로 의견이 대립되고 있다는 사실만으로 바로 표결에 붙이는 것은 의사결정과정의 정당성을 무시하는 것이다. 의사결정에 있어 이러한 과정과 절차의 정당성은 특히 절차적 민주주의와 숙의민주주의(熟議民主主義 deliberative democracy)에서 강조된다.

의사결정과정의 정당성은 의사결정의 절차적 보장으로 확보되는데, 이는 헌법상의 법치주의의 내용을 이룬다. 위헌법률심판에서 입법의 결과뿐만 아니라 입법의 과정에 대해서도 심사를 하는 것은 다수결에서의 절차적 정당성을 확보하기 위한 효과적인 방법이다.

(4) 정당화의 근거

민주주의는 본질적으로 구성원이 타협과 절충을 통하여 전원이 수용할 수 있는 합의에 이르고, 이러한 합의에 의해 의사결정이 이루어지는 것을 말한다. 따라서 민주주의에서는 다수와 소수의 구분이 없이 의사결정의 참여자 전원이 동등한 구성원으로서 하나의 결론을 이끌어내는 것이 무엇보다 필요하다. 하나의 결론을 이끌어내는데 시간이 필요하면 일정한 시간이 경과하더라도 이를 인내하고 설득과 타협을 통하여 결론을 도출하는데 최선의 노력을 하여야 한다.

그러나 경우에 따라서는 이러한 노력을 하였음에도 의견의 대립으로 인하여 결론에 이르지 못하는 상황이 발생하고, 하나의 결론은 반드시 도출되어야 할 필요가 있는 경우가 있을 수 있다. 이 경우에 결론을 도출하기 위하여 다수의사를 전체의사로 의제하는 불가피한 수단으로 동원되는 기술이 다수결이다. 그런 만큼 다수의 의사에 따라 하나의 결론에 도달하더라도 소수의 의사가 무시되어서는 안 된다. 단일한 결론을 내리기 위하여 다수의사를 채택한 것일 뿐 소수의 의사도 여전히 존중될 가치를 지니고 있기 때문이다(소수의 보호 Minderheitsschutz). 따라서 다수결은 이와 같은 상황에 한하여 그 정당화의 요건을 갖추었을 때만 정당화된다.

(5) 실현방법

다수결의 원리를 실현하는 방법으로는 유효투표의 반수만 초과하면 반수가 넘는 수를 가지는 다수의 의사를 전체의사로 간주하는 단순다수결과 반수를 초과하더라도 보다 높은 일정한 한도에 도달하여야 다수의 의사를 전체의사로 간주하는 특별다수결의 방식이 있다. 다수결에서는 본질적으로 단순다수결로 의사의 결정이 정당화되지만, 사안의 성격상 신중을 요하고 단순다수만으로는 그 결정의 정당성을 확보하기 어려운 경우에는 특별다수결을 채택한다.

유효투표 총수의 반수를 넘지 않았지만, 다양한 여러 의사 가운데 상대적으로 수에서 다수에 해당하는 의사를 전체의사로 간주하는 상대다수결(plurality)은 민주주의원리와 합치하기 어렵다.

Ⅳ. 소수의 보호

민주주의는 다수결의 방식을 하나의 결론을 도출하기 위하여 불가피한 수단으로 수용하고 있지만, 다수의 결정이 언제나 정당한 것은 아니다. 다수는 양의 문제이지 질의 문제가 아니어서 다수의 의사는 다수의 횡포가 될 수도 있다. 따라서 다수의 지배가 곧 민주주의는 아니기 때문에 소수의 보호는 민주주의의 개념필연적인 요소로서의 위치를 차지하고 있다.

다수의 의사에 의하여 하나의 결론으로 귀착하고 이익이 결정되어도 이에서 배제된 소수의 의사가 완전히 무시되는 것은 아니다. 소수의 의사는 다수의 의사를 교정하고 다수의 이익과 조정할 수 있는 기회와 여지를 항상 보유하고 있다. 민주주의는 구성원 모두의 의사가 합치할 때 비로소 충분한 정당성을 가질 수 있으므로 의사결정에서 패배한 소수의 의사가 완전히 배제될 수는 없다. 이러한 점에서 민주주의에서는 소수를 보호하는 장치가 마련될 때 비로소 「질로서의 민주주의」가 가능해진다.

소수의 보호를 실현하는 장치로는 소수자의 권리보호, 야당의 보호, 국정참여의 기회보장, 양원제, 대통령의 법률안거부제도, 추상적 규범통제제도, 국정조사제도, 청원제도 등이 있다.

[72] 제3 국가의사결정의 방식

Ⅰ. 대의민주주의

(1) 개 념

대의민주주의(代議民主主義 representative democracy, repräsentative Demokratie)는 국가의사를 국민이 직접 결정하지 않고 대표자를 선출하여 그로 하여금 결정하게 하는 것이다. 국가의사의 결정을 국민이 아닌 타자가 하는 점에서는 군주국가나 귀족국가의 경우와 같으나, 국가의사를 결정하는 자를 선정하는 권한을 국민이 가지는 점에서 이와 본질적으로 다르다. 이런 점에서 대의민주주의는 국민주권에 바탕을 두고 있는, 민주주의적 정당성(=국민적 정당성 democratic legitimacy)을 가지는 의사결정시스템이고, 민주국가의 의사결정제도이다.

(2) 기 능

대의민주주의는 의사(will)와 이익(interest)이 서로 합치되지 않는 경우도 있음을 전제로 하여 국가의사가 항상 국민전체의 이익(=국가이익)과 합치되게 만들어 주는데 본질적인 기능이 있다([371]). 이로써 국가는 공공성을 확보할 수 있게 되고, 특수이익이 지배하는 계급국가 또는 신분국가가 되지 않게 된다. 대의민주주의는 부분이익이나 개별의사들이 국가를 지배하는 것을 방지하여 사회의 통합을 가능하게 하고, 정치엘리트 또는 전문가들에 의한 정치를 실현할 수 있게 한다. 대의민주주의는 국민대표자에게 임기를 보장하여 임기 동안에는 국가의사의 결정에 있어 자기책임하에 전체이익을 추구할 수 있도록 해주어 책임정치를 실현하고, 동시에 다른 한편으로는 임기 동안만 이러한 국가의사결정권을 부여하고 임기 후에는 다시 국민으로부터 심판을 받게 하여 제한정치를 실현할 수 있게 한다.

(3) 실현형태

대의민주주의는 i) 국민과 국민대표자가 분리되어 있음을 전제로 하고, ii) 국가의사결정의 시스템에서 국가의사결정권과 통치기관(=대표기관)의 구성권을 서로 분리하여 전자는 국민대표자에게 부여하고 후자는 국민에게 유보시켜 놓는다. iii) 국민이 통치기관을 구성하는 것은 선거에 의해 국민대표자를 선출하는 방식을 취한다. iv) 국민에 의하여 선출된 자는 전체국민의 대표로서 전체국민에게 이익이 되게 국가정책을 수립하고 결정하여야 한다. 선출된 국민대표자는 선거구민이나 유권자의 대리인이 아니기 때문에 자기 선거구의 이익이나 특정집단이나 지지세력의 부분이익을 대변해서는 안 된다. v) 국민의 대표자가 특수이익이나 부분의사에 지배되지 않고 국민의 전체이익과 일반의사에 합치되도록 정책을 결정할 수 있게 하기 위해서는 선거구민이나 유권자의 지시나 명령으로부터 독립되어야 하고, 이러한 조건하에 이루어진 국가의사결정에 대해서는 그 잘못이 있더라도 국민에 대하여 법적인 책임(예: 파면, 손해배상책임)을 지지 않는다. 이를 「명령적 위임(=강제위임=기속위임 imperative Mandat)의 배제」 또는 「자유위임」(freies Mandat)이라고 한다. vi) 국민대표자는 이러한 조건하에서 국가의사를 결정하되, 그 정책의 결정은 국민의 추정적 의사와 전체이익과 합치하는 것이 되어야 한다. 국민의 경험적 의사와 추정적 의사가 합치하는 경우에는 문제가 없으나 추정적 의사와 경험적 의사가 충돌하는 경우에는 추정적 의사를 우선시켜야 한다. vii) 국민대표자는 자신의 국가의사결정권의 합법적인 행사에 대해서는 법적 책임을 지지 않고 정치적인 책임만 진다. 국민은 차기 선거를 통하여 이러한 책임을 묻는다([371]). 대의민주주의를 구체적으로 실현하는 형태는 의회주의제 민주주의(Parlamentarische Demokratie)와 대통령제 민주주의(Präsidiale Demokratie)로 구분된다.

⑷ 문 제 점

대의민주주의에서 자유위임을 악용하여 국민의 대표자가 자신의 사적 이익을 추구하는데 권한을 이용하거나, 국가정책을 결정함에 있어 특정집단, 특정세력, 특정지역의 특수이익을 추구하면서 이를 전체국민을 위한 전체이익이라고 호도할 수 있다. 이렇게 되면 국가의 공공성은 상실되고 국가는 특정계급 · 계층의 이익을 추구하는 계급국가나 지역국가로 전락하게 된다.

대의민주주의에서 국민대표자는 국민에 대하여 법적 책임을 지지 않기 때문에 임기 동안 권력을 남용하고 오용할 위험이 상존하고 있다. 국민의 참여가 제대로 이루어지지 않고 국민대표자가 독선으로 흐를 경우에는 독재나 권위주의국가로 변질되거나 국가정책에서 실패할 위험이 크다.

⑸ 성공조건

대의민주주의가 성공하기 위해서는 i) 선거가 공정하고 합리적이어야 하며 민주주의를 실현할 수 있는 것이어야 하고, ii) 선거가 국민대표자에 합당한 자질과 능력을 갖춘 자를 선발할 수 있어야 한다. 외형적으로는 선거가 행해졌지만 선거에 의해 선택된 사람들이 자질과 능력 등에서 국민대표자(예: 대통령, 국회의원)의 직을 수행하기에 적합하지 아니한 때에는 대의민주주의는 실패하게 된다. 오늘날 선거(election)와 국민대표에 적합한 자의 선발(選拔 selection)이 일치하지 않는 일이 빈번하게 발생하면서 이러한 현상은 대의민주주의의 중대한 위기로 나타나고 있다. 대의민주주의는 선거가 선발의 기능을 정확히 수행할 때 성공할 수 있다. iii) 후보자나 유권자가 모두 대의민주주의를 정확히 인식하고 그 기능에 합치되도록 행동해야 대의민주주의는 성공한다. iv) 국민대표자는 국가의사를 결정함에 있어 국민들의 부분이익과 개별의사는 충분히 고려하고 경청하되 이에 지배되지 않고 전체국민에게 이익이 되는 방향으로 권한을 행사할 때 비로소 대의민주주의는 제 기능을 하게 된다.

Ⅱ. 직접민주주의

⑴ 개 념

직접민주주의(直接民主主義 direct democracy)는 국가의사를 국민이 직접 결정하는 것을 말한다. 모든 국가의사를 국민의 경험적 의사에 의존하여 결정하는 것이다. 이러한 것은 엄격한 의미에서 국민투표에 의한 국가의사결정에서만 실현된다.

그러나 통상 직접민주주의라는 개념은 대의시스템을 전제로 하면서 국민이 직접

결정하는 부분이 있는 것을 지칭하기도 한다. 대의제도를 전제로 하고 있는 국민대표자에 대한 국민소환, 의회에서의 결정을 전제로 한 국민발안, 국민대표기관이 제안한 사안에 대한 국민투표, 사전적·자문적 국민투표 등이 이에 해당한다.

국가의사의 결정에서 최종적인 결정권은 국민대표자가 가지고, 그러한 국가의사를 도출하는 과정에 국민이 참여하는 참여민주주의(participatory democracy)는 국민이 국가의사를 직접 결정하는 것이 아니므로 개념상 직접민주주의에 해당하지 않는다. 선거는 정치참여의 한 형태이기는 하지만 대의민주주의의 구성요소를 이루므로 개념상 참여민주주의에서 말하는 「국가의사결정에 대한 참여」에는 해당하지 않는다.

(2) **실현형태**

(a) **국민투표**

(i) 의 의 국민투표(國民投票=國民表決 referendum, Referendum, Volksentscheid)는 유권기관(有權機關)이나 국민에 의해 제안된 사항에 대해 국민이 각자 직접 의사를 표시하고 그 결과에 따라 국가의사를 결정하는 방법을 말한다.

(ii) 종 류 국민투표에는 결정권자가 사안에 대한 결정을 하기 전에 국민에 대하여 찬반의 의사를 물어보는 사전적(=자문적) 국민투표와 사안에 대한 결정에 대하여 국민투표로 효력 발생의 여부를 확정하게 하는 사후적 국민투표가 있다. 사후적 국민투표는 성질상 국민거부(國民拒否 popular veto)에 해당한다.

국민투표의 대상이 되는 사안의 성격에 따라 헌법사항에 대한 국민투표, 법률사항에 대한 국민투표, 국제법적 사항에 대한 국민투표로 나누어진다.

어떤 사안에 대하여 필수적으로 국민투표를 실시하여야 하는가의 여부에 따라 필요적 국민투표와 임의적 국민투표로 나누어지기도 한다.

《신임투표》

신임투표(信任投票 plebiscite, Plebiszit)는 어떤 사항을 제안한 발안자의 신임여부를 조건으로 하여 사안에 대한 국민의 태도를 정하는 것을 말한다. 통상 헌법개정을 통치자의 신임과 연계시키는 것으로 나타난다. 이는 사안에 대한 진정한 국민투표가 되지 못하고, 사안에 대한 찬반여부를 발안자의 인격적 요소와 결부시켜 경험적 의사형성을 왜곡시키고 발안자의 권력의 인격화 또는 권력집중을 실현하기 위한 수단으로서의 성격을 가진다. 그리하여 이는 종종 쿠데타 또는 혁명에 의한 권력장악이나 독재를 정당화하기 위한 수단으로 이용된다.

《국민거부》

국민거부(國民拒否 popular veto)는 그 유형에 따라 ① 효력이 발생한 법률에 대해 장래적으로 효력을 상실시키는 방식, ② 법률안이 의결된 후 일정기간 동안 국민거부가 없으면 효력을 발생하게 하고 국민거부가 있으면 폐기되도록 하는 방식, ③ 법률안이 의결된 후 일정수의 지방 또는 자치단체의 거부가 있으면 국민투표에 회부하는 방식 등이 있다.

(b) 국민발안

(i) 의 의 국민발안(國民發案 initiative, Volksinitiative, Volksbefragung)이란 공동체에서 결정할 사항(예: 오스트리아)을 국민이 직접 제안하는 것을 말한다. 이의 구체적인 형태로는 일정수의 유권자가 법률안을 발의하고 행정부가 이 법률안을 의회에 제출하는 방식이 있다(예: 법률안, 국민투표안 등).

(ii) 종 류 국민발안에는 그 방식에 따라 국민투표와 결합하는 방식도 있고, 국민발안만 존재하는 방식도 있다. 전자의 경우에는 결정할 사항을 국민이 제안하고(popular initiative) 국민이 결정하는(voter approval) 형태이고, 후자의 경우는 결정할 사항을 국민이 제안하고 국민대표기관이 결정하는 간접적 국민발안(indirect initiative)의 형태이다.

(c) 국민소환

(i) 의 의 국민소환(國民召還 recall, Volksabberufung)이란 국가원수나 국민대표자를 임기 도중에 국민의 투표로 해임시키는 것을 말한다. 국민해임(=국민파면)이라고도 한다. 국민소환안의 발의는 대상에 따라 일정수의 유권자, 의회, 기타 기관 등이 하기도 하는데, 해임투표는 전임자에 대한 해임투표와 후임자를 선출하는 선거를 동시에 실시하기도 하고, 해임투표로 해임한 후 별도의 선거에 의해서 후임자를 선출하기도 한다. 이는 대의제도와 임기제도를 전제로 하여 임기 전에 국민이 해임하는 것이므로 엄격한 의미에서 직접민주주의에 해당한다고 할 수는 없다.

국민투표와 국민발안은 어떠한 사안을 의사결정의 대상으로 하는 것임에 반하여 국민소환은 이와 달리 대표자나 특정 공직에 있는 사람을 해임시키는 것이어서 성격이 서로 다르다. 이런 점에서도 직접민주주의의 방식에 의한 의사결정방법이라고 하기는 어렵다.

대통령제에서는 의회주의제(=의원내각제)와 달리 정책의 실패와 국정운영의 무능에 대하여 책임을 묻는 방법이 없어 대통령에 대한 국민소환을 두기도 한다(예: 베네수엘라). 혼합제 정부형태인 이원정부제에서도 대통령에 대한 국민소환을 두기도 한다(예: 오스트리아, 아이슬랜드, 바이마르공화국). 미합중국의 일부 주(state)에서는 주헌법으로 주민소환제도를 채택하고 있다(Nevada, Montana, Michigan, Arizona, Oregon,Colorado, California, Idaho, Washington, North Dakota, Alaska, Kansas, Louisiana, Wisconsin, Georgia).

(ii) 종 류 국민소환의 이유에 따라 위법한 행위를 한 경우에 실시하는 국민소환과 업무수행상의 무능이나 정책의 실패를 이유로 한 국민소환이 있다. 전자의 경우는 대의제도와 결합해도 문제가 없으나, 후자의 경우는 대의제도와 결합은 가능하지만 대의제도에 변질을 가져올 위험이 있다.

《명령적 위임과 국민소환》

국민이 선출한 대표자(국회의원, 대통령)에 대하여 그 업무의 수행에 있어 선거구민이나 유권자의 지시나 명령에 따르도록 하고 이를 위반한 경우에 소환하는 것을 명령적 위임에 기초한 국민소환 또는 국민해임이라고 한다. 이는 대의제도에서 채택하고 있는 명령적 위임의 배제원리와 충돌하므로 대의민주주의에서는 취할 수 없다. 이와 달리 대의제도에서 국민이 선출한 대통령이나 국회의원의 업무수행상의 무능이나 정책의 실패에 대한 책임을 물어 소환하는 것은 명령적 위임에 기초한 소환은 아니다. 국민대표자로 하여금 선거구민이나 유권자의 지시나 명령에 따르도록 하고 이의 위반을 이유로 소환하는 것이 아니기 때문이다. 그러나 이러한 경우에 현실에서는 대통령이나 국회의원은 소환을 당하지 않기 위하여 평소에 특정 선거구민이나 유권자의 특수이익이나 부분이익을 받아들여 국가정책으로 채택하거나 반영하는 일(특수이익과의 유착, 계급국가, 자신의 직을 유지하기 위한 정치적 거래)이 발생할 수 있는데, 이는 사실상 명령적 위임의 현상과 같은 결과를 가져온다. 이는 전체국민의 이익을 실현하여야 하는 국가가 결과에서 부분이익을 실현하는 도구로 이용된다는 점에서 대의민주주의에 변질을 가져온다. 대의민주주의를 채택하면서 이러한 형태의 국민소환을 채택할 것인가 하는 점은 이를 채택했을 때의 득실을 따져 결정할 헌법정책적 사항이다.

(3) 문 제 점

공동체의 의사결정을 공동체의 구성원이 직접 결정하게 하는 것은 국가정책에 있어 특수이익의 지배, 특수계급의 지배, 충동적인 결정, 결정의 오류에 대한 높은 위험성 등 때문에 인류역사에서 배제되어 왔다. 그래서 오늘날 모든 국가에서는 대의민주주의를 채택하고 있다.

이념적으로 볼 때, 사전적-자문적 국민투표 이외에 다른 형태의 국민투표는 대의민주주의와 결합하기 어렵다. 그러함에도 대의제도와 국민투표를 양립시키는 경우는 직접결정방식에 따르는 위험을 감수하더라도 일정한 사안에 대해서는 국민의 경험적 의사로 국가의사를 결정하기로 결단한 경우이다. 이념적인 부조화에도 불구하고 정치기술적으로 결합하는 경우로는 국가원수에 대한 면직여부를 국민투표로 결정하는 형태, 국가원수의 발의에 따라 국민투표로 의회를 해산하는 형태, 국민발안으로 의회해산을 제안하고 이에 대하여 국민투표를 하는 경우가 해당 국가의 현실적 정치 상황에 따라 나타나기도 한다. 주권의 변경 · 양도, 영토의 할양 등 국민이 주권자의 지위에서 직접 결정하는 것이 합당한 사항에 대한 국민투표는 국민주권원리의 직접적 요청이기 때문에 대의민주주의와 어긋나는 것이 아니다.

오늘날 대의민주주의에서 선거과정의 왜곡으로 인하여 국민대표자의 지위에 합당한 인물을 선발(selection)하는데 실패하거나 국민대표자의 무능과 국정운영에서의 실패를 겪으면서 이를 해결하는 방책을 직접민주주의에서 찾고자 하는 태도도 있으나 직접민주주의가 가지고 있는 위험성은 여전히 존재한다는 점을 인식할 필요가 있다. 국민소환이나 국민발안의 경우에는 주로 잘 조직된 소수에 의하여 추진되는 반면에 다수는 통상 조직화가 어려운 상태에 있기 때문에 소수의 보호라는 것이 역으로 다수에 대한 억압으로 나타날 가능성도 있다. 이러한 경우에는 소수의 지배가 이루어져 민주주의원리와 합치하지 않는 결과를 가져올 수 있다. 대다수의 나라에서는 대의민주주의의 문제점과 실패를 국민의 직접결정방식으로 해결을 도모하는 것이 아니라 선거과정의 합리화, 임기의 합리화와 제한, 연임횟수의 제한, 의회주의제의 채택, 정부에서의 의사결정과정의 합리화, 의사결정과정에서의 국민의 참여, 입법의 과정 · 절차에 대한 통제, 부패방지제도의 확립, 정치자금의 통제, 검찰과 법원의 독립, 헌법재판의 활성화 등을 통하여 예방하거나 교정하고 있다.

[73] 제4 정 당

Ⅰ. 헌법과 정당

(1) 정당의 헌법에의 수용

정당은 본래 정치영역에서 각기 정치적 이익을 추구하기 위하여 결성된 파당(faction)으로 등장하였다. 이러한 파당은 자신들의 이익을 추구하며 국가운영에 개입하고 관여하기 때문에 공익의 형성과 실현을 방해하고 민주주의의 덕(virtue)을 파괴하는 것으로 인식되었다. 그러하던 것이 민주주의의 발달과 정당의 발달로 정당이 국민의 정치활동에서 빠뜨릴 수 없는 것이 됨으로 인하여 헌법도 이를 수용하기에 이르렀다. 헌법이 정당을 수용하면서 정당은 하나의 제도로 확립되기에 이르렀고, 복수정당제도는 민주주의의 실현에 필수불가결한 것으로 인식되었다. 국가에 따라서는 사회의 상황과 민주주의 발전단계에 따라 정당의 자유를 보장하는 수준에서 정당제도를 보장하는 경우도 있고, 정당을 국가가 적극 육성하고 지원하는 수준에서 보장하는 경우도 있다.

헌법과 정당과의 역사적 관계를 보면, H.Triepel의 지적과 같이(독일의 경우를 언급한 것이지만 어느 정도 일반적인 경향이기도 하다), 근대헌법은 초기에 정당을 적대시하는 태도를 취하다가(적대시 단계) 정당의 현실적 활동으로 인하여 이를 적극 인정도 하지 않고 적대시하지도 않는 무시하는 단계로 나아갔으며(「무시 단계」), 현실 정치에서 정당의 존재와 활동이 더욱 증가하면서 이를 승인하고 합법화하는 단계로 접어 들어가(「승인 · 합법화 단계」) 현대 헌법에서는 헌법에 편입하는 단계로 나아갔다(「헌법에의 편입 단계」). 역사적으로는 대체로 제2차 세계대전 이후 정당이 헌법에 편입되면서 정당의 설립과 활동의 자유가 보장되고 복수정당제도가 헌법제도로 정착하게 되었다. 이로써 정당정치도 입헌정치의 테두리 속으로 들어오게 되었다.

독일에서는 1949년의 독일연방헌법에서 최초로 헌법에 정당을 규정하였고, 이는 1961년 터키헌법에 계수되었다. 우리나라에서는 1960년6월헌법에서 처음 정당에 대하여 규정하였다. 1970년대에 접어들면서 민주화로의 이행기에 나타난 포르투갈, 스페인, 그리스, 타이, 브라질 등의 헌법에서도 정당에 대하여 규정하였다. 오늘날에는 많은 나라의 헌법에서 정당에 대하여 규정하고 있다.

정당의 발달로 인하여 정당은 현대 정치에서 빼놓을 수 없는 행위주체로 자리잡게 되었다. 현대 민주주의와 현대 국가에서 정당이 국가의 정책결정, 국회의원의 의정활동, 여론의 형성, 국가운영의 방향에 심대한 영향을 미치며 정치에서 중요한 역할을 하게 되면서 이를 「정당민주주의」(政黨民主主義) 또는 「정당국가」(政黨國家)라고 부르기도 한다. 그러나 정당이 현실정치에서 상당한 영향력을 미친다는 것과 정당을 중심으로 정치가 이루어지고 국정이 운영되어야 한다는 것은 구별할 필요가 있다. 민주주의는 어디까지나 개개의 국민이 주권자의 지위에서 공동체의 의사결정에 참여하고 활동하는 것이므로 정당의 활동이 활발하고 국정에 영향을 상당히 미친다고 하여 정당이 국민의 지위를 대체할 수는 없다.

현대 국가에서 정당이 차지하는 비중을 고려하여 이를 정당민주주의 또는 정당국가라고 부를 때는 「정당국가적 민주주의」(Parteistaatliche Demokratie)이론과 「정당국가」(Parteienstaat-Doktrin) 이론을 전개한 G.Leibholz의 이론구조와 용어법을 주의할 필요가 있다. 1960년대 독일의 G.Leibholz는 의회정치에 대하여 회의적인 입장을 취해온 C. Schmitt의 태도를 이어받아 직접민주주의에 큰 비중을 두고 정당의 등장과 활동을 직접민주주의의 실현형태로 재구성하였다. 그리하여 그는 정당의 등장은 민주주의의 질을 바꾸어 놓는 것이기 때문에 국민과 의회는 더 이상 민주주의의 중심적인 지위에 있지 않다고 본다. 그는 「정당국가적 민주주의」를 대의민주주의와 대립되는 개념으로 구성하고, 정당의 등장으로 의회는 더 이상 선량(選良)들이 모인 기관도 아니고 자유롭고 공개된 토론이 이루어지는 장소도 아니며 국민 전체의 이익에 부합하는 정책을 결정하는 곳도 아니라고 본다. 그 대신 「정당국가적 민주주의」에서는 의회는 정당대표들이 다른 장소에서 결정한 사항을 확인하기 위하여 의원들이 모인 장소에 불과하고, 정당이 의원을 결정하며(특히 비례대표), 의원은 더 이상 전체국민의 대표자가 아니라 정당의 대표나 구성원에 지나지 않고, 국가정책은 의원 개개인의 활동에 의하여 이루어지는 것이 아니라 정당대표들이 결정한다고 본다. 그리고 소속 정당의 교섭단체가 의원의 행동을 결정하므로 의원은 교섭단체의 결정에 복종하여야 한다고 본다. 이런 점에서 정당은 국가기관으로서의 성질을 지니고, 정당과 의원간에는 명령적 기속관계가 성립하고 교섭단체의 강제(Fraktionszwang)가 당연한 것이 된다고 본다(정종섭b, 100; 계희열a, 255). 이러한 「정당국가적 민주주의이론」 또는 「정당국가이론」은 정당을 직접민주주의의 실현도구로 설정하고 비례대표제도를 명령적 위임이 지배하는 것으로 자리매김하고 있을 뿐 아니라, 현실에서 다양하게 나타나는 정당의 역할을 과도하게 평가하여 정당을 사실상 국민을 대체하는 지위에 올려 놓아 국민주권을 형해화시키고, 대의민주주의를 부정하는 결과를 초래하는 것이었다. 과도한 그의 이론은 독일에서 설득력을 상실하고 폐기되었다. 우리나라에서도 1970년대 G. Leibholz의 이론에 의지하여 현대 국가는 정당국가라고 강조한 경향이 있었는데, 이는 결국 독재와 권위주의시대에 행정국가론(行政國家論), 의회회의론(議會懷疑論)과 함께 의회를 약화시키고 대통령을 중심으로 한 행정부를 강화시키는데 기여하는 부정적인 결과를 초래하였다. 이러한 점에서 「정당국가적 민주주의」, 「정당민주주의」, 「정당국가」라는 용어를 사용하는 경우에는 그 의미와 법적 효력범위를 분명히 해야 함을 유의할 필요가 있다.

(2) 정당의 개념

정당은 정치학적으로는 국가권력의 장악을 목표로 하는 정치적 결사이지만, 정당에 대한 법적 보호와 관련해서는 법적으로 개념을 정의할 필요가 있다.

정당법에 의하면, 정당은 국민의 이익을 위하여 책임있는 정치적 주장이나 정책을 추진하고 공직선거의 후보자를 추천 또는 지지함으로써 국민의 정치적 의사형성에 참여함을 목적으로 하는 국민의 자발적 조직을 의미한다. 어떤 정치적 결사가 이러한 정당에 해당할 때에만 헌법(§8 ③)과 정당법의 보호를 받는 정당에 해당하며 이에 해당하지 않는 것은 정당이 아닌 일반결사(一般結社)에 지나지 않는다. 이에 의할 때, 정당은 i) 국민의 이익을 위한 정치적 주장이나 정책의 추진, ii) 공직선거의 후보자의 추천 · 지지로 국민의 정치적 의사형성의 참여, iii) 자발적 조직의 확보를 그 개념 요소로 한다. 이러한 것은 당연히 상당한 기간 동안 존속할 것을 전제로 할 뿐 아니라 일정한 정치적 목적을 가져야 하므로 iv) 상당한 기간의 존속(시간적 계속성), v) 정치적 목적(정강 · 정책)의 보유도 개념요소가 된다.

정당에 지역적 요소도 요구되는가 하는 문제가 있다. 사이버정당을 인정하는 경우에는 지역적 요소는 정당의 개념요소가 되지 않는다.

헌법재판소는 정당의 개념적 징표를 다음과 같이 판시하였다(憲 2006. 3. 30.-2004헌마246).

[憲 2006.3.30.-2004헌마246] 「헌법은 제8조 제2항에서 “정당은……국민의 정치적 의사형성에 참여하는데 필요한 조직을 가져야 한다”고 규정하고 있고, 정당법 제2조는

"이 법에서 정당이라 함은 국민의 이익을 위하여 책임 있는 정치적 주장이나 정책을 추진하고 공직선거의 후보자를 추천 또는 지지함으로써 국민의 정치적 의사형성에 참여함을 목적으로 하는 국민의 자발적 조직을 말한다"고 규정하고 있다. 이와 같은 우리 헌법 및 정당법상 정당의 개념적 징표로서는 ① 국가와 자유민주주의 또는 헌법질서를 긍정할 것, ② 공익의 실현에 노력할 것, ③ 선거에 참여할 것, ④ 정강이나 정책을 가질 것, ⑤ 국민의 정치적 의사형성에 참여할 것, ⑥ 계속적이고 공고한 조직을 구비할 것, ⑦ 구성원들이 당원이 될 수 있는 자격을 구비할 것 등을 들 수 있다. 즉, 정당은 정당법 제2조에 의한 정당의 개념표지 외에 예컨대 독일의 정당법(제2조)이 규정하고 있는 바와 같이 "상당한 기간 또는 계속해서" "상당한 지역에서" 국민의 정치적 의사형성에 참여해야 한다는 개념표지가 요청된다고 할 것이다.」

(3) 정당의 자유

(a) 내 용

헌법 제8조 제1항은 「정당의 설립은 자유이며……」라고 정하여 정당설립의 자유를 명시하고 있는데, 이는 「정당설립의 자유」뿐만 아니라, 정당의 조직형태를 선택할 「정당조직선택의 자유」 및 그와 같이 선택된 조직을 결성할 자유인 「정당조직의 자유」와 「정당활동의 자유」를 포함하는 정당의 자유를 정하고 있는 것이다. 정당의 자유는 개개인의 자유로운 정당설립 및 정당가입의 자유, 조직형식 내지 법형식 선택의 자유를 포함하고, 정당설립의 자유는 설립에 대응하는 정당해산의 자유, 합당의 자유, 분당의 자유뿐만 아니라, 개인이 정당 일반 또는 특정 정당에 가입하지 아니할 자유, 가입했던 정당으로부터 탈퇴할 자유 등 소극적 자유도 포함한다(예: 憲1999. 12. 23.-99헌마135; 1996. 3. 28.-96헌 마 9등; 2001. 10. 25.-2000헌 마 193; 2004. 12. 16.-2004헌마456; 2006. 3. 30.-2004헌마246).

[憲 2006.3.30.-2004헌마246] 「헌법 제8조 제1항 전단의 정당설립의 자유는 정당설립의 자유만이 아니라 정당활동의 자유를 포함한다. 즉, 헌법 제8조 제1항은 정당설립의 자유만을 명시적으로 규정하고 있지만, 정당설립의 자유만이 아니라 누구나 국가의 간섭을 받지 아니하고 자유롭게 정당에 가입하고 정당으로부터 탈퇴할 수 있는 자유를 함께 보장한다. 정당의 설립만이 보장될 뿐 설립된 정당이 언제든지 다시 금지될 수 있거나 정당의 활동이 임의로 제한될 수 있다면, 정당설립의 자유는 사실상 아무런 의미가 없기 때문이다. 따라서 정당설립의 자유는 당연히 정당의 존속과 정당활동의 자유도 보장하는 것이다. 따라서 정당의 자유의 주체는 정당을 설립하려는 개개인과 이를 통해 조직된 정당 모두에게 인정되는 것이다. 구체적으로 정당의 자유는 개개인의 자유로운 정당설립 및 정당가입의 자유, 조직형식 내지 법형식 선택의 자유를 포함한다. 또한 정당설립의 자유는 설립에 대응하는 정당해산의 자유, 합당의 자유, 분당의 자유도 포함한다. 뿐만 아니라 정당설립의 자유는 개인이 정당 일반 또는 특정 정당에 가입하지 아니할 자유, 가입했던 정당으로부터 탈퇴할 자유 등 소극적 자유도 포함한다.」

헌법재판소는 경찰청장의 정치적 중립성을 보장하기 위하여 퇴직 후 일정기간 동안 정당에 가입할 수 없게 하는 것이 정당의 자유를 침해하는 것이라고 하고, 이는 목적의 달성에 합치하는 수단의 적합성에 어긋나는 것이라고 하였다(憲 1999. 12. 23.-99헌마135).

(b) 한 계

정당조직의 자유와 정당활동의 자유가 인정된다고 하더라도 국민의 정치적 자유와 민주주의를 실현하는 전제하에 인정되는 것이기 때문에 이에는 한계가 있다. 아무리 정당의 자유가 인정된다고 하더라도 정당조직의 자유가 조직을 두지 않을 자유를 의미하는 것은 아니고 정당활동의 자유가 헌법을 부정하는 활동까지 인정하는 것은 아니다.

헌법은 제8조 제2항에서 「정당은 그 목적·조직과 활동이 민주적이어야 하며, 국민의 정치적 의사형성에 참여하는데 필요한 조직을 가져야 한다」고 하여 정당의 조직과 활동의 자유가 가지는 한계를 명시하고 있다(예: 憲1999. 12. 23.-99헌마135; 2004. 12. 16.-2004헌마456). 헌법 제8조의 체계를 보면, 제1항은 정당의 자유를 보장하고 있고, 제2항은 그 한계를 설정하고 있다(예: 憲2004. 12. 16.-2004헌마456; 2009. 10. 29.-2008헌바146등). 제4항에서 정당의 목적이나 활동이 민주적 기본질서를 위배할 때에 정당해산심판으로 이를 해산하게 하는 것도 정당의 자유에 대하여 한계를 정하고 있는 것이다.

[憲 1999.12.23.-99헌마135] 「헌법은 정당을 일반적인 결사의 자유로부터 분리하여 제8조에 독자적으로 규율함으로써 오늘날의 의회민주주의에서 정당이 가지는 중요한 의미와 헌법질서내에서의 정당의 특별한 지위를 강조하고 있다. 헌법 제8조는 제1항에서 "정당의 설립은 자유이며, 복수정당제는 보장된다"고 규정하여 국민 누구나가 원칙적으로 국가의 간섭을 받지 아니하고 정당을 설립할 권리를 국민의 기본권으로서 보장하면서, 아울러 정당설립의 자유를 보장한 것의 당연한 법적 산물인 복수정당제를 제도적으로 보장하고 있다. 헌법 제8조 제1항은 단지 정당설립의 자유만을 명시적으로 규정하고 있지만, 헌법 제21조의 결사의 자유와 마찬가지로 정당설립의 자유만이 아니라 누구나 국가의 간섭을 받지 아니하고 자유롭게 정당에 가입하고 정당으로부터 탈퇴할 수 있는 자유를 함께 보장한다. 정당의 설립만이 보장될 뿐 설립된 정당이 언제든지 다시 금지될 수 있거나 정당의 활동이 임의로 제한될 수 있다면, 정당설립의 자유는 사실상 아무런 의미가 없기 때문이다. 따라서 정당설립의 자유는 당연히 정당의 존속과 정당활동의 자유도 보장한다. 헌법은 제8조 제2항에서 "정당은 그 목적·조직과 활동이 민주적이어야 하며, 국민의 정치적 의사형성에 참여하는 데 필요한 조직을 가져야 한다"고 규정하고 있다. 이로써 헌법은 헌법상 부여된 정당의 과제와 기능을 '국민의 정치적 의사형성에의 참여'로 규정하면서, 입법자에게 정당이 헌법상 부여된 과제를 민주적인 내부질서를 통하여 이행할 수 있도록 그에 필요한 입법을 해야 할 의무를 부과하고 있다. 즉, 헌법 제8조 제2항은 정당의 내부질서가 민주적이 아니거나 국민의 정치적 의사형성과정에 참여하기 위하여 갖추어야 할 필수적인 조직을 갖추지 못한 정당은 자유롭게

설립되어서는 아니된다는 요청을 하고 있다. 따라서 헌법 제8조 제1항의 정당설립의 자유와 제2항의 헌법적 요청을 함께 고려하여 볼 때, 입법자가 정당으로 하여금 헌법상 부여된 기능을 이행하도록 하기 위하여 그에 필요한 절차적·형식적 요건을 규정함으로써 정당의 자유를 구체적으로 형성하고 동시에 제한하는 경우를 제외한다면, 정당설립에 대한 국가의 간섭이나 침해는 원칙적으로 허용되지 아니한다. 이는 곧 입법자가 정당설립과 관련하여 형식적 요건을 설정할 수는 있으나(정당법 §16), 일정한 내용적 요건을 구비해야만 정당을 설립할 수 있다는 소위 '허가절차'는 헌법적으로 허용되지 아니한다는 것을 뜻한다. 또한, 정당의 발기인 및 당원의 자격과 관련해서도, 특정 집단에 대하여 정당설립 및 가입을 금지하는 것은 원칙적으로 정당이 헌법상 부여받은 기능을 이행하기 위하여 필요하다고 판단되는 최소한의 조건에 대한 규율에 그쳐야 한다. 헌법 제8조 제4항은 "정당의 목적이나 활동이 민주적 기본질서에 위배될 때에는 정부는 헌법재판소에 그 해산을 제소할 수 있고, 정당은 헌법재판소의 심판에 의하여 해산된다"고 규정하고 있다. 정당의 해산에 관한 위 헌법규정은 민주주의를 파괴하려는 세력으로부터 민주주의를 보호하려는 소위 '방어적 민주주의'의 한 요소이고, 다른 한편으로는 헌법 스스로가 정당의 정치적 성격을 이유로 하는 정당금지의 요건을 엄격하게 정함으로써 되도록 민주적 정치과정의 개방성을 최대한으로 보장하려는 것이다. 즉, 헌법은 정당의 금지를 민주적 정치과정의 개방성에 대한 중대한 침해로서 이해하여 오로지 제8조 제4항의 엄격한 요건하에서만 정당설립의 자유에 대한 예외를 허용하고 있다. 이에 따라 자유민주적 기본질서를 부정하고 이를 적극적으로 제거하려는 조직도, 국민의 정치적 의사형성에 참여하는 한, '정당의 자유'의 보호를 받는 정당에 해당하며, 오로지 헌법재판소가 그의 위헌성을 확인한 경우에만 정당은 정치생활의 영역으로부터 축출될 수 있다. 그렇다면 민주적 의사형성과정의 개방성을 보장하기 위하여 정당설립의 자유를 최대한으로 보호하려는 헌법의 정신에 비추어, 정당의 설립 및 가입을 금지하는 법률조항은 이를 정당화하는 사유의 중대성에 있어서 적어도 '민주적 기본질서에 대한 위반'에 버금가는 것이어야 한다고 판단된다. 다시 말하면, 오늘날의 의회민주주의가 정당의 존재없이는 기능할 수 없다는 점에서 심지어 '위헌적인 정당을 금지해야 할 공익'도 정당설립의 자유에 대한 입법적 제한을 정당화하지 못하도록 규정한 것이 헌법의 객관적인 의사라면, 입법자가 그외의 공익적 고려에 의하여 정당설립금지조항을 도입하는 것은 원칙적으로 헌법에 위반된다. 따라서 정당설립금지의 규정이 정당의 위헌성이나 정치적 성격 때문이 아니라 비록 다른 공익을 실현하기 위하여 도입된다 하더라도, 금지규정이 달성하려는 공익은 매우 중대한 것이어야 한다는 것을 뜻한다.」

정당의 자유는 헌법 제37조 제2항을 근거로 하여 제한할 수도 있다. 정당법이 정당에 대하여 규율하면서 정당의 지구당 설립여부를 정하는 것은 법률정책의 문제이며, 이것이 헌법상의 정당조직의 자유를 침해하는 것은 아니다(예: 憲2004. 12. 16.-2004헌마456).

[憲 2004. 12. 16.-2004헌마456] 「헌법 제8조 제2항은……라고 규정하고 있다. 이 규정은 헌법 제8조 제1항에 의하여 정당의 자유가 보장됨을 전제로 하여, 그러한 자유를 누

리는 정당의 목적 · 조직 · 활동이 민주적이어야 한다는 요청, 그리고 그 조직이 국민의 정치적 의사형성에 참여하는 데 필요한 조직이어야 한다는 요청을 내용으로 하는 것으로서 정당에 대하여 정당의 자유의 한계를 부과한 것이다. 또 이 규정은 정당의 핵심적 기능과 임무를 '국민의 정치적 의사형성에 참여'하는 것으로 선언하면서 동시에 위 기능과 임무를 민주적인 내부질서를 통하여 수행할 수 있도록 그에 필요한 입법을 해야 할 의무를 입법자에게 부과하고 있다.」

헌법재판소는 국회의원선거에 참여하여 의석을 얻지 못하고 유효투표총수의 100분의 2 이상을 득표하지 못한 정당에 대해 그 등록을 취소하도록 한 구 정당법상의 정당등록취소조항과 이에 부수하여 등록취소된 정당의 정당명칭사용금지조항이 정당설립의 자유를 침해하여 위헌이라고 판시하였다(憲 2014. 1. 28.-2012헌마431등).

[憲 2014. 1. 28.-2012헌마431등] 「정당설립의 자유를 법률로써 제한하는 것은 대의민주주의에서 정당의 중요성을 감안할 때 필요최소한에 그쳐야 한다. 특히 정당등록의 취소는 정당의 존속 자체를 박탈함으로써 모든 형태의 정당활동을 불가능하게 하므로, 그에 대한 입법은 필요최소한의 범위에서 엄격한 기준에 따라 이루어져야 한다.……정당등록취소조항은 단 한 번의 국회의원선거에서 부진한 결과를 얻었다는 이유만으로 즉시 정당등록을 취소하는바, 어느 정당이 대통령선거나 지방자치선거에서 아무리 좋은 성과를 올리더라도 국회의원선거에서 일정 수준의 지지를 얻는 데 실패할 경우 정당등록이 취소될 수밖에 없는 불합리한 결과를 초래한다. 또한 신생 · 군소정당의 경우 등록취소에 대한 우려로 국회의원선거에의 참여 자체를 포기함으로써 국민의 정치적 의사형성에 지속적으로 참여하고자 하는 의사를 객관적으로 표명하고 자신의 존재와 정책을 효과적으로 알릴 기회를 상실하게 될 수도 있다. 그 결과 정당등록취소조항은 신생 · 군소정당이 국민의 정치적 의사형성에 참여할 진지한 의사를 가지고 계속적으로 정당활동을 수행하는 과정에서 국민의 지지를 획득하여 보다 굳건한 정당으로 성장할 수 있는 기회를 박탈함으로써, 소수의견의 정치적 결집을 봉쇄하고 정치적 다양성과 정치과정의 개방성을 훼손할 수 있다. 이와 같이 정당등록취소조항이 헌법 제8조 제1항 후단에서 제도적으로 보장된 복수정당제를 훼손하고 정당제 민주주의의 발전에 걸림돌이 될 여지를 만들어 주는 것은, 위 조항이 입법목적의 실현을 위하여 필요한 범위를 벗어나는 과도한 제한을 가하고 있음으로 인한 결과이다.……입법을 통하여 달성하려는 공익은 기본권 제한의 정도와 비례관계를 유지하여야 한다. 정당등록취소조항에 의하여 실현하고자 하는 공익은 실질적으로 국민의 정치적 의사형성에 참여할 의사나 능력이 없는 정당을 배제함으로써 정당제 민주주의를 발전시키기 위한 것이라고 보더라도, 앞에서 본 바와 같이 위 조항이 그러한 공익의 실현에 기여하는 효과는 불분명한 반면, 위 조항으로 인해 침해되는 정당설립의 자유의 공익적 가치는 매우 크다 할 것이므로, 위 조항으로 인해 얻는 공익적 성과와 그로부터 초래되는 부정적인 효과는 합리적인 비례관계를 현저하게 일탈하고 있다.」

II. 정당의 법적 지위

정당의 법적 지위에 대해서는 정당을 국가기관이라고 보는 국가기관설(國家機關說), 정당을 사적인 결사라고 보는 사적 결사설(私的 結社說), 정당을 국가기관도 아니고 사적 결사도 아닌 양자의 중간형태의 특성을 가지는 것이라고 보는 중간형태설(中間形態說)이 있다.

정당은 국가영역에 속해 있지 않으면서 선거에서 후보자를 선정하고, 정치와 선거에서 주도적인 활동을 하며, 교섭단체를 통하여 국정에 상당한 영향력을 미치고 있다. 따라서 이런 점에서 정당은 정치영역에 존재하며 사회와 국가를 매개하는 기능을 한다. 그런데 정당의 법적 성격과 지위는 결사의 성격 그 자체에 관한 것으로서 이러한 현실정치에서의 기능과 구별되어야 하고, 정당은 기본적으로 자율적인 사회영역에서 자발적으로 결성된 결사이므로 그 법적 관계에서는 특별한 사정이 없는 이상 사적 단체로서의 성격을 지닌 것(민법상의 법인격 없는 사단)이라고 할 것이다. 따라서 정당은 기본적으로 국가의 통제를 받지 않는다.

그러나 국가와 체제의 보호, 선거의 기능 정상화, 대의민주주의의 실현, 정치질서의 유지 등 공익을 위하여 필요한 경우에는 정당설립과 활동의 자유를 제한할 수 있어 이 범위에서는 국가가 개입할 여지를 가진다. 특히 국가로부터 보조금을 받는 경우나 비례대표에서 후보자명부를 독점적으로 작성하는 경우에는 순전한 사적인 결사가 아니고 국가영역에 밀접하게 개입하고 있으므로 이에 대해서는 공법적인 규율이 행해진다고 할 것이다.

이러한 중간적 형태로서의 성격으로 인하여 정당은 사항에 따라 복합적인 법적 관계를 가진다고 할 것이다. 정당의 구성원은 국가공무원이 아니고 사적 단체의 구성원으로서의 성질을 지니며, 일반적인 대외적 법률관계는 사법적인 관계를 이룬다. 고용관계에서는 노동법의 적용을 받는다. 정당법도 정당을 국민의 자발적 조직이라고 정하고 있다(동법 §2). 그리고 정당은 일정한 경우에 기본권의 주체가 되고 헌법소원심판에서 청구인적격을 가진다. 그러나 정당은 국가기관이 아니기 때문에 권한쟁의심판에서 당사자는 되지 못한다. 정당의 기능에 비추어 국가가 개입하고 통제하는 관계에서는 공법적인 특수한 지위를 가진다(예: 정당법, 정치자금법, 공직선거법의 규율대상).

헌법재판소는 정당의 귀속재산관계(歸屬財産關係)에서는 정당을 법인격(法人格) 없는 사단(社團)으로 본다(예: 憲 1993. 7. 29.-92헌마262).

[憲 1993. 7. 29.-92헌마262] 「정당의 법적 지위는 적어도 그 소유재산의 귀속관계에

있어서는 법인격 없는 사단(社團)으로 보아야 하고, 중앙당과 지구당과의 복합적 구조에 비추어 정당의 지구당은 단순한 중앙당의 하부조직이 아니라 어느 정도의 독자성을 가진 단체로서 역시 법인격 없는 사단에 해당한다고 보아야 할 것이다.」

Ⅲ. 정당의 권리와 의무

(1) 정당의 설립

헌법은 정당설립의 자유를 보장하고 있다(헌법 §8①). 따라서 국가는 정당의 설립을 방해하지 못한다. 그런데 헌법은 정당에 대하여 가치중립적인 것이 아니라 헌법질서와 민주적 기본질서에 위반되지 않을 것을 요구하므로(동조 ②,④) 이와 배치되는 정당은 처음부터 정당으로 보장을 받지 못하므로 이를 설립할 자유도 인정되지 않는다. 즉 공산주의정당이나 체제부정적 정당의 설립금지가 이에 해당한다.

(2) 정당의 권리

정당은 설립과 활동의 자유뿐만 아니라 정당으로서 본래의 기능을 함에 있어 요구되는 권리도 가진다. 성질상 허용되는 범위 내에서 기본권의 주체가 되기도 하고(예: 정치적 의사표현, 재산권, 선거에서의 평등, 주거의 자유 등), 법률이 정하는 권리(예: 후보자 공천권, 정당보조금청구권)도 가진다. 정치활동에서의 기회의 평등은 민주주의를 실현함에 있어 중요한 의미를 가진다.

헌법재판소도 기본권의 성질에 따라 정당이 기본권의 주체가 되는 경우가 있음을 인정하고 있다(예: 憲 1991. 3. 11.-91헌마21; 1994. 4. 28.-92헌마153; 1994. 7. 29.-91헌마137).

[憲 1991. 3. 11.-91헌마21] 「정당이 선거에 있어서 기회균등의 보장을 받을 수 있는 헌법적 권리는 정당활동의 기회균등의 보장과 헌법상 참정권보장에 내포되어 있다고 할 것이므로 헌법 제8조 제1항 내지 제3항, 제11조 제1항, 제24조, 제25조는 그 직접적인 근거규정이 될 수 있는 것이며, 헌법 전문과 제1조, 제41조 제1항, 제67조 제1항, 제37조 제2항, 제116조 제2항은 간접적인 근거규정이 될 수 있는 것이다.」

(3) 정당의 의무

정당은 원래의 기능에 부응하기 위하여 일정한 의무도 지고 있다. 헌법은 일정한 조직을 가질 것과 목적, 활동, 조직이 민주적일 것을 요구하며(헌법 §8②), 헌법의 민주적 기본질서를 준수할 것을 의무로 부과하고 있다(동조 ④).

(4) 정당의 해산

정당은 스스로 해산하는 자진해산(自進解散)과 헌법재판소의 정당해산심판에 의한 강제해산(强制解散)(헌법 §8④, §111)으로 해산된다. 정당 설립의 자유가 인정되는 이상 자진해산도 당연히 인정된다. 정당법도 정당의 대의기관의 결의에 의한 자진해산을 인정하고 있다(동법 §45). 강제해산에 있어서는 정당은 일반결사와 달리 헌법 제8조에 의하여 두터운 보호를 받고 있기 때문에 법원의 판결에 의하여 이를 해산할 수 없고 오직 헌법재판소의 정당해산심판에 의해서만 해산된다.

정당도 정치결사인 점에서는 헌법 제21조에 의하여 보호되는 정치결사와 다르지 않다. 그러나 헌법은 제8조에서 정치결사 가운데 정당에 대하여 특별히 존속보호를 강화하고 있는 점에서 일반결사와 다르다. 이런 점에서는 정당은 헌법 제8조와 제21조의 적용을 동시에 받지만, 존속보호에서는 제8조의 특별한 보호를 받는다.

우리 헌법사에서 정당해산심판제도는 1960년6월헌법에서 처음 채택되어 현재까지 유지되고 있다.

위헌정당의 문제가 된 진보당사건(進步黨事件)은 당수인 조봉암(趙奉岩)이 간첩죄로 사형선고를 받아 집행되었고(大 1959. 2. 27.-4291刑上559), 이에 앞서 1958년 2월 25일 진보당은 정부의 공보실(公報室)에 의해 등록취소(登錄取消)되어 해체되었다. 즉 행정조치로 정당이 해산되었다. 1961년 5·16군사쿠데타 직후 조직된 군사혁명위원회(軍事革命委員會)의 포고에 의해 기성정당이 해산되는 경험도 하였다. 이 결과 재판 이외의 방법으로 정당을 해산하는 것을 금지하여 정당활동을 보호할 필요성을 찾게 되었다. 1962년헌법도 재판으로 위헌정당을 해산하는 것을 제도화하였다.

《진보당 등록취소 이유와 정강·정책의 위헌여부》

1958년 2월 25일 공보실장 명의로 된 진보당 등록취소 이유는 다음과 같다. 「1. 진보당은 대한민국의 국법과 유엔의 결의에 위반되는 통일방안을 주장하고 있다. 그들은 1954년 제네바회의에서 천명된 바 한국통일은 대한민국 헌법에 의거하여 유엔 감시하에 민주주의적 선거를 실시하여 성취되어야 한다는 우리 국민과 유엔의 입장을 무시하고 북한괴뢰집단과 소련 및 중공이 주장하고 있는 적성국가를 주로 하여 구성되는 감시단의 감시하에 남북통일총선거를 실시할 것을 공식으로 선언하고 있다. 2. 진보당 간부들은 북한괴뢰집단이 밀파한 간첩과 밀사와 파괴공작들과 항상 접선하여 왔다. 그들 진보당 간부들이 반역죄를 범했는지 아니했는지는 법정이 결정할 문제이지만, 동당이 북한 공산당과 접선해왔다는 사실만으로도 진보당은 대한민국의 합법적인 정당으로서 인정받을 자격이 없는 것이다. 3. 진보당은 그들의 목적달성의 전제단계로서 공산당 비밀당원과 공산당 방조자들을 의회의원에 당선시켜 가지고 그들을 통하여 대한민국을 파괴하려고 기도하여 왔다.」 1948년헌법 이래 당시의 1954년헌법에는 정당특권에 관한 규정을 두고 있지 않았기 때문에 공보실장의 명령만으로 진보당의 등록이 취소될 수 있었다. 이러한 진보당의 등록취소는 그 때까지 지속효를 가졌던 미군정 법령 제55호인 「정당에관한규칙」(1946. 2. 23.)에 법적 근거를 둔 것이었다. 1959년 2월 27일에 있은, 진보당 당수인 조봉암과 사건 관련자들에 대한 형사재판의 상고심 판결인 [大 1959. 2. 27.-4291刑上

559]에서는 형사판결의 이유에서 방론으로 진보당의 위헌여부에 대하여 판단한 부분이 있는데, 해당 부분의 내용은 다음과 같다. 「진보당의 강령정책은 "우리는 노동자 농민을 중심으로 하는 광범한 근로대중을 대표하는 주체적 · 선도적 · 정치적 집결체이며 변혁적 세력의 적극적 실천에 의하여 자본주의를 지양하고 착취 없는 복지사회를 건설하여야 한다"는 지(旨)의 혁신정치의 실현, "우리는 자유민주주의를 폐기 · 지양하고 주요 산업과 대기업의 국유 내지 국영을 위시로 급속한 경제건설, 사회적 생산력의 제고 및 사회적 생산물의 공정분배를 완수하기 위하여 계획과 통제의 제 원칙을 실천하여야 한다"는 지(旨)의 수탈없는 경제체제의 확립, "우리는 남북한에서 평화통일을 저해하는 요소를 견제하고 진보당 세력의 주권 장악하에 피흘리지 않는 평화적 한국통일을 실현한다"는 지(旨)의 평화통일의 실현. 전기 강령과 정책의 헌법위반여부를 검토하니……헌법의 전문이나 헌법규정에 비추어 볼 때 전시 진보당의 강령 · 정책은 헌법에 위반된다 할 수 없고 평화통일에 관한 주장 역시 헌법 제14조 언론자유의 한계를 일탈하지 않은 한, 차(此)를 위법이라 할 수 없는 것이므로 평화통일론이 논죄의 대상이 되는 경우는 북한 괴뢰집단이나 이에 부수하는 결사 또는 집단을 위하거나 또는 이와 상통하여 차(此)를 주장하는 경우에 한정될 것이다.」 2011년 대법원은 조봉암에 대한 재심(再審)사건에서 과거 대법원의 판결과 달리 조봉암의 간첩 혐의와 국가보안법위반 혐의에 대해 무죄를 선고하였다(大 2011. 1. 20.-2008재도11). 이 판결에서 「피고인이 평화통일의 실현 등을 강령 · 정책으로 하여 결성한 '진보당'은 그 경제정책이 사회적 민주주의의 방식에 의하여 자본주의 경제체제의 부작용이나 모순점을 완화 · 수정하려고 하였을 뿐 사유재산제와 시장경제체제의 골간을 전면 부인하는 취지가 아니고, 정치형태 역시 주권재민과 대의제도, 국민의 자유와 권리의 보장 등을 목표로 하였을 뿐 자유민주주의를 부정하는 내용이 아니어서 그 결성 목적이 대한민국헌법에 위배된다고 할 수 없고, 또한 진보당의 통일정책인 평화통일론이 북한의 위장평화통일론에 부수하는 것으로 인정되지 아니하고 이를 인정할 다른 아무런 증거도 없어 그 결성이 북한에 부수하여 국가를 변란할 목적으로 이루어진 것으로 볼 수 없으므로, 구 국가보안법(1958. 12. 26. 법률 제500호로 폐지제정되기 전의 것) 제1조, 제3조에 정한 '불법결사'에 해당하지 않는다」고 하였다.

진보당 사건이 처리되던 시기에는 정당해산심판제도가 없었기 때문에 「정당에관한 규칙」에 근거하여 행정조치로 정당이 해산되는 결과가 발생하였다. 1948년헌법부터 1954년헌법에 이르기까지 헌법은 정당활동의 자유에 대하여 명시적으로 아무것도 정하지 않았다. 1960년6월헌법에 와서 비로소 정당은 법률이 정하는 바에 의하여 국가의 보호를 받는다는 규정이 신설되었고, 동시에 헌법재판소에 의한 정당해산심판제도도 신설되었다(헌법 §13). 2014년 헌법재판소는 헌정 사상 처음으로 통합진보당에 대한 해산결정을 내리면서 의원직 상실까지 함께 선고하였다(憲 2014. 12. 19.-2013헌다1).

독일의 경우 현재까지 2차례에 걸쳐 헌법재판으로 위헌정당을 해산한 사실이 있다. 1949년 창당된 사회주의국가당(Sozialistische Reichspartei: SRP)에 대해 1951년 연방정부는 이 정당이 나치당의 후계정당이며 나치정권과 동일하거나 유사한 목적을 추구하여 자유민주적 기본질서를 없앨 것을 기도한다고 하며 연방헌법재판소에 해산심판을 청구하였는데, 1952년 10월 23일 연방헌법재판소는 사회주의국가당에 대해 위헌정당이라고 하여 해산판결을 하고 대체정당(代替政黨)을 창설하는 것과 현존 조직의 대체조직을 존속시키는 것을 금지하였다. 해당 사회주의국가당에 소속된 의원은 법률의 규정이 없어도 의원직을 상실하였고, 정당의 재산은 국가에 몰수되었다. 의원직이 상실된 의석의 경우에는 보궐선거를 실시하지 않는 채로 재적의원 의석수에서 그 만큼 감소된다고 하였다. 따라서 정당해산심판으로 해당 정당 소속의 의원이 의원직을 상실하면 의회의 재적 의석수도 감소하였다(BVerfGE 2, 1). 1945년 창당된 독일공산당(Kommunistische Partei Deutsch-lands: KPD)은 마르크스주의에 바탕을 두고 노동자계급의 전위정당(前衛政黨)으로서 서독의 재군비(再軍備) 반대, 구소련과 동구권 국가와의 평화조약체결, 독일의 재통일 등을 목표로 하여 정치활동을 하였다. 1951년 연방정부는 독일공산당에 대해 위헌정당이라고 하며 연방헌법재판소에 해산심판을 청구하였다. 1956년 연방헌법재판소는 독일공산당에 대해 위헌정당이라고 하여 해산판결을 하였다. 여기서도 대체정당을 창설하는 것과 현존 조직의 대체조직을 존속시키는 것을 금지하였고, 정당의 재산은 몰수되었다(BVerfGE 5, 85). 이러한 것은 과거 나치당의 헌법적대적인 활동으로 바이마르헌법질서가 무너지고 바이마르공화국이 붕괴된 비극을 반복하지 않으려는 것과 공산주의자들의 헌법적대적인 활동으로 새로 형성된 Bonn기본법질서와 독일연방공화국이 파괴되는 것을 방지하고자 한 것이었다. 이후 2001년에 극우정당인 독일 민족민주당(Nationaldemokratische Partei Deutschland: NPD)에 대하여 연방정부, 연방참사원, 연방하원 모두 위헌정당해산심판을 청구한 사건에서는 본안판단에 들어가지 못하고 절차종결의 결정으로 종료되었다.

Ⅳ. 정당의 재정

(1) 자체 재원

정당은 국가권력을 장악하려는 세력들에 의하여 임의로 결성한 단체이고 국가기관이 아니므로 그 재정은 원칙적으로 스스로 마련하고 충당하여야 한다.

(2) 국고보조금

나라에 따라서는 정당을 육성하기 위하여 정당에 대한 보조금(補助金)을 지급하는 경우도 있다(예: 독일, 프랑스, 핀란드, 노르웨이, 이탈리아, 대한민국). 우리나라는 헌법에서 법률이 정하는 바에 의하여 정당에 대하여 국고보조금을 지급할 수 있다는 규정을 두고 있다(헌법 §8③). 따라서 국가가 정당에 대하여 의무적으로 국고로 보조금을 지급하여야 하는 것은 아니지만, 입법자는 법률을 제정하여 국가로 하여금 정당에 대하여 보조금을 지급할 수 있게 할 수 있다. 정당에 대하여 보조금을 지급하게 할 것인가 하는 것은 입법재량에 해당한다. 현재는 정치자금법을 제정하여 국가로 하여금 정당에 보조금(경상보조금과 선거보조금)을 지급하도록 정하고 있다(동법 §25-§30). 국가가 지급하는 보조금은 1. 인건비, 2. 사무용 비품 및 소모품비, 3. 사무소 설치 · 운영비, 4. 공공요금, 5. 정책개발비, 6. 당원 교육훈련비, 7. 조직활동비, 8. 선전비, 9. 선거관계비용으로 사용하고 있다(동법 §28).

(a) 위 헌 성

자율영역인 사회영역에서 다양한 정치집단들이 경쟁하는 상황에서 이들 정치집단 중 특정 정치집단인 정당에게 국고로 그 운영비 등을 지원하는 것이 헌법에 위반되지 않는가 하는 문제가 있다. 이에 대해서는 합헌론과 위헌론이 대립하고 있고, 독일에서는 연방헌법재판소가 위헌으로 판결한 적이 있다. 우리나라에서도 이에 대한 이론적 논란이 있었는데, 현행 헌법에서는 직접 국고보조금을 지급할 수 있는 규정을 두고 있기 때문에 위헌의 여지는 없다.

그러나 현행 규정이 타당한가 하는 문제는 남아 있다. 정당이 스스로 존립할 수 있는 경우에 국민의 세금으로 파당적(派黨的)이고 정파적(政派的)인 정치집단에 금액을 지급하는 것은 타당하지 않다고 본다.

《헌법에 위반되는 헌법규정》

만일 법률로 정당에 인건비, 정당의 운영비와 활동비, 일상경비 등을 지원하는 보조금을 국고에서 지급하는 것을 정한다면 이는 위헌인가 하는 문제가 있다. 이 경우 정당에 대하여 이런 명목으로 국고보조금을 지급하는 것이 국민의 자유로운 정치적 의사형성과 국민주권 그리고 다른 정치단체와의 차별을 이유로 헌법에 위반되어 위헌이라고 한다면, 논리적으로 헌법 제8조 제3항은 '헌법에 위반되는 헌법규정'(verfassungswidriges Verfassungsrecht)이 된다. 이러한 경우에 우리 헌법상 헌법에 위반되는 헌법규정은 위헌으로 무효로 할 수 있는가 하는 문제가 있다. 헌법 제107조 제1항과 헌법재판소법 제41조 제1항은 "법률"이라고 정하고 있고, 제111조 제1항은 "법률의 위헌여부"라고 정하고 있으며, 모든 헌법규정은 국민투표에 의해서만 개정할 수 있는 점(헌법 §130②)에 비추어 볼 때 헌법규정들간에 효력을 배제할 수 있는 상하의 위계도 성립하지 않으므로, 헌법재판소는 위헌법률심판이나 헌법소원심판의 절차에서 헌법의 어떠한 조항에 대해서도 위헌여부를 심판할 수 없다. 따라서 법리적으로 '헌법에 위반되는 헌법규정'에 해당되더라도 이를 무효화할 수 없고, 헌법개정의 방법을 통하여 이를 바로 잡을 수 있을 뿐이다. 헌법재판소도 현행 헌법재판절차를 통해서는 헌법의 개별규정에 대하여 심사할 수 없다고 본다(예: 憲 1995. 12. 28.-95헌바3; 1996. 6. 13.-94헌바20; 2001. 2. 22.-2000헌바38).

헌법재판소는 현행 국고보조금제도에 대하여 정당의 역할을 수행하는데 소요되는 정치자금을 마련함에 있어 정치자금의 기부자인 각종 이익집단으로부터 부당한 영향력을 배제하여 정치부패를 방지하고, 정당 간의 자금조달의 격차를 줄여 공평한 경쟁을 유도하며, 선거비용과 정당의 경비지출의 증가추세에 따른 재정압박을 완화하여 정당의 원만한 기능을 보장하고 유능한 후보자의 당선가능성을 높이는 데에 그 입법목적이 있다고 설명한다(예: 憲 2006. 7. 27.-2004헌마655). 그러나 이는 정당에 대한 국가보호주의적인 시각이고, 국민의 세금으로 파당적인 정치집단의 운영까지 책임지는 것은 정당화하기 어렵다고 본다. 인터넷상의 사이버정당, 다양한 정치단체 등 여러 정치집단이 경쟁하고 과거 정당이 담당하였던 여론 형성, 정치엘리트의 선발, 정책 개발 등의 역할이 소멸되고 다양한 정치집단이나 전문가집단이 이를 수행하는 상황에서는 이런 국가주의적인 시각은 설득력을 가지기 어렵다.

국가의 정당에 대한 보조금 지급의 위헌성이 문제가 된다. 1966년 독일연방헌법재판소는 정치교육사업의 명목으로 정당에 국고보조금을 지원하는 것을 위헌이라고 판결하였다(BVerfGE 8, 52). 선거비용을 충당할 목적으로 지급되는 지원금은 헌법에 위반되지 않는다고 하였으나(BVerfGE 20, 56), 이에 대해서는 비판이 있다. 우리나라에서는 헌법에서 정당에 대한 국고보조금 지급의 근거를 두고 있기 때문에(헌법 §8③) 실정법상 위헌성 문제는 발생하지 않으나 타당성에서는 문제가 있다. 선거시에 선거에 필수적으로 소요되는 자금을 정당에 보조금으로 지급하는 경우가 있다. 이는 선거공영제의 실시에 있어 국가가 직접 지급하는 비용을 정당에게 나누어 주고 이를 집행하게 하는 것이어서 실질적으로 선거공영에 소요되는 재원이다. 그런데 선거공영에 필요한 비용을 국가가 따로 지출하면서 이와 별도로 정당에 선거비용으로 보조금을 지급하거나 현행 정치자금법과 같이 인건비, 운영비, 조직활동비 등을 지급하는 것은 타당하지 않다.

(b) 국고보조금의 차등 지급

국가가 정당에 대하여 국고보조금을 지급하는 경우에도 교섭단체 구성여부, 의석수 등을 기준으로 하여 차등지급을 할 수 있는가 하는 문제가 있다. 정당에 대하여 국고보조금을 지급하는 것이 일정한 형태의 정당정치를 유도하고 형성하는 것에 목적을 두고 있는 경우에는 그 목적 실현에 적합하도록 차등 지급하는 것은 헌법상의 평등원칙에 어긋나지 않는다(예: 憲 2006. 7. 27.-2004헌마655).

[憲 2006.7.27.-2004헌마655] 「(1) 헌법 제8조 제3항의 규정에 의하여 정당에게 주어지는 보조금을 배분받을 권리는 보조금의 액수, 지급기준 및 대상, 용도 등에 관한 구체적 사항이 법률에 규정됨으로써 비로소 구체적인 법적 권리로 형성되므로, 입법자는 정당에 대한 보조금의 배분기준을 정함에 있어 입법정책적인 재량권을 가지나 합리적인 이유 없이 정당을 불평등하게 취급해서는 안 될 것이다. 다만, 정당의 기회균등원칙은 각 정당에 보조금을 균등하게 배분할 것을 요구하는 것이 아니라 보조금제도의 취지에 비추어 각 정당의 규모나 정치적 영향력, 정당이 선거에서 거둔 실적 등에 따라 어느 정도 차별을 할 수 있고, 그 내용이 현재의 각 정당들 사이의 경쟁상태를 현저하게 변경시킬 정도가 아니면 합리성을 인정할 수 있을 것이다. (2) 이 사건 법률조항은 교섭단

체를 구성할 정도로 다수 의석을 가진 정당들에 보조금의 50/100을 우선 배분하여 줌으로써 '다수 의석을 가진 원내정당 중심주의'를 채택하고 있다. 그 입법목적에 대하여는 '4대 정당 체제'를 예상하고 만들어진 보조금 배분비율을 현 정치상황의 정당구조에 맞게 고치기 위하여 이 사건 법률조항과 같이 보조금 배분비율을 개정하였다는 개정이유만 있을 뿐 교섭단체를 구성할 정도로 다수 의석을 가진 정당을 더 우대하려는 취지를 알 수 있는 자료는 없다. 그런데 우리나라와 같이 정당제가 불안정하고 정당과 국민 간의 동일성이 희박한 정당정치풍토에서 대의민주적 기본질서가 제 기능을 수행하기 위해서는 의회 내에 안정된 다수세력을 확보할 필요가 있으므로, 다수 의석을 가지고 있는 원내정당을 우대하고자 하는 이 사건 법률조항이 부당하다고 하기는 어렵다. (3) 다만 이 사건 법률조항은 교섭단체를 구성한 정당과 이를 구성하지 못하는 정당 사이에 보조금의 배분규모에 있어 상당한 차이(50/100과 5/100 또는 2/100)를 두고 있으므로, 그러한 차등지급의 정도가 합리성이 있는가가 문제된다. 오늘날 대의제민주주의는 국민의 정치적 의사형성을 위한 매개체로서의 정당의 역할이 증대됨에 따라 정당국가적 민주주의로 변화하여, 국회는 국민의 대표인 의원들의 의사에 따라 운영되는 것이 아니라 정당의 구성원인 의원들이 정당을 통하여 그리고 정당 속에서 결합하여 운영되고 있고, 정당의 국회 내에서의 활동도 교섭단체를 중심으로 이루어짐에 따라 국민의 정치적 의사를 형성하여 국가기관의 의사결정에 영향을 미치는 정당의 공적 기능을 수행하는데 국회에 진출한 정당과 진출하지 못한 정당 사이, 그리고 국회에 진출하여 교섭단체를 구성한 정당과 이를 구성하지 못한 정당 사이에 상당한 차이가 나타날 수밖에 없다. 그리고 이 사건 법률조항은 교섭단체를 구성할 정도의 다수 정당에 대해서만 보조금을 배분하는 것이 아니라 그에 미치지 못하는 소수정당에게도 일정 범위의 보조금 배분을 인정하여 소수정당의 보호·육성도 도모하고 있고, 교섭단체의 구성여부만을 보조금 배분의 유일한 기준으로 삼은 것이 아니라 정당의 의석수비율이나 득표수비율도 고려하여 정당에 대한 국민의 지지도도 반영하고 있다. 또한 아래 표에 나타난 바와 같이 이 사건 법률조항에 의한 현행의 보조금 배분비율과 의석수비율 또는 득표수비율(비례대표전국선거구 및 지역구에서 당해 정당이 득표한 득표수 비율의 평균)을 비교하면 현행의 보조금 배분비율은 의석수비율보다는 오히려 소수 정당에 유리하고, 득표수비율과는 큰 차이가 나지 않아 결과적으로 교섭단체 구성 여부에 따른 차이가 크게 나타나지 않고 있다. 위와 같은 사정들을 종합해 볼 때, 교섭단체의 구성 여부에 따라 보조금의 배분규모에 차이가 있더라도 그러한 차등정도는 각 정당 간의 경쟁상태를 현저하게 변경시킬 정도로 합리성을 결여한 차별이라고 보기 어렵다.」

(c) 국고보조금의 운용에 대한 감독

국가가 국고에서 정당에 보조금을 지급한 경우에 이러한 보조금이 본래의 목적에 적합하게 사용되고 지출되었는지를 감시·감독할 수 있다. 이런 경우에는 국가는 정당에 대해서 회계감사를 할 수 있으며, 국정감사와 국정조사도 할 수 있다.

(3) 정당의 재원 형성과 운용에 대한 규제

정당은 자율적인 정치단체이므로 이를 운용하는데 필요한 재원의 형성과 운용에 있어서는 자율성을 가진다. 그러나 정당은 그 주목적이 정치활동을 하는 것에 있고, 정치사회와 국가를 매개하는 지위에서 국가의 작용에 밀접하게 영향을 미치고 자기 정당에 소속한 대통령 또는 국회의원 등을 통하여 국가정책의 결정에 직접적인 영향을 미친다. 따라서 이러한 활동과 역할을 하는 단체가 재원을 형성하고 운용함에 있어 금력의 영향을 받아 민주주의의 실현이나 국가작용을 왜곡하는 것은 허용되지 않는다. 예컨대 선거에서 후보자를 정함에 있어 돈을 받고 행하는 것이나 의사결정과정에서 금력이 지배력을 발휘하게 하여 이것이 국가작용에 영향을 미칠 때에는 국가는 이에 대하여 규제할 수 있다. 뿐만 아니라 정치자금의 법리에 의해서도 정당의 정치자금활동에 대하여 규제를 할 수 있다.

헌법재판소는 국가가 정당의 운영자금조달에 대하여 합리적인 규제를 하고, 공직선거에서 정당이 특정인을 후보자로 추천하는 일과 관련하여 금품이나 재산상의 이익을 수수할 수 없게 법률로 규제하는 것은 정당의 자유를 침해하는 것이 아니라고 판시하였다(예: 憲 2009. 10. 29.-2008헌바146등).

V. 당내민주주의

정당은 사회영역에 속하는 자율적인 사적 정치결사이기 때문에 국가기관도 아니고 국가영역에 속하는 것도 아니다. 더구나 정당은 정치적 이해관계를 같이 하는 사람들의 정파적인 집단이기 때문에 국민적 정당성(=민주적 정당성)에 근거하고 있는 것도 아니다. 따라서 정당은 이를 구성한 사람들에 의하여 자율적으로 운영되고 활동하므로, 기본적으로 국가는 정당의 운영과 활동에 대하여 통제할 수 없고, 정당의 내부운영과 의사결정에 있어 민주주의원리를 강제로 적용할 수도 없다. 정당은 의사결정의 방식을 채택함에 있어서 민주주의원리의 수용여부를 포함하여 스스로 자율적으로 선택하고 결정한다.

그런데 헌법은 정당의 조직과 활동이 민주적이어야 할 것을 명시하고 있으므로(헌법 §8②), 이 범위 내에서 정당은 그 조직과 활동에서 민주주의원리를 원용하여야 한다. 특히 정당에 국고보조금을 지급하는 경우에는 정당 내부의 조직과 운영이 헌법질서에 합치할 것을 요구할 수 있을 뿐 아니라 법치주의와 민주주의에 부합할 것이 요청된다. 정당내부의 의사결정의 방식, 비례대표국회의원의 명부작성, 국회의원이나 대통령의 선거에서 후보자를 결정하는 것 등이 합리적이고 민주적일 것이 요구된다. 이를 당내민주주의(黨內民主主義 innerparteiliche Demokratie)라고 부르기도 한다. 정당 내부질서의 민주화를 실현하는 방법으로 당원의 의사의 상향적 전달체계 구축, 강령과 당헌의 공개, 당원의 지위 보장, 다수결의 원칙과 소수의 보호 보장이 제시되고 있다(정만희, 519).

당내민주주의의 실현은 해당 정당 자체만의 문제를 넘어 국가의 기능과 작용과도 연관이 있다. 정당 소속의 국회의원에 대한 통제가 그에 해당한다. 정당의 규정으로 소속 국회의원에 대하여 통제를 한 것이 국회의원이 국민전체의 대표자로서 활동하기 어렵게 하는 것이거나 국회의 기능을 왜곡할 우려가 있거나 그러한 결과를 가져오는 것인 경우에는 사법적 판단의 대상이 된다고 할 것이다. 예컨대, 국회에서의 안건의 처리에 있어 자유투표(cross-voting)를 하여 자신이 소속한 정당의 입장과 배치되는 행동을 하였다고 하여 정당내부에서 징계 등의 제재를 가하는 경우에 이것이 해당 국회의원의 국민대표자로서의 역할을 방해하거나 국회의 기능을 왜곡시키는 결과를 가져오는 것인 경우에는 헌법과 국회법의 규정을 위반하는 것이어서 사법적 판단의 대상이 된다. 다만, 유의할 것은 당내민주주의를 실현함에 있어 다양한 방법이 있는 경우에는 국가는 어느 하나의 방법을 강제할 수 없다는 점이다. 당내민주주의가 요구된다고 하여 당내민주화를 실현하는 내부질서를 위반하는 행위에 대하여 국가가 법적으로 통제할 수는 없다고 할 것이다. 정당의 자유가 우선하기 때문이다(동지: 정만희, 522). 그러나 민사상 단체내부의 분쟁에 대한 법원의 재판은 가능하다.

선거에서 후보자를 결정함에 있어 경선방식, 후보자선정위원회의 방식, 추대방식 등 여러 방식 가운데 어느 것을 선택할 것인가 하는 것은 정당이 자율적으로 정할 사항이며 국가가 강제할 수 있는 사항이 아니다. 그러나 비례대표국회의원의 경우에는 그 명부작성에 의하여 득표율에 따라 바로 국회의원으로 정해지기 때문에 이를 정당의 자율적인 영역이라고 할 수 없다. 명부작성의 방법과 그 후보자를 결정하는 방법과 절차에 대해서는 법률로 정하는 것이 타당하며, 이에는 민주주의원리와 법치주의원리가 적용된다. 비례대표국회의원의 후보자를 결정하는 과정에 부정과 불법이 있는 경우에 이는 정당의 자율영역이라고 할 수 없으며, 사법적 판단의 대상이 된다.

대법원은, 정당이 비례대표국회의원의 후보자 명부를 정하는 방법으로 당내경선의 방법을 채택한 경우에 그 과정에서 대리투표를 하여 선거업무를 방해하는 행위를 한 자에 대하여 유죄를 선고한 원심을 확정하면서, 「헌법 제41조 제1항은 '국회는 국민의 보통·평등·직접·비밀선거에 의하여 선출된 국회의원으로 구성한다'고 하고, 공직선거법 제146조 제2항은 '투표는 직접 또는 우편으로 하되, 1인 1표로 한다. 다만, 국회의원선거, 시·도의원선거 및 자치구·시·군의원 선거에 있어서는 지역구 의원선거 및 비례대표 의원선거마다 1인 1표로 한다'고 규정하여 국회의원 선거를 포함하여 대의민주주의 선거에 있어서 선거권자 누구나 똑같은 가치의 선거권을 행사하는 보통·직접·평등·비밀선거가 원칙임을 천명하고 있는바, 국회의원 비례대표 후보자 명단을 확정하기 위한 당내 경선은 정당의 대표자나 대의원을 선출하는 절차와 달리 국회의원 당선으로 연결될 수 있는 중요한 절차로서 직접투표의 원칙이 그러한 경선절차의 민주성을 확보하기 위한 최소한의 기준이 된다고 할 수 있는 점, 정당법 제32조는 대의기관의 결의 등에서 대리인에 의한 의결이 금지됨을 분명히 하고 있는데, 이러한 정신은 그보다 가치가 낮다고 할 수 없는 비례대표 후보자 선출을 위한 당내경선에도 유추될 수 있는 점」 등을 근거로 하여 이 사건의 당내 경선에도 선거권을 가진 당원들의 직접 · 평등 · 비밀투표 등 일반적인 선거의 원칙이 그대로 적용되고, 대리투표는 허용되지 않는다고 하였다(大 2013. 11. 28. -2013도5117).

1979. 9. 8. 법원은 정당을 사법상의 사단으로 보고 신민당총재단직무집행정지가처분결정을 하여 정당의 내부 문제에 대하여 개입하였다. 이러한 경우 법원의 가처분이 정당의 자유를 침해하는 것인지는 헌법재판을 통해 다툴 수 있어야 한다. 그런데 현재 헌법재판소법은 법원의 재판에 대한 헌법소원심판을 금지하고 있어 이를 심사할 방법은 없다.

[74] 제5 적용영역

Ⅰ. 국가영역

대의민주주의이든 직접민주주의이든 민주주의원리를 강제로 적용하는 것은 강제력을 본질로 하는 국가영역에 한정된다. 국가영역은 언제나 남용되고 권력을 장악한 자의 자의에 따라 행사될 위험성이 있기 때문에 이를 방지하고 국가의사결정의 합리성을 최소한 확보하기 위하여 민주주의원리를 적용한다.

국가영역이 아닌 자율적인 영역(예: 가정, 친목단체, 종교단체 등)에서는 그 의사의 결정에서 그 구성원이 자율적으로 다양한 방식을 채택할 수 있다. 국가영역에 적용되는 민주주의원리를 원용할 수도 있고, 전원일치의 원리(unanimity)를 채택할 수도 있으며, 명령적 위임도 가능하고, 상호계약에 다른 특수한 방식을 채택할 수도 있다. 자율적인 영역에서의 의사결정에 대해서는 국가가 특정한 원리를 강제할 수 없다.

Ⅱ. 방어적 민주주의

민주주의는 자유, 평등, 정의라는 가치를 추구하면서도 개인의 개성신장과 행복추구를 위하여 어떤 개별적인 가치도 다른 가치를 일방적으로 지배할 수 없다는 가치상대주의(價値相對主義)에 기초하고 있다. 그런데 가치상대주의를 절대시하는 경우에는 형식논리적으로 가치상대주의가 바로 그 가치상대주의를 부정할 수 있다는 모순에 도달한다. 즉 공동체의 존속 · 유지라는 가치나 자유, 평등, 정의라는 가치 자체를 부정하고 파괴하는 행위도 가치상대주의의 논리에 의하여 허용된다는 모순에 도달한다. 형식에서는 다수의 지지를 받고 등장한 독재, 전체주의, 국가주의, 권위주의의 통치가 이에 해당한다.

민주주의의 가치하에 국민의 박수와 갈채로 등장한 독재, 공산주의, 군부정치, 권위주의통치가 개인의 자유와 행복을 파괴하는 것을 경험하면서 민주주의가 가치상대주의에 기초하고 있다고 하더라도 자기를 스스로 부정하는 민주주의는 민주주의가 아니라는 것을 체험적으로 발견하게 되었다. 인간의 존엄, 자유, 평등, 정의라는 헌법의 핵심적 기본가치는 입헌주의, 법치주의, 민주주의에 의해 유지되고 보호되는데, 이러한 입헌주의, 법치주의, 민주주의를 부정하는 행위가 민주주의라는 이름으로 허용될 수는 없다. 이러한 것은 민주주의와 가치상대주의라는 이름하에 자행된 독재, 공산주의, 전체주의, 독일의 나치스의 지배, 이탈리아의 파시스트의 통치, 제3세계의 군부독재, 한국의 6 · 25동란 등을 통하여 경험적으로 확인되었다.

이러한 역사적 체험을 한 이후 민주주의는 민주주의를 파괴하고 유린하는 「민주주의의 적」의 공격에 대해서는 방어하고 투쟁하여 지켜야 한다는 결론에 이르러 「방어적 민주주의」(abwehrbereite od. wehrhafte Demokratie) 또는 「투쟁적 민주주의」(streitbare Demokratie)라는 개념이 등장하였다. 예컨대 히틀러의 나치스 독재와 공산주의와 사회주의 혁명세력들의 발호로 체제의 위기를 체험한 독일에서는 연방헌법재판소의 판례에서도 방어적 민주주의(BVerfGE 39, 334) 또는 투쟁적 민주주의(BVerfGE 5, 85; 25, 44; 25, 88; 28, 36; 28, 51; 30, 1; 40, 287)라는 개념과 법리를 채택하였다.

민주주의는 국가의 구조원리로서 공동체의 보장과 기본권의 보장에 기속되는 것이어서 본질적으로 이러한 방어적인 성격을 가질 수밖에 없는 것인데, 민주주의의 방어적 측면을 실현하는 방법은 다양하다. 독일의 경우에는 헌법에서 직접 기본권상실제도(§ 18)와 위헌결사의 금지(§9 ②)를 정하고 있다. 즉 표현의 자유에서 특히 언론의 자유, 학문의 자유, 집회의 자유, 결사의 자유, 신서 · 우편 · 통신의 자유, 재산권, 망명자비호권을 자유민주적 기본질서에 대하여 도전 · 투쟁할 목적으로 남용하는 때에는 연방헌법재판소의 재판을 통하여 상실시킬 수 있게 하고, 단체의 목적이나 활동이 형법법규에 위반되거나 헌법질서 또는 승인된 국제법적 이념에 반하는 것은 금지된다고 정하고 있다. 우리나라의 경우에는 헌법 제37조 제2항에 의하여 이와 유사한 여러 가지 방법으로 자유민주적 기본질서와 헌법을 보호하는 조치를 취할 수 있다.

현대 입헌민주국가에서는 인간의 존엄, 자유, 평등, 정의와 같은 핵심적인 가치가 실정헌법에 보장되어 있는데, 이러한 가치의 수호는 곧 기본권의 수호와 헌법의 수호가 된다. 따라서 실정헌법을 가지고 있는 나라에서는 헌법을 보호하는 여러 장치를 마련하고 있는데, 각종 형사적 제재, 탄핵심판 이외에 정당해산심판, 기본권상실심판 등도 이에 해당한다. 헌법의 적은 조직된 형태로도 나타나고 개체로서도 나타나는데, 「조직된 헌법의 적」에 대응하여 헌법과 민주주의를 보호하는 장치 중의 하나가 정당해산심판제도이다.

독일에서는 방어적 민주주의가 독일연방헌법이 정하고 있는 자유민주적 기본질서를 보호·유지하는 법리로 전개되었다. 독일연방헌법재판소는 1952.10.23. 사회주의국가당(SRP)을 위헌정당으로 해산하였는데, 소속의원은 의원직을 상실하였으며 대체정당은 금지되었다(BVerfGE 2, 1). 1956.8.17. 독일공산당(KPD)이 위헌정당으로 해산되었고, 대체조직은 금지되었으며, 재산은 몰수되었다. 독일연방헌법재판소는 1970.2.18. 「군인결정」(Soldatenbeschluß)에서 「독일연방공화국은 국민들에게 자유민주적 질서를 방어할 것을 기대하고 있고, 이 자유민주적 질서를 반대하기 위한 목적으로 기본권을 남용하는 것을 인정하지 않는 민주국가이기에 방어적 민주주의의 원칙은 연방군대 내부에도 타당하다」고 판시하였고(BVerfGE 28, 36), 1970.12.15.「감청판결」(Abhör-Urteil)에서 감청법에서 감청을 하는 경우에 당사자에 대한 「사전통고의 배제는 국가의 존속과 자유민주적 기본질서의 수호를 위하여 국민이 당연히 수인해야 하는 것이므로 당사자에 대한 사전통고가 배제되고 법원에 의한 사법적 심문절차가 배제된다고 하여 이것만으로 법치국가의 원리가 침해되었다고 볼 수 없고, 사후심사의 관할기관도 법원에서 의회로 변경된 것에 불과하므로 여전히 국가기관 상호간의 견제와 균형이 충분히 이루어지고 있다」고 판시하였다(BVerfGE 30, 1). 연방헌법재판소는 1975.5.22. 「급진주의자결정」(Radikalenbeschluß)에서 「모든 공무원은 기본법상의 가치질서에 구속되므로 자유민주적·사회국가적·법치국가적 질서를 거부하거나 이에 저항하는 자를 공직 취임시켜서는 안되며, 국가에 봉사하려는 자는 국가는 물론 국가의 헌법적 질서를 비방하거나 공격하여서는 안된다」고 판시하였다(BVerfGE 39, 334).

우리나라도 방어적 민주주의를 채택하고 있다. 국가보안법 등의 사건과 위헌정당심판 사건에서는 헌법재판소(예: 憲 1990. 4. 2.-89헌가113; 1997. 1. 16.-92헌바6등; 2001. 9. 27.-2000헌마238; 2003. 5. 15.-2000헌바66; 2004. 8. 26.-2003헌바85등; 2014. 12. 19.-2013헌다1)와 대법원(예: 大 1992. 8. 18.-92도1244; 1992. 8. 14.-92도1211; 1998. 7. 24.-98도1395; 2008. 4. 17.-2003도758)은 모두 방어적 민주주의의 법리를 적용하고 있다.

[憲 1999.12.23.-99헌마135] 「헌법 제8조 제4항은 "정당의 목적이나 활동이 민주적 기본질서에 위배될 때에는 정부는 헌법재판소에 그 해산을 제소할 수 있고, 정당은 헌법재판소의 심판에 의하여 해산된다"고 규정하고 있다. 정당의 해산에 관한 위 헌법규정은 민주주의를 파괴하려는 세력으로부터 민주주의를 보호하려는 소위 '방어적 민주주의'의 한 요소이고, 다른 한편으로는 헌법 스스로가 정당의 정치적 성격을 이유로 하는 정당금지의 요건을 엄격하게 정함으로써 되도록 민주적 정치과정의 개방성을 최대한으로 보장하려는 것이다.」

[憲 2001.9.27.-2000헌마238] 「1947년 3월 1일부터 1954년 9월 21일까지 무력충돌과 진압과정에서의 사망자등 가운데 남한에서의 인민민주주의 국가건설을 내세워 무장유격대에 직·간접적으로 가담하였던 자들까지 희생자로 인정하여 명예를 회복시켜 주는 것이 우리 헌법의 기본원리와 상충되는 것이 아닌지에 대하여 살펴본다. 일부 다른 견

해도 있지만, 앞서 살핀 것처럼 제주4·3사건은 넓게는 제2차세계대전 종료 후 파시즘에 공동대항하였던 미·소 양국간의 협력이 종료되면서 자본주의와 공산주의의 체제대립이 시작되는 국제적 파고 속에서 국내적으로는 미국의 한시적 군정 중 생소한 좌우 이데올로기 및 통일국가에 대한 의견대립의 소용돌이를 거치면서 건국을 앞두고 물리적 충돌로 발생한 비극적 사건이었다. 특히 제주도는 섬이라는 제한된 공간에서 혈연적·집단적인 부락공동체를 이루어 살던 탓으로 보복이 상승되고, 악순환되어 피해가 확대된 면이 두드러지게 나타난다. 따라서 이러한 당시의 여러 정황을 참작하고, 사건 발생일로부터 반세기나 경과한 오늘에서 뒤돌아볼 때 무장유격활동에 가담하였던 자들도 잘못된 선택을 한 역사의 희생자로 보아 모두 희생자로 인정할 수 있다는 견해가 제기될 수 있다. 그러나 대한민국의 건국에 필수적 절차였던 5·10제헌의회선거와 남한의 단독정부수립을 저지하고, 자유민주적 기본질서를 부정하며, 인민민주주의를 지향하는 북한 공산정권을 지지하면서 미군정기간 공권력의 집행기관인 경찰과 그 가족, 제헌의회의원선거 관련인사·선거종사자 또는 자신과 반대되는 정치적 이념을 전파하는 자와 그 가족들을 가해하기 위하여 무장세력을 조직하고 동원하여 공격한 행위까지 무제한적으로 포용할 수는 없다. 이는 우리 헌법의 기본원리로서의 자유민주적 기본질서와 대한민국의 정체성에 심각한 훼손을 초래하기 때문이다. 다만 희생자의 범위를 정함에 있어 위에서 본 바와 같이 이 법이 제주4·3사건의 혼란 중에 군과 경찰의 과도한 진압으로 인하여 무고하게 생명을 잃거나, 상해를 입은 자들을 신원(伸寃)하고, 화해를 통하여 이데올로기의 대립으로 인한 상처를 치유함으로써 민족화해와 민주발전을 도모하며, 인도와 동포애로써 민족의 단결을 공고히 할 목적으로 제정되었고, 그 제정과정에서 많은 우여곡절을 겪었음을 감안하면 가능한 한 희생자의 범위를 폭넓게 인정함으로써 입법의 취지를 살리는 동시에 우리 헌법의 기본원리 및 대한민국의 정체성을 훼손되지 않는 조화로운 법률인식이 필요하다고 할 것이다. 이러한 입장에서 본다면 사건기간 중 제주4·3사건과 관련한 사망자등 가운데 자유민주적 기본질서와 이에 부수되는 시장경제질서 및 사유재산제도를 반대한 자 가운데 그 정도를 살펴 희생자 결정 대상에서 제외해나가는 방법을 채택하는 것이 우리 헌법의 이념과 이 법의 입법목적에 부합할 것이다. 결국 무장유격대에 가담한 자 중에서 수괴급 공산무장병력지휘관 또는 중간간부로서 군경의 진압에 주도적·적극적으로 대항한 자, 모험적 도발을 직·간접적으로 지도 또는 사주함으로써 제주4·3사건 발발의 책임이 있는 남로당 제주도당의 핵심간부, 기타 무장유격대와 협력하여 진압 군경 및 동인들의 가족, 제헌선거관여자 등을 살해한 자, 경찰등의 가옥과 경찰관서 등 공공시설에 대한 방화를 적극적으로 주도한 자들은 결코 현재 우리의 헌법질서에서 보호될 수 없을 것이고, 따라서 이 법에서의 희생자의 범위에서 제외되어야 할 것이다.」

[憲 2003.5.15.-2000헌바66] 「우리 재판소는 1997.1.16. 선고한 92헌바6등 결정, 2002.4.25. 선고한 99헌바27등 결정에서 이 법 제8조 제1항, 제3항에 대하여 합헌의 견해를 거듭 밝힌바 있는데, 그 요지는 다음과 같다. "구법 제8조 제1항의 구성요건 가운데 '이익이 된다는 정을 알면서'라는 부분은 지나치게 포괄적이고 그 적용범위가 광범하여 이 조항을 그 문리대로 해석·적용하면 국가의 존립·안전이나 자유민주적 기본

질서 또는 국민의 생존 및 자유에 아무런 해악을 끼칠 우려가 없는 사항에 관한 회합·통신 등마저 처벌대상이 될 우려가 있어 위헌적 소지가 있었으나 신법 제8조 제1항은 '이익이 된다는 정을 알면서'라는 부분을 삭제하고 그 대신 '국가의 존립·안전이나 자유민주적 기본질서를 위태롭게 한다는 정을 알면서'라는 주관적 구성요건을 추가함으로써 구법규정의 위헌적 요소를 제거하였다. 따라서 국가보안법 제8조 제1항은 헌법에 위반된다고 할 수 없다." 청구인들은 남북간 화해협력 분위기가 조성되고 남북정상회담이 이루어지는 등 남북한 관계에 중대한 사정변경이 생겼으므로 위 기존의 견해를 변경하여야 한다고 주장하나, 남북한의 정치·군사적 대결이나 긴장관계가 완전히 해소되지 않고 있는 현실 등에 비추어 볼 때 그러한 사정만으로 위 판단을 변경할 만한 사정변경이 있다고 볼 수 없으므로 위 판시이유를 그대로 유지하기로 한다.」

[大 2008.4.17.-2003도758] 「북한이 조선민주주의인민공화국이라는 이름으로 유엔에 가입하였다는 사실만으로는 유엔이라는 국제기구에 가입한 다른 가맹국에 대해서 당연히 상호간에 국가승인이 있었다고 볼 수는 없다는 것이 국제정치상 관례이자 국제법상 통설적인 입장이다. 그리고 기존의 남북합의서, 남북정상회담, 남북공동선언문 등과 현재 진행되고 있는 남북회담과 경제협력 등의 현상들만으로 북한을 국제법과 국내법적으로 독립한 국가로 취급할 수 없다. 남·북한 사이의 법률관계는 우리의 헌법과 법률에 따라 판단해야 하며, 북한을 정치·경제·법률·군사·문화등 모든 영역에서 우리와 대등한 별개의 독립된 국가로 볼 수 없다. 남·북한의 관계는 일정한 범위 안에서 "국가간의 관계가 아닌 통일을 지향하는 과정에서 잠정적으로 형성되는 특수관계"(남북관계 발전에 관한 법률 제3조 제1항 참조)로서, 남·북한은 자주·평화·민주의 원칙에 입각하여 남북공동번영과 한반도의 평화통일을 추구하는 방향으로(같은 법 제2조 제1항 참조) 발전하여 나아가도록 상호 노력하여야 하고, 우리 나라의 법률도 그러한 정신과 취지에 맞게 해석·적용하지 않으면 안 된다. 무릇 우리 헌법이 전문과 제4조, 제5조에서 천명한 국제평화주의와 평화통일의 원칙은 자유민주주의적 기본질서라는 우리 헌법의 대전제를 해치지 않는 것을 전제로 하는 것이다. 그런데 북한은 현시점에서도 우리 헌법의 기본원리와 서로 조화될 수 없으며 적대적이기도 한 그들의 사회주의 헌법과 그 헌법까지도 영도하는 조선로동당규약을 통하여 북한의 최종 목적이 주체사상화와 공산주의 사회를 건설하는 데에 있다는 것과 이러한 적화통일의 목표를 위하여 이른바 남한의 사회 민주화와 반외세 투쟁을 적극 지원하는 정책을 명문으로 선언하고 그에 따른 정책들을 수행하면서 이에 대하여 변경을 가할 징후를 보이고 있지 않다. 그러므로 북한이 남북관계의 발전에 따라 더 이상 우리의 자유민주주의 체제에 위협이 되지 않는다는 명백한 변화를 보이고 그에 따라 법률이 정비되지 않는 한, 국가의 안전을 위태롭게 하는 반국가활동을 규제함으로써 국가의 안전과 국민의 생존 및 자유를 확보함을 목적으로 하는 국가보안법이 헌법에 위반되는 법률이라거나 그 규범력을 상실하였다고 볼 수는 없고, 나아가 국가보안법의 규정을 그 법률의 목적에 비추어 합리적으로 해석하는 한 국가보안법이 정하는 각 범죄의 구성요건의 개념이 애매모호하고 광범위하여 죄형법정주의의 본질적 내용을 침해하는 것이라고 볼 수도 없다.」

제 3 절 법치국가원리

[75] 제1 개 설

Ⅰ. 개 념

법치국가원리는 법우선의 원칙에 의하여 국가작용이 법에 의하여 이루어져야 한다는 것을 의미한다.

법치국가의 발전에서 초기단계였던 법률국가(Gesetzstaat)에서 법치주의는 국가가 작동하고 국민의 자유와 권리를 제한하거나 의무를 부과하려고 하는 때에는 국민대표기관인 의회가 정하는 법률에 의하여야 한다는 것을 의미하였다. 여기서는 국가작용의 법률합치성(法律合致性=法律適合性)이 곧 법치주의를 의미하였다. 그러나 근대입헌주의의 발달로 법률국가에서 헌법국가(Verfassungsstaat)로 나아가면서 법치주의의 내용은 더욱 확장되고 강화되어 국가와 국민을 규율하는 법률도 헌법에 합치하는 것이어야 하며, 헌법이 정하는 내용을 실현하는 것이어야 한다는 것으로 귀착되었다. 헌법국가로 발전한 단계에서의 법치주의는 헌법에 의하여 국가가 창설되고, 국가작용과 국민의 생활이 헌법을 최정점으로 하는 객관적 법규범에 의하여 이루어져야 한다는 것을 중심내용으로 한다. 따라서 헌법국가에서 법치주의는 국가작용의 헌법합치성(憲法合致性=憲法適合性)을 의미하게 되었고, 여기서 말하는 헌법은 정당성을 가진 헌법을 말한다([23]-[25]).

Ⅱ. 헌법원리적 성질

법치주의원리는 기본권의 보장, 즉 권리장전이 헌법에 수용되면서 성격에 변화를 가져오게 되었다. 법치주의는 본래 형식의 문제에 해당하는 것이어서 국가작용의 합법성(legality) 확보만으로 충분하였으나(형식적 법치주의), 헌법에 기본권이라는 가치체계가 수용되면서 구체적인 가치와 내용도 포섭하게 되어 국가작용의 합법성 확보 이외에 정당성(legitimacy)의 확보도 요청되게 되었다(실질적 법치주의). 법치주의의 이러한 발달을 두고 「형식적 법치주의」에서 「실질적 법치주의」로 발달하였다고 한다.

이렇게 볼 때, 법치주의는 i) 기본권의 보장(기본권보장을 실천한다는 의미), ii) 국가권력의 분립, iii) 법의 형식성, iv) 국가작용의 법에의 기속, v) 법적 안정성, vi) 법의 실효성, vii) 사법적 권리구제를 그 기본적인 요소로 한다.

가치와 원리의 체계로 볼 때는 법치주의가 가치중립적인 것인가 가치관련적인 것인가 하는 문제가 있다. 엄밀히 보면, 그 체계의 성질상 기본권의 보장과 법치주의는 별개의 체계에 해당한다. 기본권의 보장은 가치적 체계이고, 법치주의는 가치중립적 체계이다. 법치주의는 기본권 보장과 함께 헌법을 구성하면서 공동체의 존속·유지와 기본권 보장이라는 목적을 하기 위한 수단으로서 작동하는 체계이다. 이런 점에서 법치주의 그 자체는 본질에서 가치중립적이다. 그러나 법치주의가 그 자체만으로 정당성을 가지는 것이 아니라 공동체의 보장, 기본권의 보장이라는 상위의 가치에 복종한다는 점에서 정당성을 가진다는 관계성을 주목하면 이는 가치관련적이다. 이와 같이 법치주의를 존재의 면에서 보면「형식적 법치주의」라고 할 수 있으나, 관계의 면에서 보면「실질적 법치주의」라고 할 수 있다. 이런 점에서 형식적 법치주의는 가치중립적 성격을 지니지만, 실질적 법치주의는 가치관련적 성격을 지닌다.

《영미의「법의 지배」》

오늘날 법치주의와 같은 의미로 사용되는「법의 지배」(rule of law)는 그 연원에서 보면, 서양 중세의 법우위의 사상에서 생겨나 영미법사상의 중심축으로 발달하여 영미법의 근본을 이루고 있는 기본원리이다.「법의 지배」의 사상은 영국에서 13세기 말 사법제도의 정비와 재판을 통한 보통법(common law)의 발달을 보게 되면서,「보통법은 국왕까지도 구속한다」는 사상이 형성됨에 따라 법원리로 자리를 잡게 되었고, 여기서「법의 지배」는 보통법의 지배라는 의미로 이해되었다. 이러한 것은, 왕권신수설(王權神授說)을 믿고「국왕이 법이다」(Rex est lex)라는 입장을 견지하며 보통법을 부정했던 James 1세(1603-1625)에 대하여 E. Coke경(1552-1634)이「국왕은 어느 누구의 아래에도 있을 수는 없다. 그러나 신과 법의 아래에는 있을 수 있다」라고 한 H.d. Bracton(1216-1268)의 말을 인용하여 군주적 대권(君主的 大權)의 절대성에 대항한 것에서도 볼 수 있듯이,「법의 지배」는 이론과 실제에서 공히 법원리로 자리를 잡아 갔음을 볼 수 있다.「법의 지배」의 사상은 17세기 명예혁명(1688)을 거치면서 군주의 자의적이고 전단적인 통치에 대항하여 투쟁하는 과정에서 보다 구체적인 모습을 띠게 되었다. J. Locke(1632-1704)는「모든 통치는 단지 제한된 위임에 지나지 않으며, 이 위임된 통치는 실정법(promulgated standing law)에 따라 수행되어야 한다」고 하면서, 국가권력의 자의적인 행사와 군주의 억압적 통치로부터 개인의 자유를 보장하기 위해「인의 지배」 대신에 법에 의한 통치를 주장하였다.「법의 지배」의 이러한 발전은 예컨대 1689년의 권리장전(Bill of Rights)을 비롯한 법률에서도 나타났다. 명예혁명 이후 군주의 권한은 크게 약화된 데 반해 의회의 권한은 확대되어 의회주권(sovereignty of Parliament)과 의회우위(supremacy of Parliament)의 사상이 확립되기에 이르렀고, 의회가 통치의 실질적인 중심으로 되었다. 이에 따라 국가권력의 행사는 의회가 제정한 법률에 근거하도록 요구되었고,「법의 지배」는「보통법의 우위」에 대신하여「의회제정법의 우위」라는 것으로 나타났다. 이러한 영국에서 형성·전개되어 온「법의 지배」의 사상은 A.V. Dicey(1835-1922)의「헌법학입문」(Introduction to the Study of the Law of the Constituion 1885)에서 처음으로 체계화되었다. 그는 의회주권이라는 개념과의 상관관계 속에서「법의 지배」를 i) 자의적이고 전단적인 국가권력의 행사를 부정하고 일반법원에 의하여 통상의 법적 방식을 통하여 정립된 정규의 법에 위반되지 않는 한 처벌되지 않는다는 의미로서의「정규의 법」의 절대적 우위, ii) 공무원도 일반 사인과 같이 일반법원의 최종적인 관할을 받는다(이 결과 행정법원은 부정된다)는 의미에서의 법 앞의 평등, iii) 헌법적 규범(성문헌법국가에서 헌법전의 일부에 해당하는 여러 규범)으로서의 법은 일반법원에서 개인의 권리를 결정한 판결의 결과로 형성된 것이라는 영국헌법의 특수성이라는 세 가지의 내용을 가지는 것으로 설명하여 영국헌법의 근본과 세부원칙을 체계적으로 밝혔다. 이 세 가지의 원칙은 19세기 영국에서 형성된 헌법의 관념과 개인주의사상이 반영된 것이기도 하지만, 오늘날까지 국가는 개인의 자유와 권리를 보장하는 수단이라는 점과 국가는 법 아래에 있다는 법리를 확립한 의미를 가진다. 이러한 역사적 배경을 가지고 형성된 영미법에서의 「법의 지배」는 자의적(恣意的)이고 전단적(專斷的)인 국가권력의 지배를 의미하는 「인(人)의 지배」를 배척하고 국가권력을 법에 구속시켜 국민의 권리와 자유를 옹호하는 것을 목적으로 하는 원리를 의미한다. 「법의 지배」는 전개되는 과정에서 나라에 따라 구체적인 형태에서는 차이를 보이기도 하였지만, i) 헌법의 최고규범성 보장, ii) 국가권력에 의해 침해되지 않는 개인의 기본적인 자유 보장, iii) 법의 내용과 절차의 공정성을 요구하는 적법절차(due process of law)의 보장, iv) 권력의 자의적인 행사를 통제하는 사법기관의 보장은 핵심적인 공통된 내용을 이루고 있다. 미합중국에서 「법의 지배」는 헌법의 우위와 권력분립 및 사법심사를 확립하기에 이르렀다. 특히 영미의 「법의 지배」의 원리가 제2차 세계대전 전의 독일에서 통용된 「형식적 법치국가」(formeller Rechtsstaat)의 개념과 차이를 보이는 것은, 「실정법의 우위」라는 것도 의회주권의 원리와 결부되어 입법과정에 시민이 중요한 역할을 하여야 한다는 것, 즉 국민의 자유와 권리를 제한하는 법률의 내용도 국민이 결정하는 것이어야 한다는 점과 실정법은 의회가 일정한 절차를 따라 제정하였다는 것만으로 우위를 점할 수 있는 것이 아니라 그 내용이 합리적이어야 한다는 실질적 요건을 갖추어야 한다는 점에 있다.

[76] 제2 내 용

Ⅰ. 국가권력의 분립

법치주의는 자의에 의한 지배를 방지하고 권력의 남용(濫用)과 오용(誤用)을 배제하고자 하는 것이므로 국가권력의 분립은 그의 당연한 귀결로 도출된다. 국가권력의 집중은 권력을 장악한 자에 의한 자의적 지배와 독재를 가능하게 하고, 이로 인하여 국민의 자유와 권리가 침해되기 때문에 국가권력이 원래의 기능에 합당하게 작동할 수 있도록 하기 위해서는 권력을 분할하여 각 그 기능에 맞게 작용하게 할 필요가 있다.

권력의 분립은 국가권력의 분할, 분할된 권력들간의 균형, 분할된 권력에 대한 국가기능의 배분, 분할된 권력간의 통제를 그 내용으로 한다. 이러한 국가권력의 분립에 의하여 법률의 입법권은 의회에게 부여되고, 행정권은 행정부에, 사법권은 법원에 각 부여되며, 헌법재판권은 헌법재판소에 부여된다.

Ⅱ. 법의 형식성

(1) 개 념

법은 가변적인 형태인 주관적인 의사와 의지로 존재하는 것이 아니라, 누구나 법이 무엇인지를 알 수 있는 형식(form)을 갖추고 있어야 한다. 무엇이 법인지를 알 수 없다면 법치주의는 원천적으로 성립할 수 없다. 이러한 법의 형식성(formality, Formalität)을 확보하는데 필요한 것이 법의 실정화이다. 즉 법의 존재형태를 실정법으로 정하는 것이다.

그런데 법의 실정화만으로 법의 형식성이 갖추어졌다고 할 수는 없고, 그 외에 법의 내용이 명확하여 행위준칙으로 작용할 수 있어야 하고(明確性), 원칙적으로 같은 조건에 있는 행위주체라면 누구에게나 동일하게 적용되는 일반성을 갖추어야 한다(一般性). 이러할 때만 공동체의 구성원은 예측가능성을 가지고 자신의 행위를 구체적으로 정할 수 있다.

법의 형식성에서 문제가 되는 것이 관습법이다. 관습법은 형식성에서 실정법보다 약하다. 그러나 관습법은 관례나 관행과 달리 규범적 효력이 발생할 수 있는 요건을 충족하여야 하고, 구체적으로 판례를 통하여 그 내용이 명확해지므로 이 한도 내에서 법의 형식성을 갖추고 있다고 할 것이다. 따라서 관습법을 인정하는 것이 법치주의와 배치되는 것은 아니다.

(2) 명 확 성

(a) 의 의

법의 명확성은 법의 형식성을 확보하고 유지하는데 필요불가결하다. 명확성은 실정법이 규율하고자 하는 내용이 명확하여 다의적(多義的)으로 해석 · 적용되어서는 안 된다는 것을 말하는데, 명확성의 원칙은 법치주의의 내용을 이루고 있다(예: 憲 1990. 4. 2.-89헌가 113; 1992. 4. 28.-90헌바27등; 1996. 8. 29.-94헌바15; 1996. 11. 28.-96헌가15; 1998. 4. 30.-95헌가16; 1999. 9. 19.-97헌바73등; 2000. 2. 24.-98헌바37; 2002. 7. 18.-2000헌바57; 2002. 1. 31.-2000헌가8).

실정법의 명확성은 법률이 규율하고자 하는 사항을 명확한 용어로 규정함으로써 법규범의 수범자에게는 법이 규율하는 내용을 미리 알 수 있도록 하여 일상적인 생활에서 행동기준을 제공하고, 법집행자에게는 객관적인 판단기준을 주어 차별적이거나 자의적인 법의 해석 · 집행을 방지하게 한다. 실정법의 문언에서 수범자가 무엇이 금지되고 무엇이 허용되며 어떻게 행위하여야 하는지를 알 수 없다면 생활에서의 법적 안정성과 예측가능성은 확보할 수 없을 뿐 아니라 국가에 의한 자의적인 법집행이 가능하게 된다(예: 憲 1990. 4. 2.-89헌가113; 1992. 2. 25.-89헌가104; 2001. 6. 28.-99헌바34; 2005. 6. 30.-2005헌가1). 이런 의미에서 법률의 명확성원칙이란, 행정부가 법률에 근거하여 국민의 자유와 재산을 침해하는 경우 법률이 수권의 범위를 명확하게 확정해야 하고, 법원이 공권력행사의 적법성을 심사할 때에는 법률이 그 심사의 기준으로서 충분히 명확해야 한다는 것을 뜻한다(예: 憲 2003. 11. 27.-2001헌바35; 2008. 1. 10.-2007헌마1468).

[憲 2001.6.28.-99헌바34] 「명확성원칙은 헌법상 내재하는 법치국가원리로부터 파생될

뿐만 아니라, 국민의 자유와 권리를 보호하는 기본권보장으로부터도 나온다.……법률은 명확한 용어로 규정함으로써 적용대상자에게 그 규제내용을 미리 알 수 있도록 공정한 고지를 하여 장래의 행동지침을 제공하고, 동시에 법집행자에게 객관적 판단지침을 주어 차별적이거나 자의적인 법해석을 예방할 수 있다. 따라서 법규범의 의미내용으로부터 무엇이 금지되는 행위이고 무엇이 허용되는 행위인지를 국민이 알 수 없다면 법적 안정성과 예측가능성은 확보될 수 없게 될 것이고, 법집행 당국에 의한 자의적 집행이 가능하게 될 것이다.」

[憲 2008.1.10.-2007헌마1468] 「헌법상 법률의 명확성원칙이란, 행정부가 법률에 근거하여 국민의 자유와 재산을 침해하는 경우 법률이 수권의 범위를 명확하게 확정해야 하고, 법원이 공권력행사의 적법성을 심사할 때에는 법률이 그 심사의 기준으로서 충분히 명확해야 한다는 것을 뜻한다. 이는 수범자의 예측가능성을 확보하고 법집행 당국에 의한 자의적 집행을 방지해야 할 필요에서 도출된다.」

헌법재판소는, 법규범이 명확한지 여부는 그 법규범이 수범자에게 법규의 의미내용을 알 수 있도록 공정한 고지를 하여 예측가능성을 주고 있는지 여부와 그 법규범이 법을 해석·집행하는 기관에게 충분한 의미내용을 규율하여 자의적인 법해석이나 법집행이 배제되는지 여부, 즉 예측가능성 및 자의적 법집행 배제가 확보되는지 여부에 따라 판단할 수 있다고 하고, 법규범의 의미내용은 그 문언뿐만 아니라 입법목적이나 입법취지, 입법연혁, 법규범의 체계적 구조 등을 종합적으로 고려하는 해석방법에 의하여 구체화하게 되므로, 법규범이 명확성원칙에 위반되는지 여부는 위와 같은 해석방법에 의하여 그 의미내용을 합리적으로 파악할 수 있는 해석기준을 얻을 수 있는지 여부에 달려 있다고 본다(예: 憲 2018.6.28.-2016헌바77).

(b) 근 거

법의 명확성의 원칙은 법과 법치주의의 본질적 성격이기도 하거니와 그에 근거하고 있다.

(c) 내 용

(i) 막연하기 때문에 무효 명확성의 원칙은 법령이 규율하는 내용의 의미가 광범하고 막연하여 법의 다의적인 해석이 가능할 때에는 무효가 된다는 것(void for vagueness)을 의미한다. 이런 명확성의 원칙은 기본권을 제한하는 입법에서 더 중요한 의미를 가지는데, 형벌법규에서는 죄형법정주의 내용을 형성하고([198]II), 조세입법에서는 과세요건 명확주의가 강조되고 있다([433]III). 이는 법이 수범자인 통상의 일반인이 일상적인 언어생활상 법의 내용을 명확히 알 수 있고, 통상의 법감정과 합리적인 상식에 기하여

그 구체적인 의미를 충분히 예측하고 해석할 수 있으며(예: 憲 2008. 1. 10.-2007헌마1468), 법에서 규정하고 있는 문언상의 표현이 법집행자에게 자의적인 법집행을 허용하지 않을 정도이어야 할 것을 요구한다.

그런데 법을 성문화하는 경우에는 언어와 기술적·상황적인 이유로 인하여 언제나 일의적(一義的)인 내용으로 정할 수 있는 것은 아니다(예: 憲 2000. 2. 24.-98헌가37). 따라서 해당 문언 그 자체로는 일의적으로 해석되지 않는 경우라고 하더라도 입법목적, 입법취지, 입법연혁, 법규범의 체계적 구조 등을 고려하여 그 의미를 분명히 할 수 있으면 명확성의 원칙에 위반되는 것이 아니다(예: 憲 1992. 2. 25.-89헌가104; 1995. 9. 28.-93헌바50; 1998. 3. 26.-96헌가20; 1999. 9. 19.-97헌바73 등; 2000. 2. 24.-98헌바37; 2002. 7. 18.-2000헌바57; 2005. 6. 30.-2005헌가1; 2005. 6. 30.-2002헌바83). 법규범이 불확정개념(不確定概念)을 사용하는 경우라도 법률해석을 통하여 법원의 자의적인 적용을 배제하는 합리적이고 객관적인 기준을 얻는 것이 가능한 경우는 명확성의 원칙에 반하지 않는다(예: 憲 2004. 7. 15.-2003헌바35등; 2007. 7. 26.-2006헌가9).

[憲 1992.2.25.-89헌가104] 「명확성의 원칙은 모든 법률에 있어서 동일한 정도로 요구되는 것은 아니고 개개의 법률이나 법조항의 성격에 따라 요구되는 정도에 차이가 있을 수 있으며 각각의 구성요건의 특수성과 그러한 법률이 제정되게 된 배경이나 상황에 따라 달라질 수 있다고 할 것이다. 일반론으로는 어떠한 규정이 부담적 성격을 가지는 경우에는 수익적 성격을 가지는 경우에 비하여 명확성의 원칙이 더욱 엄격하게 요구된다고 할 것이고 따라서 형사법이나 국민의 이해관계가 첨예하게 대립되는 법률에 있어서는 불명확한 내용의 법률용어가 허용될 수 없으며, 만일 불명확한 용어의 사용이 불가피한 경우라면 용어의 개념정의, 한정적 수식어의 사용, 적용한계조항의 설정 등 제반방법을 강구하여 동 법규가 자의적으로 해석될 수 있는 소지를 봉쇄해야 하는 것이다.……명확성의 산술적인 관철을 요구하는 것은 입법기술상 불가능하거나 현저히 곤란한 것이므로 어느 정도의 보편적 내지 일반적 개념의 용어사용은 부득이 하다고 할 수밖에 없으며, 당해 법률이 제정된 목적과 타규범과의 연관성을 고려하여 합리적인 해석이 가능한지의 여부에 따라 명확성의 구비 여부가 가려져야 할 것이다. 따라서 일반적 또는 불확정 개념의 용어가 사용된 경우에도 동일한 법률의 다른 규정들을 원용하거나 다른 규정과의 상호관계를 고려하거나 기히 확립된 판례를 근거로 하는 등 정당한 해석방법을 통하여 그 규정의 해석 및 적용에 대한 신뢰성이 있는 원칙을 도출할 수 있어, 그 결과 개개인이 그 형사법규가 보호하려고 하는 가치 및 금지되는 행위의 태양과 이러한 행위에 대한 국가의 대응책을 예견할 수 있고 그 예측에 따라 자신의 행위에 대한 국가의 대응책을 예견할 수 있고 그 예측에 따라 자신의 행동에 대한 결의를 할 수 있는 정도(의 규정 내용이)라면 그 범위 내에서 명확성의 원칙은 유지되고 있다고 봐야 할 것이다.」

[憲 2005.6.30.-2002헌바83] 「처벌법규의 구성요건이 명확하여야 한다고 하여 모든 구성요건을 단순한 서술적 개념으로 규정하여야 하는 것은 아니고, 다소 광범위하여 법관의 보충적인 해석을 필요로 하는 개념을 사용하였다고 하더라도 통상의 해석방법에

의하여 건전한 상식과 통상적인 법감정을 가진 사람이면 당해 처벌법규의 보호법익과 금지된 행위 및 처벌의 종류와 정도를 알 수 있도록 규정하였다면 헌법이 요구하는 처벌법규의 명확성에 배치되는 것이 아니다.……법규범이 불확정개념을 사용하는 경우라도 법률해석을 통하여 행정청과 법원의 자의적인 적용을 배제하는 합리적이고 객관적인 기준을 얻는 것이 가능한 경우, 즉 자의를 허용하지 않는 통상의 합리적 해석방법에 의하더라도 그 의미내용을 알 수 있는 경우는 명확성 원칙에 반하지 아니한다. 법규범의 의미내용은 법규범의 문언뿐만 아니라 입법목적이나 입법취지, 입법연혁, 그리고 법규범의 체계적 구조 등을 종합적으로 고려하는 해석방법에 의하여 구체화하게 된다.」

(ii) 포괄적 위임의 금지 법치주의는 법에 의하여 공동체를 운영하는 것을 의미하지만, 현실 사회의 가변성과 역동성으로 인하여 법률이 모든 것을 정할 수는 없다. 현실에서 상황의 변화와 예측할 수 없었던 상황의 발생은 법집행자로 하여금 그에 적절하게 대응하도록 할 필요가 생기고, 현대 사회로 오면서 더욱 복잡해진 생활 현실과 다양한 상황의 전개로 인하여 그 필요성은 더 강하게 요구되고 있다. 따라서 법치주의는 공동체와 국가에 필요한 기본적 사항은 국민대표기관이 법률로 정하고 나머지 사항에 대해서는 법집행자에게 위임하지 않을 수 없게 되었다. 여기서 등장한 것이 위임입법(委任立法)이며, 법치주의도 이를 포용하고 있다. 헌법 제75조와 제95조는 법률에서 대통령령, 총리령, 부령으로의 위임입법을 인정하고 있다(예: 憲 1995. 11. 30.-91헌바1등)([150]Ⅲ, [516] Ⅰ(2)).

위임입법의 필요성이 인정된다고 하더라도 법치주의는 국민주권원리상 국민대표기관이 직접 정하여야 하는 사항은 법률에서 분명하게 정할 것을 요구한다. 이는 입법기관이 정하여야 할 사항과 법의 집행기관이 정하여야 할 사항을 구별하기 위한 것이고, 법집행자가 법을 집행하면서 그때그때 법의 의미를 확정할 수 없도록 하기 위한 것이다. 이는 법치주의의 내용인 권력분립원칙에서도 도출되는 법리이다(예: 憲 1995. 7. 21.-94헌마125; 1995. 11. 30.-91헌바1등; 1995. 11. 30.-94헌바40등).

[憲 1995.11.30.-94헌바40등] 「위임의 명확성의 요건이 완화될 수 있는 경우에도 국민주권주의, 권력분립주의 및 법치주의를 기본원리로 채택하고 있는 우리 헌법하에서는 국민의 헌법상 기본권 및 기본의무와 관련된 중요한 사항 내지 본질적인 내용에 관한 사항에 대한 정책형성기능은 원칙적으로 주권자인 국민에 의하여 선출된 대표자들로 구성되는 입법부가 담당하여 법률의 형식으로써 이를 수행하여야 하고, 이와 같이 입법화된 정책을 집행하거나 적용함을 임무로 하는 행정부나 사법부에 그 기능이 넘겨져서는 안 된다고 해석되므로, 국민의 기본의무인 납세의무의 중요한 사항 내지 본질적 내용에 관한 사항에 대하여는 조세법률주의의 원칙상 가능한 한 법률에 명확하게 규정되어야 하고 이와 같은 사항을 대통령령 등 하위법규에 위임하는 데에는 일정한 한계가 있는 것이다.」

법의 의미가 불분명하고 법집행자가 법을 집행하면서 그 의미를 확정한다면 법은 행위준칙으로서 기능할 수 없고 법적 안정성과 예측가능성도 확보할 수 없다.

여기에서 법률로 정하여야 할 사항은 반드시 법률에서 정하여야 하고, 이를 포괄적으로 법집행기관에게 위임할 수 없다는 법리가 도출된다. 이를 포괄적 위임금지(包括的 委任禁止)의 원칙이라고 한다.

헌법 제75조는 「대통령은 법률에서 구체적으로 범위를 정하여 위임받은 사항에 관하여 대통령령을 발할 수 있다」고 정하고 있는데, 이는 위임입법의 헌법상 근거인 동시에 위임은 구체적으로 범위를 정하여 하도록 하는 위임의 한계를 정하고 있는 것이다. 이 헌법 제75조에 의하여 포괄적 위임은 금지된다(예: 憲 2004. 11. 25.-2004헌가15; 2007. 4. 26.-2004헌가29등; 2007. 4. 26.-2004헌바56; 2007. 4. 26.-2005헌바51).

포괄적 위임의 금지는 위임입법의 영역에 있어 하위법규범에 입법을 위임하는 수권법률(授權法律)에 명확성의 원칙이 적용되어 구체화된 것으로서의 성격을 가진다. 따라서 위헌여부를 판단함에 있어 명확성원칙의 위반과 포괄적 위임금지원칙의 위반이 동시에 제기된 경우에는 헌법 제75조에서 정하고 있는 포괄적 위임금지원칙의 위반여부만 심사하는 것으로 충분하다(예: 憲 1999. 4. 29.-94헌바37; 2007. 4. 26.-2004헌가29등).

> **[憲 2007.4.26.-2004헌가29등]** 「헌법 제75조는 "대통령은 법률에서 구체적으로 범위를 정하여 위임받은 사항에 관하여 대통령령을 발할 수 있다"고 규정하여 위임입법의 헌법상 근거를 마련함과 동시에 위임은 구체적으로 범위를 정하여 하도록 하여 그 한계를 제시하고 있다. 이는 행정부에 입법을 위임하는 수권법률의 명확성원칙에 관한 것으로서 법률의 명확성원칙이 행정입법에 관하여 구체화된 특별규정이라고 할 수 있다. 따라서 이 사건 법률조항의 명확성원칙 위배 여부는 헌법 제75조의 포괄위임금지의 원칙의 위반 여부에 대한 심사로써 충족된다 할 것이므로……」

통상적인 실정법의 구조에서는 법률의 사항을 위임하는 것은 하위규범인 행정입법인 명령(예: 대통령령, 총리령, 부령)에 위임하게 되는데, 법률이 일정한 사항을 명령에 위임하는 경우에도 법률에서 정하여야 할 사항은 반드시 법률에서 정하고 그 나머지 사항에 대해서만 구체적이고 개별적인 한정된 사항에 한하여 명령에서 정하도록 하여야 한다.

법률의 백지위임은 포괄적 위임에 해당하는 것이 분명하지만, 어떠한 경우가 구체적인 위임이고 포괄적 위임인지를 판단함에 있어서는 각종 법령이 규제하고자 하는 대상의 종류와 성격에 따라 그 기준의 차이가 있다. 이러한 포괄적 위임금지의 원칙은 대통령령, 총리령, 부령 등 위임입법 전반에 적용된다.

헌법재판소는 헌법 제75조의 「법률에서 구체적인 범위를 정하여 위임받은 사항」은 법률에 이미 대통령령으로 규정될 내용 및 범위의 기본사항이 구체적으로 규정되어 있어서 누구라도 당해 법률로부터 대통령령에 규정될 내용의 대강을 예측할 수 있어야 하는 것이라고 한다(예: 憲 1996. 8. 29.-95헌바36; 1999. 1. 28.-97헌바90; 2007. 12. 27.-2004헌바98). 즉, 법률의 규정에 의하여 이미 대통령령 또는 부령으로 규정될 내용 및 범위의 기본사항이 구체적으로 규정되어 있어 국민이 장래 대통령령으로 규정할 내용을 일일이 예견할 수는 없다고 하더라도 누구라도 당해 법률로부터 대통령령 또는 부령에 규정될 내용의 대강 내지 기본적인 윤곽을 예측할 수 있어야 한다고 본다. 당해 법률의 전반적 체계와 관련 규정에 비추어 위임조항의 내재적인 위임의 범위나 한계를 객관적으로 분명히 확정할 수 있다면 이는 포괄적 위임은 아니라고 본다(예: 憲 1991. 7. 8.-91헌가4; 1995. 7. 21.-94헌마125; 1994. 7. 29.-93헌가12; 1995. 11. 30.-91헌바1등; 2007. 4. 26.-2004헌가29등; 2007. 4. 26.-2005헌바51; 2007. 7. 26.-2006헌가4; 2007. 10. 25.-2005헌바68).

위임의 구체성 · 명확성 내지 예측가능성의 유무는 당해 특정조항 하나만을 가지고 판단하는 것이 아니라 관련 법조항 전체를 유기적 · 체계적으로 종합하여 판단하고, 위임된 사항의 성질에 따라 구체적 · 개별적으로 검토하여 판단한다(예: 憲 1995. 7. 21.-94헌마125; 1996. 6. 26.-93헌바2; 2002. 3. 28.-2001헌바24등; 2007. 4. 26.-2005헌바51; 2007. 12. 27.-2006헌가8; 2007. 12. 27.-2004헌바98).

위임의 구체성 · 명확성의 요구 정도는 그 규율대상의 종류와 성격에 따라 다르다. 명확성의 원칙은 모든 법률에 있어서 동일한 정도로 요구되는 것은 아니고 개개의 법률이나 법조항의 성격에 따라 요구되는 정도에 차이가 있을 수 있으며 각각의 구성요건의 특수성과 그러한 법률이 제정되게 된 배경이나 상황에 따라 달라질 수 있다. 이러한 명확성의 원칙을 산술적으로 엄격히 관철하도록 요구하는 것은 입법기술상 불가능하거나 현저히 곤란하므로 어느 정도의 보편적 내지 일반적 개념의 용어사용은 부득이하다고 할 수밖에 없으며, 당해 법률이 제정된 목적과 타 규범과의 연관성을 고려하여 합리적인 해석이 가능한지의 여부에 따라 명확성의 구비 여부가 가려져야 한다(예: 憲 1992. 2. 25.-89헌가104; 2007. 10. 25.-2005헌바96; 2009. 10. 29.-2007헌바63).

처벌법규나 조세법규와 같이 국민의 기본권을 직접적으로 제한하거나 침해할 소지가 있는 법규에서는 구체성 · 명확성의 요구가 강화되어 그 위임의 요건과 범위가 일반적인 급부행정의 경우보다 더 엄격하게 제한적으로 규정되어야 하고, 규율대상이 지극히 다양하거나 수시로 변화하는 성질의 것일 때에는 위임의 구체성 · 명확성의 요건이 완화되어야 한다(예: 憲 1995. 11. 30.-91헌바1등; 1997. 2. 20.-95헌바27; 2007. 4. 26.-2005헌바51; 2007. 12. 27.-2006헌가8; 2007. 12. 27.-2004헌바98). 민사법규는 행위규범의 측면이 강조되는 형벌법규와는 달리 기본적으로는 재판법규의 측면이 훨씬 강조되므로, 사회현실에 나타나는 여러 가지 현상에 관하여 일반적으로 흠결 없이 적용될 수 있도록 보다 추상적인 표현을 사용하는 것이 상대적으로 더 가능하다고 본다(예: 憲 2007. 10. 25.-2005헌바96).

[憲 2007.10.25.-2005헌바96] 「법치국가원리의 한 표현인 명확성의 원칙은 기본적으로 모든 기본권제한 입법에 대하여 요구되지만, 모든 법률에 있어서 동일한 정도로 요

구되는 것은 아니고 개개의 법률이나 법조항의 성격에 따라 요구되는 정도에 차이가 있을 수 있으며 각각의 구성요건의 특수성과 그러한 법률이 제정되게 된 배경이나 상황에 따라 달라질 수 있고, 이러한 명확성의 원칙을 산술적으로 엄격히 관철하도록 요구하는 것은 입법기술상 불가능하거나 현저히 곤란하므로 어느 정도의 보편적 내지 일반적 개념의 용어사용은 부득이하다고 할 수밖에 없으며, 당해 법률이 제정된 목적과 타 규범과의 연관성을 고려하여 합리적인 해석이 가능한지의 여부에 따라 명확성의 구비 여부가 가려져야 한다. 특히 민사법규는 행위규범의 측면이 강조되는 형벌법규와는 달리 기본적으로는 재판법규의 측면이 훨씬 강조되므로, 사회현실에 나타나는 여러 가지 현상에 관하여 일반적으로 흠결 없이 적용될 수 있도록 보다 추상적인 표현을 사용하는 것이 상대적으로 더 가능하다고 본다.」

[憲 2007.10.25.-2005헌바58] 「위임입법에 있어 위임의 구체성이나 명확성의 요구의 정도는 규제 대상의 종류와 성격에 따라서 달라질 수 있고, 특히 사회보장적인 급여와 같은 급부행정의 영역에서는 기본권 침해의 영역보다 구체성을 요구하는 정도가 다소 약화될 수 있을 것이다. 뿐만 아니라 위임조항에 위임의 구체적인 범위를 명확히 규정하고 있지 않다 하더라도 당해 법률의 전반적 체계나 관련규정에 비추어 내재적인 위임의 범위나 한계를 객관적으로 분명히 확정할 수만 있다면, 이를 두고 일반적이고 포괄적인 백지위임에 해당한다 할 수 없다.」

[憲 2007.12.27.-2006헌가8] 「법률의 위임은 반드시 구체적이고 개별적으로 한정된 사항에 대하여 행해져야 한다. 그렇지 아니하고 일반적이고 포괄적인 위임을 한다면 이는 사실상 입법권을 백지위임하는 것이나 다름없어 의회입법의 원칙이나 법치주의를 부인하는 것이 되고 행정권의 부당한 자의와 기본권행사에 대한 무제한적 침해를 초래할 위험이 있기 때문이다. 헌법 제75조는 위임입법의 근거조문임과 동시에 그 범위와 한계를 제시하고 있는데 '법률에서 구체적인 범위를 정하여 위임받은 사항'이란 법률에 이미 대통령령으로 규정될 내용 및 범위의 기본사항이 구체적으로 규정되어 있어서 누구라도 당해 법률로부터 대통령령에 규정될 내용의 대강을 예측할 수 있어야 함을 의미한다. 또한 위임의 구체성·명확성 내지 예측가능성의 유무는 당해 특정조항 하나만을 가지고 판단할 것이 아니라 관련 법조항 전체를 유기적·체계적으로 종합하여 판단하여야 하고 위임된 사항의 성질에 따라 구체적·개별적으로 검토하여야 할 것이다. 그리고 위임의 구체성·명확성의 요구 정도는 그 규율대상의 종류와 성격에 따라 달라질 것이지만 특히 처벌법규나 조세법규와 같이 국민의 기본권을 직접적으로 제한하거나 침해할 소지가 있는 법규에서는 구체성·명확성의 요구가 강화되어 그 위임의 요건과 범위가 일반적인 급부행정의 경우보다 더 엄격하게 제한적으로 규정되어야 하는 반면에, 규율대상이 지극히 다양하거나 수시로 변화하는 성질의 것일 때에는 위임의 구체성·명확성의 요건이 완화되어야 할 것이다.」

(d) 정 도

법의 명확성은 헌법과 법률·명령 등 하위의 법규범 모두에 요구되는데, 그 법규범이 조직규범인가, 권한행사규범인가, 권리형성규범인가, 권리제한규범인가([150]Ⅲ(3)(c))

에 따라 차이는 있지만, 어떤 경우에도 명확성의 원칙이 배제되지는 않는다.

(3) 일 반 성

(a) 의 의

국민의 생활을 규율하는 법은 모든 국민을 대상으로 하여야 한다. 법은 공동체의 모든 동일한 사항에서 모든 구성원에게 똑같이 적용될 때 객관적 규범으로 존재할 수 있기 때문에 법의 정립에서 특정인이나 특정사항을 차별하여 처리하는 것은 금지된다. 이를 법의 일반성(一般性=抽象性)이라고 한다. 법의 이러한 특성으로 인하여 동일한 상황과 조건에 있는 대상은 모두 법에 의하여 똑같이 규율되고 적용되며, 법의 확실성, 공평성, 획일성, 안정성이 확보된다. 그리고 법의 일반성은 국가기능에서 입법, 행정, 사법의 분리, 법령과 처분의 구별, 행정의 법률적합성, 법원의 독립, 행정기관의 재량 등과 밀접한 연관을 가진다. 침해적인 규범이든 급부적인 규범이든 차이가 없다.

일반성을 부정하는 입법을 개별입법(個別立法)이라고 하는데, 법의 일반성으로 인하여 개별입법은 원칙적으로 금지된다(개별입법의 금지). 특정대상만을 규율의 대상으로 삼는 법이 존재할 때 이는 국가가 특정대상에 대해서 자의적으로 대우하는 결과를 가져오고 이런 경우에 법은 객관적 규범이 아니라 입법자의 주관적 의사에 지나지 않게 된다. 이러한 일반성은 「모든 국민은 법 앞에 평등하다」는 평등원칙(헌법 §11①)에 의해서도 확인되고 있다.

권력분립에 의할 때, 법의 정립은 입법권능에 부여되어 있고 법의 집행은 행정권능과 사법권능에 배분되어 있으므로, 개별적 대상을 규율하는 것은 원칙적으로 법의 집행기능에 의하여 이루어진다. 그러나 현대 국가에서 다양한 규율대상이 등장하면서 입법단계에서부터 특정대상을 상대로 구체적으로 규율할 정당한 이유가 인정되는 경우에는 개별입법이 허용된다.

(b) 개별적 법률과 처분적 법률

법의 일반성과 관련하여 법이론상 중요한 것이 일정한 범위의 개별인을 규율하는 개별인법률(個別人法律=個人對象法律 Einzelpersonengesetz)과 개별적이고 구체적인 사안을 규율하는 개별사건법률(個別事件法律 Einzelfallgesetz, Individualgesetz), 행정부의 집행행위를 매개하지 않고 법률에서 직접 조치를 취하는 처분적 법률(處分的 法律 Maßnahmegesetz)의 문제이다.

과거에는 입법행위와 집행행위를 엄격히 구별하여 권력분립원리상 이러한 국가작용은 행정작용에 속하므로 입법부는 법률의 형식으로 이러한 작용을 할 수 없다고 보았다. 그러나 국가기능이 전문화·고도화되고, 국가위기상황이 발생하면서 국민대표기관도 필요에 따라서는 예외적으로 개별적인 사항에 대하여 직접 규율할 필요가 인정되었고, 개별사건법률과 처분적 법률은 국가작용의 사태 내응성과 민주적 정당성에 의하여 정당화된다고 보기에 이르렀다. 민주적 정당성이 없는 행정부가 민주적 정당성을 바탕으로 행해지는 입법기능을 대신할 수는 없으나, 민주적 정당성을 가지는 입법부가 국가작용의 필요한 범위 내에서 종래의 행정기능을 하는 것은 오늘날의 권력분립원리상 허용된다(예컨대 독일연방헌법재판소도 개별사안을 규율하는 법률이 권력분립에 위반되지 않는다고 판시하였다. BVerfGE 95, 1). 그러나 개별사건법률은 기본권 침해와 관련된 경우에는 금지되며 입법자가 명백히 침해유보를 정하고 있는 경우에만 허용된다. 특정 개인만을 수범자로 하여 그의 기본권을 제한하는 개별인법률은 법 앞의 평등원칙과 법의 일반성원칙에 위반되어 어떤 경우에도 인정되지 않는다.

우리나라에서도 개별 사안을 규율하기 위한 법률은 필요한 경우에 제정되고 있다. 특정 사건을 처리하기 위한 특별검사의 수사에 관한 법률, 특정 범주의 사람들에 대한 생계배려 또는 사회구조에 관한 법률, 특정 범주의 사람들에 대한 보상을 정하는 법률 등이 이에 해당한다.

헌법재판소는 처분적 법률에 해당하는 것이라는 이유만으로 헌법에 위반되는 것은 아니며, 이것이 정당화되는 경우에는 인정된다고 본다(예: 憲 1996. 2. 16.-96헌가2등; 2001. 2. 22.- 99헌마613; 2005. 6. 30.-2003헌마841; 2008. 1. 10.-2007헌마1468). 개인대상법률의 경우에도 그 차별적 규율이 합리적인 이유로 정당화되는 경우에는 헌법상 허용된다고 본다(憲 2005. 6. 30. -2003헌마841).

[憲 2005.6.30.-2003헌마841] 「심판대상조항은 상법상의 주식회사에 불과한 연합뉴스사를 주무관청인 문화관광부장관의 지정절차도 거치지 아니하고 바로 법률로써 국가기간뉴스통신사로 지정하고, 법이 정하는 계약조건으로 정부와 뉴스정보 구독계약을 체결하게 하며, 정부가 위탁하는 공익업무와 관련하여 정부의 예산으로 재정지원을 할 수 있는 법적 근거를 법률로써 창설하고 있는바, 이는 특정인에 대해서만 적용되는 '개인대상법률'로서 처분적 법률에 해당한다. 뉴스통신시장에서 국가기간뉴스통신사의 지정이 필요한 경우 통상적으로 상정할 수 있는 입법형식은 국가기간뉴스통신사의 기능과 역할, 그리고 그 대상이 될 수 있는 자격과 지정절차 등을 법률에서 규정하고 그 구체적인 지정행위는 소관 행정청의 집행행위에 의하는 형식이 될 것인데, 법은 구체적인 법집행행위로서 '지정행위'를 거치지 아니하고 법률에서 직접 연합뉴스사를 국가기간뉴스통신사로 지정하고 있으므로 그 자체로 법적용상의 차별취급이 야기되는 것이다. 그러나 우리 헌법은 처분적 법률로서 개인대상법률 또는 개별사건법률의 정의를 따로 두고 있지 않음은 물론, 이러한 처분적 법률의 제정을 금하는 명문의 규정도 두고 있지 않은바, 특정규범이 개인대상 또는 개별사건법률에 해당한다고 하여 그것만으로 바로 헌법에 위반되는 것은 아니라고 할 것이다. 결국 심판대상조항이 일반 국민을 그 규율

의 대상으로 하지 아니하고 특정 개인만을 그 대상으로 한다고 하더라도 이러한 차별적 규율이 합리적인 이유로 정당화되는 경우에는 허용된다고 할 것이다.」

헌법재판소는 5 · 18사건이라는 개별사건에 관련된 사람들을 수사하기 위하여 제정한 5 · 18민주화운동등에관한특별법(1995. 12. 21. 법률 제5029호)이 구체적인 개별사안을 규율하는 개별사건법률이라는 것을 인정하면서, 이 법률의 위헌여부를 평등원칙의 위반여부로 다루었다(憲 1996. 2. 16.-96헌가2등). 세무대학을 설치하는 것을 정하는 법률과 이를 폐지하는 법률은 개별사건법률 또는 처분적 법률에 해당하는데, 이는 인정된다고 보고(예: 憲 2001. 2. 22.-99헌마613), 특별검사를 임명하여 특정사건에 대하여 수사 · 처리하게 하는 것을 법률로 정하는 것도 개별사건법률에 해당하는데, 이는 인정된다고 본다(예: 憲 2008. 1. 10.-2007헌마1468).

[憲 1996.2.16.-96헌가2등] 「(1) 청구인들은 이 법률조항이 "1979.12.12.과 1980.5.18.을 전후하여 발생한 헌정질서파괴범죄행위"라고 특정함으로써 청구인 등이 범하였다는 이른바 12 · 12 군사반란행위와 5 · 18 내란행위를 지칭하는 것이 명백하여 특별법은 결국 청구인 등 특정인의 특정사건에 대하여 국가형벌권을 특정기간 동안 연장하는 것을 규정하고 있어 '개인대상법률'이며 '개별사건법률'이므로 헌법상 평등의 원칙에 반할 뿐만 아니라 나아가 권력분립의 원칙과 무죄추정의 원칙에 반하여 헌법에 위반된다고 주장한다. 그러므로 먼저 이 법률조항이 개별사건법률이기 때문에 헌법에 위반되는 것인지의 여부에 관하여 판단한다. 특별법 제2조는 제1항에서 "1979년 12월 12일과 1980년 5월 18일을 전후하여 발생한……헌정질서파괴행위에 대하여……공소시효의 진행이 정지된 것으로 본다"라고 규정함으로써, 특별법이 이른바 12 · 12 사건과 5 · 18 사건에만 적용됨을 명백히 밝히고 있으므로 다른 유사한 상황의 불특정다수의 사건에 적용될 가능성을 배제하고 오로지 위 두 사건에 관련된 헌정질서파괴범만을 그 대상으로 하고 있어 특별법 제정당시 이미 적용의 인적범위가 확정되거나 확정될 수 있는 내용의 것이므로 개별사건법률임을 부인할 수는 없다. (2) 그러나 우리 헌법은 개별사건법률에 대한 정의를 하고 있지 않음은 물론 개별사건법률의 입법을 금하는 명문의 규정도 없다. 개별사건법률금지의 원칙은 "법률은 일반적으로 적용되어야지 어떤 개별사건에만 적용되어서는 아니 된다"는 법원칙으로서 헌법상의 평등원칙에 근거하고 있는 것으로 풀이되고, 그 기본정신은 입법자에 대하여 기본권을 침해하는 법률은 일반적 성격을 가져야 한다는 형식을 요구함으로써 평등원칙위반의 위험성을 입법과정에서 미리 제거하려는데 있다 할 것이다. 개별사건법률은 개별사건에만 적용되는 것이므로 원칙적으로 평등원칙에 위배되는 자의적인 규정이라는 강한 의심을 불러일으킨다. 그러나 개별사건법률금지의 원칙이 법률제정에 있어서 입법자가 평등원칙을 준수할 것을 요구하는 것이기 때문에, 특정규범이 개별사건법률에 해당한다 하여 곧바로 위헌을 뜻하는 것은 아니다. 비록 특정법률 또는 법률조항이 단지 하나의 사건만을 규율하려고 한다 하더라도 이러한 차별적 규율이 합리적인 이유로 정당화될 수 있는 경우에는 합헌적일 수 있다. 따라서 개별사건법률의 위헌 여부는, 그 형식만으로 가려지는 것이 아니라, 나아가 평등의

원칙이 추구하는 실질적 내용이 정당한지 아닌지를 따져야 비로소 가려진다. (3) 이른바 12·12 및 5·18 사건의 경우 그 이전에 있었던 다른 헌정질서파괴범과 비교해보면, 공소시효의 완성 여부에 관한 논의가 아직 진행중이고, 집권과정에서의 불법적 요소나 올바른 헌정사의 정립을 위한 과거청산의 요청에 미루어볼 때 비록 특별법이 개별적 사건법률이라고 하더라도 입법을 정당화할 수 있는 공익이 인정될 수 있다고 판단된다. 따라서 이 법률조항은 개별사건법률에 내재된 불평등요소를 정당화할 수 있는 합리적인 이유가 있으므로 헌법에 위반되지 아니한다.」

[憲 2001.2.22.-99헌마613] 「이 사건 폐지법은 세무대학설치의 법적 근거로 제정된 기존의 세무대학설치법을 폐지함으로써 세무대학을 폐교하는 법적 효과를 발생하는 것이므로, 동법은 세무대학과 그 폐지만을 규율목적으로 삼는 처분법률의 형식을 띤다. 그러나 이와 같은 처분법률의 형식은 폐지대상인 세무대학설치법 자체가 이미 처분법률에 해당하는 것이므로, 이를 폐지하는 법률도 당연히 그에 상응하여 처분법률의 형식을 띨 수밖에 없는 필연적 현상이다. 한편 어떤 법률이 개별사건법률 또는 처분법률의 성격을 띠고 있다고 해서 그것만으로 헌법에 위반되는 것은 아니다. 따라서 아래에서 보는 바와 같이 정부의 조직 및 기능 조정을 위해 세무대학을 폐지해야 할 합리적 이유가 있는 것이므로 이 사건 폐지법은 그 처분법률의 성격에도 불구하고 헌법적으로 정당하다 할 것이다.」

Ⅲ. 국가작용의 법에의 기속

(1) 개 념

법치주의는 원래 국가가 국가권력(國家權力=權能=權限 power, competence)을 자의로 행사할 수 없게 하는데서 출발하였다. 공익을 실현해야 하는 국가권력이 이를 담당하는 위정자의 개인적 이익이나 주관적 의사에 의하여 아무렇게나 행사될 때 권력의 남용과 오용이 발생하고, 이에 따라 국민의 자유와 권리는 쉽사리 침해되고 힘에 의한 지배가 발생한다.

이와 같이 지배에 있어 주관적 의사와 힘에 의한 지배를 금지하고, 국가의 중립성과 공공성을 확보하기 위하여 국가권력의 작동이 객관적 규범인 법에 의하여 이루어지도록 하는 것이 법치주의의 목적이다. 따라서 국가작용의 법에의 기속은 법치주의의 필연적인 귀결이다.

[憲 1990.9.3.-89헌가95] 「민주법치국가에서 모든 행정과 재판이 법률에 근거를 두어야 하며……」

(2) 내 용

국가작용의 법에의 기속은 구체적으로 통치작용에 따라 입법작용, 행정작용, 재판작용, 헌법재판작용으로 구분되는 모든 국가작용이 법에 기속된다는 것을 의미한다. 이러한 법에의 기속은 구체적으로 헌법과 법령이라는 실정법에 기속되는 것으로 나타나지만, 법의 원리에 기속되는 것도 포함한다.

(a) 입법작용

입법작용은 헌법과 최고의 법원리에 기속된다. 입법작용과 관련하여 국가의 형벌권도 법에 기속된다는 점을 유의할 필요가 있다. 이는 형식적으로 죄형법정주의에 의해 구체화되지만, 그 내용에서도 최고의 법원리와 헌법에 의하여 기속된다는 점에서 형벌에 관한 국가권능이 무제한한 것이 아니라 법에 기속된다는 것을 의미한다.

(b) 행정작용

국가의 행정작용도 법과 법원리에 기속된다. 국민의 생활에 직접 영향을 미치는 국가의 법집행작용은 헌법과 법률에 근거를 두고 행해져야 하며, 법률에 따라 행해져야 한다. 이를 법치행정 또는 행정의 법률적합성(Gesetzmäßigkeit der Verwaltung)이라고 한다. 이에 의하면, 법률은 행정에 대하여 우위에 있기 때문에(행정에 대한 법률의 우위 Gesetzesvorrang) 행정은 법률에 구속되고 법률에 근거해서만(법률유보 Gesetzesvorbehalt) 행해질 수 있다.

(c) 재판작용

국가의 재판작용도 행정작용과 함께 법집행작용이므로 법과 법원리에 기속된다. 사법작용은 그 절차와 내용이 모두 헌법과 법령이 정하는 바에 따라 이루어져야 한다. 그렇기 때문에 법관이 양심에 따라 재판을 하는 경우에도(헌법 §103) 이는 어디까지나 직무상의 양심이며 법관 개인의 주관적 양심에 따라 행하는 것이 아니다([210] I (2)(c)).

(d) 헌법재판작용

헌법재판작용은 국가작용이 헌법에 위반되는가에 대하여 재판의 형식으로 결정하는 행위이다. 따라서 헌법이 헌법재판의 판단기준이 되는 것은 본질상 당연하며 헌법에 의한 재판으로서 법치주의를 실현하는 것이다. 하지만 다른 한편으로 헌법재판이 헌법과 법령이 정하는 재판절차에 따라 이루어져야 한다는 점에서도 법치주의를 실현하는 것이다. 헌법재판도 어디까지나 헌법의 틀 내에서 이루어지기 때문에 새로운 헌법질서를 창설하지 못한다.

(e) 국가비상사태에 대한 대응

국가비상사태가 발생한 경우에 국가작용은 법치주의의 예외가 되는가 하는 문제가 있다. 과거에는 군주나 국가원수가 비상대권(非常大權)을 행사한 경우가 많았으나, 오늘날 헌법국가에서는 헌법에서 국가비상사태와 이에 대응하는 국가긴급권을 정하고 있어 국가비상사태의 경우에도 법치주의가 적용된다. 따라서 국가비상사태를 극복하기 위하여 초헌법적인 조치를 행하는 것은 헌법에 위반되어 무효이다.

(3) 적법절차

법치주의는 국가작용의 결과만이 아니라 절차와 과정도 법에 적합할 것을 요구한다. 국가작용에서 절차가 무시되는 경우에 결과는 옳다고 하더라도 그 과정에서 관련자의 자유나 권리가 침해되며, 권력의 남용이 발생할 수 있기 때문이다. 의사결정의 합리성을 보장하고 이해관계인의 참여를 보장한다는 면에서 절차는 민주주의의 내용이기도 하지만 그 절차가 법원리, 헌법, 법령에 합치하여야 한다는 점에서 법치주의의 내용에 해당한다.

헌법은 적법절차를 신체의 자유를 제한하는 경우에 명시하고 있으나(헌법 §12①), 적법절차는 헌법에 명시되어 있든 없든 무관하게 법치주의의 내용으로 인정된다. 이러한 적법절차는 입법절차, 행정절차, 사법절차 등 모든 국가작용에서 적용된다([197]).

[憲 1994.4.28.-93헌바26] 「적법절차의 원칙은 영미법계의 국가에서 국민의 인권을 보호하기 위한 기본원리의 하나로 발달되어 온 원칙으로, 미국의 수정헌법에서 명문화하기 시작하였으며, 대륙법계 국가에서도 이에 상응하여 법치국가원리 또는 기본권제한의 법률유보원리로 정립하게 되어 있다. 여기서 적법절차라 함은 인신의 구속이나 처벌 등 형사절차만이 아니라 국가작용으로서의 모든 입법작용과 행정작용에도 광범위하게 적용되는 독자적인 헌법원리의 하나로 절차가 형식적 법률로 정하여지고 그 법률에 합치하여야 할 뿐만 아니라 적용되는 법률의 내용에 있어서도 합리성과 정당성을 갖춘 적정한 것이어야 하며, 특히 형사소송절차와 관련시켜 적용함에 있어서는 형벌권의 실행절차인 형사소송의 전반을 규율하는 기본원리로 이해하여야 하는 것이다.」

(4) 과잉행위의 금지

법치주의는 국가작용이 과잉하지 않을 것을 요구한다. 자유와 자율성이 본질인 사회공동체에서 국가는 공동체의 존속·유지와 국민의 행복추구를 실현하기 위하여 불가피하게 인정하는 것이기 때문에 국가작용은 본래의 기능에 합치하는 범위와 한도 내에서만 인정된다. 따라서 이러한 한도를 넘는 과잉행위는 금지된다. 이를 과잉금지원칙(=광의의 비례원칙)이라고 한다.

과잉금지원칙은 국가의 급부적 작용(給付的 作用)과 침해적 작용(侵害的 作用) 모두에 적용된다. 헌법 제37조 제2항은 기본권 제한에서의 과잉금지원칙을 정하고 있으나(과잉제한금지원칙), 국민에 대한 국가의 급부에서도 과잉금지원칙이 적용된다. 급부적

작용에 적용되는 과잉금지원칙은 급부가 적정한 기준을 과도하게 초과하는 것도 금지하고 미달하는 것도 금지한다(과소급부금지원칙 또는 과잉급부금지원칙).

과잉금지원칙은 그 자체로 구체적인 내용을 가지고 있는 것이 아닌 법치주의의 형식원리이므로 어떤 경우가 과잉금지원칙에 위반되는 것인가는 구체적인 상황에 임하여 판별된다. 기본권의 제한에 적용되는 과잉제한금지원칙은 i) 목적과 수단이 적합하여야 한다는 적합성의 원칙, ii) 침해적 작용에서 수단이 여러 개가 있는 경우에는 최소침해를 가져오는 수단을 선택하여야 한다는 필요성의 원칙, iii) 선택된 수단이 수인가능한 것이어야 한다는 비례성의 원칙(=협의의 비례원칙)으로 이루어져 있다([153]III).

Ⅳ. 법적 안정성

(1) 개 념

법치주의는 법적 안정성(法的 安定性 Rechtssicherheit)을 그 한 요소로 한다. 현대 법치국가에서 법적 안정성은 정의(正義 Gerechtigkeit), 목적적합성(目的適合性 Zweckmäßigkeit)과 함께 법의 최고이념 중의 하나로서 객관적인 법이념에 속한다. 법적 안정성에는 법의 확실성과 법적 효과에 대한 예견·예측가능성과 계산가능성, 법적 평화, 한번 형성되어 통용되고 있는 질서의 안정성, 한번 만들어진 규정을 사회현실에 관철하는 법적인 힘 등이 포함되어 있다.

공동체의 운명과 인간의 삶이 특정한 개인의 가변적인 주관적 의사에 의해 지배되는 경우에는 그 사람의 의사에 의해 공동체와 타인의 운명과 삶이 결정된다. 이러한 상태에서는 공동체도 제대로 존속하고 유지될 수 없으며 그 구성원의 행복추구도 불가능하게 된다. 따라서 객관적 법이 공동체와 그 구성원의 삶에 적용된다는 것은 일단 정해놓은 법이 형성하는 질서에 따라 공동체가 존속하고 유지되며, 그에 따라 미래가 예측된다는 것을 의미한다. 이러한 공동체의 존속과 미래적 예측에 근거하여 개인은 자기의 삶을 구상하고 안정적이고 평화적으로 삶을 영위하게 된다. 이를 「법을 통한 안정성」이라고 한다. 법이 이러한 공동체와 삶의 질서의 안정성을 제공하기 위해서는 법 자체도 존속과 내용에서 안정적이어야 하는데, 이를 「법의 안정성」이라고 한다. 법적 안정성은 이러한 「법을 통한 안정성」과 「법의 안정성」을 그 요소로 하는 원리이다.

법에 의하여 공동체와 삶의 질서에 안정성을 확보하는 것은 객관적인 법을 통하여 미래를 예측할 수 있어야 하고(예측가능성의 보장), 국가에 대한 국민의 신뢰가 형성된 경우에는 그 신뢰가 존중되고 보호되어야 하며(신뢰의 보호), 이미 완성된 법적 관계가 사후에 전복되지 말아야 하는 것(소급적용의 금지)을 통하여 실현된다.

(2) 예측가능성의 보장

법치주의는 법이 규율하는 내용으로 보아 미래의 상황을 예측할 수 있어야 한다. 이러한 예측가능성이 있을 때 비로소 인간은 자신의 미래의 삶을 구상하고 설계할 수 있다. 법을 통하여 미래의 상황을 예측할 수 있게 하기 위해서는 법이 정하는 내용과 의미가 분명하여야 하므로 명확성의 원칙은 예측가능성의 보장에서 필수불가결하게 요구된다.

(3) 신뢰의 보호

(a) 개 념

국민들이 법적 안정성 속에서 삶을 영위할 수 있게 하기 위해서는 일반적인 사람들의 합리적인 판단에 의할 때, 국가행위에 의하여 시행된 법률이나 제도가 장래에도 그대로 존속될 것이라고 믿게 되고, 이를 바탕으로 일정한 법적 지위를 형성한 경우에는 그와 같은 법적 지위와 관련된 법규나 제도를 변경하거나 폐지함에 있어서는 국민이 믿고 따른 신뢰를 보호하는 것이 필요하다(예: 憲 1997. 11. 27.-97헌바10; 2001. 9. 27.-2000헌마152; 2002. 11. 28.-2005헌바45; 2004. 12. 16.-2003헌마226등). 이를 신뢰보호원칙(信賴保護原則 Vertrauensschutzprinzip)이라고 한다.

개념사적으로 보면, 헌법상의 신뢰보호원칙은 민법상의 신뢰이익의 보호이론에서 출발한 것이다. 민법상 사인이 상대방과 법률관계를 형성한 경우에 상대방이 기존의 법률행위를 변경하거나 이에서 벗어나려고 할 때에 상대방의 행위를 신뢰하여 발생한 이익을 보호해 줄 것을 요구할 수 있는데, 이것이 민법상의 신뢰이익보호이다.

(b) 근 거

공동체의 삶에서 이러한 신뢰가 보호되지 않는다면, 국민은 언제나 국가의 행위를 불신한 상태에서 각자 자기 판단하에 삶을 영위하여야 하기 때문에 항상 불안정한 상태에 놓이게 되고, 국가권력을 장악한 자들의 의사에 의해 개인의 삶이 좌우되는 결과를 초래하게 된다. 이렇게 되면 법은 객관적 규범으로 존재할 수 없고, 국가는 공정성과 중립성을 상실하게 된다.

이와 같이 신뢰보호원칙은 때로는 현재 시점을 기준으로 보면 현재의 법에 위반되는 위법상태를 인정하면서까지 종래 형성된 신뢰를 보호하여 법적 안정성을 확보하는 것이다. 따라서 신뢰보호원칙은 법치국가원리의 내용인 법적 안정성에 그 근거를 두고 있다(예: 憲 1997. 11. 27.-97헌바10; 2001. 9. 27.-2000헌마152; 2007. 2. 22.-2003헌마428등; 2009. 5. 28.-2005헌바20).

[憲 2009.5.28.-2005헌바20] 「신뢰보호의 원칙은 헌법상 법치국가 원리로부터 파생되

는 것으로, 법률이 개정되는 경우에는 기존 법질서와의 사이에 어느 정도의 이해관계의 상충은 불가피하다고 할 것인바, 이 경우 기존의 법질서에 대한 당사자의 신뢰가 합리적이고 정당한 반면, 법률의 제정이나 개정으로 야기되는 당사자의 손해가 극심하여 새로운 입법으로 달성코자 하는 공익적 목적이 그러한 당사자의 신뢰가 파괴되는 것을 정당화할 수 없는 경우, 그러한 새 입법은 허용될 수 없다는 것이다.」

(c) 신뢰보호의 요건

헌법상 신뢰보호가 인정되려면, i) 국가와 국민 사이에 신뢰를 생성한 국가의 행위(사실행위를 포함하는 모든 공권력의 행사에 의한 행위)가 행해졌을 것(국가의 선행행위), ii) 이러한 국가의 행위에 의하여 국가에 대한 국민의 신뢰가 형성되어 존재하고 있을 것, iii) 사인이 이러한 신뢰를 바탕으로 하여 행한 구체적인 행위가 있을 것(행위보호), iv) 국가의 행위와 국민의 신뢰간에 인과관계가 존재할 것, v) 이와 같은 신뢰가 형성된 후에 국가가 신뢰를 위반하여 선행행위와 다른 행위를 했을 것(국가의 후행행위), vi) 그 신뢰가 정당한 것이어서 보호할 가치가 있을 것 등이 성립요건으로 요구된다. 대법원은 행정상 신뢰보호가 인정되는 경우에 이러한 요건이 구비되어야 한다고 판시하였다(예: 大 1992. 5. 26.-91누10091; 1993. 9. 10.-93누5741; 1996. 2. 23.-95누3737).

[大 1993.9.10.-93누5741] 「행정상의 법률관계에 있어서 신뢰보호의 원칙이 적용되기 위해서는, 첫째 행정청이 개인에 대하여 신뢰의 대상이 되는 공적인 견해표명을 하여야 하고, 둘째 행정청의 견해표명이 정당하고 신뢰한 데 대하여 그 개인에게 귀책사유가 없어 그 신뢰가 보호가치 있는 것이어야 하며, 셋째 그 개인이 견해표명을 신뢰하고 이에 따라 어떠한 행위를 하였어야 하고, 넷째 행정청이 위 견해표명에 반하는 처분을 함으로써 그 견해표명을 신뢰한 개인의 이익이 침해되는 결과가 초래되어야 하는 것이며, 이러한 요건을 충족할 때에는 행정청의 처분은 신뢰보호의 원칙에 반하는 행위로서 위법하다고 볼 것이다.」

여기서 특히 문제가 되는 것은 법치주의원리에 의하여 보호되는 신뢰는 어떠한 신뢰를 말하는가 하는 점이다. 무엇보다 국가가 국민에게 적극적으로 신뢰를 가지도록 만들었고 국민이 이를 믿고 일정한 행위를 한 경우에는 이러한 행위로 확보된 이익은 보호되어야 한다.

헌법재판소는, 국민이 가지는 모든 기대 내지 신뢰가 헌법상의 권리로서 보호되는 것은 아니고, 신뢰의 근거 및 종류, 상실된 이익의 중요성, 침해의 방법 등에 의하여 개정된 법규·제도의 존속에 대한 개인의 신뢰가 합리적이어서 권리로서 보호할 필요성이 인정될 때 그 신뢰는 보호받을 수 있다고 하고(예: 憲 2002. 2. 28.-99헌바4; 2004. 12. 16.-2003헌마226등; 2007. 2. 22.-2003헌마428등; 2007. 10. 25.-2005헌바68),

신뢰보호원칙의 위반 여부는 침해받은 신뢰이익의 보호가치, 침해의 중한 정도, 신뢰침해의 방법 등과 새 입법을 통해 실현코자 하는 공익목적을 종합적으로 비교형량하여 판단하여야 한다고 본다(예: 憲 1995. 10. 26.-94헌바12; 2001. 2. 22.-98헌바19; 2001. 4. 26.-99헌바55; 2004. 12. 16.-2003헌마226등; 2007. 2. 22.-2003헌마428등; 2007. 10. 25.-2005헌바68; 2008. 7. 31.-2005헌가16; 2009. 5. 28.-2005헌바20; 2012. 8. 23.-2010헌바28; 2016. 10. 27.-2015헌바203등; 2019. 6. 28.-2018헌바400).

> [憲 2009.5.28.-2005헌바20] 「신뢰보호원칙의 위반 여부는 한편으로는 침해되는 이익의 보호가치, 침해의 정도, 신뢰의 손상 정도, 신뢰 침해의 방법 등과 또 다른 한편으로는 새로운 입법을 통하여 실현하고자 하는 공익적 목적 등을 종합적으로 형량하여야 한다. 따라서 신뢰보호원칙의 위반 여부를 판단함에 있어서는, 첫째, 보호가치 있는 신뢰이익이 존재하는가, 둘째, 과거에 발생한 생활관계를 현재의 법으로 규율함으로써 달성되는 공익이 무엇인가, 셋째, 개인의 신뢰이익과 공익상의 이익을 비교 형량하여 어떠한 법익이 우위를 차지하는가를 살펴보아야 할 것이다.」

헌법재판소는 개인의 신뢰이익에 대한 보호가치는 법령에 따른 개인의 행위가 국가에 의하여 일정방향으로 유인된 신뢰의 행사인지, 아니면 단지 법률이 부여한 기회를 활용한 것으로서 원칙적으로 사적 위험부담의 범위에 속하는 것인지 여부에 따라 달라진다고 본다. 그래서 만일 법률에 따른 개인의 행위가 단지 법률이 반사적으로 부여하는 기회의 활용을 넘어서 국가에 의하여 일정 방향으로 유인된 것이라면 특별히 보호가치가 있는 신뢰이익이 인정될 수 있고, 원칙적으로 개인의 신뢰보호가 국가의 법률개정이익에 우선된다고 볼 여지가 있다고 본다. 그러나 법적 상태의 존속에 대한 개인의 신뢰는 당사자가 어느 정도로 법적 상태의 변화를 예측할 수 있는지, 혹은 예측하였어야 하는지 여부에 따라서도 영향을 받을 수 있다고 본다(예: 憲 2002. 11. 28.-2002헌바45; 2007. 4. 26. -2003헌마947등).

> [憲 2007.4.26.-2003헌마947등] 「개인의 신뢰이익에 대한 보호가치는 ① 법령에 따른 개인의 행위가 국가에 의하여 일정방향으로 유인된 신뢰의 행사인지, ② 아니면 단지 법률이 부여한 기회를 활용한 것으로서 원칙적으로 사적 위험부담의 범위에 속하는 것인지 여부에 따라 달라진다. 만일 법률에 따른 개인의 행위가 단지 법률이 반사적으로 부여하는 기회의 활용을 넘어서 국가에 의하여 일정 방향으로 유인된 것이라면 특별히 보호가치가 있는 신뢰이익이 인정될 수 있고, 원칙적으로 개인의 신뢰보호가 국가의 법률개정이익에 우선된다고 볼 여지가 있다. 그런데, 이 사건의 경우 국가가 기존의 사법시험제도를 통하여 오래도록 제2외국어를 시험과목으로 삼아 옴으로써 청구인들이 제2외국어 과목을 자신의 사법시험과목으로 선택하여 집중적으로 공부한 경우가 적지 아니할 것이므로 국가가 개인의 행위를 일정방향으로 유도하였다고 볼 수 있을 것이어서 청구인들이 가지고 있었던 시험과목에 관한 기대 또는 신뢰는 이를 보호해야 할 필요가 큰 경우에 속한다 할 것이다. 그러나, 법적 상태의 존속에 대한 개인의 신뢰는 그가 어느 정도로 법적 상태의 변화를 예측할 수 있는지, 혹은 예측하였어야 하는지 여부에

따라서도 영향을 받을 수 있는데, 청구인들과 같이 사법시험을 준비하는 자로서는 사회의 변화에 따라 시험과목이 달라질 수 있음을 받아들여야 할 것이고, 자신이 공부해 오던 과목으로 계속하여 응시할 수 있다는 기대와 신뢰가 절대적인 것이라고 볼 수는 없다. 또, 앞에서 본 바와 같이 시행령이 2001.3.31. 제정되어 시행됨에도 불구하고 사법시험 제1차시험의 어학과목 변경에 관한 부분은 약 2년 9개월의 유예기간을 두고 2004.1.1.부터 시행하도록 하는 경과규정을 두고 있는바(부칙 제1조), 위 유예기간은 사법시험 응시자들이 변화된 상황에 적응할 수 있는 상당한 기간으로 판단된다. 이에 비하여 '법조계의 국제화, 개방화에 대비한 법조인의 국제화 촉진 및 국제적 법률문제에 대한 실무능력 향상'이라는 입법목적 내지 공익은 청구인들의 불이익에 비하여 훨씬 크다 할 것이므로 사법시험 제1차시험의 어학과목 변경에 따른 사법시험준비자의 신뢰이익이 헌법상 용인될 수 없을 정도로 침해되었다고는 판단되지 아니한다.」

헌법재판소는 교육공무원법에서 대학에서 복수전공이나 부전공과 같이 2 이상의 전공을 한 사람에게 교육공무원의 채용에서 가산점을 주던 제도를 폐지하면서 차후 적용시한을 3년으로 정한 경우에 이는 신뢰보호원칙에 위반되는 것이 아니라고 판시하였다(憲 2009. 10. 29.-2008헌바77). 나아가 취업지원 실시기관 채용시험의 가점 적용대상에서 보국수훈자의 자녀를 제외하는 법 개정을 하면서 경과조치를 두지 않은 것이 신뢰보호원칙에 위배되는 것은 아니라고 보았다(憲 2015. 2. 26.-2012헌마400).

한편, 헌법재판소는 변리사나 세무사의 자격의 질적 향상을 위하여 특허청 경력공무원에게 일정기간 해당 업무에서 근무한 경력을 가지면 시험을 치지 않고 자동으로 변리사자격을 부여하던 변리사법과 세무경력직 공무원에게 일정기간 해당 업무에서 근무한 경력을 가지면 시험없이 자동으로 세무사자격을 부여하던 세무사법을 개정하여 이들에게도 자격을 획득하기 위해서는 시험을 보게 하되 상당한 과목을 면제하는 방식을 취한 것에 대하여 신뢰보호원칙에 위반된다고 판시하였다(憲 2001. 9. 27.-2000헌마208; 2001. 9. 27.-2000헌마152).

(d) 신뢰보호의 적용

(i) 신뢰보호와 국가권력 헌법상 신뢰보호원칙은 국가에 대하여 국민이 신뢰를 가지고 이를 바탕으로 하여 한 행위를 보호하는 것이므로 국가작용이 입법권의 행사이든 행정권의 행사이든 이 모두에 인정된다.

입법권의 행사와 관련해서는 진정소급효와 부진정소급효의 문제가 발생한다. 행정권의 행사와 관련해서는 행정상 신뢰보호원칙으로 나타난다. 사법권의 행사에서는 법원의 판례변경이 판례변경 이전의 행위에 대하여 어떠한 효력이 미치는가 하는 문제로 나타나는데, 최종심 법원의 판례가 변경되더라도 변경 전에 변경 전의 판례를 기초로 하여 행해진 행위의 효력은 변경할 수 없다고 할 것이다. 이런 점에서는 사법권의 행사에서도 일정한 수준의 신뢰보호원칙이 적용된다. 헌법재판의 경우도 마찬가지이다.

(ii) 신뢰보호와 기본권 신뢰보호원칙이 헌법상의 원칙이라고 하더라도 이는 국가의 행위로 인하여 신뢰보호이익의 침해 여부만 문제가 될 때 적용되는 것이고 해당 국가행위가 동시에 기본권을 침해하는 경우에는 신뢰보호이익의 침해를 다투는 것이 아니라 기본권의 침해를 다투어야 한다. 이를 「신뢰보호원칙의 보충성」이라고 한다. 법률의 변경으로 신뢰이익이 침해된 경우에는 구법의 존속보호라는 방법이 동원되지만, 기본권이 침해된 경우에는 기본권 구제의 방법이 동원되기 때문이다.

[憲 2009.5.28.-2005헌바20] 「신뢰보호원칙의 위반 여부를 판단함에 있어서는 첫째, 보호가치 있는 신뢰이익이 존재하는가, 둘째, 과거에 발생한 생활관계를 현재의 법으로 규율함으로써 달성되는 공익이 무엇인가, 셋째, 개인의 신뢰이익과 공익상의 이익을 비교 형량하여 어떠한 법익이 우위를 차지하는가를 살펴보아야 할 것이다.

(iii) 신뢰보호와 과잉금지원칙 국가행위에 의하여 과잉금지원칙과 신뢰보호원칙이 동시에 문제가 되는 경우에는 신뢰보호원칙과 분리하여 과잉금지원칙의 위반여부를 따로 판단하지 않는다. 신뢰보호이익에 대한 침해여부를 따질 때에 과잉금지원칙의 위반여부가 포함되기 때문이다.

기본권의 제한에서 과잉제한금지원칙의 위반여부가 문제가 되는 경우에는 신뢰보호원칙은 독자적으로 적용되는 것이 아니어서 신뢰보호원칙의 위반을 따로 판단하지 않고 과잉제한금지원칙의 위반여부만 판단하게 된다(정종섭c, 131).

(e) 한 계

신뢰의 보호가 중요하다고 하더라도 그러한 신뢰는 정적인 상태에서의 보호가 아니고 동적인 상태에서의 보호이기에 시간 속에서 공동체의 조건과 삶의 환경 변화·변동에 따라 법은 변화를 필요로 하는 경우가 발생하는데(법의 변동), 이런 경우에는 새로운 법질서의 형성과 제도의 변화가 불가피하고(예: 제도의 개선, 법의 개혁 등) 변경된 새로운 법질서와 기존의 법질서 사이에는 서로 상충하는 이해관계를 조정할 필요가 발생한다. 신뢰보호원칙도 이러한 조정의 필요성이 인정되는 범위 내에서 허용된다.

법의 개정이나 폐지가 불가피하고 이러한 법의 변동으로 얻고자 하는 공익이 존재하고 침해되는 신뢰이익이 이러한 공익보다 가벼울 때에는 개인의 신뢰는 후퇴한다고 할 것이다.

[憲 2016.2.25.-2015헌바185] 신뢰보호원칙은 헌법상 법치국가의 원칙으로부터 파생되

는 것으로서, 법률의 제정이나 개정 시 구법질서에 대한 당사자의 신뢰가 합리적이고도 정당하며 법률의 제정이나 개정으로 야기되는 당사자의 손해가 극심하여 새로운 입법으로 달성하고자 하는 공익적 목적이 그러한 당사자의 신뢰의 파괴를 정당화할 수 없다면 그러한 새 입법은 허용될 수 없다는 것이다. 그러나 국민이 가지는 모든 기대 내지 신뢰가 헌법상 권리로서 보호될 것은 아니고, 신뢰의 근거 및 종류, 상실된 이익의 중요성, 침해의 방법 등에 의하여 개정된 법규 · 제도의 존속에 대한 개인의 신뢰가 합리적이어서 권리로서 보호할 필요성이 인정되어야 하며, 특히 조세법의 영역에 있어서는 국가가 조세 · 재정정책을 탄력적 · 합리적으로 운용할 필요성이 매우 큰 만큼, 조세에 관한 법규 · 제도는 신축적으로 변할 수밖에 없다는 점에서 납세의무자로서는 구법질서에 의거한 신뢰를 바탕으로 적극적으로 새로운 법률관계를 형성하였다든지 하는 특별한 사정이 없는 한 원칙적으로 현재의 세법이 변함없이 유지되리라고 기대하거나 신뢰할 수는 없다.

⑷ 소급적용의 금지

인간이 공동체에서 생활하며 자신의 삶을 자기의 구상 아래 영위할 수 있으려면 삶과 삶을 둘러싸고 있는 질서가 안정적이어야 한다. 과거에 이미 종료된 상황은 변경되지 않아야 이를 신뢰하고 이를 전제로 하는 미래의 삶을 구상하고 살아갈 수 있다.

공동체와 그 구성원의 삶을 규율하는 법도 이러한 안정성을 보장하는 것이 아니면 안 된다. 따라서 이미 종료한 법적인 관계는 전복되지 않고 변경되지 않아야 한다. 이를 법의 소급효 금지(遡及效 禁止 Rückwirkungsverbot)라고 한다.

법의 소급효금지는 소급입법의 금지로 나타나는데, 이에는 현재를 기준으로 이미 종료된 과거의 사항을 새로 규율하는 진정소급입법(眞正遡及立法)과 현재 입법하는 법은 장래를 향하여 효력을 발생하지만 규율대상이 과거에 발생하여 현재까지 지속되고 있는 사항을 규율하는 부진정소급입법(不眞正遡及立法)의 문제가 있다. 법치주의에서는 진정소급입법은 원칙적으로 금지되고 예외적으로 허용되며(예: 憲 1996. 2. 16.-96헌가2등; 1998. 9. 30.-97헌바38; 1998. 11. 26.-97헌바58), 부진정소급입법은 원칙적으로 허용되고 예외적으로 금지되지만(예: 憲 1996. 2. 16.-96헌가2등; 1998. 11. 26.-97헌바58; 2001. 9. 27. -2000헌마208; 2001. 9. 27.-2000헌마152; 2007. 10. 25.-2005헌바68), 이러한 구별은 절대적인 것이 아니고, 어느 경우나 중요한 것은 신뢰보호와 평등보호의 문제이다. 진정소급입법이든 부진정소급입법이든 그러한 규율이 국가행위에 대한 국민의 신뢰를 침해하거나 특정한 수범자를 차별하는 것이어서는 안 된다.

《진정소급입법과 부진정소급입법의 구별론》

소급효입법에서 진정소급효와 부진정소급효를 구별하는 견해는 종래 독일연방헌법재판소가 소급효입법의 문제를 해결하기 위하여 판례에서 채택한 방법이다. 독일연방헌법재판소의 판례에서 말하는 진정소급효, 즉 echte Rückwirkung은 retroaktive Wirkung을 의미하고, 부진정소급효, 즉 unechte Rückwirkung은 retrospektive Wirkung을 의미한다.

그런데 어느 경우나 규율하는 사항을 기준으로 보면 모두 과거의 사항을 규율함에 있어서는 아무런 차이가 없다. 현재 법률을 시행하면서 과거의 사항을 규율의 대상으로 삼으면 과거의 특정 시점에서 해당 법률을 제정하여 시행하는 것과 아무런 차이가 없다. 그리고 이 경우 과거 사항이 완성되거나 종료되었는가 아닌가를 기준으로 진정소급효와 부진정소급효를 구별하지만, 그 완성이나 종료라는 것도 법적인 판단사항이기 때문에, 자연과학적인 객관과 같이 객관적으로 분명한 것도 아니다. 현재 전체로서는 완성되지 않은 법률관계에서 그 법률관계를 구성하는 여러 가지 개별적 법률관계가 완성된 경우도 있을 수 있고, 이미 완성된 개별적 법률관계가 아직 종료되지 않은 전체의 법률관계와 일정한 관련성을 가질 수도 있다. 진정소급입법과 부진정소급입법을 엄격하게 구별하는 것이 쉽지 않기 때문에 독일에서도 연방헌법재판소의 이런 이해와 방법에 대해 비판이 많이 제기되었다. 그런데 독일연방헌법재판소 제2원(Zweite Senat)은 1983년 이래 두 개의 사건에서 종래의 진정소급효-부진정소급효의 구별론을 단념하는 것으로 보이는 심판을 하였다(BVerfGE 63, 343; 64, 158). 이분론을 유지하기보다는 모두 소급효로 보고 문제를 해결하려고 하였다. 즉 법률의 공포시를 기준으로 하여 그 이전에 규범의 효력을 발생하는 것으로 되면 진정이니 부진정이니 하는 것을 따질 것 없이 소급효라고 이해하는 것이다. 이런 태도는 종래의 이분론에 입각한 재판이 타당성에서 약점이 있다는 것을 인정하는 것이기도 하다. 그러나 이러한 이분론에서의 후퇴가 종래 기준으로 진정소급효인 것을 부진정소급효로 처리하는 것은 아니다. 여전히 진정소급효를 허용하는 것은 법적 안정성과 신뢰보호를 침해하는 것으로 본다. 진정소급효와 부진정소급효를 그 소급이라는 측면에서만 구별하여 법적 효과에서 차별하는 것은 타당하지 않다고 보인다. 완성된 구성요건과 아직 완성되지 않은 구성요건을 구별하는 것이 의문스러울 뿐 아니라 조작적이기까지 한 상황에서 이 둘 중 어느 것에 더 많은 비중을 두고 그에 따라 정반대의 결과를 인정하는 것은 방법론적으로도 문제가 있다. 양자의 구별은 결국 입법기술(立法技術 gesetzestechnisch, rechtstechnisch)의 문제이므로 이를 법도그마틱(Dogmatik)이나 소급효 문제를 해결하는 방법으로 채택하는 것은 타당하다고 하기 어렵다. 이런 구별은 재판에서 주관적인 자의를 허용하기 쉬워 자칫 국민의 권리와 자유를 보장하는데 위험을 초래할 수 있다. 어떤 사항이 이미 완성되었는지 완성되지 않았는지가 법적인 평가문제이고, 소급효의 문제를 해결함에 있어 이것을 먼저 정하여 그에 따라 처리하는 것은 재판관의 주관에 너무 크게 의존하는 것이 된다. 이런 점을 고려하면, 독일에서 학자들이 연방헌법재판소의 진정소급효-부진정소급효 구별론을 비판한 것에는 충분한 이유가 있다고 보인다. 미합중국에서는 소급효입법을 공히 retroactive effect 또는 retrospective effect라고 하면서 독일연방헌법재판소가 취해온 이분론을 택하지 않고 있다. 이분론은 소급효문제를 이해하는데 초기의 인식상의 혼란을 제거하는 데는 다소 유익한 도구를 제공하였다고 할 수 있으나, 이것이 소급효와 관련된 신뢰보호의 문제를 해결하는 절대적인 기준은 될 수 없다고 할 것이다. 이론적인 논의에서 볼 때, 진정소급효와 부진정소급효의 준별에 대한 비판은 많지만 아직 안정적이고 견고한 이론적 대안은 제시되어 있지 않은 형편이다. 견해에 따라 아예 개개의 사안마다 개별적·구체적으로 판단하자고 하는 견해도 있으나, 개별적인 사안마다 판단한다고 하더라도 판단에서 자의를 개입할 수 없게 만드는 일정한 판단기준이 마련되어야 한다. 유의할 것은 이분론에서 벗어나는 경우에도 종래 진정소급효라고 논의되던 문제에 부진정소급효에 적용되던 논리를 적용해서는 안 된다는 점이다. 종래 기준으로 보아 진정소급효인지 부진정소급효인지가 불명할 경우에는 일차로 진정소급효에서 논의되던 기준으로 문제에 접근하는 것이 타당하다고 할 것이다(정종섭c, 144).

헌법재판소의 판례는 기본적으로 진정소급입법과 부진정소급입법을 구별하는 입장을 취하고 있으나(예: 憲 1989. 3. 17.-88헌마1; 2008. 7. 31.-2005헌가16. 대법원 판례는 양자의 구별론에 기초하고 있다. 예: 大 1983. 4. 26.-81누423; 1983. 12. 27.-81누305), 이러한 구별에 대하여 신중한 태도를 보이고 있고(예: 憲 1995. 10. 26.-94헌바12), 부진정소급입법에서 신뢰보호를 침해한 경우에 대하여 위헌이라고 판시한 경우도 있다(예: 憲 2001. 9. 27.-2000헌마208; 2001. 9. 27.-2000헌마152).

[憲 2008.7.31.-2005헌가16] 「과거에 완성된 사실 또는 법률관계를 규율의 대상으로 하는 이른바 진정소급입법에 있어서는 입법권자의 입법형성권보다도 당사자가 구법질서에 기대하였던 신뢰보호의 견지에서 그리고 법적 안정성을 도모하기 위하여 특단의 사정이 없는 한 구법에 의하여 이미 얻은 자격 또는 권리를 존중할 입법의무가 있다 할 것이고, 이미 과거에 시작하였으나 아직 완성되지 아니하고 진행과정에 있는 사실 또는 법률관계를 규율의 대상으로 하는 이른바 부진정 소급입법의 경우에는 구법질서에 대하여 기대했던 당사자의 신뢰보호보다는 광범위한 입법권자의 입법형성권을 경시하여서는 아니 될 것이므로, 특단의 사정이 없는 한 새 입법을 하면서 구법관계 내지 구법상의 기대이익을 존중하여야 할 의무가 발생하지는 않는다.」

[憲 1995.10.26.-94헌바12] 「독일판례의 영향을 받은 우리 재판소나 대법원의 판례에 따르면 소급입법에 관하여 진정·부진정 소급효의 입법을 구분하고 있으며 우리 재판소의 판례상으로는 불명하나 대법원 판례에 따르면 이 사건 규정은 부진정소급입법에 해당하는 것으로 보인다. 이와 같이 소급입법을 진정·부진정으로 나누는 척도는 개념상으로는 쉽게 구분되나 사실상 질적 구분이 아닌 양적 구분으로, 단순히 법기술적 차원으로 이루어질 가능성이 있으므로 이와 같은 구분의 기준에 관하여 이견이 있을 수 있다. 이 사건 규정과 같이 과세연도 도중에 법이 개정된 경우, 세법상 과세요건의 완성이 과세연도 경과 후에 이루어지며, 그 법의 시간적 적용시점이 과세연도 경과 후이기 때문에 진정소급효는 아니라고 한다면, 이는 과세요건의 완성을 과세연도 종료 후로 하는 것 자체는 세무회계 내지 조세행정상의 편의성 때문이므로, 사실상 법기술적 차원의 구분에 불과하다. 원래 조세의 부과처분은 수량적인 행정처분이고, 분할계산이 가능한 것이므로 기간과세의 경우에도 법령의 개정 전·후에 따른 구분계산이 가능하다. 즉 법인해산의 경우, 기타 중간예납, 수시부과 등의 경우에도 사업연도가 경과되기 전에 조세부과가 이루어지며, 이 사건 규정의 시행일 전·후로 나누어 청구인이 법인세 납부신고를 한 사실은 과세연도 도중에도 분할계산이 가능하다는 것을 증명하고 있다. 따라서 양자의 구분은 이와 같은 사실상 법기술적 차원에서 행할 것이 아니라 '최종적인 평가가 내려진 사태에 대한 새로운 법적 평가'가 있었느냐의 여부에 따라 구분하여야 한다는 견해

도 있을 수 있다(이러한 견해하에서는 이 사건 규정은 진정소급입법에 해당되게 된다. 즉 이 사건 규정 시행일까지 경과된 과세연도의 일부기간까지 법인세의 과표가 되는 법인의 사업소득은 이미 확정되어 있기 때문이다). 그렇다면 진정·부진정 소급입법의 구분은 실제에 있어서는 그 척도상 문제가 많다고 아니할 수 없다. 그러나 현재로서는 이를 대체할 새로운 대안도 찾기 어려우므로 종전의 구분을 그대로 유지하는 것이 불가피하다고 생각된다. 다만 부진정소급입법에 속하는 입법에 대해서는 일반적으로 과거에 시작된 구성요건 사항에 대한 신뢰는 더 보호될 가치가 있다고 할 것이기 때문에 신뢰보호의 원칙에 대한 심사가 장래입법에 비해서보다는 일반적으로 더 강화되어야 할 것이다.」

진정소급입법에서는 예외적으로 법적 상태가 불확실하고 혼란스러웠거나 하여 보호할 만한 신뢰의 이익이 적은 경우나 신뢰보호의 요청에 우선하는 심히 중대한 공익상의 사유가 소급입법을 정당화하는 경우에는 허용될 수 있다고 판시하였다(예: 憲 2021.1.28.-2018헌바88).

헌법 제13조 제2항은 「모든 국민은 소급입법에 의하여 참정권의 제한을 받거나 재산권을 박탈당하지 아니한다」고 특별히 규정하고 있는데, 헌법재판소는 친일반민족행위자 재산의 국가귀속에 관한 특별법 및 일제강점하 반민족행위 진상규명에 관한 특별법의 위헌성이 다투어진 사안들에서 이러한 것이 진정소급입법에 해당하더라도 소급적 재산권 박탈을 정당화할 수 있는 예외적인 경우에는 진정소급입법으로 재산권을 박탈하는 것이 헌법에 위반되는 것은 아니라고 판시하였다(憲 2011. 3. 31.-2008헌바111; 2011. 3. 31.-2008헌바141등; 2011. 11. 24.-2009헌바292. [275]II(2) 참조).

V. 법의 실효성

(1) 개 념

법이 현실에 적용되어 규범력을 가지는 것을 법의 실효성(實效性)이라고 한다. 실효성이 없는 법은 법이 존재하지 않는 것과 다름이 없으며, 실효성이 없는 법에 기초한 법치주의는 법치주의가 아니다. 법은 강제력을 가지고 그 효력을 발휘하여 규율하고자 하는 결과를 가져올 때 비로소 법으로서 기능을 하게 되므로 법의 실효성은 법치주의의 생명이기도 하다.

(2) 실현방법

법의 실효성을 확보하는 방법에는 각종의 행정강제, 사법강제, 사법적 권리구제 등이 있다. 법치주의가 그 기능을 제대로 수행하기 위해서는 한편으로는 수범자에 대하여 법이 효과적으로 적용·집행되어야 하며, 다른 한편으로는 국가권력의 남용과 오용을 법에 합치하도록 바로잡을 수 있는 교정장치가 필요하다. 그리고 국민의 자유와 권리가 침해될 우려가 있거나 침해된 때에는 이를 방지하거나 침해를 배제하거나 피해를 전보하는 것을 가능하게 하는 사법적 구제장치가 마련되어야 한다. 후자의 대표적인 것으로는 헌법재판과 일반법원의 재판이 있다.

Ⅵ. 사법적 권리구제

법치주의는 국민의 자유와 권리가 국가 또는 사인에 의하여 침해된 경우에는 독립적인 재판기관(=사법기관)에서 사법적 절차(司法的 節次)를 통하여 권리를 구제할 수 있는 장치를 둘 것을 요구한다. 아무리 법이 국민의 자유와 권리를 보장하고 있다고 하더라도 국가 또는 사인에 의하여 이러한 자유와 권리가 침해된 경우에 이를 구제할 수 있는 장치가 없으면 그러한 자유와 권리의 법적인 보장은 공허하다. 따라서 국민의 자유와 권리 침해에 대한 사법적 구제(司法的 救濟)의 존재는 법치주의의 핵심적 징표이다.

헌법은 누구든지 자기의 권리가 침해된 경우에는 독립된 재판기관(법원 또는 헌법재판소)에 소송을 제기하고 자격을 갖춘 독립적인 사법관(司法官)(법관 또는 헌법재판소 재판관)에 의하여 신속하고 공정하게 재판을 받을 수 있도록 재판제도와 이와 관련된 권리를 보장하고 있다(헌법 §27, §101, §111). 민사재판, 형사재판, 행정재판, 군사재판, 헌법재판 등이 이에 해당한다. 행정재판의 경우에는 행정심판을 전심절차(前審節次)로 하되 사법절차를 준용하고(헌법 §107③) 행정심판과 별도로 행정소송으로 권리구제를 받을 수 있게 하고 있다. 국가의 위법한 행위로 손해가 발생한 경우와 적법한 행위로 손실이 발생한 경우에 손해배상(국배법 §9)과 손실보상(보상법 §85)도 법원의 재판절차를 통하여 구제를 받을 수 있게 하고 있다. 군사재판은 군사법원이 담당하고, 최종심은 일반법원인 대법원이 담당한다(헌법 §110②). 규범통제도 권리보호에서 중요한 기능을 하는데, 이러한 것은 헌법재판소(헌법 §107①)와 대법원(헌법 §107②)이 담당하고 있다. 특히 헌법소원심판은 기본권의 구제에서 중요한 의미를 가지는데, 헌법재판소에서 헌법소원심판절차를 통하여 기본권을 구제할 수 있게 하고 있다(헌법 §111①).

그런데 사법적 권리구제장치가 제도로 마련되어 있어도 국민들이 이 제도를 쉽게 이용할 수 없으면 이러한 사법적 권리구제장치는 국민의 권리구제에 실질적인 기여를 하지 못한다. 따라서 현대 법치주의국가에서 국민에게 사법적 권리구제장치에 대한 접근(access to justice)을 용이하고 실효성 있게 보장하는 것은 법치주의를 실질화시키는 중요한 내용인 동시에 법률서비스를 복지의 관점에서 볼 때 복지국가원리를 실현하는 내용이기도 하다. 이렇게 볼 때 오늘날 선진화된 법치국가에서 사법적 권리구제의 무게중심은 재판기관과 같은 권리구제제도의 구축에 있기보다는 모든 국민이 이러한 권리구제제도를 손쉽게 이용할 수 있는 권리구제제도에의 접근을 실질적으로 보장하는데 있다. 헌법과 법률이 보장하고 있는 자유와 권리를 침해받았을 때 이를 구제하는데 높은 비용이 든다면 이러한 법치주의는 공허하고 법률복지는 빈 껍질로만 남게 된다. 권리구제를 하는데 높은 비용을 지불하는 구조에서는 경제적으로 어려운 사람들은 결국 권리구제를 받을 수 없게 되고, 또 국민이 비용을 지불하지 않아도 되는 사안에서는 불필요한 비용을 지불하게 하는 결과를 가져와 국민의 재산에 손실을 야기한다.

이러한 점에서 현대 헌법국가에서는 헌법과 법률에서 자유와 권리를 보장하고 그 권리의 침해를 구제하는 사법적 구제시스템을 규정하는 한편, 다양한 형태의 법률구조제도(法律救助制度 legal aid system)를 통해 경제적으로 어렵거나 법을 잘 몰라 어려움을 겪는 사람들의 권리구제문제를 시장에만 맡겨 놓지 않고 국가가 적극적으로 개입하여 권리구제제도에 쉽게 접근할 수 있게 하고 있다. 현재 우리나라에서 시행하고 있는 국가나 공적 기구에 의한 법률구조는 형사재판에서의 국선변호인제도, 민사재판에서의 소송구조제도, 헌법소원심판에서의 국선대리인제도, 대한법률구조공단에 의한 법률구조제도가 있다. 국민으로 하여금 사법적 권리구제에 접근을 용이하게 하고 권리구제에 불필요한 비용을 지불하지 않게 하기 위해서는 이러한 법률구조제도의 운영에 필요한 예산을 보다 충분히 지원하는 것 이외에 헌법재판이나 행정재판에서 국민이 승소한 경우에는 재판비용을 국가가 부담하도록 하여야 하고, 형사재판에서도 양형기준제도를 법제화하여 국민으로 하여금 형사재판에서 불필요한 비용을 지불하지 않게 하는 것이 필요하다.

[77] 제3 성　격

Ⅰ. 자의금지의 원리

법치주의의 본질은 주관적 판단에 따라 아무렇게나 마음대로 결정·행동하는 자의를 금지(=배제)하는 데 있다. 앞에서 본 법치주의의 구체적인 내용을 이루는 원리와 원칙은 모두 자의를 배제하는 것을 목적으로 하고 있다.

일상 생활에서 자의의 배제는 국가영역과 사회영역에서 동일하게 요구된다.

(1) 국가영역

국가의 작용이 해당 통치권능을 가지고 있는 자의 주관적인 자의에 따라 행해지면 안 된다. 이는 입법, 행정, 사법, 헌법재판 등 모든 국가작용에 적용된다.

(2) 사회영역

자율성이 본질인 사회영역에서도 구성원들간의 법관계가 어느 당사자 또는 제3자의 자의에 의해 지배되어서는 안 된다. 법은 이러한 사회영역을 규율하는 때에도 자의를 배제한다.

II. 민주주의와 법치주의의 관계

민주주의와 법치주의는 모두 헌법원리로서 통상의 경우에 조화된다. 민주주의는 법치주의에 의해 보장될 때 진정한 민주주의가 된다. 그러나 원리적으로 민주주의와 법치주의가 갈등 · 대립하는 경우도 있고(예: 법관의 선거, 배심재판, 참심재판, 재판기관에 의한 탄핵결정 등), 어느 하나를 선택하여야 하는 경우도 있다(예: 법치주의가 지배하는 재판에서 민주주의에 따라 표결로 결론을 내리는 것).

그리고 민주주의와 법치주의는 모두 공동체의 존속 · 유지와 구성원의 행복추구라는 상위의 가치를 실현하는 수단으로서의 지위에 있다([64]). 민주주의든 법치주의든 그 자체 목적일 수는 없다. 이 양자는 모두 국가를 구성하고 국가작용을 지배하는 원리로서 그의 목적은 공동체의 존속 · 유지와 구성원의 행복추구를 실현하는데 있다.

제 4 절 국가형태원리

[78] 제1 개 념

국가는 그 형태에서 주권의 소재방식과 헌법의 존재방식에 따라 단일국가와 연방국가로 구별된다. 각 공동체마다 공동체의 크기, 구성원의 민족적 · 인종적 · 종교적 이질성의 정도, 구성원의 희망 등에 따라 단일국가를 채택하기도 하고, 연방국가를 채택하기도 한다.

[79] 제2 단일국가

단일국가는 하나의 공동체에 주권이 단일한 형태를 가지는 국가를 말한다. 국가의 구조에서는 중앙정부와 지방자치단체가 있다. 단일국가에서는 지방자치가 자율성이 강하더라도 주권을 가지지는 못한다([3]IV).

[80] 제3 연방국가

연방국가는 공동체 내에 각기 독자적인 주권을 가지는 단위인 지방(支邦)들로 구성된 결합체를 말한다. 여기서는 연방 자체의 주권이 존재하고, 연방을 구성하는 지방들도 독자적인 주권을 가진다. 따라서 연방도 헌법을 가지고 지방도 독자적인 헌법을 가진다. 다만, 연방원리에 따라 지방들의 주권이 일정한 형태로 제약되는 경우(예: 군사권, 외교권)가 있다([3]IV).

연방국가에서 연방정부가 강력하면 사실상 단일국가와 별 차이가 없는 모습을 보이고, 지방정부(支邦政府)가 강력하면 사실상 국가연합과 별 차이가 없는 모습을 보이게 된다.

제 3 편

한국 헌법의 역사와 기본원리

대저 참된 선비라 함은 세상에 나아가면 한 시대에 도(道)를 행하여 이 백성으로 하여금 자유로운 즐거움을 누리게 하고, 관직에서 물러나면 은거하면서 만세(萬歲)에 가르침을 전하여 배우는 사람으로 하여금 큰 잠에서 깨어나게 하는 것이다. 세상에 나아가서 행할 도술(道術)이 없고, 물러나 뒤에 전할 만한 가르침이 없다면 비록 참된 선비라고 말해도 나는 이를 믿지 않는다.

－율곡(栗谷) 이이(李珥)

제 1 장　대한민국 헌법의 제정과 개정

제 2 장　한국 헌법의 근본이념과 기본원리

제 1 장 대한민국 헌법의 제정과 개정

[81] 제1 1948년헌법: 대한민국 헌법의 제정, 대한민국의 건국

Ⅰ. 배 경

일본국이 무력으로 조선을 침략하여 1910년 8월 29일 강제로 점령·병합한 이후 우리 선조들은 여러 방식으로 우리나라를 다시 찾기 위하여 해방운동을 전개하였다. 국내에서 날로 일본제국주의의 억압이 강해지자 1919년 3월 1일 거국적으로 봉기한 3·1 해방운동으로 중국의 상해(上海)에 대한민국임시정부(大韓民國臨時政府)를 수립하기에 이르렀다. 대한민국임시정부는 1919년 4월 11일에 「대한민국임시헌장」(大韓民國臨時憲章)을 제정한 후 1919년 9월 11일 보다 완전한 형태의 헌법인 「대한민국임시헌법」(大韓民國臨時憲法)을 입법하였다. 이후 임시정부는 일본의 지속적인 탄압과 소멸정책에 대응하여 비상적인 체제를 갖출 수밖에 없었는데, 헌법도 이에 부응하여 개정되었다. 해방 이전까지 대한민국임시정부의 헌법은 1925년 4월 7일의 「대한민국임시헌법」(大韓民國臨時憲法), 1927년 4월 11일의 「대한민국임시약헌」(大韓民國臨時約憲), 1940년 10월 9일의 「대한민국임시약헌」(大韓民國臨時約憲), 1944년 4월 22일의 「대한민국임시헌장」(大韓民國臨時憲章)으로 개정되었다.

1945년 8월 15일 우리나라는 일본의 제국주의적 식민지배로부터 해방되었으나 이러한 해방이 제2차대전의 결과로 이루어짐에 따라 종전 후의 국제질서의 재편에 강력한 영향력을 가진 소련의 군대가 이미 1945년 8월 8일 대일본 선전포고를 하고 9일부터 북한지역으로 진공하여 각 지역을 차례로 점령한 채 8월 15일 해방 이후에도 철수하지 않고 그대로 강점하고 있었다. J. V. Stalin(1879-1953)은 그 해 9월 20일 연해주 군관구 및 제25군 군사령의회에게 소련군이 점령한 북한지역에 단독정부를 수립할 것을 비밀지령으로 지시하였다. 이미 소련은 1942년 6월 창설한 제88정찰여단에 소속되어 훈련을 받은 김일성 부대원과 고려인 2·3세 등 80여 명을 선택하여 9월 19일 소련군함 푸카초프(Pukajov)호에 태워 원산항으로 잠입시켰고, 다음날 소련군에게 위 단독정부 수립을 명령하였다. 소련군정을 통하여 단독정부를 수립하는 이런 계획을 진행시키며 10월 14일 소련군은 33세의 김일성(金日成 1912-1994)을 평양시민대회에 처음 나서게 하여 환영식을 거행하였다. 한반도에 공산진영의 소련에 의한 이러한 군사행동이 있자 이에 대응하여 자유진영의 미합중국 군대가 9월 7일 인천에 도착하였고, 주한미군사령관 John. R. Hodge(1893-1963) 장군이 9월 12일 Archibold. V. Arnold(1889-1973) 육군소장을 군정장관(軍政長官 Military Governor)에 임명하면서 군정(軍政 military government)을 실시하였다.

승전국들은 한국 문제를 다루기 위하여 1945년 12월 16일에 개최한 모스크바 3국 외무장관회의에서 「조선에 관한 모스크바 3국외무장관회의 결정서」(1945. 12. 27.)의 형식을 빌어 한국문제에 대한 결정을 하였다. 그 주요 내용은 i) 한국을 일본국의 지배에서 해방시켜 민주주의원리(democratic principle)에 의하여 독립국가로 재건시킬 것, ii) 이를 달성하는 방법으로 조선에 주둔한 미합중국과 소련 양국의 군사령관은 2주 이내에 회담을 개최하여 공동위원회를 설치하고 「조선의 민주주의적 임시정부(provisional Korean democratic government)」의 수립을 지원할 것, iii) 한국이 완전 독립국가가 될 때까지 임시조치로서 미합중국, 소련, 영국, 중국이 공동관리(=신탁통치 trusteeship)하되, 최장 5년으로 이를 실시할 것으로 되어 있었다.

이러한 회의결정에 입각하여 한반도에 임시정부(provisional government)를 수립하고 신탁통치의 실시 문제를 협의하기 위하여 미소 양 주둔군의 대표들로 구성되는 「공동위원회」(共同委員會 Joint Commission consisting of representatives of the United States command in southern Korea and the Soviet command in northern Korea)를 설치하였다. 그런데 미합중국과 소련이 이 미소공동위원회에 참여할 수 있는 정당과 사회단체의 자격문제를 놓고 논란을 빚다가 결국 의견의 대립으로 인하여 1946년 5월 6일 개최하기로 예정되었던 미소공동위원회가 무기한 휴회라는 사태를 맞이하였고, 1년 뒤 1947년 5월 21일에 재개된 제2차 미소공동위원회도 결렬되어 남한과 북한은 사실상 분단의 길로 접어 들었다. 이는 한반도를 공산화하여 소련의 지배하에 두려는 이미 정해진 소련의 극동정책에 의하여 처음부터 예정된 것이기도 했다. 당시 미군정은 이미 행정권을 한국인에게 이양하고 고문정치(顧問政治)를 실시하고 있던 중 1946년 12월 12일 남조선과도입법의원(南朝鮮過渡立法議院)을 개원하였고(군정법령 제118호), 1947년 2월 17일에는 미국인 군정장관 아래에 한국인 민정장관의 직책을 만들어 안재홍(安在鴻 1891-1965)을 임명하고, 5월 17일에는 군정법령 제161호로 남조선과도정부(南朝鮮過渡政府 South Korean Interim Government)를 설치하였다. 이 남조선과도정부는 임시정부가 아니고 미군정청 한국인기관으로서의 성격을 가진 것이었다.

미소공동위원회가 결렬된 결과 한국문제는 1947년 11월 14일 미합중국의 제안으로 국제연합(UN) 총회에 「한국독립의 문제」(The Problem of the Independence of Korea)라는 의제로 상정되었다. 국제연합총회는 한국의 독립을 촉진시키기 위하여 임시조선위원단(臨

時朝鮮委員團 UNTCOK United Nations Temporary Commission on Korea)을 구성하고, 1948년 3월 31일 이전에 보통선거에 의한 국회의 구성과 정부의 구성을 실행하고, 외국군대는 철수하는 것으로 방침을 정하였으며, 이 모든 것을 달성하기 위하여 임시조선위원단이 관찰과 협의를 하고 그 결과를 보고하는 것으로 결정하였다. 그러나 북한지역을 점령하고자 한 야욕을 가진 소련이 임시조선위원단의 북한 입국을 거부하는 사태가 발생하면서 국제연합의 구상은 원래대로 진행되지 못하였고, 1948년 2월 26일 국제연합의 소총회(Interim Committee 또는 Little Assembly)는 선거 실시가 가능한 남한지역에서만이라도 국민의 총선거를 실시하고 독립국가를 수립한다는 결의안을 채택하였다. 이 결의안은 첫째, 한국의 가능한 지역 내에서 국제연합 임시조선위원단의 감시하에 총선거를 실시한다는 것, 둘째, 총선거에서 선출된 대표자로 국회를 구성하고 한국정부 수립의 토대로 한다는 것, 셋째, 정부형태는 한국 국민 자신이 스스로 결정하도록 한다는 것이었다.

이러한 일련의 상황의 전개에 따라, 1948년 3월 17일 남조선과도정부는 조선군정장관 William. F. Dean(1899-1981)의 명의로 「國會議員選擧法」(법령 제175호)을 공포하였다. 국회의원선거법은 종래의 조선과도입법의원(Korean Interim Legislative Assembly 의장: 김규식 金奎植 1881-1950)과 다른, 새로 건국되는 국가의 「국회」를 구성하려고 한 것이었기 때문에 이의 입법은 종래 남조선과도정부가 제정한 「立法議院議員選擧法」(1947. 9. 3. 법률 제5호)을 개정하는 방법을 취하지 않고, 독자적인 법령으로 새로 제정 · 공포하는 형식을 취하였다.

미군정은 스스로 공포한 「國會議員選擧法」에 따라 1948년 5월 10일 총선거를 실시하였다. 「단독선거 · 단독정부반대」의 입장에서 남북협상에 참가한 김구(金九 1876-1949) · 김규식 등은 선거를 거부하였고, 공산당을 비롯한 좌익계열의 폭동 등으로 6개 선거구에는 선거를 실시할 수 없는 사태도 발생하였으나, 국민 대다수가 참가한 투표에 의해 198명의 국회의원들이 선출되었다. 당시 선거권자는 만 21세에 달한 자였고, 피선거권자는 만 25세에 달한 자였다. 남녀에게 평등하게 선거권과 피선거권이 부여되었다(동법 §1). 이 당시 친일행위를 한 자들에게는 선거권과 피선거권이 인정되지 않았고(동법 §2, §3), 선거인의 자진등록제도(自進登錄制度)(동법 §15)와 단기무기명투표(單記無記名投票)(동법 §32)의 방식을 채택하였다(동법 §15). 1선거구 1인 대표의 방식을 취하였고(동법 §8), 국회의원의 임기는 2년이었고, 국회의원의 총수는 300명이었다. 선거에서는 총유권자 가운데 96.4%가 선거인명부에 자진하여 등록하였고, 95.5%가 투표에 참여하였다. 선거가 실시되지 못한 북한지역에 배당된 100석과 남조선노동당(약칭 남로당) 공산주의자들의 무장투쟁으로 선거가 무효가 된 제주도의 2개 선거구 2석을 제외하면 당시 국회의원은 모두 198석이었고, 총선거의 결과 한국민주당(韓國民主黨)은 29석, 대한독립촉성국민회(大韓獨立促成國民會)는 55석, 민주국민당(民主國民黨)이 29석, 무소속이 85석을 각각 차지하였다(정종섭e, 167).

새로운 국회의원의 선거에 따라 1946년 8월 24일 「조선과도입법의원의창설」(朝鮮過渡立法議院의創設)(재조선미국육군사령부 군정청 법령 제118호)에 의해 설립되었던 종래의 조선과도입법의원은 스스로 제정한 「조선과도입법의원의해산」(朝鮮過渡立法議院의解散)(남조선과도정부 법률 제12호)에 의하여 1948년 5월 20일에 해산되었고, 우리나라에서 최초로 구성된 제1대 국회는 1948년 5월 31일에 개원하고 제1차 회의를 개회하였다.

국회는 먼저 헌법을 제정하는 작업에 착수하여 6월 1일에 헌법안을 기초할 기초위원을 선정하는 전형위원(銓衡委員)을 선출하고, 6월 3일에 기초위원(起草委員)을 선정하였다. 6월 3일부터 헌법기초위원회는 「유진오·행정연구위원회 공동안」(俞鎮午·行政研究委員會 共同案)을 원안으로 하고 남조선과도정부 사법부(司法部)의 법전기초위원회에 소속한 헌법기초분과위원회가 작성한 이른바 「권승렬안」(權承烈案)을 참고안으로 하여 토의를 진행하였다(정종섭e, 173). 양 초안(草案)은 모두가 의회주의제(=의원내각제) 정부형태와 양원제의 국회, 대법원에 의한 위헌법률심사를 내용으로 하고 있었다. 그러나 헌법기초위원회에서 토의를 마친 초안이 국회 본회의에 상정될 단계에 이르자 이승만(李承晩 1875-1965)과 그 지지세력은 대통령제와 단원제의 국회 그리고 헌법위원회에 의한 위헌법률심사를 주장하면서 이의를 제기했다. 결국 이승만측의 주장이 받아들여져 대통령제와 단원제의 국회를 채택하고 위헌법률심사권을 헌법위원회에 부여하는 한편 의회주의제적인 국무원 및 국무총리제도를 가미하는 내용의 헌법안이 만들어져 6월 23일 국회 본회의에 상정되었다.

국회 본회의에서 6월 23일부터 7월 12일에 걸쳐 6월 30일에 제1독회를, 7월 11일에 제2독회를, 7월 12일에 제3독회를 마치고 헌법을 확정하였고, 7월 17일에 최초 헌법인 1948년헌법이 공포·시행되었다. 1948년 국회는 이러한 헌법제정의 작업을 마치고, 「이 헌법을 제정한 국회는 이 헌법에 의한 국회로서의 권한을 행하며 그 의원의 임기는 국회개회일로부터 2년으로 한다」라고 정한 헌법 제102조에 따라 통상의 입법부로 전환되었다.

이러한 헌법규정에 의하면, 1948년에 출범한 국회는 법적 성격의 면에서 보면, 6월 3일부터 7월 17일까지는 헌법제정기관으로서의 성격을 가졌고, 그 이후부터는 헌법에 의해 건국된 대한민국의 입법기관으로서의 성격을 가진 것이었다(정종섭e, 183). 이로써 1948년 국회는 7월 17일까지는 대한민국을 건국하기 위한 헌법을 제정하는 임무를 수행하였고, 그 이후부터는 행정부, 사법부와 같이 주권국가의 통상적인 국가기관인 입법부로서 그 기능을 하게 되었다.

II. 내 용

1948년헌법은 전문 10장과 전체 103개의 조로 구성되었다. 제1장 총강(總綱)에서는 국가형태로 민주공화국, 국민주권의 원리, 국가의 영역, 국제평화주의 등을 규정하였다. 제2장 국민의 권리 · 의무에서는 평등권, 신체의 자유 등 다양한 기본권을 보장하는 한편 법률유보에 의한 제한을 규정하였다. 그리고 노동 3권과 사기업 근로자의 이익분배균점권, 생활무능력자의 보호, 가족의 건강보호 등 사회적 기본권이 규정되었다. 제3장 국회에서는 임기 4년의 단원제를 채택하였다. 제4장 정부에서는 대통령과 부통령을 4년 임기로 국회가 선출하도록 하였고, 1회에 한하여 대통령의 중임을 허용하였다. 대통령은 법률안거부권, 법률안제출권, 계엄선포권, 긴급명령권을 갖게 되었다. 대통령의 권한에 속하는 중요정책을 의결하기 위한 국무원(國務院)은 대통령과 국무총리 · 국무위원들로 구성되었고, 국무총리는 대통령이 임명하되 국회의 승인을 얻도록 하였다. 제5장 법원에서는 10년 임기의 법관들로 법원을 구성하고, 대법원장은 대통령이 임명하되 국회의 승인을 얻도록 하였다. 제6장 경제질서에서는 통제경제(統制經濟)를 경제질서의 주축으로 삼고 자연자원의 원칙적 공유화, 기업의 원칙적 국 · 공영제, 공공필요에 의한 사기업의 국 · 공유화와 경자유전(耕者有田)의 원칙에 입각한 농지계획 등 국가주도성이 농후한 경제질서를 규정하였다. 식민지지배하에서 피폐한 사회의 생산력과 생산기반을 국가주도적으로 향상시키기 위한 것이었다. 제7장 재정에서는 조세법률주의와 일년예산주의를 정하였다. 제8장 지방자치에서는 지방자치단체의 사무범위와 지방자치단체의 조직과 운영을 규정하였다. 제9장 헌법개정에서는 대통령 또는 국회 재적의원 3분의 1 이상의 찬성으로 헌법개정을 제안할 수 있게 했고, 그 의결은 국회에서 재적의원 3분의 2 이상의 찬성으로 하게 하였다. 1948년헌법은 위헌법률심사권을 가진 헌법위원회와 탄핵심판을 담당하는 탄핵재판소를 따로 설치하였다.

III. 평 가

1948년 헌법은 헌정사적으로 무엇보다 일본제국주의의 식민지지배로부터 해방되어 새로운 주권국가로서 대한민국을 건국한 건국헌법으로서 가장 큰 의미를 가진다. 근대입헌주의 이후로 국가는 헌법에 의하여 수립되므로, 대한민국도 현대 입헌주의국가와 같이 국민이 주권을 행사하여 헌법을 제정하고 그 헌법에 의하여 1948년 7월 17일 대한민국을 건국하였다. 국제사회에서는 국가의 승인이 있어야 국제법적으로 합법적인 국가가 되므로 유엔은 1948년 12월 12일 제3차 총회에서 한국인의 다수가 살고 있는 대한민국에 효과적인 지배권과 관할권을 가지는 합법적인 정부, 즉 '대한민국 정부'가 수립되었고(Declares that there has been established a lawful government(the Government of the Republic of Korea) having effective control and jurisdiction over that part of Korea ……) 이는 대한민국에서 유일한 정부(this is the only such Government in Korea)라고 결의하였다. 이로써 대한민국은 헌법에 의하여 1948년 7월 17일 수립되고 그해 12월 12일 유엔의 사후 승인을 얻어 국제사회에서 합법적인 국가로 되었다.

1948년헌법은 그 내용면에서 기본권을 폭넓게 보장하고, 권력분립을 제도화했으며, 사법권독립을 위해서 대법원장임명에 대한 국회승인제와 법관 10년 임기제 등을 채택하는 등 자유민주주의헌법이 갖추어야 하는 기본적인 사항을 포함하고 있었다.

1948년헌법은 이미 임시정부의 헌법에서 나타났던, 식민지지배로부터 해방되어 독립국가를 수립하려는 열망과 의지가 결실을 맺은 것이었다. 이러한 국민적인 합의하에 나라의 해방을 위하여 노력한 국내외의 독립운동세력들이 구심점이 되고, 전후 자유민주주의의 체제를 확산시키고자 한 미합중국과 유엔의 지원을 받아 입헌민주국가를 수립하였다. 헌법을 제정할 국회를 구성하기 위한 총선거에 참여한 국민의 열기와 절차로 보건대, 이 헌법은 주권적 정당성과 민주적 정당성을 가진 것이고, 당시의 한반도의 상황과 공산주의자들의 방해활동에 비추어 볼 때, 절차적 정당성도 상당한 수준에서 확보한 것이었다.

그러나 정부형태에서 대통령제를 채택함으로 인하여 신생독립국가에서 통합된 지도력으로 건국 초기에 사회의 불안정성을 극복하고 국가체제의 정초를 확고히 할 수 있는 점을 확보한 반면 국가권력이 대통령 1인에게 집중될 위험성을 배태하였고, 이러한 대통령제는 이후 한국의 정치현실에서 독재와 권위주의통치 등 많은 부작용을 초래하였다.

[82] 제2 1952년헌법: 제1차 개정

I. 배 경

1950년 1월 한국민주당은 대통령의 독재를 막기 위해 정부형태를 의회주의제로 변경하려는 헌법 개정을 시도했으나 이 개헌안은 국회에서 부결됐다. 이 후 1950년 5월 30일에 실시된 제2대 국회의원총선거에서 1948년 5·10선거 때 총선을 거부했던 중도파들도 대거 참여하여 다수가 당선되었고, 국회 내 이승만 대통령의 지지 세력은 극소수에 불과했다. 5·30선거 후 국회가 개원을 한지 며칠 되지 않아 북한의 남침에 의해 6·25동란이 발발하였고, 이승만 대통령은 비상계엄을 선포하여 긴급명령으로 전시체제의 국정을 운영하였다. 이승만 대통령은 국회에서 재선될 가능성이 없게 되자 장기집권을 추구하며 정·부통령의 선거를 국회에서의 간접선거에서 국민에 의한 직접선거로 바꾸고 국회를 양원제로 변경하는 내용의 개헌안을 1951년 11월 국회에 제출하였고, 이어 12월에 자유당(自由黨)을 창당하고 당의 총재가 되었다. 그러나 이 개헌안은 1952년 1월 국회 표결에서 야당인 한국민주당의 반대로 부결되었다.

야당은 국회내에서의 유리한 의석분포를 이용해서 계속 추구해오던 의회주의제로의 개헌을 성사시키기 위해 1952년 4월에 1950년의 의회주의제 개헌안과 유사한 내용의 개헌안을 국회에 제출했다. 정부·여당도 야당에 맞서 이미 국회에서 부결되었던 대통령직선제의 개헌안을 1952년 5월 국회에 다시 제출했다. 정부·여당은 대통령직선제의 개헌안을 관철시키기 위해 임시수도인 부산에서 폭력과 불법수단을 동원하여 국회의원들을 위협하고 연금하는 사태에까지 이르러 이른바 「정치파동(政治波動)」을 불러왔다. 이런 공포분위기 속에서 이승만 정부는 국회의원들이 탄 버스를 강제로 국회의사당으로 연행해 온 뒤, 정부측의 대통령직선제의 개헌안에 야당측 개헌안의 내용 중 국무원불신임제를 혼합한 이른바 「발췌개헌안(拔萃改憲)」을 1952년 7월 4일 밤에 기립투표로 통과시켰다.

Ⅱ. 내 용

1952년헌법은 의회주의제로의 개헌이냐 대통령제의 유지냐의 정치적 대결에서 대통령제를 유지하려는 세력이 승리하여 대통령제를 계속 유지하는 것으로 정한 것이었다. 다만, 대통령과 부통령의 직선제, 양원제(민의원, 참의원)의 국회, 국회의 국무원불신임제도, 국무위원임명시 국무총리의 제청권 등을 새로 규정하였다.

Ⅲ. 평 가

1952년헌법은 내용면에서 체계정합성을 무시하고 정부안의 대통령제적 요소와 야당안의 의회주의제적 요소를 발췌하여 무리하게 혼합한 것이었다. 개헌의 절차에서도 헌법이 정하는 공고절차(헌법 §98)도 거치지 않았고, 국회의사당이 폭력세력에 의해 포위되고 비상계엄이 선포된 가운데 국회의원에게 토론의 기회도 주어지지 않고 강행된 것이다. 따라서 투표의 자유가 침해되었을 뿐 아니라 국회의 의사결정도 독회절차와 자유토론이 생략된 채 폭력적인 수단에 의해 강압적으로 이루어진 것이었으므로 위헌·위법적인 것이었다(권영성, 92; 김철수a, 115; 허영a, 103; 성낙인, 73; 계희열a, 131).

[83] 제3 1954년헌법: 제2차 개정

Ⅰ. 배 경

1952년 8월 헌법개정에 의해 직선으로 대통령에 당선된 이승만 대통령은 국무총리를 임명하지 않고 국회의 승인 없이 국무총리서리(國務總理署理)를 임명하는 등의 방법으로 사실상 국무원(國務院)을 무력화시켰다. 정부는 1954년 1월 23일 헌법의 통제경제적인 규정을 완화해서 경제를 자유화하는 개헌안을 제출했으나, 같은 해 3월 9일 돌연 철회하였다.

1954년 5월 20일 제3대 민의원선거에서 자유당은 압도적으로 승리하여 국회 내 다수 의석을 차지하게 되자 대통령의 중임 제한 규정을 폐지하여 이승만 대통령의 3선을 가능케 하기 위한 개헌안을 그해 9월 8일 제출했다. 1954년 11월 27일 민의원에서 실시된 개헌안에 대한 표결 결과는 재적의원 203명 중 135명이 찬성하여 헌법개정에 필요한 의결정족수인 3분의 2(2/3는 135.33…이기 때문에 136표를 의미함) 이상의 찬성이라는 기준에 한 표가 모자랐고, 이에 따라 국회는 부결을 선포하였다. 그러나 이틀 후 이른바 「사사오입」(四捨五入)이라는 계산법을 적용하여(135.33…을 반올림하면 135가 된다는 논리) 야당 국회의원 전원이 퇴장하고 자유당소속 의원만이 참석한 가운데 부결선포를 번복하여 가결로 선포하는 결의가 이루어졌다.

Ⅱ. 내 용

1954년헌법은 초대 대통령에 한해 3선 제한을 철폐하고 무제한 입후보를 허용했고, 주권의 제약 또는 영토변경을 위한 개헌은 국민투표에 붙이도록 하는 국민투표제도를 채택하였다. 국무총리제도를 폐지하고, 국무위원에 대한 개별적 불신임제도를 채택하였다. 그 이외에 대통령 궐위시 부통령의 지위승계제도의 채택, 헌법개정시 국민발안제 및 한계조항 신설, 군법회의의 헌법상 근거 명시, 자유시장경제체제로의 경제체제의 전환 등을 새로운 내용으로 채택하였다.

Ⅲ. 평 가

1954년의 헌법 개정은 개헌에 필요한 의결정족수(議決定足數)에 미달한 위헌적이고 불법적인 개헌이었다(권영성, 92; 김철수a, 116; 허영a, 104; 성낙인, 73; 계희열a, 132). 사사오입의 계산방법은 법규범의 해석에서는 적용될 수 없다는 기초적인 법원리를 무시한 것으로, 법규범의 영역에서는 수를 계산할 때 단수(端數)는 언제나 하나의 정수(整數)로 평가되는 것(예: 135.333…은 136으로 계산됨)이라는 로마법 이래의 확고한 관행(허영a, 104)도 배격한 것이었다.

[84] 제4 1960년6월헌법: 제3차 개정

Ⅰ. 배 경

1956년 5월 15일 제3대 대통령·부통령의 선거에서 민주당의 대통령후보인 신익희(申翼熙)가 선거 직전에 급사한 상황 속에서 이승만이 대통령에 당선되었다. 그런데 부통령에는 민주당의 후보인 장면(張勉 1899-1966)이 자유당의 후보인 이기붕(李起鵬 1896-1960)을 누르고 당선되었다. 대통령과 부통령이 각각 다른 정당에 소속된 긴장된 정치상황 속에서도 이승만 대통령과 자유당의 독재와 불법적인 통치는 더욱 심해졌다.

1960년 3월 15일 제4대 대통령·부통령의 선거에서도 민주당의 대통령후보인 조병옥이 선거 한 달 전에 급사하고, 이승만이 단독으로 입후보하여 네 번째로 대통령에 당선되었다. 부통령에는 자유당의 후보인 이기붕이 당선된 것으로 공표되었다. 그러자 1960년 4월 19일 학생들을 중심으로 「3·15 부정선거」를 규탄하는 시위가 발생했는데, 시위 군중에 대한 경찰의 발포로 사태는 악화되었다. 정부는 사태를 수습하기 위해 비상계엄을 선포하였으나, 불법적인 자유당독재에 대한 국민의 저항이 전국적으로 확산되었고, 마침내 이승만 대통령은 1960년 4월 26일 사임의 뜻을 밝히고, 다음날 대통령 사임서를 국회에 제출함으로써 대통령직에서 물러났다.

국회는 시국수습방안으로 개헌과 총선거의 실시를 결의했으며, 허정(許政)을 수반으로 하는 과도정부가 구성되었다. 국회가 결의한 시국수습방안에 따라 국회는 헌법개정기초위원회를 구성했고, 동 위원회는 한 달 남짓한 작업 끝에 6월 초 의회주의제를 골격으로 하는 헌법개정안을 마련하여 국회에 제출했다. 6월 15일 국회 본회의에서 이 헌법개정안은 압도적인 찬성(可: 208, 否: 3)을 얻어 통과되었고, 같은 날 공포되었다. 최초의 여야합의에 의한 개헌이었다.

Ⅱ. 내 용

1960년6월헌법은 의회주의제의 채택, 헌법재판소의 설치, 대법원장과 대법관의 선거방식의 채택, 언론·출판·집회·결사의 자유에 대한 사전허가 내지 검열의 금지, 기본권의 본질적 내용의 침해금지, 복수정당제의 보장과 정당의 헌법상 지위 고양, 선거의 자유와 공정성을 보장하기 위한 중앙선거관리위원회의 헌법적 지위강화, 경찰을 포함한 공무원의 정치적 중립의 제도화, 지방자치단체장의 선거 채택 등을 주요 내용으로 하였다.

특히 헌법재판소의 설치는 우리 헌법사상 최초로 채택한 것이었으며, 그 관할에서 추상적 규범통제와 구체적 규범통제, 헌법에 대한 최종적인 헌법해석, 권한쟁의심판,

정당해산심판, 탄핵심판, 선거재판에 관한 관할권을 가진 것으로 한국의 민주화에 있어 획기적인 것이었다.

Ⅲ. 평 가

1960년6월헌법은 기본권의 보장과 헌법재판소의 설치 등에서 당시 서독기본법의 영향을 많이 받은 것이었는데, 국가권력의 제한과 자유의 보장 및 공정한 선거의 보장 등은 이승만정부를 거치면서 독재를 경험한 국민이 이를 극복하고자 한 여망을 실현시킨 것이기도 하다. 이런 점에서 이 헌법은 우리 국민의 정치적인 실존적 결단으로 이루어진 것이라고 평가할 수 있다.

종전의 헌법과 비교해볼 때, 이 헌법에서 채택한 내용이 획기적으로 많이 변경된 점과 이 헌법이 생겨나도록 한 4·19가 가진 성격을 고려하여 이를 헌법의 개정이 아닌 헌법의 제정이라고 보는 견해도 있다(권영성, 93; 김철수a, 117; 허영a, 106; 성낙인, 74). 그러나 헌법제정권력의 주체가 변경된 것이 없을 뿐더러 구헌법의 개정절차에 따라 개정되었고, 헌법의 내용에서 정부형태가 변경되거나 내용이 대폭적으로 바뀐 점을 두고 헌법의 제정이라고 할 수는 없으므로 이는 헌법의 개정이라고 봄이 타당하다. 1960년6월헌법은 헌법의 전면개정에 해당한다.

[85] 제5 1960년11월헌법: 제4차 개정

Ⅰ. 배 경

1960년6월헌법에 따라 선거법을 정비한 후 민의원의 선거와 참의원의 선거가 실시됐고, 선거의 결과 민주당이 국민의 절대적인 지지를 받아 원내 2/3 이상의 의석을 차지하게 되었다. 그러나 민주당(民主黨)은 구파(舊派)와 신파(新派)로 분열되어 서로 파벌싸움을 벌이는 등 국정을 효과적으로 운영하지 못했고 국민들의 정치적 요구와 의사표현도 과열되어 사회는 매우 혼란스러운 상황으로 빠져들었다. 이런 가운데 10월 11일 3·15 부정선거에 관련된 반민주행위자(反民主行爲者)들을 처벌할 것을 주장하고 나선 학생들이 의사당을 점거하기에 이르렀고, 이에 민의원(民議院)은 헌법부칙에 반민주행위자를 처벌하기 위한 특별법 제정의 근거를 두고 개헌안을 제출하였다. 이는 특별법 제정이라는 소급입법이 가지는 위헌문제를 해결하기 위한 수단으로 행해진 것이었다. 국회는 11월 29일 이 개정안을 통과시켰다.

Ⅱ. 내 용

1960년11월헌법은 부칙에 신설규정을 두어 3·15부정선거관련자의 처벌과 자유당치하에서 반민주행위를 한 사람에 대한 공민권(公民權)의 제한, 그리고 부정축재한 사람의 행정상 · 형사상 처리를 위한 소급입법의 근거를 부여했다. 나아가 이들 사건을 맡을 특별재판소(特別裁判所)와 특별검찰부(特別檢察部)의 설치에 관한 헌법상 근거 규정을 신설했다. 이 개헌으로 부정선거관련자처벌법, 반민주행위자공민권제한법, 부정축재특별처리법, 특별재판소및특별검찰부조직법 등 일련의 소급특별법이 제정되었다. 특별법은 소급입법으로 위헌인데, 헌법부칙에 근거를 마련했다는 점에서 형식적 합헌성을 확보하였다.

Ⅲ. 평 가

이 개정헌법에 대해서는 소급입법에 의하여 처벌 또는 참정권과 재산권 등을 제한할 수 있게 한 점에서 논란이 많았다. 이는 한편으로 전후 신생국가들이 민주화로의 이행과정에서 흔히 보여주는 대중의 환호와 박수 · 갈채에 기초한 포퓰리즘(populism) 정치의 한 단면을 노정한 것이기도 했다.

[86] 제6 1962년헌법: 제5차 개정

Ⅰ. 배 경

1960년6월헌법 이후 민주당 정부는 국무총리의 지명문제로 신구파가 분열되었고, 장면내각은 분열과 분당을 극복하지 못한 채 정치지도력과 사회통합력을 상실하였다. 이와 같이 정국과 사회가 혼란한 가운데 1961년 5월 16일 박정희(朴正熙 1917-1979)를 중심으로 한 군의 일부조직이 쿠데타를 일으켜 군사혁명위원회(軍事革命委員會)를 조직하고 국가권력을 장악한 후, 대한민국 전역에 비상계엄을 선포하였다. 다음날 군사혁명위원회는 「국가재건최고회의」(國家再建最高會議)로 명칭을 변경하고 혁명내각을 조직하였다. 군사정부는 6개항의 혁명공약을 발표하고 포고령과 계엄령으로 통치하다가 6월 6일에는 국가재건비상조치법(國家再建非常措置法)을 제정 · 공포하였다. 이 비상조치법에 따라 정부는 총사퇴하였고, 국회는 해산되었으며 헌법재판소는 구성도 되지 못한 채 기능이 정지되었다. 종래의 헌법은 국가재건비상조치법에 위배되지 않는 범위 내에서만 효력을 갖게 되었다.

군사정부는 쿠데타 이후 1년이 지나자 혁명공약에 따라 민정(民政)으로의 이양(移讓)을 위한 준비작업으로 1962년 7월 헌법개정안을 마련할 헌법심의위원회를 설치하고, 동 위원회는 약 3개월간의 준비 끝에 헌법안을 작성했다. 헌법개정안은 공고절차와 최고회의의 의결을 거쳐 1962년 12월 17일 국민투표로써 확정되었고 12월 26일 공포됐다.

이 헌법은 그 부칙에 따라 동 헌법에 의한 국회가 처음으로 집회한 날로부터 시행하도록 되어 있었기 때문에 비상조치법은 다음해 1962년헌법이 효력을 발생할 때까지 효력이 지속될 수 있었다.

민정이양의 준비는 1963년 2월 27일 민정에 참여하지 않을 것을 선언한 군사정부의 이른바 「2 · 27선서」로 가속화되는 듯했으나, 곧이어 「3 · 16 군정 4년연장선언」 및 그에 따른 비상조치들이 행해졌고 그것이 철회될 때까지 정국은 극도로 긴장되고 경색되는 국면을 맞이하였다. 결국 쿠데타를 주도한 세력의 민정불참선언은 사실상 무위로 돌아간 채 1963년 8월에 실시된 제5대 대통령선거에서 박정희가 대통령으로 당선되었고, 제6대 국회의원선거에서 민주공화당(民主共和黨)이 국회의석의 절대 다수를 차지하게 되었다. 1962년헌법은 1963년 12월 17일 효력을 발생했다.

II. 내 용

1962년헌법은 국회의 구성을 단원제(單院制)로 환원하였고 정부형태로 대통령제를 채택하였다. 기본권의 보장에서 인간의 존엄성 존중 조항이 신설된 반면, 국가안전보장을 이유로 한 기본권의 제한이 인정되었다. 극단적인 정당국가를 지향하여 국회의원이 임기중 당적을 이탈하거나 변경하는 경우에는 의원직을 상실하도록 하는 내용을 헌법에서 정하였다. 이는 군부에 실질적 기반을 두고 있었던 새 정부의 안정을 확보하기 위하여 국회의원이 민주공화당의 당적을 떠날 수 없도록 하기 위한 장치이기도 했다. 미합중국식의 민주주의를 한다는 미명하에 헌법재판소를 폐지하고, 법원에 위헌법률심사권을 부여하였다. 대법원장과 대법관의 선거제도도 폐지하고, 법관추천회의의 제청에 의해서 대통령이 대법원장과 대법관을 임명토록 했다. 헌법사상 처음으로 헌법개정을 국회의 의결을 거쳐 국민투표로 확정되도록 하는 방식을 채택하였다.

III. 평 가

1962년헌법은 전문에 나타난 바와 같이, 우리나라 헌법의 동질성과 계속성을 보장하려는 의지를 헌법 전체에 걸쳐 일관되게 드러내고 있으며, 자유민주주의적인 정치이념을 실현하기 위한 여러 가지 헌법제도가 종래와 같이 그대로 보장되고 있었다. 통치구조에서는 단원제의 국회와 대통령중심의 대통령제를 절충한 형태를 채택함으로써 1948년헌법에 가깝게 되었다. 개헌에 대한 국민투표제도를 신설한 것은 헌법의 최고규범성과 국민주권에 보다 충실하고자 하는 것이기도 했다.

그런데 1962년헌법이 1961년의 군사쿠데타를 배경으로 한 성공한 혁명에 의하 여 이루어졌고, 종래 헌법이 정하는 헌법개정절차에 의하여 이루어지지 않고 국가재건비상조치법에 의하여 이루어진 점에 초점을 두어 그 성질에서 헌법의 개정이 아니라 헌법의 제정으로 만들어진 것이라는 견해가 있다(김철수a, 119; 허영a, 109). 그러나 헌법의 정당성이 국민에게서 확보되고 헌법개정권력의 주체에서 국민주권과 부합되지 않는 면이 없는 점, 국민의 기본권의 보장과 자유민주주의체제를 그대로 이어받고 있어 헌법질서의 동일성에서 근본적인 변경이 없는 점에서 성질상 이는 헌법의 개정에 해당한다고 보아야 할 것이다. 第5차 개헌이 헌법상의 개정절차를 따르지 아니하고 국가비상조치법이 규정한 국민투표에 의하여 개정되었다는 점에서는 헌법개정의 법리상 문제가 있으나(권영성, 94), 이것이 1962년헌법의 탄생이 헌법의 개정이 아닌 헌법의 제정에 해당한다는 논거는 되기 어렵다.

[87] 第7 1969년헌법: 제6차 개정

Ⅰ. 배 경

박정희 대통령과 민주공화당정부는 권력분립과 민주주의를 외면한 채 독재체제를 구축해 나갔다. 국회와 사법부는 제 구실을 하지 못했고, 행정부의 시녀로 전락해갔다. 1967년 실시된 제6대 대통령의 선거와 제7대 국회의원의 총선거에서도 박정희가 대통령으로 재선되었고 민주공화당은 국회 의석의 2/3를 넘게 차지했다.

제7대 국회에서 개헌선을 확보한 여당은 박정희 대통령의 집권 연장을 위해 대통령의 3선을 허용하는 헌법개정안을 1969년 8월 7일 국회에 제출하였다. 9월 14일 야당의원을 배제한 채 국회의사당이 아닌 곳에서 여당의원들만 표결에 참석한 가운데 기습적으로 헌법개정안을 통과시키고, 10월 17일 국민투표로 헌법개정을 확정하였다.

Ⅱ. 내 용

1969년헌법은 대통령 3선금지규정을 4선금지로 완화하고, 대통령의 계속 재임을 3기에 한하도록 규정하였다. 그 밖에 국회의원의 정수를 늘리고 대통령제임에도 국회의원이 국무위원을 겸할 수 있도록 했고, 대통령에 대한 탄핵소추의 발의와 의결정족수를 가중시켰다.

Ⅲ. 평 가

1969년의 헌법개정은 형식상 헌법개정절차로서 국회의결 및 국민투표를 밟은 것이기는 하지만, 헌법개정에 필요한 국민적인 합의의 형성과정과 국회의 정당한 의사진행절차를 무시한 불법적인 것이었다(허영a, 111).

[88] 제8 1972년헌법: 제7차 개정

Ⅰ. 배 경

1971년에 실시된 제7대 대통령선거에서 박정희 후보는 야당의 김대중(金大中 1924-2009) 후보를 근소한 표차로 누르고 대통령에 당선될 수 있었다. 그리고 같은 해 제8대 국회의원총선거의 결과 민주공화당의 의석수는 크게 준 반면에 야당인 신민당(新民黨)의 의석수는 크게 늘었다. 이후 국회운영은 여·야의 극한적인 대립을 보였고, 야당의 견제를 불편하게 느낀 박정희 대통령은 북한의 남침 위험을 내세워 1971년 11월 국가비상사태(國家非常事態)를 선포했다. 그런데 국가비상사태선포의 법적 근거가 없어 1971년 12월 27일 초헌법적(超憲法的)인 국가긴급권을 허용하는 「국가보위에관한특별조치법」(國家保衛에관한特別措置法)을 만들었다. 한편 남북간의 비밀접촉을 통해 1972년 「7·4남북공동성명」을 발표하여 통일을 정권유지의 수단으로 이용하였는데, 이는 결국 「유신조치」(維新措置)를 하기 위한 기초작업이었음이 드러났다.

박정희 대통령은 1972년 10월 17일 「정상적인 방법이 아닌 비상조치로써 남북대화의 적극적인 전개와 주변정세의 급변하는 사태에 대처하기 위한 체제개혁을 단행하기」 위하여 전국에 비상계엄을 선포한 채 두 달간 헌정을 중단하고 새로운 헌법을 만들겠다는 「10·17비상조치」, 즉 이른바 「유신조치」를 단행했다. 이 조치는 i) 국회를 해산하고 정당 및 정치활동을 중지시켰으며, ii) 국회의 권한을 비상국무회의(非常國務會議)가 수행하도록 하였고, iii) 조국의 평화적 통일을 지향하는 헌법개정안을 공고하여 이를 국민투표에 회부하기로 하고, iv) 1972년 말 이전에 개정헌법에 의해 헌정질서를 회복할 것을 내용으로 하였다.

「10·17비상조치」에 의해서 입법권을 행사하고 헌법개정안 작성의 책임을 맡은 비상국무회의는 헌법개정안을 마련하여 10월 27일 공고하고, 11월 21일 국민투표에 붙였다. 국민투표에서 유권자 91.9%의 투표와 투표자 91.5%의 찬성으로 헌법개정이 확정되었고, 12월 27일 1972년헌법이 공포·시행되었다.

Ⅱ. 내 용

1972년헌법은 전문에 민족의 평화통일 이념을 규정하였고, 기본권의 제한에 있어 일반적 법률유보(一般的 法律留保)와 개별적 법률유보(個別的 法律留保)에 의해 기본권의 제한을 보다 쉽게 하면서 본질적 내용의 침해 금지 조항을 삭제했고, 인신권과 재산권 그리고 참정권 등의 기본권 보장을 크게 축소하였다. 평화 통일의 추진체로서 통일주체국민회의(統一主體國民會議)를 설치하고, 여기서 대통령과 국회의원정수의 3분의 1에 해당하는 국회의원을 선출하게 하였다. 대통령은 국회의 동의나 사후승인을 필요로 하지 않는 사전적 · 사후적 긴급조치권을 비롯하여 국회해산권, 국회의원정수의 3분의 1의 추천권 등 강력한 권력을 행사할 수 있도록 하면서 대통령의 중임이나 연임 제한 규정을 두지 않음으로써 1인 장기집권을 가능하게 하였다. 국회의 회기를 단축하고 국정감사권을 폐지하는 등 국회의 권한과 기능을 대폭 약화시켰다. 사법부에 관해서는 대법원장을 비롯한 모든 법관을 대통령이 임명 또는 보직하거나 파면할 수 있게 함으로써 사법부의 독립을 극도로 제약하면서, 헌법위원회를 설치하여 위헌법률심사 · 정당해산결정권 · 탄핵심판권 등 헌법재판권을 부여하였다. 헌법개정은 국민투표로 확정하는 방법과 국회의결 및 통일주체국민회의의 의결로 확정하는 방법을 마련함으로써 헌법개정절차를 이원화하였으며, 지방의회의 구성은 통일 이후로 미루어 놓았다.

Ⅲ. 평 가

1972년헌법은 K. Loewenstein이 말하는 권위주의적 신대통령제(新大統領制)의 정치체제를 모방한 것으로 자유민주주의 정치이념은 크게 약화된 것이었다.

이에 대해서는 1972년 10월 유신조치는 1969년헌법의 규범적 효력으로는 설명할 수 없다는 점에서 그 혁명성을 부인할 수 없고, 헌정체제를 통일에의 접근체제로 개혁하려는 비상조치가 당시 현직 대통령으로부터 비롯되었다는 점에서 '하향식혁명' 내지 '정변'이라고 성격화할 수 있고, 국민투표에서 총유권자의 84%의 찬성을 얻어 확정되었다는 점에서 1972년헌법의 제정은 결단주의적 관점에서는 그 정당성을 인정받은 것이라고 할 수 있다는 견해가 있다(허영a, 113). 법실증주의에 따른다면 유신체제는 이른바 '완성된 사실'로서 헌법형성적 힘을 가지는 역사적 현상에 해당하는 것이 될 것이다.

1972년헌법의 성립에 대해서는 형식적으로는 제7차 헌법개정이나 실질적으로는 자유민주주의를 일시 정지하고 권위주의적인 신대통령제(新大統領制 neo-presidentialism)를 채택한 점에서 헌법개정의 한계를 초월한 것이고 헌법전반에 대한 변혁이기 때문에 새로운 헌법의 제정에 해당한다는 견해도 있다(예: 김철수 a, 122).

그러나 1972년헌법이 기존의 헌법이 인정하지 않는 불법적인 비상조치에 의하여 촉발되고 초헌법적인 비상국무회의에서 헌법개정안을 마련하여 발의 · 공고한 것은 헌법의 절차적 정당성을 확보하기 어렵게 만들었다. 그리고 헌법제정이나 개정의 주체에서 변경이 있거나 헌법의 동질성에 근본적인 변경이 있다고 보기도 어려우므로 이를 헌법의 제정에 해당한다고 하기 어렵다. 비정상적인 절차에 의한 헌법의 개정을 헌법의 제정으로 정당화할 수는 없다.

[89] 제9 1980년헌법: 제8차 개정

Ⅰ. 배 경

1972년헌법에 따라 설치된 통일주체국민회의(統一主體國民會議)는 1972년 12월 23일 대통령선거를 간접선거로 실시하여 박정희를 제8대 대통령으로 선출했다. 1973년 제9대 국회의원 총선거에서는 여당인 민주공화당이 원내 과반수를 확보했고, 대통령의 추천으로 통일주체국민회의에서 국회의원으로 뽑힌 사람들은 「유신정우회」(維新政友會)라는 원내교섭단체를 만들어 박정희 대통령의 친위세력으로 활동하였다. 박정희정부는 법원조직법의 개정을 통한 법관재임명의 방법으로 국가배상법에 대하여 위헌결정을 한 대법원판사를 비롯하여 많은 법관들을 사법부에서 몰아내고 사법부를 장악했다.

박정희 독재가 강화될수록 독재정권 타도 및 유신헌법의 철폐를 주장하는 국민들의 저항도 거세졌다. 이에 박정희정부는 긴급조치(緊急措置)로 맞서 모든 개헌논의 자체를 금지시켰고, 긴급조치가 9호까지 발동되는 동안 헌정질서의 운영은 국가긴급권의 행사로 대체되었다. 박정희정부는 해가 갈수록 그 지지기반이 약해져 1979년 제10대 국회의원 총선거에서는 급기야 민주공화당이 야당에게 패배하였다. 결국 부산과 마산지역에서 시민들에 의한 반정부 저항운동으로 「부마사태」(釜馬事態)가 발생하였고, 이런 와중에서 대통령 측근들의 권력암투까지 겹쳐 박정희 대통령은 김재규 중앙정보부장에게 피살되었다(「10 · 26사태」).

「10 · 26사태」가 발생하자 제주도를 제외한 전국에 비상계엄이 선포되고 최규하 국무총리가 헌법에 따라 대통령권한을 대행했다. 최규하는 12월에 통일주체국민회의에 의해 제10대 대통령으로 선출되어 새 정부를 구성하고 국민들의 요구에 따라 긴급조치를 해제하는 등 헌법개정과 민주화작업을 추진했다.

그러나 1979년 12월 전두환(全斗煥 1931-2021) 장군을 중심으로 한 일부 군부세력이 이른바 「12 · 12사태」로 일컬어지는 군사쿠데타를 일으켰다. 이들 군부세력은 1980년 학생시위를 빌미로 전국에 계엄을 확대하는 「5 · 17조치」로 모든 정치활동을 금지하면서 계엄해제를 요구할 수 있는 국회의 집회도 봉쇄하였다. 이런 가운데 1980년 6월 군부세력은 국가보위비상대책위원회(國家保衛非常對策委員會)를 구성하였고, 전두환 소장이 그 상임위원장이 되었다. 이미 정치적인 실권을 빼앗긴 최규하(崔圭夏 1919-2006) 대통령은 1980년 8월 16일 사임하였고, 전두환이 8월 27일 통일주체국민회의에서 제11대 대통령으로 선출되어 9월 1일 취임했다. 한편 「12 · 12사태」를 출발점으로 한 「단계적 군사쿠데타」가 「5 · 17조치」로 노골화되자(허영a, 117) 광주에서 시민들의 「5 · 18민주화운동」이 일어났고 과격한 무력진압으로 많은 희생자를 남겼다.

「10 · 26사태」 이후 한국 민주화에 대한 국민의 열망에 따라 국회는 헌법개정심의특별위원회를 구성하고 정부도 헌법연구반(憲法硏究班)의 활동을 토대로 헌법개정심의위원회를 구성하여 개헌작업을 진행했다. 그러다가 1980년 「5 · 17조치」로 인해서 국회활동이 정지된 가운데 개헌작업은 정부의 헌법개정심의소위원회가 맡게 되었는데, 그 실질에서는 요강작성소위원회(要綱作成小委員會)가 그 작업을 주도했다. 이 소위원회가 작성한 헌법개정요강을 토대로 헌법개정시안작성소위원회가 헌법개정시안을 만들어 헌법개정심의위원회에 보고하여 9월 9일 헌법개정안으로 확정되었다. 그 후 이 헌법개정안은 국무회의의 심의를 거쳐 9월 29일 공고되었고 10월 23일 국민투표에 붙여져 유권자의 95.48%가 투표하였고 투표자 중 91.6%의 찬성으로 새 헌법이 확정되었다. 새 헌법은 1980년 10월 27일 공포 · 발효했다.

새 헌법의 발효와 동시에 국회의원의 임기는 종료되었고, 정당이 해산되었으며, 통일주체국민회의는 폐지되었고, 국회도 해산되었다. 그리고 새 헌법에 의한 국회가 구성될 때까지 국회의 권한을 대행할 「국가보위입법회의」가 1980년 10월 29일 구성되어 여러 헌법부속법률들을 제정했다.

II. 내 용

1980년헌법은 전문에서 제5공화국의 출범을 명시하고 조국의 평화적 통일의 추진 등을 선언하였다. 제1장 총강에서는 전통문화의 창달, 재외국민보호조항, 정당운영자금의 국고보조조항, 국군의 사명조항을 신설하였고, 제2장 국민의 권리와 의무에서는 행복추구권을 신설하고 기본적 인권의 불가침성을 강조하였다. 그리고 형사피고인의 무죄추정, 연좌제의 금지 및 사생활의 비밀과 불가침, 환경권과 적정임금보장조항 등을 새로이 규정하였다. 통일주체국민회의를 폐지하고 대통령은 선거인단에 의해 간선되도록 변경하면서 대통령의 임기를 7년 단임제로 하면서 임기연장이나 중임변경을 위한 헌법개정은 그 헌법개정제안 당시의 대통령에 대해서는 적용될 수 없게 하였다. 국회의 국정조사권과 비례대표제의 근거조항을 신설하면서 국회의원의 임기는 4년으로 하였다. 일반법관의 임명권을 대법원장에게 부여하고, 징계처분에 의한 법관의 파면을 배제하였으며, 위헌법률심사제청권을 법원에 부여하였다. 독과점금지, 중소기업보호, 소비자보호조항을 신설하였으며, 이원적인 헌법개정의 방법을 폐지하고 헌법개정은 오로지 국회의 의결과 국민투표로만 확정되도록 했다. 부칙에서 과도입법기관으로서 국가보위입법회의를 규정하고 소급적으로 참정권을 제한하는 특별입법의 근거를 명시하였다.

Ⅲ. 평 가

1980년헌법은 i) 국민의 기본권을 보강하고 기본권에 대한 '본질적 내용의 침해금지조항'을 두어 기본권보장의 실효성을 높이려고 노력한 점, ii) 대통령이 갖는 국회해산권과 비상조치권을 제한함으로써 그 악용 내지는 남용의 소지를 줄인 점, iii) 대통령이 갖던 국회의원 1/3의 추천권을 삭제한 점, iv) 대통령의 임기를 7년 단임으로 정한 점 등은 10·26사태 이후의 개헌논의에서 나타난 국민의 여론을 많이 반영한 것이었다. 1980년헌법은 유신헌법의 비민주적인 요소를 많이 완화 내지 배제하면서 유신헌법에서 폐지되었던 제도를 부활시키거나 새로운 규정을 적지 않게 신설하여 1972년헌법보다 발전한 것이었다.

그러나 1980년헌법은 군사쿠데타의 주도세력의 정치적인 힘에 의해 만들어졌을 뿐 아니라, 헌법시행에 필요한 여러 부속법률들도 국회가 아닌 국가보위입법회의에서 제정되었기 때문에 절차적 정당성을 확보할 수 없었다. 국민투표에 의하여 형식상 민주적 정당성을 확보하기는 하였지만, 군사쿠데타세력에 의해 조성된 강압적인 분위기 속에서 만들어졌다는 점에서 진정한 민주적 정당성이 확보되었다고 하기는 어렵다.

1980년헌법에 대해서는 그것을 추진하는 중심세력의 '힘'과 '의지' 그리고 이것을 뒷받침하는 역사적인 환경과 국민적 합의의 질 등을 기준으로 하여 이를 헌법의 제정에 해당한다거나(허영a, 118) 전문이 「제5민주공화국의 출발에 즈음하여」라고 밝힌 것과 과거의 독재주의통치체제에서 권위주의통치체제로 전환한 점을 근거로 제5공화국헌법의 제정이라고 보아야 한다는 견해(김철수a, 125)가 있다. 그러나 1980년헌법은 1972년헌법의 개정절차에 따라서 이루어졌고, 기존의 헌법과 동질성을 유지하고 있으며 헌법제정권력이나 개정권력의 주체에 변경이 없는 점에서 절차상 하자가 있고 민주적 정당성의 확보에서 문제가 많이 있지만 이는 헌법의 개정에 해당한다고 할 것이다.

쿠데타가 성공하였고 이와 같은 헌법의 개정이 있어 효력을 발휘하였다고 하여 성공한 쿠데타를 일으킨 행위가 적법하게 되는 것은 아니다. 대법원은 성공한 쿠데타의 행위에 대하여 사후에 처벌할 수 있다고 판결하였다(예: 大 1997. 4. 17.-96도3376).

> [大 1997.4.17.-96도3376] 「우리나라는 제헌헌법의 제정을 통하여 국민주권주의, 자유민주주의, 국민의 기본권보장, 법치주의 등을 국가의 근본이념 및 기본원리로 하는 헌법질서를 수립한 이래 여러 차례에 걸친 헌법개정이 있었으나, 지금까지 한결같이 위 헌법질서를 그대로 유지하여 오고 있는 터이므로, 피고인들이 공소사실과 같이 이 사건 군사반란과 내란을 통하여 폭력으로 헌법에 의하여 설치된 국가기관의 권능행사를 사실상 불가능하게 하고 정권을 장악한 후 국민투표를 거쳐 헌법을 개정하고 개정된 헌

법에 따라 국가를 통치하여 왔다고 하더라도 피고인들이 이 사건 군사반란과 내란을 통하여 새로운 법질서를 수립한 것이라고 할 수는 없다. 우리나라의 헌법질서 아래에서는 헌법에 정한 민주적 절차에 의하지 아니하고 폭력에 의하여 헌법기관의 권능행사를 불가능하게 하거나 정권을 장악하는 행위는 어떠한 경우에도 용인될 수 없는 것이다. 그러므로 피고인들이 그 내세우는 바와 같이 새로운 법질서를 수립하였음을 전제로 한 주장은 받아들일 수 없다. 다만 피고인 전두환 등이 이 사건 내란을 통하여 정권을 장악한 다음 헌법을 개정하고 그 헌법에 따라 피고인 전두환이 대통령에 선출되어 대통령으로서의 직무를 행하였고, 다시 그 헌법에 정한 절차에 따라 헌법을 개정하고 그 개정된 헌법(현행 헌법)에 따라 피고인 노태우가 대통령에 선출되어 그 임기를 마치는 등 그 동안에 있었던 일련의 사실에 비추어 마치 피고인들이 새로운 법질서를 형성하였고 나아가 피고인들의 기왕의 행위에 대하여 이를 처벌하지 아니하기로 하는 국민의 합의가 이루어졌던 것처럼 보일 여지가 없지 아니하나, 국회는 헌정질서파괴범죄에 대하여 형사소송법상의 공소시효의 적용을 전면적으로 배제하는 헌정질서파괴범죄의공소시효등에관한특례법과 바로 그 헌정질서파괴범죄에 해당하는 이 사건 군사반란과 내란행위를 단죄하기 위한 5 · 18민주화운동등에관한특별법을 제정하였으며, 헌법재판소는 5 · 18특별법이 합헌이라는 결정을 함으로써, 피고인들이 이 사건 군사반란과 내란을 통하여 새로운 법질서를 수립한 것이 아님을 분명히 하였을 뿐만 아니라, 헌법개정과정에서 피고인들의 행위를 불문에 붙이기로 하는 어떠한 명시적인 합의도 이루어진 바가 없었으므로, 특별법이 제정되고 그에 대한 헌법재판소의 합헌결정이 내려진 이상, 피고인들은 그들의 정권장악에도 불구하고, 결코 새로운 법질서의 수립이라는 이유나 국민의 합의를 내세워 그 형사책임을 면할 수는 없는 것이라고 할 것이다.」

[90] 제10 1987년헌법: 제9차 개정

Ⅰ. 배 경

1979년 이른바 「12 · 12사태」와 1980년 「5 · 18광주민주화운동」에 대한 과잉진압의 당위성과 합법성에 대한 강한 회의와 그 후 국가보위비상대책위원회(國家保衛非常對策委員會)의 구성 등 전두환이 대통령에 당선될 때까지의 비정상적인 정치상황의 전개 때문에 전두환 정부는 출범당시부터 민주적 정당성에 심각한 결함이 있었다. 따라서 전두환 정부에 대한 국민적 저항이 나타나게 됐고, 이에 대하여 전두환정부는 권위주의통치로 정권을 유지하였다. 국가보위입법회의에서 비민주적으로 제정된 이른바 「개혁법률」(언론기본법, 집회및시위에관한법률, 국가보안법, 사회보호법 등)의 남용으로 인한 기본권 침해가 많이 이루어졌으며, 사법부는 위축되어 위헌법률에 대한 위헌심판제청도 행해지지 않았고 재판의 독립성이 침해되는 상황도 나타났다.

1985년 2월 12일 국회의원총선거에서 대통령직선제의 개헌을 주요 선거공약으로 내세운 3개 야당(신민당 · 민한당 · 국민당)의 득표율(58.10%)이 여당인 민주정의당(民主正義黨)의 득표율(35.25%)을 능가했을 뿐 아니라, 쿠데타의 주도세력에 의해 인위적으로 만들어진 이른바 정당(민한당·국민당)이 선거에서 참패한 대신 1985년 총선을 앞두고 자생적으로 창당된 야당인 신민당이 102석을 차지하면서 148석의 여당을 견제할 수 있게 되었다. 그런데 2·12 국회의원 총선거 과정에서 나타난 대통령직선제로의 개헌과 민주화에 대한 국민적 열망을 외면한 전두환정부는 개헌을 저지하는 방향으로 나아가다가 국민의 분노와 마주치게 되었다. 1987년 범국민적인 「6월 민주화항쟁」이 일어나, 노태우(盧泰愚 1932-2021) 민정당대통령후보의 「6·29선언」과 대통령직선제로의 개헌 및 민주화조치를 약속한 대통령의 「7·1 담화」를 얻어내었다.

대통령직선제를 주요골자로 하는 개헌작업이 빠르게 진행되어 '여·야 8인정치협상'이 시작된 지 한 달만인 1987년 8월 31일 여야합의에 의한 개헌안을 마련하였고, 9월 18일 여야공동으로 헌법개정안을 국회에 발의하고, 9월 21일 개헌안공고를 거쳐 10월 12일 국회에서 개헌안을 의결했다. 국회의 의결을 거친 개헌안은 헌법이 정하는 대로 10월 27일 국민투표에 붙여져 총유권자 78.2%의 투표와 투표자 93.1%의 찬성으로 확정되었고 10월 29일 공포되었다.

II. 내 용

1987년헌법은 전문에서 대한민국임시정부의 법통과 불의에 항거한 4·19민주이념의 계승 및 조국의 민주개혁의 사명을 명시하였고, 총강에서 재외국민에 대한 국가의 보호의무와 국군의 정치적 중립성 준수를 명시하면서, 자유민주적 기본질서에 입각한 평화적 통일정책을 수립·추진하는 규정을 신설하였다. 국민의 기본권의 보장에서는 적법절차, 구속이유고지 및 구속통지, 언론·출판·집회·결사에 대한 허가제나 검열제의 금지, 범죄피해자구조청구권, 최저임금제실시, 여자·노인·청소년의 복지향상을 위한 정책을 실시할 국가의 의무 및 재해예방의무, 주택개발정책의 실시 및 모성보호규정을 신설하거나 추가하였다. 구속적부심사제도와 형사보상제도가 확대되었다. 국정감사를 부활시키고 국회의 연간 회기제한규정을 삭제하는 한편 대통령의 국회해산제도를 폐지하였다. 대통령직선제를 채택하면서 5년 단임제를 채택하였고, 대통령의 비상조치권을 폐지하는 대신 긴급명령제도를 신설하였고, 대법관은 대법원장의 제청으로 국회의 동의를 얻어 대통령이 임명하게 하고, 일반법관은 대법관회의의 동의를 얻어 대법원장이 임명하도록 하였다. 헌법재판소를 설치하여 위헌법률심판, 탄핵심판, 정당해산심판, 권한쟁의심판 및 헌법소원심판을 관할하게 하였다. 경제질서에 대해서 자유경제체제의 원리를 근간으로 하면서 적정한 소득의 분배, 지역경제의 균형발전, 중소기업과 농·어민 보호 등을 통하여 모든 국민의 복리를 증진시키고 국민생활의 균등한 향상을 꾀하는 것으로 규정하였다. 특히 이 헌법에서는 종래 헌법재판이 질식되어 국민의 기본권 침해가 빈번하였던 점을 극복하기 위하여 1960년6월헌법에서 우리 헌법사상 최초로 채택하였다가 사라진 헌법재판소를 다시 부활시켜 이를 민주화의 상징으로 살려내었고, 헌법소원심판제도를 신설하는 등 그 관할도 상당 부분 실질화하였다.

Ⅲ. 평 가

1987년헌법은 1987년 6월 민주화항쟁에서 표출된 국민의 정치적 요구에 따라 대통령직선제를 도입한 것과 1980년헌법과 비교하여 국민의 기본권을 강화하고 통치권 행사의 절차적 정당성을 강조하는 내용을 많이 보완한 것이 특징이다.

1987년헌법에 대하여 제9차 헌법개정은 형식적으로는 헌법의 개정이라고 할 것이나 6월항쟁을 전후한 국민적 저항과 6·29선언이 명예혁명이며, 여야합의로 대통령직선제 및 국회의 권한 회복 등을 통하여 권위주의적인 정부형태가 민주화되었으며, 정권의 교체가능성이 부여되었기 때문에 실질적으로는 새로운 헌법의 제정에 해당한다는 견해가 있다(김철수a, 127). 그러나 1987년헌법도 헌법제정권력이나 헌법개정권력에 변동이 없고 종래 자유민주주의체제의 헌법질서의 동질성을 유지하고 있으며 기존 1980년헌법에 따라 헌법개정이 이루어졌으므로 이를 헌법제정이라고 하는 것은 헌법제정권력이론에 부합하지 않는다고 할 것이다. 개헌의 양적인 규모가 구헌법조문의 약 37%에 손을 댄 전면적인 것이라는 점을 들어 일종의 헌법개혁(憲法改革 constitutional reform)에 해당한다고 보는 견해가 있다(허영a, 122).

1987년헌법도 대통령선거에 있어서 상대다수제에 의한 당선을 인정하고 있기 때문에 유효투표의 반수 미만 득표로 대통령에 당선될 수 있게 한 것(plurality system)이 국민주권과 민주주의원리에 위반된다는 점, 여전히 대통령제가 가지는 승자독식(勝者獨食)의 구조가 방치되어 있는 점, 민주적 정당성이 없는 국무총리가 대통령의 권한대행권을 가지는 점, 대통령이 국회에서 지지세력을 다수의석으로 확보하지 못하는 경우에 올 수 있는 「분점정부」(分占政府 divided government)의 위험을 조정할 수 있는 제도적 장치가 마련되어 있지 않아 장기적인 불안정이 우려된다는 점 등에서 문제가 있다. 이로 인하여 1997년 대통령선거에 있어서는 권력분점론, 의회주의제로의 개헌론 등이 대두되기도 하였고, 그 이후에도 현실에서 '제왕적 대통령제'의 폐단이 정부가 바뀌어도 사라지지 않으면서 현재까지 이러한 정부형태를 변경하는 개헌론은 지속적으로 제기되고 있다.

제2장 한국 헌법의 근본이념과 기본원리

제1절 한국 헌법의 구조

[91] 제1 개 설

한국의 헌법은 형식에서 성문헌법이고, 이는 전문(前文)과 130개 조항의 본문 및 6개 조항의 부칙(附則)으로 이루어져 있으며, 본문은 크게 총강(總綱), 국민의 권리와 의무, 국가에 관한 규정으로 되어 있다.

이는 구조적으로 공동체의 존속·유지를 보장하는 공동체의 보장과 공동체 내에서 살고 있는 국민의 기본권을 보장하는 기본권의 보장을 근본이념으로 하고 있으며, 정당성의 문제에서는 국민주권을 정하고 있다. 주권자인 국민이 대한민국에서 보장받는 권리장전을 기본권보장의 형태로 정하고 있으며, 국가에 대해서는 국가구조원리로 민주국가원리, 법치국가원리, 단일국가원리를 정하여 이들 원리가 국가의 성격, 형태, 구성, 작용을 지배하는 원리로 작용하게 하고 있으며, 경제영역, 사회영역, 문화영역, 국제영역에서 대한민국이 추구하는 기본가치와 기본원리를 설정하고 있다.

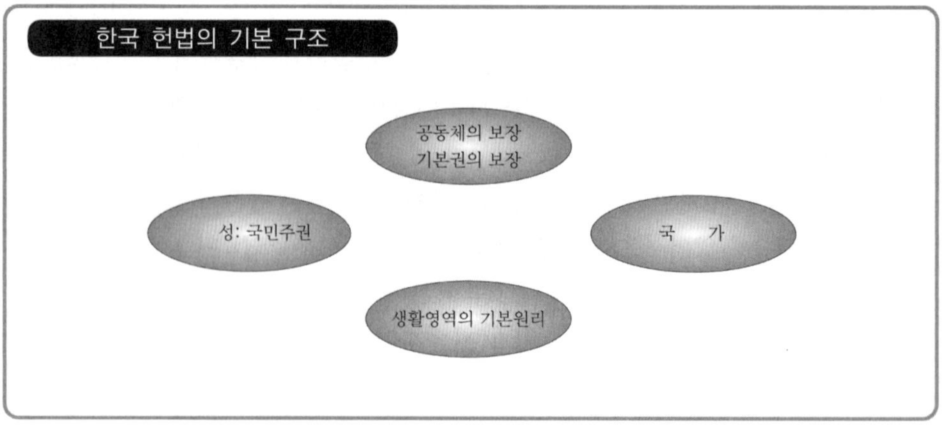

[92] 제2 헌법의 전문

Ⅰ. 개 념

헌법의 전문(前文 Preamble, Präambel, préambule)이란 헌법의 본문 내용에 들어가기 전에 헌법이 제정된 유래 또는 헌법이 채택하고 있는 기본원리와 기본가치 등을 정하고 있는 헌법의 서문에 해당하는 성문헌법의 구성부분을 말한다.

많은 헌법이 전문을 정하고 있으나, 전문을 정하고 있지 아니한 헌법도 있다(예: 벨기에헌법, 네덜란드헌법, 룩셈부르크헌법, 덴마크헌법, 노르웨이헌법, 오스트리아헌법, 이탈리아헌법). 헌법을 제정함에 있어 전문을 반드시 두어야 하는 것은 아니다.

오늘날 많은 나라의 헌법이 전문을 정하고 있는 것은 최초의 근대입헌주의헌법인 미합중국연방헌법에서 전문을 채택한 것을 답습한 데서 비롯하고 있다. 헌법전에 전문을 두는 경우에도 그 내용에서 다양한 모습을 보이는데, 대체로 헌법이 제정되고 개정된 유래와 연혁을 설시하는 경우도 있고, 헌법이 지향하고 추구하는 근본이념, 기본가치, 기본원리 등을 밝혀 설시하는 경우도 있다. 나라마다 전문에 정하는 내용을 자기 나라에 합당하게 정하고 있다.

헌법전문에서 헌법의 근본이념, 기본가치, 기본원리 등을 그 내용으로 명시하고 있는 경우에는 전문은 헌법의 모든 규정을 지배하는 이념적 · 가치적인 기초로서 그 역할을 한다.

Ⅱ. 법적 성격

실정헌법은 한 나라의 최고규범으로서 법적인 효력을 가지기 때문에 헌법의 전문도 본문이나 부칙과 같이 법적인 효력을 가지는가 하는 점이 문제가 된다.

⑴ 부 정 설

헌법의 전문은 헌법제정의 역사적 설명이나 헌법의 제정과 개정의 연혁을 서술한 것에 지나지 않고, 헌법제정에 관한 국민의 일반적인 의사를 단순히 선언한 것에 불과하기 때문에 법적 성격을 가지지 못한다고 본다. 19세기 독일공법학자들의 다수설이었고, 미합중국 연방최고법원의 태도이기도 하다.

⑵ 긍 정 설

헌법의 전문은 헌법제정권력의 소재를 밝히고 헌법이 추구하는 가치와 이념에 대한 국민의 결단을 밝힌 것이므로 이는 헌법의 본문과 일체를 이루어 법적인 효력을 가진다고 본다. 국내의 통설이다(김철수a, 136; 권영성, 130). 독일연방헌법재판소, 프랑스 제5공화국 헌법

평의회의 태도도 긍정설을 취하고 있다.

헌법해석에서의 혼란을 방지하기 위하여 헌법에서 헌법전문에서 정하고 있는 내용의 법적 성격을 명시하고 있는 경우도 있다. 예컨대 터키헌법은 「헌법을 구성하는 기본관점과 원칙을 언급한 전문은 헌법의 핵심을 구성한다. 조항의 제목은 조항들의 주요 사안, 그 순서 및 그들간의 관계를 단순히 표기하고 있다. 이러한 제목은 헌법내용의 일부로 간주되지 않는다.」(터키헌법 §176)고 정하고 있다.

(3) 사 견

헌법전문의 성격을 둘러싼 이런 논의는 전문이 재판규범이나 헌법개정의 한계로 작용하는가 하는 문제와 관련하여 실익을 가진다. 전문의 내용이 이와 관련이 없는 때에는 전문의 법적 성격에 대한 논의는 실익이 없다. 따라서 헌법전문의 법적 성격에 대한 논의는 전문이 정하고 있는 내용과 밀접한 연관을 가진다.

(a) 역사적 배경의 단순 서술

전문의 내용이 헌법제정의 역사적 배경을 단순히 서술한 것에 그치면 이는 법적 성격을 가진다고 하기 어렵다.

(b) 헌법제정권력의 소재 등

전문에 헌법제정권력의 소재, 국호, 헌법제정이나 개정의 공포일과 시행일이 적시되어 있는 경우에는 이러한 것들은 법적인 효력을 가진다. 하위 법률이나 재판으로 이러한 것을 변경할 수 없다.

(c) 전문과 본문이 일치하는 경우

전문의 내용이 본문에서 정하고 있는 내용을 확인하거니 이를 추상적으로 요약하거나 가치지향에서 동일한 것이면 본문이 법적 성격을 가지기 때문에 당연히 전문도 법적 성격을 가진다. 이런 경우 전문은 본문과 중첩적으로 판단의 기준과 근거로 인용되고 적용된다.

(d) 전문과 본문이 일치하지 않는 경우

헌법의 본문에는 규정되어 있지 아니한 내용으로서 전문에만 존재하는 내용이 있는 경우에 이러한 부분이 법적 효력을 가지는가 하는 점이 문제가 된다. 그 내용이 본문과 충돌되는 것이 아닌 한 헌법전의 구성부분으로서 법적 효력을 가진다고 할 것이다. 즉 전문의 해당 내용이 법적 성격을 가지면 그 내용이 본문에 없더라도 이는 재판규범으로 작용하고, 그 성질에 따라 헌법개정의 한계로도 작용한다.

통상 헌법의 전문을 두는 경우에 전문의 내용과 본문의 내용이 충돌하는 경우는 없다. 그러나 예외적으로 전문의 내용과 본문의 내용이 충돌하는 경우가 발생하는 경우에 어느 것이 우선하느냐 하는 문제가 발생한다. 이는 그 내용에 따라 달라진다고 할 것이다. 헌법의 기본이념이나 근본원리 또는 근본원칙이 전문에 정해져 있고 본문의 구체적 내용이 이와 충돌하는 경우에는 전문의 내용이 우선하고, 개별적인 구체적 내용에서 전문과 본문이 충돌하는 경우에는 특별한 이유가 없는 한 원칙적으로 전문의 내용이 효력을 가지지 못한다고 보아야 한다. 헌법의 본문은 법적 효력이 발생함을 전제로 하여 여러 차례의 독회와 숙고를 거치며 확정한 것일 뿐 아니라 전문의 내용으로 본문의 내용을 변경하는 것을 전제로 하여 헌법규정을 정하는 경우는 없기 때문이다. 헌법제정과정에서 있은 객관적인 증거(예: 헌법제정 · 개정회의록)로 본문의 내용을 불가피하게 완화하기 위하여 전문에 서로 충돌하는 일정한 내용을 규정한 것이 명백하지 않는 한 전문과 본문간의 서로 충돌하는 내용을 절충하거나 조화시키는 해석도 적절하지 않다. 이러한 것은 해석의 문제인데, 더 중요한 것은 헌법을 제정하거나 개정할 때, 전문의 내용과 본문의 내용이 서로 충돌하지 않도록 정하는 것이다.

헌법재판소의 판례 가운데에는 본문에는 없고 전문에만 있는 내용에 대해서도 법적 효력을 인정하는 결정을 한 것이 있다. 헌법재판소는 전문의 「3 · 1운동으로 건립된 대한민국임시정부의 법통을 계승」의 부분에서 일본의 지배로부터 조국의 자주독립을 위하여 공헌한 독립유공자와 그 유족에 대하여 국가가 응분의 예우를 하여야 할 헌법적 의무가 도출된다고 하여(예: 憲 2005. 6. 30.-2004헌마859) 전문의 독자적 내용도 헌법적 효력을 지니는 것으로 인정하고 있다.

[憲 2005.6.30.-2004헌마859] 「헌법은 국가유공자 인정에 관하여 명문 규정을 두고 있지 않다. 그러나 헌법은 전문(前文)에서 "3.1운동으로 건립된 대한민국임시정부의 법통을 계승"한다고 선언하고 있다. 이는 대한민국이 일제에 항거한 독립운동가의 공헌과 희생을 바탕으로 이룩된 것임을 선언한 것이고, 그렇다면 국가는 일제로부터 조국의 자주독립을 위하여 공헌한 독립유공자와 그 유족에 대하여는 응분의 예우를 하여야 할 헌법적 의무를 지닌다고 보아야 할 것이다.」

Ⅲ. 기 능

헌법 전문 가운데 법적 성격을 가지는 내용은 헌법전의 구성부분이기 때문에 최고법규범으로 존재하고, 국가와 국민이 준수하여야 하는 행위규범으로 작용하며, 법원이나 헌법재판소의 재판에서 재판규범으로 작용하고, 헌법의 동일성과 핵을 이루는 가치와 제도들에 해당하는 내용은 헌법개정의 한계로 작용한다.

(1) 헌법전의 구성부분

전문은 헌법전의 구성부분으로서 법적 효력을 가지기 때문에 국가의 최고법규범으로서 헌법적 효력을 가진다. 따라서 헌법의 본문과 같이 모든 국가권력을 기속하고, 하위 법규범의 존재근거(存在根據)와 효력근거(效力根據)가 된다. 헌법의 전문이 헌법의 본문과 같이 모든 법령의 해석에 있어 해석기준이 되는 이유도 여기에 있다.

(2) 행위규범

전문은 본문과 마찬가지로 국가와 국민의 행위규범으로 작용한다. 따라서 국가와 국민은 헌법전문에서 정한 내용도 준수하여야 한다. 입법부와 행정부는 물론이고 법원과 헌법재판소도 전문의 내용을 준수하여야 한다.

(3) 재판규범

전문이 법적 효력을 가지는 경우에는 이는 행위규범(行爲規範)으로서만 작용하는 것이 아니라 재판규범(裁判規範)으로서도 작용하므로 국가의 모든 재판은 전문에 기속된다. 헌법전문은 재판에서의 재판기준이 될 뿐 아니라 재판의 과정도 지배하는 원리가 된다. 전문의 내용에 위반하여 행해진 재판은 헌법에 위반되는 재판으로서 효력을 가지지 못한다.

헌법재판소는 헌법전문의 법적 성격을 인정하여 법률이 전문에 위반되면 효력이 상실됨을 인정하고 있다(예: 憲 1989. 1. 25.-88헌가7; 1989. 9. 8.-88헌가6; 1990. 4. 2.-89헌가113; 1992. 3. 13.-92헌마37).

(4) 헌법개정의 한계

헌법의 전문이 헌법제정권력의 소재, 헌법의 근본결단이나 근본가치, 자유민주주의, 자유·평등·정의·평화의 보장 등 헌법의 핵을 이루고 헌법의 동질성을 유지하는 사항을 내용으로 하는 경우 헌법전문은 헌법개정의 한계로 작용한다. 이러한 것들은 헌법제정권자의 결단에 해당하므로 헌법개정의 방법으로 이를 변경하는 것은 불가능하다. 이러한 내용을 변경하고자 하는 경우에는 다시 헌법을 제정하여야 한다. 따라서 이러한 경우에 헌법전문은 헌법개정의 한계로 작용한다.

Ⅳ. 내　　용

(1) 헌법의 성립 유래

헌법전문은 「유구한 역사와 전통에 빛나는 우리 대한국민은……1948년 7월 12일에 제정되고 8차에 걸쳐 개정된 헌법을 이제 국회의 의결을 거쳐 국민투표에 의하여 개정한다」라고 하여, i) 대한민국헌법의 제정일이 1948년 7월 12일인 것, ii) 헌법제정권력과 헌법개정권력이 국민에게 있다는 것, iii) 1987년헌법과 1948년헌법과의 관계, iv) 현행 헌법이 개정된 절차를 밝혀 놓고 있다.

(2) 헌법의 근본이념과 기본가치

헌법전문은 헌법이 성립된 유래를 밝혀놓은 것 이외에도 국민주권의 이념, 대한민국의 건국 이념, 대한민국임시정부의 법통성의 계승, 민족 단결과 정의 · 인도 · 동포애의 실현, 자율과 조화를 바탕으로 한 자유민주적 기본질서의 확립, 문화민족의 이념, 국민의 헌법상의 권리의 보장, 국민의 의무와 책임의 강조, 평화적 통일의 추구, 항구적인 국제평화의 추구 등을 천명하여 대한민국이 추구하는 이념과 가치를 정하고, 개인과 사회의 관계를 설정하여 공동체의 통합과 발전의 방향을 제시하고 있다.

(3) 헌법의 인간상

헌법전문에서 나타난 바에 의하면, 헌법이 전제하고 보호 · 보장하고 있는 인간은 개성과 자율성을 가지고 주체적이고 능동적으로 자기의 삶을 영위하는 인간이다. 이러한 인간은 자유와 권리를 향유하면서 자신의 삶을 자유로이 개척하고 실현해가는 존재이면서 공동체 내에서 타인과 더불어 생활하는 인간이다. 따라서 우리 헌법상의 인간상(人間像)은 사회와 유리된 개인주의적 인간도 아니고 인간의 자율과 개성을 부정하고 집단의 구성요소로만 인정하는 집단주의적 또는 전체주의적 인간도 아닌 인격적 · 자주적 인간이라고 할 수 있다(허영a, 136).

이러한 인간상은 헌법의 본문에서도 상정하고 있는 것인데, 헌법상의 권리와 의무가 이러한 자주적 인간의 지위를 구체화하고 있다. 국민과 국가와의 관계에서 보건대, 어떤 종류의 국가행위도 이러한 인간상을 실현하는 것이어야 하고 이를 부정하거나 파괴하는 것일 수는 없다. 헌법이 정하고 있는 인격적 · 자주적 인간상을 부정하거나 파괴하는 국가행위는 헌법에 위반되어 무효가 된다.

[93] 제3 헌법의 본문

Ⅰ. 총 강

제1장인 총강에서는 대한민국이 민주공화국임과 국민주권에 바탕하고 있음을 정하고(헌법 §1), 국민(헌법 §2), 영토(헌법 §3), 통일(헌법 §4), 국제평화주의(헌법 §5①)와 국제법질서의 존중(헌법 §6), 군의 지위(헌법 §5②), 공무원의 지위(헌법 §7), 정당의 지위와 보호(헌법 §8), 문화창달에 대한 국가의 책무(헌법 §9)에 대하여 정하고 있다.

헌법과 통치와 국가권력의 정당성이 국민주권에 있음을 분명히 하고, 대한민국의 성격이 민주공화국임을 정하고 있다.

비교헌법적으로 보면 나라에 따라서 헌법에 수도(首都)나 공용언어(公用言語), 국기(國旗), 국가(國歌), 국가문장(國家紋章) 등을 정하는 경우가 있는데, 우리 헌법은 이에 대하여 명시적으로 정하고 있지 않다. 수도, 공용언어 또는 국기, 국가, 국가문장 등과 같은 국가상징을 헌법에서 직접 정할 것인가, 아니면 법률이나 하위규정에서 정할 것인가 하는 것은 그 나라의 상황에 따라 규정방식이 다를 수 있다. 이러한 것을 헌법에서 명시해야 할 사정이 있는 경우(예: 언어가 다양한 나라의 경우, 수도나 국가상징에 대하여 논란이 심한 경우)에는 헌법에서 정할 필요가 있으나, 이에 대하여 변화의 가능성과 융통성을 열어 둘 필요가 있는 나라에서는 헌법에서 명시하지 않고 법률이나 하위규정에서 정하기도 한다. 헌법재판소는 수도가 서울임이 관습헌법으로 인정된다고 판시하였다(예: 憲 2004. 10. 21.-2004헌마554등). 헌법에서 수도를 명시하고 있는 나라는 약 80여개 정도로 많은데(예: 스페인, 이탈리아, 스웨덴, 오스트리아, 터키, 헝가리, 체코, 러시아, 중화인민공화국, 말레이시아, 페루, 폴란드, 사우디아라비아, 이라크 등), 국가(國歌)(예: 프랑스, 헝가리, 러시아, 터키, 베트남, 이라크, 브라질, 칠레, 페루, 베네주엘라, 폴란드, 포르투갈, 중화인민공화국 등), 국기(國旗)(예: 독일, 프랑스, 이탈리아, 헝가리, 일본, 중화인민공화국, 타이완, 터키, 베트남, 베네주엘라, 브라질, 노르웨이, 체코 등), 공용언어(예: 오스트리아, 프랑스, 스페인, 터키, 러시아, 벨기에, 브라질, 콜롬비아, 베네주엘라, 예멘, 핀란드, 폴란드, 이란, 이라크, 아일랜드 등)를 헌법에서 정하고 있는 나라도 많다. 헌법에서 수도를 법률에 위임하고 있는 나라도 있다(예: 카자흐스탄). 우리나라의 국기가 태극기인 것은 대한민국국기법(제정 2007. 1. 26. 법률 제8272호)에서 정하고 있고, 국새(國璽)는 「國璽規程」(제정 1949. 5. 5. 대통령령 제83호)으로 정하고 있으며, 국가의 문장(紋章)은 「나라문장규정」(제정 1963. 12. 10. 각령 제1671호, 전부개정 1970. 7. 3. 대통령령 제5151호)으로 정하고 있다.

우리나라의 국호(國號)는 「대한민국」(大韓民國)인데, 이러한 국가의 명칭은 「대한민국 헌법」(大韓民國 憲法)이라는 헌법의 표제와 헌법 제1조, 제2조, 제3조, 제4조, 제5조의 규정에 의하여 인정된다. 따라서 대한민국이라는 국호는 법률로 변경할 수 없다. 대한민국이라는 국호는 1948년헌법에서 정해진 이후 변함없이 이어져 내려오고 있다. 이 명칭의 역사적 기원은 1919.4.11. 중국 상해에서 수립한 대한민국임시정부를 수립한 「대한민국임시헌장」에서 유래한다.

II. 국민의 기본권과 의무

제2장은 국민의 자유와 권리와 의무에 대하여 정하고 있다. 헌법이 정하는 국민의 자유와 권리를 기본권이라고 부르는데, 이러한 기본권은 우리 헌법상 주로 제10조에서 제37조 제1항에 걸쳐 보장하고 있지만, 반드시 이러한 조항에 한하여 기본권이 보장되는 것이 아니라 헌법의 다른 원리, 원칙, 제도 등에 관한 규정에서 기본권이 도출될 수 있다(정종섭c, 77; 정종섭e, 119).

제37조 제2항에서는 기본권을 보장하되 이를 제한하는 근거를 두고 있고, 제38조

와 제39조에서는 국민의 기본적인 의무를 정하고 있다.

Ⅲ. 국 가

제3장부터 제8장까지는 국가의 구체적인 조직, 권한, 작용에 대하여 정하고 있다. 이러한 국가에는 중앙정부뿐만 아니라 지방자치단체도 포함된다.

헌법은 특별히 경제조항을 두어 제9장에서 따로 정하고 있다. 헌법개정권력의 작용에 대해서는 제10장에서 특별히 정하고 있다. 이는 헌법개정이 국가의 권한이 아니기 때문이다.

제 2 절 한국 헌법의 근본이념

[94] 제1 국민주권

Ⅰ. 헌법 규정

헌법 제1조 제2항은 「대한민국의 주권은 국민에게 있고, 모든 권력은 국민으로부터 나온다」라고 정하여 국민주권(國民主權=人民主權 popular sovereignty)을 헌법원리로 정하고 있고, 이러한 국민주권원리가 지배하는 구조에서 국민이 보유하고 행사하는 헌법제정권력에 의하여 제정된 헌법으로부터 국가권력이 창설되고 유효하게 존재한다는 것을 천명하고 있다. 국민주권원리는 헌법상 최고원리로서 헌법의 모든 사항을 규율한다.

국민주권은 군주주권, 국가주권, 의회주권을 부정하는 것이며 오로지 국민만이 주권자의 지위에 있다는 것을 의미한다. 이는 헌법이나 국가 그리고 지배(=통치 Herrschaft)의 정당성은 오로지 국민에 바탕을 둘 때만 정당화된다는 정당화원리로 기능한다.

국민주권에서 말하는 주권의 귀속 주체인 국민(people)은 국가 이전에 존재하는 공동체의 구성원을 말하며, 국가에 의하여 비로소 지위가 정해지는 국가종속적인 존재가 아니다. 국민의 구체적인 범위는 국적법에 의해 확정되는 대한민국의 국적을 가지는 자이지만, 이는 국적법이 그 법적 지위를 확인하는 것에 불과하고, 국적법에 의하여 주권자인 국민이 존재하게 되는 것은 아니다. 따라서 여기서 말하는 주권자인 국민은 대한민국의 국적을 가지고 있는 자연인인 국민을 말하며, 외국인이나 무국적자는 이에 해당하지 않는다.

국민주권에서 주권자의 지위에 있는 국민은 관념적인 크기로 존재하는 것이 아니라 실존적이고 구체적으로 존재하는 사람(people)을 말하며, 유아든 의사무능력자이든 행위무능력자이든 구별없이 모두 이에 포함된다. 다만, 국민주권원리를 현실에서 구현하는 방법인 선거권이나 피선거권의 보유·행사에서는 그 기능에 비추어 나이나 행위능력유무에 따라 제한이 행해진다. 그리고 국가의사결정의 과정에 참여하는 것에서도 다양한 형태가 있고, 참여의 기능에 합당하게 일정한 제한도 가해진다.

프랑스에서는 1789년 프랑스혁명이 발생한 이후 혁명의 헤게모니를 둘러싼 권력투쟁에 있어서 이 권력투쟁이 주권투쟁의 양상을 띠게 되면서 주권의 소재를 nation이라고 하기도 하고(예: 1791년 헌법) peuple라고 하기도 하였으며(예: 1793년 헌법), citoyen이라고 하기도 했다(예: 1795년 헌법). 이런 개념들은 프랑스적인 상황에서 시민계층과 하층 민중계층간의 이데올로기투쟁에서 등장한 개념이므로 이러한 nation이나 peuple를 우리 헌법 제1조 제2항에서 말하는 「국민」에 대입할 수는 없다. 따라서 헌법 제1조 제2항에서 정하고 있는 국민주권은 프랑스헌법사에서 등장한 nation주권이나 peuple주권의 어느 것에도 해당하지 않는다(정종섭a, 309). 영어로 표현하면 people주권, 즉 popular sovereignty에 해당한다.

일본국 헌법학계에서는 프랑스의 「nation주권」과 「peuple주권」이라는 말을 번역하면서 전자를 「國民主權」으로, 후자를 「人民主權」으로 각각 번역하여 사용하였는데, 국내 일부견해도 프랑스의 이러한 개념을 일본국의 번역에 따라 國民主權과 人民主權으로 번역하여 사용하였다. 그런데, 문제는 여기서 말하는 nation주권이라는 용어의 번역어인 「國民主權」이라는 말을 헌법원리를 의미하는 국민주권원리(popular sovereignty)라는 개념에서 말하는 국민주권과 동일한 의미로 오해하거나, 더 나아가 우리 헌법 제1조 제2항에서 정하고 있는 국민주권원리에서 의미하는 국민주권이라는 의미와 동일한 것으로 오해하여, 국민주권원리와 우리 헌법 제1조 제2항의 국민주권을 설명하면서 nation주권의 개념과 의미로 설명해왔다는 점이다. 이러한 잘못으로 말미암아 국민주권원리에 대한 설명은 물론이고 대의민주주의에 대한 이해에 있어서도 치명적인 오류를 범했다. 국민주권원리와 대의민주주의에 대한 이해에서는 이런 점을 유의할 필요가 있다.

II. 국민주권의 구현

헌법은 국민주권을 천명하고 이를 구현하기 위한 여러 장치를 마련하고 있다. 국가의 의사결정방식으로 대의민주주의를 채택하고, 이를 가능하게 하는 선거제도(헌법 §41①, §67, §118)와 선거권(헌법 §24) 및 피선거권(헌법 §25)을 기본권으로 보장하고, 대의제도를 보완하는 방법으로 국민투표제도(헌법 §72)를 두고 있다. 이러한 것은 기본적으로 자유민주주의를 실현하는 것인데, 이를 위하여 정당의 자유와 복수정당제도(헌법 §8)를 보장하고 있고, 지방자치(헌법 §117–§118)를 보장하고 있다. 그리고 헌법의 개정에 있어 국민투표로 확정하도록 하여(헌법 §130②) 헌법제정권력과 함께 헌법개정권력이 주권자인 국민에게 있음을 분명히 하고 있다. 정치적 기본권은 국민주권을 구현함에 있어 필수적으로 요청되는 것이다. 선거권이나 피선거권

뿐만 아니라 정치적 의사표현의 자유, 정부에 대한 비판의 자유, 국가정책결정의 과정에 참여할 수 있는 권리, 알 권리, 국가에 대한 정보공개청구권 등은 모두 기본권의 보장이라는 방식으로 국민주권을 구현하는 것이다.

[95] 제2 입헌주의

Ⅰ. 헌법 규정

헌법 제1조 제2항은 「대한민국의 주권은 국민에게 있고, 모든 권력은 국민으로부터 나온다」라고 정하고 있는데, 이는 입헌주의(立憲主義 constitutionalism, Verfassungsstaatlichkeit)를 천명하는 것이기도 하다. 주권자의 지위에 있는 국민이 헌법제정권력을 가지고 있고, 이 헌법제정권력의 행사에 의하여 제정된 헌법으로부터 국가권력이 창출된다는 것을 「모든 권력은 국민으로부터 나온다」라고 정하고 있다. 따라서 대한민국이라는 국가의 권력은 모든 국민, 즉 국민의 합의인 헌법으로부터 나오고, 헌법에 의하여 존재하고 효력을 가지므로 헌법은 국가작용의 존재근거인 동시에 효력근거가 된다. 이는 국가권력이 헌법에 기속됨을 의미하는데, 이것이 입헌주의의 핵심적 내용이다.

이러한 입헌주의는 모든 국가권력이 헌법에 합치되게 행사되어야 함을 정하고 있는 것으로 나타나고, 동시에 헌법에 위반되는 국가행위를 무효화하기 위하여 헌법재판을 제도화하고 있다(헌법 §111).

Ⅱ. 입헌주의의 구현

헌법은 제1조 제2항에 따라 구체적으로 국가를 조직함에 있어서 입법권을 행사하는 입법부, 행정권을 행사하는 행정부, 재판권을 행사하는 법원, 헌법재판권을 행사하는 헌법재판소를 두고, 각각의 기관에 권한을 배분함과 동시에 이러한 권한의 행사에 대하여 규율하고 있다. 따라서 정상적으로 국가가 작용하면 입헌주의는 그에 따라 실현된다.

그러나 국가작용은 권력의 남용과 오용으로 헌법을 침해하고 왜곡할 수도 있으므로 이런 경우에 대비하여 헌법을 보호하는 장치를 마련하고 있다. 특히 헌법재판은 입헌주의의 실현에 있어 최후의 보루로서 중요한 기능을 수행한다.

[96] 제3 기본권의 보장

Ⅰ. 헌법 규정

헌법은 대한민국이라는 공동체에 살고 있는 국민들의 자유와 권리를 헌법적 수준에서 보장하고 있는데, 헌법 제10조부터 제37조 제1항까지의 규정에 집중적으로 이를 정하고 있고, 그 이외에도 기본권이 도출되는 헌법의 여러 규정에 의해서도 기본권이 보장되고 있다.

기본권의 보장은 국가권력을 기속하는데, 이로써 기본권과 국가의 관계는 목적과 수단의 관계로 설정된다. 따라서 기본권을 침해하는 국가권력은 헌법을 위반한 것으로 효력을 가지지 못한다. 기본권은 헌법상의 최고원리이고 국가를 기속하는 원리이므로 국가영역을 지배하는 민주주의와 법치주의도 기본권의 보장을 침해하지 못한다. 기본권을 침해하는 민주주의와 법치주의는 헌법에 위반되어 더 이상 민주주의와 법치주의로서 보장되지 않으며 법원리로 기능하지 못한다. 민주주의나 법치주의도 기본권의 보장을 전제로 하는 민주주의(=실질적 민주주의)이고 법치주의(=실질적 법치주의)이지 않을 수 없다.

II. 기본권 보장의 구현

국민의 기본권을 실현시키는 제일차적인 임무는 국가가 진다. 따라서 국가는 일상적인 활동을 통하여 국민의 기본권을 현실에서 실현시킨다. 기본권이 침해되거나 침해될 우려가 있는 경우에는 기본권의 보호장치를 통하여 기본권을 구현한다. 헌법장애가 발생한 비상시에도 국가긴급권을 통하여 국민의 기본권을 보호한다.

기본권을 침해하는 국가작용은 무효인데, 이는 법원의 재판과 헌법재판소의 헌법재판에 의하여 실효성있게 보장되고 있다.

[97] 제4 공동체의 보장

I. 헌법 규정

헌법은 공동체의 존속·유지와 통합을 전제로 하므로 당연히 공동체의 존속·유지를 보장하고 있다. 이는 국가의 목적에도 포함되어, 국가는 공동체가 존속·유지함에 있어 수단으로 역할을 한다. 헌법은 공동체 구성원이 행복을 추구하며 삶을 영위할 수 있도록 기본권을 보장하면서 동시에 공동체의 와해와 해체를 방지하고 공동체가 지속적으로 존속·유지할 수 있게 한다.

II. 공동체 보장의 구현

헌법은 국민의 기본권을 보장하면서 동시에 국가안전보장, 질서유지, 공공복리라는 공적 이익과 조화될 수 있게 한다(헌법 §37②). 구성원 개개인에게는 국가의 재정에 책임을 지게 하여 납세의무를 부과하는(헌법 §38) 동시에 국토의 안전과 방위를 위하여 국방의무를 부과하고 있다(헌법 §39). 공동체에 대한 물리적인 보호를 위하여 국가는 군대를 유지하고 있다(헌법 §5②).

제3절 한국 헌법의 기본원리

1. 국가구조원리

[98] 제1 민주공화국가

헌법은 제1조 제1항에서 「대한민국은 민주공화국이다」라고 명시하여 우리나라의 성격이 민주국가이고 공화국가임을 분명히 하고 있다. 민주국가라고 함은 군주국가나 귀족국가가 아니라는 것을 의미하고, 국가와 지배의 정당성이 국민에 있다는 것을 의미한다. 오늘날 공화국가(共和國家)라는 의미도 민주국가와 다름이 없다. 공화주의에서는 국가의 정당성이 국민에게 있지만, 그 정당성의 바탕이 되는 국민은 특정 신분도 아니고 특정 계층도 아닌 모든 공동체의 구성원을 의미한다. 정치적으로 균등한 지위를 가지는 이러한 공동체의 구성원에 의하여 설립되고 그 지배의 정당성이 확보되는 국가를 공화국가라고 한다.

헌법은 대한민국이 민주공화국이라고 정하고 있기 때문에 전문의 「자유민주적 기본질서」라는 부분과 본문의 기본권의 보장에서 이러한 민주국가가 자유민주국가임을 정하고 있다. 이러한 점에서 헌법 제8조에서 정하는 「민주적 기본질서」도 당연히 자유민주적 기본질서가 되지 않을 수 없다. 헌법은 민주국가를 실현하기 위하여 국민의 자유와 평등을 보장하고, 특히 민주주의를 실현하기 위하여 언론·출판의 자유와 집회·결사의 자유를 보장하며 참정권을 보장하고 있다. 헌법은 공화국가를 실현하기 위하여 어떤 경우에도 군주국가나 귀족국가 등 신분국가로 회귀할 수 없도록 국가의 성질과 형태, 구조를 정하고 있다. 따라서 우리 헌법에서는 어떤 경우에도 군주국가나 귀족국가와 같은 요소를 개입시킬 수 없다. 뿐만 아니라 특정한 세력(예: 군대 또는 경찰)이 지배하는 국가도 절대적으로 허용되지 않는다.

헌법재판소는 자유민주적 기본질서가 현재뿐 아니라 과거와 미래를 통틀어 일관되게 우리 헌법을 관류하는 지배원리라고 판시하였다(예: 憲 2001. 9. 27.-2000헌마238).

[憲 2001.9.27.-2000헌마238] 「대한민국의 주권을 가진 우리 국민들은 헌법을 제정하면서 국민적 합의로 대한민국의 정치적 존재형태와 기본적 가치질서에 관한 이념적 기초로서 헌법의 지도원리를 설정하였다. 이러한 헌법의 지도원리는 국가기관 및 국민이 준수하여야 할 최고의 가치규범이고, 헌법의 각 조항을 비롯한 모든 법령의 해석기준이며, 입법권의 범위와 한계 그리고 국가정책결정의 방향을 제시한다. 먼저 우리 헌법은 전문에 "자율과 조화를 바탕으로 자유민주적 기본질서를 더욱 확고히 하여……"라고 선언하고, 제4조에 "자유민주적 기본질서에 입각한 평화적 통일정책을 수립하고 이를 추진한다"라고 규정함으로써 자유민주주의 실현을 헌법의 지향이념으로 삼고 있다. 즉 국가권력의 간섭을 배제하고, 개인의 자유와 창의를 존중하며 다양성을 포용하는 자유주의와 국가권력이 국민에게 귀속되고, 국민에 의한 지배가 이루어지는 것을 내용적 특징으로 하는 민주주의가 결합된 개념인 자유민주주의를 헌법질서의 최고 기본가치로 파악하고, 이러한 헌법질서의 근간을 이루는 기본적 가치를 '기본질서'로 선언한 것이다. 우리 재판소도 "우리 헌법은 자유민주적 기본질서의 보호를 그 최고의 가치로 인정하고 있고, 그 내용은 모든 폭력적 지배와 자의적 지배 즉 반국가단체의 일인독재 내지 일당독재를 배제하고 다수의 의사에 의한 국민의 자치, 자유·평등의 기본원칙에 의한 법치주의적 통치질서를 말한다. 구체적으로는 기본적 인권의 존중, 권력분립, 의회제도, 복수정당제도, 선거제도, 사유재산과 시장경제를 골간으로 한 경제질서 및 사법권의 독립 등을 의미한다"고 천명한 바 있다(憲 1990. 4. 2.-89헌가113; 1994. 4. 28.-89헌마221 참조). 또한 우리 헌법은 정당에 대하여도 민주적 기본질서를 해하지 않는 범위 내에서의 정당활동을 보장하고 있다. 즉 헌법 제8조 제2항 및 제4항에 "정당은 그 목적·조직과 활동이 민주적이어야 하며……," "정당의 목적이나 활동이 민주적 기본질서에 위배될 때에는……헌법재판소의 심판에 의하여 해산된다"고 명시하고 있다. 따라서 어떠한 정당이 외형상 민주적 기본질서를 추구한다고 하더라도 그 구체적인 강령 및 활동이 폭력적 지배를 추구함으로써 자유민주적 기본질서를 위반되는 경우 우리 헌법 질서에서는 용인될 수 없는 것이다. 한편 우리 헌법은 자유민주적 기본질서의 일부인 시장경제 및 사유재산권의 보장에 대하여도 제23조 제1항 전문에서 "모든 국민의 재산권은 보장된다," 제119조 제1항에서 "대한민국의 경제질서는 개인과 기업의 경제상의 자유와 창의를 존중함을 기본으로 한다"고 각 규정하고 있다. 우리 재판소도 이를 구체화하여 "우리 헌법은 사유재산제도와 경제활동에 관한 사적자치의 원칙을 기초로 하는 자본주의 시장경제질서를 기본으로 하고 있음을 선언하고 있다. 국민 개개인에게 자유스러운 경제활동을 통하여 생활의 기본적 수요를 스스로 충족시킬 수 있도록 하고 사유재산의 자유로운 이용·수익과 그 처분 및 상속을 보장해 주는 것이 인간의 자유와 창의를 보장하는 지름길이고 궁극적으로는 인간의 존엄과 가치를 증대시키는 최선의 방법이라는 이상을 배경으로 하고 있다"고 밝힌 것이다(憲 1997. 8. 21.-88헌가19등). 물론 우리 헌법은 그 전문에서 "모든 영역에 있어서 각인의 기회를 균등히 하고……안으로는 국민생활의 균등한 향상을 기하고"라고 천명하고, 제23조 제2항과 여러 '사회적 기본권' 관련 조항, 제119조 제2항 이하의 경제질서에 관한 조항 등에서 모든 국민에게 그 생활의 기본적 수요를 충족시키려는 이른바 사회국가의 원리를 동시에 채택하여 구현하려하고 있다. 그러나 이러한 사회국가의 원리는

자유민주적 기본질서의 범위 내에서 이루어져야 하고, 국민 개인의 자유와 창의를 보완하는 범위 내에서 이루어지는 내재적 한계를 지니고 있다 할 것이다. 우리 재판소도 "우리 헌법은 자유민주적 기본질서 및 시장경제질서를 기본으로 하면서 위 질서들에 수반되는 모순을 제거하기 위하여 사회국가원리를 수용하여 실질적인 자유와 평등을 아울러 달성하려는 근본이념을 가지고 있다"라고 판시한 것은 이러한 맥락에서 이루어진 것이다(憲 1998. 5. 28.-96헌가4 등; 1996. 4. 25.-92헌바47). 따라서 우리 헌법은 폭력적, 자의적인 지배 즉 일인 내지 일당독재를 지지하거나, 국민들의 기본적 인권을 말살하는 어떠한 지배원리도 용인하지 않는다. 형식적으로는 권력분립 · 의회제도 · 복수정당제도 · 선거제도를 유지하면서 실질적으로는 권력집중을 획책하여 비판과 견제기능을 무력화하고, 자유 · 비밀선거의 외형만을 갖춰 구성된 일당독재를 통하여 의회제도를 형해화하거나, 또는 헌법상 보장된 기본권을 인정하지 아니함으로써 사유재산 및 시장경제질서를 부정하는 공산주의를 신봉하는 정당이나 집단은 우리 헌법의 이념과 배치되고, 이러한 이념을 추구한 정당 또는 단체와 그 구성원들의 활동도 헌법과 법률에 의하여 보호되지 아니한다고 할 것이다. 결국 우리 국민들의 정치적 결단인 자유민주적 기본질서 및 시장경제원리에 대한 깊은 신념과 준엄한 원칙은 현재뿐 아니라 과거와 미래를 통틀어 일관되게 우리 헌법을 관류하는 지배원리로서 모든 법령의 해석기준이 되므로 이 법의 해석 및 적용도 이러한 틀 안에서 이루어져야 할 것이다.」

[99] 제2 법치국가

헌법은 본문에서 법치주의를 명시적으로 정하고 있지는 않다. 그러나 헌법이 공동체구성원의 기본권을 보장하고 있고, 국가권력이 분립되어 있으며, 국가기관 가운데 입법권을 가지는 국회가 있고, 이 입법권에 의하여 제정되는 법률에 의하여 법의 형식성이 확보된 상태에서 국가의 구체적인 작용이 이루어지는 점에서 법치주의는 헌법 전반에 걸쳐 구현되어 있다. 국가작용이 법규범에 의하여 이루어지는 것은 법률만에 의하지 않고 행정법규범인 명령이나 규칙에 의해서도 이루어지며, 조례와 같은 자치입법에 의해서도 이루어진다.

어떠한 경우이든 국가의 작용은 이러한 법규범에 의하여 이루어지며, 특정 개인의 주관적인 자의에 의하여 행해지지 못한다. 따라서 법치국가라 함은 실정법에 의하여 국가작용이 이루어지는 것만 의미하는 것이 아니라 법치주의의 원리에 따라 국가작용이 이루어지는 것을 포함한다.

[100] 제3 단일국가

헌법은 단일국가를 취하고 있다. 헌법은 연방국가임을 규정하지 않고 있을 뿐 아니라, 국가의 구조, 성질, 조직 등을 정하고 있는 규정들(헌법 §40 이하)에서 단일국가의 모습을 취하고 있다. 대한민국이라는 국가를 단일한 주권하에 중앙정부와 지방자치단체로 나누어 정하고 있으며, 그 이외에 어떠한 경우에도 국가주권이 나누어지는 것을 상정하고 있지 않다. 따라서 현행 헌법하에서는 대한민국을 연방국가와 같이 운영할 수 없다. 지방자치의 수준에 따라 지방자치단체의 독자성의 보장에 차이가 있을 수는 있지만, 아무리 지방자치의 수준이 높다고 하더라도 연방국가로 성질이 변하는 것은 아니다. 지방자치를 심화시켜도 지방자치단체를 연방국가의 지방(支邦)과 같이 독자적인 주권을 가진 것으로 인정할 수 없다.

2. 경제영역의 기본원리

[101] 제1 헌법과 경제질서

헌법은 사회의 자율성과 재산권과 계약자유를 보장하여 그로 인하여 경제질서가 자유로이 형성되게 하는 경우도 있고, 그와 달리 헌법이 경제에 관한 사항에 대하여 명시적으로 정하는 경우도 있다. 우리 헌법은 경제에 관한 중요 사항에 대하여 명시적으로 정하는 유형에 해당한다.

[102] 제2 시장경제

Ⅰ. 의 의

헌법은 「대한민국의 경제질서는 개인과 기업의 경제상의 자유와 창의를 존중함을 기본으로 한다」(헌법 §119①)라고 함과 동시에 사유재산과 재산권의 행사를 보장하고(헌법 §23), 직업의 자유와 영업의 자유(헌법 §15) 및 경제활동의 자유(헌법 §10)를 보장하고 있어 시장경제(market economy)를 헌법에서 보장하고 있다. 이러한 시장경제에서 사람은 자유로이 경제활동을 하면서 인간의 존엄과 가치를 보다 충실히 실현할 수 있고 자신의 개성을 신장할 수 있다. 시장경제에서는 계약의 자유가 필수적인 요소로 작용하는데, 계약의 자유는 헌법 제10조에서 나오는 일반적 행동자유권과 제23조의 재산권 행사의 자유에 의하여 보장된다.

그런데 우리 헌법이 보장하는 시장경제질서는 자유방임경제(自由放任經濟)를 의미하는 것은 아니다. 재산권의 행사와 경제활동의 자유가 자유방임의 상태에 두어질 때 경제력의 차이에 따라 시장의 실패와 약육강식의 현상이 발생하여 더 이상 시장의 기능이 정상적으로 작동하지 않게 되고 인간의 삶에는 「사람에 의한 사람의 지배」가 발생하여 인간의 존엄과 가치는 경제력에 의하여 왜곡된다. 헌법 제23조 제2항, 제3항, 제37조 제2항, 제119조 제2항 등은 이러한 문제를 야기하는 자유방임경제를 허용하지 않고 헌법이 정하는 필요한 경우에 경제를 조정하고 시장의 기능을 정상적으로 유지하기 위하여 국가가 필요한 범위 내에서 경제에 개입하는 것을 허용하고 있다. 이러한 국가의 개입은 시장의 실패를 교정하기 위한 것이기 때문에 시장경제와 충돌하는 것이 아니라 오히려 시장경제와 부합한다.

그러나 국가의 개입도 어디까지나 국민의 경제활동을 보호하고 시장의 기능을 정상적으로 유지하고 공동체를 보장하기 위하여 필요한 범위 내에서 인정되는 것이므로 국가의 이러한 개입에도 보충성의 원리, 신뢰보호원리, 재산권의 소급적 박탈 금지, 과잉금지원칙과 같은 법치주의의 원리가 적용된다. 여기에 시장경제질서에서 인정되는 국가개입의 한계가 있다.

시장경제원리와 국민의 자율적이고 자유로운 경제활동을 침해하는 국가의 행위는 헌법에 위반된다. 독재와 권위주의통치 및 고도성장시기의 국가주도적 경제운용으로 인하여 국가권력에 의하여 경제활동이 통제되고 관치경제(官治經濟)가 습관화된 우리의 경우에는 정상적인 시장질서의 형성이 무엇보다 중요하다. 관치경제는 시장의 기능을 왜곡하는 것이어서 헌법의 시장경제원리에 어긋난다. 따라서 헌법 제119조 제2항이 관치경제의 근거가 되거나 이를 정당화하는 규정은 될 수 없다.

II. 헌법 제119조의 규범력

경제에 관한 기본적인 헌법규정은 헌법의 전문, 제10조, 제23조, 제34조, 제119조에서 정하고 있다. 이에 의하면, 모든 국민에게 사유재산권(헌법 §23)과 경제활동의 자유를 인정하고 자율과 조화를 바탕으로 경제영역에서의 경제활동의 기회를 균등히 하고 그 능력을 최고도로 발휘할 수 있게 하는 것을 보장하여(헌법 전문), 모든 국민이 인간으로서의 존엄과 가치를 가지고 행복을 추구하며 인간답게 살 수 있게 하는 자유로운 경제질서를 추구한다. 이러한 경제질서는 개인과 기업의 경제상의 자유와 창의를 존중함을 기본으로 하는데, 기본적으로 개인은 자유시장(free market)에서 자유로이 경제활동을 한다(헌법 §119①). 그리고 국가는 균형 있는 국민경제의 성장 및 안정과 적정한 소득의 분배를 유지하고, 시장의 지배와 경제력의 남용을 방지하며, 경제주체간의 조화를 통한 경제의 민주화를 위하여 경제에 관한 규제와 조정을 할 수 있게 하고 있다(동조 ②).

우리 헌법에서 경제에 관하여 정하고 있는 규정은 위와 같이 여러 규정이 있는데, 헌법 제119조가 헌법재판소의 위헌여부판단의 기준이 되는가 하는 문제가 있다. 헌법이 위에서 본 여러 규정을 통하여 시장경제를 정하고 있지만, 시장경제가 정부의 관여를 절대적으로 배제하는 것이 아님은 헌법 제119조 제2항이 아니라도 헌법 제37조 제2항에 의하여 인정된다. 그런데 헌법은 경제에 대하여 제119조 이하에서 따로 정하면서 제119조에서는 경제의 기본구조인 시장(market)과 정부(government)의 관계에 대하여 명시적으로 적시하여 우리 헌법이 정하고 있는 시장경제의 구조와 성격을 정하고 있다. 제119조 제1항이 시장에 대한 기본원리를 정하고 있는 것이고, 제2항은 시장에 대한 정부의 관계를 정하고 있는 것이다. 이 두 조항은 제1항이 원칙이고 제2항이 예외가 아니라, 두 조항이 모두 우리 헌법이 정하고 있는 시장경제의 구조를 정하고 있는 것이다.

따라서 헌법 제119조는 경제에 대한 다른 규정과 마찬가지로 규범력을 가지며, 헌법재판소나 법원의 재판에서 위헌여부판단의 기준이 된다. 헌법 제119조가 단독으로 심판기준이 되는 경우도 있고, 경제적 활동과 관련된 기본권을 보장하는 규정과 함께 심판기준이 되는 경우도 있다. 기본권의 침해를 다투는 헌법소원심판에서는 헌법 제119조에서 기본권이 도출되지 않는 한 심판기준으로 할 수는 없다.

경제정책에는 사회의 변화에 대응하여 국민경제의 안정을 확보할 수 있도록 하는 국가가 가지는 입법형성의 자유가 광범하게 인정되지만, 시장의 기능을 부정하는 경제계획, 통제경제정책, 경제의 성장을 과도하게 억제하여 생산력을 현저하게 저하시키거나 소득의 적정한 분배를 극심하게 왜곡하는 정책, 특정 경제주체가 시장의 지배력을 장악하여 자유시장의 기능을 왜곡하는 정책, 경제의 주체를 과도한 경쟁으로 몰아넣어 경제적 강자만이 항상 승리하는 결과를 가져오는 정책, 정당한 이유없이 대량실업을 유발하는 정책, 국가의 부담능력을 과도하게 넘어선 부채를 초래하는 정책 등은 법률의 형태를 띤 것이든 행정행위를 띤 것이든 헌법에 위반된다. 이러한 상황을 만들어내는 국가행위(조약체결을 포함)는 위헌일 뿐 아니라 이러한 상황을 방치하는 것도 위헌이다. 이러한 상황을 교정하기 위한 정부의 관여는 헌법 제119조 제2항, 제37조 제2항에 의하여 인정되는 것이다.

헌법재판소는 헌법재판에서 헌법 제119조를 규범통제의 기준으로 인정하고 있다(예: 憲 1989. 12. 22.-88헌가13). 헌법재판소의 판례 가운데는 헌법 제119조만을 독자적인 위헌심판의 기준으로 하는 것에 대해서는 유보적인 입장을 취하는 것이 있다(예: 憲 2002. 10. 31.-99헌바76 등; 2006. 12. 28.-2004헌바67).

[憲 1989.12.22.-88헌가13] 「헌법 제119조 제2항에서 "국가는 균형있는 국민경제의 성장 및 안정과 적정한 소득의 분배를 유지하고, 시장의 지배와 경제력의 남용을 방지하며, 경제주체간의 조화를 통한 경제의 민주화를 위하여 경제에 관한 규제와 조정을 할 수 있다."라고 명시하고 있는데, 이는 헌법이 이미 많은 문제점과 모순을 노정한 자유

방임적 시장경제를 지향(指向)하지 않고 아울러 전체주의국가의 계획통제경제도 지양(止揚)하면서 국민 모두가 호혜공영(互惠共榮)하는 실질적인 사회정의가 보장되는 국가, 환언하면 자본주의적 생산양식이라든가 시장메카니즘의 자동조절기능이라는 골격은 유지하면서 근로대중의 최소한의 인간다운 생활을 보장하기 위하여 소득의 재분배, 투자의 유도·조정, 실업자구제 내지 완전고용, 광범한 사회보장을 책임있게 시행하는 국가, 즉 민주복지국가(民主福祉國家)의 이상을 추구하고 있음을 의미하는 것이다. 그런데 국민의 건전한 양식과 양심에 따른 자율적 규제로 토지투기가 억제되기 어렵다는 것은 수많은 토지투기의 사례와 지가폭등의 현실이 이를 잘 보여 주고 있는 것이며, 그에 대한 정부의 규제는 불가피한 것이라고 아니할 수 없는 것이다. 그렇다면 토지거래허가제는 헌법이 정하고 있는 경제질서와도 아무런 충돌이 없다고 할 것이므로……」

[憲 2002.10.31.-99헌바76등] 「헌법은 제119조에서 개인의 경제적 자유를 보장하면서 사회정의를 실현하기 위한 경제질서를 선언하고 있다. 이 규정은 헌법상 경제질서에 관한 일반조항으로서 국가의 경제정책에 대한 하나의 헌법적 지침이고, 동 조항이 언급하는 '경제적 자유와 창의'는 직업의 자유, 재산권의 보장, 근로3권과 같은 경제에 관한 기본권 및 비례의 원칙과 같은 법치국가원리에 의하여 비로소 헌법적으로 구체화된다. 따라서 이 사건에서 청구인들이 헌법 제119조 제1항과 관련하여 주장하는 내용은 구체화된 헌법적 표현인 경제적 기본권을 기준으로 심사되어야 한다.」

[憲 2006.12.28.-2004헌바67] 「개별 학교법인이 그 자체로 교원노조의 상대방이 되어 단체교섭에 나서지 못하고 전국단위 또는 시·도 단위의 교섭단의 구성원으로서만 단체교섭에 참여할 수 있도록 한 이 사건 법률조항의 위헌 여부를 심사함에 있어서, 헌법 제119조 소정의 경제질서는 독자적인 위헌심사의 기준이 된다기보다는 결사의 자유에 대한 법치국가적 위헌심사기준, 즉 과잉금지원칙 내지는 비례의 원칙에 흡수되는 것이라고 할 것이다.」

헌법정책적인 면에서 헌법 제119조 제2항의 규정이 필요한가 하는 문제가 있다. 경제주체의 경제활동을 자유시장에 맡겨두는 경우에 시장의 실패가 발생할 수 있고, 공공재와 기본재의 공급을 개인의 경제활동에 맡겨 둘 수 없는 경우도 있다. 이러한 경우 국가가 개입할 수밖에 없는데, 헌법 제119조 제2항은 시장과 국가간의 이러한 원리를 확인하여 규정하고 있다. 그런데 경제활동의 자유 및 영업의 자유가 기본권으로 보장되어도 헌법 제37조 제2항에 근거하여 필요한 경우에 제한할 수 있으므로 헌법 제37조 제2항의 규정이 있는 경우에는 헌법 제119조 제2항과 같은 규정은 둘 필요가 없다고 할 것이다. 경제활동의 규제와 조정에 관한 법률은 헌법 제37조 제2항에 근거하여 제정할 수 있다. 다만, 시장과 국가의 관계에서 이러한 경제원리를 확인하는 규정이 필요하다고 하는 경우에는 헌법에 명시해도 무방하다. 경제조항을 따로 두지 않는 경우에는 총강에서 정할 수 있다.

헌법재판소는 토지거래허가제도나(예: 憲 1989. 12. 22. -88헌가1) 국민연금제도에 대하여(예: 憲 2001. 2. 22. -99헌마365) 합헌이라고 판시하였고, 4층 이상의 건물소유자에게 획일적으로 화재보험을 가입하도록 한 제도(예: 憲 1991. 6. 3.-89헌마204), 대통령의 지시에 의하여 강제로 기업을 해체한 것(예: 憲 1993. 7. 29.-89헌마31), 주류업자로 하여금 자도소주를 의무적으로 구입하게 한 것(예: 憲 1996. 12. 26.-96헌가18)에 대하여는 시장질서를 침해한 것으로 보고 위헌이라고 판시하였다.

[憲 2001.2.22.-99헌마365] 「우리 헌법의 경제질서 원칙에 비추어 보면, 사회보험방식에 의하여 재원을 조성하여 반대급부로 노후생활을 보장하는 강제저축 프로그램으로서의 국민연금제도는 상호부조의 원리에 입각한 사회연대성에 기초하여 고소득계층에서 저소득층으로, 근로 세대에서 노년 세대로, 현재 세대에서 미래 세대로 국민간의 소득재분배 기능을 함으로써 오히려 위 사회적 시장경제질서에 부합하는 제도라 할 것이므로 국민연금제도가 헌법상의 시장경제질서에 위배된다는 위 주장은 이유 없다 할 것이다.」
[憲 1993.7.29.-89헌마31] 「이 사건 피청구인이 대통령에 건의 보고하여 그 지시를 받아 1985. 2. 7. 청구인 경영의 국제그룹을 해체키로 기본방침을 결정하고 같은 달 11. 그 인수업체를 정한 후, 이의 실행을 위하여 제일은행장 등에 지시하여 같은 달 13.부터 국제그룹계열사에 대한 은행자금관리에 착수하게 하고 제일은행 앞으로 처분위임장 등으로 계열사의 처분권을 위임받게 하는 등 해체준비를 하도록 하고, 피청구인이 만든 "국제그룹정상화대책" 표제의 보도자료에 의거하여 같은 달 21. 제일은행의 이름으로 언론에 발표하도록 하는 등 국제그룹해체를 위하여 한 일련의 공권력의 행사는 헌법상 법치국가의 원리, 헌법 제119조 제1항 · 제126조 · 제11조의 규정을 어겨 청구인의 기업활동의 자유와 평등권을 침해한 것이므로 헌법에 위반된 것임을 확인하며……」

《독일의 「사회적 시장경제」 모델》

종래 우리 헌법을 해석하면서 독일에서 경제모델로 고안 · 채택하고 있는 사회적 시장경제의 모델을 그대로 대입하여 우리 헌법이 정하고 있는 경제규정들을 사회적 시장경제질서라고 설명한 견해들이 있었다. 그런데 우리 헌법은 자본주의와 시장경제와 사적 소유권과 재산권을 보장하고 있는 시장경제체제를 정하고 있을 뿐 헌법수준에서 특정한 경제모델을 정하고 있지 않다. 우리 헌법이 정하고 있는 경제질서의 범위에서는 독일의 사회적 시장경제모델이나 미합중국식 경제모델도 채택할 수 있고, 일본국의 경제모델도 채택할 수 있으며, 헌법의 틀 내에서 우리에게 합당한 고유한 경제모델도 개발할 수 있다. 이러한 모델은 헌법이 정하고 있는 경제에 관한 틀 내에서 법률이 정하는 바에 따라 내용이 달라진다. 독일이 채택하고 있는 「사회적 시장경제」(社會的 市場經濟 soziale Marktwirtschaft, social market economy)의 모델은 19세기에서 1920년대 말까지 독일 경제학의 주류를 형성해온 역사학파에 반대하여 제2차 세계대전 이후 독일의 자유주의자들이 중앙통제경제모델을 비판하고 이를 극복하기 위하여 제시한 질서자유주의(秩序自由主義 Ordoliberalismus, order liberalism)에 이념적 · 이론적 기반을 두고 설계된 모델이었다. W. Eucken(1891-1950)에 의해 대표되는 질서이론(秩序理論 Ordnungstheorie)은 바이마르공화국의 붕괴와 국가사회주의 등장에 대하여 심각한 반성을 하고, 무엇보다 경제현상은 경제질서에 의하여 영향을 받는다고 보고, 올바른 경제질서를 구축하는 것이 무엇보다 필요하다고 보았다. 이러한 경제질서는 개인의 자유와 경제적 능률을 추구하는 시장에서의 자유와 사회적 정의를 추구하는 사회적 형평의 기본이념과 원칙으로 작동하는 질서인데, 이를 통하여 거시경제적 안정, 적정 성장률의 유지, 사회적 정의와 사회보장의 실현을 목표로 하는 것이었다. 이에 따라 질서정책의 수립이 필요한데, 그 정책은 경제정책에서는 시장에서의 경쟁원리가 보장되고 어떤 정책수단도 시장경제원리에 합치하여야 하며 사회정책에서는 개인이 자력으로 해결하기 어려운 경우에만 국가가 개입하는 보충성원리를 지키는 것을 핵심내용으로 삼는 것이었다. 이러한 사회적 시장경제의 모델은 이미 F.A.v.Hayek (1899-1992)가 비판하였듯이, L.Erhart(1897-1977)와 A.Müller-Armack에 의해 사용된 「사회적」이라는 애매모호한 개념으로 인하여 처음부터 시장경제일 수 없는 문제점을 안고 있었고, 실제에서도 「사회적」이라는 개념의 해석과 관련하여 여러 가지로 변질되어 국가의 강력한 개입을 허용하는 길을 열어주는 결과를 가져왔다. 1960년대 후반에는 국가의 총수요관리강화를 통한 거시경제의 안정을 도모하였으나 재정지출과 국가채무의 급증으로 많은 문제들을 야기한 채 실패하였다. 독일 경제가 침체기에 빠져들면서 현재까지 이 모델에 대한 논란이 지속되고 있다.

헌법재판소는 사건의 쟁점에서 주론(主論)으로 설시한 것은 아니지만 우리 헌법의 경제질서를 만연히 「사회적 시장경제질서」라고 기술한 것이 적지 않으나(예: 憲 1996. 4. 25.-92헌바47; 1998. 5. 28.-96헌가4 등 다수), 근래에는 이에 우리 헌법상의 경제질서에 대하여 「자유시장경제질서」라고 기술하는 등 성찰적인 경향을 보인다(예: 憲 2008. 7. 31.-2006헌바110; 2009. 5. 28.-2006헌바86; 2009. 9. 24.-2007헌바108).

[103] 제3 경제에 관한 헌법규정

헌법은 특히 경제영역에서 명시적으로 정해두어야 할 사항에 대해서 개별적으로 정하는 방식을 취하고 있다.

Ⅰ. 국공유화에 관한 규정

헌법은 국방상 또는 국민경제상 긴절한 필요로 인하여 법률이 정하는 경우를 제외하고는, 사영기업을 국유 또는 공유로 이전하거나 그 경영을 통제 또는 관리할 수 없다고 하여(헌법 §126), 자유시장경제질서를 보호함과 동시에 예외적인 경우에 한하여 국공유화를 인정하고 있다. 법률로써 국공유화를 하는 경우에도 헌법 제23조 제1항 또는 제3항에 따라 정당한 보상을 하여야 한다.

이 규정은 재산권보장의 규정에 함께 정하는 것이 보다 타당하다. 헌법에 경제조항을 따로 둘 필요가 있는가 하는 관점에서 볼 때, 현재의 경제조항에 정하고 있는 내용 가운데 불필요한 것은 삭제하고, 경제의 기본원리와 기본원칙은 총강으로 옮기고 나머지 내용은 해당 기본권 조항으로 옮기는 것이 타당하다.

II. 규제 · 조정에 관한 규정

광물 기타 중요한 지하자원 · 수산자원 · 수력과 경제상 이용할 수 있는 자연력은 법률이 정하는 바에 의하여 일정한 기간 그 채취 · 개발 또는 이용을 특허할 수 있도록 하여(헌법 §120①) 한정된 천연자원의 채취 · 개발 · 이용에 대하여 규제를 할 수 있음을 정하고, 국가는 대외무역을 육성하는 동시에 이를 규제 · 조정할 수 있음을 정하고 있다(헌법 §125).

III. 국토와 농지에 관한 규정

국토와 자원은 국가의 보호를 받으며, 국가는 그 균형 있는 개발과 이용을 위하여 필요한 계획을 수립한다(헌법 §120②). 이는 한정된 국토와 자원을 시장에 맡겨 둘 때 현재와 미래세대를 위하여 합리적으로 관리되기 어렵다고 보아 국가로 하여금 보호하게 하고 이에 대한 전체적이고 장기적인 계획을 수립하게 한 것이다. 이를 구체화한 것으로 국토기본법과 「국토의 계획 및 이용에 관한 법률」이 있다.

국가는 국민 모두의 생산 및 생활의 기반이 되는 국토의 효율적이고 균형 있는 이용 · 개발과 보전을 위하여 법률이 정하는 바에 의하여 그에 관한 필요한 제한과 의무를 과할 수 있다(헌법 §122). 사유의 토지에 대하여 이러한 제한과 의무를 과하는 것이 헌법 제23조 제3항에 해당하는 경우에는 국가는 정당한 보상을 하여야 한다.

그리고 국가로 하여금 농지에 관하여 경자유전(耕者有田)이 달성될 수 있도록 노력하도록 하고, 농지의 소작제도(小作制度)는 금지하고 있다(헌법 §121①). 이는 우리 역사에서 전근대적인 토지소유관계와 이를 바탕으로 한 신분관계를 헌법에서 금지하는 것이기도 한데, 오늘날에는 그 의미가 없어졌다. 그리고 농업생산성의 제고와 농지의 합리적인 이용을 위하거나 불가피한 사정으로 발생하는 농지의 임대차와 위탁경영은 법률이 정하는 바에 의하여 인정된다고 하여 경자유전의 원칙을 유지하되 농지의 임대차와 위탁경영의 길을 열어 놓고 있다(동조 ②).

오늘날 산업구조에서 볼 때, 경자유전은 원칙이 될 수도 없고, 이를 헌법에서 정하는 것은 타당하다고 보기 어렵다. 경자유전의 원칙은 1차 산업이 경제의 기초를 형성하는 구조에서 농업이 산업의 기초를 이루고 있을 때 실효성을 가지는 것이다. 세계경제질서에 편입되어 농산물의 국가간 유통이 이루어지고 기업농이 글로벌하게 이루어지는 상황에서는 이러한 규정을 헌법에 두는 것이 입법자의 탄력적인 경제운용을 저해하고 산업의 구조를 왜곡하여 경제적 생산력을 저하시키는 결과를 가져올 수 있다. 헌법 제121조는 오늘날 세계경제구조와 국내경제구조에 적합하지 않으므로 폐지하는 것이 타당하다. 1948년헌법은 해방 이후 농지개혁을 하기 위하여 「농지는 농민에게 분배하며 그 분배의 방법, 소유의 한도, 소유권의 내용과 한계는 법률로써 정한다」라고 하여 농지개혁의 근거를 마련하고 이를 시행하였으나 농지개혁의 결과 농업의 영세화를 초래하여 1962년헌법에서는 이를 폐지하였다. 소작제도는 1962년헌법에서 법률이 정하는 바에 의하여 금지된다고 정한 이래 현재까지 이런 규정을 두고 있다.

농지의 임대차와 위탁경영에 대하여는 헌법의 위 규정에 따라 농지법(農地法) 등이 규율하고 있는데, 농지법 제9조는 농지소유자가 자기 소유의 농지를 위탁경영하는 것을 원칙적으로 금지하고 예외적인 경우에 한하여 이를 인정하고 있다. 예외적으로 허용되는 것이 위탁경영의 인정을 너무 좁게 인정하는 것이 아닌가 하는 문제에서 헌법재판소는 헌법의 과잉금지원칙에 위반되는 것이 아니라고 하였다(예: 憲 2020.5.27.-2018헌마362등).

[憲 2020.5.27.-2018헌마362등] 「현행 헌법이 제121조 제1항에서 농지소유에 관한 원칙으로 경자유전의 원칙을 규정한 것은 전근대적인 토지소유관계를 청산하고, 투기자본의 유입으로 인하여 발생할 수 있는 농업경영 불안정과 같은 사회적 폐해를 방지함으로써 건전한 국민경제의 발전을 이루기 위한 것이다(헌재 2013. 6. 27. 2011헌바278 등 참조). …… 농지법이 1994. 12. 22. 법률 제4817호로 제정되면서 농지의 위탁경영은 농지법이 규율하게 된다. 같은 법은 제9조에서 농지의 소유자는 원칙적으로 소유농지를 위탁경영할 수 없다고 규정하였고 … 위탁경영 금지조항은 농지소유자로 하여금 그 소유의 농지에 대하여 원칙적으로 위탁경영을 할 수 없도록 하는 의무를 부과하고 있다. 위탁경영 금지조항에 따라 농지는 소유와 경영이 원칙적으로 일치하게 되고, 이로써 경자유전의 원칙을 실현할 수 있게 된다. 이러한 위탁경영 금지조항은 전근대적인 토지소유관계의 청산 및 투기자본의 유입으로 인한 농업경영 불안정과 같은 사회적 폐해를 방지하기 위한 것이므로 입법목적의 정당성이 인정된다(헌재 2010. 2. 25. 2008헌바80등 참조). 또한 위탁경영 금지조항이 농지소유자에게 위탁경영을 원칙적으로 금지하는 의무를 부과함으로써 경자유전의 원칙과 농지보전이라는 공익을 효과적으로 달성할 수 있으므로 수단의 적합성 또한 인정된다. …… 농지에 대한 위탁경영을 널리 허용할 경우 농지가 이윤 극대화를 위한 투기의 수단으로 전락할 수 있고, 식량 생산의 기반으로서 농지의 공익적 기능이 저해될 가능성을 배제하기 어렵다. 그러므로 위탁경영 금지조항의 필요성을 충분히 인정할 수 있다 할 것이다. …… 입법자는 경자유전원칙의 취지가 몰각되지 않는 한도에서 위탁경영을 예외적으로 허용함으로써 농지소유자로 하여금 그 농지를 합리적으로 사용·수익할 수 있도록 하는 길을 열어두고 있다. …… 위탁경영 금지조항은 침해의 최소성도 인정된다. … 위탁경영 금지조항은 농지의 소유와 경영을 원칙적으로 일치시켜 경자유전의 원칙을 실현하기 위한 것으로, 이로써 농지의 공익적 기능을 유지할 수 있고 궁극적으로 건전한 국민경제의 발전을 도모할 수 있게 된다. 이러한 공익은 위탁경영 금지조항으로 인하여 제한되는 청구인의 재산권보다 현저히 크다고 할 것이므로, 위탁경영 금지조항은 법익의 균형성도 인정된다.」

Ⅳ. 농어촌종합개발계획과 지역균형발전에 관한 규정

국가는 농업 및 어업을 보호 · 육성하기 위하여 농 · 어촌종합개발과 그 지원 등 필요한 계획을 수립 · 시행하여야 한다(헌법 §123①). 그와 동시에 국가는 지역간의 균형 있는 발전을 위하여 지역경제를 육성할 의무를 진다(헌법 §123②)고 하여 지역적으로 경제발전이 골고루 이루어져 생활의 경제적 환경과 여건을 균등하게 만들도록 하는 과제를 국가에게 부여하고 있다.

국가는 중소기업을 보호하고 육성하여야 하고(헌법 §123③), 농수산물의 수급균형과 유통구조의 개선에 노력하여 가격 안정을 도모함으로써 농 · 어민의 이익을 보호한다(헌법 §123④)고 하여 국가에게 이러한 과제를 수행하도록 노력할 의무를 부과하고 있다.

> 경제정책이 사회의 구조와 환경의 변화에 대응하여 이루어져야 한다는 점을 고려하면 이러한 사항을 헌법에서 정하는 것이 타당한지는 의문이다.

국가는 농 · 어민과 중소기업의 자조조직(自助組織)을 육성하여야 하며, 그 자율적 활동과 발전을 보장한다(헌법 §123⑤). 이를 구체화한 것으로 중소기업협동조합법, 농업협동조합법, 수산업협동조합법이 있다.

> 헌법의 이 규정은 기본적으로 농업과 어업 그리고 중소기업이 경제의 기본바탕이 되는 경제구조를 상정한 것이므로 자본과 노동의 국제적 이동이 활발하고 경제구조가 글로벌경제로서의 특징을 가지는 오늘날에는 적당하지 않은 규정이다. 법률적 사항으로 정하여 상황에 탄력적으로 대응하는 것이 타당하다.

헌법 제123조 제5항의 자조조직에는 농업, 어업, 중소기업만 해당하는 것이 아니라 축산업과 기타 각종 산업도 해당한다. 자조조직은 농업이라는 하나의 단위로 구성되는 것이 아니라 농업에 속하는 개별 산업(화훼, 인삼, 약초, 과일, 채소 등)을 단위로 하여 조직될 수 있다. 자조조직은 헌법상의 결사의 자유와 영업의 자유 등에 의해 보호되므로 국가가 통제할 수 없다. 예컨대 국가가 법률로 농업협동조합과 축산업협동조합을 강제로 통합하거나 인삼조합을 농업협동조합에 강제로 통합할 수 없다. 헌법에서 이와 같은 조항을 두는 것은 육성이라는 명목으로 이러한 자조조직을 통제하고 관리하는 근거가 될 우려가 있다.

헌법재판소는 축산업협동조합은 사법상의 법인이라고 하였다(예: 憲 1991. 3. 11.-90헌마28; 1996. 4. 25.-92헌바47). 그러나 축산업협동조합 중앙회는 사법인도 아니고 공법인도 아닌 특수법인이라고 하였고(예: 憲 2000. 6. 1.-99헌마553), 농업협동조합도 특수법인이라고 판시하였다(예: 憲 2000. 6. 1.-98헌마386). 이러한 특수법인 이론에 의하면 자조조직이라고 해도 국가가 통제할 수 있다는 결론에 도달한다.

Ⅴ. 과학기술의 혁신과 정보 및 인력개발

국가는 과학기술의 혁신과 정보 및 인력의 개발을 통하여 국민경제의 발전에 노력하여야 한다고 정하고(헌법 §127①), 이를 위하여 대통령으로 하여금 필요한 자문기구를 둘 수 있게 하고 있다(동조 ③).

Ⅵ. 국가표준제도의 확립

국가는 국가표준제도(國家標準制度)를 확립한다(헌법 §127②)고 하여 과학기술의 혁신과 산업구조의 고도화 및 정보화사회의 촉진에 부응하여 그에 필요한 통일적인 표준을 국가적 수준에서 마련하도록 하고 있다. 이를 구체화한 것으로 국가표준기본법, 산업표준화법이 있다.

Ⅶ. 소비자의 보호

헌법 제124조는 「국가는 건전한 소비행위를 계도하고 생산품의 품질 향상을 촉진하기 위하여 소비자보호운동을 법률이 정하는 바에 의하여 보장한다」라고 하여 소비에 대한 국가의 개입과 소비자보호운동의 보장에 대하여 정하고 있다. 이를 구체화한 것으로 소비자기본법이 있다.

이 규정은 1980년헌법에서 신설되었다. 국가가 소비행위를 계도하는 것은 국가우월적인 태도일 뿐 아니라 시장의 소비활동에 국가가 개입하여 시장을 왜곡시킬 우려가 있다. 이러한 조항은 폐지하는 것이 타당하다. 소비자보호운동에 관한 규정은 1980년대 소비자에 대한 인식이 저조한 때 이를 강조하기 위하여 헌법에서 정한 것이고 현재는 이에 대하여 법률이 정비되어 있으므로 이를 헌법에서 정할 필요는 없다고 할 것이다. 소비자보호에 대한 사항은 성질상 헌법적 사항이라기보다 법률적 사항에 해당한다고 할 것이다.

3. 사회영역의 기본원리

[104] 제1 개 설

사회영역에서 헌법은 광의의 복지국가(福祉國家 welfare state)를 추구한다. 복지국가는 20세기에 들어 인류가 확보한 큰 성과인데, 광의로는 복지에 관한 서비스를 제공하는데 적극적인 태도를 가지는 국가를 의미한다. 헌법은 이를 명문으로 정하고 있지 않지만 헌법의 여러 규정을 통하여 이를 인정하고 있다.

헌법재판소의 판례도 헌법에서 명문의 규정은 없지만 복지국가를 수용하고 있음을 인정한다(예: 憲 2002. 12. 18.-2002헌마52; 2004. 10. 28.-2002헌마328).

[憲 2002.12.18.-2002헌마52] 「우리 헌법은 사회국가원리를 명문으로 규정하고 있지는 않지만, 헌법의 전문, 사회적 기본권의 보장(헌법 제31조 내지 제36조), 경제 영역에서 적극적으로 계획하고 유도하고 재분배하여야 할 국가의 의무를 규정하는 경제에 관한 조항(헌법 제119조 제2항이하) 등과 같이 사회국가원리의 구체화된 여러 표현을 통하여 사회국가원리를 수용하였다. 사회국가란 한마디로, 사회정의의 이념을 헌법에 수용한 국가, 사회현상에 대하여 방관적인 국가가 아니라 경제·사회·문화의 모든 영역에서 정의로운 사회질서의 형성을 위하여 사회현상에 관여하고 간섭하고 분배하고 조정하는 국가이며, 궁극적으로는 국민 각자가 실제로 자유를 행사할 수 있는 그 실질적 조건을 마련해 줄 의무가 있는 국가이다.」

[105] 제2 사회정의

헌법이 복지국가를 추구하는 것은 진정한 사회정의를 실현하기 위함이다. 오늘날 자본주의국가가 고도화되면서 경쟁구조로 말미암아 시장이 국민의 복지를 충분히 담보할 수 없는 현상이 발생하고, 사회경제적 약자가 경쟁에서 낙오하여 빈곤과 사회적 위험에 노출되는 문제가 발생하면서 인간의 구체적 현실적인 삶에 있어서 진정한 정의는 자유와 평등 이외에 복지를 필요로 한다는 점이 확인되었다. 이에 헌법은 모든 국민이 인간으로서의 존엄과 가치를 지니고 행복을 실질적으로 추구할 수 있도록 하기 위하여 복지에 대하여 적극적으로 정하고 있다.

[106] 제3 복지국가

Ⅰ. 개 념

헌법이 추구하는 복지국가에 대해서도 과연 복지국가가 어떠한 것을 지칭하는지에 대해서는 오늘날까지 의견의 일치를 보지 못하고 있다. 넓은 의미에서의 복지국가는 국가가 국민에게 복지를 공급하는 나라를 지칭하지만, 구체적으로 그러한 것이 어떠한 모습인가 하는 점에 대해서는 의견이 분분하다. 대체로 말하자면, 시장경제를 기본으로 하면서 실업과 분배문제를 해결하기 위하여 사회보장제도를 확립하고 시장가격보다 싼 일련의 서비스를 제공하여 빈곤을 예방하고 사회적 약자를 보호하며, 산업재해로부터 안전을 보장하고 시장과 별도로 국가가 국민에게 일정한 공공복지를 제공하는 것을 복지국가라고 한다. 복지국가의 「복지」 개념에 교육이나 환경이 포함되는 것인가 하는 점에 대해서는 공공재정지출과 국가개입의 정도를 놓고 논란이 분분하다.

복지국가의 개념은 유럽 선발국가들이 사회발전의 과정에서 빈곤, 노동불안, 산업재해, 공중보건, 노령화, 실업 등의 사회문제에 직면하기 시작한 19세기에 태동하여(예: 1880년 프로이센에서 수립한 사회보험제도) 20세기 유럽에서 구현된 것이다. 경찰국가에서 복지국가로의 전환은 프랑스를 위시한 유럽에서 발전한 전유물인데 이러한 것이 점차 전세계로 전파되었다. 이를 지칭하는 용어로 프랑스에서는 Etat-providence라고 하고, 영국에서는 welfare state라고 하며, 독일에서는 Sozialstaat라고 한다. 이들 국가들이 채택하고 있는 복지국가의 구체적인 범위와 내용에서는 차이가 있지만, 국가가 전통적인 경찰에 의한 치안유지, 상비군에 의한 전쟁수행, 국제관계의 관리, 화폐주조 등의 기능 이외에 시민의 복지(bien-être)를 배려한다는 기능을 추가한 국가라는 점에서 공통되고, 오늘날에서도 이러한 개념들은 유사한 것으로 이해되고 있다. Welfare state라는 말은 1941년 영국의 요크(York)시의 주교였던 William Temple이 전쟁을 목적으로 조직된 국가라는 warfare state라는 말에 대칭되는 의미로 welfare state라는 말을 사용한 것에서 시작되었다.

《사회국가》

우리 헌법이 추구하는 복지국가를 지칭하는 용어로 헌법학계에서는 사회국가(Sozialstaat)라는 말은 흔히 사용한다. 헌법재판소도 판례에서 이러한 용어법을 수용하여 동일하게 사용한다. 그런데 사회국가는 독일에서 만든 개념으로 국민에 대하여 국가가 항상 우위를 점하는 독일국가주의의 배경을 가지고 있을 뿐만 아니라 과거 독일 역사학파의 국가후견적 관점이 들어 있다. 독일에서 국가가 국민에 대하여 시혜를 베풀고 국민을 보살펴주는 온정적이고 시혜적인 국가관을 배경으로 Wohlfahrtsstaat라는 개념이 복지국가로 이해되었고, 이는 제2제정 때 비스마르크의 사회정책에서 잘 나타났다. 오늘날 독일의 사회국가라는 개념은 이러한 국가우위의 온정적 · 시혜적인 관점은 많이 탈각하였으나 기본적으로 독일의 개념이 독일의 이러한 역사적 맥락하에서 형성되고 전개되어 온 것임을 유의할 필요가 있다. 독일연방헌법에서 사회국가는 규범적 · 조직적 헌법원리의 하나로 기능을 하는데, 복지국가라는 개념이 20세기 모든 선진국가(developed countries)에서 나타난 보편적인 현상을 기술하는 개념이라면, 사회국가는 경제영역과 사회영역에 국가가 개입할 헌법적 의무가 발생하는 특정 정책을 규정하는 규범적 원리를 의미한다. 따라서 사회국가는 복지국가와 호환하여 사용할 수 있는 개념이 아니다. 이런 점에서 미합중국이나 영국은 복지국가이지만 사회국가는 아니다.

II. 유 형

복지국가는 그 구체적인 실행에서 재화와 서비스의 공급에 있어 시장과 국가가 각각 어느 정도의 역할을 부담하는가 하는 문제로 귀착된다. 이와 관련해서는 각 나라마다 그 나라의 구체적인 상황에 따라 다르게 나타나므로 일률적으로 말하기 어렵고 대체로 3가지 정도로 유형화를 해볼 수 있다. 이러한 3가지 유형은 그 역사적 배경, 법문화와 전통, 사회변동의 배경, 사회의 성격, 국가의 재정능력 등이 작용하여 형성되었다.

먼저 복지의 문제를 시장기능에 우선적으로 의존하여 해결하고(예: 사보험, 기부행위와 자선행위 유도 등) 취약계층에 대하여 국가가 복지서비스를 제공하는 「자유주의적 앵글로색슨 복지국가모델」(liberal Anglo-Saxon model)이 있는데, 미합중국의 복지제도가 그 원형이고 영국, 캐나다, 오스트레일리아, 일본, 스위스 등이 이에 해당한다. 이와 달리 사고 · 질병 · 노령 · 실업 등 특정 상황에서 사회보험(social insurance)에 주로 의존하여 문제를 해결하고 국가가 나머지 역할을 하는 「국가-조합주의적 유럽 복지국가모델」(state-corporate European model)이 있는데, 영국과 스칸디나비아 국가를 제외한 유럽 국가들이 이에 해당한다. 나머지는 국민이 부담하는 높은 조세에 의존하여 보편성원리와 평등원리에 기초하여 실수요에 관계없이 복지서비스를 제공하는 「사회민주주의적 스칸디나비아 복지국가모델」(social-democratic Scandinavian model)이 있는데, 이러한 국가후견주의적 모델에는 스웨덴, 노르웨이, 핀란드, 덴마크, 네덜란드가 해당한다. 세계자본주의의 구조 하에서 경제가 전지구적으로 연동되면서 국가-조합주의적 모델과 사회민주주의적 모델에서는 시스템의 유지가 어렵게 되어 가고 있고, 차세대에게 과도한 복지비용을 부담시키는 결과를 가져오면서 세대간의 갈등이 심각하게 나타나고 있다. 각 나라마다 지속가능하고 안정적인 시스템을 가지는 자기에게 적합한 복지국가유형을 개발하는 것이 필요하다. 복지국가는 결국 현실적인 재원이 문제이기 때문에 한번 정한 유형이 계속 유지되리라는 법은 없고, 시간의 경과와 국제상황과 사회의 변화에 따라 달라질 수 있다. 위에서 분류한 나라들도 고정된 것이 아니고 그 나라의 상황에 따라 변화하고 있다.

Ⅲ. 한 계

복지국가의 유형을 놓고 볼 때, 현행 헌법은 시장경제와 자유민주주의체제를 채택하고 있으므로 사회주의적 복지국가는 허용되지 않는다. 여기에 우리 헌법 하에서 구상할 수 있는 복지국가의 성격이 확인된다.

이런 점에서 헌법이 추구하는 복지국가도 한계를 가진다. 넓은 의미로 복지국가는 우리 헌법이 추구하는 가치지향이기는 하지만, i) 복지국가가 시장경제와 자유주의, 자본주의의 체제를 전복하는 것이 될 수는 없다(이념적 한계). ii) 복지국가도 헌법원리인 법치국가의 원리에 위반될 수 없으므로 법치주의의 절차를 무시한 복지국가화는 허용되지 않는다(헌법원리적 한계). iii) 복지국가는 그 목적달성을 위하여 복지정책을 수립하고 실시하는데 자유권이 제한된다고 하더라도 자유와 권리의 본질적 내용을 침해하는 제한은 허용되지 아니한다(기본권 보장적 한계). iv) 복지국가의 실현에 소요되는 사회정책적 투자를 위한 재원의 확보는 국가의 재정능력과 국민의 경제력에 의존할 수밖에 없고, 이러한 재원을 마련하기 위하여 과도하게 국민에게 과세하는 것은 허용되지 않는다(사실상의 한계). v) 복지국가라고 하여 시장의 기능에 의하여 해결할 수 있음에도 국가가 전면에 나서서 일방적으로 국민생활을 통제하면서 평준화 · 일원화를 강요할 수는 없다. 복지국가에서도 경제적 · 사회적 문제의 해결은 1차적으로는 개인과 시장의 차원에서 이루어지도록 하고, 이러한 것이 불가능한 경우에 2차적으로 국가가 개입해야 한다(보충성의 원리).

복지국가는 구체적인 실현의 장에서 개인과 국가 사이에 시장에서 형성되는 중간지대(예: 노동조합, 신용조합, 계, 보험회사, 개인연금, 주택업)의 역할을 인정하는가의 문제, 인정하는 경우에도 어느 정도로 인정하는가의 문제, 국가가 관장하던 업무의 민영화(privatization)의 문제 등과 밀접한 연관을 가지고 있다. 복지국가를 극단적으로 관철하면 개인과 국가 사이에는 시장과 중간지대의 역할이 부정되기 때문에(국가에 의한 가부장적 후견주의(paternalism)가 전면으로 나타난다) 자유민주주의체제에서 복지국가는 자율적 중간지대의 존재를 인정하는 근거 위에서만 가능하다. 오늘날 민영화의 추세는 복지서비스의 제공이 더 이상 국가의 독점하에 있지 않고 시장이 담당하는 영역으로 확대되어 감을 보여준다.

《복지국가의 위기》

복지국가는 20세기에 들어 경제성장을 촉진하고 사회적 반대와 저항을 극복하며 부의 공평한 분배를 실현하고자 하는 케인즈주의적 복지국가로 수렴되는 현상을 보였다. 세계 여러 나라들이 이러한 케인즈주의적 복지국가의 정책을 채택하였다. 그 결과 각 국가들은 1970년대 초까지 경제적 근대화, 구매력의 증대, 사회적 불평등의 상대적 감소, 빈곤의 점진적 감소 등의 성과를 얻었다. 그러나 그 이후로는 스태그플레이션과 경제의 세계적인 연관구조의 변화는 소비와 투자의 활성화를 기조로 하는 케인즈주의 정책에 예기치 못한 물가의 상승, 실업의 증대, 지출과 예산의 불균형, 불확실성의 증대 등 심각한 문제들을 초래하였다. 1980년대 들면서 복지국가 패러다임에 따라오는 사회적 급여의 지속적 팽창에 대한 심각한 재정적 압박, 국민에 대한 조세부담의 증가, 경제생활에 대한 국가의 비대한 역할, 정부기구의 과도한 팽창, 정부의 실패, 각종 사회정책이 노정하는 비효율성과 비생산성, 근로의욕의 감소 등으로 진정한 복지를 달성하기도 어렵고, 국가의 과도한 개입이 오히려 개인의 노력, 책임, 가족에 대한 가치를 파괴하는 결과를 가져왔다는 비판에 직면하게 되었다. 뿐만 아니라 경제의 세계화는 국민국가 수준에서의 복지정책이 효과가 없음을 보여주었다. 시장개방에 따른 전지구적 경쟁은 새로운 형태의 빈곤과 고용불안정을 초래하고 있고, 이를 전통적인 복지국가의 패러다임으로 해결하기 어렵다는 것으로 증명되고 있다. 이러한 상황에 직면하여 유럽의 전통적 복지국가들은 사회보호의 체제를 개편하고(예: 국가가 아닌 조합과 기업주에 의한 관리) 그 보호수준을 축소하며 시장지향의 사회모델로 전환하고 있다. 이로서 1980년대 복지국가의 위기를 체험한 이래 복지국가 패러다임은 복지국가의 소멸이라는 국면을 대면하기에 이르렀다. 여기서 많은 나라들에서는 공적 영역, 시민사회단체영역, 민간영역의 역할을 재조정하고 이들간의 파트너십을 중요시하면서(예컨대 혼합복지 Welfare-Mix) 현대의 도전에 대응하는 경향이 나타난다.

[107] 제4 복지국가의 구현

헌법은 복지국가를 실현하기 위하여 국가에게 일정한 의무를 부과하는 국가목표규정을 두고 있으면서 동시에 국민에게 생활권적 기본권을 보장하여 실질적으로 복지의 혜택을 권리로 보장받을 수 있게 하고 있다. 한편 복지는 경제활동에 대한 국가의 개입이라는 형태로 이루어지기 때문에 시장경제를 천명하면서도 국민의 복지를 실현하기 위하여 일정한 범위내에서 국가가 개입할 수 있음을 정하고 있다.

Ⅰ. 국가목표규정에 의한 보장

헌법은 복지국가를 추구하고 실현하기 위하여 국가에 대하여 필요한 의무를 부과하고 있다. 헌법이 「국가는 사회보장 · 사회복지의 증진에 노력할 의무가 있다」(헌법 §34②)고 선언하여 사회보장과 사회복지의 증진을 위한 국가의 노력의무를 부과하고, 모성의 보호와 여자의 복지 및 권익향상을 위한 노력(헌법 §34③), 그리고 연소자의 근로에 대한 특별한 보호(헌법 §32⑤)와 노인과 청소년의 복지향상 등의 정책을 실시하도록 하고(헌법 §34④), 생활무능력자에 대한 국가의 보호의무(헌법 §34⑤)와 재해로부터의 국민보호의무(헌법 §34⑥)를 강조하고, 국가에게 주택개발정책에 의한 쾌적한 주거생활환경을 조성할 것(헌법 §35③)과 국민의 보건에 관한 국가의 보호(헌법 §36③)를 제시하고 있는 것에서 헌법이 복지국가를 추구하고 있음을 발견할 수 있다. 헌법은 이러한 국가목표규정을 정하고 있기 때문에 이를 구체화하는 입법을 하여야 하며, 이러한 법률에 의하여 구체적인 권리와 국가의 구체적인 의무가 설정된다.

Ⅱ. 사회적 권리의 보장

헌법은 제10조에서 인간의 존엄과 가치를 선언하고, 현실 생활에서 국민이 행복을 구체적으로 추구할 수 있기 위해서는 자유와 평등의 보장 이외에 생활권적인 권리의 보장이 필요하다고 보아 헌법은 제31조에서부터 제36조에 걸쳐 여러 가지의 사회적 권리(social right)를 보장하고 있다. 교육의 기회균등(헌법 §31), 근로의 권리와 최저생활을 보장하기 위한 최저임금제도(헌법 §32), 인간다운 생활을 할 권리에 관한 규정들이 이에 해당한다. 이러한 사회적 권리는 이로부터 바로 개인이 국가에 대하여 구체적인 사항을 직접 청구할 권리가 발생하는 것이 아니기 때문에 이를 실현하는 구체적인 입법이 필요하며, 이러한 사회적 법률(social legislation)에 근거하여 개인은 국가에 대하여 구체적인 사항을 청구할 수 있다.

Ⅲ. 경제질서에 대한 규제와 조정

헌법의 경제질서는 사유재산제를 기반으로 하여 자유경쟁을 존중하는 시장경제질서를 기본으로 하면서도, 동시에 시장경제에서 발생하는 여러 문제들과 모순을 제거하고 사회복지·사회정의를 실현하기 위해 국가적 규제와 조정을 인정하고 있다(헌법 §119 ①,②). 이를 통하여 공정거래를 확보하고 독과점을 배제하여 경제력의 집중을 방지하고, 재화의 공정한 분배와 국민의 세금을 재원으로 하여 국민생활에 필요한 기초적인 서비스를 제공한다.

그런데 국가가 공공재(公共財)와 최소한의 생활에 필요한 기본재(基本財 basic needs)를 공급하는 것이 필요하다고 하더라도 어느 정도까지 공급하여야 하는가 하는 문제와 복지를 시장과 국가가 어느 정도로 나누어 분담하여야 하는가 하는 문제는 여전히 큰 쟁점으로 되어 있다. 복지정책을 국가가 세금을 재원으로 하여 독점적으로 공급하는 것이 국민에 대한 복지서비스의 질적 저하와 국가의 비효율을 초래하여 궁극에 국민에게 제대로 된 복지서비스를 하지 못한다는 지적이 제기되면서 현재 복지국가에서는 복지에 있어 시장과 국가의 역할 재조정이 중심적 과제가 되어 있다. 각 나라마다 복지제도를 설계함에 있어서는 국가의 경제력과 사회의 생산력을 핵심적으로 고려하여 정하지만, 이 경우 재원은 예산, 사회보험, 사보험으로 충당되기 때문에 이의 역할을 어떻게 배분할 것인가 하는 것과 그 부담에 있어서 현재 세대와 차세대, 그리고 외국인의 부담을 어떻게 할 것인가 하는 것이 중요하게 고려되는 사항이다. 국가부채로 복지재원을 충당하는 것은 허용되지 않는다.

[憲 1998.5.28.-96헌가4등] 「헌법 제119조는 제1항에서 대한민국의 경제질서는 개인과 기업의 경제상의 자유와 창의를 존중함을 기본으로 한다고 규정하여 사유재산제도, 사적 자치의 원칙, 과실책임의 원칙을 기초로 하는 자유시장 경제질서를 기본으로 하고 있음을 선언하면서, 한편 그 제2항에서 국가는……경제주체간의 조화를 통한 경제의 민주화를 위하여 경제에 관한 규제와 조정을 할 수 있다고 규정하고, 헌법 제34조는 모든 국민은 인간다운 생활을 할 권리를 가진다(제1항), 신체장애자 및 질병·노령 기타의 사유로 생활능력이 없는 국민은 법률이 정하는 바에 의하여 국가의 보호를 받는다(제5항)고 규정하여 사회국가원리를 수용하고 있다. 결국 우리 헌법은 자유시장 경제질서를 기본으로 하면서 사회국가원리를 수용하여 실질적인 자유와 평등을 아울러 달성하려는 것을 근본이념으로 하고 있는 것이다.」

[憲 1999.12.23.-98헌마363] 「헌법의 기본원리나 특정조항에 비추어 능력주의원칙에 대한 예외를 인정할 수 있는 경우가 있다. 그러한 헌법원리로는 우리 헌법의 기본원리인 사회국가원리를 들 수 있고, 헌법조항으로는 여자·연소자근로의 보호, 국가유공

자 · 상이군경 및 전몰군경의 유가족에 대한 우선적 근로기회의 보장을 규정하고 있는 헌법 제32조 제4항 내지 제6항, 여자 · 노인 · 신체장애자 등에 대한 사회보장의무를 규정하고 있는 헌법 제34조 제2항 내지 제5항 등을 들 수 있다. 이와 같은 헌법적 요청이 있는 경우에는 합리적 범위 안에서 능력주의가 제한될 수 있다.」

4. 문화영역의 기본원리

[108] 제1 개 설

I. 헌법 규정

헌법은 문화와 관련하여 전문에서 「유구한 역사와 전통」을 강조하고 있고, 총강에서는 「국가는 전통문화의 계승 · 발전과 민족문화의 창달에 노력하여야 한다」(헌법 §9)고 정하고 있으며, 대통령의 취임선서에서 「민족문화의 창달에 노력한다」(헌법 §69)고 정하고 있다. 그 밖에도 문화와 관련해서는 학문, 교육, 예술, 가족제도, 종교 등의 영역에서 권리와 제도를 정하고 있어 헌법은 문화를 규범 안으로 포섭하고 있다.

이러한 헌법의 규정이 문화에 대하여 과연 어떠한 규범적 의미를 정하고 있는 것이며, 국가는 문화와 어떠한 관계를 지니고 있는지가 문제가 된다. 그리고 헌법은 문화와 관련한 개념에서 「민족문화」와 「전통문화」라는 개념을 사용하고 있어 그 규범적 의미가 무엇인지도 문제가 된다.

II. 문화의 개념과 성질

(1) 문화의 개념

문화(culture)라는 용어는 일상적으로 다양한 영역에서 매우 다양한 의미로 사용되고 있지만, 문화가 무엇을 의미하는가에 대해서는 관련 학문에서도 아직 의견의 일치를 보지 못하고 있다. 문화는 외부적으로 관찰할 수 있고 지각할 수 있는 구체적인 사물과 사건으로 구성된다고 보는 견해가 있는가 하면, 문화는 지각할 수도 없고 측정할 수도 없는 무형의 것이고, 그에 참여하는 구성원들도 직접 인지할 수 없는 실체가 없는 추상에 지나지 않는다고 하는 견해도 있다. 문화의 개념정의에 관한 다양한 의견 가운데서 대체로 문화는 사회구성원으로서의 인간이 획득하는 지식, 신앙, 예술, 도덕, 법칙, 풍속, 관습, 기타의 재능을 포함하는 인간집단의 생활양식의 복합적 총체라고 하는 총체론적인 관점(totalist view)이 통용되지만, 그와 달리 사회구성원들의 생활양식이 기초하고 있는 관념체계라고 보고 구체적인 행동에 이르게 만드는 기준, 표준, 규칙을 문화라고 하는 관념론적 관점(mentalist view)도 있다.

(2) 문화의 성질

일반적으로 다른 동물이 아닌 인간에 의해 형성되는 문화는 공유성, 학습성, 축적성, 전체성, 가변성을 지닌 것으로 이해된다. 문화는 개개인이 아니라 그 구성원이 소속하고 있는 집단의 행동양식으로 집단구성원들에 의해 공유된 것이고, 개인이 선천적으로 타고난 것이 아니라 구성원들이 사회화과정을 통하여 학습된 것이며, 한 세대에서 다음 세대로 이어지면서 축적된 것이고, 문화를 형성하는 개별 요소, 즉 종교, 지식, 도덕, 법, 제도, 관습, 전통 등 수많은 개별 요소들에 의해 연관을 가지고 형성된 하나의 전체이고 체계이며, 시간적으로 항상 변하는 것이다. 이러한 문화의 변화과정 속에서 현재의 문화를 형성하는 요소가 되지 못하고 잔존해 있는 것을 문화유산(cultural heritage)이라고 한다.

Ⅲ. 문화와 국가

위와 같은 의미와 성질을 가지는 문화는 국가와의 관계에서 원시시대부터 현대에 이르기까지 각 시대와 공동체마다 다양한 양상을 보여왔다. 국가와 관계없이 문화가 형성되고 소멸된 경우가 있었는가 하면, 국가가 국민의 생활양식을 직접 조성하고 통제하는 경우도 있었고, 국가는 문화에 개입하지는 않고 자율적인 문화가 건전하게 형성될 수 있도록 간접적으로 지원하거나 그 환경을 조성한 경우도 있었다.

헌법 제9조에서 국가로 하여금 전통문화의 계승·발전과 민족문화의 창달에 노력하도록 하는 것은 문화 가운데 일정한 영역, 즉 전통문화와 민족문화에 있어서는 그 계승과 발전을 위하여 국가로 하여금 적극 노력하도록 정하고 있는 경우이다.

[109] 제2 문화공동체

헌법이 정하고 있는 바에 의하면, 헌법은 대한민국이라는 공동체의 구성원들이 형성하는 문화에 대해서는 무엇보다 자율과 자유에 맡기고 있다. 헌법이 보장하는 기본권에 의하여 국민은 자율적이고 자유롭게 생활을 영위하고 이러한 가운데 생활양식이 형성되고 변화한다. 국민은 종교, 예술, 지식, 사회활동, 관습, 도덕, 가족 생활 등에 있어 기본권으로 보장된 생활을 한다. 그러나 이러한 활동이 무제한 한 것이 아니라 헌법적 질서가 인정하는 범위 내에서 이루어지고, 이는 구체적으로 법과 제도에 의하여 규율된다. 이러한 범위 내에서 국가는 문화의 형성에 일정 부분 개입하고 간여한다. 헌법은 대한민국을 이러한 문화공동체로 보장한다.

따라서 국가는 국민의 생활양식과 이를 형성하는 요소들을 적극적으로 조성하거나 변경하거나 통제할 수 없다. 국가가 문화를 육성하는 것도 국민의 문화활동을 보장하는 것에 그치며, 특정한 문화를 적극적으로 만들어 유포하거나 수용하기를 강제하는 것은 허용되지 않는다. 국가가 방송 등 언론매체를 장악하고 특정한 방향으로 문화를 의도적으로 유도하여 시민을 교육하고 의식화시키는 것은 허용되지 않는다.

[憲 2004.5.27.-2003헌가1등] 「우리나라는 건국헌법 이래 문화국가의 원리를 헌법의 기본원리로 채택하고 있다. 우리 현행 헌법은 전문에서 "문화의……영역에 있어서 각인의 기회를 균등히" 할 것을 선언하고 있을 뿐 아니라, 국가에게 전통문화의 계승발전과 민족문화의 창달을 위하여 노력할 의무를 지우고 있다(제9조). 또한 헌법은 문화국가를 실현하기 위하여 보장되어야 할 정신적 기본권으로 양심과 사상의 자유, 종교의 자유, 언론 · 출판의 자유, 학문과 예술의 자유 등을 규정하고 있는바, 개별성 · 고유성 · 다양성으로 표현되는 문화는 사회의 자율영역을 바탕으로 한다고 할 것이고, 이들 기본권은 견해와 사상의 다양성을 그 본질로 하는 문화국가원리의 불가결의 조건이라고 할 것이다. 문화국가원리는 국가의 문화국가실현에 관한 과제 또는 책임을 통하여 실현되는바, 국가의 문화정책과 밀접 불가분의 관계를 맺고 있다. 과거 국가절대주의사상의 국가관이 지배하던 시대에는 국가의 적극적인 문화간섭정책이 당연한 것으로 여겨졌다. 그러나 오늘날에 와서는 국가가 어떤 문화현상에 대하여도 이를 선호하거나, 우대하는 경향을 보이지 않는 불편부당의 원칙이 가장 바람직한 정책으로 평가받고 있다. 오늘날 문화국가에서의 문화정책은 그 초점이 문화 그 자체에 있는 것이 아니라 문화가 생겨날 수 있는 문화풍토를 조성하는 데 두어야 한다.」

《문화국가》

우리 헌법상 헌법과 문화의 관계를 설명하면서 독일의 문화국가(Kulturstaat)라는 개념을 동원하는 경향이 있다. 헌법재판소의 판례에서도 이런 점이 발견된다(예: 憲 2000. 4. 27.-98헌가16등; 2003. 1. 30.-2001헌바64; 2003. 12. 18.-2002헌가2; 2004. 5. 27.-2003헌가1등). 독일에서 문화국가라는 말을 사용한 것은 국가우월적이고 시민사회가 형성되지 않았던 19세기 초 국가와 문화를 연결하기 위하여 J.G.Fichte에 의해 사용되면서 시작되었으며, 이는 프로이센제국시대에 형성된 국가가 문화를 육성하는 문화국가의 개념을 역사적 배경으로 하고 있다. 이러한 문화국가의 개념하에 문화국가를 유형별로 ① 문화에 대해 국가가 완전한 불개입의 태도를 취하는 유형(이원주의적 모델), ② 계몽군주국가나 자유주의시대에서 볼 수 있듯이, 문화적 국가목적과는 다른 이해관계 때문에 국가가 문화를 육성하는 유형(공리주의적 모델), ③ 프로이센의 문화국가와 같이 문화 그 자체를 위해 국가가 문화를 육성하는 유형(문화국가적 모델), ④ 나치독일과 같이 문화를 정치적 기준에 따라 국가가 조종하는 유형(국가지도적 모델)으로 나누어 접근하는 견해도 있다(계희열a, 418). 국가가 문화에 개입하지 않는 경우를 문화국가의 유형이라고 하는 것은 타당하지 않고, 국가가 문화를 존중하고 억압하거나 침해하지 않는 나라라는 의미로 사용한다면 학문적으로 엄밀한 개념이 될 수 없으므로 결국 문화국가라는 개념을 설정하는 것은 문화에 대하여 국가가 개입하는 것을 의미한다. 따라서 문화에 대하여 국가가 중립적이고 불개입을 추구하는 경우에는 문화국가라는 용어를 사용하는 것은 합당하지 않다. 문화를 존중하고 이의 발전을 보장하는 국가를 통칭하여 문화국가라고 하면 그러한 문화국가는 곧 문명국가이고, 지구상에 이를 추구하지 않는 나라가 없으므로 이를 문화국가라고 부르든 부르지 않든 상관이 없기 때문에 이를 지칭하기 위하여 문화국가라고 한다면 논의의 실익이 없다. 독일의 E.R.Huber는 문화와 국가의 상호관계에서 「문화국가」 개념의 정의를 시도하면서 ① 문화와 국가의 분리를 의미하는 것이 아니라 문화가 국가 내에서 자유롭게 성장하고 발전하는 것을 의미하는 문화의 국가로부터의 자유, ② 국가가 문화의 보호, 관리, 전승 및 진흥에 힘써야 한다는 문화에 대한 국가의 봉사, ③ 국가가 문화의 자율성을 인정하는 전제하에서 문화를 능동적으로 형성할 권한을 갖는다는 국가의 문화형성력, ④ 문화가 국가를 형성하는 힘을 갖는다는 문화의 국가형성력, ⑤ 국가의 문화형성력과 문화의 국가형성력을 동시에 모두 실현하는 국가는 그 역시 하나의 문화적 산물로 존재한다는 문화적 산물(Kulturgebilde)로서의 국가라는 5개의 가지를 문화국가의 징표로 들고 있으나, 여전히 독일의 국가주의적 관점을 탈각하지 못하고 있다. 본질적으로 문화가 자율적인 사회영역에 속하는 것을 인식하지 못하고 여전히 국가의 문제로 보려는 것 자체가 문화국가개념이 안고 있는 근본적인 문제이다. 문화를 국가가 주도적으로 통제하고 관리하는 방식의 전형은 전체주의국가나 사회주의국가에서 볼 수 있는데, 북한의 1998년헌법(제3장 문화 §39-§57)도 이에 해당한다.

[110] 제3 문화공동체의 구현

Ⅰ. 시민사회의 자율성 보장

문화에 대한 헌법의 태도는 근본적으로 자율적인 시민사회를 보장하는 것을 통하여 구현되고 있다. 인간의 생활양식은 국가가 정해주는 것이 아니라 사회영역 또는 생활세계에서 자율적으로 형성되는 것이므로 이러한 자율적인 생활영역에 국가가 개입하거나 침투하는 것을 방어해줌으로써 문화는 형성되고 창달된다.

Ⅱ. 기본권과 제도에 의한 구현

헌법은 위에서 본 바와 같이 국가에게 전통문화의 계승·발전과 민족문화의 창달을 위해서 노력하도록 의무를 지우고(헌법 §9), 특히 대통령에게 이를 다시 확인시키고 있다(헌법 §69). 문화공동체의 기반을 조성하기 위하여 무상의무교육제도(헌법 §31②,③)와 평생교육제도(헌법 §31⑤)등 교육에 대한 국가의 책임을 강조하고, 문화형성에서의 자율성과 다양성이 교육의 자주성·전문성·정치적 중립성 및 대학의 자율성을 보장하는 것에서 뒷받침되고 있다(헌법 §31④). 전근대적인 연좌제를 금지한 것도(헌법 §13③) 과거의 전근대적인 질서로부터 개인의 활동의 자유를 두텁게 보장하는 것으로 자기책임을 기초로 하는 문화공동체의 한 표현이다.

그런데 문화공동체의 형성에서 무엇보다 중요한 것은 헌법이 자율적 사회와 자율적 인간의 삶을 보장하는 기본권을 보장하고 있는 점이다. 양심의 자유(헌법 §19), 종교의 자유(헌법 §20), 학문과 예술의 자유(헌법 §22), 각종 표현의 자유 등이 이에 해당한다. 이는 자율성과 다양성을 본질로 하는 문화형성의 조건이 되고 문화공동체를 유지하고 발전하게 만드는 요소이다.

국가가 문화의 다양성과 자율성을 보장하고 이를 실현하기 위한 법과 제도를 마련하는 경우에도 일정한 문화활동영역에서 그 역량이 취약하여 다양성과 자율성을 확보할 수 없는 상태가 발생할 수 있는데, 이에 대해서 국가는 적극적으로 지원하거나 육성하는 정책을 수립할 수 있다. 문화영역에서 취약한 이러한 부분에 대한 국가의 적극적인 지원은 경제 성장이나 경제 발전을 실현하기 위한 국가의 적극적인 지원이나 육성과 같이 국가의 본질적인 기능에서 비롯하는 것이지 헌법에서 문화국가를 선언하여야 가능하고 이를 선언하지 않으면 불가능한 것이 아니다. 예컨대 전통문화나 민족문화를 창달하고 발전시키는 과제를 시장에 맡겨 두었을 때 그 자체의 역량상 실현이 어렵고 소멸될 우려가 있는 경우에는 국가는 전통문화나 민족문화의 육성과 발전에 대한 지원을 할 수 있는데, 이는 헌법 제9조가 있기 때문에 가능한 것이 아니라 국가의 기능상 이러한 것은 헌법에 명시적인 규정이 없더라도 입법행위와 행정행위를 통하여 할 수 있다. 헌법 제9조는 이를 강조하기 위하여 헌법에 정하고 있는 것이다.

Ⅲ. 혼인 · 가족제도

헌법은 문화민족의 이념에 알맞게 인간의 존엄과 양성의 평등을 기초로 하는 혼인 · 가족제도를 마련했다. 「혼인과 가족생활은 개인의 존엄과 양성의 평등을 기초로 성립되고 유지되어야 하며, 국가는 이를 보장한다」(헌법 §36①)는 헌법규정이 바로 그것이다.

(1) 혼인 · 가족제도보장의 의의와 성격

(a) 헌법상 의의

헌법이 혼인 · 가족제도에 관하여 특별히 정하고 있는 것은 우리 공동체에 알맞은 가족관계를 실현하기 위한 것이다. 모든 공동체와 민족은 자기들의 고유한 혼인 · 가족제도를 가지고 있는데, 이는 본질적으로 사적인 영역에 속하는 것이지만 그 사회공동체에서 전통적으로 확립된 제도로서 공동체 구성원의 생활에서 기본적인 틀을 구성하고 유지하는 것이므로 헌법의 수준에서 이를 보장하고 있다.

[憲 2002.8.29.-2001헌바82] 「헌법 제36조 제1항은 혼인과 가족생활을 스스로 결정하고 형성할 수 있는 자유를 기본권으로서 보장하고, 혼인과 가족에 대한제도를 보장한다. 그리고 헌법 제36조 제1항은 혼인과 가족에 관련되는 공법 및 사법의 모든 영역에 영향을 미치는 헌법원리 내지 원칙규범으로서의 성격도 가지는데, 이는 적극적으로는

적절한 조치를 통해서 혼인과 가족을 지원하고 제삼자에 의한 침해 앞에서 혼인과 가족을 보호해야 할 국가의 과제를 포함하며, 소극적으로는 불이익을 야기하는 제한조치를 통해서 혼인과 가족을 차별하는 것을 금지해야 할 국가의 의무를 포함한다. 이러한 헌법원리로부터 도출되는 차별금지명령은 헌법 제11조 제1항에서 보장되는 평등원칙을 혼인과 가족생활영역에서 더욱더 구체화함으로써 혼인과 가족을 부당한 차별로부터 특별히 더 보호하려는 목적을 가진다. 이 때 특정한 법률조항이 혼인한 자를 불리하게 하는 차별취급은 중대한 합리적 근거가 존재하여 헌법상 정당화되는 경우에만 헌법 제36조 제1항에 위배되지 아니한다.……이 사건 법률조항이 자산소득합산과세제도를 통하여 합산대상 자산소득을 가진 혼인한 부부를 소득세부과에서 차별취급하는 것은 중대한 합리적 근거가 존재하지 아니하므로 헌법상 정당화되지 아니한다. 따라서 혼인관계를 근거로 자산소득합산과세를 규정하고 있는 이 사건 법률조항은 혼인한 자의 차별을 금지하고 있는 헌법 제36조 제1항에 위반된다.」

(b) 헌법적 성격

헌법이 정하는 혼인가족제도는 우리 공동체에서 전통적으로 유지되어온 것을 단순히 보장하는 것이 아니다. 즉 헌법이 정하고 있는 혼인가족제도는 고조선 이래 한반도에서 이어져 내려온 혼인제도와 가족제도를 확인하여 정하고 있는 것이 아니라, 우리 민족이 살아온 역사를 바탕으로 하되 헌법이 인정하는 질서에 합당하게 설정한 혼인·가족제도이다.

이러한 점에서 종래 우리 헌법상의 혼인제도와 가족제도를 C.Schmitt의 제도보장이론으로 설명한 것은 잘못된 것이다. Schmitt의 이론에 따를 때, 제도보장은 「전형적이고 전통적인 사법상의 제도」를 헌법적으로 보장하는 것을 의미하기 때문에 현행 헌법상의 혼인제도와 가족제도는 고래(古來)의 제도를 헌법에서 보장하는 것이라는 결론으로 귀착하기 때문이다.

혼인·가족제도를 보장하고 있는 헌법 제36조 제1항은 개인의 존엄과 양성의 평등을 기초로 성립되고 유지되는 문명사회의 혼인제도와 가족제도를 보장하고 있을 뿐 아니라, 혼인의 성립·유지 및 가족의 형성·유지와 관련된 자유와 권리를 보장하는 것이기도 하다. 혼인의 성립이나 유지 및 가족의 형성과 유지에서 국가로부터 자유로울 것이 보장된다. 배우자를 선택하는 자유, 혼인의 유지여부를 결정하는 자유, 가족을 형성하거나 해소하는 자유가 보장된다. 물론 이에는 헌법 제37조 제2항에 의한 제한도 있게 된다.

(2) 혼인 · 가족제도의 내용

(a) 일부일처제

헌법이 정하고 있는 개인의 존엄과 양성의 평등에 기초한 혼인제도는 모계중심제(母系中心制)도 아니고 가부장제(家父長制)도 아닌 남녀평등에 기초한 혼인제도이기 때문에 당연히 일부일처제(一夫一妻制)를 의미한다(동지: 허영a, 170). 따라서 중혼(重婚)(일부다처제, 일처다부제)과 축첩(蓄妾)이 금지된다. 또 개인의 존엄이 존중되는 혼인제도는 혼인 당사자의 자율적인 의사결정에 의한 것이기 때문에 일체의 강제결혼(예: 인신매매적 결혼, 약취 · 유인적 결혼, 양가 부모들간의 결정에 의한 결혼)은 금지된다.

(b) 인격적 가족관계

개인의 존엄과 양성의 평등을 기초로 한 가족제도란 가족을 구성하는 모든 구성원의 인격이 존중되는 것을 의미한다. 부부 사이, 부모와 자녀 사이, 자녀 상호간에 있어서 모두 그 인격이 존중되고 남녀가 평등한 지위에 있다. 이러한 내용은 헌법 제10조의 인간의 존엄과 가치의 보장이나 헌법 제11조 제1항의 평등보호에 의해서 인정되는 것이지만 헌법 제36조 제1항에서 이를 재확인하는 것은 과거 우리의 혼인제도와 가족제도가 이러한 면에서 문제가 있다고 판단했기 때문이다.

(c) 혼인에서의 제한

행위무능력자와 의사무능력자의 행위능력을 정하고 법질서 내에서 미성년자와 피성년후견인의 혼인에 대해서 부모 또는 후견인의 동의를 얻도록 하는 것은(형법 §§808)) 혼인에 있어서의 개인의 존엄을 침해한 것이라고 볼 수 없다(동지: 허영a, 170). 우생학적으로 충분한 근거를 가지는 근친혼(近親婚)의 제한(민법 §809)도 인정된다(동지: 허영a, 170).

(d) 동성간의 혼인 문제

헌법 제36조는「혼인은……양성의……을 기초로 성립하고 유지되어야 하며……」라고 정하고 있으므로 동성혼인(同性婚姻 same-sex marriage)을 인정하지 않는 것은 헌법에 위반되지 않는다. 그리고 동성혼인을 인정하려면 이 조항의 개정이 필요하다. 그러나 동성간에 사실상 결합 · 생활하거나 성행위를 하는 것은 행복을 추구하기 위한 일반적 행동자유권과 성적자기결정의 자유에 의하여 보장되는 것이므로 이를 제한하는 경우에는 헌법 제37조 제2항에 근거한 정당화가 있지 않으면 안 된다.

(e) 호주제 문제

헌법재판소는 구민법상의 호주제(戶主制)에 대하여, 이는 호주를 정점으로 가(家)라는 관념적 집합체를 구성하고, 이러한 가를 직계비속남자(直系卑屬男子)를 통하여 승계시키는 남계혈통을 중심으로 가족집단을 구성하고 이를 대대로 영속시키는데 필요한 여러 법적 장치로서, 헌법 제36조 제1항에 위반된다는 이유로 헌법불합치의 선고를 하였다(憲 2005. 2. 3.-2001헌가9등).

(f) 계모자관계의 법정혈족관계 부정 문제

전처의 출생자와 아버지가 재혼한 계모(繼母)와의 사이를 법적으로 혈족관계라고 간주할 것인가 하는 문제가 있다. 각 나라마다 사정에 따라 달라질 수 있다. 1990년까지는 계모자간에는 법정혈족관계가 성립하는 것으로 민법이 정하고 있었지만, 1990년 개정하여 1991.1.1.부터 그 이전에 성립한 계모자 사이의 법정혈족관계를 폐지하였다. 이러한 관계의 폐지에 대하여 헌법재판소는 합헌이라고 판시하였다(예: 憲 2011. 2. 24.-2009헌바89).

Ⅳ. 전통문화와 민족문화의 창달

헌법은 「국가는 전통문화의 계승·발전과 민족문화의 창달에 노력하여야 한다」(헌법 §9)고 정하고, 대통령의 취임선서에서 「민족문화의 창달에 노력한다」(헌법 §69)라는 내용을 선서할 것을 정하고 있어 전통문화의 계승과 발전을 강조하고 민족문화의 창달을 강조하고 있다. 이는 사회의 변화에 따라 문화가 변하는 과정에서 보존하고 가꿀 가치가 있는 전통문화와 민족문화가 소멸되거나 무시되는 것을 방지하기 위한 규정이다.

> [憲 2003.1.30.-2001헌바64] 「헌법 제9조의 규정취지와 민족문화유산의 본질에 비추어 볼 때, 국가가 민족문화유산을 보호하고자 하는 경우 이에 관한 헌법적 보호법익은 '민족문화유산의 존속' 그 자체를 보장하는 것이고, 원칙적으로 민족문화유산의 훼손 등에 관한 가치보상(價値補償)이 있는지 여부는 이러한 헌법적 보호법익과 직접적인 관련이 없다.」

문화에는 다양한 영역이 있고, 대한민국에도 외국인들이 생활하는 일이 빈번해지고 인종이나 민족에서는 다르지만 대한민국의 국적을 가진 사람들이 점점 늘어나는 상황(예: 외국인과의 혼인, 외국인 입양 등)에서는 전통문화와 민족문화의 지나친 강조가 오히려 문화의 자율성을 저해하고 폐쇄성을 초래할 우려가 있음을 유의할 필요가 있다.

> 한국 사회의 구성원에도 동일한 민족(민족이라는 개념도 매우 애매모호하다)에 속하지 않는 사람들이 증가하고 외국인과의 혼인이 증가하는 점을 고려할 때, 단군신화를 강조하고 민족단결을 강조하는 것은 우리 공동체에서 자칫 이러한 사람들을 차별·배제하고 인권을 침해하는 것일 수 있다.

전통문화의 계승·민족문화의 창달에 관한 헌법규정이 과거의 전통과 충돌하는 입법이나 행정조치, 재판을 방해하는 것은 아니다. 전통문화와 민족문화라는 것은 개념에서도 애매하고 불분명할 뿐 아니라 사회의 발전과 때로 충돌할 수 있으므로 이를 국가작용에까지 적극적으로 개입시키는 것은 타당하지 않다. 예컨대, 대통령이 민족문화의 창달에 노력하기는 하지만, 기존에 민족문화라고 이해되어온 것이 국가와 사회발전에 장애가 되는 경우에는 이를 극복하는 새로운 조치를 행할 수 있다. 이런 점에서 헌법 제9조와 제69조의 해당 내용은 국가를 적극 기속하지 않는다고 할 것이다.

[憲 1997.7.16.-95헌가6등] 「특정의 인간행위에 대하여 이를 국가가 법규범을 통하여 규제할 것인가, 아니면 단순히 관습이나 도덕에 맡길 것인가의 문제는 인간과 인간, 인간과 사회의 상호관계를 함수로 하여 시대와 장소에 따라 그 결과를 달리할 수밖에 없는 것이고 결국은 그 사회의 시대적 상황과 사회구성원들의 의식 등에 의하여 결정될 수밖에 없다고 본다. 혼인관계의 강한 사회성으로 인하여 혼인에 관한 각종 규범 중 중요한 원칙들은 법이 이를 뒷받침하여야만 혼인에 의한 가족관계가 안정될 수 있으므로 전통적인 관습으로 이어온 금혼의 범위를 법으로 명백히 함으로써 사회질서를 유지하기 위하여서도 동성동본금혼제가 필요하다는 것은, 이미 위에서 본 바와 같은 이 제도의 사회적 기반 내지 현실적 타당성에 관한 고찰을 결여하고 윤리나 도덕관념도 시대에 따라 변천되고 역사의 발전법칙에 따라 발전한다는 것을 도외시한 주장이다. 동성동본금혼제 역시 만고불변의 진리로서 우리의 혼인제도에 정착된 것이 아니라 시대의 윤리나 도덕관념의 변화에 따라 나타나서 그 시대의 제반 사회·경제적 환경을 반영한 것에 지나지 않는다는 점을 감안할 때, 이미 위에서 본 바와 같은 이유로 이 제도는 이제 더 이상 법적으로 규제되어야 할 이 시대의 보편타당한 윤리 내지 도덕관념으로서의 기준성을 상실하였다고 볼 수밖에 없고, 헌법 제9조의 정신에 따라 우리가 진정으로 계승·발전시켜야 할 전통문화는 이 시대의 제반 사회·경제적 환경에 맞고 또 오늘날에 있어서도 보편타당한 전통윤리 내지 도덕관념이라 할 것이다.」

[憲 2005.2.3.-2001헌가9등] 「헌법 전문과 헌법 제9조에서 말하는 '전통', '전통문화'란 역사성과 시대성을 띤 개념으로 이해하여야 한다. 과거의 어느 일정 시점에서 역사적으로 존재하였다는 사실만으로 모두 헌법의 보호를 받는 전통이 되는 것은 아니다. 전통이란 과거와 현재를 다 포함하고 있는 문화적 개념이다. 만약 전통의 근거를 과거에만 두는 복고주의적 전통개념을 취한다면 시대적으로 특수한 정치적·사회적 이해관계를 전통이라는 이름하에 보편적인 문화양식으로 은폐·강요하는 부작용을 낳기 쉬우며, 현재의 사회구조에 걸맞는 규범정립이나 미래지향적 사회발전을 가로막는 장애요소로 기능하기 쉽다. 헌법재판소는 이미 "헌법 제9조의 정신에 따라 우리가 진정으로 계승·발전시켜야 할 전통문화는 이 시대의 제반 사회·경제적 환경에 맞고 또 오늘날에 있어서도 보편타당한 전통윤리 내지 도덕관념이라 할 것이다"(憲 1997. 7. 16.-95헌가6등)고 하여 전통의 이러한 역사성과 시대성을 확인한 바 있다. 따라서 우리 헌법에서 말하는 '전통', '전통문화'란 오늘날의 의미로 재해석된 것이 되지 않으면 안 된다. 그리고 오늘날의 의미를 포착함에 있어서는 헌법이념과 헌법의 가치질서가 가장 중요한 척도의 하나가 되

어야 할 것임은 두 말할 나위가 없고 여기에 인류의 보편가치, 정의와 인도의 정신 같은 것이 아울러 고려되어야 할 것이다. 따라서 가족제도에 관한 전통 · 전통문화란 적어도 그것이 가족제도에 관한 헌법이념인 개인의 존엄과 양성의 평등에 반하는 것이어서는 안 된다는 자명한 한계가 도출된다. 역사적 전승으로서 오늘의 헌법이념에 반하는 것은 헌법 전문에서 타파의 대상으로 선언한 '사회적 폐습'이 될 수 있을지언정 헌법 제9조가 '계승 · 발전'시키라고 한 전통문화에는 해당하지 않는다고 보는 것이 우리 헌법의 자유민주주의원리, 전문, 제9조, 제36조 제1항을 아우르는 조화적 헌법해석이라 할 것이다.」

V. 문화유산의 보호

우리 헌법에는 명시적인 규정이 없지만, 국가는 문화유산(文化遺産 cultural heritage)을 보호하여야 하는 의무를 진다. 이는 국가목표규정으로서 성질을 가진다([121]). 이러한 내용은 헌법 제9조에서 도출할 수 있다고 할 것이다(정종섭e, 325이하). 헌법재판소도 이러한 취지의 결정을 하였다(예: 憲 2003. 1. 30.-2001헌바64).

[憲 2003.1.30.-2001헌바64] 「청구인 사찰은 위와 같은 문화공보부장관의 지정에 따라서 1988. 7. 19. 전통사찰로 등록되었는데, 국가의 문화재에 관한 사무를 관장하는 관할 행정관청이 일정한 절차를 거쳐서 역사적 의의와 문화적 가치를 가진 사찰을 선별하여 이를 전통사찰로 지정하고, 지정된 전통사찰만이 등록대상이 되도록 규율하는 법률체계의 기본구조는 현재까지 그대로 유지되고 있다(현행법 제3조 등 참조). 그렇다면, 법은 '국가는 전통문화의 계승 · 발전과 민족문화의 창달에 노력하여야 한다'라고 규정한 우리 헌법 제9조에 근거하여 제정된 것으로서, 국가의 문화재에 관한 사무를 관장하던 관할 행정관청이 어떤 사찰을 전통사찰로 지정하는 행위는 해당 사찰을 국가의 '보존공물(保存公物)'로 지정하는 처분에 해당한다고 보아야 한다. 또한, 헌법 제9조의 규정취지와 민족문화유산의 본질에 비추어 볼 때, 국가가 민족문화유산을 보호하고자 하는 경우 이에 관한 헌법적 보호법익은 '민족문화유산의 존속' 그 자체를 보장하는 것이고, 원칙적으로 민족문화유산의 훼손등에 관한 가치보상(價値補償)이 있는지 여부는 이러한 헌법적 보호법익과 직접적인 관련이 없다.」

문화유산의 보호는 국가의 노력만으로 충분하지 않기 때문에 국민에게도 이러한 노력을 해줄 것을 요구할 수 있다. 이러한 것은 국민에게 요구하는 문화유산보호에 협력할 것을 요구하는 것인데, 실정법에서 국민에게 문화유산을 보호하도록 하는 것을 의무화한다고 하더라도 이는 헌법상의 의무는 아니다.

나라에 따라서는 국가에게 문화유산의 보호의무를 정하고 있는 경우도 있다. 예컨대 포르투갈헌법(2005), 마케도니아헌법(1991), 크로아티아헌법(1990) 등이 있다. 포르투갈헌법은 「포르투갈 국민의 문화유산을 보호하고 발전시키는 것은 국가의 기본적인 임무」라고 정하고 있다(동헌법 §9e).

국민은 문화유산을 보호하는데 협력하여야 하지만, 동시에 문화유산이 보호되는 범위 내에서 이에 접근하고 향유할 수 있는 권리를 가질 수는 있다고 할 것이다. 다만, 문화유산은 공동체의 구성원이나 미래 세대 더 나아가 인류가 모두 향유해야 하는 공공재이기 때문에 국민에게 이러한 권리를 부여하여도 이것이 문화유산에 대하여 개인이 마음대로 할 수 있는 권리를 가지는 것을 인정하는 것은 아니다. 문화유산을 보호하기 위해서 문화유산에 접근하거나 이를 향유할 수 있는 권리는 광범하게 제한할 수 있다.

국민에게 문화유산의 보호의무를 부여하고 동시에 문화유산에 접근하거나 향유할 수 있는 권리를 법률로 보장하고 있는 헌법으로는 예컨대 포르투갈헌법(§78①, ②c), 슬로바키아 헌법(§43②, §44②,③)이 있다.

국가의 문화유산보호의무는 국내에 존재하는 문화유산을 보호하는 것만 아니라 국외에 존재하는 우리의 문화유산을 국내로 가져오는 것도 포함한다. 국외로 반출된 문화유산은 합법적으로 거래가 이루어져 반출된 경우도 있고, 약탈, 도난, 불법반출 등의 불법적인 방법으로 그 문화유산이 원래 속해 있었던 본국(本國 state of origin)에서 국외로 반출된 것도 있다.

전쟁, 식민지배, 군사적 점령 또는 도굴이나 도난 등으로 인하여 불법으로 반출된 문화유산에 대한 반환문제는 국제법적으로도 논란이 있어 아직 명쾌하게 해결을 보지 못하고 있으나, 이러한 문화유산의 반환에 대한 인식과 논의는 확대되고 있다.

불법으로 반출된 문화재의 본국으로의 반환과 관련하여 국제적으로는 여러 방식의 논의들이 있었는데, 현재에는 1970년에 효력이 발휘된 UNESCO협약, 즉 「문화재의 불법적 반출입 및 소유권양도의 방지수단에 관한 협약」(Convention on the Means of Prohibiting and Preventing the Illicit Import, Export and Transfer of Ownership of Cultural Property)이 실제에서 중요한 역할을 하고 있다. 이는 1970년을 기준으로 그 이후에 본국으로부터 국외로 불법으로 반출된 문화재에 대해서만 반환의 대상으로 삼는다. 이 협약은 현실적으로 가능한 방법을 모색한 것이기도 하고, 국제사회에서 문화재의 불법반출에 대한 인식을 제고시키는 큰 역할을 하고 있다. 그러나 1970년을 기준으로 해야 하는가 하는 점에 대해서는 여전히 논란의 여지를 남기고 있다. 실제 불법으로 반출된 문화재를 본국으로 반환한 사례는 점점 늘고 있는데, 이러한 실제 사례에서는 1970년을 고수하는 것이 아니라, 그 이전의 것도 상호 협의(반환, 소유권의 이전, 장기대여, 인도 등의 다양한 반환 방법과 다양한 내용의 상호 협조 체제 구축 등)에 따라 반환되고 있다(예: 이탈리아의 파키스탄, 이란, 리비아, 페루로의 문화재 반환, 미합중국 박물관 등의 이탈리아, 그리스, 페루 등으로의 문화재 반환, 일본국의 한국으로의 문화재 반환). 일본국은 2006.7.14. 성종실록, 중종실록, 선조실록의 일부인 47책, 2011.12.6. 조선왕조도서 1,205책을 각 引渡하여 소유권이 반환되었고, 프랑스는 2011.3.-5. 4차례에 걸쳐 외규장각 의궤 297책을 임대방식(5년기한 갱신가능)으로 우리나라에 전달하였다. 미합중국은 한국전쟁 중에 불법 반출되었던 대한제국 국새 등 인장 9점을 수사 · 압수하여 2014.에 우리나라에 반환하였고, 일본국은 2015. 덕혜옹주 복식을 기증 형식으로 반환하였다. 2020.까지 일본국으로부터 6,619점, 미합중국으로부터 2,022점, 스페인으로부터 892점, 독일로부터 724점, 프랑스로부터 303점 등 모두 10,841점이 환수되었다.

5. 국제영역의 기본원리

[111] 제1 개 설

오늘날 전 세계는 통신과 교통수단의 발달로 공통의 생활권으로 변하고 있고, 경제, 무역, 정치, 군사, 문화 등 삶의 모든 영역이 세계적인 연관성을 가지고 있다. 따라서 과거에 국민국가로서의 주권국가가 가지는 독립성이 약화되고 국가간의 상호연관성이 강조되고 있다. 환경, 공해, 전쟁, 테러, 범죄, 전염병 등 인류에게 미치는 재앙도 전지구적이어서 하나의 단위 국가가 이러한 문제를 효과적으로 처리하거나 해결하기 어렵게 되어 가고 있다. 이러한 국제관계의 전개는 국제적 평화를 더욱 필요로 하게 되었고, 국가들간의 관계를 규율하는 국제법규범이 점점 더 중요하게 되어 가고 있다.

헌법은 우리나라를 둘러싸고 있는 이러한 국제관계의 변화에 능동적으로 대응하고 우리도 국제질서를 존중하고 국제법관계의 주체로 활동하는 기초를 정하고 있다. 이러한 것은 국제사회에서의 세계평화주의와 국제법 존중주의로 표명되어 있다. 우리나라는 대한민국과 북한으로 분단되어 있기 때문에 통일이 헌법적 과제로 되어 있는데, 이러한 통일도 국제질서 속에서 이루어지므로 평화주의는 통일에도 적용된다.

국제평화는 국내의 평화문제와 분리되어 존재하는 것이 아니라 국내평화와도 밀접한 연관 속에서 실현되므로 국내적인 평화의 보장도 전체적인 평화질서와 관련하여 중요한 의미를 지닌다. 국제평화는 단순히 전쟁의 문제에 그치는 것이 아니라 환경, 범죄, 테러, 질병, 종교, 빈곤 등의 문제와 연관되어 있어 오늘날 인간에게 평화의 문제는 국제적인 차원과 국내적인 차원이 서로 밀접한 연관을 지닌 상황에 놓여 있다.

[112] 제2 평화주의

I. 국제평화

헌법은 전문에서 「항구적으로 세계평화에 이바지함으로써」라고 하여 세계평화주의를 선언하고, 제5조에서 이를 구체화하여 「대한민국은 국제평화의 유지에 노력하고 침략적 전쟁을 부인한다」라고 하여 국제평화의 유지를 위한 노력과 침략적 전쟁의 금지를 정하고 있다.

침략적 전쟁의 금지와 관련하여, 전쟁에 이르지 아니한 대외적 군사행동으로서의 무력행사가 허용되는가 하는 문제가 있다. 자기 방위를 위한 전쟁이나 무력행사가 아닌 한 침략적 전쟁이나 이에 준하는 무력행사는 금지된다고 할 것이다. 그런데 어떤 무력행사가 자위적 전쟁이냐 침략적 전쟁이냐 하는 것과 관련하여 그 성격이 모호한 경우가 있을 수 있는데, 이는 국제법에 따라 결정된다(동지: 김철수a, 328).

세계평화를 유지하기 위하여 전쟁 또는 무력행사가 불가피한 경우에 군대를 파견하는 것은 헌법에 위반되지 않는다.

> 세계평화주의는 H.Grotius, I.Kant 등에 의하여 국제법질서의 사상과 세계국가의 사상 등에서 표명되어 발전하여 왔지만, 현실에서 본격적으로 부각된 것은 제1차 세계대전을 거치면서 반전사상과 평화주의가 확대되면서 생겨났다. 인류에게 엄청난 재앙을 가져다준 제1차 세계대전을 겪은 후 1920년에 국제연맹을 창설하고 1928년에는 「전쟁포기에 관한 조약」을 체결하기에 이르렀다. 그러나 이러한 조약은 실효성이 약하여 결국 제2차 세계대전이라는 전대 미문의 전쟁을 치르게 되었다. 제2차 세계대전이 끝난 후 인류는 보다 실효성이 있는 국제평화체제를 구축하기 위하여 국제연합을 결성하고 침략전쟁과 무력행사 등 각종의 평화침해적 행위를 제재하는 국제규범들을 만들어 왔다. 각 나라들도 헌법에서 국제평화주의에 대한 규정을 두기에 이르렀다. 침략전쟁의 금지를 규정하는가 하면(예: 1987년 한국헌법, 1949년 독일연방헌법, 1946년 브라질헌법, 1950년 니카라구아헌법), 국제분쟁을 평화적으로 해결할 것을 정하기도 하고(예: 네덜란드헌법, 포르투갈헌법, 1931년 스페인헌법), 국제기구가 평화유지를 위하여 필요로 하는 경우에는 국가주권의 부분적 이양을 정하기도 한다(예: 1947년 이탈리아헌법).

II. 평화통일

헌법은 전문에서 「평화적 통일의 사명에 입각하여 정의·인도와 동포애로써 민족의 단결을 공공히 하고……」라고 정하고 있음과 동시에 제4조에서 「대한민국은 통일을 지향하며, 자유민주적 기본질서에 입각한 평화적 통일정책을 수립하고 이를 추진한다」고 정하여 통일에서 수단으로서 평화주의를 채택하고 있다. 이러한 헌법규정에 의할 때, 통일은 자유민주적 가치와 기본질서를 지향하고 그에 입각하여 한 것이어야 하며(자유민주적 통일), 방법에서 평화적인 것(평화적 통일)이어야 한다. 따라서 헌법상 무력을 수단으로 한 통일은 인정되지 않는다.

그러나 북한이 대한민국을 상대로 전쟁을 개시하거나 무력으로 침략을 하거나 그 위험성이 매우 높은 경우에는 대한민국은 선제적으로 무력을 행사하지 않을 수 없으며,

그러한 쌍방에 의한 무력행사 또는 전쟁의 상황에서 통일이 이루어지는 것은 이러한 평화통일원칙에 저촉되지 않는다.

[憲 2000.7.20.-98헌바63] 「헌법상 통일관련 규정들은 통일의 달성이 우리의 국민적·국가적 과제요 사명임을 밝힘과 동시에 자유민주적 기본질서에 입각한 평화적 통일 원칙을 천명하고 있는 것이다. 따라서 우리 헌법에서 지향하는 통일은 대한민국의 존립과 안전을 부정하는 것이 아니고, 또 자유민주적 기본질서에 위해를 주는 것이 아니라 그것에 바탕을 둔 통일인 것이다. 그러나 평화적 통일을 위하여서는 북한과 적대관계를 지속하면서 접촉·대화를 무조건 피하는 것으로 일관할 수는 없고, 자유민주적 기본질서에 입각하여 상호 접촉하고 대화하면서 협력과 교류의 길로 나아가는 것이 평화적 통일을 위한 초석이 되는 것이며, 순수한 동포애의 발휘로서 서로 도와주고 일정한 범위 내에서 경제적·기술적 지원과 협조를 도모하여 단일민족으로서의 공감대를 형성하는 것이야말로 헌법 전문의 평화적 통일의 사명에 입각하여 민족의 단결을 공고히 하는 방편으로서 헌법정신에 합치되는 것이다.」

그리고 북한이 대한민국을 부정하고 침략적 태도나 적대적인 태도를 취하는 상태에서는 대한민국이 북한을 반국가단체로 보고 이에 동조하는 활동을 규제하는 것은 헌법상의 국제평화주의나 평화통일원칙에 어긋나는 것이 아니다. 헌법재판소의 판례도 동일한 취지이다(예: 憲 1993. 7. 29.-92헌바48; 1997. 1. 16.-92헌바6등).

[憲 1997.1.16.-92헌바6등] 「남·북한이 유엔(U.N)에 동시가입하였다고 하더라도, 이는 "유엔헌장"이라는 다변조약에의 가입을 의미하는 것으로서 유엔헌장 제4조 제1항의 해석상 신규가맹국이 "유엔(U.N)"이라는 국제기구에 의하여 국가로 승인받는 효과가 발생하는 것은 별론으로 하고, 그것만으로 곧 다른 가맹국과의 관계에 있어서도 당연히 상호간에 국가승인이 있었다고는 볼 수 없다는 것이 현실 국제정치상의 관례이고 국제법상의 통설적인 입장이다. 또 소위 남북합의서는 남북관계를 "나라와 나라 사이의 관계가 아닌 통일을 지향하는 과정에서 잠정적으로 형성되는 특수관계"(전문참조)임을 전제로 하여 이루어진 합의문서인바, 이는 한민족공동체 내부의 특수관계를 바탕으로 한 당국간의 합의로서 남북당국의 성의있는 이행을 상호 약속하는 일종의 공동성명 또는 신사협정에 준하는 성격을 가짐에 불과하다. 따라서 남북합의서의 채택·발효 후에도 북한이 여전히 적화통일의 목표를 버리지 않고 각종 도발을 자행하고 있으며 남·북한의 정치, 군사적 대결이나 긴장관계가 조금도 해소되지 않고 있음이 엄연한 현실인 이상, 북한의 반국가단체성이나 국가보안법의 필요성에 관하여는 아무런 상황변화가 있었다고 할 수 없다. 또 1990.8.1. 법률 제4239호로 "남북교류협력에관한법률"이 공포·시행된 바 있으나, 이 법률은 남·북한간의 상호교류와 협력을 촉진하기 위하여 필요한 사항을 규정할 목적으로 제정된 것인데(제1조) 남·북한간의 왕래·교역·협력사업 및 통신역무의 제공 등 남북교류와 협력을 목적으로 하는 행위에 관하여는 정당하다고 인정되는 범위 안에

서 다른 법률에 우선하여 이 법을 적용하도록 되어 있어(제3조) 이 요건을 충족하지 아니하는 경우에는 이 법률의 적용은 배제된다고 할 것이므로 국가보안법이 이 법률과 상충되는 것이라고는 볼 수 없다. 요컨대, 현단계에 있어서의 북한은 조국의 평화적 통일을 위한 대화와 협력의 동반자임과 동시에 대남적화노선을 고수하면서 우리 자유민주주의체제의 전복을 획책하고 있는 반국가단체라는 성격도 함께 갖고 있음이 엄연한 현실인 점에 비추어, 헌법의 전문과 제4조가 천명하는 자유민주적 기본질서에 입각한 평화적 통일정책을 수립하고 이를 추진하는 법적 장치로서 남북교류협력에관한법률 등을 제정·시행하는 한편, 국가의 안전을 위태롭게 하는 반국가활동을 규제하기 위한 법적 장치로서 국가보안법을 제정·시행하고 있는 것으로서, 위 두 법률은 상호 그 입법목적과 규제대상을 달리하고 있는 것이므로 남북교류협력에관한법률 등이 공포·시행되었다 하여 국가보안법의 필요성이 소멸되었다거나 북한의 반국가단체성이 소멸되었다고는 할 수 없다. 그러므로 국가의 존립·안전과 국민의 생존 및 자유를 수호하기 위하여 국가보안법의 해석·적용상 북한을 반국가단체로 보고 이에 동조하는 반국가활동을 규제하는 것 자체가 헌법이 규정하는 국제평화주의나 평화통일의 원칙에 위반된다고 할 수 없다.」

헌법 제4조는 우리의 통일에 대한 적극적인 의지를 명시한 것이고, 그 방법이 평화적인 방법에 의한 통일을 강조한 것이지만, 그 본질에 있어서 이 조항은 규범적인 것이라기보다 사실적인 성격을 가지고 있는 규정이다. 즉 통일은 헌법 제4조에 의하여 이루어지는 것이 아니라 현실의 사실상황에 의하여 이루어지거나 이루어지지 않는 것이므로 통일은 사실에 의해 지배된다. 따라서 헌법 제4조는 「법규범적인 성격을 가지는 것」(de juris)이 아니라 「사실적인 성격을 가지는 것」(de facto)이다. 이러한 성격으로 인하여, 대한민국에 대한 북한의 적대적 위협이나 무력행사 또는 전쟁도발과 같이 우리가 추구하는 통일의 환경이 악화되는 경우에는 헌법 제4조의 의미는 약화되고 통일에서는 사실이 지배력을 가진다.

[憲 2000.7.20.-98헌바63] 「북한과의 접촉이나 교류가 일정한 원칙이나 제한 없이 방만하게 이루어진다면, 국가의 안전보장과 자유민주적 기본질서의 유지에 어려움을 가져올 수 있을 뿐만 아니라, 평화적 통일을 이루어 나가는 데에 지장을 초래할 수 있으며, 한편으로 북한주민과 접촉·교류하는 개개 당사자들의 목적달성이나 안전에도 장애를 가져올 수 있다. 따라서 정부가 남북한간의 접촉과 대화, 교류·협력의 기본방향을 정하고, 그에 따라 각 분야에서 필요한 민간부문의 교류·협력을 지속적으로 지원하고 보장하기 위하여 북한주민 등과의 접촉에 대하여 일정한 조정과 규제를 하는 것은 헌법상의 평화통일의 원칙과 국가안전보장 및 자유민주주의질서의 유지, 그리고 국민의 기본권보장이라는 원리들을 조화롭게 실현하기 위한 방편이 될 것이다.……헌법상의 여러 통일관련 조항들은 국가의 통일의무를 선언한 것이기는 하지만, 그로부터 국민

개개인의 통일에 대한 기본권, 특히 국가기관에 대하여 통일과 관련된 구체적인 행위를 요구하거나 일정한 행동을 할 수 있는 권리가 도출된다고 볼 수는 없다. 청구인은 또 이 사건 법률조항이 남북합의서의 자유로운 남북교류협력조항에 반하여 헌법에 위반된다고 주장하고 있으나, 일찍이 헌법재판소는 "남북합의서는 남북관계를 '나라와 나라 사이의 관계가 아닌 통일을 지향하는 과정에서 잠정적으로 형성되는 특수관계'임을 전제로 하여 이루어진 합의문서인바, 이는 한민족공동체 내부의 특수관계를 바탕으로 한 당국간의 합의로서 남북당국의 성의있는 이행을 상호 약속하는 일종의 공동성명 또는 신사협정에 준하는 성격을 가짐에 불과"하다고 판시하였고(憲 1997. 1. 16.-92헌바6등), 대법원도 "남북합의서는……남북한 당국이 각기 정치적인 책임을 지고 상호간에 그 성의 있는 이행을 약속한 것이기는 하나 법적 구속력이 있는 것은 아니어서 이를 국가간의 조약 또는 이에 준하는 것으로 볼 수 없고, 따라서 국내법과 동일한 효력이 인정되는 것도 아니다"고 판시하여(大 1999. 7. 23.-98두14525), 남북합의서가 법률이 아님은 물론 국내법과 동일한 효력이 있는 조약이나 이에 준하는 것으로 볼 수 없다는 것을 명백히 하였다. 따라서 설사 이 사건 법률조항이 남북합의서의 내용과 배치되는 점을 포함하고 있다고 하더라도, 그것은 이 사건 법률조항이 헌법에 위반되는지의 여부를 판단하는 데에 아무런 관련이 없다고 할 것이다.」

분단국가에서 통일은 「규범」보다는 「사실」이 강하게 지배하므로 분단된 당사자 사이에 외형상 규범의 형식을 가지는 약속을 하더라도 당사자 일방이 언제나 파기할 수 있으며, 그로 인하여 통일의 여건과 상황은 변경된다. 따라서 남북한 사이에 「남북사이의화해와불가침및교류·협력에관한합의서」(1991)와 같은 문건이 체결된다고 하더라도 이는 당사자를 강하게 기속하는 조약이 아닐뿐더러 양자 모두 이를 이행하지 않는 경우에도 법적인 책임을 물을 방법도 없고 이행을 강제할 방법도 없으며 현실에서 아무런 의미를 가지지 못하기 때문에 이 역시 사실적인 것이다.

2009년 1월 30일 북한은 조국평화통일위원회를 통하여 "북남 사이에 지난 시기에 채택된 상호 사상과 제도 존중, 비방중상 중지, 무력충돌 방지 문제를 비롯한 정치·군사적 대결 상태 해소와 관련한 모든 합의사항들에 대하여 무효화한다"고 하고 "북남 사이의 화해와 불가침 및 협력·교류에 관한 합의서와 그 부속합의서에 있는 서해해상군사경계선(NLL)에 관한 조항들을 폐기한다"고 공표하였다. 이는 2009년 1월 17일 대남전면대결태세를 선포한 후 발생한 일이었다. 이러한 행위가 있어도 우리나라는 북한에 대하여 정치적으로 대응할 수 있을 뿐 그간의 남북간의 합의등에 따른 법적인 책임을 물을 방법도 없고, 법적으로 제재하는 방법도 없다. 이와 같이 북한이 통일과 관련한 남북간의 합의나 노력을 부정하거나 대한민국에 대하여 군사적 침략을 가하는 경우에는 이러한 사실성에 의하여 위와 같은 문건들은 즉시 약속으로서의 효력을 상실하고 무화(無化)되어 버린다.

북한은 1993년 이후 군사정전위원회와 중립국감독위원회를 일방적으로 철수 · 폐쇄하여 남북기본합의서를 위반하였고, 1996년과 1998년에는 동해에 잠수함과 잠수정을 침투시켰으며, 1999년 9월에는 북한군 총참모부가 "서해 북방한계선을 무효화한다"라고 하면서 북한이 마음대로 정한 서해 군사분계선을 일방적으로 발표하였다. 1999년과 2002년에는 서해안에서 군사적인 도발을 하여 무력불사용과 불침략합의도 위반하였다(제1차, 제2차 연평해전). 2006년 10월 핵실험을 함으로써 1992년 체결한 한반도비핵화공동선언도 부정되었다.

이러한 점에서 볼 수 있듯이, 헌법 제3조는 법규범적인 성격을 가지는 조항(de juris)이고 헌법 제4조는 사실적인 성격을 가지는 것(de facto)이어서 이 양자 사이에는 서로 충돌하는 바가 발생하지 않는다.

종래 헌법 제3조와 제4조의 관계에 대하여 서로 충돌된다는 의견이 제기되기도 하였으나, 이는 잘못 제기된 사이비문제(Scheinproblem)라고 할 것이다. 본질상 문제가 되지 않는 것을 마치 문제인 것으로 착각하고 질문의 형식으로 제기한 것이라는 뜻이다.

Ⅲ. 생활의 평화와 안전

헌법이 정하고 있는 평화의 추구는 국제질서와 통일에서 명시적으로 나타나 있지만, 이러한 평화는 동시에 대한민국이라는 공동체와 그 속에서 살고 있는 국민들의 삶의 평화를 의미하므로 국민은 국가에 대하여 평화롭고 안전하게 살 수 있는 조건을 만들어 줄 것을 요구할 수 있다. 이는 국가안전보장과 치안질서의 유지와 직결되는 것이어서 국가는 국민들로 하여금 평화롭게 살 환경과 질서를 조성할 의무를 진다. 동시에 평화에 대한 요구는 공동체 내에서 발생하는 갈등을 해소하기 위하여 국가는 최대한의 노력을 해야 한다는 것을 요구할 수 있다. 공동체 내의 갈등이 심화하여 공동체에 균열이 가고 공동체 구성원간에 심각한 대립과 반목이 발생하게 되면 평화로운 삶은 어렵게 된다.

국민이 가지는 평화롭게 살 권리(평화권)와 안전하게 살 권리(안전권)는 헌법 제10조뿐만 아니라 헌법에 나타나 있는 평화추구의 가치와 국가의 존재목적에도 그 근거를 두고 있다.

[113] 제3 국제법의 존중

Ⅰ. 헌법 규정

헌법은 제6조 제1항에서 「헌법에 의하여 체결 · 공포된 조약과 일반적으로 승인된 국제법규는 국내법과 같은 효력을 가진다」라고 정하여 국제법을 수용하고 존중함을 천명하고 있다.

여기서 말하는 조약(條約)이란 둘 이상의 국가나 국제기구 등과 같은 국제법주체간의 합의로 국제법에 의해 규율되는 국제법규범이다. 국제사회에서 조약의 명칭은 관행에 따라 조약(treaty), 규약(covenant), 헌장(charter), 규정(statute), 협정(agreement), 협약(convention), 의정서(protocol), 교환각서(exchange of notes), 양해각서(memorandum of understanding), 합의의사록(agreed minutes) 등으로 부르기도 하지만, 이런 명칭에 관계없이 성격에 따라 조약인지의 여부가 결정된다. 남북기본합의서(南北基本合議書)(1992. 2. 19. 발효)는 이러한 조약에 해당하지 않는다. 헌법재판소의 판례(예: 憲 1997. 1. 16.-92헌바6등; 2000. 7. 20.-98헌바63)와 대법원의 판례(예: 大 1999. 7. 23.-98두14525)도 남북기본합의서를 법률이 아님은 물론 국내법과 동일한 효력이 있는 조약이나 이에 준하는 것으로 볼 수 없다고 판시하였다.

> [憲 1997.1.16.-92헌바6등] 「남북합의서는 남북관계를 '나라와 나라 사이의 관계가 아닌 통일을 지향하는 과정에서 잠정적으로 형성되는 특수관계'임을 전제로 하여 이루어진 합의문서인바, 이는 한민족공동체 내부의 특수관계를 바탕으로 한 당국간의 합의로서 남북당국의 성의있는 이행을 상호 약속하는 일종의 공동성명 또는 신사협정에 준하는 성격을 가짐에 불과하다.」
>
> [大 1999.7.23.-98두14525] 「남북합의서는……남북한 당국이 각기 정치적인 책임을 지고 상호간에 그 성의 있는 이행을 약속한 것이기는 하나 법적 구속력이 있는 것은 아니어서 이를 국가간의 조약 또는 이에 준하는 것으로 볼 수 없고, 따라서 국내법과 동일한 효력이 인정되는 것도 아니다.」

조약은 서면(書面)에 의한 경우가 대부분이지만 예외적으로 구두합의(口頭合議)도 조약의 성격을 가질 수 있다고 본다(예: 憲 2019.12.27.-2016헌마253). 조약의 성격을 가지는 구두합의에도 법적 구속력을 가지는 것과 법적 구속력을 가지지 않는 것이 있는데, 법적 구속력을 가지는 것으로 국민의 법적 지위에 영향을 주는 경우에는 이에 대하여 헌법소원심판을 청구할 수 있다고 판시하였다(예: 憲 2019.12.27.-2016헌마253).

> [憲 2019.12.27.-2016헌마253] 「조약의 개념에 관하여 우리 헌법상 명문의 규정은 없다. 다만 헌법 제60조 제1항에서 국회는 상호원조 또는 안전보장에 관한 조약, 중요한 국제조직에 관한 조약, 우호통상항해조약, 주권의 제약에 관한 조약, 강화조약, 국가나 국민에게 중대한 재정적 부담을 지우는 조약 또는 입법사항에 관한 조약의 체결·비준에 대한 동의권을 가진다고 규정하고 있으며, 헌법 제73조는 대통령에게 조약체결권을 부여하고 있고, 헌법 제89조 제3호에서 조약안은 국무회의의 심의를 거치도록 규정하고 있다. 국제법적으로, 조약은 국제법 주체들이 일정한 법률효과를 발생시키기 위하여 체결한 국제법의 규율을 받는 국제적 합의를 말하며 서면에 의한 경우가 대부분이지만 예외적으로 구두합의도 조약의 성격을 가질 수 있다. 국가는 경우에 따라 조약과는 달

리 법적 효력 내지 구속력이 없는 합의도 하는데, 이러한 합의는 많은 경우 일정한 공동 목표의 확인이나 원칙의 선언과 같이 구속력을 부여하기에는 너무 추상적이거나 구체성이 없는 내용을 담고 있으며, 대체로 조약체결의 형식적 절차를 거치지 않는다. 이러한 합의도 합의 내용이 상호 준수되리라는 기대 하에 체결되므로 합의를 이행하지 않는 국가에 대해 항의나 비판의 근거가 될 수는 있으나, 이는 법적 구속력과는 구분된다. 조약과 비구속적 합의를 구분함에 있어서는 합의의 명칭, 합의가 서면으로 이루어졌는지 여부, 국내법상 요구되는 절차를 거쳤는지 여부와 같은 형식적 측면 외에도 합의의 과정과 내용·표현에 비추어 법적 구속력을 부여하려는 당사자의 의도가 인정되는지 여부, 법적 효력을 부여할 수 있는 구체적인 권리·의무를 창설하는지 여부 등 실체적 측면을 종합적으로 고려하여야 한다. 이에 따라 비구속적 합의로 인정되는 때에는 그로 인하여 국민의 법적 지위가 영향을 받지 않는다고 할 것이므로, 이를 대상으로 한 헌법소원 심판청구는 허용되지 않는다. 이 사건 합의가 양국 외교장관의 공동 발표와 정상의 추인을 거친 공식적인 약속이라는 점은 이 사건 합의의 경과에 비추어 분명하다. 그러나 이 사건 합의는 서면으로 이루어지지 않았고, 통상적으로 조약에 부여되는 명칭이나 주로 쓰이는 조문 형식을 사용하지 않았으며, 합의의 효력에 관한 양 당사자의 의사가 표시되어 있지 않을 뿐만 아니라, 구체적인 법적 권리·의무를 창설하는 내용을 포함하고 있지 않다.」

조약의 체결(締結 conclusion)이란 조약의 내용에 대한 합의를 성립시키고 이를 최종적으로 확인하는 것을 말한다. 조약의 체결이라는 개념은 조약성립의 다양한 형태로 인하여 일의적으로 정의하기는 어렵다. 서명만으로 조약의 효력이 발생하는 경우에는 서명으로 조약이 체결되지만, 서명 이외에 비준이 필요한 경우에는 비준으로 조약이 체결된다. 그리고 체결과 서명이 반드시 일치하는 것도 아니다. 다자조약의 경우에는 모든 국가가 동시 서명이 어렵기 때문에 서명에 개방된 날 조약이 체결되었다고 한다(통상 다자조약의 경우에는 조약 내용을 확정하는 것을 체결이라 하지 않고 채택이라고 한다). 헌법 제6조 제1항에서 명기하고 있는 「체결」은 서명만으로 조약이 성립하는 경우에는 서명으로 체결된 것을 말하고, 비준까지 요구되는 경우에는 서명 이후에 비준이 행해진 단계까지 포함하여 체결이라고 지칭하는 것이다.

헌법에는 조약의 성립 및 효력에 관하여 제6조 제1항에는 「체결·공포」라고 되어 있고, 제60조 제1항과 제73조에는 「체결·비준」이라고 되어 있는데, 제6조 제1항의 「체결」이 위와 같은 의미라면, 제60조 제1항과 제73조의 「체결」은 비준이 필요없이 서명으로 성립하는 조약의 성립을 의미하고, 비준까지 필요한 조약의 성립은 「비준」에 해당한다고 할 것이다([452]).

조약의 체결, 즉 당사국간의 합의에 따라 조약내용에 구속되는데 대한 동의는 여러 형태로 이루어진다. 이러한 체결의 형식에는 서명(署名 signature), 비준(批准 ratification), 수락(受諾 acceptance), 승인(承認 approval), 가입(加入 accession)이 있다(조약에관한비엔나협약 §2①(b)). 서명은 통상 전권위원이 행하는데, 합의의 성립을 최종적으로 확인하는 행위이다. 비준없이 서명만으로 성립하는 약식조약(treaty in simplified form)도 있다. 비준은 전권위원이 서명한 조약을 조약체결권자(우리나라의 경우 대통령)가 재검토하여 최종적으로 확인하는 행위이다. 수락이나 승인도 비준과 동일하다고 본다. 가입은 이미 성립된 조약에 교섭국이 아니면서 이에 참가하여 당사국으로서 조약의 합의를 확인하는 행위이다.

「일반적으로 승인된 국제법규」가 무엇을 의미하는가 하는 점이 문제가 된다. 이에 대해서 이는 국제관습법을 의미한다고 하는 견해와 국제관습법과 대한민국이 체결당사국이 아니지만 국제사회에서 일반적으로 그 규범성이 인정된 국제규범을 의미한다는 견해가 있다(동지: 권영성, 175; 김철수a, 339). 국제연합인권선언, 포츠담선언은 법적 구속력이 없어 이에 해당하지 않는다. 어떠한 국제법규가 이에 해당하는지는 구체적으로 대한민국의 재판기관의 판단에 의해 결정된다.

헌법재판소는 국제연합(UN)의 「인권에 관한 세계선언」(예: 憲 1991. 7. 22.-89헌가106), 이를 뒷받침하기 위한 「시민적 및 정치적 권리에 관한 국제규약」(예: 憲 1991. 7. 22.-89헌가106; 1998. 7. 16.-97헌바23) 중 가입 당시 유보한 부분, 국제연합교육과학문화기구와 국제노동기구가 채택한 「교원지위에 관한 권고」(예: 憲 1991. 7. 22.-89헌가106), 우리나라가 회원이 아닌 국제노동기구의 조약(예: 憲 1991. 7. 22.-89헌가106), 우리나라가 비준하지 아니한 강제노동의 폐지에 대한 국제노동기구의 조약(예: 憲 1998. 7. 16.-97헌바23)은 국내적으로 효력을 가지지 못하는 것으로 본다.

II. 국제법과 국내법의 관계

국제법과 국내법의 관계에 대해서는 이론상 일원론과 이원론이 대립하고 있다. 「일원론」은 국제법과 국내법을 통일된 하나의 질서로 보고, 국제법과 국내법은 각각 통일된 질서의 부분으로 존재하고 어느 하나가 다른 하나에 타당성을 부여한다고 본다. 일원론은 국제법과 국내법의 우열관계에 대하여 국제법우위론(國際法優位論)과 국내법우위론(國內法優位論)으로 대립하고 있다. 국제법과 국내법이 충돌하는 경우에 국제법우위론은 국제법이 적용된다고 보는데 반하여, 국내법우위론은 국제법은 각국의 헌법에 의하여 승인된 것이라는 점을 근거로 하여 국내헌법이 국제법에 우선한다고 본다. 「이원론」은 국제법과 국내법은 각기 국제관계와 국내관계를 규율하는 별개의 체계라고 보고 서로간에 아무런 영향을 미치지 않는다고 본다. 국내의 학설과 판례는 대체적으로 일원론과 국내법우위론을 지지한다(예: 憲 2001. 4. 26.-99헌가13).

Ⅲ. 국제법의 국내법적 효력

(1) 이 론

국제법이 주권국가의 국내영역에 대하여 어떠한 효력을 가지는가 하는 점이 문제가 된다. 이 문제는 국제법을 국내법으로 수용하는 방식에 따라 달라진다. 국제법을 국내로 수용하는 방식에서 국내법의 형식(예: 법률, 명령 등)을 취하도록 하는 경우에는 국내법의 형식을 취함에 따라 국내법과 동일하게 그에 합당한 효력이 국내적으로 발생한다. 그러나 국제법이 국내법의 형식을 취하지 않고 그 자체 주권국가에 대하여 국내적으로 직접 효력이 발생한다고 하면, 국제법과 국내법(헌법, 법률, 명령, 규칙, 조례 등)간의 관계에서 우열문제가 발생한다.

(2) 헌법 제6조 제1항

헌법 제6조 제1항은 이러한 문제에 대하여 명백하게 정하고 있지 않다. 그러나 법문의 표현으로 볼 때, 국제법을 국내로 수용함에 있어서 국내법의 형식을 취할 것을 요구하지 않는 것으로 해석하는 것이 가능하다. 따라서 국제법을 수용할 때 국내법의 형식을 취하는 경우에는 문제가 없으나, 그러하지 않을 경우에는 우리나라에서도 국제법과 국내법간의 우열문제가 발생한다.

국제법질서에서 주권국가는 영토뿐만 아니라 자기 통치에 있어 독립성을 가진다. 따라서 국제법도 해당 국가가 인정할 때 비로소 유효하며, 다른 국가들의 의사에 의해 한 국가나 그 국민의 삶이 결정되지 않는다. 따라서 헌법이 국제법에 대하여 우월한 지위를 가진다. 국제법의 국내적용에서 헌법위반문제가 발생하면 위헌법률심판, 위헌명령심사, 헌법소원심판 등을 통하여 다툴 수 있다.

국제법의 내용이 주권국가의 헌법의 내용을 변경하거나 추가하는 것일 때에는 해당 국가의 헌법개정의 방법에 따라 수용될 때만 국내적으로 효력을 가진다. 국제법이 법률과 동위의 효력을 가지는 것인 경우에는 법률의 입법에서 필요로 하는 정당성확보의 방법(예: 국회의 동의)을 통하여 수용될 때 비로소 법률과 동일한 효력을 국내적으로 발생한다. 법률과 동일한 효력을 가지는 조약의 경우에 자기집행조약(自己執行條約 self-executing treaty)은 법률의 입법이 없이 국내적으로 효력을 발생하지만, 비자기집행조약(非自己執行條約 non-self-executing treaty)은 이를 집행하기 위한 법률의 제정이 있어야 비로소 국내적으로 적용할 수 있다.

(3) 조약에 대한 위헌여부심사

조약에 대해 위헌여부심사를 하는 문제는 조약이 가지는 국제법규범으로서의 특성으로 인하여 국내법규와 동일하지는 않다. 조약에 대한 규범통제 문제, 현행 위헌법률심판제도와 헌법소원심판제도에서 조약의 위헌여부에 대하여 심판할 수 있는가 하는 문제, 조약에 대하여 위헌이라고 선고한 헌법재판소의 결정이 어떠한 효력을 가지는가 하는 문제에 대하여 상론한다.

(a) 조약에 대한 규범통제

조약은 국제법규이기 때문에 조약을 체결한 이후에 개별 국가의 국내 헌법재판기관이 그에 대하여 위헌여부를 심사하는 것은 국가의 권위 · 위신과 신뢰도의 면에서 바람직하지 않다. 조약이 헌법에 위반되는 경우에는 헌법재판기관이 위헌으로 선고하는 것보다 해당 국가가 조약에서 탈퇴하는 것이 바람직하다.

조약이 가지는 성질에 비추어 볼 때, 국회의 동의와 같은 국회에 의한 통제 이외에 조약에 대한 사법적 통제를 하는 제도를 두더라도 조약이 국내적으로 효력을 발하기 전, 즉 대통령의 조약 공포(관보 게재에 의함)가 있기 전에 행하는 것이 바람직하다. 조약이 체결되면 당사국간에는 국제법적인 효력을 발생하지만 아직 국내법으로서 효력을 가지지 않는다. 그러나 법률에 대하여 예방적 규범통제를 행하는 경우에 법률이 공포되기 전 또는 시행되기 전에 위헌여부심판을 할 수 있으므로 조약에 대해서도 공포되기 전에 예방적 규범통제를 할 수 있다. 이러한 예방적 규범통제는 추상적 규범통제(抽象的 規範統制)의 방법으로 행해지는데, 이런 추상적 규범통제는 사전적 규범통제(事前的 規範統制) 또는 예방적 규범통제(豫防的 規範統制)의 성질을 가진다고 볼 수 있다.

독일의 경우 실정법에 명문으로 예방적 규범통제(präventive Normenkontrolle)를 정하고 있지는 않다. 해석상으로 예방적 규범통제가 가능한가 하는 문제에 대해서는 긍정설과 부정설이 있다. 독일연방헌법재판소의 판례는 부정설의 입장을 취하고 있다. 다만, 조약에 대한 동의법률은 예외적으로 연방대통령의 서명과 공포가 있기 전에 다툴 수 있다고 본다. 정책적인 면에서 예방적 규범통제제도를 두어야 한다는 주장도 있다.

(b) 조약의 위헌여부심판 가능성

위헌이라고 다투어지는 조약이 국내적으로 존재하고 이러한 조약의 탈퇴가 없는 경우에 어떻게 할 것인가 하는 문제가 있다. 이러한 경우에는 조약의 헌법위반여부와 그 효력에 대해 판단하지 않을 수 없다. 따라서 국내법으로서 효력을 가지는 조약이나 국제법규의 위헌여부에 대하여 헌법재판소가 심판을 할 수 없는 것은 아니라고 할 것이다. 조약에 대한 위헌법률심판에 대해서는 헌법 제111조에서 명시적으로 정하고 있지는 않지만, 헌법 제111조 제1항 제1호의 「법률」에는 법률의 효력을 가지는 조약이나 국제법규도 포함된다는 것 이외에 헌법 제6조의 해석을 통하여 해결할 수 있다고 보인다. 즉 헌법재판소가 국내법의 위헌여부를 심판하는 이상 국내법의 효력을 가지는 조약이나 국제법규의 위헌여부에 대해서도 심판할 수 있다고 할 것이다. 이 경우 조약은 별도의 입법 시행의 조치가 없이 바로 국내에 적용되는 자기집행조약이든 그 시행에 있어서 국내 법률로 조약을 구체화하는 것이 필요한 비자기집행조약이든 헌법재판소의 심판의 대상이 된다. 위헌법률심판절차를 통하여 다툴 수 있는가 헌법소원심판절차를 다툴 수 있는가 하는 점에서는 차이가 있을 수 있다. 입법례로 조약의 위헌여부를 헌법재판기관이 심사할 수 있음을 명문으로 정하고 있는 헌법이 존재함에 비추어 볼 때, 우리 헌법도 제111조에서 이를 명시적으로 정하는 것이 바람직하다.

헌법재판소는 법률과 동일한 효력을 가지는 조약은 위헌법률심판의 대상이 된다고 본다(憲 1995. 12. 28.-95헌바3; 1999. 4. 29.-97헌가14; 2001. 9. 27.-2000헌바20). 헌법재판소는 이 점에 대하여 위헌법률심판에서 방론으로 이를 설시하기도 하였고(예: 憲 1995. 12. 28.-95헌바3), 조약이 심판대상이 되는가 하는 문제에 대해 정면으로 판단하지 않은 채, 법원이 조약의 위헌여부에 대한 심판을 제청한 사건에서 본안판단을 하기도 했다(예: 憲 1999. 4. 29.-97헌가14). 그러다가 2001년 9월 헌법재판소는 헌법재판소법 제68조 제2항에서 정하고 있는 「법률」에는 조약도 포함되어 있다고 판시하기에 이르렀다(예: 憲 2001. 9. 27.-2000헌바20).

[憲 1995.12.28.-95헌바3] 「헌법 제111조 제1항 제1호 및 헌법재판소법 제41조 제1항은 위헌법률심판의 대상에 관하여, 헌법 제111조 제1항 제5호 및 헌법재판소법 제68조 제2항, 제41조 제1항은 헌법소원심판의 대상에 관하여 그것이 법률임을 명문으로 규정하고 있으며, 여기서 위헌심사의 대상이 되는 법률이 국회의 의결을 거친 이른바 형식적 의미의 법률을 의미하는 것에는 아무런 의문이 있을 수 없다. 따라서 형식적 의미의 법률과 동일한 효력을 갖는 조약 등은 포함된다고 볼 것이지만……」

[憲 1999.4.29.-97헌가14] 「이 사건 조약은 그 명칭이 "협정"으로 되어 있어 국회의 관여없이 체결되는 행정협정처럼 보이기도 하나, 우리나라의 입장에서 볼 때에는 외국군대의 지위에 관한 것이고, 국가에게 재정적 부담을 지우는 내용과 근로자의 지위, 미군에 대한 형사재판권, 민사청구권 등을 입법사항을 포함하고 있으므로 국회의 동의를 요하는 조약으로 취급되어야 하는 것이고, 당시의 헌법(1962. 12. 26. 전면개정된 것) 제56조 제1항도 외국군대의 지위에 관한 조약, 국가나 국민에게 재정적 부담을 지우는 조약, 입법사항에 관한 조약의 체결·비준에 대하여는 국회가 동의권을 가진다고 규정하고 있는 것이다.……1967.2.9. 발행 관보(호외)에 의하면 이 사건 조약은 국회의 비준동의(1966. 10. 14.)와 대통령의 비준 및 공포를 거친 것으로 인정된다. 따라서 이 사건 조약이 국내법적 효력을

가짐에 있어서 성립절차상의 하자로 인하여 헌법에 위반되는 점은 없다.……이 사건 조항이 국민의 재산권을 침해한다고는 할 수 없고, 그 외에 이 사건 조항이 헌법에 위반된다고 할 만한 점이 발견되지 아니한다.」

[憲 2001.9.27.-2000헌바20] 「헌법재판소법 제68조 제2항은 심판대상을 "법률"로 규정하고 있으나, 여기서의 "법률"에는 "조약"이 포함된다고 볼 것이다. 헌법재판소는 국내법과 같은 효력을 가지는 조약이 헌법재판소의 위헌법률심판대상이 된다고 전제하여 그에 관한 본안판단을 한 바 있다(憲 1999. 4. 29.-97헌가14 참조). 이 사건 조항은 각 국회의 동의를 얻어 체결된 것이므로 헌법 제6조 제1항에 따라 국내법적 효력을 가지며, 그 효력의 정도는 법률에 준하는 효력이라고 이해된다. 한편 이 사건 조항은 재판권 면제에 관한 것이므로 성질상 국내에 바로 적용될 수 있는 법규범으로서 위헌법률심판의 대상이 된다고 할 것이다.」

(c) 심판 대상인 조약

(i) 조약의 종류 조약의 위헌여부에 대하여 심판할 수 있다고 하는 경우에도 조약의 법적 성격과 효력에 비추어 볼 때, 규범효력론의 면에서 어떠한 조약이 위헌여부심판의 대상이 되는가 하는 문제가 있다. 조약의 성격과 효력에서 법률 또는 명령 등과 같이 법률보다 하위의 법규범과 동일한 효력을 가지는 조약에 대하여 위헌여부심판을 하는 것은 가능하다.

그런데 법률보다 상위의 효력을 가지는 조약에 대하여 위헌여부심판을 할 수 있는가 하는 점이 문제가 된다. 효력에서 법률보다 상위에 있으나 헌법보다 하위에 있는 조약의 경우에는 법규범의 효력체계상 헌법이 상위에 있고 이에 저촉되는 하위규범은 효력을 가질 수 없기 때문에 위헌여부심판을 할 수 있다.

문제는 헌법의 효력을 제약하는 조약(법이론적으로는 그것이 헌법과 동위의 효력을 가지는 것이라고 하든 헌법보다 상위의 효력을 가지는 것이라고 하든 모두 포함한다)에 대하여 위헌여부심판을 할 수 있는가 하는 점이다. 개별 사항을 구별하지 않고 헌법의 효력을 제약할 수 있는 조약을 체결할 수 있다고 하면서 이 조약에 대하여 다시 위헌여부심판을 할 수 있다는 것은 일응 논리모순이다. 그러나 개별국가의 헌법의 효력을 제약하는 조약에도 사항에 따라 그 의미나 기능, 중요성 등에서 다양할 수 있고, 예컨대 영역고권이나 대인고권을 제약하는 조약 등과 같이 단위국가의 존립의 핵심적인 사항에 대하여 다툼이 발생하는 조약은 해당 국가의 주권을 침해하는지의 여부가 문제가 되고 그 나라 헌법의 개별 규정에의 저촉여부가 문제가 되지 않을 수 없다.

헌법 제60조 제1항에 의하면, 주권의 제약에 관한 조약은 국회의 사전 동의를 얻어 체결·비준할 수 있게 되어 있다. 이러한 규정의 문어적인 표현을 보면, 일응 대한민국의 주권을 제약하는 모든 조약은 국회의 동의만 있으면 정부가 체결·비준할 수 있다고 해석할 수 있다. 그러나 영토의 할양 · 매매, 국민의 지위 변경(예컨대, 대한민국 국민에서 일본이나 중국 등 외국의 국민으로 변경), 국가안위에 관한 사항 등 주권의 핵심적인 사항에 대한 결정을 모두 대의기관에게 맡겨 두었다고 할 것인지는 의문이 있다. 주권의 핵심적인 사항을 국민의 의사에 반하여 대의기관이 결정하는 것은 국민주권원리에 합치하지 않고, 저항권의 법리에서도 허용되기 어렵다. 이러한 경우에 헌법이론적으로는 국민투표로 결정하는 것이 합당하다. 그러나 우리 헌법은 이러한 경우에 국민투표를 할 수 있게 하는 규정이 없다. 겨우 할 수 있는 조치는 대통령이 제72조에 따라 조약을 체결하기 전에 국민투표에 부의하는 것이다. 그러나 대통령이 이러한 국민투표에 회부를 하지 않거나 국민투표에 회부한 경우에도 국민투표의 결과로 나타난 국민의 의사에 반하여 조약을 체결하는 경우에는 어떻게 할 것인가 하는 문제가 있다. 이러한 경우에 조약의 위헌여부를 심사할 수 없다면 국가의 주권, 국민주권원리 자체가 무의미해진다. 따라서 단위 국가의 헌법의 효력을 제약하는 조약의 경우에 조약체결국가는 그 조약이 자기 나라의 헌법에 합치하는지의 여부를 심사할 수 있다고 할 것이다.

이러한 경우에도 여러 가지 문제가 발생한다. 국민이 독도를 일본국에 넘겨주는 것이나 백두산을 중국에 넘겨주는 것에 반대를 함에도 정부가 대한민국의 주권을 제약하는 이러한 조약을 체결하는 것을 추진하고 국회가 동의를 한 경우에 이 조약이 헌법재판소의 심판에서도 합헌이라고 결정된 경우에 어떻게 되는가 하는 점이다. (1) 이는 국민의 입장에서는 대한민국에 대한 중대한 불법행위가 된다고 보기 때문에 저항권의 문제가 될 것이다. 이 경우에는 영토를 할양하거나 국민의 지위를 변경하거나 대한민국의 안위에 위해를 가져 오는 조약은 헌법 제60조 제1항의 「주권을 제약하는 조약」에서 제외되는 것이라고 해석하게 된다. (2) 이러한 조약이 체결된 경우에 과연 헌법재판소가 위헌여부를 심판할 수 있는 기회가 있는가 하는 점이다. 우리나라는 규범통제에서 구체적 규범통제와 규범에 대한 헌법소원만 인정하고 추상적 규범통제를 인정하지 않기 때문에 이러한 조약이 재판의 전제가 되거나 개인의 기본권을 침해하는 경우에만 헌법재판소가 심판을 할 기회를 가지게 된다. 따라서 이러한 조약에 대하여 헌법재판소가 위헌여부심판을 할 수 있는 가능성은 현실적으로 낮다. (3) 따라서 이 문제를 해결하는 제도로는 이러한 조약의 체결에는 사전에 구속적 국민투표를 거치게 하여 그 결과에 따라 체결여부를 결정하게 하는 것이 타당하다. 현행 헌법질서하에서는 이를 제도화하는 데는 헌법개정이 필요하다.

정부가 체결한 조약에 대하여 해당 조약이 헌법의 효력을 제약한다는 이유로 국회가 문제를 삼거나, 이러한 조약의 체결에 대하여 국회의 다수가 동의를 한 경우에 소수가 해당 조약이 헌법의 효력을 제약한다고 주장하는 경우에 해당 국가는 이에 대한 위헌여부를 심사할 수 있어야 한다.

(ii) 효력이 발생하지 않은 조약 조약에는 조약의 성립일과 효력발생일이 동일한 경우도 있지만, 서로 다른 경우도 있다. 조약의 당사국이 체결을 하여 조약이 성립은 되었으나 아직 효력은 발생하지 않은 상태에 있는 조약에 대하여 당사국이 위헌여부심판을 할 수 있는가 하는 문제가 있다. 이러한 조약은 이미 체결되었고, 일정한 기간이 경과하면 효력이 자동으로 발생하여 적용될 것이므로 구체적 규범통제절차나 헌법소원심판절차에서도 위헌여부심판을 할 수 있다.

(iii) 위헌 선고된 조약의 효력 헌법재판소가 국내법으로서 효력을 가지는 조약이나 국제법규에 위헌이라고 선고한 경우 그 효과가 어떠한가 하는 점이 문제가 된다. 국내법으로서 효력을 가지는 조약이나 국제법규는 어디까지나 국제법규범이기 때문에 특정 국가의 국내법의 위반이라는 이유로 조약이나 국제법규의 효력이 국제법적으로 무효화되지는 않는다. 조약의 무효화는 국제법에 의해 규율된다. 따라서 헌법재판소에 의해 위헌으로 선고된 조약이나 국제법규는 대한민국에서 국내법으로서만 효력을 가지지 못한다. 이러한 헌법재판소의 결정이 있으면 국회나 정부는 그 결정에 기속되므로 조약에 따른 권리를 행사할 수 없고 의무도 이행할 수 없다. 국가는 국제법적으로 조약이나 국제법규를 이행하지 아니한 책임을 지게 된다.

비자기집행조약의 경우 그 시행을 위하여 국내 법령으로 조약을 구체화한 법률 또는 명령이 제정되어 있고 이의 위헌여부에 대하여 다툼이 있는 경우에는, 법률의 위헌여부에 대해서는 위헌법률심판절차 또는 헌법소원심판절차를 통하여 헌법재판소가 심판할 수 있고, 명령의 위헌여부에 대해서는 헌법소원심판절차를 통하여 헌법재판소가 심판할 수 있다. 명령의 위헌여부가 헌법 제107조 제2항에 따라 구체적 규범통제에서 문제가 되는 경우에는 각급 법원이 재판에서 판단하고 대법원이 상고심으로서 최종적으로 심판한다.

[114] 제4 외국인의 지위 보장

헌법은 제6조 제2항에서 「외국인은 국제법과 조약이 정하는 바에 의하여 그 지위가 보장된다」고 정하여 외국인의 법적 지위를 보장하고 있다. 국제법규에 의하여 외국인의 법적 지위를 보장하는 것은 국제평화주의와 국제법의 존중에도 기여한다. 외국인의 지위는 상호주의를 기본으로 하여 보장하고 있다.

외국인의 지위에 대한 보장이 국내법과 충돌이 있을 때에는 국제법과 국내법간의 효력문제로 돌아간다. 오늘날 세계화의 경향으로 인하여 외국인의 지위를 더 두텁게 보장하는 방향으로 나아가지만, 이 문제에 대한 구체적인 결정은 대한민국이 국가주권에 근거하여 독자적으로 한다.

2 헌법상의 권리와 의무

太極은 동시에 無極이다. 태극이 움직이므로 그로부터 陽이 나오고, 그 움직임이 극에 달하면 움직이지 않게 된다. 그 움직이지 않는 것에서 陰이 나오고, 그 움직이지 않음이 극에 달하면 다시 움직임으로 간다. 한번의 움직임과 한번의 움직이지 않음이 같이 그 뿌리가 되어 음과 양으로 나누어지니, 비로소 兩儀(음양 2元素)가 이루어진다. 양이 변하고 음이 합해져서 물, 불, 나무, 쇠, 흙을 낳아 五行의 기운이 순차적으로 펼쳐짐에 봄, 여름, 가을, 겨울의 四時가 이루어진다. 그리하여 오행은 하나의 음양이고, 음양은 하나의 태극이니 그래서 태극은 본시 무극이라고 하는 것이다. 오행이 생기면서 각각 그 성질을 하나씩 가지니 無極의 진리와 음양이라는 두 氣와 오행의 精氣가 묘하게 합하고 서로 엉기어, 乾道는 수컷을 이루고 坤道는 암컷을 이루어 두 기운이 서로 감응하여 만물을 화생하게 하니, 만물이 계속 낳고 낳아 변화가 무궁하게 된다. 오로지 인간만이 빼어난 기운을 얻어 가장 영특하니 몸이 이미 생겨남에 정신이 지혜를 발한다. 仁, 義, 禮, 智, 信이라는 五性은 서로 영향을 주어 움직이고, 선악이 나뉘어지며 온갖 만사가 나온다. 훌륭한 사람(聖人)은 中(=禮), 正(=智), 仁, 義로써 삶을 정하되, 고요함을 主된 것으로 삼아 사람의 極을 세웠다. 그러므로 성인은 天地와 더불어 덕에 합하고, 日月과 더불어 밝음에 합하며, 四時와 더불어 차례에 합하며, 鬼神과 더불어 길흉에 합하는 것이니, 덕이 있는 자는 이것을 닦기 때문에 길해지는 것이고, 소인배는 이를 어기기 때문에 흉해지는 것이다. 따라서 일컫기를, 하늘의 도를 세움은 음과 양이요, 땅의 도를 세움은 부드러움과 강함이요, 사람의 도를 세움은 어짊과 올바름이다」라고 하였다. 또 말하기를, 「시작을 근원으로 하여 끝으로 돌아간다. 그리하여 생사의 이치를 안다」고 하였으니, 참으로 위대하도다 주역이여. 그 이치가 너무 너무 지극하도다.

[太極而無極 太極動而生陽 動極而靜 靜而生陰 靜極復動 一動一靜 互爲其根 分陰分陽 兩儀立焉 陽變陰合 而生水火木金土 五氣順布 四時行焉 五行一陰陽也 陰陽一太極也 太極本無極也 五行之生也 各一其性 無極之眞 二五之精 妙合而凝 乾道成男 坤道成女 二氣交感 化生萬物 萬物生生而變化無窮焉 惟人也得其秀而最靈 形旣生矣 神發知矣 五性感動 而善惡分 萬事出矣 聖人 定之以中正仁義而主靜 立人極焉 故聖人與天地合氣德 日月合其明 四時合其序 鬼神合氣吉凶 君子修之吉 小人悖之凶 故日立天之道 日陰與陽 立地之道 日柔與剛 立人之道 日仁與義 又日原始反終 故知死生之說 大哉 易也 斯其至矣]

– 太極圖說 –

제 4 편　기본권의 일반이론

제 5 편　헌법상의 기본권과 의무

제 4 편

기본권의 일반이론

천고(千古)의 옳고 그름, 정의와 사악(邪惡)함, 음과 양, 흑과 백은 구별하기 어렵지 않으며, 또한 많은 말이 필요가 없다. 그것은 단지 의리(義理)와 이해(利害)에 의해 나누어질 따름이다.

–연암(燕岩) 박지원(朴趾源)

제 1 장 기본권의 발달과 개념

제 1 절 기본권의 발달과 보장

[115] 제1 개 설

기본권의 보장은 연원적으로 인권사상의 발달에 그 기원을 두고 있다. 따라서 기본권의 발달은 인권의 발달과 밀접한 연관성을 가지고 있다. 서양에서 기본권의 보장은 인권사상의 발달에서 출발하였다. 서양에서 언제부터 인간의 자유와 권리에 관한 사상이 발달하였는가 하는 점에 대해서는 사상사적으로 논란이 있다. 인권사상이 뚜렷하게 나타나는 것은 17세기 자유주의의 등장으로 자유라는 개념을 획득한 시기부터였다.

그러나 서양만이 아니라 동양에서도 자유와 권리에 관한 사상이 있었다고 하는 견해도 있듯이(예: T. de Bary), 자유나 권리가 서양의 정신과 문화의 전유물은 아니다. 인간이 인간으로서 존엄성을 유지하며 행복하고 자유롭게 살고 싶은 것은 인간의 본질에서 비롯하는 것이므로 이에는 동서양의 차이가 없다. 다만, 서양이 동양보다 자유와 권리에 바탕을 둔 국가와 사회의 제도를 구체화하는 데 앞섰고, 동양은 주로 이러한 제도를 서양에서 받아들여 근대국가를 형성한 점에서 차이가 있다. 서양의 인권사상은 보편성을 강조하여 왔지만, 공동체의 특성에 따라 문화가 다를 경우에는 인권의 개념에도 상대성이 있다는 견해가 등장하면서 인권이론과 기본권이론에서 인권과 기본권의 보편적 내용과 상대적 내용을 가려내는 것이 새로운 과제로 되고 있다.

[116] 제2 기본권보장의 역사

Ⅰ. 인권보장의 성립

인권(人權 human right, Menschenrechte, droits de l'homme)의 개념적 맹아(萌芽)는 고대 사상에서도 있지만, 현대 인권 또는 기본권의 보장에서 그 효시를 이루는 인권선언 또는 인권보장이라는 관념은 서양의 역사에 있어 중세로부터 근대로 이행하는 과정에서 등장하였다. 서구에서 기본권의 보장은 군주의 지배로부터 귀족 등의 특권을 확보하는 과정에서 시작되었고, 이러한 것이 점차 확대되어 모든 국민의 자유와 권리를 확보하는 것으로 발전하였다. 이러한 과정에서 법적 의미의 기본권은 근대 입헌주의 헌법에서 자유와 권리를 헌법적 권리로 보장한 것에서 비롯하였지만, 그 초기형태는 다양한 헌법적 문서에서 나타나기 시작하였고, 이러한 것은 나라마다 각기 그 역사발전에 따라 다양한 모습으로 나타났다.

(1) 영 국

전형적인 근대인권선언은 미합중국연방헌법에서 출발하였지만, 그 이전에 영국으로부터 많은 영향을 받았다. 영국에서 인권사상은 종교개혁, 사회계약설, 근대 계몽사상, 명예혁명 등의 등장으로 발전하였는데, 이러한 과정에서 Edward Coke(1552-1634), John Milton(1608-1674), John Locke(1633-1704) 등의 사상이 인권보장의 확립에 큰 역할을 하였다.

영국의 인권발달사에서는 여러 국가적 문서들에 의해 인권보장이 확립되고 발달하였다. John왕(John, the Lackland, 1167-1216)의 무제한적이던 왕권에 제약을 가져오기 시작한 1215년의 「대헌장」(Magna Charta Libertatis 1215. 6. 15. 이 문서는 원래 Carta Libertatum 또는 Carta Baronum으로 불렸다)에서는 처음으로 신체의 자유에 대한 보장이 확인되었지만(§39), 이는 어디까지나 봉건귀족세력에 의해 봉건법상의 권리로 인정된 것이었다. 그러다가 17세기 스튜어트왕조와 의회의 대립시기에 E. Coke의 근대적인 재해석을 통하여 입헌주의적인 의미를 획득하였다.

1628년에는 Charles 1세(Charles Ⅰ, 1600-1649. 재위기간: 1625-1649)의 무제한적인 과세에 대하여 의회가 통제를 가하고 「대헌장」에서 정했던 신체의 자유를 다시 명시적으로 재확인한 「권리청원」(Petition of Right 1628. 6. 7.)이 만들어졌다.

1647년에는 종교와 양심의 자유, 강제징집으로부터의 자유, 법 앞의 평등, 신체의 자유와 재산의 침해의 한계 등을 주장한 「인민협약」(Agreement of the People)이 인권의 발달에 기여하였고, 1679년에는 「인신보호법」(Habeas Corpus Act)이 제정되어 신체의 구속에는 인신보호영장(writ of habeas corpus)이 요구된다는 것을 채택하였다. 나아가 1689년에는 인신의 보호, 청원권, 의회에서의 언론의 자유 등을 선언한 「권리장전」(Bill of Rights 1689. 12. 16.)이 의회에 의해 법률로 제정되어 영국시민혁명을 총결산하고 인권보장에 큰 디딤돌을 놓았다.

그러나 영국에서의 이러한 일련의 권리선언은 여전히 전근대적인 봉건적 질서 속에서 나온 것이어서 진정한 의미의 근대적 인권보장이라고 하기는 어렵다. 인권보장이 근대적인 의미를 획득하기 시작한 것은 18세기 미합중국에서 비롯되었고, 프랑스에서도 이를 뒤따랐다.

(2) 미합중국

미합중국에서는 영국의 식민지배로부터 독립하는 과정에서 근대 자연법사상(Hugo Grotius 1583-1645; John Locke 1632-1704; Montesquieu 1689-1755; Jean-Jacques Rousseau 1712-1778)의 영향과 영국의 급진적 정치사상의 영향을 받아 근대적 의미의 인권사상이 형성되고 성문화되기 시작하였다.

1776년 6월 12일에는 「버지니아 권리선언」(The Virginia Declaration of Rights)이 선언되었는데, 여기서는 생명, 자유, 재산, 행복추구의 가치가 선언되고, 배심재판, 종교의 자유, 형사절차의 보장, 언론 · 출판의 자유, 선거의 자유, 저항권이 규정되었다(이 권리선언과 뒤이어 채택한 「정부형태」(Frame of government)를 일체로 합한 것이 버지니아헌법이다). 이를 효시로 하여 「펜실베이니아 권리선언」(1776. 9.), 「델라웨어 권리선언」(1776. 9.), 「매릴랜드 권리선언」(1776. 11.), 「사우스 캐롤라이나 권리선언」(1776. 12.), 「매사추세츠 권리선언」(1780. 3.) 등 여러 state에서 권리선언들이 제정 · 선포되었다. 여러 state에서 제정한 권리선언에서 공통적인 것은 헌법이 보장하는 국민의 권리는 생래적인(inherent) 권리라는 점이었는데, 이는 계몽주의적 자연법사상이 실정법에 반영되어 인권을 불가침의 자연권으로 이해한 것이었다. 미합중국에서의 인권보장은 국가권력으로부터 개인의 자유와 시민사회의 자율성을 보호하는 것에 중점을 두었다.

1776년 7월 4일의 「독립선언서」(The Declaration of Independence)는 그 성질에서 「버지니아 권리선언」과 달리 본국인 영국으로부터 독립을 하겠다는 강력한 의지가 표명된 정치적인 문서였지만, 여기에서 생명, 자유, 행복추구가 다시 확인된 점이 근대 인권사상의 성립에 크게 공헌하였다(이는 후에 일본국헌법 §13에 직접 영향을 주었다).

이와 같이 미합중국의 인권사상은 서구 자연법사상의 영향을 받아 형성되었으며, 인권은 자연권으로 이해되었다. 그런데 이런 자연권적인 자유와 권리를 열거하여 성문화하는 것이 오히려 자연권적인 자유와 권리를 제약한다고 우려하여 1787년 9월 17일에 채택한 「미합중국연방헌법」(Constitution of the United States of America 1788. 6. 21. 발효)에서는 기본권조항을 두지 않았다. 그러다가 1791년 9월에 헌법을 수정하면서 10개의 기본권조항을 추가하였다. 그 후 계속된 기본권조항의 추가로 현재와 같은 권리장전이 실정헌법에 보장되기에 이르렀다.

II. 인권보장의 전개

(1) 프 랑 스

프랑스는 계몽사상의 발달로 인권사상이 발달하고, 프랑스혁명을 거치면서 권리장전이 성문화되기 시작하였다. 프랑스에서는 F.M.A. de Voltaire(1694-1778), Montesquieu(1689-1755), J.J.Rousseau(1712-1778) 등의 사상이 인권 발달에 큰 기여를 하였다.

1789년 8월 26일 헌법제정국민회의(l'Assemblée nationale constituante)에서 채택하여 선포된 「인간과 시민의 권리선언」(Déclaration des Droits de l'Homme et du Citoyen du 26 août 1789)은 미합중국의 「독립선언서」와 여러 state의 권리선언 등에서 많은 영향을 받았는데, 유럽대륙에서는 최초의 근대적인 인권선언이었다. 이는 6월 19일부터 시작하여 2달 넘는 기간 동안 토론을 거치면서 여러 정치세력의 타협으로 만들어졌고, 자연권과 실정권을 구별하여 정하였다. 그 후 1791년헌법, 1793년헌법, 1795년헌법 등에서는 각각 권리장전을 헌법에 포함시켰다. 1791년헌법에서는 자연권과 시민적 권리를 헌법의 제1장에 보장하였고, 1793년헌법은 「인간의 권리들의 선언」(1793. 5. 29. 지롱드파선언)과 「인간과 시민의 권리들의 선언」(1793. 6. 24. 산악파선언)을 헌법의 전문으로 하였으며, 1795년헌법은 「인간과 시민의 권리들과 의무들의 선언」(1795. 8. 22.)을 헌법의 전문으로 하였다. 프랑스에서 전개된 인권보장은 개인의 자유와 권리를 만연히 자연권으로 자리매김을 하지 않고 자연권과 시민의 권리를 구별하고, 권리의 보장과 동시에 의무도 강조한 것이 특색이다.

(2) 독 일

독일은 근대에 접어들면서도 인권사상이나 헌법이 늦게 발전하였다. 독일에서 인권에 대한 인식이 성숙하여 헌법에 기본권조항으로 보장된 것은 1919년의 「바이마르헌법」에서부터였다(1849년 「독일국민의 기본권에 관한 법률」(1848. 12. 17)에서 정했던 기본권(Grundrecht)을 헌법에 흡수하여 명시했던 프랑크푸르트헌법은 효력을 발생하지 못했다). 여기서는 고전적 기본권과 함께 사회적 기본권을 세계 최초로 명문화하여 당시로서는 매우 이상적인 권리장전을 헌법에 명문화하였다. 그러나 이러한 이상적인 헌법은 현실과 큰 간극을 초래하다가 나치정부의 반인권적인 통치를 경험하게 되었다.

제2차 세계대전 이후 1949년에 제정한 「기본법」(Grundgesetz)에서 기본권을 다시 체계적으로 정비하였다. 이 때에 헌법에서 사회적 기본권을 삭제한 이후 현재까지 독일 연방헌법에는 사회적 기본권을 명문화하지 않고 법률로 사회적 권리를 보장하는 태도를 취하고 있다.

Ⅲ. 인권보장의 현대적 전개

오늘날 인권에 대한 인식의 제고로 인하여 인권의 보장은 국내적으로만 보장되는 수준에서 넘어 국제적으로 보장하는 것으로 발전하고 있다. 이러한 인권의 국제적 보장이 때로는 단위 국가의 고유한 공동체적인 가치와 문화를 파괴하고 서구적 가치로의 일방적인 삶을 강요하는 측면도 있으나 인간으로서 누려야 할 보편적인 자유와 가치를 신장시키는 점은 부인할 수 없다.

국제법규범에서 인권이라는 이름으로 보장하는 권리와 가치들은 항상 보편적인 성격을 띠는 것은 아니고, 국내 헌법의 기본권과 일치하는 것도 아니다. 그래서 국제법규범에서 보장하는 「국제적 인권」(international human right)이라는 것의 개념, 법적 의미, 효력 등에서는 논란이 있지만, 국제기구를 통하여 가입국들의 국민의 인권을 신장시키는데 기여하고 있는 점은 있다.

(1) 인권의 국제적 보장

인권의 국제적인 보장에 대한 노력은 1945년에 있은 국제연합(United Nations)의 결성에서 출발한다. 1948년에는 국제연합헌장의 정신에 기초하여 「세계인권선언」(Universal Declaration of Human Rights 1948. 12. 10.)을 채택하였다. 여기서는 30개의 조항에서 인간의 존엄성, 평등권, 생명권, 신체의 자유, 안전권, 고문과 잔혹형의 금지, 재판을 받을 권리, 변호인의 조력을 받을 권리, 사생활의 자유와 비밀의 보호, 거주·이전의 자유, 국적보유의 권리, 재산권, 표현의 자유, 집회 및 결사의 자유, 공무취임권, 근로의 권리, 직업의 자유, 교육을 받을 권리, 문화생활에의 참여권, 지적재산권, 공동체에 대한 의무 등 인간의 자유와 권리·의무들을 매우 광범하게 규정하여 보장하였다. 이 선언은 강제성을 가지고 있지 않았지만, 인권의 국제적 보장에 있어 인식을 제고하는 큰 계기를 만들었다.

1950년 11월 4일에는 유럽지역에서 「인권과 기본적 자유의 보호를 위한 유럽규약」(Convention for the Protection of Human Rights and Fundamental Freedom)을 채택하여 가입국에 대하여 구속력을 가지는 것으로 하였다. 1953년 9월 3일부터 발효된 이 규약은 유럽지역에 한정한 것이었지만 인권의 국제적인 보장을 한 수준 높여 놓는 결과를 가져왔다. 1998년에 채택한 제11번 의정서는 유럽인권재판소를 독립된 상설법원으로 강화하였고, 개인이 유럽인권위원회를 거치지 않고 직접 유럽인권법원에 제소할 수 있게 하였다.

국제연합은 점차 구속력이 있는 인권보장으로 힘을 기울여 1966년 12월 16일에는 「경제적·사회적 및 문화적 권리에 관한 국제규약」(International Convention on Economic, Social and Cultural Rights 1976. 1. 3. 발효)과 「시민적 및 정치적 권리에 관한 국제규약」(International Convention on Civil and Political Rights 1976. 3. 23. 발효)을 제정하였다. 위 각 규약은 모두 1977년부터 서명국에 대하여 효력을 발효하기 시작하였는데, 1990년 7월 10일부터 우리나라에도 적용되었다.

인권의 국제적 보장과 관련하여 우리나라에도 적용되는 국제인권규범을 보면, 예컨대 「모든 형태의 인종차별 철폐에 관한 국제협약」(International Convention on the Elimination of All Forms of Racial Discrimination 1969. 1. 4. 발효, 1979. 1. 4. 대한민국 적용), 「인신매매금지 및 타인의 매춘행위에 의한 착취금지에 관한 협약」(Convention for the Suppression of the Traffic in Persons and of the Exploitation of the Prostitution of Others 1951. 7. 25. 발효, 1962. 5. 14. 대한민국 적용), 「집단살해죄의 방지와 처벌에 관한 협약」(Convention on the Prevention and Punishment of the Crime of Genocide 1951. 1. 12. 발효, 1951. 12. 12. 대한민국 적용), 「여성에 대한 모든 형태의 차별철폐에 관한 협약」(Convention on the Elimination of All Forms of Discrimination against Women 1981. 9. 3. 발효, 1985. 1. 26. 대한민국 적용), 「아동의 권리에 관한 협약」(Convention on the Rights of the Child 1990. 9. 2. 발효, 1991. 12. 20. 대한민국 적용) 등이 있다.

(2) 사회적 권리의 확대

전통적인 인권은 국가로부터 자유를 지키는 자유권의 보장을 중심으로 하는 것이었지만, 20세기에 들어와 사회가 발전하고 시장의 약점과 실패를 경험하면서 약자의 보호와 더불어 복지국가를 추구하면서 사회적 권리(social right)에 대한 보호가 강화되었다.

사회적 권리의 강화는 헌법에서 이를 기본권으로 보장하는 것으로 나타나기도 하였고, 법률을 통하여 구체화하는 것으로 나타나기도 하였다. 사회적 권리에 대한 맹아는 프랑스의 1793년헌법에서도 발견할 수 있지만, 헌법에서 본격적으로 명문화한 것은 1919년의 바이마르헌법이 그 시초이다. 1946년의 일본국헌법, 1947년의 이탈리아헌법, 1976년의 포르투갈헌법, 1978년의 스페인헌법 등에서 이를 명문화하였고, 우리나라는 1948년헌법에서부터 이를 명문화하고 있다. 독일연방헌법은 사회적 권리를 규정하지 않고 있고, 프랑스헌법도 권리장전을 규정하고 있지 않지만, 법률 등 하위 법규범을 통하여 사회적 권리와 약자보호 및 복지프로그램을 구체화하고 있다. 미합중국연방헌법에도 사회적 권리에 대한 규정이 없지만, 근래 헌법학적 차원에서 복지에 관한 권리(welfare right)에 대한 논의가 전개되고 있다.

그런데 이런 사회적 권리의 보장에 있어서는 유럽, 앵글로색슨, 스칸디나비아의 국가들이 그 역사적 배경, 법적 전통 등을 배경으로 서로 다른 모습을 띠고 있는 것과 마찬가지로 서로 상이한 태도를 보이고 있다.

(3) 인권보장의 새로운 전개

오늘날 기본권의 보장은 국가로부터 개인을 방어하는 단계에서 더 나아가 국민의 삶을 실질적으로 윤택하게 하고 행복을 추구할 수 있게 하는 방향으로 나아가고 있다. 여기서는 사회적 권리의 보장도 중요하고, 문화적 권리와 문화적 가치를 보장하는 것도 중요하다. 자본주의사회와 경쟁사회에서는 경제적 · 사회적 약자에 대한 안전한 삶의 보장이 강조되고 있고, 과학과 기술의 발달에 따른 정보화사회에서의 권리의 보장도 새롭게 등장하고 있다.

정보화사회에서는 정보가 곧 사회적 · 경제적인 힘으로 작용할 뿐 아니라 정보에서의 약자와 강자의 차별이 새로운 문제로 등장하므로 이에 대한 약자의 보호가 특히 주요한 인권 보장의 과제로 대두되고 있다. 삶의 환경에 대한 인식의 제고로 인하여 환경에 대한 보장도 자연환경뿐만 아니라 문화적 환경, 역사적 환경으로 확대되고 있다. 사회의 위험도(risk)가 높아감에 따라 안전하게 살 권리에 대한 요구도 점증하고 있다.

뿐만 아니라 삶의 환경에 대한 현세대의 파괴가 심해가고 그 피해가 차세대(next generation)에게 돌아감에 따라 인권보장에 있어 세대간의 이해관계도 점차 예민하게 부각되고 있다. 현세대의 실패에 따른 책임이나 피해를 차세대가 모두 부담하는 것이 정당성이 있는가 하는 점이 권리의 면에서 새롭게 제기되고 있는데, 이는 「차세대의 인권」이라는 관점에서 부각되고 있다.

이와 같이 오늘날 인권의 문제는 사회와 삶의 환경의 변화에 따라 다양한 모습으로 새롭게 제기되고 있는데, 이 가운데 추구되는 가치는 기본권의 문제로 포착되는 것도 있고, 법률정책의 문제로 포착되는 것도 있으며, 국가목표규정(Staatszielbes-timmung)으로 포착되는 것도 있다. 헌법학은 이러한 문제들에 대하여 기본권과 국가의 기능이라는 관점에서 정밀하게 접근하여 그 체계를 명확하게 해야 하는 과제를 안고 있다.

[117] 제3 한국에서의 기본권의 보장

현행 1987년헌법은 국민의 자유, 평등, 기타 여러 권리 등에 관한 규정, 즉 권리장전(bill of rights)을 명시적으로 정하고 있는데, 헌법에서 정하고 있는 권리를 기본권이라고 부른다. 1948년헌법 이래 9차례의 헌법개정이 있었지만, 현재까지 실정헌법에 권리장전을 정하는 태도는 한번도 변경된 적이 없이 유지되고 있다.

《基本權이라는 용어》

용어사의 관점에서 보건대, 1948年憲法 이전의 大韓民國臨時政府의 각 헌법에서도 기본권이라는 용어는 발견되지 않는다. 大韓民國臨時政府의 1919년 4월의 臨時憲章에서는 「選擧權」 및 「被選擧權」 이외에 「自由」라는 용어를 사용하였고, 1919년 9월의 臨時憲法, 1927년의 臨時約憲, 1940년의 臨時約憲, 1944년의 臨時憲章에서는 모두 「自由」, 「權利」, 「權」이라는 용어를 사용하였다. 1948년 헌법제정과정에서 兪鎭午가 1948년 5월에 작성하여 법전편찬위원회에 제출한 憲法草案의 「人民의 基本的 權利義務」라고 하는 표제에 「基本的 權利」라는 용어가 등장하였다. 1946년의 행정연구회가 작성한 「제1단계 헌법초안」과 1948년 유진오와 행정연구회가 공동으로 작성한 「제2단계 헌법초안」에서는 「권리」나 「자유」라는 용어를 사용하였다. 우리 헌법사에 등장한 최초의 헌법인 1948年憲法(1948. 7. 17. 공포)에는 제2장의 표제인 「國民의 權利 義務」라는 文言에서 「權利」라는 용어와 제28조에서 「自由와 權利」라는 용어만 등장하였을 뿐, 그 이외 「基本權」이라는 용어는 헌법의 어디에도 없었다. 이러한 것은 그 이후의 헌법개정에서도 그대로 유지되었다. 5次 改正에 의한 1962年憲法(1962. 12. 26. 공포)에 와서 제2장의 표제인 「國民의 權利와 義務」라는 표현과 제32조 제2항의 「自由와 權利」라는 표현 이외에 제8조의 「……國家는

國民의 基本的 人權을 最大限으로 보장할 義務를 진다」라고 정하여 「基本的 人權」이라는 용어가 등장하였다. 현행 헌법인 1987年憲法(1987. 10. 29. 공포) 제2장의 표제는 「國民의 權利와 義務」로 되어 있고, 제37조 제2항에는 「自由와 權利」로 되어 있으며, 제10조에서 「……國家는 個人이 가지는 不可侵의 基本的 人權을 확인하고……」라고 되어 있다. 「基本的 人權」이라는 용어가 종전과 같이 계속 사용되고 있다. 이와 같이 우리 헌법사에서 基本權이라는 용어는 憲法에 한 번도 등장하지 않았으며, 강학상 헌법상의 권리를 지칭하는 용어로 사용되어 왔다. 실정법에서는 1988년에 제정된 憲法裁判所法 제68조 제1항에서 「基本權」이라는 용어를 명시적으로 사용한 것이 처음이다. 憲法上의 權利(constitutional right)를 基本權이라고 부르는 것이 적합한지에 대해서는 검토를 요한다.

제 2 절 기본권의 개념과 본질

[118] 제1 개 설

헌법학에서 말하는 기본권이라 함은 실정헌법에 보장된 권리를 말한다. 기본권의 개념을 정의하는 것은 「실정헌법에 보장된 권리」라는 말의 법적 의미를 확정하는 것을 뜻하는데, 기본권의 개념은 권리적 요소, 실정적 요소, 헌법적 요소로 구성되어 있다.

[119] 제2 기본권의 구성요소

Ⅰ. 권리적 요소

헌법에서 무엇을 「기본권으로 보장한다」라고 함은 헌법이 특정한 가치나 이익을 개인의 법적 권리(legal right)로서 보장한다는 것을 뜻한다. 법적 권리라는 개념은 개체귀속성, 청구성, 처분성, 면책성이라는 4가지 요소로 이루어져 있는데, 이 요소들은 가치나 이익이라는 실체적인 내용(=실질)에 권리라는 형식(form of right)을 부여해준다.

(1) 개체귀속성

기본권의 속성인 개체귀속성(個體歸屬性=個人性 Individualität)은 어떤 가치나 이익이 이를 주장할 수 있는 특정 개체에게 귀속된다는 것을 말한다. 그래서 권리의 귀속주체인 개체는 특정한 가치나 이익이 자기에게 속하는 것임을 타자에게 주장할 수 있고, 타자는 이러한 주체에 대하여 그러한 주장을 배척할 수 없다. 개체귀속성은 권리 주체로 하여금 타자에 대하여 자기 권리를 주장할 수 있을 뿐 아니라 자기 권리를 포기하거나 처분할 수 있는 권능을 보유하게 한다(주관성 Subjektivität). 따라서 기본권은 본질필연적으로 개인적 권리 또는 주관적 권리이다. 주체와 결별하거나 분리된 객관적인 관계는 권리에서 존재하지 않는다.

⑵ 청 구 성

기본권은 주관성을 가지므로 기본권의 주체는 기본권에 근거하여 타자에 대하여 기본권의 내용을 실현시키는 주장(individual claim)을 할 수 있다. 그 권리로 인하여 일정한 행위를 해야 할 의무를 부담하는 자에 대하여 그러한 행위를 하도록 청구할 수 있고, 권리를 침해한 자에 대하여 그 침해를 제거하거나 전보할 것을 청구할 수 있다. 권리가 본질필연적으로 가지고 있는 이러한 힘을 청구성(請求性)이라고 한다.

상대에게 무엇을 적극적으로 행위할 것을 요구하는 적극적 청구권(positive claim-right)과 상대에게 어떤 것을 하지 말 것을 요구하는 소극적 청구권(negative claim-right)이 있는 것과 같이, 청구성은 권리의 종류에 따라 그 정도가 다르게 나타난다. 청구권적 기본권은 적극적 청구권에 해당한다. 자유권(liberty-right)도 청구권과는 그 수준(=정도)을 달리하지만 권리로 보장되는 때에는 청구성을 가진다.

권리가 청구성을 가지면 상대방은 이런 청구에 대응하는 의무를 가지기 때문에 기본권이 청구가능한 권리인 이상 국가는 이에 대응하여 의무를 진다. 다만, 유의할 점은 국가가 어떤 가치나 이익을 실현할 의무는 기본권이 인정되는 경우뿐만 아니라 법률상의 권리가 인정되거나 권리가 아닌 가치나 이익이 존재하는 경우에도 발생한다는 점이다. 국민에게 법률상의 권리가 인정되어 그에 대응하는 의무가 국가에게 부과되면 이는 법률상의 의무이다. 그러나 국민에게 기본권으로 보장되는 것이 아닌 가치나 이익이 헌법에도 존재할 수 있으므로 이런 헌법적 가치나 이익을 실현해야 하는 국가의 의무는 헌법의 수준에서 부과되는 헌법적 의무이다. 따라서 기본권이 보장되면 국가에게 그에 대응하는 헌법적 의무가 발생하지만, 국가에 어떤 의무가 발생한다고 하여 항상 그에 대응하는 기본권이 존재하는 것은 아니다(예: 국가목표규정 [121]).

⑶ 처 분 성

권리는 이를 보유하는 주체가 자유의사에 의해 이를 양도하거나 포기할 수 있는 권능(power)을 가진다. 권리의 주체가 자기 권리와 관련된 법적 관계를 결정하고 형성할 수 있는 이러한 속성을 처분성(處分性)이라고 한다. 권리주체가 이런 권능을 가지는 것은 실정법이 권리로 보장하면서 이러한 권능을 부여했기 때문이다. 권리의 주체는 이러한 권능을 가지기 때문에 권리를 행사하여 법관계를 그에 합당하게 설정하거나 변경 · 소멸시킬 수 있다.

그런데 기본권은 그 성질로 인하여 경우에 따라 국가 또는 사인에 대하여 양도나 포기가 금지될 수 있다. 기본권은 국민으로 하여금 인간의 존엄과 가치를 보장하고 행복을 추구할 수 있도록 하는데 제1의 목적이 있으므로 기본권의 양도나 포기가 이러한 가치를 부정하는 결과를 가져오는 때에는 개념본질상 금지되거나 제한된다. 헌법상의 기본권 목록에 포함된 대부분의 기본권들은 그 양도나 포기가 금지된다. 그러나 개별 헌법에 따라 다양한 가치나 이익을 기본권으로 보장하고 있고 또 기본권의 성질에 따라 차이도 있으므로 이런 성질을 무시한 채 일률적으로 기본권의 양도나 포기가 금지된다고 하기는 어렵다([135]).

⑷ **면 책 성**

기본권의 주체는 타자의 의사에 의해 일방적으로 그 권리와 관련된 법관계가 형성되거나 변경 또는 소멸되지 않는 지위에 놓인다. 이를 면책성(免責性 immunity=exemption)이라고 한다. 권리가 인정되면 그 영역은 타인의 권리 또는 주장, 요구, 청구로부터 자유로운 영역이다. 따라서 권리는 이런 면책성에 의해 타자의 법적인 권능이나 통제로부터의 자유(freedom)를 확보한다.

권리의 면책성은 기본권에서 특히 중요하다. 어떤 권리가 기본권으로 보장되면 국가는 그가 독점하고 있는 합법적 권력을 통하여 기본권으로 보장되는 내용이나 영역을 일방적으로 침해하거나 변경·제거할 수 없다.

II. 실정적 요소

⑴ 실정헌법에 의한 권리성의 부여

⒜ 권리의 확인과 권리의 창설

인간이 추구하는 가치와 이익 가운데는 실정헌법이라는 개념이 성립하기 전이라도 인간이 존재하는 이상 부인할 수 없는 지고의 가치나 이익이 존재하는데, 이는 헌법상의 기본권 목록에 포함되지 않으면 안 된다. 이러한 성질을 가지는 가치나 이익이 실정헌법상의 권리로 보장되었을 때, 이를 헌법상 확인된 권리라고 한다. 이러한 기본권은 실정헌법 이전에 존재하여 최고의 가치로 보장되어야 하기 때문에 인정된 것이지만, 헌법적 효력이 발생하는 것은 실정헌법에 기본권으로 편입되면서부터이다. 따라서 헌법상 확인된 권리도 그 법적 권리성의 부여는 헌법에 의해 이루어진다.

헌법상 확인된 권리와 달리 실정헌법이 헌법제정 또는 개정시에 여러 가치나 이익들 가운데 특별히 헌법의 수준에서 권리로 보장하는 것이 있다. 이러한 것은 헌법이 특정 헌법제도를 만들면서 이런 제도가 작동하도록 권리로 보장하여야 하는 경우(예컨대 헌법이 대의제도를 채택하면서 선거권과 피선거권을 헌법상의 권리로 보장하는 경우)나 어떤 권리를 법률상의 권리로 보장해도 되고 헌법상의 권리로 보장해도 되는 경우(예컨대 우리 헌법 제27조 제5항의 형사피해자의 법정진술권)에 이를 실정헌법에서 비로소 헌법상의 권리로 보장하는 것이다. 이런 경우의 기본권은 실정헌법이 헌법상의 권리로 창설한 권리이다. 이런 창설된 기본권도 실정헌법에 의해 권리성을 획득한다. 각 나라마다 헌법이 다양한 제도를 채택하거나 헌법정책상 공동체의 가치나 이익을 권리로 설정하는 경우에는 이를 헌법에서 보장하기도 하고 법률에서 보장하기도 하기 때문에 권리의 보장은 다양한 양태를 보이고 있다.

(b) 실 정 성

기본권이란 실정헌법에 의해 확인되든 창설되든 실정헌법에서 보장하는 권리이다. 따라서 기본권은 실정성(=실증성 Positivität)을 가지는 권리이다. 기본권이 실정성을 가진다는 것은 실정법에 의해 보장되는 효력(Geltung)을 가진다는 것을 말하는데, i) 국가권력의 기본권에의 기속 및 실현의무를 법적 힘으로 강제할 수 있다는 것, ii) 공동체 구성원의 기본권 준수를 국가를 통하여 법적인 힘으로 강제할 수 있다는 것, iii) 기본권에 대한 침해행위를 법적인 힘으로 배제할 수 있다는 것, iv) 기본권은 법적으로 제한이 가능하며 동시에 그 제한에는 한계가 있다는 것을 의미한다. 특히 iv)의 점에 대해서는 주의를 요한다. 이는 기본권이 더 이상 절대적(absolute)이거나 무한계적(limitless)이거나 무제한적인(unrestricted) 것이 아니라는 점을 말하고, 공동체의 안전과 공동선 또는 공공복리를 위하여 기본권이 제한될 수 있다는 점을 뜻한다. 그리고 다른 한편으로 헌법상의 기본권 제한규정은 편의에 따라 자의로 기본권을 제한할 수 없도록 하는 한계를 정하는 것이라는 의미도 가진다.

(c) 기본권과 자연권

개별적 기본권 가운데 신앙의 자유, 사상·양심·의사의 형성의 자유, 침묵의 자유 등과 같은 내심의 자유, 생명권, 사상의 자유, 종교의 자유, 표현의 자유, 신체의 자유, 사생활의 비밀, 거주·이전의 자유, 자기결정권 등은 생래적·천부적인 것이라는 의미에서 성질상 헌법 이전에 존재하는 자연적인 것이라고 할 수 있고, 이러한 것을 실정헌법에서 권리로 규정하는 경우는 자연권이라고 할 수 있다. 이런 기본권은 실정헌법에서 확인되거나(recognized) 선언되어(declared) 실정화된 것이다. 이를 「실정화된 자연권」이라고도 한다.

실정헌법이 기본권으로 보장하고 있는 권리 중에는 성질상 자연권이라고 할 수 없는 것이 있다. 헌법에 의해서 비로소 창설되거나(created) 인정된(granted) 기본권이 이에 해당한다. 예컨대 공무원으로 임명되어 공직에 취임하고 공무를 수행하는 권리(헌법 §25)는 자연권이 아니라 헌법이 공직제도를 창설하고 이를 실효성 있게 하기 위해 헌법적 수준에서 보장하고 있기 때문에 기본권으로 인정되는 것이다. 선거권(헌법 §24)이나 피선거권(헌법 §25)도 헌법이 통치기관의 구성원리의 하나로 대의원리를 채택하고 대의제도를 창설하여 이를 실효성 있게 하기 위해 헌법적 수준에서 보장하고 있는 것이다. 청원권(헌법 §26)도 헌법이 청원제도를 두고 이를 실효성 있게 하기 위해 국민에게 헌법적 수준에서 인정되는 권리로 보장하는 것이다. 노동자의 단결권 · 단체교섭권 · 단체행동권(헌법 §33①)과 공무원인 노동자의 단결권 · 단체교섭권 · 단체행동권(헌법 §33②), 형사피해자의 재판절차진술권(헌법 §27⑤), 형사보상청구권(헌법 §28), 국가배상청구권(헌법 §29①), 범죄피해자구조청구권(헌법 §30), 소비자의 권리(헌법 §124), 대법원의 재판을 받을 권리(헌법 §27①, §101①, ②), 헌법재판소의 헌법재판을 받을 권리(헌법 §27①, §111) 등도 그 예에 해당한다. 국가의 재정능력에 따라 그 권리의 실현이 직결되는 사회적 기본권의 범주에 포함되는 기본권도 자연권이라고 하기에는 난점이 있다.

이와 같이 기본권과 자연권은 개념상 구별된다. 성질상 기본권 중에는 자연권으로서의 성질을 가지는 기본권과 실정헌법에 의해 창설된 실정권으로서의 성질을 가지는 기본권이 있다. 기본권을 자연권과 개념적으로 구별하는 것은 헌법개정의 한계문제에서도 중요한 의미를 가진다. 헌법이 보장하고 있는 기본권이 자연권의 성질을 가지는 것인 경우에는 헌법제정권자가 헌법을 개정하는 경우에도 그 한계를 가지지만 순전히 실정헌법에 의해 창설된 권리인 경우에는 헌법제정권자가 완전히 없앨 수도 있다.

《기본권이론에서의 자연권론에 대한 평가》

기본권의 성질에 관한 하나의 이론으로서 거론되는 자연권론은 헌법에서 보장하는 권리를 자연권이라고 보는 견해를 말한다. 이 경우에도 자연권이라는 것이 어떠한 것을 말하는지에 대해서는 견해가 통일되어 있지 않지만, 대체로 다음과 같은 내용을 가진다고 설명하고 있다. ① 자연권은 자연법에 근거를 두고 있는, 국가에 선존하는 국가이전의 권리이다. ② 자연권은 초헌법적 권리이며, 헌법의 규정은 헌법이전에 성립하는 이런 자연권을 확인하는 것에 불과하다. 따라서 헌법의 규정을 삭제하더라도 이러한 권리는 존속한다. ③ 자연권은 국가를 초월하여 모든 국제사회에 적용된다. 이는 어떤 나라에서나 모든 인간에게 인정된다. ④ 자연권은 인권으로서의 포괄성을 가진다. ⑤ 자연권은 인간에게 고유한 것이며 인간의 본성에서 나온 것이기 때문에 양도할 수 없고 침해할 수 없다. 따라서 자연권은 헌법개정에 의해서 제한될 수 없고, 헌법유보나 법률유보에 의한 제한을 받지 않는다. 다만, 타인과의 공생을 위하여 초헌법적인 제한을 받게 된다.

종래 우리 헌법학에서 이런 자연권론은 실정권설을 상대로 주장되었는데, 기본권이론에 비추어 볼 때, 자연권론은 다음과 같은 문제가 있다. ① 자연권론은 기본권의 일반이론의 부분에서 처음부터 기본권은 자연권이라고 못을 박는다. 그러나 이러한 태도는 서로 다른 성질을 지니고 있는 다양한 헌법상의 개별적 기본권들이 지니고 있는 성질의 차이를 무시하는 것이어서 타당하지 않다. 생래적인 권리라는 의미로 「자연권」이라는 용어를 사용한다고 할지라도 그에 해당하는 헌법상의 권리들에만 한정하여 자연권이라고 할 수 있다. 그 이외에 헌법에 의해 창설된 권리는 이러한 의미의 자연권이라고 하기 어렵다. 실정헌법이 보장하는 개별적 기본권들이 가지고 있는 성질의 차이를 고려하지 않고 모두 자연권이라고 하는 것은 기본권의 개념과 본질을 정확히 파악한 것이라고 하기 어렵다. ② 개별적 기본권들이 가지는 다양한 성질을 무시하고 기본권을 일률적으로 자연권이라고 하면 자연인이 아닌 법인이나 단체에게 기본권을 인정할 수 없다. 법인이나 단체의 경우에도 성질상 허용되고 자연인의 기본권을 제약하지 않는 한 일정한 범위와 수준에서 기본권이 인정될 여지가 있는데, 자연권론은 이런 문제를 해결할 수 없다. ③ 자연권론은 실정헌법에 명시되지 않은 기본권을 실정헌법의 규정에서 도출하는 데 있어 난관에 봉착한다. 우리 헌법의 경우, 헌법에 명시되지 않은 기본권을 도출하는 경우 원리, 원칙, 제도 등에서 기본권이 바로 도출되는 경우 이외에는 헌법 제10조 또는 제37조 제1항에서 도출되는데, 이 경우 자연권론에 따르면 기본권은 자연권이므로 성질상 자연권으로 인정되는 것만 기본권으로 도출할 수 있다. 그러나 사회의 변화와 헌법환경의 변화로 인하여 기본권목록에 새로 추가되는 권리나 자유는 항상 자연권으로서의 성질을 가지는 것은 아니다. 어떠한 권리를 헌법적 수준에서 보장해야 할 필요가 생기면 그것이 비록 자연권이 아니더라도 기본권으로 보장되어야 하고, 이러한 권리는 헌법 제10조 또는 제37조 제1항에서 도출된다.

(d) 기본권과 인권

인권(human right)이라는 말은 자연권(natural right)이라는 말과 밀접한 연관을 가지고 있다. 오늘날 자연권이라는 말보다 인권이라는 말이 빈번하게 사용된다. 서구의 권리관념의 역사를 보면, 17세기와 18세기에 서유럽에서 본격적으로 성장한 인권이라는 관념은 자연권이라는 관념에서 나왔다. 그래서 인권을 자연권과 동일한 것으로 이해하고 사용하는 견해도 있고, 이와 달리 개념의 엄밀성을 기하고자 하는 견해는 양자를 완전히 동일한 것으로 보는 것에 의문을 제기하기도 한다. 그러나 아직도 자연권이라는 개념과 내용도 불명확한 상태이고 인권이라는 개념도 불명확한 상태이기 때문에 양자간의 관계도 더욱 불투명할 수밖에 없다.

인권은 일반적으로 「인간의 권리」로 불린다. 이러한 의미의 인간의 권리는 때와 장소에 무관하게 인간이 인간이기 때문에 가지는 모든 인간에게 보편적인(universal) 일반적(general) 권리로 이해된다. 이러한 것은 특정의 약속이나 계약 또는 특정한 사회적 지위 등과 같은 특정 관계나 거래에 의해 주어지는 것이 아니라 오로지 인간이라는 단순한 이유 하나만으로 인정되는 것이다. 이러한 의미의 인권은 법 이전에 주어진 비법적인(non-legal) 개념이다.

> 인권이라는 말은 영어권에서는 human right라고 부르고, 프랑스에서는 droits de l'homme라고 부르며, 독일에서는 Menschenrechte라고 한다. 그런데 인권이라는 말은 빈번하게 통용되고 있으나 구체적인 사안에서 그 의미가 무엇을 말하는지는 명확하게 확정되어 있지 않다. 일상 생활에서는 사람이 주장할 수 있는 모든 권리를 통칭하여 인권이라고 이해하는 경향이 보이기도 하고, 인권을 자연권으로 이해하는 견해도 있으며, 인권을 헌법이 보장하는 기본권으로 이해하는 견해도 있다. 이렇듯 인권이라는 말의 의미는 다양한 폭과 내용을 가지고 사용되고 있다.

한편 오늘날 인권의 국제적인 보장이 활발하게 전개되면서 국제법상의 선언, 조약, 협약 등에서 인권이라는 용어가 빈번하게 사용되고 있지만, 1948년의 UN인권선언에서조차 인권이 어떤 것을 의미하는지에 대해서는 명확히 정의한 바가 없다. 복지국가에 대한 가치적 추구와 함께 경제적 · 사회적 권리들이 강조되고, 더 나아가 문화영역에서도 권리라는 것이 등장하는 단계에 이르면서 인권이라는 것도 인간의 권리(right of human)라는 의미를 넘어 시민의 권리(right of citizen)까지도 포섭하는 양상을 보여주고 있다.

현재까지 논의되어온 인권(human right)이라는 말은 아직 그 개념이 명확하지 않아 도덕적 가치 또는 도덕적 권리(moral right), 자연권, 국제법상의 인권, 국내 헌법상의 권리(constitutional right), 법률상의 권리(right under law)를 모두 포괄하는 의미로 사용되기도 하고, 자연권의 의미로 사용되기도 한다. 전자의 경우에도 국내 법률상의 모든 권리를 인권으로 보지는 않는다(대국가적 자유권이나 생존권적 권리를 주로 지칭한다). 어느 경우든 실정헌법상의 기본권은 인권과 일치하지 않기 때문에 기본권과 인권은 개념상 구별된다.

> 이와 같이 기본권은 그 개념과 성질에서 인권과 구별하여 이해해야 하기 때문에 실정법에서 기본권이라는 개념을 「기본적 인권」이라는 용어로 표현하고 있다고 하여 이를 근거로 기본권을 인권이라고 할 수는 없다. 대한민국헌법에는 「기본권」이라는 표현 대신에 「기본적 인권」이라는 표현을 사용하고 있지만, 이것은 위에서 살펴본 것과 같은 의미의 기본권을 말하는 것이지 인권이나 인권 가운데서 기본이 되는 인권을 말하는 것이 아니다. 따라서 우리 헌법상의 「기본적 인권」이라는 표현을 근거로 기본권을 자연권이라거나 인권이라고 해석하는 것은 잘못이다.

(2) 객관적 규범

(a) 의 의

헌법이 보장하고 있는 기본권은 한편으로는 헌법에 의해 보장받는 이익을 국가에 대하여 주장할 수 있는 법적인 권리이고, 다른 한편으로는 헌법에 의해 보장되는 객관적인 규범이고 질서이다. 가치적인 요소를 함유하고 있는 기본권을 헌법이 보장하고 있는 것은 그 자체 일정한 가치질서를 헌법이 보장하고 있음을 의미한다.

이러한 가치질서는 특정한 시기에 이루어진 가치결정에 따라 완성된 폐쇄적이고 고정적인 것이 아니라 기본권의 의미가 변화하는 것에 따라 변화하는 열려 있는 가치질서이다.

기본권이 객관적인 헌법규범에 실정화되어 보장받고 있고 헌법이라는 실정규범에 실정화되어 헌법의 내용으로 효력을 가진다고 하는 점에서 기본권은 가치 또는 이익의 객관적인 보장이며, 규범으로서의 성질도 가진다. 기본권이 객관적 규범으로서 가지는 속성은 이러하기 때문에 어떤 경우에도 이런 객관적인 성질이 권리로서의 주관적인 성질을 제약할 수 없다.

(b) 인정여부

기본권을 객관적인 규범 또는 질서로 파악하는 것에 대해서는 논란이 있다. 기본권이 헌법적 질서임을 인정하는 견해는 기본권을 국가권력을 창설하고 국가 내에서 적극적 또는 소극적으로 정신적·문화적·사회적·경제적·정치적 생활을 함께 형성해갈 수 있는 국민 개개인의 헌법적 생활질서인 동시에 민주주의적·법치국가적·사회국가적 헌법질서의 기본이 되는 질서적 요소라고 하기도 하고(허영a, 230), 국가의 기본적 법질서를 구성하는 요소이고, 국가권력을 제한하거나 국가권력을 기본권에 적합하도록 의무화하는 객관적 가치질서라고 하기도 한다(권영성, 303). 이러한 견해에 대해 기본권을 객관적 질서라고 하면 주관적 공권성을 약화시키고 기본권과 제도보장과의 구별을 불명료하게 할 우려가 있다는 이유로 반대하는 견해(김철수a, 373)가 있다.

객관적인 질서라는 의미는 개인이 자유로이 처분할 수 없는 질서라는 의미인데, 기본권을 객관적인 질서라고만 하면 개인을 공동체에 예속시키고 인간의 자유의지와 자발성을 부정하는 결과를 가져올 수 있다. 즉 기본권이 가지는 권리로서의 성격이 부정된다. 또한 기본권의 주관적 권리성을 인정하면서도 객관적 질서성을 상대적으로 더 강조하면 주관적 권리성을 약화시킬 우려가 있는 것도 사실이다. 그러나 기본권의 주관적 권리성은 어떤 경우에도 부정할 수 없는 것이므로 이를 본질적 요소로서 전제하되, 기본권이 객관적인 실정헌법규범에 실정화되어 있다는 점도 분명하기 때문에 기본권이 실정헌법에 의해 보장되고 있다는 의미에서 「객관적」이라고 보면, 기본권이 가지는 주관성도 충분히 보장되고 기본권이 객관적 규범으로서 공동체 전체에 대해 효력을 가진다는 것도 인정할 수 있다.

헌법재판소의 판례 가운데는 그 의미와 법적 효력의 면에서는 명확하지 않지만 개념상으로는 기본권의 이중성을 인정하는 태도를 나타낸 것이 있다(예: 憲 1995. 6. 29.-93헌바 45; 1996. 8. 29.-94헌마113; 2003. 12. 18.-2002헌바49).

[憲 1996.8.29.-94헌마113] 「직업의 선택 혹은 수행의 자유는 각자의 생활의 기본적 수요를 충족시키는 방편이 되고, 또한 개성신장의 바탕이 된다는 점에서 주관적 공권의 성격이 두드러진 것이기는 하나, 다른 한편으로는 국민 개개인이 선택한 직업의 수행에 의하여 국가의 사회질서와 경제질서가 형성된다는 점에서 사회적 시장경제질서라고 하는 객관적 법질서의 구성요소이기도 하다.」

(c) 기 능

기본권이 객관적인 규범이나 질서로서의 성격을 가지고 있다고 하더라도 이 경우의 규범이나 질서는 공동체에서 이미 주어진 질서가 아니라는 점을 분명히 하는 것이 중요하다. 기본권의 규범이나 질서로서의 면을 공동체에서 이미 주어진 것으로 파악하게 되면 인간은 규범이나 질서를 만들어 가는 존재가 아니라 이미 존재하는 규범이나 질서를 준수하기만 해야 하는 공동체에 예속된 존재로 전락한다. 기본권을 주관적 권리인 동시에 다른 한편으로 객관적인 질서로 파악하면 이 질서 속에 있는 모든 존재자(국가, 개인 등 모두를 포함)에게는 기본권의 효력이 파급되기 때문에 그로 하여금 기본권에 구속되게 하는 효과를 가져올 수 있다. 공동체 전체에 대해 효력을 가진다고 하는 경우에도 공동체 내의 국가에 대해서는 직접 효력을 미치지만 공동체 내에서 살고 있는 공동체의 구성원들에 대해서는 직접 효력을 미친다고 할 수 없다. 공동체 내의 구성원들은 인간존재의 필연에 의해 헌법원리인 사적 자치에 따라 자유로이 살아가는 존재이기 때문이다. 따라서 기본권을 권리의 측면 이외에 헌법적 규범이나 질서로 파악하는 경우에도 이 점을 적극 고려하되, 규범이나 질서라는 점이 자칫 오해되면 주관적 권리성을 축소시킬 수 있다는 위험성에 대해서는 항상 경계할 필요가 있다.

기본권이 가지고 있는 객관적인 규범으로서의 성질을 이와 같이 이해하면 기본권의 이중성에 대한 찬반의 논의는 실익이 없는 것으로 된다. 기본권을 주관적인 권리라고 하더라도 이것이 실정헌법에 실정화되어 있는 한은 당연히 객관적인 규범이다. 따라서 이러한 한도 내에서는 기본권의 이중성에 대한 논의는 실익이 없고, 「헌법수준에서 보장된 실정 기본권」은 당연히 객관적인 규범으로서의 성질을 가질 수밖에 없다. 결국 기본권은 실정헌법에서 확인된 것이든(예: 신앙의 자유, 생명권) 창설된 것이든(예: 선거권, 범죄피해자의 재판절차진술권) 권리인 이상 주관성을 가지고, 실정헌법에 실정화된 이상 객관적 규범으로서 성질을 가진다.

《독일의 기본권이중성이론》

기본권을 주관적 권리라는 점과 객관적 규범 또는 객관적 질서로 이해하는 것은 독일의 기본권이론에서 적극적으로 전개되었다. 독일의 공권이론(公權理論)에서는 전통적으로 기본권을 주관적 공권(主觀的 公權)으로만 파악하여 오다가, 현대 사회에 들어 사적인 영역에서도 기본권의 침해가 심각한 문제로 나타나자, 기본권 「개념」의 조작을 통해 이를 해결하고자 시도하면서 기본권을 권리뿐만 아니라 규범 또는 질서로서도 파악하는 기본권의 이중성(二重性=兩面性) 이론이 등장하였다. 여기서는 기본권의 효력이 사적인 영역에까지 미친다는 것을 도출하기 위해 기본권이 규범 또는 질서로서의 성질도 가진다고 하고, 이러한 질서로서의 요소로 인하여 기본권이 가지는 방사효(放射效 Ausstrahlungswirkung)는 사적인 영역에까지 미쳐 「제3자적 효력」(Drittwirkung)이 생긴다는 결론을 이끌어 내었다. 기본권의 이중성이론은 독일에서 1970년대에 들어서 본격적으로 이론의 형태로 등장한 후 전개되어 연방헌법재판소도 이를 채택하여 현재까지 유지하고 있다. 이중성이론을 체계적으로 전개한 K. Hesse는 독일연방헌법의 기본권을 주관적 권리인 동시에 공동체의 객관적 질서의 기본요소 또는 객관적 원리라고 주장한다. 따라서 그는 기본권에 의해 정해지고 보장되는 개개인의 헌법상의 지위를 G. Jellinek의 「지위이론」(地位理論 Statuslehre)에 의해 설정되는 기본권적인 지위로 이해하는 것과 C. Schmitt의 시각에서 볼 수 있는 것과 같은 「선국가적이고 선법적인 지위」로 이해하는 태도를 배척하고, 자유와 평등도 국가와 실정법으로부터 독립된 자연적인 자유와 평등으로 이해하는 태도를 부정한다. 기본권은 「천부적으로」, 즉 선법적이고 선국가적으로 보장되는 것이 아니라, 국가의 실정법질서에 편입된 상태로 보장된다. 그는 주관적이며 지위를 정해주는 기본권은 인간(Mensch)과 시민(Bürger)으로서 파악되는 개개인의 '헌법상의 기본적 권리'인 동시에 개개인의 지위를 정하고 그 한계를 설정하며 보장하는 것을 통해 공동체에 편입시키는 객관적 질서의 요소로서 공동체의 법질서의 기초를 구성한다고 하면서 기본권의 이중성의 의미를 분명히 한다. 기본권을 실행하기 위하여 보장되는 주관적 권리로서의 의미에 대응하는 것이 기본권이 지니고 있는 공동체의 전체 법질서의 요소로서 가지는 의미이다. 이런 전체 법질서에 의해 개인의 지위가 구체적으로 형성되고 한계가 정해지며 보호되지만, 전체 법질서 자체는 주관적 권리로서의 기본권이 실행되어 생명력이 불어넣어질 때 비로소 현실성을 획득하게 된다. 이런 의미에서 기본권은 이런 질서의 기본내용을 확정하는 것이다. 전체적인 법질서 중 최고의 객관적 원리로서 기본권이 가지는 의미는 전체적인 법질서에 영향을 미치는 것이므로 기본권은 모든 법영역에 타당한 것이 된다. 따라서 기본권은 국가작용인 입법, 행정, 사법에도 당연히 적용되고, 민사법영역에도 영향력을 미치기 때문에 민사법의 규정이 기본권에 모순되어서도 안 된다. 이중성이론이 구축한 내용을 보면, ① 기본권은 객관적 가치질서라는 성질로 인하여 모든 법영역으로 방사효가 미친다고 하여 입법, 행정, 사법 등 국가작용의 모든 영역과 사법(私法)의 영역으로까지 그 영향이 미친다고 한 점, ② 사법영역에 대한 방사효의 논리적 귀결로서 기본권의 제3자적 효력 또는 수평적 효력(Horizontalwirkung)이 인정된다고 한 점, ③ 국가의 기본권보호의무가 국가권력으로부터의 침해를 방지하는 소극적이고 방어적인 것에 그치는 것이 아니라 법익을 보호하고 촉진하며 더 나아가 타인에 의한 침해로부터 기본권을 보호하여야 하는 적극적인 의무(사인에 의한 침해에 대한 보호는 형법, 행정법, 민사법 등을 통해 이루어진다)라고 한 점으로 정리된다.

Ⅲ. 헌법적 요소

(1) 헌법상의 권리

(a) 의 의

기본권이 헌법이 보장하는 권리라는 것은 실정법의 구조에서 최고의 지위에 있는 최고법이 보장한다는 것을 말하는데, 이 결과 모든 국가권력은 기본권에 기속된다는 결론에 도달한다. 한편 이는 법률상의 권리와 구별됨을 뜻하는데, 동일한 명칭이라고 하더라도 헌법상의 권리와 법률상의 권리는 그 효력에서 차이가 있다.

(b) 보편성의 문제

헌법이 보장하는 권리를 기본권이라고 할 때, 기본권의 보장은 보편성을 가지는 것인가 아니면 개별성을 가지는 것인가 하는 문제가 제기된다. 이 문제는 권리장전의 목록(=기본권의 목록)에 있어서 나라에 따라 차이를 가질 수 있는가 하는 문제와 동일한 명칭의 기본권이 기본권의 목록에 포함되어 있다고 하더라도 그 기본권의 구체적인 내용에서는 나라에 따라 달라질 수 있는가 하는 문제를 포함하고 있다. 기본권의 보장이 보편성을 가지는 경우란 공동체의 구체성과 특수성을 초월하여 인정되는 경우를 말하고 개별성을 가지는 경우란 공동체의 구체성과 특수성에 의해 다른 공동체의 경우와 차이를 가지는 경우를 말한다. 보편성을 가진다는 것이 다른 나라의 헌법이나 국제법규에서도 동일한 권리를 규정하고 있다는 의미는 아니다. 성질상 공동체의 구체성과 특수성을 초월하여 인정되는 경우이다.

이런 보편성을 가지는 경우의 예로는 생명권, 신체의 자유, 양심의 자유 등과 같이 자연권이라고 설명할 수 있는 권리를 들 수 있다. 그러나 종교의 자유에서와 같이 내심의 신앙의 자유가 아니라 구체적인 종교를 선택할 수 있는 자유에서는 개별성을 가지는 경우가 있다. 예컨대 공동체의 구성원이 특정한 종교를 헌법에서 국교로 정하고 국교 이외의 다른 종교는 선택할 수 없게 하는 경우이다. 기본권의 목록이 나라에 따라 달라질 수 있다는 것을 보여주는 것으로는 헌법 제27조 제5항이 정하고 있는 형사피해자의 재판절차에서의 진술권을 들 수 있다. 이런 것은 법률에서 정할 수도 있는 성질의 것이지만 우리 헌법은 기본권으로 보장하고 있다. 따라서 형사피해자의 재판절차에서의 진술권을 침해하는 행위는 법률에 위반되는 것이 아니라 헌법에 위반되는 것이 된다.

(2) 법률상의 권리와의 관계

(a) 법률에 규정된 헌법상의 권리와 법률상의 권리

실정법의 체계에서 우리나라와 같이 「헌법-법률-명령-규칙」의 단계구조를 가지고 있는 나라에서는 법효력에 있어 법률은 헌법의 하위에 있다. 법률의 내용이 헌법의 내용과 충돌하는 경우에는 효력을 가지지 못한다. 그런 점에서 헌법은 법률의 존재근거가 되고 동시에 효력근거가 된다.

그런데 법률에서 정하고 있는 내용이 언제나 헌법의 하위규범으로서 가지는 법률전속적인 내용만 지니고 있는 것은 아니다. 법률은 본질적으로 헌법을 실현하는 수단이기 때문에 그 법률에는 헌법에서 정하는 내용을 확인하고 이를 보다 구체화하는 헌법확인적 내용이 있는가 하면, 헌법과 충돌되지는 않지만 법률의 수준에서 입법자가 입법형성권을 행사하여 창설하는 입법창설적(=입법형성적) 내용이 있다. 권리의 경우, 형식에서는 법률에서 정하고 있으나 실질은 헌법확인적 내용에 해당하는 권리는 기본권인데, 입법자는 이런 내용이 법률에 규정되어 있다는 이유만으로 이를 변경하거나 부정하지 못한다. 이러한 내용은 기본권이 직접 효력을 미치는 사정거리 안에 있기 때문이다. 반면에 입법창설적 내용에 해당하는 권리는 법률상의 권리인데, 이런 것은 기본권의 내용을 이룬다고 할 수 없다. 이것은 어디까지나 기본권 실현을 위하여 법률에 의해 창설된 권리일 뿐 법률이 헌법상의 권리를 다시 확인하여 정한 권리가 아니다(예: 지방자치법의 주민투표권(동법 §14), 조례의 제정 및 개폐청구권(동법 §15), 감사청구권(동법 §16). 憲 2001. 6. 28.-2000헌마735; 2005. 12. 22.-2004헌마530; 2007. 6. 28.-2004헌마643. 사회보장수급권, 국가보상적 수급권, 국가보훈적 수급권. 憲 2007. 4. 26.-2004헌바60). 따라서 이런 권리는 입법자가 그의 입법형성권의 행사로 폐지할 수도 있고 변경할 수도 있다.

> [憲 2007.4.26.-2004헌바60] 「예우법이 정하고 있는 국가유공자 또는 그 유족이나 가족들에게 인정되는 급여에 대한 수급권은 수급자측의 금전적 기여가 전제되어 있지 아니하나, 생명 또는 신체의 손상이라는 특별한 희생에 대한 국가보상적 내지 국가보훈적 성격을 띠면서, 장기간에 걸쳐 수급권자의 생활보호를 위하여 주어진다고 하는 특성도 가지고 있으므로 사회보장적 성질도 겸하고 있는 것으로 보고 있다. 따라서 위 예우법상의 보상금수급권도 다른 국가보상적 내지 국가보훈적 수급권이나 사회보장수급권과 마찬가지로 구체적인 법률에 의하여 비로소 부여되는 권리라고 할 것이고, 국가가 국가유공자에게 지급할 구체적인 보상의 내용 등에 관한 사항은 국가의 재정부담능력과 전체적인 사회보장의 수준, 국가유공자에 대한 평가기준 등에 따라 정하여질 수밖에 없으므로 입법자의 광범위한 입법형성의 자유영역에 속하는 것으로 기본적으로는 국가의 입법정책에 달려 있다고 보는 것이 일관된 판례의 입장이다(憲 1995. 7. 21.-93헌가14; 2000. 6. 1.-98헌마216; 2002. 12. 18.-2001헌마546; 2003. 5. 15.-2002헌마90).」

[憲 2007.6.28.-2004헌마643] 「이 사건 심판청구는 헌법재판소법 제68조 제1항에 의한 헌법소원심판이므로 '헌법상 보장된 기본권침해'가 문제되어야 한다. 헌법재판소는 이미 2001. 6. 28. 선고된 2000헌마735 결정에서 지방자치법 제13조의2에 의한 주민투표권은 그 성질상 선거권이나 공무담임권, 국민투표권과는 다른 것으로 헌법이 보장하는 참정권이 아니라 법률이 보장하는 참정권에 해당하는 것이라고 판시한 바 있으며, 나아가 헌재 2005. 12. 22. 2004헌마530 결정에서 다음과 같은 취지로 판시한 바 있다. "우리 헌법은 간접적인 참정권으로 선거권과 공무담임권을, 직접적인 참정권으로 국민투표권을 규정하고 있을 뿐 주민투표권을 기본권으로 규정한 바가 없고, 지방자치를 제도적으로 보장하고 있으나 그 보장내용은 자치단체의 설치와 존속, 그 자치기능 및 자치사무로서 지방자치단체의 자치권의 본질적 사항에 관한 것이므로, 자치사무의 처리에 주민들이 직접 참여하는 것을 의미하는 주민투표권을 헌법상 보장되는 기본권이라고 하거나 헌법 제37조 제1항의 '헌법에 열거되지 아니한 권리'의 하나로 보기는 어렵다. 지방자치법은 주민에게 주민투표권, 조례의 제정 및 개폐청구권, 감사청구권 등을 부여하고 있으나 이러한 제도는 어디까지나 입법에 의하여 채택된 것일 뿐 헌법에 의하여 이러한 제도의 도입이 보장되고 있는 것은 아니다. 그렇다면 주민투표권은 법률이 보장하는 권리일 뿐이지 헌법이 보장하는 기본권 또는 헌법상 제도적으로 보장되는 주관적 공권으로 볼 수 없다." 따라서 주민투표권은 헌법상의 열거되지 아니한 권리 등 그 명칭의 여하를 불문하고 헌법상의 기본권성이 부정된다는 것이 우리 재판소의 일관된 입장이라 할 것인데, 이 사건에서 그와 달리 보아야 할 아무런 근거를 발견할 수 없다. 그렇다면 이 사건 심판청구는 헌법재판소법 제68조 제1항의 헌법소원을 통해 그 침해 여부를 다툴 수 있는 기본권을 대상으로 하고 있는 것이 아니므로 그러한 한에서 이유 없다. 하지만 주민투표권이 헌법상 기본권이 아닌 법률상의 권리에 해당한다 하더라도 비교집단 상호간에 차별이 존재할 경우에 헌법상의 평등권 심사까지 배제되는 것은 아니다.」

그런데 헌법에서 명시적으로 정하고 있는 사항이면 모르되, 그렇지 않은 경우에는 개별적인 사안에서 어떤 것이 헌법상의 권리인지 법률상의 권리인지를 판단하는 것은 쉽지 않다. 예컨대 재판을 받을 권리가 기본권이라고 할 때에도 제3자의 소송참가권을 헌법상의 권리라고 할 것인가 법률상의 권리라고 할 것인가 하는 문제가 있고, 재산권이 헌법에서 보장되는 기본권이라고 할 때에도 소유권 이외에 소유권과 분리된 점유권, 지상권, 지역권, 전세권과 같은 용익물권과 유치권, 질권, 저당권과 같은 담보물권을 헌법상의 권리라고 할 것인가 법률상의 권리라고 할 것인가 하는 것이 헌법소원심판에서는 중요한 문제로 제기된다. 행정법의 영역에서 보건대, 행정절차법상의 각종 신청권, 무하자재량행사청구권(無瑕疵裁量行使請求權), 행정개입청구권(行政介入請求權), 행정쟁송법상의 소송절차적인 권리 등에 대해서도 같은 문제가 제기되고, 노동법이나 사회보장법의 영역에서도 어디까지를 헌법이 정하는 사회적 기본권의 내용에 포함된다고 할 것이냐 하는 것이 문제로 된다.

어떠한 권리가 헌법상의 권리인가 아니면 법률상의 권리인가를 구별하는 작업은 양자간에 경계를 설정하여 헌법이 보호하고 있는 기본권의 내용을 확정하는 것이다. 그런데 기본권의 내용은 언제나 고정불변의 것으로 존재하는 것이 아니라, 헌법의 시대상응성, 역사성, 현실적응력, 기본권의 변천(Grundrechtswandlung)에 의해 장기적으로 그 영역경계선이 변화한다. 그래서 기본권 내용의 테두리는 일정한 기간 동안에는 안정성을 지니지만 장기적으로는 어느 정도 상대화될 여지를 지니고 있다. 물론 인간의 존엄과 생명, 그리고 신체의 완전성을 유지하는 자연적인 것은 그 내용이 상대화될 수 없다.

그런데 이러한 경계를 정하는 것이 고정불변의 것이 아니라고 하여 헌법상의 권리와 법률상의 권리를 구분하는 기준이 항상 불확실한 상태에 있는 것은 아니다. 기본권의 내용은 개별적 기본권마다 다르기 때문에 기본권 내용의 경계를 긋는 기준을 설정하는 작업이 개별적 기본권마다 차이가 있을 수밖에 없고, 현실의 변화와 시대의 진행에 따라 영향을 받는 것이지만 개별적 기본권의 구성요건을 분명히 하는 작업을 통하여 일정한 수준에서 기본권의 내용을 확정할 수 있다. 기본권의 구성요건에 관한 이론적인 논의는 이러한 문제를 해결하는 데 도움을 준다. 이러한 작업은 개별적 기본권의 해석에 있어 내용의 범위를 구체화하여 기본권보장의 규범적 효력을 명백히 해주고, 기본권을 실현하는 데 있어 입법자의 역할과 그의 한계도 분명히 설정해준다. 기본권의 내용을 확정하는 작업과 기본권의 제한은 서로 구별되어야 하는데, 기본권의 제한은 먼저 기본권의 내용이 확정된 다음 단계에서나 행해질 수 있는 것이다. 기본권의 제한은 이미 설정된 기본권의 내용을 제한하는 것이지 기본권의 내용을 정의하는 것이 아니다.

(b) 양자의 구별과 헌법소송

이와 같이 법률에는 기본권이 재확인되고 구체화된 권리가 있는가 하면, 기본권을 실현하기 위한 수단으로 입법자에 의해 창설된 권리가 있다. 이 양자의 구별은 기본권의 개념을 명확히 하는 데 있어 중요한 의미를 가질 뿐 아니라 헌법소송법적으로도 중요하다. 헌법소송법적으로 이 문제는 헌법소원심판에서 중요한 의미를 가진다. 헌법재판소법은 헌법소원심판을 청구할 수 있는 경우를 공권력의 행사 또는 불행사로 인하여 「헌법상 보장된 기본권」을 침해받은 경우로 정하고 있으므로(헌재법 §68①) 법률에서 창설된 권리의 침해에 대해서는 헌법소원심판을 청구할 수 없다(예: 憲 2001.6.28.-2000헌마735; 2005.9.29.-2002헌바84; 2005.12.22.-2004헌마530). 따라서 법률에서 권리로 정하고 있는 경우에도 어느 것이 헌법의 기본권을 확인하여 정하고 있는 권리의 내용이며 어느 것이 법률에 의해 창설된 권리인가를 구별하는 것은 대단히 중요하다. 원리적으로 말하면, 의회의 입법형성의 자유가 인정되는 범위에서 선택의 재량에 의해 창설된 권리는 법률상의 권리이고, 이와 달리 의회에 선택의 재량이 인정되지 않고 헌법의 기본권조항이 직접 지시하는 바에 따라 의회가 확인하여 구체화하고 세밀화한 권리는 헌법상의 권리, 즉 기본권이라고 할 수 있다. 따라서 사적 자치나 계약의 자유는 헌법이 보장하는 원리인 동시에 기본권이고, 이는 다시 민법에서 확인되어 구체화되어 있다. 민법이 가족법에 관한 사항을 정하고 있어도 혼인과 가족에 대한 헌법의 내용을 확인하여 정하는 것이 있고, 혼인과 가족제도를 구체화하면서 다양한 방법 가운데 어느 하나의 형태를 선택한 것이 있다. 형사소송법의 절차적인 권리도 많은 경우 헌법이 보장하고 있는 것을 구체화한 것이다. 이러한 것은 입법자인 국회도 민법이나 형사소송법의 개정을 통하여 없앨 수 없다.

[120] 제3 기본권의 도출과 포섭

Ⅰ. 기본권의 도출

헌법상의 기본권은 무엇보다 실정헌법이 기본권이라고 명시하고 있는 조항에서 정하고 있다고 할 것이다. 그러나 실정헌법은 헌법을 제정하거나 개정할 때 기본권의 개념을 정확히 이해하고 이런 문언을 명문화하였다기보다는 필요에 따라 기본권이라고 명시한 경우가 많다. 그래서 기본권이 원리나 원칙 또는 제도와 어떤 관계에 있고 이를 실정헌법에 명문화할 때 어떻게 해야 하는가에 대해 정확하게 설정하지 않은 것이 많다. 이로 인하여 기본권을 보장하는 방식에서는 각 나라의 헌법마다 다양한 모습을 보이고 있다. 기본권을 매우 세분화하여 정한 경우도 있고, 포괄적으로 정한 경우도 있다.

기본권은 본질상 헌법이 추구하는 가치나 이익을 권리로 보장하는 것이므로 헌법에서 정하는 다양한 원칙, 원리, 제도 등을 정하고 있는 규정에도 포함되어 존재할 수 있다. 헌법은 기본적으로 가치와 이익을 정돈하여 이를 법규범에 정하고 있고, 이런 가치나 이익은 원리나 원칙의 모습으로도 나타난다. 기본권도 이런 헌법상의 가치나 이익을 권리로 보장하는 것이므로 헌법상의 원리나 원칙 또는 제도를 정하고 있는 규정에서도 기본권이 도출될 수 있다(정종섭c, 77; 정종섭e, 119).

헌법제정자는 어떤 제도를 정하면서 그 제도가 작동하려면 국민에게 그와 관련된 권리를 보장해주어야 하는 경우에 어떤 제도와 그에 동반하는 기본권을 동시에 명문화하기도 한다. 그러나 때로는 제도만 명시적으로 정하고 이에 동반하는 기본권을 명시하지 않는 경우도 있는데, 이런 경우 제도의 작동상 반드시 국민에게 기본권을 보장하여야 하는 것이 인정될 경우에는 그 제도의 보장에서 기본권이 도출된다. 예컨대 선거제도를 명시적으로 정하면서 선거권과 피선거권에 관하여는 명문으로 정하고 있지 않는 경우에 선거제도가 헌법상의 제도라면 선거권과 피선거권은 당연히 기본권으로 인정된다.

II. 기본권에의 포섭

(1) 헌법상의 가치와 이익

헌법은 많은 가치들에 대한 공동체 구성원의 결단을 성문화하고 있으므로 기본권 이외에도 수많은 가치들과 이익들이 선택되어 공동체를 유지·발전하게 하고 그 공동체 내에 살고 있는 구성원들이 인간으로서의 존엄과 가치를 유지하고 행복하게 살 수 있게 하고 있다. 그렇지만 이러한 가치와 이익을 모두 기본권이라고 할 수는 없다. 실정헌법이 보호하는 가치나 이익 가운데서도 국민에게 기본권으로 보장하고 있는 것이 있고 그렇지 않은 것이 있다.

국가는 기본권을 실현할 의무가 있을 뿐 아니라 헌법상의 이런 가치나 이익도 실현할 의무가 있다. 법치주의나 민주주의 또는 복지국가 등을 추구하는 가치나 이익 가운데는 기본권으로 보장하는 것도 있고, 기본권이 아닌 헌법상의 가치나 이익으로 존재하는 것도 있다.

법적으로 보호되는 가치 · 이익

보호정도 / 수준	이 익	권 리
헌법적 수준	헌법상의 가치 · 이익	기본권
법률적 수준	법률상의 가치 · 이익	법률상의 권리

(2) 기본권에의 포섭

(a) 의 의

헌법상의 가치와 이익이 이러하다고 볼 때, 기본권 보장과 관련하여 중요한 것은 어떤 가치와 이익을 기본권으로 보장할 것인가 하는 기본권의 형성 또는 기본권의 포섭의 문제가 따라온다. 이는 법리적으로 두 단계의 구조를 가지고 있다. 하나는 먼저 무엇을 권리로 보장할 것인가 하는 것(권리의 형성)이고, 그 다음은 실정법규범의 구조에서 어떤 권리를 최고법인 헌법에서 보장할 것인가 하는 것이다(기본권으로서의 보장).

그간 전개된 도덕철학과 법철학의 성찰의 성과로 많은 기본권들은 도덕(=윤리)에 의해 정당화되어 오늘날 실정헌법에 「기본권의 목록」을 만들기에 이르렀다. 이러한 정당화는 공동체 구성원이 직접 체험을 하고 난 후 실존적인 결단을 한 경우도 있고, 많은 사상가들의 사고의 산물을 받아들인 경우도 있다. 또 기본권으로 실정화한 다른 나라의 헌법을 수용하면서 기본권의 목록을 수용하기도 했다. 어떤 사람에게 자유이고 복지가 된다고 하여 곧바로 그 자유나 복지가 권리로 보장되지 않는 것처럼, 어떤 것이 권리로 되자면 권리를 생성시키는(또는 도출하는) 필연적인 논리적 정당화과정이 필요하다. 일반적으로 권리는 도덕, 상호간의 약속(또는 계약), 생래적 관계, 자연적 관계, 정책적 결단 등으로 생성되기도 하지만, 기본권으로의 보장은 여기에서 한 단계 더 나아가 왜 권리 가운데서도 기본권으로 보장하여야 하는가 하는 것이 정당화되어야 한다.

기본권의 많은 부분은 도덕으로부터 나오지만, 언제나 반드시 그러한 것은 아니다. 공동체의 특유한 문화에 의해 도출될 수도 있고(어떤 나라에서는 기본권으로 보장되지만 다른 나라에서는 전혀 고려되지 않는 가치), 헌법이 특정한 원리나 제도를 채택하면서 이에 필요한 장치를 기본권으로 설정하는 경우도 있으며, 공동체 내의 많은 가치들을 배분하면서 어떤 것을 개인의 권리로 보장하고 어떤 것을 공동체에 유보할 것인가에 대한 정책적인 고려로 기본권이 획득되는 경우도 있다.

헌법재판소는 개인정보자기결정권은 헌법전에 명문으로 정하고 있는 바는 없지만 「헌법에 명시되지 아니한 기본권」이라고 하여 기본권으로 포섭하였다(예: 憲 2005. 5. 26.-99헌마513; 2009. 10. 29.-2008헌마257). 그러한 반면 국가의 재정사용의 합법성과 타당성을 감시하는 납세자의 권리는 헌법에서 보장하는 권리가 아니라고 하였다(예: 憲 2008. 11. 27.-2008헌마517; 2009. 10. 29.-2007헌바63).

> [憲 2008.11.27.-2008헌마517] 「헌법상 조세의 효율성과 타당한 사용에 대한 감시는 국회의 주요책무이자 권한으로 규정되어 있어(헌법 §54, §61) 재정지출의 효율성 또는 타당성과 관련된 문제에 대한 국민의 관여는 선거를 통한 간접적이고 보충적인 것에 한정되며, 재정지출의 합리성과 타당성 판단은 재정분야의 전문성을 필요로 하는 정책판단의 영역으로서 사법적으로 심사하는 데에 어려움이 있을 수 있다. 게다가 재정지출에 대한 국민의 직접적 감시권을 기본권으로 인정하게 되면 재정지출을 수반하는 정부의 모든 행위를 개별 국민이 헌법소원으로 다툴 수 있게 되는 문제가 발생할 수 있다. 청구인들이 주장하는 납세의무자로서 청구인들의 재산권이란 결국 재정사용의 합법성과 타당성을 감시하는 납세자의 권리에 다름 아닌바, 이와 같은 권리를 헌법상 보장된 기본권으로 볼 수 없으므로……」

(b) 개인적 가치와 공동체적 가치

어떤 가치와 이익을 기본권으로 보장할 것인가 하는 것에 대해 이미 인류가 최고의 권리로 보편적으로 인정하는 것에 있어서는 수용하여야 하지만, 그렇지 아니한 경우에는 어떤 권리를 헌법에서 설정할 것인가 아니면 법률에서 설정할 것인가 하는 문제는 공동체의 작동과 공동체 구성원의 삶의 방식과 관련하여 중요한 문제로 남아 있다. 권리의 대부분을 기본권으로 보장하면 가치 또는 이익배분과 관련하여 입법자의 역할은 줄어든다. 이 부분에서 입법자는 헌법에 기속되기 때문에 기본권으로 보장된 권리는 입법자를 엄격하게 구속한다. 입헌주의는 강한 모습으로 나타나고, 헌법의 의미를 확정하는 헌법재판소나 법원 등 재판기관의 역할은 늘어난다. 반면에 권리로 설정하는 작업이 입법자에게 많이 주어지면 입법자의 역할은 늘어나고 공동체의 운영과 인간의 삶은 탄력성을 가지고 유동성이 높아져 민주주의는 활발하게 작동하지만, 입법자에 의해 권리가 부정될 위험이 항상 존재한다.

어떤 가치와 이익을 권리 또는 기본권으로 포섭할 것인가 하는 문제를 해결함에 있어서는 공동체의 운영원리와 다양한 공동체 구성원이 개인적 삶과 공동체적 삶을 사는 원리에 대한 깊은 통찰이 필요하다. 오늘날 법규범구조에서 노동, 복지, 환경, 소비활동, 경제 등에 관한 권리의 문제를 어떻게 접근할 것인가 하는 문제가 간단하지 않은 것도 이런 이유가 있기 때문이다.

기본권이 무엇이냐 하는 것과 무엇을 기본권으로 보호할 것이냐 하는 문제는 구별된다. 헌법에서는 다양한 가치와 이익이 보장되고 있지만, 이러한 가치나 이익들이 모두 기본권으로 보호되는 것은 아니다. 사회공동체의 다양한 가치나 이익 가운데 어떠한 것을 공동체 구성원의 일신전속적인 것으로 하고 어떠한 것을 공동체의 가치나 이익의 영역, 즉 공공 영역(public domain)에 유보하여야 공동체가 유지·존속하고, 공동체 구성원이 보다 행복한 삶을 영위할 수 있는가에 따라 이 문제는 해결된다.

(c) 기본권 보장과 비용

공동체의 운영과 구성원의 삶의 방식에서는 비용(cost)을 생각하지 않을 수 없다. 이 때의 비용은 재정, 조세부담, 시간, 휴식, 평온, 인간관계, 공동체의 안전 등 재정적 비용과 비재정적 비용을 포함하는 개념이다. 특별한 이유가 없는 한 비용이 많이 드는 방식은 행복추구와 상대적으로 거리가 멀다. 정신적인 삶이든 물질적인 삶이든 또는 공동체의 유지·발전의 문제이든 적은 비용으로 최대의 이익을 얻는다면 인간은 그 길을 택해야 한다. 공동체를 고려하지 않을 때도 자연적으로 인정되는 개인의 행복추구에 드는 비용은 다과에 대한 고려 없이 당연히 지불될 수밖에 없으나, 공동체에서 더불어 사는 삶에는 「비용(cost)-편익(benefit)」을 고려하여 비용을 지불해야 한다. 권리의 보장은 성질상 생래적이고 절대적인 권리인 경우 이외에는 공동체 내의 자원 배분(distribution of resources)의 성격을 가지고 있다. 그리고 개개인이 보유하고 누리는 권리를 유지하는 비용은 각자 그에 정확히 상응되게 평가된 요금(fee)으로 내는 것이 아니라 타인의 세금도 포함된 국민의 조세로 충당되므로 순전히 개인적이라고 하기보다 공공적인 성격도 지니고 있다. 이런 점을 고려하면, 권리로서의 보장에서도 「권리의 비용성」(costliness of rights)은 계산될 필요가 있다. 이런 점에서 볼 때, 「효율성의 원리」를 헌법원리로 파악하는 것은 중요한 함의를 지니고 있다. 물론 권리의 보장을 비용이라는 하나의 관점에서만 보는 과도한 비용론적 접근이 권리 또는 기본권 보장을 약화시킬 위험이 있다는 점은 항상 경계할 필요가 있다.

공동체의 운영과 인간의 삶에는 반드시 비용이 지불되는 것이고, 이런 비용을 고려하더라도 자유와 권리의 문제를 전적으로 경제주의적인 관점에 맡길 수는 없다. 그리고 생명, 신체, 내심의 자유, 인간의 존엄 등은 절대불가침이며, 이는 다수결원리에 맡겨질 수 없는 것이다. 이는 사회전체의 이익에 앞서는 것이고, 비다수결주의적인(counter-majoritarian) 즉 반민주주의적인(anti-democratic) 성격을 가지는 것이며 규칙(rule)으로 작동한다. 그러나 생래적인 것이 아니고 정책적인 기본권에는 비용과 효율 등을 고려하는 경제적 접근이 요구된다. 또 규칙으로 작동하지 않는 많은 기본권은 다른 가치들과 이익형량을 통하여 보장되고 원리(principle)로 작용한다.

《기본권 포섭의 현실》

자유와 권리가 억압되는 독재나 권위주의통치를 겪은 나라에서는 자유와 권리의 성질을 따져볼 겨를도 없이 모든 권리를 기본권 또는 인권이라고 하여 헌법상의 기본권 목록에 추가시켜 입헌민주국가를 일찍 추구한 선진국보다 훨씬 호화찬란한 기본권 목록을 만들고 있지만, 현실에서 그러한 권리들이 진정한 「헌법상의 권리」로 작동하고 있으며, 그러한 작동에서 문제가 없느냐 하면 그렇지 않다. 독일의 경우 과거 바이마르헌법에서는 사회적 권리를 기본권으로 정하고 있었지만 현행 독일헌법에는 사회적 기본권을 정하고 있지 않다. 국민의 복지는 제도와 법률상의 권리로 보장하고 있지만, 헌법에서 복지에 관하여 기본권으로 보장하고 있는 어떤 나라보다 국민의 복지가 충실하다. 또 헌법에서 사회적 기본권을 정하고 있는 나라도 이를 국가를 상대로 개인이 바로 청구할 수 있는 권리로 보는 나라는 없다. 복지에 관한 권리(welfare right)를 논의하는 것과 복지에 관한 권리를 기본권으로 보장하자고 하는 것은 동일한 논의가 아니다. 프랑스는 아예 헌법에 기본권 조항이 없다. 그래서 프랑스에서는 의회의 역할이 중요하고 민주주의적 논의가 활발하다. 그러나 자유와 권리를 민주주의에만 맡겨 둘 수는 없기 때문에 「공적 자유」(libertés publiques)라는 개념이 있고, 나아가 헌법재판을 하면서 1789년의 프랑스인권선언의 규범력까지 인정하는 양상을 보이고 있다. 영국에서는 실정헌법이 없기 때문에 「헌법상의 권리」인 기본권이 없으며, 따라서 진정한 의미의 입헌주의는 존재하기 어렵다. 대신 법리상 의회가 국민의 자유와 권리에 관하여 결정할 수 있는 강한 권한을 가지고 있어 「의회주권」(議會主權 parliamentary sovereignty)이라는 개념이 유지되고 있다. 그러나 이런 의회주권이 인정된다고 하여 의회가 국민의 자유나 권리를 마음대로 부정할 수 있는 것은 아니다. 영미의 전통적인 최고법(higher law)사상이 존재하고 보통법(common law)을 통하여 권력의 남용이 통제되고 그 한계가 설정된다. 영국에서 권리론에 대한 논의가 풍부하고 「도덕적 권리」(moral right)니 「근본적 권리」(basic right)니 하는 개념들이 흔히 거론되는 것도 이와 무관하지 않다. 근래 영국의회가 인권법(Human Rights Act)을 제정하여 성문헌법국가의 권리장전의 역할을 하게 하면서 이 문제를 보다 분명히 하였다. 이러한 유럽 각국의 상황도 유럽공동체의 형성과 함께 앞으로 유럽공동체헌법이 각 나라에 어떻게 작용할 것이냐에 따라 많은 변화를 가져올 것으로 보인다.

[121] 제4 국가목표규정

Ⅰ. 개 념

(1) 개념의 정의

헌법이 추구하고 보장하는 가치 가운데, 특정한 가치를 실현하기 위하여 국민 개개인에게 주관적 권리는 부여하지 않으면서 국가에게 그러한 가치를 실현하도록 의무를 부과하는 국가목표(國家目標 Staatsziel)를 정하는 헌법규범을 국가목표규정(國家目標規定 Staatszielbestimmung)이라고 한다.

현행 헌법에서 이러한 국가목표규정에 해당하는 것으로는, 헌법 제5조의 「대한민국은 국제평화의 유지에 노력하고 침략적 전쟁을 부인한다」, 제9조의 「국가는 전통문화의 계승·발전과 민족문화의 창달에 노력하여야 한다」, 제31조 제5항의 「국가는 평생교육을 진흥하여야 한다」, 제32조 제1항의 「국가는 사회적·경제적 방법으로 근로자의 고용의 증진과 적정임금의 보장에 노력하여야 하며……」, 동조 제4항의 「여자의 근로는 특별한 보호를 받으며, 고용·임금 및 근로조건에 있어서 부당한 차별을 받지 아니한다」, 동조 제5항의 「연소자의 근로는 특별한 보호를 받는다」, 제34조 제2항의 「국가는 사회보장·사회복지의 증진에 노력할 의무를 진다」, 동조 제3항의 「국가는 여자의 복지와 권익의 향상을 위하여 노력하여야 한다」, 동조 제4항의 「국가는 노인과 청소년의 복지향상을 위한 정책을 실시할 의무를 진다」, 동조 제6항의 「국가는 재해를 예방하고 그 위험으로부터 국민을 보호하기 위하여 노력하여야 한다」, 제35조 제3항의 「국가는 주택개발정책등을 통하여 모든 국민이 쾌적한 주거생활을 할 수 있도록 노력하여야 한다」, 제36조 제2항의 「국가는 모성의 보호를 위하여 노력하여야 한다」, 동조 제3항의 「모든 국민은 보건에 관하여 국가의 보호를 받는다」, 제123조 제2항의 「국가는 지역간의 균형있는 발전을 위하여 지역경제를 육성할 의무를 진다」, 동조 제3항의 「국가는 중소기업을 보호·육성하여야 한다」, 동조 제4항의 「국가는 농수산물의 수급균형과 유통

구조의 개선에 노력하여 가격안정을 도모함으로써 농·어민의 이익을 보호한다」, 동조 제5항의 「국가는 농·어민과 중소기업의 자조조직을 육성하여야 하며, 그 자율적 활동과 발전을 보장한다」, 제127조의 「국가는 과학기술의 혁신과 정보 및 인력의 개발을 통하여 국민경제의 발전에 노력하여야 한다」 등이 있다.

(2) 기본권규정과 구별

국가목표규정은 국가에게는 특정한 행위를 하여야 할 의무를 부과하지만, 국민에게는 국가에 대하여 그러한 특정한 행위를 할 것을 청구할 수 있는 권리를 부여하지 않는다(주관적 권리의 결여). 이런 점에서 국가목표규정은 기본권규정과 구별된다.

헌법이 추구하는 가치 가운데는 그 성질상 개개인이 자유로이 처분할 수 있는 일신전속적(一身專屬的)인 것이 있는가 하면, 개개인에게 배분하는 것이 적합하지 않은 것이 있다. 특히 개개인이 국가에 대하여 헌법을 근거로 직접 청구할 수 있게 하는 것이 공동체의 유지나 지속가능한 발전에 합당하지 않은 것이 있다. 공공재에 해당하는 가치는 공동체의 유지와 공동체 구성원 모두의 삶을 위한 것이기 때문에 개개인에게 배분하여 주는 것이 적합하지 않다. 그리고 결과적으로는 개인에게 그 이익이 돌아가는 것이더라도 개개인에게 청구권을 인정하는 것보다 국가로 하여금 이를 실현하도록 의무를 부과하는 것이 그 실현에 있어 더 타당한 것이 있다. 이러한 경우에 헌법은 그 가치를 국가목표규정의 방식으로 헌법에 정한다. 국가에게 문화유산이나 환경 또는 생태계를 보호하거나 동물을 보호하도록 하는 것 등이 이에 해당한다.

헌법조항의 문언상의 표현은 때로 정밀하게 선택되지 않기 때문에 국가목표규정의 성질을 띠는 사항을 정하면서도 「……권리를 가진다」라고 표시되기도 한다. 이러한 경우에는 문언상의 표현에도 불구하고 성질상 기본권규정의 방식으로 정하는 것이 타당하지 않고, 국가목표규정의 방식으로 정하는 것이 타당한 경우에는 국가목표규정으로 해석하여야 한다. 예컨대, 헌법 제34조 제1항은 「모든 국민은 인간다운 생활을 할 권리를 가진다」라고 정하고 있으나, 이는 기본권의 개념상 구체적인 기본권이 될 수 없다. 이는 본래 「국가는 모든 국민이 인간다운 생활을 할 수 있도록 하여야 한다」라고 국가목표규정의 형식으로 정해야 한다. 따라서 위 헌법 제34조 제1항은 문언상의 표시는 「권리」라고 되어 있어도 국가목표규정으로 해석하여야 한다. 이러한 문제는 헌법 제35조 제1항과 제2항에서 정하고 있는 「건강하고 쾌적한 환경에서 생활할 권리」, 즉 환경권에 있어서도 제기된다.

그런데, 헌법조항의 문언상의 표현에서 국가목표규정을 정하고 있는 경우라도 이에서 해석상 기본권이 도출되는 경우에는 기본권도 동시에 보장하고 있는 것이라고 보아야 한다. 이러한 경우는 하나의 헌법조항에서 국가목표와 기본권을 동시에 보장하고 있는 경우이다.

(3) 국가목적과 구별

국가목표규정은 국가의 존재의의와 국가의 정당성의 근거를 의미하는 국가목적(國家目的 Staatszweck)과는 구별된다. 국가의 목적은 공동체의 보장과 공동체 구성원의 삶을 보장하는 것이기에 국가목표규정보다 상위의 가치체계로서 국가목표규정의 근거가 된다. 국가의 목적을 실현하는 방법으로는 구체적인 제도를 보장하는 방법과 가치를 보장하는 방법이 있는데, 국가목표규정은 기본권규정과 함께 가치를 보장하는 방법에 속한다.

II. 성　질

(1) 가치실현의 능동적 지시규정

국가목표규정은 국가에 대하여 특정한 가치를 실현하도록 하는 적극적인 능동규정이다. 이런 점에서 국가에 대하여 소극적인 제한규정으로서의 성질을 가지고 있는 자유권규정과 구별된다.

(2) 국가에 대한 의무부과규정

국가목표규정은 국가에 대하여 일정한 가치를 실현하도록 의무를 부과하는 것에 그치고, 국민에게 이에 상응하는 권리를 부여하는 것이 아니다. 기본권규정은 개인에게 헌법상의 권리를 부여함과 동시에 국가에게 이에 대응하는 의무를 발생시키지만, 국가목표규정은 개인에게는 권리를 부여하지 않고, 국가에게 의무만 부과한다. 따라서 개인은 헌법상의 국가목표규정을 근거로 하여 국가에 대하여 구체적인 행위를 할 것을 청구하거나 헌법재판소에 헌법소원심판을 청구할 수 없다.

(3) 타 규정과의 충돌

국가목표규정은 절대적 가치를 보장하고 있는 것이 아니다. 이는 헌법상의 다른 조항과 조화를 이루어야 하고, 다른 조항을 배척할 수 없다. 규칙(rule)과 원리(principle)라는 개념을 사용하면, 국가목표규정은 원리로서의 성질을 가진다.

(a) 상위 헌법규정과의 충돌

국가목표규정은 헌법상의 다른 규정과 충돌할 수 있다. 국가목표규정보다 상위의 가치를 보장하는 헌법규정과 충돌하는 경우에는 상위의 가치가 보호되어야 한다.

(b) 국가목표규정들간의 충돌

국가목표규정과 다른 국가목표규정간에 출동이 발생하는 경우에는 가치간의 상하 관계가 있는 경우에는 형량을 통하여 상위의 가치가 우선 보호된다(예: 국회가 헌법개정법률로 개정할 수 있는 국가목표규정과 국민투표로 변경이 가능한 국가목표규정이 있는 경우에는 후자가 전자에 우선하는 지위에 있다). 동위의 국가목표규정간에 충돌이 발생하는 경우에는 형량의 방법을 통하여 해결하고, 이것이 불가능할 경우에는 규범조화적 해석을 통하여 해결한다.

(c) 국가목표규정과 기본권규정간의 충돌

국가목표규정과 기본권규정이 충돌하는 경우에는 국가목표규정이 정하고 있는 헌법적 수준의 가치와 기본권으로 보장되고 있는 헌법적 수준의 가치가 서로 충돌하는 것은 충돌하는 가치 간에 형량이 가능하면 형량하고, 이것이 불가능하면 규범조화적 해석을 통하여 해결하여야 한다(예: 환경보호의무를 정하고 있는 국가목표규정과 재산권 간의 충돌). 그런데 국가목표규정과 기본권규정이 충돌하는 경우는 국가목표규정을 구체화하는 경우에도 발생하고, 기본권을 행사하는 경우에도 발생한다. 전자의 경우에는 국회가 입법을 통하여 국가목표규정을 구체화하는 경우에 생기므로 이를 구체화하는 작업에서 행해지는 법률적 수준의 조치가 헌법적 수준의 기본권과 서로 형량해서는 안 된다. 이 때에는 기본권이 우위에 있다.

Ⅲ. 기 능

국가목표규정은 공동체의 유지와 공동체 구성원의 삶에 요구되는 일정한 가치를 보장함에 있어 헌법상의 권리로 보장하는 것만으로 충분하지 않는 영역에서 국가로 하여금 특정한 가치의 실현을 가능하게 한다. 이는 국가에 대하여 일정한 가치를 실현하는 방향으로 나아갈 것을 명령하고 지시하여 그 구체적인 방법을 찾도록 하는 실질적 과제를 부여한다.

그리고 법률의 제정이나 개정, 법률 · 명령 · 규칙이나 조례의 해석이나 적용에 있어 판단기준이나 방향을 제시한다. 특히 국가작용에서의 재량행위나 법률의 일반조항의 해석 · 적용에 판단기준을 제시하는 중요한 기능을 한다.

Ⅳ. 효 력

(1) 대국가적 구속력

국가는 국가권력을 행사함에 있어 헌법에서 정하고 있는 국가목표규정을 지켜야 한다. 입법권도 국가목표규정에 합치하여야 하고 이를 실현하는 입법을 하여야 하며, 행정권도 이에 합치되게 행사되어야 한다. 법원의 재판도 국가목표규정에 위반될 수 없고, 헌법재판도 이에 위반되어서는 안 된다. 어떠한 국가권력도 국가목표규정이 추구하는 가치와 배치되는 방향으로 행사되어서는 안 된다. 이러한 의미에서 국가목표규정은 국가에 대하여 법적인 구속력을 가진다.

문제는 특정 국가권력의 행사 또는 불행사가 국가목표규정의 대국가적 효력에 위반된다는 이유로 무효라고 할 수 있는가 하는 점이다. 입법권 등의 국가권력의 행사 또는 불행사가 국가목표규정을 전면적으로 부정하는 것과 같이 그 위반이 명백한 경우에는 위헌이라고 할 것이다(명백성의 원칙). 이러한 경우에 한하여 규범통제에서 헌법재판소는 국가목표규정에 위반됨을 이유로 하여 위헌결정을 할 수 있다. 헌법재판소가 국가목표규정을 근거로 하여 입법자를 통제하는 것은 극히 한정된 경우에만 허용된다. 이러한 점에서 기본권보호의무를 정하고 있는 헌법규정을 근거로 입법자를 통제하는 것과 차이가 있다.

(2) 직접적 효력의 부인

국가목표규정은 그 성질과 기능에서 볼 때, 국가에 대하여 법적 구속력을 가진다고 하더라도 기본권규정과는 달리 개별적인 국가권력을 직접 기속하는 것은 아니다. 기본권이 입법권, 행정권, 사법권, 헌법재판권을 직접 기속하는 효력을 가지는 반면, 국가목표규정은 이러한 국가권력을 직접 기속하지는 않는다. 국가목표규정은 헌법적으로 보장하여야 할 어떠한 가치목표를 설정하여 국가권력으로 하여금 이를 수행하도록 방향을 지시하는 것이므로, 국가목표규정이 추구하는 가치를 특정의 상황에서 어느 정도로 어떤 수단을 통하여 실현할 것인지는 국가권력에게 맡겨져 있다. 특히 국가목표규정과 입법권과의 관계에서 보면, 국가목표규정이 정하는 가치는 입법을 통하여 구체화되므로 국회가 이를 현실에 적합하게 실현시키기 위하여 결정하는 가치실현의 정도, 가치실현의 수단의 선택, 충돌하는 가치간의 조정 등에 있어서는 광범위한 입법형성의 자유를 가진다. 가치실현의 정도는 대부분 국가재정의 수준과 밀접한 관련을 가지므로 특정 시기의 국가재정의 사정을 고려하여 이를 결정하고 수단의 선택에서도 다양한 수단 가운데 당시의 상황에 합당한 것을 선택한다.

(3) 국가목표규정의 밀도

헌법에서 어떠한 가치를 보장함에 있어 국가목표규정의 방식으로 정한다고 할 때, 그 정하는 정도에 있어 밀도상의 차이가 있는가 하는 문제가 있다. 통상의 경우에 국가목표규정의 방식으로 정하고 있는 여러 조항 사이에 그 밀도의 차이를 기준으로 하여 각 국가목표규정의 보장 정도를 구분하는 것은 어렵다.

그러나 헌법이 국가목표규정을 정함에 있어 다른 국가목표규정조항과 달리 특별히 의무의 구체화를 조밀하게 정하고 있어, 입법자에게 입법을 할 것을 명확히 지시하고 있는 경우에는 그러한 입법을 하지 않는 것을 정당화하는 사유가 없는 한 국회의 입법부작위는 국가목표규정에 위반된다고 할 것이다.

그리고 국가목표규정을 정하고 있는 조항의 내용에서 핵을 이루는 영역과 나머지 영역이 구분되는 경우에는 그 핵을 이루는 내용에 명백히 반하는 입법행위는 국가목표규정을 침해하는 것이라고 할 것이다. 핵을 이루는 영역은 입법자를 구속하는 것이고 그 이외의 영역은 입법형성의 자유에 맡겨져 있는 것이기 때문이다.

[122] 제5 제도의 보장

Ⅰ. 개 념

제도의 보장(制度의 保障 Einrichtungsgarantien, institutionelle Garantien)은 국민이 삶을 영위하고 국가가 존립하고 유지하는 데 필요한 일정한 객관적 제도를 헌법적 수준에서 보장하는 것을 말한다. 국민의 삶과 국가의 존속에 필요한 제도는 헌법적 수준에서 창설하여 보장하는 것(헌법적 제도)과 법률적 수준에서 창설하여 보장하는 것(법률적 제도)이 있는데, 헌법학에서 제도의 보장이라고 하는 것은 헌법적 수준에서 제도를 보장하는 것을 일컫는다.

제도의 보장은 객관적인 제도를 보장하는 것이기 때문에 주관적 권리를 보장하는 기본권의 보장과 구별된다. 다만, 유의할 것은 제도의 보장과 기본권의 보장이 개념에서는 구별되지만, 제도의 보장을 정하고 있는 헌법조항에서 기본권이 도출되는 경우도 있다. 예컨대 대통령선거제도만을 두고 있는 경우에는 대통령선거제도는 제도의 보장이지만, 이 조항에서 대통령선거에서 입후보할 피선거권과 대통령을 선출할 선거권이 도출된다. 법원에 의한 재판제도는 재판제도의 보장이지만, 이에서는 법원의 재판을 받을 권리가 포함되어 있다(현행 헌법에서는 재판받을 권리를 제27조 제1항에서 기본권으로 별도로 명시하고 있다).

헌법이 보장하고 있는 이러한 제도의 보장에 해당하는 것으로는 군사제도(헌법 §5②), 직업공무원제도(헌법 §7), 복수정당제도(헌법 §8①), 사유재산제도(헌법 §23), 교육제도와 대학제도(헌법 §31 ④,⑤,⑥), 혼인제도와 가족제도(헌법 §36①), 선거제도(헌법 §41 ①, §67①), 재판제도(헌법 §101), 헌법재판제도(헌법 §111), 지방자치제도(헌법 §117, §118) 등이 있다.

이러한 제도의 보장은 원래 바이마르공화국 당시에 역사적이고 전통적으로 그 사회에서 유지되어온 제도를 입법자의 법률에 의하여 폐지되거나 부정되는 것을 방지하기 위하여 고안된 개념이었다(제도보장 이론). 즉 의회가 법률로써 무엇이든 창설하고 폐지할 수 있는 것이 아니라(법률실증주의=법률만능주의의 부정), 기본권은 헌법에서 보장되어야 하는 것이기에 성질상 법률로 창설하거나 폐지할 수 없는 것은 당연하지만, 이러한 기본권에 해당하지 않는 제도의 경우에도 법률로 창설되거나 폐지될 수 없는 성질의 것이 있는데, 이는 헌법적 수준에서 보장되는 제도의 보장이라는 것이다. 이러한 제도의 보장은 기본권의 보장을 더 충실하게 하는 데 기여한다는 것이다.

《C. Schmitt의 제도보장이론》

기본권을 천부인권인 자유권을 중심으로 이해하고 기본권이론을 구성한 C. Schmitt는 자유권(Freiheitsrechte)과 제도(Institution od. Institut)를 철저히 구별하였다. 그는 바이마르공화국 당시 각종의 요구(Forderung)들과 권리들이 구별없이 기본권으로 통용되고 있는 개념의 혼란 속에서 '학문적으로 유용한 개념'(wissenschaftlich brauchbarer Begriff)을 확정하고자 노력하였다. 그리하여 그는 '시민적 법치국가'에서의 기본권은 '선국가적이고 초국가적인 권리'(vor- und überstaatliche Rechte)로서 국가가 법률에 의해 부여하는 것이 아니라 국가이전에 존재한 것으로 승인되고 보호되는 권리라고 하였다. 그래서 이런 기본권은 반드시 원리적으로 제약된 범위 내에서 규제된 절차에 의해서만 국가에 의해 제한될 수 있는 것이라고 하였다. 바이마르헌법상 이런 기본권보장의 법리는 법률이나 헌법 제76조의 헌법개정법률에 의해 배제될 수는 없고, 오로지 국민의 헌법제정권력에 의해서만 배제될 수 있을 뿐이라고 했다. 따라서 이런 '진정한 기본권'은 그 본질에서 결코 법익(Rechtsgüter)이 아니며, 자유의 영역이라고 하였다. 이 자유의 영역에서 권리(Rechte)와 방어권(Abwehrrechte)이 생겨난다고 하였다. 국가는 이런 기본권의 보호에 봉사하여야 하고, 그 속에서 비로소 자신의 궁극적인 존재의의를 찾는다고 하였다. 이런 기본권은 철저히 자유로운 개개인이 인간으로서 가지는 권리이며, 국가를 향하여(gegenüber) 가지는 권리라고 하였다. 이런 '진정한 기본권'에는 그가 말한 이른바 '배분원리'(配分原理 Verteilungsprinzip)가 적용되고, 기본권이 지니고 있는 개개인의 자연적 권리라는 속성으로 인하여 국적에 관계없이 모든 인간에게 통용되는 것이라고 하였다. 진정한 의미의 기본권은 개인주의적 자유권만이고 사회적 요구(soziale Forderung)는 이에 해당되지 않는다고 하였다. 따라서 단결권, 직장폐쇄권, 참정권, 사회권 등은 본질에서 이런 기본권과는 다른 범주에 속하는 것으로 이해되었다. 근대 서구의 시민적 법치주의의 이데올로기에 철저한 자유중심의 기본권이해이다. 기본권에 대한 이런 시각을 견지한 Schmitt는 헌법에서 기본권으로 규정하고 있는 경우에도 성질로 보아 자유가 아니라 '공법상의 제도'(Öffentlichrechtliche Institution)이거나 '전통적으로 확립된 전형적인 사법상의 제도'(typisches, traditionell feststehendes Rechtsinstitut)에 해당하는 것을 헌법이 정하고 있는데, 이 경우에 이러한 헌법상의 보장은 진정한 기본권(=진정기본권)의 보장과 구별되는 '제도보장'(institutionelle Garantie)이라고 했다. 그는 바이마르공화국헌법상의 지방자치제도, 직업공무원제도, 대학의 자치, 법관의 독립, 예외법원의 금지(법률이 정하는 법관의 재판을 받을 권리), 공법인으로서의 종교단체, 학교교육의 정규과목으로서 종교교육을 행하는 것, 대학에 있어 신학부의 설치 등과 같이 헌법이 공법상의 제도 그 자체를 보장하고 있는 것을 '제도적 보장'(institutionelle Garantie)이라고 명명하고, 사유재산제도, 상속제도, 가족제도, 가족생활의 기초가 되는 혼인제도 등과 같이 헌법이 전통적으로 확립되어 있는 전형적인 사법상의 제도를 보장하고 있는 것을 '제도보장'(制度保障 Institutsgarantie)이라고 하였다. 예컨대 가족제도의 경우를 보면, 가족 그 자체뿐만 아니라 가족의 구성원도 진정한 의미에서의 기본권을 가지지 못한다고 했다. 이들은 오직 제도로서만 헌법률적인 보호를 받는 것에 그친다고 하였다. Schmitt는 공법상의 제도를 보장하는 'institutionelle Garantie'와 사법상의 제도를 보장하는 'Institutsgarantie'를 통털어 말할 때는 'institutionelle Garantie'라는 용어를 사용하였다. 그는 선국가적이고 천부적인 자유를 의미하는 '기본권'과 이런 '제도보장'은 성질상 서로 다른 것이라고 하여 그 취급에서도 같을 수 없다고 보았다. 자유권의 경우에는 진정기본권으로서 선국가적이고 그 보장이 무제한한 것이므로 그가 말하는 '배분원리'가 적용되지만, 제도보장은 어디까지나 국가의 법질서에 의해서 인정되는 것이므로 '배분원리'는 적용되지 않는다고 하였다. 그 결과 제도보장은 입법기관에 의해 법률로써 제한될 수 있다고 보았다. 그러나 그 경우에도 제도 그 자체를 폐지하지는 못하는데, 헌법상의 제도보장은 바로 여기에 그 법적인 의미가 있다고 한다. 그는 제도보장이 경우에 따라서는 '현상유지의 보장'(Status quo-Garantie)으로서의 성질을 가지는 경우도 있지만, 원칙적으로 양자는 다른 것이라고 했다. 제도의 보장이 제도를 그대로 존속하게 하는 '제도존립에 대한 권리'(Recht auf Existenz)를 인정하는 것은 아니라는 것이다. 그는 제도보장과 주관적 권리의 보장은 서로 다른 것이지만, 양자가 함께 인정되는 경우도 없지 않다고 보아 양자를 택일관계로 보는 것은 잘못이라고 하였다. 제도보장에는 주관적 권리를 같이 보장하는 제도보장과 그렇지 아니한 제도보장이 있다고 했다(정종섭e, 146). 이러한 Schmitt의 제도보장이론은 법률실증주의에 대항하여 기본권만으로 개인의 권리를 충실하게 보장할 수 없는 점을 착안하고, 이러한 영역에 헌법적 수준에서 보장되는 제도보장이 존재한다는 것을 제안하여 법률로 아무 제도나 폐지할 수 없도록 하여 기본권보장을 강화하는 데 기여하도록 하는 데 그 이론적 전략이 있었다.

II. 성 질

제도의 보장은 헌법적 수준에서 제도를 보장하는 것이기 때문에 이를 정하고 있는 헌법규정은 입법권, 행정권, 사법권, 헌법재판권을 구속한다. 따라서 어떠한 국가권력도 헌법이 정하고 있는 제도보장의 규정을 위반할 수 없다. 제도보장의 규정은 국가권력을 직접 구속할 뿐 아니라, 재판규범으로도 작용한다.

헌법이 정하는 제도의 보장은 그 제도가 제 기능을 충분히 할 수 있도록 정하고 있는 규범이기 때문에 최소한으로 보장되는 것이 아니다. 입법자는 헌법상의 제도보장을 구체화하는 경우에도 헌법이 정하고 있는 제도의 기능이 충분히 작동할 수 있게 입법하여야 한다. 헌법에서 정하고 있는 해당 제도의 본질과 내용이 충분히 보장하는 범위 내에서 제도를 디자인하는 입법자의 입법형성의 자유가 광범위하게 인정된다. 제도보장을 구체화시키는 데 입법자의 입법형성의 자유가 넓게 인정된다고 하여, 이러한 입법자의 결정이 제도와 관련이 있는 기본권이 헌법상 보장되는 범위를 축소하는 결과를 가져와서는 안 된다.

종래의 「기본권보장-제도보장 준별론」에 의하면, 기본권을 보장하는 것이 최대한의 보장이라면 제도의 보장은 이와 달리 최소한의 보장이라는 틀을 구축하였다. 헌법재판소도 이러한 틀을 추종하고 있다(예: 憲 1997. 4. 24.-95헌바48).

[憲 1997.4.24.-95헌바48] 「헌법 제7조는 앞서 본 바와 같이 공무원의 공무수행의 독자성과 영속성을 유지하기 위하여 공직구조에 대하여 제도적 보장으로서의 직업공무원제도를 마련하도록 규정하고 있다. 제도적 보장은 객관적 제도를 헌법에 규정하여 당해 제도의 본질을 유지하려는 것으로서, 헌법제정권자가 특히 중요하고도 가치가 있다고 인정되고 헌법적으로 보장할 필요가 있다고 생각하는 국가제도를 헌법에 규정함으로써 장래의 법발전, 법형성의 방침과 범주를 미리 규율하려는 데 있다. 다시 말하면 이러한 제도적 보장은 주관적 권리가 아닌 객관적 법규범이라는 점에서 기본권과 구별되기는 하지만 헌법에 의하여 일정한 제도가 보장되면 입법자는 그 제도를 설정하고 유지할 입법의무를 지게 될 뿐만 아니라 헌법에 규정되어 있기 때문에 법률로써 이를 폐지할 수 없고, 비록 내용을 제한한다고 하더라도 그 본질적 내용을 침해할 수는 없다. 그러나 기본권의 보장은 헌법이 "국가는 개인이 가지는 불가침의 기본적 인권을 확인하고 이를 보장할 의무를 진다"(제10조), "국민의 자유와 권리는 헌법에 열거되지 아니한 이유로 경시되지 아니한다. 국민의 모든 자유와 권리는 국가안전보장·질서유지 또는 공공복리를 위하여 필요한 경우에 법률로써 제한할 수 있으며, 제한하는 경우에도 자유와 권리의 본질적인 내용을 침해할 수 없다"(제37조)고 규정하여 '최대한 보장의 원칙'이 적용되는 것임에 반하여, 제도적 보장은 기본권 보장의 경우와는 달리 그 본질적 내용을 침해하지 아니하는 범위 안에서 입법자에게 제도의 구체적인 내용과 형태의 형성권을 폭넓게 인정한다는 의미에서 '최소한 보장의 원칙'이 적용될 뿐인 것이다.」

그러나 우리 헌법이 정하고 있는 제도의 보장은 이러한 바이마르공화국 당시의 「제도보장이론」에 근거하고 있는 것이 아님을 유의할 필요가 있다. 그리고 제도의 보장과 기본권의 보장이 개념에서는 구별되지만, 사유재산의 보장과 같이 제도와 기본권이 동시에 보장되는 경우(기본권과 제도의 병존형), 대의제도를 채택함으로써 선거권과 피선거권이 보장되는 것과 같이 제도에 기본권이 수반되는 경우(기본권의 제도수반형), 정당제도를 보장함으로 인하여 정당의 설립·가입·활동·탈퇴의 권리가 보장되는 것과 같이 제도의 보장으로 기본권이 부수적·간접적으로 보장되는 경우(기본권의 제도종속형)가 있기 때문에, 제도의 보장이 최소한의 보장이고 기본권의 보장이 최대한의 보장이라는 도식적인 틀은 유지되기 어렵다. 제도보장과 기본권의 보장이 서로 연관이 있는 경우에는 기본권이 제도에 종속하는 경우가 아닌 경우에는 기본권 보장의 범위에 따라 제도의 보장이 이루어져야 한다(예: 사유재산 제도의 보장).

《「기본권보장-제도보장 준별론」과 그 비판》

종래 국내에서 통용되던 「기본권보장-제도보장 준별론」은 제도의 보장을 다음과 같이 이해한다. 제도보장(제도보장이라는 개념 · 용어와 관련하여 원래 이 이론을 주창한 독일의 C. Schmitt는 사제도보장을 의미하는 '제도보장'(Institutsgarantie)과 공제도보장을 의미하는 '제도적 보장'(institutionelle Garantie)으로 나누어 구분하였다. 그러나 국내의 논의는 이런 구분을 그대로 따르지 않고 '제도보장' 또는 '제도적 보장'으로 혼용하고 있다)은 사유재산제도, 복수정당제도, 직업공무원제도, 지방자치제도 등과 같이 주관적 권리가 아니면서 국민의 자유와 복리를 증진시키기 위하여 그 기초가 되는 일정한 법적 · 사회적 · 정치적 · 경제적 · 문화적인 객관적 제도를 헌법에서 보장함으로써 그 제도의 본질과 핵을 입법에 의한 폐지 · 침해로부터 보호하려는 것이다. 제도보장에서 보장의 대상은 특정의 객관적인 제도 그 자체이고, 개인의 기본권이 아니다. 양자가 일정한 관련을 가지는 경우에도 성격상으로는 별개의 것으로 구별된다. 제도보장은 법에 의해 내용이 형성되고 규율되는 국가내적인 것이므로 선국가적이거나 자연권적인 것이 아니다. 보장의 정도는 기본권보장이 최대한(maximum)의 보장인 것에 반하여 제도보장은 최소한(minimum)의 보장이다. 기본권보장은 최대한의 보장이므로 필요최소한의 경우에 한하여 법률에 의한 제한이 가능하지만, 제도보장에 의해 헌법이 보장하려는 것은 특정한 제도의 본질적인 내용을 이루는 부분이라는 최소한의 제도 내용이므로 그런 본질적 내용을 침해하지 않는한 법률로써 이를 자유로이 제한할 수 있다. 따라서 제도보장은 기존의 제도를 현상 그대로 유지 · 보장하여야 한다는 것이 아니다. 이런 제도보장은 집행권과 사법권은 물론 입법권까지도 포함하는 통치권력을 직접적으로 기속하는 효력을 가진다. 따라서 제도보장규정은 단순한 프로그램적인 방침적 규정이 아니라 직접적 효력을 가지는 법규범으로서의 재판규범이다. 그리고 기본권은 헌법개정권력을 기속하지만 제도보장은 헌법개정권력을 기속하지 않는다. 제도보장이 현상유지의 보장이 아니라는 점은 여기에서도 확인된다. 준별론은 기본권보장과 제도보장을 아래의 도표와 같이 도식적으로 구별하고 있다.

구 분	기본권보장	제도보장
보장의 대상	주관적 권리	객관적 제도
보장의 성질	선국가적 권리보장	국가내적 제도의 창설
보장의 정도	최대한 보장	최소한 보장
재판규범성	인 정	인 정
헌법개정권력 기속여부	기 속	불기속

이런 설명에 의하면 헌법상의 제도보장규정이 직접적 효력을 가지는 재판규범이라는 것과 관련하여 제도보장규정 그 자체를 직접 근거로 하여 개인이 헌법소원심판을 청구할 수 있느냐 하는 문제가 제기된다. 제도를 보장하고 있는 규정에는 객관적인 제도만 보장되어 있다고 보게 되면 이 규정은 헌법소원심판의 근거규정이 되지 못한다. 그러

나 이런 규정에서도 기본권이 도출된다고 하면 이 규정을 근거로 기본권의 침해를 주장할 수 있다. 준별론은 특정 헌법규정을 제도보장이라고 규정짓고 제도보장의 성질상 이런 규정을 근거로 소송을 제기할 수 없다고 보기 때문에 헌법소원심판도 청구할 수 없다는 단호한 태도를 견지하고 있다. 제도보장규정을 재판규범이라고 하면서도 이 점을 인정하지는 않는 모순을 범하고 있다(정종섭e, 142).

Ⅲ. 기　　능

어떠한 제도를 헌법적 수준에서 보장한다는 의미는 입법자로부터 법률을 통하여 이를 폐지하거나 본질을 훼손하는 것을 방지하기 위한 것이다. 이러한 것은 법률적 수준에서 보장하는 제도의 보장과 다르다.

헌법재판소도 이러한 제도의 보장을 인정하고, 「제도적 보장은 객관적 제도를 헌법에 규정하여 당해 제도의 본질을 유지하려는 것으로서, 헌법제정권자가 특히 중요하고도 가치가 있다고 인정되고 헌법적으로 보장할 필요가 있다고 생각하는 국가제도를 헌법에 규정함으로써 장래의 법발전, 법형성의 방침과 범주를 미리 규율하려는데 있다. 다시 말하면 이러한 제도적 보장은 주관적 권리가 아닌 객관적 법규범이라는 점에서 기본권과 구별되기는 하지만 헌법에 의하여 일정한 제도가 보장되면 입법자는 그 제도를 설정하고 유지할 입법의무를 지게 될 뿐만 아니라 헌법에 규정되어 있기 때문에 법률로써 이를 폐지할 수 없고, 비록 내용을 제한한다고 하더라도 그 본질적 내용을 침해할 수는 없다」라고 판시하였다(예: 憲 1997. 4. 24.-95헌바48).

Ⅳ. 효　　력

헌법에서 정하고 있는 제도의 보장은 국가권력을 직접 구속한다. 그런 의미에서 이는 프로그램규정이 아니다.

헌법에서 정하고 있는 제도의 보장은 재판규범으로 작용한다. 법원의 재판은 물론이고 헌법재판에서도 재판규범으로 작용한다. 헌법재판소는 어떤 법률조항이 제도보장에 위반되는 경우에는 위헌으로 결정한다.

제도의 보장은 헌법에서 직접 정하고 있기 때문에 이를 폐지하거나 그 내용을 변경하고자 하는 경우에는 헌법개정의 방법을 통하여야 한다. 이런 의미에서 제도의 보장은 헌법개정권력을 구속하지 아니한다.

제2장 기본권의 기능

[123] 제1 개 설

기본권은 헌법에 보장된 권리로서 대국가적 영역과 대사회적 영역에서 각기 그에 해당하는 기능을 가지고 있다. 기본권은 대국가적 영역에서는 방어적 기능, 차별금지적 기능, 급부적 기능, 질서형성적 기능을 가지고 대사회적 영역에서는 제3자로부터의 보호적 기능, 질서형성적 기능을 가진다.

[124] 제2 대국가적 영역

Ⅰ. 방어적 기능

기본권은 국가의 권력작용으로부터 국민의 자유와 권리를 보장하는 방어권(防禦權)으로서 기능을 한다. 이러한 방어권은, 국가가 공적인 강제력을 독점하고 있으면서 언제나 개인에 대하여 이를 행사하여 자신의 의지를 관철할 수 있는 힘을 가지고 있다는 것을 전제로 한다. 따라서 국가와 국민간의 이러한 힘의 역학관계를 고려할 때, 기본권은 국가로부터 개인의 권리를 방어하고 보호해주는 것에 가장 큰 역할이 있다.

권리는 그 권리의 주체의 지위를 유지하게 하는 것이므로 그 권리를 침해하는 행위에 대하여 언제나 방어할 수 있다. 기본권이 국가에 대하여 주관적 방어권(subjektive Abwehrrechte) 또는 방어권(defensive right)으로서 기능을 하는 것은 기본권이 권리이기 때문이다. 자유를 기본권으로 보장하는 자유권의 보장은 단순히 자유로운 상태를 보장하는 것을 넘어 국가의 침해에 대하여 개인의 자유 영역을 방어하는 권리를 보장하는 의미를 지니고 있다. 따라서 국가가 국민의 기본권을 침해하거나 침해할 것이 예상되는 때에는 국민은 언제나 방어권에서 도출되는 행위를 할 수 있다. 기본권에는 침해행위를 제거하거나 침해로 인한 피해를 전보할 것을 구하거나, 기본권을 침해할 우려가 있는 경우에 미리 이러한 행위를 저지할 수 있는 속성이 내재되어 있다.

전통적으로 기본권이론에서 기본권이 방어권으로서 기능을 한다고 한 것은 곧 기본권이 권리라는 점을 확인한 것이다. 이러한 방어권으로서의 기능이 확대되어 사회영역 또는 개인에 대해서도 어떤 효력을 가지느냐 하는 것은 기본권의 효력의 문제에 해당한다(기본권의 제3자적 효력=대사인적 효력). 독일에서 보듯이, 처음부터 국민에 대하여 국가우위적인 관점에서 공법이론이 성립한 경우, 국가에 대하여 국민우위적인 권리체계를 받아들이고 이를 기본권이라는 개념으로 해소시키고자 하는 경우에는 당연히 기본권의 방어권적 성격이 논의에서 두드러지게 나타난다(예: G. Jellinek의 지위이론에서의 소극적 지위). 그러나 국가에 대하여 국민의 우위를 당연한 것으로 하여 권리개념을 획득하는 나라에서는 이러한 방어권은 기본권의 권리로서의 속성에서 나오는 당연한 것으로 이해되는 것이다.

II. 차별금지적 기능

헌법은 권리장전에 평등권을 포함시켜 국가로 하여금 국민을 차별대우하지 못하게 하고 있다. 이러한 차별대우는 개별적인 기본권이 보장되는 영역에서도 언제나 공통적으로 금지되는 것이어서 기본권으로 보장되는 모든 영역에서 국민은 차별대우를 받지 않는다.

헌법 제11조 제1항과 제2항에서 이를 기본적으로 보장하고 있을 뿐 아니라, 정당의 보호에서도 평등한 대우를 보장하고 있으며(헌법 §8①), 혼인과 가족생활에서의 평등(헌법 §36①), 선거에서의 평등(헌법 §41①, §67①), 공직취임에서의 평등(헌법 §25) 등으로 나타나는데, 기본권 보장의 구조에 있어서 차별금지와 평등대우는 기본권 보장의 방법론적인 기초를 이루고 있으므로(헌법 §11①) 기본권은 본질적으로 차별금지적 기능을 가진다.

III. 급부적 기능

오늘날 기본권은 국가로부터의 국민이 점하는 지위에서 보장되는 방어권이나 평등권에 머물지 않고 국가에 대하여 국민이 적극적으로 급부를 요구하는 것을 보장한다. 오늘날 국민의 생활은 자기 스스로 부양하는 것만으로는 충분하지 못하고, 개인의 역량을 넘어 타자에 의한 부양을 필요로 하는 경우가 있는데, 이 경우 국민은 국가에 의한 급부에 의하여 삶을 영위한다. 이러한 급부는 국민의 공평부담을 요구하므로 필연적으로 국가에게 재정적인 부담을 지우게 되고, 정책의 우선순위에도 영향을 미치게 된다. 기본권 가운데 국가에 대하여 급부를 요구할 수 있는 기본권이 있다고 하더라도 이의 실현에서는 국가의 재정을 고려하지 않을 수 없다.

IV. 질서형성적 기능

권리장전이 실정헌법에 편입되어 헌법의 한 구성요소를 이루게 되면서 기본권은 단순히 개인의 권리를 보장하는 수준을 뛰어넘어 기본권으로 보장되는 가치들이 형성하는 하나의 질서를 이루게 되었다. 이러한 질서는 일반적으로 인간의 존엄과 가치를 구체화하고 행복을 추구하는 삶을 실질화시키는 것이기도 하고, 참정권이나 참여권과 같이 국가가 작동하는 질서를 구축하는 것이기도 하다. 예컨대 표현의 자유와 정치적 기본권은 민주주의를 형성하는 기능을 가진다.

기본권은 이러한 헌법질서를 형성하기 때문에 국민에 대한 국가의 행위에 있어서도 기본권이 적용되고, 국가의 조직이나 절차도 기본권이 형성하는 가치질서에 합치되어야 한다. 기본권을 정하고 있는 헌법은 모든 하위법의 근거규범이기 때문에 법률의 제정과 집행은 헌법이 정하는 기본권에 합치하는 것이어야 하고, 하위법규범은 기본권에 합치되도록 해석되어야 한다(기본권합치적 해석). 입법권, 행정권, 사법권, 헌법재판권의 행사나 절차가 기본권에 합치하여야 한다는 것은 여기에서 나오는 귀결이다.

기본권이 질서를 형성한다고 하여 일정한 기본권이 하나의 폐쇄적이고 완결된 질서를 형성하는 것은 아니다. 학문이나 예술과 관련된 기본권이 형성하는 고정된 질서라든가 직업활동에 관련된 기본권이나 정치적 기본권이 하나의 고정된 특정질서를 형성하는 것은 아니다. 따라서 기본권이 질서형성의 기능을 가진다고 하여 기본권을 특정한 질서에 종속되는 방향으로 해석해서는 안 된다.

[125] 제3 대사회적 영역

Ⅰ. 제3자로부터의 보호적 기능

기본권은 국가를 직접 기속하는 권리이기도 하지만, 실정헌법에 규정되어 하나의 일정한 가치질서를 형성하는데, 이러한 가치질서에는 원칙적으로 국가나 국민이나 모두 포섭된다. 따라서 국가만 기본권을 침해할 수 없는 것이 아니라 국민도 사적 영역에서 보호되는 개인의 기본권은 침해할 수 없다. 이와 같이 기본권은 국가뿐만 아니라 제3자인 사인으로부터도 개인의 기본권이 침해받지 않게 하는 기능을 가진다. 따라서 「국가 대 국민간의 관계영역」에서뿐만 아니라 「국민 대 국민간의 관계영역」에서도 국가가 기본권을 고려해야 하는 부분이 있다. 다만, 유의할 것은 사인으로부터 기본권을 침해받지 않는 것은 기본권의 방어권으로서의 효력이 사인간에 인정되어 그러한 것이 아니라 국가의 기본권보호의무 또는 국가의 본질적 기능에 따른 국가행위에 의한 것이라는 점이다.

Ⅱ. 질서형성적 기능

기본권은 실정헌법에 규정되어 실정적인 질서를 형성하므로 국가뿐만 아니라 국민도 이러한 질서를 준수하지 않으면 안 된다. 기본권이 형성하는 질서는 국가영역에 한정되는 것이 아니라 사회영역에도 형성되므로 사인인 국민도 이러한 질서를 존중해야 한다.

기본권에 의해 형성되는 질서를 준수하는 것은 사인이 스스로 타인의 기본권을 존중하면서 생활하는 것을 통하여 실현되기도 하고, 이러한 자율적인 행위로 질서를 유지할 수 없을 때에는 사인이 사인에 대하여 직접 기본권을 행사하는 것이 아니라 국가가 입법작용, 행정작용, 사법작용을 통하여 이러한 질서가 유지되도록 한다. 기본권은 사인에 대하여 직접 효력을 가지는 것이 아니기 때문이다.

제3장 기본권의 주체

제1절 개 설

[126] 제1 기본권의 보유능력과 행사능력

Ⅰ. 기본권보유능력

헌법상 보장된 기본권을 가지고 향유할 수 있는 능력을 기본권의 보유능력(基本權의 保有能力 Grundrechtsfähigkeit)이라고 한다. 즉 기본권의 주체(基本權의 主體 Grundrechtsträger, Grundrechtssubjekt)가 될 수 있는 능력을 말한다. 기본권의 향유능력(基本權의 享有能力 Grundrechtswahrungsfähigkeit)이라고도 한다. 이러한 기본권보유능력은 헌법상의 권리를 보유하는 능력이라는 점에서 법률상의 권리를 보유하는 능력과 구별되고, 형법상의 자격정지에 의해서도 박탈되지 않는다. 기본권의 주체가 사후에 특정 기본권을 박탈당하면 해당 기본권에 대한 보유능력을 상실한다.

> 기본권의 보유능력은 민법상의 권리능력과 일치하지 않는다. 민법상의 권리능력은 사람이 출생하여 생존하는 동안 인정되기 때문에(민법 §3) 태아와 죽은 자에게는 권리능력이 인정되지 않는다. 그러나 기본권의 보유능력은 이와 다르다. 예컨대 사자에게 권리능력은 인정되지 않지만 기본권의 보유능력이 인정되는 경우가 있다든지 태아의 권리능력(태아의 권리능력의 예외적인 인정에서도 일반주의와 개별주의에 따라 그 보호범위가 달라진다)이 기본권의 보유능력과 항상 일치하는 것은 아니라는 점에서 볼 수 있듯이, 기본권의 보유능력과 민법상의 권리능력은 동일한 것이 아니다.

기본권의 보유능력에 있어서는 기본권의 성질상 헌법이 직접 정하거나 헌법의 위임에 의하여 법률에서 일정한 연령에 이르러서만 해당 기본권을 보유할 수 있게 하는 경우가 있다. 예컨대 선거권, 피선거권, 국민투표권의 경우에는 일정한 연령에 달한 때부터 그 기본권을 보유할 수 있다(이를 기본권행사능력의 문제로 보는 견해가 있으나 보유능력의 문제로 보는 것이 타당하다). 선거법의 위반으로 일정한 기간 동안 입후보할 수 없거나 선거권을 가질 수 없는 때에는 피선거권이나 선거권을 보유할 수 있는 능력이 부인된다([289] I (4), [294] I (4)).

II. 기본권행사능력

기본권의 행사능력(基本權의 行使能力 Grundrechtsmündigkeit)은 특정 기본권을 현실적으로 행사할 수 있는 능력을 말한다. 기본권의 행위능력이라고도 한다. 기본권을 보유하는 자는 기본권을 행사할 수 있는 능력도 가지는데, 문제가 되는 것은 미성년자, 심신상실자, 제한능력자, 사자의 경우에 일정한 기본권에 있어 기본권행사능력이 인정되지 않는가 하는 문제이다. 사자에게도 인간의 존엄과 가치가 인정된다고 보고 그러한 범위 내에서 한정된 범위에서 기본권의 주체성을 인정하면 이 경우에는 기본권의 보유능력은 인정되지만 기본권의 행사능력은 인정되지 않는다.

공무원, 군인, 군무원, 경찰관, 재소자, 국·공립학교의 학생과 같이 국가와의 관계에서 특수신분관계에 있는 자라고 하더라도 기본권의 보유능력과 행사능력은 인정된다. 다만, 이러한 특수신분관계에 있는 자에 대해서는 그러한 특수한 관계가 추구하는 목적으로 인하여 기본권의 제한에서 더 강하게 제한받을 수는 있다.

미성년자의 경우에는 양육이나 교육상 부모가 친권을 행사하는데(예: 위험으로부터 보호하는 행위, 교육을 하는 행위), 이러한 친권이 인정되는 범위 내에서는 미성년자는 기본권을 주장할 수 없다.

기본권의 행사능력은 주로 재판청구권과 같은 청구권에서 이를 직접 행사할 수 없는 경우에 제한을 받는데, 이러한 경우에 기본권행사능력이라는 개념이 유효할 뿐 다른 경우에는 별 유용성이 없다. 기본권의 주체에 있어 일반적으로 보유능력과 행사능력을 구별하여 행사능력을 일반적으로 제한하거나 부정할 수 있는 개념인 것으로 이해해서는 안 된다.

[127] 제2 「인간의 권리」로서의 기본권

모든 사람에게 인정되는 기본권이 존재하는가 하는 문제는 기본권의 주체론과 직접 연결되어 있는 문제이다. 한 나라의 실정헌법이 그 나라의 국민에 대하여 기본권의 주체성을 인정하는 것은 당연하지만, 그 나라의 국민 이외의 존재자에게도 그 나라의 실정헌법상의 권리가 당연히 인정되는가 하는 문제에서는 논란이 있다. 이 문제는 외국인 또는 무국적자의 기본권의 주체성인정여부와 직결되어 있어 이들에게 일정한 기본권이 인정된다면 이러한 범위 내에서는 모든 사람에게 인정되는 기본권이 존재하게 된다.

일반적으로 국적에 관계없이 모든 사람에게 인간이라는 이유만으로 인정되는 권리를 「인간의 권리」(Menschenrechte)라고 한다. 생명권, 신체의 자유, 양심의 자유 등 자연권으로서의 성질을 가지는 권리들이 이에 해당한다. 그런데 권리 가운데 성질상 이러한 인간의 권리에 해당하는 것이 있다는 것과 실정헌법상의 권리 가운데 어떠한 권리가 이러한 인간의 권리에 해당하는가 하는 문제와 인간의 권리에 해당하는 헌법상의 권리가 있더라도 국적에 불문하고 그 나라에 있는 모든 사람에게 헌법이 이러한 권리를 보장하여야 하는가 하는 문제는 다르다.

[128] 제3 「국민의 권리」로서의 기본권

헌법이 보장하는 권리는 모두 대한민국의 국민에게는 인정된다. 즉 대한민국의 국적을 가지고 있는 사람은 대한민국 헌법이 정하고 있는 기본권의 주체가 된다. 이러한 기본권에는 성질상 인간의 권리에 해당하는 것도 있고, 대한민국이라는 국적을 가지고 있기 때문에 비로소 인정되는 권리도 있다. 해당 국가의 국적을 가진 자에게만 해당 국가의 헌법이 보장하는 기본권을 「국민의 권리」(Bürgerrechte)라고 한다.

제 2 절 기본권의 주체

[129] 제1 국 민

Ⅰ. 성 년 자

성년자인 대한민국 국민은 기본권의 주체가 된다. 현행 민법상 성년이 되는 연령은 19세이다(헌법 §4).

Ⅱ. 미성년자

미성년자도 원칙적으로 기본권의 주체가 된다. 그러나 기본권의 성질상 나이로 인하여 특정한 기본권은 인정되지 않는 경우도 있고 미성년자의 보호라는 이익에 의하여 기본권의 행사에서 성인보다 더 많은 제한을 받는 경우도 있다.

나이가 어린 유아나 아동도 기본권의 성질에 비추어 인정되는 범위 내에서는 기본권의 주체가 된다. 아동도 헌법 제10조에서 보장하는 인간으로서의 존엄과 가치를 가지고 있으므로 이러한 가치를 실현하는 기본권은 기본적으로 모두 보장된다. 선거권, 피선거권, 국민투표권과 같이 그 성질상 특정한 연령에 도달하여야 인정되는 기본권은 아동이 주체가 될 수 없다.

아동은 기본적으로 판단능력이나 행위능력에서 성숙하지 못하기 때문에 위험이나 오류에 항상 노출되어 있다. 따라서 아동의 경우에는 아동의 보호와 양육이 일차적인 것이어서 이와 충돌되는 이익은 기본권으로 주장될 수 없다.

아동의 보호가 일차적인 것이라고 하더라도 아동의 의사를 고려할 수 있는 경우에는 아동의 동의나 명시적 또는 묵시적 의사를 존중하여야 하며, 국가가 아동의 보호에 일차적인 주체로 개입할 수는 없다. 아동의 보호는 아동의 친권자의 친권에 의한 보호가 국가에 의한 보호에 우선한다. 아동의 의사나 친권자의 역할이 소멸하여(예: 아동에 대한 부모의 학대, 폭력행사, 치료거부, 교육거부) 아동의 보호가 방치되는 경우에 한하여 보충적으로 국가가 아동의 보호자로 개입할 수 있다.

아동에게 기본권이 인정되는 경우라고 하더라도 아동의 건강한 보호라는 이익에 의하여 제한된다. 이 범위 내에서는 아동의 기본권을 내세워 아동의 보호를 배제하지 못한다.

아동에 해당하지 않는 미성년자는 아동보다 연령이 많고 의사능력이나 행위능력에서 아동보다 성숙하므로 아동보다는 기본권의 행사에서 광범하지만 미성년자의 보호라는 가치를 실현하는 데 필요한 범위 내에서는 기본권이 제한되며, 이러한 범위 내에서는 기본권을 근거로 하여 미성년자의 보호라는 가치를 배척할 수 없다. 그러나 미성년자를 보호하는 행위가 오히려 미성년자의 기본권을 침해하는 과도한 것이 되어서는 안 된다고 할 것이다.

Ⅲ. 태아 및 배아

(1) 태 아

태아(胎兒)도 그 성질이 허용되는 범위 내에서는 기본권의 주체가 된다. 예컨대 생명권, 신체의 완전성, 인격권 등이 이에 해당한다([181]).

헌법재판소는 태아가 생명권의 주체라고 판시하였다(예: 憲 2008. 7. 31.-2004헌바81; 2012. 8. 23.-2010헌바402. [181] 참조).

[憲 2008.7.31.-2004헌바81] 「모든 인간은 헌법상 생명권의 주체가 되며, 형성중의 생명인 태아에게도 생명에 대한 권리가 인정되어야 한다. 따라서 태아도 헌법상 생명권의 주체가 되며, 국가는 헌법 제10조에 따라 태아의 생명을 보호할 의무가 있다.」

[憲 2012.8.23.-2010헌바402] 「인간의 생명은 고귀하고, 이 세상에서 무엇과도 바꿀 수 없는 존엄한 인간 존재의 근원이다. 이러한 생명에 대한 권리, 즉 생명권은 비록 헌법에 명문의 규정이 없다 하더라도 인간의 생존본능과 존재목적에 바탕을 둔 선험적이고 자연법적인 권리로서 헌법에 규정된 모든 기본권의 전제로서 기능하는 기본권 중의 기본권이다. 모든 인간은 헌법상 생명권의 주체가 되고, 인간으로서 형성되어 가는 단계

의 생명인 태아에게도 생명에 대한 권리가 인정되어야 한다. 태아가 비록 그 생명의 유지를 위하여 모(母)에게 의존해야 하지만, 그 자체로 모(母)와 별개의 생명체이고 특별한 사정이 없는 한 인간으로 성장할 가능성이 크기 때문이다. 태아도 헌법상 생명권의 주체이고, 따라서 그 성장 상태가 보호 여부의 기준이 되어서는 안될 것이다. 헌법이 태아의 생명을 보호하는 것은 그것이 인간으로 될 예정인 생명체라는 이유 때문이지, 그것이 독립하여 생존할 능력이 있다거나 사고능력, 자아인식 등 정신적 능력이 있는 생명체라는 이유 때문이 아니다. 그러므로 태아가 독자적 생존능력을 갖추었는지 여부를 그에 대한 낙태 허용의 판단 기준으로 삼을 수는 없다. 인간이면 누구나 신체적 조건이나 발달 상태 등과 관계없이 동등하게 생명 보호의 주체가 되는 것과 마찬가지로, 태아도 성장 상태와 관계없이 생명권의 주체로서 마땅히 보호를 받아야 한다. 특히 의학의 비약적 발전으로 태아가 모태를 떠난 상태에서의 생존 가능성이 점점 높아지고 있는 현실과 그 성장 속도 역시 태아에 따라 다른 현실을 감안하면, 임신 후 몇 주가 경과하였는지 또는 생물학적 분화 단계를 기준으로 보호의 정도를 달리할 것은 아니다. 다만 수정란이 자궁에 착상하는 것은 수정 후 14일 경에 이루어지고, 그 이후부터 태아는 낙태죄의 객체로 되는데, 수정이 되었다고 하여 수정란이 정상적으로 자궁에 착상할 가능성이 아주 높은 것은 아니며, 그 단계에서는 임신 여부를 확인하기도 어려우므로, 자궁에 착상하기 이전 단계의 수정란을 그 이후의 태아와 동일하게 취급하지 아니하는 것은 그 나름의 합리성이 인정될 수 있다. 또한 진통시부터는 태아가 산모로부터 독립하여 생존이 가능하므로 그 때를 기준으로 사람으로 취급하는 것도 합리적이라고 할 것이다. 그러나 위에서 본 바와 같이 태아도 그 성장 상태를 막론하고 생명권의 주체로서 보호받아야 하는 존재라는 점에서 수정란이 자궁에 착상한 이후부터 출산하기 이전까지의 태아를 성장 단계에 따라 구분하여 보호의 정도를 달리하는 것은 정당화될 수 없다.」

태아와 출생한 자를 구별하는 기준의 설정에서는 이론상 진통설(=분만개시설), 일부노출설, 전부노출설, 독립호흡설 등 견해가 대립한다. 민법에서는 전부노출설이 통설이지만, 형법에서는 진통설이 통설과 판례(예: 大 1982. 10. 12.-81도2621; 1998. 10. 9.-98도949; 2007. 6. 29.-2005도3832)의 입장이다. 즉 민법에서는 태아가 모체로부터 완전히 분리된 후 비로소 출생한 자로 보고, 형법에서는 산모가 분만에 앞서서 자궁경부의 자궁구가 열리는 주기적인 복통이 있을 때에 출생한 것으로 본다.

(2) 배 아

인간 배아(胚芽)가 생명권의 주체가 될 수 있는가에 대해서는 논란이 있다. 헌법재판소는 배아가 생명권의 주체라고 일반적으로 인정하고 있지는 않으나, 원시생명체로서 보호할 가치가 있는 경우에는 국가에게 보호의무가 있다고 본다(예: 憲 2010. 5. 27.-2005헌마346).

[憲 2010.5.27.-2005헌마346] 「존엄한 인간존재와 그 근원으로서의 생명 가치를 고려할 때 출생 전 형성중의 생명에 대해서는 일정한 예외적인 경우 기본권주체성이 긍

정될 수 있다. 헌법재판소도 형성중의 생명인 태아에 대하여 헌법상 생명권의 주체가 되며, 국가는 헌법 제10조에 따라 태아의 생명을 보호할 의무가 있음을 밝힌 바 있다(헌재 2008. 7. 31. 2004헌바81, 판례집 20-2상, 91, 101 참조). 다만, 출생 전 형성중의 생명에 대해서 헌법적 보호의 필요성이 크고 일정한 경우 그 기본권주체성이 긍정된다고 하더라도 어느 시점부터 기본권주체성이 인정되는지, 또 어떤 기본권에 대해 기본권주체성이 인정되는지는 생명의 근원에 대한 생물학적 인식을 비롯한 자연과학·기술 발전의 성과와 그에 터잡은 헌법의 해석으로부터 도출되는 규범적 요청을 고려하여 판단하여야 할 것이다.……초기배아들에 해당하는 청구인 1, 2의 경우 헌법상 기본권주체성을 인정할 수 있을 것인지에 대해 살피건대 청구인 1, 2가 수정이 된 배아라는 점에서 형성중인 생명의 첫걸음을 떼었다고 볼 여지가 있기는 하나 아직 모체에 착상되거나 원시선이 나타나지 않은 이상 현재의 자연과학적 인식수준에서 독립된 인간과 배아 간의 개체적 연속성을 확정하기 어렵다고 봄이 일반적이라는 점, 배아의 경우 현재의 과학기술 수준에서 모태 속에서 수용될 때 비로소 독립적인 인간으로의 성장가능성을 기대할 수 있다는 점, 수정 후 착상 전의 배아가 인간으로 인식된다거나 그와 같이 취급하여야 할 필요성이 있다는 사회적 승인이 존재한다고 보기 어려운 점 등을 종합적으로 고려할 때, 초기배아에 대한 국가의 보호필요성이 있음은 별론으로 하고, 청구인 1, 2의 기본권주체성을 인정하기 어렵다.……다만, 오늘날 생명공학 등의 발전과정에 비추어 인간의 존엄과 가치가 갖는 헌법적 가치질서로서의 성격을 고려할 때 인간으로 발전할 잠재성을 갖고 있는 초기배아라는 원시생명체에 대하여도 위와 같은 헌법적 가치가 소홀히 취급되지 않도록 노력해야 할 국가의 보호의무가 있음을 인정하지 않을 수 없다 할 것이다.」

Ⅳ. 재외동포

(1) 재외국민

대한민국의 국적을 가지고 외국에 영주(永住)하고 있는 자를 재외국민(在外國民)(헌법 §12②)이라고 한다. 이러한 사람은 대한민국 국민이므로 헌법상의 기본권의 주체가 된다. 국민에 대한 기본권주체성에 대한 법리가 그대로 적용된다. 이러한 자에 대해서는 속지주의에 따라 영주하고 있는 해당 국가의 법도 적용되므로 그러한 범위 내에서 헌법이 정하는 기본권이 제한될 수 있다.

「재외동포의 출입국과 법적 지위에 관한 법률」 제2조는 재외국민과 외국국적 동포를 합하여 재외동포(在外同胞)로 정의하고 있는데, 그 중에서 재외국민은 대한민국의 국민으로서 외국의 영주권을 취득한 자 또는 영주할 목적으로 외국에 거주하고 있는 자를 말한다.

(2) 외국국적동포의 문제

「재외동포의 출입국과 법적 지위에 관한 법률」은 외국국적동포를 「대한민국의 국적을 보유하였던 자(대한민국정부 수립 전에 국외로 이주한 동포를 포함한다) 또는 그 직계비속(直系卑屬)으로서 외국국적을 취득한 자 중 대통령령으로 정하는 자」로 규정하고 있다(동법 §2ii). 동포라는 개념은 헌법상의 개념이 아니다. 이러한 외국국적동포는 법적으로 외국인이기 때문에 외국인의 기본권의 주체성에 대한 법리가 적용된다. 다만, 대한민국은 외국국적동포에 대해서는 다른 외국인과 비교하여 특별한 정책을 취할 수 있다. 이러한 것은 헌법적 사항이 아니고 법률정책적 사항이다. 외국국적동포에 대해서는「재외동포의 출입국과 법적 지위에 관한 법률」로 재외동포 체류자격을 가진 외국국적동포에 대하여 대한민국에의 출입국, 대한민국 안에서의 법적 지위, 특히 부동산거래, 금융거래, 외국환거래, 건강보험의 혜택 등 특별한 이익을 부여하고 있다.

헌법재판소는 정부수립 이후의 이주동포에게는 특혜를 주면서 정부수립 이전의 동포를「재외동포의 출입국과 법적 지위에 관한 법률」이 정하는 수혜의 대상에서 제외한 것은 평등권의 위반이라고 판시하였다(憲 2001. 11. 29.-99헌마494).

> [憲 2001.11.29.-99헌마494]「우리 재판소는, 헌법재판소법 제68조 제1항 소정의 헌법소원은 기본권을 침해받은 자만이 청구할 수 있고, 여기서 기본권을 침해받은 자만이 헌법소원을 청구할 수 있다는 것은 곧 기본권의 주체라야만 헌법소원을 청구할 수 있고 기본권의 주체가 아닌 자는 헌법소원을 청구할 수 없다고 한 다음, '국민' 또는 국민과 유사한 지위에 있는 '외국인'은 기본권의 주체가 될 수 있다 판시하여(헌재 1994. 12. 29.-93헌마120), 원칙적으로 외국인의 기본권 주체성을 인정하였다. 청구인들이 침해되었다고 주장하는 인간의 존엄과 가치, 행복추구권은 대체로 '인간의 권리'로서 외국인도 주체가 될 수 있다고 보아야 하고, 평등권도 인간의 권리로서 참정권 등에 대한 성질상의 제한 및 상호주의에 따른 제한이 있을 수 있을 뿐이다. 이 사건에서 청구인들이 주장하는 바는 대한민국 국민과의 관계가 아닌, 외국국적의 동포들 사이에 재외동포법의 수혜대상에서 차별하는 것이 평등권 침해라는 것으로서 성질상 위와 같은 제한을 받는 것이 아니고 상호주의가 문제되는 것도 아니므로, 청구인들에게 기본권 주체성을 인정함에 아무런 문제가 없다.」

이 결정 이후에 법률이 개정되어 '대한민국정부 수립 전에 국외로 이주한 동포'도 외국국적동포에 포함되었다. 그러나 이러한 경우를 평등권의 위반이라고 하면 외국인 은 평등권의 주체가 된다는 결론에 도달한다. 이렇게 되면 외국인에 대한 정책에서 국가는 융통성을 가질 수 없고, 특별한 사유가 없는 한 모든 외국인을 평등하게 대우하여야 한다는 구속을 받는다. 이 문제는 주권에 기초한 국가정책이 적절한가 하는 정당 · 부당(正當 · 不當)의 문제이지 위헌여부문제는 아니다.

V. 특수신분관계에 있는 자

(1) 특수신분관계

공동체 또는 국가를 유지함에 있어서는 국가와 국민간에 일정한 경우에 특수한 관계가 설정된다. 이러한 특수한 관계는 공동체 또는 국가를 유지함에 있어 필요불가결하게 요구되는 것이고, 이런 경우 그런 특수한 관계의 설정과 유지를 위하여 특수관계에 놓이는 사람에게는 그렇지 아니한 사람과 비교하여 기본권의 보장에서 차이가 있을 수 있다. 국가의 공무를 수행하는 공무원, 국·공립대학의 학생, 군인, 교도소의 수감자 등은 각기 그 특수한 신분적인 특성으로 인하여 기본권의 보장에서 일반인과 비교하여 차이가 있을 수 있다. 예컨대 공무원이 공무수행 중에 지득한 정보나 지식을 자유로이 공표할 수 없는 것이나, 군복무를 하는 군인이 표현과 행동에서 일반인과 달리 일정한 제한을 받는 것이나 교도소의 수형자가 범죄의 대가로 형집행을 받는 상태에서 일반인과 같은 자유와 권리를 행사할 수 없는 것은 당연하다. 국·공립학교의 학생의 경우도 사립학교의 학생과 동일한 상태에 있지는 않다. 따라서 국가와 이러한 특수신분관계 또는 특수지위관계에 있는 사람의 경우에는 각기 개별적인 특수한 상태에 따른 기본권의 제한이 있을 수 있다.

헌법은 이런 특수한 관계를 정하고 있다. 공무원의 근무관계, 군인의 복무관계, 국·공립학교의 학생의 교육관계, 수형자의 복역관계 등에 관한 조항이 그것이다. 헌법은 이런 특수한 신분이나 지위에 따른 기본권의 제한을 직접 명시적으로 정하고 있기도 하고, 헌법 제37조 제2항 등을 근거로 하여 법률에 의해 제한할 수 있게 하는 경우도 있다. 단결권, 단체교섭권, 단체행동권을 정하면서 공무원인 근로자에게는 법률이 정하는 자에 한하여 단결권, 단체교섭권, 단체행동권을 인정하는 것(헌법 §33②), 군인·군무원·경찰공무원에 대해서는 국가배상청구권을 제한하는 것(헌법 §29②), 군인과 군무원에 대해서는 군사법원의 재판을 받도록 하는 것(헌법 §27②, §110①) 등은 헌법에서 직접 정하고 있는 경우에 해당한다. 유의할 점은, 특수신분(=지위)관계가 항상 기본권의 제한만을 정당화하는 것은 아니고 특수관계의 목적을 달성하기 위해 이러한 지위에 있는 사람의 기본권을 일반 국민과 비교하여 보다 더 두텁게 보장하는 원리로도 작용한다는 점이다. 따라서 이러한 사람들에 대해서는 국가와의 그 특수한 관계를 들어 아예 기본권이 인정되지 않는다고 한, 재래의 「특별권력관계」의 법리는 현대 입헌민주국가에서는 인정될 수 없다.

(2) 「특수신분관계」에 있는 자의 기본권 주체성

이러한 특수한 지위에 있는 사람의 기본권이 일정한 범위와 정도에서 제한되는 것은 그러한 특수한 신분이나 지위의 성질상 본질적으로 내재되어 있는 것이며, 이는 헌법에서 명시적이거나 묵시적으로 정해져 있다. 특수한 신분이나 지위를 설정하는 특수관계는 그러한 관계의 설정으로 달성하고자 하는 목적과 기능을 가지고 있으므로 이에 따른 특수한 법리에 의해 기본권이 제한된다.

다만, 유의할 것은 이러한 특수신분(=지위)관계에 있는 사람에게도 기본권의 주체성이 인정되므로 이런 사람의 기본권에 대한 제한은 그러한 관계에 있지 않은 사람의 기본권 제한과 비교하여 그 정도와 범위에서 차이가 있을 뿐이라는 점이다.

헌법재판소는 대통령령인 군인복무규율로 군인으로서의 복무와 부합하지 않는 불온도서의 소지 · 전파 등을 금지하는 것은 헌법에 위반되는 것이 아니라고 판시하였다(憲 2010. 10. 28.-2008헌마638).

> [憲 2010.10.28.-2008헌마638] 「군인들의 복무에 관한 사항은 군사적인 전략상황에 따라 수시로 변동하는 것으로서, 이와 같은 사항을 현실의 변화에 대응하여 유연하게 규율하도록 하기 위하여 광범위하게 대통령령에 위임하여야 할 필요성이 있다 할 것이므로, 군인의 임용, 복무, 교육훈련, 사기, 복지 및 신분보장 등에 관하여 국가공무원법에 대한 특례를 정함을 목적으로 하고 있는 군인사법 제47조의2는 군인의 복무에 관하여는 이 법에 규정한 것을 제외하고는 따로 대통령령이 정하는 바에 의한다고 규정하고 있고, 그 조항의 위임을 받아 제정된 대통령령인 군인복무규율은 군인의 복무 기타 병영생활에 관한 기본사항을 규정함을 목적으로(제1조), 군인들의 직무상의 다양한 의무 등 복무에 관한 사항을 규정하고 있다. 군인사법 제47조의2는 국가의 독립과 영토의 보전 등에 관한 대통령의 헌법상 책무를 다하도록 하기 위하여 헌법이 대통령에게 부여한 군통수권을 실질적으로 존중한다는 차원에서 군인의 복무에 관한 사항을 규율할 권한을 대통령령에 위임한 것이라 할 수 있고, 그 조항이 대통령령으로 규정될 내용 및 범위에 관한 기본적인 사항을 다소 광범위하게 위임하였다 하더라도 이를 헌법 제75조에 어긋나는 것이라고 보기 어렵다.」

헌법재판소는 미결수용자와 수형자도 기본권을 가진다고 보고, 이들에 대한 기본권의 제한의 정도가 헌법에서 정하고 있는 기본권 제한의 한계를 넘어선 것인가의 여부를 심사하고 있다(예: 憲 1995. 7. 21.-92헌마144; 1998. 10. 29.-98헌마4).

Ⅵ. 죽은 사람

사람이 어느 시점에서 사망하였다고 할 것인가 문제에 관해서는 맥박종지설(脈搏終止說), 호흡종지설(呼吸終止說), 뇌사설(腦死說) 등이 대립하고 있다. 현행 형법상으로는 사망자는 생명 · 신체에 대한 범죄의 객체는 되지 않는다. 사체(死體) 등의 오욕죄(汚辱

罪)(형법 §159) · 영득죄(領得罪)(형법 §161)의 객체가 되는데 그친다. 사망자(死亡者)의 명예훼손죄(형법 §308)가 사망자의 명예와 같은 사망자의 인격적 가치를 보호하는 것인가 아니면 사망자에 대한 그의 친척 또는 자손의 추모나 존경과 같은 인격적 가치를 보호하는 것인가 하는 것에 대해서는 다툼이 있다.

사망자의 기본권은 사망자 자신의 기본권을 의미하는데, 사망자에 대해 어떤 기본권을 인정할 것인가 하는 것은 국가에 따라 역사, 문화, 전통, 가치관 등에 의해 개별적으로 정해진다. 예컨대 사망자 자신의 인격적 가치를 인정할 것인가, 인정한다면 어느 정도로 인정할 것인가 하는 문제나 사체의 손상을 어느 정도로 인정할 것인가 하는 문제 등은 모두 각 공동체에 따라 다르게 결정된다. 사망자에 대하여 이러한 가치를 인정하는 경우에도 이를 법률적 수준에서 보호할 것인가 헌법적 수준에서 보호할 것인가에 따라 사망자의 기본권의 인정여부와 그 범위가 결정된다.

우리 실정법에서 보면, 사망자의 명예를 보호하는 형법 제308조, 사체, 유골 등의 오욕행위나 손괴 · 유기행위 등을 범죄화하여 사망자의 인격을 보호하는 형법 제159조, 제161조, 사망자의 저작인격권 보호에 관한 저작권법 제14조 제2항, 사망자의 인격권을 보호하는 「언론중재 및 피해구제 등에 관한 법률」 제5조의2 등은 사망자의 이익과 권리를 보호하고 있다. 사망자는 현실에 존재하지 않기 때문에 권리를 행사할 수 있는 지위에 있지는 않으나, 사망자에게 인정되는 권리나 이익은 국가의 권리보호의무에 의하여 보호된다. 사망자의 명예나 인격의 보호가 살아 있는 사람이 향유하는 헌법상의 명예권이나 인격권의 보호와 동일한 지위를 가지면, 이는 헌법상의 이익의 보호라고 봐야 한다. 저작인격권을 법률인 저작권법상의 권리로 보면 사망자의 저작인격권도 기본권이 아니라 법률에 의하여 보호되는 권리라고 할 것이다.

Ⅶ. 미래 세대의 주체성 문제

환경권, 토지재산권, 천연자원의 사용 등과 관련하여 현 세대에 의한 파괴와 자의적인 사용을 방지하기 위하여 이러한 권리에 대해서는 미래에 태어날 미래 세대(未來世代 next generation)에게도 권리가 인정된다는 견해가 피력되고 있다. 그러나 미래 세대가 태어 날 것은 분명하고 환경이나 토지나 천연자원의 사용과 관련하여 이해관계를 가지지만 개별 주체를 기준으로 보면 기본권의 주체로 확정할 수 없으므로 미래 세대를 통틀어 기본권의 주체라고 할 수는 없다.

국가의 정책에서 미래 세대가 가지는 이익은 고려되지만, 이는 국가정책에서 법익간의 조화의 문제로 처리되며, 구체적인 기본권으로 주장될 수 있는 성질이 되지 못한다. 현재를 기준으로 할 때, 미래 세대는 기본권행사능력도 가질 수 없을 뿐 아니라 기본권보유능력도 가지지 못한다.

Ⅷ. 비인간 생명체의 주체성 문제

인간이 아닌 생명체, 즉 동물과 식물은 헌법상의 기본권의 주체가 되지 못한다. 생태주의의 관점에서 생태계의 자연도 인간과 같이 생존하고 안전하게 삶을 살아가며 발현할 수 있는 권리를 가진다고 하면서 이른바 「자연의 권리」(right of nature)를 주장하는 견해에서는 자연, 특히 동물에게도 권리가 인정되어야 한다고 주장한다.

이에 대해서는 비인간인 자연과 인간의 차이를 무시하고 인간에 적용되는 권리의 관념을 동물이나 자연에게 적용하는 오류를 범한 것이라는 비판이 있다. 비인간인 자연의 권리가 인간의 권리와 동격에 놓여질 때, 우선 비인간 동물이나 식물의 생명권과 생존권은 식량의 문제에서 인간의 생존권과 정면으로 충돌한다. 그리고 동물에 의한 동물의 죽임과 침해, 동물에 의한 식물의 침해 등은 자연의 권리라는 개념이 성립하기 어렵게 만든다. 따라서 자연의 보호(예: 사냥금지, 식용과 약용 이외의 동물 살해금지, 동식물 생태계의 파괴 금지, 식물의 보호)는 별론으로 하고 자연의 지위를 인간과 동등하게 권리로 설정하는 것은 수용하기 어렵다.

이러한 비인간 생명체의 권리에 관한 논의가 있다고 하더라도 헌법상의 기본권은 인간을 전제로 한 것이므로 비인간 생명체는 헌법상의 기본권(예: 생명권, 행복추구권, 신체의 자유, 안전권, 평등권)의 주체가 되지 못한다. 따라서 동물보호를 헌법에 정할 필요가 있는 경우에는 국가목표규정의 방식으로 정한다.

[130] 제2 법인 · 단체

Ⅰ. 서 설

개인이 아니라 법인(法人)이나 단체(團體)가 기본권의 주체가 되는가 하는 것이 법인 · 단체의 기본권 주체성 인정여부의 문제이다. 여기서의 법인은 법률에 의해 권리능력을 부여받은 협의의 사법상의 법인만을 의미하는 것이 아니라, 권리능력이 없는 법인이나 단체도 포함한다. 이러한 의미에서의 법인이나 단체는 의사결정과 활동에서 독자적인 결사이어야 하고, 그 구성원과 상대적으로 독립되어 있는 것이어야 한다.

법인이나 단체의 기본권 주체성 인정여부의 문제는 법인이나 단체를 구성하는 자연인의 기본권이 반영된 상태를 보장하는 문제가 아니라, 그러한 구성원과는 독립된 법인이나 단체 그 자체의 기본권이 인정되는가 하는 문제이다.

헌법은 법인 · 단체에게 기본권의 주체가 될 수 있음을 정하고 있는 명시적인 규정을 가지고 있지 않다. 따라서 법인 · 단체가 기본권의 주체가 될 수 있는가 하는 문제는 기본권이론의 문제로 논의되고 있다.

독일에서는 헌법에서 「기본권은 그 본질상 적용이 인정되는 한도 내에서 국내의 법인에게도 효력을 가진다」(동헌법 §19③)라고 하여 국내법인에게 한정적으로 기본권의 주체성을 인정하고 있다. 미합중국의 헌법은 이를 명시적으로 정하고 있지 않으나, 연방최고법원의 판례를 통하여 시민의 권리에 속하는 것은 인정되지 않으나, 평등보호, 재산권의 보장, 언론 · 출판의 자유, 불합리한 수색이나 압수를 당하지 아니할 권리, 재산권과 계약의 보호, 이중처벌의 금지는 일정한 경우에 법인이나 사법인에게 인정된다고 판시하였다. 오스트리아나 일본국에서도 헌법에서 이에 대하여 명시적으로 정하고 있지 않으나 판례에서 법인이나 단체의 기본권 주체성을 인정하고 있다(정종섭n, 151).

II. 법인 · 단체의 기본권 주체성 인정여부

(1) 사 법 인

(a) 학 설

법인 · 단체가 기본권의 주체가 될 수 있는가 하는 문제에 대해서는 기본권의 성질에 위반되지 않는 범위 내에서 법인 · 단체도 기본권의 주체가 될 수 있다는 것이 지배적인 학설이다. 구체적으로 어떠한 기본권이 인정되는가 하는 점은 법인이나 단체의 성격(예: 영리법인, 비영리법인, 사단법인, 재단법인, 중간법인, 기업, 노동조합, 이익단체, 사회단체 등)이나 수행하는 업무와 개별적 기본권의 성격과 내용에 따라 결정된다(정종섭n, 140).

법인에게 기본권의 주체성이 인정되는가의 여부문제는 민법이론에서의 법인의 본질에 대한 이론과는 상관성이 없다는 것을 유의할 필요가 있다(정종섭n, 143).

사법인(私法人)의 경우에도 형식은 법적으로 사법인이지만 국가의 공적인 과제를 수행하는 경우에는 국가에 의하여 설립되었는지의 여부, 국가가 주식을 얼마나 가지고 있는지의 여부에 관계없이 기본권의 주체가 될 수 없다. 이러한 경우에 사법인에게 기본권의 주체성을 인정하면 국가는 국가행위를 사법적 형식으로 도피하여 기본권의 객체 내지 수범자의 지위에서 기본권의 주체가 되는 결과가 되는 것을 용인하는 것이 되기 때문이다.

(b) 판 례

헌법재판소의 판례도 기본적으로 사법인이 기본권의 주체가 될 수 있음을 인정하고 있다(예: 憲 1991. 4. 1.-89헌마160; 1991. 6. 3.-90헌마56).

[憲 1991.6.3.-90헌마56] 「우리 헌법은 법인의 기본권향유능력을 인정하는 명문의 규

정을 두고 있지 않지만, 본래 자연인에게 적용되는 기본권규정이라도 언론 · 출판의 자유, 재산권의 보장 등과 같이 성질상 법인이 누릴 수 있는 기본권을 당연히 법인에게도 적용하여야 한 것으로 본다. 따라서 법인도 사단법인 · 재단법인 또는 영리법인 · 비영리법인을 가리지 아니하고 위 한계 내에서는 헌법상 보장된 기본권이 침해되었음을 이유로 헌법소원심판을 청구할 수 있다.……사단법인 한국영화인협회는 "영화예술인 상호간의 친목도모 및 자질향상, 민족영화예술의 창달발전을 기함을 목적으로, 그 목적을 달성하기 위하여" 설립된 민법상의 비영리사단법인으로서 성질상 법인이 누릴 수 있는 기본권에 관한 한 그 이름으로 헌법소원심판을 청구할 수 있다.」

(2) 공 법 인

(a) 학 설

공법인(公法人)이 기본권의 주체가 될 수 있는가 하는 점에 대해서는 부정설과 긍정설이 대립하고 있으나 어느 경우도 전면적으로 부정하거나 긍정하는 경우는 없다. 공법인이 공무를 수행하거나 고권적인 행위를 하는 경우 또는 국가와 지시 · 감독의 관계를 유지하고 있는 경우에는 기본권의 객체는 될 수 있으나 기본권의 주체는 될 수 없다. 이에 대해서는 이론(異論)이 없다.

그러나 공법인이 사경제주체로서 활동하는 경우, 조직법상 국가로부터 독립하여 고유한 업무영역을 가지고 있는 법인의 경우(국공립의 교육기관, 방송기관, 은행, 지방자치단체), 공법인이 개인의 이익과 결합하여 개인의 이익을 대변하여 국가에 대항하는 구조를 취하고 있는 활동을 하는 경우, 다른 공법인과의 관계에서 지배복종의 관계가 성립하여 사인과 같이 다른 공법인의 지배하에 있는 경우에는 그 활동의 영역에 한하여 기본권의 주체가 될 수 있다고 할 것이다.

(b) 판 례

헌법재판소는 공법인은 기본권의 수범자이지 기본권의 주체로서 그 소지자가 아니라고 판시하고(憲 1994. 12. 29.-93헌마120), 직장의료보험조합(憲 2000. 6. 29.-99헌마289)이나 농지개량조합(憲 2000. 11. 30.-99헌마190)을 공법인이라고 보고 기본권의 주체가 될 수 없다고 판시하였으며, 지방자치단체나 지방자치단체의 장도 기본권의 주체가 될 수 없다고 하였다(憲 1997. 12. 24.-96헌마365). 과거 국립 서울대학교는 공법상의 영조물이기는 하지만 헌법 제34조 제4항에 의해 보장되는 대학의 자율이라는 기본권의 주체는 될 수 있다고 판시하였다(憲 1992. 10. 1.-92헌마68). 현재 서울대학교는 「국립대학법인 서울대학교 설립 · 운영에 관한 법률」에 의하여 특수법인으로 성격이 바뀌었다. 국립 세무대학은 공법인이지만 사립대학과 마찬가지로 대학의 자율권을 기본권으로 보장받는다고 판시하였다(憲 2001. 2. 22.-99헌마613). 예외적으로 공법인적인 성질을 가지는 법인이 기본권의 주체가 되는 경우에도 그 공법인적인 성격으로 인하여 제한을 받는다고 판시하였다(예: 憲 2000. 6. 1.-99헌마553. 축협중앙회는 공법인성과 사법인성을 겸유한 특수한 법인이라고 보아 기본권의 주체가 될 수는 있지만 이런 특성이 기본권의 제약요소로 작용한다고 판시하였다).

(3) 법인격 없는 사단 · 재단

기본권의 보장에 있어 법인과 법인격 없는 사단 · 재단은 구별해야 할 이유가 없으므로 법인의 기본권 주체성에 관한 법리는 법인격 없는 사단 · 재단에도 적용된다고 할 것이다. 헌법재판소도 법인격 없는 사단 · 재단이라고 하더라도 대표자를 정하고 독립된 사회적 조직체로 활동하는 때에는 기본권의 주체가 될 수 있음을 인정하고 있다(예: 憲 1991. 6. 3. -90헌마56; 1995. 7. 21.-92헌마177).

[憲 1995.7.21.-92헌마177등] 「청구인협회는 언론인들의 협동단체로서 법인격은 없으나, 대표자와 총회가 있고, 단체의 명칭, 대표의 방법, 총회 운영, 재산의 관리 기타 단체의 중요한 사항이 회칙으로 규정되어 있는 등 사단으로서의 실체를 가지고 있으므로 권리능력 없는 사단이라고 할 것이고, 따라서 기본권의 성질상 자연인에게만 인정될 수 있는 기본권이 아닌 한 기본권의 주체가 될 수 있으며, 헌법상의 기본권을 향유하는 범위 내에서는 헌법소원심판청구능력도 있다고 할 것이다. 이 사건의 경우 청구인협회가 침해받았다고 주장하는 언론 · 출판의 자유는 그 성질상 법인이나 권리능력 없는 사단도 누릴 수 있는 권리이므로 청구인협회가 언론 · 출판의 자유를 직접 구체적으로 침해받은 경우에는 헌법소원심판을 청구할 수 있다고 볼 것이나, 한편 단체는 원칙적으로 단체 자신의 기본권을 직접 침해당한 경우에만 그의 이름으로 헌법소원심판을 청구할 수 있을 뿐이고, 그 구성원을 위하여 또는 구성원을 대신하여 헌법소원심판을 청구할 수 없다고 할 것이다.」

Ⅲ. 법인 · 단체에게 인정되는 기본권

(1) 법인 · 단체에게 인정되지 않는 기본권

법인이나 단체에게 인정되지 않는 기본권은 그 성질에서 자연인에게만 인정되는 것이다. 인간의 존엄과 가치, 행복추구권, 성별 · 가문 · 출신 등 인적 요소와 결합된 차별금지, 생명권, 정신적 자유권, 내심의 자유, 혼인의 순결, 인신의 자유, 교육을 받을 권리, 참정권 등 천부적인 자연권이나 인적 요소에 결부된 기본권에 해당하는 것들이 이에 속한다. 법인이나 단체에게 인정되지 않는 이러한 기본권은 법인이나 단체를 의인화시켜도 인정되지 않는다.

그러나 정신적 기본권이라고 포괄적인 개념에 해당하더라도 그 개별적인 내용이 순전히 자연인의 인적인 요소에만 결부되어 있지 아니한 경우에는 법인이나 단체에게도 인정된다. 신문사의 표현의 자유, 대학의 학문의 자유, 종교단체의 종교활동의 자유 등은 일정한 법인이나 단체에게 인정된다.

(2) 법인 · 단체에게 인정되는 기본권

법인이나 단체에게 인정되는 기본권은 위에서 본 바와 같이 그 성질에서 허용될 수 없는 기본권을 제외하고는 원칙적으로 인정되지만, 개별적인 기본권의 영역에서는 법인이나 단체의 성격이나 수행하는 업무와 개별적 기본권의 성격과 내용에 따라 결정되기 때문에 어떤 기본권을 법인이나 단체에게 일률적으로 인정된다고 할 수는 없다. 이는 법인이나 단체별 또는 개별적 기본권별로 사안에 따라 개별적으로 판단하여야 할 사항이다(정종섭n, 163).

Ⅳ. 법인 · 단체의 기본권론의 한계

법인이나 단체에게 기본권이 인정되는 경우에도 사적영역에서는 기본권의 효력이 미치지 아니하므로 법인이나 단체의 기본권의 행사가 개인의 기본권의 행사와 직접 충돌하는 경우는 없다. 그러나 국가에 대하여 기본권의 충돌이 발생하는 경우에는 기본권 충돌의 문제로 해결할 수밖에 없는데, 이러한 경우에 법인이나 단체의 기본권과 개인의 기본권이 충돌하는 경우에는 힘이 강한 법인이나 단체의 기본권이 더 많이 제한될 수 있다.

특히 법인이나 단체의 기본권이 그 구성원의 기본권의 실현과 밀접한 연관을 가질 때에는 그 구성원의 기본권의 보장을 위하여 법인이나 단체는 기본권을 주장할 수 없는 경우도 있을 수 있다.

법인이나 단체에 강제로(=의무적으로) 가입하도록 하는 경우(예: 변호사회, 의사회, 약사회, 강제 가입하게 하는 노동조합)에는 구성원의 의사를 무시한 채 법인이나 단체의 다수결로 구성원의 이익과 배치되는 결정을 할 수 없고, 구성원에게 단체의 활동에 협력할 것을 강제할 수 없다. 특히 법인이나 단체가 정치적 활동을 하는 경우에 평소에 그 구성원이 법인이나 단체의 의사에 기하여 활동하였다고 하더라도 다수결로 구성원으로 하여금 법인이나 단체의 정치적 의사나 판단(예: 특정 정치 세력의 지지)에 따르도록 강제할 수 없다.

정치자금법은 법인이나 단체가 정치자금을 기부할 수 없도록 하고 있기 때문에 정치자금의 기부를 놓고 단체와 그 구성원이 대립할 여지는 없다.

노동조합이 내부규정으로 노동조합과 조합원간에 분쟁이 있는 경우에 조합원으로 하여금 노동조합을 상대로 일절 소송을 제기할 수 없도록 정하는 것은 조합원의 재판을 받을 권리를 부정하는 것이어서 인정될 수 없다(예: 大 2002. 2. 22. -2000다65086).

[131] 제3 정 당

정당(政黨)도 사법상의 정치단체이므로 그 성질이 허용하는 범위 내에서는 기본권의 주체가 된다. 정치활동에서의 평등권의 주체가 되고, 언론 · 출판 · 집회 · 결사의 자유, 재판청구권, 재산권 등의 주체가 된다고 할 것이다.

헌법재판소도 정당은 소유재산의 귀속관계에서는 법인격 없는 사단으로 보아 재산권의 주체가 됨을 인정하였고(예: 憲 1993. 7. 29.-92헌마262), 정치활동에서 기회균등을 보장받아야 한다고 판시하였다(예: 憲 1996. 3. 28.-96헌마9등).

[132] 제4 외국인 · 외국법인

Ⅰ. 외 국 인

(1) 기본권 주체 인정여부

외국인(外國人)에게 특정 국가의 헌법이 보장하는 기본권이 인정되는가 하는 문제가 외국인의 기본권 주체성 문제이다. 여기서 말하는 외국인이라는 개념에는 대한민국이 아닌 국적을 가진 자와 무국적자, 다국적자를 포함하여 일컫는다. 이러한 외국인에게 기본권이 인정되는가 하는 점에 대해서는 긍정설과 부정설이 있다.

(a) 긍 정 설

헌법이 정하는 기본권 가운데 국민의 권리에 해당하는 기본권은 외국인에게 인정되지 않지만 인간의 권리는 외국인에게도 인정된다고 본다. 헌법에서 명시하고 있는 경우는 물론이고 헌법에서 명시하지 않고 있는 경우에도 성질상 당연히 인정된다고 본다. 오늘날 국내외의 지배적인 학설이다.

(b) 부 정 설

헌법은 그 나라의 국민의 권리만 보장하는 것이기 때문에 외국인에게는 기본권이 인정되지 않는다고 한다. 헌법 제2장이 「국민의 권리와 의무」라고 명시하고 있는 것이나 개별 기본권의 각 조항에서 국민이라고 명시하고 있는 것도 이를 뒷받침한다고 본다. 국내법상 외국인에게 인정되는 권리는 헌법 제6조 제2항에 의한 특수한 법적인 권리이고, 헌법상의 기본권과는 다른 것이라고 본다. 이러한 견해는 외국인에게 국내법적으로 권리를 인정할 것인가 하는 문제는 대한민국의 주권에 바탕을 두고 있는 대외정책 또는 입법정책상의 문제이지 헌법의 문제가 아니라고 본다.

(c) 사 견

외국인라고 하더라도 대한민국에 입국한 이상 우리나라의 법을 적용받기 때문에 헌법상의 기본권 가운데에서 대한민국의 국적보유의 여부에 관계없이 인정되는 인간의 권리는 외국인에게도 인정된다고 할 것이다. 그러나 외국인에게는 우리나라의 국익과 관련하여 내국인보다 더 많은 제한을 가할 수 있다. 이와 같이 외국인에게 헌법상의 지위가 인정되는 경우를 제외하고는 외국인에게 어떠한 권리나 의무를 부여할 것인지는 대한민국이 주권에 기초하여 정책적으로 결정한다. 대부분의 외국인의 권리나 의무 등에 관한 사항은 독립국가가 가지는 이러한 주권에 기초한 정책적 판단에 의하여 설정된다. 독립국가의 이러한 주권을 제약하는 것으로는 국제법규가 있는데, 국제법규의 경우에도 주권을 제약하는 조약에 가입한 경우에 그 효력이 미친다.

헌법재판소는 인간의 권리는 외국인도 주체가 될 수 있다고 하되(예: 憲 2001. 11. 29. -99헌마494), 국민과 유사한 지위에 있는 외국인에 대해서만 기본권 주체성을 인정하고 있다(예: 憲 1994. 12. 29.-93헌마120; 2001. 11. 29.-99헌마494). 그러나 이러한 경우에는 기본권 주체성 인정여부에서 「국민-국민과 유사한 지위에 있는 외국인-외국인」이라는 구조가 발생하는데, 외국인이 헌법상의 권리를 보유할 수 있는가 없는가를 판단함에 있어 외국인을 구분하여 '국민과 유사한 지위에 있는 외국인'과 '국민과 유사한 지위에 있지 않은 외국인'으로 나누는 것은 논리적으로 타당하지 않다. 이러한 구별이 인종이나 혈통을 기준하여 권리보유여부를 판단하는 것이라면 국제법적으로 인종차별의 문제가 발생할 수 있다. 어떤 나라가 어떤 특정한 범주에 해당하는 외국인을 다른 외국인과 구별하여 자국민과 유사한 지위에 있는 것으로 대우할 수는 있지만, 이는 주권에 기초한 국가정책의 문제이지 헌법상의 권리 보유 문제는 아니다.

[憲 1994.12.29.-93헌마120] 「기본권 보장규정인 헌법 제2장의 제목이 "국민의 권리와 의무"이고 그 제10조 내지 제39조에서 "모든 국민은……권리를 가진다"고 규정하고 있으므로 국민(또는 국민과 유사한 지위에 있는 외국인과 사법인)만이 기본권의 주체라 할 것이다.」 이 판례는 국회 노동위원회의 헌법소원청구적격을 판단하면서 방론으로 설시한 것이며, 주론으로 설시한 것으로는 아래의 것이 있다.

[憲 2001.11.29.-99헌마494] 「우리 재판소는, 헌법재판소법 제68조 제1항 소정의 헌법소원은 기본권을 침해받은 자만이 청구할 수 있고, 여기서 기본권을 침해받은 자만이 헌법소원을 청구할 수 있다는 것은 곧 기본권의 주체라야만 헌법소원을 청구할 수 있고 기본권의 주체가 아닌 자는 헌법소원을 청구할 수 없다고 한 다음, '국민' 또는 국민과 유사한 지위에 있는 '외국인'은 기본권의 주체가 될 수 있다 판시하여(憲 1994. 12. 29. -93헌마120) 원칙적으로 외국인의 기본권 주체성을 인정하였다. 청구인들이 침해되었다고 주장하는 인간의 존엄과 가치, 행복추구권은 대체로 '인간의 권리'로서 외국인도 주체가 될 수 있다고 보아야 하고, 평등권도 인간의 권리로서 참정권 등에 대한 성질상의 제한 및 상호주의에 따른 제한이 있을 수 있을 뿐이다. 이 사건에서 청구인들이 주장하는 바는 대한

민국 국민과의 관계가 아닌, 외국국적의 동포들 사이에 재외동포법의 수혜대상에서 차별하는 것이 평등권 침해라는 것으로서 성질상 위와 같은 제한을 받는 것이 아니고 상호주의가 문제되는 것도 아니므로, 청구인들에게 기본권주체성을 인정함에 아무런 문제가 없다.」 여기서 헌법재판소는 헌법상의 평등권이 '인간의 권리'에 해당하기 때문에 외국인에게도 인정된다는 논지를 전개하고 있다.

(2) 외국인에게 인정되는 기본권

외국인에게 인정되는 기본권은 인간의 권리로서의 성질을 가지는 기본권이다. 이는 대체로 자연권으로서의 성격을 가지는 기본권이다. 그런데 어떤 기본권이 인간의 권리에 해당하는 것인지 국민의 권리에 해당하는 것인지를 판단하기가 쉽지 않은 경우도 있고, 인간의 권리로서의 속성도 가지고 있고 국민의 권리로서의 속성도 가지고 있는 경우에 이를 분리하는 것도 쉽지 않다. 참정권적 기본권은 국민주권원리에 의하여 외국인에게 인정되지 않고, 사회권적 기본권은 본래 그 나라 국민의 사회적 · 경제적 지위를 보장하기 위하여 규정한 것이어서 외국인에게는 인정되지 않는다. 재판청구권은 외국인에게 인정하는 것이 지배적인 견해이다. 헌법재판소는 직업의 자유 중 직장 선택의 자유는 단순히 국민의 권리가 아닌 인간의 권리로 보아야 할 것이므로 외국인도 제한적으로라도 직장 선택의 자유를 향유할 수 있다고 보아야 한다(憲 2011. 9. 29. -2007헌마1083 등)고 하였는데, 이후 다시 직업의 자유는 국가자격제도정책과 국가의 경제상황에 따라 법률에 의하여 제한할 수 있는 국민의 권리에 해당하므로 외국인에게는 기본권 주체성이 인정되지 않는다고 하였다(憲 2014. 8. 28. -2013헌마359). 망명권(=정치적 비호권 Asylrecht)은 인간으로서의 권리에 해당하지 않고 헌법에서 명시적으로 정하고 있지 아니하므로 외국인에게는 인정되지 않는다고 할 것이다(동지: 김철수a, 401, 반대: 권영성, 316). 국가정책적으로 법률을 제정하여 법률상의 권리로 인정해줄 수는 있다. 대법원의 판례는 정치적 비호권의 인정에 있어 소극적이다(예: 大 1984. 5. 22.-84도39).

범죄인인도법(1988. 8. 5. 법률 제4015호)은 인도범죄가 정치적 성격을 지닌 범죄이거나 그와 관련된 범죄인 경우에는 원칙적으로 범죄인의 인도를 금지하고 있고(예외: 1. 국가원수 · 정부수반 또는 그 가족의 생명 · 신체를 침해하거나 위협하는 범죄, 2. 다자간 조약에 의하여 대한민국이 범죄인에 대한 재판권을 가지거나 범죄인의 인도의무를 부담하고 있는 범죄, 3. 다수인의 생명 · 신체를 침해 · 위협하거나 이에 대한 위험을 야기하는 범죄), 인도청구가 범죄인이 행한 정치적 성격을 지닌 다른 범죄에 대하여 재판을 하거나 그러한 범죄에 대하여 이미 확정된 형을 집행할 목적으로 행하여진 것이라고 인정되는 경우에는 예외없이 금지된다. 정치범불인도에 관한 국제규범으로는 세계인권선언(1948), 난민의 지위에 관한 협약(1951. 대한민국 적용일 1993. 3. 3.), 외교적 비호에 관한 카리카스조약(1954), 난민의 대우에 관한 원칙(1966), 영토적 비호에 관한 선언(1967), 난민의 지위에 관한 의정서(1967. 대한민국 적용일 1992. 12. 3.) 등이 있다. 우리나라에서는 난민의 지위에 관한 1951년 협약 및 난민의 지위에 관한 의정서 등에 따른 난민의 지위와 처우를 정하기 위해 2012년 난민법이 제정되어 시행 중이다.

우리나라가 국가정책상 외국인에게 특정한 권리를 인정한 경우에 그 명칭에서는 기본권의 명칭과 동일하다고 하더라도 성질에서 기본권이 아닌 것이 있음을 유의할 필요가 있다. 영주의 체류자격 취득일 후 3년이 경과한 외국인으로서 지방자치단체의 외국인등록대장에 올라 있는 경우에는 지방선거 선거권이 있고(공직선거법 §15②iii), 대한민국에 계속 거주할 수 있는 자격을 갖춘 외국인으로서 지방자치단체의 조례로 정한 경우에는 주민투표권이 있다(주민투표법 §5①ii). 외국인에게 토지소유권을 인정한 경우, 외국인을 계약제 공무원으로 채용한 경우, 외국인에게 영업을 할 수 있게 한 경우 등은 헌법상의 선거권, 재산권, 공무담임권, 영업의 자유가 인정된 것이 아니라 법률이나 기타 법규범에 의하여 부여된 권리에 지나지 않는다. 이런 경우는 입법자는 해당 법령을 개정하여 언제라도 보장되는 범위를 더 확대할 수도 있고, 이러한 권리를 인정해주지 않을 수도 있다. 이는 대한민국의 국가적 정책에 의해 정해지는 것이고, 그 근거는 대한민국의 주권이 가지는 효력에 바탕을 두고 있다.

(3) 외국인의 법적 지위

(a) 법적 지위

외국인의 법적 지위는 국제법에서 보장되는 국제법적 지위와 각 나라의 국내법이 인정하는 국내법적 지위가 있다. 외국인의 국내법적 지위는 헌법이 보장하는 지위, 법률이나 명령 등 하위 법규범에서 인정하는 지위, 국제조약에 의하여 인정되는 국내법적 지위로 구별된다. 외국인의 기본권 주체 인정여부는 해당 헌법을 가지고 있는 그 나라 내에서의 헌법이 보장하는 국내법적 지위를 말한다.

(b) 효력발생의 시점

특정한 국가가 국내법적으로 외국인에 대하여 어떠한 입장을 취할 것인가 하는 외국인에 대한 국내법적인 태도는 그 나라의 주권(국가주권)에 의하여 정해지고, 구체적으로는 영역고권에 의하여 정해진다. 즉 외국인의 국내법적 지위는 외국인이 해당 국가에 입국한 다음에 유효하게 보장되므로 일단 그 해당 국가가 외국인의 입국을 인정하여 입국하여야 비로소 인정된다.

어떤 나라에서 외국인에게 헌법상의 일정한 기본권을 인정한다고 하더라도 개별적인 외국인에게 그 효력이 발생하는 것은 그 나라가 입국을 허용하여야 비로소 인정된다. 따라서 외국인은 인간의 권리로서의 기본권이 인정된다는 것을 이유로 해당 국가에 대하여 입국을 허가해 줄 것을 주장할 권리를 가지지는 못한다. 외국인에게는 입국의 자유가 인정되지 않는다. 출입국관리법은 외국인의 입국이 허용되지 않는 경우를 정하고 있다(동법 §11). 입국한 외국인에게 출국할 자유는 인정되며, 정당한 사유가 있는 경우에 이를 제한할 수 있다.

2011.8.1. 우리나라의 독도를 일본국의 영토라고 주장하면서 울릉도를 방문하겠다고 김포공항에 도착한 이나다 도모미(稻田朋美), 신도 요시타카(新藤義孝) 중의원(衆議院) 의원과 사토 마사히사(佐藤正久) 참의원(參議院) 의원 등 자민당 의원 3명에 대하여 정부는 입국을 불허하고 일본국으로 돌려보냈다. 출입국관리법에는 외국인의 입국이 금지되는 경우를 정하면서 "대한민국의 이익이나 공공의 안전을 해치는 행동을 할 염려가 있다고 인정할 만한 상당한 이유가 있는 사람"(동법 §11①)을 정하고 있다. 그런데 국가는 영토주권에 근거하여 외국인의 입국을 금지할 수 있으며, 그 사유도 한정되지 않으며 법률로 정해야만 하는 것은 아니다. 입국허가여부에 대해서는 주권국가가 자유로이 정하며, 입국금지조치는 법률에 의하든 사실행위에 의하든 어떠한 형태로도 행할 수 있다.

II. 외국법인

외국인에게는 기본권이 인정되는 경우에도 국적에 관계없이 인정되는 인간의 권리만이 인정되고, 이러한 인간의 권리는 대체로 자연권으로서의 성격을 지니는 것이므로 외국의 사법인에게 인정되는 기본권은 매우 드물다. 그래서 학설에서도 외국사법인에 대해서는 기본권이 인정되지 않는다는 견해가 지배적이다.

외국의 사법인이나 단체에게 어떠한 권리를 인정하는 경우(예: 영업활동, 종교활동, 교육활동, 학술활동, 언론활동, 사회사업활동 등)에 그러한 권리는 대부분 해당 국가의 대외정책적으로 법률이나 하위 법규범으로 인정하는 권리에 해당한다. 이러한 권리를 인정하는 경우에 상호주의에 의할 것인가의 여부는 해당 국가가 판단하여 결정한다.

외국 공법인은 주권국가에 존재할 수 없으므로 기본권 인정여부가 문제되지 않는다.

제 3 절 기본권의 포기

[133] 제1 개 념

기본권의 포기(基本權의 抛棄 Grundrechtsverzicht)는 기본권의 주체가 기본권행사의 대상인 국가 또는 상대방인 사인에 대하여 자신의 구체적인 기본권을 행사하지 않겠다고 하는 명시적 또는 묵시적인 의사표시를 말한다.

이러한 기본권의 포기는 국가나 사인에 대하여 특정한 기본권 또는 기본권 전체에 대하여 일반적·추상적으로 보유능력을 포기하는 것(기본권의 전부포기)을 의미하는 것(이러한 것은 허용되지 않는다)이 아니고, 특정한 상황 또는 구체적인 사건에서 특정 기본권에 의하여 보호되는 법적 지위나 법익의 일부를 보호받지 않겠다는 의사를 적극적으로 표시하는 것(기본권의 부분포기)을 말한다. 예컨대, 영장이 없이 가택을 수색하고자 하는 경우에 자유의사에 의하여 이를 받아들이는 행위, 재산권의 공용사용에 있어 보상 없이 사용하도록 허락하는 행위, 일정한 기간 동안 당국에 전화의 감청을 허용하는 행위, 타인에게 편지나 일기장을 보여 주는 행위, 항소심의 재판이나 대법원의 재판을 받지 않겠다는 재판청구권의 포기(예: 憲 1998. 5. 28.-96헌바4) 등이 이에 해당한다.

기본권의 포기는 기본권의 보장으로 보호받는 법적 지위 또는 법익을 향유하지 않겠다는 적극적인 의사표시이므로 자기의 기본권을 행사하지 않고 있는 기본권의 불행사(基本權의 不行使)와 구별된다. 기본권의 불행사는 의사표시가 없이도 이루어지며, 언제든지 자발적으로 해당 기본권을 행사할 수 있으나, 기본권의 포기는 그 포기의 의사표시에 따른 법적인 구속력이 발생한다.

[134] 제2 포기가능성

헌법은 기본권의 포기에 관하여 명시적으로 정하고 있지 않다. 따라서 기본권을 포기할 수 있는가 하는 문제는 헌법이론적으로 살펴볼 필요가 있다. 이에 대해서는 원칙적 부정설, 원칙적 긍정설, 절충설이 있다.

Ⅰ. 원칙적 부정설

기본권의 주체는 원칙적으로 기본권을 포기할 수 없다고 본다. 기본권은 사회통합을 촉진하고 질서형성적인 기능을 수행하므로 이를 포기할 수 없다고 본다. 특히 기본권의 객관적 기능, 즉 기본권은 객관적인 규범 또는 질서라는 점을 가진다고 보는 견해에서는 객관적인 부분은 처분이 불가능하기 때문에 기본권을 포기할 수 없다고 하기도 한다.

Ⅱ. 원칙적 긍정설

기본권의 주체는 원칙적으로 기본권을 포기할 수 있다고 본다. 기본권이 주관적 권리라는 점에 초점을 맞추고, 기본권의 포기도 기본권의 행사에 해당하므로 기본권의 포기는 인정된다고 본다. 기본권의 포기는 인간의 자율적인 결정에 해당한다고 본다. 그러나 기본권에 포함되어 있는 인간의 존엄과 가치를 실현하는 데 필수불가결한 핵심적인 부분이나 그 기본권의 본질적인 내용에 해당하는 부분은 포기할 수 없는 한계가 있다고 한다.

Ⅲ. 절 충 설

개인의 기본권의 포기도 개인의 자기결정권의 내용이고 자율이므로 이를 원칙적으로 인정하되 개별 기본권의 본질이나 기능에 따라 그 포기가 금지되거나 제한된다고 본다. 이러한 기본권 포기의 금지나 제한에 있어서도 규범조화적으로 결정하여야 한다고 본다(계희열b, 74).

Ⅳ. 사 견

기본권의 포기 가능성여부를 기본권의 주관적 권리성을 인정한다든지 객관적 기능을 인정한다든지 하는 것에 따라 일률적으로 결정하는 것은 타당하지 않다. 예컨대 사인간이든 사인과 국가간이든 재산권의 포기가 허용되는 것과 같이 기본권의 성질에 따라서는 기본권의 포기가 인정되는 경우가 있다. 이러한 것은 기본권이 객관적인 기능을 가지는 것인가의 여부에 무관하게 인정된다.

기본권의 주체가 헌법상 권리인 기본권을 포기할 수 있는가 하는 문제는 기본권 주체와 국가 사이에서 특히 문제된다. 국가와의 관계에서 국민이 기본권을 포기할 수 있다면 기본권이 국가에 대하여 가지는 방어권으로서의 기능이 형해화될 것이기 때문에 기본권의 주체는 국가와의 관계에서 원칙적으로 기본권을 포기할 수 없다. 그러나 헌법의 기본권 목록에 들어 있는 개별적 기본권들은 종류가 다양할 뿐 아니라 성질과 기능에서도 동일하지 않으므로 이를 일률적으로 정하는 것은 타당하지 않다. 기본권의 성질과 기능에 따라 기본권의 포기가 인정될 여지는 있다.

기본권의 주체와 사인간의 관계에서도 기본권의 포기가 문제된다. 그러나 사인간에도 인간의 존엄과 가치를 부정하거나 반사회적인 결과를 가져오는 기본권의 포기는 인정되지 않는다. 예컨대 사인간에 인적인 예속관계의 계약을 체결하는 행위(예: 노예계약)나 생명권이나 신체의 자유를 포기하는 행위를 하는 것이다. 신체의 일부나 장기를 매매하는 행위도 이에 해당한다. 신체의 일부나 장기의 기증도 다른 생명을 구하는 경우에 한하여 인정된다.

[135] 제3 포기의 요건

Ⅰ. 기본권포기의 주체

기본권의 포기는 포기하는 해당 기본권의 주체가 그 기본권을 포기할 때만 인정된다. 대리인, 후견인 등 제3자에 의한 기본권 포기는 인정되지 않는다.

Ⅱ. 포기의 의사표시

기본권의 주체는 기본권의 포기에 대하여 분명하게 인식하고 있어야 하고(명확성), 자유롭게 포기할 수 있는 상황에 있어야 한다(자발성). 기본권 보장의 법리에 비추어 볼 때, 이러한 포기의 자발성을 인정함에 있어서는 엄격하여야 한다. 포기의 자발성을 인정함에 있어 느슨한 태도를 취하면 기본권의 포기가 국가에 의한 기본권의 침해를 정당화하는 논리로 변질된다.

포기의 의사표시의 대상이 되는 국가나 사인도 이러한 의사표시를 분명히 인식할 수 있어야 한다. 따라서 기본권의 주체가 기본권의 포기가 어떠한 의미를 가지는 것인지를 명확하게 인식하지 못하였거나 강박이나 기망 등에 의하여 포기를 한 것과 같이 자유의사에 의하여 포기를 한 것이 아니면 기본권의 포기는 효력을 가지지 못한다.

포기의 의사표시는 명시적으로나 묵시적으로 할 수 있다. 그러나 묵시적인 의사표시는 객관적인 사정에 의하여 기본권의 포기임이 드러나야 한다. 추정(推定)에 의하여 묵시적인 의사표시로 인정하는 경우에는 기본권의 침해가 발생할 위험이 크다.

포기의 의사표시는 기본권의 주체가 일방적으로 할 수도 있고, 상대와 쌍방적으로 할 수도 있다.

Ⅲ. 포기 대상이 되는 기본권

기본권의 포기 대상이 되는 기본권은 해당 기본권의 주체가 가지는 개인적인 법익을 실현하는 것이어야 한다. 기본권 가운데 선거권이나 국민투표권과 같이 공적인 가치나 국가의사의 형성을 실현하는 것과 결부된 기본권은 포기할 수 없다. 이러한 기본권에 대해서는 불행사는 인정될 여지가 있을지라도 포기는 인정되지 않는다.

Ⅳ. 허용한도 내의 포기

기본권의 포기가 인간의 존엄과 가치를 부정하는 것이거나 반사회적인 결과를 가져오는 것은 허용되지 않는다. 또 기본권의 포기가 국가가 추구하는 근본원리 · 원칙(예: 민주주의, 법치주의, 과잉금지원칙, 소급입법금지원칙, 법률유보원칙 등)이나 기본가치를 훼손하거나 붕괴시키는 경우에는 허용되지 않는다. 개개인의 광범한 투표권의 포기나 비밀선거의 포기는 민주주의와 법치주의의 붕괴를 가져오고 국가의사의 형성을 어렵게 만들기 때문에 허용되지 않는다. 그리고 기본권적인 지위의 포기가 해당 기본권의 본질적 내용까지 포기하는 것이 되는 경우에는 허용되지 않는다. 이러한 한계를 일탈하지 아니한 한도에서만 기본권의 포기가 인정된다.

[136] 제4 포기의 효과

Ⅰ. 기본권 침해의 부인

기본권의 포기는 기본권의 주체가 자기의 기본권을 타자가 침해하는 것에 대한 동의에 해당하므로 기본권의 침해가 되지 않는다. 국가에 대하여 기본권의 포기가 행해지면, 국가에 의한 기본권의 제약 상황이 발생하여도 국가는 기본권 침해의 책임을 지지 않는다. 이러한 상황에서 이루어진 국가의 행위는 헌법적으로 유효하다. 사인간에 기본권의 포기가 행해진 경우에도 기본권을 포기한 자에 대한 사인의 행위는 기본권의 침해로 되지 않아 적법한 행위가 된다.

그러나 국가 또는 사인에 의한 기본권의 침해행위에 대하여 해당 기본권의 주체가 기본권을 행사하지 아니하여도 이러한 침해행위는 여전히 위헌 · 위법한 것이며, 합헌적인 것으로 치유되지 않는다.

Ⅱ. 포기의 철회 · 취소

기본권을 포기하면 행위자는 그 포기의 의사표시에 구속된다. 그러나 그 포기를 철회하거나 취소할 사유(예: 철회 · 취소의 유보)가 있는 때에는 기본권을 포기한 자라고 하더라도 그 포기를 철회하거나 취소할 수 있다.

Ⅲ. 포기의 무효

기본권의 포기는 그 요건이 충족되지 아니한 경우에는 기본권보장원리에 위반되는 것으로 위헌 · 무효이다.

제 4 장　기본권의 효력

제 1 절　국가영역에 대한 효력

[137]　제1　이론의 발달

근대 이후 확립된 입헌주의원리에 의할 때, 헌법은 국가를 창설하고 국가행위를 규율하기 때문에 헌법의 효력은 국가에 대하여 직접 미치게 된다. 이러한 효력을 가지는 헌법이 국가의 형태, 조직, 행위 등 국가에 관한 사항만 규정하는 것인가 아니면 권리장전도 규정하는 것인가 하는 문제에서, 근대 입헌주의에서는 권리장전을 헌법에서 제외시키기도 하였지만(1791년 수정조항이 추가되기 이전까지의 미합중국연방헌법), 국민의 자유와 기본적인 권리에 대한 인식이 높아지고 국가의 존재와 작용을 국민의 행복을 실현하는 수단으로 그 좌표를 정하면서 국민의 기본적인 자유와 권리를 헌법에 직접 규정하고 기본권으로 하여금 국가를 기속하기에 이르렀다. 이로써 국민과 국가와의 관계는 목적과 수단의 관계로 설정되었고, 기본권은 헌법상의 권리로서 모든 권력적 국가작용에 직접 효력을 미치게 되었다(기본권의 직접적 적용). 기본권이 국가를 기속하는 힘을 국가권력에 대한 기본권의 기속력(羈束力)이라고 한다.

이러한 기본권에 대한 이론적 인식은 독일에서 주관적 공권의 이론으로 전개되었다. 초기의 주관적 공권이론에 의하면, 국가우월주의와 법실증주의의 범위 내에서 기본권을 인정하였기 때문에 기본권은 국가에 대하여 주장할 수 있는 힘을 가지지 못하는 것이었다. 기본권은 일종의 반사적 이익이거나 국가가 언제나 거두어들일 수 있는 지위에 있는 것으로 이해되었다(예: G. Jellinek의 지위이론). 그러던 것이 20세기 초기에 기본권을 천부적 자연권으로 이론화한 C. Schmitt에 의하여 입법권, 행정권, 사법권, 헌법개정권을 기속하는 주관적 권리로 체계화되었다.

기본권의 대국가적 효력에 관하여 헌법에서 직접 명시한 예도 있다. 독일연방헌법 제1조 제3항은 헌법이 정하는 모든 기본권은 직접적인 효력을 가지는 법으로써 입법, 집행작용, 사법작용을 기속한다고 정하고 있고, 남아프리카공화국헌법 제8조 제1항은 권리장전은 모든 법규에 적용되고, 입법부, 행정부, 사법부와 모든 국가기관을 기속한다고 명시하고 있다.

기본권의 주체가 국가에 대하여 가지는 기본권적 효력은 해당 사안에서 하나의 기본권에 의하여 발생하는 경우도 있고, 복수의 기본권에 의하여 경합적으로 발생하는 경우도 있다. 기본권의 효력은 기본권의 제한과 동전의 양면관계에 있기 때문에 「기본권의 경합」에 대해서는 기본권의 제한 부분에서 상세히 보기로 한다([155]).

[138] 제2 효력의 범위

Ⅰ. 개 설

국가에 대하여 기본권이 직접 효력을 미치는 것은 근대입헌주의 이래 변함이 없다. 원래 헌법상의 권리장전은 강제력을 본질로 하는 국가의 공권력에 대하여 국민의 자유와 권리를 보장하기 위하여 마련된 것이었으므로 이는 기본권의 보장에 있어서 본질필연적인 내용에 해당한다.

기본권의 구속적 효력이 국가에 대하여 직접 미치는 경우에도 이는 국가가 공권력의 주체로서의 성격을 가지는 경우에 한하고, 국가가 순수히 사경제의 주체로서 행위하는 경우에는 그러하지 않다(예: 국가와 사인 간의 사적인 계약행위). 형식은 국가행위이지만 실질은 사적인 주체가 행하는 행위와 같은 경우에는 그러한 국가행위에 대하여 사인은 기본권을 주장할 수 없으며, 이러한 국가행위에는 기본권조항의 효력이 직접 미치지 않는다(반대: 김철수 a, 416).

Ⅱ. 국가권력에 대한 직접적 효력

(1) 입법권에 대한 효력

기본권은 입법권(立法權)에 대하여 직접 효력이 미친다. 입법부는 헌법 제10조에서 정하는 국가의 기본권보호의무에 따라 기본권의 실현을 구체화하는 입법을 하여야 한다. 그와 달리 국회는 국가안전보장, 질서유지, 공공복리의 공익을 실현하기 위하여 헌법 제37조 제2항에 따라 기본권을 제한하는 법률을 제정할 수 있는데, 이러한 경우에도 헌법이 정하는 제한의 한계를 넘어서지 못한다.

입법권은 국회가 국민의 대표기관으로서 국가적 수준의 정책을 수립하는 권한이기 때문에 국회는 입법에서 입법형성의 자유를 가지는데, 헌법에서 기본권을 어느 범위에서 어떻게 정하느냐에 따라 기본권의 실현이나 제한에 관하여 입법형성의 범위가 넓어지거나 좁아지게 된다. 통상 자연권의 성격을 가지는 권리나 헌법국가에서 보편적으로 인정되는 권리는 이를 법률상의 권리로 정할 수 없으나, 특정한 권리를 헌법상의 기본권으로 포섭할 것인가 아니면 법률상의 권리로 보장할 것인가에 따라 입법권의 입법형성의 자유가 달라진다. 헌법상의 권리로 강하게 포섭하면 국가정책의 수립과 운용에서 입법권의 역할이 줄어들고 헌법재판소의 역할이 확장되어 국가운용에서 융통성이 좁아지는 반면, 법률상의 권리로 보장하면 입법부의 역할이 커지고 헌법재판소가 개입하는 영역이 줄어든다. 이 문제는 특히 사회적 권리, 경제적 권리, 노동에 관한 권리, 환경에 관한 권리와 관련하여 부각된다. 이 문제는 헌법원리적으로 법치주의(또는 입헌주의)와 민주주의의 관계의 문제로 나타난다. 많은 권리를 기본권으로 포섭하여 헌법에 정하면 기본권을 통하여 입법부에 대한 기속의 영역을 넓히고 엄격히 하는 결과를 가져와 입법부의 역할이 줄어들고 헌법재판소의 역할이 늘어나게 되어 민주주의의 영역은 축소되고 법치주의의 영역은 확장된다. 여기서는 국민의 권리보장은 확대되나 국가운영의 융통성이 줄어들게 된다. 반면 기본권의 포섭을 엄격하게 하면, 한정된 권리만이 헌법상의 기본권으로 정해지기 때문에 나머지 영역은 입법부의 입법형성의 자유영역에 맡겨지게 되어 입법부의 역할이 확대되고 헌법재판소의 역할이 축소된다. 여기서는 민주주의의 영역이 상대적으로 확장되고 법치주의의 영역이 상대적으로 축소되는 반면, 국민의 권리보장에서는 상대적으로 취약하게 될 수 있다.

(2) 행정권에 대한 효력

기본권은 행정권(行政權)을 기속한다. 따라서 기본권은 행정부의 행위에 대해서 직접 효력을 미친다. 헌법은 법률에 의한 기본권제한만을 인정하기 때문에 행정권에 의한 기본권의 제한은 허용되지 않는다. 행정권에 대하여 기본권이 효력을 미치는 것은 헌법 제107조 제2항의 명령 · 규칙 등에 대한 위헌심사제도에 의해서도 뒷받침되고 있다.

행정행위 가운데 그 성질상 순수한 사경제적인 행위에 기본권의 효력이 미치는가 하는 점에 대해서는 부정설과 긍정설(권영성, 324; 김철수 a, 416; 성낙인, 329)이 대립한다. 비권력적인 사경제적 행위에 대해서는 기본권이 직접 적용되지 않는다고 할 것이다. 국가의 비권력작용(국고작용, 관리작용)이라고 하더라도 순수히 사적 자치의 원리가 적용되지 않고 국가가 우위적인 지위에 있고 기본권의 침해가 발생할 여지가 있으면 예외적으로 기본권의 효력이 미친다고 할 것이다. 형식에서는 사법적인 형식을 취하고 있지만 실질에서는 고권적 행위(高權的 行爲)이거나 공권력의 작용인 경우에는 기본권의 효력이 미친다. 행위의 주체는 사인이지만 그 행위의 실질이 행정행위인 경우에도 기본권의 효력이 미친다.

(3) 사법권에 대한 효력

사법권(司法權)에 대해서도 기본권의 효력이 미친다. 헌법 제103조가 법관으로 하여금 헌법에 따라 재판하도록 정하고 있는 것은 이를 뒷받침하는 것이다. 재판행위로 인하여 기본권이 침해된 경우에는 상소절차를 통하여 구제받는 경우와 상소를 모두 거친 다음에 헌법소원심판을 통하여 구제받는 경우가 있다. 헌법재판소법은 법원의 재판을 헌법소원심판의 대상에서 제외하고 있기 때문에(헌재법 §68①) 사법권에 대한 기본권의 효력을 보장하는 데 약점이 있다.

(4) 헌법재판권에 대한 효력

헌법재판권(憲法裁判權)도 기본권에 기속된다. 헌법재판은 헌법의 내용을 구체적으로 인식하고 확정하는 것이지만 헌법의 내용을 재판관의 주관적인 자의로 아무렇게나 해석할 수 없다. 따라서 기본권을 정하고 있는 조항이 추상적이라고 하더라도 재판관은 기본권의 내용을 자의로 확정할 수 없다. 헌법이 정하고 있는 기본권의 내용은 이미 헌법에 정해져 있기 때문이다. 헌법에서 정하고 있는 개별 기본권의 구체적인 내용이 어떠한 것인가를 확정함에 있어서는 개별 기본권의 발달의 배경, 기본권에 대한 이론, 기본권에 대한 다른 나라의 판례 등이 중요한 역할을 한다. 따라서 헌법재판소의 재판관은 이를 고려하여 헌법상의 기본권이 가지는 객관적인 내용과 의미를 해석·확정하여야 한다.

그러나 헌법재판은 헌법의 내용에 대한 인식작용이고 최종적인 헌법해석작용이므로 기본권의 내용을 구체적으로 확정함에 있어서 상당한 형성력을 가진다. 이런 한도 내에서 헌법재판은 기본권의 구체화작용에 해당한다고 할 것이다.

(5) 지방자치단체에 대한 효력

헌법상의 기본권은 지방자치단체에 대해서도 직접 효력을 미친다. 기본권의 기속력은 지방자치단체(단체장, 지방의회 포함)의 행위에 대하여 미친다. 지방자치단체도 국가의 일부이기 때문이다.

제 2 절 사적영역에 대한 효력

[139] 제1 이론의 발달

Ⅰ. 개 설

근대입헌주의 이래에 헌법은 기본적으로 국가의 성격, 조직, 형태, 작용 등 국가영역(國家領域)만을 규율하는 것으로 이해된 것이었고, 개인의 자율에 기초하여 형성되는 사회공동체에 있어서는 사법관계(私法關係)만 형성되는 것으로 이해되었다. 이러한 구조는 헌법에 기본권의 보장인 권리장전이 규정되었을 때에도 마찬가지였다. 헌법이 정하는 권리장전의 자유와 권리는 자연권으로서 국가를 기속하는 것으로 설정되었기 때문에 이러한 권리장전의 효력이 미치는 대상은 국가였다. 여기서 기본권은 국가에 대하여 국민이 가지는 자유와 권리로 설정되었고, 국가에 대해서만 효력을 가지는 것이었다. 즉 기본권의 주체는 자율적인 국민이고 그 상대방은 강제력(=공권력)이 본질인 통치권력을 가지고 국민을 상대로 통치를 행하는 국가였다. 국민의 기본권에 대한 침해도 국가의 강제력에 의하여 발생하였으며, 이를 규율하는 것이 헌법의 권리장전이었다. 이러한 근대입헌주의의 헌법관 또는 기본권관이 전형적으로 구현되어 성문화된 대표적인 헌법적 문서들로는 아메리카의 「버지니아 권리선언」(1776. 6. 12.), 미합중국의 「독립선언서」(1776. 7. 4.), 프랑스의 「인간과 시민의 권리선언」(1789. 8. 26.)과 이를 헌법규범으로 명문화한 1791년헌법 등이 있다.

그런데 현대 국가로 들어오면서 종래에 국가가 담당해왔던 역할과 기능이 사회영역으로 전이되면서 국가가 아닌 사적인 단체, 기업, 노동조합, 시민단체 등이 종래 국가가 행하던 역할을 대신하는 경향이 확대되었고, 형식에서는 사회영역(社會領域)에 속하는 이러한 단체나 기관들의 행위로 나타나지만 실질에서는 국가작용인 경우가 늘어나게 되었다. 이 결과 사회영역에서도 종래 국가가 가졌던 힘과 영향력을 가진 단체 등이 등장하게 되어 사회공동체 내에서도 강력한 권력이 합법적으로 존재하게 되었고, 이들이 가진 힘이나 영향력에 의하여 국민의 기본권이 침해당하는 현상이 발생하였다. 뿐만 아니라 사회영역에서 힘의 불균형이 발생하면서 강자에 의한 약자의 기본권 침해도 빈번하게 발생하고 있다. 예컨대, 기업에 취업한 사람에게 기업이나 노동조합이 강제로 노동조합에 가입하지 못하게 하거나 가입하도록 강요하는 것, 교회 등 종교단체가 신자에게 개종하거나 해당 종교단체에서 탈퇴하지 못하도록 강요하는 것, 병원에서 의사로 하여금 자신의 신념에 반하여 낙태수술을 하거나 안락사의 처치를 하도록 강요하는 것, 사용자 또는 노동조합이 고용자 또는 조합원에게 그의 의사에 반하여 특정 정치인이나 정당에게 정치자금을 기부하게 하거나 이를 위한 기부금을 거두는 것, 교사가 학생에게 학생이 원하지 아니하는 사적인 일을 시키는 것, 종교학교가 무종교의 학생에게 종교행사나 종교수업에 참가하게 하는 것, 변호사가 증인에게 거짓 증언을 강요하는 것 등과 같은 행위들이 이에 해당한다.

기본권의 성질상 국가만을 효력의 대상으로 하는 기본권은 처음부터 사적 영역(私的 領域)에 효력을 발생할 여지가 없다(예: 청구권적 기본권, 사법절차적 기본권, 참정권적 기본권, 평등권). 이러한 기본권은 오로지 국가만을 효력의 대상으로 하기 때문에 사인에 대하여 주장할 여지는 존재하지 않는다.

그러나 위에서 본 바와 같이, 국민의 기본권이 종래와 달리 공권력의 주체인 국가만이 아니라 사적인 주체들에 의해서도 직접 침해당하자 이를 구제할 필요가 생겨났는데, 이 문제에 직면하여 제기된 것이 기본권을 침해하는 사적인 주체에 대해서도 개인은 헌법상의 자기 기본권을 주장하여 그 침해를 배제하거나 피해를 전보받을 수 있는가 하는 문제였다. 만일 이러한 것이 인정되면 헌법상의 권리장전은 국가만을 상대로 하는 것이 아니라 사적 주체도 상대로 하여 직접 효력을 발생하는 것이 되어 기본권으로 다른 기본권주체의 기본권을 제한하는 결과를 가져오고, 종래 설정되었던 국가와 사회간의 관계, 헌법과 사법간의 관계, 헌법 및 기본권의 기능과 효력, 국가작용에서의 의회와 헌법재판소의 역할 영역 등에서 근본적인 변화를 가져오게 되므로 이에 대해서는 논란이 분분하게 전개되어 왔다.

II. 이 론

(1) 독일의 제3자적효력이론

헌법에 보장된 기본권이 사적인 영역에도 효력이 미치는가 하는 제3자적 효력(第3者的 效力 Drittwirkung, third party effect)의 문제에 대하여 독일에서는 부정설과 긍정설로 견해가 갈렸고, 긍정설에서도 직접효력설과 간접효력설로 갈렸다.

(a) 부 정 설

헌법이 정하는 기본권의 효력은 국가에 대해서만 효력을 가질 뿐 사인에 대해서는 미치지 않는다고 한다. 사인간에 있어서 자유와 권리의 보호라는 법관계는 전적으로 사법 등 법률에 의해 규율되는 영역이라고 본다.

이는 기본권은 본질적으로 국가를 효력대상으로 하는 권리로서 국가권력만을 기속한다는 점, 사인간의 자유로운 합의에 따라 자기의 기본권을 스스로 제한하는 것은 정당하다는 점, 사인에 의한 기본권의 침해로부터 기본권을 보호하는 것은 법률로써도 충분하며 헌법은 기본권을 직접 동원할 필요가 없다는 점, 독일연방헌법이 기본권이 사인을 기속한다고 정하고 있지 않다는 점 등을 근거로 든다. Weimar헌법하에서 다수설이었다.

(b) 긍 정 설

긍정설은 기본권은 국가만이 아니라 사회영역의 여러 세력에게도 효력이 미친다고 한다. 이러한 긍정설에는 기본권의 효력이 사인에 대하여 미치는 정도에 따라 직접효력설과 간접효력설로 나뉜다. 독일에서는 간접효력설이 지배적인 학설이고, 연방헌법재판소의 판례도 이러한 입장을 취하고 있다.

(i) **직접효력설** 기본권의 효력은 국가만이 아니라 사인에 대해서도 직접 미친다고 본다. 법의 통일성을 강조하여 최고의 지위에 있는 헌법은 사법에도 적용되기 때문에 헌법상의 기본권은 사법영역에도 당연히 적용된다고 본다. 그러나 모든 기본권이 사인에 대하여 직접 효력을 미친다는 견해(전면적 직접효력설)는 없고, 헌법에서 직접 정하고 있거나 양심 · 사상 · 종교의 자유, 노예적인 계약이나 강제노역으로부터의 자유 등과 같은 성질상 사인간에 직접 적용되는 기본권에 한하여 직접적인 효력이 인정된다고 본다. 어떤 기본권이 그에 해당하는가는 개별적으로 결정된다고 본다(한정적 직접효력설).

(ii) **간접효력설** 간접효력설에 의하면, 헌법이 명시적으로 사인에 대하여 효력을 가지는 것으로 정하고 있는 기본권이 아닌 한 기본권은 사인에 대하여 직접 효력을 가지지 못하고 민법의 공서양속조항(예: 한국 민법 §103)이나 신의성실조항(예: 한국 민법 §2)과 같은 법률(또는 법률의 일반조항)의 매개를 통하여 사인에게 간접적으로 효력을 미친다고 본다. 예컨대 기본권과 배치되는 사인간의 계약이나 법률관계는 헌법상의 기본권을 침해하기 때문에 무효가 아니라 민법상의 공서양속의 규정에 위반되어 무효가 된다고 본다.

이러한 간접효력설은 전체 법질서의 통일성을 중요시하면서 동시에 사적자치도 존중하는 태도를 취하는데, 기본권은 국가지향적일 뿐 아니라 사인지향적(私人指向的)이라는 점(기본권의 방사효로 인하여 사인에게도 그 효력이 미친다는 점), 국가는 스스로 기본권을 존중할 의무를 질 뿐 아니라 사인에 의한 기본권의 침해에 있어서도 이러한 기본권보호의무를 지고 있다는 점, 사인간에 있어서 기본권의 효력이 직접 미치면 사적자치와 사적계약관계가 붕괴되고 사회공동체의 자율영역에 국가가 직접 개입하게 되며, 헌법에 의하여 사법의 독자적 영역이 침해된다는 결과를 가져온다는 점을 근거로 한다.

간접효력설은 이러한 것을 정당화하기 위하여 기본권이론의 구성에서 기본권은 주관적 권리로서의 면뿐만 아니라 객관적 가치 또는 규범으로서의 면도 가지고 있다고 하여 기본권의 개념을 다시 설정하고(기본권의 이중성(=양면성) 이론), 이러한 객관적인 면에서 방사효(放射效 Ausstrahlungs-wirkung)가 나오고, 그 방사효는 국가영역만이 아니라 사적인 영역에도 미치며 이로 인하여 제3자적 효력(Drittwirk-ung)이 인정된다는 구조를 취하고 있다. 근래에는 이러한 방사효보다는 국가의 기본권보호의무를 근거로 하여 이를 정당화하는 경향으로 나아가고 있다.

(2) 미합중국의 State Action이론

(a) 개 념

미합중국에서 연방헌법은 헌법을 제정한 때부터 현재까지 사인에 대해서는 효력을 미치지 못한다. 이는 본래 헌법의 성질상 헌법이란 미합중국 연방정부에 한하여 효력을 미치는 것으로 정하였기 때문이다. 그 결과 수정조항(修正條項 amendment)으로 보장되는 연방헌법상의 권리(constitutional right)도 사인(私人)과 사적 영역에 대해서는 효력이 미치지 않는다. 미합중국 연방최고법원도 판례에서 연방헌법의 규정은 국가에 대해서만 적용되고 개인에 대해서는 적용되지 않는다는 것을 확고하게 정립하고 있다(예: Civil Rights Cases (1883; United States V. Morrison(2000)).

그런데 연방헌법에 권리장전이 규정되고, 권리장전의 효력이 주(state)에도 미친다는 연방헌법 수정조항 제14조가 규정되면서, 연방헌법상의 권리도 주정부에 효력을 미치는 것으로 효력의 범위가 확장되었다. 그리고 연방헌법상의 권리의 효력은 주정부의 본래의 행위 이외에도 외형상으로는 사인의 행위이지만 「주정부의 행위」(州政府의 行爲 state action)로 볼 수 있는 경우에도 미친다는 법리가 판례를 통하여 확립되었다. 이를 국가행위의제이론(國家行爲擬制理論 state action doctrine) 또는 국가유사(國家類似 looks-like government)이론이라고 부르기도 한다.

이러한 구조는 외견상으로는 사적영역에 연방헌법의 기본권조항이 적용되어 기본권의 효력이 미치는 것으로 보이지만, 그 실질에서는 여전히 헌법상의 권리는 국가에게만 미치고 사인에게는 미치지 않는다는 구조를 가지고 있는 것이다. 그러나 사적 행위이지만 주정부의 행위라고 볼 수 있는 범위를 넓힌 결과 일정한 사인의 행위에 대해서 연방헌법상의 권리의 효력이 미치는 결과를 가져왔다.

미합중국의 연방헌법은 헌법이 제정되어 발효될 때부터 연방정부의 조직과 권한에 관한 사항을 정하는 것이었고, 주(state)에 대해서는 적용되지 못하는 것이었다. 주에는 주헌법(state constitution)이 적용되었다. 헌법이란 개념 자체가 국가를 수범자로 하여 국가에 대해서만 적용되는 것일 뿐 국민인 사인의 삶에 대해서는 적용되는 것이 아니었다. 이러한 것이 연방국가원리에 의하여 철저히 관철되었기 때문에 연방헌법상의 권리장전을 구성하는 수정조항 제1조부터 제10조의 규정도 처음에는 주에 대하여 적용되지 못하였다. 그러다가 「어떤 주도 적법절차에 의하지 아니하면 사람의 생명 · 자유 · 재산을 박탈하지 못한다」고 정한 수정조항 제14조가 추가되고, 이후 연방최고법원(U.S. Supreme Court)에 의하여 이 적법절차(due process of law)조항을 매개로 하여 연방헌법의 권리장전이 연방정부뿐만 아니라 주정부에도 적용되는 것으로 판례로 확고하게 확립되었다. 이 결과 연방헌법상의 권리는 주정부의 행위에 직접 적용되기 때문에 무엇이 주정부의 행위인가 하는 것이 중요한 문제가 되었다. 여기서는 주가 어떠한 행위를 했을 때 그것을 「주정부의 행위」로 볼 것인가 하는 점이 핵심인데, 외형상 사인의 행위라고 하더라도 성질상 주의 행위로 볼 수 있으면 연방헌법상의 권리의 효력이 이에 미친다는 결론에 도달한다. 이것은 헌법상의 권리는 연방정부든 주정부든 국가에만 효력이 미치고 사인에게는 미치지 않는다는 구조를 가지고 있는 것이지만, 외견상 사인의 행위이더라도 주정부의 행위로 인정되는 일정한 범위 내에서는 연방헌법상의 권리가 효력을 미친다는 결과를 가져왔다. 법률의 일반조항을 매개로 하지 않고 특정한 유형의 사인행위의 성질에 주목하여 이에 연방헌법상의 권리의 효력이 직접 미치게 하는 점에서 독일에서 전개되어온 기본권의 제3자적효력이론과는 이론의 구조에서 차이가 있다.

(b) 헌법상의 권리의 효력이 미치는 State Action

미합중국 연방최고법원에 의하여 외관상 사인의 행위이지만 주정부의 행위라고 보고 연방헌법상의 권리장전의 효력이 미친다고 본 경우는 판례상 확립된 기준이 없이 현재까지 유동적이지만, 대체로 사인의 행위가 공적인 기능(public function)을 수행하는 것이라고 볼 수 있는 경우에 해당하거나 국가가 관여된 것(government involvement)으로 볼 수 있는 경우에는 주정부의 행위라고 보고 이에 대하여 연방헌법상의 기본권의 효력이 미친다고 본다. 대략 다음과 같은 유형이 있다(연방최고법원은 State Action이론이 일관성이 없다는 점을 스스로 인정하고 있다. Edmonson v. Leesville Concrete Co., 500 U.S. 614, 632(1991) 따라서 이에 기초한 유형도 대체적인 경향을 보여 주고 있는 수준이며 엄밀한 이론적 체계를 가지고 있는 것은 아니다).

(i) 사법적 집행행위(judicial enforcement theory) 사인이 다른 사람의 헌법상의 권리를 침해한 행위에 대하여 법원이 재판에서 이를 인정하여 사법적으로 집행된 경우(예: 흑인에게 부동산매매를 금지하기로 한 주민계약을 법원이 받아들인 경우)에 그 집행(enforcement)은 위헌인 국가행위로 되어 연방헌법상 권리의 효력이 미친다고 한다(예: Shelley v. Kraemer(1948)).

(ii) 국유재산의 이용행위(state property theory) 국유재산을 임차하여 사용하는 사인이 그 국유시설에서 행한 기본권침해행위는 국가행위와 동일하게 보고 이에 대해서는 피해자가 자기의 기본권을 주장할 수 있다고 본다. 이러한 조건이 충족되기 위해서는 사인이 임차한 국유시설의 운영에 공금이 투입되어 있거나, 국가의 실질적인 통제가 미치고 있거나, 국가가 인종차별과 같은 기본권침해행위를 사인을 통하여 간접적으로 하려는 의도나 동기를 가지고 있어야 하며, 그 시설은 공중의 이용에 개방되어 제공된 것이어야 한다(Burton v. Wilmington Parking Authority(1961); Turner v. City of Memphis(1962); Pennsylvania v. Board of Director City Trust(1957)).

(iii) 국가원조를 받은 행위(state assistance theory) 주정부의 재정적인 원조, 토지수용권, 조세감면 등의 공적인 원조를 받은 사인에 의하여 기본권이 침해된 경우에는 이 사인에 대하여 기본권을 주장할 수 있다고 본다(Steele v. Louisville and Nashville Railroad Co.(1944)). 사립학교가 시의 재정적인 지원을 받아 시의 건물과 토지를 사용하고 있는 경우에 그 사립학교에서 인종차별을 하는 것은 국가가 인종차별하는 것과 동일하게 평가하여 해당 사립학교의 행위에 대해서는 기본권규정이 적용된다고 보았다(Morris v. Mayor and City Council of Baltimor). 주정부로부터 교과서를 무료로 배급받는 사립학교가 인종차별을 한 행위에 대해서도 기본권 규정을 적용하여

위헌판결을 하였다(Norwood v. Harrison(1973)).

(iv) 특권을 부여받은 자의 행위(governmental regulation theory) 주정부로부터 특권을 부여받고 그 한도 내에서 주정부에 의하여 규제 또는 감독을 받는 밀접한 관계에 있는 사인의 행위에 의하여 기본권이 침해된 경우에는 그 사인에 대하여 기본권을 주장할 수 있다고 본다. 시로부터 권력사업, 주류의 취급, 운수사업을 할 수 있는 면허 등 특권을 부여받아 이를 운영하면서 인종차별을 한 경우에는 국가가 인종차별한 경우와 동일하게 평가하여 헌법상의 기본권조항이 적용되는 것으로 보았다(Public Utilities Commission v. Pollak(1952); Moose Lodge No. 107 v. Irvis(1972); Jackson v. Metropolitan Edison Co.(1974)).

(v) 국가기능의 수행행위(governmental function theory) 사인 또는 사적 단체가 성질상 고도의 공적인(public) 기능을 수행하는 경우에 이를 국가행위에 준하는 것으로 보아 헌법상의 기본권조항을 적용한다(Marsh v. Alabama(1946); Terry v. Adams(1953); Evans v. Newton(1966); Amalgamated Food Employees Local 590 v. Logan Valley Plaza, Inc.(1968); Lloyd Corp. v. Tanner(1972) 등). 이런 법리는 미합중국의 state action이론의 전형적인 모습을 보여준다. 주헌법이 예비선거를 각 정당의 내규로 정하도록 하고, 각 정당이 내규로 흑인에게 선거권을 부여하지 않는 것으로 하여 예비선거에서 배제한 행위에 대하여 예비선거는 정식선거의 일부이고 이는 주정부가 인정하고 있는 것이므로 순전한 사적행위가 아니고 정당이 주의 통치기능을 대리하고 있다고 보아 그러한 행위에 대하여 기본권이 적용된다고 하였다(Smith v. Allwright(1944); Terry v. Adams(1953); Marsh v. Alabama(1946)).

(3) 사 견

기본권은 헌법에서 특별히 정하고 있지 아니하는 한 사적영역에 대하여 효력이 직접 미치지 않는다. 기본권은 그 본질에 있어 국가권력과 국민간에 설정되는 관계를 규율하는 권리이기 때문이다. 사적인 영역은 헌법이 자율적인 영역으로 보호하고 있기 때문에 헌법상의 기본권조항은 이에 직접 개입하지 않는다. 기본권주체간에 힘의 우열이 있고, 강자인 기본권의 주체(거대 기업, 노동조합, 교회 등 종교단체 등)와 약자인 기본권의 주체가 있어도 이들간의 관계는 사법적으로는 기본권의 주체로서 서로 대등한 관계에 있다. 다 같은 기본권의 주체가 힘의 강약에 따라 어느 순간에 일부의 기본권의 주체가 기본권행사의 대상(=수범자)으로 되는 것은 아니다.

기본권의 효력이 사적영역에 직접 미치지 않는다고 하더라도 사인이 그 실질에서 국가나 지방자치단체의 기능이나 역할을 수행하는 경우(예: 기업도시, 정부기능을 수행하는 사적 단체)에는 외견상 사인이더라도 그 실질에서는 「국가 : 사인」의 구조를 취하고 있으므로 공권력으로부터 기본권을 보장하는 기본권보장의 원리상 이러한 사인에 대해서는 기본권의 효력이 미친다고 할 것이다.

사인도 헌법상의 기본권을 존중하여야 하지만 이를 근거로 하여 기본권을 사인에게 직접 행사할 수 없다(「효력이 미치지 않는다」는 의미는 「직접 행사할 수 없다」는 의미이다). 사인에 의하여 기본권의 침해가 발생하는 경우에 기본권의 충돌이 생기면 이는 국가가 그에게 부과된 기본권보호의무나 국가기능에 의하여 「기본권간의 충돌」의 문제로 해결한다. 이러한 경우에는 통상 기본권적 가치를 조정하는 과정에서 법익형량이 행해지거나(주로 비자유권적 기본권) 기본권의 제한이 행해지는데(주로 자유권적 기본권), 입법(예: 민법, 형법, 행정법 등)으로 기본권을 제한하는 것은 제한당하는 기본권을 기준으로 보면, 결국 국가에 대한 기본권의 효력문제로 돌아간다.

독일에서 논의된 기본권의 사인간의 효력(=대사인적 효력=제3자적 효력)이라는 개념은 기본권이 사인간에 「직접 효력을 미치는 것」을 지칭하지 않는 한 불필요한 개념이라고 보인다. 간접효력설에서 주장하는 바와 같이, 대사인적 효력이 법률을 매개로 하여 나타나는 것이라면 이는 사인이 사인을 상대로 기본권을 직접 주장하거나 행사할 수 없다는 것을 인정하는 것이므로 엄밀한 의미에서 대사인적 효력이라고 할 수 없다. 이러한 것은 기본권의 제한문제로 귀착되거나 미합중국의 state action이론에서 보듯이, 「국가 : 사인」의 구조로 돌아가 결국 대국가적 효력을 달리 표현한 것에 지나지 않는 것이 된다. 특히 기본권의 「객관적인 면」이라는 개념이 현재까지 그 내용에서 매우 불투명한 것으로 남아 있는 것과 같이 이론상 실익이 적은 개념이라고 보면, 기본권의 이중성이나 방사효라는 개념도 관념상의 현란함에도 불구하고 현실에서는 별 성과를 거둘 수 없는 것으로 되고, 이를 바탕으로 한 제3자적 효력이라는 개념도 별 실익이 없는 것으로 된다. 기본권이론의 면에서 엄밀히 따져보면, 현재까지 기본권의 이중성, 기본권의 객관적인 면, 방사효, 제3자적 효력이라는 개념을 동원하여 구축한 이론은 결과에서 얻은 성과가 별로 없다고 보인다. 그래서 오늘날 사적영역에서의 기본권의 보호에 관한 이론이 「기본권의 이중성이론」에서 「국가의 기본권보호의무이론」으로 이행하고 있는 것도 이런 이유라고 보인다. 국내의 다수설은 독일의 이론을 추종하여 간접효력설을 취하고 있다. 그런데 독일헌법학계에서 전개되고 있는 기본권보호의무이론도 기본권의 보호를 빙자하여(기본권을 매개로 하여) 사적인 영역에 국가의 적극적인 개입을 가능하게 하는 길을 열어 주고 가부장적 국가주의, 즉 국가후견주의(國家後見主義 paternalism)의 길을 여는 결과를 가져올 수도 있기 때문에 기본권보장의 원래의 이념과는 거꾸로 갈 위험을 안고 있다. 기본권의 이중성이론이 설명하고자 한 사항은 전통적인 기본권의 주관적 권리성과 대국가적 효력으로도 모두 설명이 가능하다는 점에서 독일에서 그간 전개된 기본권의 이중성이론이나 제3자적 효력론은 「문제가 아닌 문제」를 문제인 것 같이 한 사이비문제(Scheinproblem)로서의 면이 강하다고 보인다.

헌법은 사적영역에 대한 기본권의 효력에 대하여 아무 것도 정하고 있지 않다. 따라서 기본권의 성질이나 헌법규정상 기본권은 사적영역에 효력을 미치지 않는다. 다만,

헌법은 사적영역인 혼인과 가족생활은 양성의 평등을 기초로 성립되고 유지되어야 한다면서 평등원칙의 효력이 미치는 것으로 정하고 있고(헌법 §36①), 「근로자는 노동조건의 향상을 위하여 자주적인 단결권·단체교섭권 및 단체행동권을 가진다」(헌법 §33①)라고 하여 노동관계의 권리를 기본권으로 직접 정하고 있는데, 이러한 단결권, 단체교섭권, 단체행동권은 국가에 대해서는 이를 침해하지 말 것을 요구할 수 있는 것은 당연하지만 근로관계에 있는 사용자인 사인에 대해서도 이를 직접 주장할 수 있는가 하는 문제가 있다. 직접 주장할 수 있다는 견해가 있다(권영성, 333). 이러한 개별적인 권리는 「노동조합 및 노동관계조정법」에서 정하고 있으므로 헌법의 규정을 근거로 하여 사용자에게 직접 단결권, 단체교섭권, 단체행동권을 주장한다고 하기는 어렵다. 따라서 이러한 법률의 규정이 없는 극히 예외적인 경우에 한해서만 사인에게 직접 주장할 여지가 있다고 할 것이다. 우리 헌법상 이러한 경우 이외에는 사적영역에 대한 기본권의 효력을 인정하기 어렵다고 할 것이다.

헌법에서 노동관련 권리가 기본권으로 보장된 경우에 사인에 대해서도 직접 효력을 미친다고 하는 것은 바이마르헌법의 해석에서 비롯한 것이다. 바이마르헌법은 「노동조건 및 경제적 조건을 유지하거나 촉진하기 위한 단결의 자유는 어느 누구에 대해서도 어떤 직업에 대해서도 보장된다. 이 자유를 제한하거나 방해하려는 합의나 조치는 위법하다」(동헌법 §159)라는 규정의 해석에서 「어느 누구에 대해서도」라는 것을 근거로 사인에 대해서도 단결권의 효력이 직접 미친다고 하였다. 이는 당시의 통설적 견해였다. 우리 헌법에서는 이러한 문언이 없다.

대법원은 사법상의 환경권은 사인간에도 환경권이 존중되고 보호되어야 하는 경우를 인정하는 것이지만 그렇다고 이것이 헌법상의 환경권에서 직접 도출되지는 않는다고 판시하였다(예; 大 1995. 5. 23.-94마2218).

[大 1995.5.23.-94마2218] 「헌법 제35조 제1항은 "모든 국민은 건강하고 쾌적한 환경에서 생활할 권리를 가지며, 국가와 국민은 환경 보전을 위하여 노력하여야 한다"고 규정하여 환경권을 국민의 기본권의 하나로 승인하고 있으므로, 사법(私法)의 해석과 적용에 있어서도 이러한 기본권이 충분히 보장되도록 배려하여야 할 것임은 당연하다고 할 것이나, 헌법상의 기본권으로서의 환경권에 관한 위 규정만으로서는 그 보호대상인 환경의 내용과 범위, 권리의 주체가 되는 권리자의 범위 등이 명확하지 못하여 이 규정이 개개의 국민에게 직접으로 구체적인 사법상의 권리를 부여한 것이라고 보기는 어렵고, 또 사법적 권리인 환경권을 인정하면 그 상대방의 활동의 자유와 권리를 불가피하게 제약할 수밖에 없는 것이므로, 사법상의 권리로서의 환경권이 인정되려면 그에 관한 명문의 법률규정이 있거나 관계법령의 규정취지나 조리에 비추어 권리의 주체, 대상, 내

> 용, 행사방법 등이 구체적으로 정립될 수 있어야 할 것이다. 그것은 환경의 보전이라는 이념과 산업개발 등을 위한 개인활동의 자유와 권리의 보호라는 상호 대립하는 법익 중에서 어느 것을 우선시킬 것이며 이를 어떻게 조정·조화시킬 것인가 하는 점은 기본적으로 국민을 대표하는 국회에서 법률에 의하여 결정하여야 할 성질의 것이라고 보아야 할 것이기 때문이다. 헌법 제35조 제2항에서 "환경권의 내용과 행사에 관하여는 법률로 정한다"고 규정하고 있는 것도 이러한 고려에 근거한 것이라고 여겨진다.」

[140] 제2 효력의 범위

사적영역에서 기본권의 효력은 사인에 대하여 미치지 않는다. 다만, 예외적으로 사적영역에서의 행위주체인 사인이 실질적으로 국가의 기능이나 역할을 하는 경우에 한하여 이러한 사인에 대해서만 기본권을 주장할 수 있다. 어떠한 경우가 이러한 경우에 해당하는 것인가에 대해서는 사안에 따라 국가의 작용이 미친 형태, 실질적 내용, 정도 등을 고려하여 개별적으로 결정된다.

전통적으로 국가의 업무로 이해되던 일들이 민영화되는 것이 오늘날의 일반적인 현상인데, 국가의 일부 기능과 역할이 민영화되었다는 이유만으로 민영화된 사적 기관이나 사적 단체에 대하여 일률적으로 기본권의 효력이 직접 미친다고 할 수는 없다. 민영화 형태에도 국가개입정도에서 다양한 모습을 보이므로 이를 개별적으로 판단해야 한다.

기본권이 사인에 대하여 효력을 미치지 않는다는 것이 헌법이 기본권으로 보장하는 가치가 사인간에는 존중·보호되지 않아도 무방하다는 것을 의미하는 것은 아니다. 헌법이 기본권으로 보장하는 가치 가운데는 그 성질상 사인간에도 존중되고 보호되어야 하는 것이 있는데, 이러한 경우에 국가는 그에게 부과된 기본권보호의무에 따라 사인간에 이러한 가치의 존중이 보장되도록 하는 제도나 장치를 마련하여야 한다. 그것은 헌법을 실현하고 국민의 행복을 보장하며 공공복리와 질서를 유지하여야 하는 국가의 본질적 기능에서 비롯된다(국가기능이론). 예컨대 사인이 개인의 신체의 자유를 침해하는 경우에 이를 방지하거나 그 피해를 전보하기 위하여 법률로 처벌하는 장치를 마련하거나(예: 형법상의 상해죄, 폭행죄, 감금죄 등), 가해자에게 손해배상의 책임을 부여하는 것(예: 민법상의 손해배상책임)이 이에 해당한다. 성질에 따라서는 국가가 영업허가취소, 사업장폐쇄, 과태료 부과와 같은 행정적인 조치도 취한다(예: 성매매 관련행위를 한 업소에 대한 영업허가취소, 개인정보를 불법적으로 수집·유통·배포한 업소에 대한 행정적 제재).

여기서 유의할 것은, 이러한 것은 사인간에도 존중되어야 하는 성질을 가지는 해당 「기본권적 가치」의 성질과 이를 보호해야 하는 국가의 의무 및 국가의 기능에서 도출되는 것이지 「기본권의 효력」에 따른 결과로 도출되는 것이 아니라는 점이다.

헌법에서 기본권조항이 정하고 있는 기본권적 가치가 사인들간에도 존중·보호되어야 하는 경우에는 결국 사인간 효력의 부정설에 의하든 긍정설(직접효력설, 간접효력설)에 의하든 그 결과에서는 차이가 없다.

《헌법과 민법》

헌법상의 권리가 사법영역에 대하여 효력을 가지는가 하는 문제는 헌법과 민법이 어떠한 관계를 가지는가 하는 문제와도 연관이 있다. 성문헌법을 가지는 입헌주의원리에 의할 때, 법규범의 구조상 헌법은 주권자인 국민이 제정한 것으로 공동체의 최고법으로 존재하고, 입법권은 이 헌법에 의하여 창설되는 국가권력이고, 국가의 입법권은 헌법에 기속되는데, 민법은 이러한 입법권의 행사에 의하여 제정되는 것이라는 점에서 민법은 헌법에 의하여 창설되어 헌법에 기속되는 헌법보다 하위의 법규범이다. 이런 점에서 법규범의 구조에서 보면, 헌법은 민법을 만들어 낸 모법으로서 민법의 존재근거이며 효력근거가 된다. 그런데 법의 역사에서 보면, 민법은 고대부터 사인간의 사적 자치를 규율하는 것으로 발전하여 왔고, 사적 자치의 원리와 계약자유의 원리는 민법을 지배하는 최고원리이다. 그 반면 헌법은 원래 국가법으로부터 발전하여 왔기 때문에(예: 고대 그리스의 도시국가들의 헌법), 민법과는 무관하게 국가를 규율하였고 개인은 규율하지 않았다. 그래서 헌법은 국가를 규율하는 국가영역의 법으로, 민법은 개인을 규율하는 사회(=시장)영역(개인들간의 관계, 사유재산의 관계, 혼인과 가족의 관계 포함)의 법으로 각각 그 규율하는 영역을 달리 하여 발전하였다. 이러한 점은 근대 헌법이 만들어지던 때에도 마찬가지였다. 근대 헌법에 의하여 민법이 만들어진 것이 아니라 민법은 관습법이든 보통법(Common Law)이든 성문법이든 그 형식에 무관하게 성문헌법 이전에 존재하며 사적 영역을 규율하였다. 따라서 법발달사에서 시간적으로 보면, 민법이 헌법에 선행하는 것이다. 그러던 것이 근대입헌주의가 성립하고 개인의 자유와 권리를 보장하는 권리장전이 헌법에 포섭되면서 국가사항만이 아니라 개인의 자유와 권리의 보장과 같은 개인사항도 헌법의 규율영역으로 들어오게 되었고, 더 나아가 헌법의 기본권조항이 사인에 대하여 어떤 관계를 가지는가 하는 점이 논의되면서 헌법과 민법의 관계가 재정리될 필요가 생겼다. 헌법이 권리장전을 포섭하면서 그 규율대상이 국가에서 더 나아가 개인으로 확장되었지만, 사적 자치와 계약의 자유를 기본으로 하는 민법은 근대 입헌주의헌법보다 역사적으로 선재하면서 사적영역을 규율하는 최고법리를 형성하여 왔을 뿐 아니라, 사회와 국가의 이원론에 근거하여 자율적인 사회영역을 타율적인 국가영역과 구별하면, 헌법은 실정법규범의 구조 내에서는 민법보다 상위에 있지만, 민법의 최고원리는 헌법원리와 동격의 지위에 있게 된다. 즉 공동체 내에서 생성한 헌법은 본질필연적으로 자율적인 사회와 사적영역(자유시장의 영역)을 인정하는 것을 전제로 하고 있으므로 사적 자치와 계약의 자유는 민법의 최고원리이면서 헌법이 보장하여야 하는 영역이므로 사적 자치와 계약의 자유를 보장하고 규율하는 민법의 내용은 헌법사항에 다름아니고, 이는 헌법이 인정한 영역이므로 헌법이 따로 규율할 수 없다고 할 것이다. 다시 말해서 입법자가 민법이라는 형식으로 사적 자치와 계약의 자유를 부정하게 할 수 없다(공산주의에서는 이미 진정한 의미의 민법이라는 것이 존재할 수 없으므로 고려의 여지가 없다). 그리고 헌법이 기본권목록을 정하여 보장하는 경우에도 이는 국가에 대해서만 효력을 미치고 사인에 대하여는 효력을 미치지 않으므로 헌법은 원칙적으로 사적인 영역을 규율하지 않는다. 즉 헌법은 사적영역의 보호를 보장하는 것일 뿐이고, 사적영역을 직접 규율하지 않는다. 다만, 헌법이 정하고 있는 기본권적인 가치들 가운데 사인간에도 보호되어야 하는 필요가 있는 경우에는 국가는 공동체 내의 국민의 자유와 권리를 보호하여야 하는 그 본질적 기능과 존재의 이유에 의하여(이에는 부분적으로 국가의 기본권보호의무가 포함된다) 입법적, 행정적, 사법적 조치를 할 뿐이다. 그리고 민법의 법리에 의하여 보호되는 것으로 주장되는 자유와 권리도 헌법의 기본권 제한의 법리에 의하여 제한할 수 있는 경우(예: 계약자유의 제한, 자기결정의 제한, 재산권 행사의 제한, 혼인의 자유에 대한 제한, 성명결정의 자유에 대한 제한 등)에는 이를 제한할 수 있고, 이 지점에서만 헌법을 근거로 하여 법률로 민법이 규율하는 사항에 개입할 수 있다. 결국 기본권조항이 헌법에 규정되어 있다고 하더라도 헌법이 기본권조항을 근거로 사적영역과 사인을 규율하는 것은 아니고, 법규범의 구조상 헌법이 민법보다 상위에 존재하고 민법의 존재근거이고 효력근거라고 하더라도 사적 자치원리와 계약자유의 원리는 헌법적 수준에서 보장되는 공동체의 원리이고 사법의 최고원리이므로 헌법이 민법보다 상위에 있다는 것만을 가지고 민법의 이런 법리를 부정할 수 없다. 공산주의나 사회주의국가에서처럼 헌법에서 사적 자치와 계약자유 등을 부정하는 경우에는 진정한 의미의 민법은 존재하지 않게 된다. 이러한 경우에는 그 헌법의 정당성이 문제가 된다.

《헌법과 가족법》

가족법은 역사적으로 헌법 이전에 생겨난 것이다. 가족제도는 국가가 생기기 이전에 발생하여 운용되는 것이기에 그 공동체의 구성원이 역사적으로 살아온 삶의 퇴적물이다. 따라서 헌법에서도 공동체에서 형성된 가족제도의 핵심적인 내용은 기본적으로 수용하게 된다. 그러나 그러한 핵심적인 내용이 헌법에 규정되지 않고 가족법에만 존재하는 경우에는 가족법의 기본이념과 원리가 헌법과 동격의 수준에 있다고 할 것이다. 다만, 가족법에서 정하고 있는 사항과 헌법에서 정하고 있는 사항이 충돌하는 경우에는 이를 조화적으로 해석하여야 하고, 조화적으로 해석할 수 없는 경우에는 헌법이 가족법보다 우위에 있다고 할 것이다. 헌법재판소는 이에 대하여 다음과 같이 판시하였다(憲 2005. 2. 3.-2001헌가9등).

[憲 2005.2.3.-2001헌가9등] 「헌법은 모든 국가질서의 바탕이 되고 한 국가사회의 최고의 가치체계이므로 다른 모든 법적 규범이나 가치보다 우선하는 효력을 가진다는 점에 대하여는 이론이 있을 수 없다. 헌법은 한 국가의 최고규범으로서 입법·행정·사법과 같은 모든 공권력의 행사가 헌법에 의한 제약을 받는 것은 물론, 사법(私法)상의 법률관계도 직·간접적으로 헌법의 영향을 받게 된다. 헌법재판소는 일찍이 "헌법은 국민적 합의에 의해 제정된 국민생활의 최고 도덕규범이며 정치생활의 가치규범으로서 정치와 사회질서의 지침을 제공하고 있기 때문에 민주사회에서는 헌법의 규범을 준수하고 그 권위를 보존하는 것을 기본으로 한다"고 설파한 바 있다(憲 1989. 9. 8.-88헌가6). 가족제도는 민족의 역사와 더불어 생성되고 발전된 역사적·사회적 산물이라는 특성을 지니고 있기는 하나, 그렇다고 하여 가족제도나 가족법이 헌법의 우위로부터 벗어날 수 있는 특권을 누릴 수 없다. 만약 이것이 허용된다면 민법의 친족상속편에 관한 한 입법권은 헌

법에 기속되지 않으며, 가족관계의 가치질서는 헌법의 가치체계로부터 분리될 수 있다는 결론에 이르게 되는데 이것이 입헌민주주의에서 용납될 수는 없다. 만약 헌법이 가족생활이나 가족제도에 관하여 중립적인 태도를 취하고 있다면 다른 헌법규정과 저촉되지 않는 한 전통적 가족제도는 가급적 존중함이 바람직할 것이다. 그러나 헌법이 가족생활에 관하여 중립을 지키지 않고 스스로 어떤 이념 · 가치, 제도를 채택하고 있다면 그것이 가족생활 · 가족제도에 관한 최고규범이 되어야 함은 물론이다. 오늘날 헌법은 가족생활관계도 이를 단순히 사인(私人)간의 사적 문제로만 파악하지 않고 그것이 국민생활 내지 국가생활의 한 요소가 될 수 있다는 것을 인정하고 이를 헌법사항에 포함시키기에 이르렀다. 그리하여 오늘날 많은 국가의 헌법에서 가족생활관계에 대해서도 그 근본이 되는 원칙을 헌법의 한 내용으로 다루고 있다. 우리 헌법도 제36조 제1항에서 혼인과 가족생활에 관한 규정을 두고 있다. 특히 정치 · 사회적 변혁기에 새로운 정치 · 사회질서, 새로운 가치와 이념을 지향하면서 제정된 헌법(우리의 제헌헌법이 이에 해당한다)의 경우, 헌법에 부합하지 않는 전래의 제도를 헌법에 맞게 고쳐나가라는 헌법제정권자의 의사가 표출되기도 한다. 물론 이 과정에서 국민의 법감정이나 정서와 헌법규범간의 괴리현상이 나타날 수 있다. 새로운 헌법이념의 채택에도 불구하고 고래로부터 이어져 온 의식은 쉽게 변하지 않을 수 있기 때문이다. 그러나 가족법의 역할은 사회현상이나 국민의 법감정을 단순히 반영하는데 그치는 것이 아니다. 공동체의 최고가치질서인 헌법이념을 적극적으로 계도하고 확산시키는 역할 또한 가족법의 몫이다. 그런데 가족법이 이러한 역할을 수행하기는커녕 헌법이념의 확산에 장애를 초래하고, 헌법규범과 현실과의 괴리를 고착시키는데 일조하고 있다면 그러한 가족법은 수정되어야 한다.」

[141] 제3 기본권간의 충돌

Ⅰ. 개 념

기본권간의 충돌(衝突=相衝 Grundrechtskollision)이란 서로 다른 둘 이상의 기본권의 주체들 사이에 있어서 서로 충돌하는 각자의 기본권을 주장 · 행사하기 위하여 국가에 대하여 각기 자기의 기본권을 주장하는 경우에 그 기본권들 사이에 발생하는 상황을 말한다.

기본권간의 충돌은 기본권을 행사함에 있어 서로 다른 둘 이상의 기본권의 가치가 서로 충돌하는 「가치의 충돌」을 의미하는 것이다. 기본권은 사인에 대해서는 직접 효력을 미치지 않기 때문에 기본권간의 충돌은 기본권의 효력이 서로 충돌하는 「효력의 충돌」이 생기는 것이 아니다. 즉 기본권간의 충돌은 어떤 사인들간에 있어 서로 상대를 향해 기본권을 행사하여 그 효력으로 인하여 발생하는 것이 아니라, 어떤 상황에서 기본권들이 행사된 결과 그 가치에서 충돌이 발생하는 것을 의미한다. 이 경우에 각 기본권의 주체는 자기의 기본권의 행사가 유효하다는 것을 국가에 대하여 주장하는 것이 되며, 그 결과 국가가 이 충돌을 해결하여야 하는 것으로 된다.

예컨대 TV방송에서 사실의 보도 또는 논평이라는 언론의 자유와 해당 당사자의 인격이나 명예의 보호라는 인격권이 충돌하는 경우, 거리에서 이익단체들이 시위를 하는 시위의 자유와 시위로 피해를 입는 인근 상점의 영업의 자유나 재산권이 충돌하는 경우, 운전자와 보행자의 통행의 자유가 충돌하는 경우, 허용되는 인공임신중절(=낙태)을 시행하는 모의 자기결정권과 태아의 생명권이 충돌하는 경우, 문학작품이나 예술표현에서 특정 개인의 사생활을 언급하여 묘사하고 평가하는 작가의 예술의 자유와 해당자의 사생활의 비밀·자유가 충돌하는 경우, 공해산업을 운영하는 기업주의 직업의 자유 또는 재산권의 보장과 인근 주민들의 환경권이 충돌하는 경우, 종교단체가 주거지역 내의 장소에서 공개적인 종교집회를 개최하는 종교의 자유와 주거의 평온을 향유하는 인근 주민들의 주거의 자유가 충돌하는 경우, 담배를 흡연하는 것을 향유하는 자유와 이를 싫어하고 건강을 유지하려는 혐연할 자유와 건강권이 충돌하는 경우(예: 憲 2004. 8. 26. -2003헌마45) 등이 이에 해당한다.

기본권의 충돌은 각각의 기본권의 주장·행사가 헌법적으로 보장되는 경우에 한정되며, 외견상 기본권을 주장하고 있으나 본질상 기본권으로 보호되지 못하는 경우(예: 범죄행위를 하면서 행동자유권을 주장하는 경우)에는 처음부터 기본권의 충돌은 발생할 여지가 없고 기본권간의 충돌이라는 개념도 성립하지 않는다(부진정충돌=의사충돌=유사충돌). 따라서 어떤 문제가 기본권간의 충돌의 문제에 해당하는가의 여부를 판단하기 위해서는 먼저 상호 충돌하는 각각의 가치·이익영역이 헌법상 유효하게 기본권으로 보호되고 있는 것인가의 여부에 대하여 선결적으로 판단해야 한다.

II. 특　징

기본권의 충돌은 어떤 기본권의 주체가 기본권을 행사하는 경우에 다른 기본권의 주체가 보유·행사하는 기본권에 제한이나 침해를 가져온다는 점에 그 특징이 있다.

> 기본권이 가치적으로 다른 법익과 충돌하는 경우가 있다. 공적인 가치와 충돌할 수도 있고, 기본권은 아니지만 법률상의 권리·가치·이익과도 충돌할 수 있고, 헌법상 보장되고 있는 다른 가치나 이익들과도 충돌할 수 있다. 이러한 경우는 법익충돌에 해당하며 기본권의 상충과는 구별된다. 법익충돌은 개념상 기본권의 상충보다 넓은 개념이고, 기본권의 상충은 법익충돌의 한 유형에 해당한다.

III. 발생영역

기본권은 사인간에 있어서는 직접 효력을 미치지 않기 때문에 기본권의 행사에서 기본권주체들 사이에 직접 서로 충돌하는 경우는 없다. 즉 가치적으로 서로 충돌하는 기본권을 각기 주장한다고 하더라도 사인은 사인에 대하여 자기의 기본권을 직접 행사하거나 주장할 수 없기 때문에 기본권의 행사에 있어서 실제 기본권들이 서로 충돌하는 상황은 발생하지 않는다.

기본권의 상충은 국가에 대하여 기본권을 주장하는 경우에 한하여 발생한다. 기본권의 상충이 문제가 되는 경우는 입법, 행정, 재판(일반법원 및 헌법재판소의 재판)을 함에 있어서 관련 이익들을 조정하는 때에 기본권적인 가치들이 충돌하는 경우인데, 이는 법익형량이나 규범가치의 조화 문제로 되어 국가(예: 입법자, 행정청, 재판관, 지방자치단체의 장과 의회)가 서로 충돌하는 이익들을 형량하거나 조화되는 길을 찾는다. 이러한 기본권들의 상충은 입법, 행정, 재판을 하는 경우에 당사자인 기본권의 주체들이 각기 자기의 기본권을 국가에 대하여 명시적으로 주장하여 생기기도 하고(명시적 충돌), 기본권의 주체에 의한 명시적인 주장이 없더라도 국가가 입법, 행정, 재판 등을 함에 있어서 판단이나 결정에서의 고려로 인하여 생기기도 한다(묵시적 충돌).

입법의 영역에서 기본권의 상충이 발생하는 경우에는 양자의 조화점(때로는 다른 법익과의 조화도 포함됨)에서 입법이 이루어지므로 기본권의 내용이 헌법에 의하여 정해진 경우는 기본권 제한의 문제로 되고, 입법에서도 기본권 제한의 형태로 나타난다. 기본권의 내용이 법률에 의하여 구체적으로 형성·확정되는 경우(예: 사회적 기본권)에는 법익형량의 문제로 된다.

Ⅳ. 해결방법

(1) 독일의 이론과 판례

(a) 입법형성의 자유이론(=입법자역할론)

기본권의 충돌을 해결하는 방법을 헌법이 명시적으로 정하고 있지 않은 경우에는 헌법재판소나 법원이 헌법해석을 통하여 이를 해결하면 안 되고, 입법자인 의회가 법형성의 자유에 의거하여 입법으로 해결해야 한다고 한다. 이에 대해서는 기본권의 충돌문제는 성질상 헌법해석의 문제이므로 입법자에게 전속된 것으로 보는 것은 잘못이며, 다양하고 구체적인 양상을 보이는 충돌현상을 모두 입법으로 정형화하여 해결하는 것은 거의 불가능하다는 비판이 있다.

(b) 기본권의 서열이론(=기본권등급론)

헌법이 보장하는 기본권들 사이에는 그 가치의 중요도에서 서열이 존재한다고 보고, 서로 충돌하는 기본권들을 이들 서열에 비추어 보아 보다 높은 서열의 기본권을 우선하여 보호하는 방법으로 해결해야 한다고 한다. 이에 대해서는 헌법상의 기본권들을 모두 서열화하는 것은 성질상 불가능하다는 비판이 있다.

(c) 법익형량이론

기본권이 충돌하는 경우에 이들을 서로 비교형량하여 보다 큰 법익을 보장하는 상위의 기본권을 보다 작은 법익을 보장하는 하위의 기본권에 우선시켜 해결한다는 견해이다. 이러한 법익형량은 법익에서의 우열의 존재를 인정하는 것이기 때문에 기본권에서 서열이 존재함을 받아들여 이를 비교형량한다. 이에 대해서는 다양한 모든 기본권간의 충돌상황에 적용할 수 있는 그때 그때의 법익형량의 객관적인 기준을 찾는 것이 사실상 완벽하지 못하고, 이익형량의 결과 큰 법익만 보호하고 보다 작은 법익을 완전히 무시 · 배제하는 것을 정당화하기 어렵다는 비판이 있다.

(d) 규범조화이론(=실제적 조화이론=형평성중시론)

기본권이 충돌하는 경우에 법익형량에 따라 어느 하나의 기본권을 보호하고 다른 기본권을 배제시키는 양자택일의 방법을 취하지 않고 충돌하는 기본권들을 가능한 한 모두 보호하는 조화점을 찾아 최적화(optimal)의 상태에서 이를 해결하려고 하는 견해이다. 이는 기본권의 서열에 상관없이 헌법의 통일성이라는 관점에서 문제가 된 모든 기본권의 가치를 가능한 한 현실에서 타협점을 찾아 모두 실현시키려고 하는 것이다.

이에 의하면, 기본권의 충돌이 발생하면, i) 충돌하는 기본권들에 비례적인 제한을 가하여 모든 기본권을 양립할 수 있도록 시도하고(비례적 제한의 원칙), ii) 모든 기본권들을 양립시키는 것이 불가능하면 대안을 모색하며(대안모색의 원칙), iii) 대안도 발견할 수 없는 경우에 어떤 기본권을 불가피하게 후퇴시키되 이러한 후퇴가 기본권을 과도하게 제한하는 것이어서는 안 되도록 하여 해결하고자 한다(과잉금지의 원칙).

기본권 충돌의 문제를 해결함에 있어서 독일연방헌법재판소의 판례는 법익형량의 방법을 사용하면서도 충돌하는 두 기본권들을 조화시키려고 하고, 이러한 조화점을 찾기 어려운 때에는 대안을 모색해보는 태도를 취하고 있다.

(2) 국내의 이론과 판례

(a) 제 1 설

기본권들간에 충돌이 발생한 경우에는, i) 충돌하는 기본권들간에 가치의 서열이 객관적으로 인정되는 경우에는 이익형량(=법익형량)을 통하여 가치의 서열이 앞서는 기본권을 우선하여 보호하고, ii) 기본권들간에 가치의 서열이 불분명한 경우에는 서로 충돌하는 기본권 모두에 공평하게 제한을 가하여 서로 조정하며, iii) 이러한 공평한 제한을 통해서도 해결할 수 없는 경우에는 충돌하는 기본권의 효력을 모두 유지시킬 수 있는 다른 대안을 마련하여 해결해야 한다고 한다(권영성, 342).

(b) 제 2 설

기본권들이 서로 충돌하는 경우에는 이익형량의 방법과 「상충하는 기본권들의 양립을 위한 최소한의 제약」, 「상충하는 기본권을 모두 보호할 수 있는 대안의 제시」, 「극단적인 최후 수단의 억제」라는 방법을 동원하는 규범조화적 해석방법을 모두 활용하여 다각적으로 해결해야 한다고 한다(허영a, 268).

(c) 제 3 설

기본권들간에 충돌이 발생한 경우에는, i) 위의 실제적 조화이론에 따라 해결하고, ii) 충돌하는 기본권 가운데 어느 하나를 희생시킬 수밖에 없기 때문에 이러한 방법으로 해결하기 불가능한 경우에는 대안을 발견하도록 노력하고, iii) 이러한 방법으로도 해결할 수 없으면 구체적인 해당 사안에서 모든 상황을 고려한 구체적 법익형량을 통하여 보다 큰 법익을 선택해야 한다고 한다(계희열b, 111).

(d) 사　견

기본권이 충돌하는 경우에 국가가 이를 해결하는 방법은 입법을 통해서만 이루어지는 것은 아니고 헌법해석을 통해서도 이루어지고, 입법에 의하여 충돌하는 기본권들을 조정하는 것이 항상 타당한 결론에 도달하는 것은 아니라는 점에서, 기본권 충돌의 문제를 전적으로 입법자의 입법형성의 자유에 맡겨 해결하고자 하는 것은 충분하지 않은 점이 있다. 기본권의 충돌은 입법으로 처리하는 경우도 있고(이 경우도 기본권충돌을 해결하는 입법이 헌법에 합치되느냐 하는 문제가 발생하는 점에서는 해당 입법이 입법형성의 자유 범위 내에 있지 아니하는 한 결국에는 헌법해석을 통하여 해결된다), 재판이나 헌법재판을 통하여 처리되기도 한다.

헌법에 보장된 개별 기본권들 가운데는 그 가치나 중요도에서 우선순위를 정할 수 있는 경우도 있을 수는 있으나, 개별 기본권들을 모두 서열화하는 것은 불가능하다. 정신적인 자유가 물질적인 자유에 언제나 우선한다고 말할 수도 없고, 순전히 개인적인 자유가 공적인 사항과 관련된 자유보다 열위에 존재한다고 할 수도 없다. 따라서 모든 기본권의 서열화가 불가능한 이상 기본권서열이론은 문제의 해결방안이 될 수 없다. 그렇다면 기본적으로 기본권의 서열을 전제로 하여 성립할 수 있는 법익형량이론도 언제나 타당한 이론이라고 하기는 어렵다.

결국 기본권의 충돌은 i) 해당 사안에 어떠한 기본권이 가장 직접적인 관련성을 가지는가를 따져 사안관련성에서 가장 직접적인 기본권을 고려하는 것으로 하되, ii) 법익형량상 양자택일할 수밖에 없는 경우(예: 낙태)에는 고려되어야 할 이익들을 모두 고려한 상태에서 우월한 지위에 있는 기본권을 보호하고, iii) 그렇게 할 수 없는 경우에는 충돌하는 기본권을 모두 실현시킬 수 있는 적정한 조화점을 찾아 이를 해결하는 것이 타당하다. 적정한 조화점을 찾는 것은 각 기본권에 대하여 타협과 양보를 구하는 것이므로 이러한 작업에서는 비례적 제한원칙에 따라 조화점을 찾아내게 된다. 이러한 과정에서 양자의 기본권을 모두 만족시킬 수 없는 경우에는 대안을 마련하는 방식(유아인 자의 수혈에 대하여'여호와의 증인'의 신도인 모가 거부하고 있는 상황에서 모에게 수혈동의를 강요하는 것이 아니라 후견법원이나 친족회 등이 이에 대하여 결정하게 하는 방식)도 고려된다. 그러나 충돌하는 기본권을 서로 조화시킬 수 있음에도 그러한 작업을 함이 없이 바로 대안을 모색하는 것은 타당하지 않다. 대안을 마련하는 것이 어려운 경우에는 결국 어느 특정 기본권을 불가피하게 후퇴시킬 수밖에 없는데, 이런 때에는 과잉금지원칙에 합치하여야 한다.

헌법재판소나 대법원의 판례는 이 문제를 해결하는데 규범조화적인 방법을 사용하기도 하고(예: 憲 1991. 9. 16.-89헌마165; 大 2010. 4. 22.-2008다38288), 기본권서열이론을 채택하기도 하고(예: 憲 2004. 8. 26.-2003헌마457; 2005.11.24.-2002헌바95등), 법익형량의 방법을 사용하기도 한다(예: 大1988. 10. 11.-85다카29). 헌법재판소는 규범조화적인 방법을 사용하면서 동시에 법익형량의 원리, 입법에 의한 선택적 재량 등을 종합적으로 고려하기도 한다(예: 憲 2007. 10. 25.-2005헌바96).

[憲 1991.9.16.-89헌마165] 「두 기본권이 서로 충돌하는 경우에는 헌법의 통일성을 유지하기 위하여 상충하는 기본권 모두가 최대한으로 그 기능과 효력을 나타낼 수 있도록 하는 조화로운 방법이 모색되어야 할 것이고……반론권은 신속한 권리구제의 필요성에서 보도가 행해진 시간과 근접하여 그 사실 주장을 반박할 기회를 주는 점을 특색으로 하는 것이므로 반론의 제도와 언론의 자유의 관계는 단순히 제도의 평면적 비교나 판단보다 기본권간의 조화라는 전체적인 관점에서 평가되어야 한다. 현행 정정보도청구권제도는 그 명칭에 불구하고 피해자의 반론게재청구권으로 해석되고 이는 언론의 자유와는 비록 서로 충돌되는 면이 없지 아니하나 전체적으로는 상충되는 기본권 사이에 합리적인 조화를 이루고 있는 것으로 판단된다.」

[憲 2004.8.26.-2003헌마457] 「흡연자들이 자유롭게 흡연할 권리를 흡연권이라고 한다면, 이러한 흡연권은 인간의 존엄과 행복추구권을 규정한 헌법 제10조와 사생활의 자유를 규정한 헌법 제17조에 의하여 뒷받침된다.……인간으로서의 존엄과 가치를 실현하고 행복을 추구하기 위하여서는 누구나 자유로이 의사를 결정하고 그에 기하여 자율적인 생활을 형성할 수 있어야 하므로, 자유로운 흡연에의 결정 및 흡연행위를 포함하는 흡연권은 헌법 제10조에서도 그 근거를 찾을 수 있다.……흡연자들의 흡연권이 인정되듯이, 비흡연자들에게도 흡연을 하지 아니할 권리 내지 흡연으로부터 자유로울 권리가 인정된다(이하 이를 '혐연권'이라고 한다). 혐연권은 흡연권과 마찬가지로 헌법 제17조, 헌법 제10조에서 그 헌법적 근거를 찾을 수 있다. 나아가 흡연이 흡연자는 물론 간접흡연에 노출되는 비흡연자들의 건강과 생명도 위협한다는 면에서 혐연권은 헌법이 보장하는 건강권과 생명권에 기하여서도 인정된다. 흡연자가 비흡연자에게 아무런 영향을 미치지 않는 방법으로 흡연을 하는 경우에는 기본권의 충돌이 일어나지 않는다. 그러나 흡연자와 비흡연자가 함께 생활하는 공간에서의 흡연행위는 필연적으로 흡연자의 기본권과 비흡연자

의 기본권이 충돌하는 상황이 초래된다. 그런데 흡연권은 위와 같이 사생활의 자유를 실질적 핵으로 하는 것이고 혐연권은 사생활의 자유뿐만 아니라 생명권에까지 연결되는 것이므로 혐연권이 흡연권보다 상위의 기본권이라 할 수 있다. 이처럼 상하의 위계질서가 있는 기본권끼리 충돌하는 경우에는 상위기본권우선의 원칙에 따라 하위기본권이 제한될 수 있으므로, 결국 흡연권은 혐연권을 침해하지 않는 한에서 인정되어야 한다.」

[大 1988.10.11.-85다카29] 「언론, 출판 등 표현의 자유는 가끔 개인의 명예나 사생활의 자유와 비밀 등 인격권의 영역을 침해할 경우가 있는데 표현의 자유 못지 않게 이러한 사적 법익도 보호되어야 할 것이므로 인격권으로서의 개인의 명예의 보호(구헌법 제9조 후단)와 표현의 자유의 보장(구헌법 제20조 제1항)이라는 두 법익이 충돌하였을 때 그 조정을 어떻게 할 것인지는 구체적인 경우에 사회적인 여러 가지 이익을 비교하여 표현의 자유로 얻어지는 이익, 가치와 인격권의 보호에 의하여 달성되는 가치를 형량하여 그 규제의 폭과 방법을 정해야 할 것이다.」

[憲 2007.10.25.-2005헌바96] 「채권자취소권이 행사되면 채권자의 재산권인 채권의 실효성은 확보될 수 있는 반면, 채무자와 수익자 간의 법률행위가 취소되고 수익자가 취득한 재산이 채무자의 책임재산으로 회복되게 됨으로써 채무자 및 수익자의 일반적 행동의 자유 내지 여기에서 파생되는 계약의 자유와 수익자의 재산권이 제한되는 결과를 가져오게 된다. 즉 이 사건 법률조항으로 인하여 채권자의 재산권과 채무자 및 수익자의 일반적 행동의 자유, 그리고 채권자의 재산권과 수익자의 재산권이 동일한 장에서 충돌하는 문제가 발생하게 되는 것이다. 따라서 이 사건의 쟁점은 이러한 기본권의 충돌과 그 해결방법이고, 구체적으로는 채권자취소권제도의 목적의 정당성과 채권자취소권의 행사로 인하여 제한되는 채무자와 수익자의 기본권제한의 정도가 비례성을 유지하고 있는가가 문제된다.……이 사건 법률조항은 채권자에게 채권의 실효성 확보를 위한 수단으로서 채권자취소권을 인정함으로써, 채권자의 재산권과 채무자와 수익자의 일반적 행동의 자유 내지 계약의 자유 및 수익자의 재산권이 서로 충돌하게 되는바, 위와 같은 채권자와 채무자 및 수익자의 기본권들이 충돌하는 경우에 기본권의 서열이나 법익의 형량을 통하여 어느 한 쪽의 기본권을 우선시키고 다른 쪽의 기본권을 후퇴시킬 수는 없다고 할 것이다. 사적자치의 원칙은 헌법 제10조의 행복추구권 속에 함축된 일반적 행동자유권에서 파생된 것으로서 헌법 제119조 제1항의 자유시장 경제질서의 기초이자 우리 헌법상의 원리이고, 계약자유의 원칙은 사적자치권의 기본원칙으로서 이러한 사적자치의 원칙이 법률행위의 영역에서 나타난 것이므로, 채권자의 재산권과 채무자 및 수익자의 일반적 행동의 자유권 중 어느 하나를 상위기본권이라고 할 수는 없을 것이고, 채권자의 재산권과 수익자의 재산권 사이에서도 어느 쪽이 우월하다고 할 수는 없을 것이기 때문이다. 따라서 이러한 경우에는 헌법의 통일성을 유지하기 위하여 상충하는 기본권 모두가 최대한으로 그 기능과 효력을 발휘할 수 있도록 조화로운 방법을 모색하되(규범조화적 해석), 법익형량의 원리, 입법에 의한 선택적 재량 등을 종합적으로 참작하여 심사하여야 할 것이다.」

V. 기본권 제한과의 관계

기본권 충돌의 문제는 그 해결이 국회의 입법이나 법원의 재판 또는 헌법재판을 통하여 이루어지는 이상, 충돌하는 각 기본권의 주체는 자기 기본권의 원래 내용대로 기본권을 행사하지 못하고 법률이나 재판에 의해 일정한 제한을 받게 되는 결과에 도달한다. 따라서 기본권 주체의 입장에서 보면, 기본권간의 충돌 문제는 내용이 법률에 의해 형성되는 경우에는 법익형량의 문제가 되고, 내용이 이미 헌법상 정해져 있는 경우(예: 자유권적 기본권)에는 기본권의 제한문제로 귀착한다.

행정이나 재판의 영역에서 기본권 충돌의 문제는 기본권을 제한하는 법률을 적용하거나 또는 분쟁을 해결하거나 공공복리나 질서유지를 위하여 충돌하는 법익을 서로 조화되게 조정하는 것으로 귀착된다.

제5장 기본권의 제한

제1절 개 관

[142] 제1 기본권의 내용

헌법이 보장하는 기본권은 개별적 기본권마다 유효한 내용을 가지고 있다. 기본권의 「내용」(內容 Inhalt)이란 기본권의 주체가 보유하고 행사할 수 있는 헌법상 권리의 유효한 실질적 범위를 말한다. 이러한 기본권의 내용은 헌법이 인정하는 제한을 받지 않는 한 원래의 범위대로 보장된다.

기본권의 내용은 인간이 이 세상에 태어나 스스로 자기의 문제를 결정하고 행복을 추구하며 삶을 영위하는 것을 보장하는 것이다. 이러한 것은 인간의 자연적인 존재를 전제로 하고 공동체 이전에 존재하는 인간의 삶을 전제로 한다. 그러나 인간은 본질에서는 공동체 이전의 존재이지만, 태어나는 순간부터 현실적으로는 공동체 내의 존재이기 때문에 인간이 공동체의 구성원으로서 자유롭게 살면서 자기의 인격과 개성을 신장시키는 동시에 공동체의 존속과 공동체 내의 다른 구성원의 삶과 공존하는 질서에 편입될 수밖에 없다. 이와 같이 인간에게는 공동체 이전의 존재로서 삶을 영위할 수 있는 부분과 공동체 내에서 삶을 영위하는 부분이 동시에 존재하므로 기본권의 내용은 이를 모두 보장한다.

따라서 공동체의 구성원은 어떤 국가의 국민이라는 지위를 가지더라도 자연인으로서 당연히 향유하고 행사할 수 있는 자연권으로서의 기본권과 특정 국가의 국민으로서 향유하고 행사할 수 있는 기본권을 가지며, 헌법은 이러한 기본권을 보장하고 규범화하고 있다.

[143] 제2 기본권의 제한

Ⅰ. 개 념

기본권의 「제한」(制限 Schranken, Beschränkung)이란 기본권의 내용이나 효력의 범위를 헌법이 인정하는 바에 따라 합법적으로 축소하는 것을 말한다.

제한이라는 개념은 필연적으로 제한의 대상이 선재할 것을 전제하고 있기 때문에 제한이 가해지는 기본권은 제한의 대상인 그 「내용」이 이미 헌법적으로 확정되어 있는 경우이다. 주로 자유권적 기본권이 이러한 경우에 해당한다. 헌법이 법률에 위임하여 그 내용을 확정하는 기본권의 경우(예: 사회적 기본권)에는 내용을 정할 때부터 충돌하는 이익과 형량을 하기 때문에 기본권의 제한은 그러한 기본권의 「내용」보다는 「행사」부분에 주로 있게 된다.

모든 국민은 헌법이 보장하는 원래의 내용대로 기본권을 향유하고 행사하며, 이러한 가운데서 개인도 개성을 신장시키며 행복을 추구하고, 동시에 공동체도 존속하고 유지된다. 자유로운 개인이 자율성에 입각하여 각자의 자유와 권리를 향유하고 행사하는 경우에도 서로 조화를 이루어 공동체 구성원 모두가 각각의 삶을 영위하면서 동시에 서로 공존할 수 있어야 한다. 인간은 본질적으로 공동체 이전의 존재이고, 생명을 가지고 태어난 이후에는 자신의 개성에 따라 자기가 원하는 바대로 자율적인 의사에 바탕을 두고 자신의 일에 대하여 결정하면서 행복을 추구하며 삶을 영위하는 존재이다. 즉 자기가 하고 싶은 대로 행하고, 스스로 원하는 방식에 따라 살고 싶은 대로 살다가 생명을 다하는 존재이다. 그래서 인간의 삶에 있어서는 무엇보다 사적 자치(私的 自治 private autonomy)가 본질적인 바탕을 이루고 있다. 삶에 있어서 사고, 사상, 종교, 양심, 표현, 계약, 거래의 자유 등 자유시장이 형성되는 것도 이러한 경우이다.

그러나 자율적인 인간의 행동이 항상 공동체의 존속과 유지를 담보하는 것은 아니며, 언제나 서로 공존할 수 있는 구조를 만들어 내는 것도 아니다. 시장의 실패(market failure)가 발생하는 경우에는 공동체의 구성원 상호간에 형성되는 일이나 관계에 관한 결정을 개개 구성원의 자율적 판단에만 맡겨둘 수 없다. 그래서 국가(=정부)의 역할이 필요하고, 국가가 공동체와 관련된 일에 관한 구성원의 의사 결정에 개입한다. 기본권의 제한은 헌법이 이러한 국가의 개입을 인정하는 메커니즘이다. 이는 사익과 공익간의 조화를 추구하는 것이고, 공동체와 그 구성원간 그리고 공동체 구성원들 상호간의 공존과 상생을 추구하는 것이다. 오늘날 대부분의 입헌국가가 헌법에서 국민의 기본권을 보장하면서 동시에 이를 제한할 수 있는 장치를 마련해두고 있는 이유도 국가의 최고법에서 이러한 법리를 규범화해 두기 위한 것이다. 이러한 기본권의 제한은 당연히 기본권의 본질적 내용과 기능에 따른 본래의 내재적 법리가 있기 때문에 무한정으로 인정되는 것이 아니고, 본래의 기능에 적합한 범위 내에서만 인정되는 개념본질적인 한계를 가진다.

II. 제한의 형식

기본권을 제한하는 방식(=형식)에는 헌법에 의한 제한(=기본권제한적 헌법유보=헌법 직접적 제한)과 법률에 의한 제한(=기본권제한적 법률유보)이 있다.

III. 헌법 규정

헌법은 기본권의 주체에게 기본권을 보장하면서 동시에 공동체의 존속과 유지 및 안전, 공동체의 질서, 공동체 내의 구성원이 향유할 공공복리를 달성하기 위하여 필요한 경우에는 기본권을 제한할 수 있도록 정하고 있다(헌법 §37②). 헌법의 개별 규정에 이런 제한을 두는 경우도 있지만(예: 헌법 §8④, §21④, §23③, §29②, §33③), 일반적인 형식은 헌법 제37조 제2항이다. 이러한 기본권의 제한 규정에는 당연히 그 제한의 한계가 포함되어 있다. 이런 한계는 명시적으로 정해져 있든 묵시적으로 정해져 있든 기본권의 보장과 제한이라는 개념에 따르는 개념본질적인 것이기 때문에 언제나 인정되는 것이다. 헌법 제37조 제2항은 「국민의 모든 자유와 권리는 국가안전보장 · 질서유지 또는 공공복리를 위하여 필요한 경우에 한하여 법률로써 제한할 수 있으며, 제한하는 경우에도 자유와 권리의 본질적인 내용을 침해할 수 없다」라고 명시적으로 정하여, 기본권의 제한과 동시에 그 제한의 한계도 정하고 있다.

기본권의 제한은 헌법적으로 정당화될 때만 수용될 수 있는데, 이를 정당화하는 요건에는 형식적 요건과 실질적 요건이 있다. 기본권을 헌법이 정하는 법규범의 형식을 통해서만 제한할 수 있다는 것을 형식적 요건이라고 하고, 제한의 목적이 정당하여야 하고, 제한의 한계에 해당하는 과잉금지원칙과 본질적 내용침해금지원칙을 충족시킬 때만 제한할 수 있다는 것을 실질적 요건이라고 한다. 헌법 제37조 제2항은 기본권의 제한에 있어서 정당화의 형식적 요건과 실질적 요건을 정하고 있다.

국가의 억압이 강할 때, 이에 대항하는 이데올로기의 하나가 인권이었다. 그래서 인권담론은 모든 권력에 대한 대항무기로 동원되었고, 이런 담론구조에서 인권은 절대성과 신비성까지 획득하는 단계로까지 나아가고 공동체 내에서 원자화된 개인의 자유와 존재를 극대화시키는 쪽으로 치달았다. 개인주의, 자유방임주의, 인권이데올로기에 힘입어 권리담론이 개인주의적 권리담론으로 치닫게 되자 공동체의 가치와 구성원간의 연대성과 상생하는 덕목들이 파괴되기에 이르렀다. 이 지점에서 인간, 공동체, 자유, 권리, 국가에 대한 거시적인 담론에서 개인주의(individualism)를 비판하는 공동체주의(communitarianism)가 등장하여 서로 경쟁하고 있다. 권리담론이 이데올로기성을 가지면서 인식의 혼란을 초래하자 법학에서는 권리와 기본권의 법리적 인식을 보다 정치하게 하는 작업의 일환으로 규범의 인식과 개념에 있어 「규칙」(rule; Regel)과 「원리」(principle; Prinzip)를 범주적으로 구별하고 기본적으로 권리나 기본권은 원리에 해당하는 것이라는 견해가 전개되고 있다(예: R. Dworkin; R. Alexy; M. Borowski). 이는 기본권이론에서 기본권의 제한과 기본권간의 충돌의 해결방법을 보다 정밀하게 하는 것으로 발전하고 있다. 여기서 「규칙」이란 어떤 조건이 충족되면 언제나 반드시 궁극적이고 확정적인 하나의 결론(명령, 금지, 허가, 권능 등)이 도출되는 경우를 말한다. 따라서 규칙은 「이냐 아니냐」(all-or-nothing)하는 구조를 가지고 있다. 이에 반하여 「원리」란 어떤 것이 확정적인 것이 아니라 여러 법적인 가능성과 사실적인 가능성들 속에서 어떠한 상황에서 상대적으로 최대의 것을 실현하는 경우를 말한다. 따라서 여기서는 경쟁하고 충돌하는 가능성을 조정하는 형량이 항상 수반하고, 형량기준(예: 비례원칙)에 따라 최적(optimal)의 것을 도출하는 구조를 가지고 있다. 이러한 「규칙-원리구별론」의 인식에 의하더라도, 인간의 내심의 자유는 언제나 절대적인 것이며, 외적으로 드러나는 자유와 권리에서도 「본질적인 내용」은 형량의 대상이 되지 않는다고 할 것이다. 기본권에 있어 본질적 영역 이외에 해당하는 내용은 상대적인 성질을 가진다고 할 것이며, 이러한 영역에서는 「원리로서의 기본권」이론이 설득력을 가진다고 보인다.

[144] 제3 기본권의 보호영역

기본권의 「내용」이라는 개념과 관련하여 기본권의 「보호영역」(保護領域 Schutzbereich)이라는 개념을 분명히 할 필요가 있다. 기본권의 보호영역은 기본권이 구체적인 상황에서 실제로 보장되는 범위를 지칭한다. 어떤 기본권이 특별한 이유로 제한을 받지 않고 원래의 내용대로 보장되면 그 원래의 내용이 해당 기본권의 보호영역이 되고, 제한을 받는 경우에는 원래의 내용에서 제한을 받는 범위를 제외한 나머지 영역이 해당 기본권의 보호영역이 된다.

기본권은 원칙적으로 제한을 받지 않기 때문에 통상의 경우에 기본권의 내용과 기본권의 보호영역은 일치한다. 그러나 기본권의 제한이 있는 경우에는 기본권의 내용과 기본권의 보호영역이 일치하지 않는다. 기본권의 내용과 기본권의 보호영역을 같은 개념으로 사용하는 견해도 있으나(이 경우는 표현의 차이일 뿐 실익이 없다. 헌법재판소의 판례에서도 이 둘을 같은 의미로 혼용하는 경우가 적지 않게 발견된다), 개념상으로는 양자를 이와 같이 구별할 때 이론적 실익이 있다.

《「내용-제한」의 구조와 「보호영역-정당화」의 구조》

기본권의 보호영역은 해당 기본권의 가치와 이와 갈등·충돌하는 가치가 존재할 때, 구체적 상황에서 서로 형량을 한 다음에 설정되는 것이기 때문에 이는 결과적이고 상황적인 개념이다. 구체적 상황에서 확정된 보호영역이 타당한 것인가 하는 것을 판단하기 위해서는 해당 상황에서의 형량을 정당화(Rechtfertigung)할 수 있는 요건이 충족되었는지를 검사하는 「정당화요건검사」가 필요하다. 그런데 개별 기본권의 보호영역은 충돌하는 경우의 수를 모두 확인할 수 있는 경우가 아닌 한 미리 이를 확정할 수 없으므로, 기본권 보장에 대한 이론으로서는 기본권의 내용을 확정하고, 그 제한을 결합시키는 「내용-제한」의 구조가 「보호영역-정당화」의 구조보다 더 안정적이고 타당하다(이론의 안정성과 타당성).

기본권의 내용과 보호영역

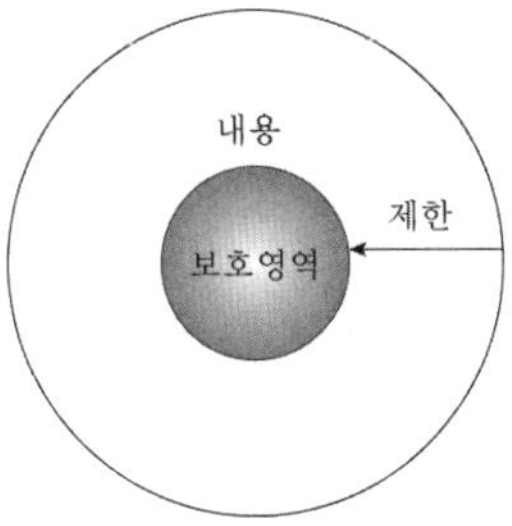

제 2 절 기본권 제한의 목적

[145] 제1 헌법의 규정

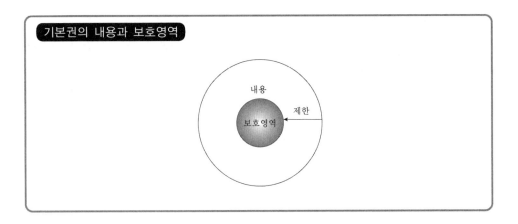

기본권의 보장에는 원칙적으로 제한이 따르지 않기 때문에 기본권을 제한하는 경우에는 반드시 그 제한을 정당화시키는 목적이 필요하다. 우리 헌법은 기본권의 제한에 있어서 그 형식상 헌법에 의한 제한, 법률에 의한 제한, 국가긴급권에 의한 제한 등으로 나누어 정하고 있는데, 각 경우에 그 목적을 명시하고 있다.

헌법은 기본권을 보장하면서 동시에 이에 대한 제한의 목적을 직접 정하고 있는 경우가 있다. 정당의 설립과 활동의 자유를 보장하면서 이를 제한하는 경우에는 「민주적 기본질서」를 보호·유지하기 위한 목적이 있어야 한다(헌법 §8④). 언론·출판의 자유를 보장하면서 이를 제한하는 경우에는 「타인의 명예」, 「타인의 권리」, 「공중도덕」, 「사회윤리」를 보호하기 위한 목적이 있어야 하는데(헌법 §21④), 헌법의 규정구조상 헌법 제37조 제2항의 기본권 제한의 목적에 포함되는 내용이다. 언론·출판의 자유는 헌법 제21조 제4항에서 정하고 있는 목적에 한정되는 것이 아니라 헌법 제37조 제2항에서 정하고 있는 목적에 의해 제한될 수 있다(예: 大 1999. 12. 28.-99도4027; 1999. 10. 8.-99도2437). 재산권을 보장하면서 공용수용·공용사용·공용제한의 방식으로 재산권을 제한하는 경우에는 「공공필요」라는 목적이 있어야 한다(헌법 §23③).

헌법은 이와 같이 헌법규정에서 직접 정하고 있는 이외에, 일반적으로 기본권을 법률로써 제한할 수 있도록 정하고 있다. 즉 국회로 하여금 국민의 기본권을 제한할 수 있게 하는 것인데, 헌법 제37조 제2항이 그 조항이다. 법률에 의해 일반적으로 기본권을 제한하는 경우에는 「국가안전보장」, 「질서유지」, 「공공복리」라는 목적이 존재해야 한다. 헌법의 개별 규정에서 법률로써 특정의 기본권을 제한할 수 있다고 정하면서 그 목적을 명시하지 않은 경우(예: 헌법 §33③)에는 헌법 제37조 제2항에서 정하는 목적이 존재할 때만 해당 기본권을 제한할 수 있다.

국가긴급권에 의해 기본권을 제한하는 경우에도 목적이 존재해야 한다. 긴급재정·경제처분이나 긴급재정·경제명령에 의해 기본권을 제한하는 경우에는 「국가안전보장」, 「공공의 안녕질서」를 유지하기 위한 목적이 있어야 하고(헌법 §76①), 비상계엄이 선포된 때 특별조치에 의해 영장제도, 언론·출판·집회·결사의 자유를 제한하는 경우에는 비상계엄을 선포하여 달성하고자 하는 목적, 즉 국가비상사태에 있어서 병력으로써 응할 「군사상의 필요」나 「공공의 안녕질서」를 유지할 필요라는 목적이 존재해야 한다(헌법 §77③,①).

[146] 제2 목 적

기본권을 제한하는 경우 이를 정당화하는 목적을 헌법이 개별적으로 정하고 있는 경우에 대해서는 해당 부분을 설명할 때 같이 설명하기로 하고, 여기서는 기본권 제한의 가장 일반적인 경우인 헌법 제37조 제2항에 의거한 법률에 의한 기본권의 제한에서 요구되는 목적에 대하여 상론하기로 한다. 물론 헌법 제33조 제3항과 같이 헌법의 개별 규정에서 법률에 의하여 기본권의 특정한 내용을 제한할 수 있다고 정하고 있는 경우에도 헌법 제37조 제2항의 법리가 적용된다.

헌법 제37조 제2항에 의거하여 법률로써 기본권을 제한하는 경우에는 그 제한의 목적이 국가안전보장, 질서유지, 공공복리 가운데 어느 하나 또는 복수의 것에 해당하여야 한다. 헌법 제37조 제2항에 명시된 이런 세 가지 가치 이외에는 어떠한 목적을 위해서도 기본권을 제한할 수 없다.

Ⅰ. 국가안전보장

헌법 제37조 제2항에서 정하고 있는 국가안전보장이란 대한민국이라는 국가의 독립과 영토의 보전, 헌법과 법률 등 법규범의 효력 유지, 헌법에 의해 설치된 국가기관의 유지 등 국가의 안전을 확보하는 것과 동시에 사회영역도 포함하는 공동체의 안전을 확보하는 것을 말한다.

> [憲 1992.2.25.-89헌가104] 「헌법 제37조 제2항에서 기본권 제한의 근거로 제시하고 있는 국가의 안전보장의 개념은 국가의 존립·헌법의 기본질서의 유지 등을 포함하는 개

념으로서 결국 국가의 독립, 영토의 보전, 헌법과 법률의 기능, 헌법에 의하여 설치된 국가기관의 유지 등의 의미로 이해될 수 있을 것이다.」

헌법은 국민의 기본권을 보장하는 동시에 공동체의 존속과 유지도 보호하고 있으므로 국가의 안전(national security)을 보장하는 것은 헌법의 본질적 보장사항에 속한다. 헌법이 국가안전보장을 기본권 제한의 목적으로 명시적 규정으로 정하고 있지 않더라도 이러한 가치는 기본권 제한의 목적에 당연히 해당한다. 이런 경우에 국가안전보장이라는 가치는 헌법해석상 질서유지나 공공복리의 개념에 포함되는 것으로 해석될 것이다. 예컨대 우리 헌법의 개정사에서 기본권 제한의 목적으로 질서유지와 공공복리 이외에 명시적으로 국가안전보장이 추가된 것은 1972년헌법부터라고 하더라도 그 이전의 헌법들에서 국가안전보장이라는 가치는 질서유지나 공공복리에 포함되어 있었던 것이다. 국민의 기본권도 공동체의 안전이 보장될 때 비로소 충분히 보장되고 실현할 수 있으므로 기본권의 보장과 국가안전보장은 서로 충돌하는 가치가 아니다. 다만, 개인의 기본권을 최대한으로 보장하려고 하는 경우나 현실에서 특별한 사정이 발생하여 기본권의 보장이 일정한 부분에서 국가안전보장이라는 가치와 충돌하는 경우에는 국가의 안전을 보호하기 위하여 국민의 기본권을 제한할 수 있다. 국가안전을 보호하기 위하여 기본권을 제한하는 법률로는 형법, 군형법, 국가보안법, 「군사기밀 보호법」, 통신비밀보호법 등이 있다.

II. 질서유지

헌법 제37조 제2항에서 정하고 있는 질서유지란 공동체가 존속하고 유지하며, 그 공동체 속에서 구성원들이 평화롭고 안전하게 살 수 있도록 하는 질서를 유지하는 것을 말한다. 여기에서 「질서」란 헌법이 정하고 있는 질서를 포함하여 공동체의 구성원들이 행복을 추구하며 삶을 영위하는데 필요한 가치를 유지하고 보호하기 위한 모든 질서를 말한다. 현대 법치국가에서 이러한 질서는 대부분 법질서로 구현되어 있다. 질서유지를 위하여 기본권을 제한하는 법률로는 형사법, 각종 질서행정법, 경제관련법, 환경관련법 등이 있다. 예컨대 형법, 「집회 및 시위에 관한 법률」, 도로교통법, 「경찰관 직무집행법」, 「경범죄 처벌법」, 「화염병 사용 등의 처벌에 관한 법률」, 「성매매방지 및 피해자보호 등에 관한 법률」, 「독점규제 및 공정거래에 관한 법률」, 공직선거법, 수상레저안전법, 출입국관리법, 항공법, 해운법 등이 이에 해당한다.

Ⅲ. 공공복리

헌법 제37조 제2항에서 정하고 있는 공공복리란 개인의 수준을 넘어 공동체 내의 구성원 전체의 삶을 위한 이익을 말한다. 이에는 경제, 사회, 문화, 건강, 환경, 복지 등 각종 영역에 있어서 개인의 수준이 아니라 국민 전체의 수준에서 이익이 되는 가치가 해당한다.

공동체 내의 생활에서 개개인의 복리가 충족되고 이러한 개개인의 복리가 서로 충돌되지 않으면 따로 공공복리라는 것이 존재하지 않는다. 개개인의 복리가 전체적으로 공공복리와 공동선을 형성하기 때문이다. 그러나 공동체의 생활에서는 개개인의 삶이 충분히 보장됨과 동시에 이러한 개개인이 서로 공존하고 상생하는 것이 필요하고, 이러한 공존과 상생을 실현하기 위한 이익이나 가치들이 개개인이 확보하고 있는 기본권을 일정한 정도로 제한해서만 획득할 수 있을 때는 개인의 기본권을 제한해서라도 이러한 공공복리를 추구할 수밖에 없다. 물론 개인의 기본권을 제한하지 않고 공공복리를 실현할 수 있는 경우에는 공공복리를 이유로 기본권을 제한할 수는 없다.

공공복리를 위하여 기본권을 제한하는 법률은 매우 많다. 예컨대 「독점규제 및 공정거래에 관한 법률」, 문화재보호법, 식품위생법, 각종 조세법 등이 이에 해당한다.

Ⅳ. 재산권 제한의 경우

(1) 헌법 제23조 제3항의 「공공필요」

헌법 제23조는 제1항에서 재산권을 보장하면서 동시에 제2항에서 재산권의 행사는 공공복리에 적합하도록 행사하여야 한다고 정하고, 제3항에서는 공공필요에 의한 재산권의 수용·사용·제한은 법률로써 할 수 있도록 정하고 있다. 문제는 헌법 제23조 제3항에서 정하고 있는 「공공필요」라는 개념이 헌법 제37조 제2항에서 기본권 제한의 목적으로 정하고 있는 「국가안전보장」, 「질서유지」, 「공공복리」와 어떤 관계에 있는가 하는 점이다. 국가안전보장을 위하여 군사적인 목적에서도 개인의 재산권을 수용·사용·제한할 수 있으므로 헌법 제23조 제3항에서 정하고 있는 「공공필요」라는 개념은 위의 「국가안전보장」, 「질서유지」, 「공공복리」를 모두 포함하는 넓은 개념이라고 할 것이다([277] I (1)(b)).

(2) 국·공유화와 징발

국방상 또는 국민경제상 긴절한 필요가 인정되는 경우에는 법률로써 사영기업을 국유 또는 공유로 이전하거나 그 경영을 통제 또는 관리할 수 있는데, 이는 헌법 제126

조에 의한 것이고 헌법 제23조 제3항에 의한 것이 아니다. 물론 이런 경우에도 헌법상의 법치주의에 근거한 과잉제한금지원칙이 적용된다. 징발법(제정 1963. 5. 1. 법률 1336호)을 정하여 전시·사변 또는 이에 준하는 비상사태하에서 군작전수행을 위하여 필요로 하는 토지·물자와 시설 또는 권리를 징발할 수 있게 하는 것은 헌법 제23조 제3항에 의한 것이 아니라, 헌법 제37조 제2항에 의한 것이다. 징발의 경우에도 헌법 제23조 제3항에 비추어 징발물에 대한 보상을 하여야 한다. 보상여부, 보상의 종류, 보상의 대상이 되는 징발목적물의 선정 등은 기본적으로 국회의 입법형성의 자유에 속하는 사항이다. 다만, 그 보상여부와 보상 수준의 타당성을 판단하는 데에는 과잉제한금지원칙이 고려된다.

[147] 제3 목적에 대한 입증책임

기본권을 제한하는 법률의 헌법합치여부를 심판함에 있어서 기본권 제한의 목적이 존재하는가가 문제가 되는 경우에는 입법을 한 국가가 그러한 목적이 존재함을 설명하고 입증하여야 한다. 즉 목적에 대한 설명책임 또는 입증책임은 국가가 진다. 법률의 목적 규정을 두는 것만으로는 충분하지 않다. 통상 대부분의 법률에서는 입법의 목적 조항을 두고 있으므로, 국가는 해당 법률에서 적시한 입법목적이 타당함을 논증해야 한다.

입법의 목적이 타당하며, 정당한 것인가 하는 문제를 논증하는 데는 자주 입법의 기초가 된 사실, 즉 입법사실이 문제가 된다. 위헌법률심판에서 심판대상인 법률의 목적의 정당성여부를 판단함에 있어 필요한 경우에는 헌법재판소는 입법사실에 대하여 조사할 수 있다(예: 憲 1994. 4. 28.-92헌가3).

[148] 제4 목적의 정당성 심사

입법의 목적이 타당하며, 정당한 것인가 하는 점은 헌법재판에서 심사의 대상으로 된다. 헌법재판소의 판례 가운데는 기본권 제한의 목적이 인정되지 않는다고 판시한 것이 있다. 헌법재판소는 검사의 청구에 의하여 법원이 의무적으로 궐석재판(闕席裁判)을 행하게 하고, 중형에 해당되는 사건에서 피고인에게 출석 기회조차 주지 아니한 채 궐석재판을 행하게 하는 것은 그 입법목적의 달성에 필요한 최소한의 범위를 넘어 피고인의 공정한 재판을 받을 권리를 과도하게 침해하는 것이라고 하였고(憲 1996. 1. 25.-95헌가5), 민법에서 동성동본간의 혼인을 금지하는 규정은 입법목적의 정당성이 인정되지 않는다고 하였으며(憲 1997. 7. 16.-95헌가6등), 혼인을 빙자하여 음행의 상습이 없는 여자를 속여 성행위를 한 행위를 형법상의 범죄로 처벌하는 것에 대해서도 입법목적의 정당성이 인정되지 않는다고 하였다(憲 2009. 11. 26.-2008헌바58). 또한 공인이 아니고 신원공개가 허용되는 예외적 사유가 없는 청구인에 대한 수사 장면의 공개 및 촬영은 이를 정당화할 만한 어떠한 공익 목적도 인정하기 어려우므로 촬영허용행위는 목적의 정당성 자체가 인정되지 아니한다(憲 2014. 3. 27.-2012헌마652).

[憲 1997.7.16.-95헌가6등] 「이 사건 법률조항은 헌법 제10조, 제11조 제1항, 제36조 제1항에 위반될 뿐만 아니라 그 입법목적이 이제는 혼인에 관한 국민의 자유와 권리를 제한할 "사회질서"나 "공공복리"에 해당될 수 없다는 점에서 헌법 제37조 제2항에도 위반된다 할 것이다.」

제 3 절 기본권 제한의 형식

[149] 제1 헌법에 의한 제한

Ⅰ. 의 의

헌법은 기본권의 제한에 대하여 해당 기본권을 보장하고 있는 조항에서 직접 정하기도 한다. 표현에 따라서는 이를 헌법직접적인 제한, 기본권 제한에 있어서 헌법유보, 기본권제한적 헌법유보라고 칭하기도 한다. 헌법에서 기본권을 직접 제한하는 경우에도 헌법이 그 구체적인 제한의 방법을 세밀하게 정하고 있지 않는 한, 통상 하위법률이 헌법의 이 제한규정을 다시 확인하여 이를 구체화한 형태로 제한을 하게 된다. 따라서 헌법의 직접적인 제한이 있어도 많은 경우에 법률이 이를 다시 확인하여 구체적인 내용을 정한다.

《헌법에 의한 기본권 제한의 방식》

헌법에서 기본권을 직접 제한하는 규정을 두는 경우에도 그 방식에 따라 일반적 조항으로 정하기도 하고, 개별 기본권을 정하고 있는 조항에서 그 제한을 정하기도 한다. 전자를 기본권 제한에 있어서 일반적 헌법유보라고 하고, 후자를 기본권 제한에 있어서 개별적 헌법유보라고 칭하기도 한다(권영성, 345). 예컨대 독일연방헌법 제2조 제1항에서 「누구든지 타인의 권리를 침해하지 아니하고, 헌법질서와 도덕률에 위반하지 아니하는 한 인격의 자유로운 발현권을 가진다」고 정하는 것과 같은 방식은 전자에 해당하고, 아래에서 보는 바와 같은 우리 헌법이 정하는 방식은 후자에 해당한다.

Ⅱ. 헌법 규정

헌법 제8조는 제1항과 제2항에서 정당의 설립과 활동의 자유를 보장하면서 제4항에서는 「정당의 목적이나 활동이 민주적 기본질서에 위배될 때」에는 해당 정당을 해산할 수 있도록 하여 정당의 활동에 대하여 제한을 하고 있다.

헌법 제23조는 제1항에서 재산권을 보장하면서 제2항에서 「재산권의 행사는 공공복리에 적합하도록 하여야 한다」라고 정하고 있는데, 이 제2항에 의하여 국가는 재산권에 대하여 보상이 없이 제약을 가할 수도 있다. 이 제2항은 재산권의 제한에 있어 제3항에서 정하고 있는 공용침해와 달리 보상이 따르지 않는 제약, 즉 「사회기속」(社會羈束 Sozialbindung)의 근거로 작용하기도 한다.

헌법 제29조는 제1항에서 공무원의 직무상의 불법행위로 인한 손해에 대하여 국민에게 손해배상청구권을 보장하면서 제2항에서는 군인 · 군무원 · 경찰공무원 기타 법률이 정하는 자가 전투 · 훈련 등 직무수행과 관련하여 손해를 받은 경우에는 그 손해에 대하여 법률이 정하는 보상을 청구할 수는 있지만, 국가 또는 공공단체에게 배상을 청구할 수는 없다고 정하여 손해배상청구권을 제한하고 있다.

헌법 제21조는 제1항에서 언론 · 출판의 자유를 보장하면서 제4항에서는 「언론 · 출판은 타인의 명예나 권리 또는 공중도덕이나 사회윤리를 침해하여서는 아니 된다」라고 제한하고 있다. 이를 기본권 제한에 있어 헌법직접적인 제한으로 볼 것인가에 대해서는 헌법해석상 논란이 있다. 제1설: 이를 헌법에 의한 언론 · 출판의 자유의 직접적 제한으로 본다(김철수a, 436). 제2설: 언론 · 출판의 자유는 헌법 제37조 제2항에 의해서도 제한할 수 있고, 그 이외에 헌법 제21조 제4항을 근거로 해서도 법률로써 제한할 수 있다고 보아, 이를 기본권 제한적 헌법유보로 보지 않고 기본권 제한에 있어서 개별적 가중법률유보로 본다. 다만, 이 경우에도 헌법 제21조 제4항의 사유는 헌법 제37조 제2항의 제한의 목적에 포함되기 때문에 실제에서는 경고적 또는 주의환기적인 의의를 가지는데 지나지 않는다고 본다(계희열b, 120). 언론 · 출판의 자유도 헌법 제37조 제2항에 의해서 제한되고, 헌법 제21조 제4항의 사유는 헌법 제37조 제2항의 기본권 제한 목적의 일부에 지나지 않기 때문에 헌법 제21조 제4항의 규정은 우리 헌법구조상 실제 헌법유보로서 기능하지 못한다. 즉 헌법 제21조 제4항은 언론 · 출판의 자유의 제한에서 헌법 제37조 제2항의 적용을 배제하는 것이 아니다. 따라서 기본권의 제한에서 일반적 법률유보의 방식을 취하는 한 헌법 제21조 제4항은 언론 · 출판의 자유의 한계를 강조하는 주의적인 규정에 지나지 않으므로 입법기술상 이런 형태의 규정은 삭제하는 것이 바람직하다.

Ⅲ. 한 계

헌법이 기본권의 제한에 대하여 직접 정하고 있는 경우에도 그 제한이 무한정으로 인정되는 것이 아니라 기본권 보장과 법치주의원리와 같은 헌법원리에 의거한 이념과 법리에 의해 한계가 설정된다. 따라서 하위법률이 기본권 제한의 헌법유보를 구체화하여 정하는 경우에도 헌법이 정하는 범위를 넘어설 수 없다.

[150] 제2 법률에 의한 제한

Ⅰ. 개 설

기본권이 헌법적 권리로서 실정헌법이 보장한다고 하더라도 이것은 개인의 무한정한 자유와 권리를 보장하는 것이 아니다. 공동체 내에서 살고 있는 개인의 삶은 본질적으로 공동체의 존속을 전제로 하여 다른 개인과 함께 존재할 수 있는 것이기 때문에 한 개인의 자유와 권리는 언제나 타인의 자유와 권리와 어떤 관계를 형성한다. 따라서 개인의 자유와 권리라고 하더라도 기본적으로 공동체의 존속과 다른 개인의 행복추구와 조화되어야 하고, 그런 범위 내에서 이는 언제나 제한될 수 있는 가능성이 존재한다. 공동체 내의 개인은 타인과 조화로운 생활을 하는 가운데서만 행복을 추구할 수 있기 때문이다.

기본권을 보장하면서도 기본권의 보장에 따르는 이러한 법리를 실현하기 위하여 기본권을 제한하는데, 법률이라는 수단을 통하여 기본권을 제한하는 경우를 법률에 의한 기본권의 제한, 즉 기본권제한적 법률유보의 방식이라고 한다.

《법률에 의한 기본권 제한의 방식》

기본권을 제한하는 것을 헌법이 직접 정하지 않고 이를 법률에 맡겨두어 입법자로 하여금 이에 대한 구체적인 내용을 정하게 하는 것이 법률에 의한 기본권의 제한이다. '법률에 맡긴다'고 하는 의미를 「법률유보」(法律留保 Gesetzesvorbehalt)라는 용어로 표시하기 때문에 이를 「기본권제한적 법률유보」(基本權制限的 法律留保)라고 하기도 한다. 이러한 기본권제한적 법률유보에도 그 방식에 따라, 헌법의 개별 기본권을 보장하는 각각의 조항에서 법률로써 제한할 수 있음을 개별적으로 판단하여 그 여부를 명시하기도 하고, 개별 기본권을 보장하는 헌법조항에서는 그 제한에 대하여 정하지 않고 독립된 별개 헌법조항에서 법률로써 모든 기본권을 제한할 수 있다는 것을 일률적으로 정하기도 한다. 기본권제한적 법률유보의 방식에 있어서 전자의 방식을 「개별적 법률유보」(個別的 法律留保)라고 하고, 후자의 방식을 「일반적 법률유보」(一般的 法律留保)라고 한다. 법률에 의한 기본권의 제한에 있어, 예컨대 독일연방헌법은 개별적 법률유보의 방식을 취하고 있고, 우리 헌법은 일반적 법률유보의 방식을 취하고 있다. 개별적 법률유보의 방식을 취하는 경우에도 기본권제한적 법률유보가 없는 기본권에 대하여 법률로써 제한할 수 없는 것이 아니다. 독일에서는 기본권제한적 법률유보가 없는 기본권을 이른바 '절대적 기본권'이라고 개념화하면서도, 이를 법률로써 제한할 수 있게 하는 정당화의 법리를 찾아내기 위하여 「기본권의 내재적 한계」(immanente Grundrechtsschranke)라는 개념을 만들어 내고, '3한계이론', '개념내재적 한계이론', '국가공동체유보이론', '규범조화적 한계이론' 등과 같이 이에 관한 이론구성을 모색하였다. 이에 반하여 우리 헌법과 같이 일반적 법률유보의 방식을 취하는 경우에는 모든 기본권을 법률로써 제한할 수 있으므로 「기본권의 내재적 한계」라는 개념은 필요 없고 이에 관한 이론도 우리 헌법의 해석에는 적용할 여지가 없다(정종섭c, 69. 동지: 계희열b, 133; 홍성방, 321). 개념상 이런 개별적 법률유보와 일반적 법률유보도 각각 헌법에서 법률유보의 특정한 요건을 정하지 아니하는 「단순법률유보」(單純法律留保)와 헌법이 특정한 요건을 정하여 그러한 요건하에서만 법률로서 기본권을 제한할 수 있도록 하는 「가중법률유보」(加重法律留保)로 구분하기도 한다(계희열b, 136). 단순법률유보의 방식은 입법자의 권한남용과 이에 따른 기본권의 침해 가능성을 높일 위험이 있다. 이러한 구분에 따르면, 헌법 제37조 제2항은 기본권 제한에 있어 일반적 법률유보에 해당하면서 동시에 가중법률유보의 방식에 해당한다. 즉 「일반적 가중법률유보」(一般的 加重法律留保)의 방식에 해당한다.

기본권을 제한하는 법률은 그 형태에 있어 독립된 단행법률(單行法律) 그 자체가 기본권을 제한하는 법률인 경우도 있고, 단행법률상의 개별규정이 기본권을 제한하는 것인 경우도 있다. 후자의 경우에는 하나의 단행법률에 기본권을 제한하는 규정과 기본권을 구체화하거나 형성하는 규정이 공존하게 된다.

II. 헌법 규정

헌법 제37조 제2항은 「국민의 모든 자유와 권리는 국가안전보장 · 질서유지 또는 공공복리를 위하여 필요한 경우에 한하여 법률로써 제한할 수 있으며, 제한하는 경우에도 자유와 권리의 본질적인 내용을 침해할 수 없다」라고 정하고 있다. 헌법이라는 것이 본질적으로 공동체와 공동체 내에서 살고 있는 구성원을 전제로 하여서만 성립할 수 있으므로, 어떤 헌법이든 공동체에서 살고 있는 구성원의 자유와 권리를 일차적으로 보장하면서도 이런 자유와 권리는 공동체의 존속과 타인과 함께 살아가는 삶을 전제로 하여 각종의 조항들을 정할 수밖에 없다.

헌법 제37조 제2항은 기본권의 제한에 대하여 필요적으로 요구되는 요건들을 정하고 있다. 따라서 이 조항은 법률로써 기본권을 제한할 수 있다는 헌법적인 근거가 되는 규정인 동시에 제한하는 경우에도 헌법이 정하는 요건을 충족시켜야 하며, 이런 요건을 충족시키지 않는 제한은 헌법에 위반된다고 하는 제한의 한계를 정하고 있는 규정이다.

III. 기본권제한적 법률

헌법 제37조 제2항에 따라 기본권을 법률로써 제한한다고 할 때, 그 「법률」이란 국회가 제정하거나 개정한 법률을 의미하고(국회입법의 독점), 기본권을 제한하는 규정이 국민 일반에 적용되고(법률의 일반성), 명확한 것이어야 한다(법률의 명확성).

(1) 국회입법의 법률

헌법 제37조 제2항에서 정하고 있는 기본권을 제한하는 법률은 국회가 제정하거나 개정하는 법률을 말한다. 따라서 다른 어떤 국가기관도 법률이라는 형식을 가지고 기본권을 제한할 수 없다. 기본권을 법률로써 제한하는 경우 국회가 입법하는 법률로써만 제한할 수 있도록 한 것은 국민주권원리의 요청에 따라 민주적 정당성을 확보하고 있는 국민대표기관인 국회만이 국민의 기본권을 제한할 수 있게 한 것이다.

이러한 기본권제한적 법률유보에 있어서 국회입법의 독점은 법규범의 구조상 법률보다 하위의 법규범(법규명령, 조례)에 국회가 기본권 제한의 구체적인 내용을 위임하는 것을 금지하는 것은 아니다. 기본권제한적 법률의 경우에도 그 구체적인 실행에서는 하위의 명령이나 조례에 위임하는 경우가 발생한다. 그래서 헌법 제75조도 「대통령은 법률에서 구체적으로 범위를 정하여 위임받은 사항과 법률을 집행하기 위하여 필요한 사항에 관하여 대통령령을 발할 수 있다」라고 정하여 위임의 헌법적 근거를 마련하고 있으며, 제95조에서는 총리령과 부령에 위임할 수 있음을 정하고 있다.

그러나 이러한 위임의 경우에도 국회입법독점의 법리가 부정되거나 훼손되어서는 안 된다. 만일 국회가 기본권 제한의 법률의 중요한 내용을 모두 하위 법규범에 위임을 하면 법을 집행하는 권한만 가지는 행정부가 사실상 국민의 기본권을 제한하는 결과를 가져와 국민주권원리를 부정하는 결론에 도달한다. 따라서 국회가 행하는 하위 법규범으로의 위임에는 당연히 한계가 있을 수밖에 없다. 백지위임은 인정되지 않으며, 개별적·구체적인 위임만 인정된다. 헌법재판소의 판례도 같은 취지이다(예: 憲 1995. 11. 30.-91헌바1등; 1995. 11. 30.-94헌바40등; 1998. 3. 26.-96헌바57; 2001. 8. 30.-99헌바90).

> [憲 2001.8.30.-99헌바90] 「위임입법에 있어서 일반적·포괄적 위임은 사실상 입법권의 백지위임과 다를 바 없다. 따라서 이를 허용하면 의회입법의 원칙이나 법치주의를 부인하는 셈이 되고, 또 행정권의 자의로 말미암아 기본권이 침해될 위험이 있다. 그러므로 헌법 제75조는 위임입법에 있어서는 반드시 "구체적으로 범위를 정하여" 위임하도록 규정함으로써 개별적·구체적 위임만이 허용되고, 일반적·포괄적 위임은 허용될 수 없음을 밝히고 있다.」

이러한 위임의 한계에 대해서는 법률이 정하는 내용의 본질적이고 중요한 사항은 반드시 국회가 법률에 직접 유보하여 정해야 하며 이를 하위 법규범에 위임할 수 없다는 것이 판례(예: 憲 1995. 5. 27.-98헌바70)와 통설의 견해이다(중요사항유보설=본질성이론=의회유보이론). 그런데 구체적인 경우에 과연 무엇이 해당 법률의 본질적이고 중요한 사항인가 하는 것은 해당 법률이 규율하는 개별적이고 구체적인 사안에 비추어 결정한다([77] II; [516] I (2)). 헌법재판소의 판례도 같은 취지이다(예: 憲 1995. 7. 21.-94헌마125; 1995. 11. 30.-91헌바1등; 1995. 11. 30.-94헌바40등; 1996. 10. 31.-93헌바14; 1998. 11. 26.-97헌바31). 예컨대 법률에 의한 처벌법규의 위임의 경우에 범죄의 구성요건은 법률에서 처벌대상행위가 어떠한 것일 것이라고 예측할 수 있을 정도로 구체적으로 정하고 형벌의 종류 및 그 상한과 폭을 명백히 규정하여야 한다. 헌법재판소의 판례도 같은 취지이다(예: 憲 1991. 7. 8.-91헌가4; 1994. 6. 30.-93헌가15등; 1995. 10. 26.-93헌바62; 1997. 5. 29.-94헌바22; 1997. 9. 25.-96헌가16; 2000. 2. 24.-98헌바94; 2000. 7. 20.-99헌가15). 법률로 규율하고자 하는 대상이 기본권적 중요성을 가질수록 그리고 그에 관한 공개적 토론의 필요성 내지 상충하는 이익간 조정의 필요성이 클수록, 국회의 법률에 의해 직접 규율될 필요성과 그 규율밀도의 요구정도는 그만큼 더 증대된다(예: 憲 2004. 3. 25.-2001헌마882; 2009. 10. 29.-2007헌바63).

[憲 1998.11.26.-97헌바31] 「헌법 제75조는 "대통령은 법률에서 구체적으로 범위를 정하여 위임받은 사항……에 관하여 대통령령을 발할 수 있다"고 규정하여 위임입법의 헌법상 근거를 마련하는 한편 대통령령으로 입법할 수 있는 사항을 "법률에서 구체적으로 범위를 정하여 위임받은 사항"으로 한정함으로써 일반적이고 포괄적인 위임입법은 허용되지 않는다는 것을 명백히 하고 있는데, 이는 국민주권주의, 권력분립주의 및 법치주의를 기본원리로 하고 있는 우리 헌법하에서 국민의 헌법상 기본권 및 기본의무와 관련된 중요한 사항 내지 본질적인 내용에 대한 정책형성기능은 원칙적으로 주권자인 국민에 의하여 선출된 대표자들로 구성되는 입법부가 담당하여 법률의 형식으로써 이를 수행하여야 하고, 이와 같이 입법화된 정책을 집행하거나 적용함을 임무로 하는 행정부나 사법부에 그 기능을 넘겨서는 아니 되기 때문이다.」

[憲 2000.7.20.-99헌가15] 「법률에 의한 처벌법규의 위임은, 헌법이 특히 인권을 최대한 보장하기 위하여 죄형법정주의와 적법절차를 규정하고 법률에 의한 처벌을 강조하고 있는 기본권보장 우위사상에 비추어 바람직하지 못한 일이므로, 그 요건과 범위가 보다 엄격하게 제한적으로 적용되어야 한다. 일반적으로 헌법에 의하여 위임입법이 용인되는 한계인, 법률에서 구체적으로 범위를 정하여 위임받은 사항이라 함은 법률에 이미 하위법령으로 규정될 내용 및 범위의 기본사항이 구체적으로 규정되어 있어서 누구라도 당해 법률로부터 하위법령에 규정될 내용의 대강을 예측할 수 있어야 한다는 것을 의미한다. 위임입법의 위와 같은 구체성 내지 예측가능성의 요구정도는 문제된 그 법률이 의도하는 규제대상의 종류와 성질에 따라 달라질 것임은 물론이고, 그 예측가능성의 유무를 판단함에 있어서는 당해 특정 조항 하나만을 가지고 판단할 것이 아니라 관련 법조항 전체를 유기적·체계적으로 종합 판단하여야 하며, 각 대상법률의 성질에 따라 구체적·개별적으로 검토하여야 한다. 특히 처벌법규에 관하여는 앞에서 본 바와 같이 그 요건과 범위가 보다 엄격하게 제한적으로 적용되어야 하는 것이므로, 처벌법규의 위임은 특히 긴급한 필요가 있거나 미리 법률로써 자세히 정할 수 없는 부득이한 사정이 있는 경우에 한정되어야 하며 이러한 경우일지라도 법률에서 범죄의 구성요건은 처벌대상행위가 어떠한 것일 것이라고 예측할 수 있을 정도로 구체적으로 정하고 형벌의 종류 및 그 상한과 폭을 명백히 규정하여야 한다.」

[憲 2009.10.29.-2007헌바63] 「국회의 입법절차는 국민의 대표로 구성된 다원적 인적 구성의 합의체에서 공개적 토론을 통하여 국민의 다양한 견해와 이익을 인식하고 교량하여 공동체의 중요한 의사결정을 하는 과정이며, 일반국민과 야당의 비판을 허용하고 그들의 참여가능성을 개방하고 있다는 점에서 전문관료들만에 의하여 이루어지는 행정입법절차와는 달리 공익의 발견과 상충하는 이익간의 정당한 조정에 보다 적합한 민주

적 과정이다. 이러한 견지에서, 규율대상이 기본권적 중요성을 가질수록 그리고 그에 관한 공개적 토론의 필요성 내지 상충하는 이익간 조정의 필요성이 클수록, 그것이 국회의 법률에 의해 직접 규율될 필요성 및 그 규율밀도의 요구정도는 그만큼 더 증대되는 것으로 보아야 한다.」

기본권제한적 법률유보의 헌법합치여부의 심사에서 헌법재판소는 이러한 국회입법독점의 여부를 심사하는데, 먼저 국회가 해당 법률을 제정하거나 개정하였는가를 심사하고, 그 다음 국회가 입법을 한 경우에도 하위 법규범으로의 위임이 있는 경우에는 위임의 한계를 일탈하였는지의 여부를 심사한다. 법률에 의한 기본권의 제한에 있어 기본권제한적 법률이 그 위임의 한계를 일탈한 경우에는 헌법 제37조 제2항에서 정하는 「법률에 의한 기본권의 제한」에 해당하지 아니하여 위헌으로 된다.

⑵ 법률의 일반성

헌법 제37조 제2항에 의하여 기본권을 제한하는 법률은 원칙적으로 모든 국민에게 동일한 사항 모두에 적용되는 것이어야 한다. 이를 법률의 일반성 또는 추상성이라고 하는데, 법의 일반성원칙에 근거하고 있다([76] II (3)). 이러한 일반성은 평등원칙(헌법 §11①)에 기초하고 있기 때문에 어느 누구도 동일한 상황에서 다른 사람이 당하지 않는 기본권의 제한을 자기만 당해야 할 이유는 없다.

그러나 기본권의 제한은 그것이 사람에 대한 것이든 사항에 대한 것이든 제한되는 것을 기준으로 보면, 제한을 받지 않는 것과 비교하여 개별적이고 구체적이다. 따라서 기본권의 제한에 있어 일반성의 문제는 결국 평등원칙 또는 평등권의 침해여부의 문제로 귀착한다. 기본권의 제한이 특정의 제한적인 사람을 대상으로 하거나 사항을 대상으로 하거나 간에 이러한 차별을 정당화할 수 있으면 이는 헌법이 요구하는 법률의 일반성의 법리에서도 허용된다. 예외적으로 개별적 법률과 처분적 법률이 허용되는 범위 내에서는 이런 법률에 의해서도 기본권을 제한할 수 있다([76] II (3)(b)).

⑶ 법률의 명확성

(a) 의 의

헌법 제37조 제2항에 의하여 법률로써 기본권을 제한하는 경우에 그 법률은 적용을 받는 국민이 그 내용을 분명히 이해할 수 있도록 명확하여야 한다. 이를 법률의 명확성의 원칙이라고 한다. 법률의 명확성은 법의 명확성원칙에 따라 법률에 의한 기본권의 제한에서도 요구되는 것이다([76] II (2)).

(b) 근 거

이런 법률의 명확성은 법치주의원리에 포함되어 있는 것인데, 법률이 명확하여야 법률의 적용을 받는 국민이 미래에 대한 예측이 가능하고, 그러한 예측가능성 속에서 법적 안정성이 확보된다. 법률이 명확하지 않을 때는 예측가능성이 확보되지 않기 때문에 국민의 생활에서 법적 안정성이 보장되지 않고, 국가권력의 자의적인 법해석과 법집행을 통제할 수 없어 결국 법률이라는 이름하에 국가권력의 자의적인 지배를 형식적으로 합법화시켜 주는 결과를 가져온다. 이는 법률실증주의의 가장 잘못된 상태를 방치하는 것이고, 법률이라는 형식으로 불법을 방치하는 것이기도 하다. 따라서 법률의 명확성은 법치주의의 개념본질적인 요소이다. 법률의 명확성은 특히 기본권을 제한하는 법률의 경우에 엄격하게 요구되는 원칙이다.

법률의 명확성은 기본권을 제한하는 법률의 헌법합치여부를 심사할 때 독자적인 심사기준이 된다. 따라서 법률의 명확성은 과잉제한금지원칙의 한 요소가 아니고, 그 자체가 법치주의에서 도출되는 원칙이다(동지: 계희열b, 45). 따라서 기본권을 제한하는 법률이 명확하지 못한 때에는 헌법상의 법치주의에서 도출되는 법률의 명확성의 원칙에 위반하여 위헌이 된다.

헌법재판소는 기본권을 제한하는 법률에 요구되는 명확성의 원칙을 법치주의의 한 표현이라고 본다(예: 憲 2001. 10. 25.-2001헌바9; 2002. 1. 31.-2000헌가8; 2010. 12. 28.-2008헌바157).

> [憲 2002. 1. 31.-2000헌가8] 「법치국가원리의 한 표현인 명확성의 원칙은 기본적으로 모든 기본권제한 입법에 대하여 요구된다. 규범의 의미내용으로부터 무엇이 금지되는 행위이고 무엇이 허용되는 행위인지를 수범자가 알 수 없다면 법적 안정성과 예측가능성은 확보될 수 없게 될 것이고, 또한 법집행 당국에 의한 자의적 집행을 가능하게 할 것이기 때문이다.」

(c) 정 도

법률의 명확성이 요구되는 경우에도 그 명확성이 어느 정도를 유지해야 명확성의 요청에 부합한다고 할 것인가는 개개의 구체적인 사안의 성질에 따라 달라질 수 있다. 기본권을 제한하는 경우에 요구되는 명확성의 정도는 기본권을 구체화하거나 국민에게 혜택을 주는 급부적 법률인 경우와 비교하여 더욱 엄격할 수밖에 없다. 그리고 법률로써 기본권을 제한하는 경우에도 형벌이라는 수단을 통하여 제한하는 경우에는 그렇지 아니한 경우보다 명확성이 더 엄격하게 요구된다(예: 憲 2001. 6. 28.-99헌바34; 2000. 2. 24.-98헌바37). 범죄와 형벌에 관한 법률의 명확성을 죄형법정주의의 구성요소의 하나로 요구하는 것도 바로 이런 이유 때문이다. 기본권을 제한하는 법률이 형사법인 경우에 위헌여부심판의 기준은 '법률의 명확성'이 아니라 죄형법정주의의 구성요소인 '명확성원칙'이다.

헌법재판소도 명확성의 정도는 개개의 법률이나 법조항의 성격에 따라 차이가 있을 수 있으며 각각의 구성요건의 특수성과 그러한 법률이 제정되게 된 배경이나 상황에 따라 달라질 수 있다고 본다(예: 憲 1992. 2. 25.-89헌가104; 2001. 6. 28.-99헌바34; 2001. 10. 25.-2001헌바9; 2002. 1. 31.-2000헌가8).

[憲 2001.6.28.-99헌바34] 「죄형법정주의가 지배되는 형사관련 법률에서는 명확성의 정도가 강화되어 더 엄격한 기준이 적용된다(죄형법정주의상의 명확성 원칙). 그러나 일반적인 법률에서는 명확성의 정도가 그리 강하게 요구되지 않기 때문에 상대적으로 완화된 기준이 적용된다(일반적 명확성 원칙).」

[憲 2002.1.31.-2000헌가8] 「명확성의 원칙은 모든 법률에 있어서 동일한 정도로 요구되는 것은 아니고 개개의 법률이나 법조항의 성격에 따라 요구되는 정도에 차이가 있을 수 있으며 각각의 구성요건의 특수성과 그러한 법률이 제정되게 된 배경이나 상황에 따라 달라질 수 있다. 이러한 명확성의 원칙을 산술적으로 엄격히 관철하도록 요구하는 것은 입법기술상 불가능하거나 현저히 곤란하므로 어느 정도의 보편적 내지 일반적 개념의 용어사용은 부득이 하다고 할 수밖에 없으며, 당해 법률이 제정된 목적과 타 규범과의 연관성을 고려하여 합리적인 해석이 가능한지의 여부에 따라 명확성의 구비여부가 가려져야 한다. 또한 처벌법규의 구성요건이 다소 광범위하여 어떤 범위에서는 법관의 보충적인 해석을 필요로 하는 개념을 사용하였다고 하더라도 그 점만으로 헌법이 요구하는 명확성의 원칙에 반드시 배치되는 것이라고 볼 수 없다.」

헌법재판소는 죄형법정주의에서 파생되는 명확성의 원칙은 입법자의 입법의도가 건전한 일반상식을 가진 자에 의하여 일의적으로 파악될 수 있는 정도의 것을 의미하는 것이므로 다소 광범위하고 어느 정도의 범위에서 법관의 보충적인 해석을 필요로 하는 개념을 사용하여 규정하였다고 하더라도 그 적용단계에서 다의적으로 해석될 우려가 없는 이상 명확성의 원칙에 배치되지 않는다고 본다([198]II). 건전한 상식과 통상적인 법감정을 가진 사람이 보아 그 법률의 규정이 적용대상자가 누구이며 구체적으로 어떠한 행위가 금지되고 있는지를 충분히 알 수 있는 것이면 죄형법정주의의 명확성의 원칙에 위배되지 않는다고 본다(예: 憲 1989. 12. 22.-88헌가13; 1994. 7. 29.-93헌가4등; 1996. 12. 26.-93헌바65; 2001. 10. 25.-2001헌바9; 2001. 12. 20.-2001헌가6등; 2002. 1. 31.-2000헌가8).

[憲 2001.10.25.-2001헌바9] 「당해 법률조항의 입법취지, 같은 법률의 다른 규정들과의 상호관계를 고려하거나 이미 확립된 판례를 통한 해석방법을 통하여 그 규정의 해석 및 적용에 대한 신뢰성이 있는 원칙을 도출할 수 있어서 법률조항의 취지를 예측할 수 있는 정도의 내용이라면 그 범위 내에서 명확성의 원칙은 유지되고 있다고 보아야 할 것이고, 법관의 보충적인 가치판단을 통한 법문의 해석으로 그 의미내용을 확인해낼 수 있고, 그러한 보충적 해석이 해석자의 개인적인 취향에 따라 좌우될 가능성이 없다면

명확성의 원칙에 반한다고 할 수 없을 것이다.」
[憲 2001.12.20.-2001헌가6등] 「죄형법정주의에서 파생되는 명확성의 원칙은 누구나 법률이 처벌하고자 하는 행위가 무엇이며 그에 대한 형벌이 어떠한 것인지를 예견할 수 있고 그에 따라 자신의 행위를 결정지울 수 있도록 구성요건이 명확할 것을 의미하는 것이다. 여기서 구성요건이 명확하여야 한다는 것은 그 법률을 적용하는 단계에서 가치판단을 전혀 배제한 무색투명한 서술적 개념으로 규정되어져야 한다는 것을 의미하는 것은 아니고 입법자의 입법의도가 건전한 일반상식을 가진 자에 의하여 일의적으로 파악될 수 있는 정도의 것을 의미하는 것이라고 할 것이다. 따라서 다소 광범위하고 어느 정도의 범위에서는 법관의 보충적인 해석을 필요로 하는 개념을 사용하여 규정하였다고 하더라도 그 적용단계에서 다의적으로 해석될 우려가 없는 이상 그 점만으로 헌법이 요구하는 명확성의 요구에 배치된다고는 보기 어렵다 할 것이다.」

[151] 제3 국가긴급권에 의한 제한

헌법의 규정에 따르면 기본권은 국가긴급권에 의해서도 제한될 수 있다. 헌법상태가 정상적인 상태가 아니라 비상적인 상태에서는 이를 극복하기 위해 필요한 범위 내에서는 국민의 기본권이 제한될 수 있다. 헌법상 이러한 국가긴급권에 의한 기본권의 제한은 긴급재정·경제명령에 의한 제한, 긴급명령에 의한 제한, 비상계엄에 의한 제한으로 나누어진다.

Ⅰ. 긴급재정·경제명령, 긴급명령에 의한 제한

헌법 제76조 제1항은 「대통령은 내우·외환·천재·지변 또는 중대한 재정·경제상의 위기에 있어서 국가의 안전보장 또는 공공의 안녕질서를 유지하기 위하여 긴급한 조치가 필요하고 국회의 집회를 기다릴 여유가 없을 때에 한하여 최소한으로 필요한 재정·경제상의 처분을 하거나 이에 관하여 법률의 효력을 가지는 명령을 발할 수 있다」라고 정하여 대통령이 긴급재정·경제상의 처분이나 명령을 발할 수 있다고 정하고 있고, 헌법 제76조 제2항은 「대통령은 국가의 안위에 관계되는 중대한 교전상태에 있어서 국가를 보위하기 위하여 긴급한 조치가 필요하고 국회의 집회가 불가능한 때에 한하여 법률의 효력을 가지는 명령을 발할 수 있다」라고 하여 대통령이 긴급명령을 발할 수 있다고 정하고 있다.

이러한 대통령의 긴급명령이나 긴급재정·경제명령은 법률의 효력을 가지는데, 그 결과 이런 명령으로 기존의 법률을 폐지하거나 개정할 수 있다(헌법 §76④). 대통령의 긴급명령이나 긴급재정·경제명령이 이와 같은 효력을 가진다면, 헌법 제37조 제2항에 비추어 볼 때, 이런 긴급명령이나 긴급재정·경제명령에 의해서도 기본권을 제한할 수 있다고 할 것이다. 긴급명령과 긴급재정·경제명령의 성질에 비추어 볼 때, 긴급명령으로는 국민의 모든 활동영역에서 기본권을 제한할 수 있으나, 긴급재정·경제명령으로는 재정 또는 경제활동의 영역과 관련된 기본권에 한하여 제한할 수 있다고 할 것이다(동지: 계희열b, 153).

대통령의 긴급명령이나 긴급재정·경제명령에 의해 기본권을 제한하는 경우에도 헌법 제37조 제2항이 정하는 과잉제한금지원칙과 기본권의 본질적 내용침해금지원칙이 적용된다(예: 憲 1996. 2. 29.-93헌마186).

헌법재판소의 판례 중에는 긴급재정경제명령이 헌법 제76조가 정하고 있는 요건과 한계에 부합하는 것이라면 그것으로 목적의 정당성, 수단의 적정성, 피해의 최소성, 법익의 균형성이라는 기본권제한의 한계로서의 과잉금지원칙에 어긋나지 않는다는 취지로 판시한 것이 있다(예: 憲 1996. 2. 29.-93헌마186).

II. 비상계엄에 의한 제한

헌법 제77조 제1항은 「대통령은 전시·사변 또는 이에 준하는 국가비상사태에 있어서 병력으로써 군사상의 필요에 응하거나 공공의 안녕질서를 유지할 필요가 있을 때에는 법률이 정하는 바에 의하여 계엄을 선포할 수 있다」고 정하고 있다.

헌법 제77조 제3항은 「비상계엄이 선포된 때에는 법률이 정하는 바에 의하여 영장제도, 언론·출판·집회·결사의 자유, 정부나 법원의 권한에 관하여 특별한 조치를 할 수 있다」고 하여, 계엄 가운데서도 특히 비상계엄의 경우에는 국민의 기본권 가운데 영장제도, 언론·출판·집회·결사의 자유, 정부와 법원의 권한과 관련한 기본권(예컨대 통상의 법원에 의해 재판을 받을 권리, 정부에 접근할 권리 등)에 관하여 특별한 조치를 할 수 있다고 정하고 있다. 따라서 이러한 비상계엄에 근거한 특별조치로 위에서 열거된 기본권을 제한할 수 있다. 다만, 이러한 특별한 조치는 법률에 근거를 두어야 하는데, 계엄법이 이에 해당한다. 계엄법 제9조 제1항은 「비상계엄지역에서 계엄사령관은 군사상 필요할 때에는 체포·구금·압수·수색·거주·이전·언론·출판·집회·결사 또는 단체행동에 대하여 특별한 조치를 할 수 있다. 이 경우에 계엄사령관은 그 조치내용을 미리 공고하여야 한다」고 정하고 있다.

계엄법 제9조 제1항의 문언이 헌법 제77조 제3항의 문언과 일치하지 않은 점과 관련하여 위헌설과 합헌설이 대립하고 있다([517]Ⅲ(3)(a)).

비상계엄하에서는 일정한 범죄의 경우 군사법원에서 재판을 할 수 있으며, 비상계엄지역에 법원이 없거나 해당 관할법원과의 교통이 차단된 경우에는 모든 형사사건에 대한 재판은 군사법원이 행한다(계엄법 §10①,②). 계엄법의 이러한 조항은 헌법 제77조 제3항에 따른 것이다. 헌법은 따로 일정한 범죄의 경우 비상계엄시 사형선고를 제외하고는 단심으로 재판할 수 있게 정하고 있다(헌법 §110④). 비상계엄하의 기본권 제한조치는 비상계엄이 해제되면 평상 상태로 복귀하며(계엄법 §12), 이는 헌법의 규범력과 국가긴급권의 법리상 당연하다.

> 계엄법은 비상계엄의 지역 내에서 계엄사령관으로 하여금 징발법이 정하는 바에 의한 동원, 징발을 할 수 있게 하고 있고, 필요한 경우에는 군수에 공할 물품의 조사, 등록과 반출금지를 할 수 있게 하고 있다. 또 작전상 부득이한 경우에는 국민의 재산을 파괴 또는 소훼할 수 있게 하되, 이 경우에는 그로 인하여 발생한 손해에 대하여 정당한 보상을 하도록 하고 있다(계엄법 §9 ②,③, ④, §9의2, §9의3).

[152] 제4 국제법규에 의한 제한

조약 등 국제법규가 기본권을 제한할 수 있는가? 국제법규에 따라서는 조약당사국의 국민에게 일정한 범위에서 영업이나 거래활동을 제한하거나 자국의 법원에서 재판을 받을 권리 등을 제한할 수 있다. 이런 경우 해당 조약 당사국의 국민은 기본권의 제한을 받게 되는데, 이런 경우에도 조약으로부터 바로 당사국의 국민의 기본권을 제한하는 효력이 발생하는 것은 아니고, 당사국의 법률이 국제법규를 수용하여 국내법으로 전환하였을 때, 비로소 기본권 제한의 효력이 발생한다고 할 것이다. 이 때의 법률은 헌법 제37조 제2항에서 정하고 있는 법률을 의미한다.

제 4 절 기본권 제한의 한계

기본권을 법률로써 제한하는 경우에도 무한정으로 제한할 수 있는 것이 아니라, 입법자가 지켜야 할 한계가 있다. 이를 기본권 제한의 한계(Schranken-Schranken)라고 한다. 기본권을 제한함에 있어서는 개별 기본권의 특성에 따라 제한과 그 한계에서 차이가 있지만(예: 헌법 §23③), 공통적으로 요구되는 것은 기본권의 제한이 비례관념에서 과잉제한에 해당되는 것이어서는 안 되고, 기본권의 본질적인 내용을 침해하는 것이 되어서도 안 된다는 점이다. 이는 기본권 제한의 정당화에 있어 실질적 요건에 해당한다.

헌법 제37조 제2항은 「국민의 모든 자유와 권리는……필요한 경우에 한하여 법률로써 제한할 수 있으며, 제한하는 경우에도 자유와 권리의 본질적인 내용을 침해할 수 없다」라고 정하고 있다.

[153] 제1 과잉제한금지원칙

Ⅰ. 개 념

과잉제한금지의 원칙(Grundsatz der Übermaßerbot)이란 국가권력은 정당한 목적을 달성하기 위하여 필요한 범위 내에서만 행사되어야 한다는 내용을 가진 법원리로서 광의의 비례원칙(Grundsatz der Verhältnismäßgkeit)이라고도 한다. 이는 국가에 의한 기본권의 제한에 있어서도 국가에게 일반적으로 적용되는 원칙인데, 비례원칙에서 요구되는 과잉제한의 금지가 기본권의 제한에서 구체화되어 나타난 것이다. 기본권의 제한에 적용되는 과잉제한금지원칙은 기본권의 제한이 비례원칙에 합치하여야 할 것을 말한다. 이는 형식원리로서의 성질을 지니기 때문에 구체적인 사안에서의 적용에 따라 구체화된 내용을 담게 된다.

Ⅱ. 헌법적 근거

과잉제한금지원칙은 법원칙인 비례원칙의 표현으로서, 국가행위는 적정한 수준을 넘어 과도한 것이어서는 안 된다는 것을 말한다. 헌법에서는 법치주의와 헌법 제37조 제2항에서 그 근거를 찾을 수 있다.

일반적 법원칙으로서의 비례원칙은 헌법상의 법치주의에서 나오는 것이므로 법치주의원리가 그 근거가 된다. 이런 법원칙으로서의 비례원칙은 비단 기본권의 제한에만 적용되는 것이 아니라, 국가의 급부작용 등과 같이 모든 국가작용에 적용된다. 국민에 대한 국가의 침해적 작용에서는 「과잉제한금지원칙」으로 작용하고, 국민에 대한 급부적 작용에서는 「과소급부금지원칙」 또는 「과잉급부금지원칙」으로 작용한다. 다만, 과잉임을 판단하는 기준은 제한적 작용에서는 더 정밀하고 엄격하고, 급부적 작용에서는 상대적으로 덜 엄격한 양상을 띠게 된다.

헌법의 규정으로 볼 때, 기본권의 제한에 있어서 과잉제한금지원칙을 인정할 수 있는 근거는 헌법상의 법치주의 이외에 헌법 제37조 제2항에서 찾을 수 있고, 그 구체적인 문언은 「필요한 경우에 한하여」라는 표현이다. 여기서 말하는 「필요한 경우에 한하여」라는 의미에는 과잉제한금지원칙의 부분원칙 모두가 포함된다(예: 계희열b, 154).

헌법재판소는 과잉제한금지원칙의 근거를 헌법상의 법치주의와 헌법 제37조 제2항에서 찾고 있다(예: 憲 1990. 9. 3.-89헌가95).

[憲 1990.9.3.-89헌가95] 「과잉금지의 원칙이라는 것은……이러한 요구는 오늘날 법치국가의 원리에서 당연히 추출되는 확고한 원칙으로서 부동의 위치를 점하고 있으며, 헌법 제37조 제2항에서도 이러한 취지의 규정을 두고 있는 것이다.」

남아프리카공화국헌법은 헌법적 권리의 제한에서 과잉제한금지원칙을 상세히 명시적으로 정하고 있다. 동헌법 제36조 제1항은 「권리장전(the Bill of Rights)상의 권리는 일반적으로 적용되는 법(law)으로써만 제한할 수 있으며, 그 제한은 인간의 존엄, 평등, 자유에 바탕을 두는 민주적이고 열린 사회에서 합리적이고(reasonable) 정당한(justifiable) 것이어야 하고, 권리의 성질, 제한의 목적의 중요성, 제한의 성질과 정도, 제한과 그 제한의 목적간의 관계, 목적을 달성할 수 있는 수단 가운데 보다 덜 제한적인 수단일 것을 포함한 모든 관련된 요소들을 고려한 것이어야 한다」라고 정하고 있다. 미합중국연방헌법에서는 과잉제한금지원칙은 헌법상의 적법절차에 포함되는 절차적 적법절차(procedural due process of law)의 내용으로 인정되고 있다.

Ⅲ. 내 용

기본권의 제한에 있어서 적용되는 과잉제한금지원칙 또는 비례원칙은 정밀하고 엄격한 부분원칙으로 구성되는데, 적합성의 원칙, 필요성의 원칙, 비례성의 원칙의 3가지 부분원칙이 그것이다. 이러한 부분원칙은 과잉제한금지원칙의 충족여부를 심사함에 있어서 적합성, 필요성, 비례성의 단계로 순차적으로 나아가는 구조상의 서열을 지니고 있다. 즉 목적을 실현함에 있어서 수단이 첫 단계에서 적합성을 충족하는가를 살피고, 이것이 충족되면 그 다음 단계로 필요성을 충족하는가를 살피고, 이 요건을 역시 충족하면 마지막 단계로 비례성을 충족하는가를 살핀다. 이러한 3가지 가운데 어느 하나의 원칙에 위반되면 과잉제한금지원칙에 위반되어 헌법에 위반하는 것으로 된다.

헌법재판소의 판례와 일부 학설에 의하면, 기본권제한적 법률의 「목적의 정당성」을 과잉제한금지원칙에 포함시키고 있으나 엄격하게 말하면 이는 잘못된 것이다. 과잉제한금지원칙은 기본권제한적 법률의 방법적 한계를 심사하는 기준이고, 기본권 제한의 목적은 헌법이 명시하고 있는 목적이 존재할 것을 요구하는 것이기 때문이다.

(1) 적합성의 원칙

적합성(適合性 Geeignetheit)의 원칙은 기본권 제한의 수단 또는 방법이 기본권 제한의 목적을 실현하는데 있어 성질상 적합하여야 한다는 원칙을 말한다. 목적과 수단간의 적합성을 의미한다. 이를 표현에 따라 「방법의 적절성 또는 수단의 상당성」(예: 憲 1995. 4. 20.-92헌바29) 또는 「수단의 적합성」(예: 憲 1996. 6. 26.-96헌마200)이라고 하기도 한다. 헌법재판소가 기본권 제한의 법률이 적합성의 원칙을 충족시키는가를 심사함에 있어서는 기본권제한적 법률이 정하고 있는 제한의 수단이나 방법이 기본권 제한의 목적을 실현시킴에 있어 전혀 적합하지 않거나 사안의 성질상 연관성이 전혀 없어 채택할 수 없는 것인 경우에 과잉제한금지원칙에 위반된다는 결정을 한다.

기본권 제한의 수단이나 방법이 기본권 제한의 목적에 적합하여야 한다는 것은 그 수단이나 방법이 기본권의 제한을 통하여 달성하고자 하는 목적을 완전히 실현시킬 수 있는 것이어야 하는 것은 아니다. 기본권 제한의 수단이나 방법이 기본권 제한의 목적을 실현시키는데 부분적으로 기여하는 것이어도 된다. 그리고 이러한 수단이 목적을 달성시키는 유일무이한 것일 필요는 없다(예: 憲 1989. 12. 22.-88헌가13). 따라서 적합성의 원칙을 충족시키는가의 여부를 심사함에 있어서는 명백히 적합하지 않은 수단이나 방법인 경우 이외에는 대부분 적합성의 원칙을 충족한 것으로 본다.

헌법재판소는 피고인의 신병확보 또는 부당한 보석허가결정의 시정을 도모한다는 이유로 법원의 보석결정에 대하여 검사에게 즉시 석방을 할 수 없게 하는 즉시항고를 허용하는 것(예: 憲 1993. 12. 23.-93헌가2), 복수의 축산업협동조합간의 경쟁에 따른 폐단을 방지하여 양축인의 자주적 협동조합을 육성하고 축산업의 진흥과 구성원의 경제적·사회적 지위향상을 도모한다는 이유로 복수의 조합설립과 가입을 금지시키는 것(예: 憲 1996. 4. 25.-92헌바47), 제대군인에게 공무원 채용시험에서 가산점을 주는 것(예: 憲 1999. 12. 23.-98헌마363), 수사목적을 달성하기 위하여 군사법경찰로 하여금 1차에 한하여 구속기간을 연장할 수 있게 하는 것(예: 憲 2003. 11. 27.-2002헌마193), 변호사시험 성적의 비공개(憲 2015. 6. 25.-2011헌마769 등)는 적합성의 원칙에 위반된다고 판시하였다. 「형의 집행 및 수용자의 처우에 관한 법률 시행규칙」에서 소송사건의 대리인인 변호사가 수형자를 접견하고자 하는 경우 소송계속 사실을 소명할 수 있는 자료를 제출하도록 규정하는 것은 소송이 계속된 경우에는 '변호인접견'을 할 수 있는 반면 소송계속이 있지 않은 경우에는 변호사라고 하더라도 '일반접견'을 하게 하기 때문에 수형자의 변호인접견권의 보장에서 미흡하고 접견권의 남용을 통제하기 위한 방법으로는 사후적 제재가 있기 때문에 사전에 변호사에게 소송계속이 없는 수형자를 접견함에 있어 이러한 제한을 가하는 것은 접견권 남용을 통제하기 위한 수단으로서 적합성을 가지지 못하는 것이라고 판시하였다(憲 2021. 10. 28.-2018헌마60).

(2) **필요성의 원칙**

필요성(必要性 Erforderlichkeit, Notwendigkeit)의 원칙은 기본권 제한의 수단 또는 방법이 여러 개 있고, 그것들이 기본권 제한의 목적을 똑같이 실현할 수 있으면, 국회는 그 가운데에서 기본권을 최소로 제한하는 수단이나 방법을 선택하여야 한다는 원칙을 말한다. 기본권의 제한에서도 그 목적을 달성할 수 있는 한 기본권의 주체에게는 최소의 피해만 인정하자는 것이다. 이를 표현에 따라 「피해의 최소성」(예: 憲 2005. 5. 26.-2004헌마49) 또는 「최소침해성」(예: 憲 2005. 4. 28.-2004헌바65)이라고 하기도 한다.

기본권을 제한하는 다양한 여러 개의 수단이나 방법이 존재하는 경우에 어느 것이 기본권의 주체에게 최소의 피해를 가져오는가를 판단함에 있어서는 입법자의 판단이 개입한다. 기본권 제한의 수단이나 방법 가운데는 기본권 제한의 목적을 동일한 수준에서 실현시키는 것도 있고, 더 나은 수준에서 실현시키는 것도 있으므로 우선 기본권 제한의 목적이 어느 수준에서 달성되어야 하는가를 먼저 설정하여야 한다. 그 다음에는 이러한 수준의 목적을 달성할 수 있는 여러 수단이나 방법 가운데 어느 것이 최소의 피해를 가져오는가를 판단하여야 한다.

그런데 무엇이 최소의 피해인가를 판단하는 것은 쉽지 않다. 복수의 수단이나 방법이 동일한 목적의 달성에 기여하기는 하지만, 그것이 가져오는 피해의 성질이 다르고 (예컨대 정신적 피해, 경제적 피해, 문화적 피해) 서로간에 있어서 무게의 차이가 명백하지 않아 형량이 쉽지 않은 경우에는 최소의 피해를 판단하는 것이 어렵다. 따라서 필요성의 원칙에서도 그 위반여부가 명백하지 않은 이상, 이런 경우에 있어서 기본권 제한의 수단이나 방법의 선택은 국회의 법형성의 자유에 속하는 것으로 인정한다. 따라서 여러 수단이나 방법간에 최소의 피해를 가져오는가를 객관적으로 측정하는 것이 가능하고, 이런 상태에서 국회가 기본권제한적 입법을 하면서 이를 위반한 것이 명백한 경우에 필요성의 원칙을 위반한 것으로 본다.

헌법재판소는 기본권 제한의 법률이 적합성의 원칙을 충족시켰을 때, 비로소 그 다음의 단계인 제2단계에서 필요성의 원칙을 충족시키는가의 여부를 심사한다.

(3) 비례성의 원칙

비례성(比例性 Verhältnismäßgkeit)의 원칙은 기본권 제한의 수단 또는 방법이 적합성의 원칙과 필요성의 원칙을 충족시키는 것이라고 하더라도 그 제한을 받는 기본권의 주체가 이를 수인할 수 없을 정도의 것이어서는 안 된다는 원칙을 말한다. 이는 특정의 기본권 주체가 가지는 기본권을 제한하여 얻고자 하는 이익(=기본권 제한의 목적)이 일반적인 이익라고 하더라도 기본권의 제한을 통하여 기본권의 주체가 입는 피해와 비교하여 보다 크거나 균형을 이루어야 한다는 것을 의미한다. 이를 표현에 따라 「상당성의 원칙」, 「협의의 비례원칙」, 「수인가능성의 원칙」, 「법익균형성의 원칙」(예: 憲 2005. 3. 31.-2001헌바87)이라고 하기도 한다. 과잉제한금지원칙을 「광의의 비례원칙」이라고 지칭하는 것과 비교하여 비례성의 원칙을 「협의의 비례원칙」이라고 칭하기도 한다.

수인가능성이란 기본권 제한의 목적을 달성함에 있어서 수단이나 방법이 적합하고 여러 수단이나 방법 가운데 최소의 피해를 가져오는 것이라고 하더라도 기본권의 제한을 받는 특정의 기본권 주체가 이를 감당할 수 없는 정도의 불합리한 것이라면 아무리 기본권의 제한으로 얻고자 하는 일반적인 이익(=기본권 제한의 목적)이 존재하더라도 비례원칙이라는 법원칙상 이런 기본권의 제한은 허용되지 않는다는 것을 의미한다. 수인가능성이 없는 수단을 허용하는 것은 사실상 특정의 기본권 주체에게 해당 기본권을 부정하는 것과 다름없기 때문이다.

과잉제한금지원칙의 심사에서 비례성의 원칙은 과잉제한금지원칙의 3개 부분원칙들 가운데 최후의 단계인 제3단계에서 심사한다. 그런데 수인가능여부의 판단은 특정 상황에 놓인 특정의 기본권 주체를 기준으로 판단하는 규범적인 성질의 것이기 때문에 판단의 객관적인 기준을 찾기가 쉽지 않다(적합성과 필요성의 판단은 사실적·경험적 성질을 지닌다). 기본권제한적 법률이 비례성의 원칙을 충족하였는가를 판단함에 있어서는 국민의 기본권 제한을 통하여 달성하고자 하는 국가안전보장, 질서유지, 공공복리라는 이익의 달성 정도와 해당 국민이 입는 피해의 정도를 형량하게 된다. 이에는 공익과 사익간의 형량, 서로 충돌하는 기본권간의 형량 등이 행해진다.

이런 내용의 과잉제한금지원칙의 개념과 적용은 독일연방헌법재판소에서 판례를 통하여 정립된 것이기도 하고, 우리 헌법재판소가 취하고 있는 것이기도 하다(예: 憲 1989. 12. 22.-88헌가13; 1990. 9. 3.-89헌가95; 1992. 12. 24.-92헌가8; 1994. 12. 29. -94헌마201; 1998. 5. 28.-95헌바18; 2000. 2. 24.-98헌바38등; 2000. 6. 1.-99헌가11등; 2000. 6. 1.-99헌마533).

[憲 1992.12.24.-92헌가8] 「국가작용 중 특히 입법작용에 있어서의 과잉입법금지의 원칙이라 함은 국가가 국민의 기본권을 제한하는 내용의 입법활동을 함에 있어서 준수하여야 할 기본원칙 내지 입법활동의 한계를 의미하는 것으로서, 국민의 기본권을 제한하려는 입법의 목적이 헌법 및 법률의 체제상 그 정당성이 인정되어야 하고(목적의 정당성), 그 목적의 달성을 위하여 그 방법이 효과적이고 적절하여야 하며(방법의 적정성), 입법권자가 선택한 기본권제한의 조치가 입법목적달성을 위하여 설사 적절하다 할지라도 보다 완화된 형태나 방법을 모색함으로써 기본권의 제한은 필요한 최소한도에 그치도록 하여야 하며(피해의 최소성), 그 입법에 의하여 보호하려는 공익과 침해되는 사익을 비교형량할 때 보호되는 공익이 더 커야 한다(법익의 균형성)는 법치국가의 원리에서 당연히 파생되는 헌법상의 기본원리의 하나인 비례의 원칙을 말하는 것이다. 이를 우리 헌법은 제37조 제1항에서 "국민의 자유와 권리는 헌법에 열거되지 아니한 이유로 경시되지 아니한다." 제2항에서 "국민의 모든 자유와 권리는 국가안전보장, 질서유지 또는 공공복리를 위하여 필요한 경우에 한하여 법률로써 제한할 수 있으며, 제한하는 경우에도 자유와 권리의 본질적인 내용을 침해할 수 없다"라고 선언하여 입법권의 한계로서 과잉입법금지의 원칙을 명문으로 인정하고 있으며 이에 대한 헌법위반여부의 판단은 헌법 제111조와 제107조에 의하여 헌법재판소에서 관장하도록 하고 있다.」

Ⅳ. 적 용

(1) 적용영역

(a) 헌법상 과잉제한금지원칙과 헌법 제37조 제2항의 과잉제한금지원칙

과잉제한금지원칙은 기본권을 제한하는 법률에 그 한계로 적용되는 것일 뿐 아니라, 법률, 명령, 조례에 의해 부여된 권리의 제한이나 의무의 부과에도 적용되는 법치주의의 일반적 원리이다. 따라서 과잉제한금지원칙은 지방자치단체를 포함하는 국가의 모든 작용에 적용되는 것이다. 이러한 점에서 헌법상의 과잉제한금지원칙은 모든 법영역에 적용되는 법치주의의 형식원리라고 할 수 있다. 그러한 가운데서 헌법 제37조 제2항은 법률로 기본권을 제한하는 경우에 과잉제한금지원칙이 적용되는 것을 정하고 있다.

(b) 개별 기본권영역과 과잉제한금지원칙의 적용

위와 같은 내용을 가지는 과잉제한금지원칙이 모든 기본권의 제한에 있어서 동일한 내용과 정도로 적용되는가 하는 문제가 있다.

통상 기본권을 제한하는 경우는 그 제한의 한계를 벗어나지 않으면 특별한 보상이 없이 기본권을 제한할 수 있다. 그런데 헌법 제23조 제3항에서 정하고 있는 바와 같이 재산권의 제한에서는 공용침해(공용수용, 공용사용, 공용제한)의 경우 보상이 요구되고, 직업의 자유의 경우에는 단계적인 심사기준(이른바 단계이론)이 적용되기도 하기 때문에 개별 기본권의 특성을 무시한 채 과잉제한금지원칙이 천편일률적으로 동일한 내용과 정도로 적용된다고 하기는 어렵다. 그러나 개별 기본권에 따라 그에 합당한 형태로의 변형은 있을지라도 과잉제한금지원칙은 법원칙으로서의 성질을 가지고 있기 때문에 그 기본법리는 기본권에 대한 제한이 가해지는 경우에는 모두 작용한다고 할 것이다.

(c) 입법형성의 자유와 과잉제한금지원칙

기본권을 제한하는 것이 법률이라는 입법권의 행사에 의하여 이루어지므로, 국회가 기본권을 제한함에 있어 입법형성의 자유, 즉 입법재량을 가지는 경우에는 과잉제한금지원칙은 적용되지 않는다. 국회가 헌법 제37조 제2항과 제23조 등에 근거하여 법률로 기본권을 제한하는 경우에 기본권 제한의 수단, 내용, 정도, 범위 등에서 형성의 자유를 가지는 경우는 민주주의에 근거하여 국민의 대표기관으로서 당연히 수행하여야 하는 기능과 역할에 해당하므로 이러한 입법형성의 자유영역은 헌법이 인정하고 있는 것이다. 따라서 기본권의 제한에서 국회의 입법형성의 자유가 인정되는 영역에서는 과잉제한금지원칙이 적용되지 않는다. 국회가 입법형성의 자유를 가지는 영역은 사항의 본질과 국회의 본래적 기능에 의하여 정해진다.

구체적인 사항에서 헌법재판소가 입법형성의 자유로 인정하고 있는 것의 예를 보면 다음과 같다.

(i) 범죄의 설정 및 법정형　　범죄의 설정 및 범죄에 대한 법정형의 종류와 범위를 선택하는 것은 입법자에게 광범위한 형성의 자유가 인정되는 영역이다(예: 憲 1992. 4. 28.-90헌바24; 1999. 5. 27.-98헌바26; 2002. 11. 29.-2001헌가16; 2006. 7. 27.-2004헌바77; 2007. 5. 31.-2005헌바108; 2007. 7. 26.-2006헌가9). 그러나 공직선거법이 공직선거에 있어서 소액의 기부를 받은 경우에 과태료를 그 가액의 50배로 산정하도록 정한 것은 책임원칙에 부합되지 않게 획일적이고 지나치게 과중하여 입법목적을 달성함에 필요한 정도를 일탈함으로써 과잉제한금지원칙에 위반된다고 판시하였다(憲 2009. 3. 26.-2007헌가22).

[憲 2007.7.26.-2006헌가9] 「어떤 행위를 범죄로 규정하고 이를 어떻게 처벌할 것인가 하는 문제 즉, 범죄의 설정과 법정형의 종류 및 범위의 선택은 행위의 사회적 악성과 범죄의 죄질 및 보호법익에 대한 고려뿐만 아니라 우리의 역사와 문화, 입법당시의 시대적 상황, 국민일반의 가치관과 법감정 그리고 범죄예방을 위한 형사정책적 측면 등 여러 가지 요소를 종합적으로 고려하여 입법자가 결정할 사항으로서 광범위한 입법재량이 인정되어야 할 분야이다. 따라서 어느 행위를 범죄로 규정하고 그 법정형을 정한 것이 그 범죄의 죄질 및 이에 따른 행위자의 책임에 비하여 지나치게 가혹한 것이어서 현저히 형벌체계상의 균형을 잃고 있다거나 그 범죄에 대한 형벌 본래의 목적과 기능을 달성함에 있어 필요한 정도를 일탈하는 등 헌법상의 평등의 원칙 및 비례의 원칙 등에 명백히 위배되는 경우가 아닌 한, 쉽사리 헌법에 위반된다고 단정하여서는 아니된다.」

(ii) 자격제도　　직업을 선택함에 있어 일정한 자격을 요구하는 것은 직업선택의 자유의 제한에 해당하는데, 자격제도에서 그 자격요건을 정함에 있어서는 입법자에게 광범위한 입법재량이 인정된다(예: 憲 1997. 4. 24.-95헌마273; 2000. 4. 27.-97헌바88; 2006. 4. 27.-2005헌마997; 2007. 5. 31.-2003헌마422)([271] I (2)).

[憲 2007.5.31.-2003헌마422] 「입법자는 일정한 전문분야에 관한 자격제도를 마련함에 있어서 그 제도를 마련한 목적을 고려하여 정책적인 판단에 따라 그 내용을 구성할 수 있고, 마련한 자격제도의 내용이 불합리하고 불공정하지 않은 한 입법자의 정책판단은 존중되어야 하며, 자격제도에서 입법자에게는 그 자격요건을 정함에 있어 광범위한 입법재량이 인정되는 만큼, 자격요건에 관한 법률조항은 합리적인 근거 없이 현저히 자의적인 경우에만 헌법에 위반된다고 할 수 있다.」

⑵ 과잉제한금지원칙과 평등원칙

헌법이 기본권이나 기타 권리를 제한하는 경우에 과잉제한금지원칙의 위반여부를 심사하는 기준과 평등원칙의 위반여부를 심사하는 기준이 동일한 것인지 다른 것인지 하는 점이 문제가 된다.

먼저 기본권의 성질상 헌법에서 「내용」이 확정되는 것인 경우(예: 자유권적 기본권)에는 그 내용이나 행사를 제한함에 있어 과잉제한금지원칙이 적용되지만, 헌법에서는 내용을 확정하지 않고 법률로 그 내용을 정하도록 하는 경우(예: 사회권적 기본권, 청구권적 기본권)에는 그 내용의 확정에 법익형량원칙이 적용되고 과잉제한금지원칙은 적용될 여지가 거의 없다. 다만 후자의 경우에도 해당 기본권의 「행사」를 제한하는 경우에는 과잉제한금지원칙이 적용된다.

과잉제한금지원칙은 권리의 제한이나 의무의 부과에 있어 비교대상이 존재하거나 존재하지 않는 경우에 공히 적용되는 것이고, 평등원칙은 비교대상이 존재할 때만 적용되는 것이다. 이 점에서는 적용영역이 동일하지 않다. 그런데 비교대상이 있는 경우에는 과잉제한금지원칙과 평등원칙이 문제가 되는데, i) 과잉제한금지원칙과 평등원칙에 모두 위반되는 경우에는 이를 모두 적용하여 위헌으로 판단하거나 어느 하나를 적용하여 위헌으로 판단한다. ii) 과잉제한금지원칙에는 위반되지 않지만 평등원칙에 위반되는 경우에는 평등원칙을 적용하고, 그 평등원칙을 적용하는 경우에 자의금지만 적용하는 경우(동등대우의 존재여부)에는 동일한 조건에서 차별하는가 여부만 판단하고, 차별판단에 비례성까지도 고려하여야 하는 경우(차별의 정도)에는 다단계적인 판단기준 가운데 선택한 심사기준을 적용한다. 과잉제한금지원칙의 내용을 이루는 필요성의 원칙과 비례성의 원칙은 비교대상의 존재여부와 관계없이 적용하는 것이고, 평등원칙에서의 비례성은 비교대상간에 차별여부를 판단하는 것이므로 그 기준이 동일한 것은 아니다.

헌법재판소의 판례 가운데는 평등원칙의 위반을 판단하면서 과잉제한금지원칙의 내용을 적용한 경우가 있다(예: 憲 1992. 6. 26. -91헌가8등).

(3) 형 량

과잉제한금지원칙을 적용함에 있어서는 구체적인 사안에서 이익의 형량이 따른다. 과잉제한금지원칙을 이루는 부분원칙을 단계적으로 적용할 때마다 목적과 수단간의 적합성, 기본권의 제한으로 얻는 이익과 피해간의 관계, 수인가능성의 판단 등에서 여러 이익들간의 형량이 따른다. 이러한 형량에서는 상당 부분이 입법자인 국회의 법형성의 자유에 속하므로 국회가 그 형량에서 명백하게 잘못을 저지른 경우를 제외하고는 통상의 경우 형량에서 잘못을 범하였다고 판단하기는 어렵다.

(4) 상황구속성

기본권을 제한하는 법률이 위헌이라고 하는 것에는 기본권을 전적으로 부정하는 것이어서 위헌인 경우도 있지만, 과잉제한금지원칙을 적용하는 경우와 같이 기본권을 제한하는 당시의 여건과 상황에 의해 위헌인 경우도 있다. 따라서 과잉제한금지원칙에 위반하여 위헌인 경우에는 이를 나누어 그 위헌의 성격을 이해할 필요가 있다. 과잉제한금지원칙을 적용하는 경우에는 이를 적용하는 당시의 구체적인 상황에 관계없이 과잉제한금지원칙에 위반되는 경우가 있다. 예컨대 대포로 참새를 잡는 것 같이 구체적인 상황에 관계없이 최소침해성에 위반되어 위헌이 되는 경우가 이에 해당한다. 이러한 경우에는 형식원리에 위반되어 위헌인 경우이지만 이는 기본권의 내용을 부정하여 위헌인 경우와 같이 구체적인 상황에 의해 위헌여부가 결정되는 것이 아니다.

그런데 과잉제한금지원칙이 적용되는 많은 경우에는 기본권을 제한하게 되는 구체적인 사회 여건과 상황에 의해 헌법위반여부가 결정된다. 이러한 경우는 과잉제한금지원칙을 적용하는 당시의 구체적인 현실적 여건과 상황에 따라 과잉제한금지원칙의 위반여부가 결정된다. 이 결과 어떤 나라에서는 이 원칙에 위반되지 않아 헌법에 합치한다고 판단한 법률의 규정이 다른 나라에서는 과잉제한금지원칙에 위반되어 헌법에 위반된다고 판단될 수 있다. 그리고 장기적으로 볼 때, 동일한 국가 내에서도 헌법이 적용되는 현실의 조건이 변화함에 따라 어느 시기에는 헌법에 합치한다고 판단한 결과가 다른 시기에는 헌법에 위반된다고 판단될 수 있는 여지도 있고, 그 반대의 경우도 있을 수 있다.

《위헌의 성격과 효력》

통상 헌법에 위반되는 국가행위 등은 효력을 가지지 못한다. 이런 위법성은 국가의 최고규범을 위반하기 때문에 무효이다. 그런데 이러한 경우에도 무효의 효력이 언제나 소급하여 처음부터 무효인가 하는 문제가 제기된다. 어떠한 행위가 어떤 구체적인 상황에서 당시의 현실적인 여건이나 사회적인 조건에 관계없이 위헌인 경우에는 위헌에 의한 무효는 처음부터 소급하여 무효이다. 그러나 어떠한 행위가 어떤 구체적인 상황에서 그 당시의 현실적인 여건이나 사회적인 조건에 비추어 볼 때 과잉금지원칙에 위반되고 그러한 상황이 아니라면 과잉금지원칙에 위반되지 않는 것이라면, 이때의 위헌여부는 구체적인 상황에 따라 결정되는 것이다. 따라서 현재의 상황에 비추어 볼 때는 위헌이지만 과거의 상황에 비추어 볼 때는 합헌이기 때문에 이러한 경우에 위헌이라서 무효라고 하더라도 이는 소급되지 않는다. 예컨대 과거에는 어떤 행위를 범죄로 하여 처벌하는 형벌에 관한 법률조항이 과잉제한금지원칙에 위반되지 않았지만, 현재에는 사회의 여건의 변화와 구체적인 상황의 변화로 인하여 이런 행위를 범죄로 하는 것이 과잉제한금지원칙의 최소침해성에 위반하는 것이 되는 경우에는 이것이 위헌으로 무효라고 하더라도 그 무효는 현재부터 무효이고 처음으로 소급되지 않는다. 과거에 이런 행위를 범죄화하여 형벌로 처벌한 것은 정당했기 때문이다. 구체적인 상황에 관계없이 언제나 위헌인 경우를 「절대적 위헌」이라고 한다면, 상황에 따라 위헌이 되기도 하고 합헌이 되기도 하는 경우의 위헌은 「상대적 위헌」이라고 할 수 있다. 절대적 위헌인 경우에는 소급하여 무효가 되지만, 상대적 위헌인 경우에는 현재부터 무효(향후효

(ex-nunc-Wirkung) 또는 미래효(ex-post-Wirkung) 포함)가 된다.

[154] 제2 본질적 내용의 침해금지

Ⅰ. 규정 및 연혁

기본권을 법률로 제한하는 경우에 비례원칙을 충족하여도 기본권의 「본질적 내용(Wesensgehalt)」을 침해하면 헌법에 위반된다. 헌법 제37조 제2항은 기본권을 「제한하는 경우에도 자유와 권리의 본질적인 내용을 침해할 수 없다」라고 명시적으로 정하여 기본권의 본질적 내용보호를 정하고 있다. 헌법에서 본질적 내용침해금지(本質的 內容侵害禁止)를 처음 명문화한 것은 1960년6월헌법인데, 1972년헌법에서 폐지되었다가 1980년헌법에서 다시 규정되었다.

> 기본권의 제한에서 본질적 내용을 침해할 수 없다고 하는 한계조항은 독일연방헌법 제19조 제2항에서 「기본권의 본질적 내용은 어떤 경우에도 침해되지 않는다」고 정하고 있는 기본권의 본질적 내용보호 규정을 수용한 것이다.

기본권을 제한하는 경우에도 기본권의 본질적인 내용을 침해할 수 없게 하는 것을 기본권의 제한에 있어서 내용상의 한계라고 하기도 한다. 이러한 기본권의 본질적 내용의 침해금지규정은 헌법의 효력상 당연히 인정된다. 헌법이 최고법이고 헌법에 기본권이 보장되어 있는 이상 헌법의 하위법인 법률로써 기본권을 부정하거나 제거할 수 없기 때문이다. 기본권의 제한에 있어서 이러한 본질적 내용의 침해금지는 헌법조항에서 명시적으로 정하든 정하지 않든 관계없이 헌법의 효력상 당연히 인정된다. 따라서 헌법 제37조 제2항의 규정과 같이 명문화하지 않더라도 당연히 인정되는 것이다. 이런 점에서 헌법 제37조 제2항의 본질적내용침해금지는 기본권의 헌법적 보장원리를 확인하고 선언하는 의미를 가진다.

Ⅱ. 내　　용

기본권의 제한에서 기본권의 본질적 내용을 침해할 수 없다고 정하더라도 과연 그 「본질적 내용」이 무엇인가 하는 문제에 대해 견해가 갈린다. 본질이라는 개념을 부정하는 견해에서부터 본질을 인정하되 그 개념이 절대적이라고 보는 견해(Theorie vom absoluten Wesensgehalt)와 상대적이라고 보는 견해(Theorie vom relativen Wesensgehalt)가 있다.

(1) 절 대 설

기본권의 내용 가운데는 어떤 경우에도 침해될 수 없는 핵심영역이 있다고 본다.

이는 기본권에 대한 제한이 있은 후에도 남아 있어야 할 부분으로서, 기본권의 제한이 허용되는 범위 밖에 있는 부분은 바로 이런 절대적인 영역이라고 본다. 본질적 내용을 기본권의 「본질을 이루는 핵심」, 「근본적인 실질」, 「최소한의 내용」, 「핵심 영역」이라고 표현하지만, 구체적으로 그에 해당하는 것이 무엇인지에 대해서는 답을 하지 않고 있다. 독일연방헌법재판소가 취하고 있는 태도이기도 하다.

헌법재판소는 기본권의 본질적 내용을 기본권의 핵이 되는 실질적 요소 또는 근본적 요소라고 하기도 하고, 그것이 침해되는 경우에는 기본권이 유명무실해지거나 형해화되는 경우라고 보기도 한다(예: 憲 1990. 9. 3.-89헌가95).

> [憲 1990.9.3.-89헌가95] 「재산권의 본질적인 내용이라는 것은 재산권의 핵이 되는 실질적 요소 내지 근본적 요소를 뜻하며, 재산권의 본질적인 내용을 침해하는 경우라고 하는 것은 그 침해로 인하여 사유재산권이 유명무실해지거나 형해화(形骸化)되어 헌법이 재산권을 보장하는 궁극적인 목적을 달성할 수 없게 되는 지경에 이르는 경우라고 할 것이다.」

(2) 상 대 설

기본권의 본질적 내용은 절대적으로 고정되어 있는 것이 아니라고 본다. 기본권은 이익형량을 통하여 제한할 수 있고, 이러한 이익형량에 따라 개별 기본권의 본질적 내용의 범위는 달라진다고 본다. 독일연방최고법원이 견지하고 있는 태도이기도 하다.

헌법재판소는 사형제도에 대하여 합헌이라고 판단하면서 이와 유사한 태도를 보인 적이 있다(예: 憲 1996. 11. 28.-95헌바1).

> [憲 1996.11.28.-95헌바1] 「생명권에 대한 제한은 곧 생명권의 완전한 박탈을 의미한다 할 것이므로, 사형이 비례의 원칙에 따라서 최소한 동등한 가치가 있는 다른 생명 또는 그에 못지 아니한 공공의 이익을 보호하기 위한 불가피성이 충족되는 예외적인 경우에만 적용되는 한, 그것이 비록 생명을 빼앗는 형벌이라 하더라도 헌법 제37조 제2항 단서에 위반되는 것으로 볼 수는 없다 할 것이다.」

(3) 부 정 설

본질이라는 개념부터 성립할 수 없다고 본다. 사물이든 일이든 이 세상에는 본질은 존재하지 않는다고 본다. 따라서 기본권의 경우에도 제한할 수 있고, 제한에서는 그 한계의 일탈여부만 문제가 되는 것이지, 본질적 영역이라는 것은 더 이상 문제가 될 수 없다고 본다.

(4) 사 견

기본권의 제한은 원칙적으로 과잉제한금지원칙이나 평등원칙 등과 같은 기본권의 제한의 한계를 정하는 원리를 일탈할 수 없고, 이 범위 내에서만 제한이 가능하다. 그리고 개별 기본권의 경우에 기본권으로 인정되는 이상 제한이 허용되는 범위 밖에 있는 영역은 기본권의 본질적인 핵심영역이다. 예건대 일정한 언어적인 표현행위에 대하여 제한하는 것은 허용되지만(예: 모욕죄, 명예훼손죄), 말을 절대적으로 할 수 없게 하는 것은 표현의 자유의 부정이다.

개념과 논리상으로는 절대적 내용이 존재한다고 할 수도 있으나, 구체적 기본권의 제한에서 보면 먼저 과잉제한금지원칙의 위반여부에 대한 심사가 있고, 그 다음에 본질적 내용침해여부에 대한 심사가 있게 되기 때문에, 본질적 내용은 과잉제한금지원칙에 따른 제한이 행해진 나머지 부분에 해당하는 영역이다. 개념상으로는 절대적 내용이라는 것이 성립하더라도 실제에서는 구체적 권리의 내용 중 본질적 영역과 비본질적 영역이 선험적으로 정해져 있는 것도 아니고 이를 구별하여 경계를 설정하는 것도 어려우므로 절대설을 지지하기는 어렵다고 할 것이다. 그런데 실제에서는 과잉제한금지원칙에 위반되지 않으면서 본질적 내용을 침해하는 경우는 존재하기 어렵기 때문에 거의 모든 문제는 과잉제한금지원칙위반여부의 문제로 처리되므로, 이런 논의는 별 실익이 없다고 보인다.

[155] 제3 기본권의 경합

Ⅰ. 개 념

기본권의 경합(基本權의 競合 Grundrechtskonkurrenz)이란 한 기본권의 주체가 하나의 사안에서 국가에 대하여 2 이상의 기본권의 적용을 주장하는 경우에 발생하는 국가에 대한 이들 기본권들의 관계를 말한다. 어떤 사건이나 상황에서 국가와 국민간에 기본권이 효력을 발하는 경우는 하나의 기본권이 작용하는 경우(예: 토지의 수용에서 재산권의 침해여부)도 있고 둘 이상의 기본권이 동시에 작용하는 경우(예: 강의실 내의 교수의 강제연행에서 학문의 자유와 신체활동의 자유의 침해여부)도 있는데, 후자의 경우가 기본권의 경합에 해당한다.

예컨대, 종교단체가 발행하는 종교신문을 폐간한 경우에는 종교의 자유와 언론의 자유에 대한 침해문제가 발생하고, 집회에 참석한 사람을 강제로 연행한 경우에는 집회의 자유와 신체의 자유에 대한 침해문제가 발생하며, 목사의 활동을 금지한 경우에는 직업의 자유와 종교의 자유에 대한 침해문제가 발생한다. 예술작품을 파괴한 경우에는 예술의 자유와 재산권에 대한 침해문제가 발생한다.

하나의 상황에서 여러 기본권이 문제가 되는 경우에도 그 사안의 성격상 어느 하나의 기본권이 나머지 기본권들에 대하여 특별법의 지위에 있는 경우에는 특별법의 지위에 있는 기본권만이 문제가 되므로 기본권의 경합은 발생하지 않는다. 또 여러 기본권이 각기 차례로 침해된 경우에는 각각의 경우에 해당 기본권이 차례로 침해된 것이므로 독립적인 기본권침해가 여러 번에 걸쳐 발생한 것이어서 기본권의 경합은 발생하지 않는다. 이를 「의사경합(擬似競合)=유사경합(類似競合)=부진정경합(不眞正競合)」(Scheinkonkurrenz)이라고 부르기도 하나, 기본권의 경합에 해당하지 않는다. 예컨대 예술적 수단을 사용한 상업광고의 행위에서는 영업의 자유는 주장할 수 있으나 예술의 자유를 주장할 수 없는 것이 이에 해당한다.

II. 발생영역

기본권의 경합이 주로 문제가 되는 경우는 기본권에 대하여 국가에 의한 침해 또는 제한이 가해지는 경우이다. 이러한 경우에 해당 사안의 성격상 어떤 하나의 기본권영역에 해당하는 경우에는 해당 기본권의 침해 또는 제한문제만 발생하므로 기본권의 경합이 문제가 되지 않으나, 해당 사안이 2 이상의 기본권영역에 해당하는 경우에는 어느 기본권을 기준으로 기본권의 침해 또는 제한을 판단하여야 하는가 하는 문제가 발생한다. 특히 경합하는 여러 기본권들에 대한 제한의 정도가 다른 경우에 어느 기본권을 기준으로 하는가에 따라 기본권의 침해여부가 달라지게 되므로 이는 기본권의 제한에서 중요한 의미를 가진다.

III. 문제의 해결방법

(1) 기본권의 경합과 유사경합의 구별

기본권의 경합이 문제가 되는 경우에는 무엇보다 먼저 이것이 기본권의 경합에 해당하는 것인지 아니면 유사경합에 해당하는 것인지를 구별하여 유사경합에 해당하는 것인 경우에는 기본권의 경합에 해당하지 않으므로 해당 기본권의 침해여부만 판단하면 된다.

헌법재판소는 공무원직에 관한 한 공무담임권은 직업의 자유에 우선하여 적용되는 특별법적 규정으로 후자의 적용은 배제된다고 판시하였다(憲 1999. 12. 23.-99헌마135등).

(2) 기본권의 경합문제 해결방법

(a) 이 론

해당 사안이 기본권의 경합에 해당하는 경우에는 이를 해결하는 방법에 있어 i) 기본권의 효력이 보다 약한(제한의 여지가 보다 더 강한) 기본권을 우선시켜야 한다고 하는 최약효력설(最弱效力說)과 ii) 기본권의 효력이 보다 강한(제한의 여지가 보다 더 약한) 기본권을 우선시켜야 한다고 하는 최강효력설(最强效力說)이 대립한다.

기본권이 경합하는 경우에는 i) 여러 기본권 가운데 문제가 된 해당 사안과 직접적으로 관련이 있는 기본권이 있는 경우에는 이 기본권을 우선적으로 적용하고, ii) 모든 기본권이 해당 사안과의 관련성에서 동일한 경우에는 그 효력이 가장 강력한(=제한이 가장 약한) 기본권을 적용하여 기본권의 보장을 보다 두텁게 하며, iii) 모든 기본권이 해당 사안과의 관련성에서도 동일할 뿐만 아니라 기본권의 효력에서도 동일한 경우에는 관련이 있는 기본권 모두를 동시에 적용하여야 할 것이다(동지: 권영성, 333; 계희열b, 120; 허영a, 263; 성낙인, 335).

(b) 판 례

헌법재판소의 결정 가운데는 기본권의 경합이 문제가 되는 상황에서는 모든 기본권을 망라하여 판단하는 태도를 보이고 있는 것이 적지 않지만, 기본적으로는 기본권의 침해가 경합하는 경우에는 기본권의 침해를 주장하는 자의 의도 및 기본권을 제한하는 입법자의 객관적 동기 등을 참작하여 사안과 가장 밀접한 관계에 있고 또 침해의 정도가 큰 주된 기본권을 중심으로 해서 그 제한의 한계를 따져 보아야 한다는 태도를 견지하고 있다(예: 憲 1998. 4. 30.-95헌가16; 2006. 2. 23.-2005헌마403; 2009. 5. 28.-2005헌바20; 2009. 10. 29.-2008헌바101). 예컨대 음란·저속물의 등록취소 사건에서 기본권이 경합하는 경우에는 기본권의 침해를 주장하는 제청신청인과 제청법원의 의도 및 기본권을 제한하는 입법자의 객관적인 동기 등을 참작하여 사안과 가장 밀접한 관계에 있고 또 침해의 정도가 큰 주된 기본권을 중심으로 해서 그 제한의 한계를 따져 보아야 할 것이라는 점을 전제로 하여, 제청신청인과 제청법원이 언론·출판의 자유의 침해를 주장하고 있고 입법의 1차적 의도도 출판내용을 규율하고자 하는데 있으며 규제수단도 언론·출판의 자유를 더 제약하는 것에 있다고 보아 언론·출판의 자유의 침해여부를 판단한 것(憲 1998. 4. 30.-95헌가16), 퇴직 경찰청장의 정당활동을 법률로 제한한 사건에서 공무담임권을 직업의 자유에 우선하여 판단영역으로 삼은 것(憲 1999. 12. 23.-99헌마135), 대학교원을 제외한 교육공무원의 정년을 법률로 65세에서 62세로 단축한 사건에서 공무담임권을 직업의 자유에 우선하여 판단영역으로 삼은 것(憲 2000. 12. 14.-99헌마112), 경비업의 겸영금지 사건에서 청구인들의 주장취지 및 입법자의 동기를 고려하여 직업의 자유가 가장 밀접한 관련성이 있다고 판단한 것(憲 2002. 4. 25.-2001헌마614), 학교정화구역 내에서의 극장시설금지 사건에서 표현 및 예술의 자유의 제한은 극장운영자의 직업의 자유에 대한 제한을 매개로 하여 간접적으로 제약되는 것이라고 하여 입법자의 객관적인 동기 등을 참작하여 직업의 자유가 사안과 가장 밀접한 관계가 있고, 침해의 정도가 가장 큰 주된 기본권이라고 판단한 것(憲 2004. 5. 27.-2003헌가1), 지방자치단체장의 임기를 3기로 제한한 지방자치법의 규정이 위헌인지 여부를 판단함에 있어 행복추구권보다는 공무담임권이 이 법의 해당 규정에 의한 제한에 가장 밀접하고 제한의 정도가 가장 큰 주된 기본권이라고 판단한 것(憲 2006. 2. 23.-2005헌마403) 등이 그에 해당한다.

[憲 1998.4.30.-95헌가16] 「이 사건 법률조항은 언론·출판의 자유, 직업선택의 자유 및 재산권을 경합적으로 제약하고 있다. 이처럼 하나의 규제로 인해 여러 기본권이 동시에 제약을 받는 기본권경합의 경우에는 기본권침해를 주장하는 제청신청인과 제청법원의 의도 및 기본권을 제한하는 입법자의 객관적 동기 등을 참작하여 사안과 가장 밀접한 관계에 있고 또 침해의 정도가 큰 주된 기본권을 중심으로 해서 그 제한의 한계를 따져 보아야 할 것이다. 이 사건에서는 제청신청인과 제청법원이 언론·출판의 자유의 침해를 주장하고 있고, 입법의 일차적 의도도 출판내용을 규율하고자 하는 데 있으며, 규제수단도 언론·출판의 자유를 더 제약하는 것으로 보이므로 언론·출판의 자유를 중심으로 해서 이 사건 법률조항이 그 헌법적 한계를 지키고 있는지를 판단하기로 한다.」

[憲 2009.5.28.-2005헌바20] 「기본권 경합의 경우에는 기본권 침해를 주장하는 청구인의 의도 및 기본권을 제한하는 입법자의 객관적 동기 등을 참작하여 사안과 가장 밀접한 관계에 있고 또 침해의 정도가 큰 주된 기본권을 중심으로 해서 그 제한의 한계를 따져 보아야 할 것인바……」

헌법재판소가 해당 사안과 관련이 있는 여러 기본권을 동시에 적용한 경우도 적지 않다. 그런데 헌법재판소는 평등권 침해여부를 판단하면서 차별취급이 되는 개별적인 기본권을 평등권과 경합의 관계가 있다고 판단한 것이 있다. 어떤 지역의 공립중등학교 교사 임용후보자 선정경쟁시험에서 그 지역 사범대학 졸업자에게 가산점을 부여할 수 있게 법률로 정하는 경우에 이는 교사자격증을 소지한 전체 응시자들 중 그 지역 사범대학 졸업자라는 일부 특정 집단에 대해서만 가산점을 부여함으로써 해당 지역 사범대학의 출신자가 아니어서 가산점의 수혜를 받지 못하는 교사자격자의 공무담임의 기회를 제약하는 한편, 그들을 해당 지역 사범대학 출신자와 차별취급하는 것이므로 공무담임권과 평등권의 침해 여부가 경합적으로 문제가 된다고 보았다(憲 2007. 12. 27.-2005헌가11). 평등권의 침해여부가 판단의 대상으로 된 경우에 차별취급이 되는 개별적인 기본권을 평등의 보호와 경합의 관계에 있다고 보는 것은 기본권 보장의 구조에서 볼 때 문제가 있다고 본다. 이렇게 판단하면, 평등권이 문제가 되는 경우는 차별취급되는 권리가 법률상의 권리가 아닌 한 모든 경우가 기본권의 경합으로 되기 때문이다. 이러한 경우는 평등권의 침해여부만 판단의 대상으로 하는 것이 타당하다.

제6장 기본권의 보호

제1절 국가의 기본권보호의무

[156] 제1 의 의

Ⅰ. 개 념

국가가 국민의 기본권을 보호하고 실현하여야 할 의무를 국가의 기본권보호의무라고 한다. 국가에게 기본권보호의무가 인정된다고 하는 법리는 국가는 국민에 대하여 기본권을 침해하거나 제한하는 것으로 존재하는 것이 아니라 국민의 기본권을 적극적으로 보호하고 실현하는 주체로 존재하는 것임을 확인하는 것이다. 이로써 국민은 국가에 대하여 방어적인 지위에만 있는 것이 아니라 국가로 하여금 기본권을 적극적으로 보호하고 실현하도록 하는 것을 요구하는 지위에 있게 되었다.

이러한 국가의 기본권보호의무는 국가와 국민과의 관계에서만 인정되는 것이 아니라 사인에 의한 기본권의 침해영역에서도 인정된다. 이로써 국가는 국가의 권력작용에 의하여 국민의 기본권이 침해되는 관계에서만 기본권보호의무에 따른 작위를 하여야 하는 것이 아니라 사인에 의하여 기본권이 침해당하는 영역에서도 기본권보호의무를 지게 된다.

헌법재판소는 기본권 보호의무란 기본권 주체인 사인에 의한 위법한 침해 또는 침해의 위험으로부터 기본권적 법익을 보호하여야 하는 국가의 의무라고 하고, 주로 사인인 제3자에 의한 개인의 생명이나 신체의 훼손에 문제된다고 하는 태도를 취하고 있다(예: 憲 2009. 2. 26.-2005헌마764).

국가의 기본권보호의무는 광의로는 자연력이나 외국에 의하여 국민의 기본권에 위해가 가해지는 경우에도 인정된다. 자연의 힘에 의해 국민의 기본권이 위해를 받을 경우에 그 기본권을 보호하기 위한 국가작용도 기본권보호의무에서 나오고, 외국의 국가나 외국인에 의하여 국민의 기본권이 위해를 받을 경우(예: 외국 군대의 핵무기나 화학무기의 배치, 외국 어선의 자국 내의 어로행위)에 이를 방지하거나 구제하기 위한 작위의무도 이러한 기본권보호의무에서 나온다.

II. 근 거

기본권이 권리로서 가지는 청구성이나 국가가 기본권의 효력이 미치는 상대방(=수신자=수범자)이라는 점에서 볼 때, 국가는 기본권을 보호하고 실현해야 할 의무를 진다. 먼저 기본권은 국가에 대하여 무엇을 요구하는 청구성을 가지기 때문에 그 상대방인 국가는 권리에 대응하는 의무를 진다(권리의무의 대응구조). 그런데 국가는 개인이 주관적 권리로서의 기본권을 국가에 대하여 주장하지 못하는 경우(권리의무의 비대응구조)에도 국가는 그 본질상 공동체의 안전과 국민의 기본권실현의 수단이라는 국가목적에 의하여 헌법상의 기본권적 가치를 실현하여야 할 의무를 지고 있으므로 권리에 대응하지 않는 의무도 진다(예: 입법지침으로서의 성격을 가지고 있는 기본권규정의 경우). 이러한 것을 국가영역에서 국가가 지는 기본권보호의무라고 할 수 있다.

그런데 국가의 기본권보호의무는 이러한 수준에 그치는 것이 아니고 사인에 의해 기본권이 침해되는 경우에도 발생한다. 사인에 의한 기본권의 침해가 발생한 경우에 침해를 받은 사인은 침해한 사인에 대하여 직접 기본권을 주장할 수 없기 때문에 이러한 경우에 발생하는 기본권의 침해에 대해서는 국가가 미리 방지하거나 사후적으로 구제하여야 하는 의무를 부담한다. 이 경우에 국가의 기본권보호의무는 그 기능이 보다 적극적으로 부각된다. 이는 기본권의 보장의 면에서 보면 당연한 것이지만 그 정도에 따라서 개인의 자유로운 사적영역에 기본권의 보호를 매개로 하여 국가가 적극적으로 개입하는 것을 허용함을 의미하는 것이므로, 사적 자치라는 헌법적 가치를 고려할 때 그 인정범위가 문제될 수 있다. 사적영역에서도 국가가 기본권보호의무를 진다고 하더라도 사적자치를 침해하는 것은 허용되지 않는다. 이러한 것은 사적영역에서 국가가 지는 기본권보호의무라고 할 수 있다. 이렇게 볼 때 국가의 기본권보호의무는 헌법이 정하고 있는 기본권의 보장(동지: 계희열b, 108)과 국가의 본질적 기능과 목적에서 도출된다고 할 것이다.

그리고 헌법 제10조 제1항은「국가는 개인이 가지는 불가침의 기본적 인권을 확인하고 이를 보장할 의무를 진다」라고 하여 국가의 기본권보호의무(基本權保護義務)를 명시하고 있는데, 이러한 헌법의 명시적인 규정도 국가의 기본권보호의무를 인정하는 근거가 된다(반대: 계희열b, 108).

독일에서 기본권의 이중성이론을 취하는 견해에서는 기본권의 객관적 면으로부터 국가의 기본권보호의무가 도출된다고 본다. 독일연방헌법재판소의 견해도 같은 취지이다. 그러나 국가가 지는 기본권보호의무는 국가의 본질적 기능과 목적에서 도출되고 권리-의무가 대응관계에 있는 경우에는 기본권의 효력에 의해서도 인정되는 것이지만, 그렇다고 하여 반드시 기본권의 객관적 면을 인정하여야 이로부터 국가의 기본권보호의무를 도출할 수 있는 것은 아니라고 할 것이다.

[157] 제2 내 용

Ⅰ. 국가영역에서의 기본권보호의무

국가는 누구보다도 제1차적으로 국민의 기본권을 보호하여야 할 의무를 진다. 국가라는 것이 공동체에서 공동체의 안전과 그 공동체 내에서 살고 있는 구성원의 행복추구를 실현하는 것을 목적으로 해서만 존재하는 수단이므로 이러한 의무는 국가의 본질적 기능 또는 목적에서 나온다.

공동체의 구성원인 국민은 헌법에 의하여 기본권을 보장받고 그 기본권을 국가에 대하여 주관적 권리로 주장하고 행사하는데 이러한 권리에 대응하여 국가는 그 상대방으로서 의무를 부담한다. 그러나 개인의 권리에 대응하지 아니하는 헌법적 가치도 국가는 실현하여야 하는데, 이러한 경우 기본권조항의 성격이 입법지침(program)을 보장하는 것에 해당하여도 국가는 이러한 가치를 실현하여야 할 의무를 진다. 그 구체적인 것이 입법의무이다(정종섭n, 210).

Ⅱ. 사적영역에서의 기본권보호의무

사인의 행위에 의하여 기본권의 침해 또는 침해의 위험이 발생한 경우에 국가가 적극적으로 이러한 위해의 발생을 방지하거나 위해에 따른 피해를 구제해야 하는 의무를 지는데, 이는 국가의 기본권보호의무에 의하여 인정된다. 예컨대 사인인 母나 의사의 임신중절행위에 대한 태아의 생명보호의무, 사인인 테러리스트의 공격에 대응한 생명·신체·재산권 등의 보호의무, 전자파의 위험으로부터의 보호의무, 사적인 의료시술로 사용되거나 발전에 사용되는 원자력으로부터의 위험을 방지할 의무, 항공이나 교통의 소음으로부터 안전과 평온한 삶을 보호할 의무, 공기나 삼림의 오염이나 훼손으로부터 환경권을 보호할 의무 등이 이에 해당한다.

독일에서 전개되는 국가의 기본권보호의무(Grundrechtliche Schutzpflicht)이론은 사적영역에서 사인간에 발생하는 기본권의 침해문제를 해결하고 이에 개입하는 국가의 관여를 정당화하는 이론이다. 이는 종래의 기본권의 제3자적 효력에서 간접효력설이 가지는 설명상의 불충분성을 극복하기 위하여 전개되고 있는 이론이다. 이 이론에서는 사적영역에서의 기본권보호의무에 한정하여 국가의 기본권보호의무를 논의하고 있다.

헌법재판소는 사적인 영역에서 국가의 기본권보호의무를 인정하고 있다(예: 憲 1997. 1. 16.-90헌마

110등; 2008. 7. 31.-2004헌바81; 2008. 12. 26.-2008헌마419; 2009. 2. 26.-2005헌마764).

[憲 2008.7.31.-2004헌바81] 「우리 헌법은 제10조 제2문에서 "국가는 개인이 가지는 불가침의 기본적 인권을 확인하고 이를 보장할 의무를 진다"라고 규정함으로써 국가의 적극적인 기본권보호의무를 선언하고 있는바, 이러한 국가의 기본권보호의무 선언은 국가가 국민과의 관계에서 국민의 기본권보호를 위해 노력하여야 할 의무가 있다는 의미뿐만 아니라 국가가 사인 상호간의 관계를 규율하는 사법(私法)질서를 형성하는 경우에도 헌법상 기본권이 존중되고 보호되도록 할 의무가 있다는 것을 천명한 것이다. 그런데 국민의 기본권에 대한 국가의 적극적 보호의무는 궁극적으로 입법자의 입법행위를 통하여 비로소 실현될 수 있는 것이기 때문에, 입법자의 입법행위를 매개로 하지 아니하고 단순히 기본권이 존재한다는 것만으로 헌법상 광범위한 방어적 기능을 갖게 되는 기본권의 소극적 방어권으로서의 측면과 근본적인 차이가 있다. 국가가 소극적 방어권으로서의 기본권을 제한하는 경우 그 제한은 헌법 제37조 제2항에 따라 국가안전보장·질서유지 또는 공공복리를 위하여 필요한 경우에 한하고, 자유와 권리의 본질적인 내용을 침해할 수는 없으며 그 형식은 법률에 의하여야 하고 그 침해범위도 필요최소한도에 그쳐야 한다. 그러나 국가가 적극적으로 국민의 기본권을 보장하기 위한 제반조치를 취할 의무를 부담하는 경우에는 설사 그 보호의 정도가 국민이 바라는 이상적인 수준에 미치지 못한다고 하여 언제나 헌법에 위반되는 것으로 보기 어렵다. 국가의 기본권보호의무의 이행은 입법자의 입법을 통하여 비로소 구체화되는 것이고, 국가가 그 보호의무를 어떻게 어느 정도로 이행할 것인지는 입법자가 제반사정을 고려하여 입법정책적으로 판단하여야 하는 입법재량의 범위에 속하는 것이기 때문이다.」

[158] 제3 한 계

Ⅰ. 국가영역

국가영역에서 존재하는 기본권보호의무에는 원칙적으로 아무런 한계가 존재하지 않는다. 다만, 국가가 특정 개인의 기본권을 과잉보호하는 경우에는 다른 사람과의 관계에서 차별대우가 되므로 평등원칙의 문제가 발생한다. 따라서 국가가 기본권보호의무를 특정 기본권의 주체에 대하여 이행하는 경우에는 평등원칙에 위반되지 않아야 한다. 모든 기본권의 주체를 대상으로 기본권보호의무를 수행하는 경우에는 국가행위의 과잉문제(법치주의에의 위반 문제)가 발생할 뿐 기본권의 주체들간에 차별대우하는 것은 발생하지 않는다.

국가영역에서의 기본권보호의무의 이행은 과소보호금지(過少保護禁止 Untermaßerbot)의 원칙에 위반되지 않아야 한다. 헌법재판소는 기본권의 보장에서 국가가 기본권보호의무를 다하였는가를 심사하여야 한다고 본다. 그리고 이러한 기본권보호의무를 다하지 않았는지 여부를 헌법재판소가 심사할 때에는 국가가 이를 보호하기 위하여 적어도 적절하고 효율적인 최소한의 보호조치를 취하였는가 하는 과소보호금지원칙의 위반 여부를 기준으로 삼아야 한다고 하며, 그 판단에 있어서는 일반적 · 일률적으로 확정할 수 없으며 개별 사례에 있어서 관련 법익의 종류 및 그 법익이 헌법질서에서 차지하는 위상, 그 법익에 대한 침해와 위험의 태양과 정도, 상충하는 법익의 의미 등을 비교 형량하여 구체적으로 확정한다고 하였다(예: 憲 2008. 7. 31.-2006헌마711; 2019. 12. 27.-2018헌마730).

[憲 2019.12.27.-2018헌마730] 「국가가 국민의 건강하고 쾌적한 환경에서 생활할 권리를 보호할 의무를 진다고 하더라도, 국가의 기본권 보호의무를 입법자 또는 그로부터 위임받은 집행자가 어떻게 실현하여야 할 것인가 하는 문제는 원칙적으로 권력분립과 민주주의의 원칙에 따라 국민에 의하여 직접 민주적 정당성을 부여받고 자신의 결정에 대하여 정치적 책임을 지는 입법자의 책임범위에 속한다. 헌법재판소는 단지 제한적으로만 입법자 또는 그로부터 위임받은 집행자에 의한 보호의무의 이행을 심사할 수 있다. 따라서 국가가 국민의 건강하고 쾌적한 환경에서 생활할 권리에 대한 보호의무를 다하지 않았는지 여부를 헌법재판소가 심사할 때에는 국가가 이를 보호하기 위하여 적어도 적절하고 효율적인 최소한의 보호조치를 취하였는가 하는 이른바 '과소보호금지원칙'의 위반 여부를 기준으로 삼아야 한다.」

II. 사적영역

사적영역에서 국가의 기본권보호의무는 국가영역과 달리 사적 자치를 침해하지 않는 한도 내에서 인정된다. 기본권은 사인간에는 직접 적용되지 않으므로 사적영역에서의 기본권보호의무도 이러한 한도 내에서만 인정된다.

사적영역에 국가의 기본권보호의무가 한계 없이 인정되면 기본권의 보호라는 이름하에 국가가 사적영역에 적극 개입하여 사적영역의 질서를 적극적으로 형성하고 재단하게 되어 결국 국가후견주의에 빠지게 되고 국가로부터의 자유영역이 축소되거나 소멸하게 되는 결과를 가져온다.

이러한 영역에서 문제가 되는 것이 사적 서비스를 제공하는 계약의 한계이다. 예컨대 노예계약에 해당하지는 않지만, 종래 노예가 행하던 서비스를 제공하는 계약을 국가가 금지할 수 있는가 하는 점이다. 생명의 종료를 도와주는 행위, 쾌락(음악, 각종 유희, 성행위 등)을 제공하는 행위, 각종 개인 교습을 제공하는 행위, 목욕을 도와주는 서비스, 혐오스런 물건을 제거하는 행위, 건강을 해칠 정도의 술을 대신 마셔주는 행위, 위험한 행위를 대신하여 주는 행위 등을 제공하는 서비스계약을 하는 것을 국가가 금지할 수 있는가 하는 점이다. 이에 대해서는 대체적으로 해당 개인이 스스로 동의하여 행하는 행위라고 하더라도 반사회성을 가지는 것이면 국가가 금지할 수 있다고 본다.

개인이 스스로 생명을 종료시키는 자살행위가 허용된다고 하더라도 이를 도와주는 행위를 처벌하거나, 성적인 서비스를 제공하는 행위를 처벌하는 것, 혐오스러운 행위를 하도록 하는 행위를 금지하는 것 등이 이에 해당한다. 그러나 여기서 적용되는 반사회성이라는 가치판단이라는 것도 불변의 것이 아니라 사회의 변화와 사회구성원의 가치관이나 인식의 변화에 따라 변하는 것인 경우에는 항상 다툼의 대상이 된다.

사적영역에서의 기본권보호의무의 이행도 그 이행이 허용되는 범위 내에서는 과소보호금지의 원칙에 위반되지 않아야 한다. 어느 정도가 최저보호의 선에 해당하는가 하는 문제는 개별적인 사안에 따라 관련된 법익의 종류, 그에 대한 침해나 위험의 양태와 정도, 개인이 스스로 기본권적 가치의 안전성을 확보할 수 있는 가능성과 자구행위의 허용여부 등을 종합적으로 고려하여 정해진다(동지: 계희열b, 113).

헌법재판소는 기본권 보호의무는 주로 사인인 제3자에 의한 개인의 생명이나 신체의 훼손에서 문제가 된다고 하면서, 이는 타인에 의하여 개인의 신체나 생명 등 법익이 국가의 보호의무 없이는 무력화될 정도의 상황에서만 적용될 수 있다고 하고, 이때 국가의 보호의무를 입법자나 그로부터 위임받은 집행자가 어떻게 실현하여야 할 것인가 하는 문제는 원칙적으로 입법자의 책임범위에 속하므로 헌법재판소는 제한적으로만 보호의무의 이행을 심사할 수 있다고 하고, 이때 헌법재판소는 과소보호금지원칙을 그 기준으로 삼는다는 태도를 취하고 있다(예: 憲 2008. 7. 31.-2004헌바81; 2009. 2. 26.-2005헌마764; 2015. 9. 24.-2013헌마384).

> [憲 2009.2.26.-2005헌마764] 「기본권 보호의무란 기본권적 법익을 기본권 주체인 사인에 의한 위법한 침해 또는 침해의 위험으로부터 보호하여야 하는 국가의 의무를 말하며, 주로 사인인 제3자에 의한 개인의 생명이나 신체의 훼손에서 문제되는데, 이는 타인에 의하여 개인의 신체나 생명 등 법익이 국가의 보호의무 없이는 무력화될 정도의 상황에서만 적용될 수 있다. 이 사건에서는 교통사고를 방지하는 다른 보호조치에도 불구하고 국가가 형벌권이란 최종적인 수단을 사용하여야만 가장 효율적으로 국민의 생명과 신체권을 보호할 수 있는가가 문제된다. 만일 형벌이 법익을 가장 효율적으로 보호할 수 있는 유일한 방법임에도 불구하고 국가가 형벌권을 포기한 것이라면 국가는 기본권보호의무를 위반함으로써 생명·신체의 안전과 같은 청구인들의 중요한 기본권을 침해한 것이 될 것이다. 그런데 국가가 국민의 생명·신체의 안전을 보호할 의무를 진다 하더라도 국가의 보호의무를 입법자 또는 그로부터 위임받은 집행자가 어떻게 실현하여야 할 것인가 하는 문제는 원칙적으로 권력분립과 민주주의의 원칙에 따라 국민에 의하여 직접 민주적 정당성을 부여받고 자신의 결정에 대하여 정치적 책임을 지는 입법자의 책임범위에 속하므로, 헌법재판소는 단지 제한적으로만 입법자 또는 그로부터 위임받은 집행자에 의한 보호의무의 이행을 심사할 수 있는 것이다. 따라서 국가가 국민의 생명·신체의 안전에 대한 보호의무를 다하지 않았는지 여부를 헌법재판소가 심사할 때에는 국가가 이를 보호하기 위하여 적어도 적절하고 효율적인 최소한의 보호조치를 취하였는가 하는 이른바 '과소보호금지원칙'의 위반 여부를 기준으로 삼아

국민의 생명 · 신체의 안전을 보호하기 위한 조치가 필요한 상황인 데도 국가가 아무런 보호조치를 취하지 않았든지 아니면 취한 조치가 법익을 보호하기에 전적으로 부적합하거나 매우 불충분한 것임이 명백한 경우에 한하여 국가의 보호의무의 위반을 확인하여야 하는 것이다.」

국가가 국민의 기본권을 보호해야 할 의무는 기본권에 대한 침해로부터 기본권을 보호하는 것이 통상의 양태이지만, 기본권에 대한 침해가 발생하지 않는 경우에도 기본권을 보호하여야 한다. 그런데 이러한 경우는 기본권의 주체가 스스로 기본권을 행사하는 영역에서 국가의 보호행위가 행해지기 때문에 사적 자치와 갈등을 유발하게 된다. 예컨대 행위자가 스스로 위험과 불이익을 감수하겠다면서 안전모를 착용하지 않고 1인용 오토바이나 경주용 자동차를 운전하거나 안전장비를 착용하지 않고 번지점프나 위험한 운동을 하는 행위 등에 대하여 그 행위자에 대하여 국가가 제재를 가할 수 있는가 하는 점이다. 생명을 스스로 종료시키는 자살행위에 대해서도 국가가 어떻게 할 것인가 하는 점이다. 현행법은 자살행위에 있어서 당사자의 행위는 사적 자치라고 보고, 이를 도와주는 행위는 사적 자치에 해당하지 않는다고 본다. 그리하여 자살미수는 처벌하지 않고 다른 법적 책임도 묻지 않지만, 자살교사 · 방조행위는 처벌한다(형법 §252②).

국가에게는 기본권보호의무만 존재하는 것은 아니다. 헌법상의 권리인 기본권이 아니라도 법률상의 권리나 하위 규범상의 권리에 대해서도 보호의무를 진다. 국가는 이러한 권리를 입법권이나 행정입법권을 통하여 권리로 정하고 있기 때문에 이를 보호하는 의무도 당연히 부담하게 된다. 이러한 권리의 보호의무를 수행함에 있어서도 기본권의 경우에 있어서와 같이 사적 자치와 관련하여 국가가 개입할 수 있는 정도와 한계의 문제가 존재한다.

제 2 절 기본권의 침해와 기본권의 보호

[159] 제1 개 설

Ⅰ. 의 의

국민의 합의인 헌법이 기본권을 정하면 국가든 국민이든 이를 준수하여야 한다. 기본권을 준수하여야 타인과 더불어 사는 삶이 가능하고 타인과 공존하고 상생할 수 있다. 정치적 기본권의 경우에는 이러한 기본권이 준수됨으로써 민주주의를 실현할 수 있고, 모든 국민이 공동체의 의사결정에 있어 정치적인 참여를 할 수 있다.

그런데 헌법이 기본권을 정하여 보장하더라도 국가권력의 남용과 국민들의 자의적인 행동으로 인하여 기본권이 침해되는 현상이 발생한다. 이러한 기본권의 침해에 대하여 사전에 예방하거나 사후에 구제하는 것을 기본권의 보호라고 한다. 기본권이 침해되는 시점을 기준하여 그 보호제도를 보면, 사전예방적 보호제도(事前豫防的 保護制度)와 사후구제적 보호제도(事後救濟的 保護制度)가 있다.

II. 유 형

기본권에 대한 침해는 평상시에도 발생하고 비상시에도 발생하는데, 이러한 기본권의 침해상황에 대응하여 그 보호의 방법도 평시적 보호제도와 비상적 보호제도가 있다. 비상적인 기본권보호제도로는 국가긴급권이 있는데, 이러한 국가긴급권은 헌법보호의 수단인 동시에([34]) 기본권보호의 수단이기도 하다.

기본권의 침해가 발생하는 영역을 기준으로 보면 국가영역에서 국가기관에 의해서도 발생하고 사회영역에서 사인에 의해서도 발생한다. 아래에서는 기본권의 침해가 발생하는 영역을 기준으로 하여 기본권의 보호에 대하여 살펴본다.

[160] 제2 국가기관에 의한 기본권의 침해와 보호

I. 입법기관에 의한 기본권의 침해와 보호

입법권에 의한 기본권의 침해는 입법권을 적극적으로 행사하는 입법행위(법률의 제정 또는 개정)에 의하여 발생하기도 하고 기본권보호의무를 입법으로 수행하여야 함에도 이를 이행하지 아니하는 입법부작위에 의해서도 발생한다.

적극적인 입법행위에 의한 기본권의 침해에 대해서는 추상적 규범통제(우리나라 미채택), 구체적 규범통제, 법률에 대한 헌법소원심판을 통하여 구제받을 수 있고, 예외적으로 손해배상이 인정되는 경우에는 손해배상청구를 통하여 구제받을 수 있다. 소극적인 입법부작위에 의한 기본권의 침해에 대해서는 입법청원, 입법부작위에 대한 헌법소원심판 등을 통하여 구제받을 수 있다.

II. 행정기관에 의한 기본권의 침해와 보호

행정기관에 의한 기본권의 침해도 적극적인 행정작용에 의한 침해와 소극적인 행정부작위에 의한 침해로 나타난다. 이에 대해서는 청원, 행정심판, 행정소송, 형사보상청구, 손해배상청구, 명령·규칙에 대한 위헌심사, 헌법소원심판, 국가인권위원회의 조치 등을 통하여 구제받을 수 있다.

Ⅲ. 법원에 의한 기본권의 침해와 보호

법원은 재판을 통하여 국민의 자유와 권리를 보호하는 기관이지만, 재판권의 행사나 불행사로 인하여 국민의 기본권을 침해할 수 있다. 이러한 경우에는 상소, 재판에 대한 헌법소원심판 등을 통하여 기본권의 구제를 받을 수 있다.

헌법재판소법은 재판에 대한 헌법소원심판을 인정하고 있지 아니하므로 이러한 범위 내에서 우리나라에서는 재판에 의하여 기본권이 침해되는 상황에 있어 그 기본권의 구제가 충분하지 못하다. 헌법재판소는 이러한 가운데서도 헌법재판소가 위헌이라고 선고한 법률을 법원이 적용하여 재판한 경우에는 그 재판에 대하여 헌법소원심판이 인정된다고 판시하여(예: 憲 1997. 12. 24.-96헌마172등; 1999. 5. 27.-98헌마357; 2001. 2. 22.-99헌마461등; 2001. 2. 22.-99헌마605; 2002. 5. 30.-2001헌마781; 2002. 12. 18.-2002헌마279) 취약점을 부분적으로 보완하고 있다.

Ⅳ. 헌법재판소에 의한 기본권의 침해와 보호

헌법재판소도 헌법재판이라는 이름으로 기본권을 침해할 수 있다. 헌법이 보장하는 기본권보장의 원래의 의미를 왜곡하여 재판하는 경우에 이러한 사태가 발생한다. 헌법재판에서는 재심이 허용되지 않는 한 헌법재판에 대하여 다툴 길이 없으므로 이러한 경우에 달리 기본권을 구제할 방법이 없다. 재판을 무한으로 소급할 수 없다는 재판제도의 본질적 한계로 인하여 발생하는 문제이다. 기본권의 침해와 기본권의 보호의 메커니즘에서 헌법재판이 가지는 이러한 특성 때문에 헌법재판소는 기본권의 해석에서 매우 정확을 기할 수 있도록 특히 유의하고 노력해야 한다.

모든 국가기관에 의한 기본권의 침해가 자행되고 그 구제가 불가능한 때 헌법재판소에 의해서도 기본권의 침해가 구제되지 못하면 이 경우에는 국민이 스스로 저항권을 발동하는 상황으로 돌입하게 된다.

Ⅴ. 저항권에 의한 기본권의 보호

국민의 기본권이 광범하게 침해되는 상황에서 모든 국가기관이 기본권을 보호하지 않을 때 이는 불법국가(不法國家)가 된다. 이러한 경우에 저항권은 헌법의 보호뿐만 아니라 기본권을 보호하는 수단이 된다. 저항권의 행사는 폭력을 수반하고 기본권 주체에게 많은 피해를 발생하게 하는 최후의 수단이므로 무엇보다 국가에 의한 기본권 보호가 실현되도록 하여야 하며, 저항권의 행사를 통하여 기본권을 보호해야 하는 상황이 발생해서는 안 된다고 할 것이다.

[161] 제3 사인에 의한 기본권의 침해와 보호

사회영역에서는 사인에 의하여 기본권의 침해가 발생하기도 한다. 이러한 사인은 개인일 수도 있고 단체일 수도 있으며 정당일 수도 있다. 이런 기본권의 침해에 대해서는 민사적·형사적·행정적 제재를 통하여 기본권을 보호할 수 있다. 기본권의 보호수단으로는 사전예방적인 조치도 있고 사후구제적인 조치도 있다.

사인에 의한 기본권의 침해가 있는 경우에 기본권의 주체가 스스로 구제를 시도하는 자력구제(自力救濟)는 민사상으로는 정당방위나 긴급피난에 해당하는 경우를 제외하고는 허용되지 않는다. 다만, 형사상 정당방위, 긴급피난, 자구행위(自救行爲)에 해당하는 경우는 처벌되지 아니한다.

제 5 편

헌법상의 기본권과 의무

우주 안에서 펼쳐지고 있는 '지금' 그리고 '여기'의 운화(運化)야말로 모든 사물이 의지해 있는 뿌리와 바탕이요 과거와 미래의 표준이다. 그러므로 학자는 에오라지 이 뿌리와 바탕을 정하고 표준을 세워야만 비로소 방향도 찾을 수 있고 실천도 할 수 있다.

– 혜강(惠岡) 최한기(崔漢綺)

제 1 장 인간의 존엄과 가치

제 1 절 인간의 존엄과 가치

[162] 제1 의 의

Ⅰ. 헌법 규정

헌법 제10조에서 「모든 국민은 인간으로서의 존엄과 가치를 가지며……」라고 하여 인간의 존엄과 가치를 기본권 보장의 장 첫머리에 명시하고 있다. 이는 기본권 보장의 대전제를 이루는 것으로 헌법이 보장하는 자유와 권리의 주체인 인간은 인간으로서의 존엄과 가치를 가지는 존재라는 것을 천명하고 있는 것이다.

Ⅱ. 헌법 제10조의 의미

(1) 인 간

헌법 제10조에서 보장하는 인간으로서의 존엄과 가치를 가지는 인간(human, Mensch)은 어떠한 인간을 의미하는가 하는 것이 문제가 된다.

여기서 말하는 인간은 자연인으로서의 인간을 말하는데, 자연인으로서의 개개인이 기본권의 주체가 된다. 이러한 자연인인 개인은 본능, 감정, 이기심, 욕망, 감성, 이성 등 인간으로서 가지고 있는 모든 속성을 가지고 있는 생물학적인 유기체로서의 인간을 말한다. 이러한 점에서 생물학적인 인간인 이상 어느 누구도 기본권의 주체에서 제외되지 않는다.

이를 사회와의 관계에서 보면, 헌법은 이미 공동체 내에서 생활하고 공동체의 구성원으로 살아가는 자연인으로서의 인간을 보호하는 것이므로 헌법 제10조에서 말하는 인간은 사회공동체나 다른 사람들로부터 단절되어 고립된 존재로 살아가는 인간(고립주의적 인간상)도 아니고, 공동체나 국가나 집단의 부속품으로서 존재하여 자유와 자율에 따른 스스로의 판단으로 자기의 삶을 영위할 수 없는 공동체 또는 국가권력의 객체로 전락한 인간(전체주의적 인간상)도 아니며, 자연인인 인간으로서의 고유한 인격과 가치를 유지하고, 사회공동체와 연관을 가지면서 공동체의 다른 구성원과 함께 살아가는 자율적이고 자유로운 인간을 의미한다(인격주의적 인간상).

따라서 헌법 제10조는 공동체와 다른 구성원과 단절되고 고립되어 사는 개체로서의 인간도 부정하고 집단의 단순한 부속품으로 존재하는 인간도 부정한다. 오늘날 자유민주주의체제에서는 이러한 인간주의(humanism)와 인격주의에 기초한 인간상을 보편적인 인간상으로 추구하고 보호한다. 따라서 헌법에서 인간으로서의 존엄과 가치를 보장하고 있는 나라는 그 나라의 공동체적 특수성에도 불구하고 이러한 인간상을 공통적으로 추구하고 보호한다.

헌법재판소도 동일한 취지의 판시를 하였다(예: 憲 1990. 9. 10.-89헌마82; 1998. 5. 28.-96헌가5; 2000. 4. 27.-98헌가16; 2003. 10. 30.-2002헌마518).

[憲 2003.10.30.-2002헌마518] 「우리 헌법질서가 예정하는 인간상은 "자신이 스스로 선택한 인생관·사회관을 바탕으로 사회공동체 안에서 각자의 생활을 자신의 책임 아래 스스로 결정하고 형성하는 성숙한 민주시민"(헌재 1998. 5. 28. 96헌가5; 2000. 4. 27. 98헌가16등)인바, 이는 사회와 고립된 주관적 개인이나 공동체의 단순한 구성분자가 아니라, 공동체에 관련되고 공동체에 구속되어 있기는 하지만 그로 인하여 자신의 고유가치를 훼손당하지 아니하고 개인과 공동체의 상호연관 속에서 균형을 잡고 있는 인격체라 할 것이다.」

독일연방헌법재판소는 독일헌법이 보장하는 인간으로서의 존엄과 가치를 가지는 인간상이란 「고립된 개체로서의 개인주의적인 인간상이나 국가권력의 객체로서의 인간상이 아니라 개인 대 사회라는 관계에서 인간 고유의 가치를 훼손당하지 아니하면서 사회관계성 내지 사회구속성을 수용하는 인간상」을 의미한다고 하였다.

(2) 존엄과 가치

헌법 제10조에서 말하는 「인간으로서의 존엄과 가치」가 구체적으로 무엇을 뜻하는 것이냐에 대해서는 학자마다 견해가 다르다. 존엄과 가치를 구별하는 견해(김철수a, 510), 존엄과 가치를 통일적으로 이해하는 견해(권영성, 375; 허영a, 321), 존엄과 가치를 동의어로 보는 견해가 있다. 외국 헌법에서는 이를 human dignity로 지칭하는데, 우리말의 존엄과 가치는 어의적인 의미는 다르지만 헌법적으로는 human dignity를 의미한다는 점에서 양자를 통일적으로 이해하는 것이 타당하다. 여기서 말하는 존엄이란 인간이 지니는 윤리적 가치로서 그 자체 인간이기 때문에 가지는 정체성(identity)과 고유한 가치를 의미하며, 인간은 그 자체 목적으로 존재하며 어떠한 경우에도 타자의 수단으로 존재하지 아니한다는 것을 의미한다. 이에 의하여 인간은 자신의 문제를 스스로 결정하는 자율적인 존재이고 자신의 삶을 스스로 영위하는 존재이다.

인간의 존엄은 죽은 경우에도 일정한 영역에서는 인정되지만, 무엇보다 인간이 생명을 유지하고 살아 있음을 전제로 한다는 점에서 생명과 생존이 그 바탕을 이루고, 이를 바탕으로 개인이 자신의 개성과 인격을 최대한으로 실현하는 삶을 산다는 점이 중요한 의미를 가진다.

인간이 존엄한 것이냐 하는 문제는 전지전능한 절대자나 신 등이 인간 위에 존재한다는 생각을 가지는 경우에는 이를 인정하기 쉽지 않다. 그러나 이러한 생각은 개인의 종교, 사상, 양심의 자유의 영역에 속하는 것이고 모든 인간에게 공히 적용되는 객관적 규범으로 받아들여지지 않는다. 이러한 것을 객관적 규범으로 받아들일 때 이는 전체주의, 신정정치, 군주정치, 독재 등으로 빠져 들기 때문이다. 따라서 헌법이 이를 정하는 것은, 개인의 차원에서는 인간을 어떻게 생각하든지 상관없이 객관적 규범의 차원에서는 인간을 지배하는 존재자는 어떠한 경우에도 존재하지 않는다는 것을 명시화한 것이다.

(3) 헌법적 보장의 의미

헌법 제10조에서 인간의 존엄과 가치를 명시하여 보장하는 것의 규범적 의미는 i) 헌법질서 내에서 인간의 가치는 인간 이외의 어떠한 타 존재의 가치보다 우선한다는 것을 표명한 것이며(인간의 우위), ii) 개인과 국가 간의 관계에서 개인은 어떤 경우에도 공동체나 국가를 위하여 존재하는 수단일 수 없다는 반전체주의를 천명한 것이고(반전체주의), iii) 국가와 국민에게 공히 존중해야 할 최고가치를 선언한 것으로서 국가와 개인을 구속하는 헌법원리로 존재함을 명시한 것이다(국가와 개인의 기속). 따라서 기본권을 제한하는 입법작용은 물론이고 일체의 국가행위는 인간의 존엄과 가치를 침해할 수 없으며, 어떤 개인의 기본권이라고 하더라도 다른 사람의 인간으로서의 존엄과 가치를 침해할 수 없다.

Ⅲ. 연 혁

인간의 존엄성을 존중하는 사상은 일찍이 18세기 자유주의사상의 영향을 받은 아메리카 독립선언(1776)과 프랑스 인권선언(1789)의 이념적 바탕을 이루어 근대 입헌주의 헌법의 근본가치로 자리를 잡아갔는데, 인간의 존엄을 명문화하는 작업은 제2차 세계대전 이후에 전쟁기간 중에 자행된 비인간적 만행에 대한 반성에서 본격적으로 나타났다. 국제연합헌장(1945), 세계인권선언(1948), 유럽인권협약, 고문방지협약, 집단학살방지및처벌협약 등 여러 국제법규범과 각국의 헌법들에서 인간의 존엄과 가치의 존중을 명시한 것이 그것이다. 예컨대 인간학살을 자행하였던 독일은 1949년의 독일연방헌법에서 「인간의 존엄성은 불가침이다. 이를 존중하고 보호하는 것이 모든 국가권력의 의무이다」(동헌법 §1①)라고 명시하였고, 일본국은 일본국헌법 제13조 제1항에서 「모든 국민은 개인으로서 존중된다」(동헌법 §13①)라고 규정하고, 제24조에서 「……법률은 개인의 존엄과 양성의 본질적 평등에 입각하여 제정되어야 한다」(동헌법 §24)라고 규정하고 있다. 우리나라도 1962년헌법에서 처음으로 명문화한 이래 현행 헌법에 이르기까지 이를 명문화하고 있다.

[163] 제2 법적 성격

Ⅰ. 기본권 보장의 이념적 기초

헌법 제10조에서 정하고 있는 인간의 존엄과 가치는 기본권보장의 대전제가 되는 이념적 기초를 의미하고 기본권보장을 지배하고 관통하는 최고원리이다. 이는 헌법상의 기본권이 인간 이외의 동물, 식물, 무생물 등 어떠한 존재에게도 인정되지 않는다는 것을 의미한다.

그리고 헌법 제10조의 「인간의 존엄과 가치」는 헌법상의 이념 또는 원리이고 구체적인 권리인 기본권이 아니기 때문에 위헌법률심판에서는 그 위반여부가 다투어질 수 있으나 헌법소원심판에서는 그 침해여부를 다툴 수 없다.

헌법재판소는 헌법소원심판에서 헌법 제10조의 인간의 존엄과 가치의 침해여부에 대하여 판단한 바가 있고(예: 憲 2000. 6. 1.-98헌마216), 장시간의 강제적인 계구착용행위가 인간의 존엄성을 침해한 것이라고 판시한 것도 있다(예: 憲 2003. 12. 18.-2001헌마163). 한국인 원폭피해자들의 배상청구권의 소멸여부를 "대한민국과 일본국 간의 재산 및 청구권에 관한 문제의 해결과 경제협력에 관한 협정" 제3조가 정한 절차에 따라 해결하지 않고 있는 부작위는 근원적인 인간으로서의 존엄과 가치의 침해와 직접 관련이 있다고 보았으며(憲 2011. 8. 30.-2008헌마648등), 또한 일본군위안부 피해자들이 일본에 대하여 가지는 배상청구권도 헌법상 재산권문제에 국한되지 않고 근원적인 인간으로서의 존엄과 가치의 침해와 직접 관련이 있다고 보았다(憲 2011. 8. 30.-2006헌마788). 그러나 이러한 것이 곧 독자적인 기본권으로서 「인간의 존엄과 가치권」을 인정하는 것인지는 분명하지 않다(憲 2011. 8. 30.-2006헌마788 참조).

> [憲 2000.6.1.-98헌마216] 「헌법 제10조에서 규정한 인간의 존엄과 가치는 헌법이념의 핵심으로, 국가는 헌법에 규정된 개별적 기본권을 비롯하여 헌법에 열거되지 아니한 자유와 권리까지도 이를 보장하여야 하며, 이를 통하여 개별 국민이 가지는 인간으로서의 존엄과 가치를 존중하고 확보하여야 한다는 헌법의 기본원리를 선언한 조항이다. 따라서 자유와 권리의 보장은 1차적으로 헌법상 개별적 기본권규정을 매개로 이루어지지만, 기본권제한에 있어서 인간의 존엄과 가치를 침해한다거나 기본권형성에 있어서 최소한의 필요한 보장조차 규정하지 않음으로써 결과적으로 인간으로서의 존엄과 가치를 훼손한다면, 헌법 제10조에서 규정한 인간의 존엄과 가치에 위반된다고 할 것이다. 이 사건 규정은 앞에서 보았듯이 국가유공자에 대한 보상금지급과 관련하여 기본권을 형

성하는 성질을 가지고 있으나, 그 내용상 최소한의 기본적 보상이나 사회보장을 하지 않아 인간으로서의 인격이나 본질적 가치를 훼손할 정도에 이른다고는 볼 수 없으므로 헌법 제10조의 인간의 존엄과 가치를 침해한다고 할 수 없다.」

[憲 2003.12.18.-2001헌마163] 「나아가 청구인은 이 사건 계구사용행위로 인하여 장기간 필요 이상으로 신체의 자유를 제한받음으로써 헌법상의 가장 기본적인 가치인 인간의 존엄성에 심대한 타격을 입은 것으로 볼 수 있다. 앞서 살펴본 바와 같이 청구인은 가장 기본적인 생리현상을 해결할 때마다 인간으로서의 기본적인 품위유지조차 어려운 생활을 장기간 강요당했으므로 그 자체로 인간의 존엄성을 훼손당한 것으로 볼 수 있다. 이에 대하여 피청구인들은 계구를 착용하는 모든 개별 수용자들이 필요로 할 때마다 계구를 해제하는 등의 조치를 취하는 것은 제한된 시설과 인력하에서 교도행정상 상당한 어려움이 있으며 이를 위하여 시설을 보완하고 감시를 강화하려면 많은 비용이 필요하므로 위와 같은 계구사용에 의한 피해는 불가피하다고 주장할 수도 있다. 그러나 시설이나 비용의 제한을 이유로 수용자들에게 비인간적인 생활을 강요하는 것은 헌법의 기본정신에 위반되며 인간의 존엄성을 침해하는 것으로 허용될 수 없다. 따라서 이 사건 계구사용행위는 기본권 제한을 최소화하면서도 도주, 자살 또는 자해의 방지 등과 같은 목적을 달성할 수 있음에도 불구하고 헌법 제37조 제2항에 정해진 기본권제한의 한계를 넘어 필요 이상으로 장기간, 그리고 과도하게 청구인의 신체거동의 자유를 제한하고 최소한의 인간적인 생활을 불가능하도록 하여 청구인의 신체의 자유를 침해하고, 나아가 인간의 존엄성을 침해한 것으로 판단된다.」

[憲 2011.8.30.-2008헌마648등] 「한국인 원폭피해자들의 일본국 및 일본기업에 대한 배상청구는 일본인 원폭피해자들과는 달리 침략전쟁을 위한 징병·징용 등 불법동원에 의하여 피폭지인 일본에 강제로 체류하게 되었다가 피폭을 당하고, 피폭 후에도 일본 자국민들과는 달리 구호조치나 보호조치를 받지 못하고 방치됨으로써 피해가 확대된 데 대하여 침략전쟁국이자 비인도적 차별국으로서의 일본에게 책임을 묻는 것이다. 한국인 원폭피해자의 문제를 제기할 때 위와 같은 특수성을 도외시한 채 히로시마와 나가사키에 투하된 원폭의 피해자, 희생자들 모두의 공통점만을 강조하는 것은 원폭투하의 원인이 되었던 일본의 침략전쟁과 이에 수반된 각종 범죄적 행위에 대하여 일본이 가해자로서의 책임을 망각하고 회피하는 길을 터주는 것이며, 피폭을 당하게 된 경위 및 그 이후의 차별과 배제의 과정 속에서 이중, 삼중으로 고통을 겪었던 피해자들을 적절히 구제하지 못하는 길이다. 이와 같이 불법적인 강제징용 및 징병에 이어 피폭을 당한 후 방치되어 몸과 마음이 극도로 피폐해진 채 비참한 삶을 영위하게 된 한국인 원폭피해자들이 일본에 대하여 가지는 배상청구권은 단지 헌법상의 재산권문제일 뿐만이 아니라, 그 배상청구권의 실현은 무자비하고 불법적인 일본의 침략전쟁 수행과정에서 도구화되고 피폭 후에도 인간 이하의 극심한 차별을 받음으로써 침해된 청구인들의 인간으로서의 존엄과 가치를 회복한다는 의미를 가지는 것이므로, 그 배상청구권의 실현을 가로막는 것은 헌법상 재산권문제에 국한되지 않고 근원적인 인간으로서의 존엄과 가치의 침해와 직접 관련이 있다.」 이 사건에서 다수의견은 대한민국이 「대한민국과 일본국 간의 재산 및 청구권에 관한 문제의 해결과 경제협력에 관한 협정」(1965. 6. 22. 체결, 조약 제172호)

第3조에서 정한 분쟁해결절차로 나아가야 할 작위의무를 이행하지 않아 원폭피해자의 기본권을 침해한다고 법리를 구성하고 있으나, 소수의견은 그러한 작위의무가 발생하지 않는다는 견해이다.

II. 기본권의 도출

인간의 존엄과 가치라는 것이 그 자체 기본권은 아니다(인간의 존엄과 가치권의 부인. 동지: 계희열b, 207, 반대: 김철수a, 507; 성낙인, 394). 그러나 이러한 원리에서 구체적인 기본권을 도출할 수는 있다. 헌법의 기본권 보장규정에서 정하고 있는 개별적 기본권은 예시적으로 명기되어 있는 것이므로 이러한 기본권 이외에 인간의 존엄과 가치를 실현하는데 필요한 헌법적 수준의 권리는 헌법 第10조와 第37조 第1항을 근거로 하여 기본권으로 포섭된다. 이러한 경우에 도출되는 기본권은 구체적인 내용을 가지고 있어야 하며 헌법이 개별적 기본권으로 명시하고 있지 아니한 것이어야 한다.

이러한 경우에 헌법 第10조에서 도출된 구체적인 기본권이 침해된 경우에는 헌법소원심판절차를 통하여 다툴 수 있다.

헌법 第10조는 인간의 존엄과 가치를 정함과 동시에 행복을 추구할 권리를 정하고 있어 헌법해석상 이 둘의 관계가 문제가 된다. 뿐만 아니라 헌법 第34조 第1항의 인간다운 생활을 할 권리도 그 의미와 내용을 확대할 경우에는 인간의 존엄과 가치나 행복추구권과 내용에서 일치할 수 있기 때문에 이들간의 해석이 문제가 된다. 무엇보다 지적해 둘 것은 기본권 보장의 이념적 기초가 되는 원리가 아닌 이상 이러한 추상적인 개념으로 기본권의 형태를 정한 것이 근본적인 문제라는 것이다. 다만, 현재의 규정을 놓고 해석을 하자면, 헌법 第34조 第1항은 개별적 기본권의 보장으로 그 의미를 축소하여 해석하여야 하고, 행복추구권도 인간의 삶에서의 第1원리를 이루는 행복추구의 원리에 해당하기 때문에 원리적인 규정이다. 그러나 가치를 정하는 원리규정에서도 개별적 기본권을 도출할 수 있기 때문에 인간의 존엄과 가치에서 도출되는 개별적 기본권과 행복추구권에서 도출되는 개별적 기본권이 동일할 수 있다. 행복추구권의 보장을 행복추구원리의 보장으로 보면, 특별한 사정이 없는 한 이에서 도출되는 개별적 기본권을 인간의 존엄과 가치 및 행복추구를 함께 근거로 삼는 것이 타당하다([170] II). 이 책에서도 이러한 전제하에서 인간의 존엄과 가치 또는 행복추구에서 도출되는 개별적 기본권을 서술하기로 한다. 따라서 이러한 경우에 도출되는 기본권은 인간의 존엄과 가치에서 도출되는 개별적 기본권과 행복추구권에서 도출되는 개별적 기본권을 특별히 구별하여야 할 필요가 없는 한 헌법 第10조와 第37조 第1항을 근거로 하여 도출되는 기본권이다.

[164] 第3 주 체

인간으로서의 존엄과 가치는 모든 인간에게 고유한 가치로 간주되는 인격주체성을 의미하므로 대한민국 국적을 가진 국민만이 아니고 외국인과 무국적자에게도 적용된다. 인간인 이상 성별, 연령, 피부색, 국적, 종교, 행위능력유무, 의사능력유무 등과 상관없이 인간으로서의 존엄과 가치가 인정된다.

인간인 이상 살아 있는 인간 존재는 물론이고 사망한 인간 존재에도 인정된다. 사망자의 경우에는 살아 있는 인간과 달리 존엄과 가치가 보호되는 범위가 한정된다. 그 범위의 결정에는 해당 공동체의 문화가 큰 영향을 미친다.

헌법재판소는 선조의 분묘에 대한 자손의 수호·봉사권은 헌법 제10조에서 파생되는 헌법상 권리라고 보기 어렵다고 판시하였다(憲 2008. 2. 28.-2005헌바7).

그러나 인간으로서의 존엄과 가치를 지니는 인간은 정신(精神)-심령(心靈)-신체(身體)의 통일체인 자연인을 의미하므로 법인에게는 적용되지 아니한다. 이런 점에서 법원의 사죄광고명령제도를 법인의 인격권을 침해한 것이라고 판시한 것(憲 1991. 4. 1.-89헌마160), 방송통신위원회가 방송사업자에 대하여 '시청자에 대한 사과'를 명하는 조치를 법인인 방송사업자의 인격권을 침해하는 것이라고 판시한 것(憲 2012. 8. 23.-2009헌가27), 선거기사심의위원회가 불공정한 선거기사를 보도하였다고 인정한 언론사에 대하여 언론중재위원회를 통하여 사과문을 게재할 것을 명하는 것과 해당 언론사의 사과문 미게재시 형사처벌하는 것이 언론사의 인격권을 침해하는 것이라고 판시한 것(憲 2015. 7. 30.-2013헌가8)에 대해서는 동의하기 어렵다.

여기서 법인의 기본권 주체성이 문제가 된다. 인간의 존엄과 가치가 기본권보장의 이념적 기초이고 최고원리로 작용하는 것이라면 법인의 기본권이 어떻게 설명될 수있는가 하는 문제가 제기된다. 법인의 기본권은 본질적으로 법인 그 자체의 기본권을 보장하는 것이지만, 법인의 구성원의 기본권을 보장하는데 기여하는 이상 인간의 존엄과 가치도 이의 이념적 기초가 된다. 다만, 법인의 재산권과 같이 그 구성원의 기본권과 관련이 없는 것인 경우에는 법인이 그 자체 법기술적인 개념이고 법인의 기본권을 인정하는 것은 이러한 법기술적인 개념에 필연적으로 따라오는 귀결로 인정되는 것이므로 이러한 경우의 법인의 기본권 보장은 법적 필요성에 의하여 인정하는 것이지 인간의 존엄과 가치를 실현하기 위하여 인정하는 것은 아니다.

[憲 1991.4.1.-89헌마160] 「사죄광고란 양심의 자유에 반하는 굴욕적인 의사표시를 자기의 이름으로 신문·잡지 등 대중매체에 게재하여 일반 세인에게 널리 광포하는 것이다. 이러한 굴욕적인 내용을 온 세상에 광포하면서도 그것이 소송의 성질상 형식적 형성의 소에 준하는 것임에 비추어 그 구체적 내용이 국가기관에 의하여 결정되는 것이며 그럼에도 불구하고 마치 본인의 자발적 의사형성인 것 같이 되는 것이 사죄광고이며 또 본인의 의사와는 무관한 데도 본인의 이름으로 이를 대외적으로 표명되게 되는 것이 그 제도의 특질이다. 따라서 사죄광고 과정에서는 자연인이든 법인이든 인격의

자유로운 발현을 위해 보호받아야 할 인격권이 무시되고 국가에 의한 인격의 외형적 변형이 초래되어 인격형성에 분열이 필연적으로 수반되게 된다. 이러한 의미에서 사죄광고제도는 헌법에서 보장된 인격의 존엄과 가치 및 그를 바탕으로 하는 인격권에 큰 위해도 된다고 볼 것이다.」

[憲 2012.8.23.-2009헌가27] 「이 사건 심판대상조항은 법인인 방송사업자에 대하여 그 의사에 반하여 시청자에 대한 사과를 할 것을 강제하고 있는 바 이로 인해 제한되는 기본권에 관하여 살펴본다. 우리 헌법은 법인 내지 단체의 기본권 향유능력에 대하여 명문의 규정을 두고 있지는 않지만 본래 자연인에게 적용되는 기본권이라도 그 성질상 법인이 누릴 수 있는 기본권은 법인에게도 적용된다. 이 사건 심판대상조항에 의한 '시청자에 대한 사과'는 사과여부 및 사과의 구체적인 내용이 방송통신위원회라는 행정기관에 의해 결정됨에도 불구하고 마치 방송사업자 스스로의 결정에 의한 사과인 것처럼 그 이름으로 대외적으로 표명되고, 이는 시청자 등 국민들로 하여금 방송사업자가 객관성이나 공정성 등을 저버린 방송을 했다는 점을 스스로 인정한 것으로 생각하게 만듦으로써 방송에 대한 신뢰가 무엇보다 중요한 방송사업자의 사회적 신용이나 명예를 저하시키고 법인격의 자유로운 발현을 저해한다. 법인도 법인의 목적과 사회적 기능에 비추어 볼 때 그 성질에 반하지 않는 범위 내에서 인격권의 한 내용인 사회적 신용이나 명예 등의 주체가 될 수 있고 법인이 이러한 사회적 신용이나 명예 유지 내지 법인격의 자유로운 발현을 위하여 의사결정이나 행동을 어떻게 할 것인지를 자율적으로 결정하는 것도 법인의 인격권의 한 내용을 이룬다고 할 것이다. 그렇다면 이 사건 심판대상조항은 방송사업자의 의사에 반한 사과행위를 강제함으로써 방송사업자의 인격권을 제한하는바, 이러한 제한이 그 목적과 방법 등에 있어서 헌법 제37조 제2항에 의한 헌법적 한계 내의 것인지 살펴본다.……따라서 이 사건 심판대상조항은 과잉금지원칙에 위배되어 방송사업자의 인격권을 침해한다.」

[165] 제4 내 용

Ⅰ. 인간성 부정행위의 금지

(1) 인간의 물적취급 금지

인간을 인격적인 존재로 보지 않고 동물이나 물건처럼 취급하는 것, 예컨대 인신매매행위, 입양아의 상업적 중개행위, 인종차별, 인간을 실험의 대상으로 삼는 행위, 가혹행위와 고문 등을 통한 인격의 침해, 초상의 악용, 강제적 단종(斷種) 및 단산(斷産), 집단학살, 노예 또는 농노 취급, 인체에 화인 내지 특정한 표지를 하는 행위, 가혹한 강제노동 등은 인간의 존엄과 가치를 부정하는 것이어서 금지되고(동지: 허영a, 326), 당사자의 동의 없는 거짓말탐지기의 사용이나 최면술의 적용도 금지되며(동지: 계희열b, 200), 도청행위와 국외추방도 금지된다. 이러한 법리에 따를 때, 인간을 권력의 단순한 지배객체로 보고 국가목적을 달성하기 위한 수단으로 이용하는 모든 공권력작용도 허용되지 않는다(동지: 허영a, 326).

(2) 인간복제의 금지

인간의 복제는 인간의 정체성을 부정하는 행위일 뿐 아니라 한 개체로서의 고유한 존엄과 가치를 부정하는 것이기 때문에 헌법 제10조에 위반된다(동지: 권영성, 379). 인간복제만 금지되는 것이 아니라 인간복제를 위한 실험의 착수도 금지된다.

「생명윤리 및 안전에 관한 법률」은 i) 인간을 복제하기 위하여 체세포복제배아 및 단성생식배아를 자궁에 착상 · 유지 또는 출산하는 행위를 금지하고 있고(동법 §20), ii) 인간의 배아를 동물의 자궁에 착상시키거나 동물의 배아를 인간의 자궁에 착상시키는 행위를 금지하고 있다(동법 §21). iii) 임신 외의 목적으로 배아를 생성하는 행위, 특정의 성을 선택할 목적으로 난자와 정자를 선별하여 수정시키거나, 사망한 자 또는 미성년자(혼인한 미성년자는 제외)의 난자와 정자로 수정시키는 행위 및 매매의 목적으로 난자 또는 정자를 제공하는 행위 등을 금지하고 있으며(동법 §23), iv) 희귀 · 난치병의 치료를 위한 연구목적 외에는 체세포핵이식행위 또는 단성생식행위를 금지하며, 치료를 위한 연구의 종류 · 대상 및 범위는 국가생명윤리심의위원회의 심의를 거쳐 대통령령으로 정하도록 하고 있다(동법 §31).

(3) 낙 태

낙태가 인간의 존엄과 가치를 부정하는 것인가 하는 문제에 대해서는 논란이 있다. 이 문제는 보다 직접적으로는 생명권의 문제로 다루어진다([184] I (2)(b)).

(4) 안 락 사

인간이 당시의 의학적 지식으로는 회복할 가능성이 거의 없고 감내하기 어려운 통증으로 고통을 당하는 경우에 인위적으로 자연사(自然死)의 시기보다 앞당겨 죽게 하는 것이 허용되는가 하는 문제가 안락사(安樂死)의 문제로 다투어진다. 이 문제도 보다 직접적으로는 생명권의 문제로 다루어진다([184] I (2)(c)).

II. 도출되는 개별적 기본권

(1) 일반적 행동자유권

(a) 개 념

헌법 제10조의 인간의 존엄과 가치로부터는 인간이 자기가 원하는 바에 따라 행동할 자유를 도출할 수 있다. 이러한 행동의 자유에 대한 권리를 일반적 행동자유권(一般的 行動自由權 allgemeine Handlungsfreiheit)이라고 한다. 이러한 일반적 행동의 자유에는 적극적으로 어떤 행동을 하거나 소극적으로 아무런 행동도 하지 않을 자유가 포함된다(예: 憲 1991. 6. 3.-89헌마204).

(b) 근 거

일반적 행동의 자유는 헌법에서 명시하든 하지 않든 인간에게 자연적이고 본질적인 속성으로 인정되는 것이므로 헌법상의 기본권으로 인정된다. 개별적 기본권도 일반적 행동자유권에 해당하는 일정한 유형의 행동을 보장하고 있는 것이므로 일반적 행동의 자유는 개별적 기본권의 행사의 기초가 된다. 헌법에서 개별적 기본권으로 보장하는 일반적 행동자유권은 다른 조항에서 개별적 기본권으로 보장하는 행동의 자유를 제외한 행동의 자유이다. 따라서 현행 헌법해석상 일반적 행동자유권은 헌법 제10조와 제37조 제1항에 근거하여 인정되는 개별적 기본권이다.

헌법재판소도 일반적 행동자유권을 헌법 제10조와 헌법 제37조 제1항을 근거로 하여 인정하고 있다(예: 憲 1991. 6. 3.-89헌마204; 1995. 7. 21.-93헌가14; 1997. 11. 27.-97헌바10; 1998. 5. 28.-96헌가5; 1998. 10. 29.-97헌마345; 2000. 6. 1.-98헌마216; 2002. 1. 31.-2001헌바43; 2006. 7. 27.-2005헌마277; 2008. 4. 24.-2006헌마954).

> 헌법재판소는 일반적 행동자유권을 행복추구권에서 도출되는 기본권으로 구성하고 있으나, 헌법 제10조의 인간의 존엄과 가치의 보장이 행복추구의 원리를 포함하고 있으므로 인간의 존엄과 가치에서 도출되든 행복추구권에서 도출되든 헌법규범적 의미와 내용은 마찬가지이다.
>
> [憲 2003.10.30.-2002헌마518] 「헌법 제10조 전문은 모든 국민은 인간으로서의 존엄과 가치를 지니며, 행복을 추구할 권리를 가진다고 규정하여 행복추구권을 보장하고 있고, 행복추구권은 그의 구체적인 표현으로서 일반적인 행동자유권과 개성의 자유로운 발현권을 포함한다(憲 1991. 6. 3.-89헌마204; 1998. 5. 28.-96헌가5; 1998. 10. 29.-97헌마345). 일반적 행동자유권은 개인이 행위를 할 것인가의 여부에 대하여 자유롭게 결단하는 것을 전제로 하여 이성적이고 책임감 있는 사람이라면 자기에 관한 사항은 스스로 처리할 수 있을 것이라는 생각에서 인정되는 것이다. 일반적 행동자유권에는 적극적으로 자유롭게 행동을 하는 것은 물론 소극적으로 행동을 하지 않을 자유, 즉 부작위의 자유도 포함되며, 포괄적인 의미의 자유권으로서 일반조항적인 성격을 가진다(憲 1991. 6. 3.-89헌마204; 1995. 7. 21.-93헌가14; 1997. 11. 27.-97헌바10; 2000. 6. 1.-98헌마216). 즉 일반적 행동자유권은 모든 행위를 할 자유와 행위를 하지 않을 자유로 가치 있는 행동만 그 보호영역으로 하는 것은 아닌 것으로, 그 보호영역에는 개인의 생활방식과 취미에 관한 사항도 포함되며, 여기에는 위험한 스포츠를 즐길 권리와 같은 위험한 생활방식으로 살아갈 권리도 포함된다.」

(c) 내 용

일반적 행동자유권에는 개별적 기본권에서 보장되는 행동의 자유를 제외한 일체의 행동의 자유가 포함된다. 잠을 자거나 자지 않을 자유, 음식을 먹거나 먹지 않을 자유, 생리적 작용에 의한 각종의 행동, 경제적 활동의 자유, 공무원의 부업행위(강연, 주식투자, 사업투자 등),

공로에서의 기부금의 모집, 계약의 자유 등이 포함된다. 이러한 일반적 행동 가운데 신체활동의 자유에 해당하는 것은 헌법 제12조에 의해 보장된다. 해외여행의 자유도 이러한 일반적 행동의 자유에 해당하지만, 헌법은 제14조의 거주 · 이전의 자유로 이를 보호하고 있으므로 개별적 기본권으로 따로 보호를 받는 경우에는 헌법 제10조와 제37조 제1항에 근거한 일반적 행동자유권으로는 보호받지 않는다.

헌법재판소는 계약의 자유와 계약자유의 원칙이 헌법 제10조에 근거하는 일반적 행동자유권으로부터 파생하는 것이라고 판시하였다(예: 憲 1991. 6. 3.-89헌마204; 1998. 5. 28.-96헌가5; 1998. 10. 29.-97헌마345; 2001. 2. 22.-99헌마365; 2002. 1. 31.-2000헌바35). 차량운행중 좌석안전띠를 착용하게 하도록 법률로 정하는 것은 일반적 행동자유권을 침해하는 것이 아니라고 판시하였다(예: 憲 2003. 10. 30.-2002헌마518). 기부금품의 모집행위는 행복추구권에서 파생되는 일반적 행동자유권에 의하여 인정된다고 판시하였다(예: 憲 1998. 5. 28.-96헌가5. 대법원의 판례도 동일하다. 大 1999. 7. 23.-99두3690). 소비자가 물품 및 용역의 구입 · 사용에 있어서 거래의 상대방, 구입장소, 가격, 거래의 조건 등을 자유로이 선택할 권리는 일반적 행동자유권이 아니라 소비자의 행복추구권에서 파생된 자기결정권이라고 판시하였다(예: 憲 1996. 12. 26.-96헌가18). 미성년자의 당구장출입을 법률로서 금지하는 것은 행복추구권의 한 내용인 일반적 행동자유권의 침해가 된다고 판시하였다(예: 憲 1993. 5. 13.-92헌마80). 사립학교를 설립한 설립자가 사립학교를 자유롭게 운영할 자유는 헌법 제10조에서 보장하는 일반적 행동의 자유와 헌법 제31조 제1항의 교육을 받을 권리, 헌법 제31조 제4항의 교육의 자주성 · 전문성 · 정치적 중립성 및 대학의 자율성에 의하여 보장된다고 판시하였다(예: 憲 2001. 1. 18.-99헌바63). 마약류사범에게 마약류반응검사를 하기 위하여 소변을 받아 제출하게 하는 것은 일반적 행동자유권을 침해하는 것이 아니라고 판시하였다(憲 2006. 7. 27.-2005헌마277). 음주운전을 방지하기 위하여 차량운전자에 대하여 음주측정을 하는 것은 일반적 행동자유권을 침해하는 행위가 아니며(예: 憲 1997. 3. 27.-96헌가11), 이러한 음주측정(飮酒測定)은 술에 취한 상태에서 자동차 등을 운전하였다고 인정할 만한 상당한 이유가 있는 때뿐만 아니라 검문지점을 설치하고 그 곳을 통행하는 불특정 다수의 자동차를 정지시켜 운전자의 음주 여부를 점검하는 경우도 기본권제한에 요구되는 헌법상의 과잉금지원칙에 위반되지 않는 한 허용된다고 본다(예: 憲 2004. 1. 29.-2002헌마293). 그리고 음주운전을 3회한 경우에 운전면허가 필요적으로 취소되도록 법률로 정하는 것과(예: 憲 2006. 5. 25.-2005헌바91) 경찰공무원의 음주측정요구에 불응한 운전자에 대하여 형벌로 처벌하거나(예: 憲 1997. 3. 27.-96헌가11) 면허를 취소하는 조치를 하는 것도 헌법상 허용된다고 본다(예: 憲 2004. 12. 16.-2003헌바 87; 2007. 12. 27.-2005헌바95). 일반적 행동자유권에는 개인의 생활방식과 취미에 관한 사항도 포함되고, 여기에는 위험한 스포츠를 즐길 권리도 포함된다고 판시하였다(예: 憲 2003. 10. 30.-2002헌마518; 2008. 4. 24.-2006헌마954). 서울시 세종로에 있는 서울광장에서 일체의 집회를 금지하고 일반시민들의 통행도 전면적으로 금지하는 경찰의 통행제지행위는 당시 상황으로 보아 이를 정당화할 수 있는 이유가 충분하지 아니하여 일반적 행동자유권을 침해하는 것이라고 판시하였다(憲 2011. 6. 30.-2009헌마406). 아동·청소년대상 성범죄자의 신상정보를 등록하게 하고, 그 중 사진의 경우에는 1년마다 새로 촬영하여 제출하게 의무를 부과하고 정당한 사유 없이 사진제출의무를 위반한 경우 형사처벌을 하도록 한 것이 일반적 행동의 자유를 침해하는 것은 아니라고 보았다(憲 2015. 7. 30.-2014헌바257). 긴급자동차를 제외한 이륜자동차의 자동차 전용도로 통행을 금지하고 이를 위반한 경우 처벌하는 도로교통법 규정은 통행의 자유(일반적 행동의 자유)를 침해한다고 볼 수 없다(憲 2015. 9. 24.-2014헌바291). 거짓이나 그 밖의 부정한 수단으로 운전면허를 받은 경우 '부정 취득한 운전면허'(예: 1종 보통)만이 아니라 모든 범위의 운전면허(예: 1종 보통, 1종 특수, 1종 대형 등)를 필요적으로 취소하도록 한 것은, 과잉금지원칙에 반하여 일반적 행동의 자유 또는 직업의 자유를 침해한다고 하였다(憲 2020. 6. 25.-2019헌가9등).

[憲 1991.6.3.-89헌마204] 「헌법 제10조 전문은……여기의 행복추구권 속에 함축된 일반적인 행동자유권과……일반적 행동자유권에는 적극적으로 자유롭게 행동을 하는 것은 물론 소극적으로 행동을 하지 않을 자유 즉 부작위의 자유도 포함되는 것으로, 법률행위의 영역에 있어서는 계약을 체결할 것인가의 여부, 체결한다면 어떠한 내용의, 어떠한 상대방과의 관계에서, 어떠한 방식으로 계약을 체결하느냐 하는 것도 당사자 자신이 자기의사로 결정하는 자유뿐만 아니라 원치 않으면 계약을 체결하지 않을 자유 즉 원치 않는 계약의 체결은 법이나 국가에 의하여 강제받지 않을 자유인 이른바 계약자유의 원칙도, 여기의 일반적 행동자유권으로부터 파생되는 것이라 할 것이다. 이는 곧 헌법 제119조 제1항의 개인의 경제상의 자유의 일종이기도 하다.」

(2) 자기결정권

(a) 개 념

개인이 자유의지에 의하여 자유롭게 자기의 운명을 결정할 수 있는 권리를 자기결정권(自己決定權)이라고 한다. 공동체와 국가가 존재하기 이전에 개인은 자기의 인생을 자기마음대로 살며 자신의 행복을 추구하는 것이 인간존재와 삶의 가장 기본적인 요소인데, 자기결정은 이러한 것을 보장하는 자연적인 권리이다.

(b) 근 거

자기결정권은 헌법이나 공동체가 존재하든 하지 않든 실정법에서 정하고 있든 그렇지 않든 이에 무관하게 인간의 본질상 자명하게 인정되는 것이므로 실정헌법에서도 굳이 이를 명문의 규정으로 정하고 있지 않다. 그러나 실정헌법의 해석을 통하여 이를 도출하고자 하는 경우에는 그 근거규정을 확정할 필요가 있는데, 헌법 제10조와 제37조

제1항이 그 근거가 된다고 할 것이다. 따라서 우리 헌법에서도 자기결정권은 헌법상의 권리로 인정된다.

자기결정에 해당하는 사항 가운데는 사생활의 비밀이나 자유, 생명권, 신체의 자유, 통신의 비밀과 자유 등 헌법의 다른 규정에 의하여 보호되는 경우도 있는데, 이러한 경우도 해당 영역에서의 자기결정권을 보장하고 있는 것이다.

(c) 내 용

자기결정권에는 자기의 생명 · 신체의 처분에 대한 결정권(예: 자살, 안락사, 치료거부), 생활스타일(life style)에 대한 결정권(예: 의복, 두발형태), 가족의 형성 · 유지에 관한 결정권(예: 혼인, 별거, 이혼)과 성행위여부 및 그 상대방을 결정할 수 있는 성적자기결정권(性的自己決定權)이 포함되어 있다. 출산과 관련된 결정(예: 임신, 출산, 임신중절)에 관해서는 자기만의 결정영역인지 아니면 배우자의 권한도 포함되어 있는지에 대하여 논란이 있다.

헌법재판소는 간통죄 및 혼인빙자간음죄와 관련하여 성적 자기결정권을 인정한 바 있고(예: 憲 1990. 9. 10.-89헌마82; 1997. 7. 16.-95헌가6등; 2001. 10. 25.-2000헌바60; 2002. 10. 31.-99헌바40등; 2008. 10. 30.-2007헌가17; 2009. 11. 26.-2008헌바58; 2015. 2. 26.-2009헌바17), 인수자가 없는 시체를 생전의 본인의 의사와는 무관하게 해부용 시체로 제공될 수 있도록 한 것을 위헌이라고 결정함으로써 시체의 처분에 대한 자기결정권을 인정하였다(憲 2015. 11. 26.-2012헌마940).

헌법 제10조에 의하여 인정되는 자기결정권은 권리를 인정하는 것이면서 동시에 자기결정권의 한계의 논리로 자기결정에 따른 책임은 자기가 진다는 「자기책임원리」(自己責任原理)를 포함하고 있는 것이기도 하다.

자기결정에 따른 것에 대한 자기책임원리는 자기가 결정한 결과와 그에 관련된 부분에 대해서는 자기가 책임을 진다는 것과 반대로 자기가 결정하지 않은 것이나 자기가 결정할 수 없는 것에 대해서는 법적 책임을 지지 않는다는 것을 포함한다(예: 憲 2004. 6. 24.-2002헌가27; 2009. 10. 29.-2008헌바146등). 자신의 범죄에 대해서만 형벌의 책임을 지는 형벌책임주의는 이러한 자기책임원리에 의한 것인 동시에 죄형법정주의의 내용을 이룬다([198] II(7)).

[憲 2009.10.29.-2008헌바146등] 「헌법 제10조가 정하고 있는 행복추구권에서 파생되는 자기결정권 내지 일반적 행동자유권은 이성적이고 책임감 있는 사람의 자기 운명에 대한 결정 · 선택을 존중하되 그에 대한 책임은 스스로 부담하는 것을 전제로 한다. 자기책임의 원리는 이와 같이 자기결정권의 한계논리로서 책임부담의 근거로 기능하는 동시에, 자기가 결정하지 않은 것이나 결정할 수 없는 것에 대하여는 책임을 지지 않고, 책임부담의 범위도 스스로 결정한 결과 내지 그와 상관관계가 있는 부분에 국한됨을 의미하는 책임의 한정원리로 기능한다.」

(d) 구체적 문제

자기결정의 문제는 국가와 사회의 관계로 보면 자율을 속성으로 하는 사회영역에 해당하는 것이고, 시장과 정부의 관계로 보면, 자율을 바탕으로 하고 있는 시장영역에 해당하는 것이다. 여기서 문제가 되는 것으로 안전띠 착용이나 인명보호장구(예: 안전모자) 착용의 강제, 국민연금가입의 강제 등이 있다.

(i) 안전띠 등의 착용 강제 도로교통법은 자동차 운전자의 좌석안전띠 착용과 이륜자동차 및 원동기장치자전거의 운전자에게 인명보호장구의 착용을 강제하고(동법 §50 ①, ③) 이를 어긴 경우에 벌금 또는 구류, 과료를 부과하는데(동법 §156), 이것이 개인의 운명결정에 대한 국가의 과도한 후견주의적 개입이고 개인의 자유와 시장의 자율을 침해하는 것이라고 보면(국가와 시장간의 관계를 어떻게 볼 것인가 하는 문제), 헌법상의 과잉제한금지원칙에 위반하여 자기결정권을 침해한 것이 된다. 헌법재판소는 법률로 안전띠의 착용을 강제하는 것은 일반적 행동자유권을 과도하게 제한하는 것이 아닐뿐더러 인간의 존엄과 가치, 사생활의 비밀과 자유, 양심의 자유를 침해하는 것도 아니라고 하여 헌법에 위반되지 않는다고 결정하였다(예: 憲 2003. 10. 30.-2002헌마518).

> [憲 2003.10.30.-2002헌마518] 「우리 헌법질서가 예정하는 인간상은 "자신이 스스로 선택한 인생관·사회관을 바탕으로 사회공동체 안에서 각자의 생활을 자신의 책임 아래 스스로 결정하고 형성하는 성숙한 민주시민"(憲 1998. 5. 28.-96헌가5; 2000. 4. 27.-98헌가16 등)인바, 이는 사회와 고립된 주관적 개인이나 공동체의 단순한 구성분자가 아니라, 공동체에 관련되고 공동체에 구속되어 있기는 하지만 그로 인하여 자신의 고유가치를 훼손당하지 아니하고 개인과 공동체의 상호연관 속에서 균형을 잡고 있는 인격체라 할 것이다. 헌법질서가 예정하고 있는 이러한 인간상에 비추어 볼 때, 인간으로서의 고유가치가 침해되지 않는 한 입법자는 사회적 공동생활의 보존과 육성을 위하여 주어진 상황에서 일반적으로 기대할 수 있는 범위 내에서 개인의 일반적 행동자유권을 제한할 수 있는바, 운전자가 좌석안전띠를 착용하여야 하는 의무는 이러한 범위 내에 있다 할 것이다. 헌법 제34조 제6항은 "국가는 재해를 예방하고 그 위험으로부터 국민을 보호하기 위하여 노력하여야 한다"라고 규정하고 있다. 국민의 일상생활에 필수적인 것이 된 복잡한 교통상황과 교통사고의 현황에 비추어 볼 때, 국민의 보호를 위하여 국가가 좌석안전띠착용을 의무화하여 교통사고로 인한 국민의 생명 또는 신체에 대한 위험과 장애를 방지·제거하고 사회적 부담을 줄일 필요성이 있으며, 또한 이러한 국가의 개입은 운전자로서도 예측가능하다. 일반교통에 사용되고 있는 도로는 국가와 지방자치단체가 그 관리책임을 맡고 있는 영역으로 다른 운전자 및 보행자 등의 이익 및 공동체의 이익과 관련된 영역이므로, 도로에서 좌석안전띠를 매지 않고 운전할 자유는 다른 영역에서 이루어지는 위험한 스포츠를 즐기는 행위 등과 똑같게 평가될 수 없다. 좌석안전띠를 매지 않는 행위는 그로 인하여 받을 위험이나 불이익을 운전자 스스로 회피하지 못하고 매우 큰 사회적 부담을 발생시키는 점, 좌석안전띠를 매지 않고 운전하는 행위에 익숙해진다고 하여 위험이 감소하지도 않는다는 점, 동승자의 피해를 증가시키는 점 등에 비추어 볼 때, 운전

자 자신뿐만이 아니라 사회공동체 전체의 이익에 해를 끼치고 있으므로 국가의 개입이 정당화된다.……좌석안전띠를 매지 않은 행위에 대하여 손해배상액의 산정 및 보험관련법상의 불이익만을 가할 것인지, 형사적 제재도 가할 것인지의 여부 및 형사적 제재방법의 선택은 기본적으로 입법권자의 의지 즉, 입법정책의 문제로서 입법권자의 입법형성의 자유에 속한다.……일반교통에 사용되고 있는 도로는 국가와 지방자치단체가 그 관리책임을 맡고 있는 영역이며, 수많은 다른 운전자 및 보행자 등의 법익 또는 공동체의 이익과 관련된 영역으로, 그 위에서 자동차를 운전하는 행위는 더 이상 개인적인 내밀한 영역에서의 행위가 아니다. 또한 자동차를 도로에서 운전하는 중에 좌석안전띠를 착용할 것인가의 여부의 생활관계가 개인의 전체적 인격과 생존에 관계되는 '사생활의 기본조건'이라거나 자기결정의 핵심적 영역 또는 인격적 핵심과 관련된다고 보기 어렵다. 그렇다면 운전할 때 운전자가 좌석안전띠를 착용하는 문제는 더 이상 사생활영역의 문제가 아니어서 사생활의 비밀과 자유에 의하여 보호되는 범주를 벗어난 행위라고 볼 것이므로, 이 사건 심판대상조항들은 청구인의 사생활의 비밀과 자유를 침해하는 것이라 할 수 없다.……자동차를 운전하며 좌석안전띠를 맬 것인지의 여부에 대하여 고민할 수는 있겠으나, 그 고민 끝에 제재를 받지 않기 위하여 어쩔 수 없이 좌석안전띠를 매었다 하여 청구인이 내면적으로 구축한 인간양심이 왜곡 · 굴절되고 청구인의 인격적인 존재가치가 허물어진다고 할 수는 없다. 따라서 운전 중 운전자의 좌석안전띠착용은 양심의 자유의 보호영역에 속하지 아니하므로 이 사건 심판대상조항들은 청구인의 양심의 자유를 침해하는 것이라 할 수 없다.……운전 중 좌석안전띠의 착용은 운전자에게 정신적 · 육체적으로 경미한 부담을 가하는 것에 불과하므로 인간으로서의 인격적 주체성을 박탈한다거나 인간의 존귀성을 짓밟는 것이라고는 할 수 없다. 더욱이 교통사고로 야기될 생명 · 신체에 대한 위험과 손해의 방지라는 절실한 공익목적을 위한 제약이라는 점을 생각하면 이 사건 심판대상조항들이 인간의 존엄과 가치를 침해하는 것이라고 볼 수 없다.」

(ii) **국민연금가입의 강제** 국민연금법은 일정한 연령의 국민을 국민연금에 강제로 가입하게 하고 연금보험료를 강제로 징수하며, 보험관계의 내용을 법률로 정하게 하고 있는데, 개인이 자신의 미래를 어떻게 설계하고 준비하는가 하는 사항은 개인의 자기결정의 문제이고 이는 시장에 맡겨놓아야 한다고 보면, 국가가 법률로 이러한 강제를 하는 것은 자기결정권의 침해로 위헌이 된다는 결론에 이른다.

헌법재판소는 현행 국민연금제도는 헌법 제34조 제1항, 제2항, 제5항을 구체화하고 있는 것으로서 합헌이라고 본다(예: 憲 2001. 2. 22.-99헌마365; 2001. 4. 26.-2000헌마390; 2004. 6. 24.-2002헌바15; 2007. 4. 26.-2004헌가29등). 그리고 국민연금가입자의 범위에 60세 이상인 자를 제외한 것도 헌법에 위반되지 않는다고 본다(예: 憲 2001. 4. 26.-2000헌마390).

[憲 2007.4.26.-2004헌가29등] 「국민연금제도는 국민의 노령 · 폐질 또는 사망에 대하여 연금급여를 실시함으로써 국민의 생활안정과 복지증진에 기여할 목적으로(법 §1) 그 부담을 국가적인 보험기술을 통하여 대량적으로 분산시킴으로써 구제를 도모하는 사회보

험제도의 일종이며, 가입 여부 · 보험관계의 내용 등을 계약자유의 원칙에 의하여 정할 수 있는 사보험(私保險)과는 달리 보험가입이 강제되고, 보험료를 강제징수할 수 있으며, 보험관계의 내용이 법률에 의하여 정하여지고, 사용자 또는 국가가 보험비용의 일부를 부담하는 등 보험원리에 부양원리가 결합된 공적보험제도로 사회보장에 관한 헌법규정인 제34조 제1항, 제2항, 제5항을 구체화하는 제도이다.」

(iii) 국민건강보험가입의 강제 국민이 자신의 건강을 보호하기 위하여 의료보험에 가입하는 것을 국가가 강제할 수 있는가 하는 문제이다. 개개인이 각자의 판단에 따라 사적인 의료보험에 가입을 할 수도 있고, 아예 의료보험에 가입을 하지 않고 각자 자신의 건강상태와 경제상태 등을 고려하여 개별적인 계획에 따라 건강과 치료에 대응하여 준비하면 된다는 견해는 국민건강보험의 강제를 국가가 개인의 자기결정권을 과도하게 침해하는 것이라고 볼 수도 있다.

헌법재판소는 건강보험의 문제를 시장경제의 원리에 따라 사보험에 맡기면 상대적으로 질병발생위험이 높거나 소득수준이 낮은 사람들은 보험에 가입하는 것이 매우 어렵거나 불가능하게 되어, 국가가 소득수준이나 질병위험도에 관계없이 모든 국민에게 동질의 의료보장을 제공하고자 하는 목적을 달성할 수 없으므로, 원칙적으로 전국민을 강제로 보험에 가입시키고 경제적 능력에 비례하여 보험료를 납부하도록 하는 것은 의료보장과 소득재분배 효과를 달성하기 위하여 부득이한 것이고, 가입강제와 보험료의 차등부과로 인하여 달성되는 공익은 그로 인하여 침해되는 사익에 비하여 월등히 크다고 할 수 있으므로 이는 헌법에 위반되지 않는다고 하였다(예: 憲 2003. 10. 30.-2000헌마801; 2009. 10. 29.-2008헌바86).

(iv) 중독성 행위의 금지 도박 등 사행행위(射倖行爲)의 금지, 중독성 물질(예: 대마초)의 생산 · 유통 · 사용의 금지 등도 개인의 사적영역, 즉 시장영역에 해당하고, 사회의 생산력과 노동력의 유지, 삶의 질서의 건강성 유지, 아름다운 풍속의 유지 등과 같은 사회적인 가치를 보호할 필요가 인정되지 않는다는 것이 정당화되면, 이러한 국가의 간섭은 자기결정권을 침해하는 것이라는 결론에 이른다.

(v) 간통죄의 문제 간통행위를 당사자 간의 민사적인 문제를 넘어 이를 범죄화하여 행위자를 처벌하여야 하는 것인가 하는 것이 간통죄의 문제이다.

헌법재판소는 과거 성적자기결정권을 인정하면서도 간통행위를 범죄로 처벌하는 형법의 규정을 4차례에 걸쳐 합헌이라고 판시한 바 있다(예: 憲 1990. 9. 10.-89헌마82; 1993. 3. 11.-90헌가70; 2001. 10. 25.-2000헌바60; 2008. 10. 30.-2007헌가17등). 특히 2008년 결정에서는 재판관 4인이 합헌의견, 재판관 4인이 위헌의견, 재판관 1인이 헌법불합치의견으로 위헌의견이 다수였지만 법률의 위헌선언에 필요한 정족수 6인에 미달하여 헌법에 위반되지 않는다는 선언을 하였다. 그러나 2015년 판례를 변경하여 과잉금지원칙에 위배하여 국민의 성적자기결정권 및 사생활의 비밀과 자유를 침해하는 것으로 결정하였다(憲 2015. 2. 26. -2009헌바17). 간통행위의 위헌여부는 재판관의 개인적·주관적 생각에 따라 결정되는 것이 아니다. 재판관의 교체로 인한 재판부의 구성 변화에 따라 결론이 달라지는 것이 아니라, 현재 우리 사회에서 간통행위의 범죄화를 정당화할 수 있는가에 대한 논증여부에 따라 결론이 정해진다.

[憲 2015.2.26.-2009헌바17] 「(1) 헌법 제10조는 개인의 인격권과 행복추구권을 보장하고 있고, 인격권과 행복추구권은 개인의 자기운명결정권을 전제로 한다. 이 자기운명결정권에는 성행위 여부 및 그 상대방을 결정할 수 있는 성적 자기결정권이 포함되어 있으므로, 심판대상조항은 개인의 성적 자기결정권을 제한한다. 또한, 심판대상조항은 개인의 성생활이라는 내밀한 사적 생활영역에서의 행위를 제한하므로 헌법 제17조가 보장하는 사생활의 비밀과 자유 역시 제한한다. (2) **입법목적의 정당성** 심판대상조항은 선량한 성풍속 및 일부일처제에 기초한 혼인제도를 보호하고 부부간 정조의무를 지키게 하기 위한 것으로 그 입법목적의 정당성은 인정된다. (3) **수단의 적절성 및 침해최소성** ① **간통행위에 대한 국민의 인식 변화** … 사회 구조의 변화, 결혼과 성에 관한 국민의 의식 변화, 그리고 성적 자기결정권을 보다 중요시하는 인식의 확산에 따라, 배우자 있는 사람이 배우자 아닌 사람과 성관계를 하였다고 하여 이를 국가가 형벌로 다스리는 것이 적정한지에 대해서는 이제 더 이상 국민의 인식이 일치한다고 보기 어렵게 되었다. ② **형사 처벌의 적정성 여부** 특정한 행위를 범죄로 규정하여 국가가 형벌권을 행사할 것인지, 아니면 단순히 도덕의 영역에 맡길 것인지 하는 문제는 그 사회의 시대적인 상황·사회구성원들의 의식 등에 따라 결정될 수밖에 없다. … 비록 비도덕적인 행위라 할지라도 본질적으로 개인의 사생활에 속하고 사회에 끼치는 해악이 크지 않거나 구체적 법익에 대한 명백한 침해가 없는 경우에는 국가권력이 개입해서는 안 된다는 것이 현대 형법의 추세이다. 이에 따라 전세계적으로 간통죄는 폐지되고 있다. ③ **형벌의 실효성 여부** … 간통행위가 처벌되는 비율은 매우 낮아지고 있다. 통계에 따르면 간통죄로 접수되는 사건 및 기소되는 사건의 수가 매년 줄어들고 있어 간통죄로 구속 기소되는 경우는 고소 사건의 10%에도 못 미치고, 수사나 재판과정에서 고소가 취소되어 공소권 없음 또는 공소기각으로 종결되는 사건이 상당수에 이름으로써 형벌로서의 처단기능이 현저히 약화되었다. … 오히려 간통죄 처벌에도 불구하고 성에 대한 인식 변화 및 성적 자기결정권을 중시하는 사회적 분위기로 인하여 간통행위에 대한 사회적 비난의 정도는 상당한 수준으로 낮아져 있다. 결국, 간통죄는 행위규제규범으로서의 기능을 잃어가고 있어 형사정책상 일반예방 및 특별예방의 효과를 모두 거두기 어렵게 되었다. 한편, 배우자의 간통행위는 재판상 이혼사유가 되고(민법 제840조 제1호), 간통행위를 한 사람은 배우자에게 이에 따른 재산상 및 정신적 손해를 배상할 의무를 진다(민법 제843조, 제806조). 또한, 법원이 자(子)의 양육에 관한 사항과 자에 대한 면접교섭권의 제한·배제 등을 결정할 때 부정한 행위를 한 배우자에게 일정한 불이익을 줄 수 있다. … 결국, 오늘날 간통죄는 간통행위자 중 극히 일부만 처벌될 뿐만 아니라 잠재적 범죄자를 양산하여 그들의 기본권을 제한할 뿐, 혼인제도 및 정조의무를 보호하기 위한 실효성은 잃게 되었

다. 혼인과 가정의 유지는 당사자의 자유로운 의지와 애정에 맡겨야지, 형벌을 통하여 타율적으로 강제될 수 없는 것이므로, 심판대상조항이 일부일처제의 혼인제도와 가정질서를 보호한다는 목적을 달성하는 데 적절하고 실효성 있는 수단이라고 할 수 없다. ④ **형벌로 인한 부작용** 간통죄가 건전한 혼인제도 및 부부간 정조의무의 보호와는 다른 목적을 위하여 악용되는 사례도 있다. 간통행위자 및 상간자에 대한 고소와 그 취소는 간통행위자의 배우자만이 할 수 있고, 간통죄는 친고죄로서 고소취소 여부에 따라 검사의 소추 여부 및 법원의 공소기각 여부가 결정되므로, 간통행위자 및 상간자의 법적 운명은 간통행위자의 배우자의 손에 전적으로 달려 있다. 이러한 상황은 유책의 정도가 훨씬 큰 배우자의 이혼수단으로 활용되기도 하고, 사회적으로 명망 있는 사람이나 일시적으로 탈선한 가정주부를 협박하여 금품을 뜯어내거나, 상간자로부터 재산을 편취하는 수단으로 악용되기도 한다. ⑤ **결론** 이와 같은 사정을 종합해 보면, 선량한 성풍속 및 일부일처제에 기초한 혼인제도를 보호하고 부부간 정조의무를 지키게 하고자 간통행위를 처벌하는 심판대상조항은 그 수단의 적절성과 침해최소성을 갖추지 못하였다고 할 것이다. (4) **법익의 균형성** … 심판대상조항은 개인의 내밀한 성생활의 영역을 형벌의 대상으로 삼음으로써 국민의 성적 자기결정권과 사생활의 비밀과 자유라는 기본권을 지나치게 제한하는 것이므로, 결국 심판대상조항은 법익의 균형성도 상실하였다. (5) **결론** 결국, 심판대상조항은 수단의 적절성 및 침해최소성을 갖추지 못하였고 법익의 균형성도 상실하였으므로, 과잉금지원칙을 위반하여 국민의 성적 자기결정권 및 사생활의 비밀과 자유를 침해하는 것으로 헌법에 위반된다.」

(vi) **혼인빙자간음죄의 문제** 헌법재판소는 혼인을 빙자하여 음행의 상습이 없는 여자를 속여 성행위를 한 것을 형법상의 범죄로 처벌하는 것에 대하여 처음에는 성적자기결정권이나 행복추구권, 사생활의 비밀과 자유, 평등원칙을 침해하는 것이 아니라는 이유로 합헌이라고 판시하였으나(예: 憲 2002. 10. 31.-99헌바40등), 그 이후 판례를 변경하여 이는 이러한 행위를 범죄로 하여 규율하는 입법목적의 정당성이 인정되지 않아 남성의 성적자기결정권과 사생활의 비밀과 자유를 침해하는 것이어서 헌법에 위반된다고 판시(위헌 6 : 합헌 3)하였다(憲 2009. 11. 26.-2008헌바58).

[憲 2009.11.26.-2008헌바58] 「헌법 제10조는 "모든 국민은 인간으로서의 존엄과 가치를 가지며, 행복을 추구할 권리를 가진다. 국가는 개인이 가지는 불가침의 기본적 인권을 확인하고 이를 보장할 의무를 진다"라고 규정하여 개인의 인격권과 행복추구권을 보장하고 있다. 개인의 인격권·행복추구권에는 개인의 자기운명결정권이 전제되는 것이고, 이 자기운명결정권에는 성행위 여부 및 그 상대방을 결정할 수 있는 성적(性的) 자기결정권이 포함되어 있다. 이 사건 법률조항이 혼인빙자간음행위를 형사처벌함으로써 남성의 성적자기결정권을 제한하는 것임은 틀림없고, 나아가 이 사건 법률조항은 남성의 성생활이라는 내밀한 사적 생활영역에서의 행위를 제한하므로 우리 헌법 제17조가 보장하는 사생활의 비밀과 자유 역시 제한하는 것으로 보인다(憲 2008. 10. 30.-2007헌가17등; 2002. 10. 31.-99헌바40등 참조).

위와 같은 남성의 성적자기결정권 및 사생활의 비밀과 자유도 절대적으로 보장되는 기본권은 아니므로 헌법 제37조 제2항에 따라 국가안전보장, 질서유지 또는 공공복리를 위하여 필요한 경우에는 법률로써 제한할 수 있겠지만(憲 1990. 9. 10. -89헌마82 참조), 이러한 성적자기결정권 등에 대한 제한이 그 한계를 넘어 헌법 제37조 제2항에서 정하고 있는 과잉금지원칙에 위배되어서는 아니되므로 동 기본권제한에 대한 위헌성을 판단함에 있어서도 엄격한 비례심사가 이루어져야 한다. 헌법 제10조는 "모든 국민은 인간으로서의 존엄과 가치를 지니며, 행복을 추구할 권리를 가진다. 국가는 개인이 가지는 불가침의 기본적 인권을 확인하고 이를 보장할 의무를 진다"라고 규정하고 있거니와 인간이 도덕과 관습의 범위 내에서 국가의 간섭 없이 자유롭게 이성(異性)과 애정을 나눌 수 있는 것은 헌법이 규정하는 인간의 존엄과 행복추구의 본질적 내용의 일부를 구성하므로 이성 간의 애정의 자유도 당연히 헌법상의 보호를 받는다. 그리고 이 같은 자유도 국가안전보장이나 질서유지 또는 공공복리를 위하여 필요한 경우라면 법률로써 제한할 수야 있겠지만, 남녀 간의 내밀한 성적인 자유는 그 자유의 속성상 법률에 의한 제한과는 친하지 않은 속성을 갖고 있으므로 이러한 자유를 제한하는 입법의 위헌성 심사에서도 이러한 특성을 고려하지 않을 수 없다. 이성 간에 성행위를 함에 있어 미성년 또는 심신미약의 부녀를 상대로 한다거나, 폭행이나 협박 등 폭력을 수단으로 한다거나, 여성을 매매의 대상 또는 흥정의 미끼로 삼는다거나, 그 장면을 공중에게 노출시킨다거나, 또는 그로 인하여 위험한 질병이 상대방에게 전염되게 한다거나 하는 등의 해악적 문제가 수반되지 않는 한 이성관계 자체에 대하여 법률이 직접 개입하는 것은 성적 자유에 대한 무리한 간섭이 되기 쉽다. 따라서 남성이 위와 같이 해악적 문제를 수반하지 않는 방법으로 여성을 유혹하는 성적행위에 대해서 국가가 개입하는 것은 억제되어야 한다. 그리고 남성의 여성에 대한 유혹의 방법은 남성의 내밀한 성적자기결정권의 영역에 속하는 것이고, 또한 애정행위는 그 속성상 과장이 수반되게 마련이다. 이러한 관점에서 우리 형법이 혼전 성관계를 처벌대상으로 하지 않고 있는 이상, 혼전 성관계의 과정에서 이루어지는 통상적 유도행위 또한 처벌하여서는 아니되는 것이다. 여성이 혼전 성관계를 요구하는 상대방 남자와 성관계를 가질 것인가의 여부를 스스로 결정한 후 자신의 결정이 착오에 의한 것이라고 주장하면서 국가에 대하여 상대방 남성의 처벌을 요구하는 것은 여성 스스로가 자신의 성적자기결정권을 부인하는 행위이다. 남성이 결혼을 약속했다고 하여 성관계를 맺은 여성만의 착오를 국가가 형벌로써 사후적으로 보호한다는 것은 '여성이란 남성과 달리 성적자기결정권을 자기책임 아래 스스로 행사할 능력이 없는 존재, 즉 자신의 인생과 운명에 관하여 스스로 결정하고 형성할 능력이 없는 열등한 존재'라는 것의 규범적 표현이다. 그러므로 이 사건 법률조항은 남녀 평등의 사회를 지향하고 실현해야 할 국가의 헌법적 의무(헌법 §36①)에 반하는 것이자, 여성을 유아시(幼兒視)함으로써 여성을 보호한다는 미명 아래 사실상 국가 스스로가 여성의 성적자기결정권을 부인하는 것이 되는 것이다. 나아가 개인 스스로 선택한 인생관 · 사회관을 바탕으로 사회공동체 안에서 각자의 생활을 자신의 책임 아래 스스로 결정하고 형성하는 성숙한 민주시민이 우리 헌법이 지향하는 바람직한 인간상이라는 점에 비추어 볼 때, 결국 이 사건 법률조항이 보호하고자 하는 여성의 성적자기결정권은 여성의 존엄과 가치에 역행하는 것이라 하지 않을 수 없다. 이러한 점에서 중앙행정기관 중 여성정책의 기획·종합, 여성의 권익증진 등 지위향상에 관한 사무를 관장하는 여성부장관이 이 사건 법률조항에 대하여 여성을 성적 의사결정의 자유도 제대로 행사할 수 없는 존재로 비하하고 있다는 등의 이유로 남녀 평등의 원칙에 위배된다고 하여 위헌의견을 개진한 것은 시사하는 바가 매우 크다 할 것이다. 이 사건 법률조항에 의하여 보호받는 '음행의 상습없는 부녀'란 '불특정인을 상대로 성생활을 하는 습벽'이 없는 기혼 또는 미혼의 부녀를 의미하므로 이른바 '성매매여성' 뿐만 아니라 같은 시기에 다수의 남성과 성관계를 맺는 여성도 그 보호대상에서 제외된다. 그러나 '음행의 상습 있는 부녀'의 성행위 결정요소 중에는 돈을 벌기 위함이라든지 자유분방한 성적 취향 등 다양한 요소가 개입될 수 있어서 '음행의 상습없는 부녀'와 비교할 때 그들의 혼인에 대한 신뢰의 정도가 상대적으로 낮다는 취지를 감안하더라도 이는 정도의 차이에 불과할 뿐 형법이 이를 구분해 한쪽을 보호대상 자체에서 제외시켜야 할 근거가 되지는 못한다. 오히려 혼인빙자간음죄가 다수의 남성과 성관계를 맺는 여성 일체를 '음행의 상습 있는 부녀'로 낙인찍어 보호의 대상에서 제외시키고 보호대상을 '음행의 상습없는 부녀'로 한정함으로써 결국에는 여성에 대한 고전적 정조관념에 기초한 가부장적·도덕주의적 성 이데올로기를 강요하는 셈이 되고 만다. 이는 결국 이 사건 법률조항의 보호법익이 여성의 주체적 기본권으로서 성적자기결정권에 있다기 보다는 현재 또는 장래의 경건하고 정숙한 혼인생활이라는 여성에 대한 남성우월의 고전적인 정조관념에 입각한 것임을 보여준다 할 것이다. 따라서 이 사건 법률조항의 경우 형벌규정을 통하여 추구하고자 하는 목적 자체가 헌법에 의하여 허용되지 않는 것으로서 그 정당성이 인정되지 않는다고 할 것이다.」

이 사건에서 위헌결정을 함에 있어서는 입법목적의 정당성이 없음을 이유로 하기보다는 과잉금지원칙의 위반을 이유로 했어야 타당하다고 본다. 개별 국가의 상황에 따라서는 형법로 규율할 수도 있다고 본다. 일본국에서는 현행 형법이나 구 형법에 혼인을 빙자한 성행위를 범죄로 처벌하는 규정이 없다. 프랑스에서도 형법에 이러한 행위를 처벌하는 규정은 없다. 미합중국에서는 대부분의 주에서 혼인을 빙자한 성행위가 처벌의 대상이 아니며, 일부 주에서만 간통죄와 같이 이를 처벌하는 경우가 있으나 기소되는 경우는 거의 없다. 독일에는 구 형법에 혼인빙자간음죄가 있었으나 개정 형법에서 폐지되었다. 터키, 쿠바, 루마니아 등 소수의 국가들에서는 형법 등에서 혼인빙자간음죄를 처벌하는 규정을 두고 있다. 우리나라는 1953년 형법이 제정되기 전에 적용된 의용 형법에는 혼인빙자간음죄에 대한 처벌조항이 없었고, 형법 제304조는 일본국 형법가안의 영향을 받은 것으로 알려져 있다. 1992년의 형법 개정법률안에서 형법 제304조를 폐지하기로 논의된 바 있으나, 1995년의 형법개정에는 반영되지 아니하였다. 이 사건에서 헌법재판소는 입법목적의 정당성이 인정되지 않는다고 이유를 명시했기 때문에 민사책임도 배제되는 것으로 해석될 여지를 남기고 있다. 그러나 이 결정이 혼인빙자간음행위에 대하여 민사책임이 발생하는 경우까지 부정하는 것은 아니라고 할 것이다. 따라서 그 민사적 책임을 물을 수는 있다. 입법목적의 정당성이 인정되지 않는다고 할 것이 아니라 과잉금지원칙의 위반을 이유로 하면 민사책임을 인정하는 데는 혼란이 없다.

(vii) 성매매의 문제 헌법재판소는 성매매를 한 자를 형사처벌하도록 규정한 ‘성매매알선 등 행위의 처벌에 관한 법률’ 제21조 제1항은 개인의 성적 자기결정권, 사생활의 비밀과 자유, 성판매자의 직업선택의 자유를 침해하지 않는다고 보았다(憲 2016. 3. 31. -2013헌가2). 이 결정의 [법정의견]에서는, 개인의 성행위 그 자체는 사생활의 내밀영역에 속하고 개인의 성적 자기결정권의 보호대상에 속한다고 할지라도, 그것이 외부에 표출되어 사회의 건전한 성풍속을 해칠 때에는 마땅히 법률의 규제를 받아야 하는 것이고, 외관상 강요되지 않은 자발적인 성매매행위도 인간의 성을 상품화함으로써 성판매자의 인격적 자율성을 침해할 수 있으며, 성매매산업이 번창할수록 자금과 노동력의 정상적인 흐름을 왜곡하여 산업구조를 기형화시키는 점에서 사회적으로 매우 유해한 것이라고 보았다. 나아가 인간의 성을 고귀한 것으로 여기고, 물질로 취급하거나 도구화하지 않아야 한다는 것은 인간의 존엄과 가치를 위하여 우리 공동체가 포기할 수 없는 중요한 가치이자 기본적 토대라 할 수 있다고 하면서, 설령 강압이 아닌 스스로의 자율적인 의사에 의하여 성매매를 선택한 경우라 하더라도, 자신의 신체를 경제적 대가 또는 성구매자의 성적 만족이나 쾌락의 수단 내지 도구로 전락시키는 행위를 허용하는 것은 단순히 사적인 영역의 문제를 넘어 인간의 존엄성을 자본의 위력에 양보하는 것이 되므로 강압에 의한 성매매와 그 본질에 있어 차이가 없다고 보았다.

하지만 재판관 2인의 [일부 위헌의견]은 성구매자에 대한 처벌이 헌법에 위반되지 않는다는 점은 다수의견과 같으나, 성판매자에 대한 형사처벌은 과잉금지원칙에 위배되는 과도한 형벌권 행사로 헌법에 위반된다고 하면서, 그 주된 논거로서 성매매는 본질적으로 남성의 성적 지배와 여성의 성적 종속을 정당화하는 수단이자 성판매자의 인격과 존엄을 침해하는 행위이고, 여성과 모성 보호라는 헌법정신에 비추어도 여성 성판매자를 특별히 보호해야 한다는 점을 제시하였다. 한편 재판관 1인의 [전부 위헌의견]은 과잉금지원칙에 위배되어 성매매자(성판매자 및 성매수자)의 성적 자기결정권 및 사생활의 비밀과 자유를 침해하므로 헌법에 위반된다고 보았다. 이 의견에서는 성인 간의 자발적 성매매는 본질적으로 개인의 사생활 중에서도 극히 내밀한 영역에 속하고, 그 자체로 타인에게 피해를 주거나 건전한 성풍속 및 성도덕에 해악을 미친다고 보기 어렵다고 하면서, 건전한 성풍속 및 성도덕이라는 개념 자체가 추상적 · 관념적이고, 내밀한 성생활의 영역에 국가가 개입하여 형벌의 대상으로 삼는 것은 입법자가 특정한 도덕관을 확인하고 강제하는 것이라는 논거를 제시하였다.

(viii) 낙태죄의 문제 헌법재판소는 임신한 여성의 자기낙태를 처벌하는 형법 제269조 제1항('자기낙태죄 조항')과, 의사가 임신한 여성의 촉탁 또는 승낙을 받아 낙태하게 한 경

우를 처벌하는 같은 법 제270조 제1항 중 '의사'에 관한 부분('의사낙태죄 조항')이 각각 임신한 여성의 자기결정권을 침해한다고 하여 종전 결정을 변경하였다(憲 2019. 4. 11.-2017헌바127, 단순위헌의견 3인, 헌법불합치의견 4인). 특히 종전 결정(憲 2012. 8. 23.-2010헌바402)에서는 "개인의 인격권·행복추구권에는 개인의 자기운명결정권이 전제되는 것이고, 이 자기운명결정권에는 임신과 출산에 관한 결정, 즉 임신과 출산의 과정에 내재하는 특별한 희생을 강요당하지 않을 자유가 포함되어 있다."라고 하여 자기운명결정권이라는 개념을 설정하였는데 반해서, 변경된 결정에서는 자기운명결정권이라는 개념에 대해서는 언급하지 않고 자기결정권이라는 개념으로 설시하고 있다. 이 사건에서 자기결정권을 근거로 낙태를 인정하지만 태아의 생명권을 부정하는 것이 아니고, 태아가 모체를 떠난 상태에서 독자적으로 생존할 수 있는 시점 후에는 임산부의 자기결정권에 의한 낙태는 할 수 없는 것으로 보고 있다. 그리하여 해당 법률을 구체적인 상황을 반영하여 2020. 12. 31.까지 합헌적이 되도록 개정하도록 하였다. 그런데 이때까지 국회는 입법조치를 하지 않았고, 이 시점 이후에는 해당 법률조항은 효력을 가지지 못하게 되어 금지되는 낙태행위에 대해서도 처벌을 할 수 없는 상황이 발생하였다. 대법원은 헌법불합치결정은 법률조항에 대한 위헌결정에 해당하므로, 헌법재판소법 제47조 제3항 본문에 따라 형벌에 관한 법률조항에 대하여 위헌결정이 선고된 경우 그 조항은 소급하여 효력을 상실한다고 보아, 헌법재판소가 헌법불합치 결정을 선고하기 전에 이루어진 업무상촉탁낙태 부분에 대해서도 무죄를 선고하였다(예: 大 2021. 1. 28.-2017도18271; 2021. 2. 25.-2020도12108).

> [憲 2019. 4. 11.-2017헌바127] 「헌법 제10조 제1문은 "모든 국민은 인간으로서의 존엄과 가치를 가지며, 행복을 추구할 권리를 가진다."라고 규정하고 있는데, 이 조항이 보호하는 인간의 존엄성으로부터 개인의 일반적 인격권이 보장된다(헌재 1991. 4. 1. 89헌마160; 헌재 2003. 6. 26. 2002헌가14 참조). 일반적 인격권은 인간의 존엄성과 밀접한 연관관계를 보이는 자유로운 인격발현의 기본조건을 포괄적으로 보호하는데, 개인의 자기결정권은 일반적 인격권에서 파생된다(헌재 2015. 2. 26. 2009헌바17등; 헌재 2012. 8. 23. 2010헌바402; 헌재 2015. 11. 26. 2012헌마940 참조). 모든 국민은 그의 존엄한 인격권을 바탕으로 하여 자율적으로 자신의 생활영역을 형성해 나갈 수 있는 권리를 가진다(헌재 1997. 3. 27. 95헌가14등 참조). 자기결정권은 인간의 존엄성을 실현하기 위한 수단으로서 인간이 자신의 생활영역에서 인격의 발현과 삶의 방식에 관한 근본적인 결정을 자율적으로 내릴 수 있는 권리다. 자기결정권의 근거이자 동시에 목적인 인간의 존엄성은 국가에 인간의 존엄성을 존중하고 보호해야 할 의무를 부과한다. 인간은 그 자체로서 궁극적 목적이자 최고의 가치로서 대우받아야 하며, 어떠한 경우에도 인간이 다른 가치나 목적, 법익을 위한 수단으로 취급되어서는 안 된다. 이러한 자기결정권과 '인간과 국가의 관계'가 남녀 구별 없이 여성에게도 동일하게 적용되어야 함은 자명하다. 특히 여성은 남성과 달리 임신, 출산을 할 수 있는데 이에 관한 결정은 여성의 삶에 중대한 영향을 미친다. 따라서 자기결정권에는

여성이 그의 존엄한 인격권을 바탕으로 하여 자율적으로 자신의 생활영역을 형성해 나갈 수 있는 권리가 포함되고, 여기에는 임신한 여성이 자신의 신체를 임신상태로 유지하여 출산할 것인지 여부에 대하여 결정할 수 있는 권리가 포함되어 있다(헌재 2012. 8. 23. 2010헌바402 참조). 자기낙태죄 조항은 모자보건법이 정한 일정한 예외를 제외하고는 태아의 발달단계 혹은 독자적 생존능력과 무관하게 임신기간 전체를 통틀어 모든 낙태를 전면적 · 일률적으로 금지하고, 이를 위반할 경우 형벌을 부과하도록 정함으로써, 형법적 제재 및 이에 따른 형벌의 위하력(威嚇力)으로 임신한 여성에게 임신의 유지 · 출산을 강제하고 있으므로, 임신한 여성의 자기결정권을 제한하고 있다.」

(3) 일반적 인격권

인격권(人格權), 초상권(肖像權), 성명권(姓名權), 명예권(名譽權), 음성권(音聲權), 자신의 혈통(血統)을 알 권리도 인간의 존엄과 가치에서 도출되는 기본권이라고 할 것이다(동지: 허영a, 325). 이러한 것을 일반적 인격권(一般的 人格權 allgemeines Pers nlichkeitsrecht)이라고 한다. 사생활의 비밀도 일반적 인격권의 내용에 포함되지만, 헌법은 제17조에서 이를 따로 명시하여 정하고 있으므로 헌법 제10조에서 도출되는 일반적 인격권에는 포함되지 않는다.

헌법재판소는 일반적 인격권(예: 憲 1990. 9. 10.-89헌마82; 1991. 9. 16.-89헌마165; 1997. 3. 27.-95헌가14등; 2001. 7. 19.-2000헌마546; 2002. 7. 18.-2000헌마327; 2003. 6. 26.-2002헌가14)과 명예권(예: 憲 2002. 1. 31.-2001헌바43)을 헌법 제10조에서 도출되는 개별적 기본권으로 인정한다.

(a) 인 격 권

헌법재판소는 친생부인의 소에 관하여 어느 정도의 제척기간을 둘 것인가는 원칙적으로 입법권자의 재량에 맡겨져 있다 할 수 있다고 보면서도, 다만 그 제소기간이 지나치게 단기간이거나 불합리하여 진실한 혈연관계에 반하는 친자관계를 부인할 수 있는 기회를 극단적으로 제한하는 것이라면 이는 입법재량의 한계를 넘어서는 것이라고 하면서, 민법 규정이 친생부인의 소의 제척기간과 그 기산점에 관하여 '그 출생을 안 날로부터 1년내'라고 규정한 것에 대하여 부의 가정생활과 신분관계에서 누려야 할 인격권, 행복추구권 및 개인의 존엄과 양성의 평등에 기초한 혼인과 가족생활에 관한 기본권을 침해하는 것이라고 보았다(憲 1997. 3. 27.-95헌가14등). 또한 혼인 종료 후 300일 이내에 출생한 자를 전남편의 친생자로 추정하는 민법 규정은 사회적 · 법률적 · 의학적 사정변경을 전혀 반영하지 아니한 채, 이미 혼인관계가 해소된 이후에 자가 출생하고 생부가 출생한 자를 인지하려는 경우마저도, 아무런 예외 없이 그 자를 전남편의 친생자로 추정함으로써 친생부인의 소를 거치도록 하는 점에서 모가 가정생활과 신분관계에서 누려야 할 인격권, 혼인과 가족생활에 관한 기본권을 침해한다고 보아 헌법불합치결정을 선고하였다(憲 2015. 4. 30.-2013헌마623).

헌법재판소는 청소년을 상대로 성행위를 한 성매수자의 신상을 공개하는 법률의 규정은 인격권이나 사생활의 비밀을 침해하는 것이 아니라고 판시하였다(예: 憲 2003. 6. 26.-2002헌가14. 이 사건은 위헌의견 5: 합헌의견 4로 합헌결정된 것이다). 또한 언론사 기자들의 취재 요청에 응하여 피의자가 경찰서 내에서 양손에 수갑을 찬 채 조사받는 모습을 촬영할 수 있도록 허용한 행위는 피의자의 인격권을 침해한다고 보았다(憲 2014. 3. 27.-2012헌마652). 헌법 제10조로부터 도출되는 일반적 인격권에는 각 개인이 그 삶을 사적으로 형성할 수 있는 자율영역에 대한 보장이 포함되어 있음을 감안할 때, 장래 가족의 구성원이 될 태아의 성별 정보에 대한 접근을 국가로부터 방해받지 않을 부모의 권리는 일반적 인격권에 의하여 보호된다고 보아야 하므로, 태아의 성별에 대하여 이를 고지하는 것을 금지하는 의료법 규정은 인격권으로부터 나오는 부모의 태아 성별 정보에 대한 접근을 방해받지 않을 권리를 침해한다고 보았다(憲 2008. 7. 31.-2004헌마1010등). 선거기사심의위원회가 불공정한 선거기사를 보도하였다고 인정한 언론사에 대하여 언론중재위원회를 통하여 사과문을 게재할 것을 명하는 것과 해당 언론사가 사과문 게재 명령을 지체 없이 이행하지 않을 경우 형사처벌하는 법률 규정은 언론사의 인격권을 침해한다(憲 2015. 7. 30.-2013헌가8).

[憲 2001.7.19.-2000헌마546] 「보통의 평범한 성인인 청구인들로서는 내밀한 신체부위가 노출될 수 있고 역겨운 냄새, 소리 등이 흘러나오는 가운데 용변을 보지 않을 수 없는 상황에 있었으므로 그 때마다 수치심과 당혹감, 굴욕감을 느꼈을 것이고 나아가 생리적 욕구까지도 억제해야만 했을 것임을 어렵지 않게 알 수 있다. 나아가 함께 수용되어 있던 다른 유치인들로서도 누군가가 용변을 볼 때마다 불쾌감과 역겨움을 감내하고 이를 지켜보면서 마찬가지의 감정을 느꼈을 것이다. 그렇다면 이 사건 청구인들로 하여금 유치기간 동안 위와 같은 구조의 화장실을 사용하도록 강제한 피청구인의 행위는 인간으로서의 기본적 품위를 유지할 수 없도록 하는 것으로서, 수인하기 어려운 정도라고 보여지므로 전체적으로 볼 때 비인도적·굴욕적일 뿐만 아니라 동시에 비록 건강을 침해할 정도는 아니라고 할지라도 헌법 제10조의 인간의 존엄과 가치로부터 유래하는 인격권을 침해하는 정도에 이르렀다고 판단된다.」

[憲 2002.7.18.-2000헌마327] 「청구인들의 옷을 전부 벗긴 상태에서 앉았다 일어서기를 반복하게 하는 방법의 이 사건 신체수색은 그 자체로서 청구인들의 명예와 자존심 등을 심하게 손상하는 점 등을 함께 보태어 보면, 피청구인이 청구인들에 대하여 실시한 이 사건 신체수색은 그 수단과 방법에 있어서 필요 최소한의 범위를 명백하게 벗어난 조치로서 이 사건 신체수색으로 말미암아 청구인들에게 심한 모욕감과 수치심만을 안겨주었다고 인정하기에 충분하다. 그렇다면 피청구인의 청구인들에 대한 이러한 과도한 이 사건 신체수색은 그 필요성에도 불구하고 그 수단과 방법에 있어서 필요한 최소한도의 범위를 벗어났을 뿐만 아니라, 이로 인하여청구인들로 하여금 인간으로서의

기본적 품위를 유지할 수 없도록 함으로써 수인하기 어려운 정도라고 보여지므로 헌법 제10조의 인간의 존엄과 가치로부터 유래하는 인격권 및 제12조의 신체의 자유를 침해하는 정도에 이르렀다고 판단된다.」

(b) 성 명 권

개인이 가지는 성명에 대하여 침해할 수 없는 것은 성명권에 의하여 인정된다. 그런데 개인이 성명권을 내세워 자기 마음대로 자기의 성을 결정할 수 있는가 하는 문제가 있다. 헌법재판소는 개인은 자기의 성을 자유로이 결정하고 사용할 수 있는데, 법률로 자녀가 아버지의 성과 본을 따르도록 하는 부성주의방식(父姓主義方式)을 원칙으로 하고 모성주의방식(母姓主義方式)을 예외로 하는 성제도(姓制度)를 정하는 것은 국회의 입법형성의 자유에 속하는 것이라고 하면서, 다만 이러한 방식이 부당한 경우에까지 아무런 예외 없이 이를 강제하여 결국 개인의 인격권이나 존엄 또는 양성의 평등(모성주의 방식이 필요한 경우에 모성을 따르도록 하는 것)을 침해하는 경우에는 헌법에 위반된다고 판시하였다(憲 2005. 12. 22. -2003헌가6).

[166] 제5 효 력

헌법 제10조의 인간의 존엄과 가치는 기본권 보장의 이념적 기초이고 최고원리로서 모든 국가권력과 사인에 대하여 효력을 갖는다. 헌법 제10조와 제37조 제1항을 근거로 하여 도출되는 개별 기본권은 국가에 대하여 직접적인 효력을 가진다. 사인에 의해 인간의 존엄과 가치가 침해되는 것은 국가가 금지해야 할 의무를 가진다.

인간의 존엄과 가치는 헌법개정의 대상에서 제외되기 때문에 헌법개정권력도 구속한다. 뿐만 아니라 이를 부정하는 헌법의 제정은 내용적 정당성을 갖추지 못하여 정당성을 상실한 것이 된다([24]).

[167] 제6 제한과 그 한계

Ⅰ. 제한의 금지

헌법 제10조가 정하고 있는 인간의 존엄과 가치는 최고의 헌법가치이며 기본권 보장에서의 이념적 기초가 되는 최고의 가치이고 최고원리이기 때문에 어떠한 경우에도 제한될 수 없다. 인간의 존엄과 가치에 대한 제한이 헌법에 근거한 제한의 형태를 지니고 있는 경우라도 이는 인간의 존엄과 가치를 부정하는 헌법제정과 같이 헌법의 자기부정을 의미하기 때문에 어떤 경우에도 허용되지 않는다.

따라서 헌법 제10조의 인간의 존엄과 가치는 헌법개정의 대상에서도 제외되며, 헌법 제37조 제2항에 의한 제한의 대상도 되지 않고, 헌법 제76조와 제77조(대통령의 긴급명령이나 비상계엄)에 의한 제한의 대상도 되지 못하며, 특수신분관계에서도 제한될 수 없다(동지: 계희열b, 213).

II. 도출되는 개별적 기본권

인간의 존엄과 가치로부터 도출되는 개별적 기본권은 다른 개별적 기본권과 마찬가지로 헌법 제37조 제2항 등에 의한 제한이 가능하다. 물론 이 경우에도 헌법 제37조 제2항의 규정에 따라 과잉금지원칙을 위반할 수 없고, 해당 기본권의 본질적 내용을 침해할 수 없다.

제2절 행복의 추구

[168] 제1 의 의

I. 개 념

(1) 헌법 규정

헌법 제10조 제1문은 「모든 국민은……행복을 추구할 권리를 가진다」라고 규정하고 있다. 법문의 표현에는 행복을 추구하는 것이 「권리」로 표시되어 있으나, 성질상 이것이 구체적인 권리인지 기본권 보장의 기초가 되는 기본원리 또는 기본가치인지에 대하여는 논란이 있다.

(2) 행복의 의미

헌법 제10조 제1문에서 정하고 있는 내용은 행복의 구체적인 의미나 내용을 정하고 있는 것이 아니라, 모든 국민은 행복을 추구하는 존재라는 것과 「행복의 추구」에 반대되는 그 어떤 것(예: 불행 또는 고통의 강요)도 금지한다는 것을 헌법적 수준에서 정하고 있는 것이다.

이러한 행복은 삶의 모든 영역에서 추구되는 것이다. 따라서 헌법 제10조가 정하고 있는 행복을 정신적 행복이라든가 경제적 행복이라는 것으로 그 의미를 정하는 것은 의미가 없을 뿐 아니라, 「행복의 추구」의 의미를 축소하거나 왜곡하는 것이기도 하다.

II. 연 혁

「행복추구」(幸福追求 pursuit of happiness)라는 말이 처음 사용된 헌법적 문서는 1776년 6월에 제정된 아메리카의 「버지니아 권리선언」이었다. 버지니아주 대표로 대륙회의에 참석한 T. Jefferson은 「버지니아 권리선언」이 제정된 지 한 달 후 7월에 아메리카의

「독립선언서」를 작성하면서 생명(life), 자유(liberty)와 함께 행복추구(pursuit of happiness)라는 개념을 써 넣었다(J. Locke의 영향을 받은 것이다). 그러나 미합중국연방헌법의 권리장전에는 행복추구라는 용어가 등장하지 않는다.

미합중국연방헌법이나 여러 州의 헌법에서는 life, liberty에 뒤이어 재산(property)을 정하고 있음에 반하여(예: 미합중국연방헌법 수정조항 §14), 많은 주의 헌법에서는 독립선언서에서와 같이 life, liberty 다음에 property를 대신하여 pursuit of happiness를 명시하였다. 미합중국 건국 초기 노예제도를 유지하고 있었던 남부의 주에서는 노예가 가장 중요한 property, 즉 재산이었는데, 주 헌법상 property라는 개념이 사용된 것은 그 주가 노예제도를 가지고 있다는 것을 단적으로 드러내는 것이었다. 따라서 노예제도를 반대했던 T. Jefferson은 「독립선언서」를 작성하면서 노예제도를 상징하는 property 대신 pursuit of happiness를 사용하였다.

일본국헌법 제13조 제2항은 「생명 · 자유 및 행복추구의 권리」를 정하고 있는데, 이 조항은 아메리카의 「독립선언서」에서 사용되었던 「life, liberty and the pursuit of happines」에서 수용한 것이다(일본국 헌법의 제정과정에서 미합중국 태평양 총사령부는 일본국의 봉건제도를 폐지하는 목적으로 개인존중원칙을 헌법에 명시하였고, 행복추구권도 이런 맥락에서 명문화되었다). 독일연방헌법은 행복추구에 대한 조항을 두고 있지 않다. 독일연방헌법 제2조 제1항은 인격의 자유로운 발현권을 규정하고 있는데, 독일연방헌법재판소는 이 조항과 인간의 존엄을 정하고 있는 독일연방헌법 제1조 제1항을 결합하여 이로부터 일반적 인격권을 도출하고 있다.

우리나라에서는 1980년헌법에서 행복추구권에 관한 조항을 처음 신설하였고, 현행 1987년헌법에 이르기까지 이를 유지하고 있다.

1962년헌법, 1969년헌법, 1972년헌법은 「모든 국민은 인간으로서의 존엄과 가치를 가지며, 이를 위하여 국가는 국민의 기본적 인권을 최대한으로 보장할 의무를 진다」라고 규정하고 있었다. 그런데 이 규정에 대해서는 너무 간결하고 추상적이기 때문에 실제의 헌법해석이나 입법 및 법제운영면에서 크게 기여하지 못한다는 비판이 있었고, 1980년헌법을 개정할 당시에 이 규정에 생명권, 인격권, 행복추구권 등을 삽입하여 그 내용을 구체화할 필요성이 있는 점이 지적되었다. 헌법개정안 심의과정에서 국회안을 존중한다는 당시의 분위기와 국회안에 큰 모순이 있거나 부당한 것이 없으면 그대로 채택하기로 한 「헌법개정안요강작성소위원회」의 입장에 따라 현행 헌법과 같은 형태로 규정되었다.

[169] 제2 법적 성격

Ⅰ. 문제의 소재

헌법 제10조 제1문에서는 행복추구를 보장하면서 행복을 추구할 「권리」라고 정하고 있는데, 행복을 추구할 권리는 다른 개별적 기본권이 구체적이고 특정한 사항에 대한 권리라는 것과 달리 추상적이고 포괄적인 형태로 표현되어 있고, 그 성질에서도 개별적 사항을 규율하는 것이 아니어서 이를 과연 헌법상의 기본권으로 볼 수 있는가 하는 점이 헌법해석상 문제가 된다.

II. 학 설

(1) 권리인정설

(a) 포괄적 권리설

헌법 제10조가 행복을 추구할 「권리」를 가진다고 명시하고 있는 이상 행복추구권은 주관적 공권이고, 행복추구의 권리는 인간존재에 고유한 인간의 생래적 권리이므로 헌법 제10조는 행복추구권을 자연권으로 선언하고 있으며, 행복추구권은 헌법에 규정된 기본권 중에서 행복추구의 수단이 될 수 있는 기본권은 물론이고 그 외에도 행복을 추구하는데 필요한 것이면 헌법에 열거되지 아니한 자유와 권리까지도 그 내용으로 하는 포괄적 기본권(包括的 基本權)으로 이해하여야 하고(성낙인, 403), 행복추구권은 신체의 자유라든가 양심의 자유와 같은 소극적 · 방어적 성격의 권리인 동시에 재판청구권 · 노동 3권과 같은 적극적인 성질을 가지는 권리라고 해석한다(권영성, 383). 또 헌법 제10조의 인간의 존엄과 가치, 행복추구권을 한데 묶어 포괄적으로 이해하는 것이 옳다는 전제에서 헌법 제10조는 인간의 존엄과 가치, 행복추구권을 합하여 포괄적인 주기본권(主基本權)을 헌법에 규정한 것으로 주기본권뿐만 아니라 그와 동시에 협의의 인간의 존엄권과 행복추구권도 함께 보장하고 있다고 해석하기도 한다(김철수a, 507).

일본국에서는 과거에 행복추구권의 보장을 기본권보장의 일반원칙이라고 한 견해가 있었으나, 오늘날에는 포괄적 권리로 해석하는 것이 통설이다. 일본국헌법에는 우리 헌법의 제37조 제1항과 같은 규정이 없기 때문에, 행복추구권규정을 「새로운 기본권」을 도출하는 근거규정으로 이해한다. 포괄적 권리로 보는 경우에도 그 보장범위와 내용에 있어서는 i) 개인의 인격적 생존에 필수불가결한 권리와 자유를 포섭하는 포괄적인 주관적 권리라는 견해(인격적 이익설=인격적 자율설)와 ii) 독일연방헌법 제2조 제1항의 해석에 의거하여 모든 생활영역에서 인정되는 일반적 행동의 자유로 해석하는 견해(일반적 자유권설)가 대립하고 있다. 우리 헌법은 일본국헌법과 달리 헌법 제37조 제1항의 규정을 두고 있고, 헌법상의 원리 · 원칙의 규정에서도 새로운 개별적 기본권이 도출된다고 보면, 우리 헌법의 해석상으로는 행복추구권을 포괄적 권리라고 해석할 실익이 없다고 보인다.

(b) 구체적 권리설

행복추구권을 독자적인 헌법상의 권리로 파악한다. 그 결과 헌법소원심판 등 권리구제절차를 통하여 행복추구권이 침해되었다고 직접 다툴 수 있다고 본다. 헌법재판소의 판례 가운데 이러한 태도를 취하는 것이 있다(예: 憲 1989. 10. 27.-89헌마56; 1997. 3. 27.-95헌가14등).

(2) 권리부인설

「인간의 존엄과 가치」는 기본권 보장의 가치지표적인 의미를 담고 있기 때문에 기본권 보장의 이념적인 기초로서 헌법에 명문화할 필요가 인정되지만, 행복추구는 행복이라는 말의 상대성과 세속성 때문에 규범적인 차원에서 그 가치로서의 성격을 인정하기 어려우므로 「인간의 존엄과 가치」와 함께 행복추구권을 헌법의 같은 규정에 함께 규정하는 것은 조문 구조상 문제이고, 행복추구는 기본권의 문제가 아니라 인간의 본능의 문제로 처음부터 규범화의 대상이 될 수 없기 때문에 행복추구권은 독자적인 기본권이 아니라 「인간의 존엄과 가치」의 최대한 실현을 내용으로 하는 당위적인 삶의 지표를 밝혀 놓은 것이라고 본다(허영a, 327).

(3) 사 견

행복의 추구는 그 속성에 있어 자기결정과 같이 인간으로서의 존엄과 가치를 가지는 인간의 존재와 삶에 본질적으로 내포되어 있는 요소이다. 행복추구원리는 자기결정원리와 함께 인간의 삶에 있어 가장 근본적인 제1원리로서 성격을 가지는 것이고, 인간에게 인정되는 자유와 권리는 모두 이를 실현하기 위한 것이다. 따라서 행복추구원리는 자기결정원리와 같이 국가와 국민 간의 관계를 지배하는 지배원리일 뿐 아니라 국민의 기본권을 보장함에 있어 상위에 존재하는 이념이고 기본가치이며 근본원리이다. 이는 본질상 개별적인 권리와 달리 포괄적이고 총체적인 가치이므로 구체적 권리로 존재하는 것이 아니라, 개별적인 권리를 창출하고 작용하게 하는 원리로 존재한다. 이와 같이 행복추구권(幸福追求權)은 권리를 뜻하는 「권」(權)이라는 표현에도 불구하고 직접 행사할 수 없는 성질의 것이므로 이의 침해에 대하여 권리구제절차를 통하여 주장할 수 없다.

행복추구권을 개별적 기본권과 같이 구체적 권리라고 보면, 헌법상의 개별적 기본권은 명시할 필요가 없어진다. 기본권의 침해에 해당하는 모든 것을 행복추구권의 침해라고 주장하는 것으로 충분하기 때문이다. 행복의 추구가 침해되는 경우에는 구체적인 영역과 사항에 해당하는 개별적 기본권의 침해를 주장할 수 있을 뿐이다. 이런 개별적 기본권은 헌법이 직접 명시하고 있기도 하고, 헌법 제37조 제1항에서 도출되기도 하며, 인간의 존엄과 가치 및 행복추구를 정하고 있는 헌법 제10조 제1문에서 도출되기도 한다([163]II).

Ⅲ. 판 례

헌법재판소는 행복추구권에서 개별적 기본권을 도출한 경우도 있고, 행복추구권 자체를 독자적인 권리로 파악한 경우도 있다. 전자의 경우로는 간통죄의 위헌여부가 문제된 사건에서 헌법 제10조의 인격권과 행복추구권으로부터 자기운명결정권이 도출되고 자기운명결정권에는 구체적인 기본권인 성적 자기결정권이 포함된다고 판시한 것이 그 한 예이고(예: 憲 1990. 9. 10.-89헌마82), 후자의 경우로는 과거 형사소송법상 재정신청의 대상이 확대되지 않았을 때 불기소처분에 대한 헌법소원에 있어서 고소인의 행복추구권의 침해여부를 판단한 것(예: 憲 1989. 10. 27.-89헌마56)과 같이 행복추구권 그 자체의 침해여부를 심판의 대상으로 삼은 것이 그에 해당한다(예: 憲 1995. 7. 21.-93헌가14; 1997. 11. 27.-97헌바10). 한편 헌법재판소는 행복추구권을 독자적인 권리로 인정하는 경우에도 포괄적인 의미의 자유권으로서의 성격은 인정하지만(憲 2015. 5. 28.-2013헌마343), 적극적 권리성은 인정하지 않는다.

> [憲 1995.7.21.-93헌가14] 「헌법 제10조의 행복추구권은 국민이 행복을 추구하기 위하여 필요한 급부를 국가에게 적극적으로 요구할 수 있는 것을 내용으로 하는 것이 아니라, 국민이 행복을 추구하기 위한 활동을 국가권력의 간섭 없이 자유롭게 할 수 있다는 포괄적(包括的)인 의미의 자유권으로서의 성격을 가지므로 국민에 대한 일정한 보상금의 수급기준을 정하고 있는 이 사건 규정이 행복추구권을 침해한다고 할 수 없다.」
> [憲 1997.11.27.-97헌바10] 「청구인은 이 사건 법률조항이 청구인의 행복추구권을 침해한다고 주장하나, 앞에서 본 바와 같이 이 사건 법률조항은 청구인의 재산권과 평등권을 침해하는 것이 아니고, 직업의 자유의 제한과 관련하여서도 신뢰이익보호원칙, 비례의 원칙을 준수하고 있으므로, 이 조항이 포괄적이고 일반조항적인 성격을 갖고 있는 행복추구권을 침해하는 것이라고는 볼 수 없어 청구인의 위 주장도 부당하여 받아들이지 아니한다.」

[170] 제3 내 용

Ⅰ. 행복추구의 보장

(1) 불행의 배제

헌법 제10조 제1문에서 행복추구를 정하고 있는 것은 국민의 삶에서 의도된 불행이 발생하지 않게 하는 것을 의미한다. 본질적으로 인간은 누구나 행복을 선호하고 불행과 고통을 회피하기 때문에 인간에게 불행의 수용을 강요할 수 없다. 이러한 불행의 배제는 국가든 사인이든 개인에게 불행을 강요하는 행위를 금지하는 것을 의미한다.

(2) 행복의 내용 강제 금지

헌법이 행복추구를 보장하는 것은 헌법, 사회, 국가 또는 어느 누구도 어떤 개인에게 일정한 내용을 행복이라고 수용할 것을 강제할 수 없다는 것을 의미한다. 행복이라는 개념은 형식개념이고 실질개념이 아니기 때문에 무엇이 행복에 해당하는지는 오로지 개인이 스스로 판단하여 결정한다. 따라서 개인이 행복을 추구함에 있어 국가가 후견인으로 행위하는 것도 금지된다.

(3) 행복추구의 여건 조성

헌법에서 행복추구를 정하는 것은 국민이 행복을 추구할 수 있다는 것을 단순히 선언하는 것이 아니라, 국가에게 모든 국민이 각자 무엇이 자신의 행복인지를 결정하고 이를 실현할 수 있도록 이를 방해하는 요소를 제거할 것을 의무로 부과한다(소극적 여건조성). 이에 더하여 국가는 국민이 행복을 추구할 수 있는 여건을 조성함에 있어 그 역량이 허용하는 범위 내에서 적극적 노력을 할 것을 요구한다(적극적 여건조성). 그러나 개인마다 추구하는 행복의 내용은 구구하기 때문에 국가가 이러한 여건을 조성하는 노력을 적극적으로 한다고 하더라도 개개인에 대하여 각자의 주관적 가치추구를 실현할 수 있게 하는 것은 아니다. 국가는 개인들이 각자 자신의 개별적인 행복을 추구할 수 있는 일반적인 여건을 조성하는 것에 그친다.

II. 판 례

헌법재판소는 행복추구권의 규정에서 개별적 기본권을 도출하기도 하고, 행복추구권을 독자적인 기본권으로 파악하기도 한다.

(1) 개별적 기본권을 도출한 경우

(a) 일반적 행동자유권, 개성의 자유로운 발현권, 계약의 자유

헌법재판소는 헌법 제10조 제1문의 인간의 존엄과 가치 및 행복추구권의 보장에서 일반적 행동자유권, 개성의 자유로운 발현권, 계약의 자유가 도출된다고 판시하였다([165] II (1)).

(b) 자기결정권

헌법재판소는 헌법 제10조 제1문의 인간의 존엄과 가치 및 행복추구권의 보장에서 성적자기결정권(예: 憲 1990. 9. 10.-89헌마82; 1997. 7. 16.-95헌가6등)과 소비자의 소비에 대한 자기결정권(예: 憲 1996. 12. 26.-96헌가18)이 도출된다고 판단하였다([165] II (2)).

[憲 1996.12.26.-96헌가18] 「이 사건 법률조항이 규정한 구입명령제도는 소주판매업자에게 자도소주의 구입의무를 부과함으로써, 어떤 소주제조업자로부터 얼마만큼의 소주를 구입하는가를 결정하는 직업활동의 방법에 관한 자유를 제한하는 것이므로 소주판

매업자의 "직업행사의 자유"를 제한하는 규정이다. 또한 구입명령제도는 비록 직접적으로는 소주판매업자에게만 구입의무를 부과하고 있으나 실질적으로는 구입명령제도가 능력경쟁을 통한 시장의 점유를 억제함으로써 소주제조업자의 "기업의 자유" 및 "경쟁의 자유"를 제한하고, 소비자가 자신의 의사에 따라 자유롭게 상품을 선택하는 것을 제약함으로써 소비자의 행복추구권에서 파생되는 "자기결정권"도 제한하고 있다.」

(2) 독자적 기본권으로 파악한 경우

헌법재판소는 행복추구권에서 개별적 기본권을 도출하지 않고 곧바로 행복추구권을 독자적인 권리로 파악하여 이의 침해여부를 판단한 것도 있다(예: 憲 1989. 10. 27.-89헌마56; 1997. 3. 27.-95헌가14등; 2007. 2. 22.-2005헌마245; 2007. 2. 22.-2006헌마801). 친생부인의 소의 제척기간을 일률적으로 자의 출생을 안 날로부터 1년으로 규정한 것은 친자관계를 부인하고자 하는 부의 인격권 및 행복추구권을 침해한다고 보았다(憲 1997. 3. 27.-95헌가14등). 또한 전국기능경기대회 입상자의 국내기능경기대회 재도전을 전면적, 일률적으로 금지하고 있는 관련 시행령 조항에 대하여 행복추구권을 침해하는 것으로 보고 헌법불합치결정을 하였다(憲 2015. 10. 21.-2013헌마757).

[憲 1989.10.27.-89헌마56] 「군검찰관의 기소유예처분은 공권력의 행사에 포함되는 것이 명백하므로 이로 인하여 기본권이 침해된 때에는 헌법소원심판청구의 대상이 된다. 범죄혐의가 없음이 명백한 사안인데도 이에 대하여 검찰관이 자의적이고 타협적으로 기소유예처분을 했다면 이는 헌법 제11조 제1항의 평등권, 헌법 제10조의 행복추구권을 침해한 것이다.」 같은 취지의 것으로는 [2005헌마245], [2006헌마801], [2008헌마627] 등이 있다.

다만, 행복추구권은 다른 개별적 기본권에 대하여 보충적인 지위에 있다고 하여 어떤 사안에 있어 이를 규율하는 개별적 기본권이 존재하는 경우에는 해당 개별적 기본권의 침해여부만 판단하고 행복추구권의 침해여부를 판단하지 않는다(예: 憲 1998. 10. 29.-97헌마345; 2000. 12. 14.-99헌마112등; 2002. 8. 29.-2000헌가5등; 2006. 3. 30.-2005헌마598; 2007. 4. 26.-2003헌마947등).

[憲 2007.4.26.-2003헌마947등] 「헌법 제10조 전문의 행복추구권은 다른 개별적 기본권이 적용되지 않는 경우에 한하여 보충적으로 적용되는 기본권이어서, 직업선택의 자유, 공무담임권의 침해 여부를 판단하는 이 사건에 있어서는 행복추구권 침해 여부를 독자적으로 판단할 필요는 없다.」

[171] 제4 효 력

헌법 제10조의 행복추구권의 규정은 국가에 대하여 직접 효력을 미친다. 사적영역에서도 행복의 추구는 사인에 존중되어야 하는 가치이다. 사인이 다른 사람의 행복추구를 방해하거나 침해하는 경우에는 국가가 행정적 조치나 민사상 또는 형사상 책임을 묻게 하는 법률을 제정하여 이를 규율한다.

제2장 평등의 보호

[172] 제1 의 의

Ⅰ. 헌법 규정

헌법 제11조 제1항은 「모든 국민은 법 앞에 평등하다. 누구든지 성별·종교 또는 사회적 신분에 의하여 정치적·경제적·사회적·문화적 생활의 모든 영역에 있어서 차별을 받지 아니한다」라고 정하고 있다. 이는 평등보호(平等保護 equal protection)를 헌법 수준에서 보장하고 있는 것이다.

헌법은 평등보호의 구체적인 내용의 하나로 특수계급의 부인(헌법 §11②)과 영전일대의 원칙(헌법 §11③)을 헌법에서 직접 명시하여 정하고 있다. 헌법은 제11조 이외에도 공적 영역에서 교육기회의 평등(헌법 §31①), 선거권의 평등(헌법 §41①, §67①)을 정하고, 사적 영역에서 노동관계에서의 여성차별의 금지(헌법 §32④), 혼인·가족생활에서의 남녀평등(헌법 §36①)과 같이 구체적인 사항에 대하여 평등보호를 직접 정하고 있다.

Ⅱ. 평등원칙

헌법 제11조 제1항에서 「모든 국민은 법 앞에 평등하다」라고 정하여 일반적 평등원칙을 보장하고 있다. 이는 법의 규율대상이 되는 모든 국민은 법 앞에서 공평하게 대우되어야 한다는 헌법상의 원칙으로서, 국가가 「본질적으로 동일한 것은 평등하게, 상이한 것은 불평등하게」 대우함으로써 인간의 존엄과 가치 및 개성 신장을 실현하고 정의를 실현하는 원리이다. 그 중심내용은 기회의 균등한 보장과 본질적으로 동등한 것을 불평등하게 대우하거나 상이한 것을 평등하게 대우하는 것을 금지하는 「자의의 금지」(恣意의 禁止 Willkürverbot) 및 비례원칙(比例原則 Verhältnismäßgkeit)에의 합치성을 보장하는 것이다.

Ⅲ. 평 등 권

헌법 제11조 제1항은 「모든 국민은 법 앞에 평등하다」라고 하여 평등보호를 정하고 있는데, 헌법 제11조 제1항에 「평등권」이라는 명시적인 표현이 없기 때문에 헌법해석상 이 규정이 과연 평등권을 보장하고 있는 것인가 하는 점에 대해서는 논란이 있을 수 있으나, 평등권의 성질상 헌법상의 권리로 보장되어야 하고, 헌법 제11조 제1항에서 평등보호를 정하고 있으므로 이 조항에서 평등권이 헌법상의 권리로 도출된다고 해석할 것이다(동지: 권영성, 385; 김철수a, 583; 계희열b, 227; 허영a, 330; 성낙인, 413). 헌법재판소의 판례도 헌법 제11조 제1항으로부터 평등원칙뿐만 아니라 평등권이 보장됨을 인정하여 이의 침해에 대하여 헌법소원심판으로 다툴 수 있다고 본다(예: 憲 2005. 3. 31.-2003헌마87).

헌법 제11조 제1항과 흡사한 일본국헌법의 평등보호조항은 「모든 국민은 법 아래에 평등하며, 인종, 신조, 성별, 사회적 신분 또는 문지(門地)에 의하여 정치적 · 경제적 또는 사회적 관계에 있어 차별받지 아니한다」(헌법 §14①)라고 정하고 있는데, 이를 평등원칙의 보장으로 보는 것이 통설이고, 평등권의 보장이라고 보지는 않는다.

평등권은 국가에 의하여 차별대우를 받지 아니할 권리와 국가에 대하여 적극적으로 평등하게 취급하여 줄 것을 요구할 수 있는 헌법상의 권리이다. 이러한 평등권은 일상 생활의 전 영역에 걸쳐 인정되는 구체적인 권리이다.

평등권이 구체적인 권리라는 점에서 법적인 성질에서 평등원칙과 구별된다. 평등권은 구체적인 권리이므로 그 침해에 대하여 헌법소원심판으로 다툴 수 있다.

[173] 제2 법적 성격

Ⅰ. 일반적 평등원칙

(1) 국가작용의 구속

일반적 평등원칙(一般的 平等原則 principle of equality, allgemeine Gleichheitssatz)은 모든 국가권력의 작용에 적용된다. 국가가 국민에 대하여 국가권력을 행사하는 경우에는 언제나 평등하게 대우하여야 한다. 즉 국가가 입법권, 행정권, 사법권, 헌법재판권을 행사하는 경우에 언제나 국민을 평등하게 대우하여야 한다.

일반적 평등원칙이 국가권력의 작용을 구속하는 것은 국민이 평등권으로 주장할 수 없는 영역(예: 불법의 평등 문제)에도 미친다. 불법행위를 규율하는 이런 경우에도 국가는 국가권력을 자의적으로 행사 · 적용하여서는 안 된다.

(2) 기본권 보장의 방법적 기초

헌법이 정하고 있는 일반적 평등원칙은 모든 개별적 기본권을 보장함에 있어 횡적으로 공통된 기반을 이루는 기본권보장의 방법적인 기초로서 기능을 한다(허영a, 330). 이는 구체적 기본권으로 적용되는 것이 아니라 일반조항(一般條項)으로서의 성격을 지니는 것으로 작용하는 것을 말하며, 개별적 평등원칙을 정하지 않는 경우에 적용되는 보충적인 성격을 가진다. 헌법이 개별적으로 평등을 정하고 있는 경우에는 헌법 제11조 제1항에서 정하는 일반적 평등원칙에 우선하여 적용된다. 그리고 개별적 기본권의 보장에 있어서 불평등한 대우를 받게 되면 그 자체 해당 기본권이 보장하는 영역에서 차별대우하는 것이 되는데, 이런 경우에는 바로 평등권의 침해를 주장할 수 있는 것이 아니고, 해당 기본권으로 보장되는 권리에 대한 차별적 침해를 주장하여야 한다. 개별적 기본권의 제한에서 불평등한 대우가 헌법적으로 수용되는 것이 아니면 당해 개별적 기본권에 대한 침해가 발생한다(이런 경우에는 과잉금지원칙 또는 본질적 내용침해금지원칙에 대한 위반이 성립한다).

II. 평 등 권

헌법상의 평등권(平等權 Grundrecht auf Gleichheit)은 헌법상 보장되는 권리로서 국가에 의하여 부당한 차별대우를 받지 아니할 것(소극적인 면)과 국가에 대하여 평등한 대우를 요구할 수 있는(적극적인 면) 주관적 권리이다. 따라서 이런 평등권을 침해당한 경우에는 구체적인 기본권의 침해에 해당되어 법원이나 헌법재판소의 재판을 통하여 다툴 수 있다.

헌법이 정하고 있는 평등권은 실정헌법에서 보장하기 이전에 인정되는 자연권으로서의 성격을 지닌 것으로 헌법에 실정화되어 있는 것이다(동지: 김철수a, 589; 권영성, 391; 성낙인, 412). 따라서 헌법이 이를 부정하는 경우에는 내용적 정당성을 가지지 못한다.

[174] 제3 주 체

헌법 제11조 제1항은 「모든 국민」이라고 정하고 있으므로 국민이 평등권의 주체이고, 평등보호의 대상임이 분명하다.

외국인에게 헌법상의 평등권이 인정되는가 하는 문제가 있다. 외국인에게 인정되는 지위가 국적에 관계없이 인간으로서 당연히 인정되는 것인 경우에는 외국인(예: 憲 2001. 11. 29. -91헌마494)이나 다국적자 또는 무국적자도 평등권의 주체가 되고, 평등보호의 대상이 된다. 그러나 외국인이나 다국적자 또는 무국적자는 내국인과 달리 구체적인 권리의 성질과 그 나라의 이해관계에 따라 내국인과 대우를 달리 하는 여러 가지 제한이 따르게 된다(예: 참정권, 직업의 자유, 영업의 자유, 재산권, 토지소유권 등). 외국인의 법적 지위가 법률, 조례, 행정행위 등에 의하여 정해지는 경우에 이는 해당 국가의 주권에 기초한 정책적 판단(=주권적 결정)에 의한 것이므로 이러한 정책적 판단에서 외국인과 내국인 사이에 차별이 있다고 하여 이것이 헌법상의 평등권을 침해하는 것이라고 할 수는 없다. 이러한 정책적 판단은 독립국가의 주권에 기초한 광범한 재량에 의하여 이루어지는 것이므로 평등보호 위반의 문제는 발생하지 않는다. 재량에 의한 이러한 차별에 대한 조정은 주권을 제약하는 상위의 효력을 가지는 국제법규의 효력이 미칠 때만 가능하다. 외국인에게 평등권의 주체성을 인정해

주는 경우에도 외국인을 언제나 한국국민과 동일하게 대우해야 하는 것은 아니다. 평등보호에서 보호되는 평등은 절대적 평등이 아니라 상대적 평등을 의미하기 때문에 구체적으로 어떤 범위의 평등권을 어느 정도로 외국인이 누릴 수 있느냐는 개별적인 상황을 참작해서 결정할 문제이며, 이를 선험적으로 획일하여 정할 수는 없다(동지: 허영a, 333).

외국인들 사이에도 합리적인 이유가 있는 경우에는 평등보호에서 차이를 둘 수 있다. 무국적자에 대해서도 외국인과 달리 합리적인 차이를 둘 수 있다. 헌법재판소도 같은 취지이다(예: 憲 2001. 11. 29. -99헌마494)

> [憲 2001.11.29.-99헌마494] 「청구인들이 침해되었다고 주장하는 인간의 존엄과 가치, 행복추구권은 대체로 '인간의 권리'로서 외국인도 주체가 될 수 있다고 보아야 하고, 평등권도 인간의 권리로서 참정권 등에 대한 성질상의 제한 및 상호주의에 따른 제한이 있을 수 있을 뿐이다. 이 사건에서 청구인들이 주장하는 바는 대한민국 국민과의 관계가 아닌, 외국국적의 동포들 사이에 재외동포법의 수혜대상에서 차별하는 것이 평등권 침해라는 것으로서 성질상 위와 같은 제한을 받는 것이 아니고 상호주의가 문제되는 것도 아니므로, 청구인들에게 기본권주체성을 인정함에 아무런 문제가 없다.」

여러 생활영역에서 상황의 변화에 따라 종래보다 외국인을 내국인과 동일하게 대우하는 경우도 있고, 오히려 차이를 두는 경우도 있을 수 있다. 이러한 경우에도 구체적인 사항에서의 평등보호가 헌법에서 보장되는 것인지 국가정책상 법률에서 보장되는 것인지를 구별할 필요가 있다. 국가가 일정한 경우에 정책적으로 외국인을 내국인과 동일하게 대우해 주었다고 하더라도 그렇게 할 필요성이 소멸되면 외국인과 내국인을 달리 대우할 수 있다. 따라서 그 성질을 구별함이 없이 법률에서 외국인을 내국인과 평등하게 대우한다고 이를 외국인의 헌법상 평등권의 주체성을 인정하는 근거로 삼을 수는 없다. 예컨대 지방자치단체에서 일정한 영역에서 외국인을 고용하거나, 일정 기간 동안 그 지역에서 거주하는 외국인에게 선거권 또는 주민투표권을 부여하여도 이는 법률이나 조례에 근거하거나 행정행위에 의하여 인정되는 것이므로 국가는 언제든지 이를 인정하지 않을 수 있다. 이는 국제법상의 국가주권원리에 의하여 정당화된다.

평등권은 법인이나 법인격 없는 단체에게도 인정된다. 정당도 일정한 경우에 평등보호의 대상이 된다(예: 憲 1991. 3. 11. -91헌마21).

> [憲 1991.3.11.-91헌마21] 「시 · 도의회의원선거에 있어서 정당은 후보자의 추천과 후보자를 지원하는 선거운동을 통하여 소기의 목적을 추구하는데, 이 경우 평등권 및 평등선거의 원칙으로부터 나오는(선거에 있어서의) 기회균등의 원칙은 후보자에 대하여서는 물론 정당에 대하여서도 보장되는 것이며, 따라서 정당추천의 후보자가 선거에서 차등대우를

받는 것은 바로 정당이 선거에서 차등대우를 받는 것과 같은 결과가 되는 것이다. 이와 같이 정당이 선거에 있어서 기회균등의 보장을 받을 수 있는 헌법적 권리는 정당 활동의 기회균등의 보장과 헌법상 참정권보장에 내포되어 있다고 할 것이므로 헌법 제8조 제1항 내지 제3항, 제11호 제1항, 제24조, 제25조는 그 직접적인 근거규정이 될 수 있는 것이며, 헌법 전문과 제1조, 제41조 제1항, 제67조 제1항, 제37조 제2항, 제116조 제2항은 간접적인 근거규정이 될 수 있는 것이다.」

[175] 제4 내 용

Ⅰ. 평등원칙

헌법 제11조 제1항에서 정하고 있는 일반적 평등원칙의 「법 앞에 평등하다」라는 의미는 아래의 내용을 구성요소로 하고 있다.

(a) 「법」의 의미

헌법 제11조 제1항에서 정하고 있는 법 앞에 평등이라고 하는 경우의 「법」이라 함은 국회에서 입법하는 형식적 의미의 법률에 한정되지 않고 대한민국의 법체계를 형성하는 모든 법규범을 말한다. 성문법(헌법, 법률, 명령, 규칙, 조례 등)은 물론이고 불문법도 포함하며, 국내법뿐만 아니라 국제법도 포함한다.

(b) 「법 앞에」의 의미

「법 앞에 평등」이라 함은 법의 적용과 집행이 평등하여야 한다는 법적용의 평등(=형식적 평등 Rechtsanwendungsgleichheit), 즉 「법 앞의 평등」(Gleichheit vor dem Gesetz)뿐만 아니라 법의 내용도 인간을 평등하게 대우하는 것이어야 한다는 법제정의 평등(=실질적 평등 Rechtssetzungsgleichheit), 즉 「법의 평등」(Gleichheit des Gesetzes)을 의미한다. 법의 내용이 이미 불평등한 것으로 정하고 있는 경우에는 그 적용이나 집행에서 평등하게 하여도 진정한 평등의 보호는 이루어지지 않기 때문이다. 따라서 국가는 법을 제정하거나 개정하는 경우에 그 내용이 규율의 대상을 차별하는 것이어서는 안 되고, 제정된 법의 적용이나 집행에서도 그 대상을 차별대우하는 것이어서는 안 된다.

이러한 법리에 의할 때, 법집행자(예: 행정부, 법원, 헌법재판소, 지방자치단체장)는 법을 적용함에 있어 평등하게 적용하여야 할 뿐 아니라 입법자(예: 국회, 지방의회)도 입법을 함에 있어 내용이 대상을 불평등하게 대우하는 것으로 정할 수 없다(입법자구속설: 통설). 헌법재판소도 헌법 제11조 제1항의 평등원칙에 대하여, 이는 법의 적용뿐만 아니라 입법에서도 불합리한 차별대우를 하여서는 안 된다는 것, 즉 사리에 맞는 합리적인 근거 없이 법을 차별하여 적용하여서는 안 되는 것은 물론 그러한 내용의 입법을 해도 안 된다는 것이라고 판시하였다(예: 憲 1989. 5. 24.-89헌가37등; 1989. 9. 8.-88헌가6; 1999. 7. 22.

-98헌가3; 1997. 1. 16.-90헌마110등; 1991. 7. 22.-89헌가106; 1992. 4. 28.-90헌바24; 2000. 8. 31.-97헌가12).

[憲 1989.5.24.-89헌가37] 「헌법 제11조 제1항에 정한 법 앞에서의 평등의 원칙은 결코 일체의 차별적 대우를 부정하는 절대적 평등을 의미하는 것은 아니나, 법을 적용함에 있어서 뿐만 아니라 입법을 함에 있어서도 불합리한 차별대우를 하여서는 아니 된다는 것을 뜻한다.」

[憲 1992.4.28.-90헌바24] 「우리 헌법이 선언하고 있는 "인간의 존엄성"과 "법 앞에 평등"(헌법 제10조, 제11조 제1항)이란 행정부나 사법부에 의한 법적용상의 평등을 뜻하는 것 외에도 입법권자에게 정의와 형평의 원칙에 합당하게 합헌적으로 법률을 제정하도록 하는 것을 명령하는 이른바 법내용상의 평등을 의미하고 있기 때문에 아무리 특정한 분야의 특별한 목적을 위하여 제정되는 특가법이라 하더라도 입법권자의 법제정상의 형성의 자유는 무한정으로 허용될 수는 없는 것이며 나아가 그 입법내용이 정의와 형평에 반하거나 자의적으로 이루어진 경우에는 평등권 등의 기본권을 본질적으로 침해한 입법권행사로서 위헌성을 면하기 어렵다고 할 것이다.」

[憲 2000.8.31.-97헌가12] 「헌법 제11조 제1항이 규정하고 있는 평등원칙은 법치국가 질서의 근본요청으로서 모든 국가기관에게 법을 적용함에 있어서 정당한 근거 없이 개인이나 일정한 인적 집단을 불평등하게 대우하는 것을 금지한다. 따라서 모든 사람은 평등하게 법규범을 통해서 의무를 부담하고 권리를 부여받으며, 반대로 모든 공권력주체에 대해서는 일정한 사람들에게 유리하거나 불리하게 법을 적용하거나 적용하지 않는 것이 금지된다. 그러나 헌법 제11조 제1항의 규범적 의미는 이와 같은 '법 적용의 평등'에서 끝나지 않고, 더 나아가 입법자에 대해서도 그가 입법을 통해서 권리와 의무를 분배함에 있어서 적용할 가치평가의 기준을 정당화할 것을 요구하는 '법 제정의 평등'을 포함한다. 따라서 평등원칙은 입법자가 법률을 제정함에 있어서 법적 효과를 달리 부여하기 위하여 선택한 차별의 기준이 객관적으로 정당화될 수 없을 때에는 그 기준을 법적 차별의 근거로 삼는 것을 금지한다. 이 때 입법자가 헌법 제11조 제1항의 평등원칙에 어느 정도로 구속되는가는 그 규율대상과 차별기준의 특성을 고려하여 구체적으로 결정된다.」

(c) 「평등」의 의미

(i) 상대적 평등 인간은 개성, 성격, 능력, 자질, 품성, 지식, 관점, 교양, 신체적 조건, 사회·경제적 조건 등에서 다양한 차이를 가지고 있기 때문에 평등하지 않다. 인간은 기본적으로 다양하게 타고난 개성과 능력과 조건들 속에서 자기의 개성과 능력대로 삶을 영위하여 가며 그 속에서 행복을 추구한다. 따라서 국가는 국민을 하나의 기준으로 획일적으로 인간의 삶을 재단할 수 없고, 절대적 평등(絕對的 平等)으로 다양한 인간의 삶을 하나의 기준으로 평등화·획일화할 수 없다.

그러나 모든 인간은 인간으로서의 존엄과 가치를 가지고 각기 행복을 추구한다는 점에서는 가치적으로 평등하고, 기본권 보장의 이념상 동일한 조건하에서는 어느 누구의 기본권도 동일하게 대우되어야 하므로 법 앞의 평등에서 말하는 평등은 인간의 다양한 차이에 무관하게 누구나 인간으로서의 존엄과 가치를 가지고 행복을 추구하되 각기 선천적 또는 후천적으로 가지고 있는 다양한 각자의 몫을 인정하는 것을 말한다. 이를 상대적 평등(相對的 平等)이라고 말한다. 이러한 상대적 평등에서도 평등이라고 함은 모든 대상을 모든 경우에 상대적으로 평등하게 대우한다는 것이 아니라, 둘 이상의 상이한 대상에 대하여 동일한 조건이나 상황에서 동일한 기준을 적용할 때 그 법적인 효과(권리, 이익, 의무, 불이익의 부여)가 평등한 대우이거나 헌법적으로 허용되는 합리적인 차별이어야 한다는 것을 의미한다.

헌법재판소의 판례도 헌법 제11조에서 정하고 있는 평등은 상대적 평등이라고 본다(예: 憲 1998. 9. 30.-98헌가7등; 1991. 2. 11.-90헌가27; 1991. 7. 22.-89헌가106; 1992. 4. 28.-90헌바24; 1997. 5. 29.-94헌바5; 2001. 6. 28.-99헌마516; 2007. 5. 31.-2006헌바49).

[憲 2007.5.31.-2006헌바49] 「평등의 원칙은 본질적으로 같은 것은 같게, 본질적으로 다른 것은 다르게 취급할 것을 요구한다. 그렇지만 이러한 평등은 일체의 차별적 대우를 부정하는 절대적 평등을 의미하는 것이 아니라 입법과 법의 적용에 있어서 합리적인 근거가 없는 차별을 배제하는 상대적 평등을 뜻하고 따라서 합리적 근거가 있는 차별은 평등의 원칙에 반하는 것이 아니다.」

《상대적 평등의 판단기준》

미합중국이나 독일에서 상대적 평등을 판단하는 기준을 보면 다음과 같다. 미합중국 연방최고법원의 판례에 의하면, 「법의 평등한 보장이란 평등한 법의 보장」이란 판례가 있고, 평등보호조항은 개별적인 차별은 금지하나 어떠한 경우에도 차별을 인정하지 아니하고 모든 사람을 동일하게 취급하는 것을 요청하는 것은 아니며, 합리적(reasonable)인 차별은 가능하다고 한다. 이때 합리적이란 무엇을 의미하는가는 입법·판례·학설에 의하여 결정할 수밖에 없을 것인바, Warren 법원은 엄격한 심사기준을 확립하였다. 이는 개인에 대한 정부의 차별조치가 i) 평등보호조항위반의 의심스러운 차별이라고 간주되는 경우에, ii) 그 차별조치가 개인의 기본적 권리이익에 관한 경우에 적용되는 것으로서 정부나 주가 필요불가결한 이익에 기인되었음을 입증하지 않으면 그 조치는 정당화될 수 없다는 이론이다. 이 밖에도 경제적·사회적 약자의 지위를 향상하기 위한 우선처우이론이 나타났는데, 이는 호의적 처리·적극적 평등화행위론 등으로 불리고 있다. 이는 일반적으로 인종·소수민족·여성에 대하여 특정의회의 의석 배분 또는 고등교육·고용 등에서 평등을 보장해 주기 위한 호의적인 시책을 뜻한다. 그러나 이로써 역차별의 문제가 나타나기도 한다.

(ii) 적법한 평등 평등보호에서는 적법한 상태와 행위만이 보호의 대상이 되고 불법의 상태나 위법행위는 보호의 대상이 되지 않는다. 법치주의의 본질상 불법의 영역

은 처음부터 법의 보호의 영역에 속하지 않는다. 여기서 문제가 되는 것이 「불법의 평등」(不法의 平等 Gleichheit im Unrecht)의 문제이다.

《「불법의 평등」 문제》

불법주차를 한 차량이 여러 대가 주차되어 있는데, 고의적으로 그 가운데 고가의 차나 자가용 등 일부 차량에 대해서만 범칙금을 부과하는 조치를 한 경우나, 여러 명이 범죄를 저지른 경우에 공범 가운데 일부에 대해서만 입건 수사하여 기소한 경우에 그 해당자가 자기와 동일한 처지에 있는 사람들에 대하여는 국가가 자기에게 조치한 것과 동일한 조치를 하지 않고 차별했다고 하면서 평등원칙이나 평등권의 위반을 주장할 수 있는가 하는 점이다. 이 경우에 국가가 법위반자에 대하여 고의적으로 차등 대우한 것은 사실이지만, 불법을 저지른 자는 법의 보호를 받을 지위에 있거나 이익을 가지는 것이 아니므로(Keine Gleichheit im Unrecht) 취소소송, 상소, 헌법소원심판 등을 통하여 국가행위의 효력을 다툴 수는 없다. 그러나 불법행위를 규율하는 국가의 이러한 행위는 자의적인 것이므로 다른 자에 대해서도 동일한 조치를 취할 수 있는 경우에는 취하여야 하고, 차별적인 그러한 조치를 한 공무원은 권한을 자의적으로 행사한 것에 대한 책임(예: 징계)을 진다.

(iii) **간접차별 포함 문제** 평등보호는 차별금지를 말하는데, 이 때 차별의 의미에 있어서는 차별이 미치는 정도에 따라 「직접차별」(直接差別 unmittelbare Diskriminierung)과 「간접차별」(間接差別 mittelbare Diskriminierung)로 나뉜다. 직접차별은 국가작용이 금지된 차별사유에 위반하여 규율대상을 직접 차별대우하는 것을 말하고, 간접차별은 국가작용이 의도적으로 금지된 차별을 행하여 규율대상을 직접 차별하는 것은 아니지만 직접 차별을 유발한 것에 간접적으로 영향을 미치는 차별을 말한다.

헌법 제11조 제1항의 평등보호에 있어 직접차별이 금지되는 것에는 의문의 여지가 없으나, 간접차별이 금지되는가에 대해서는 논란이 있다. 간접차별은 해당 사안과 직접 관련성이 없고 비교대상을 직접차별하는 것이 아니며, 이를 인정하면 입법자의 입법형성의 자유를 지나치게 축소·제약하기 때문에 금지되지 아니한다는 견해(간접차별불포함설)와 차별의 원인보다는 차별의 결과에 중점을 두어 결과적으로 차별을 초래하였다면 직접원인이 되었던 간접원인이 되었던 관계없이 모두 원칙적으로 금지되고, 다만 간접차별의 경우에는 직접차별에 비하여 정당화의 요건이 완화된다고 하는 견해가 대립하고 있다(간접차별포함설).

헌법재판소는 군필자에게 일정 직급의 공무원 채용 등에서 가산점을 주는 규정이 군필자와 군미필자간의 평등문제인데도 이를 남성과 여성 간의 평등문제로 다루어 남녀차별에 해당한다고 판시하였다(憲 1999. 12. 23. -98헌마363). 이에 대해서 이 판례가 과연 논증에서 타당한 것인가 하는 점과 차별금지에서 간접차별을 인정한 것인가 하는 점을 두고 논란이 있다.

> [憲 1999.12.23.-98헌마363] 「가산점제도는 제대군인과 제대군인이 아닌 사람을 차별하는 형식을 취하고 있다. 그러나 제대군인, 비(非)제대군인이라는 형식적 개념만으로는 가산점제도의 실체를 분명히 파악할 수 없다. 현행 법체계상 제대군인과 비제대군인에 어떤 인적 집단이 포함되는지 구체적으로 살펴보아야만 한다. 위에서 본 바와 같이 제대군인에는 ① 현역복무를 마치고 전역(퇴역·면역 포함)한 남자, ② 상근예비역 소집복무를 마치고 소집해제된 남자, ③ 지원에 의한 현역복무를 마치고 퇴역한 여자, 이 세 집단이 포함되고, 비제대군인에는 ① 군복무를 지원하지 아니한 절대다수의 여자, ② 징병검사 결과 질병 또는 심신장애로 병역을 감당할 수 없다는 판정을 받아 병역면제처분을 받은 남자(병역법 제12조 제1항 제3호, 제14조 제1항 제3호), ③ 보충역으로 군복무를 마쳤거나 제2국민역에 편입된 남자, 이 세 집단이 포함된다. 그러므로 먼저 무엇보다도 가산점제도는 실질적으로 남성에 비하여 여성을 차별하는 제도이다. 제대군인 중 위 ③의 유형에는 전체여성 중의 극히 일부분만이 해당될 수 있으므로 실제 거의 모든 여성은 제대군인에 해당하지 아니한다. 그리고 남자의 대부분은 제대군인 중 위 ①과 ② 유형에 속함으로써 제대군인에 해당한다. 이 사건 심판기록에 편철된 「병역처분자료 통보」에 의하면 1994년부터 1998년까지 5년간 현역병입영대상자 처분을 받은 비율은 81.6%에서 87%(보충역은 4.6%에서 11.6%, 제2국민역은 6.4%에서 9.8%, 병역면제는 0.4%에서 0.6%)까지 이르고 있음을 알 수 있는데, 이는 우리나라 남자 중의 80% 이상이 제대군인이 될 수 있음을 나타내는 것이다. 이와 같이 전체 남자 중의 대부분에 비하여 전체 여성의 거의 대부분을 차별취급하고 있으므로 이러한 법적 상태는 성별에 의한 차별이라고 보아야 한다.……가산점제도는 제대군인에 비하여, 여성 및 제대군인이 아닌 남성을 비례성원칙에 반하여 차별하는 것으로서 헌법 제11조에 위배되며, 이로 인하여 청구인들의 평등권이 침해된다.」

(d) 평등의 판단기준

헌법이 정하고 있는 평등보호가 상대적 평등의 보호라고 하더라도 문제는 구체적인 상황에서 어떤 기준으로 각자의 몫을 정하며, 국가가 이러한 기준으로 인간의 상대적 평등을 판단할 때 그 판단기준이 무엇인가 하는 점이다.

우선 헌법에서 일정한 표지에 근거한 차별을 금지하는 경우에는 입법자도 이에 구속되지만, 헌법에서 차별의 표지를 특정하고 있지 않은 일반적 평등원칙의 경우에는 입법자는 폭넓은 입법형성의 자유를 갖는다.

그런데 차별을 금지하는 경우에도 입법자를 구속하는 기준이 필요하다.

(i) 자의금지의 원칙 이 문제에 대하여 학설과 판례는 오랫동안 「자의의 금지」를 판단기준으로 설정하였다. 자의금지원칙은 본질적으로 서로 같은 것을 자의적으로 다르게 취급하거나 본질적으로 서로 다른 것을 자의적으로 동일하게 취급하는 것은 금지

된다고 하는 법리이다(예: 憲1996. 12. 26.-96헌가18; 2001. 11. 29.-99헌마494; 2007. 4. 26.-2006헌바71; 2007. 6. 28.-2004헌마643; 2010. 6. 24.-2008헌바128). 즉 국가는 특정영역에서 입법과 법의 집행에 있어 그 대상이 되는 복수의 집단을 처리하는 경우에 복수의 비교집단들이 동일한 것인 경우에는 그 비교집단을 모두 동일하게 처리하여야 한다는 것이다. 따라서 여기서는 제1차적으로 복수의 비교집단들이 모두 동일한 성질의 것인가를 판단하는 것이 필요하다. 서로 다른 성질을 가지는 집단들에는 처음부터 평등여부를 판단하기 위한 대상이 되지 않는다. 일단 비교집단들이 동일한 것으로 결정된 경우에는 법은 이들 비교집단을 모두 동일하게 대우하여야 한다. 이를 어기는 것은 자의금지원칙에 위반된다. 이 경우에 말하는 자의라는 개념은 주관적인 책임비난을 의미하는 것이 아니라, 객관적인 의미에서 객관적으로 명백한 근거가 없는 것을 의미한다. 입법자가 규율하려는 영역과 법률규정의 내용 사이에 아무런 내적 관련성이 존재하지 않을 때나 불충분함이 명백한 경우에는 자의적인 것이 된다.

[憲 2007.4.26.-2006헌바71] 「평등의 원칙은 입법자에게 본질적으로 같은 것을 자의적으로 다르게, 본질적으로 다른 것을 자의적으로 같게 취급하는 것을 금하고 있다. 그러므로 비교의 대상을 이루는 두 개의 사실관계 사이에 서로 상이한 취급을 정당화할 수 있을 정도의 차이가 없음에도 불구하고 두 사실관계를 서로 다르게 취급한다면, 입법자는 이로써 평등권을 침해하게 된다.」

(ii) 비례원칙 그런데 자의의 금지라는 기준만으로는 입법자의 자의를 효과적으로 통제할 수 없다는 문제가 제기되면서 비례원칙을 함께 판단의 기준으로 삼아야 한다는 필요성이 제기되었고, 평등의 판단에는 자의금지원칙에서 비례원칙에 이르기까지의 다양한 스펙트럼선상에서 규율대상과 차별기준에 따라 다양한 모습으로 입법자를 구속하게 된다고 본다(계희열b, 239). 이러한 것은 독일연방헌법재판소의 판례에서 취하는 태도이기도 하다.

독일연방헌법재판소의 판례에 의하면, 「본질적으로 평등한 것을 자의적으로 불평등하게 취급하거나, 본질적으로 불평등한 것을 자의적으로 평등하게 취급하는 것의 금지」라고 하고, 이 자의의 금지를 판단기준으로 삼아 이중적인 의미로 객관화시키고 있다. 첫째로는 문제된 처분의 주관적인 동기에서 벗어나서 규정된 상황과 관련하여 객관적으로 부적정성을 판단하여야 하며, 둘째로는 자의의 실제적 내포로서는 헌법이 근거하고 있는 가치질서에 결부시킴으로써 주관적인 「자의」 개념을 극복하고 있다. 1980년 이후 독일연방헌법재판소는 「만약에 그 성질이나 내용에 있어서 아무런 차이가 없는 경우에 다른 한 집단을 다른 집단과 달리 취급하면서 다른 처우를 정당화할 수 없는 경우에는 평등권이 침해된다」고 보고 있다. 일반적 평등원칙은 규율대상과 차별기준에 따라서 각각 단순한 자의금지로부터 비례성의 요청에 이르기까지 입법자를 구속하는 다양한 한계가 도출된다고 한다. 즉, 입법자가 개별적 평등원칙에서 언급되고 있는 차별금지의 표지들과 유사한 표지들을 근거로 인적 집단을 불평등하게 대우하는 경우에는 원칙적으로 엄격한 구속을 받게 된다. 그리고 인적 집단의 불평등대우가 소수의 차별로 이르게 될 위험성이 크면 클수록, 그리고 사람이나 사태의 불평등대우가 기본권으로 보호된 자유의 행사에 불리한 영향을 미치면 미칠수록, 입법자의 형성의 자유는 그만큼 더 축소된다. 이와 같은 경우에 연방헌법재판소는 그와 같은 차별을 정당화할 수 있을 정도의 속성과 비중을 지니는 근거들이 존재하는가 여부를 엄격하게 심사한다. 이에 반해서 동일한 규범수범자의 서로 다른 행위에 대하여 규율맥락에 따라서 각각 서로 다른 법적 효과를 부여하는 경우에는 당사자가 어느 정도로 자신의 행동을 통해서 그 차별을 회피할 수 있는가에 따라서 입법자의 형성의 자유가 결정된다. 당사자의 자력에 의한 회피가능성이 인정되는 경우에는 연방헌법재판소는 전통적인 자의금지를 심사기준으로 적용한다(계희열b, 237). 이를 차별대우의 강도를 기준하여 보면, 차별대우하는 것이 약한 수준(geringe Intensität)의 경우와 심한 수준(größere Intensität)의 경우로 나눌 수 있는데, 차별이 약한 경우에는 자의금지원칙만을 기준으로 적용하여 차별대우를 정당화할 수 있는 합리적인 근거가 하나라도 있으면 평등보호에 위반되는 것이 아니라고 하고, 차별이 심한 경우에는 합리성이 없는 차별로 보아 자의금지원칙에서 더 나아가 비례원칙에 합치하는지를 심사를 한다(BVerfGE 88, 87; 91, 389; 95, 267).

헌법재판소는 평등위반여부를 자의금지만을 심사기준으로 하여 판단하다가(예: 憲 1989. 5. 24.-89헌가37등; 1997. 1. 16.-90헌마110등; 1998. 9. 30.-98헌가7; 2003. 12. 18.-2002헌마593; 2003. 1. 30.-2001헌바64), 자의금지원칙과 함께 비례원칙을 심사기준으로 하여 판단하고 있다(예: 憲 1999. 12. 23.-98헌마363; 2001. 2. 22.-2000헌마25; 2006. 2. 23.-2004헌마675등).

헌법재판소는 일반적으로 차별에 대한 정당성 여부에 대해서는 자의성 여부를 심사하지만, 헌법에서 특별히 평등을 요구하고 있는 경우나 차별적 취급으로 인하여 관련 기본권에 대한 중대한 제한을 초래하게 된다면 입법형성권은 축소되어 보다 엄격한 심사척도가 적용된다고 하여 비례심사를 하는 태도를 유지하고 있다(예: 憲 1999. 12. 23.-98헌마363; 1999. 12. 23.-98헌바33; 2000. 8. 31.-97헌가12). 그리하여 자의심사의 경우에는 차별을 정당화하는 합리적인 이유가 있는지의 여부만 심사하기 때문에 그에 해당하는 비교대상 간의 사실상의 차이나 입법목적(차별목적)의 발견·확인에 그치는 반면에, 비례심사의 경우에는 단순히 합리적인 이유의 존부 문제가 아니라 차별을 정당화하는 이유와 차별 간의 상관관계에 대한 심사, 즉 비교대상 간의 사실상의 차이의 성질과 비중 또는 입법목적(차별목적)의 비중과 차별의 정도에 적정한 균형관계가 이루어져 있는가를 심사한다고 하는 태도를 유지하고 있다(예: 憲 2001. 2. 22.-2000헌마25; 2009. 2. 26. -2005헌마764).

[憲 1989.5.24.-89헌가37등] 「평등의 개념은 형식적 평등이 아니라 구체적 사회정의와 새로운 질서를 형성하는 실질적인 평등으로 보아야 하며, 따라서 평등의 원리는 자의금

지를 기본으로 한다. 자의의 금지는 입법, 행정, 사법뿐만 아니라 헌법재판에도 모두 적용된다. 평등의 원리로 적용되는 영·미국에서의 적법절차의 조항이나, 서독을 비롯한 대륙법계에서의 자의금지의 원칙은 그 본질에 있어서 사회정의의 실현을 의미한다. 즉 평등한 것은 평등하게, 불평등한 것은 불평등하게 취급되어야 하는데, 평등하게 취급할 것을 불평등하게, 불평등하게 취급할 것을 평등하게 취급하는 것은 정의에 반하는 것으로 자의금지의 원칙에 위배된다. 어떠한 조치가 자의금지에 반하는 것인가 하는 것은 객관적으로 보아 실질적 내용이 구체적 정의에 반하느냐 않느냐에 따라 결정될 수밖에 없다. 건전한 일반시민의 상식으로 보아 경우에 어긋나지 않는 선에서 판단하여야 한다. 객관적 상황을 본질적 기준이 아닌 잘못된 기준에 의하여 형식적으로 취급하고 해석할 때에 그것은 자의에 해당된다. 예컨대 인격을 기준으로 할 때에는 자국인과 외국인이 평등하며 달리 차별을 둘 수 없지만, 국적을 기준으로 할 때에는 자국인과 외국인 간에 불평등하게 취급할 수도 있으며, 이는 자의금지에 위배되지 않는다.」

[憲 2001.2.22.-2000헌마25] 「평등권의 침해 여부에 대한 심사는 그 심사기준에 따라 자의금지원칙에 의한 심사와 비례의 원칙에 의한 심사로 크게 나누어 볼 수 있다. 자의심사의 경우에는 차별을 정당화하는 합리적인 이유가 있는지만을 심사하기 때문에 그에 해당하는 비교대상 간의 사실상의 차이나 입법목적(차별목적)의 발견·확인에 그치는 반면에, 비례심사의 경우에는 단순히 합리적인 이유의 존부문제가 아니라 차별을 정당화하는 이유와 차별 간의 상관관계에 대한 심사, 즉 비교대상 간의 사실상의 차이의 성질과 비중 또는 입법목적(차별목적)의 비중과 차별의 정도에 적정한 균형관계가 이루어져 있는가를 심사한다.」

[憲 2009.2.26.-2005헌마764] 「교통사고에 의하여 피해자가 사망하였는지의 여부 및 교통사고가 단서조항에 해당하는지의 여부에 따라 교통사고로 인한 피해자들 사이에 재판절차진술권을 행사함에 있어 차별이 발생하게 되는바, 이러한 차별이 헌법적으로 정당한지가 문제된다. (1) **업무상 과실 또는 중대한 과실로 인하여 중상해를 입은 경우** 이 사건 법률조항으로 인하여 단서조항에 해당하지 않는 교통사고로 중상해를 입은 피해자를 단서조항에 해당하는 교통사고의 중상해 피해자 및 사망사고의 피해자와 재판절차진술권의 행사에 있어서 달리 취급한 것이 평등권을 침해하였는지의 여부를 살펴보기로 한다. (가) **심사기준** 일반적으로 차별에 대한 정당성 여부에 대해서는 자의성 여부를 심사하지만, 헌법에서 특별히 평등을 요구하고 있는 경우나 차별적 취급으로 인하여 관련 기본권에 대한 중대한 제한을 초래하게 된다면 입법형성권은 축소되어 보다 엄격한 심사척도가 적용된다. 자의심사의 경우에는 차별을 정당화하는 합리적인 이유가 있는지만을 심사하기 때문에 그에 해당하는 비교대상 간의 사실상의 차이나 입법목적(차별목적)의 발견·확인에 그치는 반면에, 비례심사의 경우에는 단순히 합리적인 이유의 존부 문제가 아니라 차별을 정당화하는 이유와 차별 간의 상관관계에 대한 심사, 즉 비교대상 간의 사실상의 차이의 성질과 비중 또는 입법목적(차별목적)의 비중과 차별의 정도에 적정한 균형관계가 이루어져 있는가를 심사한다. 국민의 생명·신체의 안전은 다른 모든 기본권의 전제가 되며, 인간의 존엄성에 직결되는 것이므로, 단서조항에 해당하지 않는 교통사고로 중상해를 입은 피해자와 단서조항에 해당하는 교통사고의

중상해 피해자 및 사망사고 피해자 사이의 차별 문제는 단지 자의성이 있었느냐의 점을 넘어서 입법목적과 차별 간에 비례성을 갖추었는지 여부를 더 엄격하게 심사하는 것이 바람직하고, 교통사고 운전자의 기소 여부에 따라 피해자의 헌법상 보장된 재판절차진술권이 행사될 수 있는지 여부가 결정되어 이는 기본권 행사에 있어서 중대한 제한을 구성하기 때문에, 이 사건에 대하여는 종전 선례인 헌법재판소 1997. 1. 16. 90헌마110 등 사건의 결정 이후에 변화된 판례에 따라 엄격한 심사기준에 의하여 판단하기로 한다. (나) **판단** 이 사건 법률조항에 따르면 교통사고로 인하여 피해자가 중상해를 입은 경우에도, 가해 운전자가 어떠한 태양의 주의의무를 위반하였느냐에 따라 기소 여부가 달라진다. 즉 단서조항에 해당하는 교통사고라면 가해 운전자는 기소될 것이고, 단서조항에 해당하지 않으면 종합보험 등에 가입한 조건으로 면책된다. 이 때 단서조항에 해당하지 않는 교통사고로 인하여 중상해를 입은 피해자는, 자신에게 발생한 교통사고의 유형이 단서조항에 해당하지 않는다는 우연한 사정에 의하여 형사재판절차에서의 진술권을 전혀 행사하지 못하게 되는바, 이는 역시 우연하게도 단서조항에 해당하는 교통사고를 당한 중상해 피해자가 재판절차진술권을 행사하게 되는 것과 비교할 때 합리적인 이유 없이 차별취급을 당하는 것이다. 한편, 교특법은 피해자가 사망한 경우에는 단서조항에 해당하는 사고인지의 여부와 관계없이 기소하게 되어 있고(교특법 제3조 제1항, 형법 제268조 참조), 이는 사고관련자들의 주의의무 위반의 정도나 태양이 어떠하든 간에 생명권의 침해라는 크나큰 불법적 요소 때문이라 할 것이다. 그런데 교통사고로 인하여 중상해를 입은 결과, 식물인간이 되거나 평생 심각한 불구 또는 난치의 질병을 안고 살아가야 하는 피해자도 비록 생명권이 침해된 것은 아니지만 이에 비견될 정도의 육체적, 정신적 고통을 받게 되고, 정상적인 생활이 불가능해짐에 따라 가족 등 주변인들의 정신적, 경제적 고통도 이루 말할 수 없는 것이므로, 그 결과의 불법성이 사망사고보다 결코 작다고 단정할 수 없다. 따라서 교통사고로 인하여 피해자가 사망한 경우와 달리 중상해를 입은 경우 가해 운전자를 기소하지 않음으로써 그 피해자의 재판절차진술권을 제한하는 것 또한 합리적인 이유가 없는 차별취급이라고 할 것이다. 그리고 위와 같은 중상해 피해자 간 및 사망사고 피해자와의 차별취급은 중상해 피해자의 재판절차진술권 행사를 사고관련자들의 주의의무의 위반 정도 및 결과의 불법성의 크기 등에 관계없이, 사고유형이 단서조항에 해당하는지의 여부만으로 달리 취급하는 것이므로 신속한 피해회복이라는 이 사건 법률조항의 입법목적이라는 측면에서 보아도 그 차별의 정도에 적정한 균형관계를 이루고 있다고 보기 어렵다. **(2) 업무상 과실 또는 중대한 과실로 인하여 중상해가 아닌 상해를 입은 경우** 업무상 과실 또는 중대한 과실로 인한 교통사고로 피해자에게 중상해가 아닌 상해의 결과만을 야기한 경우에는, 위 나. (2) 부분에서 살펴본 바와 같은 이유로 재판절차진술권의 행사에 있어 중상해 피해자와 비교하여 달리 취급할 만한 정당한 사유가 있다 할 것이므로 피해자 보호 및 가해운전자의 처벌에 있어서 평등의 원칙에 반하지 아니한다고 할 것이다. **(3) 소 결** 이 사건 법률조항으로 인하여 단서조항에 해당하지 아니하는 교통사고로 중상해를 입은 피해자를 단서조항에 해당하는 교통사고의 중상해 피해자 및 사망사고의 피해자와 재판절차진술권의 행사에 있어서 달리 취급한 것은, 단서조항에 해당하지 아니하는 교통사고로 중상해를 입은 피해자들의 평등권을 침해하는 것이라 할 것이다.」

(iii) 평등심사의 강도 문제

헌법재판소는 평등원칙의 위반여부를 심사하는 경우에 그 강도가 항상 동일한 것이 아니라 차별근거와 규율영역의 특성 등에 따라 강도가 다르다고 보아, 엄격한 심사기준과 완화된 심사기준으로 나누고 있다.

① 엄격한 심사기준　　엄격한 심사기준은 i) 헌법에서 특별히 평등을 요구하고 있는 경우, 즉 헌법이 스스로 차별의 근거로 삼아서는 아니 되는 기준 또는 차별을 특히 금지하고 있는 영역을 제시하고 있는 경우와 ii) 차별적 취급으로 인하여 관련 기본권에 대한 중대한 제한을 초래하는 경우에 적용된다(예: 憲 1997. 1. 16.-90헌마110등; 1999. 12. 23.-98헌마363; 2001. 2. 22.-2000헌마25; 2003. 6. 26.-2002헌가14; 2006. 6. 29.-2005헌가13; 2007. 5. 31.-2006헌바49; 2007. 12. 27.-2005헌가11). 이 경우에는 국회의 입법형성권은 상당히 축소된다. 그리고 입법자가 설정한 차별이 기본권의 행사에 있어서의 차별을 가져오는 경우에는 그 목적과 수단간에 엄격한 비례성이 심사되어야 한다고 본다(예: 憲 2003. 9. 25.-2003헌마30; 2006. 2. 23.-2004헌마675등).

② 완화된 심사기준　　입법자의 형성의 자유와 민주국가의 권력분립적 기능질서를 보장하는 차원에서, 일반적으로 헌법재판소의 심사기준이 되는 통제규범으로서의 평등원칙은 단지 자의적인 입법의 금지만을 의미하기 때문에 완화된 심사기준이 적용된다. 엄격한 심사기준을 적용하는 경우 이외에는 헌법 제32조 제6항과 같이 헌법에서 차별명령규정을 두고 있는 경우(예: 憲 2001. 2. 22.-2000헌마25)와 합리성심사를 하는 것이 필요한 경우(예: 憲 2006. 2. 23.-2005헌마40)에는 완화된 심사기준이 적용된다고 한다.

[憲 2007.5.31.-2006헌바49] 「평등원칙 심사는 차별근거와 규율영역의 특성 등에 따라 그 심사의 강도를 달리한다. 즉, 입법자의 형성의 자유와 민주국가의 권력분립적 기능질서를 보장하는 차원에서, 일반적으로 헌법재판소의 심사기준이 되는 통제규범으로서의 평등원칙은 단지 자의적인 입법의 금지만을 의미한다. 그러므로 헌법재판소는 입법자의 결정에서 차별을 정당화할 수 있는 합리적인 이유를 찾아볼 수 없는 때에만 평등원칙의 위반을 선언하게 된다. 그러나 헌법에서 특별히 평등을 요구하고 있는 경우, 다시 말하여 헌법이 직접 차별의 근거로 삼아서는 안 되는 기준이나 차별을 특히 금지하는 영역을 제시하는 경우에는 그러한 기준을 근거로 한 차별이나 그러한 영역에서의 차별에 대하여 엄격히 심사하여야 하며, 차별적 취급으로 인하여 관련 기본권에 대한 중대한 제한이 초래되는 경우에도 엄격한 심사척도를 적용하여야 한다. 여기서 엄격히 심사를 한다는 것은 단지 차별의 합리적 이유의 유무만을 확인하는 정도를 넘어, 차별의 이유와 차별 간의 상관관계에 대해서, 즉 비교대상 간의 사실상의 차이의 성질 및 비중 또는 입법목적(차별목적)의 비중과 차별의 정도에 적정한 균형관계가 이루어져 있는지에 대해서도 심사함을 의미한다.」

근로상의 남녀차별(예: 憲 1999. 12. 23. -98헌마363)은 엄격심사기준을 적용하고, 금전 이외의 재산으로 조세를 납부하는 물납제도(예: 憲 2007. 5. 31. -2006헌바49)에서는 완화된 심사기준을 적용한다. 공무담임권의 제한(예: 憲 2002. 10. 31.-2001헌마557; 2006. 2. 23.-2005헌마403)이 문제된 사안에서는 완화된 심사기준을 적용한 경우도 있고, 제대군인에 대한 가산점인정사안(예: 憲 1999. 12. 23. -98헌마363)과 국가유공자에 대한 가산점사안(예: 憲 2006. 2. 23. -2004헌마675 등)에서는 엄격한 심사기준을 적용한 경우도 있다.

[憲 1999.12.23.-98헌마363] 「평등위반 여부를 심사함에 있어 엄격한 심사척도에 의할 것인지, 완화된 심사척도에 의할 것인지는 입법자에게 인정되는 입법형성권의 정도에 따라 달라지게 될 것이다. 먼저 헌법에서 특별히 평등을 요구하고 있는 경우 엄격한 심사척도가 적용될 수 있다. 헌법이 스스로 차별의 근거로 삼아서는 아니 되는 기준을 제시하거나 차별을 특히 금지하고 있는 영역을 제시하고 있다면 그러한 기준을 근거로 한 차별이나 그러한 영역에서의 차별에 대하여 엄격하게 심사하는 것이 정당화된다. 다음으로 차별적 취급으로 인하여 관련 기본권에 대한 중대한 제한을 초래하게 된다면 입법형성권은 축소되어 보다 엄격한 심사척도가 적용되어야 할 것이다. 그런데 가산점제도는 엄격한 심사척도를 적용하여야 하는 위 두 경우에 모두 해당한다. 헌법 제32조 제4항은 "여자의 근로는 특별한 보호를 받으며, 고용·임금 및 근로조건에 있어서 부당한 차별을 받지 아니한다"고 규정하여 "근로" 내지 "고용"의 영역에 있어서 특별히 남녀평등을 요구하고 있는데, 가산점제도는 바로 이 영역에서 남성과 여성을 달리 취급하는 제도이기 때문이고, 또한 가산점제도는 헌법 제25조에 의하여 보장된 공무담임권이라는 기본권의 행사에 중대한 제약을 초래하는 것이기 때문이다(가산점제도가 민간기업에 실시될 경우 헌법 제15조가 보장하는 직업선택의 자유가 문제될 것이다). 이와 같이 가산점제도에 대하여는 엄격한 심사척도가 적용되어야 하는데, 엄격한 심사를 한다는 것은 자의금지원칙에 따른 심사, 즉 합리적 이유의 유무를 심사하는 것에 그치지 아니하고 비례성원칙에 따른 심사, 즉 차별취급의 목적과 수단 간에 엄격한 비례관계가 성립하는지를 기준으로 한 심사를 행함을 의미한다.」

[憲 2006. 2. 23.-2005헌마403] 「평등위반 여부를 심사함에 있어 엄격한 심사척도에 의할 것인지, 완화된 심사척도에 의할 것인지는 입법자에게 인정되는 입법형성권의 정도에 따라 달라지게 된다. 먼저 헌법에서 특별히 평등을 요구하고 있는 경우 엄격한 심사척도가 적용될 수 있다. 헌법이 스스로 차별의 근거로 삼아서는 아니되는 기준을 제시하거나 차별을 특히 금지하고 있는 영역을 제시하고 있다면 그러한 기준을 근거로 한 차별이나 그러한 영역에서의 차별에 대하여 엄격하게 심사하는 것이 정당화된다. 다음으로 차별적 취급으로 인하여 관련 기본권에 대한 중대한 제한을 초래하게 된다면 입법형성권은 축소되어 보다 엄격한 심사척도가 적용되어야 한다. 이 사건 법률조항은 공무담임권을 제한하고 있는바, 이는 헌법이 차별을 특히 금지하고 있는 영역이거나 차별적 취급으로 인하여 관련 기본권에 대한 중대한 제한을 초래하고 있다고 볼 수 없다. 그리고 공무담임권의 제한의 경우는 그 직무가 가지는 공익실현이라는 특수성으로 인하여 그 직무의 본질에 반하지 아니하고 결과적으로 다른 기본권의 침해를 야기하지 아니하는 한 상대적으로 강한 합헌성이 추정될 것이므로, 주로 평등의 원칙이나 목적과 수단의 합리적인 연관성 여부가 심사대상이 될 것이며, 법익형량에 있어서도 상대적으

로 다소 완화된 심사를 하게 된다. 따라서 이 사건 법률조항에 대한 평등권 심사는 합리성 심사로 족하다.」

헌법재판소가 평등 심사에서 비례원칙을 적용하면서 동시에 헌법재판소가 제시한 바와 같은 「엄격한 심사기준」과 「완화된 심사기준」의 2가지 기준으로 범주화하여 적용하는 것이 타당한지는 의문이다. 이러한 심사기준을 평등보호의 규정형식이나 규율영역에 따라 선험적으로 구별하는 것도 의문이거니와 구체적인 사안에서 어느 범주에 해당하는지를 판단하는 것도 그 기준이 명확하지 않기 때문이다. 이러한 범주화의 작업이 평등 심사에서 재판관이 자의적인 판단으로 흐를 위험을 방지하는 효과를 가져올 수는 있지만, 비례원칙을 적용하면서 이러한 범주화된 기준을 다시 적용하는 것은 체계정합성에서 문제가 있고 사안의 개별성과 구체성을 진지하게 고려하지 않을 위험이 있다고 본다. 비례원칙을 적용하는 경우에는 범주화된 이런 기준을 공식과 같이 대입할 것이 아니라, 해당 사안의 구체성을 보다 세밀하게 들여다보고 그 판단에 비례성을 고려하게 된 점을 정당화하는 구체적인 사유를 보다 세밀하게 논증하는 것이 더 정확하다고 할 것이다.

미합중국 연방최고법원이 평등심사에서 심사기준(審査基準 level of scrutiny)이라는 수단을 사용하면서 「이중심사기준의 방식」(double standard) 또는 「다층적 심사기준의 방식」(多層的 審査基準의 方式 multi-level system of scrutiny)을 개발하여 심사의 강도에서 차이를 두어 적용하고 있는 것과 유사하다. 입법목적이 차별을 정당화시키기에 불가피하고 우월적인 것이어야 하고 이런 목적을 달성하는 수단은 필수불가결한 것으로 엄밀하게 고안된 것일 때만 합헌이라는 「엄격심사(嚴格審査 strict scrutiny)」, 차별이 입법목적을 달성함에 있어서 합리적인 관련성을 가지는 경우에는 합헌이라고 하는 「합리성심사」(合理性審査 rationality review, rational-basis test), 엄격심사보다는 완화된 기준으로서 입법목적이 중요하고 차별이 이 목적과 실질적으로(substantially) 관련이 있는 경우에는 합헌이라는 「중도적 심사」(中道的 審査 intermediate scrutiny), 이러한 심사기준을 적용 영역별로 나누어 일률적으로 적용하는 것이 아니라, 해당 사안별로 차별의 성격과 차별로 인하여 영향을 받게 되는 개인의 이익과 이를 통해 확보되는 정부의 이익의 상대적인 중요성을 고려하여 그에 적합한 심사기준을 선택하여 적용하는 「유동적 심사」(流動的 審査 sliding scale)의 기준을 평등심사에 적용하고 있다.

《다층적 심사기준의 방식》

이는 기본적으로 연방국가인 미합중국에서 연방헌법을 주의 법률에 어느 정도로 관철시키는가 하는 문제와 직접 연관된다. 미합중국에서는 연방헌법을 주의 법률에 관철시키는 근거를 연방헌법 수정조항 제14조 제1항의 적법절차로 삼고 있는데, 이런 경우에도 연방이 주의 법률의 내용을 심사할 수 있는 것을 「실체적 적법절차」라는 것으로 정당화하고, 주의 법률의 내용은 심사할 수 없고 단순히 법률제정의 절차만을 심사할 수 있을 때 이를 「절차적 적법절차」라는 개념으로 정당화한다. 1900년대 초기부터(대표적 사례: Lochner v. New York(1905)) 「실체적 적법절차」를 근거로 하여 「합리성심사」라는 단일한 하나의 기준에 의거하여 주의 입법내용을 심사하던 태도가 사라진 1937년 이후에는 연방헌법 제14조를 근거로 하여 「평등보호」를 근거로 주의 입법내용을 심사하고 있다. 이 경우에 연방과 주간의 문제를 고려하여 심사기준을 다양하게 발전시켜 왔다. 연방이 주의 법률 내용을 심사하는 경우에도 연방의 주권과 주의 주권 간의 관계문제에서 강약이 문제가 되는데, 연방이 강하게 개입할 때는 엄격심사라는 개념으로 정당화하고, 약하게 개입할 때를 합리성 심사라는 것으로 정당화하였다. 이러한 양자의 기준이 애매하고 명확하지 않게 되자 중도적 심사를 개발하기도 하고(Craig v. Boren(1976) 이래), 사안의 성질에 따라 유동적으로 심사기준을 적용하는 유동적 심사를 심사기준으로 채택하기도 했다. 미합중국 연방최고법원의 이러한 다양한 심사기준에 의할 때, 헌법상의 권리(constitutional right) 가운데 엄격심사의 대상이 되는 것을 fundamental right라고 부르며, 인종에 의한 차별대우금지가 이에 해당한다. 국적을 기준으로 한 차별대우는 원칙적으로 엄격심사기준을 적용하고 예외적으로 합리성심사기준을 적용하며, 성적 차별, 사생아 차별, '상업적 언론'(commercial speech)에 대한 규제 등에 대해서는 중도적 심사기준을 적용하고, 경제관련 입법, 연령차별과 정신지체 · 장애자 차별에 대해서는 합리성 심사기준을 적용해오고 있다.

엄격심사, 합리성심사, 중간심사라는 심사기준의 「3중기준론」에 대해서는(처음에는 엄격심사와 합리성심사의 2개로 나눈 「2중기준론」이 전개되었으나 후에 그 경직성을 완화할 필요성에 의하여 「3중기준론」으로 나아갔다), 개별적 사건이 가지는 쟁점의 개별성과 구체성에 대하여 살펴보기도 전에 심사기준이 적용될 해당 영역(범주)을 기준으로 하여 판단기준을 미리 정하는 점, 차별여부를 판단하는 심사기준을 2개 또는 3개로 극히 단순화시켜 해당 사건의 개별적, 구체적 심사를 어렵게 하는 것이라는 점, 다층적 심사기준론에 의하면 엄격심사기준이 적용되는 영역에서는 법률의 합헌성 추정이 배제되기 때문에 대부분이 위헌으로 결정되고 합리성심사기준이 적용되는 영역에서는 법률의 합헌성 추정이 전제가 되기 때문에 평등권을 제한하는 대부분이 합헌으로 결정되어 위헌여부가 결국 어떤 심사기준을 선택하느냐에 따라 자동으로 결정되어 버리는 경직된 심사이며, 합리성심사는 사실상 평등보호심사를 포기하는 것에 다름이 아니고, 이러한 경직성을 극복하려면 심사기준을 다시 조작하여야 하는 무리를 범하여야 한다는 점 등을 들어 이를 비판하고 평등보호심사에서 통일된 하나의 기준을 설정하여야 한다는 비판론이 있는 반면, 선출되지 않은 사법관으로 구성되는 헌법재판기관이 국민에 의해 선출된 의회가 정한 모든 법률에 대하여 통일된 하나의 기준으로 심사하는 것은 헌법재판의 이름을 내세워 사법관들의 생각으로 민주주의를 침해할 위험이 있으므로 위헌법률심사의 한계를 고려하면 심사기준을 다층적으로 설정하여 사법심사와 대의민주주의가 적용되는 영역의 적절한 배분, 헌법재판기관과 의회 간의 역할과 기능의 적정한 배분이 이루어지도록 하는 것이 필요하다는 관점에서 이를 지지하는 옹호론도 있다(예: J. Ely; B. Ackerman). 1980년 중반 이래 연방최고법원은 다층적 심사기준을 적용하는 경직된 태도를 극복하기 위해 구체적인 사건에서 기존의 심사기준방식에서 탈피하거나 우회하여 기존의 심사기준을 완화하거나 변형하는 경향을 보이고 있다. 그러나 심사기준을 중심으로 접근해온 기존의 방식이 안고 있는 근본적인 문제점은 여전히 존재하고 있기에 논란이 계속되고 있다.

II. 평등의 개별적 문제

(1) 헌법 제11조 제1항 제2문의 성격

헌법 제11조 제1항은 제1문에서 정하고 있는 일반적 평등보호를 제2문에서 개별화 · 구체화하여 「누구든지 성별 · 종교 또는 사회적 신분에 의하여 정치적 · 경제적 · 사회적 · 문화적 생활의 모든 영역에 있어서 차별을 받지 아니한다」라고 정하고 있다. 이는 성별의 차이, 종교의 차이, 사회적 신분의 차이 등의 차별금지사유를 정함과 동시에 모든 생활영역에서 불합리한 차별을 금지하는 것을 정하는 것이다.

헌법 제11조 제1항은 제2문의 규정을 보건대, 차별금지생활영역에 관하여는 「모든 영역」이라고 하기 때문에 논란의 여지가 없으나 차별금지사유에 대해서는 「성별 · 종교 또는 사회적 신분」만을 명시하고 있기 때문에 헌법해석상 이 규정이 제한적 열거규정이냐 예시규정이냐 하는 문제가 있다.

(a) 학 설

(i) **열거규정설** 이것을 열거규정으로 보아, 성별 · 종교 · 사회적 신분에 의한 것이 아닌 다른 근거에 의해서는 차별할 수 있다고 한다.

(ii) **예시규정설** 이것은 열거규정이 아니고 예시규정으로서 성별 · 종교 · 사회적 신분이 아닌 다른 근거에 의한 차별도 그것이 자의적이거나 불합리한 경우에는 금지된다고 한다(김철수a, 593).

(iii) **사 견** 인간의 평등보호는 성별, 종교, 사회적 신분 이외에 연령, 언어, 인종, 출신지역, 신체적 장애, 정치적 신념, 세계관, 건강 등 자신의 노력으로 극복할 수 없는 사유에 의하여 불합리하게 차별하여서는 안 되기 때문에 이러한 경우에도 평등보호가 인정되어야 한다. 그런데 헌법의 규정형식을 보면, 헌법 제11조 제1항 제2문은 차별금지사유를 몇 가지로 명시하고 있으므로 이는 열거적인 것으로 보되, 이 조문에 명시되지 아니한 차별금지사유는 헌법 제11조 제1항 제1문에 따라 판단되어야 한다고 보

는 것이 타당하다(동지: 계희열b, 242).

(b) 판 례

헌법재판소는 사고운전자가 피해자를 유기하고 도주한 경우 가중처벌하는 것도 평등에 위반한다고 하여 이를 예시적 규정으로 보고 있다(예: 憲 1992. 4. 14.-90헌바24).

(2) 차별금지사유

헌법 제11조 제1항 제2문에서 「누구든지 성별·종교 또는 사회적 신분에 의하여……차별을 받지 아니한다」라고 정하고 있으나, 여기서 성별, 종교, 사회적 신분이 명시되어 있다고 하여 다른 차별금지사유보다 더 엄격하게 금지되는 사유인 것은 아니다. 이러한 차별금지사유도 연령, 언어, 인종, 출신지역, 신체적 장애, 정치적 신념, 세계관, 건강 등과 비교하여 그 경중에서 차이를 인정할 여지가 없으므로 명시적인 사유이든 비명시적인 사유이든 그 금지에서는 동일하게 취급된다.

(a) 성 별

(i) 의 의 성별에 의한 차별의 금지는 남성과 여성의 평등을 의미한다. 여기서는 남녀평등권이 기본권으로 도출된다. 남성도 여성도 이 기본권의 주체가 된다. 의학적으로 존재하는 중성(中性=兩性同體 hermaphrodite)도 성별에 의한 차별을 받지 않는다. 중성인 자에 대하여 남성과 여성 가운데 하나를 선택하도록 강요하는 것이나 남성 또는 여성과 차별대우하는 것은 금지된다. 성별에 의한 차별은 공법 영역과 사법영역 모두에 허용되지 아니한다. 그러나 성에 관한 가치적 판단의 결과가 아니라 남녀의 생물학적·사실적 차이에 의거한 다른 대우나 그 밖의 합리적 이유가 있는 다른 대우는 헌법상 인정된다(예: 조산원으로 여성을 채용하는 경우, 서비스업의 성격에 맞추어 여성 또는 남성을 채용하는 경우, 여성에게 병역소집을 면제하는 경우, 생리휴가를 여성에게만 인정하는 경우).

헌법의 남녀평등을 구현하기 위하여 헌법은 혼인과 가족생활에서 양성의 평등을 특별히 보장하고 있고(헌법 §36①), 이를 실현하기 위한 법률로는 양성평등기본법이 있다.

(ii) 강간죄의 문제 강간죄의 행위객체를 부녀에 한정하고 여성의 정조만을 보호하고 있는 것은 성별에 의한 차별이며 헌법위반이라는 견해도 있으나, 대법원은 남녀평등에 위반되지 않는 것으로 본다(예: 大 1967. 2. 28.-67도1). 형법의 개정(2012. 12. 18.)으로 강간죄의 객체가 「부녀」에서 「사람」으로 개정되어 이 문제는 입법으로 해결되었다.

(iii) 동성동본금혼 헌법재판소는 동성동본금혼(同姓同本禁婚)을 정하고 있는 민법의 규정에 대해서, 금혼의 범위를 동성동본인 혈족, 즉 남계혈족에만 한정하여 성별에 의한 차별을 하고 있는 것은 이를 시인할 만한 합리적인 이유를 찾아볼 수 없어 평등원

칙에 위반된다고 판시하였다(예: 憲 1997. 7. 16.-95헌가6등).

(iv) 특정 성을 구성원으로 하는 단체 남성이나 여성 또는 동성애자 가운데 어느 일방만에 한하여 구성원이 되는 사적 단체를 결성하거나 기업을 운영하는 것 등은 헌법이 보장하는 사적 자치와 결사의 자유, 영업의 자유상 인정된다. 여성 또는 남성만을 종업원 또는 고객으로 하는 영업도 영업의 자유에 의하여 가능하다.

(v) 여성할당제 일정한 자리에 남성이 다수 점하고 있는 것이 여성을 차별하는 것이라고 하면서 법으로 일정 비율의 자리를 여성만으로 채우게 하는 것이 가능한가 하는 여성할당제(Quotenregelung)의 문제가 있다. 이러한 여성할당제는 해당 직에 적성이나 능력이 떨어지는 여성을 적성이나 능력이 적합한 남성보다 우대하는 것으로써 동일한 조건과 상황에서 남성을 차별대우하는 역차별(逆差別 reverse discrimination)이 발생하여 허용되지 않는다는 것이 독일의 통설이다.

(vi) 남성만의 병역의무 부과 대한민국 국민인 남자에 한하여 병역의무를 부과한 구 병역법 제3조 제1항 전문의 평등권침해 여부에 대하여, 헌법재판소는 4인의 기각의견에서 위 법률조항이 헌법 제11조 제1항 후문이 예시하는 사유, 즉 성별에 기한 차별임은 분명하지만 예시한 사유가 있는 경우에 절대적으로 차별을 금지할 것을 요구함으로써 입법자에게 인정되는 입법형성권을 제한하는 것은 아니고, 남성과 여성의 차이, 예컨대 임신이나 출산과 관련된 신체적 차이 등을 이유로 한 차별취급까지 금지하는 것은 아니며, 성별에 의한 차별취급이 곧바로 위헌의 강한 의심을 일으키는 사례군으로서 언제나 엄격한 심사를 요구하는 것이라고 단정하기는 어렵다고 보고 있다. 이에 대해서 2인의 위헌의견은 위 법률조항이 헌법상 국방의무를 합리적 이유없이 자의적으로 배분한 것으로서 남성의 평등권을 침해하므로 헌법에 위반된다고 보고 있다(憲 2010. 11. 25.-2006헌마328; 2011. 6. 30.-2010헌마460; 2014. 2. 27.-2011헌마825 결정도 참조). 병역의무의 구체적 수행에 있어서 전투행위를 대체하는 공익근무, 사무실내 사무행위 등이 늘어남에 따라 여성도 할 수 있는 일을 남성에게만 의무로 부과하고 여성에게 면제하는 것은 차별의 문제가 발생한다. 이러한 여성의 현역복무면제가 학업, 취업, 영업 등의 기회취득과 대우에 있어 남성에게 불이익을 가져오는 결과를 낳는 경우에 그 피해와 불이익에 대한 전보(塡補)가 없이 남성만을 현역복무하게 하는 것은 심각한 성차별에 해당할 수 있다.

(b) 종 교

(i) 의 의 종교에 의한 차별의 금지는 종교의 평등을 의미한다. 헌법에서 국교를 금지하고 있기 때문에(헌법 §20②) 특정한 종교를 국교로 할 수 없을 뿐만 아니라, 국가는

다양한 종교들 가운데 특정 종교에 대하여 우대하거나 차별할 수 없다.

(ii) 종교학교 등 처음부터 특정 종교를 신봉하는 자만 교육시킬 목적으로 사립학교를 설립하고 운영하는 것과 특정 종교를 신봉하는 사람들만 고용하는 사기업을 설립·운영하는 것은 헌법상의 사적 자치에 의하여 인정된다.

(c) 사회적 신분

(i) 의 의 헌법이 명시하고 있는 사회적 신분이 무엇을 의미하는가에 관해서는 그 의미의 애매모호함으로 인하여 견해가 갈리고 있다. 사회적 신분에 인종, 가문, 문벌, 귀화인이나 전과자의 자손 등과 같이 출생에 의하여 형성되는 사회적 지위를 의미하는 선천적 신분이 포함되는 것에는 견해가 일치하지만, 귀화인, 전과자, 부자, 빈자, 사용자, 근로자, 상인, 농민, 어민, 지식인, 기업인, 탤런트, 종교인 등 인간이 후천적으로 사회에서 장기간으로 점하는 지위로서 일정한 사회적 평가를 수반하는 후천적 신분도 포함되는가에 대해서는 긍정설(김철수a, 598)과 부정설로 나뉜다.

선천적 신분설에 따르면, 사회적 신분은 가문 내지 문벌과 다를 것이 없게 되어 그 개념이 너무 협소하고, 후천적 신분설(김철수a, 598)에 따르면 신분을 지나치게 넓은 의미로 해석하는 것이 되어 사회적 신분이 아닌 것이 거의 없게 되어 문제가 있다. 그런데 헌법 제11조 제1항 제1문과 제2문의 관계에서 보건대, 사회적 신분을 선천적 신분에 한정하더라도 후천적 신분에 해당하는 문제는 헌법 제11조 제1항 제1문에 의하여 해결되므로 사회적 신분에 후천적 신분이 해당하느냐 하는 논의는 실익이 없다. 헌법재판소는 전과자를 후천적인 사회적 신분에 해당한다고 보고 있다(예: 憲 1995. 2. 23. -93헌바43).

(ii) 존·비속의 관계 부모에 대한 자녀의 지위인 존·비속관계 또는 친자관계에 관해서는 이것을 사회적 신분으로 보는 견해와 사회적 신분이 아니라 친족적·자연적 신분으로 보는 견해로 갈린다. 이는 친족관계에 있는 자연적 신분으로 보는 것이 타당하다. 이러한 관계에 있는 자들 간의 경우와 그러하지 않은 자들 간의 경우는 차이가 있지만, 해당 차이를 정당화할 수 있는 근거가 없는 경우에는 차별대우가 된다.

존속살해죄(尊屬殺害罪)의 가중처벌에 대해서는 위헌설과 합헌설이 있다. 존·비속관계를 사회적 신분관계라고 하더라도 가중처벌이 해당 사회의 가치질서와 문화에 의해 정당화되면 합리적인 차별에 해당하여 헌법에 합치한다고 할 것이다. 헌법재판소는 존속살해죄의 가중처벌에 대해서 합헌이라고 판시하였다(예: 憲 2002. 3. 28. -2000헌바53).

자기 또는 배우자의 직계존속에 대하여 고소를 하지 못하게 하는 형사소송법의 규정에 대하여 헌법재판소는 평등원칙에 위반된다고 하는 5인의 위헌의견과 그러하지 않다는 4인의 합헌의견으로 견해가 나누어져 합헌으로 판시하였다(예: 憲 2011. 2. 24.-2008헌바56).

[憲 2002.3.28.-2000헌바53] 「혼인과 혈연에 의하여 형성되는 친족에 있어서는 존경과 사랑이 그 존재의 기반이라고 말할 수 있고, 이를 바탕으로 직계존속은 비속에 대하여 경제적 측면에서는 물론 정신적·육체적 측면에서 올바른 사회구성원으로 성장할 수 있도록 양육하며 보호하고 그 비속의 행위에 대하여 법률상·도의상 책임까지 부담하는 한편, 비속은 직계존속에 대하여 가족으로서의 책임 분담과 존경과 보은(報恩)의 기본적 의무를 부담하게 되는데, 이는 인류가 가족을 구성하고 사회를 형성하기 시작한 이래 확립되어진 친족 내지 가족에 있어서의 자연적·보편적 윤리로서, 이러한 윤리는 가정은 물론 사회를 유지·발전시키는 기본질서를 형성하게 된다는 점에서 형법상 보호되어야 할 가치이며, 이는 배우자의 직계존속에 대하여도 마찬가지이다. 따라서, 존속상해치사의 범행은 위와 같은 보편적 사회질서나 도덕원리, 나아가 인륜에도 반하는 행위로 인식되어 그 패륜성에 대하여는 통상의 상해치사죄에 비하여 고도의 사회적 비난을 받아야 할 이유가 충분하므로, 이를 엄벌하여 반인륜·패륜행위를 억제하는 것이 꼭 불합리하다고만은 할 수 없으며, 우리의 윤리관에 비추어 볼 때 아직은 합리적이라 할 것이다. 그리고, 범죄의 처벌에 관한 문제, 즉 법정형의 종류와 범위의 선택은 그 범죄의 죄질과 보호법익에 대한 고려뿐만 아니라 우리의 역사와 문화, 입법 당시의 시대적 상황, 국민 일반의 가치관 내지 법감정 그리고 범죄예방을 위한 형사정책적 측면 등 여러 가지 요소를 종합적으로 고려하여 입법자가 결정할 사항으로서 광범위한 입법재량 내지 형성의 자유가 인정되어야 할 분야이므로, 어느 범죄에 대한 법정형이 그 범죄의 죄질 및 이에 따른 행위자의 책임에 비하여 지나치게 가혹한 것이어서 현저히 형벌체계상의 균형을 잃고 있다거나 그 범죄에 대한 형벌 본래의 목적과 기능을 달성함에 있어 필요한 정도를 일탈하였다는 등 헌법상의 평등의 원칙 및 비례의 원칙 등에 명백히 위배되는 경우가 아닌 한 쉽사리 헌법에 위반된다고 단정하여서는 아니 되는바(憲 1992. 4. 28.-90헌바24; 2001. 11. 29.-2001헌바4 참조), 이 사건에 있어서 보통의 상해치사죄의 법정형이 3년 이상의 유기징역인 데 비하여 이 사건 법률조항의 법정형은 무기 또는 5년 이상의 징역으로서 형벌 본래의 목적이나 역할, 기능 등 보통 상해치사죄와의 차이를 고려하면 이를 특히 과중한 형벌이라고 볼 수 없고, 더욱이 위 법정형에 대하여는 1회의 법률상 감경 또는 작량감경에 의하더라도 집행유예의 선고가 가능한 점 등에 비추어 볼 때, 이 사건 법률조항에 의한 가중처벌의 정도는 지나치게 가혹하여 형벌체계상의 균형을 상실한 것도 아니고 형벌 본래의 목적과 기능을 달성함에 있어 필요한 정도를 일탈한 것도 아니라 할 것이므로 이를 불합리하다거나 과잉금지원칙에 위반된 것이라고 말할 수도 없다.…… 비속의 직계존속에 대한 존경과 사랑은 봉건적 가족제도의 유산이라기보다는 우리 사회윤리의 본질적 구성부분을 이루고 있는 가치질서이고, 특히 유교적 사상을 기반으로 전통적 문화를 계승·발전시켜 온 우리나라의 경우는 더욱 그러한 것이 현실인 이상, 이 사건 법률조항의 입법목적의 정당성과 이를 달성하기 위한 수단의 적정성, 즉 가중처벌의 이유와 그 정도의 타당성 등에 비추어 그 차별적 취급에는 합리적 근거가 있으므로 헌법 제11조 제1항의 평등원칙에 반한다고 할 수 없다.」

⑶ 차별금지영역

헌법 제11조 제1항 제2문 후단에서는 「누구든지 정치적 · 경제적 · 사회적 · 문화적 생활의 모든 영역에 있어서 차별을 받지 아니한다」라고 하여 차별금지가 인간의 생활의 모든 영역에서 인정됨을 정하고 있다. 따라서 헌법상의 평등보호는 모든 생활영역에서 보장되며 어떠한 경우에도 생활영역에 따라 차별되지 않는다. 그러나 생활영역의 성질상 평등보호의 정도에서 차이가 있을 수는 있다.

공립중등학교의 교사임용시험에서 지역사범대학의 출신자에게 합리적인 비율의 가산점을 주는 것은 헌법 제11조에서 정하고 있는 차별금지의 사유나 차별금지영역에는 해당하지 않는다(예: 憲 2007. 12. 27.-2005헌가11). 초등교원 임용시험의 지역가산점 제도에 대해서도 합헌으로 보았다(憲 2014. 4. 24.-2010헌마747).

⑷ 사회적 특수계급제도의 부인

헌법은 제11조 제2항에서 「사회적 특수계급의 제도는 인정되지 아니하며, 어떠한 형태로도 이를 창설할 수 없다」라고 하고 있다. 특수계급이란 귀족제도, 노예제도, 조선시대의 반상제도(班常制度)와 같은 과거의 봉건적 신분제도뿐만 아니라 신분계급을 형성하는 모든 형태의 계급을 말한다. 이러한 제도는 인정되지 않으며 어떠한 형태로도 이를 창설하지 못한다. 그러나 영전에 따르는 연금 등의 보훈제도나 전직대통령에 대한 예우는 사회적 특수계급제도에 해당되지 아니한다.

⑸ 영전일대의 원칙

헌법은 제11조 제3항에서 「훈장(勳章) 등의 영전(榮典)은 이를 받은 자에게만 효력이 있고, 어떠한 특권도 이에 따르지 아니한다」라고 하여 영전1대의 원칙을 채택하고, 영전의 세습을 부정하고 있다.

그러나 영전의 세습을 부정하는 것은 영전으로 말미암은 특권(예: 자손의 특진 · 조세감면 · 형벌면제 등)을 부인하는 것이지 연금의 지급이나 유족에 대한 보훈까지 금지하는 것은 아니다(예: 憲 1997. 6. 26.-94헌마52). 훈장에 수반되는 연금의 지급이나 국가유공자, 군경유가족에 대한 구호는 위헌이 아니며(헌법 §32⑥), 전직대통령에 대한 특별한 예우도 특권제도의 금지에 반하는 것이 아니다.

> [憲 1997.6.26.-94헌마52] 「헌법 제11조 제3항은 "훈장등의 영전은 이를 받은 자에게만 효력이 있고 어떠한 특권도 이에 따르지 아니한다"고 규정하고 있는바, 이를 같은 조 제1항 및 제2항의 규정과 관련하여 풀이하면 이는 이른바 영전일대의 원칙을 천명한 것으로서 영전의 세습을 금지함으로써 특수계급의 발생을 예방하려는 것이라 볼 수 있다. 따라서 이 법에 의한 독립유공자나 그 유족에게 국가보은적 견지에서 서훈의 등급에 따라 부가연금을 차등지급하는 것은 위 헌법조항에 위배된다고 할 수 없다.」

(6) 헌법상의 구체화 규정

개별적 평등원칙이나 개별적 평등권은 제11조 제1항 · 제2항 및 제3항에서만 규정되고 있는 것이 아니라 헌법의 여러 곳에 규정되어 있다.

(a) 혼인과 가족생활에서의 남녀평등

헌법은 혼인과 가족생활은 개인의 존엄과 양성의 평등을 기초로 성립되고 유지되어야 하며, 국가는 이를 보장한다고 하여(헌법 §36①) 혼인과 가족생활의 영역에서 남녀평등을 특별히 강조하고 있다(예: 憲 2000. 8. 31.-97헌가12; 2002. 8. 29-2001헌바82). 헌법재판소는 동성동본혼인금지를 헌법 제10조와 제36조 제1항에 위반된다고 판시하였다(憲 1997. 7. 16.-95헌가6등).

[憲 2002.8.29.-2001헌바82] 「헌법 제36조 제1항은 "혼인과 가족생활은 개인의 존엄과 양성의 평등을 기초로 성립되고 유지되어야 하며, 국가는 이를 보장한다"라고 규정하고 있는데, 헌법 제36조 제1항은 혼인과 가족생활을 스스로 결정하고 형성할 수 있는 자유를 기본권으로서 보장하고, 혼인과 가족에 대한 제도를 보장한다. 그리고 헌법 제36조 제1항은 혼인과 가족에 관련되는 공법 및 사법의 모든 영역에 영향을 미치는 헌법원리 내지 원칙규범으로서의 성격도 가지는데, 이는 적극적으로는 적절한 조치를 통해서 혼인과 가족을 지원하고 제삼자에 의한 침해 앞에서 혼인과 가족을 보호해야 할 국가의 과제를 포함하며, 소극적으로는 불이익을 야기하는 제한조치를 통해서 혼인과 가족을 차별하는 것을 금지해야 할 국가의 의무를 포함한다. 이러한 헌법원리로부터 도출되는 차별금지명령은 헌법 제11조 제1항에서 보장되는 평등원칙을 혼인과 가족생활영역에서 더욱더 구체화함으로써 혼인과 가족을 부당한 차별로부터 특별히 더 보호하려는 목적을 가진다. 이 때 특정한 법률조항이 혼인한 자를 불리하게 하는 차별취급은 중대한 합리적 근거가 존재하여 헌법상 정당화되는 경우에만 헌법 제36조 제1항에 위배되지 아니한다.」

(b) 교육의 기회균등

헌법은 모든 국민이 능력에 따라 균등하게 교육을 받을 권리를 기본권으로 정하여(헌법 §31①) 교육에서의 기회균등을 보장하고 있다. 이를 실질적으로 구현하기 위하여 적어도 초등교육은 무상의무교육으로 하여 누구나 최소한의 교육을 받을 수 있는 바탕을 마련하고 있다.

국가가 국립 또는 공립으로 학교등 교육기관을 설립하여 교육의 기회를 제공하는 이상 교육에서의 기회균등은 중 · 고등교육, 대학교육, 평생교육에서도 존중되어야 한다.

(c) 선거권 등의 평등

헌법은 모든 국민에게 선거권을 부여하면서 보통선거와 평등선거를 선거원칙으로 정하고 있는데(헌법 §41①, §67①), 이는 선거권의 평등을 선거원칙으로 명시한 것이다.

선거권의 평등, 즉 투표권의 평등은 1인 1표에 의하여 양적으로 실현되는 것뿐만 아니라 투표의 가치가 질적으로 평등하게 고려되어야 하는 투표가치의 평등도 포함한다. 이는 유권자수를 기준으로 최대선거구의 유권자수와 최소선거구의 유권자수의 비가 2 : 1 미만일 것을 요구한다.

국민투표의 경우(헌법 §72, §130②)에도 보통투표원칙, 평등투표원칙, 비밀투표원칙, 직접투표원칙, 자유투표원칙이 적용되지만 선거권의 경우와 달리 이에 대한 명시적인 규정이 없으므로 국민투표에서의 평등은 헌법 제11조 제1항에 의하여 보장된다고 할 것이다.

(d) 노동관계에 있어서 여성차별금지

헌법은 「여자의 근로는……고용 · 임금 및 근로조건에 있어서 부당한 차별을 받지 아니한다」라고 하여 근로관계에 있어서 여성에 대한 부당한 차별을 금지하고 있다(헌법 §32④). 이러한 차별의 금지는 헌법 제11조 제1항에 의해서도 보장되는 것이지만, 근로관계에서 여성에 대한 차별이 용이하고 빈번하게 발생할 수 있는 점을 고려하여 특별히 이를 강조하는 규정을 둔 것이다.

근로에서의 남녀근로자의 차별을 금지하는 것을 구체화한 법률로는 근로기준법(§6), 「남녀고용평등과 일 · 가정 양립 지원에 관한 법률」(§7, §8①, §10, §11①,②) 등이 있다.

[176] 제5 효 력

Ⅰ. 국가영역에 대한 효력

(1) 국가에 대한 직접적 구속력

평등권과 평등원칙은 기본권으로서 대국가적 효력을 갖는다. 평등은 법의 제정과 법의 적용 모두에 요청되는 것이기 때문에 평등권은 입법권, 행정권, 사법권, 헌법재판권 등 모든 국가작용을 직접 구속한다(예: 憲 1989. 5. 24.-89헌가37; 1990. 6. 25.-89헌마107; 1997. 1. 16.-90헌마110등).

헌법재판소는 헌법이 헌법재판소와 입법자를 기속하지만, 그때 헌법의 기능은 서로 다른 성질을 가진다고 보아, 헌법상의 평등원칙도 헌법재판소에게는 다른 국가기관의 행위의 합헌성을 심사하는 기준으로서의 재판규범을 의미함에 반하여, 입법자인 국회에게는 객관적으로 같은 것은 같게 다른 것은 다르게, 규범의 대상을 실질적으로 평등하게 규율할 것을 요구하는 행위규범을 의미한다고 본다(예: 憲 1997. 1. 16.-90헌마110등).

[憲 1997.1.16.-90헌마110등] 「헌법재판소와 입법자는 모두 헌법에 기속되나, 그 기속의 성질은 서로 다르다. 헌법은 입법자와 같이 적극적으로 형성적 활동을 하는 국가기관

에게는 행위의 지침이자 한계인 행위규범을 의미하나, 헌법재판소에게는 다른 국가기관의 행위의 합헌성을 심사하는 기준으로서의 재판규범 즉 통제규범을 의미한다. 평등원칙은 행위규범으로서 입법자에게, 객관적으로 같은 것은 같게 다른 것은 다르게, 규범의 대상을 실질적으로 평등하게 규율할 것을 요구하고 있다. 그러나 헌법재판소의 심사기준이 되는 통제규범으로서의 평등원칙은 단지 자의적인 입법의 금지기준만을 의미하게 되므로 헌법재판소는 입법자의 결정에서 차별을 정당화할 수 있는 합리적인 이유를 찾아 볼 수 없는 경우에만 평등원칙의 위반을 선언하게 된다. 즉 헌법에 따른 입법자의 평등실현의무는 헌법재판소에 대하여는 단지 자의금지원칙으로 그 의미가 한정 축소된다. 따라서 헌법재판소가 행하는 규범에 대한 심사는 그것이 가장 합리적이고 타당한 수단인가에 있지 아니하고 단지 입법자의 정치적 형성이 헌법적 한계 내에 머물고 있는가 하는 것에 국한시켜야 하며, 그럼으로써 입법자의 형성의 자유와 민주국가의 권력분립적 기능질서가 보장될 수 있다. 입법자도 당연히 평등원칙의 기속을 받기 때문에 원칙적으로 동일한 위법과 책임조건을 갖춘 행위에 대하여 형사처벌에 있어서도 동일하게 규율함으로써 형법영역에서 평등원칙을 준수하고 실현할 의무가 있다. 그러나 어떤 행위를 범죄로 하고 이를 어떻게 처벌해야 하는가, 즉 범죄의 유형과 형량을 결정하는 것은 원칙적으로 형성의 자유를 갖는 입법자의 결정사항에 속한다. 따라서 평등원칙의 위반 여부에 대한 헌법재판소의 판단은 단지 자의금지의 원칙을 기준으로 차별을 정당화할 수 있는 합리적인 이유가 있는가의 여부만을 심사하게 된다.」

(2) 국가의 단계적 조치와 평등보호

국가의 입법권, 행정권, 사법권이 평등조항에 직접 구속된다고 하여, 상황의 차이에도 불구하고 언제나 일률적으로 모든 불균등을 제거하도록 하는 것은 아니다. 국가가 합리적인 기준으로 입법목적을 달성하고자 하는 행위를 한 이상 재정이나 제도적 여건 등 그 능력이 허용하는 범위 내에서는 법적 가치의 상향을 위하여 점진적으로 단계적 조치를 취할 수 있으며, 그에 따르는 형식적 불균등현상의 발생은 평등보호에 위반되지 않는다. 그렇지 않으면 법이 추구하는 가치와 반하는 법적 가치의 하향균등화가 발생하기 때문이다(예: 憲 1990. 6. 25.-89헌마107; 1991. 2. 11.-90헌가27).

[憲 1990.6.25.-89헌마107] 「헌법이 보장하는 평등의 원칙은 개인의 기본권신장이나 제도의 개혁에 있어 법적 가치의 상향적 실현을 보편화하기 위한 것이지, 불균등의 제거만을 목적으로 한 나머지 하향적 균등까지 수용하고자 하는 것은 결코 아니다. 헌법이 규정한 평등의 원칙은 국가가 언제 어디에서 어떤 계층을 대상으로 하여 기본권에 관한 상황이나 제도의 개선을 시작할 것인지를 선택하는 것을 방해하지는 않는다. 말하자면 국가는 합리적인 기준에 따라 능력이 허용하는 범위 내에서 법적 가치의 상향적 구현을 위한 제도의 단계적 개선을 추진할 수 있는 길을 선택할 수 있어야 한다. 이러한 점은 그 제도의 개선에 과다한 재원이 소요되거나 이 사건에서와 같이 전제되는 여러 제도적 여건을 동시에 갖추는 데에는 기술적인 어려움이 따르는 경우에 더욱 두

드러진다. 그것이 허용되지 않는다면, 모든 사항과 계층을 대상으로 하여 동시에 제도의 개선을 추진하는 예외적 경우를 제외하고는 어떠한 개선도 평등의 원칙 때문에 그 시행이 불가능하다는 결과에 이르게 되어 불합리 할 뿐 아니라 평등의 원칙이 실현하고자 하는 가치와도 어긋나기 때문이다.……공익사업에 의하여 발생한 개발이익은 성질상 그 비용의 부담자인 기업자를 통하여 궁극적으로는 공익에 귀속되어야 할 것으로서 특정의 토지소유자에게 귀속될 성질의 것이 아니라는 점은 이미 앞서 설시한 바와 같다. 그렇다면, 우리의 법제가 모든 경우에 있어 개발이익을 특정의 토지소유자에게 귀속하게 하는 것을 배제하는 방향으로 제도를 개선하여 나가는 것이 바람직한 일이므로 이에 관한 제도의 개선은 개발이익의 합리적인 평가와 공익으로의 완전한 환수를 목표로 하여야 할 것임은 명백하다. 그러나 이러한 제도의 개선을 실현하기 위해서는 전 국토의 지가가 정기적으로 평가되어 있어야 하고, 지가변동이 발생한 모든 사례에서 개발이익의 발생여부와 그 범위를 확정할 수 있는 합리적 기준을 설정하여야 하는 등 기술적으로 어려운 제도적 전제조건들이 일시에 강구되어야 하는 것이기 때문에 동시에 모든 개발이익을 대상으로 한 제도의 개선을 도모하는 것은 사실상 불가능한 일이다. 그렇다면, 개발이익환수제도의 개선을 위해서는 지가의 공시지역을 확대하는 등 점진적인 개선 방안을 모색하는 수밖에 없고, 그 점진적 개선에 평등의 원칙이 어떤 장애가 될 수는 없는 것이다. 따라서 비록 수용되지 아니한 토지소유자가 보유하게 되는 개발이익을 포함하여 일체의 개발이익을 환수할 수 있는 제도적 장치가 마련되지 아니한 제도적 상황에서 기준지가가 고시된 지역 내에 피수용토지를 둔 토지소유자로부터만 이를 환수한다고 하여 합리적 이유 없이 수용여부에 따라 토지소유자를 차별한 것이라고는 인정되지 않는다.」

[憲 1991.2.11.-90헌가27] 「헌법상 평등의 원칙은 국가가 언제 어디에서 어떤 계층을 대상으로 하여 기본권에 관한 사항이나 제도의 개선을 시작할 것인지를 선택하는 것을 방해하지는 않는다. 말하자면 국가는 합리적인 기준에 따라 능력이 허용하는 범위 내에서 법적 가치의 상향적 구현을 위한 제도의 단계적 개선을 추진할 수 있는 길을 선택할 수 있어야 한다. 그것이 허용되지 않는다면 모든 사항과 계층을 대상으로 하여 동시에 제도의 개선을 추진하는 예외적인 경우를 제외하고는 어떠한 제도의 개선도 평등의 원칙 때문에 그 시행이 불가능하다는 결과에 이르게 되어 불합리할 뿐 아니라 평등의 원칙이 실현하고자 하는 가치와도 어긋나기 때문이다. 따라서 국가가 종전의 상황을 개선함에 있어서 그 개선의 효과가 일부의 사람에게만 미치고 동일한 상황 하에 있는 다른 사람에게는 미치지 않아 그들 사이에 일견 차별이 생기게 된다고 하더라도 그것만으로는 평등의 원칙을 위반한 것이라고는 할 수 없다. 이러한 사정은 특히 이 사건과 같이 제도의 개선에 과다한 재원이 소요되는 경우에 분명하다. 이러한 측면에서 교육법 제8조의2를 본다면 입법자는 장차 중학교 3년의 중등교육에 있어서도 전면적으로 의무교육을 실시할 것을 명백히 규정하고, 다만 현재로서는 국가의 재정형편상 위와 같은 전면실시가 사실상 불가능하다고 판단하여 잠정적인 조치로서 중학교 교육에 대한 의무교육을 단계적으로 순차 확대 실시하도록 한 것뿐이다. 헌법이 초등교육 이외의 의무교육의 범위를 법률로 정하도록 한 것은 이를 법률에 의하여 단계적으로 확대하여

나가려는 데 그 기본 취지가 있는 것이며, 그러한 단계적 확대실시의 과정에서 지역적인 차별이나 피교육자에 따른 차별이 비록 생겨난다고 하더라도 이는 전면적인 실시에 따르는 막대한 재정적인 부담을 감안할 때에 불가피한 조치로서 헌법상 용인될 수 있는 것이라 할 것이다. 나아가 현재 도서 · 벽지 · 접적지역과 특수학교에 한하여 의무교육을 실시하고 있는 것은 그러한 경우에는 지리적 여건이나 피교육자의 특성상 교육을 받을 기회가 상대적으로 불리하다는 점을 고려한 것으로 이는 오히려 실질적 평등의 원칙에 부합된다고 할 수 있다. 따라서 교육법 제8조의2는 헌법 제11조 제1항에 정한 평등의 원칙에 위반되지 아니한다.」

(3) 법체계의 정합성과 평등보호

국가가 입법을 함에 있어서는 실정법규범의 체계가 정합성을 가질 것을 요구한다. 즉 국회가 입법을 함에 있어서 특정한 상황을 규율하기 위하여 선택한 기준은 하나의 동일한 법률 내뿐만 아니라 서로 다른 법률 사이에도 일관되게 유지되어야 하고, 법률과 다른 법규범 간에도 일관되게 유지되어야 한다. 이를 법규범구조의 체계정합성(體系整合性 Systemgerechtigkeit)이라고 한다. 입법이 헌법상의 평등보호조항에 합치하려면 원칙적으로 이러한 체계정합성을 확보하여야 한다. 입법이 그렇지 못하고 체계부정합성을 정당화할 만한 사유를 가지지 못하는 한 헌법의 평등조항에 위반된다(예: 憲 2004. 11. 25.-2002헌바66).

그러나 서로 다른 법률 사이에는 동일한 상황을 대상으로 하여 규율하더라도 각각의 법률이 규율하고자 하는 목적이나 추구하는 가치가 서로 다른 경우가 있는데, 이러한 경우에는 그 규율의 내용이 서로 달라도 평등보호에 위반되지 않는다(예: 憲 2003. 6. 26.-2001헌마699).

[憲 2004.11.25.-2002헌바66] 「'체계정당성'(Systemgerechtigkeit)의 원리라는 것은 동일 규범 내에서 또는 상이한 규범 간에(수평적 관계이건 수직적 관계이건) 그 규범의 구조나 내용 또는 규범의 근거가 되는 원칙면에서 상호 배치되거나 모순되어서는 안 된다는 하나의 헌법적 요청(Verfassungspostulat)이다. 즉 이는 규범 상호 간의 구조와 내용 등이 모순됨이 없이 체계와 균형을 유지하도록 입법자를 기속하는 헌법적 원리라고 볼 수 있다. 이처럼 규범 상호 간의 체계정당성을 요구하는 이유는 입법자의 자의를 금지하여 규범의 명확성, 예측가능성 및 규범에 대한 신뢰와 법적 안정성을 확보하기 위한 것이고 이는 국가공권력에 대한 통제와 이를 통한 국민의 자유와 권리의 보장을 이념으로 하는 법치주의원리로부터 도출되는 것이라고 할 수 있다. 그러나 일반적으로 일정한 공권력작용이 체계정당성에 위반한다고 해서 곧 위헌이 되는 것은 아니다. 즉 체계정당성 위반(Systemwidrigkeit) 자체가 바로 위헌이 되는 것은 아니고 이는 비례의 원칙이나 평등원칙위반 내지 입법의 자의금지위반 등의 위헌성을 시사하는 하나의 징후일 뿐이다. 그러므로 체계정당성 위반은 비례의 원칙이나 평등원칙위반 내지 입법자의 자의금지위반 등 일정한 위헌성을 시사하기는 하지만 아직 위헌은 아니고, 그것이 위헌이 되기 위해서는 결과적으로 비례의 원칙이나 평등의 원칙 등 일정한 헌법의 규정이나 원칙을 위반하여야 한다. 또

한 입법의 체계정당성위반과 관련하여 그러한 위반을 허용할 공익적인 사유가 존재한다면 그 위반은 정당화될 수 있고 따라서 입법상의 자의금지원칙을 위반한 것이라고 볼 수 없다. 나아가 체계정당성의 위반을 정당화할 합리적인 사유의 존재에 대하여는 입법의 재량이 인정되어야 한다. 다양한 입법의 수단 가운데서 어느 것을 선택할 것인가 하는 것은 원래 입법의 재량에 속하기 때문이다. 그러므로 이러한 점에 관한 입법의 재량이 현저히 한계를 일탈한 것이 아닌 한 위헌의 문제는 생기지 않는다고 할 것이다. 이 사건에서 보면 증여세 이외의 조세를 회피할 목적이 인정되는 경우에 명의신탁을 증여로 추정하여 증여세를 부과하는 입법수단을 입법자가 선택한 것은 이미 앞에서 본 바와 같이 조세회피를 방지하고 이를 제재하기 위한 것으로서 그 입법목적이 정당하고 그 수단이 조세회피행위의 방지라는 입법목적을 달성하는데 적합하고 나아가 증여세 이외의 조세를 회피하고자 하는 명의신탁에 대한 제재방법으로 증여세를 부과하는 것이 형벌이나 과징금을 과하는 등의 다른 대체수단에 비하여 납세의무자에게 더 많은 피해를 준다고 볼 수도 없고 명의수탁자가 입게 되는 재산상의 불이익보다 이로써 달성되는 공익이 현저히 크다고 판단된다. 그렇다면 조세범위확장조항을 통하여, 증여세가 아닌 다른 조세를 회피하려는 목적이 명의신탁에 인정되는 경우에도 명의신탁을 증여로 추정하여 증여세를 부과하도록 한 입법의 선택에는 합리적인 이유가 존재하고 여기에 입법재량의 한계를 현저히 일탈한 잘못이 있다고 볼 수 없고 따라서 체계부정합으로 인한 위헌의 문제는 발생하지 않는다고 할 것이다.」

II. 사적 영역에서의 평등문제

헌법 제11조의 평등의 보호는 국가가 국민을 대우하는 것에서 적용되고, 사인 간에는 적용되지 않는다. 개인이 개인을 어떻게 평가하고 어떠한 관계를 형성하며 서로를 어떻게 대우할 것인지는 순전히 개인의 자기결정의 자유와 사적 자치의 영역에 속하는 사항이다. 자유민주주의에서는 평등도 자유 속에서의 평등을 의미하기 때문에 사인 간에 평등을 실현할 필요가 있는 경우에도 개인의 자유와 사적 자치를 침해하지 않아야 한다. 사인 간에 있어서 평등을 과도하게 실행하는 경우에는 국가와 사인 간에 평등을 적용하는 것과 달리 시민사회의 자율성, 개인의 개성·자율, 시장의 자율을 축소·침해하는 결과를 가져오게 되는 점을 유의할 필요가 있다. 국가가 사인 간에 평등을 강제할 때 이러한 한계를 넘어서면 국가주의와 전체주의에 빠지게 된다.

다만, 사적 영역에서도 사인에 의한 사인에 대한 평가와 대우상의 차이가 인종차별과 같이 인간의 존엄에 반하거나 반사회적인 것인 경우에는 제한을 받기 때문에 이러한 부분에서 평등이라는 가치가 보호된다. 이러한 평등은 일정한 범위에서 평등의 가치를 실현하기 위하여 계약의 자유 또는 영업의 자유와 같은 기본권에 대한 제한(예: 고용에 있어 일정한 범위에서 성차별의 금지)으로 인하여 이루어지는 것이지 헌법 제11조의 평등조항이 적용되거나 평등권의 효력이 사인에게 미치기 때문에 인정되는 것은 아니다.

국가인권위원회법은 「법인, 단체 또는 사인에 의하여 차별행위를 당한 경우」에 국가인권위원회에 진정할 수 있게 하여(동법 §30①) 국가인권위원회가 개입할 수 있게 하고 있는데, 법인이나 단체가 사적인 것인 경우에는 법률이 평등이라는 이름으로 사적 영역에 적극 개입하는 것이 되어 사적 영역의 자율을 축소시킬 수 있다.

고용관계에서도 국가가 고용하는 경우와 달리 사인 간의 고용에서는 국가가 평등을 이유로 고용에 직접 관여할 수 없다. 그 고용이 성, 연령, 학력, 경력 등 어떤 것이든 마찬가지이다. 「남녀고용평등과 일 · 가정 양립 지원에 관한 법률」은 차별을 「사업주가 근로자에게 성별, 혼인, 가족 안에서의 지위, 임신 또는 출산 등의 사유로 합리적인 이유 없이 채용 또는 근로의 조건을 다르게 하거나 그 밖의 불리한 조치를 하는 경우(사업주가 채용조건이나 근로조건은 동일하게 적용하더라도 그 조건을 충족할 수 있는 남성 또는 여성이 다른 한 성에 비하여 현저히 적고 그에 따라 특정 성에게 불리한 결과를 초래하며 그 조건이 정당한 것임을 증명할 수 없는 경우를 포함한다)를 말한다. 다만, 다음 각 목의 어느 하나에 해당하는 경우는 제외한다. 가. 직무의 성격에 비추어 특정 성이 불가피하게 요구되는 경우, 나. 여성 근로자의 임신 · 출산 · 수유 등 모성보호를 위한 조치를 하는 경우, 다. 그 밖에 이 법 또는 다른 법률에 따라 적극적 고용개선조치를 하는 경우」(동법 §2i)라고 정하고 있다. 국가가 평등을 근거로 하여 사인의 영업에 일정 부분을 강제하는 경우에 노동법적인 법리에 의하여 정당화되지 않는 한 개인의 영업의 자유를 침해하는 것이 된다.

[177] 제6 제한과 그 한계

평등의 보장은 자유의 보장과 달리 보장되는 내용이 미리 존재하고 그에 대한 제한이 가해지는 것이 아니라, 그 구조에서 서로 비교 가능한 대상 간에 차별대우가 존재하는가 하는 사실의 문제와 이러한 차별대우가 헌법의 평등보호에 비추어 정당화되는가 하는 규범의 문제로 구성되어 있다. 따라서 차별대우가 헌법적으로 정당화되면 이는 제한이 아니라 평등한 것으로 인정되는 것이고, 헌법적으로 정당화되지 않으면 평등원칙이나 평등권의 침해가 된다.

Ⅰ. 헌법에 의한 차별의 정당화

헌법은 일정한 사항에 대해서 다른 비교 상대와 구별하여 보다 두텁게 보호하거나 차이를 두어 헌법에서 직접 차별대우를 정당화하고 있다. 여기서는 헌법에서 직접 차별대우를 인정하는 것이므로 더 이상 평등원칙이나 평등권의 침해는 발생하지 않는다.

(1) 정당의 특별한 보호

헌법은 정당을 일반 결사에 비하여 특별히 보호하고 있다. 정당은 그 목적이나 활동이 민주적 기본질서에 위배되어 헌법재판소의 심판에 의하여 해산되는 경우를 제외하고는 해산당하지 아니하고, 그 운영에 필요한 자금을 국고로부터 보조받는다(헌법 §8 ③,④).

정당을 일반 결사와 구별하여 더 두텁게 보호하여야 하는가 하는 문제는 헌법정책적인 문제이다. 그 나라의 국정운영이나 정치발전에 있어 정당이 일반 결사보다 더 중요한 역할과 기능을 하고 이를 두텁게 보호하여야 할 필요가 인정되면 정당을 우대할 수도 있고, 시민사회영역이 발달하고 정치사회영역에서 정당과 일반 정치결사를 구별하여 대우하여야 할 필요성이 없으면 정당을 특별히 우대하지 않을 수도 있다.

⑵ 군인 · 군무원 등에 대한 군사재판

헌법은 민간인인 국민이 원칙적으로 일반법원에서 재판을 받는 것(헌법 §27①)과 달리 군인 또는 군무원 등은 군사법원의 재판을 받도록 하고 있다(헌법 §27 ②, §110④). 이는 군인과 군무원의 신분적 특수성과 기능 및 군사재판의 특수성을 고려하여 정하고 있는 것이다.

⑶ 대통령과 국회의원의 특권과 의무

헌법은 대통령에게 형사상 특권을 인정하고(헌법 §84), 퇴직 후에 법률이 정하는 바에 따라 신분보장과 예우를 받게 하고 있다(헌법 §85). 대통령의 역할상 겸직을 금지하고 있다(헌법 §83). 국회의원에 대해서도 불체포특권과 면책을 인정하면서 법률이 정하는 겸직을 금지하고 청렴과 국가이익우선의 의무를 부과하고 있다(헌법 § 43-§46).

헌법의 이러한 규정들은 대통령이나 국회의원을 일반 국민과 달리 취급하는 것인데, 대통령이나 국회의원의 직과 직무의 특성에서 기인한다.

퇴직한 대통령에 대하여 신분을 보장하고 예우하여야 하는가 하는 문제도 헌법정책적인 사항이다. 헌법적으로 이를 정당화할 만한 사유가 없으면 신분보장을 하거나 예우를 할 필요가 없다.

⑷ 공무원 등의 단결권 등 제한

헌법은 모든 근로자는 원칙적으로 근로조건의 향상을 위하여 자주적인 단결권 · 단체교섭권 및 단체행동권을 가지는 것으로 정하고 있다(헌법 §33①). 그러나 공무원인 근로자에 대해서는 법률이 정하는 자에 한하여 단결권 · 단체교섭권 · 단체행동권을 인정한다(헌법 §33②). 이러한 차별은 국민전체에 대한 봉사자라고 하는 공무원의 특수신분적 지위에서 기인한다. 주요방위산업체에 종사하는 근로자에 대해서도 법률이 정하는 바에 따라 단체행동권을 제한할 수 있다(헌법 §33③). 이러한 차별은 국익과 국방상의 이유에서 기인하는 것이다.

⑸ 현역 군인의 문관임용 제한

헌법은 군인은 현역을 면한 후가 아니면 국무총리 또는 국무위원으로 임명될 수 없다고 하여(헌법 §86③, §87④) 현역 군인의 국무총리·국무위원임용을 금지하고 있다. 이는 군의 정치적 중립성과 문민정치의 원칙을 확립하기 위하여 군인의 공무담임권을 제한하여 민간인과 차별하는 것이다.

(6) 국가유공자의 취업우선기회보장

모든 국민은 취업에 있어 원칙적으로 균등한 기회를 가진다. 그러나 헌법은 국가유공자·상이군경·전몰군경의 유가족에게 법률이 정하는 바에 따라 우선적으로 근로의 기회를 부여하고 있다(헌법 §32⑥). 다른 사람들에 비하여 이들을 우대하는 것은 공익을 위하여 피해를 본 사람들의 생계의 일부를 국민이 공동으로 부담하기 위한 것인 동시에 공동체의 통합에 필요한 애국애족의 가치를 함양하기 위한 것이다.

국가유공자 등 예우 및 지원에 관한 법률은 국가기관 및 기업체 등에서 채용시험을 실시하는 경우에 국가유공자 등에 대해서는 최종합격자 결정시까지 치러지는 모든 단계의 시험에 대해 만점의 10퍼센트씩 가점하도록 하는 방식을 채택하고 있었다(구법 §31). 헌법재판소는 이 조항에 대하여 합헌이라고 판시하였다가(예: 憲 2001. 2. 22.-2000헌마25) 후에 판례를 변경하여 국가유공자와 그 가족들에 대하여 가산점을 주는 것은 입법정책상 허용되지만 국가유공자의 가족에게 10%의 가산점을 주는 것은 심하게 차별대우하는 것이어서 헌법에 위반된다고 판시하였다(憲 2006. 2. 23.-2004헌마675등). 이후 헌재 결정의 취지에 따라, 헌법이 규정하는 자들에 대해서는 10퍼센트의 가산점을, 그 외의 가족들에 대해서는 5퍼센트의 가산점을 부여하는 것으로 법이 개정되었다(신법 §31).

(7) 군·경 등의 국가배상청구권 제한

헌법은 모든 국민이 공무원의 직무상 불법행위로 손해를 받은 경우 법률이 정하는 바에 의하여 국가 또는 공공단체에 대하여 정당한 보상을 청구할 수 있게 정하고 있다(헌법 §29①). 그러나 군인·군무원·경찰공무원 기타 법률로 정한 자가 전투·훈련 등 직무집행과 관련하여 입은 손해에 대하여는 법률이 정한 보상 외에 국가 또는 공공단체에 공무원의 직무상 불법행위로 인한 배상은 청구할 수 없다고 정하고 있다(헌법 §29②).

국가배상의 청구에서 군인·군무원·경찰공무원 기타 법률로 정한 자를 다른 일반인의 경우와 비교하여 차별대우하는 것이 타당한가 하는 점에 대해서는 의문이 있다. 국가재정형편이 극히 어려워 정상적인 국가배상제도가 작동하기 어려운 경우에는 예외적으로 정당화될 여지가 있으나 헌법이 상정하고 있는 국가재정시스템이나 국가배상시스템상 이들을 일반인과 달리 대우하여야 할 이유가 없으므로 이 규정은 타당하다고 보기 어렵다. 과거 1969년헌법에서는 군인·군속에 대한 이중배상청구의 금지에 관한 헌법규정이 없었다. 이 당시 대법원은 보상청구는 가능하나 국가배상청구를 금지한 국가배상법의 규정에 대하여 평등원칙에 반한다는 이유로 위헌이라고 판결하였다(예: 大 1971. 6. 22.-70다1010).

II. 법률에 의한 제한

(1) 내　　용

헌법 제37조 제2항에 의하여 법률로써 기본권을 제한하는 경우에 상황조건이 다른 경우에는 평등의 문제는 발생하지 않고 기본권 제한의 문제만 발생한다. 그러나 상황조건이 동일한 경우에 기본권의 제한에서 차이가 발생하면 동일한 비교영역에서 차등이 있게 되어 평등의 문제가 발생한다. 이 경우에도 평등의 「제한」은 개념상 성립하기 어렵고 차별대우가 존재하는가 하는 문제와 그러한 차별 대우가 헌법적으로 정당화되는가 하는 것만 문제가 된다. 그 차별이 헌법적으로 정당화되면 평등보호에 포함되고 정당화되지 않으면 차별대우로써 평등원칙이나 평등권을 침해한 것이 된다.

개별적 기본권의 제한에 있어 평등원칙위반이 문제가 되는 경우에는 이에 비례원칙위반도 고려되는 경우가 있지만, 비례원칙에 위반되지 않아 기본권의 침해가 인정되지 않는 경우에도 동일한 비교영역에 있는 다른 사람과 비교하여 차별대우가 성립하는 경우에는 평등원칙위반이 발생한다. 과잉금지원칙은 한 주체의 개별적 기본권을 대상으로 하여 적용되지만 평등원칙은 비교대상인 복수 주체의 기본권을 대상으로 하기 때문이다.

법률에서 권리, 이익, 불이익, 의무를 부여하면서 수용이 가능한 합리적인 차별이 발생하는 경우는 헌법에 의하여 수용되는 것이어서 평등보호에 위반되지 않는다.

(2) 구체적인 사건

(a) 합헌으로 결정된 경우

헌법재판소는 다음과 같은 사건에서 평등보호에 위반되지 않는다고 판시하였다. 노동자들의 단결권, 단체교섭권, 단체행동권의 행사에 있어 제3자의 개입을 금지한 것(憲 1990. 1. 15.-89헌가103), 한약업사의 허가 및 영업행위에 대하여 지역적 제한을 가한 것(憲 1991. 9. 16. 89헌마231), 사실상 노무에 종사하는 공무원에 대해서만 근로 3권을 보장하고 그 이외의 공무원들에 대하여는 근로 3권의 행사를 제한한 것(憲 1992. 4. 28.-90헌바27), 보증인 등을 정리계획인가에 따른 면책 등의 효력이 미치는 범위에서 제외한 것(憲 1992. 6. 26.-91헌가8), 초 · 중등학교 교원에 대해서는 교육위원직 겸직을 금지하면서 대학교원에게는 겸직을 허용한 것(憲 1993. 7. 29.-91헌마69), 국가에게 제소시나 상소시에 인지첩부를 하지 않게 한 것(憲 1994. 2. 24.-91헌가3), 제1심 소장, 항소장 및 상고장에 붙여야 할 인지액에 차등을 두어 단계적으로 인지액을 인상하도록 규정한 것(憲 1994. 2. 24.-93헌마10), 국가유공자인 공상공무원에 국 · 공립학교 교원만을 포함시키고 사립학교교원을 포함시키지 아니한 것(憲 2001. 2. 22.-2000헌마25), 형법 제35조가 누범을 가중처벌하는 것(憲 1995. 2. 23. -93헌바43),

거주지에 따라 자녀를 학교에 입학시켜야 하는 것(憲 1995. 2. 23.-91헌마204), 뇌물죄의 가중처벌에 대한 법정형의 하한이 살인죄보다 무거운 것(憲 1995. 4. 20.-93헌바40), 구(舊) 군법무관임용법 부칙 제3항 소정의 5년 복무기간을 본인의 귀책사유 여부를 불문하고 군법무관이 변호사의 자격을 취득하기 위해 요구하는 것(憲 1995. 6. 29.-90헌바43), 총포 등의 군용물절취행위를 총포 등이 아닌 군용물의 절취행위나 군용물이 아닌 일반 물건의 절취행위에 비하여 특히 중한 형벌을 규정하고 있는 것(憲 1995. 10. 26.-92헌바45), 회사정리제도의 목적상 신고기간 내에 신고하여 정리절차에 참가한 정리채권자와 신고하지 아니함으로써 정리절차에 참가하지 아니한 정리채권자의 권리내용에 차등을 두는 것(憲 1996. 1. 25.-93헌바5), 법인이 대도시 내에서 하는 부동산등기에 대하여 자연인이나 대도시 외의 법인이 하는 부동산등기에 비하여 상대적으로 높은 세율의 등록세를 부과하는 것(憲 1996. 3. 28.-94헌바42), 경매절차의 지연으로 이득을 얻는 지위에 있는 채무자, 소유자, 경락인에 대해서만 보증금을 요구하는 것(憲 1996. 4. 25.-92헌바30), 다른 전문직 종사자들과 달리 법무사에 대하여만 사무원의 수를 제한하는 규정을 둔 것(憲 1996. 4. 25.-95헌마331), 공신력이 요구되는 정도에 따라 업무의 영역을 나누고, 감정평가업자를 그 법적 존재형태와 구성원의 수에 따라 3종으로 나누어 업무를 분담토록 한 것(憲 1996. 8. 29.-94헌마113), 소송물가액에 대하여 일정한 비율의 인지첩부를 요구하는 것(憲 1996. 10. 4.-95헌가1), 특수한 범죄구성요건에 해당되는 자에 한하여 특별히 기수에 준하여 처벌하도록 규정하고 있는 관세법 제182조 제2항(憲 1996. 11. 28.-96헌가13), 재개발조합의 임원을 공무원으로 의제하는 구 도시재개발법 제69조의 규정(憲 1997. 4. 24.-96헌가3, 96헌바70(병합)), 주택조합 중 지역조합과 직장조합의 조합원자격을 무주택자로 한정하는 것(憲 1997. 5. 29.-94헌바5), 독립유공자 본인에 대한 부가연금지급에 있어 그 공헌과 희생의 정도에 따라 차등을 두는 것(憲 1997. 6. 26.-94헌마52), 법인이 아닌 개인이 1가구당 1대를 초과하여 비영업용 승용차를 취득할 경우 취득세와 등록세를 중과하도록 한 것(憲 1998. 5. 28.-95헌바18), 승객을 승객이 아닌 자와 차별하고 과실 있는 운행자와 과실 없는 운행자에게 다 같이 승객에 대한 무과실책임을 지게 한 것(憲 1998. 5. 28.-96헌가4), 조세범처벌법 제9조 제1항에 규정된 죄를 범한 자로서 연간 포탈세액이 2억 원 이상 5억 원 미만인 자 또는 5억 원 이상인 자에 대하여 특히 가중처벌하는 것(憲 1998. 5. 28.-97헌바68), 운수종사자가 운송수입금 전액을 사업자에게 납부하는 방법으로 하는 운송수입금의 관리제도를 일반택시운송사업영역에 한하여 그 적용을 강제한 것(憲 1998. 10. 29.-97헌마345), 주류 · 청량음료 제조업자 등 지하수를 사용하는 다른 경우와 달리 먹는 샘물 제조업자에 대해서만 수질개선부담금을 부과한 것(憲 1998. 12. 24.-98헌가1), 무한책임사원에 대하여 경영의 지배 여부 혹은 출자액의 다소와 상관없이 일률적으로 제2차 납세의무를 부과한 것(憲 1999. 3. 25.-98헌바2), 관재담당공무원에 대하여 국유재산의 취득을 제한한 것(憲 1999. 4. 29.-96헌바55), 공무원연금법상 18세 이상으로서 폐질상태에 있지 않은 자는 유족의 범위에서 배제, 유족급여를 받을 수 없게 한 것(憲 1999. 4. 29.-97헌마333), 특정경제범죄가중처벌등에관한법률 제9조 제1항이 금융기관과 사인 간의 소비임치계약에 대하여 사인 간의 소비임치 내지 소비대차계약과 달리 형사상의 제재를 가한 것(憲 1999. 7. 22.-98헌가3), 군복무기간을 공무원연금법상 공무원의 재직기간에 산입함에 있어서, 장교 등의 경우에는 전투에 종사한 기간을 3배로 계산하여 합산하는데 반하여 병의 경우에는 이를 3배로 계산하지 않고 복무기간만 산입하도록 한 것(憲 1999. 9. 16.-97헌바28), 관광사업자 중 카지노사업자에 대하여만 납부금을 부과하고 있는 것(憲 1999. 10. 21.-97헌바84), 상법 제732조의2에 의할 경우 중대한 과실로 인한 보험사고를 일으킬 가능성이 없는 보험계약자에 대하여도 높은 보험료를 부담하게 되는 것(憲 1999. 12. 23.-98헌가12등), 조합 임원의 결격사유의 하나로서 선거일 공고일 현재 당해 조합의 조합원 신분을 2년 이상 계속 보유하고 있지 않은 자는 조합의 임원이 될 수 없다고 규정한 것(憲 2000. 6. 1.-98헌마386), 국회의원에 대해서는 개인후원회를 허용하면서 시·도의원에게는 이를 금지하는 것 또 국회의원이 후원회를 둔 경우 당해 국회의원이 대표자로 있는 지구당은 별도의 후원회를 둘 수 없도록 한 것과 우편요금 감액대상에 국회의원만 포함시키고 시·도의원을 제외한 것(憲 2000. 6. 1.-99헌마576), 의보통합시 통합되는 보험자와 통합하는 보험자 간의 적립금의 차이(憲 2000. 8. 31.-98헌바27), 화의인가결정의 효력을 보증인이나 물적 담보 등에 미치지 않게 한 것(憲 2000. 6. 29.-99헌마289), 의료업을 영위하는 법인 중 민법상 비영리법인만을 지방세의 면제 대상에서 제외하는 것(憲 2001. 1. 18.-98헌바75·89, 99헌바89(병합)), 공무원시험에 있어 국가유공자와 그 유가족에 대한 가산점제도(憲 2001. 2. 22.-2000헌마25), 농·축협 임·직원의 수재 및 이들에 대한 증재행위에 대하여 일반사인의 경우와는 달리 처벌하는 것(憲 2001. 3. 21.-99헌바72등), 사인이 감청설비를 제조·수입·판매 등을 하기 위해서는 정보통신부장관의 인가를 받도록 규정한 것(憲 2001. 3. 21.-2000헌바25), 지급거절될 것을 예견하고 수표를 발행한 사람이 그 수표의 지급제시기일에 수표금이 지급되지 아니하게 한 경우 수표의 발행인을 처벌하도록 규정한 것(憲 2001. 4. 26.-99헌가13), 일반 공상공무원의 경우 군인·경찰상이공무원과 달리 연금 및 사망일시금을 지급하지 않은 것(憲 2001. 6. 28.-99헌바32), 재직기간 통산제도를 신설하면서 1983년 이전에 퇴직일시금을 수령하고 퇴역한 군인들에 대해서는 신설된 재직기간 통산조항을 소급적용하지 못하도록 하는 부칙규정을 둔 것(憲 2002. 2. 28.-2000헌바69), 형법 제259조 제2항이 직계존속에 대한 형을 가중하도록 한 것(憲 2002. 3. 28.-2000헌바53), 수형자의 가석방 결정시 준법서약서를 제출하도록 한 것(憲 2002. 4. 25.-98헌마425), 일부 선거구에서 시와 군이 하나의 선거구에 속하도록 한 것(憲 2002. 8. 29.-2002헌마4), 요양기관 강제지정제(憲 2002. 10. 31.-99헌바76), 법관의 정년을 직위에 따라 순차적으로 낮게 차등하게 설정한 것(憲 2002. 10. 31.-2001헌마557), 의무사관후보생의 병적에서 제외된 사람의 징집면제연령을 31세에서 36세로 상향조정함에 따라 이해관계자들의 실질적인 법률관계가 달라진 것(憲 2002. 11. 28.-2002헌바45), 정부관리기업체 간부직원은 공무원이 아님에도 직무와 관련한 수재행위에 관하여 공무원으로 의제하여 형법상 공무원에 해당하는 뇌물죄로 처벌하는 것(憲 2002. 11. 28.-2000헌바75), 공무원의 명예퇴직수당에 대한 퇴직소득공제율은 100분의 75로 되어 있으면서 공무원 아닌 자의 명예퇴직수당에 대해서는 100분의 50의 퇴직소득공제율을 규정한 것(憲 2002. 12. 18.-2001헌바55), 대통령령이 정하는 최대주주 또는 최대출자자 및 그와 특수관계에 있는 주주 또는 출자자의 주식 및 출자지분에 대하여는 통상의 방법으로 평가한 주식 등의 가액에 그 100분의 10을 가산하여 평가하도록 한 것(憲 2003. 1. 30.-2002헌바65), 확정된 지급명령에 대하여 확정판결과 동일한 효력을 부여하지 아니한 것과 지급명령을 단기소멸시효기간 연장사유의 하나로 규정하지 아니한 것(憲 2003. 1. 30.-2002헌바61), 부칙이 공소시효 기간의 단축을 규정한 신법 규정을 신법시행 이전에도 소급하여 적용할 것을 규정하고 있는 경과규정의 적용범위에 대하여 제한을 두고 있는 것(憲 2003. 2. 27.-2001헌바22), 병으로 의무복무를 마친 후 자원하여 장교로 임관하여 복무한 자가 예비역 병이 아니라 예비역 장교로 취급되어 예비군훈련기간이 길어진 것(憲 2003. 3. 27.-2002헌바35), 국가유공자의 상이등급에 따라서 기본연금지급에 차등을 두는 것(憲 2003. 5. 15.-2002헌마90), 국외 대학에 취학한 국가유공자의 자녀를 수혜의 범위에서 배제하고 있는 것(憲 2003. 5. 15.-2001헌마565), 휴직자도 직장가입자의 자격을 유지함을 전제로 기존의 보험료 부담을 그대로 지우고 있는 것(憲 2003. 6. 26.-2001헌마699), 산업재해보상보험의 적용제외사업을 정함으로 인해 현 단계에서 일정 범위의 사업이 산업재해보상보험법의 적용을 받지 못한 것(憲 2003. 7. 24.-2002헌바51), 참전명예수당을 신설하면서 국가 재정부담을 고려하여 70세 이상 참전유공자에게만 지급하도록 한 것(憲 2003. 7. 24.-2002헌마522등), 형사책임이 면제되는 소년의 연령을 14세로 한 것(憲 2003. 9. 25.-2002헌마533), 국가공무원 7급 시험에서 기능사 자격증에는 가산점을 주지 않고 기사 등급 이상의 자격증에는 가산점을 주도록 한 것(憲 2003. 9. 25.-2003헌마30), 직장가입자와 지역가입자의 보험료 부과기준을 달리 하고 있는 것(憲 2003. 10. 30.-2000헌마801), 임용결격공무원 또는 당연퇴직공무원을 특별채용할 경우 종전의 사실상 근무기간을 경력으로 인정하지 아니하도록 한 것(憲 2004. 4. 29.-2003헌바64), 특별채용된 모든 당연퇴직공무원에 대하여 일률적으로 경력 및 호봉을 불산입하도록 한 규정이 '선고유예'를 받은 경우를 달리 취급하지 않음으로써 당연퇴직사유의 경중을 고려하지 않은 것(憲 2004. 6. 24.-2003헌바111), 대통령선거소송의 경우에는 다른 비재산권에 관한 소송보다 많은 인지액을 첩부하도록 한 것(憲 2004. 8. 26.-2003헌바20), 통상 31세가 되면 입영의무 등이 감면되나 해외체제를 이유로 병역연기를 한 사람에게는 36세가 되어야 이에 해당되도록 한 것(憲 2004. 11. 25.-2004헌바15), 수용자에게 의료급여를 정지한 것(憲 2005. 2. 24.-2003헌마31등), 행정기관의 장이나 일반 공무원과 달리 지방자치단체의 장에게만 권한대행사유를 둔 것(憲 2005. 5. 26.-2002헌마699등), 기존의 의료유사업자 이외의 자에게는 침구시술 등의 행위를 금한다고 한 것(憲 2005. 5. 26. -2003헌바86), 독거수용 중인 청구인이 TV시청을 제한받게 되어 혼거실 수용자 등 다른 수용자들과 차별적인 처우가 이루어진 것(憲 2005. 5. 26. -2004헌마571), 동일한 시기에 산재보험 가입신청을 하고 동일한 시기에 재해가 발생한 여러 사업의 근로자 중, 근로복지공단의 승인 여부에 의하여 보험관계의 성립일이 달라짐으로써 일부는 산재보험의 혜택을 받고 일부는 그렇지 못한 차별이 생긴 것(憲 2005. 7. 21. -2004헌바2), 공상 군인의 아들에게는 병역혜택을 부여하면서 공상 공무원의 아들에게는 병역혜택을 부여하지 아니하는 것(憲 2005. 9. 29. -2004헌마804), 경찰공무원과 비교하여 소방공무원이 순직군경으로 예우받을 수 있는 사유를 좁게 제한하는 것(憲 2005. 9. 29. -2004헌바53), 정당에 국고보조금을 배분함에 있어 교섭단체의 구성여부에 따라 차등을 두는 것(憲 2006. 7. 27. -2004헌마655), 사립학교 교 · 직원 가운데 교원에 대하여만 명예퇴직수당의 지급 근거를 두고 사무직원에 대하여는 이에 대한 법적 근거를 두지 않고 학교의 정관 또는 규칙으로 정하도록 구별한 것(憲 2007. 4. 26. -2003헌마533), 교육의 지역적 불균형을 해소하고 지역교육의 균등한 발전과 지역실정에 맞는 교육정책을 수행하기 위하여 교사를 충원함에 있어 사범대학의 졸업자가 자기가 졸업한 사범대학이 있는 지역의 교원임용시험에 응시하는 경우에 가산점을 주어 우수한 인력을 확보할 수 있게 하되 그 가산점의 정도가 다른 지역의 사범대학을 졸업한 응시자의 교원임용을 어렵게 할 정도로 과도하지 않는 경우(憲 2007. 12. 27. -2005헌가11), 상속인들 중 누구라도 제사주재자가 되는 자에게 제사용 재산을 승계할 수 있도록 정하는 것(憲 2008. 2. 28. -2005헌바7), 특정범죄 가중처벌 등에 관한 법률에서 미성년자를 약취유인한 자에 대해 유사범죄보다 법정형을 높게 규정한 것(憲 2009. 2. 26. -2008헌바9), 공직선거법상 중증장애인의 선거운동을 위하여 선거운동원 추가 등을 배려하지 않고 일률적으로 선거운동을 제한한 것(憲 2009. 2. 26-2006헌마626. 5인의 반대의견 있음), 전공별로 그리고 출신대학별로 로스쿨의 입학정원을 3분의 1의 비율을 기준으로 제한하는 것(憲 2009. 2. 26. -2007헌마1262), 집행유예에 비하여 선고유예의 실효사유를 넓게 규정한 형법 제61조 제1항(憲 2009. 3. 26. -2007헌가19), 군인연금 중 퇴역연금에 관해 전액 압류를 금지하고 있는 것(憲 2009. 7. 30. -2007헌바139), 형법 제73조 제1항이 "형기에 산입된 판결선고 전 구금의 일수는 가석방에 있어서 집행을 경과한 기간에 산입한다"라고만 규정하고, 사형판결 확정 후 무기징역형으로 감형된 자의 사형집행 대기기간을 무기수의 가석방에 있어서 집행을 경과한 기간에 산입한다는 규정을 두지 않은 것(憲 2009. 10. 29. -2008헌마230), 금고 이상의 형의 집행유예를 선고받고 그 기간이 경과한 후 2년을 경과하지 아니한 자는 변호사가 될 수 없다고 규정한 것(憲 2009. 10. 29. -2008헌마432), 변호사의 자격을 가진 자에게 변리사 자격을 주는 것과 특허청 경력공무원에게 변리사시험의 일부를 면제해 주는 것(憲 2010. 2. 25. -2007헌마956), 선거운동기간 전의 선거운동을 금지하면서 다만 후보자와 후보자가 되고자 하는 자가 자신이 개설한 인터넷 홈페이지를 이용하여 선거운동을 하는 것은 예외로 인정하는 것(憲 2010. 6. 24.-2008헌바169), 군형법이 동성 간의 성적 행위만을 금지하고 이를 위반한 경우 형사처벌하는 것(憲 2011. 3. 31.-2008헌가21), 비례대표시·도의회의원후보자에게 사전선거운동, 선거벽보 및 선거공보 작성, 공개 대담·연설을 허용하지 않는 것(憲 2011. 3. 31.-2010헌마314), 지역구국회의원선거에서 구·시·군선거방송토론위원회가 개최하는 대담·토론회의 초청자격을 일정한 자격의 후보자로 제한하는 것(憲 2011. 5. 26.-2010헌마451), 종합전문요양기관은 다른 의료기관과 달리 산재보험 의료기관으로 당연지정되도록 한 것(憲 2011. 6. 30.-2008헌마595), 수사경력자료의 보존 및 보존기간을 정하면서도 범죄경력자료의 삭제에 대해 규정하지 않은 것(憲 2012. 7. 26.-2010헌마446), 소년심판절차에서 검사의 상소권을 인정하지 않은 것(憲 2012. 7. 26.-2011헌마232), 지역가입자의 보험료를 산정할 때 직장가입자와는 다른 기준을 적용하도록 한 것(憲 2013. 7. 25.-2010헌바51), 원칙적으로 3년 이상 혼인 중인 부부만 친양자 입양을 할 수 있도록 하고 독신자는 친양자 입양을 할 수 없도록 한 것(憲 2013. 9. 26.-2011헌가42), 초·중등학교 교원의 정당가입은 금지하면서 대학교원은 허용하는 것(憲 2014. 3. 27.-2011헌바42), 변호사시험 합격자의 6개월 실무수습 기간 중 단독 법률사무소 개설과 수임을 금지한 것(憲 2014. 9. 25.-2013헌마424), 금고 이상의 실형을 선고받고 그 집행이 끝나거나 집행이 면제된 날로부터 3년이 지나지 아니한 사람은 행정사가 될 수 없는 것(憲 2015. 3. 26.-2013헌마131), 국회의원 재직기간이 1년 미만인 자를 원칙적으로 대한민국헌정회 연로회원지원금 지급 대상에서 제외하는 것(憲 2015. 4. 30.-2013헌마666), 사립대학 교원이 국회의원으로 당선된 경우 임기개시일 전까지 그 직을 사직하도록 규정한 국회법 규정(憲 2015. 4. 30.-2014헌마621), 비용보상청구권의 제척기간을 무죄판결이 확정된 날부터 6개월로 규정한 구 형사소송법 규정(憲 2015. 4. 30. 2014헌바408. 이 사건은 합헌의견 4 : 위헌의견 5로 합헌결정된 것이다), 공인중개사가 「공인중개사의 업무 및 부동산 거래신고에 관한 법률」 위반으로 벌금형을 선고받으면, 중개사무소 개설등록을 필요적으로 취소하도록 하는 것(憲 2015. 5. 28.-2013헌가7), 수석교사가 그 임기 중에 교장 등의 자격을 취득할 수 없도록 하고, 관리업무수당이나 직급보조비 지급대상에 수석교사를 포함시키지 아니한 것(憲 2015. 6. 25.-2012헌마494), 민사소송절차의 소장에 일률적으로 인지를 첨부하도록 하면서 인지액의 상한을 규정하지 아니한 것(憲 2015. 6. 25.-2014헌바61), 국민참여재판의 대상사건을 형사사건 중 합의부 관할사건으로 한정한 것(憲 2015. 7. 30.-2014헌바447), 국회에서 허위의 진술을 한 증인을 위증죄로 처벌하면서도 증언거부권을 두지 않고 형법상 위증죄보다 무거운 법정형을 정한 것(憲 2015. 9. 24.-2012헌바410), 자율형 사립고등학교가 임직원 자녀 전형에 70%를 배정하고 일반 전형에 10%를 배정한 입학전형요강(憲 2015. 9. 24.-2012헌바410), 「성폭력범죄의 처벌 등에 관한 특례법」에서 주거침입강제추행치상죄라는 새로운 구성요건을 신설하고 법정형을 무기징역 또는 10년 이상의 징역으로 정한 것(憲 2015. 11. 26.-2014헌마145. 이 사건은 합헌의견 4 : 한정위헌의견 5로 합헌결정된 것이다), 주취 중 운전금지 규정을 3회 이상 위반한 자에게는 그 운전면허를 취소하도록 규정한 것(憲 2015. 11. 26.-2015헌바204), 부정청탁금지조항과 금품수수금지조항 및 신고조항과 제재조항이 전체 민간부문을 대상으로 하지 않고 사립학교 관계자와 언론인만 '공직자등'에 포함시켜 공직자와 같은 의무를 부담시키고 있는 것(憲 2016. 7. 28.-2015헌마236 등), 약물 · 알코올 중독자에 대한 치료감호기간 상한은 2년임에 비하여 치료감호기간 조항은 정신성적 장애인에 대한 치료감호기간 상한을 15년으로 정하고 있어 정신성적 장애인을 약물 · 알코올 중독자와 달리 취급하는 것(憲 2017. 4. 28.-2015헌마989 등), 운행 중인 운전자를 폭행하여 상해에 이르게 할 경우 3년 이상의 유기징역에 처하도록 하는 '특정범죄 가중처벌 등에 관한 법률' 제5조의10 제2항 중 상해에 관한 처벌조항이 형법상 폭행치상과 상해의 법정형보다 가중처벌하는 것(憲 2017. 11. 30.-2015헌바336).

(b) 위헌으로 결정된 경우

헌법재판소는 다음과 같은 사건에서 평등보호에 위반된다고 판시하였다. 국가를 상대로 하는 재산권의 청구에 관하여는 가집행의 선고를 할 수 없다고 한 것(憲 1989. 1. 25.-88헌가7), 금융기관의 연체대출금에 관한 경매절차에 있어서 합리적 근거없이 금융기관에게 우월한 지위를 부여하는 금융기관의연체대출금에관한특별조치법 제5조의2(憲 1989. 5. 24.-89헌가37), 판사 · 검사 · 군법무관 또는 경찰공무원의 재직기간이 통산하여 15년에 달하지 아니한 자는 변호사의 개업신고 전 2년 이내의 근무지가 속하는 지방법원의 관할구역 안에서는 퇴직한 날로부터 3년간 개업할 수 없게 한 것(憲 1989. 11. 20.-89헌가102), 성업공사에 이관되었거나 회수가 위임된 채권의 채무자인 회사에 관하여는 회사정리법에 의한 정리절차를 진행하지 못하게 한 것(憲 1990. 6. 25.-89헌가98등), 국 · 공립사범대학 등 출신자를 교육공무원인 국 · 공립학교 교사로 우선하여 채용하도록 규정한 것(憲 1990. 10. 8.-89헌마89), 시 · 도의회의원 후보자에게 700만원의 기탁금을 요구하는 것(憲 1991. 3. 11.-91헌마21), 국유잡종재산에 대한 시효취득을 부인하는 국유재산법 제5조 제2항(憲 1991. 5. 13.-89헌가97), 과실로 사람을 치상하게 한 자가 구호행위를 하지 아니하고 도주하거나 고의로 유기함으로써 치사의 결과에 이르게 한 경우에 살인죄와 비교하여 그 법정형을 더 무겁게 한 것(憲 1992. 4. 28.-90헌바24), 법인의 경영을 사실상 지배하거나 당해 법인의 발행주식총액의 100분의 51 이상의 주식에 관한 권리를 실질적으로 행사하는지 여부에 관계없이 과점주주 중 주식을 가장 많이 소유한 자와 서로 도와서 일상생활비를 공통으로 부담한다는 이유만으로 일률적으로 제2차 납세의무를 지우는 것(憲 1998. 5. 28.-97헌가13), 경매의 실행에 채무명의를 요하지 아니하는 부동산 임의경매절차에 있어 금융기관이 신청한 경우에만 발송송달의 특례를 인정한 것(憲 1998. 9. 30.-98헌가7, 96헌바93(병합))(한정위헌), 제대군인에 대한 가산점제도(憲 1999. 12. 23.-98헌마363), 정당행위에 해당하므로 '죄가안됨' 처분을 하였어야 함에도 수사를 미진하여 일부 인정되는 폭행사실만으로 범죄혐의를 인정하여 각 기소유예처분한 것(憲 2000. 1. 27.-99헌마481), 상소제기기간 중의 시간의 소비에 대해 불이익을 주는 것(憲 2000. 7. 20.-99헌가7), 생전에 등록신청을 하지 않은 일부 사람에 대하여 그들이 고엽제후유증으로 사망한 것인지 여부를 판정받을 기회를 배제한 것(憲 2001. 6. 28.-99헌마516(헌법불합치)), 정부수립이전이주동포를 재외동포법의 적용대상에서 제외한 것(憲 2001. 11. 29.-99헌마494(헌법불합치)), 약사에게는 법인을 구성하여 업무를 수행할 수 없도록 한 것(憲 2002. 9. 19.-2000헌바84(헌법불합치)), 전통사찰의 경내지 등에 대한 모든 유형의 소유권변동이 전통사찰을 훼손할 수 있음에도 불구하고, 다른 소유권변동원인과 달리 '공용수용'으로 인한 소유권변동에 대해서는 아무런 규제를 하지 아니한 것(憲 2003. 1. 30.-2001헌바64), 지방자치단체의 장으로 하여금 당해 지방자치단체의 관할구역과 같거나 겹치는 선거구역에서 실시되는 지역구 국회의원선거에 입후보하고자 하는 경우에 당해 선거의 선거일 전 180일까지 그 직을 사퇴하도록 하는 경우(憲 2003. 9. 25.-2003헌마106), 특가법이 매수와 판매목적소지의 마약사범만을 가중하는 경우(憲 2003. 11. 27.-2002헌바24), 미결수용자 중 군행형법의 적용을 받는 자의 면회횟수를 행형법의 적용을 받는 자에 비하여 감축한 경우(憲 2003. 11. 27.-2002헌마193), 국·공립학교의 교사시험에서 국가유공자의 가족에게 10%의 가산점을 주는 경우(憲 2006. 2. 23.-2004헌마675등), 교원징계 재심위원회의 재심결정에 대하여 재심청구를 한 교원만 행정소송을 제기할 수 있을 뿐, 학교법인은 이를 제기할 수 없도록 한 것(憲 2006. 2. 23.-2005헌가7등. 평등원칙에 위배되지 않는다고 한[憲 1998. 7. 16.-95헌바19등]의 판례에 변경이 있는 것임), 의사와 한의사의 면허를 모두 가진 복수면허의 의료인에 대하여 교차 또는 순차적으로 이루어지는 양방 및 한방 의료행위를 할 수 없게 하거나, 진찰과 같이 국민 건강에 대한 안전성에 문제가 없는 영역에 이르기까지 무차별적으로 양·한방 의료행위의 결합을 금지하는 등과 같이 복수의 면허를 가진 의료인들을 단수의 면허를 가진 의료인들과 동등하게 취급하는 것(憲 2007. 12. 27.-2004헌마1021), 고급오락장에 대한 취득세 중과세율을 규정한 구 지방세법 제112조 제2항 제4호를 고급오락장으로 사용할 목적이 없는 취득의 경우에도 적용하는 것(憲 2009. 9. 24.-2007헌바87), 파산절차에서 (구) 독점규제 및 공정거래에 관한 법률에 의한 과징금 및 가산금 채권을 특별히 취급하여 다른 일반파산채권보다 국가가 먼저 변제받게 하는 것(憲 2009. 11. 26.-2008헌가9), 민법이 중혼의 취소청구권자를 규정하면서 직계비속을 제외한 것(憲 2010. 7. 29.-2009헌가8), 고엽제후유의증환자가 사망한 때에도 유족에게 교육지원과 취업지원을 한다는 내용으로 법률을 개정하면서 그 부칙에서 법률 시행일 이전에 사망한 고엽제후유의증환자의 유족을 제외한 것(憲 2011. 6. 30.-2008헌마715), 1983년 이후 출생한 A형 혈우병 환자에 한하여 유전자재조합제제에 대한 요양급여를 인정하는 보건복지가족부고시(憲 2012. 6. 27.-2010헌마716), 독립유공자의 손자녀 1명에게만 보상금을 지급하도록 하면서 독립유공자의 선순위 자녀의 자녀에 해당하는 손자녀가 2명 이상인 경우에는 나이가 많은 손자녀를 우선하도록 규정한 것(憲 2013. 10. 24.-2011헌마724), 선거구획정에 있어서 선거구 간 인구편차가 2 : 1 이상인 경우(憲 2014. 10. 30.-2012헌마190).

형법상의 범죄와 똑같은 구성요건을 규정하면서 법정형만 상향 조정한 형사특별법 규정(憲 2015. 2. 26. 2014헌가16등), 전문과목을 표시한 치과의원은 그 표시한 전문과목에 해당하는 환자만을 진료하여야 한다고 규정한 의료법 규정(憲 2015. 5. 28.-2013헌마799), 흉기 기타 위험한 물건을 휴대하여 폭행죄, 협박죄, 재물손괴죄를 범하는 경우, 검사가 폭력행위 등 처벌에 관한 법률과 형법 중 적용법률에 따라 법정형이 심각하게 달라지는 것(憲 2015. 9. 24.-2014헌바154등), 치과전문의 자격인정 요건으로 '외국의 의료기관에서 치과의사 전문의 과정을 이수한 사람'을 포함하지 아니한 것(憲 2015. 9. 24.-2013헌마197), 폭처법상 폭행죄 조항은 형법상 특수폭행죄와 똑같은 내용의 구성요건을 규정하면서 징역형의 하한을 1년으로 올리고, 벌금형을 제외하고 있는 것(憲 2015. 9. 24.-2015헌가17), 월급근로자로서 6개월이 되지 못한 자를 해고예고제도의 적용예외 사유로 규정하고 있는 것(憲 2015. 12. 23.-2014헌바3), 영유아에 대한 보육료·양육수당 지급에 있어 국내거주 재외국민인 영유아를 지원대상에서 제외하는 것(憲 2018. 1. 25.-2015헌마1047), 국민체육진흥법상 '회원제로 운영하는 골프장 시설의 입장료에 대한 부가금' 조항(憲 2019. 12. 27.-2017헌가21), 대통령의 지시로 대통령 비서실장, 정무수석비서관, 교육문화수석비서관, 문화체육관광부장관이 야당 소속 후보를 지지하였거나 정부에 비판적 활동을 한 문화예술인이나 단체를 정부의 문화예술 지원사업에서 배제할 목적으로, 한국문화예술위원회, 영화진흥위원회, 한국출판문화산업진흥원 소속 직원들로 하여금 특정 개인이나 단체를 문화예술인 지원사업에서 배제하도록 한 일련의 지시 행위(憲 2020. 12. 23.-2017헌마416), 65세 미만의 일정한 노인성 질병이 있는 사람의 장애인 활동지원급여 신청자격을 제한하는 것(憲 2020. 12. 23.-2017헌가22등), 6·25전몰군경자녀에게 6·25전몰군경자녀수당을 지급하면서 그 수급권자를 6·25전몰군경자녀 중 1명에 한정하고, 나이가 많은 자를 우선하도록 정한 것(憲 2021. 3. 25.-2018헌가6), 혼인한 등록의무자 모두 배우자가 아닌 본인의 직계존·비속의 재산을 등록하도록 2009. 2. 3. 법률 제9402호로 공직자윤리법 제4조 제1항 제3호가 개정되었음에도 불구하고, 개정 전 공직자윤리법 조항에 따라 이미 배우자의 직계존·비속의 재산을 등록해온 혼인한 여성 등록의무자는 종전과 동일하게 계속해서 배우자의 직계존·비속의 재산을 등록하도록 규정한 공직자윤리법 부칙(2009. 2. 3. 법률 제9402호) 제2조(憲 2021. 9. 30.-2019헌가3).

[178] 제7 침해와 구제

평등원칙이나 평등권이 침해되어 피해가 발생한 경우에는 이를 구제하여야 한다. 통상의 경우에는 해당 권리의 침해로 나타나기 때문에 해당 권리의 침해에서의 구제방법에 따라 해결되지만, 평등권 그 자체의 침해가 문제가 되는 경우에는 이에 대한 구제를 하여야 한다.

특히 유의하여야 하는 것은 평등에서는 동일한 조건이나 상황에 있는 복수의 대상을 비교하기 때문에 국가로부터 수혜나 급부를 받는 경우에 국가의 입법행위나 행정행위로 일방이 차별대우를 받은 것으로 밝혀지면 그리한 국가작용을 평등위반으로 효력을 상실시킬 수 없다는 점이다. 이 경우에 국가의 조치를 무효화시키거나 취소하면 정당하게 수혜를 받는 자까지 급부를 받지 못하는 사태가 발생한다. 위헌법률심판에서 이 경우가 발생하면 위헌결정을 하여 당해 법률이나 법률조항의 효력을 상실시키는 것이 아니라 해당 법률의 효력을 유지하게 하는 헌법불합치결정(憲法不合致決定)을 하고 법률개선을 촉구(促求)하는 결정을 한다. 헌법재판소도 이런 경우에 헌법불합치결정을 하고 있다.

《기본권 보장의 구조》

헌법 제10조의 인간의 존엄과 가치가 기본권보장의 이념적 기초이며 최고원리이고, 헌법 제11조의 평등보호가 기본권 보장의 방법적 기초라고 할 때, 나머지 제11조 이하의 개별적 기본권은 이와 연관을 가지고 보장되는데, 이의 유기적 상호연관구조는 다음과 같다.

<table>
<tr><td colspan="2">기본권 보장의 이념적 기초</td></tr>
<tr><td>기본권 보장의
방법적 기초</td><td>개별적 기본권</td></tr>
</table>

그런데 헌법의 개별적 기본권은 각기 그 성질에서 차이가 있을 뿐 아니라 기본권 목록에 등재된 배경과 시기도 다르므로 이를 일률적으로 말하기는 어렵다. 예컨대 학문의 자유와 선거권은 그 보장의 이념에 있어 전자가 인간의 존엄과 가치를 이념으로 한다면 후자는 헌법이 대의제도를 채택하면서 비로소 헌법상의 권리로 보장되는 것이기 때문에 국민주권원리가 보다 밀접한 이념이 된다. 따라서 학문의 자유 보장의 이념적 기초를 인간의 존엄과 가치라고 한다면 선거권 보장의 이념적 기초는 국민주권원리라고 할 수 있다. 이를 구조로 보면 아래와 같다.

《학문의 자유의 보장》

<table>
<tr><td colspan="2">인간의 존엄과 가치</td></tr>
<tr><td>평등
원칙</td><td>학문의 자유</td></tr>
</table>

《선거권의 보장》

<table>
<tr><td colspan="2">국민주권원리</td></tr>
<tr><td>평등
원칙</td><td>선거권</td></tr>
</table>

《기본권의 분류 문제》

헌법의 기본권 목록에 있는 다양한 기본권들은 그 성질, 보호이익, 기능에서도 차이가 있을 뿐 아니라 기본권 목록에 오른 배경이나 시기에서도 차이가 있기 때문에 이를 하나의 기준으로 분류하기는 어렵다. 성질에 따라 자유권적 기본권, 평등권, 청구권적 기본권, 참정권적 기본권, 사회권적 기본권 등으로 분류하기도 하고, 이러한 분류가 정확하지 않아 생활영역을 기준으로 하여 이를 보완하는 분류를 시도하기도 하지만 오늘날 기본권이 복합적이고 중층적(重層的)인 성격을 가지고 여러 기능을 한다는 점을 고려하면 어느 하나의 기준을 가지고 단순히 평면적으로 분류하는 것은 무모한 일이기도 하다. 그래서 기본권의 분류를 무용하다고 하는 견해도 있다. 예컨대 알 권리의 경우 어떤 대상에 대하여 알려고 하는 것은 자유권의 성질을 가지지만, 알 권리의 대상이 정치영역이냐 경제영역이냐 정보영역이냐 직업영역이냐 등에 따라 각기 정치적 권리, 경제적 권리, 정보에 관한 권리, 생활권, 사회적 권리 등으로서의 다양한 성격을 가지게 된다. 따라서 기본권의 평면적인 분류는 자칫 해당 기본권의 기능이나 성질을 왜곡시킬 위험이 있다. 그런데 기본권의 분류에서 실익이 있는 경우는 효력에 있어 차이를 가지는 경우이다. 헌법상 직접 바로 청구할 수 있는 것인가 아니면 법률에 의하여 구체화되는 권리인가 하는 점은 그 기본권의 행사와 실현에서 차이를 가지므로 어떤 기본권이 이 가운데 어느 것에 해당하는가 하는 문제는 중요하고 구별할 실익이 있다. 예컨대 국가에 대하여 구체적 급부를 요구할 수 있는 사회적 기본권은 통상 법률에 의하여 구체화되는 권리인데, 이 경우 어떤 기본권이 사회적 기본권에 해당하는지의 여부는 효력상 매우 중요하다. 그런데 사회적 기본권이라는 용어도 사회영역을 규율하는데 있어 인정되는 기본권인지 아니면 생활배려를 위하여 국가가 구체적인 급부를 제공하여야 하는 경우에 이를 청구할 수 있는 권리인지에 대하여는 명백한 정의도 없이 혼용되고 있다. 예컨대 근로자의 단결권 · 단체교섭권 · 단체행동권은 국가에 대하여 어떠한 생활배려적 급부를 구체적으로 구하는 것이 아니라 사회 · 경제활동의 영역에서 보장되는 기본권이라는 성질이 강하고 오히려 자유권으로서의 성격이 강하다. 그리고 교육을 받을 권리도 자유권적 성질과 사회권적 성질 중에서 사회권적 성질이 더 강하다고 보기 어렵다. 이런 점을 고려하면 사회적 기본권의 범위는 매우 조심스럽게 설정하여야 하고, 사회적 기본권이 법률에 의하여 구체화된다는 점에서 기본권의 보장을 충실히 하기 위해서는 사회적 기본권은 구체적인 생활배려를 청구할 수 있는 권리로 한정하는 것이 합당하다. 이런 점에서 기본권을 일률적으로 분류하는 것은 타당하지 않고 개별적 기본권마다 그 성질과 효력을 밝혀야 하지만, 이 책에서는 헌법 제11조 이하의 개별적 기본권을 단순히 나열할 수는 없어 편의상 기본권의 성질을 기준으로 하되 그것이 주로 작용하는 생활영역을 고려하여 대체적으로 분류하기로 한다. 따라서 어떤 기본권이 자유권적 기본권으로 분류되어 있다고 하더라도 자유권으로서의 성질만 가지는 것이 아니라 다른 생활권이나 경제적 기본권 등 다른 기본권으로서의 성질과 기능도 가지는 경우가 있음을 유의할 필요가 있다.

제3장 자유권적 기본권

제1절 생명 및 인신의 자유

1. 생 명 권

[179] 제1 의 의

I. 개 념

생명권(生命權 right to life, Recht auf Leben)은 인간의 생명에 대한 권리를 말한다. 생명권은 무엇보다 인간의 존재를 보장하는 것이므로 인간의 존엄과 가치에서 가장 본질적인 부분이다. 인간의 모든 자유와 권리는 생명을 전제로 해서만 성립하고 인정할 수 있는 것이기 때문에 생명권은 모든 기본권의 전제가 되는 권리이다.

생명권의 대상이 되는 생명(life)이란 자연적 개념으로서 「아직도 생존하지 않은 것」과 「죽음」에 반대되는 인간의 정신적·신체적인 생의 존재를 의미한다. 생명은 인간의 존재 그 자체로 자연적으로 인정되는 것이기 때문에 이러한 자연적 존재에 대하여 사회적 또는 법적인 기준으로 그 가치를 부정하거나 평가할 수 없다. 따라서 「존재할 가치가 없는 생명」이나 「무의미한 생명」이라는 등의 가치판단은 법적으로 허용되지 않는다.

생명의 규범적인 의미를 확정하기 위해서는 생명이 존재하기 시작하는 시기(始期)와 종료되는 종기(終期)를 확정하는 것이 필요한데, 법적으로는 이러한 시기부터 종기까지의 기간 동안에 존재하는 자연적 생명을 생명권의 보호대상으로 한다.

II. 헌법적 근거

(1) 헌법 규정

생명권이 이렇게 본질적이고 중요한 권리임에도 헌법에는 이를 명문으로 정하고 있는 규정은 없다.

독일연방헌법은 「누구든지 생명과 신체를 훼손당하지 아니할 권리를 가진다」(동헌법 §2②)라고 정하여 생명권을 명시적으로 보장하고 있다. 동시에 동법 제102조는 명시적으로 사형을 금지하고 있다. 일본국헌법은 「모든 국민은 개인으로서 존중된다. 생명, 자유 및 행복추구에 대한 국민의 권리에 있어서는……최대의 존중을 필요로 한다」(동헌법 §13)라고 하여 생명권을 명시하고 있다. 인도네시아헌법(동헌법 §28A), 말레이시아헌법(동헌법 §5)도 생명권의 보장을 명시하고 있다. 타이헌법은 헌법에서 고문, 잔혹행위, 잔혹하거나 비인도적인 처벌을 금지하면서 동시에 사형의 허용을 명시적으로 인정하고 있다(동헌법 §31).

(2) 학 설

헌법이론상 생명권을 헌법상의 권리로 인정한다고 하더라도 실정헌법의 해석·적용상 생명권 보장의 근거규정을 확정할 필요가 있다. 이 문제에 관하여는 법해석상 견해가 갈린다. 인간의 존엄과 가치를 규정하고 있는 헌법 제10조에서 찾는 견해(김철수a, 517), 헌법 제10조 및 신체의 자유를 규정한 헌법 제12조 제1항에서 찾는 견해(성낙인, 438), 이들 규정을 종합하여 헌법 제10조, 제12조 제1항, 제37조 제1항에서 찾는 견해(권영성, 407; 계희열b, 270) 등이 있다.

생각건대, 생명권은 인간의 존엄과 가치의 중핵을 이루는 것으로 우리 헌법의 기본권질서의 논리적인 전제이고 기초이다. 인간의 존엄과 가치는 물론이고 어떠한 자유와 권리도 생명을 전제하지 않고는 인정되지 않기 때문이다. 따라서 헌법이 다른 권리를 헌법상의 권리로 보장하고 있는 이상 생명권은 그에 대한 명문규정의 유무에 관계없이 당연히 인정되는 헌법상의 권리이다(동지: 허영a, 346). 헌법해석으로는 헌법 제10조, 제12조 제1항, 제37조 제1항이 그 근거규정이 된다.

(3) 판 례

헌법재판소는 생명권을 명문규정의 유무와 무관하게 당연히 인정되는 헌법상의 권리로 보고 있다(예: 憲 1996. 11. 28.-95헌바1).

[憲 1996.11.28.-95헌바1] 「인간의 생명은 고귀하고, 이 세상에서 무엇과도 바꿀 수 없는 존엄한 인간존재의 근원이다. 이러한 생명에 대한 권리는 비록 헌법에 명문의 규정이 없다 하더라도 인간의 생존본능과 존재목적에 바탕을 둔 선험적이고 자연법적인 권리로서 헌법에 규정된 모든 기본권의 전제로서 기능하는 기본권 중의 기본권이라 할 것이다.」

[180] 제2 법적 성격

Ⅰ. 방 어 권

생명권은 국가가 개인의 생명을 침해할 위험이 있는 경우 이를 방지·제거할 것을 요구할 수 있는 대국가적 방어권으로서의 성격을 가진다. 따라서 국가는 집단학살이나 우생학적 단종시술과 같이 생명을 단절하는 행위를 할 수 없다.

Ⅱ. 보호청구권

생명권은 제3자에 의한 생명권의 침해로부터 보호해 줄 것을 국가에 청구할 수 있는 보호청구권으로서의 성격도 가진다. 따라서 살인은 금지되고, 기아·질병·공해·사적 폭력 등에 의하여 생명의 위협을 받고 있는 국민을 구호하지 않고 방치하는 국가의 부작위도 허용되지 않는다.

생명권이 국가에 대하여 생존을 위한 사회·경제적 여건을 마련해 줄 것을 요구할 수 있는 생존권으로서의 성격도 가지느냐 하는 문제가 있다. 이를 인정하는 견해도 있으나(김철수a, 518; 성낙인, 438), 생명권과 생존권은 개념상 법적으로 구별되고, 헌법상 생존권이 생명권과 구별되어 따로 보장되는 경우에는 생명권에 생존권의 성질을 인정할 여지가 없다고 할 것이다. 따라서 생존권을 보장하고 있는 경우에 생명권을 근거로 하여 국가에 대하여 생존을 위한 사회·경제적 여건을 마련해 줄 것을 요구하는 것은 인정되지 않는다. 그러나 국가의 능력이 있음에도 의료지원이나 식량지원을 하지 않아 보호받아야 마땅한 자를 사망에 이르도록 방치하는 것은 허용되지 않는다.

[181] 제3 주 체

생명권은 성질상 인간의 권리이므로 내·외국인을 불문하고 자연인에게만 인정된다. 법인은 어떠한 경우에도 생명권의 주체가 되지 못한다.

자연인의 경우 언제부터 생명권의 주체가 되는지(生命의 始期)와 관련하여 아직 출생하지 않은 태아(胎兒)가 생명권의 주체가 될 수 있는지가 문제된다. 인간의 생명은 출생으로부터 시작되는 것이 아니라 수정과 착상의 과정을 거치면서 시작되고, 형성 중인 생명도 생명이라는 점에서 태아도 생명권의 주체가 되는 점에서는 의문이 없다. 헌법재판소도 태아가 생명권의 주체가 된다고 판시하였다(憲 2008. 7. 31.-2004헌바81; 2012. 8. 23.-2010헌바402. [129] Ⅲ 참조).

다만, 언제까지 태아로 볼 것인가를 놓고 낙태(=임신중절)와 관련하여 의견이 대립하고 있다. 대법원은 이에 대하여 규칙적인 진통을 동반하면서 분만이 개시된 때(진통설 또는 분만개시설)에 사람으로 본다(大 1982. 10. 12.-81도2621; 1998. 10. 9.-98도949; 2007. 6. 29.-2005도3832).

[大 2007.6.29.-2005도3832] 「사람의 생명과 신체의 안전을 보호법익으로 하고 있는 형법의 해석으로는 규칙적인 진통을 동반하면서 분만이 개시된 때(소위 진통설 또는 분만개시설)가 사람의 시기라고 봄이 타당하다.」

태아의 생명권의 주체성에 대하여 독일연방헌법재판소는 생명이 모든 것을 의미하기 때문에 생명권의 주체는 이미 태어난 인간이나 독자적 생존가능성을 가진 태아에게만 국한되는 것은 아니라고 하고, 인간의 생명은 수정 후 14일 이후부터 시작한다고 하면서 이 때부터 태아를 생명권의 주체로 본다. 그리고 이런 태아의 생명보호는 원칙적으로 임신의 전 기간 동안 임산부의 자기결정권에 우선한다고 하고, 착상 후 12주 내에 한하여 다른 방법이 없는 중대한 긴급상황에 임하여 임산부의 동의와 의사의 시술에 의해서만 낙태가 허용된다고 판시하였다(예: BVerfGE 39, 1ff.). 반면 미합중국연방최고법원은 Roe v. Wade 사건(410 U.S. 113)에서 태아는 잠재적 생명이기는 하지만 헌법상 '인간'(person)에 포함되지 않기 때문에 국가가 태아의 생명보호를 위해 임산부의 낙태를 제한하려면 태아가 모체 밖에서 '생존할 수 있는 능력'(viability)을 가지고 있음을 증명해야 한다고 하면서 그 생존가능시점인 임신 6개월 이전에는 태아의 생명은 보호받지 못한다고 판결한 이래 실질적으로 생존능력을 갖춘 태아에게만 생명권의 주체성을 인정하고 있다.

수정 후 착상 전의 인간배아에 대해서 헌법재판소는 배아가 생명권의 주체라고 일반적으로 인정하고 있지는 않으나, 원시생명체로서 보호할 가치가 있는 경우에는 국가에게 보호의무가 있다고 본다(예: 憲 2010. 5. 27.-2005헌마346).

[182] 제4 내 용

Ⅰ. 생명의 보호

생명권은 생명 그 자체의 보호를 말한다. 이는 인간이 살아 있는 자연의 상태 그대로 존재하는 것을 말한다. 따라서 국가는 인간의 생명을 부정하거나 박탈할 수 없다. 이와 관련하여 유일한 예외로 논의되는 것이 사형제도이다.

Ⅱ. 국가에 대한 생명보호의 청구

생명권은 생명이 부정되거나 침해될 위험이 있는 경우에 이를 방지할 것을 국가에 대하여 요구할 수 있는 권리를 그 내용으로 한다. 생명은 한번 부정되면 회복할 수 없는 것이므로 생명의 부정·박탈과 같이 이미 생명권이 침해된 상태를 배제하는 것은 현실에서 성립할 수 없다. 따라서 생명권의 보호는 생명권의 침해에 대한 위험을 국가에 대하여 방지·제거해 줄 것을 청구할 수 있는 것을 그 내용으로 한다.

이러한 경우의 생명에 대한 위험은 공권력의 작용에 의한 생명의 위협, 의료지원을 받지 못하고 방치됨에 의한 생명의 위협, 아사(餓死)에 방치됨에 의한 생명의 위협

등이 있다.

[183] 제5 효 력

생명권은 대국가적으로 직접적인 효력을 가지고 있으므로 입법·행정·사법은 이에 구속된다. 생명권에 대한 국가의 보호의무는 포괄적이므로 생명에 대한 국가의 직접적인 침해가 금지될 뿐만 아니라, 일정한 경우에 국가가 국민의 생명이 없어짐을 적극 방지하고 보호해야 할(예: 기아로부터의 보호) 의무를 진다. 그리고 국가는 사인에 의한 불법적인 침해로부터 생명권을 보호할 책임도 진다.

생명권은 사인 상호 간에도 존중되어야 한다. 국가는 민사법, 형사법 등을 통하여 이를 구체적으로 보장한다. 이 문제와 관련하여 자살(自殺)이 헌법상 허용되는 것인가 하는 문제가 있다(자살미수의 가벌여부). 생명권의 처분이나 포기는 허용되지 않는다. 자살의 경우에는 자살한 자가 사망하여 현실에 존재하지 않기 때문에 결과적으로 이에 대하여 책임을 물을 방법이 없을 뿐이며, 생명의 포기가 정당화되는 것은 아니다. 따라서 자살행위를 교사하거나 방조하는 행위는 헌법이 인간의 존엄과 생명을 존중하고 보호하는 가치에 위반되어 허용되지 않는다. 국가도 자살행위를 조장하거나 방치할 수 없고 자살을 방지하기 위한 기본권보호의 의무를 하여야 한다. 생명의 주체인 개인이 장기 또는 혈액을 매매하기 위하여 자살을 하는 것도 인정되지 않는다. 가족이나 제3자에게 이익을 주기 위하여 장기를 매매하는 것도 허용되지 않으며, 이를 위해 스스로 생명을 처분하거나 포기하는 행위도 허용되지 않는다. 사상이나 종교상의 희생을 위하여 생명을 처분하거나 포기하는 행위도 인정되지 않는다. 이러한 생명의 처분이나 포기행위를 「죽을 권리」(right to die)라는 이름으로 정당화할 수 없다. 이러한 것을 정당화하는 「죽을 권리」는 헌법상 인정되지 않는다.

[184] 제6 제한과 그 한계

I. 제 한

(1) 일 반

생명권은 절대적 기본권으로서 헌법 제37조 제2항에 따라 법률로써 제한할 수 없는 권리인지의 여부가 문제된다. 만일 생명권이 절대적 기본권이라고 한다면 어떠한 경우에도 생명에 대한 제한이 인정될 수 없을 것이다. 그러나 둘 이상의 생명이 양립할 수 없거나 생명에 못지 않은 중대한 공공의 이익을 보호해야 하는 경우처럼 생명에 대한 제한이 불가피하게 요청되는 경우를 충분히 예견할 수 있다. 따라서 비록 생명권이 헌법상 다른 기본권보장의 전제가 되고 최대한 존중되어야 하는 권리라 하더라도 헌법 제37조 제2항에 따라 법률로써 제한할 여지는 있다. 그러나 생명권의 성질상 이는 극히 필요최소한에 그쳐야 한다.

헌법재판소는 생명권이 헌법 제37조 제2항에 의한 일반적 법률유보의 대상이 된다고 보고 있다(예: 憲 1996. 11. 28.-95헌바1).

[憲 1996.11.28.-95헌바1] 「인간의 생명에 대하여는 함부로 사회과학적 혹은 법적인 평가가 행하여져서는 안될 것이지만, 비록 생명에 대한 권리라고 하더라도 그것이 헌법상의 기본권으로서 법률상의 의미가 조영되어야 할 때에는 그 자체로서 모든 규범을 초월하여 영구히 타당한 권리로서 남아 있어야 하는 것이라고 볼 수는 없다. 다시 말하면 한 생명의 가치만을 놓고 본다면 인간존엄성의 활력적인 기초를 의미하는 생명권은 절대적 기본권으로 보아야 함이 당연하고, 따라서 인간존엄성의 존중과 생명권의 보장이란 헌법정신에 비추어 볼 때 생명권에 대한 법률유보를 인정한다는 것은 이념적으로는 법리상 모순이라고 할 수도 있다. 그러나 현실적인 측면에서 볼 때 정당한 이유 없이 타인의 생명을 부정하거나 그에 못지 아니한 중대한 공공이익을 침해한 경우에 국법은 그 중에서 타인의 생명이나 공공의 이익을 우선하여 보호할 것인가의 규준을 제시하지 않을 수 없게 되고, 이러한 경우에는 비록 생명이 이념적으로 절대적 가치를 지닌 것이라 하더라도 생명에 대한 법적 평가가 예외적으로 허용될 수 있다고 할 것이므로, 생명권 역시 헌법 제37조 제2항에 의한 일반적 법률유보의 대상이 될 수밖에 없다 할 것이다.」

(2) 구체적 문제

(a) 사형제도

사형(死刑 death penalty, capital punishment)제도의 위헌성에 관한 논의는 i) 생명권이 제한가능한 기본권인지 여부, ii) 생명권을 제한하는 사형제도가 기본권의 본질적 내용 침해금지를 정하고 있는 헌법 제37조 제2항에 위반하는 것인지 여부, iii) 사형제도가 과잉금지원칙에 위반하여 생명권을 과도하게 제한하는 것인지 여부의 문제를 포함한다.

(i) 위 헌 설　i) 사형은 형벌의 목적의 하나인 범죄자에 대한 개선을 포기하는 것이므로 그 정당성을 인정할 수 없고, ii) 재판은 인간이 하는 심판이므로 오판을 절대적으로 배제할 수 없고, iii) 사형을 통해 범죄의 일반적 예방의 효과를 거둘 수 있다는 실증적 연구결과가 없고 그 효과면에서 무기징역형을 최고의 형벌로 정하는 경우와 비교하여 큰 차이가 없으므로 사형이 형벌의 한 수단으로 적정하다거나 필요한 방법이라 할 수 없으며, iv) 사회로부터 범죄를 격리한다는 기능은 무기징역을 통해서도 달성할 수 있어 사형은 피해 최소성의 원칙에도 반하므로, 사형제도는 과잉금지원칙에 위반된다고 한다.

(ii) 합 헌 설 i) 사형은 국민일반에 대한 심리적 위하(威)를 통하여 범죄의 발생을 예방하고, 이를 집행함으로써 특수한 사회악의 근원을 영구히 제거하여 사회를 방어한다는 공익상의 목적을 가진 형벌이고, ii) 사형은 인간의 죽음에 대한 공포본능을 이용한 가장 냉엄한 궁극의 형벌로서 그 위하력이 강한 만큼 이를 통한 일반적 범죄예방효과도 더 클 것이라고 추정되며, iii) 무기징역형이 사형의 일반예방적 효과를 대체할 수 있다고 단정하기는 어려우므로, 사형제도는 헌법상의 과잉금지원칙에 위반되지 않는다고 한다.

사형제도를 둘러싸고 이것이 실정헌법에 위반되는가 하는 위헌성 문제의 소지를 제거하기 위하여 실정헌법에 사형의 금지나 사형의 허용을 명문으로 정하고 있는 경우도 있다. 이 경우에도 위헌성의 문제는 발생하지 않지만 사형의 존폐여부의 문제는 여전히 남아 있다. 2003년을 기준으로 볼 때, 전세계 국가 가운데 사형을 금지하고 있는 나라는 80개국이고, 전시범죄 등에 한해서만 사형을 인정하고 있는 나라는 15개국이다. 78개국은 일반적으로 사형제도를 인정하고 있는 것으로 나타나 있다(Amnesty International, 2004. 4.). 미합중국에서는 연방정부와 38개 주에서는 사형제도를 두고 있고, Washington D.C.와 12개 州(Hawaii, Alaska, North Dokota, Minnesota, Iowa, Wisconsin, Missouri, West Virginia, Vermont, Maine, Massachusetts, Rhode Island)에서는 사형제도를 두지 않고 있다.

(iii) 판 례 헌법재판소는 헌법상의 생명권이나 인간의 존엄과 가치를 침해하는 것이 아니라고 보고 사형제도가 합헌이라고 판시하였다(예: 憲 1996. 11. 28.-95헌바1; 2010. 2. 25.-2008헌가23). 대법원도 사형제도가 합헌이라고 판시하였다(예: 大 1987. 9. 8.-87도1458; 1991. 10. 26.-90도2906). 그러나 이 경우에도 사형의 선고는 그것이 정당화될 수 있는 특별한 사정이 있는 경우에만 허용된다는 입장이다(예: 大 2000. 7. 6.-2000도1507).

[憲 2010.2.25.-2008헌가23] 「(3) **우리 헌법이 명문으로 사형제도를 인정하고 있는지 여부** 우리 헌법은 사형제도에 대하여 그 금지나 허용을 직접적으로 규정하고 있지는 않다. 그러나, 헌법 제12조 제1항은 "모든 국민은……법률과 적법절차에 의하지 아니하고는 처벌·보안처분 또는 강제노역을 받지 아니한다"고 규정하는 한편, 헌법 제110조 제4항은 "비상계엄하의 군사재판은 군인·군무원의 범죄나 군사에 관한 간첩죄의 경우와 초병·초소·유독음식물공급·포로에 관한 죄 중 법률이 정한 경우에 한하여 단심으로 할 수 있다. 다만, 사형을 선고한 경우에는 그러하지 아니하다"고 규정하고 있다. 이는 법률에 의하여 사형이 형벌로서 규정되고, 그 형벌조항의 적용으로 사형이 선고될 수 있음을 전제로 하여, 사형을 선고한 경우에는 비상계엄하의 군사재판이라도 단심으로 할 수 없고, 사법절차를 통한 불복이 보장되어야 한다는 취지의 규정이라 할 것이다. 따라서 우리 헌법은 적어도 문언의 해석상 사형제도를 간접적으로나마 인정하고 있다고 할 것이다. (4) **생명권이 헌법 제37조 제2항에 의한 일반적 법률유보의 대상이 되는지 여부** 인간의 생명에 대하여는 함부로 사회과학적 혹은 법적인 평가가 행하여져서는

아니 되고, 각 개인의 입장에서 그 생명은 절대적 가치를 가진다고 할 것이므로 생명권은 헌법 제37조 제2항에 따른 제한이 불가능한 절대적 기본권이 아닌지가 문제될 수 있다. 그런데 우리 헌법은 절대적 기본권을 명문으로 인정하고 있지 아니하며, 헌법 제37조 제2항에서는 국민의 모든 자유와 권리는 국가안전보장 · 질서유지 또는 공공복리를 위하여 필요한 경우에 한하여 법률로써 제한할 수 있도록 규정하고 있는바, 어느 개인의 생명권에 대한 보호가 곧바로 다른 개인의 생명권에 대한 제한이 될 수밖에 없거나, 특정한 인간에 대한 생명권의 제한이 일반국민의 생명 보호나 이에 준하는 매우 중대한 공익을 지키기 위하여 불가피한 경우에는 비록 생명이 이념적으로 절대적 가치를 지닌 것이라 하더라도 생명에 대한 법적 평가가 예외적으로 허용될 수 있다고 할 것이므로, 생명권 역시 헌법 제37조 제2항에 의한 일반적 법률유보의 대상이 될 수밖에 없다. 예컨대 생명에 대한 현재의 급박하고 불법적인 침해 위협으로부터 벗어나기 위한 정당방위로서 그 침해자의 생명에 제한을 가하여야 하는 경우, 모체의 생명이 상실될 우려가 있어 태아의 생명권을 제한하여야 하는 경우, 국민 전체의 생명에 대하여 위협이 되는 현재적이고 급박한 외적의 침입에 대한 방어를 위하여 부득이하게 국가가 전쟁을 수행하는 경우, 정당한 이유 없이 타인의 생명을 부정하거나 그에 못지 아니한 중대한 공공이익을 침해하는 극악한 범죄의 발생을 예방하기 위하여 범죄자에 대한 극형의 부과가 불가피한 경우 등 매우 예외적인 상황 하에서 국가는 생명에 대한 법적인 평가를 통해 특정 개인의 생명권을 제한할 수 있다 할 것이다. 한편, 헌법 제37조 제2항에서는 자유와 권리를 제한하는 경우에도 자유와 권리의 본질적인 내용을 침해할 수 없다고 규정하고 있다. 그런데 생명권의 경우, 다른 일반적인 기본권 제한의 구조와는 달리, 생명의 일부 박탈이라는 것은 상정할 수 없기 때문에 생명권에 대한 제한은 필연적으로 생명권의 완전한 박탈을 의미하게 되는바, 이를 이유로 생명권의 제한은 어떠한 상황에서든 곧바로 개인의 생명권의 본질적인 내용을 침해하는 것으로서 기본권 제한의 한계를 넘는 것으로 본다면, 이는 생명권을 제한이 불가능한 절대적 기본권으로 인정하는 것과 동일한 결과를 가져오게 된다. 그러나 앞서 본 바와 같이 생명권 역시 그 제한을 정당화할 수 있는 예외적 상황 하에서는 헌법상 그 제한이 허용되는 기본권인 점 및 생명권 제한구조의 특수성을 고려한다면, 생명권 제한이 정당화될 수 있는 예외적인 경우에는 생명권의 박탈이 초래된다 하더라도 곧바로 기본권의 본질적인 내용을 침해하는 것이라 볼 수는 없다. 따라서 사형이 비례의 원칙에 따라 최소한 동등한 가치가 있는 다른 생명 또는 그에 못지아니한 공공의 이익을 보호하기 위한 불가피성이 충족되는 예외적인 경우에만 적용됨으로써 생명권의 제한이 정당화될 수 있는 경우에는, 그것이 비록 생명권의 박탈을 초래하는 형벌이라 하더라도 이를 두고 곧바로 생명권이라는 기본권의 본질적인 내용을 침해하는 것이라 볼 수는 없다. (5) **사형제도가 생명권 제한에 있어서의 헌법상 비례원칙에 위배되는지 여부** ㈎ 앞서 본 바와 같이, 생명권 역시 헌법 제37조 제2항에 의한 일반적 법률유보의 대상이 될 수 있다 할 것이므로, 생명권의 제한을 형벌의 내용으로 하는 사형제도의 위헌성 여부를 판단하기 위하여 사형제도가 생명권 제한에 있어서의 헌법상 비례원칙에 위배되는지 여부를 살펴본다. ㈏ **입법목적의 정당성 및 수단의 적합성** 사형은, 이를 형벌의 한 종류로 규정함으로써, 일반

국민에 대한 심리적 위하를 통하여 범죄의 발생을 예방하며, 이를 집행함으로써 극악한 범죄에 대한 정당한 응보를 통하여 정의를 실현하고, 당해 범죄인 자신에 의한 재범의 가능성을 영구히 차단함으로써 사회를 방어한다는 공익상의 목적을 가진 형벌인바, 이러한 사형제도의 입법목적은 정당하다고 할 것이다. 나아가 사형은 인간의 죽음에 대한 공포본능을 이용한 가장 냉엄한 궁극의 형벌로서 이를 통한 일반적 범죄예방효과가 있다고 볼 수 있으므로 일반적 범죄예방목적을 달성하기 위한 적합한 수단이라 할 것이다. 또한 잔혹한 방법으로 다수의 인명을 살해하는 등의 극악한 범죄의 경우, 그 법익침해의 정도와 범죄자의 책임의 정도는 가늠할 수 없을 만큼 심대하다 할 것이며, 수많은 피해자 가족들의 형언할 수 없는 슬픔과 고통, 분노 및 일반국민이 느낄 불안과 공포, 분노까지 고려한다면, 이러한 극악한 범죄에 대하여는 우리 헌법질서가 허용하는 한도 내에서 그 불법정도와 책임에 상응하는 강력한 처벌을 함이 정의의 실현을 위하여 필수불가결하다 할 것인바, 가장 무거운 형벌인 사형은 이러한 정당한 응보를 통한 정의의 실현을 달성하기 위한 적합한 수단이라 할 것이다. (다) **피해의 최소성** 1) 특정범죄와 그 법정형 사이에 적정한 비례관계가 존재하는 일반적인 상황하에서는, 형벌이 무거울수록, 즉, 형벌 부과에 의한 범죄자의 법익침해 정도가 커질수록 범죄를 실행하려는 자의 입장에서는 범죄를 통하여 얻을 수 있는 이익에 비하여 범죄로 인하여 부과될 수 있는 불이익이 보다 커지게 됨으로써 그 범죄행위를 포기하게 될 가능성이 커진다고 볼 수 있다. 따라서, 우리 형법체계에 비추어 보면, 일반적으로 벌금형보다는 징역형이, 단기의 징역형보다는 장기의 징역형이, 유기징역형보다는 무기징역형이 범죄억지효과가 크다고 봄이 상당하다. 특히, 무기징역형이나 사형의 대체형벌로 논의될 수 있는 가석방이 불가능한 종신형을 선고받은 범죄자의 경우 사회로부터의 격리라는 자유형의 집행 목적에 반하지 아니하는 한도 내에서는 인격권 등의 기본권을 그대로 가지는 반면, 사형을 선고받은 범죄자는 사형집행으로 인하여 생명을 박탈당함으로써 인간의 생존을 전제로 한 모든 자유와 권리까지 동시에 전면적으로 박탈당한다는 점에 비추어 보면, 한 인간에게 있어서 가장 소중한 생명을 박탈하는 내용의 사형은 무기징역형이나 가석방이 불가능한 종신형보다도 범죄자에 대한 법익침해의 정도가 크다 할 것이다. 여기에다 인간의 생존본능과 죽음에 대한 근원적인 공포까지 고려하면, 사형은 잠재적 범죄자를 포함하는 모든 일반국민에 대하여 무기징역형이나 가석방이 불가능한 종신형보다 더 큰 위하력을 발휘함으로써 가장 강력한 범죄억지력을 가지고 있다고 봄이 상당하다. 따라서 입법자가 이러한 범죄와 형벌의 본질 및 그 관계, 인간의 본성 등을 바탕으로 하여 사형이 무기징역형 등 자유형보다 더 큰 일반적 범죄예방효과를 가지고 있다고 보아 형벌의 한 종류로 규정한 이상, 이러한 입법자의 판단은 존중되어야 할 것이고, 이와 달리 무기징역형이나 가석방이 불가능한 종신형이 사형과 동일한 혹은 오히려 더 큰 일반적 범죄예방효과를 가지므로 사형을 대체할 수 있다는 주장은 이를 인정할 만한 명백한 근거가 없는 이상 받아들일 수 없다. 나아가 이와 같이 사형이 무기징역형이나 가석방이 불가능한 종신형보다 일반적 범죄예방효과가 크다고 볼 수 있는 이상, 무기징역형 등 자유형보다 사형을 통하여 살인범죄 등 극악한 범죄의 발생을 보다 더 감소시킬 수 있다 할 것이다. 이는 무고하게 살해되는 일반국민의 수가 사형제도의 영향으로 감소될 수 있다는 것, 즉, 무고한 생명의 일부라도 사지(死地)로부터 구해낼 수 있다는 것을 의미한다. 그리고 설령 사형과 무기징역형 등 자유형 사이의 일반적 범죄예방효과 차이가 탁월하게 크지는 아니하여 사형제도로 인하여 보다 더 구제되는 무고한 생명의 수가 월등히 많지는 않다고 하더라도, 구제되는 생명의 수의 많고 적음을 떠나, 이러한 무고한 국민의 생명 보호는 결코 양보하거나 포기할 수 있는 성질의 것이 아니라 할 것이다. 2) 또한 잔혹한 방법으로 다수의 인명을 살해한 범죄 등 극악한 범죄의 경우에는, 범죄자에 대한 무기징역형이나 가석방이 불가능한 종신형의 선고만으로는 형벌로 인한 범죄자의 법익침해 정도가 당해 범죄로 인한 법익침해의 정도 및 범죄자의 책임에 미치지 못하게 되어 범죄와 형벌 사이의 균형성을 잃게 될 뿐만 아니라 이로 인하여 피해자들의 가족 및 일반국민의 정의관념에도 부합하지 못하게 된다. 결국, 극악한 범죄에 대한 정당한 응보를 통한 정의의 실현이라는 목적을 달성함에 있어서 사형보다 범죄자에 대한 법익침해의 정도가 작은 무기징역형이나 가석방이 불가능한 종신형은 사형만큼의 효과를 나타낸다고 보기 어렵다. 3) 한편, 생명을 박탈하는 형벌인 사형은 그 성격상 이미 형이 집행되고 난 후에는 오판임이 밝혀지더라도 범죄자의 기본권 제한을 회복할 수 있는 수단이 없다는 점에서 최소침해성원칙에 위배되는지 여부가 문제된다. 그런데, 인간은 완벽한 존재일 수가 없고 그러한 인간이 만들어낸 어떠한 사법제도 역시 결점이 없을 수는 없다는 점에 비추어 보면, 형사재판에 있어서의 오판가능성은 사법제도가 가지는 숙명적 한계라고 할 것이지 사형이라는 형벌제도 자체의 문제라고 보기는 어렵다. 따라서 오판가능성 및 그 회복의 문제는, 피고인의 방어권을 최대한 보장하고, 엄격한 증거조사절차를 거쳐 유죄를 인정하도록 하는 형사공판절차제도와 오판을 한 하급심 판결이나 확정된 판결을 시정할 수 있는 심급제도, 재심제도 등의 제도적 장치 및 그에 대한 개선을 통하여 오판가능성을 최소화함으로써 해결할 문제이지, 이를 이유로 사형이라는 형벌의 부과 자체를 최소침해성원칙에 어긋나 위헌이라고 할 수는 없다. 4) 위에서 살펴본 바와 같이, 사형은 그보다 완화된 형벌인 무기징역형이나 가석방이 불가능한 종신형에 비하여 일반적 범죄예방목적 및 정당한 응보를 통한 정의의 실현이라는 목적을 달성함에 있어서 더 효과적인 수단이라고 할 것이고, 위와 같은 입법목적의 달성에 있어서 사형과 동일한 효과를 나타내면서도 사형보다 범죄자에 대한 법익침해 정도가 작은 다른 형벌이 명백히 존재한다고 보기 어려우므로 사형제도는 최소침해성원칙에 어긋난다고 할 수 없다. ㈑ **법익의 균형성** 모든 인간의 생명은 자연적 존재로서 동등한 가치를 갖는다고 할 것이나 그 동등한 가치가 서로 충돌하게 되거나 생명의 침해에 못지아니한 중대한 공익을 침해하는 등의 경우에는 국민의 생명 등을 보호할 의무가 있는 국가로서는 어떠한 생명 또는 법익이 보호되어야 할 것인지 그 규준을 제시할 수 있는 것이다. 인간의 생명을 부정하는 등의 범죄행위에 대한 불법적 효과로서 지극히 한정적인 경우에만 부과되는 사형은 죽음에 대한 인간의 본능적인 공포심과 범죄에 대한 응보욕구가 서로 맞물려 고안된 "필요악"으로서 불가피하게 선택된 것이며 지금도 여전히 제 기능을 하고 있다는 점에서 정당화될 수 있다. 나아가 사형으로 인하여 침해되는 사익은 타인의 생명을 박탈하는 등의 극악한 범죄를 저지른 자의 생명 박탈이라 할 것인바, 이는 범죄자의 자기책임에 기초한 형벌효과에 기인한 것으로서 엄격하고 신중한 형사소송절차를 거쳐 생명이 박탈된다는 점에서, 극악무도한 범죄행위로 인하여 무고하게 살해당하였거나 살해당할 위험이 있는 일반국민의 생명권 박탈 및 그 위험과는 동일한 성격을 가진다고 보기 어렵고, 두 생명권이 서로 충돌하게 될 경우 범죄행위로 인한 무고한 일반국민의 생명권 박탈의 방지가 보다 우선시되어야 할 가치라 할 것이다. 따라서 사형제도에 의하여 달성되는 범죄예방을 통한 무고한 일반국민의 생명 보호 등 중대한 공익의 보호와 정의의 실현 및 사회방위라는 공익은 사형제도로 발생하는 극악한 범죄를 저지른 자의 생명권 박탈이라는 사익보다 결코 작다고 볼 수 없을 뿐만 아니라, 다수의 인명을 잔혹하게 살해하는 등의 극악한 범죄에 대하여 한정적으로 부과되는 사형이 그 범죄의 잔혹함에 비하여 과도한 형벌이라고 볼 수 없으므로, 사형제도는 법익균형성원칙에 위배되지 아니한다. (마) 결국 사형이 극악한 범죄에 한정적으로 선고되는 한, 사형제도 자체는 위에서 살펴본 바와 같이 입법목적의 정당성, 수단의 적합성, 피해의 최소성, 법익균형성 등을 모두 갖추었으므로 생명권 제한에 있어서의 헌법상 비례원칙에 위배되지 아니한다.
(6) **사형제도가 인간의 존엄과 가치를 규정한 헌법 제10조에 위배되는지 여부** 헌법 제10조는 "모든 국민은 인간으로서의 존엄과 가치를 가지며, 행복을 추구할 권리를 가진다. 국가는 개인이 가지는 불가침의 기본적 인권을 확인하고 이를 보장할 의무를 진다"라고 하여 모든 기본권의 종국적 목적이자 기본이념이라 할 수 있는 인간의 존엄과 가치를 규정하고 있다. 이러한 인간의 존엄과 가치 조항은 헌법이념의 핵심으로 국가는 헌법에 규정된 개별적 기본권을 비롯하여 헌법에 열거되지 아니한 자유와 권리까지도 이를 보장하여야 하고, 이를 통하여 개별 국민이 가지는 인간으로서의 존엄과 가치를 존중하고 확보하여야 한다는 헌법의 기본원리를 선언한 것이라 할 것이다. 그런데 사형제도가 범죄자의 생명권 박탈을 그 내용으로 하고 있으므로 인간의 존엄과 가치를 규정한 헌법 제10조에 위배되는지에 관하여 보건대, 앞서 살펴본 바와 같이, 사형제도 자체는 우리 헌법이 적어도 문언의 해석상 간접적으로나마 인정하고 있는 형벌의 한 종류일 뿐만 아니라, 사형이 극악한 범죄에 한정적으로 선고되는 한, 기본권 중의 기본권이라고 할 생명권을 제한함에 있어서 헌법상 비례원칙에 위배되지 아니한다고 할 것인바, 이와 같이 사형제도가 인간존엄성의 활력적인 기초를 의미하는 생명권 제한에 있어서 헌법 제37조 제2항에 의한 헌법적 한계를 일탈하였다고 볼 수 없는 이상, 사형제도가 범죄자의 생명권 박탈을 내용으로 한다는 이유만으로 곧바로 인간의 존엄과 가치를 규정한 일반조항인 헌법 제10조에 위배되어 위헌이라고 할 수는 없다. 또한 사형은 형벌의 한 종류로서, 앞서 살펴본 바와 같이, 다수의 무고한 생명을 박탈하는 살인범죄 등의 극악한 범죄에 예외적으로 부과되는 한, 그 내용이 생명권 제한에 있어서의 헌법적 한계를 일탈하였다고 볼 수 없을 뿐만 아니라, 사형제도는 공익의 달성을 위하여 무고한 국민의 생명을 그 수단으로 삼는 것이 아니라, 형벌의 경고기능을 무시하고 극악한 범죄를 저지른 자에 대하여 그 중한 불법 정도와 책임에 상응하는 형벌을 부과하는 것으로서 이는 당해 범죄자가 스스로 선택한 잔악무도한 범죄행위의 결과라 할 것인바, 이러한 형벌제도를 두고 범죄자를 오로지 사회방위라는 공익 추구를 위한 객체로만 취급함으로써 범죄자의 인간으로서의 존엄과 가치를 침해한 것으로 보아 위헌이라고 할

수는 없다. 한편, 사형을 선고하는 법관이나 이를 집행하여야 하는 교도관 등은 인간의 생명을 박탈하는 사형을 선고하거나 집행하는 과정에서 인간으로서의 자책감을 가지게 될 여지가 있다고 할 것이나, 이는 사형제도가 본래 목적한 바가 아니고 사형의 적용 및 집행이라는 과정에서 필연적으로 발생하게 되는 부수적인 결과일 뿐이다. 물론 사형을 직접 집행하는 교도관의 자책감 등을 최소화할 수 있는 사형집행방법의 개발 등은 필요하다고 할 것이지만, 앞서 살펴본 바와 같이, 사형제도는 무고한 일반국민의 생명 보호 등 극히 중대한 공익을 보호하기 위한 것으로서 생명권 제한에 있어서의 헌법적 한계를 일탈하였다고 할 수 없는 이상, 이러한 공익을 보호하여야 할 공적 지위에 있는 법관 및 교도관 등은 다른 형벌의 적용, 집행과 마찬가지로 사형의 적용, 집행을 수인할 의무가 있다고 할 것이다. 따라서 법관 및 교도관 등이 인간적 자책감을 가질 수 있다는 이유만으로 사형제도가 법관 및 교도관 등을 공익 달성을 위한 도구로서만 취급하여 그들의 인간으로서의 존엄과 가치를 침해하는 위헌적인 형벌제도라고 할 수는 없다. (7) **소결론** 앞서 살펴본 바와 같이, 형법 제41조 제1호 규정의 사형제도 자체는 우리의 현행 헌법이 스스로 예상하고 있는 형벌의 한 종류이기도 할 뿐만 아니라 생명권 제한에 있어서의 헌법 제37조 제2항에 의한 한계를 일탈하였다고 할 수 없고, 인간의 존엄과 가치를 규정한 헌법 제10조에 위배된다고 볼 수 없으므로 헌법에 위반되지 아니한다고 할 것이다. 국가는 때로 보다 더 소중한 가치를 지키기 위하여 소중한 가치를 포기할 수밖에 없는 상황에 직면하게 되기도 한다. 사형제도 역시, 무고한 일반국민의 생명이나 이에 준하는 중대한 공익을 지키기 위하여 이를 파괴하는 잔악무도한 범죄를 저지른 자의 생명을 박탈할 수밖에 없는 국가의 불가피한 선택의 산물이라고 할 것이다. 다만, 사형이란 형벌이 무엇보다 고귀한 인간의 생명을 박탈하는 극형임에 비추어, 우리의 형사관계법령에 사형을 법정형으로 규정하고 있는 법률조항들이 과연 행위의 불법과 형벌 사이에 적정한 비례관계를 유지하고 있는지를 개별적으로 따져 보아야 할 것임은 물론 나아가 비록 법정형으로서의 사형이 적정한 것이라 하더라도 이를 선고함에 있어서는 특히 신중을 기하여야 할 것이다.」

미합중국 연방최고법원은 1972년에 사형제도를 위헌이라고 판결하였다가(Furman v. Georgia, 408 U.S. 238), 1976년에 이를 번복하고 사형제도를 합헌이라고 판결하였다(Gregg v. Georgia, 428 U.S. 153). 1995년 남아프리카공화국 헌법재판소는, 사형은 생명권의 침해를 이유로 한 것이 아니고 헌법에서 정하고 있는 잔혹하고 비인도적이며 비열한 형벌의 금지규정(同憲法 §12(1)e에 위반되는 것)에 위반되는 것이라는 점을 이유로 하여 위헌이라고 판결하였다.

(b) 인공임신중절

형법 제269조, 제270조는 부녀 및 의사 등의 낙태행위(落胎行爲)를 형사처벌하도록 규정하고 있으나, 모자보건법(母子保健法) 제14조는 우생학적 · 유전학적 · 의학적 · 윤리적 적응사유에 한하여 의사는 본인과 배우자의 동의에 의하여 인공임신중절수술을 할 수 있다고 규정하고 있다.

모자보건법 제14조는 인공임신중절수술의 허용사유로서 i) 본인이나 배우자가 대통령령으로 정하는 우생학적 또는 유전학적 정신장애나 신체질환이 있는 경우, ii) 본인이나 배우자가 대통령령으로 정하는 전염성 질환이 있는 경우, iii) 강간 또는 준강간에 의하여 임신된 경우, iv) 법률상 혼인할 수 없는 혈족 또는 인척간에 임신된 경우, v) 임신의 지속이 보건의학적 이유로 모체의 건강을 심각하게 해치고 있거나 해칠 우려가 있는 경우를 정하고 있다.

낙태의 허용여부는 태아의 생명권과 임산부의 자기결정권이 충돌하는 문제이다. 앞서 살펴보았듯이 태아도 생명권의 주체가 되고, 낙태를 할 수 있는 임산부의 자기결정권보다 태아의 생명권이 우선하기 때문에 원칙적으로 낙태는 금지되어야 한다.

다만, 임신의 지속이 모체의 생명과 건강에 심각한 위험을 초래하는 경우처럼 태아의 생명과 임산부의 생명이 충돌하는 때에는 태아의 생명권도 예외적으로 제한가능하다 할 것이다. 그러나 모자보건법 제14조는 인공임신중절수술의 허용사유를 지나치게 광범위하게 규정하여 태아의 생명권 침해를 가능하게 할 소지를 안고 있어 위헌성 논란이 있다.

헌법재판소는 임산부의 자기결정권을 근거로 낙태행위를 인정하지만 태아의 생명권을 부정하는 것이 아니고, 태아가 모체를 떠난 상태에서 독자적으로 생존할 수 있는 시점 이내에 모든 경우에 일률적으로 낙태행위를 금지한 것은 임산부의 자기결정권을 침해하는 것이라고 보고 있다([165] II (d)(viii)).

(c) 안 락 사

안락사(安樂死 euthanasia)는 격렬한 고통에 허덕이는 치유불가능한 환자의 고통을 제거하기 위하여 약물주사 등의 방법으로 환자의 생명을 적극적으로 끊는 것을 말한다.

생명유지조치 없이도 생존가능한 생명을 적극적으로 단절하는 것은 비록 고통을 제거하려는 목적이라 할지라도 정당화될 수 없고, 생명권의 주체라도 자유로이 생명을 처분·포기할 자유는 인정될 수 없다. 따라서 안락사는 비록 환자의 부탁이 있다고 할지라도 생명권을 침해하여 위헌이고, 형법상 (촉탁)살인의 책임을 면할 수 없다. 의사가 환자의 요구를 받아들여 사망에 조력을 하면 '의사의 조력에 의한 자살행위(physician assisted suicide: PAS)'를 도운 자살방조행위가 된다. '의사의 조력에 의한 자살'을 허용해야 한다는 견해 중에는 이를 존엄사(尊嚴死 death with dignity)라고 부르기도 한다. 비록 질병으로 인하여 의사조력에 의한 자살이 문제로 되는 것이 아니라, 인간의 수명이 길어짐에 따라 생존능력이나 생존의욕을 상실하여 의사의 조력에 의한 자살을 선택하는 일이 발생할 수 있는데, 헌법상 이러한 자살에의 조력행위는 허용되지 않는다.

(d) 생명유지조치의 중단

생명유지조치 없이는 살아갈 수 없고, 회생불가능한 질병으로 인하여 극심한 고통에 시달리는 환자로 하여금 자연적으로 죽음을 맞이할 수 있도록 생명유지조치를 중단할 수 있는가 하는 문제가 있다. 생명유지조치의 중단은 이러한 중단조치를 하면 죽음에 이른다는 점에서 연명치료의 중단에 대하여 환자의 명시적인 의사표시가 있어도 환자의 일반적인 치료거부권(right to refuse treatment)의 행사와 다르다.

(i) 환자의 명시적 의사표시가 없는 경우 이는 환자가 생명유지조치를 중단해달라고 i) 사전에 명시적으로 의사를 표시한 적이 없거나 ii) 의식불명으로 그러한 의사표시를 할 수 없거나 iii) 영아나 유아와 같이 의사능력이 없거나 iv) 심신장애나 심신미약과 같이 정상적인 의사표시를 할 수 없는 상태에서 의사나 가족, 보호자 등 타인이 더 이상 생명유지를 위한 치료나 조치를 행하지 않는 경우이다. 이를 소극적 안락사(消極的 安樂死 passive euthanasia)라고 하기도 한다.

이러한 생명유지를 위한 조치에 대해서는 '환자가 의식이 있는 상태에서 회복불가능한 사망의 단계에 진입하게 되었음을 알았을 때 생명유지치료를 중단해달라고 요구했을 것'이라고 추정할 수 있는 객관적인 근거가 있는 경우에는 엄격한 요건하에 허용될 수 있다고 하는 견해가 있다(예: 大 2009. 5. 21.-2009다17417). 이 견해에 따르면, 보호자의 치료비 부담을 덜기 위하여 가족이나 보호자등의 요구에 의하여 행하는 생명중단조치는 허용되지 않는다. 소극적 안락사에 대하여 헌법상 이를 인정할 수 있다는 견해에서는 이를 '자연스러운 죽음'(natural death)이라고 부르기도 한다. 그러나 이러한 것이 통상의 자연사와 같은 것으로 평가되는 것은 아니다. 이와 달리 헌법의 생명보호에 의할 때, 소극적 안락사는 어떠한 경우에도 허용되지 않는다고 하는 견해가 있다.

(ii) 환자의 명시적 의사표시가 있는 경우 생명유지의 치료 등 조치가 없이는 더 이상 생존할 수 없고, 현재 의료기술상 회생불가능한 질병의 상태에 있는 환자가 사전 또는 의사표시를 할 수 있는 의사능력이 있을 때에 생명유지를 위한 치료 등 조치를 중단해달라는 명시적인 의사표시를 한 경우에 생명유지조치를 중단하는 것이 허용되는가 하는 문제가 있다.

대법원은 회복불가능한 사망의 단계에 진입한 경우에는 엄격한 요건하에 인정되는 것으로 본다(예: 大 2009. 5. 21.-2009다17417). 이에 대하여 인공호흡기와 같이 생명유지를 위한 조치가 적극적으로 행해진 경우에는 이를 제거하는 것(자살방조와 동일한 것으로 본다)은 허용되지 않고, 이와 같은 이미 행한 적극적 조치가 없는 상태에서 생명유지를 위한 진료나 치료를 거부하는 환자의 의사표시가 있는 경우에는 이를 받아 들여 생명유지를 위한 조치를 더 이상 하지 않는 것은 허용된다는 견해가 있다(위 대법원 판결의 반대의견). 이러한 견해와 달리 생명의 존중을 근거로 하여 생명유지를 위한 조치를 거부하거나 중단하는 행위도 소극적인 행위가 아니라 적극적인 행위에 의한 생명을 침해하는 것이어서 허용되지 않는다는 견해가 있다(이 경우 환자측에서 연명치료의 비용을 부담하기 어려우면 의료보험공단이나 국가가 부담해야 한다는 것도 전제한다).

[大 2009.5.21.-2009다17417] 「(1) 의학적으로 환자가 의식의 회복가능성이 없고 생명과 관련된 중요한 생체기능의 상실을 회복할 수 없으며 환자의 신체상태에 비추어 짧은 시간 내에 사망에 이를 수 있음이 명백한 경우(이하 '회복불가능한 사망의 단계'라 한다)에 이루어지는 진료행위(이하 '연명치료'라 한다)는 원인이 되는 질병의 호전을 목적으로 하는 것이 아니라 질병의 호전을 사실상 포기한 상태에서 오로지 현 상태를 유지하기 위하여 이루어지는 치료에 불과하므로, 그에 이르지 아니한 경우와는 다른 기준으로 진료중단 허용 가능성을 판단하여야 한다. 환자가 회복불가능한 사망의 단계에 진입한 경우, 환자는 전적으로 기계적인 장치에 의존하여 연명하게 되고, 전혀 회복가능성이 없는 상태에서 결국 신체의 다른 기능까지 상실되어 기계적인 장치에 의하여서도 연명할 수 없는 상태에 이르기를 기다리고 있을 뿐이므로, 의학적인 의미에서는 치료의 목적을 상실한 신체 침해 행위가 계속적으로 이루어지는 것이라 할 수 있으며, 이는 죽음의 과정이 시작되는 것을 막는 것이 아니라 자연적으로는 이미 시작된 죽음의 과정에서의 종기를 인위적으로 연장시키는 것으로 볼 수 있다. 생명권이 가장 중요한 기본권이라고 하더라도 인간의 생명 역시 인간으로서의 존엄성이라는 인간 존재의 근원적인 가치에 부합하는 방식으로 보호되어야 할 것이다. 따라서 이미 의식의 회복가능성을 상실하여 더 이상 인격체로서의 활동을 기대할 수 없고 자연적으로는 이미 죽음의 과정이 시작되었다고 볼 수 있는 회복불가능한 사망의 단계에 이른 후에는, 의학적으로 무의미한 신체 침해 행위에 해당하는 연명치료를 환자에게 강요하는 것이 오히려 인간의 존엄과 가치를 해하게 되므로, 이와 같은 예외적인 상황에서 죽음을 맞이하려는 환자의 의사결정을 존중하여 환자의 인간으로서의 존엄과 가치 및 행복추구권을 보호하는 것이 사회 상규에 부합되고 헌법정신에도 어긋나지 아니한다고 할 것이다. 그러므로 회복불가능한 사망의 단계에 이른 후에 환자가 인간으로서의 존엄과 가치 및 행복추구권에 기초하여 자기결정권을 행사하는 것으로 인정되는 경우에는 특별한 사정이 없는 한 연명치료의 중단이 허용될 수 있다. (2) 환자가 회복불가능한 사망의 단계에 이르렀을 경우에 대비하여 미리 의료인에게 자신의 연명치료 거부 내지 중단에 관한 의사를 밝힌 경우(이하 '사전의료지시'라 한다)에는 비록 진료 중단 시점에서 자기결정권을 행사한 것은 아니지만 사전의료지시를 한 후 환자의 의사가 바뀌었다고 볼 만한 특별한 사정이 없는 한 사전의료지시에 의하여 자기결정권을 행사한 것으로 인정할 수 있다. 다만, 이러한 사전의료지시는 진정한 자기결정권 행사로 볼 수 있을 정도의 요건을 갖추어야 한다. 따라서 의사결정능력이 있는 환자가 의료인으로부터 직접 충분한 의학적 정보를 제공받은 후 그 의학적 정보를 바탕으로 자신의 고유한 가치관에 따라 진지하게 구체적인 진료행위에 관한 의사를 결정하여야 하며, 이와 같은 의사결정 과정이 환자 자신이 직접 의료인을 상대방으로 하여 작성한 서면이나

의료인이 환자를 진료하는 과정에서 위와 같은 의사결정 내용을 기재한 진료기록 등에 의하여 진료 중단 시점에서 명확하게 입증될 수 있어야 비로소 사전의료지시서로서의 효력을 인정할 수 있다. 환자 본인의 의사에 따라 작성된 문서라는 점이 인정된다고 하더라도, 의료인을 직접 상대방으로 하여 작성하거나 의료인이 참여한 가운데 작성된 것이 아니라면, 환자의 의사결정능력, 충분한 의학적 정보의 제공, 진지한 의사에 따른 의사표시 등의 요건을 갖추어 작성된 서면이라는 점이 문서 자체에 의하여 객관적으로 확인되지 않으므로 위 사전의료지시와 같은 구속력을 인정할 수 없고, 아래에서 보는 바와 같이 환자의 의사를 추정할 수 있는 객관적인 자료의 하나로 취급할 수 있을 뿐이다. (3) 한편, 환자의 사전의료지시가 없는 상태에서 회복불가능한 사망의 단계에 진입한 경우에는 환자에게 의식의 회복가능성이 없으므로 더 이상 환자 자신이 자기결정권을 행사하여 진료행위의 내용 변경이나 중단을 요구하는 의사를 표시할 것을 기대할 수 없다. 그러나 환자의 평소 가치관이나 신념 등에 비추어 연명치료를 중단하는 것이 객관적으로 환자의 최선의 이익에 부합한다고 인정되어 환자에게 자기결정권을 행사할 수 있는 기회가 주어지더라도 연명치료의 중단을 선택하였을 것이라고 볼 수 있는 경우에는 그 연명치료 중단에 관한 환자의 의사를 추정할 수 있다고 인정하는 것이 합리적이고 사회상규에 부합된다. 이러한 환자의 의사 추정은 객관적으로 이루어져야 한다. 따라서 환자의 의사를 확인할 수 있는 객관적인 자료가 있는 경우에는 반드시 이를 참고하여야 하고, 환자가 평소 일상생활을 통하여 가족, 친구 등에 대하여 한 의사표현, 타인에 대한 치료를 보고 환자가 보인 반응, 환자의 종교, 평소의 생활 태도 등을 환자의 나이, 치료의 부작용, 환자가 고통을 겪을 가능성, 회복불가능한 사망의 단계에 이르기까지의 치료 과정, 질병의 정도, 현재의 환자 상태 등 객관적인 사정과 종합하여 환자가 현재의 신체상태에서 의학적으로 충분한 정보를 제공받는 경우 연명치료 중단을 선택하였을 것이라고 인정되는 경우라야 그 의사를 추정할 수 있을 것이다. (4) 환자 측이 직접 법원에 소를 제기한 경우가 아니라면, 환자가 회복불가능한 사망의 단계에 이르렀는지 여부에 관하여는 전문의사 등으로 구성된 위원회 등의 판단을 거치는 것이 바람직하다.」 연명치료 중단의 허용기준에 대한 다수의견에 대해서는 생명에 직결되는 진료에 있어서 환자의 자기결정권은 소극적으로 그 진료 내지 치료를 거부하는 방법으로는 행사될 수 있어도 이미 환자의 신체에 삽입, 장착되어 있는 인공호흡기 등의 생명유지장치를 제거하는 방법으로 치료를 중단하는 것과 같이 적극적인 방법으로 행사되는 것은 허용되지 아니한다는 2인 대법관의 반대의견이 있다.

이 사건에서 대법원의 판결 이후 2009.6.23. 병원에서 인공호흡기를 제거한 환자는 2010.1.10.에 사망했는데, 병원에서는 인공호흡기를 제거한 이후에도 영양분과 산소를 공급했고, 약물 치료를 하였다.

생명유지조치의 중단이 인정되기 위해서는 모든 경우에 재판을 통하여 결정할 것이 아니라, 이에 관한 법률을 제정하는 것이 필요하다. 그런데 이러한 법률을 국가가 제정하지 않는 행위를 입법부작위라고 할 수 있는가 하는 것이 문제가 된다. 헌법재판소는 연명치료의 중단에 관한 자기결정권이 죽음에 임박한 환자에게 헌법상 보장된 기본권이기는 하지만 국가가 이를 보호하기 위하여 연명치료 중단 등에 관한 법률의 입법의무가 있다고 볼 수는 없다고 하고, 이를 입법부작위에 대한 헌법소원으로 다투는 것은 부적법하다고 판시하였다(예: 憲 2009. 11. 26. -2008헌마385).

대법원의 위 판결의 법리가 적용되는 경우에는 인공호흡기를 제거해도 살인의 책임을 지지 않는다. 이 판결 이전에는 대법원은 인공호흡기를 제거한 행위에 대하여 형법상의 살인행위에 해당한다고 하였다(예: 大 2004. 6. 24. -2002도995).

2018년 시행되는 「호스피스 · 완화의료 및 임종과정에 있는 환자의 연명의료결정에 관한 법률」은 호스피스 · 완화의료와 임종과정에 있는 환자의 연명의료결정 및 그 이행에 필요한 사항을 규정함으로써 환자의 최선의 이익을 보장하고 자기결정을 존중하여 인간으로서의 존엄과 가치를 보호하는 것을 목적으로 제정되었다. 이 법에서는 "임종과정"을 회생의 가능성이 없고, 치료에도 불구하고 회복되지 않으며, 급속도로 증상이 악화되어 사망에 임박한 상태로, "연명의료"를 임종과정에 있는 환자에게 하는 심폐소생술, 혈액 투석, 항암제 투여, 인공호흡기 착용 등 대통령령으로 정하는 의학적 시술로서 치료효과 없이 임종과정의 기간만을 연장하는 것으로, "말기환자"를 암, 후천성면역결핍증, 만성 폐쇄성 호흡기질환, 만성간경변 및 그 밖에 보건복지부령으로 정하는 질환에 대하여, 회복의 가능성이 없고 증상이 악화되어 담당의사 1인과 해당 분야의 전문의 1명으로부터 수개월 이내에 사망할 것으로 예상되는 진단을 받은 환자로 정의하였다. 이 법에 따르면 담당의사는 환자에 대한 연명의료결정을 이행하기 전에 해당 환자가 임종과정에 있는지 여부를 해당 분야의 전문의 1명과 함께 판단하여야 한다. 의료기관에서 작성된 연명의료계획서가 있는 경우, 사전연명의료의향서가 있고 담당의사가 환자에게 그 내용을 확인한 경우에는 이를 연명의료결정에 관한 환자의 의사로 본다. 그리고 연명의료계획서나 사전연명의료의향서가 없는 경우에는 환자가족 2명 이상의 일치하는 진술이 있고 담당의사 등의 확인을 거친 때에는 이를 연명의료결정에 관한 환자의 의사로 본다. 담당의사는 환자에 대한 연명의료결정시 이를 즉시 이행하고 그 결과를 기록하여야 하며, 통증 완화를 위한 의료행위와 영양분 공급, 물 공급, 산소의 단순 공급은 보류되거나 중단되어서는 아니 되는 것으로 규정하였다.

(e) 전투 · 정당방위 등에 의한 살인

군인 · 경찰관 등이 전투나 직무수행과정에서 적을 사살하거나 정당방위로 인질범을 살해한 경우 등은 공동체의 존속 · 방위라는 중대한 국가적 이익과 국민의 생명권을 보호하기 위한 직무수행과정에서 불가피하게 생명권을 박탈한 것이므로 생명권을 침해하는 위헌적인 행위가 아니다.

군인 · 경찰관 · 소방관 등에게 타인의 생명을 구하기 위하여 생명의 희생을 감수하도록 요구하고 그 위반행위를 처벌하는 것(예: 군형법상의 적전 군무이탈자의 처벌)은 중대한 공익을 위하거나 다른 생명을 구하는 것이 절박한 경우와 같이 아주 엄격한 요건하에 생명권에 대한 제한으로 허용된다 할 것이다(반대: 허영a, 347).

Ⅱ. 제한의 한계

생명권을 법률에 의해 제한하는 것이 가능하더라도 기본권 제한의 한계를 준수하여야 한다. 그런데 생명권의 제한은 곧 생명의 박탈을 의미하므로, 생명권을 제한할 경우 헌법 제37조 제2항 단서의 본질적 내용의 침해금지 규정을 위반하는 것은 아닌지가 문제된다. 그러나 생명권의 특성상 그 제한은 생명의 완전한 박탈을 의미하므로 생명권의 본질적 부분과 비본질적 부분을 나누어 본질적 내용의 침해여부를 검토하는 것 자체가 불가능하다. 따라서 생명권에 관한 한 본질적 내용침해금지 규정은 적용이 제외된다고 보는 것이 타당하다. 헌법재판소도 동일한 취지의 입장이다(예: 憲 1996. 11. 28.-95헌바1).

그러나 과잉금지원칙과 같은 기본권 제한의 한계에 관한 다른 원칙들은 엄격히 준수되어야 한다. 따라서 생명권에 대한 제한은 최소한 동등한 가치가 있는 다른 생명 또는 그에 상당하는 공공의 이익을 보호하기 위한 불가피성이 충족되는 극히 예외적인 경우에만 허용된다.

[憲 1996.11.28.-95헌바1] 「청구인은 사형이란 헌법에 의하여 국민에게 보장된 생명권의 본질적 내용을 침해하는 것으로 되어 헌법 제37조 제2항 단서에 위반된다는 취지로 주장한다. 그러나 생명권에 대한 제한은 곧 생명권의 완전한 박탈을 의미한다 할 것이므로, 사형이 비례의 원칙에 따라서 최소한 동등한 가치가 있는 다른 생명 또는 그에 못지 아니한 공공의 이익을 보호하기 위한 불가피성이 충족되는 예외적인 경우에만 적용되는 한, 그것이 비록 생명을 빼앗는 형벌이라 하더라도 헌법 제37조 제2항 단서에 위반되는 것으로 볼 수는 없다 할 것이다.」

2. 인신을 훼손당하지 않을 권리

[185] 제1 의 의

Ⅰ. 개 념

인신을 훼손당하지 않을 권리라 함은 사람으로서 타고난 정신(精神=마음)과 신체(身

體=몸)를 타자 또는 외부로부터 침해당하지 않을 권리를 말한다. 여기서 말하는 인신이라 함은 정신과 신체로 이루어진 생명을 가진 사람의 실체를 의미한다. 인간이 인간으로서의 존엄과 가치를 가지기 위해서는 사람으로서 존재하고 살아감에 있어 몸과 정신이 타자 또는 외부의 힘에 의해 고통을 받지 않고 자기가 출생할 때와 동일하게 유지하며 자기가 원하는 바에 따라 온전하게 유지되어야 한다.

사람을 형성하는 몸과 정신은 관념과 개념의 면에서는 나눌 수 있으나, 서로 밀접불가분한 관계에 있어 이를 보호하는 실제에서는 양자를 분리하는 것이 용이하지 않다. 따라서 통상 어느 하나에 대한 침해는 다른 하나에 대한 침해를 동반하는 경우가 빈번하다.

인신을 훼손당하지 않을 권리가 실정법규범에 명문화되기 시작한 것은 제2차 세계대전을 거치면서 그 반성의 결과로 나온 것이다. 예컨대 독일의 나치정권이나 일본국의 군국주의정권에 의해서 행해진 사람의 인신에 대한 갖가지 만행(蠻行), 즉 인간생체실험, 단종(斷種), 고문, 강제적 거세(去勢) 등 인륜에 반하는 범죄를 자행한 것에 대한 반성으로 헌법과 국제법에서 실정화하기에 이르렀다. 예컨대 1948년의 세계인권선언(§ 5), 1949년의 독일연방헌법(§ 2②), 1950년의 유럽인권규약(§ 3), 1976년에 시행된 인간의 시민적·정치적 권리에 관한 국제규약(§ 7)이 그러한 것들이다.

II. 헌법의 해석

신체나 몸의 완전성을 보장하는 것에 관하여, 이를 헌법 제12조 제1항의 「신체의 자유」를 포함시켜 해석하는 견해(허영a, 348)와 이를 「신체를 훼손당하지 않을 권리」로 개념화하고 헌법 제12조 제1항과 분리하는 견해가 있다(권영성, 412; 계희열b, 281).

신체에 손상을 입거나 훼손당하지 않고 원래 태어났을 때와 동일하게 신체의 완전함을 유지하는 것은 신체활동의 자유의 문제가 아니므로 이를 헌법 제12조 제1항에서 정하는 신체의 자유에 포함시키는 것으로 해석하는 것은 개념상 정확하지 않다. 인간이 인간으로서의 존엄과 가치를 가지고 행복을 추구할 수 있기 위해서는 신체의 완전함만이 아니라 정신의 온전함도 보장되어야 하므로 「신체를 훼손당하지 않을 권리」보다는 「인신을 훼손당하지 않을 권리」라고 하는 것이 타당하다(헌법은 제12조 제1항에서 신체라는 용어를 사용하고 있으므로 이와 구별되는 개념이 필요하다). 이러한 의미의 인신에는 신체와 정신이 모두 포함되므로 헌법 제12조 제1항의 「신체」에 해당한다고 해석할 수 없다.

독일연방헌법은 「신체를 훼손당하지 않을 권리」(Recht auf körperliche Unversehrtheit)와 「신체의 자유」(Freiheit der Person)를 별개로 정하고 있고, 이런 구조하에서 신체의 자유는 신체활동의 자유(körperliche Bewegungsfreiheit)로 해석된다.

[186] 제2 헌법적 근거

인신을 훼손당하지 않을 권리는 성질에 있어서 당연히 헌법의 수준에서 보장되는 권리이다. 그런데 이러한 기본권에 대해서 현행 헌법은 독립된 조항에서 명시적으로 정하고 있지는 않다. 이로 인하여 인신을 훼손당하지 않을 권리에 대한 헌법상의 근거 조항이 어느 것이냐에 따라 헌법해석에서 견해가 갈린다.

Ⅰ. 학 설

인신의 완전성의 보장에 대한 헌법상의 근거에 대해서는 헌법 제10조의 행복추구권이라는 견해(김철수a, 536), 헌법 제12조의 신체의 자유라는 견해(허영a, 348), 헌법 제10조, 제12조, 제37조 제1항이라는 견해(권영성, 412), 헌법 제10조, 제37조 제1항이라는 견해(계희열b, 282)가 있다.

인신을 훼손당하지 않을 권리에서 말하는 인신은 신체와 정신을 말하고, 그 보호범위는 신체와 정신의 활동이 아니라 신체의 완전함과 정신의 온전함의 유지이므로, 헌법 제10조, 제37조 제1항이 그 직접적인 근거규정이 된다고 할 것이며, 신체의 완전함의 유지에 있어서는 이의 보장을 전제로 하는 신체활동의 자유를 보장하는 헌법 제12조 제1항이 간접적인 근거규정으로 추가된다고 할 것이다. 신체의 활동에 대해서는 헌법 제12조 제1항이 보장하고 있고, 정신의 활동에 있어서는 각종의 정신활동영역(예: 양심의 자유, 종교의 자유, 학문의 자유, 예술의 자유 등)을 보호하는 개별적 기본권에 의해서 보장된다.

Ⅱ. 판 례

헌법재판소의 판례를 보건대, 헌법 제12조 제1항의 신체의 자유에 신체의 완전함과 신체활동의 자유가 포함되어 있다고 보고, 신체의 완전함에는 정신의 온전함까지 포함되어 있다고 보는 듯한 부분이 발견된다(예: 憲 1992. 12. 24.-92헌가8).

[187] 제3 주 체

신체를 훼손당하지 않을 권리는 성질상 자연인에게만 인정되고, 법인이나 단체나 결사에게는 인정되지 않는다. 자연인인 이상 남녀노소, 정신적 또는 신체적 장애의 여부에 관계없이 모든 국민에게 인정된다. 태아와 외국인도 이 권리의 주체가 된다.

《사망자의 주체성 문제》

인신을 훼손당하지 않을 권리는 통상 생명을 전제로 하여 인정되는 것이지만, 사망자의 사체도 법문화에 따라 헌법상의 권리로 보호를 받는 범위에서는 그 완전성의 보호가 헌법상의 권리로 될 여지가 있다. 종교적 또는 문화적인 요인으로 인하여 행해지는 장례의 방법에 의해 사체가 훼손되는 것(예컨대 화장, 조장, 풍장)은 허용되지만, 다른 이유에 의하여 고의로 사체를 손괴하는 행위는 사체의 완전함을 침해하는 것에 해당한다. 이를 인정하는 경우 그 헌법적 근거를 헌법 제10조의 인간의 존엄과 가치의 보장이라고 할 것인가, 여기서 말하는 「인신을 훼손당하지 않을 권리」라고 할 것인가 하는 해석상의 문제가 있다. 사체는 시간의 경과에 따라 자연적으로 완전함에 변화가 생기고 「인신을 훼손당하지 않을 권리」는 생명을 전제로 하여 인정되는 것이므로 헌법 제10조가 정하고 있는 인간의 존엄과 가치의 보장이 이의 근거가 된다고 할 것이다. 형법은 사체, 유골, 유발을 오욕하거나(형법 §159), 손괴, 유기, 은닉, 영득한 행위를 범죄로 처벌한다(동법 §161).

[188] 제4 내 용

인신을 훼손당하지 않을 권리는 신체와 정신(마음, 이성, 감정, 영적인 힘 포함)의 훼손당하지 않은 온전함(=완전성 körperliche Unversehrtheit)을 유지하고 이에 대하여 침해받지 않을 자유를 의미한다. 이는 사람이 생래적으로 지니고 있는 자연적인 신체와 정신의 생물학적 기능과 신체 외형의 완전함을 보호하는 것을 말한다. 이렇게 볼 때, 인신을 훼손당하지 않을 권리는 신체의 완전성의 유지와 정신의 온전성의 유지를 그 내용으로 한다.

이러한 신체와 정신의 완전성 또는 온전성의 보호는 건강(健康, Gesundheit)의 보호보다 넓다. 건강은 침해되지 않더라도 몸이나 정신의 완전성에는 침해가 있을 수 있다.

Ⅰ. 신체의 완전성의 유지

신체(=몸)의 완전성의 유지라 함은 사람의 몸의 생리적인 기능과 생물학적 외형을 외부의 침해를 받지 않고 온전하게 유지하는 것을 말한다. 신체의 완전성의 유지는 신체활동의 자유에 있어 필수적으로 선존하는 전제가 되고, 신체의 완전성 유지와 신체활동의 자유는 불가분의 관계에 있지만, 헌법의 해석상 그 개념과 근거규정으로 볼 때 이 둘은 구별하여 이해해야 한다([185]II).

신체에 대한 강제실험, 보건·건강을 위한 것이 아닌 강제치료, 법적 근거가 없는 강제예방접종이나 혈액·뇌수·척수 등 체액의 강제채취, 강제적인 장기제거(臟器除去), 강제적인 거세나 불임조치, 신체형, 신체 일부의 강제적인 변형이나 절단, 시끄럽거나 불쾌한 소리로 신체의 기능에 영향을 주는 행위 등은 인신을 훼손당하지 않을 권리를 침해하는 것이다.

Ⅱ. 정신의 온전성의 유지

정신의 온전성(穩全性)의 유지라 함은 인간이 생래적으로 타고난 정신을 외부로부터 침해당하지 않는 것을 말한다. 언어적 폭력, 심리적인 폭력, 정신적 고문 등의 방법으로 정신의 온전함을 훼손하는 것은 인신을 훼손당하지 않을 권리를 침해하는 것이다.

통상 신체의 완전성에 대한 침해가 있으면 정신의 온전성을 유지할 수 없기 때문에 대부분의 경우 인신을 훼손당하지 않을 권리가 침해되는 경우에는 신체와 정신이 동시에 침해되는 상황이 발생한다.

[189] 제5 효 력

인신을 훼손당하지 않을 권리는 대국가적으로 효력을 가진다. 사인 간에 있어서도 존중되어야 하는바, 사인에 의한 침해도 금지된다. 국가는 이를 보장하는 방법으로서, 신체의 훼손에 대하여 민사상으로는 손해배상책임을 지우고(민법 §750), 형사상으로는 상해죄(형법 §257) 또는 폭행죄(형법 §260) 등의 책임을 지운다.

[190] 제6 제한과 그 한계

인신을 훼손당하지 않을 권리는 정당한 이유가 있는 경우에는 법률로써 제한될 수 있다(헌법 §37②). 물론 정당한 제한인 경우에도 그 제한은 필요최소한에 그쳐야 하며 불법적인 신체의 훼손행위는 상해죄 등으로 처벌을 받게 된다(권영성, 412).

헌법재판소는 「성폭력범죄자의 성충동 약물치료에 관한 법률」에 의한 성충동 약물치료(속칭 화학적 거세) 청구와 법원의 명령이 피치료자의 정신적 욕구와 신체기능에 대한 통제를 그 내용으로 하는 것으로서 신체의 안전성이 훼손당하지 아니할 자유를 포함하는 신체의 자유와 그 밖에 사생활의 자유, 자기결정권, 인격권 등 치료대상자의 기본권을 침해한다고 볼 수 없다고 하면서도, 다만 장기형이 선고되는 경우 치료명령의 선고시점과 집행시점 사이에 상당한 시간적 간극이 존재하게 되는 경우 불필요한 치료가 있을 수 있다는 점에서 헌법에 합치되지 않는다고 보았다(憲 2015. 12. 23.-2013헌가9).

3. 신체의 자유

[191] 제1 의 의

Ⅰ. 개 념

신체의 자유는 인간의 생명을 전제로 하여 행해지는 신체활동의 자유를 말한다. 헌법은 「모든 국민은 신체의 자유를 가진다」라고 하여(헌법 §12①) 이를 보장하고 있다.

신체의 자유는 인간의 자유와 권리의 역사에서 통치권력과 지배자의 강압으로부터 가장 많이 침해받아 왔고, 따라서 이의 보장은 인권과 자유의 보장에서 중핵을 이루어

왔다. 특히 군주정치, 독재, 권위주의통치에서는 국민의 신체활동에 대한 억압을 통하여 통치자의 목적을 달성하고자 하였고, 이로 인하여 신체의 자유가 빈번하게 침해당하였으므로 이의 보호와 제한에 있어 적용되는 헌법적 법리와 구체적인 절차 및 제도는 오랜 기간을 거치면서 다듬어지고 정치화되어 왔다. 헌법도 이러한 법리와 구체적인 절차와 제도를 제12조에서 명시적으로 정하고 있다.

신체의 자유는 자연권으로서 기본권 보장에 있어 일찍부터 고전적인 목록에 포함되어 발전하여 왔다. 영국에서는 1215년의 대헌장(Magna Carta), 1628년의 권리청원(Petition of Rights), 1679년의 인신보호법(Habeas Corpus Act), 1689년의 권리장전(Bill of Rights)에서 명문화하였다. 아메리카에서는 1776년의 「버지니아 권리선언」, 1787년의 미합중국연방헌법에서 명문화되었다. 프랑스에서는 1789년의 인간과 시민의 권리선언에서 명문화되었으며, 그 후 제정된 각국의 헌법에서는 이에 대한 보장이 보편화되었다.

Ⅱ. 거주 · 이전의 자유와의 관계

헌법 제12조 제1항의 신체활동의 자유와 헌법 제14조의 거주 · 이전의 자유가 어떠한 관계에 있는지 문제가 된다. 체류기간(滯留期間)을 기준으로 하여 사회상규상 거주나 거주의 이전이라고 볼 정도로 신체활동으로 일정한 곳에 체류하는 기간이 긴 경우에는 거주 · 이전의 자유에 해당하고 그렇지 아니한 경우에는 헌법 제12조 제1항의 신체활동의 자유에 해당한다는 견해와 이러한 시간적인 요소에 장소적 요소를 결부시켜 생활권, 즉 거소(居所)나 체류지(滯留地)와 같은 일상적으로 전개되는 직접적인 거동영역의 변경이 있는 경우에는 거주 · 이전의 자유에 해당하고 그렇지 아니한 경우는 신체활동의 자유에 해당한다고 보는 견해가 있다(계희열b, 288).

신체활동의 자유는 시간의 장단이나 장소의 변경과 무관하게 인정되는 것이다. 다만, 신체활동으로 인하여 장소의 임의적인 변경이 수반되는 경우에 이의 장소가 거주 · 이전의 개념에 해당하면 이는 헌법 제14조가 정하고 있는 거주 · 이전의 자유에 의해 보장되는 것이고, 신체활동의 자유에 의해 보장되는 것이 아니라고 할 것이다. 신체활동은 통상 장소를 근거로 하여 발생하는데, 이러한 경우에도 장소를 근거로 한 신체활동이 헌법 제14조에서 보장하는 거주에 해당하면 헌법 제14조에 의해 보장되고, 그렇지 아니한 경우(예: 통행로, 공중, 수중 등에서의 신체활동)에는 헌법 제12조 제1항에 의해 보장된다.

[192] 제2 주 체

신체의 자유는 성질상 자연인에게만 인정된다. 외국인도 그 주체가 된다. 법인에게는 성질상 인정될 여지가 없다.

[193] 제3 내 용

Ⅰ. 신체활동의 자유

헌법 제12조 제1항에서 정하는 신체의 자유는 신체활동의 자유를 의미한다. 신체활동(körperliche Bewegungsfreiheit)의 자유란 신체의 완전성을 전제로 하여 신체를 가지고 있는 해당 주체가 자기의 의지에 따라 임의적으로 자유롭게 행동하고 움직일 수 있는 자유를 말한다.

신체의 자유에서 말하는 신체란 사람이 생래적으로 지니고 있는 신체의 생물학적 외형과 생리적인 기능을 말하며, 그 활동의 자유란 신체활동의 주체가 가지는 신체활동에서의 임의성과 자율성을 의미한다. 적극적으로는 팔과 다리를 움직이는 것과 같이 신체의 각 부분을 움직이는 동작을 하는 것과 잠을 자거나 걷거나 자기가 원하는 곳으로 이동하는 자유 등이 이에 해당하며, 소극적으로는 일정한 장소에서 움직이지 않을 자유도 이에 포함된다. 따라서 강제로 연행하거나 신체의 동작을 강제하는 것은 신체활동의 자유를 침해하는 것이 된다.

Ⅱ. 인신을 훼손당하지 않을 권리의 포함여부

인신을 훼손당하지 않을 권리와 신체활동의 자유는 서로 밀접불가분의 관계에 있다. 다만, 인신을 훼손당하지 않을 권리에서 보았듯이, 헌법해석상 신체(=몸)의 완전성의 유지는 정신의 온전성과 함께 헌법 제10조, 제37조 제1항에 근거한 인신을 훼손당하지 아니할 권리에 의하여 보장되기 때문에 헌법 제12조 제1항의 신체의 자유에는 포함되지 않는다([188] Ⅰ). 인신을 훼손당하지 않을 권리에서 말하는 인신에는 신체와 정신이 모두 포함되지만, 헌법 제12조 제1항에서 보장하는 신체의 자유에서 말하는 신체는 몸만 의미하고 정신은 포함하지 않는다.

헌법재판소의 판례는 헌법 제12조 제1항이 정하고 있는 신체의 자유에는 신체를 훼손당하지 않을 자유와 신체활동의 자유가 포함되어 있다고 본다(예: 憲 1992. 12. 24.-92헌가8).

[憲 1992.12.24.-92헌가8] 「헌법 제12조 제1항 전문에서 "모든 국민은 신체의 자유를 가진다"라고 규정하여 신체의 자유를 보장하고 있는 것은, 신체의 안전성이 외부로부터의 물리적인 힘이나 정신적인 위험으로부터 침해당하지 아니할 자유와 신체활동을 임

의적이고 자율적으로 할 수 있는 자유를 말하는 것이며……」

[194] 제4 효 력

신체의 자유는 대국가적으로 효력이 미칠 뿐 아니라 사인에 의한 침해도 금지된다. 사인 간에도 신체의 자유는 존중되어야 한다. 사인이 사인의 신체활동의 자유를 침해한 경우에는 민법상 손해배상책임을 지고 형법상 범죄를 구성하여(예: 체포죄, 감금죄) 이에 대한 책임을 진다.

[195] 제5 제한과 그 한계

Ⅰ. 제 한

신체의 자유는 국가의 형벌권의 행사와 관련하여 침해될 여지가 많기 때문에 헌법은 국가형벌권의 행사에 의한 신체의 자유의 제한을 인정하면서 그와 동시에 이러한 국가형벌권의 행사에서 발생할지도 모를 신체의 자유의 침해를 방지하기 위하여 그 한계를 구체적으로 정하고 있다. 이에 대해서는 인신보호를 위한 헌법원리와 형사절차에 관한 기본권에서 살펴보기로 한다.

Ⅱ. 구체적인 문제

(1) 강제연행 등

당사자의 의사에 반하여 경찰관의 임의동행의 한계를 넘는 강제연행(强制連行), 영장이 없는 체포나 구금, 신체의 수색, 강제구인, 강제구류, 강제노역, 보안처분 등은 신체의 자유를 침해하는 것이다. 자유형이나 미결구금(未決拘禁)의 경우는 헌법 제12조 제1항의 적법절차와 제37조 제2항에 의하는 한 허용된다.

원심판결의 선고 후 상소제기일의 전일까지의 구속기간을 형기에의 법정통산에서 제외하는 것은 신체의 자유를 침해하는 것이다(예: 憲 2000. 7. 20.-99헌가7).

(2) 증인 · 참고인에 대한 동행명령

헌법재판소는 범죄사건의 수사상 필요로 인하여 참고인(參考人)으로 출석을 요구받은 자가 정당한 사유 없이 출석요구에 응하지 아니한 때 특별검사가 특정 장소까지 동행(同行)할 것을 명령하고 이러한 동행명령에 불응하는 경우에 1,000만 원 이하의 벌금에 처하도록 하는 것은 헌법 제37조 제2항의 과잉제한금지원칙에 위반하여 신체의 자유를 침해하는 것이라고 판시하였다(예: 憲 2008. 1. 10.-2007헌마1468). 「국회에서의 증언 · 감정 등에 관한 법률」은 국정감사나 국정조사를 위한 위원회는 증인이 정당한 이유없이 출석하지 아니하는 때에는 그 의결로 해당 증인에 대하여 지정한 장소까지 동행할 것을 명령할 수 있게 하고(동법 §6), 이러한 동행명령에 불응한 경우에는 국회모욕죄로 5년 이하의 징역에 처하도록 정하고 있다(동법 §13).

(3) 징병제 등의 문제

(a) 징 병 제

국민은 공동체의 존속과 안전을 보장하기 위하여 이에 복무하여야 하는데, 헌법은 이를 위하여 국방의무나 징병제(徵兵制)를 명시하고 있는 경우가 많다. 징병제는 헌법에서 명시하고 있지 않더라도 기본권의 제한에 의하여 인정된다. 우리나라에서는 헌법 제39조에 따라 모든 국민은 국방의 의무를 지기 때문에 신체의 자유를 이유로 징병을 거부하거나 부정할 수 없다. 국방의 의무를 명시적으로 정하지 않는 경우에는 헌법 제37조 제2항에 근거하여 남녀 구별 없이 징집할 수 있다.

(b) 비군사적 활동에 군인의 강제 동원

강제로 징병한 군인에게 국방의 의무가 아닌 다른 목적을 위하여 국가가 강제로 특정한 행위를 하게 하는 것(예: 군사적 목적이 아닌 노역지원에의 강제동원, 정권유지를 위한 활동, 평시의 치안유지활동, 공공기관의 경비활동 등)은 군인이 가지는 신체활동의 자유를 침해하는 것이다. 그러나 군대가 허가하고 군인이 자발적으로 원하여 대민지원활동(예: 수해복구작업, 모내기 또는 추수의 지원)을 하는 것은 헌법에 합치한다.

(4) 상소취하시 미결구금일수의 본형 산입 제외

형사소송법에서 상소제기 후의 미결구금일수 산입을 규정하면서 상소제기 후 상소취하시까지의 구금일수 통산에 관하여는 규정하지 아니함으로써 이를 본형 산입의 대상에서 제외되는 결과를 가져오게 하는 것은 신체의 자유를 지나치게 제한함으로써 헌법에 위반된다(憲 2009. 12. 29.-2008헌가13).

(5) 성충동 약물치료

헌법재판소는 소위 '화학적 거세'와 관련된 사건에서, 성폭력범죄를 저지른 성도착증 환자로서 재범의 위험성이 인정되는 19세 이상의 사람에 대해 법원이 15년의 범위에서 치료명령을 선고할 수 있도록 한 '성폭력범죄자의 성충동 약물치료에 관한 법률'은 원칙적으로는 신체의 자유에 대한 과잉금지원칙에 위배된다고 보기 어려우나, 다만 장기형이 선고되는 경우 치료명령의 선고시점과 집행시점 사이에 상당한 시간적 간극이 있어 집행시점에서 발생할 수 있는 불필요한 치료와 관련한 부분에 대해서는 침해의 최소성과 법익균형성을 인정하기 어려우므로, 이 경우는 과잉금지원칙에 위배되어

치료명령 피청구인의 신체의 자유 등 기본권을 침해한다고 보았다(憲 2015. 12. 23.-2013헌가9).

(6) 정신보건법상 보호입원

보호의무자 2인의 동의 및 정신건강의학과전문의 1인의 진단을 요건으로 정신질환자를 정신의료기관에 보호입원시켜 치료를 받도록 하는 것은, 정신질환자의 신체의 자유를 인신구속에 버금가는 수준으로 제한하므로 그 과정에서 신체의 자유 침해를 최소화하고 악용·남용가능성을 방지하며, 정신질환자를 사회로부터 일방적으로 격리하거나 배제하는 수단으로 이용되지 않도록 해야 한다. 그러나 현행 보호입원 제도가 입원치료요양을 받을 정도의 정신질환이 어떤 것인지에 대해서는 구체적인 기준을 제시하지 않고 있는 점, 보호의무자 2인의 동의를 보호입원의 요건으로 하면서 보호의무자와 정신질환자 사이의 이해충돌을 적절히 예방하지 못하고 있는 점, 입원의 필요성이 인정되는지 여부에 대한 판단권한을 정신과전문의 1인에게 전적으로 부여함으로써 그의 자의적 판단 또는 권한의 남용 가능성을 배제하지 못하고 있는 점 등등을 종합하면, 기존의 보호입원제도는 과잉금지원칙을 위반하여 신체의 자유를 침해한다(憲 2016. 9. 29.-2014헌가9).

(7) 병사에 대한 영창처분

병(兵)에 대한 징계처분으로 일정기간 부대나 함정(艦艇) 내의 영창(營倉), 그 밖의 구금장소에 감금하는 영창처분을 할 수 있게 규정한 구 군인사법 제57조 제2항 중 '영창'에 관한 부분에 대하여 헌법재판소는 과잉금지원칙에 위반되어 위헌이라고 하였다. 헌법재판소는, 이러한 영창처분은 징계처분임에도 신분상의 불이익 이외에 신체의 자유를 박탈하는 것까지 내용으로 삼고 있어 징계의 한계를 초과하고 있다는 점, 그 실제에 있어서는 구류형의 집행과 유사하게 운영되기 때문에 극히 제한된 범위에서 형사상 절차에 준하는 방식으로 이루어져야 하는데, 영창처분이 가능한 징계사유는 지나치게 포괄적이고 기준이 불명확하여 영창처분의 보충성이 담보되고 있지 않다는 점, 그리고 이 조치가 징계위원회의 심의·의결과 인권담당 군법무관의 적법성 심사를 거치지만, 모두 징계권자의 부대 또는 기관에 설치되거나 소속된 것으로 형사절차에 견줄만한 중립적이고 객관적인 절차라고 보기 어려운 점, 이 조치로 달성하고자 하는 목적은 인신구금과 같이 징계를 중하게 하는 것으로 달성되는 데 한계가 있고, 병의 비위행위를 개선하고 행동을 교정할 수 있도록 적절한 교육과 훈련을 제공하는 것 등으로 가능하다는 점, 일본, 독일, 미국 등 외국의 입법례 등을 모두 종합하여 보면 침해의 최소성 원칙에 어긋난다고 판단하였으며, 군대 내 지휘명령체계를 확립하고 전투력을 제고한다는 공익은 매우 중요한 공익이지만 이 조치로 과도하게 제한되는 병사의 신체의 자유가 이러한 공익에 비하여 결코 가볍다고 볼 수 없기 때문에 법익의 균형성도 충족하지 못한다고 판시하였다(憲 2020. 9. 24.-2017헌바157등).

4. 인신보호를 위한 헌법원리

[196] 제1 법률주의

Ⅰ. 의 의

헌법 제12조 제1항은 「누구든지 법률에 의하지 아니하고는 체포(逮捕)·구속(拘束)·압수(押收)·수색(搜索) 또는 심문(審問)을 받지 아니하며, 법률과 적법한 절차에 의하지 아니하고는 처벌(處罰)·보안처분(保安處分) 또는 강제노역(强制勞役)을 받지 아니한다」라고 규정하여 체포·구속·압수·수색·심문·처벌·보안처분·강제노역에 대하여 법률주의(法律主義)를 정하고 있다.

Ⅱ. 내 용

헌법 제12조 제1항이 정하고 있는 법률주의에서 말하는 「법률」이라 함은 국회에서 제정하는 형식적 의미의 법률과 이와 동등한 효력을 가지는 긴급명령, 긴급재정경제명령, 조약(예: 憲 1998. 11. 26.-97헌바65)을 포함한다. 그 이외의 법규범으로는 이러한 조치를 할 수 없다.

[憲 1998.11.26.-97헌바65] 「청구인은 관세법위반죄를 범한 자에 대한 처벌을 가중하려면 관세법이나 특가법을 개정하여야 함에도 불구하고 단지 조약에 의하여 관세법위반자의 처벌을 가중하는 것은 중대한 기본권의 침해이며 죄형법정주의에 어긋나는 것이라고 주장한다. 그러나 헌법 제12조 후문 후단은 "누구든지……법률과 적법한 절차에 의하지 아니하고는 처벌·보안처분 또는 강제노역을 받지 아니한다"고 규정하여 법률과 적법절차에 의한 형사처벌을 규정하고 있고, 헌법 제13조 제1항 전단은 "모든 국민은 행위시의 법률에 의하여 범죄를 구성하지 아니하는 행위로 소추되지 아니하며"라고 규정하여 행위시의 법률에 의하지 아니한 형사처벌의 금지를 규정하고 있으며, 헌법 제6조 제1항은 "헌법에 의하여 체결·공포된 조약과 일반적으로 승인된 국제법규는 국내법과 같은 효력을 가진다"고 규정하여 적법하게 체결되어 공포된 조약은 국내법과 같은 효력을 가진다고 규정하고 있다. 마라케쉬협정도 적법하게 체결되어 공포된 조약이므로 국내법과 같은 효력을 갖는 것이어서 그로 인하여 새로운 범죄를 구성하거나 범죄자에 대한 처벌이 가중된다고 하더라도 이것은 국내법에 의하여 형사처벌을 가중한 것과 같은 효력을 갖게 되는 것이다. 따라서 마라케쉬협정에 의하여 관세법위반자의 처벌이 가중된다고 하더라도 이를 들어 법률에 의하지 아니한 형사처벌이라거나 행위시의 법률에 의하지 아니한 형사처벌이라고 할 수 없으므로, 마라케쉬협정에 의하여 가

중된 처벌을 하게 된 구 특가법 제6조 제2항 제1호나 농안법 제10조의3이 죄형법정주의에 어긋나거나 청구인의 기본적 인권과 신체의 자유를 침해하는 것이라고 할 수 없다.」

법률에 의하여 이러한 조치를 하는 경우에도 이는 기본권의 제한에 해당하므로 헌법 제37조 제2항의 적용을 받는다. 즉 이러한 조치를 하여야 하는 정당한 목적이 존재하여야 하고, 그 방법에서도 과잉금지원칙 등의 한계를 일탈하지 않아야 한다. 따라서 헌법 제12조 제1항은 헌법 제37조 제2항을 배제하지 않는다.

「체포」란 강제적으로 사람을 단기간 붙잡는 체포행위를 하거나, 붙잡아 끌고 가는 구인행위를 하거나, 어떤 장소에 두는 구류행위(拘留行爲)를 하는 등의 신체활동의 제한을 말한다.

「구속」은 강제적으로 신체의 자유를 제한하여 비교적 장기간 장소적 이전가능성을 금지하는 것이다. 여기에서 말하는 구속에는 구인(拘引)과 구금(拘禁)을 포함한다. 1948년헌법부터 1980년헌법까지 구금으로 되어 있었는데, 아무런 이유없이 현행 헌법에는 구속으로 되어 있다. 이는 종래의 헌법과 같이 구금이라고 해야 옳다. 1987년헌법개정시 잘못 인쇄된 것으로 보인다.

「압수」란 강제로 어떤 물건에 대하여 점유를 취득하거나 그 점유를 계속 유지하는 것을 말한다.

「수색」은 물건이나 사람을 발견하기 위하여 강제로 신체 또는 일정한 장소를 강제로 검색하는 것을 말한다. 헌법 제12조 제1항은 신체의 자유의 영역에서 수색에 대한 법률주의를 정하고 있으나, 수색에 대한 법률주의는 헌법 제16조가 정하고 있는 주거의 자유에서도 인정된다.

「심문」은 사람으로 하여금 어떠한 사항에 대하여 강제로 답변하게 하는 것이다. 인간은 침묵의 자유를 가지기 때문에 법률에 의하지 않고는 말할 의무를 부담하지 않는다.

「처벌」은 형사상의 처벌을 의미한다. 이러한 처벌에 행정상의 처벌이 포함되는가 하는 문제가 있다. 기본권의 제한은 행정의 영역에서도 발생하고 기본권의 보호는 여기서도 인정되어야 하므로 개인에게 불이익을 주는 모든 행정상의 제재는 이러한 처벌에 포한된다고 할 것이다(동지: 권영성, 424). 행정형벌(行政刑罰)뿐만 아니라 행정질서벌(行政秩序罰)도 포함되고, 집행벌(執行罰)과 징계벌(懲戒罰)도 포함된다.

「보안처분」이란 형벌과는 별개로 범죄위험자나 범죄행위자에 대하여 위험성을 요건으로 강제로 과하는 범죄예방처분을 말한다.

「강제노역」은 사람의 의사에 반하여 강제적으로 노동행위를 하게 하는 것을 말한다.

[197] 제2 적법절차원리

Ⅰ. 의 의

헌법 제12조 제1항은 처벌 · 보안처분 · 강제노역에 있어서는 법률주의 이외에 적법절차원리를 적용하고 있으며, 헌법 제12조 제3항의 영장주의에도 적법절차원리를 적용하고 있다.

적법절차원리는 법치주의원리의 내용을 이루는 일반적 헌법원리로서의 성질을 지니고 있다. 따라서 이는 인신의 자유의 보호에만 적용되는 것이 아니고 모든 공권력의 행사에 적용되는 헌법원리이다.

Ⅱ. 내 용

헌법상 적법절차원리(適法節次原理)는 공권력의 행사가 적정한 절차에 의하여 이루어져야 한다는 것인데, 이의 구체적인 내용은 헌법의 규정체계에 따라 다르게 나타날 수 있다. 적법절차에 해당하는 내용이 독립된 헌법조항으로 명문화된 경우도 있고(예: 우리 헌법), 포괄적인 적법절차의 조항으로 규정된 경우도 있다(예: 미합중국헌법).

적법절차(due process of law)의 원리는 원래 1215년의 영국의 Magna Carta에서 유래한 것으로 1628년의 「권리청원」의 규정(§4)을 거쳐 미합중국연방헌법 수정조항 제5조와 제14조 제1항에서 명문화되었다. 일본국헌법 제31조와 독일연방헌법 제104조에서도 이를 규정하고 있다. 우리 헌법사에 있어서는 현행 1987년헌법에서 처음 이를 명문화하였다. 그런데 적법절차의 내용은 그 나라의 헌법의 체계에 따라서 다르게 나타나고 있다. 미합중국의 경우에 적법절차조항(Due Process Clause)은 「마법의 상자」라고 부를 만큼 헌법해석을 통하여 적법절차조항에서 다양한 내용을 도출하고 있고, 우리 헌법 제37조 제2항에서 정하는 기본권 제한에서의 과잉금지원칙도 절차적 적법절차(procedural due process)의 내용으로 인정하고 있다. 그런데 우리 헌법은 적법절차의 규정과는 별도로 헌법 제37조 제2항에서 절차적 적법절차에 해당하는 내용을 정하고 있다. 따라서 헌법해석에서 적법절차의 내용을 확정함에 있어서는 나라마다 취하고 있는 헌법의 구조와 체계에 따라 다르게 나타날 수 있다.

헌법상의 적법절차원리는 입법, 행정, 사법, 헌법재판 등 모든 국가작용은 헌법과 정당한 법률을 근거로 하고 법규범에 따른 정당한 절차를 밟아 행사되어야 한다는 헌법원리를 말한다. 이러한 것은 국가권력의 작용이나 권한의 행사가 절차에 있어서 합리적이고 정당하여야 한다는 것으로서 법치주의와 절차적 민주주의의 구체적인 발현이다.

적법절차에서 말하는 「적법」이라 함은 실정법만이 아니라 넓은 의미에서의 법규범의 원리나 이념에 적합하여야 하고, 절차가 정당하고 적정하여야 한다는 것을 말한다. 헌법재판소는 헌법 제12조 제1항 및 제3항에 규정된 적법절차의 원칙은 절차의 적법성뿐만 아니라 절차의 적정성까지 보장되어야 한다는 뜻(예: 憲 1993. 7. 29.-90헌바35; 2007. 4. 26.-2006헌바10), 즉 형식적인 절차뿐만 아니라 실체적 법률내용이 합리성과 정당성을 갖춘 것이어야 한다는 실질적인 의미로 확대 해석되는 것으로 본다(예: 憲 1992. 12. 24.-92헌가8; 1998. 5. 28.-96헌바4; 2007. 4. 26.-2006헌바10; 2008. 1. 17.-2006헌바38). 그러나 법률 내용의 합리성이나 정당성은 내용의 문제이지 절차의 문제가 아니기 때문에 적법절차원리에 해당하지 않는다고 할 것이다. 절차에 관하여 정하고 있는 법률조항의 경우에는 그 내용이 합리성과 정당성을 갖추지 못하면 헌법상의 적법절차원리에 위반된다고 할 것이다(예: 憲 2008. 1. 17.-2006헌바38).

「절차」란 권력행사의 과정이 따르는 기술적인 순서나 방법을 말한다. 이러한 절차에는 예컨대 통지, 의사의 개진, 청문, 증언, 관계자의 진술 등이 있다.

헌법재판소는 적법절차원리에서 도출되는 가장 중요한 절차적 요청의 하나로 당사자에 대한 적절한 고지, 당사자에 대한 의견 및 자료제출의 기회 부여를 들고 있다(예: 憲 2003. 7. 24.-2001헌가25; 2007. 4. 26.-2006헌바10).

> [憲 2007.4.26.-2006헌바10] 「헌법 제12조 제1항 및 제3항에 규정된 적법절차의 원칙은 일반적 헌법원리로서 모든 공권력의 행사에 적용되는바, 이는 절차의 적법성뿐만 아니라 절차의 적정성까지 보장되어야 한다는 뜻으로 이해된다. 즉 형식적인 절차뿐만 아니라 실체적 법률내용이 합리성과 정당성을 갖춘 것이어야 한다는 실질적인 의미로 확대 해석되고 있다. 나아가 우리 헌법재판소는 이 적법절차의 원칙의 적용범위를 형사소송절차에 국한하지 않고 모든 국가작용에 대하여 문제된 법률의 실체적 내용이 합리성과 정당성을 갖추고 있는지 여부를 판단하는 기준으로 적용된다고 판시함으로써……」

Ⅲ. 적용영역

헌법 제12조 제1항에서 정하고 있는 적법절차는 인신보호를 위한 형사절차에 적용되는 것임에는 의문의 여지가 없다. 그런데 적법절차의 이념과 그 원리에 비추어 볼 때, 적법절차가 신체의 자유를 보장하는 헌법 제12조 제1항과 제3항에서 정하고 있다고 하여 처벌·보안처분·강제노역·영장발부에만 제한적으로 적용되는가 아니면 이외에 행정절차나 기타 절차에도 적용되는가 하는 문제가 제기된다. 헌법이 정하는 적법절차가 명시적으로는 인신의 자유를 보호하는 조항에 규정되어 있으나, 그 이념이나 원리가 법치주의원리의 내용을 이루고 있으므로 이는 일반적인 헌법원리에 해당한다. 따라서 적법절차는 기본권을 제한하는 모든 절차와 입법절차나 행정절차 등 공권력의 행사와 관련된 모든 절차에도 적용된다고 할 것이다(통설).

헌법재판소의 판례도 동일한 취지이다(예: 憲 1989. 9. 8.-88헌가6; 1990. 11. 19.-90헌가48; 1992. 12. 24.-92헌가8; 1993. 7. 29.-90헌바35; 1998. 5. 28.-96헌바4; 2007. 4. 26.-2006헌바10; 2008. 1. 17.-2006헌바38). 적법절차는 업무정지와 같은 불이익처분에도 적용된다(예: 憲 1990. 11. 19.-90헌가48). 한편 헌법재판소는 노무현 대통령 탄핵 사건에서 국회의 탄핵소추절차에 적법절차원칙을 직접 적용할 수 없다고 보았다(예: 憲 2004. 5. 14.-2004헌나1).

> [憲 1992.12.24.-92헌가8] 「우리 현행 헌법에서는 제12조 제1항의 처벌, 보안처분, 강제노역 등 및 제12조 제3항의 영장주의와 관련하여 각각 적법절차의 원칙을 규정하고 있지만 이는 그 대상을 한정적으로 열거하고 있는 것이 아니라 그 적용대상을 예시한 것에 불과하다고 해석하는 것이 우리의 통설적 견해이다. 다만 현행 헌법상 규정된 적법절차의 원칙을 어떻게 해석할 것인가에 대하여 표현의 차이는 있지만 대체적으로 적법절차의 원칙이 독자적인 헌법원리의 하나로 수용되고 있으며 이는 형식적인 절차뿐만 아니라 실체적 법률내용이 합리성과 정당성을 갖춘 것이어야 한다는 실질적 의미로 확대 해석하고 있으며, 우리 헌법재판소의 판례에서도 이 적법절차의 원칙은 법률의 위헌여부에 관한 심사기준으로서 그 적용대상을 형사소송절차에 국한하지 않고 모든 국가작용 특히 입법작용 전반에 대하여 문제된 법률의 실체적 내용이 합리성과 정당성을 갖추고 있는지 여부를 판단하는 기준으로 적용되고 있음을 보여주고 있다(헌재 1989. 9. 8.-88헌가6; 1990. 11. 19.-90헌가48 등 참조). 현행 헌법상 적법절차의 원칙을 위와 같이 법률이 정한 절차와 그 실체적인 내용이 합리성과 정당성을 갖춘 적정한 것이어야 한다는 것으로 이해한다면, 그 법률이 기본권의 제한입법에 해당하는 한 헌법 제37조 제2항의 일반적 법률유보조항의 해석상 요구되는 기본권제한법률의 정당성 요건과 개념상 중복되는 것으로 볼 수도 있을 것이나, 현행 헌법이 명문화하고 있는 적법절차의 원칙은 단순히 입법권의 유보제한이라는 한정적인 의미에 그치는 것이 아니라 모든 국가작용을 지배하는 독자적인 헌법의 기본원리로서 해석되어야 할 원칙이라는 점에서 입법권의 유보적 한계를 선언하는 과잉입법금지의 원칙과는 구별된다고 할 것이다.」

Ⅳ. 판　　례

구체적 사건에서 헌법상의 적법절차에 위반되는지의 여부에 대하여 헌법재판소가 판단한 내용을 보면 다음과 같다.

(1) 위헌이라는 판례

i) 전과나 감호처분을 선고받은 사실 등에 해당되면 재범의 위험성유무를 불문하고 반드시 그에 정한 보호감호를 선고하여야 할 의무를 부과하는 법률조항(예: 憲 1989. 7. 14.-88헌가5등), ii) 무죄 등의 판결이 선고되었음에도 검사로부터 사형, 무기 또는 10년 이상의 징역이나 금고형에 해당한다는 진술이 있는 사건의 경우 구속영장의 효력을 잃지 않는다고 규정

한 법률조항(예: 憲 1992. 12. 24.-92헌가8), iii) 불출석재판을 허용하는 법규정, 즉 제1심공판절차에서 피고인에 대한 송달불능보고서가 접수된 때로부터 6월이 경과하도록 피고인의 소재를 확인할 수 없는 때에는 사형 · 무기 또는 단기 3년 이상의 징역이나 금고에 해당하는 사건이 아닌 경우 대법원 규칙이 정하는 바에 따라 피고인의 진술 없이 재판할 수 있도록 규정한 소송촉진등에관한특례법 제23조는 자기에게 아무런 책임 없는 사유로 출석하지 못한 피고인에 대하여 별다른 증거조사도 없이 곧바로 유죄판결을 선고할 수 있도록 한 것(예: 憲 1998. 7. 16.-97헌바22), iv) 검사가 법원의 증인으로 채택된 수감자를 그 증언에 이르기까지 거의 매일 검사실로 하루종일 소환하여 피고인측 변호인이 접근하는 것을 차단하고, 검찰에서의 진술을 번복하는 증언을 하지 않도록 회유, 압박하는 것은 적법절차에 위배된다(예: 憲 2001. 8. 30.-99헌마496)라는 판례 등이 있다.

(2) 합헌이라는 판례

i) 주민투표를 실시하지 않고 주민의견 조사와 지방의회의 의견청취만으로 이루어진 지방자치단체의 폐치 · 분합(예: 憲 1994. 12. 29.-94헌마201), ii) 음주운전측정에 응하도록 하고 불응시 처벌하도록 한 도로교통법 규정(예: 憲 1997. 3. 27.-96헌가11), iii) 공정거래위원회가 과징금을 부과하는 규정(예: 憲 2003. 7. 24.-2001헌가25)을 합헌이라고 판시하였다. iv) 법무부장관이 형사재판에 계속 중인 국민에 대하여 6개월 이내의 기간을 정하여 출국을 금지시킬 수 있는 출입국관리법 규정(憲 2015. 9. 24.-2012헌바302), v) 전투경찰순경에 대한 징계처분으로 영창을 규정하고 있는 구 전투경찰대 설치법 규정(憲 2016. 3. 31.-2013헌바190)을 합헌이라고 판시하였다.

[198] 제3 죄형법정주의

Ⅰ. 의 의

죄형법정주의(罪刑法定主義)라 함은 범죄와 형벌은 법률로써 규정되어 있어야 한다는 법원칙을 말한다. 이는 「법률이 없으면 범죄가 없고, 법률이 없으면 형벌도 없다」(Nullum crimen, nulla poena sine lege)고 표현된다. 이에 따를 때, 죄형법정주의는 「법률이 없으면 범죄가 없다」라는 명제와 「법률이 없으면 형벌이 없다」라는 명제로 이루어져 있다.

헌법은 제12조 제1항과 제13조 제1항에서 이러한 죄형법정주의를 천명하고 있다(예: 憲 1991. 7. 8.-91헌가4; 1993. 5. 13.-92헌마80).

[憲 1991.7.8.-91헌가4] 「"법률이 없으면 범죄도 없고 형벌도 없다"라는 말로 표현되는 죄형법정주의는 이미 제정된 정의로운 법률에 의하지 아니하고는 처벌되지 아니한다는

원칙으로서 이는 무엇이 처벌될 행위인가를 국민이 예측가능한 형식으로 정하도록 하여 개인의 법적 안정성을 보호하고 성문의 형벌법규에 의한 실정법질서를 확립하여 국가형벌권의 자의적(恣意的) 행사로부터 개인의 자유와 권리를 보장하려는 법치국가 형법의 기본원칙이며, 우리 헌법도 제12조 제1항 후단에 "법률과 적법한 절차에 의하지 아니하고는 처벌 · 보안처분 또는 강제노역을 받지 아니한다"라고 규정하고, 제13조 제1항 전단에 "모든 국민은 행위시의 법률에 의하여 범죄를 구성하지 아니하는 행위로 소추되지 아니하며"라고 규정하여 죄형법정주의를 천명하였고……」

II. 내 용

죄형법정주의는 구체적으로 성문법률주의(成文法律主義), 형벌소급의 금지(刑罰遡及의 禁止), 절대적 부정기형 선고의 금지(絕對的 不定期刑 宣告의 禁止), 명확성의 원칙(明確性의 原則), 유추해석의 금지(類推解釋의 禁止), 적정성의 원칙(適正性의 原則), 형벌책임주의(刑罰責任主義)를 그 내용으로 가지고 있다. 이는 범죄와 형벌에 있어서 법치주의가 적용되는 것을 의미한다.

(1) 성문법률주의

성문법률주의는 범죄와 형벌은 성문의 형식적 의미의 법률로 정하여야 한다는 것을 말하는데(예: 憲 1991. 7. 8.-91헌가4; 1998. 3. 26.-96헌가20; 1999. 2. 25.-97헌바3), 헌법 제12조 제1항은 「누구든지……법률과 적법한 절차에 의하지 아니하고는 처벌 · 보안처분 또는 강제노역을 받지 아니한다」라고 정하여 이를 보장하고 있다. 이로부터 관습법에 의하여 범죄를 인정하거나 처벌하는 것은 금지된다는 법리(관습형법의 금지)가 도출된다.

범죄와 형벌에 관한 사항에 있어서도 위임입법의 근거와 한계에 관한 헌법 제75조와 제95조는 적용된다. 형벌법규의 위임을 하기 위해서는 특히 긴급한 필요가 있거나 미리 법률로써 자세히 정할 수 없는 부득이한 사정이 있는 경우에 한정되어야 하고, 이러한 경우에 범죄의 구성요건은 처벌대상행위가 어떠한 것이라고 예측할 수 있을 정도로 법률에서 구체적으로 규정하여야 한다(예: 憲 1995. 10. 26.-93헌바62; 1996. 2. 29.-94헌마213; 1998. 3. 26.-96헌가20; 2004. 9. 23.-2002헌가26; 2007. 7. 26.-2005헌바100; 2007. 7. 26.-2006헌바12).

[憲 2007.7.26.-2005헌바100] 「범죄와 형벌에 관한 사항에 있어서도 위임입법의 근거와 한계에 관한 헌법 제75조 및 제95조는 적용되는 것이고, 다만 법률에 의한 처벌법규의 위임은 그 요건과 범위가 보다 엄격하게 제한적으로 적용되어야 한다. 따라서 형벌법규의 위임을 하기 위해서는 특히 긴급한 필요가 있거나 미리 법률로써 자세히 정할 수 없는 부득이한 사정이 있는 경우에 한정되어야 하며, 이러한 경우에도 범죄의 구성요건은 처벌대상행위가 어떠한 것이라고 예측할 수 있을 정도로 법률에서 구체적으로 규정하여야 하되, 위임입법의 위와 같은 예측가능성의 유무를 판단함에 있어서는 당해

특정 조항 하나만을 가지고 판단할 것이 아니고 관련 법조항 전체를 유기적·체계적으로 종합하여 판단하여야 한다.」

[憲 2007.7.26.-2006헌바12] 「헌법 제75조는 위임입법의 필요성을 인정하면서 동시에 그 범위와 한계를 정하고 있다. 즉 법률의 내통령령에 대한 위임은 반드시 구체적·개별적으로 한정된 사항에 대하여 행하여져야 하고 일반적·포괄적인 위임을 하여서는 아니 된다. 특히 우리 헌법 제12조 및 제13조에서 천명하고 있는 죄형법정주의 원칙상 처벌법규에 관한 위임입법은 특히 긴급한 필요가 있거나 미리 법률로써 자세히 정할 수 없는 부득이한 사정이 있는 경우에 수권법률에 처벌대상인 행위가 어떠한 것일 거라고 예측할 수 있을 정도로 구체적으로 규정되고 형벌의 종류 및 그 상한과 폭이 명백하여야만 죄형법정주의에 반하지 않는다.」

(2) 형벌소급의 금지

형벌소급의 금지는 범죄와 형벌에서의 소급입법의 금지를 말하는데, 행위 당시에는 처벌의 대상이 되지 않았던 행위를 행위 후에 이를 범죄로 하고 처벌하는 입법의 제정을 금지하는 것을 말한다. 헌법 제13조 제1항은 「모든 국민은 행위시의 법률에 의하여 범죄를 구성하지 아니하는 행위로 소추되지 아니하며……」라고 정하여 이를 보장하고 있다.

이와 관련하여 헌법재판소는 공소시효의 정지규정을 과거에 이미 행한 범죄에 대하여 적용하도록 하는 법률이라 하더라도 그 사유만으로 형벌불소급의 원칙에 언제나 위배되는 것으로 단정할 수는 없다고 하였다(예: 憲 1996. 2. 16.-96헌가2등). 또한 헌법재판소는 판례의 변경에 따라 처벌되더라도 형벌불소급의 원칙에 위반되는 것은 아니고(憲 2014. 5. 29.-2012헌바390), 비형벌적 보안처분의 경우 소급입법금지원칙이 적용되지 않는다고 하였다(憲 2014. 8. 28.-2011헌마28). 범죄행위 당시에 없었던 위치추적 전자장치 부착명령을 출소예정자에게 소급 적용할 수 있도록 한 것은 전자장치 부착은 전통적 의미의 형벌이 아닌 비형벌적 보안처분에 해당되므로 소급처벌금지원칙에 위배되지 아니한다(憲 2015. 9. 24.-2015헌바35).

[憲 1996.2.16.-96헌가2등] 「우리 헌법이 규정한 형벌불소급의 원칙은 형사소추가 "언제부터 어떠한 조건하에서" 가능한가의 문제에 관한 것이고, "얼마동안" 가능한가의 문제에 관한 것은 아니다. 다시 말하면 헌법의 규정은 "행위의 가벌성"에 관한 것이기 때문에 소추가능성에만 연관될 뿐, 가벌성에는 영향을 미치지 않는 공소시효에 관한 규정은 원칙적으로 그 효력범위에 포함되지 않는다. 행위의 가벌성은 행위에 대한 소추가능성의 전제조건이지만 소추가능성은 가벌성의 조건이 아니므로 공소시효의 정지규정을 과거에 이미 행한 범죄에 대하여 적용하도록 하는 법률이라 하더라도 그 사유만으로 헌법 제12조 제1항 및 제13조 제1항에 규정한 죄형법정주의의 파생원칙인 형벌불소급의 원칙에 언제나 위배되는 것으로 단정할 수는 없다.……만일 법원이 특별법이 처벌

하려는 대상범죄의 공소시효가 아직 완성되지 않았다고 판단한다면, 특별법은 단지 진행중인 공소시효를 연장하는 법률로서 이른바 부진정소급효를 갖게 된다. 헌법 제13조 제1항에서의 가벌성을 결정하는 범죄구성요건과 형벌의 영역(이에 관한 한 절대적 소급효의 금지)을 제외한다면 소급효력을 갖는 법률이 헌법상 절대적으로 허용되지 않는 것은 아니다. 다만 소급입법은 법치주의원칙의 중요한 요소인 법적 안정성의 요청에 따른 제한을 받을 뿐이다. 헌법재판소의 판례도 형벌규정에 관한 법률 이외의 법률은 부진정소급효를 갖는 경우에는 원칙적으로 허용되고, 단지 소급효를 요구하는 공익상의 사유와 신뢰보호의 요청 사이의 교량과정에서 신뢰보호의 관점이 입법자의 형성권에 제한을 가할 뿐이라는 것이다.」

⑶ 절대적 부정기형 선고의 금지

자유형의 선고에 있어 선고형의 기간을 정하지 않고 형을 선고하는 것을 금지하는 절대적 부정기형 선고의 금지도 죄형법정주의에서 요청된다.

⑷ 명확성의 원칙

범죄의 구성요건과 그 법적 효과로서 형벌을 정하는 실정법의 내용과 표현이 명확하여야 하는 명확성의 원칙(예: 憲 1990. 1. 15.-89헌가103; 1992. 2. 25.-89헌가104; 1992. 4. 28.-90헌바27등; 1993. 3. 1.-92헌바33; 1994. 7. 29.-93헌가4등; 1997. 3. 27.-95헌가17; 1998. 3. 26.-97헌마194; 1998. 7. 16.-96헌바35; 2000. 6. 29.-98헌가10; 2000. 6. 29.-98헌바67; 2002. 6. 27.-2001헌바70; 2007. 4. 26.-2003헌바71)도 죄형법정주의의 내용이다.

헌법이 정하고 있는 죄형법정주의로부터 파생되는 명확성의 원칙은 누구나 법률이 처벌하고자 하는 행위가 무엇이며 그에 대한 형벌이 어떠한 것인지를 예견할 수 있고, 그에 따라 자신의 행위를 결정할 수 있도록 범죄의 구성요건과 형벌을 명확하게 규정하여야 한다는 원칙이다(예: 憲 2000.6.29.-98헌가10; 2007.4.26.-2003헌바71; 2007.5.31.-2006헌가10; 2011.3.31.-2008헌가21).

[憲 1990.1.15.-89헌가103] 「죄형법정주의의 원칙은 법률이 처벌하고자 하는 행위가 무엇이며 그에 대한 형벌이 어떠한 것인지를 누구나 예견할 수 있고, 그에 따라 자신의 행위를 결정할 수 있게끔 구성요건이 명확히 규정될 것을 요구한다. 그러나 처벌법규의 구성요건이 명확하여야 한다고 하여 입법권자가 모든 구성요건을 단순한 의미의 서술적인 개념에 의하여 규정하여야 한다는 것은 아니다. 처벌법규의 구성요건이 다소 광범위하여 어떤 범위에서는 법관의 보충적인 해석을 필요로 하는 개념을 사용하였다고 하더라도, 그 점만으로는 헌법이 요구하는 처벌법규의 명확성에 반드시 배치되는 것이라고는 볼 수 없다. 그렇지 않으면, 처벌법규의 구성요건이 지나치게 구체적이고 정형적이 되어 부단히 변화하는 다양한 생활관계를 제대로 규율할 수 없게 될 것이기 때문이다. 다만, 자의를 허용하지 않는 통상의 해석방법에 의하더라도 당해 처벌법규의 보호법익과 그에 의하여 금지된 행위 및 처벌의 종류와 정도를 누구나 알 수 있도록 규정되어 있어야 하는 것이다. 따라서 처벌법규의 구성요건이 어느 정도 명확하여야 하는가는 일률적으로 정할 수 없고, 각 구성요건의 특수성과 그러한 법적 규제의 원인이 된 여건이나 처벌의 정도 등을 고려하여 종합적으로 판단하여야 한다.」

문제는 범죄의 구성요건과 형벌을 정하고 있는 내용과 표현이 어느 정도가 되어야 명확하다고 할 것인가 하는 점이다. 범죄의 구성요건을 정하고 있는 법률조항에 요구되는 명확성은 입법자의 입법의도가 건전한 일반상식을 가진 통상의 판단능력을 가진 자에 의하여(예: 憲 1997.9.25.-96헌가16; 2007.5.31.-2006헌가10) 일의적으로 파악될 수 있는 정도의 것을 의미한다. 따라서 해당 법률조항을 적용하는 단계에서 반드시 가치판단이 배제된 무색투명한 서술적 개념으로 규정되어야 하는 것도 아니고, 어느 정도의 범위에서 법관의 보충적인 해석을 필요로 하는 개념을 사용하여도 그 적용단계에서 다의적으로 해석될 우려가 없는 경우는 명확성이 인정된다. 그러나 범죄의 구성요건이 추상적이거나 모호한 개념으로 이루어졌거나 그 적용범위가 너무 광범위하고 포괄적이어서 불명확한 경우에는 일반 국민이 법률에 의하여 금지된 행위가 무엇인지를 알 수 없기 때문에 죄형법정주의의 원칙에 위배된다고 할 것이다(예: 憲 2007. 5. 31.-2006헌가10; 2007. 7. 26.-2006헌가9). 아동·청소년이용음란물 가운데 "아동·청소년으로 인식될 수 있는 사람이나 표현물이 등장하여 그 밖의 성적 행위를 하는 내용을 표현하는 것"은 죄형법정주의의 명확성원칙에 위배되지 않는다(憲 2015. 6. 25.-2013헌가17등). 위헌결정이 내려진 법률조항은 법전에서 삭제되지 아니한 채 법률 문언상 형식적으로 존재하기 때문에 통상의 판단능력을 가진 일반인은 물론 법률전문가에게조차 법해석상 혼란을 야기할 수 있을 정도인 경우 명확성 원칙에 위반된다(憲 2015. 11. 26.-2013헌바343).

[憲 2007.7.26.-2006헌가9] 「헌법 제12조 및 제13조를 통해 보장되는 죄형법정주의원칙은 범죄와 형벌이 법률로 정하여져야 함을 의미하며, 이러한 죄형법정주의에서 파생되는 명확성의 원칙은 법률이 처벌하고자 하는 행위가 무엇이며 그에 대한 형벌이 어떠한 것인지를 누구나 예견할 수 있고, 그에 따라 자신의 행위를 결정할 수 있도록 구성요건을 명확하게 규정할 것을 의미한다. 그러나 처벌법규의 구성요건이 명확하여야 한다고 하더라도 입법권자가 모든 구성요건을 단순한 의미의 서술적 확정개념에 의하여 규정하여야 한다는 것은 아니고, 다소 광범위하여 법관의 보충적인 해석을 필요로 하는 개념을 사용하였다고 하더라도 통상의 해석방법에 의하여 건전한 상식과 통상적인 법감정을 가진 사람이라면 당해 처벌법규의 보호법익과 금지된 행위 및 처벌의 종류와 정도를 알 수 있도록 규정하였다면 헌법이 요구하는 처벌법규의 명확성원칙에 배치되는 것은 아니다. 만일 모든 구성요건을 단순한 서술적 확정개념으로만 규정할 것을 요구한다면 처벌법규의 구성요건이 지나치게 구체적이고 정형적이 되어 부단히 변화하는 다양한 생활관계를 제대로 규율할 수 없게 될 것이기 때문이다. 따라서 법규범이 불확정개념을 사용하는 경우라도 법률해석을 통하여 법원의 자의적인 적용을 배제하는 합리적이고 객관적인 기준을 얻는 것이 가능한 경우는 명확성의 원칙에 반하지 아니한다.」

헌법재판소는 이러한 것을 전제로 하여 처벌법규의 구성요건이 어느 정도로 명확하여야 하는가는 일률적으로 정할 수 없고, 각 구성요건의 특수성과 그러한 법적 규제의 원인이 된 여건이나 처벌의 정도 등을 고려하여 종합적으로 판단하여야 한다는 입장을 취하고 있다(예: 憲 1989. 12. 22.-89헌가13; 1990. 1. 15.-89헌가103). 처벌법규의 구성요건이 명확하여야 한다 하더라도, 모든 구성요건을 단순한 의미의 서술적인 개념으로 규정하여야 하는 것은 아니고, 다소 광범위하여 어떤 범위에서는 법관의 보충적인 해석이 필요하더라도 건전한 상식과 통상적인 법감정을 가진 사람으로 하여금 그 적용대상자가 누구이며 구체적으로 어떠한 행위가 금지되고 있는지 여부를 충분히 알 수 있도록 하고 있다면, 이는 죄형법정주의의 명확성원칙에 위배되지 않는다고 판시하였다(憲 2000. 6. 29.-98헌가10; 2004. 11.25.-2004헌바35; 2011. 3. 31.-2008헌가21).

헌법재판소는 범죄구성요건적 수단 등에 대하여는 문언적 제한을 가하지 아니하면서 대표적 구성요건을 판단지침으로 예시한 다음, 어느 정도 보편적이고 일반적인 용어를 일반조항으로 사용하는 「예시적 입법형식」의 경우에 대하여, 구성요건의 대전제인 일반조항의 내용이 지나치게 포괄적이어서 법관의 자의적인 해석을 통하여 그 적용범위를 확장할 가능성이 있다면 죄형법정주의의 원칙에 위배될 수 있다고 하고, 예시적 입법형식이 명확성원칙에 위배되지 않으려면, 예시한 개별적인 구성요건이 그 자체로 일반조항의 해석을 위한 판단지침을 내포하고 있어야 할 뿐만 아니라, 그 일반조항 자체가 그러한 구체적인 예시를 포괄할 수 있는 의미를 담고 있는 개념이 되어야 한다고 판시하였다(예: 憲 2002. 6. 27.-2001헌바70; 2009. 3. 26.-2007헌바72; 2011. 3. 31.-2008헌가21).

헌법재판소는 「노동조합 및 노동관계조정법」(2001. 3. 28. 법률 제6456호로 개정된 것) 제92조 제1호 다목 중 '징계의 중요한 절차'에 관한 사항을 위반한 경우 범죄로 처벌하는 것으로 정하고 있는 것에 대하여 이는 죄형법정주의에서 요구하는 명확성의 원칙에 위반되지 않는다고 판시하였다(憲 2007. 7. 26.-2006헌가9). 범죄의 구성요건을 이루는 규정내용에 「공익」이라고만 되어 있고 이를 전제로 형사적 처벌을 하는 경우에, 이러한 「공익」이라는 표현은 명확성원칙에 위반되는 것이라고 판시하였다(예: 憲 2010. 12. 28.-2008헌바157등). 형법상 경매방해죄의 "경매의 공정을 해한 자"를 처벌하는데, '공정을 해한다'는 것은 경매에서 적정한 가격이 형성되도록 하는 공정한 자유경쟁이 방해될 염려가 있는 상태를 발생시키는 것을 의미한다는 의미로 합리적으로 해석할 수 있으므로, 죄형법정주의의 명확성원칙에 위배되지 아니한다고 보았다(憲 2015. 10. 21.-2014헌바59). 아동복지법에서 규정하는 "아동의 정신건강 및 발달에 해를 끼치는 정서적 학대행위"란, 아동이 사물을 느끼고 생각하여 판단하는 마음의 자세나 태도가 정상적으로 유지되고 성장하는 것을 저해하거나 이에 대하여 현저한 위험을 초래할 수 있는 행위로서, 아동의 신체에 손상을 주거나 유기 또는 방임하는 것과 같은 정도의 행위를 의미한다고 볼 수 있어 죄형법정주의의 명확성원칙에 위배된다고 볼 수 없다고 보았다(憲 2015. 10. 21. -2014헌바266).

[憲 2007.7.26.-2006헌가9] 「이 사건 법률조항 중 "중요한" 또는 "중요한 절차" 부분이 죄형법정주의의 명확성원칙에 위반되는지 여부에 대해 살펴본다. 단체협약은 노동조합과 사용자가 단체교섭의 결과 합의한 사항을 서면으로 작성한 것을 말하고 단체협약위반행위에 대한 처벌규정의 주된 수범자는 사용자와 근로자인데 이와 같이 수범자들이 일정한 범위로 제한되어 있는 경우에는 그 규정의 명확성에 대한 요구가 다소 완화될 수 있다. 이 사건 법률조항의 주된 수범자인 사용자(법문상으로는 근로자도 수범자에서 배제되지 않았으나 징계에 관한 절차를 준수할 것을 요구받는 대상은 주로 사용자일 것이다)는 단체교섭에 참여하고 단체협약의 체결에 관여한 일방 당사자로서 단체협약의 내용이 된 '징계의 절차 중에서 중요하다고 볼 수 있는 사항'이 무엇인지를 충분히 파악하거나 예측할 수 있는 지위에 있다. 또 이 사건 법률조항의 입법취지는 사용자로 하여금 단체협약으로 체결된 징계의 절차를 준수하도록 하여 징계의 객관성과 공정성을 확보하고 나아가 사용자의 징벌권 남용을 방지하고자 하는 것으로 보인다. 그리고 이 사건 법률조항은, 그 입법과정에서 처벌의 대상이 되는 위반행위의 범위를 제한하려는 사용자측(경영계)의 요구가 반영되어 모든 절차의 위반이 아닌 "중요한" 절차에 관한 사항에 대한 위반만을 처벌하도록 규정하게 되었던 것이다. 이와 같은 입법취지와 입법경위에 비추어 볼 때, 여기서 "중요한 절차"에 관한 사항이란 기본적으로 징계의 효력에 영향을 미칠 수 있는 절차로서 당해 단체협약의 체결과정에서 고려하기로 한, 근로자의 근로권과 그 방어에 중요한 영향을 줄 수 있는 절차에 관한 사항 등으로 그 의미를 제한하여 확정할 수가 있을 것이며, 그러나 궁극적으로는 법관이 개별적인 사건들에서 이 사건법률조항을 합헌적으로 해석·적용하여 판례를 축적해 감으로써 이 사건 "중요한 절차"에 관한 사항의 의미를 보다 구체화해야 할 것이다. (3) 따라서 법원이 이 사건 법률조항의 "중요한 절차" 부분을 해석함에 있어, 이 사건 법률조항의 입법목적, 수범자의 범위, 단체협약의 특성과 그 체결과정 및 통상의 운용실태, 구 노동조합법 조항에 대해 위헌선언한 헌법재판소 결정의 취지, 이 사건 법률조항의 입법과정에서 논의된 내용을 비롯한 입법경위 등을 종합적으로 고려하여, 이 사건 법률조항의 수범자가 그 구체적인 의미를 충분히 예측할 수 있는 내용으로 합리적이고 객관적인 해석의 기준을 충분히 마련할 수 있을 것으로 보이므로, 이 사건 법률조항이 명확성의 원칙에 반한다고 볼 것은 아니다.」

[憲 2010.12.28.-2008헌바157등] 「(2) **명확성원칙 위반 여부** (가) 이 사건 법률조항은 '공익을 해할 목적으로 전기통신설비에 의하여 공연히 허위의 통신을 한 자'를 처벌하도록 하고 있는바, '공익을 해할 목적'이라는 초과주관적 구성요건이 의미하는 바가 무엇인지 우선 문제된다. (나) 헌법 제37조 제2항은 모든 자유와 권리는 국가의 안전보장·질서유지 또는 공공복리를 위하여 필요한 경우에 한하여 법률로써 제한할 수 있음을 규정하고 있고, 헌법 제21조 제4항은 언론·출판은 공중도덕이나 사회윤리를 침해하여서는 아니된다고 규정하고 있다. 그런데 이 사건 법률조항은 "공익을 해할 목적"의 허위의 통신을 금지하는바, 여기서의 "공익"은 위 헌법 제37조 제2항의 "국가의 안전보장·질서유

지"와 헌법 제21조 제4항의 "공중도덕이나 사회윤리"와 비교하여 볼 때 '동어반복'이라고 할 수 있을 정도로 전혀 구체화되어 있지 아니하다. 형벌조항의 구성요건으로서 구체적인 표지를 정하고 있는 것이 아니라, 헌법상 기본권제한에 필요한 최소한의 요건 또는 헌법상 언론·출판자유의 한계를 그대로 법률에 옮겨 놓은 것에 불과할 정도로 그 의미가 불명확하고 추상적이다. "공익"이라는 개념은 이처럼 매우 추상적인 것이어서 어떠한 표현행위가 과연 "공익"을 해하는 것인지, 아닌지에 관한 판단은 사람마다의 가치관, 윤리관에 따라 크게 달라질 수밖에 없다. 건전한 상식과 통상적인 법감정을 가진 일반인들에게 있어 공통적으로 공익으로 인식될 수 있는 이익이 존재함은 의문의 여지가 없으나, 판단주체에 따라 공익인지 여부를 달리 판단할 가능성이 있는 이익이 존재함도 부인할 수 없다. 이는 판단주체가 법전문가라 하여도 마찬가지이고, 법집행자의 통상적 해석을 통하여 그 의미내용이 객관적으로 확정될 수 있다고 보기 어렵다. 나아가 현재의 다원적이고 가치상대적인 사회구조 하에서 구체적으로 어떤 행위상황이 문제되었을 때에 문제되는 공익은 하나로 수렴되지 않는 경우가 대부분이다. 문제되는 행위가 어떤 공익에 대하여는 촉진적이면서 동시에 다른 공익에 대하여는 해가 될 수도 있으며, 전체적으로 보아 공익을 해할 목적이 있는지 여부를 판단하기 위하여는 공익간 형량이 불가피하게 되는바, 그러한 형량의 결과가 언제나 객관적으로 명백한 것은 아니다. 결국 이 사건 법률조항은 수범자인 국민에 대하여 일반적으로 허용되는 '허위의 통신' 가운데 어떤 목적의 통신이 금지되는 것인지 고지하여 주지 못한다. 어렴풋한 추측마저 불가능하다고는 할 수 없더라도, 그것은 대단히 주관적인 것일 수밖에 없다. ㈐ 물론 입법에 있어서 추상적 가치개념의 사용이 필요한 것은 일반적으로 부인할 수 없고, "공익"이라는 개념을 사용하는 것이 언제나 허용되지 않는다고 단정할 수도 없다. 법률의 입법목적, 규율의 대상이 되는 법률관계나 행위의 성격, 관련 법규범의 내용 등에 따라서는 그러한 개념의 사용이 허용되는 경우도 있을 수 있을 것이다. 그러나 '허위의 통신'이라는 행위 자체에 내재된 위험성이나 전기통신의 효율적 관리와 발전을 추구하는 전기통신기본법의 입법목적을 고려하더라도 확정될 수 없는 막연한 "공익" 개념을 구성요건요소로 삼아서 표현행위를 규제하고, 나아가 형벌을 부과하는 이 사건 법률조항은 표현의 자유에서 요구하는 명확성의 요청 및 죄형법정주의의 명확성원칙에 부응하지 못하는 것이라 할 것이다. ㈑ 따라서 이 사건 법률조항은 명확성의 원칙에 위배하여 헌법에 위반된다.」

(5) 유추해석의 금지

범죄와 형벌에 대한 법규정이 없음에도 다른 법규정의 해석을 통하여 범죄와 형벌을 인정하는 것을 금지하는 유추해석의 금지도 죄형법정주의에서 요구된다.

(6) 적정성의 원칙

형벌법규의 내용이 정당해야 한다는 적정성의 원칙은 헌법 제12조 제1항의 죄형법정주의의 규정과 헌법상의 법치주의원리에 의해 인정된다.

헌법재판소는 평시에 일어난 군대 내 상관살해를 그 동기와 행위태양을 묻지 아니하고 무조건 사형으로 처벌하는 것은 형벌체계상의 정당성을 잃은 것으로서 범죄의 중대성 정도에 비하여 심각하게 불균형적인 과중한 형벌이고, 적정한 형벌의 제정이 될 수 없다고 하였다(憲 2007. 11. 29.-2006헌가13). (구)「성폭력범죄의 처벌 등에 관한 특례법」에서 주거침입강제추행죄에 대해 무기징역 또는 5년 이상의 징역의 법정형을 규정한 것(憲 2013. 7. 25.-2012헌바320; 2015. 10. 21.-2015헌바166. 이 사건은 합헌의견 4 : 한정위헌 의견 5로 합헌결정된 것이다), 금융기관 임직원이 직무에 관하여 1억 원 이상 수재한 경우 무기 또는 10년 이상 징역에 처하는 가중처벌조항(憲 2013. 7. 25.-2011헌바397 등; 2015. 5. 28.-2013헌바35등), 특별법 배임조항이 배임행위로 취득한 이득액에 따라 업무상 배임죄를 단계적으로 가중처벌하는 것(憲 2015. 2. 26.-2014헌바99등), 사기죄로 취득한 이득액에 따라 단계적으로 가중처벌하는 것(憲 2015. 3. 26.-2012헌바297), 신고하지 않고 물품을 수입한 경우 해당 물품을 필요적으로 몰수하도록 규정한 것(憲 2015. 10. 21.-2013헌바388) 등은 책임과 형벌 사이 비례원칙에 위배된다고 볼 수 없다고 보았다.

> [憲 2007.11.29.-2006헌가13] 「평시에 일어난 군대 내 상관살해를 그 동기와 행위태양을 묻지 아니하고 무조건 사형으로 다스리는 것은 형벌체계상의 정당성을 잃은 것으로서 범죄의 중대성 정도에 비하여 심각하게 불균형적인 과중한 형벌이고, 형사정책적인 관점에서 보거나 작금의 세계적인 입법추세에 비추어 보더라도 적정한 형벌의 제정이라고 보기 어렵다.……범행동기와 죄질에 무관하게 사형만을 유일한 법정형으로 규정하고 있는 것은 형벌이 죄질과 책임에 상응하는 적절한 비례성을 갖추고 있다고 보기 어렵고, 인간의 존엄과 가치를 존중하고 형벌이 죄질과 책임에 상응하도록 정하여야 한다는 실질적 법치국가의 이념에 반한다.」

이는 헌법상의 과잉제한금지원칙의 문제로 돌아간다. 즉 어떤 행위를 국가가 통제할 때 이를 범죄화(criminalization)하여 통제하는 것이 타당한지 아니면 비범죄화하여 통제하는 것이 타당한지 하는 것과 범죄로 하여 처벌하는 경우에 어떤 형벌을 부과할 것인지 하는 문제는 죄형법정주의의 내용을 이룬다고 할 것이다.

(7) 형벌책임주의

죄형법정주의에 의할 때, 범죄행위에 대하여 형사상의 책임을 지는 자는 범죄행위를 한 자에 한정되며 해당 범죄행위를 하지 않은 자는 책임을 지지 않는다. 이를 형벌책임주의라고 한다. 어떤 행위의 주체가 어떤 행위에 대하여 법적인 책임을 지는 것은 정당한 사유가 없는 한 그 행위가 자신이 행한 것인 경우에 한하고 다른 행위주체가 한 행위에 대해서는 책임을 지지 않는 것이 법치주의의 내용이다. 이는 범죄와 형벌에 대해서도 그대로 적용되는데, 죄형법정주의에는 범죄와 형벌 간의 관계에서 이러한 내용이 포함된다.

헌법재판소는 「양벌규정(兩罰規定)」에 대하여 개인이든 법인의 경우이든 종업원의 위법행위에 대하여 영업주의 귀책사유의 존재여부를 묻지 않고 종업원이 위법행위를 한 모든 경우에 대하여 영업주에게 자동적으로 형사상의 책임을 지게 하는 것은 법치주의, 헌법 제10조, 죄형법정주의의 당연한 내용인 형벌에 대한 책임주의에 위반되기 때문에 위헌이라고 판시하였다(예: 憲 2007. 11. 29.-2005헌가10; 2009. 7. 30.-2008헌가10; 2009. 7. 30.-2008헌가14 등; 2009. 10. 29.-2009헌가6; 2011. 11. 24.-2011헌가30; 2013. 6. 27. -2013헌가10).

> [憲 2013. 6. 27.-2013헌가10] 「이 사건 법률조항은 법인이 고용한 종업원 등이 법인의 업무에 관하여 위반행위를 한 사실이 인정되면 곧바로 그 종업원 등을 고용한 법인에게도 종업원 등에 대한 처벌조항에 규정된 형을 과하도록 규정하고 있다. 즉, 이 사건 법률조항은 종업원 등의 범죄행위에 대한 법인의 가담 여부나 이를 감독할 주의의무의 위반 여부를 법인에 대한 처벌요건으로 규정하지 아니하고, 달리 법인이 면책될 가능성에 대해서도 규정하지 아니하고 있어, 결국 종업원 등의 일정한 행위가 있으면 법인이 그와 같은 종업원 등의 범죄에 대해 어떠한 잘못이 있는지를 전혀 묻지 않고 곧바로 영업주인 법인을 종업원 등과 같이 처벌하는 것이다. 형벌은 범죄에 대한 제재로서 그 본질은 법질서에 의해 부정적으로 평가된 행위에 대한 비난이다. 만약 법질서가 부정적으로 평가한 결과가 발생하였다고 하더라도 그러한 결과의 발생이 어느 누구의 잘못에 의한 것도 아니라면, 부정적인 결과가 발생하였다는 이유만으로 누군가에게 형벌을 가할 수는 없다. 이와 같이 '책임 없는 자에게 형벌을 부과할 수 없다'는 형벌에 관한 책임주의는 형사법의 기본원리로서, 헌법상 법치국가의 원리에 내재하는 원리인 동시에 헌법 제10조의 취지로부터 도출되는 원리이고, 법인의 경우도 자연인과 마찬가지로 책임주의원칙이 적용된다. 그런데 이 사건 법률조항에 의할 경우, 법인이 종업원 등의 위반행위와 관련하여 선임·감독상의 주의의무를 다하여 아무런 잘못이 없는 경우까지도 법인에게 형벌이 부과될 수밖에 없게 된다. 이처럼 이 사건 법률조항은 종업원 등의 범죄행위에 관하여 비난할 근거가 되는 법인의 의사결정 및 행위구조, 즉 종업원 등이 저지른 행위의 결과에 대한 법인의 독자적인 책임에 관하여 전혀 규정하지 않은 채, 단순히 법인이 고용한 종업원 등이 업무에 관하여 범죄행위를 하였다는 이유만으로 법인에 대하여 형사처벌을 과하고 있는바, 이는 다른 사람의 범죄에 대하여 그 책임 유무를 묻지 않고 형벌을 부과하는 것으로서, 헌법상 법치국가의 원리 및 죄형법정주의로부터 도출되는 책임주의원칙에 반한다.」

단순히 개인 영업주가 고용한 종업원 등이 업무에 관하여 범죄행위를 하였다는 이유만으로 영업주 개인에 대하여 형벌을 과하는 것은 헌법상 법치국가의 원리 및 죄형법정주의로부터 도출되는 책임주의원칙에 반한다(憲 2015. 1. 29.-2014헌가24). 종업원의 위반행위에 대하여 종업원의 위반행위에 대하여 양벌조항으로서 개인인 영업주에게도 동일하게 무기 또는 2년 이상의 징역형의 법정형으로 처벌하도록 규정하고 있는 「보건범죄단속에 관한 특별조치법」 제6조 중 제5조에 의한 처벌 부분은 형사법상 책임원칙에 반하여 법치주의와 헌법 제10조에 위반된다고 하였고(憲 2007. 11. 29.-2005헌가10), 영업주가 고용한 종업원 등의 업무에 관한 범법행위에 대하여 영업주도 함께 처벌하는 청소년보호법(2004. 1. 29. 법률 제7161호로 개정된 것) 제54조 중 「개인의 대리인 · 사용인 기타 종업원이 그 개인의 업무에 관하여 제51조 제8호의 위반행위를 한 때에는 그 개인에 대하여도 해당 조의 벌금형을 과한다」는 부분은 책임주의에 반하여 헌법에 위반된다고 하였으며(憲 2009. 7. 30.-2008헌가10), 「사행행위 등 규제 및 처벌특례법」(2006. 3. 24. 법률 제7901호로 개정된 것) 제31조 중 「법인의 대리인 · 사용인 기타 종업원이 그 법인의 업무에 관하여 제30조 제2항 제1호의 위반행위(무허가 사행행위영업)를 한 때에는 그 법인에 대하여도 동조의 벌금형을 과한다」는 부분도 책임주의에 반하여 헌법에 위반된다고 하였다(憲 2009. 7. 30.-2008헌가14등).

[憲 2009.7.30.-2008헌가10] 「형벌은 범죄에 대한 제재로서 그 본질은 법질서에 의해 부정적으로 평가된 행위에 대한 비난이다. 일반적으로 범죄는 법질서에 의해 부정적으로 평가되는 행위, 즉 행위반가치(行爲反價値)와 그로 인한 부정적인 결과의 발생, 즉 결과반가치(結果反價値)라고 말할 수 있으나, 여기서 범죄를 구성하는 핵심적 징표이자 형벌을 통해 비난의 대상으로 삼는 것은 '법질서가 부정적으로 평가한 행위에 나아간 것', 즉 행위반가치에 있다. 만약 법질서가 부정적으로 평가한 결과가 발생하였다고 하더라도 그러한 결과의 발생이 어느 누구의 잘못에 의한 것도 아니라면, 부정적인 결과가 발생하였다는 이유만으로 누군가에게 형벌을 가할 수는 없다. 물론 결과의 제거와 원상회복을 위해 그 결과 발생에 아무런 잘못이 없는 개인이나 집단에 대해, 민사적 또는 행정적으로 불이익을 가하는 것이 공평의 관념에 비추어 볼 때 허용되는 경우도 있을 수 있다. 그러나 법질서가 부정적으로 평가할 만한 행위를 하지 않은 자에 대해서 형벌을 부과할 수는 없다. 왜냐하면 형벌의 본질은 비난가능성인데, 비난받을 만한 행위를 하지 않은 자에 대한 비난이 정당화될 수 없음은 자명한 이치이기 때문이다. 이와 같이 '책임없는 자에게 형벌을 부과할 수 없다'는 형벌에 관한 책임주의는 형사법의 기본원리로서, 헌법상 법치국가의 원리에 내재하는 원리인 동시에, 국민 누구나 인간으로서의 존엄과 가치를 가지고 스스로의 책임에 따라 자신의 행동을 결정할 것을 보장하고 있는 헌법 제10조의 취지로부터 도출되는 원리이다. 그런데 이 사건 법률조항은 영업주가 고용한 종업원 등이 그 업무와 관련하여 위반행위를 한 경우에, 그와 같은 종업원 등의 범죄행위에 대해 영업주가 비난받을 만한 행위가 있었는지 여부, 가령 종업원 등의 범죄행위를 지시하였거나 이에 실질적으로 가담하였거나 도움을 주었는지 여부, 아니면 영업주의 업무와 관련한 종업원 등의 행위를 지도하고 감독하는 노력을 게을리 하였는지 여부와는 전혀 관계없이 종업원 등의 범죄행위가 있으면 자동적으로 영업주도 처벌하도록 규정하고 있다. 한편, 이 사건 법률조항을 '영업주가 종업원 등에 대한 선임감독상의 주의의무를 위반한 과실 기타 영업주의 귀책사유가 있는 경우에만 처벌하도록 규정한 것'으로 해석함으로써 책임주의에 합치되도록 합헌적 법률해석을 할 수 있는지가

문제될 수 있으나, 합헌적 법률해석은 어디까지나 법률조항의 문언과 목적에 비추어 가능한 범위 안에서의 해석을 전제로 하는 것이므로 위와 같은 해석은 문언상 가능한 범위를 넘어서는 해석으로서 허용되지 않는다고 보아야 한다. 따라서 이 사건 법률조항은 아무런 비난받을 만한 행위를 한 바 없는 자에 대해서까지, 다른 사람의 범죄행위를 이유로 처벌하는 것으로서 형벌에 관한 책임주의에 반하는 것이라 하지 않을 수 없다(憲 2007. 11. 29.-2005헌가10). 결국, 이 사건 법률조항은 다른 사람이 행한 범죄에 대하여 그 선임·감독상의 책임 유무를 묻지 않고 형벌을 부과함으로써 책임주의에 반하므로, 헌법상 법치국가의 원리와 헌법 제10조에 위반된다고 할 것이다.」

의료법(2007. 4. 11. 법률 제8366호로 전부개정된 것) 제91조 제2항 중 「개인의 대리인, 사용인, 그 밖의 종업원이 제87조 제1항 제2호 중 제27조 제1항의 규정에 따른 위반행위를 하면 그 개인에게도 해당조문의 벌금형을 과한다」는 부분도 헌법상의 법치주의와 죄형법정주의에 위반되어 헌법에 위반된다고 하였다(憲 2009. 10. 29.-2009헌가6).

그러나 법인의 대표자가 그 업무에 관하여 위법행위를 한 경우에 그 법인에 대하여 벌금형을 과하는 것은 형벌책임주의에 반하지 않는다고 판시하였다(예: 憲 2010. 7. 29.-2009헌가25; 2010. 9. 30.-2010헌가61; 2011. 11. 24.-2011헌가34; 2013. 10. 14.-2013헌가18).

[憲 2013.10.14.-2013헌가18] 「법인 대표자의 행위는 종업원 등의 행위와 달리 보아야 한다. 법인의 행위는 법인을 대표하는 자연인인 대표기관의 의사결정에 따른 행위에 의하여 실현되므로, 자연인인 대표기관의 의사결정 및 행위에 따라 법인의 책임 유무를 판단할 수 있다. 즉, 법인은 기관을 통하여 행위하므로 법인이 대표자를 선임한 이상 그의 행위로 인한 법률효과는 법인에게 귀속되어야 하고, 법인 대표자의 범죄행위에 대하여는 법인 자신이 자신의 행위에 대한 책임을 부담하는 것이다. 이 사건의 당해 사건에서도, 부가가치세법의 규정에 따라 매출처별세금계산서합계표를 허위기재하여서는 아니 될 의무를 부담하는 것은 법인이지만, 법인은 직접 범행의 주체가 될 수 없고 대표자의 행위를 매개로 하여서만 범행을 실현할 수 있으므로 대표자의 행위를 곧 법인의 행위로 보고 법인을 처벌하는 것이다. 더욱이 더 이상의 감독기관이 없는 대표자의 행위에 대하여 누군가의 감독상 과실을 인정할 수도 없고, 달리 대표자의 책임과 분리된 법인만의 책임을 상정하기도 어렵다. 결국 법인 대표자의 법규위반행위에 대한 법인의 책임은, 법인 자신의 법규위반행위로 평가될 수 있는 행위에 대한 법인의 직접책임으로서, 대표자의 고의에 의한 위반행위에 대하여는 법인 자신의 고의에 의한 책임을, 대표자의 과실에 의한 위반행위에 대하여는 법인 자신의 과실에 의한 책임을 부담하는 것이다. 반대의견은 법인의 독자적인 의사결정과정 및 행위방식을 들어 대표자의 행위를 일률적으로 법인의 행위로 볼 수는 없기에 법인 대표자의 범죄행위에 대하여 법인의 잘못을 묻지 않고 법인을 처벌하는 것은 책임주의원칙에 반한다고 한다. 그러나 주식회사의 경우 대표자 외에도 이사회나 감사와 같은 독자적인 기관이 있다고 하더라도, 법인이 권리를 취득하고 의무를 부담하기 위해서는 언제나 법인의 행위로 의제

되는 대표자의 현실적인 집행행위가 필요한 것이고, 법인 대표자의 모든 위반행위가 아니라 당해 위반행위가 '법인의 업무에 관하여' 행하여진 경우에만 법인을 처벌하므로, 법인이 대표자와 동등하게 처벌받는다고 하여 이를 책임주의원칙에 반한다고 할 수는 없다. 따라서 심판대상조항 중 법인의 대표자 관련 부분은 대표자의 책임을 요건으로 하여 법인을 처벌하는 것이므로 책임주의원칙에 반하지 아니하며, 이 때 법인의 '대표자'에는 그 명칭 여하를 불문하고 당해 법인을 실질적으로 경영하면서 사실상 대표하고 있는 자도 포함된다고 해석함이 상당하다(憲 2011. 10. 25.-2010헌바307 참조).」

대법원은 양벌규정에 의하여 영업주를 처벌하는 것은 종업원의 위법행위로 인한 처벌에 종속하는 것이 아니라 종업원의 선임감독상의 과실에 의하여 처벌되는 것이라고 본다(예: 大 1982. 6. 22.-82도777; 1987. 11. 10.-87도1213; 2002. 1. 25.-2001도5595; 2006. 2. 24.-2005도7673).

[大 2006.2.24.-2005도7673] 「양벌규정에 의한 영업주의 처벌은 금지위반행위자인 종업원의 처벌에 종속하는 것이 아니라 독립하여 그 자신의 종업원에 대한 선임감독상의 과실로 인하여 처벌되는 것이므로 종업원의 범죄성립이나 처벌이 영업주처벌의 전제조건이 될 필요는 없다.」

Ⅲ. 적용영역

죄형법정주의는 새로 형벌법규를 제정할 때뿐만 아니라 기존의 형벌법규를 더 강화한 때에도 적용된다.

죄형법정주의는 범죄와 형벌에 적용된다. 범죄와 형벌인 이상 사법적인 영역뿐만 아니라 행정적인 영역(행정범죄와 행정형벌)에도 적용된다. 형벌법규의 경우에도 위임입법은 헌법상 인정되는데, 죄형법정주의에 비추어 형벌법규의 위임은 다른 영역에서의 위임입법보다 그 구체성이 더 강하게 요구된다(예: 憲 1991. 7. 8.-91헌가4; 1996. 2. 29.-94헌마213; 1998. 3. 26.-96헌가20; 2000. 6. 29.-99헌가16; 2000. 7. 20.-99헌가15).

[憲 1991.7.8.-91헌가4] 「처벌법규의 위임은 특히 긴급한 필요가 있거나 미리 법률로써 자세히 정할 수 없는 부득이한 사정이 있는 경우에 한정되어야 하고 이러한 경우일지라도 법률에서 범죄의 구성요건은 처벌대상인 행위가 어떠한 것일 것이라고 이를 예측할 수 있을 정도로 구체적으로 정하고 형벌의 종류 및 그 상한과 폭을 명백히 규정하여야 한다.」

[199] 제4 이중처벌의 금지

Ⅰ. 의 의

헌법 제13조 제1항은 「모든 국민은……동일한 범죄에 대하여 거듭 처벌을 받지 아니한다」라고 정하여 일사부재리(一事不再理 ne bis in idem)와 이중처벌의 금지를 정하고 있다. 동일한 범죄에 대하여는 한번의 처벌로 책임을 지는 것으로 충분하므로 이러한 이중처벌의 금지를 헌법상의 원칙으로 정하여 신체의 자유와 재산권 등 국민의 기본권을 보장하고 동시에 국가의 형벌권을 실현시키고 있다. 이러한 실체법상의 이중처벌의 금지원칙은 재판에 적용되어 절차법상 일사부재리로 나타나는데, 이는 동일한 형사재판에서 재판이 확정되어 실체적 확정력이 발생하면 동일한 사건에 대하여 다시 재판할 수 없다는 것을 의미한다. 이러한 것은 약식재판(略式裁判)(형소법§457)은 물론이고 즉결심판(卽決審判)에 의한 즉결처분의 경우(즉심법 §16)에도 동일하다.

II. 적용영역

이중처벌의 금지는 국가형벌권의 행사에 따르는 형사처벌의 영역에 적용되고, 그 이외의 국가가 행하는 각종의 제재나 불이익처분에는 적용되지 아니한다. 헌법재판소와 대법원의 판례도 동일한 견해이다. 헌법재판소는 헌법 제13조 제1항에서 금지하는 이중처벌은 거듭된 국가의 형벌권 행사를 금지하는 것일 뿐이고, 형벌권 행사에 덧붙여 일체의 제재나 불이익처분을 부가할 수 없는 것은 아니라고 판시하고 있다(예: 憲 1994. 6. 30.-92헌바38; 2001. 5. 31.-99헌가18등; 2002. 7. 18.-2000헌바57).

> [憲 1994.6.30.-92헌바38] 「헌법 제13조 제1항은 "모든 국민은……동일한 범죄에 대하여 거듭 처벌받지 아니한다"고 하여 이른바 "이중처벌금지의 원칙"을 규정하고 있는바, 이 원칙은 한번 판결이 확정되면 동일한 사건에 대해서는 다시 심판할 수 없다는 "일사부재리의 원칙"이 국가형벌권의 기속원리로 헌법상 선언된 것으로서, 동일한 범죄행위에 대하여 국가가 형벌권을 거듭 행사할 수 없도록 함으로써 국민의 기본권 특히 신체의 자유를 보장하기 위한 것이라고 할 수 있다. 이러한 점에서 헌법 제13조 제1항에서 말하는 "처벌"은 원칙으로 범죄에 대한 국가의 형벌권 실행으로서의 과벌을 의미하는 것이고, 국가가 행하는 일체의 제재나 불이익처분을 모두 그 "처벌"에 포함시킬 수는 없다 할 것이다. 다만, 행정질서벌로서의 과태료는 행정상 의무의 위반에 대하여 국가가 일반통치권에 기하여 과하는 제재로서 형벌(특히 행정형벌)과 목적 기능이 중복되는 면이 없지 않으므로, 동일한 행위를 대상으로 하여 형벌을 부과하면서 아울러 행정질서벌로서의 과태료까지 부과한다면 그것은 이중처벌금지의 기본정신에 배치되어 국가 입법권의 남용으로 인정될 여지가 있음을 부정할 수 없다.……이중처벌금지의 원칙은 처벌 또는 제재가 "동일한 행위"를 대상으로 행해질 때에 적용될 수 있는 것이고, 그 대상이 동일한 행위인지의 여부는 기본적 사실관계가 동일한지 여부에 의하여 가려야 할 것이다.」

헌법재판소와 대법원의 판례에 의하면, 보호감호처분과 형벌(예: 憲 1989. 7. 14.-88헌가5등; 2001. 3. 21.-99헌바7), 보안처분과 형벌(예: 憲 1989. 7. 14.-88헌가5등; 1991. 4. 1.-89헌마17등; 1996. 11. 28.-95헌바20; 1997. 11. 27.-92헌바28), 누범가중처벌(예: 憲 1995. 2. 23.-93헌바43; 2002. 10. 31.-2001헌바68), 상습범

의 가중처벌(예: 憲 1995. 3. 23.-93헌바59), 행정형벌과 행정질서벌인 과태료의 부과(예: 憲 1994. 6. 30.-92헌바38), 운행정지처분과 형사처벌(예: 大 1983. 6. 14.-82누439), 동일한 범죄에 대한 외국의 확정판결과 형사처벌(예: 大 1983. 10. 25.-83도2366), 동일한 사유로 인한 직위해제처분과 감봉처분(예: 大 1983. 10. 25.-83누184), 형벌과 신상공개(예: 憲 2003. 6. 26.-2002헌가14), 구제명령을 이행하지 않은 사용자에 대한 이행강제금과 형벌(憲 2014. 5. 29.-2013헌바171), 공직선거법위반죄를 범하여 형사처벌을 받은 공무원에 대한 당선무효(憲 2015. 2. 26.-2012헌마581), 공금 횡령을 사유로 징계한 공무원에 대하여 해당 징계 외에 공금 횡령액의 5배 내의 징계부가금을 부과하도록 한 지방공무원법 규정(憲 2015. 2. 26.-2012헌바435), 성폭력범죄자에 대한 형벌과 위치추적 전자장치 부착명령(憲 2015. 9. 24.-2015헌바35)은 서로 이중처벌의 관계에 있지 않다고 본다.

[200] 제5 친족의 행위로 인한 불이익처우의 금지

Ⅰ. 의 의

헌법 제13조 제3항은 「모든 국민은 자기의 행위가 아닌 친족의 행위로 인하여 불이익한 처우를 받지 아니한다」라고 정하여 근대 형법의 이념인 자기책임(=개인책임)의 원칙을 헌법원칙으로 정하고 있다. 이러한 자기책임의 원칙은 전근대적인 연좌제를 부정한 것이고, 형사법원리상으로는 근대 형사책임개별화의 원리를 헌법원칙으로 확인한 것이다.

연좌제는 동양에서 실시되었던 것인데(예: 중국의 당률, 대명률), 우리 역사에서도 전근대적인 것으로 남아 있었다. 조선시대에는 대명률에 의거하여 연좌형이 통용되었다. 이러한 연좌제는 조선시대 말(개국 503년) 칙령에 의하여 폐지되었다. 1980년헌법에서 연좌제의 금지를 명문화한 이후 현재까지 유지되고 있다.

Ⅱ. 내 용

「불이익한 처우」란 형벌 이외에 국가로부터 받는 모든 종류의 불이익한 처우를 말한다.

헌법 제13조 제3항의 「친족」은 민법상의 친족인 배우자·혈족·인척(민법 §777)에 한하지 않고, 그 밖의 모든 타인도 이에 포함된다.

[憲 1996.1.25.-95헌가5] 「반국가행위자의처벌에관한특별조치법 제8조는 제2조 제2항에서 "이 법에서 반국가행위자의 재산이라 함은 행위자가 실질적으로 소유하고 있는 동산·부동산·유가증권 기타 일체의 재산적 가치 있는 물건 또는 권리를 말한다"고 규정하고 있고, 제10조에서 몰수판결의 효력은 몰수대상물의 명의자 또는 점유자에 대하여도 효력이 있다고 규정한 점과 종합하여 보면, 친족의 재산까지도 반국가행위자의 재산이라고 검사가 적시하기만 하면 특조법 제7조 제7항에 의하여 증거조사 없이 몰수형

이 선고되게 되어 있으므로, 헌법 제13조 제3항에서 금지한 연좌형이 될 소지도 크다. 따라서 특조법 제8조는 헌법 제13조 제3항에도 위반된다.」

Ⅲ. 구체적인 문제

선거사무장 등의 선거범죄로 인한 후보자의 당선무효책임(공선법 §265)은 선거사무장 등 선거운동에 관여한 자의 행위가 후보자의 의사 또는 영향력 하에서 후보자를 위하여 행위를 한 것이고, 이러한 선거운동은 성질상 후보자의 선거활동에 속하는 것이므로 이러한 자의 행위에 기초하여 후보자에게 당선무효의 책임을 묻는 것은 선거제도와 선거원리에 합당하여 이를 연좌제라고 할 수 없다(예: 憲 2005. 12. 22.-2005헌마19). 대법원도 이를 헌법 제13조 제3항이 금지하고 있는 연좌제라고 보지 않는다(예: 大 1997. 4. 11.-96도3451)([554]Ⅴ).

> [大 1997.4.11.-96도3451] 「원심은……선거사무장 또는 회계책임자가 기부행위를 한 죄로 징역형을 선고받는 경우에 그 후보자의 당선이 무효로 되는 것은 그러한 뜻을 규정하고 있는 공직선거및선거부정방지법 제265조의 규정에 의한 것일 뿐이고, 피고인들에 대하여 징역형을 선고하는 것이 연좌제를 금지한 헌법위반이라고 할 수는 없다고 판시하였는바, 기록과 관계 법령의 규정내용에 비추어 원심의 위와 같은 판단은 정당한 것으로 수긍할 수 있고, 원심판결에 헌법상의 연좌제 금지와 관련한 법리오해의 위법이 있다 할 수 없다.」

[201] 제6 무죄추정의 원칙

Ⅰ. 의 의

헌법 제27조 제4항은 「형사피고인은 유죄의 판결이 확정될 때까지는 무죄로 추정된다」라고 정하여 무죄추정의 원칙을 헌법원칙으로 정하고 있다. 이는 재판에 있어서 무죄의 판결이든 유죄의 판결이든 재판이 확정될 때까지 형사피의자나 형사피고인은 무죄로 추정된다는 것을 의미한다. 무죄판결(형소법 §325)이 확정되면 그 이전까지 무죄로 추정되던 효력은 종료되고 확정적으로 무죄의 효력이 발생한다.

여기서 말하는 유죄판결은 실형을 선고하는 형선고의 판결 이외에 형의 면제, 집행유예(執行猶豫)의 판결, 선고유예(宣告猶豫)의 판결도 포함된다. 면소판결(免訴判決), 공소기각(公訴棄却)의 판결, 공소기각의 결정, 관할위반의 판결은 유죄 또는 무죄에 대한 실체적 재판이 아니고 형식적 재판이므로 무죄추정은 그대로 유지된다.

무죄의 추정은 법치국가의 일반원칙에 해당하고, 헌법상의 원리 또는 원칙이다. 그리고 이 무죄추정원칙으로부터 무죄추정(無罪推定)을 받을 권리가 기본권으로 도출된다(신동운, 626).

헌법재판소는 무죄추정의 원칙은 증거법에 국한된 원칙이 아니라 수사절차에서 공판절차에 이르기까지 형사절차의 전 과정을 지배하는 지도원리로서 인신의 구속 자체를 제한하는 원리로 작용한다고 본다(신동운, 626).

[憲 2009.6.25.-2007헌바25] 「헌법상 무죄추정의 원칙은 형사재판에 있어서 유죄의 판결이 확정될 때까지 피의자나 피고인은 원칙적으로 죄가 없는 자로 다루어져야 하고, 그 불이익은 필요최소한에 그쳐야 한다는 것을 의미한다. 이러한 무죄추정의 원칙은 증거법에 국한된 원칙이 아니라 수사절차에서 공판절차에 이르기까지 형사절차의 전 과정을 지배하는 지도원리로서 인신의 구속 자체를 제한하는 원리로 작용한다. 유죄의 확정판결이 있을 때까지 국가의 수사권은 물론 공소권, 재판권, 행형권 등의 행사에 있어서 피의자 또는 피고인은 무죄로 추정되고 그 신체의 자유를 해하지 아니하여야 한다는 무죄추정의 원칙은, 인간의 존엄성을 기본권질서의 중심으로 보장하고 있는 헌법질서 내에서 형벌작용의 필연적인 기속원리가 될 수밖에 없고……」

무죄추정(Unschuldvermutung)의 원칙은 국가우월주의의 형사법체계에서 유무죄의 여부가 분명하지 않은 상황에서도 혐의형(嫌疑刑)을 두어 처벌하던 전제주의형벌체계의 부정으로 나타난 것이다. 1789년 프랑스의 「인간과 시민의 권리선언」(§9)에서 명문화된 이후, 1948년의 「세계인권선언」(§11)에서도 명문화되었다. 1953년의 「유럽인권선언」에서도 명문화되어 가입국에 법적 의무를 부과하는 형태로 발전하였다(동선언 §6②). 우리 헌법사에서는 1980년헌법에서 이를 처음으로 헌법규정(§26④)으로 명문화한 이래 현재까지 유지되고 있다. 우리나라가 가입한 1990년의 「시민적 · 정치적 권리에 관한 국제협약」도 이를 명문화하고 있다(동조약 §14②).

II. 내 용

무죄추정의 원칙은 유죄확정의 책임과 관련되어 있는 범위에서는 형사상의 증거법에 관한 사항, 형사절차에 관한 사항뿐만 아니라 그 밖의 기본권의 제한에 관한 사항에 적용되는 것으로 이는 「유죄확정의 책임」을 배제하는 것을 의미한다. 유죄확정의 책임에 포함되어 있지 않은 비난가능성에 대해서는 윤리적으로나 사회적 또는 법적으로 그 책임이 면제되지 않으므로 이 경우에는 무죄추정의 법리는 적용되지 않는다. 따라서 피의자와 피고인의 경우에 유죄판결이 확정될 때까지는 원칙적으로 무죄인 사람으로 다루어져야 하고, 그 불이익은 필요한 최소한에 그쳐야 한다(예: 憲 1990. 11. 19.-90헌가48; 1997. 5. 29.-96헌가 17; 2008. 1. 10.-2007헌마1468).

무죄추정의 원칙은 i) 형사증거법상 「의심스러울 때는 피고인에게 유리하게」(in dubio pro reo)의 법리가 작용하도록 하여 법원으로 하여금 유죄의 심증형성이 어려운 경우에는 무죄판결을 하도록 입법하여야 하고, ii) 형사재판에서 유죄입증의 책임을 국가에게 부담시키며, iii) 공소시효의 완성에 있어서도 피의자나 피고인에게 유리한 사실에 기초하여 판단하여야 한다. iv) 형사절차에서는 예단(豫斷)이 배제되고, v) 미결수용자(구속 피의자, 구속 피고인)는 정당한 이유가 없는 한 법적 지위에서 일반인과 동일하게 처우되어야 하며, vi) 당해 형사절차 이외의 분야에서는 불이익을 당하지 않아야 한다는 것을 내용으로 한다(신동운, 627). 이에 의할 때, 수사기관이 피의자의 피의사실을 공표하여 고의로 명예를 훼손하는 것이나 수감에 있어 미결수에 대하여 기결수에게 부과되는 의무를 부과하는 것은 허용되지 않는다. 그러나 수사단계에서 피의자의 혐의사실이나 증거관련 사항 등이 공표되는 것은 법질서의 보호·유지라는 공익과 국민의 알 권리를 충족시킨다는 면에서 인정된다. 범죄의 혐의가 있는 자가 그렇지 아니한 일반인과 동등하게 평가될 수는 없으며 이는 무죄추정원칙과 무관하다.

무죄추정원칙과 관련하여 불구속수사나 불구속재판이 무죄추정원칙의 내용인가 하는 문제가 있다. 헌법재판소는 이를 긍정하고 있는(예: 憲 1992. 1. 28.-91헌마111; 2003. 11. 27.-2002헌마193; 2009. 6. 25.-2007헌바25) 반면에, 대법원은 이를 부정하고 있다(예: 大 2001. 11. 30.-2001도5225). 수사나 재판에서 피의자 또는 피고인을 체포 또는 구속할 것인가 하는 문제는 재범의 가능성이나 위험성 등과 같은 실체법적인 이유나 도주의 우려, 증거의 인멸, 주거의 부정 등 수사나 재판의 절차법적인 기능에 따라 결정되는 성질의 것이고, 체포나 구속은 유죄확정의 효력과는 무관하므로 이는 무죄추정원칙의 내용이라고 할 수 없다(반대: 신동운, 629).

> [憲 2009.6.25.-2007헌바25] 「신체의 자유를 최대한으로 보장하려는 헌법정신 특히 무죄추정의 원칙으로 인하여 수사와 재판은 원칙적으로 불구속상태에서 이루어져야 한다. 그러므로 구속은 구속 이외의 방법에 의하여서는 범죄에 대한 효과적인 투쟁이 불가능하여 형사소송의 목적을 달성할 수 없다고 인정되는 예외적인 경우에 한하여 최후의 수단으로만 사용되어야 하며 구속수사 또는 구속재판이 허용될 경우라도 그 구속기간은 가능한 한 최소한에 그쳐야 한다. 이처럼 신체의 자유를 규정한 헌법 제12조와 무죄추정의 원칙을 규정한 헌법 제27조 제4항의 정신에 비추어 당연하게 해석되어 온 일반원칙은, 2007.6.1. 법률 제8435호로 개정된 형사소송법 제198조 제1항이 "피의자에 대한 수사는 불구속 상태에서 함을 원칙으로 한다"라고 불구속수사의 원칙을 천명함으로써 입법화되었다.」

헌법재판소는 방론이기는 하지만, 무죄추정원칙이 제도적으로 표현된 것으로 공판절차의 입증단계에서 거증책임(擧證責任)을 검사에게 부담시키는 제도, 보석 및 구속적부심 등 인신구속의 제한을 위한 제도, 피의자 및 피고인에 대한 부당한 대우 금지 등이 있다고 한다(예: 憲 2001. 11. 29.-2001헌바41; 2009. 6. 25.-2007헌바25).

프랑스의 형사소송법은 구속사유로, 진실을 규명하는데 필요한 물적 증거 또는 정황의 보전, 증인 또는 피해자, 그 가족에 대한 압력의 방지, 피의자와 공동정범 또는 공범간의 부정한 통모의 방지, 피의자의 보호(예: 자해 등), 법원의 처분에 대한 피의자의 신병 확보, 범죄의 종식 또는 재범의 방지, 중죄에 한하여 피해의 중요성, 범행상황, 범죄의 중대성으로 인하여 야기된 공공질서에 대한 예외적이고 지속적인 혼란의 종식을 정하고 있다(동법 §144).

[憲 1992.1.28.-91헌마111] 「이 무죄추정의 원칙으로 인하여 불구속수사, 불구속재판을 원칙으로 하고 예외적으로 피의자 또는 피고인이 도망할 우려가 있으나 증거를 인멸할 우려가 있는 때에 한하여 구속수사 또는 구속재판이 인정될 따름이다.」
[大 2001.11.30.-2001도5225] 「무죄추정을 받는 피고인이라고 하더라도 그에게 구속의 사유가 있어 구속영장이 발부, 집행된 이상 신체의 자유가 제한되는 것은 당연한 것이므로, 이러한 조치가 무죄추정의 원칙에 위배되는 것이라고 할 수는 없다.」

헌법재판소는 다음의 경우에 무죄추정의 원칙에 반한다고 판시하였다. 공소가 제기된 변호사에 대하여 확정판결이 있을 때까지 법무부장관이 변호사업무정지를 명할 수 있도록 규정한 변호사법의 규정(憲 1990. 11. 19.-90헌가48), 형사사건으로 공소가 제기되면 확정판결이 있기 전이라도 해당 사립학교교원에 대하여 일률적으로 직위해제하도록 정하고 있는 사립학교법의 규정(憲 1994. 7. 29.-93헌가3등), 몰수할 것으로 인정되는 물품을 압수한 경우에 있어서 범인이 당해 관서에 출두하지 아니하거나 또는 범인이 도주하여 그 물품을 압수한 날로부터 4월을 경과한 때에는 당해 물품은 별도의 재판이나 처분 없이 국고에 귀속한다고 규정하고 있는 관세법의 규정(憲 1997. 5. 29.-96헌가17), 국가보안법 제7조와 제10조의 죄에 대하여 수사기관에 의한 피의자의 구속기간을 형사소송법상의 30일보다 많은 50일로 정하고 있는 국가보안법의 규정(憲 1992. 4. 14.-90헌마82), 형사사건으로 기소되기만 하면 사건의 경중에 무관하게 일률적으로 당해 공무원에 대하여 직위해제하도록 한 국가공무원법의 규정(憲 1998. 5. 28.-96헌가12; 2003. 7. 24.-2001헌가25). 미결수용자에게 수용시설 안에서 재소자용 의류를 입게 하는 것은 구금 목적의 달성, 시설의 규율과 안전유지를 위한 필요최소한의 제한으로서 정당성·합리성을 갖춘 재량의 범위 내의 조치이지만, 수사 또는 재판을 받을 때에도 재소자용 의류를 입게 하는 것은 무죄추정의 원칙에 반하고 인격권 및 행복추구권, 공정한 재판을 받을 권리를 침해한 것이라고 판시하였다(憲 1999. 5. 27.-97헌마137). 판결선고전 구금일수의 통산을 규정한 형법이 미결구금일수의 일부만을 형기에 통산하는 것으로 정하는 것은 무죄추정의 원칙과 적법절차의 원칙에 반하는 것이어서 헌법에 위반된다고 결정하였다(憲 2009. 6. 25.-2007헌바25). 금고 이상의 형을 선고받고 그 형이 확정되지 아니한 경우 지방자치단체의 장의 직무를 정지하고 부단체장이 권한대행을 하도록 한 구 지방자치법 제111조 제1항 제3호에 대하여 무죄추정의 원칙에 반하여 공무담임권을 제한한다고 보아 헌법불합치 결정을 내렸다(憲 2010. 9. 2.-2010헌마418).

그러나 공소제기의 기초를 이루는 공무원의 비위사실을 기초로 하여 징계처분을 하는 것(예: 大 1983. 9. 27.-83누89; 1984. 9. 11.-84누110), 형사재판에 계속 중인 국민에 대하여 6개월 이내의 기간을 정하여 출국을 금지시킬 수 있는 것(憲 2015. 9. 24.-2012헌바302)은 무죄추정의 원칙에 위배되지 않는다.

Ⅲ. 적용영역

(1) 주관적 범위

무죄추정은 법문에는 피고인으로 명시되어 있으나 피의자에게도 적용된다. 헌법재판소의 판례도 동일한 견해이다(예: 憲 1992. 1. 28.-91헌마111; 1997. 5. 29.-96헌가17).

> [憲 1992.1.28.-91헌마111] 「헌법 제27조 제4항은 "형사피고인은 유죄의 판결이 확정될 때까지 무죄로 추정된다"라고 하여 이른바 무죄추정의 원칙을 선언하였는데 공소가 제기된 형사피고인에게 무죄추정의 원칙이 적용되는 이상, 아직 공소제기조차 되지 아니한 형사피의자에게 무죄추정의 원칙이 적용되는 것은 너무도 당연한 일이며……」

(2) 객관적 범위

무죄추정의 원칙은 증거법에 국한되지 않고 수사절차에서 공판절차에 이르기까지 형사절차의 전 과정에 적용되고(예: 憲 2003. 11. 27.-2002헌마193), 형사절차상의 처분뿐만 아니라 기타 기본권 제한과 같은 불이익처분에도 적용된다(예: 憲 1990. 11. 19.-90헌가48).

> [憲 1990.11.19.-90헌가48] 「변호사법 제15조에서 변호사에 대해 형사사건으로 공소가 제기되었다는 사실만으로 업무정지명령을 발하게 한 것은 아직 유무죄가 가려지지 아니한 범죄의 혐의사실뿐 확증 없는 상태에서 유죄로 추정하는 것이 되며 이를 전제로 한 불이익한 처분이라 할 것이다. 공소의 제기가 있는 피고인이라도 유죄의 확정판결이 있기까지는 원칙적으로 죄가 없는 자에 준하여 취급하여야 하고, 불이익을 입혀서는 안 된다고 할 것으로 가사 그 불이익을 입힌다 하여도 필요한 최소한도에 그치도록 비례의 원칙이 존중되어야 하는 것이 헌법 제27조 제4항의 무죄추정의 원칙이며, 여기의 불이익에는 형사절차상의 처분뿐만 아니라 그 밖의 기본권제한과 같은 처분도 포함된다고 할 것이다.」

그러나 행정소송에 관한 판결이 확정되기 전에 과징금부과 등 행정청의 제재처분에 대하여 공정력과 집행력을 인정하는 것은 무죄추정의 원칙에 위배되지 않는다(예: 憲 2003. 7. 24.-2001헌가25).

> [憲 2003.7.24.-2001헌가25] 「이 사건 법률조항에 의한 과징금은 형사처벌이 아닌 행

정상의 제재이고, 행정소송에 관한 판결이 확정되기 전에 행정청의 처분에 대하여 공정력과 집행력을 인정하는 것은 이 사건 과징금에 국한되는 것이 아니라 우리 행정법체계에서 일반적으로 채택되고 있는 것이므로, 과징금 부과처분에 대하여 공정력과 집행력을 인정한다고 하여 이를 확정판결 전의 형벌집행과 같은 것으로 보아 무죄추정의 원칙에 위반된다고 할 수 없다.」

(3) 시간적 범위

무죄추정의 원칙은 유죄판결의 확정시까지 인정된다. 검사가 불기소처분을 한 경우에는 물론이고, 제1심이나 제2심에서 유죄를 선고한 경우에도 이러한 유죄판결이 확정되기 전까지는 무죄가 추정된다. 유죄판결이 확정되는 것은 대법원의 판결선고(형소법 §380-§382, §396), 상소기간의 도과(형소법 §358, §374), 상소권의 포기(형소법 §349), 상소취하(형소법 §349)에 의하여 이루어진다.

헌법상의 무죄추정의 원칙은 유죄판결의 확정으로 종료하므로 유죄판결이 확정된 이후에 이에 대하여 제기하는 재심의 청구절차에는 적용되지 않는다. 그러나 「의심스러울 때는 피고인에게 유리하게」의 법리는 재심절차에서도 인정된다고 할 것이다(동지: 신동운, 496).

[202] 제7 영장주의

Ⅰ. 의 의

헌법은 제12조 제1항에서 「누구든지 법률에 의하지 아니하고는 체포 · 구속 · 압수 · 수색……을 받지 아니하며,……」라고 정하고, 제12조 제3항에서 「체포 · 구속 · 압수 또는 수색을 할 때에는 적법한 절차에 따라 검사의 신청에 의하여 법관이 발부한 영장을 제시하여야 한다」라고 정하여, 체포 · 구속 · 압수 · 수색에 있어서 사전영장주의(事前令狀主義)를 정하고 있다. 헌법 제12조 제1항의 위 규정은 공판단계에서 법관의 직권에 의한 영장발부의 근거이고, 헌법 제12조 제3항은 검사의 신청에 의한 법관의 영장발부의 근거이다. 이러한 영장발부에 의한 강제는 법관에 의한 인신의 제한이다.

강제수사는 범죄수사에서 필요한 것이지만, 이를 인정하는 동시에 강제수사가 헌법과 법률이 정하는 엄격한 절차를 따르도록 하여 강제수사에 따른 인신의 침해를 방지하고자 하는 것이다. 이러한 사전영장주의는 형사소송법의 영역을 지배하기 때문에 형사소송법도 이를 확인하고 이에 대하여 구체적으로 정하고 있다(형소법 §200의2 이하, §215 이하, §221의3 이하).

영장주의는 영미법에서 발달한 제도이다. 우리나라에는 미군정기에 미합중국연방헌법 수정조항(amendment) 제4조의 영장주의에 영향을 받아 군정법령 제176호 「형사소송법의 개정」에 의하여 처음 도입된 후 1948년헌법부터 헌법상의 원리로 정해오고 있다(1948년 헌법 §9).

[憲 2012.6.27.-2011헌가36] 「헌법은 제12조 제3항에서 "체포 · 구속 · 압수 또는 수색을 할 때에는 적법한 절차에 따라 검사의 신청에 의하여 법관이 발부한 영장을 제시하여야 한다"라고 규정하여 적법절차의 원칙과 함께 영장주의를 밝히고 있다. 수사단계이든 공판단계이든 수사나 재판의 필요상 구속 등 강제처분을 하지 않을 수 없는 경우가 있게 마련이지만 강제처분을 받는 피의자나 피고인의 입장에서는 심각한 기본권의 제한을 받게 된다. 이에 영장주의는 인신의 자유를 제한하는 강제수사의 경우 사법권 독립에 의하여 신분이 보장되는 법관의 사전적 · 사법적 억제를 통해 수사기관의 강제처분 남용을 방지하고 국민의 기본권을 보장하는 것을 그 본질로 한다(憲 1997. 3. 27.-96헌바28등; 2004. 9. 23.-2002헌가17등 참조). 즉 영장주의의 본질은 강제수사의 요부 판단권한을 수사의 당사자가 아닌 인적 · 물적 독립을 보장받는 제3자인 법관에게 유보하는 것으로서, 법치국가의 사법질서 확립을 위해서는 수사절차에서의 사법통제가 반드시 필요한 것임을 선언한 것이다.」

II. 내　용

(1) 사전영장

헌법 제12조 제3항에서 정하고 있는 영장주의는 체포 · 구속 · 압수 · 수색을 하기 전에 행하는 사전영장을 원칙으로 하고 사후영장은 예외적으로 헌법이 직접 별도로 정하고 있는 경우에만 인정된다는 것을 그 내용으로 한다.

영장주의는 체포 · 구속 · 압수 · 수색에 있어서 적용된다. 따라서 결국 체포 · 구속 · 압수 · 수색에서는 법률주의, 적법절차원리, 영장주의가 적용되는 셈이다.

통신의 자유에서 문제가 되는 통신비밀보호법이 정하고 있는 감청(監聽)에 있어서는 영장이 아닌 법관의 허가를 얻도록 하고 있다([255] I (2)). 이러한 허가는 성질상 영장의 발부와 동일하다고 할 것이다. 그렇지만 감청은 헌법 제12조 제3항에서 정하는 체포 · 구속 · 압수 · 수색 가운데 어느 것에도 해당하지 않으므로 감청에서는 헌법 제12조 제3항이 적용되지 않는다.

(2) 일반영장의 금지

헌법에서 정하고 있는 영장은 사전영장이든 사후영장이든 범죄의 내용, 구금할 장소, 압수 · 수색의 목적물과 범위가 특정되지 않은 일반영장은 금지된다. 따라서 압수의 목적물과 수색의 대상과 범위가 애매모호하거나 포괄적인 일반영장(一般令狀 general warrant)은 헌법상 허용되지 않는다.

영장제도에서 적법절차는 검사의 영장신청의 절차에도 적용되고, 법관의 영장발부절차에도 적용된다. 형사소송법의 영장실질심사제도(형소법 §201의2)는 이러한 적법절차를 실현하는 하나의 방법으로 채택되어 있는 것이다. 공판단계에서 피고인에 대하여 법관이 영장을 발부하는 경우에는 검사의 신청이 필요하지 않고, 이는 적법절차원리에 어긋나지 않는다(예: 憲 1997. 3. 27.-96헌바28).

[憲 1997.3.27.-96헌바28] 「현행 헌법 제12조 제3항 중 "검사의 신청"이라는 부분의 취지도 모든 영장의 발부에 검사의 신청이 필요하다는 것이 아니라 수사단계에서 영장의 발부를 신청할 수 있는 자를 검사로 한정한 것으로 해석함이 타당하다.……영장주의의 본질과 헌법 제12조 제3항의 연혁을 종합하여 살펴보면, 영장주의는 헌법 제12조 제1항 및 제3항의 규정으로부터 도출되는 것이고, 그 중 헌법 제12조 제3항이 "……구속……을 할 때에는……검사의 신청에 의하여 법관이 발부한 영장……"이라고 규정한 취지는 수사단계에서의 영장주의를 특히 강조함과 동시에 수사단계에서의 영장신청권자를 검사로 한정한 데 있다고 해석된다(공판단계에서의 영장발부에 관한 헌법적 근거는 헌법 제12조 제1항이다).」

Ⅲ. 예 외

(1) 사후영장

헌법 제12조 제3항은 체포 · 구속 · 압수 · 수색에 있어서 「현행범인인 경우와 장기 3년 이상의 형에 해당하는 죄를 범하고 도피 또는 증거인멸의 염려가 있을 때에는 사후에 영장을 청구할 수 있다」라고 하여 사전영장의 예외를 직접 정하고 있다. 형사소송법에서는 현행범의 체포(형소법 §200의3)와 긴급체포(동법 §212)로 구체화되어 있다. 죄증이 명백한 경우와 중한 범죄의 경우에 대하여 효율적인 수사를 하기 위한 것이다. 그러나 이러한 것은 형사소송법 제200조의4와 동법 제213조의2에 의하여 48시간 내에 구속영장을 청구하거나 아니면 석방하게 되어 있기 때문에 영장주의의 완화일 뿐 영장주의를 배제하는 것이 아니다. 따라서 헌법이 정하는 경우에만 사후영장(事後令狀)이 가능하고 그 이외에는 사후영장은 허용되지 않는다. 이러한 경우 이외에 헌법 제37조 제2항을 근거로 하여 법률로써 사후영장을 인정할 수 없다.

(2) 비상계엄

헌법 제77조 제3항은 「비상계엄이 선포된 때에는 법률이 정하는 바에 의하여 영장제도……에 관하여 특별한 조치를 할 수 있다」라고 정하고 있다. 이와 관련하여 여기서 말하는 「특별한 조치」가 무엇을 말하는가 하는 점에 대하여 논란이 있다. 비상계엄하에서도 영장제도 자체를 정지할 수는 없다고 할 것이다(동지: 김철수a, 729; 권영성, 429). 과거 헌법위원회의 판례 중 비상계엄시에도 법관의 영장을 배제할 수 없다고 판시한 것이 있다(헌법위원회 1953. 10. 8.-4286헌위2).

[헌법위원회 1953.10.8.-4286헌위2] 「헌법 제9조는……사후에 영장의 교부를 청구할 수 있는 예외의 경우를 제하고는 여하한 경우에도 법관의 영장이 없는 체포구금수색할 수

없다는 것이 헌법 제9조의 정당적 해석일 뿐 아니라 국민의 기본권리인 신체의 자유를 보장한 헌법정신에 적응한다고 확신한다.……비상계엄의 선포에 수반한 계엄사령관의 공포 또는 포고 중 계엄지역에 있어서는 체포구금수색에 관하여 법관의 영장을 요하지 아니한다는 취지의 부분과 검찰청이 법관의 영장 없이 검사가 발부한 영장으로 체포구금수색을 실시하는 것은 모두 계엄법 제13조의 법의를 억측곡해함에 기인한 것으로 헌법 제9조 제2항에 위반됨이 이상 논한 바에 의하여 명료한 것이다.」

Ⅳ. 구체적인 문제

(1) 음주측정

음주측정에서 영장주의가 적용되는가 하는 것이 문제가 된다. 음주측정은 헌법 제12조 제3항의 체포·구속·압수·수색의 어느 것에도 해당하지 않기 때문에 헌법 제12조 제3항의 영장주의가 적용되지 않는다. 그런데 이는 신체활동의 자유를 제한하는 것이므로 헌법 제37조 제2항은 적용된다(예: 憲 2004. 1. 29.-2002헌마293).

헌법재판소는 음주측정에는 영장을 필요로 하지 않는다고 판시하였다(예: 憲 1997. 3. 27.-96헌가11).

[憲 1997.3.27.-96헌가11] 「이 사건에서 문제되는 음주측정은 후자의 경우로서 교통안전과 위험방지를 위해 음주측정을 할 필요성이 있을 것을 요건으로 하지 아니하며, 주취상태에서 자동차 등을 운전 "하였다"고 인정할 만한 상당한 이유가 있기만 하면 음주측정을 할 수 있다. 그러므로 이 사건 음주측정은 이미 행하여진 주취운전이라는 범죄행위에 대한 증거수집을 위한 음주측정으로서의 의미를 가진다.……음주측정은 호흡측정기에 의한 측정의 성질상 강제될 수 있는 것이 아니며 또 실무상 숨을 호흡측정기에 한두 번 불어 넣는 방식으로 행하여지는 것이므로 당사자의 자발적 협조가 필수적인 것이다. 따라서 당사자의 협력이 궁극적으로 불가피한 측정방법을 두고 강제처분이라고 할 수 없을 것이다(호흡측정을 강제로 채취할 수 있는 물리적·기계적 방법이 기술적으로 불가능하다고 단정할 수는 없겠으나, 적어도 인간의 존엄성을 훼손하지 아니하는 적법한 보편적 방법으로는 불가능하다고 보아야 할 것이다). 이와 같이 이 사건 음주측정을 두고 영장을 필요로 하는 강제처분이라 할 수 없는 이상 이 사건 법률조항은 헌법 제12조 제3항의 영장주의에 위배되지 아니한다.」

[憲 2004.1.29.-2002헌마293] 「경찰공무원이 위 지점에서 청구인이 진행하던 방향의 전 차로를 가로막고 청구인을 비롯하여 지나가는 모든 운전자를 대상으로 음주단속을 실시한 행위……는 도로교통법 제41조 제2항 전단에 근거를 둔 적법한 경찰작용이라 하겠다.……불특정 다수인을 상대로 한 일제단속식 음주단속이 그 자체로 허용되는 방식이라 하더라도, 개별적·구체적인 단속행위가 아무렇게나 이루어지더라도 괜찮다는 것을 의미하지는 않는다. 기본권제한의 일반원칙인 과잉금지원칙은 이 경우에도 준수되어야 하므로, 그러한 음주단속을 하더라도 관련 국민들의 피해를 최소화하는 범위 내에서, 법익형량이 이루어지는 가운데 실시되어야 한다. 그러한 기준을 일률적으로 제시할 수는 없겠지만, 일응 ① 음주단속의 필요성이 큰, 즉 음주운전이 빈발할 것으로 예상되는 시간과 장소를 선정하여야 할 것이고, ② 운전자 등 관련국민의 불편이 극심한 단속은 가급적 자제하여야 하며, ③ 전방지점에서의 사전예고, 단시간 내의 신속한 실시 등

과 같은 방법상의 한계도 지켜야 할 것이다.」

(2) 행정상 즉시강제

행징상 즉시강제(卽時强制)를 행함에 있어서도 헌법상의 영장주의가 적용되는가 하는 문제가 있다. 이에 관해서는 영장주의가 형사절차에만 적용된다는 규정이 없고 기본권 보장에 충실하여야 하므로 행정상 즉시강제에도 영장이 요구된다고 하는 영장필요설(令狀必要說)과 헌법 제12조 제3항은 자유권을 보장하기 위한 것이므로 행정상 즉시강제에는 영장이 요구되지 않는다고 하는 영장불요설(令狀不要說)이 대립하고 있다.

행정강제의 특성상 행정목적을 위하여 불가피하게 영장주의를 적용할 수 없는 경우(예: 감염병 환자, 정신질환자의 강제입원)에는 영장을 요구할 수 없으나, 정신질환자의 장기적인 강제수용과 같이 개인의 자유가 지속적으로 제한을 받는 경우에는 행정상 즉시강제에도 영장이 요구된다고 할 것이다(동지: 김철수a, 733; 성낙인, 462; 계희열b, 307; 권영성, 428).

헌법재판소는 행정상 즉시강제에서 급박한 필요가 있고 공익이 우선하고 과잉금지원칙에 위반되지 않는 경우에는 영장없이도 불법게임물을 수거 · 폐기할 수 있다고 판시하였다(예: 憲 2002. 10. 31.-2000헌가12). 대법원은 행정상 즉시강제에 영장주의가 적용되지 않는 경우를 인정하고 있다(예: 大 1997. 6. 13.-96다56115).

(3) 경찰서 보호실의 유치

수사의 편의상 임의로 사람을 경찰서 보호실에 유치하는 것은 감금에 해당하므로 헌법 제12조 제3항에 따라 영장주의가 적용된다(예: 大 1994. 3. 11.-93도958).

[大 1994.3.11.-93도958] 「경찰서에 설치되어 있는 보호실은 영장대기자나 즉결대기자 등의 도주방지와 경찰업무의 편의 등을 위한 수용시설로서 사실상 설치, 운영되고 있으나 현행법상 그 설치근거나 운영 및 규제에 관한 법령의 규정이 없고, 이러한 보호실은 그 시설 및 구조에 있어 통상 철창으로 된 방으로 되어 있어 그 안에 대기하고 있는 사람들이나 그 가족들의 출입이 제한되는 등 일단 그 장소에 유치되는 사람은 그 의사에 기하지 아니하고 일정장소에 구금되는 결과가 되므로, 경찰관직무집행법상 정신착란자, 주취자, 자살기도자 등 응급의 구호를 요하는 자를 24시간을 초과하지 아니하는 범위 내에서 경찰관서에 보호조치할 수 있는 시설로 제한적으로 운영되는 경우(경찰관직무집행법 §4①, ⑦)를 제외하고는 구속영장을 발부받음이 없이 피의자를 보호실에 유치함은 영장주의에 위배되는 위법한 구금으로서 적법한 공무수행이라고 볼 수 없다 할 것이다.」

(4) 별건체포 · 구속

별건체포(別件逮捕)나 별건구속(別件拘束)은 수사기관이 원래 의도한 사건(=본건)의 수사를 위하여 다른 사건(=별건)을 이유로 피의자를 체포 또는 구속하는 것을 말한다.

즉 영장신청이 쉬운 별건으로 체포 또는 구속영장을 발부받은 후에 본건을 수사하는 것을 말한다. 이러한 것이 허용되는가 하는 점에 대해서는, 체포나 구속이 합법적인 것인 이상 별건을 기준으로 하더라도 체포 또는 구속요건에 합치하면 체포 또는 구속을 할 수 있다고 보는 견해(합헌설)도 있으나, 별건체포나 별건구속은 본건에 대한 영장주의를 형해화시켜 헌법 제12조 제3항에 위반되고, 헌법 제12조 제5항의 체포 또는 구속의 이유고지를 받을 권리를 침해하며, 헌법 제12조 제3항의 적법절차에 위반된다고 할 것이다(동지: 김철수a, 732; 권영성, 429; 허영a, 358; 계희열b, 285). 본건에 대한 수사를 진행하고 있음에도 오로지 체포 또는 구속을 하기 위한 목적으로 별건을 이유로 함이 그 의도상 명백히 나타난 경우에는 헌법상 허용되지 않는다고 할 것이다(지배적 견해).

실무에서는 별건체포나 별건구속은 중한 본건이 아니라 경한 별건을 이유로 체포 또는 구속하는 것으로 나타난다. 별건체포 또는 별건구속 하에서 수집된 증거는 위법한 증거로서 증거능력이 없다고 할 것이다(동지: 신동운, 25). 그러나 실제에서 본건과 별건이 구별되지 않는 경우와 본건이 여러 개인 경우(예: 실체적 경합범)에 그 가운데 어느 하나의 사건에 있어 체포 또는 구속요건을 갖춘 경우에는 이러한 체포 또는 구속은 별건체포나 별건구속에 해당하는 것이 아니어서 적법하다.

(5) 증인 · 참고인에 대한 영장없는 동행명령

범죄사건의 수사상 필요로 인하여 참고인으로 출석을 요구받은 자가 정당한 사유없이 출석요구에 응하지 아니한 때 특별검사가 특정 장소까지 동행할 것을 명령하는 것은 영장주의에 위반되는가 하는 문제가 있다. 헌법재판소는 이에 대하여 9인의 재판관 중 5인은 영장주의에 위반된다고 하였고 4인은 위반되지 않는다고 하였다(憲 2008. 1. 10.-2007헌마1468). 「국회에서의 증언 · 감정 등에 관한 법률」은 국정감사나 국정조사를 위한 위원회는 증인이 정당한 이유없이 출석하지 아니하는 때에는 그 의결로 해당 증인에 대하여 지정한 장소까지 동행할 것을 명령할 수 있게 하고, 이에는 영장주의를 적용하지 않고 있다(동법 §6).

[憲 2008.1.10.-2007헌마1468] 이 사건에서 영장없이 사건의 참고인을 특정 장소까지 동행할 것을 명령하는 것에 대해서 9인의 재판관 중 5인은 영장주의에 위반된다고 하였고 4인은 위반되지 않는다고 하였다. [위헌의견] 「헌법 제12조 제3항의 '체포 · 구속 · 압수 · 수색'에는 강제구금은 물론 강제구인, 강제동행 및 강제구류 등이 포함된다. 따라서 법률이 수사기관으로 하여금 법관에 의한 영장에 의하지 아니하고 참고인에 대하여 실질적으로 이와 동일한 행위를 하도록 허용한다면, 이는 헌법상 영장주의원칙을 위반한 것이거나 적어도 위 헌법상 원칙을 잠탈하는 것이라고 할 것이다. 그런데 이 사

건 동행명령조항에 의하면, 특별검사가 참고인에 대하여 동행명령을 하는 이유, 동행할 장소, 동행명령을 거부하면 처벌된다는 취지를 기재한 동행명령장을 발부하고, 특별수사관 또는 사법경찰관이 이를 참고인에게 제시하면서 동행할 것을 요구하며, 만일 참고인이 정당한 사유 없이 동행명령을 거부하면 천만 원 이하의 벌금형이라는 형사처벌이 가해진다. 한편 참고인의 입장에서 무엇이 '동행을 거부할 정당한 사유'인지에 대하여 현장에서 판단하기 어려울 뿐 아니라, 위 조항의 문언취지상 그 '정당한 사유'가 제한적일 수밖에 없으므로 후일 정당한 사유를 이유로 무죄를 받기도 쉽지 않을 것이다(大 2006. 12. 8.-2006도7113; 서울중앙지방법원 2007. 9. -200노2078 참조). 더욱이 누구든지 단지 수사의 협조자로 지목되었다는 이유 때문에 아무런 잘못 없이 동행명령을 거부하였다는 이유만으로 형사처벌을 받는 것을 원하지 않을 뿐 아니라, 특히 경제적으로 궁핍한 참고인의 경우 벌금형을 선고받고 이를 납입하지 않으면 3년 이하의 기간 동안 노역장에 유치되므로(형법 §60, §70), 그러한 참고인이 형사처벌을 감수하면서 동행명령을 거부하리라고 기대하기 어렵다고 할 것이다. 4) 결국 이 사건 동행명령조항이 규정하는 참고인에 대한 동행명령제도는, 참고인의 신체의 자유를 사실상 억압하여 일정 장소로 인치하는 것과 실질적으로 같으므로 헌법 제12조 제3항이 정한 영장주의원칙이 적용되어야 할 것이다. 그럼에도 불구하고 법관이 아닌 특별검사가 동행명령장을 발부하도록 하고 정당한 사유 없이 이를 거부한 경우 벌금형에 처하도록 함으로써, 실질적으로는 참고인의 신체의 자유를 침해하여 지정된 장소에 인치하는 것과 마찬가지의 결과가 나타나도록 규정한 이 사건 동행명령조항은 영장주의원칙을 규정한 헌법 제12조 제3항에 위반되거나 적어도 위 헌법상 원칙을 잠탈하는 것으로서 위헌이라 할 것이다.」 [합헌의견] 「신체의 자유와 관련한 헌법상 영장주의는 '신체에 대해 직접적이고 현실적인 강제력이 행사되는 경우'에 적용되는 것으로 보아야 한다. 신체에 대한 직접적이고 현실적인 강제력의 행사는 그 자체로 중대한 법익 침해일 뿐 아니라, 신체의 자유는 다른 기본권의 전제이자 기초가 된다는 점에서 신체의 자유에 대한 직접적인 제한은 다른 기본권의 행사도 제약하기 마련이며, 특히 현실적인 강제력을 통한 신체의 자유에 대한 침해는 사실상 원상회복도 어렵기 때문에 신체의 자유에 대한 직접 · 현실적인 강제력의 행사는 반드시 법관이 발부한 영장에 의해서만 가능하도록 하겠다는 것이 헌법상 영장주의의 의미인 것이다. 따라서 직접적이고 현실적인 강제력의 행사가 아니라, 사후적인 제재를 통한 심리적, 간접적인 강제를 수단으로 상대방의 신체의 자유에 대해 일정한 제한을 가하는 것은, 그 제한의 목적과 제재의 정도에 따라 과잉금지원칙에 위반하여 헌법 제12조 제1항이 규정한 신체의 자유를 침해하는지 여부가 문제될 수는 있을지언정, 헌법 제12조 제3항의 영장주의의 적용 대상은 될 수 없다. 우리 헌법이 영장주의를 통해 특히 강력하게 보호하고자 하는 것은 신체의 자유에 관련한 '자유로운 심리상태'가 아니라 '신체의 현실적인 자유상태'이며, 심리적 억압을 통한 사실상의 신체의 자유에 대한 침해는 영장주의가 아니라 헌법 제12조 제1항이 규정한 일반적인 신체의 자유를 통해 보호되는 것이다. 이 사건 동행명령조항은, 특별검사의 출석요구에 정당한 사유 없이 응하지 아니한 참고인에게 지정한 장소까지 동행할 것을 명령할 수 있도록 하고, 그 동행명령을 정당한 사유 없이 거부한 자는 1천만 원 이하의 벌금에 처하도록 규정하고 있다. 이 사건 동행명령조항이 동행을 거부한 참고인에 대해 직접 · 현실적인 강제력을 행사하여 그 참고인을 지정된 장소로 인치할 수 있도록 한 규정이 아님은 문언상 명백할 뿐만 아니라, 이 사건 동행명령조항이 그 집행 등에 관하여 준용하고 있는 국회증언법 제6조에 규정된 동행명령제의 입법 경위(최초 법률안에서 '동행명령'과 '구인'을 명백히 구별하여 모두 규정하여 국회의 의결을 거쳤으나, 대통령의 거부권 행사로 구인을 삭제하고 동행명령만을 규정하면서 그 위반에 대해 국회모욕죄로 처벌하도록 규정한 것)에 비추어 보더라도 알 수 있는 것이다. 또한 동행명령을 거부한 참고인은 동행명령 거부에 대한 벌금형 부과를 위한 형사재판절차에서 동행명령을 거부한 정당한 사유를 주장하여 처벌의 당부를 다툴 수 있고, 그 정당한 사유의 존부를 포함한 형사처벌 여부는 최종적으로 법원이 결정하도록 되어 있다는 점을 고려하면, 이 사건 동행명령조항이 참고인의 신체에 직접적이고 현실적인 강제력의 행사를 허용하고 있는 규정이 아니라는 것은 더욱 분명해진다. 결국 이 사건 동행명령조항은 동행명령을 거부하는 참고인에 대해 직접적이고 현실적인 강제력을 행사할 수 있음을 규정한 것이 아니라, 동행명령을 거부할 정당한 사유가 없는 참고인에 대하여 지정된 장소에 출석할 의무를 부과하고, 벌금형이라는 제재를 수단으로 하여 그 출석의무의 이행을 심리적, 간접적으로 강제하는 것이어서, 영장주의의 적용 대상이 될 수 없다.……이 사건 동행명령조항은, 특별검사의 출석요구에 정당한 사유 없이 응하지 아니한 참고인에게 지정한 장소까지 동행할 것을 명령할 수 있도록 하고, 그 동행명령을 정당한 사유 없이 거부한 자는 1천만 원 이하의 벌금형에 처하도록 규정하고 있다. 위 조항의 취지는, 벌금형의 제재 수단을 마련함으로써 심리적 · 간접적인 강제를 통하여 참고인의 출석을 확보하고자 하는 것일 뿐, 동행명령에 불응하는 참고인의 신체에 대하여 직접적이고 현실적인 강제력의 행사, 즉 강제인치 등을 허용하는 조항이 아니다. 이 점은 위 조항의 문언상 명백할 뿐만 아니라, 위 조항이 그 집행 등에 관하여 준용하고 있는 국회증언법 제6조의 입법경위에 비추어서도 알 수 있다. 따라서 이 사건 동행명령조항은 헌법 제12조 제3항이 규정하고 있는 영장주의의 적용대상이 될 수 없다 할 것이므로, 헌법상의 영장주의에 위반되지 아니한다.」

(6) 고위공직자범죄수사처의 검사의 영장 청구

「고위공직자범죄수사처 설치 및 운영에 관한 법률」을 제정하여 검찰청의 검사와 별도로 검사라는 직을 설치하고, 수사처의 검사는 직무를 수행함에 있어서 「검찰청법」 제4조에 따른 검사의 직무 및 「군사법원법」 제37조에 따른 군검사의 직무를 수행할 수 있다고 규정하여 수사처검사도 수사단계에서 영장신청을 할 수 있게 하였다. 이러한 것이 헌법상의 영장주의원칙에 위반되는가 하는 문제에서 헌법재판소는 영장주의원칙을 위반하지 않는다고 판시하였다(憲 2021. 1. 28. -2020헌마264등).

[憲 2021.1.28.-2020헌마264등] 「헌법에서 수사단계에서의 영장신청권자를 검사로 한정한 것은 다른 수사기관에 대한 수사지휘권을 확립시켜 인권유린의 폐해를 방지하고, 법률전문가인 검사를 거치도록 함으로써 기본권침해가능성을 줄이고자 한 것이다. 헌법에 규정된 영장신청권자로서의 검사는 검찰권을 행사하는 국가기관인 검사로서 공익의 대표자이자 수사단계에서의 인권옹호기관으로서의 지위에서 그에 부합하는 직무를

수행하는 자를 의미하는 것이지, 검찰청법상 검사만을 지칭하는 것으로 보기 어렵다. 검찰청법 제4조에 따른 검사의 직무 및 군사법원법 제37조에 따른 군검사의 직무를 수행하는 수사처검사는 공익의 대표자로서 다른 수사기관인 수사처수사관을 지휘·감독하고, 단지 소추권자로서 처벌을 구하는 데에 그치는 것이 아니라 피고인의 이익도 함께 고려하는 인권옹호기관으로서의 역할을 한다. 또한 수사처검사는 변호사 자격을 일정 기간 보유한 사람 중에서 임명하도록 되어 있으므로, 법률전문가로서의 자격도 충분히 갖추었다. 따라서 공수처법 제8조 제4항은 영장주의원칙을 위반하여 청구인들의 신체의 자유 등을 침해하지 않는다.」

[203] 제8 자백의 증거능력 및 증명력의 제한

Ⅰ. 의 의

헌법 제12조 제7항은 「피고인의 자백이 고문(拷問)·폭행(暴行)·협박(脅迫)·구속(拘束)의 부당한 장기화 또는 기망(欺罔) 기타의 방법에 의하여 자의(自意)로 진술된 것이 아니라고 인정될 때 또는 정식재판(正式裁判)에 있어서 피고인의 자백이 그에게 불리한 유일한 증거일 때에는 이를 유죄의 증거로 삼거나 이를 이유로 처벌할 수 없다」라고 하여 자백의 증거능력과 증명력을 제한하고 있다.

이러한 것은 형사소송법상 증거법의 법리이지만 신체의 자유 등 국민의 기본권을 보호하는 수준에서도 필수적으로 요구되어 헌법상의 원리로 정하고 있다. 이러한 헌법상의 원리로부터 이러한 자백을 강요받지 않을 권리가 기본권으로 도출된다.

영국의 형사법의 발달을 보면, 보통법에 의하여 임의성의 법리(voluntariness standard)에 기초한 자백배제법칙이 인정되어 왔다.

Ⅱ. 내 용

자백은 자기의 범죄사실의 일부 또는 전부를 시인하는 진술을 말한다. 헌법 제12조 제7항은 이러한 자백이 형사재판에서 증거능력이 부인되는 경우와 증명력이 부인되는 경우를 헌법상의 법리로 정하고 있다.

(1) 증거능력의 제한

헌법 제12조 제7항의 「피고인의 자백이 고문·폭행·협박·구속의 부당한 장기화 또는 기망 기타의 방법에 의하여 자의로 진술된 것이 아니라고 인정될 때」라 함은 자백의 임의성이 인정되지 않는 때를 의미한다. 구속은 구금을 의미한다. 헌법 제12조 제7항에 의하면, 자의에 따른 진술이 아닌 자백, 즉 임의성이 인정되지 않는 자백인 이상 이러한 자백을 얻어낸 방법은 그 종류와 유형을 불문한다. 임의성이 인정되지 않는 경우란 자백이 임의로 진술한 것이 아니라고 의심할만한 이유가 있는 때를 의미한다(예: 大 1955. 4. 29.-4287형상55). 이러한 임의성이 없는 자백은 증거능력이 없어 유죄의 증거로 할 수 없다.

잠을 재우지 않고 밤샘수사를 하여 얻어진 자백의 증거능력도 부정된다(예: 大 1997. 6. 27.-95도1964). 경찰의 수사단계에서 고문에 의한 자백을 하고 그 임의성이 없는 상태가 검사의 피의자신문의 단계에까지 계속되었다고 인정하는 경우에는 검사의 자백강요가 없었다고 하더라도 검찰에서의 자백의 임의성이 부정된다(예: 大 1992. 11. 24.-92도2409).

⑵ 증명력의 제한

헌법 제12조 제7항은 「정식재판에 있어서 피고인의 자백이 그에게 불리한 유일한 증거일 때에는 이를 유죄의 증거로 삼거나 이를 이유로 처벌할 수 없다」라고 하여 자백의 증거능력이 인정되더라도 이것이 유일한 증거인 경우에는 증명력이 없어 유죄의 증거로 삼거나 이를 이유로 처벌할 수 없다고 정하고 있다. 이는 자유심증주의(自由心證主義)에 대한 예외로서 자백의 진실성을 담보하고 기본권의 침해를 방지하기 위하여 인정되는 것이다. 따라서 이러한 경우에 유죄판결을 하고자 하는 경우에는 보강증거(補强證據)가 필요하다.

이러한 자백의 증명력의 제한은 정식재판에서 인정되는 것이므로 약식재판에서는 자백이 유일한 증거인 경우에도 처벌할 수 있다(즉심법 §10). 이는 헌법 제12조 제7항에 위반되지 않는다(동지: 김철수a, 753).

보강증거에 관하여 대법원은 보강증거로서는 직접증거뿐 아니라 상황증거도 증거능력이 있다(大 1966. 7. 26.-66도634)고 하고, 「자백에 대한 보강증거는 범죄사실이 전부 또는 중요부분을 인정할 수 있는 정도가 되지 아니하더라도 피고인의 자백이 가공적인 것이 아닌 진실한 것임을 인정할 수 있는 정도만 되면 족하고, 직접증거가 아닌 간접증거나 정황증거도 보강증거가 될 수 있는 것」(大 1995. 7. 25.-95도1148)이라고 판시하였다.

5. 인신보호를 위한 형사절차에 관한 기본권

[204] 제1 진술거부권

Ⅰ. 의 의

헌법 제12조 제2항은 「모든 국민은……형사상 자기에게 불리한 진술을 강요당하지 아니한다」라고 하여 진술거부권을 정하고 있다. 진술거부권(陳述拒否權)은 피고인이나 피의자 또는 장차 피고인이나 피의자가 될 자가 수사절차나 공판절차 또는 행정절차나 국회의 조사절차 등에서 형사상 자기에게 불리한 진술을 거부할 수 있는 권리를 말한다. 묵비권(默秘權)이라고도 한다.

진술거부권을 헌법상의 기본권으로 보장하는 것은, 피고인 또는 피의자의 권리를 실체적 진실발견이나 사회정의의 실현이라는 국가이익보다 우선적으로 보호함으로써 인간의 존엄과 가치를 보장하고, 비인간적인 자백의 강요와 고문을 근절하고자 함이며, 피고인 또는 피의자와 검사 사이에 무기대등(武器對等)을 도모하여 공정한 재판의 이념을 실현하고자 하는 데 있다(예: 憲 1997. 3. 27.-96헌가11; 2001. 11. 29.-2001헌바41).

진술거부권은 형사상 불리한 진술을 거부할 수 있는 권리이기 때문에 일반적으로 말을 하지 않을 자유는 헌법 제21조 제1항의 언론의 자유로 보장되는 것이다. 양자는 구별된다.

> 진술거부권은 16세기 후반 영국에서 보통법(common law)상의 권리로 확립된 후 1791년 미합중국연방헌법 수정 제5조에서 불리한 진술을 강요당하지 않을 권리, 즉 자기부죄거부권(自己負罪拒否權 privilege against self-incrimination)으로 명문화되었다. 특히 미국의 경우 「미란다 원칙」으로 구체화되었는데, 그 내용은 i) 피의자를 심문하기 전에 피의자가 진술거부권을 가지고 있다는 사실, ii) 피의자의 진술이 그에게 불리한 증거로 사용될 수 있다는 사실, iii) 피의자가 변호인의 도움을 받을 수 있다는 사실을 고지하여야 한다는 것이다(Miranda v. Arizona, 384 U.S. 436(1966)).

II. 주 체

진술거부권의 주체는 통상 수사단계의 피의자 또는 공판절차 중에 있는 피고인이지만, 형사상 불리한 진술로 피의자 또는 피고인이 될 가능성이 있는 자도 이에 해당한다(예: 憲 1990. 8. 27.-89헌가118; 1997. 3. 27.-96헌가11).

> [憲 1990.8.27.-89헌가118] 「진술거부권은 형사절차에서만 보장되는 것은 아니고 행정절차이거나 국회에서의 질문 등 어디에서나 그 진술이 자기에게 형사상 불리한 경우에는 묵비권을 가지고 이를 강요받지 아니할 국민의 기본권으로 보장된다. 따라서 현재 형사피의자나 피고인으로서 수사 및 공판절차에 계속 중인 자뿐만 아니라 교통사고를 일으킨 차량의 운전자 등과 같이 장차 형사피의자나 피고인이 될 가능성이 있는 자에게도 그 진술내용이 자기의 형사책임에 관련되는 것일 때에는 그 진술을 강요받지 않을 자기부죄(自己負罪)거절의 권리가 보장되는 것이다.」

III. 내 용

(1) 진술의 거부

진술이라 함은 통상 생각이나 지식, 경험적 사실을 언어를 통하여 표출하는 것을 말한다. 이러한 언어행위에는 발음, 문자의 기재, 신체적 동작, 표정 등이 포함된다. 도로교통법에 규정된 음주측정은 호흡측정기에 입을 대고 호흡을 불어 넣음으로써 신체의 물리적·사실적 상태를 그대로 드러내는 행위에 불과하기 때문에 이러한 진술에 해당하지 않는다(예: 憲 1997. 3. 27.-96헌가11). 진술의 거부는 진술자가 자신의 의사에 따라 진술하기를 거절하는 것을 말한다.

진술거부권으로 인하여 피고인은 범죄사실에 대하여 진술을 거부하고 침묵할 수 있을 뿐 아니라 거짓진술을 할 수 있다. 이와 관련하여 대법원은 이러한 행위가 방어권 행사의 범위를 넘어 객관적이고 명백한 증거가 있음에도 진실의 발견을 적극적으로 숨기거나 법원을 오도하려는 시도에 기인한 경우에는 가중적 양형의 조건으로 참작될 수 있다고 판시하였다(예: 大 2001. 3. 9.-2001도192).

[大 2001.3.9.-2001도192] 「형법 제51조 제4호에서 양형의 조건의 하나로 정하고 있는 범행 후의 정황 가운데에는 형사소송절차에서의 피고인의 태도나 행위를 들 수 있는데, 모든 국민은 형사상 자기에게 불리한 진술을 강요당하지 아니할 권리가 보장되어 있으므로(헌법 제12조제2항), 형사소송절차에서 피고인은 방어권에 기하여 범죄사실에 대하여 진술을 거부하거나 거짓진술을 할 수 있고, 이 경우 범죄사실을 단순히 부인하고 있는 것이 죄를 반성하거나 후회하고 있지 않다는 인격적 비난요소로 보아 가중적 양형의 조건으로 삼는 것은 결과적으로 피고인에게 자백을 강요하는 것이 되어 허용될 수 없다고 할 것이나, 그러한 태도나 행위가 피고인에게 보장된 방어권 행사의 범위를 넘어 객관적이고 명백한 증거가 있음에도 진실의 발견을 적극적으로 숨기거나 법원을 오도하려는 시도에 기인한 경우에는 가중적 양형의 조건으로 참작될 수 있다고 할 것이다.」

(2) 진술강요의 금지

국민은 진술거부권을 가지기 때문에 진술할 것을 강요당하지 않는다. 형사상 자기에게 불리한 진술을 강요하는 것은 헌법위반이다. 강요의 방법에는 구별이 없으며 모든 종류의 방법에 의한 강요가 이에 해당한다. 고문이나 위협은 물론이고 법률의 형태로 진술을 강요하는 것도 포함한다(예: 憲 1997. 3. 27.-96헌가11).

헌법재판소는 교통사고를 일으킨 운전자에게 신고의무를 부담시키고 있는 도로교통법의 규정은 피해자의 구호 및 교통질서의 회복을 위한 조치가 필요한 범위 내에서 교통사고의 객관적 내용만을 신고하도록 한 것으로 해석하고, 형사책임과 관련되는 사항에는 적용되지 아니하는 것으로 해석하는 한 헌법상의 진술거부권을 침해하지 않는다고 판시하였고(憲 1990. 8. 27.-89헌가118), 탈영(脫營)을 한 군인이 복귀명령을 준수하지 아니한 행위를 명령위반죄로 처벌하는 것은, 형사처벌을 함으로써 군무이탈죄(軍務離脫罪)를 범한 자에게 자수의무를 부과하는 결과가 될 수 있다고 하더라도 이는 군병력의 유지를 주된 목적으로 하는 복귀명령의 부수적인 효과에 불과하므로 이러한 복귀명령이 군무이탈자의 진술거부권을 침해하는 것은 아니라고 판시하였다(憲 1995. 5. 25.-91헌바20).

(3) 진술거부권의 고지

진술거부권은 수사의 주체가 사전에 진술거부권이 있음을 당사자에게 고지할 때 충분히 보장된다. 형사소송법은 검사 또는 사법경찰관은 수사에 필요하여 피의자의 출석을 요구하여 진술을 들을 때에는 미리 피의자에 대하여 진술을 거부할 수 있음을 알리도록 의무화하고 있다(형소법 §244의3). 공판절차에서 재판장도 피고인에게 심문에 대한 진술을 거부할 수 있다는 취지를 설명해야 한다(동법 §283의2②, 형소규칙 §127).

진술거부권을 고지받을 권리가 헌법상의 기본권인가 형사소송법상의 권리인가에 대하여 논란이 있을 수 있다. 명문의 규정은 없지만, 진술거부권의 실효적인 보장이라는 면에서 볼 때, 진술거부권을 고지받을 권리는 기본권이라고 하는 것이 타당하다(동지: 계희열b, 316).

진술거부권을 고지하지 않고 자백을 받은 경우에 그 진술은 증거능력이 부정된다(예: 大 1992. 6. 23.-92도682).

Ⅳ. 적용영역

진술의 거부는 형사상 자기에게 불리한 진술인 이상 형사절차에 한정하지 않고 행정절차나 국회에서의 조사절차 등에서도 인정된다(예: 憲 1990. 8. 27.-89헌가118; 1997. 3. 27.-96헌가11).

그러나 진술의 거부라 함은 범죄의 성립과 양형에서의 불리한 사실 등을 진술하는 것을 거부하는 것을 말하기 때문에, 단순히 자기의 인격, 명예, 성실성, 신뢰성, 평판이 훼손될 우려가 있거나 행정상의 불리한 처분을 받을 우려가 있는 사실에 대해서는 진술을 거부하지 못한다(동지: 계희열b, 316).

[205] 제2 변호인의 조력을 받을 권리

Ⅰ. 의 의

헌법 제12조 제4항은 「누구든지 체포 또는 구속을 당한 때에는 즉시 변호인의 조력을 받을 권리를 가진다. 다만, 형사피고인이 스스로 변호인을 구할 수 없을 때에는 법률이 정하는 바에 의하여 국가가 변호인을 붙인다」라고 규정하고 있다.

Ⅱ. 주 체

체포 또는 구속을 당한 자연인은 누구든지 변호인의 조력(助力)을 받을 권리를 가진다. 나아가 임의동행된 피의자나 피내사자에게도 인정되고, 체포 또는 구속을 당하지 아니한 불구속 피의자나 피고인에게도 인정된다(예: 大 1996. 6. 3.-96모18; 憲 2004. 9. 23.-2000헌마138). "구속"은 사법절차에서 이루어진 구속뿐 아니라, 행정절차에서 이루어진 구속까지 포함하는 개념이다. 따라서 헌법 제12조 제4항 본문에 규정된 변호인의 조력을 받을 권리는 행정절차인 출입국관리법상 보호 또는 강제퇴거의 절차에서 구속을 당한 사람에게도 즉시 보장된다(憲 2018. 5. 31.-2014헌마346; 이전의 반대되는 취지의 결정인 憲 2012. 8. 23.-2008헌마430을 변경한 것임). 그러나 형사절차가 종료되어 교정시설에 수용중인 수형자(受刑者)에게는 원칙적으로 변호인의 조력을 받을 권리는 인정되지 않는다. 따라서 수형자가 단순히 변호인을 만나려는 행위는 정당한 사유가 없는 한 변호인의 조력을 받을 권리로 보호되지 않는다(예: 憲 1998. 8. 27.-96헌마398).

> [憲 1998.8.27.-96헌마398] 「변호인의 조력을 받을 권리는 형사절차에서 피의자 또는 피고인이 검사 등 수사·공소기관과 대립되는 당사자의 지위에서 변호인 또는 변호인이 되려는 자와 사이에 충분한 접견교통에 의하여 피의사실이나 공소사실에 대하여 충분하게 방어할 수 있도록 함으로써 피고인이나 피의자의 인권을 보하려는데 그 제도의 취지가 있는 점에 비추어 보면, 형사절차가 종료되어 교정시설에 수용중인 수형자는 원칙적으로 변호인의 조력을 받을 권리의 주체가 될 수 없다. 다만, 수형자의 경우에도 재심절차 등에는 변호인 선임을 위한 일반적인 교통·통신이 보장될 수도 있겠으나, 기록에 의하면 청구인은 교도소 내에서의 처우를 왜곡하여 외부인과 연계, 교도소 내의 질서를 해칠 목적으로 변호사에게 이 사건 서신을 발송하려는 것이므로 이와 같은 경우에는 변호인의 조력을 받을 권리가 보장되는 경우에 해당한다고 할 수 없다.」
> [憲 2004.9.23.-2000헌마138] 「우리 헌법이 변호인의 조력을 받을 권리가 불구속 피의자·피고인 모두에게 포괄적으로 인정되는지 여부에 관하여 명시적으로 규율하고 있지는 않지만, 불구속 피의자의 경우에도 변호인의 조력을 받을 권리는 우리 헌법에 나타난 법치국가원리, 적법절차원칙에서 인정되는 당연한 내용이고, 헌법 제12조 제4항도 이를 전제로 특히 신체구속을 당한 사람에 대하여 변호인의 조력을 받을 권리의 중요성을 강조하기 위하여 별도로 명시하고 있다고 할 것이다.」

Ⅲ. 내 용

(1) 조 력

변호인의 조력(助力)을 받을 권리는 변호인을 선임하고, 변호인으로부터 조력을 받는 권리를 말한다. 여기서 말하는 조력은 충분한 조력을 의미한다(예: 憲 1992. 1. 28.-91헌마111; 1997. 11. 27.-94헌마60). 조력을 받을 권리에서의 조력은 조력을 제공하는 쪽과 받는 쪽 쌍방, 즉 변호인과 변호인의 조력을 받을 지위에 있는 자 사이에 형성되는 관계적인 것이므로 변호인을 방해하든 변호인의 조력을 받을 지위에 있는 자를 방해하든 어느 경우나 변호인의 조력을 받을 권리를 행사할 수 없게 되면 이는 변호인의 조력을 받을 권리를 침해하는 것이 된다. 헌법재판소는, 수사기관이 피의자신문에 참여한 변호인에게 피의자 후방에 착석할 것을 요구하는 행위는 이로 인해 위축된 피의자가 변호인에게 적극적으로 조언과 상담을 요청할 것을 기대하기 어렵고, 변호인이 피의자의 뒤에 앉게 되면 피의자의 상태를 즉각적으로 파악하거나 수사기관이 피의자에게 제시한 서류 등의 내용을 정확하게 파악하기 어려우므로, 후방착석요구행위는 변호인인 청구인의 피의자신문참여권을 과도하게 제한하여 헌법상 기본권인 변호인의 변호권을 침해한다고 하였다(憲 2017. 11. 30.-2016헌마503).

헌법재판소는 변호인이 구속된 피의자를 만나지 못하게 방해하는 행위(구치소의 문을 열어 주지 않는 것, 변호인의 행동을 제한하는 것 등)는 변호인의 업무를 방해하는 것으로서 변호인의 권리를 침해하는 것이기는 하지만 피의자의 접견교통권을 침해하는 것은 아니라는 취지로 판시하였다(예: 憲 1991. 7. 8.-89헌마181). 그러나 이는 변호인의 조력을 받을 권리의 행사가 변호인과 변호인의 조력을 받을 지위에 있는 자의 상호관계에서 이루어진다는 점을 간과한 것이다. 변호인의 접견교통권은 형사소송법에 의하여 인정되는 법률상의 권리이지만, 변호인이 피의자 또는 피고인과 접견교통할 수 없게 하는 행위는 변호인의 접견교통권을 침해하는 동시에 피의자 또는 피고인의 접견교통권을 침해하는 것이 된다. 헌법재판소는 피구속자를 조력할 변호인의 권리 중 그것이 보장되지 않으면 피구속자가 변호인으로부터 조력을 받는다는 것이 유명무실하게 되는 핵심적인 부분은 헌법상의 기본권으로서 보호된다고 판시하였다(예: 憲 2003. 3. 27.-2000헌마474).

[憲 1991.7.8.-89헌마181] 「헌법상의 변호인과의 접견교통권은 위 헌법 조항의 문언에 비추어 체포 또는 구속당한 피의자 · 피고인 자신에만 한정되는 신체적 자유에 관한 기본권이지, 그 규정으로부터 변호인의 구속피의자 · 피고인의 접견교통권까지 파생된다고 할 수는 없을 것이다. 따라서 변호인 자신의 구속피의자 · 피고인과의 접견교통권은 헌법상의 권리라고는 말할 수 없으며, 헌법상 보장되는 피의자 · 피고인의 접견교통권과는 별개의 것으로 단지 형사소송법 제34조에 의하여 비로소 보장되는 권리임에 그친다고 할 것이다.」

[憲 2003.3.27.-2000헌마474] 「피구속자를 조력할 변호인의 권리 중 그것이 보장되지 않으면 피구속자가 변호인으로부터 조력을 받는다는 것이 유명무실하게 되는 핵심적인 부분은 조력을 받을 피구속자의 기본권과 표리의 관계에 있기 때문에 이러한 핵심부분에 관한 변호인의 조력할 권리 역시 헌법상의 기본권으로서 보호되어야 한다.……구속적부심절차에서 피구속자에 대한 고소장과 경찰의 피의자신문조서의 열람은 피구속자를 충분히 조력하기 위하여 변호인인 청구인에게 그 열람이 반드시 보장되지 않으면 안 되는 핵심적 권리로서 청구인의 기본권에 속한다 할 것이다.……그렇다면 고소장과 피의자신문조서에 대한 열람 및 등사를 거부한 피청구인의 정보비공개결정은 청구인의

피구속자를 조력할 권리 및 알 권리를 침해하여 헌법에 위반된다고 할 것이다.」

(2) 변호인을 선임할 권리

변호인의 조력을 받을 권리에서는 우선 변호인을 선임할 수 있어야 하기 때문에 변호인을 선임하는 권리는 그 내용을 이룬다. 헌법 제12조 제4항은 「형사피고인이 스스로 변호인을 구할 수 없을 때에는 법률이 정하는 바에 의하여 국가가 변호인을 붙인다」라고 하여, 형사피고인의 경우 국선변호를 헌법상의 제도로 정하고 있다. 이 규정으로부터 형사피고인은 일정한 요건을 갖춘 경우 국선변호를 받을 권리를 기본권으로 보장받고 있다. 국선변호는 무자력자(無資力者)나 사회적 약자에 대하여 변호인의 조력을 받을 권리를 실현하고, 형사절차에서의 정의를 실현하기 위한 것이다. 형사소송법은 일정한 경우 체포 또는 구속된 피의자(형소법 §201의2⑧, §214의2⑩)와 피고인(형소법 §33, §282, §283)에 대하여 국선변호를 선임하게 정하고 있다. 피의자에 대한 국선변호는 형사소송법상의 권리임에 비하여 피고인에 대한 국선변호(國選辯護)는 헌법상의 기본권이다(헌법 §12④단서). 법원은 대법원규칙인 형사소송규칙 제15조의2를 통해 형사의 경우 국선전담변호사제도를 운용하고 있다.

헌법재판소는 형사피의자의 국선변호인에 대해서는 헌법이 아무런 입법위임을 하고 있지 않기 때문에 국가가 형사피의자를 위한 국선변호인제도를 입법해야 할 의무는 없다고 판시하였다(예: 憲 2008. 7. 1.-2008헌마428).

(3) 변호인과의 접견교통권

변호인을 선임한 후에는 변호인과 접견하고 교통할 수 있어야 변호인의 조력을 받을 수 있으므로 변호인과 접견교통할 권리(接見交通權)는 변호인의 조력을 받을 권리의 필수불가결한 내용을 이루는 핵심적인 것이다(예: 憲 1992. 1. 28.-91헌마111; 2009. 10. 29.-2007헌마992).

> [憲 2009.10.29.-2007헌마992] 「헌법 제12조 제4항 본문은 "누구든지 체포 또는 구속을 당한 때에는 즉시 변호인의 조력을 받을 권리를 가진다"라고 규정하여 신체구속을 당한 사람에 대하여 변호인의 조력을 받을 권리를 기본권으로 보장하고 있다. 여기서 '변호인의 조력'은 '변호인의 충분한 조력'을 의미하는 것인바, 신체구속을 당한 사람에 대하여 변호인의 충분한 조력을 받게 하기 위하여는 무엇보다도 신체구속을 당한 사람이 변호인과 충분한 상담을 할 수 있도록 해 주어야만 할 것이므로 변호인의 조력을 받을 권리의 필수적 내용은 신체구속을 당한 사람과 변호인과의 접견교통이다. 변호인은 접견을 통하여 구속된 피의자나 피고인의 상태를 파악하여 그에 따른 적절한 대응책을 강구하고, 피의사실이나 공소사실의 의미를 설명해 주고 그에 관한 피의자나 피고인의 의견을 들어 대책을 의논한다. 또한 법적 · 심리적으로 불안한 상태에 있는 피의자나 피고인은 변호인과의 접견을 통하여 위로를 받음으로써 심리적인 안정을 회복하고, 형사소송절차 내에서 효과적으로 방어권을 행사할 수 있게 된다.」

접견교통권에서 말하는 접견교통은 자유로운 접견과 교통을 의미한다. 이러한 자유로운 접견은 구속된 자와 변호인의 접견에 교도관이나 수사관 등 관계공무원의 참여가 없어야 가능하다. 관계공무원이 가까이서 감시하면서 대화내용을 듣거나 녹취하거나 또는 사진을 찍는 등 불안한 분위기를 조성하는 행위는 변호인의 조력을 받을 권리를 침해하는 것이다(예: 憲 1992. 1. 28.-91헌마111).

헌법재판소는 변호인의 조력을 받을 권리의 보장에는 구속을 당한 사람과 변호인 사이의 교통내용에 대한 비밀의 보장과 부당한 간섭의 금지가 포함되는데, 이러한 취지는 접견뿐만 아니라 변호인과 미결수용자 사이의 서신(書信)에도 적용되어 그 비밀이 보장되어야 한다고 하면서, 다만, 양자 사이의 서신으로서 그 비밀을 보장받기 위하여는, 교도소 측에서 상대방이 변호인이라는 사실을 확인할 수 있어야 하고, 서신을 통하여 마약 등 소지금지품의 반입을 도모한다든가 그 내용에 도주 · 증거인멸 · 수용시설의 규율과 질서의 파괴 기타 형벌법령에 저촉되는 내용이 기재되어 있다고 의심할 만한 합리적인 이유가 있는 경우가 아니어야 한다고 판시하였다(예: 憲 1995. 7. 21.-92헌마144).

(4) 변호인의 변호활동

변호인이 체포 또는 구속당한 자를 변호하기 위하여 행하는 활동(예: 소송기록의 열람, 참고인 또는 증인의 접견, 공격과 방어의 준비행위 등)은 변호인의 권리일뿐만 아니라 변호인의 조력을 받을 권리에도 해당한다(동지: 계희열 b, 319, 298). 헌법재판소도 정당한 사유를 밝히지 아니한 채 수사기록의 열람 · 등사를 거부한 검사의 행위는 피고인의 신속 · 공정한 재판을 받을 권리와 변호인의 조력을 받을 권리를 침해하는 것이라고 판시하였다(예: 憲 1997. 11. 27.-94헌마60).

> [憲 1997.11.27.-94헌마60] 「변호인의 조력을 받을 권리는 그와 같은 접견교통권에 그치지 아니하고 더 나아가 피고인이 그의 변호인을 통하여 수사서류를 포함한 소송관계서류를 열람 · 등사하고 이에 대한 검토결과를 토대로 공격과 방어의 준비를 할 수 있는 권리도 포함된다고 보아야 한다. 왜냐하면 변호인의 조력을 받을 권리가 보장된다는 것은 피고인을 위한 변호인의 활동이 충분히 보장됨을 의미하는 것이며, 변호인의 변론활동중 수사기록에 대한 검토는 피고인에게 유리한 증거는 이를 피고인의 이익으로 원용하고 불리한 증거에 대하여는 검사의 공격에 대하여 효율적인 방어를 위하여 필수적인 것이므로 이에 대한 접근이 거부되어서는 실질적 당사자대등이 이루어졌다고 할 수 없고, 피고인에게 변호인의 조력을 받을 권리가 충분하게 보장되었다고 할 수 없을 것이기 때문이다.……변호인의 수사기록 열람 · 등사에 대한 지나친 제한은 결국 피고인에게 보장된 변호인의 조력을 받을 권리를 침해하게 되는 것이다.」

Ⅳ. 제 한

변호인의 조력을 받을 권리도 헌법 제37조 제2항에 의하여 제한할 수 있다. 변호인의 조력을 받을 권리는 최대한 보장되어야 하지만, 이러한 것이 아무런 제한없이 인정되는 것은 아니다. 변호인의 접견·교통도 다른 이익을 보호해야 할 필요성이 있는 경우에는 시간, 장소, 방법에 대한 제한이 가능하다.

헌법재판소의 판례 가운데는 변호인과의 자유로운 접견은 신체구속을 당한 사람에게 보장된 변호인의 조력을 받을 권리의 가장 중요한 내용이어서 국가안전보장·질서유지·공공복리 등 어떠한 명분으로도 제한될 수 있는 성질의 것이 아니라고 판시한 것도 있고(예: 憲 1992. 1. 28.-91헌마111), 피고인이 변호인과 면접·교섭할 수 있는 권리는 최대한 보장되어야 하지만, 계호의 필요성과 접견의 비밀성을 위하여 비례의 원칙에 따라 일반적 기준 아래에서 그 절차, 시간, 장소, 방식 등이 제한될 수 있다고 판시한 것도 있다(憲 2009. 10. 29.-2007헌마992). 피의자 또는 피고인이 자신의 범죄행위에 변호인을 공범으로 가담시키려고 했다는 사정만으로 변호인과의 접견교통을 금지하는 것은 정당화되지 않는다(大 2007. 1. 31.-2006모656).

[憲 1992.1.28.-91헌마111] 「신체구속을 당한 사람에 대하여 변호인의 충분한 조력을 받게 하기 위하여서는 무엇보다도 먼저 신체구속을 당한 사람이 변호인과 충분한 상담을 할 수 있도록 해 주어야만 할 것이므로 변호인의 조력을 받을 권리의 필수적 내용은 신체구속을 당한 사람과 변호인과의 접견·교통일 것이다. 변호인은 접견을 통하여 구속된 피의자, 피고인의 상태를 파악하여 그에 따른 적절한 대응책을 강구하고, 피의사실이나 공소사실의 의미를 설명해 주고 그에 관한 피의자·피고인의 의견을 듣고 대책을 의논하며, 피의자나 피고인 진술의 방법, 정도, 시기, 내용 등에 대하여 변호인으로서의 의견을 말하고 지도도 하고, 진술거부권이나 서명날인거부권의 중요성과 유효적절한 행사방법을 가르치고 그것들의 유효적절한 행사에 의하여 억울한 죄를 면할 수 있다는 것을 인식시켜야 하며, 수사기관에 의한 자백강요, 사술(詐術), 유도(誘導), 고문 등이 있을 수 있다는 것을 알려 이에 대한 대응방법을 가르쳐 허위자백을 하지 않도록 권고하고, 피의자로부터 수사관의 부당한 조사(유도, 협박, 이익 공여, 폭력 등) 유무를 수시로 확인해야 하며, 피의자나 피고인의 불안, 절망, 고민, 허세 등을 발견하면 그 감정의 동요에 따라 격려하여 용기를 주거나 위문하거나 충고하여야 할 것이다. 그런데 이러한 일은 구속된 자와 변호인의 대화내용에 대하여 비밀이 완전히 보장되고 어떠한 제한, 영향, 압력 또는 부당한 간섭없이 자유롭게 대화할 수 있는 접견을 통하여서만 가능하고 이러한 자유로운 접견은 구속된 자와 변호인의 접견에 교도관이나 수사관 등 관계공무원의 참여가 없어야 가능할 것이다. 만약 관계공무원이 가까이서 감시하면서 대화내용을 듣거나 녹취하거나 또는 사진을 찍는 등 불안한 분위기를 조성한다면 변호인의 이러한 활동은 방해될 수밖에 없고 이는 변호인의 조력을 받을 권리나 진술거부권을 기본권으로 보장한 헌법정신에 크게 반하는 일이다. 공소제기를 잘못하거나 오판 등에 의한 원죄(寃罪)는 구속된 피의자, 피고인과 변호인의 자유로운 접견·교통에 의하여 사전에 예방될 수 있을 것이다. 이상과 같이 변호인과의 자유로운 접견은 신체구속을 당한 사람에게 보장된 변호인의 조력을 받을 권리의 가장 중요한 내용이어서 국가안전보장·질서유지·공

공복리 등 어떠한 명분으로도 제한될 수 있는 성질의 것이 아니다.」

[憲 2009.10.29.-2007헌마992] 「재판을 앞둔 피고인이 방어권 행사를 준비하기 위한 변호인과의 면접·교섭권은 최대한 보장되어야 할 권리라고 할 것이고, 이와 같은 중대한 기본권을 침해하는 조치는 위헌적이라고 할 것이다. 특히 신체가 구속되어 있는 피고인으로서는 심리적으로도 가장 불안한 시점이라고 할 것이어서, 변호인의 법률적·심리적 조력을 가장 필요로 하는 시점이라고 할 것이므로 그 면접·교섭권의 보장이 더욱 절실히 요청된다고 할 것이다. 그러나 구속피고인의 변호인 면접·교섭권의 위와 같은 중요성은 독자적으로 존재하는 것이 아니라 국가형벌권의 적정한 행사와 피고인의 인권보호라는 형사소송절차의 전체적인 체계 안에서 의미를 갖고 있는 것이다. 따라서 구속피고인의 변호인 면접·교섭권은 최대한 보장되어야 하지만, 형사소송절차의 위와 같은 목적을 구현하기 위하여 제한될 수 있다. 다만 이 경우에도 그 제한은 엄격한 비례의 원칙에 따라야 하고, 시간·장소·방법 등 일반적 기준에 따라 중립적이어야 한다. 이에 따라 행형법(2007. 12. 21. 법률 제8728호 '형의 집행 및 수용자의 처우에 관한 법률'로 전부 개정되기 전의 것)은 제18조에서 수용자의 접견에 관한 일반적 규정을 두는 것과는 별도로 제66조 제1항에서 미결수용자와 변호인 간의 접견에 관한 특별규정을 두어 미결수용자와 변호인과의 접견에는 교도관이 참여하거나 그 내용을 청취 또는 녹취하지 못하고, 단지 보이는 거리에서 미결수용자를 감시할 수 있도록만 하였다. 또한 행형법 시행령(2008. 10. 29. 대통령령 제21095호로 전부 개정되기 전의 것)도 미결수용자와 변호인 간의 접견에 대하여는 특별규정을 두어, 접견시간 및 접견횟수의 제한이 없도록 하고(제54조, 제56조 제2항), 접견시에도 일반 접견과는 달리 변호인의 성명과 주소만을 기록할 뿐 면담요지등을 기록하지 않도록 하였다(제58조 제1항). 나아가 계호근무준칙(법무부훈령 제520호, 2005. 7. 11. 개정된 것) 제275조는 출정수용자의 일반적 접견은 허가하지 아니하면서도, 변호인과의 접견은 허용하되, 다만 계호의 효율성과 접견의 특성을 고려하여 변호인 접견의 절차(제1호), 장소(제2호) 및 방식(제3호, 제4호) 등을 규율하고 있다. 결국 출정피고인에게도 변호인과의 면접·교섭권을 최대한 보장하여야 하지만, 계호의 필요성과 접견의 비밀성을 위하여 비례의 원칙에 따라 일반적 기준 아래에서 그 절차, 시간, 장소, 방식 등이 제한될 수 있다고 할 것이다. 이 사건 심판기록에 의하면, 청구인은 법정 옆 구속피고인 대기실에서 재판을 대기하던 중 자신에 대한 재판 시작 전 약 20분전에 교도관 김○호에게 변호인과의 면담을 요구하였다. 당시 위 대기실에는 청구인을 포함하여 14인이 대기 중이었고, 그 중 11인은 살인미수, 강간치상 등 이른바 강력범들이었다. 반면 대기실에서 근무하는 교도관은 위 김○호를 포함하여 2명뿐이었고, 위 대기실에는 다른 피고인들로부터 접견의 비밀이 보장될 공간이 없었다. 또한 청구인은 변호인과의 면접에 관하여 사전에 서면은 물론 구두로도 신청한 바 없어, 교도관들이 이에 대한 준비를 하지 아니하였을 뿐 아니라, 청구인이 만나고자 하는 변호인이 법정에 있는지조차 알 수 없는 상황이었다. 이 때 교도관 김○호가 계호근무준칙상의 변호인 접견절차를 무시하고라도 청구인의 변호인과의 면접을 허용하려면, 위 김○호가 법정으로 들어가 변호인을 찾은 후 면담의 비밀성이 보장되고 계호에도 문제가 없는 공간을 찾아서 김○호가 면담내용이 들리지 않는 거리에서 지켜보는 가운데 면담을 하게 하여줄 수밖에 없다. 그러나 위 상황에서 김○호가 청구인과 변호인 간의 면담을 위하여 이와 같은 행위를 하여주리라고 기대하는

것은 현실적으로 어려울 뿐 아니라 오히려 그러한 행위가 다른 피고인들의 계호 등 교도행정업무에 치명적 위험이 될 가능성도 배제할 수 없다. 결국 위와 같은 시간적·장소적 상황을 고려할 때, 청구인의 이 사건 면담 요구는 구속피고인의 변호인과의 면접·교섭권으로서 현실적으로 보장할 수 있는 한계 범위 밖이라고 아니할 수 없다. 따라서 청구인의 변호인 면담 요구를 받아들이지 아니한 교도관 김○호의 이 사건 접견불허행위는 청구인의 기본권을 침해하는 위헌적인 공권력의 행사라고 보기 어렵다.」
이 사건에는 2인의 반대의견이 있다.

[206] 제3 부당한 체포·구속으로부터의 자유

인신의 자유를 보호함에 있어서는 국가로부터 부당한 체포를 당하거나 구속을 당하는 것이 금지되어야 하고, 국가로부터 이러한 침해를 받은 경우에는 이를 구제받는 장치가 마련되어야 한다. 헌법 제12조 제6항은「누구든지 체포 또는 구속을 당한 때에는 적부의 심사를 법원에 청구할 권리를 가진다」라고 하여 구속적부심사청구권을 기본권으로 보장하고 있다. 구속적부심사에 대한 구체적인 것은 형사소송법에서 정하고 있다(형소법§214의2).

[207] 제4 고문의 금지

Ⅰ. 의 의

헌법 제12조 제2항은「모든 국민은 고문을 받지 아니하며……」라고 하여 사람에 대한 고문을 금지하고 있다. 고문은 자백을 받아내는 등의 목적으로 사람에게 정신적 또는 신체적 폭력을 가하는 것을 말한다.

헌법에서 고문의 금지를 명시적으로 정하고 있는 것은, 고문은 사람의 정신과 신체를 파괴시키고 인간의 존엄성과 인격을 정면으로 훼손하는 행위임에도 인류의 역사상 이러한 행위가 여러 나라에서 국가권력에 의해 자행되어 왔고, 오늘날까지도 근절되지 않고 있기 때문에 어떠한 경우에도 인간의 삶에서 고문이 행해질 수 없게 하기 위한 것이다. 이러한 고문금지는 인신의 자유를 보호함에 있어서 필수적으로 요구되는 것이다.

형사재판상 자백이「증거의 왕」으로 다루어지면서 고문은 범죄혐의자의 자백을 손쉽게 받아내어 처벌하기 위해서 뿐만 아니라, 무고(無辜)한 이에게 죄를 억지로 뒤집어 씌우는 수단으로 사용되기도 하였다. 우리나라에서도 독재와 권위주의통치를 거치면서 김근태 고문사건(이에 대한 국가배상판결은 서울지법 1992. 1. 30.-86가합5126), 부천서 성고문사건(大 1988. 1. 29.-86모58), 박종철 고문치사사건(大 1991. 12. 27.-90도2801) 등 고문사건이 빈번하게 발생하였고, 근래에도 형사피의자 고문치사사건 등이 발생하는 점을 보건대, 아직도 우리 사회에서는 여전히 고문이 발생할 여지가 존재하고 있다.

이와 같은 현실에서 국제적으로도 고문의 방지를 위한 노력이 계속되어 왔다. 1948년 「세계인권선언」 제5조, 1976년 「시민적 및 정치적 권리에 관한 국제규약」 제7조, 1987년 「고문 및 그 밖의 잔혹하고 비인도적이거나 굴욕적인 대우 또는 처벌의 방지에 관한 협약」(Convention against Torture and Other Cruel, Inhuman or Degrading Treatment or Punishment, 우리나라는 1995년 가입)이 그 대표적인 예이다. 그러나 여전히 세계 곳곳에서 인종 또는 민족의 갈등으로 내분을 겪는 나라와 독재와 권위주의통치가 행해지는 나라들에서는 고문과 학살이 빈번하게 발생하고 있다.

II. 내 용

고문은 형사절차나 행정절차 등 모든 경우에 절대적으로 금지되며, 국적을 불문하고 모든 자연인은 고문을 받지 않을 권리를 가진다. 이러한 고문을 받지 않을 권리는 헌법 제12조 제2항에서 정하고 있는 기본권이다.

형법 제125조와 「특정범죄 가중처벌 등에 관한 법률」 제4조의2는 고문행위를 한 공무원을 형사처벌하는 규정을 두고 있다. 또한 공무원에 의해 고문을 당한 사람은 국가에 대하여 국가배상청구권을 갖는다. 고문의 근절을 위한 보다 실효적인 방안으로서 헌법 제12조 제7항은 「피고인의 자백이 고문……기타의 방법에 의하여 자의로 진술된 것이 아니라고 인정될 때……이를 유죄의 증거로 삼거나 이를 이유로 처벌할 수 없다」라고 규정하여 고문에 의한 자백의 증거능력을 부정하고 있으며, 형사소송법 제309조는 이를 재확인하고 있다.

고문금지조항과 관련하여 형사피의자나 형사피고인에 대한 마취분석(Narko-analyse)은 허용되지 않는다고 할 것이며, 거짓말탐지기 사용의 경우 대법원은 피의자가 그 사용을 동의하고 일정한 조건이 갖추어진 경우에 한하여 이로부터 얻어진 증거의 증거능력을 인정하는 입장이다(예: 大 1987. 7. 21.-87도968; 1986. 11. 25.-85도2208 등).

[208] 제5 정당한 재판을 받을 권리

I. 의 의

인신의 자유를 보호함에 있어서는 그 자유가 침해된 경우에 이를 구제하는 장치가 필수적으로 마련되어야 할 뿐 아니라, 재판을 받는 과정에서도 인신의 자유가 침해되지 않아야 한다. 재판을 받는 경우에 형사피고인이나 당사자는 국가에 대하여 약자의 지위에 있고, 국가는 재판권이라는 국가권력을 가지고 있고 당사자는 이러한 권력의 적용을 받는 지위에 있으므로 재판의 과정에서 인신의 자유가 침해될 우려가 존재한다. 특히 형사재판에서 인신이 구속된 경우에 재판절차가 정당하고 합리적으로 진행되지 않으면 그 자체로서 인신의 자유를 침해하는 일이 발생한다. 정당한 재판이라 함은 실체법적으로 합헌적 법률에 의하여 이루어질 뿐만 아니라 절차적으로도 합헌적이고 합법적인 재판을 의미한다.

헌법 제27조 제1항은 「모든 국민은 헌법과 법률이 정한 법관에 의하여 법률에 의한 재판받을 권리를 가진다」라고 규정하고, 동조 제2항은 군인 또는 군무원이 아닌 국민에 대하여 원칙적으로 군사재판을 금지하는 것을 정하고 있는 동시에 동조 제3항에서 「모든 국민은 신속한 재판을 받을 권리를 가진다. 형사피고인은 상당한 이유가 없는 한 지체 없이 공개재판을 받을 권리를 가진다」라고 하여 신속한 재판을 받을 권리와 공개재판을 받을 권리를 국민의 기본권으로 규정하고 있다. 재판의 공정과 정당성을 확보하고 신체의 자유에 대한 부당한 제한을 방지하기 위해서는 「신속하고 공개된 재판」이 이루어지는 것이 필수적이므로 헌법은 이를 특별히 명시적으로 정하고 있다.

II. 내 용

신속한 재판이란 정당한 이유 없이 재판이 장기화되는 것을 금지하는 것이며, 공개된 재판이란 사건당사자와 관련인 이외의 자에게 재판의 방청을 허용하는 것이다. 헌법 제27조 제3항은 공개재판을 받을 권리의 주체로 형사피고인을 명시하고 있지만, 헌법 제109조의 규정을 볼 때 이는 형사피고인뿐만 아니라 모든 국민에게 인정된다고 할 것이다. 헌법은 제109조에서 「국가의 안전보장 또는 안녕질서를 방해하거나 선량한 풍속을 해할 염려가 있을 때」에는 법원의 결정으로 심리를 공개하지 않을 수 있음을 정하고 있으나, 이 경우에도 판결은 공개해야 한다. 「성폭력범죄의 처벌 및 피해자보호 등에 관한 법률」은 피해자의 사생활을 보호하기 위하여 필요한 경우에 심리의 비공개와 증인신문의 비공개를 인정하고 있다(동법 §22).

III. 판 례

헌법재판소는 구형사소송법 제361조 제1항·제2항이 항소법원에의 기록송부시 검사를 거치도록 한 것은 피고인의 신속·공정한 재판을 받을 기본권을 침해하여 위헌이며(憲 1995. 11. 30.-92헌마44), 국가보안법 제7조(찬양·고무) 및 제10조(불고지)의 죄에 대해서까지 동법 제19조가 수사기관에 의한 피의자구속기간을 50일까지 인정한 것은 피의자의 신체의 자유, 무죄추정의 원칙 및 신속한 재판을 받을 권리를 침해하는 것이고(憲 1992. 4. 14.-90헌마82), 국가보안법위반사건 변호인의 수사기록 열람·등사신청에 대하여 국가기밀의 누설이나 증거인멸, 증인협박, 사생활침해의 우려 등 정당한 사유를 밝히지 아니한 채 전부 거부한 것은 청구인의 신속하고 공정한 재판을 받을 권리와 변호인의 조력을 받을 권리를 침해한 것으로서 위헌임을 확인한 바 있다(憲 1997. 11. 27.-94헌마60).

그런데 헌법재판소는 법원은 민사소송법 제184조에서 정하는 기간 내에 반드시 판결을 선고해야 할 법률상의 의무가 발생한다고 볼 수 없고, 신속한 재판을 위한 어떤 직접적이고 구체적인 청구권이 헌법 제27조 제3항으로부터 직접 발생하지 않기 때문에 재판의 지연에 대한 헌법소원은 부적법하다고 판시하였다(憲 1999. 9. 16.-98헌마75). 그러나 정당한 이유없이 재판을 하지 않고 방치함으로 인하여 당사자의 이익을 침해한 경우에는 신속한 재판을 받을 권리를 침해한 것으로 위헌이다. 헌법 제27조 제3항에서 정하는 신속한 재판을 받을 권리는 구체적인 기본권이다.

[209] 제6 형사보상청구권

국가로부터 인신의 자유를 침해당한 경우에 그 구제를 해주는 장치가 필수적으로 요구된다. 이러한 구제에는 구제의 절차를 보장하는 재판절차상의 장치도 필요하고, 그 구제의 구체적인 내용을 보장하는 것도 필요하다.

헌법 제28조는 「형사피의자 또는 형사피고인으로서 구금되었던 자가 법률이 정하는 불기소처분을 받거나 무죄판결을 받은 때에는 법률이 정하는 바에 의하여 국가에 정당한 보상을 청구할 수 있다」라고 하여 형사보상청구권을 기본권으로 정하고 있다. 이러한 형사보상청구권은 국가가 피해구제의 내용으로서 형사보상을 보장할 뿐 아니라, 이러한 구제를 구할 수 있는 절차를 보장하는 것이기도 하다(상세한 것은 형사보상청구권을 보기 바람).

제2절 정신적 자유

1. 양심의 자유

[210] 제1 의 의

Ⅰ. 개 념

(1) 헌법 규정

헌법은 제19조에서 「모든 국민은 양심의 자유를 가진다」라고 하여 양심의 자유(良心의 自由 freedom of conscience, Gewissensfreiheit)를 국민의 기본권으로 보장하고 있다.

헌법에서 보장하고 있는 양심의 자유는 한 개인이 자기의 자율적인 판단하에 구체적으로 무엇이 옳고 그른 것인지를 결정할 수 있는 윤리적·도덕적 인식의 형성과 그에 기초한 행동의 자유를 말한다(예: 憲 1997. 3. 27.-96헌가11; 2001. 8. 30.-99헌바92 등; 2002. 4. 25.-98헌마425; 2004. 8. 26.-2002헌가1). 양심의 자유는 인간이 인간의 존엄과 가치를 유지하고 살아감에 있어 필수적으로 요구되는 것으로서, 신앙의 자유, 의사형성·유지의 자유, 사상형성·유지의 자유와 같이 정신적 자유의 근원을 이루는 것이다.

양심의 자유에서 가장 기본이 되는 것은 양심형성이라는 절대적인 내심의 자유이고, 그 다음은 이를 외부로 나타내어 자신의 양심을 실현하는 양심활동의 자유이다.

(2) 헌법 제19조의 양심

(a) 「양심」의 정의

헌법이 양심의 자유로 보장하는 양심은 옳고 그른 것에 대한 판단을 추구하는 가치적·도덕적 마음가짐을 말하고, 이는 그 형성과 변경에 외부적 개입과 억압에 의한 강요가 있어서는 안 되는 인간의 윤리적 내심영역에 속한다(예: 憲 2002. 1. 31.-2001헌바43). 이러한 양심은 외부에 대해서는 자기를 존재하게 하고 내부적으로는 자기가 누구인지를 인식할 수 있게 하는 근거이므로 한 인간에게 있어서 개인적 인격체로서의 정체성과 동질성을 유지하게 하는 요소를 이룬다(예: 憲 2002. 4. 25.-98헌마425등; 2004. 8. 26.-2002헌가1).

양심의 한자어는 「良心」으로 표시되는데, 그 文語的인 意味만 보면 「선량한(良) 마음(心)」이라고 번역될 수 있으나, 이는 헌법이 정하고 있는 양심의 자유에서 말하는 양심은 아니다. 개인이 가지는 내심의 불량한 나쁜 마음도 양심의 자유로 보장된다. 이런 점에서 conscience를 良心으로 번역하는 것이 적합한 용어선택인지는 의문이다.

헌법 제19조에서 보호하는 양심은 개인의 구체적인 양심을 말하며, 막연하고 추상적인 양심을 말하는 것이 아니다(예: 憲 1997. 3. 27.-96헌가11; 2001. 8. 30.-99헌바92 등; 2002. 4. 25.-98헌마425등; 2004. 8. 26.-2002헌가1).

양심은 서로 다른 개인마다 각자의 윤리적 정체성을 바탕으로 하여 자기 존재를 가능하게 만드는 극히 주관적이고 개인적인 성질을 가지는 것이어서 양심의 자유에 따른 판단내용은 사람마다 다를 수 있다. 행복을 추구함에 있어 각 개인에게 무엇이 행복인지는 어느 누구도 결정할 수 없듯이, 개인의 구체적인 양심도 어느 누구에 의해서도 결정되지 않고 오로지 자기 자신만이 정하는 것이다(예: 憲 2004. 8. 26.-2002헌가1). 따라서 개인의 양심은 대상, 내용, 동기에 의하여 그 인정여부를 판단할 수 없으며(예: 憲 2004. 8. 26.-2002헌가1), 오로지 개인의 내심의 자율적 결정에만 의존한다.

[憲 2002.1.31.-2001헌바43] 「양심은 옳고 그른 것에 대한 판단을 추구하는 가치적·도덕적 마음가짐으로, 개인의 소신에 따른 다양성이 보장되어야 하고 그 형성과 변경에

외부적 개입과 억압에 의한 강요가 있어서는 아니 되는 인간의 윤리적 내심영역이다. 보호되어야 할 양심에는 세계관 · 인생관 · 주의 · 신조 등은 물론, 이에 이르지 아니하여도 보다 널리 개인의 인격형성에 관계되는 내심에 있어서의 가치적 · 윤리적 판단도 포함될 수 있다. 그러나 단순한 사실관계의 확인과 같이 가치적 · 윤리적 판단이 개입될 여지가 없는 경우는 물론, 법률해석에 관하여 여러 견해가 갈리는 경우처럼 다소의 가치관련성을 가진다고 하더라도 개인의 인격형성과는 관계가 없는 사사로운 사유나 의견 등은 그 보호대상이 아니라고 할 것이다.」

[憲 2004.8.26.-2002헌가1] 자신의 인격적인 구체적인 상황에서 개인이 이러한 결정을 자신을 구속하고 무조건적으로 따라야 「헌법상 보호되는 양심은 어떤 일의 옳고 그름을 판단함에 있어서 그렇게 행동하지 아니하고는 하는 것으로 받아들이기 때문에 양심상의 심각한 갈등이 없이는 그에 반하여 행동할 수 없는 것을 말한다. 인간의 존엄성 유지와 개인의 자유로운 인격발현을 최고의 가치로 삼는 우리 헌법상의존재가치가 허물어지고 말 것이라는 강력하고 진지한 마음의 소리로서 절박하고 구체적인 양심을 말한다. 즉, '양심상의 결정'이란 선과 악의 기준에 따른 모든 진지한 윤리적 결정으로서 기본권체계 내에서 양심의 자유의 기능은 개인적 인격의 정체성과 동질성을 유지하는 데 있다.……'양심의 자유'가 보장하고자 하는 '양심'은 민주적 다수의 사고나 가치관과 일치하는 것이 아니라, 개인적 현상으로서 지극히 주관적인 것이다. 양심은 그 대상이나 내용 또는 동기에 의하여 판단될 수 없으며, 특히 양심상의 결정이 이성적 · 합리적인가, 타당한가 또는 법질서나 사회규범, 도덕률과 일치하는가 하는 관점은 양심의 존재를 판단하는 기준이 될 수 없다. 일반적으로 민주적 다수는 법질서와 사회질서를 그의 정치적 의사와 도덕적 기준에 따라 형성하기 때문에, 그들이 국가의 법질서나 사회의 도덕률과 양심상의 갈등을 일으키는 것은 예외에 속한다. 양심의 자유에서 현실적으로 문제가 되는 것은 사회적 다수의 양심이 아니라, 국가의 법질서나 사회의 도덕률에서 벗어나려는 소수의 양심이다. 따라서 양심상의 결정이 어떠한 종교관 · 세계관 또는 그 외의 가치체계에 기초하고 있는가와 관계없이, 모든 내용의 양심상의 결정이 양심의 자유에 의하여 보장된다.」

헌법재판소는 헌법상 그 침해로부터 보호되는 양심은 i) 문제된 당해 실정법의 내용이 양심의 영역과 관련되는 사항을 규율하는 것이어야 하고, ii) 이에 위반하는 경우 이행강제, 처벌 또는 법적 불이익의 부과 등 법적 강제가 따라야 하며, iii) 그 위반이 양심상의 명령에 따른 것이어야 한다고 판시하였다(예: 憲 2002. 4. 25.-98헌마425등).

(b) 헌법 제46조 제2항의 양심과의 관계

헌법 제46조 제2항은 「국회의원은 국가이익을 우선하여 양심에 따라 직무를 행한다」라고 정하고 있다. 여기서 말하는 양심이란 대의원리(代議原理)에 의하여 국회의원에게 부여되어 있는 지위와 역할에 따른 직무수행상의 양심을 말한다. 즉 국회의원이 전체 국민의 대표자로서 명령적 위임(命令的 委任)이 배제된 상태에서 전체 국민의 이익을 실현하는 데 적합한 방향으로 권한을 행사하여야 한다는 의미이고, 국회의원이 공적인 권한을 개인적이고 주관적인 판단에 따라 마음대로 행사할 수 있다는 것을 의미하는 것이 아니다. 이런 점에서 헌법 제19조의 양심과 헌법 제46조 제2항의 양심은 서로 구별된다. 국회의원이 직무를 수행함에 있어 양자가 서로 충돌하는 경우에는 국회의원 개인의 주관적 양심을 후퇴시키고 헌법 제46조 제2항의 양심을 우선시켜야 한다.

(c) 헌법 제103조의 양심과의 관계

헌법 제103조는 「법관은 헌법과 법률에 의하여 그 양심에 따라 독립하여 심판한다」라고 정하고 있다. 여기서 말하는 양심이란 법관에게 부여되어 있는 지위와 역할에 따른 직무수행상의 양심을 말한다. 법관이 사법권을 행사하는 주체로서 분쟁을 해결하거나 형사재판권을 행사함에 있어 개인의 주관적이고 사적인 판단에 의존하지 말고 사법관으로서의 역할과 기능에 합치하도록 자기의 권한을 행사하여야 한다는 의미이다. 따라서 법관의 양심에 따른 재판이 가능하기 위해서는 재판의 독립이 보장되어야 한다. 이런 점에서 헌법 제19조의 양심과 헌법 제103조의 양심은 구별된다. 법관이 직무를 수행함에 있어서 양자가 서로 충돌하는 경우에는 법관이 사사로이 가지고 있는 신념, 신조, 가치기준, 믿음, 양심을 후퇴시키고 헌법 제103조의 양심을 우선시켜 공정한 법관의 관점에서 법의 객관적인 의미에 따라 재판하여야 한다([562] II (2)).

헌법재판소의 재판관의 경우에도 법관의 경우와 동일하게 「재판관은 헌법과 법률에 의하여 그 양심에 따라 독립하여 심판한다」라고 정하고 있다(헌재법 §4). 이는 헌법재판소법에서 정하고 있지만, 헌법 제103조에 비추어 보면 원래 헌법에 규정되어야 하는 사항이다. 헌법입법상의 불비이다. 따라서 헌법재판소의 재판관의 경우에도 헌법 제19조의 양심과 헌법재판소법 제4조의 양심이 충돌하는 경우에는 후자를 우선시켜 헌법재판권을 행사하여야 한다.

(3) 사상 및 종교와의 구별

(a) 사상과의 구별

사상을 자기의 외부세계에 대한 인식의 형성과 그 실현이라고 볼 때, 이러한 사상이 헌법 제19조의 양심에 포함되는가 하는 문제가 있다. 외부 세계에 대하여 개인이 가지는 세계관은 정치, 경제, 사회, 문화, 세계, 공동체 등 인간의 생활의 각 영역별로 존재할 수 있는데, 이러한 사상의 자유(思想의 自由 Gedankenfreiheit)에 대하여 헌법이 따로 명시적으로 정하고 있지 않는 경우에 이를 헌법상 어떻게 해결할 것인가 하는 점이다. 헌법 제19조의 양심에 사상도 포함된다고 헌법을 해석하는 견해가 있다(권영성, 477; 김철수a, 917; 계희열b, 329).

그러나 헌법해석론에 의하면, 사상의 자유는 헌법 제10조, 헌법 제19조, 헌법 제20조 제1항, 의사의 형성을 보장하는 헌법 제22조 제1항, 헌법 제37조 제1항을 근거로 하여 헌법상의 권리로 도출할 수 있다. 헌법재판소는 자유민주적 법치국가에서는 사상의 자유가 인정된다고 보고 있으므로(예: 憲 2002. 4. 25.-98헌마425등) 우리 헌법에서도 사상의 자유가 인정되는 것으로 해석한다고 보인다. 헌법재판소는 헌법 제19조가 정하는 양심을 정의하면서, 「보호되어야 할 양심에는 세계관·인생관·주의·신조 등은 물론, 이에 이르지 아니하여도 보다 널리 개인의 인격형성에 관계되는 내심에 있어서의 가치적·윤리적 판단도 포함될 수 있다」라고 판시한 것이 있다(예: 憲 2002. 1. 31.-2001헌바43).

일본국헌법 제19조는 「사상 및 양심의 자유는 이를 침해할 수 없다」라고 하여, 사상의 자유와 양심의 자유를 구별하여 따로 정하고 있다. 이에 관해서는 양심은 사람의 사상 가운데 윤리적인 면을 가리키고 사상은 논리적인 면을 가리키는 것이라고 구별하는 견해와 엄밀히 볼 때 이를 구별할 실익이 없다고 보는 견해가 있다. 일본국헌법에서 사상과 양심의 자유를 구별하여 정한 것에는 1945년의 「일본국의 항복조건을 정하는 선언」(Proclamation Defining Terms for Japanese Surrender), 즉 포츠담선언 제10조의 「언론, 종교 및 사상의 자유와 함께 기본적 인권의 존중을 확립하게 한다」는 내용도 영향을 미쳤다고 본다.

(b) 종교와의 구별

양심의 자유는 중요한 정신적 기본권에 해당한다. 양심의 자유를 보장하는 실정헌법상의 구조에 따라 그 의미는 늘어나기도 하고 줄어들기도 하는데, 헌법에서 종교의 자유나 학문의 자유를 따로 보장하지 아니하는 경우에는 양심의 자유에 이러한 것(종교적 양심, 학문적 양심)도 포함되어 광의로 보장되지만, 현행헌법과 같이 종교의 자유나 학문의 자유와 구별하여 양심의 자유를 독립하여 보장하는 구조에서는 양심은 종교적 판단이나 지적 판단의 자유를 포함하지 않는 협의로서 보장된다.

II. 연　　혁

양심의 문제는 서양에서는 종교의 문제와 불가분의 관계를 가지고 거론되면서 등장하였다. 하나의 종교적인 관점(예: 기독교)과 그에 근거한 가치판단을 기준으로 삼아 인간의 삶을 규율하는 것에 대하여 의문을 가지고 이와 달리 생각하고 삶을 영위할 수 있는 관점과 가치판단을 가질 수 있다는 것을 정당화하기 위하여 양심의 자유가 주장되었다. 하나의 종교적 관점이 아닌 다른 종교적 관점(예: 종교개혁)이나 신념과 분리되어 진리를 탐구하는 자유를 확보하기 위하여(예: 서양 중세의 기독교와 Aristoteles철학간의 대립) 양심이라는 개념이 부각되었다. 여기서는 양심이 종교의 자유나 학문의 자유를 확보하는 근거로 주로 주장되었다. 그러던 것이 점차 종교의 자유와 학문의 자유가 분화되고 발전하면서, 양심의 자유는 종교의 자유나 학문의 자유 등과는 별개로 독자적인 자유영역으로 주장되고 보장되기에 이르렀다.

《기독교의 마녀재판과 양심의 자유》

성문헌법상 양심의 자유가 규정된 것은 직접적으로는 서구 기독교에 의해 자행된 이단재판(異端裁判 inquisition) 또는 마녀재판(魔女裁判 witch trials)으로 저질러진 인류 역사상 전대미문의 인간성의 부정과 집단살육에 대하여 저항한 인간성의 승리로 문서화된 것이다. 처음에 이단재판은 12세기 후반에 남프랑스지방에서 부패와 패악과 불륜과 거짓으로 만신창이가 된 로마카톨릭에 대하여 일어난 카톨릭비판운동 또는 개혁운동(예: Waldensians, Albigensians, Cathars)을 로마교황청이 잔혹하게 탄압하는 것에서 본격적으로 출발하였다. 이런 비판운동들을 탄압하는 것으로 시작하여 제4차 십자군전쟁에서 돌아온 군대에 대한 무자비한 토벌을 감행하였다. 교황 Gregory IX 때에는 본격적으로 이단재판제도(異端裁判制度 inquisitio pravitatis hereticae)를 창설하여 전 세계의 로마카톨릭에 반대하는 사람들을 이단자로 몰아 불에 태워 죽이기 시작하였다. 이단재판관(異端裁判官 inquisitio)은 이단자를 색출, 체포, 기소, 심문, 재판, 처형하는 일체의 권한을 행사하였다. 이런 이단재판은 유럽 전역과 멕시코, 스페인령 페루, 구아테말라, 포르투갈령 고아, 필리핀 등에 이르기까지 전 세계로 파급되었다. 1318년 교황 John XXII의 교서에 따라 마녀재판을 이단재판의 관할로 하면서 이단재판은 마녀재판으로 변하였다. 로마카톨릭에 대항하는 교리, 사상, 학문, 신앙, 행동 등 교황청이 정하는 것과 배치되는 것은 모두 마녀로 낙인을 찍어 절멸시켰다. 구교인 카톨릭과 신교인 개신교가 서로를 마녀로 낙인찍어 싸우는 단계에 들어가면서 마녀재판은 더욱 격화되었다. 교황 Boniface VIII도 이단자로 고발되었다. 이러한 마녀재판은 종교적인 이유에서만 아니라 교회내의 권력투쟁, 정치적 반대자의 제거, 이단자의 재산 차지, 유태인 등 다른 인종의 제거, 여성의 악마화 등의 이유가 추가되면서 걷잡을 수 없게 되었다. 이단자나 마녀의 재산을 누가 차지하느냐를 두고 세속재판과 이단재판이 서로 관장하려고 다투었다. 마녀재판을 진행하면서 색출과 고문과 처형의 방법도 더욱 악랄해져 갔다. 색출은 고발, 밀고, 소문 등으로 마구잡이로 낙인 찍어 체포하고 피고인에게 유리한 증거나 변호는 허용되지 않는 상태에서 각종의 잔혹한 고문으로 날조된 자백을 받아 태워 죽이기, 찢어 죽이기, 물로 끓여 죽이기, 화로에 쪄 죽이기 등 여러 형태의 잔혹하고 반인간적인 방법으로 죽였다(오늘날 서구 인권관련문서들에 정하고 있는 '잔혹하고 반인간적인 형벌의 금지'는 이러한 그들의 죄악에 바탕을 두고 있다). 이런 과정에서 마녀색출방법, 심문방법, 고문방법, 처형방법 등을 개발한 책들이 앞다투어 유포되었고, 고문기술자들이 큰 돈을 벌기도 했다(심문을 뜻하는 quesito가 서양에서 고문의 의미를 가지게 된 것은 바로 이 당시의 심문이 곧 고문의 방법으로 행해진데서 기인한다). 고문은 1252년 교황 Innocent IV가 인정하면서 더욱 널리 사용되었다. 이러한 마녀재판은 그 기본구조가 이단자나 마녀라고 낙인을 찍는 기독교와 이에 의해 낙인을 찍히는 자로 이분되어 결국 구교와 신교가 그와 다른 자들을 이단이나 마녀로 낙인찍어 마음대로 살륙하였다. 잔다르크, 후스, 사보나롤라, 갈릴레이, 케플러의 모친도 모두 이 과정에서 수난과 희생을 치렀다. 이런 인간사냥은 무지한 자에 의한 것이 아니었다. 악명으로 이름 높은 Bernardo Gui, Konrad von Marburg, Thomás de Torquemada 등과 같은 유명 수도사, 신학자, 법학자 등 지식인들이 대거 가담하였고, Jean Bodin, Enward Coke, Francis Bacon, Martin Luther, John Calvin, Melanhiton, Erasmus, Thomas Aquinas까지 가담 · 동조하였다. 이러한 마녀재판은 아메리카에서도 발생하였는데, 1692년 매사추세츠주(Massachusetts)의 세일럼(Salem)에서 Parris 목사의 딸이 아프기 시작한 것이 발단이 되어 흑인 하녀를 마녀라고 하기 시작하여 마을의 20명을 마녀로 몰아 교수형과 압살형으로 처형하고 5명을 감옥형을 보낸 사건이다. 이 사건은 1696년 재판에 참여한 배심원들이 잘못을 저질렀다는 의견을 제출하여 결국 이 재판은 파기되었고, Parris 목사는 추방당하였다. 이후 아메리카에서는 마녀재판이 없어졌다. 마녀재판은 이와 같이 12세기에서 시작되어 17세기에 막을 내린다. 이단재판 또는 마녀재판으로 희생된 수는 정확하지 않다. 적게는 100만명에서 많게는 1,000만명으로 주장되고 있다. 현재로서는 모든 자료가 조사되지 않아서 희생자를 확정하는 것은 곤란하다. 몇몇 나라에서는 19세기에도 이단재판을 계속하였다. 이단재판과 마녀재판에 관한 기록은 여러 곳에 산재하여 있고, 많은 수가 바티칸 비밀문서실에 보관되어 있다. 로마교황청은 1992년에 비로소 갈릴레이재판이 잘못되었음을 인정하고 사면을 하였고, 1998년에 그들이 지정하는 12명의 학자에게만 재판기록 등을 공개하였을 뿐 일반에게 공개하지 않고 있다. 양심의 자유는 이러한 마녀재판을 겪으면서 기독교가 아닌 다른 종교나 사상이나 이론을 탐구하고 이를 믿을 자유로 인정되기 시작하였다.

양심의 자유는 영국에서 1647년 「인민협약」(人民協約 Agreement of the People)에서 규정되었으나 발효되지 못하였고, 1663년 아메리카의 로드아일랜드(Rhode Island)에 대한 식민지허가장에서 종교의 자유와 함께 양심의 자유를 규정하였다. 독일에서는 1919년 바이마르헌법에서 양심의 자유를 정하였고, 현행 독일연방헌법에서도 종교의 자유와 양심의 자유를 구별하여 정하고 있다.

우리나라에서는 1948년헌법에서부터 양심의 자유를 실정 헌법에 명시하여 보장하였다. 여기서는 「모든 국민은 신앙과 양심의 자유를 가진다」(헌법 §12)라고 하여 동일한 조항에서 신앙의 자유와 함께 양심의 자유를 보장하는 형태를 취하였다. 1962년헌법부터는 종교의 자유와 별개의 조항에서 양심의 자유를 보장하는 형태를 취하여 현재에 이르고 있다.

[211] 제2 주 체

양심의 자유는 성질상 자연인에게 인정되는 기본권이다. 자연인에는 외국인도 포함된다. 법인이나 단체에게는 양심의 자유가 인정되지 않는다. 헌법재판소는 양심의 자유는 법인에게는 인정되지 않지만 법인의 대표자에게는 인정된다고 판시하였다(예: 憲 1991. 4. 1.-89헌마160).

[212] 제3 내 용

헌법 제19조의 양심의 자유는 양심형성의 자유라는 내적인 자유와 이에 의하여 형성된 양심을 실현하는 양심활동의 자유라는 외적인 자유로 보장된다. 헌법재판소도 같은 견해이다(예: 憲 1998. 7. 16.-96헌바35; 2004. 8. 26.-2002헌가1).

> [憲 1998.7.16.-96헌바35] 「헌법 제19조가 보호하고 있는 양심의 자유는 양심형성의 자유와 양심적 결정의 자유를 포함하는 내심적 자유(forum internum)뿐만 아니라, 양심적 결정을 외부로 표현하고 실현할 수 있는 양심실현의 자유(forum externum)를 포함한다고 할 수 있다. 내심적 자유, 즉 양심형성의 자유와 양심적 결정의 자유는 내심에 머무르는 한 절대적 자유라고 할 수 있지만, 양심실현의 자유는 타인의 기본권이나 다른 헌법적 질서와 저촉되는 경우 헌법 제37조 제2항에 따라 국가안전보장·질서유지 또는 공공복리를 위하여 법률에 의하여 제한될 수 있는 상대적 자유라고 할 수 있다. 그리고 양심실현은 적극적인 작위의 방법으로도 실현될 수 있지만 소극적으로 부작위에 의해서도 그 실현이 가능하다 할 것이다.」
>
> [憲 2004.8.26.-2002헌가1] 「헌법 제19조의 양심의 자유는 크게 양심형성의 내부영역과 형성된 양심을 실현하는 외부영역으로 나누어 볼 수 있으므로, 그 구체적인 보장내용에 있어서도 내심의 자유인 '양심형성의 자유'와 양심적 결정을 외부로 표현하고 실현하는 '양심실현의 자유'로 구분된다. 양심형성의 자유란 외부로부터의 부당한 간섭이나 강제를 받지 않고 개인의 내심영역에서 양심을 형성하고 양심상의 결정을 내리는 자유를 말하고, 양심실현의 자유란 형성된 양심을 외부로 표명하고 양심에 따라 삶을 형성할 자유, 구체적으로는 양심을 표명하거나 또는 양심을 표명하도록 강요받지 아니할 자유(양심표명의 자유), 양심에 반하는 행동을 강요받지 아니할 자유(부작위에 의한 양심실현의 자유), 양심에 따른 행동을 할 자유(작위에 의한 양심실현의 자유)를 모두 포함한다.」

Ⅰ. 양심형성의 자유

양심형성의 자유라 함은 외부로부터의 부당한 간섭이나 강제를 받지 않고 개인의 내심영역에서 양심을 형성하고 양심상의 결정을 내리는 동시에 내적인 확신을 보유·유지하는 자유를 말한다.

양심형성의 자유는 순전히 개인의 마음 속에서만 이루어지므로 내심의 자유에 해당하고, 이는 다른 내심의 자유와 마찬가지로 어떠한 경우에도 제한할 수 없는 절대적 기본권으로서의 성질을 가진다.

양심의 형성이 자기 스스로의 판단에 의해 이루어진 이상, 양심형성의 과정이나 방법에서 외부의 선전·선동이나 세뇌(洗腦)작용에 영향을 받았거나, 약물이나 최면술 등의 영향을 받아 형성된 양심도 보호된다(동지: 계희열b, 331). 그러나 외부(예: 국가 또는 사회의 각종 세력)의 영향력이 개인의 양심형성에서 이루어지는 판단이나 인식의 자율성을 왜곡할 만큼 심한 경우는 양심형성의 자유의 침해가 된다.

II. 양심활동의 자유

양심활동의 자유라 함은 인간의 내심에서 형성된 양심을 외부로 표명하거나 표명하지 않으면서 양심에 따라 자기의 삶을 형성하고 활동하는 자유를 말한다. 여기서 소극적 양심활동의 자유를 인정함에 있어서는 이론(異論)이 없으나, 적극적 양심활동의 자유를 양심의 자유로 인정할 수 있는가 하는 점에 논란이 있다.

양심활동의 자유는 양심형성의 자유와 달리 법질서에 위배되거나 타인의 권리를 침해할 수 있기 때문에 법률에 의하여 제한할 수 있는 상대적 기본권으로서의 성질을 가진다(예: 憲 1998. 7. 6.-96헌바35; 2004. 8. 26.-2002헌가1). 따라서 양심의 활동에 해당하는 이상 소극적 양심활동이든 적극적 양심활동이든 법률에 의하여 제한할 수 있다.

(1) 소극적 양심활동의 자유

소극적 양심활동의 자유는 자기의 양심을 표명할 것을 외부로부터 강제당하지 아니할 자유와 양심에 반하는 행동을 강제당하지 아니할 자유를 말한다. 양심을 지키는 자유라고도 말한다.

(a) 양심을 표명하도록 강제당하지 아니할 자유

자기의 양심을 표명하도록 강제당하지 아니할 자유는 각종의 방법과 행태로 자기의 양심을 외부에 표출되도록 강제하는 것이 금지된다는 것을 말한다(예: 憲 1991. 4. 1.-89헌마160; 1997. 3. 27.-96헌가11; 1997. 11. 27.-92헌바28). 양심상의 결정과 판단을 외부로 표시하지 않을 양심상 침묵의 자유도 이에 해당한다. 일정한 행동을 하도록 하여 양심이 간접적으로 표명되게 하고, 이를 통하여 그 사람의 내면의 양심을 추정할 수 있게 하는 양심추지(良心推知)도 금지된다. 따라서 국가에 대한 충성서약이나 국기밟기 등을 통하여 자기의 양심을 노출하게 하는 것도 양심의 자유를 침해하는 것이다(김철수a, 920; 계희열b, 333).

양심의 자유가 침해되는 경우는 내심에서 우러나오는 윤리적 확신과 이에 반하는 외부적 법질서의 요구가 서로 피할 수 없는 상태로 충돌할 때에 발생한다. 그러므로 당해 실정법이 특정의 행위를 금지하거나 명령하는 것이 아니라 단지 특별한 혜택을 부여하거나 권고 내지 허용하고 있는 데에 불과하다면, 수범자는 수혜를 스스로 포기하거나 권고를 거부함으로써 법질서와 충돌하지 아니한 채 자신의 양심을 유지·보존할 수 있으므로 양심의 자유에 대한 침해가 된다고 할 수 없다. 따라서 양심의 자유를 침해하는 정도의 외부적 법질서의 요구가 있다고 할 수 있기 위해서는 법적 의무가 부과되고 그 의무를 위반한 때에 이행강제, 처벌 또는 법적 불이익의 부과 등과 같은 방법에 의한 강제력의 행사가 있어야 한다. 여기서 말하는 법적 불이익의 부과라고 함은 권리침해의 정도에는 이르지 아니하더라도 기존의 법적 지위를 박탈하거나 법적 상태를 악화시키는 등 적어도 현재의 법적 지위나 상태를 장래에 있어 불안하게 변모시키는 것을 의미한다(憲 2002. 4. 25.-98헌마425등).

헌법재판소는 가석방(假釋放)의 조건으로 준법서약(遵法誓約)을 하게 하는 것은 양심의 자유를 침해하는 것이 아니라고 판시하였고(예: 憲 2002. 4. 25.-98헌마425등. 준법서약제도는 「가석방 심사등에 관한 규칙」에서 정하고 있었는데, 2003. 7. 31. 해당규정을 삭제하여 이 제도를 폐지하였다), 보안관찰처분은 보안관찰처분대상자의 내심의 작용을 문제삼는 것이 아니라, 보안관찰처분대상자가 보안관찰해당범죄를 다시 저지를 위험성이 내심의 영역을 벗어나 외부에 표출되는 경우에 재범의 방지를 위하여 내려지는 특별예방적 목적의 처분이므로 양심의 자유를 침해하는 것이 아니라고 판시하였다(예: 憲 1997. 11. 27.-92헌바28).

(b) 양심에 반하는 행동을 강제당하지 아니할 자유

양심에 반하는 행동을 강제당하지 아니할 자유는 자기의 양심에 반하는 행동을 하지 않을 자유를 말한다. 헌법재판소도 이를 인정한다(예: 憲 1991. 4. 1.-89헌마160; 1997. 3. 27.-96헌가11; 1997. 11. 27.-92헌바28). 각자 양심적 판단에 따라 일정한 행동을 하지 않는 것이 법질서를 침해하는 경우에는 양심의 자유로 보호되지 않는다(예: 憲 2004. 8. 26.-2002헌가1).

헌법재판소는 전투경찰관에 대한 시위진압명령은 양심의 자유의 침해가 아니라고 판시하였다(예: 憲 1995. 12. 28.-91헌마80).

(2) 적극적 양심활동의 자유

적극적 양심활동의 자유는 적극적인 형태로 자기의 양심에 따른 행동을 할 자유를 말한다. 양심실현의 자유라고도 말한다.

(a) 부 정 설

양심에 기초한 적극적인 행위는 각자의 주관적인 판단에 따라 행동하는 것이고, 이를 인정하는 것은 공동체의 법질서나 타인의 자유와 권리를 침해하기 때문에 인정할 수 없다고 본다. 부정설의 경우에는 양심실현의 자유를 표현의 자유, 행동의 자유에 속한다고 본다(권영성, 483; 김철수a, 924).

(b) 긍 정 설

양심의 자유를 보장하는 것은 절대적 기본권인 내심의 양심형성의 자유나 소극적 양심활동의 자유만을 보장하는 것으로 충분하지 못하고, 적극적 양심활동의 자유도 보장되어야 헌법에서 양심의 자유를 보장하는 진정한 의미가 있다고 본다(허영a, 396; 계희열b, 336).

긍정설이 타당하다. 헌법재판소는 부작위에 의한 양심실현을 양심활동의 자유로 인정한다(예: 憲 1998. 7. 16.-96헌바35; 2004. 8. 26.-2002헌가1). 적극적 양심활동의 자유는 주관적 가치판단을 기초로 하고 있어 다른 법익과 충돌하거나 이를 침해하기 쉽기 때문에 그 제한이 다른 어떤 양심활동의 자유보다 더 많이 인정된다.

헌법재판소는 선거법이 인정하지 않는 방법에 의한 문서 · 도화의 배부 · 게시 등을 금지하는 것은, 자신의 태도나 입장을 외부에 설명하거나 해명하는 행위는 진지한 윤리적 결정에 관계된 행위가 아니라 단순한 생각이나 의견 등의 표현행위이기 때문에 내면적으로 구축된 인간의 양심이 왜곡 · 굴절된다고 할 수 없다고 판시하였다(예: 憲 2001. 8. 30.-99헌바92등).

[213] 제4 제한과 그 한계

Ⅰ. 제 한

(1) 양심활동의 자유에 대한 제한

양심의 자유도 내심에 머무르지 않고 외부로 나타나는 이상 상대적 기본권으로서 제한을 받는다. 헌법상의 양심의 자유에 대해서는 헌법 제37조 제2항에 따라 제한이 가능하다. 공동체의 생활을 하면서 각자 자기의 개인적이고 주관적인 가치판단을 내세워 공동체와 타인의 이익을 침해하는 행위를 할 수 없기 때문이다.

헌법, 헌법질서 또는 국가를 부정하거나 파괴하려는 사상이나 양심에 기초한 행위는 양심의 자유로 보호받지 못한다(예: 憲 2004. 8. 26.-2002헌가1; 大 1986. 11. 11.-86도1786; 1996. 9. 10.-95도939). 개개인의 구구한 양심의 자유가 국가의 존립이나 국가안전보장을 위태롭게 하거나 헌법질서를 파괴하는 근거 또는 권원이 될 수는 없기 때문이다(동지: 계희열b, 343).

> [憲 2004.8.26.-2002헌가1] 「양심의 자유가 보장된다는 것은 곧 개인이 양심상의 이유로 법질서에 대한 복종을 거부할 수 있는 권리를 부여받는다는 것을 의미하지는 않는다. 모든 개인이 양심의 자유를 주장하여 합헌적인 법률에 대한 복종을 거부할 가능성이 있으며, 개인의 양심이란 지극히 주관적인 현상으로서 비이성적 · 비윤리적 · 반사회적인 양심을 포함하여 모든 내용의 양심이 양심의 자유에 의하여 보호된다는 점을 고려한다면, '국가의 법질서는 개인의 양심에 반하지 않는 한 유효하다'는 사고는 법질서의 해체, 나아가 국가공동체의 해체를 의미한다. 그러나 어떠한 기본권적 자유도 국가와 법질서를 해체하는 근거가 될 수 없고, 그러한 의미로 해석될 수 없다.」
>
> [大 1986.11.11.-86도1786] 「사상의 자유도 그것이 순수한 내심의 상태에서 벗어나 반국가단체를 이롭게 하는 외부적인 형태로 나타난 경우에는 그 자유의 한계를 넘은 것이라 할 것인바……」
>
> [大 1996.9.10.-95도939] 「원심은 '사회민주주의 청년연맹'은 사회주의를 기본강령으로

하고, 우리 사회를 계급간 적대가 존재하는 계급사회로, 우리나라를 외세에 예속된 식민지로 규정하고 있으며, 노동대중의 의식화·조직화사업을 통한 사회적 해방을 완수하고, 일제의 제국주의 침략을 배제하고 군부파시즘을 종식시키며, 자본의 국유화 등으로 사유재산제도를 변혁시키고, 외세의 영향력 하에 있는 정권을 청산하기 위하여 그 변혁을 불가능하게 하는 모든 세력에 대하여는 대중정치 투쟁과 민중항쟁 등을 포함한 모든 방법을 동원하여 제거, 타파시키는 것을 목적으로 하는 단체인 사실 및 그 밖에 제1심이 판시한 피고인의 범죄사실이 충분히 인정된다고 한 후……원심의 위와 같은 사실인정 및 판단은 옳고……피고인의 판시와 같은 행위는 헌법상 자유민주적 기본질서를 위반한 것으로 헌법 제19조가 보장하는 양심의 자유의 한계를 벗어난 것으로 볼 것이다.」

(2) 구체적인 문제

(a) 양심에 근거한 범죄행위

개인의 양심적 판단에 기초하여 범죄행위를 하는 것은 양심의 자유로 인정되지 않는다. 이러한 범죄행위는 위법성뿐만 아니라 책임도 조각되지 않는다. 양심적 판단에 따라 확신을 가지고 범죄행위를 행한 확신범의 경우는 형사처벌된다. 사안에 따라서는 형사적으로 양형에서 참작이 되어 감경(형법 §51iii)이 되는 경우가 있을 수는 있다.

(b) 양심에 근거한 병역의무의 거부

개인이 자신의 주관적인 양심(사상)에 의한 판단에 따라 헌법이 정하는 국방의무를 거부할 수 있는가 하는 문제가 있다. 국민에게 부여되는 헌법상 의무는 특별한 이유가 없는 한 성별, 종교, 나이, 개인의 주관적 신념이나 가치판단에 무관하게 이행되어야 하는 것이므로 이는 거부할 수 없다. 따라서 이 경우에 양심의 자유를 들어 이를 거부하지는 못한다. 뿐만 아니라 국방의무가 헌법상의 의무로 명시되어 있지 않더라도 헌법 제37조 제2항에 따라 기본권 제한이라는 방법으로 징집할 수 있는데, 이는 양심의 자유에 대한 정당한 제한이고 그 침해가 되지 않는다.

헌법재판소와 대법원은 양심의 자유에 근거하여 헌법상의 병역의무를 거부할 수 없다고 본다(예: 憲 2004. 8. 26.-2002헌가1; 2011. 8. 30.-2008헌가22; 大 1955. 12. 21.-65도894; 1969. 7. 22.-69도934; 1985. 7. 23.-85도1094; 1992. 9. 4.-92도1534; 2004. 7. 15.-2004도2965). 헌법재판소는 양심의 자유를 내세워 예비군 훈련을 거부하는 것은 인정되지 않는다고 판시하였다(憲 2011. 8. 30.-2007헌가12).

[憲 2004.8.26.-2002헌가1] 「헌법 제19조의 양심의 자유는 개인에게 병역의무의 이행을 거부할 권리를 부여하지 않는다. 양심의 자유는 단지 국가에 대하여 가능하면 개인의 양심을 고려하고 보호할 것을 요구하는 권리일 뿐, 양심상의 이유로 법적 의무의 이행을 거부하거나 법적 의무를 대신하는 대체의무의 제공을 요구할 수 있는 권리가 아니다. 따라서 양심의 자유로부터 대체복무를 요구할 권리도 도출되지 않는다. 우리 헌

법은 병역의무와 관련하여 양심의 자유의 일방적인 우위를 인정하는 어떠한 규범적 표현도 하고 있지 않다. 양심상의 이유로 병역의무의 이행을 거부할 권리는 단지 헌법 스스로 이에 관하여 명문으로 규정하는 경우에 한하여 인정될 수 있다.……병역의무와 양심의 자유가 충돌하는 경우 입법자는 법익형량과정에서 국가가 감당할 수 있는 범위 내에서 가능하면 양심의 자유를 고려해야 할 의무가 있으나, 법익형량의 결과가 국가안보란 공익을 위태롭게 하지 않고서는 양심의 자유를 실현할 수 없다는 판단에 이르렀기 때문에 병역의무를 대체하는 대체복무의 가능성을 제공하지 않았다면, 이러한 입법자의 결정은 국가안보라는 공익의 중대함에 비추어 정당화될 수 있는 것으로서 입법자의 '양심의 자유를 보호해야 할 의무'에 대한 위반이라고 할 수 없다.」

[大 2004.7.15.-2004도2965] 「우리 헌법은 헌법 제5조 제2항에서 "국군은 국가의 안전보장과 국토방위의 신성한 의무를 수행함을 사명으로 하며, 그 정치적 중립성은 준수된다"고 규정하고, 제39조 제1항에서는 "모든 국민은 법률이 정하는 바에 의하여 국방의 의무를 진다"고 규정하고 있다. 현대 민주국가에서 주권자인 국민에게 국방의 의무라는 헌법적 의무를 부담시키는 것은 그것이 주권자인 국민 자신에게도 필요한 일이라는 관점에서 정당화된다. 즉 국민이 이러한 헌법적 의무를 부담함으로써 비로소 국민 스스로가 그의 기본권의 실현과 보호를 위한 전제 조건인 국가의 존립과 안전을 유지할 수 있다는 점 때문에 국민은 헌법적 의무로서 국방의 의무를 부담하게 되는 것이다. 결국 헌법 제39조 제1항이 규정한 국방의 의무는 외적으로부터 국가를 방위하여 국가의 정치적 독립성과 영토의 완전성을 수호할 의무로서 납세의 의무와 더불어 국가의 존립을 가능하게 하는 가장 기본적인 의무라 할 것이고, 특히 남북이 분단되어 여전히 서로 군사적으로 대치되고 있어 불안정성과 불가예측성이 상존하는 우리나라의 특수한 현실적 안보상황을 고려하면 국방의 의무는 보다 강조되어도 지나치다고 할 수는 없을 것이다. 이 사건 법률조항은 바로 이와 같이 가장 기본적인 국민의 국방의 의무를 구체화하기 위하여 마련된 것이다. 그리고 이와 같은 병역의무가 제대로 이행되지 않아 국가의 안전보장이 이루어지지 않는다면 국민의 인간으로서의 존엄과 가치도 보장될 수 없음은 불을 보듯 명확한 일이다. 따라서 병역의무는, 궁극적으로는 국민 전체의 인간으로서의 존엄과 가치를 보장하기 위한 것이라 할 것이고, 피고인의 양심의 자유가 위와 같은 헌법적 법익보다 우월한 가치라고는 할 수 없다. 그 결과, 위와 같은 헌법적 법익을 위하여 헌법 제37조 제2항에 따라 피고인의 양심의 자유를 제한한다 하더라도 이는 헌법상 허용된 정당한 제한이라 할 것이다.」

그런데 헌법재판소는 병역의 종류를 현역, 예비역, 보충역, 병역준비역, 전시근로역의 다섯 가지로 한정하여 규정하고 양심적 병역거부자에 대하여 대체복무제를 규정하지 아니한 병역법상 병역종류에 관한 조항에 대하여 이는 과잉금지원칙을 위반하여 양심적 병역거부자의 양심의 자유를 침해하는 것이라고 하여 헌법불합치 결정을 하였다(憲 2018. 6. 28.-2011헌바379등). 헌법재판소의 이 결정은 양심의 자유를 내세워 병역을 거부하는 자에게 병역의무가 전적으로 면제된다거나 병역의무를 부정할 수 있다는 것을 인정하는 것이 아니라 비군사적 성격의 공익적 업무에 종사하게 함으로써 병역의무의 이행에 갈음하는 대체복무제도를 두어 병역의무를 수행하는 방법에서 이를 선택할 수 있게 하여야 한다는 것이다. 헌법재판소의 이 결정이 있은 후 국회는 2019. 12. 31.「대체역의 편입 및 복무 등에 관한 법률」(시행 2021. 4. 13. 법률 제18001호)을 제정하여 현재 시행되고 있다.

[憲 2018.6.28.-2011헌바379등] 「(결정요지) 비군사적 성격을 갖는 복무도 입법자의 형성에 따라 병역의무의 내용에 포함될 수 있고, 대체복무제는 그 개념상 병역종류조항과 밀접한 관련을 갖는다. 따라서 병역종류조항에 대한 이 사건 심판청구는 입법자가 아무런 입법을 하지 않은 진정입법부작위를 다투는 것이 아니라, 입법자가 병역의 종류에 관하여 입법은 하였으나 그 내용이 양심적 병역거부자를 위한 대체복무제를 포함하지 아니하여 불완전·불충분하다는 부진정입법부작위를 다투는 것이라고 봄이 상당하다. 병역종류조항이 대체복무제를 포함하고 있지 않다는 이유로 위헌으로 결정된다면, 양심적 병역거부자가 현역입영 또는 소집 통지서를 받은 후 3일 내에 입영하지 아니하거나 소집에 불응하더라도 대체복무의 기회를 부여받지 않는 한 당해 형사사건을 담당하는 법원이 무죄를 선고할 가능성이 있으므로, 병역종류조항은 재판의 전제성이 인정된다. 병역종류조항은, 병역부담의 형평을 기하고 병역자원을 효과적으로 확보하여 효율적으로 배분함으로써 국가안보를 실현하고자 하는 것이므로 정당한 입법목적을 달성하기 위한 적합한 수단이다. 병역종류조항이 규정하고 있는 병역들은 모두 군사훈련을 받는 것을 전제하고 있으므로, 양심적 병역거부자에게 그러한 병역을 부과할 경우 그들의 양심과 충돌을 일으키는데, 이에 대한 대안으로 대체복무제가 논의되어 왔다. 양심적 병역거부자의 수는 병역자원의 감소를 논할 정도가 아니고, 이들을 처벌한다고 하더라도 교도소에 수감할 수 있을 뿐 병역자원으로 활용할 수는 없으므로, 대체복무제를 도입하더라도 우리나라의 국방력에 의미 있는 수준의 영향을 미친다고 보기는 어렵다. 국가가 관리하는 객관적이고 공정한 사전심사절차와 엄격한 사후관리절차를 갖추고, 현역복무와 대체복무 사이에 복무의 난이도나 기간과 관련하여 형평성을 확보해 현역복무를 회피할 요인을 제거한다면, 심사의 곤란성과 양심을 빙자한 병역기피자의 증가 문제를 해결할 수 있으므로, 대체복무제를 도입하면서도 병역의무의 형평을 유지하는 것은 충분히 가능하다. 따라서 대체복무제라는 대안이 있음에도 불구하고 군사훈련을 수반하는 병역의무만을 규정한 병역종류조항은, 침해의 최소성 원칙에 어긋난다. 병역종류조항이 추구하는 '국가안보' 및 '병역의무의 공평한 부담'이라는 공익은 대단히 중요하나, 앞서 보았듯이 병역종류조항에 대체복무제를 도입한다고 하더라도 위와 같은 공익은 충분히 달성할 수 있다고 판단된다. 반면, 병역종류조항이 대체복무제를 규정하지 아니함으로 인하여 양심적 병역거부자들은 최소 1년 6월 이상의 징역형과 그에 따른 막대한 유·무형의 불이익을 감수하여야 한다. 양심적 병역거부자들에게 공익 관련 업무에 종사하도록 한다면, 이들을 처벌하여 교도소에 수용하고 있는 것보다는 넓은 의미의 안보와 공익실현에 더 유익한 효과를 거둘 수 있을 것이다. 따라서 병역종류조항은 법익의 균형성 요건을 충족하지 못하였다. 그렇다면 양심적 병역거부자에 대한 대체복무제를 규정하지 아니한 병역종류조항은 과잉금지원칙에 위배하여 양심적 병역거

부자의 양심의 자유를 침해한다. 헌법재판소는 2004년 입법자에 대하여 국가안보라는 공익의 실현을 확보하면서도 병역거부자의 양심을 보호할 수 있는 대안이 있는지 검토할 것을 권고하였는데, 그로부터 14년이 경과하도록 이에 관한 입법적 진전이 이루어지지 못하였다. 그사이 여러 국가기관에서 대체복무제 도입을 검토하거나 그 도입을 권고하였으며, 법원에서도 양심적 병역거부에 대해 무죄판결을 선고하는 사례가 증가하고 있다. 이러한 사정을 감안할 때 국가는 이 문제의 해결을 더 이상 미룰 수 없으며, 대체복무제를 도입함으로써 기본권 침해 상황을 제거할 의무가 있다.」

한편 대법원은 종전의 선례(大 2004. 7. 15.-2004도2965)를 변경하여, 진정한 양심에 따른 병역거부라면, 대체복무제가 있느냐 없느냐에 관계없이 이는 병역법 제88조 제1항의 '정당한 사유'에 해당한다고 판시하였다(大 2018. 11. 1.-2016도10912). 이 판례는 양심의 자유나 종교의 자유 등을 내세워 병역의무를 부정할 수 있다는 취지로도 해석될 수 있다. 동의하기 어려운 주장이다. 이 사건에서는 다수의견에 대하여 종전의 선례를 그대로 유지해야 한다는 대법관 4인의 반대의견이 있다.

[大 2018.11.1.-2016도10912] 「(판결요지) **[다수의견]** ① 병역법 제88조 제1항은 국방의 의무를 실현하기 위하여 현역입영 또는 소집통지서를 받고도 정당한 사유 없이 이에 응하지 않은 사람을 처벌함으로써 입영기피를 억제하고 병력구성을 확보하기 위한 규정이다. 위 조항에 따르면 정당한 사유가 있는 경우에는 피고인을 벌할 수 없는데, 여기에서 정당한 사유는 구성요건해당성을 조각하는 사유이다. 이는 형법상 위법성조각사유인 정당행위나 책임조각사유인 기대불가능성과는 구별된다. 정당한 사유는 구체적인 사안에서 법관이 개별적으로 판단해야 하는 불확정개념으로서, 실정법의 엄격한 적용으로 생길 수 있는 불합리한 결과를 막고 구체적 타당성을 실현하기 위한 것이다. 위 조항에서 정한 정당한 사유가 있는지를 판단할 때에는 병역법의 목적과 기능, 병역의무의 이행이 헌법을 비롯한 전체 법질서에서 가지는 위치, 사회적 현실과 시대적 상황의 변화 등은 물론 피고인이 처한 구체적이고 개별적인 사정도 고려해야 한다. 병역의무의 부과와 구체적 병역처분 과정에서 고려되지 않은 사정이라 하더라도, 입영하지 않은 병역의무자가 처한 구체적이고 개별적인 사정이 그로 하여금 병역의 이행을 감당하지 못하도록 한다면 병역법 제88조 제1항의 '정당한 사유'에 해당할 수 있다고 보아야 한다. 설령 그 사정이 단순히 일시적이지 않다거나 다른 이들에게는 일어나지 않는 일이라 하더라도 마찬가지이다. ② 양심에 따른 병역거부, 이른바 양심적 병역거부는 종교적·윤리적·도덕적·철학적 또는 이와 유사한 동기에서 형성된 양심상 결정을 이유로 집총이나 군사훈련을 수반하는 병역의무의 이행을 거부하는 행위를 말한다. 양심을 포기하지 않고서는 집총이나 군사훈련을 수반하는 병역의무를 이행할 수 없고 병역의무의 이행이 자신의 인격적 존재가치를 스스로 파멸시키는 것이기 때문에 병역의무의 이행을 거부한다는 것이다. 결국 양심을 포기할 수 없고 자신의 인격적 존재가치를 스스로 파멸시킬 수도 없기 때문에 불이행에 따르는 어떠한 제재라도 감수할 수밖에 없다

고 한다. 병역법 제88조 제1항은 현역입영 거부 행위에 대하여 3년 이하의 징역에 처한다고 정하고 있다. 실제 재판에서는 대부분 양심적 병역거부자의 개별적인 사정을 고려하지 않은 채 병역법 시행령 제136조 제1항 제2호 (가)목에서 정한 전시근로역 편입 대상에 해당하는 1년 6개월 이상 징역형의 실형을 일률적으로 선고하고 있다. 부자(부자) 또는 형제가 모두 실형을 선고받아 복역하는 상황도 적지 않게 발생하였다. 이러한 형사처벌이 계속되고 있는데도 양심적 병역거부자는 우리 사회에서 매년 평균 약 600명 내외로 발생하고 있다. 헌법상 국가의 안전보장과 국토방위의 신성한 의무, 그리고 국민에게 부여된 국방의 의무는 아무리 강조해도 지나치지 않다. 국가의 존립이 없으면 기본권 보장의 토대가 무너지기 때문이다. 국방의 의무가 구체화된 병역의무는 성실하게 이행하여야 하고 병무행정 역시 공정하고 엄정하게 집행하여야 한다. 헌법이 양심의 자유를 보장하고 있다고 해서 위와 같은 가치를 소홀히 해서는 안 된다. 따라서 양심적 병역거부의 허용 여부는 헌법 제19조 양심의 자유 등 기본권 규범과 헌법 제39조 국방의 의무 규범 사이의 충돌·조정 문제가 된다. 국방의 의무는 법률이 정하는 바에 따라 부담한다(헌법 제39조 제1항). 즉 국방의 의무의 구체적인 이행방법과 내용은 법률로 정할 사항이다. 그에 따라 병역법에서 병역의무를 구체적으로 정하고 있고, 병역법 제88조 제1항에서 입영의무의 불이행을 처벌하면서도 한편으로는 '정당한 사유'라는 문언을 두어 입법자가 미처 구체적으로 열거하기 어려운 충돌 상황을 해결할 수 있도록 하고 있다. 따라서 양심적 병역거부에 관한 규범의 충돌·조정 문제는 병역법 제88조 제1항에서 정한 '정당한 사유'라는 문언의 해석을 통하여 해결하여야 한다. 이는 충돌이 일어나는 직접적인 국면에서 문제를 해결하는 방법일 뿐만 아니라 병역법이 취하고 있는 태도에도 합치하는 해석방법이다. 소극적 부작위에 의한 양심실현의 자유에 대한 제한은 양심의 자유에 대한 과도한 제한이 되거나 본질적 내용에 대한 위협이 될 수 있다. 양심적 병역거부는 이러한 소극적 부작위에 의한 양심실현에 해당한다. 양심적 병역거부자들은 헌법상 국방의 의무 자체를 부정하지 않는다. 단지 국방의 의무를 구체화하는 법률에서 병역의무를 정하고 그 병역의무를 이행하는 방법으로 정한 집총이나 군사훈련을 수반하는 행위를 할 수 없다는 이유로 그 이행을 거부할 뿐이다. 헌법은 기본권 보장의 체계로서 기본권이 최대한 실현되도록 해석·운용되어야 한다. 헌법 제10조는 모든 국민은 인간으로서의 존엄과 가치를 가지며 국가는 개인이 가지는 불가침의 기본적 인권을 확인하고 이를 보장할 의무를 진다고 선언하고 있다. 양심의 자유는 도덕적·정신적·지적 존재로서 인간의 존엄성을 유지하기 위한 필수적 조건이다. 위에서 본 양심적 병역거부의 현황과 함께 우리나라의 경제력과 국방력, 국민의 높은 안보의식 등에 비추어 양심적 병역거부를 허용한다고 하여 국가안전보장과 국토방위를 달성하는 데 큰 어려움이 있을 것으로는 보이지 않는다. 따라서 진정한 양심적 병역거부자에게 집총과 군사훈련을 수반하는 병역의무의 이행을 강제하고 그 불이행을 처벌하는 것은 양심의 자유에 대한 과도한 제한이 되거나 본질적 내용에 대한 위협이 된다. 자유민주주의는 다수결의 원칙에 따라 운영되지만 소수자에 대한 관용과 포용을 전제로 할 때에만 정당성을 확보할 수 있다. 국민 다수의 동의를 받지 못하였다는 이유로 형사처벌을 감수하면서도 자신의 인격적 존재가치를 지키기 위하여 불가피하게 병역을 거부하는 양심적 병역거부자들의 존재를 국가가 언제까지나 외면하고 있을 수는 없다. 일방적인 형사처벌만으로 규범의 충돌 문제를 해결할 수 없다는 것은 이미 오랜 세월을 거쳐 오면서 확인되었다. 그 신념에 선뜻 동의할 수는 없다고 하더라도 이제 이들을 관용하고 포용할 수는 있어야 한다. 요컨대, 자신의 내면에 형성된 양심을 이유로 집총과 군사훈련을 수반하는 병역의무를 이행하지 않는 사람에게 형사처벌 등 제재를 해서는 안 된다. 양심적 병역거부자에게 병역의무의 이행을 일률적으로 강제하고 그 불이행에 대하여 형사처벌 등 제재를 하는 것은 양심의 자유를 비롯한 헌법상 기본권 보장체계와 전체 법질서에 비추어 타당하지 않을 뿐만 아니라 소수자에 대한 관용과 포용이라는 자유민주주의 정신에도 위배된다. 따라서 진정한 양심에 따른 병역거부라면, 이는 병역법 제88조 제1항의 '정당한 사유'에 해당한다. ③ 양심적 병역거부를 병역법 제88조 제1항의 정당한 사유로 인정할 것인지는 대체복무제의 존부와 논리필연적인 관계에 있지 않다. 대체복무제는 양심적 병역거부를 인정하였을 때 제기될 수 있는 병역의무의 형평성 문제를 해소하는 방안이 될 수 있다. 즉 대체복무제는 양심적 병역거부를 인정하는 것을 전제로 한다. 따라서 현재 대체복무제가 마련되어 있지 않다거나 향후 대체복무제가 도입될 가능성이 있더라도, 병역법 제88조 제1항을 위반하였다는 이유로 기소되어 재판을 받고 있는 피고인에게 병역법 제88조 제1항이 정하는 정당한 사유가 인정된다면 처벌할 수 없다고 보아야 한다. ④ 정당한 사유로 인정할 수 있는 양심적 병역거부를 심리하여 판단하는 것은 중요한 문제이다. 여기에서 말하는 양심은 그 신념이 깊고, 확고하며, 진실하여야 한다. 신념이 깊다는 것은 그것이 사람의 내면 깊이 자리잡은 것으로서 그의 모든 생각과 행동에 영향을 미친다는 것을 뜻한다. 삶의 일부가 아닌 전부가 그 신념의 영향력 아래 있어야 한다. 신념이 확고하다는 것은 그것이 유동적이거나 가변적이지 않다는 것을 뜻한다. 반드시 고정불변이어야 하는 것은 아니지만, 그 신념은 분명한 실체를 가진 것으로서 좀처럼 쉽게 바뀌지 않는 것이어야 한다. 신념이 진실하다는 것은 거짓이 없고, 상황에 따라 타협적이거나 전략적이지 않다는 것을 뜻한다. 설령 병역거부자가 깊고 확고한 신념을 가지고 있더라도 그 신념과 관련한 문제에서 상황에 따라 다른 행동을 한다면 그러한 신념은 진실하다고 보기 어렵다. 구체적인 병역법위반 사건에서 피고인이 양심적 병역거부를 주장할 경우, 그 양심이 과연 위와 같이 깊고 확고하며 진실한 것인지 가려내는 일이 무엇보다 중요하다. 인간의 내면에 있는 양심을 직접 객관적으로 증명할 수는 없으므로 사물의 성질상 양심과 관련성이 있는 간접사실 또는 정황사실을 증명하는 방법으로 판단하여야 한다. 예컨대 종교적 신념에 따른 양심적 병역거부 주장에 대해서는 종교의 구체적 교리가 어떠한지, 그 교리가 양심적 병역거부를 명하고 있는지, 실제로 신도들이 양심을 이유로 병역을 거부하고 있는지, 그 종교가 피고인을 정식 신도로 인정하고 있는지, 피고인이 교리 일반을 숙지하고 철저히 따르고 있는지, 피고인이 주장하는 양심적 병역거부가 오로지 또는 주로 그 교리에 따른 것인지, 피고인이 종교를 신봉하게 된 동기와 경위, 만일 피고인이 개종을 한 것이라면 그 경위와 이유, 피고인의 신앙기간과 실제 종교적 활동 등이 주요한 판단요소가 될 것이다. 피고인이 주장하는 양심과 동일한 양심을 가진 사람들이 이미 양심적 병역거부를 이유로 실형으로 복역하는 사례가 반복되었다는 등의 사정은 적극적인 고려요소가 될 수 있다. 그리고 위와 같은 판단 과정에서 피고인의 가정환경, 성장과정, 학교생활, 사회경험 등 전반적인 삶의 모습도 아울러 살펴볼 필요가 있다. 깊고 확고하며 진실한 양심은 그 사람의 삶 전체를 통하여 형성되고, 또한 어떤 형태로든 그 사람의 실제 삶으로 표출되었을 것이기 때문이다. 정당한 사유가 없다는 사실은 범죄구성요건이므로 검사가 증명하여야 한다. 다만 진정한 양심의 부존재를 증명한다는 것은 마치 특정되지 않은 기간과 공간에서 구체화되지 않은 사실의 부존재를 증명하는 것과 유사하다. 위와 같은 불명확한 사실의 부존재를 증명하는 것은 사회통념상 불가능한 반면 그 존재를 주장 · 증명하는 것이 좀 더 쉬우므로, 이러한 사정은 검사가 증명책임을 다하였는지를 판단할 때 고려하여야 한다. 따라서 양심적 병역거부를 주장하는 피고인은 자신의 병역거부가 그에 따라 행동하지 않고서는 인격적 존재가치가 파멸되고 말 것이라는 절박하고 구체적인 양심에 따른 것이며 그 양심이 깊고 확고하며 진실한 것이라는 사실의 존재를 수긍할 만한 소명자료를 제시하고, 검사는 제시된 자료의 신빙성을 탄핵하는 방법으로 진정한 양심의 부존재를 증명할 수 있다. 이때 병역거부자가 제시해야 할 소명자료는 적어도 검사가 그에 기초하여 정당한 사유가 없다는 것을 증명하는 것이 가능할 정도로 구체성을 갖추어야 한다.

[대법관 이동원의 별개의견] 우리나라의 병력 규모와 종교적 신념을 이유로 하는 병역거부자들의 수, 그들에 대한 병력자원으로의 현실적 활용 가능성, 공정하고 객관적인 심사 및 현역복무와 대체복무 사이의 형평성 확보 등을 통한 병역기피 방지대책 마련의 곤란 정도, 정보전 · 과학전의 양상을 띠는 현대전의 특성 등 제반 사정을 고려하면, 현재의 안보상황에서 종교적 신념을 이유로 하는 병역거부자들에 대하여 대체복무를 허용하더라도 그것이 우리 국방력의 약화로 이어져 국가의 안전보장이 우려되는 상황을 초래할 것이라고 보기 어렵다. 더욱이 헌법재판소는 최근 병역의 종류로 대체복무제를 규정하지 아니한 병역법 제5조 제1항에 대하여 헌법불합치결정을 하고 국회에 2019. 12. 31.까지 대체복무제를 도입할 것을 촉구하였으므로, 조만간 대체복무제 도입이 입법화될 것으로 보이기도 한다. 이러한 상황에서 종교적 신념을 이유로 하는 병역거부자들에게 종래와 마찬가지로 현역 입영을 강제함으로써 그들에게 종교적 신념상 감당하기 어려운 과도한 부담을 지우는 것은 헌법상 기본권 제한에 있어 최소침해의 원칙에 어긋난다. 따라서 진정한 종교적 신념에 따라 병역을 거부하는 경우에는 병역법 제88조 제1항이 규정하는 정당한 사유가 있다고 보아야 한다. 다만 대체복무의 허용은 국가의 안전보장에 우려가 없는 상황을 전제로 한다. 그러므로 종교적 신념을 이유로 하는 병역거부자들에 대하여 대체복무를 허용함으로써 향후 국가안전보장에 지장이 생기게 된다면 다시 그들을 현역병입영대상자 등으로 하는 병역처분을 하는 것도 허용된다고 보아야 한다.

[대법관 김소영, 대법관 조희대, 대법관 박상옥, 대법관 이기택의 반대의견] ① 다수의견이 변경되어야 한다고 주장하는 종전 대법원 2004. 7. 15. 선고 2004도2965 전원합의체 판결에서 제시된 법리야말로 우리의 총체적 규범체계와 시대적 · 사회적 맥락에서 여전히 타당성이 인정되므로 그대로 적용 · 유지되어야 한다. 즉 대법원은, 구 병역법(2013. 6. 4. 법률 제11849로 개정되기 전의 것, 이하 반대의견에서는 '병역법'이라 한다) 제88조 제1항 제1호(이하 반대의견에서는 '처벌규정'이라 한다)는 추상적으로 존재하던 병역

의무가 병무청장 등의 결정을 통해 구체적으로 확정된 후 병역의무자가 그 내용이 담긴 현역병입영 통지서를 받고도 '정당한 사유' 없이 이에 응하지 아니한 부작위를 처벌함으로써 입영기피를 억제하여 국가안보의 인적 기초인 병력구성을 강제하기 위해 입법된 법률조항이라고 보았다. 그에 따라 '정당한 사유'는 병무청장 등의 결정으로 구체화된 병역의무의 불이행을 정당화할 만한 사유, 즉 질병 등 병역의무 불이행자의 책임으로 돌릴 수 없는 사유에 한하는 것으로 보아야 한다고 판단하였다. 다만 대법원은, 구체적 병역의무의 이행을 거부한 사람이 그 거부 사유로 내세운 권리가 헌법에 의하여 보장되고, 처벌규정의 입법목적을 능가하는 우월한 헌법적 가치를 가지고 있다고 인정될 경우에는 예외적으로 그에게 병역의무의 이행을 거부할 정당한 사유가 존재하는 것으로 보았다. 그러면서도 소극적 부작위에 의한 양심실현의 자유가 상대적 자유로서, 국민 전체의 인간으로서의 존엄과 가치를 보장하기 위한 헌법적 법익인 병역의무보다 우월한 가치라고 할 수는 없다고 보았다. 이를 전제로, 병역의무에 관한 헌법적 법익을 위해 헌법 제37조 제2항에 따라 양심의 자유를 제한하더라도 이는 헌법상 정당한 제한이고, 양심적 병역거부자에 대해 처벌규정을 적용하더라도 양심의 자유가 부당하게 침해되었다고 할 수 없으며, 양심의 자유에 반한다는 사유로 현역병입영을 거부하는 것은 정당한 사유가 있는 것으로 볼 수 없다고 판단하였다. ② 원칙적으로 대한민국 국민으로서 남성인 병역의무자가 병역을 연기하거나 감면받기 위한 일체의 특례 사유는 병역법에 그 내용이 명확하게 규정되어 있지 않는 한 허용될 수 없다고 보아야 하고, 이러한 병역법의 입법 목적과 병역제도의 기본 취지는 입영이라는 구체적 병역의무의 이행을 강제하기 위한 수단으로서 처벌규정의 '정당한 사유'를 해석할 때에도 당연히 관철되어야 한다. 병역의무자가 입영 전에 복무대상에서 당연히 제외되거나 병역을 면제받을 수 있는 특례 사유(이하 '병역면제 등 사유'라고만 한다)는 전투 및 훈련 임무의 수행, 합숙내무생활 등 병역의무 이행 과정이 육체적·정신적 제약과 희생을 수반한다는 사실에 기인한 것이다. 그러므로 설령 병역의무의 이행을 감당할 능력과 관련된 사유가 위 '정당한 사유'에 포함된다고 보더라도, 이는 병역법이 규정하고 있는 병역면제 등 사유, 즉 심신장애, 형사처벌, 북한이주민 등의 사유에 준하는 정도의 것으로서, 병역의무의 이행능력과 관련된 객관적·가치중립적인 사정으로 제한된다고 보는 것이 옳다. 그렇게 보는 것이 병역법 제3조가 병역에 관한 특례를 엄격하게 제한적으로 인정하는 취지에도 부합한다. 다수의견이 주장하는 종교적 신념 등을 이유로 한 양심적 병역거부와 같이 병역에 관한 개인적 신념이나 가치관, 세계관 등을 포함한 주관적 사정은 그 신념의 정도나 지속성 여부를 불문하고 이에 포함될 수 없다. 병역법의 입법 목적과 병역부담평등의 원칙, 국민개병제 및 징병제의 병역제도를 근간으로 병역에 관한 특례 및 병역의무 감당능력을 규정한 병역법의 취지에 비추어 보면, 병역에 관하여는 납세 등 다른 헌법상 의무와 비교하더라도 의무면제사유로서 감당 여부 또는 과도한 부담 여부에 대한 판단에 있어서는 더욱 엄격한 기준이 적용되어야 한다. 병역법상 '입영'이란 병역의무자가 징집에 의해 군부대에 들어가는 것을(제2조 제1항 제3호), '징집'이란 국가가 병역의무자에게 현역에 복무할 의무를 부과하는 것을(같은 항 제1호) 말한다. 병역법은 입영에 관한 통지를 받거나 받게 될 병역의무자가 질병·심신장애·재난 등의 사유로 입영기일에 입영하기 어려운 사정이 있는 경우에는 그 기일을 연기할 수 있게 하는 '입영연기' 제도를 두고 있는데(제61조 제1항), 입영연기 제도에 따른 연기기간은 2년으로 제한된다[구 병역법 시행령(2013. 12. 4. 대통령령 제24890호로 개정되기 전의 것, 이하 반대의견에서는 '병역법 시행령'이라 한다) 제129조 제2항]. 또한 처벌규정에 의할 때 병역의무자는 원칙적으로 지정된 입영기일에 입영해야 하지만, 지정된 기일이 지난 경우라도 '천재지변, 교통 두절, 통지서 송달의 지연, 그 밖의 부득이한 사유'로 인한 경우에는 그때부터 3일 이내에만 입영하면 되는 '지연입영' 제도가 마련되어 있다(병역법 시행령 제24조 제1항). 이 같은 병역법과 그 시행령상의 입영 및 징집의 의미, 입영연기 및 지연입영 제도의 취지와 사유 등을 종합해 보면, 현역병입영과 관련하여 처벌규정의 '정당한 사유'란 입영통지에 기해 지정된 기일과 장소에 집결할 의무를 부과받았음에도 즉시 이에 응하지 못한 것을 정당화할 만한 사유로서, 병역법에서 입영을 일시적으로 연기하거나 지연시키기 위한 요건으로 인정된 사유, 즉 질병, 재난 등과 같은 개인의 책임으로 돌리기 어려운 사유로 한정된다고 보아야 한다. 국방의 의무란 외부 적대세력의 직·간접적인 침략행위로부터 국가의 독립을 유지하고 영토를 보전하기 위하여 국민에게 부과된 의무를 말한다. 헌법은 국방의 의무를 통해 주권자인 국민 모두에게 국가공동체의 안전과 평화를 확보하는 데에 필요한 부담을 나누어 질 것을, 즉 국민개병제 및 병역부담평등의 원칙에 기반한 국가안보와 국토방위에 관한 책임을 당위로서 요구하고 있다고 볼 수 있다. 우리나라의 안보 현실 등에 비추어 볼 때 우리나라에서 이러한 요구는 다른 어느 사회와도 비교할 수 없을 정도로 강력하고도 절대적인 사회적 요구이다. 헌법상 국방의 의무 규정에 기해 입법된 병역법에서 정한 내용과 절차에 따라 병역의무가 부과되고, 그 의무이행에 있어 집총훈련 등이 요구됨에도 스스로의 결정을 통해 형성한 내면의 종교적 양심 등에 반한다는 이유로 그 의무이행을 거부하는 양심적 병역거부 행위가 '양심유지' 또는 '소극적 부작위에 의한 양심실현의 자유'라는 이유로 정당화될 수는 없다. 나아가 병역법상 병역의무 부담의 공평성과 이행의 실효성을 확보하기 위한 불가피한 수단으로서 병역거부자에 대해 처벌규정에 기한 형사처벌이 이루어지더라도, 단지 그러한 사정만으로 국가가 개인의 내면적 양심을 포기하고 양심에 반하는 의무이행을 강제함으로써 인격적 존재가치의 파멸을 초래하거나 양심을 유지하기 위해 형사처벌을 감수하는 선택을 부당하게 강요하는 결과가 되고, 이로써 기본권에 대한 과도한 제한이 되거나 기본권의 본질적 내용에 대한 침해나 위협이 된다고 볼 수도 없다. ③ 양심적 병역거부에 있어 보호대상이 되어야 할 '진정한 양심'은 병역의무의 이행이 강제되는 상황에 직면함으로써 외부로 표출되기 이전에 내심의 영역에서 형성·결정되어 있던 절대적 자유의 대상으로서의 양심이 되어야만 한다. 그런데 이러한 의미의 '진정한 양심'은 논리적으로 그 주체의 주관적인 관점에서만 판단될 수밖에 없다. '진정한 양심'은 객관적으로 잘 드러나지 않을 뿐만 아니라, 경험칙상 본인조차도 이를 객관적인 증거로 드러내 보임으로써 제3자로 하여금 그 존재 사실을 알게 하는 것이 결코 쉽지 않다. 따라서 다수의견의 결론을 따라 병역거부에 관한 '진정한 양심'을 처벌규정의 '정당한 사유'에 해당하는 사유로 볼 수 있다 하더라도, 이는 내심의 영역에만 머물던 것으로서 그 존부에 대해 객관적인 재현이나 증명은 물론, 그 주장에 대해 과학적·합리적인 반증이나 탄핵을 하는 것 자체가 대단히 어렵거나 거의 불가능하다. 이로 인하여 형사사법절차가 예정하는 논리칙, 경험칙에 입각하고 합리성에 기초한 객관적인 증명의 대상으로는 적절치 않은 것이다. 병역거부와 관련된 진정한 양심의 존부에 대한 심사기준 및 판정 방법 내지 절차에 내재한 문제점을 종합해 본다면, 그 심사기준 및 방법이란 어떠한 경우에도 형사소송법이 지향하는 실체적 진실 발견에 부합한다고 평가될 정도로 양심적 병역거부자의 '진정한 양심'을 확인하기에 충분하고도 완전한 기준이 되기는 어렵거나 불가능하다고 보는 것이 합리적이다. 따라서 그 심사기준 및 방법은 양심적 병역거부의 규범적·제도적 수용 여부 및 정도에 대한 사회구성원들의 인식과 반응, 양심적 병역거부자에 대한 직·간접적인 병력형성의무의 면제로 인해 초래될 병력자원의 부족 및 대체 가능성, 국군의 사기 및 국가안보와 국토방위에 미칠 부정적 영향 등에 대한 정책적 고려까지도 모두 감안된 타협적이고 의제적인 것일 수밖에 없다. 위와 같은 특수한 심사기준이나 방법이 없는 상태에서 병역거부와 관련된 '진정한 양심'을 심사하는 것은 실체적 진실 발견을 사명으로 하는 법관으로서 감당하기 어려운 임무이다. ④ 병역의무와의 등가성이 확보된 대체복무의 세부 내용 및 그 의무이행의 절차를 정하는 것 자체가 대단히 까다로운 일이다. 이를 정함에 있어서는 병역의무와 대체복무 각각의 부담에 관한 국회 차원에서의 일반적·추상적인 수준에서의 비교형량을 통한 판단만으로는 부족하고, 사회적 여론 수렴의 결과를 토대로 다양한 이해관계자들의 입장을 조정하는 동시에 현실적이고 공정한 내용이 될 수 있도록 상당한 기간 연구와 검토가 필요하다. 만약 충분한 논의와 과정을 거치지 않은 채 대체복무제가 시행된다면 사회통합을 해하고 또 다른 갈등과 대립을 유발한다는 비판을 면하기 어려울 것이다. 단순히 관용과 포용의 정도가 성숙하였다는 전제에서 해결될 수 있는 간단한 문제가 아니다. 아직 대략적인 윤곽만 확인되고 그마저도 여러 논란의 소지가 있다고 보이는 대체복무제 입법안의 논의 내용과 상황을 감안하지 않은 채, 다수의견의 논리대로 대체복무제의 도입 여부와 양심적 병역거부에 대한 처벌 여부는 별개라는 인식 아래 대체복무제 도입에 선행하여 처벌규정의 '정당한 사유'에 양심적 병역거부의 사유가 포섭될 수 있는지 여부를 판단하는 것은 타당하지 않다. ⑤ 처벌규정의 '정당한 사유'의 의미에 관한 대법원의 종전 전원합의체 판결에서 확인된 법리는 그대로 유지되는 것이 옳다. 기존 법리는 반대의견이 취한 위 '정당한 사유'에 관한 법리적 논증과 완전히 합치되는 것이다. 그리고 그 후로 현재까지 기존 법리에 따른 위 '정당한 사유'의 포섭 범위를 확대하는 방향으로 변경을 하여야 할 만한 명백한 규범적·현실적 변화도 없다고 보인다. 그럼에도 불구하고 기존 법리를 변경하는 다수의견의 견해는, 법적 안정성이라는 중대한 사법적 가치를 손상하고, 자칫 병역의무 이행상의 과도한 특혜를 부여하는 결과를 초래함으로써 병역법의 입법 목적을 근본적으로 훼손시킬 뿐만 아니라, 병역의무 부담의 형평성에 대한 규범적 요청 및 국민의 기대에서 크게 벗어나는 것으로 인식되어 갈등과 혼란을 초래할 것이라는 우려를 금할 수 없다. 또한 사법권의 한계를 벗어나 입법정책의 영역에서 사실상 입법자의 권한을 행사한다는 오해와 비난을 면하기 어렵다. 설령 양심적 병역거부자 등 일부 병역의무자들에 대한 병역법의 예외 없는 적용에 다소간의 불합리하거나 가혹한 면이 있더라도, 이는 국회의 입법 절차를 통해 시정해 나갈 일이지, 법원이 병역법의 규정을 그 목적이나 기능에 어긋나게 해석하는 방식으로 해결할 수는 없다. 이러한 결론은 법관의 법률해석과 사법권 행사에서 당연하게 지켜야 할 기본 원칙과 책무에 따른 것이다.」

독일연방헌법 제4조 제3항은 「누구도 양심에 반하여 무기를 사용하는 병역에 강제되지 않는다」라고 정하고, 동법 제12조a는 「양심상의 이유로 무장병역을 거부하는 자에 대해서는 대체복무의 의무를 지울 수 있다. 대체복무기간은 군복무기간을 초과할 수 없다. 자세한 것은 법률로 정한다. 이 법률은 양심에 따른 결정의 자유를 침해할 수 없고, 군대나 연방국경수비대와 무관한 대체복무도 가능하도록 규정해야 한다」라고 정하여, 양심을 근거로 한 무장병역수행의 거부와 대체복무를 인정하고 있다. 실제에서는 다양한 개인의 양심을 기준으로 병역면제여부를 판단하는 것이 어렵기 때문에 대부분은 종교를 이유로 한 병역거부의 문제로 다루고 있다. 이러한 여건하에서도 독일에서는 특정전쟁에의 참전이나 특정무기의 사용을 거부하는 「선택적 병역거부」는 인정하지 않는다(BVerfGE 12, 45; 48, 127). 미합중국에서도 동일하다(Welch v. U.S.(1970); Gillette v. U.S.(1971)).

(c) 양심에 근거한 납세의무의 거부

개인이 자신의 양심적 판단에 기초하여 세금을 납부하지 않는 것도 인정되지 않는다. 납세자거부운동은 인정된다고 하더라도 국가나 지방자치단체의 정당한 과세에 대하여 개인의 주관적인 양심적 또는 사상적 판단에 기초하여 납세를 거부할 수는 없다. 양심적 판단에 따른 행위가 헌법 제38조가 정하는 납세의무(納稅義務)보다 우월적인 지위에 있지는 않다.

(d) 국가보안법 등 위반 수형자의 가석방결정시 준법서약서 제출

법무부령인 가석방심사등에관한규칙에서 국가보안법위반 및 집회및시위에관한법률위반 수형자의 가석방 결정시에 수형자로 하여금 준법서약서를 제출하도록 정하고 있는 점이 수형자의 양심의 자유를 침해하는 것인가 하는 점이다. 이에 대하여 헌법재판소는, 내용상 단순히 국법질서나 헌법체제를 준수하겠다는 취지의 서약을 할 것을 요구하는 준법서약은 국민이 부담하는 일반적 의무를 장래를 향하여 확인하는 것에 불과하며, 어떠한 가정적 혹은 실제적 상황 하에서 특정의 사유(思惟)를 하거나 특별한 행동을 할 것을 새로이 요구하는 것이 아니기 때문에 어떤 구체적이거나 적극적인 내용을 담지 않은 채 단순한 헌법적 의무의 확인·서약에 불과하다고 보아 양심의 영역을 건드리는 것이 아니라고 판시하였다(憲 2002. 4. 25.-98헌마425 등).

[憲 2002. 4. 25.-98헌마425 등] 「양심의 자유가 침해되었는지의 여부를 판단하기 위하여는 먼저 양심의 자유의 헌법적 보호범위를 명확히 하여야 하는바, 이를 위해서는 양심에 따른 어느 행위(또는 불행위)가 실정법의 요구와 서로 충돌할 때 과연 어떤 요건하에 어느 정도 보호하여야 하는가의 측면에서 고찰되어야 할 것이다. 이렇게 볼 때 헌

법상 그 침해로부터 보호되는 양심은 첫째 문제된 당해 실정법의 내용이 양심의 영역과 관련되는 사항을 규율하는 것이어야 하고, 둘째 이에 위반하는 경우 이행강제, 처벌 또는 법적 불이익의 부과 등 법적 강제가 따라야 하며, 셋째 그 위반이 양심상의 명령에 따른 것이어야 한다. ……국가의 존립과 기능은 국민의 국법질서에 대한 순종의무를 그 당연한 이념적 기초로 하고 있다. 특히 자유민주적 법치국가는 모든 국민에게 사상의 자유와 법질서에 대하여 비판할 수 있는 자유를 보장하고 정당한 절차에 의하여 헌법과 법률을 개정할 수 있는 장치를 마련하고 있는 만큼 그에 상응하여 다른 한편으로 국민의 국법질서에 대한 자발적인 참여와 복종을 그 존립의 전제로 하고 있다. 따라서 헌법과 법률을 준수할 의무는 국민의 기본의무로서 헌법상 명문의 규정은 없으나 우리 헌법에서도 자명한 것이다. 이 사건 규칙조항상 요구되는 준법서약의 내용은 "대한민국의 국법질서를 준수하겠다"는 것이고, 이에 기해 만들어진 준법서약서는 성명, 주민등록번호, 죄명 외에 처벌받게 된 경위와 내용, 대한민국 법질서 준수서약, 장래의 생활계획, 기타 하고 싶은 말 등을 기재하도록 되어 있는바, "대한민국 법질서 준수서약"은 이에 관한 어떤 정형화된 문구가 있는 것이 아니어서 실제 운영상 대체적으로 "대한민국의 법질서를 준수하겠다"는 내용정도로 단순하게 기재케 하는 것으로 보인다. 위에서 본 바 국법질서의 준수에 대한 국민의 일반적 의무가 헌법적으로 명백함을 감안할 때, 내용상 단순히 국법질서나 헌법체제를 준수하겠다는 취지의 서약을 할 것을 요구하는 이 사건 준법서약은 국민이 부담하는 일반적 의무를 장래를 향하여 확인하는 것에 불과하며, 어떠한 가정적 혹은 실제적 상황하에서 특정의 사유(思惟)를 하거나 특별한 행동을 할 것을 새로이 요구하는 것이 아니다. 따라서 이 사건 준법서약은 어떤 구체적이거나 적극적인 내용을 담지 않은 채 단순한 헌법적 의무의 확인·서약에 불과하다 할 것이어서 양심의 영역을 건드리는 것이 아니다. 이 사건 청구인들 중에 이른바 비전향장기수들이 있고, 그들이 내심으로 가령 국가보안법 등이 자신들의 정치적 신조에 반한다거나, 자유민주주의 체제가 자신들의 이데올로기에 어긋난다고 확신하며 나아가 그들의 이러한 신조가 외부적으로 알려져 있다 하더라도, 그들에 대한 가석방심사시 심사자료에 쓰일 준법서약의 내용이 단지 위와 같은 정도에 그치는 이상, 마찬가지로 양심의 영역을 건드리는 것으로 볼 수 없다. 왜냐하면 기본적으로 어느 누구도 헌법과 법률을 무시하고 국법질서 혹은 자유민주적 기본질서를 무력, 폭력 등 비헌법적 수단으로 전복할 권리를 헌법적으로 보장받을 수는 없는 것이고, 따라서 단순히 국법질서나 헌법체제를 준수하겠다는 서약을 하는 것에 의하여는 그 질서나 체제 속에 담겨있는 양심의 자유를 포함하여 어떠한 헌법적 자유나 권리도 침해될 수 없기 때문이다. 뿐만 아니라 양심의 자유는 내심에서 우러나오는 윤리적 확신과 이에 반하는 외부적 법질서의 요구가 서로 회피할 수 없는 상태로 충돌할 때에만 침해될 수 있다. 그러므로 당해 실정법이 특정의 행위를 금지하거나 명령하는 것이 아니라 단지 특별한 혜택을 부여하거나 권고 내지 허용하고 있는 데에 불과하다면, 수범자는 수혜를 스스로 포기하거나 권고를 거부함으로써 법질서와 충돌하지 아니한 채 자신의 양심을 유지, 보존할 수 있으므로 양심의 자유에 대한 침해가 된다 할 수 없다. 따라서 양심의 자유를 침해하는 정도의 외부적 법질서의 요구가 있다고 할 수 있기 위해서는 법적 의무의 부과와 위반시

이행강제, 처벌 또는 법적 불이익의 부과 등 방법에 의하여 강제력이 있을 것임을 요한다. 여기서 법적 불이익의 부과라고 함은 권리침해의 정도에는 이르지 아니하더라도 기존의 법적 지위를 박탈하거나 법적 상태를 악화시키는 등 적어도 현재의 법적 지위나 상태를 장래에 있어 불안하게 변모시키는 것을 의미한다. 이 사건의 경우, 이 사건 규칙조항에 의하여 준법서약서의 제출이 반드시 법적으로 강제되어 있는 것이 아니다. 당해 수형자는 가석방심사위원회의 판단에 따라 준법서약서의 제출을 요구받았다고 하더라도 자신의 의사에 의하여 준법서약서의 제출을 거부할 수 있다. 또 이를 거부하더라도 가석방심사위원회는 당해 수형자에게 준법서약서의 제출을 강제할 아무런 법적 권한이 없다.……이와 같이 이 사건 규칙조항은 내용상 당해 수형자에게 하등의 법적 의무를 부과하는 것이 아니며 이행강제나 처벌 또는 법적 불이익의 부과 등 방법에 의하여 준법서약을 강제하고 있는 것이 아니므로 당해 수형자의 양심의 자유를 침해하는 것이 아니다.」

(e) 운전자에 대한 음주측정

음주운전을 방지하기 위하여 경찰이 음주여부를 측정하는 것은 선악에 대한 윤리적 결정을 강제하는 것이 아니어서 양심의 자유에 대한 침해여부가 문제로 되지는 않는다(예: 憲 1997. 3. 27.-96헌가11).

(f) 법원의 사죄광고명령

타인의 명예를 훼손한 자에 대하여 민사상 피해를 구제하는 방법으로 법원이 패소한 피고에 대하여 사죄광고(謝罪廣告)를 할 것을 명하는 것이 양심의 자유를 침해하는 것인가 하는 문제가 있다. 학설상으로는 긍정설과 부정설이 대립한다. 헌법재판소는 양심의 자유를 침해하는 것이라고 판시하였다(예: 憲 1991. 4. 1.-89헌마160). 이와 달리 헌법에 위반되는 것이 아니라고 한 판결도 있다(예: 서울민사지방법원 1969. 6. 20. 일본최고재판소 1956. 7. 4.).

(g) 공정거래위원회의 법위반사실공표명령

공정거래위원회가 금지행위를 위반한 사업자단체에게 법위반사실을 공표하도록 명하는 것은 단순히 법위반사실 자체를 공표하라는 것에 그치고 윤리적·도덕적 판단을 강요하는 것이 아니기 때문에 양심의 자유를 침해하는 것이 아니다(예: 憲 2002. 1. 31. -2001헌바43).

[憲 2002.1.31.-2001헌바43] 「헌법 제19조는 "모든 국민은 양심의 자유를 가진다"라고 하여 양심의 자유를 기본권의 하나로 보장하고 있다. 여기에서의 양심은 옳고 그른 것에 대한 판단을 추구하는 가치적·도덕적 마음가짐으로, 개인의 소신에 따른 다양성이 보장되어야 하고 그 형성과 변경에 외부적 개입과 억압에 의한 강요가 있어서는 아니되는 인간의 윤리적 내심영역이다. 보호되어야 할 양심에는 세계관·인생관·주의·신조 등은 물론, 이에 이르지 아니하여도 보다 널리 개인의 인격형성에 관계되는 내심에

있어서의 가치적 · 윤리적 판단도 포함될 수 있다. 그러나 단순한 사실관계의 확인과 같이 가치적 · 윤리적 판단이 개입될 여지가 없는 경우는 물론, 법률해석에 관하여 여러 견해가 갈리는 경우처럼 다소의 가치관련성을 가진다고 하더라도 개인의 인격형성과는 관계가 없는 사사로운 사유나 의견 등은 그 보호대상이 아니라고 할 것이다. 이 사건의 경우와 같이 경제규제법적 성격을 가진 공정거래법에 위반하였는지 여부에 있어서도 각 개인의 소신에 따라 어느 정도의 가치판단이 개입될 수 있는 소지가 있고 그 한도에서 다소의 윤리적 도덕적 관련성을 가질 수도 있겠으나, 이러한 법률판단의 문제는 개인의 인격형성과는 무관하며, 대화와 토론을 통하여 가장 합리적인 것으로 그 내용이 동화되거나 수렴될 수 있는 포용성을 가지는 분야에 속한다고 할 것이므로 헌법 제19조에 의하여 보장되는 양심의 영역에 포함되지 아니한다고 봄이 상당하다. 한편 누구라도 자신이 비행을 저질렀다고 믿지 않는 자에게 본심에 반하여 사죄 내지 사과를 강요한다면 이는 윤리적 · 도의적 판단을 강요하는 것으로서 경우에 따라서는 양심의 자유를 침해하는 행위에 해당한다고 할 여지가 있으나, '법위반사실의 공표명령'은 법규정의 문언상으로 보아도 단순히 법위반사실 자체를 공표하라는 것일 뿐, 사죄 내지 사과하라는 의미요소를 가지고 있지는 아니하다. 공정거래위원회의 실제 운용에 있어서도 '특정한 내용의 행위를 함으로써 공정거래법을 위반하였다는 사실'을 일간지 등에 공표하라는 것이어서 단지 사실관계와 법을 위반하였다는 점을 공표하라는 것이지 행위자에게 사죄 내지 사과를 요구하고 있는 것으로는 보이지 않는다. 따라서 이 사건 법률조항의 경우 사죄 내지 사과를 강요함으로 인하여 발생하는 양심의 자유의 침해문제는 발생하지 않는다.」

이 사건에서 헌법재판소는 법위반사실공표가 양심의 자유를 침해하는 것은 아니지만, 공정거래위원회의 시정조치라는 행정처분이 있는 상태에서 법위반사실을 공표하는 것은 아직 형사재판 등이 있기 전에 위반사실을 받아들여 알리는 것으로 되어 진술거부권을 침해하고, 일반적 행동의 자유와 명예권을 과잉하게 제한하는 것이며, 무죄추정의 원칙에 위배된다고 판시하였다.

II. 제한의 한계

(1) 원　　칙

양심이 외부에 표출된 양심활동의 자유에 대해서는 제한이 가능한데, 이러한 제한에는 한계가 있다. 여기에는 헌법 제37조 제2항에서 정하는 과잉제한금지원칙과 본질적 내용침해금지원칙이 적용된다. 헌법재판소는 국가보안법에서 정하고 있는 불고지죄는 헌법 제37조 제2항의 과잉금지원칙에 위반되는 것이 아니라고 판시하였다(예: 憲 1998. 7. 16.-96헌바35).

[憲 1998.7.16.-96헌바35] 「불고지죄는 국가의 존립과 안전에 저해가 되는 타인의 범행에 관한 객관적 사실을 고지할 의무를 부과할 뿐이고 개인의 세계관 · 인생관 · 주의 · 신조 등이나 내심에 있어서의 윤리적 판단을 그 고지의 대상으로 하는 것은 아니므로 양심의 자유 특히 침묵의 자유를 직접적으로 침해하는 것이라고 볼 수 없을 뿐만 아니

라 국가의 존립·안전에 저해가 되는 죄를 범한 자라는 사실을 알고서도 그것이 본인의 양심이나 사상에 비추어 범죄가 되지 아니한다거나 이를 수사기관 또는 정보기관에 고지하는 것이 양심이나 사상에 어긋난다는 등의 이유로 고지하지 아니하는 것은 결국 부작위에 의한 양심실현 즉 내심의 의사를 외부에 표현하거나 실현하는 행위가 되는 것이고 이는 이미 순수한 내심의 영역을 벗어난 것이므로 이에 대하여는 필요한 경우 법률에 의한 제한이 가능하다 할 것이다. 그리고 여러 가지 국내외 정세의 변화에도 불구하고 남·북한의 정치·군사적 대결이나 긴장관계가 여전히 존재하고 있는 우리의 현실, 불고지죄가 보호하고자 하는 국가의 존립·안전이라는 법익의 중요성, 범인의 친족에 대한 형사처벌에 있어서의 특례설정 등 제반사정에 비추어 볼 때 이 사건 심판대상 법률조항이 양심의 자유를 제한하고 있다 하더라도 그것이 헌법 제37조 제2항이 정한 과잉금지의 원칙이나 기본권의 본질적 내용에 대한 침해금지의 원칙에 위반된 것이라고 볼 수 없다.」

양심의 자유는 극히 주관적이고 개별적이기 때문에 양심의 자유가 외부로 표출되는 경우에는 타인의 이익이나 공동체의 이익과 충돌하기 쉬운 점이 있는 동시에 인간존재의 필수적이고 본질적인 요소이므로 다양한 가치와 판단기준을 가지고 동일한 공동체에서 살고 있는 사람들이 공존할 수 있는 기준을 찾아내는 것이 필요하다. 서로 충돌하는 극히 주관적인 판단과 내심의 소리들을 조정하기란 쉽지 않다. 따라서 여기서는 무엇보다 관용의 원리가 서로 충돌하는 이익들을 조화시키는 데 중요한 기능을 하게 된다(동지: 계희열b, 343).

(2) 이익형량에서의 특수성

양심실현의 보장에 대하여 제한하여야 할 필요가 있는 경우, 그 이익형량에서는 다른 기본권과 달리 특수한 성격을 가진다. 헌법재판소는 양심의 자유와 공익이 서로 충돌하는 경우에는 이익형량을 통하여 양심의 자유와 공익을 조화와 균형의 상태로 이루어 양 법익을 함께 실현하는 것이 아니라, 단지 양심의 자유와 공익 중 양자택일을 해야 하는 점이 특징이라고 판시하였다(예: 憲 2004. 8. 26.-2002헌가1). 하지만 헌재는 2011년 결정에서, 헌법적 가치가 서로 충돌하는 경우, 국가권력은 양 가치를 양립시킬 수 있는 조화점을 최대한 모색해야 하고, 그것이 불가능해 부득이 어느 하나의 헌법적 가치를 후퇴시킬 수밖에 없는 경우에도 그 목적에 비례하는 범위 내에 그쳐야 한다고 하면서, 헌법 제39조에 규정된 국방의 의무를 형성하는 입법이라 할지라도 그에 대한 심사는 헌법상 비례원칙에 의하여야 한다고 하여 2004년 결정에서의 특수성을 언급하지 않았다(憲 2011. 8. 30.-2008헌가22 등).

[憲 2004.8.26.-2002헌가1] 「양심실현의 자유의 보장 문제는 '양심의 자유'와 양심의 자유에 대한 제한을 통하여 실현하고자 하는 '헌법적 법익' 및 '국가의 법질서' 사이의

조화의 문제이며, 양 법익 간의 법익형량의 문제이다. 그러나 양심실현의 자유의 경우 법익교량과정은 특수한 형태를 띠게 된다. 수단의 적합성, 최소침해성의 여부 등의 심사를 통하여 어느 정도까지 기본권이 공익상의 이유로 양보해야 하는가를 밝히는 비례원칙의 일반적 심사과정은 양심의 자유에 있어서는 그대로 적용되지 않는다. 양심의 자유의 경우 비례의 원칙을 통하여 양심의 자유를 공익과 교량하고 공익을 실현하기 위하여 양심을 상대화하는 것은 양심의 자유의 본질과 부합될 수 없다. 양심상의 결정이 법익교량과정에서 공익에 부합하는 상태로 축소되거나 그 내용에 있어서 왜곡·굴절된다면, 이는 이미 '양심'이 아니다. 이 사건의 경우 종교적 양심상의 이유로 병역의무를 거부하는 자에게 병역의무의 절반을 면제해 주거나 아니면 유사시에만 병역의무를 부과한다는 조건하에서 병역의무를 면제해 주는 것은 병역거부자의 양심을 존중하는 해결책이 될 수 없다. 따라서 양심의 자유의 경우에는 법익교량을 통하여 양심의 자유와 공익을 조화와 균형의 상태로 이루어 양 법익을 함께 실현하는 것이 아니라, 단지 '양심의 자유'와 '공익' 중 양자택일, 즉 양심에 반하는 작위나 부작위를 법질서에 의하여 '강요받는가 아니면 강요받지 않는가'의 문제가 있을 뿐이다.」

(3) 국가의 대안제시의무

양심의 자유를 제한함에 있어서 국가는 양심의 자유를 제한하지 않고도 공동체의 존립과 법질서를 유지할 수 있는 대안이 있는지를 찾아 이를 제시하여야 하는 의무를 진다. 국가가 주어진 상황에서 이러한 대안을 제시하여야 하는 의무를 다했음에도 달리 적합한 대안을 찾지 못할 때에만 양심을 제한하는 원래의 조치가 정당성을 가진다(예: 憲 2004. 8. 26.-2002헌가1).

대법원은 병역의무의 이행을 확보하기 위하여 현역입영을 거부하는 자에 대하여 형벌을 부과할 것인지, 대체복무를 인정할 것인지 여부에 관하여는 입법자에게 광범위한 입법재량이 유보되어 있다고 본다. 그리고 병역법이 질병 또는 심신장애로 병역을 감당할 수 없는 자에 대하여 병역을 면제하는 규정을 두고 있고, 일정한 자에 대하여는 공익근무요원, 전문연구요원, 산업기능요원 등으로 근무할 수 있는 병역특례제도를 두고 있으면서도 양심 및 종교의 자유를 이유로 현역입영을 거부하는 자에 대하여는 현역입영을 대체할 수 있는 특례를 두지 아니하고 형벌을 부과하는 규정만을 두고 있다고 하더라도 이것이 헌법상의 과잉제한금지 원칙에 위반되거나 종교에 의한 차별금지 원칙에 위반되는 것은 아니라고 판시하였다(예: 大 2004. 7. 15.-2004도2965).

헌법재판소는 병역의 종류에 양심적 병역거부자에 대한 대체복무제를 규정하지 아니한 병역법 제5조 제1항의 병역종류조항은 헌법에 합치되지 않는다고 판시하면서도, 양심적 병역거부자의 처벌 근거가 된 처벌조항에 대해서는 기존의 합헌 결정을 유지하였다(憲 2018. 6. 28.-2011헌바379등). 헌법재판소는 양심적 병역거부자로 하여금 비군사적 성격의 공익적 업무에 종사하게 함으로써 병역의무의 이행에 갈음하는 제도인 대체복무제가 현재의 병역종류조항과 동등하게 병역법의 입법목적을 달성할 수 있다고 보았다. 다만 양심적 병역거부를 인정한다고 해서 양심적 병역거부자의 병역의무를 전적으로 면제하는 것은 아니라고 하였다.

> [憲 2004.8.26.-2002헌가1] 「(1) 개인이 법률에 의하여 양심실현의 자유를 침해당했다고 주장하는 경우는 법률이 국민 누구에게나 적용되는 법적 의무를 부과하면서 자신의 고유한 윤리적 갈등상황을 특별히 배려해 주지 않는다는 것, 즉 개인의 양심상의 갈등상황을 고려하는 의무면제규정이나 대체의무규정과 같은 특례규정을 두고 있지 않다는 것을 문제삼는 경우이다. 국가가 양심실현의 자유를 보장하는가의 문제는 법공동체가 개인의 양심을 존중하는 방법을 통하여 양심상의 갈등을 덜어줄 가능성을 가지고 있는가의 여부에 관한 문제이다. 결국 양심실현의 자유의 보장문제는 '국가가 민주적 공동체의 다수결정과 달리 생각하고 달리 행동하고자 하는 소수의 국민을 어떻게 배려하는가'의 문제, 소수에 대한 국가적 · 사회적 관용의 문제이며, '국가가 자신의 존립과 법질서를 유지하면서도 또한 개인의 양심도 보호하는 대안을 제시할 수 있는가'의 문제이다. 양심의 자유는 일차적으로 입법자에 대한 요청으로서 가능하면 양심의 자유가 보장될 수 있도록 법질서를 형성해야 할 의무를 부과하는 기본권이다. 법적 의무와 개인의 양심이 충돌하는 경우 법적 의무의 부과를 통하여 달성하고자 하는 공익의 실현과 법질서를 위태롭게 함이 없이 법적 의무를 대체하는 다른 가능성이나 법적 의무의 개별적 면제와 같은 대안을 제시함으로써 양심상의 갈등이 제거될 수 있다면, 입법자는 이와 같은 방법을 통하여 개인의 양심과 국가 법질서의 충돌가능성을 최소화해야 할 의무가 있다. (2) 따라서 이 사건 법률조항이 양심의 자유를 침해하는지의 문제는 '입법자가 양심의 자유를 고려하는 예외규정을 두더라도 병역의무의 부과를 통하여 실현하려는 공익을 달성할 수 있는지'의 여부를 판단하는 문제이다. 입법자가 공익이나 법질서를 저해함이 없이 대안을 제시할 수 있음에도 대안을 제시하지 않는다면, 이는 일방적으로 양심의 자유에 대한 희생을 강요하는 것이 되어 위헌이라 할 수 있다. 그런데 양심의 자유를 주장하는 자에 대하여 아무런 대체의무의 부과 없이 국민 모두에게 적용되는 의무로부터 면제하는 것은 헌법상 허용되지 않는 특권을 부여하는 것과 같다. 그러므로 양심의 자유가 국민의 의무로부터의 예외를 요청한다면, 국가적 관용과 예외의 허용이 소수의 특권이 되지 않도록 국가는 가능하면 다른 대체의무의 부과를 통하여 이러한 불평등적 요소를 상쇄해야 한다. 병역의무와 관련하여 의무부과의 불평등적 요소를 가능하면 제거하면서도 개인의 양심을 고려하는 수단, 즉 양심과 병역의무라는 상충하는 법익을 이상적으로 조화시키는 방안으로서 대체적 민간복무제(이하 '대체복무제'라 한다)가 고려된다. 대체복무제란 양심적 병역거부자로 하여금 국가기관, 공공단체, 사회복지시설 등에서 공익적 업무에 종사케 함으로써 군복무를 갈음하는 제도를 말하는데, 현재 실제로 다수의 국가에서 헌법상 또는 법률상의 근거에 의하여 이 제도를 도입하여 병역의무와 양심 간의 갈등상황을 해결하고 있다. (3) 그렇다면 이 사건 법률조항의 위헌여부는 '입법자가 대체복무제도의 도입을 통하여 병역의무에 대한 예외를 허용하더라도 국가안보란 공익을 효율적으로 달성할 수 있는지'에 관한 판단의 문제로 귀

결된다.」

2. 종교의 자유

[214] 제1 의 의

Ⅰ. 개 념

(1) 헌법 규정

헌법 제20조 제1항은 「모든 국민은 종교의 자유를 가진다」라고 하여 종교의 자유(宗敎의 自由 freedom of religion, Glaubensfreiheit, Religionsfreiheit)를 보장하고, 제2항은 「국교(國敎)는 인정되지 아니하며, 종교와 정치는 분리된다」라고 하여 국교의 부정과 정교분리(政敎分離)를 정하고 있다.

인간은 신체와 정신과 심령(心靈)을 가진 존재로서 영적인 삶도 영위하며 살아간다. 인간이 행복을 추구함에는 신체의 완전성과 정신의 온존성이 필요할 뿐 아니라 영적인 존재로서 영적인 영역에서 자신의 평온과 자기성취 및 자기실현을 향유하고, 초월적 세계에 대한 자기의 입장을 정하며 그 속에서 자신이 추구하고자 하는 바를 구하고 행하며 살아간다. 이러한 영역에서의 인간 활동을 보장하고자 하는 것이 종교의 자유이다.

인간의 영적인 활동과 정신적인 활동 및 그에 기초한 신체적인 활동은 원시시대부터 있어온 활동이고 행위이다. 그러나 인간의 역사에서는 종교와 종교적인 삶을 자유로이 향유할 수 있는 자유를 억압하거나 부정한 경우도 있었기 때문에 헌법은 이를 방지하고 종교적 삶을 보장하기 위하여 실정법상의 권리로 보장하고 있다.

(2) 종교의 정의

인간의 정신적 작용과 영적인 작용에서의 다양함과 해명되지 않은 부분으로 인하여 종교의 개념을 정의하기란 쉽지 않다. 이로 인하여 종교의 개념도 관점에 따라 다양하게 정의될 수 있다. 그러나 대체적으로 정의하는 바에 따르면, 헌법에서 보장하는 종교라 함은 초자연적·초인간적 존재나 본질(초월자, 신, 조물주, 절대적 존재, 무, 공 등)에 대하여 이를 경외하고 숭배하거나 믿는 개개인의 주관적인 확신과 그에 기초한 행위라고 정의할 수 있다. 어떤 존재자는 인격적 존재일 수도 있고, 비인격적 존재일 수도 있으며, 영적인 삶이 현세적일 수도 있고, 내세적일 수도 있다. 신은 유일신일 수도 있고, 다신일 수도 있다. 신의 존재를 부정하는 무신론(atheism, humanism)을 믿는 것도 종교에 해당한다. 존재자는 태극(太極), 무극(無極), 무(無), 공(空) 등과 같이 존재하지 않는 존재일 수도 있다. 영적인 영역과 관련이 없는 주관적인 인식과 확신에 대한 자유는 의사형성의 자유에 해당하며 종교의 자유에 해당하지 않는다.

종교의 개념이 이러한 것인 이상, 이에 어떠한 교리나 경전이 있어야 하는 것은 아니며, 어떤 의례나 의식이 있어야 하는 것도 아니다. 종교단체와 같은 어떤 종교적 집단이 존재하여야 하는 것도 아니며, 사제가 있어야 하는 것도 아니다.

종교의 영역에서 말하는 정통(正統)이냐 이단(異端)이냐 하는 것은 해당 종교 내부의 교리상의 문제일 뿐이고, 헌법적으로는 정통이든 이단이든 사회 또는 개인에게 해악을 끼치지 않는 이상 모두 종교의 자유로 보장된다. 종교단체 내부의 규율에 위반하여 행한 설교, 강론 등 종교행위도 종교의 자유로 보호된다(예: 大 1971. 9. 28.-71도1465).

> [大 1971.9.28.-71도1465] 「목사 최○○이 위에서 본 바와 같이 정식절차를 밟은 위임목사가 아니고, 위임목사가 아닐 경우에는 당회가 그 결의에 의하여 예배인도와 설교를 거부할 수 있으며 거부할 경우에는 그를 주관할 수 없게 되어 있는데 당회가 결의하여 위 최○○에게 예배인도를 하지 못하도록 통고한 사실이 있다고 할지라도 위 최○○이 대한예수교 장로회의 목사임에는 틀림이 없고, 그가 그 교의를 신봉하는 평신도 약 350 여명 앞에서 그 교지에 따라 설교와 예배인도를 하고 있었던 것으로 보인다. 그렇다면 다른 특별한 사정이 없는 한 위와 같은 설교와 예배인도는 형법상 보호를 받을 가치가 있다고 할 것이요, 피고인들이 이 예배장소에 침입하여 위 최○○의 예배인도 및 설교를 방해하기 위하여 폭행, 폭언, 소란 등 의식의 평온한 수행에 지장을 주는 행위를 하였다면 이러한 행위는 형법 제158조가 규정하고 있는 예배 또는 설교를 방해하는 죄에 해당한다 할 것이다.」

초자연적·초인간적 존재나 본질에 대한 주관적인 확신과 그에 기초한 행위라고 하더라도 인간의 존엄과 가치를 부정하는 반인륜적이거나 반사회적인 것과 공동체와 국가를 부정하거나 법질서를 침해하는 행위는 종교의 자유로 보호되지 않는다.

(3) 양심의 자유와의 관계

헌법은 제20조에서 종교의 자유를 헌법 제19조의 양심의 자유와 구별하여 정하고 있으므로 종교의 개념에 양심은 포함되지 않는다(종교적 양심은 헌법 §20에 의해 보장된다). 따라서 헌법 제20조는 종교적 가치판단과 이에 대한 확신을 보장하는 것이고, 헌법 제19조는 윤리적 가치판단과 이에 대한 확신을 보장하는 것이다.

II. 연 혁

종교의 자유는 고대부터 다종교가 허용되던 곳에서는 이미 존재하였다. 서양과 동양에서는 시대와 나라에 따라 하나의 종교만을 인정하고 다른 종교를 부정한 경우도 있었는데, 여기서는 종교의 자유가 인정되지 않았다. 서구에서 종교의 자유는 중세 기독교를 국교로 채택하면서 이에 대항하는 세력의 투쟁으로 획득되었고, 동양에서도 통치에 필요한 종교만을 허용하던 것에 대항하여 새로운 사상과 신앙체계를 형성하는 과정에서 인정되었다. 공동체의 구성원이 모두 하나의 신앙만을 가지고 다른 신앙이 필요하지 않다고 합의된 동질적인 공동체에서는 하나의 종교만을 신봉하는 나라도 있다.

서양에서 종교의 자유가 실정법에서 보장되기 시작한 것은 1647년 영국의 「인민협약」에서 이를 보장한 것이 효시였지만, 실행되지 못하였다. 아메리카의 식민지에서 종교의 자유가 명시적으로 보장되면서 비로소 실정법에서 종교의 자유가 보장되기 시작하였고, 1663년 영국의 왕이 아메리카의 식민지 로드 아일랜드(Rhode Island) 등에 대하여 수여한 헌장에서 종교의 자유를 명문화하였다. 그러던 것이 1776년 버지니아 권리장전에서 명문화되면서 실정헌법에 보장되기 시작하여 1791년 미합중국연방헌법에서 권리장전의 내용으로 명문화되기에 이르렀다.

우리나라에서는 1948년헌법부터 종교의 자유를 보장하였다. 여기서는 「모든 국민은 신앙과 양심의 자유를 가진다」(헌법 §12)라고 하여 동일한 조항에서 양심의 자유와 함께 종교의 자유를 보장하는 형태를 취하였다. 1962년헌법부터는 양심의 자유와 독립된 조항으로 종교의 자유를 보장하는 형태를 취하여 현재에 이르고 있다.

[215] 제2 주 체

종교의 자유는 모든 자연인에게 인정된다. 자연인이라면 국민이든 외국인이든 무국적자이든 구별 없이 모두에게 인정된다. 종교의 자유 가운데 신앙의 자유와 같은 내심의 자유는 성질상 자연인에게만 인정된다.

미성년자에게도 종교의 자유가 인정된다. 특정한 나라에서는 그 나라의 사정에 따라 종교의 자유가 인정되는 연령을 명시적으로 정하는 경우도 있다(예: 독일에서는 14세이 상의 자에 대하여 종교의 자유를 인정한다). 친권자나 후견인이 종교문제에 대하여 판단능력이 없거나 미약한 아동으로 하여금 특정 종교를 신앙하게 하거나 종교적인 세례를 받게 하는 것은 미성년자의 종교의 자유를 침해하는 것일 수 있다.

종교적 의식 · 집회의 자유나 종교적 결사의 자유는 성질상 허용되는 범위 내에서 종교단체나 종교법인에게도 인정된다.

[216] 제3 내 용

종교의 자유는 내심의 신앙의 자유, 종교적 행위의 자유를 그 내용으로 하는데, 이러한 자유에는 소극적인 것과 적극적인 것이 모두 포함된다.

Ⅰ. 신앙의 자유

신앙의 자유는 초자연적·초인간적 존재나 본질에 대하여 이를 경외하고 숭배하거나 믿는 개개인의 주관적인 확신, 즉 신앙을 적극적으로 가지거나 이를 가지지 않을 자유를 말한다. 이러한 신앙의 형성, 변경, 포기의 자유가 포함된다. 신앙의 자유는 인간의 내심의 영역에 속하기 때문에 절대적으로 보호되는 기본권이다. 따라서 신앙의 자유는 어떠한 경우에도 제한할 수 없다. 신앙의 자유는 종교적인 확신이나 믿음의 형성·변경·포기에 있어 직접적이거나 간접적이거나 또는 사실적이거나를 불문하고 어떠한 형태의 국가적인 영향력도 부정되며, 신앙의 형성·변경·포기에 대한 국가적 강제는 어떠한 형태이든 인정되지 않는다.

Ⅱ. 종교적 행위의 자유

종교의 자유에는 내심의 신앙의 자유만이 아니라 자신의 신앙을 외부로 나타내고, 신앙에 따라 각종 종교적인 행위나 집회·결사를 하고, 자신의 신앙을 타인에게 전파하고 가르치는 종교적 행위(=종교활동)의 자유도 포함된다. 종교의 자유가 사람의 마음 속에만 머무르고 외부로 표현할 수 없다면 인간의 표현하고자 하는 욕구를 부정하는 것일 뿐만 아니라 진정하게 행복을 추구할 수 없기 때문에 어떠한 자유도 내심의 영역에만 가두어 둘 수 없다.

신앙을 외부로 자유로이 표현하거나 표출하는 종교활동에는 다양한 양태가 있는데, 편의상 신앙의 고백, 종교적 의식과 집회, 종교의 전파와 교육으로 나누어 볼 수 있다.

(1) 신앙고백의 자유

신앙고백의 자유는 내심의 신앙을 적극적으로 외부로 표출하는 자유와 소극적으로 자신의 신앙을 외부로 나타내지 않을 자유(종교침묵의 자유)를 말한다. 개인이 자신의 신앙을 외부에 표현하기를 원하지 않을 때에 국가는 어떤 경우에도 개인의 신앙을 외부로 표출시키기 위하여 어떠한 영향을 주거나 구체적인 행위를 할 수 없다. 개인의 신앙을 표출시키기 위하여 강제력을 행사하거나 유도하거나 차별하는 것은 허용되지 않는다. 예컨대 십자가밟기나 불상부수기 등의 행위를 강요하여 내면의 신앙이 밖으로 표출하게 하는 것은 신앙고백의 자유를 침해하는 것이다.

⑵ 종교적 의식 · 집회의 자유

종교의 자유에는 자신의 신앙을 고양시키거나 표출하기 위한 의례(儀禮) 또는 의식(儀式)을 행하는 종교적 의식의 자유가 포함되고, 여러 사람이 종교적 목적을 가지고 모임을 하는 종교적 집회의 자유가 포함된다. 이를 종교행사의 자유라고도 한다.

종교적 의식은 묵상(默想), 기도(祈禱), 예배(禮拜), 예불(禮佛), 독경(讀經), 춤, 노래, 강론 등 종류와 양태를 가리지 않는다. 출생을 기념하거나 장례(葬禮) 또는 제례(祭禮)를 위한 종교적 의식행위도 이에 포함된다.

종교적 집회에는 종교적 의식을 하기 위한 집회뿐만 아니라 종교적 목적을 실현하기 위한 시위도 포함된다. 국가는 이러한 종교적 의식이나 종교적 집회를 금지하거나 방해할 수 없고, 이를 강제할 수도 없다. 헌법 제20조가 보장하는 종교적 집회의 자유는 헌법 제21조에서 정하는 일반적인 집회의 자유에 비하여 특별한 지위에서 더 두터운 보호를 받는다. 예컨대 「집회 및 시위에 관한 법률」은 종교적 집회에 대해서는 옥외집회나 시위에서 신고를 요구하지 않는다(동법 §15). 사인이 다른 사람의 종교적 의식을 방해한 경우에는 형법 제158조(장례식 등의 방해죄)에 의해 처벌된다.

종교적 의식 · 집회의 행위가 타인의 평온한 삶을 침해하거나 사회질서를 침해하는 경우에는 제한된다. 종교의식 · 집회에서의 음성(音聲) · 음향(音響)을 확성기로 외부에 들리게 하거나 그 사회의 통념상 인내하기 어려울 정도로 소리를 지르거나 북이나 종과 같은 종교적 악기의 소리를 내는 것은 허용되지 않는다.

⑶ 종교적 결사의 자유

종교적 결사의 자유는 특정한 종교적 목적을 달성하기 위하여 당해 종교적 신앙을 가진 다수의 사람들이 모여 단체 또는 조직을 결성할 수 있는 자유를 말한다. 종교단체나 종교법인을 결성 · 설립하거나 해체하는 행위가 이에 해당한다. 개인이 이러한 종교단체나 종교법인에 참가 또는 가입하거나 탈퇴하는 자유도 포함된다. 헌법 제20조가 보장하는 종교적 결사의 자유는 헌법 제21조에서 정하는 일반적인 결사의 자유에 비하여 특별한 지위에서 더 두터운 보호를 받는다.

종교단체가 그에 소속한 구성원에 대하여 종교적 목적으로 일정한 내부규율(內部規律)을 하는 것도 원칙적으로 종교적 결사의 자유로 인정된다. 그러나 그러한 내부규율도 반인륜적이고 반사회적인 경우에는 종교행위로 인정되지 못하므로 종교적 결사의 자유로 보호받지 못한다.

종교법인이 반사회적이거나 반인륜적인 행위를 하는 경우에 국가가 이를 해산할 것을 명하는 것은 합헌이다(예: 일본국의 옴진리교해산사건).

(4) 종교전파 · 교육의 자유

종교의 자유에는 자신의 종교를 타인에게 전파하고 선전하는 자유와 특정 종교를 교육하는 자유도 포함된다.

(a) 종교전파의 자유

종교전파의 자유는 대상자에 관계없이 누구에게나 자신의 종교 또는 종교적 확신(무신론 포함)을 알리고 선전하는 자유를 말한다. 포교행위 또는 선교행위가 이에 해당한다(예: 大 2003. 10. 9.-2003도4148). 전파의 방법이나 양태에는 제한이 없다. 다른 종교를 비판하거나 부정하는 행위도 종교표현의 자유에 포함되고, 다른 종교를 신봉하는 사람을 설득하거나 교육하여 개종시키는 행위도 이에 포함된다(예: 憲 2001. 9. 27.-2000헌마159; 大 1996. 9. 6.-96다19246등).

구소련 1977년헌법은 종교적 예배를 행할 권리와 함께 무신론을 선전할 권리도 규정하고 있었다(동헌법 §52②).

종교표현의 자유는 일반적인 표현의 자유와 달리 두텁게 보호된다. 종교의 선교, 전파나 다른 종교의 비판, 종교 자체의 부정이나 비판 등을 나타내기 위한 표현이 일반적인 경우보다 다소 지나치다고 하더라도 용인된다. 대법원은 종교적 목적을 위한 언론 · 출판의 경우에는 그 밖의 일반적인 언론 · 출판에 비하여 고도의 보장을 받는다고 보고, 그 언론 · 출판의 목적이 다른 종교나 종교집단에 대한 신앙교리 논쟁으로서 같은 종파에 속하는 신자들에게 비판하고자 하는 내용을 알리고 아울러 다른 종파에 속하는 사람들에게도 자신의 신앙교리 내용과 반대 종파에 대한 비판의 내용을 알리기 위한 것이라면 그와 같은 비판할 권리는 최대한 보장받아야 하는 것이라고 본다(예: 大 2007. 2. 8.-2006도4486; 2007. 4. 26.-2006다87903; 2007. 10. 26.-2006도5924).

[大 2007.4.26.-2006다87903] 「우리 헌법 제20조 제1항은 "모든 국민은 종교의 자유를 가진다"고 규정하고 있는데, 종교의 자유에는 자기가 신봉하는 종교를 선전하고 새로운 신자를 규합하기 위한 선교의 자유가 포함되고, 선교의 자유에는 다른 종교를 비판하거나 다른 종교의 신자에 대하여 개종을 권고하는 자유도 포함되는바, 종교적 선전과 타 종교에 대한 비판 등은 동시에 표현의 자유의 보호대상이 되는 것이나, 그 경우 종교의 자유에 관한 헌법 제20조 제1항은 표현의 자유에 관한 헌법 제21조 제1항에 대하여 특별규정의 성격을 갖는다 할 것이므로 종교적 목적을 위한 언론 · 출판의 경우에는 그 밖의 일반적인 언론 · 출판에 비하여 고도의 보장을 받게 되고, 특히 그 언론 · 출판의 목적이 다른 종교나 종교집단에 대한 신앙교리 논쟁으로서 같은 종파에 속하는 신자들

에게 비판하고자 하는 내용을 알리고 아울러 다른 종파에 속하는 사람들에게도 자신의 신앙교리 내용과 반대종파에 대한 비판의 내용을 알리기 위한 것이라면 그와 같은 비판할 권리는 최대한 보장받아야 할 것인바, 그로 인하여 타인의 명예 등 인격권을 침해하는 경우에 종교의 자유 보장과 개인의 명예 보호라는 두 법익을 어떻게 조정할 것인지는 그 비판행위로 얻어지는 이익, 가치와 공표가 이루어진 범위의 광협, 그 표현방법 등 그 비판행위 자체에 관한 제반 사정을 감안함과 동시에 그 비판에 의하여 훼손되거나 훼손될 수 있는 타인의 명예 침해의 정도를 비교 고려하여 결정하여야 한다.」

[大 2007.10.26.-2006도5924] 「명예훼손죄가 성립하기 위하여는 사실의 적시가 있어야 하는데, '사실의 적시'란 가치판단이나 평가를 내용으로 하는 의견표현에 대치되는 개념으로서 시간과 공간적으로 구체적인 과거 또는 현재의 사실관계에 관한 보고 내지 진술을 의미하는 것이며 그 표현내용이 증거에 의한 입증이 가능한 것을 말하고, 판단할 진술이 사실인가 또는 의견인가를 구별함에 있어서는, 언어의 통상적 의미와 용법, 입증가능성, 문제된 말이 사용된 문맥, 그 표현이 행하여진 사회적 정황 등 전체적 정황을 고려하여 판단하여야 할 것이고, 적시된 사실은 이로써 특정인의 사회적 가치 내지 평가가 침해될 가능성이 있을 정도로 구체성을 띠어야 하는 것이며, 비록 사실을 적시하였더라도 그 사실이 특정인의 사회적 가치 내지 평가를 침해할 수 있는 내용이 아니라면 형법 제307조 소정의 명예훼손죄는 성립하지 않으며, 헌법상 종교의 자유가 보장되는 점에 비추어 다른 종교 또는 종교집단을 비판할 자유 역시 최대한 보장되어야 한다.……이 사건 유인물의 내용 중에서 "공소외인(대한예수교 침례회)는 구원파 계열의 이단이다," "공소외인은 체계적으로 신학을 공부한 적이 없다"라는 기재부분은 그 의견의 기초가 되는 사실을 함께 기술하면서 의견을 표명한 것으로서 피고인들의 주관적인 종교적·교리적 분석에 기초한 순수한 의견 또는 논평에 해당하는 것이고, "공소외인이 기성교회를 공격하고 폄하하며 자기들을 드러내기만을 고집하려고 시도하였다" 또는 "공소외인의 시도를 막아 우리 고장 대전이 이단들이 발호하는 도시라는 불명예를 씻어내고 우리 고장 대전과 우리 가정 및 자녀를 지켜내자"라는 등의 기재부분이나 "성경 위에 활동하는 마귀나 벌레 등을 젓가락으로 집어내는 형상"을 희화한 그림부분 역시 전체적인 맥락에서 피고인들의 의견을 표명하고 있는 것일 뿐 이를 사실의 적시에 해당한다고 보기 어려우며, "구원파는 '성경세미나'라는 모임을 통하여 대전시민에게 다가간다"라는 기재부분 등은 공소외인의 사회적 가치 내지 평가를 침해할 수 있는 명예훼손적 표현에 해당하지 않으므로, 피고인들이 이 사건 유인물을 배포한 행위를 명예훼손죄로 의율할 수 없다.……」

그러나 종교전파의 행위가 타인의 평온한 삶이나 사회질서를 침해하는 경우에는 제한된다(예: 大 2003. 10. 9.-2003도4148). 상대방이 듣거나 수용하기를 원하지 않는 경우에 자신의 종교를 계속 전파하거나 강제로 받아들이게 하는 행위는 타인의 사생활의 자유, 종교의 자유, 양심의 자유를 침해하는 것이 된다.

[大 2003.10.9.-2003도4148] 「불가불 타인의 주목을 끌고 자신의 주장을 전파하기 위

하여 목소리나 각종 음향기구를 사용하여 이루어지는 선교행위가 소정의 인근소란행위의 구성요건에 해당되어 형사처벌의 대상이 된다고 판단하기 위해서는 당해 선교행위가 이루어진 구체적인 시기와 장소, 선교의 대상자, 선교행위의 개별적인 내용과 방법 등 제반 정황을 종합하여 그러한 행위가 통상 선교의 범위를 일탈하여 다른 법익의 침해에 이를 정도가 된 것인지 여부 등 법익 간의 비교교량을 통하여 사안별로 엄격하게 판단해야 할 것이다.」

(b) 종교교육의 자유

종교의 자유에는 종교교육의 자유도 포함된다(예: 憲 2000. 3. 30.-99헌바14; 2001. 9. 27.-2000헌마159; 大 1996. 9. 6.-96다19246등). 종교교육이라 함은 특정 종교의 교리나 내용 또는 무신론(無神論)을 타인에게 장려하고 교육하거나 종교지도자나 교리자를 육성하는 행위를 말한다. 이러한 교육에는 타 종교를 비판하거나 비난 또는 비방할 목적으로 행하는 교육도 포함된다. 주체가 개인이든 종교단체이든 불문하고, 학교든 가정이든 기타 단체이든 장소와 시간을 불문한다.

국가나 지방자치단체가 특정 종교를 교육하기 위하여 국립학교 또는 공립학교를 설립하고 종교교육을 하는 것은 헌법 제11조의 종교로 인한 차별대우의 금지에 위반하고 헌법 제20조 제2항의 정교분리조항에 위반되어 위헌이다. 국립대학이나 공립대학에 종교학과를 두어 일반적으로 종교에 관한 연구와 강의를 하는 것은 헌법에 위반되지 않는다. 그러나 특정 종교에 한정하여 이를 고양·선전하거나 부정하기 위하여 연구하고 강의하는 것은 허용되지 않는다.

종교교육을 목적으로 사립학교를 설립하여 자발적으로 입학한 학생을 상대로 특정 종교를 교육하는 것은 종교교육의 자유로 인정된다(예: 大 1989. 9. 26.-87도519; 1998. 11. 10.-96다37268). 그러나 사립학교라고 하더라도 자신의 자발적 의사와 반하여 강제로 배정되어 입학한 경우에 그 학생에 대하여 특정 종교를 교육하는 것은 해당 학생의 종교의 자유, 양심의 자유, 사상의 자유, 사생활의 자유를 침해하는 것이다. 종교학교에 입학하기를 원하지 않는 사람에게 종교학교에 강제로 배정하는 것도 같은 이유로 헌법에 위반된다. 부모가 종교학교에의 입학에 동의한다고 하더라도 당사자인 학생이 이를 원하지 않으면 자발적인 입학이라고 하기 어렵다. 아동이나 청소년도 종교의 자유를 가지기 때문에 당사자의 의사에 반하여 부모가 이를 부정하거나 무시할 수 없다.

[大 1989.9.26.-87도519] 「종교의 자유에는 종교를 위한 선전 포교의 자유가 포함되며 정교분리 원칙상 국·공립학교에서의 특정종교를 위한 종교교육은 금지되나(교육법 제5조 제2항) 사립학교에서의 종교교육 및 종교지도자 육성은 선교의 자유의 일환으로서 보장되는 것이다.」

[大 1998.11.10.-96다37268] 「원심은……사립학교는 국·공립학교와는 달리 종교의 자

유의 내용으로서 종교교육 내지는 종교선전을 할 수 있고, 학교는 인적·물적 시설을 포함한 교육시설로서 학생들에게 교육을 실시하는 것을 본질로 하며, 특히 대학은 헌법상 자치권이 부여되어 있으므로 사립대학은 교육시설의 질서를 유지하고 재학관계를 명확히 하기 위하여 법률상 금지된 것이 아니면 학사관리, 입학 및 졸업에 관한 사항이나 학교시설의 이용에 관한 사항 등을 학칙 등으로 제정할 수 있으며, 또한 구 교육법시행령 제55조는 학칙을 학교의 설립인가신청에 필요한 서류의 하나로 규정하고, 제56조 제1항은 학칙에서 기재하여야 할 사항으로 '교과와 수업일수에 관한 사항', '고사(또는 시험)와 과정수료에 관한 사항', '입학·편입학·퇴학·전학·휴학·수료·졸업과 상벌에 관한 사항' 등을 규정하고 있으므로, 사립대학은 종교교육 내지 종교선전을 위하여 학생들의 신앙을 가지지 않을 자유를 침해하지 않는 범위 내에서 학생들로 하여금 일정한 내용의 종교교육을 받을 것을 졸업요건으로 하는 학칙을 제정할 수 있는바, 위 인정사실에 의하면, 위 대학교의 예배는 복음 전도나 종교인 양성에 직접적인 목표가 있는 것이 아니고, 신앙을 가지지 않을 자유를 침해하지 않는 범위 내에서 학생들에게 종교교육을 함으로써 진리·사랑에 기초한 보편적 교양인을 양성하는 데 목표를 두고 있다고 할 것이므로, 대학예배에의 6학기 참석을 졸업요건으로 정한 위 대학교의 학칙은 헌법상 종교의 자유에 반하는 위헌무효의 학칙이 아니라고 판단하였다.……대학의 자율성 및 학교교육의 성질에 관하여 규정한 헌법조항과 교육에 대하여 규정하고 있는 관계 법령의 내용 등을 종합하여 볼 때, 원고가 숭실대학교에서 법학과의 교육과정을 이수하고 있을 당시 구 교육법시행령 제56조에서 학칙의 기재사항으로 규정한 교육과정이나 졸업 학위수여에 관한 사립대학의 학칙은 그 내용이 법령에 위배되거나 학교교육의 본질에 반하는 등의 특별한 사정이 없는 한 당연히 구속력을 가진다. 따라서 이 사건에서도 숭실대학교의 학생인 원고는 대학예배의 6학기 참석을 졸업요건으로 정한 위 대학교의 학칙에 구속된다. 원심판결은 이유를 다소 달리하나 위 학칙의 내용이 원고에게도 구속력이 있다고 한 결론에 있어서는 정당하다.」

[大 2010.4.22.-2008다38288] 「이 사건에서 대립하는 양 법익의 가치와 보호목적 등을 모두 고려하여 양 법익 행사에 있어서 실제적인 조화를 실현하려면, 먼저 이러한 고등학교 평준화정책 및 교육 내지 사립학교의 공공성, 학교법인의 종교의 자유 및 운영의 자유가 학생들의 기본권이나 다른 헌법적 가치 앞에서 가지는 한계를 고려하여야 한다. 그리고 종립학교에서의 종교교육은 필요하고 또한 순기능을 가진다는 것을 간과하여서는 아니 되나 한편으로 종교교육으로 인하여 학생들이 입을 수 있는 피해는 그 정도가 가볍지 아니하며 그 구제수단이 별달리 없음에 반하여 학교법인은 제한된 범위 내에서 종교의 자유 및 운영의 자유를 실현할 가능성이 있다는 점도 역시 고려하여야 한다. 이러한 점을 모두 감안한다면 비록 학교법인이 국·공립학교의 경우와는 달리 종교교육을 할 자유와 운영의 자유를 가진다고 하더라도, 그 종립학교가 공교육체계에 편입되어 있는 이상 원칙적으로 학생의 종교의 자유, 교육을 받을 권리를 고려한 대책을 마련하는 등의 조치를 취하는 속에서 그러한 자유를 누린다고 해석하여야 할 것이다. 그리하여 종립학교가 고등학교 평준화정책에 따라 학생 자신의 신앙과 무관하게 입학하게 된 학생들을 상대로 종교적 중립성이 유지된 보편적인 교양으로서의 종교교육의

범위를 넘어서서 학교의 설립이념이 된 특정의 종교교리를 전파하는 종파교육 형태의 종교교육을 실시하는 경우에는 그 종교교육의 구체적인 내용과 정도, 종교교육이 일시적인 것인지 아니면 계속적인 것인지 여부, 학생들에게 그러한 종교교육에 관하여 사전에 충분한 설명을 하고 동의를 구하였는지 여부, 종교교육에 대한 학생들의 태도나 학생들이 불이익이 있을 것을 염려하지 아니하고 자유롭게 대체과목을 선택하거나 종교교육에 참여를 거부할 수 있었는지 여부 등의 구체적인 사정을 종합적으로 고려하여 사회공동체의 건전한 상식과 법감정에 비추어 볼 때 용인될 수 있는 한계를 초과한 종교교육이라고 보이는 경우에는 위법성을 인정할 수 있다.」

종교교육을 하거나 종교지도자를 양성하는 것은 종교교육의 자유상 인정되지만, 그러한 행위를 하는 기관이 학교인 이상 학교교육을 규율하는 헌법상의 교육법적 법리들과 그에 기한 법률의 적용을 받는다(예: 大 1992. 12. 22.-92도1742).

[大 1992.12.22.-92도1742] 「종교교육 및 종교지도자의 양성은 헌법 제20조에 규정된 종교의 자유의 한 내용으로서 보장되지만, 한편 교육기관 등을 정비하여 국민의 교육을 받을 권리를 실질적으로 보장하고자 하는 교육제도 등에 관한 법률주의에 관한 헌법 제31조 제1항, 제6항 및 교육법상의 각 규정내용과 아울러 교육제도가 기본적으로 인류문화발전의 초석인 점을 고려할 때, 학교란 교육을 위하여 그에 상당한 인적·물적 설비를 갖추어 피교육자로 하여금 인간사회의 문화의 재생산 내지 증진을 위하여 계획적으로 정비된 교육내용을 영속적으로 가르침받게 하기 위하여 설치된 기관을 의미한다고 볼 것이고, 이러한 관점에서 보면 종교교육 및 종교지도자의 양성은 그것이 학교라는 교육기관의 형태를 취할 때에는 헌법 제31조 제1항, 제6항의 규정 및 이에 기한 교육법상의 각 규정들에 의한 규제를 받게 된다고 보아야 할 것이다.」

Ⅲ. 정교분리의 원칙

(1) 의 의

헌법 제20조 제2항은 정교분리를 명문으로 정하고 있다. 여기서 말하는 정교분리는 단순히 정치와 종교의 분리를 말하는 것이 아니라, 국가(state)와 종교를 엄격히 분리하는 것을 말하며, 국교의 부정보다 넓은 의미를 가진다. 여기서 말하는 국가는 국가와 그 기관, 지방자치단체와 그 기관을 의미한다.

나라별로 보면, 그 나라의 고유한 역사적인 배경과 사정으로 인하여 유형상 정교분리의 형태에서 다소 차이를 보이고 있다. 예컨대 이슬람국가들과 같이 이슬람교를 국교로 하고 나머지 종교를 인정하지 않는 유형, 영국이나 이탈리아와 같이 국교 또는 공인종교를 인정하면서 동시에 다른 종교에 대하여 관용을 인정하는 유형, 미합중국과 같이 헌법에 국교의 부정을 명시하여 국가와 종교의 분리를 철저하게 관철하는 유형, 독일과 같이 국교를 인정하지는 않지만 국가와 종교 간에 일정한 협력을 인정하는 온건한 분리의 유형 등이 있다. 우리나라와 일본국은 미합중국연방헌법을 따른 것으로 국가와 종교를 엄격하게 분리하는 유형에 해당한다.

(2) 내 용

정교분리는 국가의 비종교성, 종교에 대한 국가의 중립, 국가에 대한 종교의 중립을 그 내용으로 한다.

(a) 국가의 비종교성

정교분리는 국가의 비종교성을 내용으로 한다. 국가는 종교적 성격을 띠어서는 안 된다는 의미이다. 그러나 종교라는 것이 완벽하게 일의적으로 정의하기 어려우므로 완화된 정도의 종교성은 일정한 범위 내에서 인정된다.

국가 또는 지방자치단체가 국장 또는 지방자치단체장이라는 장례의식을 거행하거나 전몰자(戰歿者)나 국가유공자(國家有功者)에 대하여 위령제(慰靈祭)를 지내거나 국립묘지를 설치하여 그에 안장(安葬)하거나 위령탑을 건립하는 것은 인정된다. 정부의 공사의 기공식이나 준공식에서 전래 민속풍습에 따른 고사를 지내는 것은 특정한 종교의식이라기보다 종교를 가지거나 종교를 가지지 않는 사람들에게 풍습상 인정되어 온 것인 이상 이러한 고사를 지내는 행위는 인정된다. 그러나 대통령이나 공무원이 공직에 취임하거나 선서하는 행위를 예배행위 등 특정한 종교적 의식에 따라 행하는 것은 인정되지 않는다.

국가나 지방자치단체가 관광진흥의 목적이라고 하더라도 특정 종교의 상징물이나 숭배의 대상이 되는 조형물(예: 불상, 십자가, 예수상 등)을 건립하는 것은 허용되지 않는다. 그러나 종교적 조형물의 조성·복원을 문화재보호의 차원에서 지원하거나 발주하는 행위는 국가나 지방자치단체의 문화재보호의무를 수행하는 것에 해당하므로 인정된다.

대법원은 공군참모총장이 수하의 장병들을 상대로 단결심의 함양과 조직의 유지·관리를 위하여 계몽적인 차원에서 군종장교로 하여금 교계에 널리 알려진 특정 종교에 대한 비판적 정보를 담은 책자를 발행·배포하게 한 행위는 특별한 사정이 없는 한 정교분리의 원칙에 반하는 것이 아니라고 판시하였다(예: 大 2007. 4. 26.-2006다87903).

> [大 2007.4.26.-2006다87903] 「군대 내에서 군종장교는 국가공무원인 참모장교로서의 신분뿐 아니라 성직자로서의 신분을 함께 가지고 소속 종단으로부터 부여된 권한에 따라 설교·강론 또는 설법을 행하거나 종교의식 및 성례를 할 수 있는 종교의 자유를 가지는 것이므로, 군종장교가 최소한 성직자의 신분에서 주재하는 종교활동을 수행함에 있어 소속종단의 종교를 선전하거나 다른 종교를 비판하였다고 할지라도 그것만으로

종교적 중립을 준수할 의무를 위반한 직무상의 위법이 있다고 할 수 없다. 한편, 우리 헌법 제20조 제1항은 "모든 국민은 종교의 자유를 가진다"고 규정하고 있는데, 종교의 자유에는 자기가 신봉하는 종교를 선전하고 새로운 신자를 규합하기 위한 선교의 자유가 포함되고 선교의 자유에는 다른 종교를 비판하거나 다른 종교의 신자에 대하여 개종을 권고하는 자유도 포함되는바, 종교적 선전과 타 종교에 대한 비판 등은 동시에 표현의 자유의 보호대상이 되는 것이나, 그 경우 종교의 자유에 관한 헌법 제20조 제1항은 표현의 자유에 관한 헌법 제21조 제1항에 대하여 특별규정의 성격을 갖는다 할 것이므로 종교적 목적을 위한 언론·출판의 경우에는 그 밖의 일반적인 언론·출판에 비하여 고도의 보장을 받게 되고, 특히 그 언론·출판의 목적이 다른 종교나 종교집단에 대한 신앙교리 논쟁으로서 같은 종파에 속하는 신자들에게 비판하고자 하는 내용을 알리고 아울러 다른 종파에 속하는 사람들에게도 자신의 신앙교리 내용과 반대종파에 대한 비판의 내용을 알리기 위한 것이라면 그와 같은 비판할 권리는 최대한 보장받아야 할 것인바, 그로 인하여 타인의 명예 등 인격권을 침해하는 경우에 종교의 자유 보장과 개인의 명예 보호라는 두 법익을 어떻게 조정할 것인지는 그 비판행위로 얻어지는 이익, 가치와 공표가 이루어진 범위의 광협, 그 표현방법 등 그 비판행위 자체에 관한 제반 사정을 감안함과 동시에 그 비판에 의하여 훼손되거나 훼손될 수 있는 타인의 명예 침해의 정도를 비교 고려하여 결정하여야 할 것이다.……대한민국 산하 공군참모총장이 전 공군을 지휘·감독할 지위에서 수하의 장병들을 상대로 단결심의 함양과 조직의 유지·관리를 위하여 계몽적인 차원에서 군종장교로 하여금 교계에 널리 알려진 특정 종교에 대한 비판적 정보를 담은 책자를 발행·배포하게 하였더라도, 특별한 사정이 없는 한 이러한 행위가 정교분리의 원칙에 반하는 위법한 직무집행에 해당된다고 보기 어렵다고 할 것이다.」

(b) 종교에 대한 국가의 중립

국가는 종교와 분리되어 있기 때문에 종교에 대한 중립을 유지하여야 하고 종교에 개입하거나 관여하지 못한다. 국가가 국교를 인정하지 못하는 것도 이에 포함되고, 국가가 특정 종교를 우대하거나 특혜를 주거나 차별할 수 없는 것도 이에 포함된다. 특정 종교를 신앙하는 자들에 대하여 국가가 우대하거나 차별하는 것은 헌법 제11조 제1항의 평등조항에 위반되지만, 특정 종교 그 자체에 대하여 우대하거나 차별하는 것은 헌법 제20조 제2항의 정교분리원칙에 위반된다. 정교분리는 국가와 종교를 분리하는 것이기 때문에 특정 종교에 대한 국가의 관여만 금지하는 것이 아니라, 종교영역과 비종교영역(예: 학문, 예술, 사상 등)과의 관계에서 종교영역에 관여하는 것도 금지한다. 종교의 자유는 특정 종교를 가진 자와 종교라는 것을 가지지 아니하는 확신을 가진 자(=신앙을 가지지 아니할 자유를 향유하는 자)에게 모두 평등하게 인정되는 것이므로 비영리단체에 대한 면세 또는 조세상의 우대조치로 인하여 이에 포함되는 종교단체가 동일한 혜택을 받는 것은 허용되지만(여기서 유의할 것은 특정 종교단체를 비영리단체로 볼 수는 있지만 공익단체로 보기는 어렵다는 점이다), 종교단체나 종교법인에 한하여 조세상의 혜택을 주는 것은 정교분리원칙의 내용인 특권부여금지에 위반되어 허용되지 않는다. 정교분리를 내세워 종교단체에 대한 국가의 과세를 부정하는 것도 허용되지 않는다. 종교단체의 종교적 행사에 지출되는 비용의 일부를 국가나 지방자치단체의 재정에서 지원하는 행위는 허용되지 않는다.

국가나 지방자치단체가 설립한 학교에서 특정 종교에 대하여 교육을 하는 것이 금지되는 것과 스스로 종교적인 행사를 하는 것이 금지되는 것도 정교분리원칙에서 나오는 효과이다. 또 국가나 지방자치단체는 그에 소속한 공무원에 대하여 종교적 활동을 강제할 수 없다. 공무원도 공무수행과 관련된 활동을 하면서 종교행위나 종교활동을 할 수 없다(예컨대 공무시간 중 종교적 행위를 하는 것, 장관이 같은 종교를 가진 부하직원들과 종교적 의식이나 집회를 하거나 조직을 결성하는 행위).

사찰, 성당, 교회 등 종교적 건물이 문화유산(cultural heritage)으로서의 가치를 인정받아 문화유산의 보호정책의 차원에서 국가의 지원과 보호를 받는 것은 정교분리에 위반되는 것이 아니다.

사립학교의 조성을 국가가 재정적으로 지원하는 정책에 있어 사립학교 가운데 특정 종교단체가 운영하는 경우에도 국가가 국고로 지원을 할 수 있는가 하는 문제가 있다. 종교단체라고 하더라도 사립학교를 건립하여 학생에 대한 일반적 교육만 하면 상관이 없으나, 국가의 지원을 받아 설립한 학교에서 자기의 종교교육도 함께하는 경우에는 국가의 종교적 중립성에서 문제가 된다.

(c) 국가에 대한 종교의 중립

정교분리의 원칙은 종교가 국가나 국가적 사항에 개입하거나 관여하는 것을 금지한다. 특정 종교단체나 그 구성원들이 국가기구나 국가기관이 설치한 위원회를 장악하는 것은 허용되지 않는다.

종교단체가 일반적인 정치적 의사를 표현하는 것은 정치적 자유로 인정된다. 특정 종교단체가 선거에 집단적으로 적극 참여하거나 정치단체를 결성하는 것도 인정된다. 그러나 자기 종교단체에 소속한 대통령, 국회의원, 기타 공무원에 대하여 종교를 배경으로 정치적인 영향을 미치거나 정책과 관련하여 지시나 명령을 하는 것은 허용되지 않는다. 특정 종교를 신봉하는 사람들이 모여 정당을 설립할 수 있지만, 그에 소속한 선거직 또는 임명직 공무원이 자신의 종교적 교리나 이상을 국가정책에 반영하고 국가로 하여금 그 종교에 복속되게 하려는 의도를 가지고 행하는 행위는 인정되지 않는다.

(3) 성 질

정교분리는 헌법상의 원칙으로서 국가가 종교에 간섭하는 것과 종교가 국가에 간섭하는 것을 금지하는 것이고, 이러한 원칙에 위반되는 것은 위헌으로서 효력이 인정되지 않는다는 것을 의미하지만, 정교분리를 명시적으로 정하지 않더라도 종교의 자유에 정교분리가 포함된다고 할 것이며(동지: 계희열b, 355), 헌법 제20조 제2항의 정교분리원칙에서 종교의 자유의 내용을 이루는 권리도 도출된다. 국민은 국가와 종교가 분리된 것을 전제로 하여 종교의 자유를 향유하기 때문에 정교분리원칙에 어긋나는 국가 또는 종교단체의 행위에 대하여 정교분리를 전제로 하는 자유나 권리가 침해되었음을 주장할 수 있다. 따라서 국가, 종교단체, 개인이 정교분리원칙에 위반하는 행위를 한 것이 정교분리를 전제로 하는 개인의 권리나 자유를 직접 침해한 경우에는 정교분리원칙의 위반을 이유로 국가 또는 종교단체 또는 개인에 대하여 손해배상책임을 청구할 수 있다고 할 것이다. 이와 달리 정교분리원칙은 제도보장이라거나 단순한 헌법상의 원칙이라는 이유로 이러한 손해배상책임이 인정되지 않는다고 보는 견해가 있다(김철수a, 935; 5; 권영성, 489).

일본국에서 이 문제는 제2차 대전의 전쟁범죄자로 재판을 받고 사망한 자의 위패를 함께 봉안하고 있는 야스쿠니(靖國)神社와 같은 神社에 국고지원으로 참배행사를 하거나 內閣總理大臣과 같은 공무원이 참배하는 행위에 대하여 세금을 낸 국민 가운데 이로 인하여 고통을 받은 자가 있는 경우에, 야스쿠니신사를 운영하면서 이의 국영화를 추진하는 '日本遺族會'나 국가를 상대로 손해배상을 청구할 수 있는가 하는 문제로 논의된다.

Ⅳ. 국교부인의 원칙

헌법 제20조는 제1항에서 종교의 자유를 정하고 제2항에서 국교의 부인을 정하고 있다. 여기서 국교라 함은 국가 또는 그 기관으로부터 그 나라의 종교로 지정받아 특별한 보호와 각종의 혜택을 부여받는 특정 종교를 말한다. 국가종교든 국민종교든 명칭에 관계없이 이러한 성질을 가지는 종교는 국교에 해당한다. 국교의 부정은 헌법이 명시적으로 정하고 있는 원칙인데, 이러한 원칙은 종교의 자유를 보장하는 조건인 동시에 그 내용을 이루는 것이기도 하다.

국가가 특정 종교를 국민 모두가 신봉하여야 하는 종교로 정하고, 이러한 종교 이외에는 어떠한 종교도 인정하지 않는 경우에는 종교의 자유는 존재하지 않는다. 국가가 신앙의 형성과 종교활동을 강제하기 때문이다. 특정 종교를 국교로 인정함과 동시에 다른 종교들도 신앙할 수 있음을 허용하는 경우에도 국교의 존재가 법적으로 또는 사실적으로 다른 종교를 차별하는 결과를 가져오므로 국교의 인정은 종교의 자유를 심하게 제한하거나 침해하는 것이 된다.

[217] 제4 효 력

종교의 자유는 국가에 대하여 방어권으로서 직접적인 효력을 가진다. 따라서 국가는 어떤 경우에도 종교의 자유를 침해할 수 없다.

종교의 자유는 다른 기본권과 마찬가지로 사인에 대해서는 직접 효력을 미치지 못하지만, 개인들 사이에서도 존중되어야 한다. 국교를 정하고 있는 나라에서는 종교의 자유는 제한되지만, 종교의 자유가 인정되는 다종교의 나라에서는 국가뿐 아니라 개인에 의해서도 종교의 자유가 침해되면 안 된다. 종교의 자유를 침해하는 사인의 행위에 대하여 국가는 이를 방지하고 그 침해에 따른 구제를 해주어야 한다.

사인 간에 있어서도 종교의 자유가 보호되어야 한다는 점에서 문제가 되는 것은 부모가 자녀의 신앙의 자유와 종교선택의 자유에 어느 정도 관여할 수 있는가 하는 점이다. 이는 종교의 자유의 주체와도 관련이 된다. 그런데 자녀의 출산에서 종교적인 의식을 치르거나 부모가 자녀의 신앙을 정하거나 종교를 선택하는 것이 아동의 권리와 관련하여 문제가 된다. 나중에 자녀가 성장하면서 스스로 신앙의 문제에 대하여 결정한다고 하더라도 자녀가 태아나 유아 또는 아동인 때에 특정 신앙을 부모가 결정하는 것은 자녀의 삶에 상당한 영향을 주게 된다. 이 문제는 그 나라의 역사나 문화와도 관련이 있어 간단하지 않다. 그래서 종교의 자유를 일정 연령 이상의 경우에만 인정되는 것으로 헌법제정권자인 국민이 결단하여 헌법에서 정해버리는 경우도 있다(예: 독일). 그러나 과연 종교의 자유를 연령으로 제한할 수 있는가 하는 문제는 여전히 존재한다. 부모의 종교활동과 관련하여 자녀를 그 활동이나 장소에 데려갈 수는 있다고 하더라도 자녀가 아직 신앙이나 해당 종교에 대하여 이해하지 못하는 시기에 부모가 자녀의 종교를 결정하는 것은 신앙의 자유를 제약하는 것이기 때문에 친권으로 정당화하는 데는 약점이 있다고 보인다.

특정 종교단체나 신자가 그 종교단체에서 탈퇴하거나 개종한 사람에 대하여 다양한 방법으로 비난하거나 협박을 가하는 경우에는 형법상의 모욕죄 또는 협박죄의 책임을 질 뿐 아니라 정신적 손해에 대하여 위자료를 지급할 책임을 진다.

> [大 1996.9.6.-96다19246등] 「종교적 선전, 타 종교에 대한 비판 등은 동시에 표현의 자유의 보호대상이 되는 것이나, 그 경우 종교의 자유에 관한 헌법 제20조 제1항은 표현의 자유에 관한 헌법 제21조 제1항에 대하여 특별 규정의 성격을 갖는다 할 것이므로 종교적 목적을 위한 언론·출판의 경우에는 그 밖의 일반적인 언론·출판에 비하여 보다 고도의 보장을 받게 된다고 할 것이다. 따라서 다른 종교나 종교집단을 비판할 권리는 최대한 보장받아야 할 것인데, 그로 인하여 타인의 명예 등 인격권을 침해하는 경우에 종교의 자유 보장과 개인의 명예보호라는 두 법익을 어떻게 조정할 것인지는, 그 비

판행위로 얻어지는 이익, 가치와 공표가 이루어진 범위의 광협, 그 표현 방법 등 그 비판행위 자체에 관한 제반 사정을 감안함과 동시에 그 비판에 의하여 훼손되거나 훼손될 수 있는 타인의 명예 침해의 정도를 비교 · 고려하여 결정하여야 한다 할 것이다.」

[218] 제5 제한과 그 한계

Ⅰ. 제 한

(1) 종교활동에 대한 제한

종교의 자유도 외부로 표출되는 경우에는 다른 이익과 충돌될 수 있다. 종교의 자유 가운데 신앙의 자유는 절대적 기본권인 내심의 자유에 해당하므로 어떠한 경우에도 이를 제한할 수 없으나, 신앙의 자유가 외부로 나타난 종교적 의식 · 집회의 자유나 종교적 전파 · 교육의 자유는 상대적 기본권으로서 다른 이익과 충돌하는 경우에는 이익들간에 조화를 유지하고 실현할 필요에 따라 헌법 제37조 제2항에 의하여 제한될 수 있다.

정교분리는 국가와 종교를 분리하는 것을 헌법에서 정하고 있기 때문에 여기서는 법익형량의 여지없이 언제나 국가와 종교는 분리된다.

(2) 구체적인 문제

(a) 종교교육기관의 설립에 대한 인가 · 등록

종교단체가 운영하는 교육기관에 대하여 설립인가 또는 설립등록을 하도록 법률로써 정하는 것은 종교의 자유를 침해하는 것이 아니다(예: 憲 2000. 3. 30.-99헌바14; 大 1989. 9. 26.-87도519; 2001. 2. 23.-99두6002).

(b) 폭행 · 상해 등이 수반되는 종교적 행위

정신질환을 치료하는 종교적 방법에 폭행과 상해가 수반되어(특별한 기도행위 또는 종교의식이라고 함) 결과적으로 피해자를 사망에 이르게 하거나 폭행이나 상해의 피해를 입힌 경우에는 종교의 자유로 보호되지 않고, 민형사책임 등 법적인 책임을 진다(예: 일본국의 加持祈禱事件).

[大 2008.8.21.-2008도2695] 「종교적 기도행위의 일환으로서 기도자의 기도에 의한 염원 내지 의사가 상대방에게 심리적 또는 영적으로 전달되는 데 도움이 된다고 인정될 수 있는 한도 내에서 상대방의 신체의 일부에 가볍게 손을 얹거나 약간 누르면서 병의 치유를 간절히 기도하는 행위는 그 목적과 수단면에 있어서 정당성이 인정된다고 볼 수 있을 것이지만, 그러한 종교적 기도행위를 마치 의료적으로 효과가 있는 치료행위인 양 내세워 환자를 끌어들인 다음, 통상의 일반적인 안수기도의 방식과 정도를 벗어나 환자의 신체에 비정상적이거나 과도한 유형력을 행사하고 신체의 자유를 과도하게 제압하여 그 결과 환자의 신체에 상해까지 입힌 경우라면, 그러한 유형력의 행사가 비록 안수기도의 명목과 방법으로 이루어졌다 해도 사회상규상 용인되는 정당행위라고 볼 수 없음은 물론이고, 이를 치료행위로 오인한 피해자 측의 승낙이 있었다 하여 달리

볼 수도 없다.」

(c) 종교인의 범인은닉행위

종교인(예: 승려, 목사, 신부)이 범죄를 범한 자를 종교적인 교화 · 인도와 구제의 목적으로 숨겨준 행위는 종교활동(예: 목회활동)의 일환으로 인정할 수 있기 때문에 형사상의 책임이 인정되지 않는다고 보는 견해가 있다(예: 일본국의 種谷牧師事件). 그러나 종교인이라고 하더라도 진지한 종교적 신념하에 행한 것이 아니라 단순히 범인을 은닉한 경우에는 범인은닉죄의 책임을 진다(예: 大 1983. 3. 8.-82도3248). 개인이 종교, 사상, 양심 등 주관적 · 개인적 판단에 따라 범인을 은닉한 경우에는 범인은닉죄의 책임을 진다.

(d) 종교를 이유로 한 수혈거부

종교적 신앙을 이유로 환자인 가족에게 수혈을 하지 못하게 하여 사망에 이르게 한 경우(「여호와의 증인」의 교리에 따른 행위임), 이는 종교의 자유로 보호되지 못하고 이에 따른 형사적 책임을 진다(예: 大 1980. 9. 24.-79도1387).

부모가 자신들의 종교적 신념에 기초하여 신생아 자녀의 수술에 수반되는 수혈을 거부한 경우에 정당한 친권 행사의 범위를 넘어서는 수혈 거부의 의사는 효력이 인정되지 않으며, 수술이 시행되어야 할 필요성이 절실하고 긴급한 경우에는 부모의 수혈거부의사에 관계없이 병원 측은 환자에 대하여 수혈을 시행할 수 있으며, 더 나아가 친권자들이 이에 동의하지 않아 진료를 방해하는 경우에는 병원 측은 이러한 진료행위에 대한 방해의 배제를 구할 수 있다(서울동부지법 2010. 10. 21.-2010카합2341).

환자가 종교적 신앙을 이유로 스스로 수혈을 거부하는 경우에 가족이나 제3자가 환자를 살리거나 생명의 연장을 위하여 의사에게 강제로 수혈하게 한 경우에 그 가족이나 제3자 또는 의사가 환자의 종교의 자유를 침해하였다고 할 수 없다. 종교의 자유보다 인간의 생명이 더 존귀하기 때문이다. 이와 달리 이러한 경우에 가족이나 제3자 또는 의사가 환자의 종교적 의사를 존중하여 수혈을 하지 않아 환자가 사망하였다고 해도 특별한 사유가 존재하지 않는 한 환자의 사망과 관련하여 아무런 책임을 지지 않는다.

(e) 종교를 이유로 한 병역의무거부

헌법에서 모든 국민에게 국방의 의무를 부과하고 있고, 징병제(徵兵制)를 실시하는 나라에서 종교를 이유로 하여 국방의무를 회피하거나 징집에서 제외되고자 하는 행위는 인정되지 않는다.

헌법재판소와 대법원은 「여호와의 증인」이라는 종교를 이유로 하여 병역을 거부하는 행위에 대하여 병역법위반의 죄로 처벌하는 것은 헌법 제19조의 양심의 자유 또는 헌법 제20조의 종교의 자유를 침해하는 것이 아니라고 판시하였다(예: 憲 2004. 8. 26.-2002 헌가1; 大 1965. 12. 21.-65도894; 1969. 7. 22.-69도934; 1985. 7. 23.-85도 1094; 1992. 9. 14.-92도1534; 2004. 7. 15.-2004도2965). 다만 헌법재판소는 병역거부자에 대한 대체복무제를 규정하지 아니한 병역법상의 병역종류조항은 양심의 자유를 침해한다고 판시하였다(憲 2018. 6. 28-2011헌바379등).

(f) 종교를 이유로 한 학교에서의 검도 또는 군사훈련의 거부

국립학교 또는 공립학교에서 학생들에게 의무적으로 검도나 군사훈련을 하게 하고 이를 거부하는 학생에 대하여 불이익처분을 하는 것은 해당 학생의 종교의 자유를 침해하는 것이 된다. 일본국에서 「여호와의 증인」이라는 종교를 믿는 공립고등학교 학생이 필수과목으로 되어 있는 검도실기를 수강하기를 거부하자 이에 대하여 학교장이 1년차에는 유급조치를 하고 2년차에는 퇴학처분을 한 사건이 발생하였는데, 이 사건에서 최고재판소는 이 경우 검도실기가 아니라도 체육교육의 목적을 달성할 수 있는 대체적인 방법이 있고, 공교육은 종교적 중립성을 지켜야 함에도 학교장이 이러한 조치를 한 것은 사회관념상 현저하게 타당성을 결여하고 학교장의 재량권을 현저하게 일탈한 것이라고 판시하였다(最高裁 1996. 3. 8. 神戸高專劍道實技拒否事件). 이러한 경우에 종교의 자유를 이유로 한 검도실기나 군사훈련의 면제가 해당자를 나머지 학생들과 비교하여 우대하는 결과를 가져와서는 안 된다.

(g) 종교를 이유로 한 국기에 대한 경례 거부

대법원은, 국기에 대한 경례가 종교상의 우상숭배에 해당한다는 이유로 이를 거부하여 학칙을 위반한 학생에 대하여 제적처분을 한 것은 정당하다고 판시하였다(예: 大 1976. 4. 27.-75누249).

(h) 일요일에 국가시험을 시행하는 행위

일요일에 국가가 시험을 시행하여 종교적 예배를 보아야 하는 사람으로 하여금 결시를 하게 하거나 국가시험을 봄으로 인하여 예배행위를 할 수 없게 하는 것이 종교의 자유를 침해하는가 하는 문제가 있다. 헌법재판소는 이 문제에 대하여 한국에서는 일요일이 종교적 축일이 아니라 일반적인 공휴일이므로 일요일에 예배를 보아야 하는 사람을 다른 종교와 차별대우하는 것이 아니고, 일요일에 국가시험을 실시하여야 하는 이익과 비교하여 볼 때, 헌법 제37조 제2항의 한계를 벗어난 것이 아니라고 판시하였다(예: 憲 2001. 9. 27.-2000헌마159; 2010. 4. 29.-2009헌마399). 공립학교에서 일요일에 수업참관행사를 하거나 시험을 실시하는 경우에도 동일한 문제가 발생한다.

(i) 미결수용자의 종교행사 참석 전면금지

헌법재판소는 구치소 내에서 미결수용자(未決收容者)의 종교행사 참석을 전면적으로 금지하는 행위는 종교의 자유를 침해한다고 판시하였다(예: 憲 2011. 12. 29.-2009헌마527). 나아가 미결수용자 및 미지정 수형자에게 종교집회의 참석을 보장하는 경우에도 월 1회 정도 보장하거나 실제로는 연간 1회 보장한 행위도 종교의 자유를 침해한다고 판시하였다(憲 2014. 6. 26.-2012헌마782). 다만 구치소 내 미결수용자를 대상으로 한 개신교 종교행사를 구치소의 인적·물적 여건상 4주에 1회, 일요일이 아닌 요일에 실시한 행위가 청구인의 종교의 자유를 침해하지 않는다고 보았다(憲 2015. 4. 30.-2013헌마190).

II. 제한의 한계

종교활동의 자유를 제한하는 경우에도 헌법 제37조 제2항이 정하는 한계를 침해하지 못한다. 헌법재판소도 종교활동의 제한에서 헌법 제37조 제2항을 적용하고 있다.

3. 학문의 자유

[219] 제1 의 의

I. 개 념

(1) 헌법 규정

헌법 제22조 제1항은 「모든 국민은 학문과 예술의 자유를 가진다」라고 하여 학문의 자유(學問의 自由 freedom of science, Wissenschaftsfreiheit)를 예술의 자유과 함께 규정하고 있다. 헌법은 학문의 자유과 예술의 자유를 별개의 것으로 정하고 있기 때문에 개념상으로는 학문의 개념에 예술은 포함되지 않는다.

헌법 제22조 제2항은 「저작자·발명가·과학기술자와 예술가의 권리는 법률로써 보장한다」고 정하여, 학문행위와 예술행위의 결과물을 당사자의 권리로 보장할 필요가 있는 것은 법률에 의하여 보호된다고 하는 것을 정하고 있다. 이는 주로 지적재산권을 의미하는데, 규정의 체계상 재산권을 보장하는 규정(헌법 §23)에서 정하는 것이 타당하다.

(2) 학문의 개념

학문의 자유는 인간이 학문적 연구와 학문적 교수활동을 함에 있어 국가나 타 존재로부터 방해받지 않을 자유를 말하며, 헌법은 이를 기본권으로 보장하고 있다.

헌법 제22조 제1항의 학문의 자유에서 말하는 학문이라 함은 인식 대상, 가치, 판단 등 어떠한 대상에 대하여 지적(知的)으로 탐구(探求)하고 궁구(窮究)하는 행위를 말한다. 이는 존재 그 자체와 현존재를 둘러싸고 발생하거나 일체의 실체적 또는 관념적 현상과 그들 상호 간의 관계를 다양한 방법(예: 연역적·논리적·원리적·경험적 방법 등)으로 진지하고 계획적으로 탐구하는 것을 의미한다. 학문은 오늘날에 이르기까지 매우 다양하게 분화하여 발전하고 있으므로 이는 매우 포괄적인 개념인데, 여기에는 단순한 사색과 관찰뿐만 아니라, 실험, 조사, 답사, 발굴, 기술개발, 독서, 집필 등의 다양한 활동이 포함된다. 따라서 오늘날 학문의 자유에 의해서 보호되는 영역은 매우 광범위하다.

학문이란 흔히 진리(참과 거짓)의 문제를 탐구하는 것으로 정의하지만, 학문이 분화된 오늘날에는 더 이상 타당하지 않다. 존재, 가치, 기술, 미, 영성, 신앙, 과학, 기술 등의 다양한 문제들에 대하여 생각하거나 어떤 답을 찾거나 해결의 방법을 구하는 진지한 활동들도 이에 포함되므로 모든 지적 탐구의 활동이 이에 해당한다고 할 것이다.

II. 연 혁

서구 역사에 학문의 자유는 중세 기독교의 억압 하에서 자유로운 지식을 추구하는 사상으로 발전하였다. 학문의 자유는 기독교의 억압적 지배를 배척하고 세계와 사회와 인간에 관한 다양한 지식, 인식, 신앙을 추구하는 것으로 나타났기 때문에 처음에는 학문의 자유, 양심의 자유, 신앙의 자유는 분화되지 않고 전개되었다. 서구 중세에서 기독교의 지배에 대항하여 아리스토텔레스의 철학과 과학에 대한 연구는 바야흐로 르네상스를 맞이하면서 학문의 자유, 신앙의 자유로 길을 열어 주었다. 학문의 자유의 정신적인 연원은 인문주의와 계몽사상으로 소급된다. 영국에서는 F. Bacon(1561-1626)과 J. Milton(1608-1674)이 학문의 자유를 주장하였고, 중세 프랑스에서는 파리대학에서 자유로운 지식를 추구하는 운동이 전개되었다. 독일에서는 J. G. Fichte(1762-1814)나 F. W. J. v. Schelling(1775-1854)에 의해 주장되었고, 이들의 영향으로 W. v. Humboldt(1767-1835)에 의해 1810년 베를린 대학이 설립되었다.

학문의 자유가 헌법의 차원에서 최초로 보장된 것은 1849년의 프랑크푸르트헌법에서였다(동헌법 §152). 그 후 1850년 프로이센헌법(동헌법 §20)에 규정되었고, 1919년의 바이마르헌법(동헌법 §142)에도 규정되었다. 현재에는 거의 모든 국가가 헌법에 학문의 자유를 규정하고 있다. 우리나라에서는 1948년헌법부터 학문의 자유를 보장하기 시작하여 현재까지 지속되고 있다.

학문의 자유를 헌법전에서 명시적으로 보장하고 있는 것은 앵글로색슨과 프랑스의 법적 전통은 아니고, 「학문과 그 교수는 자유이다」라고 한 1849년의 프랑크푸르트헌법에서 비롯하는 독일의 전통이다. 특히 여기서는 학문의 자유가 「대학의 자유」(akademische Freiheit)로서의 면을 강하게 지니고 있었다.

[220] 제2 법적 성격

헌법이 제22조 제1항에서 보장하고 있는 학문의 자유는 모든 사람에게 인정하고 있는 헌법상의 권리이다. 따라서 모든 사람은 학문의 자유를 구체적인 권리로서 국가에 대하여 직접 주장할 수 있다.

[221] 제3 주 체

학문의 자유의 주체는 기본적으로 자연인이다. 학문의 자유는 자연인인 이상 대학의 교수나 연구소의 연구원에 한정되지 않으며, 학문적인 활동을 하거나 하려고 하는 국민에게 인정된다. 그런데 학문의 자유 가운데서도 구체적으로 연구의 자유와 연구결과발표와 학술적 집회결사의 자유는 일반국민에게 인정되지만, 교수의 자유는 그 본래의 취지에 의할 때 주로 대학이나 고등교육기관의 연구원에게 인정된다.

학문의 자유는 성질상 모든 인간에게 인정되므로 외국인, 무국적자, 복수국적자에게도 인정된다.

학문의 자유의 구체적인 내용 가운데서도 성질상 허용되는 범위 내에서는 법인(예: 연구활동을 하는 사단법인)이나 단체(예: 연구단체)도 그 주체가 되는 경우가 있다. 이러한 법인에는 사법인이든 공법인이든 차이가 없다.

> [憲 2001.1.18.-99헌바63] 「학교법인은 사립학교만을 설치·경영함을 목적으로 하는 법인인 만큼 사립학교의 교원이나 교수들과 달리 법인자체가 학문활동이나 예술활동을 하는 것으로 볼 수는 없고……」

헌법재판소는 국립대학인 서울대학교(공법인이 아닌 영조물)도 학문의 자유의 주체가 되는 경우가 있음을 인정하고 있다(예: 憲 1992. 10. 1.-92헌마68등. 2012년 이래 현재 서울대학교는 국립대학법인의 성격을 가지고 있다).

[222] 제4 내 용

헌법 제22조 제1항이 보장하는 학문의 자유는 그 내용에서 연구의 자유, 학술활동의 자유를 포함한다.

> [憲 1992.11.12.-89헌마88] 「학문의 자유라 함은 진리를 탐구하는 자유를 의미하는데,

그것은 단순히 진리탐구의 자유에 그치지 않고 탐구한 결과에 대한 발표의 자유 내지 가르치는 자유(편의상 대학의 교수의 자유와 구분하여 수업(授業)의 자유로 한다) 등을 포함하는 것이라 할 수 있다. 다만, 진리탐구의 자유와 결과발표 내지 수업의 자유는 같은 차원에서 거론하기가 어려우며, 전자는 신앙의 자유 · 양심의 자유처럼 절대적인 자유라고 할 수 있으나, 후자는 표현의 자유와도 밀접한 관련이 있는 것으로서 경우에 따라 헌법 제21조 제4항은 물론 제37조 제2항에 따른 제약이 있을 수 있는 것이다. 물론 수업의 자유는 두텁게 보호되어야 합당하겠지만 그것은 대학에서의 교수의 자유와 완전히 동일할 수는 없을 것이며 대학에서는 교수의 자유가 더욱 보장되어야 하는 반면, 초 · 중 · 고교에서의 수업의 자유는 후술하는 바와 같이 제약이 있을 수 있다고 봐야 할 것이다.」

Ⅰ. 학문의 자유

(1) 연구의 자유

연구(硏究)의 자유라 함은 연구의 과제, 방법, 기간, 장소 등을 자유로이 선택하고 결정하며, 연구행위를 실행하는 자유를 의미한다. 학술활동의 자유가 연구의 자유를 전제로 해서만 성립할 수 있는 것임을 고려할 때, 연구의 자유는 학문의 자유의 핵심을 이룬다. 따라서 연구의 자유는 학술활동의 자유와 비교하여 보다 두텁게 보장된다.

학문의 연구는 기존의 사상이나 가치 또는 인식에 관하여 의문을 제기하고 비판함으로써 이를 개선하거나 새로운 것을 창출하려는 노력이기도 하므로 그 연구의 자료가 사회에서 현재 수용되고 있는 기존의 사상이나 가치체계 또는 인식체계와 상반되거나 저촉된다고 하여도 인정된다(예: 大 1982. 5. 25.-82도716). 따라서 연구에는 인간의 부정 · 말살, 공동체의 파괴 · 소멸, 인간의 삶에 대한 심대한 재앙을 초래할 것을 목적으로 하지 아니하는 한 「사이비연구」라는 개념은 성립하지 않는다.

[大 1993.2.9.-92도1711] 「"사회주의의 이론, 역사, 현실"이라는 책은 단순한 사회주의에 대한 연구를 넘어서서 한국사회를 이른바 신식민지 국가독점자본주의사회로 파악하고 그에 입각하여 반제반독점민중민주주의혁명을 일으킴으로써 한국사회를 변혁하여야 한다는 주장이 담겨진 것인바, 이와 같이 한국사회를 신식민지국가독점자본주의사회로 파악하는 것 자체는 학문적 연구의 결과이므로 비록 그 분석방법이 마르크스주의에 입각한 것이라 하여도 이는 헌법이 보장하고 있는 학문의 범주 내에 속하는 것이어서 국가보안법에 저촉되는 것이라고 볼 수 없다. 그러나 위 책에서 주장하고 있는 반제반독점민중민주주의혁명론은 적극적으로 한국사회의 정치경제체제를 변혁하여야 한다는 정치적 행동을 주창하는 것이어서 더 이상 학문의 영역에 속한다고는 볼 수 없을 뿐만 아니라……」

학문적 연구를 바탕으로 하여 이에서 정치적 행위로 나아가는 것은 학문활동이 아니라 정치적 활동이기 때문에 그에 대한 제한이 가능하게 된다.

(2) 학술활동의 자유

학문의 자유에는 연구의 자유뿐만 아니라, 학술활동의 자유도 포함된다. 이러한 학술활동의 자유에는 구체적으로 교수의 자유, 연구결과발표의 자유, 학술적 활동의 자유가 포함된다. 학문연구의 결과에 근거하여 이를 행동으로 실행하는 것은 그 내용에 따라 일반적 행동의 자유, 의사표현의 자유, 양심실행의 자유, 종교실행의 자유 등에 해당하고 학술활동의 자유에는 해당하지 않는다.

(a) 교수의 자유

교수(敎授=講義=講學 teaching, Lehre)의 자유는 연구에 의해서 얻어진 결과를 대학과 이에 상응하는 고등교육기관에서 수강자에게 전달할 자유를 말하는데, 발표의 대상, 내용, 형식, 방법, 시기, 장소 등을 자유롭게 선택할 수 있음을 뜻한다. 이를 헌법에서 학문의 자유로 두텁게 보장하는 것은 대학과 대학원의 세미나·강의와 같이 교수행위 자체가 하나의 연구과정이기 때문이다. 어떠한 가르치는 행위가 교수행위에 해당하는가를 결정함에 있어서는 과거에 대학 이외에서 행하는 강연이나 일반 교육적 행위(예: 초등 중등학교, 사설학원에서의 강의)와 구별하기 위하여 그 장소가 고등교육기관일 것을 필요로 했으나, 오늘날 교수행위는 인터넷으로도 행해지므로 장소적 요소는 무의미하고, 그 성격과 기능이 대학에서 행해지는 교수와 동일한 것인가 하는 것에 의하여 다른 행위들과 구별된다.

학문의 자유로 보장하는 교수의 자유는 대학과 같은 고등교육기관에서 수강자에게 진리의 탐구에 대한 자주적이고 비판적인 능력을 길러주는 학문활동의 자유를 의미한다. 따라서 강의내용에 대하여 비판할 능력과 지식이 없는 아동이나 청소년을 상대로 단순히 지식을 전달하는 교육의 자유와는 구별된다(동지: 허영a, 413; 계희열b, 363). 따라서 초중등학교의 교사는 교육의 자유는 가질지언정 학교에서 가르치는 학생을 상대로 하는 교수의 자유를 가지지 못한다. 헌법재판소도 교수의 자유와 교육을 구별하고 있다(예: 憲 1992. 11. 12.-89헌마88; 2003. 9. 25.-2001헌마814).

> [憲 2003.9.25.-2001헌마814] 「진리탐구의 과정과는 무관하게 단순히 기존의 지식을 전달하거나 인격을 형성하는 것을 목적으로 하는 '교육'은 학문의 자유의 보호영역이 아니라 교육에 관한 기본권(헌법 제31조)의 보호영역에 속한다고 할 것이다.」

이처럼 교수의 자유는 대학 등의 고등교육기관에서 행해지는 학술활동을 보호한다는 점에서 그런 제약이 없는 연구결과발표의 자유와는 다르다. 교수의 자유의 주된 내용으로는 교수내용의 자유와 교수방법의 자유를 들 수 있다. 따라서 연구자는 교수의 내용과 방법 등에 대해서 외부의 지시나 감독을 받지 않는다. 그러나 강단이라고 하더라도 헌법상의 기본가치나 기본질서를 부정하거나 파괴하는 내용을 교수하는 행위는 금지된다. 헌법질서에 대한 학문적 비판은 허용된다.

교수의 자유에는 항상 전달자(예: 교수, 강의담당자)의 내용을 수용하는 수신자(예: 학생, 수강생)가 있기 마련이지만, 교수의 자유는 전달자만 주체로 할 뿐이고 수신자는 교수의 자유의 주체는 되지 못한다. 수신자는 교육을 받을 권리와 학문의 자유 등의 주체가 된다.

(b) 연구결과발표의 자유

연구결과발표의 자유는 연구를 통해서 얻은 학문적 결과물을 교수 이외의 방법으로 외부에 공개하고 전달하는 자유로서 발표의 대상, 내용, 형식, 방법, 시기, 장소 등을 자유롭게 선택할 수 있음을 뜻한다. 저서의 출판, 논문의 발표, 각종의 학술회의, 강연 등이 그 예이다.

연구결과발표의 자유에서는 발표내용의 자유와 발표방법의 자유가 중요하다. 중요한 것은 발표내용의 학문성이지 발표의 대상이나 장소는 아니다.

따라서 발표의 방법이나 대상, 장소에 따라서 그 보호의 정도가 달라지지 않는다. 연구결과발표의 자유는 표현의 자유의 한 내용이지만, 발표의 내용이 학문적일 경우 학문의 자유를 통해 특별히 보호한다. 즉 연구결과발표의 자유는 표현의 자유에 대해 특별법의 지위를 갖는다(동지: 계희열b, 363; 김철수a, 943).

(c) 학술적 집회 · 결사의 자유

학문활동을 위한 집회 · 결사의 자유란 학문적 연구를 목적으로 모이거나 단체를 조직할 수 있는 권리를 의미한다. 이는 연구결과발표의 자유의 전제가 된다. 학문활동의 보호를 위하여 일반적인 집회와 결사의 자유보다 상대적으로 강하게 보장된다. 이런 이유로 「집회 및 시위에 관한 법률」 제15조는 학문적 집회에 대한 규제를 완화하고 있다.

Ⅱ. 대학의 자유

(1) 의 의

대학(大學)의 자유란 대학이 자유로운 연구와 교육을 위해 필요한 사항을 국가나 외부의 간섭없이 자유롭게 결정할 수 있는 것을 말한다(예: 憲 1992. 10. 1.-92헌마68 등; 2001. 2. 22.-99헌마613). 대학의 자유는 학문의 자유의 한 내용을 이루는데, 이러한 대학의 자유를 보장하는 데는 대학의 자치가 필수적으로 요구된다.

헌법은 현대 사회에서 지식의 창출과 인간의 창조성의 개발 및 고급인력의 양성에 있어 대학이 가지는 고유한 기능을 중시하여 제31조 제4항이라는 별도의 명문조항을 두고 있다.

(2) 헌법적 근거

대학의 자유에 대한 헌법의 근거조항에 대해서는 헌법 제31조 제4항이라는 견해(김철수a, 946), 헌법 제22조 제1항과 제31조 제4항이라는 견해가 있다(권영성, 271). 헌법은 대학의 자유와 관련하여 헌법 제31조 제4항에서 명시적인 규정을 두고 있고, 대학의 자유는 헌법 제31조 제4항과 같은 명문규정을 두지 않더라도 학문의 자유와 밀접불가분하게 발전하여 왔고 학문의 자유를 보장하는 핵심적인 내용이므로 헌법 제22조에서 정하고 있는 학문의 자유에서 도출된다. 따라서 대학의 자유는 헌법 제22조와 제31조 제4항을 명시적인 근거조항으로 하여 인정된다. 이로 인하여 대학의 자유는 헌법상의 권리로 보장된다(예: 憲 1992. 10. 1.-92헌마68등; 1998. 7. 16.-96헌바33).

[憲 1998.7.16.-96헌바33] 「헌법 제22조 제1항에서 규정한 학문의 자유 등의 보호는 개인의 인권으로서의 학문의 자유뿐만 아니라 특히 대학에서 학문연구의 자유 · 연구활동의 자유 · 교수의 자유 등도 보장하는 취지이다. 이와 같은 대학에서의 학문의 자유에 대한 보장을 담보하기 위하여는 대학의 자율성이 보장되어야 한다. 헌법 제31조 제4항도 "교육의 자주성 · 전문성 · 정치적 중립성 및 대학의 자율성은 법률이 정하는 바에 의하여 보장된다"고 규정하여 교육의 자주성 · 대학의 자율성을 보장하고 있는데, 이는 대학에 대한 공권력 등 외부세력의 간섭을 배제하고 대학구성원 자신이 대학을 자주적으로 운영할 수 있도록 함으로써 대학인으로 하여금 연구와 교육을 자유롭게 하여 진리탐구와 지도적 인격의 도야(陶冶)라는 대학의 기능을 충분히 발휘할 수 있도록 하기 위한 것이며, 교육의 자주성이나 대학의 자율성은 헌법 제22조 제1항이 보장하고 있는 학문의 자유의 확실한 보장수단으로 꼭 필요한 것으로서 이는 대학에게 부여된 헌법상의 기본권이다. 여기서 대학의 자율은 대학시설의 관리 · 운영만이 아니라 전반적인 것이라야 하므로 연구와 교육의 내용, 그 방법과 대상, 교과과정의 편성, 학생의 선발과 전형 및 특히 교원의 임면에 관한 사항도 자율의 범위에 속한다.」

(3) 주 체

대학의 자유의 주체가 누가 되느냐에 대해서 견해의 대립이 있다. 대학의 자치의 주체에 대해서는 교수회(faculty)가 주체라는 교수회주체설(敎授會主體說)과 교수는 물론 학생, 교직원 등 대학의 모든 구성원이 주체라는 대학구성원주체설(大學構成員主體說)이 대립한다.

대학의 자치가 학문의 자유의 한 내용인 대학의 자유의 수단인 점을 생각하면 교수회주체설이 타당하다. 이런 경우에도 교수 개개인이 각자의 지분을 가지고 대학자치의 주체가 되는 것은 아니다. 개개의 교수도 대학이나 학사운영에 관한 교수회의 결정에 따라야 한다. 학생들은 학문연구와의 관련성이 인정되는 범위(예: 학사행정이나 대학운영에 대한 비판) 내에 한하여 주체성이 인정된다(동지: 권영성, 272; 계희열b, 369). 그러나 학생은 대학의 관리·운영의 주체는 될 수 없다(대학의 관리·운영에 학생이 참여하는 것은 가능하다).

[憲 2006.4.27.-2005헌마1047등] 「헌법재판소는 대학의 자율성은 헌법 제22조 제1항이 보장하고 있는 학문의 자유의 확실한 보장수단으로 꼭 필요한 것으로서 대학에게 부여된 헌법상의 기본권으로 보고 있다(憲 1992. 10. 1.-92헌마68등). 대학의 자치의 주체를 기본적으로 대학으로 본다고 하더라도 교수나 교수회의 주체성이 부정된다고 볼 수는 없고, 가령 학문의 자유를 침해하는 대학의 장에 대한 관계에서는 교수나 교수회가 주체가 될 수 있고, 또한 국가에 의한 침해에 있어서는 대학 자체 외에도 대학 전구성원이 자율성을 갖는 경우도 있을 것이므로 문제되는 경우에 따라서 대학, 교수, 교수회 모두가 단독, 혹은 중첩적으로 주체가 될 수 있다고 보아야 할 것이다. 나아가 전통적으로 대학자치는 학문활동을 수행하는 교수들로 구성된 교수회가 누려오는 것이었고, 현행법상 국립대학의 장 임명권은 대통령에게 있으나, 1990년대 이후 국립대학에서 총장 후보자에 대한 직접선거방식이 도입된 이래 거의 대부분 대학 구성원들이 추천하는 후보자 중에서 대학의 장을 임명하여 옴으로써 대통령이 대학총장을 임명함에 있어 대학교원들의 의사를 존중하여 온 점을 고려하면, 청구인들(교수, 교수회, 교수평의회)에게 대학총장 후보자 선출에 참여할 권리가 있고 이 권리는 대학의 자치의 본질적인 내용에 포함된다고 할 것이므로 결국 헌법상의 기본권으로 인정할 수 있다.」

(4) 내 용

대학의 자유는 대학의 인사, 관리, 운영, 재정, 학사에서 외부의 간섭을 받지 않고 자율적으로 결정하는 것을 그 내용으로 한다(예: 憲 1992. 10. 1. 92-헌마68등; 2001. 2. 22.-99헌마613). 이는 국공립대학이든 사립대학이든 차이가 없다.

[憲 1992.10.1.-92헌마68등] 「헌법(제31조 제4항)이 교육의 자주성·전문성·정치적 중립성보장규정과 별도로 대학의 자율성을 명문으로 특히 보장하고 있는 이유는 교육진흥과 문화창달을 위하여서는 적어도 대학에서는 교육의 자치가 더욱 보장되어야 한다는 데서 비롯된 것으로서 대학의 자치라 함은 대학이 인사문제를 비롯하여 대학의 관리 및 운영과 학사관리 등에 관하여 자주적 결정권을 갖는 것을 의미하는 것이다. 여기에서 학사관리에 관한 자주적 결정권에는 대학이 학생의 선발전형, 학위의 수여, 학생에 대한 포상과 징계문제에 대하여 외부의 부당한 간섭을 배제하고 독자적으로 처리할 수 있는 자주적 결정권이 포함되어 있음은 의문의 여지가 없는 것이다.……대학의 자율은 대학시설의 관리·운영만이 아니라 학사관리 등 전반적인 것이라야 하므로 연구와 교육의 내용, 그 방법과 그 대상, 교과과정의 편성, 학생의 선발, 학생의 전형도 자율의 범위에 속해야 하고 따라서 입학시험제도도 자주적으로 마련될 수 있어야 한다. 다만 이러한 대학의 자율권도 헌법상의 기본권이므로 기본권제한의 일반적 법률유보의 원칙을

규정한 헌법 제37조 제2항에 따라 국가안전보장 · 질서유지 · 공공복리 등을 이유로 제한(필요, 최소한의 한도에서)될 수 있는 것이며……」

(a) 학사의 자치

대학의 자유에는 학사에 대한 자치가 포함된다. 학생의 선발과 전형방법, 성적의 평가, 상벌 등을 대학이 스스로 정할 수 있다(예: 憲 1992. 10. 1.-92헌마68등).

[憲 1992.10.1.-92헌마68등] 「대학별 고사를 실시키로 한 서울대학교가 대학별 고사과목을 어떻게 정할 것인가, 영어 이외의 외국어를 선택과목으로 하기로 정하였다면 그러한 외국어의 범위를 어떻게 정할 것인가는 고등학교 교과과목의 범위 내에서 서울대학교의 자율에 맡겨진 것이므로 서울대학교가 인문계열의 대학별 고사과목을 정함에 있어, 국어(논술), 영어, 수학1을 필수과목으로 하고 한문 및 불어, 독어, 중국어, 에스파냐어 등 5과목 중 1과목을 선택과목으로 정하여 일본어를 선택과목에서 제외시킨 것은 교육법 제111조의2 및 앞으로 개정될 교육법시행령 제71조의2의 제한범위 내에서의 적법한 자율권행사라 할 것이다.……물론 고등학교 교육과정의 외국어 교과 중에 일본어과목이 독일어, 프랑스어, 에스파냐어, 중국어 등 과목과 함께 선택과목의 하나로 채택되어 있고 고등학교 중 일본어를 가르치고 있는 학교가 많고 심지어 독일어, 프랑스어, 에스파냐어, 중국어 등 과목을 완전히 배제한 채 외국어 선택과목으로는 오로지 일본어 하나만을 가르치고 있는 고등학교도 상당수(相當數)이며 현재 고등학교에서 일본어를 외국어 선택과목으로 배우고 있는 학생들 중 94학년도에 대학진학 예정인 2학년생과 95학년도에 대학진학 예정인 1학년생은 그들이 서울대학교 인문계열 진학을 희망할 경우 일본어를 선택과목으로 시험을 치를 수 없게 되어 고등학교에서 독일어, 프랑스어, 에스파냐어, 중국어 중 하나를 외국어 선택과목으로 배우고 있는 학생들보다 불리한 입장에 놓이게 되었다고 주장할 수도 있을 것이다. 그러나 이러한 불이익은 서울대학교가 학문의 자유와 대학의 자율권이라고 하는 기본권의 주체로서 자신의 주체적인 학문적 가치판단에 따른, 법률이 허용하는 범위 내에서의 적법한 자율권행사의 결과 초래된 반사적 불이익이어서 부득이한 일이다.」

(b) 인사의 자치

대학의 자치는 우선 인사에 대한 자치를 의미한다. 즉 대학은 교수의 임용과 보직을 자율적으로 결정할 수 있다. 이와 관련하여 교수의 재임용제도의 위헌성이 문제되었는데, 헌법재판소는 종전의 견해(憲 1998. 7. 16.-96헌바33등)를 변경하여 절차적 보장 없이 교수의 재임용을 임용권자의 자의에 맡긴 것은 위헌이라고 판시한 바 있다(憲 2003. 2. 27.-2000헌바26). 임용절차는 교육공무원법에서 정하고 있다.

(c) 관리 · 재정의 자치

시설과 재정에 있어서의 자치를 의미한다. 연구와 교육을 위한 시설의 관리와 연구와 교육의 내용 및 방법, 교과과정의 편성을 자주적으로 정할 수 있다. 그리고 대학의 재정에 대해서도 자율성을 가진다.

(d) 존속의 문제

대학의 자유에 대학이 계속적으로 존속하는 것은 포함되지 않는다. 국공립대학은 국가가 폐교할 수 있고(예: 憲 2001. 2. 22.-99헌마613), 사립대학은 재단에서 폐교를 결정할 수 있다. 다만, 그러한 폐교가 정당한 것인가 하는 문제는 남지만, 대학의 존립이 헌법에 의하여 보장되는 것은 아니다.

(5) 제 한

(a) 제한의 가능성

대학의 자유도 학문 일반의 자유의 제한과 마찬가지로 법률에 의해서 제한이 가능하고 그 경우에도 본질적 내용의 침해는 금지된다(예: 憲 1992. 10. 1.-92헌마68등). 대학의 자유도 학문의 자유나 교육이 추구하는 목적이나 가치에 위반하는 경우에는 제한이 가능하다.

> [大 1990.8.28.-89누8255] 「대학교 총장인 피고가 해외근무자들의 자녀를 대상으로 한 교육법시행령 제71조의2 제4항 소정의 특별전형에서 외교관, 공무원의 자녀에 대하여만 획일적으로 과목별 실제 취득점수에 20%의 가산점을 부여하여 합격사정을 함으로써 실제 취득점수에 의하면 충분히 합격할 수 있는 원고들에 대하여 불합격처분을 하였다면 위법하다.」

(b) 대학에 대한 경찰권의 행사

대학의 자치와 경찰권의 한계가 문제되는데, 연구와 교육의 공간이라는 특성을 고려할 때, 대학 내의 질서유지는 일차적으로 대학에 맡겨야 한다(구내의 안전과 질서유지를 위하여 대학은 자체의 대학경찰을 둘 수 있다). 그러나 대학이라고 하여 국가의 경찰권을 전적으로 배제하는 치외법권구역이 될 수 없는바, 대학의 자율권의 범위를 넘어서는 사태가 발생할 때에는 경찰이 개입할 수 있다(예: 대학 내의 범죄행위, 폭력적 시위). 대학의 구내에서 공중의 참가가 허용된 정치집회, 노동투쟁을 위한 집회 등 학문활동의 연장선상에 있지 않은 행위가 경찰권의 발동요건을 충족시키는 경우에는 대학이라고 하더라도 국가는 경찰권을 행사할 수 있다. 이러한 경찰권을 행사하는 경우에도 헌법 제37조 제2항 등이 정하는 한계를 넘어설 수는 없다.

[223] 제5 효 력

학문의 자유는 우선 대국가적 효력을 갖는다. 따라서 국가에 대하여 학문활동에 대한 부당한 간섭이나 침해를 중단할 것을 청구할 수 있다.

또 학문의 자유는 사립대학의 설립자나 재단, 그 관리자에 의해서도 침해될 수 있고, 학내 구성원인 학생이나, 교수에 의해서도 침해될 수 있다. 학문의 자유는 사인 간에도 존중되어야 하는바 국가는 이를 보호하는 조치를 하여야 한다.

[224] 제6 제한과 그 한계

Ⅰ. 제 한

학문의 자유도 헌법 제37조 제2항에 의해서 법률로 제한할 수 있다. 그런데 이러한 제한은 구체적인 내용에 따라 개별적으로 판단되어져야 한다. 학문의 자유에 대한 제한은 연구의 자유에 대한 제한과 학술활동의 자유에 대한 제한이 있다.

(1) 연구의 자유에 대한 제한

연구의 자유에 대한 제한도 가능하다. 오늘날 학문연구는 다양하게 분화하여 연구행위가 정신적 영역에만 머무는 것이 아니라, 연구의 실행이 인간이나 공동체를 파멸시키거나 부정하는 결과를 가져오거나 그러할 위험을 야기하는 것과 같이 연구행위 그 자체로 대외적 영향을 미치는 경우가 있는데(예: 인간의 복제, 대량학살의 생화학무기 등), 이런 경우에는 연구의 과제선정을 금지하거나 그 실행을 금지할 수 있다. 그러나 연구가 내심의 영역에 머물고 있는 경우에는 성질상 제한할 수 없음은 당연하다.

헌법재판소의 판례 가운데는 「진리탐구의 자유와 결과발표 내지 수업의 자유는 같은 차원에서 거론하기가 어려우며, 전자는 신앙의 자유·양심의 자유처럼 절대적인 자유라고 할 수 있으나……」(예: 憲 1992. 11. 12.-89헌마88)라고 하여 연구의 자유를 절대적 자유로 이해한 듯한 것이 있다. 그러나 이는 연구의 자유가 구체적으로 무엇을 의미하는지를 개별화하여 이해하지 않고 만연히 정신적 자유로만 이해한 결과에서 비롯된 것으로 타당하다고 할 수 없다.

그런데 연구의 자유는 학문의 자유의 핵심적인 영역에 속하고, 학술활동의 자유의 전제가 되므로 그 제한은 매우 신중하게 이루어져야 한다. 먼저 학문영역에서의 자율적인 통제를 우선적으로 하고, 그 다음 단계로 헌법 제37조 제2항에 의한 제한을 하는 것이 타당하다. 그러나 사정이 급박한 경우에는 바로 헌법 제37조 제2항에 의하여 제한할 수 있다.

[大 1986.9.9.-86도1187] 「원심은 위 서적들이 객관적으로 보아 북괴의 대남선전활동과 그 내용을 같이 하는 내용들이고 동 피고인이 이를 탐독한 것은 반국가단체를 이롭게 할 목적이 있다고 하여 국가보안법 제7조 제5항을 적용하였는바 헌법상 학문의 자

유도 진리의 탐구를 순수한 목적으로 하는 경우에 한하여 보호를 받는 것이므로 반국가단체를 이롭게 할 목적으로 공산주의혁명이론 및 전술에 관한 내용을 담은 서적을 소지하고 있었다면 그것은 학문의 자유에 대한 한계를 넘은 것이라고 할 것이며 또 소지한 서적이 국내에서 번역, 소개되었다거나 대학에서 부교재로 사용되는 것이라 하여도 순수한 학문의 목적으로 소지한 것이 아닌 이상 위 범죄의 성립에는 아무런 영향이 없다 할 것이다.」

(2) 학술활동의 자유에 대한 제한

교수의 자유, 연구결과발표의 자유, 학술적 집회·결사의 자유도 제한할 수 있다. 연구결과발표의 자유는 일반적인 표현의 자유에 대해 특별법적 관계에 있고, 학문활동을 위한 집회·결사의 자유가 일반적인 집회·결사의 자유보다 상대적으로 두터운 보호를 받는 모습으로 나타난다. 따라서 제한에서도 이러한 점이 고려되어야 할 것이다.

독일연방헌법은 교수의 자유(Freiheit der Lehre)를 인정하면서 동시에 「교수의 자유는 헌법에 대한 충성(Treue zur Verfassung)을 면제하지 않는다」고 하여(동헌법§5③) 헌법에서 명문으로 직접 제한하고 있다.

II. 제한의 한계

학문의 자유를 제한함에 있어서도 헌법 제37조 제2항이 정하는 한계가 있다. 이러한 한계는 학문의 자유에 포함되는 개별적인 자유에 따라 달리 나타난다.

4. 예술의 자유

[225] 제1 의 의

I. 개 념

(1) 헌법 규정

헌법 제22조 제1항은 「모든 국민은 학문과 예술의 자유를 가진다」라고 정하면서, 학문의 자유와 함께 예술의 자유(藝術의 自由 freedom of arts, Kunstfreiheit)를 정하고 있다. 헌법의 규정형식으로 볼 때, 동일한 조항에 명시되어 있지만, 학문의 자유와 따로 예술의 자유를 정하고 있기 때문에 예술은 학문의 개념에 포함되지 않는다.

예술의 자유를 학문의 자유와 불가분의 것으로 정하고 있는 것은 바이마르헌법의 「예술, 학문 및 교수는 자유이다」라고 하는 것에서 볼 수 있고, 독일연방헌법의 「예술과 학문, 연구 및 교수는 자유이다」(동헌법 §5③)라고 정하고 있는 규정도 형태적으로 이를 따르고 있다. 일본국헌법에서는 「학문의 자유는 이를 보장한다」(동헌법 §23)라고만 정하여 예술의 자유를 따로 정하고 있지 않다. 여기서는 예술의 자유를 표현의 자유에 포함되는 것으로 해석되고 있다.

아울러 헌법 제22조 제2항은 예술가의 권리는 법률로써 보호한다고 정하여, 예술가의 권리보호에 대하여 헌법의 수준에서 강조하고 있다.

(2) 헌법 제22조의 의미

(a) 예술의 개념

헌법 제22조에는 예술과 예술가라는 용어가 사용되고 있다. 먼저 예술과 예술가의 관계를 보면, 예술은 예술가의 행위를 말하는 것이 아닐 뿐 아니라 예술의 자유는 모든 사람이 가지기 때문에 예술가만이 예술의 자유를 가지는 것도 아니다. 따라서 헌법 제22조 제2항에서 정하고 있는 예술가라는 개념은 선험적인 것이 아니다.

무엇을 예술이라고 할 것인가 하는 점에 대해서는 과거에는 예술의 장르에 해당하는 것을 기준으로 예술과 비예술을 구별하기도 했으나, 현대 예술에서 이미 장르의 개념이 해체된 이상 장르를 기준으로 예술의 개념을 확정하는 것은 어렵다. 그렇다고 하여 모든 표현행위를 예술행위라고 할 수는 없지만, 미적 가치(미적 가치의 존재에 대해서도 의견합치를 보지 못하고 있다)를 추구하는 것에서부터 정치적 사상이나 목적을 추구하는 표현(정치적 선전·선동 그림)이나 영리를 추구하는 표현행위(조각, 회화, 비디오 등에 의한 광고, 패션쇼)에 이르기까지 다양하게 나타나는 행위들이 각기 정치적인 표현행위, 상업적 표현행위, 학술적 표현행위, 사상적 표현행위, 종교적 표현행위, 전투적·군사적 표현행위 등에 해당하는 경우에는 해당 영역의 문제이고 예술의 자유라는 이름으로 보호하는 것은 타당하지 않다.

그러나 헌법 제22조의 규정이 있는 이상, 예술행위와 비예술행위를 구별할 필요가 있다. 음악, 회화, 판화, 조각, 도자기, 공예, 디자인, 건축, 사진, 영화, 연극, 무용, 오페라, 판소리, 영상매체예술, 레이저예술, 행위예술, 전위예술 등 일정한 장르의 형태를 띤 표현방법을 통하여 어떤 가치를 표현한 것으로서 다른 개별적 기본권의 영역에 해당하지 않는 행위를 일응 예술행위라고 정의할 수 있다. 이러한 경우에도 그 표현이 지닌 의미에 따라 해당 행위는 다양하게 평가된다.

(b) 예술가의 권리

예술과 예술가라는 개념의 관계는 위에서 본 바와 같으므로 헌법 제22조 제2항에서 예술가의 권리를 법률로써 보호한다는 것은 예술가가 아닌 사람과 구별되는 예술가가 선험적으로 존재하여 그의 권리를 특별히 보호한다는 의미가 아니라, 예술행위 또는 예술행위의 결과물 가운데 권리로 보호할 가치가 있는 것은 법률로 보호한다는 의미이다.

> 오늘날 예술이라는 개념이 더 이상 정의불가능한 것으로 되어, 표현행위에 포함되는 이상, 예술가를 법적 의미로 확정하는 것은 타당하지 않다. 따라서 표현행위의 결과를 권리로 보장할 필요가 있으면 이를 권리로 보장하면 충분하고 따로 예술가의 권리라는 것을 설정할 필요도 없고, 가능하지도 않다. 예술이나 과학의 기반이 미약한 사회에서는 이를 독려하고 강조하기 위하여 선언적 의미로 헌법에서 정할 수도 있으나, 헌법이 실효성을 가지는 법규범임에 비추어 보면, 예술가이든 과학자이든 저작자이든 일반 국민이든 그의 지적재산권이 동일하게 보호되는 상황에서는 예술가나 과학자 등의 권리가 보호된다는 것은 명시할 필요가 없다. 헌법 제22조 제2항과 같은 문언은 재검토할 필요가 있다.

II. 연 혁

예술의 자유가 학문의 자유와 더불어 헌법에서 보장된 것은 1919년 바이마르헌법에서 보인다. 우리나라에서는 1948년헌법에서 예술의 자유를 학문의 자유와 함께 동일한 조항에서 정한 이후 현재까지 계속 동일한 형태를 취하면서 보장하고 있다.

예술가의 권리보장에 대한 규정도 1948년헌법에서 저작자, 발명가, 예술가의 권리는 법률로써 보호한다는 것을 정한 이후 헌법의 개정이 있었음에도 줄곧 동일하게 규정되어 오다가 1987년헌법에서는 과학기술자를 추가하여 동일한 유형의 내용을 명시하고 있다.

[226] 제2 주 체

I. 자 연 인

예술의 자유의 주체는 예술적 활동을 하거나 하려고 하는 모든 사람이다. 예술의 자유는 예술가의 자유가 아니라 모든 국민의 자유이다. 예술의 자유는 자연인의 자유이고, 자연인인 이상 외국인이나 무국적자에게도 인정된다.

II. 법인 · 단체

법인이나 단체의 경우 주체가 되는지 문제된다. 주체성을 부정하는 견해는 예술의 자유는 극히 개인적인 권리여서 예술가 개인만이 그 주체가 되며, 오페라하우스, 미술관, 오케스트라, 박물관 등의 단체는 예술의 자유의 주체가 되지 못한다고 하는 부정설(동지: 허영a, 423)과 예술의 자유는 개인적인 권리에 그치는 것이 아니고 법인이나 단체도 그 주체가 된다고 하는 긍정설이 있다(계희열b, 381).

생각건대 법인이나 단체에게 예술의 자유가 인정되는가 하는 문제는 일률적으로 말하기 어렵다. 예술의 자유에 포함되는 개별적인 내용에 따라 성질상 자연인만이 향유할 수 있는 것은 법인이나 단체에게는 인정되지 않지만, 예술행위를 위한 집회나 결사의 자유가 보장되는 범위 내에서는 이러한 집회를 개최한 단체는 그 주체가 된다. 견해에 따라서는 법인과 법인이 아닌 예술단체를 구별하여 전자만이 예술의 자유의 주체라고 보는 견해도 있으나(권영성, 545), 성질상 법인이나 단체에게 인정되는 예술의 자유인 이상 그 주체가 법인격을 가진 것인가의 여부는 구별할 필요가 없다고 할 것이다.

독일연방헌법재판소는 예술품을 보급하는 출판사나 음반제작사가 예술의 자유의 주체가 됨을 인정하였다(BVerfGE 30, 173; 36, 321; 67, 213; 77, 240).

[227] 제3 내 용

Ⅰ. 예술창작의 자유

예술의 자유에는 예술작품을 자유롭게 창작하는 예술창작의 자유가 포함된다. 이는 예술의 자유의 핵심적인 내용으로서 예술창작의 소재와 방법의 선택과 과정이 자유로워야 된다는 것을 의미한다(예: 憲 1993. 5. 13.-91헌바17). 그러나 표현의 소재나 방법이 반사회적이고 불법적인 것이 되어서는 안 된다(예: 살인의 제전, 폭력적 행위, 파괴행위, 방화행위, 음란행위 등).

[憲 1993.5.13.-91헌바17] 「헌법 제22조는 모든 국민은 학문과 예술의 자유를 가진다고 규정하고 있다. 예술의 자유의 내용으로서는 일반적으로 예술창작의 자유, 예술표현의 자유, 예술적 집회 및 결사의 자유 등을 들고 있다. 그 중 예술창작의 자유는 예술창작활동을 할 수 있는 자유로서 창작소재, 창작형태 및 창작과정 등에 대한 임의로운 결정권을 포함한 모든 예술창작활동의 자유를 그 내용으로 한다. 따라서 음반 및 비디오물로써 예술창작활동을 하는 자유도 이 예술의 자유에 포함된다.」

예술은 그 본질적 속성으로 강한 자기목적성을 가지므로 영리를 목적으로 하는 상업광고물은 예술창작의 자유에 의해서 보호되지 않는다. 또 자기표현의 성격이 없는 단순한 기능적 작업(예: 요리, 수공업, 미용, 이발 등)도 예술의 자유로 보호되지는 않는다.

Ⅱ. 예술표현의 자유

예술의 자유에는 예술표현의 자유가 포함된다(예: 憲 1993. 5. 13.-91헌바17; 2004. 5. 27.-2003헌가1등). 예술표현의 자유는 전시, 연주, 공연, 보급 등의 방법을 통해서 예술작품이나 예술행위를 스스로 또는 타인을 상대로 하여 표현하는 자유를 의미한다.

예술표현의 자유를 통해 예술은 행위자와 수용자 사이에 소통이 이루어지게 된다.

예술표현의 자유는 예술창작의 자유와 밀접한 관계를 가지는데, 예술창작이 없으면 예술표현이 보장될 수 없고, 예술표현이 없으면 예술창작은 별 의미가 없게 된다.

예술표현의 자유와 관련하여 예술품의 보급에 종사하는 출판업자나 음반업자에게도 예술의 자유가 인정되는가 하는 문제가 있다. 헌법재판소는 이를 인정하고 있다(예: 憲 1993. 5. 13.-91헌바17).

> [憲 1993.5.13.-91헌바17] 「예술표현의 자유는 창작한 예술품을 일반대중에게 전시·공연·보급할 수 있는 자유이다. 예술품보급의 자유와 관련해서 예술품보급을 목적으로 하는 예술출판자 등도 이러한 의미에서의 예술의 자유의 보호를 받는다고 하겠다. 따라서 비디오물을 포함하는 음반제작자도 이러한 의미에서의 예술표현의 자유를 향유한다고 할 것이다.」

예술품의 경제적 활용은 재산권에 의해서, 예술작품에 대한 비평은 학문의 자유 또는 언론의 자유로 보호된다.

Ⅲ. 예술적 집회·결사의 자유

예술의 자유에는 예술적 집회·결사의 자유가 포함된다. 예술적 집회·결사의 자유는 예술활동을 위하여 집회를 개최하고 결사를 조직할 수 있는 자유이다(계희열 b, 378). 예술적 집회·결사의 자유는 예술에 요구되는 고도의 자율성 때문에 일반적인 집회나 결사보다 더 강한 보호를 받는다. 「집회 및 시위에 관한 법률」 제15조는 예술적 집회에 대한 규제를 완화하고 있다.

[228] 제4 효 력

예술의 자유는 예술의 창작과 표현에 있어 국가에 대하여 부당한 간섭의 배제를 요구할 수 있고, 예술적 활동을 위한 집회와 시위에 대한 부당한 간섭의 배제를 요구할 수 있는 것을 보장한다.

그러나 국민이 국가를 상대로 예술의 진흥과 발전을 위한 구체적인 행위를 할 것을 요구할 수는 없다. 국가는 예술과 문화의 진흥을 위하여 그에 필요한 정책을 수립하고(예: 예술진흥을 위한 입법) 이를 적극 추진할 수 있으나, 개별 국민이 이를 요구하는 것은 헌법 제22조 제1항에서 보장되지 않는다.

예술의 자유를 내세워 타인의 자유와 권리를 침해하는 것은 허용되지 않는다. 국가는 사인 간에 이러한 침해행위가 발생하지 않도록 하는 조치와 침해행위가 발생한 경우에 권리가 구제될 수 있도록 하는 조치를 하여야 한다.

[229] 제5 제한과 그 한계

Ⅰ. 제 한

예술의 자유도 헌법 제37조 제2항에 의해 법률에 의한 제한이 가능하다(예: 憲 1993. 5. 13.-91헌바17; 大 1990. 9. 25.-90도1586; 1990. 12. 11.-90도2328). 그러나 예술행위가 가지는 창조성의 면을 고려할 때, 학문의 자유와 마찬가지로 가능한 한 국가가 제한하는 것은 자제하는 것이 바람직하다.

예술행위라는 것은 매우 다양한 표현행위로 나타나기 때문에 일률적으로 말하기는 어려우나, 예술의 자유 가운데 예술창작의 자유는 예술표현의 자유보다 두텁게 보장된다. 표현행위 가운데는 창작행위가 곧 표현행위인 경우도 있다(예: 행위예술, 전위예술 등). 헌법이 추구하는 인간의 존엄과 가치, 자유민주적 기본질서, 헌법이 보호하는 타인의 자유와 권리, 공중도덕이나 사회윤리 등을 침해하는 행위는 예술의 자유로 보장되지 않는다(예: 음란행위, 포르노그라피의 제작·유포, 잔혹한 표현행위).

음란행위의 표현이 어느 정도에서 허용되는가 하는 문제는 예술의 자유에 한정되는 문제는 아니고, 일반적인 표현의 자유에 관한 것이며, 이는 사회의 성윤리나 성도덕과 음란물에 접하지 않을 자유(음란으로부터의 자유)와 충돌되지 않는 범위 내에서 인정된다. 대법원은 음란(淫亂)의 개념에 대하여, 사회통념상 일반 보통인의 성욕을 자극하여 성적 흥분을 유발하고 정상적인 성적 수치심을 해하여 성적 도의관념에 반하는 것으로서, 표현물을 전체적으로 관찰·평가해 볼 때 단순히 저속하다거나 문란한 느낌을 준다는 정도를 넘어서서 존중·보호되어야 할 인격을 갖춘 존재인 사람의 존엄성과 가치를 심각하게 훼손·왜곡하였다고 평가할 수 있을 정도로, 노골적인 방법에 의하여 성적 부위나 행위를 적나라하게 표현 또는 묘사한 것으로서, 사회통념에 비추어 전적으로 또는 지배적으로 성적 흥미에만 호소하고 하등의 문학적·예술적·사상적·과학적·의학적·교육적 가치를 지니지 아니하는 것을 뜻한다고 보고, 표현물의 음란 여부를 판단함에 있어서는 표현물 제작자의 주관적 의도가 아니라 그 사회의 평균인의 입장에서 그 시대의 건전한 사회통념에 따라 객관적이고 규범적으로 평가하여야 한다고 판시하였다(예: 大 2008. 3. 13.-2006도3558; 2008. 4. 11.-2008도254).

> [大 2008.3.13.-2006도3558] 「'음란'이라는 개념이 사회와 시대적 변화에 따라 변동하는 상대적이고도 유동적인 것이고, 그 시대에 있어서 사회의 풍속, 윤리, 종교 등과도 밀접한 관계를 가지는 추상적인 것이므로, 구체적인 판단에 있어서는 사회통념상 일반 보통인의 정서를 그 판단의 규준으로 삼을 수밖에 없다고 할지라도, 이는 일정한 가치판단에 기초하여 정립할 수 있는 규범적인 개념이므로, '음란'이라는 개념을 정립하는 것은 물론 구체적인 표현물의 음란성 여부도 종국적으로는 법원이 이를 판단하여야 하는 것이다.……형사법이 도덕이나 윤리 문제에 함부로 관여하는 것은 바람직하지 않고

특히 개인의 사생활 영역에 속하는 내밀한 성적 문제에 개입하는 것은 필요 최소한의 범위 내로 제한함으로써 개인의 성적 자기결정권 또는 행복추구권이 부당하게 제한되지 않도록 해야 한다는 점, 개인의 다양한 개성과 독창적인 가치 실현을 존중하는 오늘날 우리 사회에서의 음란물에 대한 규제 필요성은 사회의 성윤리나 성도덕의 보호라는 측면을 넘어서 미성년자 보호 또는 성인의 원하지 않는 음란물에 접하지 않을 자유의 측면을 더욱 중점적으로 고려하여야 한다는 점 등에 비추어 볼 때, 구 정보통신망 이용촉진 및 정보보호 등에 관한 법률 제65조 제1항 제2호에서 규정하고 있는 '음란'이라 함은 사회통념상 일반 보통인의 성욕을 자극하여 성적 흥분을 유발하고 정상적인 성적 수치심을 해하여 성적 도의관념에 반하는 것으로서, 표현물을 전체적으로 관찰 · 평가해 볼 때 단순히 저속하다거나 문란한 느낌을 준다는 정도를 넘어서서 존중 · 보호되어야 할 인격을 갖춘 존재인 사람의 존엄성과 가치를 심각하게 훼손 · 왜곡하였다고 평가할 수 있을 정도로, 노골적인 방법에 의하여 성적 부위나 행위를 적나라하게 표현 또는 묘사한 것으로서, 사회통념에 비추어 전적으로 또는 지배적으로 성적 흥미에만 호소하고 하등의 문학적 · 예술적 · 사상적 · 과학적 · 의학적 · 교육적 가치를 지니지 아니하는 것을 뜻한다고 볼 것이고, 표현물의 음란 여부를 판단함에 있어서는 표현물 제작자의 주관적 의도가 아니라 그 사회의 평균인의 입장에서 그 시대의 건전한 사회통념에 따라 객관적이고 규범적으로 평가하여야 한다.」

대한민국의 체제를 부정 · 왜곡하거나 공산주의를 찬양 · 전파하는 예술작품의 창작은 허용되지 않으며(예: 大 1990. 12. 11.-90도2328), 타인의 명예를 훼손하는 예술작품의 제작과 전파행위도 허용되지 않는다.

Ⅱ. 제한의 한계

(1) 한계의 원칙

예술의 자유를 제한하는 경우에도 헌법상의 한계를 넘어서는 안 된다(예: 憲 1993. 5. 13.-91헌바17). 표현행위라도 그 표현의 내용, 방법, 형태에 따라 제한과 한계는 다르게 된다.

(2) 허가 · 검열의 금지

예술의 자유에도 창작에서 표현에 이르는 단계까지 어디에서도 국가에 의한 사전의 허가나 검열은 금지된다. 헌법은 국가에 의한 사전 허가 · 검열의 금지에 대하여 언론 · 출판의 자유를 정하고 있는 제21조 제2항에서 정하고 있으나, 허가 · 검열의 금지는 그 법리의 성격상 표현의 자유에 적용되는 것이므로 국가에 의한 사전 허가 · 검열의 금지는 언론 · 출판의 자유에 한정되어 인정되는 것이 아니다([235]Ⅲ(1)).

영화의 상영이나 음반이나 비디오물의 제작 · 유포행위는 예술표현의 자유에 해당하므로 이에 대한 사전의 검열은 헌법 제21조 제2항에서 정하고 있는 사전 허가 · 검열의 금지법리에 의하여 허용되지 않는다.

헌법재판소는 법률로 공연윤리위원회로 하여금 영화의 상영에 앞서 그 내용을 심사하여 상영여부를 결정할 수 있게 하는 것이나(憲 1996. 10. 4.-93헌가13), 영상물등급위원회가 영화 상영 이전에 그 내용을 심사하여 등급분류보류결정을 함으로써 실질적으로 영화를 상영할 수 없게 하는 것은 사전검열에 해당한다고 판시하였다(憲 2001. 8. 30.-2000헌가9).

헌법재판소는 법률로 공연윤리위원회가 음반이나 비디오물의 제작·판매 등에 대하여 사전에 심의하여 그 여부를 결정하는 것이 사전검열에 해당한다고 보았고(음반의 경우: 憲 1996. 10. 31.-94헌가6; 1997. 3. 27.-97헌가1, 비디오물의 경우: 憲 1998. 12. 24.-96헌가23; 2000. 2. 24.-99헌가17), 한국공연예술진흥협의회에서 비디오물을 사전에 심의하는 것에 대하여 한국공연예술진흥협의회가 공연윤리위원회와 법적 성격에서 차이가 없다고 보아 이 협의회에 의한 심의 역시 사전검열에 해당한다고 하였다(憲 1999. 9. 16.-99헌가1). 뿐만 아니라 영상물등급위원회의 외국비디오물수입 추천행위와(憲 2005. 2. 3.-2004헌가8) 외국 음반의 국내제작 추천제도도 사전검열에 해당한다고 판시하였다(憲 2006. 10. 26.-2005헌가14).

5. 언론·출판의 자유

[230] 제1 의 의

Ⅰ. 개 념

(1) 헌법 규정

헌법 제21조는 「① 모든 국민은 언론·출판의 자유……를 가진다. ② 언론·출판에 대한 허가나 검열……는 인정되지 아니한다. ③ 통신·방송의 시설기준과 신문의 기능을 보장하기 위하여 필요한 사항은 법률로 정한다. ④ 언론·출판은 타인의 명예나 권리 또는 공중도덕이나 사회윤리를 침해하여서는 아니 된다. 언론·출판이 타인의 명예나 권리를 침해한 때에는 피해자는 이에 대한 피해의 배상을 청구할 수 있다」라고 하여 언론(言論)·출판(出版)의 자유 및 언론·출판에 대한 허가·검열의 금지, 통신·방송의 시설기준 등의 법정주의, 언론·출판의 자유의 한계를 정하고 있다.

언론·출판의 자유는 집회·결사의 자유와 함께 표현의 자유에 포함된다. 표현의 자유란 사상이나 의견을 외부에 표현하는 자유로서 개인적 표현의 자유인 언론·출판의 자유와 집단적 표현의 자유인 집회·결사의 자유를 총칭하는 개념이다. 헌법 제21조 제1항은 「모든 국민은 언론·출판의 자유와 집회·결사의 자유를 가진다」고 하여 표현의 자유를 하나의 조문에서 규정하고 있으나, 집회·결사의 자유는 언론·출판의 자유와는 달리 다수인의 공동행동을 전제로 하는 것으로 서로 구별된다.

(2) 언론 · 출판의 자유의 개념

고전적 의미에서 언론 · 출판의 자유는 자신의 생각 또는 의견을 언어 · 문자 등으로 불특정 다수인에게 표명하거나 전달하는 의사표현의 자유를 말한다. 그런데 오늘날 언론 · 출판의 자유는 의사표현의 자유 외에 보도의 자유 · 알 권리 · 액세스권까지도 그 내용으로 한다.

언론이라 함은 구두에 의한 표현을 말하고, 출판이라 함은 문자 및 형상에 의한 표현을 말하는 것이지만, 일반적으로 언론 · 출판의 자유에서 말하는 「언론 · 출판」이란 의사 및 지식 · 경험 등을 표현하는 모든 수단, 즉 담화 · 연설 · 토론 · 연극 · 방송 · 음악 · 영화 · 가요 등과 문서 · 서적 · 사진 · 조각 · 서화 · 소설 · 시가 기타 형상에 의한 것을 모두 포함한다.

(3) 다른 기본권과의 관계

(a) 다른 의사의 형성

의사의 형성과 표현에 대한 자유 가운데서도 헌법은 양심의 자유, 종교의 자유, 예술의 자유, 학문의 자유 등을 따로 정하고 있으므로 양심적 의사의 형성과 표현, 종교적 의사의 형성과 표현, 학문적 의사형성과 표현, 예술적 의사형성과 표현 등은 각기 직접 근거되는 기본권인 양심의 자유(헌법 §19), 종교의 자유(헌법 §20), 학문의 자유(헌법 §22①), 예술의 자유(헌법 §22①)에 의하여 우선적으로 보호받는다(예: 大 1996. 9. 6.-96다19246).

[憲 1996.10.31.-94헌가6] 「의사표현의 자유는 언론 · 출판의 자유에 속하고, 여기서 의사표현의 매개체는 어떠한 형태이건 그 제한이 없다고 할 것이다. 따라서 이 사건에서 문제되고 있는 음반은 학문적 연구결과를 발표하는 수단이 되기도 하고, 예술표현의 수단이 되기도 하므로 그 제작 및 판매 배포는 학문 · 예술의 자유를 규정하고 있는 헌법 제22조 제1항에 의하여 보장받음과 동시에 헌법 제21조 제1항에 의하여도 보장을 받는다.」

(b) 다른 정보에 대한 권리

언론 · 출판의 자유는 개인이 불특정 다수인을 상대로 자발적으로 하는 의사표현을 보호한다. 자신의 사적 영역에 속하는 정보에 관한 보호는 사생활의 비밀 · 자유(헌법 §17)의 규율영역이고, 개인 간의 사적인 정보교환은 통신의 자유(헌법 §18)로 보호받는다.

(c) 집회에서의 표현

집회(集會)에서의 연설이나 토론이 집회의 자유에 의하여 보호받는지 아니면 언론 · 출판의 자유로 보호받는지에 대하여, 집회 · 결사조항은 언론 · 출판조항에 대한 특별법적 규정이기 때문에 집회의 자유로서 보장된다는 견해(권영성, 493)와 언론 · 출판의 자유로서 보장되어야 한다는 견해(김철수a, 1017)가 있다. 집회의 자유는 집회 그 자체에 대한 보호에 중점이 있고, 집회에서의 활동은 각기 해당 행위를 보호하는 기본권에 의해서도 보호되므로, 이 경우에는 집회의 자유와 언론의 자유가 경합적으로 적용된다고 할 것이다.

(4) 언론 · 출판의 자유의 중요성 및 기능

언론 · 출판의 자유는 자유로운 인격발현의 수단이고, 합리적이고 건설적인 의사형성 및 진리발견의 수단이며, 민주주의 국가의 존립과 발전에 필수불가결한 기본권으로서 중요성을 가진다(예: 憲 1998. 4. 30.-95헌가16). 이에 근거하여 언론 · 출판의 자유는 다른 기본권보다 우월적 지위가 보장되어야 하고, 그에 대한 제한은 필요최소한에 그쳐야 한다는 주장이 있다. 그러나 이런 점을 이유로 다른 기본권에 비하여 항상 우월적 지위에 있는 것은 아니다. 다른 기본권과 충돌이 발생하는 경우에는 기본권 충돌의 문제로 돌아간다.

II. 연 혁

언론 · 출판의 자유는 영국에서 1649년의 인민협약(人民協約 The Agreement of the People)에서 선언되고, 1695년에 검열법(檢閱法 The Licensing Act)의 폐지로 거의 확립되었다. 그 후 1776년 「버지니아 권리선언」(동선언 §12), 1791년 미합중국연방헌법(동헌법 수정조항 §1), 1789년 프랑스 「인간과 시민의 권리선언」(동선언 §11)에서 표현의 자유가 규정된 이래 대부분 국가들의 헌법이 이를 규정하고 있다.

[231] 제2 법적 성격

언론 · 출판의 자유는 국가권력의 간섭이나 방해를 받지 않고 자유롭게 의사를 표현하고, 의사형성에 필요한 정보를 수집할 수 있는 주관적 공권으로서 자유권의 성격을 갖는다. 한편 언론 · 출판의 자유는 의사표현과 여론형성을 통해 국민적 공감대에 바탕을 둔 민주정치를 실현하기 위한 제도보장으로서의 성격도 갖는다.

언론 · 출판의 자유가 갖는 이 같은 성격은 언론 · 출판의 자유의 구체적인 내용에 따라 다르게 나타난다. 의사표현의 자유와 알 권리에서는 주관적 권리로서 자유권의 성격이 강하게 나타나지만, 언론기관의 자유와 보도의 자유에서는 제도보장의 성격이 상대적으로 강하게 나타난다(동지: 허영a, 542).

[232] 제3 주 체

언론·출판의 자유는 개인의 자유뿐만 아니라 언론기관의 자유까지 포함하므로 신문사·방송사와 같은 법인이나 권리능력 없는 사단에게도 기본권 주체성이 인정된다(예: 憲 1995. 7. 21.-92헌마177).

외국인도 원칙적으로 언론·출판의 자유의 주체가 될 수 있으나, 외국인의 정치적 표현의 자유는 보다 많은 제한을 받을 수 있다.

[233] 제4 내 용

언론·출판의 자유는 자신의 의사를 형성하고(의사형성의 자유), 불특정 다수인에게 그 의사를 표현·전달하고(의사표현의 자유), 언론기관 등이 객관적인 사실 등을 보도·전파할 수 있는 자유(보도의 자유)를 그 내용으로 한다. 의사의 표현은 실명(實名)이든 익명으로 하든 상관없다. 또한 보도매체를 이용해서 자기의 입장을 밝히고 여론형성에 기여할 수 있는 권리(액세스(access)권)도 언론·출판의 자유의 내용에 포함된다.

I. 의사표현의 자유

의사표현의 자유라 함은 불특정 다수인에게 자신의 의사를 표현하고 전달할 자유로서 언론·출판의 자유의 기본적 내용이다.

의사표현의 자유에는 의사를 표현하는 주체가 누구임을 밝히고 자신의 의사를 표명하고 전파하는 경우도 포함되고, 자신의 신원을 밝히지 아니한 채 익명(匿名)이나 가명(假名)으로 자신의 생각이나 견해를 표명하고 전파할 익명표현의 자유도 포함된다(憲 2010. 2. 25.-2008헌마324등; 2012. 8. 23.-2010헌마47등).

> [憲 2012.8.23.-2010헌마47등] 「헌법 제21조 제1항에서 보장하고 있는 표현의 자유는 사상 또는 의견의 자유로운 표명(발표의 자유)과 그것을 전파할 자유(전달의 자유)를 의미하는 것으로서, 그러한 의사의 '자유로운' 표명과 전파의 자유에는 자신의 신원을 누구에게도 밝히지 아니한 채 익명 또는 가명으로 자신의 사상이나 견해를 표명하고 전파할 익명표현의 자유도 포함된다.」

의사의 개념에는 어떤 사항에 대한 평가적인 의사뿐만 아니라 사실에 대한 의사도 포함된다. 개인의 의사표시에 의한 사실의 전달은 신문·방송 등의 언론기관의 보도의 자유와는 구별된다.

의사표현 및 전달의 형식이나 매개체에는 아무런 제한이 없다. 언어·문자·도형뿐만 아니라 음반, 비디오물, 현수막, 인터넷 등을 통한 의사표현은 물론이고 패러디

(parody), 상징적 표현(象徵的 表現)까지 포함된다. 헌법재판소도 영화, 음반, 비디오물, 인터넷 광고물 등에 대하여 언론 · 출판의 자유에 의한 보호를 받는 대상이라고 판시하였다(예: 憲 1993. 5. 13.-91헌바17; 1996. 10. 4.-93헌가13등).

[憲 1993.5.13.-91헌바17] 「일반적으로 헌법상의 언론 · 출판의 자유의 내용으로서는, 의사표현 · 전파의 자유, 정보의 자유, 신문의 자유 및 방송 · 방영의 자유 등을 들고 있다. 이러한 언론 · 출판의 자유의 내용 중 의사표현 · 전파의 자유에 있어서 의사표현 또는 전파의 매개체는 어떠한 형태이건 가능하며 그 제한이 없다. 즉 담화 · 연설 · 토론 · 연극 · 방송 · 음악 · 영화 · 가요 등과 문서 · 소설 · 시가 · 도화 · 사진 · 조각 · 서화 등 모든 형상의 의사표현 또는 의사전파의 매개체를 포함한다. 그러므로 음반 및 비디오물도 의사형성적 작용을 하는 한 의사의 표현 · 전파의 형식의 하나로 인정되며, 이러한 작용을 하는 음반 및 비디오물의 제작은 언론 · 출판의 자유에 의해서도 보호된다고 할 것이다.」

II. 보도의 자유

(1) 개 념

보도의 자유란 신문 · 잡지 · 통신 등 출판물과 라디오 · 텔레비전 등 전파매체에 의하여 뉴스를 보도하고 논평을 할 수 있는 자유, 즉 매스컴(mass communication)의 자유를 말한다. 보도의 자유는 i) 언론기관 설립의 자유, ii) 편집 · 보도의 자유, iii) 취재의 자유, iv) 언론기관 내부의 자유를 그 내용으로 한다.

(2) 언론기관 설립의 자유

(a) 언론기관 시설기준 법정주의

보도의 자유는 언론기관을 자유로이 설립할 수 있는 언론기관설립의 자유를 포함한다. 따라서 신문 · 통신 · 방송기관 등의 설립에 있어 시설기준을 지나칠 정도로 과중하게 규정할 경우에는 언론 · 출판의 자유를 침해하는 것이 된다. 그런데 현대사회에서 언론기관이 갖는 중요성에 비추어 언론 · 출판의 자유의 실질적 보장을 위해서는 언론기관이 건전하게 존립 · 운영될 수 있는 조직과 형태를 갖추고 언론의 독과점을 방지하는 것이 필요하다. 여기서 헌법 제21조 제3항은 「통신 · 방송의 시설기준과 신문의 기능을 보장하기 위하여 필요한 사항은 법률로 정한다」고 하여 언론기관의 시설기준 법정주의를 명시하고 있다. 이에 따라 「신문 등의 진흥에 관한 법률」 및 방송법은 언론기관의 설립 및 그 시설기준 등에 관하여 일정한 제한을 정하고 있다.

(b) 「신문 등의 진흥에 관한 법률」

「신문 등의 진흥에 관한 법률」은 신문을 발행하거나 인터넷신문 또는 인터넷뉴스서비스를 전자적으로 발행하려 하는 자는 시 · 도지사에게 일정사항을 등록하도록 하고(§9), 영업폐쇄 시에는 시 · 도지사에게 폐업신고를 하도록 하였으며(§11①), 대한민국의 국민이 아닌 사람이나 특정 형사범 등에 대해서는 신문 및 인터넷신문의 발행인 또는 편집인이 되거나 기사배열책임자가 될 수 없도록 결격사유를 정하고 있다(§13①). 또한 법인이 아닌 자는 일간신문이나 일반주간신문을 발행할 수 없도록 규정하고 있다(동조③). 한편 과거 「신문 등의 자유와 기능보장에 관한 법률」에서는 언론기관의 독과점 방지를 위해 겸영금지 조항을 두고 있었으나, 「신문 등의 진흥에 관한 법률」에서는 이 조항을 없애 과거보다 언론기관의 자유를 확대하고 있으나, 이에 대해서는 특정 언론의 독과점 구도가 심화될 것이라는 비판적인 견해도 적지 않다.

헌법재판소는 구정기간행물의등록등에관한법률에 대한 위헌법률심판에서 i) 정기간행물을 발행하려면 일정한 사항을 등록하고 이를 위반한 경우에는 형사처벌하도록 규정한 정기간행물의 발행 등록제는 표현내용 자체에 대한 사전검열 및 허가제가 아니고 과잉금지의 원칙에 위반되지도 아니하여 합헌이라 하였고(예: 憲 1997. 8. 21.-93헌바51), ii) 그 등록을 위한 시설기준에 관하여 인쇄시설 등을 자기소유이어야 하는 것으로 해석하는 한 헌법이 금지하고 있는 허가제의 수단으로 남용될 소지가 있고 과잉금지의 원칙이나 비례의 원칙에 반하여 위헌이라고 판시하였다(예: 憲 1992. 6. 26.-90헌가23).

헌법재판소는 일간신문과 뉴스통신을 상호 겸영할 수 없게 하는 것과 일간신문과 방송법에 의한 종합편성 또는 보도에 관한 전문편성을 행하는 방송사업을 겸영(兼營)할 수 없게 하는 것은 언론의 다양성을 보장하기 위한 필요한 한도 내의 제한이라고 할 것이어서 신문의 자유를 침해하는 것이 아니라고 판시하였다. 그러나 일간신문, 뉴스통신 또는 방송사업을 경영하는 법인이 발행한 주식 또는 지분의 2분의 1 이상을 소유하는 자로 하여금 다른 일간신문 또는 뉴스통신을 경영하는 법인이 발행한 주식 또는 지분의 2분의 1 이상을 취득 또는 소유할 수 없도록 하는 이종(異種) 미디어간의 교차소유 규제는 신문의 복수소유를 일률적으로 금지하고 있으므로 신문의 자유를 침해한다고 보았다(예: 憲 2006. 6. 29.-2005헌마165등).

헌법재판소는 인터넷신문을 「신문 등의 진흥에 관한 법률」에 따라 등록하기 위한 요건으로 5인 이상의 인원을 상시 고용하도록 한 「신문 등의 진흥에 관한 법률 시행령」 제2조 제1항 제1호 가목("고용조항")과 고용조항의 상시 고용 인원을 확인할 수 있는 일정한 서류의 첨부 의무를 규정하고 있는 동 시행령 제4조 제2항 제3호 다목과 라목("확인조항")은 인터넷신문의 언론으로서의 신뢰성을 제고하기 위해 반드시 필요하다고 보기 어렵고(침해최소성 원칙 위배), 소규모 인터넷신문이 언론으로서 활동할 수 있는 기회 자체를 원천적으로 봉쇄할 수 있음에 비하여 인터넷 신문의 신뢰도 제고라는 입법목적의 효과는 불확실하다는 점에서(법익의 균형성 침해) 과잉금지원칙에 위배되어 언론의 자유를 침해한다고 보았다(예: 憲 2016. 10. 27.-2015헌마1206등).

(c) 방 송 법

방송법은 지상파방송사업, 위성방송사업, 종합유선방송사업 또는 중계유선방송사업자 등에게 허가 · 승인 · 등록 등을 받도록 하고(동법 §9), 방송사업과 관련하여 주식 또는 지분에 대한 소유제한 등을 두어(동법 §8) 방송사업에 대한 일정한 시설기준을 법으로 정하고 있다. 그러나 지난 2009년의 대폭적인 법개정을 통해 신문, 방송, 통신, 인터넷이 융합되는 새로운 미디어 환경변화에 부응하고 국제적 시장개방 조류에 대응하여 우리 방송산업의 경쟁력을 강화하고 미디어 산업발전에 적합한 환경을 조성하기 위하여 개정 전 법상의 1인지분 소유제한과 대기업, 신문 · 뉴스통신 및 외국자본의 종합편성 또는 보도전문편성 콘텐츠 사업에 대한 겸영 또는 주식 · 지분 소유금지 등의 규제를 완화하여 누구든지 지상파방송사업자 및 종합편성 또는 보도전문편성을 하는 방송채널사용사업자의 주식 또는 지분 총수의 100분의 40을 초과하여 소유할 수 없도록 하고(동법 §8②), 대기업 또는 신문이나 뉴스통신을 경영하는 자는 지상파방송사업자의 주식 또는 지분 총수의 100분의 10을 초과하여 소유할 수 없도록 하고, 종합편성 또는 보도전문편성을 하는 방송채널사용사업자의 주식 또는 지분 총수의 100분의 30을 초과하여 소유할 수 없도록 하였으며(동법 §8③), 지상파방송사업자 및 종합편성 또는 보도전문편성을 하는 방송채널사용사업자의 주식 또는 지분을 소유하려는 일간신문을 경영하는 법인은 전체발행부수 등의 자료를 방송통신위원회에 제출하여 공개하도록 하고, 일간신문의 구독률이 100분의 20 이상인 경우에는 사업의 겸영이나 주식 또는 지분의 소유를 금지하였고(동법 §8④), 신문이나 뉴스통신을 경영하는 자는 종합유선 방송사업자 및 위성방송사업자의 주식 또는 지분 총수의 100분의 49를 초과하여 소유할 수 없도록 하고, 대기업의 위성방송 사업자에 대한 소유제한규정을 삭제하였다(동법 §8⑤). 한편 종합편성을 하는 방송채널 사용사업 또는 중계유선 방송사업에 대한 외국자본의 출자 또는 출연을 해당 법인의 주식 또는 지분 총수의 100분의 20을 초과할 수 없도록 하고, 보도전문편성을 하는 방송채널 사용사업에 대해서는 100분의 10을, 위성방송사업에 대해서는 100분의 49를 각각 초과할 수 없도록 하였다(동법 §14 ②,③).

헌법재판소는 정보유통의 통로가 유한하고 거대한 사회적 영향력을 갖는 방송매체의 특징 및 방송시설기준을 법률로 정하도록 한 헌법 제21조 제3항에 비추어 볼 때 진입규제로서 방송사업의 허가제를 두는 것 자체는 헌법상 허용된다고 판시하였다(예: 憲 2001. 5. 31.-2000헌바43).

[憲 2001.5.31.-2000헌바43] 「국가는 또한 언론의 자유와 조화를 이루는 범위 내에서 매체산업의 균형발전이라는 경제정책적 목적이나 사회·문화정책적 목적을 달성하기 위한 규제를 할 수도 있는데, 예컨대 방송매체의 소유에 관한 규제는 견해의 다양성을 보장한다는 입법목적 외에 매체산업의 균형적 발전이라든가 자국문화의 보호와 같은 입법목적을 복합적으로 가질 수도 있다.……한편 헌법 제21조 제3항은 "통신·방송의 시설기준과 신문의 기능을 보장하기 위하여 필요한 사항은 법률로 정한다"고 규정하여 일정한 방송시설기준을 구비한 자에 대해서만 방송사업을 허가하는 허가제가 허용될 여지를 주는 한편 방송사업에 대한 시설기준을 "법률"로 정하도록 함으로써 행정부에 의한 방송사업허가제의 자의적 운영이 방지되도록 하고 있다.」

(3) 편집·보도의 자유

편집·보도의 자유는 국가로부터 간섭을 받지 않고 자유롭게 기사나 방송내용을 편집·편성하여 보도할 수 있는 자유를 말한다. 이것을 좁은 의미의 보도의 자유라고 한다. 편집·보도 내용에 대한 사전검열은 금지되지만(헌법 §22②), 사후검열은 가능하다. 헌법재판소는 정기간행물의 공보처장관(현행법상으로는 문화체육관광부장관)에의 납본제도는 언론·출판에 대한 사전검열이 아니어서 언론·출판의 자유를 침해하는 것이 아니므로 합헌이라고 판시한 바 있다(예: 憲 1992. 6. 26.-90헌바26).

방송의 경우는 가용주파수의 한정성 및 방송효과의 광범위성 때문에 방송내용의 다양성과 공정성을 확보한다는 목적으로 편집·보도의 자유에 대한 보다 많은 규제가 이루어질 수 있다. 따라서 방송법은 방송편성의 자유와 독립을 보장하면서도(동법 §4①), 방송의 공적 책임과 공정성 및 공익성을 강조하고(동법 §5, §6), 「방송통신위원회의 설치 및 운영에 관한 법률」에서는 방송통신심의위원회로 하여금 이를 심의할 수 있게 하고 있다(동법 §18, §21).

(4) 취재의 자유

보도의 자유 속에는 취재의 자유가 포함된다. 따라서 국가는 기자 등의 취재를 방해해서는 안 된다. 다만, 국가기밀이나 개인의 사생활 등 타이익을 보호하기 위하여 일정한 제한을 할 수는 있다.

취재의 자유와 관련하여 기자에게 재판 등에서 취재원에 대한 진술을 거부할 수 있는 「취재원비닉권」(取材源秘匿權)이 인정될 수 있는지가 문제된다. 이에 대해서는 공정하고 효과적인 법집행과 실체적 진실발견 등을 이유로 취재원비닉권을 인정할 수 없다는 부정설이 있다(입법례에서도 일반적인 경향이다. 미합중국 연방최고법원도 이를 언론의 자유에 포함되지 않는다고 본다(Branzburg v. Hayes, 408 U.S. 665(1972))). 그러나 취재원비닉권을 인정하지 않는다면 취재원의 협조를 구할 수 없게 되어 언론의 진실보도 및 공정보도에 심각한 지장을 초래하므로 이를 인정하는 것보다 더 중한 이익이 존재하지 않는 한 이를 인정하는 긍정설이 타당하다(허영a, 549; 성낙인, 528).

(5) 언론기관의 내부적 자유

언론기관의 내부적 자유로서 경영권에 대한 관계에서 편집권(編輯權)·편성권(編成權)의 인정여부가 문제되고 있다. 언론사 내부에서 경영인과 편집인 및 기자들의 상호관계는 사법상의 계약에 의하여 규율되는 관계이기 때문에 경영자에 대한 편집자 및 기자의 편집권·편성권은 언론·출판의 자유로 인정된다고 하기 어렵다(반대: 김철수a, 986; 허영a, 548; 성낙인, 528; 권영성, 503).

과거 독재와 권위주의통치가 지배하던 시대에 언론사는 정부의 억압과 지배하에 있었다. 그래서 경영자는 언론사를 경영하기 위해서는 정부가 요구하는 대로 신문이나 방송의 편집이나 편성에 간섭하였다. 이러한 상황에서 기자는 정부에 대항하여 언론의 자유를 확보하기 위하여, 정부의 하수인의 역할을 하는 경영자에 대해서도 언론의 자유를 주장할 수 있다고 하며, 이를 경영자에 대한 기자의 편집권 또는 편성권이라고 하였고, 이는 헌법상의 언론의 자유로 보장되는 것이라고 하였다. 그러나 오늘날 정부와 언론사간에는 이러한 현상이 없어졌을 뿐 아니라, 법리적으로 기자는 언론사와 고용계약을 체결하여 임금을 받는 피고용자의 지위에 있는 사적인 관계에 있다. 언론사의 경영방침이나 지향점이 기자 개인의 그것과 일치하지 않는다고 하여 법률에서 특별히 정하고 있지 않는 한 이를 편집권이나 취재권을 기본권으로서 경영자에 대하여 주장할 수는 없다. 언론사와 기자와의 관계는 편집권을 기자에게 상당부분 맡겨 놓는 경우도 있고, 경영자가 편집국장을 통하여 언론사의 지향점에 합치하도록 하는 경우도 있고, 경영자가 직접 편집권에 관여하는 경우도 있을 수 있는데, 이는 어디까지나 경영자와 기자간의 사적인 관계에서 정해지는 것이다. 세계 대부분의 언론사가 이러한 형편이다. 이러한 경우 기자는 개인적 가치 판단에 따라 사적인 고용계약을 유지하거나 해지하면 된다. 국영언론사가 아닌 이상 뉴스평가에서 가치중립은 존재하지 않는다. 뉴스를 어떻게 평가하고 편집하는가는 언론사의 편집의 자유이다. 수요자는 다양한 언론사에 대하여 자기 취향과 필요에 따라 선택하게 된다.

「신문 등의 진흥에 관한 법률」은 신문 및 인터넷신문의 편집의 자유와 독립은 보장된다고 하고(§4①), 신문사업자 및 인터넷신문사업자는 편집인의 자율적인 편집을 보장하여야 한다고 정하고 있다(동조②). 방송법은 「방송편성의 자유와 독립은 보장된다」(동법 §4①)고 하면서, 누구든지 방송편성에 관하여 방송법이나 다른 법률에 의하지 아니하고는 어떠한 규제나 간섭을 할 수 없고(동조②), 방송사업자는 방송편성책임자를 선임하고, 그 성명을 방송시간 내에 매일 1회 이상 공표하여야 하며, 방송편성책임자의 자율적인 방송편성을 보장하여야 하며(동조③), 종합편성 또는 보도에 관한 전문편성을 행하는 방송사업자는 방송프로그램제작의 자율성을 보장하기 위하여 취재 및 제작 종사자의 의견을 들어 방송편성규약을 제정하고 이를 공표하여야 한다(동조 ④)고 규정하고 있다.

그런데 신문과 방송의 대사회적 · 대사인력 영향력에 비추어 볼 때, 편집자 및 기자의 편집 · 편성에서의 잘못에 대해서는 통제하고 책임을 물을 수 있어야 한다.

Ⅲ. 액세스(Access)권

(1) 개 념

액세스권(right of access to mass media)이라 함은 넓은 의미에서 일반 국민이 자신의 생각이나 의견을 발표하기 위하여 언론매체(mass media)에 자유로이 접근하여 그것을 이용할 수 있는 권리를 말한다. 액세스권은 국민과 국가 사이에 발생하는 문제가 아니라 국민과 언론기관 사이에 발생하는 문제라는 점에서 그 특성이 있다.

언론기관이나 국민은 다 같이 사인이기 때문에 언론기관에 대한 접근 · 이용권은 고전적인 언론 · 출판의 자유의 내용에 포함되지 않았다. 그러나 현대 언론기업은 집중화, 독과점화하여 언론기관이 자의적으로 국민의 접근과 이용을 거부할 경우 국민은 그 생각과 의견을 자유로이 발표할 기회를 상실하게 되고, 일방적인 정보의 수령자의 지위로 전락하게 된다. 이에 1967년 미국의 J. A. Barron은 「연방의회는 언론 또는 출판의 자유를 제한하는 법률을 제정해서는 아니 된다」고 규정하고 있는 미국 수정헌법 제1조가 「토론을 위한 적당한 기회까지 선언한 것」이라고 해석함으로써 매스미디어에 대한 액세스권의 정립을 위한 국가의 적극적인 역할을 강조하였다. 이에 따라 오늘날 언론기관에 대한 액세스권은 현대적 의미의 언론 · 출판의 자유의 한 내용으로 인정되고 있다.

(2) 헌법적 근거

액세스권은 국가에 대한 권리가 아닌 언론기관에 대한 권리라는 점에서 헌법적 근거에 대하여는 다양한 견해가 있다. 헌법 제21조 제4항이라는 견해, 언론 · 출판의 자유의 객관적 가치질서로서의 성격에서 찾아야 한다는 견해(허영a, 553), 알 권리와 마찬가지로 헌법 제21조 제1항을 비롯하여 제10조, 제34조 제1항 등을 근거로 한다는 견해(권영성, 500; 성낙인 521) 등이 있다.

액세스권의 헌법적 근거는 언론의 자유의 객관적 가치질서로서의 성격에서 찾는 것이 타당하다. 다만, 후술하는 반론권 내지 해명권(협의의 액세스권)은 자기와 관계가 있는 보도에 대한 반론 내지 해명의 기회를 요구할 수 있는 권리라는 점에서 헌법 제10조의 인간의 존엄과 가치에 기초한 인격권과 헌법 제21조 제1항의 의사표현의 자유에서 인정되는 것이라고 해석할 수 있다.

(3) 내 용

액세스권은 i) 일반 국민이 자신의 사상이나 의견을 발표하기 위하여 언론기관(mass media)에 자유로이 접근하여 그것을 이용할 수 있는 권리인 광의의 액세스권(general right of access)과 ii) 언론기관에 의하여 명예훼손이나 비판 등을 당한 국민이 그 언론기관에 대하여 자기와 관계가 있는 보도에 대한 반론 내지 해명을 요구할 수 있는 반론권 및 해명권, 즉 협의의 액세스권을 그 내용으로 한다.

(a) 광의의 액세스권

광의의 액세스권(=일반적 액세스권)의 인정범위는 각국마다 상이하고, 그 내용도 명확하게 구체화되어 있지 않다. 광고주와 언론기관 사이의 문제, 예를 들어 광고주가 언론기관에 대하여 자신의 의견을 광고라는 형식을 통하여 표현·전달하는 의견광고를 게재·방영해 줄 것을 요구할 권리가 인정되는지 여부 등이 광의의 액세스권의 문제로서 논의된다. 방송법은 종합편성 및 보도전문편성을 행하는 방송사업자에게 시청자의 권익을 보호하기 위하여 시청자위원회를 두도록 하고, 시청자위원회가 방송편성 및 내용에 대한 의견제시나 시정요구를 할 수 있도록 규정하고 있다(동법 §87-§90).

(b) 협의의 액세스권(반론권 및 해명권)

협의의 액세스권으로서 반론권 및 해명권은 「언론중재 및 피해구제 등에 관한 법률」에서 정정보도청구권(§14 §15), 반론보도청구권(§16) 및 추후보도청구권(§17)으로 인정되고 있다.

반론권이란 신문·방송 등 언론기관의 기사에 의해 비판·공격 기타 피해를 받은 자가 이에 대한 반론을 게재 또는 방송하도록 당해 언론기관에 요구할 수 있는 권리를 말한다. 반론권은 프랑스대혁명 후의 신문검열 폐지와 정치적 혼란 속에서 언론의 자유가 남용되자 이에 대한 구제수단으로 1822년 프랑스에서 처음 입법화되어 그 후 유럽의 여러 나라에서 법제화되었다. 헌법재판소는 인격권 및 사생활의 비밀과 자유를 반론권의 헌법적 근거로 보면서, 구 정기간행물의등록등에관한법률상의 정정보도청구권제도는 그 명칭에 불구하고 피해자의 반론게재청구권으로 해석되고, 이는 언론의 자유와 서로 충돌되는 면이 없지 아니하나 전체적으로는 상충되는 기본권 사이에 합리적인 조화를 이루는 것으로 판단되므로 합헌이라고 판시하였다(憲 1991. 9. 16.-89헌마165).

[憲 1991.9.16.-89헌마165] 「반론권으로서의 정정보도청구권이 인정되는 취지로는 다음의 두 가지를 들 수 있다. 첫째, 언론기관이 특정인의 일반적 인격권을 침해한 경우 피해를 받은 개인에게도 신속·적절하고 대등한 방어수단이 주어져야 함이 마땅하며,

> 특히 공격내용과 동일한 효과를 갖게끔 보도된 매체 자체를 통하여 방어 주장의 기회를 보장하는 반론권제도가 적절하고 형평의 원칙에도 잘 부합할 수 있다는 점이다. 둘째, 독자로서는 언론기관이 시간적 제약 아래 일방적으로 수집공급하는 정보에만 의존하기보다는 상대방의 반대주장까지 들어야 비로소 올바른 판단을 내릴 수 있기 때문에 이 제도는 진실발견과 올바른 여론형성을 위하여 중요한 기여를 할 수 있게 된다는 점이다.……우리 헌법 제10조는 「모든 국민은 인간으로서의 존엄과 가치를 가지며, 행복을 추구할 권리를 가진다」라고 규정하고 있고 제17조는 「모든 국민은 사생활의 비밀과 자유를 침해받지 아니한다」고 규정하고 있으며 한편 제21조의 제1항은 「모든 국민은 언론 · 출판의 자유를 가진다」라고 규정하고, 제4항은 "언론 · 출판이 타인의 명예나 권리 또는 공중도덕이나 사회윤리를 침해하여서는 아니 된다"고 규정함으로써 언론 · 출판의 자유를 보장하는 동시에 언론 · 출판의 자유가 민주사회에서 비록 중요한 기능을 수행한다고 하더라도 그것이 인간의 존엄성에서 유래하는 개인의 일반적 인격권 등의 희생을 강요할 수는 없음을 분명히 밝히고 있다. 헌법의 위 조항들을 종합해 볼 때 언론기관에 의하여 일반적인 인격권이나 사생활의 비밀과 자유를 침해받은 피해자에게 인간의 존엄과 가치 및 사생활의 비밀과 자유권을 보호하기 위하여 신속하고도 적절한 방어의 수단이 주어져야 함이 형평의 원리에 부합한다고 할 것이다. 그러므로 이 법이 규정한 반론권으로서의 정정보도청구권은 바로 헌법상 보장된 인격권에 그 바탕을 둔 것으로서, 피해자에게 보도된 사실적 내용에 대하여 반박의 기회를 허용함으로써 피해자의 인격권을 보호함과 동시에 공정한 여론의 형성에 참여할 수 있도록 하여 언론보도의 객관성을 향상시켜 제도로서의 언론보장을 더욱 충실하게 할 수도 있을 것이라는 취지 아래 헌법의 위에 든 각 조항들을 근거로 하여 제정된 것이다.」

사실적 주장에 관한 언론보도 등이 진실하지 아니함으로 인하여 피해를 입은 자는 해당 언론보도 등이 있음을 안 날부터 3개월 이내에 그 언론보도 등의 내용에 관한 정정보도를 언론사에 청구할 수 있다. 다만, 해당 언론보도가 있은 후 6개월이 지났을 때에는 그러하지 아니하다(언중법 §14①). 이러한 청구에는 언론사 등의 고의 · 과실이나 위법성을 필요로 하지 아니한다(동조 ②). 국가 · 지방자치단체, 기관 또는 단체의 장은 해당 업무에 대하여 그 기관 또는 단체를 대표하여(동조 ③), 민사소송법상 당사자능력이 없는 기관 또는 단체라도 하나의 생활단위를 구성하고 보도내용과 직접적인 이해관계가 있는 때에는 그 대표자가 정정보도를 청구할 수 있다(동조 ④).

언론사 등이 청구를 수용하는 때에는 지체 없이 피해자 또는 그 대리인과 정정보도의 내용 · 크기 등에 관하여 협의한 후 그 청구를 받은 날부터 7일 내에 정정보도문을 방송 또는 게재하여야 한다. 다만, 신문 및 잡지 등 정기간행물의 경우 이미 편집 및 제작이 완료되어 부득이할 때에는 다음 발행 호에 이를 게재하여야 한다(동법 §15③).

사실적 주장에 관한 언론보도 등으로 인하여 피해를 입은 자는 그 보도 내용에 관한 반론보도(反論報道)를 언론사 등에 청구할 수 있다(동법 §16①). 이러한 청구에는 언론사등의 고의·과실이나 위법성을 필요로 하지 아니하며, 보도 내용의 진실 여부를 불문한다(동조 ②). 반론보도 청구에 관하여는 따로 규정된 것을 제외하고 정정보도청구에 관한 규정을 준용한다(동조 ③).

언론 등에 의하여 범죄혐의가 있거나 형사상의 조치를 받았다고 보도 또는 공표된 자는 그에 대한 형사절차가 무죄판결 또는 이와 동등한 형태로 종결 되었을 때에는 그 사실을 안 날부터 3개월 이내에 언론사 등에 이 사실에 관한 추후보도의 게재를 청구할 수 있다(언중법 §17①). 이 때 추후보도에는 청구인의 명예나 권리회복에 필요한 설명 또는 해명이 포함되어야 하며(동법 §17②), 그 청구·중재 및 법원의 심판절차에 관해서는 정정보도 청구권에 관한 규정이 준용된다(동법 §17③).

(4) 한 계

국민의 언론기관에 대한 권리인 액세스권은 언론기관이 갖는 보도의 자유, 계약의 자유 등과 충돌할 수 있다. 이 때에는 언론기관이 갖는 보도의 자유 등도 헌법적으로 보호되어야 하기 때문에 일방적으로 액세스권을 우선시킬 수는 없고, 기본권의 충돌이론에 의하여 해결하여야 할 것이다. 다만, 인격적 가치의 침해에 대응하는 반론권 및 해명권은 우선적으로 보호되어야 할 것이고, 액세스권에 의해서 요구되는 내용이 민주적인 여론형성과 관계가 클수록 그 보호의 필요성이 커진다고 볼 수 있다(동지: 허영a, 55).

[234] 제5 효 력

언론·출판의 자유는 대국가적 효력을 가진다. 언론·출판의 자유가 사인에 의해서도 침해될 수 없는 것을 기본권의 대사인적 효력으로 보아 직접 적용되는 결과라는 직접적용설(허영a, 260; 성낙인, 517)과 간접적으로 적용된다는 견해(동지: 권영성, 504)가 있으나, 이는 기본권의 효력이 아니고 헌법에서 보장되는 가치 중 사인 간에도 존중되어야 하는 성질을 가지는 것이고, 국가가 이를 보장해야 하는 국가기능에 따른 것이다. 헌법상 제21조 제4항은 언론·출판의 자유를 행사함에 있어 발생할 수 있는 사인 간의 이익충돌에 대하여 헌법이 직접 정하고 있는 것이지만, 이는 헌법 제37조 제2항에 의해서도 당연히 인정되는 것을 강조하여 명기한 것이다. 따라서 이러한 것이 기본권의 효력을 변경하는 것은 아니다.

《헌법 제21조 제4항》

헌법 제21조 제4항은 「언론·출판은 타인의 명예나 권리 또는 공중도덕이나 사회윤리를 침해하여서는 아니 된다. 언론·출판이 타인의 명예나 권리를 침해한 때에는 피해자는 이에 대한 피해의 배상을 청구할 수 있다」고 규정하고 있다. 헌법 제21조 제4항의 헌법상 의의에 대하여 i) 언론·출판의 내재적 한계를 정한 것으로 보는 견해(김철수a, 990; 권영성, 505; 성낙인, 539)와 ii) 헌법정책적 결단으로서 언론·출판의 자유가 넘어설 수 없는 구체적인 헌법적 한계를 명시함과 동시에 사인 간에 직접적 효력을 가진다는 것을 특별히 명시한 것이라는 견해(허영a, 554)가 있다. 헌법은 제37조 제2항에 의하여 일반적 법률유보 방식을 취하고 있으므로 기본권의 내재적 한계는 생각할 필요가 없다. 또한 헌법 제21조 제4항의 사유는 일반적 법률유보에 관한 헌법 제37조 제2항의 기본권 제한 목적의 일부에 지나지 않고, 언론·출판의 자유는 헌법 제21조 제4항의 사유에 한정하여 제한되는 것이 아니라 헌법 제37조 제2항이 정하는 목적에 의해서도 제한될 수 있으므로, 헌법 제21조 제4항은 우리 헌법구조상 개별적 헌법유보(헌법 직접적 제한)로서 기능하지 못한다. 따라서 헌법 제21조 제4항은 언론·출판의 자유의 한계를 강조하는 당연한 내용을 정하고 있는 주의적인 규정에 지나지 않는다고 할 것이다([143]Ⅲ). 헌법입법의 기술로 볼 때에는 헌법 제37조 제2항이 있는 이상 이는 사족에 불과하므로 삭제하여도 무방하다. 헌법재판소는 「헌법 제21조 제4항은 "언론·출판은 타인의 명예나 권리 또는 공중도덕이나 사회윤리를 침해하여서는 아니 된다"고 규정하고 있는바, 이는 언론·출판의 자유에 따르는 책임과 의무를 강조하는 동시에 언론·출판의 자유에 대한 제한의 요건을 명시한 규정으로 볼 것이고, 헌법상 표현의 자유의 보호영역 한계를 설정한 것이라고는 볼 수 없다」고 판시하였다(예: 憲 2009. 5. 28.-2006헌바109).

[235] 제6 제한과 그 한계

Ⅰ. 제 한

언론·출판의 자유는 헌법 제37조 제2항에 의하여 「국가안전보장·질서유지 또는 공공복리를 위하여 필요한 경우에 한하여 법률」로써 제한 가능하다. 또한 「통신·방송의 시설기준과 신문의 기능을 보장하기 위하여 필요한 사항은 법률로 정한다」고 하여 언론기관 시설기준 법정주의를 규정한 헌법 제21조 제3항이 건전하고 공정한 언론제도의 확립을 위하여 보도의 자유 내지는 언론기관설립의 자유를 제한하는 근거가 될 수 있음은 앞에서 살펴본 바와 같다.

Ⅱ. 구체적인 문제

(1) 명예훼손

명예란 「사람의 품성, 덕행, 명성, 신용 등 인격적 가치에 대하여 사회로부터 받는 객관적인 평가」(예: 大 2000. 7. 28.-99다6203) 내지는 「사람의 가치에 대한 사회적 평가」(예: 憲 1999. 6. 24.-97헌마265)로서 헌법상 기본권인 인격권의 한 내용을 이루고([165]Ⅱ(3)), 명예훼손이란 「명예 주체에 대한 사회적 평가를 저하시키는 일체의 행위」를 말한다(예: 大 1997. 10. 28.-96다38032; 1999. 10. 8.-98다40077).

i) 사실 또는 허위의 사실을 적시하여 공연히 명예를 훼손하거나, 비방할 목적으로 출판물 등에 의하여 명예를 훼손할 경우 형법에 의하여 처벌을 받는다(형법 §307, §309, §312②). 헌법재판소는, 공연히 허위의 사실을 적시하여 사람의 명예를 훼손한 자를 형사처벌하도록 규정한 형법 제307조 제2항은 표현의 자유를 침해하는 것이 아니라고 하고(憲 2021. 2. 25.-2016헌바84), 공연히 사실을 적시하여 사람의 명예를 훼손한 자를 형사처벌하도록 규정한 형법 제307조 제1항도 표현의 자유를 침해하는 것이 아니라고 하였다(憲 2021. 2. 25.-2017헌마1113등).

[憲 2021.2.25.-2016헌바84] 「(1) **입법 목적의 정당성 및 수단의 적합성** 명예훼손적 표현이 표현의 자유의 한 내용으로 인정된다고 하더라도, 그러한 표현이 '허위'라면 타인의 가치에 대한 사회적 평가로서 외적 명예가 근거 없이 부당하게 훼손될 수 있고, 그로 인한 인격권 침해의 정도가 심각할 수 있다. 또한 사안에 따라 여론의 형성을 왜곡하여 공론의 장에 대한 신뢰를 무너뜨릴 우려도 없지 않다. 따라서 공연히 허위의 사실을 적시하여 사람의 명예를 훼손하는 행위를 금지하는 심판대상조항은 헌법 제10조가 보장하는 개인의 일반적 인격권, 명예에 관한 권리를 보호하고, 민주사회의 여론 형성에 핵심적인 공론의 장이 제 기능을 다 하도록 하기 위한 것으로서 그 입법목적이 정당하다. 또한, 공연히 허위의 사실을 적시하여 타인의 명예를 훼손하는 행위를 형사처벌함으로써 이를 예방하고 억제할 수 있으므로 수단의 적합성도 인정된다. (2) **침해의 최소성** (가) 헌법 제21조 제4항 전문은 "언론·출판은 타인의 명예나 권리 또는 공중도덕이나 사회윤리를 침해하여서는 아니 된다."고 규정하여 표현의 자유도 일정한 경우 제한될 수 있음을 구체적으로 명시하고 있다. 한편, 명예는 사회에서 개인의 인격을 발현하기 위한 기본조건으로, 명예의 보호는 인격의 자유로운 발전과 인간의 존엄성 보호뿐만 아니라 민주주의의 실현에 기여한다. 명예의 보호가 제대로 이루어지지 않는 경우에는 개인이 다수 의견과 다른 견해를 공적으로 표명하는 것에 큰 부담을 느끼게 되어 오히려 표현의 자유가 위축될 수도 있다는 점에서 표현의 자유와 인격권의 우열은 쉽게 단정할 성질의 것이 아니다(헌재 2013. 12. 26. 2009헌마747 참조). (나) 심판대상조항의 규제 대상은 정당한 근거 없이 있지도 않은 허위의 사실, 즉 거짓말로 피해자의 명예를 훼손하는 행위이다. 즉, 심판대상조항은 행위자가 그 사실이 '허위'라는 점을 '인식'하면서 타인의 명예를 훼손하는 경우에 적용되는바, 타인에 대한 거짓된 사실을 인식하면서 이를 공연히 퍼뜨리는 행위는 사회 일반의 윤리 및 법질서에 의해 부정적으로 평가되므로 행위반가치가 인정된다. 나아가 이러한 행위는 '허위'의 사실에 기초함에 따라 타인의 명예를 부당하게 실추시켜 개인의 인격권을 심각하게 침해할 위험이 크다는 점에서 결과반가치 또한 인정할 수 있다. 더군다나 오늘날은 매체의 급속한 발달과 다양화로 인하여 개인의 명예를 훼손할 만한 허위의 사실이 적시되거나 공개되는 순간 통제 불가능할 정도로 빠르게 전파될 가능성이 높고, 이미 허위사실적시로 인하여 개인의 사회적 가치 내지 평가가 부당하게 침해된 후에는 반론과 토론을 통한 자정작용이 사실상 무의미한 경우도 적지 않으며 개인의 외적 명예는 일단 훼손되면 완전한 회복이 어렵다는 특성상 때로는 피해자의 인격을 형해화하여 회복불능의 상태에 이르게 하는 경우도 발생하고 있

다. 게다가 허위의 사실이 통용되는 것을 방치할 경우 여론이 왜곡되고 공론의 장에 대한 신뢰가 무너져 민주사회의 여론 형성에도 부정적인 영향을 끼치게 될 가능성도 배제하기 어렵다. 따라서 일단 훼손되면 완전한 회복이 사실상 불가능하다는 인격권의 특성을 고려하여 개인의 인격권을 보다 충실히 보호하고 민주사회의 자유로운 여론 형성을 위한 공론의 장이 제 기능을 다 할 수 있도록 하기 위하여 허위사실을 적시하여 타인의 명예를 훼손하는 표현행위를 형사처벌을 통해 규제할 필요가 있다. (다) 청구인은 심판대상조항으로 인하여 진실로 완전히 규명된 사항만을 발언할 수 있게 되어 표현의 자유가 위축된다고 주장한다. 그러나 '허위사실'의 표현은 증거에 의하여 허위성이 입증된 경우에만 처벌되는데, '적시된 사실이 객관적으로 허위'이고 피고인이 적시한 사실이 '허위임을 인식'하였는지에 대한 증명책임은 원칙적으로 검사에게 있다(대법원 1994. 10. 28. 선고 94도2186 판결; 대법원 2010. 10. 28. 선고 2009도4949 판결 참조). 나아가 법원은 적시된 사실이 허위의 사실인지 여부를 판단하는 경우 적시된 사실의 내용 전체의 취지를 살펴볼 때 중요한 부분이 객관적 사실과 합치되는 경우에는 세부에서 진실과 약간 차이가 나거나 다소 과장된 표현이 있다 하더라도 이를 허위의 사실이라고 볼 수는 없다는 취지의 판례를 확립하여(대법원 1998. 10. 9. 선고 97도158 판결; 대법원 1999. 10. 22. 선고 99도3213 판결 참조), 심판대상조항의 구성요건인 '허위의 사실'을 판단하는 기준을 제시하는 한편, 그 의미를 엄격히 해석·적용하여 표현의 자유에 대한 위축을 최소화하고 있다. (라) 한편, 허위 사실 적시로 명예를 훼손당한 피해자는 민사상 손해배상을 청구할 수 있고(민법 제751조 제1항), 손해배상에 갈음하거나 손해배상과 함께 명예회복에 적당한 처분을 구할 수 있으며(민법 제764조), 인격권 침해를 이유로 한 방해배제청구권을 행사하여 현재 이루어지고 있는 침해행위를 배제하거나 또는 장래에 생길 침해를 예방하기 위한 침해행위의 금지를 구할 수 있다(대법원 2013. 3. 28. 2010다60950 판결 참조). 또한 '언론중재 및 피해구제 등에 관한 법률'에 의하여 정정보도, 추후 보도를 청구할 수 있고, 언론중재위원회에 조정 또는 중재를 신청하여 신속한 구제를 받을 수도 있으며(제14조, 제17조, 제18조, 제24조), '정보통신망 이용촉진 및 정보보호 등에 관한 법률'에 따라 정보통신망 서비스 제공자에게 정보의 삭제 또는 반박내용의 게재를 요청할 수도 있고, 방송통신심의위원회의 분쟁조정부에 명예훼손 분쟁조정신청을 할 수도 있다(제44조의2 제1항, 제44조의10). 그런데 앞서 살핀 바와 같이 허위사실적시 명예훼손 행위로 인한 피해자의 인격권 침해의 정도가 크고 그 사회적 폐해가 심각한 반면, 위와 같은 구제수단은 대부분 사후적이고 형사처벌과 같은 정도로 허위사실적시 명예훼손 행위를 억제하는 효과를 기대하기 어렵다. 게다가, '언론중재 및 피해구제 등에 관한 법률'은 언론사 등에 의한 명예훼손 행위, '정보통신망 이용촉진 및 정보보호 등에 관한 법률'은 정보통신망을 통한 명예훼손 행위로 적용범위를 제한하고 있기 때문에 그 밖의 경우에 의한 명예훼손 피해에 대한 구제수단으로서는 기능할 수 없다. (마) 심판대상조항의 법정형은 5년 이하의 징역, 10년 이하의 자격정지 또는 1천만 원 이하의 벌금으로 되어 있어, 심판대상조항에 의한 죄가 성립할 경우 자격정지 또는 신체의 자유를 구속하는 징역형을 선고할 수 있도록 되어 있다. 그러나 심판대상조항이 법정형의 하한을 두지 않아 징역형이나 벌금형의 집행유예 또는 선고유예를 선고할 수 있는 점이나 심판대상조항의 보호법익의 중요성 및 허위사실적시로 인한 명예훼손 행위를 규제하여야 할 필요성에 비추어 보면, 심판대상조항의 법정형의 범위가 입법자의 형성권을 벗어난 것이라고 단정할 수 없다. (바) 따라서 심판대상조항은 침해의 최소성 원칙에 위배되지 않는다. (3) **법익의 균형성** (가) 명예훼손적 표현이 '허위의 사실'에 해당하는 경우 피해자의 사회적 평가 내지 가치가 부당하게 실추되는 결과가 발생한다. 설령 허위의 사실이 이른바 사상의 자유시장에서 자유로운 논의와 검증을 거쳐 사후에 거짓으로 밝혀진다고 하더라도 그 때까지 피해자가 입는 명예에 대한 피해의 정도가 매우 심각할 뿐만 아니라 이미 손상된 명예는 쉽게 회복될 수 없다. 따라서 허위의 사실을 적시하여 타인의 명예를 훼손하는 행위를 형사처벌함으로써 얻는 공익은 적지 아니하다. (나) 반면 심판대상조항의 규제 대상은 허위의 사실임을 인식하면서도 이를 적시하여 타인의 명예를 훼손하는 행위인데, 이는 표현의 자유의 보장을 통하여 달성하고자 하는 개인적 가치인 인격 실현과 사회적 가치인 자치정체(自治政體) 이념의 실현에 기여한다고 단정할 수 없을 뿐만 아니라, 오히려 신뢰를 바탕으로 한 비판과 검증을 통하여 형성되어야 할 공적 여론에 부정적인 영향을 끼치게 될 것이다. 또한, 앞서 살핀 바와 같이 사법기관은 법률의 해석과 적용을 통하여 심판대상조항의 판단 기준을 구체화하고 있으므로, 심판대상조항으로 인한 표현의 자유의 제한 정도가 지나치게 크다고 볼 수 없다. (다) 따라서 심판대상조항으로 인하여 제한되는 표현의 자유의 정도는 심판대상조항을 통하여 달성되는 공익에 비하여 크다고 할 수 없으므로 심판대상조항은 법익 균형성 원칙도 충족한다.」

[憲 2021.2.25.-2017헌마1113등] 「(1) **목적의 정당성 및 수단의 적합성** 명예훼손적 표현이 표현의 자유의 한 내용으로 인정된다고 하더라도, 명예를 훼손할 수 있는 사실의 적시가 공연히 이루어진다면 그 사람의 가치에 대한 사회적 평가로서 외적 명예는 훼손되고, 그로 인해 상대방의 인격권이 침해될 수 있다. 특히 현대사회에서 개인의 외적 명예는 의사소통에 참여할 수 있게 만들어주는 최소한의 자격으로 작용하는 측면이 있기 때문에, 사회적 대화의 장에서 소외되지 않도록 우리의 실존을 지켜주는 핵심적 권리로 이해할 수 있다. 오늘날 사실 적시의 매체가 매우 다양해짐에 따라 명예훼손적 표현의 전파속도와 파급효과는 광범위해지고 있으며, 일단 훼손되면 그 완전한 회복이 쉽지 않다는 외적 명예의 특성에 따라 명예훼손적 표현행위를 제한해야 할 필요성은 더 커지게 되었다. 심판대상조항은 공연히 사실을 적시하여 타인의 명예를 훼손하는 행위를 금지함으로써 개인의 명예, 즉 인격권을 보호하기 위한 것이므로 입법목적의 정당성이 인정된다. 또한 위와 같은 금지의무를 위반한 경우 형사처벌하는 것은 그러한 명예훼손적 표현행위에 대해 상당한 억지효과를 가질 것이므로 수단의 적합성도 인정된다. (2) **피해의 최소성** (가) 명예는 사회에서 개인의 인격을 발현하기 위한 기본조건이므로, 명예의 보호는 인격의 자유로운 발전과 인간의 존엄성 보호뿐만 아니라 민주주의의 실현에 기여한다. 명예의 보호가 제대로 이루어지지 않는 경우에는 개인이 다수 의견과 다른 견해를 공적으로 표명하는 것에 큰 부담을 느끼게 되어 오히려 표현의 자유가 위축될 수도 있기 때문이다. 그러므로 표현의 자유와 인격권의 우열은 쉽게 단정할 성질의 것이 아니다(헌재 2013. 12. 26. 2009헌마747 참조). 개인의 외적 명예는 일단 훼손되면 완전한 회복이 어렵다는 특징이 있으므로, 사실을 적시하였더라도 그러한 명예훼손적 표현행위가 공연히 이루어지는 이상 개인의 인격을 형해화시키고 회복불능의 상황으로 몰아갈 위험성

이 있다. 더욱이 명예와 체면을 중시하는 우리 사회에서는 명예훼손적 표현행위로 피해를 입은 개인이 자살과 같은 극단적 선택을 하는 사례도 발생하는 등, 그 사회적 피해가 매우 심각한 상황이다. 그러므로 한편으로는 표현의 자유의 보장 필요성을 인정하더라도, 다른 한편으로는 개인의 외적 명예라는 보호법익과 우리 사회의 특수성을 고려하여 공연한 사실 적시를 통해 타인의 명예를 훼손하는 표현행위를 규제함으로써 인격권을 보호해야 할 필요성을 포기할 수 없다. 사실 적시 명예훼손죄를 비범죄화하기 위해서는 개개인이 표현의 자유의 무게를 충분히 인식하고, 그 결과에 대해 당연히 책임을 져야 한다는 분위기가 성숙되어, 형사처벌이라는 수단을 활용하지 아니하여도 개인의 명예 보호라는 가치가 희생되지 아니할 것이라는 국민적 공감대가 형성되어야 한다. 그러나 명예훼손죄로 기소되어 처벌되는 사례는 점차 증가하고, 명예훼손적 표현이 유통되는 경로도 다양해짐에 따라 그 피해가 더 커지고 있는 상황에서, 사실 적시 명예훼손죄를 형사처벌하지 아니하여야 한다는 점에 국민적 합의나 공감대가 형성되어 있다고 보기 어렵다. 이처럼 개인의 외적 명예에 관한 인격권 보호의 필요성, 일단 훼손되면 완전한 회복이 사실상 불가능하다는 보호법익의 특성, 사회적으로 명예가 중시되나 명예훼손으로 인한 피해는 더 커지고 있는 우리 사회의 특수성, 명예훼손죄의 비범죄화에 관한 국민적 공감대의 부족 등을 종합적으로 고려하면, 공연히 사실을 적시하여 다른 사람의 명예를 훼손하는 행위를 금지하고 위반시 형사처벌하도록 정하고 있다고 하여 바로 과도한 제한이라 단언하기 어렵다. (나) 공연히 사실을 적시한 명예훼손 행위의 피해자는 민사상 손해배상을 청구할 수 있고(민법 제751조 제1항), 법원은 피해자의 청구에 의하여 손해배상에 갈음하거나 손해배상과 함께 명예회복에 적당한 처분을 명할 수 있다(민법 제764조). 그러나 징벌적 손해배상(punitive damages)이 인정됨에 따라 민사상 손해배상을 통해 형벌을 대체하는 예방이나 위하효과를 달성할 수 있는 입법례와 달리, 우리나라의 민사적인 구제방법만으로는 형벌과 같은 예방이나 위하효과를 확보하기 어렵다. 또한, 민사상 구제수단의 경우 소송비용의 부담이 있고, 소송기간이 장기화될 수 있어, 비록 민사소송에서 승소하더라도 그 사이 실추된 명예 및 그로 인한 손해를 회복하는 것은 쉽지 않다. 최근에는 명예훼손적 표현이 유통되는 경로가 단순히 언어, 문서, 도화나 출판물 등에 국한되지 않고 정보통신망을 통하여서도 광범위하게 이루어지고 있다. 정보통신망에서의 정보는 신속하고 광범위하게 반복·재생산되기 때문에 피해자가 명예훼손적 표현을 모두 찾아내어 반박하거나 일일이 그 삭제를 요구하는 것은 사실상 불가능하므로(헌재 2016. 2. 25. 2013헌바105등 참조), 가처분 등을 명예훼손에 대한 실효적 구제방법으로 보기 어렵다. 나아가 '언론중재 및 피해구제 등에 관한 법률' 제14조 내지 제17조의2가 정하고 있는 정정보도청구, 반론보도청구, 추후보도청구 등의 구제수단 역시 언론사 등이 아닌 일반 개인이 행한 명예훼손적 표현에 대하여는 적합한 구제수단이 될 수 없다. 이처럼 명예훼손적 표현행위에 대한 실효적인 구제방법이 마련되어 있지 않은 상황에서, 피해자로서는 그 행위의 즉각적인 중단, 출판물 등의 자발적 폐기, 정보통신망 게시물의 자발적 삭제 등을 유도하기 위한 수단으로 형법상 명예훼손죄에 의지할 수밖에 없는 것이 오늘날의 현실이다. 이러한 사정을 고려하면, 공연히 사실을 적시하여 타인의 명예를 훼손하는 행위를 금지하고 이를 위반할 경우 형사처벌하도록 한 심판대상조항을 대체하여, 입법목적을 동일하게 달성하면서도 덜 침익적인 다른 수단이 있다고 보기도 어렵다. (다) 형법 제310조는 심판대상조항이 금지하는 행위가 진실한 사실로서 오로지 공공의 이익에 관한 때에는 처벌하지 아니하도록 규정한다. 이와 관련하여 헌법재판소는, "첫째, 그 표현이 '진실한 사실'이라는 입증이 없어도 행위자가 진실한 것으로 오인하고 행위를 한 경우, 그 오인에 정당한 이유가 있는 때에는 명예훼손죄는 성립하지 않는 것으로 해석하여야 한다. 둘째, '오로지 공공의 이익에 관한 때'라는 요건은 언론의 자유를 보장한다는 관점에서 그 적용범위를 넓혀야 한다. 국민의 알 권리의 배려라는 측면에서 객관적으로 국민이 알아야 할 필요가 있는 사실에는 공공성이 인정되어야 하고, 또 사인이라도 그가 관계하는 사회적 활동의 성질과 이로 인하여 사회에 미칠 영향을 헤아려 공공의 이익을 쉽게 수긍할 수 있도록 하여야 한다."라고 판시함으로써(헌재 1999. 6. 24. 97헌마265 참조), 형법 제310조의 탄력적 적용을 통해 표현의 자유에 대한 위축을 최소화하여야 함을 선언하고 있다. 대법원도, "형법 제310조의 '진실한 사실'이란 그 내용 전체의 취지를 살펴볼 때 중요한 부분이 객관적 사실과 합치되는 사실이라는 의미로서 세부에 있어 진실과 약간 차이가 나거나 다소 과장된 표현이 있더라도 무방하고, '오로지 공공의 이익에 관한 때'라 함은 적시된 사실이 객관적으로 볼 때 공공의 이익에 관한 것으로서 행위자도 주관적으로 공공의 이익을 위하여 그 사실을 적시한 것이어야 하는 것인데, 여기의 공공의 이익에 관한 것에는 널리 국가·사회 기타 일반 다수인의 이익에 관한 것뿐만 아니라 특정한 사회집단이나 그 구성원 전체의 관심과 이익에 관한 것도 포함한다. 행위자의 주요한 동기 내지 목적이 공공의 이익을 위한 것이라면 부수적으로 다른 사익적 목적이나 동기가 내포되어 있더라도 형법 제310조의 적용을 배제할 수 없다."라고 판시함으로써(대법원 2007. 12. 14. 선고 2006도2074 판결), 형법 제310조의 적용범위를 넓게 해석하여 심판대상조항으로 인한 표현의 자유 제한을 최소화하고 있다. 또한, 공연히 사실을 적시하여 사람의 명예를 훼손하는 행위를 형사처벌하는 것이 자칫 공적인물이나 국가기관에 대한 비판을 제한하고 억압하는 수단으로 남용될 가능성을 우려하여, 헌법재판소는 심판대상조항과 형법 제310조에 관한 해석·적용론을 통해 그 위험성을 최소화하고 있는데 그 구체적 기준은 다음과 같다. 즉, 명예훼손 관련 실정법을 해석·적용할 때에는 당해 표현으로 인한 피해자가 공적인물인지 아니면 사인인지, 그 표현이 공적인 관심 사안에 관한 것인지 순수한 사적인 영역에 속하는 사안인지, 피해자가 당해 명예훼손적 표현의 위험을 자초한 것인지, 그 표현이 객관적으로 국민이 알아야 할 공공성·사회성을 갖춘 사실(알권리)로서 여론형성이나 공개토론에 기여하는 것인지 등을 종합하여 구체적인 표현 내용과 방식에 따라 상반되는 두 권리를 유형적으로 형량한 비례관계를 따져 표현의 자유에 대한 한계 설정을 할 필요가 있다. 공적인물과 사인, 공적인 관심 사안과 사적인 영역에 속하는 사안 간에는 심사기준에 차이를 두어야 하고, 공적인물의 공적활동에 대한 명예훼손적 표현은 그 제한이 더 완화되어야 한다. 공직자의 공무집행과 직접적인 관련이 없는 개인적인 사생활에 관한 사실이라도 일정한 경우 공적인 관심 사안에 해당할 수 있다. 공직자의 자질·도덕성·청렴성에 관한 사실은 공직자 등의 사회적 활동에 대한 비판 내지 평가의 한 자료가 될 수 있고, 업무집행의 내용에 따라서는 업무와 관련이 있을 수도 있으므로, 이에 대한 문제제기 내지 비판은 허용되어야 한다(헌재 1999. 6. 24. 97헌마265; 헌재 2013. 12. 26. 2009헌마747 참조). 대법원도, "정부 또는 국가기관의 정책결정 또는 업무수행과 관련된 사항을 주된 내용으로 하는 언론보도로 인하여 그 정책결정이나 업무수행에 관여한 공직자에 대한 사회적 평가가 다소 저하될 수 있다고 하더라도, 그 보도의 내용이 공직자 개인에 대한 악의적이거나 심히 경솔한 공격으로서 현저히 상당성을 잃은 것으로 평가되지 않는 한, 그 보도로 인하여 곧바로 공직자 개인에 대한 명예훼손이 된다고 할 수 없다."라고 판시하고(대법원 2011. 9. 2. 선고 2010도17237 판결 참조), "형법이 명예훼손죄를 처벌함으로써 보호하고자 하는 사람의 가치에 대한 평가인 외부적 명예는 개인적 법익으로서, 국민의 기본권을 보호 내지 실현해야 할 책임과 의무를 지고 있는 공권력의 행사자인 국가나 지방자치단체는 기본권의 수범자일 뿐 기본권의 주체가 아니고, 그 정책결정이나 업무수행과 관련된 사항은 항상 국민의 광범위한 감시와 비판의 대상이 되어야 하며 이러한 감시와 비판은 그에 대한 표현의 자유가 충분히 보장될 때에 비로소 정상적으로 수행될 수 있으므로, 국가나 지방자치단체는 국민에 대한 관계에서 형벌의 수단을 통해 보호되는 외부적 명예의 주체가 될 수는 없고, 따라서 명예훼손죄의 피해자가 될 수 없다."라고 판시함으로써(대법원 2016. 12. 27. 선고 2014도15290 판결), 사실 적시 명예훼손죄가 공적인물이나 국가기관에 대한 비판을 억압하는 수단으로 남용되지 않도록 해석하고 있다. (라) 만약 표현의 자유에 대한 위축효과를 우려하여 심판대상조항을 전부위헌으로 결정한다면, 사람의 가치에 대한 사회적 평가인 외적 명예가 침해되는 것을 방치하게 된다. 특히 어떠한 사실이 진실에 부합하더라도 그것이 개인이 숨기고 싶은 병력·성적 지향(性的 志向)·가정사 등 사생활에 해당되는 경우, 이를 공연히 적시하는 것은 사생활의 비밀과 자유에 대한 중대한 침해가 될 수 있기에, 심판대상조항을 전부위헌으로 결정하는 것은 위험성이 매우 크다. 이러한 위험성을 해소하기 위하여, 심판대상조항의 '사실'을 '사생활의 비밀에 해당하는 사실'로 한정하는 방향으로 일부위헌 결정을 함으로써 사생활의 비밀 보호와 표현의 자유 보장을 조화시킬 수 있다는 의견이 제시될 수 있다. 심판대상조항에 대한 일부위헌 결정을 통해 그 구성요건에 '사생활의 비밀에 해당하는 사실'의 적시를 남겨둠으로써 사생활의 비밀과 자유를 보장함과 동시에, 그 구성요건에서 '사생활의 비밀에 해당하지 아니한 사실'의 적시를 배제함으로써 표현의 자유 제한을 최소화할 수 있다는 대안이다. 이러한 일부위헌론은, 형법 제310조의 '오로지 공공의 이익에 관한 때'가 지나치게 포괄적이고 모호하기 때문에, 사실을 적시하려는 개인으로서는 자신의 표현행위가 그 위법성 조각사유에 해당할 것인지 여부를 미리 예측하기 어렵다는 점에 주목한다. 자신의 표현행위가 일단 심판대상조항의 구성요건에 해당될 것이나 형법 제310조에 따른 위법성 조각 여부를 예측할 수 없는 개인으로서는, 심판대상조항으로 인한 형사처벌 가능성과 그에 따르는 위축효과를 고려하여 사회적으로 필요한 사실의 적시마저도 포기하게 된다는 점을 지적하면서, 일부위헌론은 이러한 위법성 단계에서의 예측불가능성 문제를 해소하기 위해서는 구성요건 단계에서 '사생활의 비밀에 해당하지 아니한 사실 적시'를 제외해야 한다고 본다. 그러나 개인의 행위를 사적 영역과 공적 영역으로 명백히 구분하기 어려운 경우가 많기 때문에, '사생활의 비밀에 해당하는 사실'이 무엇인가에 대해서도 명확히 판단하기 어려운 측면이 있다. 일부위헌론에 따르더라도 처벌되어야 할 '사생활의 비밀에 해당하는 사실'의 적시와 처벌되지 않아야 할 '사생활의 비밀에 해당하지 아니하는 사실'의 적시 사이의 불명확성에 따르는 위축효과가 발생할 가능성은 여전히 존재한다. (마) 지금까지 살펴본 바와 같이 개인의 외적 명예에 관한 인격권 보호의 필요성, 입법목적을 동일하게 달성하면서도 덜 침해적인 대체수단이 존재하지 않는 점, 형법 제310조의 위법성 조각사유와 그에 대한 헌법재판소와 대법원의 해석·적용을 통해 표현의 자유 제한이 최소화되고 있는 사정, 심판대상조항에 대해 일부위헌을 할 경우 그 '사생활의 비밀에 해당하는 사실'의 모호성으로 인해 새로운 위축효과가 발생할 가능성 등을 종합적으로 고려하면, 피해의 최소성도 인정된다. (3) **법익의 균형성** 헌법 제21조는 제1항에서 표현의 자유를 보장하면서도, 제4항에서 '타인의 명예나 권리를 침해하여서는 아니된다'고 규정함으로써 표현의 자유의 한계로서 타인의 명예와 권리를 선언하고 있다. 진실한 사실은 건전한 토론과 논의의 토대가 되므로 사회구성원 상호 간에 자유로운 표현이 보장되어야 할 것이나, 진실한 사실이라는 이유만으로 특정인에 대한 명예훼손적 표현행위가 무분별하게 허용된다면 개인의 명예와 인격은 제대로 보호받기 어려울 것이다. 타인으로부터 어떤 부당한 피해를 받았다고 생각하는 사람은 손해배상청구 또는 형사고소와 같은 민·형사상 절차에 따라 이를 해결하는 것이 바람직하다. 이러한 법적 절차를 거치지 아니한 채 공연히 사실을 적시하여 가해자의 명예를 훼손하려는 것은 가해자가 져야 할 책임에 부합하지 아니하는 사적 제재수단으로 악용될 수 있으므로, 심판대상조항을 통해 그러한 악용 가능성을 규제할 필요성이 있다. 형법 제310조의 공익성이 인정되지 않음에도 불구하고 단순히 타인의 명예가 허명(虛名)임을 드러내기 위해 감추고 싶은 개인의 약점과 허물을 공연히 적시하는 것은, 자유로운 논쟁과 의견의 경합을 통해 민주적 의사형성에 기여한다는 표현의 자유의 목적에도 부합하지 않는 측면이 있다. 또한, 앞서 살펴본 바와 같이, 형법 제310조의 위법성 조각사유와 그에 관한 헌법재판소와 대법원의 해석을 통해 심판대상조항으로 인한 표현의 자유 제한은 최소화되고 있다. 이러한 사정을 고려하면, 심판대상조항이 개인의 명예를 보호하기 위해 표현의 자유를 지나치게 제한함으로써 법익의 균형성을 상실하였다고 보기 어렵다. (4) **소결** 따라서 심판대상조항은 과잉금지원칙에 반하여 표현의 자유를 침해하지 아니한다.」 이 결정에는 재판관 4인의 반대의견이 있다.

ii) 고의 또는 과실로 타인의 명예를 훼손할 경우 민법상 불법행위를 구성하여 손해배상책임을 진다(민법 §750, §751). iii) 그러나 타인의 명예를 훼손한 언론·출판이라 하더라도 「진실한 사실로서 오로지 공공의 이익에 관한 것인 때에는 처벌하지 아니한다」(형법 §310). 대법원은 형법 제310조를 바탕으로 형법상 명예훼손이나 민법상 손해배상책임 양자 모두에 적용되는 위법성조각사유에 대하여 「그 목적이 오로지 공공의 이익을 위한 것일 때에는 적시된 사실이 진실이라는 증명이 있거나 그 증명이 없다 하더라도 행위자가 그것을 진실이라고 믿었고 또 그렇게 믿을 상당한 이유가 있으면 위법성이 없다고 보아야 할 것」이라고 판시하고 있다(예: 大 1998. 5. 8.-97다34563; 1999. 4. 27.-98다16203).

[大 1988.10.11.-85다카29] 「우리가 민주정치를 유지함에 있어서 필수불가결한 언론, 출판 등 표현의 자유는 가끔 개인의 명예나 사생활의 자유와 비밀 등 인격권의 영역을 침해할 경우가 있는데 표현의 자유 못지않게 이러한 사적 법익도 보호되어야 할 것이므로 인격권으로서의 개인의 명예의 보호(구 헌법 §9)와 표현의 자유의 보장(구 헌법 §20①)이라는 두 법익이 충돌하였을 때 그 조정을 어떻게 할 것인지는 구체적인 경우에 사회적인 여러 가지 이익을 비교하여 표현의 자유로 얻어지는 이익, 가치와 인격권의 보호에 의하여 달성되는 가치를 형량하여 그 규제의 폭과 방법을 정해야 할 것이다. 위와 같은 취지에서 볼 때 형사상이나 민사상으로 타인의 명예를 훼손하는 행위를 한 경우에도 그것이 공공의 이해에 관한 사항으로서 그 목적이 오로지 공공의 이익을 위한 것일 때에는 진실한 사실이라는 증명이 있으면 위 행위에 위법성이 없으며 또한 그 증명이 없더라도 행위자가 그것을 진실이라고 믿을 상당한 이유가 있는 경우에는 위법성이 없다고 보아야 할 것이다. 이렇게 함으로써 인격권으로서의 명예의 보호와 표현의 자유의 보장과의 조화를 꾀할 수 있다 할 것이다.」

[憲 1999.6.24.-97헌마265] 「국민의 알 권리와 다양한 사상 · 의견의 교환을 보장하는 언론의 자유는 민주제의 근간이 되는 핵심적인 기본권이고, 명예 보호는 인간의 존엄과 가치, 행복을 추구하는 기초가 되는 권리이므로, 이 두 권리를 비교형량하여 어느 쪽이 우위에 서는지를 가리는 것은 헌법적인 평가 문제에 속하는 것이다. 그러므로 언론매체의 명예훼손적 표현에 위에서 본 실정법을 해석 · 적용할 때에는 언론의 자유와 명예보호라는 상반되는 헌법상의 두 권리의 조정 과정에 다음과 같은 사정을 고려하여야 한다. 즉, 당해 표현으로 인한 피해자가 공적 인물인지 아니면 사인(私人)인지, 그 표현이 공적인 관심 사안에 관한 것인지 순수한 사적인 영역에 속하는 사안인지, 피해자가 당해 명예훼손적 표현의 위험을 자초(自招)한 것인지, 그 표현이 객관적으로 국민이 알아야 할 공공성 · 사회성을 갖춘 사실(알 권리)로서 여론형성이나 공개토론에 기여하는 것인지 등을 종합하여 구체적인 표현 내용과 방식에 따라 상반되는 두 권리를 유형적으로 형량한 비례관계를 따져 언론의 자유에 대한 한계 설정을 할 필요가 있는 것이다. 공적 인물과 사인, 공적인 관심 사안과 사적인 영역에 속하는 사안 간에는 심사기준에 차이를 두어야 하고, 더욱이 이 사건과 같은 공적 인물이 그의 공적 활동과 관련된 명예훼손적 표현은 그 제한이 더 완화되어야 하는 등 개별사례에서의 이익형량에 따라 그 결론도 달라지게 된다.……객관적으로 국민이 알아야 할 공공성 · 사회성을 갖춘 사실(알권리)은 민주제의 토대인 여론형성이나 공개토론에 기여하므로 형사제재로 인하여 이러한 사안의 게재(揭載)를 주저하게 만들어서는 안 된다. 신속한 보도를 생명으로 하는 신문의 속성상 허위를 진실한 것으로 믿고서 한 명예훼손적 표현에 정당성을 인정할 수 있거나, 중요한 내용이 아닌 사소한 부분에 대한 허위보도는 모두 형사제재의 위협으로 부터 자유로워야 한다(大 1996. 8. 23.-94도3191). 시간과 싸우는 신문보도에 오류(誤謬)를 수반하는 표현은, 사상과 의견에 대한 아무런 제한없는 자유로운 표현을 보장하는 데 따른 불가피한 결과이고 이러한 표현도 자유토론과 진실확인에 필요한 것이므로 함께 보호되어야 하기 때문이다. 그러나 허위라는 것을 알거나 진실이라고 믿을 수 있는 정당한 이유가 없는데도 진위(眞僞)를 알아보지 않고 게재한 허위보도에 대하여는 면책을 주장

할 수 없다.」

인터넷과 같은 정보통신망을 통하여 타인의 명예를 훼손하거나 모욕하는 행위는 제한할 수 있다. 이에 대해서는 「정보통신망 이용촉진 및 정보보호 등에 관한 법률」, 형법 등이 있다. 정보통신망을 통한 타인의 이익이나 공익에 대한 침해를 방지하기 위하여 실명제의 방법을 통하여 제한할 수도 있다. 다만, 이러한 제한이 헌법 제37조 제2항이 정하는 과잉금지원칙에 위반되면 안 된다.

헌법재판소는 인터넷언론사에 대하여 선거운동기간 중 당해 인터넷홈페이지의 게시판·대화방 등에 정당·후보자에 대한 지지·반대의 글을 게시할 수 있도록 하는 경우에 실명을 확인받도록 하는 기술적 조치를 할 의무와 이와 같은 글이 '실명인증'의 표시가 없이 게시된 경우에 이를 삭제할 의무를 부과한 구 공직선거법(2008. 2. 29. 법률 제8879호로 개정되고, 2010. 1. 25. 법률 제9974호로 개정되기 전의 것) 제82조의6에 대하여 합헌이라고 심판하였으나(憲 2010. 2. 25.-2008헌마324등; 2015. 7. 30.-2012헌마734. 4인의 위헌의견 있음), 그 후 판례를 변경하여 인터넷 게시판 등 이용자의 익명 표현의 자유와 개인정보자기결정권, 인터넷언론사의 언론의 자유를 침해하는 것으로 위헌이라고 결정하였다(憲 2021. 1. 28.-2018헌마456등. 이 결정에는 종래와 같이 합헌이라고 한 3인의 반대의견이 있다).

[憲 2021.1.28.-2018헌마456등] 「**마. 과잉금지원칙 위반 여부 (1) 제한되는 기본권** (가) 헌법 제21조 제1항에서 보장하고 있는 표현의 자유는 사상 또는 의견을 자유롭게 표명할 자유(발표의 자유)와 그것을 전파할 자유(전달의 자유)를 의미하는 것으로서, 그러한 의사의 자유로운 표명과 전파의 자유에는 자신의 신원을 누구에게도 밝히지 아니한 채 익명 또는 가명으로 자신의 사상이나 견해를 표명하고 전파할 익명표현의 자유도 포함된다. 표현의 자유에 있어 의사표현 또는 전파의 매개체는 어떠한 형태이건 가능하며 그 제한이 없는바, 인터넷게시판은 인터넷에서 의사를 형성·전파하는 매체로서의 역할을 담당하고 있으므로 의사의 표현·전파 형식의 하나로서 인정된다(헌재 2010. 2. 25. 2008헌마324등; 헌재 2012. 8. 23. 2010헌마47등 참조). (나) 실명확인 조항은 선거운동기간 중 인터넷언론사 인터넷홈페이지의 게시판 등에 정당·후보자에 대한 지지·반대의 정보등을 게시하려는 경우 실명확인을 위하여 자신의 실명확인정보를 행정안전부장관이나 구 '신용정보의 이용 및 보호에 관한 법률'에 따른 신용정보업자 또는 현행 '신용정보의 이용 및 보호에 관한 법률'에 따른 '개인신용평가회사'(이하 통칭하여 '신용정보업자'라 한다)에게 밝히지 않을 수 없도록 하고, 이와 같은 실명인증을 받지 않은 채 정당이나 후보자에 대한 지지·반대의 정보등을 게시한 경우 인터넷언론사에 의하여 그 정보등이 삭제되도록 함으로써 표현의 자유 중 게시판 등의 이용자가 자신의 신원을 누구에게도 밝히지 않은 채 익명으로 자신의 사상이나 견해를 표명하고 전파할 익명표현의 자유를 제한한다. 동시에 게시판 등 이용자의 표현의 자유에 대한 제한으로 말미암아 게시판 등 이용자의 자유로운 의사표현을 바탕으로 여론을 형성·전파하려는 인터넷언론사의 언론의 자유 역시 제한되는 결과가 발생한다. 실

명확인 조항은 인터넷언론사에게 인터넷홈페이지 게시판 등을 운영함에 있어서 선거운동기간 중 이용자의 실명확인 조치의무, 실명인증표시 조치의무 및 실명인증표시가 없는 게시물에 대한 삭제의무를 부과하여 인터넷언론사의 직업의 자유도 제한하고, 과태료 조항은 인터넷언론사가 실명확인 조치의무나 실명인증표시가 없는 게시물에 대한 삭제의무를 이행하지 않는 경우 그에 대하여 과태료를 부과하는 것을 그 내용으로 하므로 인터넷언론사의 직업의 자유를 제한한다. 그러나 인터넷언론사의 기본권 가운데 이 사건과 가장 밀접한 관계에 있으며 또 침해의 정도가 큰 주된 기본권은 실명확인 조항에 의하여 제한되는 언론의 자유라고 할 것이므로 직업의 자유 제한의 정당성 여부에 관하여는 따로 판단하지 않는다. 또한 인터넷언론사의 언론의 자유 제한은 게시판 등 이용자의 정치적 익명표현의 자유의 제한에 수반되는 결과라고 할 수 있으므로 이하에서는 게시판 등 이용자의 정치적 익명표현의 자유 침해 여부를 중심으로 하여 인터넷언론사의 언론의 자유 등 침해 여부를 함께 판단하기로 한다(헌재 2012. 8. 23. 2010헌마47등; 헌재 2015. 7. 30. 2012헌마734등 참조). (다) 한편 인터넷언론사 인터넷홈페이지의 게시판 등 이용자가 심판대상조항에 따른 실명인증을 받은 경우, 실명인증자료 관리조항에 의하여 행정안전부장관 및 신용정보업자로서는 그 실명인증자료를 실명인증을 받은 자 및 인터넷홈페이지별로 관리하여야 하고, 중앙선거관리위원회가 그 실명인증자료의 제출을 요구하는 경우 지체 없이 이에 따라야 한다. 실명인증자료에 속하는 정보는 게시판 등 이용자의 성명과 주민등록번호를 포함하는 것으로서 개인의 동일성을 식별할 수 있는 정보에 해당하므로 개인정보자기결정권의 보호대상이 되는 개인정보에 해당한다. 이러한 실명인증자료가 실명인증자료 관리조항에 따라 수집·관리된다는 점에서 실명인증자료 관리조항은 게시판 등 이용자의 개인정보자기결정권도 아울러 제한한다(헌재 2012. 8. 23. 2010헌마47등; 헌재 2015. 7. 30. 2012헌마734등 참조). (라) 그러므로 이하에서는 심판대상조항이 과잉금지원칙에 반하여 게시판 등 이용자의 익명표현의 자유와 인터넷언론사의 언론의 자유, 그리고 게시판 등 이용자의 개인정보자기결정권을 침해하는지 여부에 관하여 판단한다. **(2) 판단 (가) 목적의 정당성 및 수단의 적합성** 심판대상조항은 선거운동기간 중 인터넷언론사 홈페이지의 게시판 등에서 후보자에 대한 인신공격과 흑색선전이 난무하는 경우가 많고, 부당한 선거운동이나 소수에 의한 여론 왜곡으로 선거의 평온과 공정이 위협받을 가능성이 있기 때문에 그로 인한 사회경제적 손실과 부작용을 방지하고 선거의 공정성을 확보하기 위한 것이다. 특히 선거범죄의 혐의가 인정되거나 정보통신망을 이용한 행위로서 공직선거법에 위반되는 행위를 한 혐의가 인정되는 등의 경우에는 실명인증자료를 통하여 그와 같은 행위를 한 사람을 특정할 수 있게 된다. 이처럼 심판대상조항은 궁극적으로 선거의 공정성을 확보하기 위한 것이므로 목적의 정당성을 인정할 수 있다. 심판대상조항이 인터넷언론사 홈페이지의 게시판 등 이용자에게 실명확인을 거치도록 하고, 행정안전부장관 및 신용정보업자로 하여금 그 실명인증자료를 보관·관리하도록 함으로써 후보자에 대한 인신공격이나 각종 흑색선전이 줄어들 수 있다. 한편 실명확인 조치를 하지 않거나 실명인증 표시가 없는 정보등을 삭제하지 않은 인터넷언론사로 하여금 과태료를 부과받을 수 있도록 함으로써 실명확인 조치를 어느 정도 강제할 수도 있다. 이러한 수단을 통하여 앞서 본 선거의 공정성을 확보하는 데 기여할 수 있으므로 심판대상조항은 수단의 적합성도 인정된다(헌재 2010. 2. 25. 2008헌마324등; 헌재 2015. 7. 30. 2012헌마734등 참조). **(나) 침해의 최소성** 1) 심판대상조항은 인터넷언론사로 하여금 선거운동기간 중 당해 인터넷홈페이지의 게시판·대화방 등에 정당·후보자에 대한 지지·반대의 정보등을 게시할 수 있도록 하는 경우 실명확인 조치의무 등을 부담하도록 한다. 심판대상조항의 입법목적은 앞서 본 바와 같이 정당이나 후보자에 대한 인신공격과 흑색선전으로 인한 사회경제적 손실과 부작용을 방지하고 선거의 공정성을 확보하기 위한 것이므로, 익명표현이 허용될 경우 발생할 수 있는 부정적 효과를 막기 위하여 그 필요성을 인정할 수는 있다. 그러나 심판대상조항의 문제는 익명표현으로 인한 부정적 효과뿐만 아니라 긍정적 효과까지도 사전적·포괄적으로 차단하게 된다는 데에 있다. 심판대상조항과 같이 인터넷홈페이지의 게시판 등에서 이루어지는 정치적 익명표현을 규제할 경우 정치적 보복의 우려 때문에 일반 국민은 자기 검열 아래 비판적 표현을 자제하게 되고, 설령 그러한 우려를 극복하고 익명으로 비판적 표현을 한 경우에도 심판대상조항에 따른 실명확인을 거치지 않았다는 이유만으로 그 표현이 삭제될 수 있기 때문이다. 이는 인터넷이 형성한 '사상의 자유시장'에서의 다양한 의견 교환을 억제하는 것이고, 이로써 국민의 의사표현 자체가 위축될 수 있으며, 민주주의의 근간을 이루는 자유로운 여론 형성이 방해될 수 있다. 익명표현은 표현의 자유를 행사하는 하나의 방법으로서 그 자체로 규제되어야 하는 것은 아니고, 부정적 효과가 발생하는 것이 예상되는 경우에 한하여 규제될 필요가 있다. 그런데 선거운동기간 중 정치적 익명표현의 부정적 효과는 익명성 외에도 해당 익명표현의 내용과 함께 정치적 표현행위를 규제하는 관련 제도, 정치적·사회적 상황의 여러 조건들이 아울러 작용하여 발생한다. 이에 따라 사전에 특정 익명표현으로 인해 부정적 효과가 발생할 것인지를 구분할 수 있는 명확한 기준을 세우는 것은 거의 불가능하고, 사회적 합의를 통해 그 기준을 도출해내는 것도 쉽지 않다. 반면 실명인증자료 관리조항은 모든 익명표현에 대해 행정안전부장관 및 신용정보업자로 하여금 실명인증자료를 수집·관리하고, 중앙선거관리위원회의 요구에 따라 지체 없이 이를 제출하도록 정하고 있다. 이는 익명표현의 부정적 효과가 익명성 때문에 발생하는 것만은 아니라는 점을 간과하고, 모든 익명표현을 규제할 경우 책임 있는 의견이 개진되거나 위법한 표현행위가 감소할 것이라는 추상적 가능성에 의존하여 모든 익명표현을 사전적·포괄적으로 규율하려는 것이다. 선거관리위원회가 애초 선거의 공정한 관리를 위하여 설치되는 기관이라는 점(헌법 제114조 제1항, 선거관리위원회법 제1조 참조)을 고려하면, 심판대상조항은 표현의 자유보다 행정편의와 단속편의를 우선하고 있다. 따라서 심판대상조항은 익명표현의 자유와 개인정보자기결정권 등을 지나치게 제한한다. 2) 심판대상조항에 의한 기본권 제한의 심각성은 특히 심판대상조항이 적용되는 시기가 "선거운동기간 중"이라는 데 있다. 공직선거법은 선거의 공정을 위하여 선거운동기간을 정하고 그 기간 외에는 선거운동을 원칙적으로 금지함으로써 일반 국민의 선거운동의 자유를 폭넓게 제한하고 있다. 그렇다면 적어도 선거운동기간 중에는 국민의 정치적 의사표현의 자유를 최대한 보장할 필요가 있는데도 심판대상조항은 정치적 의사표현을 자유롭게 할 수 있는 핵심적 기간이라 볼 수 있는 선거운동기간 중에 익명표현의 자유를 제한하고 있어 사실상 선거와 관련한 익명의 의사표현을 불가능하게 하고 있다. 이와 관련하여 짧은 선거운동기간 중 허위사실이나 흑색선전이 유포될 경우 이를 치유하기가 사실상 불가능하여 선거결과를 왜곡할 우려가 있으므로 선거운동기간 중에는 익명표현의 자유를 제한할 수 있다는 지적이 있으나, 이러한 선거범죄로 인하여 선거결과를 그르칠 위험성은 현행 선거법이 선거운동기간을 지나치게 짧게 규정함에 따른 문제이지, 익명표현의 자유를 허용함에 따라 발생하는 구체적 위험으로 볼 수는 없다. 3) 심판대상조항의 적용대상인 "인터넷언론사"는 앞서 명확성원칙 위반 여부 판단 항목에서 본 것처럼 명확성원칙에 반하지는 않는다고 하더라도 그 의미가 광범위하다. 심판대상조항에 의한 익명표현의 자유와 개인정보자기결정권 등 제한이 위와 같이 광범위한 인터넷언론사의 개념과 결합할 경우 이로 인해 발생할 수 있는 기본권 제한의 정도는 결코 작다고 볼 수는 없을 것이다 (헌재 2019. 11. 28. 2016헌마90 참조). 4) 실명확인제가 표방하고 있는 선거의 공정성이라는 목적은 인터넷 이용자의 표현의 자유나 개인정보자기결정권을 제약하지 않는 다른 수단에 의해서도 충분히 달성할 수 있다. 각급선거관리위원회 또는 후보자는 공직선거법에 위반되는 정보가 인터넷 홈페이지 또는 그 게시판·대화방 등에 게시되거나, 정보통신망을 통하여 전송되는 사실을 발견한 때에는 당해 정보가 게시된 인터넷 홈페이지를 관리·운영하는 자에게 해당 정보의 삭제를 요청하거나, 전송되는 정보를 취급하는 인터넷 홈페이지의 관리·운영자 또는 정보통신서비스제공자에게 그 취급의 거부·정지·제한을 요청할 수 있고, 인터넷 홈페이지를 관리·운영하는 자 등이 후보자의 요청에 따르지 아니하는 때에는 해당 후보자는 관할 선거구선거관리위원회에 서면으로 그 사실을 통보할 수 있으며, 관할 선거구선거관리위원회는 후보자가 삭제요청 또는 취급의 거부·정지·제한을 요청한 정보가 이 법의 규정에 위반된다고 인정되는 때에는 해당 인터넷 홈페이지 관리·운영자 또는 정보통신서비스 제공자에게 삭제요청 또는 취급의 거부·정지·제한을 요청할 수 있다(공직선거법 제82조의4 제3항). 이에 따라 선거관리위원회로부터 요청을 받은 인터넷 홈페이지 관리·운영자 등은 지체 없이 이에 따라야 하고, 선거관리위원회로부터 2회 이상 요청을 받고 이행하지 않은 경우에는 형사처벌될 수 있다(공직선거법 제82조의4 제4항, 제256조 제3항 제1호 마목). 또한 '정보통신망 이용촉진 및 정보보호 등에 관한 법률'상 정보통신망을 통하여 일반에 공개된 정보로 인해 사생활 침해나 명예훼손 등의 침해를 받은 사람에게 인정되는 삭제요청 등의 수단이나 임시조치 등이 활용될 수도 있다(정보통신망 이용촉진 및 정보보호 등에 관한 법률 제44조의2, 제44조의3). 또한 인터넷 이용자의 표현의 자유나 개인정보자기결정권을 제약하지 않고도 허위정보로 인한 여론 왜곡을 방지하여 선거의 공정성을 확보하는 새로운 수단을 도입할 수 있다. 예를 들어, 첫째, 게시판 등 이용자가 자발적으로 허위사실이나 흑색선전을 중앙선거관리위원회 등에 신고하는 방식을 고려할 수 있다. 실제로 행정안전부와 중앙선거관리위원회는 제7회 전국동시지방선거 실시 전에 후보자 등에 대한 비방 또는 흑색선전을 신고할 수 있도록 하는 신고 전용 인터넷홈페이지를 개설하고 이를 홍보함으로써 이러한 자발적인 신고를 독려하였다. 둘째, 영화의 등급분류 심사처럼 표현의 자유는 보장하되 이용자로 하여금 실명확인이 된 글과 익명의 글에 대해 구분하여 접근할 수 있게 하는 방안을 생각할 수 있다. 가령 인터넷 게시판을 실명방과 비실명방으로 구분하는 방법은 수신자가 게시글을 읽기 전에 그 게시물이 실명글인지 익명글인지 미리 알 수 있도록 함으로써 글에 대한 신뢰감을 스스로 판단할 수 있도록 하고, 만약 자신의 게시물의 영향력을 높이고자 하는 사람이 있다면 실명확인을 거쳐 실명 게시판에 게시물을 게재할 수 있을 것이다. 셋째, 영국의 사례에서 볼 수 있듯이 비실명 게시판에는 진지성과 신빙성이 부족하여 유권자에게 거짓 정보를 제공할 가능성이 있다는 취지의 경고문을 게시하는 방법을 고려하여 볼 수도 있다. 5) 무엇보다도 인터넷을 이용한 선거범죄에 대하여는 명예훼손죄나 후보자비방죄 등 여러 사후적 제재수단이 이미 마련되어 있다. 현재 기술 수준에서도 인터넷 프로토콜(IP) 통신에 필요한 고유한 주소를 추적하는 등의 방법으로 사후적으로 게시물 표현자의 신원을 확인하는 방법이 불가능한 것도 아니다. 중앙선거관리위원회도 선거게시판 감시활동을 통하여 불법게시물에 대한 검색과 그에 대한 대응활동을 하고 있고, 각급선거관리위원회에서도 선거범죄의 혐의가 있다고 인정되는 등의 경우에 해당 선거범죄가 저질러진 장소에 출입하여 관계인에 대한 질문·조사 및 관련서류 기타 조사에 필요한 자료의 제출을 요구할 수 있으며(공직선거법 제272조의2 제1항 참조), 선거의 자유와 공정을 현저히 해할 우려가 있는 행위가 행하여지고 있거나 행하여질 것이 명백한 경우에는 현장에서 그 행위의 중단 또는 예방에 필요한 조치를 할 수도 있다(같은 조 제5항 참조). 특히 각급선거관리위원회는 정보통신망을 이용한 공직선거법 위반행위의 혐의가 있다고 인정되는 상당한 이유가 있는 때에는 법원의 승인을 얻어 정보통신서비스제공자에게 정보통신서비스 이용자의 성명(이용자를 식별하기 위한 부호 포함)·주민등록번호·주소(전자우편주소·인터넷 로그기록자료 및 정보통신망에 접속한 정보통신기기의 위치를 확인할 수 있는 자료 포함)·이용기간·이용요금에 대한 자료의 열람이나 제출을 요청할 수 있고, 인터넷 홈페이지 게시판·대화방 등에 글이나 동영상 등을 게시하거나 전자우편을 전송한 사람의 성명·주민등록번호·주소 등 인적사항 및 문자메시지를 전송한 사람의 성명·주민등록번호·주소 등 인적사항 및 전송통수는 법원의 승인 없이 그 열람이나 제출을 요청할 수 있으므로(공직선거법 제272조의3 제1항, 제3항 참조), 이러한 수단을 통하여서도 선거범죄를 저지른 자 또는 정보통신망을 이용한 행위로서 공직선거법에 위반되는 행위를 한 사람의 인적사항을 특정하고, 궁극적으로 선거의 공정성을 충분히 확보할 수 있다. 이와 같은 사후적인 규제수단이 마련되어 있음에도 불구하고 수사편의 및 선거관리의 효율성이라는 기술적 편리성에만 치우쳐 사전적·예방적 규제를 통하여 모든 익명표현을 사전적·포괄적으로 제한하는 것은 익명표현을 하려는 대다수의 국민을 잠재적 범죄자로 취급하는 것이다. 6) 지금까지 본 바와 같이 심판대상조항이 특히 선거운동기간 중에 익명표현의 긍정적 효과까지도 사전적·포괄적으로 차단한다는 점, 이러한 규율이 익명표현의 자유를 허용함에 따라 발생하는 구체적 위험에 기초한 것이 아니라 심판대상조항으로 인하여 위법한 표현행위가 감소할 것이라는 추상적 가능성에 의존하고 있는 점, 심판대상조항의 수범자인 "인터넷언론사"의 범위가 광범위하다는 점, 심판대상조항보다 익명표현의 자유와 개인정보자기결정권을 덜 제약하는 여러 사전적·사후적 수단들이 마련되어 있거나 쉽게 마련될 수 있다는 점 등을 종합하여 보았을 때, 심판대상조항은 침해의 최소성을 갖추지 못하였다. **(다) 법익의 균형성** 선거운동기간 중 인터넷언론사 홈페이지의 게시판 등에서 발생 가능한 후보자 등에 대한 인신공격과 흑색선전을 막아 선거의 공정성을 확보하려는 공익이 대의민주제를 채택한 민주국가에서 중요하다는 점을 부인할 수는 없다. 그러나 인터넷이 제공한 '사상의 자유시장'에서 익명표현의 자유는 민주주의의 근간을 이루는 자유로운 여론 형성을 원활하게 한다는 점에서 최대한 보장되어야 하고, 따라서 익명적 의사표현을 통한 여론 형성 과정을 규제하는 입법의 경우에는 그 입법이 채택한 수단이 민주사회에서 여론 형성을 위한 다양한 의견과 정보의 자유로운 교환을 지나치게 억제하는 것은 아닌지 주의 깊게 살필 필요가 있다. 이 점에서 심판대상조항은 정치적 의사표현이 가장 긴요한 선거운동기간 중에 인터넷언론사 홈페이지 게시판 등 이용자로 하여금 실명확인을 하도록 강제함으로써 익명표현의 긍정적 효과까지도 사전적·포괄적으로 차단하므로 익명표현의 자유와 언론의 자유에 대한 지나친 제약에 해당한다. 더군다나 심판대상조항이 익명표현의 부정적 효과를 방지하기 위하여 모든 익명표현을 규제함으로써 대다수 국민의 개인정보자기결정권도 광범위하게 제한하고 있다는 점에서 이와 같은 불이익은 선거의 공정성 유지라는 공익보다 결코 과소평가될 수는 없다. 이처럼 심판대상조항을 통하여 달성하려는 선거의 공정성이라는 공익이 익명표현의 자유와 개인정보자기결정권 등의 제약 정도보다 크다고 단정할 수 없는 이상 심판대상조항은 법익의 균형성 또한 갖추지 못하였다. **(라) 소결론** 심판대상조항은 과잉금지원칙에 반하여 익명표현의 자유와 언론의 자유, 그리고 개인정보자기결정권 등을 침해한다.」

헌법재판소는 인터넷게시판을 설치 · 운영하는 정보통신서비스 제공자에게 본인확인조치의무를 부과하여 게시판 이용자로 하여금 본인확인절차를 거쳐야만 게시판을 이용할 수 있도록 하는 본인확인제를 규정한 「정보통신망 이용촉진 및 정보보호 등에 관한 법률」(2008. 6. 13. 법률 제9119호로 개정된 것) 제44조의5 제1항 제2호, 동법 시행령(2009. 1. 28. 대통령령 제21278호로 개정된 것) 제29조, 제30조 제1항에 대하여, 이러한 제도를 통하여 건전한 인터넷 문화를 조성하는 등의 입법목적은 정당하지만, 인터넷 주소 등의 추적 및 확인, 당해 정보의 삭제 · 임시조치, 손해배상, 형사처벌 등 인터넷 이용자의 표현의 자유나 개인정보자기결정권을 제약하지 않는 다른 수단에 의해서도 충분히 달성할 수 있음에도 불구하고 인터넷의 특성을 고려하지 아니한 채 본인확인제의 적용범위를 광범위하게 정하여 법집행자에게 자의적인 집행의 여지를 부여하고, 목적달성에 필요한 범위를 넘어 과도하게 기본권을 제한하고 있으므로 과잉금지원칙의 침해의 최소성에 반하고, 본인확인제로 인하여 국내 인터넷 이용자들의 해외 사이트로의 도피, 국내 사업자와 해외 사업자 사이의 차별 내지 자의적 법집행의 시비로 인한 집행 곤란의 문제를 발생시키고 있고, 본인확인제 시행 이후에 명예훼손, 모욕, 비방의 정보의 게시가 표현의 자유의 사전 제한을 정당화할 정도로 의미 있게 감소하였다는 증거를 찾아볼 수 없는 반면에, 게시판 이용자의 표현의 자유를 사전에 제한하여 의사표현 자체를 위축시킴으로써 자유로운 여론의 형성을 방해하고, 본인확인제의 적용을 받지 않는 정보통신망상의 새로운 의사소통수단과 경쟁하여야 하는 게시판 운영자에게 업무상 불리한 제한을 가하며, 게시판 이용자의 개인정보가 외부로 유출되거나 부당하게 이용될 가능성이 증가하게 되었으므로 이러한 인터넷게시판 이용자 및 정보통신서비스 제공자의 불이익은 본인확인제가 달성하려는 공익보다 결코 더 작다고 할 수 없어 법익의 균형성에도 반한다는 이유로 이는 헌법이 정하고 있는 과잉금지원칙에 위배하여 인터넷게시판 이용자의 표현의 자유, 개인정보자기결정권 및 인터넷게시판을 운영하는 정보통신서비스 제공자의 언론의 자유를 침해하는 것이라고 판시하였다(憲 2012. 8. 23.-2010헌마47등).

한편 헌법재판소는 정보통신망을 통하여 「국가보안법」에서 금지하는 행위를 수행하는 내용의 정보를 유통하는 것을 금지하고, 이에 위반한 경우 방송통신위원회가 정보통신서비스 제공자 또는 게시판 관리·운영자에게 해당 정보의 취급을 거부·정지 또는 제한하도록 명하도록 한 「정보통신망 이용촉진 및 정보보호 등에 관한 법률」 규정에 대하여, 인터넷 매체는 기존의 통신수단과는 차원이 다른 신속성, 확장성, 복제성을 가지고 있어 이러한 정보를 유통할 경우 국가의 안전을 위태롭게 하는 반국가활동을 제대로 규제하지 못함으로써 국가의 안전과 국민의 생존 및 자유에 대한 위협이 급속히 확산될 우려가 큰 반면, 정보를 직접 유통한 작성자를 형사처벌하는 것이 아니라 해당 정보의 시정요구, 취급거부 등을 통하여 그 정보의 삭제 등을 하는 데 불과한 점, 서비스제공자 등에 대하여도 방송통신심의위원회의 시정요구 및 방송통신위원회의 명령을 이행하지 아니한 때 비로소 형사책임을 묻는 점, 이의신청 및 의견진술기회 등을 제공하고 있는 점, 사법적 사후심사가 보장되어 있는 점 등에 비추어 언론의 자유를 침해하지 않는다고 보았다(憲 2014. 9. 25.-2012헌바325; 2015. 10. 21.-2012헌바415). 법원은 전체 웹사이트를 위법한 정보로 평가할 수 있는 경우에 한하여 예외적으로 그 폐쇄를 명할 수 있다고 보고 있다(大 2015. 3. 26.-2012두26432). 방송통신위원회가 정보통신서비스 제공자 또는 게시판 관리·운영자에게 삭제 등을 명하고 이를 이행하지 아니할 경우 형벌을 가하는 것도 합헌으로 보았다(憲 2014. 9. 25.-2012헌바325; 2015. 10. 21.-2014헌바344).

(2) **사생활의 비밀과 자유의 침해**

헌법 제17조는 사생활의 비밀과 자유를 보장하고 있으므로 언론이 사생활의 비밀과 자유를 침해하였을 때에는 민법상 불법행위로서 손해배상책임을 물을 수 있다(예: 大 1998. 9. 4.-96다11327). 언론·출판의 자유와 사생활의 비밀의 자유 간의 기본권 충돌과 그 해결에 관하여 자세한 사항은 사생활의 비밀과 자유 부분에서 설명한 바와 같다([250] I (2)).

《명예·권리침해에 대한 구제수단》

1. **형사고소** 언론에 의하여 명예훼손을 당한 경우에 형법상 명예훼손죄(형법 §307, §309)에 해당함을 이유로 고소할 수 있다.
2. **손해배상청구** 언론에 의하여 명예훼손이나 사생활의 비밀과 자유를 침해당한 경우에 민법상 불법행위책임에 기하여 손해배상을 청구할 수 있다(민법 §750, §751).

3. 민법 제764조 명예회복에 적당한 처분 「타인의 명예를 훼손한 자에 대하여는 법원은 피해자의 청구에 의하여 손해배상에 갈음하거나 손해배상과 함께 명예회복에 적당한 처분을 할 수 있다」(민법 §764). 종래 '명예회복에 적당한 처분'으로 가장 많이 이용되던 것이 사죄광고였으나, 헌법재판소는 양심의 자유 및 인격권 침해를 이유로 민법 제764조의 '명예회복에 적당한 처분'에 사죄광고를 포함시키는 것은 헌법에 위반된다고 결정하였다(憲 1991. 4. 1.-89헌마160). 따라서 실무상으로는 '정정보도문'을 게재하는 형식의 원상회복방법이 많이 사용되고 있다. 정정보도문은 이전 보도의 잘못된 점을 밝혀서 그것을 바로잡고, 명예훼손에 따른 민사판결이 있었다는 취지를 알리는 것을 그 내용으로 한다.

4. 가처분신청 명예 기타 인격권의 침해 등을 이유로 출판물의 배포금지가처분이나 방영금지가처분도 가능하다(민집법 §300②).

5. 정정보도청구 등 피해자는 사실적 주장에 관한 언론보도로 피해를 입은 때에는 반론보도를 청구할 있고(언중법 §16①), 그 보도가 진실하지 않은 때에는 정정보도를 청구할 수 있으며(동법 §14①), 언론에 의해 범죄혐의가 있거나 형사상의 조치를 받았다고 보도·공표된 자가 무죄판결 등을 받은 경우에는 추후보도를 청구할 수 있다(동법 §17①). 언론보도로 인한 분쟁의 조정·중재·침해사항의 심의를 위하여 언론중재위원회를 두고 있다(동법 §7①). 피해자는 정정보도·반론보도·추후보도청구의 소를 중재절차를 거침이 없이 법원에 제기할 수 있다(동법 §26①).

⑶ 공중도덕이나 사회윤리의 침해

공중도덕이나 사회윤리의 침해와 관련해서는 언론·출판에 의한 음란한 표현이 허용될 수 없는 것인지, 만약 허용될 수 없다면 음란의 개념은 무엇인지가 특히 문제된다.

헌법재판소의 판례에 의하면, 엄격한 의미의 음란표현은 사회의 건전한 성도덕을 크게 해칠 뿐만 아니라 사상의 경쟁메커니즘에 의해서도 그 해악이 해소되기 어려우므로 언론·출판의 자유에 의해서 보호되지 않는다고 한 적이 있으나(예: 憲 1998. 4. 30.-95헌가16), 후에는 이를 변경하여 음란표현도 헌법 제21조가 규정하는 언론·출판의 자유의 내용에 포함된다고 하고, 이는 헌법 제37조 제2항에 의하여 제한할 수 있다고 하였다(예: 憲 2009. 5. 28.-2006헌바109). 형법 제243조 내지 제245조는 음란한 문서, 도화, 필름 기타 물건을 반포, 판매 또는 임대하거나 공연히 전시 또는 상영한 자(형법 §243), 위 목적으로 음란한 물건을 제조, 소지, 수입 또는 수출한 자(동법 §244) 또는 공연히 음란한 행위를 한 자(동법 §245)를 처벌하고 있다.

[憲 1998.4.30.-95헌가16] 「'음란'이란 인간존엄 내지 인간성을 왜곡하는 노골적이고 적나라한 성표현으로서 오로지 성적 흥미에만 호소할 뿐 전체적으로 보아 하등의 문학적·예술적·과학적 또는 정치적 가치를 지니지 않는 것……」

[大 1995.6.16.-94도2413] 「형법 제243조의 음화등의반포등죄 및 같은 법 제244조의 음화등의제조등죄에 규정한 음란한 문서라 함은 일반 보통인의 성욕을 자극하여 성적 흥분을 유발하고 정상적인 성적수치심을 해하여 성적 도의관념에 반하는 것을 가리킨다

고 할 것이고, 문서의 음란성의 판단에 있어서는 당해 문서의 성에 관한 노골적이고 상세한 묘사·서술의 정도와 그 수법, 묘사·서술이 문서전체에서 차지하는 비중, 문서에 표현된 사상 등과 묘사·서술과의 관련성, 문서의 구성이나 전개 또는 예술성·사상성 등에 의한 성적 자극의 완화의 정도, 이들의 관점으로부터 당해 문서를 전체로서 보았을 때 주로 독자의 호색적 흥미를 돋구는 것으로 인정되느냐의 여부 등의 여러 점을 검토하는 것이 필요하고, 이들의 사정을 종합하여 그 시대의 건전한 사회통념에 비추어 그것이 공연히 성욕을 흥분 또는 자극시키고 또한 보통인의 정상적인 성적 수치심을 해하고, 선량한 성적 도의관념에 반하는 것이라고 할 수 있는가의 여부에 따라 결정되어야 할 것이다.」

[憲 2009.5.28.-2006헌바109] 「'음란'의 사전적 의미는 '사람 또는 그 행동이 성(性)에 대해 삼가지 않고 난잡한 경우나 책·그림·사진·영화 등이 그 내용에 있어서 성(性)을 노골적으로 다루고 있어 난잡한 것'으로서, 음란물은 선량한 풍속을 해한다거나 그 사회의 도덕성을 훼손한다는 것을 주된 이유로 하여 오래전부터 규제의 대상이 되어 왔다. 그런데 '음란'이란 개념 자체가 사회와 시대적 변화에 따라 변동하는 상대적, 유동적인 것이고 그 시대에 있어서 사회의 풍속, 윤리, 종교 등과도 밀접한 관계를 가지는 것이며(大 1997. 12. 26.-97누11287), 인터넷은 진입장벽이 낮고 표현의 쌍방향성이 보장되는 등의 장점으로 오늘날 가장 거대하고 주요한 표현매체의 하나로 자리를 굳혔고, 이와 같은 표현매체에 관한 기술의 발달은 표현의 자유의 장을 넓히고 질적 변화를 야기하고 있으므로, 계속 변화하는 이 분야에서의 규제 수단 또한, 헌법의 틀 내에서 다채롭고 새롭게 강구되어야 할 것이다(憲 2002. 6. 27. -99헌마480). 그리하여 우리 재판소는 '출판사 및 인쇄소의 등록에 관한 법률' 제5조의 2 제5호 등에 대한 위헌제청 사건에서 위 법률조항의 '음란' 개념에 대하여 "음란이란 인간존엄 내지 인간성을 왜곡하는 노골적이고 적나라한 성표현으로서 오로지 성적 흥미에만 호소할 뿐 전체적으로 보아 하등의 문학적, 예술적, 과학적 또는 정치적 가치를 지니지 않은 것"이라고 규정한 바 있다(憲 1998. 4. 30.-95헌가16). 한편 대법원은 "음란한 문서라 함은 일반 보통인의 성욕을 자극하여 성적 흥분을 유발하고 정상적인 성적 수치심을 해하여 성적 도의관념에 반하는 것을 가리킨다고 할 것이고, 문서의 음란성의 판단에 있어서는 당해 문서의 성에 관한 노골적이고 상세한 묘사서술의 정도와 그 수법, 묘사서술이 문서 전체에서 차지하는 비중, 문서에 표현된 사상 등과 묘사서술과의 관련성, 문서의 구성이나 전개 또는 예술성·사상성 등에 의한 성적 자극의 완화의 정도, 이들의 관점으로부터 당해 문서를 전체로서 보았을 때 주로 독자의 호색적 흥미를 돋구는 것으로 인정되느냐의 여부 등의 모든 점을 검토하는 것이 필요하고, 이들의 사정을 종합하여 그 시대의 건전한 사회통념에 비추어 그것이 '공연히 성욕을 흥분 또는 자극시키고 또한, 보통인의 정상적인 성적 수치심을 해하고, 선량한 성적 도의관념에 반하는 것'이라고 할 수 있는가의 여부를 결정하여야 할 것이다"라고 일관되게 판시하여 오다가((大 1995. 6. 16.-94도2413; 1997. 8. 27.-97도937; 2000. 10. .-98도679), 최근에는 구 정보통신망법에서 규정하고 있는 '음란' 개념에 대하여 "사회통념상 일반 보통인의 성욕을 자극하여 성적 흥분을 유발하고 정상적인 성적 수치심을 해하여 성적 도의관념에 반하는 것으로서, 표현물을 전체적으로 관찰·평가해 볼 때 단순히 저속하다거나 문란한 느낌을 준다는 정도를 넘어서서

존중 · 보호되어야 할 인격을 갖춘 존재인 사람의 존엄성과 가치를 심각하게 훼손 · 왜곡하였다고 평가할 수 있을 정도로 노골적인 방법에 의하여 성적 부위나 행위를 적나라하게 표현 또는 묘사한 것으로서, 사회통념에 비추어 전적으로 또는 지배적으로 성적 흥미에만 호소하고 하등의 문학적 · 예술적 · 사상적 · 과학적 · 의학적 · 교육적 가치를 지니지 아니하는 것을 뜻한다고 볼 것"이라고 판시하여(大 2008. 3. 13.-2006도3558; 2008. 3. 27.-2006도6317; 2008. 5. 8.-2007도47129; 2008. 7. 10.-2008도244), 우리 재판소가 본 '음란'의 개념과 크게 다르지 아니한 입장을 보이고 있다.」

⑷ 국가비상사태의 경우

비상계엄이 선포된 경우에는 헌법 제77조 제3항에 따라 언론 · 출판의 자유도 특별조치로써 검열 등의 사전통제를 받게 된다.

Ⅲ. 제한의 한계

⑴ 허가 · 검열의 금지

ⓐ 허가 · 검열의 개념

헌법 제21조 제2항은 「언론 · 출판에 대한 허가나 검열……는(은) 인정되지 아니한다」라고 규정하여 언론 · 출판에 대한 허가와 검열을 금지하고 있다.

허가(許可)라 함은 언론 · 출판의 자유를 일반적으로 금지한 후 특정한 경우에 한하여 그 금지를 해제하여 주는 행정처분을 뜻한다. 검열(檢閱)이라 함은 행정권이 주체가 되어 사상이나 의견 등이 발표되기 이전에 예방적 조치로서 그 내용을 심사 · 선별하여 허가받지 아니한 발표를 사전에 금지하는 것을 말하고, i) 일반적으로 허가를 받기 위한 표현물의 제출의무, ii) 행정권이 주체가 된 사전심사절차, iii) 허가를 받지 아니한 의사표현의 금지, iv) 심사절차를 관철할 수 있는 강제수단 등을 요건으로 한다(예: 憲 1996. 10. 4.-93헌가13).

허가나 검열은 언론의 내용에 대한 사전적 제한이라는 점에서 헌법 제21조 제2항의 허가나 검열을 본질적으로 같은 것이라고 할 것이고, 허가의 요건은 검열의 요건과 성질상 차이가 없다(예: 憲 2001. 5. 31.-2000헌바43).

허가나 검열과 같은 언론 · 출판에 대한 사전억제는 자유로운 의사표현 자체를 봉쇄하여 집권세력에 유리한 의견의 발표만이 허용됨으로써 사상과 의사의 자유시장의 성립을 방해하므로 허용될 수 없다. 헌법 제21조 제2항의 검열금지규정은 헌법에서 직접 기본권 제한의 한계를 명시하고 있는 것이므로 헌법 제37조 제2항에 따라 법률에 의하더라도 언론 · 출판에 대한 허가 · 검열을 수단으로 하는 제한은 어떤 경우에도 허용되지 않는다.

헌법은 허가나 검열의 금지에 대해서 언론 · 출판의 자유를 정하고 있는 제21조 제2항에서 정하고 있으나, 허가나 검열의 금지를 헌법에서 정하고 있는 취지에 비추어 보면, 표현의 자유에 적용되는 법리이므로 이는 언론이나 출판에 한정하지 않고 모든 종류의 표현의 자유에 해당한다고 할 것이다. 즉 예술표현의 자유, 종교표현의 자유, 학문연구발표의 자유에도 사전의 허가나 검열은 금지된다.

헌법 제21조 제2항에서 정하고 있는 사전 허가검열의 금지는 그 성격상 표현의 자유에 일반적으로 적용되는 헌법원리를 정하고 있는 규정이라고 보아야 한다. 따라서 헌법 제21조 제2항에서 사전 허가검열의 금지가 언론·출판에 대하여 정하고 있다고 하여 이를 근거로 다른 표현의 자유에는 사전 허가나 금지가 허용된다고 반대해석을 하면 안 된다.

[憲 1996.10.4.-93헌가13] 「헌법 제21조 제1항과 제2항은 모든 국민은 언론·출판의 자유를 가지며, 언론·출판에 대한 허가나 검열은 인정되지 아니한다고 규정하고 있다. 여기서의 검열은 행정권이 주체가 되어 사상이나 의견 등이 발표되기 이전에 예방적 조치로서 그 내용을 심사, 선별하여 발표를 사전에 억제하는, 즉 허가받지 아니한 것의 발표를 금지하는 제도를 뜻한다.……여기서 말하는 검열은 그 명칭이나 형식에 구애됨이 없이 실질적으로 위에서 밝힌 검열의 개념에 해당되는 모든 것을 그 대상으로 하는 것이다. 그러나 검열금지의 원칙은 모든 형태의 사전적인 규제를 금지하는 것이 아니고, 단지 의사표현의 발표여부가 오로지 행정권의 허가에 달려 있는 사전심사만을 금지하는 것을 뜻한다. 그러므로 검열은 일반적으로 허가를 받기 위한 표현물의 제출의무, 행정권이 주체가 된 사전심사절차, 허가를 받지 아니한 의사표현의 금지 및 심사절차를 관철할 수 있는 강제수단 등의 요건을 갖춘 경우에만 이에 해당하는 것이다. 한편, 표현의 자유에 대한 검열을 수단으로 한 제한은 위에서 본 바와 같이 법률로써도 허용될 수 없는 것이기 때문에 검열의 의미는 다음과 같이 제한적으로 해석하여야 함이 마땅하다. ① 먼저 헌법 제21조 제2항이 금지하는 검열은 사전검열만을 의미하므로 개인이 정보와 사상을 발표하기 이전에 국가기관이 미리 그 내용을 심사·선별하여 일정한 범위내에서 발표를 저지하는 것만을 의미하고(憲 1992. 11. 1.-89헌마88 참조), 헌법상 보호되지 않는 의사표현에 대하여 공개한 뒤에 국가기관이 간섭하는 것을 금지하는 것은 아니다(憲 1992. 6. 26. -90헌바26). 그러므로 사후심사나 앞에서 밝힌 검열의 성격을 띠지 아니한 그 외의 사전심사는 검열에 해당하지 아니한다. 다만, 이러한 검열의 성격을 띠지 아니한 심사절차의 허용여부는 표현의 자유와 이와 충돌되는 다른 법익 사이의 조화의 문제이므로 헌법상의 기본권제한의 일반적 원칙인 헌법 제37조 제2항에 의하여 상충하는 다른 법익과의 교량과정을 통하여 결정된다 할 것이다. ② 검열금지의 원칙은 정신작품의 발표 이후에 비로소 취해지는 사후적인 사법적 규제를 금지하는 것이 아니므로 사법절차에 의한 영화상영의 금지조치(예컨대 명예훼손이나 저작권 침해를 이유로 한 가처분 등)나 그 효과에 있어서는 실질적으로 동일한 형벌규정(음란, 명예훼손 등)의 위반으로 인한 압수는 헌법상의 검열금지의 원칙에 위반되지 아니한다. ③ 검열금지의 원칙은 바로 영화에 대한 사전심사를 모두 금지하는 것도 아니다. 영화는 시청각을 표현수단으로 하는 영상매체의 특수성으로 말미암아 일단 상영되고 나면 그 자극이나 충격이 매우 강하게 그리고 직접 전달되어 영향력이 클 뿐만 아니라, 비디

오의 보급이 일반화되면서 그 파급효과가 광범위하게 이루어질 수 있게 되었고, 일단 소비자에게 보급되고 난 뒤에는 이를 효율적으로 규제할 방법마저 없다. 그러므로 영화를 상영 또는 보급하기 이전에 심사·규제해야 할 필요가 있음은 물론, 특히 청소년이 음란, 폭력 등 영화에 접근하는 것을 미리 막아야 할 필요성 역시 매우 크다. 심의기관에서 허가절차를 통하여 영화의 상영 여부를 종국적으로 결정할 수 있도록 하는 것은 검열에 해당하나, 예컨대 영화의 상영으로 인한 실정법위반의 가능성을 사전에 막고, 청소년 등에 대한 상영이 부적절할 경우 이를 유통단계에서 효과적으로 관리할 수 있도록 미리 등급을 심사하는 것은 사전검열이 아니다. 설사 등급심사를 받지 아니한 영화의 상영을 금지하고 이에 위반할 때에 행정적 제재를 가하는 경우(예컨대 새 영화진흥법 시안 제11조의 등급심의)에도 검열에는 해당하지 아니한다.
여기서의 상영금지는 심의의 결과가 아니고 단지 일괄적인 등급심사를 관철하기 위한 조치에 지나지 아니하기 때문이다.」

(b) 구체적 사건

검열에 해당되는지 여부가 문제된 헌법재판소의 판례를 살펴보면 다음과 같다.

(i) 인정한 사례 구 영화법상 심의기관인 공연윤리위원회가 영화의 상영에 앞서 그 내용을 심사하여 심의기준에 적합하지 아니한 영화에 대하여는 상영을 금지할 수 있고, 심의를 받지 아니하고 영화를 상영할 경우에는 형사처벌까지 가능하도록 한 영화에 대한 사전심의제도는 검열에 해당한다(憲 1996. 10. 4.-93헌가13). 영상물등급위원회가 영화의 상영에 앞서 그 등급을 심사하여 등급분류보류판정을 받은 영화는 상영이 금지되고 등급분류보류판정을 받은 영화를 상영할 경우에는 형사처벌까지 가능하도록 한 영화등급심사제는 사전검열에 해당한다(憲 2001. 8. 30.-2000헌가9). 마찬가지의 이유로 구 음반및비디오물에관한법률상 심의기관인 공연윤리위원회에 의한 음반이나 비디오물의 제작·판매 등에 대한 사전심의제도는 검열에 해당한다(음반의 경우: 憲 1996. 10. 31.-94헌가6; 1997. 3. 27.-97헌가1. 비디오물의 경우: 憲 1998. 12. 24.-96헌가23; 2000. 2. 24.-99헌가17). 구 음반및비디오물에관한법률상 한국공연예술진흥협의회도 공연윤리위원회와 마찬가지의 검열기관이므로 그에 의한 비디오물에 대한 사전심의제도 역시 검열에 해당한다(憲 1999. 9. 16.-99헌가1). 영상물등급위원회의 외국비디오물수입 추천행위(憲 2005. 2. 3.-2004헌가8)와 외국음반의 국내제작 추천제도(憲 2006. 10. 26.-2005헌가14)도 의사표현에 대한 사전검열행위에 해당하여 위헌이다. 이러한 판례에서 헌법재판소는 구공연법과 음반및비디오물에관한법률상의 영상물등급위원회를 행정기관에 해당한다고 판시하였다(憲 2006. 10. 26.-2005헌가14).

한국광고자율심의기구가 행하는 텔레비전 방송광고에 대한 사전심의는 행정기관에 의한 사전검열로서 헌법이 금지하는 사전검열에 해당한다(憲 2008. 6. 26.-2005헌마506). 구음반·비디오물 및 게임물에 관한 법률에서 정하고 있는 영상물등급위원회에 의한 비디오물 등급분류 보류제도는 행정기관에 의한 사전검열에 해당하여 헌법에 위반된다(憲 2008. 10. 30.-2004헌가18). 사전심의를 받지 아니한 의료광고를 금지하고 이를 위반한 경우 처벌하는 의료법 규정은, 사전심의 주체인 보건복지부장관이 사전심의를 행하지 않고 그로부터 위탁을 받은 각 의사협회가 행하고 있더라도 기관의 실질에 따라 판단하면 헌법이 금지하는 행정기관의 사전검열에 해당하므로 청구인들의 표현의 자유를 침해한다(憲 2015. 12. 23.-2015헌바75). 한국건강기능식품협회가 행하는 건강기능식품 기능성광고 사전심의는 헌법이 금지하는 사전검열에 해당한다(憲 2018. 6. 28.-2016헌가8등).

[憲 2008.10.30.-2004헌가18] 「헌법상의 검열금지의 원칙은 검열이 행정권에 의하여 행하여지는 경우에 한하므로 비디오물의 심의 및 등급분류기관인 영상물등급위원회가 이에 해당하는지에 대하여 의문이 있을 수 있다. 그런데 여기서 영상물등급위원회가 행정기관인가의 여부는 기관의 형식에 의하기보다는 그 실질에 따라 판단되어야 할 것이다. 예를 들면 검열을 행정기관이 아닌 독립적인 위원회에서 행한다고 하더라도 행정권이 주체가 되어 검열절차를 형성하고 검열기관의 구성에 지속적인 영향을 미칠 수 있는 경우라면 실질적으로 보아 검열기관은 행정기관이라고 보아야 한다. 왜냐하면 그렇게 해석하지 아니한다면 검열기관의 구성은 입법기술의 문제이므로 정부에게 행정관청이 아닌 독립된 위원회의 구성을 통하여 사실상 검열을 하면서도 헌법상 검열금지원칙을 위반하였다는 비난을 면할 수 있는 길을 열어주기 때문이다. 그런데 비디오물에 대한 심의 및 상영등급분류업무를 담당하고 등급분류보류결정권한을 갖고 있는 영상물등급위원회의 경우에도, 비록 이전의 공연윤리위원회나 한국공연예술진흥협의회와는 달리 문화관광부장관에 대한 보고 내지 통보의무는 없다고 하더라도, 여전히 영상물등급위원회의 위원을 대통령이 위촉하고(§7 ②), 위원회의 운영에 필요한 경비를 국고에서 보조할 수 있으며(§19 ①), 국고 예산 등이 수반되는 사업계획 등은 미리 문화관광부장관과 협의하도록 규정하고 있는 점(§19 ②) 등에 비추어 볼 때, 행정권이 심의기관의 구성에 지속적인 영향을 미칠 수 있고 행정권이 주체가 되어 검열절차를 형성하고 있다고 보지 않을 수 없다. 영상물등급위원회가 비록 그의 심의 및 등급분류활동에 있어서 독립성이 보장된 기관이라 할지라도(§15), 그것이 검열기관인가 여부를 판단하는 데 있어서 결정적인 것이라고는 할 수 없다. 심의기관의 독립성이 보장되어야 하는 것은 단지 심의절차와 그 결과의 공정성 및 객관성을 확보하기 위하여 모든 형태의 심의절차에 요구되는 당연한 전제일 뿐이기 때문이다. 국가에 의하여 검열절차가 입법의 형태로 계획되고 의도된 이상, 비록 검열기관을 민간인들로 구성하고 그 지위의 독립성을 보장한다고 해서 음비게법이 정한 등급분류보류제도의 법적 성격이 바뀌는 것은 아니다. 따라서 이러한 영상물등급위원회에 의한 등급분류보류제도는 '행정권이 주체가 된 사전심사절차'라는 요건도 충족시킨다. 음비게법에 의하면, 비디오물은 유통 또는 시청의 제공 전에 반드시 영상물등급위원회로부터 등급분류를 받아야 하고(§20 ①), 등급분류를 받지 아니한 비디오물의 유통 등이 금지되며(§21 ①), 등급분류가 보류된 비디오물이나 등급분류를 받지 아니한 비디오물에 대하여 문화관광부장관 등은 관계공무원으로 하여금 이를

수거하여 폐기하게 할 수도 있고(§42③ ii, iii), 이를 유통 또는 시청에 제공한 자는 2년 이하의 징역 또는 2천만 원 이하의 벌금에 처하도록 규정(§50 vii)하고 있다. 이상과 같은 음비게법상의 내용을 살펴볼 때, 등급분류보류는 비디오물에 대한 심의 및 등급분류를 그 논리적 전제로 하고 있는바, 그와 같은 심의 및 등급분류는 의사표현 전에 이루어진다. 즉 어떤 비디오물이 유통 이전 단계에서 영상물등급위원회에 의해 당해 비디오물의 심의 및 등급분류가 이루어지고, 이러한 과정에서 당해 비디오물의 내용이 일정한 기준을 충족하는 경우에는 등급분류가 보류된다. 그런데 등급분류보류의 횟수제한이 설정되어 있지 않아 등급분류보류기간의 상한선이 없는 것과 마찬가지의 효과가 발생한다. 이 사건 법률조항에 의하면 3개월 이내의 기간을 정하여 등급분류를 보류할 수 있게 되어 있지만, 3개월 이내의 일정한 등급분류보류기간이 만료된 뒤에도 등급분류보류의 원인이 치유되지 않는 한, 즉 비디오물제작자가 자진해서 문제되는 내용을 삭제 내지 수정하지 않는 한 무한정 등급분류가 보류될 수 있다. 이는 비록 형식적으로는 '등급분류보류'에 의하더라도, 실질적으로는 영상물등급위원회의 허가를 받지 않는 한 무한정 비디오물을 통한 의사표현이 금지될 수 있다는 것을 의미한다. 그리고 우리 재판소가 사전등급제 자체는 사전검열이 아니라고 판단하였고 또한 위와 같은 강제수단들이 이러한 사전등급제를 관철하기 위한 불가피한 것들이라고 할지라도, 등급분류보류결정은 등급분류의 일환으로 행해지기 때문에, 결과적으로 등급분류보류가 결정된 비디오물에 대해서도 이러한 강제수단들이 적용된다. 따라서 영상물등급위원회에 의한 등급분류보류제도는 '허가를 받지 아니한 의사표현의 금지' 및 '심사절차를 관철할 수 있는 강제수단'이라는 요건도 충족시킨다.」

(ii) 부정한 사례　자신이 연구한 결과를 얼마든지 책자로 발표할 수 있으므로 교과서 검·인정 제도는 검열과는 관계없다(憲 1992. 11. 12.-89헌마88). 정기간행물의 공보처장관에의 납본제도는 그 정기간행물의 내용을 심사하여 이를 공개 내지 배포하는데 대한 허가나 금지와는 전혀 관계 없는 것이므로 사전검열이라고 볼 수 없다(憲 1992. 6. 26.-90헌바26). 정기간행물을 발행하기 전에 일정한 사항을 등록한 뒤에 정기간행물을 발행할 수 있도록 한 규정은 등록관청으로 하여금 정기간행물의 내용을 심사·선별하여 정기간행물을 사전에 통제하기 위한 규정이 아니므로 허가나 검열에 해당하지 않는다(憲 1997. 8. 21.-93헌바51). 옥외광고물 등의 종류·모양·크기 등을 규제하는 것은 광고물 등의 내용을 심사·선별하여 광고물을 사전에 통제하는 것이 아니므로 사전허가·검열에 해당하지 않는다(憲 1998. 2. 27.-96헌바2). 민사소송법 제714조 제2항에 의한 방영금지가처분은 행정권에 의한 사전심사나 금지처분이 아니라 개별 당사자 간의 분쟁에 관하여 사법부가 사법절차에 의하여 심리, 결정하는 것이므로 사전검열에 해당하지 않는다(憲 2001. 8. 30.-2000헌바36). 비디오물 등급분류는 사전검열에 해당하지 않는다(憲 2007. 10. 4.-2004헌바36).

(c) 허가나 검열 이외의 사전제한

허가나 검열의 금지가 언론 · 출판에 대한 사전제한을 언제나 금지하는 것은 아니다. 성질상 사전제한이 불가피한 경우에는 허가나 검열에 해당하지 않는 한 헌법 제37조 제2항에 의하여 가능하다(예: 憲 1996. 10. 4.-93헌가13).

(2) 한계의 원칙

언론 · 출판의 자유가 헌법 제37조 제2항에 의해서 제한이 가능한 기본권이라고 하더라도 언론 · 출판의 자유가 가지는 기능에 비추어 그 제한은 엄격한 한계를 준수하여야 한다.

미합중국에서는 수정 헌법 제1조와 관련하여 표현의 자유에 대한 제한입법의 한계원리들이 개발 · 발전되어 왔다. 예컨대 i) 사전억제금지의 이론, ii) 표현의 자유를 제약하는 입법의 합헌성추정의 배제원칙, iii) 막연하기 때문에 무효의 이론, iv) 명백하고 현존하는 위험의 원칙, v) 필요최소한도의 규제수단의 선택에 관한 원칙, vi) 비교형량의 원칙과 이중기준의 원칙, vii) 거증책임의 전환, 당사자적격의 요건완화 등의 소송절차상의 이론 등이 이에 해당한다.

미합중국의 이러한 원칙은 우리 헌법에서는 명확성의 원칙, 과잉금지원칙 등 기본권제한의 한계로 다양하게 표현되어 있다. 헌법재판소도 표현의 자유를 제한하는 경우에 명확성의 원칙(예: 憲 1998. 4. 30.-95헌가16; 2002. 6. 27.-99헌마480)과 과잉금지원칙(예: 憲 2002. 6. 27.-99헌마480)을 적용하고 있다. 헌법재판소는 대한민국 또는 헌법상 국가기관에 대하여 모욕, 비방, 사실 왜곡, 허위사실 유포 또는 기타 방법으로 대한민국의 안전, 이익 또는 위신을 해하거나 해할 우려가 있는 표현이나 행위에 대하여 형사처벌하도록 규정한 구 형법 제104조의2(국가모독죄 조항)는 국가의 안전, 이익, 위신 보전이 위 조항의 진정한 입법목적인지 의문이고, 형사처벌을 통한 일률적 표현행위 규제에 수단의 적합성을 인정할 수 없는 점, 의미내용이 불명확할 뿐만 아니라, 적용범위가 지나치게 광범위하고, 기본권 침해 정도가 큰 형사처벌을 통해 표현의 자유를 지나치게 제한하는 점 등에 비추어 과잉금지원칙에 위반하여 표현의 자유를 침해한다고 보았다(憲 2015. 10. 21.-2013헌가20).

[憲 1998.4.30.-95헌가16] 「법치국가원리의 한 표현인 명확성의 원칙은 기본적으로 모든 기본권제한입법에 대하여 요구된다. 규범의 의미내용으로부터 무엇이 금지되는 행위이고 무엇이 허용되는 행위인지를 수범자가 알 수 없다면 법적 안정성과 예측가능성은 확보될 수 없게 될 것이고, 또한 법집행 당국에 의한 자의적 집행을 가능하게 할 것이기 때문이다(憲 1990. 4. 2.-89헌가113; 1996. 8. 29.-94헌바15; 1996. 11. 28.-96헌가15 참조). 표현의 자유를 규제하는 입법에 있어서 이

러한 명확성의 원칙은 특별히 중요한 의미를 지닌다. 민주사회에서 표현의 자유가 수행하는 역할과 기능에 비추어 볼 때, 불명확한 규범에 의한 표현의 자유의 규제는 헌법상 보호받는 표현에 대한 위축적 효과를 수반하기 때문이다. 즉 무엇이 금지되는 표현인지가 불명확한 경우에는, 자신이 행하고자 하는 표현이 규제의 대상이 아니라는 확신이 없는 기본권주체는—형벌 등의 불이익을 감수하고서라도 자신의 의견을 전달하고자 하는 강한 신념을 가진 경우를 제외하고—대체로 규제를 받을 것을 우려해서 표현행위를 스스로 억제하게 될 가능성이 높은 것이다. 그렇기 때문에 표현의 자유를 규제하는 법률은 그 규제로 인해 보호되는 다른 표현에 대하여 위축적 효과가 미치지 않도록 규제되는 표현의 개념을 세밀하고 명확하게 규정할 것이 헌법적으로 요구된다. 그러나 모든 법규범의 문언을 순수하게 기술적 개념만으로 구성하는 것은 입법기술적으로 불가능하고 또 바람직하지도 않기 때문에 어느 정도 가치개념을 포함한 일반적, 규범적 개념을 사용하지 않을 수 없다. 따라서 명확성의 원칙이란 기본적으로 최대한이 아닌 최소한의 명확성을 요구하는 것이다. 그러므로 법문언이 해석을 통해서, 즉 법관의 보충적인 가치판단을 통해서 그 의미내용을 확인해낼 수 있고, 그러한 보충적 해석이 해석자의 개인적인 취향에 따라 좌우될 가능성이 없다면 명확성의 원칙에 반한다고 할 수 없다 할 것이다.」

[憲 2002.6.27.-99헌마480] 「헌법 제37조 제2항에 근거한 과잉금지원칙은 모든 기본권제한입법의 한계원리이므로 표현의 자유를 제한하는 입법도 이 원칙을 준수하여야 함은 물론이나, 표현의 자유의 경우에 과잉금지원칙은 위에서 본 명확성의 원칙과 밀접한 관련성을 지니고 있다. 불명확한 규범에 의하여 표현의 자유를 규제하게 되면 헌법상 보호받아야 할 표현까지 망라하여 필요 이상으로 과도하게 규제하게 되므로 과잉금지원칙과 조화할 수 없게 되는 것이다.」

헌법재판소는 표현의 자유를 제한함에 있어 명백한 위험이 존재하는 경우에 정당화된다고 하여 명백성의 원칙을 인정한 바 있다(예: 憲 1990. 4. 2.-89헌가113).

[憲 1990.4.2.-89헌가113] 「국가보안법 제7조 제1항 소정의 찬양 · 고무 · 동조 그리고 이롭게 하는 행위 모두가 곧바로 국가의 존립 · 안전을 위태롭게 하거나 또는 자유민주적 기본질서에 위해를 줄 위험이 있는 것이 아니므로 그 행위일체를 어의대로 해석하여 모두 처벌한다면 합헌적인 행위까지도 처벌하게 되어 위헌이 되게 된다는 것은 앞서 본 바이다. 그렇다면 그 가운데서 국가의 존립 · 안전이나 자유민주적 기본질서에 무해한 행위는 처벌에서 배제하고, 이에 실질적 해악을 미칠 명백한 위험성이 있는 경우로 처벌을 축소제한하는 것이 헌법 전문 · 제4조 · 제8조 제4항 · 제37조 제2항에 합치되는 해석일 것이다. 이러한 제한해석은 표현의 자유의 우월적 지위에 비추어 당연한 요청이라 하겠다. 여기에 해당되는가의 여부는 제7조 제1항 소정의 행위와 위험과의 근접정도도 기준이 되겠지만 특히 해악이 크냐 작느냐의 정도에 따라 결정함이 합당할 것이다.……따라서 제7조 제5항도 제1항의 경우와 마찬가지로 국가보안법의 입법목적 등에 맞추어 그 소정행위에 의하여 국가의 존립 · 안전이나 자유민주적 기본질서에 실질

적 해악을 줄 명백한 위험성이 있는 경우에 적용되는 것으로 해석할 것이다. 이와 같이 해석되는 이상, 제7조 제5항 역시 전면위헌이라고 할 수 없다. 여기에서 국가의 존립안전이나 자유민주적 기본질서에 실질적 해악을 줄 명백한 위험성이 있는 경우란 특단의 사정이 없는 한 그 표현물의 내용이 그와 같은 경우일 때라고 볼 것이고 국가의 존립·안전이나 자유민주적 기본질서에 실질적 해악이 될 정도가 못되거나 해악이 되는지 여부가 불분명한 경우에는 배제된다고 할 것이다.」

국민이 선택하여 구독하는 일간신문의 발행부수를 제한하기 위하여 구독자가 많은 경우를 시장지배적사업자로 규정하여 독점규제및공정거래에관한법률로 통제하고 신문발전기금의 지원을 금지하는 것은 합리적인 이유 없이 발행부수가 많은 신문사업자를 다른 사업자와 차별하여 신문사업자의 평등권을 침해하고 불합리하고 부적절하게 신문의 자유를 침해하여 헌법에 위반된다고 판시하였다(예: 憲 2006. 6. 29.-2005헌마165등).

6. 집회·결사의 자유

[236] 제1 의 의

헌법 제21조 제1항은 「모든 국민은 집회·결사의 자유를 가진다」고 정하고, 제2항은 「집회·결사에 대한 허가는 인정되지 아니한다」라고 정하여, 집회·결사의 자유를 보장함과 동시에 이에 대한 허가제도를 금지하고 있다.

집회, 결사는 사회의 안정성을 위협하는 요소가 되므로 전근대국가에서는 보장보다는 탄압의 대상이 되었으나, 집회, 결사의 자유를 인정함으로써 사회적 소수자의 정치적 의사표현이 가능해지고 소수와 다수의 평화로운 교체가 가능한바, 현대 입헌주의 헌법에서는 필수불가결한 권리로 보장되고 있다.

[237] 제2 집회의 자유

Ⅰ. 의 의

(1) 집회의 의의

집회(集會)라 함은 2인 이상이 특정한 장소에 모여 공동의 의사를 표현하는 행위를 말한다. 1인 시위는 표현의 자유로 보호되고, 집회의 자유의 영역에 해당되지는 않는다. 집회 구성원이 3인 이상이어야 한다는 견해(성낙인, 560; 권영성, 531)도 있으나, 2인이 모인 경우를 집회에서 굳이 배제할 이유는 없다. 목적적 요건과 관련하여 공익을 위한 의사에 한정된다는 견해, 의사표현으로 족하다는 견해, 의사표현의 목적조차 불요하다는 견해가 제시되고 있으나, 공익상의 목적만으로 한정하는 경우 집회의 자유가 공익이라는 모호한 개념의 해석에 의해 지나치게 좁게 설정될 수 있고, 의사표현의 목적조차 없다면 표현의 자유의 확장으로서의 집회의 자유의 의미가 상실되므로 의사표현의 내용은 묻지 않되 의사표현의 목적은 있어야 한다고 보아야 할 것이다(동지: 허영a, 563). 침묵집회도 무엇을 전달하고자 하는 의사표현의 목적은 가지고 있다. 행태 요건으로 특정한 장소에 회합할 것이 요구된다. 모임을 통해 다수인의 위력을 보이지 않는 경우 개인적 표현의 자유 이상의 보호가 필요하지 않기 때문이다. 주최자의 유무는 문제되지 아니한다.

(2) 시위와의 관계

시위(示威)라 함은 다수인이 공동의 목적을 가지고 도로 · 광장 · 공원 등 공중이 자유로이 통행할 수 있는 장소를 행진하거나 위력 또는 기세를 보여 불특정 다수인의 의견에 영향을 주거나 제압을 가하는 행위를 말한다(집시법 §2ii). 현행 법제는 집회와 시위를 법률적으로 구별되는 개념으로 사용하고 있는바, 양자의 차이는 집회는 한 장소에 머무르는 반면 시위는 행진 등 장소를 진행하는 데 있다. 시위가 이동하는 집회라고 하더라도 참여자의 집단적 의사표현의 수단이라는 점에서는 집회와 다를 바가 없다. 따라서 시위도 집회의 자유에 의해 보호되는 행위태양이라 할 것이다. 다만 시위는 일반 공중에게 불편을 끼칠 개연성이 높으므로 일반 집회보다 더 높은 정도의 제한이 있을 수 있다.

> [憲 1994.4.28.-91헌바14] 「"공중이 자유로이 통행할 수 있는 장소"라는 장소적 제한개념은 위에서 본 바와 같이 집시법상 "시위"개념(집시법 제2조 제2호)전부의 필요불가결한 요소도 아니라는 점, 집회(특히 옥외집회) 및 시위라는 개념은 집시법의 여러 규정에 공통적으로 사용된 기초개념으로서 이러한 기초개념은 집시법의 규제목적(제1조)이 실현될 수 있도록 개별적, 구체적인 여러 가지 사안에 대하여서도 빠짐없이 또 모순 없이 적용될 수 있게끔 포괄적이면서도 명확히 규정되어야 한다는 점 등을 고려하면, 옥외집회의 정의규정에 위와 같은 장소적 제한개념을 추가하지 아니한 것은 합리적인 이유가 있다고 인정되고 그것이 집회(옥외집회)의 주최자를 시위의 주최자보다 합리적 이유 없이 불리하게 차별한 것이라든가 또는 옥외집회의 개념을 너무 넓게 규정하여 집회의 자유의 본질적 내용을 침해하였거나 그것을 필요 이상으로 과도하게 제한하였다고는 볼 수 없다.」

II. 법적 성격

집회의 자유는 원칙적으로 대국가적 방어권에 해당하는 자유권으로서의 성격을 갖는다. 그러나 집회시에는 공공장소를 이용하거나 교통통제가 이루어지는 등 다소간의 사회적 배려가 있어야 하는 경우가 많을 것이며, 국가는 집회의 자유의 실질적 보장을 위해 집회자와 일반 공중간의 이해관계의 충돌을 조정해 주어야 한다. 이러한 점에서 집회의 자유는 한정적으로 국가를 향한 청구권으로서의 성격도 어느 정도는 갖는다고 보아야 할 것이다.

Ⅲ. 주 체

집회의 자유는 집단적 의사표현의 자유를 보호하는 권리임을 고려할 때, 자연인 이외에 법인도 집단적 의사표현을 해야 할 상황이 있을 수 있으므로 권리의 주체가 될 수 있다 할 것이다. 국민 이외에 외국인도 집단적 의사표시의 필요가 있는 경우에는 그 제한의 정도는 별론으로 하더라도 주체성이 인정된다.

Ⅳ. 내 용

집회의 자유는 그 내용으로 집회의 개최 및 참가여부에 대한 국가의 개입·강제를 금지하는 것을 핵심으로 한다. 집회의 자유의 주체는 집회의 개최 및 참가, 탈퇴여부를 자유로이 결정할 수 있고, 국가는 집회의 개최의 강제, 참가의 강제 내지 개최의 금지, 참가의 금지를 강요할 수 없다. 그러나 국가는 기본권 제한의 한계 내에서 일정한 집회의 자유의 제한을 법률로서 규정할 수 있는데, 특별히 집회에 대한 허가제는 금지되는 것으로 규정되어 있다(헌법 §21②).

폭력을 사용하는 집회는 집회의 자유의 보호영역에 포함되지 않는다(예: 憲 2003. 10. 30.-2000헌바67 등; 2009. 9. 24.-2008헌가25). 폭력의 내용이 무엇인가에 대해서는 심리적 폭력설과 물리적 폭력설이 제기되고 있으나, 집회의 자유의 두터운 보장을 위해 물리적 폭력설이 타당하다. 집회시의 의사표현이 집회의 자유와 표현의 자유 어느 쪽의 보장을 받는 것인가에 대한 견해 대립이 있으나, 양 기본권이 경합적으로 적용되는 집회에 있어서의 표현의 자유로 파악하면 족할 것이다(예: 憲 1992. 1. 28.-89헌가8).

> [憲 1992.1.28.-89헌가8] 「집회·시위의 규제에는 집회에 있어서의 의사표현 자체의 제한의 경우와 그러한 의사표현에 수반하는 행동자체의 제한 두 가지가 있을 수 있다. 전자의 경우에는 제한되는 기본권의 핵심은 집회에 있어서의 표현의 자유라고 볼 것이다.」
> [憲 2003.10.30.-2000헌바67등] 「(1) 집회의 자유는 집회의 시간, 장소, 방법과 목적을 스스로 결정할 권리를 보장한다. 집회의 자유에 의하여 구체적으로 보호되는 주요행위는 집회의 준비 및 조직, 지휘, 참가, 집회장소·시간의 선택이다. 그러나 집회를 방해할 의도로 집회에 참가하는 것은 보호되지 않는다. 주최자는 집회의 대상, 목적, 장소 및 시간에 관하여, 참가자는 참가의 형태와 정도, 복장을 자유로이 결정할 수 있다. 비록 헌법이 명시적으로 밝히고 있지는 않으나, 집회의 자유에 의하여 보호되는 것은 단지 '평화적' 또는 '비폭력적' 집회이다. 집회의 자유는 민주국가에서 정신적 대립과 논의

의 수단으로서, 평화적 수단을 이용한 의견의 표명은 헌법적으로 보호되지만, 폭력을 사용한 의견의 강요는 헌법적으로 보호되지 않는다. (2) 집회의 자유는 일차적으로 국가공권력의 침해에 대한 방어를 가능하게 하는 기본권으로서, 개인이 집회에 참가하는 것을 방해하거나 또는 집회에 참가할 것을 강요하는 국가행위를 금지하는 기본권이다. 따라서 집회의 자유는 집회에 참가하지 못하게 하는 국가의 강제를 금지할 뿐 아니라, 예컨대 집회장소로의 여행을 방해하거나, 집회장소로부터 귀가하는 것을 방해하거나, 집회참가자에 대한 검문의 방법으로 시간을 지연시킴으로써 집회장소에 접근하는 것을 방해하거나, 국가가 개인의 집회참가행위를 감시하고 그에 관한 정보를 수집함으로써 집회에 참가하고자 하는 자로 하여금 불이익을 두려워하여 미리 집회참가를 포기하도록 집회참가의사를 약화시키는 것 등 집회의 자유행사에 영향을 미치는 모든 조치를 금지한다. (3) 집회장소는 특별한 상징적 의미를 가진다.……집회가 국가권력에 의하여 세인의 주목을 받지 못하는 장소나 집회에서 표명되는 의견에 대하여 아무도 귀기울이지 않는 장소로 추방된다면, 기본권의 보호가 사실상 그 효력을 잃게 된다는 점에서도 집회의 자유에 있어서 장소의 중요성은 뚜렷하게 드러난다. 집회장소가 바로 집회의 목적과 효과에 대하여 중요한 의미를 가지기 때문에, 누구나 '어떤 장소에서' 자신이 계획한 집회를 할 것인가를 원칙적으로 자유롭게 결정할 수 있어야만 집회의 자유가 비로소 효과적으로 보장되는 것이다. 따라서 집회의 자유는 다른 법익의 보호를 위하여 정당화되지 않는 한, 집회장소를 항의의 대상으로부터 분리시키는 것을 금지한다.」

V. 효 력

국가가 집회의 개최의 강제, 참가의 강제 내지 개최의 금지, 참가의 금지를 강제하는 경우 국민은 국가의 강제를 거부할 수 있다(집시법 §3①,②). 집회의 신고제를 사실상 허가제로 운영하는 경우에도 국가의 집회 허가 유무를 불문하고 집회를 할 수 있다. 법률이 정한 한도 내에서는 집회를 위해 보호를 요청할 수 있다(집시법 §3③).

VI. 제한과 그 한계

(1) 제 한

집회의 자유는 자유권적 기본권이지만 기본적으로 다중의 위력을 통해 집단적 의사를 타인에게 듣기를 요구하는 행위라는 점에서 집회 참여자 이외의 국민에게 해악을 끼칠 가능성이 높고, 집단 행동이 통제의 범위를 벗어나거나 무력의 충돌이 일어나는 등 사회의 안녕을 깨뜨릴 가능성이 높다. 따라서 집회의 자유는 제한 가능성이 높은 기본권이라 할 것이다.

다중에 의한 집회가 헌법 제37조 제2항에서 정하는 이익이나 다른 개인의 이익을 침해하는 경우에는 허용되지 아니하며, 이러한 집회로 인하여 타자에게 피해를 가한 경우에는 법적 책임을 진다. 개인의 집회의 자유와 공익이 충돌하거나 개인의 집회의 자유와 다른 개인의 기본권이 충돌하는 경우에는 헌법 제37조 제2항을 근거로 하여 국가가 이를 조정한다. 이러한 조정은 입법, 행정, 재판에서 이루어진다.

집회의 자유를 구체화하고 있는 법은 「집회 및 시위에 관한 법률」이다. 이 법에 의할 때 집회의 주최자는 특정인을 시위에 참가하는 것을 배제할 수 있으나 언론기관의 기자는 출입을 막을 수 없다(집시법 §4). 집회 주최의 제한을 받는 경우로는 헌법재판소의 결정에 의해 해산된 정당의 목적을 달성하기 위한 경우, 공공의 안녕질서에 직접적 위협을 가할 것이 명백한 경우이다(집시법 §5).

옥외집회 또는 시위를 주최하고자 하는 경우 주최자는 관할 경찰서장에게 신고의무를 부담한다(집시법 §6, §7). 신고시 관할 경찰서장은 집회가 금지되는 목적의 집회인 경우(동법 §5), 대통령령이 정하는 주요도시의 주요도로에서의 집회 또는 시위여서 교통유통을 방해할 우려가 있는 경우(동법 §12), 집회가 금지되는 장소에서의 집회인 경우(동법 §12, 집회금지장소 중 국회의 사당과 국무총리공관에 대해서는 헌법불합치결정: 憲 2018. 5. 31.-2013헌바322등; 2018. 6. 28.-2015헌가28등), 주거지역, 초중등학교 내지 군사지역 근처로 집회로 피해 우려가 있으며 거주자 내지 관리자의 금지 요청이 있는 경우(동법 §8③), 수개의 집회가 중복되어 충돌 우려가 있는 경우(동법 §8②)에는 금지통고를 할 수 있다(동법 §8①). 집회금지 통고에 대해 집회 주최자는 이의신청을 제기할 수 있다(동법 §9).

> [大 2014.12.11.-2011도13299] 「집회의 신고가 경합할 경우 특별한 사정이 없는 한 관할 경찰관서장은 집시법 제8조 제2항의 규정에 의하여 신고 순서에 따라 뒤에 신고된 집회에 대하여 금지통고를 할 수 있을 것이지만, 먼저 신고된 집회의 참여예정인원, 집회의 목적, 집회개최장소 및 시간, 집회 신고인이 기존에 신고한 집회 건수와 실제로 집회를 개최한 비율 등 먼저 신고된 집회의 실제 개최 가능성 여부와 양 집회의 상반 또는 방해가능성 등 제반 사정을 확인하여 먼저 신고된 집회가 다른 집회의 개최를 봉쇄하기 위한 허위 또는 가장 집회신고에 해당함이 객관적으로 분명해 보이는 경우에는, 뒤에 신고된 집회에 다른 집회금지 사유가 있는 경우가 아닌 한, 관할경찰관서장이 단지 먼저 신고가 있었다는 이유만으로 뒤에 신고된 집회에 대하여 집회 자체를 금지하는 통고를 하여서는 아니되고, 설령 이러한 금지통고에 위반하여 집회를 개최하였다고 하더라도 그러한 행위를 집시법상 금지통고에 위반한 집회개최행위에 해당한다고 보아서는 아니 될 것이다.」

헌법재판소는 옥외집회나 시위를 주최하려는 자로 하여금 사전에 관할경찰서장에게 신고하게 하는 「집회 및 시위에 관한 법률」 제6조의 사전신고제도는 허가금지에도 위반되지 않고 과잉제한금지원칙에도 위반되는 점이 없어 헌법에 위반되지 않는다고 판시하였다(예: 憲 2009. 5. 28.-2007헌바22; 2014. 1. 28.-2011헌바174; 2015. 11. 26.-2014헌바484).

[憲 2009.5.28.-2007헌바22] 「집회의 자유를 한층 보장하기 위하여 우리 헌법 제21조 제2항은 '집회에 대한 허가는 인정되지 아니한다'고 규정함으로써 다른 기본권 조항과는 달리 기본권을 제한하는 특정 국가행위를 명시적으로 배제하고 있다. 그런데 집회의 자유의 행사는 다수인의 집단적인 행동을 수반하기 때문에 집단행동의 속성상 의사표현의 수단으로서 개인적인 행동의 경우보다 공공의 안녕질서나 법적 평화와 마찰을 빚을 가능성이 큰 것 또한, 사실이다. 특히 옥외집회는 일정한 옥외장소나 도로의 사용을 전제로 하므로 그러한 가능성이 더욱 높고, 이에 따라 사전에 집회의 자유와 다른 법익을 조화시킬 수 있는 제도적 장치가 요청된다. 그리하여 구 집시법 제6조 제1항은, 옥회집회를 주최하려는 자는 그에 관한 신고서를 옥외집회를 시작하기 720시간 전부터 48시간 전에 관할 경찰서장에게 제출하도록 하고 있다. 이러한 사전신고는 경찰관청 등 행정관청으로 하여금 집회의 순조로운 개최와 공공의 안전보호를 위하여 필요한 준비를 할 수 있는 시간적 여유를 주기 위한 것으로서, 협력의무로서의 신고라고 할 것이다. 결국, 구 집시법 전체의 규정 체제에서 보면 법은 일정한 신고절차만 밟으면 일반적·원칙적으로 옥회집회 및 시위를 할 수 있도록 보장하고 있으므로, 집회에 대한 사전신고제도는 헌법 제21조 제2항의 사전허가금지에 반하지 않는다고 할 것이다.」

집회시에 주최자는 확성기 등으로 기준을 초과하는 소음을 발생시켜서는 안 된다(동법 §14). 집회 주최자는 폭행, 협박, 손괴, 방화 등 질서를 문란하게 하는 행위, 옥내집회 주최를 하면서 확성기를 설치하여 옥외참가를 유발하는 행위 등을 해서는 안 된다(동법 §16 ④,⑤). 집회의 일련의 조건이 충족되지 않거나 위반된 경우 해산사유가 된다(동법 §20).

집시법의 신고의무에도 불구하고 특별히 주최자가 없이 우발적으로 성립된 집회는 신고를 기대할 수 없어 우발적 집회에 집시법을 적용하여 처벌 내지 강제해산할 수 있을 것인가가 문제된다. 사전신고가 없었다 하더라도 집회의 목적, 행위태양 등을 고려하여 당해 우발적 집회가 집회의 개념에 포섭되는 경우에는 신고의 유무를 불문하고 집회의 자유에 의해 보호되며, 그 한계도 인정된다고 보아야 할 것이다.

[憲 2016.9.29.-2014헌바492] 「해산명령불응죄가 성립하기 위해서는 적법한 해산명령이 전제되어야 하는데, 적법한 해산명령은 해산명령의 요건이나 절차가 모두 집시법에 부합하여야 한다. 심판대상조항은 집시법 제6조 제1항에 따른 신고를 하지 아니한 시위에 대한 해산명령불응죄를 규정하고 있다. 따라서 심판대상조항에 규정된 해산명령불응죄의 경우 적법한 해산명령에 해당하기 위해서는 집시법 제6조 제1항에 따른 신고를 하지 아니한 시위일 것이 요구된다. 한편 집회의 자유가 가지는 헌법적 가치와 기능, 집회의 자유를 한층 보장하기 위하여 '집회에 대한 허가는 인정되지 아니한다'고 규정한 헌법의 취지(헌법 제21조 제2항), 앞서 본 신고제도의 취지 등을 종합하여 보면, 신고는 행정관청으로 하여금 집회의 순조로운 개최와 공공의 안전보호를 위하여 필요한 준비를 할 수 있는 시간적 여유를 주기 위한 것으로서 협력의무로서의 신고이지 집회의 허가를 구하는 신청으로 변질되어서는 아니된다. 따라서 신고를 하지 아니하였다는 이유만으

로 그 옥외집회 또는 시위를 헌법의 보호 범위를 벗어나 개최가 허용되지 않는 집회 내지 시위라고 단정할 수 없다. 그렇다면 심판대상조항이 미신고 시위를 해산명령의 대상으로 하면서 별도의 해산 요건을 정하고 있지 않더라도, 그 시위로 인하여 타인의 법익이나 공공의 안녕질서에 대한 직접적인 위험이 명백하게 초래된 경우에 한하여 위 조항에 기하여 해산을 명할 수 있고, 이러한 요건을 갖춘 해산명령에 불응하는 경우에만 집시법 제24조 제5호에 의하여 처벌할 수 있다(大 2012. 4. 19.-2010도6388 참조). 또한 집시법은 관할경찰관서장이 해산명령의 대상이 되는 집회·시위에 대하여 상당한 시간 이내에 자진 해산할 것을 요청하고, 이에 따르지 아니하는 경우에만 해산을 명할 수 있도록 규정하고 있다(집시법 제20조 제1항). 집시법 시행령 제17조에 의하면 해산명령은, 관할경찰관서장 또는 관할경찰관서장으로부터 권한을 부여받은 국가경찰공무원이 먼저 주최자에게 집회 또는 시위의 종결 선언을 요청하고, 종결 선언 요청에 따르지 아니하거나 종결 선언에도 불구하고 집회 또는 시위의 참가자들이 집회 또는 시위를 계속하는 경우에는 직접 참가자들에 대하여 자진 해산할 것을 요청하고, 참가자들이 자진 해산 요청에 따르지 아니하는 경우 세 번 이상 자진 해산할 것을 명령하는 방식으로 이루어지고 참가자들이 해산명령에도 불구하고 해산하지 아니하면 직접 해산시킬 수 있다.」(죄형법정주의에 위배되지 않으며 집회의 자유를 침해하지 않는다고 판시)

(2) 제한의 한계

집회에 대한 허가는 인정되지 않는다(헌법 §21②). 여기서 말하는 허가는 헌법이 보장하는 집회의 자유상 옥내 또는 옥외의 집회를 할 수 있음에도 이를 금지하고 행정청이 그 집회의 가부를 결정하는 것을 의미한다. 헌법 제21조 제2항은 이러한 허가는 어떠한 경우에도 허용되지 않는다는 것을 명시적으로 정하고 있는 개별적 헌법유보조항이다. 이와 같이 헌법이 이러한 허가를 금지하고 있는 영역에서는 헌법 제37조 제2항에 근거하여 기본권의 제한형식으로 허가를 입법화하는 것은 허용되지 않는다. 그러나 개인의 집회의 자유가 다른 이익(범죄 방지, 질서유지, 공공안전 등의 공익)을 침해하거나 타자의 자유나 권리(예: 타인의 수면권, 휴식권, 주거의 평온, 영업의 자유)를 침해하는 것인 경우(예: 야간의 특정 시각부터 일정한 시간 동안의 집회나 시위, 해당 집회와 연관이 없는 타인의 집 앞에서의 집회)에는 이 범위 내에서는 집회의 자유가 처음부터 인정되지 않으므로(집회의 자유의 보호영역에 포함되지 않음) 허가라는 것도 존재할 수 없다. 이러한 집회는 금지된다. 그런데 어떤 집회가 다른 이익을 침해하거나 타자의 기본권을 침해하는 것인지는 결과적으로 정해지는 것이므로 사전에 이를 금지할 수는 없다. 옥외집회나 시위가 야간에 행해지는 것인 경우에 이에 대하여 특정 시간 이후에는 그러한 집회나 시위를 할 수 없도록 시간적 제한을 두어 이를 위반한 때에 사후에 법적 책임을 물을 수는 있지만, 제한시각을 넘길 우려가 있다고 하여 처음부터 해당 집회나 시위를 할 수 없게 봉쇄하는 것은 인정되지 않는다.

헌법에서 집회의 자유를 정하면서 동시에 허가를 금지하는 것을 개별적 헌법유보로 정하고 있는 예는 흔하지 않다. 한국헌법과 독일헌법에서 볼 수 있다.

헌법재판소는 헌법 제21조 제2항에서 금지하고 있는 「허가」는 행정권이 주체가 되어 일반적인 집회금지를 특정한 경우에 사전에 심사하여 이 금지를 해제하는 것이라고 한다(예: 憲 2001. 5. 31.-2000헌마43; 2008. 6. 26.-2005헌마506; 2009. 9. 24.-2008헌가25).

[憲 2009.9.24.-2008헌가25] 「이 사건 헌법규정에서 금지하고 있는 '허가'는 행정권이 주체가 되어 집회 이전에 예방적 조치로서 집회의 내용 · 시간 · 장소 등을 사전심사하여 일반적인 집회금지를 특정한 경우에 해제함으로써 집회를 할 수 있게 하는 제도, 즉 허가를 받지 아니한 집회를 금지하는 제도를 의미한다. 그러므로 이 사건 헌법규정에서 금지하고 있는 '허가'제는 집회의 자유에 대한 일반적 금지가 원칙이고 예외적으로 행정권의 허가가 있을 때에만 이를 허용한다는 점에서, 집회의 자유가 원칙이고 금지가 예외인 집회에 대한 신고제와는 집회의 자유에 대한 이해와 접근방법의 출발점을 달리하고 있는 것이다(집회 신고제를 규정한 집회 및 시위에 관한 법률 제6조 제1항에 관하여 헌법재판소는 이미 2009. 5. 28. 2007헌바22 결정(공보 152, 1125 이하)에서 합헌결정을 한 바 있다). 따라서 집회에 대한 '허가'를 금지하고 있는 이 사건 헌법규정 속에 담겨져 있는 국민들의 가치적 합의는 집회의 자유가 행정권의 사전판단에 따라 그 허용여부가 결정되는 이상, 그것은 언론출판의 자유에 있어서 허가나 검열과 같은 것이므로 비록 그 허용여부가 행정권의 기속재량이라고 하더라도 이를 헌법자체에서 직접 금지하겠다는 헌법적 결단의 표현인 것이다.」

헌법재판소는 집회의 자유에 대한 제한에 있어 헌법 제21조 제2항의 허가금지는 헌법 제37조 제2항에 앞서서 적용되는 우선적이고 제1차적인 위헌심사기준이라고 본다(예: 憲 2009. 9. 24.-2008헌가25).

[憲 2009.9.24.-2008헌가25] 「헌법 제21조 제2항(이하'이 사건 헌법규정'이라 한다)은 "언론 · 출판에 대한 허가나 검열과 집회 · 결사에 대한 허가는 인정되지 아니한다"고 규정함으로써 헌법 자체에서 언론 · 출판에 대한 허가나 검열의 금지와 더불어 집회에 대한 허가금지를 명시함으로써, 집회의 자유에 있어서는 다른 기본권 조항들과는 달리, '허가'의 방식에 의한 제한을 허용하지 않겠다는 헌법적 결단을 분명히 하고 있다. 헌법 연혁적으로 살펴보건대, 집회에 대한 허가 금지조항은 위 표 (1)에서 보는 바와 같이 처음으로 1960.6.15. 개정헌법 제28조 제2항 단서에서 규정되었으며, 1962.12.26. 개정헌법 제18조 제2항 본문에서 그대로 유지되었으나 1972.12.27. 개정헌법에서 삭제되었다가 1987.10.29. 개정된 현행 헌법에서 다시 규정된 것이다. 위와 같은 이 사건 헌법규정의 연혁적 변천과정, 그 중에서도 특히 1972년 소위 유신헌법에서 삭제되었던 언론 · 출판에 대한 허가나 검열의 금지와 함께 집회에 대한 허가제 금지규정을 다시 부활시킨 역사적 배경 내지 정치 · 사회 · 문화적 상황 등을 종합하여 보면, 이 사건 헌법규정은, 언론 · 출판의 자유와 더불어 집회의 자유가 형식적 · 장식적 기본권으로 후퇴하였던 과거의 헌정사에 대한 반성적 고려에서, 집회의 자유가 실질적으로 보장되지 않는 한 자유민주주의적 헌정

질서가 발전 · 정착되기는 어렵다는 역사적 경험을 토대로, 그동안 삭제되었던 언론 · 출판에 대한 허가나 검열 금지와 함께 집회에 대한 허가제 금지를 다시금 살려내어, 집회의 허용 여부를 행정권의 일방적 · 사전적 판단에 맡기는 집회에 대한 허가제는 집회에 대한 검열제와 마찬가지이므로 이를 절대적으로 금지하겠다는 헌법개정권력자인 국민들의 헌법가치적 합의이며 헌법적 결단이라고 보아야 할 것이다. 또한, 비교헌법적으로 보더라도, 이 사건 헌법규정처럼 헌법자체에서 집회의 자유에 대하여 허가제금지를 규정하고 있는 입헌례는 우리나라와 독일을 제외하고는 그 유례를 찾기 어려울 정도로 매우 드문 경우인바, 현행 헌법이 이처럼 매우 독특한 입헌례를 가지게 된 이유는 앞서 본 바와 같이 과거의 헌정사에 대한 반성에서 집회의 자유를 더욱 철저하게 보장하기 위한 헌법적 결단이므로 이 사건 헌법규정을 해석함에 있어서는 이러한 비교법적 연구의 결과도 충분히 감안되어야 할 것이다. 따라서 이 사건 헌법규정은 헌법 자체에서 직접 집회의 자유에 대한 제한의 한계를 명시하고 있으므로 기본권 제한에 관한 일반적 법률유보조항인 헌법 제37조 제2항에 앞서서 우선적이고 제1차적인 위헌심사기준이 되어야 하는 것이다.」

헌법재판소는 야간옥외집회를 원칙적으로 금지하고 예외적으로 관할경찰관서장이 허용할 수 있도록 한 「집회 및 시위에 관한 법률」 제10조 및 그 처벌규정인 제23조 제1호 중 옥외집회 부분에 대해서 재판관 5인의 위헌의견과 2인의 헌법불합치의견으로 헌법불합치결정을 내렸다(憲 2009. 9. 24.-2008헌가25). 이 때 헌법재판소는 2010.6.30.을 시한으로 입법자가 개정할 때까지 계속 적용된다고 하여 개정시한부 잠정적용을 명하였는데, 이 개정시한이 도과되도록 입법개정이 이루어지지 않은 상태에서 대법원은 종전의 법에 의해 기소된 피고인에 대하여 헌법불합치결정의 소급효를 인정하여 무죄를 선고하였다(大 2011. 6. 23.-2008도7562). 또한 헌법재판소는 해가 뜨기 전이나 해가 진 후의 옥외집회나 시위를 금지하고 예외적으로 허용하는 것에 대하여, 해가 진 후부터 같은 날 24시까지의 옥외집회나 시위에 대하여 적용하는 한 헌법에 위반된다고 보았다(憲 2014. 3. 27.-2010헌가2; 2014. 4. 24.-2011헌가29). 한편 대법원은 야간 시위로 기소된 형사사건에서 헌법재판소의 [2010헌가2] 결정에 따라 해가 진 후부터 같은 날 24시까지 부분이 일부 위헌이기 때문에 피고인은 무죄라는 취지로 선고하였다(大 2014. 7. 10.-2011도1602).

[憲 2009.9.24.-2008헌가25] 「(재판관 5인의 위헌의견) 집시법 제10조 본문은 "누구든지 해가 뜨기 전이나 해가 진 후에는 옥외집회 또는 시위를 하여서는 아니 된다."고 규정하여 '야간옥외집회'를 일반적으로 금지하면서 그 단서에서는, "다만 집회의 성격상 부득이하여 주최자가 질서유지인을 두고 미리 신고한 경우에는 관할경찰서장은 질서유지를 위한 조건을 붙여 해가 뜨기 전이나 해가 진 후에도 옥외집회를 허용할 수 있다." 고 규정하고 있는바, 위 조항 본문에 의하면 야간옥외집회는 일반적으로 금지하되, 그

단서에서는 행정권인 관할경찰서장이 집회의 성격 등을 포함하여 야간옥외집회의 허용 여부를 사전에 심사하여 결정한다는 것이므로, 결국 야간옥외집회에 관한 일반적 금지를 규정한 집시법 제10조 본문과 관할경찰서장에 의한 예외적 허용을 규정한 단서는 그 전체로서 야간옥외집회에 대한 '허가'를 규정한 것이라고 보지 않을 수 없고, 이는 이 사건 헌법규정에 정면으로 위반되는 것이다. 한편 집시법 제11조 내지 제14조에서도 집회의 장소, 방법 등에 관하여 집회의 자유를 제한하는 규정을 두고 있긴 하지만, 위 규정들은 집시법 제10조와 같이 행정권에 의한 사전허가의 방식으로 집회의 자유를 규제하지 아니하고, 법률에 의한 제한의 방식을 취하고 있으므로, 이 사건 헌법규정에 대한 위반의 문제는 발생하지 않는다. 나아가 집시법 제11조 제4호는 원래 국내주재 외국의 외교기관이나 외교사절의 숙소부근에서는 옥외집회 및 시위를 절대적으로 금지하는 규정을 두었다가 헌법재판소의 위헌결정(헌재 2003. 10. 30.-2000헌바67등)에 따라 단서조항이 신설되는 개선입법이 이루어졌지만, 이 때에도 행정권에 의한 사전허가의 방식이 아니라 법률에 의한 규제방식을 택하였을 뿐이므로 행정권에 의한 사전허가의 방식으로 집회의 자유를 제한하고 있는 집시법 제10조와는 다르다는 점을 주목할 필요가 있다(집시법 제11조 제1호중 "각급 법원" 부분에 관하여 헌법재판소는 2005. 11. 24.-2004헌가17에서 합헌결정을 한 바 있다). 다음, 야간옥외집회의 금지 여부에 관한 세계적인 입법례를 살펴보건대, 이미 앞에서 본 바와 같이 헌법 자체에서 집회에 대한 '허가'를 금지하고 있는 나라는 우리나라와 독일의 경우뿐이지만 영국, 독일, 일본, 오스트리아 등에서도 야간옥외집회를 특별히 금지하거나 행정권에 의한 '허가'의 방법으로 이를 제한하는 규정을 두고 있지 않으며, 프랑스의 경우에는 밤 11시 이후의 집회만을 금지하고 있고, 러시아의 경우에도 밤 11시부터 아침 7시까지의 집회를 금지하고 있을 뿐이다. 다만 미국의 경우에는 집회 및 시위에 관하여는 연방차원이 아닌 각 주의 주법이나 시의 조례 등에 의하여 규제하고 있을 뿐이어서 우리나라의 경우와 단순비교하기가 적절하지 않다. 따라서 전세계적으로 볼 때 야간옥외집회만을 특별히 금지하거나 '허가'의 방법으로 제한하는 규정을 가지고 있는 국가가 많지 않다는 점도 집시법 제10조의 위헌 여부를 평가함에 있어서 고려되어야 할 것이다. 우리 재판소는 이전에 집시법 제10조가 이 사건 헌법규정에 위배되지 않는다고 판시한 바 있지만(헌재 1994. 4. 28.-91헌바14), 위 선례는 앞서 본 바와 같은 집회의 자유에 대한 자유민주주의 국가에서의 현대적 의의와 기능 및 이 사건 헌법규정에 담긴 국민들의 헌법의지에 대하여 충분히 고려하지 않은 채, 제2차적인 위헌심사 기준이며 일반적 법률유보조항인 헌법 제37조 제2항의 위반 여부만을 주된 쟁점으로 삼아 판단한 것에 불과하므로 변경되어야 할 것이다.」

국가가 집회의 자유를 제한하는 경우에는 기본권 제한의 일반 원칙을 지켜야 한다. 국가안전보장, 질서유지 또는 공공복리의 목적을 위해서 필요한 경우에 한하여 법률로써 제한해야 하되, 제한시에도 집회의 자유의 본질적인 내용을 침해해서는 안 된다(헌법 §37②).

헌법재판소는 누구든지 각급 법원의 경계 지점으로부터 100미터 이내의 장소에서 옥외집회 또는 시위를 할 수 없도록 전면적으로 금지하는 것은 법원의 재판에 영향을 미치지 않는 집회와 시위까지 금지하는 결과를 초래하여 헌법에 위반된다고 판시하였다(憲 2018. 7. 26.-2018헌바137).

[憲 2018.7.26.-2018헌바137] 「**가. 집회 장소 제한의 헌법적 의미** 집회의 자유는 대의 민주주의를 채택하고 있는 우리 헌법 체제에서 주권자인 국민의 의사를 국가기관에 직접 전달하고, 모든 사람이 자유롭게 자신의 의사를 표현하는 한편 다른 사회 구성원과 자유롭게 정보와 의견을 교환함으로써 인간의 존엄과 가치를 실현할 수 있도록 하는 기본권이다. 이런 점에서 집회의 자유는 언론·출판의 자유와 함께 민주주의 실현을 위한 필수적 기본권이라 할 수 있다. 집회의 자유는 집회의 시간·장소·방법·목적 등을 스스로 결정하는 것을 내용으로 하며, 구체적으로 보호되는 주요 행위는 집회의 준비·조직·지휘·참가 및 집회 장소와 시간의 선택 등이다(헌재 2016. 9. 29. 2014헌가3등 참조). 집회 장소는 일반적으로 집회의 목적·내용과 밀접한 연관관계를 가진다. 집회는 특별한 상징적 의미 또는 집회와 특별한 연관성을 가지는 장소, 예를 들면 집회를 통해 반대하고자 하는 대상물이 위치하거나 집회의 계기를 제공한 사건이 발생한 장소 등에서 이루어져야 의견표명이 효과적으로 이루어질 수 있다. 집회 장소의 선택은 집회의 성과를 결정하는 주요 요인이 된다(헌재 2003. 10. 30. 2000헌바67등 참조). 따라서 집회 장소를 선택할 자유는 집회의 자유의 실질적 부분을 형성한다(헌재 2005. 11. 24. 2004헌가17 참조). 심판대상조항은 각급 법원 인근에서의 옥외집회와 시위를 절대적으로 금지하고 이를 위반한 경우에는 형벌을 예정하고 있으므로 집회의 자유를 장소적으로 제한하고 있다. 심판대상조항의 옥외집회·시위 장소의 제한은 입법에 의한 것이므로 헌법 제21조 제2항의 '사전허가제 금지'에 위반되지는 않지만, 헌법 제37조 제2항이 정하는 기본권 제한의 한계 안에 있는지 여부가 문제된다. **나. 집회의 자유 침해 여부** **(1) 목적의 정당성 및 수단의 적합성** 법적 분쟁에 관하여 구속력 있는 결정을 내리는 국가기능인 사법은 법관의 독립과 재판의 공정성이 확보될 때에만 제대로 유지될 수 있다. 법관의 독립이 공정한 재판을 보장하고, 공정한 재판만이 법적 분쟁을 종식시켜 법의 지배를 실현할 수 있기 때문이다. 법치주의 원리와 법관의 직무상 독립을 보장하는 헌법 제103조와 재판청구권을 보장하는 제27조 제1항은 법관의 독립과 재판의 공정성을 요구하고 있다. 법관의 독립은 공정한 재판을 위한 필수 요소로서 다른 국가기관이나 사법부 내부의 간섭으로부터의 독립뿐만 아니라 사회적 세력으로부터의 독립도 포함한다. 심판대상조항의 입법목적은 법원 앞에서 집회를 열어 법원의 재판에 영향을 미치려는 시도를 막으려는 것이다. 이런 입법목적은 법관의 독립과 재판의 공정성 확보라는 헌법의 요청에 따른 것이므로 정당하다. 한편, 각급 법원 인근에 집회·시위금지장소를 설정하는 것은 입법목적 달성을 위한 적합한 수단이다. **(2) 침해의 최소성** 집회의 자유는 대의제 민주주의의 기능을 강화·보완하고 사회통합에 기여하는 등 대의제 민주국가의 필수적 구성요소다. 따라서 법원의 헌법적 지위와 사법독립의 중요성을 고려한다 하더라도 각급 법원 인근에서 집회 장소를 제한하는 것은 필요최소한에 그쳐야 한다. (가) 집회의 금지는 원칙적으로 공공의 안녕질서에 대한 직접적 위협이 명백하게 존재하는 경우에 한하여 허용될 수 있는 것으로서, 집회의 자유를 보다 적게 제한하는 다른 가능성이 없는 경우에 비로소 고려될 수 있는 최종 수단이

다(헌재 2003. 10. 30. 2000헌바67등 참조). 심판대상조항이 집회·시위금지장소를 설정함으로써 각급 법원을 강하게 보호하는 것은 법원 기능의 특수성과 중요성 때문이다. 입법자가 심판대상조항을 둔 이유는, 법원 인근에서 옥외집회나 시위가 열릴 경우 해당 법원에서 심리 중인 사건의 재판에 영향을 미칠 위협이 명백하다고 판단하였기 때문이다. 그렇다면 이러한 일반적 추정이 구체적 상황에 따라 부인될 수 있는 경우라면, 입법자로서는 각급 법원 인근일지라도 예외적으로 옥외집회·시위가 가능하도록 관련 규정을 정비하여야 한다. 법원 인근에서의 옥외집회가 법관이나 법원 직원 또는 당사자의 생명이나 신체에 위협이 될 수 있는 경우나 재판과 관련하여 특정한 의사결정을 하도록 강요하는 압력으로 작용하는 경우, 또는 법원에의 출입이 제한되거나 지나친 소음 등으로 재판업무 수행 자체에 지장을 주는 경우 등 집회나 시위가 재판에 영향을 미치거나 미칠 우려가 있는 경우가 얼마든지 있을 수 있다. 그러나 법원 인근에서의 집회라 할지라도 법관의 독립을 위협하거나 재판에 영향을 미칠 염려가 없는 집회도 있다. 예컨대 법원을 대상으로 하지 않고 검찰청 등 법원 인근 국가기관이나 일반법인 또는 개인을 대상으로 한 집회로서 재판업무에 영향을 미칠 우려가 없는 집회가 있을 수 있다. 법원을 대상으로 한 집회라도 사법행정과 관련된 의사표시 전달을 목적으로 한 집회 등 법관의 독립이나 구체적 사건의 재판에 영향을 미칠 우려가 없는 집회도 있다. 입법자로서는 심판대상조항으로 인하여 발생하는 집회의 자유에 대한 과도한 제한 가능성이 완화될 수 있도록, 법관의 독립과 구체적 사건의 재판에 영향을 미칠 우려가 없는 옥외집회·시위는 허용될 수 있도록 그 가능성을 열어두어야 한다. (나) 심판대상조항은 다중의 압력으로부터 법원을 보호함으로써 법원에서 심리 중인 구체적 사건의 재판에 대한 영향을 차단하는 것을 목적으로 한다. 그런데 집시법은 심판대상조항 외에도 집회·시위의 성격과 양상에 따라 법원을 보호할 수 있는 다양한 규제수단을 마련하고 있다. 집시법 제5조는 집단적 폭행, 협박, 손괴, 방화 등으로 공공의 안녕질서에 직접적인 위협을 끼칠 것이 명백한 집회·시위의 주최를 금지하고(제1항), 누구든지 이런 집회·시위를 선전하거나 선동하여서는 안 된다고 규정하고 있다(제2항). 집시법 제6조는 옥외집회·시위를 주최하려는 사람으로 하여금 관할경찰서장에게 그에 관한 신고를 하도록 하고 있고, 제8조는 관할경찰관서장으로 하여금 옥외집회·시위가 공공의 안녕질서에 직접적인 위협을 끼칠 것이 명백하다고 판단되는 경우 그 집회·시위의 금지를 통고할 수 있도록 하고 있다(제1항). 집시법은 제14조에서 확성기 등을 사용하여 다른 사람에게 심각한 피해를 주는 소음 발생을 제한하고 있고, 제16조 내지 제18조에서는 주최자, 질서유지인, 참가자로 하여금 다른 사람의 생명을 위협하거나 신체에 해를 끼칠 수 있는 기구를 휴대하거나 사용하는 행위 및 폭행, 협박, 손괴, 방화 등으로 질서를 문란하게 하는 행위 등을 하지 못하도록 규정하고 있다. 제20조에서는 집회에 대한 사후 통제수단으로 관할경찰관서장의 해산명령에 관하여 규정하고 있다. 집시법은 이런 제한을 위반한 경우에 처벌하는 규정을 두고 있고(제22조, 제24조), 집회·시위 과정에서의 폭력행위나 업무방해행위 등은 형사법상 범죄행위로 처벌된다. 그렇다면 각급 법원 인근에서의 옥외집회·시위를 예외적으로 허용한다고 하더라도 위와 같은 수단을 통하여 심판대상조항의 입법목적은 달성될 수 있다. 따라서 단지 폭력적이거나 불법적인 옥외집회·시위의 가능성이 있다는 이유만으로 심판대상조항에 따라 법원 인근에서의 옥외집회를 일률적이고 절대적으로 금지하는 것이 정당화될 수 없다. (다) 이런 사정을 종합하여 보면, 심판대상조항은 입법목적을 달성하는 데 필요한 최소한도의 범위를 넘어 규제가 불필요하거나 또는 예외적으로 허용 가능한 옥외집회·시위까지도 일률적·전면적으로 금지하고 있으므로, 침해의 최소성 원칙에 위배된다. (3) **법익의 균형성** 심판대상조항은 법관의 독립이나 법원의 재판에 영향을 미칠 우려가 있는 집회·시위를 제한하는 데 머무르지 않고, 각급 법원 인근의 모든 옥외집회를 전면적으로 금지함으로써 구체적 상황을 고려하여 상충하는 법익 사이의 조화를 이루려는 노력을 기울이지 않고 있다. 심판대상조항을 통해 달성하려는 공익과 집회의 자유에 대한 제약 정도를 비교할 때, 심판대상조항으로 달성하려는 공익이 제한되는 집회의 자유 정도보다 크다고 단정할 수 없으므로, 심판대상조항은 법익의 균형성 원칙에도 어긋난다. (4) **결 론** 심판대상조항은 과잉금지원칙을 위반하여 집회의 자유를 침해한다.」

[238] 제3 결사의 자유

Ⅰ. 의 의

결사(結社)의 자유는 2인 이상이 공동의 목적을 형성하거나, 수행하기 위해 조직·단체를 만들 수 있는 자유를 의미한다.

결사라 함은 특정의 다수인이 정치적·경제적·종교적·문화적·학문적·예술적 기타 어떠한 공동의 목적을 가지고 어느 정도 계속적으로 결합한 자율적인 인적·정신적 결합체를 말한다. 그 구성원은 그 단체의 조직화된 의사형성에 원칙적으로 따르는 경우이다. 특정한 장소를 전제로 하지 않는 점에서 집회와 구별된다. 2인 이상이 요구되며, 목적이 무엇인가를 묻지 아니한다(예: 憲 2002. 9. 19.-2000헌바84). 정당(헌법 §18), 종교(헌법 §20), 학문과 예술단체(헌법 §22), 노동조합(헌법 §33) 등은 결사의 자유 이외에 헌법상 가중된 보호를 받는다.

그러나 공공목적에 의해 국가가 조직한 특수단체나 공법의 결사는 국가의 개입으로 자율성을 가지지 않기 때문에 결사의 자유의 보호대상에 포함되지 아니한다(예: 憲 1994. 2. 24.-92헌바43; 1996. 4. 25.-92 헌바47; 2000. 11. 30.-99헌마190).

[憲 1994.2.24.-92헌바43] 「헌법 제21조 제1항이 보장하고 있는 결사의 자유에 의하여 보호되는 "결사" 개념에는 법이 특별한 공공목적에 의하여 구성원의 자격을 정하고 있는 특수단체의 조직활동까지 그에 해당하는 것으로 볼 수 없다. 주택건설촉진법상의 주택조합은 주택이 없는 국민의 주거생활의 안정을 도모하고 모든 국민의 주거수준의 향상을 기한다는(동법 제1조) 공공목적을 위하여 법이 구성원의 자격을 제한적으로 정해 놓은 특수조합이어서 이는 헌법상 결사의 자유가 뜻하는 헌법상 보호법익의 대상이 되는 단체가 아니며……」

[憲 1996.4.25.-92헌바47] 「(축산업협동조합법상 축산업협동조합은) 그 목적이나 설립·

관리면에서 자주적인 단체로서 공법인이라고 하기보다는 사법인이라고 할 것이다(헌재 1991. 3. 11.-90헌마28 참조).……따라서 축협의 설립과 관련하여도 결사의 자유는 보장된다고 할 것인바……」

[憲 2000.11.30.-99헌마190] 「헌법 제21조가 규정하는 결사의 자유에서의 결사란 자연인 또는 법인이 공동목적을 위하여 자유의사에 기하여 결합한 단체를 말하는 것으로 공적책무의 수행을 목적으로 하는 공법상의 결사는 이에 포함되지 아니한다(헌재 1996. 4. 25.-92헌바47 참조)고 할 것인바, 앞에서 살핀 바와 같이 농조(농지개량조합)를 공법인으로 보는 이상, 농조는 헌법상 결사의 자유가 뜻하는 헌법상 보호법익의 대상이 되는 단체로 볼 수 없고(헌재 1994. 2. 24.-92헌바43 참조)……」

[憲 2002.9.19.-2000헌바84] 「헌법재판소는 결사의 자유에서 말하는 결사란 자연인 또는 법인의 다수가 상당한 기간 동안 공동목적을 위하여 자유의사에 기하여 결합하고 조직화된 의사형성이 가능한 단체를 말하는 것이라고 정의하여 공동목적의 범위를 비영리적인 것으로 제한하지는 않았고, 다만, 결사 개념에 공법상의 결사나 법이 특별한 공동목적에 의하여 구성원의 자격을 정하고 있는 특수단체의 조직활동은 해당되지 않는다고 판시한 바 있을 뿐이며, 연혁적 이유 이외에는 달리 영리단체를 결사에서 제외하여야 할 뚜렷한 근거가 없는 터이므로, 영리단체도 헌법상 결사의 자유에 의하여 보호된다고 보아야 할 것이다.」

Ⅱ. 법적 성격

결사의 자유는 원칙적으로 대국가적 방어권에 해당하는 자유권으로서의 성격을 갖는다.

Ⅲ. 주 체

결사의 자유는 자연인과 법인에게 인정된다. 법인 · 단체 간에도 단체를 조직할 필요가 있을 수 있으므로 법인 · 단체도 결사의 자유의 주체가 된다. 외국인의 경우에도 원칙적으로 결사의 자유를 보장해야 할 것이나 공동체의 외부인인만큼 그 권리의 행사에 있어 광범위한 제한을 받을 수 있다.

Ⅳ. 내 용

결사의 자유의 내용은 단체의 결성 및 참가 여부에 대한 국가의 개입을 금지하는 것을 핵심으로 한다. 결사의 자유의 주체는 단체의 결성 및 참가, 탈퇴 여부를 자유로이 결정할 수 있고, 국가는 단체의 결성의 강제, 참가의 강제 내지 결성의 금지, 참가의 금지를 강요할 수 없다.

그러나 국가는 기본권 제한의 한계 내에서 일정한 결사의 자유의 제한을 법률로서 규정할 수 있는데, 일정한 단체의 결성과 가입을 법률로 강제할 수 있는 것은 이에 근거를 두고 있다(예: 변호사회, 의사회).

헌법재판소는 사단법인 해산결의에 정관변경을 위한 결의요건보다 가중된 총사원 4분의 3 이상의 동의를 요구하는 민법 제78조 전문은 사단법인 해산에 반대하는 사원이 결사에 잔류할 자유를 과도하게 제한한다고 할 수 없으므로 헌법에 위반되지 아니한다고 하였다(예: 憲 2017. 5. 25.-2015헌바260).

[憲 1996.4.25.-92헌바47] 「헌법 제21조가 규정하는 결사의 자유라 함은 다수의 자연인 또는 법인이 공동의 목적을 위하여 단체를 결성할 수 있는 자유를 말하는 것으로 적극적으로는 ① 단체결성의 자유, ② 단체존속의 자유, ③ 단체활동의 자유, ④ 결사에의 가입·잔류의 자유를, 소극적으로는 기존의 단체로부터 탈퇴할 자유와 결사에 가입하지 아니할 자유를 내용으로 하는바, 위에서 말하는 결사란 자연인 또는 법인의 다수가 상당한 기간 동안 공동목적을 위하여 자유의사에 기하여 결합하고 조직화된 의사형성이 가능한 단체를 말하는 것으로 공법상의 결사는 이에 포함되지 아니한다.」

Ⅴ. 효 력

결사의 자유를 제한하는 공권력의 행사에 기본권 주체는 대항할 수 있고, 법률에 따라 단체 결성에 대한 국가의 지원을 요구할 수 있다.

Ⅵ. 제한과 그 한계

결사에 대한 허가는 금지된다(헌법 §21②). 결사의 자유는 그 자체로는 사회에 어떤 해악을 미친다고 보기는 어려울 것이나, 사회의 변혁이나 안정성을 침해할 위험성이 큰 기본권이라 할 것이므로 국가는 필요한 경우 결사의 자유를 제한할 수 있다. 다만, 그 한계는 기본권 제한의 일반원칙에 따라 목적의 정당성, 수단의 적정성, 침해의 최소성, 법익의 균형성을 준수해야 하며, 어떤 경우에도 결사의 자유의 본질적 내용을 침해해선 안 된다(헌법 §37②). 신고제는 집회의 자유와 마찬가지로 헌법의 허용범위 내로 해석되나 현재 결사시 신고의무를 부과하는 법률은 제정되어 있지 않다. 현행법상으로 결사의 자유가 제한되는 경우로는 반국가단체를 구성, 가입하는 경우(국가보안법 §3)와 범죄를 목적으로 하는 단체를 조직, 가입한 경우(헌법 §114) 등이 있다.

[憲 2000.6.1.-99헌마553] 「기존의 축협중앙회를 해산하여 신설되는 농협중앙회에 합병토록 하고 신설 농협중앙회가 기존축협중앙회의 자산·조직 및 직원을 승계하도록 규정한 위 농업협동조합법 부칙 제2조 제2호, 제6조, 제7조 제1항, 제2항, 제10조, 제11조는, 일선 조합의 부실, 조직의 비대화, 신용사업의 경쟁력상실 등 축협중앙회의 어려운 상황을 극복하기 위한 효과적이고도 불가피한 선택으로, 위 법률에서 양축인들의 자조조직이 유지될 뿐만 아니라(§128③, §132), 기존의 축협중앙회 사업도 신설중앙회가 그대로 이어받으며(§134), 지역별·업종별 축협은 그대로 존속하는(§11) 등, 축산부분의 자율성과 단체성도 배려하고 있는 점 등을 고려하면, 그것이 비록 청구인들의 결사의 자유, 직업

의 자유, 재산권 등 기본권을 제한한다고 하더라도, 그 정도가 과도하여 기본권제한의 목적·수단간의 비례성을 현저히 상실하였다고 보기 어렵고, 그 입법목적 및 통합이 지니는 고도의 공익성 등에 비추어 입법재량권의 범위를 현저히 일탈한 것이라고 할 수 없다.」

[憲 2002.9.19.-2000헌바84] 「결사의 자유에서 말하는 '결사'란 자연인 또는 법인의 다수가 상당한 기간 동안 공동목적을 위하여 자유의사에 기하여 결합하고 조직화된 의사형성이 가능한 단체를 말하는 것으로서, 영리단체도 헌법상 결사의 자유에 의하여 보호된다. 따라서 약사가 아니면 약국을 개설할 수 없도록 한 약사법 제16조 제1항은 결국 법인을 설립하여 약국을 경영하려는 약사 개인들과 이러한 법인의 결사의 자유를 제한하는바, 그러한 제한에 합리적 이유가 없으므로 위헌이다.」

제3절 사생활 및 정보의 자유

1. 주거의 자유

[239] 제1 의 의

I. 헌법 규정

헌법 제16조는 「모든 국민은 주거의 자유를 침해받지 아니한다. 주거에 대한 압수(押收)나 수색(搜索)을 할 때에는 검사의 신청에 의하여 법관이 발부한 영장(令狀)을 제시하여야 한다」라고 하여 주거의 자유(住居의 自由 Unverletzlichkeit der Wohnung)를 기본권으로 보장하고, 그 제한의 한 양태인 주거에 대한 압수·수색에서는 법관이 발부하는 영장이 필요하다는 영장주의(令狀主義)를 규정하고 있다.

주거는 개인에게 있어 각자의 성이라는 말이 있듯이, 인간의 일상적인 삶에 있어서 개인의 자유의 기초이고 자유로운 삶을 영위하는데 있어 필수적인 영역이다. 그래서 주거의 불가침은 고대 로마시기부터 주거에 대한 신성사상(神聖思想) 이래 인간의 존엄과 결부되어 인정되어 온 것으로 근대입헌주의헌법의 핵심을 이루는 내용으로 형성되었고, 프랑스혁명 이후 1795년헌법에서 헌법상의 권리로 보장된 이래 고전적 자유권으로 보장되어 오고 있다(1789년 프랑스 「인간과 시민의 권리선언」에서는 명시적 규정을 두지 않았다). 우리 헌법사에서는 1948년헌법에서부터 주거의 자유를 보장하였다.

주거의 자유의 보장은 헌법 제18조가 정하고 있는 통신의 자유와 비밀의 보장과 함께 사생활영역의 보장에서 핵심적인 역할을 한다. 사생활의 공간인 주거의 보호가 이루어지지 않는다면 사생활의 내용에 대한 보호도 기대하기 어렵다는 점에서 주거의 자유는 사생활의 비밀과 자유의 보호를 위한 기초가 된다. 그리고 법인의 경우에 주거의 불가침은 국가로부터 사적 영역에 대한 불가침을 보장하여 주거의 평온을 유지하는데 있다.

Ⅱ. 주거의 개념

헌법상 주거의 개념은 사적인 생활의 거처(居處)로서 일반인에게는 출입이 허용되지 않는 모든 종류와 형태의 건조물이나 시설을 뜻한다. 현재의 거주 여부는 불문한다.

과거 사회의 발전이 낮은 단계에서는 사람들의 사적인 활동은 주로 주택에서 이루어져 주거의 자유는 주로 주택에서의 평온과 활동을 보장하는데 치중되었으나 사회의 발전에 따라 사람이 활동하는 사적 공간은 주택 이외의 공간으로 넓어지게 되어 주거의 자유로 보장하는 주거의 개념도 확대되었다. 따라서 주거에는 주택(지하실, 테라스, 마당, 건물 부속시설 포함) 이외에도 호텔의 객실 등 각종 형태의 숙소, 점포, 공장, 학교, 회사, 대학의 연구실, 강의실(예: 大 1992. 9. 25.-92도1520) · 화실 · 실험실 등 각종의 작업장 등도 주거에 포함된다(통설). 울타리로 둘러싸여 있지만 거주관계를 확인할 수 없는 밭이나 정원, 목장 등은 사적인 거처가 아니므로 주거라고 하기 어렵지만(이에 대한 침해는 재산권 침해가 된다), 주거공간과 밀접하게 연결되어 기능상 주거활동의 공간으로 활용되는 경우에는 부속된 마당, 정원이나 텃밭, 헛간, 차고 등도 주거에 해당한다. 사적인 거처공간인 이상 반드시 공간적 · 물리적으로 외부에 대해 폐쇄적인 것이어야 주거로 보호되는 것은 아니다. 주차장에 주차 중인 자동차는 주거에 해당하지 않으나, 캠핑차를 타고 여행 · 캠핑을 하는 경우에는 그 캠핑차는 주거에 해당한다.

누구에게나 출입이 허용되어 있는 공간은 주거에 해당하지 않는다. 출입의 허용에서 시간적 제한이 있는 경우에는 출입이 허용되는 시간 동안만 주거에 해당한다.

Ⅲ. 주거의 자유의 개념

주거의 자유는 개방되지 않은 사적 공간인 주거를 공권력이나 제3자에 의해 침해당하지 않을 권리를 의미한다.

[240] 제2 법적 성격

주거의 자유는 기본적으로 주관적 권리으로서의 성격을 가진다. 즉 개인의 주거에 대한 국가의 침해나 사인의 침해에 대한 방어권으로서의 성격을 가진다. 그러나 국가에 대해 적정한 주거의 공간을 마련하여 줄 것을 청구할 수 있는 급부청구권(給付請求

權)은 아니다(동지: 계희열b, 40).

[241] 제3 주 체

주거의 자유의 주체는 주거에 거주하는 모든 자연인이다. 즉 주거의 자유는 인간의 권리이기 때문에 국민 이외에 외국인이나 무국적자에게도 인정된다. 미성년자도 그 주체가 된다. 주거의 개념은 사업장에까지 확장되므로 법인이나 권리능력(權利能力) 없는 사단(社團)도 그 주체가 된다(동지: 계희열b, 406; 반대: 권영성, 461). 공법인의 경우도 그 주체가 되는 경우가 있다(예: 공법인 형태의 공영방송국, 국공립대학).

주거의 자유의 주체는 해당 주거에 거주하는 자이다. 거주하고 있는 해당 주거의 소유자는 물론이고 세입자도 포함된다. 그러나 주거를 임대한 소유자는 주거의 자유의 주체가 되지 못한다.

독일연방헌법재판소도 여러 차례의 판례를 통해 법인이나 단체의 주체성을 인정했다. 예컨대, 합자회사(BVerfGE 42, 212), 등록된 단체(BVerfGE 44, 353), 유한책임회사(BVerfGE 76, 83) 등이 이에 해당한다.

구체적인 경우에 주거의 자유의 주체는 주거의 개념과 직결되어 있다. 일반적으로 주거의 자유의 주체는 그 주거에 거주함으로써 편익을 얻고 있는 자인데, 대부분의 경우 소유자가 주체가 될 것이다. 그러나 주거에 세입자나 임차인이 있는 경우 소유자가 아닌 세입자나 임차인이 주거의 자유의 주체가 된다. 호텔 객실의 경우도 호텔소유자가 아닌 투숙자가 주거의 자유의 주체가 된다. 공장이나 학교, 회사, 작업장의 경우에도 그 생활공간의 장인 공장장이나 학교장, 사장 또는 그들로부터 위임을 받은 자 등이 주거의 자유의 주체가 된다.

[242] 제4 내 용

Ⅰ. 주거의 불가침

주거의 불가침(不可侵)이란 주거의 자유의 주체의 동의나 승낙을 받지 않거나 의사에 반하여 그 주거에 들어가는 행위(예: 국가에 의한 부당한 압수·수색)를 할 수 없음을 말한다. 이 때 거주자의 동의에는 명시적인 동의 외에 추정적인 동의도 포함된다. 승낙 또는 동의는 주거의 자유의 주체나 그 대리인이 한 것이어야 한다. 주체가 복수인 경우에는 주거가 각 주체에게 개별공간으로 분할되지 않는 이상 주체인 전원의 동의나 승낙이 필요하다. 자유와 권리는 다수결로 박탈할 수 없기 때문이다.

불법적인 방법으로 주거에 들어가는 것만 주거의 침해가 아니라 불법행위를 할 목적으로 타인의 주거에 들어가는 경우에도 주거의 자유의 침해가 된다. 대법원은 간통을 위해 처의 동의를 얻어 주거에 들어간 경우에도 남편의 동의가 없음을 들어 주거침입죄의 성립을 인정한 바 있다(예: 大 1958. 5. 23. -4291형상117). 대리시험자의 시험장 입장도 주거침입죄로 처벌하며(예: 大 1967. 12. 19.-67도1281), 일반인의 출입이 허용된 음식점에 도청의 목적으로 출입한 경우에도 영업주의 명시적 또는 추정적 의사에 반하여 들어가면 주거침입죄가 성립된다(예: 大 1997. 3. 28.-95도2674).

주거 내에 도청기 · 카메라 등 기기를 설치하여 도청 · 녹음 · 촬영 등을 하는 경우에는 주거의 자유가 침해되지만(사생활의 보호와 비밀, 통신의 자유와 경합적 침해), 주거 밖에서 이러한 행위를 하는 것은 원칙적으로 사생활의 비밀과 자유 또는 통신의 자유에 대한 침해에 해당하고 주거의 자유에 대한 침해는 아니다. 그러나 주거의 자유는 주거의 평온을 보호하는 데 있으므로 주거 밖에 설치된 시각적 장치나 음향적 장치라도 주거의 평온을 유지하기 위한 외부와의 차단메커니즘을 제거하는 수단으로 이용되는 경우에는 주거의 자유를 침해하는 것이 된다.

II. 쾌적한 주거생활의 보장 문제

현대의 주거생활은 주거의 불가침만으로 충분하지는 않다. 삶의 질을 높이고 유지하는데는 주거의 불가침뿐만 아니라 위험으로부터 보호받고 쾌적하며 편한 주거생활이 필요하다. 이는 사람이 인간답게 사는데 필수적으로 요구되는 것이기도 하다.

헌법 제35조 제3항은 「국가는 주택개발정책 등을 통하여 모든 국민이 쾌적한 주거생활을 할 수 있도록 노력하여야 한다」라고 규정하여 국민의 쾌적한 주거생활을 특별히 강조하여 보장하고 있다. 쾌적한 주거생활은 환경친화적인 주거에 한하지 않고, 주거를 둘러싼 모든 환경이 주거생활의 안전과 쾌적함을 유지할 수 있게 하는 것을 필요로 한다. 헌법 제35조 제3항은 주거의 「자유」의 내용은 아니지만, 주거의 자유와 주거생활을 실질화하는 가치의 보장이다. 이에 따라 국가는 적극적인 주택개발정책 등을 통하여 주택을 개발하여 국민에게 공급하고 국민이 건강하고 쾌적한 생활을 영위할 수 있는 주거환경을 조성하여 줄 의무가 있다. 그러나 헌법 제35조 제3항에서 기본권이 도출되는 것은 아니다.

헌법 제35조 제3항은 현행 1987년헌법에서 신설된 규정이다. 이 조항은 일종의 국가목표규정으로서의 성격을 지니고 있기 때문에 이에서 개개인이 자신의 쾌적한 주거생활을 확보하기 위해 국가에 대하여 일정한 배려와 급부를 요구할 수 있는 권리는 도출되지 않는다.

주거의 자유는 국가에 대하여 충분한 주거공간을 마련해줄 것을 요구하거나 주거공간의 적정한 배분을 요구할 수 있는 권리를 포함하지 않는다. 그러나 주거의 자유는 통상 주거의 존재를 전제로 하므로 국민이 주택을 가질 수 있게 하는 것은 중요한 의미를 가진다. 주택을 가지지 못한 상황에서는 주거의 자유와 쾌적한 주거생활이란 의미를 가지기 어렵다. 따라서 시장에서 주택이 원활하게 공급되지 못하는 경우에는 국가가 주택개발정책 등을 수립하여 국민이 주택을 확보할 수 있도록 노력해야 한다. 이를 실현하기 위한 구체적인 법률로는 주택법, 택지개발촉진법, 「민간임대주택에 관한 특별법」 등이 있다.

[243] 제5 효 력

주거의 자유는 대국가적 효력을 가지는 주관적 권리이다. 따라서 국가가 주거에 대하여 간섭하거나 영향력을 행사하는 등의 방법으로 주거의 자유를 침해하는 경우에는 피해자는 침해의 배제를 요구할 수 있다.

주거의 자유는 사인 상호 간에도 보호되어야 하는 가치이므로 국가는 사인에 의한 주거침해가 발생하지 않게 하거나 침해의 배제 또는 손해의 전보를 실현할 수 있는 장치를 마련하여야 한다.

[244] 제6 제한과 그 한계

Ⅰ. 제 한

주거의 자유도 절대적으로 보장되는 기본권은 아니다. 따라서 헌법 제37조 제2항에 의해 법률에 의하여 제한할 수 있다. 그런데 그 제한이 주거에 대한 압수 또는 수색인 경우에는 반드시 헌법 제16조에서 정하고 있는 영장주의를 따라야 한다. 이러한 영장주의에 대한 규정은 형사절차의 근거가 되는 것이기도 하지만, 영장 없이 주거를 압수하거나 수색할 수 없다는 제한의 한계를 정하는 데 더 많은 강조점이 있다.

(1) 영장주의와 그 예외

주거의 자유는 최대한 보장되어야 하지만, 주거가 범인이나 범죄의 증거물 등을 은닉하는 장소가 되어서는 안 되므로 헌법은 제16조에서 영장주의에 의한 제한을 인정하고 있다. 영장주의에 의한 주거의 자유의 제한은 적법절차를 통하여 국가권력에 의한 자의적인 주거에 대한 압수나 수색을 방지하고, 이로써 주거의 자유를 더욱 강하게 보장하는 역할을 한다.

주거에 대한 압수나 수색을 위해서는 정당한 이유가 있어야 하고 검사의 신청에 따라 적법한 절차에 의해 발부된 영장이 있어야 한다. 정당한 이유는 범죄의 혐의의 존재와 그 수사의 객관적 필요성을 의미한다. 영장은 법관이 검사의 신청에 따라서 발부한 것이어야 하고, 영장에는 압수할 물건과 수색할 장소가 구체적으로 기재되어 있어야 한다(형소법 §114①). 압수와 수색의 대상을 포괄적으로 기재한 일반영장은 금지된다.

다만, 체포, 현행범체포, 긴급체포, 구속을 하는 경우에는 따로 압수영장 또는 수색영장 없이도 주거에 대한 압수나 수색을 허용하고 있다(통설)(형소법 §216).

(2) 행정상 즉시강제와 영장주의

행정상 즉시강제에도 영장주의가 적용되는지에 대해서는 영장제도는 국가형벌권으로부터 국민의 자유를 보장하기 위한 것이므로 행정상 즉시강제의 내용으로 주거의 압수나 수색이 이루어지는 경우에는 영장이 필요 없다고 하는 견해가 있으나, 행정상 즉시강제가 순수한 행정 목적을 위한 경우나 특히 긴급을 요하는 경우(감염병 예방이나 소방을 위한 경우)에는 형사절차와 달리 이에는 영장주의가 적용되지 않는다고 할 것이지만, 개인의 자유가 지속적으로 제한을 받는 경우나 행정상의 목적 이외에 형사상의 목적을 위한 경우에는 영장주의가 적용된다고 할 것이다(다수설)([202]IV(2)).

(3) 법률에 의한 제한

주거의 자유는 헌법 제37조 제2항에 의해 국가안전보장 · 질서유지 또는 공공복리를 위하여 필요한 경우에 한하여 법률로써 제한할 수 있다. 주거의 자유를 제한하는 법률로는 형사소송법(§106 이하, §216), 소방기본법(§26), 「경찰관 직무집행법」(§7), 「감염병의 예방 및 관리에 관한 법률」(§42), 자연재해대책법(§11 등), 우편법(§5①), 「마약류 관리에 관한 법률」(§41), 관세법(§296), 국세징수법(§26) 등이 있다. 이런 법률에 의해 제한하는 경우에도 과잉금지원칙과 본질적 내용침해 금지의 원칙을 준수해야 함은 당연하다.

II. 제한의 한계

주거의 자유의 제한에서도 헌법 제37조 제2항에서 정하는 과잉금지원칙이나 본질적내용침해금지원칙이 적용될 뿐 아니라, 헌법상의 평등원칙, 신뢰보호원칙 등 각종의 헌법적 한계가 적용된다.

특히 헌법 제16조의 영장주의는 법치주의와 적법절차의 원리를 주거의 자유에 대한 제한에 있어서 일정한 경우에 명시적으로 구체화하고 있는 것이어서 주거에 대한 압수 또는 수색에서는 반드시 지켜져야 하는 한계로 작용한다.

2. 사생활의 비밀과 자유

[245] 제1 의 의

I. 개 념

(1) 헌법 규정

헌법 제17조는 「모든 국민은 사생활의 비밀과 자유를 침해받지 아니한다」고 규정하여 외부의 침해로부터 개인의 사적 영역을 보호하고 사생활(私生活)의 자유로운 형성을 보장하고 있다.

사생활에 관한 권리는 전통적으로 개인이 외부의 간섭을 받지 않고 혼자 그대로 있을 수 있는 권리(right to be let alone)를 중심적인 내용으로 하고 있지만, 현대 과학기술의 발달과 함께 도래한 정보화사회에서는 컴퓨터, 원격사진촬영기기 등을 이용한 개인정보의 수집 · 처리 · 관리가 대량 · 집단화됨에 따라 개인의 사생활의 비밀과 자유가 침해될 가능성이 현저하게 증대하였고, 이에 따라 사생활의 비밀과 자유의 보장이 그 어느 때보다 중요하게 되어, 개인의 자기정보관리권이 중요한 내용으로 추가되기에 이르렀다.

자주 사생활의 비밀과 자유에 대한 권리를 프라이버시(privacy)권이라고 하기도 하나, 프라이버시는 사생활의 비밀과 자유뿐만 아니라 통신의 비밀, 인격권, 초상권, 성명권, 명예권, 주거의 자유 등도 포함하는 광범위한 것이므로 통신의 자유와 주거의 자유를 '사생활의 비밀과 자유'와 분리하여 따로 정하고 있는 우리 헌법의 개별적 기본권규정의 구조로 볼 때, 헌법 제17조의 사생활의 비밀과 자유에 대한 권리를 프라이버시권과 동일시할 수 없다. 프라이버시권의 구체적인 내용이 무엇인가 하는 문제는 그 나라 헌법이 프라이버시에 해당하는 내용을 포괄적으로 정하고 있는지, 개별화하여 정하고 있는지에 따라 다르게 정해진다. 인격권, 초상권, 성명권, 명예권을 헌법 제10조 제1문에서 도출하는 경우에는 헌법 제17조의 내용에서 제외된다.

(2) 사생활의 비밀과 자유의 의미

(a) 사생활의 비밀

헌법 제17조에서 말하는 「사생활의 비밀」은 외부의 자가 자신의 사적인 생활영역을 들여다보거나 공개하는 것에 대한 방어 및 보호를 의미한다. 인간은 본질적으로 자기만의 생활영역을 가지고 살 자연적인 권리를 가진다. 인간은 누구나 각기 인간으로서의 존엄과 가치를 가지고 자기가 원하는 대로 살 자유를 가지고 있고, 이러한 삶에 대하여 남에게 알려지지 않을 자유를 가지기 때문에 사생활의 비밀을 보장받는 것은 자연권으로서의 성질을 가지는 것이다.

(b) 사생활의 자유

헌법 제17조에서 말하는 「사생활의 자유」는 개개인이 자신만의 삶을 구상하고 이를 자유로이 형성해 나감에 있어 누구로부터도 간섭이나 방해를 받지 않을 자유를 의미한다. 이러한 자유도 자연권으로서의 성질을 가지며, 사생활의 비밀과 함께 헌법상 보장되어 인간이 존엄과 가치를 가지고 인격체로 살아감에 있어 기본적인 조건이 된다.

사생활의 비밀과 자유의 보호대상으로는 개인의 내밀한 내용의 비밀을 유지할 권리, 개인이 자신의 사생활의 불가침을 보장받을 수 있는 권리, 개인의 내심영역이나 성적 영역과 같은 내밀한 영역에 대한 보호를 받을 수 있는 권리, 인격적인 감정세계에 대하여 존중을 받을 권리와 정신적인 내면생활이 침해받지 아니할 권리 등이 있다.

[憲 2003.10.30.-2002헌마518] 「사생활의 비밀은 국가가 사생활영역을 들여다보는 것에 대한 보호를 제공하는 기본권이며, 사생활의 자유는 국가가 사생활의 자유로운 형성을 방해하거나 금지하는 것에 대한 보호를 의미한다. 구체적으로 사생활의 비밀과 자유가 보호하는 것은 개인의 내밀한 내용의 비밀을 유지할 권리, 개인이 자신의 사생활의 불가침을 보장받을 수 있는 권리, 개인의 양심영역이나 성적 영역과 같은 내밀한 영역에 대한 보호, 인격적인 감정세계의 존중의 권리와 정신적인 내면생활이 침해받지 아니할 권리 등이다.」

II. 연 혁

사생활의 비밀과 자유는 영국의 Common Law에서는 명예훼손이나 불법행위 분야의 문제로 다루어져 왔을 뿐 특별히 헌법수준의 권리로 이해되지는 않았으나, 1890년 미합중국의 Warren-Brandeis의 "The Right to Privacy"라는 논문이 발표된 이래 독립된 권리로서 인정받기 시작하였다.

우리나라에서는 과거 학설이나 판례 등을 통하여 사생활의 비밀과 자유가 인식되어 오다가 1980년헌법에서 「모든 국민은 사생활의 비밀과 자유를 침해받지 아니한다」(동헌법 §16)라고 정해지면서 최초로 명문화되었다. 오늘날 정보사회에서 사생활의 비밀과 자유는 개인정보의 보호와 관련하여 중요한 의미를 가진다. 이러한 요청에 부응하여 개인정보의 수집 · 유출 · 오용 · 남용으로부터 사생활의 비밀 등을 보호하는 것을 목적으로 하는 개인정보보호법(법률 제10465호, 2011. 3. 29. 제정)이 2012년에 시행되었다.

[246] 제2 법적 성격

Ⅰ. 학 설

사생활의 비밀·자유의 법적 성격에 대하여는, 우리 헌법은 사생활의 비밀·자유를 자유권 조항에서 규정하고 있고 정보화사회에서 개인의 존엄을 보장하기 위한 정보에 대한 자기결정권은 헌법 제10조에서 보장된다고 볼 것이므로 사생활의 비밀·자유는 소극적인 권리라고 이해하는 견해(김철수a, 838)가 있는 반면, 사생활의 비밀과 자유는 인간의 존엄과 가치에 기초한 인격권적 성격과, 자유권적 성격 및 이의 보호를 위한 청구권적 성격을 동시에 내포하고 있는 권리로서의 성격을 갖는다고 보는 견해(권영성, 449; 성낙인, 577)가 있다.

사생활의 비밀과 자유는 기본적으로 개인의 사적 영역에 대한 국가의 간섭이나 침해를 금지함으로써 개인이 사생활을 자유롭게 형성해 나가는 것을 보장해준다는 점에서 자유권적 성격을 가질 뿐만 아니라, 오늘날과 같이 고도로 정보화된 현대 사회에서는 사생활의 비밀과 자유를 위해 자기의 정보에 대한 자율적인 통제가 필수적이라는 점에서 청구권적 성격도 가지며, 사생활의 자유를 통해 인간의 존엄성과 가치를 발현하는 인격권을 보장할 수 있게 된다는 점에서 인격권적 성격도 가지는 복합적 성격의 권리라고 할 수 있다.

Ⅱ. 판 례

대법원은 헌법 제17조는 개인의 사생활 활동이 타인으로부터 침해되거나 사생활이 함부로 공개되지 아니할 소극적인 권리는 물론, 자신에 대한 정보를 자율적으로 통제할 수 있는 적극적인 권리까지도 보장하려는 데에 그 취지가 있다고 판시한 바 있다(大 1998. 7. 24.-96다42789).

> [大 1998.7.24.-96다42789] 「헌법 제17조는 "모든 국민은 사생활의 비밀과 자유를 침해받지 아니한다"라고 규정하고 있는바, 이들 헌법 규정은 개인의 사생활 활동이 타인으로부터 침해되거나 사생활이 함부로 공개되지 아니할 소극적인 권리는 물론, 오늘날 고도로 정보화된 현대사회에서 자신에 대한 정보를 자율적으로 통제할 수 있는 적극적인 권리까지도 보장하려는 데에 그 취지가 있는 것으로 해석되는바……」

[247] 제3 주 체

사생활의 비밀과 자유는 본래 인간의 존엄과 가치에 기초하고 있으므로 성질상 자연인에게 인정되는 기본권이다. 자연인인 이상 내국인이든 외국인이든 불문한다.

죽은 사람은 원칙적으로 사생활의 비밀·자유의 주체가 될 수 없다. 다만, 사망자의 개인정보일지라도 생존하는 가족과의 관계에서는 보호될 수 있는 여지가 있다. 죽은 사람이 사생활의 비밀과 자유의 주체가 될 수 없다고 하여 죽은 사람이 살았던 기간 동안에 있었던 사생활에 대한 정보, 비밀 등을 보호할 필요가 없다는 것은 아니다.

법인이 사생활의 비밀 · 자유의 주체가 될 수 있는지에 관하여는 견해가 대립한다. 법인의 명칭 · 상호 기타 표지가 타인에 의하여 영업적으로 이용당하는 경우 등 그 성질상 가능한 범위 내에서 법인이나 권리능력 없는 사단 등의 단체도 주체가 될 수 있다고 보는 긍정설이 있으나, 사생활의 보호는 인간의 존엄과 가치에 기초하고 있다는 점에서 법인에게는 사생활의 비밀 · 자유의 기본권주체성이 인정되지 않는다고 하겠다. 법인의 명칭 · 상호 기타 표지에 관한 권리는 헌법상의 사생활의 비밀이나 자유에 대한 권리가 아니라 그 자체 명칭 · 상호 기타 표지에 관한 권리이다.

[248] 제4 내 용

Ⅰ. 개 설

사생활의 비밀과 자유는 사생활의 내용을 공개당하지 아니할 권리, 사생활의 자유로운 형성과 전개를 방해받지 아니할 권리 등을 그 내용으로 한다.

Ⅱ. 사생활의 비밀의 불가침

사생활의 비밀의 불가침이란 개인의 사생활을 공개당하지 아니할 권리를 말하며, 구체적으로는 사생활과 관련된 개인의 내밀한 사적 영역에 대한 비밀유지와 외부에 대한 공개거부, 성명 · 초상 · 음성 등 개인의 사생활을 형성하는 인격적 징표에 대한 공개나 상업적 이용 금지 등을 내용으로 한다. 개인의 신체상태의 비밀도 사생활의 비밀에 포함된다.

따라서, 공개되기를 원하지 않는 개인의 사적 사항을 본인의 동의없이 신문이나 TV 등 대중매체를 통하여 함부로 공표하는 것은 사생활의 비밀을 침해하는 행위가 되며, 본인의 동의없이 개인의 사적인 행위나 초상 등을 비밀리에 촬영하거나 도청하는 행위도 사생활의 비밀에 대한 침해가 된다. 개인의 신체에 대하여 강제로 조사하는 것은 사생활의 비밀유지를 침해하는 것이 된다.

Ⅲ. 사생활의 자유의 불가침

사생활의 자유의 불가침이란 사생활의 자유로운 형성과 전개를 방해받지 아니할 권리를 말하며, 구체적으로는 개인의 양심영역이나 성적 영역(동성간의 연애 및 성행위도 이에 포함된다)과 같은 내밀한 영역에 대한 보호, 인격적인 감정세계에 대하여 존중을 받을 권리, 정신적인 내면

생활을 침해받지 아니할 권리, 사생활 영역에 대한 불간섭과 자유로운 사생활의 형성·영위 보장 등을 그 내용으로 한다.

개인의 양심영역이나 성적 영역 등 내밀한 영역은 인격의 핵심영역과 매우 긴밀한 관계를 가지므로 국가의 공권력이나 제3자의 간섭이 금지되며, 다른 어떤 사생활 영역보다 특별한 보호를 받는다.

인간의 내면적 정신생활은 인간의 존엄성과 가치의 기초가 되므로 외부의 제3자로부터 침해를 받아서는 아니 된다. 인간의 내면영역에 대한 침해는 통상 신체에 대한 침해에 비하여 그 피해의 중대성이 크다는 점에서 개인이 사생활의 평온을 유지할 수 있도록 강력한 보호가 요청된다.

사생활의 자유는 사회공동체의 일반적인 생활규범의 범위 내에서 개인의 사적 영역을 자유롭게 형성해 나가고 그 설계 및 내용에 대해서 외부로부터의 간섭을 받지 아니할 권리를 말한다(예: 憲 2002. 3. 28.-2000헌바53). 이런 관점에서 사생활의 자유는 단순히 외부로부터의 사생활 보호에 그치지 않고, 인간의 존엄·가치의 발현을 위해 자유롭게 행동할 수 있는 자유(일반적 행동자유권)에까지 그 범위가 확장된다(동지: 성낙인, 581).

[249] 제5 효 력

사생활의 비밀과 자유는 본래 국가의 공권력에 의하여 개인의 사적 영역이 간섭받거나 침해당하는 것을 금지하기 위해 등장한 대국가적 자유권이라는 점에서 모든 국가권력을 구속한다. 그리고 사생활의 비밀·자유는 현실적으로 사인 간의 생활관계 속에서 쉽게 침해되거나 방해받을 수 있다는 점을 고려할 때, 사회공동체의 일반적인 생활규범의 범위 내에서라면 사인 상호 간에도 존중되어야 한다. 특히 현대 정보화사회가 진전됨에 따라 사인이나 사적 기관에 의하여 개인의 사생활이 무분별하게 침해되는 현상이 급속하게 증가하는 현실을 생각할 때, 사생활의 비밀·자유가 사인 간에도 존중되고 국가에 의하여 이를 보호하는 장치가 마련되어야 하는 것은 큰 의미를 가진다.

[250] 제6 제한과 그 한계

Ⅰ. 제 한

(1) 개 설

사생활의 비밀·자유도 절대적인 권리는 아니므로 헌법 제37조 제2항에 따라 국가안전보장·질서유지·공공복리를 위하여 필요한 경우에 한하여 법률로써 제한할 수 있다.

[憲 1995.12.28.-91헌마114] 「공판정에서 진술을 하는 피고인·증인 등도 인간으로서의 존엄과 가치를 가지며(헌법 제10조), 사생활의 비밀과 자유를 침해받지 아니할 권리를 가지고 있으므로(헌법 제17조), 본인이 비밀로 하고자 하는 사적인 사항이 일반에 공개되지 아니하고 자신의 인격적 징표가 타인에 의하여 일방적으로 이용당하지 아니할 권리가 있다. 따라서 모든 진술인은 원칙적으로 자기의 말을 누가 녹음할 것인지와 녹음된 기기의 음성이 재생될 것인지 여부 및 누가 재생할 것인지 여부에 관하여 스스로 결정할 권리가 있다.……그러나 인격권이나 사생활의 비밀과 자유도 국가안전보장, 질서유지 또는 공공복리를 위하여 필요한 경우에는 법률로써 제한할 수 있지만, 이 때에도 그 본질적인 내용은 침해할 수 없다(헌법 제37조 제2항). 따라서 진술인의 인격권과 사생활의 비밀과 자유를 제한하고 그 진술에 대한 녹취를 허용하는 경우에도 녹취를 허용하여야 할 공익상의 필요와 진술인의 인격보호의 이익을 비교형량하여 공익적 요청이 더욱 큰 경우에 한하여 이를 허용하여야 하고, 그렇지 아니한 경우에는 녹취의 전부 또는 일부를 불허하는 것도 가능하다고 보아야 할 것이다.」

(2) 표현의 자유와 사생활의 비밀·자유

언론·출판 등에 의하여 특정인의 사생활이 공표됨으로써 개인의 사생활의 비밀이 침해된 경우에 표현의 자유와 사생활의 비밀·자유라는 두 기본권 사이에 충돌이 발생한다. 이 경우 표현의 자유가 현대 민주국가에서 가지는 중요성과 국민의 알 권리와의 상관관계 등으로 인하여 기본권 충돌문제를 해결하는 일반적 원칙 이외에 일련의 판례이론이 발전해 왔는데, 권리포기(權利抛棄)의 이론, 공익의 이론, 공적 인물의 이론 등이 그것이다.

권리포기의 이론은 일정한 사정 하에서는 사생활의 비밀과 자유를 포기한 것으로 간주할 수 있다는 것을 말하고, 공익의 이론은 보도적 가치·교육적 가치가 있는 사실 등 국민의 알 권리의 대상이 되는 사항은 국민에게 알리는 것이 공공의 이익이 된다는 것을 말하며, 공적 인물의 이론은 정치인이나 유명 연예인 등 일상적·직업적 활동이 공중에게 노출·공개되어 있는 공개적인 인물은 그 사생활이 공개되더라도 일반인에 비하여 수인하여야 할 경우가 많다는 것을 말한다.

현대 민주국가에서 두 기본권이 차지하는 비중이나 중요성 등을 고려할 때, 사생활의 자유와 표현의 자유 사이에는 적절한 조화가 필요한데, 구체적인 사정을 바탕으로 표현의 자유와 사생활의 자유를 둘러싼 제반 이익을 합리적으로 형량하여 해결을 도모하는 것이 바람직하다(예: 大 1988. 10. 11.-85다카29).

[大 1988.10.11.-85다카29] 「우리가 민주정치를 유지함에 있어서 필수불가결한 언론, 출판 등 표현의 자유는 가끔 개인의 명예나 사생활의 자유와 비밀 등 인격권의 영역을 침해할 경우가 있는데, 표현의 자유 못지않게 이러한 사적 법익도 보호되어야 할 것이

므로 인격권으로서의 개인의 명예의 보호(구헌법 제9조 후단)와 표현의 자유의 보장(구 헌법 제20조 제1항)이라는 두 법익이 충돌하였을 때 그 조정을 어떻게 할 것인지는 구체적인 경우에 사회적인 여러 가지 이익을 비교하여 표현의 자유로 얻어지는 이익, 가치와 인격권의 보호에 의하여 달성되는 가치를 형량하여 그 규제의 폭과 방법을 정해야 할 것이다. 위와 같은 취지에서 볼 때 형사상이나 민사상으로 타인의 명예를 훼손하는 행위를 한 경우에도 그것이 공공의 이해에 관한 사항으로서 그 목적이 오로지 공공의 이익을 위한 것일 때에는 진실한 사실이라는 증명이 있으면 위 행위에 위법성이 없으며 또한 그 증명이 없더라도 행위자가 그것을 진실이라고 믿을 상당한 이유가 있는 경우에는 위법성이 없다고 보아야 할 것이다. 이렇게 함으로써 인격권으로서의 명예의 보호와 표현의 자유의 보장과의 조화를 꾀할 수 있다 할 것이다.」

(3) 범죄수사 또는 행정조사와 사생활의 보호

적법한 수사과정에서 범죄인의 사생활의 비밀 · 자유가 일정부분 침해되는 것은 부득이한 측면이 있다. 그러나 헌법상의 적법절차에 의하지 아니한 채 수사목적이라는 이유로 함부로 압수 · 수색을 하거나 사진촬영, 전화도청을 하는 행위는 수사권의 남용으로서 개인의 사생활에 대한 침해가 된다.

또한, 정부가 통계조사나 여론조사 등의 목적으로 일반 국민을 상대로 행하는 행정조사를 통하여 개인의 사생활 영역이 침해될 위험이 있다. 행정의 효율성 증대만을 위해 무분별하게 행하여지는 행정조사는 국민의 기본권 침해의 문제를 낳을 수 있으므로 비례의 원칙에 대한 준수와 함께 국민 개인의 사생활 관련 정보에 대한 보호장치 마련이 수반되어야 할 것이다.

[大 1998.7.24.-96다42789] 「원심이 적법하게 확정한 바와 같이, 피고 산하 국군보안사령부가 군과 관련된 첩보 수집, 특정한 군사법원 관할 범죄의 수사 등 법령에 규정된 직무범위를 벗어나 민간인인 원고들을 대상으로 평소의 동향을 감시 · 파악할 목적으로 지속적으로 개인의 집회 · 결사에 관한 활동이나 사생활에 관한 정보를 미행, 망원 활용, 탐문채집 등의 방법으로 비밀리에 수집 · 관리하였다면, 이는 헌법에 의하여 보장된 원고들의 기본권을 침해한 것으로서 불법행위를 구성한다고 하지 않을 수 없다.」

(4) 국정감사 · 조사와 사생활의 보호

국회의 국정감사 및 조사를 통하여 개인의 사생활과 비밀이 침해될 수 있는 여지가 있다. 그러나 이 경우에도 국회는 개인의 사생활을 존중하여 그 침해가 합리적인 범위 내에서 필요최소한에 그치도록 해야 한다. 「국정감사 및 조사에 관한 법률」도 「감사 또는 조사는 개인의 사생활을 침해하거나 계속 중인 재판 또는 수사 중인 사건의 소추에 관여할 목적으로 행사되어서는 아니 된다」(동법 §8)고 규정하여 개인의 사생활을 보호하고자 한다.

(5) 행정상 의무위반자 등의 명단공개와 사생활의 보호

행징법상 의무불이행자의 성명이나 위반사실 등을 일반에게 공개함으로써 간접적으로 의무이행을 확보하려는 목적으로 명단공표가 행하여지고 있다. 우리나라에는 현재 이에 관한 법률은 없고, 국세기본법(동법 §85의5)과 지방세징수법(동법 §11)이 고액·상습체납자의 명단공개를 규정하고 있고, 근로기준법(동법 §43의2)은 체불사업주의 명단공개를 규정하고 있다. 그러나 이 경우 명단공개를 통한 공익과 개인의 사생활의 비밀·자유 사이에 합리적인 이익형량을 통한 조화를 기하여야 한다.

한편, 과거 「청소년의 성보호에 관한 법률」에서는 청소년의 성을 사는 행위를 한 자 등의 성명, 연령, 직업 등의 신상과 범죄사실의 요지를 그 형이 확정된 후 계도문에 게재하여 공개할 수 있도록 하는 내용의 신상공개제도(身上公開制度)를 채택한 적이 있는데, 이러한 신상공개제도가 인격권이나 평등보호를 침해하는지 여부를 놓고 위헌시비가 있었으나, 헌법재판소는 합헌의견이 4이고 위헌의견이 5이었지만 위헌결정의 정족수 6인에 미치지 못하여 합헌으로 판시하였다(憲 2003. 6. 26.-2002헌가14; 2013. 10. 24.-2011헌바106). 그러나 이러한 신상공개제도는 입법의 목적을 달성함에 있어 과도한 수단으로서 개인의 존엄과 인격적 가치를 침해하는 점이 훨씬 크다고 할 것이어서 위헌이라고 할 것이다([165] II (3)). 현행의 「아동·청소년의 성보호에 관한 법률」은 아동·청소년 대상 성범죄로 유죄판결이 확정된 자 등에 대한 신상정보를 등록하여 활용할 수 있도록 규정하고 있고(동법 §52-§58), 일정한 경우 법원이 아동·청소년 대상 성범죄 사건의 판결과 동시에 범죄자의 성명·나이 등의 정보에 대한 공개 및 고지명령을 선고하도록 규정하고 있다(동법 §49-§50).

(6) 공적 공간에서의 사생활의 보호

다수에게 공개되어 있는 공적인 공간이라고 하더라도 그 속에서 개인들 사이에 사적인 관계나 상황이 형성된 경우에는 그러한 것은 사생활의 비밀과 자유로 보호된다. 어떠한 개인이 공적인 공간에 놓여 있거나 노출되어 있다는 것만으로 사생활의 비밀이나 자유를 포기했다고 할 수 없다.

(7) 지문 날인, 혈액 채취의 문제

정당한 이유없이 지문(指紋)을 날인하게 하거나 강제로 혈액을 채취하는 행위는 개인의 고유성, 정체성, 동일성을 내용으로 하는 인격권과 사생활의 비밀과 자유를 침해하는 것이다.

헌법재판소는 법률로 정당한 이유를 근거로 하여 개인으로 하여금 지문을 날인하

게 하는 것은 신체의 자유나 양심의 자유의 침해가능성은 없으나, 개인의 고유성, 동일성을 나타내는 지문은 그 정보주체를 타인으로부터 식별가능하게 하는 개인정보이기 때문에 시장·군수 또는 구청장이 개인의 지문정보를 수집하고, 경찰청장이 이를 보관·전산화하여 범죄수사목적에 이용하는 것은 모두 개인정보자기결정권을 제한하는 것에 해당한다고 보았다. 다만, 주민등록법이 정하고 있는 이러한 제한은 정당한 이유가 있고 과잉금지원칙에 위반되는 것이 아니라고 판시하였다(예: 憲 2005. 5. 26.-99헌마513등).

[憲 2005.5.26.-99헌마513등] 「……이 사건 지문날인제도가 범죄자 등 특정인만이 아닌 17세 이상 모든 국민의 열 손가락 지문정보를 수집하여 보관하도록 한 것은 신원확인기능의 효율적인 수행을 도모하고, 신원확인의 정확성 내지 완벽성을 제고하기 위한 것으로서, 그 목적의 정당성이 인정되고, 또한 이 사건 지문날인제도가 위와 같은 목적을 달성하기 위한 효과적이고 적절한 방법의 하나가 될 수 있다. 범죄자 등 특정인의 지문정보만 보관해서는 17세 이상 모든 국민의 지문정보를 보관하는 경우와 같은 수준의 신원확인기능을 도저히 수행할 수 없는 점, 개인별로 한 손가락만의 지문정보를 수집하는 경우 그 손가락 자체 또는 지문의 손상 등으로 인하여 신원확인이 불가능하게 되는 경우가 발생할 수 있고, 그 정확성 면에 있어서도 열 손가락 모두의 지문을 대조하는 것과 비교하기 어려운 점, 다른 여러 신원확인수단 중에서 정확성·간편성·효율성 등의 종합적인 측면에서 현재까지 지문정보와 비견할 만한 것은 찾아보기 어려운 점 등을 고려해 볼 때, 이 사건 지문날인제도는 피해 최소성의 원칙에 어긋나지 않는다. 이 사건 지문날인제도로 인하여 정보주체가 현실적으로 입게 되는 불이익에 비하여 경찰청장이 보관·전산화하고 있는 지문정보를 범죄수사활동, 대형사건사고나 변사자가 발생한 경우의 신원확인, 타인의 인적사항 도용 방지 등 각종 신원확인의 목적을 위하여 이용함으로써 달성할 수 있게 되는 공익이 더 크다고 보아야 할 것이므로, 이 사건 지문날인제도는 법익의 균형성의 원칙에 위배되지 아니한다. 결국 이 사건 지문날인제도가 과잉금지의 원칙에 위배하여 청구인들의 개인정보자기결정권을 침해하였다고 볼 수 없다.」

(8) 4급이상 공무원의 최종병역 처분시의 질병명의 공개

헌법재판소는, 「공직자등의 병역사항 신고 및 공개에 관한 법률」에서 공적 관심의 정도가 약한 4급 이상의 공무원들까지 대상으로 삼아 최종병역처분시의 모든 질병명을 아무런 예외 없이 공개토록 한 것은, 입법목적의 실현에 치중한 나머지 기본권의 제한에서 최소침해원칙을 위반하여 사생활 보호의 헌법적 요청을 현저히 무시한 것으로 해당 공무원들의 헌법 제17조가 보장하는 사생활의 비밀과 자유를 침해하는 것이라고 판시하였다. 이 결정에서 헌법재판소는, 사람의 육체적·정신적 상태나 건강에 대한 정보, 성생활에 대한 정보와 같은 것은 인간의 존엄성이나 인격의 내적 핵심을 이루는 요소이기 때문에 외부세계의 어떤 이해관계에 따라 그에 대한 정보를 수집하고 공표하는 것이 쉽게 허용되어서는 개인의 내밀한 인격과 자기정체성이 유지될 수 없다고 하였고, 공개가 강제되는 질병명은 내밀한 사적 영역에 근접하는 민감한 개인정보이기 때문에 특별한 사정이 없는 한 타인의 지득(知得), 외부에 대한 공개로부터 차단되어 개인의 내밀한 영역 내에 유보되어야 하는 정보라고 하였다. 따라서 이러한 성격의 개인정보를 공개함으로써 사생활의 비밀과 자유를 제한하는 국가적 조치는 엄격한 기준과 방법에 따라 섬세하게 행하여지지 않으면 아니 된다고 판시하였다(憲 2007. 5. 31.-2005헌마1139).

(9) 특정 범죄자에 대한 위치추적장치 부착

특정 범죄자에 대하여 재범(再犯)을 방지하고 행위교정을 통한 재사회화를 위하여 형집행이 전부 또는 일부 종료(가석방의 경우)되었거나 면제된 자에게 위치를 추적할 수 있는 장치를 강제로 부착하여 항시 당국이 위치를 추적할 수 있게 하는 것이 헌법상 허용되는가 하는 문제가 있다. 개인의 위치는 사적인 비밀에 해당하기 때문에 통상의 경우에는 공개되지 않는다.

「특정 범죄자에 대한 보호관찰 및 전자장치 부착 등에 관한 법률」은 형법상의 강간, 강제추행 등 특정 성폭력범죄 또는 형법상의 미성년자 약취·유인 등 미성년자 대상 유괴범죄 등을 범한 자가 유기징역형을 전부 또는 일부 집행종료하였거나 면제된 경우에, 검사의 청구를 받아 법원의 부착명령판결에 의하여 위치를 추적할 수 있는 전자장치를 부착할 수 있도록 하고 있다.

(10) 금융거래정보와 사생활의 보호

금융기관에 고객이 제공한 금융거래정보가 헌법 제17조에서 사생활의 비밀과 자유로 보장하고 있는 정보의 자기관리결정에 해당하는 것인가 하는 것이 문제가 된다. 오늘날 금융거래의 확대와 함께 범죄에서도 자본과 관련된 범죄가 증가하고 있다. 그래서 주가조작, 자금세탁, 기업의 비자금 조성, 공무원의 뇌물사건 등에서와 같이 수사를 함에 있어 금융거래정보를 확보하여야 하는 경우가 날로 증가하고 있다. 수사기관의 계좌추적행위도 이러한 것에 해당한다.

여기서 문제가 되는 것은 수사기관의 임의적인 계좌추적이 개인의 금융거래정보의 결정권을 침해하여 사생활의 비밀과 자유를 침해하는 것인가 하는 점이다. 이에 대해서는 합헌설과 위헌설이 대립한다.

합헌설은 금융기관의 고객인 계좌명의인이 금융기관과 거래를 개설하고 금융기관에 자발적으로 제공한 거래정보는 계좌명의인이 이러한 정보를 제공하던 당시에 금융거래정보가 수사기관에게 제공될 수 있다는 위험을 감수한 것이고, 금융기관의 직원들을 상대로 공개한 것이므로 계좌명의인은 이에 관하여 사생활의 보호에 대한 합리적인 기대를 가질 수 없다고 보아, 계좌명의인이 모르게 금융기관으로부터 금융거래정보를 제공받는 것은 헌법에 위반되지 않는다고 본다(미합중국 United States v. Miller, 425 U.S. 435(1976) 법정의견).

위헌설은 오늘날 금융기관과 거래를 하지 않고 경제활동 등을 한다는 것은 불가능하므로 금융기관의 고객이 금융기관에 거래정보를 제공하는 것이 자발적인 제공이라고 하기 어렵고, 계좌명의인은 금융기관이 보관하고 있는 자기의 금융거래정보에 대하여 사생활로서 보호된다는 합리적인 기대를 가진다고 본다. 수사기관이 고객의 금융거래정보를 필요할 때마다 볼 수 있게 하는 것은 수사권의 심한 남용이고, 이러한 것에 계좌명의인이 다툴 수 없다고 하는 것은 허용되지 않는다고 본다.

미합중국의 경우에는 위 연방최고법원의 판결이 너무 과도하다고 보아, 금융거래비밀보호법(Right to Financial Privacy Act)을 제정하여 수사기관은 금융기관이 보유하고 있는 금융거래정보에 대한 접근을 금지하고 예외적으로 당사자의 동의나 수색영장, 법원소환장 등에 의해서만 하되 법이 정하는 절차를 거쳐 계좌추적을 할 수 있게 통제하여, 수사기관이 마음대로 계좌를 추적할 수 없게 하고, 또 계좌명의인에게 이 사실을 통지하도록 의무화하고, 계좌명의인이 이에 대하여 다툴 수 있게 하고 있다. 주에 따라서는 판례가 연방최고법원의 판결을 따르는 주도 있고(예: Kansas, Maine, New York, Wisconsin, Indiana, Hawaii 등), 위헌설에 따라 이를 거부하고 있는 주도 있다(예: Illinois, Pennsylvania, California, Utha, Florida 등).

우리나라에서는 금융거래정보를 개인의 사생활의 비밀과 자유로 보장하고 예외적인 경우에만 이를 공개할 수 있게 하고 있다. 「금융실명거래 및 비밀보장에 관한 법률」은 금융기관에 종사하는 자는 명의인(신탁의 경우에는 위탁자 또는 수익자)의 서면상의 요구나 동의를 받지 아니하고는 그 금융거래의 내용에 대한 정보 또는 자료를 타인에게 제공하거나 누설하여서는 아니 되며, 누구든지 금융기관에 종사하는 자에게 거래정보 등의 제공을 요구하여서는 아니 된다고 정하고, 예외적으로 법원의 제출명령 또는 법관이 발부한 영장에 의한 거래정보 등의 제공 등 법이 정하고 있는 경우로서 그 사용목적에 필요한 최소한의 범위 안에서 거래정보등을 제공하거나 그 제공을 요구하는 경우에만 금융거래정보의 제공을 허용하고 있다(동법 §4). 금융기관은 명의인의 서면상의 동의에 따라 거래정보등을 제공하거나 법에서 정하고 있는 규정에 의하여 거래정보등을 제공한 경우에는 제공한 날부터 10일 이내에 제공한 거래정보등의 주요내용 · 사용목적 · 제공받은 자 및 제공일자 등을 명의인에게 서면으로 통보하도록 하고 있다(동법 §4의2).

II. 제한의 한계

사생활의 비밀과 자유를 제한하는 경우에도 헌법 제37조 제2항에서 정하는 과잉금지원칙과 본질적내용침해금지의 원칙이 적용된다.

3. 통신의 비밀과 자유

[251] 제1 의 의

I. 개 념

(1) 헌법 규정

헌법 제18조는 「모든 국민은 통신의 비밀을 침해받지 아니한다」라고 하여 통신의 비밀(通信의 秘密 privacy of correspondence)과 자유를 보장하고 있다.

통신에 관한 기본권의 보장에서 볼 때, 법문의 표현은 「모든 국민은 통신의 비밀과 자유를 가진다」라고 하는 것이 타당하다.

헌법 제18조는 통신의 비밀과 자유를 제17조에서 사생활의 비밀과 자유를 보장하는 것과 별도로 규정하여 개인의 의사소통의 자유를 보장하고 있다. 개인에게 통신의 자유를 기본권으로 보호하는 것은 과학과 기술의 발달에 기초한 현대 정보사회(information society)에서는 과거 어느 시대보다 중요한 의미를 가진다. 전기통신기술 및 현대 정보사회의 비약적인 발전은 개인 간의 의사소통을 획기적으로 변화시켜 통신의 일상화와 생활화를 가져온 반면에 다른 한편으로 전기통신설비, 도청장비 및 기술 등을 이용하여 개인 간 통신의 비밀을 침해하는 현상이 공적 영역과 사적 영역에서 공통적으로 현저하게 증가하는 현상을 초래하고 있어, 현대 사회에서 통신의 비밀과 자유에 대한 보호의 문제는 기본권 보장에서 중요한 의미를 가지고 새롭게 부각되고 있다.

오늘날에는 정보·통신 영역에서 기술의 발달로 인하여 개인의 통신에 대한 비밀과 자유가 국가뿐만 아니라 통신회사, 광고회사, 단체, 개인에 의해서도 언제나 일상적으로 침해될 수 있는 상황에 이르렀다. 따라서 통신의 비밀을 보호하는 것이 국가와 국민 간의 공적 영역에만 한정되는 것이 아니라 국민과 외국인을 포함한 사인들 간의 사적 영역에도 절실하게 요구된다. 헌법 제18조에서 보장하는 통신의 비밀은 기본권으로 보장하는 것이기에 사인이 사인을 상대로 하여 직접 행사할 수는 없지만, 이러한 통신의 비밀이라는 가치를 보호하기 위한 국가의 의무는 어느 때보다 강하게 요구된다. 이러한 국가의 의무를 이행하는 방법으로는 민법이나 형법을 통하는 방법도 있지만, 이를 규율하는 통신관계법을 제정하여 통신의 비밀과 자유를 실현시키는 방법이 보다 효과적이다. 우리나라의 경우도 이에 해당하는 법률로 통신비밀보호법을 두고 있다.

그런데 통신의 비밀과 자유는 개인의 사생활을 보호하는 기능도 가지면서 동시에 민주주의의 실현에 있어 빼놓을 수 없는 의사소통의 기능도 가진다. 통신기술과 인터넷과 같은 통신매체의 발달로 개인의 의사전달과 정보의 전달 · 교환이 주로 통신으로 이루어지는 오늘날에는 통신의 비밀과 자유는 공론의 장을 형성하는데 중요한 기능을 한다.

통신의 발달은 오늘날 글로벌 네트워크를 형성하여 일국단위의 생활이 국가를 초월하여 초국가적으로 이루어지고 영위할 수 있게 만들고 있다. 통신은 이제 변화된 전지구적 세계체제 내에서 한 개인이 자기가 살고 있는 국가의 국경을 넘어 전지구적인 생활을 할 수 있게 하므로 통신의 자유는 과거와 달리 국내외적인 모든 생활에서 빼놓을 수 없이 중요한 의미를 가지고 있다. 따라서 통신의 비밀은 단순히 사생활을 보호하는 수준을 넘어 국내적 또는 국제적 영역에서의 비즈니스, 정치활동, 각종 비영리활동, 각종의 커뮤니케이션 등 일상적인 생활을 보장하는 수단으로서 새로운 의미를 확장해가고 있다.

(2) 헌법 제18조의 통신

(a) 당사자의 특정

헌법 제18조에서 정하고 있는 통신이라 함은 대화를 포함하여 우편, 전신, 전화, 이메일, 개봉된 메모 등 기타 여러 종류의 방법으로 일방향적 또는 쌍방향적으로 정보와 의사를 전달하는 행위를 의미한다. 여기서 말하는 통신은 특정한 상대방의 존재를 전제로 하여 정보를 전달하는 점에서 상대방이 없는 경우에 보장되는 각종의 '표현'과는 다르다(당사자의 특정성).

통신비밀보호법에서는 통신을 우편물(우편법에 의한 통상우편물과 소포우편물)과 전기통신(전화 · 전자우편 · 회원제정보서비스 · 모사전송 · 무선호출 등과 같이 유선 · 무선 · 광선 및 기타의 전자적 방식에 의하여 모든 종류의 음향 · 문언 · 부호 또는 영상을 송신하거나 수신하는 것)이라고 정의하고 있다(통비법 §2i-ii).

(b) 장소적 이격 문제

이러한 통신의 개념은 의사소통을 하는 당사자들이 장소에 있어 서로 떨어진 다른 곳에 있어야 하는 것을 요구하지 않는다. 동일한 장소에서 둘 이상의 사인 간에 대화를 하거나 쪽지를 전달하거나 통신기기를 이용하여 문자, 영상, 부호, 음향 등을 보내는 행위도 포함된다.

(c) 당사자 간의 동의 문제

통신은 특정한 당사자들 간에 이루어지는 것이지만, 헌법 제18조에서 보호하는 통신의 비밀이 이러한 당사자들 간에 의사소통의 동의를 필요로 하는가 하는 문제가 있다. 상대방이 특정되어 있는 이상 발신자의 통신 내용을 수신자가 수신할 것에 대해서 동의가 없는 경우에도 발신자의 통신의 비밀은 보호된다. 예컨대, 전화나 팩스 각종 통신기기로 수신자가 모르는 상태에서 발신자가 통신을 발신한 경우에도 그 통신의 내용은 침해할 수 없다(예: 각종 광고의 전송, 여론조사사항이나 각종 전달사항의 송신, 통신기기를 통한 일방적 의사표현 등).

헌법재판소는 헌법 제18조에서 그 비밀을 보호하는 「통신」의 일반적인 속성으로 「당사자 간의 동의」, 「비공개성」, 「당사자의 특정성」 등을 들고, 여기서의 「통신」의 의미는 「비공개를 전제로 하는 쌍방향적인 의사소통」이라고 본다(예: 憲 2001. 3. 21.-2000헌바25). 통신의 개념으로 당사자 간의 동의나 쌍방향적인 의사소통을 드는 것은 동의할 수 없다. 헌법 제18조가 보호하는 통신의 비밀에는 일방향적으로 행해지는 통신의 비밀도 포함하기 때문이다.

II. 다른 기본권과의 관계

(1) 사생활의 비밀과 자유와의 관계

(a) 전통적 시각

통신의 비밀과 자유는 넓은 의미의 사생활의 비밀과 자유에 포함된다고 볼 수 있다. 개인과 개인이 자유롭게 서로의 의사와 정보를 주고받는 것은 개인의 사적 영역에서 이루어지는 보편적인 생활형태의 일부이기 때문이다. 따라서 통신의 비밀과 자유에 대하여 헌법 제18조에서 따로 정하고 있지 않는 경우에는 이는 헌법 제17조의 사생활의 비밀과 자유에 포함되어 보장된다(통신의 비밀과 자유를 privacy와 분리하여 규정하고 있지 않은 헌법에서는 통신의 비밀과 자유는 privacy로 보호된다).

헌법재판소는 사생활을 보호하는 영역에서는 헌법 제18조는 사생활 영역에서의 통신의 비밀을 헌법 제17조보다 더 강하게 보장하기 위하여 따로 정하고 있다고 본다(예: 憲 2001. 3. 21.-2000헌바25; 2004. 11. 25.-2002헌바85). 그러나 헌법 제18조를 헌법 제17조의 특별규정이라고 보기도 어렵고, 사생활의 보호에서도 다른 사생활의 비밀을 보호하는 강도가 통신의 비밀을 보호하는 강도보다 약하다고 할 수 없기 때문에 이에 동의하기 어렵다. 헌법 제18조는 공적 영역과 사적 영역에서 통신의 비밀을 보호하기 위해 헌법 제17조와 따로 정하고 있고, 헌법 제18조가 헌법 제17조와 분리되어 규정되어 있기 때문에 헌법해석으로도 사생활 영역에서의 통신의 비밀은 제18조에서 보장된다고 보는 것이 타당하다.

[憲 2004.11.25.-2002헌바85] 「헌법 제18조에서는 "모든 국민은 통신의 비밀을 침해받지 아니한다"라고 규정하여 통신의 비밀보호를 그 핵심내용으로 하는 통신의 자유를 기본권으로 보장하고 있다. 통신의 자유를 기본권으로서 보장하는 것은 사적 영역에 속하는 개인 간의 의사소통을 사생활의 일부로서 보장하겠다는 취지에서 비롯된 것이다. 통신은 기본적으로 개인과 개인 간의 관계를 전제로 하는 것이지만, 통신의 수단인 우편이나 전기통신의 운영이 전통적으로 국가독점에서 출발하였기 때문에, 통신의 영역은 다른 사생활 영역에 비하여 국가에 의한 침해 가능성이 매우 큰 영역이라 할 수 있고, 이것이 사생활의 비밀과 자유에 포섭될 수 있는 사적 영역에 속하는 통신의 자유를 헌법이 별개의 조항을 통해서 기본권으로 보호하고 있는 이유라 할 것이다.」

(b) 현대적 시각

통신이 모든 영역에 걸쳐 중요한 의미를 가지는 오늘날에는 통신의 비밀과 자유는 사생활의 비밀과 자유의 영역을 넘어 각종 생활영역에서 보장되는 모든 종류의 행위의 비밀과 자유를 보장하는 것으로서의 의미를 가진다. 통신을 통한 영업행위, 학술행위, 종교행위, 정치활동 등을 침해하는 행위는 통신의 비밀과 자유를 침해할 뿐 아니라 동시에 영업의 자유, 학문활동의 자유, 종교의 자유, 정치활동의 자유를 침해하는 것이 된다.

(2) 표현의 자유와의 관계

이러한 통신은 인간 상호 간에 정보와 의견을 전달하고 주고받는 방법인데, 언론·출판과 같은 의사표현의 자유와 밀접한 관련성을 가진다. 의사표현의 자유가 어떠한 표현행위의 자유를 보장하는 것이라면 통신의 비밀은 특정 상대방을 전제로 하여 이들 상호 간에 이루어지는 의사소통행위의 비밀과 자유를 보장하는데 중점이 있다.

(3) 내심의 자유와의 관계

통신의 자유는 개인 간의 의사표현이나 정보의 외부적 전달을 보호하려는 것이라는 점에서 양심의 자유·종교의 자유 등과 같은 내면적 정신활동의 자유와는 구별된다.

Ⅲ. 연 혁

헌법에서 통신의 비밀을 보장한 것은 1948년헌법에서 처음 명문화한 이래 현재까지 계속 보장되고 있다. 사생활의 비밀과 자유를 헌법에서 처음 명문화한 것은 1980년헌법이다.

[252] 제2 법적 성격

개인 간에 이루어지는 우편이나 각종 통신의 운영은 전통적으로 국가가 독점하였는데, 이러한 구조에서는 국가에 의한 침해가능성이 매우 크기 때문에 통신의 비밀 보장이 가지는 방어권으로서의 성격이 강하게 나타난다(예: 憲 2001. 3. 21.-2000헌바25 참조). 그러나 우편이나 통신사업의 민영화로 개인이 이를 운영하는 상황이 되면 전통적으로 국가가 행하던 것을 사적 기업이나 단체가 행하게 되고, 이는 통신의 비밀에서 방어적인 기능이 종래의 「국가 대 사인」의 구조가 「사인 대 사인」의 구조로 변경되게 된다. 따라서 이러한 상황에서는 통신의 비밀이 가지는 방어권으로서의 기능이 개인에 대해서도 중요한 의미를 가진다. 통신의 비밀과 자유를 보장하기 위하여 입법을 하는 경우나 이의 침해를 다투는 재판에서는 통신의 비밀을 보장하여야 하는 환경의 변화로 생겨난 이러한 새로운 구조를 고려할 필요가 있다.

그렇지만 이러한 상황의 변화가 있다고 하더라도 국가는 민간에서 가질 수 없는 고도의 기술성이 뛰어난 통신장비와 감청장비를 가지고 있으며, 개인의 통신에 관한 정보를 집적하고 보관하는 효과적인 능력을 가지고 있으므로 국가로부터 개인의 통신의 비밀과 자유를 보호하는 방어권으로서의 성격은 여전히 중요한 의미를 가진다.

[253] 제3 주 체

(a) 사 인

통신의 자유는 자연인뿐만 아니라 법인에게도 인정되는 기본권이다. 통신회사도 국가에 대해서는 통신의 비밀과 자유의 주체가 된다. 외국인에게도 인정된다. 이와 같이, 사인 간에 통신이 행해지는 경우에 그 사인들이 통신의 비밀과 자유의 주체가 되는 것은 헌법 제18조에 의하여 보장되는 것이다.

(b) 국가기관 간의 통신

통신의 비밀은 국가기관상호 간에 행해지는 통신의 경우에도 다른 국가기관이나 사인에 의하여 침해되어서는 안 되는 경우가 있는데, 이러한 경우 보호되는 이익은 공무상의 행위나 공무상의 비밀이지 헌법 제18조에서 보호하는 비밀이 아니다. 따라서 국가가 기본권의 주체가 될 수 없듯이, 이러한 경우에 공무상의 통신의 비밀이 보호된다고 하여 국가기관이 헌법 제18조의 주체가 되는 것은 아니다.

(c) 사인과 국가기관 간의 통신

문제는 사인과 국가기관 간에 행해지는 통신의 경우에 어떻게 되는가 하는 점이다. 이러한 경우에 사인의 통신행위는 헌법 제18조에서 보호되고, 국가기관의 통신행위는 공무행위나 공무상의 기밀로 보호된다. 이러한 통신행위에 대한 제한에 있어서는 사안의 성질에 따라 사인 간에 행해지는 통신의 경우와 차이가 있을 수 있다.

[254] 제4 내 용

Ⅰ. 통신의 비밀

헌법 제18조에서 말하는 통신의 비밀은 우편이나 전기통신 등의 통신방법 및 사인 간의 대화를 통하여 사인 간에 주고받는 의사표현이나 정보 등으로서 외부에 대하여 공개되지 아니한 것을 의미한다.

통신의 비밀에 의하여 보호되는 대상은 통신의 내용(사적인 사항이든 공적인 사항이든 관계없이 모성질의 내용을 의미한다)에 국한되지 아니하고, 통신행위 그 자체(통신의 안전과 평온)와 수신인과 발신인의 성명·주소, 수신지와 발신지, 수신과 발신의 연월일, 통신의 수량·횟수·형태 등 통신에 관한 정보 일체가 포함된다(동지: 허영a, 386; 권영성, 469; 성낙인, 596). 정부의 통신업무 관련 공무원이나 전기통신업자 등 통신업무에 종사하는 자가 직무상 지득한 사항일지라도 이를 타인에게 누설하여서는 아니 된다(우편법 §3, 전기통신사업법 §83, 정보통신망이진및정보보호등에관한법률 §66, 형법 §127).

통신의 비밀과 자유를 보장하는 일반법인 통신비밀보호법은 「누구든지 이 법과 형사소송법 또는 군사법원법의 규정에 의하지 아니하고는 우편물의 검열·전기통신의 감청 또는 통신사실확인자료의 제공을 하거나 공개되지 아니한 타인 간의 대화를 녹음 또는 청취하지 못한다」라고 규정하여(동법 §3①), 원칙적으로 검열(檢閱)과 감청(監聽)을 금지하면서, 이를 위반하여 우편물의 검열 또는 전기통신의 감청을 하거나 공개되지 아니한 타인 간의 대화를 녹음 또는 청취한 자 및 이를 통해 지득한 통신 또는 대화의 내용을 공개하거나 누설한 자에 대하여는 형벌을 부과하고 있다(동법 §16①). 그리고 통신제한조치 등으로 취득한 내용을 법의 규정에 의하여 사용하는 경우 외에는 다른 기관 또는 외부에 공개하거나 누설할 수 없도록 하고(동법 §11), 통신제한조치 등의 집행으로 취득된 우편물 또는 그 내용과 전기통신의 내용을 통신제한조치의 목적이 된 범죄나 이와 관련된 범죄를 수사·소추하거나 그 범죄를 예방하기 위하여 사용하는 경우 등 일정한 경우 외에는 사용할 수 없도록 하며(동법 §12), 불법검열에 의하여 취득한 우편물이나 그 내용 및 불법감청에 의하여 지득 또는 채록된 전기통신의 내용은 재판 또는 징계절차에서 증거로 사용할 수 없다고 규정하여(동법 §4) 증거능력을 제한하고 있다. 그 밖에 위법한 방법으로 타인의 통신의 비밀을 침해하거나 누설(漏泄)한 자는 우편법(§51, §51의2), 전기통신사업법(§94iv, §95vii), 「정보통신망 이용촉진 및 정보보호 등에 관한 법률」(§71xi, §72①v), 형법(§316) 등 개별 법률규정에 의하여 처벌된다.

Ⅱ. 통신의 자유

헌법 제18조는 국민이 자유롭게 통신하는 것을 보장한다. 통신의 비밀을 보장하는 것은 통신의 자유를 보장하기 위하여 필연적으로 요구되는 것이다. 따라서 통신의 자유는 통신의 비밀이 침해되지 않는 것을 보장하는 것이 핵심적인 내용을 이룬다. 통신의 비밀의 불가침은 통신의 비밀로 보호되는 일체의 것이 당사자의 의사에 반하여 제3자가 인지하는 것을 금지하는 것을 말하는데, 즉 당사자의 의사에 반하여 편지, 우편, 전화, 전보, 전신, 이메일 등 개인 간의 통신수단을 개봉하거나 그 내용 등을 열람·청취·누설하는 행위 등을 금지하는 것을 의미한다. 헌법 제37조 제2항에 의하여 인정되는 제한이 아닌 한 어떠한 방법으로도 통신의 자유를 제한할 수 없다. 상업적으로 운영되는 통신사업에서 통신의 이용료를 받는 것은 통신의 자유를 침해하는 것이 아니다.

통신의 자유는 국가가 제공하는 우편이나 각종의 통신의 취급에서 거부당하지 않는다는 것을 포함하고 있다.

[255] 제5 제한과 그 한계

Ⅰ. 제 한

(1) 개 설

통신의 비밀과 자유도 절대적으로 보장되는 것이 아니므로 헌법 제37조 제2항에 의한 제한이 가능하다(예: 憲 1995. 7. 2.-92헌마144).

통신의 자유의 제한에 관하여 정하고 있는 대표적인 법률로 통신비밀보호법이 있다. 그 밖에 국가보안법, 전파법, 「형의 집행 및 수용자의 처우에 관한 법률」, 형사소송법 등 개별 법률에서도 국가안전보장·질서유지·공공복리를 위하여 필요한 범위 내에서 통신의 자유에 대한 제한규정을 두고 있다.

(2) 통신비밀보호법에 의한 제한

통신비밀보호법은 범죄수사 또는 국가안전보장을 위한 경우에는 엄격한 요건하에 특정 국가기관에 의한 감청을 허용하고 있다. 즉 이 법률은 기본적으로 통신의 비밀 및 자유에 대한 제한은 그 대상을 한정하고 엄격한 법적 절차를 거치도록 함으로써 통신의 비밀을 보호하고 통신의 자유를 신장함을 목적으로 하기 때문에(동법 §1), 예외적으로 범죄수사를 위한 검열·감청 등 「통신제한조치」는 동법 제5조 제1항 각호에 해당하는 범죄를 계획 또는 실행하고 있거나 실행하였다고 의심할 만한 충분한 이유가 있고 다른 방법으로는 그 범죄의 실행을 저지하거나 범인의 체포 또는 증거의 수집이 어려운 경우에 한하여 법원의 허가를 받아야만 할 수 있도록 규정하고 있다(동법 §5, §6). 또 정보수사기관의 장이 국가안전보장에 대한 상당한 위험이 예상되는 경우에 한하여 그 위해를 방지하기 위하여 행하는 통신제한조치는 고등법원 수석부장판사의 허가 또는 대통령의 승인을 얻어야만 할 수 있으며(동법 §7), 동법 제6조 및 제7조에서 정한 절차를 거칠 수 없는 긴급한 사유가 있는 경우에는 법원의 허가 없이 통신제한조치를 할 수 있다(동법 §8①). 다만, 이 경우에는 36시간 이내에 법원의 허가를 받아야 하며, 이를 받지 못한 때에는 즉시 통신제한조치를 중지하여야 한다(동조 ②).

《국가정보활동과 감청》

어느 나라나 공동체의 안전과 국민과 국가의 이익(national security)을 위하여 국가정보기구를 설치하여 국가정보활동(national intelligence)을 하고 있다. 오늘날과 같이 각종의 전자장비와 고도의 비밀 기술이 발달한 상황에서 각국은 각종의 정보기구를 통하여 24시간 내내 일반인에게는 노출되지 않는 전쟁을 매일같이 치르고 있다. 국가정보활동은 그 사안에 따라 통상적인 행위도 있지만 고도로 비상적인 행위도 있다. 단순한 범죄활동이 아니라 국민과 국가의 안전을 침해하는 행위, 사이버 전쟁행위, 국민과 국가의 이익을 위하여 고도의 정보를 수집해야 하는 행위, 특수한 활동을 행해야 하는 경우 등 각종의 행위에서 감청의 방법이 필요하다. 간혹 사후에 밝혀지기도 하지만, 각국의 고도의 정보활동에는 항상 비밀리에 행하는 높은 기술수준의 감청의 방법이 동원되었다. 이러한 고도의 정보활동을 행하는 경우에는 사안에 따라 법원에도 알리지 말아야 하는 경우도 있을 수 있는바, 이러한 예외적인 경우에 행해지는 감청에는 영장 또는 허가를 받을 것을 요구하는 것이 국가정보활동의 성질과 기능에 부합하지 않는 경우가 있다(사전이든 사후든 판사에게도 노출시키지 말아야 하는 경우도 있음을 고려할 필요가 있다). 그리고 사후 허가를 받거나 당사자에게 통지를 하도록 하는 경우에도 사안에 따라서는 기간의 제한이 정보활동의 기능에 배치되는 경우가 있다. 이런 점에서 현행 통신비밀보호법의 규정은 국가정보활동의 성질과 기능에 비추어 볼 때, 과도한 제한으로 체계적합성이 없어 보이는 면이 있다.

헌법재판소는 통신비밀보호법에서 통신제한조치의 총연장 기간이나 총연장 횟수를 제한하지 않고 계속해서 통신제한조치가 연장될 수 있도록 한 것은 법원의 허가를 받도록 하여도 통신의 비밀을 제한함에 있어 최소침해의 원칙을 위반한 것이라고 판시하였다(憲 2010. 12. 28.-2009헌가30). 또한 같은 법에서 수사의 필요가 있는 경우 수사기관이 전기통신사업자에게 위치정보 추적자료제공을 요청하거나 기지국 수사를 허용한 것은 헌법에 합치하지 않는다고 판시하였다(憲 2018. 6. 28-2012헌마191; 2018. 6. 28.-2012헌마538).

[憲 2010.12.28.-2009헌가30] 「통신제한조치기간은 헌법상 무죄추정의 원칙과 통신의 비밀보호에 비추어 인정되는 불감청수사원칙의 예외로 설정된 기간이고, 이 기간을 연장하는 것은 예외에 대하여 다시금 특례를 설정하여 주는 것이 되므로 최소한에 그쳐야 한다.……통신제한조치를 연장하기 위해서는 법원의 허가를 받아야 하는바, 이 사건 법률조항에 총연장기간이나 총연장횟수를 제한하는 규정을 두지 않고서도 법원이 그때그때 사안을 고려하여 통신제한조치기간의 연장이 남용되는 것을 충분히 통제할 수 있

다고 생각할 수 있다. 그러나 법원이 통신제한조치기간의 연장이 남용되는 것을 통제하는 것은 일정한 한계가 있다.……이처럼 실제 통신제한조치의 기간연장절차의 남용을 통제하는데 한계가 있는 이상 통신제한조치기간연장에 사법적 통제절차가 있다는 사정만으로는 그 남용으로 인하여 개인의 통신의 비밀이 과도하게 제한되는 것을 막을 수 없기 때문에, 통신제한조치기간을 연장함에 있어 법운용자의 남용을 막을 수 있는 최소한의 한계를 설정할 필요가 있다. 그럼에도 통신제한조치의 총연장기간이나 총연장횟수를 제한하지 않고 계속해서 통신제한조치가 연장될 수 있도록 한 이 사건 법률조항은 최소침해성원칙을 위반한 것이다.」

(3) 기타 법률에 의한 제한

국가보안법에 의하면, 국가의 존립안전이나 자유민주적 기본질서를 위태롭게 한다는 정을 알면서 반국가단체의 구성원 또는 그 지령을 받은 자와 회합·통신 기타의 방법으로 연락을 한 자는 10년 이하의 징역에 처한다고 규정하여(동법 §8①) 반국가단체와의 통신행위를 제한하고 있다.

「남북교류협력에 관한 법률」에 의하면, 대한민국의 국민이 북한의 주민과 회합·통신 그 밖의 방법으로 접촉하려면 통일부장관에게 미리 신고하여야 한다(동법 §9의2).

전파법은 대한민국헌법 또는 헌법에 의하여 설치된 국가기관을 폭력으로 파괴할 것을 주장하는 통신을 금지하고 있다(동법 §80①).

「형의 집행 및 수용자의 처우에 관한 법률」에 의하면, 수용자(收容者)는 원칙적으로 다른 사람과 서신을 주고받을 수 있고 그 내용은 검열받지 아니하지만, 일정한 사유가 있는 경우 그렇지 아니할 수 있다(동법 §43). 이는 과거에 수용자의 서신에 대해서 원칙적으로 교도소장의 허가를 얻도록 하던 것을 개정한 내용이다. 미결수용자(未決收容者)와 변호인 간의 서신은 동법 제43조 제4항 단서에도 불구하고 교정시설에서 상대방이 변호인임을 확인할 수 없는 경우를 제외하고는 검열할 수 없다(동법 §84③). 전화통화는 교도소장의 허가를 받아 할 수 있고, 통화내용의 청취 또는 녹음을 조건으로 붙일 수 있다(동법 §44). 수용자는 교정시설의 외부에 있는 사람과 접견할 수 있으나, 소장은 일정한 사유가 있는 경우 교도관으로 하여금 수용자의 접견내용을 청취·기록·녹음 또는 녹화하게 할 수 있다(동법 §41). 헌법재판소는 미결수용자의 접견내용을 녹음·녹화할 수 있게 하는 「형의 집행 및 수용자의 처우에 관한 법률」 제41조 제2항이 사생활의 비밀과 자유 및 통신의 비밀을 침해한다고 볼 수 없다고 판시하였다(憲 2016. 11. 24. -2014헌바401).

형사소송법에 의하면, 법원은 피고사건과 관련된 일정한 우편물의 제출을 명하거나 압수할 수 있다고 규정하고 있다(동법 §107).

「정보통신망 이용촉진 및 정보보호 등에 관한 법률」에 의하면, 정보통신망을 통하여 일반에게 공개를 목적으로 제공된 정보로 인하여 사생활 침해나 명예훼손 등 타인의 권리가 침해된 경우에, 그 침해를 받은 자가 해당 정보를 취급한 정보통신서비스 제공자에게 침해사실을 소명하여 그 정보의 삭제 또는 반박내용의 게재를 요청하면 정보통신서비스 제공자는 지체 없이 삭제·임시조치 등의 필요한 조치를 하도록 하고 있다(동법 §44의2①, ②). 또 정보통신서비스 제공자 중 일정한 수준에 해당하는 자에게는 청소년유해정보의 확산을 방지하기 위하여 청소년보호책임자를 두도록 하고 있으며(동법 §42의3), 수신자의 사전동의 없는 전화 모사·전송을 이용한 광고전송행위를 금지하고(동법 §50), 영리목적의 광고성 정보를 인터넷 홈페이지에 게시하려면 인터넷 홈페이지 운영자 또는 관리자의 사전 동의를 받아야 한다(동법 §50의7).

II. 제한의 한계

(1) 한　계

통신의 비밀과 자유를 제한하는 경우에도 헌법 제37조 제2항에서 정하는 과잉금지원칙과 본질적내용침해금지의 원칙이 적용된다(예: 憲 1995. 7. 21.-92헌마144).

> [憲 1995.7.21.-92헌마144] 「헌법 제18조는 "모든 국민은 통신의 비밀을 침해받지 아니한다"고 규정하여 통신의 비밀을 침해받지 아니할 권리를 기본권으로 보장하고 있다. 따라서 통신의 중요한 수단인 서신의 당사자나 내용은 본인의 의사에 반하여 공개될 수 없으므로 서신의 검열은 원칙으로 금지된다고 할 것이다. 그러나 위와 같은 기본권도 절대적인 것은 아니므로 헌법 제37조 제2항에 따라 국가안전보장·질서유지 또는 공공복리를 위하여 필요한 경우에는 법률로써 제한할 수 있고, 다만 제한하는 경우에도 그 본질적인 내용은 침해할 수 없다.」

(2) 감청의 합헌성

(a) 불법감청

타인의 대화나 통신 그 자체 및 그 내용을 당사자의 동의를 받지 않고 청취하거나 지득하는 것을 불법감청(=도청)이라고 한다. 이러한 도청행위는 국가에 의해 행해지든 사인에 의해 행해지든 통신의 비밀을 침해하는 것이다. 이러한 도청행위는 그러한 행위가 행해진 것으로 통신의 자유를 침해한 것이 되며, 통신의 내용을 지득함을 목적으로 했느냐, 내용을 지득한 결과를 가져왔느냐 하는 것은 통신의 자유에 대한 침해여부를 판단하는데 문제가 되지 않는다. 단순히 통신상의 음향을 체크하는 행위도 통신의 자유를 침해하는 것이다.

(b) 감 청

도청과 달리 국가가 일정한 경우에 법원의 허가 또는 영장을 얻거나 대통령의 승인을 얻어 타인 간의 통신내용을 청취하는 강제처분을 하는 경우가 있는데 이를 감청이라고 한다. 통신비밀보호법이 정하고 있는 바와 같이, 범죄수사 또는 국가안전보장을 위한 감청이 이에 해당한다. 특히 감청은 현실에서 살인 등 조직범죄, 마약범죄, 무기거래, 밀수 등의 범죄에 대한 효과적인 수사를 위하여 강하게 요구된다. 그러나 통신의 비밀과 자유의 보장과 관련해서 이러한 감청행위가 헌법상 허용되는가 하는 점이 문제가 된다.

(i) 합 헌 설 과잉제한금지원칙을 충족시키고 엄격한 요건하에서 예외적으로 행해지는 감청행위에 한하여 헌법상 허용된다고 한다.

독일연방헌법은 제13조에서 이러한 예외적으로 허용되는 감청에 대하여 명시적 요건을 정하여 인정하고 있다. 일본국에서는 1999년「범죄수사를 위한 통신방수(通信傍受)에 관한 법률」을 제정하여 범죄수사를 목적으로 한 감청을 일정한 요건하에 예외적으로 인정하고 있다.

(ii) 위 헌 설 실정법에 근거를 두고 예외적으로 필요한 경우에 한하여 감청을 허용하더라도 감청의 성질상 감청을 하는 동안에는 감청의 전면성과 연속성으로 인하여 감청을 필요로 하는 내용에 한정되지 않고 모든 정보에 대해서 알게 되므로 이는 당사자의 사생활의 비밀과 인격권과 통신의 비밀을 침해하는 것이 되어 헌법에 위반된다고 한다.

합헌설이 다수설이지만, 감청행위는 그 성질상 필요한 부분만을 감청하게 할 수 없으므로 감청이 시작되면 국가기관은 모든 정보와 내용을 알게 된다. 이러한 점으로 인하여 국가기관은 특정 범죄수사를 목적으로 한 감청에서 알게 된 정보를 다른 범죄수사를 위하여 사용하고, 정치적으로 이용할 수 있다. 감청을 인정하더라도 이러한 문제점을 철저히 통제하지 못하면 이는 통신의 비밀을 형해화하는 것이라고 할 것이다.

감청은 그 본질상 전면적이고 연속적이며, 국가기관이 감청에서 수집하거나 알게 된 정보는 감청대상자도 모르게 집적되고 유통되므로 필요한 범위 이외의 정보수집이 언제나 가능하고, 이러한 정보가 유출되거나 악용될 위험성은 항상 존재하고 있다. 가장 위험한 것이 권력자에 의하여 악용되는 것인데, 이를 방지하기 위해서는 영장에 의한 감청의 경우에도 감청사실을 사후에 통지하게 하거나, 불법감청에 대한 공소시효를 배제하는 등 이에 대한 철저한 통제와 조치가 요구된다. 특히 국가정보기관이나 수사기관이 감청으로 얻는 자료와 정보에 대해서는 국민의 접근이 불가능하므로 국가는 언제나 통제를 받지 않고 이를 여러 가지 방법으로 이용할 수 있다. 다만, 전쟁행위, 국가전복 행위 등과 같은 국가안전보장과 관련된 국가정보활동상 정당한 이유가 있는 감청은 긴급한 경우에는 사전의 허락을 받지 않고도 할 여지가 있다. 국가정보활동의 여러 행위를 개별적으로 검토하여 감청의 보장과 통제를 체계화할 필요가 있다.

헌법재판소는 수사기관의 인터넷회선감청(패킷감청)에 대하여 개인의 기본권을 보호하는 조치가 충분히 마련되어 있지 않으면 통신의 비말과 사생활의 비밀과 자유를 침해하는 것으로 위헌이라고 판시하였다(憲 2018. 8. 30.-2016헌마263. 이 결정에는 3인의 합헌의견이 있다).

[憲 2018. 8. 30.-2016헌마263] 「인터넷회선을 통하여 송·수신되는 전기통신에 대한 감청은, 인터넷회선을 통하여 흐르는 전기신호 형태의 '패킷'을 중간에 확보하여 재조합 기술을 거쳐 그 내용을 파악하는 이른바 '패킷감청'의 방식으로 이루어진다. 여기서 '패킷'은 인터넷상 신속하고 효율적인 다량의 정보 전송을 위하여 일정한 단위로 쪼개어져 포장된 최적·최소화한 데이터 단위를 말한다. 법원은 인터넷통신망을 통한 송·수신은 법 제2조 제3호에서 정한 '전기통신'에 해당하므로 이른바 '패킷감청'도 통신제한조치로 허용된다고 보고 있고(대법원 2012. 10. 11. 선고 2012도7455 판결 참조), 이에 패킷감청도 실무상 통신제한조치의 하나로 행해져 왔음은 앞서 본 바와 같다. 인터넷회선 감청은 검사가 법원의 허가를 받으면, 피의자 및 피내사자에 해당하는 감청대상자나 해당 인터넷회선의 가입자의 동의나 승낙을 얻지 아니하고도, 전기통신사업자의 협조를 통해 해당 인터넷회선을 통해 송·수신되는 전기통신에 대해 감청을 집행함으로써 정보주체의 기본권을 제한할 수 있으므로, 법이 정한 강제처분에 해당한다. 또한 인터넷회선 감청은 서버에 저장된 정보가 아니라, 인터넷상에서 발신되어 수신되기까지의 과정 중에 수집되는 정보, 즉 전송 중인 정보의 수집을 위한 수사이므로, 압수·수색과 구별된다. …… 인터넷회선 감청의 구체적 집행 방식은 이 사건 감청집행을 행한 피청구인 국가정보원의 답변에 의하면 다음과 같다. ① 법원으로부터 특정 피의자 내지 피내사자가 사용하는 인터넷회선에 대해 감청 허가를 얻으면,수사기관은전기통신사업자인인터넷통신업체에 감청 집행을 위한 협조를 구한다. ② 협조 요청을 받은 인터넷통신업체는 허가 대상인 인터넷회선에 고정 인터넷프로토콜(Internet Protocol, 이하 'IP'라 한다)을 부여하고, 해당 인터넷회선을 통하여 흐르는 '패킷'을 중간에 확보하기 위해 패킷의 수집·복제를 위한 장비 내지 국가정보원이 자체 개발한 인터넷회선감청장비를 연결·설치하는 데 협조한다. ③ 이들 장비를 통해 해당 인터넷회선을 통과하는 모든 패킷이 중간에 수집·복제되어 국가정보원 서버로 즉시 전송·저장된다. ④ 이와 같이 수집·저장된 패킷들은 국가정보원이 자체 개발한 처리 서버프로그램을 통해 재조합 과정을 거쳐, 열람 가능한 형태로 전환된다. ⑤ 이 과정에서 패킷의 정보의 내용이 담긴 데이터 영역까지 보는 기술(Deep Packet Inspection, 'DPI'라고 한다)이 활용되고, 국가정보원의 수사관이 서버에 접속하여 저장된 파일을 열어 그 내용을 열람·확인하면서 범죄관련성 및 보존 필요성 여부를 판단한다. …… 다. 과잉금지원칙 위반 여부 (1) 목적의 정당성 및 수단의 적합성 오늘날 인터넷 사용이 일상화됨에 따라 인터넷 통신망을 이용하여 의사 또는 정보를 송·수신하는 방법은 보편적으로 이용되는 통신수

단이 되었고, 인터넷을 활용하는 범행 계획과 실행 또한 증가하고 있다. 이와 같이 인터넷을 기반으로 하는 정보통신환경에서, 범죄수사에 필요한 경우에 통신기술의 발전에 상응할 수 있도록 수사기관으로 하여금 일정한 요건을 갖추는 경우 인터넷 통신망을 이용하는 전기통신에 대한 감청을 허용할 필요가 있다. 이 사건 법률조항은 국가 및 공공의 안전, 국민의 재산이나 생명·신체의 안전을 위협하는 범행의 저지나 이미 저질러진 범죄수사에 필요한 경우 인터넷회선을 통하여 송·수신되는 전기통신도 수사기관이 법원의 허가를 얻어 감청할 수 있도록 규정하고 있는바, 그 입법목적의 정당성과 수단의 적합성이 인정된다. (2) **침해의 최소성** (가) 통신제한조치는 피의자 및 피내사자뿐만 아니라 해당 전기통신의 가입자의 동의나 승낙 없이 밀행적으로 이루어지는 강제수사 방법으로, 이를 통해 수사기관은 타인 간 통신 및 개인의 내밀한 사생활의 영역에 해당하는 통신자료까지 취득할 수 있게 된다. 따라서 통신제한조치에 대한 법원의 허가 단계에서는 물론이고, 실제 통신제한조치의 집행이나 집행 이후 단계에서도 수사기관의 권한 남용을 방지하고 관련 기본권 제한이 최소화될 수 있도록 입법적 조치가 제대로 마련되어 있어야 한다. (나) 범죄수사를 위한 통신제한조치 허가와 관련하여, 법은 "범죄를 계획 또는 실행하고 있거나 실행하였다고 의심할만한 충분한 이유가 있고 다른 방법으로는 그 범죄의 실행을 저지하거나 범인의 체포 또는 증거의 수집이 어려운 경우에 한하여" 허가할 수 있다고 규정하여 이를 보충적 수단으로 활용하도록 정하고 있고, 대상 범죄도 제한적으로 열거하고 있다(법 제5조 제1항). 또한 검사가 법원에 통신제한조치 허가청구를 하고 법원이 이를 허가할 때 통신제한조치 대상자인 피의자 내지 피내사자와 해당 범죄수사에 필요한 통신제한조치의 종류·그 목적·대상·범위·기간·집행장소·방법이 특정되어야 하므로(법 제6조 제1항, 제4항, 제6항), 법원이 인터넷회선 감청을 통신제한조치로 허가하는 단계에서는 특정 피의자 내지 피내사자의 범죄수사를 위해 그 대상자가 사용하는 특정 인터넷회선에 한하여 필요한 범위 내에서만 감청이 이루어지도록 제한이 되어 있다고 볼 수 있다. (다) 그러나 '패킷감청'의 방식으로 이루어지는 인터넷회선 감청은 수사기관이 실제 감청 집행을 하는 단계에서는 해당 인터넷회선을 통하여 흐르는 불특정 다수인의 모든 정보가 패킷 형태로 수집되어 일단 수사기관에 그대로 전송되므로, 다른 통신제한조치에 비하여 감청 집행을 통해 수사기관이 취득하는 자료가 비교할 수 없을 정도로 매우 방대하다는 점에 주목할 필요가 있다. 1) 인터넷회선 감청은 법원으로부터 감청 허가를 받은 특정 인터넷회선을 통하여 송·수신되는 패킷들이 전기통신사업자의 협조를 통해 송·수신 도중에 수집·복제되어 수사기관에 전송·저장되고, 수사기관이 이들 패킷에 대해 재조합 기술을 거쳐 그 내용을 지득하는 방식으로 이루어진다. 법원으로부터 인터넷회선 감청 허가를 받은 수사기관의 협조 요청에 따라 전기통신사업자가 해당 인터넷회선에 고정 IP를 부여한 다음 수사기관이 감청 집행을 한다 하더라도, 한 사람이 하나의 인터넷회선을 이용하는 경우는 거의 없고 여러 사람이 하나의 인터넷회선을 공유하여 사용하는 경우가 대부분이다. 이는 공유기 또는 분배기 같은 기기를 통해서 특정 인터넷회선의 이용자는 더욱 확대될 수 있다. 또한 하나의 기관 내에서 사설망(LAN)을 운용하기도 하는데 이 경우 인터넷 접속 시마다 사설 IP를 공인 IP로 변환시켜 주는 시스템(Network Address Translation, NAT)을 작동시켜 하나의 IP만을 이용하기도 하므로, 감청대상자인 피의자 내지 피내사자가 미리 특정되어 있다 하더라도 동일한 사설망을 사용하는 사람의 통신 정보가 수사기관에 모두 수집·보관될 수밖에 없다. 이렇게 수사기관에 수집·보관된 막대한 정보를 수사기관이 재조합 기술을 거쳐 직접 열람하기 전까지는 감청대상자의 범죄 관련 정보만을 구별해 내는 것이 기술적으로 가능하지도 않다. 결국 인터넷회선 감청은 법원이 이를 허가하는 단계에서는, 특정 피의자 내지 피내사자를 대상으로 하여 이들이 특정 인터넷회선을 이용하여 송·수신하는 전기통신 중 범죄 관련 정보로 감청 범위가 제한되어 허가가 이루어진다 하더라도, 실제 집행 단계에서는 감청 허가서에 기재된 피의자 내지 피내사자의 통신자료뿐만 아니라 단순히 동일한 인터넷회선을 이용할 뿐인 불특정 다수인의 통신자료까지 수사기관에 모두 수집·저장되므로 수사기관이 인터넷회선 감청을 통해 취득하는 개인의 통신자료의 양은 상상하기 어려울 정도로 방대할 수 있다. 2) 전화감청 등 다른 종류의 전기통신 감청도 범죄수사 관련 내용을 얻기 위해 집행 단계에서 일정 부분 포괄적으로 이루어질 수밖에 없으나, 수사기관이 인터넷회선 감청에 의해 취득하는 자료의 양과 비교할 바는 아니다. 인터넷회선 감청을 제외하고 집행 단계에서 가장 포괄적으로 감청이 이루어질 수 있는 전화 감청의 경우만 보더라도, 감청대상자인 피의자 내지 피내사자와 제3자가 주고받는 통신 내용으로 감청 범위가 제한되고 감청 도중 범죄수사와 전혀 무관한 내용이 있으면 감청을 중단할 수 있지만, 인터넷회선 감청은 감청대상자인 피의자 내지 피내사자와 통신을 주고받는 제3자 외에 해당 인터넷회선을 단순히 이용하는 불특정 다수인의 통신자료까지 수사기관에 취득되고, 오늘날 메신저, 이메일, 전화 등을 통한 의사소통뿐만 아니라 물품구매, 금융거래, 영상물 시청, 게시글 등록, 블로그 활동 등 생활의 대부분이 인터넷을 통해 이루어진다는 점을 고려할 때, 인터넷회선 감청이 감청 범위의 포괄성 면에서 다른 전기통신 감청과 본질적인 차이가 없다고 쉽게 말할 수 없다. (라) 이와 같이 인터넷회선 감청은 그 특성상 집행 단계에서 법원이 허가한 인적, 물적 범위를 넘어 감청으로 수사기관이 취득하는 자료의 범위가 무한히 확대될 가능성이 농후하기 때문에, 수사기관의 권한 남용을 방지하고 이로 인한 관련 기본권 침해를 최소화하기 위하여, 집행 과정에서나 집행이 종료된 이후에라도 제3자의 정보나 범죄수사 목적과 무관한 정보까지 수사기관에 의해 수집·보관되고 있지는 않는지, 감청 집행을 통해 수사기관에 광범위하게 취득된 자료를 수사기관이 원래 허가받은 목적, 범위 내에서 제대로 이용·처리하는지 등을 감독 내지 통제할 법적 장치가 강하게 요구된다. 1) 이와 관련하여 법은 통신제한조치의 허가·집행 등에 관여한 공무원 등에게 비밀준수의무를 부과하고(법 제11조), 통신제한조치로 취득한 자료의 사용제한(법 제12조)을 규정하고 있을 뿐, 그 외에 수사기관이 인터넷회선 감청 집행으로 취득하게 되는 막대한 양의 자료의 처리 절차에 대해서는 아무런 규정을 두고 있지 않다. 2) 범죄수사를 위해 불가피하게 인터넷회선 감청이나 그와 유사한 형태의 전기통신감청을 허용하면서도, 이러한 종류의 감청을 통해 수사기관이 취득하게 되는 자료의 양이 무한정 확대될 수 있는 점을 고려하여, 관련 기본권을 덜 침해하고 수사기관의 위법 내지 권한 남용을 방지 내지 통제할 수 있는 제도적 장치를 마련하고 있는 입법례가 상당수 발견된다. 예를 들어, 미국은 전기통신비밀보호법(Electronic Communications Privacy Act, 약칭 'ECPA'라 한다)에서 중대 범죄수사를 위한 전기통신 감청을 규율하고 있는데, 법원의 허가를 얻어야만 감청할 수 있음은 물론이고, 수사기관으로 하여금 법원이 요구하는 경우 주기적으로 감청집행에 관한 경과보고서를 법원에 제출하도록 하고, 감청 종료 직후 감청자료를 감청을 허가한 판사에게 봉인하여 제출하도록 하며, 감청자료의 보관 내지 파기 여부는 판사가 결정하도록 하고 있다. 또한 감청 종료 후에 판사가 당사자에게 감청집행 사실을 통지하며, 감청집행과정에서 수사기관의 위법이나 감청자료의 공개 등으로 피해를 입은 당사자는 민사소송을 제기할 수 있다. 독일의 경우에도 형사소송법에 근거를 두고 전기통신감청이 규율되고 있는데, 법원의 허가를 얻어 감청을 집행할 수 있음은 물론이고, 수사기관으로 하여금 법원에서 허가한 요건이 더 이상 존재하지 않을 경우 감청을 지체 없이 종료하고 법원에 보고하도록 하고, 법원은 요건이 더 이상 존재하지 아니한 경우 처분의 중단을 명할 수도 있다. 감청 종료 후에도 수사기관은 감청결과를 법원에 보고하여야 하고, 감청집행결과 사적인 생활형성의 핵심적 영역으로부터 인지한 사실임이 확인되면 그 사용이 금지되고, 해당 기록을 즉시 삭제하여야 한다. 또한 감청집행사실을 통지받은 당사자는 통지받은 때로부터 2주 내에 법원에 감청의 적법성 심사를 청구할 수 있도록 하고 있다. 일본 역시 '범죄수사를 위한 통신방수에 관한 법률'에서 법원이 발부한 영장에 의하여 전기통신감청을 실시할 수 있음은 물론이고, 감청을 중단하거나 종료한 때에 입회인이 봉인한 기록매체를 영장을 발부한 법원에 제출하도록 하고, 허가 요건에 해당하지 않는 경우 법원이 해당 통신감청처분을 취소하고, 범죄와 무관하거나 감청에 위법이 있는 경우 기록을 삭제하도록 사후통제절차를 마련하고 있다. 또한 당사자는 자신이 어떠한 내용의 감청을 당했는지 확인하기 위하여 법원에 감청 기록 및 원기록 중 통신의 청취 · 열람 · 복사를 청구할 수 있고, 해당 통신감청에 관한 법원의 재판이나 수사기관의 처분에 대해 불복할 수 있다. 3) 이에 비해, 우리 법은 법원의 허가 단계에서는 법이 정한 통신제한조치의 요건을 구비하여(법 제5조 제1항) 피의자, 피내사자별로 통신제한조치의 종류, 목적, 대상, 범위, 집행 장소, 기간 등을 특정하여 허가하도록 정하고 있지만(법 제6조), 집행 단계부터는 앞서 본 공무원 등의 비밀준수의무 및 일정 목적 외 취득한 자료의 사용 제한을 정한 것 외에 객관적 통제 장치를 전혀 마련하고 있지 않다. 일례로서 현행법상 감청의 집행 통지는 해당 사건에 관하여 검사가 공소를 제기하거나 공소의 제기 또는 입건을 하지 아니하는 처분(기소중지 결정을 제외한다)을 한 때를 기준으로 하여, 집행 사유를 제외하고 집행 사실과 집행기관 및 그 시간만을 통지하게 되어 있어(법 제9조의2), 집행 통지를 받더라도 무슨 사유로 감청을 당했는지 알 수가 없고, 수사가 장기화되거나 기소중지 처리되는 경우에는 감청이 집행된 사실조차 알 수 있는 길이 없는바, 이러한 통지 제도는 객관적이고 사후적인 통제 수단의 부재와 결합하여 인터넷회선 감청으로 인한 개인의 통신 및 사생활의 비밀과 자유의 침해 정도를 가늠하기조차 어렵게 한다. 4) 이 사건 법률조항에 대한 심판청구에 대하여 기각의견은 법상 공무원 등의 비밀준수의무, 정해진 목적 외 사용 금지 규정 외에, 정보보호에 관한 일반법인 '개인정보 보호법'에 따르면 수사기관이 감청 집행으로 취득한 자료를 목적 외의 용도로 활용하거나 제3자에게 제공하는 것이 금지되고, 해당 정보가 불필요하게 되었을 때에는 이를 지체 없이 파기하여야 할 의무가 있으므로, 수사기관의 권한 남용을 방지하는 제도적 장치가 어느 정도 마련되어 있다고 한다. 그러나 앞서 본 바와 같이 수사기관의 권한 남용 및 관련 기본권 침해를 방지할 수 있는 구체적인 법적 조치가 가능함에도, 이러한 의무조항과 제재조항을 두고 있는 것만으로 위법한 공권력 행사나 관련 기본권 침해를 충분히 방지할 수 있다는 논리는 쉽게 받아들이기 어렵다. (마) 더욱이 법상 통신제한조치의 집행으로 인하여 취득된 전기통신의 내용은 통신제한조치의 목적이 된 법 제5조 제1항에 규정된 범죄 외에 이와 관련되는 범죄를 수사·소추하거나 그 범죄를 예방하기 위하여도 사용이 가능하므로(법 제12조 제1호), 인터넷회선 감청이 특정 범죄수사를 위한 최후의 보충적 수단이 아니라, 애당초 법원으로부터 허가받은 범위를 넘어 특정인의 동향 파악이나 정보 수집을 위한 목적으로 수사기관에 의해 남용될 가능성도 배제하기 어렵다. (바) 사정이 이러하다면, 이 사건 법률조항은 인터넷회선 감청의 특성을 고려하여 그 집행 단계나 집행 이후에 수사기관의 권한 남용을 통제하고 관련 기본권의 침해를 최소화하기 위한 제도적 조치가 제대로 마련되어 있지 않은 상태에서, 범죄수사 목적을 이유로 인터넷회선 감청을 통신제한조치 허가 대상 중 하나로 정하고 있으므로 침해의 최소성 요건을 충족한다고 할 수 없다. (3) **법익의 균형성** 오늘날 통신수단의 비중을 감안할 때 인터넷을 수단으로 범죄를 음모하고 실행하는지를 살펴보는 것은 중대한 범죄수사의 경우 불가결한 부분이라고 할 수 있다. 중대한 범죄가 급박하게 이루어질 것에 관한 충분한 소명이 있으며, 혐의자도 구체적으로 확정되어 있으며 다른 수단으로는 범죄를 방지하거나 수사할 수 없음이 명백함에도 불구하고, 인터넷회선에 대한 감청수단을 배제하는 것은 오늘날 정보통신사회의 현실에서 효과적인 수사를 보장하기 어렵다. 그러나 '패킷감청' 방식으로 이루어지는 인터넷회선 감청은 그 특성상, 실제 집행 단계에서 원래 허가받은 통신제한조치의 인적·물적 범위를 넘어 피의자 또는 피내사자의 범죄 수사와 무관한 정보뿐만 아니라 피의자 또는 피내사자와 무관하게 해당 인터넷회선을 이용하는 불특정 다수인의 정보까지 광범위하게 수사기관에 수집·보관되므로, 다른 종류의 통신제한조치에 비하여, 개인의 통신 및 사생활의 비밀과 자유가 침해될 가능성이 높다. 그런데 현행법은 인터넷통신 감청을 통신제한조치의 하나로 인정하면서 앞서 본 바와 같이 집행 단계나 그 이후에 인터넷회선 감청을 통해 수사기관이 취득한 자료에 대한 권한 남용을 방지하거나 개인의 통신 및 사생활의 비밀과 자유의 침해를 최소화하기 위한 조치를 제대로 마련하고 있지 않다. 이러한 여건하에서 인터넷회선의 감청을 허용하는 것은 개인의 통신 및 사생활의 비밀과 자유에 심각한 위협을 초래하게 된다. 따라서 이 사건 법률조항으로 인하여 달성하려는 공익과 제한되는 사익 사이의 법익 균형성도 인정되지 아니한다. (4) **소결** 그렇다면 이 사건 법률조항은 과잉금지원칙에 반하여 청구인의 통신 및 사생활의 비밀과 자유를 침해한다.」

4. 정보의 자유

[256] 제1 의 의

Ⅰ. 개 념

현대 사회는 정보사회이다. 과학과 기술의 발전으로 인하여 인간은 자신의 삶을 영위함에 있어 수많은 정보를 생산하고 유통하고 관리하면서 살게 되었다. 정보사회에서 정보는 생활의 필수적인 요소일뿐 아니라 유력한 자원이기 때문에 인간은 정보 없이 살 수 없게 되었다. 따라서 인간이 정보를 생산하고 이를 유통하면서 소통을 하고 관리하는 것은 중요한 자유의 내용이다. 한 개인을 중심으로 보면, 개인이 자기의 외부에 존재하는 정보에 접근하고 수집하는 것, 그리고 외부로부터 정보를 수령하는 것은 정보생활의 필수불가결한 내용이고, 개인이 정보를 스스로 생산하고 이를 유통하면서 외부와 소통하는 것은 그 자체 생활이다. 정보사회에서는 기술의 발달로 개인은 자기에 관한 정보도 침해될 위험성이 더욱 높아가고 있어 개인이 자기정보를 관리하고 통제하는 자유도 보호되지 않으면 안 된다.

이와 같이 개인이 정보에 관하여 국가와 타자로부터 가지는 자유를 정보의 자유라고 한다. 이러한 정보의 자유는 알 권리와 자기정보관리·통제권을 내용으로 한다.

Ⅱ. 헌법적 근거

우리 헌법은 정보의 자유를 명시적으로 정하고 있지는 않다. 그러나 이에 관한 여러 헌법 규정의 해석을 통하여 이를 인정하여 왔다. 입법적으로 헌법에서 정보의 자유에 대하여 명시적인 규정을 두는 것이 필요하다.

(1) 알 권리

헌법은 알 권리에 관하여 명문의 규정을 두고 있지 않기 때문에, 그 헌법적 근거에 대하여 다양한 견해가 있다. 학설상으로는 i) 알 권리는 표현의 자유의 전제조건이라는 점에서 표현의 자유를 규정한 헌법 제21조에서 근거를 찾는 견해, ii) 인격의 형성 및 그 자유로운 전개와 행복추구권을 규정한 헌법 제10조 및 헌법 제21조에서 근거를 찾는 견해(김철수a, 982), iii) 헌법 제21조 제1항의 표현의 자유와 제1조의 국민주권의 원리, 제10조의 인간의 존엄성존중과 행복추구권에서 찾는 견해와(성낙인, 552) 이에 더하여 제34조 제1항의 인간다운 생활을 할 권리도 포함하여 근거를 찾는 견해(권영성, 497), iv) 알 권리는 다른 기본권 실현의 전제이자 민주적 헌정질서의 기초이므로 특정 헌법 규정에서 근거를 발견할 것이 아니라 헌법 전체적 질서와 연관 속에서 그 근거를 발견해야 한다는 견해가 있다.

알 권리는 모든 기본권의 실현의 전제이고, 모든 생활과 연관되므로 명시적인 조항이 없는 한 개별적 기본권을 정하고 있는 특정 조항을 근거로 할 수 없다고 할 것이다. 헌법해석상으로 보건대, 알 권리는 헌법 제1조, 제10조, 제21조 제1항, 제37조 제1항이 가장 직접적인 근거가 된다고 할 것이다.

헌법재판소는 표현의 자유를 규정한 헌법 제21조를 알 권리의 근거규정으로 보고 있다. 다만, 국민주권주의(헌법 §1), 인간의 존엄과 가치(헌법 §10), 인간다운 생활을 할 권리(예: 憲 1989. 9. 4.-88헌마22; 1991. 5. 13.-90헌마133; 1992. 2. 25.-89헌가104)에 대하여는 알 권리와 간접적으로 연관이 있음을 언급하고 있다(헌법 §34①).

> [憲 1991.5.13.-90헌마133] 「헌법 제21조는 언론 · 출판의 자유, 즉 표현의 자유를 규정하고 있는데 이 자유는 전통적으로 사상 또는 의견의 자유로운 표명(발표의 자유)과 그것을 전파할 자유(전달의 자유)를 의미하는 것으로서 사상 또는 의견의 자유로운 표명은 자유로운 의사의 형성을 전제로 한다. 자유로운 의사의 형성은 정보에의 접근이 충분히 보장됨으로써 비로소 가능한 것이며, 그러한 의미에서 정보에의 접근 · 수집 · 처리의 자유, 즉 "알 권리"는 표현의 자유와 표리일체의 관계에 있으며……이러한 "알 권리"는 표현의 자유에 당연히 포함되는 것으로 보아야 하며 인권에 관한 세계선언 제19조도 "알 권리"를 명시적으로 보장하고 있다.」

(2) 자기정보관리 · 통제권

헌법은 자기정보의 관리 · 통제에 관한 권리를 명시적으로 정하고 있지 않다. 헌법해석으로는 헌법 제10조, 제17조, 제37조 제1항이 근거가 된다고 할 것이다.

헌법재판소는 개인정보자기결정권을 헌법상의 독자적인 기본권으로 인정하며, 그 헌법적 근거로는 헌법상의 개별 기본권 규정이나 개별 규정에 근거하고 있는 것이 아니라 헌법상 명시되지 않은 기본권에 해당한다고 본다(예: 憲 2005. 5. 26.-99헌마513 등; 2009. 10. 29.-2008헌마257). 이는 개인정보자기결정권을 헌법 제37조 제1항에서 정하고 있는 '헌법상 열거되지 아니한 기본권'이라고 보는 것이다.

> [憲 2005.5.26.-99헌마513등] 「이 사건 시행령조항이 주민등록증 발급대상자에 대하여 열 손가락의 지문을 날인할 의무를 부과하는 것만으로는 신체의 안정성을 저해한다거나 신체활동의 자유를 제약한다고 볼 수 없으므로, 이 사건 시행령조항에 의한 신체의 자유의 침해가능성은 없다고 할 것이다.……지문을 날인할 것인지 여부의 결정이 선악의 기준에 따른 개인의 진지한 윤리적 결정에 해당한다고 보기는 어려워, 열 손가락 지문날인의 의무를 부과하는 이 사건 시행령조항에 대하여 국가가 개인의 윤리적 판단에 개입한다거나 그 윤리적 판단을 표명하도록 강제하는 것으로 볼 여지는 없다고 할 것이므로, 이 사건 시행령조항에 의한 양심의 자유의 침해가능성 또한 없는 것으로 보인

다.……이와 같은 사회적 상황 하에서 개인정보자기결정권을 헌법상 기본권으로 승인하는 것은 현대의 정보통신기술의 발달에 내재된 위험성으로부터 개인정보를 보호함으로써 궁극적으로는 개인의 결정의 자유를 보호하고, 나아가 자유민주체제의 근간이 총체적으로 훼손될 가능성을 차단하기 위하여 필요한 최소한의 헌법적 보장장치라고 할 수 있다. 개인정보자기결정권의 헌법상 근거로는 헌법 제17조의 사생활의 비밀과 자유, 헌법 제10조 제1문의 인간의 존엄과 가치 및 행복추구권에 근거를 둔 일반적 인격권 또는 위 조문들과 동시에 우리 헌법의 자유민주적 기본질서 규정 또는 국민주권원리와 민주주의원리 등을 고려할 수 있으나, 개인정보자기결정권으로 보호하려는 내용을 위 각 기본권들 및 헌법원리들 중 일부에 완전히 포섭시키는 것은 불가능하다고 할 것이므로, 그 헌법적 근거를 굳이 어느 한두 개에 국한시키는 것은 바람직하지 않은 것으로 보이고, 오히려 개인정보자기결정권은 이들을 이념적 기초로 하는 독자적 기본권으로서 헌법에 명시되지 아니한 기본권이라고 보아야 할 것이다.」

[257] 제2 법적 성격

Ⅰ. 알 권리

(1) 자유권 및 청구권으로서의 성격

알 권리는 일반적으로 접근할 수 있는 정보원으로부터 자유롭게 정보를 수령·수집할 수 있는 자유권임과 동시에 국가기관 등에 대하여 정보의 공개를 청구할 수 있는 청구권으로서의 성격을 가진다. 알고자 하는 정보가 알 권리를 가진 자에게 당연히 제공되어야 하는 성질의 것이면 그 경우의 알 권리는 청구권이지만, 그렇지 아니한 일반적인 정보원에 대한 접근은 정보에의 접근과 수집이라는 자유권으로서의 성격을 가진다. 헌법재판소의 판례도 같은 입장이다(예: 憲 1989. 9. 4.-88헌마22; 1991. 5. 13.-90헌마133).

[憲 1991.5.13.-90헌마133] 「"알 권리"는 표현의 자유와 표리일체의 관계에 있으며 자유권적 성질과 청구권적 성질을 공유하는 것이다. 자유권적 성질은 일반적으로 정보에 접근하고 수집·처리함에 있어서 국가권력의 방해를 받지 아니한다는 것을 말하며, 청구권적 성질은 의사형성이나 여론 형성에 필요한 정보를 적극적으로 수집하고 수집을 방해하는 방해제거를 청구할 수 있다는 것을 의미하는바 이는 정보수집권 또는 정보공개청구권으로 나타난다. 나아가 현대 사회가 고도의 정보화사회로 이행해감에 따라 "알 권리"는 한편으로 생활권적 성질까지도 획득해 나가고 있다.」

(2) 청구권적 성격과 입법의 문제

알 권리가 청구권적인 성격을 가진다고 할 때에도 국가기관 등에 대하여 정보의 공개를 청구할 수 있는 청구권으로서의 알 권리가 그 내용, 절차, 범위에 관한 별도의 법률 없이도 헌법에 의하여 직접 행사할 수 있는 구체적 권리인지에 대하여는 논란이 있다.

학설에서는 i) 법률이 없더라도 청구권으로서의 알 권리는 헌법에 의해 직접 보장된다는 견해, ii) 구체적 권리가 되기 위해서는 별도의 법률이 있어야 한다는 견해 등이 있으나, 알고자 하는 정보가 알 권리를 가진 자에게 당연히 제공되어야 하는 성질의 것이면 그 경우의 알 권리는 법률의 제정 없이도 보장되는 청구권이다. 그렇지 않고 알 권리의 대상을 법률 등으로 개별적으로 정하여 보장하는 경우에는 알 권리는 법률에 의하여 그 내용이 구체화된다.

헌법재판소는 「알 권리의 실현은 법률의 제정이 뒤따라 이를 구체화시키는 것이 충실하고도 바람직하지만, 그러한 법률이 제정되어 있지 않다고 하더라도 불가능한 것은 아니고 헌법 제21조에 의해 직접 보장될 수 있다」고 판시하였다(憲 1991. 5. 13.-90헌마133).

「공공기관의 정보공개에 관한 법률」은 공공기관이 보유·관리하는 정보의 공개를 청구할 권리를 인정하고(동법 §3), 청구권으로서의 알 권리의 내용 및 행사방법을 구체화하고 있다. 행정기관의 정보공개허가여부는 기밀에 관한 사항 등 특별한 사유가 없는 한 반드시 정보공개에 응하여야 하는 기속행위에 해당한다(예: 大 1992. 6. 23.-92추17).

II. 자기정보관리·통제권

자기정보관리·통제권은 자유권으로서의 성질을 가지며, 일정한 경우에는 청구권으로서의 성질도 가진다. 개인이 자기정보를 관리·통제할 수 있는 권리는 국가로부터도 침해받지 않으며, 사인으로부터도 침해받지 않는다.

[258] 제3 주 체

정보의 자유의 주체는 자연인이고, 성질이 허용되는 한에서는 기업, 언론기관, 각종 단체 등 법인·단체도 주체가 될 수 있다.

외국인의 경우에 정보의 자유가 인간의 권리로서 성격을 가지는 경우에는 인정되지만, 국민의 권리로서의 성격을 가지는 경우에는 인정되지 않는다. 따라서 외국인에게는 정보의 성격, 내용, 범위 등에 따라 정보의 자유가 내국인과 비교하여 보다 많이 제한될 수 있다. 특히 청구권으로서의 알 권리는 상당히 제한될 수 있다.

[259] 제4 내 용

I. 알 권리

알 권리(right to know)란 일반적으로 접근할 수 있는 정보원으로부터 자유롭게 정보를 수령 · 수집하거나, 국가기관 등에 대하여 정보의 공개를 청구할 수 있는 권리를 말한다.

알 권리는 제2차 세계대전 이후에 등장한 새로운 기본권이다. 1948년 세계인권선언은 제19조에서 「모든 사람은 모든 수단에 의하여 국경을 초월하여 정보와 사상을 탐구하거나 입수 또는 전달할 자유를 가진다」라고 하여 알 권리를 규정하였고, 독일연방헌법에서는 「일반적으로 접근할 수 있는 정보원으로부터 알게 되는 것을 방해받지 않을 권리」라고 하여 알 권리를 명문으로 보장하고 있다(동헌법 §5①). 미합중국에서는 1966년에 정보자유법(The Freedom of Information Act)이 제정되어 알 권리를 보장하고 있다.

알 권리는 국가에 의하여 방해받지 아니하고 일반적으로 접근할 수 있는 정보원으로부터 정보를 수령하고 수집할 수 있는 권리와 수령하거나 수집한 정보를 선별 · 선택할 수 있는 권리, 즉 정보의 자유를 그 내용의 하나로 한다.

(1) 정보접근권

개인은 정보를 생산하거나 이용하거나 유통을 함에 있어 외부의 정보원에 접근할 필요가 있다. 이러한 정보원에의 접근은 의사형성의 자유, 표현의 자유 등에서 본질적으로 중요한 내용을 이룬다. 이렇듯이, 개인은 일반적으로 가능한 정보원에 접근할 수 있는 자유가 보장되어야 하는데 이를 정보접근권이라고 한다.

정보접근권의 대상인 「일반적으로 접근가능한 정보원」이란 그 수를 예상할 수 없는 불특정 다수인에게 개방된 정보원을 말하는데, 대개의 경우 불특정 다수인에게 정보를 제공하기에 적합한 기술적 · 시설적 여건을 갖추고 이를 목적으로 하는 것이 보통이다. 대표적으로는 신문, 방송, 영화 등 대중매체, 전시회, 박물관, 공적인 강연, 공적인 행사 등을 들 수 있다.

특정 개인이나 특정 집단을 수신인으로 하는 사적인 각종의 정보(교육, 강습, 대화, 통화, 메모, 국가기관을 포함한 각종 기관이 특정 대상에게 제공하는 정보)는 이에 해당하지 않는다.

(2) 정보수령권

정보수령권은 일반적으로 접근할 수 있는 정보원으로부터 방해받지 않고 정보를 수령할 수 있는 권리, 즉 자발적 정보제공자가 제공하는 정보를 아무런 방해 없이 받아들일 수 있는 권리를 말한다.

이러한 알 권리를 실현함에 있어 중요한 것이 언론 등 대중매체를 통한 보도를 통하여 알 권리를 실현하는 것이다. 이러한 경우에는 언론기관이 취재하고 보도하는 것이 단순히 언론기관의 언론의 자유에 그치지 않고 국민의 알 권리를 충족시키는 성질을 가진다. 그러나 이러한 경우에도 타 이익의 침해금지라는 면에서 한계가 있고(보도의 한계), 제한이 가능하다(예: 민·형사적 책임의 부과).

⑶ 정보수집·생산권

정보수집권은 일반적으로 접근가능한 정보원으로부터 능동적으로 정보를 수집할 수 있는 권리를 뜻하고, 언론매체의 취재의 자유와 개인의 정보수집의 자유를 포함한다. 이러한 정보의 수집에서 국가나 타인의 방해를 받지 아니하는 것이 정보의 자유로서의 정보수집권이다.

⑷ 정보선별·선택권

정보는 그 본질상 다양한 정보 중에서의 선별과 여과를 전제로 하므로 정보수령·수집권은 정보의 선별권과 선택권을 포함한다. 따라서 국민은 정보의 선별·선택에 있어서 국가의 영향이나 방해를 받지 않는다.

⑸ 정보공개청구권

알 권리는 국가기관 등에 대하여 적극적으로 정보의 공개를 청구할 수 있는 권리, 즉 정보공개청구권을 포함한다. 이러한 정보공개의 청구는 정보를 수집하는 면에 있어서 적극적이고 능동적인 성격을 가지는 청구권으로서의 성격을 가진다.

이러한 정보공개청구권에는 개별적 정보공개청구권과 일반적 정보공개청구권이 포함된다.

(a) 개별적 정보공개청구권

정보공개청구권에는 문제가 된 정보에 대해 이해관계를 가지는 일정범위의 사람이 그 정보의 공개를 청구할 수 있는 권리인 개별적 정보공개청구권이 포함된다.

이런 점에서 국가나 공공기관이 보유하고 있는 자기정보에 대한 통제권도 개별적 정보공개청구권으로서 보장된다. 국민 누구나 국가나 공공기관이 자기에 대하여 어떠한 정보를 확보하고 보유하고 있는지를 알 수 있는 권리를 가지는 것은 행복의 추구와 사생활의 보호에서 중요한 의미를 가진다.

헌법재판소는 정보를 청구하는 청구인에게 이해관계가 있고 공익에 장애가 되지 않는다면 알 권리를 널리 인정하여야 하고, 적어도 직접 이해관계가 있는 자에게는 의무적으로 공개하여야 한다는 것을 분명히 하였다(예: 憲 1989. 9. 4.-88헌마22). 구체적인 사안에서는 i) 토지조사부나 임야조사서의 열람·복사 신청에 대하여 이해관계인인지 여부 및 다른 사람의 사생활의 비밀이나 기밀 등 공익이 침해될 소지가 있는지 여부에 대하여 충분한 검토 없이 묵살 또는 방치하는 방법으로 불응한 부작위는 알 권리를 침해하여 위헌이라 판시하였고(憲 1989. 9. 4.-88헌마22), ii) 자신에 대한 피고사건의 확정된 형사소송기록의 복사신청을 거부한 행위는 알 권리를 침해하여 위헌이라고 판시하였다(憲 1991. 5. 13.-90헌마133). iii) 국가 또는 지방자치단체의 기관이 보관하고 있는 문서 등에 관하여 이해관계 있는 국민이 공개를 요구함에도 정당한 이유 없이 이에 응하지 않거나 거부하는 것은 알 권리를 침해하는 것이라고 판시하였다(憲 1994. 8. 31.-93헌마174). iv) 변호사시험 성적을 합격자에게 공개하지 않도록 규정한 변호사시험법 규정은 청구인들의 알 권리(정보공개청구권)를 침해한 것이다(憲 2015. 6. 25. -2011헌마769등). 그러나 법원이 형을 선고받은 피고인에게 재판서를 송달하지 않은 것이 알 권리를 침해한 것은 아니라고 판시하였다(憲 1995. 3. 23.-92헌바1).

(b) 일반적 정보공개청구권

정보공개청구권에는 국가가 보유하는 정보에 대하여 일반인이 구체적인 이해관계가 없이도 공개를 요구할 수 있는 권리인 일반적 정보공개청구권도 포함된다. 이러한 일반적 정보공개청구권은 이해관계가 없더라도 이를 공개할 공적인 이익이 있는 경우에 인정되는데, 이러한 경우에 국민은 누구나 해당 정보에 대하여 공개할 것을 청구할 수 있다. 「공공기관의 정보공개에 관한 법률」은 이에 관하여 정하고 있는 대표적인 법률이다.

정보공개청구권을 헌법에 근거하여 직접 행사할 수 있는 구체적 권리로 파악한 헌법재판소의 결정에 영향을 받아 1996. 12. 31. 「공공기관의 정보공개에 관한 법률」이 제정되었다. 이 법률에서는 공공기관이 보유·관리하는 정보는 이 법이 정하는 바에 따라 공개하여야 한다고 규정하여 정보공개의 원칙을 정하면서(동법 §3), 다른 법령에 의하여 비밀 또는 비공개 사항으로 규정된 정보 등 일정한 요건을 갖춘 정보는 비공개대상 정보로서 공개대상에서 제외하고 있다(동법 §9① 단서 각호). 모든 국민은 정보의 공개를 청구할 권리를 가지며(동법 §5①), 공공기관에 대하여 일정한 사항을 기재한 정보공개청구서를 제출하거나 구술로써 정보의 공개를 청구할 수 있고(동법 §10), 이에 대하여 공공기관은 10일 이내에 정보공개여부를 결정하여 청구인에게 통지하여야 한다(동법 §11, §13). 공공기관의 결정에 불복이 있는 청구인은 이의신청을 하거나 행정심판, 행정소송을 제기할 수 있다(동법 §18-§20).

헌법재판소는 「알 권리의 핵심은 정부가 보유하고 있는 정보에 대한 국민의 알 권리, 즉 국민의 정부에 대한 일반적 정보공개를 구할 권리」라고 하여 일반적 정보공개청구권을 헌법상 기본권인 알 권리의 내용으로 인정하고 있다(예: 憲 1989. 9. 4.-88헌마22). 이러한 일반적 정보공개청구권도 헌법에 의하여 직접 보장된 구체적 권리로 파악하고 있다(예: 憲 1991. 5. 13.-90헌마133).

헌법재판소는 국회에 대하여 입법과정의 공개를 요구할 권리를 헌법상 보장된 알 권리의 한 내용이라고 하고, 동시에 국회의 의사에 대해서는 직접적인 이해관계 유무와 상관없이 일반적 정보공개청구권을 가진다고 판시하고, 이러한 일반적 정보공개청구권도 헌법 제37조 제2항에 의하여 제한할 수 있다고 판시하였다(예: 憲 2009. 9. 24.-2007헌바17).

[憲 2009.9.24.-2007헌바17] 「국민은 헌법상 보장된 알 권리의 한 내용으로서 국회에 대하여 입법과정의 공개를 요구할 권리를 가지며, 국회의 의사에 대하여는 직접적인 이해관계 유무와 상관없이 일반적 정보공개청구권을 가진다고 할 수 있다. 다만 의사공개의 원칙 및 알 권리 역시 절대적인 것이 아니고 헌법유보 조항인 헌법 제21조 제4항과 일반적 법률유보 조항인 헌법 제37조 제2항에 의하여 제한될 수 있음은 물론이며, 알 권리에서 파생되는 일반적 정보공개청구권 역시 마찬가지이다.」

헌법재판소는 국회예산결산위원회 계수조정소위원회에서 일반인의 방청을 불허한 행위나 의원들의 국정감사활동을 방청하는 것을 불허한 행위는 국회의 의사자율권의 범위에 속하고 알 권리를 침해한 것이 아니라고 판시하였다(憲 2000. 6. 29.-98헌마443등).

II. 자기정보관리·통제권

(1) 의 의

정보화사회가 급속도로 진행되면서 개인에 대한 정보가 대량으로 광범위하게 수집·처리·관리되는 상황이 현실화됨에 따라 개인의 사생활의 보호를 위해서는 자신에 대한 정보를 본인이 직접 관리하고 통제할 필요성이 그 어느 때보다 커지게 되었다. 이에 따라 자기 자신에 대한 정보를 보호받기 위하여 그 정보를 자율적으로 결정하고 관리할 수 있는 권리가 사생활의 비밀·자유의 중요한 내용이 되고 있다. 자기정보의 관리·통제권을 실효성 있게 보장하기 위해서는 개인정보에 대한 관리시스템을 설치할 때에는 일정한 종류의 기록금지, 개인정보 수집방법의 제한, 개인의 의사에 반한 입력의 금지, 개인정보의 무제한 축적의 금지, 자기 파일에 대한 엑세스(Access)권 보장, 개인정보의 정정권의 보장 등이 준수되어야 한다(김철수a, 842).

(2) 내 용

자기정보관리·통제권은 공공기관, 법인, 단체, 개인 등의 정보수집·처리가 자신의 기본권을 과도하게 침해할 경우 또는 정보의 이용목적이 불분명하거나 자의적인 정보수집·처리인 경우 자신에 관한 정보의 수집·분석·처리 등을 배제할 수 있는 권리, 정보보유기관에 대하여 자신에 관한 정보에 자유롭게 접근하여 그 열람을 청구할 수 있는 권리, 정보내용이 부정확하거나 불완전한 경우 자신에 관한 정보의 정정을 요구할 수 있는 권리, 정보보유기관이 법에 규정된 의무를 위반하거나 법의 취지에 반하여 개인정보를 부당하게 이용하는 경우 자기정보의 무단공표 및 이용의 금지 또는 사용중지 · 삭제를 요구할 수 있는 권리, 이러한 요구가 수용되지 않을 경우 불복신청하거나 손해배상을 청구할 수 있는 권리 등을 그 내용으로 한다. 「개인정보보호법」은 이러한 자기정보 관리 · 통제권에 대하여 상세히 정하고 있다.

개인정보자기결정권의 보호대상이 되는 개인정보는 개인의 신체, 신념, 사회적 지위, 신분 등과 같이 개인의 인격주체성을 특징짓는 사항으로서 그 개인의 동일성을 식별할 수 있게 하는 일체의 정보이다. 반드시 개인의 내밀한 영역이나 私事의 영역에 속하는 정보에 국한되지 않고 공적 생활에서 형성되었거나 이미 공개된 개인정보까지 포함한다. 이런 개인정보를 대상으로 조사 · 수집 · 보관 · 처리 · 이용 등의 행위는 원칙적으로 개인정보자기결정권에 대한 제한에 해당한다(예: 憲 2005. 5. 26.-99헌마513등).

전기통신설비를 이용하거나 전기통신설비와 컴퓨터 및 컴퓨터의 이용기술을 활용하여 정보를 수집 · 가공 · 저장 · 검색 · 송신 또는 수신하는 정보통신망을 이용하는 자의 개인정보를 보호하기 위하여 「정보통신망 이용촉진 및 정보보호 등에 관한 법률」에서는 정보통신서비스 제공자가 이용자의 개인정보를 수집하는 경우 개인정보의 수집 · 이용목적, 수집하는 개인정보의 항목, 개인정보의 보유 · 이용기간 등을 이용자에게 알리고 동의를 얻도록 하고(동법 §22①), 사상 · 신념 · 가족 · 학력 · 병력 등 개인의 권익과 사생활을 뚜렷하게 침해할 우려가 있는 개인정보의 수집을 금지하며(동법 §23①), 이용자의 주민등록번호 수집 · 이용을 제한하였다(동법 §23의2). 이용자는 정보통신서비스 제공자 등에 대하여 자신의 개인정보에 대한 열람 또는 개인정보를 이용하거나 제3자에게 제공한 내역을 요구할 수 있고, 자신의 개인정보에 오류가 있는 경우에는 그 정정을 요구할 수 있도록 규정(동법 §30②)하고 있다. 그리고, 누구든지 정당한 접근권한 없이 또는 허용된 접근권한을 초과하여 정보통신망에 침입하여서는 아니 되며(동법 §48①) 정보통신망에 의하여 처리 · 보관 또는 전송되는 타인의 정보를 훼손하거나 타인의 비밀을 침해 · 도용 또는 누설하여서는 아니 되고(동법 §49), 이를 위반할 경우 형사처벌을 할 수 있다(동법 §71ix, xi)고 규정하고 있다.

「신용정보의 이용 및 보호에 관한 법률」은 신용정보회사등(신용정보회사, 신용정보집중기관 및 신용정보제공 · 이용자)이 개인의 정치적 사상 · 종교적 신념 기타 신용정보와 무관한 사생활에 관한 정보를 수집 · 조사하는 것을 금지하고(동법 §16 ① ii), 신용정보제공 · 이용자는 개인신용정보를 타인에게 제공하고자 하는 경우에는 대통령령이 정하는 바에 따라 해당 신용정보주체로부터 서면 또는 공인전자서명이 있는 전자문서에 의한 방식으로 개인신용정보를 제공할 때마다 미리 개별적으로 동의를 얻도록 하며(동법 §32①), 신용정보주체는 신용정보회사 등에게 보유하고 있는 본인정보의 제공 또는 열람을 청구할 수 있고, 본인정보가 사실과 다른 경우에는 정정을 청구할 수 있다고 규정하고 있다(동법 §38①).

「위치정보의 보호 및 이용 등에 관한 법률」은 개인이 가지는 자기의 위치정보결정권을 보호하고, 개인의 위치정보의 유출·오용 및 남용으로부터 사생활의 비밀 등을 보호한다. 이에 의하면, 누구든지 개인 또는 소유자의 동의를 얻지 아니하고 당해 개인 또는 이동성이 있는 물건의 위치정보를 수집·이용 또는 제공하는 것을 금지하는 것을 원칙으로 하고 동법 제29조의 규정에 의한 긴급구조기관의 긴급구조 또는 경보발송 요청, 경찰관서의 요청이 있거나 다른 법률에 특별한 규정이 있는 경우에만 예외로 하고 있으며(동법 §15①), 누구든지 타인의 정보통신기기를 복제하거나 정보를 도용하는 등의 방법으로 위치정보사업자 등을 속여 타인의 개인위치정보를 제공받는 것도 금지하고 있다(동법 §15②). 위치정보와 관련된 사업은 허가제로 하고(동법 §5), 위치정보사업자가 개인위치정보를 수집하고자 하는 경우에는 미리 해당 사항을 이용약관에 명시한 후 개인위치정보주체의 동의를 얻도록 하고(동법 §18①), 위치정보사업자등과 그 종업원이거나 종업원이었던 자는 직무상 알게 된 위치정보를 누설·변조·훼손 또는 공개하는 것을 금지하고 있다(동법 §17).

[260] 제5 효 력

정보의 자유는 국가에 대하여 직접 효력을 미친다. 그러나 개인에 대해서는 직접 효력이 미치지 않는다.

사인 간에 있어서 정보의 자유에 대한 침해가 있는 경우에는 국가가 이에 개입하여 해결하여야 한다. 개인의 정보의 자유를 침해하는 것에 대하여 입법을 통하여 민사적, 형사적으로 규율하거나 행정적으로 규율하는 것이 이에 해당한다.

국가와 사인 간에 정보의 자유가 보호되는 정도와 개인과 개인 간에 있어서 정보의 자유가 보호되는 정도는 다를 수 있다.

[261] 제6 제한과 그 한계

Ⅰ. 알 권리

알 권리도 헌법 제37조 제2항에 따라 국가안전보장·질서유지 또는 공공복리를 위하여 필요한 경우에 한하여 법률로써 제한할 수 있다. 그러나 이러한 법률에 의한 제한은 과잉금지원칙을 준수하여야 하고 알 권리의 본질적 내용을 침해할 수 없다(헌법 §37②). 알 권리가 모든 기본권의 실현의 전제가 되는 성격을 가진다는 점을 고려할 때 그 제한은 엄격하여야 할 것이다. 「공공기관의 정보공개에 관한 법률」 제9조 제1항이 공공기관의 비공개대상정보를 정한 것은 법률로써 알 권리를 제한하는 대표적인 예에 해당한다.

(1) 국가기밀의 문제

알 권리의 제한과 관련하여 특히 문제되는 것은 국가기밀이다. 국가기밀에 대하여 알 권리를 제한하는 것은 전 세계적으로 공통적인 현상이다. 국민이 알 권리를 가진다고 하더라도 국가의 안전과 국가이익을 침해하며 이를 향유할 수는 없다. 우리나라도 「공공기관의 정보공개에 관한 법률」에서 「국가안전보장·국방·통일·외교관계 등에 관한 사항으로서 공개될 경우 국가의 중대한 이익을 현저히 해할 우려가 있다고 인정되는 정보」는 비공개정보로서 공공기관의 공개대상정보에서 제외하고 있고(동법 §9①i), 형법·군형법·국가보안법·「군사기밀 보호법」에서 군사기밀, 외교상의 기밀, 국가기밀을 누설하는 등의 행위를 형사처벌하는 규정을 두고 있다(예: 형법 §98②, §113, 군형법 §13②, §80, 국가보안법 §4①ii, 군사기밀 보호법§11-§15).

그런데 군사기밀 등을 누설하였다는 이유로 형사처벌을 할 경우 「군사기밀」 등의 개념은 추상적이고 불확정적인 것이므로 알 권리를 침해할 소지가 있다. 이와 관련하여 헌법재판소는 「군사기밀 보호법」상의 「군사기밀」의 범위는 국민의 표현의 자유 내지 알 권리의 대상영역을 가능한 최대한 넓혀 줄 수 있도록 필요한 최소한도에 한정되어야 할 것이라고 판시하였다(憲 1992. 2. 25.-89헌가104).

[憲 1992.2.25.-89헌가104] 「군사기밀이라 함은 비공지의 사실로서 관계기관에 의하여 적법절차에 따라 군사기밀로 분류표시 또는 고지된 군사관련 사항이어야 할 뿐만 아니라 아울러 그 내용이 누설될 경우 국가의 안전보장에 명백한 위험이 초래된다고 할 수 있을 정도로 그 내용 자체가 실질적인 비밀가치를 지닌 비공지의 사실에 한하는 것이라고 한정해석되어야 할 것이다. 군사기밀이 실질비성(實質秘性)의 요건을 충족하여야 할 것으로 해석되는 이유는 비단, 위에 설시한 "알 권리"와의 조화의 측면에서뿐만이 아니고 그 위반에 대한 높은 법정형 및 과실(단 과실범 처벌규정인 제9조는 위헌심판 대상규정은 아니다)까지도 처벌하고 있는 점에서 당연한 귀결이라고 할 것이다. 그러므로 그 내용이 명백히 국가의 안전보장에 관련된 사항(진성비밀(眞性秘密))이 아니고 다만 정부의 정치적 이익 내지 행정편의에 관련된 사항(의사비밀(擬似秘密) 내지 가성비밀(假性秘密))임에 불과할 때에는 군사기밀보호법의 보호대상이 아닌 것이다. 그리고 형사소추된 사건에서 비밀의 실질가치 유무에 대한 최종심사는 의당 법원에 의하여 객관적으로 행하여져야 할 것이며(미합중국의 정보자유법이 명문으로 법원의 실질심사권을 인정하고 있는 점(5USC §552(a(4))은 참고가 될 수 있다) 그것은 너무나 당연한 것으로서 췌언을 요치 않는다. "기밀"이라는 용어 자체가 한정된 사람에게만 알려진 사항을 의미하며 통상의 지식·경험을 갖추고 있는 보통의 사람이 상식으로 알고 있는 사실이라면 이미 더 이상 기밀이 될 수 없을 것이며 따라서 공지의 사실을 누설(고지라고 하는 것이 옳은 표현일 것이다)하였다면 군사기밀보호법위반으로 의율하여서는 안 될 것이다.」

(2) 선거에서의 여론조사결과 공표금지

헌법재판소는 선거에서 여론조사의 결과를 공표하지 못하게 하는 것은 선거의 공정성을 보장하기 위한 것으로 알 권리나 참정권을 침해하는 것이 아니라고 판시하였다(예: 憲 1998. 5. 28.-97헌마362등)([554]II). 공직선거법은 선거의 공정성과 기능을 왜곡시킬 위험이 있는 여론조사와 그 결과의 공표를 금지하고, 그러하지 아니한 경우에는 이를 인정하고 있다(공선법 §108).

(3) 공공기관이 보유하는 시험에 관한 정보

「공공기관의 정보공개에 관한 법률」은 공공기관이 보유·관리하는 정보 가운데 시험에 관한 사항으로서 공개될 경우에 업무의 공정한 수행 등에 현저한 지장을 초래한다고 인정할 만한 상당한 이유가 있는 경우에는 공개하지 않을 수 있다고 정하고 있다(동법 §9①v). 헌법재판소는 이 규정은 헌법에 위반되지 않는다고 판시하였다(예: 憲 2009. 9. 24.-2007 헌바107).

(4) 정치자금법상의 회계보고 자료에 대한 열람기간의 제한

헌법재판소는, 정치자금법에 따라 회계보고된 자료의 열람기간을 3개월로 제한한 정치자금법의 규정에 대하여 합헌이라고 결정하였다가(憲 2010. 12. 28.-2009헌마466) 그 후 위헌이라고 결정하였다(憲 2021. 5. 27.-2018헌마1168. 이 결정에는 3인의 합헌의견이 있다).

[憲 2021.5.27.-2018헌마1168] 「가. 정치자금의 회계 및 보고·공개 제도 정당의 대표자, 후원회의 대표자, 후원회를 둔 국회의원, 공직선거의 후보자 등은 정치자금의 수입과 지출을 담당하는 회계책임자 1인을 선임한 후 관할 선거관리위원회에 신고하여야 한다(정치자금법 제34조 제1항). 회계책임자를 신고하는 때에 정치자금의 수입 및 지출을 위한 예금계좌 또한 신고하여야 하며, 정치자금의 수입·지출은 회계책임자가 신고된 예금계좌를 통해서만 하여야 한다(정치자금법 제34조 제4항, 제36조 제1항 및 제2항). 회계책임자는 회계장부를 비치하고 모든 정치자금의 수입·지출의 상세내역을 기재한다(정치자금법 제37조 제1항). 회계책임자는 1년에 1회 내지 2회 관할 선거관리위원회에 재산상황, 회계장부에 기재하는 수입과 지출의 상세내역 등을 회계보고 하여야 하며, 위와 같이 회계보고를 할 때에는 정치자금의 수입과 지출명세서, 영수증, 예금통장 등을 첨부하여야 한다(정치자금법 제40조 제1항, 제3항, 제4항). 회계보고를 받은 관할 선거관리위원회는 회계보고 마감일로부터 7일 이내에 회계보고 사실과 열람·사본교부기간 및 사본교부에 필요한 비용 등을 공고하여야 한다. 관할 선거관리위원회는 보고된 재산상황, 정치자금의 수입·지출 내역 및 첨부서류(이하 '회계보고된 자료'라 한다)를 그 사무소에 비치하고, 공고일로부터 3월간 누구든지 볼 수 있게 하여야 한다. 나아가, 관할 선거관리위원회는 정치자금법 제42조 제2항 단서에 따라 선거비용에 한하여 열람대상 서류 중 정치자금의 수입·지출명세서를 인터넷 홈페이지에 공개하고 있다. 회계보고된 자료에 관하여 이의가 있는 자는 관련된 증빙서류를 첨부하여 열람기간 중에 관할 선거관리위원회에

이의신청을 할 수 있다(정치자금법 제42조 제1항, 제2항, 제6항). 누구든지 열람기간 중 또는 열람기간 후에도 관할 선거관리위원회에 회계보고된 자료의 사본교부를 서면으로 신청할 수 있으나, 영수증, 예금통장에 대한 사본교부 신청은 허용되지 않는다(정치자금법 제42조 제3항). 또한 회계보고된 자료 중 선거비용에 관한 것은 열람기간에만 사본교부 신청이 허용되고 열람기간이 아닌 때에는 사본교부 신청이 허용되지 않는다(정치자금법 제42조 제2항 단서). 관할 선거관리위원회는 공개될 경우 사생활의 비밀 또는 자유를 침해할 우려가 있다는 이유로 '공공기관의 정보공개에 관한 법률' 제9조 제1항 제6호에 의하여 개인의 성명(姓名) 중 명 부분, 생년월일, 주소, 전화번호에 대해 비공개처리를 하고 있다. **나. 제한되는 기본권** 알 권리는 일반적으로 접근할 수 있는 정보원으로부터 자유롭게 정보를 수령·수집하거나, 국가기관 등에 대하여 정보의 공개를 청구할 수 있는 권리를 말한다. 알 권리는 표현의 자유와 표리일체의 관계에 있으며, 자유권적 성질과 청구권적 성질을 공유한다. 자유권적 성질은 일반적으로 정보에 접근하고 수집·처리함에 있어서 국가권력의 방해를 받지 아니한다는 것을 말하며, 청구권적 성질은 의사형성이나 여론형성에 필요한 정보를 적극적으로 수집할 권리 등을 의미한다. 정보공개청구권은 정부나 공공기관이 보유하고 있는 정보에 대하여 정당한 이해관계가 있는 자가 그 공개를 요구할 수 있는 권리이며, 알 권리의 당연한 내용으로서 알권리의 청구권적 성질과 밀접하게 관련되어 있고 헌법 제21조에 의하여 직접 보장된다(헌재 2019. 7. 25. 2017헌마1329 참조). 이 사건 열람기간제한 조항은 회계보고된 자료의 열람기간을 3월간으로 제한함으로써 청구인 신○○의 알 권리를 제한한다. 이하에서는 이 사건 열람기간제한 조항이 과잉금지원칙에 위배되어 청구인 신○○의 알권리를 침해하는지 검토한다. **다. 과잉금지원칙 위배 여부** **(1) 목적의 정당성 및 수단의 적합성** 이 사건 열람기간제한 조항이 회계보고된 자료의 열람기간을 3월간으로 제한한 것은, 정치자금을 둘러싼 법률관계 또는 분쟁을 조기에 안정시키고, 선거관리위원회가 방대한 양의 자료를 보관하면서 열람을 허용하는 데 따르는 업무부담을 줄이기 위한 것으로 입법목적이 정당하다. 또한 위와 같이 열람기간을 제한한 것은 위 입법목적을 달성하는 데 기여하는 적합한 수단이다. **(2) 침해의 최소성** (가) 정치자금법은 제1조에서 "정치자금의 적정한 제공을 보장하고 그 수입과 지출내역을 공개하여 투명성을 확보하며 정치자금과 관련한 부정을 방지함으로써 민주정치의 건전한 발전에 기여함"을 입법목적으로 천명하고, 제2조 제2항에서 "정치자금은 국민의 의혹을 사는 일이 없도록 공명정대하게 운용되어야 하고, 그 회계는 공개되어야 한다."고 규정함으로써 '정치자금의 공개'를 기본원칙으로 하고 있다. 이는 종래 정치자금의 수수가 부정과 부패에 연결되고 경제인에 대한 정치인의 보복사례가 있었다는 반성에서 정치자금의 수수를 양성화하고 그 금액과 사용용도를 투명하게 하기 위한 것이다(헌재 2005. 12. 22. 2004헌바25 참조). 따라서 국민의 정치자금 자료에 대한 자유로운 접근을 가능하게 하고 국민 스스로 정치자금의 투명성을 살필 수 있도록 하는 것은 정치자금법의 입법목적 및 기본원칙에 부합하며, 이는 정치자금의 투명성을 강화하고 부정부패를 근절하는 것이 시대정신이 된 지금에 와서는 더욱 그러하다. 한편, 일반 국민은 정치자금의 투명성 확보 외에도 다른 각도에서 정치자금의 지출 내역 등을 살필 필요가 있다. 국민들은 정치자금 자료의 열람 등을 통해 자신의 대표 내지 공직선거의 후보자가 어떠한 문제에 관심을 갖고 어떠한 활동을 하고 있는지 등을 파악할 수 있고 이를 바탕으로 누구를 지지하여야 할지 결정할 수 있다. 민주주의가 상시적으로 작동하고 국민들이 선거에서 자신의 입장을 대변할 수 있는 대표를 선출할 수 있도록 하기 위해서는 활동 내역에 대한 정보가 필요하며, 정치자금의 지출 내역 등은 이들이 어떻게 활동하는지를 보여주는 핵심적 지표로서 유력한 평가 자료가 되므로 국민들이 필요로 하는 만큼의 충분한 자료를 제공할 필요가 있다. 나아가 정치자금 자료에 대한 자유로운 접근을 보장하는 것은, 국민의 정치에 대한 신뢰를 높임으로써 정치자금의 기부, 투표 등에 보다 적극적으로 참여하도록 유도하여 궁극적으로는 국민의 정치참여를 높일 수 있다. 따라서 국민의 정치자금 자료에 대한 접근 제한은 필요 최소한으로 이루어져야 한다. (나) 다만 정치자금을 둘러싼 법률관계 또는 분쟁을 조기에 안정시키고 선거관리위원회의 업무부담을 줄이기 위해 열람기간의 제한을 둘 필요성 자체는 인정될 수 있다. 그러나 정치자금법의 목적달성을 위한 핵심장치로서 열람제도의 의의를 고려한다면, '예외'로서 인정되는 열람기간의 제한이 열람제도의 목적 달성을 저해할 정도가 되어서는 안 된다는 제도적 한계가 있다. 비록 정치자금의 수입과 지출명세서 등에 대한 사본교부 신청이 허용된다고 하더라도, 검증자료에 해당하는 영수증, 예금통장을 직접 열람함으로써 정치자금 수입·지출의 문제점을 발견할 수 있다는 점에서 이에 대한 접근이 보장되어야 정치자금의 수입·지출 내역에 대한 관찰이 원활할 것이다. 정치자금법상의 회계보고는 공직선거에 참여하였는지 여부에 따라 1년에 한 번 내지 두 번 이루어지므로, 한 번에 보고되는 자료의 양이 적지 않다. 특히 영수증, 예금통장은 그 자료의 양이 많음에도 사본교부가 되지 않는 현행법령 하에서는 열람을 통해 확인할 수밖에 없는데, 열람 중 원칙적으로 필사가 허용되지 않고 열람기간마저 3월간으로 짧아 그 내용을 정확히 파악하고 분석하기 쉽지 않다. 회계보고된 자료에 관하여 이의가 있는 자는 열람기간 중에 증빙자료를 첨부하여 이의신청을 하여야 하는데 3개월 안에 영수증, 예금통장에 대한 열람을 통해 증빙자료를 확보한다는 것은 매우 어려운 일이다. 이에 비추어 보면, 이 사건 열람기간제한 조항이 규정하는 3월간의 기간은 열람제도의 목적 달성을 현저히 어렵게 하고 있다는 점에서 지나치게 짧다. 선거관리위원회에 정치자금에 대한 회계보고를 받고 이에 대하여 조사·확인할 수 있는 권한을 부여하고 있다 하더라도 그 권한 행사에 현실적 제약이 있다는 점에서 열람기간의 지나친 제한을 정당화하기에는 부족하다. (다) 한편 공직선거법은 선거로 인한 법적 불안정 상태를 신속히 해소하기 위해 공직선거법상 선거범죄에 대해서 '당해 선거일 후 6개월'의 단기 공소시효의 특칙을 규정하고 있는 반면(공직선거법 제268조 제1항), 정치자금법 등에서는 정치자금법 위반행위에 대해 공직선거법과 같은 단기 공소시효의 특칙을 두고 있지 않다(헌재 2015. 2. 26. 2013헌바176 참조). 정치자금을 둘러싼 분쟁 등을 조기에 안정시킬 필요성을 인정하더라도 열람기간이 공직선거법상의 단기 공소시효조차 완성되지 아니한, 공고일부터 3개월 후에 만료된다는 점에서 국민들의 정보에 대한 접근을 본질적으로 침해할 정도로 지나치게 짧게 설정되어 있고, 나아가 정치자금법 위반행위에 대해 단기 공소시효의 특칙이 없다는 점을 고려하면 회계보고된 자료에 대한 열람기간을 늘릴 필요가 있다. (라) 또한 열람기간을 연장한다고 하여 입법목적 달성이 어렵다고 단정할 수 없다. 1994년 열람제도 도입 당시 열람기간을 3년으로 하는 법률안이 제출되어 있었음에도, 열람기간에 관한 구체적 논의 없이 '3월간'의 열람기간이 채택되었으며, 선거관리위원회의 업무부담의 정도에 관하여 실질적 검토가 이루어졌다고 보기 어렵다. 열람기간을 늘리는 경우 선거관리위원회의 업무부담이 현재보다 늘어날 수 있으나, 이를 인원 충원이나 기술적 조치를 통해 해소할 수 있는지 여부에 대한 검토가 필요하다. 선거관리위원회는 데이터 생성·저장·유통 기술의 괄목할 만한 성취에 기반하여 이미 회계보고된 자료의 상당 부분을 전자파일로 변환하여 보관하는 등 전산기술을 통하여 자료보관, 열람 및 사본교부 등의 업무부담을 상당 부분 줄여 왔으므로, 열람기간을 늘린다 하더라도 전자파일로 변환하는 자료의 범위를 보다 넓히는 등의 조치를 취함으로써 업무부담이 과도해지지 않도록 할 수 있을 것으로 보인다. 그럼에도 막연한 업무부담 증가를 이유로 열람기간을 지나치게 제한한다면, 이는 국민의 기본권보다는 행정편의를 우선하는 셈이 된다. (마) 이를 종합하면, 정치자금을 둘러싼 분쟁 등의 장기화 방지 및 행정부담의 경감을 위해 기간의 제한 자체는 둘 수 있다고 하더라도, 현행 열람기간이 지나치게 짧다는 점은 명확하다. 입법자로서는 선거관리위원회의 실질적 업무부담의 정도, 정치자금을 둘러싼 분쟁의 현황, 선거의 주기 등을 참조하여 입법목적을 달성할 수 있는 범위에서 보다 장기간 열람이 허용될 수 있도록 제도를 형성할 필요가 있다. (3) **법익의 균형성** 이 사건 열람기간제한 조항으로 인하여 정치자금을 둘러싼 법률관계 또는 분쟁을 조기에 안정시키고 선거관리위원회의 업무부담을 경감시킬 수 있다는 점은 인정된다. 그러나 이 사건 열람기간제한 조항이 '3월간'의 지나치게 짧은 열람기간을 둠에 따라 청구인 신○○는 열람을 원하는 회계보고된 자료를 충분히 살펴 분석하거나, 문제를 발견할 실질적 기회를 갖지 못하게 되었다. 정치자금의 수입과 지출명세서 등에 대한 사본교부 신청이 가능하다고 하더라도 영수증, 예금통장의 열람 과정에서 문제 발견의 기회를 가질 필요가 소멸된다고 볼 수 없다. 이러한 사익의 제한은 정치자금의 투명한 공개가 민주주의 발전에 가지는 의미에 비추어 중대하다고 볼 수 있다. 결국 이 사건 열람기간제한 조항은 이로 인하여 달성되는 공익에 비해 침해되는 사익이 중대하여 법익의 균형성 원칙에 위반된다. (4) **소결** 이 사건 열람기간제한 조항은 과잉금지원칙에 위배되어 청구인 신○○의 알권리를 침해한다.」

Ⅱ. 자기정보관리 통제권

(1) 수사경력자료의 보존

국가는 헌법 제37조 제2항에 정하고 있는 국가안전보장, 질서유지, 공공복리를 위하여 국가수사업무를 수행함에 있어 필요한 경우에는 수사대상이 되었던 피의자에 대한 수사경력의 자료를 보존할 수 있다. 그런데 수사 결과 피의자가 「혐의없음」의 처분을 받은 경우에 그 수사경력자료를 국가가 보존하는 것이 허용되는가 하는 것이 문제이다. 범죄의 혐의가 있다고 판단된 자에 대하여 수사를 할 수 있는 것은 국가형벌권의 내용에 당연히 포함되는 것이지만, 그 수사의 결과 범죄의 혐의가 없다는 점이 확정되면 그 피의자에 대하여 국가가 수집한 자료는 정당한 사유가 없는 한 폐기되어야 한다.

「형의 실효 등에 관한 법률」은 혐의없음의 처분을 받은 피의자에 대하여 피의자의 지문정보, 인적사항, 죄명, 입건관서, 입건일자, 처분결과 등을 해당 죄의 법정형에 따라 구분하여 일정기간 보존한 후 이를 폐기하도록 하고 있다. 이에 대하여 헌법재판소는 이러한 조항은 개인정보자기결정권을 제한하는 것이지만, 해당 법률이 개인정보의 누설·사용 등을 충분히 통제하고 있고, 이러한 피의자에 대한 개인정보를 일정기간에 한하여 국가가 보존하여 얻는 공익이 보존하지 않을 때 얻는 개인의 이익보다 크다고 보아 과잉제한금지원칙에 어긋나지 않는다고 판시하였다(憲 2009. 10. 29. -2008헌마257).

(2) 변호사의 수임사건의 수와 수임액의 보고 강제

법률로 변호사에게 전년도에 처리한 수임사건의 건수 및 수임액을 소속 지방변호사회에 보고하도록 하는 것에 대하여 헌법재판소는 영업의 자유와 사생활의 비밀과 자유를 침해하는 것이 아니라는 합헌의 결정(합헌: 5인, 위헌: 4인)을 하였다(憲 2009. 10. 29. -2007헌마667). 그런데 이는 자기정보관리통제의 문제이기도 하다. 과세관청에 동일한 내용을 제출함에도 불구하고 소속 변호사회에 중복으로 제출하는 것을 정당화할 수 없으면 이는 헌법에 위반된다.

(3) 주민등록 발급

헌법재판소는 주민등록증 발급신청서에 열 손가락 지문을 찍도록 규정한 구 주민등록법 시행령 규정이 개인정보자기결정권을 침해하는 것은 아니라고 보았다(憲 2005. 5. 26. -99헌마513등; 2015. 5. 28. -2011헌마731). 주민등록번호 불법 유출을 원인으로 한 주민등록번호 변경이 허용되지 않는 것에 대하여, 주민등록번호 변경에 관한 규정을 두고 있지 않은 주민등록법 규정은 헌법에 합치되지 아니한다고 보았다(憲 2015. 12. 23. -2013헌바68등).

(4) 본인확인 등

헌법재판소는 정보통신망을 통해 청소년유해매체물을 제공하는 자에게 이용자의 본인확인 의무를 부과하고 공인인증기관이나 본인확인정보를 가지고 있는 제3자 등을 통해 본인인증을 거치도록 하는 것은 알 권리 및 개인정보자기결정권을 침해하는 것이 아니라고 보았다(憲 2015. 3. 26. -2013헌마354). 게임물 관련사업자에게 게임물 이용자의 회원가입 시 본인인증을 할 수 있는 절차를 마련하도록 하고 있는 규정은 일반적 행동의 자유 및 개인정보자기결정권을 침해하지 않는다(憲 2015. 3. 26. -2013헌마517). 그리고 정보통신서비스 제공자가 이용자의 주민등록번호를 수집·이용하는 것을 원칙적으로 금지한 후, 방송통신위원회에 의하여 본인확인기관으로 지정받은 경우 예외적으로 이를 허용하는 것은 개인정보자기결정권을 침해하지 않는다고 보았다(憲 2015. 6. 25. -2014헌마463).

(5) 신상정보 등록

헌법재판소는 카메라등이용촬영범죄로 유죄판결이 확정된 자를 신상정보 등록대상자로 한 것이 개인정보자기결정권을 침해하는 것은 아니라고 보았다. 그러나 해당 등록정보를 최초 등록일부터 모든 등록대상 성범죄자에 대하여 일률적으로 20년간 보존·관리하여야 한다고 규정한 것은 개인정보자기결정권을 침해한다고 보았다(憲 2015. 7. 30. -2014헌마340).

(6) 어린이집 CCTV

헌법재판소는 영유아보육법이 어린이집에 폐쇄회로 텔레비전(CCTV)을 설치하도록 한 것이 어린이집 보육교사의 사생활의 비밀과 자유 등을 침해하지 않으며, 보호자가 자녀 또는 보호아동의 안전을 확인할 목적으로 CCTV 영상정보 열람을 할 수 있도록 한 것이 어린이집 보육교사의 개인정보자기결정권을 침해하지 않는다고 보았다(憲 2017. 12. 28. -2015헌마994).

(7) 건강보험 요양급여내역

헌법재판소는 국민건강보험공단이 보유하고 있는 개인의 요양급여내역을 수사기관에 제공하는 것은 해당 개인의 개인정보자기결정권을 침해하는 것이 되어 위헌이라고 판시하였다(憲 2018. 8. 30. -2014헌마368).

[憲 2018.8.30.-2014헌마368] 「이 사건 정보제공조항은 '정보주체 또는 제3자의 이익을 부당하게 침해할 우려가 없을 것'이라는 요건을 요구하고 있다. 이 사건 정보제공조항은 개인정보의 목적 외 제3자 제공이 원칙적으로 금지된다는 전제 하에 예외적으로 수사의 신속성과 효율성을 도모하기 위하여 범죄의 수사 등을 위하여 필요한 경우 그 제공을 허용하는 것이므로, 위와 같은 요건을 요구하는 취지는 정보주체 또는 제3자의 이익 보호와 범죄수사의 신속성·효율성 확보 간의 조화를 도모하고자 하는 것이다. 이러한 점을 고려하면, '정보주체 또는 제3자의 이익을 부당하게 침해할 우려가 있을 때'란 '범죄의 수사를 위하여 필요한 개인정보를 수사기관에게 제공할 경우 정보주체나 제3자의 이익이 침해될 가능성이 있고, 개인정보 제공으로 얻을 수 있는 수사상의 이익보다 정보주체나 제3자의 이익이 큰 경우'를 의미한다고 해석된다. 그리고 이와 같이 수사상의 이익과 정보주체 또는 제3자의 이익을 형량함에 있어서는 수사 목적의 중대성, 수사 목적의 달성을 위하여 개인정보가 필요한 정도, 개인정보의 제공으로 인하여 정보주체나 제3자가 침해받는 이익의 성질 및 내용, 침해받는 정도, 수사 내용과 정보주체 또는 제3자와의 관련성 등 관련된 모든 사정들을 종합하여 객관적으로 판단하여야 할 것이다. …… 개인정보자기결정권의 보호대상이 되는 개인정보란 개인의 신체, 신념, 사회적 지위, 신분 등과 같이 개인의 인격주체성을 특징짓는 사항으로서 그 개인의 동일성을 식별할 수 있게 하는 일체의 정보이다(헌재 2005. 7. 21. 2003헌마282; 헌재 2012. 12. 27. 2010헌마153 참조). 국민건강보험법은 국민건강보험의 적용 대상을 국내에 거주하는 국민으로 규정하면서(국민건강보험법 제5조 제1항), 국민건강보험공단을 유일한 보험자로 규정하고 있다(국민건강보험법 제13조). 이에 따라 국민건강보험

공단은 가입자 및 피부양자의 자격관리, 보험료의 부과·징수, 보험급여 비용의 지급 등의 업무(국민건강보험법 제14조 제1항 참조)를 수행하면서 거의 모든 국민의 일반적인 인적정보, 보험료 부과를 위한 직장, 소득, 재산 등에 관한 정보, 요양급여정보, 건강검진 관련 정보 등을 수집하여 처리하고 있다. 요양급여정보는 가입자와 피부양자의 질병, 부상, 출산 등에 대하여 국민건강보험공단이 실시한 진찰·검사, 약제·치료재료의 지급, 처치·수술 및 그 밖의 치료 등의 요양급여와 관련된 정보로서(국민건강보험법 제41조 제1항 참조), 요양급여개시일, 국민건강보험법 제42조 제1항에 따른 요양기관의 명칭(이하 '요양기관명'이라 한다), 상병명, 입내원일수, 공단부담금, 본인부담금 등을 포함한다. 이 중 상병명은 그 자체로 개인의 정신이나 신체에 관한 단점을 나타내기 때문에 인격의 내적 핵심에 근접하는 민감한 정보에 해당한다. 그 외에 누가, 언제, 어디에서 진료를 받고 얼마를 지불했는가라는 사실 역시 그 자체만으로도 보호되어야 할 사생활의 비밀일 뿐 아니라, 요양기관이 산부인과, 비뇨기과, 정신건강의학과 등과 같은 전문의의 병원인 경우에는 요양기관명만으로도 질병의 종류를 예측할 수 있고, 요양급여횟수, 입내원일수, 공단부담금, 본인부담금 등의 정보를 통합하면 구체적인 신체적·정신적 결함이나 진료의 내용까지도 유추할 수 있다. 앞서 본 바와 같이 거의 모든 국민의 국민건강보험에 관한 방대한 정보가 국민건강보험공단에 집적되고 있으므로, 국민건강보험공단이 처리하는 요양급여정보는 개별적인 요양급여 내역에 불과한 것이 아니라 정보주체의 건강에 관한 포괄적이고 통합적인 정보를 구성할 수 있는 것이다. 따라서 요양급여정보는 개인정보자기결정권에 의하여 보호되는 개인정보에 해당하고(헌재 2008. 10. 30. 2006헌마1401등; 헌재 2009. 9. 24. 2007헌마1092 참조), 이 사건 정보제공행위에 의하여 제공된 청구인 김○환의 2012. 1. 1.부터 2013. 12. 20.까지의 급여일자, 요양기관명을 포함한 총 44회의 요양급여내역 및 청구인 박○만의 2010. 12. 1.부터 2013. 12. 19.까지의 급여일자, 요양기관명을 포함한 총 38회의 요양급여내역은 건강에 관한 정보로서 '개인정보 보호법' 제23조 제1항이 규정한 민감정보에 해당한다. …… 과잉금지원칙 위배 여부 **(가) 목적의 정당성 및 수단의 적합성** 이 사건 정보제공행위는 서울용산경찰서장이 체포영장이 발부된 피의자인 청구인들의 소재를 신속하게 파악하여 적시에 청구인들을 검거할 수 있도록 하고 이를 통하여 국가형벌권의 적정한 수행에 기여하기 위한 것이므로 목적의 정당성이 인정된다. 또한 청구인들이 언제 어느 요양기관을 방문하였는지에 관한 정보를 제공하면 청구인들의 소재 파악에 도움이 될 수 있으므로, 이 사건 정보제공행위는 위와 같은 목적을 달성하기 위한 적합한 수단이다. **(나) 침해의 최소성** 1) 국민건강보험공단은 국민건강보험법에 근거하여 설립된 법인으로서, '개인정보 보호법'상 공공기관에 해당한다(국민건강보험법 제15조 제1항, '개인정보 보호법' 제2조 제6호 나목 참조). 따라서 국민건강보험공단은 이 사건 정보제공조항 및 '개인정보 보호법' 제23조 제1항 제2호 등에 따라 범죄의 수사를 위하여 불가피한 경우 정보주체 또는 제3자의 이익을 부당하게 침해할 우려가 있을 때를 제외하고 민감정보를 서울용산경찰서장에게 제공할 수 있다. 개인정보를 정보주체의 동의 없이 목적 외의 용도로 제3자에게 제공할 경우 처리주체의 변경과 당초 수집 목적을 벗어난 개인정보의 처리를 초래하게 되므로, 위와 같은 개인정보의 제공은 정보주체 스스로 개인정보의 공개와 이용에 관하여 결정할 권리를 핵심내용으로 하는 개인정보자기결정권에 대한 중대한 제한에 해당한다. 특히 개인의 인격 및 사생활의 핵심에 해당하는 민감정보에 대하여는 다른 일반적인 개인정보보다 더 높은 수준의 보호가 필요하다. 따라서 국민건강보험공단은 민감정보를 서울용산경찰서장에게 제공함에 있어서 위와 같은 요건에 해당하는지 여부를 엄격하게 판단하여 정보주체의 개인정보자기결정권에 대한 침해를 최소화하여야 한다. 2) 먼저 이 사건 정보제공행위가 '청구인들의 민감정보를 제공받는 것이 범죄의 수사를 위하여 불가피할 것'이라는 요건을 갖추었는지 여부를 살펴본다. 이 사건 기록에 의하면 서울용산경찰서장은 청구인 김○환에 대한 요양급여정보를 요청한 2013. 12. 20. 이전인 2013. 12. 18. 이미 전기통신사업자로부터 청구인 김○환의 휴대폰 위치를 확인할 수 있는 발신기지국의 위치추적자료를 제공받아 청구인 김○환이 전국민주노동조합총연맹의 소재지인 서울 중구 ○○동 ○○번지 ○○빌딩의 ○○층 회의실에 있음을 확인한 상태였고, 2013. 12. 20.에는 망원을 동원해 청구인 김○환이 위 위치에 있음을 확인하였으므로, 서울용산경찰서장이 청구인 김○환의 소재를 파악하기 위해서 요양급여정보를 제공받는 것이 불가피한 경우가 아니었음이 명백하다. 또한 서울용산경찰서장이 청구인 박○만에 대한 요양급여정보를 요청한 2013. 12. 18. 무렵 청구인 박○만 명의로 확인된 휴대폰의 전원이 꺼져있어 전기통신사업자로부터 그 위치를 확인할 수 있는 발신기지국의 위치추적자료를 제공받지 못한 것으로 보이나, 당시 청구인 박○만 명의의 다른 휴대폰이 존재하는지 여부 및 해당 휴대폰의 위치를 확인할 수 있는 위치추적자료에 대한 수사를 계속하고 있었던 점, 담당 경사는 2013. 12. 20. 위와 같은 혐의로 체포영장이 발부된 11명 중 일부 휴대폰 전원이 꺼져 있는 피의자 외에 대다수 피의자들의 휴대폰 위치가 위 ○○빌딩으로 확인되는 것으로 볼 때 피의자들이 위 ○○빌딩에 은신해 있는 것으로 추정된다고 판단한 점 등을 고려하면, 서울용산경찰서장이 청구인 박○만의 소재를 파악하기 위해서 요양급여정보를 제공받는 것이 불가피하였다고 보기도 어렵다. 나아가 피의자들의 소재를 파악하기 위해서 요양급여정보를 제공받는 것이 불가피한 경우에 해당하더라도, 소재파악 목적을 위해서는 피의자들의 현재 위치를 추정하거나 향후 어떠한 요양기관을 이용할 것인지 예측할 수 있는 정도의 요양급여정보가 제공되면 충분하므로, 국민건강보험공단으로서는 원칙적으로 요양급여정보 요청일 또는 제공일에 근접한 요양급여개시일과 해당 요양기관명만을 제공하여야 하고, 요양급여정보 요청일 또는 제공일로부터 상당한 기간 전의 요양급여정보를 제공하려면 수사기관이 그러한 정보를 제공받는 것이 불가피하다는 특별한 사정이 존재해야 한다. 이 사건에서 국민건강보험공단은 청구인 김○환에 대하여는 요청일로부터 소급하여 약 2년 동안의, 청구인 박○만에 대하여는 약 3년 동안의 요양급여정보를 제공하였는데,서울용산경찰서장이 청구인들의 소재를 파악하기 위해서 위와 같이 상당한 기간 전의 요양급여정보를 제공받는 것이 불가피하였다는 특별한 사정을 발견할 수 없다. 이와 같은 사정을 종합해 보면, 서울용산경찰서장이 청구인들의 소재를 파악하기 위하여 청구인 김○환의 2012. 1. 1.부터 2013. 12. 20.까지의 급여일자, 요양기관명을 포함한 총 44회의 요양급여내역 및 청구인 박○만의 2010. 12. 1.부터 2013. 12. 19.까지의 급여일자, 요양기관명을 포함한 총 38회의 요양급여내역을 제공받는 것이 불가피한 경우에 해당하였다고 볼 수 없다. 서울용산경찰서장은 국민건강보험공단에게 피의자의 성명, 사건번호, 죄명과 '피의자들은 철도노조

간부들로 코레일 불법파업을 주동하고 있기에 검거하고자 한다'는 사유만을 밝힌 채 청구인들에 대한 장기간의 요양급여정보를 포괄적으로 요청하였다. 이와 같은 사유만으로는 청구인들을 검거하기 위하여 각각의 요양급여정보를 제공받는 것이 불가피하고 정보주체 또는 제3자의 이익을 부당하게 침해할 우려가 없는 점이 명확하지 아니하므로, 국민건강보험공단으로서는 이 사건 정보제공요청에 응하지 않거나 서울용산경찰서장에게 제공을 요청하는 요양급여정보의 구체적인 항목과 필요성, 다른 방법으로 청구인들의 소재를 파악할 수 없어 각 요양급여정보를 이용하는 것이 불가피한 사유 등을 추가적으로 밝힐 것을 요구하였어야 한다. 그럼에도 불구하고 국민건강보험공단은 이와 같은 조치를 취하여 이 사건 정보제공조항 등이 정한 요건에 해당하는지 여부를 구체적으로 검토하지 아니한 채 만연히 청구인들에 대한 장기간의 요양급여정보를 수사기관에 제공하였으므로 청구인들의 개인정보자기결정권에 대한 침해를 최소화하였다고 볼 수 없다. 국민건강보험공단이 개인정보의 목적 외 제3자 제공에 필요한 절차, 방법 등에 관하여 내부적으로 정한 기준인 '외부기관 개인정보자료 제공지침'은 특수상병명 등 일부 요양급여정보는 영장에 의해서만 수사기관에게 제공하되, 이를 제외한 나머지 요양급여정보는 수사의 '필요성'만 소명되면 수사기관에게 제공할 수 있도록 규정하고 있다. 이는 국민건강보험공단이 이 사건 정보제공조항 등이 정한 요건을 엄밀하게 판단하지 않고 있는 현실을 드러내는 것이다. 결국 서울용산경찰서장은 청구인들을 검거하기 위하여 청구인들의 요양급여정보를 제공받는 것이 불가피한 상황이 아니었음에도 불구하고 이 사건 정보제공요청을 하였고, 국민건강보험공단은 이 사건 정보제공조항 등이 정한 요건에 해당하는지 여부에 대하여 실질적으로 판단하지 아니한 채 민감정보에 해당하는 청구인들의 요양급여정보를 제공한 것이므로, 이 사건 정보제공행위는 '청구인들의 민감정보를 제공받는 것이 범죄의 수사를 위하여 불가피할 것'이라는 요건을 갖춘 것으로 볼 수 없다. 3) 다음으로 이 사건 정보제공행위가 '정보주체 또는 제3자의 이익을 부당하게 침해할 우려가 없을 것'이라는 요건을 갖추었는지 살펴본다. 급여일자와 요양기관명은 피의자의 현재 위치를 곧바로 파악할 수 있는 정보는 아니고, 통신비밀보호법 제13조에 따른 통신사실확인자료 요청 등 더 직접적으로 피의자의 위치를 확인할 수 있는 다른 수사방법이 존재한다. 실제로 이 사건에서 서울용산경찰서장은 앞서 본 바와 같이 다른 수사방법으로 청구인들의 소재를 파악하였거나 파악할 수 있었다. 또한 요양급여정보 요청일 또는 제공일에 근접한 요양급여정보를 제외한 2년 내지 3년 동안의 요양급여정보는 청구인들의 소재 파악에 거의 도움이 되지 않는 정보이다. 따라서 이 사건 정보제공행위로 얻을 수 있는 수사상의 이익은 없었거나 미약한 정도였다고 볼 수 있다. 반면 이 사건에서 서울용산경찰서장에게 제공된 요양기관명에는 전문의의 병원도 포함되어 있으므로 이러한 요양기관명으로 청구인들의 질병의 종류를 예측할 수 있는 점, 2년 내지 3년 동안의 요양급여정보는 청구인들의 건강 상태에 대한 총체적인 정보를 구성할 수 있는 점, 이와 같은 요양급여정보는 건강에 관한 민감정보로서 개인의 인격 및 사생활의 핵심에 해당하는 점 등에 비추어 볼 때, 이 사건 정보제공행위로 인한 청구인들의 개인정보자기결정권에 대한 침해는 매우 중대하다. '개인정보 보호법'과 형사소송법은 수사기관이 제공받은 개인정보를 목적 외의 용도로 이용하거나 제3자에게 제공하는 행위를 금지하고 있으나('개인정보 보호법' 제19조, 제59조 제2호, 제71조 제5호, 형사소송법 제198조 제2항 참조), 청구인들을 검거하기 위한 수사 목적에 반드시 필요하지 않음에도 불구하고 민감정보가 수사기관에 제공된 이 사건에서는 위와 같이 수사기관이 수사 목적으로만 사용하도록 하는 규정이 개인정보자기결정권에 대한 침해를 최소화하기 위한 제도적 장치로서 기능할 수 없다. 그러므로 이 사건 정보제공행위가 정보주체인 청구인들의 이익을 부당하게 침해할 우려가 없을 것이라는 요건을 충족하였다고 볼 수도 없다. 4) 그렇다면 이 사건 정보제공행위는 침해의 최소성에 위배된다. (다) **법익의 균형성** 앞서 본 바와 같이 서울용산경찰서장은 청구인들의 소재를 파악한 상태였거나 다른 수단으로 충분히 파악할 수 있었으므로 이 사건 정보제공행위로 얻을 수 있는 수사상의 이익은 거의 없거나 미약하였던 반면, 청구인들은 자신도 모르는 사이에 민감정보인 요양급여정보가 수사기관에 제공되어 개인정보자기결정권에 대한 중대한 불이익을 받게 되었으므로, 이 사건 정보제공행위는 법익의 균형성도 갖추지 못하였다. (라) **소결** 이 사건 정보제공행위는 과잉금지원칙에 위배되어 청구인들의 개인정보자기결정권을 침해하였다.」

(8) 소년범에 대한 보호처분 불처분결정이 수사경력자료에 범죄자의 사망시까지 남을 수 있게 된 상황

헌법재판소는 소년범에 대한 수사경력자료의 삭제와 보존기간에 대하여 규정하면서 법원에서 불처분결정된 소년부송치 사건에 대해서는 규정하지 않은 「형의 실효 등에 관한 법률」에 대하여 이는 결과적으로 소년에 대한 법원의 보호처분 불처분결정이 수사경력자료에 범죄자의 사망시까지 남을 수 있게 만드는 것으로서 헌법상의 과잉금지원칙을 위반하여 개인정보자기결정권을 침해한 것이라고 하였다(憲 2021. 6. 24.-2018헌가2).

[憲 2021. 6. 24.-2018헌가2] 「개인정보자기결정권은 자신에 관한 정보가 언제 누구에게 어느 범위까지 알려지고 또 이용되도록 할 것인지를 그 정보주체가 스스로 결정할 수 있는 권리로서, 헌법 제10조 제1문에서 도출되는 일반적 인격권 및 헌법 제17조의 사생활의 비밀과 자유에 의하여 보장된다. 이와 같이 개인정보의 공개와 이용에 관하여 정보주체 스스로가 결정할 권리인 개인정보자기결정권의 보호대상이 되는 개인정보는 개인의 신체, 신념, 사회적 지위, 신분 등과 같이 개인의 인격주체성을 특징짓는 사항으로서 그 개인의 동일성을 식별할 수 있게 하는 일체의 정보라고 할 수 있다. 또한 그러한 개인정보를 대상으로 한 조사·수집·보관·처리·이용 등의 행위는 모두 원칙적으로 개인정보자기결정권에 대한 제한에 해당한다(헌재 2020. 8. 28. 2018헌마927). 이 사건 구법 조항은 법원에서 불처분결정된 소년부송치 사건에 대한 수사경력자료의 삭제와 보존기간에 대하여 규정하지 않아, 해당 수사경력자료는 당사자의 사망 시까지 보존되고 수사경력자료에는 지문정보와 인적사항, 죄명, 입건관서, 입건일자, 처분결과 등의 정보가 기록된다. 그러므로 이 사건 구법 조항이 법원에서 불처분결정된 소년부송치 사건에 대한 수사경력자료의 삭제 및 보존기간에 대하여 규정하지 아니하여 수사경력자료에 기록된 개인정보가 당사자의 사망 시까지 보존되면서 이용되는 것은 당사자의 개인정보자기결정권에 대한 제한에 해당하는바, 이 사건 구법 조항이 과잉금지원칙을 위반하여 개인정

보자기결정권을 침해하는지 여부가 문제된다. 이 사건 구법 조항으로 인하여 소년부송치 후 불처분결정을 받은 소년이 다른 처분이나 판결을 받은 소년에 비해 불리한 차별을 받게 되어 평등원칙에 위배되는지 여부도 문제될 수 있으나 이 부분은 결국 개인정보자기결정권에 대한 침해 여부의 논의에 포함되므로 이에 대하여 따로 판단하지 아니한다. 나. 이 사건 구법 조항이 개인정보자기결정권을 침해하는지 여부 (1) **입법목적의 정당성, 수단의 적합성** 법원에서 불처분결정된 소년부송치 사건에 대한 수사경력자료는 불처분결정의 효력을 뒤집고 다시 형사처벌을 할 필요성이 인정되는 등 특별한 사정이 있는 경우 재수사에 대비한 기초자료 또는 소년이 이후 다른 사건으로 수사나 재판을 받는 경우 기소 여부의 판단자료나 양형에 필요한 자료가 된다. 따라서 이러한 자료를 보존하는 것은 실체적 진실 발견을 도모하고 사법정의를 실현하기 위한 것으로서 목적의 정당성이 인정되고, 이 사건 구법 조항이 법원에서 불처분결정된 소년부송치 사건에 대한 수사경력자료의 삭제 규정을 두지 않아 당사자의 사망 시까지 그 자료를 보존하게 한 것은 그 목적 달성을 위한 적합한 수단이 된다. (2) **침해의 최소성** 소년은 성인에 비하여 개선가능성이 크고 사회의 비행으로부터 보호해야 할 필요가 있기 때문에 특별히 소년법으로 규율하고 있고, 소년법은 반사회성이 있는 소년의 환경 조정과 품행 교정을 통해 소년이 우리 사회의 건전한 구성원으로 성장할 수 있도록, 죄를 범한 소년에 대하여 형사재판이 아닌 보호사건으로 심리하여 보호처분을 할 수 있는 절차를 마련하고 있다. 이와 같은 제도의 취지에 따라 소년법 제32조 제6항은 '법원의 보호처분이 소년의 장래 신상에 어떠한 영향도 미치지 아니한다.'고 명시하였는데, 법원이 불처분결정을 하는 경우에 대하여는 위와 같은 규정을 두지 않았지만 소년법의 취지에 비추어 법원에서 소년부송치된 사건을 심리한 후 보호처분을 할 수 없거나 할 필요가 없다고 인정하여 불처분결정을 하는 경우에도 소년부송치 및 불처분결정된 사실이 소년의 장래 신상에 불이익한 영향을 미치지 않는 것이 마땅하다. 재수사의 기초자료나 다른 사건에 양형자료 등으로 이용할 것에 대비하여 수사경력자료를 보존할 필요가 있다 하더라도, 어떤 범죄가 행해진 후 시간이 흐를수록 수사의 단서로서나 상습성 판단자료, 양형자료로서의 가치는 감소하므로, 모든 소년부송치 사건의 수사경력자료를 해당 사건의 경중이나 결정 이후 경과한 시간 등에 대한 고려 없이 일률적으로 당사자가 사망할 때까지 보존할 필요가 있다고 보기는 어렵다. 검사의 기소유예 처분은 검사가 범죄혐의가 인정되는 것으로 판단하였으나 그 경위나 정상 등을 참작하여 기소하지 않고 사건을 종결하는 것으로, 별건으로 보호처분이 부과되었거나 사안이 경미하여 보호처분을 할 필요가 없어 소년부송치 사건에 대하여 법원이 불처분결정을 하는 경우와 유사한 점이 있음에도, 기소유예 처분에 대하여는 그 처분일로부터 3년간 수사경력자료를 보존하고 이후 삭제하도록 하고 있음에 반해, 이 사건 구법 조항은 불처분결정된 소년부송치 사건에 대해서는 수사경력자료 삭제 및 보존기간을 규정하지 않고 있다. 또한, 소년에 대한 검사의 혐의없음 처분이나 법원의 무죄 선고는, 비행사실이 인정되지 않아 보호처분을 할 수 없어 소년부송치 사건에 대하여 법원이 불처분결정을 하는 경우와 유사한 점이 있음에도, 혐의없음 처분이나 무죄 확정 판결에 대하여는 그 처분시 또는 무죄 판결 확정 시까지만 수사경력자료를 보존하도록 하고 있음에 반해, 이 사건 구법 조항은 불처분결정된 소년부송치 사건에 대한 수사경력자료 삭제 및 보존기간을 규정하지 않아 이를 당사자의 사망 시까지 보존하게 하고 있다. 이와 같은 점에서 법원에서 불처분결정된 소년부송치 사건에 대한 수사경력자료를 범죄의 종류와 경중, 결정 이후 시간의 경과 등 일체의 사정에 대한 고려 없이 일률적으로 당사자의 사망 시까지 보존하는 것은 입법목적을 달성하기 위하여 필요한 범위를 넘어선 것으로 침해의 최소성에 위배된다. (3) **법익의 균형성** 이 사건 구법 조항으로 인해 당사자의 사망 시까지 보존되는, 불처분결정된 소년부송치 사건의 수사경력자료가 조회 및 회보되는 경우는, 불처분결정의 효력을 뒤집고 당사자를 다시 수사할 특별한 사정이 생긴 경우와 형실효법 제6조 제1항 및 형실효법 시행령 제7조, 제7조의2에 따라, 범죄수사 또는 재판을 위해 필요한 경우, 형의 집행 등을 위하여 필요한 경우와 보호감호 등 보호처분 또는 보안관찰업무의 수행을 위하여 필요한 경우 및 각군 사관생도의 입학 및 장교·준사관·부사관·군무원의 임용과 그 후보자의 선발에 필요한 경우 등이다. 이 중 불처분결정된 사건을 다시 수사하는 것은 예외적인 경우이고, 범죄수사나 재판, 형의 집행 등을 위해 필요한 경우는 기간의 제한 없이 모든 소년부송치 사건에 대한 수사경력자료의 조회 및 회보가 가능한데, 범행 전력은 범행 이후 시간이 경과하면서 상습성의 판단자료나 양형자료로서의 가치가 감소하므로 기간의 제한이 없는 수사경력자료의 조회 및 회보가 실체적 진실발견과 형사사법의 정의구현에 기여하는 정도나 그 필요성보다, 그로 인해 당사자가 입을 수 있는 실질적 또는 심리적 불이익과 그로 인한 재사회화 및 사회복귀의 어려움이 더 크다. 각군 사관생도의 입학이나 장교 등의 임용과 관련한 회보는 그 범위가 소년부송치일로부터 3년이 경과하지 않은 자료로 제한되지만, 회보되는 내용이 당사자인 소년이 소년부송치되었다는 사실 뿐, 그 후 법원에서 사안이 경미하여 보호처분의 필요가 없거나 비행사실이 인정되지 않는 등의 사유로 불처분결정된 내용은 회보되지 않기 때문에 불충분한 정보로 인해 당사자가 임용 과정에서 실질적으로 불이익을 받거나, 적어도 심리적으로 위축되는 불이익에 대한 우려가 더 크다고 할 수 있다. 따라서 이 사건 구법 조항이 추구하는 공익에 비해 법원에서 불처분결정된 소년부송치 사건의 수사경력자료가 삭제되지 않고 당사자의 사망 시까지 보존됨으로 인하여 당사자가 입게 되는 불이익이 더 크다고 할 것이다. (4) **소결론** 따라서 법원에서 불처분결정된 소년부송치 사건에 대한 수사경력자료의 보존기간과 삭제에 대한 규정을 두지 않은 이 사건 구법 조항은 과잉금지원칙을 위반하여 소년부송치 후 불처분결정을 받은 자의 개인정보자기결정권을 침해한다.」

제4절 사회 · 경제적 자유

1. 거주 · 이전의 자유

[262] 제1 의 의

Ⅰ. 헌법 규정

헌법 제14조는 「모든 국민은 거주 · 이전의 자유를 가진다」라고 규정하여 거주(居住) · 이전(移轉)의 자유(freedom of residence and movement)를 보장하고 있다.

헌법 제14조가 보장하고 있는 거주 · 이전의 자유는 국가권력의 간섭을 받지 않고 일상생활 및 경제활동의 근거지가 되는 장소인 주소, 거소, 현재지를 설정하고, 이전하며, 일단 정한 주소, 거소, 현재지를 자신의 의사에 반하여 강제로 옮기지 아니할 자유를 의미한다.

거주 · 이전의 자유는 인간이 자신의 삶을 원하는 대로 형성하기 위해 그의 생활영역을 변경하고 그 활동범위를 확장해나가는 것을 보장함으로써 개성을 신장하고 행복을 추구할 수 있게 함에 있어서 필연적으로 요구되는 인간존재의 본질적 자유라고 할 수 있다. 거주 · 이전의 자유는 단순히 거주와 이전의 자유만을 보장하는데 있어 의미를 가지는 것이 아니라 이를 통하여 경제, 노동, 교육, 문화 등 모든 생활영역에서 활동함에 필요한 것이다.

Ⅱ. 거주 · 이전의 개념

거주(居住 residence)란 일정한 곳에 자리를 잡고 머물러 사는 것을 말한다. 개인이 사생활을 영위하며 사는 장소를 의미하는 헌법 제16조의 주거(住居 place of residence)와 구별된다.

이전(移轉 movement)이란 자신이 머물고 있는 곳을 옮기는 행위를 의미한다. 자신이 정한 일정한 곳에 자리를 잡기 위해서는 자신이 머물고 있는 곳을 옮길 수 있어야 하므로 이전은 거주를 위한 수단으로서 거주와 밀접불가분한 관계를 갖는다.

Ⅲ. 신체활동의 자유와의 관계

거주 · 이전의 자유와 헌법 제12조 제1항의 신체활동의 자유의 관계가 문제된다. 신체활동의 자유는 시간의 장단이나 장소의 변경과 무관하게 인정되지만 신체활동으로 인하여 장소의 임의적인 변경이 수반되는 경우 그 장소가 거주 · 이전의 개념에 해당하면 거주·이전의 자유에 의해 보장되는 것임은 앞서 설명한 바와 같다.

Ⅳ. 연 혁

거주·이전의 자유에 대해 「버지니아 권리선언」, 프랑스의 「인간과 시민의 권리선언」, 미합중국헌법의 권리장전 등 근대 헌법에서는 명문규정을 두지 않았는데, 이는 근대시민사회의 성립과 자본주의 발전에 따라 거주·이전의 자유의 보장은 이미 당연한 것으로 받아들여졌기 때문이다. 거주·이전의 자유는 1919년의 바이마르헌법에서 처음으로 명문화되었으며, 자본주의가 뒤늦게 발전된 국가에서는 헌법에 명문으로 보장하고 있다. 한편 우리나라에서는 1948년헌법부터 거주·이전의 자유를 명시한 후 계속 보장하고 있다. 1948년헌법에서는 주거의 자유와 함께 규정되어 있었지만, 1962년헌법 이래로 주거의 자유와 분리하여 규정하고 있다.

[263] 제2 주 체

Ⅰ. 국 민

거주·이전의 자유의 주체는 대한민국 국적을 갖고 있는 자연인과 국내법인이다.

Ⅱ. 외 국 인

외국인이나 무국적자는 거주·이전의 자유의 주체가 아니라고 보는 것이 다수설(권영성, 465; 김철수a, 788; 계희열b, 504)이며, 국제관습법상으로도 일반적으로 그와 같이 받아들여지고 있다. 주권국가는 외국인에 대하여 국외추방을 할 수 있으며 일정한 장소에 한하여 거주하게 할 수 있다. 법률정책적으로는 입국을 허락받은 외국인이나 무국적자에 대하여 거주·이전의 자유를 인정할 수 있다.

「재외동포의 출입국과 법적 지위에 관한 법률」은 대한민국 국민과 달리 외국인의 출입국에 대해 특별한 제한을 가하고 있다. 외국인 가운데 외국국적동포 즉 대한민국 정부 수립 이전에 국외로 이주한 동포를 포함한 대한민국의 국적을 보유하였던 자 또는 그 직계비속으로서 외국국적을 취득한 자 중 대통령령이 정하는 자(동법 §2 ii)의 출입국과 국내에서의 체류에 관해서는 「재외동포의 출입국과 법적 지위에 관한 법률」이 규율하고 있다. 이 법에서는 법무부장관이 재외동포체류자격을 부여하도록 하있고, 국내거소신고를 한 외국국적동포가 체류기간 내에 출국하였다가 재입국하는 경우에는 출입국관리법상 재입국허가를 받지 않아도 되는 것으로 규정하고 있다(동법 §5, §10).

Ⅲ. 북한 주민의 경우

북한 주민이 대한민국의 국민으로서 현행법상 아무런 제한 없이 대한민국의 통치권이 실제로 미치는 군사분계선 이남지역으로 입국할 수 있는지가 문제되는데, 이는 영토조항과의 관계에서 북한주민의 법적 지위를 어떻게 볼 것인지와 관련된다. 북한정부는 주권국가로서의 외국이 아니고 우리의 영토를 불법으로 점령하고 있는 단체이고, 북한의 주민은 북한정부의 국적법에 따라 북한의 국적을 취득했다고 하더라도 북한정부의 사실상의 통치력에 의하여 대한민국 국적법에 따른 국적을 취득할 수 없으므로 대한민국의 국적법에 따른 국적취득을 따질 여지가 없이 대한민국이라는 영토 내에 살고 있는 주민이라고 할 것이다. 따라서 북한의 주민은 대한민국 헌법상의 거주·이전의 자유의 주체가 되며(제한은 별도의 문제이다) 해외에서 대한민국 영역 내로 입국할 수 있는 권리를 가진다고 할 것이다(동지: 허영a, 455).

[大 1996.11.12.-96누1221] 중국에 거주하면서 북한대사관의 해외공민증을 발급받고 중국정부로부터 외국인 거류증을 발급받은 북한국적자가 출입국관리소장이 내린 강제퇴거명령 및 보호명령을 다투어 행정소송을 제기한 사안에서 대법원은 「조선인을 부친으로 하여 출생한 자는 남조선과도정부법률 제11호 국적에관한임시조례의 규정에 따라 조선국적을 취득하였다가 제헌헌법의 공포와 동시에 대한민국 국적을 취득하였다 할 것이고, 설사 그가 북한법의 규정에 따라 북한국적을 취득하여 중국 주재 북한대사관으로부터 북한의 해외공민증을 발급받은 자라 하더라도 북한지역 역시 대한민국의 영토에 속하는 한반도의 일부를 이루는 것이어서 대한민국의 주권이 미칠 뿐이고, 대한민국의 주권과 부딪치는 어떠한 국가단체나 주권을 법리상 인정할 수 없는 점에 비추어 볼 때, 그러한 사정은 그가 대한민국 국적을 취득하고 이를 유지함에 있어 아무런 영향을 끼칠 수 없다」고 한 원심판결을 수긍하면서 「원고에 대한 이 사건 강제퇴거명령이나 보호명령은 그 처분의 대상이 될 수 없는 대한민국 국민에 대하여 행하여진 처분으로서 그 하자가 중대하다고 할 것이나, 원고는 중국여권을 소지하고 있어 일응 중국국적을 보유하고 있는 자라고 판단될 만한 외관을 가지고 있었던 이상 그 하자가 객관적으로 명백한 것이라고는 할 수 없다 할 것이므로, 위 강제퇴거명령 및 보호명령을 당연무효로 볼 수는 없다 할 것이고 다만 취소할 수 있음에 그친다」고 한 원심의 결론을 정당하다고 판시한 바 있다.

[264] 제3 내 용

거주·이전의 자유는 국내 거주·이전의 자유, 국외 거주·이전의 자유를 그 내용으로 한다.

그런데 거주·이전의 자유가 국민에게 그가 선택할 직업 내지 그가 취임할 공직을 그가 선택한 임의의 장소에서 자유롭게 행사할 수 있는 권리까지 보장하는 것은 아니다(예: 憲 1996. 6. 26.-96헌마200).

Ⅰ. 국내 거주 · 이전의 자유

국내 거주 · 이전의 자유는 대한민국 영역 안에서 주소, 거소, 현재지를 자유롭게 설정하고 옮길 수 있는 자유를 말한다.

헌법 제3조는 대한민국의 영토를 한반도와 그 부속도서로 규정하고 있으므로(헌법 §3) 북한지역으로의 거주 · 이전도 국내 거주 · 이전의 자유로 보장될 수 있는지 문제된다. 북한의 주민이 법리적으로는 군사분계선 이남지역으로 입국하고 거주하며 이전할 수 있는 것과 같이 대한민국의 국민도 법리적으로는 대한민국의 영토인 북한 지역으로 입국하거나 북한지역에 거주하거나 그 곳으로 이전할 수 있다(반대: 김철수a, 789; 권영성, 465; 계희열b, 500; 성낙인, 604). 다만, 북한이 이러한 이전과 거주를 할 수 없도록 하고 있는 경우에는 사실상 이의 실행이 불가능하고, 남북한이 대치하고 있는 상황에서는 헌법 제37조 제2항에 의하여 대한민국 국민에 대해서도 북한으로의 이전과 거주를 제한할 수 있다.

Ⅱ. 국외 거주 · 이전의 자유

거주 · 이전의 자유에는 국내 거주 · 이전의 자유뿐만 아니라 국외 거주 · 이전의 자유도 포함된다. 이에는 국외 이주의 자유와 해외여행의 자유 및 귀국의 자유가 해당된다. 그런데 통치권은 한 국가의 영역 내에 미치는 것이 원칙이므로 그 국가를 떠난 국민이 외국에서 하는 거주 · 이전의 내용은 외국의 국내법 및 국제법에 의해 직접적으로 규율된다. 따라서 이런 경우에는 우리 헌법상 일차적으로 국가의 재외국민의 보호의무(헌법 §2②)의 문제가 된다. 이러한 점에서 국외 거주 · 이전에 대해 국가가 취할 수 있는 주요한 규제는 출국과 입국시에 이루어진다고 하겠다.

(1) 국외이주의 자유

거주 · 이전의 자유에는 국외이주의 자유가 포함된다(예: 憲 1993. 12. 23.-89헌마189). 국외이주는 대한민국의 통치권이 미치지 않는 지역으로 자유로이 이주하는 것을 말한다. 따라서 국민은 원칙적으로 외국에서 영주하거나 장기간에 걸쳐 거주할 수 있다. 세계인권선언과 국제인권규약은 자국을 포함한 모든 국가에서 퇴거할 자유를 보장하고 있다. 현행법상 국외이주는 특허나 허가사항이 아니라 신고사항이다(해외이주법 §6).

(2) 해외여행의 자유

해외여행의 자유는 대한민국의 통치권이 미치지 않는 곳으로 여행할 수 있는 자유이다. 이러한 해외여행의 자유는 출국의 자유를 전제로 한다.

(3) 입국의 자유

거주·이전의 자유에는 국내로 입국하는 자유가 포함된다. 대한민국 국민은 대한민국의 통치권이 미치지 않는 해외에서 대한민국의 영역 내로 입국하는 자유를 갖는다. 대한민국 국민이 해외로부터 귀국하는 것은 현행법상 아무런 제한이 없다.

Ⅲ. 국적이탈의 자유 문제

국적이탈의 자유 내지 국적변경의 자유는 대한민국 국적을 가진 사람이 대한민국 국적을 버리고 외국 국적을 취득할 수 있는 자유를 말한다. 누구나 특정 공동체에 태어난 것은 자유의지로 태어난 것이 아니므로 사후적으로 자신이 살 공동체를 선택할 권리는 원칙적으로 보장되어야 한다. 이는 본질상 인간의 존엄과 가치 및 행복추구의 원리를 정하고 있는 헌법 제10조에서 도출되는 것이다(동지: 정재황, 157). 국적을 보유·포기하는 것과 거주할 곳을 선택하고 거주하는 것은 별개의 것이다.

국적이탈의 자유 내지 국적변경의 자유가 인정되는 경우에도 무국적자가 되는 자유까지 이에 포함되는 것은 아니라는 것이 지배적인 견해이다(동지: 김철수a, 791; 권영성, 467; 계희열b, 502; 허영a, 455). 무국적자의 발생을 방지하는 것이 오늘날 국제적으로 인정되는 국적법상의 원칙이다.

대한민국 국적을 포기한 자(외국인 또는 무국적자인 상태)가 외국으로 이주할 수 있는 자유는 현행법상으로 헌법 제14조에 의한 국외로의 이전의 자유에 의해 보장된다. 그런데 본질적으로는 국적을 포기하고 해외로 이주할 자유는 통합적으로 보호해야 할 필요가 있기 때문에 국적포기의 자유에는 해외로 이주할 자유도 포함되어 있다고 보아야 할 것이다.

국적이탈의 자유와 국적변경의 자유는 주권국가의 영토고권에 의하여 제약을 받는다. 주권국가의 영토고권을 어느 정도로 인정하느냐에 따라 국적이탈의 자유와 국적변경의 자유의 보장이 영향을 받는다.

[265] 제4 효 력

거주·이전의 자유는 국가로부터의 간섭을 배제하는 자유로서 대국가적 효력을 가진다. 그리고 거주·이전의 자유는 사인 간에도 존중되어야 할 가치이고, 타인의 거주·이전의 자유를 침해하는 사인의 행위에 대해서는 형사적인 책임도 물을 수 있다. 국가는 사인 간에도 거주·이전의 자유가 침해되지 않도록 입법 등의 조치를 할 의무를 진다.

[266] 第5 제한과 그 한계

거주 · 이전의 자유에 대해서도 헌법 제37조 제2항에 따른 제한을 할 수 있다. 국회가 제정한 법률에 기하여 국가안전보장, 질서유지, 공공복리를 위하여 필요한 경우에 거주 · 이전의 자유를 제한할 수 있다. 그리고 거주 · 이전의 자유를 제한하는 경우라도 그 본질적 내용은 침해할 수 없다.

Ⅰ. 국내 거주 · 이전의 자유의 제한

국가안전보장을 위한 제한으로서 계엄법상 계엄사령관의 특별조치(계엄법 §9), 군사시설에의 출입제한 · 강제퇴거(「군사기지 및 군사시설 보호법」 §9) 등이 있다. 그리고 질서유지를 위한 제한으로는 형사소송법상 형사피고인의 주거제한(동법 §101①), 「경찰관 직무집행법」과 소년법상 보호조치, 보호처분(「경찰관 직무집행법」 §4; 소년법 §32), 소방기본법상 강제처분(동법 §25) 등을 들 수 있다. 또한 공공복리를 위한 제한으로는 「감염병의 예방 및 관리에 관한 법률」과 「마약류 관리에 관한 법률」의 환자의 강제수용 및 치료(「감염병의 예방 및 관리에 관한 법률」 §42; 「마약류 관리에 관한 법률」 §40), 결핵예방법의 결핵환자, 보균자 입원(동법 §15) 등을 들 수 있다. 그 밖에 민법상 친권자의 거소지정권(민법 §914) 및 부부의 동거의무(민법 §826①) 등에 의한 제한이 있다. 거주 · 이전의 자유는 대통령의 긴급명령에 의해서도 제한될 수 있다.

Ⅱ. 국외 거주 · 이전의 자유의 제한

해외이주법은 일정한 경우에 해외이주를 금지하고 있다(동법 §3). 출입국관리법은 일정한 경우에 출국을 금지하고 있다(동법 §4). 형사재판에 계속 중인 사람에 대하여 6개월 이내의 기간을 정하여 출국을 금지시킬 수 있는 것은 출국의 자유를 침해하지 아니한다(憲 2015. 9. 24.-2012헌바302). 병역의무를 기피하기 위해 출국하거나 탈세를 위해 국외로 이주하는 것을 금지하는 것은 거주 · 이전의 자유를 침해하는 것이 아니라고 할 것이다. 국적법 제15조는 대한민국 국민이 자진하여 외국 국적을 취득한 경우 대한민국 국적을 상실하도록 규정하였는데, 이것이 국외 거주 · 이전의 자유를 침해한 것은 아니다(憲 2014. 6. 26.-2011헌마502). 복수국적자에 대하여 제1국민역에 편입된 때부터 3개월 이내에 대한민국 국적을 이탈하지 않으면 병역의무를 해소한 후에야 대한민국 국적을 이탈할 수 있도록 규정한 국적법은 국적이탈의 자유 등을 침해하지 않는다(憲 2006. 11. 30.-2005헌마739; 2015. 11. 26.-2013헌마805).

한편 외국에 여행하고자 하는 국민은 여권법의 규정에 의하여 발급된 여권(旅券)을 소지하여야 하는바(여권법 §2), 여권발급사유를 제한하는 것은 해외여행의 자유 내지 출국의 자유를 제한하는 결과가 된다. 여권제도가 출국허가로 운영되고, 여권의 발급이 원칙이 아닌 예외로 취급되며, 불특정한 개념으로 여권발급의 제한 사유로 정하는 경우에는 거주 · 이전의 자유를 침해하는 것이라고 할 것이다(동지: 계희열b, 447).

여권법은 여권의 발급이나 재발급을 거부할 수 있는 경우를 구체적으로 특정하여 정하고 있으며(동법 §12), 국민의 생명 · 신체 · 재산을 보호하기 위해 필요한 경우에는 특정 국가 · 지역의 방문 · 체류를 기간을 정하여 금지할 수 있게 하고 있다(동법 §17).

2. 직업의 자유

[267] 제1 의 의

Ⅰ. 개 념

(1) 헌법 규정

헌법 제15조는 「모든 국민은 직업선택의 자유를 가진다」라고 규정하고 있다. 조문에는 직업선택의 자유라고 명시하고 있으나, 직업의 선택과 직업의 수행을 포함하는 직업의 자유(freedom of occupation and profession, Berufsfreiheit)를 보장하는 규정이다.

직업은 인간이 삶을 영위함에 있어 필요한 경제적인 수요를 충족시키기 위해 소득을 얻는 수단으로서 중요한 의미를 가질 뿐 아니라 사회적으로 활동을 함에 있어서 자기의 소망과 인격을 실현하는 수단으로서도 중요하다. 이러한 직업은 단순히 경제적이거나 사회적인 것에 한정되지 않기 때문에 정신적인 면에서도 중요한 의미를 가진다. 자기가 원하는 것을 직업으로 실현하고 그에서 자기가 원하는 바의 성취를 얻고 만족을 얻는 것은 행복추구에 있어 중요한 가치를 지니기 때문이다.

(2) 헌법 제15조의 의미

(a) 직업의 개념

헌법 제15조에서 말하는 직업(職業)이라 함은 일반적으로 사람이 생활을 영위하는데 필요한 정신적 또는 물질적인 수단을 얻거나 유지하기 위하여 행하는 계속적인 모든 소득활동을 말한다(동지: 허영a, 458; 계희열b, 507; 김철수a,795; 권영성, 569).

> [憲 1998.3.26.-97헌마194] 「여기서 "직업"이란 생활의 기본적 수요를 충족시키기 위해서 행하는 계속적인 소득활동을 의미하며, 이러한 내용의 활동인 한 그 종류나 성질을 묻지 않는다.」

직업에는 정형적인 것과 비정형적인 것이 있고, 물질적인 것에 중점이 있는 것과 정신적인 것에 중점이 있는 것 등 수도 없이 다양한 형태의 직업과 직종이 있기 때문에 직업을 열거하여 그 개념을 획득하는 것은 쉽지 않다. 직업은 사회의 변화에 따라 새롭게 생기고 없어지기도 하기 때문에 최소한의 개념요소만 갖추면 인정되는 개방적인 개념이다.

그런데 헌법이 보장하는 직업의 자유로서 보장되는 직업이기 위해서는 생활수단성, 계속성, 공공무해성을 갖추어야 한다. 직업은 생활의 수단이어야 하며 생활수단이 아닌 취미활동이나 사회활동 등은 직업이 아니다. 생활의 수단인 이상 종속적인 것이든 독립적인 것이든 상관이 없다. 직업은 계속성을 가져야 하는데, 어느 정도의 계속성을 가져야 하는지는 개별적 · 구체적으로 판단한다. 순간적인 행위가 직업이 될 수는 없다. 직업은 공공무해성을 가져야 하기 때문에 반사회적이거나(예: 매춘=성매매) 반인륜적인 것은 직업이 될 수 없다. 범죄행위(예: 청부살인, 청부테러, 도청업)를 하여 생활을 영위하여도 직업으로 보장되지 않는다. 직업이 반사회적인 것이어서는 안 되지만, 특정 사회를 기준으로 사회적으로 가치가 있어야 하는 것은 아니다. 사회적으로는 가치가 없으나 개인적으로 가치가 있고 그것이 그 사람의 생활수단이면 직업이라고 할 수 있다. 따라서 직업이 사회성을 가져야 하는 것은 아니다.

다만, 헌법재판소는 공공무해성을 직업의 개념적 요소로 강조하지는 않고, 직업을 「지속적인 소득활동」으로 보고 있다(예: 憲 1998. 3. 26.-97헌마194).

(b) 공무담임과의 구별

헌법 제15조의 직업에는 공직(=공무)은 포함되지 않는다. 공직도 개념상으로는 직업의 하나에 해당하지만, 공직의 특성상 헌법은 제25조에서 공무담임권을 따로 정하고 있다. 따라서 공직에 취임할 수 있는 기회의 보장과 공직에 취임한 자가 공직을 수행하는 자유와 권리는 헌법 제25조에 의하여 보장되는 것이며, 헌법 제15조에 의하여 보장되는 것이 아니다. 이러한 법리는 기본권의 주체, 보장의 정도 등에서도 차이가 난다. 외국인에게 헌법 제15조에 근거한 직업의 자유가 보장되는 경우에도 헌법 제25조가 정하는 공무담임의 기회가 보장되는 것은 아니다. 특정의 공직에 법률이나 조례에 의거하여 외국인을 임용하는 경우에도 외형은 공무담임이지만 이는 헌법 제25조에 의한 공무담임이 아니고, 법률이나 조례에 의하여 허용한 공무의 담임이다.

(c) 국가독점의 사업

국가는 국가의 재정적인 안정을 확보하기 위하여 필요하거나 사업의 성격상 강한 공공성을 지닌 때에 한하여 일정한 사업을 독점하는 경우가 있다(예: 복권사업). 이러한 경우에는 사인의 영업이 금지되고, 국민은 헌법 제15조의 직업의 자유를 근거로 이러한 국가의 독점을 배제하지 못한다. 그러나 오늘날 사회의 발달과 국가의 기능의 변화로 인하여 국가가 반드시 특정 사업을 독점하여야 할 필요성과 타당성이 줄어들거나 소멸한 경우에 국가가 독점하던 사업을 민영화하는 추세가 늘고 있다. 예컨대 철도, 통신, 우편, 전기, 교도소 등의 사업이 이러한 양상을 보이고 있다.

II. 연 혁

우리 헌법사에서는 1962년헌법부터 「모든 국민은 직업선택의 자유를 가진다」라고 정하여 직업의 자유를 명문화하였다. 물론 그 이전에도 일반적인 행동의 자유로서의 경제활동의 자유에 직업의 자유는 포함되어 인정되었던 것이지만, 이 때부터 헌법에서 직업의 자유에 대하여 따로 명문으로 정하였다.

직업의 자유는 다른 자유권에 비하여 헌법에 늦게 명문화되었다. 1776년의 「버지니아 권리선언」이나 1789년의 프랑스 「인간과 시민의 권리선언」에도 명시되지 않았다. 독일에서는 1849년 프랑크푸르트헌법에 명시되었으나 시행되지 못했고, 1919년 바이마르헌법과 1949년의 독일연방헌법에 명문화되었다.

[268] 제2 주 체

직업의 자유의 주체는 국민이다. 미성년자도 직업의 자유를 가지며, 직업의 자유를 수행할 수 있다. 그러나 미성년자를 위험한 노동으로부터 보호해야 하는 범위 내에서는 직업수행의 자유는 제한된다. 자연인뿐만 아니라 법인에게도 인정된다(예: 憲 1996. 3. 28.-94헌바42; 1996. 4. 25.-92헌바47; 2002. 9. 19.-2000헌바84). 사법인은 주체가 될 수 있으나, 공법인은 원칙적으로 주체가 될 수 없다. 상행위를 하는 비법인사단(상법 §46등)이나 영리를 목적으로 하는 비법인사단(민법 §39등) 과 같은 권리능력이 없는 상업적 단체(예: 商社)는 주체로 인정된다.

[憲 1996.4.25.-92헌바47] 「헌법 제15조가 규정하는 직업선택의 자유라 함은 자신이 원하는 직업을 자유로이 선택하고 이에 종사하는 등 직업에 관한 종합적이고 포괄적인 자유를 말하고, 직업결정의 자유, 직업종사(직업수행)의 자유, 전직의 자유 등을 포함하는바, 법인의 설립은 그 자체가 간접적인 직업선택의 한 방법이다.」

외국인이나 무국적자도 일정한 경우에는 직업의 자유를 가질 수 있지만, 해당 국가의 구체적 사정에 따라 광범하게 제한된다. 외국인에 대해서는 국제통상조약과 같은 국제법규나 법률이나 조례와 같은 국내법령에 의하여 일정한 직업을 선택할 수 있게 하는 경우도 있으나, 이러한 경우 모두가 헌법 제15조에 근거한 기본권으로서의 직업선택의 자유에 의하여 인정되는 것은 아니다. 이 경우는 헌법 제15조에 의하여 보장되는 직업선택의 자유를 재확인하는 경우도 있지만, 많은 경우는 국제법규, 법률, 조례에 의하여 보장되는 권리임을 유의할 필요가 있다. 이러한 경우에는 국제조약의 탈퇴, 법률이나 조례의 개정을 통하여 외국인에게 직업선택의 자유를 인정하지 않을 수 있다.

오늘날 세계화와 전지구적 자본주의의 흐름에 따라 서방선진국을 중심으로 한 국제사회에서는 국제통상법규를 제정하여 많은 나라를 이에 가입하게 하고, 자국의 시장을 외국인에게 개방하여 외국인으로 하여금 수월하게 영업을 할 수 있도록 하는 통상압력이 강해지고 있다. 이러한 경우 외국인에게 직업선택의 자유를 인정하는 것은 국제통상법규에 의한 것이고 헌법 제15조에 의한 것이 아니다.

헌법재판소는 직장선택의 자유는 국민의 권리가 아닌 인간의 권리로 보아야 할 것이므로 외국인도 제한적으로 주체가 된다고 본다(예: 憲 2011. 9. 29.-2007헌마1083 다수의견. 소수의견은 국민의 권리로 보아 다수의견에 반대한다).

[憲 2011.9.29.-2007헌마1083] 「직업의 자유 중 이 사건에서 문제되는 직장 선택의 자유는 인간의 존엄과 가치 및 행복추구권과도 밀접한 관련을 가지는 만큼 단순히 국민의 권리가 아닌 인간의 권리로 보아야 할 것이므로 권리의 성질상 참정권, 사회권적 기본권, 입국의 자유 등과 같이 외국인의 기본권주체성을 전면적으로 부정할 수는 없고, 외국인도 제한적으로라도 직장 선택의 자유를 향유할 수 있다고 보아야 한다.」

헌법재판소는 이 사건에서 고용허가를 받은 외국인근로자의 사업장변경 횟수를 3회로 제한하고 대통령이 정하는 사유가 있는 경우에 1회에 한하여 추가 변경할 수 있게 한 것은 직장선택의 자유를 제한함에 있어 한계를 넘은 것이 아니라고 본다. 그러나 외국인이 우리나라에 입국하여 직장을 선택하는 문제는 국적에 관계없이 우리 헌법이 정하고 있는 직장선택의 자유를 가지기 때문이 아니라 외국인에 대한 우리나라의 국가정책에 따라 정해지는 것이라고 보는 것이 타당하다. 우리 국민이 직장을 선택하기가 어려운 상황에서는 국가는 자국민보호의무에 따라 외국인에게 직장선택을 허용하지 않을 수 있다. 이후 헌법재판소는 기본권이 권리의 성질상 외국인에게 기본권주체성을 인정할 수 있는 것인지를 개별적으로 결정하여야 한다고 보면서, 직업의 종류가 국가자격제도정책과 국가의 경제상황에 따라 법률에 의하여 제한할 수 있는 국민의 권리에 해당하는 경우에는 정부의 허가를 받은 외국인이 정부가 허가한 범위 내에서 소득활동을 할 수 있는 것이므로, 외국인이 국내에서 누리는 직업의 자유는 법률에 따른 정부의 허가에 의해 비로소 발생하는 권리라고 판시한 경우가 있다(憲 2014. 8. 28.-2013헌마359).

[269] 제3 내 용

직업의 자유에는 자신이 원하는 직업을 자유롭게 선택하는 직업선택의 자유와 선택한 직업을 자기가 원하는 방식으로 자유롭게 수행할 수 있는 직업수행의 자유가 포함된다(예: 憲 1993. 5. 13.-92헌마80; 1996. 4. 25.-92헌바47; 1996. 8. 29.-94헌마113; 1997. 3. 27.-94헌마196등; 1998. 3. 26.-97헌마194; 2002. 4. 25.-2001헌마614). 직업선택의 자유는 직업 · 직종선택의 자유와 직업교육장선택의 자유로 나누어지고, 직업수행의 자유는 직업영위의 자유와 직장선택의 자유로 나누어진다.

직업의 자유를 직업선택의 자유와 직업수행의 자유로 나누는 것은 그 내용에서도 차이가 있을 뿐 아니라 제한에 있어서도 적용되는 법리가 달라 차이가 있기 때문이다.

> [憲 1998.3.26.-97헌마194] 「헌법 제15조에 의한 직업선택의 자유는 자신이 원하는 직업을 자유롭게 선택하는 좁은 의미의 직업선택의 자유와 그가 선택한 직업을 자기가 원하는 방식으로 자유롭게 수행할 수 있는 직업수행의 자유를 포함하는 직업의 자유를 뜻한다.」

Ⅰ. 직업선택의 자유

(1) 직업 · 직종선택의 자유

직업 · 직종선택의 자유는 직업이나 직종을 자기 스스로 자유로이 결정하고 선택하는 자유를 말한다. 어떠한 직업이나 직종을 가질 것인지를 마음 속에서 결정하는 내심의 자유와 외부적으로 이를 선택하여 자기의 직업으로 가지는 선택행위의 자유를 포함한다. 이러한 직업 · 직종선택의 자유는 어떠한 직업이나 직종을 선정하는 행위, 이러한 직업이나 직종을 변경하는 행위(예: 憲 1993. 5. 13.-92헌마80; 1996. 4. 25.-92헌바47), 직업을 포기하거나 아무런 직업이나 직종도 가지지 아니할 자유(소극적 직업의 자유)도 포함된다. 소극적 직업의 자유도 인정되기 때문에 국가는 국민에게 직업을 가질 것을 강제할 수 없고, 특정 직업에 종사하게 강제할 수 없다. 법인의 설립행위도 직업선택의 한 방법이 될 수 있다(예: 憲 1996. 4. 25.-92헌바47).

자기가 선택한 직업을 계속하고 유지하는 자유도 직업선택의 자유에 포함된다. 이는 직업을 유지하면서 그 직업상 필요한 직업활동을 하는 것을 내용으로 하는 직업영위의 자유와 개념상 구별된다. 따라서 국가는 어떤 사람이 선택한 직업을 포기하도록 강제하지 못한다. 다만, 종사하는 일의 특성에 따라 다른 직업을 가지는 것이 헌법상 적합하지 않은 경우에는 해당 직업을 포기할 것을 강제할 수 있다(예: 헌법재판소 재판관, 법관, 국회의원 등에 대한 일정한 직업의 포기 및 금지).

직업이나 직종선택의 자유에 근거하여 법률이 특별히 제한하지 아니하는 한 여러 개의 직업이나 직종을 가질 수 있다(예: 憲 1997. 4. 24.-95헌마90).

> [憲 1997.4.24.-95헌마90] 「헌법 제15조는 모든 국민은 직업선택의 자유를 가진다고

규정하고 있는데 그 뜻은 누구든지 자기가 선택한 직업에 종사하여 이를 영위하고 언제든지 임의로 그것을 바꿀 수 있는 자유와 여러 개의 직업을 선택하여 동시에 함께 수행할 수 있는 자유, 즉 겸직의 자유도 가질 수 있다는 것이다.…… 일반적으로 겸직금지규정은 당해 업종의 성격상 다른 업무와의 겸직이 업무의 공정성을 해칠 우려가 있을 경우에 제한적으로 겸직금지규정을 둘 수 있다 할 것이므로 겸직금지규정을 둔 그 자체만으로는 위헌적이라 할 수 없으나, 위 법률조항은 행정사의 모든 겸직을 금지하고 그 위반행위에 대하여 모두 징역형을 포함한 형사처벌을 하도록 하는 내용으로 규정하고 있으므로 공익의 실현을 위하여 필요한 정도를 넘어 직업선택의 자유를 지나치게 침해하는 규정으로 보아야 하기 때문이다.」

(2) 직업교육장선택의 자유

직업교육장선택의 자유는 직업이나 직종을 선택하는데 필요한 교육이나 훈련을 하는 기관이나 장소를 자유롭게 정하는 자유를 말한다. 여기서 말하는 직업교육장이라 함은 직업의 선택에 도움이 되는 교육·훈련기관이나 장소를 의미한다. 각종 직업훈련소, 실습장, 학원, 직업의 선택을 돕는 각종 사회시설, 대학교, 전문학교, 직업학교, 중·고등학교 등이 이에 해당한다.

직업이나 직종을 고르고 선정하며 이에 종사할 능력을 가지기 위해서는 직업교육을 받을 필요가 있는 경우가 있기 때문에 직업교육을 행하는 교육장을 선택할 자유는 직업선택의 자유와 밀접한 연관을 가진다. 개인의 타고난 능력만으로는 직업의 선택이 용이하지 않을 때 국민의 직업선택을 돕기 위하여 국가나 사회가 직업교육장을 설치하기도 한다.

국민이 국가에 대하여 직업교육장을 설치할 것을 청구할 수 있는 권리가 있는가 하는 문제가 있다. 통상의 경우에 직업교육장선택의 자유에는 이러한 청구권이 포함되지 않지만, 직업을 얻을 능력이 없거나 미약한 약자에 대해서는 직업교육장설치의 역량이 있는 한 국가에게 이러한 의무가 발생한다. 이는 헌법 제10조의 국가의 기본권보호의무와 헌법 제15조의 직업의 자유를 근거로 하여 발생하는 의무이다.

II. 직업수행의 자유

직업수행의 자유는 직업영위의 자유(=협의의 직업수행의 자유)와 직장선택의 자유를 말한다.

(1) 직업영위의 자유

직업영위의 자유란 자기가 영위하고 있는 직업에서 직업활동을 할 자유를 말한다. 여기에는 직업활동에 있어서 시간, 장소, 형태, 수단, 조직 등에서의 자유를 포함한다.

여기서는 해당 직업이 영리적인 것이든 비영리적인 것이든 상관이 없다.

기업의 설립, 투자, 광고, 선전, 각종 영업상의 명칭의 결정과 사용, 판매, 유통, 거래, 계약의 체결과 가격의 결정 등 모든 종류의 직업적 행위에서의 자유가 이에 해당한다. 경쟁의 자유도 이에 포함된다(예: 憲 1996. 12. 26.-96헌가18; 2005. 4. 28.-2003헌바40; 2005. 6. 30.-2005헌가1). 따라서 국가가 경쟁을 방해하는 행위는 위헌이다.

> [憲 1996.12.26.-96헌가18] 「직업의 자유는 영업의 자유와 기업의 자유를 포함하고, 이러한 영업 및 기업의 자유를 근거로 원칙적으로 누구나가 자유롭게 경쟁에 참여할 수 있다. 경쟁의 자유는 기본권의 주체가 직업의 자유를 실제로 수행하는 데에서 나오는 결과이므로 당연히 직업의 자유에 의하여 보장되고, 다른 기업과의 경쟁에서 국가의 간섭이나 방해를 받지 않고 기업활동을 할 수 있는 자유를 의미한다.」

직업영위의 자유에는 영업의 자유도 포함된다(예: 憲 1998. 12. 26.-96헌가18). 영업이라 함은 영리추구를 목적으로 하는 자주적인 직업활동을 의미하고, 이러한 영리적인 직업활동에 있어 국가로부터의 간섭과 제재를 배제하는 것을 내용으로 한다. 그러나 영업의 자유가 영업의 독점을 당연히 보장하는 것은 아니다. 영업 가운데도 사회적 · 경제적 연관성이 있고 자유시장질서에 상당한 영향을 미치는 영업의 경우에는 자유롭고 공정한 경쟁과 건전한 시장을 유지하기 위하여 제한을 할 수 있다(자유주의 경제질서).

(2) 직장선택의 자유

직장선택의 자유란 개인이 자기가 선택한 직업을 수행할 수 있는 공간을 선택할 자유를 의미한다. 일할 공간은 고정된 공간이든 유동적인 공간이든 가상의 공간(cyber-space)이든 무관하다.

직장을 선택하는 자유에는 직장을 선정하고 결정하는 자유, 직장을 유지할 자유, 직장을 변경할 자유, 직장을 포기할 자유가 포함된다. 직장선택의 자유는 근로계약을 체결한 근로자 및 자영업자 모두에게 인정된다. 직장의 선택 · 변경 · 포기가 직업의 선택 · 변경 · 포기를 동반하는 경우에는 이는 직업 · 직종선택의 자유에 해당한다.

[270] 제4 효 력

직업의 자유도 다른 기본권과 같이 대국가적으로는 직접적으로 효력을 미친다.

오늘날 사인에 의한 직업의 자유의 침해는 상당히 빈번하게 일어난다. 직업의 자유는 사인 간에도 존중되어야 한다. 다만 직업과 관련된 계약자유와 관련해서는 직업의 자유를 이유로 하여 계약자유를 침해하는 것은 허용되지 않는다. 노동계약상의 특수성은 인정된다. 특히 개인이나 기업의 영업상의 비밀을 침해하거나 직업활동을 방해하는 것은 국가뿐만 아니라 사인에 의해서도 빈번하게 발생할 개연성이 높고 그 피해의 규모도 크다. 이러한 경우에 국가는 영업비밀을 보호하는 법률을 제정하는 것과 같은 조치를 통하여 이를 보호한다. 국가가 이러한 보호를 하지 않을 때는 국민은 입법부작위에 대하여 재판으로 다툴 수 있다.

독일의 경우 독일연방노동법원은 헌법상의 직업의 자유를 사인 간에도 직접 적용하여 왔다. 예컨대 BAGE 1, 185(191ff.); 4, 240(243); 4, 258(260ff.); 13, 168(174ff.); 24, 438(441ff.).

[271] 제5 제한과 그 한계

Ⅰ. 제 한

직업의 자유도 다른 기본권과 마찬가지로 헌법 제37조 제2항에 근거하여 제한하는 것이 가능하다(예: 憲 1996. 3. 28.-94헌바42; 1996. 12. 26.-96헌가18).

그런데 직업의 자유를 제한함에 있어서는 헌법 제37조 제2항이 정하는 과잉금지원칙이 적용되지만, 그 구체적인 적용에서는 직업선택의 자유와 직업수행의 자유에서 각기 그 제한에 있어서 한계가 다르기 때문에 보다 세분화된 단계적인 접근이 필요하다.

직업의 자유의 제한에서는 그 성질상 먼저 직업수행의 자유를 제한하여 목적을 달성할 수 있는지를 살펴야 하고, 그 다음에 직업수행의 자유를 제한하여 그 목적을 달성할 수 없을 때에 한하여 직업선택의 자유를 제한한다. 헌법재판소는 직업수행의 자유에는 입법자의 재량의 여지가 많다고 하고, 그 제한을 규정하는 법령에 대한 위헌여부를 심사하는데 있어서는 직업선택의 자유에 비하여 상대적으로 폭넓은 법률상의 규제가 가능하다고 보아 다소 완화된 심사기준을 적용하고 있다(예: 憲 1993. 5. 13.-92헌마80; 1998. 5. 28.-95헌바18; 2001. 6. 28.-2001헌마132; 2007. 2. 22.-2003헌마428등; 2007. 6. 28.-2004헌마262). 이러한 것은 직업의 선택을 가능한 한 넓게 보장하고 직업의 수행을 제한하여 제한의 목적을 달성하고자 하는 것이다. 직업선택의 자유를 제한함에 있어서는 먼저 기본권의 주체와 관련된 주관적 사유를 가지고 제한을 시도하고, 그러한 방법으로 제한의 목적을 달성할 수 없을 때에 객관적 사유를 가지고 제한을 시도한다(동지: 허영a, 462; 계희열b, 519).

직업의 자유를 제한하는 법리가 이와 같은 구조를 가지고 있다고 보면, 직업의 자유를 제한함에 있어서는 「직업수행의 자유의 제한(제1단계) → 주관적 사유에 의한 직업선택의 자유의 제한(제2단계) → 객관적 사유에 의한 직업선택의 자유의 제한(제3단계)」으로의 단계적인 접근이 요구된다. 직업의 자유의 제한에 있어서 적용되는 이러한 접근법을 「단계이론」(段階理論)이라고 부르기도 하는데, 과잉금지원칙을 적용하는 한 유형이다. 이 「단계이론」은 독일연방헌법재판소에 의해 확립되어 적용되어 왔다. 우리 헌법재판소의 판례는 기본적으로 이러한 단계이론을 고려하는 입장이라고 보인다.

(1) 직업수행의 자유의 제한

(a) 내 용

직업수행의 자유의 제한은 직업을 가지는 것을 금지하거나 박탈하는 결과를 가져오는 직업선택의 자유를 제한하기 이전에 낮은 수준에서 직업수행의 자유를 제한하여 직업의 자유를 제한하여 얻고자 하는 목적을 달성하는 방법이다. 이에는 영업의 장소, 시간, 방법, 내용을 제한하는 방법이 있다.

(b) 판 례

(i) 영업 장소의 제한 직업의 수행에서 공간적 제한을 가하는 방법이다. 이에 관하여 헌법재판소는 다음과 같이 판시하였다. 대학 및 이와 유사한 교육기관의 정화구역 안에 당구장영업을 금지하는 것은 위헌이다(憲 1997. 3. 27.-94헌마196등). 학교정화구역 안에서 극장시설 및 영업을 금하는 학교보건법의 규정은 헌법에 위반된다(憲2004. 5. 27.-2003헌가1등). 주세법에서 탁주의 공급구역을 제한하는 것은 합헌이다(憲1999. 7. 22.-98헌가5). 의료기관의 시설 안 또는 구내의 약국 개설을 금지하는 약사법의 규정은 합헌이다(憲 2003. 10. 30.-2000헌마563). 변호사의 개업지에 대하여 제한하는 것은 위헌이다(憲 1989. 11. 20.-89헌가102). 한약업사의 영업지제한은 합헌이다(憲 1991. 9. 16.-89헌마231).

(ii) 영업 시간의 제한 직업의 수행에서 시간적 제한을 가하는 방법이다. 무도장영업행위를 오전 9시부터 오후 5시까지 할 수 있도록 제한하는 것은 합헌이다(憲 2000. 7. 20.-99헌마455). 학교교과교습학원 및 교습소의 교습시간을 05:00부터 22:00(또는 고등학생의 경우 23:00)까지 규정하고 있는 조례에 대하여 학생이나 그 부모의 인격의 자유로운 발현권, 자녀교육권, 직업의 자유, 평등권을 침해하지 아니한다(기각: 5, 위헌: 4)(憲 2009. 10. 29.-2008헌마635; 2009. 10. 29.-2008헌마454). 심야 시간대에 청소년의 인터넷게임 이용을 제한하는 것은 청소년의 일반적 행동자유권, 부모의 자녀교육권 및 인터넷게임 제공자의 직업수행의 자유를 침해하는 것은 아니다(憲 2014. 4. 24.-2011헌마659).

(iii) 영업 방법의 제한 직업의 수행에서 그 방법에 제한을 가하는 방법이다. 이에 관하여 헌법재판소는 다음과 같이 판시하였다. 노래연습장에 18세 미만의 자가 출입하는 것을 금지하는 것은 합헌이다(憲 1996. 2. 29.-94헌마13). 물리치료사와 임상병리사를 의사의 진료를 지원하는 지위에 있어 의사의 지도하에서만 업무를 담당하도록 정한 의료기사법의 규정은 합헌이다(憲 1996. 4. 25.-94헌마129). 법무사의 사무실에서 일하는 사무원의 수를 제한하는 것은 합헌이다(憲 1996. 4. 25.-95헌마331). 터키탕 안에서 이성의 입욕보조자를 두지 못하게 하는 공중위생법 시행규칙의 규정은 합헌이다(憲 1998. 2. 27.-97헌마64). 담배자판기의 설치를 금지하는 조례의 규정은 합헌이다(憲 1995. 4. 20.-92헌마264등). 식품의 효능에 관하여 의약품과 혼동할 우려가 있는 표시나 광고

를 금지하는 식품위생법의 규정은 합헌이다(憲 2000. 3. 30.-97헌마108). 약국의 셔틀버스운행을 금지한 여객자동차운수사업법의 규정은 합헌이다(憲 2002. 11. 28.-2001헌마596). 교통수단을 이용하여 타인의 광고를 할 수 없도록 정한 옥외광고물등관리법시행령의 규정은 합헌이다(憲 2002. 12. 18.-2000헌마764). 사납금제를 금지하고 월급제로 가기 위하여 택시운송사업자의 운송수입금 전액 수납의무와 운수종사자의 운송수입금 전액 납부의무를 정한 것은 합헌이다(憲 1998. 10. 29.-97헌마345). 약사들이 법인을 구성하여 약국을 개설하는 것을 금지하는 약사법의 규정은 헌법에 위반된다(憲 2002. 9. 19.-2000헌바84). 식품이나 식품의 용기 · 포장에 "음주전후" 또는 "숙취해소"라는 표시를 금지하는 것은 위헌이다(憲 2000. 3. 30.-99헌마143). 「외국인근로자의 고용 등에 관한 법률」에서 사용자가 외국인근로자를 고용함에 있어 직업안정기관의 허가를 받도록 정하고 있는 고용허가제는 합헌이다(예: 憲 2009. 9. 24.-2006헌마1264). 의료인이 의약품 제조자 등으로부터 판매촉진을 목적으로 제공되는 금전 등 경제적 이익을 받는 행위를 처벌하는 의료법 규정은 직업의 자유를 침해하지 않는다(憲 2015. 2. 26.-2013헌바374).

(iv) 영업 내용의 제한　직업의 수행에서 그 내용에 제한을 가하는 방법이다. 이에 관하여 헌법재판소는 다음과 같이 판시하였다. 법률로 변호사에게 전년도에 처리한 수임사건의 건수 및 수임액을 소속 지방변호사회에 보고하도록 규정하는 것은 변호사들의 사건 수임 관련 정보를 투명하게 하기 위하여 변호사가 스스로 구성원이 된 조직으로 하여금 납세와 관련된 변호사의 자기 통제를 할 수 있도록 하여 탈세의 우려를 줄이고 이를 통해 조세행정 전반에 대한 국민적 신뢰를 공고히 하는 것이어서 영업의 자유나 사생활의 비밀을 침해하는 것이 아니다(憲 2009. 10. 29.-2007헌마667. 이에는 영업의 자유와 사생활의 비밀과 자유를 침해한다고 하는 4인의 반대의견이 있다). 법무사의 보수를 대한법무사협회회칙에 정하도록 하고 법무사가 회칙 소정의 보수를 초과하여 보수를 받거나 보수 이외에는 명목 여하를 불문하고 금품을 받는 것을 금지하는 법무사법의 규정은 합헌이다(憲 2003. 6. 26.-2002헌바3). 의료기관의 조제실에서 조제업무에 종사하는 약사로 하여금 의료법에 따라 처방전이 교부된 환자를 위한 의약품의 조제를 금지하는 약사법의 규정은 합헌이다(憲 2003. 10. 30.-2000헌마563). 감정평가업자의 업무범위 등을 제한하고 감정평가법인의 설립을 위한 최소한의 인원을 규정한 것은 합헌이다(憲 1996. 8. 29.-94헌마113). 약사의 기존 한약조제권을 제한하는 것은 합헌이다(憲 1997. 11. 27.-97헌바10). 보석감정사 등에게 밀수품의 감정을 금지하는 관세법의 규정은 합헌이다(憲 1998. 3. 26.-97헌마194). 일반행정사에게 고소 · 고발장의 작성사무를 할 수 없도록 한 법무사법의 규정은 합헌이다(憲 2000. 7. 20.-98헌마52). 국토교통부장관으로부터 표준지공시지가의 조사 · 평가 등 업무 위탁을 받을 수 있는 감정평가법인을 50인 이상 감정평가사를 둔 법인으로 제한하고 있는 것은 합헌이다(憲 2015. 7. 30.-2013헌마536). 주유소인 석유판매업자의 거래상황기록부 보고기한을 매월 1회에서 매주 화요일 1회로 단축한 것은 합헌

이다(憲 2015. 7. 30.-2014헌마13). 현금영수증 의무발행업종 사업자로 하여금 거래건당 30만 원 이상 대금을 현금으로 받은 경우 현금영수증 발급을 의무화하고, 미발급 시 현금영수증 미발급액의 50%에 상당하는 과태료를 부과하는 것은 합헌이다(憲 2015. 7. 30.-2013헌바56등). 입원환자에 대하여 의약분업의 예외를 인정하면서도 의사로 하여금 조제를 직접 담당하도록 한 것은 합헌이다(憲 2015. 7. 30.-2013헌바422). 품목허가를 받지 아니한 의료기기를 수입한 행위를 형사처벌 하도록 한 것은 의료기기 수입업자의 직업수행의 자유를 침해하지 아니한다(憲 2015. 7. 30.-2014헌바6). 상이단체가 수익사업을 운영하면서 하청생산 납품 등 부당한 방법으로 직접 생산하지 아니한 제품을 납품한 경우에 상이단체가 받은 직접생산 확인을 전부 취소하도록 한 것은 직업수행의 자유를 침해하지 않는다(憲 2017. 7. 27.-2016헌가9).

주점의 업주에게 19세 미만의 청소년에게 술을 파는 것을 금지하는 것은 합헌이다(憲 2001. 1. 18.-99헌마555). 당구장을 경영하는 영업주로 하여금 당구장출입문에 18세 미만의 자의 출입의 금지를 반드시 표시하도록 하는 것은 위헌이다(憲 1993. 5. 13.-92헌마80). 법률로 의료인으로 하여금 태아의 성별을 고지하는 것을 금지하는 것은 의료인의 직업수행의 자유를 침해하는 것이어서 위헌이다(憲 2008. 7. 31.-2004헌마1010등). 전문과목을 표시한 치과의원은 그 표시한 전문과목에 해당하는 환자만을 진료하여야 한다는 규정(憲 2015. 5. 28.-2013헌마799), 치과 전문의 자격 인정 요건으로 '외국의 의료기관에서 치과의사 전문의 과정을 이수한 사람'을 포함하지 아니한 규정(憲 2015. 9. 24.-2013헌마197)은 과잉금지원칙에 위배되어 청구인들의 직업수행의 자유를 침해한다.

그런데 유의할 것은 직업수행의 자유를 제한하는 것이 직업선택을 제한하는 것에 비하여 언제나 덜 엄격한 것은 아니라는 점이다. 직업수행의 자유를 제한하는 것처럼 보이더라도 실질에 있어 직업선택의 자유를 제한하는 것과 다를 바가 없는 경우에는 직업선택의 자유를 제한하는 경우와 같이 엄격할 것이 필요하다(예: 大 1994. 3. 8.-92누1728).

[大 1994.3.8.-92누1728] 「직업은 그 종류 · 성질 · 내용 · 사회적 의의 및 영향이 각양각색이어서 그 규제를 요구하는 사회적인 이유나 목적도 천차만별이고 그 중요성도 꼭 같지 않아 직업의 자유에 대한 제한도 구체적인 경우에 따라 다양한 형태를 취하게 되기 때문에 그것이 위헌인지의 여부도 일률적으로 논할 수는 없고 구체적인 제한조치에 관하여 제한의 목적 · 필요성 · 내용과 그것에 의하여 제한되는 직업의 자유의 성질 · 내용 및 제한의 정도 · 방법 등을 검토하고 이들을 비교교량하여 신중하게 결정하여야 할 것이다. 일반적으로 직업의 자유에 대한 제한이 직업의 선택 자체는 제한하지 않으면서 직업활동의 내용이나 태양만을 제한하는 것일 때에는 직업선택의 자유를 제한하는 것보다는 제한의 정도가 가볍다고 할 것이고 따라서 자유를 제한할 수 있는 범위도 커서 비교적 용이하게 제한의 필요성과 합리성을 긍정할 수 있겠지만, 이와 같은 구분도 반드시 절대적인 것은 아니어서, 형식적으로는 직업활동의 자유를 제한하는 것처럼 보이더라도 실질에 있어서는 직업선택의 자유를 제한하는 것과 다를 바가 없을 정도로

직업활동의 자유를 크게 제한할 경우에는 그 제한의 합리성을 쉽게 긍정하여서는 안 되고, 개인의 자유보다 우월한 매우 중요한 공공의 이익을 보호하기 위하여 그와 같은 제한이 필요하다고 인정되는 경우에만 그 제한을 합헌적인 것으로 보아야 할 것이다.」

(2) 주관적 사유에 의한 직업선택의 자유의 제한

(a) 내 용

직업을 선택함에 있어서 직업의 성질상 전문성, 숙련성, 기술성, 공익성 등이 요구되는 특정한 경우에 그 직업을 수행하는데 필요한 일정한 자격, 능력, 경력, 교육 또는 훈련과정의 이수, 시험·전형의 합격 등 자신의 노력으로 일정한 요건을 갖춘 자에게만 직업을 허용하고 그러하지 아니한 경우에는 해당 직업을 가지지 못하게 하는 것이다. 이는 일정한 직업의 경우 그 성격상 이러한 주관적 사유를 충족시켜야 비로소 그 직업이 가지는 본래의 기능을 수행할 수 있기 때문이다. 예컨대 사람의 생명·신체의 안전이나 건강 등에 관한 고도의 전문성을 필요로 하는 의사, 치과의사, 간호사, 약사, 영양사의 경우나 일정한 전문적인 지식이 있어야 해당 업무를 수행할 수 있는 판사, 검사, 변호사, 교사, 공인회계사, 세무사, 법무사, 공인중개사, 노무사 등이 이에 해당한다. 이러한 직업이 제공하는 이익 또는 서비스에 있어서 그 이익이나 서비스를 제공받는 국민들에게 확보되어야 하는 공익이 이를 제공하는 자의 사익보다 크고 중요하기 때문에 이와 같은 제한이 가해진다.

이러한 주관적인 사유에 의한 제한은 개인의 노력에 의해 극복할 수 있기 때문에 객관적인 사유보다 그 제한이 가볍다고 본다. 국민은 누구나 자기의 노력으로 이러한 주관적인 사유를 충족시키면 그 제한을 벗어날 수 있다.

직업선택의 자유에 있어 일정한 시험을 합격하거나 일정한 자격을 취득한 경우에만 해당 직업을 가질 수 있게 하는 것은 주관적 제한사유에 해당하는데, 이러한 경우 입법부 또는 입법부로부터 위임을 받은 행정부가 해당 제도를 마련함에 있어서는 광범한 입법형성의 자유를 가진다(예: 憲 2001. 5. 31.-99헌바94; 2001. 9. 27.-2000헌마152; 2001. 9. 27.-2000헌마208등; 2007. 4. 26.-2003헌마947등; 2007. 5. 31.-2003헌마422).

[憲 2007.4.26.-2003헌마947등] 「영어대체시험제도는 법조 직역이 갖는 공공성과 전문성을 감안하여 그 직업수행에 필요한 학식과 능력에 대한 최소한의 요건을 규정하는 소위 '주관적 전제조건'에 관한 것이다. 한편, 입법부 내지 입법부로부터 위임을 받은 행정부가 일정한 전문분야에 관한 자격제도를 마련함에 있어서는 그 내용이 명백히 불합리하고 불공정하지 않은 한 원칙적으로 입법부 내지 입법부로부터 위임을 받은 행정부에게 광범위한 형성의 자유가 인정되는 것이다.」

(b) 판　　례

헌법재판소는 주관적 사유에 의한 제한과 관련하여 다음과 같이 판시하였다. 일정한 요건을 갖춘 자에 대해서만 변호사의 자격을 부여하는 것(憲 1995. 6. 29.-90헌바43), 변호사의 자격 없이 타인의 권리를 양수하거나 양수를 가장하여 소송·조정 또는 화해 기타의 방법으로 그 권리를 실행함을 업으로 한 자를 형사처벌하는 변호사법의 규정(憲 2004. 1. 29.-2002헌바36), 변호사 아닌 자의 법률사무취급을 포괄적으로 금지하는 변호사법의 규정(憲 2000. 4. 7.-98헌바95등), 사법서사의 자격부여에서 서기직 종사기간을 주사직 종사기간으로 환산하지 아니하는 것(憲 1989. 3. 17.-88헌마1), 법무사가 아닌 자가 등기신청의 대행 등 법무행위를 업으로 하는 것을 금지하고 이를 위반하는 경우에 형사처벌하는 법무사법의 규정(憲 2003. 9. 25.-2001헌마156), 법무사의 자격부여에서 일정한 요건을 부여하는 것(憲 1996. 10. 4.-94헌바32)에 대해서 합헌이라고 판시하였다. 미수복지에서 귀순한 의약업자의 자격취득 시기를 제한하는 것(憲 1998. 2. 27.-96헌바5), 형의 집행유예를 받고 그 기간이 종료한 후 1년이 경과되지 아니한 자에 대하여 세무사자격시험에 응시할 수 없게 정한 세무사법의 규정(憲 2002. 8. 29.-2002헌마160), 건설업자가 「금고 이상의 실형을 선고받고 그 집행이 종료되거나 그 집행이 면제된 날부터 3년이 경과되지 아니한 자 또는 그 형의 집행유예선고를 받고 그 유예기간 중에 있는 자(법인의 경우 임원이 여기에 해당되는 경우 포함)」에 해당하는 경우에 건설업 등록을 필요적으로 말소하도록 정한 구건설산업기본법의 규정(憲 2010. 4. 29.-2008헌가8), 외국의 치과 또는 의과대학을 졸업한 후 우리 국민이 국내 의사면허시험에 응시하기 위해서는 기존의 응시요건에 추가하여 새로 예비시험을 치도록 한 의료법의 규정(憲 2003. 4. 24.-2002헌마611), 제1종 운전면허의 취득요건으로 양쪽 눈의 시력이 각각 0.5 이상일 것을 요구하는 도로교통법시행령의 규정(憲 2003. 6. 26.-2002헌마677), 대학졸업 이상의 학력을 가진 자만이 학원강사가 될 수 있도록 하는 학원의설립·운영및과외교습에관한법률의 규정(憲 2003. 9. 25.-2002헌마519), 운전학원으로 등록하지 않은 자가 대가를 받고 운전교육을 실시하는 것이나 대가를 받고 운전연습시설을 제공하는 것을 금지하는 도로교통법의 규정(憲 2003. 9. 25.-2001헌마447등), 사법시험 제1차시험의 어학과목을 영어로 한정하고 영어대체시험에서 기준점수 이상을 취득하도록 요구하는 사법시험법과 동시행령의 규정(憲 2007. 4. 26.-2003헌마947), 금고 이상의 실형을 선고받고 그 집행이 종료되거나 그 집행이 면제된 날부터 3년이 지나지 아니한 자는 감정평가사가 될 수 없도록 한 것(憲 2009. 7. 30.-2007헌마1037), 금고 이상의 형의 집행유예를 선고받고 그 기간이 경과한 후 2년을 경과하지 아니한 자는 변호사가 될 수 없다고 규정한 것(憲 2009. 10. 29.-2008헌마432)에 대하여 합헌이라고 판시하였다. 뜸시술을 할 수 있는 구사(灸師)의 자격은 보유하고 있지 않지만 침사(針師)의 자격을 가지고 수 십년 간 침술과 뜸시술행위를 해온 자의 경우에 법질서 전체의 정신이나 사회윤리 또는 사회통념에 비추어 용인될 수 있는 특별한 사정이 인정된다고 보아 이 경우 뜸시술행위를 해온 것은 형법상의 정당행위에 해당한다고 판시한 경우가 있다(예: 憲 2011. 11. 24.-2008헌마627). 변호사가 공소제기되어 재판결과 등록취소의 가능성이 큰 경우 업무정지명령을 내릴 수 있도록 규정한 변호사법 규정은 무죄추정의 원칙에 위반되지 않고 직업수행의 자유를 침해하는 것도 아니다(憲 2014. 4. 24.-2012헌바45). 가짜석유제품 제조 및 판매를 이유로 석유판매업 등록이 취소된 경우 2년 동안 같은 시설을 이용하여 석유판매업 등록을 할 수 없도록 한 규정(憲 2015. 3. 26.-2013헌마461)과 금고 이상의 실형을 선고받고 그 집행이 끝나거나 집행이 면제된 날로부터 3년이 지나지 아니한 사람은 행정사가 될 수 없다는 규정(憲 2015. 3. 26.-2013헌마131)은 직업선택의 자유를 침해하지 않는다. 공인중개사가 「공인중개사의 업무 및 부동산 거래신고에 관한 법률」 위반으로 벌금형을 선고받으면, 등록관청으로 하여금 중개사무소 개설등록을 필요적으로 취소하도록 하는 것은 직업선택의 자유를 침해하지는 않는다(憲 2015. 5. 28.-2013헌가7). 개인택시운송사업자의 운전면허가 취소된 경우 개인택시운송사업면허를 취소할 수 있도록 규정한 것이 직업의 자유를 침해하는 것은 아니다(憲 2015. 5. 28. 2013헌바29등). 「학원의 설립 · 운영 및 과외교습에 관한 법률」을 위반하여 벌금형을 선고받은 후 1년이 지나지 아니한 자는 학원설립 · 운영의 등록을 할 수 없도록 규정한 등록결격조항은 직업선택의 자유를 침해한다고 보기 어렵다(憲 2015. 5. 28.-2012헌마653). 사회복지사업 또는 그 직무와 관련하여 횡령죄 등을 저질러 집행유예의 형이 확정된 후 7년이 경과하지 아니한 사람은 사회복지시설의 종사자가 될 수 없도록 규정한 것(憲 2015. 7. 30.-2012헌마1030), 주취 중 운전금지 규정을 3회 이상 위반한 자에게는 그 운전면허를 취소하도록 한 것은 직업의 자유 내지 운전을 하지 않는 일반인의 일반적 행동의 자유를 침해하지 않는다(憲 2006. 5. 25.-2005헌바91; 2010. 3. 25.-2009헌바83; 2014. 2. 27.-2013헌바197; 2015. 11. 26.-2015헌바204).

유료직업소개업(憲 1996. 10. 31.-93헌바14), 근로자공급사업(憲 1998. 11. 26.-97헌바31)을 허가제로 하는 것은 합헌이라고 판시하였다. 직업을 선택하는 영역에 있어 직업의 소개나 근로자의 공급 등이 가지는 공공성 때문이다. 법령에 의한 인 · 허가 없이 장래의 경제적 손실을 금전이나 유가증권으로 보전해줄 것을 약정하고 회비 등의 명목으로 금전을 수입하는 행위를 금지하고 이에 위반하는 경우에 형사처벌하는 유사수신행위의규제에관한법률의 규정(憲 2003. 2. 27.-2002헌바4)은 합헌이라고 판시하였다. 다단계판매업자에 대하여 등록의무를 부과하고, 그 의무를 불이행한 자를 처벌하는 것은 직업선택의 자유를 침해하지 않는다(憲 2015. 7. 30.-2013헌바275).

한편 헌법재판소는 업무범위를 위반한 건축사의 필요적 등록취소(憲 1995. 2. 23.-93헌가1), 치과전문의 자격시험의 미실시(憲 1998. 7. 16.-96헌마246), 여객운송사업자가 지입제의 경영을 한 경우에 필요적으로 사업면허가 취소되도록 한 것(憲 2000. 6. 1.-99헌가11), 행정사법에서 정하는 행정사자격시험의 실시여부를 대통령령으로 시·도지사의 재량사항으로 정하는 것(憲 2010. 4. 29.-2007헌마910), 운전면허를 받은 사람이 자동차등을 이용하여 살인 또는 강간 등 범죄행위를 한 때 운전면허를 필요적으로 취소하도록 하는 것(憲 2015. 5. 28.-2013헌가6), 수상레저안전법상 조종면허를 받은 사람이 동력수상레저기구를 이용하여 범죄행위를 하는 경우에 조종면허를 필요적으로 취소하도록 규정한 것(憲 2015. 7. 30.-2014헌가13) 등에 대해서는 위헌이라고 판시하였다. 또한 법률로 한국방송광고공사와 이로부터 출자를 받은 회사가 아니면 지상파방송사업자에 대해 방송광고 판매대행을 할 수 없도록 한 것(憲 2008. 11. 27.-2006헌마352), 학원설립·운영자 또는 법인의 임원이 「학원의 설립·운영 및 과외교습에 관한 법률」을 위반하여 벌금형을 선고받은 경우 일률적으로 등록의 효력을 잃도록 한 것(憲 2014. 1. 28.-2011헌바252; 2015. 5. 28.-2012헌마653), 「마약류 관리에 관한 법률」을 위반하여 금고 이상의 실형을 선고받고 그 집행이 끝나거나 면제된 날부터 20년이 지나지 아니한 것을 택시운송사업의 운전업무 종사자격의 결격사유 및 취소사유로 정한 것(憲 2015. 12. 23.-2014헌바446등), 성인대상 성범죄로 형을 선고받아 확정된 경우 형의 집행을 종료한 때부터 10년간 의료기관에 취업할 수 없도록 한 것(憲 2016. 3. 31.-2013헌마585등), 성적목적공공장소침입죄로 형을 선고받아 확정된 경우 형의 집행을 종료한 때부터 10년간 아동·청소년 관련기관 등을 개설하거나 취업할 수 없도록 한 것(憲 2016. 10. 27.-2014헌마709), 다른 사람의 자동차 등을 훔친 경우 운전면허를 필요적으로 취소하도록 한 것(憲 2017. 5. 25.-2016헌가6), 청원경찰이 금고 이상의 형의 선고를 받을 경우 당연퇴직되도록 한 것(憲 2018. 1. 25.-2017헌가26), 아동학대 관련 범죄로 형을 선고받아 확정된 경우 형의 집행을 종료한 때부터 10년간 아동관련기관 등을 개설하거나 취업할 수 없도록 한 것(憲 2018. 6. 28.-2017헌마130) 등은 직업선택의 자유를 침해하는 것이라고 판시하였다.

헌법재판소는 과거에 법률로 변호사에게 세무사의 자격을 인정하다가 법률을 개정하여 그 후부터는 세무사의 자격을 인정하지 않는 것은 입법정책적 문제에 해당하여 변호사의 직업의 자유를 침해하는 것이 아니라고 하였다(憲 2021. 7. 15.-2018헌마279등).

(3) 객관적 사유에 의한 직업선택의 자유의 제한

(a) 내 용

직업의 자유를 제한하는 제3단계는 기본권 주체의 주관적인 능력이나 자격 또는 노력에 상관없는 객관적인 조건을 설정하여 이를 충족하는 자에게만 일정한 직업을 인정하고 그러하지 못하는 자에게는 해당 직업을 가질 수 없게 하는 것이다. 예컨대 객관적인 허가조건을 충족시킨 경우에만 허가를 해주어 해당 직업을 가질 수 있게 하는 경우가 이에 해당한다. 이러한 제한은 개인이 자기의 능력만으로 해당 직업을 가질 수 없기 때문에 직업선택의 자유에 대한 가장 강력한 제한이다.

객관적인 사유에 의한 직업선택의 제한은 공익사업이나 위생·풍속에 관한 사업과 같이 자유로이 선택하게 하였을 때 사회의 공공성이나 국가의 정책에 유해한 결과를 가져오거나 그러한 우려가 있는 때 인정된다. 이러한 사업은 국가로부터 특허나 허가를 얻어야 이를 수행할 수 있다. 예컨대 전기나 가스공급사업, 교통운송사업, 석유정제사업, 주류의 제조·판매업, 숙박업, 풍속영업, 식품제조업, 식품접객업 등이 이에 해당한다.

이러한 제한은 특허나 허가와 같이 달성하고자 하는 공익이 월등하게 중요하고 명백하고 확실한 위험을 방지하기 위한 경우에만 허용된다(동지: 허영a, 467; 계희열b, 525). 헌법재판소의 판례도 동일한 취지이다(예: 憲 2002. 4. 25.-2001헌마614). 예컨대 퇴직공직자에 대한 유관사기업체에 취업하는 것의 제한이나(공윤법 §17 ①) 특정 직업을 영위하는 경우에는 다른 직업을 가질 수 없게 하는 경우가 이에 해당한다.

[憲 2002.4.25.-2001헌마614] 「국민은 누구나 자유롭게 자신이 종사할 직업을 선택하고, 그 직업에 종사하며, 이를 변경할 수 있다. 직업선택의 자유는 삶의 보람이요 생활의 터전인 직업을 개인의 창의와 자유로운 의사에 따라 선택케 함으로써 다양한 인격의 발현, 행복추구에 이바지하는 것이므로, 실로 우리 헌법이 지향하는 자유주의적 경제·사회질서의 본질적 요소가 되는 기본적 인권의 하나가 아닐 수 없다. 따라서 직업의 자유를 최대한 보장하는 것이야말로 우리 헌법을 관류하는 이념 가운데 자리하고 있는 기본정신이다. 이러한 헌법정신에서 볼 때 설혹 이를 제한하는 경우라도 반드시 법률로써 하여야 하고 국가안전보장, 질서유지 또는 공공복리 등 정당하고 중요한 공공의 목적을 달성하기 위하여 필요하고 적정한 수단·방법에 의하여서만 가능한 것이다. 이 사건 법률조항은 청구인들과 같이 경비업을 경영하고 있는 자들이나 다른 업종을 경영하면서 새로이 경비업에 진출하고자 하는 자들로 하여금 경비업을 전문으로 하는 별개의 법인을 설립하지 않는 한 경비업과 그 밖의 업종간에 택일하도록 법으로 강제하고 있다. 따라서 이미 선택한 직업을 어떠한 제약 아래 수행하느냐의 관점이나 당사자의 능력이나 자격과도 상관없는 객관적 사유에 의한 이러한 제한은 직업의 자유에 대한 제한 중에서도 가장 심각한 제약이 아닐 수 없다. 따라서 이러한 제한은 월등하게 중요한 공익을 위하여 명백하고 확실한 위험을 방지하기 위한 경우에만 정당화될 수 있다고 보아야 한다.」

(b) 판 례

헌법재판소는 경비업자에게 경비업 이외에 다른 영업을 금지하는 것은 과잉금지원칙에 위반된다고 판시하였고(憲 2002. 4. 25.-2001헌마614), 이미 군법무관으로 임명되어 변호사자격을 취득한 사람이 공무상의 질병·부상으로 인하여 10년간 군법무관으로 근무하지 못하고 전역한 경우에 변호사의 자격을 박탈하는 것도 과잉금지원칙에 위반된다고 하였다(憲 1995. 6. 29.-90헌바43). 국공립사범대학 출신자를 교육공무원에 우선 임용하는 것은 사립사범대학 졸업자 및 교직과정이수자들의 교육공무원에의 취업기회를 사실상 봉쇄하는 것으로 직업선택의 자유를 침해한다고 판시하였고(憲 1990. 10. 8.-89헌마89), 법무사법시행규칙에서 법원행정처장으로 하여금 법무사를 보충할 필요가 없다고 인정하는 때에는 법무사시험을 실시하지 않을 수 있도록 정한 것은 법무사법에 의해 부여된 법무사 자격취득의 기회를 박탈하는 것이어서 직업선택의 자유를 침해한다고 판시하였다(憲 1990. 10. 15.-89헌마178). 검찰총장의 직에서 퇴임한 후 2년 이내에 모든 공직에의 임명과 국·공립대학의 총·학장, 교수 등에도 임명될 수 없게 하는 것은 직업선택의 자유를 침해하는 것이라고 판시하였다(憲 1997. 7. 16.-97헌마26). 헌법재판소는 시각장애인에 한해 안마사의 자격을 인정하도록 한 보건복지부령에 대해 합헌결정을 하였다가(憲 2003. 6. 26.-2002헌가16) 그 후 법률유보원칙 및 과잉금지원칙에 위배된다는 이유로 위헌결정을 하였다(憲 2006. 5. 25.-2003헌마715등). 그러나 동일한 내용을 보건복지부령이 아닌 의료법에 정한 이후에 문제가 된 사안에서 다시 합헌결정을 하였다(憲 2008. 10. 30.-2006헌마1098; 憲 2017. 12. 28.-2017헌가15). 또한 헌법재판소는 법학전문대학원 선발에 있어 전공별·출신대학별로 로스쿨의 입학정원을 3분의 1의 비율을 기준으로 제한하는 것은 직업교육장 선택의 자유 내지 직업선택의 자유를 제한하지만 비례의 원칙에 위배되지 않는다고 판시하였고(憲 2009. 2. 26.-2007헌마1262), 법학전문대학원 설치·운영에 관한 법률이 인가주의와 총입학정원주의를 정하고 있는 것은 대학의 자율성과 국민의 직업선택 자유를 침해하지 아니한다고 판시하였다(憲 2009. 2. 26.-2008헌마370). 금융감독원의 4급 이상 직원에 대하여 퇴직일로부터 2년간 사기업체 등에의 취업을 제한하는 구 공직자윤리법 조항을 합헌으로 보았다(憲 2014. 6. 26.-2012헌마331). 세무사 자격 보유 변호사로 하여금 세무사로서 세무사의 업무를 할 수 없도록 규정한 세무사법 조항(憲 2018. 4. 26.-2016헌가19) 및 세무사 자격 변호사로 하여금 세무조정 업무를 할 수 없도록 규정한 법인세법(憲 2018. 4. 26.-2016헌마54) 조항은 직업선택의 자유를 침해한다고 보았다.

II. 제한의 한계

직업의 자유를 제한하는 경우에도 헌법 제37조 제2항이 정하는 한계를 넘을 수 없다. 그리고 이러한 법리가 구체화된 「단계이론」에 의할 때, 그 단계를 순차적으로 따르지 않고 이를 이탈하여 해당 단계의 제한을 넘어선 경우에는 직업의 자유의 침해가 된다. 「단계이론」에서는 각 단계가 해당 단계에서의 제한의 한계를 설정하는 기준으로 기능한다.

직장·선택의 자유에서 그 제한은 직장이나 직종을 원천적으로 선택할 수 없게 하므로 여기에서 제한의 한계를 넘어서면 곧바로 직업의 자유의 본질적 내용을 침해하는 것으로 된다(동지: 계희열b, 527).

3. 재 산 권

[272] 제1 의 의

Ⅰ. 헌법 규정

헌법 제23조 제1항은 「모든 국민의 재산권은 보장된다. 그 내용과 한계는 법률로 정한다」고 정하여 사유재산제도(私有財産制度)를 정하고 있음과 동시에 재산권(財産權)을 헌법상의 기본권으로 보장하고 있다. 이와 함께 헌법은 제2항에서 「재산권의 행사는 공공복리에 적합하도록 하여야 한다」라고 정하고 있고, 제3항에서 「공공필요에 의한 재산권의 수용·사용 또는 제한 및 그에 대한 보상은 법률로써 하되, 정당한 보상을 지급하여야 한다」라고 하여 헌법에서 재산권을 제한하는 경우와 그 한계를 직접 정하고 있다.

헌법 제23조가 보장하는 재산권은 경제적으로 가치가 있는 모든 권리를 의미한다. 따라서 헌법상의 재산권은 민법상의 소유권보다 넓은 개념으로, 경제적 가치 있는 모든 공법상의 권리와 사법상의 권리를 뜻한다(예: 憲 1999. 4. 29.-94헌바37등).

Ⅱ. 연 혁

근대 초기에 재산권은 전국가적이고 천부적 인권으로 보아 신성불가침의 권리로 간주되었고, 이는 재산권의 절대성과 계약의 자유로서 법적 보장을 받게 되었다. 재산권의 보장과 계약의 자유는 근대 자본주의의 핵을 이루는 원리가 되었고, 자유민주주의 체제의 핵심적 내용을 이루게 되었다. 재산권을 천부적인 권리로 파악한 것은 서양 중세국가의 봉건적 신분관계에서 인간을 자유롭게 하는데 있어 무엇보다 사유재산을 보장하여 재산적 힘으로 신분적 예속을 해소할 필요가 있었던 것이 가장 큰 이유였다. 대표적으로 J. Locke의 인권사상의 중심은 생명·자유·재산(property)으로 나타났고, 이는 최초의 근대헌법인 미합중국연방헌법에서도 전형적으로 나타났으며, 프랑스 인권선언에서는 소유(propriétés)를 「신성불가침의 권리」라고 정하였다(동선언 §17). 재산권의 보장과 계약자유의 보장으로 도시가 발달하고 상공업이 발달하면서 인간사회는 신분사회에서 계약사회로 전환되었다(「신분에서 계약으로」).

그런데 자본주의와 시장경제의 발달과 더불어 자본의 집중, 경기에 따른 경제의 부침, 공업 사회의 도래에 따른 계급분화, 계층간의 갈등, 시장의 실패 등이 심화되면서 점차 재산권과 계약의 자유가 가지는 절대성은 약화되고 그 수정을 요하게 되어, 헌법은 필요한 경우에 국가가 재산권에 대하여 제한을 할 수 있도록 정하게 되었다. 오늘날 국가에서는 재산권도 다른 기본권과 마찬가지로 상대적인 권리로 되었다. 재산권의 상대적인 보장은 예컨대 독일의 1919년 바이마르헌법에서 「소유권은 의무를 수반한다. 그 행사는 공공복리에 이바지하여야 한다」(동헌법 §153③)라는 것으로 나타났다.

바이마르헌법의 재산권 보장의 규정방식은 일본국헌법과 한국헌법에 상당한 영향을 미쳐 거의 유사한 구조로 규정되기에 이르렀다. 헌법 제23조의 구조는 보상의 기준에서 변화가 있었을 뿐 기본적인 구조에서는 1948년헌법 이래 현재까지 그대로 이어져 오고 있는 것이다. 일본국헌법은 제29조 제1항에서 「재산권은 침해되지 아니한다」라고 정하고, 제2항에서 「재산권의 내용은 공공복지에 적합하도록 법률로써 이를 정한다」라고 하고, 제3항에서 「사유재산은 정당한 보상하에 이를 공공을 위하여 사용될 수 있다」라고 정하고 있다. 한국 헌법의 재산권보장의 규정과 기본적으로 동일한 구조이다. 현재 독일 연방헌법은 제14조 제1항에서 「소유권과 상속권은 보장된다. 그 내용과 제한은 법률로써 정한다」라고 정하고, 제2항에서 「소유권은 의무를 수반한다. 그 행사는 공공복리(Wohle der Allgemeinheit)에 이바지하여야 한다」라고 하고, 제3항에서 「공용수용(Enteignung)은 공공복리를 위해서만 허용된다. 공용수용은 보상의 방법과 정도를 정하는 법률 또는 법률의 근거에 의해서만 할 수 있다. 보상은 공공이익(Interesse der Allgemeinheit)과 관계자의 이익에 관한 정당한 형량(gerechter Abwägung)을 통하여 결정하여야 한다. 보상금액에 관한 다툼이 발생한 경우에는 일반법원에 제소한다」라고 정하고 있다.

[273] 제2 법적 성격

헌법 제23조 제1항은 사유재산제도와 재산권을 보장하고 있어, 사유재산의 보장은 헌법상의 제도로서 국가를 기속하는 동시에 개인에게 주관적 권리로서 재산권을 인정하는 것이다(통설). 재산권의 보장은 제도의 보장과 기본권의 보장으로서 양면적인 구조를 취하고 있기 때문에 그 실현에서 주의를 요한다. 사유재산이 제도로 보장되어 있다고 하더라도 객관적인 제도로서의 성격이 재산권의 주관적 권리성을 제약하여서는 안 된다.

헌법재판소는 헌법 제23조의 재산권 보장은 개인이 현재 누리고 있는 재산권을 개인의 기본권으로 보장한다는 의미와 개인이 재산권을 향유할 수 있는 법제도로서의 사유재산제도를 보장한다는 이중적 의미를 가지고 있다고 본다(예: 憲 1993. 7. 29.-92헌바20).

[憲 1993.7.29.-92헌바20] 「재산권보장은 개인이 현재 누리고 있는 재산권을 개인의

기본권으로 보장한다는 의미와 개인이 재산권을 향유할 수 있는 법제도로서의 사유재산제도를 보장한다는 이중적 의미를 가지고 있다. 이 재산권 보장으로서 사유재산제도와 경제활동에 대한 사적 자치의 원칙을 기초로 하는 자본주의 시장경제질서를 기본으로 하여 국민 개개인에게 자유스러운 경제활동을 통하여 생활이 기본적 수요를 스스로 충족시킬 수 있도록 하고 사유재산의 자유로운 이용·수익과 그 처분 및 상속을 보장해 주는 것이다. 이런 보장이 자유와 창의를 보장하는 지름길이고 궁극에는 인간의 존엄과 가치를 증대시키는 최선의 방법이라는 이상을 배경으로 하고 있는 것이다.」

[274] 제3 주　체

헌법은 재산권을 국민에게 인정하고 있다. 대한민국의 국적을 가지는 자연인은 모두 재산권의 주체가 된다. 재산권의 성질이나 경제활동의 질서상 법률정책적으로 일정한 연령에 도달했을 때 해당 권리를 보유·행사하게 할 수 있다. 법인도 재산권의 주체가 된다. 국가와 지방자치단체 등 국가기관도 사경제주체(私經濟主體)로서의 지위를 지니는 범위에서는 재산권의 주체가 된다.

외국인, 다국적자, 무국적자에 대한 재산권은 일반 국민과 달리 제한된 범위에서만 인정된다.

인간이 살아가는데 필수적으로 요구되는 재산(예: 가재도구, 생필품)은 외국인에게도 인정되지만, 나머지를 인정할 것인가 하는 점은 그 나라의 정책에 따라 정해진다. 외국인과 같이 국민이 아닌 자에게 재산권을 인정하는 경우에도 그것이 헌법상의 권리인가 법률상의 권리인가를 구별하는 것이 중요하다. 현재 토지소유권에 대해서는 상호주의를 적용하고 있으나(부동산 거래신고 등에 관한 법률 §7), 이는 우리나라의 법률상의 정책일 뿐이므로 헌법상의 요청이 아니다.

[275] 제4 내　용

Ⅰ. 사유재산제도의 보장

(1) 사유재산

사유재산이라 함은 사적 유용성을 가지고 있는 일체의 물건·이익을 말한다. 이러한 사유재산은 기본적으로 경제적 가치가 있는 것이지만 시장에서의 경제적 가치가 없는 것(예: 개인의 수집품, 부모의 친필서신·유품 등)도 포함된다. 경제적 가치는 노동에 의해서만 생산·창출되어야 하는 것은 아니고 일체의 경제활동에 의하여 생산·창출되는 것이면 무엇이든 사유재산으로 인정된다.

사유재산권을 결정함에 있어서는 재산에 관한 권리의 종류는 묻지 아니한다. 민법상의 각종 물권(예: 憲 2007. 5. 31.-2005헌바60) 및 각종 채권, 상속권, 그 이외에 각종 특별법상의 광업권,

어업권, 수렵권 등뿐만 아니라 공법상의 보상청구권(예: 憲 2004. 2. 26.-2001헌마718), 각종 연금 수급권, 손실보상청구권, 형사보상청구권, 급여수급권(예: 憲 2002. 7. 18.-2000헌바57; 2007. 3. 29.-2005헌바33) 등은 사유재산권으로 보장된다. 헌법 제22조는 지식재산권에 대하여 특별히 보호하고 있다.

오늘날과 같이 지식재산권의 보호가 일반화되어 있고 그에 대한 법률이 정비되어 있는데, 헌법에서 다른 재산권과 구별하여 이를 특별히 규정하여야 할 필요가 있는지는 의문이다.

헌법재판소는 민법상의 손해배상청구권을 재산권에 해당한다고 판시하였다(예: 憲 2007. 8. 30.-2005헌가25; 2015. 12. 23.-2010헌마620은 대일항쟁기강제동원자지원법상의 위로금은 국외강제동원 희생자와 그 유족이 받은 손해를 보상 내지 배상하는 것이라기보다는, 인도적 차원의 시혜적인 금전 급부이므로 재산권의 대상에 포함된다고 하기 어렵다고 하였다). 또한 헌법재판소는 공무원연금법상의 퇴직급여를 받는 급여수급권을 헌법 제23조 제1항이 보장하는 재산권이라고 판시하였다(예: 憲 2002. 7. 18.-2000헌바57; 2007. 3. 29.-2005헌바33).

헌법 제23조 제1항에서 보장하는 재산권은 사적 유용성과 그에 대한 원칙적 처분권을 내포하는 재산가치가 있는 구체적 권리를 뜻하기 때문에 단순한 기대이익, 반사적 이익, 경제적 기회, 재화획득에 관한 기회 등은 재산권에 속한다고 볼 수 없다(예: 憲 1996. 8. 29.-95헌바36; 1997. 11. 27.-97헌바10; 1998. 7. 16.-96헌마246; 1999. 4. 29.-96헌바55; 2007. 5. 31.- 2006헌바49; 2007. 7. 26.-2003헌마377; 2014. 2. 27.-2012헌바424는 종전의 조세우대조치를 반사적 이익으로 보았다).

[憲 2007.7.26.-2003헌마377] 「헌법상 보장된 재산권은 사적 유용성 및 그에 대한 원칙적인 처분권을 내포하는 재산가치 있는 구체적인 권리이므로, 영리획득의 단순한 기회나 기업활동의 사실적·법적 여건은 기업에게는 중요한 의미를 갖는다고 하더라도 재산권보장의 대상은 아니라고 할 것이므로……」

[憲 2015.7.30.-2014헌가7] 「(학교안전공제회가 관리·운영하는 학교안전공제 및 사고예방)기금은 학교안전공제 사업 등에 필요한 재원을 확보하고, 공제급여에 충당하기 위하여 설치 및 조성되는 것으로서 학교안전법령이 정하는 용도에 사용되는 것일 뿐, 각 공제회에 귀속되어 사적 유용성을 갖는다거나 원칙적 처분권이 있는 재산적 가치라고 보기 어렵고, 공제회가 갖는 기금에 대한 권리는 법에 의하여 정해진 대로 운영할 수 있는 법적 권능에 불과할 뿐 사적 이익을 위해 권리주체에게 귀속될 수 있는 성질의 것이 아니므로, 이는 헌법 제23조 제1항에 의하여 보호되는 재산권에 해당되지 않는다.」

일반적으로 재산권은 경제적인 가치를 가지는 모든 권리를 의미하지만, 그 재산의 성격에 따라 법적 권리의 범위와 내용에서는 차이를 가진다. 예컨대 토지재산권은 모든 경제적·사회적 활동에 필수불가결하다는 점(공익성), 원칙적으로 생산이 불가능하며(유한성), 토지 인근의 사람들에게 많은 영향을 미치고(상린관계성), 필요한 경우 특정 토지의 사용을 회피할 방법이 없다는 점(비대체성)에서 다른 재산에 비해 사회성, 공공성이 강하게 요구되고 있다(예: 憲 1989. 12. 22.-88헌가13; 1998. 12. 24. -89헌마214등; 1999. 4. 29.-94헌바37등).

[憲 1999.4.29.-94헌바37등] 「헌법 제23조 제1항 제2문은 재산권은 보장하되 "그 내용과 한계는 법률로 정한다"고 규정하고, 동조 제2항은 "재산권의 행사는 공공복리에 적합하도록 하여야 한다"고 규정하여 재산권 행사의 사회적 의무성을 강조하고 있다. 이러한 재산권 행사의 사회적 의무성은 헌법 또는 법률에 의하여 일정한 행위를 제한하거나 금지하는 형태로 구체화될 것이지만, 그 정도는 재산의 종류, 성질, 형태, 조건 등에 따라 달라질 수 있다. 따라서 재산권 행사의 대상이 되는 객체가 지닌 사회적인 연관성과 사회적 기능이 크면 클수록 입법자에 의한 보다 더 광범위한 제한이 허용된다고 할 것이다. 즉, 특정 재산권의 이용이나 처분이 그 소유자 개인의 생활영역에 머무르지 아니하고 일반 국민 다수의 일상생활에 큰 영향을 미치는 경우에는 입법자가 공동체의 이익을 위하여 개인의 재산권을 규제하는 권한을 더욱 폭넓게 가진다. 그런데 토지는 원칙적으로 생산이나 대체가 불가능하여 공급이 제한되어 있고, 우리나라의 가용토지 면적은 인구에 비하여 절대적으로 부족한 반면에, 모든 국민이 생산 및 생활의 기반으로서 토지의 합리적인 이용에 의존하고 있으므로, 그 사회적 기능에 있어서나 국민경제의 측면에서 다른 재산권과 같게 다룰 수 있는 성질의 것이 아니므로 공동체의 이익이 보다 더 강하게 관철될 것이 요구된다고 할 것이다.」

이에 헌법은 토지에 대하여 특별한 보호를 규정하고 있다(헌법 §120 ②, §122). 다양한 성격의 재산은 재산권의 주체에서도 차이가 있을 수 있다.

(2) 생산수단의 사유 보장

재산권의 보장이 제도보장의 성격을 가진다는 것은 개인의 자유와 창의를 극대화시키는데 필요한 생산수단의 사적 소유가 그 핵심적 내용이 된다. 이는 재산이 단순히 소비에 불가결한 재화에 그치는 것이 아니라 부가가치를 창출할 수 있는 것으로서 보장되는 것이다. 재산은 단순히 생활에 필수불가결한 의식주의 해결 수단으로 의미를 가지는 것에 그치는 것이 아니고 개인의 창의와 자유를 신장하고 행복을 추구할 수 있는 삶의 기반을 이루는 것으로 의미를 가진다. 이는 개인의 자유와 창의를 인정하지 않는 공산주의 경제질서의 핵심이 생산수단의 국유에 있음을 고려하면 분명하게 드러난다.

Ⅱ. 사유재산권의 보장

(1) 사유재산에 대한 권리

사유재산권의 보장은 재산을 보유, 사용, 수익, 처분할 수 있는 권능을 개인에게 보장한다는 의미이다. 따라서 사유재산권은 국가에 대한 방어적인 개인적 권리로서의 성질을 지닌다. 헌법은 다른 기본권과 달리 재산권의 내용과 한계를 법률로 정하는 것으로 하고 있어 다른 방어적 기본권보다 상대적으로 사회의존성의 제약이 많은 기본권이다. 그러나 입법으로 재산권의 내용과 한계를 형성할 수 있다고 하여 입법자의 자유재량에 재산권의 내용이 전적으로 맡겨져 있는 것이 아니라, 헌법상의 가치인 개인의 개성의 신장, 경제활동의 자유, 경제활동을 통한 행복의 추구, 창의성의 극대화를 목적으로 입법이 행해져야 한다. 따라서 헌법 제23조 제1항의 「법률」은 헌법에 합치하는 법률을 말하고, 헌법에서 정하는 한계 내에서의 법률을 말한다(동지: 계희열b, 535).

재산권이 사유재산에 대한 개인의 주관적 권리이기 때문에 법률에 의하지 않는 재산권의 제한은 금지되고, 기득권의 보호와 생활의 안정을 위하여 소급입법에 의해 재산권이 제한되거나 박탈될 수 없으며, 부득이하게 공공필요에 의해 재산권을 제한하는 경우에도 반드시 정당한 보상을 요구할 수 있는 권리가 발생한다.

재산권의 보장은 재산권을 적극적으로 보유, 사용, 수익, 처분할 수 있는 권리를 보장하는 것인 동시에 이러한 권리행사를 하지 아니할 소극적인 권리도 보장하는 것을 의미한다. 따라서 국가는 재산권의 행사를 강제할 수 없다.

(2) 소급입법에 의한 재산권박탈의 금지

헌법 제13조 2항은 "모든 국민은 소급입법에 의하여……재산권을 박탈당하지 아니한다"라고 하여 소급입법에 의한 재산권 박탈을 금지하고 있는바, 이는 개인의 삶의 경제적 기반을 이루는 재산활동에 있어 이미 완성된 사실을 존중하고 기득권을 보호하는 것이다. 따라서 법률로 재산권을 제한하는 경우에는 이러한 범위 내에서 한계가 있다.

헌법재판소는 소급입법을 진정소급입법과 부진정소급입법으로 구분하여 원칙적으로 진정소급입법은 위헌이라고 하고, 부진정소급입법은 합헌이라고 하고 있으면서도, 이러한 엄격한 구별을 지양하는 입장을 보이고 있다([76]IV(4)).

헌법재판소는 「친일반민족행위자 재산의 국가귀속에 관한 특별법」에서 러일전쟁 개전시부터 1945년 8월 15일까지 친일반민족행위자가 취득한 재산을 친일행위의 대가로 취득한 재산으로 추정하고 이를 국가의 소유로 하도록 한 규정의 위헌성이 다투어진 사건(예: 憲 2011. 3. 31.-2008헌바141 등; 2011. 11. 24.-2009헌바292) 및 「일제강점하 반민족행위 진상규명에 관한 특별법」의 위헌성이 다투어진 사건에서, 이는 진정소급입법에 해당하지만 소급입법을 예상할 수 있었던 예외적인 사안이고, 진정소급입법을 통해 침해되는 법적 신뢰는 심각하다고 볼 수 없는 데 반하여, 이를 통해 달성되는 공익적 중대성은 압도적이라고 할 수 있으므로 진정소급입법이 허용되는 경우에 해당하기 때문에 진정소급입법이라는 이유만으로 위헌이라 할 수 없다고 본다(예: 憲 2011. 3. 31.-2008헌바111). 이러한 법정의견에 대하여 소급입법에 해당하여 위헌이라는 반대의견이 있다.

헌법재판소는, 부당환급받은 세액을 징수하는 근거규정인 법인세법 부칙 개정조항을 개정조항이 시행되기 전에 환급세액을 수령한 부분에까지 사후적으로 소급하여 적용하는 것은 진정소급입법에 해당하고, 진정소급입법을 예외적으로 허용할 수 있는 특단의 사정이 없으므로, 소급입법 과세금지원칙에 위반된다고 판단하였다(憲 2014. 7. 24.-2012헌바105).

(3) 재산권과 국가의 과세

세금은 국가가 개인에 대하여 보상 없이 일방적으로 부과하는 재산상의 부담이므로 재산권의 보장과 충돌할 가능성이 농후하다. 세금은 공동체의 구성원이 공동체의 유지·운영을 위하여 필수불가결하게 요구되는 재정확보의 수단이고, 이를 부담하는 자는 그 공동체의 구성원이므로 국가의 과세는 재산권을 침해하지 아니한다. 그리고 이러한 과세에 대한 조세의 납부를 국민의 헌법상의 의무로 정하고 있는 이상 재산권으로 이러한 납세의무에 대항할 수 없다([365] I (1)). 따라서 국민의 재산권은 납세에 의하여 국가에 공여하는 재산을 제외한 부분에서만 인정된다.

그런데 유의할 것은 과세가 국가의 재정충당을 목적으로 하는 것이 아니고 물가안정, 경제조정, 복지정책, 특정 사업의 재원 마련 등 다른 수단으로 동원되는 경우에는 이에 응하여야 하는 것이 헌법상의 납세의무의 내용에 해당하지 않기 때문에 이런 경우의 과세는 국민의 재산권에 대한 제한의 문제가 발생한다.

그리고 헌법상의 의무로 부과되는 납세의무도 의무의 부과에는 과잉금지가 요구되고 재산권을 부정하는 것이어서는 안 되는 한계를 가지므로 그 범위에서는 재산권으로 보장된다. 조세에 대하여 법치주의를 적용하여 과세를 헌법적 원리로 제한하는 것도 재산권의 보장과 관계가 있다.

헌법재판소도 재산에 대한 과세가 당해 재산을 보유, 사용, 수익, 처분을 불가능하게 만들고 사실상 수용에 이르게 되는 경우에는 헌법적으로 정당화된다고 볼 수 없다고 본다(예: 憲 1997. 12. 24.-96헌가19; 2002. 12. 18.-2002헌바27; 2001. 12. 20.-2001헌바25; 2001. 6. 28.-99헌바54). 상속세의 경우에 헌법에서 보장하고 있는 상속제도를 형해화하는 수준에 이르면 이는 위헌이다.

[憲 2007.5.31.-2005헌바60] 「일반적으로 조세채무는 법률에서 정한 과세요건을 충족함으로써 추상적으로 성립하고, 각 세목의 당해 세법이 정하는 바에 따라 과세표준과 세액을 납세의무자가 신고하거나 또는 정부가 이를 결정함으로써 구체적으로 확정되며, 이를 기초로 하여 조세채무의 이행으로서 납부 또는 징수를 하게 된다. 이와 같이 조세채권은 통상 그 성립으로부터 이행에 이르기까지 상당한 시일이 소요되므로 그 중 어느 시기를 기준으로 전세권, 저당권 등에 의하여 담보된 채권과의 우열을 가릴 것인

지가 문제로 된다. 그런데 전세권, 저당권 등의 담보권은 등기나 등록을 하여야 비로소 성립하여 효력을 발생하므로 그 효력발생시기가 명확하나 조세채권에 관하여는 그와 같은 특별한 공시방법이 없으므로, 만약 담보권을 취득하려는 자가 조세의 부담 여부를 전혀 예측할 가능성이 없는 시기나 또는 과세관청이 임의로 정하는 시기를 기준으로 그 조세채권이 담보권에 우선할 수 있다고 한다면 이는 재산권인 담보권의 본질적인 내용을 침해하거나 그 내용을 과도하게 제한하는 것임과 동시에 사법상 담보물권제도의 근간을 흔드는 것이 될 수 있다. 따라서 조세채권과 담보권 사이의 우열을 가리는 기준은 결국 '조세징수의 확보'와 '사법질서의 존중'이라는 두 가지 공익목적의 합리적 조정을 이루는 선에서 법률로써 명확하게 정하여야 하고, 과세관청 등에 의하여 임의로 변경될 수 없는 시기이어야 할 것이다. 다만 그 구체적인 기준시기는 입법자가 위에서 밝힌 기준시기에 대한 원칙을 지키는 한 그의 합리적인 판단에 의하여 정할 입법재량에 속한다고 할 것이므로 특별한 사정이 없는 한 이를 헌법에 위반된다고 할 수는 없다 할 것이다.」

(4) 특별부담금의 문제

특별부담금은 조세의 납부의무자인 국민들 중 일부가 추가적으로 부담하는 공과금이다. 과세와는 달리 전국민을 대상으로 하고 있지는 않으나 특정 분야의 국민에 대한 재산권에 대한 부담이라는 점에서는 과세와 유사성을 가지므로, 재산권의 보장과 관련하여 기본권 제한의 한계를 준수하는 범위 내에서 부과되어야 헌법적 정당성을 가질 수 있다.

헌법재판소는 부담금을 그 부과의 목적과 기능에 따라 순수하게 재정조달의 목적만을 가지는 재정조달목적의 부담금과 재정조달목적뿐 아니라 부담금의 부과 자체로 추구되는 특정한 사회·경제적 정책실현을 목적으로 하는 정책실현목적의 부담금으로 구분하고, 전자의 경우에는 추구되는 공적 과제가 부담금의 지출 단계에서 비로소 실현되고, 후자의 경우에는 추구되는 공적 과제의 전부 또는 일부가 부담금의 부과 단계에서 이미 실현된다고 본다(예: 憲 2007. 5. 31.-2005헌바47).

그리고 국가가 이러한 부담금을 국민에게 부과하는 헌법적 근거를 헌법 제37조 제2항, 제40조, 제119조, 제120조, 제122조에서 구하고, 부담금의 부과는 기본권 제한의 범주에 해당한다고 보되, 헌법적 근거에 의하여 부담금제도의 설정이 허용된다고 하더라도 부담금의 종류에 따라 구체적인 사정이 고려되어야 한다고 본다(예: 憲 2005. 3. 31.-2003헌가20; 2007. 5. 31.-2005헌바47). 부담금의 부과는 성질상 재산권 제한에 해당하기 때문에 평등원칙, 과잉금지원칙과 같은 헌법상 인정되는 기본권 제한의 한계는 당연히 부담금의 부과에도 적용된다(예: 憲 2004. 7. 15.-2002헌바 42; 2007. 5. 31.-2005헌바47). 부담금은 국민의 재산권을 제한하여 일반 국민이 아닌 특별한 의무자집단에 대하여 부과되는 특별한 재정책임이므로, 납부의무자들을 일반 국민이나 다른 집단과 달리 취급하여 이들을 불리하게 대우함에 있어서는 합리적인 이유가 있어야 하며, 자의적인 차별은 부담금 납부의무자들의 평등권을 침해하는 것이다(예: 憲 2004. 7. 15.-2002헌바42; 2005. 3. 31.-2003헌가20; 2007. 12. 27.-2006헌바25).

[憲 2007.5.31.-2005헌바47] 「모든 국민의 재산권은 헌법상 보장되므로(헌법 제23조 제1항) 국민에게 조세 외의 재산상의 부담을 부과할 경우 이에 대한 헌법적 근거가 필요하다고 할 것인데, 우리 헌법은 국가의 특별한 공익사업의 수행을 위하여 필요한 입법권한을 입법자에게 포괄적으로 부여하고 있을 뿐 아니라(헌법 제40조, 제119조, 제120조, 제122조 등), 기본권에 관한 일반적 유보조항을 두고 있으므로(헌법 제37조 제2항) 공공복리를 위하여 필요한 경우 법률로써 국민의 자유와 권리를 제한할 수 있으며, 이는 부담금 부과에 의한 재산권의 제한에도 적용된다 할 것이다. 따라서 법률에 의한 부담금제도의 설정은 헌법이 허용하는 기본권 제한의 범주에 포함된다고 할 것이지만, 위와 같은 헌법적 근거에 의하여 부담금제도의 설정이 허용된다고 하더라도 부담금의 종류에 따라 구체적인 사정이 고려되어야 한다.」

헌법재판소는 재정충당목적의 특별부담금이 헌법적으로 정당화되기 위한 요건으로 일반인과 구별되는 동질성을 지녀 특정집단이라고 이해될 수 있는 사람들에게만 부과되어야 하고(집단의 동질성), 특별부담금의 부과를 통하여 수행하고자 하는 특정한 경제적, 사회적 과제와 특별히 객관적으로 밀접한 관련성이 있어야 하고(객관적 근접성), 그러한 과제의 수행에 관하여 조세외적 부담을 져야 할 책임이 인정될 만한 집단에 대해서만 부과되어야 하며(집단의 책임성), 특별부담금의 수입이 특별부담금 납부의무자의 집단적 이익을 위하여 사용되어야 할 것(집단의 효용성)을 들고 있다(예: 憲 1998. 12. 24.-98헌가1; 1999. 10. 21.-97헌바84; 2003. 1. 30.-2002헌바5; 2003. 12. 18.-2002헌가2). 다만, 재정충당목적 특별부담금의 경우 이러한 요건들의 일부가 완화되어 적용될 수 있다.

[憲 2003.12.18.-2002헌가2] 「국민의 재산권이나 조세평등을 해할 우려가 있는 재정충당목적의 특별부담금은 헌법 제11조상의 평등원칙과 헌법 제37조 제2항상의 과잉금지원칙으로부터 도출되는 다음과 같은 헌법적 정당화 요건을 갖추어야 하고 그렇지 못한 경우에는 국민의 재산권을 침해하여 위헌이 될 것이다. 특별부담금은 조세의 납부의무자인 일반국민들 중 일부가 추가적으로 부담하는 또 하나의 공과금이므로 국민들 사이의 공과금 부담의 형평성 내지 조세평등을 침해하지 않기 위해서는 특별부담금은, 일반인과 구별되는 동질성을 지니어 특정집단이라고 이해할 수 있는 그러한 사람들에게만 부과되어야 하고(집단의 동질성), 특별부담금의 부과를 통하여 수행하고자 하는 특정한 경제적·사회적 과제와 특별히 객관적으로 밀접한 관련성이 있어야 하고(객관적 근접성), 그리하여 그러한 과제의 수행에 관하여 조세외적 부담을 져야 할 책임이 인정될 만한 집단에 대해서만 부과되어야 할 것이며(집단의 책임성), 특별부담금의 수입이 특별부담금 납부의무자의 집단적 이익을 위하여 사용되어야 할 것(집단의 효용성)이다. 다만 재정충당목적의 특별부담금인 경우

구체적인 사안별로 위와 같은 헌법적 정당화 요건은 일정 부분 완화될 수도 있지만 적어도 객관적 근접성과 집단적 책임성은 특별부담금의 본질적인 허용요건이라고 보아야 할 것이다. 나아가 재정충당목적이 전혀 없는 순전한 유도적 특별부담금인 경우와, 재정충당의 목적과 유도의 목적이 혼재된 특별부담금의 경우에는 구체적인 사안별로 위와 같은 헌법적 정당화 요건은 일정 부분 요청되지 않을 수도 있을 것이다. 이렇게 특별부담금에 관하여 그 허용한계를 설정하는 것이, 헌법상 예정되어 있지 않은 국가재정충당의 행위형식인 특별부담금에 의하여, 국민의 재산권이 침해되는 것을 막는 것이 되어 재산권을 보장하는 헌법정신에 충실하게 되는 것이고 조세평등을 추구하는 헌법의 이념에 부합하게 되는 것이며 특별부담금의 예외성과 최소성의 원칙에도 부합하는 것이 될 것이다.」

헌법재판소는 정책실현목적의 부담금은 개별행위에 대한 명령 · 금지와 같은 직접적인 규제수단을 사용하는 대신 부담금이라는 금전적 부담의 부과를 통하여 간접적으로 국민의 행위를 유도하고 조정함으로써 사회적 · 경제적 정책목적을 달성하고자 하는 것이고, 이를 이용하는 것이 보다 효과적인 경우가 많기 때문에 부담금을 사회적 · 경제적 정책을 실현하는 수단으로 이용하는 것 자체가 곧바로 헌법에 위반되는 것은 아니라고 판시하였다(예: 憲 1998. 12. 24. 98헌가1; 2007. 5. 31.-2005헌바47).

그런데 정책실현목적의 부담금에서는 재정조달목적의 부담금과 달리 납부의무자와 일반인과의 사이에 차별대우하는 것이 아닌가 하는 문제가 발생한다. 일반인은 정책실현목적의 부담금을 부담하지 않는데, 왜 납부의무자는 정책실현목적의 부담금을 부담하여야 하는지가 정당화되어야 한다. 헌법재판소는 정책실현목적의 부담금의 경우 '재정조달 이전 단계에서 추구되는 특정 사회적 · 경제적 정책목적과 부담금의 부과 사이에 존재하는 상관관계'가 차별에 대한 합리성 판단의 기준이 된다고 본다(예: 憲 2004. 7. 15.-2002헌바42; 2007. 5. 31.-2005헌바47).

[憲 2007.5.31.-2005헌바47] 「정책실현목적 부담금은 개별행위에 대한 명령 · 금지와 같은 직접적인 규제수단을 사용하는 대신 부담금이라는 금전적 부담의 부과를 통하여 간접적으로 국민의 행위를 유도하고 조정함으로써 사회적 · 경제적 정책목적을 달성하고자 하는 것이고, 이를 이용하는 것이 보다 효과적인 경우가 많기 때문에 부담금을 사회적 · 경제적 정책을 실현하는 수단으로 이용하는 것 자체가 곧바로 헌법에 위반되는 것은 아니다. 그러나 적어도 정책실현목적의 부담금이 사회적 · 정책적 목적을 실현하는 데 적절한 수단이 되어야 함은 물론이고 법 앞의 평등원칙에서 파생되는 공과금 부담의 형평성을 벗어나서도 안 될 것이다.……'재정조달의 대상인 공적 과제와 납부의무자 집단 사이에 존재하는 관련성'이 중시되는 재정조달목적 부담금과 달리, 이 사건 훼손부담금과 같은 정책실현목적 부담금의 경우 '재정조달 이전 단계에서 추구되는 특정

사회적·경제적 정책목적과 부담금의 부과 사이에 존재하는 상관관계'가 차별에 대한 합리성 판단의 기준이 될 것이다. 즉 훼손부담금의 부과를 통하여 달성하려고 하는 개발제한구역의 훼손방지 및 보전이라고 하는 공적 과제에 청구인 등 납부의무자 집단이 특별히 근접한 관계에 있는지 여부와 훼손부담금의 부과를 통하여 일반 납세자에 비하여 부담금의 납부의무자에게 특별한 재정책임을 묻는 것이 합리적인지 여부에 달려 있다고 할 것이다.」

Ⅲ. 재산상속의 보장

헌법상 사유재산제도가 보장되는 경우에 상속제도는 보장되는 것인가? 통상 사유재산제도를 인정하는 체제에서는 상속제도(相續制度)를 인정한다. 이를 분명히 하기 위해서 헌법에서 상속제도의 보장을 명시하기도 한다. 예컨대 독일연방헌법은 「소유권과 상속권은 보장된다. 내용과 한계는 법률로 정한다」라고 규정하고 있다(독일연방헌법 §14①).

우리 헌법은 이에 대하여 명시적으로 정하고 있지 않지만, 헌법이 정하고 있는 재산권의 보장에 사유재산의 처분과 함께 사인에게 재산을 상속하는 것도 포함된다. 헌법재판소도 이를 인정하고 있다(예: 憲 1989. 12. 22.-88헌가13). 사유재산권 보장의 내용을 이루는 「사유재산에 대한 처분의 자유」에 의하여 유언(遺言)에 의한 재산상속이 인정된다.

그런데 재산상속의 경우에 피상속자의 유언이 없는 경우에 일정한 가족이나 친족이 재산을 상속하는 법정상속(法定相續)은 헌법상 보장되는 것인가, 법률상 보장되는 것인가 하는 문제가 있다. 피상속자의 재산에 대하여 가족이나 친족이 재산을 상속할 권리는 헌법상 인정되는 것인가, 법률상 인정되는 것인가 하는 문제이다. 유언에 의한 상속이 인정되는 점과 상속은 사인 간에만 행해지는 것이며 사인과 국가 간에는 상속이 있을 수 없는 점, 이러한 상황에서 피상속인의 유언이 없다고 하더라도 제1차적으로는 가족이나 친족에게 재산을 양도하려는 것이 피상속인의 의사일 것이라는 점, 헌법이 혼인과 가족제도를 헌법상의 제도로 인정하고 있고 이러한 가족제도에 기초한 가족이나 친족이 피상속자의 재산을 향유할 권리를 1차적으로 가진다는 점에서 재산상속에 대하여 피상속자의 유언이 없는 경우에 가족이나 친족이 상속권을 가지는 것은 헌법 제23조 제1항의 재산권의 보장과 제36조 제1항의 혼인·가족제도의 보장에 의하여 인정되는 것이다. 다만, 이 경우에 재산을 상속하는 가족이나 친족의 범위를 어떻게 정할 것인가는 상속제도의 본질을 침해하지 않는 범위 내에서 입법자는 형성의 자유를 가진다.

이와 관련하여 재산상속에서 유류분제도(遺留分制度)가 헌법상 인정될 수 있는 것인가 하는 점이 문제가 된다. 즉 유류분제도는 재산상속에 있어 유언의 자유를 침해하는 것이 아닌가 하는 점이다. 유류분제도는 가족이나 친족의 상속권을 인정하는 경우에 본질필연적으로 도출되는 것이 아니다. 이는 법률정책적으로 정할 수 있다. 유류분제도를 법률로 인정하는 경우에 이는 재산의 상속에서 가족이나 친족의 상속권을 보장하는 동시에 헌법 제23조 제1항의 재산권의 보장과 제36조 제1항의 혼인·가족제도의 보장에 의하여 보호되는 가치를 더 두텁게 하고자 하는 것이므로 헌법에 위반되는 것은 아니라고 할 것이다.

헌법재판소는 민법이 정하고 있는 유류분제도의 합헌성을 인정하고 있다(憲 2010. 4. 29.-2007헌바144).

[憲 2010.4.29.-2007헌바144] 「유류분제도는 피상속인의 재산처분의 자유·유언의 자유와 근친자의 상속권확보에 의한 생활보장의 필요성과의 타협의 산물로 입법화된 것으로, 피상속인의 재산처분행위로부터 유족들의 생존권을 보호하고, 법정상속분의 일정비율에 상당하는 부분을 유류분으로 산정하여 상속재산형성에 대한 기여, 상속재산에 대한 기대를 보장하려는 것이 유류분제도의 입법취지이다.」

그런데 유류분제도는 한편으로 유언에 의한 재산상속을 제한하는 것에 해당되므로 헌법 제37조 제2항의 공공복리에 의한 기본권제한에 해당한다. 따라서 유류분제도가 유언에 의한 재산상속을 형해화화는 것은 허용되지 않는다. 유류분제도를 구체화함에 있어 입법형성의 자유는 이 범위 내에서 한계를 가진다.

[276] 제5 효 력

헌법 제23조 제1항이 정하는 재산권은 대국가적으로 직접 효력을 가진다. 따라서 국가는 국민의 재산권을 침해할 수 없다. 사인 간에 있어서는 국가가 민사법을 정하여 재산권에 대하여 규율한다. 이러한 경우에 민사법이 헌법상의 재산권 보장의 내용을 침해할 수 없는 것은 헌법상 재산권의 효력에 따른 것이 아니라 민법에 대한 헌법의 효력 때문이다.

[277] 제6 제한과 그 한계

Ⅰ. 재산권의 제한

(1) 공용침해

(a) 의 의

헌법 제23조 제3항은 「공공필요에 의한 재산권의 수용, 사용 또는 제한 및 그에 대한 보상은 법률로써 하되, 정당한 보상을 지급하여야 한다」라고 하여 헌법적으로 재산권의 제한이 허용되는 경우를 특별히 정함과 동시에, 그 경우에 보상(compensation)을 의무화하고 있다. 재산권에 대한 공용수용(公用收用), 공용사용(公用使用), 공용제한(公用制限)을 공용침해(公用侵害=광의의 공용수용=공용제약)라고 한다. 공용침해의 개념적 징표는 목적이 공공필요를 위한 것이어야 하며, 침해되는 재산권에 상응하는 정당한 보상이 있어야 한다는 것이다.

공용수용은 국가, 공공단체 또는 사업주체가 개인의 재산을 강제로 박탈하는 공용징수를 말한다. 헌법재판소는 헌법 제23조 제3항의 공용수용에는 수용의 주체가 민간기업이 되는 경우도 포함된다고 판시하였다(예: 憲 2009. 9. 24.-2007헌바114; 憲 2011. 11. 24.-2010헌가95등).

[憲 2009.9.24.-2007헌바114] 「헌법 제23조 제3항은 정당한 보상을 전제로 하여 재산권의 수용 등에 관한 가능성을 규정하고 있지만, 재산권 수용의 주체를 한정하지 않고 있다. 이는 재산의 수용과 관련하여 그 수용의 주체가 국가 등에 한정되어야 하는지, 아니면 민간기업에게도 허용될 수 있는지 여부에 대하여 헌법이라는 규범적 층위에서는 구체적으로 결정된 내용이 없다는 점을 의미하는 것이다. 따라서 위 수용 등의 주체를 국가 등의 공적 기관에 한정하여 해석할 이유가 없다. 위 헌법조항의 핵심은 당해 수용이 공공필요에 부합하는가, 정당한 보상이 지급되고 있는가 여부 등에 있는 것이지, 그 수용의 주체가 국가인지 민간기업인지 여부에 달려 있다고 볼 수 없다. 가령, 공공필요가 있는 사업으로 인정되어 국가가 토지를 수용하는 것이 문제되지 않는 경우라면, 같은 사업에서 민간기업이 수용권을 갖는다 하여 그 사업에서의 공공필요에 대한 판단이 본질적으로 달라진다고 할 수 없는 까닭이다. 또한, 이 사건과 같이 민간기업이 수용의 주체가 되는 경우라 하더라도, 그 민간기업에게 수용권을 부여하는 것은 산업단지 지정처분 등을 행하는 국가 내지 지방자치단체 등이라 할 수 있는바, 이는 궁극적으로 수용에 요구되는 공공의 필요성 등에 대한 최종적인 판단권한이 국가와 같은 공적 기관에게 유보되어 있음을 의미하는 것이다. 국가 등의 공적 기관이 직접 수용의 주체가 되는 것이든 그러한 공적 기관의 최종적인 허부판단과 승인결정 하에 민간기업이 수용의 주체가 되는 것이든, 양자 사이에 공공필요에 대한 판단과 수용의 범위에 있어서 본질적인 차이를 가져올 것으로 보이지 않는다. 해당 사업의 공공필요성을 판단하고 수용의 가부를 검토하는 전반적인 절차 속에서 국가 등의 공적 기관이 주도적인 역할과 최종적인 결정권한을 보유하는 한, 비록 민간기업이 수용의 주체가 된다 할지라도 이는 위와 같은 국가 등의 결정에 대한 구체적인 실행에 불과한 까닭이다. 다만, 수용의 이익이 공적 기관이 아닌 영리추구가 목적인 민간기업에게 우선적으로 귀속되는 경우라면, 비록 그것이 공공필요성을 가진다 할지라도 애초의 공익적 목표가 민간기업의 과도한 사리추구에 의해 해태되지 않도록 제도적으로 규율함이 상당한바, 이 점에 대해서는 뒤에서 다시 살피도록 할 것이다. 오늘날 우리 산업의 규모는 과거와는 비교할 수 없을 정도로 성장하였고, 국가적 산업정책은 그 공동체의 경제적 진로를 결정하는 중대한 문제라 할 수 있는 만큼 산업단지의 개발에 투입되는 자본 역시 대규모로 요구될 수 있다. 이러한 경우 산업단지를 개발함에 있어서 사업시행자를 국가나 지방자치단체로 제한한다면 예산상의 제약으로 인해 개발사업의 추진에 어려움이 있을 수 있다. 또한,

만약 국가에서 산업단지를 개발한 후 기업들에게 이를 공급하는 이른바 공영개발방식만을 고수할 경우, 막대한 공적 자본을 투자하여 산업단지를 개발한다 하더라도 실수요 기업의 의도에 부합하지 않게 될 수 있고, 이에 따라 기업들의 입주가 원활하지 않게 될 수 있는 등 수요에 맞지 않는 산업단지가 개발되어 자원이 비효율적으로 소모될 개연성이 있다. 기업으로 하여금 산업단지를 직접 개발하도록 한다면, 기업들의 참여를 유도할 수 있는 측면도 있을 것이다. 산업입지법의 입법목적을 달성하기 위하여 민간기업에게 산업단지의 개발 권한을 부여한 이상, 그 개발이 효과적으로 진행되기 위하여 사업시행자에게 토지 수용권이 필요하다면 이를 인정하는 것이 산업입지법의 입법취지에 부합한다 할 것이며, 다른 한편, 민간기업의 지정신청에 의하여 시·도지사가 일반산업단지를 지정하는 경우 고시의 방법을 통한 통지, 주민 및 관계전문가 등의 의견제출의 기회부여, 국토해양부장관의 지정승인을 위한 산업입지정책심의회의 심의 등이 보장되어 있는 등 산업단지 지정의 과정이 적법절차원칙에 따라 진행됨은 우리 재판소가 이미 별개의 사건을 통해 확인한 바 있고, 우리 법제는 이 사건에서의 지정처분이나 수용처분 등과 같은 구체적 행정행위에 하자가 있을 경우 행정소송 등을 통한 실효적인 권리구제의 방안들을 마련해 두고 있다. 이상의 내용들을 종합적으로 고려해 볼 때, 민간기업을 수용의 주체로 규정한 자체를 두고 위헌이라고 선언할 수 없고, 나아가 이 사건 수용조항이 공익목적을 위해 산업단지를 개발함에 있어서 사업시행자로 지정된 민간기업이 사업시행에 필요한 경우 토지를 수용할 수 있도록 규정할 필요가 있다는 입법자의 인식에도 합리적인 이유가 있다고 보인다.」

공용사용은 공공필요를 위하여 국가, 공공단체 또는 사업주체가 개인의 토지 기타의 재산을 법률에 의해 일시적·강제적으로 사용하는 것을 말한다.

공용제한은 공공필요를 위하여 국가, 공공단체 또는 사업주체가 개인의 특정재산에 대하여 부과하는 공법상의 제한이다. 이는 물적 공용부담에 해당한다.

(b) 요 건

(i) 법률의 형식 헌법 제23조 제3항에 의할 때, 재산권의 제한은 반드시 형식적 의미의 법률에 의해서만 가능하다. 이것은 법률제정권한을 갖는 국민대표기관인 의회에 한해서만 재산권을 제한할 수 있도록 허용하는 헌법 규정이므로 엄격하게 적용되어야 한다. 따라서 법률의 위임으로 명령, 규칙, 조례에 재산권을 제한할 수 있는 권한을 위임하는 것은 원칙적으로 허용될 수 없고, 부득이한 사유가 있는 경우에 한해서만 최소한도로 허용된다. 법률의 위임이 없이 명령, 규칙, 조례만을 근거로 하여 공용침해를 행하는 것은 허용되지 않는다.

(ii) 목 적 헌법 제23조 제3항에서 말하는 공공필요는 헌법 제37조 제2항의 공공복리보다 넓은 개념이며, 공공복리는 물론 국가안전보장(예: 군사훈련에 필요한 공용사용, 군사상 필요에 의한 공용수용)이나

질서유지도 포함된다. 공공필요에 의하여 공용침해를 행하는 경우에도 재산권의 제한이 필요불가결한 경우에 한하여 인정된다. 공공의 이익상 재산권의 제한이 필요한 것인가에 대하여 판단을 함에 있어서는 과잉금지원칙이 일응 그 기준이 된다(예: 憲 1995. 3. 23.-92헌가4; 1998. 3. 26.-93헌바12; 1999. 10. 21.-97헌바84). 한편 헌법재판소는 공공필요의 의미를 "국민의 재산권을 그 의사에 반하여 강제적으로라도 취득해야 할 공익적 필요성"으로 해석하여 왔다(憲 1995. 2. 23.-92헌바14; 200. 4. 27.-99헌바58; 2011 4. 28.-2010헌바114). 그리고 공공필요의 개념을 공익성과 필요성으로 보면서, 필요성을 사인의 재산권침해를 정당화할 정도의 공익의 우월성으로 보았다(憲 2014. 10. 30.-2011헌바129).

(iii) 보 상 헌법 제23조 제3항이 정하는 공용침해는 보상을 그 개념요소로 하기 때문에 반드시 보상이 따라야 한다. 보상의 형식과 기준 및 방법은 손실보상청구권의 그것과 동일하다([342], [344]II). 보상이 따르지 않는 공용침해는 위헌이다.

《불가분조항》

불가분조항(package deal clause, Junktim-klausel)은 헌법이 입법위임을 하면서 동시에 그 법률이 일정한 요건을 충족하거나 일정한 내용을 규정해야 할 것을 정하도록 한 법률조항을 말한다. 불가분조항은 헌법이 두 가지 내용을 묶어 입법위임을 하고 있기 때문에 어느 하나에 대한 입법의 흠결이 있는 경우에는 위헌으로 된다. 헌법 제23조 제3항은 수용, 사용, 제한의 경우에 법률로써 정당한 보상을 할 것을 정하여 보상과 공용침해를 불가분조항으로 정하고 있다. 따라서 수용, 사용, 제한의 입법을 하면서 정당한 보상을 정하는 입법이 동시에 행해지지 않는 경우에는 그러한 공용침해는 개념필연적으로 위헌인 것이 된다. 이러한 것은 헌법 제23조 제3항에서 정당한 보상을 하여야 한다는 것을 정하고 있고 이는 공용침해와 보상을 함께 묶어 규정하고 있는 불가분조항을 정하고 있는 것이라고 보는 것의 결론이다. 이에 대하여 헌법 제23조 제3항이 불가분조항을 정하는 것이 아니라고 보는 견해는 보상이 따르지 않는 공용침해는 그 자체 위헌은 아니고 적법하며, 단지 보상이 없는 입법부작위가 위헌이 될 뿐이라고 한다. 국민의 재산권을 두텁게 보호한다는 점에서 헌법 제23조 제3항을 불가분조항을 정하고 있는 것이라고 해석하는 것이 타당하다.

(2) 제한의 한계

헌법이 제23조 제3항에 재산권 제한의 특별한 근거 규정을 마련하고 있다고 하더라도 재산권을 제한하는 것이 헌법적 한계를 갖는 것은 물론이다. 입법부도 사유재산권의 본질적 내용을 침해하는 입법은 할 수 없으며, 재산권의 본질적 내용이 침해된 경우라 함은 그 침해로 말미암아 사유재산권이 유명무실해지고 사유재산제가 형해화되어, 헌법이 재산권을 보장하는 궁극적 목적을 달성할 수 없는 경우를 말한다. 예컨대 사유재산제도의 전면적 부정, 재산권의 무상몰수, 소급입법에 의한 재산권의 박탈 등이 이에 해당한다.

그리고 재산권의 제한에서는 헌법 제37조 제2항의 과잉금지원칙도 준수되어야 한다(예: 憲 1989. 12. 22.-88헌가13; 1999. 7. 22.-97헌바76등). 토지재산권이 특수한 성질을 지니고 있지만 토지재산권에 대한 제한도 기본권의 제한이므로 헌법 제37조 제2항의 한계가 엄격히 준수되어야 한다.

> [憲 1989.12.22.-88헌가13] 「입법부라고 할지라도 수권의 범위를 넘어 자의적인 입법을 할 수 있는 것은 아니며 사유재산권의 본질적인 내용을 침해하는 입법을 할 수 없음은 물론이다(헌법 제37조 제 2 항후단). 토지재산권의 본질적인 내용이라는 것은 토지재산권의 핵이 되는 실질적 요소 내지 근본요소를 뜻하며, 따라서 재산권의 본질적인 내용을 침해하는 경우라고 하는 것은 그 침해로 사유재산권이 유명무실해지고 사유재산제도가 형해화(形骸化)되어 헌법이 재산권을 보장하는 궁극적인 목적을 달성할 수 없게 되는 지경에 이르는 경우라고 할 것이다. 사유재산제도의 전면적인 부정, 재산권의 무상몰수, 소급입법에 의한 재산권박탈 등이 본질적인 침해가 된다는데 대하여서는 이론의 여지가 없으나 본건 심판대상인 토지거래허가제는 헌법의 해석이나 국가, 사회공동체에 대한 철학과 가치관의 여하에 따라 결론이 달라질 수 있는 것이다.」

(3) 헌법 제37조 제2항에 의한 제한 배제

재산권에 대한 공용침해 이외에도 다른 기본권의 제한과 같이 헌법 제37조 제2항에 의해 국가안전보장, 질서유지, 공공복리를 위하여 필요한 경우에 재산권을 제한할 수 있는가 하는 문제가 있다. 헌법 제23조의 구조에서 제3항은 공용침해의 경우에 한하여 보상을 인정한 것이고, 그 이외에 사회기속(社會羈束)에 해당하지 않음에도 일정한 제한이 있는 경우에 보상이 인정된다고 보고 이를 제1항에서 그 근거를 구하면 헌법 제37조 제2항에 의한 제한은 배제된다고 할 것이다. 예컨대 출판한 책을 의무적으로 행정기관에 납본하게 하는 것은 재산권에 대한 제한인데, 이런 경우에 책값을 지불하지 않으면 재산권의 침해가 되어 위헌이다. 이 경우에는 반드시 보상이 주어져야 하고 이는 헌법 제23조 제3항의 경우에 해당하지 아니므로 헌법 제23조 제1항을 근거로 한 제한이며, 그 보상은 평등원칙과 비례원칙에 따라 피해를 전보해주는 조정적 보상에 해당한다고 할 것이다.

재산권의 침해와 공익간의 비례성을 다시 회복하기 위한 조정적 보상의 방법은 헌법상 반드시 금전보상만을 해야 하는 것은 아니다. 입법자는 지정의 해제 또는 토지매수청구권제도와 같이 금전보상에 갈음하거나 기타 손실을 완화할 수 있는 제도를 보완하는 등 여러 가지 다른 방법을 사용할 수 있다. 즉, 입법자에게는 헌법적으로 가혹한 부담의 조정이란 '목적'을 달성하기 위하여 이를 완화 · 조정할 수 있는 '방법'의 선택에 있어서는 광범위한 형성의 자유가 부여된다(예: 憲 1998. 12. 24.-89헌마214등). 재산권의 제한에 있어 개인의 재산권을 최대한 보장하기 위해 환매권을 인정하거나(「공익사업을 위한 토지 등 의 취득 및 보상에 관한 법률」 §91, §92), 도시·군계획시설사업을 10년간 집행하지 않는 경우에 대지소유자에게 토지매수청구권을 행사할 수 있게 하는 것(「국토의 계획 및 이용에 관한 법률」 §47) 등도 헌법 제23조 제1항에 근거하고 있는 조정적 보상에 해당한다.

조정적 보상이 필요한 경우에 이를 정하고 있는 법률이 없으면, 당사자는 법원에 직접 보상을 청구할 수 있는가 아니면 국회에서 이를 정하는 법률을 기다려 보상을 청구하는가 하는 문제가 있다. 조정적 보상이 헌법 제23조 제1항에 근거하고 있고 조정적 보상에 해당하는 적합한 방법은 입법형성의 자유에 의하여 정하여지는 것이므로 당사자는 조정적 보상을 정하는 법률이 없는 경우에 바로 법원에 조정적 보상을 청구할 수는 없고, 국회의 입법을 기다려 해당 사안에 정해진 조정적 보상방법에 따라 청구하여야 할 것이다. 이러한 입법이 있기 전에 조정적 보상이 없이 재산권의 제한이 행해지면 헌법재판소는 이러한 입법부작위에 대하여 위헌결정을 한다.

Ⅱ. 재산권의 한계

(1) 의 의

재산권은 그 행사에 있어 함께 생활하는 공동체 구성원들의 권리와 충돌하지만 공동체의 생활상 불가피하게 수인하여야 하는 경우가 있다(예: 허용되는 범위 내의 임밋시온(Immission)). 이는 공동체의 생활에 필연적으로 따르는 재산권의 한계이다. 따라서 이러한 한계는 재산권에 대한 제약으로 작용하고, 그 제약에는 공용침해와 달리 보상이 따르지 않는다. 이를 재산권의 사회기속(社會羈束=사회적 제약=사회적 구속성 Sozialbindung)이라고 한다.

재산권의 사회기속은 공공복리를 위하여 재산권의 본질을 침해하지 아니하는 범위 내에서 무보상으로 제한을 받을 수 있음을 뜻한다. 재산권의 사회기속은 헌법 또는 법률에 의해 일정한 행위를 제한하거나 금지하는 형태로 구체화될 수 있으나, 그 정도는 재산의 종류, 성질, 형태, 조건 등에 따라 달라질 수 있다. 재산권 행사의 대상이 되는 객체의 사회적 연관성과 사회적 기능이 클수록 입법자에 의한 광범위한 제한이 허용될 수 있다(예: 憲 1989. 12. 22.-88헌가13; 1998. 12. 24.-89헌마214등; 1999. 4. 29.-94헌바37등).

헌법재판소는 사인이 소유한 문화재의 경우에 이에 대하여 법률이 정하는 각종의 규제는 헌법 제23조 제3항에서 정하고 있는 재산권의 제한에 해당하는 것이 아니라, 재산권의 사회적 제약에 해당한다고 판시하였다(예: 憲 2007. 7. 26.-2003헌마377). 또한 헌법재판소는 도축장 사용정지·제한명령은 가축전염병의 발생과 확산을 막기 위한 것이고, 도축장 소유자들이 수인하여야 할 사회적 제약으로서 헌법 제23조 제1항의 재산권의 내용과 한계에 해당한다고 보았다(憲 2015. 10. 21.-2012헌바367).

[憲 2007.7.26.-2003헌마377] 「위 조항들은 문화재를 사용, 수익, 처분함에 있어 고의로 문화재의 효용을 해하는 은닉을 하여서는 아니 된다는 것, 즉 문화재의 사회적 효용과 가치를 유지하는 방법으로만 사용·수익할 수 있다는 것으로, 문화재에 관한 재산권 행사의 사회적 제약을 구체화한 것에 불과하고 문화재의 사용·수익을 금지하는 등 문화재의 사적 유용성과 처분권을 부정하여 구체적으로 형성된 재산권을 박탈하거나 제한하는 것은 아니므로 보상을 요하는 헌법 제23조 제3항 소정의 수용 등에 해당하는 것은 아니다. 다만 이러한 입법 역시 다른 기본권을 제한하는 입법과 마찬가지로 비례의 원칙을 준수해야 함은 물론이다.……문화재는 '인위적·자연적으로 형성된 국가적·민족적·세계적 유산으로서 역사적·예술적·학술적·경관적 가치가 큰 것'으로, 그 성질상 수가 한정적이고, 대체불가능하며, 손상되는 경우 회복이나 재생이 현저히 곤란한 재화라는 점, 국가의 전통문화 계승·발전과 민족문화 창달에 노력할 의무를 규정한 우리 헌법 제9조의 정신에 비추어 그에 관한 재산권 행사에 일반적인 재산권 행사보다 강한 사회적 의무성이 인정된다. 따라서 일정한 문화재에 대한 보유·보관을 금지하는 것은 문화재에 관한 재산권 행사의 사회적 제약을 구체화한 것으로 재산권의 내용과 한계를 정하는 것이며 헌법 제23조 제3항의 보상을 요하는 수용 등과는 구별된다. 다만 위와 같은 입법 역시 다른 기본권에 대한 제한입법과 마찬가지로 비례의 원칙을 준수하여야 하며, 재산권의 본질적 내용인 사적 유용성과 처분권을 부인해서는 아니 된다.……문화재는 원칙적으로 사적 소유권의 객체가 될 수 있고, 단지 효과적인 유지, 보존이 이루어질 수 있도록 국가의 일정한 관리, 감독이 요청되는 것이고, 문화재의 은닉이나 도굴된 문화재인 정을 알고 보유 또는 보관하는 행위의 태양이 매우 다양하다는 점에서 구 법 제81조 제4항, 법 제103조 제4항에 위반하여 은닉한 문화재, 구 법 제82조 제4항, 법 제104조 제4항에 위반하여 보유·보관한 문화재를 반드시 몰수하여 국가에 귀속시켜야만 위 법률조항들의 입법목적을 달성할 수 있다고 인정하기 어렵다. 또한 문화재의 가치를 금전으로 환산하기는 곤란하나 상당한 고가인 경우가 많고, 하나의 문화재는 성질상 불가분이어서 필연적으로 '전부 몰수'가 된다는 점에서 몰수형의 재산권 제한 효과는 매우 크다. 그럼에도 불구하고 행위자의 구체적 행위 태양이나 적법한 보유권한의 유무 등에 관계없이 필요적으로 몰수하도록 규정한 것은 책임에 상응하는 형벌을 부과할 여지를 박탈하고, 형벌 본래의 기능과 목적을 달성함에 있어 필요한 정도를 현저히 일탈하여 지나치게 과중한 형벌을 부과하는 것으로 책임과 형벌 간 비례원칙에 위배된다.」

재산권의 사회기속에 대한 헌법적 근거에 관해서는 헌법 제23조 제1항이라는 견해와 제2항이라는 견해(예: 憲 1998. 12. 24.-89헌마214등)가 나뉜다. 헌법 제23조 제2항을 두지 않는 경우에는 헌법 제23조 제1항이 그 근거가 되지만 제2항과 같은 규정이 있는 경우에는 제2항을 그 근거로 보아도 무방하다.

(2) 법적 성질

재산권의 사회기속은 헌법상의 재산권에 내재되어 있는 것으로 이에 따르는 수인의무는 헌법에서 도출되는 것이다.

(3) 한 계

재산권의 사회기속이 인정되더라도 입법자가 공용침해와 사회기속의 경계선을 자의적으로 정할 수는 없다. 재산권의 사회기속의 범위를 확장하는 것은 곧 재산권보장범위를 축소하는 것이기 때문에 무한정으로 허용될 수 없다. 사회기속의 범위를 정하는 것은 헌법 제23조 제1항 제1문이 정하고 있는 재산권의 보장이념에 비추어 이를 정당화하는 조건이 충족될 때만 가능하다.

Ⅲ. 공용침해와 사회기속의 구별

(1) 특별희생

재산권의 사회기속은 보상을 수반하지 않는 재산권에 대한 제약인 반면에 헌법 제23조 제3항의 공용침해는 보상이 요구된다는 점에서 개념과 효력에서 분명한 차이가 있다. 그러나 구체적으로 어떠한 기준으로 양자의 경계를 설정할 것인가 하는 문제에서는 논란이 적지 않다. 보상이 요구되는 경우와 보상이 요구되지 않는 경우를 구별하는 기준으로는 특별한 희생(=불평등 희생)이 존재하느냐 하는 것으로 판단하는 것이 오늘날 지배적인 견해이다(특별희생설). 여기서 말하는 특별한 희생이란 특정 개인이 수용, 사용, 제한에 의하여 재산권의 침해를 당하였다는 것에서 특별하다는 의미가 아니라, 이러한 희생이 다른 사람들이 수인할 수 있는 정도를 넘어 자신에게 가해진다는 점에서 특별한 것이라는 의미이다.

(2) 특별희생 판단기준

특별한 희생이 발생하는 재산권의 침해를 공용침해라고 하더라도 무엇을 특별한 희생이라고 할 것인가 하는 점에 대해서는 학설이 갈린다.

(a) 형식적 기준설

형식적 기준설은 평등의 관점에서 판단한다. 희생을 받은 사람이 특정인 또는 특정 범위 내의 사람인가 일반인 또는 다수의 사람인가를 기준으로 하여, 전자의 경우를 특별한 희생(=불평등 희생)이 있는 경우라고 본다.

(b) 실질적 기준설

실질적 기준설은 희생의 강도를 기준으로 하여 판단한다. 이에는 i) 희생의 강도가 수인할 수 있는 정도인지의 여부를 기준으로 하여 수인할 수 없는 희생을 특별한 희생이라는 수인가능성설(受忍可能性說), ii) 사유재산제도의 본질을 사적 효용성으로 보고 사적 효용이 제거되는 본질적인 것의 침해를 특별한 희생이라고 하는 사적효용설(私的效用說), iii) 침해의 대상이 보호가치가 있는가에 따라 보호가치가 있는 부분의 희생을 특별한 희생이라고 보는 보호가치설(保護價値說), iv) 당해 재산권이 처한 특수한 상황을 고려하여 특별한 희생인지 여부를 판단하는 상황구속성설(狀況拘束性說), v) 공용침해가 사유재산제도나 재산권 등의 본래의 기능이나 목적을 위반한 것인가를 기준으로 하여 이러한 위반이 있는 희생을 특별한 희생이라고 하는 목적위반설(目的違反說=기능설) 등이 있다.

(c) 절 충 설

절충설은 형식적 기준설과 실질적 기준설이 각기 일면의 타당성을 가지고 있으나 그것만으로는 부족하다고 보고, 양설을 서로 보완하여 특별한 희생의 존재여부를 구체적으로 판단한다. 우리나라의 통설이다.

(d) 판 례

헌법재판소의 판례 가운데는 토지사용권을 제한하는 개발제한구역의 지정이 있었음에도 보상규정이 없는 것을 비례원칙에 위반되었다고 하고, 이 때의 보상은 헌법 제23조 제1항 및 제2항에 근거하고 있다는 결정을 한 것이 있다(예: 憲 1998. 12. 24.-89헌마214 등). 헌법 제23조 제3항에 의한 보상이 아니라, 제1항과 제2항에 근거하고 있는 조정적 보상으로 본 것이다.

[憲 1998.12.24.-89헌마214등] 「이 사건 법률조항은 입법자가 토지재산권에 관한 권리와 의무를 일반·추상적으로 확정하는 규정으로서 법질서 안에서 보호받을 수 있는 권리로서의 재산권의 내용과 한계를 정하는 재산권을 형성하는 규정인 동시에 공익적 요청에 따른 재산권의 사회적 제약을 구체화하는 규정이기도 하다(헌법 §23 ①,②). 헌법상의 재산권은 토지소유자가 이용가능한 모든 용도로 토지를 자유로이 최대한 사용할 권리나 가장 경제적 또는 효율적으로 사용할 수 있는 권리를 보장하는 것을 의미하지는 않는다. 입법자는 중요한 공익상의 이유와 앞에서 본 토지가 가진 특성에 따라 토지를 일정용도로 사용하는 권리를 제한할 수 있기 때문이다. 따라서 토지의 개발이나 건축은 합헌적 법률로 정한 재산권의 내용과 한계 내에서만 가능한 것일 뿐만 아니라 토지재산권의 강한 사회성 내지는 공공성으로 말미암아 이에 대하여는 다른 재산권에 비하여 보다 강한 제한과 의무가 부과될 수 있다. 그러나, 그렇다고 하더라도 토지재산권에 대한

제한입법 역시 다른 기본권을 제한하는 입법과 마찬가지로 과잉금지의 원칙(비례의 원칙)을 준수해야 하고, 재산권의 본질적 내용인 사용·수익권과 처분권을 부인해서는 아니 된다.……이 사건 법률조항에 의한 재산권의 제한은 개발제한구역으로 지정된 토지를 원칙적으로 지정 당시의 지목과 토지현황에 의한 이용방법에 따라 사용할 수 있는 한, 재산권에 내재하는 사회적 제약을 비례의 원칙에 합치하게 합헌적으로 구체화한 것이라고 할 것이나, 종래의 지목과 토지현황에 의한 이용방법에 따른 토지의 사용도 할 수 없거나 실질적으로 사용·수익을 전혀 할 수 없는 예외적인 경우에도 아무런 보상없이 이를 감수하도록 하고 있는 한, 비례의 원칙에 위반되어 당해 토지소유자의 재산권을 과도하게 침해하는 것으로서 헌법에 위반된다 할 것이다. 따라서 입법자가 이 사건 법률조항을 통하여 국민의 재산권을 비례의 원칙에 부합하게 합헌적으로 제한하기 위해서는, 수인의 한계를 넘어 가혹한 부담이 발생하는 예외적인 경우에는 이를 완화하는 보상규정을 두어야 한다. 이러한 보상규정은 입법자가 헌법 제23조 제1항 및 제2항에 의하여 재산권의 내용을 구체적으로 형성하고 공공의 이익을 위하여 재산권을 제한하는 과정에서 이를 합헌적으로 규율하기 위하여 두어야 하는 규정이다. 재산권의 침해와 공익간의 비례성을 다시 회복하기 위한 방법은 헌법상 반드시 금전보상만을 해야 하는 것은 아니다. 입법자는 지정의 해제 또는 토지매수청구권제도와 같이 금전보상에 갈음하거나 기타 손실을 완화할 수 있는 제도를 보완하는 등 여러 가지 다른 방법을 사용할 수 있다. 즉, 입법자에게는 헌법적으로 가혹한 부담의 조정이란 '목적'을 달성하기 위하여 이를 완화·조정할 수 있는 '방법'의 선택에 있어서는 광범위한 형성의 자유가 부여된다.」

4. 단결권·단체교섭권·단체행동권

[278] 제1 의 의

Ⅰ. 헌법 규정

헌법 제33조 제1항은 「근로자는 근로조건의 향상을 위하여 자주적인 단결권·단체교섭권 및 단체행동권을 가진다」라고 하여 근로자의 단결권·단체교섭권·단체행동권을 보장하고 있고, 제2항은 「공무원인 근로자는 법률이 정하는 자에 한하여 단결권·단체교섭권 및 단체행동권을 가진다」라고 하여 단결권·단체교섭권·단체행동권을 갖는 공무원의 범위에 대하여 국회가 정하도록 규정하고 있으며, 제3항은 「법률이 정하는 주요방위산업체에 종사하는 근로자의 단체행동권은 법률이 정하는 바에 의하여 이를 제한하거나 인정하지 아니할 수 있다」라고 하여 주요방위산업체에 종사하는 근로자에 대한 단체행동권의 인정여부, 범위, 제한을 국회가 법률로써 정할 수 있도록 하고 있다.

헌법 제33조 제1항은 근로자들이 근로조건을 유지하고 향상시키기 위하여 자주적인 단체를 조직하고(단결권), 그 단체의 이름으로 사용자와 교섭하고(단체교섭권), 사용자가 교섭을 거부하거나 사용자와 근로조건의 결정에 관한 주장이 일치하지 않는 경우에 자신들의 이익을 관철하기 위하여 집단적으로 실력을 행사하는 단체행동을 할 수 있는 권리(단체행동권)를 보장하며, 이러한 권리가 인정되는 자의 범위에 대하여 정하고 있다.

헌법에서 이러한 권리를 보장함은, 자본주의 사회에서 노동력을 제공하고 임금으로 생활하는 근로자가 생산수단을 소유하고 있는 사용자에 비하여 사회적 · 경제적으로 약한 지위에 놓이는 현실을 인정하고, 근로자에게 실질적 교섭력을 확보하여 사용자로부터 주어지는 근로조건을 일방적으로 수용하지 않고 대등한 지위에서 근로조건을 교섭할 수 있게 하여 근로조건을 유지하고 향상하는데 있다(예: 憲 1998. 2. 27.-94헌바13).

II. 단결권 · 단체교섭권 · 단체행동권과 근로의 권리

헌법 제32조 제1항의 근로의 권리는 근로의 기회와 적정한 근로의 조건을 보장하는 것을 그 내용으로 하고 있고, 동조 제3항은 근로조건법정주의를 규정하고 있는바, 근로의 권리와 단결권 · 단체교섭권 · 단체행동권은 모두 인간다운 생활을 할 수 있는 근로조건을 확보하게 하는 기능을 한다. 그런데 근로의 권리는 그 지위에 무관하게 어떤 국민에게도 인정되고, 근로조건의 최소한을 입법 · 행정에 의해 보장하는 것임에 반하여 단결권 · 단체교섭권 · 단체행동권은 근로자라는 특수한 지위에 있는 자들에 한하여 스스로 단체를 조직하고, 사용자와의 교섭을 통한 단체자치를 통하여 더 나은 근로조건을 형성할 수 있도록 하는 권리이다.

[憲 1991.7.22.-89헌가106] 「헌법의 근로기본권에 관한 규정은 근로자의 근로조건을 기본적으로 근로자와 사용자 사이의 자유로운 계약에 의하여 결정하도록 한다는 계약자유의 원칙을 그 바탕으로 하되, 근로자의 인간다운 존엄성을 보장할 수 있도록 계약기준의 최저선을 법정하여 이를 지키도록 강제하는 한편, 사용자에 비하여 경제적으로 약한 지위에 있는 근로자로 하여금 사용자와 대등한 지위를 갖추도록 하기 위하여 단결권 · 단체교섭권 및 단체행동권 등 이른바 근로 3권을 부여하고, 근로자가 이를 무기로 하여 사용자에 맞서서 그들의 생존권을 보장하고 근로조건을 개선하도록 하는 제도를 보장함으로써 사적자치의 원칙을 보완하고자 하는 것이다.」

III. 연 혁

근대 시장경제질서와 자본주의하에서 근로자와 사용자 사이의 고용계약은 사법상의 계약으로서 계약자유의 원칙이 적용되었다. 이는 사용자뿐만 아니라 근로자도 대등한 계약당사자로서 자신의 의사에 따라 임금 등 근로조건을 사용자와 협의하여 자유롭게 정할 수 있다는 것을 전제로 한 것이었다. 그러나 생산수단을 소유하고 다수의 노동력이 공급받을 수 있는 사용자는 노동력만을 갖고 있는 대다수 노동자에 비하여 사회·경제적으로 우월한 지위에서 근로조건을 일방적으로 결정할 수 있는 반면 사회·경제적인 능력에서 열위에 있는 노동자는 사용자에 대한 관계에서 평등하고 자유로울 수 없었고, 생존을 위하여 부당한 근로조건도 수용할 수밖에 없었다. 이러한 것은 근로자에게 인간의 존엄과 가치를 지니고 행복하게 살아가기 어렵게 하였고, 빈부의 격차와 사회의 갈등을 발생하게 하였다.

이에 근로관계에서 근로자와 사용자 간의 지위를 대등하게 하고, 근로자가 부당한 근로조건하에서 피해를 보지 않고, 근로의 조건을 향상시킬 수 있도록 하기 위하여 각 나라들은 근로자의 권리를 보장하는 입법을 하게 되었다.

단결권·단체교섭권·단체행동권을 최초로 보장한 헌법은 1919년의 바이마르헌법이었고, 제2차 세계대전 이후에는 프랑스 제4공화국헌법, 이탈리아헌법, 일본국헌법 등도 이를 수용하게 되었다. 우리나라에서는 1948년헌법부터 현행 헌법에 이르기까지 단결권, 단체교섭권 및 단체행동권을 결사의 자유와 별도의 기본권으로 규정해 오고 있다. 1948년헌법에서 1963년헌법까지는 단결권·단체교섭권·단체행동권에 대하여 헌법상 특별한 제한을 두지 않았다. 1972년헌법은 단결권·단체교섭권·단체행동권을 법률이 정하는 범위에서 보장받는다고 규정하였고(동헌법 §29①), 공무원과 국가·지방자치단체·국영기업체·공익사업체 또는 국민경제에 중대한 영향을 미치는 사업체에 종사하는 근로자들의 단체행동권은 법률이 정하는 바에 따라 이를 제한하거나 인정하지 아니하는 것으로 규정하였다(동조 ③). 1980년헌법은 단결권과 단체행동권에 대한 1972년헌법상의 제한을 폐지하고(동헌법 §21①), 공무원에 대해서는 「법률이 정하는 자」에 한하여 단결권·단체교섭권·단체행동권을 가지는 것으로 하였으며(동조 ②), 공무원 기타 주요 사업체 종사 근로자의 단체행동권에 대한 제한에서는 방위산업체를 추가하였다(동조 ③). 현행 헌법에서는 일반근로자들의 단결권·단체교섭권·단체행동권에 대해서는 특별한 제한을 두고 있지 않고 있으나(동헌법 §33①) 법률이 정하는 공무원에 한하여 단결권·단체교섭권·단체행동권을 갖는 것으로 규정하고 있고(동조 ②), 법률이 정하는 「주요방위산업체」에 종사하는 근로자들의 단체행동권을 법률로 제한하거나 인정하지 않을 수 있도록 규정하고 있다(동조 ③).

헌법정책적으로 근로관계에서 인정되는 단결권, 단체교섭권, 단체행동권을 헌법상의 권리로 정하는 것이 타당한가 하는 문제가 있다. 이에 관해서는 입법자가 입법형성의 범위 내에서 노동법에서 법률상의 권리로 정하는 것이 타당하다는 견해가 제기되고 있다. 여기서는 권리의 설정이나 디자인에서 입법자가 헌법의 기속(결국 헌법재판소의 판단에의 기속)을 받게 하는 것이 타당한가 하는 문제가 있다. 입법례로는 일본국헌법(동헌법 §28)과 우리 헌법을 제외하면 이러한 권리를 헌법의 수준에서 기본권으로 정하고 있는 예는 드물다. 복수노동조합을 인정하고 교섭의 창구를 단일화하는 경우에 단체교섭권을 기본권으로 인정하면 교섭창구의 단일화에서 배제되어 단체교섭을 하지 못하는 근로자의 단체교섭권을 박탈한다는 문제에 봉착한다. 그리고 노동조합에 가입하지 아니한 종업원들의 경우에는 노동조합과 별개로 또는 연합하여 단체교섭을 하는 것이 어렵다는 문제도 발생한다. 미합중국에서는 헌법에서 결사의 자유를 정하고 있고, 단결권 · 단체교섭권 · 단체행동권은 법률에서 보장하고 있다. 독일에서는 헌법에서 결사의 자유의 특별형태로 노동조건과 경제조건의 유지 · 개선을 위한 결사의 자유를 정하고, 단체교섭권, 단체행동권은 정하고 있지 않다(동헌법 §9③).

[279] 제2 법적 성격

Ⅰ. 학 설

단결권 · 단체교섭권 · 단체행동권의 법적 성격에 대하여는 근로자의 단결이나 단체행동이 국가로부터 부당한 간섭이나 제재를 받지 않는 것을 그 주요 내용으로 하기 때문에 자유권이라고 보는 견해(자유권설)와 근로자가 단결, 단체교섭, 단체행동 등을 행함에 있어서 국가에 대해 그 장해를 제거할 뿐만 아니라 적극적으로 그 보장을 요구할 수 있는 권리라고 보는 생존권 내지 사회적 기본권으로 보는 견해(생존권설) 및 단결권 · 단체교섭권 · 단체행동권은 자유권으로서의 성질과 생존권 내지 사회적 기본권으로서의 성질을 아울러 가지는 권리로 보는 견해(혼합권설 내지 자유권과 생존권의 혼합설)가 제시되고 있다.

단결권 · 단체교섭권 · 단체행동권은 근로자의 단결, 단체행동에 대한 국가로부터의 불간섭 즉 형사면책으로부터 형성 · 발전되어 온 것이고 사적 자치의 이념을 실질적으로 실현하여 노 · 사간에 근로관계를 자율적으로 형성하도록 하는 기능을 하는 것이므로 자유권으로서의 성격을 갖는다. 또 단결권 · 단체교섭권 · 단체행동권의 보장은 근로자의 인간다운 생활을 확보한다는 생활권적인 이념과 직결되며 근로자가 이를 통해 사용자와 대등한 지위를 확보함에 있어서는 국가의 제도적인 뒷받침이 요구되므로 이러한 범위 내에서는 사회적 기본권으로서의 성격도 약간은 지니고 있지만 국가에 대하여 무엇을 적극적으로 요구하는 내용은 가지지 않는다는 점에 특징이 있다(동지: 김철수a, 1184; 성낙인, 710; 권영성, 678; 허영a, 504). 따라서 단결권 · 단체교섭권 · 단체행동권은 근로자의 인간다운 생활보장과 연관은 있으나 기본적으로 국가에 대한 자유권으로서의 성질을 가지므로 생존배려를 실현하기 위해 국가에 대하여 구체적인 급부를 요구하는 사회적 기본권과는 구별하여야 한다. 이를 구체화하는 입법에서도 이 점이 관철되어야 한다.

II. 판 례

헌법재판소는 단결권 · 단체교섭권 · 단체행동권이 자유권적 기본권의 성격보다는 생존권 내지 사회적 기본권으로서의 측면이 보다 강한 것으로 판시한 적이 있으나(예: 憲 1991. 7. 22.-89헌가106), 그 이후의 결정에서는 단결권 · 단체교섭권 · 단체행동권의 자유권적인 성격을 강조하여 사회적 보호기능을 담당하는 자유권 또는 사회권적 성격을 띤 자유권이라고 판시하고 있다(예: 憲 1998. 2. 27.-94헌바13등).

[憲 1991.7.22.-89헌가106] 「헌법 제32조 및 제33조에 각 규정된 근로기본권은 근로자의 근로조건을 개선함으로써 그들의 경제적 · 사회적 지위의 향상을 기하기 위한 것으로서 자유권적 기본권으로서의 성격보다는 생존권 내지 사회권적 기본권으로서의 측면이 보다 강한 것으로서 그 권리의 실질적 보장을 위해서는 국가의 적극적인 개입과 뒷받침이 요구되는 기본권이다.」

[憲 1998.2.27.-94헌바13등] 「근로 3권은 근로자가 국가의 간섭이나 영향을 받지 아니하고 자유롭게 단체를 결성하고 그 목적을 집단으로 추구할 권리를 보장한다는 의미에서 일차적으로 자유권적 성격을 가지나 고전적인 자유권이 국가와 개인 사이의 양자관계를 규율하는 것과는 달리 국가 · 근로자 · 사용자의 3자 관계를 그 대상으로 한다. 따라서 근로 3권은 국가공권력에 대하여 근로자의 단결권의 방어를 일차적인 목표로 하지만, 근로 3권의 보다 큰 헌법적 의미는 근로자단체라는 사회적 반대세력의 창출을 가능하게 함으로써 노사관계의 형성에 있어서 사회적 균형을 이루어 근로조건에 관한 노사 간의 실질적인 자치를 보장하려는데 있다. 경제적 약자인 근로자가 사용자에 대항하기 위해서는 근로자단체의 결성이 필요하고 단결된 힘에 의해서 비로소 노사관계에 있어서 실질적 평등이 실현된다. 다시 말하면, 근로자는 노동조합과 같은 근로자단체의 결성을 통하여 집단으로 사용자에 대항함으로써 사용자와 대등한 세력을 이루어 근로조건의 형성에 영향을 미칠 수 있는 기회를 가지게 되므로 이러한 의미에서 근로 3권은 '사회적 보호기능을 담당하는 자유권' 또는 '사회권적 성격을 띤 자유권'이라고 말할 수 있다. 이러한 근로 3권의 성격은 국가가 단지 근로자의 단결권을 존중하고 부당한 침해를 하지 아니함으로써 보장되는 자유권적 측면인 국가로부터의 자유뿐이 아니라, 근로자의 권리행사의 실질적 조건을 형성하고 유지해야 할 국가의 적극적인 활동을 필요로 한다. 따라서 근로 3권의 사회권적 성격은 입법조치를 통하여 근로자의 헌법적 권리를 보장할 국가의 의무에 있다. 이는 곧, 입법자가 근로자단체의 조직, 단체교섭, 단체협약, 노동쟁의 등에 관한 노동조합관련법의 제정을 통하여 노사 간의 세력균형이 이루어지고 근로자의 근로 3권이 실질적으로 기능할 수 있도록 하기 위하여 필요한 법적 제도와 법규범을 마련하여야 할 의무가 있다는 것을 의미한다.」

[280] 제3 주 체

Ⅰ. 근 로 자

(1) 국 민

헌법 제33조 제1항에서 정하고 있는 근로자는 대한민국 국적을 가진 근로자를 의미한다. 여기서 근로자란 직업의 종류를 불문하고 임금·급료 기타 이에 준하는 수입에 의하여 생활하는 자(「노동조합 및 노동관계조정법」 §2 i), 즉 사용자에게 고용되어 자신의 노동력을 제공하고 그 대가로서 임금 기타 이에 준하는 수입으로 생활하는 자를 말한다. 해고된 자도 해고의 효력을 다투고 있는 한 근로자의 지위에 있다(예: 大 1992. 3. 31.-91다14413). 「노동조합 및 노동관계조정법」은 해고된 자가 노동위원회에 부당노동행위의 구제신청을 한 경우에는 중앙노동위원회의 재심판정이 있을 때까지는 근로자로 해석해야 한다고 규정하고 있다(동법 §2iv).

「교원의 노동조합 설립 및 운영 등에 관한 법률」의 적용을 받는 교원의 범위를 초·중등학교에 재직 중인 교원으로 한정하는 것이 전국교직원노동조합 및 해직 교원들의 단결권을 침해하는 것은 아니라고 보았다(憲 2015. 5. 28. -2013헌마671등). 헌법재판소는 「교원의 노동조합 설립 및 운영 등에 관한 법률」의 적용대상을 초·중등교육법 제19조 제1항의 교원이라고 규정함으로써, 고등교육법에서 규율하는 대학 교원들의 단결권을 인정하지 않는 「교원의 노동조합 설립 및 운영 등에 관한 법률」(2010. 3. 7. 법률 제10132호로 개정된 것) 제2조 본문은 헌법에 위반된다고 판시하였다(憲 2018. 8. 30. -2015헌가38).

실업자는 임금 기타 이에 준하는 수입으로 현실적으로 생활하는 것은 아니고, 사용자에 의하여 고용되어 있는 지위에 있지 않기 때문에 단결권·단체교섭권·단체행동권의 주체가 되지 못한다(반대: 김철수a, 1185). 자영농, 자영업자, 자유직업종사자 등은 노동력을 제공하여 그 대가로서 임금 등의 수입으로 생활하는 것으로 볼 수 없으므로 근로자에 해당하지 않는다(동지: 김철수a, 1186; 성낙인, 710; 권영성, 680; 허영a, 505).

(2) 외 국 인

외국인에게 취업의 허용여부, 허용범위, 취업활동의 범위, 자국민과의 대우에 있어 설정되는 지위 등을 결정하는 것은 주권국가의 고권적 사항에 해당하므로 취업을 전제로 인정되는 단결권, 단체교섭권, 단체행동권은 외국인에게는 기본권으로 인정되지 않는다.

> 자국 내 취업에 있어 외국인, 다중국적자, 무국적자에게 어떠한 지위를 설정할 것인지, 그리고 근로와 관련한 지위(예: 단체교섭을 인정할 것인지)를 어떻게 설정할 것인지는 그 나라의 경제 상황, 자국민의 취업 상황, 외국과의 관계, 국가를 둘러싸고 있는 국제적 환경 등을 고려하여 법률정책적으로 결정되는 사항이다. 외국인에게 노동조합의 가입이나 활동, 단체

교섭에의 참여 등을 인정할 것인지의 여부도 법률정책적으로 결정할 사항이며, 헌법에서 정하고 있는 사항은 아니다. 따라서 일정한 시기에 이러한 지위를 외국인에게 부여했다고 하더라도 국내 사정의 변경에 따라 국가정책상 이를 인정하지 않을 수도 있다. 대법원은 출입국관리 법령에 따라 취업활동을 할 수 있는 체류자격을 받지 않은 외국인이 타인과의 사용종속관계하에서 근로를 제공하고 그 대가로 임금 등을 받아 생활하는 경우, 국내 법률인 「노동조합 및 노동관계조정법」상 근로자의 범위에 포함되므로 동 법률상의 노동조합을 설립할 수 있다고 판시한 바 있다(예: 大 2015. 6. 25.-2007두4995).

II. 단 결 체

헌법 제33조 제1항이 보장하는 단결권 · 단체교섭권 · 단체행동권은 개개의 근로자뿐만 아니라 근로자들이 근로조건의 유지 · 향상을 위하여 자주적으로 조직하여 활동하는 단체인 단결체(예: 노동조합, 쟁의단)에도 보장된다. 그러나 이러한 단결체가 가지는 단결권 · 단체교섭권 · 단체행동권은 근로자의 단결권 · 단체교섭권 · 단체행동권을 실현하는데 기여하는 전제하에서 인정되므로 단결체는 자신의 단결권 · 단체교섭권 · 단체행동권으로 근로자의 단결권 · 단체교섭권 · 단체행동권에 대항할 수 없다.

III. 사용자의 단체결성 및 직장폐쇄의 근거

사용자란 사업주, 사업의 경영담당자 또는 그 사업의 근로자에 관한 사항에서 사업주를 위해 행동하는 자를 말한다(「노동조합 및 노동관계조정법」 §2ii).

헌법 제33조 제1항은 단결권 · 단체교섭권 · 단체행동권의 주체로 근로자를 명시적으로 규정하고 있으므로 사용자를 포함하는 국민 일반의 기본권으로서 단결권을 보장하고 있는 독일연방헌법과 달리 사용자는 헌법 제33조 제1항의 단결권 · 단체교섭권 · 단체행동권의 주체가 될 수 없다. 사용자가 단체를 구성하는 것은 헌법 제33조 제1항의 단결권이 아니라 헌법 제21조 제1항의 결사의 자유에 의해 보호된다. 한편 「노동조합 및 노동관계조정법」은 동법상의 쟁의행의의 개념에 사용자의 직장폐쇄를 포함시키고 있는데(동법 §2vi), 사용자의 직장폐쇄는 헌법 제33조 제1항의 단체행동권에 의해 보장되는 쟁의행위가 아니라 재산권 및 기업의 경제상 자유를 규정하고 있는 헌법 제23조 제1항과 제119조 제1항에 의하여 인정되는 헌법상의 권리이다(동지: 권영성, 687; 허영a, 506; 성낙인, 715).

IV. 공무원 및 주요방위산업체 종사자

공무원도 근로의 대가로서 보수를 받아 생활하는 자라는 점에서는 근로자라고 할 수 있다(예: 憲 1992. 4. 28.-90헌바27등). 그러나 공무원은 국민의 이익과 국가이익을 실현하기 위한 공무에 종사하기 때문에 국가와 국민에 대한 관계는 경제활동상의 사용자와의 관계와 다르다.

이러한 요인으로 인하여 공무원에게 인정되는 단결권의 성질이나 형태 그리고 근무조건의 향상을 위한 활동에 대한 제한 등에서 일반근로자와 차이가 있게 된다.

헌법은 공무원인 근로자에게 단결권·단체교섭권·단체행동권을 인정할 것인가의 여부, 어떤 형태의 행위를 어느 범위에서 인정할 것인가 등에 대하여 국민대표기관인 국회가 법률로 정하도록 위임하고 있다. 이에 의거하여 국회는 이에 대한 광범한 입법형성의 자유를 가진다. 한편 헌법 제33조 제3항은 국회에게 광범한 입법형성의 자유를 부여하면서도 법률이 정하는 주요방위산업체에 종사하는 근로자의 단체행동권은 법률이 정하는 바에 의하여 이를 제한하거나 인정하지 아니할 수 있는 것을 명시하여 헌법적인 가이드라인을 설정하고 있다.

[281] 제4 내 용

Ⅰ. 단 결 권

(1) 의 의

헌법 제33조 제1항에서 보장하는 단결권은 근로자들이 근로조건의 유지·향상을 위하여 자주적인 결사체를 결성하고 이에 가입하여 활동할 수 있는 자유를 말한다. 여기의 단결체는 근로자가 주체가 되어 자주적으로 조직되어야 하고(자주성), 근로조건의 유지·향상을 추구하는 것을 목적으로 하여야 하며(목적성), 조직에 필요한 기본사항을 정하는 규칙과 운영조직을 갖추고 계속적으로 활동하는 복수의 인적 결합체(단체성)를 의미한다. 노동조합이 대표적인 것이지만, 단체성이 상대적으로 약한 일시적 결합체인 쟁의단도 자주성과 목적성을 갖추고 있는 이상 이에 포함된다(동지: 김철수a, 1188; 권영성, 681; 허영a, 506).

(2) 유형과 내용

(a) 개인적·집단적 단결권

개인적 단결권이라 함은 개개의 근로자가 노동조합 등의 단결체를 결성하거나 이에 가입하고 활동함에 있어 국가나 사용자의 부당한 개입이나 간섭을 받지 아니할 권리를 말한다.

근로자들의 자주적인 단결체도 그 조직을 유지·확대하고 그 목적을 달성하기 위해 연합단체 등의 상위 단결체를 구성하고 활동할 수 있는 집단적 단결권을 가지므로 이도 단결권에 포함된다.

(b) 소극적 단결권

헌법 제33조 제1항의 단결권에 노동조합 등의 단결체를 결성하고 이에 가입하여 활동하는 내용의 적극적 단결권(積極的 團結權) 외에 단결체를 결성하지 아니할 자유 내지 단결체 불가입 내지 탈퇴의 자유로서 소극적 단결권(消極的 團結權)이 보장되는가 하는 점이 문제된다. 이는 근로자에게 노동조합 가입을 강제하는 단체협약상의 shop조항 등을 통한 단결강제가 헌법적으로 허용되는지의 여부와 관련되는 문제이다.

헌법 제33조 제1항에서 단결권을 기본권으로 보장하고 있는 이상 근로자는 이러한 단결권을 행사할 것인가 말 것인가를 결정하는 자유를 가진다고 할 것이므로 소극적 단결권도 당연히 가진다(동지: 성낙인, 713; 허영a, 507. 독일에서는 연방헌법 §9③의 해석으로 이를 인정). 따라서 국가는 소극적 단결권을 금지하기 위한 입법이나 행정조치를 할 수 없다. 이런 점에서 법률로써 노동조합의 가입을 취업조건으로 하는 것(closed shop)을 강제하거나, 취업한 이후에 반드시 노동조합에 가입할 것(union shop)을 강제하는 것은 헌법에 위반된다. 적극적 단결권의 행사를 효과 있게 하기 위하여 근로자의 단결체가 자율적으로 일정한 정도의 단체강제(團體强制)를 행할 수는 있으나, 이러한 단체강제가 근로자의 소극적 단결권을 침해하는 것인 경우에는 헌법에 위반된다. 노동조합에서 탈퇴한 근로자에게 취업상의 불이익을 가하는 것은 위헌이다.

소극적 단결권만 인정되는 것이 아니라, 단체교섭권이나 단체행동권도 이를 행사하지 않을 자유가 있다. 국가는 어떤 경우에도 단체교섭을 강제할 수 없다.

소극적 단결권의 헌법적 근거를 헌법 제33조 제1항으로 보지 않고 헌법 제10조의 일반적 행동의 자유 또는 헌법 제37조 제1항의 헌법에 열거되지 않는 자유에서 구하는 견해(권영성, 682)가 있으나, 이는 타당하지 않다. 단결권 · 단체교섭권 · 단체행동권이 헌법상의 기본권으로 헌법 제33조 제1항에 정해져 있는 이상 근로자가 이들 권리를 행사하거나 행사하지 않는 자유는 모두 헌법 제33조 제1항에서 보장되는 것이다.

현행「노동조합 및 노동관계조정법」제81조 제2호 단서는 노동조합이 당해 사업장에 종사하는 근로자의 3분의 2 이상을 대표하고 있을 때에는 근로자가 그 노동조합의 조합원이 될 것을 고용조건으로 하는 단체협약의 체결이 부당노동행위에 해당하지 않는다고 하여 단결강제의 한 유형인 일정한 조건하의 유니온숍(union shop)의 방식을 정하고 그 대신 사용자는 근로자가 당해 노동조합에서 제명된 것 또는 그 노동조합을 탈퇴하여 새로 노동조합을 조직하거나 다른 노동조합에 가입한 것을 이유로 신분상 불이익한 행위를 할 수 없다고 규정하고 있지만, 오늘날과 같은 자유로운 직업시장과 직장선택의 자유와 취업의 자유를 보장하고 있는 헌법의 이념과 가치질서에 비추어 볼 때 문제가 있다. 노동조합의 가입여부가 근로자의 행복추구와 취업의 자유를 방해하거나 금지하는 장애물이 되어서는 안 되기 때문이다.

헌법재판소는 소극적 단결권은 헌법 제33조 제1항의 단결권에 포함되지 않는다고 보고 있으며(예: 憲 1999. 11. 25.-98헌마141), 헌법재판소와 대법원은 유니온숍에 관하여 합헌이라고 판시하였다(예: 憲 2005. 11. 24.-2002헌바95등. 재판관 2인의 위헌의견 있음. 大 2002. 10. 25.-2000카기183).

[憲 1999.11.25.-98헌마141] 「노동조합과 각종 단체의 헌법상 차이는 결사의 자유의 경우 단체를 결성하는 자유, 단체에 가입하는 자유뿐만 아니라 단체를 결성하지 아니할 자유, 단체에의 참가를 강제당하지 아니할 자유, 단체를 탈퇴할 자유를 포함하는데 반하여, 근로자의 단결권은 단결할 자유만을 가리킬 뿐이다. 따라서 노동조합의 경우, 사용자와의 교섭력을 확보하기 위하여 사실상 어느 정도의 조직강제 내지 단결강제를 수반하게 되는 것이다.」

[憲 2005.11.24.-2002헌바95등] 「노동조합의 조직강제는 그것이 일반적 조직강제이든 제한적 조직강제이든 근로자의 단결하지 아니할 자유를 제한할 여지가 있는데, 앞서 본 바와 같이 이 사건 법률조항은 지배적 노동조합의 경우 일정한 형태의 조직강제를 용인하고 있으므로 여기서 근로자의 단결하지 아니할 자유와 노동조합의 적극적 단결권(조직강제권)이 충돌하는 상황이 생긴다. 헌법 제33조 제1항은 "근로자는 근로조건의 향상을 위하여 자주적인 단결권·단체교섭권 및 단체행동권을 가진다"고 규정하고 있다. 여기서 헌법상 보장된 근로자의 단결권은 단결할 자유만을 가리킬 뿐이고, 단결하지 아니할 자유 이른바 소극적 단결권은 이에 포함되지 않는다고 보는 것이 우리 재판소의 선례라고 할 것이다. 그렇다면 근로자가 노동조합을 결성하지 아니할 자유나 노동조합에 가입을 강제당하지 아니할 자유, 그리고 가입한 노동조합을 탈퇴할 자유는 근로자에게 보장된 단결권의 내용에 포섭되는 권리로서가 아니라 헌법 제10조의 행복추구권에서 파생되는 일반적 행동의 자유 또는 제21조 제1항의 결사의 자유에서 그 근거를 찾을 수 있다. 이와 같이 근로자의 단결하지 아니할 자유와 노동조합의 적극적 단결권이 충돌하는 경우 단결권 상호 간의 충돌은 아니라고 하더라도 여전히 헌법상 보장된 일반적 행동의 자유 또는 결사의 자유와 적극적 단결권 사이의 기본권 충돌의 문제가 제기될 수 있다. 살피건대, 근로자는 노동조합과 같은 근로자단체의 결성을 통하여 집단으로 사용자에 대항함으로써 사용자와 대등한 세력을 이루어 근로조건의 형성에 영향을 미칠 수 있는 기회를 갖게 된다는 의미에서 단결권은 '사회적 보호기능을 담당하는 자유권' 또는 '사회권적 성격을 띤 자유권'으로서의 성격을 가지고 있고, 일반적인 시민적 자유권과는 질적으로 다른 권리로서 설정되어 헌법상 그 자체로서 이미 결사의 자유에 대한 특별법적인 지위를 승인받고 있다. 이에 비하여 일반적 행동의 자유는 헌법 제10조의 행복추구권 속에 함축된 그 구체적인 표현으로서, 이른바 보충적 자유권에 해당한다. 따라서 단결하지 아니할 자유와 적극적 단결권이 충돌하게 되더라도, 근로자에게 보장되는 적극적 단결권이 단결하지 아니할 자유보다 특별한 의미를 갖고 있다고 볼 수 있고, 노동조합의 조직강제권도 이른바 자유권을 수정하는 의미의 생존권(사회권)적 성격을 함께 가지는 만큼 근로자 개인의 자유권에 비하여 보다 특별한 가치로 보장되는 점 등을 고려하면, 노동조합의 적극적 단결권은 근로자 개인의 단결하지 않을 자유

보다 중시된다고 할 것이어서 노동조합에 적극적 단결권(조직강제권)을 부여한다고 하여 이를 두고 곧바로 근로자의 단결하지 아니할 자유의 본질적인 내용을 침해하는 것으로 단정할 수는 없다.」

(3) 구체적인 문제

(a) 노동조합설립의 신고제도

「노동조합 및 노동관계조정법」은 동법상의 노동조합을 설립하고자 하면 신고서를 고용노동부장관이나 특별시장, 광역시장, 도지사 등에게 제출할 것을 요구하고 있고(동법 §10①), 신고서를 접수받아 고용노동부장관 등이 노동조합에게 신고증을 교부하여야 신고서 접수시에 노동조합이 설립된 것으로 본다고 규정하고 있다(동법 §12④).

이와 같은 내용의 노동조합설립의 신고제도는 헌법상 허용되는가 하는 문제가 제기된다. 국가의 노동문제는 사회적으로나 국가적으로나 중대한 파급효과를 가지므로 노동정책상 미리 현상을 파악하고 있을 필요가 있다. 이러한 범위에서 노동조합설립의 신고제도는 헌법에 합치한다. 그런데 고용노동부장관의 심사에서 어느 정도 사실조사가 수반되는 것은 부인할 수 없으나, 이는 신고자에게 확인서류의 제출을 요구하는 정도의 형식적 심사에 그쳐야 할 것이다

(b) 복수노조설립의 문제

헌법상의 단결권은 근로자 누구에게나 보장되어 있기 때문에 복수의 노동조합을 설립하는 것은 인정된다. 복수의 노동조합이 설립된 경우에 이불리(利不利)는 근로자가 스스로 판단하게 하여야 하며, 이를 국가가 개입하여 복수노동조합의 설립금지를 강제하는 것은 단결권의 침해이다. 과거 「노동조합 및 노동관계조정법」(법률 제9930호, 2010. 1. 1) 부칙 제7조 제1항은 2011년 6월 30일까지 사업장단위의 복수노조설립을 금지하고 있었으나, 현재는 사업장단위의 복수노조설립이 자유롭다.

II. 단체교섭권

(1) 의 의

단체교섭권이란 근로자들이 단결하여 근로조건의 유지, 향상을 위한 사항에 대하여 단결체의 이름으로 사용자나 사용자단체와 집단적으로 교섭할 수 있는 자유이다.

단체교섭은 근로자집단에 영향을 미치는 사항을 대상으로 하므로 단체교섭의 근로자측 당사자는 노동조합 내지 쟁의단과 같은 근로자들의 단결체이고 사용자측 당사자는 사용자 내지 사용자단체이다. 「노동조합 및 노동관계조정법」은 노동조합의 대표자와 노동조합으로부터 위임을 받은 자 및 교섭대표노동조합의 대표자(동법 §29 ①,②)를 근로자측

담당자로, 사용자나 사용자단체, 사용자 · 사용자단체의 위임을 받은 자(동조 ③)를 사용자측 담당자로 규정하고 있다. 단체교섭의 결과 단체협약이 체결되는데, 헌법재판소는 단체교섭권에는 단체협약체결권이 포함되어 있다고 보아야 하며 노동조합의 대표자 또는 노동조합의 위임을 받은 자에게 단체교섭권과 함께 단체협약체결권을 부여한 구 노동조합법 제33조 제1항은 헌법에 위반되지 않는다고 판시한 바 있다(예: 憲 1998. 2. 27.-94헌바13등).

(2) 내 용

단체교섭권은 다른 자유권적 기본권과 마찬가지로 국가에 대해 단체교섭에 부당하게 간섭하거나 방해하는 것을 금지한다. 그리고 단체교섭권의 정당한 행사는 근로자측의 민 · 형사상 책임을 면제한다(「노동조합 및 노동관계조정법」 §3, §4 참조).

국가는 노동쟁의에 대한 조정 및 사용자의 부당한 단체교섭 거부에 대해 부당노동행위로 구제명령을 내리거나 형사처벌하는 등의 단체교섭이 원만하게 이루어져 단체협약 체결을 촉진하도록 하는 기반이 되는 법제도 내지 법규범을 마련할 의무를 진다.

한편 사용자는 그에게 부과된 단체교섭의무로 인하여 정당한 단체교섭요구에 응하여야 하며 나아가 교섭과정에서 합의가 이루어지도록 성실하게 교섭해야 한다. 사용자가 정당한 이유 없이 단체교섭을 거부하거나 해태하면 단체교섭권을 침해하는 부당노동행위가 되어(「노동조합 및 노동관계조정법」 §81iii) 형사책임(동법 §90)이나 손해배상책임을 지게 되는 한편 근로자측의 쟁의행위를 정당화하는 사유가 된다.

Ⅲ. 단체행동권

(1) 의 의

단체행동권이라 함은 근로자와 사용자 간에 근로조건 등의 결정에 관한 주장이 불일치하는 노동쟁의가 발생한 경우에 근로자들이 그 주장을 관철하기 위하여 집단적으로 행하는 제반 실력행사를 할 수 있는 자유이다. 이러한 단체행동에는 파업, 태업 등의 사용자의 업무의 정상적인 운영을 저해하는 행위인 쟁의행위가 대표적이나 업무의 정상적 운영을 저해하지 않은 기타의 단체행동도 있을 수 있다.

「노동조합 및 노동관계조정법」은 사용자의 직장폐쇄도 동법상의 쟁의행위로 규정하고 있으나(동법 §2vi) 사용자는 헌법 제33조 제1항의 단결권 · 단체교섭권 · 단체행동권을 향유하는 주체가 아니므로 사용자의 직장폐쇄는 헌법상 단체행동권의 행사로 보장되는 것이 아니다. 근로자 개개인뿐만 아니라 단결체도 단체행동권의 주체가 될 수 있다(동지: 김철수a, 1192; 권영성, 686; 성낙인, 715).

(2) 쟁의행위의 유형

쟁의행위에는 근로자들이 집단적으로 노무제공을 거부하여 업무의 운영을 저해하는 파업(strike), 의식적으로 평소보다 작업능률을 떨어뜨리거나 특정한 업무를 거부하여 노무를 불완전하게 제공하는 태업(sabotage), 조합원, 소비자 또는 타기업을 대상으로 쟁의중인 기업의 생산품의 불매 내지 거래의 중단을 호소하는 보이콧(boycott), 다른 근로자 및 일반 시민에게 쟁의 중임을 알려 근로자 측에 유리한 여론을 형성하거나, 쟁의행위에서의 근로자의 이탈을 방지하고 대체근로를 저지하기 위해 필요한 장소에 감시하는 인원을 배치하거나 사업장의 출입통행에 제한을 가하는 방법으로 파업과 같은 주된 쟁의행위의 실효성을 높이는 피케팅(picketing) 등이 있다.

(3) 쟁의행위의 한계

(a) 개 설

쟁의행위는 사용자의 업무의 정상적인 운영을 저해하는 것으로 사용자에게 중대한 불이익을 초래하며 근대 시민법 입장에서는 계약상 채무불이행 및 불법행위책임과 형법상 업무방해죄 등의 범죄를 구성한다. 오늘날 쟁의행위가 헌법상 단체행동으로서 허용되더라도 사용자의 재산권과 직업의 자유 등과 충돌을 일으키게 되므로, 어느 정도 범위에서 정당화될 수 있는가의 문제가 발생한다.

이러한 기본권 충돌문제에 대한 해결방안으로 「노동조합 및 노동관계조정법」은 「쟁의행위는 그 목적·방법 및 절차에 있어서 법령 기타 사회질서에 위반되어서는 아니 된다」, 「조합원은 노동조합에 의하여 주도되지 아니한 쟁의행위를 하여서는 아니 된다」라고 하여(동법 §37 ①,②) 쟁의행위의 주체·목적·방법(태양) 및 절차 면에서 그 정당성의 기준을 제시하고 있는바, 헌법재판소와 대법원도 그 주체, 목적, 절차, 방법 내지 수단에 있어 일정한 제한하에 쟁의행위의 정당성을 인정하고 있다.

[憲 1996.12.26.-90헌바19등]의 5인 재판관의 위헌의견 「헌법상 보장되고 있는 단체행동권이라 하여도 그것이 어느 경우에나 절대적으로 보장되는 것을 의미하지는 않는다고 할 것이므로 그 정당성이 전제되어야 한다. 정당한 쟁의행위라 함은 ① 그 주체가 단체교섭의 주체가 될 수 있는 자라야 하고, ② 그 목적이 근로조건의 향상을 위한 노사 간의 자치적 교섭을 조성하는데 있어야 하며, ③ 사용자가 근로자의 근로조건 개선에 관한 단체교섭의 요구를 거부하였을 때 개시하되 특별한 사정이 없는 한 조합원의 찬성결정과 법 소정의 쟁의발생 신고를 거쳐야 하고, ④ 그 수단과 방법이 사용자의 재산권과 조화를 이루어야 함은 물론 폭력행사에 해당하지 않는 것이어야 한다.」

[大 1996.1.26.-95도1959] 「근로자의 쟁의행위 정당성은 첫째 그 주체가 단체교섭의 주

체로 될 수 있는 자이어야 하고, 둘째 그 목적이 근로조건의 향상을 위한 노사 간의 자치적 교섭을 조성하는 데에 있어야 하며, 셋째 사용자가 근로자의 근로조건 개선에 관한 구체적인 요구에 대하여 단체교섭을 거부하였을 때 개시하되 특별한 사정이 없는 한 조합원의 찬성결정 및 노동쟁의 발생신고 등 절차를 거쳐야 하는 한편, 넷째 그 수단과 방법이 사용자의 재산권과 조화를 이루어야 할 것은 물론 폭력의 행사에 해당되지 아니하여야 한다는 여러 조건을 모두 구비하여야 비로소 인정될 수 있다.」

(b) 생산관리의 문제

노동조합이 사용자의 의사에 반하여 생산수단을 자기지배하에 두고 경영까지 장악하는 생산관리가 쟁의행위로서 허용될 수 있는지 문제된다. 생산관리는 사용자의 재산권을 침해하는 정도가 매우 크기 때문에 재산권 및 경제질서에 관한 헌법규정과의 규범조화가 가능한 범위 내에서만 허용될 수 있다는 견해(허영a, 511)가 있지만, 생산수단을 근로자들이 직접 지배하는 정도에 이른다면 사유재산제를 정면으로 부정하는 결과가 되므로 헌법상 허용될 수 없다고 봄이 타당하다(김철수a, 1194; 권영성, 689).

(c) 정치적 파업의 문제

정치파업이라 함은 정치적인 주장을 표명하거나 이를 관철시키기 위해 이루어지는 파업을 말한다. 근로조건의 유지, 향상을 위한 단체행동권의 목적에 비추어 이러한 정치파업이 허용되는지 문제가 되는데, 정권 타도, 특정 정치세력과의 투쟁 등과 같이 근로자의 근로조건 등과 직접적인 관련이 없는 순수한 정치적 사항을 대상으로 하는 정치파업은 헌법상 단체행동권의 행사로서 보장되는 쟁의행위에 포함시킬 수 없다. 그러나 근로자의 근로조건 및 사회 · 경제적 지위의 향상(「노동조합 및 노동관계조정법 §1, §4 참조)과 불가분의 관계에 있는 노동관계법령의 개폐와 같은 국가의 정책이나 입법에 관한 사항을 쟁점으로 하는 파업은 단체행동권의 행사로서 정당한 쟁의행위가 될 수 있을 것이다(동지: 권영성, 689; 허영a, 512; 계희열b, 762).

(d) 정당한 쟁의행위의 효과

정당한 단체행동권의 행사로서의 쟁의행위에 대하여는 민 · 형사상의 책임이 면제된다. 이는 헌법 제33조 제1항의 단체행동권의 내용으로 보장되는 것인데, 「노동조합 및 노동관계조정법」은 이를 확인하여 정당한 쟁의행위는 국가에 대한 관계에서는 형법 제20조의 정당행위로서 형사상의 처벌을 받지 아니하고(동법 §4), 사용자에 대한 관계에서는 그로 인한 민사상의 채무불이행 또는 불법행위 책임을 부담하지 아니함을 명문으로 규정하고 있다(동법 §3). 또한 동법은 정당한 쟁의행위 등의 단체행위에 참가하였음을 이유로 사용자는 근로자를 해고하거나 기타 불이익을 주는 행위를 할 수 없도록 규정하여(동법 §81v) 정당한 쟁의행위를 법적으로 보호하고 있다.

《무노동 무임금 원칙의 문제》

무노동 무임금의 원칙이란 파업기간 또는 근로시간 중의 노조활동이나 노조전임자에 대해서는 임금을 지급할 수 없다는 원칙을 말한다. 헌법상 단체행동권의 행사로서 파업을 하는 경우에 무노동 무임금의 원칙을 관철하여 파업기간 중의 임금을 지급하지 않는 것은 단체행동권의 실효성을 약화시킬 수 있는 문제점이 있다. 대법원은 종래 임금 2분설의 입장에 따라 임금을 사실상 근로를 제공한데 대하여 받는 교환적 부분과 근로자의 지위에서 받는 생활보장적 부분으로 나누어 파업기간 중 임금 가운데 교환적 부분에 대해서만 청구할 수 없다는 입장이었으나(大 1992. 3. 27.-91다36307), 뒤에 임금을 교환적 부분과 생활보장적 부분으로 이분할 수 없다고 보고 쟁의행위시의 임금 지급에 관하여 단체협약이나 취업규칙 등에서 이를 규정하거나 그 지급에 관한 당사자 사이의 약정이나 관행이 있다고 인정되지 아니하는 한, 쟁의행위 기간 동안에는 임금청구권은 발생하지 않는다고 하여야 하고, 그 지급청구권이 발생하지 아니하는 임금의 범위가 임금 중 이른바 교환적 부분에 국한된다고 할 수는 없다고 판례를 변경하였다(大 1995. 12. 21.-94다26721). 「노동조합 및 노동관계조정법」 제44조는 쟁의행위 기간 중에 무노동 무임금 원칙이 적용되어야 함을 명문으로 규정하고 있다.

[282] 제5 효 력

Ⅰ. 대국가적 효력

단결권 · 단체교섭권 · 단체행동권은 자유권으로의 성격과 생존권 내지 사회적 기본권으로서의 성격을 아울러 가지는데, 단결권 · 단체교섭권 · 단체행동권의 효력은 자유권적인 성격에 의한 효력과 사회적 기본권의 성격에 의한 효력으로 구별된다.

먼저 자유권적인 성격에서 국가는 근로자 또는 근로자단체에 의한 단결권 · 단체교섭권 · 단체행동권의 행사에 부당하게 간섭하거나, 이를 방해해서는 안 되며 또한 형사제재를 가해서는 안 되는 효력이 인정된다. 「노동조합 및 노동관계조정법」 제4조는 노동조합이 단체교섭 · 쟁의행위 기타의 행위로서 동법 제1조의 목적을 달성하기 위하여 한 정당한 행위에 대하여 형법 제20조의 정당행위로서 처벌되지 아니함을 규정하여 위와 같은 자유권적인 효력을 확인하고 있다.

다음으로 사회적 기본권적인 성격에서 국가가 단결권 · 단체교섭권 · 단체행동권의 실효성 있는 보장을 위해 그 기반 제도를 마련하고 사용자와 대등한 지위를 확보하도록 근로자 측을 보호하는 법적 제도 내지 법규범을 갖추어야 하는 효력이 인정되는데, 「노동조합 및 노동관계조정법」은 사용자의 부당노동행위에 대한 구제절차(동법 제6장 이하), 노동쟁의에 대한 조정절차(동법 제5장 이하) 등을 규정하고 있다.

Ⅱ. 대사인적 효력

단결권 · 단체교섭권 · 단체행동권은 그 기능에 비추어 볼 때, 사인 간에도 인정된다. 그런데 이러한 단결권 · 단체교섭권 · 단체행동권은 근로자가 사용자나 제3자에 대하여 헌법을 근거로 직접 주장하는 것이 아니라, 국가가 법률로 이를 구체화하였을 때 비로소 그에 따라 해당 권리를 행사할 수 있다.

이러한 단결권 · 단체교섭권 · 단체행동권의 대사인적 효력에 대해서는 노사관계를 전제로 하여 사인 간의 관계에 관한 것이 명백하므로 사인 간에도 직접적으로 적용된다고 보는 견해(김철수a, 1188; 권영성, 690)도 있으나, 사인 간의 관계를 정하는 것이라고 하여 곧 직접 효력을 가지는 것은 아니다. 직업의 자유나 영업의 자유가 사인을 상대로 하는 경우에도 이를 정하는 헌법상의 규정을 근거로 바로 사인에 대하여 주장하는 것은 아니기 때문이다. 단결권 · 단체교섭권 · 단체행동권이 사용자에게 직접 적용된다면 단결권 · 단체교섭권 · 단체행동권을 침해하는 사용자의 행위는 마치 민법상의 금지규정을 어긴 법률행위처럼 당연히 무효가 된다는 결론에 이르는데, 근로자가 무효주장을 내세울 수 있어도 결국 「노동조합 및 노동관계조정법」상의 구제신청(동법 §82)과 노동위원회의 구제명령(동법 §84)을 받아야 권리구제가 가능한 것이고, 이 경우 단결권 · 단체교섭권 · 단체행동권은 노동위원회가 부당노동행위 여부를 판단하는 데 있어 하나의 판단지표로 되고, 부당노동행위에 해당하는지 여부에 대한 노동위원회의 법률해석을 통해서 사용자에게 그 효력이 미친다고 보는 것이 타당하다(허영a, 516).

[283] 제6 제한과 그 한계

Ⅰ. 제 한

단결권 · 단체교섭권 · 단체행동권에 대해서도 헌법 제37조 제2항에 의한 제한이 가능하다. 헌법 제33조 제2항은 공무원인 근로자의 단결권 · 단체교섭권 · 단체행동권을 제한하는 근거를 따로 두고 있고, 동조 제3항은 주요방위산업체의 근로자의 단체행동권을 법률이 정하는 바에 따라 제한하거나 인정하지 아니할 수 있도록 규정하고 있다.

(1) 공무원인 근로자의 단결권 · 단체교섭권 · 단체행동권 제한

헌법 제33조 제2항은 「공무원인 근로자는 법률이 정하는 자에 한하여 단결권 · 단체교섭권 · 단체행동권을 가진다」고 규정하고 있다. 이와 같이 헌법이 공무원인 근로자의 단결권 · 단체교섭권 · 단체행동권을 제한하는 이론적 근거로는 공무원은 국민전체에 대한 봉사자일 뿐 아니라(국민전체 봉사자설) 그 직무의 성질이 공공성이 강한 것이기 때문(권영성, 692)이라고 설명되고 있다(성낙인, 717; 직무성질설).

국가공무원법은 「공무원은 노동운동……을 하여서는 아니 된다. 다만 사실상 노무에 종사하는 공무원은 예외로 한다」(동법 §66①)라고 규정하여 사실상 노무에 종사하는 공무원에 대해서만 단결권 · 단체교섭권 · 단체행동권을 허용하고 있다(독일에서는 공무원에게 파업(Streikrecht)과 단체협약의 자치(Tarifautonomie)가 인정되지 않음). 사실상 노무에 종사하는 공무원의 범위를 국회규칙 · 대법원규칙 · 헌법재판소규칙 · 중앙선거관리위원회규칙 또는 대통령령에서 정하도록 위임하고 있는데(동조 ②), 대통령령에서는 「사실상 노무에 종사하는 공무원은 과학기술정보통신부 소속의 현업기관의 작업 현장에서 노무에 종사하는 우정직 공무원」이라고 정하면서, 서무 · 인사 · 기밀업무에 종사하는 공무원, 경리물품출납사무에 종사하는 공무원, 노무자 감독 사무에 종사하는 공무원, 국가보안시설의 경비 업무에 종사하는 공무원, 승용자동차 및 구급차의 운전에 종사하는 공무원은 제외하고 있다(「국가공무원 복무규정」 §28). 지방공무원법 제58조도 국가공무원법 제66조와 마찬가지의 내용을 규정하면서 사실상 노무에 종사하는 공무원의 범위를 조례에 위임하고 있다.

헌법재판소는 사실상 노무에 종사하는 공무원 이외의 공무원의 단결권 · 단체교섭권 · 단체행동권을 부인하는 국가공무원법 제66조 제1항에 대해 합헌이라는 입장이다(憲 1992. 4. 28.-90헌바27등; 憲 2007. 8. 30.-2003헌바51등). 그러나 모든 공무원에 대하여 일률적으로 쟁의행위를 금지하여 사실상 노무에 종사하는 공무원에 대하여도 쟁의행의를 금지하고 있는 구 노동쟁의조정법 제12조 제2항에 대하여는 헌법불합치 결정을 내린 바 있다(憲 1993. 3. 11.-88헌마5).

공무원인 근로자의 단결권 · 단체교섭권 · 단체행동권에 대한 제한이 헌법 제33조 제2항에 근거하고 있더라도 헌법 제37조 제2항의 과잉금지원칙상 사실상 노무에 종사하는 자 이외의 공무원 일반에 대하여 일률적으로 단결권 · 단체교섭권 · 단체행동권을 배제하는 것은 타당치 않고 공무원의 담당하는 직무의 내용과 성격에 비추어 단결권 · 단체교섭권 · 단체행동권을 인정하는 공무원의 범위를 결정하는 것이 타당하다. 한편 「공무원직장협의회의 설립 · 운영에 관한 법률」은 6급 이하의 일반직공무원 및 이에 준하는 공무원(동법 §3 참조)이 공무원직장협의회를 구성하여 기관장과 1. 해당 기관 고유의 근무환경 개선에 관한 사항 2. 업무능률 향상에 관한 사항 3. 소속공무원의 공무와 관련된 일반적 고충에 관한 사항 4. 그 밖에 기관의 발전에 관한 사항을 협의할 수 있도록 하고 있다(동법 §5①). 「공무원의 노동조합 설립 및 운영 등에 관한 법률」은 6급 이하의 일반직공무원 및 이에 상당하는 일반직공무원, 특정직공무원 중 6급 이하의 일반직공무원에 상당하는 외무행정 · 외교정보관리직 공무원, 6급 이하의 일반직공무원에 상당하는 별정직공무원은 원칙적으로 공무원의 노동조합에 가입할 수 있도록 하고(동법 §6①, 이 중에서도 노동조합에 가입할 수 없는 예외는 동조 ②에 규정되어 있다), 이들에게 단결권과 단체교섭권(동법 §8-§10)을 부여하고 있다. 그러나 공무원의 쟁의행위는 금지하고 있다(동법 §11). 동법의 적용대상이 되는 공무원은 「국가공무원법」 제2조 및 「지방공무원법」 제2조에서 규정하고 있는 공무원을 말하나, 「국가공무원법」 제66조 제1항 단서 및 「지방공무원법」 제58조 제1항 단서에 따른 사실상 노무에 종사하는 공무원과 「교원의 노동조합 설립 및 운영 등에 관한 법률」의 적용을 받는 교원인 공무원은 제외한다(동법 §2).

헌법재판소는 공무원의 집단행위를 금지하고 있는 국가공무원법 제78조 제1항 제1호의 '이 법' 부분 중 제66조 제1항 본문의 '공무 외의 일을 위한 집단 행위' 부분에 대해서는 재판관 7 : 2의 의견으로, 교원노조의 정치활동을 금지하고 있는 구 「교원의 노동조합 설립 및 운영 등에 관한 법률」 제3조 중 '일체의 정치활동' 부분에 대해서는 4 : 3(각하의견) : 2의 의견으로 헌법에 위반되지 않는다는 결정을 선고하였다(憲 2014. 8. 28.-2011헌가18).

⑵ 법률이 규정하는 주요방위산업체에 종사하는 근로자의 단체행동권의 제한

헌법 제33조 제3항은 「법률이 규정하는 주요방위산업체에 종사하는 근로자의 단체행동권은 법률이 정하는 바에 의하여 이를 제한하거나 인정하지 아니할 수 있다」고 하여 국가안전보장이라는 중대한 이익을 보호하기 위하여 주요방위산업체에 종사하는 근로자의 단체행동권을 제한·금지할 수 있는 근거를 두고 있다. 이에 따라 「노동조합 및 노동관계조정법」 제41조 제2항은 방위사업법에 의하여 지정된 주요방위산업체에 종사하는 근로자 중 전력·용수 및 주로 방산물자를 생산하는 업무에 종사하는 자는 쟁의행위를 할 수 없다고 규정하고 있다.

이 조항은 단체행동권에 대한 단순한 제한이 아니라 제한 또는 금지를 할 수 있음을 명시적으로 정하고 있다. 국가안전보장을 위하여 동일한 취지로 단체행동권을 제한하거나 금지할 수 있는 근로자는 주요방위산업체 종사자 이외에도 근로의 성격상 더 있을 수 있는데, 이러한 경우 단체행동권의 제한·금지는 헌법 제37조 제2항을 근거로 한다.

경비업법은 공항(항공기 포함) 등 대통령령이 정하는 국가중요시설의 경비 및 도난·화재 그 밖의 위험발생을 방지하는 특수경비업무에 종사하는 자에 대해서는 다른 경비업무를 하는 자와 달리 자격, 직무범위, 무기휴대 및 사용방법, 교육, 의무 등에 대하여 특별히 규정하고, 동시에 파업이나 태업 그 밖에 경비업무의 정상적인 운영을 정하는 일체의 쟁의행위를 할 수 없음을 정하고 있다. 헌법재판소는 이러한 쟁의행위의 금지는 헌법 제37조 제2항을 근거로 한 것이고 과잉금지원칙에도 위반되지 아니하여 합헌이라고 판시하였다(憲 2009. 10. 29.-2007헌마1359).

[憲 2009.10.29.-2007헌마1359] 「이 사건 법률조항은 헌법이 인정한 일반근로자의 단체행동권을 전면적으로 박탈하고 있으므로 헌법 제33조 제1항 자체에 위반된다는 반대

견해가 있다. 그러나 이 사건 법률조항에 의한 쟁의행위의 금지는, 특수경비원에게 보장되는 근로 3권 중 단체행동권의 제한에 관한 법률조항에 해당하는 것으로서, 헌법 제37조 제2항의 과잉금지원칙에 위반되는지 여부가 문제될 뿐이지, 그 자체로 근로 3권의 보장에 관한 헌법 제33조 제1항에 위배된다고 볼 수는 없는 것이다. 특히 반대견해에서는 헌법 제33조 제2항과 제3항의 규정에서 '공무원'과 '주요방위산업체에 종사하는 근로자'에 대해서만 특별히 유보조항을 두고 있는 점을 근거로 제시하고 있으나, 앞서 언급한 바와 같이 이 사건 법률조항에 의한 단체행동권의 제한은 헌법 제33조 제2항과 제3항의 개별유보조항에 의한 것이 아니라 헌법 제37조 제2항의 일반유보조항에 의한 것인 만큼, 헌법 제33조 제2항과 제3항으로부터 이 사건 법률조항이 헌법 제33조 제1항에 위배된다는 결론은 도출될 수 없는 것이다.」

(3) 사립학교교원의 단결권 · 단체교섭권 · 단체행동권 제한

사립학교교원에 대해서는 공무원인 근로자와 달리 헌법상 단결권 · 단체교섭권 · 단체행동권을 개별적으로 제한하는 명문의 규정이 없으므로 사립학교법 제55조가 교육공무원법 제1조 및 제53조 제4항의 규정에 따라 사립학교의 교원에게 국가공무원법 제66조 제1항 중 노동운동을 하여서는 아니 된다는 법률조항을 준용하도록 한 사립학교법 제55조와 사립학교 교원의 노동운동을 면직사유로 규정한 사립학교법 제58조 제1항 제4호가 헌법에 위반되는지의 여부가 문제됐다.

이에 대해 헌법재판소는 합헌이라는 결정을 내렸고(憲 1991. 7. 22.-89헌가106), 후에 동일한 내용의 결정을 다시 내렸다(憲 1999. 6. 24.-97헌바61). 한편 「교원의 노동조합 설립 및 운영 등에 관한 법률」(1999. 7. 1. 시행)은 사립교원뿐만 아니라 국 · 공립학교 교원을 포함하여 초 · 중등학교 교원이면(동법 §1, §2) 단결권(동법 §4)과 단체교섭권(동법 §6)을 인정하고 있으나 쟁의행위는 금지하고 있다(동법 §8 참조).

(4) 헌법 제37조 제2항에 의한 제한

근로자의 단결권 · 단체교섭권 · 단체행동권은 헌법 제37조 제2항에 근거하여 제한할 수 있다. 단체행동권을 금지하는 것도 헌법 제33조 제3항에서 정하고 이는 법률이 정하는 주요방위산업체의 종사자에 한정되는 것이 아니라, 근로의 성격상 단체행동권을 허용하는 것보다 이를 허용하지 않으면서 보호해야 할 이익이 더 큰 경우에는 단체행동권을 금지할 수 있다.

헌법재판소는 헌법 제37조 제2항에 근거하여 단체행동권을 제한할 수 있다고 판시하였다(예: 憲 1996. 12. 26.-90헌바19; 2009. 10. 29.-2007헌마1359).

[憲 2009.10.29.-2007헌마1359] 「헌법 제33조 제1항에서는 근로자의 단결권 · 단체교섭

권 및 단체행동권을 보장하고 있는바, 현행 헌법에서 공무원 및 법률이 정하는 주요방위산업체에 종사하는 근로자와는 달리 특수경비원에 대해서는 단체행동권 등 근로 3권의 제한에 관한 개별적 제한규정을 두고 있지 않다고 하더라도, 헌법 제37조 제2항의 일반유보조항에 따른 기본권제한의 원칙에 의하여 특수경비원의 근로 3권 중 하나인 단체행동권을 제한할 수 있음은 의문의 여지가 없는 것이다. 따라서 이 사건에서는 국가에 대한 관계에서 자유권적 측면으로서의 근로 3권 중 단체행동권의 제한에 해당하는 이 사건 법률조항의 규정 내용, 즉 '파업 · 태업 그 밖에 경비업무의 정상적인 운영을 저해하는 일체의 쟁의행위의 금지'가 기본권제한입법의 한계조항인 헌법 제37조 제2항의 과잉금지원칙에 위반되는지 여부가 문제된다.」

헌법재판소는 구노동쟁의조정법상 제3자개입금지 규정을 합헌이라고 결정했는데(예: 憲 1990. 1. 15.-89헌가103), 위 제3자개입금지조항은 이후 폐지되었다.

한편 헌법재판소는 공익사업에 대한 강제중재규정을 위헌 5 합헌 4의 의견으로 합헌이라고 결정한 바 있고(憲 1996. 12. 26.-90헌바19등), 필수공익사업장에 대한 직권중재도 합헌이라고 결정하였다(憲 2003. 5. 15.-2001헌가31). 근로자들의 집단적 노무제공거부를 형법상 위력에 의한 업무방해죄로 처벌하는 것은 합헌이라고 판단하였다(예: 憲 1998. 7. 16.-97헌바23). 복지부장관의 승인을 얻어야만 국민건강보험공단의 인사, 보수 등에 관한 규정이 효력을 갖도록 한 국민건강보험법 제27조는 헌법상 단체교섭권을 침해하지 않는 것으로 판시하였고(예: 憲 2004. 8. 26.-2003헌바58등) 건설교통부장관의 승인을 얻어야만 한국고속철도건설공단의 조직, 인사, 보수 및 회계에 관한 규정이 효력을 갖도록 한 구 한국고속철도건설공단법 제31조도 합헌이라고 판시했다(예: 憲 2004. 8. 26.-2003헌바28). 병원, 소방서 등 일반 국민의 생활에 필수적인 기관의 기능을 위협하는 쟁의행위(Arbeitkampf)는 금지된다. 「노동조합 및 노동관계조정법」에서 노조전임자의 급여를 금지하고 근로시간 면제에 관해 한도를 정하도록 한 것이 단체교섭권 및 단체행동권을 침해하는 것은 아니나(憲 2014. 5. 29.-2010헌마606), 사용자가 노동조합의 운영비를 원조하는 행위를 부당노동행위로 금지하는 것은 노동조합의 단체교섭권을 침해한다(憲 2018. 5. 31.-2012헌바90).

그러나 특정 경비구역에서 근무하며 그 구역의 경비에 필요한 한정된 권한만을 행사하는 일반근로자일 뿐 공무원이 아닌 청원경찰의 근로 3권을 전면적으로 금지하는 것은 헌법에 합치하지 아니한다(憲 2017. 9. 28.-2015헌마653).

II. 제한의 한계

단결권 · 단체교섭권 · 단체행동권에 대한 제한에서도 평등보호나 신뢰보호원칙 또는 헌법 제37조 제2항이 정하는 한계를 넘을 수 없다. 위헌적인 국가비상사태 하에서 단체교섭권 · 단체행동권이 제한되는 근로자의 범위를 구체적으로 제한함이 없이, 단체교섭권·단체행동권의 행사요건 및 한계 등에 관한 기본적 사항조차 법률에서 정하지 아니한 채, 그 허용 여부를 주무관청의 조정결정에 포괄적으로 위임하고 이에 위반할 경우 형사처벌하도록 하고 있는 구 「국가보위에 관한 특별조치법」 규정은 모든 근로자의 단체교섭권·단체행동권을 사실상 전면적으로 부정하는 것으로서 헌법에 규정된 근로 3권의 본질적 내용을 침해하는 것이다(憲 2015. 3. 26.-2014헌가5).

[284] 제7 침해와 구제

국가에 의하여 단결권·단체교섭권·단체행동권이 침해되는 경우에는 다른 자유권과 마찬가지로 위헌법률심판이나 헌법소원심판을 통해 위헌적인 법률이나 공권력의 행사의 효력을 없앨 수 있고, 행정처분이 그 원인인 경우에는 행정쟁송으로 그 효력을 다툴 수 있다. 한편 단결권·단체교섭권·단체행동권을 침해하는 위법한 공무원의 직무집행에 의해 손해를 입은 경우에는 국가배상을 청구하여 손해를 전보할 수 있다.

사용자에 의하여 단결권·단체교섭권·단체행동권이 침해되는 경우 사용자에 대해 손해배상책임을 묻거나 형사책임(「노동조합 및 노동관계조정법」 §90)을 지울 수 있음은 물론이나, 「노동조합 및 노동관계 조정법」은 사용자가 단결권·단체교섭권·단체행동권을 침해하는 행위를 유형화하여 부당노동행위로 규정하고 있고(동법 §81), 사용자의 부당노동행위로 인하여 그 권리를 침해당한 근로자 또는 노동조합이 노동위원회에 그 구제를 신청하면(동법 §82①) 노동위원회가 사용자에 대하여 구제명령을 내리도록 하여(동법 §84) 사용자의 단결권·단체교섭권·단체행동권 침해에 대하여 특별 행정구제제도로서 부당노동행위제도를 마련하고 있다.

한편 사용자 이외의 사인에 의해 단결권·단체교섭권·단체행동권이 침해되는 경우에는 일반 민사상의 불법행위책임을 물을 수 있고, 그러한 행위가 범죄에 해당하는 경우 형사책임을 지울 수 있다.

제 4 장 국정참여적 기본권

제 1 절 선 거 권

[285] 제1 의 의

Ⅰ. 헌법 규정

헌법 제24조는 「모든 국민은 법률이 정하는 바에 의하여 선거권을 가진다」라고 하여 선거권(選擧權 right to vote)을 헌법상의 기본권으로 규정하고 있다. 헌법은 국민주권의 실현 방법으로 대의민주주의를 채택하고 있는데, 선거권은 피선거권과 함께 대의제도를 작동시키는 데 필수적인 요소로서, 정책결정권자인 국민의 대표자를 선정하는 권리를 말한다. 대의제도를 채택하는 경우에는 그 제도의 특성상 국민에게 선거권과 피선거권을 부여하지 않을 수 없으므로 선거권은 헌법 제24조와 같이 명시적으로 정하지 않더라도 헌법상 인정되는 권리이다.

Ⅱ. 보장의 사정거리

헌법 제24조의 선거권은 지방자치에는 해당하지 않는다. 지방의회는 헌법 제118조 제1항과 제2항에 따라 선거로 구성되는데, 지방의회의 의원을 선출하는 선거권은 헌법 제118조 제2항에 근거하여 헌법상의 권리로 인정된다. 헌법 제118조 제2항은 지방자치단체장에 대해서는 지방의회의원의 「선거」와 달리 「선임」(選任)으로 표시하고 이를 법률에서 정하도록 하고 있으므로 지방자치단체장은 임명방식으로 정할 수도 있고 선거방식으로 정할 수도 있다. 따라서 지방자치단체장을 선거하는 경우에 그 선거권은 법률상의 권리라고 할 것이다([397]Ⅲ(2)). 헌법재판소도 같은 취지로 판시하고 있다(예: 憲 2007. 6. 28.-2004헌마644등).

[憲 2007.6.28.-2004헌마644등] 「헌법 제118조는 제1항에서 "지방자치단체에 의회를 둔다"는 규정을 두고, 제2항에서 "지방의회의……의원선거……에 관한 사항은 법률로 정한다"라고 함으로써 지방의회 의원선거권이 헌법상의 기본권임을 분명히 하고 있다. 하지만 헌법 제118조 제2항은 "……지방자치단체의 장의 선임방법……에 관한 사항은 법률로 정한다."라고만 규정하고 있어 지방자치단체의 장의 선거권에 대한 제한이 헌법상

의 기본권에 대한 제한인지 여부가 문제된다. 헌법이 지방자치단체의 장에 대해서는 '선임방법'이라고 표현함으로써 지방의원의 '선거'와는 구별하고 있으므로 지방자치단체의 장의 선거권을 헌법상 기본권이라 단정하기는 어렵다.」

Ⅲ. 법률유보

헌법이 직접 정하고 있는 경우 이외에 공직이나 공공기관 가운데 어떠한 직을 선거직으로 할 것인가 임명직으로 할 것인가 하는 것은 이를 규율하는 법률에 의하여 정해진다. 이 경우 선거직과 선거제도에 따라 인정되는 선거권과 피선거권은 법률에 유보된 법률상의 권리이며, 헌법 제24조에서 보장하는 헌법상의 권리로서의 선거권이 아니다. 이러한 경우에는 선거직을 임명직으로 변경하면 선거권은 소멸하고, 국민은 헌법 제24조를 근거로 하여 다툴 수 없다.

[286] 제2 법적 성격

선거권은 공동체의 의사결정방식의 하나인 대의제도를 전제로 해서만 인정되는 것이므로 대의제도를 떠나서 선거권을 인정할 여지는 없다. 따라서 선거권은 자연권으로서의 성질을 지니고 있지 않으며 헌법이 대의제도를 채택하면서 이를 작동시키기 위하여 국민에게 부여한 실정권이다.

선거권은 대의민주주의의 실현을 위하여 존재하므로 국민은 선거권을 행사할 때는 당연히 선거에의 참여를 전제로 한다. 그런 점에서 대의민주주의 국가에서 국민은 민주주의를 실현하기 위하여 선거에 참여할 정치적인 책임을 지는데, 이런 점을 들어 선거권은 권리인 동시에 의무라고 보는 견해도 있다. 그러나 선거와 선거권의 법적 성격은 분리하여야 하고 권리에 의무가 동시에 포함되어 존재할 수는 없으므로 선거권은 권리로서의 성격만 지닐 뿐 의무로서의 성격을 가지지 않는다고 할 것이다. 다만, 헌법이 국민에게 선거에 참여할 의무를 부과할 수는 있다(예: 타이 헌법).

[287] 제3 주 체

선거권은 대한민국 국적을 가진 자연인인 국민에게 인정된다. 선거권의 성질상 법인에게는 인정되지 않는다.

외국인에게는 선거권이 인정되지 않는다. 헌법 제1조는 「대한민국의 주권은 국민에게 있고, 모든 권력은 국민으로부터 나온다」라고 정하고 있으므로 입법, 행정, 사법, 헌법재판을 수행하는 기관을 구성하는 선거권은 대한민국 국적을 가진 국민에게만 인정된다. 국민이 아닌 자에 대하여 국가를 구성하는 선거에 관한 권리를 인정하기 위해서는 헌법상의 근거가 필요하다.

연방국가인 독일에서는 지방국가(支邦國家)인 란트(Land)가 법률로 외국인에게 선거권을 부여한 것에 대하여 연방헌법재판소는 국민주권에 위반된다고 하여 위헌으로 판결하였다(예: BVerfGE 83, 37).

지방자치단체장이나 지방의회의 구성에도 국민주권의 법리가 관철되는가 하는 문제가 있다. 지방자치단체의 장이나 지방의회의 의원선거에 외국인도 선거권이나 피선거권을 가지는가 하는 문제는 여기에 국민주권원리를 관철시키는가 아닌가 하는 것에 따라 결정된다.

현재 우리나라 지방자치제도는 외국인에게 피선거권은 인정하지 않고 일정한 조건하에서 선거권만 인정하고 있다. 공직선거법은 「출입국관리법」 제10조(체류자격)의 규정에 따른 영주의 체류자격 취득일 후 3년이 경과한 19세 이상의 외국인으로서 공직선거법 제37조 제1항의 선거인명부작성기준일 현재 「출입국관리법」 제34조(외국인등록표 등의작성및관리)의 규정에 따라 해당 지방자치단체의 외국인등록대장에 등재된 자에게 그 구역에서 선거하는 지방자치단체의 의회의원 및 장의 선거권을 부여하고 있다(동법 §15②). 지방자치법 제13조 제2항은 「국민인 주민은 법령으로 정하는 바에 따라 그 지방자치단체에서 실시하는 지방의회의원과 지방자치단체의 장의 선거에 참여할 권리를 가진다」라고 정하고 있다. 이러한 선거권은 모두 기본권이 아니고 법률에 의해 인정되는 권리이다.

[288] 제4 내 용

Ⅰ. 국민대표자의 선정권

(1) 국회의원의 선거

헌법 제41조 제1항은 국회의원을 선출하도록 정하고 있는데, 국회의원선거권은 헌법 제24조와 제41조 제1항에 의하여 인정된다. 선거권을 법률이 정하는 바에 의하여 부여하고 있다(헌법 §24).

(2) 대통령의 선거

헌법 제67조 제1항은 대통령을 선출하도록 정하고 있는데, 대통령선거권은 헌법 제24조와 제67조 제1항에 의하여 인정된다.

(3) 지방의회의 의원 선거

헌법 제118조 제2항은 지방의회의 의원을 선거하게 하고 있으므로, 지방의회의원을 선거하는 권리는 헌법 제24조, 제118조 제2항에 의하여 인정되는 기본권이다. 그러나 헌법 제118조 제2항에 의할 때, 지방자치단체장을 선출하는 권리는 법률에 의하여 인정되는 법률상의 권리이다(예: 憲 2002. 3. 28.-2000헌마283등).

II. 선거권 행사의 자유

선거권의 보장에는 선거권 행사의 자유가 포함된다. 유권자는 국가로부터 어떠한 제한도 받지 않고 선거권을 자유로이 행사한다. 선거권 행사의 자유는 선거원칙의 한 내용인 자유선거원칙으로도 나타나지만, 선거권을 권리로 보장하는 경우에는 선거권 행사의 자유는 선거권 보장의 내용을 이룬다.

[289] 제5 제한과 그 한계

I. 제 한

(1) 선거권 부여의 연령 제한

선거권은 대의민주주의를 실현하기 위하여 선거행위를 할 수 있는 국민에게 부여하는 헌법상의 권리이므로 국가의사결정의 의미와 국가의사를 결정할 국민대표자를 선택하고 그 적합여부에 대하여 판단할 수 있는 능력이 있어야 한다. 선거권은 국가 이전에 모든 인간에게 부여되는 자연권이 아니라 특정 공동체 내에서 정치적 행위자로서 공적인 행위에 참여하는 권리이고, 이를 통하여 국가의사결정의 메커니즘이 정상적으로 작동하고 민주주의가 실현될 수 있어야 하므로 이에 적합한 연령에 도달한 자에게 비로소 선거권이 부여된다. 어느 정도의 나이가 선거권을 부여하기에 적합한가 하는 것은 대의민주주의와 선거의 기능, 그 나라의 문명수준, 정치수준, 정치상황 등에 따라 합리적인 수준에서 정해진다.

선거권이 부여되는 연령을 헌법으로 정할 것인가 법률로 정할 것인가 하는 것은 헌법정책적인 문제이다(예: 憲 1997. 6. 26.-96헌마89). 우리 헌법은 선거연령을 법률로 정하도록 하고 있다(헌법 §24). 현행법상 19세 이상의 국민은 대통령, 국회의원, 지방자치단체의 의회의원 및 장의 선거권을 가진다(공선법 §15). 헌법재판소는 선거권 행사 연령을 19세 이상으로 한 것에 대해 합헌으로 보았다(憲 2013. 7. 25.-2012헌마174; 2014. 4. 24.-2012헌마287).

[憲 1997.6.26.-96헌마89] 「선거권과 공무담임권의 연령을 어떻게 규정할 것인가는 입법자가 입법목적 달성을 위한 선택의 문제이고 입법자가 선택한 수단이 현저하게 불합리하고 불공정한 것이 아닌 한 재량에 속하는 것이다. 위에서 설시한 이유를 되돌아보고 다시 생각건대, 선거권 연령을 공무담임권의 연령인 18세와 달리 20세로 규정한 것은 청구인들이 주장하는 사정을 감안하더라도 입법부에 주어진 합리적인 재량의 범위

를 벗어난 것으로 볼 수 없다.」

(2) 선거권 부여의 거주요건

선거권을 부여하기 위하여 해당 선거구에 일정 기간 거주하도록 하는 제한을 가하는 것이 헌법에 합치하는가 하는 문제가 있다.

지역구선거의 경우에는 행정구역을 기준으로 선거구를 정하고, 그 선거구에 연고가 있는 입후보자에 대하여 해당 선거구에 일정 기간 거주하는 유권자로 하여금 투표하는 것이므로 이러한 지역구선거에서 선거권을 부여함에 있어 해당 선거구에 일정 기간 거주하도록 하는 것은 지역구선거제도의 기능에 부합하여 헌법에 위반되는 것이 아니다. 오히려 지역구선거에서 해당 지역구에 거주하지 않는 유권자가 아무 선거구나 선택하여 선거권을 행사하는 것은 지역구선거제도의 기능에 부합하지 않는다. 지역구선거에서 해당 지역구와 거주의 연고가 없는 재외국민에게 선거권을 부여하는 것은 지역구선거제도의 기능과 합치하기 어렵다고 할 것이다. 비례대표선거에서는 정당을 선택하는 것이므로 재외국민에게 선거권을 부여하여도 문제는 없다고 할 것이다.

(3) 투표참여의 강제

유권자의 다수가 선거에 적극 참여할 때 그 선거는 국민주권원리에 부합하게 되고 민주적 정당성을 가지게 되어 비로소 민주주의의 실현이 가능하게 된다. 이런 점에서 보면 선거는 유권자의 적극적인 참여와 협력이 없으면 본래의 기능을 할 수 없게 된다.

그런데 선거권이 가지는 권리로서의 성질로 인하여 헌법에 특별히 정하는 바가 없는 한 유권자는 선거에의 참여여부를 자유로이 결정할 수 있다. 그렇지만 이러한 투표참여에 대한 자유로운 결정이 유권자의 대다수의 선거불참이라는 결과를 가져올 때는 그 선거는 민주적 정당성을 가질 수 없고, 그 선거에 의해 선출된 대표자도 민주적 정당성을 가지기 어렵게 된다. 선거권이 지니는 권리로서의 속성과 정치적 무관심이 결과적으로 민주주의를 형해화하고 이를 스스로 부정하는 결과를 가져올 때, 선거권을 권리로서 보장한 것은 그 자체 자기모순에 빠지게 된다.

이 문제를 해결하기 위한 방법으로 선거권을 권리로서 부여하되, 투표에의 참여를 강제하여 선거의 민주적 정당성을 확보하게 하는 것이 고려된다. 투표의 참여가 유권자의 과반수에 미치지 못하여 선거가 오히려 민주주의를 형해화시킬 우려가 있을 때 유권자로 하여금 투표에 참여하도록 강제하는 것이 인정되는가 하는 문제가 있다.

선거권이 자연권이 아니라는 점, 선거권은 대의민주주의와 필수불가결하게 결부되어 인정되는 권리라는 점, 선거는 민주주의를 실현하는 수단으로서 인정되는 권리라는 점, 선거는 최소한 유권자의 과반수가 선거에 참여하여야 민주적 정당성을 확보할 수 있다는 점으로 볼 때, 투표의 불참이 민주주의를 형해화시킬 우려가 있는 때에는 법률로써 투표참여를 강제(예: 행정벌)할 수 있다고 할 것이다(예: 그리스, 벨기에, 오스트레일리아, 오스트리아). 다만, 이러한 투표참여를 강제할 경우에는 투표 참여율을 올릴 수 있는 다른 방법을 먼저 강구해보는 것이 요구되며, 이러한 자발적 참여를 유도하는 방법이 효과를 거두지 못할 때 비로소 투표참여의 강제가 인정된다고 할 것이다.

투표참여의 강제를 헌법에서 명시하고 있는 경우도 있고, 법률에서 명시하고 있는 경우도 있다. 투표의 참여를 헌법에서 명시하고 있는 경우에는 선거권의 보장범위를 헌법에서 직접 정하는 의미를 가지거나 투표의무를 부여하는 의미를 지니고, 법률에서 정하는 경우에는 선거권의 제한(예: 벌금 부과, 공무담임권 제한)에 해당한다. 입법례로 볼 때, 헌법에서 투표의 의무를 정하고 있는 경우로는 오스트리아, 이탈리아, 벨기에, 그리스, 이집트, 브라질, 아르헨티나 등이 있고 법률에서 정하고 있는 경우로는 싱가포르, 오스트레일리아, 룩셈부르크, 베네수엘라 등이 있다.

공직선거법은 「선거권자는 성실하게 선거에 참여하여 선거권을 행사하여야 한다」(동법 §6④)라고 하여 법적 의무를 부과하고 있으나, 이는 권고규정의 성격을 띠고 있고, 이 의무를 강제하는 규정은 두고 있지 않다. 동법은 「투표를 마친 선거인에게 국공립 유료시설의 이용요금을 면제·할인하는 등의 필요한 대책을 수립·시행할 수 있다」(동법 §6②)라고 하여 투표의 참여를 유도하는 방법을 정하고 있다. 이집트헌법은 선거에의 참여를 국민의 의무로 정하고 있다(동헌법 §62).

최근의 투표율을 보면 다음과 같다.

제16대 총선('00. 4. 13)	제3회 지자선 ('02. 6. 13)	제16대 대선 ('02. 12. 19)	제17대 총선 ('04. 4. 15)	제4회 지자선 ('06. 5. 31)	제17대 대선 ('07. 12. 19)
57.2%	48.9%	70.8%	60.6%	51.6%	63.0%
제18대 총선 ('08. 4. 9)	제5회 지자선 ('10. 6. 2)	제19대 총선 ('12. 4. 11)	제18대 대선 ('12. 12. 19)	제6회 지자선 ('14. 6. 4)	
46.1%	54.5%	54.2%	75.8%	56.8%	

한편 유권자의 투표편의를 최대한 보장하고 투표율을 높이기 위하여 2013년부터 사전투표제가 도입되었다. 사전투표제는 투표할 후보자를 이미 결정하였거나 선거일에 투표할 수 없는 유권자가 부재자신고 없이도 사전투표소가 설치된 곳이라면 전국 어느 곳에서나 선거일 전에 투표가 가능하도록 한 제도이다. 사전투표기간은 선거일 전 5일부터 2일 동안이다(공직선거법 §148). 중앙선거관리위원회는 사전투표소에서 사용하기 위하여 확정된 선거인명부의 전산자료 복사본을 이용하여 하나의 선거인명부 즉 '통합선거인

명부'를 작성한다(동법 §44의2).

유의할 것은 투표참여의 강제는 어디까지나 투표장에 나가 투표절차에 참여하는 것에 한정되며 투표를 강제하는 것을 의미하지 않는다는 점이다. 선거권자는 기권의 자유를 가지므로 투표행위를 거부할 수 있다.

⑷ 일정기간 선거권의 박탈

선거와 관련된 범죄를 한 경우에는 일정 기간 동안 선거권을 행사할 수 없도록 할 수 있다. 선거와 대의제도를 왜곡시키는 행위를 한 자에 대하여 일정한 제재를 가할 수 있는데(예: 행정벌, 형벌), 일정기간 선거권을 행사할 수 없게 하는 것도 그 하나에 해당한다.

공직선거법은 선거권이 없는 자로 금치산자, 1년 이상의 징역·금고의 형의 선고를 받고 그 집행이 종료되지 아니하거나 그 집행을 받지 아니하기로 확정되지 아니한 자 이외에 선거범, 정치자금법 제45조(정치자금부정수수죄) 및 제49조(선거비용관련 위반행위에 관한 벌칙)에 규정된 죄를 범한 자 또는 대통령·국회의원·지방의회의원·지방자치단체의 장으로서 그 재임 중의 직무와 관련하여 형법(「특정범죄 가중처벌 등에 관한 법률」 제2조에 의하여 가중처벌되는 경우를 포함한다) 제129조(수뢰, 사전수뢰) 내지 제132조(알선수뢰)·「특정범죄 가중처벌 등에 관한 법률」 제3조(알선수재)에 규정된 죄를 범한 자로서, 100만 원 이상의 벌금형의 선고를 받고 그 형이 확정된 후 5년 또는 형의 집행유예(執行猶豫)의 선고를 받고 그 형이 확정된 후 10년을 경과하지 아니하거나 징역형의 선고를 받고 그 집행을 받지 아니하기로 확정된 후 또는 그 형의 집행이 종료되거나 면제된 후 10년을 경과하지 아니한 자(형이 실효된 자도 포함), 법원의 판결 또는 다른 법률에 의하여 선거권이 정지 또는 상실된 자를 규정하고 있다(동법 §18①).

헌법재판소는 선거일 현재 금고 이상의 형의 선고를 받고 그 집행이 종료되지 아니하거나 그 집행을 받지 아니하기로 확정되지 아니한 자에게 선거권을 인정하지 않는 공직선거법의 규정은 헌법에 위반된다고 판시하였다(예: 憲 2004.3.25.-2002헌마411; 2009.10.29.-2007헌마1462; 2014. 1. 28.-2012헌마409). 수형자에 대하여 [2002헌마411] 결정에서는 합헌의견 8 : 위헌의견 1이었고, [2007헌마1462] 결정에서는 위헌의견 5 : 합헌의견 3 : 각하의견 1이었다. [2002헌마411] 결정에서 합헌의견은 이러한 규정은 광범한 입법재량에 속하고 헌법상의 과잉금지원칙에 위반되는 것이 아니라고 했음에 반하여 [2007헌마1462] 결정에서 5인의 위헌의견은 이러한 것이 입법자의 광범한 재량에 해당하는 것은 맞지만 범죄자의 선거권을 제한함에 있어 '개개 범죄의 종류나 내용, 불법성의 정도 등이 선거권 제한과 어떤 직접적인 연관성을 갖는지'에 관하여 따지지도 않고 '금고 이상의 형을 선고받은 자로서 그 형의 집행을 마치지 아니한 자'라는 기준을 설정하여 일률적으로 수형자의 선거권을 제한하였으므로 헌법 제37조 제2

항의 기본권 제한에서의 침해의 최소성의 원칙에 위반된다고 하였다(憲 2009. 10. 29.-2007헌마1462). 이후 [2012헌마409] 결정에서는 판례를 변경하여 집행유예 기간 중인 자에 대하여 선거권을 인정하지 않는 것은 위헌, 수형자에 대하여 인정하지 않는 것은 헌법에 합치하지 아니하는 것으로 판단하였다.

[憲 2014.1.28.-2012헌마409] 「선거권을 제한하는 입법은 선거의 결과로 선출된 입법자들이 스스로 자신들을 선출하는 주권자의 범위를 제한하는 것이므로 신중해야 한다. 범죄자에게 형벌의 내용으로 선거권을 제한하는 경우에도 선거권 제한 여부 및 적용범위의 타당성에 관하여 보통선거원칙에 입각한 선거권 보장과 그 제한의 관점에서 헌법 제37조 제2항에 따라 엄격한 비례심사를 하여야 한다(憲 2009. 10. 29.-2007헌마1462의 위헌의견).……구체적인 범죄의 종류나 내용 및 불법성의 정도 등과 관계없이 이와 같이 일률적으로 선거권을 제한하여야 할 필요성이 있다고 보기는 어렵다. 보통선거의 원칙과 선거권 보장의 중요성을 감안할 때 선거권의 제한은 필요 최소한의 범위에서 엄격한 기준에 따라 이루어져야 한다. 범죄자의 선거권을 제한할 필요가 있다 하더라도 그가 저지른 범죄의 경중을 전혀 고려하지 않고 수형자와 집행유예자 모두의 선거권을 제한하는 것은 침해의 최소성원칙에 어긋난다.……그렇다면 심판대상조항은 헌법 제41조 제1항 및 제67조 제1항이 규정한 보통선거원칙에 위반하여 집행유예자와 수형자를 차별 취급하는 것이므로 평등의 원칙에도 어긋난다.……심판대상조항은 집행유예자와 수형자의 선거권을 침해하는 조항으로 헌법에 위반된다. 심판대상조항 중 집행유예자에 관한 부분은 위헌선언을 통하여 선거권에 대한 침해를 제거함으로써 합헌성이 회복될 수 있다. ……심판대상조항 중 수형자에 관한 부분에 대하여 헌법불합치 결정을 선고하되, 다만 입법자의 개선입법이 있을 때까지 계속적용을 명하기로 한다.」

미합중국에서는 2006년 기준으로 48개 주와 콜롬비아특구에서는 중죄(重罪 felony)를 저지른 범죄자가 교도소 등에 구금되어 있는 동안에 선거권을 박탈하도록 규정하고 있다. 그 중 13개 주는 구금기간 중에만 선거권을 박탈하고, 5개 주는 구금기간과 가석방기간 동안 선거권을 박탈하며, 18개 주는 구금기간, 가석방 기간 이외에 집행유예 기간 동안에도 선거권을 박탈하고, 13개 주에서는 형의 집행이 종료된 이후, 보호관찰 중인 경우에도 선거권을 박탈하고 있다. 특히 그 중 6개 주에서는 중범죄자의 선거권을 영구히 박탈하고 있기도 하다. 미합중국 연방최고법원은 제14차 수정헌법 제2항을 근거로 각 주에서 수형자의 선거권을 박탈하는 것은 인종차별의 의도가 없다면 정당하다는 취지로 판시하였다. 일본국에서는 「금고 이상의 형을 선고받고 그 집행이 종료되지 아니한 자」의 선거권을 제한하고 있고(공직선거법 §11), 프랑스에서는 범죄행위의 은닉죄와 범죄로 유죄판결을 받은 자는 판결 확정시부터 5년간 선거인명부에 등재될 수 없도록 하고 있다. 독일에서는 법률에 특별한 규정이 있는 경우에 법원이 수형자에게 일정기간 동안 선거권을 제한할 수 있게 하고 있다.

(5) 해외거주자의 투표권 문제

유권자인 해외거주자에게 부재자투표(不在者投票)를 할 수 없도록 하는 것이 헌법에 위반되는가 하는 문제가 있다. 선거의 시행에 있어 현실적인 어려움으로 인하여 부재자투표를 시행할 수 없거나 이를 시행하는 것이 상당히 어려운 경우를 제외하고 해외거주자에게 투표할 수 없도록 하는 것은 헌법에 부합하지 않는다.

헌법재판소는 처음에는 주민등록이 안 된 재외국민의 선거권을 제한하는 것을 정당하다고 했고(예: 憲 1999. 1. 28.-97헌마253), 해외거주자의 부재자투표권을 부인한 것도 위헌이 아니라고 판시하였으나(예: 憲 1999. 3. 25.-97헌마99), 2007년에 이 판례를 변경하여 재외국민(대한민국 국적을 가지고 외국의 영주권을 가지고 있는 자 포함)의 선거권을 전면적으로 부정하는 것은 헌법 제37조 제2항에 위반되어 재외국민의 선거권과 평등권을 침해하고 헌법 제41조 제1항 및 제67조 제1항이 규정하고 있는 보통선거원칙에도 위반된다고 판시하였다(憲 2007. 6. 28.-2004헌마644등).

[憲 2007.6.28.-2004헌마644등] 「헌법 제24조는 모든 국민은 '법률이 정하는 바에 의하여' 선거권을 가진다고 규정함으로써 법률유보의 형식을 취하고 있지만, 이것은 국민의 선거권이 '법률이 정하는 바에 따라서만 인정될 수 있다'는 포괄적인 입법권의 유보하에 있음을 의미하는 것이 아니다. 국민의 기본권을 법률에 의하여 구체화하라는 뜻이며 선거권을 법률을 통해 구체적으로 실현하라는 의미이다. 이러한 법률유보는 선거권을 실현하고 보장하기 위한 것이지 제한하기 위한 것이 아니므로, 선거권의 내용과 절차를 법률로 규정하는 경우에도 국민주권을 선언하고 있는 헌법 제1조, 평등권에 관한 헌법 제11조, 국회의원선거와 대통령선거에 있어서 보통·평등·직접·비밀선거를 보장하는 헌법 제41조 및 제67조의 취지에 부합하도록 하여야 한다. 그리고 민주주의 국가에서 국민주권과 대의제 민주주의의 실현수단으로서 선거권이 갖는 이 같은 중요성으로 인해 한편으로 입법자는 선거권을 최대한 보장하는 방향으로 입법을 하여야 하며, 또 다른 한편에서 선거권을 제한하는 법률의 합헌성을 심사하는 경우에는 그 심사의 강도도 엄격하여야 하는 것이다. 따라서 선거권을 제한하는 입법은 위 헌법 제24조에 의해서 곧바로 정당화될 수는 없고, 헌법 제37조 제2항의 규정에 따라 국가안전보장·질서유지 또는 공공복리를 위하여 필요하고 불가피한 예외적인 경우에만 그 제한이 정당화될 수 있으며, 그 경우에도 선거권의 본질적인 내용을 침해할 수 없다. 더욱이 보통선거의 원칙은 선거권자의 능력, 재산, 사회적 지위 등의 실질적인 요소를 배제하고 성년자이면 누구라도 당연히 선거권을 갖는 것을 요구하므로 보통선거의 원칙에 반하는 선거권 제한의 입법을 하기 위해서는 헌법 제37조 제2항의 규정에 따른 한계가 한층 엄격히 지켜져야 한다.……이 사건 청구인들 중 외국의 영주권을 취득하고 국내에 거주하고 있지 않은 재외국민은 국내에 주민등록이 되어 있지 않으므로 법 제37조 제1항에 따라 국정선거권을 행사할 수 없게 된다. 한편 청구인들 중 재외국민으로서 국내에 거주하고 있는 자들의 경우에도, 주민등록법 제6조 제3항이 해외이주를 포기한 후가 아니면 주민등록을 할 수 없도록 하고 있으므로 해외이주를 포기하지 않는 한 국외거

주 재외국민과 마찬가지로 국정선거권을 행사할 수 없게 된다. 결국 법 제37조 제1항은 해외이주의 포기의사를 밝힘으로써 주민등록이 가능해 진 국내거주 재외국민을 제외한 모든 재외국민에 대해 전면적, 획일적으로 국정선거권의 행사를 불가능하게 하고 있는 규정이다. 나아가 법 제37조 제1항은 아직 영주권을 취득하지 않은 상태에 있는 해외이주목적의 해외장기체류자 또는 해외이주목적 없는 해외장기체류자 및 단기해외체류자(예컨대 유학생, 상사주재원, 외교관 등)로서 주민등록이 말소된(주민등록법 §17의2, §10 참조) 자들에 대해서는, 이들이 국내에 체류하는지 여부와는 무관하게, 국정선거권을 박탈하고 있다.……국민이면 누구나 그가 어디에 거주하든지 간에 주권자로서 평등한 선거권을 향유하여야 하고, 국가는 국민의 이러한 평등한 선거권의 실현을 위해 최대한의 노력을 기울여야 할 의무를 진다는 것은 국민주권과 민주주의의 원리에 따른 헌법적 요청이다. 입법자는 국민의 선거권 행사를 제한함에 있어서 주권자로서의 국민이 갖는 선거권의 의의를 최대한 존중하여야만 하고, 선거권 행사를 제한하는 법률이 헌법 제37조 제2항의 과잉금지원칙을 준수하고 있는지 여부를 심사함에 있어서는 특별히 엄격한 심사가 행해져야 한다. 따라서 선거권의 제한은 그 제한을 불가피하게 요청하는 개별적, 구체적 사유가 존재함이 명백할 경우에만 정당화될 수 있으며, 막연하고 추상적 위험이라든지 국가의 노력에 의해 극복될 수 있는 기술상의 어려움이나 장애 등의 사유로는 그 제한이 정당화될 수 없다. 그런데 법 제37조 제1항은 단지 주민등록이 되어 있는지 여부에 따라 선거인명부에 오를 자격을 결정하여 그에 따라 선거권 행사 여부가 결정되도록 함으로써, 엄연히 대한민국의 국민임에도 불구하고 주민등록법상 주민등록을 할 수 없는 재외국민의 선거권 행사를 전면적으로 부정하고 있는바, 그와 같은 재외국민의 선거권 행사에 대한 전면적인 부정에 관해서는 위에서 살펴본 바와 같이 어떠한 정당한 목적도 찾기 어렵다. 그러므로 법 제37조 제1항은 헌법 제37조 제2항에 위반하여 재외국민의 선거권과 평등권을 침해하고 헌법 제41조 제1항 및 제67조 제1항이 규정한 보통선거원칙에도 위반된다.……선거인명부에 오를 자격이 있는 국내거주자에 대해서만 부재자신고를 허용함으로써 재외국민과 단기해외체류자 등 국외거주자 전부에 대해 국정선거권의 행사 가능성을 부인하고 있는 법 제38조 제1항은 정당한 입법목적을 갖추지 못하여 헌법 제37조 제2항에 위반하여 국외거주자의 선거권과 평등권을 침해하고 보통선거원칙에도 위반된다.」

(6) 투표개시시간의 결정과 투표권의 보장

투표개시시간이 특정한 상황으로 인하여 투표자로 하여금 사실상 투표를 하기 어렵게 만드는 경우에는 선거권의 행사를 침해하는 것이 된다. 부재자투표를 해야 하는 선거권자가 일과시간 동안에는 사실상 투표하는 것이 어려운 경우(예: 군인)에 투표개시시간을 오전 10시로 정하여 적용하는 것은 투표권의 행사를 침해하는 것이 된다(憲 2012. 2. 22.-2010헌마601).

[憲 2012.2.23.-2010헌마601] 「헌법 제24조는 모든 국민에게 법률이 정하는 바에 의하여 선거권을 보장하고 있는바, 민주주의 국가에서 국민주권과 대의제 민주주의의 실현

수단으로서 선거권이 갖는 중요성에 비추어, 입법자는 선거권을 최대한 보장하는 방향으로 입법을 하여야 한다. 특히, 이 사건 투표시간조항과 같이 부재자투표시간을 평일 일과시간 이내로 정하고 있어 평일 일과시간에 학업과 직장업무를 하여야 하는 부재자투표자의 투표권행사를 사실상 어렵게 함으로써 결과적으로 이들의 선거권 자체를 제한하는 것으로 볼 수 있는 투표절차조항의 경우, 입법자는 일반적인 부재자투표자가 실제로 선거권을 행사할 수 있도록 투표절차를 법적으로 형성하여야 할 것이다. 이 사건 투표시간조항이 투표개시시간을 일과시간 이내인 오전 10시부터로 정한 것은 투표시간을 줄인 만큼 투표관리의 효율성을 도모하고 행정부담을 줄이는 데 있고, 그 밖에 투표종료시간을 정할 때 발생할 수 있는 부재자투표의 인계·발송절차의 지연위험 등과는 관련이 없다. 즉, 부재자투표시간을 일과시간 이전으로 앞당긴다고 하여도 지금과 같이 투표가 끝난 당일 부재자투표함을 관할 우체국장에게 인계하고 그 후 부재자투표를 분류하고 등기우편으로 발송하는 데 아무런 지장을 초래하지 않는다. 부재자투표를 투표일에 보관하였다가 투표일 다음날 인계·발송하여야 하는 경우가 발생하지도 않고, 부재자투표의 인계·발송절차가 지연되어 부재자투표가 선거일까지 선거관리위원회에 도착하지 못할 위험도 발생하지 않는다. 또한 부재자투표의 인계·발송절차가 지연되지 않는 만큼 추가적인 투표함 관리위험과 행정부담이 발생하지도 않는다. 단지 투표관리관 등이 아침 일찍부터 투표관리를 하는 정도의 행정부담이 발생할 뿐이다. 이에 반해, 일과시간에 학업이나 직장업무를 하여야 하는 부재자투표자는 투표개시시간을 일과시간 이내인 오전 10시부터로 정하고 있는 이 사건 투표시간조항으로 인하여 일과시간 이전에 투표소에 가서 투표할 수 없게 되어 사실상 선거권을 행사할 수 없게 되는 중대한 제한을 받는다. 그렇다면 이 사건 투표시간조항이 투표개시시간을 오전 10시부터로 정한 것은 단순한 투표관리의 행정편의적 목적만 있는 반면, 그로 인하여 일과시간에 투표를 하기 어려운 사정에 있는 부재자투표자는 사실상 선거권이 형해화될 정도로 중대한 제한을 받고 있다 할 것이므로, 이 사건 투표시간조항 중 투표 개시시간 부분은 수단의 적정성, 법익균형성을 갖추지 못하여 과잉금지원칙에 위배된다 할 것이다. 따라서 이 사건 투표시간조항 중 투표개시시간 부분은 청구인의 선거권과 평등권을 침해하는 것이다.」

Ⅱ. 제한의 한계

선거권의 제한에서도 헌법 제37조 제2항이 정하는 한계를 넘을 수 없다. 선거권을 부여하는 연령은 대의민주주의와 선거의 기능에 부합하는 적합한 수준에서 결정하여야 하고, 선거권을 부여할 적정 연령이 몇 세인가를 정하는 것에는 입법형성의 자유가 인정되지만 연령을 너무 높게 하여 시민으로서 공적인 일에 참여할 수 있는 연령에 있음에도 이러한 자에게 선거권을 부여하지 않는 것은 헌법에 위반된다.

일정 기간 선거권을 행사할 수 없도록 하는 것도 그 목적에 적합하여야 하고 과잉금지원칙에 어긋나서는 안 된다.

제2절 공무담임권

[290] 제1 의 의

Ⅰ. 헌법 규정

헌법 제25조는 「모든 국민은 법률이 정하는 바에 의하여 공무담임권을 가진다」라고 하여 국민의 공무담임권(公務擔任權 right to hold public office)을 정하고 있다. 공무담임권은 국민주권의 실현 방법으로 국가의 공적인 업무를 수행함에 있어 참여하고 이를 수행하는 권리이다. 이러한 공무담임권은 헌법이 인정하는 임명직과 선거직의 공직에 취임할 수 있는 권리를 뜻한다.

선거직의 공무를 담당하기 위해서는 선거직에 선출될 수 있는 권리가 필연적으로 보장되어야 하는데, 선거직에 입후보하고 선거권자에 의하여 이에 선출되어 그 직에 취임할 수 있는 권리를 피선거권이라고 한다. 우리 헌법상 이러한 피선거권은 헌법 제25조가 정하는 공무담임권에 포함된다(예: 憲 1996. 6. 26.-96헌마200; 1999. 12. 23.-98헌바33; 2006. 2. 23.-2005헌마403). 물론 헌법에서 선거직과 선거제도를 정하고 있는 경우에는 헌법 제25조와 같은 명시적인 규정이 없어도 해당 규정에 의해 보장되는 헌법상의 권리이다.

헌법 제25조가 정하고 있는 공무담임권의 보장은 모든 국민에게 공무를 담당할 기회를 보장하는 것이며, 현실적으로 공직에 취임 시켜 줄 것을 요구하는 권리를 보장하는 것은 아니다.

Ⅱ. 보장의 사정거리

헌법 제25조에 의하여 보장되는 공무담임권은 헌법상의 권리인데, 이러한 헌법상의 권리는 헌법에서 정하고 있는 공무이든 법률에서 정하는 공무이든 이에 취임할 기회를 보장받는 권리를 말한다. 법률에서 정하는 공무는 법률정책에 의해 존폐가 결정되는데, 공무담임권을 근거로 이러한 공직의 폐지를 방해하지는 못한다.

Ⅲ. 법률유보

법률이 정하는 바에 의하여 공무담임권을 가진다고 하는 것은 헌법에서 명시적으로 정하고 있지 아니하는 한 어떠한 직을 선거직으로 할 것인지 임명직으로 할 것인지, 그 직에 취임하는 자격요건을 어떻게 정할 것인지, 임기제로 할 것인지 종신제로 할 것인지, 계급제로 할 것인지의 여부, 해당 직의 수 등을 법률에 유보한다는 의미이다. 따라서 이 부분에서는 국회의 광범한 입법형성의 자유가 인정된다. 그러나 그 경우에도 헌법 제37조 제2항이 정하고 있는 기본권제한의 한계를 넘는 것이어서는 안 된다(예: 憲 2002. 8. 29.-2001헌마788등; 2006. 2. 23.-2005헌마403).

[291] 제2 법적 성격

공무담임권은 헌법이 창설하는 공직제도에 수반되는 실정권이다. 따라서 공무담임권은 자연권으로서의 성질을 가지지 않는다. 이러한 권리는 공직제도에 수반되는 권리이므로 제도의 기능과 성질에 따라 그 권리의 내용과 제한이 결정된다. 임명직의 경우에는 해당 직에 대한 임면권을 가지는 자의 임면권(예: 대통령의 공무원 임면권(헌법 §78), 대법원장의 법관임명권(헌법 §104③) 등)의 성질 및 내용과 밀접한 연관 속에서 공무담임권이 인정된다는 점도 이러한 제도수반성에서 나온다.

그런데 헌법 제25조는 공무담임권을 헌법상의 주관적 권리로서 보장하기 때문에 방어권으로서의 면이 인정될 뿐만 아니라, 공직의 사퇴와 같이 기본권의 주체가 권리를 처분하는 면도 인정된다. 그러나 주관적 권리라고 하더라도 개인적인 이해관계에 따라 공직을 자유로이 이용하거나 처분할 수 있는 권능은 인정되지 않는다. 공무담임권은 순전한 권리라기보다는 공무에 취임할 수 있는 자격으로서의 성격도 지니고 있기 때문이다.

견해에 따라서는 피선거권의 권리성을 인정하지 않고 선출될 수 있는 자격이라고 하기도 한다. 그러나 피선거권이 피선될 수 있는 가능성의 상태이든 자격이든 이는 개인에게 보유된 것으로, 이를 행사할 수 있으며, 이의 침해에 대항하여 그 자격을 주장을 할 수 있으므로 권리로서의 성질을 가진다고 할 것이다.

[292] 제3 주 체

피선거권을 포함한 공무담임권은 국민주권원리의 성질상 대한민국의 국적을 가진 자연인인 국민에게만 인정된다. 법인에게는 인정되지 않는다.

외국인에게는 헌법 제25조가 정하는 공무담임권이 인정되지 않는다. 그런데 법률이 어떤 업무를 수행함에 있어 공무원일 것을 요구하고 있는 경우이더라도 그 직에 외국인을 채용하는 것이 국민주권원리를 침해하는 것이 아니면 법률로서 이를 정하는 것은 허용된다(예: 공무원 신분으로 임용되는 국립의 교육기관·예술기관·문화기관의 교수직, 행정직, 공연자 등).

[293] 제4 내 용

Ⅰ. 공무담임의 기회보장

공무담임권은 공무에 취임하기 전에는 입법부, 행정부, 법원, 헌법재판소는 물론이고 지방자치단체 등 국가와 공공단체의 공무를 수행하는 직무를 담당할 수 있는 기회를 가질 수 있는 권리를 말한다. 이는 모든 국민으로 하여금 이러한 공무담임의 평등한 기회를 헌법상의 권리를 보장하는 것이고, 누구나 현실적으로 실제 공무를 담당하게 하는 것을 보장하는 것은 아니다(예: 憲 2006. 2. 23.-2005헌마403; 2007. 6. 28.-2007헌가3). 따라서 누구도 국가에 대하여 특정 공무를 담당하게 해달라고 주장할 수는 없다. 공무담임권에는 공직에 선출될 수 있는 피선거권이 필수적으로 보장되어야 한다. 피선거권에는 공직선거에 입후보할 수 있는 자유가 그 내용에 포함된다.

Ⅱ. 공직의 유지

임명직의 경우에는 임명권자에 의해 임명되면 해당 공직을 유지할 권리가 공무담임권으로 보장되고, 선거직의 경우에는 당선되면 해당 공직을 유지할 권리가 공무담임권으로 보장된다. 따라서 임명권자에 의하여 임명되거나 선거에서 당선된 자에게 제한의 사유가 없이 그 직을 유지할 수 없게 하는 것(예: 공무원 신분의 박탈, 직무의 부당한 정지)은 공무담임권을 침해하는 것이다(예: 憲 1997. 3. 27.-96헌바86; 2002. 8. 29.-2001헌마788 등; 2006. 2. 23.-2005헌마403; 2007. 6. 28.-2007헌가3). 공무원의 경우에는 공직의 유지를 강하게 보장하기 위하여 특별히 신분보장을 하고 있다(헌법 §7; 국공법 §68).

공무담임권은 주관적인 권리이기 때문에 공직에 취임할 것인지의 여부와 공직에서 사퇴할 것인지의 여부를 특별한 이유(예: 사직의 제한)가 없는 한 자유로이 결정할 수 있다. 따라서 공무수행의 계속성이나 공직 기능의 유지에 문제를 발생하지 않는 한 공직을 수행하는 자가 사직의 의사를 표명하면 바로 공직에서 자유로이 사퇴할 수 있어야 한다([291]).

Ⅲ. 공무의 수행

공무담임권에는 해당 공직의 업무를 수행하는 권리가 포함된다. 공직에의 취임과 공직의 유지는 해당 공직을 수행하기 위한 것이므로 공무의 수행은 공무담임권의 내용이다. 그런데 이러한 공무의 수행은 공무를 담임한 자의 책무이기도 하므로 공무원의 신분을 유지한 채 정당한 이유 없이 공무의 수행을 거부하는 것은 공무담임권의 내용이 되지 못한다. 정당한 이유 없이 공무를 수행하지 아니하는 경우에는 이에 대한 제재를 가할 수 있다.

[294] 제5 제한과 그 한계

Ⅰ. 제 한

(1) 일 반

공무의 성질과 기능으로 인하여 공무담임권에 대해서는 다양한 제한을 할 수 있다. 이러한 제한에 대해서 헌법에서 명시적으로 정하고 있는 경우 이외에는 헌법 제37조 제2항에 의하여 제한할 수 있다.

공무의 성격상 일정한 자격을 갖춘 자에게만 취임이 인정되는 경우가 있고, 임기를 두는 경우와 같이 기간의 제한을 받는 경우도 있다. 공무원 채용시험의 합격 등을 공무담임권의 제약요건으로 규정하는 것은 타당하다. 특히 공직에는 고도의 전문성과 윤리성이 요구된다는 점을 고려하면 이러한 점을 근거로 하여 공무담임권을 제한하는 것은 정당하다.

헌법재판소는 공무원이 금고 이상의 형의 집행유예 판결을 받은 경우 당연퇴직하도록 규정한 구 지방공무원법 규정에 대하여, 범죄행위로 인하여 형사처벌을 받은 공무원에게 그에 상응하는 신분상의 불이익을 과하는 것은 국민전체의 이익을 위해 적절한 수단이 될 수 있고 공무원에게 공무를 위임한 국민의 일반의사에도 부합하는 점, 법원이 범죄의 모든 정황을 고려하여 금고 이상의 형의 집행유예 판결을 하였다면 당해 공무원에 대한 사회적 비난가능성이 결코 적지 아니한 점, 공무원이 범죄행위로 인하여 형사처벌을 받은 경우에는 당해 공무원에 대한 국민의 신뢰가 손상되어 원활한 직무수행에 어려움이 생기고 이는 공직전체에 대한 신뢰를 실추시켜 공공의 이익을 해하는 결과를 초래하게 되는 점 등을 고려하면, 이 사건 법률조항이 과잉금지원칙에 위배되어 공무담임권을 침해한다고 볼 수 없다고 보았다(憲 2003. 12. 18.-2003헌마409; 2004. 4. 29.-2003헌마866; 2011. 6. 30.-2010헌바478; 2015. 10. 21.-2015헌바215).

공무의 공백을 방지하기 위해서는 공직 사퇴의 자유에 대해서도 합리적인 범위에서 제한을 가할 수 있다.

피선거권의 제한은 공무의 기능과 성질 및 공무를 담당할 자를 정한다는 점에서 선거권보다 더 강한 제한을 할 수 있다.

[憲 1995.3.23.-95헌마53] 「공직선거및선거부정방지법 제53조 제1항 본문 및 제1호의 규정이 공무원으로서 공직선거의 후보자가 되고자 하는 자는 선거일 전 90일까지 그 직(職)을 그만두도록 한 것은 선거의 공정성과 공직의 직무전념성(職務專念性)을 보장함과 아울러 이른바 포말후보(泡沫候補)의 난립을 방지하기 위한 것으로서 그 필요성과 합리성이 인정되며, 그것이 공무담임권의 본질적 내용을 침해하였다거나 과잉금지의 원칙에 위배된다고 볼 수 없다.」

(2) 연령 제한

대통령직의 피선거권에 대해 헌법 제67조 제4항은 「대통령으로 선거될 수 있는 자는 국회의원의 피선거권이 있고 선거일 현재 40세에 달하여야 한다」라고 규정하여 피선거권자의 자격을 제한하고 있다. 국회의원의 피선거권에 있어서는 헌법에서 법률에 수권한 것을 근거로 공직선거법 제16조 제2항은 「25세 이상의 국민은 국회의원의 피선거권이 있다」라고 하여 국회의원의 피선거권을 제한하고 있다.

공무원시험의 응시에 연령제한을 두는 것은 입법재량영역이지만, 특정 직급에 대한 응시연령제한이 과도한 경우에는 공무담임권을 침해하는 것이 된다(예: 憲 2008. 5. 29.-2007헌마1105). 헌법재판소는 경찰대학의 학사운영에 관한 규정에서 입학 자격을 만 17세 이상 21세 미만으로 규정한 것(憲 2009. 7. 30.-2007헌마991)과 군인사법상 부사관으로 최초 임용되는 사람의 최고 연령을 27세로 정한 것(憲 2014. 9. 25.-2011헌마414)은 공무담임권을 침해하는 것이 아니라고 판시하였다.

[憲 2008.5.29.-2007헌마1105] 「이 사건 시행령조항은 직업공무원을 양성하여 직업공무원제도를 구현하는 한편 유능한 인재가 공무원시험에 장기간 매달리지 않고 사회 각 분야의 적재적소에서 활동하도록 유도하려는 것이다. 정년에 임박한 사람을 공무원으로 채용하면 공무수행의 효율성을 확보하기 어려울 것이므로, 공무원으로 새로 채용하는 사람의 연령을 어느 정도 제한할 필요도 수긍할 수 있다. 이 사건 시행령조항은 공공복리를 증진시키기 위한 것으로서 헌법 제37조 제2항이 정하는 기본권 제한 사유로 삼을 수 있다고 할 것이다. 또한 위와 같은 입법목적을 달성하기 위하여 이 사건 시행령조항과 같이 공무원 공개채용시험의 응시연령을 제한하는 방법을 사용하는 것도 부적절하다고 보기 어렵다. 그러나 32세까지는 5급 공무원의 직무수행에 필요한 최소한도의 자격요건을 갖추고, 32세가 넘으면 그러한 자격요건을 상실한다고 보기 어렵다. 이 점은 5급 국가공무원을 특별채용할 경우에는 연령의 상한을 제한하지 않은 점만 보아도 분명하다. 그리고 6급 및 7급 공무원 공채시험의 응시연령 상한을 35세까지로 규정하면서 그 상급자인 5급 공무원의 채용연령을 32세까지로 제한한 것은 합리적이라고 볼 수 없다. 오히려 5급 공무원은 6급 및 7급 공무원의 상급자이므로 더 연장자임이 바람직하다고 할 것이다. 따라서 이 사건 시행령조항이 5급 공채시험 응시연령의 상한을 '32세까지'로 제한하고 있는 것은 기본권 제한을 최소한도에 그치도록 요구하는 헌법 제37조 제2항에 부합된다고 보기 어렵다. 그러나 5급 공무원의 공채시험에서 응시연령의 상한을 제한하는 것이 전면적으로 허용되지 않는다고 보기는 어렵고, 정년제도의 틀 안에서 공무원 채용 및 공무수행의 효율성을 도모하기 위하여 필요한 최소한도의 제한은 허용된다고 할 것인바, 그 한계는 공무원정년제도와 인사정책 및 인력수급의 조절 등 여러 가지 입법정책을 고려하여 입법기관이 결정할 사항이라고 할 것이다.」

(3) 피선거권 부여의 거주 요건

지방의회의원 및 지방자치단체장의 피선거권에 대한 제한에서는 공직선거법에서 「선거일 현재 계속하여 60일 이상(공무로 외국에 파견되어 선거일 전 60일 후에 귀국한 자는 선거인명부작성기준일부터 계속하여 선거일까지) 해당 지방자치단체의 관할구역에 주민등록이 되어 있는 주민으로서 25세 이상의 국민은 그 지방의회의원 및 지방자치단체의 장의 피선거권이 있다」(공선법 §16③)라고 하여 지방의회의 의원과 지방자치단체장의 피선거권을 제한하고 있다.

헌법재판소는 법률로써 선거일 전 일정 기간 동안 관할구역 내에 거주하거나(憲 1996. 6. 26.-96헌마200) 주민등록이 되어 있을 것(예: 憲 2004. 12. 16.-2004헌마376)을 피선거권 부여의 요건으로 정한 것에 대하여 합헌이라고 판시하였다.

(4) 일정기간 피선거권의 박탈

공직선거법 제18조는 금치산자나 선거범, 법원의 판결 또는 다른 법률에 의하여 피선거권이 정지되거나 상실된 자 등에 대해서 피선거권의 결격사유를 정하고 있다.

헌법재판소는 선거법위반으로 형사처벌을 받은 자에 대한 피선거권 제한을 합헌으로 본다(예: 憲 1995. 12. 28.-95헌마196; 1997. 12. 24.-97헌마16; 2008. 1. 17.-2004헌마41).

[憲 1995.12.28.-95헌마196] 「선거범으로서 형벌을 받은 자에 대하여 일정기간 피선거권을 제한하는 것은 선거의 공정성을 해친 자로부터 일정기간 피선거권을 박탈함으로써 선거의 공정성을 확보함과 아울러 그 자에 대하여 반성을 촉구하는 데에 입법목적이 있는 것으로 어느 정도의 형벌을 받은 경우에 얼마 동안 피선거권을 제한할 것인가 하는 문제는 입법재량에 속하는 것인바, 이 사건의 경우 심판대상인 법률조항이 합리적인 재량의 한계를 벗어나 자의적으로 청구인의 공무담임권을 침해한 것이라고 할 수 없다.」

(5) 입후보에서의 기탁금 부과

선거직에서는 후보자의 난립에 따른 폐해를 방지하여 선거의 기능을 유지하고 정상화하기 위하여 입후보하려는 자에 대하여 일정한 금액의 기탁금(寄託金) 납입을 강제할 수 있다. 그러나 그러한 기탁금이 원래의 목적을 달성하는 수단으로서 기능을 하지 않거나 적정한 액수를 초과하여 입후보할 수 있는 권리를 침해하는 것일 때에는 허용되지 않는다.

헌법재판소는 시·도지사선거에서 5천만 원의 기탁금을 부담시킨 것(예: 憲 1996. 8. 29.-95헌마108), 대통령선거에서 3억 원의 기탁금을 부담시킨 것(예: 憲 1995. 5. 25.-92헌마269등), 국회의원선거에서 1천 5백만원의 기탁금을 부담시킨 것은 공무담임권의 침해가 아니라고 했다(예: 憲 2003. 8. 21.-2001헌마687등). 국회의원의 선거에서 기탁금을 2천만 원으로 하는 것(예: 憲 2001. 7. 19.-2000헌마91등), 무소속후보자에게 정당공천자보다 2배의 기탁금을 부담하게 한 것(예: 憲 1989. 9. 8.-88헌가6), 대통령선거의 후보자등록 요건으로 5억 원의 기탁금을 납부하게 한 것(예: 憲 2008. 11. 27.-2007헌마1024)은 위헌이라고 판시하였으며, 유효투표 총수의 20/100에 미달하는 득표를 한 경우에 기탁금을 국고에 귀속시키는 것도 위헌이라고 판시하였다(예: 憲 2001. 7. 19.-2000헌마91등). 비례대표국회의원선거 후보자에게 지역구국회의원선거에서와 동일한 금액인 1,500만 원의 기탁금을 부담시킨 것도 헌법에 합치하지 않는다고 보았다(예: 憲 2016. 12. 29.-2015헌마509등). 기초자치단체 의원선거에 입후보하는 때 200만 원의 기탁금납입을 정한 지방의회선거법의 규정에 대해서는 합헌이라고 판시하였다(예: 憲 1995. 5. 25.-91헌마44). 대통령선거의 예비후보자등록을 신청하는 사람에게 대통령선거 기탁금의 100분의 20에 해당하는 금액인 6,000만 원을 기탁금으로 납부하도록 정한 것이 공무담임권을 침해한 것은 아니다(憲 2015. 7. 30.-2012헌마402). 국립대학인 전북대학교 총장후보자에 지원하려는 사람에게 1,000만 원의 기탁금을 납부하도록 정한 훈령의 규정은 공무담임권을 침해한다(憲 2018. 4. 26.-2014헌마274).

(6) 당내경선 탈락자의 입후보 금지

공직선거법은 정당이 공직선거후보자를 추천하는 방법으로 경선(競選)을 실시할 수 있게 하면서, 이 당내경선에 참가하여 해당 정당의 후보자로 선출되지 않은 경우에는 당해 선거의 같은 선거구에 입후보하는 것을 금지하고 있다(동법 §57의2①, ②). 이에 의하면 대통령선거에서는 경선에 참여한 자가 해당 정당의 후보자로 선출되지 않을 경우에는 다른 정당의 후보자나 무소속으로 입후보할 수 없게 하여 대통령선거에 출마하는 것이 절대적으로 봉쇄된다. 당내경선채택 여부와 그 효과는 정당의 자율에 속하는 사항이고, 이에 참가한 자의 입후보를 제한하거나 금지하는 것은 정당의 자율과 국민의 피선거권과 유권자의 선거권을 침해하는 것으로 위헌이다. 경선에 참여한 정당이 아닌 정당의 후보자나 무소속으로 입후보할 수 있어야 한다.

(7) 무소속 후보자에 대한 일정수 선거권자의 추천 의무화

정당후보자는 정당의 추천만 받으면 선거에 입후보할 수 있는데 비하여 무소속후보자는 당해 선거구 선거권자 300인 이상 500인 이하의 추천을 받아야 입후보할 수 있도록 하는 것이 평등원칙에 위반하는 것인가 하는 문제가 있다. 이에 대하여 헌법재판소는 합헌이라고 판시하였다(憲 1999. 8. 29.-96헌마99).

[憲 1999.8.29.-96헌마99] 「정당후보자는 정당의 추천만 받으면 선거에 입후보할 수 있는데 비하여(제47조) 무소속후보자는 위 조항에 의하여 당해 선거구 선거권자 300인 이상 500인 이하의 추천을 받아야 입후보할 수 있도록 되어 있는 것이 불합리한 차별인

지 여부에 관하여 살펴본다. 선거는 국민의 정치적 의사나 이해를 국정에 반영하는 제도이므로 그 방법과 절차가 공정하고도 효과적이어야 하며 무소속후보자에게 선거권자의 추천을 요구하고 있는 것은 후보자로 하여금 국민인 선거권자의 추천에 의한 일정한 자격을 갖추게 하여 후보자가 난립하는 현상을 방지하는 한편 후보자의 등록단계에서부터 국민의 의사가 반영되도록 함으로써 국민의 정치적 의사가 효과적으로 국정에 반영되도록 하기 위한 것이다. 이에 반하여 정당은 일정한 정강정책을 내세워 공직선거에 있어서 후보자를 추천함으로써 국민의 정치적 의사 형성에 참여함을 목적으로 하는 정치적 조직이고 소속당원만을 후보자로 추천할 수 있으므로(제47조 제1항) 정당이 후보자를 추천하는 행위에는 정치적 의사나 이해를 집약한 정강정책을 후보자를 통하여 제시하는 의미가 포함되어 있다고 할 것이므로 무소속후보자의 경우와 같이 선거권자의 추천을 따로 받을 필요가 없다고 할 것이다. 따라서 무소속후보자에게만 선거권자의 추천을 받도록 한 것은 불합리한 차별이라고 할 수 없다.」

(8) 지방자치단체장이 기소 · 구금된 상태에서의 부단체장의 권한대행

지방자치단체장이 공소제기되어 구금되어 있는 상태에서 부단체장이 권한대행을 하도록 지방자치법에서 정하는 것은 지방자치단체장의 공무담임권을 침해하는 것이 아니다(憲 2011. 4. 28.-2010헌마474).

(9) 겸직금지

사립대학 교원이 국회의원으로 당선된 경우 임기개시일 전까지 그 직을 사직하도록 규정한 국회법 규정이 공무담임권과 직업선택의 자유를 침해하는 것은 아니다(憲 2015. 4. 30.-2014헌마621).

II. 제한의 한계

공무담임권은 헌법이 창설한 공직제도를 유지하고 작동할 수 있게 하기 위하여 국민에게 권리의 형태로 부여한 것이기 때문에 자연권이 아닐 뿐 아니라 공직의 기능과 성질에 합당하여야 하므로 이러한 범위에서 상당한 제한이 가해진다. 그러나 공무담임권이 공직제도에 부수하여 인정되는 권리라고 하더라도 헌법이 정하는 주관적 권리이므로 이에 대한 제한에서는 기본권제한에서의 한계원리가 적용된다.

공무담임권의 제한에서도 당연히 헌법 제37조 제2항이 정하고 있는 한계가 있다(예: 憲 2007. 6. 28.-2007헌가3).

[憲 2007.6.28.-2007헌가3] 「일단 채용된 공무원을 사후적으로 당연퇴직시킴으로써 공무담임권을 제한하는 경우에는 그 기본권제한 효과가 매우 크므로, 공무원의 당연퇴직 사유의 위헌 여부에 대한 심사에는 과잉금지원칙이 적용되어야 할 것이다.」

직업공무원의 공직취임에서는 정치적 중립성과 더불어 효율적으로 업무를 수행할 수 있는 능력이 요구되므로, 직업공무원으로의 공직취임에는 임용희망자의 능력 · 전문성 · 적성 · 품성을 기준으로 하는 능력주의 또는 성과주의를 바탕으로 한다. 따라서 능력주의에 바탕을 두는 선발기준을 마련하지 아니하고 해당 공직이 요구하는 직무수행능력과 무관한 요소, 예컨대 성별 · 종교 · 사회적 신분 · 출신지역 등을 기준으로 삼는 것은 국민의 직업공무원으로의 취임권을 침해하는 것이 된다(예: 憲 1999. 12. 23.-98헌바33).

[憲 1999.12.23.-98헌바33] 「헌법 제25조는 "모든 국민은 법률이 정하는 바에 의하여 공무담임권을 가진다"고 규정하여 공무담임권을 보장하고 있는바, 공무담임권은 각종 선거에 입후보하여 당선될 수 있는 피선거권과 공직에 임명될 수 있는 공직취임권을 포괄하고 있다.……선거직공직과 달리 직업공무원에게는 정치적 중립성과 더불어 효율적으로 업무를 수행할 수 있는 능력이 요구되므로, 직업공무원으로의 공직취임권에 관하여 규율함에 있어서는 임용희망자의 능력 · 전문성 · 적성 · 품성을 기준으로 하는 이른바 능력주의 또는 성과주의를 바탕으로 하여야 한다. 헌법은 이 점을 명시적으로 밝히고 있지 아니하지만, 헌법 제7조에서 보장하는 직업공무원제도의 기본적 요소에 능력주의가 포함되는 점에 비추어 헌법 제25조의 공무담임권 조항은 모든 국민이 누구나 그 능력과 적성에 따라 공직에 취임할 수 있는 균등한 기회를 보장함을 내용으로 한다고 할 것이다. "공무원의 임용은 시험성적 · 근무성적 기타 능력의 실증에 의하여 행한다"고 규정하고 있는 국가공무원법 제26조와 "공개경쟁에 의한 채용시험은 동일한 자격을 가진 모든 국민에게 평등하게 공개하여야 하며……"라고 하고 있는 동법 제35조는 공무담임권의 요체가 능력주의와 기회균등에 있다는 헌법 제25조의 법리를 잘 보여주고 있다. 따라서 공직자선발에 관하여 능력주의에 바탕한 선발기준을 마련하지 아니하고 해당 공직이 요구하는 직무수행능력과 무관한 요소, 예컨대 성별 · 종교 · 사회적 신분 · 출신지역 등을 기준으로 삼는 것은 국민의 공직취임권을 침해하는 것이 된다. 다만, 헌법의 기본원리나 특정조항에 비추어 능력주의원칙에 대한 예외를 인정할 수 있는 경우가 있는데, 우리 헌법의 기본원리인 사회국가원리를 들 수 있고, 헌법조항으로는 여자 · 연소자근로의 보호, 국가유공자 · 상이군경 및 전몰군경의 유가족에 대한 우선적 근로기회의 보장을 규정하고 있는 헌법 제32조 제4항 내지 제6항, 여자 · 노인 · 신체장애자 등에 대한 사회보장의무를 규정하고 있는 헌법 제34조 제2항 내지 제5항 등을 들 수 있다. 이와 같은 헌법적 요청이 있는 경우에는 합리적 범위 안에서 능력주의가 제한될 수 있다.」

공무원이 공직에서 사퇴하고자 하는 경우에 공직사퇴의 의사를 표시하는 것으로(예: 사직서의 제출) 바로 퇴직의 효과가 발생하도록 할 수도 있고, 해당 공무의 기능과 업무상의 공백 방지 또는 계속성의 확보 등을 보장하기 위하여 임명권자가 당사자의 의사표시를 접수하여 당사자에 대하여 면직의 의사표시를 한 때 사퇴의 효과가 발생하게 할 수도 있다. 현행법상 공무원의 사퇴는 사퇴의 의사표시를 한 때 발생하는 것이 아니라, 임명권자가 면직의 의사표시를 한 때 발생하는 것으로 본다(예: 大 1985. 12. 24.-85누531). 그러나 임명권자가 당사자의 공직사퇴의 의사표시를 접수하는 것을 거부하거나 정당한 이유 없이 면직의 의사표시를 지체하는 것은 국민의 공무담임권의 행사와 자기결정권을 침해하는 것이다(다른 직업으로 전환하려는 경우 공직에서의 사직이 조건인 경우에는 해당 직업의 선택의 자유를 침해한다). 당사자가 공직사퇴의 의사표시를 한 후 임명권자가 정당한 이유 없이 그 의사표시의 접수 또는 면직의 의사표시를 지체하는 것을 방지하는 방법으로는 공직사퇴의 의사표시를 한 때로부터 일정한 기간이 경과하면 자동으로 퇴직의 효과가 발생하도록 하는 것이 있다.

> [大 1985.12.24.-85누531] 「공무원임용령 제6조 제1항 본문의 규정에 의하면 공무원의 임용시기에 관하여 공무원은 임용장 또는 임용통지서에 기재된 일자에 임용된 것으로 본다고 되어 있고 이는 임용장 또는 임용통지서에 기재된 일자에 임용의 효과가 발생함을 말하는 것이므로, 임용 중 면직의 경우(같은령 §2i)에는 면직발령장 또는 면직통지서에 기재된 일자에 면직의 효과가 발생하여 그날 영시(00 : 00)부터 공무원의 신분을 상실한다고 보아야 할 것이다. 공무원연금법 제23조 제1항의 규정에 의하면 공무원의 재직기간은 공무원이 임명된 날이 속하는 달로부터 퇴직 또는 사망한 날이 속하는 달까지의 연월수에 의한다고 되어 있으나, 위 규정은 연금지급금산정의 기준이 되는 재직기간의 계산에 관하여 공무원에게 유리하게 계산하도록 배려한 취지에 불과하고 공무원의 신분취득시기와 상실시기를 정한 규정이 아니므로, 위 규정이 있다고 하여 공무원임용령 제6조 제1항 본문의 규정에 의한 임용시기를 달리 해석할 근거는 되지 못한다. 또 민법 제159조의 규정에 의하면 기간을 일, 주, 월 또는 연으로 정한 때에는 기간말일의 종료로 기간이 만료된다고 되어 있으나 이와 같은 기간종료시기와 임용의 효과발생시기를 같이 볼 수는 없으므로 위 규정은 임용의 효과발생시기를 가리는 근거가 될 수 없다.」

제3절 청 원 권

[295] 제1 의 의

Ⅰ. 개 념

(1) 헌법 규정

헌법 제26조는 제1항에서 「모든 국민은 법률이 정하는 바에 의하여 국가기관에 문서로 청원할 권리를 가진다」라고 정하여 청원권(請願權 right to petition, Petitionsrecht)을 기본권으로 보장하고, 제2항에서 「국가는 청원에 대하여 심사할 의무를 진다」라고 정하여 이에 대한 국가의 의무를 규정하고 있다. 헌법 제89조는 「정부에 제출 또는 회부된 정부의 정책에 관계되는 청원의 심사」를 국무회의의 심의사항으로 정하고 있다.

청원권은 참정권과 언론의 자유가 보장되지 않던 시대에 국민의 권리구제수단과 공무원의 파면 또는 법령의 제정·폐지 등 국가에 대하여 의사를 표시하거나 정치에 참여하는 수단으로 역할을 하였다. 그런데 참정권이나 표현의 자유나 언론의 자유 등이 적극적으로 보장되고 있고, 의사를 표명하고 전달할 수 있는 매체가 매우 발달한 현대 사회에서는 청원권이 가졌던 고전적인 위상은 많이 약화되고 있다.

그렇지만 오늘날에도 청원권은 사법절차를 대신하는 사실적인 권리구제수단으로서 그 기능을 가지고 있으며, 국민의 관심사항과 경험적인 의사를 국가에게 알려 국민과 국가 간의 유대를 강화하는 한편 대의민주주의가 안고 있는 약점을 보완하고, 참여민주주의를 실현하는데 적지 않은 역할을 한다.

헌법의 청원권과 청원제도를 구체화하기 위하여 청원법이 청원에 관한 일반법으로서 제정되어 있고, 국회법(동법 제9장)과 지방자치법(동법 제5장 제8절)은 각각 국회와 지방자치단체에 대한 청원에 관하여 별도로 규정하고 있다.

(2) 청원권의 정의

「청원」이라는 용어는 라틴어 Petitio에서 유래하는 것으로 요구, 제청, 요청, 건의, 간청, 요망 등을 뜻하고, 이 말에는 누구에 대하여 「어떠한 무엇」을 요청한다는 개념이 내재되어 있다. 따라서 구체적으로 무엇인가를 요구하지 않는 단순한 의견 표명(=의사표시)에 불과한 것은 청원에 포함되지 않는다(동지: 계희열b, 606). 이와 같이 청원권은 「어떠한 무엇」을 요청할 수 있는 권리, 즉 공권력과의 관계에서 발생하는 여러 가지 이해관계, 의견, 희망 등에 관하여 적법한 청원을 한 모든 국민에게, 국가기관이 청원을 수리·심사하여 그 결과를 통지할 것을 요구할 수 있는 권리라고 할 수 있다(예: 憲 1997. 7. 16.-93헌마239; 2004. 5. 27.-2003헌마851).

일본국헌법 제16조는 「누구나 손해의 구제, 공무원의 파면, 법률·명령 또는 규칙의 제정·폐지 또는 개정 기타 사항에 관하여 평온하게 청원할 권리를 가지며, 누구도 이러한 청원을 하였다는 이유로 차별대우를 받지 아니한다」라고 정하여, 청원권을 보장하고 있다. 청원의 대상은 예시적인 것으로 보고, 이에 한정되지 않는다고 본다.

II. 연 혁

청원권은 군주정치시대부터 민주주의의 한 양상으로 발달하여 왔다. 군주에 대하여 귀족이나 국민이 청원을 할 수 있도록 하는 것은 여타 기본권이나 참정권이 인정되지 않던 시대에는 중요한 의미를 가졌다. 국민에 대한 군주의 일방적인 통치와 지배에 대하여 국민이 의견을 표시하고 무엇을 요구·간청할 수 있는 통로였기 때문이다. 그래서 영국의 「권리장전」이나 「권리청원」에서 청원권이 보장된 이래 민주주의의 발전과 함께 청원권은 고전적인 국민의 권리로 자리를 잡았다.

미합중국연방헌법, 바이마르헌법과 독일연방헌법, 일본국헌법 등에서도 청원권을 기본권으로 보장하고 있다. 우리나라에서는 1948년헌법에서 청원권을 기본권으로 정한 이래 현재까지 계속 헌법에서 보장하고 있다.

Ⅲ. 청원과 Ombudsman제도

오늘날에는 국가에 대한 국민의 의견표시와 참여의 요구가 증대함에 따라 국민으로부터의 청원의 접수·심사에 그치지 않고, 이를 보다 적극적으로 실현하기 위한 제도의 필요성이 커지고 있다. 이러한 제도 가운데 대표적인 것이 옴부즈맨(Ombuds-man)제도이다. 옴부즈맨제도는 스웨덴에서 전통적으로 인정되어 온 것으로 의회에서 임명한 기관이 국가기관의 위법·부당한 행위에 대해 국민이 제출한 청원 등을 조사하여 관련 국가기관에 시정을 권유하는 제도이다. 우리나라에서는 이와 유사한 기능을 수행하는 것으로 국민권익위원회가 있다.

[296] 제2 법적 성격

Ⅰ. 학 설

(1) 자유권설

청원권에 대해 국가기관으로부터 방해받지 않고 자유롭게 의견을 개진·표시할 권리라는 측면을 강조하여 소극적이고 방어적인 자유권이라고 본다.

(2) 청구권설

청원권은 국민이 국가기관에 대해 일정한 사항을 청구할 수 있는 것이며, 국가에게는 청원을 수리·심사해야 할 헌법적 의무가 부여되어 있는 것이므로 적극적인 성격을 가지는 청구권적 기본권이라고 본다(김철수a, 1267; 성낙인, 737).

(3) 참정권설

청원권은 법률의 제·개정, 공무원의 징계 등에 대한 청원을 주된 내용으로 하기 때문에 오히려 참정권으로서의 성격을 갖는 권리라고 본다.

(4) 사 견

청원권은 소극적인 측면에서는 기본권의 공통된 성질이 그러하듯이 국가에 대하여 방어권으로서의 청원의 자유를 보장하는 것이고, 적극적인 측면에서는 국가에 대해 일정한 작위나 부작위를 요구하는 청구권으로서의 성격을 가지고 있으며(권영성, 599), 정치적 참여를 실현하거나 권리구제를 위한 수단으로서의 성격도 지니는 기본권이다(동지: 허영a, 537).

II. 판 례

헌법재판소는 헌법 제26조의 규정과 이를 구체화하고 있는 청원법의 규정을 보아 청원권은 청구권으로서의 성질도 가진다고 본다(예: 憲 1997. 7. 16.-93헌마239; 2004. 5. 27.-2003헌마851). 헌법재판소의 판시 내용은 청원권의 방어권적인 성질을 부정하는 것이 아니고, 복합적 성질을 부정한 것도 아니며, 청구권으로의 성질을 분명히 한 것이라는 점을 유의할 필요가 있다.

[297] 제3 주 체

청원권의 주체는 헌법에서 정하고 있는 바와 같이 대한민국 국적을 가진 국민이다. 법인도 청원권의 주체가 될 수 있다. 외국인이나 무국적자는 헌법상의 청원권의 주체가 될 수는 없다. 법률이 정하면, 그에 따라 외국인이나 무국적자에게도 청원권이 인정된다(이는 법률정책에 따른 권리이다).

일본국에서는 청원권을 참정권의 일종으로 분류하면서도 선거권과 같은 전형적인 참정권과는 달리 외국인에게도 인정된다고 보는 견해도 있다.

법인의 경우에는 사법인은 청원권의 주체가 된다. 그러나 공법인의 경우에는 원칙적으로 주체성이 인정되지 않으며, 공법인이 기본권의 주체가 될 수 있는 예외적인 경우만 그 주체성이 인정된다. 청원법(동법 §6①)과 국회법(동법 §123②), 지방자치법(동법 §85②)은 법인도 청원할 수 있음을 정하고 있다.

[298] 제4 내 용

I. 헌법상의 청원권

헌법상의 청원권은 문서로 국가기관에게 청원하는 것을 보장한다. 그 외에 청원에 필요한 내용은 법률로 정한다. 그렇다고 하여 입법자가 입법형성의 자유에 근거하여 국민이 국가기관에 대하여 청원하는 권리를 가진다는 점과 청원은 문서로 한다는 점을 변경할 수는 없다.

[憲 1999.11.25.-97헌마54] 「청원권의 구체적 내용은 입법활동에 의하여 형성되며 입법형성에는 폭넓은 재량권이 있으므로 입법자는 지방의회에 제출되는 청원서에 대하여

청원의 내용과 절차는 물론 청원의 심사·처리를 공정하고 효율적으로 행할 수 있게 하는 합리적인 수단을 선택할 수 있는 것이다.」

헌법상의 청원권에는 청원권 행사의 자유가 포함된다. 즉 청원권은 대국가적 방어권으로서 「청원 방해의 금지」, 「청원을 이유로 하는 차별대우나 불이익처분의 금지」(청원법 §12), 「단체청원을 위한 서명활동 방해의 금지」 등의 내용을 포함하고 있다. 그리고 국가의 청원심사의무로부터 국가에 대하여 청원을 수리하여 심사할 것을 요구할 수 있는 청구권이 도출된다(예: 憲 1997. 7. 16.-93헌마239).

권리구제의 수단으로서의 청원은 자신의 권리를 구제하기 위한 것에 한정되지 않고, 타인의 권리를 구제하기 위한 청원도 가능하다.

II. 청원법상의 청원권

(1) 청원사항

(a) 청원사항

청원법 제4조는 청원사항에 대해 「1. 피해의 구제, 2. 공무원의 위법·부당한 행위에 대한 시정이나 징계의 요구, 3. 법률·명령·조례·규칙의 제정·개정 또는 폐지, 4. 공공의 제도 또는 시설의 운영, 5. 그 밖에 국가기관 등의 권한에 속하는 사항」이라고 규정하고 있다. 비록 청원법이 청원사항에 대해 열거하고 있더라도 동조 제5호에서 기타 사항을 규정하고 있으므로 위 규정들은 예시적 성격을 갖는다(동지: 성낙인, 738; 권영성, 600; 김철수a, 1269).

청원의 대상은 청원권자의 이익에 관계된 사항이거나 공공적인 사항이거나 불문한다. 타인의 이익에 관계된 것도 청원할 수 있다.

(b) 청원금지사항

청원법 제5조는 「1. 감사·수사·재판·행정심판·조정·중재 등 다른 법령에 의한 조사·불복 또는 구제절차가 진행중인 때, 2. 허위의 사실로 타인으로 하여금 형사처분 또는 징계처분을 받게 하거나 국가기관 등을 중상모략하는 사항인 때, 3. 사인 간의 권리관계 또는 개인의 사생활에 관한 사항인 때, 4. 청원인의 성명·주소 등이 불분명하거나 청원내용이 불명확한 때」를 청원의 불수리사유로 규정하고 있고, 모해목적의 청원을 금지하고 있으며(동법 §11), 반복·이중청원을 제한하고 있다(동법 §8). 확정판결을 변경하는 청원도 인정되지 않는다. 재판에 간섭하거나 판결의 변경을 구하는 청원도 사법권의 독립을 침해하는 것이다.

헌법개정에 대한 청원은 법률이 금지하지 아니하는 이상 허용된다. 헌법개정의 발의권을 가진 대통령이나 국회에 대하여 헌법개정의 발의를 하여 줄 것을 청원할 수 있다(청원법 §4v 참조).

(2) 청원의 절차 · 방법

청원을 하기 위해서는 청원법에서 규정하고 있는 요건과 절차를 따라야 하는바, 청원법 제6조와 제7조는 문서에 의한 청원의 접수와 주관관서에 청원을 접수할 것을 규정하고 있다.

이와 같은 절차에 의해 수리된 청원에 대한 처리절차는 청원법 제9조에서 정하고 있다. 이에 의하면 청원을 수리한 기관은 성실하고 공정하게 청원을 심사 · 처리하여야 하고, 청원을 관장하는 기관이 청원을 접수한 때에는 특별한 사유가 없는 한 90일 이내에 그 처리결과를 청원인에게 통지하여야 한다. 다만, 청원을 관장하는 기관은 부득이한 사유로 90일의 처리기간 내에 청원을 처리하기 곤란하다고 인정하는 경우에는 60일의 범위 내에서 1회에 한하여 그 처리기간을 연장할 수 있다. 이 경우 그 사유와 처리예정기한을 지체 없이 청원인에게 통지하여야 한다(동법 §9). 청원이 처리기간 이내에 처리되지 아니하는 경우 청원인은 청원을 관장하는 기관에 이의신청을 할 수 있다(동법 §9의2).

청원서가 정부에 제출되었거나 청원의 내용이 정부의 정책과 관련이 있는 경우에는 그 청원이 국무회의의 심의를 거쳐야 한다(헌법 §89xv).

Ⅲ. 국회법과 지방자치법상의 청원권

일반적인 국가기관에 대한 청원이 청원법에 의하여 처리된다면, 국회와 지방자치단체에 대한 청원은 각각 국회법과 지방자치법의 개별 규정에 의하여 처리된다. 국회법 제9장과 지방자치법 제5장 제8절에서는 국회에 대한 청원에 대해 규정하고 있다.

국회나 지방의회에 청원하는 경우에는 의원의 소개를 얻어 청원서를 제출해야 한다(국회법 §123①; 지자법 §85①). 헌법재판소는 이와 같은 지방자치법의 의원소개제도를 합헌이라고 판시하였다(예: 憲 1999. 11. 25.-97헌마54).

국회법은 청원금지사항으로 재판에 간섭하거나 국가기관을 모독하는 청원을 정하고 있다(동법 §123③). 국가기관을 모독하는 청원에 대해서는 엄격한 해석이 요구된다. 모독을 넓게 해석하면 사실상 국가기관에 대한 청원을 금지하는 결과를 가져올 우려가 있기 때문이다. 지방자치법은 재판에 간섭하거나 법령에 위배되는 내용에 대한 청원은 허용하지 않고 있다(동법 §74).

Ⅳ. 청원권 행사의 효과

국민의 청원권 행사의 효과에 대해 헌법 제26조 제2항은 「국가는 청원에 대하여 심사할 의무를 진다」라고 규정하여 국가에 대해 심사의무를 규정하고 있다. 청원법은 수리한 청원에 대한 성실 · 공정 · 신속한 심사의무와 청원의 결과에 대해 통지해주어야 할 결과통지의무를 부과하여(동법 §9 ③,④), 헌법의 규정보다 청원권을 보다 구체적으로 보호하고 있다.

청원권 행사의 효과와 관련하여 국가의 처리 내용이 청원인의 기대에 미치지 못하는 경우에 헌법상의 청원권을 근거로 하여 국가기관에 대한 쟁송이 가능한가 하는 점이 문제가 된다. 이에 대하여 헌법재판소는 헌법소원심판의 대상이 되지 못한다고 판시하였다(예: 憲 1997. 7. 16.-93헌마239).

> [憲 1997.7.16.-93헌마239] 「청원권의 보호범위에는 청원사항의 처리결과에 심판서나 재결서에 준하여 이유를 명시할 것까지를 요구하는 것은 포함되지 아니한다고 할 것이다. 왜냐하면 국민이면 누구든지 널리 제기할 수 있는 민중적 청원제도는 재판청구권 기타 준사법적 구제청구와는 완전히 성질을 달리하는 것이기 때문이다. 그러므로 청원소관관서는 청원법이 정하는 절차와 범위 내에서 청원사항을 성실 · 공정 · 신속히 심사하고 청원인에게 그 청원을 어떻게 처리하였거나 처리하려 하는지를 알 수 있을 정도로 결과통지함으로써 충분하다고 할 것이다. 따라서 적법한 청원에 대하여 국가기관이 수리, 심사하여 그 처리결과를 청원인 등에게 통지하였다면 이로써 당해국가기관은 헌법 및 청원법상의 의무이행을 필한 것이라 할 것이고, 비록 그 처리내용이 청원인 등이 기대하는 바에 미치지 않는다고 하더라도 더 이상 헌법소원의 대상이 되는 공권력의 행사 내지 불행사라고는 볼 수 없다.」
>
> [憲 2000.6.1.-2000헌마18] 「청원권이라 함은 국민이 공권력과의 관계에서 일어나는 여러 가지 이해관계 또는 국정에 관해서 자신의 의견이나 희망을 진술할 수 있는 권리로서, 헌법 제26조는 모든 국민은 법률이 정하는 바에 의하여 국가기관에 문서로 청원할 권리를 가지며 국가는 청원에 대하여 심사할 의무를 진다고 하여 모든 국민의 청원권을 보장하고 청원을 수리한 국가기관은 청원에 대하여 심사하여야 할 의무를, 청원법과 국회법 제123조 이하는 청원의 처리결과에 대하여 통지하여야 할 의무를 각 규정하고 있는데, 청원에 대한 심사 및 통지의무는 재판청구권 및 기타 준사법적인 구제청구와 그 성질을 달리하므로 이러한 의무는 청원을 수리한 국가기관이 이를 성실, 공정, 신속히 심사 · 처리하여 그 결과를 청원인에게 통지하는 이상의 의무를 요구하는 것은 아니다.」

[299] 제5 제한과 그 한계

Ⅰ. 제 한

청원권은 헌법이 규정하고 있는 기본권이기 때문에 헌법 제37조 제2항에 의한 제한이 가능하다. 교도소의 수용자가 청원하는 경우 교도소장의 허가를 받게 하는 것은 합헌이다(예: 憲 2001. 11. 29.-99헌마713).

청원법은 청원의 불수리사항을 규정하고 있고(동법 §5), 타인을 모해할 목적으로 허위의 사실을 적시한 모해목적의 청원을 금지하며(동법 §11), 동일한 내용의 청원서를 동일기관에 2개 이상 또는 2개 기관 이상에 제출하는 반복청원·이중청원(동법 §8)을 금지하고 있다. 행형정책상 수용자에 대해서도 필요한 범위 내에서 법률로써 청원권을 제한할 수 있다(예: 憲 2001. 11. 29.-99헌마713).

국회법과 지방자치법은 청원남발제한과 심사의 효율을 위해 의원의 동의를 청원의 요건으로 하고 있다. 여기서 특별한 점은 국회법 제123조와 지방자치법 제85조가 각 국회의원과 지방의회의원의 추천을 청원 접수의 선결요건으로 규정하고 있는데, 이에 대하여 헌법재판소는 헌법에 위반되지 않는다고 판시하였다(예: 憲 1999. 11. 25.-97헌마54).

> [憲 1999.11.25.-97헌마54] 「이 법률조항이 지방의회에 청원을 할 때에 의원의 소개를 필요적 요건으로 한 것은 단순한 진정(陳情)과는 달리 청원을 할 수 있는 사안에 관하여는 지방의회가 공정하고 신속하게 이를 심사·처리하고 그 결과를 청원인에게 통지할 의무를 지는 점(청원법 제9조 제4항, 법 제67조 제3항) 등을 감안하여 청원의 남발을 규제하는 방법으로 의원 중 1인이 미리 청원의 내용을 확인하고 이를 소개하게 함으로써 심사의 효율성을 제고하려는 데에 그 목적이 있다.……이 법률조항은 불필요한 청원을 억제하여 청원의 효율적인 심사·처리를 제고하는 데 있고, 또 청원의 소개의원은 1인으로 족한 점 등을 감안할 때 그 제한은 헌법 제37조 제2항이 규정한 공공복리를 위한 필요·최소한의 것으로 청원권의 본질적 내용을 침해하는 것이 아니므로 기본권 제한의 한계를 벗어나는 위법이 있다고 볼 수 없다.」

II. 제한의 한계

청원권의 제한에서도 헌법 제37조 제2항에서 정하고 있는 한계를 지켜야 한다. 청원을 원천적으로 금지한다거나 사실상 청원을 불가능하게 하는 등 과잉금지원칙에 어긋나거나, 청원권의 본질적인 부분을 침해하는 규정은 위헌이다. 헌법 제26조 제1항은 법률이 정하는 바에 의하여 청원권이 인정된다고 정하고 있어, 청원권의 제한은 입법형성의 자유에 해당하는 사항이라고 하기 쉬우나, 청원권을 제한하는 법률의 규정도 헌법 제37조 제2항이 정하는 한계를 위반할 수 없다.

제4절 국민투표권

[300] 제1 의 의

헌법 제72조는「대통령은 필요하다고 인정할 때에는 외교 · 국방 · 통일 기타 국가안위에 관한 중요정책을 국민투표에 붙일 수 있다」고 정하여 중요정책국민투표부의제도를 두고 있고, 헌법 제130조 제2항은「헌법개정안은 국회가 의결한 후 30일 이내에 국민투표에 붙여 국회의원선거권자 과반수의 투표와 투표자 과반수의 찬성을 얻어야 한다」라고 정하여 헌법개정의 확정에서 국민투표제도를 두고 있다. 이러한 헌법상의 제도에 따라 국민에게 국민투표권(國民投票權)이 헌법상의 권리로 보장되어 있다.

[301] 제2 법적 성격

헌법 제72조에서 보장되는 국민투표권과 헌법 제130조 제2항에서 보장하고 있는 국민투표권은 모두 중요정책국민투표부의제도와 헌법개정확정제도의 내용적 요소를 이루는 것이고 제도에 수반하여 인정되는 헌법상의 권리이다. 따라서 이러한 국민투표권은 해당 제도와 일체를 이루어 그 내용이나 성질이 정해진다.

국민투표권이 헌법상의 권리로 보장되는 이상 방어권으로서의 성질을 가진다. 따라서 국가는 어떠한 경우에도 국민투표권을 박탈하거나 침해할 수 없고, 국민투표권의 자유로운 행사를 방해할 수 없다.

[302] 제3 주 체

헌법 제72조와 제130조 제2항에서 정하는 국민투표권은 국민주권원리와 그 성질에 비추어 모두 대한민국 국적을 가진 자연인인 국민에게만 인정되는 헌법상의 권리이다.

[303] 제4 내 용

Ⅰ. 중요 정책에 대한 국민투표

헌법 제72조에 따른 국민투표권은 대통령이 헌법 제72조에서 정하는 국가의 중요정책을 국민투표에 붙일 때 이에 대하여 투표하는 권리이다. 이러한 권리는 언제나 행사할 수 있는 것이 아니라 대통령이 국민투표에 부의했을 때만 행사할 수 있다. 따라서 국민은 헌법 제72조의 국민투표권을 근거로 하여 대통령에게 헌법 제72조에서 정하고 있는 중요정책을 국민투표에 회부하라는 것을 법적으로 요구할 수는 없고, 대통령이 이러한 회부를 하지 않은 것을 국민투표권의 침해라고 주장할 수 없다. 그러나 국민은 헌법 제72조에서 정하고 있는 중요정책의 결정에 있어 국민투표회부를 정치적으로 요구할 수는 있다.

II. 헌법개정에 대한 국민투표

헌법 제130조 제2항에서 정하는 국민투표권은 헌법개정의 확정여부를 결정하는 권리이다. 헌법은 이러한 권리를 국민에게만 부여하고 있다.

[304] 제5 효 력

I. 중요정책에 대한 국민투표

헌법 제72조가 보장하는 국민투표권은 국가에 대하여 효력을 가진다. 따라서 국가는 어떠한 경우에도 이를 침해할 수 없다.

헌법 제72조에 따른 국민투표는 대통령이 헌법 제72조에서 정하는 국가의 중요정책에 대하여 스스로 결정하기 전에 국민에게 찬반의 의사를 물어 그 결과를 참작하여 결정할 수 있게 한 자문적 국민투표이므로, 이 국민투표권은 국회, 대통령, 법원, 헌법재판소 등 국가에 대하여 기속력을 가지지 않는다([516]IV(5)(b)).

II. 헌법개정에 대한 국민투표

헌법 제130조 제2항이 보장하는 국민투표권은 국가에 대하여 효력을 가진다. 따라서 국가는 어떠한 경우에도 이를 침해할 수 없다.

헌법 제130조 제2항의 국민투표권은 헌법개정의 확정여부를 최종적으로 결정하는 효력을 가지며, 이는 국가에 대하여 기속력을 가진다. 따라서 국가는 어떠한 경우에도 국민투표권의 행사의 결과를 변경하거나 부정 · 거부하지 못한다.

[305] 제6 제한과 그 한계

중요정책에 대한 국민투표권과 헌법개정에 대한 국민투표권에 대해서도 일정한 경우에 헌법 제37조 제2항에 의하여 제한할 수 있다. 헌법재판소는 재외국민에게 국민투표권을 제한하는 것은 헌법에 합치되지 않는다고 보았다(憲 2014. 7. 24. -2009헌마256).

제5장 사회권적 기본권

제1절 인간다운 생활을 할 권리

[306] 제1 의 의

Ⅰ. 개 념

(1) 헌법 규정

헌법 제34조 제1항은 「모든 국민은 인간다운 생활을 할 권리를 가진다」라고 규정하고 있다. 이에 의하여 헌법은 인간다운 생활을 할 권리를 헌법상의 기본권으로 보장하고 있다. 이러한 인간다운 생활을 할 권리는 생존권적 기본권 가운데 가장 핵심적인 권리라고 말해지지만, 그 의미의 추상성으로 인하여 구체적으로 어떠한 의미를 가지는가에 대해서는 논란이 분분하다.

사회보장에 따른 혜택을 받을 사회보장수급권은 헌법에서 직접 정하고 있는 경우에는 헌법상의 기본권으로서의 성격을 가지지만 법률정책적으로 법률에 의하여 보장되는 때에는 법률상의 권리를 가진다는 점을 유의할 필요가 있다.

(2) 「인간다운 생활」의 의미

인간다운 생활을 표현 그대로 해석하면 인간의 존엄과 가치를 실현하고 행복을 추구하는 모든 생활을 의미하므로 개별적 기본권이 보장하는 모든 내용을 포괄한다고도 해석할 수 있다. 그렇게 되면 기본권 보장은 인간다운 생활을 할 권리를 보장하는 것으로 충분하고 개별적 기본권을 규정할 필요가 없다는 결론으로 귀착한다. 그래서 개별적 기본권을 정하면서 이러한 추상적이고 포괄적인 표현을 사용한 것이 잘못된 것이라는 지적도 있다.

「인간다운 생활」이 지니는 이러한 추상성과 포괄성으로 인하여 헌법해석에 있어서도 의견이 갈린다. 「인간다운 생활」의 개념에 대하여는 문화적 생활로 보는 견해와 물질적 생활로 보는 견해가 갈린다. i) 문화적 생활로 보는 견해는 다시 이를 인간의 존엄성에 상응하는 건강하고 문화적인 생활이라고 매우 넓게 해석하는 견해(권영성, 653)와 인간의 존엄성에 상응하는 생활, 즉 건강하고 문화적인 '최저한도'의 생활이라고 하여 전자보다 다소 좁게 해석(성낙인, 679)하고, 이를 Weimar헌법의 「인간다운 생활」(ein menschenwurdiges Dasein), 「세계인권선언」의 「인간의 존엄성에 상응하는 생활」이나 「유엔의 경제적·사회적 및 문화적 권리에 관한 국제규약」의 「상당한 생활조건(adequate standard)을 가질 권리」(동규약 §11①)의 의미라고 하는 견해(김철수a, 1120)로 나뉜다. ii) 물질적 생활로 보는 견해는 인간다운 생활을 물질적인 궁핍으로부터의 해방을 주 내용으로 하는 물질적인 최저생활권으로 해석하거나(허영a, 518), 인간의 생존에 필요한 최소한의 물질적 급부를 국가에 대하여 청구할 수 있는 권리라고 해석한다(계희열b, 704).

생각건대 헌법 제10조, 제37조 제1항 및 헌법상의 다른 개별적 기본권과 서로 비교하여 볼 때, 「인간다운 생활」의 의미를 확장하는 것은 사회적 기본권에 속하는 권리가 대부분 구체적인 무엇을 직접 청구할 수 있는 성질을 지니는 것이 아님을 고려하면 아무런 실효성을 가지지 못하는 말의 성찬에 지나지 않을 뿐 아니라, 기본권보장의 체계상으로도 합당하지 않고 다른 개별적 기본권의 내용과 중복된다. 따라서 헌법 제34조 제1항에서 말하는 인간다운 생활을 할 권리는 경제적·물질적 생활을 의미한다고 할 것이다. 그것이 헌법 제34조의 나머지 조항에서 정하고 있는 복지국가적 내용과도 합치한다. 헌법재판소도 헌법 제34조 제1항의 인간다운 생활을 할 권리는 인간의 존엄에 상응하는 최소한의 물질적인 생활의 유지에 필요한 급부를 요구할 수 있는 권리일 뿐이라고 한다(憲 2014. 3. 27. -2013헌바198).

인간다운 생활을 할 권리는 사회적 기본권의 이념적 목표라거나 사회적 기본권에 관한 이념적·총체적 규정이라고 하는 견해가 있다(권영성, 65). 현행 헌법상의 문언적 표현상 그렇게 해석할 수도 있으나 사회적 기본권에 해당하는 개별적 규정을 두면서 이런 이념적 목표나 그에 관하여 총괄적으로 정하는 규정이 필요한지도 의문이며, 인간의 존엄과 가치만으로 이념적 목표나 지향은 충분하므로 이런 이유로 인간다운 생활을 할 권리를 둘 필요는 없다. 국민의 인간다운 생활을 보장함에 있어서 헌법에서 이에 관한 규정을 두려면 보다 구체적인 내용을 정하는 것이 실질적이고 실효성을 갖는다고 할 것이므로 이러한 추상적이고 포괄적인 인간다운 생활을 할 권리라는 표현을 헌법에서 정하는 것은 근본적인 재검토가 필요하다고 본다.

II. 연 혁

인간다운 생활을 할 권리를 헌법상의 기본권으로 보장한 것은 1962년헌법에서 채택된 이래 현재까지 유지되고 있다.

[307] 제2 법적 성격

인간다운 생활을 할 권리의 법적 성격에 관하여는 그 개념과 내용에 대한 견해만큼이나 다양한 견해가 주장되고 있다. 이에는 i) 모든 국민이 인간다운 생활을 할 수 있도록 국정을 운영할 국가의 책무를 선언한 것에 지나지 아니하고 모든 국민의 구체적·현실적 권리를 보장한 것은 아니라고 하고, 구체적인 권리의 보장은 국가의 재정 등을 감안한 입법정책의 문제로 보는 프로그램규정설, ii) 인간다운 생활을 할 권리는 자유권적 기본권처럼 직접효력을 가지는 완전한 의미의 구체적 권리일 수는 없다 할지라도 불완전하나마 구체적인 권리로서의 성격을 가진다고 하는 불완전한 구체적 권리설(권영성, 652; 성낙인, 677), iii) 인간다운 생활을 할 권리는 그 자체로서 이미 직접효력을 갖는 주관적 권리로서의 법적 성격을 갖는다고 하는 구체적 권리설(허영a, 520; 김철수a, 1121)이 있다.

인간다운 생활을 할 권리를 물질적 생활을 최소한으로 보장하는 권리라고 볼 때, 생활무능력자의 국가에 대한 보호청구권에 있어서는 상황에 따라(예: 무능력자가 기아, 질병 등으로 그대로 방치하는 경우에 사망에 이르거나 극심한 정신적·신체적 훼손을 당할 지경에 이른 상태) 구체적인 물질적 급부나 보호를 직접 청구할 수 있는 구체적 권리가 도출되지만, 그 이외에는 이를 실현할 수 있는 법률을 입법할 것을 구하는 구체적 권리만 도출된다고 할 것이다. 그 이상의 내용을 인간다운 생활을 할 권리에 포함시켜 보아도 이는 말의 성찬에 지나지 않는다.

헌법재판소는 헌법 제34조 제1항이 정하고 있는 인간다운 생활을 할 권리는 법률에 의하여 구체화할 때 비로소 인정되는 법률상의 권리라고 보며(예: 憲 1995. 7. 21.-93헌가14; 1998. 2. 27.-97헌가10등; 2000. 6. 1.-98헌마216; 2003. 5. 15.-2002헌마90; 2003. 5. 15.-2002헌마90; 2004. 10. 28.-2002헌마328), 헌법상의 사회보장권도 그에 관한 수급요건, 수급자의 범위, 수급액 등 구체적인 사항이 법률에 규정됨으로써 비로소 구체적인 법적 권리로 형성되는 권리라고 본다(예: 憲 1995. 7. 21.-93헌가14; 2003. 7. 24.-2002헌바51).

[憲 1995.7.21.-93헌가14] 「'인간다운 생활을 할 권리'는 여타 사회적 기본권에 관한 헌법규범들의 이념적인 목표를 제시하고 있는 동시에 국민이 인간적 생존의 최소한을 확보하는 데 있어서 필요한 최소한의 재화를 국가에게 요구할 수 있는 권리를 내용으로 하고 있다. 국가의 사회복지·사회보장증진의 의무도 국가에게 물질적 궁핍이나 각종 재난으로부터 국민을 보호할 대책을 세울 의무를 부과함으로써, 결국 '인간다운 생활을 할 권리'의 실현을 위한 수단적인 성격을 갖는다고 할 것이다. 이 헌법의 규정에 의거하여 국민에게 주어지게 되는 사회보장에 따른 국민의 수급권(受給權)은 국가에게 단순히 국민의 자유를 침해하지 말 것을 내용으로 하는 것이 아니라 적극적으로 급부를 요구할 수 있는 권리를 주된 내용으로 하기 때문에, 그 권리의 구체적인 부여 여부, 그 내용 등은 무엇보다도 국가의 경제적인 수준, 재정능력 등에 따르는 재원확보의 가능성이라는 요인에 의하여 크게 좌우되게 된다. 즉 국가가 '인간다운 생활을 할 권리'를 국민에게 보장하기 위하여 국가의 보호를 필요로 하는 국민들에게 한정된 가용자원을 분배

하는 이른바 사회보장권에 관한 입법을 할 경우에는 국가의 재정부담능력, 전체적인 사회보장수준과 국민감정 등 사회정책적인 고려, 제도의 장기적인 지속을 전제로 하는 데서 오는 제도의 비탄력성과 같은 사회보장제도의 특성 등 여러 가지 요소를 감안하여야 하기 때문에 입법자에게 광범위한 입법재량이 부여되지 않을 수 없고, 따라서 헌법상의 사회보장권은 그에 관한 수급요건, 수급자의 범위, 수급액 등 구체적인 사항이 법률에 규정됨으로써 비로소 구체적인 법적 권리로 형성된다고 보아야 할 것이다. …… 전공상자 등은 상이 등으로 인하여 신체적 장애를 입고 있기 때문에 인간다운 생활에 필요한 최소한의 수요를 충족함에 있어서도 정상인에 비하여 국가의 부조를 필요로 하는 경우가 많다고 할 것이다. 그러나 '인간다운 생활을 할 권리'로부터는, 그것이 사회복지 · 사회보장이 지향하여야 할 이념적 목표가 된다는 점을 별론으로 하면, 인간의 존엄에 상응하는 생활에 필요한 "최소한의 물질적인 생활"의 유지에 필요한 급부를 요구할 수 있는 구체적인 권리가 상황에 따라서는 직접 도출될 수 있다고 할 수는 있어도, 동 기본권이 직접 그 이상의 급부를 내용으로 하는 구체적인 권리를 발생케 한다고는 볼 수 없다고 할 것이다. 이러한 구체적 권리는 국가가 재정형편 등 여러 가지 상황들을 종합적으로 감안하여 법률을 통하여 구체화할 때에 비로소 인정되는 법률적 차원의 권리라고 할 것이다. 그러므로 이 사건 규정의 입법자도 전공상자 등에게 인간다운 생활에 필요한 최소한의 물질적 수요를 충족시켜 주고 있고 헌법상의 사회보장, 사회복지의 이념과 국가유공자에 대한 우선적 보호이념에 명백히 어긋나지 않는 한 광범위한 입법재량권을 행사할 수 있다고 할 것이다.」

[憲 2002.12.18.-2002헌마52] 「헌법은 제34조 제1항에서 모든 국민의 "인간다운 생활을 할 권리"를 사회적 기본권으로 규정하면서, 제2항 내지 제6항에서 특정한 사회적 약자와 관련하여 "인간다운 생활을 할 권리"의 내용을 다양한 국가의 의무를 통하여 구체화하고 있다.……헌법이 제34조에서 여자(제3항), 노인 · 청소년(제4항), 신체장애자(제5항) 등 특정 사회적 약자의 보호를 명시적으로 규정한 것은, '장애인과 같은 사회적 약자의 경우에는 개인 스스로가 자유행사의 실질적 조건을 갖추는 데 어려움이 많으므로, 국가가 특히 이들에 대하여 자유를 실질적으로 행사할 수 있는 조건을 형성하고 유지해야 한다'는 점을 강조하고자 하는 것이다. 사회적 기본권(헌법 §31 내지 §36)이 국가에게 그의 이행을 어느 정도 강제할 수 있는 의무를 부과하기 위해서는, 국가의 다른 과제보다도 사회적 기본권이 규정하는 과제를 우선적으로 실현하여야 한다는 우위관계가 전제가 되어야 하는데, 사회적 기본권에 규정된 국가의 의무가 그렇지 못한 국가의 의무에 대하여 입법과정이나 정책결정과정에서, 무엇보다도 예산책정과정에서 반드시 우선적 이행을 요구할 수가 없다. 사회적 기본권과 경쟁적 상태에 있는 국가의 다른 중요한 헌법적 의무와의 관계에서나 아니면 개별적인 사회적 기본권 규정들 사이에서의 경쟁적 관계에서 보나, 입법자는 사회 · 경제정책을 시행하는 데 있어서 서로 경쟁하고 충돌하는 여러 국가목표를 균형있게 고려하여 서로 조화시키려고 시도하고, 매 사안마다 그에 적합한 실현의 우선순위를 부여하게 된다. 국가는 사회적 기본권에 의하여 제시된 국가의 의무와 과제를 언제나 국가의 현실적인 재정 · 경제능력의 범위 내에서 다른 국가과제와의 조화와 우선순위결정을 통하여 이행할 수밖에 없다. 그러므로 사회적 기본권은 입법과정이

나 정책결정과정에서 사회적 기본권에 규정된 국가목표의 무조건적인 최우선적 배려가 아니라 단지 적절한 고려를 요청하는 것이다. 이러한 의미에서 사회적 기본권은, 국가의 모든 의사결정과정에서 사회적 기본권이 담고 있는 국가목표를 고려하여야 할 국가의 의무를 의미한다.」

[憲 2004.10.28.-2002헌마328] 「헌법 제34조 제1항이 보장하는 인간다운 생활을 할 권리는 사회권적 기본권의 일종으로서 인간의 존엄에 상응하는 최소한의 물질적인 생활의 유지에 필요한 급부를 요구할 수 있는 권리를 의미하는데, 이러한 권리는 국가가 재정형편 등 여러 가지 상황들을 종합적으로 감안하여 법률을 통하여 구체화할 때에 비로소 인정되는 법률적 권리라고 할 것이다.」

[308] 제3 주 체

헌법 제34조 제1항의 인간다운 생활권의 주체는 국민이다. 이 때의 국민 중에는 자연인만이 포함되고 법인은 포함되지 않는다. 국가가 물질적 급부를 직접 제공하거나 사회보장상의 급부를 받는 것은 자기 나라의 국민을 보호하고자 하는 것이고 이의 재원은 그 나라 국민이 납부한 세금에 근거한 재원에서 지불하는 것이므로 외국인은 인간다운 생활을 할 권리의 주체가 되지 못한다.

국가가 정책적으로 외국인에게 일정한 범위에서 사회보장의 혜택을 줄 수는 있다. 그러나 이러한 것은 그 나라의 법률에 기초한 법률상의 권리이고 헌법상의 기본권이 아니다. 따라서 이러한 정책을 폐지하여도 외국인은 이를 위헌이라고 다툴 수 없다.

[309] 제4 내 용

Ⅰ. 생활무능력자의 보호

신체장애 · 질병 · 노령 기타 노동능력의 상실로 인하여 스스로 생계와 생활을 유지할 능력이 없는 사람은 생존의 최소한 수준(최저생존수준)에서 국가에 대해서 직접 그 보호를 요구할 수 있다. 물론 이러한 최소한의 수준은 당사자가 국가에 대하여 요구하는 때의 기준이고, 국가가 급부할 때에는 최소한의 기준(과소급부금지원칙)만 충족시키면 그 이상의 급부도 가능하다. 이를 실현하고 구체화하는 대표적인 법률로는 국민기초생활보장법과 의료급여법 등이 있다.

Ⅱ. 사회보장수급권의 문제

헌법은 인간다운 생활을 할 권리를 구체적으로 실현하기 위하여 제34조 제2항부터 제6항에 걸쳐 구체적인 내용을 정하고 있다. 이에 따라 국가에게는 사회보장제도 등을 확립하여 실시할 의무가 부과된다. 이러한 사회보장은 사회보험, 공적부조, 사회복지의 수단으로 수행되는데, 그 구체적인 내용이 모두 헌법의 수준에서 보장되는 것은 아니다(예컨대 각종의 연금제도를 폐지한다고 하여 이것이 헌법에 위반되는 것은 아니다).

헌법의 개별 조항의 내용상 그로부터 직접 도출되는 경우의 사회보장수급권은 헌법상의 기본권으로서의 성질을 가지겠으나, 국가가 다양한 형태로 사회보장의 급부를 국민에게 제공하는 경우에는 헌법에서 정하지 않는 내용도 법률에서 정하여 제공할 수 있다. 이러한 경우에 법률정책적으로 보장되는 사회보장수급권은 법률상의 권리라고 할 것이다.

이 문제는 국가의 복지정책과 밀접한 연관을 가진다. 복지정책의 목록에 들어가는 내용 가운데 많은 것을 헌법에서 정하는 경우(이러한 경우는 거의 없다)에는 국가의 운신의 폭이 좁고 시장의 기능을 왜곡하거나 말살시킬 우려가 있다는 점을 유의할 필요가 있다. 많은 나라에서 복지정책은 시장의 상황과 연동하여 탄력적이고 실효성 있게 대응하기 위하여 의회의 권한으로 두고 있는 점을 유의할 필요가 있다. 프랑스는 헌법에서 기본권조항을 두지 않고 의회의 법률과 행정입법으로 국민의 자유와 권리를 보장하고 복지정책을 실시하는 시스템을 가지고 있고, 독일은 기본권을 보장하면서도 사회적 기본권은 두지 않고 국가목표규정을 통하여 탄력적으로 대응하는 시스템을 가지고 있다. 미합중국연방헌법도 복지에 관한 권리를 정하고 있지 않다.

헌법재판소는 사회보장수급권을 법률상의 권리라고 판시하였다(예: 憲 2001. 9. 27.-2000헌마342; 2003. 7. 24.-2002헌바51). 공무원연금법상의 연금수급권은 사회보장수급권으로서의 성격과 재산권으로서의 성격이 혼재되어 있다고 보되, 양자 가운데 어느 것에 더 비중이 두어지는지는 해당 법률의 내용에 따라 정해진다고 본다(예: 憲 1996. 10. 4.-96헌가6; 1999. 4. 29.-97헌마333). 한편 산재보험제도 역시 국가가 사회보장정책의 일환으로 실시하고 있는 사회보험제도이므로, 산재보험급여수급권은 기본적으로 '사회보장수급권'의 성격을 가지고 있고, 그 수급요건 · 수급권자의 범위 · 급여금액 등 구체적인 내용은 법률에 의하여 비로소 확정된다고 본다(예: 憲 2014. 6. 26.-2012헌바382등).

[憲 2001.9.27.-2000헌마342] 「헌법 제34조 제1항은 "모든 국민은 인간다운 생활을 할 권리를 가진다"고 규정하고, 제2항은 "국가는 사회보장 · 사회복지의 증진에 노력할 의무를 진다"고 규정하고 있는바, 사회보장수급권은 이 규정들로부터 도출되는 사회적 기본권의 하나이다. 이와 같이 사회적 기본권의 성격을 가지는 사회보장수급권은 국가에 대하여 적극적으로 급부를 요구하는 것이므로 헌법규정만으로는 이를 실현할 수 없고, 법률에 의한 형성을 필요로 한다. 사회보장수급권의 구체적 내용, 즉 수급요건, 수급권자의 범위, 급여금액 등은 법률에 의하여 비로소 확정된다. 그런데 사회보장수급권과 같은 사회적 기본권을 법률로 형성함에 있어 입법자는 광범위한 형성의 자유를 누린다. 국가의 재정능력, 국민 전체의 소득 및 생활수준, 기타 여러 가지 사회적 · 경제적

여건 등을 종합하여 합리적인 수준에서 결정할 수 있고, 그 결정이 현저히 자의적이거나, 사회적 기본권의 최소한도의 내용마저 보장하지 않은 경우에 한하여 헌법에 위반된다고 할 것이다(憲 1997. 5. 29.-94헌마33; 1999. 4. 29.-97헌마333 참조).」

[憲 2003.7.24.-2002헌바51] 「헌법은 제34조 제1항에서 국민에게 인간다운 생활을 할 권리를 보장하는 한편, 동조 제2항에서는 국가의 사회보장 및 사회복지 증진의무를 천명하고 있으며, 동조 제6항에서는 국가에게 재해 예방 및 그 위험으로부터 국민을 보호하기 위해 노력할 의무가 있음을 선언하고 있다. 그런데 인간다운 생활을 할 권리의 법적 성질에 비추어 볼 때 그 법규범력이 미치는 범위는 '최소한의 물질적 생존'의 보장에 필요한 급부에의 요구권으로 한정될 뿐, 그것으로부터 그 이상의 급부를 내용으로 하는 구체적 권리가 직접 도출되어 나오는 것은 아니라고 할 수 있고(憲 1995. 7. 21.-93헌가14; 2000. 6. 1.-98헌마216 참조), 한편 헌법 제34조 제2항, 제6항을 보더라도 이들 규정은 단지 사회보장 · 사회복지의 증진 등과 같은 국가활동의 목표를 제시하거나 이를 위한 객관적 의무만을 국가에 부과하고 있을 뿐, 개인에게 국가에 대하여 사회보장 · 사회복지 또는 재해 예방 등과 관련한 적극적 급부의 청구권을 부여하고 있다거나 그것에 관한 입법적 위임을 하고 있다고 보기 어렵다. 결국 최소한의 수준을 넘는 사회복지 · 사회보장에 따른 급부의 실현은 이에 필요한 사회경제적 여건에 의존하는 것으로서, 국가가 재정능력, 국민 전체의 소득과 생활수준 내지 전체적인 사회보장수준과 국민감정 등의 사정, 사회보장제도의 특성 등 여러 가지 요소를 합리적으로 고려한 입법을 통하여 해결할 사항이라 할 것인데, 주어진 가용자원이 한정되고 상충하는 여러 공익이나 국가과제의 조정이 필요한 상황하에서는 입법자에게 광범위한 입법재량이 부여되지 않을 수 없다(憲 1995. 7. 21.-93헌가14; 2000. 6. 1.-98헌마216 참조). 요컨대 사회보장수급권은 헌법 제34조 제1항 및 제2항 등으로부터 개인에게 직접 주어지는 헌법적 차원의 권리라거나 사회적 기본권의 하나라고 볼 수는 없고, 다만 위와 같은 사회보장 · 사회복지 증진의무를 포섭하는 이념적 지표로서의 인간다운 생활을 할 권리를 실현하기 위하여 입법자가 입법재량권을 행사하여 제정하는 사회보장입법에 그 수급요건, 수급자의 범위, 수급액 등 구체적인 사항이 규정될 때 비로소 형성되는 법률적 차원의 권리에 불과하다 할 것이다.」

헌법상의 권리인가 법률상의 권리인가 하는 점이 모두 분명한 것은 아니지만 국민의 인간다운 생활을 보장하기 위하여 사회보험의 영역에서는 국민건강보험법, 의료급여법, 산업재해보상보험법, 고용보험법, 국민연금법, 공무원연금법, 군인복지기금법 등이 있고, 공적 부조의 영역에서는 국민기초생활보장법, 의료급여법, 재해구호법, 「의사상자 등 예우 및 지원에 관한 법률」 등이 있으며, 사회복지의 영역에서는 영유아보육법, 아동복지법, 한부모가족지원법, 노인복지법, 장애인복지법, 장애인 · 노인 · 임산부등의편의증진보장에관한법률, 사회복지사업법, 「재난 및 안전관리 기본법」, 재해구호법, 「수상에서의 수색 · 구조 등에 관한 법률」, 「성매매알선 등 행위의 처벌에 관한 법률」, 「교통약자의 이동편의 증진법」 등이 있다.

[310] 第5 효 력

인간다운 생활을 할 권리는 대국가적으로 효력을 가지는 권리이다. 경우에 따라서는 특정 상황에 놓여 있는 자가 국가에 대하여 구체적인 물질적 급부나 보호를 청구할 수 있으며, 입법부작위에 대하여 다툴 수 있다. 사인 간에 있어서도 존중된다.

인간다운 생활을 할 권리를 보장하는 법률은 국가에 대하여 이를 실현할 구체적인 작위를 명하므로 행위규범으로 작용한다. 이러한 행위규범은 최저한을 정하는 기준이기 때문에 그 기준을 넘어선 배려도 과잉급부로 평등원칙에 위반하지 않는 한 헌법에 위반되지 않는다. 헌법재판소에서 이러한 행위규범이 문제가 되는 경우에는 이러한 행위규범이 헌법이 정하는 기준에 위반하였는지를 심사한다. 이 때 헌법재판소가 심사하는 기준은 국가가 인간다운 생활을 보장하기 위해 필요한 입법을 전혀 하지 아니하였다든가 그 내용이 현저히 불합리하여 헌법상 용인될 수 있는 재량의 범위를 명백히 일탈한 때에 해당하는 경우에 한해서 헌법에 위반된다고 할 수 있다(예: 憲 1997. 5. 29.-94헌마33; 2001. 4. 26.-2000헌마390; 2004. 10. 28.-2002헌마328).

> [憲 2004.10.28.-2002헌마328] 「모든 국민은 인간다운 생활을 할 권리를 가지며 국가는 생활능력 없는 국민을 보호할 의무가 있다는 헌법의 규정은 모든 국가기관을 기속하지만 그 기속의 의미는 동일하지 아니한데, 입법부나 행정부에 대하여는 국민소득, 국가의 재정능력과 정책 등을 고려하여 가능한 범위 안에서 최대한으로 모든 국민이 물질적인 최저생활을 넘어서 인간의 존엄성에 맞는 건강하고 문화적인 생활을 누릴 수 있도록 하여야 한다는 행위의 지침, 즉 행위규범으로서 작용하지만, 헌법재판에 있어서는 다른 국가기관, 즉 입법부나 행정부가 국민으로 하여금 인간다운 생활을 영위하도록 하기 위하여 객관적으로 필요한 최소한의 조치를 취할 의무를 다하였는지를 기준으로 국가기관의 행위의 합헌성을 심사하여야 한다는 통제규범으로 작용하는 것이다(憲 1997. 5. 29.-94헌마33; 1999. 12. 23.-98헌바33; 2001. 4. 26.-2000헌마390). 또한, 국가가 행하는 생계보호가 헌법이 요구하는 객관적인 최소한도의 내용을 실현하고 있는지 여부는 결국 국가가 국민의 '인간다운 생활'을 보장함에 필요한 최소한도의 조치를 취하였는가의 여부에 달려있다고 할 것인데 생계보호의 구체적 수준을 결정하는 것은 입법부 또는 입법에 의하여 다시 위임을 받은 행정부 등 해당기관의 광범위한 재량에 맡겨져 있다고 보아야 할 것이므로, 국가가 인간다운 생활을 보장하기 위한 헌법적 의무를 다하였는지의 여부가 사법적 심사의 대상이 된 경우에는, 국가가 생계보호에 관한 입법을 전혀 하지 아니하였다든가 그 내용이 현저히 불합리하여 헌법상 용인될 수 있는 재량의 범위를 명백히 일탈한 경우에 한하여 인간다운 생활을 할 권리를 보장한 헌법에 위반된다고 할 수 있다(憲 1997. 5. 29.-94헌마33).」

[311] 第6 제한과 그 한계

인간다운 생활을 할 권리도 기본권제한의 일반적인 방식에 따라 제한될 수 있다. 가령 인간다운 생활을 할 권리는 대통령의 긴급명령(헌법 §76)에 의해 제한될 수 있으며 무엇보다도 제37조 제2항에 따라 법률에 의해 제한될 수 있다. 이러한 경우에도 헌법 제37조 제2항과 법치주의에 따르는 한계를 지켜야 한다.

제37조 제2항에 따른 제한과 관련하여 인간다운 생활을 할 권리는 그 자체가 공공복리의 실현에 해당되므로 공공복리를 이유로 한 인간다운 생활권의 제한은 허용될 수 없으며, 국가안전보장 · 질서유지를 위해서 인간다운 생활을 할 권리가 반드시 제한되어야 할 필요가 있는 경우를 쉽게 생각할 수 없다는 이유로 인간다운 생활을 할 권리는 법률로써 제한하기에 적합하지 않은 기본권이라는 견해가 있다(허영a, 523). 그러나 인간다운 생활을 할 권리는 공공복리를 실현하기 위한 것이 아니라 개인의 권리이고, 개인의 권리는 경우에 따라 헌법 제37조 제2항에 의한 제한을 하여야 할 필요가 있으므로 이러한 견해는 찬동하기 어렵다(동지: 계희열b, 703; 성낙인, 680).

제 2 절 근로의 권리

[312] 제1 의 의

Ⅰ. 개 념

(1) 헌법 규정

헌법 제32조는 「① 모든 국민은 근로의 권리를 가진다. 국가는 사회적 · 경제적 방법으로 근로자의 고용의 증진과 적정임금의 보장에 노력하여야 하며, 법률이 정하는 바에 의하여 최저임금제(最低賃金制)를 시행하여야 한다」고 하여 근로의 권리(勤勞의 權利 right to work)에 관한 일반규정 및 국가의무규정을 두고 있다.

그리고 헌법 제32조는 「③ 근로조건의 기준은 인간의 존엄성을 보장하도록 법률로 정한다」고 하여 근로조건에 관한 절대적 최저기준을 정하고 있으며, 「④ 여자의 근로는 특별한 보호를 받으며, 고용 · 임금 및 근로조건에 있어서 부당한 차별을 받지 아니한다. ⑤ 연소자의 근로는 특별한 보호를 받는다. ⑥ 국가유공자 · 상이군경 및 전몰군경의 유가족은 법률이 정하는 바에 의하여 우선적으로 근로의 기회를 부여받는다」고 하여 여성과 연소자의 근로에 대한 특별한 보호 및 국가유공자 등의 유가족의 근로에 대한 우선기회 부여를 헌법적으로 보장하고 있다.

(2) 근로의 의미

근로란 소득을 대가로 이루어지는 정신적 · 육체적 활동을 의미한다. 같은 내용의 활동이라도 소득이 아닌 취미를 이유로 하는 것은 근로에 해당한다고 할 수 없다. 소득이 없이 일반적으로 행하는 노동행위는 일반적 행동자유권이나 직업의 자유에 의하여 보장되며, 이는 헌법 제32조 제1항의 근로와 구별된다.

인간은 근로를 통해 생활의 기본적 수요를 충당하기 위한 생활수단인 재화를 획득할 수 있고 이를 통해 삶을 살아간다. 이렇게 근로는 인간의 자주적 생활기반일 뿐 아니라, 자아실현과 행복추구의 장이며 수단이고, 그 자체 인격의 자유로운 발현이기도 하며, 사회 · 경제질서를 형성하는 기본요소를 이룬다. 헌법은 근로의 권리를 통하여 국민에게 이러한 근로를 보호하고 보장해준다.

II. 연 혁

17, 18세기 자연법사상에서 근로의 권리는 천부적 권리로 파악되어 국가로부터 개인의 자유로운 노동활동에 방해와 간섭을 받지 않을 권리로 인식되었다. 그러나 19세기 이후 자본주의의 약점이 드러나면서 고용기회의 보장과 근로조건의 확보 등에 대한 국가의 적극적인 역할이 강조되었다(적극국가). 이에 따라 근로의 권리는 국가에 대하여 근로의 기회와 근로조건 등에 관하여 일정한 행위를 하여 줄 것을 요구할 수 있는 권리로 자리잡게 되었다.

그러나 국가에 대한 이러한 요구는 사적인 자율영역에 국가의 적극적인 개입을 초래하고 국민에게 재정적인 조세부담을 가중시키며 국가의 부담도 증대시키므로 법률정책적인 수준이 아니라 헌법에서 이를 기본권의 형식으로 정하는 것이 타당한 것인가 하는 헌법정책적인 문제가 제기된다.

우리나라에서는 1948년헌법이 「① 모든 국민은 근로의 권리와 의무를 가진다. ② 근로조건의 기준은 법률로써 정한다. ③ 여자와 소년의 근로는 특별한 보호를 받는다」와 같이 규정한 이래 여러 차례 내용이 수정 · 보완되면서 현행 헌법의 모습을 갖추게 되었다.

근로의 권리는 1919년 바이마르헌법에서 「모든 독일 국민에게는 경제적 노동에 의하여 생활자원을 구할 수 있는 기회가 부여된다. 적정한 근로의 기회가 부여되지 아니하는 자에 대해서는 필요한 생계비를 지급한다」(동헌법 §163②)라고 정하여 최초로 규정되었다. 그러나 현재의 독일연방헌법에서는 이 규정을 폐지하였다. 법률의 문제로 처리하고 있다. 일본국헌법은 「모든 국민은 근로의 권리를 가지며, 의무를 부담한다」(동헌법 §27①)라고 하여 이를 정하고 있다.

[313] 제2 법적 성격

Ⅰ. 국가체제와 근로의 권리

근로의 권리를 어떻게 이해할 것인가 하는 문제는 시장경제를 바탕으로 하는 자본주의체제와 이를 부정하는 사회주의 또는 공산주의체제에 따라 다르게 나타난다. 사회주의제체나 공산주의체제에서는 국가가 경제활동을 관리·통제하고 일자리와 직업을 공급·통제하기 때문에 근로의 권리는 국가가 국민에 대하여 적극적으로 일자리를 만들어 주어야 하는 의무를 지는 것으로 이해된다. 그러나 20세기 말에 이르러 국가주의적인 이러한 체제는 실패하였음이 드러났고, 종래 공산주의·사회주의체제는 시장경제와 자유민주주의체제로 체제전환을 하였다.

자본주의체제에서 근로의 권리는 시장경제질서하에 경제주체가 자유롭게 활동하고 경쟁하게 하되 시장의 실패를 방지·교정하고 약자에 대해서는 국가가 지원을 한다는 틀 속에서 이해된다. 이런 경우에도 시장에 대한 국가의 개입을 어느 정도로 보느냐에 따라 근로의 권리를 자유권으로 보는 견해와 사회권으로 보는 견해가 갈린다. 이는 근로에 관한 헌법정책적인 입장과도 밀접한 연관을 가진다.

헌법정책적인 면에서, 근로에 관한 권리를 헌법에서는 입법지침만 정하고 법률에서 그 실현의 구체적인 양태와 내용을 정하는 것이 타당한가 아니면 헌법상의 기본권으로 정하는 것이 타당한가 하는 문제가 있는데, 이러한 논의는 근로의 권리를 가지는 성격을 어떻게 이해하는가 하는 문제와도 연관이 있다. 전자의 입장에서는 헌법에서 근로의 권리를 정하고 있다고 하더라도 이는 근로의 자유만을 뜻하는 것으로 이해하고, 권리의 그 구체적인 내용은 법률정책적으로 정해진다고 보고자 하는 반면, 후자의 입장에서는 근로의 권리를 가능한 한 사회권으로 보고자 한다.

Ⅱ. 학 설

(1) 자유권설

근로의 권리를 근로의 종류, 내용, 장소, 형태 등을 자유로이 선택하고 이를 행하는 자유, 즉 근로의 자유라고 보고, 국가로부터 이러한 자유를 보호하는 것이 근로의 권리를 보장하는 것이라고 본다.

(2) 사회권설

근로의 권리는 근로를 함에 있어 국가의 방해를 받지 아니할 자유를 그 내용에 포함하고 있다. 누구나 자유로이 근로를 할 권리를 가지기 때문이다. 그러나 이러한 자유가 침해되는 경우에는 통상 일반적 행동자유권이나 직업의 자유가 침해되는 양상을 띠므로 근로의 권리가 가지는 자유권으로서의 면은 문제가 되지 않는다. 헌법이 일반적인 행동자유권이나 직업의 자유와 별개로 근로의 권리를 정하는 경우에는 이를 자유권만으로 이해할 수 없으며, 이 때에 근로의 권리는 국가에 대하여 무엇을 요구하는 사회적 기본권으로서의 성격을 가진다고 할 것이다(통설)(예: 憲 2002. 11. 8.-2001헌바50).

이러한 근로의 권리가 법률에서 구체화되지 않고 헌법에서 추상적으로 정하는 경우에 과연 그 내용이 무엇인가 하는 점이 문제가 된다. 이에 대해서는 국가는 국민의 근로를 보장하기 위하여 적극적인 정책을 수립하고 실업이 발생하는 경우에는 국가능력에 따라 가능한 한 일자리를 많이 창출하도록 하는 법률을 제정하여야 한다는 입법지침설(立法指針說=Programm規定說)과 국민은 근로의 권리에 근거하여 국가에 대하여 직업알선이나 실업수당 등을 직접 요구할 수 있다고 보는 기본권설(基本權說)이 대립한다.

근로의 권리가 기본권인 이상은 구체적인 청구권이 발생하므로 이를 두고 구체적 권리냐 추상적 권리냐 하는 것은 의미가 없다. 구체적으로 청구할 수 있는 내용이 없으면 입법지침에 해당하는 것이고 구체적으로 청구할 수 있는 내용이 있으면 기본권이다. 따라서 근로의 권리를 기본권으로 보는 경우에는 그 구체적인 내용이 무엇이냐 하는 점이 문제의 핵심이다.

(3) 사 견

근로의 권리는 기본적으로 근로의 자유를 의미한다. 따라서 자유권으로서의 성격을 가지는 것은 당연하다. 근로의 권리는 국가의 강제 · 간섭으로부터 자유롭게 근로를 할 수 있는 자유의 성격을 가지기 때문에 소득이 대가로 주어지는 경우라도 국민을 강제노역에 동원하지 못한다. 그리고 근로의 권리는 국가에 대하여 취업의 기회를 가질 수 있도록 배려해 줄 것을 요구할 수 있는 것이어서 사회권으로서의 성격도 가지고 있다. 이러한 점에서 보면 근로의 권리는 자유권으로서의 성격과 사회권으로서의 성격을 함께 가지고 있는 것이지만 전자가 후자에 비하여 강한 것이라고 할 수 있다.

[314] 제3 주 체

근로의 권리의 주체는 자연인인 대한민국의 국민이다. 외국인은 헌법상의 근로의 권리의 주체가 되지 못한다(동지: 권영성, 669; 성낙인, 704; 김철수a, 1170). 외국인에게 근로에 관한 권리를 인정하는 경우에도 이는 외국인의 근로에 대한 대한민국 정부의 법률정책에 따른 것으로 이는 헌법 제32조 제1항에서 정하는 근로의 권리와 구별되는 법률상의 권리이다.

우리나라에서는 입법정책에 따라 근로기준법 등 법률이 정하는 외국인의 근로에 관한 권리가 인정된다. 동법 제6조는「사용자는 근로자에 대하여 남녀의 성(性)을 이유로 차별적 대우를 하지 못하고, 국적 · 신앙 또는 사회적 신분을 이유로 근로조건에 대한 차별적 대우를 하지 못한다」고 규정하여 외국인 근로자에 대한 차별을 금지하고 있다. 불법체류 외국인이라 할지라도 사용자와의 근로계약은 유효하다. 근로기준법이 적용되는 사업장의 외국인 근로자는 근로기준법과 산업재해보상보험법의 보호를 받는다고 할 것이다.

[서울고법 1993.11.26.-93구16774] 「근로기준법상의 근로자에 해당하는 자가 산업재해보상보험법의 적용대상이 되는 사업 또는 사업장에 근로를 제공하다가 업무상 부상 또는 질병에 걸린 경우에는 요양급여를 지급받을 수 있는데, 산업재해보상보험법상 외국인 근로자에게 그 적용을 배제하는 특별한 규정이 없는 이상 피해자가 외국인이라 할지라도 그가 근로기준법상의 근로자에 해당하는 경우에는 내국인과 마찬가지로 산업재해보상보험법상의 요양급여를 지급받을 수 있다.……체류자격을 가지지 아니한 외국인의 고용을 금지하는 구 출입국관리법(1992. 12. 8. 법률 제4522호로 전문개정되기 전의 것) 제15조 제2항은 국가가 외국인의 불법체류를 단속할 목적으로 이를 금지하는 단속법규에 불과하므로 이에 위반하여 한 행위에 대하여는 소정의 벌칙이 적용될 뿐 행위 자체의 법률상 효력에는 아무런 영향이 없다.」

[大 1995.9.15.-94누12067] 「외국인이 취업자격이 아닌 산업연수 체류자격으로 입국하여 구 산업재해보상보험법(1994. 12. 22. 법률 제4826호로 전문개정되기 전의 것)의 적용대상이 되는 사업장인 회사와 고용계약을 체결하고 근로를 제공하다가 작업 도중 부상을 입었을 경우, 비록 그 외국인이 구 출입국관리법상의 취업자격을 갖고 있지 않았다 하더라도 그 고용계약이 당연히 무효라고 할 수 없고, 위 부상 당시 그 외국인은 사용 종속관계에서 근로를 제공하고 임금을 받아 온 자로서 근로기준법 소정의 근로자였다 할 것이므로 구 산업재해보상보험법상의 요양급여를 받을 수 있는 대상에 해당한다.」

헌법재판소는 외국인에게 헌법상의 근로의 권리를 전면적으로 인정하기는 어렵다고 하더라도 「일할 환경에 관한 권리」는 기본권으로 보장된다고 판시하였다(예: 憲 2007. 8. 30.-2004헌마670).

[憲 2007.8.30.-2004헌마670] 「우리 재판소는, 헌법재판소법 제68조 제1항 소정의 헌법소원은 기본권의 주체이어야만 청구할 수 있다고 한 다음, '국민' 또는 국민과 유사한 지위에 있는 '외국인'은 기본권의 주체가 될 수 있다고 판시하여 인간의 존엄성을 보장해 주는 것으로서 사회권적 기본권의 성격이 강하므로(憲 1991. 7. 22.-89헌가106; 2002. 11. 28.-2001헌바50) 이에 대한 외국인의 기본권 주체성을 전면적으로 인정하기는 어렵다. 그러나 근로의 권리가 "일할 자리에 관한 권리"만이 아니라 "일할 환경에 관한 권리"도 함께 내포하고 있는바, 후자(後者)는 인간의 존엄성에 대한 침해를 방어하기 위한 자유권적 기본권의 성격도 갖고 있어 건강한 작업환경, 일에 대한 정당한 보수, 합리적인 근로조건의 보장 등을 요구할 수 있는 권리 등을 포함한다고 할 것이므로 외국인 근로자라고 하여 이 부분에까지 기

본권 주체성을 부인할 수는 없다. 즉 근로의 권리의 구체적인 내용에 따라, 국가에 대하여 고용증진을 위한 사회적·경제적 정책을 요구할 수 있는 권리(憲 2002. 11. 28. 2001헌바50)는 사회권적 기본권으로서 국민에 대하여만 인정해야 하지만, 자본주의 경제질서하에서 근로자가 기본적 생활수단을 확보하고 인간의 존엄성을 보장받기 위하여 최소한의 근로조건을 요구할 수 있는 권리는 자유권적 기본권의 성격도 아울러 가지므로 이러한 경우 외국인 근로자에게도 그 기본권 주체성을 인정함이 타당하다. 일정한 경우 외국인의 기본권 주체성을 인정하였다. 즉 외국인에게 모든 기본권이 무한정 인정될 수 있는 것이 아니라 원칙적으로 '국민의 권리'가 아닌 '인간의 권리'의 범위 내에서만 인정될 것인바, 인간의 존엄과 가치 및 행복추구권은 '인간의 권리'로서 외국인도 그 주체가 될 수 있고, 평등권도 인간의 권리로서 참정권 등에 대한 성질상 제한 및 상호주의에 의한 제한이 있을 수 있을 뿐이다. 근로의 권리란 인간이 자신의 의사와 능력에 따라 근로관계를 형성하고, 타인의 방해를 받음이 없이 근로관계를 계속 유지하며, 근로의 기회를 얻지 못한 경우에는 국가에 대하여 근로의 기회를 제공하여 줄 것을 요구할 수 있는 권리를 말하며, 이러한 근로의 권리는 생활의 기본적인 수요를 충족시킬 수 있는 생활수단을 확보해 주고 나아가 인격의 자유로운 발현과 인간의 존엄성을 보장해 주는 것으로서 사회권적 기본권의 성격이 강하므로(憲 1991. 7. 22.-89헌가106; 2002. 11. 28.-2001헌바50) 이에 대한 외국인의 기본권 주체성을 전면적으로 인정하기는 어렵다. 그러나 근로의 권리가 "일할 자리에 관한 권리"만이 아니라 "일할 환경에 관한 권리"도 함께 내포하고 있는바, 후자(後者)는 인간의 존엄성에 대한 침해를 방어하기 위한 자유권적 기본권의 성격도 갖고 있어 건강한 작업환경, 일에 대한 정당한 보수, 합리적인 근로조건의 보장 등을 요구할 수 있는 권리 등을 포함한다고 할 것이므로 외국인 근로자라고 하여 이 부분에까지 기본권 주체성을 부인할 수는 없다. 즉 근로의 권리의 구체적인 내용에 따라, 국가에 대하여 고용증진을 위한 사회적·경제적 정책을 요구할 수 있는 권리(憲 2002. 11. 28.-2001헌바50)는 사회권적 기본권으로서 국민에 대하여만 인정해야 하지만, 자본주의 경제질서하에서 근로자가 기본적 생활수단을 확보하고 인간의 존엄성을 보장받기 위하여 최소한의 근로조건을 요구할 수 있는 권리는 자유권적 기본권의 성격도 아울러 가지므로 이러한 경우 외국인 근로자에게도 그 기본권 주체성을 인정함이 타당하다.」

[315] 제4 내 용

Ⅰ. 근로의 권리의 기본적 내용

(1) 근로의 자유

근로의 권리는 소득을 대가로 이루어지는 근로를 할 자유를 의미한다. 모든 국민은 자기의 삶을 영위함에 있어 국가의 개입·간섭을 받지 않고 자유로이 근로를 할 자유를 가진다. 이런 점에서 강제근로는 원칙적으로 허용되지 않는다(예외: 전시, 재해복구 등).

(2) 취업기회제공의 문제

국민은 근로의 권리를 근거로 국가에 대하여 취업기회를 가질 수 있도록 노력·배려해 줄 것을 요구할 수 있다. 이러한 요구는 국가로 하여금 취업기회를 제공할 정책을 수립할 것을 요구할 수 있는 것이고, 개개인이 직접 자기를 일정한 직업에 취업하게 해 줄 것을 요구할 수 있는 것을 보장하지는 않는다(예: 憲 2002. 11. 28.-2001헌바50). 국민 개개인에 대하여 국가가 사기업이나 국영기업 등 일정한 직업에 취업시켜 주어야 할 의무는 지지 않기 때문이다. 다만, 동일한 취업기회에서 정당한 이유없이 배제된 경우에는 취업기회의 제공에서 차별대우하는 것이 된다.

[憲 2002.11.28.-2001헌바50] 「근로의 권리는 사회적 기본권으로서, 국가에 대하여 직접 일자리(직장)를 청구하거나 일자리에 갈음하는 생계비의 지급청구권을 의미하는 것이 아니라, 고용증진을 위한 사회적 · 경제적 정책을 요구할 수 있는 권리에 그친다. 근로의 권리를 직접적인 일자리 청구권으로 이해하는 것은 사회주의적 통제경제를 배제하고, 사기업 주체의 경제상의 자유를 보장하는 우리 헌법의 경제질서 내지 기본권규정들과 조화될 수 없다.」

(3) 근로계속의 문제

근로의 권리에 현재 취업하고 있는 직장에서 근로를 계속할 수 있는 권리도 포함되는가 하는 문제가 있다. 이는 사용자의 고용계약의 자유, 영업의 자유, 재산권의 보장과 서로 충돌하는 문제이어서 논란이 된다. 이는 해고의 문제와 계속 직장에 다니는 직장존속의 문제에 해당한다.

(a) 해고 제한의 문제

해고라 함은 사용자가 일방적으로 근로자와의 근로계약관계를 종료시키는 단독행위를 말한다. 사용자는 자신의 재산권의 보호와 영업의 자유를 행사하기 위해 근로계약을 체결할 자유도 가지는 동시에 필요한 경우에는 근로계약을 해지하는 자유도 가진다. 그런데 직업의 전환이 쉽지 않고 일자리가 많이 창출되지 않는 사회에서는 해고는 실업자를 만들어내고 사회공동체의 통합과 공공복리라는 공익의 실현에 침해를 가져오므로 헌법 제37조 제2항이 정하는 범위 내에서 제한할 수 있다. 해고를 하는 절차에 대해서도 필요한 경우에는 제한할 수 있다.

근로기준법은 정당한 이유가 없이 근로자를 해고할 수 없는 것으로 규정하고 있고(동법 §23①), 경영상 이유에 의한 해고(정리해고)에 대해 1) 긴박한 경영상의 필요가 있어야 하고, 2) 사용자는 해고를 피하기 위한 노력을 다하여야 하며, 합리적이고 공정한 해고의 기준을 정하고 이에 따라 그 대상자를 선정하여야 하는 한편, 3) 노동조합과 성실하게 협의하도록 규정하고 이들 요건을 갖춰야 정당한 이유가 있는 해고를 한 것으로 간주하고 있고(동법 §24), 징계해고 및 정리해고를 불문하고 모든 해고에 대해 사용자는 적어도

30일 전에 해고를 예고하도록 규정하고 있다(동법 §26).

[憲 2015.12.23.-2014헌바3] 「근로기준법에 마련된 해고예고제도는 근로조건의 핵심적 부분인 해고와 관련된 사항일 뿐만 아니라, 근로자가 갑자기 직장을 잃어 생활이 곤란해지는 것을 막는 데 목적이 있으므로, 근로자의 인간 존엄성을 보장하기 위한 합리적 근로조건에 해당한다. 따라서 근로관계 종료 전 사용자로 하여금 근로자에게 해고예고를 하도록 하는 것은 개별 근로자의 인간 존엄성을 보장하기 위한 최소한의 근로조건 가운데 하나에 해당하므로, 해고예고에 관한 권리는 근로의 권리의 내용에 포함된다. 근로관계 종료 전 사용자로 하여금 해고예고를 하도록 하는 것이 근로의 권리의 내용에 포함된다 하더라도, 그 구체적 내용인 적용대상 근로자의 범위를 어떻게 정할 것인지 또 예고기간을 어느 정도로 정할 것인지 여부 등에 대해서는 입법자에게 입법형성의 재량이 주어져 있다. 하지만 이러한 입법형성의 재량에도 한계가 있고, 근로조건의 기준은 인간의 존엄성을 보장하도록 법률로 정하도록 규정한 헌법 제32조 제3항에 위반되어서는 안 된다. 따라서 심판대상조항이 청구인의 근로의 권리를 침해하는지 여부는, 입법자가 해고예고제도를 형성함에 있어 해고로부터 근로자를 보호할 의무를 전혀 이행하지 아니하거나 그 내용이 현저히 불합리하여 헌법상 용인될 수 있는 재량의 범위를 벗어난 것인지 여부에 달려 있다. … "월급근로자로서 6개월이 되지 못한 자"를 해고예고제도의 적용대상에서 배제하고 있는 심판대상조항은, 입법자가 근로자에 대한 보호의무에서 요구되는 최소한의 절차적 규율마저 하지 아니한 것으로 입법재량권의 행사에 있어 헌법상 용인될 수 있는 재량의 범위를 벗어난 것이라고 보아야 한다.」

해고의 제한은 헌법 제32조 제1항에서 정하고 있는 근로의 권리에 처음부터 들어있는 내용이 아니고, 사용자의 해고의 자유와 근로자의 근로의 권리가 충돌하는 기본권 충돌의 문제에 해당하는 것도 아니다. 이는 공익을 이유로 하는 헌법 제37조 제2항에 의한 제한에 해당한다는 점을 유의할 필요가 있다. 직장의 이전이 자유롭고 일자리가 풍부한 직업시장이 형성된 사회에서는 해고의 자유는 광범하게 인정되며 비정규직의 근로자에 대한 보호의 정도도 줄어듦에 반하여 그렇지 못한 사회에서는 해고의 자유는 축소되고 비정규직에 대한 보호는 두터워질 수 있다.

(b) 직장존속의 보장 문제

사용자의 해고의 자유를 제한한 결과로써 근로의 존속을 보호하는 결과를 가져오더라도 헌법 제32조 제1항의 근로의 권리는 국가에 대하여 직접적인 직장존속보장청구권을 보장하는 것은 아니다(예: 憲 2002. 11. 28.-2001헌바50).

[憲 2002.11.28.-2001헌바50] 「헌법 제15조의 직업의 자유 또는 헌법 제32조의 근로의 권리, 사회국가원리 등에 근거하여 실업방지 및 부당한 해고로부터 근로자를 보호하여야 할 국가의 의무를 도출할 수는 있을 것이나, 국가에 대한 직접적인 직장존속보장청

구권을 근로자에게 인정할 헌법상의 근거는 없다. 이와 같이 우리 헌법상 국가에 대한 직접적인 직장존속보장청구권을 인정할 근거는 없으므로 근로관계의 당연승계를 보장하는 입법을 반드시 하여야 할 헌법상의 의무를 인정할 수 없다.」

II. 근로의 권리를 보장하기 위한 제도

(1) 국가의 고용증진의무

(a) 내 용

헌법 제32조 제1항 제2문은 국가는 사회적 · 경제적 방법으로 근로자의 고용의 증진에 노력해야 함을 규정하고 있다. 따라서 국가는 고용기회의 확대와 평등한 고용기회의 보장을 위한 사회 · 경제 정책을 개발, 시행할 의무를 진다. 이를 구체화한 입법으로는 「고용정책 기본법」, 직업안정법, 근로복지기본법, 「직업교육훈련 촉진법」, 「장애인고용촉진 및 직업재활법」 등이 있다.

(b) 실업수당의 지급 문제

국가의 고용증진의무를 근거로 개인이 국가에 대하여 실업수당의 지급을 청구할 권리가 발생하는가 하는 문제가 있다. 고용보험 등의 장치로 실업수당을 지급하는 정책을 마련하는 것은 별론으로 하고 개개인이 실업상태에 있을 때 언제나 국가에 대하여 실업수당의 지급을 청구할 수는 없다(동지: 권영성, 670; 성낙인, 705; 계희열b, 737). 이는 실업상태에 있는 사람은 누구를 막론하고 나머지 국민들의 세금으로 생활비를 지급하는 것이 되기 때문이다. 그러나 국가의 정책실패로 인하여 대다수의 국민들이 비자발적 실업상태에 빠지고 생계를 유지할 수 없는 최후의 경우에는 국가에 대하여 생계비나 실업수당의 지급을 요구할 수 있다고 할 것이다. 이 경우에는 국가의 수당지급능력이 문제가 되는데, 이는 법의 영역을 떠난 사실의 문제가 된다.

이러한 생계비나 실업수당의 지급을 요구할 수 있는 헌법상의 근거가 무엇인가 하는 문제가 있다. 우리 헌법은 바이마르헌법과 달리 근로의 권리의 내용으로 생계비지급을 규정하고 있지 않고 헌법 제34조에서 인간다운 생활을 할 권리를 따로 정하고 있으므로 현행 헌법해석상으로는 실업자에 대한 생계비 내지 실업수당 지급은 헌법 제34조의 인간다운 생활을 할 권리에 근거를 두는 것이라고 할 것이다(동지: 권영성, 670).

(2) 적정임금 및 최저임금의 보장

헌법은 근로자를 보호하기 위하여 근로조건의 기준이 인간의 존엄성을 보장하도록 요구하고 있으며(헌법 §32③), 국가는 적정임금을 보장하도록 노력하여야 한다고 규정하고 있다(헌법 §32①).

근로조건 가운데 임김이 근로자에게 가장 중요한 것이므로 헌법은 근로조건의 법정주의와 별도로 특별히 임금에 대해 적정임금의 보장과 최저임금제도 시행을 규정하고 있다(헌법 §32①).

적정임금의 수준은 국가의 사회 · 경제적 변화에 따라 달라질 수 있는 것인데 건강하고 문화적인 인간다운 생활을 영위하는 데 필요한 정도의 임금수준을 말한다. 이러한 적정임금을 정함에 있어서는 근로자 본인만 기준이 될 뿐 가족은 고려요소가 되지 못한다.

최저임금제도는 국가가 임금의 최저한도를 정하여 그 이하의 임금 수준으로 사용자가 근로자를 고용하지 못하도록 함으로써 근로자의 최소한의 물질적 생활을 보장하기 위한 제도이다.

최저임금법은 최저임금은 근로자의 생계비, 유사근로자의 임금, 노동생산성 및 소득분배율 등을 고려하여 정하되 이 경우 사업의 종류별로 구분하여 정할 수 있는 것으로 규정하고 있는데(동법 §4①), 동법에 의하면 고용노동부장관이 최저임금위원회에 심의를 요청하여 동 위원회가 심의 · 의결한 최저임금안에 따라 최저임금을 결정하도록 되어 있다(동법 §8①). 그리고 사용자는 최저임금의 적용을 받는 근로자에 대하여 최저임금액 이상의 임금을 지급하여야 하고, 최저임금액에 미달하는 임금을 정한 근로계약은 그 부분에 한하여 이를 무효로 하며 무효로 된 부분은 최저임금액과 동일한 임금을 지급하기로 정한 것으로 간주된다(동법 §6 ①,③). 한편 최저임금액 이상 임금을 지급하지 않은 사용자는 형사처벌되고(동법 §28), 법인에 대한 양벌규정도 두고 있다(동법 §30).

《퇴직금 우선변제의 문제》

퇴직금과 관련해서는 과거 근로기준법이 퇴직금 전액에 대해 다른 담보물권보다 우선변제를 받을 권리를 인정하고 있었는데 이에 대해 헌법재판소는 아래와 같이 헌법불합치결정을 내렸다. 이후 동법 제37조 제2항이 개정되어 현재 최종 3개년의 퇴직금에 대해서만 우선변제받을 수 있도록 하고 있다.

[憲 1997.8.21.-94헌바19등] 「이 사건 법률조항은 임금과는 달리 "퇴직금"에 관하여는 아무런 범위나 한도의 제한 없이 질권이나 저당권에 우선하여 그 변제를 받을 수 있다고 규정하고 있으므로, 도산위기에 있는 기업일수록, 즉 자금의 융통이 꼭 필요한 기업일수록, 금융기관 등 자금주는 자금회수의 예측불가능성으로 말미암아 그 기업에 자금을 제공하는 것을 꺼리게 된다. 그 결과 이러한 기업은 담보할 목적물이 있다고 하더라도 자금의 융통을 받지 못하여 그 경영위기를 넘기지 못하고 도산을 하게 되며 그로 인하여 결국 근로자는 직장을 잃게 되므로 궁극적으로는 근로자의 생활보장이나 복지에도 좋은 결과를 낳지 못한다. 또한 근로자의 퇴직 후의 생활보장 내지 사회보장을 위하여서는, 기업금융제도를 훼손하지 아니하고 기업금융을 훨씬 원할하게 할 수 있으며 오히려 어떤 의미에서는 새로운 기업금융제도를 창출할 수 있는, 종업원 퇴직보험제도의

개선, 기업연금제도의 도입 등 사회보험제도를 도입, 개선, 활용하는 것이 보다 적절할 것이다. 그럼에도 불구하고 이 사건 법률조항은 근로자의 생활보장이라는 입법목적의 정당성만을 앞세워 담보물권제도의 근간을 흔들고 기업금융의 길을 폐쇄하면서까지 퇴직금의 우선변제를 확보하자는 것으로서 부당하다고 아니할 수 없다. 그렇다면 이 사건 법률조항은 근로자의 생활보장 내지 복지증진이라는 공공복리를 위하여 담보권자의 담보권을 제한함에 있어서 그 방법의 적정성을 그르친 것이며 침해의 최소성 및 법익의 균형성 요청에도 저촉되는 것이므로 과잉금지의 원칙에도 위배된다고 할 것이다.」

(3) 근로조건의 법정주의

헌법 제32조 제3항은 「근로조건의 기준은 인간의 존엄성을 보장하도록 법률로 정한다」라고 하여 근로조건의 법정주의를 규정하고 있다(예: 憲 1999. 9. 16.-98헌마310). 근로조건이라 함은 임금과 그 지불방법, 취업시간, 휴식시간, 안전시설과 위생시설, 재해보상 등 근로계약에 의하여 근로자가 근로를 제공하고 임금을 수령하는데 관한 조건들을 말한다(예: 憲 2003. 7. 24.-2002헌바51). 계약자유의 원칙상 근로조건은 근로자와 사용자 간의 자유로운 고용계약을 통해 정해질 것이나 계약자유의 원칙을 무제한적으로 관철하면 사용자에 비해 약자인 근로자에게 부당하게 불리한 조건으로 계약이 체결될 것이므로 헌법은 근로자를 보호하기 위해 그 최저기준을 법률로 정하도록 한 것이다. 이를 정하고 있는 법률로는 근로기준법이 있다.

[憲 1999.9.16.-98헌마310] 「헌법 제32조 제3항은 "근로조건의 기준은 인간의 존엄성을 보장하도록 법률로 정한다"고 규정하고 있는바, 인간의 존엄에 상응하는 근로조건의 기준이 무엇인지를 구체적으로 정하는 것은 일차적으로 입법자의 형성의 자유에 속한다고 할 것이고……」

[憲 2003.7.24.-2002헌바51] 「헌법 제32조 제3항은 "근로조건의 기준은 인간의 존엄성을 보장하도록 법률로 정한다"고 규정하고 있다. 근로조건이라 함은 임금과 그 지불방법, 취업시간과 휴식시간, 안전시설과 위생시설, 재해보상 등 근로계약에 의하여 근로자가 근로를 제공하고 임금을 수령하는데 관한 조건들로서, 근로조건에 관한 기준을 법률로써 정한다는 것은 근로조건에 관하여 법률이 최저한의 제한을 설정한다는 의미이다.……입법자는 헌법 제32조 제3항에 의거하여 근로조건의 최저기준을 근로기준법에 규정하고 있다.」

Ⅲ. 근로에 대한 특별 보호

(1) 여성의 근로

헌법 제32조 제4항은 여성의 근로에 대한 특별한 보호를 규정하고 있다. 그 전에 근로자가 여성임을 이유로 한 차별은 헌법 제11조와 제32조 제1항과 제3항에 의해서 당연히 금지된다고 할 것이다. 여성의 생물학적 특성인 임신과 출산 및 생리 등을 이유로 한 고용상 차별도 허용되지 않는다. 헌법이 제32조 제4항에서 별도로 여성의 근로에 대한 특별한 보호 조항을 두고 있는 것은, 근로의 영역에서 여성에 대한 차별금지를 강조함과 동시에, 여성이 모성을 이유로 부당한 대우를 받거나 모성과 근로 중 양자택일을 하여야만 하는 상황이 발생하지 않도록 국가가 지원해야 함을 의미한다고 볼 수 있다.

여성의 근로에 대한 특별한 보호가 여성의 근로에 대한 우월적 보호를 뜻하는 것은 아니다. 여성의 근로보호가 남성의 근로의 권리를 침해하는 경우에는 인정되지 않는다. 국민은 누구나 병역의무를 지는데, 여성의 경우는 병역에 소집을 하지 않는 반면 남성은 병역에 소집되어 근로, 취업, 학업 등의 기회획득에서 피해를 받을 수 있다. 국가는 이러한 피해가 발생하지 않도록 전보장치(塡補裝置)를 마련하여야 하고, 피해가 발생하는 경우에는 이를 전보하는 장치를 마련하여야 할 것이다. 근로의 권리나 직업의 자유를 근거로 병역의무를 거부할 수는 없다.

근로기준법은 근로자에 대하여 남녀의 차별적 대우를 금지하고(동법 §6), 산전후 휴가(동법 §74①), 생리휴가(동법 §73)를 보장하고 있다. 그 외에 모성보호와 관련하여 유해사업 근로금지와 근무시간 제한 규정 등을 두고 있다. 근로의 영역에서 양성평등을 실현하기 위하여 제정된 「남녀고용평등과 일·가정 양립 지원에 관한 법률」은 「사업주는 근로자를 모집하거나 채용할 때 남녀를 차별하여서는 아니 된다」(동법 §7①), 「사업주는 동일한 사업 내의 동일가치의 노동에 대하여는 동일한 임금을 지급하여야 한다」(동법 §8①), 「사업주는 근로자의 교육·배치 및 승진에서 남녀를 차별하여서는 아니 된다」(동법 §10), 「① 사업주는 근로자의 정년·퇴직 및 해고에서 남녀를 차별하여서는 아니 된다. ② 사업주는 여성 근로자의 혼인, 임신 또는 출산을 퇴직사유로 예정하는 근로계약을 체결하여서는 아니 된다」(동법 §11)고 규정하고 있다. 한편 육아와 관련하여 영유아보육법(1991. 1. 14. 제정, 법률 제4328호)과 동시행령에서는 상시 여성근로자 300명 이상 또는 상시근로자 500명 이상을 고용하고 있는 사업장에서의 직장어린이집 설치를 의무화하고 있다. 「남녀고용평등과 일·가정 양립 지원에 관한 법률」은 종래 원칙적으로 여성근로자에게만 인정되던 육아휴직을 남성과 여성근로자 모두 이용할 수 있도록 하고 있다(동법 §19).

(2) 연소자의 근로

헌법 제32조 제5항은 「연소자의 근로는 특별한 보호를 받는다」라고 규정하고 있다. 연소자의 근로를 특별히 보호하는 것은 사회적·경제적·신체적으로 약자인 연소자가 쉽게 노동시장에 동원되어 혹사(酷使)당하거나 연소자의 노동이 착취(搾取)될 우려가 있기 때문이다. 이는 연소자의 근로를 보호할 뿐 아니라 연소자가 노동시장으로 쉽게 동원되고 착취당함으로 인하여 인간으로서의 존엄과 연소자의 건강권과 교육을 받을 권리가 침해되는 것을 방지하고자 하는데도 그 목적이 있다.

우리나라에도 1991. 12. 20.부터 적용된 「아동의 권리에 관한 협약」(1989. 11. 20. 채택, 1990. 9. 2. 발효)은 「당사국은 경제적 착취 및 위험하거나 아동의 교육에 방해가 되거나 아동의 건강이나 신체적 · 지적 · 정신적 · 도덕적 · 사회적 발달에 유해한 모든 노동의 수행으로부터 보호받을 아동의 권리를 인정한다」고 정하고 있다(§32 ①).

근로기준법은 원칙적으로 15세 미만인 자를 근로자로 사용할 수 없게 하고(동법 §64), 18세 미만인 자를 도덕상 또는 보건상 유해 · 위험한 사업에 사용하지 못하도록 하고 있으며(동법 §65①), 연소자의 근로에 대해서는 근로시간의 제한(동법 §69), 야간근로와 휴일근무의 원칙적 금지(동법 §70) 규정을 두고 있다. 그리고 사용자로 하여금 18세 미만인 자에 대하여 그 연령을 증명하는 가족관계기록사항에 관한 증명서와 친권자 또는 후견인의 동의서를 사업장에 비치하도록 하고(동법 §66), 친권자 또는 후견인은 미성년자의 근로계약을 대리할 수 없으며, 친권자, 후견인 또는 고용노동부장관은 근로계약이 미성년자에게 불리하다고 인정하는 경우에는 향후 이를 해지할 수 있도록 하고 있다(동법 §67). 미성년자의 독자적 임금청구권도 인정하고 있다(동법 §68).

(3) 국가유공자 등의 근로

헌법 제32조 제6항은 「국가유공자 · 상이군경 및 전몰군경의 유가족은 법률이 정하는 바에 의하여 우선적으로 근로의 기회를 부여받는다」라고 규정하고 있다.

헌법에서 이러한 규정을 둔 것은 국가유공자 등이 자신의 희생이나 헌신을 통하여 국가이익을 창출하여 국민 모두가 이를 향유하게 한 것에 대하여 공동체가 보답을 하는 것이 필요하다고 보아 우리 국민이 결단을 한 것이다. 이러한 보답을 할 대상자를 국가유공자, 상이군경, 전몰군경에 한정할 것인가 아니면 그 유가족에게도 확대할 것인가 하는 것은 헌법정책적인 결단에 의하여 정해진다. 이러한 근로 기회의 우선적인 부여는 다른 사람과 차별대우하는 것이므로 헌법적으로 정당화되어야 하는데, 우리 헌법은 이를 헌법에서 직접 정하고 있다.

헌법 제32조 제6항에 의하여 법률이 정하는 바에 의하여 우선적으로 근로의 기회가 부여되는 대상이 누구인가에 대해서는 헌법재판소는 「국가유공자」, 「상이군경」, 「전몰군경의 유가족」이고, 국가유공자의 유가족이나 상이군경의 유가족은 포함되지 않는다고 판시하였다(憲 2006. 2. 23.-2004헌마675등).

제대군인은 헌법이 정하고 있는 국가유공자에 포함되지 않는다(예: 憲 1999. 12. 23.-98헌마363). 국가유공자 등에 대하여 예우할 구체적인 의무의 내용이나 범위, 그 방법 · 시기 등은 입법자의 광범위한 입법형성의 자유에 속하는 것으로 기본적으로는 국가의 입법정책으로 결정된다(예: 憲 2003. 7. 24.-2002헌마378). 「국가유공자 등 예우 및 지원에 관한 법률」(2009. 6. 9. 법률 제9754호)이 대상자의 범위와 취업보호 내용 등에 대하여 구체적으로 정하고 있다.

국가유공자의 유가족이나 상이군경의 유가족에 대하여 법률이나 명령으로 근로의 기회를 우선적으로 부여하는 것은 헌법의 근거가 없기 때문에 헌법상의 평등조항과 근로기회의 자유, 직업선택의 자유 등에 비추어 헌법적으로 정당화되는 경우에만 허용된다.

[憲 2003.7.24.-2002헌마378] 「헌법 제32조 제6항에서, 국가유공자 등은 법률이 정하는 바에 의하여 우선적으로 근로의 기회를 부여받는다고 규정하고 있으므로 국가가 국가유공자에게 예우할 구체적인 의무의 내용이나 범위, 그 방법·시기 등은 입법자의 광범위한 입법형성의 재량영역에 속하는 것으로 기본적으로는 국가의 입법정책에 달려있다고 할 것인바(憲 1995. 7. 21.-93헌가14; 1997. 6. 26.-94헌마52; 1998. 2. 27.-97헌가10등; 2000. 6. 1.-98헌마216 참조), 국가유공자 등에 대한 근로기회 우선보장의 방법과 내용 등도 입법자가 취업보호실시기관의 성격·규모·인사원칙, 근로의 성질·내용 및 인력수급상황 등 제반 사정을 고려하여 구체적으로 결정·형성해야 하는 입법정책의 문제로서 폭넓은 입법형성재량의 영역에 속한다고 할 것이므로 위 조항의 해석상 국가유공자에 대한 근로기회의 우선보장에 관한 입법의무가 있음은 별론으로 하고 이를 넘어서 청구인 주장과 같은 우선보직·우선승진의 시행에 관한 입법의무를 도출할 수 없다.」

근로의 기회에서 국가유공자 등의 우선적 보호와 관련하여 헌법재판소는 국가기관이 실시하는 채용시험에서 국가유공자와 그 유족 등에 대하여 10%의 가산점(加算點)을 주도록 하는 방식은 합헌이라고 판시하였다(憲 2001. 2. 22.-2000헌마25). 그러나 뒤에 헌법재판소는 판례를 변경하여 국가유공자에게 가산점을 주는 방식은 헌법 제32조 제6항에 근거하여 법률로 정할 수 있고, 국가유공자의 가족에게 가산점을 주는 방식은 헌법 제32조 제6항에는 해당하지 않지만 입법정책상 허용되어 합헌이라고 하고, 그렇다고 하더라도 국가유공자의 가족에게 10%의 가산점을 주는 것에 대해서는 차별의 효과가 지나치다는 점을 이유로 헌법불합치의 결정을 하였다(憲 2006. 2. 23.-2004헌마675등).

[憲 2001.2.22.-2000헌마25] 「국가유공자와 그 유족 등에게 가산점의 혜택을 부여하는 것은 그 이외의 자들에게는 공무담임권 또는 직업선택의 자유에 대한 중대한 침해를 의미하게 되므로, 헌법재판소가 1999. 12. 23. 선고한 98헌마363 사건의 결정에서 비례의 원칙에 따른 심사를 하여야 할 경우의 하나로 들고 있는 차별적 취급으로 인하여 관련 기본권에 대한 중대한 제한을 초래하게 되는 경우에 해당하여 원칙적으로 비례심사를 하여야 할 것이나, 구체적인 비례심사의 과정에서는 헌법 제32조 제6항이 근로의 기회에 있어서 국가유공자 등을 우대할 것을 명령하고 있는 점을 고려하여 보다 완화된 기준을 적용하여야 할 것이다.……위와 같은 일부 문제점에도 불구하고 이 사건 가산점 제도가 법익균형성을 상실한 제도라고는 볼 수 없다.」

[憲 2006.2.23.-2004헌마675등] 「헌법 제32조 제6항은 '국가유공자 본인'에 대하여 우

선적 근로기회를 용인하고 있으며, 이러한 우선적 근로기회의 부여에는 공직 취업에 상대적으로 더 유리하게 가산점을 부여받는 것도 포함된다고 볼 수 있다. 그러나 '국가유공자의 가족'의 경우 그러한 가산점의 부여는 헌법이 직접 요청하고 있는 것이 아니다. 다만 보상금급여 등이 불충분한 상태에서 국가유공자의 가족에 대한 공무원시험에서의 가산점제도는 국가를 위하여 공헌한 국가유공자들에 대한 '예우와 지원'을 확대하는 차원에서 입법정책으로서 채택된 것이라 볼 것이다. ……국가유공자 본인은 그렇다 치더라도 본인이 아닌 국가유공자의 가족들에게까지 10퍼센트에 이르는 과도한 가산점을 주어야 할 필요성이 강하다고 보기 어렵다. 무엇보다도 그러한 입법정책이 국가유공자들의 '예우와 보상'을 충실히 하는 필수적인 수단이 아니며, 그들의 생활안정을 위해서라면 국가는 재정을 늘려 보상금급여 등을 충실히 하는 방법을 택하여야 하고, 다른 일반 응시자들의 공무담임권을 직접 제약(차별)하는 방법을 택하는 것은 되도록 억제되어야 할 것이다.……이 사건 조항의 위헌성은 국가유공자 등과 그 가족에 대한 가산점제도 자체가 입법정책상 전혀 허용될 수 없다는 것이 아니고, 그 차별의 효과가 지나치다는 것에 기인한다. 그렇다면 입법자는 공무원시험에서 국가유공자의 가족에게 부여되는 가산점의 수치를, 그 차별효과가 일반 응시자의 공무담임권 행사를 지나치게 제약하지 않는 범위 내로 낮추고, 동시에 가산점 수혜 대상자의 범위를 재조정하는 등의 방법으로 그 위헌성을 치유하는 방법을 택할 수 있을 것이다. 따라서 이 사건 조항의 위헌성의 제거는 입법부가 행하여야 할 것이므로 이 사건 조항에 대하여는 헌법불합치결정을 하기로 한다. 한편 입법자가 이 사건 조항을 개정할 때까지 가산점 수혜대상자가 겪을 법적 혼란을 방지할 필요가 있으므로, 그 때까지 이 사건 조항의 잠정적용을 명한다.」

[316] 제5 제한과 그 한계

근로의 권리도 헌법 제37조 제2항에 따른 제한이 가능하다. 그 제한에 있어서도 평등원칙(헌법 §11①), 과잉금지원칙과 본질적 내용의 침해금지원칙(헌법 §37②)에 위반되어서는 안 된다. 헌법재판소는 계속근로기간 1년 이상인 근로자가 근로연도 중도에 퇴직한 경우 중도퇴직 전 1년 미만의 근로에 대하여 유급휴가를 보장하지 않는 근로기준법 규정이 근로의 권리를 침해하는 것은 아니라고 보았다(憲 2015. 5. 28.-2013헌마619).

[317] 제6 침해와 구제

근로기준법에서는 사용자의 근로조건 위반에 대하여는 손해배상을 청구할 수 있게 하고(동법 §19), 사용자가 근로자에 대하여 정당한 이유 없이 해고·휴직·정직·전직·감봉 기타 징벌을 한 때에는 당해 근로자는 노동위원회에 그 구제를 신청할 수 있도록 하고 있다(동법 §28).

제3절 교육을 받을 권리

[318] 제1 의 의

I. 개 념

(1) 헌법 규정

헌법은 제31조 제1항에서 「모든 국민은 능력에 따라 균등하게 교육을 받을 권리를 가진다」라고 하여 교육을 받을 권리(right to education)를 헌법상의 권리로 정하고, 동조 제2항에서는 교육을 받게 할 의무를 규정하면서([365] I (3)), 제3항에서는 의무교육의 무상성을 규정하고 있다. 동조 제4항에서는 교육의 자주성·전문성·정치적 중립성 및 대학의 자율성을 법률이 정하는 바에 의하여 보장하고, 제5항에서는 국가의 평생교육진흥의무, 제6항에서는 교육제도의 법정주의를 규정하고 있다.

헌법 제31조 제1항은 국가에 대하여 교육조건의 개선·정비와 교육기회의 균등한 보장을 적극적으로 요구할 수 있는 수학권(修學權=學習權)을 보장하는 것인데, 이는 인간으로서의 존엄과 가치를 가지고 행복을 추구하며(헌법 §10) 인간다운 생활을 영위하는 데(헌법 §34①) 필수적인 조건이고(憲 1992. 11. 12.-89헌마88; 1999. 3. 25.-97헌마130; 2000. 4. 27.-98헌가16 등; 大 2007. 9. 20.-2005다25298), 헌법 제31조 제2항 내지 제6항에서 정하고 있는 부모의 자녀교육의무, 무상의무교육, 교육의 자주성·전문성·정치적 중립성 및 대학의 자율성, 평생교육의 진흥, 교육제도와 그 운영·교육재정 및 교원지위의 법률주의 등은 수학권을 효율적으로 보장하기 위한 규정이다(예: 憲 1999. 3. 25.-97헌마130). 이처럼 교육제도와 그 운영에 관한 기본적인 사항을 법률로 정할 수 있도록 한 것은 헌법이 한편으로는 수학권을 국민의 기본권으로서 보장하고 다른 한편으로 이를 실현하는 의무와 책임을 국가가 부담하게 하는 교육체계를 교육제도의 근간으로 하고 있음을 나타낸 것이다(예: 憲 1992. 11. 12.-89헌마88; 2007. 12. 27.-2005헌가11).

> 우리 헌법 규정과 유사한 일본국헌법은 「① 모든 국민은 법률이 정하는 바에 의하여 그 능력에 따라 균등하게 교육을 받을 권리를 가진다. ② 모든 국민은 법률이 정하는 바에 의하여 그 보호하는 자녀에게 보통교육을 받게 할 의무를 진다. 의무교육은 이를 무상으로 한다」(동헌법 §26)라고 정하고 있다.

헌법이 정하는 교육을 받을 권리란 국민이 능력에 따라 균등하게 교육받는 것을 공권력에 의하여 부당하게 침해받지 않는 것과 능력에 따라 균등하게 교육을 받을 수 있도록 국가가 적극적으로 배려를 하여 줄 것을 요구할 수 있는 권리를 말한다.

부모는 친권의 범위 내에서 자녀에 대하여 교육을 할 자유와 권리를 가지는데, 부모가 자녀에 대하여 가지는 교육의 자유와 권리에는 헌법 제31조 제1항이 정하는 교육을 받을 권리도 이에 포함된다. 헌법은 자녀를 교육받게 할 의무를 정하고 있을 뿐 자녀의 교육에 대하여 부모가 가지는 자유와 권리를 명시적으로 정하고 있지 않는데, 이는 명문의 규정에 관계없이 인정되는 자연적 권리이다.

예컨대 독일의 프랑크푸르트헌법은 「가정교육은 어떠한 제한도 받지 않는다」(동헌법 §154)는 명문규정을 두었고, 독일연방헌법은 「자녀의 양육(Pflege)과 교육(Erziehung)은 양친의 자연적 권리이다」(동헌법 §6②)라고 명시하고 있다. 우리 헌법도 헌법 제31조 제2항에서 부모에게 자녀를 교육받게 할 의무를 명시하는 경우에는 이보다 먼저 자녀에 대하여 부모가 가지는 양육과 교육의 권리를 명시하는 것이 타당하다.

교사의 교육권(教育權=授業權)은 교육을 받을 권리에 포함되지 않는다. 교사가 교육을 하는 권리와 국민이 교육을 받을 권리는 그 주체에 있어 다른 권리이다.

[憲 1992.11.12.-89헌마88] 「학교교육에 있어서 교사의 가르치는 권리를 수업권이라고 한다면 그것은 자연법적으로는 학부모에게 속하는 자녀에 대한 교육권을 신탁받은 것이고, 실정법상으로는 공교육의 책임이 있는 국가의 위임에 의한 것이다. 그것은 교사의 지위에서 생기는 학생에 대한 일차적인 교육상의 직무권한(직권)이지만, 학생의 수학권의 실현을 위하여 인정되는 것으로서 양자는 상호협력관계에 있다고 하겠으나, 수학권은 헌법상 보장된 기본권의 하나로서 보다 존중되어야 하며, 그것이 왜곡되지 않고 올바로 행사될 수 있게 하기 위한 범위 내에서는 수업권도 어느 정도의 범위 내에서 제약을 받지 않으면 안 될 것이다.」

[憲 2000.12.14.-99헌마112] 「청구인들은 교원으로서의 교육권(가르칠 권리)을 침해받았다고 주장하면서 이를 헌법 제31조 제1항에서 도출하고 있으나, 동 헌법조항은 "교육을 받을 권리(이른바 수학권)"를 보장하는 것이고, 교원으로서 학문연구의 결과를 가르치는 자유로서의 수업권(授業權)은 학문의 자유로부터 파생될 수 있다고 할 것이지만, 청구인들이 주장하는 '가르칠 권리'(교육권)라는 것은 이러한 수업권과는 무관하게 결국 교원의 자격을 계속 유지할 권리를 뜻하는 데 지나지 않으므로 이는 역시 공무담임권의 문제로 귀착될 뿐이라 하겠다.」

(2) 자유교육과 공교육

교육에 대해서 국가가 어느 정도 개입할 수 있는가 하는 문제가 있다. 이에 대해서는 교육사상적으로 국가는 개인의 교육에 전혀 개입할 수 없다고 하는 자유교육론(예: W. v. Humboldt)이 있고, 국가가 교육의 내용을 정하여 국민을 교육할 수 있다는 국가교육론, 기본적으로 교육이 자유이지만, 특정종교나 통치세력의 영향력을 배제시키는 등 일정한 필요가 있는 경우에는 국가가 개입을 하여 학교를 설립·운영하거나 이를 지원하되 국가로부터 독립하여 국민에게 자율적인 교육이 이루어지도록 하는 공교육론이 있다. 공교육론은 국가교육론을 배격하되 자유교육에서 발생하는 약자의 교육기회의 차단 또는 불균등을 제거하고 교육에서의 능률성, 중립성, 자율성, 체계성을 확보하기 위하여 국가를 한정된 범위 내에서 개입시키는 것이다.

헌법 제31조 제1항과 제2항은 자유교육을 인정하되 초등교육과 법률이 정하는 일정한 범위 내에서 공교육이 가능함을 인정하는 것이다.

> [憲 1992.11.12.-89헌마88] 「원래 부모들이 각 자녀에 대한 친권자로서 사적 시설에서 양육 및 보호·감독의 일환으로 행하는 사(私)교육은 근대사회의 정치·경제·사회·문화의 급진적인 발달과 다원화에 따른 교육수요에 부응할 수 없게 되어 공공의 교육전문시설에서 교육전문가에 의하여 조직적·계획적으로 시행되어야 할 필요성이 생겨나게 되었는데, 학교라는 것은 그러한 배경하에서 생겨난 공교육기관이라 할 것이다. 국가나 공공단체가 헌법상 보장된 국민의 수학권을 실질적으로 보장하기 위한 한도 내에서 적극적·능동적으로 주도하고 관여하는 교육체계를 공교육제도라고 할 때, 국가나 공공단체는 교원·학제·교제·교육시설환경 등 제반사항에 대하여 적극적으로 계획을 수립하고 이를 시행하는 의무와 책임을 지는 것이며 그 특성은 초·중·고교 등 보통교육의 분야에서 두드러지게 나타나는 것이다.」

(3) 국가의 평생교육진흥의무

헌법 제31조 제5항은 국가의 평생교육진흥의무를 별도로 규정하고 있다. 오늘날 사회의 발전과 더불어 인간의 생활에서 지속적인 재교육의 필요성이 커지면서 평생교육의 중요성도 증대되는 현실을 반영하여 헌법이 평생교육을 강조한 것이다. 노동의 유연성이 점차 증대됨에 따라 재취업을 위한 직업교육의 필요성 증대, 인터넷 등 기술의 발달에 따른 새로운 지식습득의 수요증대, 지식기반 사회로의 이행에 따른 평생학습의 중요성 등을 고려할 때 국가의 평생교육진흥의무는 현실에서 그 중요성이 점점 더 커질 것이다. 이를 뒷받침하기 위하여 평생교육법이 제정되어 있다.

헌법 제31조 제5항은 국가에게 평생교육을 진흥할 것을 강조하는 규정이기 때문에 이로부터 평생교육을 받을 권리가 도출되지는 않는다. 사회의 발전에 따라 어떠한 내용을 평생교육의 목록에 포함시켜야 할 것이며, 이러한 교육에 소요되는 재원을 어떻게 마련할 것이며, 어떠한 방법과 제도로서 평생교육을 제공하게 할 것인가 하는 것은 국가의 입법정책적 고려에 의하여 결정된다. 헌법 제31조 제5항은 국가에게 평생교육의 진흥에 힘쓸 것을 강조한 것이기 때문에 평생교육의 주체가 국가가 되어야 하는 것은 아니다. 평생교육을 국가가 아닌 민간영역에서 담당하게 하고 그 장려정책을 쓸 수도 있다.

II. 헌법적 기능

교육을 받을 권리는, 자연인인 개인이 각기 인간으로서의 존엄과 가치를 실현함에 있어 필수불가결하게 요구되는 교육을 받을 수 있게 하는 것을 헌법상의 권리로 보장한 것이다. 공동체 구성원에 대한 교육은 개개인의 인격과 개성을 실현하는 것에 그치지 않고, 사회공동체 전체의 지식, 문명, 정보 등의 총역량을 강화하여 공동체가 유지되고 발전할 수 있게 하는데도 이바지한다. 이렇게 볼 때, 교육을 받을 권리는 교육을 통해 개인의 잠재적인 능력을 계발함으로써 국민이 경제적 · 사회적 · 정치적 · 문화적인 각 영역에서 각자의 능력과 개성을 발휘하여 인간다운 생활과 직업생활을 할 수 있는 기초를 마련해 주고, 사회공동체에 문화적이고 지적인 환경을 조성하고 문화창조의 기반을 마련함으로써 헌법이 추구하는 문화창달을 촉진시키며, 합리적이고 계속적인 교육을 통해서 민주법치국가에서 필요로 하는 시민으로서의 요건과 자질을 어렸을 때부터 습성화시킴으로써 헌법이 추구하는 민주주의의 실현에 이바지하고, 능력에 따른 균등한 교육을 통해서 직업생활과 경제생활의 영역에서 실질적인 평등과 정의를 실현시킴으로써 헌법이 추구하는 자유민주국가와 복지국가의 이념을 실현하게 하는데 실질적인 기여를 한다(예: 憲 1991. 2. 11.-90헌가27; 1992. 11. 12.-89헌마88; 1994. 2. 24.-93헌마192; 1999. 3. 25.-97헌마130).

[319] 제2 법적 성격

교육을 받을 권리(수학권)는 주관적 권리인데, 이에 포함되어 내용에 따라 자유권으로서의 성격을 가지는 것도 있고, 사회권으로서 성격을 가지는 것도 있다.

I. 자유권으로서의 교육권

교육을 받는 것을 국가 또는 제3자로부터 방해받지 않을 권리는 자유권으로 기능한다. 교육을 받을 권리의 내용으로 자유권으로 인정되는 부분은 구체적인 권리이다. 따라서 국민은 헌법을 근거로 이의 침해에 대한 구제를 직접 주장할 수 있다.

II. 사회권으로서의 교육권

교육을 받을 능력이 있는데도 경제적 이유로 교육받을 수 없는 자가 국가에 대하여 교육의 여건(무상교육의 확대, 장학제도의 실시)을 정비해 줄 것을 요구할 수 있는 점은 사회권으로서의 성질을 가진다.

사회권으로서의 측면에서 보장되는 내용은 헌법을 근거로 하여 직접 특정한 교육제도나 학교시설을 요구할 수 있는 권리가 아니라(예: 憲. 2000. 4. 27.-98헌가16등), 법률에 의하여 구체적으로 그 내용이 확정되어야 그에 따르는 구체적인 권리가 발생한다.

사회적 기본권이라는 범주에 어떤 기본권이 해당하느냐 하는 점도 명확하지 않을 뿐만 아니라, 교육을 받을 권리는 그 내용에 따라 자유권으로서의 성질을 강하게 가지는 것과 사회권으로서의 성질을 가지는 것이 있으므로 교육을 받을 권리를 일률적으로 사회권적 기본권으로 분류하는 것은 교육을 받을 권리의 보장을 약화시킬 우려가 있음을 유의할 필요가 있다.

[320] 제3 주 체

교육을 받을 권리는 국민의 권리이므로 국민이 그 주체이고, 외국인은 주체가 아니다. 수학권의 주체는 교육을 받을 권리를 지니고 있는 개개인이다.

부모의 자녀에 대한 교육할 자유와 권리는 친권에 의하여 교육을 받을 권리의 내용을 이루는 범위 내에서는 부모 또는 이에 상응하는 지위에 있는 자(예: 후견인, 후견단체)는 교육을 받을 권리의 주체가 된다.

[321] 제4 내 용

헌법 제31조 제1항은 능력에 따라 교육을 받을 권리와 균등하게 교육을 받을 권리를 규정하고 있다. 이것은 법 앞에서의 평등이라는 헌법의 이념을 교육을 받을 권리의 영역에서 구현하려는 것이다.

Ⅰ. 수 학 권

(1) 「능력에 따라」 교육을 받을 권리

헌법 제31조 제1항에서 정하고 있는 능력이라 함은 일신에 전속한 수학능력을 의미한다. 개인이 자신의 능력과 개성에 따라 교육을 받는 것은 인격의 실현을 위하여 필수적인 것이다. 따라서 개인의 능력을 무시하고 국가가 정하는 기준에 따라 획일적으로 평균적으로 교육을 받게 하는 것은 허용되지 않는다. 국가가 특정한 기준을 정하여 교육을 통하여 인간을 개조하는 것은 헌법 제10조의 인간의 존엄과 가치에 위반될 뿐 아니라 헌법 제31조 제1항에도 위반된다.

그러나 수학능력에 대한 공개경쟁입학시험을 통해 교육받을 권리를 제한적으로 부여하거나 대학이 정하는 일정한 기준에 미달하는 자에 대하여 입학을 불허하는 것은 합헌이다(예: 大 1983. 6. 28.-83누193).

[大 1983.6.28.-83누193] 「원심판결은 피고가 1981학년도 전북대학교 법정대학 법정계열 학생모집에 있어 모집정원에 미달한 데도 불구하고 원고들이 위 학교가 정한 수학능력이 없다 하여 불합격처분을 한 것은 교육법 제111조 제1항에 위반되지 아니하여 무효라 할 수 없고 또 위 학교에서 정한 수학능력에 미달하는 지원자를 불합격으로 한 처분이 재량권의 남용이라고 볼 수 없다는 취지로 판단하여 원고들의 본건 청구를 기각하였는바, 기록을 살펴보면 그 조치에 수긍이 가며 거기에 소론들과 같은 위법이 있다고 할 수 없을 뿐 아니라……」

그런데 능력에 따라 교육을 받는다는 것은 능력에 상응하는 교육을 받을 권리를 의미하고, 능력이 있는 자만 교육을 받을 권리가 있다는 것을 뜻하는 것은 아니다. 따라서 국가는 장애인 등의 교육여건을 개선하는 데도 노력해야 하고 영재나 지진아에게도 그 능력에 맞는 교육의 기회를 제공해야 한다.

(2) 「균등하게」 교육을 받을 권리

균등한 교육은 취학의 기회균등을 의미하는데, 구체적으로 수학능력이 아닌 교육외적 요소(성별, 사회적 신분, 경제적 능력, 부모의 지위, 종교, 거주지역)에 따라 취학기회를 주는 것은 금지된다. 교육외적 요소를 기준으로 하는 입학제도는 위헌인 제도이다.

17명의 재학생이 있는 초등학교 분교의 폐교처분이 균등한 교육을 받을 권리를 침해한 것이 아니라고 한 법원의 판례가 있다(서울고등 1995. 5. 16.-94구11554). 그러나 국가가 설립하는 교육시설의 지역적 편중 등으로 인하여 균등한 교육을 받지 못하는 경우가 발생하는 때에는 이의 시정을 국가에 요구할 수 있다. 국가는 국가가 설립하는 교육시설이 특정지역이나 특정종류별로 편중되어 분포되지 않도록 하여야 한다.

이러한 국가의 의무는 헌법 제31조에서 나온다고 할 것이다. 교사의 충원에서도 지역적인 불균형이 발생하여 특정 지역의 경우에 교육을 하기 어려울 정도로 교사의 충원이 어렵게 되거나 교사의 질적 수준에서 현저한 불균등이 발생하여 교육의 질에서 불균형이 발생하는 것을 방치하여서는 안 된다(예: 憲 2007. 12. 27.-2005헌가11).

[憲 2007.12.27.-2005헌가11] 「헌법 제31조의 취지를 고려하면, 국가는 국민의 교육받을 권리를 보장하기 위하여 교육시설이나 교육인력이 특정지역에 편중되거나 큰 질적 차이 없이 전국적으로 적정하게 분포되도록 하고 동시에 지역실정에 맞는 교육체계를 구축할 의무를 지고 있다고 볼 수 있다.」

교육의 지역적 불균형을 해소하고 지역교육의 균등한 발전과 지역실정에 맞는 교육정책을 수행하기 위하여 교사를 충원함에 있어 사범대학의 졸업자가 자기가 졸업한 사범대학이 있는 지역의 교원임용시험에 응시하는 경우에 가산점을 주어 우수한 인력을 확보할 수 있게 하는 것은 그 가산점의 정도가 다른 지역의 사범대학을 졸업한 응시자의 교원임용을 어렵게 할 정도로 과도하지 않은 이상 헌법적으로 허용된다(예: 憲 2007. 12. 27.-2005헌가11). 그러나 국립대학이 검정고시 출신자의 수시모집 지원을 제한하는 것은 헌법에 위반된다(예: 憲 2017. 12. 28.-2016헌마649).

교육기본법은 국가와 지방자치단체에게 교육재정의 안정적 확보를 위한 시책의 수립의무와 장학금제도와 학비보조제 등의 실시의무를 지우고 있다(교기법 §7, §28).

교육기회의 균등과 관련하여 독일에서 모든 교육시설의 이용에 참여할 권리인 참여권이 인정되는지가 문제된다. 독일연방헌법재판소는 사회적 참여권이론으로 이를 인정하고 있다.

(3) 「교육」을 받을 권리

(a) 헌법 제31조 제1항의 교육의 의미

교육의 문언적 의미로 보면, 교육에는 학교교육, 사회교육, 가정교육, 전문지식교육, 보충학습교육, 평생교육, 취미교육, 장애자에 대한 교육, 교도소의 교육, 병영 내의 교육 등 다양한 형태의 교육이 있지만, 헌법 제31조 제1항이 헌법적 권리로 보장하는 교육은 학교교육을 뜻한다(동지: 권영성, 664; 성낙인, 693). 가장 일반적이고 조직적인 교육의 형태가 학교교육이기 때문이다.

교육의 내용은 대학의 경우에는 학문의 자유에 기초하여 그 내용의 선택은 교수가 자유로이 하지만, 초 · 중 · 고등학교의 교육은 정상적인 사회인으로 살아가기 위한 기본적인 교육이므로 교사가 자유로이 결정하지 못하고 공교육의 공통된 목적에 의하여 제한된다. 따라서 교사는 학생에게 아무 것이나 가르칠 수 없고, 학교교육이 공교육의 기능을 다 할 수 있게 하는 것에 적합한 내용만을 가르칠 수 있다. 교사는 자신의 주관적인 신념이나 가치관, 종교, 정치적 이념 등을 학생에게 가르칠 수 없으며, 교사의 이익을 달성하기 위한 행위도 학생에게 교육의 이름으로 시킬 수 없다(예: 사적인 심부름, 자료 찾기, 사적 또는 정치적 행사에의 학생의 동원 등).

교사들은 자기들의 이익을 관철하기 위하여 학생들을 볼모로 삼거나 수단으로 이용하지 못한다. 교원노조의 활동을 위하여 수업을 태만히 하거나 거부하는 것은 학생의 학습권(學習權=修學權)을 침해하는 것이 되기 때문에 교사의 직업의 자유나 단결권 · 단체행동권으로 주장할 수 없고, 이와 관련한 법적인 책임을 진다.

대법원은 학교교육에 있어서 교원의 가르치는 권리, 즉 수업권은 교원의 지위에서 생기는 학생에 대한 일차적인 교육상의 직무권한이지만 어디까지나 학생의 학습권 실현을 위하여 인정되는 것이므로, 학생의 학습권은 교원의 수업권에 대하여 우월한 지위에 있다고 판시하고, 따라서 학생의 학습권이 올바로 행사될 수 있도록 하기 위해서라면 교원의 수업권은 일정한 범위 내에서 제약을 받을 수밖에 없고, 학생의 학습권은 개개 교원들의 정상을 벗어난 행동으로부터 보호되어야 한다고 판시하였다. 특히, 교원의 수업거부행위는 학생의 학습권과 정면으로 상충하는 것이므로 교육의 계속성 유지의 중요성과 교육의 공공성 및 학생·학부모 등 다른 교육당사자들의 이익과 교량해 볼 때 교원이 고의로 수업을 거부할 자유는 어떠한 경우에도 인정되지 아니하며, 교원은 계획된 수업을 지속적으로 성실히 이행할 의무가 있다고 판시하였다(大 2007. 9. 20. -2005다25298).

[大 2007.9.20.-2005다25298] 「헌법 제31조 제1항은 "모든 국민은 능력에 따라 균등하게 교육을 받을 권리를 가진다"라고 규정하여 기본권으로서의 학습권을 선언하고 있으며, 교육에 관한 국민의 권리·의무와 국가의 책임 등에 관한 기본적 사항을 정한 교육기본법은 "모든 국민은 평생에 걸쳐 학습하고, 능력과 적성에 따라 교육받을 권리를 가진다"(§3), "학생을 포함한 학습자의 기본적 인권은 학교교육 또는 사회교육의 과정에서 존중되고 보호된다"(§12①)라고 규정하고 있다. 이러한 학습권의 보장은 국민의 인간적 성장·발달 내지 인격의 자유로운 발현을 위한 것으로서, 우리 헌법이 지향하고 있는 문화국가, 민주복지국가의 이념 구현을 위한 기본적 토대이고, 국민이 인간으로서 존엄과 가치를 가지며 행복을 추구하고 인간다운 생활을 영위하는데 필수적인 조건이자 대전제이다. 그리고 부모의 자녀에 대한 교육권은 비록 헌법에 명문으로 규정되어 있지 않지만 모든 인간이 누리는 불가침의 인권으로서, 혼인과 가족생활을 보장하는 헌법 제36조 제1항, 행복추구권을 보장하는 헌법 제10조 및 "국민의 자유와 권리는 헌법에 열거되지 아니한 이유로 경시되지 아니한다"고 규정하는 헌법 제37조 제1항에서 나오는 중요한 기본권인데, 이는 자녀의 행복이란 관점에서 자녀의 보호와 인격발현을 위하여 부여되는 것이다. 그런데 학교교육에 있어서 교원의 가르치는 권리를 수업권이라고 한다면, 이것은 교원의 지위에서 생기는 학생에 대한 일차적인 교육상의 직무권한이지만 어디까지나 학생의 학습권 실현을 위하여 인정되는 것이므로, 학생의 학습권은 교원의 수업권에 대하여 우월한 지위에 있다. 따라서 학생의 학습권이 왜곡되지 않고 올바로 행사될 수 있도록 하기 위해서라면 교원의 수업권은 일정한 범위 내에서 제약을 받을 수밖에 없고, 학생의 학습권은 개개 교원들의 정상을 벗어난 행동으로부터 보호되어야 한다. 특히, 교원의 수업거부행위는 학생의 학습권과 정면으로 상충하는 것인바, 교육의 계속성 유지의 중요성과 교육의 공공성에 비추어 보거나 학생·학부모 등 다른 교육당사자들의 이익과 교량해 볼 때 교원이 고의로 수업을 거부할 자유는 어떠한 경우에도 인정되지 아니하며, 교원은 계획된 수업을 지속적으로 성실히 이행할 의무가 있다. 교원의 노동조합 설립 및 운영 등에 관한 법률 제8조가 "노동조합과 그 조합원은 파업·태업 기타 업무의 정상적인 운영을 저해하는 일체의 쟁의행위를 하여서는 아니 된다"라고 규정하고, 사립학교법 제58조 제1항 제4호에서 사립학교의 교원이 "집단적으로 수업을 거부한 때"를 면직사유로 규정함으로써 이러한 행위가 위법함을 나타내고 있는

것도 위와 같은 학습권 보장의 취지를 구체적으로 표현한 것이라 하겠다. 그리고 이러한 수업거부행위의 위법성은 그 행위의 목적이 정당하였다는 이유만으로 조각되는 것이 아니다. 물론 학생의 학습권은 단순히 학교가 운영하는 교육과정을 이수할 권리에 그치지 않고 자신의 인간적인 성장 · 발달과 인격의 자유로운 발현을 도모하는 적극적이고 포괄적인 권리라고 할 것이나, 그렇다고 하여 교원이 이러한 포괄적 의미의 학습권 실현을 내세우면서 계획된 수업을 거부함으로써 명백히 법률에 위반되는 방법으로 학생이 정상적인 교육과정을 이수하지 못하게 하는 행위까지 허용되는 것은 아니며, 특단의 사정이 없는 한 이러한 행위는 오히려 학습권의 본질적인 내용을 침해하는 것이다. 또한, 학습권의 주체인 학생은 비록 그가 아직 성숙하지 못한 아동 내지 청소년이라 하더라도 부모와 국가에 의한 교육의 단순한 대상이 아니라 독자적인 인격체로서 국가의 교육권한과 부모의 교육권 범주 내에서 자신의 교육에 관하여 스스로 결정할 권리를 가지므로, 학생들 스스로 수업에 참석하지 아니하는 바람에 교원이 계획된 수업을 이행하지 못한 때에는 원칙적으로 교원에게 그에 대한 책임을 물을 수 없을 것이다. 그러나 학생자치단체의 결의에 따라 일부 학생들이 수업에 참석하지 않았다는 이유만으로 나머지 학생들에 대한 교원의 수업거부행위가 정당화된다고 할 수는 없다. 학교교육에 있어서 학생의 학습권은 어디까지나 학생 개개인의 개인적 기본권이지 특정 학교에 재학 중인 학생 전체의 집단적인 기본권이 아니어서 다수결에 의한 학생자치단체의 의사결정에 따라 함부로 제한될 수 있는 것이 아니기 때문이다. 더욱이 보통교육의 과정에 있는 초 · 중 · 고교의 학생들은 사물의 시비와 선악을 합리적으로 분별할 능력이 미숙하여 대학생이나 사회의 일반 성인과는 달리 다양한 가치와 지식에 대하여 비판적으로 취사선택을 할 수 있는 독자적 능력이 부족하다 할 것인데, 이러한 학생들의 수업거부 결의가 초 · 중등교육법 제17조에 의하여 권장 · 보호되는 '학생의 자치활동'에 포함되는 것이라고 볼 수는 없고, 또 이와 같이 미성숙한 학생들이 지식 · 덕성 및 체력의 함양과 향상을 통하여 그가 속한 시대와 사회의 건전한 인격체로서 독립 · 발전할 수 있도록 가르치고 보살피는 숭고한 직책을 수행하는 교원들로서는 자신들의 위법한 행위가 학생들의 자율적인 의사에 따른 것임을 내세워 그 정당성을 주장할 수 없다고 보아야 한다.」

(b) 무상의 의무교육

헌법 제31조 제2항은 「모든 국민은 그 보호하는 자녀에게 적어도 초등교육과 법률이 정하는 교육을 받게 할 의무를 진다」, 제3항은 「의무교육은 무상으로 한다」라고 하여 무상(無償)의 의무교육을 규정하고 있다. 따라서 「초등교육과 법률이 정하는 교육」은 의무적인 것이고 무상이다. 교육기본법과 초 · 중등교육법에 따르면 초등교육 6년과 중등교육 3년은 의무교육이다(교기법 §8①).

헌법재판소는 3년의 중등교육에 대한 의무교육을 대통령령이 정하는 바에 따라 순차적으로 실시하도록 하는 것은 합헌이라고 판시하였다(예: 憲 1991. 2. 11.-90헌가27).

[憲 1991.2.11.-90헌가27] 「헌법 제31조 제2항은 초등교육과 법률이 정하는 교육을 의무교육으로서 실시하도록 규정하였으므로 초등교육 이외에 어느 범위의 교육을 의무교육으로 할 것인가에 대한 결정은 입법자에게 위임되어 있다 할 것이다. 초등교육 이외의 의무교육은 구체적으로 법률에서 이에 관한 규정이 제정되어야 가능하고 초등교육 이외의 의무교육의 실시 범위를 전하는 것은 입법자의 형성의 자유에 속한다. 따라서 무상으로 실시되어야 할 의무교육의 확대문제는……국가의 재정사정과 국민의 소득수준 등을 고려하여 입법정책으로 해결해야 할 문제이다. 의무교육의 실시범위와 관련하여 의무교육의 무상원칙을 규정한 헌법 제31조 제3항은 초등교육에 관하여는 직접적인 효력규정으로서 개인이 국가에 대하여 입학금·수업료 등을 면제받을 수 있는 헌법상의 권리라고 볼 수 있다. 그러나 중등교육의 경우에는 초등교육과는 달리 헌법 제31조 제2항에서 직접 중학교교육 또는 고등학교교육 등 중등교육을 지칭하지 아니하고 단지 법률이 정하는 교육이라고 규정하였을 뿐이므로 무상의 의무교육 중 초등교육을 넘는 중학교교육 이상의 교육에 대하여는 국가의 재정형편 등을 고려하여 입법권자가 법률로 정한 경우에 한하여 인정될 수 있는 것이다. 따라서 무상의 중등교육을 받을 권리는 법률에서 중등교육을 의무교육으로서 시행하도록 규정하기 전에는 헌법상 권리로서 보장되는 것은 아니다.……입법자가 중학교교육에 대한 의무교육을 단계적으로 실시하는 것으로 규정함에 따라 아직 중학교교육의 무상 실시라는 혜택을 받지 못하는 지역이 있더라도 이는 그 지역의 주민들에 대하여는 이러한 혜택이 현재로서는 구체적인 헌법상의 권리로서 보장되지 않고 있는 것이며, 그들의 헌법상 보장된 권리가 국가에 의하여 침해되고 있다고 볼 수 없다.」

II. 부모의 자녀교육권

(1) 자녀교육의 자유

부모와 자녀라는 관계와 인간의 삶의 본질상 부모는 자녀를 양육하고 교육하는 권리와 의무를 자연적인 것으로서 보유하고 부담한다. 자녀가 아직 친권의 보호를 받는 아동의 단계에 있을 때에는 스스로 교육을 받을 권리를 올바로 행사할 수 없다. 따라서 아동이 교육을 받을 권리는 친권의 교육권으로 나타난다. 자기의 자녀가 능력에 따라 균등하게 교육을 받게 할 자유와 권리는 부모가 가진다.

헌법재판소는 자녀의 양육과 교육은 일차적으로 부모의 천부적인 권리인 동시에 부모에게 부과된 의무이며, '부모의 자녀에 대한 교육권'은 헌법상 명문규정이 없어도 모든 인간이 누리는 불가침의 인권으로서 혼인과 가족생활을 보장하는 헌법 제36조 제1항, 행복추구권을 보장하는 헌법 제10조 및 「국민의 자유와 권리는 헌법에 열거되지 아니한 이유로 경시되지 아니한다」고 정한 헌법 제37조 제1항에서 나오는 중요한 기본권이라고 하고, 부모는 자녀의 교육에 관하여 전반적인 계획을 세우고 자신의 인생관·사회관·교육관에 따라 자녀의 교육을 자유롭게 형성할 권리를 가지며, 부모의 교육권은 다른 교육의 주체와의 관계에서 원칙적인 우위를 가진다고 판시하였다(예: 憲 2000. 4. 27.-98헌가16; 2009. 10. 29.-2008헌마454; 2009. 10. 29.-2008헌마635).

그러나 부모의 자녀교육권은 부모의 자기결정권에 근거하는 것이 아니라 자녀의 행복을 위하여 자녀의 보호와 인격발현을 위하여 보호되는 것이므로 그 한계가 있기 때문에 부모의 자녀교육권도 이에 합치하여야 한다. 따라서 부모의 자녀교육권의 행사가 자녀의 행복을 추구하는 것에 합치하지 아니하는 경우에는 국가는 이를 제한할 수 있다(예: 憲 2009. 4. 27.-98헌가16; 2009. 10. 29.-2008헌마454; 2009. 10. 29.-2008헌마635).

> [憲 2009.10.29.-2008헌마454] 「부모의 자녀교육권은 다른 기본권과는 달리, 기본권의 주체인 부모의 자기결정권이라는 의미에서 보장되는 자유가 아니라, 자녀의 보호와 인격발현을 위하여 부여되는 기본권이다. 다시 말하면, 부모의 자녀교육권은 자녀의 행복이란 관점에서 보장되는 것이며, 자녀의 행복이 부모의 교육에 있어서 그 방향을 결정하는 지침이 된다. 따라서 부모는 자녀의 교육에 있어서 자녀의 정신적, 신체적 건강을 고려하여 교육의 목적과 그에 적합한 수단을 선택해야 할 것이고, 부모가 자녀의 건강에 반하는 방향으로 자녀교육권을 행사할 경우에는 헌법 제31조는 부모 외에도 국가에게 자녀의 교육에 대한 과제와 의무가 있다는 것을 규정하고 있으므로 국가는 부모의 자녀교육권을 제한할 수 있다.」

부모는 친권의 행사로 사립학교에 보낼 것인가 공립학교에 보낼 것인가를 결정할 수 있으며 국가는 이를 강제할 수 없다. 부모의 학교선택권은 자녀에 대한 부모의 교육권에 당연히 포함되어 있는 내용이다(예: 憲 1995. 2. 23.-91헌마204). 공교육의 실시에서 일정한 범위와 정도에서 국가의 개입이 인정된다고 하더라도 국가가 주도하는 공교육의 과정에서 부모의 참여는 배제할 수 없고 어떠한 형태로든 보장되어야 한다(예: 憲 1999. 3. 25.-97헌마130). 그러나 국공립학교든 사립학교든 학교의 운영에 학부모를 언제나 참여시켜야 하는 것은 아니다(예: 憲 1999. 3. 25.-97헌마130). 그런데 헌법 제31조 제2항의 규정에 의하여 부모는 자녀에게 교육의 기회를 박탈하거나 무학의 상태로 살게 할 자유와 권리는 가지지 못한다(예: 부모의 종교적 · 개인적 신조에 의한 자녀 교육 거부). 공교육의 실패와 이에 대한 불신으로 부모가 가정에서 자녀를 직접 교육하는 경우에도 학력을 인정받기 위해서는 공적 기관의 공인이 필요하다(예: 학력인정시험 등).

> [憲 1995.2.23.-91헌마204] 「친권자에게는 미성년자인 자녀를 보호하고 교육할 의무가 있는데서도 알 수 있듯이(민법 제913조 참조), 부모는 아직 성숙하지 못하고 인격을 닦고 있는 초 · 중 · 고등학생인 자녀를 교육시킬 교육권을 가지고 있으며, 그 교육권의 내용 중 하나로서 자녀를 교육시킬 학교선택권이 인정된다. 이러한 부모의 학교선택권은 미성년인 자녀의 교육을 받을 권리를 실효성 있게 보장하기 위한 것이므로, 미성년인 자녀의 교육을 받을 권리의 근거규정인 헌법 제31조 제1항에서 헌법적 근거를 찾을 수 있을 것이다.」

[憲 2000.4.27.-98헌가16등] 「'부모의 자녀에 대한 교육권'은 비록 헌법에 명문으로 규정되어 있지는 아니하지만, 이는 모든 인간이 국적과 관계없이 누리는 양도할 수 없는 불가침의 인권으로서 혼인과 가족생활을 보장하는 헌법 제36조 제1항, 행복추구권을 보장하는 헌법 제10조 및 "국민의 자유와 권리는 헌법에 열거되지 아니한 이유로 경시되지 아니한다"고 규정하는 헌법 제37조 제1항에서 나오는 중요한 기본권이다. 헌법재판소는 부모의 중등학교선택권을 제한한 것과 관련하여 "부모는 아직 성숙하지 못하고 인격을 닦고 있는 초·중·고등학생인 자녀를 교육시킬 교육권을 가지고 있으며, 그 교육권의 내용 중 하나로서 자녀를 교육시킬 학교선택권이 인정된다"고 판시한 바 있고(憲 1995. 2. 23. -91헌마204), 국정교과서제도와 관련된 사건에서도 학교교육에서 교사의 가르치는 권리는 "자연법적으로는 학부모에게 속하는 자녀에 대한 교육권을 신탁받은 것이고, 실정법상으로는 공교육의 책임이 있는 국가의 위임에 의한 것이다"고 밝힘으로써(憲 1992. 11. 12.-89헌마88) 이미 몇 개의 결정을 통하여 부모의 자녀교육권을 인정하였다. 부모의 자녀교육권은 다른 기본권과는 달리, 기본권의 주체인 부모의 자기결정권이라는 의미에서 보장되는 자유가 아니라, 자녀의 보호와 인격발현을 위하여 부여되는 기본권이다. 다시 말하면, 부모의 자녀교육권은 자녀의 행복이란 관점에서 보장되는 것이며, 자녀의 행복이 부모의 교육에 있어서 그 방향을 결정하는 지침이 된다. 부모는 자녀의 교육에 관하여 전반적인 계획을 세우고 자신의 인생관·사회관·교육관에 따라 자녀의 교육을 자유롭게 형성할 권리를 가지며, 부모의 교육권은 다른 교육의 주체와의 관계에서 원칙적인 우위를 가진다. 한편, 자녀의 교육에 관한 부모의 '권리와 의무'는 서로 불가분의 관계에 있고 자녀교육권의 본질을 결정하는 구성요소이기 때문에, 부모의 자녀교육권은 '자녀교육에 대한 부모의 책임'으로도 표현될 수 있다. 따라서 자녀교육권은 부모가 자녀교육에 대한 책임을 어떠한 방법으로 이행할 것인가에 관하여 자유롭게 결정할 수 있는 권리로서 교육의 목표와 수단에 관한 결정권을 뜻한다. 즉, 부모는 어떠한 방향으로 자녀의 인격이 형성되어야 하는가에 관한 목표를 정하고, 자녀의 개인적 성향·능력, 정신적·신체적 발달상황 등을 고려하여 교육목적을 달성하기에 적합한 교육수단을 선택할 권리를 가진다. 부모의 이러한 일차적인 결정권은, 누구보다도 부모가 자녀의 이익을 가장 잘 보호할 수 있다는 사고에 기인하는 것이다.」

(2) 교육기회청구권

헌법 제31조 제1항이 정하는 교육을 받을 권리에 자녀에게 적절한 교육의 기회를 줄 것을 청구할 수 있는 학부모의 교육기회청구권이 포함되는가 하는 문제가 있다. 이를 인정하는 견해가 있다(권영성, 661; 계희열b, 717).

[322] 제5 실현방법

교육을 받을 권리는 교육제도를 통해서 실현된다. 우리 헌법은 제31조 제2항에서 제6항에 걸쳐 교육을 받을 권리를 실현하기 위한 방법과 수단으로 교육을 받게 할 의무([365] I (3)), 무상의 의무교육, 교육의 자주성·전문성·정치적 중립성 및 대학의 자율성([222]II), 평생교육의 진흥, 교육제도 · 교육재정 · 교원지위의 법정주의를 규정하고 있다. 여기서는 교육의 자주성 · 전문성 · 정치적 중립성과 교육제도 등의 법정주의에 대하여 서술하기로 한다.

I. 교육의 자주성 · 전문성 · 정치적 중립성

헌법 제31조 제4항은 「교육의 자주성 · 전문성 · 정치적 중립성 및 대학의 자율성은 법률이 정하는 바에 의하여 보장된다」고 규정하고 있다. 이는 지방교육자치제도의 헌법적 근거가 되기도 하는데(예: 憲 2002. 8. 29.-2002헌마4), 그 구체적인 내용은 다음과 같다.

(1) 교육의 자주성

교육의 자주성이란 교육의 내용, 방법, 교육기관의 운영을 국가가 결정할 수 없다는 것을 말한다. 다시 말해 교육이 정치권력이나 기타 세력의 간섭 없이 그 전문성과 특수성에 따라 독자적으로 교육 본래의 목적에 기하여 조직 · 운영 · 실시되어야 한다는 교육의 자유와 독립을 말한다(예: 憲 2002. 3.28. -2000헌마283등). 오늘날 학교교육이 채택하고 있는 공교육제도에는 공교육의 목적과 취지를 달성하기 위한 범위 내에서 국가의 감독권 행사가 가능하지만, 그것이 교육의 자주성을 해치는 것이어서는 안 된다(예: 憲 1991. 7. 22.-89헌가106; 1997. 12. 24.-95헌바29).

[憲 1997.12.24.-95헌바29] 「교원의 직무는 피교육자인 학생들의 기본적 권리인 "교육을 받을 권리"와 서로 앞뒷면을 이루고 있다는 특징이 있다. 따라서 교원의 직무에는 교육제도의 구조적 특성과 교육의 자주성 등에 내재하는 두 가지 한계가 있는바, 하나는 교원직무의 자주성이 교육을 받을 기본권을 가진 피교육자인 학생들의 권익과 복리증진에 저해가 되어서는 아니 된다는 것이고, 다른 하나는 국가와 사회공동체의 이념과 윤리의 테두리 안에서 직무의 자주성은 제약을 받게 된다는 것이다. 즉, 교원의 자주성은 그 자체가 책임을 수반하는 것으로서 그것이 피교육자인 학생의 권익과 복지증진에 공헌할 것인가와 국가와 사회공동체의 공동이념 및 윤리와 조화될 수 있는가라는 상대적 관계에서 그 범위가 정해지는 것이다.」

[憲 2001.1.18.-99헌바63] 「사립학교는 설립자의 의사와 재산으로 독자적인 교육목적을 구현하기 위해 설립되는 것이므로 사립학교설립의 자유와 운영의 독자성을 보장하는 것은 그 무엇과도 바꿀 수 없는 본질적 요체라고 할 수 있다. 따라서 설립자가 사립학교를 자유롭게 운영할 자유는 비록 헌법에 독일기본법 제7조 제4항과 같은 명문규정은 없으나 헌법 제10조에서 보장되는 행복추구권의 한 내용을 이루는 일반적인 행동의 자유권과 모든 국민의 능력에 따라 균등하게 교육을 받을 권리를 규정하고 있는 헌법 제31조 제1항 그리고 교육의 자주성 · 전문성 · 정치적 중립성 및 대학의 자율성을 규정하고 있는 헌법 제31조 제3항에 의하여 인정되는 기본권의 하나라 하겠다.」

교육을 받는 지위에 있는 학생의 입장에서 보면, 교육의 자주성은 국가뿐만 아니라 사회의 각종 외부세력이나 교사로부터의 자주성을 의미한다. 사회단체나 특정 사회세력이 교육의 내용이나 방법을 결정하거나 이를 결정하는 자율을 침해할 수 없으며, 교사도 학생에게 공교육의 목적에 부합하지 않는 정파적이거나 파당적이거나 주관적인 내용을 주입시킬 수 없으며, 법적으로 허용되지 않는 방법(예: 폭행, 강압, 모욕, 명예훼손 등)으로 교육할 수 없다.

교육의 자주성을 보장하기 위한 방법으로 교육시설의 설치자 또는 교육감독권자로부터 교사의 자유를 확보하는 방법(예: 징계절차의 합리화), 선거로 교육관리기구(교육위원회, 교육감, 교육장 등)를 구성하는 방법 등이 있다.

교육의 자주성과 관련하여 교과용도서의 국정제도가 헌법에 합치하는가 하는 문제가 있다. 헌법재판소는 교과용도서의 국정제도와 검인정제도에 대해 합헌결정을 한 바 있다(예: 憲 1992. 11. 12.-89헌마88).

> [憲 1992.11.12.-89헌마88] 「국정교과서제도는 교과서라는 형태의 도서에 대하여 국가가 이를 독점하는 것이지만, 국민의 수학권의 보호라는 차원에서 학년과 학과에 따라 어떤 교과용 도서에 대하여 이를 자유발행제로 하는 것이 온당하지 못한 경우가 있을 수 있고 그러한 경우 국가가 관여할 수밖에 없다는 것과 관여할 수 있는 헌법적 근거가 있다는 것을 인정한다면 그 인정의 범위 내에서 국가가 이를 검·인정제로 할 것인가 또는 국정제로 할 것인가에 대하여 재량권을 갖는다고 할 것이다. 따라서 중학교의 국어교과서에 관한 한, 교과용도서의 국정제는 학문의 자유나 언론·출판의 자유를 침해하는 제도가 아님은 물론 교육의 자주성·전문성·정치적 중립성과도 무조건 양립되지 않는 것이라 하기 어려우므로……」

⑵ 교육의 전문성

교육의 전문성이란 교육정책의 수립과 집행은 되도록 교육에 관한 전문가가 담당하거나, 그들의 참여하에 이루어져야 함을 의미한다.

⑶ 교육의 정치적 중립성

교육의 정치적 중립성이란 교육은 특정 정파적 이해관계나 영향력으로부터 떨어져 중립적인 입장에서 이루어져야 한다는 것으로, 교육이 국가나 정치권력으로부터 부당하게 간섭을 받아서도 안 되고, 교육이 그 본연의 기능을 벗어나서 정치영역에 개입해서도 안 된다는 것을 뜻한다. 교육이 다른 세력에 의해서도 침해될 수 있으나, 정치적 세력에 의한 침해의 경우에는 특정 정파적 이해관계나 정치적 계산에 의해 오염·이용되어 교육의 본질이 심각하게 훼손되기 때문에 헌법에서 이를 특별히 규정하고 있다. 교육의 정치적 중립성이 보장되려면, 교육내용의 정치적 중립성이나 교사의 정치적 중립성, 교육행정의 정치적 중립성 등이 요구된다.

교육의 정치적 중립성 확보를 위하여 교육기본법(§6①, §14④)과 교육공무원법(§24의2)은 교원의 정치적 활동을 금지하고 있다. 헌법재판소는 교원노조의 정치활동 금지를 합헌으로 보았다(憲 2014. 8. 28.-2011헌바32). 다만, 대학교육은 성질상 초·중등 교육과 구별되기 때문에 정당법은 예외적으로 대학교원의 정치적 활동을 인정하고 있다(동법 §22). 대법원은 일간신문지상에 교원이 한일협정 비준을 집단적으로 반대하는 성명을 발표하는데 주도적 역할을 한 것은 정치운동을 한 경우에 해당한다고 판시하였다(예: 大 1967. 1. 24.-66다2282).

II. 교육제도 등의 법정주의

헌법 제31조 제6항은 「학교교육 및 평생교육을 포함한 교육제도와 그 운영, 교육재정 및 교원의 지위에 관한 기본적인 사항은 법률로 정한다」라고 하여 교육제도의 법정주의를 규정하고 있다.

(1) 교육제도의 법정주의

헌법은 교육제도의 기본적인 사항을 법률에 의하여 정하도록 하고 있는데, 이는 장기간의 계획성이 요구되는 교육이 특정한 정치세력이나 집권자에 의해 영향을 받아 수시로 변경되는 것을 막기 위한 것이다(예: 憲 1992. 11. 12.-89헌마88; 1999. 3. 25.-97헌마130).

교육에 대하여 모든 사항이 아니라 기본적인 사항만을 법률로 정하도록 한 것은 교육의 자주성을 보장하려는 것이기도 하다(동지: 권영성, 268). 교육에 관한 기본적인 사항으로는 교육의 기본적인 내용과 교육행정의 조직과 감독제도 등을 들 수 있다.

사립학교의 교원을 기간제로 임용하는 것은 교원지위법정주의에 위반되지 않고(예: 憲 1998. 7. 16.-96헌바33등), 사립학교 교원의 징계에 있어 재심결정에 대하여 교원만이 불복할 수 있고, 학교법인은 불복할 수 없도록 하는 것은 학교법인의 재판청구권을 침해하는 것이어서 위헌이다(예: 憲 2006. 2. 23. -2005헌가7등). 사립학교법상의 사학분쟁조정위원회의 설치 및 기능, 구성 그리고 임시이사가 선임된 학교법인의 정상화에 관하여 조정위원회에 주도적인 역할을 부여하는 것이 대학의 자율성을 침해하거나 교육제도 법정주의에 위반된다고는 볼 수 없다(憲 2015. 11. 26.-2012헌바300).

교육제도의 법정주의를 구현한 법률로는 교육기본법, 초·중등교육법, 고등교육법, 교육공무원법, 교육세법, 사립학교법, 「지방교육자치에 관한 법률」 등이 있다.

(2) 교육재정의 법정주의

교육재정이란 교육을 위해서 소요되는 재원을 말한다. 현대의 교육에는 막대한 비용이 들어가는데, 이런 비용이 차질 없이 지속적으로 지원되어야 교육이 소기의 목적을 달성할 수 있다. 이를 위해서 헌법은 교육재정에 관한 기본적인 사항을 법률로 정하도록 하고 있는데, 이를 위한 법률로는 교육세법, 지방교육재정교부금법 등이 있다.

(3) 교원지위의 법정주의

헌법은 교육의 주체인 교육자의 중요성을 고려하여 교원의 지위에 관한 기본적인 사항도 법률로 정하도록 하고 있다. 여기서 말하는 교원의 지위란 교원의 직무의 중요성 및 그 직무수행능력에 대한 인식의 정도에 따라서 그들에게 주어지는 교원의 근무조건·보수 및 그 밖의 물적 급부 등을 말한다. 이러한 사항을 법률에 정함에 있어서는 교육의 본질을 침해하지 아니하는 한 입법자의 입법형성의 자유에 속한다(예: 憲 1991. 7. 22.-89헌가106; 1998. 7. 16.-95헌바19등). 구체적으로 교육공무원법은 제43조 제1항에서 「교권은 존중되어야 하며, 교원은 그 전문적 지위나 신분에 영향을 미치는 부당한 간섭을 받지 아니한다」라고 하여 교원의 지위를 보장하고 있다. 또 「교원지위향상을 위한 특별법」 제2조 제1항은 「국가·지방자치단체 그 밖의 공공단체는 교원이 사회적으로 존경받고 높은 긍지와 사명감을 가지고 교육활동을 할 수 있는 여건을 조성하도록 노력하여야 한다」고 규정하고 있다.

법률로 정해야 하는 교원의 지위에 관한 기본적인 사항은 교육의 자주성이나 전문성, 정치적 중립성을 지키면서 교원이 교육행위를 수행하는데 있어서 필요한 중요한 사항을 말한다.

> [憲 2003.2.27.-2000헌바26] 「교원의 지위에 관한 '기본적인 사항'은 다른 직종의 종사자들의 지위에 비하여 특별히 교원의 지위를 법률로 정하도록 한 헌법규정의 취지나 교원이 수행하는 교육이라는 직무상의 특성에 비추어 볼 때 교원이 자주적·전문적·중립적으로 학생을 교육하기 위하여 필요한 중요한 사항이라고 보아야 한다. 그러므로 입법자가 법률로 정하여야 할 기본적인 사항에는 무엇보다도 교원의 신분이 부당하게 박탈되지 않도록 하는 최소한의 보호의무에 관한 사항이 포함된다. 교원으로서의 신분이 공권력, 사립학교의 설립자 내지 기타 임면권자의 자의적인 처분에 노출되는 경우에는 교원이 피교육자인 학생을 교육함에 있어서 임면권자의 영향을 물리치기 어려울 것이며, 그렇게 되면 교육이 외부세력의 정치적 영향에서 벗어나 교육자 내지 교육전문가에 의하여 주도되고 관할되어야 한다는 헌법원칙(교육의 자주성·전문성·정치적 중립성)에 반하게 되는 결과를 초래할 수 있기 때문이다.」

헌법재판소는 임용기간이 만료된 교원의 재임용을 아무런 절차적 보장도 없이 임용권자의 재량에 맡기는 것은 위헌이라고 판시한 바 있다(예: 憲 2003. 2. 27.-2000헌바26). 재임용 거부의 뜻으로 한 임용기간 만료의 통지는 처분성을 가지므로 이에 대하여 다툴 수 있다(大·2004. 4. 22.-2000두7735).

임기가 만료된 대학교원에 대한 재임용거부를 재심청구의 대상에 명시하지 않은 것은 교원지위법정주의에 위반된다(예: 憲 2003. 12. 18.-2002헌바14등).

[憲 2003.2.27.-2000헌바26] 「객관적인 기준의 재임용 거부사유와 재임용에서 탈락하게 되는 교원이 자신의 입장을 진술할 수 있는 기회 그리고 재임용거부를 사전에 통지하는 규정 등이 없으며, 나아가 재임용이 거부되었을 경우 사후에 그에 대해 다툴 수 있는 제도적 장치를 전혀 마련하지 않고 있는 이 사건 법률조항은, 현대사회에서 대학교육이 갖는 중요한 기능과 그 교육을 담당하고 있는 대학교원의 신분의 부당한 박탈에 대한 최소한의 보호요청에 비추어 볼 때 헌법 제31조 제6항에서 정하고 있는 교원지위법정주의에 위반된다고 볼 수밖에 없다.」

[憲 2003.12.18.-2002헌바14등] 「교원지위법정주의에 관한 위 헌법재판소 2003. 2. 27. 선고 2000헌바26 결정의 취지에 비추어 볼 때, 임기가 만료된 교원이 "재임용을 받을 권리 내지 기대권"을 가진다고는 할 수 없지만 적어도 학교법인으로부터 재임용 여부에 관하여 "합리적인 기준과 정당한 평가에 의한 심사를 받을 권리"를 가진다고 보아야 한다. 그러므로 예컨대 학교법인이 아무런 기준을 정하지 아니하고 자의적으로 재임용 여부를 결정하는 경우, 학교법인이 정한 기준이 심히 불합리한 경우, 합리적인 기준이 있다고 하더라도 부당한 평가를 하여 재임용을 거부하는 경우, 그리고 관계법령 등에 정한 사전고지 및 청문절차의 의무를 위반한 경우 등은 모두 임기만료 교원의 재임용 여부에 관하여 '합리적인 기준과 정당한 평가에 의한 심사를 받을 권리'를 침해하는 것에 해당한다고 할 것이다. 그렇다면, 위와 같은 경우 임기만료 교원에 대한 재임용거부는 이 사건 교원지위법조항 소정의 "징계처분 기타 그 의사에 반하는 불리한 처분"에 버금가는 효과를 가진다고 보아야 하므로 이에 대하여는 마땅히 교육인적자원부 교원징계재심위원회의 재심사유, 나아가 법원에 의한 사법심사의 대상이 되어야 한다. 그럼에도 불구하고 이 사건 교원지위법조항은 이에 대하여 아무런 규정을 하고 있지 아니하므로, 입법자가 법률로 정하여야 할 교원지위의 기본적 사항에는 교원의 신분이 부당하게 박탈되지 않도록 하는 최소한의 보호의무에 관한 사항이 포함되어야 한다는 헌법 제31조 제6항 소정의 교원지위법정주의에 위반된다고 할 것이다.」

[大 2004.4.22.-2000두7735] 「기간제로 임용되어 임용기간이 만료된 국·공립대학의 조교수는 교원으로서의 능력과 자질에 관하여 합리적인 기준에 의한 공정한 심사를 받아 위 기준에 부합되면 특별한 사정이 없는 한 재임용되리라는 기대를 가지고 재임용 여부에 관하여 합리적인 기준에 의한 공정한 심사를 요구할 법규상 또는 조리상 신청권을 가진다고 할 것이니, 임용권자가 임용기간이 만료된 조교수에 대하여 재임용을 거부하는 취지로 한 임용기간만료의 통지는 위와 같은 대학교원의 법률관계에 영향을 주는 것으로서 행정소송의 대상이 되는 처분에 해당한다고 할 것이다.」

헌법 제31조 제6항을 근거로 교원의 권리에 관한 사항 이외에 국민의 교육을 받을 권리와 관련된 교원의 의무에 관한 사항을 정할 수 있는가 하는 것이 문제가 되는데,

헌법재판소는 이를 긍정하고 있다(예: 憲 1991.7.22.-89헌가106).

[憲 1991.7.22.-89헌가106] 「헌법 제31조 제6항은 단순히 교원의 권익을 보장하기 위한 규정이라거나 교원의 지위를 행정권력에 의한 부당한 침해로부터 보호하는 것만을 목적으로 한 규정이 아니고, 국민의 교육을 받을 기본권을 실효성있게 보장하기 위한 것까지 포함하여 교원의 지위를 법률로 정하도록 한 것이다. 이 헌법조항에 근거하여 교원의 지위를 정하는 법률을 제정함에 있어서는 교원의 기본권보장 내지 지위보장과 함께 국민의 교육을 받을 권리를 보다 효율적으로 보장하기 위한 규정도 반드시 함께 담겨 있어야 할 것이다. 그러므로 위 헌법조항을 근거로 하여 제정되는 법률에는 교원의 신분보장, 경제적·사회적 지위보장 등 교원의 권리에 해당하는 사항뿐만 아니라 국민의 교육을 받을 권리를 저해할 우려있는 행위의 금지 등 교원의 의무에 관한 사항도 당연히 규정할 수 있는 것이므로 결과적으로 교원의 기본권을 제한하는 사항까지도 규정할 수 있게 되는 것이다.」

교원은 헌법 제33조 제1항에서 정하고 있는 단결권 등의 주체가 되는 근로자의 지위를 가지는가 하는 문제가 있다. 교원도 임금을 받고 노동계약을 체결하여 고용되어 있는 이상 근로자의 지위를 가진다고 할 것이다. 따라서 교원은 헌법 제33조가 정하는 단결권을 가진다.

「교원의 노동조합 설립 및 운영 등에 관한 법률」은 초·중등 교원의 단결권과 단체교섭권을 보장하고 있다(동법 §4, §6). 그러나 정치활동과 태업이나 파업 등의 단체행동권은 부인하여(동법 §3, §8) 국민의 교육을 받을 권리의 실현이라는 헌법적 가치와의 조화를 추구하고 있다.

교원의 노동운동을 금지하는 것에 대하여 헌법재판소와 대법원은 이를 헌법에 합치된다고 판시하였다(예: 憲 1991. 7. 22.-89헌가106; 1999. 6. 24.-97헌바61; 大 1990. 4. 10.-90도332; 1990. 9. 11.-90도1356).

[憲 1991.7.22.-89헌가106] 「이 사건 심판의 대상이 된 위 각 법률조항은 근로자인 사립학교 교원에게 비록 헌법 제33조 제1항에 정한 근로 3권의 행사를 제한 또는 금지하고 있다고 하더라도 이로써 사립학교 교원이 가지는 근로기본권의본질적 내용을 침해한 것으로는 볼 수 없고, 그 제한은 입법자가 앞서 본 교원지위의 특수성과 우리의 역사적 현실을 종합하여 공공의 이익인 교육제도의 본질을 지키기 위하여 결정한 것으로서 필요하고 적정한 범위 내의 것이라 할 것이므로 헌법 제33조 제1항은 물론 헌법 제37조 제2항에도 위반되지 아니한다.……사립학교법 제55조 및 제58조 제1항 제4호는 헌법이 교원의 지위에 관한 사항을 국민적 합의를 배경으로 한 입법기관의 권한에 위임하고 있는 헌법조항에 따라 규정한 것으로서 사립학교 교원을 근로 3권의 행사에 있어서 일반근로자의 경우와 달리 취급하여야 할 합리적인 이유가 있다 할 것이고, 또한 공

립학교 교원에게 적용되는 교육공무원법 및 국가공무원법의 관계규정보다 반드시 불리한 것으로도 볼 수 없으므로 헌법 제11조 제1항에 정한 평등원칙에 위반되는 것이 아니다.」
[大 1990.9.11.-90도1356] 「피고인들이 국가공무원으로서 판시와 같이 전국교직원노동조합의 노동운동을 위하여 집단적 행위를 하였다면 그것이 비록 교육의 구조적 모순을 바로잡기 위한 데서 비롯되었다 하더라도 국가공무원법 제66조 제1항 위반의 범죄성립에는 영향이 없고 또 국가공무원으로 하여금 노동운동을 위한 집단행위를 하지 못하도록 규정한 위 법조항은 헌법상의 평등권, 집회결사의 자유, 교육의 자주성, 전문성, 정치적 중립성 등의 보장조항에 위반되지 아니한다.」

[323] 제6 제한과 그 한계

헌법 제31조 제1항의 교육을 받을 권리도 헌법 제37조 제2항에 따라 제한이 가능하다. 그러나 교육을 받을 권리는 인간의 개성을 신장시키고 인격을 실현하는데 자연적으로 요구되는 권리이기 때문에 자유권으로서 인정되는 교육권과 수업권을 제한하는 것은 극히 예외적이다.

Ⅰ. 제 한

(1) 거주지역을 기준으로 한 학교선택의 제한

국가가 일정한 거주지를 기준으로 하여 해당 지역에 거주하는 학생으로 하여금 그 지역에 있는 학교에 다니게 강제하는 것이 위헌인가 하는 문제가 있다. 학생의 학교선택권과 능력에 따라 균등하게 교육을 받을 권리의 침해와 관련하여 문제가 된다. 거주지역을 이유로 하여 균등하게 교육을 받을 권리가 침해되거나 능력에 따라 교육을 받을 권리가 침해되는 경우에는 거주지만을 이유로 하여 국가가 강제로 학교를 할당하여 해당 학교에 다니게 하는 것은 헌법상 허용되지 않는다. 특정 지역에 거주한다는 이유만으로 교육의 질이 낮은 학교나 자기 능력에 적합하지 않은 학교에 강제로 다니게 하는 것은 헌법 제31조 제1항에 위반된다. 그리고 학생의 종교나 신념과 합치하지 않는 종교학교에 강제로 배정하여 다니게 하는 것도 학생의 종교나 양심의 자유를 침해하는 것이 된다.

거주지를 기준으로 학교를 강제 배정하여 다니게 하는 것은 학교의 배정에서 거주지를 기준으로 하지 않으면 안 되는 불가피한 이유, 즉 거주지를 기준으로 하여 학교를 배정할 때 얻는 이익이 학생(또는 학부모)의 학교선택권, 능력에 따라 균등하게 교육을 받을 권리를 압도할 때만 정당화된다. 이러한 경우에도 다른 학교로 전학할 정당한 이유가 있는 경우에는 전학의 자유(학교 선택권)가 인정되어야 한다.

헌법재판소는 거주지를 기준으로 중고등학교의 입학을 제한하는 것을 합헌으로 본다(예: 憲. 1995. 2. 23.-91헌마204).

[憲 1995.2.23.-91헌마204] 「거주지를 기준으로 중 · 고등학교의 입학을 제한하는 이 사건 규정은 과열된 입시경쟁으로 말미암아 발생하는 부작용을 방지한다고 하는 입법목적을 달성하기 위한 방안의 하나이고, 도시와 농어촌에 있는 중 · 고등학교의 교육여건의 차이가 심하지 않으며, 획일적인 제도의 운용에 따른 문제점을 해소하기 위한 여러 가지 보완책이 상당히 마련되어 있어서 학부모의 자녀를 교육시킬 학교선택권을 최소한으로 제한하면서 입법목적을 달성할 수 있는 최선의 방법이 있다거나 이를 쉽게 발견할 수 없는 현 상황하에서는 그 입법수단을 정당하다고 보아야 할 것이다. 다만, 질병치료 등 특별한 사유로 인하여 학생이 일정기간 학부모와 거주지를 달리할 필요가 있지만 일반 학교에서 수업을 받을 수 있는 경우, 그 기간 동안 당해 학생이 거주지 이외의 지역에 있는 일반 학교로 입학 또는 전학하여 학교생활을 하고, 그 특별한 사유가 종료되면 다시 학부모의 거주지에 있는 학교로 전학할 수 있도록 할 필요성이 있는데도 이를 허용하는 제도적 보완책이 교육법 또는 시행령에 마련되어 있지 아니한 문제점이 없는 것은 아니지만, 그러한 문제점이 있다고 하여 이 사건 규정의 입법수단이 정당하지 아니하다고는 할 수 없다고 할 것이다. 그렇다면, 거주지별로 학교선택권을 제한하는 이 사건 규정은 학부모의 자녀를 교육시킬 학교선택권의 본질적 내용을 침해하였거나 과도하게 제한한 경우에 해당하지 아니하므로 헌법 제31조 제1항 및 헌법 제37조 제2항에 위반되지 않는다고 할 것이어서, 청구인의 자녀를 교육시킬 학교선택권을 침해한 것이라고 할 수 없다.」

(2) 국공립학교의 정원 제한

국가가 설립하고 재정을 부담하는 국공립학교에서 입학정원을 제한하는 것이 교육을 받을 기회를 침해하는 것인가 하는 문제가 있다. 국공립학교의 학생 수용 · 강의역량, 학교의 운영방침(대중교육 또는 연구대학), 적절한 교육의 질 유지 등으로 입학정원을 제한하는 것이 정당화되지 않는 한 입학정원을 제한하는 것은 위헌이다.

사립학교가 존재하지 않고 모든 학교가 국립 또는 공립인 경우에는 대학정원의 제한은 곧 학교의 교육을 받을 권리를 처음부터 차단하는 것이어서 정원의 제한은 필수불가피한 경우에 한하여 인정된다.

(3) 자녀교육권의 제한

자녀에 대하여 부모가 가지는 교육권도 제한이 가능하다. 먼저 헌법 제31조 제2항이 정하는 교육을 받게 할 의무에 의하여 자녀교육권에 대한 제약이 있게 된다. 그 외에 헌법 제37조 제2항에 의하여 자녀교육권을 제한할 수 있다. 그러나 이는 어디까지나 자녀가 정상적으로 공교육을 올바로 받게 하기 위한 범위에서만 인정된다는 점을 유의할 필요가 있다.

[憲 2000.4.27.-98헌가16등] 「부모는 헌법 제36조 제1항에 의하여 자녀교육에 대한 독점적인 권리를 부여받는 것은 아니다.……학교제도에 관한 국가의 규율권한과 부모의 교육권이 서로 충돌하는 경우, 어떠한 법익이 우선하는가의 문제는 구체적인 경우마다 법익형량을 통하여 판단해야 하는데, 자녀가 의무교육을 받아야 할지의 여부와 그의 취학연령을 부모가 자유롭게 결정할 수 없다는 것은 부모의 교육권에 대한 과도한 제한이 아니다. 마찬가지로 국가는 교육목표, 학습계획, 학습방법, 학교제도의 조직 등을 통하여 학교교육의 내용과 목표를 정할 수 있는 포괄적인 규율권한을 가지고 있다.……자녀의 교육은 헌법상 부모와 국가에게 공동으로 부과된 과제이므로 부모와 국가의 상호연관적인 협력관계를 필요로 한다. 자녀의 교육은 일차적으로 부모의 권리이자 의무이지만, 헌법은 부모 외에도 국가에게 자녀의 교육에 대한 과제와 의무가 있다는 것을 규정하고 있다. 국가의 교육권한 또는 교육책임은 무엇보다도 학교교육이라는 제도교육을 통하여 행사되고 이행된다. 자녀에 대한 교육의 책임과 결과는 궁극적으로 그 부모에게 귀속된다는 점에서, 국가는 제2차적인 교육의 주체로서 교육을 위한 기본조건을 형성하고 교육시설을 제공하는 기관일 뿐이다. 따라서 국가는 자녀의 전반적인 성장과정을 모두 규율하려고 해서는 아니 되며, 재정적으로 가능한 범위 내에서 피교육자의 다양한 성향과 능력이 자유롭게 발현될 수 있는 학교제도를 마련하여야 한다. 따라서 자녀의 양육과 교육에 있어서 부모의 교육권은 교육의 모든 영역에서 존중되어야 하며, 다만, 학교교육의 범주 내에서는 국가의 교육권한이 헌법적으로 독자적인 지위를 부여받음으로써 부모의 교육권과 함께 자녀의 교육을 담당하지만, 학교 밖의 교육영역에서는 원칙적으로 부모의 교육권이 우위를 차지한다.」

II. 제한의 한계

(1) 헌법적 한계

교육을 받을 권리는 제한을 할 수도 있으나, 그 제한에도 한계가 있음은 당연하다. 먼저 헌법 제37조 제2항에 의한 제한의 한계가 있다.

교육을 받을 권리에 있어 그 제한의 한계와 관련해서 특히 사교육의 자유, 자유교육의 원리가 침해되지 않아야 한다. 공교육이 가지는 제도적 목적은 자유교육을 억압하려는 것이 아니기 때문에 공교육이 자유로이 학습할 권리를 실현하는 사교육이나 자유교육을 억제하는 것이어서는 안 된다. 이런 점에서 교사는 학생에 대하여 지배력을 가져서는 안 되며, 학교가 개인의 인격과 개성을 제약하는 기능을 하여서는 안 된다. 그런 점에서 다양한 교육목적을 가지는 학교를 인정하여 학생이 학교를 선택함에 있어서 가능한 한 많은 선택의 가능성을 가질 수 있게 만들어 주는 것이 필요하다.

[憲 2000.4.27.-98헌가16등] 「헌법 제31조의 '능력에 따라 균등한 교육을 받을 권리'는 국가에 의한 교육제도의 정비 · 개선 외에도 의무교육의 도입 및 확대, 교육비의 보조나

학자금의 융자 등 교육영역에서의 사회적 급부의 확대와 같은 국가의 적극적인 활동을 통하여 사인 간의 출발기회에서의 불평등을 완화해야 할 국가의 의무를 규정한 것이다. 그러나 위 조항은 교육의 모든 영역, 특히 학교교육 밖에서의 사적인 교육영역에까지 균등한 교육이 이루어지도록 개인이 별도로 교육을 시키거나 받는 행위를 국가가 금지하거나 제한할 수 있는 근거를 부여하는 수권규범이 아니다. 오히려 국가는 헌법이 지향하는 문화국가이념에 비추어, 학교교육과 같은 제도교육 외에 사적인 교육의 영역에서도 사인의 교육을 지원하고 장려해야 할 의무가 있는 것이다. 경제력의 차이 등으로 말미암아 교육의 기회에 있어서 사인 간에 불평등이 존재한다면, 국가는 원칙적으로 의무교육의 확대 등 적극적인 급부활동을 통하여 사인 간의 교육기회의 불평등을 해소할 수 있을 뿐, 과외교습의 금지나 제한의 형태로 개인의 기본권행사인 사교육을 억제함으로써 교육에서의 평등을 실현할 수는 없는 것이다.」

(2) 과외교습의 금지

국민이 자녀가 학교교육을 받으면서 학교 이외의 단체, 기관, 또는 개인으로부터 과외로 교습을 받는 것을 금지할 수 있는가 하는 문제가 있다. 우리 사회에서는 공교육의 부실로 인하여 많은 국민들이 자녀에게 과외교습을 시키게 되자 생활비의 압박과 학교교육의 경시 등의 문제가 발생하면서 초·중·고등학교 재학생과 학교입학 또는 학력인정의 검정을 위한 수험준비생에게 지식·기술·예능을 교습하는 과외교습을 국가가 강제로 금지하게 하였다(예: 구 학원의설립·운영에관한법률). 이에 대하여 헌법재판소는 국가가 과외교습을 전면적으로 금지하는 것은 국민의 자녀교육권, 인격의 자유로운 발현권, 직업선택의 자유를 침해하는 것이어서 위헌이라고 판시하였다(예: 憲, 2000. 4. 27.-98헌가16등).

[憲 2000.4.27.-98헌가16등] 「법 제3조는 침해의 최소성과 법익의 균형성을 갖추지 못하여 비례의 원칙에 위반되어 국민의 기본권을 과도하게 침해하는 것이므로 비례의 원칙에 반하여 국민의 자녀교육권, 인격의 자유로운 발현권, 직업선택의 자유를 침해하는 위헌적인 규정이다. 법 제3조에 대하여 위헌결정을 하는 이유는 위에서 밝힌 바와 같이 고액과외교습을 금지하는 것 자체가 위헌이라는 것이 아니라, 고액과외교습을 억제하기 위한 방법의 선택이 잘못되어 고액과외교습의 위험성이 없는 과외교습까지도 광범위하게 금지함으로써 국민의 기본권을 과도하게 침해한다는데 위헌성이 있다는 것이다. 따라서 법 제3조에 대하여 비록 위헌결정이 선고되었다 하더라도, 입법자는 반사회적인 과외교습에 한정하여 이를테면, 지나치게 고액인 과외교습, 또는 입시준비생을 대상으로 하는 대학교수 등 입시관련자의 과외교습, 학생부나 내신성적 등에 영향을 미칠 수 있는 위치에 있는 교사가 해당학생을 대상으로 하는 과외교습 등과 같이, 입시의 공정성을 저해할 위험이 있는 등 중대한 사회적 폐단이 우려되는 경우에는 이를 규제할 수 있는 입법조치를 취할 수 있다.」

헌법재판소는 학교수업 이외에 과외로 학교교과교습학원 및 교습소의 교습시간을 05:00부터 22:00 사이에 금지하는 서울시 또는 부산시의 조례는 교습학원을 영위하는 자의 직업수행의 자유도 침해하지 아니하고, 학부모의 자녀교육권이나 학생의 인격의 자유로운 발현권을 침해하지 아니하며, 이들의 평등권도 침해하는 것이 아니라고 하며 합헌(합헌: 4인, 위헌: 5인)이라고 판시하였다(예: 憲 2009. 4. 27.-98헌가16; 2009. 10. 29.-2008헌마454; 2009. 10. 29.-2008헌마635).

제4절 보 건 권

[324] 제1 의 의

Ⅰ. 개 념

(1) 헌법 규정

헌법 제36조 제3항은「모든 국민은 보건에 관하여 국가의 보호를 받는다」라고 규정하고 있다. 헌법이「보건에 관한 권리를 가진다」라고 정하지 않고「국가의 보호를 받는다」라고 정하고 있어 국민에게 기본권으로서 보건에 관한 권리가 인정되는지가 문제가 된다.

이는 국민의 건강에 대한 국가의 보호의무를 정하고 있는 동시에 일정한 범위에서의 건강권을 보장하고 있는 것이다. 헌법재판소도 이 규정을 보건권을 인정하는 것으로 본다(예: 憲 1996. 10. 31.-94헌가7; 1998. 7. 16.-96헌마246).

> [憲 1998.7.16.-96헌마246]「헌법은 "모든 국민은 보건에 관하여 국가의 보호를 받는다"라고 규정하고 있는바(제36조 제3항), 이를 '보건에 관한 권리' 또는 '보건권'으로 부르고, 국가에 대하여 건강한 생활을 침해하지 않도록 요구할 수 있을 뿐만 아니라 보건을 유지하도록 국가에 대하여 적극적으로 요구할 수 있는 권리로 이해한다 하더라도……」

(2) 보건의 의미

보건이라 함은 국민이 자신의 건강을 유지하며 생활하는 것을 의미한다. 건강은 자연적으로 타고나는 것이지만, 타고난 건강을 자연적으로 유지·향상하는 것에는 필요한 최소한의 범위에서 국가가 이를 보호할 의무가 있다. 공동체 내에서 그 구성원이 건강을 유지하며 살 수 있게 하는 것은 국가의 의무이기 때문이다.

II. 연 혁

1948년헌법에서는 「가족의 건강은 국가의 특별한 보호를 받는다」라고 정하였다. 그러다가 1962년헌법부터 「모든 국민은 보건에 관하여 국가의 보호를 받는다」라고 정하여 현재까지 이어져 오고 있다.

[325] 제2 법적 성격

보건권은 소극적으로 국가에 대하여 방어권으로서의 성격을 가진다. 보건권이 적극적인 성격을 가지는가 하는 것이 문제가 된다. 국가가 국민의 모든 건강에 대하여 책임을 질 수 없으나 생활에 필요한 최소한의 건강을 유지할 수 있도록 국가에 대하여 배려해 줄 것을 요구하는 권리는 인정된다고 할 것이다.

[326] 제3 주 체

보건에 관한 권리의 주체는 자연인에 한한다. 외국인에게도 인정하여야 할 것이다.

[327] 제4 내 용

I. 소극적 내용과 적극적 내용

보건권은 소극적으로 국가에 대하여 자신의 건강을 침해당하지 않을 권리와 적극적으로 국가에 대하여 보건을 유지하도록 요구할 수 있는 권리를 포함한다.

국가의 건강침해금지와 관련해서는 국민의 신체에 대한 강제적 의학실험, 예방접종, 불임시술 등을 금지하는 것이 이에 해당한다. 적극적 보호의무로서는 위생시설의 설비, 주택의 개량, 식품유통과정에 대한 관리 감시, 감염병에 대한 예방접종 및 감염병 환자의 관리, 마약의 단속, 의약품의 오·남용의 방지, 종합적 보건의료정책 시행 등이 이를 실현하는 것에 해당한다. 이와 관련해서는 보건의료기본법, 국민건강증진법 등이 있다.

[憲 2003.10.30.-2000헌마801] 「건강보험의 문제를 시장경제의 원리에 따라 사보험에 맡기면 상대적으로 질병발생위험이 높거나 소득수준이 낮은 사람들은 보험에 가입하는 것이 매우 어렵거나 불가능하게 되어, 국가가 소득수준이나 질병위험도에 관계없이 모든 국민에게 동질의 의료보장을 제공하고자 하는 목적을 달성할 수 없으므로, 국민건강보험법 제5조, 제31조 제1항·제2항, 제62조 제1항·제3항·제4항은 원칙적으로 전국민을 강제로 보험에 가입시키고 경제적 능력에 비례하여 보험료를 납부하도록 함으로써 의료보장과 동시에 소득재분배 효과를 얻고자 하는 것이다. 이와 같이 국가가 국민을

강제로 건강보험에 가입시키고 경제적 능력에 따라 보험료를 납부하도록 하는 것은 행복추구권으로부터 파생하는 일반적 행동의 자유의 하나인 공법상의 단체에 강제로 가입하지 아니할 자유와 정당한 사유 없는 금전의 납부를 강제당하지 않을 재산권에 대한 제한이 되지만, 이러한 제한은 정당한 국가목적을 달성하기 위하여 부득이한 것이고, 가입강제와 보험료의 차등부과로 인하여 달성되는 공익은 그로 인하여 침해되는 사익에 비하여 월등히 크다고 할 수 있으므로, 위의 조항들이 헌법상의 행복추구권이나 재산권을 침해한다고 볼 수 없다.」

[憲 2004.1.29.-2001헌바30] 「우리 헌법 제36조 제3항은 "모든 국민은 보건에 관하여 국가의 보호를 받는다"고 규정하여 국가의 국민보건에 관한 보호 의무를 명시하고 있으므로 국가는 국민건강 및 보건의 양적, 질적 향상을 위한 의료 정책을 적극적으로 수립·시행하여야 한다. 동일한 주체가 의료기관과 의약품도매상을 소유, 경영할 경우 의료기관의 의사가 그 의약품도매상의 매출 증가에 따른 경제적 이윤 획득의 동기에 의하여 의약품을 과다 처방하고, 또 의료기관의 약사는 적절한 감시와 견제 없이 이를 조제·투약(판매)할 가능성이 있게 됨에 따라 나타날 의약품의 오·남용을 방지하여 궁극적으로 국민의 건강을 유지·향상시키고자 하는 이 사건 법률조항의 주된 입법목적은 바로 위 헌법규정을 근거로 입법자가 추구한 것으로서 정당하다.……이 사건 법률조항에 의하여 의료기관개설자인 학교법인의 직업 선택의 자유가 크게 제한을 받고 있기는 하나, 학교법인에게 의약품도매상이라는 직업은 인간의 존엄과 가치를 실현하기 위한 수단으로서 개인의 인격발전과 개성신장의 불가결한 요소로서 의미하는 것도 아니고 의약품도매상을 선택할 수 없다고 하더라도 의료기관의 개설·경영이라는 본래의 직업의 영위 가능성이 박탈되는 것도 아니므로, 학교법인에 대한 이러한 기본권 제한은 의약품의 오·남용 방지를 통한 국민의 건강 보호·유지, 불공정행위의 규제라는 우리 사회 공동체가 근본적으로 추구하여야 할 근본적이고도 중대한 공익보다 결코 우월하다고 할 수 없다는 점에서, 이 사건 법률조항이 추구하는 공익의 비중이 위와 같은 기본권 제한의 정도와 합리적인 비례관계를 일탈하였다고 볼 수 없다.」

II. 구체적인 문제

(1) 감염병 예방접종의 강제

국가는 감염병의 전파를 방지하여 국민의 건강을 보호해야 할 의무를 지고 있으므로 필요한 경우에는 국민에게 예방접종을 강제할 수 있다. 이러한 경우 예방접종을 거부할 수 있는 자유는 공공복리와 타인의 건강을 위하여 제한된다.

(2) 국가의 담배전매업

흡연이 국민의 건강에 해롭다는 의학적인 소견이 나와 있음에도 담배의 제조·판매를 국가가 전매사업으로 하는 것은 국가의 국민건강보호의무의 면에서 문제가 있다. 현재 우리나라에서는 종전의 국가 전매제를 폐지하고 담배사업법에 의해 일정 요건을 갖춘 경우에 한하여 기획재정부 장관의 허가를 받아 담배제조를 할 수 있게 하고 있다(담배사업법 §11).

[328] 제5 제한과 그 한계

보건권에 관한 제한과 그 한계에 대해서는 헌법 제11조의 평등원칙, 제37조 제2항의 원칙 등이 적용된다.

제6장 청구권적 기본권

제1절 재판청구권

[329] 제1 의 의

I. 개 념

(1) 헌법 규정

헌법은 제27조 제1항에서 「모든 국민은 헌법과 법률이 정한 법관에 의하여 법률에 의한 재판을 받을 권리를 가진다」라고 규정함으로써 재판청구권(裁判請求權)을 보장하고 있다. 그리고 동조 제3항에서 「모든 국민은 신속한 재판을 받을 권리를 가진다. 형사피고인은 상당한 이유가 없는 한 지체 없이 공개재판을 받을 권리를 가진다」고 규정하여 신속한 공개재판을 받을 권리를 보장하고 있다.

따라서 헌법이 보장하는 재판을 받을 권리란 헌법과 법률이 정한 법관에 의하여 객관적인 법률에 따라 공정하고 신속한 공개재판을 받을 권리를 말한다(동지: 계희열b, 615; 성낙인, 740). 여기서의 법률이란 절차법과 실체법을 모두 포함하여 언제나 합헌적인 법률을 말한다. 즉 절차법이 정한 절차에 따라 실체법이 정한 내용대로 합헌적인 재판을 받을 권리를 말한다.

[憲 1995.9.28.-92헌가11등] 「헌법 제27조 제1항은 "모든 국민은 헌법과 법률이 정한 법관에 의하여 법률에 의한 재판을 받을 권리를 가진다"고 규정함으로써 모든 국민은 헌법과 법률이 정한 자격과 절차에 의하여 임명되고(헌법 §101③, §104, 법조법 §41 내지 43), 물적 독립(헌법 §103)과 인적 독립(헌법 §106, 법조법 §46)이 보장된 법관에 의하여 합헌적인 법률이 정한 내용과 절차에 따라 재판을 받을 권리를 보장하고 있다. 한편, 재판이라 함은 구체적 사건에 관하여 사실의 확정과 그에 대한 법률의 해석적용을 그 본질적인 내용으로 하는 일련의 과정이다. 따라서 법관에 의한 재판을 받을 권리를 보장한다고 함은 결국 법관이 사실을 확정하고 법률을 해석·적용하는 재판을 받을 권리를 보장한다는 뜻이고, 그와 같은 법관에 의한 사실확정과 법률의 해석적용의 기회에 접근하기 어렵도록 제약이나 장벽을 쌓아서는 아니 된다고 할 것이며, 만일 그러한 보장이 제대로 이루어지지 아니한다면 헌법상 보

장된 재판을 받을 권리의 본질적 내용을 침해하는 것으로서(憲 1992. 6. 26.-90 헌바25 결정 참조) 우리 헌법상 허용되지 아니한다(헌법 §37②).」

⑵ 재판청구권 보장의 구조

헌법은 제27조에서 재판청구권을 보장하고 동시에 법원에 관한 제5장에서 국가의 사법권을 보장하기 위한 조직 · 기능 · 절차 등에 관한 규정을 두고 있고, 헌법재판소에 관한 제6장과 헌법 제107조 제1항에서 헌법재판권을 보장하기 위한 관할 · 조직 · 기능 · 절차 등에 관한 규정을 두고 있다. 따라서 법치국가와 입헌국가의 실현을 위한 중요한 요소인 법원에 의한 분쟁의 해결과 국가형벌권의 실행 및 권리의 보호는 크게 법원에 관한 제5장의 규정과 헌법재판소에 관한 제6장에 정하고 있는 사법제도와 헌법재판제도의 제도의 보장규정과 국민에게 법치국가적 사법절차를 보장하는 재판청구권에 관한 규정의 두 부분으로 구성되어 있다고 볼 수 있다. 이로써 보건대, 재판을 받을 권리의 구체적 형태에서는 법원의 재판을 받을 권리는 헌법 제27조 제1항과 헌법 제101조 제1항에 의하여 보장되고, 헌법재판을 받을 권리는 헌법 제27조 제1항과 헌법 제111조 제1항에 의하여 보장된다.

⑶ 기본권 보장과 재판청구권

법치국가는 기본권의 보장, 권력의 분립, 사법을 통한 권리구제절차 등을 통하여 구체화되고 실현된다. 따라서 재판청구권은 국민의 모든 권리, 즉 법률상의 권리와 헌법상의 기본권의 효력이 법원의 재판절차에서 실제로 관철되는 것을 보장함으로써 법치국가의 실현에 기여한다. 기본권이나 권리는 헌법이나 법률에 규정되어 있는 것으로 충분한 것이 아니라 재판제도와 재판절차를 통하여 실제로 보장되고 현실에서 실현되어야 비로소 그 의미를 가진다.

국가는 본질적으로 공동체의 존속과 그 공동체에 살고 있는 국민의 자유와 권리를 보장하는 것에 목적이 있는데, 국가가 이러한 목적을 망각하고 국민의 자유와 권리를 침해하는 경우에는 국가를 상대로 하여 자유와 권리의 침해를 구제받을 수 있는 길이 보장되어야 한다. 다른 한편으로 기본권은 국가가 아닌 사인에 의해서도 침해될 수 있다. 기본권이 사인에 의해 침해되는 것이 방치되면, 다른 사람의 기본권을 침해하지 않는 범위와 한도 내에서만 인정되는 기본권은 더 이상 기본권으로 존재할 수 없어 해체되고 말며, 개인의 안전과 삶의 평화는 보장되지 않는다. 따라서 이러한 경우에 국가는 개인의 기본권을 사인에 의한 침해로부터 예방하거나 구제해주어야 하는 적극적인 의무를 가진다. 이러한 의무는 국가의 기본권보호의무에서 나오며, 공동체 구성원의 안전과 평화의 보장이라는 국가의 본질적인 기능과 목적에 근거를 두고 있다. 사인으로부터 기본권을 보호하는 구체적인 방법으로서 국민에게 재판청구권을 보장하는 것은 개인의 삶에 있어 요구되는 안전과 평화를 제도적으로 보장함에 있어 무엇보다 중요한 의미를 가진다. 이런 점에서 민사재판이나 형사재판은 기본권의 보호에 있어 중요한 기능을 한다. 국가든 사인이든 이들에 의하여 기본권이 침해되는 것이 방치되면 그 공동체와 그 구성원의 안전은 보장되지 않고 공적 권력과 사적 권력에 의한 자의적인 지배가 횡행하게 된다.

이런 점에서 국민이 공권력에 의한 기본권 침해를 국가에 대하여 직접 주장하거나 사인 간에 발생하는 자유와 권리의 침해를 예방하거나 구제하는 것을 요청할 수 있게 하는 사법적 재판절차를 보장하는 재판청구권이야말로 기본권의 실현에 있어 필수불가결하게 요구되는 절차적 기본권이다.

II. 연 혁

재판제도는 고대에도 존재하였지만 신관이나 군주와 같은 지배자의 자의적인 재판이 아니라 일정한 자격을 가진 재판관으로 구성되는 재판기관에서 법과 법률에 따라 객관적인 재판을 받을 권리가 형성되기 시작한 것은 근대 국가의 출현과정에 나타난다. 1215년 영국의 대헌장에서는 「신민은 등족의 동료에 의하여 국법에 따라 공정한 법적인 재판을 받을 권리」가 보장되었다(대헌장 §39, §40). 1628년 권리청원에서도 이러한 권리가 다시 확인되었다. 유럽에서는 근대 계몽주의와 자유주의 영향으로 인하여 1789년의 프랑스 인권선언과 1791년헌법 등에서 독립된 법원에서 재판관에 의한 재판을 받을 권리가 보장되었고, 1798년 미합중국연방헌법의 수정헌법은 공정한 배심에 의한 신속하고 공개적인 재판을 받을 권리를 규정하였다(수정헌법 §6). 독일에서는 1919년 바이마르헌법에 와서 비로소 시행되었다. 우리나라에서는 1948년헌법 제22조에서 「모든 국민은 법률이 정한 법관에 의하여 법률에 의한 재판을 받을 권리가 있다」라고 정한 이후 현재까지 재판청구권을 헌법상의 기본권으로 보장하고 있다. 1962년헌법에서 「헌법과 법률이 정한 법관」이라고 정한 후 현재까지 똑같이 유지되고 있다.

[330] 제2 법적 성격

재판청구권은 국가에 대하여 재판이라는 사법절차를 제공하여 줄 것을 청구할 수 있는 기본권이다. 이는 적극적으로 국가에 대하여 「헌법과 법률이 정한 법관」에 의한 재판이라는 국가적 행위를 청구할 수 있는 면과 소극적으로 「헌법과 법률이 정한 법관」이 아닌 자에 의한 재판이나 법률에 의하지 아니한 재판을 받지 아니하는 면을 아울러 가지고 있다. 그리고 재판을 받을 권리를 국가로부터 침해받지 않을 자유로서의 성격도 가지고 있다.

재판청구권은 법의 공정한 집행과 분쟁의 해결 및 자유와 권리의 실현을 관철하기 위한 절차적 수단이라는 점에서 형식적 기본권이며 절차적 기본권이다.

재판청구권은 재판제도가 존재함으로써 그에 따라 인정되는 권리이므로 자연권의 성질을 지니지 않는다. 어떤 재판을 받을 권리를 가지는가는 각 나라마다 채택하는 재판제도에 따라 차이가 있다. 오늘날 재판제도는 상당한 부분에서 통일되어 가는 모습을 보이고 있다.

> [憲 1998.5.28.-96헌바4] 「헌법 제27조 제1항은 "모든 국민은 헌법과 법률이 정한 법관에 의하여 법률에 의한 재판을 받을 권리를 가진다"라고 하여 법률에 의한 재판과 법관에 의한 재판을 받을 권리를 보장하고 있다. 재판청구권은 재판이라는 국가적 행위를 청구할 수 있는 적극적 측면과 헌법과 법률이 정한 법관이 아닌 자에 의한 재판이나 법률에 의하지 아니한 재판을 받지 아니하는 소극적 측면을 아울러 가지고 있다. 이렇게 볼 때 헌법 제27조 제1항은 법관에 의하지 아니하고는 민사·행정·선거·가사사건에 관한 재판은 물론 어떠한 처벌도 받지 아니할 권리를 보장한 것이라 해석된다.」

[331] 제3 주 체

재판청구권은 국가에 대한 국민의 기본권으로서, 성질상 자연인뿐만 아니라 법인에게도 인정된다. 법인격 없는 사단이나 재단에게도 인정된다(민소법 §52).

재판청구권은 헌법 제6조에 의하여 외국인에게도 인정된다.

[332] 제4 내 용

I. 개 설

헌법 제27조의 재판청구권에 의하여 보장되는 내용은 「헌법과 법률이 정한 법관」에 의한 재판을 받을 권리, 「법률」에 의한 재판을 받을 권리, 공정한 재판을 받을 권리, 신속한 재판을 받을 권리, 공개재판을 받을 권리로 구성되어 있다.

II. 「헌법과 법률이 정한 법관」에 의한 재판

(1) 의 의

국민은 헌법과 법률이 정한 법관에 의한 재판을 받을 권리를 가진다. 여기서 「헌법과 법률이 정한 법관」이라 함은 헌법 제101조 제1항과 제3항이 정하는 법관을 말하며, 헌법 제104조와 법원조직법 제41조에 규정된 절차에 따라 법관으로 임명되고, 헌법 제103조 및 제106조에 의하여 직무상 독립과 신분상 독립이 보장된 법관을 말한다. 법관의 자격에 대하여는 구체적으로 법원조직법 제42조가 정하고 있다.

「헌법과 법률이 정한 법관」은 개별 사건을 담당할 법관이 법규범에 의하여 사전에 정해져야 한다는 것을 의미한다. 외부의 세력이나 법원 내부의 압력·영향 등에 의하여 사건마다 임의로 법원을 구성하거나 사건을 특정 법원 또는 법관에게만 맡긴다면 재판의 독립성과 공정성은 보장될 수 없기 때문이다. 이로 인하여 사건의 배당을 어떠한 방법으로 하느냐 하는 문제는 헌법적인 문제가 된다. 사건을 법원의 장이 임의로 특정 법관에게 배당하는 것은 재판의 독립과 공정성에 어긋난다.

「법관등의 사무분담 및 사건배당에 관한 예규」에 의하면, 현재 법원에서는 각급 법원장 및 지원장이 사건배당을 주관한다. 사건의 배당방식은 각급 법원장 및 지원장의 판단에 따라 사건을 판사에게 배당하는 방식을 취하고 있다. 법원에 따라서는 사건배당의 순서를 정해 놓고 그 순서에 따라 자동으로 배당하기도 한다. 예컨대 서울고등법원에서는 하루 배당될 건수를 배당건재부에 접수번호순서대로 기재하고, 그 다음날 법원장이 배당건재부에 기재된 사건 중 아무거나 임의로 골라 1번으로 정한다. 그러면 1번으로 정해진 번호부터 시작하여 사무분담 배당비율표에 따라 배당된다.

「헌법과 법률이 정한 법관」은 사법의 공정성과 독립성을 보장하기 위한 규정이므로 관할규범에 따라 정해진 법관 스스로가 사건과의 이해관계나 편파의 우려로 말미암아 재판의 공정성을 보장할 수 없다면 그러한 법관을 배제할 수 있는 가능성이 국민에게 주어져야만 한다(예: 법관의 제척·기피·회피).

법관에 의한 재판을 받을 권리를 보장한다는 것은 법관이 사실을 확정하고 법률을 해석·적용하는 재판을 받을 권리를 보장한다는 의미이다. 따라서 국민은 「헌법과 법률이 정한 법관」에 의하지 않은 재판을 받지 아니할 권리를 가진다.

[憲 1992.6.26.-90헌바25] 「"헌법과 법률이 정한 법관에 의하여" 재판을 받을 권리라 함은 생각건대 헌법과 법률이 정한 자격과 절차에 의하여 임명되고(헌법 §104, 법조법 §41 내지 §43), 물적 독립(헌법 §103)과 인적 독립(헌법 §106, 법조법 §46)이 보장된 법관에 의한 재판을 받을 권리를 의미하는 것이라 봄이 상당할 것이고……」

형사재판에서 일정한 사건에 한하여 선택적으로 채택되는 배심재판인 국민참여재판의 경우에는(형참법 §5①,②) 20세 이상의 일반 국민이 배심원으로 참여하여(동법 §16) 사실의 인정, 법령의 적용, 형의 양정에 관하여 법관에게 의견을 제시하는 권한을 가지지만(동법 §12), 법원은 배심원의 평결과 의견에 기속당하지 않으므로(동법 §46⑤) 이러한 형태의 국민참여재판을 받을 권리는(동법 §3) 법관에 의한 재판을 받을 권리에 배치되지 않는다.

(2) 군사재판

군인 · 군무원이 아닌 일반국민은 원칙적으로 군사법원의 재판을 받지 않는다. 이러한 것은 기본권으로 보장된다(헌법 §27②). 군사법원은 헌법 제110조 제1항에 의하여 설치된 특별법원으로서 현역군인인 군판사와 심판관으로 구성되어 있으므로(군사법원법 §2, §22-§24) 헌법 제27조 제1항에서 정하고 있는「헌법과 법률이 정한 법관」에 의한 재판이 아니기 때문이다. 다만, 헌법이 명시적으로 군사법원의 재판을 받는 것으로 정하고 있는 때에는 예외이다. 일반국민도 대한민국 영역 안에서 중대한 군사상 기밀 · 초병 · 초소 · 유독음식물공급 · 포로 · 군용물에 관한 죄 중 법률이 정한 경우와 비상계엄이 선포된 경우에는 예외적으로 군사법원의 재판을 받는다(헌법 §27②). 따라서 헌법 제27조 제1항이 정하는 재판청구권에는 헌법이 정하는 경우 이외에 군사재판을 받지 않을 권리가 포함된다. 이는 헌법 제27조 제1항과 제2항을 근거로 한다. 헌법재판소는 현역병이 군대 입대 전에 범한 범죄에 대하여 군사법원의 재판권을 규정하고 있는 군사법원법 제2조 제2항 중 제1항 제1호의「군형법 제1조 제2항의 현역에 복무하는 병」부분은 헌법에 위반되지 아니한다고 판시하였다(예: 憲 2009. 7. 30.-2008헌바162).

[憲 2009.7.30.-2008헌바162] 「이 사건 법률조항은 현역병으로 입대한 군인이 그 신분취득 전 저지른 범죄에 대하여도 군사법원의 재판을 받도록 하고 있으나, 이는 군사법원을 두는 취지 및 군사법원이 '신분적인 재판권'을 가지는 점을 고려할 때, 군 입대 전 저지른 범죄를 입대 후 저지른 범죄와 달리 볼 이유가 없다는 판단에 따른 것으로서, 이러한 입법형성은 다음에서 보는 바와 같은 이유로 입법재량의 범위를 일탈해 합리성 원칙 내지 자의금지원칙에 위배된 것이라고 볼 수 없다. 군대란 외부의 침략으로부터 국가를 보존한다는 특수한 목적을 위해 존재하는 집단이기 때문에 군의 조직과 기능을 유지하기 위한 지휘명령체계의 확립 및 전투력 제고를 우선적으로 고려해야 된다는 점에 군사법(軍司法)체계의 특수성이 있다. 이에 각국은 군의 규율과 사기를 강력하게 유지하여 군의 임무를 성공적으로 수행케 하는 것을 궁극적 목적으로 하는 군사법제도를 운영하고 있다. 구체적으로 군대는 다음과 같은 특수성을 가진다. 첫째, 전쟁의 수행은 물론 평화 시에도 실제 전투와 같은 극한상황하에서 훈련을 실시하고 각종 무기들을 다루게 됨으로써 위험에 노출되는 점, 둘째, 과학 기술이 발달한 오늘날의 전쟁은 초전의 대응능력이 매우 중요하므로 항시 대기하는 것이 필요할 뿐 아니라, 군인은 한 · 수해(旱 · 水害) 등 천재지변, 명절 혹은 연휴 기간에도 대기해야 하고, 각종 야외훈련 및 야간훈련, 주 · 야간 작전수행, 빈번한 당직근무 등을 수행해야 하는 등 근무시간이 정해져 있지 않은 점, 셋째, 집단적 병영(兵營) 생활을 할 뿐 아니라, 작전위수(衛戍)구역의

제한을 받으며 근무지이탈금지는 군인복무규율 및 군형법의 처벌규정에 의하여도 엄격히 규제되는 등 생활공간적인 제약이 있는 점, 넷째, 군인은 주로 벽오지(僻奧地)에서 복무하게 된다는 점 등이다. 이와 같은 군대의 특수성으로 인하여 일단 군인신분을 취득한 군인이 군대 외부의 일반법원에서 재판을 받는 것은 군대 조직의 효율적인 운영을 저해한다고 할 것이다. 또한, 현실적으로도 군인이 수감 중인 상태에서 일반법원의 재판을 받기 위해서는 동행·감시자, 차량 등의 지원이 필요하므로 상당한 비용·인력 및 시간이 소요되고, 일반법원의 재판 일정을 군대사정에 맞추어 조정하도록 하지 않으면 훈련 등의 일정에 차질이 생기게 된다. 이러한 사정은 군인신분 취득 이후에 죄를 범한 경우와 군인 신분을 취득한 자가 군 입대 전에 범한 죄에 대하여 재판을 받는 경우와 다르지 않으므로, 군인신분 취득 전에 범한 죄에 대하여 군사법원에서 재판을 받도록 하는 것은 합리적인 이유가 있다. 형사재판에 있어 범죄사실의 확정과 책임은 행위 시를 기준으로 하지만, 재판권 유무는 원칙적으로 재판 시점을 기준으로 해야 한다. 또, 형사재판은 유죄인정과 양형이 복합되어 있는데 양형은 일반적으로 재판받을 당시, 즉 선고시점의 피고인의 군인신분을 주요 고려 요소로 해 군의 특수성을 반영할 수 있어야 하므로, 이러한 양형은 군사법원에서 담당하도록 하는 것이 타당하다. 따라서 이러한 점에서도 이 사건 법률조항의 신분적 재판권은 합리적인 이유가 있다. 군사법원의 상고심은 대법원에서 관할하고(헌법 제110조 제2항), 군사법원의 내부규율과 사무처리에 관한 군사법원규칙도 군법무관회의의 의결을 거쳐 대법원이 정하므로(군사법원법 제4조 제1항 및 제2항), 궁극적으로는 헌법과 법률이 정한 법관에 의한 최종적인 재판이 보장되고 있으며, 군사법원에 관한 내부규율을 정함에 있어서도 대법원이 종국적인 관여를 하고 있다. 따라서 이 사건 법률조항은 군사법원의 재판권과 군인의 재판청구권을 형성함에 있어 그 재량의 한계를 벗어났다고 볼 수 없다. 그렇다면, 이 사건 법률조항이 입법형성의 한계를 일탈하여 청구인의 헌법 제27조 제1항에 의한 재판청구권을 침해한다고 볼 수 없다.」

(3) 구체적인 문제

(a) 배심제 및 참심제의 허용여부

헌법 제27조 제1항의 법관에 의한 재판을 받을 권리와 관련하여 현행 헌법하에서 배심제나 참심제를 채택할 수 있는가 하는 문제가 있다.

배심제(陪審制 jury system)란 일반시민으로 구성된 배심원단(陪審員團)이 직업법관(=관료법관)과 독립하여 사실문제(예: 형사사건에서는 유·무죄의 판단)에 대한 평결을 내리고, 법관이 그 사실판단에 대한 평결의 결과에 구속되어 재판하는 제도를 말하고, 참심제(參審制)란 일반시민인 참심원이 직업법관과 함께 재판부의 일원으로 참여하여 직업법관과 동등한 권한을 가지고 사실문제 및 법률문제를 모두 판단하는 제도를 말한다.

우리나라에서 헌법개정이 없이 배심제나 참심제를 도입할 수 있느냐 하는 문제에 관하여 배심제는 배심원이 사실의 판정에만 관여하고 법률판단에는 참여하지 않기 때문에 합헌이지만, 참심제는 참심원이 법률판단까지 하므로 위헌이라는 견해도 있고(권영성, 607; 허영a, 370; 성낙인, 746), 국민의 재판을 받을 권리(헌법 §27), 법관의 신분보장 규정(헌법 §101 이하) 등 헌법의 여러 규정을 종합하여 볼 때, 헌법의 개정이 없이 직업법관이 아닌 자에 의한 사실판단과 법률판단을 가능하게 하는 배심제나 참심제를 법률로써 도입하는 것은 위헌이라는 견해도 있다. 한편, 이 문제에 대하여 헌법재판소가 직접적인 판단을 내린 사례는 아직 없는 상황이다.

형사재판에서 일정한 사건에 한하여 선택적으로 채택할 수 있는 국민참여재판은(형참법 §5①,②) 일종의 배심재판의 형태이지만, 이에 참여하는 배심원이 사실의 인정, 법령의 적용, 형의 양정에 관하여 법관에게 의견을 제시하는 권한을 가지고 있어도(동법 §12), 법원은 배심원의 평결과 의견에 기속당하지 않으므로(동법 §46⑤) 헌법 제27조 제1항에서 정하고 있는 법관에 의한 재판을 받을 권리를 침해하는 것이 아니어서 헌법상으로 허용된다고 할 것이다. 한편 헌법재판소는 헌법과 법률이 정한 법관에 의한 재판을 받을 권리는 직업법관에 의한 재판을 주된 내용으로 하는 것이므로, 국민참여재판을 받을 권리가 헌법 제27조 제1항에서 규정한 재판을 받을 권리의 보호범위에 속한다고 볼 수 없다며, 단독판사 관할사건을 국민참여재판의 대상 범죄에서 배제한 것은 헌법에 위반되지 않는다고 보았다(예: 憲 2015. 7.30.-2014헌바447).

(b) 행정기관에 의한 재결 또는 행정심판

행정기관에 의한 재결 또는 행정심판은 법관이 아닌 행정공무원에 의한 사법적 처분이라는 점에서, 원처분이 아닌 행정청의 재결만을 소송의 대상으로 하거나(재결주의) 행정소송의 제기에 앞서 행정심판을 필수적으로 거치도록 하는 것(행정심판전치주의)이 헌법 제27조 제1항의 법관에 의한 재판을 받을 권리에 위배되는지 여부가 문제된다.

헌법 제101조는 사법권은 법관으로 구성된 법원에 속하고(동조 ①), 법원은 최고법원인 대법원과 각급법원으로 조직된다고 규정하고 있으며(동조 ②), 헌법 제107조 제3항은 「재판의 전심절차로서 행정심판을 할 수 있다. 행정심판의 절차는 법률로 정하되, 사법절차가 준용되어야 한다」고 규정하고 있다. 이는 우리 헌법이 국가권력의 남용을 방지하고 국민의 자유와 권리를 확보하기 위한 기본원리로서 채택한 권력분립주의의 구체적 표현으로서, 일체의 법률적 쟁송을 심리·재판하는 작용인 사법작용은 헌법 그 자체에 의한 유보가 없는 한 오로지 대법원을 최고법원으로 하는(헌법 §101②) 법원만이 담당할 수 있고, 또 행정심판은 어디까지나 법원에 의한 재판의 전심절차로서만 기능하여야 함을 의미한다(憲 1995. 9. 28.-92헌가11등 참조). 따라서 법관에 의한 사실의 확정과 법률의 해석 및 적용을 모두 배제하고 행정기관에 의한 재결이나 행정심판을 최종심으로 하는 것은 헌법에 위배된다.

행정소송법은 취소소송의 경우 다른 법률에 당해 처분에 대한 행정심판의 재결을 거치지 아니하면 취소소송을 제기할 수 없다는 규정이 있는 경우를 제외하고는, 법령의 규정에 의하여 당해 처분에 대한 행정심판을 제기할 수 있는 경우에도 이를 거치지 아니하고 소송을 제기할 수 있다고 규정(동법 §18)함으로써 과거 필요적 행정심판전치주의를 임의화하고 있다. 국가배상법도 법률개정(2000. 12. 29. 법률 제6310호)을 통하여 「이 법에 따른 손해배상의 소송은 배상심의회에 배상신청을 하지 아니하고도 제기할 수 있다」고 규정(동법 §9)함으로써 과거 배상심의회의 배상결정을 거친 후에만 국가배상소송을 제기할 수 있도록 하였던 배상결정의 필수적 전치주의를 임의제도로 변경하였다.

(c) **통고처분**

통고처분이라 함은 법원에 의하여 자유형 또는 재산형에 처하는 과벌제도에 갈음하여 행정관청이 법규위반자에게 금전적 제재를 통고하고 이를 이행한 경우에는 당해 위반행위에 대한 소추를 면하게 하는 것을 말한다. 조세에 관한 범칙자에 대한 지방국세청장 · 세무서장의 통고처분(조세범처벌절차법 §17), 출입국사범에 대한 사무소장 · 출장소장 · 외국인보호소장의 범칙금 통고처분(출입국관리법 §102①), 관세범에 대한 관세청장이나 세관장 등의 통고처분(관세법 §31), 도로교통법상 범칙자에 대한 경찰서장이나 제주특별자치도지사의 통고처분(도로교통법 §163), 경범죄처벌법상 범칙자에 대한 경찰서장 · 해양경찰서장 · 제주특별자치도지사 또는 철도특별사법경찰대장의 통고처분(경범죄처벌법 §7) 등은 법관이 아닌 행정공무원에 의한 처분이지만, 처분을 받은 당사자의 임의의 승복을 발효요건으로 하고 불응 시에는 정식고발절차가 진행되거나(조세범처벌절차법 §17; 출입국관리법 §105; 관세법 §316) 법원에 의한 재판절차가 보장(도로교통법 §165; 경범죄처벌법 §9)되어 있으므로 헌법 제27조 제1항에 위배되지 아니한다(통설). 헌법재판소의 판례도 같은 취지이다(예: 憲 1998. 5. 28.-96헌바4).

(d) **약식절차**

약식절차란 지방법원의 관할사건에 대하여 검사의 청구가 있는 때 공판절차를 경유하지 아니하고 검사가 제출한 자료만을 조사하여 약식명령으로 피고인에게 벌금 · 과료 또는 몰수의 형을 과하는 간이한 재판절차를 말한다. 약식절차에서는 형사소송법 제312조 이하의 전문증거법칙에 관한 규정은 적용되지 아니하고 검사가 제출한 자료를 기초로 서면심리에 의하여 형을 선고하는 재판절차이기 때문에 공정한 재판 및 신속한 공개재판을 받을 권리 등 헌법상의 재판청구권을 침해하는 것이 아닌가 문제가 될 수 있으나, 헌법과 법률이 정한 법관에 의한 재판이고, 피고인이 이에 불복하는 경우 정식재판을 청구할 수 있으므로 이를 재판청구권 침해라고 할 수 없다.

(e) 즉결심판

즉결심판이란 지방법원, 지방법원지원 또는 시 · 군법원 판사가 20만 원 이하의 벌금 · 구류 · 과료에 처할 경미한 범죄에 대하여 공판절차에 의하지 아니하고 즉결하는 심판절차에 의한 재판을 말한다. 즉결심판절차에서는 형사소송법상의 전문법칙과 자백의 보강법칙이 적용되지 아니하나, 헌법과 법률이 정한 법관에 의한 재판절차이고 이에 불복할 경우 정식재판을 청구할 수 있으므로 헌법상의 재판청구권을 침해한다고 볼 수 없다.

(f) 기소유예처분에 대한 피의자의 불복재판절차 문제

*憲法裁判所*는 검사의 기소유예처분에 대하여 피의자가 불복하여 법원의 재판을 받을 수 있는 절차를 국가가 법률로 마련해야 할 헌법상의 의무는 인정되지 않으며, 따라서 이러한 입법부작위가 재판을 받을 권리를 침해하는 것은 아니라고 판시하였다(예: 憲 2013. 9. 26. -2012헌마562).

> [憲 2013. 9. 26.-2012헌마562] 「헌법 제27조 제1항은 "모든 국민은 헌법과 법률이 정한 법관에 의하여 법률에 의한 재판을 받을 권리를 가진다"고 규정함으로써 모든 국민은 헌법과 법률이 정한 자격과 절차에 의하여 임명되고, 물적 독립과 인적 독립이 보장된 법관에 의하여 합헌적인 법률이 정한 내용과 절차에 따라 재판을 받을 권리를 보장하고 있다(憲 2002. 2. 28.-2001헌가18 참조). 여기서 '재판'이라 함은 구체적 사건에 관하여 사실의 확정과 그에 대한 법률의 해석적용을 그 본질적인 내용으로 하는 일련의 과정이다. 따라서 법관에 의한 재판을 받을 권리를 보장한다고 함은 결국 법관이 사실을 확정하고 법률을 해석 · 적용하는 재판을 받을 권리를 보장한다는 뜻이고, 헌법상의 재판을 받을 권리란 법관에 의하여 사실적 측면과 법률적 측면의 적어도 한 차례의 심리검토의 기회는 보장되어야 한다는 것을 의미한다(憲 1992. 6. 26.-90헌바25; 2000. 6. 9.-99헌바66 등). 우리 헌법은 공소제기의 주체, 방법, 절차나 사후통제 등에 관하여 직접적인 규정을 두고 있지 아니하며, 검사의 자의적인 불기소처분에 대한 통제방법에 관하여도 헌법에 아무런 규정을 두고 있지 않기 때문에 헌법이 기소유예처분에 대하여 피의자가 불복하여 재판을 받을 수 있는 절차를 마련하여야 할 명시적인 입법의무를 부여하였다고 볼 수 없다.……우리 헌법은 공소제기의 주체, 방법, 절차나 사후통제 등에 관하여 직접적인 규정을 두고 있지 아니하며, 검사의 자의적인 불기소처분에 대한 통제방법에 관하여도 헌법에 아무런 규정을 두고 있지 않기 때문에, 어떠한 방법으로 어느 범위에서 그 남용을 통제할 것인가 하는 문제 역시 기본적으로 입법자의 재량에 속하는 입법정책의 문제로서 검사의 불기소처분에 대한 법원에 의한 사법적 통제가 헌법상 반드시 요구되는 것은 아니다(憲 1997. 8. 21.-94헌바2; 2009. 6. 25.-2008 헌마259; 2009. 12. 29.-2008헌마414 참조). 대법원도 "검사의 불기소처분에 대하여는 검찰청법에 의한 항고와 재항고 및 형사소송법에 의한 준기소절차에 의해서만 불복할 수 있는 것이므로 검사의 불기소처분이나 그에 대한 항고 또는 재항고결정에 대하여는 행정소송을 제기할 수 없다"(大 1989. 10. 10.-89누2271; 90.1. 23.-89누3014)라고 판시하여 검사의 불기소처분에 대한 행정소송의 가능성을 배제하고 있다. 이처럼 검사의 불기소처분의 하나인 기소유예처분에 대하여 불복절차를

마련하여 법원의 재판을 받도록 할 것인지는 입법자의 입법형성재량에 기초한 정책적 판단에 따라 결정할 문제이지 헌법의 해석상 기소유예처분에 대한 불복방법으로서 법원의 재판을 받을 권리가 도출된다고 보기 어렵다.」

그런데 피의자에 대하여 공소를 제기하기에 충분한 범죄혐의가 없거나, 소송조건이 구비되어 있지 아니하여 「혐의없음」, 「죄가 안됨」, 「공소권 없음」 등으로 수사절차를 종결해야 하는 사안임에도 검사가 자의적으로 기소유예처분을 한 경우는 피의자에게 불이익한 처분이다. 이 경우에는 피의자는 실체적 진실의 발견, 명예회복, 체포·구속된 경우에는 형사보상권의 행사 등을 위하여 기소유예처분에 불복할 법률상 이익이 인정된다. 헌법재판소의 판례에 의하면, 범죄혐의가 없음이 명백한 경우에 자의적이고 타협적으로 기소유예처분을 하는 것은 공권력의 차별적인 행사에 해당하기 때문에 피의자는 헌법 제11조의 평등권 및 헌법 제10조의 행복추구권이 침해되었음을 이유로 헌법소원심판을 청구할 수 있다는 취지의 판시를 한 이래(憲 1989. 10. 27. -89헌마56), 피의자로 하여금 기소유예처분에 대하여 헌법소원심판청구를 통하여 불복할 수 있음을 다수의 일관된 판례를 통하여 보이고 있다(예: 憲 2013. 9. 26. -2012헌마730 등 다수).

(g) 재판상 화해 등 간주 조항

「특수임무수행자 보상에 관한 법률」에서 보상금 등의 지급결정에 동의한 때에는 재판상 화해가 성립된 것으로 보는 규정에 대하여 헌법재판소는 재판청구권을 과도하게 제한하였다고 보기는 어렵다고 보았다(憲 2009. 4. 30. -2006헌마1322). 한편 학교안전공제회의 공제급여 결정에 대하여 학교안전공제보상재심사위원회가 재결을 행한 경우 재심사청구인이 공제급여와 관련된 소를 제기하지 아니하거나 제기한 소를 취하한 경우에는 학교안전공제회와 재심사청구인 간에 당해 재결 내용과 동일한 합의가 성립된 것으로 간주하는 「학교안전사고 예방 및 보상에 관한 법률」 규정은 실질적으로 재심사청구인에게만 재결을 다툴 수 있도록 하고 있으므로, 합리적인 이유 없이 분쟁의 일방당사자인 학교안전공제회의 재판청구권을 침해한다고 보았다(憲 2015. 7. 30.-2014헌가7).

헌법재판소는 법원일반직 공무원 중 일정한 자격을 갖춘 자인 '사법보좌관'에게 민사소송법에 따른 독촉절차에서의 법원의 사무를 처리할 수 있도록 규정하고 있는 법원조직법의 해당 규정은 국민으로 하여금 법관에 의한 재판을 받을 권리를 박탈하는 것이 아니라고 판시하였다(예; 憲 2020. 12. 23. -2019헌바353).

Ⅲ. 「법률」에 의한 재판

헌법 제27조 제1항에서 정하고 있는 「법률에 의한 재판」이란 합헌적인 법률로 정한 내용과 절차에 따라 행해지는 재판, 즉 합헌적인 실체법과 절차법에 따라 행하여지는 재판을 말한다(憲 1993. 7. 29. -90헌바35 등). 헌법 제27조 제1항에서는 법률에 의한 재판이라고만 규정하고 있으나, 여기서의 법률이 헌법에 위배되지 않는 합헌적인 법률이어야 한다는 것은 당연하다. 이는 법원이 법률과 헌법에 기속된다는 법치국가와 입헌국가의 원리를 확인한 것으로서, 재판청구권의 실현이 입법자에 의한 구체적 입법형성권과 헌법에 의존함을 의미한다.

한편, 이 때 말하는 법률의 의미는 재판의 유형에 따라 동일하지 아니하다. 형사재판에 있어서는 죄형법정주의가 적용되어 형식적 의미의 법률만을 의미하는 반면에, 민사재판·행정재판 등에 있어서는 형식적 의미의 법률 외에도 이와 저촉되지 아니하는 범위에서 관습법이나 조리(條理)와 같은 불문법도 포함한다.

[憲 1993.7.29.-90헌바35] 「헌법 제27조 제1항은 "모든 국민은 헌법과 법률이 정한 법관에 의하여 법률에 의한 재판을 받을 권리를 가진다"라고 규정하여 이른바 재판청구권을 기본권으로 인정하고 있다. 여기서 "법률에 의한 재판"이라 함은 합헌적(合憲的)인 법률로 정한 내용과 절차에 따라, 즉 합헌적인 실체법과 절차법에 따라 행하여지는 재판을 의미한다. 따라서 형사재판에 있어서 합헌적인 실체법과 절차법에 따라 행하여지는 재판이라고 하려면, 적어도 그 기본원리라고 할 수 있는 죄형법정주의(罪刑法定主義)와 위에서 살펴본 적법절차주의에 위반되지 아니하는 실체법과 절차법에 따라 규율되는 재판이 되어야 할 것이다. 이러한 의미의 재판을 보장하는 헌법 제27조 제1항 소정의 재판청구권이 곧바로 모든 사건에서 상고심 또는 대법원의 재판을 받을 권리를 인정하는 것이라고 보기는 어렵지만, 그렇다고 하여 형사재판에서 피고인이 중죄를 범한 중죄인이라거나 외국에 도피중이라는 이유만으로 상소의 제기 또는 상소권회복청구를 전면 봉쇄하는 것은 재판청구권의 침해임에 틀림이 없다고 보아야 할 것이다.」

Ⅳ. 「재 판」

(1) 의 의

헌법 제101조 제1항은 「사법권은 법관으로 구성된 법원에 속한다」고 규정하여 사법권을 법원에 귀속시키는 규정을 두고 있는데, 어떠한 국가작용이 사법작용에 해당하는지에 관하여는 규정을 두고 있지 않고 헌법 제27조에서도 재판의 의미에 대하여 규정하고 있지 아니하다. 재판이라 함은 구체적인 쟁송을 계기로 하여 특별히 규정된 절차에서 최종적이고 기속력 있는 결정에 이르기 위하여 중립적인 제3자인 법원이 사실을 확인하고 확인된 사실관계에 법을 해석·적용하는 공권적 판단작용을 의미한다. 국민이 사인관계에서 자력으로 권리를 관철하거나 범죄인에게 복수하는 것을 막고, 중립적인 국가기관인 법원의 판단절차를 통하여 법적 분쟁을 해결함으로써 효율적인 권리구제와 법적 평화를 보장하는 것이 바로 재판의 존재의의이다.

헌법재판소는 헌법 제27조 제2항에서 정하고 있는 재판이라 함은 구체적 사건에 관하여 사실의 확정과 그에 대한 법률의 해석적용을 그 본질적인 내용으로 하는 일련의 과정이라고 한다(예: 憲 1995. 9. 28.-92헌가11 등; 2009. 10. 29.-2008헌바101).

[憲 2009.10.29.-2008헌바101] 「헌법 제27조 제1항은 "모든 국민은 헌법과 법률이 정한 법관에 의하여 법률에 의한 재판을 받을 권리를 가진다"고 규정함으로써 모든 국민은 헌법과 법률이 정한 자격과 절차에 의하여 임명되고 물적 독립과 인적 독립이 보장된 법관에 의하여 합헌적인 법률이 정한 내용과 절차에 따라 재판을 받을 권리를 보장하고 있다. 이러한 재판청구권은 공권력이나 사인에 의해서 기본권이 침해당하거나 침해당할 위험에 처해있을 경우 이에 대한 구제나 그 예방을 요청할 수 있는 권리라는 점에서 다른 기본권의 보장을 위한 기본권이라는 성격을 가지고 있다. 여기서 재판이라 함은 구체적 사건에 관하여 사실의 확정과 그에 대한 법률의 해석적용을 그 본질적인 내용으로 하는 일련의 과정이다. 따라서 법관에 의한 재판을 받을 권리를 보장한다고 함은 결국 법관이 사실을 확정하고 법률을 해석·적용하는 재판을 받을 권리를 보장한다는 뜻이고, 그와 같은 법관에 의한 사실확정과 법률의 해석적용의 기회에 접근하기 어렵도록 제약이나 장벽을 쌓아서는 아니 된다고 할 것이며, 만일 그러한 보장이 제대로 이루어지지 아니한다면 헌법상 보장된 재판을 받을 권리의 본질적 내용을 침해하는 것이다.」

(2) 유 형

헌법 제101조 제1항이 정하는 사법권의 구체적인 실현으로서 성립하는 재판의 종류에는 쟁송의 목적이 되는 구체적 사건의 성질에 따라 민사재판, 형사재판, 행정재판 등이 있는데, 이러한 재판을 받을 권리는 헌법 제27조 제1항과 헌법 제101조 제1항에서 도출된다.

헌법재판을 받을 권리는 이와 달리 헌법 제27조 제1항과 헌법 제111조 제1항에서 도출된다. 헌법재판의 근거와 구체적인 개별재판은 헌법 제111조 제1항에 의하여 인정되는 것이고, 이러한 재판을 받을 권리는 헌법 제27조 제1항과 헌법 제111조 제1항을 동시에 근거로 하여 도출된다. 헌법 제27조 제1항에서 연역적으로 헌법재판을 받을 권리가 도출되는 것은 아니다(정종섭c, 106; 정종섭e, 127; 정종섭o, 38). 다만 헌법재판소는 만연히 「공정한 재판을 받을 권리는 헌법 제27조의 재판청구권에 의하여 함께 보장되고(憲 2002. 7. 18.-2001헌바53 참조), 재판청구권에는 민사재판, 형사재판, 행정재판뿐만 아니라 헌법재판을 받을 권리도 포함되므로(憲 2013. 8. 29.-2011헌마22 참조), 헌법상 보장되는 기본권인 '공정한 재판을 받을 권리'에는 '공정한 헌법재판을 받을 권리'도 포함된다」고 판시하고 있다(예: 憲 2014. 4. 24.-2012헌마2).

(3) 심급과 재판청구권

(a) 내 용

재판청구권에 심급의 이익이 포함되는가 하는 문제가 있다. 헌법은 제101조 제1항에서 사법권을 정하고, 제2항에서 「법원은 최고법원인 대법원과 각급법원으로 조직된다」라고 정하고 있어 각급법원이 존재함과 대법원이 최고법원임을 정하고 있다.

이러한 규정에서 보건대, 심급상 대법원은 최고법원이므로 최종심의 법원임이 분명하고, 그 이하 심급은 헌법이 명시적으로 정하고 있지 않기 때문에 법률에 의하여 정해진다고 할 것이다. 따라서 심급제도의 존재는 헌법이 정하고 있는 헌법사항이지만, 2심인가 3심인가 4심인가 하는 문제는 헌법사항이 아니라 법률정책적인 문제이고, 어느 경우이든 최종심의 관할은 대법원이 가진다고 할 것이다.

상소할 수 있는 권리(right to appeal)가 기본권으로 보장되는 것인가 하는 문제가 있다. 헌법은 단심재판(單審裁判)을 특별히 헌법 제110조 제4항에서 명시하여 제한하고 있고, 제1심의 재판을 받고 이에 대하여 불복하는 것은 재판에는 오판의 가능성이 상존하고 이를 회피하는 것이 정의에 합치한다는 재판의 본질에 비추어 볼 때 허용되어야 하는 것이므로 이러한 상소권, 즉 제2심 재판을 받을 권리는 기본권으로 보장되는 것이라고 할 것이다. 제2심 재판을 받을 권리는 헌법 제27조 제1항 및 제101조 제1항과 제2항을 근거로 하는 것이다. 그러나 제2심 재판에 대한 상소나 그 이상 심급에 대한 상소는 법률정책적인 사항에 해당하여 이는 법률상의 권리는 될 수 있어도 헌법상의 기본권은 되지 못한다고 할 것이다. 제2심을 어느 법원이 관장하는가 하는 것은 최종심이 2심인 구조에서는 대법원이 관장하지만 그렇지 아니한 경우에는 법률정책적으로 정한다(정종섭o, 39).

헌법재판소의 판례에서도 제2심의 재판을 받을 권리를 기본권으로 이해하는 시각이 보인다(예: 憲 1992. 6. 26.-90헌바25; 1993. 11. 25.-91헌바8; 1997. 12. 24.-96헌마172등).

> [憲 1992.6.26.-90헌바25] 「대저 재판이란 사실확정과 법률의 해석적용을 본질로 함에 비추어 법관에 의하여 사실적 측면과 법률적 측면의 한 차례의 심리검토의 기회는 적어도 보장되어야 할 것이며, 또 그와 같은 기회에 접근하기 어렵도록 제약이나 장벽을 쌓아서는 안 된다고 할 것으로, 만일 그러한 보장이 제대로 안되면 재판을 받을 권리의 본질적 침해의 문제가 생길 수 있다고 할 것이다.」

(b) 대법원의 재판을 받을 권리

헌법 제27조 제1항의 재판청구권에 대법원에 의한 재판을 받을 권리가 포함되는가 하는 점이 문제된다. 헌법 제101조 제2항이 최고법원을 대법원으로 하여 최종심의 재판을 관장하게 하므로 재판에서 최종적으로 대법원의 재판을 받을 권리, 즉 대법원의 재판을 구하는 권리는 기본권이라고 할 것이다(정종섭o, 45). 이러한 대법원의 재판을 받을 권리도 헌법 제37조 제2항에 의하여 제한하는 것은 가능하다. 이와 뉘앙스를 달리 하며, 헌법 제101조 제2항에서 대법원의 재판을 받을 권리가 당연히 도출되는 것은 아니고 모든 사건에 대하여 대법원에 상고할 수 있게 하느냐 않느냐 하는 것은 입법정책적인 문제이지만, 어떤 경우에도 대법원에 상고할 기회를 완전히 박탈·봉쇄하는 것은 위헌이라는 견해가 있다(권영성, 605; 계희열b, 620. 憲 1993. 7. 29.-90헌바35).

> 대법원의 재판은 3심제의 구조에서는 제3심이 대법원의 재판이지만 4심제에서는 제4심이 대법원의 재판이므로 대법원의 재판을 받을 권리가 기본권이라고 하더라도 제3심의 재판을 받을 권리가 언제나 기본권이 되는 것은 아니다. 제3심의 재판을 받을 권리는 3심제의 구조에서는 최종심의 재판을 받을 권리이므로 기본권으로서의 성질을 가지지만, 4심 이상의 구조에서는 법률상의 권리에 지나지 않는다(정종섭o, 42).

헌법재판소의 판례는 이 문제에 대하여 명확하게 설시하지 않고 있다(예: 憲 1992. 6. 26.-90헌바25 등 다수). 1952년헌법의 헌법위원회의 판례에서는 대법원의 재판을 받을 권리를 기본권이라고 판시하였다(예: 헌법위원회 단기 4285년 헌위 제1호).

> [憲 1992.6.26.-90헌바25] 「헌법 제27조 제1항은……이 조항의 전단 부분인 "헌법과 법률이 정한 법관에 의하여" 재판을 받을 권리라 함은……대법원을 구성하는 법관에 의한 재판을 받을 권리이거나 더구나 사건의 경중을 가리지 않고 모든 사건에 대하여 대법원을 구성하는 법관에 의한 균등한 재판을 받을 권리라고는 보여지지 않는다. 나아가 후단의 "법률에 의한" 재판을 받을 권리라 함은 법관에 의한 재판은 받되 법대로의 재판 즉 절차법이 정한 절차에 따라 실체법이 정한 내용대로 재판을 받을 권리를 보장하자는 취지라고 할 것으로, 이는 재판에 있어서 법관이 법대로가 아닌 자의와 전단에 의하는 것을 배제한다는 것이지 여기에서 곧바로 상고심재판을 받을 권리가 발생한다고 보기는 어렵다고 할 것이다. 대저 재판이란 사실확정과 법률의 해석적용을 본질로 함에 비추어 법관에 의하여 사실적 측면과 법률적 측면의 한 차례의 심리검토의 기회는 적어도 보장되어야 할 것이며, 또 그와 같은 기회에 접근하기 어렵도록 제약이나 장벽을 쌓아서는 안 된다고 할 것으로, 만일 그러한 보장이 제대로 안 되면 재판을 받을 권리의 본질적 침해의 문제가 생길 수 있다고 할 것이다. 그러나 모든 사건에 대해 똑같이 세 차례의 법률적 측면에서의 심사의 기회의 제공이 곧 헌법상의 재판을 받을 권리의 보장이라고는 할 수 없을 것이다. 국가에 따라서는 국민에게 상고심에서 재판을 받을 권리를 헌법상 명문화한 예도 있다. 그러나 그와 같은 명문규정이 없고 상고문제가 일반 법률에 맡겨진 것이 우리 법제라면 헌법 제27조에서 규정한 재판을 받을 권리에 모든 사건에 대해 상고법원의 구성법관에 의한, 상고심 절차에 의한 재판을 받을 권리

까지도 포함된다고 단정할 수 없을 것이고, 모든 사건에 대해 획일적으로 상고할 수 있게 하느냐 않느냐는 특단의 사정이 없는 한 입법정책의 문제라고 할 것으로, 결국 재판을 받을 권리의 침해라는 논지는 받아들일 수 없다.」

(c) 특별항고권의 제한

헌법재판소는 어떤 사유를 특별항고사유로 정하여 특별항고를 허용할 것인가는 기본적으로 입법자가 법적 안정성과 법원의 업무부담 등을 고려하여 결정하여야 할 입법정책의 문제라고 판시하였다(憲 2007. 11. 29.-2005헌바12).

[憲 2007.11.29.-2005헌바12] 「헌법재판소는 재판청구권과 상소권 및 재판청구권과 재심청구권과의 관계에 대하여, "헌법 제27조 제1항에서 보장하고 있는 재판청구권은 법관에 의하여 사실적 측면과 법률적 측면의 한 차례의 심리검토의 기회는 적어도 보장되어야 함을 그 핵심적 내용으로 하고(憲 1992. 6. 26.-90헌바25), 상소문제가 일반 법률에 맡겨진 우리 법제하에서 재판청구권에 모든 사건에 대해 상소법원의 구성법관에 의한, 상소심 절차에 의한 재판을 받을 권리까지도 당연히 포함된다고 할 수 없으므로(憲 1996. 3. 28.-93헌바27), 심급제도는 사법에 의한 권리보호에 관하여 한정된 사법자원의 합리적인 분배의 문제인 동시에 재판의 적정과 신속이라는 서로 상반되는 두 가지의 요청을 어떻게 조화시키느냐의 문제에 돌아가고, 따라서 기본적으로 입법자의 형성의 자유에 속하는 사항이다(憲 1995. 1. 20.-90헌바1)"라는 취지로 판시하였고, 또한 "재심청구권 역시 헌법 제27조에서 규정한 재판을 받을 권리에 당연히 포함된다고 할 수 없고, 어떤 사유를 재심사유로 정하여 재심을 허용할 것인가는 입법자가 확정판결에 대한 법적 안정성, 재판의 신속·적정성, 법원의 업무부담 등을 고려하여 결정하여야 할 입법정책의 문제라고 할 것이다(憲 1996. 3. 28.-93헌바27)"라고 판시한 바 있다. 재판청구권과 특별항고권의 관계도 대체로 위 선례들에서 판시한 바 있는 재판청구권과 상소권 및 재심청구권과의 관계와 크게 다르지 않다고 할 것이므로, 어떤 사유를 특별항고사유로 정하여 특별항고를 허용할 것인가는 기본적으로 입법자가 법적 안정성과 법원의 업무부담 등을 고려하여 결정하여야 할 입법정책의 문제라고 할 것이다. 그런데 민사소송법 제449조 제1항에서 특별항고사유를 일정 범위로 한정하고 있기는 하지만, 이는 확정된 결정이나 명령의 법적 안정성을 유지하고, 소송의 지연 등을 목적으로 하는 불필요한 특별항고를 방지함과 아울러 법원의 업무부담을 경감하기 위한 것으로서 그 정당성을 인정할 수 있을 뿐만 아니라, 그 제한 범위도 입법자에게 주어진 합리적 재량의 범위 내의 것으로 보이고, 달리 입법자가 현저히 불합리하게 또는 자의적으로 입법재량권을 행사하였다고 볼 만한 사정도 없다.」

(d) 즉시항고 기간의 제한

헌법재판소는 형사소송절차에서 즉시항고(卽時抗告)의 제기 기간을 제한하면서 3일로 정한 것은 기간을 과도하게 짧게 한 것이어서 재판청구권을 침해하는 것이라고 판시하였다(憲 2018. 12. 27.-2015헌바77등. 이 결정에는 2인의 반대의견이 있다).

[憲 2018.12.27.-2015헌바77등] 「가. 형사소송법상 즉시항고제도의 의의 법원의 재판 중 결정에 대한 상소제도인 항고는 불복기간의 제한이 있는지 여부에 따라 보통항고와 즉시항고로 구분된다. 그 중 불복기간의 제한이 있는 즉시항고는 당사자의 중대한 이익에 관련된 사항이나 소송절차의 원활한 진행을 위하여 신속한 결론을 얻는 것이 필요한 사항 등을 그 대상으로 하는 것으로, 법률에서 이를 개별적으로 허용하는 경우에 한하여 일정한 기간 내에 제기하여야 한다. 형사소송에 있어 즉시항고는 3일의 제기기간을 준수하여야 하고(형사소송법 제405조), 제기기간은 결정을 고지한 날로부터 기산한다(제343조 제2항). 즉시항고를 제기하기 위해서는 항고장을 원심법원에 제출하여야 하는데(제406조) 항고장의 기재사항에 관해서는 별도의 규정이 없다. 즉시항고는 보통항고와 달리 그 제기기간 내에 제기가 있는 때에는 원칙적으로 재판의 집행이 정지된다(제410조). 이는 즉시항고의 대상이 되는 결정이 당사자에게 중대한 영향을 미치는 경우가 많은 점을 고려하여, 즉시항고에도 불구하고 집행이 이루어져 항고인에게 회복할 수 없는 손해가 발생하는 것을 방지하기 위한 것이다. …… 다. 재판청구권 침해 여부 (1) **재판청구권에 대한 입법형성권의 한계** 재판청구권은 실체적 권리의 구제를 위해 국가로부터 적극적인 행위, 즉 권리구제절차의 제공을 요구하는 청구권적 기본권으로서, 입법자에 의한 구체적인 제도 형성을 필요로 한다. 특히 재판을 청구할 수 있는 기간을 정하는 것은 원칙적으로 입법자가 그 입법재량에 기초한 정책적 판단에 따라 결정할 문제이므로 그 재량의 한계를 일탈하지 아니하는 한 위헌이라고 판단하기는 어렵다(헌재 2011. 6. 30. 2009헌바430 참조). 그러나 재판청구권은 기본권이 침해당하거나 침해당할 위험에 처해 있을 때 그에 대한 구제 또는 예방을 요청할 수 있는 권리라는 점에서 다른 기본권의 보장을 위한 기본권이라는 성격을 가지고 있으므로, 재판청구권에 관한 입법재량에도 한계가 있을 수밖에 없다. 단지 법원에 제소할 수 있는 형식적인 권리나 이론적인 가능성만 제공할 뿐 권리구제의 실효성이 보장되지 않는다면 이는 헌법상 재판청구권을 공허하게 만드는 것이므로 입법재량의 한계를 일탈한 것으로 보아야 한다(헌재 2015. 9. 24. 2013헌가21 참조). (2) **입법형성권의 한계 일탈 여부** (가) 즉시항고는 당사자의 중대한 이익에 관련된 사항이나 소송절차의 원활한 진행을 위해 신속한 결론이 필요한 사항을 대상으로 하는 것으로, 한정된 사항에 대하여 간이하고 신속한 판단을 하기 위한 절차라는 점에서 그 제기기간을 단기로 정할 필요성이 인정된다. 그러나 즉시항고의 대상이 되는 형사재판에는 정식재판청구 기각결정, 상소권회복청구 허부결정, 집행유예 취소결정, 선고유예한 형을 선고하는 결정, 항소기각결정, 재심청구기각결정, 증인에게 과태료를 명하는 결정 등과 같이 당사자의 법적 지위에 중대한 영향을 주는 것들이 많이 있다. 따라서 형사절차에서 즉시항고와 같은 불복권도 그 방어권 행사에 지장이 없도록 충분히 보장되어야 하고 소홀히 취급되어서는 안 된다. 즉, 항고권자의 재판청구권 보장 측면에서 항고를 위한 숙려 및 준비를 위한 실효적인 불복기간의 보장이 요청된다. 만약 즉시항고 제기기간이 지나치게 짧아 헌법상 재판청구권을 공허하게 만들 정도에 이른 것으로 평가된다면 이는 입법재량의 한계를 넘은 것으로 판단할 수밖에 없다. (나) 심판대상조항은 1954년 제정된 이래 단 한차례의 개정도 없이 즉시항고의 제기기간을 3일로 제한하고 있다. 그런데 형사재판 중 결정절차에서는 그 결정 일자가 미리 당사자에게 고지되는 것이 아니기 때문에 갑

자기 불리한 결정을 송달받은 당사자에게는 그 결정에 대한 불복 여부를 결정하고 즉시항고 절차를 준비하는데 있어 상당한 기간을 부여할 필요가 있다. 특히 심판대상조항의 제정 당시와 비교할 때, 오늘날의 형사사건은 그 내용이 더욱 복잡해져 즉시항고 여부를 결정함에 있어서도 과거에 비하여 많은 시간이 소요될 수 있다. 더욱이 근로기준법의 개정으로 주 40시간 근무가 확대, 정착되어 많은 사업장들이 토요일, 일요일 양일간 근로를 하지 않게 됨에 따라, 금요일 오후에 결정문을 송달받을 경우 주말동안 공공기관이나 변호사로부터 법률적 도움을 구하는 것도 쉽지 않고, 우편 접수를 통해 즉시항고를 한다고 하더라도 서류 제출에 관한 도달주의 원칙과 우편물을 발송하고 도달하는 데 소요되는 통상의 시간 등을 고려할 때 사실상 월요일 하루 안에 발송 및 도달을 완료해야 하며, 특급우편도 일반적으로 발송 다음날 우편이 도달하는 점을 감안하면 경우에 따라서는 우편 발송 자체가 불가능할 수 있다. 그럼에도 불구하고 심판대상조항은 변화된 사회 현실을 제대로 반영하지 못하여, 당사자가 어느 한 순간이라도 지체할 경우 즉시항고권 자체를 행사할 수 없게 하는 부당한 결과를 초래하고 있다. 형사재판절차의 모든 경우에 당사자가 구속되어 있는 것은 아니므로 법원에 직접 항고장을 제출하는 것에 큰 어려움이 없는 경우도 있을 수 있다. 그러나 그러한 경우라 하더라도 직접 또는 다른 사람의 도움을 받아 인편으로 법원에 즉시항고장을 제출하기 어려운 상황은 얼마든지 발생할 수 있다. 교도소 또는 구치소에 있는 피고인의 경우에는 도달주의 원칙에 대한 예외로서 형사소송법 제344조의 재소자 특칙 규정이 적용될 수 있다고는 하나, 개별적으로 위 특칙을 준용하는 규정이 있는 경우에만 재소자 특칙 규정의 적용을 받게 되므로(대법원 2015. 7. 16.자 2013모2347 전원합의체 결정 참조), 명문의 준용규정이 없는 경우라면 즉시항고 제기기간의 계산에 있어 동일한 기준이 적용된다. 비록 형사소송법상의 법정기간이 소송행위를 할 자의 주거 또는 사무소의 소재지와 법원과의 거리, 교통통신의 불편 정도 등에 따라 연장될 수 있고(형사소송법 제67조, 형사소송규칙 제44조), 상소권자 또는 대리인이 책임질 수 없는 사유로 상소제기기간을 준수하지 못한 경우에는 상소권회복청구를 할 수 있다 하더라도(형사소송법 제345조), 이러한 조항들만으로는 3일이라는 지나치게 짧은 즉시항고 제기기간의 도과를 보완하기에는 미흡하다. (다) 심판대상조항이 정하고 있는 3일이라는 즉시항고 제기기간은 민사소송(민사소송법 제444조), 민사집행(민사집행법 제15조 제2항), 행정소송(행정소송법 제8조 제2항), 형사보상절차(형사보상 및 명예회복에 관한 법률 제20조 제1항) 등의 즉시항고기간 1주와 비교하더라도 지나치게 짧다. 외국의 입법례를 보더라도 즉시항고제기기간을 3일로 두고 있는 일본을 제외하고 미국, 독일 등에서는 7일 내지 14일의 기간을 두고 있고, 프랑스에서는 청구권자 또는 불복대상에 따라 5일 내지 10일까지의 기간을 두고 있다. 형사재판의 특수성을 고려할 때 신속하게 법률관계를 확정할 필요성이 인정되지만, 동시에 형사재판에 대한 당사자의 불복권을 실질적으로 보장하여 방어권 행사에 지장이 없도록 하는 것도 중요하므로, 형사재판이라는 이유만으로 민사소송 등의 절반에도 못 미치는 즉시항고 제기기간을 둔 것이 형사절차의 특수성을 제대로 반영한 것인지에 대하여도 의문이 든다. 즉시항고 제기기간을 늘리면 당해 재판의 집행이 정지되는 기간이 늘어날 수는 있으나, 즉시항고 자체가 형사소송법상 명문의 규정이 있는 경우에만 허용되므로 기간 연장으로 인한 폐해가 크다고 볼 수도 없다. (3) 소 결 결국 심판대상조항은 즉시항고 제기기간을 지나치게 짧게 정함으로써 실질적으로 즉시항고 제기를 어렵게 하고, 즉시항고 제도를 단지 형식적이고 이론적인 권리로서만 기능하게 함으로써 헌법상 재판청구권을 공허하게 하므로 입법재량의 한계를 일탈하여 재판청구권을 침해하는 규정이다.」

재판절차에서 이의(異議)를 제기하는 기간이 충분히 보장되지 않으면 재판을 받을 권리를 형해화시키는 것이다. 이러한 기간을 정하는 때에는 현실의 여러 여건과 구체적인 사정을 고려하여 국민이 충분히 생각하고 자료를 확보할 수 있는 시간을 보장하여 재판청구권을 행사할 수 있도록 하여야 한다. 재판의 효율이나 편의를 고려하여 국민의 재판청구권 행사에서 사실상 장애를 야기하는 일이 있어서는 안 된다.

(e) 단심재판과 재판청구권

단심재판은 단 한번의 재판으로 재판을 확정하는 것이다. 이는 재판에서 심급의 이익을 박탈하는 것이다. 따라서 법치주의의 이념인 정의의 원리에 비추어 보건대, 이러한 재판은 통상 허용될 수 없으며, 헌법이 특별히 정하는 경우에 한하여 이를 정당화할 수 있는 이유가 있는 경우에만 허용된다. 재판에서 오판이 있어도 이를 교정할 이익보다 이러한 이익을 무시하고 얻을 이익이 우세한 경우에 예외적으로 인정된다.

헌법은 비상계엄하에서 행해지는 군사재판에서 특정 범죄에 한하여 단심을 인정하고 있다. 즉 「비상계엄하의 군사재판은 군인·군무원의 범죄나 군사에 관한 간첩죄의 경우와 초병·초소·유독음식물공급·포로에 관한 죄 중 법률이 정한 경우에 한하여 단심으로 할 수 있다. 다만, 사형을 선고한 경우에는 그러하지 아니하다」라고 하여 일정한 경우에 한하여 단심재판이 인정된다(헌법 §110④). 이는 헌법이 스스로 인정하는 재판의 예외적인 형태이므로 헌법 제110조 제4항에서 정하고 있는 경우 이외에는 어떠한 경우에도 단심재판이 인정되지 않는다. 헌법 제27조 제1항에서 정하는 재판을 받을 권리에는 헌법이 정하는 이러한 경우 이외에는 어떠한 경우에도 단심재판을 받지 않을 권리가 포함된다.

(4) 재심과 재판청구권

통상법원의 판결이 확정된 후에 이의 효력을 다투는 재심재판을 받을 권리가 재판청구권에 속하는가 하는 문제가 있다. 재판이 확정되면 그에 따라 법질서가 형성되고 법적 안정성이 유지되므로 확정된 재판의 효력을 부정할 경우에는 이를 뒤집을 만한 이익이 존재하여야 한다. 국가권력에 대한 헌법의 우위와 합헌적 법질서의 유지 및 헌법에 의하여 보장된 기본권의 보호라는 점에서 어떠한 재판이 위헌법률에 의하여 이루어졌거나 위헌인 절차나 위헌인 기관에 의하여 이루어져 확정된 경우에는 확정된 재판이라고 하더라도 국민에게 그 효력을 다투는 기회가 주어져야 한다. 이러한 경우에 인정되는 재심재판을 받을 권리는 헌법상 보장된 재판청구권에 해당한다고 할 것이다. 그러나 다른 경우에 확정 판결의 효력에 대하여 다툴 수 있는 재심을 인정할 것인가 하는 것은 법적 안정성과 구체적 타당성이라는 이익을 서로 형량하여 판단할 법률정책적인 문제이다.

헌법재판소는 재심을 청구할 수 있는 권리에 대해서는 헌법 제27조에 당연히 포함되지 않고 입법정책상의 문제라고 하는 태도를 취하기도 하고(예: 憲 1996. 3. 28.-93헌바27; 2007. 11. 29.-2005헌바12), 헌법상의 재판청구권의 내용이라고 하는 태도를 취하기도 한다(예: 憲 2009. 10. 29.-2008헌바101).

[憲 2007.11.29.-2005헌바12] 「재심청구권 역시 헌법 제27조에서 규정한 재판을 받을 권리에 당연히 포함된다고 할 수 없고, 어떤 사유를 재심사유로 정하여 재심을 허용할 것인가는 입법자가 확정판결에 대한 법적 안정성, 재판의 신속·적정성, 법원의 업무부담 등을 고려하여 결정하여야 할 입법정책의 문제라고 할 것이다.」

[憲 2009.10.29.-2008헌바101] 「이 사건 심판청구는 청구인들이 재심을 신청하는 과정에서 재심사유를 한정적으로 열거하고 있는 이 사건 조항에 의해 본인이 원하는 재심을 달성하지 못하였다는 사실에서 비롯된 것이고, 따라서 이 사건 조항이 가장 직접적으로 제한하고 있는 권리는 재심을 청구할 수 있는 권리인데 이는 헌법상 재판청구권의 내용이라 할 것이므로…… **(1) 재판청구권과 재심제도** ㈎ 헌법 제27조 제1항은 "모든 국민은 헌법과 법률이 정한 법관에 의하여 법률에 의한 재판을 받을 권리를 가진다"고 규정함으로써 모든 국민은 헌법과 법률이 정한 자격과 절차에 의하여 임명되고 물적 독립과 인적 독립이 보장된 법관에 의하여 합헌적인 법률이 정한 내용과 절차에 따라 재판을 받을 권리를 보장하고 있다. 이러한 재판청구권은 공권력이나 사인에 의해서 기본권이 침해당하거나 침해당할 위험에 처해있을 경우 이에 대한 구제나 그 예방을 요청할 수 있는 권리라는 점에서 다른 기본권의 보장을 위한 기본권이라는 성격을 가지고 있다. 여기서 재판이라 함은 구체적 사건에 관하여 사실의 확정과 그에 대한 법률의 해석적용을 그 본질적인 내용으로 하는 일련의 과정이다. 따라서 법관에 의한 재판을 받을 권리를 보장한다고 함은 결국 법관이 사실을 확정하고 법률을 해석·적용하는 재판을 받을 권리를 보장한다는 뜻이고, 그와 같은 법관에 의한 사실확정과 법률의 해석적용의 기회에 접근하기 어렵도록 제약이나 장벽을 쌓아서는 아니 된다고 할 것이며, 만일 그러한 보장이 제대로 이루어지지 아니한다면 헌법상 보장된 재판을 받을 권리의 본질적 내용을 침해하는 것이다(憲 1995. 9. 28.-92헌가11등 참조). ㈏ 한편 재심은 확정된 종국판결에 재심사유에 해당하는 중대한 하자가 있는 경우 그 판결의 취소와 이미 종결되었던 사건의 재심판을 구하는 비상의 불복신청방법으로서 그와 같은 중대한 하자가 있는 예외적인 경우에 한하여 법적 안정성을 후퇴시키고 구체적 정의를 실현하기 위하여 마련된 것이므로, 판결에 대한 불복방법의 하나인 점에서는 상소와 마찬가지라고 할 수 있지만, 상소와는 달리 재심은 확정판결에 대한 불복방법이고 확정판결에 대한 법적 안정성의 요청은 미확정판결에 대한 그것보다 훨씬 크기 때문에, 상소보다 더 예외적으로 인

정되어야 한다는 점에서 차이가 있다(憲 2004. 12. 16.-2003헌바105 참조). (2) **재심제도와 입법형성권** 재심제도의 규범적 형성에 있어서, 입법자는 확정판결을 유지할 수 없을 정도의 중대한 하자가 무엇인지를 구체적으로 가려내어야 하는바, 이는 사법에 의한 권리보호에 관하여 한정된 사법자원의 합리적인 분배의 문제인 동시에 법치주의에 내재된 두 가지의 대립적 이념, 즉 법적 안정성과 정의의 실현이라는 상반된 요청을 어떻게 조화시키느냐의 문제로 돌아가므로, 결국 이는 불가피하게 입법자의 형성적 자유가 넓게 인정되는 영역이라고 할 수 있다. 우리 재판소는 어떤 사유를 재심사유로 정하여 재심을 허용할 것인가는 입법자가 확정판결에 대한 법적 안정성, 재판의 신속·적정성, 법원의 업무부담 등을 고려하여 결정하여야 할 입법정책의 문제라고 판시하여 왔다(憲 1996. 3. 28.-93헌바27; 2004. 12. 16.-2003헌바105 참조). 따라서 재심제도와 관련하여 인정되는 입법적 재량을 감안한다면, 민사소송법상 재심의 사유를 규정하고 있는 이 사건 조항의 위헌성에 대한 판단은 입법자가 분쟁의 신속한 해결을 통한 법적 안정성의 확보에만 매몰되어 재판의 적정성이라는 법치주의의 또 다른 이념을 현저히 희생함으로써 제반 기본권의 실현을 위한 기본권으로서의 재판청구권의 본질을 심각하게 훼손하는 등 입법형성권의 한계를 일탈하여 그 내용이 현저히 자의적인지 여부에 의하여 결정되어야 할 것이다. (3) **재판청구권 및 평등권 침해 여부** ㈎ 이 사건 조항은 재심사유를 11개의 항목으로 분류하여 한정적으로 열거하고 있는바, 이를 통하여 확정된 종국판결에 중대한 하자가 있는 경우 그 확정판결을 번복할 수 있는 기회를 부여하는 동시에 그 이외의 사유로는 확정판결을 다툴 수 없도록 규정함으로써 당사자의 권리구제를 보장하는 한편 확정된 종국판결의 법적 안정성을 유지하고 불필요한 재심을 방지하여 분쟁해결의 실효성을 확보함과 아울러 사법자원의 효율적인 활용을 도모하기 위한 것이며, 나아가 재심사유가 법원의 자의적인 판단에 의해 좌우될 수 없도록 사전에 확정하는 것이라 할 수 있으므로, 그 입법목적의 정당성이 인정된다.」

V. 공정한 재판

(1) 헌법적 근거

헌법에는 공정한 재판에 관한 명문의 규정이 없지만, 법치주의의 이념인 정의에 비추어 볼 때, 법원에 의한 재판이 공정해야 한다는 것은 본질적·필연적인 것이므로 공정한 재판을 받을 권리는 헌법 제27조의 재판청구권과 사법의 독립을 정하고 있는 규정에 의하여 보장된다고 하겠다. 재판의 절차가 공정해야 할 뿐 아니라 이를 보장할 수 있는 법원의 구성에서도 공정성이 보장되어야 한다. 법관의 제척, 기피, 회피는 공정한 재판을 보장하기 위한 제도이다.

헌법재판소도 공정한 재판을 받을 권리를 기본권이라고 판시하였다(예: 憲 1996. 12. 26.-94헌바1; 2001. 8. 30.-99헌마496 등).

(2) 내 용

공정한 재판을 받을 권리는 원칙적으로 당사자주의와 구두변론주의가 보장되어 당사자의 공격·방어권이 충분히 보장되는 재판을 받을 권리를 주된 내용으로 한다. 특히 형사절차의 경우 국가의 형벌권 행사에 대하여 개인은 심리적 압박과 행동의 자유 제약 등으로 인해 방어가능성이 상당히 제한되어 있고 형사절차의 단순한 객체로 전락하기 쉽다는 점에서, 공개된 법정의 법관의 면전에서 모든 증거자료가 조사·진술되고 피고인에게 공소사실에 대한 답변과 입증 및 반증의 기회가 부여되도록 보장하는 '공정한 재판을 받을 권리'는 형사재판절차에서 특별한 의미를 가진다. 헌법은 형사절차에 관한 일련의 규정들을 통하여 공정한 재판을 받을 권리를 구체화하고 있는데, 무죄추정의 원칙(헌법 §27④), 진술거부권(헌법 §12②), 변호인의 조력을 받을 권리(헌법 §12④) 등이 이에 해당한다.

헌법재판소는 헌법 제27조 제1항과 제3항이 보장하고 있는 「공정한 재판」이란 헌법과 법률이 정한 자격이 있고 헌법 제104조 내지 제106조에 정한 절차에 의하여 임명되고 신분이 보장되며 독립하여 심판하는 법관으로부터 헌법과 법률에 의하여 그 양심에 따라 적법절차에 의하여 이루어지는 재판을 의미하고, 공정한 재판을 받을 권리에는 법관이 주재하는 공개된 법정에서 모든 증거자료가 조사·진술되고 이에 대하여 검사와 피고인이 서로 공격·방어할 수 있는 공평한 기회가 보장되는 재판을 받을 권리가 포함된다고 한다(예: 憲; 1996. 1. 25.-95헌가5; 1996. 12. 26.-94헌바1; 2001. 8. 30.-99헌마496; 2008. 1. 10.-2007헌마1468). 검사의 청구에 의하여 법원으로 하여금 의무적으로 궐석재판을 행하도록 하고, 중형에 해당되는 사건에 대하여 피고인에게 출석 기회조차 주지 아니하여 답변과 입증 및 반증 등 공격·방어의 기회를 부여하지 않고, 피고인에게 불출석에 대한 개인적 책임을 전혀 물을 수 없는 경우까지 궐석재판을 행하게 하는 것은 그 입법목적의 달성에 필요한 최소한의 범위를 넘어서 피고인의 공정한 재판을 받을 권리를 과도하게 침해하는 것이고 적법절차의 원칙에도 위반된다(憲 1996. 1. 25.-95헌가5). 그러나 형사재판에 있어서 증거의 증명력에 대한 평가를 법관의 자유로운 판단에 맡기는 자유심증주의(自由心證主義)의 원칙(형소법 §308)은 법정증거주의의 불합리성을 극복하고 실체적 진실을 발견하기에 적합한 제도이므로 형사피고인의 공정한 재판을 받을 권리를 침해한 것이 아니라고 판시하였다(憲 2009. 11.26.-2008헌바25). 형사재판의 피고인으로 출석하는 수형자에 대하여 사복착용을 불허하는 것은 청구인의 공정한 재판을 받을 권리를 침해하므로 헌법에 합치되지 아니한다고 하였으나, 민사재판에 당사자로 출석하는 수형자의 사복착용을 불허하는 것은 공정한 재판을 받을 권리가 침해되는 것은 아니라고 보았다(憲 2015. 12. 23.-2013헌마712).

[憲 1996.1.25.-95헌가5] 「헌법은 또 제27조 제1항에서 "모든 국민은 헌법과 법률이 정한 법관에 의하여 법률에 의한 재판을 받을 권리를 가진다"라고 규정하여 재판청구권을 보장하고 있다. 이 재판청구권은 형사피고인의 공정한 재판을 받을 권리를 포함한

다. 여기서 공정한 재판이란 헌법과 법률이 정한 자격이 있고, 헌법 제104조 내지 제106조에 정한 절차에 의하여 임명되고 신분이 보장되어 독립하여 심판하는 법관으로부터 헌법과 법률에 의하여 그 양심에 따라 위에서 본 적법절차에 의하여 이루어지는 재판을 의미한다. 그 권리는 또한 재판절차를 규율하는 법률과 재판에서 적용될 실체적 법률이 모두 합헌적이어야 한다는 의미에서의 법률에 의한 재판을 받을 권리뿐만 아니라 재판의 공정을 보장하기 위하여 비밀재판을 배제하고 일반국민의 감시하에 재판의 심리와 판결을 받을 권리도 내용으로 하는바, 이로부터 공개된 법정의 법관의 면전에서 모든 증거자료가 조사·진술되고 이에 대하여 피고인이 공격·방어할 수 있는 기회를 보장받을 권리가, 즉 원칙적으로 당사자주의와 구두변론주의가 보장되어 당사자에게 공소사실에 대한 답변과 입증 및 반증의 기회가 부여되는 등 공격·방어권이 충분히 보장되는 재판을 받을 권리가 파생되어 나온다. 한편 피고인이 없는 상태하에서 재판인 궐석재판에 있어서는 피고인의 이러한 공격·방어권이 현저히 제한된다. 그러므로 형사소송법 제276조에는 피고인이 공판기일에 출석하지 아니한 때에는 특별한 규정이 없으면 개정하지 못한다고 규정하고 있고 다만 동법 제277조에 의하여 다액 10만 원 이하의 벌금 또는 과료, 공소기각 또는 면소의 재판을 할 것이 명백한 사건이나 처음부터 피고인의 출석없이 공판을 개정할 수 있고, 소송촉진등에관한특례법 제23조에 의하여 제1심 공판절차에서 피고인에 대한 송달보고서가 접수된 후 6월이 경과하도록 피고인의 소재지가 확인되지 않으면 사형·무기 또는 단기 3년 이상의 징역이나 금고에 해당하지 아니하는 사건에 한하여 피고인의 진술없이 재판할 수 있을 뿐이어서 사형·무기 또는 단기 3년 이상의 징역이나 금고에 해당하는 중죄에 있어서는 어떤 경우에도 처음부터 피고인의 출정없이 재판할 수 없는 것이 형사소송의 절차에 관한 일반원칙인 것이다. 그런데 특조법 제7조 제5항은 특례법 제2조 제1항 소정의 죄 중 많은 죄(형법 제87조 제1호·제2호, 제88조, 제90조, 제92조 내지 제99조, 군형법 제5조제1호·제2호, 제6조 내지 제8조, 제11조 내지 제16조, 국가보안법 제3조 제1항 제1호·제2호, 제2항, 제3항, 제4조 제1항 제1호 내지 제5호, 제5조 제1항, 제6조 제2항·제3항, 제9조제1항, 제12조, 제13조, 군사기밀보호법 제13조 등)의 법정형이 사형·무기 또는 단기 3년 이상의 징역형인데도 특조법 제7조 제4항에 의한 송달 간주의 효력이 인정되는 이상 처음부터 이유 여하를 막론하고 피고인의 출정없이 재판하여야 하는 것으로 규정하였다.

특조법이 상정하고 있는 반국가사범에 대한 궐석재판에 의한 처벌의 필요성을 일응 긍정한다고 하여도, 이 조항은 검사의 청구에 의하여 법원으로 하여금 처음부터 의무적으로 궐석재판을 행하도록 하고 있으며, 재판의 연기도 전혀 허용하지 않고 있어, 중형에 해당하는 사건들에 대하여도 피고인의 방어권이 일절 행사될 수 없는 상태에서 재판이 진행되도록 규정한 것이므로 위 형사소송에 관한 절차의 일반원칙에 저촉될 뿐만 아니라 그 입법목적의 달성에 필요한 최소한의 범위를 넘어서 피고인의 공정한 재판을 받을 권리를 과도하게 침해한 것이다. 비록 특조법 제7조 제5항에 "정당한 이유없이"라는 문언이 있으나 이는 동조 제4항의 송달간주규정과 첫 기일에 증거조사 없는 궐석재판으로 형을 선고하도록 규정한 제7항의 규정과 종합할 때 제3항의 공고를 거치지 않은 경우만을 뜻한다고 할 것이고 이 경우에 대하여도 제5항이나 제7항에 대한 예외규정이 없으므로 위 문언은 무의미한 것이다. 또 피고인이 판결선고 전에 출석하면 통상의 공판절차가 진행되며(특조법 제7조 제7항 단서), 판결선고 후에 체포되거나 검사에게 출석하면 상소 또는 재심이 가능하다(특조법 제11조 제1항, 제12조 제1항)는 것은 특조법 제7조 제5항에 의한 기본권의 침해가 이미 발생한 후 사후적으로 그 결과를 다소 시정하는 제도에 불과하며, 일반적으로 피고인에게 3심에 걸쳐 재판을 받을 권리가 보장되어 있는 점에 비추어 볼 때, 제1심에서 궐석재판으로 형이 선고될 수 있는 한, 이러한 사유만으로는 공정한 재판을 받을 권리의 제한이 필요한 최소한도에 국한하고 있다고 할 수는 없다. 더구나 법원의 소환절차도 소환공고를 1종 이상의 국내 신문에 게재한 뒤(특조법 제7조 제3항), 공고후 2주일이 경과되면 소환장이 피고인에게 송달된 것으로 간주하는 방식으로 이루어지는 것이므로(특조법 제7조 제4항), 결국 외국에 있는 피고인으로서는 소환공고를 전혀 모르는 상태에서, 즉 법정에 출석할 기회를 박탈당한 채 궐석재판이 행해질 수 있게 된다. 특조법 제2조 제1항에 정한 많은 죄들이 중한 형벌을 법정형으로 규정하고 있는데도 피고인에게 출석할 기회조차 주지 아니하여 답변과 입증 및 반증의 기회 등 공격·방어의 기회를 부여하지 않고, 피고인에게 불출석에 대한 개인적 책임을 전혀 물을 수 없는 경우까지 궐석재판을 행할 수 있다는 것은, 절차의 내용이 심히 적정하지 못하여 헌법 제12조 제1항 후문의 적법절차의 원칙에도 심히 반한다. 따라서 이 조항은 피고인의 재판을 받을 권리를 필요 이상으로 제한하고 있는 것이며 적법절차의 원칙에도 반하여, 헌법 제27조 제1항 및 제12조 제1항에 위반된다. (2) **특조법 제7조 제6항, 제7항 본문의 위헌성** 특조법 제7조 제6항, 제7항 본문은 궐석한 피고인은 변호인 또는 보조인도 공판절차에 출석시킬 수 없고, 법원은 최초의 공판기일에 공소사실의 요지와 검사의 의견만을 듣고 증거조사도 없이 결심하여 피고인에 대한 형을 선고하도록 규정하였다. 위에서 본 바와 같이 헌법은 제12조 제1항 후문 후단에 규정된 적법절차의 원칙을 명시하고 있는 외에 제27조 제1항에서는 당사자가 공판절차에서 충분한 공격·방어권을 행사하는 것, 이러한 대심(對審)절차를 통하여 그리고 원칙적으로 법관의 면전에서 직접 조사된 증거를 토대로 한 객관적인 재판을 받을 권리, 재판절차를 규율하는 법률 및 재판에 적용될 실체적 법률이 모두 합헌성을 띠어야 한다는 의미에서의 "법률에 의한 재판을 받을 권리"를 내용으로 하는 공정한 재판을 받을 권리를 보장하고 있다. 그리고 피고인의 공격·방어방법 중 변호인의 조력을 받는 것이 피고인의 인권침해를 방지하기 위하여 가장 효율적이고 중요한 방법의 하나이므로, 형사소송법은 그 제30조에서 피고인은 변호인을 선임할 수 있음을 규정하였고, 그 제282조에서 사형, 무기 또는 단기 3년 이상의 징역이나 금고에 해당하는 사건에 한하여는 변호인 없이 개정하지 못한다고 규정하였다. 그런데 특조법 제2조 제1항에 규정한 죄 중 많은 죄의 법정형이 사형·무기 또는 단기 3년 이상의 징역형인 점은 위에서 본 바이다. 그럼에도 불구하고 피고인이 자신을 방어하기 위해 변호인도 출석시킬 수 없고, 또한 증거조사도 없이 실형을 선고받는다는 것은 공격·방어의 기회를 원천적으로 봉쇄당하는 것을 뜻하게 되므로, 특조법 제7조 제6항 및 제7항은 헌법 제12조 제1항에 정한 적법절차의 원칙에 반하고, 헌법 제27조 제1항에 정한 재판청구권을 특조법이 정한 목적의 달성에 필요한 최소한의 범위 이상으로 침해하는 것이라 아니할 수 없다. 또한 특조법 제7조 제7항 본문은 나아가 헌법 제101조 제1항에 의해 부여된 법원의 사법권을 과도하게 제약하고 있다. 사법(司法)의 본질은 법 또는 권리에 관한 다툼이 있거나 법이 침해된 경우에 독립적인 법원이 원칙적으로 직접 조사한 증거를 통한 객관적 사실인정을 바탕으로 법을 해석·적용하여 유권적인 판단을 내리는 작용이라 할 것이다. 그런데 특조법 제7조 제7항이 특정 사안에 있어 법관으로 하여금 증거조사에 의한 사실판단도 하지 말고, 최초의 공판기일에 공소사실과 검사의 의견만을 듣고 결심하여 형을 선고하라는 것은 입법에 의해서 사법의 본질적인 중요부분을 대체시켜 버리는 것에 다름 아니어서 우리 헌법상의 권력분립원칙에 어긋나는 것이다. 우리 헌법은 권력 상호 간의 견제와 균형을 위하여 명시적으로 규정한 예외를 제외하고는 입법부에게 사법작용을 수행할 권한을 부여하지 않고 있다. 그런데도 입법자가 법원으로 하여금 증거조사도 하지 말고 형을 선고하도록 하는 법률을 제정한 것은 헌법이 정한 입법권의 한계를 유월하여 사법작용의 영역을 침범한 것이라고 할 것이다. 따라서 특조법 제7조 제7항 본문은 사법권의 법원에의 귀속을 명시한 헌법 제101조 제1항에도 위반된다.」

[憲 1996.12.26.-94헌바1] 「헌법이 공정한 재판을 받을 권리의 구체적인 내용까지 모두 규정하고 있다고는 볼 수 없다. 헌법이 보장하는 공정한 재판절차를 어떠한 내용으로 구체화할 것인가의 문제는 우선적으로 입법자의 과제이기 때문이다. 다만 입법자는 형사소송절차를 규율함에 있어서 형사피고인인 국민을 단순한 처벌대상으로 전락시키는 결과를 초래하는 등 헌법적으로 포기할 수 없는 요소를 무시한 재판절차를 형성할 수 없다는 입법형성의 한계를 가진다 할 것이다. 따라서 형사소송에 관한 절차법에서 소극적 진실주의의 요구를 외면한 채 범인필벌의 요구만을 앞세워 합리성과 정당성을 갖추지 못한 방법이나 절차에 의한 증거수집과 증거조사를 허용하는 것은 적법절차의 원칙 및 공정한 재판을 받을 권리에 위배되는 것으로서 헌법상 용인될 수 없다.」

Ⅵ. 신속한 재판

헌법은 제27조 제3항에서 「모든 국민은 신속한 재판을 받을 권리를 가진다」고 규정하고 있다. 효율적인 권리보호를 위해서는 적정한 기간 내에 권리구제절차가 이루어져야 한다. 지나치게 긴 소송기간은 아무리 정당한 재판일지라도 그 판결을 쓸모없는 것으로 만들고 형사피고인에게는 정신적 불안과 고통을 증대시키는 것이 되며, 실체적 진실발견 및 재판에 대한 국민의 신뢰와 형벌목적의 달성이라는 공익에도 저해가 된다는 점에서 재판청구권 보장을 위해 중요한 의미를 가진다. 재판이 장기간 지연될 때 증거물의 멸실·변형, 피고인이나 증인의 기억의 감퇴, 관계인의 사망 등으로 인하여 당사자가 자기 방어에 충실하지 못할 수 있고, 재판을 받아보아도 아무런 의미가 없는 사태가 발생할 수 있다.

헌법 제27조 제3항의 신속한 재판을 받을 권리의 적용범위에는 판결절차 외에 집행절차도 포함된다. 민사상의 분쟁해결에 있어서 판결절차가 권리 또는 법률관계의 존부의 확정, 즉 청구권의 존부의 관념적 형성을 목적으로 하는 절차라면 강제집행절차는 권리의 강제적 실현, 즉 청구권의 사실적 형성을 목적으로 하는 절차이므로 강제집행절차에서는 판결절차에서보다 신속성이 더욱 강하게 요청된다(예: 憲 2005. 3. 31.-2003헌바92; 2007. 3. 29.-2004헌바93; 2007. 10. 25.-2006헌바39).

신속한 재판이라고 함은 재판의 기간을 가지고 그 신속여부를 판단하지만, 일반적으로 말하자면 적정한 재판을 하는데 필요한 기간을 넘어 부당하게 지연됨이 없는 재판을 의미한다. 헌법재판소는 사법행위는 권리보호 또는 분쟁해결에 적합한 수단이어야 하므로 헌법 제27조 제3항에 의하여 보장되는 신속한 재판을 받을 권리의 「신속」의 개념에는 분쟁 해결의 시간적 단축뿐만 아니라 효율적인 절차의 운영이라는 요소도 포함된다고 본다(예: 憲 2007. 3. 29.-2004헌바93; 2007. 10. 25.-2006헌바39).

헌법재판소는 신속한 재판을 받을 권리가 기본권임을 인정하면서도(憲 1995. 11. 30.-92헌마44; 1997. 11. 27.-94헌마60) 법률에 의한 구체적 형성 없이는 신속한 재판을 위한 어떤 직접적이고 구체적인 청구권이 발생하지 아니한다고 판시하고 있다(憲 1999. 9. 16.-98헌마75). 그러나 재판을 정당한 이유없이 지연하는 것은 당사자의 법적 지위를 불안정한 상태에 놓이게 하여 미래의 삶을 예측불가능한 상태에 처하게 하고, 일상적인 생활에서 정신적·신체적 활동을 제약하며, 경우에 따라서는 재산적 손해도 발생하게 할 수 있다. 재판의 지연으로 인하여 신속한 재판을 받을 권리 등 기본권을 침해당한 경우에는 헌법소원심판을 통하여 다툴 수 있다.

[憲 1995.11.30.-92헌마44] 「신속한 재판을 받을 권리는 주로 피고인의 이익을 보호하기 위하여 인정된 기본권이지만 동시에 실체적 진실발견, 소송경제, 재판에 대한 국민의 신뢰와 형벌목적의 달성과 같은 공공의 이익에도 근거가 있기 때문에 어느 면에서는 이중적인 성격을 갖고 있다고 할 수 있어, 형사사법체제 자체를 위하여서도 아주 중요한 의미를 갖는 기본권이다.」

[憲 1997.11.27.-94헌마60] 「헌법은 제27조 제3항에서 '모든 국민은 신속한 재판을 받을 권리를 가진다'고 하여 피고인으로 하여금 신속한 재판을 받을 권리를 기본권으로 보장하고 있고, 여기서의 신속한 재판이라 함은 적정한 재판을 확보함에 필요한 기간을 넘어 부당히 지연된 재판이 아닌 재판을 의미한다.」

[憲 1999.9.16.-98헌마75] 「헌법규정으로부터 도출되는 공권력 주체의 작위의무는, 헌법규범을 준수해야 하는 일반적인 의무가 아니라 개별 사안에 있어서 이행해야 할 구체적인 작위의무를 말하며, 이에 근거하여 기본권 주체가 구체적인 공권력행위를 청구할 수 있는 권리가 발생해야 한다. 헌법 제27조 제3항 제1문은 "모든 국민은 신속한 재판을 받을 권리를 가진다"라고 규정하고 있다. 그러나 신속한 재판을 받을 권리의 실현을 위해서는 구체적인 입법형성이 필요하며, 다른 사법절차적 기본권에 비하여 폭넓은 입법재량이 허용된다. 특히 신속한 재판을 위해서 적정한 판결선고기일을 정하는 것은 법률상 쟁점의 난이도, 개별사건의 특수상황, 접수된 사건량 등 여러 가지 요소를 복합적으로 고려하여 결정되어야 할 사항인데, 이때 관할법원에게는 광범위한 재량권이 부여된다. 따라서 법률에 의한 구체적 형성 없이는 신속한 재판을 위한 어떤 직접적이고 구체적인 청구권이 발생하지 아니한다.」

헌법재판소는 신속한 재판을 받을 권리의 실현을 위해서는 구체적인 입법형성이 필요하며, 다른 사법절차적 기본권에 비하여 폭넓은 입법재량(立法裁量)이 허용된다고 본다(예: 憲 1999. 9. 16.-98헌마75; 2007. 3. 29.-2004헌바93). 자백간주로 인한 피고 패소판결을 항소의 대상에서 제외하는 규정을 두지 않은 민사소송법 규정이 신속한 재판을 받을 권리를 침해하는 것은 아니다(憲 2015. 7. 30.-2013헌바120).

[憲 2007.3.29.-2004헌바93] 「신속한 재판을 받을 권리의 실현을 위해서는 구체적인 입법형성이 필요하며, 다른 사법절차적 기본권에 비하여 폭넓은 입법재량이 허용된다고 할 것이다. 당사자처분권주의는 민사소송절차에서와 마찬가지로 민사집행절차에서도 기본원칙에 해당하지만, 부동산에 관한 강제집행절차에 있어서는 다수의 이해관계자들의 효과적인 권리보호를 위하여 잉여주의가 중요한 기본원칙으로 기능하고 있다. 민사집행절차에서는 위의 두 원칙 모두 충분히 존중되어야 할 공익적 요청이며 구체적인 절차에서 당사자처분권주의와 잉여주의를 어떻게 조화시킬 것인가는 입법형성의 문제라고 할 수 있다.」

Ⅶ. 공개재판

(1) 원 칙

공개재판이라 함은 재판의 공정성을 확보하기 위하여 재판의 심리와 판결을 일반국민에게 공개하는 것을 말한다. 헌법 제27조 제3항과 제109조에서 정하고 있는 재판의 공개는 제도의 보장이면서 동시에 공개재판을 받을 권리를 기본권으로 보장하는 것이기도 하다. 헌법 제27조 제3항은 「형사피고인은 상당한 이유가 없는 한 지체 없이 공개재판을 받을 권리를 가진다」고 규정하여 공개재판을 받을 권리의 주체로 형사피고인을 명시하고 있지만, 「재판의 심리와 판결은 공개한다」고 정하고 있는 헌법 제109조의 규정을 볼 때 이는 형사피고인의 권리를 특히 강조한 것일 뿐 모든 국민에게 인정되는 권리라고 할 것이다.

(2) 예외: 심리의 비공개

헌법은 제109조에서 「국가의 안전보장 또는 안녕질서를 방해하거나 선량한 풍속을 해할 염려가 있을 때」에는 법원의 「결정」으로 심리를 공개하지 않을 수 있다고 하여 공개재판의 예외사유를 두고 있다. 그러나 이 경우에도 판결은 공개해야 한다. 「성폭력범죄의 처벌 등에 관한 특례법」에서는 피해자의 사생활을 보호하기 위하여 법원의 결정으로 심리를 비공개할 수 있도록 하고, 증인으로 소환을 받은 성폭력 범죄의 피해자와 그 가족은 사생활보호 등의 사유로 증인신문의 비공개를 신청할 수 있도록 하고 있다(동법 §31 ①, ②).

헌법 제109조에서 정한 공개금지의 사유가 없음에도 심리의 공개를 금지하기로 결정하거나 그 사유가 있더라도 공개금지 결정의 선고가 없이 심리에 관한 공개를 금지한 경우는 공개재판을 받을 권리를 침해한 것이어서 그 절차에서 이루어진 증인의 증언은 증거능력이 없다. 이런 경우에는 변호인의 반대신문권이 보장되었더라도 증거능력이 없다(예: 大 2005. 10. 28.-2005도5854; 2013. 7. 26.-2013도2511).

[大 1990.6.8.-90도646] 「공판은 제한된 공간인 법정에서 이를 행하여야 하는 것이므로(법조법 §56①, 형소법 §275①), 방청하기를 희망하는 국민 모두에게 무제한으로 방청을 허용할 수 없음은 너무도 당연하다. 따라서 법원이 법정의 규모, 질서의 유지, 심리의 원활한 진행 등을 고려하여 방청을 희망하는 피고인들의 가족·친지 기타 일반국민에게 미리 방청권을 발행하게 하고 그 소지자에 한하여 방청을 허용하는 등의 방법으로 방청인의 수를 제한하는 조치를 취하는 것이 공개재판주의의 취지에 반하는 것은 아니므로, 이 점에 관한 논지도 이유가 없다.」

Ⅷ. 형사피해자의 재판절차진술권

(1) 의 의

헌법은 제27조 제5항에서 「형사피해자는 법률이 정하는 바에 의하여 당해 사건의 재판절차에서 진술할 수 있다」고 규정하여 형사피해자의 재판절차진술권을 보장하고 있다. 형사피해자의 재판절차진술권이란 범죄로 인한 피해자가 당해 사건의 재판절차에 출석하여 자신이 입은 피해의 내용과 사건에 관하여 의견을 진술할 수 있는 권리를 말한다. 이 규정은 검사의 불기소처분에 의하여 피해자가 재판정에서 진술할 기회가 박탈되는 것을 방지하여 형사사법의 절차적 적정성을 확보하면서, 동시에 그 동안 단순히 심리의 대상에 그쳤던 형사피해자의 정당한 권리를 보장하기 위해 헌법 제30조의 범죄피해자구조청구권과 함께 1987년헌법에 새롭게 규정되었다.

형사재판에서 형사피해자로 하여금 직접 진술하게 하는 것을 형사소송법에서 정하여 법률상의 권리로 보장할 것인가 현행 헌법과 같이 헌법에 정하여 기본권으로 보장할 것인가 하는 것은 법정책적인 문제이다. 형사피해자로 하여금 재판절차에서 진술할 수 있는 권리를 헌법에 명문으로 정하고 있는 경우는 드물다.

[憲 2003.9.25.-2002헌마533] 「헌법 제27조 제5항에서는 "형사피해자는 법률이 정하는 바에 의하여 당해 사건의 재판절차에서 진술할 수 있다"라고 규정하여 형사피해자의 재판절차진술권을 보장하고 있다. 이러한 형사피해자의 재판절차진술권은 범죄로 인한 피해자가 당해 사건의 재판절차에 증인으로 출석하여 자신이 입은 피해의 내용과 사건에 관하여 의견을 진술할 수 있는 권리를 말하는데, 이는 피해자 등에 의한 사인소추를

전면 배제하고 형사소추권을 검사에게 독점시키고 있는 현행 기소독점주의의 형사소송 체계 아래에서 형사피해자로 하여금 당해 사건의 형사재판절차에 참여하여 증언하는 이외에 형사사건에 관한 의견진술을 할 수 있는 청문의 기회를 부여함으로써 형사사법의 절차적 적정성을 확보하기 위하여 이를 기본권으로 보장하는 것이다(憲 1989. 4. 17.-88헌마3 참조). 헌법 제27조 제5항이 정한 법률유보는 법률에 의한 기본권의 제한을 목적으로 하는 자유권적 기본권에 대한 법률유보의 경우와는 달리 기본권으로서의 재판절차진술권을 보장하고 있는 헌법규범의 의미와 내용을 법률로써 구체화하기 위한 이른바 기본권형성적 법률유보에 해당한다(憲 1993. 3. 11.-92헌마48). 따라서 헌법이 보장하는 형사피해자의 재판절차진술권을 어떠한 내용으로 구체화할 것인가에 관하여는 입법자에게 입법형성의 자유가 부여되고 있으며, 다만 그것이 재량의 범위를 넘어 명백히 불합리한 경우에 비로소 위헌의 문제가 생길 수 있다.」

(2) 내 용

헌법 제27조 제5항에 따라 법원은 범죄로 인한 피해자 또는 그 법정대리인의 신청이 있는 경우에는 그 피해자를 증인으로 신문하여야 하며(형소법 §294의2①), 피해자를 신문하는 경우 당해 사건에 관한 의견을 진술할 기회를 주어야 한다(동조 ②). 그런데, 이러한 경우 형사피해자는 검사나 피고인의 신청에 의한 증인이 아니므로 당사자주의 소송구조에 모순될 여지가 있고, 피해자의 진술을 무제한 허용할 경우 재판절차가 현저하게 지연될 우려가 있는 등 신속한 재판의 이념에 반할 수 있으므로 법원은 일정한 경우 피해자의 신청이 있는 경우에도 증인으로 신문할 것을 요하지 아니한다(형소법 §294의2①단서).

헌법재판소는 형사피해자가 고소·고발한 사건에 대하여 검사가 이유 없이 불기소처분하는 것은 형사피해자의 재판절차진술권을 침해하는 것이라고 판시하여 검사의 불기소처분에 의하여 침해되는 주요한 기본권으로 이 권리를 들고 있다(예: 憲 2007. 2. 22.-2006헌마639; 2007. 4. 26.-2005 헌마1220). 여기서 말하는 형사피해자는 형사실체법상의 보호법익을 기준으로 한 피해자 개념에 한정되지 아니하고, 당해 범죄행위로 말미암아 법률상 불이익을 받게 된 자를 포함하는 넓은 의미이다(예: 憲 1992. 2. 25.-90헌마91; 1993. 3. 11.-92헌마48).

[憲 1992.2.25.-90헌마91] 「검사의 불기소처분에 대하여 기소처분을 구하는 취지에서 헌법소원을 제기할 수 있는 자는 원칙적으로 헌법상 재판절차진술권(헌법 §27⑤)의 주체인 형사피해자에 한하는 것임은 당 재판소의 판례로 되어 있는 바이다(憲 1989.12. 22.-89헌마145 등). 그러나 여기서 말하는 형사피해자의 개념은 헌법이 형사피해자의 재판절차진술권을 독립된 기본권으로 인정한 취지에 비추어 넓게 해석할 것으로 반드시 형사실체법상의 보호법익을 기준으로 한 피해자 개념에 의존하여 결정하여야 할 필요는 없다. 다시 말하여 형사실체법상으로는 직접적인 보호법익의 주체로 해석되지 않는 자라 하여도 문제되는 범죄 때문에 법률상 불이익을 받게 되는 자라면 헌법상 형사피해자의 재판절차진술권의

주체가 될 수 있고 따라서 검사의 불기소처분에 대하여 헌법소원심판을 청구할 수 있는 청구인 적격을 가진다고 할 것이다. 그렇다면 위증죄가 직접적으로는 개인적 법익에 관한 범죄가 아니고 그 보호법익은 원칙적으로 국가의 심판작용의 공정이라 하여도 이에 불구하고 위증으로 인하여 불이익한 재판을 받게 되는 사건 당사자는 재판절차진술권의 주체인 형사피해자가 된다고 보아야 할 것이고 따라서 검사가 위증의 피의사실에 대하여 불기소처분을 하였다면 헌법소원을 제기할 수 있는 청구인 적격을 가진다고 할 것이므로(憲 1991. 11. 25.-91헌마61 참조)……」

[333] 제5 제한과 그 한계

Ⅰ. 일반적 제한

(1) 개 설

재판청구권도 절대적인 권리는 아니므로 헌법 제37조 제2항에 따라 국가안전보장·질서유지·공공복리를 위하여 필요한 경우 법률로써 제한할 수 있다. 재판청구권을 제한하는 법률로는 법원조직법, 민사소송법, 형사소송법, 군사법원법, 헌법재판소법, 소액사건심판법 등이 있다.

재판청구권은 실체적 기본권을 관철하기 위한 절차적 기본권으로서, 특정한 생활영역의 보호를 그 대상으로 하는 실체적 기본권과는 본질적으로 다른 성질을 가지기 때문에 제소가능성을 제한하는 법률규정이 헌법상의 재판청구권에 위배되는지 여부에 대한 심사에서 법익형량을 위해 필요한 실체적 기준이나 근거를 제공하지 아니한다. 그러므로 재판청구권을 제한하는 절차법 규정들에 대한 위헌성 심사에 있어서 형식적 심사에 그치기 쉽고, 결과적으로 재판청구권의 제한에 관하여는 다른 기본권에 비하여 입법자에게 광범위한 입법형성권이 인정된다.

[憲 2002.10.31.-2001헌바40] 「재판청구권의 실현이 법원의 조직과 절차에 관한 입법에 의존하고 있기 때문에 입법자에 의한 재판청구권의 구체적 형성은 불가피하며, 따라서 입법자는 청구기간이나 제소기간과 같은 일정한 기간의 준수, 소송대리, 변호사 강제제도, 소송수수료 규정 등을 통하여 원칙적으로 소송법에 규정된 형식적 요건을 충족시켜야 비로소 법원에 제소할 수 있도록, 소송의 주체, 방식, 절차, 시기, 비용 등에 관하여 규율할 수 있다. 그러나 헌법 제27조 제1항은 권리구제절차에 관한 구체적 형성을 완전히 입법자의 형성권에 맡기지는 않는다. 입법자가 단지 법원에 제소할 수 있는 형식적인 권리나 이론적인 가능성만을 제공할 뿐 권리구제의 실효성이 보장되지 않는다면 권리구제절차의 개설은 사실상 무의미할 수 있다. 그러므로 재판청구권은 법적 분쟁의 해결을 가능하게 하는 적어도 한번의 권리구제절차가 개설될 것을 요청할 뿐 아니라 그를 넘어서 소송절차의 형성에 있어서 실효성 있는 권리보호를 제공하기 위하여 그에 필요한 절차적 요건을 갖출 것을 요청한다. 비록 재판절차가 국민에게 개설되어

있다 하더라도, 절차적 규정들에 의하여 법원에의 접근이 합리적인 이유로 정당화될 수 없는 방법으로 어렵게 된다면, 재판청구권은 사실상 형해화될 수 있으므로, 바로 여기에 입법형성권의 한계가 있다.」

(2) 소송비용과 재판청구권의 제한

법치국가의 이념에 비추어 볼 때, 사인의 권리보호와 사법질서를 유지하기 위하여 민사소송제도를 설치한 국가가 원칙적으로 법원의 물적 시설·인건비를 부담하는 것이 당연하지만, 개개의 소송수행에 필요한 비용까지 모두 국가가 부담하는 것은 민사소송의 본질에서나 국가재정의 견지에서도 적당하지 않다. 따라서 개개의 소송수행을 위하여 지출되는 비용은 당사자의 부담으로 하는 것이 법원의 재정조달을 위한 적정한 해결책이 될 수 있는데, 이는 불필요하고 성공가능성이 없는 소송을 제기하는 것을 막을 수 있고, 남소에 따른 법원의 과중한 업무부담으로 인하여 법원에 의한 권리구제의 양질성과 효율성이 저하되는 것도 방지할 수 있을 뿐만 아니라 법적 안정성도 보증함으로써 넓은 의미에서는 국민의 권리보호와 법적 생활의 안정에 기여하는 것이다(예: 憲 1994. 2. 24.-93헌바10등).

그런데 소송수행을 위하여 지출한 비용 중에서 어느 범위의 것을 소송비용으로 하여 패소한 당사자에게 부담시킬 것인가, 또는 소송수수료 특히 인지대(印紙貸)를 어떠한 형태로 어느 정도로 정할 것인가는 그 나라의 재판제도와 국가의 재정여건, 재판제도를 이용하는 국민의 법의식과 사회적 여건 등을 고려하여 국민의 효율적인 권리보호와 소송제도의 적정하고 합리적인 운영이 가능하도록 입법자가 법률로 정할 성질의 광범위한 재량영역에 속한다. 그러나 입법자가 정한 소송비용의 범위가 과도하게 넓다거나 인지액이 소송물가액 등에 비추어 지극히 다액이어서 자신의 정당한 권리실행을 위하여 소송제도를 이용하려는 사람들(특히 경제적인 능력이 부족한 사람들)의 법원에의 접근을 사실상 어렵게 한다면 헌법 제27조가 보장하는 재판청구권을 침해하게 된다(예: 憲 1996. 8. 29.-93헌바57). 헌법재판소는 민사소송법상 소송비용 패소자 부담 원칙을 합헌으로 보고 있고(憲 2013. 5. 30.-2012 헌바335; 2018. 3. 29.-2017헌바56), 민사소송절차의 소장에 일률적으로 인지를 첩부하도록 하면서 인지액의 상한을 규정하지 아니한 것이 재판청구권을 침해하는 것은 아니라고 보았다(憲 2015. 6. 25.-2014헌바61).

[憲 2015.6.25.-2014헌바61] 「(2) 인지제도는 국가 또는 공공단체가 특정 개인을 위하여 행하는 역무에 대한 반대급부로서 수수료의 성질을 가짐과 아울러 불필요하고 성공가능성이 없는 소송을 방지하고 남소에 따른 법원의 과중한 업무 부담에서 오는 법원업무의 양질성과 효율성 저하의 방지를 그 목적으로 하는바, 인지대를 어떠한 형태로, 어느 정도로 정할 것인가는 재판제도의 구조와 완비 정도, 인지제도의 연혁, 재판제도를 이용하는 국민의 법의식, 국가의 경제여건 등 여러 가지 요소를 종합적으로 고려하

여 국민의 권리보호와 소송제도의 적정하고 합리적인 운영이 가능하도록 입법자가 법률로 정할 성질의 것이다(憲 2011. 8. 30. -2010헌바427 참조). 물론, 국가가 재판제도의 이용을 용이하게 하여 국민의 기본권을 보장하는 것이 바람직하겠으나, 이른바 '재판유상주의'를 취하면서도 지나치게 적은 재판비용만을 당사자에게 부담시킬 경우 소송 제기 및 상소가 남발되어 국민의 권리구제가 지연되고 국가가 그에 따른 비용을 추가로 부담하게 될 것인바, 그 경우 종국적으로는 재판자원의 공평하고 공정한 이용을 저해하거나 국민의 부담을 그만큼 가중시키게 되는 역기능적 측면이 있다는 점을 고려할 필요가 있다(憲 1996. 8. 29. -93헌바57 참조). 국가가 국민의 권리구제를 위한 민사소송제도를 운영하면서 소송제도를 이용하는 당사자에게 개개의 소송수행에 필요한 경비를 부담시키고, 그 비용을 지출할 자력이 부족한 자에 대하여도 소송 제기를 위하여 지나치게 많은 인지를 첩부하도록 하고 인지를 첩부하지 아니하는 경우 소장을 각하하도록 한다면, 자력이 부족한 자에 대하여는 제소의 기회를 형식상 보장할 뿐 실질적으로는 소송에 의한 권리구제의 기회를 이용하기 심히 어렵게 만들어 결국 재판청구권을 침해할 가능성이 있다(憲 1996. 8. 29. -93헌바57 참조).

(3) 민사소송법은 법원이 소송비용을 지출할 자력이 부족한 자에 대하여는 그 신청과 소명에 의하여 패소할 것이 명백한 경우를 제외하고는 각 심급에서 소송상의 구조를 할 수 있게 하고(제128조), 이에 따라 소송상의 구조를 받는 자는 인지대 등 재판비용의 납입이 유예되므로(제129조) 소장의 인지액이 소송을 제기하고자 하는 당사자의 자력으로는 부담하기 어려울 정도로 고액인 경우에는 그 당사자가 패소할 것이 명백하여 소송의 실질적 이익이 없다고 인정되지 않는 한 소장에 인지를 붙이지 아니하고도 재판을 받을 수 있는 길을 열어 두고 있다. 또한, 민사소송비용은 패소한 당사자가 최종적으로 부담하므로(민사소송법 제98조) 국민이 정당한 권리를 소구하는 경우에는 그에 따른 소송비용을 회수할 수 있어 인지대를 선납하는 부담이 있더라도 그러한 부담 때문에 일반적으로 소 제기 자체를 포기하게 된다고 보기 어렵다.

나아가, 일반적으로 소송목적의 값이 큰 경우에는 사건의 난이도가 높고 소송이 장기간에 걸쳐 진행되는 경우가 많아 소송수행에 따르는 법원의 비용이 증가하게 되고, 날로 소송사건이 다종 · 다양해지는 현실에서 사건의 난이도, 재판에 소요되는 기간, 사건에 투입되는 법관 및 법원사무관의 업무 강도 등을 계량화 · 표준화하여 인지액의 상한을 규정하기는 용이하지 아니하며, 인지액의 상한을 정해놓을 경우 소송목적의 값을 무한정 높게 설정할 수 있어 남소방지라는 인지제도의 취지에 어긋날 수 있다. 이에 더하여, 법 제2조는 소송목적의 값이 고액인 경우 그 값이 증가할수록 첩부하여야 하는 인지의 비율이 줄어들도록 규정함으로써 소송당사자가 지나치게 많은 인지액을 부담하는 것을 방지하고 있다.

(4) 이러한 사정을 고려하면, 이 사건 인지첩부조항에서 민사소송절차의 소장에 일률적으로 인지를 첩부하도록 하면서 인지액의 상한에 관한 규정을 두고 있지 아니한 것이 인지를 첩부할 자력이 부족한 자들의 재판청구권을 침해하거나 평등원칙에 위배된다고 보기는 어렵다.」

《행정소송과 헌법소송에서 승소한 경우의 소송비용의 부담 문제》

행정청의 행정처분이나 행정입법의 위법성을 다투기 위하여 국민이 소송을 제기하거나 법률의 위헌여부를 다투기 위하여 국민이 위헌법률심판제청신청이나 헌법재판소법 제68조 제1항 또는 제2항의 헌법소원심판을 청구하여 청구인이 승소한 경우에 변호사 비용을 포함하여 소송비용을 승소한 당사자가 부담하고 있다. 과연 이러한 것이 타당한가 하는 문제가 있다. 국가가 입법행위를 하거나 행정행위를 하는 경우에는 언제나 헌법과 법률에 합치하도록 하여야 한다. 그런데 국가의 이러한 행위가 헌법이나 법률에 위반하여 한 경우에 이를 교정하는 것은 국가가 하여야 하고, 국민은 이를 교정할 의무를 지지 않는다. 그런데 국가가 이러한 위법행위를 하고도 이를 시정하는 조치(법률의 개정 또는 폐지, 행정행위의 최소 또는 변경)를 하지 않고 있어 국민에게 피해가 발생한 경우에, 어떤 국민이 이러한 행위를 바로잡아 자기가 받게 되거나 받은 피해를 예방 또는 제거하고자 하는 때에 그에 소요되는 비용을 국민이 부담하여야 하는가 국가가 부담하여야 하는가 하는 문제가 발생한다. 이러한 경우에 한편으로 보면 당사자의 권리를 구제하는 것이어서 그 비용을 당사자가 부담하여야 하는 것으로 보이기도 하지만, 다른 한편 이러한 소송으로 승소한 행위는 국민이 국가의 위헌·위법행위를 바로잡아 주었다는 것이 되고, 또 이러한 소송행위로 해당 당사자만 이익을 보는 것이 아니라 나머지 모든 국민들도 이익을 보기 때문에 이러한 재판에 소요되는 소송비용을 당사자가 부담하게 되면 특정 개인의 부담하에 나머지 제3자는 모두 무임승차하는 결과를 가져오고 국가의 잘못을 바로잡는 비용을 국민이 부담하여야 한다는 결과가 되어 불합리하다. 이러한 것은 한편으로 국민의 재판청구권을 침해하는 것인 동시에 다른 한편으로는 재산권도 침해하는 것이 된다. 따라서 이러한 경우에 그 비용은 국가가 부담하는 것이 타당하다고 할 것이다. 헌법재판소는 헌법재판소법 제37조 제1항에서 국가가 부담하도록 한 심판비용에는 재판수수료와 헌법재판소가 심판 등을 위하여 지출하는 비용인 재판비용만 포함되고, 여기에 변호사강제주의에 따른 변호사보수 등의 당사자비용은 포함되지 아니한다고 봄이 상당하다고 한다(憲 2015. 5. 28.-2012헌사496).

(3) 상고의 제한

법률규정을 통하여 상고이유를 제한하거나 상고심리불속행제도(상고심절차에 관한 특례법 §4에 의하여 대법원은 상고이유에 관한 주장이 동조상의 일정한 사유를 포함하지 아니한다고 인정되는 때에는 더 나아가 심리를 하지 아니하고 판결로 상고를 기각할 수 있는 제도를 말한다)를 둠으로써 대법원의 상고심 재판을 받을 권리를 제한하는 것은 일응 입법에 의한 헌법상의 재판청구권에 대한 제한에 해당한다. 헌법재판소는 이러한 제도는 헌법에 위반되지 않는다고 판시하였다(예: 憲 1997. 10. 30. -97헌바37등; 2015. 9. 24.-2012헌마798).

앞에서 살펴본 바와 같이, 대법원의 재판을 받을 권리는 기본권이기 때문에 이러한 제한이 과잉금지원칙 등 기본권제한의 한계를 넘어서는 때에는 헌법에 위반된다. 상고를 제한하는 경우에도 한계가 있으며, 그 제한이 입법형성의 자유에 해당하는 것은 아니다.

(4) 제소기간에 의한 제한과 명확성

특정한 법률에서 권리 또는 이익의 침해를 당한 자가 이에 불복하여 구제받을 수 있는 절차를 규정함으로써 국민들의 재판받을 권리를 구체화하면서 제소기간(提訴期間=出訴期間)을 정하고 있는 경우 국민들이 이러한 제소기간을 도과하여 재판을 청구하는 때에는 그 제소가 부적법한 소로서 각하되므로 결국 제소기간을 정한 법률규정은 국민의 재판청구권 행사의 일정한 제한에 해당한다. 제소기간에 의한 출소의 제한은 재판청구권에 대하여 직접적인 제한을 가하는 것이지만, 그 제한이 구체적 법률관계의 성질에 비추어 그 법률관계를 조속히 확정할 합리적인 필요가 인정되는 경우에는 헌법 제37조 제2항에 따라 상당한 범위 내에서 입법자에게 기간설정의 재량이 허용된다.

헌법재판소는 재판을 청구할 수 있는 기간을 정하는 것은 입법자가 입법형성재량에 기초하여 정책적 판단에 따라 결정할 문제로서 입법부에 주어진 합리적인 재량의 한계를 일탈하지 아니하는 한 위헌이라고 판단할 것은 아니라고 본다(예: 憲 1996. 8. 29.-95헌가15; 1996. 8. 29.-93헌바63; 2002. 11. 28.-2002헌바38; 2004. 12. 16.-2003헌바78; 2006. 2. 23.-2003헌바38등; 2007. 12. 27.-2006헌바11). 재정신청기간을 10일로 제한하는 것은 형사피해자의 재판절차진술권과 재판청구권의 보장을 사실상 형해화할 정도로 재정신청제도의 구체적 형성에 관한 입법재량을 일탈한 것이 아니라고 판시하였다(예: 憲 2009. 6. 25.-2008헌마259). 친생부인의 소의 제척기간을 부(夫)가 그 사유가 있음을 안 날부터 2년 내로 한 것은 입법재량의 한계를 일탈하지 않은 것으로서 헌법에 위반되지 아니한다(憲 2015. 3. 26.-2012헌바357). 지방공무원이 면직처분에 대해 불복할 경우 행정소송 제기에 앞서 반드시 소청심사를 거치도록 하고 소청심사청구기간을 처분사유 설명서 교부일부터 30일 이내로 정한 것은 재판청구권을 침해하거나 평등원칙에 위반되지 않는다고 보았고(憲 2015. 3. 26.-2013헌바186), 비용보상청구권의 제척기간을 무죄판결이 확정된 날부터 6개월로 규정한 구 형사소송법 규정이 재판청구권을 침해하지는 않는다고 보았다(憲 2015. 4. 30.-2014헌바408. 이 사건은 합헌의견 4 : 위헌의견 5로 합헌결정된 것이다). 반면에 인신보호법에서 '피수용자인 구제청구자'의 즉시항고 제기기간을 '3일'로 정한 부분은 피수용자의 재판청구권을 침해한다고 보았다(憲 2015. 9. 24.-2013헌가21).

제소기간과 같은 불변기간(不變期間)은 헌법상의 재판청구권과 직접 관련되는 사항이므로 재판청구권 행사의 예측가능성을 보장하기 위해 제소기간에 관한 규정은 일반 국민들이 알아보기 쉽고 명확하게 규정하여야 한다(불변기간 명확화의 원칙. 예: 憲 1993. 12. 23.-92헌가12).

> [憲 1993.12.23.-92헌가12] 「헌법은 제27조 제1항에서 모든 국민이 헌법과 법률이 정한 법관에 의하여 법률에 의한 재판을 받을 권리를 가짐을 선언하고 있으면서도, 제37조 제2항에서 이러한 국민의 기본권의 하나인 재판을 받을 권리도 질서유지와 공공복리를 위하여 필요한 경우에 법률에 의하여 제한될 수 있는 가능성을 인정하고 있다. 그러나,

법률에 의하여 국민의 재판청구권을 제한할 수 있다고 하더라도, 그 법률은 그 권리를 제한하는 경우에 국민들이 나무랄 수 없는 법의 오해로 재판을 받을 권리를 상실하는 일이 없도록 알기 쉽고, 여러 가지 해석이 안 나오게끔 명확하게 규정되어야 한다. 특히 이 법 제68조 제1항은 위법한 과세처분에 대한 국민의 재판을 받을 권리의 행사에 직접 관련되는 불변기간에 관한 규정이기 때문에 더욱 그러하다. 즉, 제소기간과 같은 불변기간은 늘릴 수도 줄일 수도 없는 기간이며, 국민의 기본권의 하나인 재판을 받을 권리의 행사와 직접 관련되는 사항인 것이다. 그러므로 제소기간에 관한 규정을 일반 국민들이 알아보기 쉽고 명확하게 규정하여야 한다는 요청은 그것이 바로 재판을 받을 권리의 기본권 행사에 있어서 예측 가능성의 보장일 뿐 아니라 재판을 받을 권리의 실질적인 존중이며 나아가 법치주의의 이상을 실현시키는 길이기도 한 것이다.」

[憲 1996.8.29.-95헌가15] 「출소기간의 제한은 재판청구권에 대하여 직접적인 제한을 가하는 것이지만, 그 제한이 재판청구권의 본질적 내용을 침해하지 아니하는 한, 각 구체적 법률관계의 성질에 비추어 그 법률관계를 조속히 확정할 합리적인 필요가 인정되는 경우에는 헌법 제37조 제2항에 따라 상당한 범위 내에서 입법재량으로 허용되는 것이라 할 것이다. 즉 특별히 법률관계를 조속히 확정할 필요가 없음에도 그 권리의 행사 여부 및 시기를 실체적 권리자의 선택에 맡기지 아니하고 합리적 이유없이 출소기간을 설정하여 실체적 권리의 행사를 부당하게 제한하거나 법률관계의 조속한 확정의 필요가 인정되는 경우라도 그 출소기간을 지나치게 단기간으로 하여 출소하는 것이 사실상 불가능하거나 매우 어렵게 되는 등 출소기간이 현저히 불합리하여 '사실상 재판의 거부'라고 볼 수 있는 경우가 아닌 한 출소기간의 제한은 입법재량으로 허용되는 것이라 할 것이다.」

[憲 1996.8.29.-93헌바63] 「일반적으로 행정소송에 관한 절차를 어떻게 구성할 것인가, 특히 제소기간을 얼마동안으로 할 것인가는 기본적으로 입법형성권을 가진 입법권자가 결정할 사항이다. 물론 이러한 입법재량도 헌법상 보장된 기본권인 재판청구권의 본질적 내용을 침해하거나 비례의 원칙에 어긋나는 것이어서는 아니 된다. 이러한 경우로는 예컨대, 법률관계의 조속한 확정의 필요가 인정되는 경우에 있어서도, 그 제소기간을 너무 짧게 정하여 소를 제기하는 것이 사실상 불가능하거나 매우 어렵게 되는 경우라든가, 제소기간은 소송을 제기하기에 상당한 기간을 두고 있다고 하더라도, 기간을 계산함에 있어서 그 기산일을 누구나 쉽사리 이해할 수 있도록 명확하게 규정하지 아니하고, 법률전문가로서도 혼란을 일으킬 정도로 불명확하고 모호하게 규정한 경우가 그 예이다. 따라서 위의 예에서 본 경우와 같은 재판청구권 제한의 한계를 벗어난 예외적인 경우가 아니면, 제소기간의 제한은 비록 재판청구권에 관한 직접적인 제한인 것이 분명하지만, 구체적인 적용대상 법률관계의 성질에 따라 그 법률관계를 조속히 확정할 합리적인 필요가 있는지의 여부에 따라 상당한 범위 안에서 입법권자의 재량범위가 폭넓게 허용되어야 한다.」

(5) 송달방법과 재판청구권

법률에서 경매절차를 정하고 있고, 경매신청에 있어서 송달에서 민사소송법상의 도달주의(到達主義)와 달리 발신주의(發信主義)의 특례를 정하고 있는 경우에, 이러한 발송송달이 신속한 집행절차를 실현하기 위한 것이고 그 방법이 비례원칙과 평등원칙에 어긋나지 않는 한 이는 재판청구권을 침해한 것이 아니다(憲 1998. 9. 30.-98헌가7). 그런데 이런 발송송달의 특례를 금융기관에만 인정하고 일반 채권자에게는 인정하지 않는 것은 임의경매에서는 문제가 없으나 강제경매에서는 금융기관인 경매신청인과 금융기관이 아닌 경매신청인을 합리적인 이유없이 차별대우를 하는 것이어서 평등원칙에 위반된다(憲 1998. 9. 30.-98헌가7).

⑹ 변호사 접견 제한과 재판청구권

헌법재판소는 소송대리인인 변호사와의 접견을 원칙적으로 접촉차단시설이 설치된 장소에서 하도록 규정한 구 「형의 집행 및 수용자의 처우에 관한 법률 시행령」 규정에 대해 수용자의 재판청구권을 침해한다는 이유로 헌법불합치결정을 하였다(憲 2013. 8. 29.-2011헌마122). 또한 같은 시행령에서 수형자와 소송대리인인 변호사와의 접견을 시간은 일반 접견과 동일하게 회당 30분 이내로, 횟수는 다른 일반 접견과 합하여 월 4회로 제한하는 규정은 재판청구권을 침해하므로 헌법에 합치되지 아니한다고 보았다(憲 2015. 11. 26.-2012헌마858).

II. 예외적 제한

⑴ 국회의 자율성

재판청구권은 그 성질상 폭넓은 입법형성의 자유가 인정되므로 그 제한의 형식도 입법에 의한 제한이 거의 대부분이나, 헌법에서 직접 재판청구권을 제한하는 경우도 있다. 헌법 제64조 제4항은 국회에서 행한 의원에 대한 자격심사, 징계, 제명처분에 대하여는 법원에 제소할 수 없다고 규정하여(헌법 §64②,③,④) 국회의 자율성을 존중하는 차원에서 재판청구권을 제한하고 있다.

⑵ 군인 · 군무원에 대한 군사법원의 재판

군인이나 군무원 등은 일반국민과 달리 군사법원의 재판을 받는다(헌법 §27②). 헌법 제110조는 군사재판을 관할하기 위하여 특별법원으로서 군사법원을 둘 수 있고(동조 ①), 군사법원의 상고심은 대법원에서 관할하며(동조 ②) 군사법원의 조직 · 권한 및 재판관의 자격은 법률로 정한다(동조 ③)고 규정하여 헌법에 직접 특별법원으로서 군사법원을 설치할 수 있는 근거를 두고 있다.

그런데 헌법 제110조 제1항에서 「특별법원으로서 군사법원을 둘 수 있다」는 의미는 군사법원을 일반법원과 조직 · 권한 및 재판관의 자격을 달리하여 특별법원으로 설치할 수 있다는 뜻으로 해석되므로 법률로 군사법원을 설치함에 있어서 군사재판의 특수성을 고려하여 그 조직 · 권한 및 재판관의 자격을 일반법원과 달리 정하는 것은 헌법상 허용되고 있다. 이러한 군사재판은 군인 · 군무원이라는 특수한 신분관계로 인하여 재판을 하는 법원이 달라지는 예외적인 경우로서, 군사작전이나 군기확립의 필요에 의하여 군인으로 구성된 특별법원인 군사법원에서 군인 · 군무원 등에 대한 형사범죄를 재판하는 것이므로 특별법원에 의한 재판일 뿐 재판청구권의 제한이라고 할 수 없다.

[憲 1996.10.31.-93헌바25] 「군사법원법 제6조가 일반법원과 따로 군사법원을 군부대 등에 설치하도록 하였다는 사유만으로 청구인이 주장하는 바와 같이 헌법이 허용한 특별법원으로서 군사법원의 한계를 일탈하여 사법권의 독립을 침해하고 위임입법의 한계를 일탈한 것이거나 헌법 제27조 제1항의 재판청구권, 헌법 제11조의 평등권을 본질적으로 침해한 것이라고 할 수 없고 또한 같은 법 제7조, 제23조, 제24조, 제25조가 일반법원의 조직이나 재판부구성 및 법관의 자격과 달리 군사법원에 관할관을 두고 군검찰관에 대한 임명, 지휘, 감독권을 가지고 있는 관할관이 군판사 및 심판관의 임명권 및 재판관의 지정권을 가지며 심판관은 일반장교 중에서 임명할 수 있도록 규정하였다고 하여 바로 위 조항들 자체가 청구인이 주장하는 바와 같이 군사법원의 헌법적 한계를 일탈하여 사법권의 독립과 재판의 독립을 침해하고 죄형법정주의에 반하거나 인간의 존엄과 가치, 행복추구권, 평등권, 신체의 자유, 정당한 재판을 받을 권리 및 정신적 자유를 본질적으로 침해하는 것이라고 할 수 없다.」

(3) 국가긴급상태와 재판청구권의 제한

국가의 안위에 관계되는 중대한 교전상태 등 국가긴급시에는 대통령이 발한 긴급명령에 의하여(헌법 §76②) 재판청구권이 제한될 수 있으며, 특히 전시 · 사변 또는 이에 준하는 국가비상사태가 발생하여 비상계엄이 선포된 경우에는 법률이 정하는 바에 의하여 법원의 권한에 관하여 특별한 조치를 할 수 있으므로(헌법 §77③) 이러한 특별조치에 의하여 국민의 재판청구권이 제한될 수 있다. 비상계엄이 선포된 경우에는 일반국민도 군사법원의 재판을 받을 수 있고(헌법 §27②; 군사법원법 §3①), 사형이 선고되는 경우를 제외하고 일정한 범죄에 대하여는 단심으로 할 수 있어(헌법 §110③) 상소권까지 제한된다.

Ⅲ. 제한의 한계

재판청구권을 제한하는 경우에도 헌법 제37조 제2항에서 정하는 과잉금지원칙과 본질적 내용 침해금지의 원칙이 적용된다(예: 憲 1995. 9. 28.-92헌가11등; 2002. 2. 28.-2001헌가18; 2009. 10. 29.-2008헌바101).

[憲 1995.9.28.-92헌가11등] 「법관에 의한 재판을 받을 권리를 보장한다고 함은 결국 법관이 사실을 확정하고 법률을 해석 · 적용하는 재판을 받을 권리를 보장한다는 뜻이고, 그와 같은 법관에 의한 사실확정과 법률의 해석적용의 기회에 접근하기 어렵도록 제약이나 장벽을 쌓아서는 아니 된다고 할 것이며, 만일 그러한 보장이 제대로 이루어

지지 아니한다면 헌법상 보장된 재판을 받을 권리의 본질적 내용을 침해하는 것으로서(憲 1992. 6. 26.-90헌바25 참조) 우리 헌법상 허용되지 아니한다(헌법 §37②).」

[憲 2002.2.28.-2001헌가18] 「헌법 제27조 제1항은 "모든 국민은 헌법과 법률이 정한 법관에 의하여 법률에 의한 재판을 받을 권리를 가진다"고 규정함으로써 모든 국민은 헌법과 법률이 정한 자격과 절차에 의하여 임명되고(헌법 §101③, §104, 법원조직법 §41 내지 §43), 물적 독립(헌법 §10)과 인적 독립(헌법 §106, 법원조직법 §46)이 보장된 법관에 의하여 합헌적인 법률이 정한 내용과 절차에 따라 재판을 받을 권리를 보장하고 있다. 한편, 재판이라 함은 구체적 사건에 관하여 사실의 확정과 그에 대한 법률의 해석 · 적용을 그 본질적인 내용으로 하는 일련의 과정이다. 따라서 법관에 의한 재판을 받을 권리를 보장한다고 함은 결국 법관이 사실을 확정하고 법률을 해석 · 적용하는 재판을 받을 권리를 보장한다는 뜻이고, 만일 그러한 보장이 제대로 이루어지지 아니한다면, 헌법상 보장된 재판을 받을 권리의 본질적 내용을 침해하는 것으로서 우리 헌법상 허용되지 아니한다. 그런데 이 사건 법률조항은 변호사에 대한 징계결정에 대하여 불복이 있는 경우에도 법관에 의한 사실확정 및 법률적용의 기회를 주지 아니하고, 단지 그 결정이 법령에 위반된 것을 이유로 하는 경우에 한하여 법률심인 대법원에 즉시항고할 수 있도록 하고 있는바, 대한변호사협회 변호사징계위원회나 법무부변호사징계위원회의 징계에 관한 결정은 비록 그 징계위원 중 일부로 법관이 참여한다고 하더라도(변호사법 §74①, §75② 참조) 이를 헌법과 법률이 정한 법관에 의한 재판이라고 볼 수 없다. 그렇다면 결국 이 사건 법률조항은 법관에 의한 사실확정 및 법률적용의 기회를 박탈한 것으로서 헌법상 국민에게 보장된 "법관에 의한" 재판을 받을 권리의 본질적 내용을 침해하는 위헌규정이다.」

[334] 제6 침해와 구제

Ⅰ. 공권력에 의한 침해와 구제

입법 · 행정 · 사법기관 등 공권력의 행사에 의하여 헌법상의 재판청구권이 침해된 경우에는 위헌법률심판, 위헌명령심사, 헌법소원심판, 상소, 손해배상청구 등을 통하여 구제받을 수 있다. 재판청구권에 대한 침해는 행정기관에 의한 침해보다는 입법기관이 법관에 의한 사실확정과 법률의 해석 · 적용의 기회에 접근하기 어렵도록 제약하는 입법을 함으로써 침해하는 경우가 많다. 이러한 경우 재판청구권을 침해받은 국민은 위헌법률심판이나 헌법소원심판의 절차를 통하여 구제를 받을 수 있다. 또한 재판을 담당하는 법원 등 사법기관에 의하여 공정한 재판을 받을 권리나 신속한 공개재판을 받을 권리가 침해되는 사례가 발생할 수 있는데, 이 경우 국민은 당해 소송사건의 판결에 대하여 상소를 제기함으로써 상소심에서 구제를 받을 수 있다. 재판의 지연에 대해서는 헌법소원심판을 통하여 구제받을 수 있다.

II. 사인에 의한 침해와 구제

재판청구권은 사인 간의 소송과정에서 일방이 상대방의 정당한 공격·방어를 방해하거나 의도적으로 재판을 지연시킴으로써 공정한 재판을 받을 권리나 신속한 재판을 받을 권리 등을 침해하는 경우가 발생할 수 있다. 이 경우 재판청구권의 취지가 국민이 사인관계에서 자력으로 권리를 관철하는 것을 막고 국가에 의하여 마련된 사법절차를 통하여 법적 분쟁을 해결하려는데 있다는 점에서, 입법부는 사인 간의 소송관계를 규율하는 절차법의 제정을 통하여 이를 예방하거나 구제하고, 법원은 재판절차를 통하여 이러한 예방이나 구제를 한다.

제 2 절 국가배상청구권

[335] 제1 의 의

I. 개 념

(1) 헌법 규정

헌법 제29조는 제1항에서 「공무원의 직무상 불법행위로 손해를 받은 국민은 법률이 정하는 바에 의하여 국가 또는 공공단체에 정당한 배상을 청구할 수 있다. 이 경우 공무원 자신의 책임은 면제되지 아니한다」라고 규정하고, 제2항에서는 「군인·군무원·경찰공무원 기타 법률이 정하는 자가 전투·훈련 등 직무집행과 관련하여 받은 손해에 대하여는 법률이 정하는 보상 외에 국가 또는 공공단체에 공무원의 직무상 불법행위로 인한 배상은 청구할 수 없다」라고 규정하여, 국가배상청구권(國家賠償請求權)을 헌법상의 기본권으로 보장함과 동시에 일정한 경우에 있어 헌법규정으로 이를 직접 제한하고 있다.

(2) 국가배상청구권의 정의

국가배상청구권이란 공무원의 직무상 불법행위로 말미암아 재산 또는 재산 이외의 손해를 받은 국민이 국가 또는 공공단체에 대하여 그 손해를 배상하여 주도록 청구할 수 있는 권리를 말한다(예: 憲 1997. 2. 20.-96헌바24). 헌법은 국가배상청구권의 내용을 공무원의 불법행위라고 규정하여 일응 그 범위가 공무원의 행위에 한정되는 것처럼 보이나, 헌법을 구체화한 국가배상법에서는 공무원의 행위에 의한 것뿐만 아니라 영조물의 설치에 관한 문제도 배상책임에 포함시키고 있다(국배법 §2, §5). 따라서 국가의 배상의무는 공무원을 포함한 국가의 위법한 행위에 의하여 발생하고, 이에 근거하여 배상청구권이 인정된다.

II. 연 혁

과거 군주정치하에서는 국가가 국민에 대하여 우월적인 지위를 점하고 그에 기반하여 국가무책임사상 또는 주권면책(主權免責 sovereign immunity)사상이 지배하고 있었기 때문에 국민은 국가의 위법행위를 감내해야만 했다. 영미법계의 「군주는 불법을 행할 수 없다」(The King can do no wrong)는 사상이 말해주듯이 국가(=군주)는 책임을 지지 않은 상태에서 공무원만 책임을 졌고, 대륙법계에서도 마찬가지로 국가는 책임을 지지 않았다. 일본국의 메이지헌법(明治憲法)에서도 국가무책임주의를 표방하였다. 그러하던 것이 근대로 들어오면서 국민주권사상과 법치주의의 발달에 따라 국가작용에 의한 손해에 대해서는 국가가 책임을 질 뿐만 아니라 국가와 공무원이 함께 책임을 지도록 하여 국민의 권리를 두텁게 보호하는 방향으로 국가책임주의가 발전하여 갔다. 이 결과 국가배상청구권이 국민의 권리로서 인정되기에 이르렀다. 프랑스에서는 꽁세유데따(Conseil d'Etat)의 판례를 통하여 국가책임원리가 발달하였고, 이러한 경향은 국가작용에 의해 손해가 발생한 이상 국가에게 과실이 없더라도 책임을 져야 한다는 무과실책임(無過失責任) 또는 위험책임(危險責任)으로까지 나아가는 양상도 보였다. 독일에서는 1919년 바이마르헌법에서 국가배상청구권을 명문화하였고, 미합중국에서는 1946년에 연방불법행위배상청구법(The Federal Tort Claims Act)을 제정하여 국가의 배상책임을 인정하였고, 영국에서도 1947년에 국왕소추법(The Crown Proceedings Act)을 제정하여 국가의 배상책임을 인정하였다.

국가배상청구권을 인정하는 경우에도 이를 헌법상의 기본권으로 정하는 경우도 있고, 법률상의 권리로 정하는 경우도 있다.

우리나라에서는 1948년헌법에서부터 국가배상청구권을 기본권으로 보장하였다. 헌법상의 국가배상청구권을 구체화하는 법률로 국가배상법(1967. 3. 3. 법률 제1899호)이 있다.

1971년에 대법원은 공무원의 직무상의 행위로 인한 피해가 있을 때 그 피해자가 군인인 경우에 손해배상청구권을 부인한 국가배상법의 규정에 대하여 위헌이라는 판결을 선고하였는데(大 1971. 6. 22.-70다1010), 1972년헌법은 이러한 논란을 없애기 위하여 현행 헌법의 제29조 제1항의 규정과 같이 법률이 정하는 바에 의하여 배상을 청구할 수 있다는 법정주의를 정하고, 제2항과 같이 일정한 자에 대하여는 보상 이외에 따로 배상책임을 지지 않는다는 규정을 헌법에 명문화하였다. 1980년헌법에서 「정당한 배상」이라는 것을 명문화하였다.

[336] 제2 법적 성격

I. 개 설

국가배상청구권의 성격에 대해서는 다양한 논의가 전개되고 있다. 주로 i) 헌법상 규정이 방침규정인지 직접효력규정인지 여부, ii) 헌법상 국가배상청구권이 재산권인지 청구권인지 여부, iii) 국가배상청구권이 공권인지 사권인지 여부 등이다.

II. 방침규정설과 직접효력규정설

국가배상청구권을 규정하고 있는 헌법 제29조 제1항에 명시되어 있는 「법률이 정하는 바에 따라」라는 문구를 어떻게 해석할 것인가에 대한 논의이다.

(1) 방침규정설

헌법 제29조 제1항에서 정하고 있는 「법률이 정하는 바에 따라」라는 법률유보의 문구가 있기 때문에 국가배상청구권은 헌법에서 직접 효력을 발생하는 것이 아니라 헌법에 의해서는 추상적인 권리만 생기고 구체적인 법률이 있어야 국민에게 구체적인 국가배상청구권이 부여된다고 본다(구병삭, 834).

(2) 직접효력규정설

국가배상청구권은 헌법 제29조 제1항에 의하여 보장되는 구체적인 권리이고, 법률유보의 구문은 헌법에 의해 구체적으로 생긴 권리인 국가배상청구권의 행사절차 · 기준 등만 정하는 것이라고 본다(김철수a, 1323; 허영a, 575; 성낙인, 763).

헌법에서 보장하는 기본권은 구체적인 권리가 아닐 수 없고, 국가배상청구권은 헌법 제29조 제1항에서 정하고 있는 기본권이고, 국가의 불법적 행위로 국민에게 피해를 입힌 것은 어떠한 경우에도 정당화할 수 없으며, 이러한 경우에 국민에게 발생한 손해를 배상하여야 하는 것은 국가의 본질상 부정할 수 없는 것으로 절차규정이 없다는 이유로 손해배상을 거부할 수 없고, 법률에서 정하도록 한 것은 국가배상청구권의 인정여부가 아니라 이를 구체적으로 실현하기 위한 절차나 기준 등과 이를 제한하는 경우 등을 뜻하므로 직접효력규정설이 타당하다.

대법원은 헌법상 국가배상청구권이 구체적인 권리임을 인정하고 있다(예: 大 1971. 6. 22.-70다1010).

[大 1971.6.22.-70다1010] 「헌법 제26조는 공무원의 직무상 불법행위로 손해를 받은 국

민은 국가 또는 공공단체에 배상을 청구할 수 있다고 규정하여 공무원의 불법행위로 손해를 받은 국민은 그 신분에 관계없이 누구든지 국가 또는 공공단체에 그 불법행위로 인한 손해전부의 배상을 청구할 수 있는 기본권을 보장하였고……」

Ⅲ. 재산권설과 청구권설

국가배상청구권의 실질적 성격이 무엇인가 하는 점에 대해서 재산권설과 청구권설이 나뉜다.

(1) 재산권설

헌법상 국가배상청구권은 헌법 제23조 제1항에 의해 보호되는 재산권의 한 내용이라고 본다. 이는 대법원의 과거 판결(大 1971. 6. 22.-70다1010)의 소수의견이었다.

(2) 청구권설

국가배상청구권이 재산적 가치를 가지고 있음을 부정할 수는 없지만, 헌법이 국가배상청구권에 대해 재산권규정과는 별도의 규정을 두고 있으며, 그 성질이 재산의 보호라기보다는 위법행위에 대한 권리구제수단의 보호라는 성격이 강하므로 국가배상청구권은 청구권이라고 본다(통설). 이는 대법원 과거 판결(大 1971. 6. 22.-70다1010)의 다수의견이었다.

(3) 사 견

국가배상청구권 그 자체만 놓고 보면 헌법상 재산권을 보장하는 조항과 별개로 국가에 대하여 손해의 배상을 청구하는 권리이므로 이는 청구권임에 틀림없다. 그러나 이 청구권은 피해자에 대한 손해전보라는 재산적 가치를 보호하고 실현하기 위한 수단적인 권리이므로 재산권보호의 법리가 이에도 적용된다고 할 것이다. 따라서 국가배상청구권을 제한하는 경우에도 피해자에 대한 손해배상이라는 재산적 가치의 보호와 피해자의 보호라는 법리를 침해해서는 안 된다. 생명·신체의 침해로 인한 국가배상을 받을 권리를 양도하거나 압류하지 못하게 하는 것도(국배법 §4) 이러한 성질에 근거한 입법정책이라고 할 것이다.

헌법재판소의 판례에는 국가배상청구권을 재산권으로 본 판례도 있고(예: 憲 1996. 6. 13.-94헌바20), 재산권의 보장이라는 가치와 청구권의 보장이라는 양면적인 성격을 인정한 판례도 있다(예: 憲 1997. 2. 20.-96헌바24).

[憲 1996.6.13.-94헌바20] 「심판대상조항부분이 향토예비군대원의 국가배상청구권을 인정하지 아니하는 것은 헌법 제29조 제1항에 의하여 국민일반에 대하여 원칙적으로 인정되는 국가배상청구권을 향토예비군대원에 대하여는 예외적으로 이를 금지하는 것

이고, 국가배상청구권은 그 요건에 해당하는 사유가 발생한 개별 향토예비군대원에게는 금전청구권으로서의 재산권임이 분명하므로, 심판대상조항부분은 결국 헌법 제23조 제1항에 의하여 향토예비군대원에게 보장되는 재산권을 제한하는 의미를 갖는다.」

[憲 1997.2.20.-96헌바24] 「우리 헌법상의 국가배상청구권에 관한 규정은 단순한 재산권의 보장만을 의미하는 것은 아니고 국가배상청구권을 청구권적 기본권으로 보장하고 있는 것이다.」

[憲 2015.4.30.-2013헌바395] 「헌법상의 국가배상청구권에 관한 규정은 국가배상청구권을 청구권적 기본권으로 보장하며, 국가배상청구권은 그 요건에 해당하는 사유가 발생한 개별 국민에게는 금전청구권으로서의 재산권으로 보장된다.」

Ⅳ. 공권설과 사권설

국가배상청구권이 그 성질에서 공권인가 사권인가 하는 점에 대하여 학설이 대립한다.

(1) 공 권 설

국가배상청구권은 헌법에 의해 직접 실현되는 권리인 점, 국가배상법이 특별한 경우에는 양도 · 압류의 금지를 규정하고 있는 점(국배법 §4), 외국인의 경우 상호주의에 의해 인정한다는 점(동법 §7)을 근거로 국가배상청구권을 공권적 성격의 권리라고 한다(권영성, 615; 허영a, 615; 성낙인, 764).

(2) 사 권 설

국가배상이 이루어지는 국가의 행위는 위법한 것으로서 국가가 공적인 지위에서라기보다는 사적인 사용자의 지위에서 책임을 지는 것이고, 공권으로 이해할 경우에는 공권의 특성으로 인해 국민의 청구권이 지나치게 제한될 우려가 있으므로 국가배상청구권을 사권으로 보아야 한다는 견해이다. 이러한 견해에서는 국가배상법을 민법의 특별법으로 본다(김철수a, 1325).

(3) 병 합 설

이러한 견해대립에 대해 국가배상청구권은 헌법상의 권리라는 점에서는 공권적인 것이고, 배상관계는 비권력적인 영역에 속하는 점에서 사권적인 것이므로 국가배상청구권을 공권이냐 사권이냐 하는 택일적인 접근은 타당하지 않다고 본다.

(4) 사 견

국가배상청구권은 본질에서는 사권의 성질을 가지고 있으나, 헌법에서 기본권으로 정하고 있는 이상 이는 대국가적인 권리로서의 성격을 가진다. 따라서 국가배상청구권을 기본권으로 보장하는 우리 헌법의 구조상으로는 이를 사권이라고 해석하기는 어렵다. 국가배상청구권도 헌법 제37조 제2항에 따라 제한할 수 있으나, 배상청구의 본질을 훼손할 수는 없다. 국가배상청구를 민사소송의 절차에 의하는가 행정소송의 절차에 의하는가 하는 문제는 권리실현의 방법이므로 성질상 허용되는 범위 내에서는 법률정책상의 문제에 해당한다. 따라서 국가배상을 민사소송으로 처리할 수도 있고, 행정소송으로 처리할 수도 있다. 재산권이 기본권이지만 국가가 사경제주체로서의 지위에 있는 경우에는 국민은 국가와의 재산권에 대한 분쟁을 민사소송을 통하여 처리하는 것과 동일한 법리이다.

대법원의 판례는 국가배상청구권을 일반 민사상의 불법행위책임과 같은 사권으로 보고 있다(예: 大 1972. 10. 10.-69다701).

[大 1972.10.10.-69다701] 「공무원의 직무상 불법행위로 손해를 받은 국민이 국가 또는 공공단체에 배상을 청구하는 경우 국가 또는 공공단체에 대하여 그의 불법행위를 이유로 손해배상을 구함은 국가배상법이 정한 바에 따른다 하여도 이 역시 민사상의 손해배상 책임을 특별법인 국가배상법이 정한데 불과하며……」

[337] 제3 주 체

I. 국 민

대한민국의 국민이면 누구나 국가배상청구권의 주체가 된다. 그러나 헌법 제29조 제2항에서 정하는 군인 · 군무원 · 경찰공무원 등이 보상을 받게 되는 경우에는 국가배상청구권이 인정되지 않는다(헌법 §29②).

외국인은 기본권으로서의 국가배상청구권을 보유하지 못한다. 법률정책적으로 외국인에게 국가배상청구권을 인정할 수는 있으나, 이 경우의 권리는 기본권이 아니고 법률상의 권리이다. 현재 국가배상법에 의하면, 외국인의 경우에는 상호보증주의에 입각한 상호의 보증이 있는 때에 한하여 국가배상법의 적용을 받을 수 있다(국배법 §7).

일본국의 국가배상법도 우리나라의 경우와 동일하게 상호보증주의를 정하고 있다. 일본국헌법 제17조에서는 「어느 누구도 공무원의 불법행위에 의하여 손해를 입은 경우에는 법률이 정하는 바에 의하여 국가 또는 공공단체에 그 배상을 구할 수 있다」라고 정하고 있다. 이에 따라 법문이 「어느 누구도」라고 하고 있어 외국인도 포함된다고 보고, 이를 전제로 하여 상호보증주의에 대하여 위헌의 의심이 있다고 하는 견해도 있으나, 지배적인 견해는 국가배상청구권은 국민에게 한정하여 인정되는 것이라고 보고, 상호보증주의는 헌법에 위반되지 않는다고 본다.

II. 군인 · 군무원 등의 이중배상금지

(1) 헌법 규정

헌법 제29조 제2항은 「군인 · 군무원 · 경찰공무원 기타 법률이 정하는 자가 전투 · 훈련 등 직무집행과 관련하여 받은 손해에 대하여는 법률이 정하는 보상 외에 국가 또는 공공단체에 공무원의 직무상 불법행위로 인한 배상은 청구할 수 없다」고 규정하고 있다.

국가배상법 제2조 제1항 단서에서는 이를 보다 구체화하여 「군인 · 군무원 · 경찰공무원 또는 예비군대원이 전투 · 훈련 등 직무집행과 관련하여 전사 · 순직하거나 공상을 입은 경우에 본인이나 그 유족이 다른 법령에 따라 재해보상금 · 유족연금 · 상이연금 등의 보상을 지급받을 수 있을 때에는 이 법 및 민법에 따른 손해배상을 청구할 수 없다」고 규정하고 있다. 이는 특수지위에 있는 군인 · 군무원 · 경찰공무원 등에 대해 국가배상청구권이 발생한 경우에도 이를 금지함으로써 이중배상금지의 취지를 관철시키려는 법조문으로 볼 수 있다.

> 1960년대에 월남전 등으로 인하여 국가배상소송이 급격하게 증가하자 정부는 국가배상으로 인한 과중한 재정적 부담을 해소하기 위하여 군인 · 군무원 등에 대한 이중배상금지를 규정하는 법을 신설하였다. 하지만 이러한 법규정은 위헌시비 끝에 결국 대법원에서 위헌판결을 받았다(大 1972. 7. 25.-72다986). 그런데, 그 후에 박정희 정권은 당시 위헌판결을 받은 법규정과 동일한 규정을 1972년헌법에 신설하였다. 이로 인하여 위헌논의가 봉쇄되기에 이르렀다.

(2) 위헌 문제

헌법에 따르면, 이러한 이중배상금지에 해당하는 자가 군인 · 군무원 · 경찰공무원 기타 법률이 정하는 자인데, 국가배상법 제2조 제1항 단서는 예비군 대원도 포함하고 있으므로 이것이 헌법위반이 아닌지 문제가 있다. 이중배상금지규정은 국민의 기본권을 제한하는 규정이므로 그 규정의 적용범위를 축소하여 해석할 필요성상 인정되는 문제라고 하겠다.

헌법재판소는 이를 합헌으로 보았다(예: 憲 1995. 12. 28.-95헌바3). 참고로 판례는 전투경찰대설치법에 따른 전투경찰순경의 경우에는 경찰공무원에 해당한다고 하여 이중배상금지를 인정한(예: 憲 1996. 6. 13.-94헌마118) 반면에 공익근무요원(예: 憲 1997. 3. 28.-97다4036)이나 경비교도대원(예: 憲 1998. 2. 10.-97다45914)의 경우에는 이중배상금지가 적용되는 '군인 등'에 해당하지 않는다고 하여 이들의 경우에는 이중배상금지에 해당하지 않는다고 하였다.

[憲 1996.6.13.-94헌바20] 「향토예비군의 직무는 그것이 비록 개별 향토예비군대원이 상시로 수행하여야 하는 것이 아니라 법령에 의하여 동원되거나 소집된 때에 한시적으로 수행하게 되는 것이라 하더라도 그 성질상 고도의 위험성을 내포하는 공공적 성격의 직무이므로, 국가배상법 제2조 제1항 단서가 그러한 직무에 종사하는 향토예비군대원에 대하여 다른 법령의 규정에 의한 사회보장적 보상제도를 전제로 이중보상으로 인한 일반인들과의 불균형을 제거하고 국가재정의 지출을 절감하기 위하여 임무수행중 상해를 입거나 사망한 개별 향토예비군대원의 국가배상청구권을 금지하고 있는 데에는 그 목적의 정당성, 수단의 상당성 및 침해의 최소성, 법익의 균형성이 인정되어 기본권 제한규정으로서 헌법상 요청되는 과잉금지의 원칙에 반한다고 할 수 없고, 나아가 그 자체로서 평등의 원리에 반한다거나 향토예비군대원의 재산권의 본질적인 내용을 침해하는 위헌규정이라고 할 수 없다.」

(3) **이중배상금지의 효력**(공동불법행위와 구상권)

군인 등에 대한 이중배상금지에 관한 규정이 일반인에게도 적용되는지에 관하여 문제가 있다. 이는 일반국민이 직무집행 중인 군인과의 공동불법행위로 직무집행 중인 다른 군인에게 공상을 입혀 그 피해자에게 공동의 불법행위로 인한 손해를 배상한 다음 공동불법행위자인 군인의 부담부분에 관하여 국가에 대하여 구상권을 행사한 사안에서 실제로 문제가 되었다.

종래 대법원은 이중배상금지를 이유로 일반인에 의한 국가에 대한 구상권행사를 부인하였다(예: 大 1983. 6. 28.-83다카500). 그 후에 헌법재판소는 군인 등의 이중배상금지규정은 국가의 불법행위 자체를 절대적으로 배제하는 규정이 아니라 피해자인 군인 등과 국가 사이에서만 국가배상청구권을 상대적으로 소멸시키는 규정으로 해석하였다. 이러한 헌법재판소의 결정이 있은 후에 대법원은 종래의 견해를 변경하여 민간인이 공동불법행위자로 부담하는 책임은 공동불법행위의 일반적인 경우와 달리 모든 손해에 대한 것이 아니라 귀책비율에 따른 부분으로 한정된다고 하고, 그 이상의 부담에 대해서는 구상을 청구할 수 없다고 하였다(예: 大 2001. 2. 15.-96다42420).

[憲 1994.12.29.-93헌바21] 「국가배상법 제2조 제1항 단서 중 군인에 관련되는 부분을, 일반국민이 직무집행 중인 군인과의 공동불법행위로 직무집행 중인 다른 군인에게 공상을 입혀 그 피해자에게 공동의 불법행위로 인한 손해를 배상한 다음 공동불법행위자인 군인의 부담부분에 관하여 국가에 대하여 구상권을 행사하는 것을 허용하지 않는다고 해석한다면, 이는 위 단서 규정의 헌법상 근거규정인 헌법 제29조가 구상권의 행사를 배제하지 아니하는데도 이를 배제하는 것으로 해석하는 것으로서 합리적인 이유 없이 일반국민을 국가에 대하여 지나치게 차별하는 경우에 해당하므로 헌법 제11조, 제29조에 위반되며, 또한 국가에 대한 구상권은 헌법 제23조 제1항에 의하여 보장되는 재산권이고 위와 같은 해석은 그러한 재산권의 제한에 해당하며 재산권의 제한은 헌법 제

37조 제2항에 의한 기본권제한의 한계 내에서만 가능한데, 위와 같은 해석은 헌법 제37조 제2항에 의하여 기본권을 제한할 때 요구되는 비례의 원칙에 위배하여 일반국민의 재산권을 과잉제한하는 경우에 해당하여 헌법 제23조 제1항 및 제37조 제2항에도 위반된다.」

[大 2001.2.15.-96다42420] 「헌법 제29조 제2항, 국가배상법 제2조 제1항 단서의 입법 취지를 관철하기 위하여는, 국가배상법 제2조 제1항 단서가 적용되는 공무원의 직무상 불법행위로 인하여 직무집행과 관련하여 피해를 입은 군인 등에 대하여 위 불법행위에 관련된 일반국민(법인을 포함한다. 이하 "민간인"이라 한다)이 공동불법행위책임, 사용자책임, 자동차운행자책임 등에 의하여 그 손해를 자신의 귀책부분을 넘어서 배상한 경우에도, 국가 등은 피해 군인 등에 대한 국가배상책임을 면할 뿐만 아니라, 나아가 민간인에 대한 국가의 귀책비율에 따른 구상의무도 부담하지 않는다고 하여야 할 것이다. 그러나 위와 같은 경우, 민간인은 여전히 공동불법행위자 등이라는 이유로 피해 군인 등의 손해 전부를 배상할 책임을 부담하도록 하면서 국가 등에 대하여는 귀책비율에 따른 구상을 청구할 수 없도록 한다면, 공무원의 직무활동으로 빚어지는 이익의 귀속주체인 국가 등과 민간인과의 관계에서 원래는 국가 등이 부담하여야 할 손해까지 민간인이 부담하는 부당한 결과가 될 것이고(가해 공무원에게 경과실이 있는 경우에는 그 공무원은 손해배상책임을 부담하지 아니하므로 민간인으로서는 자신이 손해발생에 기여한 귀책부분을 넘는 손해까지 종국적으로 부담하는 불이익을 받게 될 것이고, 가해 공무원에게 고의 또는 중과실이 있는 경우에도 그 무자력 위험을 사용관계에 있는 국가 등이 부담하는 것이 아니라 오히려 민간인이 감수하게 되는 결과가 된다), 이는 위 헌법과 국가배상법의 규정에 의하여도 정당화될 수 없다고 할 것이다. 이러한 부당한 결과를 방지하면서 위 헌법 및 국가배상법 규정의 입법 취지를 관철하기 위하여는, 피해 군인 등은 위 헌법 및 국가배상법 규정에 의하여 국가 등에 대한 배상청구권을 상실한 대신에 자신의 과실 유무나 그 정도와 관계 없이 무자력의 위험부담이 없는 확실한 국가보상의 혜택을 받을 수 있는 지위에 있게 되는 특별한 이익을 누리고 있음에 반하여 민간인으로서는 손해 전부를 배상할 의무를 부담하면서도 국가 등에 대한 구상권을 행사할 수 없다고 한다면 부당하게 권리침해를 당하게 되는 결과가 되는 것과 같은 각 당사자의 이해관계의 실질을 고려하여, 위와 같은 경우에는 공동불법행위자 등이 부진정연대채무자로서 각자 피해자의 손해 전부를 배상할 의무를 부담하는 공동불법행위의 일반적인 경우와 달리 예외적으로 민간인은 피해 군인 등에 대하여 그 손해 중 국가 등이 민간인에 대한 구상의무를 부담한다면 그 내부적인 관계에서 부담하여야 할 부분을 제외한 나머지 자신의 부담부분에 한하여 손해배상의무를 부담하고, 한편 국가 등에 대하여는 그 귀책부분의 구상을 청구할 수 없다고 해석함이 상당하다 할 것이고, 이러한 해석이 손해의 공평·타당한 부담을 그 지도원리로 하는 손해배상제도의 이상에도 맞는다 할 것이다.」

[338] 제4 내 용

Ⅰ. 국가배상청구권의 성립요건

(1) 공무원의 직무상 불법행위

국가배상법 제2조에 의하여 공무원 또는 공무를 위탁받은 사인(이하 "공무원"이라 함)의 직무상 불법행위에 대한 국가배상청구를 위해서는 i) 공무원의 행위에 의할 것,

ii) 공무원이 직무상의 행위를 할 것, iii) 불법행위가 직무집행에 당하여 발생할 것, iv) 공무원의 행위가 고의·과실에 의할 것, v) 그 행위가 법령에 위반하는 행위일 것, vi) 손해가 발생하고 손해와 공무원의 행위 사이에 인과관계가 인정될 것 등의 요건이 필요하다. 국가배상청구권의 성립요건으로서 공무원의 고의 또는 과실을 규정함으로써 무과실책임을 인정하지 않은 것이 헌법상 국가배상청구권을 침해한다고 보기는 어렵다(憲 2015. 4. 30.-2013헌바395).

(a) 공 무 원

여기서 공무원이라 함은 광의의 공무원을 말한다. 국가공무원법이나 지방공무원법상의 공무원뿐만 아니라 널리 실질적으로 공무에 종사하는 자를 포함한다(통설).

대법원은 소집중인 향토예비군(大 1970. 5. 26.-70다471), 미군부대 카투사(大 1969. 2. 18.-68다2346), 시청소차의 운전수(大 1980. 9. 24.-80다1051), 집행관(大 1966. 7. 26.-66다854), 통장(大 1991. 7. 9.-91다5570)을 국가배상의 요건에서 말하는 공무원으로 인정하였다. 국가의 배상책임이 발생하는 이상 공무원이 특정되어야 할 필요는 없다(예: 大 1995. 11. 10.-95다23897).

(b) 직무상의 행위

국가배상청구권을 인정하기 위한 공무원 직무의 범위에 대해서는 권력작용에 한정된다는 협의설, 권력작용과 관리작용(管理作用=單純公行政作用)이 포함된다는 광의설, 국가의 사경제작용까지 모두 포함된다는 최광의설이 대립하고 있다. 광의설이 지배적인 견해이다.

대법원은 직무의 범위를 행정작용 중 권력작용과 관리작용에 한정해서만 국가배상을 인정하고 있다(예: 大 1999. 6. 22.-99다7008).

> [大 1999.6.22.-99다7008] 「국가 또는 지방자치단체라 할지라도 공권력의 행사가 아니고 단순한 사경제의 주체로 활동하였을 경우에는 그 손해배상책임에 국가배상법이 적용될 수 없고 민법상의 사용자책임 등이 인정되는 것이고 국가의 철도운행사업은 국가가 공권력의 행사로서 하는 것이 아니고 사경제적 작용이라 할 것이므로……」

국가배상청구권은 공무원의 직무집행에 당하여 손해가 발생한 경우에 인정되는바, 이러한 직무관련성에 대해서는 그 판단기준으로서 실질설과 외형설이 대립한다. 이에 대하여는 직무행위의 실질을 요구하는 실질설보다는 직무행위와 외형상 관련있는 것으로 인정되는 행위까지 포함하는 외형설이 학계의 일반적인 견해이다.

대법원도 외형설에 입각하여 직무관련성을 판단하고 있다(예: 大 1966. 6. 28.-66다781).

[大 1966.6.28.-66다781] 「"직무를 행함에 당하여"라는 취지는 공무원의 행위의 외관을 객관적으로 관찰하여 공무원의 직무행위로 보여질 때에는 비록 그것이 실질적으로 직무행위이거나 아니거나 또는 행위자의 주관적 의사에 관계없이 그 행위는 공무원의 직무집행행위로 볼 것이요 이러한 행위가 실질적으로 공무집행행위가 아니라는 사정을 피해자가 알았다 하더라도 그것을 "직무를 행함에 당하여"라고 단정하는데 아무런 영향을 미치는 것이 아니다.」

(c) 불법행위

불법행위란 고의 또는 과실에 의하여 법령을 위반한 행위를 말한다. 작위 또는 부작위 행위 모두를 포함한다. 법령위반(위법성)과 관련하여 법률 또는 명령의 위반뿐만 아니라 일반법원칙을 위반한 경우까지 포함하여 넓게 해석하여야 할 것이다. 고의 또는 과실을 요구하기 때문에 형사보상청구권이나 영조물 설치·관리상의 하자로 인한 국가배상책임과도 구별된다. 불법행위의 입증책임에 관하여는 원칙적으로 피해자에게 입증책임이 있으며, 누구의 행위인지 판명되지 않은 경우에도 그것이 공무원의 행위인 이상 국가는 배상책임을 져야 한다.

(d) 손해의 발생

타인에게 손해가 발생하여야 국가배상청구권이 성립할 수 있다. 타인이란 가해자인 공무원과 그에게 가담한 자를 제외한 자를 의미한다. 손해의 종류는 불문하므로 재산적 손해뿐 아니라 비재산적 손해도 이에 해당한다. 한편, 가해행위와 손해의 발생 사이에 인과관계가 있어야 하는데, 대법원은 상당인과관계를 요구하고 있다. 이와 관련하여 대법원은 국가배상법 제2조 제1항에서 말하는 직무란 사인의 보호를 위한 직무를 뜻하며, 단순히 사회 일반의 공익만을 위한 직무는 이에 포함되지 않는다고 하면서, 이러한 사익보호성의 문제를 인과관계의 문제로 처리하고 있는 실정이다.

(2) 영조물의 설치·관리상의 하자

국가배상법 제5조에 의하여 공공시설의 하자로 인한 피해에 대해 국가배상청구권을 행사하기 위해서는 i) 공공영조물에 대한 것, ii) 설치·관리상 하자가 있을 것, iii) 하자로 인해 손해가 발생하고, 손해와 하자 사이에 인과관계가 있을 것 등이 필요하다.

설치·관리상 하자에는 민법 제758조와는 달리 면책규정이 없는데, 이와 관련하여 하자의 성격에 대해 무과실책임인지 여부에 관한 견해의 대립이 있다. 대법원은 무과실책임이라고 판시하였다(예: 大 1992. 9. 22.-92다30219).

[大 1992.9.22.-92다30219] 「국가배상법 제5조 소정의 영조물의 설치 · 관리상 하자로 인한 책임은 무과실책임이고 나아가 민법 제758조 소정의 공작물의 점유자의 책임과는 달리 면책사유도 규정되어 있지 않으므로……」

II. 국가배상청구권 행사의 절차적 요건

구국가배상법 제9조는 국가배상청구권의 행사에 있어 배상심의위원회에 의한 배상결정 전치주의(前置主義)를 취하고 있었다. 이에 대해서는 이 제도가 국민의 재판청구권과 평등권을 침해하는 것이라는 논의가 있었다. 헌법재판소는 이러한 전치주의는 헌법에 위반되지 않는다고 판시하였다(예: 憲 2000. 2. 24.-99헌바17등).

[憲 2000.2.24.-99헌바17등] 「국가배상법에 의한 손해배상청구에 관한 시간, 노력, 비용의 절감을 도모하여 배상사무의 원활을 기하며 피해자로서도 신속, 간편한 절차에 의하여 배상금을 지급받을 수 있도록 하는 한편, 국고손실을 절감하도록 하기 위한 이 사건 법률조항에 의해 달성되는 공익과, 배상절차의 합리성 및 적정성의 정도, 그리고 한편으로는 배상신청을 하는 국민이 치루어야 하는 수고나 시간의 소모를 비교하여 볼 때, 이 사건 법률조항이 헌법 제37조의 기본권제한의 한계에 관한 규정을 위배하여 국민의 재판청구권을 침해하는 정도에는 이르지 않는다.」

이러한 헌법재판소의 결정이 있은 후에 국가배상법이 개정되었는데, 현행 국가배상법은 배상결정을 미리 받지 아니하고도 바로 국가배상청구권을 행사하여 소송을 청구할 수 있게 되었다.

III. 배상의 주체와 배상범위

(1) 배상의 주체

헌법규정과 국가배상법에 의할 때, 국가가 피해자인 국민에 대해 배상책임을 지는 것은 당연하다고 할 수 있다. 그러나 국가 책임의 성질에 대해서는 가해의 직접적인 주체인 공무원이 개인적인 손해배상책임을 지느냐와 관련하여 견해의 대립이 있다.

(a) 대위책임설

대위책임설은 공무원의 직무상 불법행위로 인한 손해배상책임은 원칙적으로 공무원이 부담하는 것인데, 헌법과 국가배상법에 따라 국가가 피해자를 보호하기 위하여 공무원을 대신하여 지는 일종의 대위책임이라고 본다. 그 근거로써 공무원의 위법행위는 국가의 행위로 볼 수 없다는 점, 국가배상법 제2조 제1항은 공무원의 개인책임을 전제로 하고 있다는 점, 국가배상법 제2조 제2항에 의해 국가가 공무원에게 구상권을 행사할 수 있다는 점을 든다. 이 견해에 의할 때, 직접행위자인 공무원은 행위자로서 피해자에게 민사상 불법행위책임을 지게 되며, 따라서 국가와 공무원의 책임이 병존한다.

(b) 자기책임설

자기책임설은 국가의 배상책임은 국가 자신의 행위에 대한 스스로의 책임이라고 한다. 이 견해는 국가는 행위를 공무원에 의하여 행하므로 공무원의 행위에 의한 효과는 귀책사유를 불문하고 모두 국가에게 귀속되어야 한다는 것과, 헌법과 국가배상법의 규정에 공무원을 대신한다는 규정이 없음을 논거로 든다. 이 견해에 의하면, 공무원은 배상책임의 주체가 되지 않는다(권영성, 619; 성낙인, 769).

(c) 절 충 설

절충설은 국가의 공무원에 대한 구상권을 기준으로 공무원이 고의·중과실에 의해 불법행위를 한 경우에는 국가의 구상권이 인정되므로 이 경우에는 대위책임의 성격이, 경과실에 의한 경우에는 구상권이 인정되지 않으므로 국가의 자기책임이라고 본다. 이 견해는 공무원의 고의·중과실에 의한 행위는 공무원 개인의 책임에 의한 행위이지 국가의 행위로 포섭할 수 없는 것이지만 국민의 보호를 위해 국가가 대신 책임을 질 필요성이 있고, 공무원의 경과실의 경우에는 공무원의 행위를 국가에 귀속시킬 수 있기에 자기책임을 인정하는 것이라고 한다. 이 견해에 의하면 공무원이 고의·중과실에 의하여 손해를 발생한 경우에는 공무원에게도 책임이 인정되나, 경과실에 의한 경우에는 공무원 개인에 대한 배상책임이 인정되지 않는다.

대법원의 판례는 입장의 변경이 있어 왔으나, [95다38677] 사건(大 1996. 2. 15.-95다38677)에서 절충설을 취하였다.

> [大 1996.2.15.-95다38677] 「헌법 제29조 제1항 단서는 공무원이 한 직무상 불법행위로 인하여 국가 등이 배상책임을 진다고 할지라도 그 때문에 공무원 자신의 민·형사책임이나 징계책임이 면제되지 아니한다는 원칙을 규정한 것이나, 그 조항 자체로 공무원 개인의 구체적인 손해배상책임의 범위까지 규정한 것으로 보기는 어렵다.……국가배상법 제2조 제1항 본문 및 제2항의 입법 취지는 공무원의 직무상 위법행위로 타인에게 손해를 끼친 경우에는 변제자력이 충분한 국가 등에게 선임감독상 과실 여부에 불구하고 손해배상책임을 부담시켜 국민의 재산권을 보장하되, 공무원이 직무를 수행함에 있어 경과실로 타인에게 손해를 입힌 경우에는 그 직무수행상 통상 예기할 수 있는 흠이 있는 것에 불과하므로, 이러한 공무원의 행위는 여전히 국가 등의 기관의 행위로 보아 그로 인하여 발생한 손해에 대한 배상책임도 전적으로 국가 등에만 귀속시키고 공무원 개인에게는 그로 인한 책임을 부담시키지 아니하여 공무원의 공무집행의 안정성을 확보하고, 반면에 공무원의 위법행위가 고의·중과실에 기한 경우에는 비록 그 행위가 그의 직무와 관련된 것이라고 하더라도 그와 같은 행위는 그 본질에 있어서 기관행위로

서의 품격을 상실하여 국가 등에게 그 책임을 귀속시킬 수 없으므로 공무원 개인에게 불법행위로 인한 손해배상책임을 부담시키되, 다만 이러한 경우에도 그 행위의 외관을 객관적으로 관찰하여 공무원의 직무집행으로 보여질 때에는 피해자인 국민을 두텁게 보호하기 위하여 국가 등이 공무원 개인과 중첩적으로 배상책임을 부담하되 국가 등이 배상책임을 지는 경우에는 공무원 개인에게 구상할 수 있도록 함으로써 궁극적으로 그 책임이 공무원 개인에게 귀속되도록 하려는 것이라고 봄이 합당하다.……공무원이 직무수행중 불법행위로 타인에게 손해를 입힌 경우에 국가 등이 국가배상책임을 부담하는 외에 공무원 개인도 고의 또는 중과실이 있는 경우에는 불법행위로 인한 손해배상책임을 진다고 할 것이지만, 공무원에게 경과실뿐인 경우에는 공무원 개인은 손해배상책임을 부담하지 아니한다고 해석하는 것이 헌법 제29조 제1항 본문과 단서 및 국가배상법 제2조의 입법취지에 조화되는 올바른 해석이다.……공무원의 직무상 위법행위가 경과실에 의한 경우에는 국가배상책임만 인정하고 공무원 개인의 손해배상책임을 인정하지 아니하는 것이 피해자인 국민의 입장에서 보면 헌법 제23조가 보장하고 있는 재산권에 대한 제한이 될 것이지만, 이는 공무수행의 안정성이란 공공의 이익을 위한 것이라는 점과 공무원 개인책임이 인정되지 아니하더라도 충분한 자력이 있는 국가에 의한 배상책임이 인정되고 국가배상책임의 인정 요건도 민법상 사용자책임에 비하여 완화하고 있는 점 등에 비추어 볼 때, 헌법 제37조 제2항이 허용하는 기본권 제한 범위에 속하는 것이라고 할 것이다.」

(d) 사 견

자기책임설은 공무원이란 국가의 일을 하는 존재이고 국가의 일을 하다가 발생한 위법행위는 개인의 이익을 추구하는 것과 구별하여야 하고, 공무원에게 책임을 물으면 국가정책을 제대로 추진할 수도 없게 되어 국가운영에 왜곡을 가져온다는 점을 근거로 하고 있다. 그러나 공무원이 공무를 수행하는 지위에 있다 하더라도 주의책임은 있는 것이고, 공무수행 중에 위법한 행위를 하여 국가와 국민에게 중대한 피해를 주는 것까지 용인되는 것은 아니며, 중과실을 범할 만한 일이라면 업무수행의 과정상 엄격한 절차를 거쳐 이루어지며 이러한 업무수행의 절차를 거쳤음에도 중대한 과실이 있었다면 이에 관한 면책을 정당화할 수 있는 이유는 찾기 어렵기 때문에 경과실과 중과실로 구별하여 경과실의 경우에만 공무원 개인의 책임이 면제가 된다고 보는 것이 국가운영과 법치국가원리에 합당하다. 이런 점에서 절충설과 대법원의 견해가 타당하다.

(2) 배상의 범위

헌법 제29조 제1항은 배상의 범위에 대해 「정당한 배상」이라고 규정하고 있다. 여기서 정당한 배상이라 함은 불법행위와 상당인과관계에 있는 모든 손해를 그 대상으로 한다. 국가배상법 제3조는 배상액에 대한 기준을 규정하고 있는데, 이는 하나의 성격상의 기준을 정한 것에 지나지 아니하는 것이고, 이로써 배상의 상한선을 정하는 제한적인 의미를 갖는 것은 아니다(예: 大 1970. 1. 29.-69다1203).

헌법재판소는 「민주화운동 관련자 명예회복 및 보상 등에 관한 법률」에서 '민주화운동 관련자 명예회복 및 보상 심의 위원회'의 보상금 등 지급결정에 동의한 경우에 "민주화운동과 관련하여 입은 피해"에 대해 재판상 화해의 성립을 간주하는 규정으로 인하여 정신적 손해에 대한 국가배상을 청구할 수 없게 하는 것은 국민의 국가배상청구권을 침해하는 것이라고 판시하였다(憲 2018. 8. 30.-2014헌바180등. 이 결정에는 2인의 반대의견이 있다). 이 법의 문제는 국가배상법이나 국가보상법에 따라 해결하지 않고 이와 별개로 독립적인 법률을 제정하여 국가가 금전 급여를 할 수 있게 하면서 발생하게 되었다. 법원리적으로 이 문제가 먼저 해결될 필요가 있다.

[憲 2018.8.30.-2014헌바180등] 「라. 국가배상청구권 침해 여부 (1) 쟁점 및 심사기준 헌법은 제23조 제1항에서 일반적 재산권을 규정하고 있으나, 제29조 제1항에서 국가배상청구권을 별도로 규정함으로써, 공무원의 직무상 불법행위로 손해를 받은 경우 국민이 국가에 대해 재산적·정신적 손해에 대한 정당한 배상을 청구할 수 있는 권리를 특별히 보장하고 있다. 이러한 국가배상청구권은 일반적인 재산권으로서의 보호 필요성뿐만 아니라, 공무원의 직무상 불법행위로 인한 국민의 손해를 사후적으로 구제함으로써 관련 기본권의 보호를 강화하는 데 그 목적이 있다. 심판대상조항은 신청인이 위원회의 보상금 등 지급결정에 동의한 때 민주화운동과 관련하여 입은 피해 일체에 대해 재판상 화해가 성립된 것으로 간주함으로써, 향후 민주화운동과 관련된 모든 손해에 대한 국가배상청구권 행사를 금지하고 있는바, 이는 국가배상청구권의 내용을 구체적으로 형성하는 것이 아니라, 국가배상법의 제정을 통해 이미 형성된 국가배상청구권의 행사를 제한하는 것에 해당한다. 그러므로 심판대상조항의 국가배상청구권 침해 여부를 판단함에 있어서는, 심판대상조항이 기본권 제한 입법의 한계인 헌법 제37조 제2항을 준수하였는지 여부, 즉 과잉금지원칙을 준수하고 있는지 여부를 살펴보아야 한다. (2) 판단 (가) 목적의 정당성 및 수단의 적합성 민주화보상법은 2000. 1. 12. 법률 제6123호로 제정되었다. …… 국회 본회의에서 제안설명된 위 대안의 골자는 다음과 같다(1999. 12. 28.자 제209회 국회본회의회의록 참조). "첫째, 민주화운동이라함은3선개헌안발의일인 1969. 8. 7. 이후 자유민주적 기본질서를 문란하게 하고 헌법에 보장된 국민의 기본권을 침해한 권위주의적 통치에 항거하여 민주 헌정질서의 확립에 기여하고 국민의 자유와 권리를 회복·신장시킨 활동을 말하는 것으로 정의한다. 둘째, 민주화운동 관련자라 함은 민주화운동과 관련하여 사망하거나 행방불명된 자, 민주화운동과 관련하여 상이를 입은 자, 민주화운동으로 인해 대통령령이 정하는 질병을 앓거나 그 후유증으로 사망한 것으로 인정되는 자, 민주화운동을 이유로 유죄판결·해직 또는 학사징계를 받은 자 중 위원회에서 이 법에 의한 적용을 받도록 결정된 자를 말한다. 셋째, 민주화운동 관련자 및 그 유족에 대하여 보상금, 의료지원금, 생활지원금을 지급한다. 넷째, 민주화운동 관련자 및 그 유

족에 대한 명예회복과 보상 등을 심의·의결하기 위하여 국무총리 소속하에 위원회를 두도록 한다. 다섯째, 정부는 민주화운동 정신을 계승하는 기념사업을 추진하고 민주화운동 관련자 추모단체 등에 대해 재정지원을 할 수 있도록 한다." 이러한 경위에 따라 제정된 민주화보상법은, 자신의 생명·신체에 대한 위험 등을 감수하고 헌법에 보장된 국민의 기본권을 침해한 권위주의적 통치에 항거함으로써, 민주헌정질서의 확립에 기여하고 현재 우리가 보장받고 있는 자유와 권리를 회복·신장시킨 사람과 그 유족에 대한 국가의 보상 의무를 회피하는 것이 부당하다는 사회적 공감대에 근거하여 제정된 것으로서, 관련자에 대한 적절한 명예회복 및 보상이 국민통합을 이끌어내고 올바른 역사관을 확립함으로써 사회 정의를 실현하는 첫 걸음이라는 인식 하에 여·야의 합의에 따라 이루어진 입법적 결단이다. 이에 민주화보상법 제1조는 "민주화운동과 관련하여 희생된 자와 그 유족에 대하여 국가가 명예회복 및 보상을 행함으로써 이들의 생활안정과 복지향상을 도모하고, 민주주의의 발전과 국민화합에 기여함을 목적으로 한다."라고 규정하고 있다. 이러한 맥락에서 제정된 심판대상조항은, 앞서 본 바와 같이 민주화운동을 위해 희생을 감수한 관련자와 그 유족에 대한 적절한 명예회복 및 보상이 사회정의를 실현하는 첫 걸음이란 전제에서, 관련자와 그 유족이 위원회의 지급결정에 동의하여 적절한 보상을 받은 경우 보상금 등 지급절차를 신속하게 이행·종결시킴으로써 이들을 신속히 구제하고 보상금 등 지급결정에 안정성을 부여하기 위하여 도입된 것이므로, 그 입법목적의 정당성 및 수단의 적합성은 인정된다. **(나) 침해의 최소성** 1) 심판대상조항은 민주화보상법에 따른 보상금 등의 지급결정에 동의한 경우 "민주화운동과 관련하여 입은 피해"에 대하여 민사소송법에 따른 재판상 화해가 성립된 것으로 간주하도록 규정하고 있다. 그런데 '피해'란 적법한 행위로 발생한 '손실'과 위법한 행위로 발생한 '손해'를 모두 포함하는 포괄적인 개념에 해당하는바, 민주화보상법은 '보상'이라는 용어를 사용하고 있으나, 제2조 제1호에서 민주화운동을 "1964년 3월 24일 이후 자유민주적 기본질서를 문란하게 하고 헌법에 보장된 국민의 기본권을 침해한 권위주의적 통치에 항거하여 헌법이 지향하는 이념 및 가치의 실현과 민주헌정질서의 확립에 기여하고 국민의 자유와 권리를 회복·신장시킨 활동"으로 정의함으로써, 보상의 대상이 되는 행위의 불법성을 일정 부분 인정하고 있으므로, 민주화보상법에 따라 지급되는 보상금 등에는 손실 전보를 의미하는 '보상'의 성격뿐만 아니라 손해 전보를 의미하는 '배상'의 성격도 포함되어 있다고 봄이 상당하다. 한편 민주화보상법상 '보상금 등'은 보상금·의료지원금·생활지원금으로 구성된다. 그 중 보상금은 '민주화운동과 관련하여 사망 또는 행방불명된 사람의 유족'에게는 그 사망 시 또는 행방불명 시를 기준으로 그 당시의 월급액·월실수입액·평균임금에 장래의 취업가능기간을 곱한 금액에서 중간이자를 뺀 금액에 보상결정 시까지의 법정이율에 따른 이자를 더한 금액으로, '민주화운동과 관련하여 상이를 입은 사람 또는 그 유족'에게는 요양기간 동안의 월급액·월실수입액·평균임금의 수입손실액, 신체에 장해가 있는 경우 상이를 입을 당시의 월급액·월실수입액·평균임금에 노동력 상실률 및 장래의 취업가능기간을 곱한 금액에서 중간이자를 뺀 금액에 보상결정 시까지의 법정이율에 따른 이자를 더한 금액으로 각 지급된다(민주화보상법 제7조, 제7조의2, 같은 법 시행령 제9조, 제10조, 제11조, 제11조의2). 또한 의료지원금은 '민주화운동과 관련하여 상이를 입은 사람'에게는 그 사람이 이미 지급한 치료비 금액으로 지급되고, 그 사람 중 '상이로 인하여 계속 치료가 필요하거나 상시 보호 또는 보장구 사용이 필요한 사람'에게는 향후 치료비, 개호비, 보장구 구입비에서 중간이자를 공제한 금액으로 산정된 금액으로 지급되며(민주화보상법 제8조, 같은 법 시행령 제12조), 생활지원금은 '민주화운동을 이유로 30일 이상 구금된 사람, 민주화운동과 관련하여 상이를 입었으나 장해보상을 받지 못한 사람, 민주화운동을 이유로 해직된 사람으로 재직기간이 1년 이상인 사람'에게 해당 구금일수에 최저생계비를 곱한 금액 등으로 산정된 금액으로 지급된다(민주화보상법 제9조, 같은 법 시행령 제12조의2). 이와 같은 민주화보상법 및 같은 법 시행령에 규정되어 있는 보상금 등의 지급대상과 그 유형별 지급액 산정기준, 민주화보상법의 입법목적 등에 비추어 보면, 보상금은 소극적 손해 내지 손실에 대한 배·보상에 상응하고, 의료지원금은 적극적 손해 내지 손실에 대한 배·보상에 상응하며, 생활지원금은 소극적 손해 내지 손실에 대한 배·보상 또는 사회보장적 목적으로 지급되는 금원에 해당한다고 봄이 상당하다. 2) 위에서 본 바와 같이 심판대상조항의 민주화운동과 관련하여 입은 '피해'는 적법행위로 발생한 '손실'과 불법행위로 발생한 '손해'를 모두 포함하는 개념이고, 불법행위로 인한 손해배상청구의 소송물은 일반적으로 적극적·소극적·정신적 손해에 대한 배상청구로 분류되는바, 심판대상조항이 침해의 최소성에 위반되는지 여부에 대하여 적극적·소극적 손해에 관한 부분과 정신적 손해에 관한 부분으로 나누어 판단하기로 한다. 3) 먼저 심판대상조항 중 적극적·소극적 손해에 관한 부분이 침해의 최소성에 위반되는지 여부에 대하여 본다. 앞서 본 바와 같이 심판대상조항은 민주화운동을 위해 희생을 감수한 관련자와 그 유족에 대한 적절한 명예회복 및 보상(배상의 성격을 포함)이 사회 정의를 실현하는 첫 걸음이란 전제에서, 관련자와 그 유족이 위원회의 지급결정에 동의하여 적절한 보상을 받은 경우 민주화운동과 관련하여 입은 피해 전부에 대해 재판상 화해의 효력을 부여하여 보상금 등 지급절차를 신속하게 이행·종결시킴으로써, 관련자와 그 유족을 신속히 구제하고 보상금 등 지급결정에 안정성을 부여하기 위하여 도입된 것이다. 또한 민주화보상법상 보상금은 소극적 손해 내지 손실의 배·보상에 상응하고, 의료지원금은 적극적 손해 내지 손실의 배·보상에 상응하며, 생활지원금은 소극적 손해 내지 손실의 배·보상 또는 사회보장적 목적으로 지급되는 금원에 해당함도 앞서 본 바와 같다. 그런데 관련자와 그 유족이 위원회의 보상금 등 지급결정에 동의하여 일단 적극적·소극적 손해에 상응하는 보상금 등을 지급받은 후 다시 동일한 내용의 적극적·소극적 손해에 대해 배상청구하는 것을 허용한다면, 동일한 사실관계와 손해를 바탕으로 먼저 위원회에 보상금 등 지급신청을 하여 적절한 보상을 받았음에도 불구하고 다시 법원에 국가배상청구를 할 수 있게 함으로써, 동일한 손해에 대한 구제절차가 중복된다. 뿐만 아니라 민주화보상법 및 같은 법 시행령은 보상금 등의 지급대상과 유형별 지급액 산정기준을 상세하게 규정하고 있으므로, 보상금 등 지급신청을 하고자 하는 사람들은 민주화보상법에 따른 절차를 통해 지급받을 수 있는 보상금 등의 내용과 액수를 사전에 예상할 수 있다. 이러한 예측가능성을 통해 민주화운동과 관련하여 피해를 입은 관련자와 그 유족은 각자가 지급받을 수 있는 대략적인 보상액을 토대로 민주화보상법에 따른 보상금 등 지급신청이라는 간이하고 일의적인 절차로 보상금 등을 지급받을 것인지, 아니면 상당한 시간·비용의 투입과 결과의 불확실성을 감수하더라도 국가를 상대로 손해배상을 청구할 것인지를 스스로 선택할 수 있는 것이다. 한편 관련자와 그 유족은 보상금 등 지급신청을 한 경우라도 결정된 보상금 등의 액수가 민주화운동으로 인한 피해를 보상함에 부족하다고 판단되는 경우 위원회의 보상금 등 지급결정에 동의하지 않음으로써 심판대상조항의 적용을 배제할 수 있다. 이러한 사정들에 비추어 볼 때, 위원회의 보상금 등 지급결정에 동의하여 적극적 · 소극적 손해에 상응하는 보상금 등을 지급받은 후 다시 동일한 내용의 적극적 · 소극적 손해에 대해 배상청구하는 것을 허용하는 것은, 관련자와 그 유족에 대한 적절한 명예회복 및 보상이 사회 정의를 실현하는 첫 걸음이란 전제에서, 보상금 등 지급절차를 신속하게 이행 · 종결시킴으로써 관련자와 그 유족을 신속히 구제하고 보상금 등 지급결정에 안정성을 부여하고자 하는 심판대상조항의 입법목적에 정면으로 배치될 수도 있다. 이상을 종합하여 보면, 위원회가 지급결정한 보상금 등이 일응 해당 손해에 대한 적절한 배상에 해당된다고 판단하여 이에 동의하고 보상금 등을 수령한 경우, 보상금 등의 성격과 중첩되는 적극적 · 소극적 손해에 대한 국가배상청구권의 추가적 행사를 금지하는 것이 손해배상청구권에 대한 지나치게 과도한 제한으로서 침해의 최소성에 위반된다고 보기는 어렵다. 4) 다음 심판대상조항 중 정신적 손해에 관한 부분이 침해의 최소성에 위반되는지 여부에 대하여 본다. 민주화보상법 및 같은 법 시행령의 관련조항을 살펴보더라도 정신적 손해 배상에 상응하는 항목은 존재하지 아니하고, 위원회가 보상금 · 의료지원금 · 생활지원금 항목을 산정함에 있어 정신적 손해를 고려할 수 있다는 내용도 발견되지 아니한다. 즉 보상금 등의 산정에 있어 적극적 · 소극적 손해에 대한 배상은 고려되고 있음에 반하여 정신적 손해에 대한 배상은 전혀 고려되고 있지 않고 있으므로, 그러한 내용의 보상금 등의 지급만으로 정신적 손해에 대한 적절한 배상이 이루어졌다고 보기는 어렵다. 그럼에도 불구하고 심판대상조항은 정신적 손해를 비롯한 피해 일체에 대해 재판상 화해가 성립한 것으로 간주하고 있는바, 정신적 손해에 대해 적절한 배상이 이루어지지 않은 상태에서, 적극적 · 소극적 손해의 배상에 상응하는 보상금 등 지급결정에 동의하였다는 사정만으로 정신적 손해에 대한 국가배상청구마저 금지하는 것은, 국가배상청구권에 대한 과도한 제한일 뿐만 아니라, 해당 손해에 대한 적절한 배상이 이루어졌음을 전제로 하여 국가배상청구권 행사를 제한하려 한 입법목적에도 부합하지 않는다. 또한 헌법 제10조 제2문은 "국가는 개인이 가지는 불가침의 기본적 인권을 확인하고 이를 보장할 의무를 진다."라고 규정하고 있는바, 이와 같이 헌법상 기본권 보호의무를 지는 국가가 오히려 소속 공무원의 직무상 불법행위로 인하여 유죄판결을 받게 하거나 해직되게 하는 등으로 관련자에게 정신적 고통을 입혔음에도 그로 인한 정신적 손해에 대한 국가배상청구권 행사를 금지하는 것은 헌법 제10조 제2문의 취지에도 반한다. 이상을 종합하여 보면, 심판대상조항 중 보상금 등의 성격과 중첩되지 않는 정신적 손해에 대한 국가배상청구권의 행사까지 금지하는 것은 국가배상청구권에 대한 지나치게 과도한 제한에 해당하여 침해의 최소성에 위반된다. **(다) 법익의 균형성** 1) 민주화보상법은 보상금 등 산정에 있어 관련자의 적극적 · 소극적 손해에 대한 배상을 반영하고 있으므로, 이에 상응하는 보상금 등을 지급한 다음 적극적 · 소극적 손해에 대한 추가적인 배상청구를 금지하는 것은 관련자의 신속한 구제와 지급결정에 안정성 부여라는 공익에 기여하기 위한 것인 반면, 이러한 경우에 제한되는 사익은 그 차액만큼을 배상받지 못한다는 것이다. 그런데 이는 관련자와 그 유족이 보상금 등 지급절차의 신속 · 편리성과 소송절차의 시간 · 비용 · 불확실성을 숙고 · 형량한 결과 보상금 등 지급절차를 선택함으로써 발생한 것이므로, 그로 인해 제한되는 사익이 달성하려는 공익보다 더 크다고 보기는 어렵다. 그러므로 심판대상조항 중 적극적 · 소극적 손해에 관한 부분은 법익의 균형성에도 위반되지 않는다. 2) 그러나 민주화보상법은 보상금 등 산정에 있어 정신적 손해에 대한 배상을 전혀 반영하지 않고 있으므로, 이와 무관한 보상금 등을 지급한 다음 정신적 손해에 대한 배상청구마저 금지하는 것은 적절한 손배배상을 전제로 한 관련자의 신속한 구제와 지급결정에 안정성 부여라는 공익에 부합하지 않음에 반하여, 그로 인해 제한되는 사익은 공무원의 직무상 불법행위로 인하여 유죄판결을 받거나 해직되는 등으로 입은 정신적 고통에 대해 적절한 배상을 받지 않았음에도 불구하고 그에 대한 손해배상청구권이 박탈된다는 것으로서, 달성할 수 있는 공익에 비하여 사익 제한의 정도가 지나치게 크다. 그러므로 심판대상조항 중 정신적 손해에 관한 부분은 법익의 균형성에도 위반된다. (3) 소결 따라서 심판대상조항의 '민주화운동과 관련하여 입은 피해' 중 적극적 · 소극적 손해에 관한 부분은 과잉금지원칙에 위반되지 아니하나, 정신적 손해에 관한 부분은 과잉금지원칙에 위반되어 관련자와 그 유족의 국가배상청구권을 침해한다. ……【재판관 2인의 반대의견】 우리는 법정의견과 달리 심판대상조항이 과잉금지원칙을 위반하여 재판청구권을 침해하는지 여부만을 판단하면 되고, 설령 법정의견과 같이 국가배상청구권을 침해하는지 여부에 관하여 나아가 판단하더라도 심판대상조항이 과잉금지원칙을 위반하여 국가배상청구권을 침해하는 것은 아니라고 생각하므로, 다음과 같이 그 이유를 밝힌다. 가. 심판대상조항에 대한 위헌성 판단의 대전제 (1) 민주화보상법의 성격 민주화보상법의 입법경위는 법정의견이 위에서 설시한 바와 같다[5. 라. (2) (가) 참조]. 민주화보상법은 과거 민주화운동 과정에서 국가에 의하여 자행된 위법한 공권력의 행사로 인한 부당한 피해를 염두에 두고, 그에 대한 명예회복 및 보상을 통하여 민주화운동으로 희생된 관련자 등의 피해와 관련된 문제를 일괄 해결하기 위해 제정된 것이다. 민주화보상법은 그 법률이 제정될 무렵에는 관련자 등이 민주화운동과 관련하여 입은 손해에 대한 국가배상청구권이 이미 모두 소멸시효가 완성되었다는 전제에서, 그 시효 완성 여부에 상관없이 민주화운동과 관련하여 입은 피해를 보상금 · 의료지원금 · 생활지원금 항목으로 보상 · 지원해주는 대신, 관련자 등의 동의 절차와 그에 따르는 재판상 화해 성립 간주를 통해 불행한 과거사를 청산하고 국민화합에 기여함에 그 입법취지가 있다. 민주화보상법에 따라 지급되는 보상금 등(제7조 내지 제9조)은 손실보상뿐만 아니라 손해배상의 성격도 포함되어 있고 관련자 등의 생활안정을 도모한다는 사회보장적 성격도 가미되어 있는바, 민주화보상법은 입법 당시 상정 가능한 모든 채권을 그 대상으로 한 것으로 보인다. 민주화보상법에 따라 지급되는 보상금 등의 수급권은 전통적 의미의 국가배상청구권과는 달리 위 법률에 의하여 비로소 인정된 권리로서 그 수급권에 관한 구체적인 사항을 정하는 것은 입법자의 광범위한 입법형성의 영역에 속한다. 따라서 위와 같이 전통적인 손해배상법 이론을 뛰어넘는 특별법으로 제정된 민주화보상법은 국가배상법과는 별도로 민주화운동 과정에서 국가에 의하여 자행된 위법한 공권력의 행사로 인한 부당한 피해를 입은 관련자 등을 구제하고자 입법정책적인 차원에서 제정된 것으로, 일응 헌법상 국가배상제도의 정신에 부합하게 새로운 국가배상청구권 등을 형성하고 있는 것으로 보인다. (2) **심판대상조항의 입법취지 및 그 적용범위** 심판대상조항은 관련자 등이 보상금 등 지급결정에 동의하여 적절한 보상을 받은 경우에는 재판상 화해와 같은 효력, 특히 기판력을 부여함으로써 소송에 앞서 보상심의위원회의 보상금 등 지급결정절차를 신속하게 종결·이행시켜 이들을 신속히 구제하고 보상금 등 지급결정에 안정성을 부여하기 위한 것이다(대법원 2015. 1. 22. 선고 2012다204365 전원합의체 판결 참조). 또한 보상금을 지급하기로 한 입법 당시 관련자 등의 손해배상청구권은 모두 시효 소멸되었다는 전제에서 재판상 화해 간주 조항을 함께 규정하여, 이러한 보상금의 지급이 국가의 소멸시효 항변 포기 등으로 취급되지 않도록 함으로써 불행한 과거사를 청산하고 미래로 나아가겠다는 목적도 있다. 심판대상조항의 '보상금 등'은 민주화보상법 제7조의 보상금, 제8조의 의료지원금, 제9조의 생활지원금을 모두 포함하는 것으로, 관련자가 위 세 가지 중 어느 하나라도 그 지급결정에 동의하고 이를 수령한 경우에는 민주화운동과 관련하여 입은 피해에 대하여 재판상 화해가 성립된 것으로 본다. 위원회는 신청인에 대하여 명예회복결정이나 보상금 등 지급결정을 하면서, 결정이유에 신청인을 관련자로 인정하게 된 사유를 기재하여야 하는데, 기재된 사유로 인하여 발생한 피해, 그 내용과 연장선상에 있거나 연결되어 있다고 볼 수 있는 일체의 피해에 대해서 재판상 화해의 효력이 미친다(대법원 2014. 3. 13. 선고 2012다45603 판결 참조). 민주화운동을 이유로 유죄판결을 선고받았다는 사유로 관련자로 인정된 사람이 보상금 등 지급결정에 동의한 이후에, 관련자 인정의 근거가 되었던 유죄판결에 대한 재심절차가 진행되어 무죄판결이 확정된 경우에도, 재판상 화해의 효력이 미치는 범위가 제한되거나 달라지지 아니한다(대법원 2015. 1. 22. 선고 2012다204365 전원합의체 판결). 심판대상조항에 따른 재판상 화해의 효력이 미치는 구체적인 범위와 관련하여 견해의 다툼이 있으나, 앞에서 본 바와 같은 민주화보상법의 입법경위와 입법취지, 이미 시효소멸된 국가배상청구권을 부활시켜 그 손해를 배상하는 외에 손실보상 또는 사회보장적 성격까지 가미하여 특별법의 형식으로 보상금 등의 지급결정절차를 마련한 민주화보상법의 체계, '민주화운동과 관련하여 입은 피해'라고 하여 민주화운동과 관련하여 입은 손실·손해 등 그 피해의 범위를 제한하지 아니한 심판대상조항의 문언(이 점에서도 민주화보상법은 전통적인 손해배상법 체계에서의 손해 3분설에 따라 손해의 개념을 상정한 것은 아니다), 민주화운동과 관련된 보상절차를 신속하게 종결·이행시키고 위원회의 보상금 등 지급결정에 안정성을 부여하고자 하는 심판대상조항의 입법목적 등을 종합하여 보면, 심판대상조항의 '민주화운동과 관련하여 입은 피해'는 공무원의 직무상 불법행위로 인한 정신적 손해를 포함하여 그가 보상금 등을 지급받은 '민주화운동과 관련하여 입은 피해 일체'를 의미한다(대법원 2014. 3. 13. 선고 2012다45603 판결; 2015. 1. 22. 선고 2012다204365 전원합의체 판결). 이 점은 법정의견도 견해를 같이 하고 있다. 나. 국가배상청구권 침해 여부 (1) **관련 선례 및 재판청구권 침해 여부** 헌법재판소는 심판대상조항과 같은 '재판상 화해 간주 조항'의 위헌성 여부를 판단함에 있어 그 피침해기본권을 모두 '재판청구권'으로 보아 왔다. 즉, 구 국가배상법 제16조의 재판상 화해조항(헌재 1995. 5. 25. 91헌가7), '특수임무수행자 보상에 관한 법률' 제17조의2의 재판상 화해조항(헌재 2009. 4. 30. 2006헌마1322; 헌재 2011. 2. 24. 2010헌바199), '4·16 세월호참사 피해구제 및 지원 등을 위한 특별법' 제16조의 재판상 화해조항(헌재 2017. 6. 29. 2015헌마654) 등의 경우가 그것이다. 따라서 심판대상조항이 신청인의 법관에 의하여 재판을 받을 권리를 제한하지만, 민주화보상법이 위원회의 중립성·독립성을 보장하고 있고, 심의절차에 전문성·공정성을 제고하고 있으며, 신청인에게 지급결정 동의의 법적 효과를 안내하면서 검토할 시간을 보장하여 이를 통해 그 동의 여부를 자유롭게 선택하도록 하고 있는 점 등에 비추어 볼 때, 심판대상조항이 입법형성권의 한계를 일탈하여 재판청구권을 침해한다고 볼 수 없다고 하는 점은 법정의견과 견해를 같이 한다. (2) **국가배상청구권 침해 여부** 법정의견은, 심판대상조항이 신청인이 위원회의 보상금 등 지급결정에 동의한 때 민주화운동과 관련하여 입은 피해 일체에 대해 재판상 화해가 성립된 것으로 간주함으로써, 향후 민주화운동과 관련된 모든 손해에 관한 국가배상청구권 행사를 제한한다고 보고, 나아가 심판대상조항이 과잉금지원칙을 준수하고 있는지 여부에 대하여 판단하고 있다. 그러나 심판대상조항은 보상금 등 지급결정에 동의한 때에는 민주화운동과 관련하여 입은 피해에 대하여 민사소송법에 따른 재판상 화해가 성립된 것으로 본다고 규정하고 있을 뿐, 심판대상조항에서 관련자나 유족들이 국가배상청구를 할 수 있는 기회 자체를 박탈하는 것은 아니며, 가사 위원회의 보상금 등 지급결정에 동의한 후에 국가를 상대로 손해배상을 청구하면 그 권리보호이익이 부정되어 각하된다고 할지라도, 이는 심판대상조항으로 인하여 당사자 사이에 기판력이 발생함으로 인해 나타난 사실상의 결과이지, 심판대상조항이 국가배상청구권을 직접 제한하는 것은 아니다. 나아가 재판청구권은 공권력이나 사인에 의해서 기본권이 침해당하거나 침해당할 위험에 처해 있을 경우 그에 대한 구제 또는 예방을 요청할 수 있는 권리라는 점에서 다른 기본권을 보장하기 위한 기본권으로서의 성격을 가지고 있는데(헌재 2011. 6. 30. 2009헌바430), 심판대상조항에 의하여 국가배상청구권이 제한되는 것처럼 보인다고 하더라도 이는 재판청구권의 행사를 통하여 달성하고자 하는 권리에 대한 간접적인 제한에 불과한 것으로, 재판청구권 침해 주장과 내용상 동일하거나 재판청구권 침해 여부를 판단함에 있어 충분히 고려된다고 할 것인바, 국가배상청구권 제한 여부를 따로 판단할 실익도 없다. 우리 재판소의 선례 역시 이와 같은 입장에서, 재판상 화해조항의 목적이 분명하게 국가배상청구권의 재판상 행사를 제한하고 있는 구 국가배상법 제16조의 위헌 여부를 판단함에 있어서도 재판청구권 침해 여부만을 판단하였고(헌재 1995. 5. 25. 91헌가7 참조), 특히 '4·16 세월호참사 피해구제 및 지원 등을 위한 특별법' 제16조의 재판상 화해조항으로 인하여 국가배상청구권도 침해된다는 청구인들의 주장에 대하여, 이는 위 조항에 의하여 재판상 화해가 성립된 것으로 간주됨으로써 배상금 등 지급결정을 더 이상 다툴 수 없는 것에 대한 위헌 주장으로 재판청구권 침해 주장과 내용상 동일하다는 이유에서 재판관 전원의 일치된 의견으로 국가배상청구권 침해 여부에 대하여는 나아가 판단하지 아니한 바 있음(헌재 2017. 6. 29. 2015헌마654 참조)에도 불구하고, 이 사건에서는 법정의견이 왜 종전의 선례와 다르게 국가배상청구권을 침해하는지 여부에 대하여 나아가 판단하는지 특별한 설명이 없어 납득하기 어렵다. 만약 심판대상조항에 의한 국가배상청구권의 내용 형성 자체를 문제삼는다면, 이는 이미 존속하는 국가배상청구권의 실현을 위한 재판청구권의 침해 여부와 별개로 판단할 여지가 있으며, 이때 심사기준은 헌법상 국가배상제도의 정신에 부합하게 국가배상청구권을 형성하였는지, 즉 입법형성권의 자의적 행사로서 국가배상청구권을 침해하는지 여부가 될 것이다. 그러나 법정의견은, 위와 같은 국가배상청구권의 내용 형성으로 인한 기본권 침해 여부가 쟁점이 아니라 국가배상청구권의 행사의 제한으로 인한 기본권 침해 여부가 쟁점임을 명시하고 있으며, 심판대상조항으로 인하여 국가배상청구권의 행사·실현을 보장하기 위한 기본권인 재판청구권은 침해되지 않지만, 국가배상청구권의 행사·실현에 대한 제한이 과도하여 국가배상청구권은 침해된다는 이해하기 어려운 결론에 이르고 있다. 다. 예비적 판단 백보를 양보하여 심판대상조항이 국가배상청구권을 제한한다고 하더라도, 우리는 법정의견과 달리 심판대상조항이 과잉금지 원칙을 위반하여 국가배상청구권을 침해한다고 생각하지 아니한다. 그 이유는 다음과 같다. **(1) 입법목적의 정당성 및 수단의 적정성** 심판대상조항의 입법목적의 정당성과 수단의 적정성이 인정된다는 점은 법정의견과 같다. **(2) 침해의 최소성** (가) 심판대상조항에 따라 재판상 화해로 간주되면 지급결정에 동의한 관련자 등은 더 이상 민주화운동과 관련하여 입은 피해에 대해 국가를 상대로 손해배상을 청구할 수 없게 되므로, 심판대상조항으로 인해 국가배상청구권이 제한되는 측면이 있다. 그런데 민주화보상법은, 관련자 등이 위원회에 보상금 등의 지급을 신청하도록 하고(제10조), 위원회는 그 지급신청을 받은 날부터 90일 이내에 그 지급 여부와 금액을 결정하여 이를 30일 이내에 신청인에게 송달하도록 하며(제11조, 제12조), 신청인이 위원회의 결정에 이의가 있는 경우 그 송달일로부터 30일 이내에 위원회에 재심의를 신청할 수 있고(제13조), 일정한 경우 민주화보상법에 따른 보상금 등의 지급에 관해 소송을 제기할 수 있도록 정하고 있다(제17조). 한편, 이러한 과정에서 위원회가 결정한 보상금 등을 지급받고자 하는 경우 신청인은 그 결정에 대한 동의서를 첨부하여 위원회에 보상금 등의 지급을 청구해야 하는데(제14조), 그 과정에서 신청인은 보상결정에 동의하고 보상금 등의 지급을 청구한다는 취지가 기재되어 있는 '동의 및 청구서'에 인감증명서 등을 첨부하여 위원회에 제출해야 하며(시행령 제20조), 그 '동의 및 청구서'에는 "보상금 등을 받은 때에는 그 사건에 대하여 화해계약을 하는 것이며, 그 사건에 관하여 어떠한 방법으로도 다시 청구하지 않을 것임을 서약합니다."라고 기재되어 있어 신청인은 이를 확인한 후 자신의 이름을 기명한 후 서명 또는 날인하도록 되어 있다(시행령 별지 제10호 서식). 이와 같은 절차를 통하여, 민주화보상법은 보상금 등 지급결정에 동의하여 이를 지급받을 것인지 또는 이의를 제기하여 재심의를 신청하거나 소송을 제기할 것인지 여부를 전적으로 관련자 등의 선택에 맡기고 있으며, 위원회의 보상금 등 지급결정에 동의하여 이를 지급받을 경우 향후 민주화운동과 관련하여 입은 피해에 대해 어떠한 방법으로도 추가적인 청구를 할 수 없음을 고지하여 심판대상조항의 의미내용을 명확히 인식할 수 있도록 함으로써, 관련자 등이 민주화보상법상 보상금 등을 지급받는 과정에서 발생할 수 있는 불측의 피해를 최소화하기 위해 노력하고 있다. 법정의견도 명확성원칙 위반 여부와 관련하여 심판대상조항이 수범자의 예측가능성을 저해한다고 볼 수 없음을 명시하고 있다. 또한 관련자 등으로 하여금 오직 민주화보상법상 보상금 등 지급신청 절차를 통해서만 구제받을 것을 강제하고 있지 않으므로, 관련자 등은 보상금 등 지급신청 절차 없이 민주화운동과 관련하여 입은 손해에 대해 바로 국가배상을 청구하는 방법도 가능하다. 따라서 심판대상조항으로 인한 국가배상청구권의 제한이 관련자 등에게 지나치게 가혹하거나 불합리한 결과를 초래한다고 보기 어렵다. (나) 제청법원 및 청구인들은, 생활지원금을 지급받은 경우에도 민주화운동과 관련하여 입은 피해 일체에 대해 재판상 화해가 성립된다고 보는 것은 국가배상청구권의 과도한 제한이고, 또한 민주화보상법상 보상금 등 지급결정에 동의한 경우 민주화운동과 관련된 모든 손해에 대한 배상을 금지하는 것은 보상과 배상의 차이를 간과한 것이라고 주장한다. 생활지원금이 경제적으로 어려운 관련자 등의 생활을 보조하기 위한 성격을 가지는 것은 사실이나, 생활지원금 역시 구금일수·해직기간 등 민주화운동과 관련하여 피해가 발생한 시점의 사실관계에 근거하여 지급액수가 결정되고(민주화보상법 제9조, 같은법 시행령 제12조의2), 이러한 산정방식은 일실이익을 계산하는 방법과 크게 다르지 아니하므로, 생활지원금 역시 일정 부분 민주화운동과 관련된 과거의 손해를 배상해주는 측면이 있다. 따라서 생활지원금을 지급받은 경우에도 재판상 화해의 성립을 의제하는 것이 국가배상청구권의 과도한 제한으로 보기 어렵다. 민주화보상법은 '민주화운동 관련자'를 민주화운동과 관련하여 사망·행방불명·상이·유죄판결·해직·학사징계 등을 받은 사람 중 위원회에서 심의·결정된 사람으로 정의하되(제2조 제2호), 보상금 등 산정과정에서 그와 같은 피해가 국가의 적법한 행위에 의한 것인지 또는 국가의 불법한 행위에 의한 것인지 구분하거나 그에 따라 보상금 등의 구체적 지급액을 달리 정할 수 있도록 정하고 있지 않다(제7조 내지 제9조, 시행령 제9조 내지 제12조). 민주화보상법은 '보상금 등'이란 용어를 사용하고 있으나, 그 '보상금 등'에는 손실보상뿐만 아니라 손해배상의 성격도 포함되어 있고, 관련자 등의 생활안정을 도모한다는 사회보장적 성격도 가미되어 있음은 법정의견도 동의하고 있다. 이에 심판대상조항은 민주화운동과 관련하여 입은 '손실' 또는 '손해'라 표현하지 아니하고 '피해'라 표현하고 있는 것이다. 따라서 심판대상조항이 보상금 등의 지급에 동의한 경우 재판상 화해의 성립으로 간주함으로써 국가배상청구권을 제한하는 것이 보상과 배상의 차이를 간과한 것이라고 보기 어렵다. (다) 민주화보상법 및 같은 법 시행령에서는 보상금 등의 종류에 따른 구체적인 지급액 산정방식을 정하고 있는데, 이에 따라 보상금 등을 지급받는 것이 소송을 통해 손해배상을 받는 것에 비해 불리하다고 단언하기 어렵다. 예컨대, 민주화운동을 이유로 해직된 사람에 대한 생활지원금을 산정함에 있어 해직기간은 해당 직장에서 해직된 날부터 정년까지 근무하였을 것을 기본적으로 가정하고 있고(시행령 제12조의2 제2항), 민주화운동을 이유로 30일 이상 구금된 사람 및 민주화운동을 이유로 해직된 사람으로서 재직기간이 1년 이상인 사람의 요건에 모두 해당되는 경우에는 지급대상자에게 유리한 금액을 선택하여 지급하도록 정하고 있다(시행령 제12조의2 제5항). 또한 심판대상조항으로 인한 재판상 화해의 효력은 지급결정에 동의한 관련자 본인의 인적 피해에만 미치고 다른 가족들의 고유한 손해배상청구권에는 미치지 아니하므로, 보상금 등 지급결정에 동의한 관련자 본인의 손해배상청구는 재판상 화해 성립 간주로 인해 각하되더라도, 그 가족들의 고유한 정신적 피해로 인한 손해배상청구는 소멸시효가 완성되지 않는 한 인용될 수 있다. 나아가 민주화운동을 이유로 유죄판결을 받아 구금된 이유로 생활지원금을 지급받았다 하더라도, 재심을 통해 무죄판결이 확정된 경우에는 '형사보상 및 명예회복에 관한 법률'에 따른 형사보상금을 청구할 수 있으므로, 구금으로 인하여 발생한 피해에 대하여 일정 부분 보상받을 수 있다. 그 밖에 손해배상을 청구하였을 경우에 따르는 상당한 시간·비용의 소요와 소송결과의 불확실성 등을 종합적으로 고려할 때, 비교적 간이·신속한 위원회의 지급결정에 따른 보상금 등 지급절차가 손해배상청구 소송에 비해 반드시 불리한 것은 아니다. (라) 민주화보상법은 관련자 등에 대한 피해 보상 문제를 일괄하여 신속하고 종국적으로 해결하는 것을 목적으로 한다. 따라서 입법자가 보상금 등을 지급한 후에 또다시 별도의 손해배상청구를 당할 수 있다는 점을 상정하였는지 의문이고, 설령 보상금 등의 액수가 실제 손해에 비하여 다소 적더라도 보상 문제의 일괄·신속한 처리를 위하여 관련자 등으로서도 이를 감수할 수밖에 없다는 것에 바탕을 두고 있다고 보아야 한다. 한편, 심판대상조항이 민주화운동과 관련하여 입은 피해를 구체적으로 세분하여 그 일부에 대해서만 재판상 화해의 성립으로 간주하지 아니하고, 피해 일체에 대해 재판상 화해의 성립으로 간주하여 그 효력의 범위를 넓게 규정하고 있는 것은, 민주화보상법이 민주화운동으로 희생된 관련자 등의 피해와 관련된 문제를 일괄 해결하기 위해 제정된 특별법이고, 민주화보상법이 입법 당시 상정 가능한 모든 채권을 대상으로 한 것으로 보이는 점 등을 고려하여 보면, 심판대상조항의 입법목적을 달성하기 위해 불가피한 측면이 있다. 민주화운동과 관련하여 겪은 정신적 고통에 대한 손해배상청구를 재판상 화해의 효력 범위에서 제외하면, 보상금 등 지급결정에 동의하여 이를 지급받은 사람들의 위자료 지급을 구하는 소송 제기가 허용되게 된다. 그런데 이는 동일한 사실관계를 바탕으로 적극적 손해와 소극적 손해에 관해서는 위원회에 보상금 등 지급신청을 하고 정신적 손해에 관해서는 법원에 배상청구를 하는 것을 허용하는 것으로서, 민주화운동과 관련하여 입은 피해의 구제절차를 이원화할 우려가 있고, 결과적으로는 민주화운동과 관련된 보상 문제를 일괄적으로 처리함으로써 관련 분쟁을 신속하게 종결시키고자 하는 심판대상조항의 입법목적에 정면으로 배치될 수 있다. 그리고 '보상금 등'에 포함되어 있는 생활지원금은 전통적인 손해배상법상 '손해'의 개념에는 포섭되지 않는 것으로서, 단순히 소극적 손해 내지 손실에 상응하는 배·보상 내지 사회보장적 목적으로 지급되는 금원이라고 단정하기 어렵다. 오히려 여러 유형의 손해와 손실을 포괄하는 '민주화운동과 관련하여 입은 피해'에 상응하는 사회보장적 성격의 금전적 구제로서 민주화보상법이 새로이 형성한 개념이라고 봄이 상당하다. 이에 비추어 볼 때, 관련자 등이 국가를 상대로 손해배상을 청구하는 절차를 선택하는 대신 민주화보상법에 따라 위원회에 보상금 등 지급을 신청하는 절차를 선택함으로써, 결과적으로 손해배상보다 적은 액수의 보상금 등을 지급받게 되었다 하더라도, 그것이 현저히 부당하다고 단정하기는 어렵다. 결국 법정의견은 민주화보상법의 입법경위 및 입법취지, 새로운 국가배상청구권을 형성한 특별법으로서의 성격, 심판대상조항의 입법목적 등을 도외시한 채, 신청인의 권리구제라는 명분에만 착목하여, 심판대상조항의 '피해'를 적법한 행위로 발생한 손실과 위법한 행위로 발생한 손해를 모두 포함하는 포괄적인 개념으로 보면서도, 새삼 전통적인 손해 3분설에 따라 피해를 적극적·소극적 손해와 정신적 손해로 나눈 다음 보상금과 생활지원금은 소극적 손해에, 의료지원금은 적극적 손해에 상응함을 전제로 전자는 침해의 최소성에 위반되지 않지만 후자는 침해의 최소성에 위반된다고 판단하고 있는바, 이는 민주화보상법이 예정하지 아니한 채권을 대상으로 하고 있고, 명확성원칙 위반 주장에 대한 판단과도 다를 뿐만 아니라, 거듭된 의제를 통한 판단이어서 적절하다고 볼 수 없다. (마) 사정이 이러하다면, 심판대상조항이 침해의 최소성에 반한다고 보기 어렵다. (3) **법익의 균형성** 심판대상조항으로 달성하려는 공익은 관련자 등이 위원회의 지급결정에 동의하여 적절한 보상을 받은 경우 보상금 등 지급절차를 신속하게 이행 · 종결시킴으로써 이들을 신속히 구제하고 보상금 등 지급결정에 안정성을 부여하기 위한 것인 반면, 심판대상조항에 의해 제한되는 사익은 보상금 등 지급결정에 동의한 관련자 등이 추가적인 손해배상(특히 정신적 손해)을 청구할 수 없다는 것이다. 그런데 앞서 살펴본 바와 같이, 관련자 등이 서명 · 날인하여 제출하는 '동의 및 청구서'에는 "보상금 등을 받은 때에는 화해계약을 하는 것이며 그 사건에 관하여 어떠한 방법으로도 다시 청구하지 않을 것임을 서약한다"는 내용이 기재되어 있고, 보상금 등 지급결정에 대한 동의 여부를 관련자 등이 자유롭게 선택할 수 있으며, 이에 따라 관련자 등과 국가 사이에 민주화운동과 관련하여 입은 피해에 대해 보상이 이루어져 더 이상 이를 청구하지 않기로 하는 명확한 합의가 존재하고 있음을 고려할 때, 심판대상조항으로 인한 사익 제한은 매우 제한적이다. 따라서 심판대상조항으로 인해 제한되는 사익이 달성하려는 공익보다 더 크다고 할 수 없으므로, 법익의 균형성도 인정된다. (4) **소결** 심판대상조항은 과잉금지원칙을 위반하여 제청신청인들 및 청구인들의 국가배상청구권을 침해하지 아니한다.」

[339] 제5 효 력

국가배상청구권은 국민이 국가에 대하여 가지는 주관적 권리이기 때문에 대국가적 효력을 가진다.

개인이 가지는 국가배상청구권의 행사를 사인이 방해할 수 없고, 이러한 권리행사를 방해하는 경우에는 방해자는 그에 따른 법적 책임을 진다. 이러한 것은 국가배상청구권의 효력이 아니고, 손해를 전보하게 하여 권리가 구제되도록 하여야 하는 국가의 기능에 의하여 인정되는 것이다.

[340] 제6 제한과 그 한계

I. 제 한

국가배상청구권도 헌법에 규정되어 있는 기본권인 이상 헌법 제37조 제2항에 의한 제한이 가능하다. 헌법재판소는 국가배상법 제8조가 민법을 준용하여 국가배상권의 행사에 있어서도 시효에 의한 제한이 가능함을 인정하였다(예: 憲 1997. 2. 20.-96헌바24). 대법원은 「민주화운동관련자 명예회복 및 보상 등에 관한 법률」에 따라 신청인이 위원회의 보상금 등 지급결정에 동의한 때에는 재판상 화해로 보아 별도의 손해배상을 청구할 수 없다고 보았다(大 2015. 1. 22.-2012다204365).

[憲 1997.2.20.-96헌바24] 「헌법 제37조 제2항에 의하면 헌법상 보장된 기본권도 국가

안전보장 · 질서유지 또는 공공복리를 위하여 필요한 경우에 법률로써 제한할 수 있는 것이며 그러한 제한도 그 기본권의 본질적인 내용을 침해하지 아니하고 또 과잉금지의 원칙에도 위배되지 아니하는 한 이를 헌법에 위반되는 것이라 할 수 없는 것이다.…… 국가배상법 제8조가 '국가 또는 지방자치단체의 손해배상책임에 관하여는 이 법의 규정에 의한 것을 제외하고는 민법의 규정에 의한다.……'고 하고 소멸시효에 관하여 별도의 규정을 두지 아니함으로써 국가배상청구권에도 소멸시효에 관한 민법상의 규정인 민법 제766조가 적용되게 되었다 하더라도 이는 국가배상청구권의 성격과 책임의 본질, 소멸시효제도의 존재이유 등을 종합적으로 고려한 입법재량 범위 내에서의 입법자의 결단의 산물인 것으로 국가배상청구권의 본질적인 내용을 침해하는 것이라고는 볼 수 없고 기본권 제한에 있어서의 한계를 넘어서는 것이라고 볼 수도 없으므로 헌법에 위반되지 아니한다.」

II. 제한의 한계

국가배상청구권은 기본권으로서 헌법 제37조 제2항에 의하여 제한을 하는 경우에도 그 조항에서 정하고 있는 과잉금지원칙과 본질적 내용의 침해금지원칙을 위반해서는 안 된다.

제 3 절 손실보상청구권

[341] 제1 의 의

I. 개 념

(1) 헌법 규정

헌법 제23조 제3항은 「공공필요에 의한 재산권의 수용 · 사용 또는 제한 및 그에 대한 보상은 법률로써 하되, 정당한 보상을 지급하여야 한다」라고 규정하여 국가에 의해 재산권이 합법적으로 특별히 제한되는 경우에 국민에게 손실보상청구권(損失補償請求權)을 인정하고 있다.

시대를 막론하고 모든 국가는 공동체의 유지를 위하여 국민의 재산권에 대해 제한을 가할 필요성이 있어 왔다. 그런데 이러한 제한에 있어서는 과거 사유재산의 개념이 미비한 전제군주시대에는 국가의 국민 재산에 대해 무상으로 수용 · 사용 · 제한을 행하는 것이 당연한 것으로 인정되어 왔다. 그러나 국민주권과 사유재산제도의 확립에 의해 국민의 재산에 대한 권리의식이 강해짐에 따라 국가의 보상이 없이 수인한도를 넘는 재산권 제한은 더 이상 불가능하게 되었다.

이 결과 국가가 공익을 실현하기 위하여 합법적으로 국민의 재산권을 제한하는 경우에도 그로 인하여 발생하는 손실에 대해서는 보상(compensation)을 하여야 하는 것으로 하였다. 그 결과 이런 손실보상청구권을 헌법상의 기본권으로 정하게 되었는데, 이는 재산권을 기본권으로 보장하는 것과 불가분의 관계에 있다.

(2) 재 산 권

손실보상의 전제가 되는 재산권이라 함은 헌법 제23조 제1항에서 정하고 있는 재산권을 말하며([273]), 이는 사적인 유용성과 주체에게 임의적인 처분권능이 부여되어 있는 재산에 대한 모든 권리를 말한다(예: 憲 1996. 8. 29.-95헌바36). 여기서의 권리는 경제적 가치 있는 공·사법상 모든 권리로서 민법상의 소유권보다는 넓은 개념이다.

[憲 1996.8.29.-95헌바36] 「헌법 제23조 제1항의 재산권 보장에 의하여 보호되는 재산권은 사적 유용성 및 그에 대한 원칙적 처분권을 내포하는 재산가치 있는 구체적 권리이다.」

(3) 손실보상

손실보상이란 국가가 국민의 재산에 대하여 공공필요를 이유로 수용·사용·제한을 하는 경우에 재산권의 주체에게 발생하는 손실을 전보하는 것을 말한다. 손실보상은 국가배상에 있어서의 손해배상과 그 개념을 달리하는바, 손실보상은 공공필요에 의하여 재산권에 대하여 국가가 행하는 합법적인 공용침해에 대한 전보이며, 손해배상은 위법한 공권력의 행사에 의해 발생한 손해를 전보하는 것을 말한다.

II. 연 혁

손실보상청구권은 1948년헌법부터 정해져서 현재까지 인정되고 있는데, 그 보상의 범위와 정도에서는 상당한 보상, 정당한 보상, 입법보상, 비교형량보상 등으로 변화를 가져왔다.

헌법 / 내용	1948년헌법- 1952년헌법- 1954년헌법- 1960년6월헌법- 1960년11월헌법	1962년헌법- 1969년헌법-	1972년헌법	1980년헌법	1987년헌법
보상	공공필요에 의하여 국민의 재산권을 수용·사용 또는 제한함은 법률의 정하는 바에 의하여 상당한 보상을 지급함으로써 행한다.	공공필요에 의한 재산권의 수용·사용 또는 제한은 법률로써 하되 정당한 보상을 지급하여야 한다.	공공필요에 의한 재산권의 수용·사용 또는 제한 및 그 보상의 기준과 방법은 법률로 정한다.	공공필요에 의한 재산권의 수용·사용 또는 제한은 법률로써 하되, 보상을 지급하여야 한다. 보상은 공익 및 관계자의 이익을 정당하게 형량하여 법률로 정한다.	공공필요에 의한 재산권의 수용·사용 또는 제한 및 그에 대한 보상은 법률로써 하되, 정당한 보상을 지급하여야 한다.

[342] 제2 법적 성격

헌법에서 규정하고 있는 손실보상청구권은 헌법에 근거하여 바로 행사할 수 있는가 하는 문제가 있다. 이에 대해서는 입법지침설, 직접효력설, 위헌무효설 등이 있다.

Ⅰ. 입법지침설

헌법 제23조 제3항은 구체적인 법률에 의할 것을 전제로 하고 있으므로 헌법규정 그 자체만으로는 구체적인 효력을 가질 수 없고 단지 입법의 지침이 되는 규정이라고 본다. 이에 의하면 수인한도를 넘는 재산권 제한법률이 보상규정을 두고 있지 않은 경우라도 헌법규정을 근거로 바로 보상을 청구할 수 없다고 본다(구병삭, 648).

Ⅱ. 위헌무효설

헌법 제23조 제3항에서 정하는 손실보상청구권을 정한 것은 재산권의 제한에 필수적으로 전제되어야 하는 불가분조항으로서, 헌법에 규정하고 있는 이상 청구권의 효력은 헌법적인 것이나 헌법규정의 추상성으로 인해 헌법만을 근거로 하여 직접 보상을 청구할 수는 없다고 본다(김도창, 600). 이에 의하면 보상을 정하지 않은 재산권의 공용침해에 대해서는 해당법률이 헌법에 위반한다는 이유로 헌법재판소에 위헌임을 주장하여 재산권을 제한하는 법률을 무효화시켜야 한다고 본다. 이 이론은 위헌무효주장을 바탕으로 한 손해배상청구권의 행사를 현실적인 해결책으로 제시한다.

Ⅲ. 직접효력설

헌법 제23조 제3항은 손실보상청구권을 헌법에서 명시적으로 정하고 있으므로 청구권 자체는 헌법규정으로부터 직접 도출되는 것이고, 헌법에 규정되어 있는 법률유보는 절차나 방법적인 면만 법률에 맡긴 것이라고 본다(김철수a, 886; 권영성, 623; 성낙인, 649). 이 견해에 의하면, 보상규정이 없는 경우라도 헌법을 근거로 직접 보상을 청구할 수 있다고 본다.

Ⅳ. 사 견

공용침해의 경우에는 반드시 보상이 따라야 하고, 이를 보장하기 위한 손실보상청구권을 헌법 제23조 제3항이 명시적으로 「정당한 보상」을 정하고 있으므로 법률의 제정이 없어도 직접 국가에 대하여 행사할 수 있다. 이러한 보상청구에 대하여 국가가 어떠한 절차를 거쳐 보상하여야 할 것인가는 국가내부의 문제이다. 행정부가 보상을 할 수도 있고, 행정부가 보상을 하지 않는 경우에는 피해당사자는 법원에 소송을 제기하여 결국 법원이 보상여부와 보상액을 정한다. 이 경우에 피해를 당한 국민은 직접 보상을 청구할 수도 있고, 보상규정이 없는 법률, 즉 부진정입법부작위에 대하여 다툴 수도 있다.

[343] 제3 주 체

헌법상 손실보상청구권의 주체는 재산권의 주체가 될 수 있는 모든 자이다. 따라서 자연인과 법인에게 인정된다. 외국인의 경우에는 헌법상 재산권의 주체가 되는 경우에만 손실보상청구권이 인정된다.

[344] 제4 내 용

Ⅰ. 손실보상청구권의 성립요건

(1) 공권력에 의한 침해

헌법 제23조 제3항에 의한 손실보상청구권이 성립하기 위해서는 국민의 재산권에 대한 공권력에 의한 침해가 있어야 한다. 여기서 침해라 함은 재산권에 대한 의도적이고 구체적 · 개별적인 침해행위를 뜻하는데, 이는 합법적인 것에 한한다.

헌법 제23조 제3항은 이러한 침해의 유형을 공용수용, 공용사용, 공용제한으로 구분하고 있다.

(2) 공공필요

손실보상청구권 행사의 대상이 되는 경우는 국가가 공공의 필요에 의하여 개인의 재산권을 제한하였을 경우에 한정된다. 즉 재산권 제한의 목적이 일반적으로 공적 과제의 수행을 위한 것이어야 하며, 이러한 제한은 불가피한 것이어야 한다.

여기서 헌법 제23조 제3항의 공공필요는 헌법 제37조 제2항에서 정하고 있는 국가안전보장, 질서유지, 공공복리를 포함하는 보다 넓은 개념이다([277] I (1)(b)).

(3) 적법한 제한

헌법 제23조 제3항이 인정하는 재산권의 침해는 법률에 근거를 두고, 그 법률에 따라 적법하게 이루어져야 한다. 여기서 법률은 국회가 제정하는 형식적인 의미의 법률을 뜻한다. 법률적인 효력을 가지는 긴급재정경제명령이나 긴급명령도 포함된다. 비상계엄의 경우에는 계엄의 조치로 재산권을 침해할 수 없고, 이 경우에는 법률의 효력을 가지는 긴급재정경제명령이나 긴급명령으로 재산권을 침해할 수 있으며, 이런 경우에도 정당한 보상을 하여야 한다. 법규명령이나 행정명령으로 공용침해를 정할 수는 없다.

(4) 특별한 희생의 존재

손실보상이 요구되는 손실은 특별한 희생이 인정되는 경우에 한하여 인정된다([277] III). 공용수용은 공권력에 의한 재산권의 침해로서 사회기속(社會羈束)과 달리 공공필요가 인정되어도 피해의 전보 없이 수인하여야 하는 것이 아니므로 이에는 수인할 수 없는 특별한 희생이 존재하여야 한다. 피해자에게 피해를 감수하여야 할 원인이 있는 경우나 재산권에 대한 제약이 재산권에 내재되어 있는 사회기속인 경우에는 손실보상의 문제가 발생하지 않는다.

II. 손실보상의 형식과 기준 및 방법

(1) 보상의 형식

손실보상에 대한 규정은 재산권을 침해하는 해당 법률이나 법률적 효력을 가지는 명령에서 정한다. 이러한 불가분조항이 없더라도 손실보상을 헌법 제23조 제3항에 근거하여 직접 청구할 수 있으므로 이 경우에 손실보상은 국가가 법률이나 내부적으로 정하는 형식에 따라 이루어진다.

(2) 보상의 기준

헌법 제23조 제3항은 보상의 기준에 대해 「정당한 보상」이라고 규정하고 있다. 현행헌법의 정당한 보상의 개념에 대해서는 완전보상설, 상당보상설, 구체적 사정에 의하는 절충설의 대립이 있으나, 완전보상을 의미한다고 할 것이다(동지: 허영a, 489; 성낙인, 651).

헌법재판소도 원칙적으로 완전보상설에 입각하고 있는데, 개발이익과 같은 추정적인 재산상 손실은 보상의 대상에서 제외된다고 판시하였다(예: 憲 1990. 6. 25.-89헌마107).

[憲 1990.6.25.-89헌마107] 「헌법 제23조 제3항에서 규정한 "정당한 보상"이란 원칙적으로 피수용재산(被收用財産)의 객관적인 재산가치를 완전하게 보상하여야 한다는 완전

보상을 뜻하는 것……공익사업의 시행으로 인한 개발이익은 완전보상의 범위에 포함되는 피수용토지의 객관적 가치 내지 피수용자의 손실이라고는 볼 수 없다.」

헌법재판소는 정당한 보상을 완전보상이라고 하면서, 기준지가에 의하여 보상액을 정한 것은 정당하다고 판시하였다(예: 憲 1990. 6. 25.-89헌마107; 1991. 2. 11.-90헌바 17등; 1995. 4. 20.-93헌바20등; 1998. 3. 26.-93헌바12). 토지수용의 경우에 기준지가를 기준으로 한 보상은 완전보상이라고 할 수 없다는 견해가 있다(김철수a, 890). 헌법재판소는 당해 사업인정고시일에 가장 가까운 시점에 공시된 공시지가를 기준으로 수용된 토지의 보상액을 산정하도록 규정하고 있는 「공익사업을 위한 토지 등의 취득 및 보상에 관한 법률」 제70조 제4항에 대하여 공시지가가 공시기준일 당시의 표준지의 객관적 가치를 정당하게 반영하는 것이고, 표준지와 지가산정 대상토지 사이에 가격의 유사성을 인정할 수 있도록 표준지의 선정이 적정하며, 공시기준일 이후 수용시까지의 시가변동을 산출하는 시점보정의 방법이 적정하고, 개발이익을 배제하기 위한 것이기 때문에 헌법 제23조 제3항에 위반된다고 할 수 없다고 판시하였다(예: 憲 2009. 7. 30.-2007헌바76; 2009. 9. 24.-2008헌바112; 2009. 11. 26.-2009헌바141).

군사상의 필요에 의하여 징발하는 경우에는 징발물(徵發物)에 대한 사용료는 해당 사용연도나 징발 해제 당시의 공시지가 또는 실제 거래가격 등을 평가한 적정 가격으로 정하고, 보상기준에 관한 세부사항은 대통령령으로 정하고 있다(징발법 §21).

(3) 보상의 방법

손실보상의 방법은 금전배상(공익사업을위한토지등의취득및보상에관한법률 §63①)을 원칙으로 하나, 경우에 따라서는 현물보상이나 매수보상이 가능하며, 채권보상(공익사업을위한토지등의취득및보상에관한법률 §63⑦)도 인정된다. 그리고 지급시기와 지급횟수 등은 개별보상규정에 의한다. 「공익사업을 위한 토지 등의 취득 및 보상에 관한 법률」의 경우 동법 제62조에서 사전보상을 원칙으로 하고 있다.

[憲 1998.12.24.-89헌마214등] 「재산권의 침해와 공익 간의 비례성을 다시 회복하기 위한 방법은 헌법상 반드시 금전보상만을 해야 하는 것은 아니다. 입법자는 지정의 해제 또는 토지매수청구권제도와 같이 금전보상에 갈음하거나 기타 손실을 완화할 수 있는 제도를 보완하는 등 여러 가지 다른 방법을 사용할 수 있다. 즉, 입법자에게는 헌법적으로 가혹한 부담의 조정이란 '목적'을 달성하기 위하여 이를 완화·조정할 수 있는 '방법'의 선택에 있어서는 광범위한 형성의 자유가 부여된다.」

[345] 제5 제한과 그 한계

손실보상청구권은 헌법 제23조 제3항이 정하는 요건이 충족되면 인정되는 것이므로 따로 보상을 제한할 수는 없다. 다만, 손실보상청구권의 행사에 관한 절차에 대해서는 헌법 제37조 제2항에 따라 제한할 수 있다. 청구권을 행사할 수 있는 기간을 정하는 것이 그 한 예이다.

제4절 형사보상청구권

[346] 제1 의 의

Ⅰ. 헌법 규정

헌법 제28조는 형사보상청구권(刑事補償請求權)에 대하여 「형사피의자 또는 형사피고인으로서 구금되었던 자가 법률이 정하는 불기소처분을 받거나 무죄판결을 받은 때에는 법률이 정하는 바에 의하여 국가에 정당한 보상을 청구할 수 있다」라고 규정하고 있고, 이를 구체화하여 「형사보상 및 명예회복에 관한 법률」이 제정되어 있다.

Ⅱ. 개념과 기능

(1) 개 념

형사보상청구권은 피의자(被疑者)나 피고인(被告人)으로서 구금되었던 자가 법률이 정한 불기소처분이나 무죄판결을 받은 경우에 국가에 대하여 물질적·정신적 피해에 대한 정당한 보상을 청구할 수 있는 권리를 뜻한다.

(2) 기 능

국가가 범죄의 혐의가 있는 자에 필요한 경우에 구금하여 수사를 하고 재판을 하는 것은 국가의 형벌권의 정당한 행사이다. 그러나 이러한 형벌권행사의 결과가 무죄에 해당하는 「혐의 없음」이나 「죄가 안 됨」의 불기소처분을 받거나 무죄판결을 받은 경우에는 국가의 형벌권행사가 위법한 것은 아니지만 구금으로 인하여 발생한 현실적 피해를 사후적으로 전보하여야 할 필요가 있다.

형사보상청구권은 국가의 형벌권행사에서 사후적으로 발생한 정신적·신체적·사회적·경제적 피해에 대하여 사후적으로 보상해주는 기본권이라는 점에서 사전예방적 성격을 가지는 다른 사법절차적 기본권과 구별된다.

Ⅲ. 연　혁

형사보상청구권을 기본권으로 처음 보장한 것은 1948년헌법이다. 당시에는 구금된 형사피고인이 무죄판결을 받은 경우에 이를 인정하였다. 이러한 것이 1980년헌법까지 이어져 오다가 1987년헌법에서 구금된 형사피의자가 법률이 정하는 불기소처분을 받은 경우에도 형사보상청구권을 가지는 것으로 확대 보장하였다.

형사보상청구권을 헌법에서 보장한 것은 1848년 독일의 프랑크푸르트헌법에서 시작되었고, 일본국헌법, 이탈리아헌법, 포르투갈헌법 등에서 보장하고 있다. 예컨대 일본국헌법에서는 무죄판결을 받은 경우에만 형사보상을 인정한다.

[347] 제2 법적 성격

Ⅰ. 청 구 권

형사보상청구권은 기본적으로 청구권적 기본권이다. 형사보상청구권의 구체적 범위와 대상은 법률에 의하여 정해지지만, 청구권 자체는 헌법의 규정에서 직접 발생한다고 할 것이다. 국민은 구체적인 형사보상을 청구할 수는 없으나, 형사보상청구권을 구체화하는 입법을 할 것을 요구할 수 있다.

Ⅱ. 보　상

형사보상은 적법하게 구금된 경우에 불기소처분을 받거나 무죄판결을 받은 자에 대하여 공평의 관점에서 그 손실을 보상하는 것이고, 형사보상청구권은 이러한 적법행위로 인하여 발생한 피해에 대하여 보상을 청구하는 권리이다. 따라서 이는 위법행위로 발생한 손해에 대한 배상과 구별된다.

경찰권이나 검찰권의 남용에 의한 자의적인 체포, 구류, 구금, 조사 등에 의하여 발생한 피해는 위법한 공권력의 행사로 인한 피해이고 이에 대한 전보는 손해에 대한 배상이므로 국가배상청구(헌법 §29)의 대상이 되지 형사보상청구의 대상이 되는 것이 아니다.

[348] 제3 주　체

형사보상청구권의 주체는 기본적으로 형사피고인과 형사피의자이며, 청구권자 본인이 사망한 경우에는 그 상속인도 형사보상청구권의 주체가 된다(형보법 §3①).

외국인의 경우에도 형사피의자나 피고인으로서 구금된 후 불기소처분을 받거나 무죄의 판결을 받을 경우가 있는데, 이 경우 형사보상청구권의 주체가 될 수 있는가 하는 문제가 있다. 형사보상청구권도 국가배상청구권과 같이 기본권의 보장을 확보하기 위하여 인정되는 권리이므로 외국인에게 당연히 인정되는 권리라고 하기는 어렵다. 그러나 형법 제2조에서 형법은 대한민국영역 내에서 죄를 범한 외국인에게도 적용이 된다고 정하고 있고, 범죄 혐의가 있는 외국인에 대하여 구금할 수 있고, 외국인의 경우에도 헌법 제28조가 정하는 요건에 해당하면 내국인과 구별하여야 할 이유가 존재하지 않으므로 외국인에게도 헌법 제6조에 따라 형사보상청구권을 인정하는 것이 타당하다고 할 것이다.

[349] 제4 내 용

Ⅰ. 성립요건

형사보상청구권의 성립요건은 형사피의자로서 구금되었던 자가 법률이 정하는 불기소처분을 받거나(피의자 보상), 형사피고인으로서 구금되었던 자가 무죄판결을 받을 것(피고인 보상)을 요한다.

⑴ 형사피의자 또는 형사피고인으로서의 구금

형사피의자(刑事被疑者)는 범죄혐의가 있어 수사의 대상이 되었으나 아직 공소제기의 대상이 되지 않은 자를 말하고, 형사피고인(刑事被告人)은 검사가 공소를 제기한 자를 뜻한다.

구금이란 형사소송법상의 구금을 뜻하는데, 미결구금과 형집행을 뜻하며 이 때의 구금에는 형의 집행을 위한 구치나 노역장유치가 포함된다(형보법 §2③). 구금되지 않고 불구속이었던 자는 불기소처분이나 무죄판결을 받아도 형사보상청구를 할 수 없다.

⑵ 불기소처분 또는 무죄판결

피의자보상의 경우 헌법은 「법률이 정하는 불기소처분」을 받은 때 형사보상을 청구할 수 있다고 한다. 광의의 불기소처분(不起訴處分)에는 협의의 불기소처분(「혐의 없음」, 「죄가 안 됨」), 기소중지처분, 기소유예처분이 있다. 이들 중에서 법률이 정하는 불기소처분은 협의의 불기소처분을 뜻한다. 공소를 제기하지 아니하는 처분이 종국적인 것이 아니거나 기소편의주의에 의한 것일 경우 형사보상청구를 할 수 없고 구금된 이후 공소를 제기하지 아니하는 처분을 할 사유가 있는 경우에도 형사보상을 청구할 수 없다(동법 §27①).

협의의 불기소처분이 있은 경우에도 1. 본인이 수사 또는 재판을 그르칠 목적으로 거짓 자백을 하거나 다른 유죄의 증거를 만듦으로써 구금된 것으로 인정되는 경우, 2. 구금기간 중에 다른 사실에 대하여 수사가 이루어지고 그 사실에 관하여 범죄가 성립한 경우, 3. 보상을 하는 것이 선량한 풍속이나 사회질서에 위배된다고 인정할 특별한 사정이 있는 경우에는 피의자보상의 전부 또는 일부를 지급하지 아니할 수 있다(형보법 §27②).

피고인보상의 경우 무죄의 확정판결이 요건이 된다. 당해절차에서의 무죄판결뿐만 아니라 재심, 비상상고절차에서의 무죄판결도 포함된다(동법 §2②). 형사소송법의 규정에 의하여 면소(免訴) 또는 공소기각(公訴棄却)의 재판을 받은 자도 면소 또는 공소기각의 재판을 할 만한 사유가 없었더라면 무죄의 재판을 받을 만한 현저한 사유가 있었을 때에는 국가에 대하여 구금에 대한 보상을 청구할 수 있다. 이는 면소나 공소기각의 재판이 그 실질에 있어서 무죄판결과 같다고 보기 때문이다(실질설=효과설)(동법 §26).

「형사보상 및 명예회복에 관한 법률」에 의하면, 무죄판결이 있는 경우에도 1. 형법 제9조 및 제10조 제1항의 사유로 무죄재판을 받은 경우, 2. 본인이 수사 또는 심판을 그르칠 목적으로 거짓 자백을 하거나 다른 유죄의 증거를 만듦으로써 기소, 미결구금 또는 유죄재판을 받게 된 것으로 인정된 경우, 3. 1개의 재판으로 경합범의 일부에 대하여 무죄재판을 받고 다른 부분에 대하여 유죄재판을 받았을 경우에는 법원은 재량에 의하여 보상청구의 전부 또는 일부를 기각할 수 있다(동법 §4).

(3) 고의 또는 과실의 불필요

형사보상청구권의 본질이 손실보상청구권이므로 관계기관의 고의 또는 과실은 필요 없다.

II. 절 차

피의자보상의 경우에는 불기소처분의 고지 또는 통지를 받은 날부터 3년 이내에 청구하여야 하고, 피고인보상의 경우에는 무죄재판이 확정된 사실을 안 날부터 3년, 무죄재판이 확정된 때부터 5년 이내에 청구하여야 한다(동법 §8, §28③). 과거에 「형사보상 및 명예회복에 관한 법률」은 보상청구의 기간을 1년 이내로 하여 단기간으로 정하고 있었는데, 헌법재판소는 이에 대하여 청구기간을 1년의 제척기간으로 정한 것은 형사보상청구권을 과잉하게 제한하는 것이라고 하여 위헌이라고 판시하였다(憲 2010. 7. 29. -2008헌가4). 보상의 청구기간을 합리적인 이유 없이 단기간으로 정하여 기간적인 제한을 가하는 것은 형사보상청구권의 침해에 해당한다.

관할의 경우 피의자보상은 공소를 제기하지 아니하는 처분을 한 검사가 소속하는 지방검찰청(지방검찰청 지청의 검사가 그러한 처분을 한 경우에는 그 지청이 속하는 지방검찰청)의 피의자보상심의회에 청구하여야 하고, 피고인보상은 무죄재판을 한 법원에 대하여 청구하여야 한다(동법 §7, §27③). 보상청구에 대한 결정은 보상심의회나 법원합의부에서 하게 되는데(동법 §14①, §27③), 검사와 청구인의 의견을 듣고 결정한다.

불복절차의 경우, 피고인보상의 경우에는 보상의 결정과 보상의 청구를 기각한 결정에 대하여는 즉시항고(卽時抗告)를 할 수 있다(동법 §20). 과거에 형사보상법은 피고인 보상의 경우에 보상결정에 대하여 불복할 수 없도록 정하고 있었는데, 헌법재판소는 이러한 불복금지는 형사보상청구권과 재판청구권을 침해하는 것이어서 위헌이라고 판시하였다(憲 2010. 10. 28. -2008헌마514등). 피의자보상의 청구에 대한 심의회의 결정에 대하여는 행정심판을 청구하거나 행정소송을 제기할 수 있다(동법 §28④).

「형사보상 및 명예회복에 관한 법률」은 보상결정에 대한 공시제도를 두고 있다. 보상의 결정은 관보에 게재하여 공시하되, 보상의 결정을 받은 자의 신청이 있을 때에는 그 결정의 요지를 신청인이 선택하는 2종류 이상의 일간신문에 각 1회씩 공시하여야 하며 그 공시는 신청일부터 30일 이내에 하여야 한다(동법 §25).

Ⅲ. 정당한 보상

헌법 제28조는 정당한 보상을 규정하고 있는데, 이는 형사보상청구권자가 입은 손실의 완전한 보상을 의미한다. 따라서 국가의 부당한 형사사법작용에 의해서 입은 물질적 또는 정신적 손실의 보상을 요구할 수 있고, 여기에는 구금으로 인한 적극적인 재산상의 손실이나 소극적인 이익의 상실, 정신적 고통에 대한 보상이 포함된다.

보상금에 대해서는 「형사보상 및 명예회복에 관한 법률」에서 정하고 있다(동법 §5).

Ⅳ. 명예회복

무죄재판을 받은 경우에 그 피고인에 대하여 금전적으로 보상을 하는 것으로 충분하지 않다. 무죄재판을 받은 사실에 대하여 일반인은 잘 알 수 없기 때문에 그에 대한 사회적 평판이나 명예, 신용 등에서 회복할 필요가 있다. 그리하여 형사보상의 추가적 방법으로 무죄재판을 받은 사실을 일반인이 알 수 있게 법무부 인터넷 홈페이지에 게재하게 하여 피고인의 명예를 회복시키고자 한다.

무죄재판을 받아 확정된 사건의 피고인은 무죄재판이 확정된 때부터 3년 이내에 확정된 무죄재판사건의 재판서를 법무부 인터넷 홈페이지에 게재하도록 해당 사건을 기소한 검사가 소속된 지방검찰청(지방검찰청 지청 포함)에 청구할 수 있다(동법 §30). 청구가 있을 때에는 그 청구를 받은 날부터 1개월 이내에 무죄재판서를 법무부 인터넷 홈페이지에 게재하여야 한다. 다만, 청구를 받은 때에 무죄재판사건의 확정재판기록이 해당 지방검찰청에 송부되지 아니한 경우에는 무죄재판사건의 확정재판기록이 해당 지방검찰청에 송부된 날부터 1개월 이내에 게재하여야 한다(동법 §32). 면소의 경우도 마찬가지다(동법 §34).

제 5 절 범죄피해자구조청구권

[350] 제1 의 의

Ⅰ. 개 념

헌법 제30조는 「타인의 범죄행위로 인하여 생명·신체에 대한 피해를 받은 국민은 법률이 정하는 바에 의하여 국가로부터 구조(救助)를 받을 수 있다」라고 규정하여, 타인의 범죄행위로 인하여 생명을 잃거나 신체상의 피해를 입은 국민이나 그 유족에게 국가로부터 재정적 구조를 청구할 수 있는 권리를 보장하고 있다.

Ⅱ. 연 혁

범죄피해자보상제도는 1963년 뉴질랜드에서 형사재해보상법을 제정하여 최초로 시행되기 시작하여 영국, 미합중국, 호주, 캐나다, 스위스, 독일, 일본국 등에서도 이에 관한 법률을 제정하여 제도화하고 있다.

우리나라는 현행 1987년헌법에서 범죄피해자보상제도를 처음으로 채택하여 범죄피해자에게 구조청구권을 기본권으로 보장하고 있다. 이를 구체화한 법률로는 범죄피해자보호법이 있다. 범죄피해자보호제도를 헌법에서 정할 필요가 있는가 하는 점에 대해서는 헌법정책상 의문이 있다. 이를 법률정책적인 수준에서 제도화하여도 무리가 없기 때문이다. 물론 헌법에서 범죄피해자보호제도의 법정주의를 정하여 법률유보에 의해 제도화하는 방식을 취하고 있으나, 이러한 구조청구권을 기본권으로 설정하는 것이 합당한 것인지는 기본권의 남발·포화의 관점에서 재검토할 필요가 있다.

[351] 제2 법적 성격

Ⅰ. 구조청구권의 성격

범죄피해자보상제도는 범죄피해자에 대한 재정적 지원이 범죄피해에 대한 국가책임에 근거한 배상의 성격을 띠는 것인지(국가배상청구권설) 피해자를 구조하는 사회보장적 성격을 갖는 것인지(생존권설)에 대해 견해가 갈린다.

공동체생활에서 국민은 언제나 안전하게 생활할 권리가 있으며, 국민의 안전을 보장하는 것은 국가의 의무에 속한다. 따라서 범죄의 예방과 방지는 치안의 책임을 지고 있는 국가가 제1차적으로 부담하는 의무에 속하며(예: 憲 1989. 4. 17.-88헌마3), 범죄발생에 대한 사회공동체적 책임도 부인할 수 없다. 범죄행위는 범죄자에 의해 이루어지지만 범죄의 발생에 대해서는 국가가 이를 미연에 방지하지 못한 책임도 있으며, 특히 범죄피해자가 가해자로부터 그 피해의 전보를 받기 어려운 경우에는 국가는 국민의 공평부담으로 일정한 경우에 필요한 구조를 해줄 필요가 있다. 이러한 범죄피해자에 대한 국가의 구조는 기본적으로 민사법적 배상제도를 통해서 피해의 전보를 받는 것이 충분하지 않을 때 보충적으로 구조를 해준다는 성격을 가진다. 이런 점에서 범죄피해자의 구조청구권은 생존권적 성격을 띤 청구권이라고 할 것이다(동지: 김철수a, 1338; 허영a, 586).

헌법재판소의 판례도 구조청구권은 생존권적 성격을 가지는 것이라고 판시하였다(예: 憲 1989. 4. 17.-88헌마3).

범죄피해자보호법의 제정이유에서도 「강력범죄로 인한 피해가 점차 심각해지는 추세에 있음에도 불구하고 현행 법체계하에서는 그 피해자가 가장 소중한 생명 · 신체상의 위해를 당하더라도 가해자가 불명이거나 무자력(無資力)인 경우에는 아무런 금전적 구제를 받을 수 없는 실정인바, 국가가 이러한 범죄피해자 또는 그 유족에게 일정한 한도의 범죄피해구조금을 지급함으로써 민법상 불법행위제도의 결함을 보완하고 법률복지의 증진에 이바지할 수 있도록 하려는 것임」이라고 하고 있다.

[憲 1989.4.17.-88헌마3] 「국가가 존립하기 위한 최소요건은 영토와 국민의 보전이다. 국가는 이를 위해 국민에게 국방의 의무와 납세의 의무를 부과함과 아울러 국민에 대하여 국가 외부에서 초래되는 외적의 침입과 국가 내부에서 초래되는 범죄의 발생을 예방하고 이를 물리칠 의무를 스스로 부담하고 있는 것이다. 따라서 국가는 이미 범죄가 발생한 경우에는 범인을 수사하여 형벌권을 행사함으로써 국민을 보호하여야 할 것이고, 형벌권을 행사하지 아니하는 경우에도 최소한 형벌권을 행사하지 아니하는 것이 오히려 보다 더 나은 결과를 초래할 수 있다고 기대되는 경우에 한정되어야 할 것이다. 그런데, 헌법은 위에서 본 바와 같이 범죄로부터 국민을 보호하여야 할 국가의 의무를 이와 같은 소극적 차원에서만 규정하지 아니하고 이에 더 나아가 범죄행위로 인하여 피해를 받은 국민에 대하여 국가가 적극적인 구조행위까지 하도록 규정하여 피해자의 기본권을 생존권적 기본권의 차원으로 인정하였다.……국가기관이 공소권을 독점하고 피해자에 의한 복수를 허용하지 아니하면서 자력구제를 아주 제한적으로만 인정하고 있는 법제도는 국가에 의한 피해자 보호가 충분히 이루어질 때 비로소 그 존재의의가 있는 것이다. 따라서 범죄로부터 국민을 보호하여야 할 국가의 의무가 이루어지지 아니할 때 국가의 의무위반을 국민에 대한 기본권 침해로 규정할 수 있다. 이 경우 개인의 법익을 직접 침해하는 것은 국가가 아닌 제3자의 범죄행위이므로 위와 같은 원초적인 행위 자체를 기본권침해 행위라고 규정할 수는 없으나, 이와 같은 침해가 있음에도 불구하고 이것을 배제하여야 할 국가의 의무가 이행되지 아니한다면 이 경우 국민은 국가를 상대로 헌법 제10조, 제11조 제1항 및 제30조(이 사건과 같이 생명 · 신체에 대한 피해를 받은 경우)에 규정된 보호의무 위반 또는 법 앞에서의 평등권 위반이라는 기본권 침해를 주장할 수 있는 것이다.」

II. 보충적 성격

범죄피해자보호청구권은 사회보장적 성격을 띠는 청구권의 일종으로 피해자가 범죄자로부터 제대로 보상을 받지 못할 때 보충적으로 인정되는 것이다.

III. 입법부작위에 대한 재판청구권

헌법에서 범죄피해자에게 구조청구권을 기본권으로 보장하고 있고, 법정주의를 채택하고 있기 때문에 국회는 이를 구체화하는 법률을 제정하여야 한다. 따라서 이러한 법률을 제정하지 않으면 범죄피해자는 입법부작위에 대하여 다툴 수 있다. 헌법 제30조의 법률유보는 기본권형성적 법률유보이기 때문에 입법자는 범죄피해자보호제도를 법률로써 입법화할 의무를 진다.

[352] 제3 주 체

범죄피해자보호청구권의 주체는 국민이다. 헌법 제30조는 「생명 · 신체에 대한 피해를 받은 국민」으로 한정하고 있기 때문에 자연인에게만 인정되고, 단체나 법인은 주체가 될 수 없다.

범죄피해자보호법에서 구조청구를 할 수 있는 피해자는 사람의 생명 또는 신체를 해치는 죄에 해당하는 행위로 인하여 사망하거나 장해 또는 중상해의 피해를 당한 사람과 그 배우자(사실상의 혼인관계를 포함한다), 직계친족 및 형제자매를 말한다(동법 §3①). 또한 범죄피해 방지 및 범죄피해자 구조 활동으로 피해를 당한 사람도 범죄피해자로 본다(동법 §3②). 과거 범죄행위로 인하여 사망한 자의 유족이나 중장해를 당한 자로 제한하고 있었으나 법정책적으로 피해자의 범위를 확대하였다. 피해의 범위는 헌법 제30조가 법률로 정하도록 유보하고 있으며, 이는 국가의 재정능력을 고려하여 정할 정책적인 사항이다.

범죄피해자의 구조청구권은 대한민국 국민에게만 한정하여 인정된다. 따라서 외국인은 상호주의하에서 주체가 될 수 있다(범죄피해자보호법 §23).

[353] 제4 내 용

I. 지급요건

범죄피해자보호법은 국가가 구조대상 범죄피해를 받은 사람에게 구조금을 지급해야 하는 경우로서 i) 구조피해자가 피해의 전부 또는 일부를 배상받지 못하는 경우와 ii) 자기 또는 타인의 형사사건의 수사 또는 재판에서 고소 · 고발 등 수사단서를 제공하거나 진술, 증언 또는 자료제출을 하다가 구조피해자가 된 경우를 규정하고 있다(동법 §16).

II. 지급내용

범죄피해자보호법은 범죄피해자에 지급되는 구조금을 유족구조금, 장해구조금 및 중상해구조금으로 구분하며 일시금으로 지급한다(동법 §17①). 유족구조금은 피해자가 사망한 경우 동법 규정에 의한 순위에 따라 유족에게 지급하고, 장해구조금 및 중상해구조금은 해당 구조피해자에게 지급한다(동법 §17 ②,③). 피해자의 장해 또는 중상해의 정도가 명확하지 않거나 그 밖의 사유로 신속하게 결정을 할 수 없는 사정이 있는 때에는 직권 또는 신청으로 긴급구조금을 지급할 수 있다(동법 §28).

[354] 제5 제한과 그 한계

I. 구조금지급의 제외

범죄피해자보호법은 구조금을 지급하지 않는 경우로서, i) 범죄행위 당시 구조피해자와 가해자 사이에 부부(사실상의 혼인 관계를 포함), 직계혈족 등에 해당하는 친족관계가 있는 경우, ii) 구조피해자가 해당 범죄행위를 교사 또는 방조하는 행위, 과도한 폭행·협박 또는 중대한 모욕 등 해당 범죄행위를 유발하는 행위 등에 해당하는 행위를 한 경우를 규정하고 있다(동법 §19). 구조피해자가 폭행·협박 또는 모욕 등 해당 범죄행위를 유발하는 행위, 해당 범죄피해의 발생 또는 증대에 가공(加功)한 부주의한 행위 또는 부적절한 행위 등을 한 때에는 구조금의 일부를 지급하지 아니한다. 구조피해자 또는 그 유족과 가해자 사이의 관계, 그 밖의 사정을 고려하여 구조금의 전부 또는 일부를 지급하는 것이 사회통념에 위배된다고 인정될 때에는 구조금의 전부 또는 일부를 지급하지 아니할 수 있다.

구조피해자나 유족이 해당 구조대상 범죄피해를 원인으로 하여 「국가배상법」이나 그 밖의 법령에 따른 급여 등을 받을 수 있는 경우에는 구조금을 지급하지 아니하고(동법 §20), 구조피해자나 유족이 해당 구조대상 범죄피해를 원인으로 하여 손해배상을 받았으면 그 범위에서 구조금을 지급하지 아니한다(동법 §21).

II. 구조금의 환수

거짓이나 그 밖의 부정한 방법으로 구조금을 받은 경우, 구조금을 받은 후 제19조에 규정된 사유가 발견된 경우, 구조금이 잘못 지급된 경우에는 구조금의 전부 또는 일부를 환수할 수 있다(동법 §30).

III. 구조금지급 청구의 시적 한계

구조금을 지급받을 권리의 시효는 구조결정이 송달된 날부터 2년이다(동법 §31).

제 7 장 환경권적 기본권

[355] 제1 의 의

Ⅰ. 개 념

(1) 헌법 규정

헌법은 제35조 제1항에서 「모든 국민은 건강하고 쾌적한 환경에서 생활할 권리를 가지며, 국가와 국민은 환경보전을 위하여 노력하여야 한다」라고 규정하여 환경권(環境權 environmental right, Umweltrecht)을 헌법상 보장함과 동시에 국가와 국민에게 환경보전을 위해 노력할 의무를 부과하고 있다. 그러면서 제2항에서는 「환경권의 내용과 행사에 관하여는 법률로 정한다」라고 규정하여, 헌법에서는 환경권의 구체적인 내용이나 그 행사에 대하여 정하지 아니하고 이를 입법자에게 맡겨 두고 있다.

헌법 제35조는 제1항과 제2항에서 환경에 관하여 규정하면서 제3항에서는 「국가는 주택개발정책 등을 통하여 모든 국민이 쾌적한 주거생활을 할 수 있도록 노력하여야 한다」라고 규정하여 특별히 국민의 쾌적한 주거생활을 보장하고 있다. 이러한 제3항의 규정이 제1항과 제2항에서 정하는 환경권의 보호와 관련이 있는가 하는 점이 해석상 문제가 된다. 환경권은 주거생활뿐 아니라 모든 생활에서 보장되는 것임을 고려하면 헌법 제35조 제3항을 환경권과 결부하여 해석하는 것은 타당하지 않다. 이러한 규정은 헌법에 규정하여도 되고 규정하지 않아도 되는데, 규정하는 경우에는 주거의 자유를 정하는 규정과 함께 정하는 것이 타당하다.

(2) 환경의 개념

사전적인 의미에서 보면, 환경(環境 environment, Umwelt)이란 생물에게 직접 또는 간접으로 영향을 주는 자연적 조건이나 사회적 상황으로서 생물이 생활하는 주위의 상태를 의미한다. 그런데 헌법에서 문제가 되는 환경은 헌법상의 환경조항이나 환경권의 법적 성격과 효력이 문제가 되기 때문에 헌법 제35조에서 정하고 있는 환경을 사전적인 의미로 해석할 수는 없다.

헌법 제35조 제1항은 「건강하고 쾌적한 환경」이라고만 규정하고 있어서 이러한 환경에서 생활할 권리의 내용과 범위가 명확하지 아니하다. 헌법 제35조 제1항과 제2항에서 정하고 있는 환경의 개념에 대해서는 협의설과 광의설로 견해가 나뉜다.

(a) 협 의 설

헌법이 정하고 있는 환경은 산, 산림, 대기, 물, 일조 등과 같은 자연환경을 의미한다고 본다. 환경권이 논의되고 형성된 배경과 환경권을 권리로서 실효성 있게 보호하려면 환경의 개념을 이 이상으로 확대하는 것은 타당하지 않다고 본다. 일본의 다수설이다.

(b) 광 의 설

헌법이 정하고 있는 환경은 자연환경 이외에 유적 · 문화유산과 같은 문화적 환경이나 공원 · 도로 · 교육 · 의료와 같은 사회적 환경도 포함된다고 본다(예: 김철수a, 1225; 성낙인, 723).

(c) 사 견

헌법이 환경에 관하여 국가에게 계획과 실행의무를 부과하는 국가목표규정의 형식(예: 「국가는 국민이 건강하고 쾌적한 환경에서 생활할 수 있도록 노력하여야 한다」)으로 정하는 경우에는 광의설과 같이 환경의 개념을 확대하는 것이 타당할 수도 있겠으나, 환경을 향유할 이익을 기본권으로 정하는 경우에 그 개념과 내용 자체가 애매모호한 문화적 환경이나 사회적 환경까지 환경권의 대상으로 정하는 것은 환경권의 권리로서의 보장의 면에서 실효성을 오히려 약화시키고 실현가능성도 희박하다. 환경에 대한 논의의 배경이나 환경권의 권리로서의 실효성을 확보하는 면에서 보면 협의설이 타당하다.

환경정책기본법에서는 환경을 자연환경과 생활환경으로 구분한 후, 자연환경을 지하 · 지표(해양 포함) 및 지상의 모든 생물과 이들을 둘러싸고 있는 비생물적인 것을 포함한 자연의 상태(생태계 및 자연경관 포함)로 정의하고 생활환경을 대기, 물, 폐기물, 소음 · 진동, 악취, 일조 등 사람의 일상생활과 관계되는 환경으로 정의하고 있다(동법 §3). 「고도 보존 및 육성에 관한 특별법」은 목적에서 「역사문화환경」이라는 용어를 사용하고 있다.

헌법재판소는 '건강하고 쾌적한 환경에서 생활할 권리'를 보장하는 환경권의 보호대상이 되는 환경에는 자연환경뿐만 아니라 인공적 환경과 같은 생활환경도 포함된다고 한다(憲 2008. 7. 31.-2006헌마711). 이러한 것이 광의설을 취하는 것은 아니다.

[憲 2008.7.31.-2006헌마711] 「'건강하고 쾌적한 환경에서 생활할 권리'를 보장하는 환경권의 보호대상이 되는 환경에는 자연환경뿐만 아니라 인공적 환경과 같은 생활환경도 포함된다. 환경권을 구체화한 입법이라 할 환경정책기본법 제3조에서도 환경을 자연환경과 생활환경으로 분류하면서, 생활환경에 소음 · 진동 등 사람의 일상생활과 관계되는 환경을 포함시키고 있다. 그러므로 일상생활에서 소음을 제거 · 방지하여 정온한 환경에서 생활할 권리는 환경권의 한 내용을 구성한다.」

헌법재판소는 확성장치에 사용함에 있어 선거운동을 위하여 필요한 범위 내에서 합리적인 최고출력과 소음규제기준, 확성장치 사용 시간 등을 정하지 않아 무제한으로 확성장치를 사용할 수 있게 한 것은 국민이 건강하고 쾌적한 환경에서 생활할 권리를 침해한다고 판시하였다(憲 2019. 12. 27.-2018헌마730. 이 결정에는 2인의 반대의견이 있다). 조용하고 평온하게 생활할 권리를 환경권의 내용으로 본다.

[憲 2019.12.27.-2018헌마730] 「(1) **건강하고 쾌적한 환경에서 생활할 권리의 헌법적 보장** 헌법은 "모든 국민은 건강하고 쾌적한 환경에서 생활할 권리를 가지며, 국가와 국민은 환경보전을 위하여 노력하여야 한다."고 규정하여(제35조 제1항) 국민의 환경권을 보장함과 동시에 국가에게 국민이 건강하고 쾌적하게 생활할 수 있는 양호한 환경을 유지하기 위하여 노력하여야 할 의무를 부여하고 있다. 이러한 환경권은 생명·신체의 자유를 보호하는 토대를 이루며, 궁극적으로 '삶의 질' 확보를 목표로 하는 권리이다(헌재 2017. 12. 28. 2016헌마45 참조). 환경권을 행사함에 있어 국민은 국가로부터 건강하고 쾌적한 환경을 향유할 수 있는 자유를 침해당하지 않을 권리를 행사할 수 있고, 일정한 경우 국가에 대하여 건강하고 쾌적한 환경에서 생활할 수 있도록 요구할 수 있는 권리가 인정되기도 하는바, 환경권은 그 자체 종합적 기본권으로서의 성격을 지닌다. 환경권의 내용과 행사는 법률에 의해 구체적으로 정해지는 것이기는 하나(헌법 제35조 제2항), 이 헌법조항의 취지는 특별히 명문으로 헌법에서 정한 환경권을 입법자가 그 취지에 부합하도록 법률로써 내용을 구체화하도록 한 것이지 환경권이 완전히 무의미하게 되는데도 그에 대한 입법을 전혀 하지 아니하거나, 어떠한 내용이든 법률로써 정하기만 하면 된다는 것은 아니다. 그러므로 일정한 요건이 충족될 때 환경권 보호를 위한 입법이 없거나 현저히 불충분하여 국민의 환경권을 침해하고 있다면 헌법재판소에 그 구제를 구할 수 있다고 해야 할 것이다(헌재 2008. 7. 31. 2006헌마711). 또한 '건강하고 쾌적한 환경에서 생활할 권리'를 보장하는 환경권의 보호대상이 되는 환경에는 자연환경뿐만 아니라 인공적 환경과 같은 생활환경도 포함되므로(환경정책기본법 제3조), 일상생활에서 소음을 제거·방지하여 '정온한 환경에서 생활할 권리'는 환경권의 한 내용을 구성한다(헌재 2008. 7. 31. 2006헌마711; 헌재 2017. 12. 28. 2016헌마45 참조). (2) **건강하고 쾌적한 환경에서 생활할 권리를 보장해야 할 국가의 의무** 헌법 제10조의 규정에 의하면, 국가는 개인이 가지는 불가침의 기본적 인권을 확인하고 이를 보장할 의무를 지고 기본권은 공동체의 객관적 가치질서로서의 성격을 가지므로, 적어도 생명·신체의 보호와 같은 중요한 기본권적 법익 침해에 대해서는 그것이 국가가 아닌 제3자로서의 사인에 의해서 유발된 것이라고 하더라도 국가가 적극적인 보호의 의무를 진다. 그렇다면 국가가 국민의 기본권을 적극적으로 보장하여야 할 의무가 인정된다는 점, 헌법 제35조 제1항이 국가와 국민에게 환경보전을 위하여 노력하여야 할 의무를 부여하고 있는 점, 환경침해는 사인에 의해서 빈번하게 유발되므로 입법자가 그 허용 범위에 관해 정할 필요가 있다는 점, 환경피해는 생명·신체의 보호와 같은 중요한 기본권적 법익 침해로 이어질 수 있다는 점 등을 고려할 때, 일정한 경우 국가는 사인인 제3자에 의한 국민의 환경권 침해에 대해서도 적극적으로 기본권 보호조치를 취할 의무를 진다. 더욱이 이 사건에서 소음의 유발은 공직선거법이 허용한 일정 기간의 공직선거 운동기간 중에 공적 의사를 형성하

는 과정 중에 발생하는 것이므로, 비록 그 소음이 후보자 등 사인에 의해서 유발되고 있는 것이라고 하더라도 공적 활동으로서 이해되는 측면도 있는바, 공적 영역에서 발생하는 환경권 침해 가능성에 대해 국가가 규율할 의무는 좀 더 분명해진다(헌재 2008. 7. 31. 2006헌마711). **(3) 심사기준** 국가가 국민의 건강하고 쾌적한 환경에서 생활할 권리를 보호할 의무를 진다고 하더라도, 국가의 기본권 보호의무를 입법자 또는 그로부터 위임받은 집행자가 어떻게 실현하여야 할 것인가 하는 문제는 원칙적으로 권력분립과 민주주의의 원칙에 따라 국민에 의하여 직접 민주적 정당성을 부여받고 자신의 결정에 대하여 정치적 책임을 지는 입법자의 책임범위에 속한다. 헌법재판소는 단지 제한적으로만 입법자 또는 그로부터 위임받은 집행자에 의한 보호의무의 이행을 심사할 수 있다. 따라서 국가가 국민의 건강하고 쾌적한 환경에서 생활할 권리에 대한 보호의무를 다하지 않았는지 여부를 헌법재판소가 심사할 때에는 국가가 이를 보호하기 위하여 적어도 적절하고 효율적인 최소한의 보호조치를 취하였는가 하는 이른바 '과소보호금지원칙'의 위반 여부를 기준으로 삼아야 한다(헌재 2008. 7. 31. 2006헌마711). 그런데 어떠한 경우에 과소보호금지원칙에 미달하게 되는지에 대해서는 일반적 · 일률적으로 확정할 수 없다. 이는 개별 사례에 있어서 관련 법익의 종류 및 그 법익이 헌법질서에서 차지하는 위상, 그 법익에 대한 침해와 위험의 태양과 정도, 상충하는 법익의 의미 등을 비교 형량하여 구체적으로 확정하여야 한다. **(4) 과소보호금지원칙 위반 여부** (가) 확성장치 사용에 따른 선거운동 소음이 국민의 생활환경에 미치는 영향 심판대상조항은 공직선거운동 시 확성장치를 사용할 수 있도록 허용하면서 사용하기 위한 목적, 사용가능한 대수, 사용할 수 있는 장소 등을 정하였다. 그런데 사람들이 최고출력이 높은 확성장치로부터 유발되는 소음에 장시간 노출되면 스트레스를 받게 되어 정서불안, 강박관념, 불면증 등의 정신적 · 육체적 피해를 입을 수 있다. 또한 확성장치의 사용에 따른 소음을 적절하게 규제하지 아니할 경우 소음의 크기, 지속시간, 발생 시간대 및 발생 장소 등에 따라 사람들의 일상생활 또는 생업에 지장을 초래할 우려도 있다. 실제로 선거 유세 때마다 과다한 소음으로 인한 민원 발생 문제가 반복되고 있으며, 확성장치의 성능을 높이기 위한 확성장치의 탈법 개조 사례도 적발되고 있다. 상시로 발생하지 않는 공직선거 운동기간 중의 소음을 두고 심각한 기본권적 법익 침해를 유발한다고 단정하기 어려울 수 있다. 그러나 이 사건에서와 같은 선거소음은 앞으로도 반복해 치러질 대통령선거, 국회의원선거, 지방의회의원선거, 단체장선거, 교육감선거 및 각 선거에 따른 보궐선거 등 모든 종류의 공직선거 때마다 유발될 것이므로 결코 소음 발생이 상시 발생하지 않는다고 하여 가볍게 볼 수 없다. 공직선거에서 유발되는 소음으로부터의 영향은 반드시 단시간에 끝나는 것이 아니고 2주를 전후한 적지 않은 기간 동안 내내 국민에게 미치기 때문이다. 나아가 경우에 따라서는 소음 피해로 인하여 생명 · 신체의 법익에 심대한 타격을 줄 수도 있는 것임을 고려하여야 할 것이다. …… 심판대상조항은 선거운동의 자유를 감안하여 선거운동을 위하여 확성장치를 허용하여야 할 공익적 필요성이 인정된다고 하더라도, 정온한 생활환경이 보장되어야 할 주거지역에서 출근 또는 등교 이전 및 퇴근 또는 하교 이후 시간까지 지속 시간 및 최고출력 또는 소음 규제 없이 확성장치를 사용하여 선거운동을 할 수 있도록 허용한 것은 수인한도를 초과하는 소음이 발생하도록 방치하는 것이다. 심판대상조항에 대한 헌법재판소의 선례(헌재 2008. 7. 31. 2006헌마711)가 선고된 이후 11년이 지났음에도 불구하고 확성장치로 인한 선거운동의 소음은 개선되지 아니하였다. 건강하고 쾌적한 환경에서 생활할 권리는 현대사회에서 전보다 더욱 중요한 가치를 가지며, 공직선거 때마다 발생하는 확성장치 사용에 따른 선거소음 문제는 더 이상 간과하기 어렵다. 출근 또는 등교 이전 및 퇴근 또는 하교 이후 시간대의 주거지역에서 확성장치의 최고출력 또는 소음을 제한하는 등 사용시간과 사용지역에 따른 수인한도 내에서 확성장치의 최고출력 내지 소음 규제기준에 관한 구체적인 규정을 두어야 할 것이다. 그러므로 심판대상조항이 이러한 규정을 두고 있지 아니한 것은 관련 법익을 형량하여 보더라도 적절하고 효율적인 최소한의 보호조치를 취하지 아니함으로써 국가의 기본권 보호의무를 과소하게 이행하였다고 평가되고, 이는 청구인의 건강하고 쾌적한 환경에서 생활할 권리의 침해를 가져온다.」

II. 연 혁

환경권은 근대 초기부터 등장한 기본권이 아니라, 현대 산업사회가 급속도로 진행되면서 자연의 훼손, 공해 및 환경오염, 주거·생활환경의 악화 문제가 인간의 생존을 위협하는 심각한 문제로 대두함에 따라 새롭게 인식되면서 논의된 것이다. 그래서 환경보호의 필요성과 국가의 환경보호의무에 대해서는 인정되지만 아직도 환경권이 진정한 법적 권리로서 성립할 수 있는가 하는 점에 대해서는 논의가 분분하다.

환경권의 개념은 1960년대 미합중국에서 등장하여 1969년 국가환경정책법(The National Enviornment Policy Act)이 제정되었고, 우리나라에서는 1970년대 고도성장시기에 추진된 중화학공업에 대한 집중 투자·육성 등으로 인하여 환경파괴가 심화되었고, 급속한 산업화·도시화의 진행에 따라 생활환경에 대한 오염문제도 심각하게 대두되면서 환경보전의 필요성 및 환경권 보장에 대해 인식이 높아졌다. 1963년 공해방지법이 제정되었다가 1978년 환경보전법의 시행으로 공해방지법을 대체하면서 공해방지라는 소극적 수준에서 탈피하여 환경보전이라는 적극적 수준으로 전개되었다. 환경에 대한 헌법적 수준의 보장은 1980년헌법에서 국가의 환경보전의무와 환경권을 규정하는 것에 이르렀다.

환경보호에 대하여 헌법의 수준에서 보장하는 경우에도 헌법에서 환경권을 정하고 있는 경우는 흔하지 않다. 헌법에서 환경보호를 정하고 있는 것으로는 예컨대 독일연방헌법(§20a), 그리스헌법(§24), 중화인민공화국헌법(§26), 인도헌법(§48A, §49), 이란헌법(§50), 스위스헌법(§24의7), 태국헌법(§56) 등이 있고, 환경권을 헌법에서 정하고 있는 것으로는 예컨대 대한민국헌법(§35②), 인도네시아헌법(§28H①), 몽골헌법(§16②), 스페인헌법(§45), 포르투갈헌법(§66) 등이 있다. 독일에서는 환경보호를 헌법에 규정하는 방식에 대하여 20여년간 논쟁을 거듭하다가 2002년 7월 26일 헌법개정을 통하여 환경권을 기본권으로 규정하는 방식이 아니라 국가목표(Staatsziel)로 규정하는 방식으로 환경보호를 정하는 것으로 하여, 「국가는 장래 세대를 위하여 자연적 생활기초(natürliche Lebensgrundlage)를 보호하는 책임을 지고……」(동헌법 §20a)라고 정하고 있다. 일본국헌법에서는 이에 대한 규정이 없다. 환경권의 인정여부에 대해서는 헌법해석상 긍정설과 부정설로 나뉜다.

[356] 제2 법적 성격

Ⅰ. 학 설

헌법이 정하는 건강하고 쾌적한 환경에서 생활할 권리가 법적 성격을 가지는 것인가 하는 점에 대해서는 다양한 의견이 있다.

헌법상 환경권 조항의 효력과 관련하여 헌법규정만으로는 구체적 권리로서 행사될 수 없고 입법에 대한 지침이 된다는 프로그램(Programm, 방침)규정설, 법원에 제소하여 구체적인 법적 책임을 물을 수는 없지만 입법자에게 환경권 보호를 위한 입법을 요구할 수 있는 권리라고 보는 추상적 권리설, 환경권이 침해된 경우 헌법상의 환경권 조항에 기하여 법원에 제소함으로써 환경침해행위의 배제 · 예방청구를 할 수 있는 권리라고 보는 구체적 권리설, 환경침해배제청구권은 구체적 권리이지만 환경개선 · 보호조치청구권은 추상적 권리라는 견해(김철수a, 1223) 등이 대립하고 있다.

해석하건대 헌법 제35조 제1항은 건강하고 쾌적한 환경에서 생활할 권리를 정하고, 제2항은 이러한 환경권의 내용과 그 행사는 법률로써 정한다고 하고 있으므로, 건강하고 쾌적한 환경을 향유할 권리는 기본권으로서의 성격을 가지지만 이외의 내용은 법률이 정하는 바에 따라 정해지는 법률상의 권리이다. 이러한 권리들은 모두 구체적인 권리이다.

Ⅱ. 판 례

대법원의 판례에는 헌법상의 환경권을 법적 권리로 인정하는 것도 있고(예: 大 1994. 3. 8.-92누1728), 헌법상의 환경권 규정만으로는 그 보호대상인 환경의 내용과 범위, 권리자의 범위 등이 명확하지 못하여 개개인에게 직접 구체적인 사법상의 권리를 부여한 것이라고 보기는 어렵다고 본 것도 있다(예: 大 1995. 5. 23.-94마2218).

[大 1995.5.23.-94마2218] 「헌법 제35조 제1항은……환경권을 국민의 기본권의 하나로 승인하고 있으므로, 사법(私法)의 해석과 적용에 있어서도 이러한 기본권이 충분히 보장되도록 배려하여야 할 것임은 당연하다고 할 것이나, 헌법상의 기본권으로서의 환경권에 관한 위 규정만으로서는 그 보호대상인 환경의 내용과 범위, 권리의 주체가 되는 권리자의 범위 등이 명확하지 못하여 이 규정이 개개의 국민에게 직접으로 구체적인 사법상의 권리를 부여한 것이라고 보기는 어렵고, 또 사법적 권리인 환경권을 인정하면

그 상대방의 활동의 자유와 권리를 불가피하게 제약할 수밖에 없는 것이므로, 사법상의 권리로서의 환경권이 인정되려면 그에 관한 명문의 법률규정이 있거나 관계법령의 규정취지나 조리에 비추어 권리의 주체, 대상, 내용, 행사방법 등이 구체적으로 정립될 수 있어야 할 것이다. 그것은 환경의 보전이라는 이념과 산업개발 등을 위한 개인활동의 자유와 권리의 보호라는 상호 대립하는 법익 중에서 어느 것을 우선시킬 것이며 이를 어떻게 조정·조화시킬 것인가 하는 점은 기본적으로 국민을 대표하는 국회에서 법률에 의하여 결정하여야 할 성질의 것이라고 보아야 할 것이기 때문이다. 헌법 제35조 제2항에서 "환경권의 내용과 행사에 관하여는 법률로 정한다"고 규정하고 있는 것도 이러한 고려에 근거한 것이라고 여겨진다.」

[357] 제3 주 체

환경권은 성질상 자연인에게 인정되는 기본권이다. 법인은 환경권의 주체가 될 수 없다. 환경의 보전과 보호는 미래 세대의 이익과도 직결되어 있어 현재 세대의 이해관계만 기준으로 하여 정해질 수 없다. 그러나 이런 이익은 입법에서 고려되는 것이고, 아직 존재하지 않는 주체의 권리로 성립할 수는 없다.

[358] 제4 내 용

Ⅰ. 개 설

헌법 제35조 제2항은 「환경권의 내용과 행사에 관하여는 법률로 정한다」고 규정하고 있으므로 환경권의 내용과 행사방법은 입법을 통하여 구체화된다. 헌법 제35조에서는 환경권의 보호대상인 환경의 내용과 범위, 권리의 주체가 되는 권리자의 범위 및 권리의 행사절차 등에 대하여 명확하게 규정하고 있지 아니하다. 환경의 보전과 생활에 필요한 환경의 개발이라는 상호 대립하는 법익 중에서 어느 것을 우선시키고, 이를 어떻게 조화시킬 것인가 하는 점은 기본적으로 국민을 대표하는 국회에서 법률에 의하여 결정하여야 할 성질의 것으로서 입법자의 광범위한 입법형성의 자유가 인정되는 영역이다.

건강하고 쾌적한 환경에서 생활할 수 있게 함에 있어 이를 권리로 보장하는 경우에는 환경에 대한 접근권, 환경향유권이 있고, 더 나아가 적극적으로 환경을 개선하거나 조성할 것을 요구하는 권리가 있을 수 있다. 환경접근권과 환경향유권은 헌법상의 환경권의 내용이지만, 나머지는 국민으로 하여금 건강하고 쾌적하게 생활할 수 있게 하는 환경을 국가가 형성함에 있어 인정할 수도 있는 성질의 것이다.

II. 헌법상의 내용

(1) 환경향유권

국민이 건강하고 쾌적한 환경에서 생활할 권리를 보유하고 행사함에 있어 가장 본질적인 내용은 생활함에 있어 물, 공기, 산림, 일조, 조망, 경관 등 자연환경을 향유할 수 있는 권리이다. 이러한 환경향유권에는 일조권(日照權), 조망권(眺望權), 경관권(景觀權)이 포함된다.

[大 1994.3.8.-92누1728] 「헌법 제35조 제1항은 모든 국민은 건강하고 쾌적한 환경에서 생활할 권리를 가진다고 규정하고 있으므로(구 헌법 제33조도 거의 같은 취지로 규정하고 있다), 국민이 수돗물의 질을 의심하여 수돗물을 마시기를 꺼린다면 국가로서는 수돗물의 질을 개선하는 등의 필요한 조치를 취함으로써 그와 같은 의심이 제거되도록 노력하여야 하고, 만일 수돗물에 대한 국민의 불안감이나 의심이 단시일 내에 해소되기 어렵다면 국민으로 하여금 다른 음료수를 선택하여 마실 수 있게 하는 것이 국가의 당연한 책무라고 할 것이다. 그럼에도 불구하고 국가가 그와 같은 조치를 취하는 대신 보존음료수의 국내판매만을 금지하는 것은 수돗물의 질에 대하여 의심이 생기는 책임을 보존음료수에 전가하는 것일 뿐만 아니라 국민으로 하여금 수돗물만을 계속하여 마시도록 간접적으로 강제함으로써 국민의 환경권을 제한하는 결과가 되어 부당하다.」

[大 2004.9.13.-2003다64602] 「어느 토지나 건물의 소유자가 종전부터 향유하고 있던 경관이나 조망이 그에게 하나의 생활이익으로서의 가치를 가지고 있다고 객관적으로 인정된다면 법적인 보호의 대상이 될 수 있는 것인바(大 1997. 7. 22.-96다56153 등 참조), 이와 같은 조망이익은 원칙적으로 특정의 장소가 그 장소로부터 외부를 조망함에 있어 특별한 가치를 가지고 있고, 그와 같은 조망이익의 향유를 하나의 중요한 목적으로 하여 그 장소에 건물이 건축된 경우와 같이 당해 건물의 소유자나 점유자가 그 건물로부터 향유하는 조망이익이 사회통념상 독자의 이익으로 승인되어야 할 정도로 중요성을 갖는다고 인정되는 경우에 비로소 법적인 보호의 대상이 되는 것이라고 할 것이고, 그와 같은 정도에 이르지 못하는 조망이익의 경우에는 특별한 사정이 없는 한 법적인 보호의 대상이 될 수 없다고 할 것이다.」

이러한 환경향유권에는 환경을 향유하는 권리와 함께 환경의 향유를 침해하거나 침해할 위험이 있는 경우에 국가에 대하여 그 침해를 배제하거나 예방할 것을 요구할 수 있는 권리가 포함된다.

(2) 환경접근권

환경을 향유하기 위해서는 환경에 대한 접근이 필수적으로 요구되므로 건강하고 쾌적한 생활을 함에 있어 필요한 자연환경에 접근하는 것은 환경향유권과 불가분의 관계를 이루고 있다.

이러한 환경접근권에는 향유하고자 하는 환경에 접근하는 권리와 함께 환경에의 접근을 침해하거나 침해할 위험이 있는 경우에 국가에 대하여 그 침해를 배제하거나 예방할 것을 요구할 수 있는 권리가 포함된다.

대법원은 사법상의 권리로서의 환경권을 인정하는 명문규정이 없는 한 헌법상의 환경권 조항에 기하여 직접 방해배제청구권을 인정할 수 없다고 판시하고 있다.

[大 1997.7.22.-96다56153] 「환경권은 명문의 법률규정이나 관계 법령의 규정 취지 및 조리에 비추어 권리의 주체, 대상, 내용, 행사 방법 등이 구체적으로 정립될 수 있어야만 인정되는 것이므로, 사법상의 권리로서의 환경권을 인정하는 명문의 규정이 없는데도 환경권에 기하여 직접 방해배제청구권을 인정할 수 없음은 상고이유로 주장하는 바와 같다.」

Ⅲ. 법률상의 권리

국가가 국민들이 건강하고 쾌적한 환경에서 생활할 수 있도록 하기 위하여 여러가지 정책을 수립할 수 있는데, 이러한 정책 가운데 일정한 경우에 국민으로 하여금 현재의 자연환경을 보전하거나 향유케 하는 것보다 더 향상된 것으로 개선할 것을 요구할 수 있게 하거나 일정한 자연적 환경을 조성해 줄 것을 요구할 수 있게 할 수 있다. 이러한 경우에는 환경개선요구권과 환경조성요구권이 법률상의 권리로서 인정된다. 유의할 점은 이러한 권리는 헌법에서 당연히 도출되는 것이 아니라는 점이다.

[359] 제5 효 력

Ⅰ. 환 경 권

헌법 제35조 제1항과 제2항에서 헌법상 권리로서 보장되는 환경향유권과 환경접근권은 주관적 권리로서 입법·행정·사법 등 국가권력을 기속하는 대국가적 효력을 가진다.

Ⅱ. 국가의 환경보전노력의무

헌법 제35조 제1항이 정하고 있는 국가목표규정에 해당하는 내용에서는 입법자는 광범한 입법형성의 자유 속에서 환경보전을 위한 정책을 수립하여야 하고, 환경과 관련하여 개개인에게 일정한 권리를 부여할 필요가 있는 경우에는 권리도 부여하여야 한다.

Ⅲ. 국민의 환경보전노력의무

헌법 제35조 제1항은 국가 이외에 국민에 대해서도 환경보전노력의무를 정하고 있다. 그러나 국민은 국가가 국가목표규정에 의하여 이행이 의무화되는 것과 달리 환경보전과 관련하여 국가에 대하여 협력할 수준의 의무만 진다. 이러한 의무는 환경의 보호와 보전에서 요구되는 협력의 원칙을 달리 표현한 것이다.

> 국가에게 환경보전을 위한 노력의무를 정하는 것은 국가목표규정으로서 의미가 있으나, 국민에게 이러한 의무를 부과하는 것은 다른 기본권적 가치의 보호에 노력하여야 하는 것과 마찬가지로 공동체 구성원에게 환경보호의 중요성을 강조하고 환경보호에 필요한 협력원칙을 확인하는 선언적 규정으로서 의미를 가진다. 따라서 법적 성격으로 보면 국민의 환경보전노력의무는 진정한 의미의 헌법상의 의무가 아니라는 점을 유의할 필요가 있다.

환경정책기본법에 의하면, 모든 국민은 국가 및 지방자치단체의 환경보전시책에 협력하여야 하고(동법 §6②), 일상생활에서 발생하는 환경오염과 환경훼손을 줄이고 국토 및 자연환경의 보전을 위하여 노력하여야 하며(동조 ③), 특히 「사업자는 그 사업활동으로부터 발생하는 환경오염 및 환경훼손을 스스로 방지하기 위하여 필요한 조치를 하여야 하며, 국가 또는 지방자치단체의 환경보전시책에 참여하고 협력하여야 할 책무를 진다」(동법 §5) 고 규정하고 있다.

> [憲 1998.12.24.-98헌가1] 「헌법 제35조 제1항은 "모든 국민은 건강하고 쾌적한 환경에서 생활할 권리를 가지며, 국가와 국민은 환경보전을 위하여 노력하여야 한다"고 규정하여, 국민의 환경권을 보장함과 아울러 국가와 국민에게 환경보전을 위하여 노력할 의무를 부과하고 있다. 이 헌법조항은 환경정책에 관한 국가적 규제와 조정을 뒷받침하는 헌법적 근거가 되며, 국가는 환경정책 실현을 위한 재원마련과 환경침해적 행위를 억제하고 환경보전에 적합한 행위를 유도하기 위한 수단으로 수질개선부담금과 같은 환경부담금을 부과·징수하는 방법을 선택할 수 있는 것이다.」

[360] 제6 제한과 그 한계

Ⅰ. 제 한

환경권도 절대적인 기본권은 아니므로 헌법 제37조 제2항에 따라 국가안전보장·질서유지·공공복리를 위하여 필요한 경우 법률로써 제한할 수 있다. 특히 환경권을 두텁게 보장할 경우 상대방의 일반적 행동의 자유나 행복추구권, 기업활동의 자유 등 다른 기본권을 불가피하게 제약할 수밖에 없는 성질을 가지므로 환경권은 다른 기본권과의 조화를 도모해야 하며, 사회생활상 일반적으로 인용할 수 있는 합리적인 범위 내의 환경권에 대한 제한은 수인해야 한다.

Ⅱ. 제한의 한계

환경권을 제한하는 경우에도 헌법 제37조 제2항에서 정하는 과잉금지원칙과 본질적 내용 침해금지의 원칙이 적용된다. 특히 환경권에 대한 제한에 있어서는 환경은 한 번 파괴되면 다시 회복하기가 어렵다는 점이 고려되어야 하고, 환경의 보전과 환경의 개발이라는 상호 대립하는 법익의 엄밀한 형량을 통하여 제한여부와 범위가 결정되어야 한다. 또한, 인간의 생명이나 신체에 심각한 위협을 주고 인간다운 생활을 유지할 수 없을 정도로 환경에 대한 훼손을 가져오는 환경권 제한은 환경향유권을 형해화시키는 것이어서 환경향유권의 본질적인 내용을 침해하는 것이 된다.

[361] 第7 침해와 구제

Ⅰ. 공권력에 의한 침해와 구제

입법·행정·사법 등 국가기관이나 지방자치단체 등에 의하여 국민의 환경권이 침해된 경우에는 해당 환경권의 성질이 기본권에 해당하는지 법률상의 권리에 해당하는지에 따라 행정심판, 행정소송, 국가배상청구, 손실보상청구, 헌법소원심판, 위헌법률심판 등을 통하여 구제받을 수 있다.

환경행정으로 인한 환경권이나 보호이익의 침해에 있어서는 행정청의 위법한 처분으로 인한 피해의 구제보다는 행정청의 환경오염에 대한 규제행위의 해태나 부작위로 인한 피해의 구제가 중요하고, 처분 상대방에 대한 권리·이익의 침해보다도 위법한 배출시설의 허가에 있어서 인근주민의 권리·이익의 침해와 같은 제3자에 의한 환경권 침해의 구제가 의미를 가진다. 나아가 환경오염의 대규모성·광역성 등으로 인하여 피해자가 집단으로 나타나는 특성이 있으므로 집단소송이나 단체소송의 도입이 논의되는 등 지역주민들의 집단적 환경이익의 보호가 중요한 쟁점으로 등장하고 있다.

Ⅱ. 사인에 의한 침해와 구제

사인, 특히 공해산업에 종사하는 사기업에 의하여 환경권이 침해되는 피해를 입은 국민은 상대방 사인을 상대로 불법행위에 기한 민사상 손해배상청구를 하거나, 소유권·점유권 등 물권에 기하여 환경침해행위의 중지 및 배제청구, 행정청에 대한 규제조치발동청구 등을 통하여 구제받을 수 있다. 그런데 이 경우 피해의 성질과 정도, 피해이익의 공공성, 가해행위의 태양 또는 공공성, 가해자의 방지조치나 손해회피의 가능성, 인·허가 관계 등 공법상 기준에의 적합여부 등 모든 사정을 종합적으로 고려할 때 그 침해가 사회통념상 일반적으로 수인할 수 있는 정도를 넘어서는 경우에만 불법행위로 인정되어 손해배상청구를 할 수 있다고 할 것이다(수인한도론). 대법원의 판례도 같은 태도이다(예: 大 1995. 9. 15.-95다23378; 1997. 7. 22.-96다56153).

[大 1997.7.22.-96다56153] 「인접 대지에 건물이 건축됨으로 인하여 입는 환경 등 생활이익의 침해를 이유로 건축공사의 금지를 청구하는 경우에, 그 침해가 사회통념상 일반적으로 수인할 정도를 넘어서는지의 여부는 피해의 성질 및 정도, 피해이익의 공공성, 가해행위의 태양, 가해행위의 공공성, 가해자의 방지조치 또는 손해회피의 가능성, 인·허가 관계 등 공법상 기준에의 적합 여부, 지역성, 토지이용의 선후관계 등 모든 사정을 종합적으로 고려하여 판단하여야 할 것이다.」

환경파괴행위를 한 자에 대하여는 「수질 및 수생태계 보전에 관한 법률」이나 토양환경보전법 등 개별 법률에서 처벌하는 규정을 두고 있고, 사람의 생명·신체, 상수원 또는 자연생태계 등에 유해한 환경오염 또는 환경훼손을 초래하는 행위(오염물질을 불법배출함으로써 공중의 생명 또는 신체에 위험을 발생시키거나 상수원오염을 초래하여 공중의 식수사용에 위험을 발생시킨 행위, 단체 또는 집단이 영리를 목적으로 폐기물관리법 제63조의 죄를 범한 행위 등)를 한 자에 대하여는 「환경범죄 등의 단속 및 가중처벌에 관한 법률」에 의하여 가중처벌을 하고 있다.

Ⅲ. 환경권 침해에 대한 구제의 특수성

(1) 원고적격의 확대 및 입증책임의 경감·전환

환경오염피해로 인한 공해소송은 통상의 소송과는 다른 특성을 가진다. 즉 환경파괴행위가 은밀하게 이루어지고, 그로 인한 피해가 복잡한 형태로 상당한 시간이 경과한 후에 불특정 다수에게 광범위하게 나타나기 때문에 환경오염으로 인한 피해자가 행정청이나 공해배출사업자의 환경을 침해하는 불법행위의 구체적 내용, 손해발생과의 복잡한 인과관계, 손해의 정도 등을 입증한다는 것은 상당히 어렵다. 따라서 환경오염피해에 대한 침해의 구제가 실효성을 거두고, 환경권 보장을 현실화하기 위해서 국가는 공해소송에서의 원고적격의 확대, 입증책임의 경감·전환(예컨대 인과관계 입증에 있어서의 개연성 이론) 등에 대하여 고려하여야 할 것이다.

환경정책기본법은 이러한 특성을 반영하여 환경오염 또는 환경훼손으로 피해가 발생한 경우에는 해당 환경오염 또는 환경훼손의 원인자가 그 피해를 배상하여야 하고, 그 원인자가 둘 이상인 경우에 어느 원인자에 의하여 피해가 발생한 것인지를 알 수 없을 때에는 각 원인자가 연대하여 배상하여야 한다고 규정하여(동법 §44) 환경오염의 피해에 대한 무과실책임을 인정하고 있다.

(2) 환경분쟁조정제도

국가 및 지방자치단체는 환경오염 또는 환경훼손으로 인한 분쟁 기타 환경관련 분쟁이 발생한 경우에 그 분쟁이 신속하고 공정하게 해결되도록 하기 위하여 필요한 시책을 강구하여야 한다(환기법 §42). 이에 따라 환경분쟁의 알선 · 조정 및 재정의 절차 등을 규정함으로써 환경분쟁을 신속 · 공정하고 효율적으로 해결하기 위해 1997년에 환경분쟁조정법이 제정되었다. 이 법에 의하여 환경부에 중앙환경분쟁조정위원회를, 특별시 · 광역시 · 도 또는 특별자치도에 지방환경분쟁조정위원회를 설치하고(동법 §4), 환경분쟁조정위원회에서 환경분쟁을 소송절차가 아닌 알선 · 조정 및 재정 등 신속하고 효율적인 절차를 통해 처리함으로써 환경피해 구제의 실효성과 환경권 보장의 실질화를 도모하고 있다.

제8장 국민의 헌법상 의무

[362] 제1 개 설

Ⅰ. 개 념

(1) 의 무

헌법상 의무라 함은 헌법이 국민으로 하여금 국가 또는 공동체에 대하여 반대급부 없이 특정한 작위 또는 부작위의 행위를 하도록 강제하는 부담을 말한다. 이러한 의무는 공동체와 국가의 존속과 유지를 위하여 필수불가결하게 요구되는 사항으로서 헌법이 정하는 것이다. 헌법상의 의무는 국민이 헌법상의 기본권을 보유하기 때문에 그에 대응하여 「권리-의무」 관계로 인정되는 것이 아니라, 공동체의 존속·유지를 위하여 헌법에 의하여 별도로 부과되는 것임을 유의할 필요가 있다.

헌법이 어떠한 행위가 의무임을 명시하고 있다고 하여 모두 진정한 의미의 의무는 아니고, 그 성질에서 헌법상의 의무에 적합한 것이어야 한다(동지: 계희열b, 804). 헌법에서 문언상 명시적으로 의무라고 규정되어 있어도 그 성질에서 선언적이거나 책무를 강조하는 것에 해당하는 것은 진정한 의미의 헌법상 의무에 해당하지 않는다.

헌법상 의무는 법적 의무 가운데서도 헌법이 정하고 있는 점에서 법률이 정하는 법률상 의무와 효력에서 서로 구별된다.

(2) 기본권의 제한과의 구별

개별적 기본권이 제한되는 면에서 보면, 의무가 부과되는 영역에서는 기본권의 주장이 배제되므로 결과적으로 의무의 부과는 기본권의 제한과 유사한 효과를 가져온다. 그러나 i) 기본권의 제한은 개인의 기본권의 보장을 추구하는 것이며, 의무는 공동체의 존속과 유지라는 가치의 보장을 추구한다. ii) 기본권의 제한은 그 한계를 정하여 국가권력으로부터 기본권을 보호하는 기능을 가짐에 반하여 의무는 공동체의 존속과 유지를 위하여 해당 영역에서 모든 기본권의 효력을 배제하고 의무를 실행하는 힘을 국가권력에 부여한다. iii) 기본권의 제한은 개별적 기본권에 대하여 개별적인 사유를 근거로 하여 이루어짐에 반하여, 의무는 의무의 부과로 인하여 해당 영역에서 관련 기본권들의 주장이 모두 배제된다. iv) 기본권을 제한하는 국가행위에 대해서는 기본권으로 대항하여 그 침해여부를 다툴 수 있음에 반하여, 헌법상의 의무를 실행하는 국가행위에 대해서는 기본권으로 대항할 수 없다.

이와 같이 기본권의 제한과 헌법상 의무는 서로 구별되므로 기본권의 제한을 통하여 공익을 실현하여야 하는 사안에 대하여 헌법상의 의무를 부과하여 공익을 실현하는 것은 타당하지 않다.

II. 연 혁

근대 입헌주의가 태동하던 때에 근대헌법을 만든 사람들은 특정한 권리를 헌법에 정하여 국가에 대하여 주장할 수 있게 하면 이러한 권리에는 그에 대응하는 의무가 존재한다고 생각하여 헌법에 의무라는 이름으로 다양한 사항을 규정하였다. 그 대표적인 것이 납세의무와 국방의무였고, 이러한 것 이외에도 부모의 교육의무, 근로의무, 초등학교에의 취학의무 등이 의무라는 이름으로 헌법에서 정해졌다.

그런데 헌법에서 의무를 정하면 그에 비례하여 기본권의 보장이 축소되거나 배제되므로 헌법에서 의무조항을 많이 정한 것은 결국 국민으로 하여금 국가에 복종하게 하여 국가우월주의 또는 전체주의로 빠지게 하였다. 오늘날 기본권의 보장이 핵심적인 징표로 되어 있는 자유민주주의체제에서는 그 성질상 본질필연적으로 필수불가결하게 요구되는 것 이외에는 의무라고 할 수 없다. 실정헌법에서 의무라고 명시적으로 표시하여도 그 성질에서 헌법상의 의무가 될 수 없는 것은 진정한 의무로서의 효력을 가지지 못한다.

III. 헌법 규정

헌법은 납세의무(헌법 §38), 국방의무(헌법 §39), 교육을 받게 할 의무(헌법 §31②), 근로의 의무(헌법 §32②)를 의무라는 이름으로 정하고 있다. 납세의무, 국방의무, 근로의무는 1948년헌법에서부터 정한 것이고, 교육을 받게 할 의무는 1962년헌법에서 규정되었다.

그런데 문제는 이러한 의무들이 모두 동일한 법적 성격을 지니고 있는 것은 아니라는 점이다. 교육을 받게 할 의무와 근로의무는 납세의무나 국방의무와 성질을 달리하는 것이며, 헌법 제35조 제1항에서 환경보전에의 노력을 정하고 있는 것, 헌법 제23조 제2항에서 공공복리에 적합하게 재산권을 행사하도록 정하고 있는 것, 헌법 제23조 제3항에서 국가의 공용침해가 있을 때 재산권을 그에 제공하여야 하는 것은 진정한 의미의 헌법상 의무에 해당하지 않는다.

헌법 제23조 제2항에서 재산을 공공복리에 적합하게 행사하여야 한다고 정하고 있는 것은 재산권의 사회기속을 헌법 제23조 제1항의 재산권의 본질에 내재된 것으로 보는 이상 불필요한 규정일뿐 아니라, 이를 사회기속의 근거로 보는 경우에도 사회기속을 정하는 근거규정에 지나지 않는 것이어서 헌법상의 의무라고 볼 수 없으며, 헌법 제23조 제3항에 근거하여 국가가 공용침해를 하는 경우에 공용수용, 공용사용, 공용제한에 재산을 제공하여야 하는 것은 공용침해의 효과로 발생하는 법적 의무이지 국방의무나 납세의무와 같이 국민이 일방적으로 지는 기본의무는 아니다. 헌법재판소의 판례 가운데는 「재산권 행사의 공공복리적합의무는 헌법상의 의무로써……」라는 표현도 발견되지만(예: 憲 1989. 12. 22.-88헌가13), 이는 엄밀한 표현이 되지 못한다. 헌법 제35조 제1항에서 정하고 있는 「국민은 환경보전을 위하여 노력하여야 한다」고 정하고 있는데, 이를 국민의 의무라고 해석하는 견해가 있다. 그러나 공동체의 국민이 노력하여야 하는 것은 환경보전뿐만 아니라 문화유산의 보전, 생태계의 보전, 교육환경의 보전, 경제질서의 보전 등 공동체 생활의 온갖 영역에서 존재하는 긍정적인 가치를 보전하는 모든 종류의 노력에도 해당하고, 이러한 노력을 공동체의 존속과 유지에 필수불가결하게 필요하여 국민에게 국가가 일정한 행위를 일방적으로 강제하고 그 범위에서는 기본권의 효력을 배제시키는 것에 해당한다고 할 수 없으므로 진정한 의미의 헌법상 의무라고 할 수 없다. 헌법상 의무는 기본권의 효력이 배제되므로 엄격하게 해석하여야 한다.

[363] 제2 의무의 주체

Ⅰ. 국 민

헌법에서 특별히 정하고 있지 않는 한 헌법상의 의무는 그 나라의 국적을 보유한 국민만이 부담한다. 따라서 현행 헌법에서 정하고 있는 헌법상 의무는 대한민국의 국적을 가지고 있는 자에게만 부과된다. 이런 의미에서 헌법상 의무는 국민의 의무일 뿐이고, 인간이면 국적을 불문하고 누구에게나 인정되는 인간의 의무가 아니다(성낙인, 777).

국민인 이상 성질상 허용되는 경우에는 법인도 의무의 주체가 될 수 있다. 법인에게 납세의무를 부과하는 것은 가능하지만 국방의무를 부과할 수는 없다.

Ⅱ. 외국인 또는 무국적자

⑴ 외국인에게 부과되는 의무

헌법상 의무의 주체는 대한민국 국적을 보유하고 있는 자에 한정되는 것이 아니라 헌법의 적용범위 내에 살고 있는 모든 시민이라는 견해(예: 계희열b, 806)와 성질상 외국인이 주체가 되는 경우도 있다는 견해가 있으나, 찬동하기 어렵다.

⑵ 의무의 법적 성격

대한민국은 영토고권과 통치권에 근거하여 대한민국의 국민이 아닌 외국인이나 무국적자에게 일정한 법적인 의무를 부담지울 수는 있다. 이들에 대해서 환경보전의 의무나 일정한 세금이나 공과금을 납부하게 할 수 있는데, 이러한 것은 그 명칭에서 헌법상의 의무와 동일하다고 하더라도 헌법상의 의무가 아니라 입법정책상 법률이나 조례에 의하여 부과되는 것이다. 국내에 거주하는 외국인이나 무국적자에게 비상훈련에 협조하게 하거나 방공(防空)을 위하여 일정한 행위제한을 할 수 있는데, 이는 헌법상의 국방의무가 아니라 영토고권에 바탕을 두고 있는 속지주의(屬地主義)에 따라 국내 법률에 의하여 부과되는 행위의무이다. 외국인이나 무국적자에 대하여 어떠한 법적 의무를 부과하고 면제할 것인가 하는 것은 기본권보장 법리에 어긋나지 않는 범위 내에서 해당 국가의 입법정책에 따라 결정된다.

(3) 효력 발생의 요건

외국인에게 의무를 부과하는 것은 그것이 입국허가의 요건에 해당하는 것이 아니면, 외국인이 우리나라의 영토 내에 입국하여야 가능하다.

[364] 제3 의무의 법적 성격

Ⅰ. 의무의 법적 성격

의무는 헌법에 규정되어 있다는 것만으로 직접 국민에게 특정 행위를 강제할 수 있는 것이 아니라, 원칙적으로 법률에 의하여 구체화되어야 실행할 수 있다. 헌법과 법률의 준수의무는 성질상 헌법의 규정만으로 인정된다.

헌법은 납세의무(헌법 §38)와 국방의무(헌법 §39)를 정하면서 「법률이 정하는 바에 의하여」라고 명시하고 있다.

Ⅱ. 기본권과 의무의 관계

헌법은 공동체의 존속 · 유지의 보장과 동시에 공동체에 살고 있는 구성원의 자유와 권리를 보장한다. 공동체가 존속 · 유지되지 못하고 해체되면 구성원의 자유와 가치의 보장은 어렵게 된다. 헌법은 공동체에서 살고 있는 국민에게 자유와 권리를 보장하면서 동시에 이를 가능하게 할 수 있도록 공동체의 존속과 유지를 위하여 일정한 의무를 부과한다. 이런 점에서 헌법이 추구하는 가치에서 공동체의 존속 · 유지의 보장이라는 가치와 구성원의 자유와 권리의 보장이라는 가치는 동등한 지위를 가진다.

따라서 국민의 기본권과 의무는 서로 동등한 지위와 효력을 가지고(동지: 계희열b, 807), 국민의 의무를 실행시키기 위한 국가의 행위는 헌법에 근거를 둔 일방적인 효력을 가지는 행위이므로 이에 대하여 국민은 기본권을 이유로 대항하지 못한다. 국민의 의무로 정해져 있는 사항에 대해서는 기본권은 효력을 미치지 못한다. 따라서 납세의무에 대하여 재산권이나 영업의 자유 등으로 대항한다거나 국방의무에 대하여 일반적 행동의 자유, 신체의 자유, 종교의 자유, 양심의 자유를 이유로 이에 대항하지 못한다.

그러나 헌법에서 의무라고 표시하고 있더라도 진정한 의미의 의무에 해당하지 아니하는 것에 대해서는 기본권으로 대항할 수 있다. 예컨대 교육을 받게 할 의무, 환경보전의무, 근로의무를 실행한다는 이유로 행해지는 국가의 행위에 있어서 교육을 받게 할 의무에 대해서는 친권이나 학습권의 침해여부를 다툴 수 있고, 환경보전의무에 대해서는 재산권이나 영업의 자유 등의 침해여부를 다툴 수 있으며, 근로의무에 대해서는 일반적 행동자유권이나 휴식권 또는 노동에 대한 자기결정권 등의 침해여부를 다툴 수 있다.

[365] 제4 의무의 내용

Ⅰ. 헌법에 명시된 의무

(1) 납세의무

(a) 내 용

헌법 제38조는 「모든 국민은 법률이 정하는 바에 의하여 납세의 의무를 진다」라고 하여 국민의 납세의무(納稅義務)를 정하고 있다. 이는 공동체의 존속과 유지를 함에 있어 필수불가결하게 소요되는 국가재정을 확보하기 위하여 국민에게 반대급부 없이 강제적으로 금원을 거두는 것을 보장하기 위하여 헌법상의 의무로서 정한 것이다. 공동체의 존속과 유지에는 필연적으로 일정한 비용이 소요되고 이는 공동체의 구성원이 부담하지 않을 수 없는 것이기 때문에 공동체의 구성원은 기본권을 근거로 이에 대항할 수 없고 국가의 일방적인 권력적 행위인 과세행위를 수용하여야 한다.

(b) 적용범위

헌법상의 납세의무는 공동체 및 국가의 유지와 활동에 소요되는 경비를 충당하기 위하여 강제하는 조세의 납부에만 인정되고, 그 이외 과세라는 형식으로 가해지는 국가행위에는 인정되지 않는다. 오늘날 조세는 국고의 충당이라는 본래의 기능 이외에 경기조절, 물가통제, 소득의 재분배, 행정적 제재 등 여러 가지의 수단으로 이용되는데, 이러한 경우에 국가가 과세라는 형식으로 행하는 행위에 대해서는 재산권이나 영업의 자유 등 기본권의 침해를 이유로 다툴 수 있다. 어떠한 과제를 수행하기 위해서 국가가 과세라는 방법을 동원한 것이 목적의 달성에 적합한 수단을 선택한 것인지, 그러한 수단이 최소침해를 가져오는 것이며, 수인할 수 있는 것인지의 여부를 놓고 기본권의 침해여부를 다툴 수 있다.

(2) 국방의무

(a) 내 용

헌법 제39조는 「모든 국민은 법률이 정하는 바에 의하여 국방의 의무를 진다」라고 하여 국민의 국방의무(國防義務)를 정하고 있다. 외적의 침략으로부터 공동체가 존속하고 유지될 수 있기 위해서는 외부로부터의 공격을 방어할 수 있는 군대가 필요한바, 공동체가 이러한 군대를 확보함에 있어 공동체 구성원의 일정한 행위가 필요한 때는 공동체 구성원에게 국방의 의무를 부과하여 군대를 확보할 수 있다.

국방의 필요상 현직의 정규군 이외에 예비군이 필요한 경우에는 공동체의 구성원에 대하여 정규군에의 복무뿐만 아니라 현직 복무를 종료한 후 예비군에의 복무도 국방의무로 부과할 수 있다. 국방의 의무는 반드시 정규군으로 복무하는 것만 의미하는 것이 아니라, 국토방위에 종사하는 한 군대에서의 복무, 전투경찰에서의 복무, 특수집단에서의 복무, 대체복무도 포함한다.

헌법재판소는 헌법 제39조에서 정하는 국방의무는 외부 적대세력의 직·간접적인 침략행위로부터 국가의 독립을 유지하고 영토를 보전하기 위한 의무로서 i) 병역법에 의하여 군복무에 임하는 등의 직접적인 병력형성의무, ii) 병역법, 예비군법, 민방위기본법, 비상대비자원관리법 등에 의한 간접적인 병력형성의무, iii) 병력형성 이후 군작전명령에 복종하고 협력하여야 할 의무도 포함하는 개념이라고 판시하였다(憲 1995. 12. 28. -91헌마80; 2002. 11. 28.-2002헌바45).

> [憲 1995.12.28.-91헌마80] 「국방의 의무라 함은 북한을 포함한 외부의 적대세력의 직접적·간접적인 침략행위로부터 국가의 독립을 유지하고 영토를 보전하기 위한 의무로서 현대전이 고도의 과학기술과 정보를 요구하고 국민전체의 협력을 필요로 하는 이른바 총력전인 점에 비추어 단지 병역법 등에 의하여 군복무에 임하는 등의 직접적인 병력형성의무만을 가리키는 것으로 좁게 볼 것이 아니라, 향토예비군설치법, 민방위기본법, 비상대비자원관리법, 병역법 등에 의한 간접적인 병력형성의무 및 병력형성 이후 군작전명령에 복종하고 협력하여야 할 의무도 포함하는 넓은 의미의 것으로 보아야 할 것이므로, 전투경찰순경으로서 대간첩작전을 수행하는 것도 위와 같이 넓은 의미의 국방의 의무를 수행하는 것으로 볼 수 있고……」

국방의무는 납세의무와 달리 타인에 의한 대체이행이 불가능하다는 점에서 일신전속적인 성격을 가진다.

모든 국민이라고 정하고 있기 때문에 남녀의 성에 구별 없이 국방의무를 진다. 현재 우리나라는 여자를 병역에 소집할 필요가 인정되지 않아 법률인 병역법에서 여자에 대한 징집을 면제하고 있다. 국가가 필요한 경우에는 언제라도 여자를 병역에 소집할 수 있다. 여자도 간접적인 병력형성의무와 병력형성 이후 군작전명령에 복종하고 협력하여야 할 의무는 국방의무로서 부담한다. 헌법재판소는 남성에게만 병역의무를 부과한 구 병역법 제3조 제1항 전문이 성별을 기준으로 병역의무자의 범위를 정한 것은 평등권을 침해하지 않는다고 판시하였다(예: 憲 2010. 11. 25.-2006헌마328).

[憲 2002.11.28.-2002헌바45] 「일반적으로 국방의무를 부담하는 국민들 중에서 구체적으로 어떤 사람을 국군의 구성원으로 할 것인지 여부를 결정하는 문제는 이른바 '직접적인 병력형성의무'에 관련된 것으로서, ① 원칙적으로 국방의무의 내용을 법률로써 구체적으로 형성할 수 있는 입법자가 국가의 안보상황, 재정능력 등의 여러 가지 사정을 고려하여 국가의 독립을 유지하고 영토를 보전함에 필요한 범위 내에서 결정할 사항이고(憲 1999. 2. 25. -97헌바3), ② 예외적으로 국가의 안위에 관계되는 중대한 교전상태 등의 경우에는 대통령이 헌법 제76조 제2항에 근거하여 법률의 효력을 가지는 긴급명령을 통하여 결정할 수도 있는 사항이라고 보아야 한다. 한편, 징집대상자의 범위를 결정하는 문제는 그 목적이 국가안보와 직결되어 있고, 그 성질상 급변하는 국내외 정세 등에 탄력적으로 대응하면서 '최적의 전투력'을 유지할 수 있도록 합목적적으로 정해야 하는 사항이기 때문에, 본질적으로 입법자 등의 입법형성권이 매우 광범위하게 인정되어야 하는 영역이다.」

(b) 적용범위

국방의무는 공동체의 존속과 유지를 위하여 군대가 필요한 영역에서만 인정되는 것이므로 그 이외의 영역에 대해서는 이를 강제할 수 없다. 재해예방이나 복구, 경찰업무, 행정업무를 수행하게 하기 위하여 국방의무를 부과할 수는 없다.

(c) 기본권을 근거로 한 병역의무의 거부

국방의무는 헌법상의 의무이므로 기본권을 근거로 이를 부정하거나 거부할 수 없다. 개인적인 주관적 신념이나 사상의 자유, 종교의 자유, 양심의 자유, 신체활동의 자유, 가사 형편, 건강권 등을 내세워 국방의무를 거부할 수 없다. 다만 헌법재판소는 병역 거부자에 대한 대체복무제를 규정하지 아니한 병역법상의 병역종류 조항은 양심의 자유를 침해한다고 판시하였다(憲 2018. 6. 28. -2011헌바379등).

(d) 병역의무에 따른 불이익처분의 금지

헌법 제39조 제2항은 「누구든지 병역의무의 이행으로 인하여 불이익한 처우를 받지 아니한다」라고 하여 병역의무로 인하여 취업, 공직에의 취임, 학업, 사회진출 등에서 불이익한 처우를 받지 않게 보장하고 있다.

여기서 말하는 병역의무의 이행으로 인한 불이익한 처우는 병역의무의 이행중에

받은 불이익을 의미하는 것이 아니라 병역의무의 이행으로 인하여 입게 된 불이익한 처우를 말한다(예: 憲 1999. 2. 25.-97헌바3). 본래 국방의무는 국가가 강제로 병역에 동원하기 때문에 그 자체로서 취업, 공직취임의 기회, 학업, 사회 진출, 영업 등에서 불이익을 가져온다. 이러한 불이익은 의무에 따른 것이기 때문에 반대급부없이 당연히 수인하여야 하는 것이지만, 병역의무를 이행하였다는 이유로 불이익한 처부를 받아서는 안 되기 때문에 헌법은 이를 특히 명시하고 있다.

헌법 제39조 제2항에 의할 때, 국가는 병역의무를 이행한 사람들이 병역의무의 이행으로 인하여 피해를 입는 경우에 이 피해를 보전하는 방안을 마련하여야 한다. 이러한 불이익한 처우는 법적 불이익뿐만 아니라 사실상의 불이익이나 경제적인 불이익도 포함한다(반대: 憲 1999. 12. 23.-98헌바33). 그런데 이러한 피해보전행위가 다른 사람의 자유나 권리를 침해하는 것이어서는 안 되며, 타인과의 관계에서 평등원칙에 어긋나게 특혜를 주는 것이어서도 안 된다.

[憲 1999.12.23.-98헌바33] 「헌법 제39조 제1항에 규정된 국방의 의무는 외부 적대세력의 직·간접적인 침략행위로부터 국가의 독립을 유지하고 영토를 보전하기 위한 의무로서, 헌법에서 이러한 국방의 의무를 국민에게 부과하고 있는 이상 병역법에 따라 군복무를 하는 것은 국민이 마땅히 하여야 할 이른바 신성한 의무를 다하는 것일 뿐, 국가나 공익목적을 위하여 개인이 특별한 희생을 하는 것이라고 할 수 없다. 국민이 헌법에 따라 부과되는 의무를 이행하는 것은 국가의 존속과 활동을 위하여 불가결한 일인데, 그러한 의무를 이행하였다고 하여 이를 특별한 희생으로 보아 일일이 보상하여야 한다고 할 수는 없는 것이다. 그러므로 헌법 제39조 제2항은 병역의무를 이행한 사람에게 보상조치를 취하거나 특혜를 부여할 의무를 국가에게 지우는 것이 아니라, 법문 그대로 병역의무의 이행을 이유로 불이익한 처우를 하는 것을 금지하고 있을 뿐이다. 그리고 이 조항에서 금지하는 "불이익한 처우"라 함은 단순한 사실상, 경제상의 불이익을 모두 포함하는 것이 아니라 법적인 불이익을 의미하는 것으로 보아야 한다. 그렇지 않으면 병역의무의 이행과 자연적 인과관계를 가지는 모든 불이익—그 범위는 헤아릴 수도 예측할 수도 없을 만큼 넓다고 할 것인데—으로부터 보호하여야 할 의무를 국가에 부과하는 것이 되어 이 또한 국민에게 국방의 의무를 부과하고 있는 헌법 제39조 제1항과 조화될 수 없기 때문이다.」

헌법재판소는 현역 군인을 전투경찰로 전환하여 배치한 행위나 전투경찰로 하여금 시위진압을 하게 한 행위(憲 1995. 12. 28.-91헌마80), 소집으로 입영한 예비역에게 군형법을 적용하는 것(憲 1999. 2. 25.-97헌바3), 한의사전문의제도를 도입하면서 일반군의관 복무를 수련과정으로 인정하지 아니하는 것(憲 2001. 3. 15.-2000헌마96등)은 병역의무의 이행으로 인하여 불이익한 조치를 받은 것이 아니라고 판시하였다. 그런 반면 공무원채용시험 등에 응시한 때에 제대군인에게 과목별 득점에 과목별 만점의 5% 또는 3%를 가산하는 가산점을 주는 법률적 조치에 대하여 다른 사람과의 관계에서 차별대우하여 특혜를 주는 것이어서 위헌이라고 판시하였다(예: 憲 1999. 12. 23.-98헌바33; 1999. 12. 23.-98헌마363).

[憲 1999.12.23.-98헌바33] 「가산점제도는 이러한 헌법 제39조 제2항의 범위를 넘어 제대군인에게 일종의 적극적 보상조치를 취하는 제도라고 할 것이므로 이를 헌법 제39조 제2항에 근거한 제도라고 할 수 없다.……제대군인에 대하여 여러 가지 사회정책적 지원을 강구하는 것이 필요하다 할지라도, 그것이 사회공동체의 다른 집단에게 동등하게 보장되어야 할 균등한 기회 자체를 박탈하는 것이어서는 아니 되는데, 가산점제도는 공직수행능력과는 아무런 합리적 관련성을 인정할 수 없는 제대군인인지를 기준으로 장애인 등의 사회진출기회를 박탈하는 것이므로 정책수단으로서의 적합성과 합리성을 상실한 것이라 하지 아니할 수 없다.……가산점제도는 제대군인에 비하여, 제대군인이 아닌 자를 비례의 원칙에 반하여 차별하는 것으로서 헌법 제11조에 위배되며, 이로 인하여 청구인의 평등권이 침해된다.」

(3) 교육을 받게 할 의무

(a) 내 용

헌법 제31조 제2항은 「모든 국민은 그 보호하는 자녀에게 적어도 초등교육과 법률이 정하는 교육을 받게 할 의무를 진다」라고 하여 친권자나 보호자로 하여금 그 보호하에 있는 어린이들에게 초등교육과 법률이 정하는 교육을 받게 할 의무를 부과하고 있다. 이 때의 친권자나 보호자는 당연히 대한민국 국적을 가진 자에 한한다.

이는 헌법 제31조 제1항에서 정하고 있는 능력에 따라 균등하게 교육을 받을 권리를 실효성 있게 하기 위하여 스스로 교육의 기회에 다가가지 못하는 이들에게 최소한의 교육을 받을 수 있도록 하기 위한 것이다.

(b) 적용범위

교육을 받게 할 의무는 일차적으로 아동으로 하여금 인간으로서의 존엄과 가치를 가지고 행복을 추구하면서 성장하고 살아갈 수 있도록 하는데 필요한 기본적인 지식과 합리적인 사회화의 과정을 거치게 하고, 사회의 문맹률을 낮추어 문명사회를 유지하게 하고자 하는데 목적이 있다. 따라서 교육을 받게 할 의무는 이러한 목적을 수행하는 수단으로만 부과되며, 그 이외에는 적용되지 않는다.

국가가 정하는 일방적인 내용이나 기존의 교육제도가 제공하는 부실한 교육을 아동에게 강제로 받게 하는 것은 인정되지 않는다. 교육을 받게 할 의무가 교육의 국가주의를 실현하고자 하는 것은 아니기 때문이다. 지적 능력을 획득하고 학습하는데 대한 인간의 자기결정권과 이를 바탕으로 한 자녀 또는 피보호아동에 대한 친권 또는 후견권은 보호대상자에 대한 교육에 대한 결정권을 포함하고 있으므로 국가의 부당한 교육에 대해서는 이를 거부할 수 있다.

교육기본법은 부모 등 보호자는 그 보호하는 자녀 또는 아동이 바른 인성을 가지고 건강하게 성장하도록 교육하는 권리와 책임을 가진다고 정하고 있다(동법 §13①). 초·중등교육법은 무상(수업료의 면제)의 의무교육인 초등교육과 중등교육을 받게 하기 위하여 모든 국민에게 그가 보호하는 자녀 또는 아동을 초등학교와 중등학교에 취학시키도록 의무를 부과하고(동법 §13) 이러한 의무의 이행을 독려받고도 이행하지 않는 경우에는 과태료를 부과하고 있다(동법 §68).

문맹률이 낮은 사회라면 모르되, 지식의 습득의 기회가 다양하고 전통적으로 학교가 수행하던 역할을 대체하는 기관이 존재하는 상황에서는 취학아동에 대한 교육의 기회를 고의적으로 박탈하는 경우가 아닌 한 국가가 지정하는 학교에 의무적으로 취학하게 하는 것은 문제가 있다. 교육을 받게 할 의무가 학교교육의 부실과 문제점을 강제로 받아들이게 하는 결과가 되어서는 안 된다. 이런 점에서 친권자나 보호자는 대안학교나 초중등교육법이 정하는 학교가 아닌 다른 교육기관에서 아동이 교육을 받게 할 수도 있고, 가정에서 직접 교육을 하는 홈스쿨링(home schooling)을 할 수도 있다.

(c) 문 제 점

교육을 받게 할 의무를 헌법상의 의무로 정하는 것이 타당한가 하는 문제가 있다. 이는 아동과 부모 또는 보호자의 교육과 학습에 관한 자기결정권(적극적인 학습할 권리와 소극적인 학습하지 않을 자유)과 충돌하는 요소가 있기 때문이다.

1945년 해방 이후 문맹률이 70%를 상회하는 상황에서는 독립국가에 요구되는 사회의 문명화와 국력의 증진상 의무교육을 실시하고 이러한 교육을 받도록 강제할 필요가 있었지만, 문맹의 문제가 해소되고 교육을 받을 기회가 다양하며 사이버공간을 통하여 지식의 생산, 이동, 교환이 개방적이고 신속하게 이루어지는 정보화시대에는 아동의 교육받을 기회와 학습권을 보장해야 할 필요가 있는 범위에서만 입법정책적으로 교육을 받게 할 의무를 부과하고 그 이외에는 원칙적으로 친권자와 보호자의 자유로운 선택에 맡기는 것이 타당하다고 할 것이다. 따라서 헌법 제31조 제2항은 폐지하고 이에 관한 사항은 입법정책에 따라 법률로 정하게 하는 것이 타당하다. 이렇게 되면 교육에 관한 국가의 정책에 대하여 교육에 관한 기본권으로 대항할 수 있고, 교육에 관한 기본권을 침해하지 않는 한도 내에서만 국가는 교육정책을 수립할 수 있다. 헌법 제31조 제2항의 의무는 납세의무나 국방의무와 달리 진정한 의무가 아니어서 윤리적 의무에 지나지 않는다고 해석하는 견해도 교육의 의무를 헌법상의 의무로 정하는 경우에 발생하는 이런 문제 때문에 제시된다.

(4) 근로의 의무

(a) 내 용

헌법 제32조 제2항은 「모든 국민은 근로의 의무를 진다. 국가는 근로의 의무의 내용과 조건을 민주주의원칙에 따라 법률로 정한다」라고 하여 근로의무를 정하고 있다.

헌법에서 국민에게 근로의 의무를 부여하는 것은 매우 특이한 형태이다. 자유민주주의국가에서 국민은 자기의 노동에 대하여 자기결정권을 가지기 때문에 국가는 국가긴급사태와 같은 예외적인 상황에서만 특정한 목적을 위하여 국민에게 노동을 강제할 수 있으며, 그 이외에는 강제노동을 하게 할 수 없다.

(b) 적용범위

헌법 제32조 제2항은 국민에게 법적으로 노동을 강제하는 것도 아니고 국가가 근로를 하도록 강제하는데 대하여 기본권으로 대항할 수 없게 하는 것도 아니므로 이는 헌법상의 의무가 아니다. 이는 노동능력이 있음에도 노동을 하지 않는 자에 대해서는 국가가 노동능력이 없는 자에게 배려하는 최저한의 생활보호를 제공하지 않는다는 의미밖에 없는 선언적인 의미만을 가진다(동지: 권영성, 719; 허영 b, 599, 반대: 성낙인, 782). 이는 헌법에 명시되어 있어도 선언적 의미만을 가질 뿐 법적인 효력을 가지지 않는다. 「국가는 근로의 의무의 내용과 조건을 민주주의원칙에 따라 법률로 정한다」라고 정하고 있으나, 예외적인 상황이 아닌 한 국민에게 노동을 강제하는 내용과 조건은 법률로 정할 수 없다. 헌법 제32조 제1항에서 정하고 있는 근로의 자유에는 노동을 하지 않고 살 권리와 휴식권도 포함되므로 헌법 제32조 제2항의 근로의무가 이러한 자유와 권리를 배제하지 못한다.

국가비상시에 국민에게 일정한 근로를 하게 하는 것은 헌법 제31조 제1항에서 정하고 있는 근로의 자유의 제한에 해당하는 것이므로 이는 헌법 제37조 제2항을 근거로 하여 법률로 정할 수 있다. 따라서 헌법 제32조 제2항에서 설시하고 있는 바와 같은 「국가는 근로의 의무의 내용과 조건을 민주주의원칙에 따라 법률로 정한다」라고 정하는 것은 필요하지 않다. 근로의 의무를 헌법에서 정한 것은 바이마르헌법에서 비롯되었으나, 바이마르헌법은 이러한 근로의 의무를 윤리적 의무로 정하였다.

(c) 문 제 점

헌법 제32조 제2항은 위에서 본 바와 같이 이는 헌법상의 진정한 의무라고 보기 어렵다. 헌법에서 근로의무를 정한 것은 1948년헌법에서부터 시작되어 현재까지 유지되고 있는데, 식민지지배에서 해방되어 사회의 생산력이 현저히 저하된 상태에서 독립국가를 세워 독자적으로 경제기반을 구축하여야 하는 상황에서는 국민에게 노동의 중요성을 인식하게 하고 경제주체로 하여금 적극적인 경제활동을 하도록 독려하는 의미에서 헌법정책상 헌법에서 선언적으로 근로의 의무를 정할 수 있다.

그러나 이러한 경제발전의 단계를 넘어서서 사회의 생산성이 획기적으로 증대한 현재의 상황에서는 선언적인 의미에서도 근로의 의무를 헌법에 정할 필요는 사라졌다고 할 것이다. 더구나 헌법에 의무라고 정하여 진정한 의미의 헌법상 의무와 혼동하게 하는 문제도 발생하므로 헌법 제32조 제2항은 폐지하는 것이 타당하다.

II. 헌법에 명시되지 않은 의무

(1) 법준수의무

현행 헌법에는 헌법과 법률을 준수할 의무를 명시하고 있지 않으나 이는 법치주의에 내제된 당연한 것이므로 헌법상의 의무로 인정된다. 입법례에 따라서는 이를 명시하고 있는 경우도 있다.

국민에게 헌법과 법률을 준수할 의무가 있더라도 이러한 것이 헌법개정을 주장하거나 법률의 위헌여부를 다투는 것을 배제하지는 않는다. 국민은 주권자이고 헌법은 주권자의 합의이기 때문에 국민은 언제나 합의를 다시 할 권능을 가지고 있으며, 법률을 준수할 의무는 헌법에 합치하는 법률을 전제로 하기 때문이다.

(2) 타인의 권리존중의무

헌법이 기본권을 보장하는 것은 공동체 내에 살고 있는 모든 개인의 자유와 권리를 보장하는 것이기 때문에 특정 개인의 자유와 권리의 보장이 다른 사람의 자유와 권리를 침해하는 것은 허용되지 않는다. 이는 기본권이 실정헌법에서 보장하는 권리라는 점([119] II)과 헌법이 인정하는 공동체의 구성원은 모두 법적으로 평등하다는 점에서 도출된다. 이런 점에서 개인은 헌법질서 속에서 생활하는 이상 타인의 자유와 권리를 존중하여야 한다. 타인의 자유와 권리를 존중해야 하는 경우에 그 대상이 되는 것은 헌법에 적합하고 합법적인 자유와 권리만을 의미한다.

타인의 권리를 존중하는 의무는 자신의 자유와 권리를 향유함에 있어 타인의 자유나 권리가 침해됨이 없어야 한다는 것을 의미하는 것이지, 더 나아가 타인의 자유와 권리를 적극적으로 존중하여야 하는 것을 의미하는 것은 아니다. 따라서 개인에게는 타인의 자유와 권리를 침해하지 말아야 하는 의무는 있지만, 타인의 자유와 권리를 실현하는데 적극적으로 기여하여야 하는 의무는 없다.

이러한 의무는 기본권에 개념필연적으로 내재되어 있는 내용이므로 특별히 헌법상의 의무라고 할 필요는 없다. 이 문제는 현실에서는 기본권 간의 충돌의 문제로 귀착된다.

[366] 제5 의무와 과잉금지원칙

헌법상 의무에 대하여 국민은 기본권으로 대항할 수 없다고 하더라도 이는 무제한적인 것은 아니다. 국민이 수인할 수 없는 행위를 의무로 강제하는 것은 공동체의 존속과 유지만을 내세워 공동체에서 살고 있는 구성원의 자유와 권리를 부정하고 말살하는 것이어서 기본권과 의무의 상호공존을 전제로 하는 가치체계를 처음부터 무시하는 것이기 때문이다.

따라서 국민의 의무라고 하더라도 국가가 이를 강제하는 행위에는 법치주의의 핵심적 내용인 평등원칙과 과잉금지원칙이 적용된다. 의무를 수행함에 있어서 불합리한 차별대우가 있어서는 안 되며, 그 수행방법에서도 선택가능한 수단이 복수로 존재하는 경우에는 부담을 가장 적게 주는 수단으로 이를 실행시켜야 하며, 국민이 수인할 수 없는 내용을 의무로 강제해서는 안 된다. 따라서 국민에게 공동체의 존속과 유지를 위하여 무제한적이고 무조건적인 작위를 강제하는 것은 허용되지 않는다.

납세의무의 경우에도 국고의 재정충당이 충분한 수준에 이르렀음에도 각종 명목으로 국민에게 과세를 한다거나, 대체복무(代替服務)의 수단이 현실적으로 가능함에도 이를 배제하고 일률적으로 군복무를 시키는 것은 타당하지 않다. 군복무에서도 모든 국민이 소집되지 않고 일정수의 남성만이 소집되는 경우에 군복무자들이 사회에 진출하고 취업을 함에 있어 피해를 보는 상황이 발생하면 그 피해를 전보할 수 있는 방법을 강구하여야 한다.

3

국가작용

하늘이 만물에 부여한 것을 本性이라고 하고, 하늘로부터 부여받아 내재되어 있는 그 本性을 따르는 것을 道라고 하고, 그 도를 닦아 이치를 알게 되는 것을 聖人의 가르침이라고 한다. 본성을 따르는 것이 道이기에 道라는 것은 한순간도 우리에게서 떠날 수 없으니, 만약 떠날 수 있는 것이라면 그것은 도가 아니다. 이렇기 때문에 도를 공부하고 덕을 완성해 가는 자는 보이지도 않고 들리지도 않는 본성에 삼가고 두려워한다. 숨어 있어 보이지 않는 것보다 더 잘 드러남이 없고 희미하게 들리지 않는 것보다 더 분명한 것은 없으니, 본성을 추구하여 도를 닦는 자는 사물과 대립하여 자기 스스로 홀로됨을 삼가고 일체의 원리에 정성을 다하는 것이다. 기뻐하고 화내고 슬퍼하고 즐거워하는 情이 發하지 아니한 性의 상태를 中이라고 하고, 이것이 발하여 모두 節度에 맞아 한치도 어그러짐이 없는 것을 和라고 하니, 어느 것에도 편벽되지 않는 상태의 中은 천하의 크나큰 근본이요, 和를 이루게 되면 천하에 도가 두루 펼쳐지게 된다. 中과 和를 이루면 하늘과 땅이 제자리에 서고 만물이 제대로 자라게 된다.

[天命之謂性率性之謂道修道之謂敎, 道也者不可須臾離也可離非道也, 是故 君子戒愼乎其所不睹恐懼乎其所不聞, 莫見乎隱莫顯乎微故君子愼其獨也. 喜怒哀樂之未發謂之中發而皆中節謂之和中也者天下之大本也和也者天下之達道也. 致中和天地位焉萬物育焉]

– 中庸–

제 6 편 국가작용의 기본제도

제 7 편 국가작용과 국가기관

제 6 편

국가작용의 기본제도

世上이 어지러운 것을 깊이 걱정하여 자기 慾心을 채우기에 틈낼 여지가 없는 사람은 필히 배우기에 싫어하지 않으며 가르치기에 怠慢하지 않는다. 배우기를 싫어하지 않고 가르치기를 게을리하지 않는 사람이야말로 바로 聖人이며 慾心이 없는 사람이다.

—동무(東武) 이제마(李濟馬)

제1장 대의제도

제1절 대의제도의 형성과 발달

[367] 제1 개 설

대의원리(代議原理 representative principle)는 서양의 고대(예: 아테네 500인회 등 그리스 도시국가의 선거제도)에서도 그 맹아가 나타나고 중세에서도 개별 도시국가(예: 15세기 말-16세기 초 Florence)에 따라 나타나기도 하였지만, 오늘날 헌법의 중심제도로 자리잡은 대의제도는 근대로 이행하는 과정에서 구체화된 것이다. 대의제도의 형성·발달과 헌법에의 수용 양태는 각 나라마다 차이를 보이고 있다. 영국에서는 점진적으로 의회제도와 선거법이 발달함에 따라 대의민주주의가 형성되고 발달하였으며, 프랑스에서는 구체제인 군주체제를 무너뜨리는 부르주아 혁명을 통하여 공화국의 형태로 급격하게 형성되었다. 미합중국에서는 영국 의회의 발달과 정치적 사상에 영향을 받아 영국의 식민통치를 청산하기 위한 독립전쟁을 통하여 독립국가를 수립하면서 헌법제도로 구체화하였다. 한편 그 밖의 나라에서는 서양의 근대 헌법을 수용하면서 대의제도를 채택하기에 이르렀다.

우리나라에서 대의민주주의는 조선시대 말부터 서구의 의회정치가 소개되면서 대의제도에 대한 인식이 생겨났으며, 대한민국임시정부의 여러 헌법을 거치면서 초기적인 형태로 제도화되어 나타나다가 대한민국을 건국한 1948년헌법에서 체계적이고 구체화된 헌법제도로 채택되었다. 우리나라에서 대의민주주의는 군주국가에서 국민주권주의에 기초한 근대 국가로 이행하면서 서양의 제도를 수용하여 채택한 것이다.

[368] 제2 영 국

영국에서 대의민주주의는 군주체제하에서 의회가 생겨나고 그 권한이 확대되어 가면서 형성되었는데, 이의 발달은 선거법의 개정에 따른 선거권의 확대와 함께 민주주의가 공고화됨에 따라 이루어졌다.

대의민주주의가 형성되는데 있어 필요한 사상적 기초와 이론적 자원은 J.Locke(1632-1704)의 신임(信任 trust)사상, E.Burke(1729-1797)의 대의정치이론, J.Bentham(1748-1832)의 의회정치이론과 대의정치이론, J.S.Mill(1806-1873)의 대의정치이론에서 주로 제공되었다. 특히 공동체의 의사결정에서 「의사」(will)와 「이익」(interest)의 구별 문제를 밝혀낸 E.Burke의 대의정치이론은 대의원리의 본질적인 문제를 명확하게 밝혀 놓은 것으로 대의민주주의의 발달에 있어 획기적인 선을 그었다(정종섭a, 111).

[369] 제3 프 랑 스

프랑스에서 대의민주주의는 1789년 구체제(舊體制 Ancien Régime)를 붕괴시킨 부르주아 혁명을 통하여 형성되었는데, 새로운 공화국체제를 수립하는 과정에서 대의제도를 채택함으로써 종래 영주(領主)회의에서 채택하였던 명령적 위임의 법리와 구별되는 새로운 국가의사결정체제를 확립하였다. 이러한 대의제도는 1791년헌법에서 처음 구체화되어 헌법제도로 되었다.

프랑스에서는 Montesquieu(1689-1755)의 사상에서 대의정치가 소개되기는 하였지만, 본격적으로 대의원리와 대의제도를 체계화한 것은 E.-J.Sieyès(1748-1836)의 대의정치이론이다. 그는 국가작용에서 명령적 위임을 배제하여 봉건체제와 단절된 근대국가이론을 구축하였는데, 그의 이론은 영국의 E.Burke의 대의이론과 함께 근대 대의정치의 근본 초석을 놓아 대의민주주의의 형성과 발달에 결정적인 기여를 하였다(정종섭a, 207).

[370] 제4 미합중국

미합중국에서는 영국의 식민지지배를 받던 당시에 영국총독(總督 governor)의 식민지 통치에 자문하는 정도의 기구가 등장하면서 대의정치의 맹아적인 형태(예: 버지니아의 House of Burgesses)가 나타나기도 하였으나, 연방헌법의 제정과정에서 본격적으로 대의제도가 논의되었고 1787년의 연방헌법(1788. 6. 21. 효력 발생)에서 대의제도를 채택하면서 헌법제도로 정착되었다.

미합중국에서 새로운 근대국가를 수립하면서 대의민주주의가 형성되는 데는 영국의 새로운 급진정치사상과 J. Locke와 Montesquieu 등의 정치이론이 중요한 역할을 하였고, A.Hamilton(1757?-1804)의 대의정치사상과 현재까지 「미합중국헌법의 아버지」로 불리는 J.Madison(1751-1836)의 대의정치이론이 크게 기여하였다(정종섭a, 171).

제2절 대의원리

[371] 제1 개 념

대의민주주의를 지배하는 대의원리(代議原理=代表原理 representative principle)는 그 개념구조상 i) 국민과 국민대표자의 분리, ii) 국가의사결정권과 통치기관(대표기관)구성권의 분리, iii) 선거에 의한 국민대표자의 선출, iv) 전체국민의 대표로서의 국가의사결정권자, v) 명령적 위임의 배제, vi) 국민의 전체이익과 추정적 의사의 우선, vii) 국가의사결정에 대한 법적 책임의 면제라는 구성요소로 이루어져 있다(정종섭a, 247).

Ⅰ. 국민과 국민대표자의 분리

대의민주주의에서 국가의사는 직접민주주의의 경우와 달리 각종 이익의 당사자인 국민이 이를 직접 결정하는 것이 아니라 국민과 별개로 존재하는 국가의사결정권자가 이를 결정한다. 이를 권력의 면에서 보면, 국민이 국가권력을 직접 행사하는 것이 아니라 국가의사결정권자인 국민의 대표자(예: 국회의원, 대통령, 수상 등)가 이를 행사한다.

대의민주주의에서는 국가권력을 행사하는 국민의 대표자와 국가권력의 행사에 따라 지배·통치되는 주권자인 국민이 그 지위와 역할에서 서로 구별된다. 따라서 민주주의를 국민의 「자기지배」(自己支配 Selbstherrschaft)라고 하는 면에서 보면, 대의민주주의에서는 주권자인 국민이 대표자를 선출한다는 면에서 이념적으로만 자기지배가 이루어지고 현실적으로는 국민의 대표자에 의한 지배가 존재한다.

Ⅱ. 국가의사결정권과 통치기관구성권의 분리

대의민주주의에서는 국가의사(=정책)를 결정하는 권능(國家意思決定權=政策決定權)과 이를 보유·행사할 자를 정하는 권능(統治機關構成權)을 분리하여, 전자는 국민대표기관인 통치기관(예: 국회의원, 대통령, 수상 등)에게 권한(權限 competence, Kompetenz)으로 부여하고, 후자는 국민에게 권리(權利 right, Recht)로 보장한다. 대의원리에서는 국민이 통치기관을 결정·구성한다는 점에서 국민주권원리를 관철시키고 있으며, 통치권력에 민주적 정당성을 부여한다. 이 점에서 대의민주주의에서 통치하는 자와 통치를 받는 자가 그 지위와 역할에서 구별·분리되어 있다고 하더라도 신정정치나 군주정치와 구별된다.

여기서 말하는 국가의사(=정책)란 국가적 수준에서 국가가 행하지 않으면 안 될 기본적인 정치적 의사결정을 의미한다. 국회는 통상 이러한 결정을 입법으로 행한다. 국가의사는 현재뿐만 아니라 미래를 향해서도 공동체와 그 구성원 전체 이익을 실현하는 것으로 나타난다.

《프랑스에서의 주권이론과 대의제도》

19세기 말과 20세기 초에 활동한 프랑스의 헌법학자 R.Carré de Malberg는 프랑스 혁명 당시에 나타났던 nation주권 이데올로기와 peuple주권 이데올로기 간의 주권투쟁 또는 이데올로기투쟁에 주목하여 「nation주권」과 「peuple주권」을 이항대립적인 관계로 설정하고, 이로부터 대의민주주의와 직접민주주의의 관계를 도출하고자 시도하였다. 그 결과 그는 대의민주주의는 「nation주권」에서 도출되고 직접민주주의는 「peuple주권」에서 도출된다는 도식을 이끌어 내었다. 이를 일본국의 헌법학자들(예: 杉原泰雄)이 받아들여 nation을 「國民」으로, peuple를 「人民」으로 각각 번역하여 「國民主權」과 「人民主權」이라는 명칭으로 이항대립적인 구도를 마련하고 Malberg의 설명틀을 수용하였다. 과거 국내에서도 일부 헌법학자들이 이러한 설명틀을 그대로 받아들였다. 그런데, 프랑스 혁명의 전개과정에서 나타난 헌법들을 보면, 「nation주권」을 채택한 1791년헌법에서만 대의제도와 명령적 위임의 금지를 채택한 것이 아니라, 「peuple주권」을 채택한 1793년헌법도 대의제도와 선거제도를 채택하였으며, 대의제도를 채택한 1795년헌법은 「citoyen주권」을 천명하면서 명령적 위임을 금지하였다. 1848년헌법도 「citoyen주권」을 명시하고 대의제도를 채택하면서 명령적 위임을 금지하였고, 「peuple주권」을 채택한 1958년헌법은 대의제도를 채택함과 동시에 명령적 위임을 금지하고 있다. 이러한 것만으로도 Malberg의 설명틀은 설득력을 상실하고 있다. 뿐만 아니라 우리 헌법이 채택하고 있는 국민주권(popular sovereignty)은 프랑스적 의미의 「nation주권」이 아니다. 이런 점에서, 「nation주권」에서 대의민주주의가 도출되고, 「peuple주권」에서 직접민주주의가 도출된다는 도식을 만든 이른바 「nation주권-peuple주권 이분론」은 이론으로서 타당성을 상실한 것이라고 할 것이다(정종섭a, 305). 오늘날 프랑스헌법학에서도 이러한 도식은 추상적이고 그야말로 도식적이어서 민주주의이론으로 받아들이지 않고 있다. 민주주의이론으로서 이런 도식은 프랑스에서도 이미 폐기된 것이다.

Ⅲ. 선거에 의한 국민대표자의 선출

대의민주주의에서 국민이 통치기관을 결정·구성하는 방법으로는 선거를 채택한다. 다양하고 이질적인 의사와 이익이 공존하는 공동체에서는 제비뽑기나 추첨으로 국민의 대표자를 선정할 수 없기 때문에 선거(選擧 election)라는 방법을 통하여 국민대표자에 적합한 자를 찾아내어 선발(選拔 selection)한다.

이러한 선거의 방식은 국민대표자가 행사하는 국가권력에 민주주의적 정당성을 부여하는 방법인 동시에, 공적 업무를 수행하는데 합당한 인물을 찾아내어 주요 공직에 배치하는 방법이다. 따라서 대의민주주의에서는 「선거없는 대표」나 「대표없는 선거」는 상상하기 어렵다.

Ⅳ. 전체국민의 대표로서의 국가의사결정권자

대의민주주의에서 국민에 의해 선출된 대표자는 자신의 선거구민이나 자기를 지지해 준 선거권자(=유권자)나 지지자(支持者 supporter)의 대표가 아니라, 전체국민의 대표라는 지위에 있다(국민대표성). 국회의원이 자기 지역구에서 선출되고 대통령이 특정지역이나 특정계층 등에서 결정적인 표를 얻어 당선되었다고 하더라도 국회의원이나 대통령이 이러한 지역구나 특정지역 주민들이나 특정계층의 의사나 이익을 대표하는 것이 아닐 뿐만 아니라 그렇게 해서도 안 된다. 따라서 국회의원이나 대통령은 특정한 계층, 집단, 사람, 지역을 대표하는 것이 아니기 때문에 그들의 이익을 추구해서는 안 되며, 공동체에서 살고 있는 현재와 미래의 국민 전체의 이익을 추구 · 실현해야 하는 지위에 있다.

Ⅴ. 명령적 위임의 배제

대의민주주의에서 국민의 대표자는 전체국민의 대표이기 때문에 국가정책을 수립하고 결정함에 있어 선거구민이나 특정한 사람의 지시나 명령을 받지 않는다. 이런 점에서 모든 업무의 수행에서 구체적으로 특정 집단, 계층, 사람의 지시나 명령에 따라야 하는 명령적 위임(命令的 委任=羈束委任=强制委任 imperatives Mandat)은 배제된다(이를 자유위임(自由委任 freies Mandat)이라고도 부른다). 대의원리에서는 국민대표자가 특수이익이나 부분이익을 배제하고 전체국민에게 이익이 되는 방향으로 정책을 결정하여야 하기 때문에 명령적 위임을 인정하면 이를 실현할 수 없다.

역사적으로 볼 때, 명령적 위임은 동양에서는 존재한 적이 없었으며, 서양에서도 신생국가였던 미합중국에서는 그 경험이 없었고, 독일의 경우에도 이런 제도가 존재한 적이 없다. 이는 주로 중세 프랑스에 존재했던 것이다. 프랑스에서는 혁명 후 근대 국가로 이행하는 과정에서 근대 국가의 메커니즘을 모색하는 지점에서 과거에 경험했던 명령적 위임과 새로 수립하게 될 근대 국가의 원리를 구별할 필요가 생겼다. 이러한 새로운 국가이론을 구축하는데 있어 E.-J. Sieyès의 명령적 위임배제의 이론은 결정적인 기여를 하였다.

이와 같이 대의원리에서는 명령적 위임이 배제되기 때문에 국민대표자는 특정한 국민의 대리인(代理人 agent)도 아니고 민법상의 사자(使者)도 아니며 수임인(受任人 Kommissar)도 아니다.

Ⅵ. 국민의 전체이익과 추정적 의사의 우선

대의민주주의에서 국가의사를 정함에 있어 무엇이 전체국민에게 이익이 되는 것인가를 판단하는데는 우선 현실에 존재하는 국민의 요구를 충분히 고려하는 것이 필요하고, 가능한 한 국민의 요구를 실현하는 방향으로 정책을 결정하는 것이 요구된다. 이를 「반응성」(反應性 responsiveness)이라고 한다.

그러나 경우에 따라서 국민의 다수가 현실적으로 원하는 방향(=국민의 경험적 의사 empirischer Volkswille)이 국가와 전체국민(미래세대 포함)에게 이익이 되지 않는 경우(「의사」와 「이익」이 충돌하는 경우)에는 국가와 전체국민에게 이익이 되는 방향(=국민의 추정적 의사 hypothetischer Volkswille)을 찾아 그에 합치되도록 결정하여야 한다. 이러한 것은 전체이익을 특수이익에 우선시키는 것이며, 「일반의사」(一般意思 general will)를 부분의사에 우선시키는 것이다.

이런 점에서 볼 때, 대의원리는 국가의사를 결정함에 있어 공동체 구성원의 현실적인 의사와 공동체와 그 구성원(현재 및 미래 세대 포함)의 이익이 충돌하는 경우에는 이익을 의사에 우선시키는 의사결정원리이다.

《경험적 의사와 추정적 의사》

여기서 사용하고 있는 경험적 의사는 현실에 표출되어 경험적으로 확인할 수 있는 의사를 말한다. 현실의 어떤 사안에 대하여 표출된 찬성 또는 반대의 의사나 현실 사회에 다양하게 나타나 존재하는 의견을 말한다. 이러한 의사에 따른 결정은 전체국민에게 이익이 되는 경우도 있고 불이익이 되는 경우도 있다. 추정적 의사는 전체국민에게 이익이 되는 결정을 의사의 면에서 볼 때 파악되는 개념이다. 이러한 의사는 현실에서 확인되는 것은 아니고 국민들이 개별적인 자기의 이해관계를 떠나 전체국민에게 이익이 되는 것이 무엇인가 하는 점을 숙고하여 전체국민에게 이익이 되는 방향으로 최종적으로 도달되는, 논리적으로 추론되는 결정을 말한다. 따라서 추정적 의사는 전체국민에게 불이익이 되는 경우는 없고 항상 이익이 되는 경우만 있다. 이는 개개인이 자신의 개별적 이익을 떠나 전체국민의 이익이 무엇일까 하는 점을 진지하게 고려하여 정확하게 판단한다면 이르게 될 것으로 추정되는 의사이고, 대의제도에서 대표자가 정책결정에 있어 도달하여야 하는 결론이기도 하다. 이를 결과적 개념으로 말하면, 국가의사가 된다. 그런데 국가의 정책결정에서 이런 추정적 의사는 경험적 의사와 별개로 동떨어져 선험적으로 존재하는 것이 아니라 통상 현실 사회에 표출된 다양한 경험적 의사들을 고려하고 숙고하는 과정에서 획득되는 의사이다.

《통치에 있어서 의사와 이익의 문제》

고대 Herodotus, Platon, Aristoteles 등의 통치형태론(=국가론)에 나타나 있듯이, 서양의 고대에서 통치문제의 핵심은, 어떠한 통치형태가 공동체를 안정되게 하고 그 안에서 살고 있는 국민이 행복하게 살 수 있게 하는가 하는 점에 두어졌다. 이는 동양의 경우도 다르지 않다. 서양 고대의 비슷한 시기에 나타난 「管子」, 「孟子」, 「荀子」 등에 나타나 있듯이 군주가 통치를 하든 귀족이 통치를 하든 어떻게 하는 것이 나라를 천법(天法)과 천리(天理)에 따라 다스려 나라가 안정되고 태평하며 만백성이 평안하고 이득을 얻는 삶을 영위할 수 있게 할 것인가 하는 점에 치국(治國)의 요체를 두었다. 이 문제는 헌법철학 또는 국가철학에서 「의사와 이익의 관계」 문제로 구체화되어 전개되었는데, 궁극의 문제는 인간의 삶이든 국가운영이든 '의사와 이익이 항상 일치하지는 않는다'는 문제를 어떻게 해결할 것인가 하는 점에 모아졌다. 군주의 의사가 항상 국민의 이익과 일치하는 것도 아니고, 그렇다고 국민의 실재적인 경험적 의사에 따른 결정이 언제나 국민에게 이익을 가져다주는 것도 아니라는 점에서, 이 문제를 어떻게 해결할 것인가 하는 점이다. 이는 민주주의 문제의 본질에 해당하는 것이기도 하다. 직접민주주의는 국민이 직접 통치를 하는 것, 즉 국민이 직접 국가의사를 정하는 것인데, 이는 국민의 경험적 의사와 국민의 이익이 불일치하는 경우에는 이익보다 의사를 우선시한다. 의사를 우선시하여 국가의사를 결정하였을 때, 국민에게 불행한 결과를 가져오는 경우가 생기는 것은 불가피한 것으로 치부한다. 그런데 전통적으로 국민의 경험적 의사를 좇아서 국가정책을 결정했지만 국민에게 불행을 가져오는 경우를 중우정치(衆愚政治)라고 하여 이를 멀리한 것은, 국리민복(國利民福)이라는 이익을 기준으로 볼 때 의사와 이익이 불일치하는 경우에 의사를 따라서는 안 된다는 것을 의미한다. 역사적으로 볼 때, 국민주권이 확립되는 근대국가로 이행되는 과정에서 국민주권원리와 합치되도록 하면서 이 문제를 해결하기 위한 방안을 고안하고 발전시킨 것인 대의민주주의이다. E. Burke, E.-J. Sieyès 등의 대의정치이론에서 전개된 바와 같이, 대의제도는 국가의사를 결정함에 있어 국민의 경험적 의사와 국민의 이익이 일치하는 경우에는 국민의 경험적 의사를 따르도록 하되, 양자가 일치하지 않는 경우에는 국민의 이익을 우선시한다. 국민의 의사와 국민의 이익이 충돌하는 경우에 무엇이 국민 모두에게 이익이 되는가를 결정함에 있어서는, 국민은 이해관계의 당사자이기 때문에 이를 결정할 수 없는바, 이 문제를 객관적이고 이성적으로 판단할 수 있는 제3자로 하여금 이를 결정하게 하되, 이에 국민주권원리와 민주주의원리를 관철시키는 방법으로 이 제3자를 국민의 선거로 결정하도록 고안한 것이 대의제도이다. 따라서 대의민주주의는 근대국가로 이행하면서 인구의 과다나 국가의 거대화 또는 의사와 이익의 다양화로 인하여 현실에서 직접민주주의를 실현할 수 없어서 불가피하게 채택하기에 이른 것이 아니라, 현실에서 의사와 이익을 일치시키는 공동체의사결정방식으로 고안된 것이라는 점을 정확히 인식할 필요가 있다. 그렇기 때문에 대의민주주의를 '보완'하는 하나의 방법으로 직접민주주의를 고려할 수도 있게 된다.

Ⅶ. 국가의사결정에 대한 법적 책임의 면제

대의민주주의에서 국민의 대표자는 어느 누구로부터도 지시나 명령을 받지 않고 자기 책임하에 전체국민에게 이익이 되는 방향으로 정책을 결정해야 하기 때문에, 이러한 결정이 합법적인 것인 한 이에 대해서는 어떠한 법적 책임(예: 파면, 손해배상, 징계)도 지지 않는다. 국민대표자의 정책결정이 잘못된 경우는 통상 사후적으로 밝혀지는데, 이러한 경우에도 정치적 책임(예: 차기 선거에서의 낙선, 정치적 비난과 공세)만 질 뿐 법적인 책임은 지지 않는다. 한편 입법행위에 의한 정책결정이라도 구체적인 상황에서 불법행위를 구성하는 경우에는 국가의 배상책임의 문제가 발생한다.

[372] 제2 대표관계

Ⅰ. 개 념

대의민주주의에서 국민과 대표자 간의 관계를 대표관계(代表關係=代議關係 repräsentatives Verhältnis)라고 한다. 대의원리에 의할 때, 국민의 대표자는 정책을 결정함에 있어 국민으로부터 어떠한 지시나 명령도 받지 않고, 자기가 행한 정책결정에 대하여 법적 책임이 면제되는데, 이 경우에 양자 간의 관계가 과연 무엇인가 하는 것이 문제가 된다.

Ⅱ. 성 질

대표관계에 관하여 종래에 법적 성격을 인정하는 「법적 위임관계설」, 「법정대표설」, 「헌법적 대표설」과 법적 성격을 인정하지 않는 「정치적 대표설」, 「정당대표설」, 「사회적 대표설」 등의 논의가 있었으나, 이러한 논의는 실익도 없고 학설로서 성립하기도 어렵다. 대의원리에서 말하는 대표관계는 어떤 법적 요건이 충족되면 그에 따른 법적 효과가 발생하는 관계에 있는 '법적' 관계가 아니기 때문에 국민과 대표자 사이에는 아무런 법적인 요소도 존재하지 않는다(정종섭a, 271).

국민과 대표자의 관계에서는 오로지 국민이 선거로 대표자를 선정한다는 것(통치기관의 구성)과 대표자는 전체국민의 이익을 실현하는 방향으로 그 권한을 행사하여야 한다는 것뿐이며, 선거로 인하여 대표자가 국민에게 종속되는 관계에 있지는 않다. 대표자가 가지는 정책결정권은 국민의 법적 행위를 통하여 국민에 의하여 대표자에게 부여되거나 위임되는 것이 아니고, 헌법이 대의제도를 채택함으로 인하여 헌법에 의하여 부여되는 것이다. 대표자는 이러한 권한을 헌법에 합당하게 행사하여 전체국민의 이익을 실현하는 정책을 결정하고 이에 대해서 차기선거에서 심판을 받을 뿐이므로, 국민과의 관계에서는 구체적으로 국민의 경험적 의사나 선거구민의 이익과 같은 어떤 무엇을 「대표」하는(represent) 관계에 있지 않다(정종섭a, 301).

Ⅲ. 구체적 문제

(1) 공약 이행의 문제

국회의원선거나 대통령선거에서 후보자들이 당선을 위하여 선거권자에게 정책이나 행위 등에 관하여 일정한 의사표시를 하는 경우가 있는데, 이를 공약(公約 pledge)이라고 한다. 선거권자가 이런 공약이 실행될 것을 믿고 투표한 경우에 해당 공약을 제시하여 당선된 국회의원이나 대통령은 당선된 후에 이를 지켜야 할 법적 의무가 있는가 하는 문제가 있다. 대의원리에 의할 때, 국민의 대표자는 전체국민의 이익을 위하여 국가의사결정권을 행사하여야 하므로 자신이 내걸었던 정치적 공약이 사후에 전체국민의 의사와 부합하지 않는다고 판단한 경우에는 공약을 이행할 필요가 없고 또 이를 이행해서도 안 된다(이런 경우에는 신뢰성, 자질, 정치적 책임 등이 문제가 된다).

따라서 선거에서 제시한 공약의 이행문제는 정치적인 문제일 뿐 법적인 문제는 아니다. 공약을 이행하지 아니한 경우에 국회의원이나 대통령은 유권자로부터 정치적인 판단을 받게 될 뿐이다. 거짓말로 유권자를 속이는 자에 대해서는 낙선시키면 된다.

《공약과 「대의의 실패」》

선거공약으로 제시한 내용이 순전히 후보자의 당선에 필요한 특정 유권자들의 표를 얻기 위한 것일 때, 이는 국가재정을 담보로 하여 해당 유권자들의 이익과 표를 교환하는 것에 해당하여 사실상 국가의 재정으로 표를 사는 매표행위(買票行爲)와 다름없게 된다. 이런 선거행태는 사실상 국가정책을 특정한 집단이나 사람의 특수이익을 실현하는 것으로 변질시키고, 국가의 계급적 중립성을 파괴하는 결과를 가져온다. 이 경우에는 외형적으로는 선거행위가 존재하지만 「대의의 실패」(representation failure)가 발생하게 된다. 대의제 국가에서는 이러한 「대의의 실패」는 곧 「국가의 실패」를 불러오게 된다.

(2) 의정활동의 보고

국회의원이 당선된 후 '의정활동을 어떻게 하고 있는가'를 국민에게 보고할 의무가 있는가 하는 점이 문제가 된다. 명령적 위임이 존재하는 경우에는 선거구민으로부터 구체적인 지시·명령을 받거나 소환의 근거로 필요하기 때문에 이러한 보고를 해야 할 의무가 발생한다. 그러나 대의민주주의에서는 명령적 위임이 배제되기 때문에 의정활동보고를 법으로 강제하는 것이 허용되는가 하는 문제가 발생한다.

대의민주주의에서는 주권자인 국민이 대표자를 선출하고 나면 그 후에 국민의 대표자가 구체적으로 어떻게 활동하는지를 잘 알 수 없다. 국민이 대표자를 소환하거나 그에게 구체적인 지시·명령을 하지 않더라도 국민은 주권자로서 대표자의 행위·활동을 알 권리가 있다. 따라서 국회의원은 국민에게 주기적으로 의정활동을 보고하는 것이 바람직하고, 법적으로 이를 강제할 수도 있다. 이러한 의정활동의 보고는 참여민주주의의 실현에도 많은 기여를 할 수 있다.

의정활동의 보고는 선거구민에게만 행해지는 것이 아니라 전체국민에게 행해지는 것이다. 의정활동의 보고는 문서나 국회의원 개개인의 홈페이지 등 다양한 방법을 통하여 할 수 있다. 다만, 의정활동의 보고를 위한 행사가 선거운동에서 신참자를 차별하는 결과를 초래하는 것이 되어서는 안 된다.

제 3 절 대의제도와 선거

[373] 제1 개 설

Ⅰ. 대의제도와 선거

선거는 대의제도를 구성하는 개념요소이자 이를 실현하는 수단이다. 선거를 통해 국민은 대표자를 선출하고, 대표자는 임기 동안 자기 책임하에 국가의사결정을 하는 등 국가운영에 필요한 활동을 하고 차기 선거에서 자신의 행위에 대하여 심판을 받는다.

오늘날과 같이 공동체 구성원들 간 이해관계가 이질적인 경우에는 추첨이나 순번제로 국가의 일을 맡을 수 없으므로 선거가 가장 적합한 수단으로 채택된다. 그래서 선거는 대의제도를 구성하는 요소이고, 「선거없는 대의민주주의」는 성립할 수 없다([371]Ⅲ).

Ⅱ. 선거의 기능

선거는 국민대표자를 선발하여 통치기관을 구성하는 기능(대표자의 선발)과 국가의사결정을 하는 국민대표자에게 민주주의적 정당성을 부여하는 기능(민주적 정당성의 부여)을 한다. 그리고 선거과정을 통하여 국민은 정치적 의사를 표현하고 국가의 공적인 일에 참여하는 기회를 가진다(국민의 정치참여 실현).

(1) 대표자의 선발

대의민주주의에서 선거는 무엇보다 국민대표자를 선발(selection)하는 기능을 한다. 대의민주주의에서는 누가 국가의사결정을 하는 권한을 가지고 이를 행사하느냐 하는 것이 핵심적인 문제이므로 국민 가운데서 국가의사를 결정할 권한을 가지고 이를 행하기에 적합한 자를 정확하게 골라내어 정하는 것이 무엇보다 중요하다.

(2) 민주적 정당성의 부여

선거는 주권자인 국민이 국민대표자를 선출하는 것이므로 국민대표기관이 가지는 권한에 민주적 정당성(民主的 正當性 democratic legitimacy)을 부여한다. 이러한 민주주의적 정당성의 부여는 국민주권과 민주주의의 원리상 필수불가결하게 요구되는 것이다.

(3) 국민의 정치참여 실현

선거는 후보자가 입후보하여 활동하고 유권자는 국민의 대표자를 선출하는 점에서 정치참여에 해당하지만, 선거과정을 통하여 제기되는 정치·사회적인 쟁점이나 과제들에 대하여 자신의 의사를 표현하고 이의 실천에 참여할 수 있는 기회를 가지므로 선거행위는 정치적 기본권의 행사인 동시에 정치참여로 기능한다. 이를 통하여 국민은 공동체의 구성원과 주권자로서 그 권리(예: 참정권, 정치적 기본권 등)를 행사하고 실현한다.

[374] 제2 선거의 기본원칙

헌법 제41조와 제67조는 선거의 기본원칙(Wahlrechtsgrundsatz)으로 보통 · 평등 · 직접 · 비밀선거의 원칙을 규정하고 있다.

Ⅰ. 보통선거의 원칙

보통선거(普通選擧 Allgemeinheit der Wahl)는 제한선거(制限選擧)에 대응하는 원칙으로, 모든 국민이 일정 연령에 도달하면 사회적 신분 · 재산 · 인종 · 성별 · 교육 등에 관계없이 선거권을 갖는다는 원칙을 말한다(예: 憲 1997. 6. 26.-96헌마89). 오늘날 이 원칙은 기본권 보장의 면에서는 선거권의 평등보호로 보장되고 있다.

> [憲 1997.6.26.-96헌마89] 「보통선거라 함은 개인의 납세액이나 소유하는 재산을 선거권의 요건으로 하는 제한선거에 대응하는 것으로 이러한 요건뿐만 아니라 그 밖에 사회적 신분 · 인종 · 성별 · 종교 · 교육 등을 요건으로 하지 않고 일정한 연령에 달한 모든 국민에게 선거권을 인정하는 제도를 말한다. 보통선거제도를 채용하고 있는 모든 국가들은 연령에 의한 선거권의 제한을 인정하고 있다. 이와 같이 연령에 의하여 선거권을 제한할 수밖에 없는 것은 국정 참여수단으로서의 선거권행사는 일정한 수준의 정치적인 판단능력이 전제되어야 하기 때문이다.」

헌법재판소는 보통선거에서 선거권연령을 몇 세로 정할 것인가의 문제는 입법자가 그 나라의 역사, 전통과 문화, 국민의 의식수준, 교육적 요소, 미성년자의 신체적 · 정신적 자율성, 정치적 · 사회적 영향 등 여러 가지 사항을 종합하여 결정하는 것이므로 입법자가 입법목적 달성을 위한 선택의 문제이고, 입법자가 선택한 수단이 현저하게 불합리하고 불공정한 것이 아닌 한 재량에 속하는 것이라고 판시하였다(憲 1997. 6. 26.-96헌마89; 2001. 6. 28.-2000헌마111).

헌법재판소는 재외국민에 대하여 선거권을 전면적으로 부정하는 것은 보통선거원칙과 평등선거원칙에 위반되는 것이라고 판시하였다(예: 憲 2007. 6. 28.-2004헌마644등)([289] I (5)). 또한 헌법재판소는 종전에 수형자의 선거권 제한을 합헌으로 보았으나(憲 2009. 10. 29.-2007헌마1462), 2014년에 입장을 변경하여, 집행유예자는 집행유예 선고가 실효되거나 취소되지 않는 한 교정시설에 구금되지 않고 일반인과 동일한 사회생활을 하고 있으므로, 그들의 선거권을 제한해야 할 필요성이 크지 않다고 보아 이들에 대한 선거권 제한은 선거권을 침해하고 보통선거원칙에 위반한다고 보았고, 수형자의 경우에도 전면적 · 획일적으로 선거권을 제한하는 것은 위헌이라고 판단하면서 그 위헌성을 제거하고 수형자에게 헌법합치적으로 선거권을 부여하는 것은 입법자의 형성재량에 속한다고 보았다(憲 2014. 1. 28.-2012헌마409등).

II. 평등선거의 원칙

(1) 개 념

평등선거(平等選擧 Gleichheit der Wahl)는 차등선거(差等選擧) 또는 불평등선거(不平等選擧)에 대응하는 원칙으로, 모든 유권자가 각기 똑같은 수의 표를 행사하고, 투표가치에 있어서도 평등해야 한다는 원칙을 말한다. 즉 1인 1표(one person, one vote)와 1표 1가치(one vote, one value)를 내용으로 한다(예: 憲 1995. 12. 27. 95헌마224등; 1998. 11. 26.-96헌마54; 1998. 11. 26.-96헌마74등; 1995. 12. 27.-95헌마224; 2001. 7. 19.-2000헌마91등; 2001. 10. 25.-2000헌마92등). 평등선거의 원칙도 보통선거의 원칙과 마찬가지로 헌법 제11조 제1항의 평등보호가 선거제도에 적용된 것이다. 다수대표방식의 지역선거에서도 모든 유권자가 같은 수의 표를 가져야 하고, 비례대표방식의 정당투표에서도 같은 수의 표를 가져야 한다.

헌법재판소는 정당추천후보자와 무소속후보자 간에 소형인쇄물의 제작 · 배부의 기회와 방법에서 차별하는 것(예: 憲 1992. 3. 13.-92헌마37등)과 정당추천후보자와 무소속후보자의 기탁금에 차등을 둔 것은 평등선거의 원칙에 위배된다고 판시하였고(예: 憲 1989. 9. 8.-88헌가6), 정당투표가 없이 지역구국회원의원에 대한 투표를 정당에 투표한 것으로 의제하는 비례대표의석배분방식에 대하여도 평등선거의 원칙에 위배된다고 판시했다(예: 憲 2001. 7. 19.-2000헌마91).

[憲 2001.7.19.-2000헌마91] 「헌법 제41조 제1항에서 천명하고 있는 평등선거의 원칙은 평등의 원칙이 선거제도에 적용된 것으로서 투표의 수적인 평등을 의미할 뿐만 아니라 투표의 성과가치의 평등, 즉 1표의 투표가치가 대표자선정이라는 선거의 결과에 대하여 기여한 정도에 있어서도 평등하여야 함을 의미한다(헌재 1995. 12. 27.-95헌마224등, 판례집 7-2, 760, 771). 현행 비례대표의석배분방식에서, 어떤 선거권자의 지역구후보자에 대한 투표는 지역구의원의 선출에 기여함과 아울러 그가 속한 정당의 비례대표의원의 선출에도 기여하는 2중의 가치를 지니게 되는데 반하여, 어떤 선거권자가 무소속 지역구후보자를 지지하여 그에 대하여 투표하는 경우 그 투표는 그 무소속후보자의 선출에만 기여할 뿐 비례대표의원의 선출에는 전혀 기여하지 못하므로 투표가치의 불평등이 발생한다. 이것이 선거권자의 자발적 선택의 결과라면—예컨대 선거권자 중에는 1인 2표제 하에서도 무소속후보자에게만 투표하고 정당투표를 포기할 사람이 있을 것이다—그러한 투표가치의 불평등은 감수되어야 할 것이다. 그러나 자신이 지지하는 정당이 자신의 지역구에 후보자를 추천하지 않아 어쩔 수 없이 무소속후보자에게 투표하는 유권자들로서는 자신의 의사에 반하여 투표가치의 불평등을 강요당하게 된다(이들은 1인 2표제 하에서라면 별도의 정당투표를 통하여 투표가치의 평등을 누릴 수 있게 된다). 이런 점에서 현행 방식은 합리적 이유 없이 정당소속 후보자에게 투표하는 유권자와 무소속후보자에게 투표하는 유권자를 차별하는 것이라 할 것이므로 평등선거의 원칙에 위배

된다.」

(2) 선거구 인구불평등의 문제

(a) 의 의

선거구의 획정(選擧區의 劃定 districting, Wahlkreiseinteilung)은 다수대표의 방식을 취하는 경우에 대표자를 선출하기 위하여 전국을 지역의 단위로 분할하여 선거구를 정하는 것을 말하는데, 여기에는 각 선거구마다 유권자수를 균등하게 배분하는 것도 포함된다(apportionment).

(b) 선거구 획정의 합리적 기준

선거구의 인구에 있어 불평등한 획정은 평등선거의 원칙을 왜곡할 위험이 있다. 유권자의 수를 기준으로 선거구를 획정하는 경우에 1선거구 1인(=소선거구제)의 방식에서는 최대선거구 유권자수가 최소선거구 유권자수의 2배 이상이면 투표가치의 평등에서 평등선거원칙을 위반하는 것이 되어 위헌이다. 따라서 이러한 경우에 인구의 편차는 $1 \leq \frac{\text{최대선거구의 유권자수}}{\text{최소선거구의 유권자수}} < 2$에 해당하여야 한다.

미합중국에서는 1946년에 연방최고법원이 Colegrove v. Green(328 U.S. 549)사건에서 선거구획정은 정치적 문제(political question)이므로 사법적 심사의 대상에서 제외되어야 한다고 판시했다가 1962년에 Baker v. Carr(369 U.S. 186)사건에서 불평등한 인구비례에 따른 선거구 획정은 미합중국연방헌법 제14조 평등조항에 위반된다고 입장을 변경하였으나, 선거구 획정에 관한 구체적인 기준은 제시하지 않았다. 그 후 1964년 Wesberry v. Sanders(376 U.S. 1)사건에서 1인 1표의 원칙에 따라 3:1의 인구편차를 위헌이라고 판시해 사실상의 판단기준을 제시하였다. 일본국에서는 최고재판소가 1976년의 판결에서 선거구획정과 의원정수배분에서 선거인의 투표가치의 불평등이 합리성을 인정할 수 없는 정도에 달할 때에는 헌법위반이라고 판단할 수밖에 없다고 판시하였다(1974년 4월 14일 대법정, 민집 30권 3호, 223면). 1994년에 제정된 「중의원선거구획정심의회설치법」에서는 소선거구의 획정에 있어서 「각 선거구의 인구의 균형을 도모하고, 각 선거구의 인구 중 그 최다의 것을 최소의 것으로 나누어 얻은 수가 2 이상이 되지 않도록 하는 것을 기본으로 하고, 행정구획·지세·교통 등의 사정을 종합적으로 고려하여 합리적으로 행하여야 한다」고 엄격하게 규정하고 있다. 독일의 연방선거법은 평균선거구를 기준으로 인구편차가 상하 33.33% 이내이어야 한다고 규정하고 있다. 1963년 연방헌법재판소는 연방의회선거법상의 상하 33.33%의 편차를 넘을 경우에 위헌이라는 입장을 밝혔다(BVerfGE 16, 130). 1996년에 개정된 연방선거법은 「한 선거구의 인구수는 선거구의 평균인구수로부터 상하 각 100분의 15를 초과하는 편차를 보여서는 아니 되며, 편차가 100분의 25를 초과하면, 새로운 선거구 획정이 이루어져야 한다」고 규정하여 선거구 간의 편차를 더욱 좁혀 보다 엄격한 기준을 정하고 있다.

선거구의 획정에는 제도의 취지를 실현하는 데서 요구되는 일정한 한계가 있다. 선거구는 무엇보다 인구를 우선적인 기준으로 하여 정한다. 엄격히 말하면, 이 인구는 유권자를 의미한다. 그 다음에는 지리적인 특성, 행정구역, 지역의 특성, 정치 · 경제 등 제반 사정 등이 고려될 수 있다. 헌법재판소도 선거구의 획정에서 국회가 가지는 입법형성의 자유를 인정하되, 이에는 한계가 있음을 명확히 하고 있다.

> [憲 2001.10.25.-2000헌마92등] 「헌법은 제41조 제3항에서 "국회의원의 선거구와 비례대표제 기타 선거에 관한 사항은 법률로 정한다"고 규정하여 선거제도와 선거구의 획정에 관한 구체적 결정을 국회의 재량에 맡기고 있다. 따라서 국회는 투표가치 평등의 원칙을 고려한 선거구 간의 인구의 균형뿐만 아니라, 우리나라의 행정구역, 지세, 교통사정, 생활권 내지 역사적 전통적 일체감 등 여러 가지 정책적 · 기술적 요소를 고려하여 선거구를 획정함에 있어서 폭넓은 입법형성의 자유를 가진다고 할 것이다.……그러나 선거구획정에 관하여 국회의 광범한 재량이 인정된다고 하여도 선거구획정이 헌법적 통제로부터 자유로울 수는 없으므로, 그 재량에는 평등선거의 실현이라는 헌법적 요청에 의하여 다음과 같은 일정한 한계가 있을 수밖에 없다. 첫째로, 선거구획정에 있어서 인구비례원칙에 의한 투표가치의 평등은 헌법적 요청으로서 다른 요소에 비하여 기본적이고 일차적인 기준이기 때문에, 합리적 이유 없이 투표가치의 평등을 침해하는 선거구획정은 자의적인 것으로서 헌법에 위반된다고 하지 아니할 수 없는 것이므로, 이러한 점에서 선거구획정에 관한 국회의 재량에는 스스로 그 한계가 있다고 할 것이다.……둘째로, 특정 지역의 선거인들이 자의적인 선거구획정으로 인하여 정치과정에 참여할 기회를 잃게 되었거나, 그들이 지지하는 후보가 당선될 가능성을 의도적으로 박탈당하고 있음이 입증되어 특정 지역의 선거인들에 대하여 차별하고자 하는 국가권력의 의도와 그 집단에 대한 실질적인 차별효과가 명백히 드러난 경우, 즉 게리맨더링에 해당하는 경우에는, 그 선거구획정은 입법재량의 한계를 벗어난 것으로서 헌법에 위반된다고 할 것이다(憲 1998. 11. 26-96헌마54; 1998. 11. 26-96헌마74등).」

헌법재판소는 1995년 결정에서 국회의원선거구 획정에 있어서 인구편차가 4 : 1 이상일 경우 위헌이라고 하는 입장을 보이다가(예: 憲 1995. 12. 27.-95헌마224), 그 후 2001년의 결정에서 그 기준을 3 : 1로 보다 엄격하게 보았다(예: 憲 2001. 10. 25.-2000헌마92). 그러나 이러한 결정은 타당하지 않다. 2014년 결정에서는 종전에 제시됐던 국회의원의 지역대표성이나 도농 간의 인구격차, 불균형한 개발 등은 더 이상 인구편차 상하 33 1/3%, 인구비례 2 : 1의 기준을 넘어 인구편차를 완화할 수 있는 사유가 되지 않는다고 판단하였다(憲 2014. 10. 30.-2012헌마192등).

헌법재판소가 선거구의 인구불평등이 평등선거원칙에 위반되는가를 판단하는 경우에는 최대선거구의 유권자수가 최소선거구의 유권자수의 2배 이상인가의 여부만 따져 2배 이상인 경우에 위헌으로 선고하면 된다. 평균선거구를 기준으로 상하편차가 33.33…%

미만인가를 따질 필요가 없다. 상하편차는 선거구 간의 균일한 정도를 말하므로 상하편차가 33.33…% 미만이라도 그 편차가 적으면 적을수록 투표가치가 균일하게 근접하므로 선거구 획정에서는 가능한 한 편차를 최소가 되도록 줄이는 것이 바람직하다.

또한 선거구를 특정 개인이나 정파에 유리하게 조작하여 정하는 것(Gerrymandering)도 헌법에 위반된다고 판시하였다(예: 憲 1995. 12. 27.-95헌마224등). 타당한 판단이다.

[憲 1995.12.27.-95헌마224등] 「선거구의 획정은 사회적 · 지리적 · 역사적 · 경제적 · 행정적 연관성 및 생활권 등을 고려하여 특단의 불가피한 사정이 없는 한 인접지역이 1개의 선거구를 구성하도록 함이 상당하며, 이 또한 선거구획정에 관한 국회의 재량권의 한계라고 할 것이다. 그런데 이 사건 선거구구역표는 위와 같은 원칙을 무시한 채, 특단의 불가피한 사정이 있다고 볼만한 사유를 찾아볼 수 없는데도, 충북 옥천군을 사이에 두고 접경지역 없이 완전히 분리되어 있는 충북 보은군과 영동군을 "충북 보은군 영동군선거구"라는 1개의 선거구로 획정하였는바, 이는 재량의 범위를 일탈한 자의적인 선거구획정이라고 하지 아니할 수 없고(1995. 6. 30. 현재의 인구수를 보아도 보은군은 49,077명, 영동군은 63,623명, 옥천군은 64,958명으로서 이를 모두 합쳐도 177,658명이고, 이는 위에서 본 인구편차의 허용 한계내에 있을 뿐만 아니라 같은 충청북도 내의 "제천시 단양군 선거구"의 인구수 190,660명에도 못 미친다) 이로써 충북 보은군에 거주하는 청구인 이○○의 정당한 선거권을 침해하였다고 할 것이다.」

한편 헌법재판소는 시 · 도의회의원선거구 획정에 있어서는 4 : 1의 인구편차를 기준으로 하여 위헌여부를 판단하기도 하고(예: 憲 2007. 3. 29.-2005헌마985등), 각 선거구의 의원 1인당 인구수 대비 당해 군의회의원 1인당 평균인구수 상하 60%의 인구편차를 허용한계로 삼기도 하였는데(예: 憲 2009. 3. 26.-2006헌마240), 그 후에 이를 변경하여 자치구 · 시 · 군의원 선거구 획정과 관련하여 헌법이 허용하는 인구편차의 기준을 인구편차 상하 50%(인구비례 3 : 1)로 변경하였다(憲 2018.6.28.-2014헌마166; 2019.2.28.-2018헌마415등).

[憲 2018.6.28.-2014헌마166] 「1) 선거구 획정에 있어서 인구비례의 원칙에 의한 투표가치의 평등은 헌법적 요청으로서 다른 요소에 비하여 기본적이고 일차적인 기준이므로, 입법자로서는 인구편차의 허용한계를 최대한 엄격하게 설정함으로써 투표가치의 평등을 관철하기 위한 최대한의 노력을 기울여야 한다(헌재 2009. 3. 26. 2006헌마14; 헌재 2014. 10. 30. 2012헌마192등 참조). 그런데 위 2006헌마14 결정에서 인구편차의 허용기준으로 삼은 인구편차 상하 60%의 기준을 적용하게 되면 1인의 투표가치가 다른 1인의 투표가치에 비하여 네 배의 가치를 가지는 경우도 발생하게 되어 투표가치의 불평등이 지나치다. 위 기준을 채택한 지 9년이 지났고, 이 사건 결정에서 제시하는 기준은 2022년에 실시되는 자치구 · 시 · 군의원선거에 적용될 선거구구역표의 개정지침이 될 것이다. 나아가 자치구 · 시 · 군의원 선거는 중선거구제로서 선거구 간 인구편차의 조정이 상대적으로 용이한 점 등을 고려하면, 현시점에서 인구편차의 허용한계를 보다 엄격하게 설정할 필요가 있다. 따라서 현시점에

서 선택 가능한 방안으로 인구편차 상하 $33\frac{1}{3}$%(인구비례 2 : 1)를 기준으로 하는 방안 또는 인구편차 상하 50%(인구비례 3 : 1)를 기준으로 하는 방안이 고려될 수 있다. 2) 자치구 · 시 · 군의원은 지방 주민 전체의 대표이기는 하나, 지방자치단체의 구역에 관한 사무, 주민의 복지증진에 관한 사무, 지역개발과 주민의 생활환경시설의 설치 · 관리에 관한 사무 등 주로 지역적 사안을 다루는 지방의회의 특성상 지역대표성도 겸하고 있다(헌법 제117조 제1항, 지방자치법 제9조 제2항 참조). 뿐만 아니라 우리나라는 급격한 산업화 · 도시화의 과정에서 인구의 도시집중으로 인하여 도시와 농어촌 간의 인구격차가 크고 각 분야에 있어서의 개발불균형이 현저하다는 특수한 사정이 존재한다. 따라서 자치구 · 시 · 군의원 선거구 획정에 있어서는 행정구역 내지 지역대표성 등 2차적 요소도 인구비례의 원칙에 못지않게 함께 고려해야 할 필요성이 크다(헌재 2009. 3. 26. 2006헌마14 참조). 위 두 가지 기준 중 인구편차 상하 $33\frac{1}{3}$%의 기준이 선거권 평등의 이상에 보다 접근하는 안이지만, 위 기준을 적용할 경우 자치구 · 시 · 군의원의 지역대표성과 도시와 농어촌 간의 인구격차를 비롯한 각 분야에 있어서의 지역 간 불균형 등 2차적 요소를 충분히 고려하기 어렵다. 반면 인구편차 상하 50%를 기준으로 하는 방안은 최대선거구와 최소선거구의 투표가치의 비율이 1차적 고려사항인 인구비례를 기준으로 볼 때의 등가의 한계인 2 : 1의 비율에 그 50%를 가산한 3 : 1 미만이 되어야 한다는 것으로서, 인구편차 상하 $33\frac{1}{3}$%를 기준으로 하는 방안보다 2차적 요소를 폭넓게 고려할 수 있다(헌재 2007. 3. 29. 2005헌마985등 참조). 또한 인구편차의 허용기준을 엄격히 하면 기존에 존재하던 선거구를 분할하거나 다른 선거구와 통합하거나 자치구 · 시 · 군의원의 의원정수를 증가시키는 등의 방법으로 자치구 · 시 · 군의원 선거구를 조정하여야 한다. 이를 위해서는 선거구의 조정이 여러 분야에 미치게 될 영향에 대하여 면밀히 검토한 후 부정적인 영향에 대한 대책을 마련하고, 어떠한 조정안을 선택할 것인지에 관하여 사회적 합의를 형성할 필요가 있으므로, 인구편차 상하 60%의 기준에서 곧바로 인구편차 상하 $33\frac{1}{3}$%의 기준을 채택하는 경우 예기치 않은 어려움에 봉착할 가능성이 큰 점도 고려되어야 한다. 3)그렇다면 현재의 시점에서 자치구 · 시 · 군의원 선거구 획정과 관련하여 헌법이 허용하는 인구편차의 기준을 인구편차 상하 50%(인구비례 3 : 1)로 변경하는 것이 타당하다.」

(c) 선거구 획정의 절차와 방법

선거구의 인구편차는 이해관계가 있는 자가 조정하게 되면 공정성을 확보하기 어렵다. 따라서 각국은 공정한 선거구획정을 위한 별도의 기구를 설치하여 선거구 확정을 하도록 정하고 있다. 우리나라도 공직선거법에서 선거구의 획정과 선거구획정위원회에 관하여 정하고 있다. 국회는 국회의원의 선거에서 지역구를 선거일 전 1년까지 확정하여야 한다. 그렇게 하기 위해서는 지역구를 공정하게 획정하는 일을 하여야 한다. 공직선거법은 차기 국회의원선거의 선거일 전 18개월부터 해당 국회의원선거에 적용되는 국회의원지역구의 명칭과 그 구역이 확정되어 효력을 발생하는 날까지 국회의원선거구획정위원회를 설치 · 운영하도록 하고, 이 국회의원선거구획정위원회는 중앙선거관리위원회에 두고, 직무에 관하여 독립의 지위를 보장하고 하고 있다. 이 선거구획정위원회는 중앙선거관리위원회위원장이 위촉하는 9명의 위원으로 구성하고, 위원장은 위원 중에서 호선하는데, 이 9명은 중앙선거관리위원회에서 정하는 것이 아니라 국회의 소관 상임위원회 또는 선거구획정에 관한 사항을 심사하는 특별위원회에서 중앙선거관리위원회위원장이 지명하는 1명과 학계, 법조계, 언론계, 시민단체, 정당 등으로부터 추천받은 사람 중 8명을 의결로 선정하여 중앙선거관리위원회위원장에게 통보하면 이에 따라 위촉한다. 국회의원이나 정당의 당원은 이 선거구획정위원회의 위원이 될 수 없다(공선법 §24①-⑦).

선거구의 공정한 획정을 위하여 국회의원선거구획정위원회와 자치구 · 시 · 군의원선거구획정위원회를 설치하도록 하고 있다(동법 §24 및 §24의3). 국회의원선거구획정위원회는 공직선거법 제25조 제1항에 규정된 기준에 따라 작성되고 재적위원 3분의 2 이상의 찬성으로 의결한 선거구획정안과 그 이유 및 그 밖에 필요한 사항을 기재한 보고서를 임기만료에 따른 국회의원선거의 선거일 전 13개월까지 국회의장에게 제출하여야 한다(동법 §24⑪). 자치구 · 시 · 군의원선거구획정위원회는 공직선거법 제26조 제2항에 규정된 기준에 따라 선거구획정안을 마련하고, 그 이유나 그 밖의 필요한 사항을 기재한 보고서를 첨부하여 임기만료에 따른 자치구 · 시 · 군의원선거의 선거일 전 6개월까지 시 · 도지사에게 제출하여야 한다(동법 §24의3⑤).

국회의원선거의 경우 선거구획정안이 국회의장에게 제출되면, 국회의장은 선거구획정안을 위원회에 회부하여야 하며, 선거구획정안을 회부받은 위원회는 이를 지체 없이 심사하여 국회의원지역구의 명칭과 그 구역에 관한 규정을 개정하는 법률안(=선거구법률안)을 제안하여야 한다. 이 경우 위원회는 국회의원선거구획정위원회가 제출한 선거구획정안을 그대로 반영하되, 선거구획정안이 제25조 제1항의 기준에 명백하게 위반된다고 판단하는 경우에는 그 이유를 붙여 재적위원 3분의 2 이상의 찬성으로 국회의원선거구획정위원회에 선거구획정안을 다시 제출하여 줄 것을 한 차례만 요구할 수 있다. 이러한 재제출의 요구가 있는 경우에는 국회의원선거구획정위원회는 그 요구를 받은 날부터 10일 이내에 새로이 선거구획정안을 마련하여 국회의장에게 제출하여야 한다. 이 선거구법률안 중 국회의원지역구의 명칭과 그 구역에 한해서는 법제사법위원회의 체계와 자구에 대한 심사 대상에서 제외된다. 국회의장은 선거구법률안 또는 선거구법률안이 포함된 법률안이 제안된 후 처음 개의하는 본회의에 이를 부의하여야 한다. 이 경우 본회의는 「국회법」 제95조 제1항 및 제96조에도 불구하고 선거구법률안 또는 선거구법률안이 포함된 법률안을 수정 없이 바로 표결하여야 한다(동법 §24의2).

과거에 비하여 국회의원선거구획정위원회의 기능이 정치적으로 왜곡되지 못하게 중앙선거관리위원회에 설치하도록 하고, 획정안에 대하여 국회에서 사후에 수정할 수 없도록 하고 있는 점은 개선된 부분이다. 그러나 선거구획정은 국회의원에게 다음 선거구의 변동이 따라오기 때문에 이해관계가 첨예하여 제대로 이루어지지 않는다. 각 정당이 먼저 선거구획정에 대하여 협상을 하여 정하거나, 국회 위원회에서 선거구획정위원을 선정하는 과정에서 자기 당에게 유리한 결정을 할 사람들을 추천받는 작업을 하고 그렇게 선정된 위원도 해당 정당의 의견을 대변하는 역할을 하기 때문에 선거구획정이 공정하게 이루어지기 어렵다. 특히 이미 정치적으로 특정 성향을 보이고 있는 언론계나 시민단체, 정당으로부터 추천을 받는 것은 정치적 중립성을 확보하기 어렵다. 현재의 제도가 선거구획정위원회를 중앙선거관리위원회에 두는 것으로 외형상으로는 정치적 중립을 보이는 것 같아도 위원의 추천과 선정과정에 정치적으로 영향을 미칠 수 있는 길을 열어 놓은 약점이 있다. 선거구획정위원회는 중앙선거관리위원회가 정치적으로 중립적인 전문가로 구성하도록 하고, 위원 위촉의 과정을 객관적이고 투명하게 하는 것이 필요하다. 선거구의 획정은 수학자, 법률가, 행정분야 전문가들이 하는 것으로 족하다. 이렇게 하더라도 정치권에서는 중앙선거관리위원회를 구성할 때부터 자기 사람을 배치하여 위원의 위촉에 영향을 미치려고 할 것이기 때문에 이를 차단하는 제도를 마련하여야 한다. 선거와 관련하여 정치적으로 영향을 미치려고 하는 모든 행위에 대해서는 형사적으로 처벌하는 규정을 두어 제도의 실효성을 보장하는 것이 필요하다. 지방선거의 경우에도 같은 법리를 적용하여 선거구획정위원회를 구성하면 된다.

국회의원지역선거구는 시·도의 관할구역 안에서 인구·행정구역·지리적 여건·교통·생활문화권 등을 고려하여 이를 획정하되, 하나의 자치구·시·군의 일부를 분할하여 다른 국회의원지역구에 속하게 하지 못하게 하고 있다. 다만, 인구범위(인구비례 2:1의 범위)에 미달하는 자치구·시·군으로서 인접한 하나 이상의 자치구·시·군의 관할구역 전부를 합하는 방법으로는 그 인구범위를 충족하는 하나의 국회의원지역구를 구성할 수 없는 경우에는 그 인접한 자치구·시·군의 일부를 분할하여 구성할 수 있다(동법 §25①ii).

Ⅲ. 직접선거의 원칙

직접선거(直接選擧 Unmittelbarkeit der Wahl)는 간접선거에 대응하는 원칙으로, 선거인이 대표자를 직접 선출하여야 한다는 원칙을 말한다. 선거인단을 먼저 선출하고 그 선거인단이 대표자를 선출하는 경우는 간접선거에 해당한다. 국민주권원리상 국민의 대표자의 권한에 민주적 정당성을 부여하는 방법은 오직 직접 부여하는 것만 허용되므로 간접선거는 국민주권원리에 어긋난다. 헌법재판소는 지역선거구에서 얻은 득표율로 비례대표의석을 할당하는 것은 평등선거원칙과 직접선거원칙에 위반되는 것이라고 판시하였다(예: 憲 2001. 7. 19.-2000헌마91 등).

[憲 2001.7.19.-2000헌마91등] 「직접선거의 원칙은 선거결과가 선거권자의 투표에 의하여 직접 결정될 것을 요구하는 원칙이다. 국회의원선거와 관련하여 보면, 국회의원의 선출이나 정당의 의석획득이 중간선거인이나 정당 등에 의하여 이루어지지 않고 선거권자의 의사에 따라 직접 이루어져야 함을 의미한다. 역사적으로 직접선거의 원칙은 중간선거인의 부정을 의미하였고, 다수대표제하에서는 이러한 의미만으로도 충분하다고 할 수 있다. 그러나 비례대표제하에서 선거결과의 결정에는 정당의 의석배분이 필수적인 요소를 이룬다. 그러므로 비례대표제를 채택하는 한 직접선거의 원칙은 의원의 선출뿐만 아니라 정당의 비례적인 의석확보도 선거권자의 투표에 의하여 직접 결정될 것을 요구하는 것이다.」

직접선거원칙은 비례대표방식의 명부방식(名簿方式)과도 관련이 있다. 비례대표방식이 직접선거원칙에 위배되지 않기 위해서는 가변명부방식이나 개방명부방식을 선택하는 것이 바람직하다. 헌법재판소는 고정명부방식은 그 자체가 직접선거원칙에 반하는 것은 아니라고 판시했으나(예: 憲 2001. 7. 19.-2000헌마91), 정당의 이름을 내걸고 실제로는 정당의 지도부가 명부를 결정하는 고정명부방식은 직접선거원칙을 침해할 소지가 없지 않다. 비례대표방식의 민주성을 높이는 방법으로는 선거인이 명부의 순서와 내용을 결정할 수 있는 가변명부방식이나 개방명부방식이 보다 합당하다.

[憲 2001.7.19.-2000헌마91등] 「비례대표 후보자를 유권자들이 직접 선택할 수 있는 이른바 자유명부식이나 가변명부식과 달리 고정명부식에서는 후보자와 그 순위가 전적으로 정당에 의하여 결정되므로 직접선거의 원칙에 위반되는 것이 아닌지가 문제될 수 있다. 그러나 비례대표후보자명단과 그 순위, 의석배분방식은 선거시에 이미 확정되어 있고, 투표 후 후보자명부의 순위를 변경하는 것과 같은 사후개입은 허용되지 않는다. 그러므로 비록 후보자 각자에 대한 것은 아니지만 선거권자가 종국적인 결정권을 가지고 있으며, 선거결과가 선거행위로 표출된 선거권자의 의사표시에만 달려 있다고 할 수 있다. 따라서 고정명부식을 채택한 것 자체가 직접선거원칙에 위반된다고는 할 수 없다.」

Ⅳ. 비밀선거의 원칙

비밀선거(秘密選擧 Geheimheit der Wahl)는 공개선거에 대응하는 원칙으로 대의제도를 정상적으로 작동시키기 위한 것이므로 선거인의 투표내용을 어느 누구에게도 공개되어서는 안 된다는 원칙을 말한다. 무기명투표와 선거내용에 관한 진술거부권 및 비공개 등이 그 내용이다. 이는 선거의 공정함(예: 매표, 선거간섭 등의 방지)과 선거권 행사의 비밀을 보장하기 위한 것이다.

[憲 2020.5.27.-2017헌마867] 「비밀선거란 선거인의 의사결정이 타인에게 알려지지 않도록 하는 선거를 말한다. 비밀선거를 보장하는 이유는 투표내용의 비밀을 보장함으로

써 선거권의 행사로 인하여 선거인이 불이익을 입는 것을 방지하기 위해서이다. 비밀선거는 유권자의 정치적 의사결정을 국가의 강제와 사회의 압력으로부터 보호하기 위한 필수적이고도 효과적인 수단이며, 자유선거 원칙을 실질적으로 보장하기 위한 전제조건이다.」

선거권은 선거제도에 수반되는 권리이므로 선거제도의 기능을 왜곡하면서까지 개인의 권리를 보장하는 것은 아니다. 따라서 선거권행사의 비밀을 포기하겠다고 하면서 투표내용을 공개하는 행위는 허용되지 않는다. 이런 점에서 비밀선거원칙을 개인의 선거권의 보장이라는 관점으로만 이해해서는 안 되는 점이 있다(예: 투표지의 자진 공개 금지).

공직선거법은 투표의 비밀은 보장되어야 한다는 것을 명시하여 비밀선거원칙을 명문화하고 있다(동법 §167①). 선거인은 자신이 기표한 투표지를 공개할 수 없으며, 공개된 투표지는 무효로 한다(동조 ③). 선거인은 투표한 후보자의 성명이나 정당명을 누구에게도 또한 어떠한 경우에도 진술할 의무가 없으며, 누구든지 선거일의 투표마감시각까지 이를 질문하거나 그 진술을 요구할 수 없다(동조 ②). 투표의 비밀을 침해한 경우는 형사범죄로 처벌하여 비밀선거를 보장하고 있다. 즉 공직선거법이 정하고 있는 투표의 비밀을 침해하거나 선거일의 투표마감시각 종료 이전에 선거인에 대하여 그 투표하고자 하는 정당이나 후보자 또는 투표한 정당이나 후보자의 표시를 요구한 자와 투표결과를 예상하기 위하여 투표소로부터 50미터 이내에서 질문하거나 투표마감시각 전에 그 경위와 결과를 공표한 자는 3년 이하의 징역 또는 600만 원 이하의 벌금에 처한다(동법 §241①).

《출구조사》

출구조사는 투표절차가 모두 끝난 후에 공표되는 것이어서 투표의 공정성과 평온성을 침해하지 않고 투표자가 스스로 투표 내용을 밝히는 것이므로 비밀선거의 원칙에 반하지 아니한다. 공직선거법도 텔레비전방송국·라디오방송국·「신문 등의 진흥에 관한 법률」이 정하는 일간신문사가 선거의 결과를 예상하기 위하여 선거일에 투표소로부터 50미터 밖에서 투표의 비밀이 침해되지 않는 방법으로 투표내용을 질문하는 것을 허용하고 이 경우에 투표마감시각까지 그 경위와 결과를 공표할 수 없도록 하고 있다(동법 §167 ② 단서). 출구조사는 정확한 조사가 아니고 예측하는 것에 불과하며, 투표마감시각 이전에 이러한 조사내용을 공표하는 것은 투표의 내용과 선거의 과정을 왜곡할 위험성이 크기 때문에 허용되지 않는다.

헌법재판소는, 공직선거법이 시각 또는 신체 장애로 인하여 자신이 기표를 할 수 없는 장애인의 경우에 투표보조인을 두게 하고, 투표보조인이 가족이 아닌 경우에는 2인의 투표보조인을 동반하여 기표소에 들어가도록 한 것이 투표의 결과가 공개되는 것을 방지할 수 없다고 한 주장에 대하여 이는 비밀선거원칙의 불가피한 예외에 해당하고 과잉금지원칙에 위반되지 않아 합헌이라고 판시하였다(예: 憲 2020.5.27.-2017헌마867).

V. 자유선거의 원칙

자유선거(自由選擧 Freiheit der Wahl)는 강제선거에 대응하는 원칙으로 투표에 있어 선거권자의 의사형성의 자유와 이를 실현할 자유가 선거과정에서 존중되어야 한다는 것을 뜻한다. 헌법이 자유선거의 원칙을 명시적으로 정하고 있지는 않으나, 선거권의 자유는 기본권보장의 법리상 당연한 내용이므로 자유선거원칙도 이에서 도출되는 선거원칙이라고 할 수 있다. 헌법재판소도 현행 헌법의 해석상 자유선거원칙이 인정된다고 판시하였다(예: 憲 1994. 7. 29.-93헌가4등; 1995. 4. 20.-92헌바29; 1999. 9. 16.-99헌바5).

> [憲 1994.7.29.-93헌가4등] 「자유선거의 원칙은 비록 우리 헌법에 명시되지는 않았지만 민주국가의 선거제도에 내재하는 법원리인 것으로서 국민주권의 원리, 의회민주주의의 원리 및 참정권에 관한 규정에서 그 근거를 찾을 수 있다. 이러한 자유선거의 원칙은 선거의 전 과정에 요구되는 선거권자의 의사형성의 자유와 의사실현의 자유를 말하고, 구체적으로는 투표의 자유, 입후보의 자유, 나아가 선거운동의 자유를 뜻한다.」

자유선거의 원칙은 강제선거를 부정하는 선거행위에 관한 것이므로 선거운동의 자유를 보장하는 것은 아니다. 헌법재판소의 판례 가운데는 자유선거의 원칙에서 선거운동의 자유를 도출한 것이 있다(예: 憲 1994. 7. 29.-93헌가4등; 1995. 4. 20.-92헌바29; 1999. 6. 24.-98헌마153; 2001. 8. 30.-99헌바92등)([554] I (2)).

[375] 제3 선거제도의 구조

I. 투 표 제

투표제는 선거 과정에서 선거인이 투표하는 방식을 의미한다. 후보자를 뽑는 수와 그에 대응한 투표권의 수를 기준으로 단기투표의 방식와 연기투표의 방식으로 구분된다.

(1) 단기투표

단기투표(單記投票)란 후보자 1명에게 투표를 하는 것이다. 단기투표는 소선거구제와 관련이 있고, 연기투표는 중·대선거구제와 연관이 있다.

(2) 연기투표

연기투표(連記投票)는 후보자의 수와 투표권의 수의 상관관계를 기준으로 완전연기투표(完全連記投票)의 방식과 제한연기투표(制限連記投票)의 방식이 있다. 완전연기투표의 방식은 선출하고자 하는 의원 수만큼 투표권을 행사하는 방식이고 제한연기투표의 방식은 후보자 1명 이상을 투표하기는 하지만 의원정수보다는 적은 수를 뽑는 방식이다. 특히 중 · 대선거구의 방식을 채택할 때에 연기투표의 방식은 중요하다. 완전연기투표인지 제한연기투표인지 여부에 따라 선거의 결과가 달라질 수 있기 때문이다. 만약 중 · 대선거구의 방식으로 선거구방식을 변경할 경우 제한연기투표보다는 완전연기투표가 민의를 반영하는 데 보다 적합하다고 본다.

복수의 투표권을 어떻게 행사하느냐에 따라 누적연기투표(累積連記投票)의 방식과 체감연기투표(遞減連記投票)의 방식으로 구분된다. 누적연기투표의 방식은 투표권자가 가진 투표수를 어느 특정 후보자에게 중첩하여 투표할 수 있는 방식이다. 체감연기투표의 방식은 투표자가 연기한 순서에 따라 그 가치를 점점 체감하여 득표수를 계산하는 방식이다. 예를 들어, 투표자 1인당 4표를 행사할 때 1순위는 40%, 2순위는 30%, 3순위는 20%, 4순위는 10%의 순서로 투표가치가 체감되도록 하는 방식이다.

II. 대표제도

선거에 있어 대표제도(Wahlsystem)는 의원정수의 당선 · 확정을 결정하는 방식을 말한다. 이에는 일반적으로 다수대표방식과 비례대표방식이 있다.

(1) 다수대표의 방식

다수대표의 방식(Mehrheitwahlsystem)은 지역을 기준으로 선거구를 획정하여 해당 선거구에서 대표자를 선출하는 방식이다. 다수대표방식은 정치권에서 다수 세력의 형성을 용이하게 하고, 다당제 정당구도보다는 양대(兩大) 정당구도(two-party system)를 창출하는 데 용이한 점이 있다. 그러나 낙선된 후보자에게 던져진 선거인의 표는 국민대표기관의 구성에서 완전히 도외시되기 때문에 소수의 보호라는 민주주의 이념과 상치된다(정종섭b, 27).

이에는 당선자를 결정하는 방법에 따라 상대다수대표의 방식과 절대다수대표의 방식이 있다.

(a) 상대다수대표의 방식

상대다수대표의 방식(plurality system)은 후보자 가운데 득표수에서 1위를 한 자를 당선인으로 결정하는 방식이다. 이런 방식에서는 유효투표의 과반수도 획득하지 못한 자임에도 단지 1위 득표자라는 이유만으로 당선되어 민주주의원리와 합치하지 않는 약점이 있고, 정당의 득표수와 확보한 의석수 사이에 비율상의 부정합현상(不整合現象)이 발생하여 표에서는 승리한 정당이 의석 확보에서는 패배하는 불합리한 결과를 초래할 수 있기 때문에 대의민주주의와는 원리적으로 조화되기 어려운 점이 있다.

(b) 절대다수대표의 방식

절대다수대표의 방식(majority system)은 유효투표의 과반수를 획득한 자를 당선인으로 결정하는 방식이다. 이는 민주주의원리에 부합한다. 이 방식에 의한 1차 투표에서 과반수를 획득한 자가 나오지 않는 경우가 있는데, 이를 해결하는 방법으로는 2차 투표에서 결선투표를 실시하여 당선자를 결정하는 결선투표(決選投票 second ballot, runoff election)의 방식(예: 프랑스의 대통령 선거, 하원의원 선거)과 1차 투표에서 처음부터 후보자의 수와 동일한 수의 투표권을 후보자에 대한 선호의 순에 따라 행사하고 1순위에서 당선자가 나오지 않으면 과반수의 득표자가 결정될 때까지 순차적으로 차 순위로 이양·합산하여 당선자를 결정하는 선호투표(選好投票=代案投票 alternative vote)의 방식(예: 아일랜드의 대통령 선거, 오스트리아의 하원의원 선거)이 있다.

(2) 비례대표제도

(a) 의 의

비례대표의 방식(proportional representation system, Verhältniswahlsystem)은 기본적으로 정당을 매개로 하여 정당이 작성한 후보자의 명부에 대하여 투표를 하는 것을 말한다.

(b) 기 능

비례대표의 방식은 다수대표의 방식에서 발생하는 사표 및 득표율과 정당 의석수의 불일치를 해소하고, 지역선거에 따르는 후보자에 대한 유권자의 특수이익의 지배력을 약화시킬 수 있으며, 지역선거에 따르는 지역구 관리비용을 줄이고, 전문가의 의회 충원을 가능하게 하여 전문가 정치를 할 수 있게 한다.

(c) 종 류

비례대표의 방식에는 명부의 형태에 따라 정당이 당선 순위를 정한 후보자의 명부를 작성·등록하고 투표자는 정당의 명부에 투표하는 고정명부식(固定名簿式=拘束名簿式 closed list), 정당이 후보자의 명부를 작성하되 투표자가 후보자의 순위에 구애받음이 없이 순위를 변경하여 투표하는 가변명부식(可變名簿式=弛緩名簿式 flexible list), 유권자들이 각 정당이 작성한 후보자의 명부에 구애됨이 없이 정당의 경계를 넘어 후보자를 선택하여 결정하는 자유명부식(自由名簿式 free list)이 있다. 자유명부식의 경우에는 정당이 작성한 명부는 후보자에게 정보를 제공하는 참고자료의 역할만 하게 된다.

현행 국회의원선거에서 비례대표국회의원을 선출하는 방식은 고정명부식이다.

(d) 문 제 점

비례대표의 방식에 따르면 다수 정당의 난립과 군소정당의 출현에 따른 정국의 불안이 초래될 가능성이 높고, 의원에 대한 정당의 지배력이 강화되며, 정당규율에 따라 국민대표성이 약화될 우려가 있다. 또 고정명부식의 경우에는 직접선거원칙과 저촉될 위험이 크고, 선거에서 정당 간부의 횡포와 부패가 발생할 가능성이 있다. 특히 비례대표의 방식은 국회에서 다수파의 형성을 어렵게 하고, 여건에 따라 심한 경우에는 각 세력들의 합종과 연횡이 다반사가 되어 다수파가 형성된 경우에도 정국이 잠정적이고 유동적인 상태에 있게 될 가능성이 크다. 이런 상태에서는 국민에 대한 국회의원의 책임을 심하게 약화시키기 때문에 비례대표의 방식은 책임정치의 실현이라는 대의민주주의의 기능과 조화되기 어렵게 된다. 민주주의에서는 사람끼리 직접 만나서 하는 면대면(face-to-face)의 의사소통이 필수적이라는 점과 비례대표의 방식에 대하여 「일반화된 무책임 제도」(regime d'rresponsabilité généralisée)라는 지적이 있음을 고려하면, 지역구 선거제도를 없애고 전면적으로 비례대표제도를 채택하는 것은 민주주의의 요청에서 문제가 많다고 할 것이다.

(e) 대의원리와의 관계

비례대표방식이 정당을 매개로 하는 선거방식이지만, 정당이 작성한 명부에 의하여 당선된 의원은 정당의 대표가 아니라 국민의 대표이다. 따라서 비례대표국회의원에게 정당기속(政黨羈束)을 법적으로 강제할 수 없고, 교차투표(交叉投票)도 인정된다. 비례대표국회의원이 임의로 당적을 변경한 경우에 의원직을 상실하게 할 수 있는가 하는 점에 대해서는 이론상 찬반의 견해가 대립하고 있는데([492]II), 대의원리에 비추어 보면, 비례대표국회의원도 국민대표이므로 비록 정당을 매개로 하여 선출되었다고 하더라도 임의로 정당을 변경할 수 있다고 할 것이다. 국회의원의 정당 변경에 대한 평가는 법적으로 하는 것이 아니라 유권자가 차기 선거에서 정치적으로 하면 족하다고 할 것이다.

헌법재판소는 공직선거법 규정 중 「임기만료일 전 180일 이내에 비례대표국회의원에 궐원이 생긴 때」 부분을 대의민주주의원리에 부합하지 않으나 입법형성권 존중의 차원에서 헌법불합치를 선고하였고(憲 2009. 6. 25. -2008헌마413), 공직선거법 규정 중 「비례대표국회의원 당선인이 제264조(당선인의 선거범죄로 인한 당선무효)의 규정에 의하여 당선이 무효로 된 때」 부분은 헌법에 위반된다고 판시하였다(憲 2009. 10. 29. -2009헌마350). 선거범죄로 인하여 당선이 무효로 된 때를 비례대표지방의회의원의 의석 승계 제한사유로 규정한 공직선거법 규정 중 「비례대표지방의회의원 당선인이 제264조(당선인의 선거범죄로 인한 당선무효)의 규정에 의하여 당선이 무효로 된 때」 부분은 대의민주주의원리에 위배되어 위헌이라고 하였다(憲 2009. 6. 25. -2007헌마40).

[憲 2009.6.25.-2007헌마40] 「대의제 민주주의는 헌법의 기본원리에 속하는 것으로서,

대의제 민주주의를 원칙으로 하는 오늘날의 민주정치 아래에서의 선거는 국민의 참여가 필수적이고, 주권자인 국민이 자신의 정치적 의사를 자유로이 결정하고 표명하여 선거에 참여함으로써 민주사회를 구성하고 움직이게 하는 것이다(憲 1994. 7. 29.-93헌가4 등, 판례집 6-2, 15, 28). 공직선거법은 비례대표지방의회의원선거에 있어 앞에서 본 바와 같이 정당의 비례대표지방의회의원 후보자명부상의 순위가 처음부터 정당에 의하여 고정적으로 결정되는 이른바 고정명부식 비례대표제를 택하고 있고, 투표의 방식에 관해서도 시·도의원선거 및 자치구·시·군의원선거에 있어서 지역구의원선거 및 비례대표의원선거마다 1인 1표를 행사하도록 하고 있으며, 비례대표지방의회의원의석의 할당은 원칙적으로 당해 선거에서 얻은 정당의 득표비율에 따라 이루어지도록 되어 규정하고 있으므로, 결국 선거에 참여한 선거권자들의 정치적 의사표명에 의하여 직접 결정되는 것은, 어떠한 비례대표지방의회의원후보자가 비례대표지방의회의원으로 선출되느냐의 문제라기보다는 비례대표지방의회의원의석을 할당받을 정당에 배분되는 비례대표지방의회의원의 의석수라고 할 수 있다. 그런데 심판대상조항은 선거범죄를 범한 비례대표지방의회의원 당선인 본인의 의원직 박탈로 그치지 아니하고 그로 인하여 궐원된 비례대표지방의회의원의석에 대하여 소속 정당의 비례대표지방의회의원 후보자명부에 의한 의석 승계를 인정하지 아니함으로써 결과적으로 그 정당에 비례대표지방의회의원의석을 할당받도록 한 선거권자들의 정치적 의사표명을 무시하고 왜곡하는 결과가 된다. 이는 국민주권의 원리 내지 대의제 민주주의를 근간으로 하는 우리 법체계하에서는 원칙적으로 용인되기 어려운 것이다. 더욱이 2006.5.31. 실시된 제4회 전국동시지방선거에서의 자치구·시·군의회의원선거구 및 의원정수 현황을 보면, 230개 자치구·시·군의회 중 절반 이상인 117개 자치구·시·군의회의 비례대표지방의회의원 정수가 1인에 불과하여, 그 의석승계를 인정하지 않는다면 극단적으로는 상당수의 자치구·시·군의회에서 비례대표지방의회의원이 없게 될 수도 있으므로, 비례대표선거제를 둔 취지가 퇴색될 수도 있다고 할 것이다. 또한, 심판대상조항이 정한 예외사유, 즉 당선인이 당해 선거에 있어 공직선거법에 규정된 죄와 「정치자금법」 제49조(선거비용관련 위반 행위에 관한 벌칙)의 죄를 범함으로 인하여 징역 또는 100만 원 이상의 벌금형의 선고를 받아 당선이 무효로 된 경우를, 정당의 비례대표지방의회의원 후보자명부에 의한 승계가 허용되는 공직선거법 제194조 제3항에서 정한 당선 무효의 경우 및 일반적 궐원 사유인 당선인의 사직 또는 퇴직 등의 경우와 달리 취급하여 그로 인하여 궐원된 비례대표지방의회의원 의석의 승계까지 허용하지 않아야 될 합리적인 이유가 있는 것으로 보기도 어렵다. 독일의 연방선거법에서 궐원된 비례대표의원의 의석 승계에 있어 당선인의 선거범죄로 인한 궐원의 경우를 주명부에 의한 승계원칙의 예외로 규정하고 있지 아니하고(독일연방선거법 제46조 제4항, 제48조 제1항 참조), 일본의 공직선거법에서 중의원비례대표선출의원 또는 참의원비례대표선출의원이 선거범죄로 인하여 당선이 무효가 된 경우에도 명부에 의한 등재순위에 따라 승계결정을 하도록 규정하고 있는 것(일본공직선거법 제97조의2 제1항, 제3항 참조)도 이와 같은 맥락에서 이해할 수 있는 것이다. 특히 비례대표지방의회의원 당선인의 선거범죄로 인한 당선무효의 경우에 그 구체적인 경위나 사정을 따지지 아니한 채 일률적으로 의석승계를 허용하지 아니함으로써 소속 정당이나 그 정당의 비례대표지방의회의원 후보자명부에 기재된 다른 후보자의 불이익으로 돌리는 것은 뒤에서 보는 바와 같이 헌법 원리인 자기책임의 원리에도 반하는 것이라 할 것이다. 따라서 심판대상조항은 선거권자의 의사를 무시하고 왜곡하는 결과를 초래할 수 있다는 점에서 헌법의 기본원리인 대의제 민주주의 원리에 부합되지 않는다고 할 것이다.」 선거의 방식을 취한다고 하여 대의원리가 적용된다고 할 수 없다. 지방자치에서 의회의 구성이나 자치단체장을 결정하는 것에 선거의 방식을 채택한다고 하여 지방자치에 대의민주주의원리가 적용된다고는 할 수 없다. 지방자치와 대의원리는 별개의 것이다. 따라서 이 결정에서는 이러한 헌법원리상의 문제를 깊이 고려하지 않고 지방의회의 선거에 당연히 대의원리가 적용되는 것이라는 전제하에 논지를 전개한 점이 문제이다.

《혼합식 제도》

의원정수(議員定數)의 일부를 다수대표의 방식으로 선출하고 나머지를 비례대표의 방식으로 확정하는 것을 혼합방식(mixed system)이라고 한다. 독일, 일본국, 뉴질랜드, 이탈리아, 헝가리, 한국 등에서 채택하고 있다. 여기서는 다수대표의 방식과 비례대표의 방식을 단순히 결합하는 방식과 먼저 다수대표의 방식과 비례대표의 방식으로 선거를 하되, 비례대표의 정당득표율에 따라 각 정당에 총의석수를 먼저 배정하고 거기서 지역구 당선자수를 제한 다음에 명부상의 순위에 따라 배정을 하는 방식 등 다양한 형태가 있다.

《저지조항》

비례대표의 방식을 채택하는 경우에 군소의 파편정당이 출현할 수 있다. 적은 수의 의석을 가진 다수의 파편정당들은 국민적 합의를 이루는 데 크게 기여하지도 못하면서 국정운영과 정당정치에 불안정을 초래하기 때문에 일정한 기준 이하의 득표를 한 정당에게는 의석을 배분하지 아니하는 방식을 채택하는 경우가 있는데, 이러한 기준을 정하는 조항을 저지조항(沮止條項=封鎖條項 exclusion clause, legal threshold, Sperrklausel)이라고 한다. 이러한 저지조항은 독일, 스웨덴, 그리스, 이스라엘, 한국 등에서 채택하고 있다. 다만, 과도한 기준을 설정하는 경우에는 신규정당이나 소정당의 국회 진입을 봉쇄하고 득표율과 의석수의 불균형을 초래할 수 있다. 저지조항이 헌법에 합치하는가 하는 문제에서 독일연방헌법재판소는 헌법에 합치한다고 결정하였다(BVerfGE 3, 27; 4, 39; 6, 9). 저지조항을 설정하는 비율을 어느 정도로 할 것인가 하는 것은 기본적으로 입법자의 입법형성의 자유의 영역에 속하지만, 저지조항의 기능을 충분히 할 수 있는 정도를 넘어 과도하게 설정하는 것은 위헌이라고 할 것이다.

Ⅲ. 선거구제

선거구는 대표자를 선출하는 지역적인 단위를 말하고, 선거구제란 지역적인 선거구에서 몇 명의 대표자를 선출할 것인가를 정하는 방식으로 소선거구의 방식, 중선거구의 방식, 대선거구의 방식이 있다.

(1) 소선거구의 방식

소선거구의 방식은 1선거구에서 1인의 대표자를 뽑는 방식이다. 이는 1인만 선출하기 때문에 후보자를 결정하기 수월하다. 그러나 소선거구의 방식은 사표(死票)의 발생을 막을 수 없고, 선거구의 인구를 균등하게 획정하는 것도 어렵다.

공직선거법 제21조 제2항은 「하나의 국회의원지역구선거구에서 선출할 국회의원의 정수는 1인으로 한다」고 규정하여 소선거구의 방식을 채택하고 있다.

(2) 중선거구의 방식

중선거구의 방식은 선거구를 평등원칙에 합치되도록 조정하면서 선거구의 유권자 수에 비례하여 대체로 2인에서 5인을 선출하는 방식을 말한다. 이는 주로 3인 또는 4인을 선출하는 것이 주가 되고, 선거구를 균등하게 획정함에 있어 불가피하게 불균형이 발생하는 경우에 예외적으로 2인 또는 5인을 선출하는 선거구를 두는 방식이다.

공직선거법 제26조 제2항은 "하나의 자치구·시·군의원지역구에서 선출할 지역구 자치구·시·군의원정수는 2인 이상 4인 이하로 하며"라고 규정하여 지역구 자치구·시·군의원선거에서는 중선거구의 방식을 채택하고 있다.

중선거구의 방식은 선거구획정으로 인한 인구불평등의 문제를 수월하게 해결할 수 있고, 새로운 정당의 국회 진입을 수월하게 하며, 현격하게 사표를 줄일 수 있다. 1선거구 1인 선출방식에서 발생할 수 있는 특정 정당의 독식을 방지할 수 있고, 공동체의 이해관계가 이질적이고 갈등지수가 높은 경우에 갈등을 약화시키고, 이해관계를 조정하는데 적합하다. 중선거구의 방식에서 1선거구에서 2인을 선출하는 것이 주가 되는 경우에는 우리가 경험하였듯이 기존 정치권의 패권세력인 거대한 양대 정당이 서로 국회의원 자리를 나누어 가지는 폐단이 발생한다(정종섭b, 54).

(3) 대선거구의 방식

대선거구의 방식은 대체로 1선거구에서 6인 이상의 당선자를 선출하는 방식을 말한다. 대선거구의 방식은 상당히 많은 후보자가 생겨나게 되어 유권자가 후보자를 충분히 알기 어려운 상황이 초래될 수 있어 국민의 투표권 행사를 실질적으로 왜곡시킬 우려가 있다. 대선거구의 방식에서는 정당의 복수 공천을 허용할 수밖에 없는데, 이런 경우에는 후보자 간의 싸움이 아니라 동일 선거구에서 정당 간에 의석을 얼마나 많이 확보하느냐 하는 정당 간의 싸움이 되어 지역구 선거의 성질이 변질될 우려가 있다(정종섭b, 57).

[376] 제4 현행법상의 선거제도

Ⅰ. 헌법상의 선거제도

헌법 제1조 제2항은 국민주권원리를 채택하고 그 바탕 위에 제24조와 제25조에서 각각 선거권과 피선거권을 규정하고 있다. 이를 보장하고 구체화하는 선거의 기본원칙에 대하여 제41조 제1항과 제67조 제1항은 보통선거원칙, 평등선거원칙, 직접선거원칙, 비밀선거원칙을 정하고 있다([374]).

II. 선거권과 피선거권

(1) 선 거 권

(a) 적극적 요건

공직선거법은 18세 이상의 국민에게 대통령 및 국회의원의 선거권을 인정하고, 다만, 지역구국회의원의 선거권은 18세 이상의 국민으로서 동법 제37조 제1항에 따른 선거인명부작성기준일 현재 해당 국회의원지역선거구 안에 주민등록이 되어 있거나 주민등록표에 3개월 이상 계속하여 올라 있고 해당 국회의원지역선거구 안에 주민등록이 되어 있는 사람에 대하여 인정한다(동법 §15①). 지방자치단체의 의회의원 및 장의 선거권에 관해서는, 18세 이상으로서 선거인명부작성기준일 현재 해당 지방자치단체의 관할 구역에 주민등록이 되어 있는 사람이거나 주민등록표에 3개월 이상 계속하여 올라 있고 해당 지방자치단체의 관할구역에 주민등록이 되어 있는 사람 혹은 「출입국관리법」 제10조에 따른 영주의 체류자격 취득일 후 3년이 경과한 외국인으로서 같은 법 제34조에 따라 해당 지방자치단체의 외국인등록대장에 올라 있는 사람에 대하여 인정한다(동법 §15②). 선거권자의 연령은 선거일 현재로 산정한다(동법 §17).

(b) 소극적 요건

공직선거법은 선거일 현재 다음 중 하나에 해당하면 선거권을 갖지 못한다고 정하고 있다(동법 §18①). i) 금치산선고를 받은 자, ii) 1년 이상의 징역 또는 금고의 형의 선고를 받고 그 집행이 종료되지 아니하거나 그 집행을 받지 아니하기로 확정되지 아니한 사람. 다만, 그 형의 집행유예를 선고받고 유예기간 중에 있는 사람은 제외(동 조문은 구 공직선거법상의 같은 조문에 대해 헌법재판소가 집행유예자에 대해서는 위헌결정을, 수형자에 대해서는 헌법불합치결정을 내림에 따라 이와 같이 개정된 것임. 憲 2014. 1. 28.-2012헌마409등 참조), iii) 선거범, 정치자금법 제45조(정치자금부정수수죄) 및 제49조(선거비용관련 위반행위에 관한 벌칙)에 규정된 죄를 범한 자 또는 대통령 · 국회의원 · 지방의회의원 · 지방자치단체의 장으로서 그 재임 중의 직무와 관련하여 형법(「특정범죄 가중처벌 등에 관한 법률」 제2조에 의하여 가중처벌되는 경우를 포함) 제129조(수뢰, 사전수뢰) 내지 제132조(알선수뢰) · 「특정범죄 가중처벌 등에 관한 법률」 제3조(알선수재)에 규정된 죄를 범한 자로서, 100만 원 이상의 벌금형의 선고를 받고 그 형이 확정된 후 5년 또는 형의 집행유예의 선고를 받고 그 형이 확정된 후 10년을 경과하지 아니하거나 징역형의 선고를 받고 그 집행을 받지 아니하기로 확정된 후 또는 그 형의 집행이 종료되거나 면제된 후 10년을 경과하지 아니한 자(형이 실효된 자도 포함), iv) 법원의 판결 또는 다른 법률에 의하여 선거권이 정지 또는 상실된 자. 여기서 「선거범」이라 함은 공직선거법상 벌칙에 규정된 죄와 국민투표법 위반의 죄를 범한 자를 말한다(동법 §18②).

(2) 피선거권

(a) 적극적 요건

선거일 현재 5년 이상 국내에 거주하고 있는 40세 이상의 국민은 대통령의 피선거권이 있다(동법 §16①). 18세 이상의 국민은 국회의원의 피선거권이 있다(동조 ②). 선거일 현재 계속하여 60일 이상 당해 지방자치단체의 관할구역 안에 주민등록이 되어 있는 주민으로서 18세 이상의 국민은 그 지방의회의원 및 지방자치단체의 장의 피선거권이 있다(동조 ③). 선거권자와 피선거권자의 연령은 선거일 현재로 산정한다(§ 17).

(b) 소극적 요건

공직선거법에 의하면, 선거일 현재 i) 제18조(선거권이 없는 자) 제1항 제1호·제3호 또는 제4호에 해당하는 자, ii) 금고 이상의 형의 선고를 받고 그 형이 실효되지 아니한 자, iii) 법원의 판결 또는 다른 법률에 의하여 피선거권이 정지되거나 상실된 자 등은 피선거권이 없다(동법 §19).

(c) 공무원 등의 입후보 제한

공직선거법 제53조 제1항은 공무원 등의 입후보 제한에 관해 규정하고 있다. 다음 중 어느 하나에 해당하는 자로서 후보자가 되고자 하는 자는 선거일 전 90일까지 그 직을 그만두어야 한다. 다만, 대통령선거와 국회의원선거에 있어서 국회의원이 그 직을 가지고 입후보하는 경우와 지방의회의원선거와 지방자치단체의 장의 선거에 있어서 당해 지방자치단체의 의회의원이나 장이 그 직을 가지고 입후보하는 경우에는 그러하지 아니하다. i) 국가공무원법 제2조(공무원의 구분)에 규정된 국가공무원과 지방공무원법 제2조(공무원의 구분)에 규정된 지방공무원. 다만, 정당법 제22조(발기인 및 당원의 자격) 제1항 제1호 단서의 규정에 의하여 정당의 당원이 될 수 있는 공무원(정무직공무원을 제외한다)은 그러하지 아니하다. ii) 각급선거관리위원회위원 또는 교육위원회의 교육위원, iii) 다른 법령의 규정에 의하여 공무원의 신분을 가진 자, iv) 「공공기관의 운영에 관한 법률」 제4조 제1항 제3호에 해당하는 기관 중 정부가 100분의 50 이상의 지분을 가지고 있는 기관(한국은행을 포함한다)의 상근 임원, v) 농업협동조합법·수산업협동조합법·산림조합법·엽연초생산협동조합법에 의하여 설립된 조합의 상근 임원과 이들 조합의 중앙회장, vi) 지방공기업법 제2조(적용범위)에 규정된 지방공사와 지방공단의 상근 임원, vii) 정당법 제22조 제1항 제2호의 규정에 의하여 정당의 당원이 될 수 없는 사립학교교원, viii) 「신문 등의 진흥에 관한 법률」 제2조에 따른 신문 및 인터넷신문, 「잡지 등 정기간행물의 진흥에 관한 법률」 제2조에 따른 정기간행물, 「방송법」 제2조에 따른 방송사업을 발행·경영하는 자와 이에 상시 고용되어 편집·제작·취재·집필·보도의 업무에 종사하는 자로서 중앙선거관리위원회규칙으로 정하는 언론인, ix) 특별법에 의하여 설립된 국민운동단체로서 국가 또는 지방자치단체의 출연 또는 보조를 받는 단체의 대표자. 이들이 그 소속기관의 장 또는 소속위원회에 사직원이 접수된 때에 그 직을 그만둔 것으로 본다(동조 ④). 지방자치단체의 장은 선거구역이 당해 지방자치단체의 관할구역과 같거나 겹치는 지역구국회의원선거에 입후보하고자 하는 때에는 당해 선거의 선거일 전 120일까지 그 직을 그만두어야 한다(동조⑤. 임기만료일 90일 이후 선거시 예외). 비례대표국회의원선거나 비례대표지방의회의원선거 및 보궐선거 등에 있어서와 국회의원이 지방자치단체의 장의 선거에 입후보하는 경우 및 지방의회의원이 다른 지방자치단체의 의회의원이나 장의 선거에 입후보하는 경우에 있어서는 선거일 전 30일까지 그만두어야 한다(동법 §53②).

Ⅲ. 선거쟁송

(1) 소 청

선거에 대한 쟁송으로 소청(訴請)의 방법이 있는데, 이는 사법적인 소송과 달리 선거관리위원회에서 관장한다. 선거에 대한 소청의 방법은 지방선거에서만 인정되고 대통령선거나 국회의원선거에는 인정되지 않는다. 선거에 대한 소청에는 그 성질에 따라 선거의 효력을 다투는 선거소청(選擧訴請)(공선법 §219①)과 당선의 효력을 다투는 당선소청(當選訴請)(동조 ②)이 있다.

선거소청과 당선소청

구분 / 항목	선거소청	당선소청
소청인	선거인, (후보자 추천)정당, 후보자	(후보자 추천)정당, 후보자
피소청인	당해 선관위원장	당선인(등록무효 또는 당선무효), 당해 선관위원장(당선인 결정, 공고, 통지)
관할	선관위(시·도 또는 중앙)	선관위(시·도 또는 중앙)
기간	14일 이내	14일 이내

(2) 선거소송

선거에 대하여 다투는 소송으로는 선거의 효력을 다투는 선거소송(選擧訴訟)(공선법 §222)과 당선의 효력을 다투는 당선소송(當選訴訟)(동법 §223)이 있다. 이러한 선거소송은 대통령선거, 국회의원선거, 지방의회의원 및 지방자치단체장의 선거에 모두 인정된다.

선거소송과 당선소송

구분 / 항목	선거소송	당선소송
원고	선거인, (후보자 추천)정당, 후보자(다만 지방선거의 경우 소청인)	(후보자 추천)정당, 후보자
피고	• 당해 선관위원장 • 피고로 될 선관위원장이 궐위된 때: 선관위원 전원	1. 등록무효나 당선무효인 경우: 당선인 → 그러나 당선인이 사퇴·사망 등인 경우에는 ① 대통령: 법무부장관 ② 기타: 관할 고검장 2. 당선인 결정, 공고, 통지의 경우 ① 대통령: 중앙선거관리위원장 또는 국회의장 ② 기타: 당해 선관위원장
관할	대통령, 국회의원, 비례대표 시·도의원, 시·도지사 → 대법원(단심제) 지역구 시·도의원, 자치구·시·군의원 및 자치구·시·군의 장 → 고등법원(2심제)	
제소기간	대통령, 국회의원선거 → 30일 이내 지방선거 → 10일 이내	

제 4 절 대의제도와 정당

[377] 제1 개 설

대의제도는 그 자체만으로 작동하는 것이 아니라 정당제도나 선거제도 등 각종 정치제도가 기능을 하는 가운데서 작동하기 때문에 현실에서 대의민주주의는 다소 다른 양상을 노정하는 경우도 있다.

특히 정당의 존재는 대의민주주의에 다양한 영향을 미치기 때문에 대의민주주의를 발전시킬 수도 있지만 후퇴시킬 수도 있다. 통상 정당이 존재하고 작동하는 현대 민주주의에서는 의회의원은 전체 국민의 대표자의 지위에 있으면서 동시에 특정 정당의 구성원(=당원)으로 활동하기 때문에 정당과 해당 정당에 소속된 의원 간의 관계가 어떠하냐에 따라 정당이 대의민주주의에 미치는 양상은 다양하게 나타난다.

[378] 제2 대의민주주의와 정당

Ⅰ. 당적 변경과 의원직

대의민주주의에서 국회의원은 전체국민의 이익을 추구하는 국민대표자이기 때문에 그가 비록 정당의 당원이라고 하더라도 전체국민의 이익과 국가이익을 저버리고 자신이 소속한 정당의 이익을 위하여 헌법상의 권한을 행사할 수는 없다. 따라서 국회의원은 언제나 소속 정당의 이익보다는 전체국민의 이익을 생각하여 그의 권한을 행사하여야 한다. 이러한 법리에 의하여 지역구국회의원이든 비례대표국회의원이든 자유투표(=교차투표 cross-voting)를 금지할 수 없다.

지역구국회의원이 정당을 탈당하거나 변경한 경우에는 어떠한 경우에도 의원직이 상실되지 않지만, 정당투표에 기초를 두고 있는 비례대표국회의원이 정당을 탈당하거나 변경한 경우에는 학설이 대립한다. 정당의 이익에 국가정책이 좌우되지 않고 대의원리를 관철하여 진정한 전체국민의 이익을 실현하기 위해서는 비례대표국회의원이 소속 정당을 탈당하거나 변경한 경우에도 의원직이 상실되지 않는다고 보아야 할 것이다([492] II).

Ⅱ. 정당기속과 대의원리

정당이 소속 의원에 대하여 강한 통제력을 발휘하여 국가정책결정에서 소속 정당의 이익과 방침을 따르도록 하는 경우에는 정당은 소속 의원을 통하여 대의제도에 상당한 영향력을 미친다. 정당이 이러한 영향력을 행사하는 경우에는 때로 대의제도는 특수한 정치적 이익에 의하여 오염되고 왜곡된다. 따라서 대의제도와 정당은 서로 합리적인 관계를 유지하게 하는 것이 필요한데, 이는 소속 의원에 대한 규율을 약화시켜 기본적으로 의원으로 하여금 국민대표자의 역할을 충실히 수행할 수 있게 하는 것이 필요하다([471] II).

제 5 절 대의제도와 정치자금

[379] 제1 개 설

Ⅰ. 국가의 공공성 · 중립성 유지와 정치자금

정치에 자금이 필요한가. 흔히 정치자금을 민주주의의 비용이라고 하지만, 정치자금이 반드시 소요되어야 하는 것은 아니다. 기본적으로 국가기관의 운영은 국고가 부담하고, 선거는 기본적으로 공영으로 치러지며, 대통령과 국회의원에게는 월급이 지급되므로 기본적으로 정치자금이 필수적으로 요구되는 것은 아니다.

그러나 정당이 활동을 함에 있어서는 비용이 소요되고, 국회의원이 국회 내의 의정활동 이외에 정치적 활동을 함에 있어서도 비용이 소요되기 때문에 이러한 경우에는 정당이나 국회의원으로 하여금 정치자금을 모아 사용할 수 있도록 허용해야 할 현실적인 필요성이 존재한다. 정치활동과 금전의 결탁은 정치의 부패, 금권정치를 야기하여 국가의 공공성 · 중립성을 훼손할 우려가 있으므로 법령에 의하여 정치자금 모금 및 사용을 통제할 필요성이 있다.

Ⅱ. 대의정치와 정치자금

이렇게 볼 때, 정치자금의 규제는 국가의 공공성과 중립성을 유지하고 보장하는 데 필수적일 뿐만 아니라, 대의제도가 올바로 작동하는 데 필요한 필수불가결한 요건이다. 헌법재판소도 정치자금의 규제에 있어 이 점을 분명히 하고 있다(예: 憲 2004. 6. 24.-2004헌바16).

> [憲 2004.6.24.-2004헌바16] 「정치자금의 조달을 정당 또는 정치인에게 맡겨 두고 아무런 규제를 하지 않는다면 정치권력과 금력의 결탁이 만연해지고, 필연적으로 기부자의 정치적 영향력이 증대될 것이다. 금력을 가진 소수 기득권자에게 유리한 정치적 결정이 이루어진다면 민주주의의 기초라 할 수 있는 1인 1표의 기회균등원리가 심각하게 훼손될 수 있다. 그러므로 구체적인 내용은 별론으로 하더라도, 정치자금에 대한 규제는 대의제 민주주의의 필연적 귀결이다.」

Ⅲ. 정치자금을 지배하는 헌법원리

(1) 국가의 공공성 및 중립성

정치자금을 지배하는 헌법원리는 국가의 공공성원리와 중립성원리이다. 정치자금은 곧 국가영역에 대하여 자본과 금력의 효용과 영향력을 일정한 범위에서 인정하는 것인 만큼 국가의 공공성과 중립성이 이에 의하여 왜곡되거나 변질될 위험이 항상 존재한다. 정치자금활동을 방치하지 않고 제도화하는 목적은 선거를 포함한 광범한 정치활동영역에 금력이 침투하여 정치의 본래 기능을 왜곡시키고 국가 기능의 공공성을 파괴하려는 시도를 차단하는 것에 있다. 따라서 「국가의 공공성의 확보」와 「자본으로부터의 국가의 중립성의 확보」는 정치자금을 규율하는 지도원리로 작용한다. 정치자금은 이런 제도화의 이념과 목적에 의해 규제되는 것이며, 정치활동 영역에 있어 돈과 관련된 개인의 활동은 이에 따라 제한된다. 때로 정치자금의 문제는 정치자금활동에 있어 기회균등과 형평성의 보장이라는 면에서 다루어지지만, 이런 논의도 결국 국가의 공공성과 중립성의 확보라는 목적을 실현하는 데 따르는 부차적인 성질을 가진다.

정치자금과 관련된 국가기관의 활동과 역할은 헌법이 정하고 있는 국가의 기능과 작용의 성질에 의해 정해지고, 정치자금의 수수와 관련된 개인의 활동은 기본권 제한의 법리에 따르지 않을 수 없다. 정치자금과 관련된 개인의 활동에 대한 제한에 있어 직접적인 근거는 국민의 기본권 제한에 관한 헌법 제37조 제2항이다. 국가의 기능과 본질로부터 공공성의 확보와 자본으로부터의 중립성의 확보라는 요청이 도출되고, 이런 요청을 현실에 실현시키기 위해 그에 적합한 원칙을 낳는다. 이는 정치자금의 흐름을 투명하게 하는 것이고, 정치자금활동의 투명성 확보는 정치자금의 양성화를 의미한다. 양성화는 법의 영역에서 제도화를 의미하고, 법규범 체계 내에 실정화하는 것을 의미한다. 각 나라가 정치자금에 대한 규제를 위하여 실정법을 마련하고 있는 것은 이런 법리에 의한 것이다. 정치자금활동의 제도화는 실정법이라는 법형식을 통하여 제도화한다고 하여 충분한 것이 아니며, 여기에는 그 내용이 정치자금 활동을 지배하는 지도원리에 합치되는 것이어야 한다. 따라서 정치자금활동에 대한 실정법의 타당성을 판단하는 기준은 언제나 이런 지도원리이다. 정치자금의 수입·지출 공개의 원칙, 정치자금의 용도제한의 원칙 등은 이런 지도원리를 실현하는 실천원칙이다.

(2) 정치자금의 공개

정치자금의 공개는 정치자금에 대한 규제에서 핵심적인 비중을 차지한다. 자본주의국가에서 정치자금이 정치활동이나 국가정책의 입안과 성립에 미치는 금전적 영향력은 강할 수 있으므로 이러한 정치자금활동이 어떻게 작동하고 있는가 하는 점은 주권자인 국민이 알 수 있도록 공개되어야 한다. 그렇지 아니하면 보이지 아니하는 영역에서 금력에 의한 지배가 발생하게 되고, 자금력이 강한 세력이나 개인의 활동으로 인하여 국가의 기능과 활동이 왜곡되는 결과를 초래할 위험이 크다. 따라서 정치자금의 공개는 국가작용을 지배하는 민주주의와 법치주의에서 나오는 원리적인 귀결이다. 헌법재판소도 정치자금의 공개를 당위적인 것으로 강조하고 있다(예: 憲 1999. 11. 25.-95헌마154; 2004. 6. 24.- 2004헌바16).

[憲 1999.11.25.-95헌마154] 「정당의 정치적 의사결정은 정당에게 정치자금을 제공하는 개인이나 단체에 의하여 현저하게 영향을 받을 수 있으므로, 사인이 정당에 정치자금을 기부하는 것 그 자체를 막을 필요는 없으나, 누가 정당에 대하여 영향력을 행사하려고 하는지, 즉 정치적 이익과 경제적 이익의 연계는 원칙적으로 공개되어야 한다. 유권자는 정당의 정책을 결정하는 세력에 관하여 알아야 하고, 정치자금의 제공을 통하여 정당에 영향력을 행사하려는 사회적 세력의 실체가 정당의 방향이나 정책과 일치하는가를 스스로 판단할 수 있는 기회를 가져야 한다.」

[380] 제2 정치자금의 규제와 제도화

Ⅰ. 정치자금과 그에 대한 규제

정치자금은 통상 민주주의의 비용이라는 이름으로 정당화된다. 이러한 정치자금은 선거를 치루거나 정당을 운영하거나 국회의원 또는 지방의회의원의 활동에 필요한 비용으로 소요되는 자금이다. 그런데 정치자금은 그 본질이 금력이기 때문에 이 자금의 활동은 국가작용에 영향을 미쳐 국가의 중립성이나 공공성의 문제로 나타난다. 정치자금활동은 국가의 성격, 대의민주주의, 국가의 정책결정 등에 중대한 영향을 미치므로 이에 대한 통제가 필요하다. 우리나라도 정치자금법을 제정하여 이를 규율하고 있다. 정치자금에 대한 규율은 정치자금의 공급자와 수요자, 정치자금의 종류, 정치자금의 한도액, 정치자금에 관한 활동에 대한 규율로 이루어진다.

Ⅱ. 정치자금의 종류

정치자금법에 의하면, 정치자금의 종류를 당비, 후원금, 기탁금, 보조금과 정당의 당헌·당규 등에서 정한 부대수입 그 밖에 정치활동을 위하여 정당(중앙당창당준비위원회를 포함), 공직선거법에 따른 후보자가 되려는 사람, 후보자 또는 당선된 사람, 후원회·정당의 간부 또는 유급사무직원 그 밖에 정치활동을 하는 자에게 제공되는 금전이나 유가증권 그 밖의 물건과 그 자의 정치활동에 소요되는 비용으로 정하고 있다(동법 §3i).

(1) 당 비

당비(黨費)라 함은 명목 여하에 불구하고 정당의 당헌·당규 등에 의하여 정당의 당원이 부담하는 금전이나 유가증권 그 밖의 물건을 말한다(정치자금법 §3iii). 이에 따라 정당은 소속 당원으로부터 당비를 받을 수 있다(동법 §4①). 정치자금의 투명화를 위하여 타인의 명의나 가명으로 납부된 당비는 국고에 귀속시키도록 하고 있다(동조 ②).

정당법은 진성당원제도를 활성화하기 위해 당비납부제를 규정하고 있다. 정당은 당원의 정예화와 정당의 재정자립을 도모하기 위하여 당비납부제도를 설정·운영하여야 한다(정당법 §31①). 정당의 당원은 같은 정당의 타인의 당비를 부담할 수 없으며, 타인의 당비를 부담한 자와 타인으로 하여금 자신의 당비를 부담하게 한 자는 당비를 낸 것이 확인된 날부터 1년간 당해 정당의 당원자격이 정지된다(동조 ②). 당비납부의무를 이행하지 아니하는 당원에 대한 권리행사의 제한, 제명 및 당원자격의 정지 등에 관하여 필요한 사항은 당헌으로 정하도록 하고 있다(동조 ③).

(2) 후 원 금

(a) 정 의

후원금(後援金)이라 함은 정치자금법의 규정에 의하여 후원회에 기부하는 금전이나 유가증권 그 밖의 물건을 말한다(동법 §3iv).

(b) 후 원 회

후원회를 결성할 수 있는 주체와 수에 대해서는 이를 통제하고 있다. i) 중앙당(중앙당창당준비위원회를 포함), ii) 국회의원(국회의원선거의 당선인을 포함), iii) 대통령선거의 후보자 및 예비후보자, iv) 정당의 대통령선거후보자 선출을 위한 당내경선후보자, v) 지역선거구 국회의원선거의 후보자 및 예비후보자(다만, 후원회를 둔 국회의원의 경우에는 그러하지 아니함), vi) 중앙당 대표자 및 중앙당 최고 집행기관(그 조직형태와 관계없이 당헌으로 정하는 중앙당 최고 집행기관을 말한다)의 구성원을 선출하기 위한 당내경선후보자, vii) 지방자치단체의 장선거의 후보자, viii) 지역구지방의회의원선거의 후보자 및 예비후보자, ix) 지방자치단체의 장선거의 후보자 및 예비후보자는 각각 하나의 후원회를 지정하여 둘 수 있다(동법 §6). 정치자금법에서는 이처럼 제6조에서 후원회지정권자를 제한하는 한편 동법 제45조에서 「이 법에 정하지 아니한 방법으로 정치자금을 기부하거나 기부받은 자」는 정치자금부정수수죄로 형사처벌하도록 제한하고 있었던 바, 헌법재판소는 2015년 결정에서 정당에 대한 후원을 금지하고 있는 구 정치자금법 제6조 및 제45조 제1항 본문의 '이 법에 정하지 아니한 방법' 중 제6조에 관한 부분은, 정당의 정당활동의 자유와 국민의 정치적 표현의 자유를 침해하는 것이라고 보았다(憲 2015. 12. 23.-2013헌바168).

헌법재판소는 개인후원회제도를 둘 것인지 여부 및 그에 관한 규제의 정도나 내용은 원칙적으로 입법정책의 문제로서 입법자의 입법형성의 자유에 속하는 사항이라고 본다(憲 2001. 10. 25.-2000헌바5; 2001. 8. 30.-99헌바92등; 2006. 5. 25.-2005헌마1095).

> [憲 2001.10.25.-2000헌바5] 「후원회제도는 모든 사회구성원들로 하여금 자발적인 정치참여의식을 높여 유권자 스스로 정당이나 정치인을 후원하도록 함으로써 정치에 대한 신뢰감을 높이고 나아가 비공식적인 정치자금을 양성화시키는 계기로 작동되도록 하는 데에 그 입법목적이 있다(헌재 2000. 6. 1.-99헌마576). 또한 후원회제도는 후원회활동을 통하여

그 후원회 또는 후원회원이 지향하는 정책적 의지가 보다 효율적으로 구현될 수 있도록 하자는 데에서 그 철학적 기초를 찾을 수 있다고 하겠다. 후원회제도에 관한 각국의 입법례를 보면, 우리나라와 일본, 미국 등은 개인후원회제도를 인정하고 있고, 유럽에서는 프랑스를 제외하고는 대체로 개인후원회제도를 채택하지 않고 있다. 뿐만 아니라 각 나라마다 정당 또는 공직후보자가 정치자금 내지 선거자금을 마련하는 방법 및 이에 대한 규제의 태도 또한 다양한 모습을 보이고 있다. 이는 각 나라의 역사 및 정치풍토 내지는 정치문화가 다른 데 따른 자연스러운 현상이라고 할 수 있고, 따라서 개인후원회제도를 둘 것인지 여부 및 그에 관한 규제의 정도나 내용은 원칙적으로 입법정책의 문제로서 입법자의 입법형성의 자유에 속하는 사항이라고 하겠다.」

[憲 2006.5.25.-2005헌마1095] 「기초자치단체 장과 국회의원은 그 지위와 성격, 기관의 직무 및 기능의 점에서 본질적으로 차이가 있다(헌재 2001. 10. 25.-2000헌바5 참조). 국회의원은 비록 일정한 지역구를 단위로 선출되더라도 국민 전체를 대표하여 국가의 입법과 정치를 담당하는 본격적인 정치인임에 비하여 기초자치단체 장은 한정된 일부 지역에서 주민의 복리에 관한 자치사무를 집행하는 행정 담당기관이므로 그 정치적 역할이나 성격은 국회의원에 비하여 본질에 있어서 현저히 작다고 할 수밖에 없다. 결국 후원회를 통하여 정치자금을 지원할 필요성의 측면에서 양자 사이에는 본질적인 차이가 있는 것이다. 따라서 위와 같은 본질적 차이를 반영하여 국회의원 및 그 후보자와 예비후보자에 대하여는 후원회를 인정하면서 기초자치단체 장의 경우에는 그 후보자나 예비후보자에 대하여 이를 인정하지 않는 이 사건 법률조항은 그 합리성을 충분히 인정할 수 있다.」

누구든지 자유의사로 하나 또는 둘 이상의 후원회의 회원이 될 수 있다. 다만, 정치자금법 제31조(기부의 제한) 제1항의 규정에 의하여 기부를 할 수 없는 자와 정당법 제22조(발기인 및 당원의 자격)의 규정에 의하여 정당의 당원이 될 수 없는 자는 그러하지 아니하다(동법 §8①).

(c) 후원인의 기부한도

후원인이 후원회에 기부할 수 있는 후원금은 연간 2천만 원을 초과할 수 없다(동법 §11①). 후원인이 하나의 후원회에 연간 기부할 수 있는 한도액은 i) 대통령후보자등 · 대통령선거경선후보자의 후원회에는 각각 1천만 원(후원회지정권자가 동일인인 대통령후보자등후원회에는 합하여 1천만 원), ii) 그 외의 후원회에는 각각 500만 원(중앙당후원회 및 중앙당창당준비위원회후원회가 중앙당후원회로 존속하는 경우에는 합함, 국회의원후원회 및 후원회지정권자가 동일인인 국회의원후보자등후원회와 국회의원후원회는 합함, 국회의원후보자등후원회 및 후원회지정권자가 동일인인 경우 합함, 당대표경선후보자등후원회, 지방의회의원후보자등후원회 및 후원회지정권자가 동일인인 경우 합함, 지방자치단체장후보자등후원회 및 후원회지정권자가 동일인인 경우 합함)이다(동조 ②).

후원인은 1회 10만 원 이하, 연간 120만 원 이하의 후원금은 이를 익명으로 기부할 수 있다(동조 ③). 익명기부한도액을 초과하거나 타인의 명의 또는 가명으로 후원금을 기부받은 경우에는 그 초과분 또는 타인의 명의나 가명으로 기부받은 금액은 국고에 귀속시켜야 한다(동조 ④).

(d) 후원회의 모금한도 및 방법

후원회가 연간 모금할 수 있는 한도액(전년도 연간 모금한도액을 초과하여 모금한 금액을 포함)은 i) 중앙당후원회는 중앙당창당준비위원회후원회가 모금한 후원금을 합하여 50억 원, ii) 대통령후보자등후원회 · 대통령선거경선후보자후원회는 선거비용제한액의 100분의 5에 해당하는 금액(후원회지정권자가 동일인인 대통령후보자등후원회는 합하여 선거비용제한액의 100분의 5에 해당하는 금액), iii) 국회의원 · 국회의원후보자 등 및 당대표경선후보자 등의 후원회는 각각 1억 5천만 원(후원회지정권자가 동일인인 국회의원후보자등후원회는 합하여 1억 5천만 원), iv) 지방자치단체장후보자후원회는 선거비용제한액의 100분의 50에 해당하는 금액, v) 지방의회의원후보자등후원회는 선거비용제한액의 100분의 50에 해당하는 금액(후원회지정권자가 동일인인 지방의회의원후보자등후원회는 합하여 선거비용제한액의 100분의 50에 해당하는 금액), vi) 지방자치단체장후보자등후원회는 선거비용제한액의 100분의 50에 해당하는 금액(후원회지정권자가 동일인인 지방자치단체장후보자등후원회는 합하여 선거비용제한액의 100분의 50에 해당하는 금액)이다. 다만, 신용카드 · 예금계좌 · 전화 또는 인터넷전자결제시스템 등에 의한 모금으로 부득이하게 연간 모금한도액을 초과하게 된 때에는 연간 모금한도액의 100분의 20의 범위에서 그러하지 아니하되, 그 이후에는 후원금을 모금할 수 없다(동법 §12①).

그런데 공직선거가 있는 연도에는 i) 대통령선거: 후보자를 선출한 정당의 중앙당후원회 및 지역구국회의원후원회, ii) 임기만료에 의한 국회의원선거: 후보자를 추천한 정당의 중앙당후원회 및 지역구에 후보자로 등록한 국회의원후원회, iii) 임기만료에 의한 동시지방선거: 후보자를 추천한 정당의 중앙당후원회 및 해당 선거구에 후보자를 추천한 정당의 지역구국회의원후원회는 연간 모금 · 기부한도액의 2배를 모금 · 기부할 수 있다(동법 §13①).

후원회는 우편 · 통신에 의한 모금, 중앙선거관리위원회가 제작한 정치자금영수증과의 교환에 의한 모금 또는 신용카드 · 예금계좌 등에 의한 모금, 그 밖에 이 법과 「정당법」 및 「공직선거법」에 위반되지 아니하는 방법으로 후원금을 모금할 수 있다. 다만, 집회에 의한 방법으로는 후원금을 모금할 수 없다(동법 §14①).

(e) 경선 불참과 후원금의 국고 귀속 문제

대통령선거경선후보자가 후보자가 될 의사를 갖고 정당 내부의 경선 후보자로 등록을 하고 선거운동을 하다가 경선에 참여하지 아니하고 포기한 경우에 후원회로부터 지원받은 후원금 총액을 회수하여 국고에 귀속시키는 것은 경선에 참여한 대통령선거경선후보자와 차별하는 것이어서 위헌이고(憲 2009. 12. 29.-2007헌마1412), 국회의원 선거의 예비후보자가 후보자로 되지 못한 경우에 당내 경선을 거친 경우와 그렇지 않은 경우를 구별하여 이미 사용한 후원금의 반환 범위를 다르게 정하는 것은 합리적 차별이라고 볼 수 없어 평등조항에 위반되어 위헌이다(憲 2009. 12. 29. -2008헌마141).

(3) 기 탁 금

기탁금(寄託金)이라 함은 정치자금을 정당에 기부하고자 하는 개인이 이 법의 규정에 의하여 선거관리위원회에 기탁하는 금전이나 유가증권 그 밖의 물건을 말한다(동법 §3v).

기탁금을 기탁하고자 하는 개인(당원이 될 수 없는 공무원과 사립학교 교원을 포함)은 각급 선거관리위원회(읍·면·동 선거관리위원회는 제외)에 기탁하여야 한다(동법 §22①). 1인이 기탁할 수 있는 기탁금은 1회 1만 원 또는 그에 상당하는 가액 이상, 연간 1억 원 또는 전년도 소득의 100분의 5 중 다액 이하로 한다(동조 ②). 누구든지 타인의 명의나 가명 또는 그 성명 등 인적 사항을 밝히지 아니하고 기탁금을 기탁할 수 없다. 이 경우 기탁자의 성명 등 인적 사항을 공개하지 아니할 것을 조건으로 기탁할 수 있다(동조 ③).

중앙선거관리위원회는 기탁금의 모금에 직접 소요된 경비를 공제하고 지급 당시 제27조(보조금의 배분)의 규정에 의한 국고보조금 배분율에 따라 기탁금을 배분·지급한다(동법 §23①). 중앙선거관리위원회가 기탁금을 배분·지급하는 때에는 1회 300만 원을 초과하여 기탁한 자의 성명 등 인적 사항을 공개하여야 한다. 다만, 제22조(기탁금의 기탁) 제3항 후단의 규정에 의하여 이를 공개하지 아니할 것을 조건으로 기탁한 경우에는 그러하지 아니하다(동조 ②).

(4) 국고보조금

(a) 정 의

보조금(補助金)이라 함은 정당의 보호·육성을 위하여 국가가 정당에 지급하는 금전이나 유가증권을 말한다(동법 §3vi).

(b) 경상보조금과 선거보조금

국가는 정당에 대한 보조금으로 최근 실시한 임기만료에 의한 국회의원선거의 선거권자 총수에 보조금 계상단가를 곱한 금액을 매년 예산에 계상하여야 한다. 이 경우 임기만료에 의한 국회의원선거의 실시로 선거권자 총수에 변경이 있는 때에는 당해 선거가 종료된 이후에 지급되는 보조금은 변경된 선거권자 총수를 기준으로 계상하여야 한다(동법 §25①). 이를 경상보조금이라 한다.

대통령선거, 임기만료에 의한 국회의원선거 또는 공직선거법 제203조(동시선거의 범위와 선거일) 제1항의 규정에 의한 동시지방선거가 있는 연도에는 각 선거(동시지방선거는 하나의 선거로 본다)마다 보조금 계상단가를 추가한 금액을 제1항의 기준에 의하여 예산에 계상하여야 한다(동조 ②). 이를 선거보조금이라 한다.

중앙선거관리위원회는 경상보조금은 매년 분기별로 균등분할하여 정당에 지급하고, 선거보조금은 당해 선거의 후보자등록마감일 후 2일 이내에 정당에 지급한다(동조④).

(c) 여성후보자추천보조금

국가는 임기만료에 의한 지역구국회의원선거 및 지역구시 · 도의회의원선거에서 여성후보자를 추천하는 정당에 지급하기 위한 보조금으로 최근 실시한 임기만료에 의한 국회의원선거의 선거권자 총수에 100원을 곱한 금액을 임기만료에 의한 국회의원선거 또는 시 · 도의회의원선거가 있는 연도의 예산에 계상하여야 한다(동법 §26①). 정치자금법은 선거에서 여성후보자를 추천한 정당에 대하여 일정한 기준에 따라 여성추천보조금을 배분 · 지급한다(동법 §26②).

(d) 장애인후보자추천보조금

국가는 임기만료에 의한 지역구국회의원선거, 지역구시 · 도의회의원선거 및 지역구자치구 · 시 · 군의회의원선거에서 「장애인복지법」 제32조에 따라 등록된 장애인후보자를 추천한 정당에 지급하기 위한 보조금으로 최근 실시한 임기만료에 의한 국회의원선거의 선거권자 총수에 20원을 곱한 금액을 임기만료에 의한 국회의원선거, 시 · 도의회의원선거 또는 자치구 · 시 · 군의회의원선거가 있는 연도의 예산에 계상하여야 한다(동법 §26의2①). 정치자금법은 선거에서 장애인후보자를 추천한 정당에 대하여 일정한 기준에 따라 장애인추천보조금을 배분 · 지급한다(동법 §26의2②).

(e) 보조금의 배분과 반환

보조금을 배분하는 방식과 내용은 정치자금법이 정하고 있는데(동법 §27), 이를 표로 보면 아래와 같다.

보조금의 배분

전체 액수의 50%	교섭단체를 구성한 정당에 균등히 배분
5%	교섭단체가 아닌 정당 가운데 5석 이상의 의석을 가진 정당
2%	5석 미만의 의석을 가진 정당 중 1. 국회의원선거 득표수 비율이 2% 이상인 정당 2. 국회의원선거 득표수 비율이 2% 미만이면서 국회의원 의석을 정당 가운데 지방동시선거 득표수 비율이 0.5% 이상인 정당 3. 국회의원선거에 참여하지는 않았으나 지방동시선거 득표수 비율이 2% 이상인 정당
잔여분 중 50%	지급 당시 정당의 국회의원 의석수 비율
잔여분 중 50%	국회의원 선거의 득표수 비율

보조금을 지급받은 정당이 해산되거나 등록이 취소된 경우에는 지체 없이 보조금의 지출내역을 중앙선거관리위원회에 보고하고 그 잔액이 있는 때에는 이를 반환하여야 한다(동법 §30①).

Ⅲ. 정치자금의 수입 규제

(1) 주체의 제한

외국인, 국내·외의 법인 또는 단체는 정치자금을 기부할 수 없다(동법 §31①). 누구든지 국내·외의 법인 또는 단체와 관련된 자금으로 정치자금을 기부할 수 없다(동조 ②). 이는 법인이나 단체의 기부행위를 금지하는 것을 회피하기 위하여 법인이나 단체의 구성원에게 법인이나 단체와 관련된 자금을 나누어주고 이를 개인의 기부형태로 위장하여 기부하는 행위를 방지하기 위한 것이다. 헌법재판소는 법률로 국내의 단체가 정치자금을 기부할 수 없도록 정한 것은 헌법에 위반되지 않는다고 판시하였다(憲 2012. 7. 26. -2009헌바298).

[憲 2012.7.26.-2009헌바298] 「2004. 3. 12. 법률 제7191호로 개정된 '구 정치자금에 관한 법률'은 기업의 정치헌금을 원천적으로 봉쇄하고, 단체의 과도한 정치적 영향력 행사를 통한 민주적 의사형성과정 왜곡 및 단체구성원의 의사왜곡을 방지하기 위하여 단체의 정치자금 기부를 절대적으로 금지하였다(위 법률 제12조 제1항). 이 과정에서 회사 등 법인이나 단체가 임원 등 개인을 통해서 정치자금을 통해서 정치자금을 제공함으로써 '단체의 정치자금 기부금지'의 취지를 몰각시키는 행위를 규제하여야 할 필요가 있다는 주장이 제기되었고, 그에 따라 '단체의 정치자금 기부금지' 규정의 입법취지를 살리고, 탈법행위를 방지하기 위하여, 누구든지 단체와 관련된 자금으로 정치자금을 기부할 수 없도록 하는 부분도 추가하여 규정하게 되었다. 이 사건 정치자금법 조항들 중 '단체'란 '공동의 목적 내지 이해관계를 가지고 조직적인 의사형성 및 결정이 가능한 다수인의 지속성 있는 모임'을 말하고, '단체와 관련된 자금'이란 단체의 명의로, 단체의 의사결정에 따라 기부가 가능한 자금으로서 단체의 존립과 활동의 기초를 이루는 자산은 물론이고, 단체가 자신의 이름을 사용하여 주도적으로 모집, 조성한 자금도 포함된다고 할 것인바, 그 의미가 불명확하여 죄형법정주의의 명확성원칙에 위반된다고 할 수 없다. 이 사건 정치자금법 조항들은 단체의 정치자금 기부를 통한 정치활동이 민주적 의사형성과정을 왜곡하거나, 선거의 공정을 해하는 것을 방지하고, 단체 구성원의 의사에 반하는 정치자금 기부로 인하여 단체 구성원의 정치적 의사표현의 자유가 침해되는 것을 방지하며, 나아가 단체의 정치자금 기부금지 규정에 관한 탈법행위를 방지하기 위한 것인바, 정당한 입법목적 달성을 위한 적합한 수단에 해당한다. 한편 단체의 정치적 의사표현은 그 방법에 따라 정당·정치인이나 유권자의 선거권 행사에 심대한 영향을 미친다는 점에서 그 방법적 제한의 필요성이 매우 크고, 이 사건 정치자금법 조항들은 단체의 정치적 의사표현 자체를 금지하거나 그 내용에 따라 규제하도록 한 것이 아니라, 개인과의 관계에서 불균형적으로 주어지기 쉬운 '자금'을 사용한 방법과 관련하여 규제를 하는 것

인바, 정치적 표현의 자유의 본질을 침해하는 것이라고 볼 수 없다. 또한, 개인의 정치적 의사형성이 온전하게 이루어질 수 있는 범위에서의 자금모집에 관한 단체의 관여를 일반적·추상적으로 규범화하여 허용하는 것은 입법기술상 곤란할 뿐만 아니라, 개인의 정치적 기본권 보호라는 입법목적 달성에 충분한 수단이라고 보기 어렵고, 달리 덜 제약적 수단이 존재함이 명백하지 않은 이상 이 사건 정치자금법 조항들이 침해의 최소성원칙에 위반된다고 보기 어렵다. 나아가 이 사건 정치자금법 조항들에 의한 개인이나 단체의 정치적 표현의 자유 제한은 내용중립적인 방법 제한으로서 수인 불가능할 정도로 큰 것이 아닌 반면, 금권정치와 정경유착의 차단, 단체와의 관계에서 개인의 정치적 기본권 보호 등 이 사건 정치자금법 조항들에 의하여 달성되는 공익은 대의민주제를 채택하고 있는 민주국가에서 매우 크고 중요하다는 점에서 법익균형성원칙도 충족된다. 따라서 이 사건 정치자금법 조항들이 과잉금지원칙을 위반하여 정치활동의 자유 등을 침해하는 것이라 볼 수 없다. 이 사건 정치자금법 처벌조항은 형의 하한이 없으므로 행위의 개별성에 맞추어 책임에 알맞은 형벌이 선고될 수 있다고 할 것이므로 책임과 형벌 간 비례원칙에 위반되지 않고 달리 청구인들의 기본권을 침해한다고 볼 수 없다. 이러한 점을 종합할 때 이 사건 정치자금법 조항들은 헌법에 위반되지 아니한다.」

과거에는 법인·단체의 정치자금 기부가 허용된 경우가 있었으나 현행 정치자금법은 이를 금지하고 있다. 법원리와 정치자금규제제도의 취지상 타당하다. 헌법이론적으로 법인·단체의 정치자금 기부는 심각한 문제가 있다. i) 법인·단체의 정치자금 기부는 국민주권의 이념에 비추어 볼 때 인정되기 어렵다. 국민주권원리에 의하면 국가를 창설하고 국가기관을 구성하며, 그 활동을 유지하게 하는 것은 주권자의 지위에 있는 개인이다. 여기의 개인은 자연인을 말하며 법인·단체는 포함되지 않는다. 법인·단체의 정치자금 기부를 인정하면 결국 법인이나 단체가 정치적 활동에서 주권자인 개인과 경쟁을 하는 것이 되어 법인이나 단체가 주권자의 지위를 차지하게 된다는 점에서 국민주권원리와 배치된다. ii) 법인·단체의 정치자금 기부를 인정하는 것은 헌법상의 기본권 보장 법리에 어긋난다. 개인의 정치적 기본권의 행사는 다수결로 결정될 수 있는 사안이 아니다. 법인이나 단체가 정치자금을 기부할 것이냐 그리고 누구에게 기부할 것이냐 하는 것에 대해 법인이나 단체의 구성원의 의사가 전원 일치하지 않는 한 법인이나 단체의 재산을 정치자금으로 기부하는 것은 개인의 정치적 기본권 보장의 법리에 비추어 볼 때 인정하기 어려운 것이라 할 것이다. 즉 법인이나 단체의 구성원의 정치적 의견이 서로 다른 상태에서 법인이나 단체 소유의 재산을 정치자금으로 기부하게 되면 그것은 법인이나 단체가 그 구성원의 정치적 기본권을 침해하는 것이 된다. iii) 법인이나 단체의 업무집행기관이 구성원의 의견에 차이가 존재함을 무시하고 법인이나 단체의 재산을 기부한 경우에는 그 결정과 합치하지 않는 구성원의 권리를 침해하는 것이 된다. 이는 사인에 의한 기본권의 침해에 해당한다. iv) 법인이나 단체의 정치자금의 기부는 주로 기업이 그 중심적 자리를 점하게 되는데, 기업의 정치자금 기부 행위는 결국 정경유착을 불러오고, 이것이 기업 간의 자유로운 경쟁을 침해하게 된다. 기업 간의 자유경쟁을 왜곡하는 것이 헌법 제119조 제1항에 위반되는 것은 물론이다(정종섭 b, 134).

과거 기업이나 사용자단체가 정치헌금을 할 수 있는 상태에서 노동조합에게 정치자금

> 을 금지한 법률규정에 대하여 헌법재판소는 차별대우에 해당하여 헌법 제9조에 위반된다고 판시하였다(예: 憲 1999. 11. 25. -95헌마154). 그러나 이는 기업이나 사용자단체나 정치자금을 헌금할 수 있게 하는 것이 불법의 영역이므로 이를 평등문제로 다루어서는 안 된다. 이 문제는 불법의 평등문제에 해당한다. 따라서 이에 대해서는 노동조합은 다툴 적격이 없다고 판단하여야 옳다.

정당(정책연구소 및 정당선거사무소를 포함한다), 후원회, 후원회를 둔 국회의원, 대통령선거경선후보자, 당대표경선후보자 또는 공직선거의 후보자 · 예비후보자의 정치자금 수입 · 지출은 그 회계책임자만이 이를 할 수 있다(동법 §36①). 회계책임자가 정치자금을 수입 · 지출하는 경우에는 제34조(회계책임자의 선임신고 등) 제4항의 규정에 의하여 관할 선거관리위원회에 신고된 예금계좌를 통해서 하여야 한다(동조 ②).

(2) 행위의 제한

누구든지 i) 공직선거에 있어서 특정인을 후보자로 추천하는 일, ii) 지방의회 의장 · 부의장 선거와 교육위원회 의장 · 부의장, 교육감 · 교육위원을 선출하는 일, iii) 공무원이 담당 · 처리하는 사무에 관하여 청탁 또는 알선하는 일, iv) 국가 · 공공단체 또는 특별법의 규정에 의하여 설립된 법인, 국가나 지방자치단체가 주식 또는 지분의 과반수를 소유하는 법인, 국가나 공공단체로부터 직접 또는 간접으로 보조금을 받는 법인, 정부가 지급보증 또는 투자한 법인 가운데 어느 하나에 해당하는 법인과의 계약이나 그 처분에 의하여 재산상의 권리 · 이익 또는 직위를 취득하거나 이를 알선하는 일과 관련하여 정치자금을 기부하거나 받을 수 없다(동법 §32).

누구든지 업무 · 고용 그 밖의 관계를 이용하여 부당하게 타인의 의사를 억압하는 방법으로 기부를 알선할 수 없다(동법 §33).

Ⅳ. 정치자금의 지출 규제

보조금은 정당의 운영에 소요되는 경비로서 인건비, 사무용 비품 및 소모품비, 사무소 설치 · 운영비, 공공요금, 정책개발비, 당원 교육훈련비, 조직활동비. 선전비, 선거관계비용 외에는 사용할 수 없다(동법 §28①). 경상보조금을 지급받은 정당은 그 경상보조금 총액의 100분의 30 이상은 정당법이 정하는 정책연구소에, 100분의 10 이상은 시 · 도당에 배분 · 지급하여야 하며, 100분의 10 이상은 여성정치발전을 위하여 사용하여야 한다(동조 ②). 정당은 소속 당원인 공직선거의 후보자 · 예비후보자에게 보조금을 지원할 수 있으며, 제1항에도 불구하고 여성추천보조금은 여성후보자의, 장애인추천보조금은 장애인후보자의 선거경비로 사용하여야 한다(동조 ③).

정당, 후원회, 후원회를 둔 국회의원, 대통령선거경선후보자, 당대표경선후보자 등 또는 공직선거의 후보자·예비후보자의 정치자금 수입·지출은 그 회계책임자(공직선거의 후보자·예비후보자의 경우 그 선거사무소·선거연락소의 회계책임자를 말한다. 이하 같다)만이 이를 할 수 있다. 회계책임자로부터 지출의 대강의 내역을 알 수 있는 정도의 지출의 목적과 금액의 범위를 정하여 서면으로 위임받은 회계사무보조자(공직선거의 선거운동을 할 수 있는 자에 한한다)가 지출하는 경우와 회계책임자의 관리·통제 아래 제34조(회계책임자의 선임신고 등)에 따라 신고된 정치자금 지출을 위한 예금계좌를 결제계좌로 하는 신용카드·체크카드, 그 밖에 이에 준하는 것으로 지출하는 경우에는 그러하지 아니하다(동법 §36①). 회계책임자가 정치자금을 수입·지출하는 경우에는 관할 선거관리위원회에 신고된 예금계좌를 통해서 하여야 한다. 이 경우 정치자금의 지출을 위한 예금계좌는 1개만을 사용하여야 한다(동조 ②). 대통령선거경선후보자, 당대표경선후보자 또는 공직선거의 후보자·예비후보자가 자신의 재산으로 정치자금을 지출하는 경우에도 그 회계책임자를 통하여 지출하여야 한다. 후원회를 둔 국회의원이 당해 국회의원선거의 예비후보자로 신고하지 아니한 경우로서 선거일 전 120일부터 자신의 재산으로 정치자금을 지출하는 경우에도 또한 같다(동조 ③). 후원회를 둔 공직선거의 후보자·예비후보자의 회계책임자는 후원회로부터 기부받은 후원금을 후원회 등록 전에 지출의 원인이 발생한 용도로 지출할 수 없다(동조 ⑤).

제 2 장　권력분립

제 1 절　권력분립의 이념

[381] 제1　자유의 보장과 권력분립

근대입헌주의에서 채택한 권력분립(權力分立 separation of powers, Gewaltenteilung)은 권력의 집중과 남용으로 인하여 발생하는 국민의 자유와 권리에 대한 억압과 침해를 방지하기 위한 이념에서 구상된 것이다. 서구의 역사에서 보건대, 군주정치하에서는 지배가 군주적 정당성에 의해 정당화되어 국가의 권력은 모두 군주에게 집중되었다. 국가의 정책을 결정하고 집행하는 권한을 모두 군주가 독점하면서 국가의 입법기능과 이를 집행하는 기능(행정, 사법)도 자연 군주에게 독점되었다. 그 결과 군주의 권력은 군주의 자의(恣意)에 따라 빈번하게 남용되었고, 이러한 권력의 남용은 국가의 기능을 왜곡시켰을 뿐만 아니라 국민의 자유와 권리를 억압하고 침해하는 결과를 가져왔다.

지배(Herrschaft)의 정당성이 군주적 정당성에서 민주적 정당성으로 이행하면서 국민의 자유와 권리의 보장을 위하여 군주의 권력을 제한하는 것이 중요한 가치로 등장하였다. 군주의 권력을 제한하는 가장 효과적인 방법은 군주에게 독점된 국가권력을 분할하여 그 일부를 국민에게 넘기는 것이었다. 이러한 과정에서 입법권과 사법권이라는 개념의 분화와 이들 권력의 국민으로의 이전이 이루어졌다. 입법권을 국민적 정당성에 바탕을 둔 의회로 이전하고, 사법권을 군주로부터 독립된 재판관(judge)이나 배심원(陪審員 jury) 또는 참심원(參審員 layman judge, ehrenamtlicher Richter)으로 구성되는 재판기관으로 이전한 것이 그것이다. 이와 같이 국민의 자유와 권리를 보장하기 위하여 군주의 권력을 제한하는 과정에서 권력의 분립이 헌법적 원리와 국가권력의 작동원리로 형성 · 정착되었다. 이러한 면에서 권력분립은 「권력에 대한 제한」과 「자유와 권리의 보장」이라는 점에서 정치적 자유주의(political liberalism)의 내용을 형성하고 법치주의(rule of law)의 내용을 이루게 되었다.

[382] 제2 국가작용의 기능적 분화와 권력분립

권력분립은 권력을 제한하여 권력의 남용을 방지하고 국민의 자유와 권리를 보장하고자 하는데서 출발하였다. 권력의 분립을 구체화하는 과정에서 국가권력의 분할은 국가작용을 기능에 따라 배분하는데 적합하다는 점도 밝혀졌다.

국가작용 가운데는 그 기능에서 서로 다른 성질이 존재한다는 점은 이미 Aristoteles(384-322 B.C.)에 의하여 심의권, 집행권, 사법권으로 인식되었고, H. Grotius(1583-1645), W.C.Wolff(1679-1754), Puffendorf(1632-1694) 등의 국가이론에서도 인식되었다. 하지만 구체적인 것은 J. Locke(1632-1704)가 그의 「정부에 관한 두 개의 논문」(Two Treatises of Government, 1690)에서 국가권력을 입법권(legislative power), 집행권(executive power), 외교권(=동맹권 federative power), 예측하기 어려운 사태에 대응하여 공공복리를 위해서만 행사할 수 있는 대권(大權 prerogative power)으로 구분한 데서 심화되어 나타났다.

그는 입법권을 최고의 지위에 있는 국가권능으로 설정하고, 집행권과 외교권은 이에 종속되는 것이라고 보았다. 대권은 공공복리를 위하여 법률의 지시 없이도 행사할 수 있는 권한이지만 실정법으로 제한할 수 있는 것이라고 하였다. 집행권, 외교권, 대권은 군주(King)에게 속하는 것이지만, 입법권은 이와 대척점에 있는 것으로 국민에게 바탕을 두고 있는 국가의 최고권력이라고 보았다(의회우월주의). 이런 입법권은 널리 공포되고 확립된 법률로 행사되어야 하고, 법률은 국민의 복리만을 궁극의 목적으로 하여야 하며, 입법권은 그 자체 전속적인 것이어서 입법부(Parliament) 이외의 자에게 양도될 수 없는 것이라고 하였다. 그는 입법권, 집행권, 외교권, 대권은 기능적으로 서로 분리된 것으로 구별하였지만, 권력의 귀속면에서는 입법권은 입법부에만 속하고, 나머지 집행권, 외교권, 대권은 다른 기관에 나누어 맡기기 어려운 것으로서 군주에게 속하는 것으로 보았다. 이런 점에서 J. Locke에게서는 권력의 분립은 권력의 기능적 분리에 초점을 맞춘 것이었고 권력 간의 균형에 초점이 맞추어진 것은 아니었다. 그의 국가이론이 1688년의 명예혁명(名譽革命 Glorious Revolution)의 산물로 나타난 것이라는 특성을 보여주듯이, 그의 이론에서는 입법권을 국가의 최고권력으로 설정하여 군주권에 대항하는 것으로 배치하였다.

이러한 것은 Montesquieu(1689-1755)에 의하여 보다 기능적인 면이 체계화되어 국가권력을 입법권(puissance législative), 집행권(puissance exécutive), 사법권(puissance du juger)으로 구분함으로써 근대 권력분립이론의 원형이 정립되기에 이르렀다.

Montesquieu의 권력분립이론은 1729년부터 1731년까지 그가 영국에 체류하면서 영국헌정을 경험하고 이를 모델로 하여 저술한 「법의 정신」(De l'sprit des Lois, 1748)에 서술되어 있는데, 이에는 J. Locke의 이론과 그의 영국체류체험이 영향을 미쳤다. 그는 정치적 자유가 신장되는 헌정체제를 추구하면서 모든 국가에는 3가지 형태의 국가권력이 존재한다고 보고, 이를 법률을 제정 · 개정 · 폐지하는 입법권, 선전과 강화, 외교사절의 파견 · 접수, 외국의 침략으로부터 국가의 안보를 확보하는 등 국제법에 관한 사항을 처리하는 집행권, 범죄인을 처벌하고 개인 간의 분쟁에 대하여 재판하며, 시민권에 관한 사항을 처리하는 사법권으로 나누었다. 그는 국제법에 관한 사항을 처리하는 권한을 집행권에 포함시키고, 시민권에 관한 사항을 처리하는 권한을 사법권으로 분류하여 전체적으로 입법권, 집행권, 사법권이라는 체계를 구성하였다.

그리고 그는 이러한 권력은 반드시 각기 다른 기관에 나누어 부여되어야 한다고 하고(여기서 사법권의 독립이 등장하기에 이른다), 그래야만 시민의 자유가 확보된다고 보았다. 그는 군주이건, 귀족이건, 시민이건, 개인이건 기관이건 어느 경우든지 이러한 3가지 권력 중 어느 두 가지를 한꺼번에 가지는 경우에는 시민의 자유는 사라져버릴 것이라고 강조하였다. 이에 더하여 그는 이러한 권력이 시민의 자유를 침해하지 않도록 하기 위해서는 서로 견제되지 않으면 안 된다고 하여, '힘에 대한 힘의 견제'만이 시민의 자유를 보장한다고 보았다. 이로써 그에게서는 권력의 분립이 권력의 분리를 넘어 권력을 서로 다른 기관에 나누어 부여하고, 이들 분리된 권력 간의 통제가 필요하다는 수준으로 나아갔으며, 권력분립이 비로소 시민의 자유를 보장하는 「견제와 균형의 이론」(theorie des freins et des contre-poids)으로 발전하였다.

이러한 과정을 거치면서 권력분립은 국민의 자유와 권리를 보장하는 원리만이 아니라 국가를 구성 운영하는 국가구조원리로도 정착되기에 이르렀다.

[383] 제3 대의제도와 권력분립

권력분립은 대의민주주의와 밀접한 관계를 가지고 있다. 직접민주주의에서는 국가정책의 결정과 집행이 모두 통합되기 때문에 권력의 집중이 존재하고 권력의 분립을 거론할 여지가 거의 없다. 따라서 오늘날 민주주의와 법치주의를 국가의 구조원리로 설정하고 권력분립에 따라 국가를 운용하는 나라에서는 국가의사의 결정과 집행에 있어 예외없이 대의제도를 채택하고 있다.

제2절 권력분립의 내용

[384] 제1 개 설

권력의 분립은 그 형성기에서부터 현재에 이르기까지 계속 발전하여 왔다. 초기에는 군주에게 통합된 국가권력을 분할하는 것(division)에 중점을 두었으나, 점차 분할된 권력을 국가기능에 따라 배분하는 것으로 정밀화되었고, 이러한 것이 갖추어진 현대 국가에 와서는 무게중심이 권력의 통제로 옮겨 왔다. 이러한 과정에서 다양한 정부형태도 나타났고, 국가의 기능도 더욱 체계화되고 세분화되면서 헌법재판기관도 독립적 헌법기관으로 분화되었고, 입법, 행정, 사법, 헌법재판과 같은 국가기능 중 어디에도 속하지 않는 기능을 수행하는 독립위원회와 같은 기구도 등장하였다.

이러한 권력분립의 세련화와 체계화의 과정에서 이를 관통하는 기본적인 원리적 내용이 확립되었는데, 이는 i) 국가권력의 분할, ii) 분할된 국가권력 간의 균형, iii) 국가작용의 기능적 배분, iv) 국가권력 간의 통제로 정리된다.

[385] 제2 내 용

Ⅰ. 국가권력의 분할

권력분립에는 무엇보다 국가권력을 나누는 권력의 분할(分割=分離=分散)이 필요하다. 이는 국가권력이 하나로 통합된 상태로 존재해서는 안 된다는 것을 말한다. 권력이라는 개념은 그 자체 중립적이지만, 현실에서 이 권력은 항상 인간에 의해 행사되기 때문에 지배자에 의해 국가권력이 하나로 통합된 상태로 행사될 때에는 남용될 위험이 매우 높기 때문이다.

군주가 하나로 통합된 국가권력을 장악하고 통치한 군주정치의 경험으로부터 권력분립의 사상이 출현한 사실은 통합된 권력의 위험성을 경험적이고 실증적으로 증명하고 있다. 이러한 위험성은 현대에 와서도 독재체제나 권위주의통치체제에서 증명되었고(남미 각국의 독재, 동유럽의 구공산주의국가들, 북한 등), 통합된 국가권력의 남용은 개인의 자유와 권리에 심각한 침해와 국정운영의 실패를 가져온다는 사실이 명확하게 드러나게 되었다.

이와 같이 권력의 분할은 권력분립에서 개념필연적인 요소이기 때문에 권력의 분할이 없는 권력분립은 성립할 수 없다.

Ⅱ. 분할된 국가권력 간의 균형

국가권력을 여러 개로 분할하는 경우(예컨대 3권분립, 4권분립, 5권분립)에도 권력분립에서는 국가권력이 분할되어 있다는 것만으로는 충분하지 않고, 분할된 국가권력 간에 균형(balance)이 성립하여야 한다는 것이 요구된다. 분할된 권력 간에 균형이 성립하지 않을 때, 지배자가 그 가운데 가장 강력한 권력을 장악하면 나머지 미미한 권력은 이런 지배자를 통제할 수 없으며, 국가의 기능도 사실상 가장 강력한 권력에 의해 통합되기 때문이다. 이러한 경우에 외형적으로는 권력의 분할이 있지만 실질적으로는 권력이 통합된 것과 동일하기 때문에 국가권력의 형식적 분할만으로는 권력분립을 충족시키지 못 한다.

입법권이 가장 강력하고 나머지 권력이 미미하면 이는 입법부의 독재로 나타나고, 행정권이 가장 강력하고 나머지 권력이 미미하면 행정부의 독재가 발생한다. 법원이나 헌법재판소의 재판기능은 그 본질에서 입법기능이나 행정기능과 비교하여 다른 국가권력을 전면적으로 지배하거나 국민의 삶을 직접 장악하고 지배하지 않기 때문에 분할된 국가권력 간의 균형의 문제는 통상 입법권과 행정권 사이에서 중요한 의미를 가진다. 그래서 정부형태도 기본적으로 입법권과 행정권의 관계를 어떻게 설정하는가 하는 문제로 나타난다. 법원의 사법권이나 헌법재판권은 재판의 본질에 합치할 수 있게 입법권과 행정권으로부터 독립성을 확보하는 데서 그 균형을 갖추게 된다.

Ⅲ. 국가작용의 기능적 배분

권력분립은 국가권력을 분할하고, 분할된 권력 간에 균형을 유지하되, 이러한 분할된 국가권력에게 국가의 본질과 역할에 합치하도록 각각 그 기능(機能 function)을 배분하는 것을 필요로 한다. 국가권력을 분할하는 것은 본질적으로 국가가 수행할 기능을 배분하고자 하는 것이므로 권력분립에서는 분할된 각각의 권력에 여러 국가기능이 체계에 합치되도록 배분된다.

국가의 여러 기능을 범주별로 나눌 때, 입법기능(legislation, Gesetzgebung), 행정기능(administration, vollziehende Gewalt), 재판기능(adjudication, Rechtsprechung), 헌법재판기능(constitutional review, Verfassungsgerichtbarkeit)이 있는데, 이들 기능이 융합되거나 통합되지 않게 나누어 각기 다른 권력에 배분한다. 이런 국가의 기능을 권력(Macht)의 면에서 보면 입법권력, 행정권력, 재판권력, 헌법재판권력이 되고, 권능(Kompetenz)의 면에서 보면 입법권, 행정권, 재판권, 헌법재판권이 되는데, 이를 통상 통치권력, 통치권, 통치기능이라고도 부른다. 이러한 권력을 가지고 그 권한을 행사하는 기관(organ)을 입법기관, 행정기관, 재판기관, 헌법재판기관이라고 한다. 우리 헌법에는 이러한 기관에 각각 대응하는 것으로 국회, 정부(대통령+행정부), 법원, 헌법재판소가 있다.

지방자치를 채택하는 경우에 국가작용은 중앙정부와 지방자치단체 간에도 나누어지는데, 입법기능과 행정기능은 지방자치단체에도 인정된다. 지방의회와 지방자치단체장을 두는 것이 이에 해당한다. 중앙정부와 지방자치단체 간의 권력분립을 「수직적 권력분립」이라고 하고, 중앙정부 또는 지방자치단체 내의 기관들 간의 권력분립을 「수평적 권력분립」이라고 한다.

Ⅳ. 국가권력 간의 통제

권력분립에서는 분할된 국가권력으로 하여금 각기 제 기능을 수행하게 하되, 서로 간에 통제하는 것이 요구된다. 권력분립은 국가의 기능을 분할된 권력들에 배분하여 체계적이고 효율적으로 수행되도록 하는 것뿐만 아니라, 권력의 남용과 오용을 효과적으로 통제하는 것도 목적으로 하므로 국가권력 간의 통제는 권력분립의 본질적인 개념요소이다.

권력분립은 법치주의와 민주주의의 세련화에 따라 상당히 발전하여 오늘날에는 정밀하게 체계적으로 제도화되었고, 이러한 권력분립의 구체화된 양상은 각 나라마다 채택한 정부형태에 따라 그 모습을 달리 하지만, 기본적인 메커니즘은 대동소이하다. 21세기에 와서 대부분의 국가는 권력분립에 있어 입법, 행정, 법원의 재판, 헌법재판이라는 공통적인 구조로 완성된 모습을 보이고 있다. 우리나라도 예외가 아니다.

권력분립을 권력통제의 관점에서 파악한 대표적인 견해로는 K.Loewenstein의 이론이 있다. K.Loewenstein은 헌법을 정치권력에 대한 하나의 통제메커니즘으로 보고, 국가의 기능을 정책결정(politische Grundentscheidung, policy-decision), 정책집행(Ausführung der politische Grundentscheidung, policy-execution), 정책통제(politische Kontrolle, policy-control)의 세 가지로 나눈 다음, 정책통제의 메커니즘이 실질적으로 존재하는가에 따라 입헌민주주의체제(konstitutionelle Demokratie)와 전제주의체제(Autokratie)로 구분하였다. 그는 통제의 유형으로 「수직적 통제」(horizontale Kontrolle)와 「수평적 통제」(vertikale Kontrolle)로 분류하고, 「수평적 통제」를 「기관 간의 통제」(Interorgan- Kontrolle)와 「기관내의 통제」(Intra-Organ-Kontrolle)로 나누었다(K. Loewenstein, Verfassungslehre, 3. Aufl. 1975).

[386] 제3 기능적 권력통제이론

헌법에서 권력분립과 그 요소를 이루는 권력의 통제는 성질상 국가권력의 문제이고, 이는 국가영역에 한정된다. 다시 말해, 권력분립은 국가권력의 문제이지 정치권력이나 사회권력의 문제는 아니다. 그런데 국가권력에 대한 통제의 관점에서 보면, 국가권력의 통제가 분할된 국가권력 사이에서 행해지는 것으로만 완결적인 것은 아니다.

국가영역에 속해 있는 것은 아니지만 국가권력의 작용에 영향을 주고 있는 요소들이 있는데, 이러한 요소들은 권력통제에서도 의미를 가진다. 예컨대 정당은 국가기관이 아니고, 의석을 가지지 못한 정당은 아예 국가작용에 직접 관여하지도 못하지만, 권력통제의 관점에서 야당(野黨 opposition party)의 존재는 여당에 대한 견제로서 의미를 가지므로 야당의 보호는 정당활동의 보호 이외에 권력통제의 관점에서도 중요하다. 그리고 국가에 대한 시민사회로부터의 통제와 국가영역에 속하지 않는 정치세력과 국가에 속해 있는 직업관료 상호 간에도 기능적인 권력분립이 의미를 가진다.

이와 같이 국가영역에는 속하지 않지만, 국가영역에 영향을 미치는 요소까지 포함하여 권력통제를 국가의 기능적인 관점에서 보는 것을 「기능적 권력통제」라고 한다. 여기서는 연방국가제도, 지방자치제도, 직업공무원제도, 복수정당제도, 헌법재판제도, 국가와 사회의 교차관계적 이원론 등이 권력통제의 관점에서 중요한 기능을 한다고 본다. 연방국가에서는 연방과 주 사이의 수직적 권력분립과 연방과 주에서 각각 수평적 권력분립이 이루어지고, 지방자치제도는 중앙정부와 지방자치단체 사이의 수직적 권력분립과 중앙정부 또는 지방자치단체 각각에서 수평적 권력분립이 이루어진다고 본다. 직업공무원제도는 정치세력과 관료조직 간에 권력분립의 기능이 있고, 공무원조직 내에서의 수직적인 권력분립도 의미가 있다고 본다. 복수정당제도는 여당과 야당간의 권력분립을 가져오고, 헌법재판제도는 입법, 행정, 사법 등 다른 국가기능에 대하여 효과적인 권력통제의 기능을 하고, 국가와 사회를 분리하여 보는 이원론적인 인식도 국가에 대한 사회의 통제와 사회에 대한 국가의 통제라는 점에서 권력통제의 의미를 가진다고 본다(허영a, 632).

[387] 제4 현대 국가에서의 국가작용과 권력분립

오늘날 국가의 기능과 역할이 복잡해지고 국가작용에서 여러 형태의 작용방식이 필요해지면서 권력분립은 기관을 중심으로 국가권력을 엄격하게 분리하는 기관중심적인 관점에서 기능중심적인 관점으로 이동하고 있다. 종래는 국가기관을 중심으로 그 기능이 엄격하게 분할되어 배분되고, 국가작용에서는 이러한 기관 간에 엄격한 분리와 독립이 있었지만, 오늘날에는 필요에 따라 이들 국가기관들 간의 협동에 의하여 국가작용이 이루어지는 경우도 있다.

그리고 입법작용, 집행작용, 사법작용도 일도양단적으로 분명하게 구별하기 어려운 경계영역에서는 입법기관에서 실질적으로 집행하는 기능을 수행하기도 하고(예: 처분적법률), 행정기관에서 분쟁을 해결하기도 하는가 하면(예: 각종 행정심판), 입법을 하기도 한다(예: 행정입법). 따라서 국가의 작용을 전통적인 관점에서 기관을 중심으로 엄격하게 분리하고 구별하는 것에는 한계가 있다.

그러나 현대 국가에서도 국가권력의 남용에 대한 통제와 국가기능의 체계적인 배분의 필요성은 여전히 존재하므로 권력분립원리의 기본적인 내용은 그대로 요구되고 있다. 그렇기 때문에 국가작용의 편의를 위하여 아무렇게나 기능을 배분하거나 권력의 통합을 시도하는 것은 헌법상 권력분립원리에 어긋난다.

《인간의 행복한 삶과 권력》

인간이 인간중심주의의 근대 사회로 발전하면서 인간의 삶에서는 개인간에 있어서 어떠한 경우에도 권력적 지배가 있어서는 안 된다는 점을 분명히 하였다. 신분제 사회가 타파되고 모든 인간이 존엄성을 가진 독립된 인격체로 삶을 영위할 수 있도록 하는 데는 어떤 경우에도 '인간이 인간을 지배하는 일'은 정당화될 수 없다는 것이 제1원리로 확고하게 정립되었다. 그리하여 근대 사회를 형성하는 근본원리나 가치는 개인들의 삶은 사적 자치(私的 自治 principle of private autonomy)에 의해 형성되는 사회에서 영위된다는 것이고, 여기서 개인과 개인의 관계는 자유로운 계약(契約 contract)에 의해 형성되며, 이를 실현할 수 있기 위해서는 개개인의 자율과 인간적 존엄성(human dignity) 그리고 자유가 완벽하게 보장되어야 한다는 것이다. 그렇기 때문에 외형은 계약의 형태를 띠고 있다고 하더라도 '인간에 의한 인간의 지배'가 발생하는 계약(각종 노예계약, 종계약, 반인륜적 계약)은 원천적인 무효가 된다. 이와 같이 오늘날 헌법국가에서 추구·보장하는, 인간이 행복하게 살 수 있는 삶이 실현되기 위해서는 인간 사회에서 권력의 발생과 존재를 인정하지 않는 것이다. 인간들간의 분쟁을 해결하는 것에서도 국가가 해결하는 방법 이외에는 개인적인 방법으로 해결하는 것을 인정하지 않는다. 현대 국가에서 사적 구제(私的 救濟)가 금지되는 것은 이러한 원리에 기초하고 있다. 이와 같이 인간 사회에서는 권력의 발생을 금지하는 것(= 私的 權力의 禁止)이 근대 이후 현대 국가의 헌법원리이다. 그런데 인간의 삶에서 강제력을 핵심으로 하는 권력이 필요한 영역이 있는데, 그것은 순전히 인간이 모두 인간답게 행복한 삶을 살아 갈 수 있게 만드는 공적(公的)인 영역에 한한다. 이 공적인 영역이 국가이다. 그래서 인간이 행복하게 살아갈 수 있게 국가질서를 만들고 국가의 기능을 수행할 수 있게 하는 수단으로서 정당화되는 공적 권력(公的 權力)만이 허용된다. 오늘날 국가의 역할을 수행하기 위해 인정되는 국가권력이 바로 이런 공적 권력이고, 이런 공적 권력은 공동체의 안전, 공공선, 공공복리, 국민의 자유와 권리의 보장을 실현하기 위한 도구로서만 정당화된다. 이러한 국가권력은 강제력을 그 본질적 요소로 하기 때문에 매우 강력하다. 인간의 삶에 있어서 국가권력은 헌법에 의하여 이렇게 정당화되는 것이고, 국가권력 그 자체는 그것이 실현하고자 하는 목적가치에 기여하는 것이어서 남용이나 오용이 발생하지 않는다. 이러한 국가권력은 각종의 국가기능을 수행하기 위하여 행사되어야 하는데, 이런 국가권력을 행사하는 권력행사자(=권한을 부여받은 자)는 기계가 아니라 사람이라는 점에서 그 권력의 남용과 오용의 문제가 발생한다. 국가권력의 남용과 오용은 권력행사자의 무지에 기인하기도 하지만, 많은 경우 그 권력행사자의 개인적인 이익, 지배 욕구, 공적 자원의 사적 편취·유용 등을 실현하는데 국가권력을 이용하는 것에서 발생한다. 인간 역사에서 국가권력을 장악한 지배자가 군주이건 선출된 자이건 공무를 수행하는 공직자이건 잘못을 저지른 것은 대부분의 경우가 공동체 구성원에게 배분되어야 할 자원을 개인적 이익을 위하여 사용한 것에서 비롯한다. 이러한 것을 방지하고 공적 자원을 공적으로만 사용할 수 있게 하는 방법을 정립하는 것이 필요한데, 먼저 권력행사자가 선한 의지를 가지고 청렴하고 사욕이 없고 오로지 국가와 국민만의 이익을 위하여 공권력을 행사해줄 것을 호소하는 방법이 있다. 그러나 자기 이익을 우선으로 취하고자 하는 욕망과 탐욕을 가진 인간에게 이런 도덕적, 윤리적 호소를 하는 것은 별 효과가 없다는 것이 판명되었다. 그리하여 아예 권력을 남용할 수 없는 메커니즘(mechanism)을 고안하고 이를 규범화하여 제도로 만드는 것이 훨씬 효과를 가질 수 있다는 결론에 도달하여 권력분립의 메커니즘을 만들고, 공권력 행사의 공공성, 계급적 중립성, 공개성, 투명성, 청렴성을 보장하는 법적 장치를 만들었다. 법치국가원리는 이러한 메커니즘을 실정법으로 규정하여 국가권력이 올바로 작동할 수 있도록 하는 국가원리이다. 권력분립원리는 이와 같이 객관적인 메커니즘으로 '인간에 의한 인간 지배' 즉 '인치'(人治)를 부정하고 방지하고자 하는 것이기 때문에 철학적으로 보면, 인간성에 대하여 회의적인 태도를 취하고 있는 것이다. 이것은 국가권력을 행사하는 자에게 동양의 정치철학에서 주장되어온 덕치(德治)를 기대하기 보다는 그러한 자가 권력을 남용하거나 오용할 수 없도록 완벽한 제도를 규범화하고자 하는 태도이다. 이러한 권력분립원리 또는 권력분립이론을 정치철학에서 보면, '덕(德)에 의한 지배' 즉 덕치는 현실적으로 생겨나기 어려운 주관적 소망이므로 원래의 의도와는 달리 정치적 메시아주의(political Messianism)가 범하는 오류와 같이 현실에서 자행되고 있는 '인간의 지배'(예: 독재, 권위주의 통치, 신정정치 등) 즉 인치나 '권력의 개인화'(personalization of power)를 호도하거나 은폐시킬 위험이 크다고 본다. 권력의 문제에서 인공지능으로 하여금 이러한 권력행사자의 역할을 하게 하면 권력남용의 문제를 상당 부분 해결할 수 있을 것이다. 인간이 권력행사자가 아니게 되면 국가영역에서 권력투쟁은 해소될 수 있다. 재판이든 입법이든 행정이든 인공지능이 하도록 하고, 인간이 인공지능의 판단에 승복하기로 하고 알고리즘의 조작을 방지하지 하는 제도를 완벽하게 만들면 된다.

[388] 제5 한국 헌법상 권력분립

우리 헌법도 권력분립을 독립적인 조항에서 명시하고 있지는 않지만(미합중국연방헌법도 마찬가지이다), 국가권력을 국회의 입법권, 정부의 행정권(통치권+협의의 행정권), 법원의 사법권, 헌법재판소의 헌법재판권으로 분할하고, 각기 자기에게 배분된 권능에 따라 그 기능을 수행하게 하며, 각 헌법기관으로 하여금 서로 견제하고 통제하게 하고 있다. 그리고 다른 한편으로 이들 헌법기관이 협동하여 국가업무를 수행하게 할 필요가 있는 경우에는 협동적으로 활동할 수 있게 하고 있다(예: 헌법재판소, 대법원, 중앙선거관리위원회의 구성, 국회의 각종 동의).

Ⅰ. 국가권력의 분할

헌법은 권력분립의 본질에 따라 권력을 입법, 행정, 사법, 헌법재판으로 분할하고 있다. 중앙정부와 지방자치단체 사이에 수직적 분할(垂直的 分割)이 이루어져 있고, 중앙정부와 지방자치단체 내에서 각각 수평적 분할(水平的 分割)이 이루어져 있다.

헌법은 기본적으로 국가권력을 입법권, 집행권(통치권+협의의 행정권), 사법권, 헌법재판권으로 나누어 권력을 분할하고, 그 기능의 배분에서는 입법권은 국회에(헌법 §40), 집행권은 국가원수인 대통령과 대통령을 행정수반으로 하는 정부에(헌법 §66④), 사법권은 법관으로 구성된 법원에(헌법 §101①), 헌법재판권은 재판관으로 구성된 헌법재판소에(헌법 §111) 각각 귀속시키고 있다.

이러한 권력의 분할은 국회의원과 대통령의 겸직을 금지할 뿐 아니라(헌법 §43, §83), 국회의원과 일반 공무원과의 겸직을 금지하고, 법관의 독립(헌법 §103) 및 헌법재판소 재판관의 정치관여금지를 통하여(헌법 §112②) 이를 뒷받침하고 있다(수평적 권력분할). 공직 간의 겸직을 금지하는 것은 권력분립에서 중요한 의미를 가진다(예: 憲 1993.7.29.-91헌마69). 중앙정부 내에서 공직제도를 통하여 수직적 권력분할도 이루어진다.

> [憲 1993.7.29.-91헌마69] 「일반적으로 입법상의 공직 겸직금지제도가 마련되는 이유로는 첫째, 직무전념 내지 직무수행의 이념상 일반직의 국가공무원 또는 지방공무원이 다른 직종을 겸직하는 것을 원칙적으로 금지하고 있는 경우와 둘째, 제도상 직무상호간에 권력분립의 필요성이 있는 경우로서 국회의원과 일반직 공무원 간의 겸직금지, 지방자치단체의 장과 지방의회 의원 간의 겸직금지 등이 그 예이며 셋째, 직무의 공정성과 전념성 및 정치적 중립성의 확보를 위한 목적으로 겸직금지의 규정을 두고 있는 경우가 있다.」

우리 헌법상 국가권력의 분할

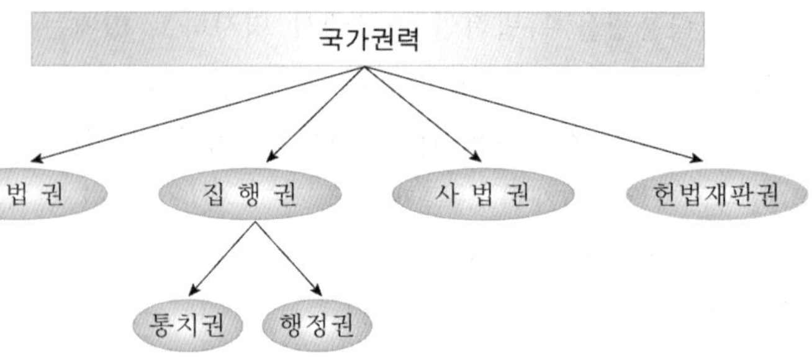

지방자치단체는 중앙정부와의 관계에서 수직적인 권력분할로 이루어져 있으며(구체적으로 그 분할의 정도를 어느 수준으로 할 것인가 하는 것은 지방자치를 어느 수준에서 실시할 것인가에 따라 달라진다), 지방자치단체 내에서는 다시 지방자치단체장과 지방의회로 수평적인 권력분할을 하여 각 관할권을 배분함으로써 권력의 분할과 기능의 배분이 이루어져 있다.

헌법은 특히 권력분립에 따른 헌법기관 간의 분할에 있어 상호 지배력을 행사할 수 없도록 하기 위하여 임기를 서로 다르게 한 임기제를 두고 있다. 예컨대 국회의원의 임기는 4년, 대통령의 임기는 5년, 대법원장 · 대법관 · 헌법재판소장 · 헌법재판소 재판관 · 선거관리위원회의 위원의 임기는 6년으로 각기 서로 어긋나게 규정하여 이를 보장하고 있다.

II. 분할된 국가권력 간의 균형

한국 헌법사에 있었던 역대 헌법들도 1948년헌법 이래 예외없이 권력분립제도를 규정하였으나, 그 내용이 동일한 것은 아니었다. 내각책임제를 규정한 1960년6월헌법과 1960년11월헌법을 제외하고는 대체로 행정부가 우위를 점하였다. 특히 집권자인 대통령이 헌법개정의 방법을 통하여 시도한 권력의 통합은 권력의 남용으로 이어져 국민의 자유와 권리를 침해하고 국정운영의 실패를 가져온 경험이 있다(예: 1972년헌법, 1980년헌법). 다만, 현행 1987년헌법은 과거 독재와 권위주의통치를 유지하였던 대통령의 비상적 대권들을 삭제하고, 국회의 권한을 확대 · 강화하였으며, 법원의 독립을 강화하고 헌법재판소를 설치하여 국가권력 간에 상호 견제와 균형을 유지하게 하고 있다.

그렇지만 현행 헌법에도 대통령에게 강력한 권한들을 부여함으로써 입법부나 사법부에 대해 우월적인 지위에 있게 하여 현실 정치에서 대통령의 독주를 초래할 수 있는 점도 남아 있다. 예컨대, 대통령은 입법부에 대해서는 법률안제출권(헌법 §52), 국민투표부의권(헌법 §72), 국가긴급권(헌법 §76, §77), 헌법개정안제안권(헌법 §128①) 등을 행사함으로써, 사법부에 대해서는 대법원장 및 대법관의 임명권(헌법 §104 ①,②), 사면권(헌법 §79 ①,②) 등을 행사함으로써, 헌법재판소에 대하여는 헌법재판소의 장 및 헌법재판소 재판관의 임명권(헌법 §111 ②,④) 등을 행사함으로써 권력에서 우위를 점하고 있다. 비록 국회가 국무총리 · 국무위원의 해임건의권(헌법 §63), 국회의장의 법률안공포권(헌법 §53⑥), 탄핵소추권(헌법 §65) 등을 가지고 있으나 현실적으로 대통령의 권력우위를 통제하기에는 부족한 면이 있다.

법원은 명령 · 규칙 · 처분에 대한 위헌 · 위법심사나 행정소송을 통하여 국회 · 정부 · 헌법재판소를 통제할 수 있고, 헌법재판소는 위헌법률심판 · 탄핵심판 · 정당해산심판 · 권한쟁의심판 · 헌법소원심판을 통하여 국회 · 대통령 · 정부 · 법원을 통제할 수 있다. 헌법재판소와 대법원의 경우에는 독립성의 확보가 중요한데, 그 구성에 대통령이 관여할 수 있게 하여 이들 헌법기관에 대하여 우월적인 지위를 가지게 하고 있어 권력간의 균형을 침해할 위험이 존재한다.

《집권세력의 권력기관 장악 문제》

우리나라 국가제도를 보면, 국가운영과 국민의 생활에서 강력한 권력을 행사하는 판사, 검사, 경찰, 국가정보원, 감사원, 공정거래위원회, 국세청 등 이른바 대표적인 '권력기관'은 정치세력의 도구로 이용되어서는 안 되기 때문에 정치적 중립성을 엄정하게 지켜야 하는 기관으로 되어 있다. 그런데 현실에서는 대통령이 자기 마음대로 통치하는 수단으로는 이보다 더 효과적인 권력기관이 없기 때문에 우리 헌정사에서는 집권세력마다 이들 '권력기관'을 장악하는데 혈안이 되어 왔다. 집권세력과 대통령은 이들 권력기관을 장악하기 위하여 이들 기관의 기곤장과 주요 보직 공무원의 임명과 승진 등 인사에 대하여 직접 또는 간접으로 권한을 가지고 개입하였고, 그 결과 이들 권력기관들은 대통령의 의지대로 정치적으로 이용되고 있는 것이 독재와 권위주의통치시대 이래로 계속되고 있다. 대통령이 바뀌면 가장 먼저 이들 권력기관을 장악하여 통치의 도구로 이용하기 위하여 해당 직책을 충실히 수행할 사람을 배치하는 것이 아니라 집권세력과 대통령의 지시를 잘 따를 사람을 그에 배치하는 일을 하였다. 그 결과 대통령의 권력남용도 방지할 수 없었고, 국가기능과 해당 기관의 기능도 왜곡되거나 파괴되는 결과를 초래하였다. 우리 현실에서는 승진이나 기타 회유 등으로 출세하는 대가로 집권세력의 충실한 도구로 전락한 '정치검사', '정치판사', '정치경찰'이 생겨난 것도 이런 권력남용의 결과물이다. 이런 일의 발생을 방지하는 장치를 마련하지 못하면 법치국가와 권력분립원리를 실현하는 것은 요원하다.

Ⅲ. 국가작용의 기능적 배분

헌법상 국가의 입법기능, 행정기능, 재판기능, 헌법재판기능은 각각 국회, 정부(대통령+행정부), 법원, 헌법재판소에 배분되어 있다. 중앙정부와 지방자치단체 간에도 각기 그 기능이 배분되어 있다. 국가작용은 권력분립의 원리에 따라 때로는 견제와 균형을 통해 때로는 공화와 협조를 통해 수행된다.

(1) 국 회

국회는 입법기능과 예산에 관한 권한을 가지고 있으며, 각 헌법기관과 국가기관을 통제하는 기능을 수행한다. 입법권은 국회에 속한다(헌법 §40). 입법권은 국회가 가지는 가장 중요한 전속적 권한이지만, 최근에는 국회의 입법기능마저도 행정의 적극화로 인하여 쇠퇴하고 있다는 지적이 있다. 국회는 국가의 예산안을 심의·확정하고(헌법 §54), 조약의 체결·비준에 대한 동의권을 가지며(헌법 §60①), 선전포고, 국군의 해외파견, 외국군대의 국내주류 등에 대하여 동의권을 가진다(헌법 §60②). 국회는 국무총리 · 국무위원 또는 정부위원에 대하여 출석 · 답변을 요구할 수 있고(헌법 §62), 국무총리 또는 국무위원에 대하여 해임건의권을 가지며(헌법 §63), 대통령 · 국무총리 · 국무위원 · 행정각부의 장 · 헌법재판소 재판관 · 법관 · 중앙선거관리위원회 위원 · 감사원장 · 감사위원 기타 법률이 정한 공무원에 대한 탄핵소추권을 가진다(헌법 §65).

(2) 정 부

대통령은 외국에 대하여 국가를 대표하고, 국가의 독립, 영토의 보전, 국가의 계속성과 헌법수호의 책무를 지며, 조국의 평화적 통일을 실현할 의무를 지고 있다(헌법 §66). 조약을 체결 · 비준하고(헌법 §73), 국군통수권을 가지며(헌법 §74), 국가긴급시에 긴급명령권을 가지고(헌법 §76), 계엄선포권을 가진다(헌법 §77). 공무원 임면권(헌법 §78), 국무총리 · 국무위원임명권(헌법 §86, §87), 감사원장과 감사위원임명권(헌법 §98), 대법원장과 대법관임명권(헌법 §104), 헌법재판장과 헌법재판소 재판관임명권(헌법 §111 ②,④), 중앙선거관리위원회 위원임명권(헌법 §114) 등을 갖는다. 이 밖에도 국회출석발언권(헌법 §81), 위임명령과 집행명령제정권(헌법 §75), 헌법개정제안권(헌법 §128), 법률안거부권(헌법 §53), 국회임시집회요구권(헌법 §47), 국민투표부의권(헌법 §79), 사면 · 감형 · 복권권(헌법 §79) 등을 가져 다른 기관에 대해 우월적 지위를 갖는다.

행정권은 대통령을 행정수반으로 하는 정부에 속한다. 정부는 대통령과 국무총리 그리고 국무위원으로 구성되는데(헌법 §88), 국무총리는 대통령을 보좌하고 행정에 관하여 대통령의 명을 받아 행정각부를 통할한다(헌법 §86②). 국무위원은 국정에 관하여 대통령을 보좌하며 국무회의의 구성원으로서 국정을 심의한다(헌법 §87②). 국무회의는 정부의 권한에 속하는 중요한 정책을 심의한다(헌법 §88①). 행정각부 장관은 소관사무에 관하여 행정을 집행하고 부령을 발할 수 있다(헌법 §95). 감사원은 국가의 세입 · 세출의 결산과 회계검사 및 공무원의 직무감찰을 한다(헌법 §97).

(3) 법 원

사법권은 법관으로 구성되는 법원에 속한다(헌법 §101). 법원은 명령 · 규칙 · 처분이 헌법이나 법률에 위반되는지의 여부를 심사할 수 있다(헌법 §107).

(4) 헌법재판소

헌법재판권은 재판관으로 구성되는 헌법재판소에 속한다. 헌법재판소는 위헌법률심판권, 탄핵심판권, 정당해산심판권, 권한쟁의심판권, 헌법소원심판권을 가진다(헌법 §111).

(5) 지방자치단체

지방자치단체는 국가의 기능 가운데 중앙정부가 수행하는 것이 아닌 기능을 수행한다. 지방자치단체는 복수로 존재하여 이들 상호 간에도 권력이 분할되어 있다. 지방자치단체의 권력은 다시 지방자치단체의 장과 지방의회로 분할되고, 각각 그에 고유한 기능이 배분되어 있다.

Ⅳ. 국가권력 간의 통제

(1) 개 설

국가권력 간의 통제를 각 국가기관을 구성하는 면과 그 국가기관이 권한을 행사하는 면으로 나누어 살펴본다.

(a) 국가기관의 구성

국가기관의 구성면에 있어서, 헌법은 대법원장·헌법재판소장·대법관·국무총리·감사원장의 임명에 국회의 동의를 얻게 하고, 헌법재판소와 중앙선거관리위원회를 국회·대통령·대법원장의 합동행위에 의하게 구성하게 하며, 국회로 하여금 정부조직법과 헌법재판소 및 법원의 설치·조직에 관한 법률을 제정하도록 하고 있다. 국가기관 담당자의 임기를 정하여 임기 동안에만 국가업무를 수행하게 하는 것도 권력통제를 실현하는 방법으로 중요한 의미를 지닌다.

(b) 국가권력의 행사

국가권력의 행사면에 있어서, 국무총리 등에 대한 국회에서의 출석·답변요구 및 질문, 국회에 의한 정부 및 법원의 예산심의, 정부의 재정행위에 대한 의결, 대통령의 임시국회소집요구, 법률의 공포, 국회예산안의 편성·제출, 대통령·국무총리 등의 국회에서의 의견표시, 행정부의 행정입법, 대통령의 사면·감형·복권 등은 다른 국가기관의 권력행사에 대한 통제로서 의미를 지닌다.

(2) 국회와 정부

국회는 정부에 대하여 국무총리임명동의권(헌법 §86①), 국무총리·국무위원의 해임건의권(헌법 §63), 대통령 기타 고위직 공무원에 대한 탄핵소추권(헌법 §65), 예산안의결권(헌법 §54), 중요조약의 체결·비준동의권(헌법 §60①), 국정감사·조사(헌법 §61), 선전포고 등 외교행위에 대한 동의(헌법 §60②), 긴급명령과 긴급재정·경제처분명령에 대한 승인(헌법 §76), 계엄해제요구(헌법 §77⑤), 대통령이 제안한 헌법개정안의 의결(헌법 §130①), 대통령의 일반사면에 대한 동의(헌법 §79②), 국무총리·국무위원·정부위원출석답변요구권(헌법 §62) 등에 의하여 대통령과 정부를 통제할 수 있다.

이에 대하여 정부는 국회임시집회요구권(헌법 §47), 법률안거부권(헌법 §53), 국회출석발언권(헌법 §62, §81), 긴급명령권(헌법 §76), 계엄선포권(헌법 §77), 국가안위에 관한 중요정책의 국민투표회부권(헌법 §72), 헌법개정안발의권(헌법 §128) 등으로 국회를 통제할 수 있다.

《국회의장의 국무총리의 취임 문제》

2019년 12월 문재인 대통령은 당시 집권여당인 더불어민주당 정세균 국회의원을 국무총리 후보로 지명하고 2020년 1월에 임명했다. 정세균 의원은 20대 국회 전반기 국회의장(2016. 6.-2018. 5.)을 지냈다. 헌정사상 국회의장을 지낸 인사가 국무총리후보로 지명되는 일이나 임명되는 일도 처음 발생한 것이다. 과연 이런 일이 헌법적으로 타당한가 하는 문제가 있다. 현실에서 국회의장은 정당 간에 서로 차지하기 위하여 치열한 경쟁을 한다. 그 지위나 권위보다는 국회의장은 국회의 운영과 본회의 운영에서 상당한 권한을 가지고 있어 국회의장이 특정 정당에 편파적으로 편을 들어 국회를 운영하는 것이 가능하기 때문이다. 이러한 문제 때문에 국회의장이 되면 정당의 당적도 가지지 못하게 국회법으로 정하고 있다. 그런데 국회의장을 지낸 사람이 국무총리로 가게 되면, 입법부의 수장으로서 대통령과 동열의 권위를 가지고 서로 견제를 하던 사람이 대통령의 명을 받아 행정부의 일을 하는 지위로 가게 되어 국회의 지위를 대통령보다 아래로 떨어뜨리는 결과를 가져오고, 국무총리의 자리를 얻기 위하여 국회의장의 직에 있으면서 대통령의 뜻에 따르거나 집권세력에게 유리한 일을 하게 되어 국회의 역할과 기능이 왜곡될 수 있다. 실제 대통령제 정부인 우리나라에서 국회의장이 대통령을 적극적으로 견제하는 일이 쉽지는 않지만, 아예 대통령의 휘하로 들어가 대통령의 명을 따르는 행위를 하는 것은 대통령제에서 요구되는 권력분립의 원리에 어긋난다. 그렇기 때문에 과거 독재나 권위주의통치시대에도 국회의장이 국무총리의 자리로 가는 사람은 없었다. 이런 일이 있어서는 결코 안 된다고 할 것이다.

《특별검사제도와 권력분립》

특정한 사건을 수사하기 위하여 국회가 법률로 통상의 검사가 아닌 특별검사를 임명하게 하고, 그로 하여금 수사를 하고 기소여부를 결정하게 하는 것이 특별검사제도이다(정종섭b, 383; 정종섭c, 349, 381). 헌법재판소는 대법원장이 특별검사 후보자 2인을 추천하고 대통령이 그 중 1인을 임명토록 한 특별검사법이 권력분립의 원칙에 위배되지 않는다고 보았다(憲 2008. 1. 10. -2007헌마1468).

[憲 2008.1.10.-2007헌마1468] 「헌법상 권력분립의 원칙이란 국가권력의 기계적 분립과 엄격한 절연을 의미하는 것이 아니라, 권력 상호 간의 견제와 균형을 통한 국가권력의 통제를 의미하는 것이다. 따라서 특정한 국가기관을 구성함에 있어 입법부, 행정부, 사법부가 그 권한을 나누어 가지거나 기능적인 분담을 하는 것은 권력분립의 원칙에 반하는 것이 아니라 권력분립의 원칙을 실현하는 것으로 볼 수 있다. 이러한 원리에 따라 우리 헌법은 대통령이 국무총리, 대법원장, 헌법재판소장을 임명할 때에 국회의 동의를 얻도록 하고 있고(헌법 제86조 제1항, 제104조 제1항, 제111조 제4항), 헌법재판소와 중앙선거관리위원회의 구성에 대통령, 국회 및 대법원장이 공동으로 관여하도록 하고 있는 것이다(헌법 제111조 제3항, 제114조 제2항). 앞

에서 본 바와 같이 특별검사제도는 검찰의 기소독점주의 및 기소편의주의에 대한 제도적 견제장치로서 권력형 부정사건 및 정치적 성격이 강한 사건에서 대통령이나 정치권력으로부터 독립된 특별검사에 의하여 수사 및 공소제기·공소유지가 되게 함으로써 법의 공정성 및 사법적 정의를 확보하기 위한 것이다. 이처럼 본질적으로 권력통제의 기능을 가진 특별검사제도의 취지와 기능에 비추어 볼 때, 특별검사제도의 도입 여부를 입법부가 독자적으로 결정하고, 특별검사 임명에 관한 권한을 헌법기관 간에 분산시키는 것이 권력분립의 원칙에 반한다고 볼 수 없다. 한편 정치적 중립성을 엄격하게 지켜야 할 대법원장의 지위에 비추어 볼 때, 정치적 사건을 담당하게 될 특별검사의 임명에 대법원장을 관여시키는 것이 과연 바람직한 것인지에 대하여 논란이 있을 수 있으나, 그렇다고 국회의 이러한 정치적·정책적 판단이 헌법상 권력분립의 원칙에 어긋난다거나 입법재량의 범위에 속하지 않는다고는 할 수 없다.」

한편 개별사건마다 이를 처리하기 위한 특별검사법을 별도로 제정해온 데 대한 반성적 고려에서 2014년 「특별검사의 임명 등에 관한 법률」을 새로 제정하였다. 수사대상은 ① 국회가 정치적 중립성과 공정성 등을 이유로 특별검사의 수사가 필요하다고 본회의에서 의결한 사건, ② 법무부장관이 이해관계 충돌이나 공정성 등을 이유로 특별검사의 수사가 필요하다고 판단한 사건의 두 가지이고(동법 §2①), 이에 따라 특별검사의 수사가 결정된 경우 대통령은 특별검사후보추천위원회에 지체 없이 2명의 특별검사 후보자 추천을 의뢰하고 추천을 받은 날부터 3일 내에 추천된 후보자 중에서 1명을 특별검사로 임명하도록 하며(동법 §3), 특별검사후보추천위원회는 국회에 두고, 위원은 법무부 차관, 법원행정처 차장, 대한변호사협회장, 그 밖에 학식과 덕망이 있고 각계 전문 분야에서 경험이 풍부한 사람으로서 국회에서 추천한 4명 등 총 7명을 국회의장이 임명하거나 위촉하도록 하였다(동법 §4).

이러한 일반법으로 특별검사제도를 입법화하였음에도 그 후에도 여전히 개별사건에 대하여 특별검사에 의한 수사 등을 할 수 있는 법률을 입법화하였다. 예컨대, 「박근혜 정부의 최순실 등 민간인에 의한 국정농단 의혹 사건 규명을 위한 특별검사의 임명 등에 관한 법률」(법률 제14276호, 2016. 11. 22. 제정), 「드루킹의 인터넷상 불법 댓글 조작 사건과 관련된 진상 규명을 위한 특별검사의 임명 등에 관한 법률」(법률 제15622호, 2018. 5. 29. 제정)이 있다.

⑶ 정부와 법원

대통령은 법원예산편성권(헌법 §54), 사면·감형·복권권(헌법 §79), 긴급명령권(헌법 §76), 계엄선포권(헌법 §77)을 가지고 있어 법원을 상당히 견제할 수 있다. 이에 반하여 법원은 명령이나 규칙·처분이 헌법과 법률에 위반된 여부를 심사할 수 있기 때문에(헌법 §107) 정부를 어느 정도로만 견제할 수 있다.

대통령은 대법원장과 대법관의 임명권을 가지고 있어(헌법 §104), 이를 권력통제의 방법으로 볼 가능성이 있으나, 법원이든 헌법재판소든 재판기관의 구성에 대통령이 관여하는 것은 권력통제의 면보다는 재판의 독립과 재판기관의 독립의 면에서 보아야 하므로, 이를 권력통제의 방법으로 정당화하기는 어렵다. 대통령이 가지는 헌법재판소장 및 헌법재판소 재판관의 임명권과 대법원장과 대법관의 임명권은 재판의 독립이라는 면에서 극복하여야 할 과제이다.

⑷ 국회와 법원

국회는 법원에 대하여 대법원장임명동의권(헌법 §104①), 대법관임명동의권(헌법 §104②), 법원조직에 관한 법률제정권(헌법 §102③), 일반사면동의권(헌법 §79②), 법원예산심사의결권(헌법 §54) 등을 통하여 어느 정도의 견제를 할 수 있다. 법원은 국회의 입법에 대해서는 위헌심사제청권을 가지고 이를 통제한다(헌법 §107①).

⑸ 국회와 헌법재판소

헌법재판소는 국회가 입법한 법률에 대하여 위헌결정으로 그 효력을 상실시킬 수 있다. 이에 대해 국회는 국정조사·감사, 예산안의 의결, 헌법재판소법의 개정 등을 통해 간접적으로 헌법재판소를 통제할 수 있다.

⑹ 법원과 헌법재판소

법원의 행위에 대해서 헌법재판소는 헌법소원심판을 통하여 통제할 수 있다. 예컨대 재판의 지연에 대한 헌법소원심판이 그것이다. 그런데 헌법재판소법에 의하면, 법원의 재판은 헌법소원심판의 대상에서 제외되어 있으므로(헌재법 §68①) 법원의 재판이 국민의 기본권을 침해하는 경우에 헌법소원심판을 통하여 이를 바로잡을 기회는 희박하다. 이런 점에서 재판에 대한 헌법소원심판을 인정하는 것이 타당한데, 이는 기본권의 보장과 권력통제의 관점에서 중요한 의미를 가진다.

우리 헌법상 권력의 분립

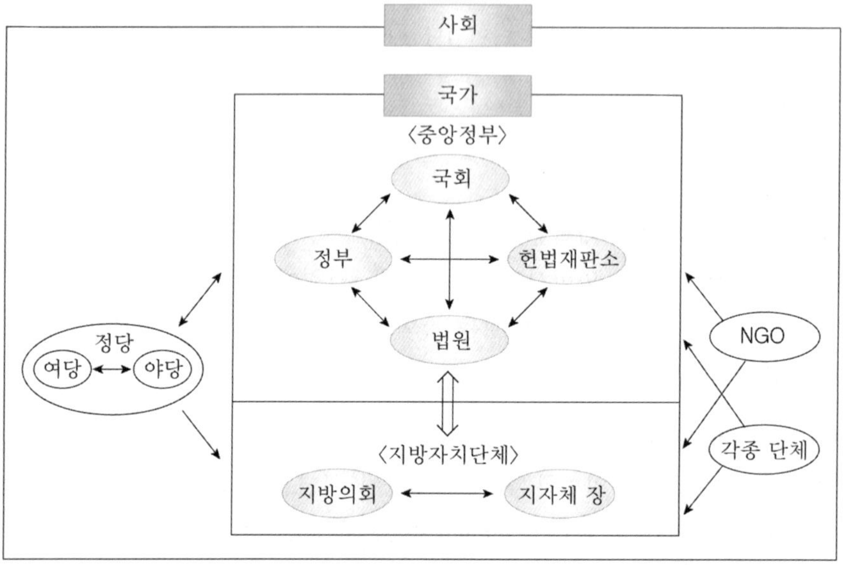

제3장 정부형태

[389] 제1 개 설

Ⅰ. 개 념

정부형태(政府形態 government regime, form of government)라는 용어는 강학상 국가의 권력을 입법부와 집행부에 어떻게 기능적으로 배분하고 구성하며, 작동하게 하는가 하는 국가권력의 구조와 작동형태를 말한다. 정부형태와 관련해서는 정치제도(political system), 정치체제(political regime) 등 다양한 용어로 이를 분석하고 설명하며, 그 접근의 수준에서도 광협으로 다양하지만, 헌법학에서 정부형태라고 할 때는 국가에 있어서 입법부와 집행부의 관계를 설정하는 구조와 그 작동형태를 의미하는 권력분립원리의 조직적 실현형태를 일컫는다.

정부형태와 개념을 달리 하는 것이 통치형태이다. 통치형태(=통치구조)는 한 나라의 국가권력의 구조를 일컫는 말이다. 통치형태는 한 나라에서 입법제도, 행정제도, 사법제도, 헌법재판제도, 지방자치제도, 대의제도, 선거제도, 공직제도 등을 통하여 국가권력을 조직하고 기능적으로 배분하는 구조를 말하는 것으로 정부형태보다 넓은 상위의 개념이다.

Ⅱ. 권력분립과 정부형태

정부형태는 권력분립원리를 구체적으로 실현하는 국가권력의 조직적·구조적인 실현형태이다(허영a, 691). 이와 같이 정부형태는 권력분립의 실현형태이고, 권력분립은 국가권력의 분할, 분할된 국가권력에 대한 기능의 배분, 배분된 국가권력 간의 균형, 국가권력 간의 통제를 그 개념요소로 가지므로 이런 요소들이 구체적으로 어떻게 설정되는가에 따라 각 나라의 정부형태가 정해진다.

Ⅲ. 정부형태의 유형

정부형태도 국가철학에서 시작된, 인간이 가장 행복하게 삶을 영위할 수 있게 만드는 「좋은 정부」(good government)는 어떠한 것이며 어떻게 실현할 수 있는가 하는 것을 이념으로 하고 있다. 이러한 이념을 전제로 하여 오늘날 민주주의와 법치주의가 지배하는 국가권력의 구조를 디자인하는 것이 정부형태의 문제이다. 그 구체적인 실현형태를 정함에 있어서는 각 나라마다 권력분립을 어떻게 구체화할 것인가를 정하는 헌법정책(constitutional policy) 또는 헌법디자인(constitutional design)에 있어서는 보편적으로 고려하여야 하는 원리적 요소와 그 나라가 처해 있는 구체적인 현실적 요소가 있다.

정부형태를 구체화함에 있어서는 먼저 국가기능에서 보편적으로 고려하여야 하는 요소가 있는데, 그것은 권력의 분할로 권력의 남용을 방지하는 것, 국가의 기능을 그 특성에 따라 배분하는 것, 국가권력으로부터 국민의 자유와 권리를 보호하는 것, 국가 운영의 효율성을 확보하는 것이다. 그러나 정부형태를 정함에 있어서 이러한 보편적인 요소만을 고려할 수는 없다. 정부형태의 결정에서는 각 나라(그림에서 A국가, B국가, C국가)가 지니고 있는 공동체의 구체적인 발전상태, 직면하고 있는 공동체적인 문제, 공동체를 둘러싸고 있는 여건과 환경, 그 나라의 정치문화와 사회의 수준 등도 고려된다.

따라서 이런 요소들을 고려하면, 정부형태의 구체적인 모습은 다양하게 디자인될 수 있으며, 그 유형에서도 다양하게 나타난다. 헌정사에서 각 나라마다 채택한 정부형태가 다양하게 나타난 것(그림에서 a형태, b형태, c형태)도 이러한 이유에 기인한 것이다. 그런데 정부형태가 다양하게 나타난다고 하지만, 보편적인 요소가 작용하기 때문에 무한정으로 다양한 유형이 존재할 수는 없다(그림에서 회색 부분에서는 정부형태가 성립할 수 없다). 국가권력을 많이 분할하면 권력남용의 위험성은 줄어들지만, 국가가 기능적으로 작동하기 어렵게 되고, 국가의 운영비용이 높아지며, 효율성이 떨어진다. 그런 반면 국가권력을 통합하면 국가운영의

정부형태의 결정

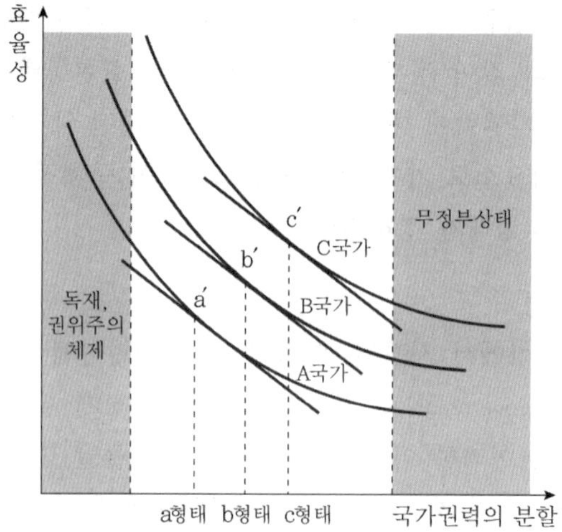

효율성은 높아지고 국정운영의 비용은 낮출 수 있지만, 권력남용의 위험성이 커진다(예: 개발독재, 권위주의통치). 따라서 정부형태는 각 나라마다 이런 여러 요소들을 고려하여 적정점(optimal point)이 설정되는 선에서 정해진다(그림에서 a′, b′, c′).

> 역사적으로 보건대, 정부형태는 군주정, 귀족정, 민주정에 각각 적합한 형태로도 구상되어 시행되었지만, 근대 입헌주의가 확립되면서는 정부형태는 대체로 의회주의제, 대통령제, 혼합제의 유형으로 정착되었다. 이러한 정부형태에서도 각 나라마다 그 나라가 고려한 구체적인 요소로 인하여 입법부가 우위인 유형도 있고, 행정부가 우위인 유형도 있으며, 양자가 균형을 이루는 유형도 있다.

[390] 제2 의회주의제

Ⅰ. 개 념

(1) 연 혁

의회주의제(議會主義制=議院內閣制=內閣責任制 parliamentarism, Parlamentarisches System, parlamentarische Demokratie)는 의회정치의 모국이라 할 수 있는 영국에서 그 기원을 찾는 것이 일반적이다. 17세기부터 18세기에 걸쳐 영국에서 생성하고 발전하여 19세기 말경에 제도적으로 확립되었다. 1688년의 명예혁명은 국왕과 의회의 관계를 과거와 다르게 바꾸어 놓았고, 이는 의회주의원칙의 확립과 입헌군주제의 탄생으로 이어졌다.

19세기 이후 의회주의제는 근대시민혁명기간 동안 입헌민주제를 추구하기 시작한 유럽의 여러 나라에 전파되기도 하고, 영국 식민지 국가들에 유입되기도 했다. 한편, 일본국 · 이스라엘 등과 그 밖의 국가들도 채택하였다. 오늘날 세계적으로는 의회주의제를 채택하고 있는 나라가 다수를 차지하고 있다.

(2) 구 조

의회주의제는 의회에 의하여 행정부가 구성되고, 행정부는 수상을 그 수반으로 하

의회주의제의 구조

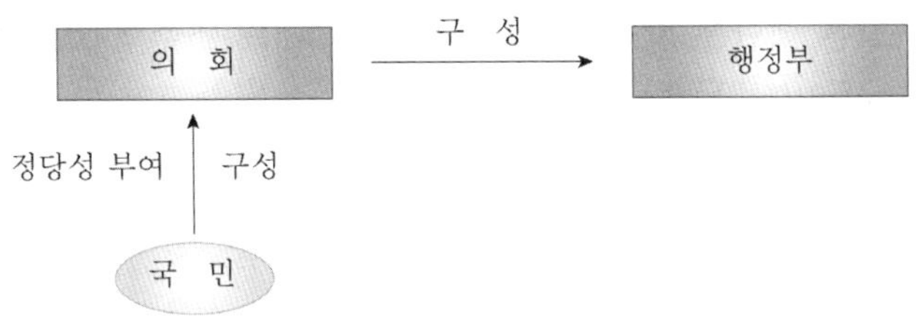

여 일원화되어 있다. 대통령이나 국왕은 상징적인 지위에 있으며, 의례적인 권한만 가지고 있을뿐 실질적인 권한을 가지지 않는다.

Ⅱ. 성 격

(1) 일원적 정당성

국민주권원리와 민주주의원리에 의할 때, 국가권력은 민주적 정당성을 가져야 하는데, 의회주의제에서는 국민이 먼저 의원을 선출하여 의회를 구성하고, 행정부는 이 의회에 의하여 구성되는 구조를 가지고 있으므로 민주적 정당성의 부여는 「국민 → 의회 → 행정부」의 방식으로 이루어진다. 따라서 의회주의제에서는 국가권력에 대한 민주적 정당성의 부여가 일원화되어 있다.

의회주의제에서 의회는 유일한 국민대표기관이고, 행정부는 그 구성과 조직에서 국민대표기관인 의회에 의존하고 있다.

(2) 국가원수와 행정수반의 분리

의회주의제에서는 국가원수(head of state)와 행정수반(head of government)이 분리된다. 국가원수인 대통령은 상징적 · 의례적인 지위에 있으며, 대통령은 대외적으로 국가를 대표하는 사항과 관련된 권한만을 가지고 있다. 행정부의 수반은 원칙적으로 의회에 바탕을 두고 있는 수상(prime minister)이 수행한다.

(3) 권력의 공화

의회주의제에서는 행정부의 구성과 활동이 입법부에 의존하고 있어 국가 전체로 볼 때 입법부와 행정부 간에 협동과 공화현상이 나타난다. 행정부는 의회의 다수당의 지지를 받고 있으므로 안정적이다.

의회주의제에서 권력의 공화는 국정의 효율적인 운영을 담보할 수 있으나, 수상이 의회의 지지를 바탕으로 강력한 통치를 하는 경우에는 수상독재가 등장할 수도 있다. 여기서는 내각불신임제도가 권력통제장치로 중요한 기능을 한다. 그리고 의회주의제에서는 행정부가 기본적으로 의회의 다수당의 지지에 의존하고 있으므로 권력통제가 어렵게 되는데, 이 같은 폐단을 방지하기 위하여 의회 내의 소수의 보호와 야당의 통제기능이 보장되어야 한다(예: 국정조사의 수월한 발동, 추상적 규범통제, 의정활동에서의 소수의 보호 등).

Ⅲ. 장 단 점

(1) 장 점

의회주의제는 i) 입법부와 행정부의 협조에 의해 신속한 국정처리와 효율적인 국정수행이 가능하다. ii) 국정운영의 중심이 의회가 됨에 따라 정당제도와 의회주의의 발전에 기여한다. iii) 행정부가 입법부에 대해 책임을 지기 때문에 책임정치가 실현될 수 있다.

(2) 단 점

의회주의제는 위와 같은 장점을 가지고 있는 반면에 다음과 같은 단점도 가지고 있다. i) 입법부와 행정부를 한 정당이 독점할 경우에는 정당에 의한 국가지배가 발생할 가능성이 높고, 이를 견제할 장치가 없다. ii) 다수의 정당이 난립하여 연립정권이 성립할 경우에는 정국의 불안정이 발생할 우려가 크다. iii) 의원들의 질이 낮을 경우 파벌정치와 금권정치에 의해 정치의 수준이 저하된다.

[391] 제3 대통령제

Ⅰ. 개 념

(1) 연 혁

대통령제(大統領制 presidentialism, Präsidialsystem, Präsidialdemokratie)는 미합중국연방헌법에서 처음으로 고안하여 채택한 정부형태이다. 이후 라틴아메리카의 여러 나라에서 미합중국의 대통령제를 수입하여 채택하였고(예: 브라질, 칠레, 베네주엘라, 과테말라), 제2차 대전 이후에는 신생독립국가들이 이를 수입하여 채택하기도 하였다(예: 한국, 타이완, 필리핀).

(2) 구 조

대통령제는 입법부와 행정부를 이원적으로 엄격하게 분리하고, 권력기관 간에 상호 독립성을 강하게 유지하며, 국민에 의해 선출되는 대통령이 국가원수인 동시에 행정부의 수반으로서의 지위를 가진다. 따라서 행정부는 대통령을 중심으로 일원화되어 있고, 대통령은 행정부 내에서 통합된 권력을 행사한다.

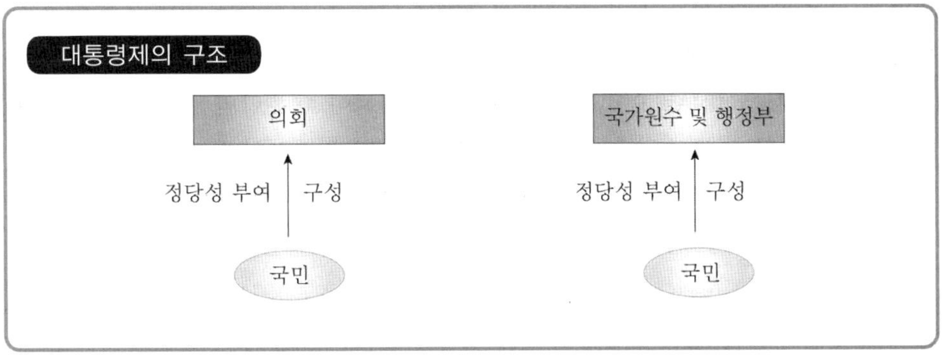

미합중국의 대통령제는 오랫동안 전개되는 과정에서 실제 운용에서 때로는 강력한 대통령제의 양상을 보이기도 하고 때로는 약한 대통령제의 양상을 보이기도 하였다. 그러한 과정을 거치면서 근래에는 헌법제정 당시에 대통령제를 고안할 때처럼 권력의 독립성이 강하게 유지되고 있지는 않다. 그 운용에서 정당의 개입으로 대통령이 소속한 정당이 의회의 다수를 차지한 경우에는 국정운영에서 권력융합의 현상을 보이기도 한다. 그리고 현실에서 대통령의 권한행사의 양상에 따라 행정부가 의회에 대하여 우월적인 지위를 유지하기도 하며, 대통령이 국정운영에서 독주하는 양상을 보이기도 한다. 대통령이 국정운영의 현실에서 우월적인 지위를 차지하고 권력행사에서 의회를 경시하는 양상을 「제왕적 대통령제」(imperial presidency)라고 비판하기도 한다. 그러나 미합중국의 경우에는 의회가 활성화되어 있고, 사회의 다원화와 민주화의 수준이 높기 때문에 이로 인하여 대통령의 독주는 제어된다.

Ⅱ. 성 격

(1) 이원적 정당성

대통령제에서는 국민이 대통령과 의회의 의원을 각각 따로 선출하여 행정부와 입법부를 각각 구성하므로 국가권력에게 민주적 정당성을 부여하는 방식이 二元化되어 있다. 대통령제에서 국가권력에 대한 민주적 정당성의 부여체계는 「국민 → 대통령」과 「국민 → 의회」라는 서로 분리된 구조를 가지고 있다.

따라서 대통령제에서는 대통령과 의회가 구성과 활동에서 각각 민주적 정당성을 가진 국민대표기관으로서 상호 독립되어 있다. 대통령제에서 의회는 유일한 국민대표기관이 아니다.

(2) 국가원수와 행정수반의 통합

대통령제에서는 국가원수와 행정부의 수반이라는 지위가 대통령 1인에게 통합되어 있다. 따라서 대통령은 국가원수로서의 권한과 행정부의 수반으로서의 권한을 장악하여 국가 내에서 가장 강력한 권력체로 존재한다. 법적으로는 입법부, 행정부, 법원, 헌법재판소가 동열의 지위를 보유하지만 실질에서 대통령이 강력한 권한과 영향력을 가지는 것도 이러한 통합적인 지위에서 비롯한다.

대통령제에서는 대통령으로의 권력집중으로 인하여 대통령의 권한 남용과 오용에 대한 권력통제장치가 무엇보다 중요하다. 이러한 권력통제장치가 제대로 작동하지 않으면 대통령은 「선출된 군주」로 변질되어, 대통령제는 쉽게 권위주의통치나 독재로 전락한다.

(3) 권력의 독립

대통령제는 입법부와 집행부의 관계에 있어 서로 독립되어 있는 구조를 취한다. 의회와 집행부는 각각 국민에 의하여 따로 구성되고, 그 조직이나 작용에 있어서도 서로 독립되어 있다. 입법부만이 법률안제출권을 가지고 행정부는 법률안제출권을 가지지 않는다(변형: 한국).

Ⅲ. 장 단 점

(1) 장 점

대통령제를 취하는 경우에는 i) 대통령의 임기가 고정되어 임기 동안 행정부가 안정된다. 이는 국가정책의 계속성과 강력한 정책집행의 원동력이 된다. ii) 국회의 졸속입법을 방지할 수 있다. 국회의원의 질이 저하될 경우 다수결로써 졸속입법을 행하기 쉬운데, 대통령은 법률안거부권의 행사로 이를 방지할 수 있다. iii) 엄격한 권력분립을 이룰 수 있다. 권력분립이 엄격해 각 국가기관 간에 견제와 균형이 이루어질 수 있다.

(2) 단 점

대통령제는 권력이 대통령에게 집중되는 점으로 인하여 i) 국가원수와 행정부의 수반을 겸하는 대통령이 강력한 권한을 갖게 되어 독재화하기 쉽다. ii) 의회주의제와 달리 국정운영이 대통령 1인에 의존하게 됨에 따라 권력의 인격화현상이 나타난다. iii) 여소야대가 될 경우 대통령과 의회의 대립이 극한으로 치달을 가능성이 농후하다. iv) 국가의 중요정책이 대통령 1인에 의해 좌지우지될 가능성이 높고, 국정운영과 정책실패에 대하여 임기 동안 효과적인 책임을 물을 수 없는 약점이 있다. 이런 점에서 대통령제는 리스크(risk)가 높은 시스템이다.

[392] 제4 혼 합 제

Ⅰ. 개 념

(1) 연 혁

혼합제(混合制=二元政府制 semi-presidentialism, semi-presidential government, premier presidentialism, hybrid system, Mischsystem)를 학문적인 관점에서 접근해 최초로 독자적인 정부형태로 체계화시킨 학자는 M.Duverger이다. 그는 준대통령제(準大統領制=半大統領制 semi-presidentialism), 즉 혼합제의 특징을 국가원수인 대통령이 국민에 의하여 선출되는 점, 대통령이 상당한 권한을 가지는 점, 의회의 신임에 의존하는 총리와 내각이 행정권을 보유하고, 대통령을 견제하는 점의 3가지로 들고, 이를 채택하고 있는 국가로 프랑스를 비롯한 핀란드, 오스트리아, 포르투갈, 바이마르공화국, 아일랜드, 아이슬란드를 꼽았다.

이러한 분류에 따를 경우, 혼합제를 최초로 채택한 국가는 1919년의 바이마르공화국과 핀란드이다. 그 후 1929년 이후의 오스트리아, 1937년 이후의 아일랜드, 1945년 이후의 아이슬란드, 1962년 이후의 프랑스 제5공화국, 1976년 이후의 포르투갈이 혼합제로 운용되고 있다.

(2) 구 조

혼합제는 의회주의제와 대통령제를 혼합하여 고안한 정부형태이다. 국민은 국가원수인 대통령을 직선으로 선출하고 동시에 의회의원도 선출한다. 이러한 점에서 혼합제는 국가권력에 민주적 정당성을 부여하는 체계에 있어 이원적인 구조를 가지고 있다.

그런데 행정부의 구성에서는 의회주의제와 달리 전적으로 의회에 의존하지 않고 일정한 부분 대통령이 이에 관한 권한을 가지며, 그 이외의 부분은 의회에 의존한다. 혼합제는 집행부가 대통령과 수상으로 이원화되어 있는 것에 특징이 있다. 이는 주로 유럽에서 채택한 것인데, 그 구체적인 양태에서는 나라마다 차이가 있다.

혼합제를 채택하고 있는 각 나라에서 대통령이 행정부의 구성과 입법부와의 관계에서 가지는 권한을 보면 아래의 표와 같다.

의회주의제와 대통령제 이외에 제3의 형태로 혼합제가 성립할 수 있는가 하는 점에 대해서는 부정설과 긍정설이 대립한다. 부정설은 제도에서는 대통령제나 의회주의제와 차이는 있으나, 실제에서는 대통령제나 의회주의제 가운데 어느 하나에 해당하므로 혼합제를 독자적인 정부형태로 보는 것은 실익이 없다고 본다. 실제 프랑스는 대통령제로 운용되고 있고, 오스트리아, 아일랜드, 아이슬란드는 대통령이 직선되지만 의회주의제로 운영되고 있으며, 포르투갈도 실질적으로 의회주의제로 기울고 있다고 본다(예: A. Liphart; H. Bahro; E. Veser). 긍정설은 혼합제는 대통령제나 의회주의제와 달리 의회주의제의 수상

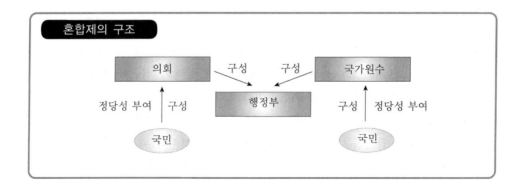

혼합제의 구조

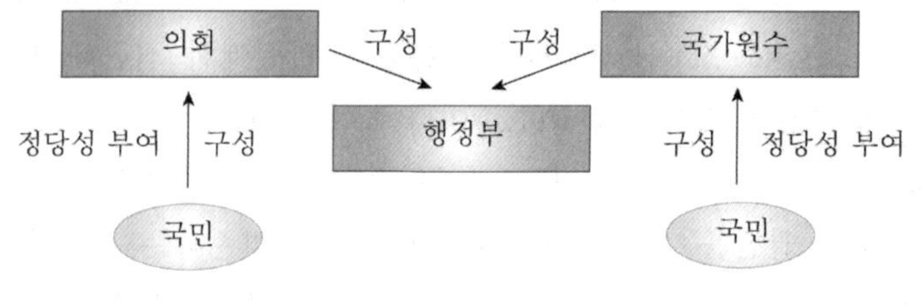

과 국민이 선출하는 대통령이 존재하고, 대통령과 수상이 따로 존재하지만 대통령이 상당한 권한을 가지며, 의회에 대하여 해산권도 가지는 점에서 독자적인 형태를 보인다고 한다(예: M Duverger; S. Sartori; M. S. Shugart; J. M. Carey; J. J. Linz; G. Pasquino; R. Elgie).

혼합제국가의 대통령의 주요 권한

권한 \ 국가	바이마르 공화국	핀란드	오스트리아	아일랜드	아이슬랜드	프랑스	포르투갈
수상임명	○	△	○	△	○	○	○
수상면직	○		○				○
의회해산	○	△	○	△	○	○	○
법률안제출		△			△		
법률안거부	○	○			△	○	○
법률안공포	○	○		○		○	○
국민투표부의	○			△	△	△	△
명령제정		○					
공무원임명	○	○	○		○	△	△
외교권	△	△	△		△	△	△
군통수권	○	○	○	○		○	○
헌법재판관임명			△			○	
위헌법률제청				○		○	○
국가긴급권	○	○	△			○	○
사면권	○	○	○	○	○	○	○
의회소집권	○		○	○	○	○	○

○ 독자권한 △ 공유권한

※ 대통령의 고유권한이나, 의회나 수상·내각의 자문(opinion or consulting)에 따라 대통령이 권한을 행사할 경우에는 독자권한으로 보았다.

※ 의회나 수상·내각의 제청 또는 제안(proposal)에 따라 대통령이 권한을 행사할 경우에는 공유권한으로 보았다.

II. 성 격

(1) 이원적 정당성

혼합제는 집행부가 대통령과 수상을 정점으로 하는 협의의 행정부로 나누어져 있는데, 국민이 집행부의 대통령을 직접 선출함과 동시에 의회도 선거로 구성하는 구조를 가지고 있어 국가권력에 대하여 민주적 정당성을 부여하는 방식은 이원적인 구조를 지니고 있다.

(2) 권력의 공화와 독립

혼합제에서 의회와 국가원수는 서로 독립되어 있지만(권력의 독립), 행정부는 의회에 의존적인 모습을 보이는데(권력의 공화), 그 대표적인 것이 의회의 정부불신임권이다. 혼합제에서 의회와 국가원수, 행정부 간에 어느 정도의 독립성과 의존성을 유지하는지는 그 양태에 따라 다르다. 대통령제에 가까운 혼합제에서는 독립성이 상대적으로 강하게 나타나고, 의회주의제에 가까운 혼합제에서는 의존성이 상대적으로 강하게 나타난다.

(3) 국가원수와 행정수반의 분리

혼합제의 가장 큰 특징은 집행부가 대통령과 수상을 정점으로 하는 협의의 행정부로 이원화되어 있다는 점이다(집행부의 이원화). 혼합제에서 대통령은 국가원수의 지위에 있고, 수상은 행정부의 수반의 지위에 있다. 이런 점에서는 의회주의제와 유사하지만, 의회주의제에서 수상이 가지는 권한 가운데 일부를 대통령이 가진다. 따라서 혼합제에서는 의회주의제와 달리 대통령이 상징적 지위에만 머무는 것이 아니라 실질적인 집행권을 수상과 나누어 가진다.

Ⅲ. 유 형

혼합제의 경우에 대통령과 수상의 권한 배분을 어떻게 하는가에 따라 균형적인 혼합제, 대통령제에 가까운 혼합제(예: 프랑스), 의회주의제에 가까운 혼합제(예: 핀란드, 아일랜드, 오스트리아)가 있을 수 있다. 수상을 대통령이 임명하는 경우에는 대통령제에 가까운 혼합제가 되고, 의회에서 선출하면 균형적 혼합제나 의회주의제에 가까운 혼합제가 된다.

Ⅳ. 장점과 단점

(1) 장 점

혼합제는 i) 평상시에는 의회주의제적인 운영을 통해 행정부와 입법부의 마찰을 피할 수 있다. ii) 평상시에 대통령은 일상 정치에서 초연한 입장에서 국가적 과제에 전념하고 수상은 일상적인 국정운영에 집중할 수 있으며, 국가위기 시에는 대통령의 직접통치로 신속하고 안정적인 국정처리가 가능하고, 실제 국정운영의 양상에 따라 대통령제부터 의회주의제까지 탄력적인 국정운영이 가능하다. iii) 대통령이 소속한 정당과 수상이 소속한 정당이 서로 다른 동거정부(同居政府 cohabitation)가 발생하는 것이 단점이 될 수도 있지만, 원만한 국정협의가 이루어질 경우에는 대통령제에서 발생할 수 있는 분점정부(分占政府 divided government)의 문제를 해결할 수 있는 대안이 될 수도 있다.

(2) 단 점

혼합제는 i) 국가정책의 수립 · 집행에서 책임이 분산되어 책임정치를 실현하기 어렵다. ii) 대통령과 수상의 권한 구분이 불명확해 갈등이 증폭될 우려가 있으며, 동거정부 시에는 권력투쟁이 벌어질 가능성이 크다. iii) 대통령의 비상대권 행사 시 대통령제가 변질되는 경우와 같이 독재화의 우려가 크다.

의회주의제, 혼합제, 대통령제의 구분기준

기준 사항	의회주의제 (parliamentary system)	혼합제 (semipresidential system)	대통령제(US 모델) (presidential system)
대통령 직선	×	○	○
집행권의 이원화: 대통령과 총리	○	○	× (예외: 라틴 아메리카)
대통령(또는 국왕)의 권한	상징적	특권적(특히 외교/국방)	점점 특권적
정부구성에 대한 국가원수의 영향력	매우 제한적	강함	독점적(상원의 동의)
의회다수파에 반대하여 국가원수에 의한 정부의 해산	×	러시아, 우크라이나	임명보다 해임이 용이
각료들의 연대책임	○	○	×
의원의 각료 겸직	○	○ (예외: 프랑스)	×
의회의 불신임결의에 의한 내각사퇴	○	○	×
대통령(국왕)에 의한 의회 해산	○ (제한적인 경우도 있음. 부정: 노르웨이)	○ (제한적: 프랑스)	×
동거정부의 발생 가능성	×	○	○ (대통령임기와 의원 임기 불일치 경우)
연방제와 친화성	○	적음	○
해당 국가	Australia, Belgium, Canada, Denmark, England, Germany, Greece, Israel, Italy, Japan, Luxembourg, Netherlands, Norway, New Zealand, Spain, Sweden, Malta, Albania(?), Bulgaria, Estonia, Latvia, Slovakia(?), Slovenia, Czech Republic, Hungary	Austria, France, Finland, Iceland, Ireland, Portugal, Russia(?), Ukraine(?), Croatia, Lithuania, Poland, Romania(?), Yugoslavia(?)	USA, Latin America, Korea, Taiwan, Philippines

* K.v. Beyme, Parliamentary Democracy(London: Mcamillan Press, 2000), pp. 14-15 참조.

제4장 공무원제도

[393] 제1 공 무 원

Ⅰ. 공무원의 의의

공무원은 선거에 의한 선출 또는 법률에 의한 임명의 절차에 의하여 특정한 지위에 취임하여 국가영역의 업무를 담당하는 자를 말한다. 공무원의 의미에 대해 광의로 계약에 의해 공무를 담당하는 자와 협의로 국가공무원법과 지방공무원법에 의해 공무원의 자격을 갖는 자로 구분하기도 한다. 공무원제도에서 규정되는 다양한 통제는 원칙적으로 협의의 공무원에 적용되게 된다. 기타 공무원들은 개별적으로 그 권한과 의무에 있어 통제를 받게 된다.

Ⅱ. 종 류

공무원의 종류로는 먼저 국가공무원법에 의해 임명과 지위가 정해지는 국가공무원과 지방공무원법이 적용되는 지방공무원으로 대별된다.

국가공무원(國家公務員)은 경력직공무원과 특수경력직공무원으로 구분한다(국공법 §2). 경력직공무원이란 실적과 자격에 따라 임용되고 그 신분이 보장되며 평생 동안(근무기간을 정하여 임용하는 공무원의 경우에는 그 기간 동안을 말한다) 공무원으로 근무할 것이 예정되는 공무원을 말하며, 특수경력직공무원이란 경력직공무원 외의 공무원을 말한다. 경력직공무원에는 기술·연구 또는 행정 일반에 대한 업무를 담당하는 일반직공무원, 법관, 검사 등 특수 분야를 담당하는 특정직공무원의 2가지가 있다. 종전의 기능직공무원은 최근에 폐지되어 일반직으로 통합되었다. 특수경력직공무원에는 선거로 취임하거나 임명할 때 국회의 동의가 필요하거나 고도의 정책결정 업무를 담당하는 등의 정무직공무원, 비서관·비서 등 보좌업무 등을 수행하거나 특정한 업무 수행을 위하여 법령에서 별정직으로 지정하는 별정직공무원의 2가지가 있다. 종전의 계약직공무원은 최근에 폐지되어 일반직 또는 별정직에 통합되었다. 한편 근무기간을 정하여 임용하는 공무원제도(동법 §26의5)를 새롭게 도입하여, 전문지식이나 기술이 요구되거나 임용관리에 특수성이 요구되는 업무에 근무기간을 정하여 임용하는 공무원을 둘 수 있도록 하면서, 직권면직 절차 등 인사 관계 법령을 적용할 때에는 신분보장 규정이 적용되도록 하여 우수한 인재를 확보할 수 있도록 하였다.

Ⅲ. 공무원의 헌법상 지위

현행 헌법 제7조 제1항은 공무원은 국민전체에 대한 봉사자이며, 국민에 대하여 책임을 진다고 하여 공무원과 국민의 관계를 규정하고 있다. 본조에 의해 공무원은 국민에 대한 봉사자로서의 지위를 부여받고, 국민에 대한 정치적 · 법적 책임을 부담하게 되는바, 공무원에 대한 기본권의 광범위한 제한(예: 단체행동권, 정치활동, 영리행위 등의 제한)은 국민에 대한 봉사자로서의 지위에 의해 도출될 수 있을 것이다. 그러나 공무원은 공무원으로서 특별한 기본권에 대한 제한을 부담하여야 하지만, 공무원도 기본권의 주체인 국민이라는 점에서 헌법 제7조 제1항이 공무원의 기본권을 형해화시키는 근거조항으로 기능해서는 안 된다.

> [憲 1992.4.28.-90헌바27등] 「일반적으로 말하여 공무원이란 직접 또는 간접적으로 국민에 의하여 선출 또는 임용되어 국가나 공공단체와 공법상의 근무관계를 맺고 공공적 업무를 담당하고 있는 사람들을 가리킨다고 할 수 있고, 공무원도 각종 노무의 대가로 얻는 수입에 의존하여 생활하는 사람이라는 점에서는 통상적인 의미의 근로자적인 성격을 지니고 있으므로(근로기준법 제14조, 제16조, 노동조합법 제4조 등 참조) 헌법 제33조 제2항 역시 공무원의 근로자적 성격을 인정하는 것을 전제로 규정하고 있다. 그러나 공무원은 그 임용주체가 궁극에는 주권자인 국민 또는 주민이기 때문에 국민전체에 대하여 봉사하고 책임을 져야 하는 특별한 지위에 있고, 그가 담당한 업무가 국가 또는 공공단체의 공공적인 일이어서 특히 그 직무를 수행함에 있어서 공공성 · 공정성 · 성실성 및 중립성 등이 요구되기 때문에 일반근로자와는 달리 특별한 근무관계에 있는 사람이다.」

[394] 제2 직업공무원제도

Ⅰ. 의의 및 기능

직업공무원제도는 오로지 공무에만 종사하는 공무원으로 하여금 공공영역의 업무를 수행하게 하는 제도이다. 직업공무원제도는 공공업무를 직업공무원에게 수행케 하되 공무원에 대해 특별한 통제를 가함으로써 공직이 정권쟁취의 전리품이 되는 엽관제(獵官制 spoil system)를 지양하고, 정치세력의 교체에도 불구하고 국가업무를 계속 안정적으로 수행하여 국정운영과 사회통합에 충격을 최소화하고, 국가의 공직제도와 공권력이 현 집권세력의 정권 재창출을 위한 수단이 되는 것을 방지하기 위해 고안된 제도이다. 직업공무원제도에서 말하는 공무원은 국가 또는 공공단체와 근로관계를 맺고 이른바 공법상 특별권력관계 내지 특별행정법관계 아래 공무를 담당하는 것을 직업으로 하는 협의의 공무원을 말하며 정치적 공무원이라든가 임시적 공무원은 포함되지 않는다(憲 1989. 12. 18.-89헌마32등).

II. 연 혁

공적 업무의 수행을 직업으로 하는 공무원의 개념은 국왕에게로 권력을 집중시켜 중앙집권제를 구축하기 위한 관료제도가 확립되면서 발생하였다. 국가를 국왕의 의사에 따라 일률적으로 통제하기 위해서는 관료제도가 필수적이었기 때문이다. 그러나 시민혁명기를 거치면서 정권의 수평적 교체가 정착되면서 공직에 대해서도 정권을 쟁취한 정당 또는 정치세력이 공무원을 임명하는 엽관제가 실시되었는데, 이러한 제도의 변화는 국민 위에 군림하던 공무원을 공공에 봉사하는 자로 성격을 변화시킨 면도 가졌으나, 국가가 아닌 정치세력의 이익을 실현하는 도구로 전락하는 문제를 야기하였다. 이러한 문제의 해결을 위해서 일정한 자격요건을 충족하는 자를 공직에 임명함으로써 당파성을 벗어난 자가 공직을 수행케 하는 직업공무원제가 등장하였다. 직업공무원제도는 영국에서는 1870년 추밀원령에 의해, 미국에서는 1883년 공무원법에 의해 법제화되었다. 그러나 헌법적으로 직업공무원제도가 정착된 것은 바이마르공화국헌법(§128-§131)에 이르러서였다.

III. 법적 성질

우리 헌법상 직업공무원제도가 헌법상의 제도인가 하는 점에 대해서는 논란이 있다. 헌법에는 직업공무원제도를 정하고 있는 규정이 없으므로 이를 헌법상의 제도라고 하기는 어렵다. 헌법은 공무원제도만을 정하고 있을 뿐이다. 따라서 공무원제도의 구체적인 내용과 운용은 법률에서 정할 사항이다. 우리나라에서도 법률로써 계약제나 엽관제를 채택하는 등 다양한 형태의 공무원제도를 정할 수 있다. 헌법재판소는 직업공무원제도를 헌법상의 제도라고 본다(예: 憲 1992. 11. 12.-91헌가2; 1997. 3. 27.-96헌바86; 1997. 4. 24.-95헌바48).

> [憲 1997.4.24.-95헌바48] 「헌법 제7조 제2항은 공무원의 신분과 정치적 중립성을 법률로써 보장할 것을 규정하고 있다. 위 조항의 뜻은 공무원이 정치과정에서 승리한 정당원에 의하여 충원되는 엽관제를 지양하고, 정권교체에 따른 국가작용의 중단과 혼란을 예방하며 일관성 있는 공무수행의 독자성과 영속성을 유지하기 위하여 공직구조에 관한 제도적 보장으로서의 직업공무원제도를 마련해야 한다는 것이다. 직업공무원제도는 바로 그러한 제도적 보장을 통하여 모든 공무원으로 하여금 어떤 특정 정당이나 특정 상급자를 위하여 충성하는 것이 아니라 국민전체에 대한 봉사자로서(헌법 §7①) 법에 따라 그 소임을 다할 수 있게 함으로써 공무원 개인의 권리나 이익을 보호함에 그치지 아니하고 나아가 국가기능의 측면에서 정치적 안정의 유지에 기여하도록 하는 제도이다.」

Ⅳ. 내 용

(1) 공무의 전담

직업공무원제도는 공무원이라는 특정집단으로 하여금 공무를 수행하게 하고 공무상 요구되는 특별한 제한을 공무원에게 가하고자 하는 제도이기 때문에, 공무를 공무원 이외의 자에게 수행하게 하는 것은 허용되지 않는다. 공무원 아닌 자가 공무를 수행하는 경우에는 통제를 벗어난 권력의 행사를 배제할 수 없다. 그러나 오늘날 국가기능의 변화로 인하여 공무의 개념과 범위를 정하는 것은 쉽지 않다. 종래 사인의 집단이던 국회의원의 보좌인, 비서 등의 구성원이 공무원으로 구성되는가 하면, 민영화로 인하여 국가업무이던 것이 사적인 업무로 되기도 한다. 이러한 점에서 공무의 개념과 범위는 일응 입법에 의해서 결정되고, 공무로 정해진 업무는 공무원에 의해 수행되어야 할 것이다.

(2) 정치적 중립성

(a) 의 의

헌법 제7조 제2항은 「공무원의……정치적 중립성은 법률이 정하는 바에 의하여 보장된다」라고 정하여 공무원의 정치적 중립성을 헌법에서 보장하고 있다. 정권교체에 의하여 정권을 장악한 세력은 특정한 정파적 색채를 띠지만, 국가는 언제나 중립성을 유지하면서 전체 국민의 복리와 국가질서를 실현 · 유지하여야 하므로, 국가의 정책이 정권을 장악한 세력의 정치적 이해관계와 정치적 이념에 따라 좌지우지되어서는 안 된다. 따라서 국가의 공적 업무를 수행하는 공무원은 업무수행에 있어 정치적 편향성을 띠어서는 안 된다.

엽관제(獵官制 spoil system)에서는 공직에 취임함에 있어서는 직업공무원과 같이 엄격한 자격을 요구하지는 않지만 공무의 수행에 있어 정치적 중립성은 지켜져야 한다. 국가권력이 특정 정치세력의 이익이나 사익을 실현하기 위한 도구가 되어서는 안 되기 때문이다. 정치적 중립성의 유지를 위해 공무원은 근로자로서의 근로 3권을 온전히 누릴 수 없고, 정당가입, 선거활동 등의 정치활동에도 제한을 받게 된다. 헌법재판소는 공무원의 정당가입 금지조항은 국가공무원이 정당에 가입하는 것을 금지함으로써, 공무원의 정치적 중립성을 확보하여 공무원의 국민 전체에 대한 봉사자로서의 근무기강을 확립하고, 나아가 정치와 행정의 분리를 통하여 공무집행에서의 혼란의 초래를 예방하고 국민의 신뢰를 확보하여 헌법상 직업공무원제도를 수호하려는 목적을 가지는 것으로서 합헌이라고 보았다(憲 2014. 3. 27.-2011헌바42. 4인의 반대의견 있음).

이러한 공무원의 정치적 중립성은 공직제도의 성질상 당연히 인정된다. 1948년헌법에는 「공무원은 주권을 가진 국민의 수임자이며 언제든지 국민에 대하여 책임을 진다. 국민은 불법행위를 한 공무원의 파면을 청원할 권리가 있다」(헌법 §27)라고 하여, 공직제도에 대한 규정을 두면서 공무원의 정치적 중립성에 대해서는 명시적인 표현을 두지 않았다. 그러다가 이승만정부에서 실시된 1960년 3월 15일의 국회의원 선거에 공무원이 대거 동원되어 선거의 부정을 저지른 결과를 가져왔다. 이러한 경험을 배경으로 하여 정권이 교체된 후의 1960년6월헌법에서는 「공무원의 정치적 중립성과 신분은 법률이 정하는 바에 의하여 보장된다」(헌법 §27)고 하는 내용을 추가하여 공무원의 정치적 중립성에 대한 명시적 규정을 처음으로 두게 되었고, 이 규정이 그 이후 계속 이어져 현재까지 유지되고 있다. 국가공무원법(동법 §65-§6)과 지방공무원법(동법 §57-§58)도 이를 구체화하고 있다.

우리 헌정사에서 국가원리상 당연한 공무원의 정치적 중립성을 헌법에서 명시한 것은 우리 헌정의 현실적 경험에 바탕을 두고 정해진 것이다. 주로 대통령제를 채택하면서 국가원수이면서 행정부의 수반인 대통령이 명시적 또는 묵시적으로 정치적 중립성을 지키지 않고 정치적 반대세력에 대하여 공격하거나 탄압하는 행위를 함으로써 하위 또는 영향을 받는 국가기관의 공무원들(예: 국가정보기관, 경찰, 검찰, 국세청, 공정거래위원회, 선거관리위원회, 여러 행정부처, 감사원, 법원 등)이 이에 동원되거나 대통령의 입장에 동조하여 국가권력을 기반으로 하여 대통령 또는 집권세력의 반대세력에 대하여 공격하거나 탄압하는 등 영향력을 행사해온 것이 비일비재하였다. 특히 이러한 편파적인 정치적 파당성에 기초한 비중립적 행위는 집권세력이 정권을 재창출하는데 동원되었는데, 선거에 강하게 나타났다. 그래서 우리나라에서는 지금까지도 관권선거의 논란이 그치지 않고 있다. 따라서 이러한 불법적이고 반민주주의적인 상황을 방지하기 위하여 공무원의 정치적 중립성이라는 당연한 법리가 헌법에 명시되어 있다. 이러한 경험은 특히 선거법에 반영되어 선거법에서 이를 명문화하기에 이르렀다. 예컨대 1987년 대통령선거법(1987. 11. 7. 법률 제3937호)은 「선거운동기간 중 공무원과 정부투자기관의 임·직원은 정상적인 업무 이외의 출장을 할 수 없다」라고 하여 출장을 핑계로 한 공무원의 선거개입을 금지하였으며, 1992년 대통령선거법(1992. 11. 11. 법률 제4495호)에서는 「공무원(국회의원, 지방의회의원, 국회의원의 보좌관·비서관·비서를 제외한다), 정부 및 지방자치단체의 투자기관(제30조 제1항 제4호 및 지방공기업법 제2조 제1항에 규정된 기관을 말한다)의 임·직원, 통·리·반의 장과 향토예비군의 소대장급 이상의 간부, 특별법에 의하여 설립된 국민운동단체로서 정부의 출연·보조를 받는 단체(바르게 살기운동협의회·새마을운동 협의회·한국자유총연맹을 말한다)의 상근 임·직원과 이들 단체의 중앙회장은 다음 각호의 행위를 하여서는 아니된다. 1. 소속직원 또는 일반인에게 교육 기타 명목 여하를 불문하고 특정 정당 또는 특정 후보자의 업적을 홍보하는 행위, 2. 선거운동기간 중 소속직원 또는 일반인에게 명목여하를 불문하고 법령이 정하는 이외의 금품 기타 이익을 주거나 이를 약속하는 행위. 다만, 관혼상제 기타 의례적이거나 직무상의 행위로서 중앙선거관리위원회규칙이 정하는 행위에 대하여는 그러하지 아니하다. 3. 선거운동의 기획에 참여하거나 그 기획의 실시에 관여하는 행위, 4. 정당 또는 후보자에 대한 선거권자의 지지도를 조사하거나 이를 발표하는 행위, 5. 선거운동기간 중 국가 또는 지방자치단체의 예산으로 시행하는 사업중 즉시 공사를 진행하지 아니할 사업의 기공식을 거행하는 행위, 6. 선거운동기간 중 정상적 업무 이외의 출장, 7. 선거운동기간 중 휴가기간에 그 업무와 관련된 기관이나 시설을 방문하는 행위」를 금지하여 본격적으로 공무원 등의 선거에 영향을 미치는 행위를 금지했다. 이러한 것이 발전하여 현재 공직선거법에 「① 공무원 기타 정치적 중립을 지켜야 하는 자(기관·단체를 포함한다)는 선거에 대한 부당한 영향력의 행사 기타 선거결과에 영향을 미치는 행위를 하여서는 아니 된다. ② 검사(군검찰관을 포함한다) 또는 경찰공무원(검찰수사관 및 군사법경찰관리를 포함한다)은 이 법의 규정에 위반한 행위가 있다고 인정되는 때에는 신속·공정하게 단속·수사를 하여야 한다」라고 하여 공무원 등의 선거중립의무를 정하는 것으로 되었다. 따라서 우리 헌정사에서는 선거에서 대통령의 선거중립의무가 대단히 중요한 의미를 가지고 있고, 특히 대통령에 의해 영향을 받는 공무원 등의 선거중립의무도 한국민주주의와 법치주의의 실현에 있어 중요한 의미를 가진다.

(b) 근 거

공무원의 정치적 중립성이 요구되는 근거는 i) 국가는 특정 정파적 이익이나 특정 국민의 이익을 위하여 존재하지 않고 공동체와 국민 모두의 이익을 실현하기 위하여 존재한다는 점, ii) 이런 국가의 업무를 수행하는 공무원도 국민전체에 대한 봉사자의 지위에 있어 정치적으로 중립적인 입장에서 공익을 추구하여야 한다는 점, iii) 이러한 공무 수행이 정치권의 개입이나 영향력으로부터 독립하여 연속성과 안정성을 유지하여 국정운영의 혼란을 방지할 필요가 있다는 점, iv) 법집행의 공정성을 유지하기 위하여 파당적인 특수이익을 추구하는 정치세력으로부터 독립되어 있어야 한다는 점 등이다.

(c) 내 용

공무원의 정치적 중립은 i) 공무의 수행에 있어 국가의 중립성에 어긋나지 않아야 한다는 점, ii) 공무원의 충원, 인사, 근무에 정치적인 영향력이 미쳐서는 안 된다는 점, iii) 공무원의 공무 수행에 정치적 영향력을 미칠 수 있는 행위는 금지된다는 점, iv) 공무원 개인의 정치적 가치판단과 공무수행에서의 가치판단은 분리되어야 한다는 점, v) 공무원이 공무수행에서의 정치적 중립성에 영향을 주거나 줄 수 있는 행위를 하여서는 안 된다는 점 등을 내용으로 한다.

(d) 한 계

공무원의 정치적 중립성이 유지되는 경우에도 공무원의 공직수행에 연관이 없거나 영향력을 미치지 않는 한 공무원 개인으로서의 정치적 자유는 인정된다. 공무원의 정치적 중립을 이유로 공무원이 가지는 개인으로서의 정치적 자유를 침해해서는 안 된다.

그러나 공무원의 신분을 지니고 있는 한 공직수행에 있어 정치적 중립성을 침해하거나 침해할 우려가 있는 경우에는 사항의 본질에 비추어 관련 기본권의 제한에 있어 민간인의 경우와 다르게 더 강한 제한을 받을 수 있다. 공무원이 정당 기타 정치단체의 결성에 관여하거나 이에 가입할 수 없는 것, 선거에 있어서 특정정당 또는 특정인의 지지나 반대를 하기 위한 각종의 행위, 다른 공무원에게 위와 같은 행위를 하도록 요구하거나 정치적 행위의 보상 또는 보복으로서 이익 또는 불이익을 약속하는 행위, 특정 파당적 세력의 이익을 추구하는 행위 등을 할 수 없는 것(국공법 §65-66; 지공법 §57-58)도 이에 해당한다. 공무원 가운데도 그 업무의 성격상 정치적으로 영향을 받는 경우에 업무가 심하게 왜곡될 가능성이 높은 경우에는 다른 공무원의 경우보다 강하게 정치적 중립성이 요구된다. 예컨대 군, 수사, 재판, 감사 또는 감찰, 조사 등의 업무에 종사하는 공무원이 이에 해당한다.

헌법재판소는 선거에서의 중립의무는 국회의원이나 지방의회의원에게는 요구되는 것이 아니지만, 대통령에게는 요구된다고 판시하였다(憲 2004. 5. 14. -2004헌나1).

[憲 2004.5.14.-2004헌나1] 「헌법 제7조 제1항은 "공무원은 국민 전체에 대한 봉사자이며, 국민에 대하여 책임을 진다"고 하여, 공무원은 특정 정당이나 집단의 이익이 아니라 국민 전체의 복리를 위하여 직무를 행한다는 것을 규정하고 있다. 국민 전체에 대한 봉사자로서의 국가기관의 지위와 책임은 선거의 영역에서는 '선거에서의 국가기관의 중립의무'를 통하여 구체화된다. 국가기관은 모든 국민에 대하여 봉사해야 하며, 이에 따라 정당이나 정치적 세력 간의 경쟁에서 중립적으로 행동해야 한다. 그러므로 국가기관이 자신을 특정 정당이나 후보자와 동일시하고 공직에 부여된 영향력과 권위를 사용하여 선거운동에서 특정 정당이나 후보자의 편에 섬으로써 정치적 세력 간의 자유경쟁관계에 영향력을 행사해서는 안 된다는 것은 곧 헌법 제7조 제1항의 요청인 것이다.……공선법 제9조의 '공무원'이란, 위 헌법적 요청을 실현하기 위하여 선거에서의 중립의무가 부과되어야 하는 모든 공무원 즉, 구체적으로 '자유선거원칙'과 '선거에서의 정당의 기회균등'을 위협할 수 있는 모든 공무원을 의미한다. 그런데 사실상 모든 공무원이 그 직무의 행사를 통하여 선거에 부당한 영향력을 행사할 수 있는 지위에 있으므로, 여기서의 공무원이란 원칙적으로 국가와 지방자치단체의 모든 공무원 즉, 좁은 의미의 직업공무원은 물론이고, 적극적인 정치활동을 통하여 국가에 봉사하는 정치적 공무원(예컨대, 대통령, 국무총리, 국무위원, 도지사, 시장, 군수, 구청장 등 지방자치단체의 장)을 포함한다. 특히 직무의 기능이나 영향력을 이용하여 선거에서 국민의 자유로운 의사형성과정에 영향을 미치고 정당 간의 경쟁관계를 왜곡할 가능성은 정부나 지방자치단체의 집행기관에 있어서 더욱 크다고 판단되므로, 대통령, 지방자치단체의 장 등에게는 다른 공무원보다도 선거에서의 정치적 중립성이 특히 요구된다. 공선법 제9조에서 공무원에 대하여 선거에서의 중립의무를 요구한 것은 헌법상 자유선거원칙의 요청, 정당의 기회균등의 원칙 및 헌법 제7조 제1항에 헌법적 근거를 둔 '선거에서의 공무원

의 중립의무'를 선거법의 영역에서 공무원에 대하여 단지 구체화한 조항으로서, 선거에서의 정치적 중립의무가 요구될 수 없는 국회의원과 지방의회의원을 제외하는 것으로 해석하는 한, 헌법적으로 아무런 하자가 없다.……공선법에서의 '공무원'의 개념은 국회의원 및 지방의회의원을 제외한 모든 정무직 공무원을 포함하는 것으로 해석된다. 예컨대 공무원을 원칙적으로 선거운동을 할 수 없는 자로 규정하는 공선법 제60조 제1항 제4호, 공무원의 선거에 영향을 미치는 행위를 금지하는 공선법 제86조 제1항 등의 규정들에서 모두 정무직 공무원을 포함하는 포괄적인 개념으로 사용하고 있다. 뿐만 아니라 국가공무원법(§2 등), 정당법(§6 등) 등 다른 법률들에서도 '공무원'이란 용어를 모두 정무직 공무원을 포함하는 포괄적인 의미로 사용하고 있음을 확인할 수 있다. 따라서 선거에 있어서의 정치적 중립성은 행정부와 사법부의 모든 공직자에게 해당하는 공무원의 기본적 의무이다. 더욱이 대통령은 행정부의 수반으로서 공정한 선거가 실시될 수 있도록 총괄·감독해야 할 의무가 있으므로, 당연히 선거에서의 중립의무를 지는 공직자에 해당하는 것이고, 이로써 공선법 제9조의 '공무원'에 포함된다.」

(3) 신분의 보장

헌법 제7조 제2항은「공무원의 신분……은 법률이 정하는 바에 의하여 보장된다」라고 정하여 공무원의 신분을 헌법에서 보장하고 있다.

직업공무원제도가 본래의 기능을 발휘함에 있어서는 공무원의 신분을 보장하는 것이 필수적으로 요구된다(예: 憲 1989. 12. 18.-89헌마32 등; 1994. 4. 28.-91헌바15 등). 정권의 교체에 따라 공무원의 지위 내지 대우가 달라지는 경우에는 공무원의 정치적 중립성은 유지될 수 없기 때문이다. 따라서 공무원은 직무 이외의 사유로 그 지위를 박탈당하거나 대우에 있어서 어떤 불이익도 받아서는 안 된다.

공무원의 신분보장은 정권의 교체가 없다고 하더라도 정당한 사유 없이 그 직에서 배제되거나 근무에서 불이익을 받지 않는 것을 포함한다.

그러나 공무원이라고 하더라도 정치적 공무원과 임시직 공무원에는 그 성질상 직업공무원의 신분보장이 적용되지 않는다(憲 1989. 12. 18.-89헌마32 등).

[憲 1989.12.18.-89헌마32등] 「우리나라는 직업공무원제도를 채택하고 있는데, 이는 공무원이 집권세력의 논공행상의 제물이 되는 엽관제도(獵官制度)를 지양하고 정권교체에 따른 국가작용의 중단과 혼란을 예방하고 일관성있는 공무수행의 독자성을 유지하기 위하여 헌법과 법률에 의하여 공무원의 신분이 보장되는 공직구조에 관한 제도이다. 여기서 말하는 공무원은 국가 또는 공공단체와 근로관계를 맺고 이른바 공법상 특별권력관계 내지 특별행정법관계 아래 공무를 담당하는 것을 직업으로 하는 협의의 공무원을 말하며 정치적 공무원이라든가 임시적 공무원은 포함되지 않는 것이다.」

⑷ 능력주의

엽관제와 정실인사를 지양하고 국민의 이익을 최대로 하기 위해서는 공무수행에 가장 적합한 능력을 가진 자가 정치성향 내지 집권세력과의 친소와 관계없이 공직에 임명되어야 한다. 능력주의는 공무원의 선임뿐 아니라 승진에 있어서도 반드시 유지되어야 하는 원칙이다.

[395] 제3 현행법상의 공무원제도

Ⅰ. 헌법 규정

헌법 제7조 제1항은 「공무원은 국민전체에 대한 봉사자이며, 국민에 대하여 책임을 진다」라고 하여 공무원의 국민에 대한 지위를 규정하고 있으며, 제2항에서는 공무원의 신분과 정치적 중립성을 보장하고 있다.

Ⅱ. 공무원제도의 내용

공무원제도는 공무원에게 헌법상 특수한 지위를 부여하여 국가업무의 정치적 중립성을 유지하고자 하는 제도이므로 공무원은 그 본래의 기능에 의하여 일반 사인과는 다른 특수한 지위에 있게 된다.

⑴ 공무원에 대한 특별한 신분보장

공무원의 신분을 특별히 보장하는 것은 직업공무원제도를 유지하기 위해 공무원에게 반사적으로 인정되는 제도상의 지위이다. 공무원은 공무수행상의 사유가 아니면 자신의 지위를 상실하거나 기타 불이익한 처분을 받지 아니한다. 공무 이외의 타직을 겸하는 것이 금지되지만 법정 보수를 받고 각종 연금 내지 보상청구권을 갖는다. 국가공무원법과 지방공무원법은 공무원의 신분과 권익에 대하여 보장하고 있다.

그러나 이러한 신분보장이 무제한한 것은 아니고 공직원리에 합당한 범위 내에서 인정되는 것이다.

[憲 1997.11.27.-95헌바14등] 「기본권의 보장등 헌법이 목표로 하는 가치 즉 공공의 이익을 실현하기 위한 국가의 작용은 현실적으로 공직을 담당하고 있는 개개인에 의하여 이루어진다. 이와 같이 공익실현이라는 국가작용을 현실적으로 수행하는 공무원은 직무의 내용인 공무수행 그 자체가 공공의 이익을 위한 활동이라는 근무관계의 특수성 때문에 국가의 공적사무를 수행할 권리와 이에 따른 신분상·재산상의 부수적 권리를 향유함과 동시에 이에 상응하는 고도의 윤리·도덕적 의무를 부담한다. 즉 공무원은 법령을 준수하고(법령준수의무) 소속 상관의 직무상 명령에 복종하여야 할 뿐 아니라(복종의무) 나아가 전인격과 양심을 바쳐 공공의 이익을 도모하기 위하여 성실히 근무하는

등의(성실의무) 직무상 의무를 다하여야 함은 물론이고(국가공무원법 §56, §57, 지방공무원법 §48, §49), 공익실현이라는 국가작용의 궁극적 목표를 효과적으로 달성하기 위하여 공무원 개개인에 대한 국민의 신뢰가 그 바탕이 되어야 하기 때문에 공무원은 직무수행능력뿐아니라 직무의 내외를 불문하고 품위를 손상하는 행위를 하여서는 아니 되고(품위유지의무, 국가공무원법 §63, 지방공무원법 §55), 국민전체의 봉사자로서 친절공정히 집무하여야 하며(친절·공정의 의무, 국가공무원법 §59, 지방공무원법 §51) 직무와 관련하여 직접 또는 간접을 불문하고 사례나 향응 등을 수수하여서는 아니 되는 등(청렴의무, 국가공무원법 §61, 지방공무원법 §53) 직무의 공공성에 상응하는 고도의 윤리성까지 갖추어야 하는 것이다. 헌법 제7조 제2항은 "공무원의 신분과 정치적 중립성은 법률이 정하는 바에 의하여 보장된다"라고 규정하고 있는바, 이는 공무원이 정당한 이유 없이 해임되지 아니하도록 신분을 보장하여 국민전체에 대한 봉사자로서 성실히 근무할 수 있도록 하기 위한 것임과 동시에, 공무원의 신분은 무제한 보장되는 것이 아니라 공무의 특수성을 고려하여 헌법이 정한 신분보장의 원칙 아래 법률로 그 내용을 정할 수 있도록 한 것이며, 이에 따라 국가공무원법 제68조와 지방공무원법 제60조는 "공무원은 형의 선고·징계처분(징계) 또는 이 법이 정하는 사유에 의하지 아니하고는 그 의사에 반하여 휴직·강임 또는 면직을 당하지 아니한다. 다만 1급 공무원은 그러하지 아니하다"라고 규정하고 있으며 당연퇴직 규정인 국가공무원법 제69조와 지방공무원법 제61조, 직권면직 규정인 국가공무원법 제70조와 지방공무원법 제62조 등에서 공무원에 대하여 신분상 불이익처분을 할 수 있는 사유를 규정하고 있다.」

(2) 공무원에 대한 가중적 통제

(a) 공무원의 의무

국가공무원법 제7장 제56조 이하에는 공무원의 의무를 규정하고 있는바, 공무원은 성실의무, 복종의무, 직장이탈금지의무, 친절·공정의 의무, 종교중립의 의무, 비밀엄수의 의무, 청렴의 의무, 품위유지의 의무, 영리 업무 및 겸직 금지, 정치운동의 금지, 집단행위의 금지의무를 부담한다. 공무원에 대한 이러한 법률상 의무는 공무원으로 하여금 국민의 공복으로 기능하게 하고 국가의 정치적 중립성을 유지하기 위해 부과되는 것이다.

(b) 기본권 제한의 근거

공무원에 대한 기본권의 제한의 근거에 대해서는 공무원은 국가와 특별권력관계에 있다는 특별권력관계설, 직무의 성질에 의해 인정되는 것이라는 직무성질설, 공무원의 지위가 국민 전체에 대한 봉사자에 해당하기 때문이라는 국민전체봉사자설이 제시되고 있다. 일반 사인과 비교하여 공무원에 대하여 기본권의 제한이 가중되는 것은 국가 업무수행자라는 지위와 국민전체에 대한 봉사자라는 지위에 근거를 두고 있다.

(c) 국민에 대한 봉사자성

공무원의 성실의무, 복종의무, 직장이탈금지의무, 친절·공정의 의무, 비밀엄수의 의무, 청렴의 의무, 품위유지의 의무, 영리 업무 및 겸직 금지 의무는 헌법 제7조 제1항에 근거하는 것으로, 공무의 성질과 국민에 대한 봉사자성으로부터 도출된다. 헌법 제7조 제1항 후단은 국민에 대한 공무원의 책임부담을 규정하고 있는바, 그 책임의 법적 성질을 정치적 책임과 법적 책임으로 구분하는 견해도 있으나, 이는 국민에 대한 봉사자로서의 지위를 표현한 것이라고 할 것이다. 공무원이 부담하는 법적 책임은 구체적인 입법에 의해 발생하는 것으로, 헌법 제7조 제2항에 의해 직접 공무원에 대하여 법적 책임을 물을 수는 없다고 할 것이다.

(d) 근로 3권의 제한

헌법 제33조 제2항에 의해 공무원은 법률이 정하는 자에 한하여 단결권, 단체교섭권 및 단체행동권을 갖게 된다. 본조는 동법 제33조 제1항에 대한 특별규정이라 할 것으로, 공무원의 단결권·단체교섭권·단체행동권에 대한 특별한 헌법유보를 두고 있는 것이다. 본조의 구체화 입법으로는 국가공무원법 제66조, 지방공무원법 제58조, 「교원의 노동조합 설립 및 운영 등에 관한 법률」 제4조 내지 제6조, 「공무원의 노동조합 설립 및 운영 등에 관한 법률」, 「공무원직장협의회의 설립·운영에 관한 법률」이 있다. 다만, 사실상 노무에 종사하는 공무원에 대해서는 이러한 근로 3권의 제한이 적용되지 않으므로(국공법 §66①단서 및 지공법 §58①단서) 노동운동 등 집단행위가 가능하다. 2021년 「공무원의 노동조합 설립 및 운영 등에 관한 법률」을 개정하여 공무원 노동조합의 가입 기준 중 공무원의 직급 제한을 폐지하였다. 따라서 노동조합에 가입할 수 있는 공무원의 범위는 i) 일반직공무원, ii) 특정직공무원 중 외무영사직렬·외교정보기술직렬 외무공무원, 소방공무원 및 교육공무원(다만, 교원은 제외한다), iii) 별정직공무원, iv) 퇴직공무원으로서 노동조합 규약으로 정하는 사람(공무원의 노동조합 설립 및 운영 등에 관한 법률 §6①)까지 확대되었다. 그러나 이들에게도 단체행동권은 허용되지 않는다(공무원의 노동조합 설립 및 운영 등에 관한 법률 §2-11).

헌법재판소는 사실상 노무에 종사하는 공무원을 제외한 모든 국가공무원에 대한 노동기본권 제한을 합헌이라고 결정하였고(憲 1992. 4. 28. -90헌바27등), 사실상 노무에 종사하는 공무원을 제외한 모든 지방공무원에게 근로 3권을 제한하고 그에 위반하여 노동운동을 한 경우 형사처벌하는 지방공무원법 관계규정이 합헌이라고 하였으며(憲 2005. 10. 27. -2003헌바50등), 공무원 노동조합의 설립 최소단위를 '행정부'로 규정하여 노동부만의 노동조합 결성을 제한한 공노법 제5조 제1항 중 '행정부' 부분(公勞法 §5 부분) 등에 대한 헌법소원심판을 기각하는 결정을 선고하여(憲 2008. 12. 26.-2006헌마518), 공무원인 근로자에 대한 근로 3권의 인정범위에 대해 입법자의 형성권을 광범위하게 인정하는 입장을 취하고 있다.

> [憲 1992.4.28.-90헌바27등] 「헌법 제33조 제2항이 공무원의 근로 3권을 제한하면서 근로 3권이 보장되는 주체의 범위를 법률에 의하여 정하도록 위임한 것은 다음과 같은 의미를 갖는다. 그 하나는 공무원은 국민전체에 대한 봉사자이며, 그 담당직무의 성질이 공공성 · 공정성 · 성실성 및 중립성이 보장되어야 한다는 특수한 사정이 있으므로 이러한 사정을 고려하여, 전체국민의 합의를 바탕으로 입법권자의 구체적인 입법에 의하여 공적이고 객관적인 질서에 이바지하는 공무원제도를 보장 · 보호하려는 것이다. 다른 하나는 입법권이 국가사회공동체의 역사 · 문화에 따라 형성된 공무원제도의 유지 · 발전과 공무원제도의 다른 쪽 당사자로서 주권자인 전체국민의 복리를 고려하고, 헌법상 보장된 공무원제도 자체의 기본 틀을 해하지 않는 범위 내에서 그 제도에 관련된 여러 이해관계인의 권익을 서로 조화하면서 공공복리의 목적 아래 통합 · 조정할 수 있음을 의미하는 것이다.」
>
> [憲 1998.2.27.-95헌바10] 「현행 헌법의 위와 같은 태도는 단체행동권 행사에 관한 법률유보를 삭제하고, 공무원인 근로자에 대한 근로 3권을 원칙적으로 인정하는 외에, 국가 · 지방자치단체 · 국공영기업체 · 공익사업체 또는 국민경제에 중대한 영향을 미치는 사업체에 종사하는 근로자의 단체행동권에 관한 법률유보를 해제하는 등 근로 3권을 대폭 신장하는 방향으로 나아감으로써 기본권 최대보장의 원칙을 선언한 것이라고 할 것이고 동시에, 방위산업체에 종사하는 근로자에 대한 단체행동권만은 이를 계속 제한 또는 금지할 수 있도록 법률유보조항을 존치시키면서 그 단체행동권이 제한 또는 금지되는 대상을 구 헌법의 '「방위산업체」에 종사하는 근로자'에서 '「주요방위산업체」에 종사하는 근로자'로 보다 한정함으로써 우리와 같이 남북이 대치하고 있는 상황에서는 주요방산업체의 원활한 가동은 국가의 안전보장에 필수불가결한 요소이고 그 근로자의 단체행동으로 인한 생산차질은 국가의 안전보장에 대한 위해와 직결된다는 점에서 그 단체행동권의 제한 또는 금지는 불가피하다고 하더라도 그 피해는 최소한의 것이 되어야 한다는 기본권의 최소제한의 원칙을 천명한 것이라고 보아야 할 것이다.」

(e) 정치적 중립과 정치적 자유의 제한

헌법 제7조 제2항은 공무원의 정치적 중립성을 보장하고 있다. 공무원의 정치적 중립성은 국가의 중립성 유지에 있어 필수불가결하고, 정치적 중립성의 유지가 공무원의 신분보장을 담보한다는 점에서 양자는 밀접한 관계에 있다. 공무원의 정치적 중립성의 보장은 한편으로 공무원의 정치적 자유에 대한 제한을 의미하게 되는바, 현행 국가공무원법 제65조, 지방공무원법 제57조, 「공무원의 노동조합 설립 및 운영 등에 관한 법률」 제4조, 「교원의 노동조합 설립 및 운영 등에 관한 법률」 제3조에서는 공무원 내지 공무원의 조합에 대하여 정치활동을 금지하고 있다.

헌법재판소는 초·중등학교의 교육공무원이 정당의 발기인 및 당원이 될 수 없도록 규정한 정당법 규정과 그들이 정당의 결성에 관여하거나 이에 가입하는 행위를 금지한 국가공무원법 규정이 정당가입의 자유 등을 침해하지 않는다고 보았다. 그러나 초·중등학교의 교육공무원이 그 밖의 정치단체의 결성에 관여하거나 이에 가입할 수 없다는 국가공무원법 규정은 정치적 표현의 자유 및 결사의 자유를 침해한다고 위헌결정을 했다(憲 2020. 4. 23.-2018헌마551).

[憲 2005.10.27.-2004헌바41] 「선거범죄를 범하여 형사처벌을 받은 공무원에 대하여 일정한 신분상 불이익을 가하는 규정 자체는, 선거의 공정성을 해친 자에게 일정한 불이익을 줌으로써 관권 선거의 폐해를 방지하여 선거의 공정성을 확보함과 동시에 직무의 공공성에 상응하는 고도의 윤리성 및 정치적 중립이 요구되는 공무원이 구성하는 공직사회에 대한 국민의 신뢰를 제고하기 위한 법적 조치로서 국민의 기본권인 공무담임권을 합리적 이유 없이 자의적으로 제한하는 위헌규정이라고 할 수는 없고, 그 경우에 구체적으로 어떠한 선거범죄로 어떤 종류의 형벌을 얼마만큼(형량) 선고받은 자에 대하여 어느 정도의 신분상 불이익을 가할 것인가는 공무원의 정치적 중립 및 신분보장의 원칙과 함께 그 나라의 역사와 정치문화, 선거풍토와 선거문화의 수준 등을 고려하여 입법자가 결정할 문제이다. 우선 대상 범죄에 관하여 보건대, 선거기간 중 '정상적 업무 외의 출장'은 공선법 제86조가 규정하고 있는 선거에 영향을 미치는 행위의 하나로 규정되어 있고, 선거에 영향을 미치는 행위란 선거운동에 이르지 아니하나 선거운동과 관련하여 선거에 간접적으로 영향을 미치는 행위를 의미하는바, 이 사건 당연퇴직조항에 의하여 공무원 신분상의 불이익을 받게 되는 범위는 '선거기간 중'의 행위로서 '선거에 영향을 미치는' 또는 '선거운동과 관련한' 행위에 해당하여 처벌되는지 여부에 따라 결정된다. 공무원에게는 직무의 공공성에 상응하는 고도의 윤리성이 요구된다 할 것인데 이 사건 당연퇴직조항이 선거와 관련한 공무원의 간접적인 개입을 억제하고 이를 위반할 경우 공직에서 배제하도록 한 것은 선거에 대한 간접적인 개입은 공직윤리에 해당하는 문제로서 선거기간 중에는 선거에 대한 공무원의 간접적인 개입만으로도 공직에 대한 신뢰와 선거의 공정에 대한 믿음이 함께 무너질 수 있다는 데 근거한 것이므로, 선거에 대한 직접적 개입이 아닌 간접적인 개입을 그 대상으로 하면서 그에 상응하는 신분상 불이익을 당연퇴직으로 규정하고 있다고 하더라도 그 규율대상의 범위를 앞서 본 바와 같이 선거기간 중 선거운동과 관련한 행위로 인하여 처벌되는 경우로 한정하는 이상 그 규율대상의 범위가 지나치게 광범위하다고 볼 수는 없다. 다음으로 당연퇴직의 기준이 되는 형에 관하여 보건대, 공선법 제266조 제1항이 규정한 "100만 원 이상의 벌금형"은 법정형이나 처단형이 아니고 선고형이므로 법원이 선거범에 대한 형사재판에 있어서 벌금형을 선고할 경우에는 공무담임권의 제한사유를 고려하여 그 벌금액(선고형)을 결정할 수 있는 재량권이 있는 것이다. 이 사건의 경우를 보더라도 청구인은 공선법 제256조 제2항 제1호 바목, 제86조 제1항 제6호 위반으로 벌금 100만 원의 형을 선고받았는바, 위 처벌조항의 법정형은 "2년 이하의 징역 또는 400만 원 이하의 벌

금"으로 벌금형의 하한에 의한 제약이 없음에도 불구하고 법원이 청구인에게 벌금 100만 원을 선고한 것은, 청구인의 당해 행위가 정치적 중립성을 훼손하는 행위로서 선거의 자유와 공정을 침해할 우려가 높다는 판단과 함께 청구인을 지방공무원의 직에서 퇴직케 하겠다는 법원의 판단이 포함되어 있다고 보아야 한다. 즉, 이 사건 당연퇴직조항은 선거범에 대한 법원의 형사재판을 전제로 하고 있으며 법원의 형사재판에 있어서 당해 법원이 벌금형을 선택하여 선고하는 경우 그 형량의 결정에는 상당한 범위의 재량이 있기 때문에, 실질적으로 보더라도 이 사건 법률조항이 청구인의 공무담임권을 자의적으로 제한하고 있다고 보기는 어렵다(憲 1993. 7. 29. -93헌마23 참조). 또한, 현행법상 100만 원의 벌금형 선고로 공무담임권을 제한하는 것은 이 사건 당연퇴직조항의 경우에만 국한되는 것이 아니다. 정치자금에관한법률(2004. 3. 12. 법률 7191호로 개정된 것) 제33조의 6은 같은 법 제30조(정치자금부정수수죄)로 인하여 100만 원 이상의 벌금형의 선고를 받은 자는 그 형이 확정된 후 5년간 공직선거법 제266조 제1항 각 호의 1에 해당하는 직에 취임하거나 임용될 수 없으며, 이미 취임 또는 임용된 자의 경우에는 그 직에서 퇴직된다고 규정함으로써 공무담임권을 제한하고 있고, 지방교육자치에관한법률 제164조도 선거범죄로 인한 공무담임 등의 제한을 규정하고 있다. 그 밖에도, 선거범으로서 100만 원 이상의 벌금형의 선고를 받고 그 형이 확정된 후 5년이 경과하지 않은 자는 선거권(공선법 §18①iii) 및 피선거권(공선법 §19 i)이 없고, 당선인이 당해 선거에 있어 이 법에 규정된 죄를 범함으로 인하여 징역 또는 100만 원 이상의 벌금형의 선고를 받은 때에는 그 당선은 무효로 하고 있는바(공선법 §264), 위 각 조항은 이 사건 당연퇴직조항과 마찬가지로 선거범죄로 인한 100만 원 이상의 벌금형의 확정으로 참정권을 제한한다는 점에서 공통점이 있다. 이와 같이 공무원에게는 정치적 중립의 의무가 있고 특히 공무원의 선거 중립은 그 중에서도 가장 중요한 영역에 속하는 점, 대상 범죄를 선거관련범죄로 한정하고 있는 점, 우리 선거법 체계에서 선거범죄로 인한 100만 원 이상의 벌금형이 차지하는 의미 및 선거범죄로 인하여 형사처벌을 받은 공무원으로 하여금 계속 그 직무를 수행하게 하는 것이 공직 및 공정한 선거에 대한 국민의 신뢰를 손상시키고 나아가 원활한 공무수행에 어려움을 초래하여 공공의 이익을 해할 우려 또한 적지 아니하다는 점을 종합하여 보면, 선거기간 중 선거운동과 관련하여 정상적 업무 외의 출장행위를 함으로써 벌금 100만 원 이상의 형사처벌을 받은 경우를 공무원의 당연퇴직사유로 함으로써 당해 공무원이 받는 불이익이 크다고 하더라도 이 사건 법률조항이 지나치게 공익만을 우선한 입법이라거나, 공무원의 신분상 불이익과 그로 인하여 보호하려고 하는 공익 사이의 합리적 관련성을 결여한 것이라고 보기는 어렵다. 따라서 위 조항이 공무담임권을 침해하고 있다고 할 수 없다.」

(f) 정교분리와 공무원의 종교중립의무

헌법 제20조 제2항은 국교의 부인과 종교와 정치의 분리를 규정하고 있다. 공무원은 종교에 따른 차별 없이 직무를 수행하여야 한다. 국가공무원법 제59조의2, 지방공무원법 제51조의2에서는 공무원의 직무 수행 과정에서 종교에 따른 차별을 금지하고 있다. 국가와 지방자치단체가 설립한 학교에서는 특정한 종교를 위한 종교교육을 하여서는 안 된다(교육기본법 §6②).

(3) 공무원의 기본권 및 신분보장에 대한 제한의 한계

공무원의 기본권의 제한에 대해서는 헌법상 그 제한을 허용하는 규정을 두고 있고, 공무원제도의 실효성을 보장하기 위한 제한이라는 점에서 일반 국민의 기본권 제한보다 강한 제한이 허용된다. 그러나 공무원이 공무수행자가 아닌 개인으로서 누리는 기본권은 일반 사인과 동일하게 보장된다. 공무수행자로서 기본권과 신분보장에서 제한을 받는 경우에도 과잉금지원칙, 평등원칙, 신뢰보호원칙 등은 적용된다.

(a) 형사책임과 공직에서의 배제

형사사건으로 기소(起訴)되었다는 이유만으로 직위해제처분을 하는 것은 정당화되지 않고, 국가공무원법이 정하는 당연퇴직사유에 해당하는 유죄판결을 받을 고도의 개연성이 있는지 여부, 당사자가 계속 직무를 수행함으로 인하여 공정한 공무집행에 위험을 초래하는지 여부 등 구체적인 사정을 고려하고 그 위법여부를 판단하여야 한다(예: 大 1999. 9. 17.-98두15412).

공무원이 금고 이상의 형의 선고유예(宣告猶豫)를 받은 경우에 당연 퇴직하게 하는 것은 최소침해성의 원칙에 위반되고(예: 憲 2002. 8. 29.-2001헌마788; 2003. 10. 30.-2002헌마684등), 경찰공무원이 자격정지 이상의 형의 집행유예(執行猶豫)를 받은 경우에 당연퇴직하게 하는 것은 과잉금지원칙을 위반하여 공무담임권을 침해하는 것이어서 위헌이다(예: 憲 2004. 9. 23.-2004헌가12). 그러나 공무원이 금고 이상의 형의 집행유예를 받은 것을 당연퇴직사유로 하는 것은 입법자의 재량범위에 속하는 것이어서 헌법에 위반되지 않는다(예: 憲 2003. 12. 18.-2003헌마409; 2015. 10. 21.-2015헌바215).

> [憲 1997.11.27.-95헌바14등] 「범죄행위로 인하여 형사처벌을 받은 공무원에 대하여 신분상 불이익처분을 하는 법률을 제정함에 있어서 형사처벌을 받은 사실 그 자체를 이유로 일정한 신분상 불이익처분이 내려지도록 법률에 규정하는 방법과 별도의 징계절차를 거쳐 신분상 불이익처분을 하는 방법 중 어느 방법을 선택할 것인가는 입법자의 재량에 속한 것으로서 그 중 어느 방법만이 헌법에 합치하고 다른 방법은 헌법에 위반된다고 단정할 수는 없으나, 다만 형사처벌을 받은 사실 그 자체만으로 별도의 징계절차를 거치지 아니하고 신분상 불이익처분을 하는 경우에는 형사처벌에 따라 공무원에 대하여 부과되는 신분상 불이익과 그로 인하여 보호하려고 하는 공익이 합리적 균형을 이루어야 한다는 헌법적 제약이 따른다고 할 것이다.」

(b) 면직기간의 정년기간에의 산입 문제

법률로 공무원의 정년제도를 취하고 있는 경우에 그 정년까지 근무할 수 있는 것

은 헌법 제7조 제2항에 의해 보호되는 기득권이고, 정년제도를 변경함에 있어서도 공무원 임용당시의 정년규정까지 근무할 수 있다는 기대 내지 신뢰를 합리적 이유 없이 박탈하는 것은 헌법상의 공무원신분보장규정에 위반된다(예: 憲 1994. 4. 28.-91헌바15등). 계급정년의 적용을 받는 공무원이 직권면직처분에 의하여 면직되었다가 그 직권면직처분이 무효임이 확인되거나 취소되어 복귀한 경우에, 그 처분으로 인하여 사실상 직무를 수행할 수 없었던 기간 동안 승진심사를 받을 기회를 실질적으로 보장받지 못하였다고 하더라도 원칙적으로 그 직권면직기간은 계급정년기간에 포함된다. 그러나 그 직권면직처분이 법령상의 직권면직사유 없이 오로지 임명권자의 일방적이고 중대한 귀책사유에 기한 것이고, 그로 인해 줄어든 직무수행기간 때문에 당해 공무원이 상위 계급으로 승진할 수 없었다는 등의 특별한 사정이 인정되는 경우에까지 직권면직기간을 계급정년기간에 포함한다면 헌법 제7조 제2항 소정의 공무원신분보장 규정의 취지를 근본적으로 훼손하게 되므로, 그러한 경우에는 예외적으로 직권면직기간이 계급정년기간에서 제외된다(예: 大 2007. 2. 8.-2005두7273).

(c) 직제의 폐지와 직권 면직

국가나 공직제도에서 직제가 폐지된 경우에 해당 공무원을 직권 면직할 수 있게 하는 것은 국가의 기능과 공직제도의 법리상 당연한 것이어서 헌법에 위반되지 않는다(예: 憲 2004. 11. 25.-2002헌바8). 다만, 이러한 경우에도 해당 공무원이 새로운 직업을 가지는데 필요한 준비기간이 필요하므로 일정한 기간을 두는 것이 타당하다.

(d) 정년의 사후 제한

국민이 공무원으로 임용된 경우에 있어서 그가 정년까지 근무할 수 있는 권리는 헌법의 공무원신분보장 규정에 의하여 보호되는 권리로서 그 침해 내지 제한은 신뢰보호의 원칙에 위배되지 않는 범위 내에서만 가능하기 때문에(예: 憲 1989. 12. 18.-89헌마32등), 임용당시에 없었던 계급정년제도를 사후에 채택하는 것은 가능하지만 이런 경우에는 신뢰보호원칙에 위반되지 않아야 한다(예: 憲 1994. 4. 28.-91헌바15등).

[憲 1994.4.28.-91헌바15등] 「국민이 공무원으로 임용된 경우에 있어서 그가 정년까지 근무할 수 있는 권리는 헌법의 공무원신분보장 규정에 의하여 보호되는 기득권으로서 그 침해 내지 제한은 신뢰보호의 원칙에 위배되지 않는 범위 내에서만 가능하다고 할 것이고 이 원칙에 위배되는 것은 입법형성권의 한계를 벗어난 위헌적인 것이라 할 것이다. 즉 공무원법상의 정년규정을 변경함에 있어서 공무원의 임용될 때 발생한 공무원법상의 정년규정까지 근무할 수 있다는 기대 내지 신뢰를 합리적 이유 없이 박탈하는 것은 헌법상의 공무원신분보장 규정에 위배된다 할 것이다. 그런데 공무원이 임용됨으로써 임용당시의 공무원법상의 정년규정까지 근무할 수 있다는 기대 내지 신뢰는

절대적인 권리로서 보호하여야만 한다고 보기는 어렵다고 할 것이다. 청구인들이 공무원(중앙정보부직원)으로 임용될 당시 이미 중앙정보부직원법(1963. 5. 31. 제정 법률 제1355호, 1980. 12. 31. 법률 제3314호로 폐지) 제27조(직권면직) 제1항에서 "직원이 다음 각호의 1에 해당하게 된 때에는 임명권자는 직권에 의하여 면직시킬 수 있다. 3. 직제와 정원의 개폐 또는 예산의 감소에 의하여 폐직 또는 과원이 된 때"라는 규정을 두고 있었다(위 규정은 이 사건 법률 제27조 제1항 제3호에 같은 내용으로 규정되어 있다). 또 국가공무원법 제70조 제1항 제3호에도 "직제와 정원의 개폐 또는 예산의 감소 등에 의하여 폐직 또는 과원이 되었을 때"에 임용권자는 공무원을 직권면직시킬 수 있다는 취지의 규정이 있다. 그렇다면 공무원이 임용당시의 공무원법상의 정년규정까지 근무할 수 있다는 기대와 신뢰는 행정조직, 직제의 변경 또는 예산의 감소 등 강한 공익상의 정당한 근거에 의하여 좌우될 수 있는 상대적이고 가변적인 것에 지나지 않는다고 할 것이므로 정년규정을 변경하는 입법은 구법질서에 대하여 기대했던 당사자의 신뢰보호 내지 신분관계의 안정이라는 이익을 지나치게 침해하지 않는 한 공익 목적 달성을 위하여 필요한 범위 내에서 입법권자의 입법형성의 재량을 인정하여야 할 것이다.」

[憲 1997.11.27.-95헌바14등] 「범죄행위로 인하여 형사처벌을 받은 공무원에 대하여 신분상 불이익처분을 하는 법률을 제정함에 있어서 형사처벌을 받은 사실 그 자체를 이유로 일정한 신분상 불이익처분이 내려지도록 법률에 규정하는 방법과 별도의 징계절차를 거쳐 신분상 불이익처분을 하는 방법 중 어느 방법을 선택할 것인가는 입법자의 재량에 속한 것으로서 그 중 어느 방법만이 헌법에 합치하고 다른 방법은 헌법에 위반된다고 단정할 수는 없으나, 다만 형사처벌을 받은 사실 그 자체만으로 별도의 징계절차를 거치지 아니하고 신분상 불이익처분을 하는 경우에는 형사처벌에 따라 공무원에 대하여 부과되는 신분상 불이익과 그로 인하여 보호하려고 하는 공익이 합리적 균형을 이루어야 한다는 헌법적 제약이 따른다고 할 것이다.」

[憲 2000.12.14.-99헌마112등] 「기존의 정년규정을 변경하여 임용 당시의 공무원법상의 정년까지 근무할 수 있다는 기대 내지 신뢰를 합리적 이유 없이 박탈하는 것은……공무원신분 보장규정에 위배된다 할 것이나, 이러한 기대와 신뢰는 절대적인 권리로서 보호되어야만 하는 것은 아니고 행정조직, 직제의 변경 또는 예산의 감소 등 강한 공익상의 정당한 근거에 의하여 좌우될 수 있는 상대적이고 가변적인 것이라 할 것이므로 입법자에게는 제반 사정을 고려하여 합리적인 범위 내에서 정년을 조정할 입법형성권이 인정된다.」

(4) 고위공직자범죄수사처에 의한 범죄수사

공직의 청렴성을 보장하기 위한 방법으로 고위직에 근무하는 공직자의 범죄에 대하여 기존의 경찰이나 검찰이 수사하던 것을 배제하고 특별한 수사기구를 만들어 이에 의하여 처리하도록 하고 있다.

「고위공직자범죄수사처 설치 및 운영에 관한 법률(법률 제17646호, 시행 2021. 1. 1.)」에 의하여 설치된 고위공직자범죄수사처는 고위공직자범죄에 관한 수사권을 갖고, 판·검사 및 경무관급 이상 경찰의 본인 또는 가족의 범한 고위공직자범죄 및 관련범죄에 대해서는 기소권을 행사할 수 있다(동법 §3). 수사대상이 되는 고위공직자는 대통령과 3부 요인, 판·검사, 정무직 공무원, 경무관급 이상 경찰 등에 재직 중인 사람 또는 그 직에서 퇴직한 사람을 말한다. 고위공직자의 배우자와 직계존비속도 해당하며, 대통령의 경우에는 배우자와 4촌 이내의 친족까지 포함된다(동법 §2).

공수처장은 국회에 설치한 7명의 위원으로 구성된 공수처장후보추천위원회가 15년 이상 법조경력을 가진 사람 2명을 추천하면, 대통령이 그 중 1명을 지명한 후 인사청문회를 거쳐 임명한다(동법 §5, §6). 공수처의 독립성 보장을 위해 대통령, 대통령비서실의 공무원은 수사처의 사무에 관하여 업무보고나 자료제출 요구, 지시, 의견제시, 협의, 그 밖에 직무수행에 관여하는 일체의 행위를 하여서는 아니 된다(동법 §3③).

《공수처와 정치적 탄압 도구 위험성》

고위직 공무원의 범죄라고 하여 경찰이나 검찰이 수사를 하거나 기소를 할 수 없는 것이 아니다. 법에서 정하고 있는 바와 같이, 경찰이나 검찰의 정치적 중립성이 철저히 보장되고, 경찰이나 검사가 법에 따라 공명정대하게 수사하여 엄정하게 처리하고, 집권세력이 이에 관여하지 않으면 고위직 공무원의 범죄를 처리하는데 아무런 문제가 없다. 문제는 집권세력이 경찰이나 검찰조직에 자기에게 친화적이거나 복종할 사람들을 주요 보직에 배치하여 장악하여 경찰이나 검찰의 정치적 중립을 파괴하고 사건을 집권세력의 의도에 따라 처리하려는데 문제가 있다. 그래서 집권세력에게 복종하고 통치의 주구(走狗)가 되는 '정치경찰'과 '정치검사'가 생겨나 현재까지 이런 현상이 소멸되지 않는다. 이 공수처의 수사대상에 대통령과 대법원장, 국회의장, 헌법재판소장 등이 포함되어 그럴듯하게 보일지 몰라도 문제는 판사, 검사, 경무관급 이상 경찰, 정무직 공무원이다. 공수처가 집권세력에 의해 장악되고 이들이 수사권과 기소권을 앞세워 검사, 판사, 정무직 공무원, 고위 경찰 등을 통제한다고 할 때, 사건의 처리가 집권세력의 이해관계에 맞게 왜곡 처리될 위험이 크고, 특히 정치적인 사건에서는 야당이나 정권에 비판적인 세력에 대하여 탄압을 가하는 방향으로 처리될 위험성이 매우 높다. 따라서 공무원 범죄를 처리함에 있어서도 수사권과 기소권의 정당한 행사를 보장하도록 경찰과 검찰의 정치적 중립성을 철저히 보장하고, 능력 있고 바른 경찰과 검사가 사건을 처리하게 하면 된다. 고위직 공무원이라고 하여 그들의 범죄를 처리할 특별 기구를 두는 것은 부작용이 더 크다고 할 것이다. 현재의 고위공직자범죄수사처는 폐지하고 경찰과 검찰의 기능을 정상화하는 것이 더 타당하다.

제 5 장 지방자치제도

[396] 제1 개 설

Ⅰ. 지방자치의 의의와 기능

(1) 의 의

지방자치(地方自治 local autonomy)란 국가의 업무를 지방을 단위로 한 지방자치단체를 설치하여 그 지방의 고유한 사무로 분장한 다음 중앙정부의 간섭 없이 이를 수행하는 국가작용을 의미한다.

(2) 기 능

지방자치를 통해 서로 여건과 환경이 다른 여러 지방의 특색을 살림으로써 공동체의 분열없이 다원적인 정치질서를 유지하고, 국가와 지방자치단체 간에 권력을 분할하여 행사함으로써 국가권력의 집중을 방지 · 해소할 수 있다.

한편 행정의 차원에서 보면, 행정기구가 지방에 분산되어 배치됨에 따라 근거리 행정을 구현할 수 있어 주민에 대한 행정서비스의 질을 높일 수 있으며, 주민이 자신의 생활과 밀접한 영향을 미치는 자치사무에 참여할 수 있는 여지가 높아져 민주주의를 실질적으로 실현할 수 있다.

현대 국가에서 지방자치는 주민의 복지와 지속가능한 발전에 보다 큰 비중이 주어지므로 지방자치를 민주주의의 실현이라는 면에서만 정당화하기는 어렵다. 중앙정부로부터 지방자치단체가 자치를 확보함으로 인하여 그 자치단체를 보다 더 잘 운영하고 그 주민의 삶이 보다 더 행복하고 윤택하게 할 때 정당화가 가능하다. 그래서 지방자치단체의 거버넌스가 중요하고, 이에 따라 자치를 어느 수준에서 확보하고 중앙정부와 지방자치단체 간의 관계를 어떻게 설정할 것인가를 정하게 된다. 지방자치단체의 단위의 규모, 자치단체의 단계, 자치단체의 거버넌스 등이 이러한 정책적인 면에서 결정된다.

II. 지방자치제도의 법적 성질

(1) 헌법상의 제도

지방자치권의 법적 성질에 대해서는 국가의 기능을 필요에 따라 지방자치단체에 위임한 것에 불과하다는 자치위임설(自治委任說)과 지방자치권은 주민들에 의해 구성된 자치단체가 고유하게 보유하는 것이라는 자치고유권설(自治固有權說)이 제시되고 있다. 지방자치의 발달사에서 보면, 전자는 대륙법계, 후자는 영미법계에서 주장되어온 것으로 양자는 역사적 배경을 달리하는 지방자치의 발전과정에서 생겨난 이론이다. 1952년 처음으로 지방의회가 구성되었다가 1961년 정부에 의해 해산된 후 30년 뒤인 1991년에 다시 지방의회가 구성되어 전개되어 온 우리나라의 지방자치의 역사 및 국민들의 인식을 고려해보면, 지방자치를 주민의 고유권으로 이해하기는 어렵다고 보인다. 독일의 바이마르헌법 해석에 있어 C.Schmitt는 지방자치를 제도보장(institutionelle Garantie)으로 보았으나, 수백년간의 중앙집권제의 역사를 가진 우리나라에서 지방자치제도를 전래의 제도보장으로 보는 것은 무리가 있다(정종섭c, 86). 그러나 지방자치가 현행 헌법에 명문으로 규정되어 있으며 현대 민주주의의 중요한 요소로 인식되고 있는 점, 우리 국민의 인식 속에 지방자치에 대한 열망과 당위성이 내포되어 있는 점에서 지방자치는 헌법상의 제도로 자리잡고 있다.

(2) 지방자치에 관한 주민의 권리

지방자치가 헌법이 보장하는 제도이기는 하지만, 지방자치제도가 작동함에 있어서는 필요한 범위 내에 주민에게 일정한 권리를 인정하여 이 권리에 의하여 지방자치가 이루어지도록 한다. 이러한 권리에는 다양한 권리가 있다. 지방자치단체를 구성함에 있어 지방의회와 지방자치단체장을 구성하는 권리, 지방자치와 관련된 주민투표, 주민발안, 주민소환 등에 관한 권리, 지방행정이나 지방재정 및 주민의 복지에 관한 권리 등이 이러한 것에 해당한다.

이러한 권리 가운데 헌법 제118조 제1항은 지방의회의 구성을 직접 정하고 있기 때문에 지방의회의 구성에 관한 주민의 권리(예: 지방의회의원의 피선거권과 선거권)는 헌법상의 권리로서 성질을 가진다. 이에 반하여 지방자치단체의 장은 법률에 의하여 선거되거나 임명되므로(헌법 §118②) 지방자치단체장의 선출에 관한 권리는 법률상의 권리로서 성질을 가진다(다만 憲 2016. 10. 27.-2014헌마797은 헌법상 기본권으로 인정).

그리고 지방자치에서 주민참여의 방법과 정도를 어떻게 하느냐 하는 것은 헌법에서 직접 정하고 있지 않는 한 주민자치와 단체자치의 법리에 비추어 입법자인 국회가 입법재량을 가지고 정한다. 이런 점에서 볼 때, 주민투표제도, 주민발안제도, 주민소환제도 등의 입법화와 그 구체적인 형태 및 정도와 구조는 법률로서 정하는 사항이며, 이러한 제도의 작동과 운영과 관련하여 주민에게 일정한 권리를 부여하는 경우에 인정되는 권리는 법률상의 권리로서의 성질을 가진다(예: 憲 2001. 6. 28.-2000헌마735; 2006. 2. 23.-2005헌마403; 2009. 7. 30.-2007헌바75). 또 조례로서 주민에게 일정한 권리를 부여하는 경우에는 조례상의 권리로서의 성질을 지닌다.

[憲 2001.6.28.-2000헌마735] 「지방자치법은 주민에게 주민투표권(§13의2)과 조례의 제정 및 개폐청구권(§13의3) 및 감사청구권(§13의4)을 부여함으로써 주민이 지방자치사무에 직접 참여할 수 있는 길을 열어 놓고 있다. 그렇지만 이러한 제도는 어디까지나 입법에 의하여 채택된 것일 뿐, 헌법이 이러한 제도의 도입을 보장하고 있는 것은 아니다. 이 점에서 우리 헌법이 제72조에서 대표제 민주주의를 보완하기 위하여 '국민투표제'를 직접 도입한 것과 다르다고 하겠다. 따라서 지방자치법 제13조의2가 주민투표의 법률적 근거를 마련하면서, 주민투표에 관련된 구체적 절차와 사항에 관하여는 따로 법률로 정하도록 하였다고 하더라도, 주민투표에 관련된 구체적인 절차와 사항에 대하여 입법하여야 할 헌법상 의무가 국회에 발생하였다고 할 수는 없다.……우리 헌법은 법률이 정하는 바에 따른 '선거권'과 '공무담임권' 및 국가안위에 관한 중요정책과 헌법개정에 대한 '국민투표권'만을 헌법상의 참정권으로 보장하고 있다. 따라서 지방자치법 제13조의2에서 규정한 주민투표권은 그 성질상 위에서 본 선거권, 공무담임권, 국민투표권과는 다른 것이어서 이를 법률이 보장하는 참정권이라고 할 수 있을지언정 헌법이 보장하는 참정권이라고 할 수는 없다.」

[憲 2006.2.23.-2005헌마403] 「제도적 보장으로서 주민의 자치권은 원칙적으로 개별 주민들에게 인정된 권리라 볼 수 없으며, 청구인들의 주장을 주민들의 지역에 관한 의사결정에 참여 내지 주민투표에 관한 권리침해로 이해하더라도 이러한 권리를 헌법이 보장하는 기본권인 참정권이라고 할 수 없는 것이다. 즉, 헌법상의 주민자치의 범위는 법률에 의하여 형성되고, 핵심영역이 아닌 한 법률에 의하여 제한될 수 있는 것이다.」

Ⅲ. 지방자치의 요소

종래 지방자치는 자치고유권설에 기초하여 성립된 주민자치와 자치위임설에 기초하여 성립된 단체자치로 이루어져 있다고 설명되었다. 단체자치, 주민자치라는 용어와 개념은 주로 일본국과 한국에서 사용되어 왔다.

(1) 주민자치

주민자치(住民自治)는 주민이 자치적으로 구성한 자치단체가 지방운영을 담당하는 것으로 주민의 자치단체가 국가의 간섭을 배제하고 지방행정을 처리한다는 점, 지방운영에 주민이 참여한다는 점, 자치단체에 대한 국가의 통제는 주로 입법, 사법권의 행사를 통해 이루어진다는 점이 특징이다. 여기서는 주민이 스스로 통치하는 것이 지방자치의 본질이어서 지역공동체의 의사결정에서 직접결정방식도 채택된다. 물론 여기서 자치 단위인 지역공동체는 이익 · 생활 여건 등에서 동질적인 공동체임을 전제로 하고 있다.

(2) 단체자치

단체자치(團體自治)는 국가로부터 독립한 법인격을 가진 지역단체를 설치하여 지방행정을 처리케 하는 것으로 국가와 지방자치단체 사이에 분권이 이루어지고 있는 점, 자치단체에 대한 국가의 통제는 주로 행정을 통해 이루어진다는 점이 특징이다.

(3) 양자의 융합현상

양자는 유럽 내의 영국과 대륙 간의 정치적 전통에 따라 개별적으로 발전해 온 제도이나, 현대에 들어 지방자치제도는 국가의 효율적인 운영과 권력분립 및 민주주의의 실현을 위한 제도로 운영됨에 양자가 차이가 없어 모두 지방자치의 요소로 기능한다. 다만, 국가에 따라 어느 것에 비중을 더 두느냐에 따라 현실적인 양태에서는 차이가 있다. 우리나라의 지방자치는 주민자치와 단체자치를 포괄하는 융합된 형태의 것이다(예: 憲 2006. 2. 23.-2005헌마403).

Ⅳ. 지방자치의 내용

(1) 자치기능의 보장

지방자치가 이루어지려면 지방자치단체의 자치기능이 보장되어야 한다. 자치사무에 대한 자치 입법 및 자치 행정기능을 수행할 수 있도록 조직과 업무를 보장해야 한다.

(2) 자치단체의 보장

지방자치단체의 존립과 조직을 보장해야 한다. 이것은 지방자치의 기초이다. 사실상 지방자치단체의 구성을 유보하거나 중앙정부의 하부조직으로 편입시키는 것은 지방자치라고 할 수 없다. 지방자치단체의 존립보장은 개개 지방자치단체의 존립을 보장하는 것이 아니기 때문에(憲 1995. 3. 23.-94헌마175), 그 단위가 어떠한가 하는 것은 문제가 되지 않는다. 따라서 지방자치단체를 폐치 · 분합하는 것은 지방자치의 기능에 합치하는 한 인정된다.

헌법재판소는 지방자치단체의 수를 조정하기 위한 통 · 폐합은 가능하지만 모든 지방자치단체를 폐지하는 것은 금지된다고 판시하였다(예: 憲 1995. 3. 23.-94헌마175). 그리고 헌법재판소는 지방자치단체의 폐치(廢置) · 분합(分合)에 관한 것은 지방자치단체의 자치행정권 중 지역고권의 보장문제이나, 대상지역 주민들은 그로 인하여 인간다운 생활공간에서 살 권리, 평등권, 정당한 청문권, 거주이전의 자유, 선거권, 공무담임권, 인간다운 생활을 할 권리, 사회보장 · 사회복지수급권 및 환경권 등을 침해받게 될 수도 있다는 점에서 기본권과도 관련이 있어 헌법소원의 대상이 될 수 있다고 본다(예: 憲 1994. 12. 29.-94헌마201).

(3) 자치업무의 보장

지방자치단체가 수행함이 마땅한 지방과 밀접한 관련이 있는 업무는 지방자치단체의 업무로 보장해야 한다. 지방의 업무를 중앙정부의 관할로 모두 정해버리는 것은 허용되지 아니한다(예: 지방자치단체로 하여금 국가의 위임사무만 처리하게 하는 것). 헌법은 주민의 복리에 관한 사무를 자치업무의 핵심으로 정하고 있는데, 이에는 자치입법, 자치행정, 자주조직, 자치재정 등에 관한 업무가 포함된다.

V. 지방자치에 대한 국가의 형성의 자유와 한계

(1) 지방자치와 국가의 형성의 자유

지방자치제도는 국민의 기본권을 충실하게 보장하고 자유민주주의를 근거리에서 실현하기 위한 제도이지만, 어디까지나 국가의 제도에 해당하므로 국가는 지방자치에 대해 광범위한 형성의 자유를 갖는다. 따라서 지방자치의 핵을 침해하지 않는 한 입법자는 지방자치에 대하여 법률로 광범한 재량을 가지고 형성할 수 있다.

(2) 형성의 한계

지방자치에 대한 형성의 한계는 지방자치의 내용 중 그 핵을 이루는 것이 될 것이다. 그런데 어느 정도가 지방자치의 핵이 될 것인가를 판단하는 것은 쉬운 일이 아니다. 보장영역의 한계를 설정하는 이론으로는 「그것을 빼버리면 그 제도의 구조나 형태가 바뀔 정도로 그 제도와 밀착된 사항」이 바로 그 제도의 본질적 요소라고 보는 제도밀착기준설, 지방자치제도에 대한 입법적 제한사항을 빼고도 아직 지방자치라고 평가할 만한 요소가 남아 있느냐를 그 판단기준으로 삼으려는 공제설, 지방자치제도의 발전역사나 발전과정에 비추어 마땅히 있어야 할 지방자치의 표현형태에 따라 판단하려는 제도사적 판단설이 제시되고 있다(허영a, 797).

그러나 어느 학설도 무엇이 지방자치제도의 보장영역의 한계인지 구체적으로 적시하고 있지 못하므로, 각 학설을 종합적으로 고려하되 기본적으로는 헌법 제117조, 제118조에 적시된 주민의 복리에 관한 사무처리, 재산관리, 자치규칙제정권, 지방의회의 구성이 법률로 침해할 수 없는 헌법적 한계가 될 것이다. 그 외의 사항에 대해서는 지방자치의 실행 목적인 자유민주주의의 근거리 실현에 실효성이 있는가를 기준으로 판단해야 할 것이고, 이에 따라 지방자치의 수준 · 정도 · 양태는 다양하게 나타난다.

[397] 제2 현행법상의 지방자치제도

Ⅰ. 법적 근거

헌법 제8장은 지방자치를 따로 규정하고 있다. 헌법 제117조 제1항은 지방자치단체의 업무사항과 자치에 대한 규정제정권에 대하여 규정하고 있으며, 헌법 제118조 제1항은 지방의회의 구성을 규정하고 있다. 이러한 것은 헌법이 직접 정하고 있는 사항이

한국 지방자치의 변천

헌법 / 항목	1948년헌법- 1952년헌법- 1954년헌법	1960년6월헌법- 1960년11월헌법	1962년헌법-1969년헌법- 1972년헌법-1980년헌법- 1987년헌법
지방자치	지방자치단체는 법령의 범위 내에서 그 자치에 관한 행정사무와 국가가 위임한 행정사무를 처리하며 재산을 관리한다. 지방자치단체는 법령의 범위 내에서 자치에 관한 규정을 제정할 수 있다.	→	지방자치단체는 주민의 복리에 관한 사무를 처리하고 재산을 관리하며 법령의 범위 안에서 자치에 관한 규정을 제정할 수 있다.
지방자치단체	지방자치단체의 조직과 운영에 관한 사항은 법률로써 정한다.	지방자치단체의 조직과 운영에 관한 사항은 법률로써 정한다. 지방자치단체의 장의 선임방법은 법률로써 정하되 적어도 시, 읍, 면의 장은 그 주민이 직접 이를 선거한다.	지방자치단체의 종류는 법률로 정한다.
지방의회 및 지방자치 단체장	지방자치단체에는 각각 의회를 둔다. 지방의회의 조직, 권한과 의원의 선거는 법률로써 정한다.	지방자치단체에는 각각 의회를 둔다. 지방의회의 조직, 권한과 의원의 선거는 법률로써 정한다.	지방자치단체에는 의회를 둔다. 지방의회의 조직·권한·의원선거와 지방자치단체의 장의 선임방법 기타 지방자치단체의 조직과 운영에 관한 사항은 법률로 정한다.
참고		1961년 지방의회 해산	1972년헌법 부칙 제10조: 이 헌법에 의한 지방의회는 조국통일이 이루어질 때까지 구성하지 아니한다. 1980년헌법 제10조: 이 헌법에 의한 지방의회는 지 방자치단체의 재정자립도를 감안하여 순차적으로 구성하되, 그 구성시기는 법률로 정한다.

어서 법률로 폐지 · 변경하지 못한다. 헌법 제117조 제2항은 지방자치단체의 종류를 법률에 위임하고 있으며, 제118조 제2항은 지방의회의 조직 · 권한 · 의원선거에 관한 사항, 지방자치단체장의 선임방법, 지방자치단체의 조직과 운영에 관한 사항을 법률에 위임하고 있다.

II. 연 혁

1948년헌법 제8장은 지방자치를 규정하였으며, 이 헌법에 기초하여 1949년 지방자치법이 제정되었고, 1952년에 처음으로 지방의회가 구성되기도 하였다. 그러나 1961년 박정희 정부에 의해 지방의회가 해산되었고, 지방자치에관한임시조치법(1961. 9. 1. 법률 제707호)에 의해 이 법에 저촉되는 지방자치법의 적용이 중단되었다. 이후 1972년헌법은 부칙에 「지방의회의 구성을 조국의 통일시까지 유예한다」라는 규정을 두었으며, 1980년헌법은 부칙에 「지방의회의 구성을 지방자치단체의 재정자립도를 감안하여 순차적으로 하되 그 구성시기는 법률로 정한다」라고 규정하였다.

1987년헌법에서는 1980년헌법의 지방자치에 대한 부칙이 모두 폐지되어 지방자치에 관한 규정이 규범력을 갖게 되었고, 그에 따라 1988년 지방자치법의 개정이 있었고, 1991년 지방의회의 구성이 이루어졌다. 지방자치단체장의 선거는 1995년 6월 29일 실시됨으로써 현실에서 지방자치의 면모를 갖추게 되었다.

III. 지방자치단체

(1) 지방자치단체의 종류

지방자치법 제2조 제1항에 의하면 지방자치단체는 특별시, 광역시, 특별자치시, 도와 시, 군, 구의 두 종류로 구성되는데, 전자는 광역자치단체, 후자는 기초자치단체라고 일반적으로 불리고 있다. 기본적인 지방자치단체 외에 특정한 목적을 수행하기 위하여 필요한 경우에는 별도의 특별지방자치단체를 대통령령으로 설치할 수 있다.

(2) 지방자치단체의 기구

지방자치단체의 기구에는 지방의회와 지방자치단체의 장이 있다.

(a) 지방의회

지방의회는 주민의 보통 · 평등 · 직접 · 비밀선거에 의해 선출된 지역구지방의회의원과 비례대표로 당선된 비례대표지방의회의원으로 구성된다(지자법 §38; 공선법 §190의2). 지방의회를 선거에 의해 구성해야 하는 것은 헌법 제118조 제1항과 제2항에 의해 정해져 있는 사항이다.

《기초의원후보자의 정당추천의 방식》

지방자치에서 기초의원선거에서 그 후보자를 정당이 추천하는 것이 주민의 공무담임권을 침해하거나 지방자치의 본질을 침해하는 것인가 하는 문제가 있다. 헌법재판소는 이는 헌법에 위반되지 않는다고 판시하였다(예: 憲 2007. 11. 29.-2005헌마977).

[憲 2007.11.29.-2005헌마977] 「지방자치의 본질은 주민의 복리에 관한 사무를 주민의 의사에 따라 처리하도록 하는 것이고, 기초의원은 주민의 대표로서 기초의회를 통하여 주민자치를 실현한다. 정당이 기초의원 후보자를 추천하게 되면, 정당이 기초의원 선거에 정치적 영향력을 행사하게 되고 소속 기초의원을 통하여 기초의회의 자치활동에도 영향력을 미치게 될 것이다. 그리고 중앙당 중심의 정치적 영향력이 과도하게 되면 자치구 · 시 · 군 주민의 복리에 관한 자치사무가 자치구 · 시 · 군 지역 주민들의 자치적 의사에 따라 처리되지 못하게 될 위험성이 있다. 게다가 기초의원의 선거구는 자치구 · 시 · 군의 관할구역 내에서 정해지는데(법 §26), 정당은 수도에 소재하는 중앙당과 특별시 · 광역시 · 도에 각각 소재하는 시 · 도당으로 구성되고(정당법 §3) 자치구 · 시 · 군의 관할구역 내에는 정당이 없으므로, 기초의원 후보자의 추천도 중앙당이나 시 · 도당에서 하게 될 것이다. 이러한 점들은 자치구 · 시 · 군의 주민 대표를 선발하여 주민자치를 실현하고자 하는 기초의원 선거제도와 지방의회제도의 본질에 부합되지 아니한다고 할 수 있다. 그러나 헌법 제8조가 정당의 정치적 의사 형성 기능을 중시하여 정당제도와 정당의 민주적 활동을 보장하고 있는 점, 헌법 제118조 제2항이 지방의회의 조직 · 권한 · 의원선거에 관한 사항을 법률로 정하도록 위임한 점, 그에 따라 국회가 기초의원 후보자를 정당이 추천할 수 있도록 입법한 것인 점, 정당이 중앙당과 시 · 도당으로 구성된다고 하더라도 정당이 기초의원을 추천함에 있어 당해 기초의원을 선출하는 지역구 주민의 의사를 반영하지 못할 것이라고 단정하기 어려운 점 등을 종합하여 보면, 위와 같은 부작용이나 위험성이 우려된다고 하여 기초의원 후보자에 대한 정당추천제도가 지방자치제도나 지방의회제도의 본질을 훼손하여 헌법에 위반된다고 단정하기는 어렵다.」

비례대표지방의회의원에 궐원이 생긴 때에는 선거구선거관리위원회는 궐원통지를 받은 후 10일 이내에 그 궐원된 의원이 그 선거 당시에 소속한 정당의 비례대표지방의회의원후보자명부에 기재된 순위에 따라 궐원된 국회의원 및 지방의회의원의 의석을 승계할 자를 결정하여야 한다. 그럼에도 불구하고 의석을 승계할 후보자를 추천한 정당이 해산되거나 임기만료일 전 120일 이내에 궐원이 생긴 때에는 의석을 승계할 사람을 결정하지 아니한다(공직선거법 §200②, ③).

비례대표지방의회의원에 당선된 자가 선거범죄로 인하여 당선이 무효로 되어 궐원이 생긴 때에 의석을 승계할 수 없도록 하는 것이 허용되는가 하는 문제가 있다. 이에 대하여 헌법재판소는 이러한 궐원이 발생한 경우 의석의 승계를 금지하는 것은 선거권자의 정치적 의사표명을 무시하는 것으로 대의민주주의원리에 위반되고, 자기책임원리에 위반되며, 당선인의 선거범죄에 대하여 귀책사유가 없는 차순위 후보자의 공무담임권을 침해하는 것이어서 위헌이라고 판시하였다(예: 憲 2009. 6. 25.-2007헌마40).

(b) 지방자치단체장

지방자치단체의 장으로는 특별시에 특별시장, 광역시에 광역시장, 도에 도지사를 두고, 시에 시장, 군에 군수, 자치구에 구청장을 둔다. 지방자치단체의 장은 주민의 보통·평등·직접·비밀선거에 의하여 선출한다(지자법 §107).

그런데 헌법 제118조 제2항은 지방자치단체장의 「선임」에 대하여 정하고 있으므로 법률정책적으로는 지방자치단체장은 선거할 수도 있고 임명할 수도 있으며 양자를 결합할 수도 있다. 지방자치단체장을 선거하는 주민의 권리는 헌법상의 기본권이 아니라 법률(지방자치법)에 의하여 인정되는 권리이다. 이에 반해 헌법재판소는 헌법에서 지방자치제를 제도적으로 보장하고 있고, 지방자치는 지방자치단체가 독자적인 자치기구를 설치해서 그 자치단체의 고유사무를 국가기관의 간섭 없이 스스로의 책임 아래 처리하는 것이라는 점에서 지방자치단체의 대표인 단체장은 지방의회의원과 마찬가지로 주민의 자발적 지지에 기초를 둔 선거를 통해 선출되어야 하고 지방자치단체의 장에 대한 주민직선제 이외의 다른 선출방법을 허용할 수 없다는 관행과 이에 대한 국민적 인식이 광범위하게 존재한다고 보아 지방자치단체의 장 선거권 역시 다른 선거권과 마찬가지로 헌법 제24조에 의해 보호되는 기본권으로 인정하였다(憲 2016. 10. 27.-2014헌마797). 그러나 이 경우 외국인의 지방선거권이 헌법상 기본권으로 인정될 수 있어 외국인의 참정권 인정 범위와 관련한 문제가 제기될 소지가 있다.

시·도지사 후보자로 등록하려는 사람에게 5천만 원의 기탁금을 납부하도록 한 공직선거법의 규정은 공무담임권을 침해하는 것이 아니라고 판시하였다(예: 憲 2019.9.26.-2018헌마128등).

현행법은 교육에서도 지방자치를 인정하고 있다. 지방자치단체의 교육·과학 및 체육에 관한 사무를 분장하게 하기 위하여 별도의 기관을 둔다(동법 §135①). 이러한 기관의 조직과 운영에 관하여 필요한 사항은 법률로 정한다(동조 ②). 이에 따라 「지방교육자치에 관한 법률」은 광역자치단체인 시, 도에만 지방교육자치를 시행하면서, 주민의 보통·평등·직접·비밀선거에 의하여 선출되는 교육감을 두고 있다(동법 §3, §22).

지방자치단체의 장이 직무를 수행하기 어려운 경우에는 직무를 정지하고 권한대행자가 이를 행하게 된다. 지방자치법 제124조 제1항은 궐위된 경우와 공소제기후 구금상태에 있는 경우에 권한대행을 행하게 하고 있다. 지방자치단체의 장이 공소제기된 후 구금상태에 있는 경우에 직무가 정지되도록 하는 것은 헌법에 위반되는 것이 아니다(예: 憲 2011. 4. 28.-2010헌마474).

(3) 지방자치단체의 자치업무와 자치기능

헌법은 지방자치단체의 자치업무와 자치기능에 관해서 「주민의 복리에 관한 사무를 처리하고 재산을 관리하며, 법령의 범위 안에서 자치에 관한 규정을 제정할 수 있다」(헌법 §117①)고 정하고 있다. 이에 의하여 지방자치단체는 i) 주민의 복리에 관한 고유사무를 자기책임 아래 독자적으로 처리할 수 있는 자치사무기능과, ii) 지방자치단체의 재산을 관리하며 법령의 범위 안에서 자치활동에 필요한 재정고권과 조세고권을 행사할 수 있는 자치재정기능, iii) 법령의 범위 안에서 자치에 관한 규정(예: 조례, 규칙)을 제정할 수 있는 자치입법기능 등을 가지고 있다.

한편 지방자치단체의 중요결정사항에 관해서는 주민자치의 이념에 기초하여 주민의 직접참여를 보장하기 위한 주민투표제도를 두고 있다.

(a) 자치사무

지방자치단체의 자치사무는 주민의 복리에 관한 고유사무가 주된 내용이지만, 그 외에 법령에 의하여 지방자치단체에 속하는 사무(=단체위임사무)(지자법 §13①)와 국가 또는 광역자치단체가 지방자치단체의 장에게 위임한 사무(=기관위임사무)도 처리한다. 행정안전부장관이나 시·도지사는 지방자치단체의 자치사무에 관하여 보고를 받거나 서류·장부 또는 회계를 감사할 수 있다. 이 경우 감사는 법령 위반사항에 대해서만 한다. 따라서 감사를 하기 전에 해당 사무의 처리가 법령에 위반되는지 등을 확인하여야 한다(동법 §190). 다만, 위임사무는 지방자치단체의 자치권에 속하는 사항은 아니기 때문에 국가가 사무처리경비의 일부 또는 전부를 부담하게 되고 그에 따라서 국가의 감독권도 강화된다. 위임사무가 주가 되는 경우에는 진정한 지방자치라고 하기 어렵다.

중앙행정기관의 장이나 시·도지사는 지방자치단체의 사무에 관하여 조언 또는 권고하거나 지도할 수 있으며, 이를 위하여 필요하면 지방자치단체에 자료 제출을 요구할 수 있다. 국가나 시·도는 지방자치단체가 그 지방자치단체의 사무를 처리하는 데 필요하다고 인정하면 재정지원이나 기술지원을 할 수 있다. 지방자치단체의 장은 조언·권고 또는 지도와 관련하여 중앙행정기관의 장이나 시·도지사에게 의견을 제출할 수 있다(동법 §184). 지방자치단체나 그 장이 위임받아 처리하는 국가사무에 관하여 시·도에서는 주무부장관, 시·군 및 자치구에서는 1차로 시·도지사, 2차로 주무부장관의 지도·감독을 받는다. 시·군 및 자치구나 그 장이 위임받아 처리하는 시·도의 사무에 관하여는 시·도지사의 지도·감독을 받는다(동법 §184).

헌법재판소는 중앙행정기관의 자치사무에 대한 감사범위는 위법성 감사에 한정되며, 이를 넘어선 포괄적인 감사는 지방자치권을 침해한 것이라고 본다(예: 憲 2009. 5. 28.-2006헌라6).

[憲 2009.5.28.-2006헌라6] 「앞서 본 바와 같이 이 사건 관련규정은 문언대로 중앙행정기관의 지방자치단체의 자치사무에 대한 감사범위를 법령위반사항으로 한정하고 있다고 엄격히 해석하여야 하는데, 이 사건 관련규정상의 감사개시에 어떠한 요건이 필요한 것인지에 대해서는 헌법이나 지방자치법 등 어디에도 명시적인 규정이 없다. 그러나 지방자치단체에 대하여 중앙행정기관은 합목적성 감독보다는 합법성 감독을 지향하여야 하고 중앙행정기관의 무분별한 감사권의 행사는 헌법상 보장된 지방자치단체의 자율권을 저해할 가능성이 크므로, 이 사건 관련규정상의 감사에 착수하기 위해서는 자치사무에 관하여 특정한 법령위반행위가 확인되었거나 위법행위가 있었으리라는 합리적 의심이 가능한 경우이어야 하고, 또한, 그 감사대상을 특정해야 한다고 봄이 상당하다. 따라서 전반기 또는 후반기 감사와 같은 포괄적·사전적 일반감사나 위법사항을 특정하지 않고 개시하는 감사 또는 법령위반사항을 적발하기 위한 감사는 모두 허용될 수 없다. 왜냐하면 법령위반 여부를 알아보기 위하여 감사하였다가 위법사항을 발견하지 못하였다면 법령위반사항이 아닌데도 감사한 것이 되어 이 사건 관련규정 단서에 반하게 되며, 이것은 결국 지방자치단체의 자치사무에 대한 합목적성 감사는 안 된다고 하면서 실제로는 합목적성 감사를 하는 셈이 되기 때문이다. 이 사건 합동감사의 경우를 살펴보면, 피청구인이 감사실시를 통보한 [별지] 목록 기재 사무는 청구인의 거의 모든 자치사무를 감사대상으로 하고 있어 사실상 피감사대상이 특정되지 아니하였다고 보여질 뿐만 아니라 피청구인은 이 사건 합동감사 실시계획을 통보하면서 구체적으로 어떠한 자치사무가 어떤 법령에 위반되는지 여부를 전혀 밝히지 아니하였는바, 그렇다면 이 사건 합동감사는 위에서 본 이 사건 관련규정상의 감사의 개시요건을 전혀 충족하지 못하였다 할 것이다.」

(b) 자치재정

지방자치단체는 재정자치권에 의해서 행정목적달성과 공익상 필요한 경우 재산을 보유하거나 특정한 자금운용을 위한 기금을 설치할 수 있으며(지자법 §159①), 주민의 복지증진과 사업의 효율적 수행을 위해 지방공기업을 설치, 운영할 수 있다(동법 §163①). 조세자치권에 의해서 법률이 정하는 바에 따라 주민에게 지방세를 부과할 수 있고(동법 §152), 공공시설의 이용 또는 재산의 사용에 대한 사용료(동법 §153)와 특정인을 위한 사무에 대한 수수료(동법 §154) 그리고 공공시설의 설치로 인한 수익자로부터 분담금(동법 §155)을 징수할 수 있다. 국가전체적으로 볼 때, 재정권에 대하여 중앙정부가 독식하고 지방자치의 재정자치권이 빈약한 경우는 진정한 지방자치라고 하기 어렵다.

(c) 자치입법

지방자치단체는 지방의회의 조례제정권과 지방자치단체의 장의 규칙제정권을 가진다. 교육자치에서는 교육감에게 교육규칙제정권을 부여하고 있다(지방교육법 §25①).

헌법은 「지방자치단체는……법령의 범위 안에서 자치에 관한 규정을 제정할 수 있다」(헌법 §117①)라고 하여, 지방자치단체에게 자치입법권을 부여하고 있다. 입헌민주국가에서는 모든 국가작용은 주권자인 국민이 정한 헌법에서 나오는 것이기 때문에 자치입법권도 헌법에서 나오는 규범정립권이며, 그런 의미에서 자치입법은 시원적인 것이 아니라 전래적인 법원(傳來的인 法源 Abgeleitete Rechtsquellen)이다.

이와 같이 헌법이 지방자치단체에게 자치입법권을 부여한 것은 지방분권을 통하여 권력분립을 실현하고, 지방의 문제는 당해 지방의 주민이 가장 잘 판단할 수 있는 가능성이 높기 때문에 지방 스스로의 책임하에 자기 지방의 문제를 규율하는 것이 국가운영에 있어 상대적으로 설득력을 높일 수 있으며, 규범정립자와 규범수범자 간에 간극을 줄여 각기 자기 지역의 특성을 고려하여 탄력적으로 대응할 수 있도록 하여 지역공동체를 활성화하고 국가의 입법부담을 경감하고자 하는데 있다.

자치입법은 지방자치단체의 필수적인 의사표현형식이고, 자치행정의 핵심적 요소이다.

(i) 조례제정권　조례(條例 ordinance)는 지방의회가 법정의 절차를 거쳐 제정하는 자치입법의 한 형태인데, 이는 본질에서는 국가작용 중 입법작용이 아니고 자치행정기관인 지방의회가 행하는 집행작용인 행정작용에 속한다. 조례는 대외적 효력을 가지는 사항 또는 대내적 효력을 가지는 사항을 정할 수 있으며, 모든 주민을 수범자로 하는 일반성을 항상 가져야 하는 것은 아니다. 지방자치단체는 상위 법령의 위임에 의하여 조례를 제정하여야 할 의무를 지지 않는 한 일반적으로 조례제정의 의무는 부담하지 않는다.

조례는 「법령의 범위 안에서」(헌법 §117①) 제정할 수 있기 때문에 법령의 범위를 벗어나는 내용을 정할 수 없다. 즉 조례에서 정하는 사항은 헌법, 법률, 명령에서 정하는 내용에 위반되어서는 안 된다. 이와 같이 헌법은 조례제정에서 「법령우위의 원칙」을 정하고 있다.

헌법정책적으로는 조례와 법률을 원칙적으로 동렬에 놓아 지방자치를 연방에 준하는 수준으로 설정하여 분권의 정도를 강하게 할 수도 있고, 법률에 종속되게 하여 분권의 정도를 약하게 할 수도 있다. 역사적으로 중세 봉건제도를 거쳐 근대 국가로 발전한 나라에서는 지방자치의 분권성이 강하게 나타나기도 한다. 그런데, 우리 헌법은 조례를 법령보다 하위의 수준에 머물게 하여 그 정도에서 지방자치를 설정하고 있다.

조례에서 어떤 사항을 정할 경우에 법률의 근거가 필요한가 하는 조례제정에서의 법률유보의 문제가 있다. 「법령의 범위 안에서」(헌법 §117①)라는 것이 법률유보를 정하고 있는 것인가 하는 점이 문제가 된다. 이에 대해서는 「법령의 범위 안에서」라는 표현이 법령에 반하지 않아야 한다는 내용만 정하고 있는 것이고, 법률의 위임을 정하고 있지 않는 것이라고 하여 조례제정에는 법률위임이 필요없다는 견해도 있으나, 헌법 제117조 제1항의 「법령의 범위 안에서」라는 표현은 내용이나 효력상 법령의 범위를 넘어설 수 없다는 의미뿐만 아니라 법률의 위임이 필요하다는 「법률유보의 원칙」도 포함하고 있다고 보는 것이 우리 헌법이 구상하고 있는 조례의 수준과 좌표에 합당하다고 할 것이다. 다만, 조례제정에서의 법률유보는 명령 또는 규칙제정에서의 법률유보와 달리 지방자치의 성질상 지방자치단체가 내용, 목적, 범위 등에서 보다 자유롭게 정할 수 있다고 볼 것이다.

따라서 주민의 권리제한(예: 大 1997. 4. 25.-96추251)이나 의무부과에 관한 사항이나 벌칙 등과 같이 국민에게 부담을 주거나(예: 大 1995. 6. 30.-93추83) 권리를 제한하는 사항을 정하는 경우에는 법률의 위임이 있어야 한다고 할 것이고, 이러한 것이라야 헌법 제37조 제2항에도 부합한다(예: 大 1995. 5. 12.-94추28). 지방자치법이 조례제정에 있어 「주민의 권리제한 또는 의무부과에 관한 사항이나 벌칙을 정할 때에는 법률의 위임이 있어야 한다」(동법 §28 단서)라고 정하고 있는 것은 당연한 규정이라고 할 것이다. 그러나 주민의 권리제한 또는 의무부과에 관한 사항이나 벌칙을 정하는 것이 아니고 주민에게 권리를 부여하거나 급부를 제공하는 경우에는 법률의 위임이 필요없다고 할 것이다(예: 大 1992. 6. 23.-92추17).

[大 1995.6.30.-93추83] 「지방의회에서의 사무감사 · 조사를 위한 증인의 동행명령장제도도 증인의 신체의 자유를 억압하여 일정 장소로 인치하는 것으로서 헌법 제12조 제3항의 "체포 또는 구속"에 준하는 사태로 보아야 할 것이고, 거기에 현행범 체포와 같이 사후에 영장을 발부받지 아니하면 목적을 달성할 수 없는 긴박성이 있다고 인정할 수는 없을 것이다. 그러므로 이 경우에도 헌법 제12조 제3항에 의하여 법관이 발부한 영장의 제시가 있어야 할 것이다. 그럼에도 불구하고 동행명령장을 법관이 아닌 의장이 발부하고 이에 기하여 증인의 신체의 자유를 침해하여 증인을 일정 장소에 인치하도록 규정된 조례안 제6조는 영장주의원칙을 규정한 헌법 제12조 제3항에 위반한 것이라고 할 것이다.……지방자치법 제15조 단서는 지방자치단체가 법령의 범위 안에서 그 사무에 관하여 조례를 제정하는 경우에 벌칙을 정할 때에는 법률의 위임이 있어야 한다고 규정하고 있는데, 형벌을 규정한 이 사건 조례안 제12조 내지 제14조에 관하여 법률에 의한 위임이 없었을 뿐만 아니라, 개정 전의 구법 제20조가 조례에 의하여 3월 이하의 징역 등 형벌을 가할 수 있도록 규정하였으나 개정된 지방자치법 제20조는 형벌권을 삭제하여 지방자치단체는 조례로써 조례위반에 대하여 1,000만 원 이하의 과태료만을

부과할 수 있도록 규정하고 있으므로, 조례위반에 형벌을 가할 수 있도록 규정한 위 조례안 규정들은 현행 지방자치법 제20조에도 위반된다고 할 것이다. 따라서 이 사건 조례안 제12조 내지 제14조의 규정들은 적법한 법률의 위임 없이 제정된 것이 되어 지방자치법 제15조 단서에 위반되고, 나아가 죄형법정주의를 선언한 헌법 제12조 제1항에도 위반한 것이 된다.」

[大 1997.4.25.-96추251] 「이 사건 조례안 제4조, 제5조 소정의 차고지확보제도는 자동차(1,500cc 미만 승용자동차 제외) · 건설기계의 보유자에게 차고지확보의무를 부과하는 한편 자동차관리법에 의한 자동차등록(신규 · 변경 · 이전) 및 건설기계관리법에 의한 건설기계등록 · 변경신고를 하려는 자동차 · 건설기계의 보유자에게 차고지확보 입증서류의 제출의무를 부과하고 그 입증서류의 미제출을 위 등록 및 신고수리의 거부사유로 정함으로써 결국 등록 · 변경신고를 하여 자동차 · 건설기계를 운행하려는 보유자로 하여금 차고지를 확보하지 아니하면 자동차 · 건설기계를 운행할 수 없도록 하는 것을 그 내용으로 하고 있어 주민의 권리를 제한하고 주민에게 의무를 부과하는 것임이 분명하므로 지방자치법 제15조 단서의 규정에 따라 그에 관한 법률의 위임이 있어야만 적법하다.」

그런데 조례의 제정에서 법률유보가 필요하다고 하더라도 법률에서 조례에 위임을 하는 경우에 항상 구체적으로 범위를 정하여 위임하여야 하는 것은 아니다. 지방자치의 성질에 비추어 중앙정부가 어떠한 사항에 대한 규율을 지방자치단체에게 포괄적으로 위임할 필요가 있는 경우에는 포괄적인 수권이 가능하다(예: 憲 1995. 4. 20.-92헌마264). 이는 지방의회가 주민의 선거에 의하여 구성되는 민주적 정당성을 가지는 기관이고, 지방자치의 성질상 포괄적으로 위임하는 것이 지방자치의 본질에 합당한 경우가 있기 때문이다. 그러나 법률에서 조례에 위임하는 경우에도 국회의 입법기능을 완전히 지방자치단체에 위임할 수 없고, 백지위임(白紙委任)도 허용되지 않으며, 헌법 제37조 제2항에 해당하는 때에는 포괄적인 수권이 불가능하고, 중요사항은 국회가 법률에서 정하여야 한다(중요사항유보설 Wesentlichkeitstheorie).

[憲 1995.4.20.-92헌마264] 「헌법 제117조 제1항은 "지방자치단체는 주민의 복리에 관한 사무를 처리하고 재산을 관리하며, 법령의 범위 안에서 자치에 관한 규정을 제정할 수 있다"고 규정하고 있고, 지방자치법 제15조는 이를 구체화하여 "지방자치단체는 법령의 범위 안에서 그 사무에 관하여 조례를 제정할 수 있다. 다만, 주민의 권리제한 또는 의무부과에 관한 사항이나 벌칙을 정할 때에는 법률의 위임이 있어야 한다"고 규정하고 있다. 이 사건 조례들은 담배소매업을 영위하는 주민들에게 자판기 설치를 제한하는 것을 내용으로 하고 있으므로 주민의 직업선택의 자유 특히 직업수행의 자유를 제한하는 것이 되어 지방자치법 제15조 단서 소정의 주민의 권리의무에 관한 사항을 규율하는 조례라고 할 수 있으므로 지방자치단체가 이러한 조례를 제정함에 있어서는 법률의 위임을 필요로 한다. 그런데 조례의 제정권자인 지방의회는 선거를 통해서 그

지역적인 민주적 정당성을 지니고 있는 주민의 대표기관이고, 헌법이 지방자치단체에 대해 포괄적인 자치권을 보장하고 있는 취지로 볼 때 조례제정권에 대한 지나친 제약은 바람직하지 않으므로 조례에 대한 법률의 위임은 법규명령에 대한 법률의 위임과 같이 반드시 구체적으로 범위를 정하여 할 필요가 없으며 포괄적인 것으로 족하다고 할 것이다.」

지방자치단체가 조례로 규정할 수 있는 사무는 자치사무와 단체위임사무에 한하고 원칙적으로 기관위임사무는 제외된다(예: 大 1999. 4. 13.-98추40; 1999. 9. 17.-99추30). 다만, 기관위임사무에서도 이에 관한 개별법령에서 일정한 사항을 조례로 정하도록 위임하고 있는 경우에는 위임조례를 제정할 수 있다. 이 때 그 내용은 개별법령이 위임하고 있는 사항에 한정되며 위임의 범위를 넘지 못한다(예: 大 1999. 9. 17.-99추30; 2000. 5. 30.-99추85).

[大 1999.9.17.-99추30] 「헌법 제117조 제1항과 지방자치법 제15조에 의하면 지방자치단체는 법령의 범위 안에서 그 사무에 관하여 자치조례를 제정할 수 있으나 이 때 사무란 지방자치법 제9조 제1항에서 말하는 지방자치단체의 자치사무와 법령에 의하여 지방자치단체에 속하게 된 단체위임사무를 가리키므로 지방자치단체가 자치조례를 제정할 수 있는 것은 원칙적으로 이러한 자치사무와 단체위임사무에 한한다. 그러므로 국가사무가 지방자치단체의 장에게 위임된 기관위임사무와 같이 지방자치단체의 장이 국가기관의 지위에서 수행하는 사무일 뿐 지방자치단체 자체의 사무라고 할 수 없는 것은 원칙적으로 자치조례의 제정범위에 속하지 않는다. 다만, 기관위임사무에 있어서도 그에 관한 개별법령에서 일정한 사항을 조례로 정하도록 위임하고 있는 경우에는 위와 같은 지방자치단체의 자치조례 제정권과 무관하게 이른바 위임조례를 정할 수 있다고 하겠으나 이 때에도 그 내용은 개별 법령이 위임하고 있는 사항에 관한 것으로서 개별 법령의 취지에 부합하는 것이라야만 하고, 그 범위를 벗어난 경우에는 위임조례로서의 효력도 인정할 수 없다. 그리고 법령상 지방자치단체의 장이 처리하도록 규정하고 있는 사무가 기관위임사무에 해당하는지 여부를 판단함에 있어서는 그에 관한 법령의 규정 형식과 취지를 우선 고려하여야 할 것이지만 그 외에도 그 사무의 성질이 전국적으로 통일적인 처리가 요구되는 사무인지 여부나 그에 관한 경비부담과 최종적인 책임귀속의 주체 등도 아울러 고려하여 판단하여야 할 것이다.」

시 · 군 · 자치구의 조례는 시 · 도의 조례에 위반해서는 아니 된다(동법 §30). 지방자치단체는 조례로써 조례위반행위에 대하여 1,000만 원 이하의 과태료를 정할 수 있다(동법 §34①).

조례제정 또는 개폐는 광역자치단체는 행정안전부장관에게, 기초자치단체는 시, 도지사에게 그 전문을 첨부해서 보고해야 한다(동법 §35). 동시에 이는 지방자치단체장의 재의요구권(동법 §32③)과 제소권에 의한 통제를 받으며(동법 §192), 주민의 조례제정 및 개폐청구권에 의한 제약도 받는다(동법 §19).

(ii) **규칙제정권** 지방자치단체의 장은 법령 또는 조례가 위임한 범위 안에서 그 권한에 속하는 사무에 관하여 규칙(規則)을 제정할 수 있다(동법 §29). 시·군·자치구의 규칙은 시·도의 규칙에 위반해서는 아니 된다(동법 §30). 규칙의 제정 또는 개폐시의 보고의무는 조례의 경우와 같다(동법 §35).

(d) **주민투표**

지방자치단체의 폐치, 분할 또는 주민에게 과도한 부담을 주거나 중대한 영향을 미치는 주요결정사항으로서 그 지방자치단체의 조례로 정하는 사항은 주민투표(住民投票)에 부칠 수 있다. 주민이 이러한 주민투표를 할 수 있는 권리는 헌법상의 기본권이 아니고 지방자치법상의 법률상의 권리이다(예: 憲 2001. 6. 28. -2000헌마735). 그러나 i) 법령에 위반되거나 재판중인 사항, ii) 국가 또는 다른 지방자치단체의 권한 또는 사무에 속하는 사항, iii) 지방자치단체의 예산·회계·계약 및 재산관리에 관한 사항과 지방세·사용료·수수료·분담금 등 각종 공과금의 부과 또는 감면에 관한 사항, iv) 행정기구의 설치·변경에 관한 사항과 공무원의 인사·정원 등 신분과 보수에 관한 사항, v) 다른 법률에 의하여 주민대표가 직접 의사결정주체로서 참여할 수 있는 공공시설의 설치에 관한 사항(제9조 제5항의 규정에 의하여 지방의회가 주민투표의 실시를 청구하는 경우에는 예외), vi) 동일한 사항(그 사항과 취지가 동일한 경우를 포함)에 대하여 주민투표의 실시된 후 2년이 경과되지 아니한 사항에 대해서는 주민투표에 부칠 수 없다(지자법 §18; 주민투표법 §7).

주민투표의 청구는 투표권을 갖는 19세 이상의 주민 20분의 1 이상 5분의 1 이하의 범위 내에서 조례로 정하는 수 이상의 주민의 서명으로 할 수 있는데(주민투표법 §9), 지방자치단체의 장과 지방의회도 일정한 절차를 밟아 주민투표를 청구할 수 있다(동법 §9). 중앙행정기관의 장은 지방자치단체의 폐치·분합또는 구역변경, 주요시설의 설치 등 국가정책의 수립에 관하여 주민의 의견을 듣기 위하여 필요하다고 인정하는 때에는 주민투표의 실시구역을 정하여 관계 지방자치단체의 장에게 주민투표의 실시를 요구할 수 있다. 이 경우 중앙행정기관의 장은 미리 행정안전부장관과 협의하여야 한다(동법 §8①). 다만, 공직선거일 전 60일부터 선거일까지는 주민투표를 발의할 수 없다(동법 §13③).

주민투표의 대상이 된 사항은 투표권자 총수의 3분의 1 이상의 투표와 유효투표 과반수의 득표로 확정되는데, 지방자치단체의 장 및 지방의회는 확정된 내용대로 필요한 조치를 해야 한다(동법 §24). 주민투표의 효력에 대해서는 소청절차를 거쳐 관할 고등법원(기초자치단체의 경우) 또는 대법원(광역자치단체의 경우)에 주민투표소송을 제기할 수 있다(동법 §25). 주민투표의 절차 등에 관해서는 주민투표법이 정하고 있다.

⑷ 교육 · 학예 등에 관한 기구의 문제

교육자치를 인정하는 경우에도 교육자치가 지방자치와 별개의 영역인가 아니면 지방자치의 영역에 속하는가 하는 문제가 있다. 법정책상 양자를 서로 별개의 영역으로 정할 수도 있고 교육자치를 지방자치의 영역에 속하게 하되 교육의 독립성과 자주성을 보장하는 방식으로 정할 수도 있다. 현재 실정법에 의하면, 교육자치를 지방자치와 원칙적으로 분리는 시키되(지자체장과 교육감의 분리), 일정한 수준에서 상호 연계 속에서 협동적으로 교육자치를 수행하게 하고 있다.

교육자치를 인정하든 인정하지 않든 교육에서 자주성은 인정되어야 하기 때문에 헌법 제31조 제4항의 교육의 자주성이 교육자치의 근거가 되는 것은 아니다. 교육자치는 헌법상의 지방자치에 포함되어 있거나 이에서 도출되는 제도가 아니고 법률에 의하여 인정되는 법률정책적인 제도이다. 따라서 입법자는 교육자치를 정할 수도 있고 국가가 교육을 책임지게 할 수도 있으며, 교육자치를 정하는 경우에도 교육자치의 단위, 범위, 수준, 형태 등에 대하여 광범한 입법형성권을 가진다. 교육자치와 관련된 권리와 의무도 법률상의 것이며 헌법상의 것이 아니다.

시 · 도의 교육 · 학예에 관한 사무의 집행기관으로 시 · 도에 교육감을 둔다(교육자치법 §18①). 교육감은 교육 · 학예에 관한 소관 사무로 인한 소송이나 재산의 등기 등에 대하여 해당 시 · 도를 대표한다(동조②). 교육감은 주민의 보통 · 평등 · 직접 · 비밀선거에 따라 선출한다(동법 §43). 교육감의 임기는 4년으로 하며, 교육감의 계속 재임은 3기에 한한다(동법 §21). 국가행정사무 중 시 · 도에 위임하여 시행하는 사무로서 교육 · 학예에 관한 사무는 교육감에게 위임하여 행한다. 다만, 법령에 다른 규정이 있는 경우에는 그러하지 아니하다(동법 §19).

교육감은 교육 · 학예에 관한 i) 조례안의 작성 및 제출에 관한 사항, ii) 예산안의 편성 및 제출에 관한 사항, iii) 결산서의 작성 및 제출에 관한 사항, iv) 교육규칙의 제정에 관한 사항, v) 학교, 그 밖의 교육기관의 설치 · 이전 및 폐지에 관한 사항, vi) 교육과정의 운영에 관한 사항, vii) 과학 · 기술교육의 진흥에 관한 사항, viii) 평생교육, 그 밖의 교육 · 학예진흥에 관한 사항, ix) 학교체육 · 보건 및 학교환경정화에 관한 사항, x) 학생통학구역에 관한 사항, xi) 교육 · 학예의 시설 · 설비 및 교구에 관한 사항, xii) 재산의 취득 · 처분에 관한 사항, xiii) 특별부과금 · 사용료 · 수수료 · 분담금 및 가입금에 관한 사항, xiv) 기채 · 차입금 또는 예산 외의 의무부담에 관한 사항, xv) 기금의 설치 · 운용에 관한 사항, xvi) 소속 국가공무원 및 지방공무원의 인사관리에 관한 사항, xvii) 그 밖에 당해 시 · 도의 교육 · 학예에 관한 사항과 위임된 사항에 관한 사무를 관장한다(동법 §20).

교육감은 법령 또는 조례의 범위 안에서 그 권한에 속하는 사무에 관하여 교육규칙을 제정할 수 있고(동법 §25①), 사무를 위임 · 위탁할 수 있으며(동법 §26), 소속 공무원을 지휘 · 감독하고 법령과 조례 · 교육규칙이 정하는 바에 따라 그 임용 · 교육훈련 · 복무 · 징계 등에 관한 사항을 처리한다(동법 §27).

Ⅳ. 지방자치단체와 주민

(1) 주민의 의의

지방자치단체의 주민은 지방자치단체의 구역 안에 주소를 가진 자를 말한다(지자법 §16).

(2) 주민의 권리

(a) 공적 재산 · 공적 시설의 이용권

주민은 법령으로 정하는 바에 따라 소속 지방자치단체의 재산과 공공시설을 이용할 권리를 가진다(동법 §17②).

(b) 균등한 행정의 수혜권

주민은 그 지방자치단체로부터 균등하게 행정의 혜택을 받을 권리를 가진다(동항).

(c) 선거권 및 피선거권

국민인 주민은 법령으로 정하는 바에 따라 그 지방자치단체에서 실시하는 지방의회의원과 지방자치단체의 장의 선거에 참여할 권리를 가진다(동조 ③).

(d) 주민투표권

지방자치단체의 장은 주민에게 과도한 부담을 주거나 중대한 영향을 미치는 지방자치단체의 주요 결정사항 등에 대하여 주민투표에 부칠 수 있다(동법 §18①). 주민투표의 대상 · 발의자 · 발의요건 · 그 밖에 투표절차 등에 관하여는 따로 법률로 정하도록 하는데(동조 ②), 이에 따라 주민투표법이 제정되어 시행되고 있다.

이러한 주민투표권은 어디까지나 입법에 의하여 채택된 것이고 헌법에 의하여 이러한 제도의 도입이 보장되고 있는 것은 아니기 때문에 헌법이 보장하는 기본권이 아니라 법률이 보장하는 법률상의 권리임을 유의할 필요가 있다(예: 憲 2001. 6. 28.-2000헌마735; 2007. 6. 28.-2004헌마643; 2009. 3. 26.-2006 헌바99).

(e) 주민소환권

주민은 그 지방자치단체의 장 및 지방의회의원(비례대표 지방의회의원은 제외)을 소환할 권리를 가진다(지자법 §25①). 주민소환의 투표 청구권자 · 청구요건 · 절차 및 효력 등에 관하여는 따로 「주민소환에 관한 법률」로 정하고 있다.

주민소환제도는 헌법상의 제도가 아니고 법률상의 제도이다. 따라서 주민소환과 관련된 권리나 투표도 법률상의 권리이다(예: 憲 2009. 3. 26.-2007헌마843).

[憲 2009.3.26.-2007헌마843] 「법 제7조 제1항 제2호 중 시장에 대한 부분이 주민소환의 청구사유에 제한을 두지 않은 것은 주민소환제를 기본적으로 정치적인 절차로 설계함으로써 위법행위를 한 공직자뿐만 아니라 정책적으로 실패하거나 무능하고 부패한 공직자까지도 그 대상으로 삼아 공직에서의 해임이 가능하도록 하여 책임정치 혹은 책임행정의 실현을 기하려는데 그 입법목적이 있다. 입법자는 주민소환제의 형성에 광범위한 입법재량을 가지고, 주민소환제는 대표자에 대한 신임을 묻는 것으로 그 속성이 재선거와 같아 그 사유를 묻지 않는 것이 제도의 취지에도 부합하며, 비민주적, 독선적인 정책추진 등을 광범위하게 통제한다는 주민소환제의 필요성에 비추어 청구사유에 제한을 둘 필요가 없고, 업무의 광범위성이나 입법기술적인 측면에서 소환사유를 구체적으로 적시하기 쉽지 않으며, 청구사유를 제한하는 경우 그 해당 여부를 사법기관에서 심사하게 될 것인데 그것이 적정한지 의문이 있고 절차가 지연될 위험성이 크므로, 법이 주민소환의 청구사유에 제한을 두지 않는 데에는 나름대로 상당한 이유가 있고, 청구사유를 제한하지 아니한 입법자의 판단이 현저하게 잘못되었다고 볼 사정 또한 찾아볼 수 없다. 또 위와 같이 청구사유를 제한하지 않음으로써 주민소환이 남용되어 공직자가 소환될 위험성과 이로 인하여 주민들이 공직자를 통제하고 직접참여를 고양시킬 수 있는 공익을 비교하여 볼 때, 법익의 형량에 있어서도 균형을 이루었으므로, 위 조항이 과잉금지의 원칙을 위반하여 청구인의 공무담임권을 침해하는 것으로 볼 수 없다.」

주민투표와 주민소환

주민투표/주민소환 항목	주민투표	주민소환
발안자/투표권자	1. 19세 이상의 주민 중 투표인명부 작성 기준일 현재 그 지방자치단체의 관할 구역에 주민등록이 되어 있는 사람 2. 19세 이상의 출입국관리 관계 법령에 따라 대한민국에 계속 거주할 수 있는 자격(체류자격변경허가 또는 체류기간연장 허가를 통하여 계속 거주할 수 있는 경우를 포함한다)을 갖춘 외국인으로서 지방 자치단체의 조례로 정한 사람 3. 단, 공직선거법 §18에 따라 선거권이 없는 자는 제외	1. 19세 이상의 주민으로서 당해 지방자치단체 관할구역에 주민등록이 되어 있는 자(「공직선거법」 §18의 선거권 없는 자 제외) 2. 19세 이상의 외국인으로서 「출입국관리법」 §10에 따른 영주의 체류자격 취득일 후 3년이 경과한 자 중 동법 §34에 따라 당해 지방자치단체 관할구역의 외국인등록대장에 등재된 자
요건	1. 주민에게 과도한 부담을 주거나 중대한 영향을 미치는 지방자치단체의	소환사유 제한 없음

주민투표/주민소환 항목	주민투표	주민소환
	주요결정사항으로서 그 지방자치단체의 조례로 정하는 사항(1. 법령에 위반되거나 재판 중인 사항, 2. 국가 또는 다른 지방자치단체의 권한 또는 사무에 속하는 사항, 3. 지방자치단체의 예산·회계·계약 및 재산관리에 관한 사항과 지방세·사용료·수수료·분담금 등 각종 공과금의 부과 또는 감면에 관한사항, 4. 행정기구의 설치·변경에 관한 사항과 공무원의 인사·정원 등 신분과 보수에 관한 사항, 5. 다른 법률에 의하여 주민대표가 직접 의사결정주체로서 참여할 수 있는 공공시설의 설치에 관한 사항(지방의회가 주민투표의 실시를 청구하는 경우는 제외), 6. 동일한 사항(그 사항과 취지가 동일한 경우 포함)에 대하여 주민투표가 실시된 후 2년이 경과되지 아니한 사항 제외) 2. 지방자치단체의 폐치(廢置)·분합(分合), 구역변경, 주요시설의 설치 등 국가정책의 수립에 관하여 주민의 의견을 듣기 위하여 필요하다고 인정하는 사항	
신청권자/청구권자	1. 주민(외국인 포함) 또는 지방의회의 청구 2. 지방자치단체장 직권	1. 특별시장·광역시장·도지사: 당해 지방자치단체의 주민소환투표청구권자 총수의 100분의 10 이상 2. 시장·군수·자치구의 구청장: 당해 지방자치단체의 주민소환투표청구권자 총수의 100분의 15 이상 3. 지역선거구 시·도의회의원 및 지역선거구 자치구·시·군의원: 당해 지방의회의원의 선거구 안의 주민소환 투표청구권자 총수의 100분의 20 이상
선거구	지방자치단체의 관할구역 전체 다만, 특정한 지역 또는 주민에게만 이해관계가 있는 사항인 경우에 지방자치단체장이 지방의회의 동의를 얻은 때에는 관계 시·군·구 또는 읍·면·동을 대상으로 함	1. 지방자치단체장에 대한 주민소환투표: 당해 지방자치단체 관할구역 전체 2. 지역구지방의회의원에 대한 주민소환투표: 당해 지방의회의원의 지역선거구
절차	투표의 발의 → 투표	주민소환투표의 청구 → 투표의 발의 →투표

주민투표/주민소환 항목	주민투표	주민소환
권한행사 정지		주민소환투표대상자는 주민소환투표안의 공고 시부터 투표결과공표 시까지 권한행사가 정지됨
투표의 형식	찬반투표	찬반투표
확정	투표권자 총수의 1/3 이상 투표+유효투표수 과반수 찬성	투표권자 총수의 1/3 이상 투표+유효투표 총수 과반수 찬성
효과	1. 지방자치단체장 및 지방의회는 주민투표결과 확정된 내용대로 행정·재정상의 필요한 조치를 하여야 함 2. 지방자치단체장 및 지방의회는 주민투표결과 확정된 사항에 대하여 2년이내에는 이를 변경하거나 새로운 결정을 할 수 없음(주민투표에서 찬성과 반대 양자를 모두 수용하지 아니하거나 양자택일의 대상이 되는 사항 모두를 선택하지 아니하기로 확정된 때 제외)	1. 결과공표 시부터 주민소환투표대상 자의 직 자동상실 2. 주민소환법 또는 「공직선거법」에 의한 해당보궐선거에 후보자 등록 금지
소송	투표무효소송	

(f) 조례제정 · 개폐청구권

2021년 「주민조례발안에 관한 법률」을 제정하여 지방자치법이 규율하고 있던 주민의 조례에 대한 제정과 개정 · 폐지 청구에 관한 사항을 별도로 규정하게 되었다. 이에 따르면, 해당 지방자치단체의 관할 구역에 주민등록이 되어 있는 사람과 영주(永住)할 수 있는 체류자격 취득일 후 3년이 지난 외국인으로서 해당 지방자치단체의 외국인등록대장에 올라 있는 사람 중 18세 이상의 주민(「공직선거법」 제18조에 따른 선거권이 없는 사람은 제외한다.)은 지방의회에 조례를 제정하거나 개정 · 폐지할 것을 청구할 수 있다(주민조례발안에 관한 법률 §2).

이때 주민조례청구를 하려는 경우에는 해당 지방자치단체의 조례로 정하는 청구권자 수 이상이 연대 서명하여야 한다. 그 기준은 i) 특별시 및 인구 800만 이상의 광역시 · 도: 청구권자 총수의 200분의 1, ii) 인구 800만 미만의 광역시 · 도, 특별자치시, 특별자치도 및 인구 100만 이상의 시: 청구권자 총수의 150분의 1, iii) 인구 50만 이상 100만 미만의 시 · 군 및 자치구: 청구권자 총수의 100분의 1, iv) 인구 10만 이상 50만 미만의 시 · 군 및 자치구: 청구권자 총수의 70분의 1, v) 인구 5만 이상 10만 미만의 시 · 군 및 자치구: 청구권자 총수의 50분의 1, vi) 인구 5만 미만의 시 · 군 및 자치구: 청구권자 총수의 20분의 1 등이다(주민조례발안에 관한 법률 §5). 주민조례발안에 관한 법률은 지방자치법에 비하여 청구요건을 대폭 완화하였다.

다만, i) 법령을 위반하는 사항, ii) 지방세 · 사용료 · 수수료 · 부담금을 부과 · 징수 또는 감면하는 사항, iii) 행정기구를 설치하거나 변경하는 사항, iv) 공공시설의 설치를 반대하는 사항은 주민조례청구대상에서 제외한다(주민조례발안에 관한 법률 §4).

(g) 감사청구권

지방자치단체의 18세 이상의 주민(「공직선거법」 제18조에 따른 선거권이 없는 사람은 제외한다.)으로서 시 · 도는 300명, 제198조에 따른 인구 50만 이상 대도시는 200명, 그 밖의 시 · 군 및 자치구는 150명 이내에서 그 지방자치단체의 조례로 정하는 수 이상의 18세 이상의 주민이 연대 서명하여 그 지방자치단체와 그 장의 권한에 속하는 사무의 처리가 법령에 위반되거나 공익을 현저히 해친다고 인정되면 시 · 도의 경우에는 주무부장관에게, 시 · 군 및 자치구의 경우에는 시 · 도지사에게 감사를 청구할 수 있다. 다만, i) 수사나 재판에 관여하게 되는 사항, ii) 개인의 사생활을 침해할 우려가 있는 사항, iii) 다른 기관에서 감사하였거나 감사 중인 사항(다만, 다른 기관에서 감사한 사항이라도 새로운 사항이 발견되거나 중요 사항이 감사에서 누락된 경우와 제22조제1항에 따라 주민소송의 대상이 되는 경우에는 그러하지 아니하다.), iv) 동일한 사항에 대하여 일정한 소송이 진행 중이거나 그 판결이 확정된 사항은 감사청구의 대상에서 제외한다(동법 §21①②).

(h) 청 원 권

주민은 지방의회의원의 소개를 받아 지방의회에 청원을 할 수 있다(동법 §85①). 이러한 청원권은 헌법이 보장하고 있는 내용이다(헌법 §26). 외국인인 주민에게 청원권을 인정하는 경우에는 이는 헌법상의 기본권으로서의 성격을 가지는 청원권이 아니라, 지방자치법이 정하는 법률상의 권리로서의 성격을 가지는 청원권이다.

(3) 주민의 의무

주민은 법령이 정하는 바에 의하여 그 소속 지방자치단체의 비용을 분담하는 의무를 진다(동법 §27). 이에 따라 지방세, 분담금, 수수료, 사용료 등의 공과금을 납부할 의무를 진다. 그리고 주민은 필요한 노력제공의무, 물품제공의무, 자치법규준수의무 등을 진다. 주민은 이러한 의무에 대응하여 권리를 부여받는 것이 아니기 때문에 이를 부담이라고 하기도 한다.

V. 지방자치에 관한 입법형성권의 한계

헌법은 지방자치제도의 구체적인 실현에 관해서 법률유보규정을 둠으로써 이를 국회의 입법형성권에 맡기고 있다. 그러나 이러한 입법형성권도 헌법이 정하고 있는 지방자치의 법리와 핵심적인 내용 · 영역에 합치하여야 한다(예: 憲, 2006. 2. 23.-2005헌마403). 중앙정부의 입법부인 국회가 자의적으로 입법형성권을 행사하는 경우에는 지방자치는 형해화되고 만다. 특히 지방재정과 자치입법에서 이러한 점이 고려되어야 한다.

제 6 장 헌법재판제도

제 1 절 헌법재판권

[398] 제1 헌법재판의 개념

Ⅰ. 개 념

헌법재판(憲法裁判 constitutional review, constitutional adjudication, Verfassungsgerichtsbarkeit)이라 함은 헌법을 적용함에 있어서 헌법의 내용 또는 헌법문제에 대하여 다툼이 발생한 경우에 독립적 관할권을 가지는 재판을 통하여 이를 유권적으로 해결하는 헌법의 인식 · 실현작용을 말한다.

헌법재판이라는 범주에 속하는 각각의 개별재판, 즉 위헌법률심판, 탄핵심판, 정당해산심판(예: 독일, 한국, 중화민국, 포르투갈, 인도네시아, 폴란드, 타이랜드), 헌법소원심판(예: 독일, 오스트리아, 스위스, 스페인, 한국, 타이랜드), 권한쟁의심판(예: 독일, 한국, 타이랜드), 선거재판(예: 독일, 오스트리아, 프랑스, 포르투갈, 그리스, 한국 1960년6월헌법, 리투아니아), 국민투표의 효력에 관한 재판, 의회의원의 자격상실에 대한 헌법재판(예: 타이랜드), 기본권상실재판(예: 독일), 대통령 직무수행 불능 및 그 권한의 대행과 직무로의 복귀 결정(예: 프랑스, 리투아니아, 폴란드, 포르투갈), 국정자문(예: 프랑스), 국제법규의 국내적 효력에 대한 결정(예: 독일, 오스트리아, 포르투갈, 러시아, 리투아니아, 폴란드), 최종적인 헌법해석(예: 중화민국, 한국 1960년대 6월헌법), 연방국가적 쟁의(예: 독일 오스트리아, 스위스, 미합중국) 등은 역사적으로 생겨난 시기와 배경이 다르고 성질이 다르기 때문에 이들을 모두 아우르는 통일된 의미의 헌법재판이라는 개념을 정립하는 것은 용이하지 않다. 나라마다 헌법재판의 범주에 포함되는 구체적인 재판의 형태는 차이를 보이고 있다.

Ⅱ. 우리나라의 헌법재판

우리나라에서 헌법재판은 헌법 제111조 제1항에서 열거하고 있는 위헌법률심판, 탄핵심판, 정당해산심판, 권한쟁의심판, 헌법소원심판을 일컫는 개념이다. 헌법재판소는 이런 열거사항에 대해서만 관할권을 가진다(열거주의).

[399] 제2 헌법재판기관

Ⅰ. 헌법재판권과 사법권

헌법재판도 재판으로서의 성질을 가지기 때문에 헌법재판을 사법이라고 부르기도 하지만, 통상 법원의 재판과 헌법재판은 그 성질이 다르므로 구별하는 것이 개념상 정밀하고 정확하다. 이렇게 헌법재판소의 재판권과 법원의 재판권을 구별하는 경우에 전자를 헌법재판권(憲法裁判權)이라고 하고, 후자를 사법권(司法權)이라고 한다.

특히 헌법은 제101조 제1항에서 「사법권은 법관으로 구성된 법원에 속한다」고 정하고, 제111조에서 헌법재판권에 대하여 따로 정하고 있으므로 우리 헌법에서는 개념상 헌법재판권과 사법권이 명확히 구별되어 있다.

헌법재판은 그 본질에서 국사재판(國事裁判 Staatsgerichtbarkeit)으로서의 성질을 가지는 것이기 때문에 통상의 민형사재판과는 다른 특별한 재판이다. 따라서 그 재판기관도 통상법원(ordinary court)이 아닌 특별재판소에서 관장하게 된다(정종섭 1, 4). 이러한 것은 우리 헌법사에서는 일관되게 관철되어 왔다. 1948년헌법 이래 1987년헌법에 이르기까지 1962년헌법을 제외하고는 헌법재판은 헌법위원회나 헌법재판소라는 특별재판소에서 관장하였다. 국사재판(國事裁判)이라는 개념은 우리 헌법사에서는 1944년에 개정된 대한민국임시정부의 「대한민국임시헌장」(大韓民國臨時憲章)에서도 등장한다. 여기서는 통상의 재판인 민형사심판과(동헌장 §49) 구별되는 특별재판으로 국사심판, 행정심판, 군사심판으로 나누어 정하였다(동헌장 §49). 현재도 독일, 오스트리아, 프랑스 등에서는 헌법재판과 행정재판을 통상재판과 분리하여 특별재판으로 다루고 있으며, 그 재판기관도 통상법원과는 분리하여 설치하고 있다.

Ⅱ. 헌법재판에서의 헌법재판소와 법원

(1) 대법원의 예외적인 헌법재판권

헌법상 대표적인 헌법재판기관은 헌법재판소이다. 그러나 헌법 제107조 제2항에 의하면 명령·규칙 또는 처분이 헌법에 위반되는 여부가 재판의 전제가 된 경우에는 대법원은 이를 최종적으로 심사할 권한이 있다고 규정하고 있다. 따라서 대법원도 명령 또는 규칙 등의 위헌여부가 재판의 전제가 된 경우에는 이에 한하여 헌법을 해석하여 명령이나 규칙 등의 위헌여부를 결정하는 권한을 가진다는 의미에서 한정된 영역에서 헌법재판기관으로서의 역할을 담당한다.

이와 같이 현행 헌법상 구체적 규범통제는 심판대상인 법규범의 종류에 따라 이원화되어 있다. 즉 법률의 위헌여부심판은 헌법재판소가 관장하고, 명령 또는 규칙 등의 위헌여부심사는 대법원이 관장한다. 그런데 구체적 규범통제의 이원화는 헌법해석의 통일성과 헌법질서의 유지에 심대한 장애를 초래하여 입헌주의의 실현을 힘들게 한다. 따라서 헌법재판소의 견해가 최종적인 것이 되는 방식으로 구체적 규범통제절차를 일원화할 필요가 있다. 현재의 헌법규정은 1948년헌법에서부터 있었던 규정인데, 1987년 헌법개정 때 헌법재판소제도를 채택하면서 삭제하여야 하는 것을 그대로 존치시키는 바람에 남아 있는 규정이다. 이를 폐지하고 구체적 규범통제를 일원화하는 것이 타당하다. 즉 법률이 위헌으로 결정된 경우에는 이를 모법으로 하는 명령, 규칙 등도 효력을 상실시키는 것이 타당하다. 헌법 제107조 제2항은 행정소송의 근거가 되는 것이 아니다. 행정소송은 민사소송이나 형사소송과 같이 헌법 제101조 제1항을 근거로 하여 인정되는 것이다.

(2) 헌법의 적용과 헌법재판

형식적 의미에서 보면, 헌법재판소는 헌법 제111조 제1항에 열거된 헌법재판에 관하여 독점적이고 배타적인 관할권을 가진다. 그러나 실질적 의미에서 보면, 헌법재판은 헌법재판소 이외에 법원에 의해서도 이루어진다. 일반 법원이 법률을 적용하여 재판을 하는 경우에도 그 법률은 합헌적인 것이어야 하기 때문에 법률의 헌법합치적 해석과 적용은 재판에서 본질필연적인 것으로 요구된다. 다만, 법률이 헌법에 합치하는지의 여부에 대하여 최종적으로 결정하는 권한은 헌법재판소가 가지며, 헌법재판소가 헌법의 최종적 유권해석을 한다는 점에서 헌법재판소와 법원이 구별된다.

제 2 절 헌법재판의 목적

헌법재판은 헌법의 규범력과 실효성을 보장하고, 헌법에서 보장하고 있는 기본권을 실현하며, 국가작용의 합헌성을 보장하여 모든 국가작용으로 하여금 헌법질서 속으로 들어오게 한다. 따라서 오늘날 헌법재판은 입헌주의(constitutionalism)와 자유민주주의(liberal democracy)의 핵심적 징표 중의 하나이기도 하다.

[400] 제1 헌법의 규범력과 실효성의 보장

성문헌법을 가지고 있는 국가에 있어서 헌법재판은 헌법을 수호하고 실현하는 것을 제일의 목적으로 삼는다. 실정법이 규범력과 실효성을 가지게 함에 있어 가장 효과적인 것은 강제력을 가지고 있는 재판을 통하여 이를 보장하는 것이다. 이런 점에서 헌법재판은 입헌주의와 헌법국가를 실현함에 있어서 매우 효과적인 수단이다.

입헌주의의 발달에서 보건대, 헌법재판을 국가의 작용으로 인정하는 것은 의회주권(parliamentary sovereignty)의 관념을 부정하는 것을 의미한다. 민주주의의 발달과정에서 영국에서는 군주주권을 극복하기 위하여 의회가 국가의사를 결정하는 최고의 지위에 있으며 주권을 가진다고 하는 관념이 형성되었으나(J. Locke의 이론에 바탕을 두고, 명예혁명 이후에 형성된 체제), 20세기 제2차 세계대전을 겪으면서 선거민주주의(electoral democracy)에 기반을 둔 의회도 국민의 자유와 권리를 부정할 수 있다는 사실을 경험하고 선거민주주의가 곧 자유민주주의를 의미하는 것은 아니라는 사실을 확인하기에 이르렀다. 따라서 자유민주주의를 진정으로 실현하기 위해서는 의회의 권력도 기속되는 상위법의 규범력이 필요하다는 것을 인식하게 되어 미합중국의 사법심사에서 출발한 헌법재판은 전세계적으로 확산되기에 이르렀다. 최근까지 의회주권을 유지한 것은 불문헌법(unwritten constitution)을 가지는 영국이었지만, 영연방에 속한 국가들은 일찍이 영국의 체제에서 이탈하였고, 유럽연합의 성립과 인권법(Human Rights Act 1998)의 제정으로 의회주권은 더 이상 유지되기 어렵게 되었다. 오늘날 「상위법에 의한 기속」을 실현하려는 헌법재판의 관념은 국제법질서로까지 확산되어 가고 있다(예: 국제 인권재판).

[401] 제2 기본권의 보장

오늘날 입헌주의국가에서는 기본권을 보장하는 권리장전(bill of rights)을 실정헌법에 명시하여 정하고 있으므로(기본권의 설정화) 헌법을 수호하고 실현하는 것은 국민의 기본권을 보호하고 실현하는 것을 의미하기도 한다. 헌법재판은 기본권을 보장하는 데 있어서 효과적인 수단이다.

입헌민주국가에서 헌법이 정하는 기본권을 실현하는 제1차적인 의무는 국가에게 부과되어 있으므로 국회, 정부, 법원이 먼저 자신의 권한을 행사하여 이러한 의무를 수행하여야 한다. 그러나 이들 국가기관들이 기본권실현의무를 수행하지 않거나 권한을 남용하는 경우에는 최후로 기본권을 효과적으로 보호하는 장치가 필요한데, 헌법재판은 기본권 보장의 최후 보루로서 그 역할을 수행한다. 위헌법률심판, 헌법소원심판, 탄핵심판, 정당해산심판은 기본권 보장의 목적을 달성하는데 기여한다.

헌법소원심판제도와 위헌법률심판제도는 기본권을 보장하는 대표적인 제도이다. 헌법재판소법은 헌법소원심판의 대상에서 법원의 재판을 제외하고 있기 때문에(동법 §68①) 재판의 형태로 기본권이 침해되는 사태에 대해서는 효과적으로 대응하기 어렵게 되어 있다. 탄핵심판제도, 정당해산심판제도, 권한쟁의심판제도도 간접적으로 기본권을 실현하는데 기여한다.

민주주의이론에 의하면, 민주주의(democracy)는 본질적으로 국가의사를 결정하는 절차적 원리를 의미하는데(절차적 민주주의 procedural democracy), 이러한 민주주의만 실현되면 국민의 행복도 실현될 수 있을 것이라고 생각하였다. 그러나 국가의사결정에서 민주주의가 실현된다고 하더라도 다수주의(majoritarianism; majoritarian model of democracy)에 기초한 민주주의가 국민의 자유와 권리를 부정하거나 침해하는 결과를 초래하는 것을 경험하면서 진정한 민주주의는 국민의 자유, 행복, 권리를 실현할 수 있는 것이어야 한다는 것으로 결론이 도달하였다(실질적 민주주의 substantive democracy). 이러한 실질적 민주주의에서는 헌법재판을 진정한 민주주의를 실현하게 해주는 중요한 메커니즘으로 이해한다. 이러한 것은 민주주의이론에서 민주주의의 개념을 광의로 파악하는 것에 기초하고 있다. 헌법이론에서는 정치학에서와 달리 개념을 엄밀하게 분화시켜 기본권의 보장을 민주주의와 개념상 구별하고 있으므로 민주주의는 절차적 민주주의로 파악하고, 기본권의 보장은 이와 별개로 보호되는 입헌주의의 내용으로 파악한다.

[402] 제3 국가작용의 합헌성 보장

헌법재판은 헌법에 의해 창설된 국가작용이 헌법에 맞게 이루어지도록 하는 것을 목적으로 한다. 헌법재판이 권력의 분립을 보장하고 국가기관 간에 발생하는 권한상의 분쟁을 해결하는 것은 헌법질서의 혼란 또는 교란을 방지하거나 해소하여 위와 같은 목적을 실현하기 위한 것이다. 권한쟁의심판에서 보듯이, 헌법재판은 국가작용의 합헌성 보장 이외에도 헌법이 원래 구상한대로 국가기능을 정상화시키는 역할을 수행한다. 헌법재판소로 하여금 선거재판을 관장하게 하여 헌법이 채택하고 있는 대의제도가 본래의 기능을 원활히 수행할 수 있게 하거나, 대통령의 권한대행의 절차에 관여하게 하여 국정이 합헌적으로 운영되도록 하게 하는 것도 국가작용의 합헌성을 실현하는 것이다(현행법상으로는 인정하지 않고 있다). 위헌법률심판은 법률에 대한 위헌 또는 합헌의 선언을 통하여 민주적 정당성이 강한 입법작용으로 하여금 헌법질서에 편입되도록 하고, 입법에 있어 헌법적 정당성(憲法的 正當性=立憲主義的 正當性 constitutional legitimacy) 또는 헌법적 정의(憲法的 正義 constitutional justice)를 부여·확인해줌으로써 공동체와 국가에 있어 평화와 안정을 보장한다.

헌법국가에서는 어떠한 경우에도 국가권력이 「헌법으로부터 자유로운 상태」에 방치되어 있는 것을 허용하지 않는다. 국가권력은 어떤 경우에도 헌법에 기속된다. 헌법재판은 국가권력을 헌법에 기속시켜 입법작용, 행정작용, 법원의 재판작용 등 모든 국가작용이 헌법에 합치되도록 한다. 이러한 국가작용은 중앙정부의 수준에서 행해지는 것이든 지방자치단체의 수준에서 행해지는 것이든 차이가 없다. 위헌법률심판제도, 헌법소원심판제도, 탄핵심판제도, 정당해산심판제도, 권한쟁의심판제도 등 각종의 심판제도는 국가작용의 합헌성을 보장하고 실현하는 효과적인 수단이다. 다만, 헌법재판소법은 재판에 대한 헌법소원심판제도를 인정하지 않고 있기 때문에(동법 §68①) 재판작용의 합헌성 보장에서는 약점이 있다.

[403] 제4 헌법의 보호

헌법재판은 강력한 헌법보호수단의 하나이다. 헌법의 보호는 헌법에 대한 다양한 형태의 공격과 파괴행위에 대응하여 헌법을 수호하는 것을 뜻한다. 개별 국민이나 단체 등이 사적 이익을 추구하기 위하여 헌법을 침해하기도 하고, 기본권을 남용하여 헌법의 부정과 파괴를 기도하기도 한다. 국가의 공권력은 헌법을 수호하고 실현하는 것이 제1차적인 목적이지만, 사람이 그 권력을 행사하기 때문에 권력의 남용과 오용이 발생하고 그에 의해 헌법의 침해와 파괴가 발생한다.

헌법재판은 이러한 헌법침해에 대하여 헌법을 효과적으로 보호한다. 헌법에 대한 침해는 사회영역과 국가영역에서 공통적으로 발생할 수 있다. 사회영역에 있어서 정당해산심판은 집단을 이루어 헌법을 부정하고 파괴하려는 「조직적인 헌법의 적」의 기도에 대응하여 해당 정당을 해산함으로써 헌법침해의 상태 또는 가능성을 제거하여 헌법을 보호하고, 기본권상실재판(우리나라에서는 채택하지 않고 있음)은 기본권을 남용하여 헌법을 부정하거나 파괴하는 행위에 대하여 제재를 가함으로써 헌법을 보호한다. 국가영역에 있어 헌법소원심판은 공권력의 행사 또는 불행사에 의한 기본권의 침해를 제거하여 헌법에 보장된 기본권을 보호하며, 위헌법률심판은 국가의 입법권에 의해 행해지는 헌법의 침해를 예방하거나 제거하여 국가권력에 의한 헌법침해행위로부터 헌법을 보호한다. 권한쟁의심판은 공권력작용에 있어서 권한의 행사와 의무의 수행에서 발생하는 혼란을 제거하고 권력분립을 실현하여 헌법질서를 유지 · 보호한다. 탄핵심판은 국가권력의 행사에서 헌법이나 법률에 위배되는 행위를 한 공무원을 공직에서 파면시킴으로써 헌법을 보호한다.

제 3 절 헌법재판의 성질

[404] 제1 재판작용으로서의 성질

Ⅰ. 내 용

헌법재판은, 독립된 재판관으로 구성된 헌법재판소가 헌법과 법률에 의해 정해진 권한과 절차에 근거하여 객관적인 법(법규범, 법원칙, 법원리 포함)이라는 유일한 심판규준에 따라 최종적인 유권적 결정을 내린다는 의미에서 재판작용이다. 헌법재판소라는 재판기관에 의해 기판력과 기속력이 따르는 유권적 판단이 행해진다는 점과 이 유권적 결정에 따라 분쟁이 해결되고, 법규범이 통제되며, 국민이나 당사자의 권리가 보호되기 때문이다.

II. 개별심판과 재판작용

재판작용으로서의 성질은 법률의 위헌여부심판, 헌법소원심판, 권한쟁의심판, 탄핵심판, 정당해산심판 등이 모두 지니고 있다. 이러한 심판들은 재판작용으로서 기판력과 확정력을 지니고, 개별 심판에 따라서는 그 성질상 기속력을 발생하기도 한다. 예컨대 권한쟁의심판에서 헌법재판소의 결정에 의한 국가기관 · 지방자치단체의 권한의 존부 · 범위의 확정과 기속력은 재판작용에 의해 생겨나는 것이다.

III. 기 능

헌법재판이 가지는 재판작용으로서의 성격은 헌법재판의 한계를 설정하는 원리로 작용한다. 헌법재판이 입법작용이나 정치작용과 같은 성질을 지닌다고 하더라도 재판작용으로서의 성질로 인하여 일정한 한계를 가진다. 이러한 점은 헌법재판소의 구성원리에도 적용되어 입법부나 행정부 또는 각종 정치기관의 경우와 차이를 보여준다.

[405] 제2 입법작용으로서의 성질

I. 내 용

헌법재판이 입법작용으로서의 성질을 가지는가 하는 문제는 규범통제를 둘러싸고 발생한다. 규범통제가 구체적 규범통제, 추상적 규범통제, 법률에 대한 헌법소원심판을 통하여 행해지든, 권한쟁의심판 등과 같은 절차에서 해당 심판절차의 전제로서 행해지든 또는 그 절차에서 부수적으로 행해지든 이 문제가 제기된다.

국가작용 가운데 법률의 제정 · 폐지 · 개정(변경 · 추가 · 삭제)을 입법행위라고 한다. 그런데 이와 규범가치적으로 등가인 행위가 헌법재판에서도 발생한다. 법률에 대한 전부위헌 또는 일부위헌의 결정은 사실상 법률의 폐지나 삭제와 등가적인 것이고, 한정위헌결정은 국회가 법률조항의 내용을 헌법에 합치하도록 변경하는 것과 동등한 가치로 평가되는 행위이다. 헌법불합치결정을 하면서 법률개선촉구결정을 하는 경우 국회로 하여금 법률을 개정하게 하는 결과를 가져온다. 입법부작위에 대한 위헌결정은 국회로 하여금 일정한 법률이나 법률조항의 제정을 강제하는 것이므로 이는 법률의 제정과 등가의 행위로 평가할 수 있다. 이 점에서 규범통제는 규범가치적으로 입법작용이라고 평가된다

(정종섭d, 42). 국회의 입법작용을 적극적인 입법작용이라고 한다면, 위헌법률심판과 법률에 대한 헌법소원심판은 소극적인 입법작용이라고 할 수 있다(H. Kelsen).

II. 입법작용으로서의 성질과 입법행위

위헌법률심판이 입법작용으로서의 성질을 지닌다고 하여 헌법재판이 곧 입법행위인 것은 아니다. 헌법재판의 중심적인 성질은 어디까지나 재판작용이기 때문에 헌법재판은 위헌법률심판에 있어서도 가치평가적으로 사실상 입법작용으로서의 성질을 가진다는 데 그친다.

위헌법률심판이 입법작용으로서의 성질을 가진다는 의미는 헌법원리의 면에서 중요한 내용을 함유하고 있다. 즉 국민주권원리가 지배하는 국가에서 국가의 입법행위는 민주적 정당성(democratic legitimacy, demokratische Legitimität)을 확보한 국민대표기관인 국회에 의해 행해지기 때문에 어떤 국가기관이 규범가치적으로 사실상 이런 입법행위와 등가의 행위를 하는 경우에는 그 기관 역시 국회에 버금가는 민주적 정당성을 확보하는 것이 국민주권원리에 합치한다. 이런 점에서 규범통제가 입법작용으로서의 성질을 가진다는 것은 헌법재판소의 규범통제작용이 민주적 정당성을 가질 것을 요구한다. 규범통제를 둘러싼 민주적 정당성의 문제도 여기서 발생한다.

미합중국에서 사법심사(=위헌법률심사 judicial review)의 정당성(legitimacy)에 대한 논의는 주로 사법심사의 민주적 정당성에 초점이 맞추어져 왔다. 헌법을 제정할 당시부터 이 문제는 제기되었는데, 문제의 초점은 국민에 의해 선출되지 아니한 사법관이 국민의 선거에 기초하고 있는 국민대표기관인 의회가 제정한 법률의 효력을 결정하는 것이 권력분립이나 민주주의원리에 비추어 타당하지 않고, 사법관이 지배하는 사법국가를 초래할 것이라는 점이다. 그러나 의회도 헌법을 침해하는 입법을 하는 경우가 있고, 이는 국가기관의 유권적인 판단에 의해 통제되어야 한다는 법리에 의해 사법심사는 정당성을 확보하고 있다. 즉 민주주의에서도 국민의 자유와 권리가 보장되어야 한다는 점(실질적 민주주의 substantive democracy), 다수결주의에 근거하여 국민의 자유와 권리를 결정할 수 없다는 점(반다수결주의 counter-majoritarianism), 이러한 자유와 권리를 성문헌법에서 정하고 있기 때문에 헌법이 최고규범으로서 규범력을 가져야 한다는 점(입헌주의 constitutionalism), 국가의 어떤 행위도 헌법적 한계를 넘어서는 안 되는 제한된 권력에 의한 국가일 때만 국가작용이 권위와 정당성을 가진다는 점(제한권력이론 theory of limited powers), 어떤 국가기관도 자기의 잘못에 대하여 스스로 심판할 수 없다는 점(자연적 정의 natural justice), 국가기관은 상호 견제되어야 한다는 점(권력분립 separation of powers), 국가행위의 헌법위반여부는 독립적이고 선례존중적이며 전문적인 재판기관에서 관장해야 한다는 점(독립재판기관에 의한 재판적 통제)에 근거하여 재판기관에 의한 사법심사는 정당성을 확보하고 있다.

유의할 것은 이런 점이 헌법재판을 탈사법화 또는 탈재판화시켜 헌법재판을 전적으로 정치화시키는 것은 아니라는 점이다. 위헌법률심판에서 입법작용으로서의 성질만 강조하면 자칫 헌법재판소가 입법자가 되고, 민주적으로 구성된 국회의 자리를 헌법재판소가 차지하여 민주주의를 질식시키는 결과를 초래할 수도 있다. 헌법해석에서 객관주의와 주관주의의 대립에서 볼 수 있듯이, 극단적인 주관주의가 입법을 규범통제로 대체하는 위험을 초래하고 입헌주의를 빙자하여 민주주의를 질식시킬 수 있음을 유의하는 것이 필요하다.

《규범통제에 있어 헌법재판소와 국회》

위헌법률심판이 가지는 입법작용으로서의 성질은 국회와 헌법재판소의 관계 설정에 중요한 의미를 가진다. 오늘날 입헌국가에서는 자연권적 성질을 가진 자유와 권리들을 포함한 가치들이 헌법에서 기본권으로 보장되면서 자연권과 실정권 사이의 전통적인 대립은 소멸하고 법률국가(法律國家)는 헌법국가(憲法國家)에 더 이상 대항할 수 없게 되었으며, 의회주권은 입헌주의 앞에서 무력화되었다. 그 결과 현대 입헌국가에서는 입법자도 헌법에 기속되고, 헌법은 명실공히 국가법질서에서 최고규범의 지위에 있다. 헌법의 최고규범성은 헌법의 우위를 형성했고, 현대 법치국가는 법률국가에서 헌법국가로 모습을 바꾸었다. 헌법재판소가 이런 헌법국가의 원리에 의해 입법자의 권력행사를 통제하기에 이르게 되자 입법자는 더 이상 헌법재판의 예외로 존재할 수 없게 되었고, 그 결과 헌법재판소는 입법자가 제정한 법률에 대한 위헌법률심판을 통하여 실질적으로 입법자의 역할까지 하고 있다. 그러나 아무리 헌법국가라고 하더라도 헌법재판소가 국회를 대신할 수는 없다. 헌법국가에서도 헌법은 어디까지나 윤곽규범(輪廓規範)으로 존재하면서 개방성, 탄력성, 추상성, 미완성성을 가지고 공동체로 하여금 변화하는 상황에 적응하게 하는 것이고, 그 구체적인 법질서를 형성하는 것이 민주적 정당성을 가진 입법자의 주된 임무이기 때문에, 헌법재판이 인정되는 헌법구조 속에서도 헌법재판소와 국회는 각각 제 역할만 수행한다. 헌법재판소가 규범통제에서 헌법이 가지는 윤곽규범으로서의 특성을 간과하고 모든 내용을 일의적으로 확정지을 때, 헌법은 개방성과 추상성 등이 공급하는 생명력을 잃게 되고, 입법자인 국회도 입법형성의 자유를 상실하고 헌법재판소에 종속하게 된다. 이렇게 되면 헌법국가라는 이름 아래 「사법관국가」(司法官國家)가 수립되고, 헌법재판소가 입법자의 자리를 찬탈하는 결과를 초래한다. 이러한 법리에 비추어 볼 때, 규범통제가 입법작용으로서의 성질을 가지더라도 국회의 입법형성의 자유는 보장되어야 하고, 규범통제는 입법형성의 자유 앞에서 넘지 못할 한계선을 발견하게 된다고 할 것이다. 입법형성의 자유와 그 한계는 헌법재판소의 결정에 의해 정해지는 것이 아니고 헌법의 범위 안에서 사물이나 사항의 성질에 의해 정해지는 것이다. 따라서 헌법재판이 입법작용으로서의 성질을 가지는 경우에도 그 한계는 명확하며, 이런 한계가 설정될 때 비로소 공동체 내에서 국민주권과 민주주의가 원래의 생명력을 가지게 되고, 국가작용에서 민주적 정당성의 메커니즘이 올바로 작동하게 된다. 헌법재판소가 위헌으로 결정한 법률과 동일한 법률을 국회가 다시 제정할 수 있는가

하는 위헌결정의 기속력 문제에서 국회는 다시 동일한 법률을 제정할 수 있다고 보는 견해는 국회의 입법권이 헌법재판소에 의해 일방적으로 지배될 수 없다는 것을 말하는 것이다. 그런데 국회와 헌법재판소 간의 이런 관계가 헌법재판소가 자기의 권한 행사를 자제하게 만드는 「사법자제」(司法自制 judicial self-restraint)를 정당화하는 것은 아니라는 점을 유의할 필요가 있다. 헌법재판소가 자기에게 주어진 권한을 행사하지 않는 것은 직무의 포기 또는 직무유기이다. 헌법재판소가 규범통제에서 변형결정을 하는 경우에도 사안의 성질상 변형결정이 불가피하기 때문에 행하는 것이지 사법자제의 표현으로 행하는 것이 아니다. 헌법재판소에 자제가 요구되는 경우는 적극적으로 질서와 법규범을 형성하는 정치작용에서 정치적인 영향력과 파장을 고려하여 과도한 정치작용을 하여서는 안 된다는 의미에 그친다. 이는 헌법재판이 정치작용으로서의 성질을 가진다고 하더라도 그러한 정치작용은 진정한 정치작용과 달리 한계를 가진다는 것을 의미하는 것이기도 하다.

[406] 제3 정치작용으로서의 성질

Ⅰ. 내 용

헌법재판은 정치작용으로서의 성질도 가진다. 헌법재판이 정치적인 성질을 가지는 것은 윤곽규범인 헌법의 정치적 특성에서도 기인한다. 헌법재판이 헌법의 해석·적용 행위이고, 이는 정치적 성질을 지니고 있는 헌법을 전제로 하므로 헌법재판은 실제에서 정치적 성질을 띠게 된다. 여기서 정치작용이라 함은 공동체의 의사와 질서를 형성하는 작용을 의미한다. 헌법재판이 어떤 경우에 어느 정도로 정치작용으로서의 성질을 가지는가 하는 것은 헌법재판의 각종 심판절차에 따라 다르게 나타날 수 있다.

Ⅱ. 개별심판과 정치작용

규범통제에서 법령의 위헌여부를 판단함에 있어서는 헌법을 해석하는 데 정치성이 개입한다. 특히 과잉금지원칙의 위반을 이유로 위헌이라는 판단을 하는 경우에는 그 상황구속성으로 인하여 정치성이 강하게 개입할 여지가 있다. 입법작용이 정치성을 가지고 있는 점을 고려하면 헌법재판이 입법작용으로서의 성질을 가지는 규범통제의 영역에서는 정치작용으로서의 성질이 부각될 수 있다. 그러나 규범통제는 재판작용이기 때문에 정치작용으로서의 성질이 재판작용으로서의 성질을 부정하게 만들지는 못한다.

정당해산심판의 경우 민주적 기본질서의 위반여부를 판단함에 있어서 정치성이 강하게 작용할 수 있다. 정당해산이 문제가 되는 상황은 정치세력들 사이에 타협과 공존이 불가능할 정도로 그 대립이 심각한 수준에 이른 것일 수도 있으므로 이 상황에서 헌법재판소가 정당의 해산여부를 결정하는 것은 정치의 소용돌이 한 가운데 서는 것이다. 그러나 정당해산심판이 정치성을 띠게 된다고 하여도 그 본질이 재판작용이기 때문에 정치적인 고려를 중심으로 하여 정당의 해산을 결정할 수는 없다. 여기에서도 중요한 것은 헌법규범의 당위적 의미이다.

탄핵심판에도 정치적으로 비중이 있는 자에 대한 재판은 정치성을 강하게 띨 수 있다. 특히 대통령제국가에서 대통령에 대한 탄핵심판은 헌법과 법률의 위반이라는 법적 쟁점이 주된 것이지만, 직무의 계속 수행 여부에 대한 판단에는 정치성이 개입한다. 국가의 운영상 국민에 의해 선출된 대통령을 파면하는 것이나 국가조직에서 최고의 지위에 있으면서 독립성이 강하게 보장되어 있는 헌법재판소장, 대법원장, 헌법재판소 재판관, 대법관을 파면하는 것은 형식적 법치주의의 논리에만 의존할 수 없다. 이들의 탄핵심판에서는 국가의 운영에 있어서 인물 충원의 관점, 해당 인물의 능력, 업무의 중요성과 연속성, 국가의 대외적인 권위와 체면, 국가질서의 통합력 등이 고려된다. 이런 점들은 국회의 탄핵소추 과정에서도 고려되지만, 헌법재판소의 탄핵심판에서도 고려된다.

그런데 탄핵심판절차에서 소추된 당사자에 대한 파면 여부는 헌법재판소의 결정이라는 사법적 행위의 효과로서 정해지는 것이므로 재판작용이다. 공직에서 파면되는 것과 파면된 자가 결정선고가 있은 날로부터 5년을 경과하지 아니하면 공무원이 될 수 없는 것 등은 헌법재판소의 파면 결정의 효력이다(헌재법 §53①, §54②). 따라서 탄핵심판에는 사안에 따라 정도를 달리하면서 정치성이 개입하지만 재판작용으로서의 성질은 여전히 그 중심에 놓여 있다.

권한쟁의심판에서는 정치작용으로서의 성질이 약화된다. 오히려 권한쟁의심판은 정치영역에서 정치행위들이 가열되어 격렬하게 대립·갈등하는 상황을 평화적으로 해결하는 역할을 한다. 그러나 국가 또는 공동체 내의 권한의 배분에서 어떻게 하는 것이 국가와 공동체의 기능에 합당한 것인가를 판단함에 있어서는 정치적인 요소가 고려될 여지가 존재한다.

Ⅲ. 기 능

헌법재판이 가지는 정치작용으로서의 성질은 헌법재판을 일반법원의 통상의 재판과 구별시키는 요소이기도 하다. 따라서 정치적으로 무색하여야 하는 일반법원이 이러한 특성을 가지는 헌법재판을 다루기에는 적합하지 않다. 헌법재판을 국가의 입법작용, 행정작용, 법원의 재판작용과 구별하여 제4의 국가작용으로 파악하는 것도 이런 점을 근거로 한다.

헌법재판이 정치적 성질을 가지고 있는 점은 일반 재판의 경우와 비교하여 헌법재판에서 재판관의 법발견과 법형성의 기능을 광범하게 인정하는 길을 열어 놓는 결과를 가져온다. 헌법해석은 헌법제정권자의 의사를 확인하고 확정하는 것이기는 하지만, 그러한 헌법인식작용에 있어서 재판관은 실제 법발견과 법형성의 행위를 하게 된다. 그런데 법형성은 기본적으로 민주주의의 영역이고 이는 헌법제정권자와 국회에서 이루어지므로 헌법재판에서 이러한 법형성을 적극적으로 수행하는 것은 자칫 「사법의 우위」(judicial supremacy)를 불러와 사법관이 지배하는 「사법국가」(司法國家 Justizstaat)를 초래할 수 있다. 국민의 지배 대신에 「사법관의 지배」(rule of judge)가 이루어질 때에는 사회공동체의 역동성과 국민주권 및 민주주의는 후퇴하고 만다. 따라서 헌법재판이 가지는 정치적 성질을 인정한다고 하더라도 헌법해석에서 재판관에게 과도한 법형성의 권한을 인정할 수는 없다. 헌법해석이 재판관의 자의적인 가치판단이 아니라 역사를 통하여 발견 또는 형성되고 적용되면서 검증된 객관적이고 합리적인 원리(principle)에 의해 지배된다는 것도 헌법재판이 가지는 정치적 성질의 한계를 말해준다.

제 4 절 헌법재판의 기능

[407] 제1 입법작용에 대한 통제

Ⅰ. 입법작용과 헌법적 통제

헌법재판소는 헌법재판을 통하여 국가의 입법작용에 대하여 헌법적 통제를 한다. 국가의 입법작용은 법률의 제정·개정행위와 행정입법이나 사법입법과 같은 형태로 구체화된다. 이러한 입법작용은 입법행위의 과정과 결과로 나타나는데, 헌법재판소는 입법행위의 과정과 결과가 모두 헌법에 합치되도록 입법작용에 대하여 통제를 한다. 예컨대 입법행위의 과정에 대한 통제는 권한쟁의심판을 통하여 효과적으로 이루어진다. 입법행위의 결과인 법률, 명령, 규칙, 조례 등에 대한 통제는 대표적으로 규범통제와 헌법소원심판을 통하여 이루어지고 때로는 권한쟁의심판을 통해서도 이루어진다.

Ⅱ. 규범통제

입법작용에 있어서는 국회가 기본적으로 입법형성의 자유를 가지고 있으므로 헌법재판소가 실제 어느 수준과 정도로 국회의 입법작용에 대해 통제할 수 있는가 하는 것은 판단하기가 쉽지 않지만 이런 규범에 대한 통제는 필요하다.

국가의 입법행위의 결과, 즉 법률에 대한 통제는 법원에 계속된 구체적 사건이 기초가 되어 그 사건의 전제가 되는 법률에 대해 위헌여부를 심판하는 구체적 규범통제(具體的 規範統制 konkrete Normenkontrolle, concrete review)의 방식과 구체적 사건이 기초가 되지 않는 경우에도 법률의 위헌여부를 심판하는 추상적 규범통제(抽象的 規範統制 abstrakte Normenkontrolle, abstract review)의 방식이 있다. 그리고 법률이나 입법부작위에 의하여 직접 국민의 기본권이 침해된 경우에 침해를 받은 기본권 주체가 헌법재판소에 헌법소원심판을 청구하여 해당 법률의 위헌여부를 다투는 경우가 있다. 이를 규범통제(Normenkontrolle)라고 하기도 하고, 사법심사(judicial review)라고 부르기도 한다. 규범통제는 법률에 한하지 않고 모든 종류의 법규범(예: 행정입법, 사법입법, 국제법규)에 대하여 행해진다.

규범통제는 헌법소송절차의 형태에 따라 여러 경로를 통하여 이루어질 수 있다. 법령에 대한 헌법소원심판, 재판에 대한 헌법소원심판에서 사건에 적용된 법률이나 법률조항의 위헌여부심판, 구체적 규범통제절차에서의 심판, 추상적 규범통제절차에서의 심판, 국가기관의 권한쟁의심판에서 전제가 되는 법률의 위헌여부심판 등이 그것이다. 우리나라의 경우 구체적 규범통제, 법령에 대한 헌법소원심판, 입법부작위에 대한 헌법소원심판을 인정하고 있다.

Ⅲ. 권한쟁의심판

국가의 입법작용에서 입법행위의 과정에 대한 합헌적 통제는 주로 권한쟁의심판제도를 통하여 이루어진다. 국회의 소수파가 다수파의 횡포에 대하여 다툴 수 있게 하거나 입법과정의 절차가 왜곡되는 경우 이에 대해 다투는 길은 권한쟁의심판제도에서 마련되어 있다. 권한쟁의심판절차에서 국회의원이나 국회교섭단체의 당사자적격을 인정하는 것이나 제3자 소송담당을 인정하는 것은 권한쟁의심판이 가지는 입법작용에 대한 통제로서의 기능이라는 면에서 중요한 의미를 지닌다. 규범통제절차에서 입법행위의 과정에 대한 합헌성 통제를 할 수 있는가에 대해서는 견해상 다툼이 있다([431]).

[408] 제2 집행작용에 대한 통제

Ⅰ. 집행작용과 헌법적 통제

헌법재판소는 국가의 법집행작용에 대하여 헌법적 통제를 한다. 집행작용은 대통령과 행정부의 권력작용을 말하는데, 행정작용(Verwaltung)과 통치작용(Regierung)으로 나눌 수 있다. 헌법재판소는 통치행위를 포함한 이런 집행작용에 대해 통제를 한다. 집행작용에 대한 헌법적 통제는 국민과 국가기관 또는 지방자치단체 등에 대한 집행작용을 포함한 국가의 집행작용 모두에 대해 이루어진다.

II. 헌법재판과 행정쟁송

국민이 집행작용으로 인하여 기본권을 침해받은 경우에는 먼저 행정쟁송절차와 같은 통상의 권리구제절차를 통하여 권리구제를 시도하기 때문에 헌법재판소에 바로 심판을 청구할 수는 없다. 따라서 집행작용에 대한 통제는 이러한 통상의 권리구제절차를 거친 다음 그에 이어지는 절차인 재판에 대한 헌법소원심판을 통하여 간접적으로 이루어진다.

그러나 통치행위나 행정작용 중 통상의 권리구제절차를 통하여 기본권의 침해를 다툴 수 없는 경우에는 직접 해당 집행작용에 대해 헌법소원심판을 청구할 수 있는데, 이런 경우에는 집행작용에 대해 헌법재판에 의한 직접적인 통제가 이루어진다.

우리나라의 경우 재판에 대한 헌법소원심판은 원칙적으로 금지되어 있고(헌재법 §68①), 헌법재판소가 위헌으로 선고한 법률이나 법률조항을 적용한 재판에만 예외적으로 헌법소원심판이 이루어지므로(예: 憲 1997. 12. 24.-96헌마172등(병합)), 행정작용에 대하여 헌법재판에 의한 통제가 이루어지는 영역은 협소하다. 그래서 원행정처분에 대한 헌법소원심판의 허용 문제에 대한 논란이 제기되고 있다.

III. 권한쟁의심판

국가의 집행작용에 대한 통제는 권한쟁의심판을 통하여 효과적으로 이루어진다. 국가의 통치기능에 따라 권한이 배분된 것이 법을 집행하는 국가기관이나 지방자치단체에 의해 혼선을 빚는 경우 이를 원래 헌법과 법률이 정한 체계에 맞도록 바로 잡는 것이 권한쟁의심판의 기능이다.

[409] 제3 재판작용에 대한 통제

I. 재판작용과 헌법적 통제

헌법재판은 국가의 재판작용에 대해서도 헌법적 통제를 한다. 국가의 재판작용은 적극적인 재판과 소극적인 재판거부 또는 재판지연 등으로 나타난다. 헌법재판은 이러한 재판작용이 헌법의 테두리 내에서 이루어지도록 만들어 헌법질서가 유지되게 한다.

재판작용에 대하여 헌법적 통제가 제대로 이루어지지 못하고, 재판작용이 국민이 제정한 헌법의 영역에서 이탈한 상태를 그대로 방치하는 것은 위헌적 재판의 길을 열어 놓는 것일 뿐만 아니라 국민의 지배 대신에 법관의 지배를 인정하고 「사법의 우위」를 더욱 심화시키는 결과를 초래한다.

II. 재판에 대한 헌법소원심판

헌법재판은 법원의 재판작용에 대해서도 합헌성 통제를 한다. 이런 법원의 재판작용에는 적극적인 재판행위와 재판을 행하지 않는 소극적인 부작위가 포함된다. 법원의 재판을 받은 국민이 자기가 받은 재판이 법원에서 합법적인 법률이나 명령 등에 근거를 두지 않은 것이거나, 법률을 잘못 해석하거나 적용하여 기본권을 침해한 것이라고 판단할 때에는 재판에 대하여 직접 헌법소원심판을 청구하여 기본권 침해여부를 다툰다. 이러한 재판에는 판결 · 결정 · 명령 등 각종의 재판형태가 모두 포함되고, 민사재판 · 형사재판 · 행정재판 · 군사재판 등 모든 분야의 재판이 포함된다. 통상 재판에 대한 헌법소원심판은 일반 법원의 최종심 판결을 대상으로 한다.

헌법재판소가 재판에 대해 이런 심판을 한다고 하여 헌법재판소가 일반법원의 상급법원이나 최종심법원의 판결에 대한 상고심으로서의 지위를 가지는 것은 아니다. 여기에 헌법재판소에 의한 통제가 가지는 한계가 있다. 헌법재판소는 오로지 법원의 재판이 국민의 기본권을 침해하였는지 여부만 심판한다. 따라서 심판의 기준도 엄격하고 제한적일 수밖에 없다.

우리나라의 경우 재판에 대한 헌법소원심판은 원칙적으로 금지되어 있고(헌재법 §68①), 헌법재판소가 위헌으로 선고한 법률이나 법률조항을 적용한 재판에만 헌법소원심판이 이루어지므로 재판작용에 대한 헌법적 통제는 미흡한 수준에 있다([631]III(2)(c)).

III. 권한쟁의심판

국가의 재판작용에 대한 통제는 재판작용을 통하여 다른 국가기관의 권한을 부정하거나 침해하는 결과가 발생하는 것을 방지한다. 재판이라는 이름으로 입법행위를 하거나(법해석의 한계 문제) 행정행위를 하는 것은 통치기능에 따른 각 국가기관과 지방자치단체의 역할을 왜곡하는 결과를 가져온다. 권한쟁의심판은 이러한 경우 국가의 재판작용의 범위를 확정해준다.

[410] 제4 국가작용의 정상화와 헌법질서의 유지

권한쟁의심판은 국가기관들 상호 간, 국가기관과 지방자치단체 사이, 지방자치단체들 상호 간에 권한의 존부나 범위에 관하여 다툼이 있을 때 이를 해결함으로써 국가권력의 배분과 그에 따른 국가의 조직과 기능이라는 국가구조의 틀(constitution)을 온전하게 유지시켜 입헌주의를 실현시킨다. 한 나라에서 각각의 국가기관이 어떠한 권한을 가지며, 지방자치단체가 어떠한 권한을 가지느냐 하는 것은 헌법과 국가의 조직에 관한 법률들에 정해져 있지만, 그 규정이 애매하거나 실제 권한의 행사와 의무의 이행에서 권한과 의무의 존부나 범위를 둘러싸고 분쟁이 발생할 수 있다. 이 경우에 헌법재판소가 유권적 판단을 내려 해결하는 것이 권한쟁의심판이다.

[411] 제5 위법행위를 한 공직자의 파면

국가의 존재는 공동체의 존속을 유지하고 국민의 전체이익과 공익을 창출하고 실현하는데 있다. 이를 실현하기 위하여 헌법은 공직제도를 마련하고 각 기능에 합당하게 권한을 배분하여 합법적으로 권한을 행사하고 의무를 이행하여 직무를 수행하게 한다. 그런데 공직자가 직무를 수행함에 있어서 헌법과 법률에 위배되는 때에는 국가기능이 왜곡되므로 이러한 행위를 한 공직자에 대해 통제나 제재를 가하여 직무의 수행이 헌법과 법률에 합치되도록 하여야 한다. 탄핵심판제도는 통상의 징계제도나 형사적 제재로 국가업무의 합법적 수행이 어렵다고 판단될 경우 해당 당사자를 국가의 공직에서 추방하여 국가작용을 정상화시키고 헌법질서를 유지하는 것이다.

국가가 본래의 국가기능을 수행하기 위하여 부과한 권한의 행사나 의무의 이행이 오히려 헌법이나 법률이 정하는 바를 부정하고 왜곡하는 결과를 가져온 경우에 이는 국가권력에 의한 헌법 및 합법성체계의 침해를 의미한다. 탄핵심판제도는 이런 헌법이나 합법성체계에 대한 침해가 발생한 경우에 바로 헌법 또는 법률을 위반한 당사자를 국가영역에서 추방하여 헌법을 보호하고 입헌주의를 실현시킨다.

[412] 제6 위헌정당으로부터의 헌법보호와 정당의 존속보호

Ⅰ. 위헌정당으로부터의 헌법보호

실정헌법을 가지고 있는 나라에서도 입헌주의는 사회영역과 국가영역으로부터 언제나 위협과 공격을 받을 수 있는 상태에 놓여 있다. 사회영역에서는 개인이나 조직에 의해 헌법을 부정하거나 침해하는 행위가 발생하지만, 「조직된 헌법의 적」에 의해 헌법이 공격을 받는 대표적인 경우가 정당이라는 조직에 의해 행해지는 헌법침해행위이다. 정당은 정치사회에서 국가권력에 직접적이고 효과적으로 영향을 미치는 지위에 있기 때문이다.

정당해산심판제도는 정당의 수준에서 발생하는 헌법에 대한 공격과 침해를 제거하여 입헌주의와 헌법국가를 실현하는 수단이다. 따라서 위헌정당에 대한 해산심판은 헌법재판의 한 유형으로서 헌법을 보호하고 입헌주의를 실현시킨다.

II. 정당의 존속보호

민주주의국가에서 정치는 주로 정당을 중심으로 행해지고, 이러한 정당의 활동이 위축되면 민주주의나 정치가 왜곡되므로 한편으로는 위헌정당에 의한 헌법의 침해를 제거하면서 다른 한편으로는 합헌적인 정당의 활동을 보호할 필요가 있다. 정당의 합헌적인 활동이 위헌적인 것으로 오해되어 정당이 행정권력에 의해 아무렇게나 해산될 수 있게 방치하는 것은 헌법이 정하고 있는 정당의 보호와 배치된다. 이런 면에서 위헌이라는 이유로 정당을 해산하는 경우에 헌법재판의 절차에 의하도록 하는 것은 헌법이 보장하고 있는 정당의 설립과 활동의 자유를 보장하는 것이기도 하다. 따라서 정당해산의 요건은 엄격하게 해석·적용되어야 한다.

이와 같이, 정당의 설립과 활동의 자유를 헌법이 보장하는 경우에 헌법재판소에 의한 정당해산심판은 정당에 의한 헌법의 침해를 제거하는 헌법의 보호와 동시에 헌법재판이 아닌 형태에 의해 정당이 해산되는 것을 배제하는 정당의 보호가 실현되도록 한다(예: 憲 1999. 12. 23.-99헌마135). 그러나 사회영역이 활성화·전문화되고, 정당의 정책개발의 기능과 정치권에의 인적 충원기능, 여론조성기능이 약화되면서 다른 단체에 대한 정당의 특권적 지위는 계속 유지하기 어렵게 되고 있다. 각국에서 정당에 대한 법정책이 다양한 것도 이를 잘 보여준다.

헌법에 위반되는 정당을 재판을 통하여 해산하는 제도는 행정권력에 의해 정당의 활동이 금지되거나 해체된 경험을 가졌거나, 공산주의정당이나 사회주의정당에 의한 자유민주주의체제의 전복기도로 인하여 체제의 위기를 경험하거나, 공산주의세력과 자유민주주의 세력이 내전(civil war)의 형태로 전쟁을 한 경험이 있거나 민족 또는 종교를 이유로 한 분리운동에 따라 공동체가 와해·해체되는 위기를 경험한 국가 등에서 헌법재판의 한 형태로 제도화되었다. 이는 민주주의를 부정하고 파괴하는「민주주의의 적」에게 민주주의라는 이름으로 그 체제파괴적인 행위를 인정할 수 없다는 가치적 결단에 기초하고 있는 것이며, 현실에서의 체험을 통하여 제도가 구상되고 실정화된 것이다. 예컨대 독일의 경우 바이마르공화국에서 정당활동의 자유가 인정되던 것이 나치의 국가사회주의의 등장으로 1933년에 나치당을 제외한 일체의 정당활동을 금지하는 법률에 의해 일당독재를 경험하였고, 동시에 제2차 대전 후 좌익정당에 의한 체제전복의 위기에 노출되면서 헌법재판기관에 의한 정당해산제도를 제도화하고, 재판을 통하여 위헌정당을 해산하였다. 터키와 타이완의 경우도 이와 유사하다. 우리나라는 1950년 북한공산주의세력의 도발로 자유민주주의체제를 전복하려는 내전을 겪었고, 1958년 미군정 법령이었던「정당에관한규칙」(군정법령 제55호)에 근거하여 행정권에 의해 정당이 해산(=등록취소)되고 1961년의 5·16군사쿠데타로 조직된 군사혁명위원회의 포고령(제6호)에 의해 그 해 5월 23일 모든 기성 정당이 해산되었던 경험도 가지고 있다. 공산주의세력과 전쟁을 한 후 사회주의 중국과 분단되어 대립하고 있는 중화민국(=타이완=대만)은 2000년 헌법을 개정하여 정당의 목적이나 행위가 중화민국의 존재 또는 자유민주적 헌정질서를 위해하는 때에 정당을 해산할 수 있는 정당해산심판권을 司法院의 헌법재판소(Constitutional Court)에 부여하였다. 인도네시아도 2002년 헌법개정을 통하여 헌법재판소제도를 채택하고 2003년 8월 13일 헌법재판소법을 시행하면서 헌법을 침해한 정당을 해산하는 정당해산심판을 제도화하였다. 공산주의국가에서 자유민주주의로 체제전환한 폴란드에서도 정당해산심판제도를 채택하였다. 행정권력으로부터 정당활동의 자유가 보장되고, 자유민주주의 사회나 체제의 안정에 의해 공산주의자나 사회주의자의 활동이 영향력을 발휘하지 못한 나라(예: 미합중국)에서는 이러한 정당해산심판제도가 실정화되지 않은 모습도 보이고 있다. 그러나 미합중국에서는 캘리포니아주와 같이 위헌·반정부 정당에 대해서는 명칭사용의 금지나 예비선거참여금지를 통하여 통제하고 있다. 다른 나라에서도 체제를 전복하거나 헌법질서를 부정·파괴하려는 정당에 대하여 정당활동을 금지하거나(예: 오스트리아, 프랑스, 포르투갈, 덴마크, 스위스) 헌법재판을 통하지 않고도 이런 정당을 해산할 수 있게 제도화하고 있다(예: 스페인, 일본국).

제 5 절 헌법재판의 지배원리

[413] 제1 헌법의 최고규범성

헌법을 공동체의 법구조에서 최고의 지위에 놓고 모든 국가작용을 헌법에 따라 창설하고 효력을 부여하는 현대 입헌주의국가에서 헌법은 언제나 공동체의 법구조와 법질서에서 최고의 지위를 점하고 있다. 모든 하위규범을 정립하는 국가작용이나 이를 집행하는 국가작용은 헌법에 의해 창설된 권력작용이므로 입헌주의의 실현은 당연히 헌법의 최고규범성을 유지하고 실현하는 것이다. 오늘날 입헌주의국가는 헌법의 최고규범성을 통하여 합법성의 원리(principle of legality)를 의회가 제정하는 법률을 넘어 헌법적 정의(constitutional justice)의 테두리 속에서 실현시키고자 한다. 이런 헌법적 정의는 법적 정의의 형식(form of legal justice)과 자연적 정의의 실질(substance of natural justice)을 결합시킨 것이기도 하다.

헌법의 최고규범성이나 헌법의 우위를 실현함에 있어서는 여러 방법이 있는데, 규범적 효력의 면에서 이를 가장 효과적으로 실현하는 방법은 헌법을 재판규범으로 하여 모든 국가작용의 위헌여부를 심판하여 위헌인 국가작용의 효력을 제거하는 헌법재판이다. 따라서 헌법의 최고규범성은 헌법재판을 지배하는 원리로 자리잡고 있다. 헌법재판이 작동하지 않는 실정법구조에서 헌법이 실효성을 상실하고 명목적이거나 장식적일 수밖에 없는 이유도 여기에 있다. 헌법재판이 없는 입헌주의는 공허할 수밖에 없다.

헌법이 명실공히 법규범으로서 규범력을 발휘하고, 공동체에서 행위규범과 재판규범으로 작동할 수 있도록 하기 위해 현대 입헌주의국가는 예외 없이 헌법재판제도를 헌법에 두고 있다. 헌법이 규범력을 유지하고 실효성을 확보하기 위하여 스스로 헌법재판을 인정하는 것은 헌법국가와 입헌주의에서 나오는 본질필연적인 귀결이기도 하다. 따라서 헌법재판에서는 어떤 경우에도 헌법의 최고규범성을 부정할 수 없고 후퇴시킬 수도 없다. 이러한 것은 헌법소송을 지배하는 원리로 모든 세부절차에까지 영향을 미친다.

미합중국에서 생겨난 사법심사(司法審査 judicial review)는 이념적으로 헌법의 최고규범성과 「헌법의 우위」(supremacy of the constitution, Vorrang der Verfassung)에 기초를 두고 있다. 1803년 Marbury v. Madison사건에서 판례에 의해 제도화된 사법심사제도는 전통적으로 서양의 고대부터 내려온 「최고법」(higher law) 사상, 즉 국가작용을 보다 높은 원리(higher principles)나 법에 기속시켜 국가작용이 아무렇게 행해지지 못하게 하는 사상과 실정법규범에서 헌법은 최고의 우월적인 지위를 가지며 이러한 우월적인 지위는 재판기관에 의한 사법심사를 통하여 실현될 수 있다는 것에 기초를 두고 있다. 즉 헌법은 국가 내에서 가장 상위에 있는 실정법이고 개별 실정 법률들은 이 상위규범에 합치할 때만 효력을 가지고 적용될 수 있다는 법리이다. 이 결과 미합중국에서는 헌법의 최고규범성이 모든 헌법적 논의의 전제가 되어 있다. 이런 사법심사의 관념은 라틴 아메리카의 많은 나라에 영향을 주었다. 예컨대 1887년 아르헨티나에서는 최고법원의 판례(sojo사건)로 사법심사의 관념이 수용되었다. 1918년의 오스트리아헌법과 1919년 바이마르헌법에서는 특별한 헌법분쟁절차로 그 관점이 수용되었고, 제2차 세계대전 이후에는 이탈리아, 서독, 프랑스, 포르투갈, 스페인과 같은 유럽대륙 대부분 나라에서 사법심사의 관념이 다양한 형태로 헌법에 실정화되었다. 20세기 후반에 공산·사회주의체제의 붕괴와 더불어 전지구적으로 민주화가 전개되면서 대부분의 나라에 헌법재판제도가 도입되었다.

[414] 제2 기본권의 보장

근대 입헌주의가 형성되면서 나타난 특징 중의 하나가 권리장전을 실정헌법에 수용한 것인데, 기본권이 권리로서 실현될 수 있고, 침해를 받았을 때 이의 구제를 실현할 수 있기 위해서는 재판이라는 실효성이 있는 방법이 요구된다. 여기서 기본권의 보장은 헌법재판을 지배하는 원리로 작용한다.

기본권의 보장이 헌법재판을 지배하는 원리로 작용한다는 것은 헌법재판의 어떤 결론도 기본권을 침해하는 것이 되어서는 안 된다는 것을 의미하는 동시에 헌법소송절차의 어떠한 부분도 기본권을 침해하는 것이 되어서는 안 된다는 것을 의미한다. 헌법재판의 세부적인 절차가 헌법실체법에서 보장하고 있는 기본권의 보호영역을 침해할 수 없는 것도 이런 연유이다. 즉 기본권을 침해하는 청구기간의 제한이나 당사자의 제한 또는 재판의 효력 등이 어떤 경우에도 인정될 수 없는 것은 기본권의 보장이 헌법재판을 지배하는 원리이기 때문이다.

제 6 절 헌법재판의 한계

헌법재판이 제4의 국가작용으로서의 성격을 가진 특수한 국가작용이라고 하더라도 이는 재판작용이기 때문에 그 작용에서 일정한 한계가 있다.

[415] 제1 헌법해석상의 한계

헌법재판은 어디까지나 헌법을 해석하고 적용하는 헌법의 인식작용이므로 헌법재판에서 수행되는 헌법해석도 해석의 범위를 넘을 수 없다. 우리 헌법상 헌법의 개정은 주권자인 국민만이 행할 수 있는 것이므로 헌법재판소는 어떤 경우에도 실질적으로 헌법의 개정을 가져오는 헌법해석을 할 수 없다. 헌법재판소는 헌법해석을 통하여 헌법의 변천을 시도할 수는 있으나, 이는 헌법제정권자인 동시에 헌법개정권자인 국민이 예정하고 있는 것이다. 헌법의 해석에서 재판관 간에 다양한 시각의 차이가 있는 경우에도 이러한 차이는 어디까지나 헌법해석이 허용하는 범위 내에서만 인정되는 것이기 때문에 헌법재판은 언제나 헌법해석상의 한계를 가진다.

[416] 제2 입법작용상의 한계

위헌법률심판과 같은 규범통제가 입법작용으로서의 성격을 지니고 있다고 하더라도 헌법재판소가 이를 통하여 국회의 입법작용을 대체할 수는 없다. 헌법재판소가 법률의 위헌여부를 심판하는 권한을 가지더라도 국회의 입법형성의 자유를 제한하거나 침해하지는 못한다. 국회가 가지는 적극적인 입법형성의 자유는 민주주의의 생명이고, 권력분립의 고유한 영역이기 때문이다. 국회는 이러한 입법형성의 자유에 입각하여 적극적으로 정치를 형성하는 권능을 가지기 때문에 헌법재판소가 규범통제나 법률에 대한 헌법소원심판을 통하여 국회의 입법권의 행사에 대하여 심사를 한다고 하더라도 입법행위를 대체해서는 안 되고, 이는 어디까지나 소극적인 수준에서 머물러야 한다.

[417] 제3 정치작용상의 한계

헌법재판에서는 통상의 재판작용에 비하여 정치작용이 상대적으로 강하게 나타난다. 이러한 범위에서 헌법재판소는 적극적으로 헌법질서를 형성하는 역할을 수행한다. 그러나 정치사회에서의 정치작용은 무정형의 사회에서 정형적인 질서와 가치를 만들어내는 적극적인 행위이고, 이는 파당적인 성격까지도 허용하는 성질을 지니므로 헌법재판이 국가의 재판작용인 이상 이러한 정도의 정치작용일 수는 없다. 헌법재판이 정치작용으로서의 성질을 가지더라도 어디까지나 재판작용이므로 특정한 정치적 이해관계나 파당성에 의해 지배되어서는 안 된다. 헌법재판은 정치적 평화를 실현하는 역할을 수행하므로 어떠한 경우에도 정치적 파당성을 띠어서는 안 된다. 헌법재판은 이러한 정치작용상의 한계를 지니기 때문에 헌법재판의 독립과 정치적 중립이 요구된다.

제 7 편

국가작용과 국가기관

顔回:「이제 공부가 좀 는 것 같습니다.」

孔子:「그게 무슨 말인가?」

顔回:「坐忘했습니다.」

孔子:「坐忘하다니 무슨 말인가?」

顔回:「손발과 몸을 벗어 버리고 앎을 떨쳐버렸습니다. 離形去知하여 大通한 것과 같이 된 것을 坐忘이라 합니다.」

孔子:「道와 하나가 되면 좋고 싫음이 없어지고, 道의 변화에 따르면 막히는 것이 없어진다네. 과연 자네는 어질도다. 이제는 내가 자네를 따르겠네.」

—「莊子」

제1장 국　　회

제1절 의회주의

[418] 제1 의회주의의 개념

국회(National Assembly)의 이념적인 바탕은 대의원리와 의회주의이다. 의회주의(議會主義 parliamentarism)는 국가의 운영이 국민대표기관인 의회(parliament, assembly)를 중심으로 이루어져야 한다는 것을 의미한다. 유럽에서 생성되고 전개된 의회주의의 발달과정에 비추어 볼 때, 의회주의는 군주의 권력을 견제하기 위한 목적으로 군주의 영향력에서 벗어나 있는 의회를 설립하여 국민주권을 실현하고 국가의 운영이 합리적으로 이루어지도록 하는데 그 목적을 두었다.

이런 의회주의의 이념은 민주주의의 발달과 함께 민주주의와 결합하여 의회민주주의로 나아가면서 국가는 민주적 정당성을 가진 합의체 국민대표기관인 의회를 중심으로 운영되어야 한다는 내용을 가지게 되었고, 더 나아가 정부형태까지 지배하여 의회주의제정부라는 형태를 만들어내기도 하였다.

원리적인 면에서 보면, 의회주의와 의회주의제정부는 동의어는 아니다. 의회주의는 정치원리이고, 의회주의제정부는 권력분립원리에 따른 정부형태이다(허영a, 85). 따라서 원리적으로는 양자를 구별하여 이해하는 것이 필요하다. 그렇지만 양자는 이념적으로 밀접한 연관을 가지고 있기 때문에 의회주의를 정부형태에 관철시킨 결과가 의회주의제정부로 나타났다. 의회의 구성에서 확보한 민주적 정당성을 행정부의 구성에까지 관철시키는 「국민→의회 구성→행정부 구성」이라는 일원주의의 방식이 의회주의제정부이다. 대통령제는 의회주의를 관철시키는 것은 아니고 행정부의 구성에서 의회의 지배력을 차단시켜 의회의 구성과 행정부의 구성에서 각기 민주적 정당성을 확보하는 「국민→의회 구성, 국민→대통령 선출」이라는 이원주의의 형태를 띠고 있지만, 여기서도 의회의 기능은 권력분립의 면에서 여전히 중요하다.

[419] 제2 현대 국가와 의회주의

Ⅰ. 의회의 상대적 약화

(1) 의회의 약화 현상

오늘날 의회주의의 현실은 각 나라마다 다양하게 나타나고 있다. 일찍부터 의회주의가 발달한 영국, 미합중국, 프랑스 등과 같은 나라와 개발도상국이 다르고, 의회주의제(=의원내각제)국가와 대통령제국가가 서로 다르며, 입헌민주국가와 독재국가 또는 권위주의체제의 나라가 다르다. 따라서 각 나라에서 의회가 국가운영의 현실에서 점하고 있는 비중이나 역할수행의 정도는 다르게 나타난다. 강한 의회를 가진 나라도 있고 약한 의회를 가진 나라도 있다. 그러나 국가가 의회를 중심으로 운영되던 의회주의의 전성기와 비교해보면, 20세기에 들어와서는 국가 운영에서 의회의 기능과 비중이 상대적으로 약화된 점을 발견할 수 있다.

(2) 의회 약화의 원인

20세기에 들어와 동서양의 여러 나라에서 의회의 비중이 약화된 것에는 여러 원인이 있지만, 주요한 원인으로는 다음과 같은 것이 지적되고 있다.

(a) 국가 과제의 증대와 행정국가의 등장

의회주의가 생성하고 발달하던 시기에는 명망가 중심의 국정 운영이 이루어졌고, 국가의 과제도 비교적 복잡하지 않았다. 그러나 현대 국가에 오면서 국가의 역할이 치안유지나 공동체의 안전보장뿐만 아니라 국민의 복지를 증대시키고 국제적으로 활발한 교섭을 하는 것에까지 확장되었다. 경제, 과학, 기술, 환경, 노동, 국방, 국제질서 등의 영역에서 날로 복잡한 문제들이 발생하고 국가는 이러한 문제에 대해 적극적이고 능률적으로 대처할 것이 요구되었다. 국가가 당면한 이런 문제의 해결에는 전문성과 능률성이 요구되는데, 선출된 의원들로 구성되는 의회가 이런 과제를 주도적으로 수행하기에는 의사결정과정, 의원의 지식과 능력 등에서 한계가 드러나게 되었다.

현대 국가에서 국가 과제의 증대는 자연 행정부의 역할을 증대시켰다. 치안이나 질서 유지뿐만 아니라 국민에게 적극적인 급부를 제공하고 방대한 공무원조직을 통하여 정책을 수립하고 집행하게 됨에 따라 국가영역에서 행정부가 차지하는 비중이 증대하였다. 그에 따라 우리나라와 같이 행정부에서 법률안을 제출하는 경우도 생겨나게 되었다. 특히 「행정국가」(行政國家 Verwaltungsstaat, administrative government)라는 개념의 등장과 행정에 대한 과도한 강조는 의회를 상대적으로 약화시키고 의회민주주의를 후퇴시키는 결과를 초래하였다.

(b) 대의제도의 작동상의 결함

의회는 대의제도가 구체화된 것이고, 이런 대의제도는 선거제도, 정치자금제도, 정당제도, 부패방지제도와 같은 여러 부속 제도들이 정확하게 작동할 때 성공할 수 있다. 그런데 현실에서는 먼저 국민의 대표자인 의원을 선출하는 선거에서의 실패(제도와 과정의 실패)가 빈번하게 발생하고(election이 selection의 기능을 담보하지 못하는 현상), 정책결정 과정에서 부분이익과 특수이익이 영향력을 발휘함에 따라 전체이익과 일반이익을 창출하는데 성공하기 어려운 점이 있다(공공선택이론에서의 비판).

의원은 재선에 몰두하여 자기를 지지하는 집단이나 세력의 특수이익을 추구하면서 국민 전체의 대표자라는 본연의 역할을 하는데 성공하지 못하는 사례가 빈번하게 발생하였다. 유권자도 자기의 이익을 실현시켜 줄 사람들에게 집착하면서 선거과정을 왜곡시켰다. 그 결과 의회는 국민대표기관으로서의 역할을 충분히 하지 못하게 되면서 의회에 대한 실망과 불신이 증대하였다. 의회는 현대 국가의 과제를 수행하는데 충분하지 못하다거나 의회의 현실적인 실패를 근거로 한 「의회회의론」(議會懷疑論)의 등장은 의회의 역할을 폄하하고 회의를 가지게 하여 결과적으로 의회의 역할을 감퇴시키는 결과를 가져왔다. 특히 자유민주주의의 기반이 허약한 나라에서는 대의제도를 자본가계급의 계급지배를 합법화하는 계급지배의 도구라고 공격하는 공산주의와 사회주의의 이론적·전술적 공세가 의회를 가일층 약화시키는 결과를 초래하기도 하였다.

(c) 의회주의제의 파행

의회주의에 바탕을 둔 의회주의제의 정부형태를 채택한 국가들 가운데에서 의회주의제의 실패를 경험한 나라에서는 의회의 역할에 대한 실망과 회의를 가지게 되었다. 프랑스의 제3공화국이나 제4공화국, 바이마르공화국, 이탈리아 등에서 이런 점을 발견할 수 있다. 이런 나라의 경우 정국의 불안정에는 다른 많은 요인이 있었지만, 의회주의제의 파행은 의회에 대해 비관적이고 회의적인 태도를 가지게 만들었다. 우리나라의 1960년6월헌법과 1960년11월헌법에서 채택한 의회주의제의 경우도 그러한 경험에 해당한다고 볼 수 있다.

그러나 민주주의를 성공시킨 영국, 독일, 캐나다, 일본국, 오스트레일리아 등 대부분의 선진국에서는 의회주의제를 채택하고 있다. 이런 점에서 의회주의제의 파행은 나라에 따라 다르게 나타나는 상대적 현상이다.

(d) 대통령제의 등장

의회주의는 민주적 정당성이 입법부인 의회 하나에만 부여되는 의회주의제를 채택함으로써 그 본래의 힘을 발휘할 수 있기 때문에 민주적 정당성이 의회 이외에 집행기관인 대통령에게도 부여되는 대통령제를 채택하는 나라에서는 의회주의가 상대적으로 약화될 가능성이 크다. 이와 같이 대통령제국가에서는 의회와 대통령이 국가권력에 대한 민주적 정당성을 서로 나누어 가지게 되어 여기서의 의회는 민주적 정당성의 부여가 일원화되어 있는 의회주의제에서의 의회보다 약화된 양상을 보이고 있다.

대통령제를 채택한 나라 가운데는 미합중국을 제외하고는 성공한 나라가 거의 없고, 권위주의적 통치에서 벗어나지 못하고 있다.

(e) 정당에 대한 지나친 강조

현대 정치에서 정당의 활동이 적극적으로 나타나고, 정당의 비중이 점차 증대하자 정당에 대해 많은 것을 기대하고 의회보다는 정당에 비중을 두는 현상도 나타났다. 나라에 따라서는 국가의 중요한 정책결정이 정당의 수뇌부에 의해 강한 영향을 받고, 실질적인 정치가 정당 간의 거래로 이루어지는 경우도 발생하였다. 그 결과 정당이 국가의 정책결정에 적극 개입하게 되었고, 정당 소속의 의원에 대해서도 영향력을 강화시켜 갔다.

독일의 경우 국정운영에서의 정당의 주도적인 역할과 의원의 소속정당에 대한 종속을 강조한 「정당국가이론」(政黨國家理論)의 등장(예컨대 G. Leibholz의 정당국가이론)은 결과적으로 의회에 대한 회의를 부추기고, 의회의 기능을 약화시키는데 기여했다. 우리나라도 독재와 권위주의통치시기에 이러한 정당국가론을 무비판적으로 도입하여 강조한 것은 붕당 또는 도당과 유사한 성격을 가지는 우리나라 정당의 모순을 은폐하고 대의제도를 왜곡시키며 국회를 무력화하는데 일조하는 결과를 초래하기도 했다.

(f) 독재와 권위주의통치에 의한 의회의 억압

독재와 권위주의통치가 행해진 나라에서는 통치의 역량을 의회를 무력화시키는데 집중하였다. 여당을 통치의 수단으로 삼아 의회를 장악하고, 이에 대항하는 야당을 탄압하여 의회를 휴면기관으로 변질시키거나 무력화시켰다. 이런 나라들은 의회주의를 제대로 시행해 보지도 않은 상태에서 의회의 파행을 유도하여 결과적으로 국민으로 하여금 의회에 대하여 부정적이고 회의적인 시각을 가지게 만들었다. 이런 통치는 대통령의 지위를 영도자(領導者 Führer) 또는 최고통치자로 변질시키고, 대통령에 있어 「권력의 개인화」(personalization of power)를 도모하여 결과적으로 의회의 약화를 초래하였다.

(g) 의회 운영상의 실패

의회제도가 제대로 정착되지 못한 나라나 의회가 파행적으로 운영된 나라에서는 의회에서 공개적이고 합리적인 토론의 과정을 거쳐 국가정책을 수립하고 결정하는 것이 어렵게 되었다. 의원에 대한 매수·탄압, 의사 절차의 왜곡, 충분한 토론과 숙의가 배제된 다수결에 의한 폭력 등은 의회운영에서의 실패를 야기하였다. 그 결과 의회는 국가운영에서 비효율적인 기관으로 변질되고, 「의회무용론」이 확산되는 결과를 초래하였다. 특히 독재나 권위주의통치는 의회무용론을 확산시키고 의회를 무력화하여 국민으로 하여금 의회에 대한 기대를 포기하게 하고 강력한 통치자에 대하여 찬양과 의존을 하도록 하는 정치구조를 만들었다.

II. 의회의 정상화

대의민주주의에서 의회의 기능이 약화되거나 쇠퇴하는 것은 그 자체 대의민주주의의 실패를 의미할 수 있다. 따라서 대의민주주의에서 의회의 기능을 정상화하고 활성화하는 것은 필수적이다. 의회의 약화를 가져온 원인을 분석하고 의회의 기능을 정상화하는 방안을 모색하는 것이 필요하다. 특히 대통령제국가에서도 의회는 가장 강력한 민주적 정당성을 가진 합의제 정책결정기관이고 국정통제기관이기 때문에 그 본래의 지위와 기능은 변함 없이 유지되어야 한다. 대통령제에서 의회의 약화는 「대통령 독재」의 길을 열어주는 것이기도 하므로 의회의 정상화는 권력통제의 면에서도 중요한 의미를 가진다.

(1) 의회의 역량 강화

의회가 자신의 역할을 충실히 수행하기 위해서는 그에 요구되는 역량을 가져야 한다. 이러한 역량은 의회의 시스템과 의회의 구성원 모두에게 요구된다. 의회의 회의 운영이나 의사결정과정을 합리화시키고, 의회의 활동을 효과적이고 충실하게 하는 시스템을 갖추어야 한다. 본회의와 위원회의 활동을 합리적인 절차와 제도에 의해 보장하여야 하고, 의회의 활동을 지원하는 보조기구들을 체계적이고 효과적으로 조직하는 것이 필요하다.

의원의 능력, 지식, 자질이 보다 우수한 수준에 도달하도록 하여야 하고, 의원의 활동을 지원하는 보조기구들에 종사하는 인력도 우수한 자원으로 충원하여야 한다. 의원의 질적 수준을 확보하는 것은 선거에 의해 좌우되는 것인 만큼 의원의 직무를 충분히 수행할 수 있는 사람을 선출하는 것이 무엇보다 중요하다. 이런 점에서 유권자가 의회와 의원의 역할의 중요성을 인식하고 선거권을 신중하고 현명하게 행사하는 것이 필요하며, 선거제도가 본래의 기능에 부합하는 것이 되어야 한다.

이와 같이 의회의 역량을 강화함에 있어서는, 객관적 요건으로 의회의 효과적인 운영을 실현할 수 있는 시스템을 구축하는 것과 주관적 요건으로 의원 및 그 보조기구에 종사하는 인력의 충원을 충실히 하는 것이 필요하다.

⑵ 대의제도의 성공조건 강화

의회는 대의제도를 구체화한 형태이므로 의회가 성공하기 위해서는 대의제도를 성공시키는 조건들이 갖추어져야 한다. 즉 국민의 대표자인 국회의원의 선거에서 국회의원의 직을 충실하게 수행할 수 있는 자질과 능력이 있는 자를 선출하여야 하고, 의회의 의사결정이 특수이익이나 부분이익에 지배당하지 않도록 로비행위나 정치자금을 통제하는 장치(정치자금제도)와 정치부패를 방지하는 장치(부패방지제도)를 마련하는 것이 필요하다. 또한 의원들은 자신의 권한을 행사하고 의무를 수행함에 있어서 전체 국민의 이익을 추구하여야 하며, 이러한 것이 왜곡되지 않도록 감시하고 통제하는 장치(의정활동의 공개와 감시활동)를 마련하는 것이 요구된다.

⑶ 정당의 비대화 억제

정당은 그 생성단계에서 확인할 수 있듯이, 파당(faction)으로서의 속성을 지니고 있으므로 정당이 국가작용에 과도하게 개입하는 것은 억제하여야 한다. 오늘날 민주주의의 발달과 시민사회의 역량 향상으로 인하여 과거에 정당이 담당하던 역할은 줄어들고 있다. 여론의 형성과 수렴, 정치인력의 충원, 정책의 개발이라는 정당의 전통적인 역할은 시민사회가 분화되고 활성화된 오늘날에는 더 이상 효과적일 수 없다. 특히 각 분야의 전문가들이 증가하고, 정보사회와 전자민주주의의 발달로 사회공동체의 구성원간에 의사소통이 활성화되며, 시민사회의 활동이 활발해지고 있어 과거 정당이 담당하던 역할은 전문단체(전문연구소, 싱크탱크 등)와 시민단체 그리고 전문가 개인에게로 이전되고 있다. 따라서 정당이 소수 정치세력의 국가권력을 장악하기 위한 이익집단으로 변질될 가능성도 더욱 농후해지고 있다. 이런 점을 고려하면, 의회의 기능을 정상화함에 있어서는 정당이 소속 의원에 대하여 지배력이나 영향력을 강화하는 것이나 의원이 정당에 종속되어 국민대표자로서의 지위가 약화되는 것을 방지하는 것이 필요하다.

⑷ 의회 운영의 효율성 제고

의회 운영의 효율성을 제고하기 위해서는 의회의 활동을 보조하는 의회 내의 기구들을 확충하고 그에 필요한 인력을 충원하여야 한다. 입법과 예산과 관련한 활동에 있어서는 이를 지원하는 효과적인 기구와 인력이 필요하므로 이러한 시스템의 구축은 의회의 기능을 정상화시키고 강화하는데 필수적으로 요구된다.

제2절 국회의 헌법상 지위

[420] 제1 대의기관

Ⅰ. 헌법적 개념

헌법상 국회는 대의기관으로서의 지위를 가진다(헌법 §41①, §46②). 대의민주주의(代議民主主義 representative democracy)에서 국회는 전체 국민을 대표하는(represent) 대의기관, 즉 국민대표기관이다. 이는 국민주권원리에서 도출되는 귀결이다.

국회가 대의기관이라는 것은 일부 국민의 특수이익을 대변하거나 대리하는 기관이 아니라, 전체 국민의 이익을 추구하고 국가이익과 국민의 공공복리를 실현하는 기관이라는 의미이다. 이런 점에서 대의기관은 본인(principal)과 대리인(agent, delegate, deputy) 간의 위임법리에 기초한 대리기관과 구별된다. 따라서 국회를 구성하는 국회의원은 어떤 특정세력이나 특정인으로부터 지시나 명령을 받지 않으며, 스스로 직무상의 양심에 따라 자율적으로 국가의사를 결정한다.

Ⅱ. 대표관계

(1) 의 의

국회가 대의기관이라는 것은 국민과의 관계에서 법적인 대리관계에 있는 것이 아니라는 의미이다. 따라서 국회와 국민 사이에는 명령적 위임(命令的 委任 imperative Mandat)이 존재하지 않는(freie Mandat) 대표관계만 존재한다. 이와 같이 국회는 국민대표기관이고 특정 이익을 대리하거나 대변하는 기관이 아니기 때문에 국회가 지역구 선거에서 선거구의 선거민들에 의해 선출된 국회의원에 의해 구성된다고 할지라도 선거민들의 특수이익과는 결별되어 존재한다. 따라서 국회는 국가정책을 결정함에 있어서 선거민은 물론이고 국민에 대해서도 법적인 책임을 지지 않는다. 국회를 구성하는 국회의원이 차기 선거에서 정치적으로 심판을 받아 국민에 대한 책임을 질 뿐이다([372] Ⅰ, Ⅱ).

(2) 선거공약

국회는 대의기관이기 때문에 그 구성원인 국회의원이 선거에서 선거구민과 공약(公約)이라는 이름으로 특정한 행위를 할 것을 약속하였다고 하더라도 이에 구속되지 않는다. 공약의 불이행에 대해서는 각 국회의원이 개별적으로 정치적인 평가를 받을 뿐이다([372]Ⅲ(1)).

Ⅲ. 국회에 대한 도전

오늘날 국회가 가지는 국민대표기관으로서의 지위는 국가정책의 결정에 대한 정당의 적극적인 개입과 각종 이익집단, 압력단체, 비영리단체의 영향력과 활동력이 강화되면서 약화되는 양상을 보이기도 한다. 이러한 것은 국회가 특수이익이나 부분이익들의 지배에 쉽게 복종할 위험성이 높아졌다는 것을 말하는 것이며, 국가의 계급적 중립성이 위기에 처해 있다는 것을 말해주는 것이기도 하다. 그리고 국회의원의 충원에서 실패함으로 인하여 국민 대표자의 자질이나 능력에 대한 권위와 신뢰가 저하되고, 이에 국민이 국가의사결정에 직접 개입하려는 직접민주주의적인 경향이 강해지면서 국회가 가지는 대의기관으로서의 지위는 많은 도전을 받고 있다.

[421] 제2 입법기관

Ⅰ. 헌법적 개념

헌법상 국회는 입법기관으로서의 지위를 가진다(헌법 §40). 국민주권을 구체적으로 실현하는 대의원리와 권력분립원리에 의할 때, 국가의 권능 가운데 입법권능은 국민의 대표기관인 국회에 귀속된다. 입법(legislation)이란 국가의 작용 가운데 법을 만드는(make) 것을 뜻한다. 이러한 것은 법을 집행하는(implement) 행정부의 행정작용이나 법을 해석하고(interpret) 재판하는(adjudicate) 재판기관의 재판작용과 구별됨을 의미한다. 즉 국회가 입법기관이라고 하는 것은 적극적으로는 법을 만드는 기관이라는 것을 말하고, 소극적으로는 법을 집행하거나 법을 해석하여 재판하는 기관이 아니라는 것을 말한다.

Ⅱ. 의회입법중심주의

국회가 입법기관으로서의 지위를 가진 것은 영국에서 국민주권의 사상에 기초한 의회주의의 발달에 따라 왕에 대한 의회의 투쟁을 통하여 종래 왕이 가졌던 입법권을 빼앗아 온 것에서 비롯한다. 강력한 의회주의에 기초하여 있을 때 입법권은 의회가 독점하였지만(의회입법독점주의), 오늘날에는 국가기능의 분화와 국가운영의 효율화로 인하여 의회가 입법의 중심적인 기관이기는 하지만 필요한 경우에는 다른 헌법기관도 예외적으로 입법을 할 수 있도록 하고 있고, 행정부의 법률안제출이나 대통령의 법률안거부와 같이 다른 기관이 국회의 입법에 개입할 수 있게 하고 있다. 따라서 오늘날 국회가 입법기관으로서의 지위를 가지는 경우에도 입법을 독점하는 기관이라는 의미가 아니라 입법의 중심적인 기관이라는 의미를 가진다(의회입법중심주의).

국회가 가지는 입법기관으로서의 지위가 강화된 모습은 의원입법이 활성화될 때

보다 분명하게 나타나지만, 행정부에 법률안제출권을 부여한 경우에는 입법과정에서 중요한 역할은 실질적으로 행정부가 하고 국회는 나머지 일만 처리하는 지위로 격하되는 양상을 보이기도 한다. 이러한 경우에는 의회입법중심주의조차 상당히 약화된다.

우리나라에서도 헌법은 「입법권은 국회에 속한다」라고 하여(헌법 §40) 원칙적으로 국회가 입법권, 즉 법률의 제정과 개정에 관한 권한을 가진다고 정하면서도(국회입법의 원칙) 예외적으로 법률과 동일한 효력을 가지는 법규범이나 법률보다 하위에 있는 법규범의 정립권을 다른 국가기관에게 부여하고 있다. 국회입법원칙의 예외에 해당하는 것으로는 i) 대통령의 긴급명령권과 긴급재정경제명령권(헌법 §76 ①,②), ii) 대통령령 · 총리령 · 부령 등의 각종 행정입법권(헌법 §75, §95), iii) 헌법재판소의 규칙제정권(헌법 §113②), iv) 대법원의 규칙제정권(헌법 §108), v) 중앙선거관리위원회의 규칙제정권(헌법 §114⑥), vi) 지방자체단체의 자치입법권(헌법 §117①)이 있다.

그러나 중요한 것은, 형식적 의미의 법률을 제정하거나 개정하는 권한은 여전히 국회가 입법기관으로서 독점하고 있다는 점이다(국회법률독점주의). 이러한 점에서 국회는 전형적인 입법기관으로서의 지위를 지니고 있다.

[422] 제3 국가정책결정기관

Ⅰ. 헌법적 개념

헌법상 국회는 국가정책결정기관으로서의 지위를 가진다. 대의민주주의원리에 의할 때, 국회는 국민의 대표기관으로서 공동체의 안전과 전체국민의 이익을 추구하고 실현하는 국가의사를 결정하는 권한을 가지는데, 이러한 국가의사의 결정은 구체적으로 국가정책의 결정(policy-making)으로 나타난다. 국가의 안전과 공공복리를 실현하고 국내적인 문제와 국제관계에서 발생하는 문제들을 해결하는 정책을 수립하고 확정하는 것이 국회가 수행하는 국가정책결정의 기능이다.

이러한 국가정책의 결정은 대부분 국회의 입법작용에 의해 구체화되지만, 국회의 권력통제에 관한 권한이나 재정에 대한 권한의 행사에 의해서도 이루어진다.

Ⅱ. 정부형태와 국가정책결정권

국회가 가지는 국가정책결정기관으로서의 지위도 그 본질적 내용은 대의민주주의 원리에 의해 정해져 있지만, 그 구체적인 권한의 배분에서는 정부형태에 따라 달라진다. 의회주의제에서는 국회가 국가정책결정의 중추적인 기관으로서의 지위를 점하고 있고 행정부에 대한 국회의 지배력이 강하게 나타난다. 대통령제에서는 국가정책을 결정함에 있어 국회와 대통령 간에 역할과 권한이 배분되어 있어 양자 간의 관계를 어떻게 설정하는 것이 가장 합리적인 것인가 하는 것이 문제되고 있는데, 양자 간의 역할 배분에 따라 「강한 국회-약한 대통령 모델」, 「약한 국회-강한 대통령 모델」, 「국회-대통령 균형 모델」 등 다양한 모습으로 나타나고 있다. 혼합정부제에서도 국회는 국가정책결정기관으로서의 지위를 가지지만, 구체적인 국가정책의 결정에 있어 국회와 대통령 간의 역할 배분에서는 다양한 모습을 나타낼 수 있다.

[423] 제4 국정통제기관

Ⅰ. 헌법적 개념

헌법상 국회는 국정통제기관으로서의 지위를 가진다. 국회는 권력분립의 기능배분에 따라 입법기관으로서의 지위를 가지면서도 권력분립의 다른 요소인 권력통제의 요청에 따라 권력통제기관으로서의 지위를 가지고 국정을 통제한다. 권력통제의 법리에 따를 때, 헌법이 창설한 국가기관은 모두 서로 간에 통제하는 기능을 가지지만, 국민의 대표기관인 국회는 전통적으로 행정부에 대하여 강력한 통제권한을 보유하고 이를 행사하여 왔다. 국회가 가지는 헌법재판소에 대한 통제나 법원에 대한 통제도 중요하지만 행정부에 대한 통제에 큰 비중이 가는 것도 이 때문이다.

Ⅱ. 국정통제기능의 증대

오늘날 현대국가에서 의회가 가지는 국민대표기관으로서의 지위와 입법기관으로서의 지위가 과거에 비하여 상대적으로 약화됨에 따라 의회가 가지는 국정통제기능에 보다 큰 비중이 주어지고 있다. 이러한 점에서 국회가 가지는 국정조사의 권한은 매우 중요하고, 기본적으로 국회에 기반을 두는 특별검사제도도 국정통제의 전체 메커니즘에서 새로운 의미를 가진다. 또 행정부의 국무총리나 국무위원을 국회나 위원회에 출석시켜 답변하게 하는 제도(헌법 §62②)는 국정통제의 관점에서 중요한 의의를 갖는다. 수시로 국회가 행정부의 책임 있는 지위에 있는 자를 국회에 출석시켜 현안에 대하여 질문하고 답변을 듣는 것은 국정운영에서 국회와 행정부 간의 의사소통을 원활히 한다는 점과 행정부의 권력남용과 오용을 수시로 통제한다는 점에서도 중요한 의미를 갖는다.

국회가 국정통제기관으로서 그 역할을 충실히 수행하기 위해서는 국정운영에 관한 정보를 충분히 수집하고 분석하는 역량이 갖추어져야 한다. 이러한 역량은 국회의원 개인의 역량에만 의존할 수 없으므로 국회의 국정통제기능을 효과적으로 지원하는 기구와 이에 필요한 충분한 재원을 확보하는 것이 필요하다.

Ⅲ. 정부형태와 국정통제권

국회는 행정부에 대하여 통제하는 권한을 가지는데, 이러한 통제의 구체적인 모습은 국회와 행정부 간의 관계를 어떻게 설정하느냐 하는 정부형태(대통령제, 의회주의제, 혼합정부제 등)에 따라 다른 모습을 보이고 있다. 행정부에 대한 국회의 통제시스템의 구체적인 모습이 정부형태와 불가분의 관계를 가지는 이유도 여기에 있다. 일반적으로 권력분립이 엄격한 대통령제 → 혼합정부제 → 권력분립이 약한 의회주의제의 순으로 행정부에 대한 국회의 통제권한이 강하게 나타나지만, 여야 간의 의석분포, 정치세력 간의 역학관계, 정당의 내부규율의 강약, 국가영역에 대한 사회영역의 영향력 등에 따라 구체적인 양상은 다르게 나타난다.

국회는 헌법재판소와 법원에 대해서도 권력을 통제하는 권한을 가지고 있는데, 그 구체적인 내용은 국회의 기능과 권한에서 보기로 한다([437]-[443]).

[424] 제5 합의체결정기관

Ⅰ. 헌법적 개념

국회는 국가의사결정에 있어서 합의체기관으로서의 지위를 가진다. 국회는 의사결정을 함에 있어서 구성원이 모두 참가하는 회의에서 합의를 도출하여 그에 따라 의사를 결정한다. 이런 점에서 독임제결정기관(獨任制決定機關)인 대통령의 경우와 다르다.

Ⅱ. 의사결정에서의 절차주의

국회는 국가의 의사결정에서 합의체로 운영되기 때문에 구성원인 국회의원의 자유로운 참여, 토론, 숙의, 의사표시 등과 합리적인 의사결정과정에 따라 결론을 도출하는 절차가 중요한 의미를 가진다. 단순히 합의만으로 의사결정에서 요구되는 민주주의의 요청을 충족시킬 수 없기 때문에 합의에 도달하는 과정과 절차가 합리적일것이 요구된다. 국회가 공론을 형성하는 장이어야 하고 모든 정책이나 정치적인 쟁점들이 수렴되어 공개적으로 논의되는 민의의 전당이어야 한다는 것도 이러한 합의체기관이라는 성격에서 비롯한다.

오늘날 참여민주주의(參與民主主義 participatory democracy)나 숙의민주주의(熟議民主主義=討議民主主義 deliberative democracy)가 국회에서의 의사결정의 절차나 결론 도출의 과정에 초점을 맞추는 이유도 국회가 가지는 이러한 합의체기관으로서의 성격을 중요시하기 때문이다.

제3절 국회의 구성

[425] 제1 국회의 구성방식

국회를 구성하는 방식으로는 전통적으로 양원제와 단원제의 방식이 있어 왔다. 유고슬라비아는 한때 국회의 구조를 5원제(five-chamber)의 방식으로 실험하기도 하였고, 남아프리카공화국은 1984년부터 1994년까지 3원제(three-chamber)의 방식을 취하기도 하였으나, 이는 헌법제도나 현실에서 예외적인 양상이다.

Ⅰ. 양 원 제

양원제(兩院制=二院制 bicameralism)라 함은 국회를 두 개의 합의체기구(=원)로 나누어 각각에 권한을 배분하고 이러한 양원의 합의된 결론에 따라 국가의사를 결정하는 제도를 말한다.

양원제는 국가의 형태가 연방국가냐 단일국가냐 그리고 해당 국가의 역사적 배경, 정치적 배경, 공동체 구성원의 인종적 구성 형태, 지역 간의 이질성의 상황과 정도, 입법과정의 구조 등 다양한 요소와 이유를 배경으로 하여 양원의 상호관계를 어떻게 설정하느냐에 따라 구체적인 모습과 기능을 달리 한다. 하원은 대부분 국민의 선거로 구성하지만, 상원을 구성하는 방법은 다양하다(선거, 임명, 세습, 임명과 선거의 결합 등). 연방국가에서는 연방에 속한 주(州 state, Land)의 의사를 대표하는 상원과 민주주의원리에 따라 국민에 의해 선출되어 전체 국민의 이익을 추구하는 하원으로 구성하는 것이 일반적인 모습이다. 예컨대 미합중국, 독일, 스위스, 오스트레일리아의 양원제가 이에 해당한다. 연방국가들은 대체로 양원제의 의회를 채택하고 있으며, 상원은 주로 주나 지방(province)을 대표하는 기능을 수행한다. 단일국가에서도 양원제를 취할 수 있다. 단일국가에서는 국회를 양원으로 하여 국회의원의 충원을 보다 기능적으로 하고(상원=전문성 중심, 하원=민주성 중심), 입법이나 권력통제가 보다 신중하고 합리적인 것이 되도록 하는 것을 추구한다. 예컨대 프랑스, 일본국, 스페인, 이탈리아의 양원제가 이에 해당한다. 우리나라에서는 입법과정의 구조를 이유로 하여 1952년헌법, 1954년헌법, 1960년6월헌법, 1960년11월헌법에서 국회를 민의원(民議院)과 참의원(參議院)으로 구성하는 양원제를 채택하였다. 1952년헌법과 1954년헌법은 대통령제를 채택하면서 양원제를 채택하였고, 1960년6월헌법과 1960년11월헌법은 의원내각제를 채택하면서 양원제를 채택하였다. 단일국가에서 양원제를 채택한 경우에 양원제를 폐지하고 단원제를 채택하는 양상을 보이고 있는 나라들도 있다(예: 덴마크 1953년 상원 폐지, 스웨덴 1971년 상원 폐지).

양원제를 채택한 이유가 다양하기 때문에 이를 일률적으로 평가하는 것은 타당하지 않다. 입법과정의 구조와 입법의 기능의 면에서 양원제를 평가하면, 장단점이 있다. 양원제의 장점에 대해서는 다음과 같은 의견이 있다. i) 상원으로 하여금 하원의 권력을 견제하고 다수에 의한 지배를 저지할 수 있게 한다(국회 내의 권력분립). ii) 입법부의 2개의 원이 행정부를 통제할 수 있어 효과적인 국정통제를 실현할 수 있다(효과적인 국정통제). iii) 민주주의의 실현에 있어 대표성의 기반을 넓힐 수 있다(대표성의 확대 실현). 연방국가에서는 국정운영에서 이 점이 중요한 장점으로 작용한다. iv) 입법에서 상원으로 하여금 하원의 실수·부패·전제를 견제·교정할 수 있게 하여 신중한 입법을 가능하게 하고, 하원에 집중되는 입법부담을 감경해 줄 수 있다(입법의 정당성 확대).

이에 반하여 양원제의 단점에 대하여는 다음과 같은 지적이 있다. i) 중복된 기능으로 의안처리에서 높은 비용을 지불하게 된다(국회운영의 고비용). ii) 양원이 충돌하는 경우에는 양원합동위원회가 이를 처리하게 하여 정책결정을 어렵게 만든다(정책결정의 어려움). iii) 양원이 충돌하여 의안을 제대로 처리하지 못하는 경우 책임소재를 분명히 하기 어렵다(책임소재의 불분명). iv) 각 주의 상원의원 수를 동일하게 하는 경우에는 의회에서의 대표성에 불평등이 발생한다(대표성의 불평등).

II. 단 원 제

단원제(單院制=一院制 unicameralism)라 함은 국회를 하나의 단일한 합의체기구로 구성하여 단일한 합의체기구에서 국가의사를 결정하는 제도이다.

우리나라에서는 1948년헌법, 1962년헌법, 1969년헌법, 1972년헌법, 1980년헌법, 1987년헌법이 단원제를 채택하였다.

단원제의 장점에 대해서는 다음과 같은 의견이 있다. i) 의안을 능률적으로 심의·처리할 수 있다(국회운영의 비용 감경). ii) 행정부 등 다른 국가기관에 대하여 통일적이고 효과적인 통제를 할 수 있다(일원적인 국정통제). iii) 국회의 책임소재를 분명히 할 수 있다(책임소재의 명확).

단원제의 단점은 양원제를 채택하는 경우에 얻을 수 있는 이점을 얻을 수 없다는 것이다.

[426] 제2 헌법상 국회의 구성방식

현행 헌법은 단원제의 방식으로 국회를 구성하고 있다. 위에서 본 바와 같이, 단원제의 방식은 1948년헌법에서 처음 채택하였고, 그 이후 헌법개정에서 양원제로 변경하였다가 1962년헌법부터 지금까지 계속 단원제의 방식을 유지하고 있다.

단원제의 방식을 택함에 따라 탄핵심판권은 국회가 가지지 못하고, 국회는 탄핵소추권만 가지고 독립된 재판기관으로 하여금 탄핵심판을 하게 하는 구조를 채택해왔다(예: 탄핵심판위원회, 헌법위원회, 헌법재판소).

현행 단원제의 국회는 국민의 보통·평등·직접·비밀선거에 의하여 선출된 국회의원으로 구성한다(헌법 §41①).

국회의원의 수는 법률로 정하되, 200인 이상으로 한다(헌법 §41②). 국회의원의 수에 대하여 헌법은 하한인 200인만 명시적으로 정하고 상한은 정하고 있지 않으면서 이를 법률에 위임하고 있기 때문에 상한에 대한 헌법적 한계는 없다. 따라서 국회는 법률로 상한을 300인이든 400인이든 정할 수 있다.

제 4 절 국회의 기능과 권한

1. 입 법

[427] 제1 입법과 입법권

Ⅰ. 입법권의 의의

헌법 제40조는 「입법권은 국회에 속한다」라고 정하고 있다. 여기서 말하는 국회에 속하는 입법권(legislative power)이라 함은 법률을 제정하거나 개정 또는 폐지하는 것을 말한다. 법률의 개정방식에는 법률의 내용을 추가, 삭제, 변경하는 방식이 있다.

헌법이 의식적으로 법률을 정립(제정, 개정)하는 입법권을 국회에 부여한 것은 국회에서 입법하는 형식적 의미의 법률과 동일한 효력을 가지는 법규범의 존재를 부정하는 것은 아니다. 관습법, 조리, 조례라고 하더라도 국회입법의 법률과 동일한 효력을 가지는 경우에는 그 법규범은 효력에서 법률과 동위에 있게 된다. 다만, 관습법이나 조리는 그 법률적 효력이 판례에 의하여 인정되기 때문에 헌법 제111조에서 정하고 있는 위헌법률심판이나 법률에 대한 헌법소원심판을 통하여 다툴 수는 없다. 종래 법률과 동일한 효력을 가지는 관습법이나 조리가 인정되어온 경우에 이러한 것들이 헌법에 위반되는지의 여부는 해당 관습법이나 조리를 적용하여 재판하는 경우에 심사·판단되거나 이러한 법규범을 적용한 국가작용의 효력을 다툴 때 심사·판단된다.

II. 국회의 법률입법의 독점과 의회유보

(1) 법률입법의 독점

헌법은 국회입법중심주의를 취하면서, 형식적 의미의 법률의 제정과 개정에 관한 권한은 국회가 가진다고 정하면서(헌법 §40, 국회입법의 원칙) 법률과 동일한 효력을 가지는 긴급명령권과 긴급재정경제명령권(헌법 §76 ①,②)을 대통령에게 예외적으로 부여하고 있다.

여기서 유의할 점은, 형식적 의미의 법률을 제정하거나 개정하는 권한은 언제나 국회가 입법기관으로서 독점하고 있기 때문에(국회법률 독점주의), 어떤 국가기관도 국회를 대신하여 법률에 대한 입법권을 가질 수 없다는 것이다.

헌법 제40조는 법률을 제정하거나 개정하는 권한이 국회에 독점되는 입법권의 독점을 정하고 있기 때문에 국회가 법률로 다른 국가기관에 법률제정권 또는 법률개정권을 위임하거나 이양하는 것도 허용되지 않고, 법률로 국민에게 부분적으로나 전체적으로 법률제정권 또는 법률개정권을 이양하는 것도 허용되지 않는다(입법권의 이양금지). 국민에게 법률안을 제안하는 권리(국민발안권)나 법률안에 대한 국민투표권(법률안에 대한 국민투표권)을 부여하고자 하는 경우에는 이를 헌법에서 정하여야 한다.

법률에 대한 국회입법의 독점을 보다 실질화하기 위해서는 위임입법의 경우에 하위법령에 대한 국회의 통제권을 보장하는 것이 필요하다. 이에 관하여 국회법은 행정입법의 제정·개정·폐지 시에 이를 국회에 통지하는 통지제도와 국회에 의한 법규명령(대통령령·총리령·부령)의 위법여부심사통지제도를 채택하고 있다(동법 §98의2).

(2) 법률의 유보

국가의 행정행위(Handeln der Verwaltung)는 법률에 의하여 또는 법률에 근거하여 그 행위의 권한이 인정된 경우만 구체적인 행위를 할 수 있다. 이를 법률의 유보(法律의 留保 Vorbehalt des Gesetzes)라고 한다.

이러한 법률의 유보는 입법부와 집행부 간의 권력배분과 연관되어 있어 이는 헌법의 권력분립의 중요한 내용을 이룬다([385]III).

국회가 법률입법을 독점하는 것은 국가의 모든 사항을 법률로 정해야 한다는 것을 의미하는 것은 아니다. 국민주권원리에 의할 때, 국민대표기관인 국회가 정해야 할 사항은 반드시 법률로 정하여야 하지만, 나머지 사항은 법률의 집행이나 국정운영상 하위법규범에 위임할 수 있다. 이 경우에 어떠한 사항을 반드시 법률에서 정할 것인가 하는 점이 문제가 된다. 국회가 입법권을 가지고 국회입법중심주의를 취하고 있는 이상, 법률이 규율하고자 하는 사항 가운데 중요하거나 본질적인 사항에 대해서는 국회가 독점적으로 이를 법률에서 정해야 한다. 이를 의회의 유보(議會의 留保 Parlamentsvorbehalt)라고 한다(의회유보원칙). 따라서 국회가 아닌 기관이 법률에서 정할 사항을 결정하는 것은 허용되지 않는다(예: 憲 1999. 5. 27.-98헌바70; 2009. 10. 29.-2007헌바63).

이런 의미에서 법률의 유보는 형식이 법률의 형식을 갖춘 것이어야 한다는 형식의 유보만을 의미하는 것이 아니라, 국민주권원리와 민주주의에 비추어 보아 국가가 정해야 할 사항 가운데 국민대표기관인 의회가 스스로 정해야 하는 것은 의회가 정해야 한다는 사항의 유보도 포함한다.

> [憲 2009.10.29.-2007헌바63] 「헌법은 법치주의를 그 기본원리의 하나로 하고 있고, 법치주의는 법률유보 원칙, 즉 행정작용에는 국회가 제정한 형식적 법률의 근거가 요청된다는 원칙을 그 핵심적 내용으로 하고 있다. 나아가 오늘날의 법률유보 원칙은 단순히 행정작용이 법률에 근거를 두기만 하면 충분한 것이 아니라, 국가공동체와 그 구성원에게 기본적이고도 중요한 의미를 갖는 영역, 특히 국민의 기본권 실현에 관련된 영역에 있어서는 행정에 맡길 것이 아니라 국민의 대표자인 입법자 스스로 그 본질적 사항에 대하여 결정하여야 한다는 요구, 즉 의회유보 원칙까지 내포하는 것으로 이해되고 있다. 이 때 입법자가 형식적 법률로 스스로 규율하여야 하는 사항이 어떤 것인가는 일률적으로 획정할 수 없고 구체적인 사례에서 관련된 이익 내지 가치의 중요성, 규제 내지 침해의 정도와 방법 등을 고려하여 개별적으로 결정할 수 있을 뿐이나 적어도 헌법상 보장된 국민의 자유나 권리를 제한한 때에는 그 제한의 본질적인 사항에 관한 한 입법자가 법률로써 스스로 규율하여야 할 것이다(憲 1999. 5. 27.-98헌바70; 2009. 2. 26.-2008헌마370 참조). 한편 국회의 입법절차는 국민의 대표로 구성된 다원적 인적 구성의 합의체에서 공개적 토론을 통하여 국민의 다양한 견해와 이익을 인식하고 교량하여 공동체의 중요한 의사결정을 하는 과정이며, 일반국민과 야당의 비판을 허용하고 그들의 참여가능성을 개방하고 있다는 점에서 전문관료들만에 의하여 이루어지는 행정입법절차와는 달리 공익의 발견과 상충하는 이익간의 정당한 조정에 보다 적합한 민주적 과정이다. 이러한 견지에서, 규율대상이 기본권적 중요성을 가질수록 그리고 그에 관한 공개적 토론의 필요성 내지 상충하는 이익간 조정의 필요성이 클수록, 그것이 국회의 법률에 의해 직접 규율될 필요성 및 그 규율밀도의 요구정도는 그만큼 더 증대되는 것으로 보아야 한다.」

(3) 법률의 우위

법률의 효력은 헌법을 제외하고는 모든 국가기관의 의사가 가지는 효력보다 우위에 있다. 이를 법률의 우위(法律의 優位 Vorrang des Gesetzes)라고 한다(법률우위의 원칙). 따라서 행정기관이나 법원 등 모든 국가기관은 국회가 입법한 법률에 구속되고 이를 부정할 수 없다(행정과 재판의 법률에 대한 구속). 이러한 법률의 우위는 법치주의의 내용이지만, 국민주권원리와 민주주의에 근거를 두고 있다. 주권자인 국민이 구성한 의회가 입법한 법률이 행정권과 법원의 재판권을 구속할 수 있는 것은 국민주권원리와 민주주의에 의하여 정당화될 수 있다.

법률의 우위는 행정기관이나 법원은 행정행위나 재판을 함에 있어 반드시 법률을 적용하여야 한다는 법률적용의무를 그 내용으로 한다(국가기관의 법률적용의무). 따라서 행정부나 법원은 법률이 존재함에도 불구하고 그 법률을 배제하고 행정행위나 재판을 할 수 없다. 헌법 제103조는 법원의 재판에서의 법률의 우위를 확인하고 있다.

그리고 법률의 우위는 국회가 입법한 법률이 존재하는 이상 행정기관이나 법원은 이를 위반할 수 없다는 것을 그 내용으로 한다. 행정기관이나 법원이 법률을 적용함에 있어 헌법에 위반된다고 생각되는 경우에도 헌법재판을 통하여 해당 법률의 효력을 다투지 아니하는 이상 위헌으로 생각되는 법률도 이를 위반하면 안 된다(국가기관의 법률위반금지의무). 헌법재판소에 의하여 위헌으로 결정되기 전까지는 해당 법률을 적용하여야 한다. 이는 법률의 통용력이기도 하다.

> 헌법재판소는 적용하는 법률이 위헌이라고 생각되면 직접 위헌여부를 판단한다. 따라서 여기에는 법률의 우위가 적용되지 않고 헌법의 우위가 적용될 뿐이다. 국회의 조직, 운영, 입법에 관한 사항 등을 정하고 있는 것과 같이 국회에 적용되는 법률이라도 국회가 스스로 입법한 법률은 이를 개정 또는 폐지하지 않는 한 해당 법률은 입법자인 국회에 적용된다. 이는 법률의 우위가 아니라 법률의 통용력에 근거를 두고 있다.

법률의 우위에 위반되는 행정행위는 행정소송을 통하여 효력이 배제되고, 법률의 우위에 위반되는 법원의 재판은 상소절차나 재심절차를 통하여 효력이 배제된다. 법률에 위반되는 하위 법규범은 법치주의에 위반된다.

Ⅲ. 법률의 형식

입법에서는 규율대상을 모든 국민으로 하는 「일반법」과 이와 달리 특별한 개별적인 사항을 규율하는 「개별입법」이 있다. 개별입법은 그것을 정당화하는 경우에만 허용된다. 개별입법을 통하여 행정권을 침해하는 것은 허용되지 않는다([76] II (3)).

입법에서 특정한 사항에 대하여 규율하는 법을 제정하는 경우에 이러한 법률에 의하여 규율되고 있는 영역에서 다시 해당 영역에서 규율 대상, 사항, 범위, 기간 등 개별사항에 대하여 예외를 정하여 달리 규율하는 법률을 제정하는 경우가 있는데, 전자를 「일반법」이라고 하고, 후자를 「특별법」이라고 한다. 이때 일반법과 특별법은 규율하는 동일한 영역에서 2개 이상의 법률이 존재하여 규율내용을 달리 하는 것으로 서로 상대적인 개념이다. 이렇게 일반법과 특별법이 존재할 때 그 효력에서는 특별법을 일반법에 우선시하는 특별법우선의 원리(lex specialis derogat generalis)가 작용된다.

국회에서 입법을 함에 있어서 해당 영역을 규율하는 일반법이 있는 경우에 이를 수정, 추가하는 형태로 개정을 하는 것이 아니라 일반법에서 규율하는 영역의 예외에 해당하는 사항을 규율하기 위하여 특별법을 정하는 경우가 점차 늘어나고 있다. 특히 특정 집단이나 특정 지역의 민원을 해결하기 위하여 정치적으로 특별법을 제정하는 행태가 늘어나고 선거 때마다 표를 얻기 위하여 부분이익과 타협하여 특별법의 제정을 남발하는 경우가 있다. 이것이 입법에서 문제가 되고 있다.

특례법, 특별조치법, 임시조치법, 특별법 등의 명칭을 가지고 있는 특별법은 이를 정당화할 수 있는 경우에만 인정된다. 일반법의 개정으로 규율할 수 있는 경우에는 특별법을 제정할 것이 아니라 일반법을 개정하여 이를 규율하여야 한다. 특별법의 경우에도 법치주의원리가 그대로 적용되어 과잉금지원칙, 평등원칙, 체계정당성의 원칙, 명확성원칙 등이 적용된다. 특히 특별법을 정당화시키는 사유가 인정되지 못하면 이는 평등원칙에 위반된다. 개인의 자유나 권리를 제한하는 특별법을 제정하는 것은 이를 정당화하는 사유가 인정되지 않는한 허용되지 않는다고 할 것이다.

[憲 2003.11.27.-2002헌바24] 「특별형법의 경우도 마찬가지인바, 원래 특별법은 일반법의 제정 이후 사회적 변화를 반영하여 일반법을 보완 혹은 대체하기 위해 제정되는 것으로 그 용도는 어디까지나 한시적이고 제한적이지 않으면 안된다. 특가법 역시 다른 법률과 마찬가지로 범죄와 형벌은 헌법질서에 기초한 그 시대의 가치체계와 일치되도록 제정되어야 하는 것이다. 그러므로 그 입법취지에서 보아 중벌(重罰)주의로 대처할 필요성이 인정되는 경우라 하더라도 범죄의 실태와 죄질의 경중, 이에 대한 행위자의 책임, 처벌규정의 보호법익 및 형벌의 범죄예방효과 등에 비추어 전체 형벌체계상 지나치게 가혹한 것이어서, 그러한 유형의 범죄에 대한 형벌 본래의 기능과 목적을 달성함에 있어 필요한 정도를 현저히 일탈함으로써 입법재량권이 헌법규정이나 헌법상의 제원리에 반하여 자의적으로 행사된 것으로 평가되는 경우에는 이와 같은 법정형을 규정한 법률조항은 헌법에 반한다고 보아야 한다.」

Ⅳ. 입법과 헌법재판

헌법이 최고법의 지위에 있는 입헌주의에서 국회의 입법권은 헌법에 기속된다. 이는 「헌법의 우위」에서 나오는 당연한 귀결이다. 따라서 국회가 입법권을 가진다고 하는 것도 입법행위가 헌법에 합치하는 범위 내에서만 타당하다. 다시 말해, 국회의 입법권의 행사는 헌법에 합치하는 합헌적 입법권의 행사일 때만 유효하며 정당성을 가진다.

이러한 입법권의 합헌성을 유지하게 하고, 입법권이 헌법의 범위 내에서만 행사될 수 있게 하는 효과적인 장치가 법률의 위헌여부를 심사하는 방법이다. 이러한 방법을 구체화시키는 것으로는 헌법재판이 있는데, 위헌법률심판제도(=규범통제제도)와 법률에 대한 헌법소원심판제도가 이에 해당한다. 따라서 입헌주의국가, 즉 헌법국가에서 국회의 입법권의 보장은 필수적으로 헌법재판의 보장을 요구하며, 입헌주의의 실현에서 양자는 필수불가분의 연관관계를 가지고 있다.

이런 점에서 보건대, 위헌법률심판이나 법률에 대한 헌법소원심판에서 헌법재판소는 법률에 대하여 위헌선고를 함으로써 효력을 상실시켜 실질적으로 법률을 폐지하는 것과 동일한 결과를 가져오지만 이는 입헌주의의 요청에 따른 것이기 때문에 국회에 의한 법률입법의 독점을 침해하는 것이 아니다(위헌법률심판의 정당성).

[428] 제2 입법의 절차

Ⅰ. 법률안의 제출

우리나라에서는 국회가 법률에 대한 입법권을 독점하고 있지만, 법률안의 제출권은 국회의원과 정부가 함께 가지고 있다(헌법 §52). 대통령제를 취하는 미합중국에서는 정부에게 법률안의 제출을 허용하지 않아 입법에 있어서 입법부와 행정부의 분리를 통하여 법률에 대한 입법에 있어 의회의 독점을 실질화하고 있다. 우리나라는 이와 달리 법률안의 제출을 정부도 할 수 있게 하여 국회를 상대적으로 약화시키고 대통령의 힘을 상대적으로 강화한 형태를 취하고 있다.

법률안의 제출을 국회의원에게만 독점시키면 모든 입법이 의원입법의 형태를 띠기 때문에 행정부가 국가정책을 수립·변경·시행함에 있어서는 국회를 설득하여 법률로서 행정부를 지원하도록 하는데 노력을 기울인다. 이런 구조에서는 국가정책에 관하여 국회나 행정부(또는 대통령) 가운데 어느 일방이 독주할 수 없고 서로 간에 의사소통과 이해가 수월해지며, 행정부의 판단상의 오류가 있는 경우에는 이에 대한 국회의 통제가 효과적으로 이루어질 수 있다. 법률안의 제출을 행정부가 주도하고 국회가 약한 국회의 양상을 띠는 경우에는 국회는 입법에서 단순한 의식(ritual)을 치르는 말 잔치의 장이거나 거수기에 지나지 않게 되는 지위로 전락하여 국민대표기관으로서의 지위를 상실할 우려도 있다.

(1) 국회의원에 의한 법률안의 제출

국회의원은 법률안을 제출할 수 있다(헌법 §52). 이는 국회가 입법부인 이상 필연적으로 인정되는 사항이다. 국회의원이 법률안을 제출하여 입법을 하는 것을 의원입법(議員立

法)이라고도 부른다.

(a) 개별 의원의 법률안 제출

국회의원이 법률안을 제출하는 경우에는 발의자를 포함하여 10인 이상의 찬성으로 의안을 발의할 수 있다(국회법 §79①). 법률안을 발의하는 의원은 그 안을 갖추고 이유를 붙여 소정의 찬성자와 연서하여 이를 의장에게 제출하여야 한다(동조 ②). 의원이 예산 또는 기금상의 조치를 수반하는 의안을 발의하는 경우에는 그 의안의 시행에 수반될 것으로 예상되는 비용에 대한 국회예산정책처의 추계서 또는 국회예산정책처에 대한 추계요구서를 아울러 제출하여야 한다(동법 §79의2①본문). 의원이 법률안을 발의하는 때에는 발의의원(發議議員)과 찬성의원(贊成議員)을 구분하되, 당해 법률안에 대하여 그 제명의 부제로 발의의원의 성명을 기재한다. 다만, 발의의원이 2인 이상인 경우에는 대표발의의원 1인을 명시하여야 한다(동법 §79③).

(b) 위원회의 법률안 제출

국회의원이 법률안을 발의하는 형식에는 개별 국회의원이 발의하는 형식도 있고 위원회가 제출하는 형식도 있다. 위원회가 법률안을 제출하는 경우에는 국회의원 10인 이상의 찬성을 필요로 하지 않는다. 위원회가 예산 또는 기금상의 조치를 수반하는 의안을 제안하는 경우에는 그 의안의 시행에 수반될 것으로 예상되는 비용에 대한 국회예산정책처의 추계서를 아울러 제출하여야 한다. 다만, 긴급한 사유가 있는 경우 위원회의 의결로 이를 생략할 수 있다(동법 §79의2②). 국회법은 위원회로 하여금 그 소관에 속하는 사항에 관하여 법률안을 제출할 수 있게 정하고 있으며, 이 경우에 위원장은 법률안의 제출자가 된다(동법 §51).

(2) 정부에 의한 법률안의 제출

헌법은 정부에게도 법률안을 제출할 수 있는 권한을 부여하고 있다(헌법 §52). 정부가 법률안을 제출하는 경우에는 국무회의의 심의를 거쳐(헌법 §89iii) 대통령의 명의로 제출하며, 이에는 국무총리와 관계국무위원이 부서를 한다(헌법 §82). 법률안의 제출은 국법상의 행위이므로 부서는 필수적이다. 정부가 예산 또는 기금상의 조치를 수반하는 의안을 제출하는 경우에는 그 의안의 시행에 수반될 것으로 예상되는 비용에 대한 추계서와 이에 상응하는 재원조달방안에 관한 자료를 의안에 첨부하여야 한다(동법 §79의2③).

정부가 법률안을 제출함에 있어서는 부득이한 경우를 제외하고는 매년 1월 31일까지 당해연도에 제출할 법률안에 관한 계획을 국회에 통지하여야 한다. 그 계획을 변경한 때에는 분기별로 주요사항을 국회에 통지하여야 한다(국회법 §5의3). 법률안제출계획의 통지 제도는 갑작스레 법률안을 제출하여 국회로 하여금 충분히 심의하기 어렵게 하는 것과 국회가 법률안을 졸속으로 처리하는 것을 방지하고, 국회로 하여금 연간 국회운영의 기본일정(동법 §5의2)을 합리적으로 운영할 수 있게 하기 위한 것이다.

II. 법률안의 심의와 의결

법률안이 국회에 제출되면 국회는 위원회의 심사를 거쳐 이를 심의하고 의결한다. 이에 대한 구체적인 내용은 국회법에서 정하고 있다.

(1) 본회의에의 보고

법률안이 제안되면 국회의장에 의해 국회의 본회의에 보고된다. 본회의에 보고되면 소관상임위원회에 회부하여 심사를 하게 된다. 폐회 또는 휴회 등으로 본회의에 보고할 수 없을 때에는 이를 생략하고 상임위원회에 바로 회부할 수 있다(국회법 §81).

(2) 위원회의 심사

법률안은 통상 소관위원회에서 심사하지만, 국회의장이 소관위원회에 법률안을 회부하는 경우에 그 안건이 다른 위원회의 소관사항과 관련이 있다고 인정할 때에는 관련위원회에 이를 회부한다(국회법 §83①). 국회의장이 특히 필요하다고 인정하는 법률안에 대하여는 본회의의 의결을 얻어 이를 특별위원회에 회부한다(동법 §82①).

법률안이 위원회에 회부되어도 이를 상정하지 않으면 심사를 진행할 수 없다. 과거에는 정치세력 간에 정쟁을 하면서 위원회에 회부된 법률안을 고의로 상정하지 않고 잠자게 만들어 법률안이 처리되지 못하도록 방해하는 일이 비일비재하였다. 그리고 법률안에 대하여 검토할 여지를 주지도 않고 갑자기 상정하여 논의도 제대로 하지 않은 채 날림으로 처리하는 문제가 있었다. 이 경우에는 입법이 형식적 절차는 거쳤어도 절차적 정당성을 실질적으로 확보할 수 없다.

따라서 법률안에 대하여 충분히 이해할 수 있게 일부개정법률안은 15일, 제정법률안 · 전부개정법률안 · 폐지법률안은 20일, 체계 · 자구심사를 위하여 법제사법위원회에 회부된 법률안은 5일의 숙려기간(熟慮期間)을 두었다. 위원회는 긴급하고 불가피한 사유로 위원회의 의결이 있는 경우를 제외하고는 이 숙려기간을 경과하지 아니한 때에는 법률안을 상정할 수 없도록 하고 있다(동법 §59). 또 위원회에 회부된 법률안이 상정도 되지 못한 채 폐기되는 것을 방지하기 위하여, 위의 숙려기간이 경과한 후 30일이 경과한 날 이후에 처음으로 개회하는 위원회에는 자동으로 상정된 것으로 하는 자동상정제도(自動

上程制度)를 채택하고 있다. 그런데 위원장이 간사와 합의하는 경우에는 그러하지 아니하다는 예외를 정하고 있다(동법 §59의2). 국회의 입법기능에 비추어 볼 때, 이러한 예외는 폐지하는 것이 타당하다. 위원회에 회부된 모든 법률안은 상정하여 이를 심사·처리하는 것이 대의민주주의원리에 부합한다.

위원회는 법률안을 심사함에 있어서 먼저 그 취지의 설명과 전문위원의 검토보고를 듣고 대체토론(안건 전체에 대한 문제점과 당부에 관한 일반적 토론을 말하며 제안자와의 질의·답변을 포함한다)과 축조심사 및 찬반토론을 거쳐 표결하는 과정을 거친다(동법 §58①). 상임위원회는 대체토론을 끝낸 후 상설소위원회에 회부하여 안건을 심사·보고하도록 한다(동조 ②).

《안건조정위원회의 조정》

위원회는 이견을 조정할 필요가 있는 안건(예산안, 기금운용계획안, 임대형 민자사업 한도액안 및 체계·자구심사를 위하여 법제사법위원회에 회부된 법률안은 제외)을 심사하기 위하여 재적위원 3분의 1 이상의 요구로 여·야 동수의 안건조정위원회를 구성하고, 해당 안건을 국회법 제58조 제1항에 따른 대체토론이 끝난 후 조정위원회에 회부한다. 다만, 조정위원회를 거친 안건에 대하여는 그 심사를 위한 조정위원회를 구성하지 못한다. 안건에 대한 조정안은 재적 조정위원 3분의 2 이상의 찬성으로 의결하며, 의결된 조정안에 대해서는 소위원회 심사를 거친 것으로 보아 위원회는 30일 이내에 표결한다. 조정위원회에서 그 활동기한 내에 안건이 조정되지 아니하거나 조정안이 부결된 경우에는 조정위원장은 심사경과를 위원회에 보고하여야 한다. 이 경우 위원장은 해당 안건(소위원회의 심사를 마친 안건은 제외)을 소위원회에 회부한다. 국회법 제85조의2 제2항에 따른 신속처리대상안건을 심사하는 조정위원회는 그 안건이 동조 제4항 또는 제5항에 따라 법제사법위원회에 회부되거나 바로 본회의에 부의된 것으로 보는 때에는 제2항에 따른 활동기한에도 불구하고 그 활동을 종료한다(국회법 §57의2).

위원장은 간사와 협의하여 회부된 법률안(체계·자구심사를 위하여 법제사법위원회에 회부된 법률안은 제외한다)에 대하여 그 입법취지와 주요 내용 등을 국회공보 또는 국회 인터넷 홈페이지 등에 게재하는 방법 등으로 입법예고(立法豫告)하여야 한다(동법 §82의2①). 위원회(소위원회 포함)는 중요한 안건 또는 전문지식을 요하는 법률안을 심사하기 위하여 그 의결 또는 재적위원 3분의 1 이상의 요구로 공청회(公聽會)를 열고 이해관계자 또는 학식·경험이 있는 자 등으로부터 의견을 들을 수 있다(동법 §64①). 제정법률안 및 전문개정법률안의 심사에 있어서 위원회는 필요적으로 공청회 또는 청문회(聽聞會)를 개최하여야 하는데, 위원회의 의결로 이를 생략할 수는 있다(동법 §58⑥).

위원회에서 심사가 끝나면 표결을 하는데(동법 §58①), 가결되면 법제사법위원회에 회부하여 체계·자구의 심사를 받고(동법 §86①), 부결되면 본회의에로의 부의요구(附議要求)가 없는 한 법률안은 폐기된다(동법 §87①본문 pigeon hole). 위원회에서 부결된 경우에도 폐회나 휴회 중의 기간을 제외한 7일 이내에 의원 30인 이상의 요구가 있으면 본회의에 부의한다(동법 §87①단서 discharge of committee).

법제사법위원회의 체계·자구심사에서는 위원회에서 가결한 법률안의 실질적인 내용에 대하여 심사·변경을 할 수 없다. 그러나 헌법에의 합치여부와 같이 법체계의 합치성을 심사하는 범위 내에서는 법률안의 내용을 심사할 수 있다.

법률안이 법제사법위원회의 체계·자구의 심사를 거친 후에는 위원회는 이에 대하여 다시 수정할 수 없다. 문제가 되면 본회의에서 의원 30인 이상의 찬성에 의한 수정동의(修正動議)(=수정안의 발의 동법 §95①)의 방법으로 처리하여야 한다. 위원회는 심사를 마친 경우에는 심사보고서를 작성하여 의장에게 제출한다(동법 §66). 본회의는 위원회가 법률안에 대한 심사를 마치고 의장에게 그 보고서를 제출한 후 1일을 경과하지 아니한 때에는 이를 의사일정으로 상정(上程)할 수 없다. 다만, 의장이 특별한 사유로 각 교섭단체대표의원과의 협의를 거쳐 이를 정한 경우에는 그러하지 아니하다(동법 §93의2).

《국회의장의 직권상정 제한》

종래 국회의장의 의안 직권상정의 폐해는 적지 않았다. 국회의장의 직권상정은 불가피한 상황에서 필요한 경우가 있지만, 통상의 경우에는 충분한 논의를 할 수 없게 만들어 대의민주주의를 왜곡하고 법률의 민주적 정당성과 절차적 정당성을 확보할 수 없게 만드는 것이기도 했다. 그리하여 국회법은 국회의장이 직권상정을 할 수 있는 경우를 천재지변, 전시·사변 또는 이에 준하는 국가비상사태 및 각 교섭단체대표의원 간 합의가 있는 경우로 한정하고, 천재지변, 국가비상사태의 경우에는 각 교섭단체대표의원 간 협의를 하도록 하고 있다(국회법 §85①, §86②). 이 경우도 정치세력 간에 대립과 투쟁이 심한 경우에는 국회가 마비되어 국가 운영에 위기를 초래할 수 있다.

《안건의 신속 처리》

종래 국회의원들의 자신의 지역구 챙기기 우선, 의정활동의 나태, 정치세력 간의 정쟁 등으로 인하여 국회는 안건을 신속하게 처리하지 않아 국민의 권리보호나 국정운영에 차질을 빚는 일이 비일비재했고, 국회의 기능과 역할을 왜곡시켰다. 이를 해결하기 위하여 국회법은 아래와 같이 안건을 신속하게 처리하는 것을 강제하고 있다.

1. 위원회에 회부된 안건에 대하여 재적의원 과반수 또는 소관 위원회 재적위원 과반수가 서명한 신속처리안건지정동의를 의장 또는 소관 위원회 위원장에게 제출하여 재적의원 5분의 3 이상 또는 소관 위원회 재적위원 5분의 3 이상이 찬성하였을 때에는 신속처리대상안건으로 지정하고, 위원회가 해당 안건을 신속처리대상안건으로 지정한 날부터 180일(법제사법위원회 체계·자구심사의 경우에는 90일) 이내에 심사를 완료하지 아니한 때에는 법제사법위원회로 회부되거나 본회의에 부의된 것으로 본다. 본회의에 부의된 것으로 보는 신속처리대상안건은 60일 이내에 본회의에 상정되어야 하며, 60일 이내에 본회의에 상정되지 아니한 때에는 그 기간 경과 후 처음으로 개의되는 본회의에 상정된 것으로 한다(국회법 §85의2).
2. 위원회는 예산안, 기금운용계획안, 임대형 민자사업 한도액안 및 세입예산안 부수

법률안으로 지정된 법률안에 대한 심사를 매년 11월 30일까지 마쳐야 하고, 심사를 마치지 아니한 경우 해당 의안은 그 다음날에 본회의에 바로 부의된 것으로 본다(동법 §85의3). 3. 법제사법위원회가 체계 · 자구심사를 위하여 회부된 안건에 대하여 이유 없이 회부 후 120일 이내에 심사를 마치지 아니한 때에는 소관 위원회 위원장이 간사와 협의하되 이의가 있는 경우에는 재적위원 5분의 3 이상의 찬성의결로 의장에게 본회의 부의를 요구하고, 의장은 30일 이내에 각 교섭단체대표의원과 합의하여 본회의에 부의하여야 하며, 각 교섭단체대표의원과 합의가 이루어지지 아니하는 경우에는 그 기간 경과 후 처음으로 개의되는 본회의에서 무기명투표로 본회의 부의 여부를 결정하도록 한다(동법 §86 ③,④).

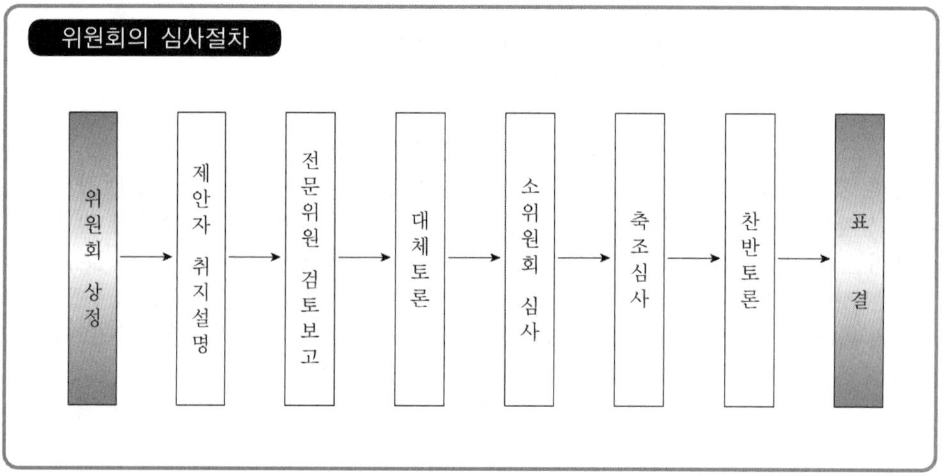

(3) 전원위원회의 심사

국회는 위원회의 심사를 거치거나 위원회가 제안한 법률안 가운데 정부조직에 관한 법률안, 조세 또는 국민에게 부담을 주는 법률안 등 주요 법률안의 경우에는 전원위원회의 심사를 거치는 경우가 있다(전원위원회에 대해서는 [497]III). 이러한 전원위원회(全院委員會)의 심사는 법률안을 본회의에 상정하기 전이나 상정한 후에 이루어진다(국회법 §63의2①).

전원위원회의 심사대상이 되는 법률안은 「정부조직에 관한 법률안」, 「조세 또는 국민에게 부담을 주는 법률안」에 한정되는가 아니면 이것 이외에 다른 것도 포함되는가 하는 문제가 해석상 제기된다. 국가안전보장, 외교, 통일, 국방 등 중요한 사항에 대한 법률안은 모두 전원위원회의 심사대상이 된다고 할 것이다. 이렇게 예시적으로 해석하면, 「국민에게 부담을 주는 법률안」에서 말하는 부담은 조세에 버금가는 경제적 부담을 의미한다고 할 것이다.

2003년 3월 28일 국회는 이라크 전쟁에 대한 파병동의안을 처리하기 위하여 처음으로 전원위원회를 소집하였다.

전원위원회는 의안에 대하여 전원위원장(의장이 지명하는 부의장)이 제출자가 되어 수정안을 제출할 수 있다(동조②). 전원위원회는 재적위원 5분의 1 이상의 출석으로 개회하고, 재적위원 4분의 1 이상의 출석과 출석위원 과반수의 찬성으로 의결한다(동조④).

(4) 본회의의 심의와 의결

법률안에 대하여 위원회의 심사를 거친 경우에는 원칙적으로 위원회의 심사보고서의 제출이 있는 후 1일이 경과한 때, 위원회의 심사를 거치지 않은 경우에는 법률안이 본회의에 바로 부의된 때(국회법 §85, §86, §93의2, §95), 본회의의 심의절차가 진행된다. 본회의에서는 질의와 답변, 토론, 표결의 단계를 거친다. 토론의 단계로 나아가기 전까지 수정동의(修正動議)를 할 수 있다. 수정동의는 국회의원 30인 이상의 찬성으로 이루어진다(동법 §95①). 본회의에서의 수정동의에 의한 수정안을 위원회나 전원위원회의 수정안과 구별하여 「본회의의 수정안」이라 부르기도 한다.

수정안(修正案)과 대안(代案)을 구별하여야 한다. 수정안은 원안을 추가·변경·삭제의 방법으로 수정한 안이지만, 대안은 원안을 폐기하고 이를 대신하는 안이다. 수정안은 본회의에서 처리하지만, 대안은 위원회에서 그 원안을 심사하는 동안에 제출하여야 하고, 국회의장은 이를 그 위원회에 회부하여 처리하도록 한다(국회법 §95④).

본회의에서는 법률안에 대하여 위원장의 심사보고(위원회 심사안건) 또는 제안자의 취지설명(본회의 직접 상정 안건)을 듣고, 질의와 답변을 하고 토론을 거쳐(예외: 위원회의 심사를 거친 안건에 한하여 의결로 질의와 토론 또는 그 중의 하나를 생략할 수 있다) 표결을 한다(동법 §93). 토론이란 법률안에 대한 질의와 답변이 종료된 후에 찬성과 반대의 의사를 표시하며 서로 의견을 교환하는 것을 말한다. 국회법은 토론(동법 §106-§108)과 표결(동법 §109-§114의2)의 절차에 대하여 정하고 있다. 표결에서는 헌법의 대의원리상 당연히 자유투표(自由投票=교차투표 cross-voting)가 인정되는데, 국회법은 「의원은 국민의 대표자로서 소속정당의 의사에 기속되지 아니하고 양심에 따라 투표한다」라고 규정하여 명시적으로 이를 보장하고 있다(동법 §114의2).

본회의의 심사절차

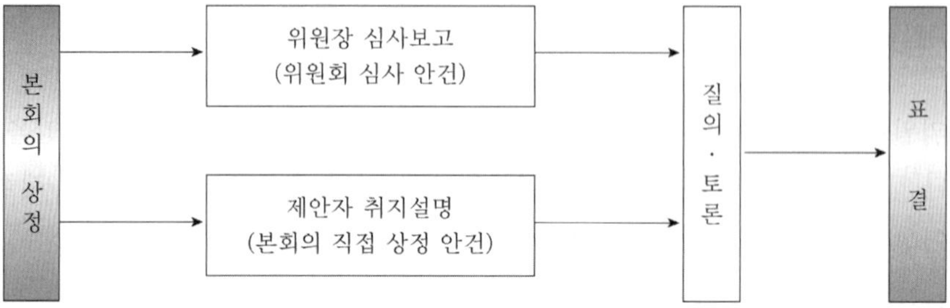

헌법재판소는 법률안에 대한 심의권이나 표결권은 헌법상 국회의원에게 인정되는 권한이라고 본다(예: 憲 1997. 7. 16.-96헌라2).

법률안은 재적의원 과반수의 출석과 출석의원 과반수의 찬성으로 가결하고(헌법 §49) 이러한 정족수에 이르지 못하면 법률안은 부결되어 폐기된다. 법률안에 대한 표결의 존재여부는 객관적인 사실이므로 이를 입증할 수 있는 각종 자료에 의해 정해진다. 본회의의 의사록은 이러한 자료로서 중요한 의미를 가진다(예: 憲 2000. 2. 24.-99헌라1).

이러한 질의와 답변, 토론, 표결의 절차는 민주주의와 법치주의에서 요구되는 절차이며, 이 절차가 얼마나 활성화되고 실질적인 것으로 되느냐에 따라 민주주의와 법치주의의 충족도가 결정된다.

《국회에서의 입법과정상의 문제점과 극복방안》

민주주의와 법치주의를 실질적으로 실현하려면 실제의 입법과정이 이러한 원리에 합치하여야 한다. 한국은 아직 일천한 입헌민주국가의 운영상의 경험으로 입법과정에서 많은 문제점을 노정하고 있다. 1948년국회부터 현재까지 국회의 입법과정을 보면, 정부법안의 제출이 지연되는 점, 정부법안이 정기국회에 편중하여 집중 제출되어 충분히 심의되지 못하는 점(예: 제16대 국회에서 정부법률안의 72%가 정기국회에 제출), 국회에서의 심의기간이 부족한 점, 국회가 입법활동에 전념하는 비율이 낮은 점(약 30% 수준), 심의절차가 미비하여 위원회에서의 축조심사가 형식에 그치는 점, 법률안의 심사절차를 과도하게 생략하거나 위법한 편법으로 처리하는 점(이른바 '날치기 통과'), 입법예고 · 공청회 · 청문회 등 의견수렴과정이 미비한 점, 국회에서의 법률안에 대한 수정 비율이 저조한 점, 입법을 위한 개개 국회의원의 연구 · 준비활동 등이 저조한 점, 입법과정에서 의원이 소속정당의 당론에 과도하게 기속당하는 점, 임기만료로 인한 폐기법률안의 수가 많은 점(제1대 국회부터 제16대 국회까지 제출된 법률안의 총수 12,270건 가운데 22%가 폐기됨), 입법지원기구의 활동이 미비하고 저조한 점,정상적인 입법기구가 아닌 기구에서 처리된 법률안이 많았던 점(예: 입법의원(1946.12. 12.-1948. 5. 20.에서의 18건, 국가재건최고회의(1961. 5. 19.-1963. 12. 12.)에서의 1,009건, 비상국무회의(1972. 10. 18.-1973. 3. 11.)에서의 270건, 국가보위입법회의(1980. 10. 29.-1981. 4. 10.)에서의 189건 통과) 등이 문제점으로 지적되고 있다. 이러한 문제점을 해소하기 위한 방안으로는, 국회의 연간운영기본일정을 세밀하게 수립 · 준수하고, 정부입법의 경우에도 연중 입법계획을 합리적으로 작성하여 정기회에 집중하는 것을 지양할 필요가 있다. 국회의 법률안심의과정에서도 임시회에서 법률안을 처리하는 기능을 높이고, 폐회 중에도 상임위원회의 정례회의제도를 이용하여 법률안을 심의하는데 도움이 되게 하고, 상설소위원회와 전원위원회를 효율적으로 활용하는 것이 필요하며, 법률안의 심의에서 숙의(deliberation)의 시스템을 제도화할 필요가 있다. 특히 국회가 가지는 대의기관의 역할을 실질화하기 위해서는 입법예고 · 공청회 · 청문회 등을 활성화하여 입법참여를 높이고, 정당의 당론에 기속되는 것을 약화시켜 자유투표를 활성화하는 것이 필요하다. 이를 위해서는 법률안을 제안하고 심의하는 활동을 지원하는 전문기구를 확충할 필요가 있고, 이러한 활동에 필요한 비용을 효과적으로 충당하는 시스템을 구축하는 것도 필요하다.

Ⅲ. 법률안의 이송

국회에서 법률안을 의결하면, 의결된 법률안은 국회의장이 정부에 이송한다(헌법 §53①; 국회법 §98①). 법률안을 언제까지 이송하여야 하는가에 대하여 이송기간은 정해져 있지 않으나(비교: 지자법 §32①), 국회의장은 가능한 한 지체 없이 이송하여야 한다.

Ⅳ. 법률의 확정

정부로 이송된 법률안이 법률로 공포되면 법률로서 효력을 발생하고, 법률안에 대하여 재의 요구가 있으면 국회로 환부되어 처리되지만, 공포나 재의의 요구도 없이 일정한 기간이 경과된 경우에는 어떻게 되는가 하는 문제가 있다. 헌법은 이 경우 법률안이 법률로 확정된다고 정하고 있다(헌법 §53⑤). 또 헌법은 국회에서 재의결하면 법률안은 법률로 확정된다고 정하고 있다(동조 ④). 법률안이 법률로서 확정되면 반드시 공포되어야 한다(동조 ⑥).

(1) 기간 경과에 의한 확정

정부로 이송된 법률안에 대하여 15일 이내에 대통령이 이를 법률로 공포하지도 않고 국회에 재의를 요구하지도 않은 채 위 기간이 경과하면, 그 법률안은 법률로서 확정된다(헌법 §53⑤).

(2) 재의결에 의한 확정

정부에 이송된 법률안에 대하여 이의(異議)가 있을 때에는 대통령은 15일 이내에 이의서를 붙여 국회로 환부(還付)하고, 그 재의(再議)를 요구할 수 있다. 국회의 폐회 중에도 같다(헌법 §53②). 이러한 재의의 요구에는 당연히 법률안에 대한 서명과 법률의 공포를 거부하는 것이 수반되므로 이를 거부(veto)라고도 부르며, 거부에 의해 법률안이 바로 폐기되지 않고 국회로 환부되기 때문에 환부거부(還付拒否)라고 부르기도 한다.

대통령이 재의를 요구하는 경우에는 이송된 법률안에 대하여 변경함이 없이 그 전체에 대하여 하여야 하며, 법률안의 일부에 대하여 재의를 요구하거나 법률안을 수정하여 재의를 요구할 수 없다(헌법 §53③).

대통령이 법률안에 대하여 국회에 환부하고 재의를 요구하면 국회는 이를 재의에 붙인다. 재의절차에서 국회의 재적의원 과반수의 출석과 출석의원 3분의 2 이상의 찬성으로 전과 같이 의결하면, 그 법률안은 법률로서 확정된다(헌법 §53④).

V. 법률의 공포

(1) 공포의 주체

헌법상 법률의 공포에는 법률안에 대하여 대통령이 법률로서 공포하는 경우와 확정법률에 대하여 대통령 또는 국회의장이 공포하는 경우가 있다.

(a) 대통령에 의한 공포

통상의 입법절차에 의하면, 의결된 법률안이 정부에 이송되면 대통령은 15일 이내에 법률을 공포한다(헌법 §53①).

국회의 재의결에 의하여 확정된 법률이나 기간의 경과에 의하여 확정된 법률에 대해서는 대통령은 이를 지체 없이 공포하여야 하며, 지체 없이 공포하여야 하는 기간은 5일 이내의 기간이다(헌법 §53⑥).

법률의 공포에 있어서도 국무회의의 심의를 거쳐야 하며(헌법 §89iii), 국무총리와 관계국무위원이 부서를 하여야 한다(법공법 §5①).

(b) 국회의장의 공포

기간의 경과로 인하여 법률이 확정된 후 또는 국회의 재의결에 의한 확정법률이 정부에 이송된 후 5일 이내에 대통령이 공포하지 아니할 때에는 국회의장이 이를 공포한다(헌법 §53⑥). 이러한 경우 국회의장으로 하여금 법률을 공포하게 한 것은, 대통령이 공포의 거부라는 방법을 통하여 확정법률로 하여금 법률로서의 효력을 발생할 수 없도록 하는 것에 대응하기 위한 장치이다.

(2) 공포의 방법

대통령에 의한 법률의 공포는 관보(官報)에 게재하여 이를 하고(법공법 §11①), 국회의장에 의한 법률의 공포는 서울특별시에서 발행되는 둘 이상의 일간신문에 게재하여 이를 한다(동조 ②).

법률의 입법절차

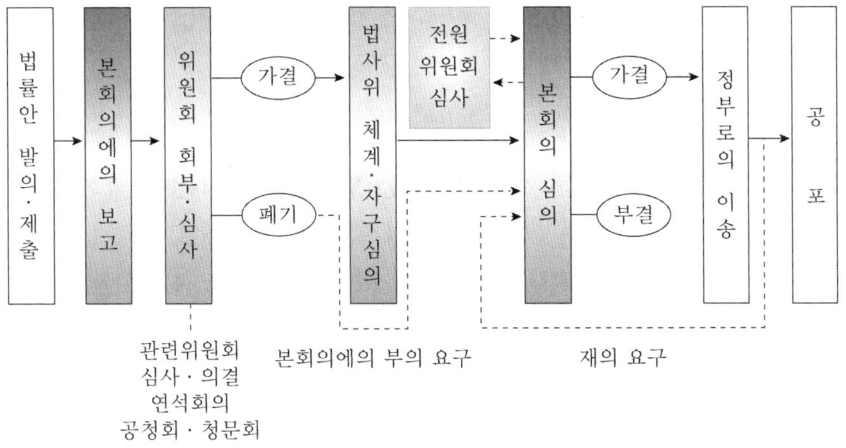

VI. 법률의 효력 발생

법률은 특별한 규정이 없는 한 공포한 날로부터 20일을 경과함으로써 효력을 발생한다(헌법 §53⑦; 법공법 §13). 그러나 국민의 권리제한 또는 의무부과와 직접 관련되는 법률은 긴급히 시행하여야 할 특별한 사유가 있는 경우를 제외하고는 공포일로부터 적어도 30일이 경과한 날부터 시행되도록 하여야 한다(법공법 §13의2).

법률의 공포일은 그 법률을 게재한 관보 또는 신문이 발행된 날로 한다(동법 §12).

[大 1954.9.28.-4287형상61] 「법률의 효력은 헌법 제40조 제5항에 의하여 공포일로부터 20일 후 기타 법리의 정한 일에 비로소 발생하는 것이오 그 전에 동조 제2, 3항 소정의 절차와 사유로 인하여 법률안이 법률로서 확정되였다 하더라도 그의 확정만으로서는 당연히 그의 효력까지 발생하는 것은 아니라고 해석함이 동조 전체의 해석상 분명하다 할 것이다. 그런데 소론 비상사태하의 범죄처벌에 관한 특별조치령폐지법이 법률로서 확정된 사실은 소론과 같으나 동법이 미공포중에 있음은 공지의 사실이오 타에 동법 시행에 관한 특별법 있음을 발견할 수 없으니 동법의 효력 즉 위 특별조치령 폐지의 효력은 아직 발생되었다 볼 수 없고……」

[大 1955.6.21.-4288형상95] 「신 형사소송법 부칙 제9조에 의하면 동조 시행기일은 단기4287년 5월 30일로 규정을 하였으나 동법의 공포일이 단기4287년 9월 23일임은 공지의 사실인 바 여사한 공포일의 지연은 본법 제정 당시 예상 외에 속한 것으로 동법 부칙의 규정이 그 시행기일을 소급하거나 공포 즉일 시행할시 특수 예외적 필요에 의한 것이 아님을 알 수 있는 것이다. 그럼으로 전시 동법칙 제9조의 소정 시행기일에 관한

규정은 동법의 공포일의 지연으로 인하여 실효되고 전시 헌법 제40조 제5항의 규정에 의하여 본법 시행기일은 본법 공포 후 20일을 경과한 단기4287년 10월 14일이라고 해석함이 타당하다 아니할 수 없다.」

[429] 제3 법률개선의무

Ⅰ. 개 념

국회는 법률을 제정·개정하거나 폐지하는 입법권을 가지는데, 국회의 법률의 제정·개정·폐지의 행위는 1회로 고정되는 것이 아니라, 국가운영이나 기본권의 보호에 있어서 시간과 사회 환경의 변화, 규율 목적의 변경, 규율 대상의 변화에 따라 그에 합당하게 능동적으로 행사된다. 기존의 법률을 존치할 필요가 없으면 해당 법률을 폐지하고, 새로 규율할 필요가 있는 경우에는 법률을 새로 제정하거나 기존의 법률을 개정한다. 이는 입법권을 부여받은 국회가 당연히 수행하여야 하는 책무이고, 헌법이 정하고 있는 국가의 목적과 본질에서 나온다.

국회의 입법권의 행사 가운데 이미 제정한 법률이 더 이상 법현실을 규율하기에 적합하지 않을 때 국회가 이를 개선하여야 하는 것을 법률개선의무(=입법개선의무 Nachbesserungspflicht des Gesetzes)라고 한다. 국회의 법률개선의무는 기존의 법률이 더 이상 목적이나 대상 또는 방법에서 규율하기에 적합하지 않거나(부당한 법률) 헌법과 합치하지 않을 때(위헌인 법률)에 특히 부각되는데, 헌법에 의해 창설된 국회는 어떤 경우에도 헌법에 위반되는 법률을 방치하여서는 안 된다.

헌법재판소도 많은 판례를 통하여 국회의 법률개선의무를 확인하고 있다(예: 憲 2003. 1. 30.-2002헌마358; 2003. 2. 27.-2000헌바26). 특히 헌법재판소가 법률에 대하여 헌법불합치결정을 한 경우에는 국회에게 법률개선의무가 발생한다(예: 憲 1999. 10. 21.-96헌마61등; 1999.10. 21.-97헌마301등; 2003. 2. 27.-2000헌바26).

[憲 2003.2.27.-2000헌바26] 「헌법불합치결정의 경우 입법자에게는 법률의 위헌적 상태를 조속한 시일 내에 제거해야 할 입법개선의무가 발생하게 되므로, 입법자는 되도록 빠른 시일 내에 이 사건 법률조항 소정의 기간임용제에 의하여 임용되었다가 그 임용기간이 만료되는 대학교원이 재임용거부되는 경우에 그 사전절차 및 그에 대해 다툴 수 있는 구제절차규정을 마련하여 이 사건 법률조항의 위헌적 상태를 제거하여야 할 것이다.」

Ⅱ. 성 질

국회의 입법권의 행사로 산출된 부당한 법률에 대해서는 다른 기관이 직접 통제할 수 없고, 국회의 입법형성의 자유에 의거하여 이를 개선할 것을 요구하거나 촉구함이 원칙이다. 그러나 어떤 법률이 법률개선의무의 불이행으로 인하여 위헌인 상태에 있는 경우에는 헌법재판소가 헌법재판을 통하여 직접 이를 통제한다.

헌법재판소가 헌법불합치의 결정을 하면서 헌법에 합치하지 않는 법률의 개선을 촉구하거나 합헌의 결정을 하면서 법률의 개선을 권고하는 경우(아직은 합헌이지만 장차 위헌으로 될 가능성이 있는 경우)에 국회의 법률개선의무는 전면으로 부각된다. 이 때 국회는 헌법재판소의 견해를 존중하여 해당 법률을 헌법에 합치하도록 개정하거나 폐지하여 법률개선의무를 이행하여야 한다. 그러나 헌법재판소가 헌법재판에서 국회에 대하여 법률개선의무를 이행할 것을 촉구하는 것은 법적인 기속력을 가지지는 않는다. 헌법재판소가 광범한 입법형성의 자유를 가지는 국회에 대하여 그 입법권의 행사를 강제하는 것은 권력분립원리에 적합하지 않고, 헌법재판의 성질과도 합치하지 않기 때문이다. 따라서 헌법재판소는 최대한 헌법불합치의 결정을 하면서 기간의 경과로 해당 법률이나 법률조항의 효력을 소멸하게 하는 방법만 취할 수 있다.

헌법재판소가 헌법재판을 통하여 국회에 대하여 법률의 개선을 촉구하는 경우에 항상 헌법재판소의 판단이 옳다고 할 수는 없다. 헌법재판소도 판단의 오류를 범할 수 있다. 따라서 국회는 특별한 이유가 없는 이상 헌법재판소의 판단을 존중하는 것이 바람직하지만, 국회가 판단하기에 헌법재판소의 판단이 적합하지 않거나 오류가 있다고 보면 국회는 헌법재판소의 판단을 고려하지 않을 수 있다. 그리고 헌법재판소가 법률의 개선을 촉구하면서 법률개정의 방향을 제시할 수도 있는데, 이런경우에도 특별한 이유가 없는 한 국회는 헌법재판소가 제시하는 방향을 존중할 필요가 있지만, 이는 어디까지나 고려사항에 지나지 않는다. 헌법재판소의 헌법재판권의 한계와 국회가 가지는 입법권의 성질에서 도출되는 결론이다. 따라서 헌법재판소가 국회에 대하여 법률의 개선을 촉구하면서 법률 개선의 방향까지 제시하는 경우에는 신중하고 사려 깊은 판단에 근거하여야 한다. 헌법재판소의 판례도 이러한 법리를 인정한다(예: 憲 1997. 3. 27.-95헌가14등).

Ⅲ. 실현 방법

국회의 법률개선의무를 충실히 이행하게 하는 방법으로는 헌법재판소로 하여금 법률의 개선을 촉구하게 하는 방법, 우리나라와 같이 행정부가 법률안의 제출권을 가지고 있는 경우에는 행정부가 법률개정안을 제출하는 방법, 국회의 입법활동의 시스템을 통하여 법률을 개선하게 하는 방법 등이 있다.

국회가 법률개선의무를 충실히 수행하기 위해서는 입법에 관한 조사, 분석, 평가에 관한 효과적인 시스템을 구축하는 것이 필요하다. 입법의 조사, 분석, 평가에 관한 기구를 설치하고(입법조사기구, 입법분석기구, 입법평가기구), 그에 적합한 인적 자원을 충원하여 시스템을 구축하고,

이런 시스템이 효과적으로 작동할 수 있는 여건을 마련하는 것이 필요하다(예컨대 국회도서관의 확충, 입법연구원의 설립, 입법보조기구의 활동을 활성화시킬 업무상의 네트워크의 형성 등).

국민은 국회가 법률개선의무를 이행하지 않는 것에 대해서 다툴 수 있는데, 이와 같은 경우에는 부진정입법부작위에 대한 헌법소원심판을 청구하는 방법을 취한다. 진정입법부작위에 대한 헌법소원심판을 청구하는 방법으로는 이를 다툴 수 없다(예: 憲 2003. 1. 30.-2002헌마358).

> [憲 2003.1.30.-2002헌마358] 「기존 입법의 개정의무를 불이행하는 것은 진정한 입법부작위가 아니므로 이것이 문제될 때에는 개정을 요하는 특정의 법률조항을 심판대상으로 하여 그것이 평등원칙 등의 위배로 위헌임을 주장하는 헌법소원을 제기하는 것만이 허용되고 입법개선의무의 불이행 자체를 직접 심판대상으로 삼아 이를 입법부작위라고 하여 그 위헌확인을 구하는 것은 허용되지 않는다고 하는 것이 헌법재판소 기존 판례의 입장이기 때문이다.」

[430] 제4 국민의 입법참여

Ⅰ. 개 념

대의민주주의에서 입법은 국민의 대표자가 관장하는 사항이다. 따라서 국민은 국민대표자를 대신하여 직접 입법을 할 수 없다. 그러나 대의원리에 의하더라도 국민의 대표자가 언제나 자의적으로 입법을 할 수 있다는 것을 허용하는 것은 아니다. 입법은 국가의 안전과 전체국민에게 이익이 되는 것이어야 한다. 전체국민에게 이익이 되는 것은 통상 국민의 의사와 일치하므로 원칙적으로 입법은 국민의 의사와 일치하는 것으로 되어야 한다(반응성 responsiveness의 충족).

그러나 현실에서는 입법이 항상 전체국민에게 이익이 되는 것으로 나타나는 것은 아니다. 입법에 관여하는 자가 국민의 일반의사나 전체이익을 무시하고 부분의사나 특수이익을 추구할 가능성이 있기 때문이다. 이와 같이 국민의 진정한 이익으로 돌아가는 입법이 무엇인지를 판단하는 과정은 국민대표자가 언제나 단독으로 판단하는 것만으로 족한 것이 아니고, 국민의 다양한 의견이 표출되도록 하여 이에 대한 숙의와 숙고를 거치는 것이 더 합리적인 경우가 많다. 이를 실현하는 방법으로 입법과정에 국민이 참여할 수 있게 하는 방안이 있다. 이를 「국민의 입법참여」라고 한다(정종섭 a, 339).

「국민의 입법참여」에 있어 입법과정에 참여할 수 있는 국민은 해당 법률과 직·간접으로 이해관계를 가지는 자만에 한정되는 것이 아니라, 일반적인 모든 국민이 이에 해당한다.

II. 기 능

국민의 입법참여는 대의민주주의의 반응성을 충족시키고, 법률의 정당성을 확보하게 하며, 법률의 실효성을 제고시키고 법을 통한 사회변동을 가능하게 하여 민주주의와 실질적 법치주의를 실현하는데 기여한다(정종섭 a, 349).

(1) 대의민주주의의 반응성 충족

입법참여는 국가의사를 결정함에 있어서 다양한 개별이익과 국민의 경험적 의사를 고려하게 하여 대의민주주의에서 요청되는 반응성을 충족할 수 있게 한다. 대의민주주의에서 국민의 경험적 의사와 추정적 의사가 서로 충돌하는 경우에는 추정적 의사를 우선시키지만, 가능한 한 양자를 일치시키거나 조화시키는 것을 추구하지 않으면 안 된다. 국민의 입법참여는 국회로 하여금 국가의사를 결정함에 있어 구체성과 현실성을 확보할 수 있게 한다.

(2) 법률의 정당성 확보

입법참여는 국민의 대표자가 주권자인 국민으로부터 단절되어 정책을 결정하지 않도록 하기 때문에 민주주의의 관점에서 법률의 정당성을 확보할 수 있게 한다. 이러한 정당성은 법률의 내용과 입법의 절차에서 확보된다.

(3) 법률의 실효성 제고

입법참여는 법률의 실효성(實效性 effectiveness)을 높이는데 기여하며, 국회가 입법한 법률의 대국민적 설득력과 수용력을 크게 하여 국민으로 하여금 법을 준수하고 법질서에 복종하도록 만드는데 효과적으로 기여한다.

(4) 법을 통한 사회변동

입법참여는 법을 통한 사회변동을 가져오는데 기여한다. 국민의 입법참여는 법제정자 또는 법집행자와 법수령자인 국민 사이에 의사소통을 원활하게 하고, 법수령자로부터의 피드백(feedback)을 가능하게 하여 입법자로 하여금 부단히 새로운 입법을 보완할 수 있게 하는데 기여한다. 이러한 것은 법이 현실의 단순한 반영이 아니라 법의 변동을 통하여 사회변동을 가능하게 하여 법이 문제를 해결하는 도구로서 적극적으로 기능하게 만든다.

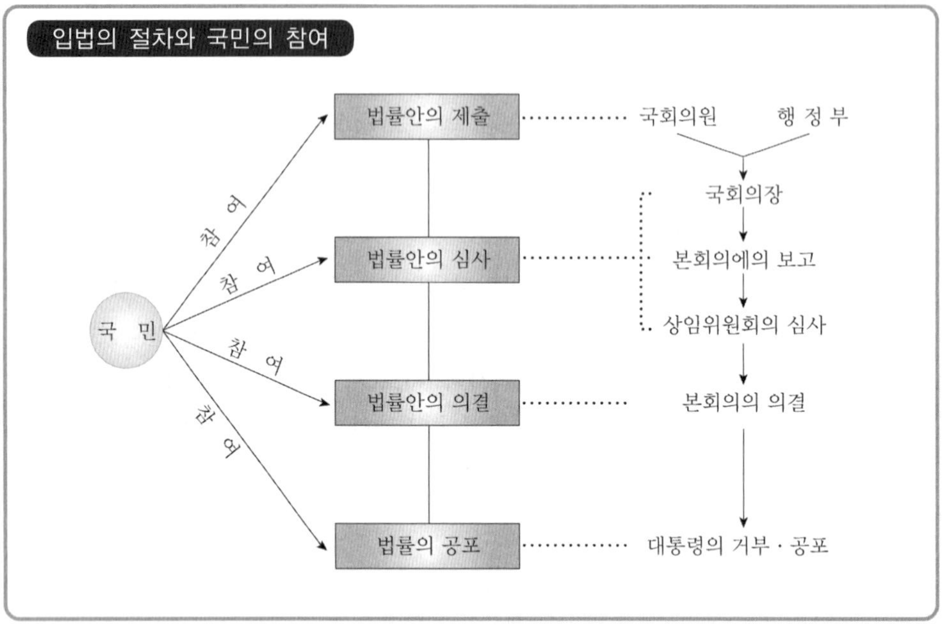

Ⅲ. 참여의 단계와 방법

국민의 입법참여는 법률안의 제출, 법률안의 심사, 법률안의 심의 · 의결, 법률의 공포 등 각 단계별로 가능하다(정종섭 a, 342).

(1) 법률안의 제출 단계

국민의 입법참여에서 가장 많은 시간적 여유가 있고 다양한 방법을 동원할 수 있는 것은 법률안의 입안과 제출의 단계이다. 어떤 법률이 제정될 필요가 있고 어떤 법률을 폐지하거나 개정하는 것이 필요한지에 대하여 국민이 적극적으로 의견을 개진할 수 있는 단계이다. 여기서는 입법의 필요성, 구체적인 방향과 취지를 제시할 수 있다.

이 단계에서 입법참여를 가능하게 하는 방법으로는 법률안 제출권을 가지고 있는 국회의원이나 정부에 대하여 입법에 관한 의견서를 제출하거나 입법청원을 하는 방법과 입법을 위한 토론회나 집회를 개최하는 방법, 서명 운동을 전개하는 방법, 시위의 방법, 정당에 대하여 사실상 압력을 가하는 방법 등이 있다.

법률안의 제출 단계에서 국민의 참여가 효과적일 수 있게 하는 방법으로 입법예고 제도가 있다. 이에 관하여는 국회법(§82의2)과 입법예고에 관한 법령(행정절차법 §41; 법제업무운영규정 §14 등)이 있다.

⑵ 법률안의 심사 단계

입법에서 국민의 참여는 위원회의 법률안에 대한 심사 단계에서도 가능하다. 여기서는 위원회가 개최하는 청문회와 공청회를 통하는 방법, 국회 또는 국회의원에 대하여 진정 또는 탄원을 하는 방법, 정당에 의사를 표시하는 방법, 입법적 로비를 활용하는 방법 등이 있다.

국회가 정책을 결정함에 있어서는 이해관계인의 의사를 충분히 듣고, 전문가의 의견을 고려하고 합리적인 토론을 거쳐 결론을 도출하는 것이 필요하다. 이는 민주주의와 법치주의에서 나오는 본질적인 요청이다. 위원회의 심사단계에서 국민의 입법참여는 입법절차에서 관련되는 이해관계를 고려하도록 하는 중요한 수단이다.

⑶ 법률안의 의결 단계

본회의에서 법률안을 의결하는 단계에서도 국민은 참여할 수 있다. 법률안을 가결하거나 부결하는데 영향을 미치는 각종의 방법이 이러한 참여에 해당한다.

⑷ 법률의 공포 단계

법률을 공포하는 단계에서도 국민의 참여는 가능하다. 법률의 공포단계에서는 대통령에게 재의요구(=환부거부)의 권한이 있으므로 국민은 대통령의 거부권 행사의 가부에 영향을 미치는 의사표시를 할 수 있다.

Ⅳ. 한 계

국민의 입법참여는 헌법상 대의민주주의원리의 범위 내에서 인정되는 것이기 때문에 국민이 국회를 대신하여 입법을 하지는 못한다. 법률안의 제출, 심의, 의결 및 법률의 공포는 헌법이 정하는 자에 의해서만 행해지고, 국민의 참여는 입법절차에서 국회, 국회의원, 대통령의 권한을 침해하지 않는 범위 내에서만 가능하다. 이러한 범위 내에서의 입법참여는 대의민주주의를 채택하고 있는 현대 자유민주주의체제에서 참여민주주의를 실현하고자 하는 경우에 택할 수 있는 방법이다. 우리 헌법상으로도 참여민주주의를 실현할 때는 이러한 한계를 가진다(정종섭 a, 351).

[431] 제5 입법과정에 대한 위헌심사

헌법재판소가 위헌법률심판에서 해당 법률이나 법률조항이 위헌인지의 여부를 판단할 때 입법행위의 「결과」인 법률의 내용 이외에 입법행위의 「과정」이 헌법에 위반되었는지 여부를 심사할 수 있는가 하는 것이 헌법재판에서 문제가 된다. 이는 헌법원리상 입헌주의와 민주주의의 원리적 문제를 바탕으로 하여 제기된다.

이 문제는 헌법에 명시적으로 입법절차를 정하고 있는 경우와 그렇지 아니한 경우로 나누어 살펴볼 필요가 있다.

Ⅰ. 헌법상 입법절차규정의 위반

헌법에서 법률을 제정하거나 개정할 때 지켜야 할 절차를 규정하고 있으면 국회는 반드시 이 규정에 따라 입법을 하여야 한다. 따라서 이러한 경우에 국회가 헌법의 명시적인 절차규정을 위반하여 입법을 하면 위헌이 된다.

이러한 명시적인 절차규정의 위반이 있는 경우에는 권한쟁의심판을 통해서도 다툴 수 있다. 권한쟁의심판에서는 헌법상의 절차규정위반뿐 아니라 법률상의 절차규정의 위반도 다툴 수 있다(헌재법 §61②).

헌법재판소는 국회법에서 정하고 있는 입법에 관한 절차규정을 위반한 경우에 대해서는 권한쟁의심판에서 심사할 수 있다고 보고, 적극적으로 청구인의 권한침해여부에 대하여 심사하고 있다.

헌법재판소는 권한쟁의심판에서 국회의장이 일부 의원들에게 본회의 개의일시를 국회법에 규정된 대로 적법하게 통지하지 않음으로써 그들이 본회의에 출석할 기회를 잃어 법률안의 심의·표결과정에 참여하지 못하게 된 상태에서 법률안을 가결·선포한 행위는 해당 의원들의 헌법상의 법률안 심의·표결권을 침해한 것이라고 판시하였다(예: 憲 1997. 7. 16.-96헌라2).

헌법재판소는 국회의장이 국회의원들에게 '신문 등의 자유와 기능보장에 관한 법률 전부개정법률안'에 대하여 질의 및 토론을 신청할 기회를 사전에 부여하지 않은 상태에서 질의·토론절차를 생략한 채 의사를 진행하여 가결을 선포한 행위는 국회법 제93조 단서를 위반하여 국회의원들의 법률안에 대한 심의·표결권을 침해하였다고 판시하였다(憲 2009. 10. 29.-2009헌라8등).

헌법재판소는 [96헌라2] 사건과 [2009헌라8등] 사건에서 국회의원의 법률안의 심의·표결권이 침해되었다는 사실에 대하여 확인만 선고하는 선에서 그치고 그러한 침해행위가 위헌으로 무효라고 선고하지 않는 태도를 유지하고 있다.
이 두 사건에서 헌법재판소는 법률안의 심의·표결권이 침해된 사실만 확인하고, 나머지는 국회의 자율권의 영역으로 보아 국회가 스스로 처리하도록 맡긴 것이다.
위 두 사건에서 헌법재판소는 법률안의 심의·표결권이 헌법상의 명문규정에 의하여 인정되는 권한은 아니지만 헌법해석상 도출되는 헌법상의 권한이라고 보되, 문제가 되고 있는 심의·표결의 절차는 헌법이 정하고 있는 것이 아니어서 법치주의에 근거한 헌법재판과 민주주의에 근거한 국회자율간의 경계선을 이 정도에서 설정하고 있다고 보인다. [96헌라2] 사건에서 헌법재판소는 무효를 선언하지 않는 이유를 설시하지 않고 있다. [2009헌라8등] 사건에서는 헌법재판소가 무효를 선언하지 않는 이유로 위법의 하자가 중대하지 않다는 것을 이유로 들고 있으나, 의회자율권과 헌법재판의 관계상 무효선언을 자제한다면 모를까, 헌법재판소는 법률안의 입법과정에 대하여 심사할 수 있고 무효를 선언할 수 있다고 하면서도 그 위법의 정도가 중대하지 않아 무효선언을 하지 않는다는 것은 설득력이 약하다. 입법절차에서 국회법의 명시규정에 위반한 것은 위법의 하자가 중대하지 않다고 할 수 없기 때문이다. 헌법이나 법률의 명시적 규정에 위반하면 이는 중대한 위반이다. 이를 행정행위의 하자이론(하자의 정도에 따라 취소와 무효의 사유로 보는 태도)으로 접근하는 것은 잘못된 것이다.

그런데 국회의 자율영역이라고 하는 부분에 헌법재판소가 어디까지 관여할 수 있는가에 따라 위 두 사건에서 국회의장의 법률안 가결·선포행위에 대하여 무효를 선언하여 효력을 상실시킬 수 있다고 볼 수도 있다. 헌법재판소가 무효를 선언하는 태도는 민주주의보다 법치주의를 더 우위에 두어 헌법재판소가 국회의 자율영역에 적극 개입하는 것이다(위 두 사건에서 무효를 주장하는 소수의견이 그러하다).

II. 실질적 입법과정의 위반

입법과정에 대한 위헌여부심사는 입법에 있어서 안건에 대한 토론이 충분히 행해졌는가, 사안의 쟁점에 대한 충분한 검토와 논의가 있었는가, 법률안에 대하여 이해관계를 가진 사람들에게 의사를 표시할 기회가 충분히 주어졌는가, 소수의 국회의원에게 충분한 발언기회가 제공되었는가, 표결이 합리적인 조건하에서 행해졌는가 하는 등 충실하고 최적의 입법을 함에 있어 실질적으로 요구되는 절차적인 사항들을 지켰느냐 하는 점에 대하여 헌법에의 합치여부를 심사하는 것이다. 즉, 이는 당해법률의 입법절차가 헌법의 민주주의원리나 법치주의원리 또는 입법권의 보장과 입법의무 등에 위반된다는 이유로 위헌이라고 결정할 수 있는가 하는 문제이다. 실질적 입법과정의 위반에 대해서는 학설상 다툼이 있다.

(a) 긍 정 설

입법자가 입법권을 행사함에 있어서는 항상 최상(最上)의 입법을 하여야 한다는 의무는 없더라도 최적(最適 optimal)의 입법을 하여야 하는 의무는 헌법상의 의무이므로 재판기관이 입법과정 또는 입법행위에 대해서도 헌법위반여부를 심사할 수 있다고 본다. 법률안을 심의한 해당 위원회에 해당 위원이 아닌 국회의원이 참여하지는 않았는가, 국회의원들이 필요한 자료를 충분히 수집하거나 사실관계를 조사하고 이익형량 등에서 이들 자료를 충분히 검토·논의하여 고려하였는가 등이 위헌여부를 판단하는 데 고려된다고 본다.

현대 대의민주주의에서 국회가 항상 전체국민의 대표기관으로서 입법을 하는 것이 아니라 겉으로는 전체이익과 일반의사를 내세우면서 사실은 특수이익이나 부분이익을 실현하기 위해 입법을 하는 경우가 적지 않게 나타난다는 점을 주시하고, 이러한 입법의 실패를 바로잡는 데 효과적인 것이 적극적인 사법심사 또는 규범통제라고 보는 관점에서는 헌법재판소가 입법의 결과뿐만 아니라 입법의 과정에 대해서도 적극적으로 개입하고 통제하는 것이 필요하다고 본다(예: 공공선택이론). 이러한 시각에 의하면, 입법과정에서 모든 이해관계자들의 의견이 충분히 제시되고 고려되었는가, 법안에 대한 의결이 합리적인 의사결정과정을 거쳐 행해졌는가, 법률안이 일괄적으로 또는 개별적으로 처리되었는가, 법률안이 국회의원들의 이해관계에 기초한 거래행위 또는 교환행위의 결과로 나타난 것은 아닌가 하는 점 등도 대의원리와 국가의 공공성원리에 비추어 심사의 대상이 되어야 한다고 본다(정만희, 252).

(b) 부 정 설

부정설은 무엇보다 입법자가 최적의 입법을 해야 할 의무가 헌법에서 도출되지 않는다고 본다. 헌법에 정해져 있지 아니한 입법절차나 국회의원 등 입법참가자의 행태 또는 입법의 논증 등은 헌법재판소의 심사대상이 아니라고 하고, 이러한 것을 헌법재판소가 심사하는 것은 권력분립원리에 위반되고 민주주의를 제약하는 것으로 헌법재판의 한계를 일탈한 것이라고 본다. 규범통제에서 헌법재판소가 심사할 수 있는 것은 입법행위의 결과인 법률, 즉 법률의 객관적인 내용과 효과뿐이며 입법의 과정이나 입법행위, 입법자의 동기는 민주주의영역에 속하는 것이어서 심사할 수 없다고 한다. 예컨대 국회의원들이 법률안을 심사하고 의결할 때 얼마나 충실했으며 어느 정도로 숙지하고 있었는가를 따지는 것도 위원회를 기준으로 해야 할지 본회의를 기준으로 해야 할지 불분명하다고 한다.

(c) 사 견

민주주의의 원리와 국회의 입법형성의 자유에 비추어 볼 때, 규범통제에서 입법행위의 세세한 과정과 입법자의 행동을 모두 심사하는 것은 헌법재판의 기능에 합치하지 않는다. 입법과정에서의 문제는 당사자들에 의해 권한쟁의심판으로 청구되면 헌법재판소는 그 범위 내에서 판단하는 것으로 상당한 역할을 수행한다고 할 것이다. 헌법재판소는 구체적인 판단에서 입법과정에 대한 고려를 하지 않을 수 없는 상황이 있고, 또 위헌여부를 판단함에 있어서 입법과정을 들여다보지 않을 수 없지만, 원칙적으로 입법과정상의 이유를 들어 어떤 법률에 대해 위헌이라는 결정을 할 수는 없다고 할 것이다.

그러나 이것이 최적의 입법을 위한 노력의 필요성이나 입법과정상의 합리성의 확보를 부정하는 것은 아니다. 국회는 헌법재판소의 개입이 없더라도 적극적으로 이런 노력을 하여야 할 의무를 지고 있다. 국회의 이러한 노력이 없고, 입법과정이 대의원리를 부정하고 국가가 수행해야 하는 일반이익의 창출과 공공성원리의 실현과 정면으로 충돌하는 경우에는, 법치주의에서 말하는 법률은 합헌적 법률을 말하고, 적법절차원리는 입법에도 관철되어야 하며, 민주주의는 절차적 정당성을 가져야 한다는 점에서 규범통제나 권한쟁의심판을 통하여 실질적 입법과정에 대해서도 헌법적 심사를 하는 것이 필요하다고 할 것이다(이는 참여민주주의와 숙의민주주의에서 더욱 중요시한다).

2. 재 정

[432] 제1 개 설

국민대표기관이 국가의 재정에 관한 권한을 가지는 것은 국민주권에 기초하고 있다. 국가를 유지 · 존속하게 하고, 국가로 하여금 자기의 기능을 수행하게 하여 국민이 공동체 내에서 행복하게 살 수 있게 하는 데 필요한 살림살이는 공동체의 구성원이 스스로 부담하여야 할 권리이자 의무이고, 따라서 이는 주권자인 국민이 스스로 결정하는 사항이다. 대의민주주의에서는 이를 국민의 대표자가 결정할 사항으로 그 권능을 부여하였다.

국가의 재정은 기본적으로 수입과 지출의 구조를 가지고 있다. 수입은 조세와 각종의 공과금을 징수하여 국가재정을 형성하는 행위를 말하고, 지출은 공동체의 운영과 국민의 삶을 위하여 국가재정을 사용하는 행위를 말한다. 이러한 국가의 재정에 관하여 국회는 수입과 지출에 관한 권한을 가지며, 그 행위형식에서는 법률의 제정과 같은 입법적 형식과 국가재정을 집행하는 집행적 형식을 가지는 것이 있다. 국가재정의 구체적인 집행은 기본적으로 행정부의 관장사항으로 하고 있으나, 중요한 사항에 있어서는 국회가 단독 또는 행정부와 공동으로 관장하기도 한다.

헌법은 재정에 관한 국회의 권한에 있어서 예산안 및 추가경정예산의 심의 · 확정(헌법 §54, §56), 계속비의 의결(헌법 §55①), 예비비의 의결(헌법 §55②), 결산의 심사(헌법 §99), 국채의 모집과 예산외의 국가의 부담이 될 계약의 체결에 대한 의결(헌법 §58)을 국회의 관장사항으로 정하고 있다.

[433] 제2 조세의 입법

Ⅰ. 개 설

(1) 조세의 정당성

공동체의 구성원은 공동체를 계속 존속하게 하고자 하는 이상 그 구성원으로서 공동체의 존속에 필요한 의무를 부담하게 된다. 이러한 부담 가운데 핵심적인 것이 국토방위와 안전을 위한 부담과 공동체의 존속과 유지에 필요한 재정의 부담이다. 이러한 부담은 국가에 앞서 존재하는 공동체에 유보되어 있는 것이므로 병역과 과세는 본질적으로 공동체유보(共同體留保)에 해당한다. 현대 국가에서는 국가가 국민의 사회복지까지 담당하면서 사회영역이 관장하여야 하는 영역까지 국가가 개입하는 부분이 있으므로 병역과 조세는 이런 관점에서는 국가유보(國家留保)라고도 할 수 있다. 과세와 조세의 부담은 본질적으로 이러한 공동체유보 또는 국가유보에 의해 그 정당성을 가진다.

다만, 오늘날 조세 기능의 다변화로 인하여 공동체의 존속과 유지에 필요한 재정의 확보라는 기능을 넘어 경제활동의 조정과 규제, 소득의 재분배, 행정적 통제 등의 수단으로 동원되는 경우가 있는데(예: 憲 1994. 7. 29.-92헌바49등), 이 때에는 개별적인 사안에서 정당성의 문제가 발생할 수 있다. 이런 부차적 기능을 수행할 필요에 따라 부과되는 조세는 이의 정당화가 없는 한 조세라는 이름만으로 납부의무를 지울 수는 없다. 여기서는 재산권의 보장, 경제활동의 자유라는 기본권의 보장과 조화를 이루어야 하는 문제가 있다.

> [憲 1994.7.29.-92헌바49등] 「현대에 있어서의 조세의 기능은 국가재정 수요의 충당이라는 고전적이고도 소극적인 목표에서 한 걸음 더 나아가, 국민이 공동의 목표로 삼고 있는 일정한 방향으로 국가사회를 유도하고 그러한 상태를 형성한다는 보다 적극적인 목적을 가지고 부과되는 것이 오히려 일반적인 경향이 되고 있다. 이러한 조세의 유도적 형성적 기능은 우리 헌법상 "국민생활의 균등한 향상"을 기하도록 한 헌법 전문(前文), 모든 국민으로 하여금 "인간다운 생활을 할 권리"를 보장한 제34조 제1항, "균형 있는 국민경제의 성장 및 안정과 적정한 소득의 분배를 유지하고, 시장의 지배와 경제력의 남용을 방지하며, 경제주체 간의 조화를 통한 경제의 민주화를 위하여" 국가로 하여금 경제에 관한 규제와 조정을 할 수 있도록 한 제119조 제2항, "국토의 효율적이고 균형 있는 이용 개발과 보전을 위하여" 국가로 하여금 필요한 제한과 의무를 과할 수 있도록 한 제122조 등에 의하여 그 헌법적 정당성이 뒷받침되고 있다.」

조세는 정당화되지 않는 한 공동체의 구성원은 이를 납부할 의무를 부담하지 않는다. 특히 개별조세의 경우 근거와 수준에서 정당성이 없는 경우 국민은 이를 거부할 수 있다. 이런 범위에서 국민의 납세거부는 조세의 본질필연적인 요소이기도 하다. 이런 점에서 정당성이 없는 과세나 적합한 수준을 넘어선 과세(과잉징수)와 불필요한 재정지출이 있는 경우(재정원칙의 위반) 이를 이유로 하는 「납세거부운동」은 정당성을 가진다.

조세의 정당성, 즉 국가의 과세의 정당성에 관하여 보건대, 서양의 중세시대에 조세는 전쟁비용, 무기의 조달, 제후들의 생활지원 등 예외적인 경우에만 인정되었다. 근대 사회계약설이 등장하면서 조세는 국가의 국민에 대한 편익제공(예: 국토의 방위와 안전, 사회질서와 평화의 유지 등)에 대하여 이를 향유하는 국민이 이행해야 할 반대급부로 이해되었다. 이러한 인식은 19세기까지 통용되었다. 한편 19세기 독일에서는 국가법인설의 등장으로 조세는 국가가 필요로 하여 국민에게 일방적으로 희생을 요구하는 것으로 정당화되었다. 이는 국가우월주의적인 관점일 뿐 아니라 재정의 낭비와 국민에 대한 무한 과세를 허용하는 것이어서 점차 비판의 대상이 되었다. 20세기에 들어오면서 재정학과 경제학의 관점에서 국민에 대한 국가의 급부와 국가에 대한 국민의 조세부담은 총량에서 균형을 이루어야 하며, 이 한도에서만 조세가 정당화되고, 후자가 전자보다 더 큰 것은 허용되지 않는다는 것이 일반적인 흐름으로 되었다. 이는 국가와 국민 간의 상호의존성에서 정당성의 근거를 찾는 것이다. 이러한 관점에서는 과세에도 한계가 있고 이 한계를 넘어서면 국민의 재산권 침해가 발생한다고 본다.

(2) 조세와 민주주의

공동체의 유지를 위한 조세는 공동체 구성원이 부담하기 때문에 공동체 구성원의 의사에 따라야 한다. 국민이 조세를 부담한다고 하더라도 어떤 경우에 어떠한 내용의 조세를 어느 정도로 부담하여야 하는가 하는 사항은 이를 부담하는 국민이 정하는 것이다. 대의민주주의에서 이 문제는 국민의 대표자가 정한다. 역사적으로 「대표 없으면 과세 없다」라는 말은 이러한 조세를 지배하는 민주주의원리를 말하며, 과세권의 민주적 정당성을 나타내는 것이다. 따라서 오늘날 대의민주주의에서는 조세의 종류와 세율 등 중요사항은 국민대표기관인 국회가 법률로써 정한다.

조세의 부담은 공동체 구성원이 모두 부담하여야 하므로 담세능력(擔稅能力)을 가지고 있는 국민은 예외 없이 조세를 부담하여야 하고 담세능력이 없는 국민은 다른 형태로 공동체에 기여하는 것이 조세부담에서 요구되는 공평성의 원리에 부합한다. 조세부담의 평등이 어느 정도에서 이루어질 때 담세자인 국민이 의무의 부담과 이행에서 공평한 것인가 하는 점은 형평의 문제를 지배하는 법치주의원리에 따른다.

(3) 조세와 법치주의

오늘날 법치국가에서는 조세의 부담에서도 법치주의가 지배한다. 조세의 부담이 헌법과 법률에 합치하고 그에 의하여야 한다. 그 결과 조세에 관한 입법에서도 법치주의원리의 내용인 명확성의 원칙, 과잉금지의 원칙, 신뢰보호의 원칙, 형평의 원칙, 소급효금지의 원칙, 적법절차의 원리가 적용되며, 기본적인 사항을 법률로써 정하는 법률주의가 적용된다.

⑷ 조세와 납세의무

조세는 공동체와 국가가 존속하고 운영됨에 있어 필수불가결하기 때문에 이는 공동체구성원의 당연한 의무이다. 따라서 모든 국민은 조세부담의 의무, 즉 납세의무를 진다. 헌법 제38조는 「모든 국민은 법률이 정하는 바에 의하여 납세의 의무를 진다」라고 정하고 있다. 이는 납세의무가 헌법상의 의무임을 정하는 동시에 이를 실행하기 위한 구체적인 내용은 국민대표기관인 국회가 법률로 정하도록 하여 법치주의원리와 민주주의원리가 조세를 지배하는 원리임을 정하고 있는 것이다.

납세의무의 경우 국민이 이에 대하여 충분히 인식하고 그 부담을 자발적으로 이행하는 것이 바람직하지만, 성질상 국민에게 재산적 부담을 지우는 것이므로 자발적인 이행만으로 조세납부를 실현하기는 어렵다. 따라서 납세를 실효성 있게 하기 위하여 헌법은 이를 법적 의무로 명문화하고 이를 강제하고 있다. 헌법 제38조에서 정하고 있는 납세의무의 존재는 성질상 헌법유보사항이고, 그 구체화는 법률유보사항이다.

국가재정확보를 위한 조세의 부담과 이행은 공동체에 유보된 의무이고 헌법적 의무이기 때문에 원칙적으로 조세의 부담과 부과처분에 대해서는 기본권으로 대항할 수 없다. 의무는 원칙적으로 기본권의 효력을 배제한다. 그래서 국가가 가지는 과세권을 조세고권(租稅高權)이라고 한다. 조세의 부과처분이 부당하고 위법인 경우에는 이를 통제하는 수단을 마련하여 조세정의가 이루어지도록 하여야 하지만, 이를 기본권인 재산권의 효력으로 대항하는 데는 한계가 있다. 다만, 조세가 국가재정의 확보라는 본래의 목적 이외에 경제활동의 규제, 자원의 배분, 소득의 재분배, 행정적 통제, 경기의 조절 등을 실현하기 위한 수단으로 이용될 때에는 개별조세에 있어 정당성의 문제와 동시에 이와 충돌하는 기본권 보호의 문제가 발생하며, 이를 납세의무라는 법리만으로 조세를 강제할 수는 없다.

[憲 1997.12.24.-96헌가19등] 「헌법 제23조 제1항이 보장하고 있는 사유재산권은 사유재산에 관한 임의적인 이용 · 수익 · 처분권을 본질로 하기 때문에 사유재산의 처분금지를 내용으로 하는 입법조치는 원칙으로 재산권에 관한 입법형성권의 한계를 일탈하는 것일 뿐만 아니라 조세의 부과 · 징수는 국민의 납세의무에 기초하는 것으로서 원칙으로 재산권의 침해가 되지 않는다고 하더라도 그로 인하여 납세의무자의 사유재산에 관한 이용 · 수익 · 처분권이 중대한 제한을 받게 되는 경우에는 그것도 재산권의 침해가 될 수 있는 것이다.」

[憲 2001.12.20.-2001헌바25] 「헌법 제23조 제1항은 재산권보장의 원칙을 천명한 것인바, 원칙적으로 조세의 부과·징수는 국민의 납세의무에 기초하는 것으로서 재산권의 침해가 되지 않으나, 그에 관한 법률조항이 조세법률주의에 위반되고 이로 인한 자의적인 과세처분권 행사에 의하여 납세의무자의 사유재산에 관한 이용·수익·처분권이 중대한 제한을 받게 되는 경우에는 예외적으로 재산권의 침해가 될 수 있다고 본다.」

II. 종목과 세율의 법률주의

(1) 내 용

헌법 제59조는 「조세의 종목과 세율은 법률로 정한다」라고 정하여 조세에 있어서 종목과 세율을 국회가 입법하는 법률로 정하도록 하고 있다. 조세에서의 종목과 세율은 조세의 핵심적인 내용이기 때문에 이를 국민대표기관인 국회가 정하도록 한 것이다.

여기서 말하는 조세는 국가 또는 지방자치단체가 재정수입을 확보하기 위하여 국민, 주민 또는 달리 납세의무를 질만한 사정이 있는 자에 대하여 아무런 반대급부를 제공함이 없이 강제적으로 부과하는 과징금(課徵金)을 의미한다. 비거주자인 외국인이나 외국법인도 우리나라에서 소득을 얻거나 달리 납세의무를 지울만한 사정이 있다면 조세를 납부해야 한다(동지: 이창희, 7). 이런 점에서 헌법재판소의 정의(예: 憲 1990. 9. 3.-89헌가95)는 충분하지 않다. 이러한 조세는 원칙적으로 금전적 부담(金錢的 負擔 Geldleistung)의 형태를 지니지만, 예외적으로 물납(物納)을 인정하는 경우도 있다. 직접적인 반대급부가 없다는 점에서 공용침해에 따르는 손실보상과 다르다.

조세는 법률로 조세에 해당한다고 정하는 것만 이에 해당한다. 사용료, 수수료, 분담금, 특별부담금, 사회보험료 등은 조세에 해당하지 않는다. 따라서 국민의 납세의무에도 공과금(公課金)을 납부할 의무는 포함되지 않는다.

(a) 법률주의

헌법은 조세의 종목과 세율을 법률로 정하도록 하여 법률주의를 취하고 있다. 이는 그 전제로 과세권이 법률에 근거가 있을 것을 요구한다. 따라서 법률에 근거가 없으면 조세를 부과하거나 징수할 수 없을 뿐만 아니라 조세의 종목과 세율을 정할 수 없다. 이것이 헌법이 정하고 있는 조세에서의 법률주의이다. 국민은 헌법상 납세의무를 지고 있으나, 국민대표기관이 정하는 법률의 근거가 없는 이상 조세를 납부해야 할 법적 의무를 지지 않는다(예: 憲 1989. 7. 21.-89헌마38). 조세의 감면에도 법률주의가 적용된다(예: 憲 1996. 6. 26.-93헌바2).

조세 부과의 근거, 종목과 세율을 법률로 정하는 법률주의와 관련하여 「조세법률주의」라는 개념이 사용되어 왔다. 현재까지 대체적인 학설(예: 권영성, 892; 김철수b, 1650; 성낙인, 925)이나 판례

(예: 憲 1989. 7. 21.-89헌마38; 1995. 11. 30.-93헌바32; 1998. 12. 24.-97헌바33등; 2001. 1. 18.-98헌바75등; 2002. 12. 18.-2002헌바27)에 의하면, 조세법률주의는 과세요건법정주의, 과세요건명확주의를 주된 내용으로 하고, 소급과세금지원칙, 엄격해석의 원칙(예: 憲 1996. 8. 29.-95헌바41), 실질과세의 원칙 등도 그 개념의 내용에 포함되는 것으로 이해하고 있다. 그런데, 명확성의 원칙과 소급효의 금지, 엄격해석의 원칙, 형평의 원칙 등은 법률주의보다 상위의 법원리인 법치주의의 내용이므로 이를 조세법률주의의 내용이라고 하는 것은 법원리의 체계상 정확성에서 문제가 많다(동지: 이창희, 15).

헌법재판소는 「조세법률주의」는 조세행정에 있어서의 법치주의를 말하는 것이라고 하고, 오늘날의 법치주의는 국민의 권리 · 의무에 관한 사항을 법률로써 정해야 한다는 형식적 법치주의에 그치는 것이 아니라 그 법률의 목적과 내용 또한 기본권 보장의 헌법이념에 부합되어야 한다는 실질적 적법절차를 요구하는 법치주의를 의미하며, 헌법 제38조, 제59조가 선언하는 조세법률주의도 이러한 실질적 적법절차가 지배하는 법치주의를 뜻하므로 비록 과세요건이 법률로 명확히 정해진 것일지라도 그것만으로 충분한 것은 아니고 조세법의 목적이나 내용이 기본권 보장의 헌법이념과 이를 뒷받침하는 헌법상 요구되는 제 원칙에 합치되어야 하고, 이에 어긋나는 조세법 규정은 헌법에 위반되는 것이라고 판시하였다(예: 憲 1998. 2. 27.-95헌바5; 2006. 6. 29.-2004헌바76등; 2007. 11. 29.-2006헌바42).

이러한 법률주의는 국민주권에 바탕을 두는 것으로 국민대표기관이 조세의 핵심적인 사항을 정하도록 하고 있는 것이다. 이는 납세의무의 경우에도 마찬가지로 납세의무의 구체적인 내용은 법률로 정하도록 하고 있다(헌법 §38). 법률주의는 조세에 관한 기본적인 내용은 헌법에 반하지 아니하는 한 국회의 입법형성의 자유에 의하여 정해지는 것을 의미하는 것이기도 하다(예: 憲 1996. 8. 29.-95헌바 41; 2001. 12. 20.-2000헌바54).

[憲 2001.12.20.-2000헌바54] 「오늘날에 있어서 조세는 국가의 재정수요를 충족시킨다고 하는 본래의 기능 외에도 소득의 재분배, 자원의 적정배분, 경기의 조정 등 여러 가지 기능을 가지고 있으므로, 국민의 조세부담을 정함에 있어서 재정 · 경제 · 사회정책 등 국정전반에 걸친 종합적인 정책판단을 필요로 할 뿐만 아니라, 과세요건을 정함에 있어서 극히 전문기술적인 판단을 필요로 한다. 조세법규를 어떠한 내용으로 규정할 것인지에 관하여는 입법자가 국가재정, 사회경제, 국민소득, 국민생활 등의 실태에 관하여 정확한 자료를 기초로 하여 정책적, 기술적인 판단에 의하여 정하여야 하는 문제이므로, 이는 입법자의 입법형성적 재량에 기초한 정책적, 기술적 판단에 맡겨져 있다고 할 수 있다.」

(b) 규율의 대상

헌법 제59조는 조세의 종목과 세율에 한정되지 않고, 조세의 근거, 납세의무자(=조세채무자), 과세대상(=과세물건), 과세절차에 대해서도 법률로써 정할 것을 요구하고 있다고 보아야 할 것이다(예: 憲 1995. 11. 30.-91헌바1 등). 조세행정에 있어 법률우위원칙과 법률유보원칙을 정하고 있는 것이다.

과세대상을 법률로 정한다고 하더라도 형식에서 법률로 정하면 대상에 제한이 없이 무엇이든 과세대상으로 정할 수 있는가 하는 문제가 있다. 이 문제와 관련하여 헌법재판소는 미실현이득에 대한 과세의 여부는 원칙적으로 국회의 입법형성의 자유에 포함되는 것이라고 판시하였다(예: 憲 1994. 7. 29.-92헌바49등).

[憲 1994.7.29.-92헌바49등] 「이득이 실현되었건 실현되지 않았건 납세자에게 소득의 증대에 따른 담세력의 증대가 있었다는 점에서는 실현이득이나 미실현이득 양자가 본질적으로 차이가 없고, 그와 같이 증대된 소득의 실현 여부, 즉 증대된 소득을 토지자본과 분리하여 현금화할 것인지의 여부는 당해 납세자가 전체 자산구성을 어떻게 하여 둘 것인가를 선택하는 자산보유형태의 문제일 뿐 소득창출의 문제는 아니며, 미실현이득에 대한 과세 역시 실현이득에 대한 과세와 마찬가지로 원본과는 구별되는 소득에 대한 과세에 지나지 아니하므로, 적어도 법리적으로는 미실현이득에 대한 과세에 있어서 원본잠식의 문제가 생길 여지는 없고, 실제에 있어서도 비록 과세목적과 과세방법이 다르기는 하나 자산재평가세, 자산평가 차익에 대한 법인세 등 미실현이득에 과세하는 기존의 예가 없지도 아니하다. 따라서 과세대상인 자본이득의 범위를 실현된 소득에 국한할 것인가 혹은 미실현이득을 포함시킬 것인가의 여부는, 과세목적, 과세소득의 특성, 과세기술상의 문제 등을 고려하여 판단할 입법정책의 문제일 뿐, 헌법상의 조세개념에 저촉되거나 그와 양립할 수 없는 모순이 있는 것으로는 보여지지 아니한다. 다만, 미실현이득에 대한 과세제도가 이론상으로는 조세의 기본원리에 배치되는 것이 아니라고 하더라도, 미실현이득은 용어 그대로 그 이득이 아직 자본과 분리되지 아니하여 현실적으로 지배·관리·처분할 수 있는 상태에 있는 것이 아니라는 특성으로 인하여, 수득세의 형태로 이를 조세로 환수함에 있어서는 과세대상이득의 공정하고도 정확한 계측 문제, 조세법상의 응능부담(應能負擔) 원칙과 모순되지 않도록 납세자의 현실 담세력을 고려하는 문제, 지가변동순환기(循環期)를 고려한 적정한 과세기간의 설정문제, 지가하락에 대비한 적절한 보충규정 설정문제 등 선결(先決)되지 아니하면 아니 될 여러 가지 과제가 있다.」

(c) 특별부담금의 문제

특별부담금(特別負擔金 Sonderabgabe)은 국가재정의 형성이라는 목적이 없이 다양한 생활관계를 규율하고 국가의 특수한 과제를 수행하기 위하여 부과하고 그 수입이 국가의 일반예산에 포함되지 않는 기금의 형태로 부과·관리·지출되는 공적 부담금을 말한다. 특별부담금의 경우에 국민에게 반대급부를 주지 않고 금전적 부담을 가하는 것은 실질적으로 조세와 다름이 없으므로 이의 허용성과 법적 근거가 무엇인가 하는 것이 문제가 된다. 헌법은 이에 관하여 직접 정하고 있지 않다. 헌법재판소는 특별부담금을 조세와 구별하고, 그 근거를 헌법 제37조 제2항이라고 본다(예: 憲 1998. 12. 24.-98헌가1; 1999. 10. 21.-97헌바84).

[憲 1999.10.21.-97헌바84] 「특별부담금은 공적기관에 의한 반대급부가 보장되지 않는 금전급부의무를 설정하는 것이라는 점에서 조세와 유사하다. 물론 특별부담금은 특별한 과제를 위한 재정충당을 위하여 부과된다는 점에서 일반적인 국가재정수요의 충당을 위하여 부과되는 조세와는 구분되고, 무엇보다도 특별부담금은 특정집단으로부터 징수된다는 점에서 일반국민으로부터 그 담세능력에 따라 징수되는 조세와는 다르다. 조세나 부담금과 같은 전통적인 공과금체계로는 현대국가의 새로운 행정수요에 원활하게 대처할 수 없기 때문에 특별부담금이라는 새로운 유형의 공과금을 도입할 필요성이 인정되고, 우리 헌법 제37조 제2항에 의하면 국민의 모든 자유와 권리는 국가안전보장·질서유지 또는 공공복리를 위하여 필요한 경우에 한하여 법률로써 제한할 수 있도록 하고 있으므로, 국민의 재산권을 제한하는 특별부담금제도를 도입하는 것 자체는 헌법상 문제가 없다고 할 것이다. 다만 특별부담금을 부과함으로써 국민의 재산권을 제한하는 법률규정이 헌법에 위배되지 않기 위하여는 헌법 제37조 제2항에서 정하고 있는 과잉금지의 원칙이 지켜져야 하고, 평등의 원칙에 위배되어서는 아니 됨은 물론이다. 특히 조세유사적 성격을 지니고 있는 특별부담금의 부과가 과잉금지의 원칙과 관련하여 방법상 적정한 것으로 인정되기 위해서는, 이러한 부담금의 부과를 통하여 수행하고자 하는 특정한 경제적·사회적 과제에 대하여 특별히 객관적으로 밀접한 관련이 있는 특정집단에 국한하여 부과되어야 하고, 이와 같이 부과·징수된 부담금은 그 특정과제의 수행을 위하여 별도로 지출·관리되어야 하며 국가의 일반적 재정수입에 포함시켜 일반적 국가과제를 수행하는 데 사용하여서는 아니 된다고 할 것이다.」

이러한 부담금은 조세의 형식을 통하지 않고 사실상 조세로 달성하고자 하는 목적을 이루고 국민에게 부담을 가하므로 이를 정당화하는 요건은 엄격하지 않으면 안 된다. 그렇지 아니하면 조세에 대하여 헌법과 법률이 정하고 있는 입헌주의 및 법치주의가 형해화된다. 헌법재판소는 부담금을 재정조달목적의 부담금과 정책실현목적의 부담금으로 나누고, 각각 그 헌법적 정당화의 요건을 충족시킬 때만 인정될 수 있다고 판시하였다(예: 憲 1998. 12. 24.-98헌가1; 2003. 12. 18.-2002헌가2; 2004. 7. 15.-2002헌바42).

[憲 2004.7.15.-2002헌바42] 「부담금은 그 부과목적과 기능에 따라 ① 순수하게 재정조달 목적만 가지는 것(이하 '재정조달목적 부담금'이라 한다)과 ② 재정조달 목적뿐 아니라 부담금의 부과 자체로 추구되는 특정한 사회·경제정책 실현 목적을 가지는 것(이하 '정책실현목적 부담금'이라 한다)으로 양분해 볼 수 있다. 전자의 경우에는 추구되는 공적 과제가 부담금 수입의 지출 단계에서 비로소 실현된다고 한다면, 후자의 경우에는 추구되는 공적 과제의 전부 혹은 일부가 부담금의 부과 단계에서 이미 실현된다고 할 것이다. 가령 부담금이라는 경제적 부담을 지우는 것 자체가 국민의 행위를 일정한 정책적 방향으로 유도하는 수단이 되는 경우(유도적 부담금) 또는 특정한 공법적 의무를 이행하지 않은 사람과 그것을 이행한 사람 사이

혹은 공공의 출연(出捐)으로부터 특별한 이익을 얻은 사람과 그 외의 사람 사이에 발생하는 형평성 문제를 조정하는 수단이 되는 경우(조정적 부담금), 그 부담금은 후자의 예에 속한다고 할 수 있다.……재정조달목적 부담금의 헌법적 정당화에 있어서는 다음과 같은 요청들이 충족되어야 할 것으로 판단된다. ㈎ 첫째, 부담금은 조세에 대한 관계에서 어디까지나 예외적으로만 인정되어야 하며, 어떤 공적 과제에 관한 재정조달을 조세로 할 것인지 아니면 부담금으로 할 것인지에 관하여 입법자의 자유로운 선택권을 허용하여서는 안 된다. 즉, 국가 등의 일반적 재정수입에 포함시켜 일반적 과제를 수행하는 데 사용할 목적이라면 반드시 조세의 형식으로 해야 하지, 거기에 부담금의 형식을 남용해서는 안 되는 것이다. ㈏ 둘째, 부담금 납부의무자는 재정조달 대상인 공적 과제에 대하여 일반국민에 비해 '특별히 밀접한 관련성'을 가져야 한다. 당해 과제에 관하여 납부의무자 집단에게 특별한 재정책임이 인정되고 주로 그 부담금 수입이 납부의무자 집단에게 유용하게 사용될 때 위와 같은 관련성이 있다고 볼 것이다. ㈐ 셋째, 이상과 같은 부담금의 예외적 성격과 특히 부담금이 재정에 대한 국회의 민주적 통제체계로부터 일탈하는 수단으로 남용될 위험성을 감안할 때, 부담금이 장기적으로 유지되는 경우에 있어서는 그 징수의 타당성이나 적정성이 입법자에 의해 지속적으로 심사될 것이 요구된다고 하여야 한다.……정책실현목적 부담금의 경우 재정조달목적은 오히려 부차적이고 그보다는 부과 자체를 통해 일정한 사회적·경제적 정책을 실현하려는 목적이 더 주된 경우가 많다. 이 때문에, 재정조달목적 부담금의 정당화 여부를 논함에 있어서 고려되었던 사정들 중 일부는 정책실현목적 부담금의 경우에 똑같이 적용될 수 없다.……재정조달목적 부담금의 헌법적 정당화에 있어서는 중요하게 고려되는 '재정조달 대상 공적 과제에 대한 납부의무자 집단의 특별한 재정책임 여부' 내지 '납부의무자 집단에 대한 부담금의 유용한 사용 여부' 등은 정책실현목적 부담금의 헌법적 정당화에 있어서는 그다지 결정적인 의미를 가지지 않는다고 할 것이다.」

⑵ 범 위

조세의 종목, 세율, 납세의무자, 과세대상, 과세절차에 있어 법률주의가 적용된다고 하더라도 이에 관한 세세한 것 모두를 법률로 정할 수는 없다. 조세입법에도 경제적 현상과 현실의 변화가 다양한 형태로 나타나고 그에 효과적으로 대응하기 위한 필요성이 발생하므로 이 모두를 법률로 정하면서 대응하는 것은 불가능하다. 따라서 조세입법에도 특별한 사정이 있는 경우에는 법률로 규정하여야 할 사항에 관하여 행정입법에 위임하는 것이 허용된다(예: 憲 1995. 11. 30.-94헌바40; 2002. 1. 31.-2001헌바13).

그런데 조세입법에서 이런 위임을 하는 경우에는 법률의 위임에 관한 헌법원칙이 그대로 통용되고 그 위임의 구체성·명확성의 요구정도는 규율대상의 종류와 성격에 따라 달라질 것이지만, 조세법규처럼 기본권을 직접 제한하거나 침해할 가능성이 있는 영역에서는 구체성·명확성의 요구가 강화되어 그 위임의 요건과 범위가 일반적인 급부행정의 영역에서보다 더 엄격하게 제한된다(예: 憲 1996. 6. 26.-93헌바2; 1998. 6. 25.-95헌바35등). 이러한 위임의 구체성 · 명확성의 정도 내지 예측가능성을 판단함에 있어서는 당해 특정 조항 하나만을 가지고 판단하는 것은 아니고 관련 법조항 전체를 유기적 · 체계적으로 종합하여 판단한다(예: 憲 1994. 7. 29.-93헌가12; 1996. 8. 29.-94헌마113; 2002. 8. 29.-2000헌바50).

(3) 예 외

(a) 조례에 의한 과세

지방세의 경우에 「지방자치단체는 법률로 정하는 바에 따라 지방세를 부과 · 징수할 수 있다」(지자법 §135)라고 하여 지방자치단체의 과세권의 근거와 지방세의 종류를 법률에서 정하고 있다(지자법 §135; 지방세법 §1). 「지방자치단체는 지방세의 세목(稅目), 과세대상, 과세표준, 세율, 그 밖에 부과 · 징수에 필요한 사항을 정할 때에는 이 법 또는 지방세관계법에서 정하는 범위에서 조례로 정하여야 한다」(지방세기본법 §5①)라고 정하여 지방세의 부과와 징수에 관하여 필요한 사항은 법률이 정하는 일정한 범위 안에서 지방자치단체가 조례로서 정할 수 있게 하고 있는데, 이 경우에는 세율을 조례의 형식으로 정할 수 있어 법률주의의 예외가 된다. 그러나 이는 어디까지나 법률의 범위 안에서 허용되는 것이라는 한계가 설정되어 있다.

[大 1989.9.29.-88누11957] 「조세법률주의의 원칙상 조세의 부과요건과 부과 · 징수절차는 국민의 대표기관인 국회가 제정한 법률로 정하여야 하는 것이므로, 법률의 위임을 받지 아니한 채 명령 또는 규칙 등의 행정입법으로 조세의 부과요건이나 부과 · 징수절차에 관한 사항을 정하거나 법률에 정하여진 내용을 부연 · 보충하는 범위를 넘어 함부로 유추하거나 확장하여 해석하는 규정을 제정하는 것이 조세법률주의의 원칙에 위반되는 것임은 소론과 같다. 그러나 지방세법 제7조 제1항에 의하면, 지방자치단체는 공익상 기타의 사유로 인하여 과세를 부적당하다고 인정할 때에는 과세하지 아니할 수 있도록 규정되어 있고, 같은법 제9조에 의하면 제7조의 규정에 의하여 지방자치단체가 과세면제를 하고자 할 때에는 내무부장관의 허가를 얻어 당해 지방자치단체의 조례로써 정하도록 규정되어 있으므로, 헌법이 보장한 자치권에 기하여 제정된 지방자치단체의 조례로써 소유권보존등기에 대한 등록세의 면제대상이 되는 아파트의 범위를 종전보다 축소하여 정한 것이 조세법률주의의 취지에 위반하는 것이라고 볼 수는 없다.」

(b) 긴급재정경제명령에 의한 과세

대통령의 긴급재정경제명령(헌법 §76①)에 의하여 조세를 부과할 수 있다. 이는 법률과 동일한 효력을 가지는 명령이지만, 형식적으로 보면 국회에서 입법하는 법률이 아니므로 법률주의의 예외에 해당한다.

(c) 조약의 문제

「국제조세조정에 관한 법률」은 비거주자 또는 외국법인의 국내원천소득의 구분에 있어서는 소득세법 제119조(비거주자의 국내원천소득) 및 법인세법 제93조(국내원천 소득)의 규정에 불구하고 조세조약의 규정이 우선하여 적용되는 것으로 정하고 있다(동법 §28). 이는 법률을 통하여 조약의 효력을 국내적으로 다시 정한 것이고, 이러한 경우 조약은 국내법과 동일한 효력을 가지므로(헌법 §6①) 법률주의의 예외에 해당하는 것은 아니다.

Ⅲ. 조세입법의 명확성 원칙

조세입법도 명확하여야 하는 것은 법률의 명확성 원칙이라는 법치주의의 요청에 의하는 것이다. 조세는 국민에게 부담을 지우는 것이기 때문에 이에 관한 입법은 특히 명확하여야 하며, 조세행정의 편의를 위하여 이를 배제하거나 약화시킬 수 없다. 조세입법에 있어서 명확성을 요구하는 것은 국민이 어떠한 경우에 어떠한 부담을 어느 정도로 져야 하는가를 미리 알 수 있게 하여 국민의 일상생활에서의 안정성과 예측가능성을 보장하고, 조세행정상의 권한남용을 배제하고자 하는 것에 그 목적이 있다(예: 憲 1994. 7. 29.-92헌바49등; 1995. 11. 30.-93헌바 32; 2000. 6. 29.-98헌바92; 2002. 8. 29.-2000헌바50등).

이와 같이 조세입법에서도 명확성의 원칙이 적용되기 때문에 조세법규는 해석상 애매함이 없도록 명확히 규정될 것이 요청되지만, 명확성을 다소 결여하였다고 하더라도 당해 조세법규의 체계 및 입법취지 등에 비추어 그 의미가 분명해질 수 있는 경우에는 명확성의 원칙에 위반된다고 할 수 없다(예: 憲 1995. 11. 30.-94헌바40등; 1996. 8. 29.-95헌바41; 2007. 4. 26.-2006헌바71).

> [憲 2002.8.29.-2000헌바50등] 「조세법률주의는 입법부가 제정한 법률의 근거 없이는 조세를 부과·징수할 수 없고 국민은 조세의 납부의무를 부담하지 아니한다는 하나의 헌법상의 원칙이다. 이는 행정권의 자의적인 법해석과 집행으로부터 국민의 재산권을 보장함과 동시에 국민의 경제생활에 법적 안정성과 예측가능성을 부여하는 기능을 한다.」
> [憲 2007.4.26.-2006헌바71] 「조세법규는 해석상 애매함이 없도록 명확히 규정될 것이 요청되지만, 명확성을 다소 결여하였다고 하더라도 당해 조세법규의 체계 및 입법취지 등에 비추어 그 의미가 분명하여질 수 있다면 과세요건 명확주의에 위반된다고 할 수 없다.」

그러나 조세입법에서 명확성의 원칙은 조세법규의 해석과 적용에서 확대해석이나 유추를 원칙적으로 금지할 것을 요구한다. 따라서 조세법규를 유추하거나 확대해석하여 납세의무를 확대하는 것은 원칙적으로 허용되지 않는다(예: 憲 1996. 8. 29.-95헌바41; 大 1983. 12. 27.-83누213; 1987. 5. 26.-86누92; 1995. 8. 22.-95누825). 이 경우의 명확성의 원칙은 형법의 경우보다 엄격하지는 않다고 할 것이다. 과세의 문제에 있어서 법률조항의 실효에 따른 공백으로 인하여 관련 당사자가 공평에 반하는 이익을 얻을 가능성이 있다고 하여 이미 실효된 법률조항을 유효한 것으로 의제하여 과세의 근거로 삼는 것은 과세근거의 창설을 국회가 제정하는 법률에 맡기고 있는 헌법상의 권력분립원칙과 조세법률주의의 원칙에 근본적으로 반하는 것이어서 헌법에 위반된다(憲 2012. 5. 31. -2009헌바123).

[憲 1996.8.29.-95헌바41] 「조세법규의 해석에 있어 유추해석이나 확장해석은 허용되지 아니하고 엄격히 해석하여야 하는 것은 조세법률주의의 원칙에 비추어 당연한 것이고 조세법규는 과세요건명확주의에 의하여 해석상 애매함이 없도록 명확히 규정될 것이 요청된다고 할지라도 조세법규에 있어서도 법규 상호 간의 해석을 통하여 그 의미를 명백히 할 필요가 있는 것은 다른 법률의 경우와 마찬가지이고, 그와 같은 조세법규 해석에 의하여 조세의 부과·면제 여부를 확정하는 것은 유추해석 또는 확장해석에 의하여 조세의 부과나 면제범위를 확장·감축하는 것과는 전혀 다른 문제라고 할 것이고……」

[憲 2012.5.31.-2009헌바123] 「일반적으로 법률문언의 의미와 내용을 분명히 하는 법률해석에 있어, 법률조항의 문구의 의미가 명확하지 않거나 특정한 상황에 들어맞는 규율을 하고 있는 것인지 애매할 경우에는, 입법목적이나 입법자의 의도를 합리적으로 추정하여 문언의 의미를 보충하여 확정하는 체계적, 합목적적 해석을 하거나, 유사한 사례에 관하여 명확한 법률효과를 부여하고 있는 법률조항으로부터 유추해석을 하여 법의 흠결을 보충하거나, 심지어 법률의 문언 그대로 구체적 사건에 적용할 경우 터무니없는 결론에 도달하게 되고 입법자가 그런 결과를 의도하였을 리가 없다고 합리적으로 판단되는 경우에는 문언을 약간 수정하여 해석하는 경우도 있을 수 있다. 또한 어떤 법률조항에 대한 여러 갈래의 해석이 가능한 경우, 특히 법률조항에 대한 해석이 한편에서는 합헌이라는 해석이, 다른 편에서는 위헌이라는 해석이 다 같이 가능하다면, 원칙적으로 헌법에 합치되는 해석을 선택하여야 한다는 '헌법합치적 법률해석'의 원칙도 존중되어야 하는 것은 당연할 것이다. 그러나 법률해석의 이러한 여러 방법들은 대상 법률규정의 규율영역에 따라 때로는 아예 허용되지 않거나 때로는 엄격하게 제한되는 경우가 있다. 특히 형벌조항의 경우 헌법상 규정된 죄형법정주의(헌법 제12조 제1항, 제13조 제1항)에 의해 입법목적이나 입법자의 의도를 감안한 유추해석이 일체 금지되고 법률조항의 문언의 의미를 엄격하게 해석할 것이 요구된다. 또한 국민의 재산권과 밀접한 관련을 갖고 있는 조세법의 해석에 있어서도 조세법률주의의 원칙상(헌법 제59조) 과세요건, 절차, 결과 등 모든 면에서 엄격하게 법문언대로 해석하여야 하고 합리적인 이유 없이 확장해석하거나 유추해석할 수는 없다. 그러므로 형벌조항이나 조세관련 법규를 해석함에 있어서, '유효한' 법률조항의 불명확한 의미를 논리적·체계적 해석을 통해 합리적으로 보충하는 데에서 더 나아가, 해석을 통하여 전혀 새로운 법률상의 근거를 만들어 내거나, 기존에는 존재하였으나 실효되어 더 이상 존재한다고 볼 수 없는 법률조항을 여전히 '유효한' 것으로 해석한다면, 이는 법률해석의 한계를 벗어나는 것으로서, '법률의 부존재'로 말미암아 형벌의 부과나 과세의 근거가 될 수 없는 것을 법률해석을 통하여 이를 창설해 내

는 일종의 '입법행위'에 해당하므로 헌법상의 권력분립원칙에 반할 뿐만 아니라 죄형법정주의, 조세법률주의의 원칙에도 반하는 것이다. 또한 헌법정신에 맞도록 법률의 내용을 해석·보충하거나 정정하는 '헌법합치적 법률해석' 역시 '유효한' 법률조항의 의미나 문구를 대상으로 하는 것이지, 이를 넘어 이미 실효된 법률조항을 대상으로 하여 헌법합치적인 법률해석을 할 수는 없는 것이어서, 유효하지 않은 법률조항을 유효한 것으로 해석하는 결과에 이르는 것은 '헌법합치적 법률해석'을 이유로도 정당화될 수 없다 할 것이다. 이 사건 부칙조항의 경우도 법인세의 과세요건을 설정하는 근거조항이므로 조세법률주의의 원칙상 법률조항의 문구에 충실하도록 엄격한 해석이 요구될 뿐만 아니라 법률해석의 결과 새로운 과세근거를 창설하는 결과에 이르는 것은 허용되지 않는다. 그런데 위 법원의 해석은, 이 사건 부칙조항이 과세의 근거조항으로서 이 사건 전문개정법에 반영되지 않은 채 위 전문개정법이 시행됨으로써 원칙적으로 실효되어 더 이상 존재하지 않게 되었음에도 불구하고, '입법자의 의사 추정', '법률의 공백 방지 및 형평상 이유'를 근거로 명문상 존재하지 않는 과세근거조항을 여전히 존재하는 것으로 해석하고 있으므로, 이는 과세근거를 새로이 창설하는 결과에 이르는 '입법행위'일 뿐만 아니라 헌법상의 조세법률주의의 원칙에도 위배되는 것이라 보지 않을 수 없다.……그러나 과세요건법정주의 및 과세요건명확주의를 포함하는 조세법률주의가 지배하는 조세법의 영역에서는 경과규정의 미비라는 명백한 입법의 공백을 방지하고 형평성의 왜곡을 시정하는 것은 원칙적으로 입법자의 권한이고 책임이지, 법률조항의 법문의 한계 안에서 법률을 해석·적용하여야 하는 법원이나 과세관청의 몫은 아니라 할 것이다. 뿐만 아니라, 구체적 타당성을 이유로 법률에 대한 유추해석 내지 보충적 해석을 해야 하는 경우에도 그것은 어디까지나 '유효한' 법률조항을 대상으로 그 의미와 내용을 분명히 하기 위한 것이지, 이미 실효된 법률조항은 그러한 해석의 대상이 될 수 없음은 명백하다. 그러므로 관련 당사자가 공평에 반하는 이익을 얻을 가능성이 있다 하여 이미 실효된 법률조항을 유효한 것으로 의제하여 과세의 근거로 삼는 것은 과세근거의 창설을 국회가 제정하는 법률에 맡기고 있는 헌법상의 권력분립원칙과 조세법률주의의 원칙에 근본적으로 반하는 것이다.」

Ⅳ. 조세입법과 과잉금지원칙

조세입법에도 법치주의가 적용된다. 따라서 조세입법도 법치주의에서 파생하는 과잉금지원칙에 저촉되면 안 된다.

헌법재판소는 고급오락장에 대한 취득세를 부과함에 있어 중과세율을 법률로 규정하면서 이를 고급오락장으로 사용할 목적이 없이 취득한 경우에도 적용하는 것은 사치·향락적 소비시설의 취득 및 소비를 억제하고자 하는 입법의 목적을 달성하는 것과 전혀 무관한 내용에 대하여 제한을 가하는 것이어서 수단을 달성하는 방법에서 적합성을 충족하지 못하여 과잉금지원칙에 위반된다고 판시하였다(憲 2009. 9. 24.-2007헌바87).

V. 조세입법의 소급효 금지

(1) 내　용

소급효의 금지는 법치주의의 내용으로 국민생활의 법적 안정성과 예측가능성을 보장하는 것으로서 모든 국가작용에 적용된다. 조세입법의 경우에도 마찬가지이다. 헌법재판소는 소급입법에 의한 과세금지원칙의 헌법적 근거를 헌법 제38조와 제59조에 근거하고 있는 법률주의에서 찾기도 하고(예: 憲 2004. 7. 15.-2002헌바63), 헌법 제13조 제2항에서 찾기도 한다(예: 憲 1993. 9. 27.-92헌가5; 1998. 11. 26.-97헌바58; 2002. 2. 28.-99헌바4).

조세입법의 경우에 소급입법에 의한 과세가 원칙적으로 금지되지만, 예외적으로 허용되는 경우라고 하더라도 새로 입법을 하여 과거에 소급하여 과세를 하는 것이나, 납세의무가 존재하는 경우라고 하더라도 소급하여 중과세를 하는 것은 비례원칙에 합치하여야 한다(예: 憲 1995. 3. 23.-93헌바18등; 1998. 11. 26.-97헌바58; 2002. 2. 28.-99헌바4). 국세기본법 제18조 제2항은 「국세를 납부할 의무(세법에 징수의무자가 따로 규정되어 있는 국세의 경우에는 이를 징수하여 납부할 의무)가 성립한 소득 · 수익 · 재산 · 행위 또는 거래에 대해서는 그 성립 후의 새로운 세법에 따라 소급하여 과세하지 아니한다」라고 하여 소급과세금지를 확인하고 있다.

(2) 적용범위

조세입법에서 과거에 완성된 사실이나 법률관계를 규율대상으로 하는 진정소급효(眞正遡及效)의 입법은 원칙적으로 인정되지 않고, 시작은 이미 과거에 행해졌지만 아직 완성되지 아니하고 진행 중에 있는 사실이나 법률관계를 규율하는 부진정소급효(不眞正遡及效)의 입법은 원칙적으로 허용된다. 그러나 이 경우에도 신뢰보호의 원칙, 과잉금지원칙, 적법절차원리 등에 위반되지 않아야 한다. 조세법에 있어서 당해 과세연도 중에 개정된 신법을 당해 과세연도 중 신법 시행 이전의 기간에 있은 거래에 대해서도 적용하는 소급효(current year retroactivity)는 인정된다. 다만, 진정소급효의 입법과 부진정소급효의입법을 구별하는 것은(이런 이분론은 독일의 연방헌법재판소가 채택하고 있는 것이고, 미합중국에서는 채택하지 않고 있다) 개념적으로도 정확하지 않은 부분이 있고, 그 구별도 명확하지 않으므로 양자의 구별이 분명하지 않은 경우에는 종래 진정소급효의 입법에 적용되는 기준을 적용하는 것이 타당하다(정종섭 c, 134).

헌법재판소는 조세입법에서의 소급효의 금지는 과거에 완성된 사실이나 법률관계를 규율대상으로 하는 진정소급효의 입법에 적용되고, 시작은 이미 과거에 행해졌지만 아직 완성되지 아니하고 진행 중에 있는 사실 또는 법률관계를 규율하는 부진정소급효의 입법의 경우에는 원칙적으로 적용되지 않는다고 판시하되(예: 憲 1997. 6. 26.-96헌바94; 1998. 11. 26.-97헌바37), 부진정소급효의 입법에서도 신뢰보호의 원칙을 위반해서는 안 된다고 판시하였다(예: 憲 1995. 10. 26.-94헌바12;

(1999. 4. 29.-94헌바 37등; 2001. 4. 26.-99헌바55; 2002. 7. 18.-99헌마574). 법률이 소급여부에 관계없이 기본권을 침해하는 경우에는 소급효금지원칙이나 신뢰보호원칙의 위반을 따질 필요 없이 바로 기본권의 침해로써 위헌이 된다. 기본권의 침해와 신뢰보호원칙의 위반이 동시에 문제가 될 때에는 먼저 기본권 침해여부부터 따져야 한다(신뢰보호원칙의 보충성).

헌법재판소가 국세기본법의 법률조항에 대하여 위헌이라고 선고하여 효력이 상실된 상태에서 다시 국세기본법을 개정하여 위헌으로 선고된 해당 법률조항을 적용하는 부칙규정을 둔 경우는 소급입법에 의하여 헌법 제13조 제2항을 침해한 것이라고 판시하였다(예: 憲 1993. 9. 27.-92헌가5).

[憲 1995.10.26.-94헌바12] 「독일판례의 영향을 받은 우리 재판소나 대법원의 판례에 따르면 소급입법에 관하여 진정·부진정 소급효의 입법을 구분하고 있으며 우리 재판소의 판례상으로는 불명하나 대법원 판례에 따르면 이 사건 규정은 부진정소급입법에 해당하는 것으로 보인다(大 1983. 4. 26.-81누423; 1983. 12. 27.-81누305 참조). 이와 같이 소급입법을 진정·부진정으로 나누는 척도는 개념상으로는 쉽게 구분되나 사실상 질적 구분이 아닌 양적 구분으로, 단순히 법기술적 차원으로 이루어질 가능성이 있으므로 이와 같은 구분의 기준에 관하여 이견이 있을 수 있다. 이 사건 규정과 같이 과세연도 도중에 법이 개정된 경우, 세법상 과세요건의 완성이 과세연도 경과 후에 이루어지며, 그 법의 시간적 적용시점이 과세연도 경과 후이기 때문에 진정소급효는 아니라고 한다면, 이는 과세요건의 완성을 과세연도 종료 후로 하는 것 자체는 세무회계 내지 조세행정상의 편의성 때문이므로, 사실상 법기술적 차원의 구분에 불과하다. 원래 조세의 부과처분은 수량적인 행정처분이고, 분할계산이 가능한 것이므로 기간과세의 경우에도 법령의 개정 전·후에 따른 구분계산이 가능하다. 즉 법인해산의 경우, 기타 중간예납, 수시부과 등의 경우에도 사업연도가 경과되기 전에 조세부과가 이루어지며, 이 사건 규정의 시행일 전·후로 나누어 청구인이 법인세 납부신고를 한 사실은 과세연도 도중에도 분할계산이 가능하다는 것을 증명하고 있다. 따라서 양자의 구분은 이와 같은 사실상 법기술적 차원에서 행할 것이 아니라 '최종적인 평가가 내려진 사태에 대한 새로운 법적 평가'가 있었느냐의 여부에 따라 구분하여야 한다는 견해도 있을 수 있다(이러한 견해 하에서는 이 사건 규정은 진정소급입법에 해당되게 된다. 즉 이 사건 규정 시행일까지 경과된 과세연도의 일부기간까지 법인세의 과표가 되는 법인의 사업소득은 이미 확정되어 있기 때문이다). 그렇다면 진정·부진정 소급입법의 구분은 실제에 있어서는 그 척도상 문제가 많다고 아니할 수 없다. 그러나 현재로서는 이를 대체할 새로운 대안도 찾기 어려우므로 종전의 구분을 그대로 유지하는 것이 불가피하다고 생각된다. 다만 부진정소급입법에 속하는 입법에 대해서는 일반적으로 과거에 시작된 구성요건 사항에 대한 신뢰는 더 보호될 가치가 있다고 할 것이기 때문에 신뢰보호의 원칙에 대한 심사가 장래입법에 비해서보다는 일반적으로 더 강화되어야 할 것이다.」

Ⅵ. 조세와 신뢰의 보호

(1) 의 의

조세에도 신뢰보호원칙이 적용된다. 이러한 신뢰보호는 헌법상의 법치주의의 내용으로서 국민에 대한 조세부과행위에도 적용된다. 그런데 신뢰보호의 문제는 소급과세에서 발생하고 장래를 향한 과세에는 발생하지 않는다(예: 大 1992. 12. 22. -92누7850). 이러한 신뢰보호의 한 형태로 국세기본법 제18조 제3항은 「세법의 해석이나 국세행정의 관행이 일반적으로 납세자에게 받아들여진 후에는 그 해석이나 관행에 의한 행위 또는 계산은 정당한 것으로 보며, 새로운 해석이나 관행에 의하여 소급하여 과세되지 아니한다」라고 정하여 이를 구체화하고 있다.

(2) 적용영역

신뢰보호원칙은 국민에 대한 국가의 조세부과행위, 즉 조세법의 입법과 조세법의 적용에 모두 적용된다. 그러나 신뢰보호는 국가에 대한 국민의 신뢰를 보호하는 것이기 때문에 국가에 대한 납세자의 납세의무에는 적용되지 않는다. 납세자가 신의에 좇아 성실히 납세의무를 이행하여야 하는 것은 법률이 납세의무의 일부로 정하고 있는 내용이다(납세에서의 신의성실의무).

국세기본법 제15조는 「납세자가 그 의무를 이행할 때에는 신의에 따라 성실하게 하여야 한다. 세무공무원이 직무를 수행할 때에도 또한 같다」라고 정하여 신뢰보호원칙을 신의성실의 규정으로 정하고 있는데, 납세자의 의무이행에서의 신의성실원칙은 납세의무에 적용되는 것이고, 세무공무원의 직무수행에서의 신의성실원칙은 조세법의 적용에서 신뢰보호원칙이 적용된다는 점을 정한 것이다. 조세법이론의 영역에서는 국가와 납세자의 관계를 채권·채무관계로 설정하고 있으나, 이는 조세실체법을 구성하기 위한 이론의 편의상 구성된 것일뿐 헌법적 차원의 조세개념에서는 국가가 권리를 가지는 것은 아니다. 국가의 조세부과행위는 성질상 채권행위가 아니라 고권적 행위에 해당하고, 납세의무는 헌법에 의해 부과된 의무이다.

(3) 적용기준

조세에서 신뢰보호가 인정되기 위해서는 i) 조세에 관한 국가의 행위(입법 또는 법집행)가 있어야 하고, ii) 납세자가 국가의 행위를 신뢰하고 그러한 신뢰를 바탕으로 하여 어떠한 행위를 하여야 하며, iii) 국가에 대한 납세자의 신뢰가 보호를 받을 가치를 지니는 정당한 것이어야 하고, iv) 국가의 새로운 행위가 위법한 행위가 아니어야 하며, v) 국가의 새로운 행위로 인하여 상당한 인과관계를 가지는 경제적 불이익을 받아야 한다.

헌법재판소는 신뢰보호에 있어 법치주의의 내용을 이루는 일반적인 신뢰보호원칙을 조세법에도 적용하면서(예: 憲 1995. 6. 29.-94헌바39; 1995. 10. 26.-94헌바12; 1999. 7. 22.-97헌바76; 2003. 6. 26.-2000헌바82) 동시에 조세영역에서 신뢰가 신뢰보호원칙에 따라 보호받으려면 그 성질에 따른 보다 엄격한 요건이 필요한 것으로 본다(예: 憲 1998. 11. 26.-97헌바58; 2003. 6. 26.-2000헌바82; 2004. 7. 15.-2002헌바63).

[憲 2004.7.15.-2002헌바63] 「무릇 법률의 개정시 구법질서에 대한 당사자의 신뢰가 합리적이고도 정당하며 법률의 개정으로 야기되는 당사자의 손해가 극심하여 새로운 입법으로 달성하고자 하는 공익적 목적이 그러한 당사자의 신뢰의 파괴를 정당화할 수 없다면 새로운 입법은 신뢰보호의 원칙상 허용될 수 없다. 그러나 사회환경이나 경제여건의 변화에 따른 필요성에 의하여 법률은 신축적으로 변할 수밖에 없고, 변경된 새로운 법질서와 기존의 법질서 사이에는 이해관계의 상충이 불가피하다. 따라서 국민이 가지는 모든 기대 내지 신뢰가 헌법상 권리로서 보호될 것은 아니고, 신뢰의 근거 및 종류, 상실된 이익의 중요성, 침해의 방법 등에 의하여 개정된 법규 · 제도의 존속에 대한 개인의 신뢰가 합리적이어서 권리로서 보호할 필요성이 인정되어야 한다. 더구나 조세법의 영역에 있어서는 국가가 조세 · 재정정책을 탄력적 합리적으로 운용할 필요성이 매우 큰 만큼, 조세에 대한 법규 · 제도는 신축적으로 변할 수밖에 없다는 점에서 납세의무자로서는 구법질서에 의거한 신뢰를 바탕으로 적극적으로 새로운 법률관계를 형성하였다든지 하는 특별한 사정이 없는 한 원칙적으로 세율 등 현재의 세법이 변함 없이 유지되리라고 기대하거나 신뢰할 수는 없다. 그런데 신뢰보호원칙의 위배 여부를 판단하기 위하여는 한편으로는 침해받은 이익의 보호가치, 침해의 중한 정도, 신뢰가 손상된 정도, 신뢰침해의 방법 등과 다른 한편으로는 새 입법을 통해 실현하고자 하는 공익적 목적을 종합적으로 비교 · 형량하여야 한다.」

Ⅶ. 조세부담의 공평

(1) 개 념

조세부담의 공평(公平 equity)원리는 조세를 부담함에 있어서 모든 납세자는 공정하고 평등하게 대우되어야 한다는 것을 말한다. 이는 법치주의의 요청인 동시에 헌법 제11조의 평등보호조항에 근거를 두고 있다(예: 憲 1989. 7. 21.-89헌마38; 1992. 12. 24.-90헌바21; 1995. 7. 21.-92헌바40; 1996. 8. 29.-92헌바46; 1996. 8. 29.-95헌바41; 1998. 5. 28.-95헌바18; 2002. 6. 27.-2001헌바44; 2002. 8. 29.-2001헌가24; 2002. 10. 31.-2002헌바43; 2002. 12. 18.-2001헌바55). 국가가 조세라는 부담을 국민에게 부과할 때, 이러한 부담은 공평하게 이루어져야 한다. 공평부담은 헌법의 법치주의와 평등조항에 따라 조세를 포함한 모든 일반적 부담행위에 공통하여 적용되는 것이기도 하다.

[憲 2002.10.31.-2002헌바43] 「조세평등주의 또는 조세평등의 원칙이란 헌법 제11조 제1항이 규정하는 평등의 원칙이 조세법영역에서 구현된 것으로 조세의 부과와 징수는 납세자의 담세능력에 상응하여 공정하고 평등하게 이루어져야 하고 합리적 이유 없이 특정의 납세의무자를 불리하게 차별하거나 우대하는 것은 허용되지 아니한다는 원칙인바, 다만 담세능력에 따른 과세의 원칙이라 하여 예외 없이 절대적으로 관철되어야 하

는 것은 아니고, 합리적 이유가 있는 경우라면 납세자 간의 차별취급도 예외적으로 허용된다 할 것이고……」

(2) 내 용

(a) 조세의 공평

조세의 공평이란 구체적으로 어떠한 경우를 의미하는가에 대해서는 의견이 대립한다. 국가로부터 제공받은 이익(=편익 benefit)에 비례하여 조세를 부담하는 것이 공평하다는 이익설(利益說)의 관점(利益原理 benefit principle) 또는 등가원리(等價原理 Äguivalenzprinzip)와 조세를 부담할 수 있는 경제적 지불능력에 비례하여 부담하는 것이 공평하다는 능력설(能力說)의 관점(擔稅力原理 ability-to-pay principle)이 있다.

이익설의 관점은 재정의 수입과 지출의 양면을 모두 고려하는 점은 있으나, 개별 납세자가 여러 이익들에 대하여 자기 선호를 자발적으로 표시하지 않으려고 하는 점과 국가가 국민 모두에게 일반적으로 제공하는 이익에서 각자 얼마만큼 이익을 받는지를 측정할 수 없다는 점에서 이론상의 한계를 가지고 있다. 이익설의 관점은 목적세와 같이 수익자부담원리가 적용되는 조세나 이익을 차별화할 수 있고 측정할 수 있는 경우에는 타당성이 높지만, 그렇지 아니한 조세에서는 타당성이 떨어진다. 능력설은 소득의 분배에는 기여하지만 재정의 수입면에만 치중하고 있다는 점과 담세력을 정확히 측정할 수 있는 기준을 도출하기 어렵다는 점에서 이론상의 약점을 가지고 있다. 현대 재정의 주류는 능력설에 기초하고 있다. 능력원리에 따라 조세부담의 공평을 실현하려면, 동일한 경제적 능력을 가진 사람들은 동일한 액의 조세를 부담하여야 하고(수평적 공평 horizontal equity), 상이한 경제적 능력을 가진 사람은 상이한 액의 조세를 부담하여야 한다(수직적 공평 vertical equity)고 본다(양자의 관계는 밀접불가분하다. 어느 하나만 충족하고 다른 하나를 충족시키지 못하는 경우에는 양자 모두 충족시키지 못한 경우보다 더 나쁜 결과를 가져올 수 있다). 그렇지만 구체적으로 경제적 능력의 이동(異同)을 판단하는 기준의 설정(인종, 성, 소득, 장애, 연령, 재산, 소비지출, 혼인여부, 부양자 존재 여부 등)에서는 논란이 있다.

능력설에 따를 때, 무엇을 가지고 담세능력을 측정할 것인가 하는 것이 문제가 된다. 보통은 담세능력의 측정척도로 소득을 채택하고, 과세에 의한 소득의 감소를 효용의 희생으로 설정하고, 이러한 희생을 균등하게 하는 것을 조세부담의 공평이라고 본다. 그러나 담세능력을 측정하는 기준이 소득만에 한정되어야 할 이유는 없고, 소비지출(consumption expenditure)이나 재산(wealth) 등도 그 측정기준으로 삼을 수 있다는 견해도 있고, 현행법에도 소비과세나 재산과세가 있다.

헌법재판소의 판례도 기본적으로 능력설의 입장을 취하고 있다(예: 憲 1995. 6. 29.-94헌바39; 1995. 10. 26.-94헌마242;

1995. 10. 26.-94헌바7등; 1996. 6. 26.-93헌바2; 1998. 5. 28.-95헌바18; 1999. 11. 25.-98헌마55; 1999. 12. 23.-99헌가2; 2000. 7. 20.-98헌마99; 2001. 1. 18.-98헌바84등; 2002. 8. 29.-2001헌가24). 그러나 다양한 종류와 형태의 개별조세에서 개별조세의 특성을 무시하고 일률적으로 담세력원리만을 관철하는 것도 문제가 있다. 법적으로는 다양한 조세가 가지는 개개의 성질에 따라 그에 적합한 이익원리 또는 담세력원리를 채택하되, 그 성질이 불분명한 경우에는 담세력원리에 따르는 것이 타당하다고 할 것이다.

> [憲 2002.8.29.-2001헌가24] 「조세평등주의는 정의의 이념에 따라 "평등한 것은 평등하게" 그리고 "불평등한 것은 불평등하게" 취급함으로써 조세법의 입법과정이나 집행과정에서 조세정의를 실현하려는 원칙이라고 할 수 있다. 조세평등주의가 요구하는 이러한 담세능력에 따른 과세의 원칙은 한편으로 동일한 소득은 원칙적으로 동일하게 과세될 것을 요청하며(이른바 '수평적 조세정의'), 다른 한편으로 소득이 다른 사람들 간의 공평한 조세부담의 배분을 요청한다(이른바 '수직적 조세정의'). 그러나 이러한 담세능력에 따른 과세의 원칙이라 하여 예외 없이 절대적으로 관철되어야 한다고 할 수 없고, 합리적 이유가 있는 경우라면 납세자 간의 차별취급도 예외적으로 허용된다. 세법의 내용을 어떻게 정할 것인가에 관하여 입법자에게는 광범위한 형성의 자유가 인정되며, 더욱이 오늘날 조세입법자는 조세의 부과를 통하여 재정수입의 확보라는 목적 이외에도 국민경제적·재정정책적·사회정책적 목적달성을 위하여 여러 가지 관점을 고려할 수 있기 때문이다.」

(b) 실질과세

실질과세는 과세요건사실에 대한 조세법의 적용에 있어서 법률상의 형식과 경제적 실질이 서로 일치하지 않는 경우에 그 경제적 실질에 따라 과세하는 것을 말한다.

실질과세는 과세물건이 형식상 귀속하는 자와 실질상 귀속하는 자가 다를 경우에는 후자에게 귀속하는 것으로 보고 과세하고(실질귀속의 원칙), 과세물건을 인식함에 있어서 과세거래의 형식과 실질이 일치하지 않는 경우에는 실질에 따라 과세하는 것(실질계산의 원칙)을 그 내용으로 한다. 이러한 실질과세는 기본적으로 조세의 공평을 실현하기 위한 것으로 국세기본법이라는 법률에 규정된 것이지만 헌법재판소는 이를 헌법원리로 끌어 올려 조세부담의 공평원리의 한 내용으로 포함시키기도 한다(예: 憲 1989. 7. 21.-89헌마38). 국세기본법은 실질귀속의 원칙(동법 §14①)과 실질계산의 원칙(동조 ②)을 정하고 있다.

> [憲 1989.7.21.-89헌마38] 「조세평등주의의 이념을 실현하기 위한 법 제도의 하나가 바로 국세기본법 제14조에 규정한 실질과세의 원칙이라고 할 수 있다.……조세평등주의의 이념을 실현하기 위한 실질과세의 원칙은 조세회피의 방지 또는 조세정의의 실현을 위하여 경우에 따라서는 예외 내지 특례를 인정할 수 있다. 실질과세의 원칙은 법률상의 형식과 경제적 실질이 서로 부합하지 않는 경우에 그 경제적 실질을 추구하여 그에 과세함으로써 조세를 공평하게 부과하겠다는 것이나 거기서 말하는 실질의 의미가 반

드시 명확한 것도 아닐 뿐만 아니라, 경우에 따라서는 형식상의 외관이나 명목에 치중하여 과세하는 것이 오히려 공평한 과세를 통한 조세정의의 실현에 부합되는 경우도 있을 수 있다.」

(c) 조세공평과 조세감면

일정한 경우 조세를 감면하는 것은 조세에서 우대받는 자와 조세를 부담하는 자를 차별대우하는 것이어서 이를 정당화할 수 있는 특별한 이유가 존재하지 않는 한 조세공평원리에 위반되어 허용되지 않는다. 헌법재판소의 판례도 같은 취지의 입장이다(예: 憲 1995. 10. 26.-94헌바7등; 1996. 6. 26.-93헌바2; 1995. 6. 29.-94헌바39; 1996. 8. 29.-95헌바41).

[憲 1995.10.26.-94헌바7등] 「토지를 양도하여 양도차익이 있으면 소정의 양도소득세를 납부하여야 한다는 일반적인 원칙에 비추어 볼 때, 단지 국민주택용지로 토지를 양도하였다는 사실만으로 양도소득세를 면제하는 조세우대조치는, 그것이 비록 국민주거생활의 안정이라는 정책적 목적을 실현함에 있어서 필요하다고 하더라도, 그 제도 자체가 특정한 납세자군이 조세의 부담을 다른 납세자군의 부담으로 떠넘기는 것에 다름 아니어서 조세평등주의의 이념에 저해적 요소로 되고 따라서 일반납세자들의 납세의식을 저하시키게 되는 것은 의심의 여지가 없으므로, 특히 정책목표달성이 필요한 경우에 그 면제혜택을 받는 자의 요건을 엄격히 하여 극히 한정된 범위 내에서 예외적으로 허용되어야 하는 것이며, 그것이 조세평등주의를 희생시킨 것과 동 가치의 공헌이 가능한 경우에만 활용되어야 할 것이다.」

[憲 1996.8.29.-95헌바41] 「조세감면의 우대조치의 경우에도 비록 조세감면이 조세평등의 원칙에 반하고 국가나 지방자치단체의 재원의 포기이기도 하여 가급적 억제되어야 하며 특히 정책목표달성이 필요한 경우에 그 감면혜택을 받는 자의 요건을 엄격히 하여 한정된 범위 내에서 예외적으로 허용되어야 하는 것이기는 하나, 특정 납세자에 대하여만 감면조치를 하는 것이 현저하게 비합리적이고 불공정한 조치라고 인정될 때에는 조세평등주의에 반하여 위헌이 된다고 할 것이다.」

(3) 적용영역

조세공평의 원리가 조세에 관한 법률의 입법을 지배하는 원리임에는 이론이 없다. 그러나 그 이외에 조세공평의 원리가 조세법의 해석과 적용도 지배하는 원리인가 하는 문제가 있다.

(a) 소 극 설

조세공평의 원리는 조세에 관한 법률을 제정하거나 개정하는 입법의 영역에서 적용되는 원리일 뿐, 해당 법률의 해석과 적용에는 적용되지 않는다고 본다. 법률의 적용은 법률이 정하고 있는 대로 충실히 적용하는 것으로 충분하고, 조세입법에서의 불평등은 해당 법률의 적용에서 교정되는 것이 아니라 법률의 개정으로 교정된다고 본다. 조세공평원리를 조세법의 해석과 적용에 적용하는 경우에는 헌법 제59조가 정하고 있는 법률주의를 형해화시킬 우려가 있다고 본다.

(b) 적 극 설

조세공평의 원리는 조세에 관한 입법에서뿐만 아니라 그 법률의 해석과 적용에서도 지배하는 원리라고 본다. 헌법재판소는 조세의 입법과 적용에서 납세의무자를 평등하게 대우하여야 한다는 것으로 보아 적극설의 입장을 유지하고 있다(예: 憲 1989. 7. 21.-89헌마38; 1990. 9. 3.-89헌가95; 1995. 6. 29.-94헌바39; 2002. 12. 18.-2001헌바55).

(c) 사 견

조세법이 조세공평원리에 적합하게 입법되었음에도 그 해석과 적용에서 납세자를 불평등하게 적용하였다면, 이는 조세평등원리 이전에 법적용에서 실정법을 위반한 것으로 위법한 처분에 해당한다. 그리고 다수의 조세법위반자에 대하여 그 일부에 대해서만 과세처분이나 일정한 조치를 취한 경우에는「불법의 평등」의 문제가 되어 조세법위반자는 조세의 공평을 주장할 수 없다. 따라서 이러한 경우에는 조세공평원리가 따로 적용된다고 할 여지가 없다. 조세법이 조세공평원리에 위반되는 내용을 정하고 있는 경우에 이를 교정하기 위하여 조세의 공평에 합치되도록 해석하고 적용한다면, 이는 사법작용이나 행정작용이 입법작용을 대체하는 결과를 초래하고 헌법 제59조의 법률주의를 위반하는 결과를 가져온다. 조세법이 조세공평원리에 어긋나는 경우에는 법률의 개정이나 규범통제를 통하여 이를 해결한다. 따라서 법원리적으로 소극설이 타당하다. 다만, 실질과세를 조세공평원리의 내용으로 포함시키면, 실질과세는 조세법의 해석과 적용에서도 적용되므로 이 범위 내에서는 조세공평원리가 조세법의 해석과 적용도 지배한다고 할 것이다.

[434] 제3 예산의 심의 및 확정

Ⅰ. 예산의 개념과 성질

헌법 제54조 제1항은「국회는 국가의 예산안을 심의 · 확정한다」라고 하여, 국회의 예산안 심의 · 확정에 관한 권한과 의무를 정하고 있다.

(1) 예산의 개념

예산이라 함은 회계연도에 있어 국가의 세입과 세출의 예정준칙을 정한 것으로 국회의 의결 · 확정에 의하여 성립하는 국가행위이다.

(2) 예산의 성질

국민주권원리에 따를 때, 재정권도 입법권과 같이 국민대표기관인 국회가 주도적으로 보유·행사하여야 하고, 예산도 국회가 의결하여야 하는 것인 이상 예산은 법률이 되는 것이 타당하다. 현행 헌법의 해석에서도 예산과 법률을 동일한 것으로 볼 수 있다(예산법률설). 예산과 법률을 동일하게 보는 경우에 현행 헌법하에서는 행정부가 예산안을 법률안으로 하여 제출하게 된다(미합중국과 다른 점이다. 행정부의 법률안제출권을 폐지하면 행정부가 예산계획을 수립하고 의회가 예산안을 작성·제출하게 된다). 헌법에서 특히 예산의 의결에 관하여 정하고 있는 내용 외의 것에서는 법률안을 처리하는 방법과 같이 하면 되고, 일반법률과 달리 예산법률에 특별히 정하여야 할 것은 법률로 따로 정하면 된다.

우리 헌법상의 예산규정이나 예산의 성질에 대한 논의는 일본국의 헌법과 그에 대한 논의에서 직접적인 영향을 받았다. 따라서 우리의 현재 예산제도와 예산의 성질을 이해함에 있어서 일본국의 논의를 먼저 살펴볼 필요가 있다. 일본국에서 예산의 성질에 대한 논의에는 예산을 행정부의 행정행위로 파악하는 예산행정행위설(豫算行政行爲說), 예산을 독립적인 국법의 형식으로 파악하는 예산국법형식설(豫算國法形式說), 예산을 국회에서 입법하는 법률과 성질이 동일하다는 예산법률설(豫算法律說)이 있다.

예산과 법률

항목 \ 예산/법률	예산	법률
헌법상 근거규정	헌법 제54조	헌법 제53조
형식	국회의결의 예산	국회의결의 법률
제안권자	정부	국회, 정부
효력범위	의회와 행정부 간	국민과 국가 간
효력발생요건	의결	공포
수정·가감에서의 제한	지출예산의 증액, 추가에는 정부의 동의 필요	법률안의 수정·추가 제한 없이 가능
국회의 심의거부	전면 심의 거부 불가능	가능
대통령의 거부권 행사	불가능	가능
제출시한	회계연도 개시 90일 전까지	제한 없음
시간적 효력	당해 회계연도	폐지 시까지
주관적 효력	국가기관·지자체 구속	국가기관·지자체·사인 구속

예산행정행위설: 예산은 행정부의 행정계획에 해당하는 행정행위이고, 법적 성질을 가지지 않는다고 본다. 따라서 예산법률주의를 부정한다. 행정부가 예산의 계획을 편성하여 의회에 제출하는 것은 의회로 하여금 그 예산의 지출(=세출)에 대하여 승인을 하여 달라는 의사표시에 지나지 않는 것으로 본다(이로 인하여 승인설이라고도 한다). 이는 과거 일본국의 대일본제국헌법(大日本帝國憲法=明治憲法 1889)하에서 이등박문(伊藤博文)의 「헌법의해(憲法義解)」(1889/1937)에서 역설된 이래 통설이 되었다. 이는 행정부의 우위를 전제로 하는 국가주의적인 관점에 기초하고 있었던 것으로 현대 일본국에서는 이를 찾아보기 어렵다. 이에 의하면 법률과 예산이 다음과 같이 구별된다. i) 법률은 국민에 대한 국가의 의사표시이지만, 예산은 행정부에 대한 의회의 의사표시이다. ii) 법률은 국가와 국민 간에 효력을 가지고 쌍방의 권리의무를 구속하지만, 예산은 행정부와 의회 간에 효력을 가지는 것으로 의회와의 관계에서만 행정부를 구속한다. iii) 법률은 영속성을 가지고, 법률에 의한 변경 이외에는 영속성을 상실하지 않는 것이 원칙이지만, 예산은 1년을 한도로 1회계연도 안에서만 효력을 가진다. iv) 법률은 종래의 법규를 변경하는 효력을 가지지만, 예산은 법규변경의 효력을 가지지 않는다.

예산국법형식설: 예산이 곧 법률은 아니지만 법률과 같이 국법의 형식을 가지는 국가행위라고 본다. 즉, 예산을 1회계연도에 있어 행정행위의 준칙, 주로 세입세출에 대하여 예정하고 있는 준칙을 내용으로 하고(실질적 의미의 예산), 국회의 의결을 거쳐 성립되는 국법형식(형식적 의미의 예산)이라고 한다. 이는 예산행정행위설을 비판하고 등장한 것인데, 영국이나 프랑스의 예산의결권이 일본국의 것과 다르다고 보되, 일본국이 모델로 삼은 독일의 예산제도가 다른 나라의 것과 구별되는 것이라는 점에 기초하여 일본국의 예산을 독자적인 법형식이라고 본다. 천황주권에 기초하고 있었던 명치헌법(明治憲法)이 붕괴되고 국민주권으로의 원리적인 전환이 있으면서 국민주권에 기초하여 의회재정 중심주의를 확립한 것이고 재정입헌주의가 강하게 구현된 것이다. 오늘날 다수설이다. 이에 의하면, 법률과 예산은 다음과 같이 구별된다. i) 예산은 1회계연도별로 의결하는 국가의 재정행위로서 세입세출이다. ii) 이는 단순히 세입세출의 견적서에 지나지 않는 것이 아니라 행정부의 행위를 규율하는 준칙이다. iii) 예산이 준칙인 이상 의회의 의결에 의하여 성립되지 않으면 안 된다. iv) 그런데 예산이 1회계연도의 국가재정행위를 규율하는 특수한 성격을 가지는 점에서 법률과 구별된다.

예산법률설: 예산은 나라의 살림살이에 관한 재정지출이므로 국민주권원리에 의할 때 의회가 입법권과 동시에 재정권을 가져야 하며, 의회가 결정하는 법규범이기 때문에 법률이어야 한다고 본다. 현행 헌법에서 예산의 의결을 법률에 관한 조항과 별개로 정하고 있는 것(동헌법 §60)은 명치헌법의 잔재로 남아있는 것인데, 이런 규정이 있어도 이를 일반법률에 대하여 예산법률(豫算法律)을 정하고 있는 특별규정이라고 볼 수 있어 현행 헌법상으로 예산을 법률과 같이 보아도 하자가 없다고 한다. 이는 예산과 법률의 구별을 다음과 같이 비판한다. i) 예산은 일반국민이 아닌 국가기관을 규율하지만, 법률도 항상 국민만을 규율대상을 하는 것은 아니다(예: 공무원의 사무나 국가의 조직에 관한 법률 등). ii) 예산은 1년이라는 회계연도에 한정되어 연속성이 없지만, 법률에도 한시법(限時法)이 존재하므로 시간적 범위에 제약이 있는 예산법률도 얼마든지 가능하다. iii) 의회의 예산의결행위는 단순히 계

수를 조정하는 것이 아니라 대외적 효력을 가지는 규범의 확정이고, 따라서 의회의 의결이 필요하다.

헌법이 정하는 예산은 국회가 의결하고 확정하는 국가행위인데, 예산이 어떠한 성질을 가지느냐에 대해서는 법률과 동일하다는 예산법률설과 법률과는 구별되는 독자적인 법형식이라는 예산국법형식설(다수설)이 있다. 예산은 법률의 형식을 갖추는 경우에도 그 특성상 예산안의 작성과 제출절차, 심의와 확정의 과정, 효력의 범위, 이에 대한 다툼 등에서 일반법률과는 구별된다. 국가에 따라서는 예산을 법률의 형식으로 하는 경우도 있다(예: 미합중국, 영국, 독일, 프랑스). 우리나라는 실정법상 예산을 법률과 구별하는 방식을 채택하고 있다.

Ⅱ. 예산의 내용

예산은 그 내용에 있어 예산총칙 · 세입세출예산 · 계속비 · 명시이월비와 국고채무부담행위를 총칭한다(국재법 §19).

계속비(繼續費)는 국가의 운영상 그 사항의 성격으로 인하여 해마다 예산을 편성하기에 적합하지 않고 한 회계연도를 넘어 계속하여 지출할 필요가 있을 때에 이를 충족시켜 지출하는 예산이다. 헌법은 정부로 하여금 국회의 의결을 얻어 계속비를 지출할 수 있게 하고 있다(헌법 §55①). 완성에 수년도를 요하는 공사나 제조 및 연구개발사업은 경비의 총액과 연부액(年賦額)을 정하여 미리 국회의 의결을 얻은 범위 안에서 수년도에 걸쳐서 지출할 수 있으며(국재법 §23①), 이에 의하여 국가가 지출할 수 있는 연한은 그 회계연도부터 5년 이내로 한다. 연한의 연장은 필요하다고 인정할 때에 국회의 의결을 거쳐 할 수 있다(동조 ②). 이러한 계속비는 예산1년주의(豫算一年主義)의 예외에 해당한다.

예비비(豫備費)는 예측할 수 없는 예산 외의 지출 또는 예산초과지출에 충당할 필요가 있을 때에 예비비로서 상당하다고 인정되는 금액을 세입세출예산(歲入歲出豫算)에 계상(計上)하여 지출하는 예산이다(국재법 §22①). 예비비는 총액으로 정하여 국회의 의결을 얻어 지출한다(헌법 §55②). 예비비는 총액만을 정하기 때문에 그 목적과 사용용도는 행정부의 재량에 맡겨져 있어 그에 대한 통제가 필요하다. 따라서 헌법에서는 예비비의 지출에 대하여 사후에 차기국회의 승인을 얻도록 하고 있고(헌법 §55②), 국가재정법에서는 일반회계 예산총액의 100분의 1 이내의 금액(다만, 예산총칙 등에 따라 미리 사용목적을 지정해 놓은 예비비는 별도로 세입세출예산에 계상할 수 있다)으로 예비비의 상한을 정하는 한편(국재법 §22①), 공무원의 보수 인상을 위한 인건비 충당을 위해서는 예비비의 사용목적을 지정할 수 없도록 하고 있다(동조 ②).

Ⅲ. 예산의 성립

국가의 예산은 편성, 제출, 심의, 의결의 과정을 거쳐서 성립한다. 이 가운데 예산안의 편성과 제출은 행정부의 권한과 의무에 속하고, 예산안에 대한 심의와 의결은 국회의 권한과 의무에 속한다.

(1) 예산안의 편성 및 제출

국가의 예산안을 편성·제출하는 권한은 정부가 가진다. 헌법은 「정부는 회계연도마다 예산안을 편성하여 회계연도 개시 90일 전까지 국회에 제출하고……」라고 정하고 있다(헌법 §54②). 국회는 예산편성권을 가지지 못한다. 따라서 우리나라의 경우에는 예산에 있어서 편성·제출은 행정부가 독점하고 심의·의결은 국회가 독점하는 구조를 취하고 있다. 예산안의 편성·제출사항은 국무회의 심의사항이다(헌법 §89ⅳ).

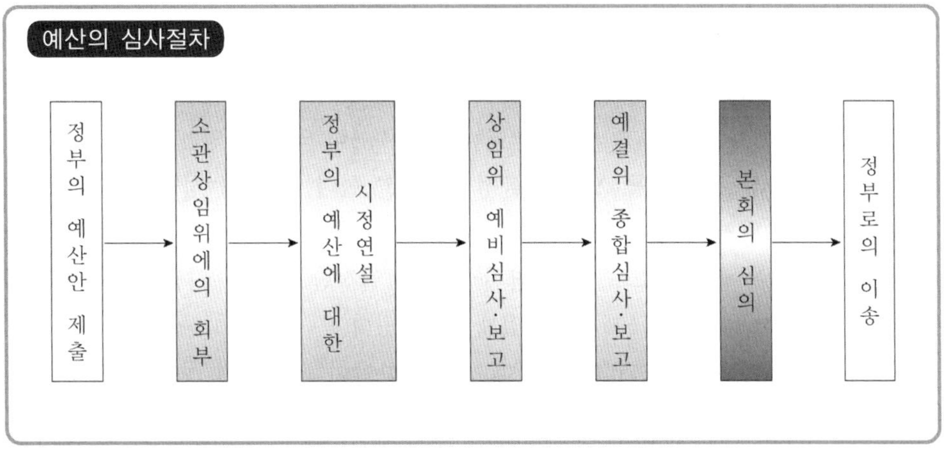

(2) 예산안의 심의·의결

헌법은 행정부가 편성·제출한 예산안에 대하여 국회로 하여금 회계연도 개시 30일 전까지 이를 의결하도록 정하고 있다(헌법 §54②). 이에 의해 국회는 예산안을 심의하고 의결하는 권한과 의무를 지고 있다.

국회는 예산안을 심의·의결함에 있어서 정부가 제출한 지출예산 각 항의 금액을 삭제하거나 감액할 수는 있으나, 정부의 동의 없이 이를 증가하거나 새 비목을 설치할 수 없다(헌법 §57). 정치적 이익을 고려하여 행하는 선심성 증액을 통제하기 위한 것이다.

《예산안 처리의 지연 방지》

종래 국회는 정치세력 간에 예산과 관계없는 사안으로 다투면서 예산안의 처리를 볼모로 삼아 정쟁을 일삼았다. 이리하여 예산안의 처리가 기한만료에 임박하여 처리되는 파행을 겪으면서, 예산안에 대한 심의의 불실, 무책임한 날림 처리, 정치세력 간의 나눠 먹기식 처리 등 문제가 심각하였다. 국회법은 이를 방지하기 위하여 위원회로 하여금 예산안, 기금운용계획안, 임대형 민자사업 한도액안 및 세입예산안 부수 법률안으로 지정된 법률안에 대한 심사를 매년 11월 30일까지 마치도록 하고, 심사를 마치지 아니한 경우에는 해당 의안은 그 다음날에 본회의에 바로 부의된 것으로 보고 처리할 수 있게 하고 있다(국회법 §85의3).

⑶ 예산의 공고

국회가 예산을 의결하면 예산은 정부로 이송되어 대통령이 서명하고 관보에 게재함으로써 공고한다. 예산은 국회의 의결로 효력을 발생하기 때문에 예산의 공고는 효력발생요건이 아니다. 예산은 대국민적 효력을 가지지 않기 때문에 공고를 효력발생요건으로 할 여지가 없다.

Ⅳ. 예산의 불성립과 변경

⑴ 예산의 불성립과 준예산

회계연도가 개시될 때까지 예산(=본예산=당초예산)이 국회에 의해 의결되지 못하면 예산은 성립하지 않는다. 이를 예산의 불성립이라고 한다. 예산이 성립하지 못하면, 국가의 재정에서 문제가 발생하므로 국가의 온전한 운영이 어렵다. 따라서 예산의 불성립이 발생하는 경우에는 최소 필요한 범위 내에서 일정한 경비를 지출할 수 있게 하는 준예산으로 이러한 사태를 극복할 수 있게 하고 있다.

헌법은 새로운 회계연도가 개시될 때까지 예산안이 의결되지 못하는 때에는 정부로 하여금 국회에서 예산안이 의결될 때까지 i) 헌법이나 법률에 의하여 설치된 기관 또는 시설의 유지·운영, ii) 법률상 지출의무의 이행, iii) 이미 예산으로 승인된 사업의 계속의 목적을 위한 경비를 전년도의 예산에 준하여 집행할 수 있게 정하고 있다(헌법 §54③). 준예산을 집행하는 경우는 헌법이 정하고 있는 이러한 세 가지의 목적을 위한 것에 한정된다.

⑵ 예산의 변경

예산은 국회의 의결로 일단 성립하면 차후에는 변경할 수 없는 것이 원칙이다. 그러나 불가피한 사유로 예산을 변경할 필요가 있는 경우에는 예외적으로 예산을 변경할 수 있다. 예산의 변경은 원칙적으로 추가경정예산(追加更正豫算)으로 한다. 헌법은 예산에 변경을 가할 필요가 있을 때에는 정부로 하여금 추가경정예산안을 편성하여 국회에 제출할 수 있게 하고, 이에 따라 국회의 의결을 얻으면 예산을 변경할 수 있도록 정하고 있다(헌법 §56). 국가재정법은 국가재정의 건전성을 제고하기 위하여 추가경정예산안의 편성에 일정한 제한을 가하고 있다. 즉 정부는 i) 전쟁이나 대규모 재해(「재난 및 안전관리 기본법」 제3조에서 정의한 자연재난과 사회재난의 발생에 따른 피해를 말한다)가 발생한 경우, ii) 경기침체 · 대량실업 · 남북관계의 변화 · 경제협력과 같은 대내 · 외 여건에 중대한 변화가 발생하였거나 발생할 우려가 있는 경우, iii) 법령에 따라 국가가 지급하여야 하는 지출이 발생하거나 증가하는 경우에 해당하게 되어 이미 확정된 예산에 변경을 가할 필요가 있는 경우를 제외하고는 추가경정예산안을 편성할 수 없으며(동법 §89①), 정부는 국회에서 추가경정예산안이 확정되기 전에 이를 미리 배정하거나 집행할 수 없다(동조 ②).

그런데 헌법은 대통령에게 긴급재정경제처분 또는 명령을 발할 권한을 인정하고 있으므로(헌법 §76) 예외적으로 이러한 긴급재정경제처분 또는 명령으로 예산을 변경할 수 있다. 그러나 예산은 일반법률과는 성질을 달리 하므로 일반법률로써 예산을 변경하지는 못한다. 마찬가지로 예산으로써 일반법률의 내용을 변경하지 못한다.

V. 예산의 효력

예산안에 대하여 국회가 의결을 하면 예산은 효력을 발휘한다. 예산은 그 특성상 법률의 형식을 취하는 경우에도 일반법률과 효력에서 차이가 있는 부분이 있다.

(1) 시간적 범위

예산은 시간적으로 1회계연도 내에서만 효력을 가진다. 이를 예산1년주의라고 한다.

(2) 공간적 범위

예산은 국내와 국외에 걸쳐 공히 효력을 발생한다. 국외에 있는 우리나라의 국가기관에도 효력이 미친다.

(3) 주관적 범위

예산은 관계국가기관과 지방자치단체를 구속할 뿐 일반국민은 구속하지 않는다. 이런 점에서 예산은 법률의 형식을 취하더라도 일반법률과 차이가 있다.

VI. 예산과 법률과의 상호관계

(1) 상호관계

헌법상 예산과 법률은 서로 독립된 국가법의 형식으로 존재하기 때문에 어느 하나로 다른 하나를 변경할 수 없다(예산법률주의에서도 예산법률을 변경하지 않는 한 다른 법률로 예산을 변경할 수 없다).

법률이 없으면 세출예산은 지출을 명하거나 승인할 수 없고, 세입예산은 재정을 징수할 수 없다. 또 법률이 경비의 지출을 정하고 있어도 예산이 없으면 사실상 지출할 수 없다. 다만, 헌법상의 조세종목과 세율의 법률주의에 의거하여 예산에 계정되어 있지 않아도 법률을 제정하여 필요한 재원을 조세로 징수할 수는 있다.

국회가 미리 예산을 필요로 하는 법률을 제정한 경우에는 이러한 예산의 심의에서는 스스로 정한 법률에 의하여 제한을 받게 된다.

(2) 양자의 불일치 문제

국가운영상 법률과 예산이 일치하는 것이 바람직하지만, 양자의 형식, 제안권자, 제출시기, 성립시기 등에서의 상이로 말미암아 법률과 예산 간에 불일치가 발생할 수 있다. 즉, 예산은 의결되었는데 이를 집행할 법률이 존재하지 않거나, 법률은 제정되었는데 이를 실현할 예산이 존재하지 않는 경우에 양자 간의 불일치가 발생한다.

(a) 사전적 해결방법

법률과 예산 간의 불일치 문제를 해결하기 위해서는 사전적으로 양자가 일치하도록 모든 세출을 예산안에 반영하도록 노력하고 근거법령과 예산안을 동시에 제출하며, 국회와 정부간의 의사소통을 통하여 이를 일치시키도록 하는 것이 필요하다. 양자의 불일치가 발생하는 것을 방지하기 위하여 국회법은 의원 또는 위원회가 예산 또는 기금상의 조치를 수반하는 의안을 발의 또는 제안하는 경우에는 그 의안의 시행에 수반될 것으로 예상되는 비용에 대한 추계서를 아울러 제출하여야 하며(동법 §79의2①), 정부가 예산 또는 기금상의 조치를 수반하는 의안을 제출하는 경우에는 그 의안의 시행에 수반될 것으로 예상되는 비용에 대한 추계서와 이에 상응하는 재원조달방안에 관한 자료를 의안에 첨부하여야 한다(동조②)고 규정하고 있다. 예산을 수반하는 의원입법을 금지하는 방법(예: 영국)도 양자의 불일치를 해소하는 하나의 방법이다.

(b) 사후적 해결방법

이러한 노력과 장치에도 불구하고 사후적으로 양자 간의 불일치가 발생한 경우에는 법률은 있으나 예산이 없는 경우에는 추가경정예산, 예비비의 지출, 법령이 허용하는 범위 내에서 예산의 일시 전용, 법률의 시행을 늦추는 조치 등의 방법으로 문제를 해결하고, 예산은 있으나 법률이 없는 경우에는 이를 집행하기 위한 법률을 조속히 제정하는 방법이 있다.

《예산법률주의의 채택》

예산법률주의란 예산(재정지출에 대한 승인)을 법률의 형식으로 의결하고 공포하는 것을 말한다. 기본적으로 예산법률은 일반법률과 동일한 절차에 따라 입법을 하게 되고, 이는 법규범으로써 효력을 가진다. 예산과 법률 간에 근본적인 차이점은 존재하지 않고, 예산법률의 특성상 일반법률과 달리 별도의 절차가 추가될 수 있다. 예산법률주의는 i) 국민주권에 충실하여 재정입헌주의와 재정민주주의를 실현하고 국회의 예산통제기능을 강화하여 예산의 수립과 집행에 있어 효율성과 정당성을 확보하게 한다. ii) 예산을 법률로 정함으로써 예산과 법률의 불일치를 용이하게 해소하고, 예산을 의결하고 이를 집행하기 위한 법률의 제정이라는 2중의 의결을 할 필요가 없어진다. iii) 예산법률의 경우에는 입법과정에 대한 통제와 참여처럼 예산입법과정에서 통제와 참여가 가능해져 재정민주주의를 실현할 수 있다. iv) 예산법률의 경우에는 이의 자의적인 집행이나 예산전용이 쉽게 행해지지 못하게 되어, 재정운용에서의 효율과 부패방지를 기할 수 있다. v) 예산법률은 예산법에 의하여 통합되므로 예산과 관련된 개별입법을 복잡하게 하지 않아도 되며, 관련 법률의 개정이 용이하게 된다. vi) 예산법률의 경우에는 법률제정의 과정을 거치기 때문에 예산심사의 졸속과 강행을 효과적으로 방지할 수 있다. vii) 예산법률의 경우에는 부당한 집행에 대하여 위법의 책임을 물을 수 있어(예: 징계, 파면, 탄핵, 형사책임 등) 재정상의 낭비와 잘못된 집행을 효과적으로 통제할 수 있다. 그러나 예산법률주의에서는 국회의원들의 정치적 이해관계에 따른 선심성 예산증액이 발생할 수 있으므로 이에 대한 대책(예: 헌법 §57의 예산증액에 대한 행정부의 동의제도)이 필요하다.

[435] 제4 결산의 심사

Ⅰ. 개 설

국회는 예산안을 심의하고 확정하였지만, 이러한 예산이 적합하게 원래의 목적대로 집행되었는지를 점검하고 통제할 필요가 있다. 예산의 집행에 대하여 사후에 심사하는 것을 결산이라고 한다. 결산은 예산이 원래의 목적대로 적정하게 집행되었는지를 확인하는 것이고, 차기 예산의 심의에서 어떠한 것이 적정한 예산인가 하는 점을 판단할 수 있게 한다. 예산의 확정이 국회에 의해 이루어지므로 민주주의원리상 결산심사권도 국민의 대표기관인 국회가 가지며, 이러한 결산심사를 통하여 국회가 가지는 재정에 관한 권한의 실효성을 보장한다.

Ⅱ. 결산서의 제출

감사원은 세입 · 세출의 결산을 매년 검사하여 대통령과 차년도 국회에 그 결과를 보고하여야 한다(헌법 §99). 정부는 결산을 작성하여 검사한 후 국회에 제출한다. 기획재정부장관은 국가회계법에서 정하는 바에 따라 회계연도마다 작성하여 대통령의 승인을 받은 국가결산보고서를 다음 연도 4월 10일까지 감사원에 제출하며(국재법 §59), 감사원은 이렇게 제출된 국가결산보고서를 검사하고 그 보고서를 다음 연도 5월 20일까지 기획재정부장관에게 송부하여야 한다(동법 §60). 이렇게 감사원의 검사를 거친 국가결산보고서를 정부는 다음 연도 5월 31일까지 국회에 제출하여야 한다(동법 §61).

Ⅲ. 결산심사의 절차와 방법

정부가 세입세출결산을 국회에 제출하면, 결산을 소관상임위원회에 회부하고, 소관상임위원회는 예비심사를 하여 그 결과를 의장에게 보고한다(국회법 §84①). 의장은 결산에 이 보고서를 첨부하여 이를 예산결산특별위원회에 회부하고 그 심사가 끝난 후 본회의에 부의한다(동조 ②). 다만, 의장은 결산을 소관상임위원회에 회부할 때에는 심사기간을 정할 수 있으며, 상임위원회가 이유 없이 그 기간 내에 심사를 마치지 아니한 때에는 이를 바로 예산결산특별위원회에 회부할 수 있다(동조 ⑥).

예산결산특별위원회의 결산의 심사는 제안설명과 전문위원의 검토보고를 듣고 종합정책질의, 부별심사(部別審査) 또는 분과위원회심사 및 찬반토론을 거쳐 표결한다. 이 경우 위원장은 종합정책질의를 함에 있어서 간사와 협의하여 각 교섭단체별 대표질의 또는 교섭단체별 질의시간 할당 등의 방법으로 그 기간을 정한다(동조 ③). 정보위원회는 국가정보원에 대하여 특별한 결산절차를 거치는데, 이러한 정보위원회의 심사는 예산결산특별위원회의 심사로 본다(동조 ④).

국회는 결산에 대한 심의 · 의결을 정기회 개회 전까지 완료하여야 한다(동법 §128의2).

Ⅳ. 결산심사의 사후조치

결산의 심사결과 위법 또는 부당한 사항이 있는 때에 국회는 본회의 의결 후 정부 또는 해당기관에 변상 및 징계조치 등 그 시정을 요구하고, 정부 또는 해당기관은 시정요구를 받은 사항을 지체 없이 처리하여 그 결과를 국회에 보고하여야 한다(국회법 §84②).

[436] 제5 중요 재정에 대한 동의 · 승인

Ⅰ. 긴급재정경제처분 · 명령에 대한 승인

대통령이 긴급재정경제처분과 긴급재정경제명령을 발한 때에는 지체 없이 국회에 보고하여 국회의 승인을 얻어야 한다(헌법 §76③).

대통령의 이러한 처분이나 명령이 부당하거나 위법한 것인 경우에 국회는 승인을 해서는 안 된다. 대통령의 이러한 처분 또는 명령이 국회의 승인을 얻지 못한 때에는 그 때부터 효력을 상실하고, 그 명령에 의하여 개정 또는 폐지되었던 법률은 그 명령이 승인을 얻지 못한 때부터 당연히 효력을 회복한다(헌법 §76④).

II. 예비비의 지출에 대한 승인

예비비는 총액으로 국회의 의결을 얻어야 한다. 예비비의 지출은 차기국회의 승인을 얻어야 한다(헌법 §55②). 이러한 경우에 행해지는 의결은 사전의결을 말하고, 승인은 사후승인을 말한다. 정부는 예비비로 사용한 금액의 총괄명세서를 다음 연도 5월 31일까지 국회에 제출하여 그 승인을 얻어야 한다(국재법 §52④).

III. 국채 모집에 대한 의결

헌법은 정부가 국채를 모집하는 경우에는 미리 국회의 의결을 얻어야 한다고 정하고 있다(헌법 §58). 따라서 국회는 정부의 국채모집에 있어서 의결권을 가진다.

국가의 세입부족이 발생한 경우에 국가는 이를 충당할 필요가 있는데, 이러한 경우에 국가가 금전적인 채무를 부담하는 것이 국채의 발행이다. 이러한 국채의 발행에 필요한 국회의 의결은 국채를 발행하기 전에 얻어야 하는 사전의결이다.

IV. 예산 외에 국가의 부담이 될 계약체결에 대한 동의

정부가 예산 외에 국가의 부담이 될 계약을 체결하려 할 때에는 미리 국회의 의결을 얻어야 한다(헌법 §58). 이에 의거하여 국회는 정부가 예산 외에 국가의 부담이 될 계약을 체결하려 함에 있어서 사전의결권을 가진다. 이러한 계약에는 외국의 차관을 도입함에 있어 정부가 지불보증(支拂保證)을 하는 행위, 외국인의 고용계약, 각종의 임차계약 등이 있다.

V. 재정적 부담을 지우는 조약의 체결 · 비준에 대한 동의

국가는 조약을 통해서도 국민에게 재정적 부담을 지게 할 수 있다. 국회는 국가나 국민에게 중대한 재정적 부담을 지우는 조약의 체결 · 비준에 대한 동의권을 가진다(헌법 §60①). 이러한 동의는 사전동의를 의미한다.

3. 국정의 통제

[437] 제1 개 설

국회는 권력분립의 원리에 따라 국회에게 주어진 권한을 행사하고 의무를 수행하면서 헌법재판소, 행정부, 법원과 분리되어 자기의 기능을 수행할 뿐 아니라, 국회 외의 다른 헌법기관 또는 국가기관의 권력을 통제하는 역할도 한다. 이는 국정의 운영을 체계정합적으로 만드는 법치주의의 요구이며, 권력남용에 따라 발생할지도 모르는 기본권의 침해를 방지하는 것이기도 하다.

헌법은 국회에게 탄핵소추에 관한 권한, 국정감사와 국정조사에 관한 권한, 국방·외교정책에 관한 통제권한, 행정부의 구성과 운용에 관한 통제권, 대통령의 국가긴급권과 사면권에 관한 통제권한 등을 부여하여 국회로 하여금 권력통제기관의 기능을 수행하도록 하고 있다.

[438] 제2 탄핵의 소추

Ⅰ. 탄핵제도

(1) 개 념

헌법 제65조 제1항은 「대통령·국무총리·국무위원·행정각부의 장·헌법재판소 재판관·법관·중앙선거관리위원회 위원·감사원장·감사위원 기타 법률이 정한 공무원이 그 직무집행에 있어서 헌법이나 법률을 위배한 때에는 국회는 탄핵의 소추를 의결할 수 있다」라고 정하여 탄핵소추에 대하여 정하고, 헌법 제111조 제1항에서 탄핵심판을 헌법재판소의 관장사항으로 정하여 탄핵제도를 헌법제도로서 정하고 있다.

헌법이 정하고 있는 탄핵제도는 헌법과 법률이 정하는 공무원이 그 직무수행에 있어서 헌법이나 법률을 위배한 경우에 국회가 이를 이유로 해당 대상자에 대하여 탄핵소추를 의결하여 헌법재판소에 탄핵심판을 청구하고 헌법재판소가 이에 대하여 심판하여 그 이유가 있는 경우에 공직에서 추방하는 제도를 말한다.

《탄핵재판제도의 생성과 발달》

탄핵제도의 연원은 멀리 중세 영국 노르만왕조 때 있었던 왕의 법정인 Curia Regis에까지 추급된다. 영국에서 탄핵제도는 원래 의회가 정부를 감독하는 하나의 수단으로서 국왕의 신하들이나 고관들이 비행을 저질렀음에도 이를 문책할 법규정이 마땅하지 않거나, 권력자의 압력이나 간섭 등으로 인하여 통상의 형사재판으로는 법의 집행이 공정성을 기하기 어려울 때, 고관들에 대해 의회가 행하던 소추에서 발달하였다. 이런 탄핵제도의 직접적인 목적은 국왕의 직접적인 영향력을 받고 있는 고관들의 비행이나 무능을 통제하고 이들을 파면하는 것에 있었다. 탄핵제도는 Curia Regis의 사법작용의 결과로 생겨난 것이지만, 그 작용은 의회가 양원으로 분리되면서 상원에 승계되었다. 하원에서 소추하고 상원에서 심판하는 형태가 갖추어진 것은 14세기 Good Parliament에서 생겨났으며, 영국 헌정사에서 완전한 의미의 탄핵제도가 출범한 것은 이에서 비롯한다. 미합중국에서는 1787년 헌법제정회의에서 탄핵제도가 논의되었고, 이를 최고재판소가 관장할 것인가, 의회가 관장할 것인가 하는 것도 이 당시 논의되었다. 미합중국연방헌법은 대통령과 부통령, 모든 공무원들에 대하여 의회가 탄핵소추와 탄핵심판을 하는 제도를 입법화하였다. 식민지시대 여러 state의 헌법에서도 영국의 탄핵제도를 수용하였으나, 독립국가의 헌법으로서 탄핵재판제도를 최초로 성문화한 것은 1787년의 미합중국연방헌법이다. 독일에서 탄핵제도는 19세기 각 영주국가에서 고관들이 헌법이나 법률을 위반한 경우에 문책하는 비상수단으로 발달된 것인데, 헌법상 최초로 입법화한 것은 1818년 Baden헌법이다. 국왕의 신하나 고관이 고의 또는 중과실로 헌법을 위반하거나 국가의 복지나 안전을 위험하게 한 때에 하원에서 탄핵소추하였고, 국사재판소(國事裁判所)의 기능을 수행한 상원에서 재판을 하였다. 프랑스에서 탄핵제도는 한편으로는 대신이나 고관들의 잘못을 규탄하는 것으로 발달하였고, 다른 한편으로는 대통령에 대해 반역을 방지하는 특별형사절차로 발달하였다. 프랑스에서 탄핵제도를 최초로 입법화한 것은 1791년헌법이다. 현재 프랑스의 탄핵심판제도는 1993년 헌법개정 때 새로 고안된 것이다.

우리나라에서 탄핵제도는 1948년헌법에서 처음 채택한 이래 현재까지 유지되고 있다([615]).

(2) 성 질

헌법이 채택하고 있는 탄핵제도는 공무원에 대하여 행정상의 파면을 통하지 않고, 국회와 헌법재판소로 하여금 위법행위를 한 공무원을 공직에서 추방시킬 수 있게 한 것이다.

우리 헌법상의 탄핵제도는 탄핵소추의 대상자가 직무집행에 있어서 헌법이나 법률을 위반한 경우에만 한정하여 그 책임을 묻는 특성을 가지고 있다. 따라서 형사적인 책임도 물을 수 없고 직무 수행상의 무능이나 정치적인 이유로 책임을 물을 수도 없다.

탄핵심판제도는 군주 또는 지배자의 전단적(專斷的)인 권력행사와 자의적인 권력남용에 대한 통제의 수단으로 생겨났다. 국민주권이념의 성장으로 지배자의 권력에 대한 통제는 주권자인 국민의 신임(trust)을 바탕으로 국민을 대변하는 의회가 관장하는 것이 정당한 것으로 받아들여졌고, 이념적으로나 법리적으로 이는 철저하게 국민주권과 민주주의에 의존하는 형태를 띠게 되었다. 그리고 국민의 신임에 기초하고 있는 의회가 이런 탄핵에 관한 권한을 가지는 이상, 탄핵의 대상, 사유, 효력은 의회에 대한 신뢰와 군주나 지배자에 대한 불신의 정도에 비례하여 정해졌다. 각 나라의 역사와 현실에 따라 탄핵제도의 구체적인 내용이 다르게 나타난 것도 이러한 점에 기인한다. 그런데 의회에 대한 국민의 신뢰와 신임이 강하다고 하더라도 의회도 권력기관으로서 권한을 남용할 여지가 상존하고, 탄핵에 관한 권한도 남용될 수 있다는 점을 착안하기에 이르러서는 탄핵에 관한 권한을 전적으로 의회로 하여금 독점하게 할 것인가 아니면 사법기관과 나누어 가지게 할 것인가 하는 점이 고려되었다. 입헌주의의 발달에 따라 탄핵에 관한 권한도 남용되고 오용될 수 있다는 점을 인식하면서 탄핵제도가 전적으로 민주주의에만 의존할 수는 없고 법치주의에도 의존하여야 할 필요성이 받아들여졌다. 이와 같이 탄핵제도에 민주주의원리와 법치주의원리가 지배원리로 수용되면서 탄핵제도를 구체적으로 디자인함에 있어 양자를 어느 정도로 고려하는가에 따라 탄핵의 절차, 탄핵에 관여하는 기관, 탄핵결정의 주체 등이 다르게 나타났다. 민주주의원리에 더 많은 비중을 두는 경우에는 탄핵의 주체를 의회로 하고, 탄핵의 사유도 위법행위에 대한 책임에 한하지 않고 정치적인 책임도 포함시키고, 탄핵의 범위도 확장시킴에 비하여(민주주의 모델), 법치주의에 더 많은 비중을 두는 경우에는 가능한 한 탄핵의 사유를 위법행위에 한정하고, 탄핵결정도 사법기관으로 하여금 관장하게 하는 틀을 취하는 양상을 띠고 있다(법치주의 모델), 민주주의원리와 법치주의원리를 조화시키는 방향에서는 의회와 사법기관이 공히 탄핵절차에 관여하는 방식을 취하고, 양 원리의 공존 속에서 탄핵의 사유, 대상의 범위, 효력의 범위 등을 그 나라에 합당하게 설정하여 제도화하였다(균형 모델). 헌법정책적으로 탄핵제도를 보는 관점과 디자인의 구체적인 좌표는 민주주의원리와 법치주의원리들의 비중을 어떻게 고려할 것인가에 의하여 정해진다. 우리나라는 1948년 헌법 이래 현재까지 민주주의원리와 법치주의원리를 조화시키는 지점에 탄핵제도의 좌표를 설정하고 이를 제도화한 균형 모델을 취해오고 있다. 이와 같은 점을 고려하면, 탄핵의 구체적인 절차와 소송법적인 문제도 그 나라의 탄핵제도가 원리적으로 어떠한 지점에서 좌표가 설정되었는지를 고려하여 해석될 필요가 있다.

《외국의 탄핵재판제도》

영 국 영국에서는 탄핵재판에서 공직자에 대한 파면과 함께 형벌도 선고하는데, 내각의 각료들과 고위공직자, 법관, 의원, 군인, 주교, 일반 시민 등에 대하여 탄핵이 행해져 대상에서 거의 제한이 없고, 탄핵의 사유도 명문으로 정해져 있지 않고 판례에 의해 결정된다. 직무상 관련된 것에 한하지 않고 널리 인정된다. 하원(House of Commons)에서 소추하고 상원(House of Lords)에서 심판한다.

프 랑 스 프랑스에서는 대통령에 대한 탄핵재판은 상원과 하원의 24명의 의원들로 구성되는 고등탄핵재판소(Haute Cour de Justice)에서 관장하고, 그 외 행정부의 공무원들에 대한 탄핵재판은 양원의 12명의 의원과 3명의 최고재판소(Cour de cassation) 재판관으로 구성되는 공화국탄핵재판소(Cour de Justice de la République)에서 관장한다. 공직자를 파면시킴은 물론이고 형벌도 선고한다.

일 본 국 일본국에서는 중의원의원(衆議院議員)과 참의원의원(參議院議員)으로 구성되는 탄핵재판소에서 탄핵재판을 한다(일본국헌법 §64). 재판관의 탄핵은 중의원의원과 참의원의원 각 10인으로 구성되는 재판관소추위원회(裁判官訴追委員會)의 소추에 의해 중의원의원과 참의원의원 각 7인으로 구성되는 탄핵재판소에서 행한다(국회법 §125, §126; 재판관탄핵법 §4, §5, §16). 탄핵에 의한 파면의 사유는 ① 직무상의 의무에 현저히 위반하거나 직무를 심히 태만히 한 경우, ② 기타 직무의 내외를 불문하고 재판관으로서의 위신을 현저히 잃은 비행이 있는 경우이다(재판관탄핵법 §2).

독 일 독일에서는 연방대통령이 기본법이나 연방법률을 고의로 침해한 경우 연방의회나 연방참사원의 소추에 의해 연방헌법재판소에서 대통령직의 상실여부를 선고한다(기본법 §61). 연방법관이 직무상 또는 직무 이외에서 기본법의 기본원칙이나 란트의 헌법합치적인 질서를 위배한 경우에는 연방의회의 소추에 의하여 연방헌법재판소는 재판관 2/3의 찬성으로 다른 직으로의 전보, 정직을 명할 수 있고, 고의적인 위반인 경우에는 파면을 명할 수 있다(기본법 §98②).

미합중국 미합중국에서는 대통령, 부통령, 미합중국의 모든 공무원이 반역죄(反逆罪), 수뢰죄(收賂罪), 기타 중죄(重罪)와 경죄(輕罪)의 책임이 인정되는 때에 하원의 소추에 의거하여 상원의 판결로 탄핵된다(미합중국헌법 Art. I Sec. 3, Art. II, Sec. 4). 대통령에 대한 탄핵심판에서 재판장은 연방최고법원(U.S.Supreme Court)의 장(Chief Justice)이 맡고, 상원에서 출석의원 2/3의 찬성으로 탄핵결정을 한다. 탄핵결정이 있으면 공직에서 파면되고, 다른 공직에 취임할 수 없다. 미합중국의 경우 탄핵소추된 대통령으로는 Andrew Johnson, W. J. Clinton이 있으나(John Tyler는 하원에서 부결하였고 Richard M. Nixon은 탄핵소추 전에 자진 사임하였다), 탄핵심판으로 현직에서 파면된 경우는 없다. Clinton대통령은 성추문사건으로 위증 및 사법방해라는 중죄혐의로 탄핵소추되었으나 1999년 2월 12일 상원에서 있은 표결에서 유죄인정 정족수(출석의원 2/3)에 미달하여 파면되지 않았다. 연방법원의 판사에 대한 탄핵재판은 12건이나 있었고, 7명의 연방판사가 파면되었다.

(3) 제도의 목적

탄핵심판은 i) 헌법질서와 국가의 법질서를 보호하여 입헌주의를 실현하고, ii) 국가권력을 행사함에 있어 위법한 행위를 한 자를 바로 그 직에서 추방함으로써 권력의 남용이나 오용을 통제하는데 목적이 있고, iii) 해당자를 공직에서 추방하여 국가작용과 공무수행이 그 기능에 합당하게 이루어지도록 한다. iv) 헌법재판소 재판관과 법관의 경우에는 그 신분을 보장하여 헌법재판의 독립과 사법의 독립을 실현하는데도 목적이 있다.

(a) 헌법의 보호

탄핵제도에서 탄핵심판을 통하여 고위공직자가 그 직무집행에 있어서 헌법이나 법률을 위배한 때 해당자를 공직에서 파면하는 것은 고위공직자가 자신의 권한을 이용하여 헌법을 침해하는 행위를 방지하고자 함이다. 따라서 탄핵심판제도는 헌법을 보호하는 하나의 수단이다. 고위공직자 또는 국가적으로 중요한 업무를 수행하는 공직자의 경우에 해당 공직자의 권한 행사는 국민의 생활과 국가의 기능에 심대한 영향을 주기 때문에 이런 고위공직자가 헌법이나 법률에 위반되는 행위를 하는 것을 그대로 방치할 경우에는 헌법질서와 국민의 생활에 중대한 침해를 야기할 수 있다.

특히 고위공직자의 경우에는 당사자가 가진 강력한 권한과 지위로 인하여 징계가 허용되지 않는 경우도 있고(예: 대통령), 징계가 허용되는 경우에도 그 지위상 징계가 쉽지 않을 뿐더러 징계사유가 있는 경우에도 통상의 절차를 진행함에 상당한 시간이 소요되므로 이를 방치하는 것은 헌법질서의 유지에 심대한 장애가 된다. 이런 경우에는 엄격한 재판절차를 통하여 바로 파면여부를 결정하는 것이 필요하다.

공직자의 위법한 행위에 대해 형사적 제재를 가함으로써 헌법을 보호할 수 있으나 이는 바로 당사자를 공직에서 추방하는 것이 아니므로 공직에서 파면시켜야 할 필요에 응하여 탄핵심판을 행하게 된다. 따라서 탄핵심판으로 파면되더라도 형사적 책임이 면제되는 것은 아니다.

헌법의 보호에는 헌법에 위반하는 행위에 대하여 책임을 묻는 것으로 족한 것이 아니다. 법률은 헌법을 구체화한 것이므로 고위공직자가 헌법을 구체화한 법률을 위배하여 직무를 집행하는 것은 공직제도의 본질과 합치되지 않고, 특히 그 권한의 불법적인 행사는 헌법보호에 치명적인 위해를 가할 수 있다. 따라서 헌법은 헌법에 위배되는 것에 한하지 않고 법률에 위배되는 경우도 탄핵의 사유로 정하고 있다.

(b) 권력의 통제

탄핵제도는 헌법이나 법률을 위반한 공무원을 공직에서 배제함으로써 권력통제의 기능을 수행한다. 특히 대통령이나 행정부의 공무원에 대한 탄핵제도는 국민대표기관인 국회가 행사하는 효과적인 권력통제수단의 하나이다. 전통적으로 탄핵제도가 왕의 권력에 대하여 국민대표기관인 의회가 「국민의 이름으로」 권력을 통제한 것에서 발달한 점이라는 것을 고려할 때, 권력통제의 기능은 탄핵제도가 가지고 있는 핵심적인 것이다.

우리나라는 대통령제의 정부형태를 취하고 있어 의회주의제와 같은 내각불신임이 불가능하고, 또 대통령은 내란(內亂)의 죄(형법 §87-§91) 또는 외환(外患)의 죄(형법 §92-§104)를 범한 경우를 제외하고는 재직 중에 형사상의 소추를 받지 아니하기 때문에(헌법 §84) 대통령이 외세나 체제부정적인 세력과 결탁하여 헌법을 침해하거나 국가기밀을 누설하여 국민과 국가를 위태롭게 하는 때에 대통령을 즉시 그 직에서 효과적으로 추방하는 데는 탄핵심판이 매우 긴요하고도 유용한 역할을 한다. 의회주의제에서 내각불신임이 가지는 기능과 대조하여 볼 때, 대통령제에서 대통령에 대한 탄핵제도가 가지는 기능은 헌법의 보호라는 측면이든 행정부에 대한 통제라는 측면이든 매우 중요하다. 대통령제를 취하는 나라에서는 대통령에 대한 탄핵심판제도를 특히 주목할 필요가 있다. 대통령의 임기제나 임기의 단기화로 풀지 못하는 문제를 해결할 수 있다.

《정부형태와 탄핵재판제도》

세계 각국의 탄핵재판제도를 비교해보면, 나라마다 다소의 차이를 보이고 있고, 또 그 나라가 채택하고 있는 정부형태에 따라서도 차이가 있다. 이러한 점으로 인하여 정부형태에 따라 법리적으로 탄핵제도가 달라지는가 하는 질문이 제기될 수 있다. 예컨대 의회주의제를 채택하는 경우에는 의회가 내각불신임권을 가지므로 행정부의 수상이나 각료에 대한 탄핵제도는 필요하지 않는 것이 아닌가 하는 점이다. 탄핵제도는 위법한 행위를 한 공직자에 대하여 공직에서 파면하거나 이에 더하여 형벌로 처벌하는 것이므로 의회주의제에서 행정부를 통제하는 내각불신임과는 성질에서 서로 다르다. 내각불신임제도는 법적 책임뿐만 아니라 광범한 정치적 책임을 물어 행정부를 다시 구성하는 것임에 비하여 탄핵심판제도는 개인에 대하여 기본적으로 법적 책임을 물어 공직에서 추방하고 공직취임을 제한하는 것이다. 그리고 내각불신임제도는 내각 전체에 대하여 책임을 묻는 권력통제장치이지만 탄핵심판제도는 행위자인 개인에 대하여 책임을 묻는 헌법보호의 수단이다. 따라서 정부형태와 탄핵심판제도 사이에는 법리상 필연적인 연관이 없다고 할 것이다. 그러나 제도를 운용하는 현실에서는 내각불신임과 탄핵심판 사이에 서로 영향을 미칠 수 있고, 대통령제와 달리 의회주의제에서는 탄핵심판제도의 역할이 상대적으로 줄어 들 수 있다. 그러나 수상이나 각료가 아닌 자 또는 법관에 대한 탄핵에서는 탄핵심판제도의 원래의 기능이 여전히 살아 있다. 의회주의제를 취하고 있는 영국에서는 수상이나 각료가 탄핵의 대상이 되지만 역시 의회주의제를 취하고 있는 독일에서는 수상이나 각료는 탄핵의 대상에서 제외되어 있다. 혼합정부제를 취하고 있는 프랑스에서는 대통령은 물론이고 수상이나 각료도 탄핵의 대상이 된다. 대통령제를 취하고 있는 미합중국에서는 대통령, 부통령, 연방 법관을 포함한 모든 연방공무원이 탄핵의 대상이 된다.

(c) 공무수행의 정상화

탄핵제도는 공무원이 그 직무를 수행함에 있어서 헌법이나 법률을 위배한 경우 이를 공직에서 추방함으로써 국가의 공무의 정상화를 기하고 합리적인 공직제도를 유지할 수 있게 한다. 공무원은 헌법과 법률이 정하는 바에 따라 부과된 업무를 합법적으로 수행하여 공익을 창출하여야 하는 것이 제1의 임무인데, 이러한 자가 그 권한을 행사함에 있어 위법한 행위를 한 경우에는 공익을 창출하기 어렵고 국가의 기능을 왜곡하는 결과를 가져온다. 특히 공무원이 고위공무원인 경우에는 국가와 국민에게 미치는 폐해가 막대하다.

(d) 재판관 등의 신분 보장

재판을 하는 재판관이나 법관이 헌법이나 법률을 위반하여 헌법을 침해하는 것은 어떤 경우에도 용납되지 않는다. 재판이라는 형식을 빌어 고의로 국가의 존립이나 안전을 위태롭게 하거나 국민의 기본권을 침해하는 것은 그 자체 범죄이기도 하지만 더 이상 법관 또는 재판관의 지위에서 재판업무를 계속 수행할 수 있게 해서도 안 된다.

법관이나 재판관에 대한 통제는 임기제를 두는 방법도 있지만, 임기가 종료되기 이전에 법관이나 재판관의 직에서 추방하여야 할 필요가 있는 경우에는 탄핵제도가 유용하다. 이는 재판기관의 합법성을 실현하는 것뿐 아니라 책임성을 실현하는 것에서도 중요하다. 특히 법관이나 재판관에 대해 임기제를 두지 않고 종신으로 업무를 수행하게 하는 경우에는 탄핵제도는 해당 직에서 법관이나 재판관을 추방하여 헌법을 보호하는 데 있어서 중요한 의미를 가진다. 예컨대, 미합중국에서 법관에 대한 탄핵이 드물지 않게 행해지는 것도 이런 맥락에서 이해할 수 있다. 이와 같이 재판관이나 법관에 대한 탄핵제도는 헌법과 공직의 보호에 기여하는 기능을 가지고 있다. 그런데 다른 한편으로 이는 다른 공무원에 대한 탄핵제도와 달리 재판관이나 법관의 신분보장이라는 기능도 아울러 하고 있다.

헌법 제106조 제1항은 「법관은 탄핵 또는 금고 이상의 형의 선고에 의하지 아니하고는 파면되지 아니하며……」라고 정하고 있고, 헌법 제112조 제3항은 「헌법재판소 재판관은 탄핵 또는 금고 이상의 형의 선고에 의하지 아니하고는 파면되지 아니한다」라고 정하고 있다. 이러한 탄핵의 규정은 탄핵이나 금고 이상의 형의 선고에 의하지 않고는 파면되지 않는다는 것을 정하여 징계처분으로 파면할 수 없도록 정하고 있는 것이다. 법관에 대하여 징계로 파면할 수 있도록 할 것이냐 하는 것은 헌법정책적인 문제이지만, 헌법은 헌법재판소 재판관과 함께 법관에 대해서도 징계로 파면할 수 없도록 하여 재판관과 법관의 신분을 두텁게 보장하는 방식을 취하고 있다.

II. 탄핵소추의 의의

헌법상의 탄핵절차는 탄핵소추의 발의, 탄핵소추의 의결, 탄핵심판으로 전개되는데, 탄핵의 소추는 탄핵의 전체 절차에서 탄핵재판으로 가기 위한 최초의 단계에서 행해지는 국회의 행위를 말한다.

탄핵소추에 관한 권한을 국회에게 부여한 것은 통상의 파면절차에 의하여 효과적으로 파면하기 어렵거나 검사가 기소하기에 용이하지 아니한 위법행위를 저지른 공무원을 국민대표기관의 지위에서 공직에서 효과적으로 추방시키기 위한 것이다.

III. 탄핵소추의 대상자

(1) 법정대상자

공무원이 직무집행에 있어서 헌법이나 법률을 위반한 이유로 탄핵소추의 대상으로 되는 자는 대통령 · 국무총리 · 국무위원 · 행정각부의 장 · 헌법재판소 재판관 · 법관 · 중앙선거관리위원회 위원 · 감사원장 · 감사위원 기타 법률이 정하는 공무원이다(헌법 §65①). 검찰청법은 검사를, 경찰법은 경찰청장을 공수처법은 처장 · 차장 · 수사검사를 각각 탄핵소추의 대상에 포함시키고 있다(검찰청법 §37; 경찰법 §11⑥; 공수처법 §14). 대통령 소속의 중앙행정기관인 방송통신위원회위원장도 그 대상이 된다(방통위법 §6⑤).

입법론으로서는 정부위원과 각군참모총장을 포함시켜야 한다는 견해(김철수b, 1624; 24; 권영성, 910)가 있다. 탄핵제도의 목적과 기능에 비추어 볼 때, 고위직 외교관, 공정거래위원장, 국세청장, 국가정보원장도 포함시키는 것이 타당하다.

국회의원은 탄핵의 대상에서 제외되어 있다. 국회가 탄핵소추를 의결하는 권한을 가지고 있으므로(헌법 §65①) 국회의원에 대한 탄핵을 인정하는 것은 자기가 자기를 탄핵하는 모순에 해당한다. 헌법재판소 재판관을 탄핵대상에 포함시킨 것이 특이하다. 이런 경우에는 자기 사건을 자기가 결정하는 사태가 발생한다. 독일에서는 연방헌법재판소 재판관을 탄핵의 대상에서 제외하고 있다. 그 대신 연방헌법재판소법은 재판관이 재판관으로서 불명예스러운 행위로 인하여 확정판결을 받은 때, 6월 이상의 자유형의 확정판결을 받은 때, 재판관의 직에 근무할 수 없는 중대한 의무위반행위를 한 때에는 파면할 수 있다고 하고, 이런 절차의 개시를 재판관 전원으로 구성하는 양원합동회의(Plenum)에서 결정하되, 재판관 2/3의 찬성으로 그 권한을 연방대통령에게 부여할 수 있다고 정하고 있다(동법 §105). 연방헌법재판소 재판관이 파면을 당하면 재판관의 직에 근거한 모든 청구권이 상실된다.

(2) 권한대행자

탄핵소추의 대상이 되는, 법률이 정하는 공무원은 실정법률에 명시된 해당 공무원만 의미하며 해석을 통하여 그 대상자의 여부를 결정할 수 없다. 다만, 탄핵소추대상자로 정해진 자의 권한을 대행하는 자의 경우에는 그 직무가 원래 탄핵소추대상자로 정해진 자의 것과 동일하므로 탄핵의 대상이 된다고 할 것이다.

독일에서는 연방대통령의 권한을 대행하고 있는 연방참사원(聯邦參事院 Bundesrat)의 의장이 탄핵의 대상이 될 수 있는가 하는 점에 대하여 다수설은 긍정한다.

(3) 하위직 공무원의 문제

탄핵소추의 대상으로 되는 공무원은 대체로 고위직이지만, 직무의 성질에 비추어 합당한 경우에는 고위직이 아니더라도 탄핵소추의 대상자로 할 수 있다. 헌법 제65조 제1항에서 정하고 있는 「기타 법률이 정한 공무원」에는 이러한 공무원이 포함된다고 할 것이다.

(4) 소추대상의 직에 있었던 자

현재 소추대상이 되는 직에 있지 않고 전에 소추대상이 되는 직에 있으면서 직무수행에서 헌법이나 법률에 위배되는 행위를 한 자도 소추대상자에 포함되는가 하는 문제가 있다.

(a) 소추대상의 직에서 옮겨 다른 공직에 재직하는 자

소추대상이 되는 직에 종사하다가 그 직에서 전직(轉職) 또는 전보(轉補)되어 현재 다른 공직에서 공무원의 신분을 유지하며 근무하고 있는 이상 탄핵소추를 할 수 있다고 할 것이다(동지: 이승우등, 151). 이런 경우에 피소추자는 이미 소추대상이 되는 법정대상의 직에서 떠났기 때문에 그 직을 수행하지 못하게 할 수는 없으나, 공직에서 추방할 필요가 있고 탄핵심판에 따르는 공무담임권의 박탈 또는 공직취임의 제한이라는 목적을 달성할 수 있으므로 이러한 자도 탄핵심판의 대상이 된다고 할 것이다. 그렇지 아니하면 탄핵 직전에 탄핵을 면탈하기 위하여 전직 또는 전보로 다른 공직으로 옮긴 후 다시 소추대상이 되는 중요한 직에 취임하는 길을 열어주는 결과를 가져오기 때문이다. 해당 공직에서 파면된 자에 대해서는 다시 파면할 실익이 없다(헌재법 §53②).

(b) 소추대상의 직에서 퇴직한 자

소추대상이 되는 직에서 사임 또는 해임으로 이미 퇴직한 자는 현재 공직에 있지 않기 때문에 탄핵소추의 대상자가 되지 못한다.

그런데 이에 의하면, 소추대상의 직(예: 행정 각부의 장, 법관, 검사)에서 계속 근무하는 경우에 탄핵될 가능성이 있을 때 탄핵을 회피하기 위하여 미리 고의적으로 사임하고, 그 뒤 일정한 시간이 지난 후 임명권자에 의해 다시 해당 직에 임명될 수 있는 것을 허용하는 결과를 발생할 수 있다. 대통령은 선거직이기 때문에 사임한 후 다시 임명될 수 없으나, 임명직 공무원의 경우에는 이런 사태가 발생한다. 이와 같이 탄핵소추 될 책임이 있는 자가 탄핵을 면하기 위하여 사임을 하고, 그 후에 다시 공직에 임명되는 경우는 부당하지만, 탄핵제도로서는 해결할 수 없다. 이는 정치적인 문제(임명권자의 정치적 부담)라고 할 것이다.

헌법정책적으로 보건대, 탄핵심판의 효과가 단순히 공직에서 파면하는 것에 그치지않고 공무담임권을 박탈하거나 일정 기간 동안 제한하는 경우에는 소추대상의 직에서 이미 사임 또는 해임된 자도 탄핵심판의 대상에 포함시킬 여지도 있다고 보인다. 다만, 이런 경우에는 일정한 기간 시효를 두는 것이 필요하다고 보인다. 헌법이나 법률을 위반하여 소추대상의 직에서 사임 또는 해임된 자로 하여금 다시 공직에 취임할 수 있게 할 것인가 할 수 없게 할 것인가 하는 문제를 정치적인 문제(임명권자의 정치적 부담)로 볼 것이냐 아니면 법적인 문제로 보아 탄핵심판으로 해결할 것인가에 따라 이 문제의 결론이 달라진다.

헌법재판소는, 헌법재판소법 제53조 제1항은 헌법재판소가 탄핵결정을 선고할 당시에 피청구인이 '해당공직에 있음'을 전제로 하는 것이 문언상 명백하고, 판사에 대한

탄핵심판에 있어서도 '현직에 있는 판사'만이 탄핵심판의 피청구인이 된다고 판시하였다. 그리하여 판사로 재직하던 중에 탄핵소추가 이루어지고 그 이후에 판사직의 임기만료로 퇴직되어 헌법재판소의 탄핵심판 당시에는 현직에 있지 않는 경우에는 탄핵심판의 이익을 인정할 수 없다고 하여 심판청구를 각하하였다. 이 결정에는 이 사건 피청구인도 탄핵심판의 대상이 된다고 보는 재판관 3인의 반대의견이 있다(憲 2021. 10. 28. -2021헌나1).

Ⅳ. 탄핵소추의 사유

헌법 제65조 제1항에서 정하고 있는 탄핵소추의 사유(=실체적 요건)는 해당 공무원이 직무집행에 있어서 헌법이나 법률을 위배한 경우이다. 탄핵소추의 사유는 헌법재판소의 탄핵결정의 실체적 요건이 되는 것인데, 이는 헌법재판소법 제53조 제1항에서 정하는 「탄핵심판청구가 이유가 있는 때」를 성립시키는 요건이다. 이에는 i) 피청구인의 행위가 직무집행상의 행위일 것을 의미하는 「직무관련성」, ii) 이러한 행위가 헌법 또는 법률에 위반한 것임을 의미하는 「위법행위의 존재」, iii) 피청구인으로 하여금 그 직에서 계속 수행할 수 없게 하는 「직무수행의 불가성」이 인정될 것이 필요하다.

(1) 직무관련성

공무원의 행위가 탄핵소추의 사유가 되기 위해서는 직무집행에 관한 것이어야 한다.

각국의 헌법에서 정하고 있는 탄핵제도를 보면, 탄핵사유가 언제나 직무상의 위법행위에 한정되는 것은 아니다. 직무집행뿐만 아니라 직무 이외의 위법하거나 부적절한 행위에 대해서도 탄핵의 책임을 묻게 할 수 있다. 또 위법한 행위 이외에 비리·비행(非行)이나 부도덕한 행위, 집무수행에서의 무능 등을 탄핵의 사유로 할 수도 있다. 공무의 권위와 청렴성을 강조하는 제도에서는 이러한 것을 탄핵사유에 포함시킬 수 있다. 그러나 우리나라의 경우에는 「직무집행상 헌법이나 법률을 위반한 행위」로 한정하고 있다. 1948년헌법 이래 일관되게 유지하고 있는 태도이다.

(a) 현직의 직무집행

탄핵소추의 대상자가 수행하고 있는 현직의 업무가 「직무집행」에 해당함에 대해서는 의문이 없다.

(b) 전직의 직무집행

탄핵대상자가 행한 전직(轉職)에서의 행위도 「직무집행」에 해당하는가 하는 문제가 있다. 이에 대해서는 견해가 갈린다.

(i) 부 정 설　현직의 직무집행상의 행위만 이에 해당한다고 한다. 전직 시의 위법행위는 전직에서 사퇴함과 동시에 탄핵소추의 사유가 소멸했으므로 취임 전이나 퇴직

이후의 행위는 이에 해당하지 않는다고 한다(권영성, 910).

(ii) 긍 정 설 공무원의 위헌 · 위법행위는 전직의 것이라고 하더라도 고위공무원직과 상용될 수 없으므로 현직이거나 전직이거나 불문하고 직무집행상의 위법행위는 탄핵사유가 된다고 한다(김철수b, 1625; 성낙인, 955).

(iii) 사 견 현재 탄핵대상자의 지위에 있는 자가 과거 탄핵소추의 대상이 되는 공직에 있으면서 위법행위를 하여 사직하거나 해임된 경우에는 공직에서 일단 배제됨으로 인하여 그에 대한 공직에서의 배제 책임은 소멸하였다고 할 것이므로 이러한 전직에 있을 때 범한 위법행위는 탄핵소추의 사유가 되지 못한다. 그러나 전직에서 사퇴하거나 해임되지 않고 공무원의 신분을 유지한 채 현직으로 옮겨 탄핵소추의 대상자의 지위에 있으면 전직에서의 위법행위는 탄핵사유가 된다고 할 것이다(예: 문화체육관광부장관에서의 위법행위가 있었으나 여기에서 청와대 수석비서관으로 자리를 옮겼다가 다시 현재 문화체육관광부장관으로 재직하고 있는 경우).

(2) 위법행위의 존재

(a) 「헌법이나 법률의 위배」

공무원의 행위가 탄핵소추의 사유가 되기 위해서는 직무집행에 있어 헌법이나 법률에 위배하는 행위를 하여야 한다.

헌법 제65조 제1항에서 말하는 「헌법」에는 실정헌법뿐만 아니라 법적 효력을 가지는 관습헌법도 해당한다(김철수b, 1626; 권영성, 910; 성낙인, 954). 「법률」이란 국회에서 입법한 형식적 의미의 법률뿐만 아니라 법률과 동일한 효력을 가지는 법규범도 포함한다(예: 긴급명령, 긴급재정경제명령, 법률과 동위의 조약). 그러나 법규명령, 행정규칙, 조례를 위반한 경우에는 이에 해당되지 않는다.

탄핵소추의 사유는 직무집행에 있어서 「헌법이나 법률의 위배」만을 말하기 때문에 국정운영의 무능함, 정책결정상의 오류, 도덕적으로 비난을 받을 행위는 탄핵소추의 사유가 되지 못한다.

(b) 위 법 성

직무를 집행함에 있어서 헌법이나 법률에 「위배」하는 행위는 고의나 과실에 의한 위법행위뿐 아니라 법에 대한 무지에서 기인한 위법행위도 포함된다(동지: 김철수b, 1626; 허영a, 839; 성낙인, 955).

(c) 중대성의 문제

헌법 제65조 제1항에 의할 때, 위법행위의 중대성은 「헌법이나 법률에 위배한 행위」인지의 여부를 결정하는 위법행위의 성립요건은 아니고, 탄핵결정에서 「직무수행의 불가성」을 판단할 때 사안에 따라 고려할 수 있는 하나의 요소에 불과하다(예: 憲 2004. 5. 14.-2004헌나1)

(3) 직무수행의 불가성

헌법재판소가 탄핵심판의 대상자를 파면하기 위해서는 직무관련성과 위법행위의 존재라는 요건 이외에 직무를 더 이상 수행하는 것을 허용해서는 안 되는 직무수행의 불가성(不可性)이라는 요건이 갖추어져야 한다. 즉 직무에 관련한 위법행위가 있다고 하여 언제나 파면하는 것은 아니고, 헌법재판소가 판단하여 이러한 대상자로 하여금 계속 직무를 수행하게 하는 것이 타당한가 아닌가에 따라 파면여부를 결정한다.

이에는 피청구인을 파면하지 않을 때 얻게 되는 이익과 파면했을 때 얻게 되는 이익을 비교하고, 국정의 운영, 국가의 위신과 신뢰도, 법질서의 유지, 대상자가 행한 위법행위의 정도 등 모든 요소를 고려하여 파면여부를 결정한다. 위법행위의 중대성여부는 직무를 계속 수행하게 할 것인가를 판단함에 있어서 하나의 고려사항일 뿐 모든 경우에 필수적으로 고려하여야 하는 것은 아니다. 피청구인의 위법행위가 중대하지 않더라도 직무의 성질상 위법행위가 존재하고 계속 직무를 수행하게 할 이익이 인정되지 않는 경우에는 파면한다. 이러한 점은 국회의 탄핵소추단계에서도 고려되지만 헌법재판소의 탄핵심판에서도 고려된다. 따라서 직무의 계속수행의 허용여부를 판단함에 있어서는 피청구인의 지위에 따라 개별적으로 판단하게 된다(대통령을 탄핵하는 경우와 검사를 탄핵하는 경우가 동일할 수는 없다).

헌법재판소는 대통령에 대한 탄핵심판에서는 그 위법행위의 중대성이 대통령을 파면하지 않았을 때의 효과를 압도할 수 있을 정도이어야 탄핵할 수 있다고 본다(예: 憲 2004. 5. 14.-2004헌나1; 2017. 3. 10.-2016헌나1).

[憲 2004.5.14.-2004헌나1] 「헌법은 제65조 제4항에서 탄핵결정은 공직으로부터 파면함에 그친다고 규정하고, 헌법재판소법은 제53조 제1항에서 탄핵심판청구가 이유 있는 때에는 헌법재판소는 피청구인을 당해 공직에서 파면하는 결정을 선고한다고 규정하고 있는데, 여기서 '탄핵심판청구가 이유 있는 때'를 어떻게 해석할 것인지의 문제가 발생한다. 헌법재판소법 제53조 제1항은 헌법 제65조 제1항의 탄핵사유가 인정되는 모든 경우에 자동적으로 파면결정을 하도록 규정하고 있는 것으로 문리적으로 해석할 수 있으나, 이러한 해석에 의하면 피청구인의 법위반행위가 확인되는 경우 법위반의 경중을 가리지 아니하고 헌법재판소가 파면결정을 해야 하는바, 직무행위로 인한 모든 사소한 법위반을 이유로 파면을 해야 한다면, 이는 피청구인의 책임에 상응하는 헌법적 징벌의 요청, 즉 법익형량의 원칙에 위반된다. 따라서 헌법재판소법 제53조 제1항의 '탄핵심판청구가 이유 있는 때'란, 모든 법위반의 경우가 아니라, 단지 공직자의 파면을 정당화할 정도로 '중대한' 법위반의 경우를 말한다.……대통령을 제외한 다른 공직자의 경우에는 파면결정으로 인한 효과가 일반적으로 적기 때문에 상대적으로 경미한 법위반행위에 의해서도 파면이 정당화될 가능성이 큰 반면, 대통령의 경우에는 파면결정의 효과가 지대하기 때문에 파면결정을 하기 위해서는 이를 압도할 수 있는 중대한 법위반이 존재

해야 한다.」

V. 탄핵소추의 절차

탄핵의 소추는 소추를 발의하는 행위와 소추를 의결하는 행위로 이루어진다.

(1) 소추의 발의

(a) 개 념

탄핵소추의 발의는 탄핵대상자에 대하여 탄핵심판을 구할 필요가 있는지를 국회에서 심사하여 그 가부를 결정할 것을 구하는 일정한 수의 국회의원의 행위이다. 탄핵의 전체 절차에서 탄핵소추의 발의는 그 최초의 단계에 해당하는 탄핵절차를 개시하는 행위이다.

(b) 성 질

소추발의행위는 실제에서는 일정수의 국회의원의 행위이지만, 대외적으로는 국회의 행위로서 법적인 의미를 가진다.

(c) 요 건

탄핵의 소추를 발의함에 있어서는 탄핵사유를 뒷받침할 근거자료를 제시하여야 하고, 발의에 필요한 정족수를 충족시켜야 한다.

(i) 자료의 제시 　탄핵소추의 발의에는 피소추자의 성명 · 직위와 탄핵소추의 사유 · 증거 기타 조사상 참고가 될만한 자료를 제시하여야 한다(국회법 §130③). 탄핵소추를 발의하는 때에는 해당 당사자가 직무집행에 있어서 헌법이나 법률을 위반한 행위가 있다는 사실을 뒷받침할 수 있는 실질적이고 신빙성이 있는 객관적인 자료를 갖추어야 한다. 통상 검사의 수사나 국정감사와 국정조사에서 얻어진 정보와 자료를 근거로 탄핵소추를 발의한다. 이러한 경우 이외에도 다양한 정보와 자료를 근거로 탄핵소추를 발의할 수 있는데, 국회가 직접 자료를 수집할 수도 있다. 그러나 단순한 풍문이나 소문 등과 같이 신빙성이 낮은 자료를 근거로 하여 탄핵소추를 발의하는 것은 탄핵제도의 기능에 비추어 볼 때 합당하지 않다. 특히 판사와 검사에 대한 탄핵과 같이 신분보장의 기능을 가지는 경우에는 이런 요건은 엄격하게 요구된다고 할 것이다.

(ii) 정 족 수 　탄핵소추의 발의에는 국회재적의원 3분의 1 이상의 수에 해당하는 국회의원의 발의가 필요하다. 다만, 대통령에 대한 탄핵소추는 국회재적의원 과반수의 발의가 있어야 가능하다(헌법 §65②).

(iii) 기간의 제한 　탄핵소추의 발의에는 기간의 제한이 없다. 이 점은 파면을 포함

한 공무원에 대한 징계에 있어서는 징계사유가 발생한 날부터 3년(금품 및 향응수수, 공 금 횡령 · 유용의 경우에는 5년)을 경과한 때에는 징계의결의 요구를 하지 못하는 것(국공법 §83의 2①, §79)과 다르다.

(2) 소추의 의결

(a) 개 념

탄핵소추의 의결은 탄핵소추의 발의에 따라 그 가부를 결정하는 국회의 행위를 말한다.

(b) 의결권자

탄핵소추의 대상에 해당하는 공무원이 그 직무집행에 있어서 헌법이나 법률을 위반한 때에 국회는 헌법 및 국회법의 규정에 따라 탄핵의 소추를 의결할 수 있다(헌법 §65①; 국회법 §130②, §133). 여기서 국회란 헌법 제3장에서 정하고 있는 헌법상의 국회를 의미한다. 탄핵소추를 의결할 수 있는 권한은 국회만이 독점적으로 보유하고 있다.

(c) 성 질

국회가 탄핵소추의결권을 행사하거나 행사하지 아니하는 것은 재량사항에 해당한다(예: 憲 1996. 2. 29.-93헌마186).

[憲 1996.2.29.-93헌마186] 「국회에게 대통령의 헌법 등 위배행위가 있을 경우에 탄핵소추의결을 하여야 할 헌법상의 작위의무가 있다거나 청구인에게 탄핵소추의결을 청구할 헌법상 기본권이 있다고 할 수 없다. 왜냐하면 헌법은 "대통령……이 그 직무집행에 있어서 헌법이나 법률을 위배한 때에는 국회는 탄핵의 소추를 의결할 수 있다"(제65조 제1항)라고 규정함으로써 명문규정상 국회의 탄핵소추의결이 국회의 재량행위임을 밝히고 있고 헌법해석상으로도 국정통제를 위하여 헌법상 국회에게 인정된 다양한 권한 중 어떠한 것을 행사하는 것이 적절한 것인가에 대한 판단권은 오로지 국회에 있다고 보아야 할 것이며……」

탄핵소추를 의결할 것인가 하는 것이 국회의 재량에 속한다고 하더라도 이에는 정치적인 한계가 있다. 탄핵심판제도가 헌법을 보호하는 수단인 이상 탄핵소추가 필요하다고 인정되는 때에는 국회는 탄핵소추의 의결을 하는 것이 타당하다. 저항권의 행사가 문제가 되는 상황에서는 국회가 탄핵소추의결권을 행사하지 아니하는 것도 국민의 저항권 행사를 정당화하는 한 요소가 된다.

(d) 정 족 수

탄핵소추의 의결에는 국회재적의원 과반수의 찬성이 필요하다. 다만, 대통령에 대한 탄핵소추의 의결은 국회재적의원 3분의 2 이상의 찬성이 있어야 가능하다(헌법 §65②).

대통령에 대한 탄핵소추의 과정을 보면, 국회재적의원 과반수에 의한 소추의 발의와 국회재적의원 3분의 2 이상의 찬성에 의한 소추의 의결이 요구된다. 이는 대통령 이외의 자에 대한 탄핵소추의 경우에 있어서 국회재적의원 3분의 1 이상의 발의와 재적의원 과반수의 찬성이 요구되는 것과 비교할 때 가중된 요건이다. 대통령에 대한 탄핵소추에서 반드시 가중된 요건이 필요한 것은 아니다. 이런 가중된 요건은 대통령제 정부형태에서 대통령이 가지는 지위를 고려하여 그에 대한 탄핵소추를 신중하게 하도록 하기 위하여 마련한 것이기도 하지만, 대통령제 정부형태라고 하여 반드시 이런 가중된 요건이 요구되는 것은 아니다. 가중된 요건은 대통령에게 권위주의적인 우월성을 인정하게 할 뿐 아니라 필요한 경우에도 대통령에 대한 탄핵소추를 어렵게 만드는 요인이 될 수도 있다. 예컨대 미합중국과 같이 탄핵소추의 요건을 모든 대상자에 대해 동일하게 한 입법례도 있다. 다만, 입법정책으로 보면 대통령제 정부형태에서 탄핵소추의 요건을 모든 대상자에 대해 동일하게 정하는 방식을 취할 때에는 대통령 아닌 자에 대한 탄핵소추의 요건이 필요 이상으로 강화될 가능성도 있다. 이런 경우에는 요건을 이원화하는 것이 더 합리적이다. 미합중국에서는 모든 탄핵대상자에 대한 탄핵소추의 요건은 동일하지만, 직무관련성에 의한 제한이 없는 상태에서 연방대통령에 대한 탄핵과 법관을 포함한 그 이외의 자들에 대한 탄핵에서 탄핵의 기준을 달리하여 전자에 더 높은 기준을 적용할 것인가 하는 점에 대해 찬반의 학설이 대립하고 있다. 여기서는 법관의 독립의 관점에서 대통령과 법관의 탄핵사유는 동일하게 해석하여야 한다는 견해, 대통령의 탄핵에서는 더 높은 기준이 요구된다는 견해, 탄핵의 법적 기준은 동일하지만 하원이 탄핵소추권을 행사할 때 재량권을 가진다는 견해 등이 있다. 이에 대한 판례는 아직 없다. 아무튼 요건을 이원화하는 것과 대통령에 대한 탄핵소추를 어렵게 하는 것이 동일한 것이 아님을 유의할 필요가 있다.

(e) 절차와 형식

탄핵소추의 의결에 있어서 절차와 형식에 대해서는 국회법에서 정하고 있다.

(i) 절 차 　탄핵소추의 발의가 있은 때에는 국회의장은 처음 개의하는 본회의에 보고하고, 본회의는 의결로 법제사법위원회에 회부하여 조사하게 할 수 있다(국회법 §130①). 본회의에의 보고는 국회의장의 의무사항이지만, 본회의가 법제사법위원회에 조사를 의뢰하는 것은 재량사항에 속한다. 탄핵소추를 발의한 과정에서 자료가 충분히 수집되어 본회의에서 그 자료만을 놓고 탄핵소추여부를 결정할 수 있는 경우에는 이런 조사의뢰를 생략할 수 있으나, 그 자료가 탄핵소추여부를 판단하는 자료로 삼을 만큼 충분하지 아니한 경우에는 법제사법위원회에 의뢰하여 표결대상자의 헌법 또는 법률을 위반한 행위에 관한 조사를 하게 하는 것이 필요하다.

탄핵소추의 의결을 받으면 당사자는 그 직무상의 권한행사가 정지되므로, 법치주의의 요청상, 그 효과에 비례하는 절차적인 합리성이 요구된다. 따라서 신빙성이 없거나 미약한 수준의 자료를 근거로 탄핵소추를 의결하는 것은 타당하지 않다.

법제사법위원회가 본회의로부터 조사의 회부를 받은 때에는 지체 없이 조사·보고하여야 한다(국회법 §131①). 법제사법위원회의 조사에는 「국정감사 및 조사에 관한 법률」이 규정하는 조사의 방법 및 조사상의 주의의무규정을 준용한다(동조 ②). 조사를 받는 국가기관은 그 조사를 신속히 완료시키기 위하여 충분한 협조를 하여야 한다(국회법 §132).

본회의가 법제사법위원회에 조사를 의뢰하는 회부의 의결을 하지 아니한 때에는 본회의에 보고된 때로부터 24시간 이후 72시간 이내에 탄핵소추의 여부를 무기명투표로 표결한다. 이 기간 내에 표결하지 아니한 때에는 그 탄핵소추안은 폐기된 것으로 본다(국회법 §130②).

(ii) 형 식 국회의 본회의에서 행해지는 탄핵소추의 의결은 피소추자의 성명, 직위, 탄핵소추의 사유를 표시한 문서인 소추의결서로 하여야 한다(국회법 §133). 문서주의가 적용된다.

Ⅵ. 탄핵소추의 효과

국회에서 탄핵소추를 의결하면, 법이 정하는 바에 따라 효력이 발생한다. 탄핵소추가 의결되면 탄핵심판을 청구할 의무가 발생하고, 탄핵소추의 의결을 받은 자는 그 권한행사가 정지되며, 사직하거나 해임되지 못한다.

(1) 심판청구의무의 발생

국회가 탄핵소추를 의결한 때에는 소추위원(국회 법제사법위원장이 소추위원이 된다)은 반드시 헌법재판소에 탄핵심판을 청구하여야 한다(헌재법 §49②). 이러한 경우에 있어서 탄핵소추심판청구권은 소추위원에게 부여된 직무상의 권한(Kompentenz)이므로, 소추위원 이외의 자는 행사할 수 없다는 점에서는 권리의 성질을 지니고, 소추위원은 탄핵심판청구를 하여야 한다는 점에서는 의무의 성격을 지닌다.

(2) 권한행사의 정지

국회에 의하여 탄핵소추의 의결을 받은 자는 헌법재판소의 심판이 있을 때까지 직무에 관하여 권한을 행사할 수 없다(헌법 §65③; 헌재법 §50; 국회법 §134②). 탄핵소추의 의결을 받은 자가 소추의 의결에도 불구하고 직무를 수행한 경우에 그 직무행위는 헌법에 위반되는 것으로써 무효이다(동지: 김철수b, 1627; 성낙인, 956).

탄핵소추의 의결을 받은 자가 헌법재판소의 심판이 있을 때까지 직무에 관한 권한을 계속 행사할 수 있게 하느냐 아니면 그 권한의 행사를 정지시킬 것이냐 하는 것이 법이론상 문제가 된다. 탄핵소추가 일단 직무집행에서 위법인 사실이 발생한 때에 이루어지고, 국민의 대표기관인 국회가 이에 관하여 사실을 조사하여 의결을 한 이상 공무의 권위와 청렴성을 보장하기 위해서 그 권한의 행사를 정지시키는 것이 타당하다. 따라서 이 경우에는 무죄추정의 원리가 적용되지 않는다고 할 것이다.

탄핵은 헌법질서의 유지, 국민의 이익, 공무의 권위와 청렴성 등을 보호하기 위하여 공무원을 공직에서 강제로 파면시키는 고도의 법적인 강제장치이므로, 파면시켜야 할 정도로 위법행위를 한 것으로 보여 국민대표기관으로부터 소추의 의결을 받은 이상 탄핵소추의 의결을 받은 자는 직무수행과 관련한 권한이나 권리를 주장할 수 없다고 할 것이다.

탄핵소추의 의결이 있은 때에는 국회의장은 지체 없이 소추의결서의 정본을 법제사법위원장인 소추위원에게 송달하고, 그 등본을 헌법재판소 · 피소추자와 그 소속기관의 장에게 송달한다(국회법 §134①). 권한행사의 정지효력은 소추의결서의 등본이 피소추자에게 송달된 때에 발생한다(도달주의). 따라서 헌법재판소법 제50조에서 정하고 있는 「탄핵소추의 의결을 받은 사람」은 소추의결서의 등본을 송달받은 피소추자를 의미한다. 피소추자가 소추의결서의 등본을 송달받기 전에 한 직무행위는 유효하다.

(3) 사직과 해임의 금지

소추의결서가 송달된 때에는 임명권자는 피소추자의 사직원을 접수하거나 해임할 수 없다(국회법 §134②). 소추의결서가 송달된 후 있은 사직원의 접수나 해임은 무효이다. 해당 공직의 임기가 만료된 경우에는 자동으로 퇴직되고, 탄핵심판은 심판의 이익이 소멸하며 각하된다.

《탄핵소추와 국민소환제도》

대의제도를 채택하는 경우에는 대의원리상 국민의 대표자에 대하여 국가정책의 결정이나 의정활동에 대한 평가와 같은 정치적인 이유로 국민소환(國民召還 recall)을 하는 것은 허용되지 않는다. 그러나 정치적인 이유가 아니라 범죄나 위법행위 또는 비리행위를 한 국회의원이나 대통령에 대하여 국민이 소환하는 것은 대의원리와 충돌된다고 할 수 없다. 탄핵소추에서 국회만이 탄핵소추권을 독점하는 것이 아니라 일정한 수 이상의 국민에게도 탄핵소추권을 인정하면 탄핵절차를 통하여 위헌 또는 위법행위를 했거나 비리행위를 한 대통령이나 법관 또는 기타 탄핵소추대상자에 대하여 국민소환을 하는 목적을 달성할 수 있다. 이런 경우 대통령에 대하여 국민이 탄핵소추를 하는 것이 대의원리에 위반되는 것은 아니다. 예컨대 프랑스에서는 대통령을 제외한 수상, 각료 등 정부의 구성원에 대한 탄핵소추에서 국민에 의한 탄핵소추를 인정하고 있다. 탄핵소추대상자의 위법행위(특히 구조적 부정 또는 부패행위나 비리행위)나 비리행위가 있음에도 처벌이나 징계가 이루어지지 않고, 국회조차 당파적인 고려에서 탄핵소추를 하지 않을 때 주권자인 국민이 소추를 할 수 있게 하는 것은 필요하다. 국민에 의한 탄핵소추를 인정하는 경우에는 헌법재판소에 국민이 바로 탄핵심판을 청구하는 형식이 된다. 이런 점에서 국민에 의한 탄핵소추제도에 대하여 깊이 음미해 볼 필요가 있다고 사료된다.

[439] 제3 국정감사와 국정조사

Ⅰ. 개 설

(1) 의 의

헌법 제61조는 「① 국회는 국정을 감사하거나 특정한 국정사안에 대하여 조사할 수 있으며, 이에 필요한 서류의 제출 또는 증인의 출석과 증언이나 의견의 진술을 요구할 수 있다. ② 국정감사 및 조사에 관한 절차 기타 필요한 사항은 법률로 정한다」라고 정하고 있다.

국정감사는 국회가 매년 정기적으로 국정전반에 관하여 실시하는 감사를 말하고, 국정조사(國政調査 investigation of congress, Untersuchungsrecht)는 특정한 국정사안에 대하여 실시하는 조사를 말한다. 헌법의 규정에 따라 국회법과 「국정감사 및 조사에 관한 법률」이 제도의 절차 등에 관하여 구체적으로 정하고 있다. 국회의 국정감사와 국정조사에 관하여 국회법이 정한 것을 제외하고는 「국정감사 및 조사에 관한 법률」이 정하는 바에 따른다(국회법 §127). 「국정감사 및 조사에 관한 법률」은 국정감사에 대하여 「국회는 국정전반에 관하여 소관 상임위원회별로 매년 정기회 집회일 이전에 감사시작일부터 30일 이내의 기간을 정하여 감사를 실시한다. 다만, 본회의의 의결로 정기회 기간 중에 감사를 실시할 수 있다」(동법 §2①)라고 정하고, 국정조사에 대하여 「국회는 재적의원 4분의 1 이상의 요구가 있는 때에는 특별위원회 또는 상임위원회로 하여금 국정의 특정사안에 관하여 조사를 시행하게 한다」(동법 §3①)라고 정하고 있다.

《국정조사와 민주주의》

국정조사는 의회가 그 기능의 본질상 정부에 대하여 가지는 대정부통제시스템임에는 의문의 여지가 없다. 그런데 정치 현실에서는 국회의 다수의석을 점하고 있는 여당은 자신들이 주도하고 있는 행정부에 대하여 적극적으로 통제하려고 하지 않기 때문에 특히 의회주의제정부에서 국정조사가 실효성을 가지는 제도이기 위해서는 야당이 이를 효과적으로 작동시킬 수 있어야 한다. 그래서 국정조사권을 여당에 대한 야당의 권리(Oppositionrecht)로 파악하고, 의회에서의 소수자의 권리(Minderheitsrecht)로 파악하기도 한다. 이렇게 볼 때, 민주주의의 관점에서 보면, 국정조사를 실시하도록 요구하는 요건을 어렵게 하는 것은 국정조사의 본질과 합치하지 않는다. 많은 나라에서 국정조사의 실시가 야당의 요구에 의해 이루어지고 있는 점은 이를 잘 보여주고 있다.

(2) 연 혁

우리 헌법사에서 국정감사제도는 1948년헌법부터 창안하여 채택한 제도였는데, 1972년헌법과 1980년헌법에서는 폐지되기도 하였으나 1987년헌법에서 다시 부활하였다. 국정조사제도는 1980년헌법에서 비로소 채택한 제도이고 현재까지 유지되고 있다. 현행 헌법은 국정감사제도와 국정조사제도를 모두 채택하고 있다.

국정조사는 1689년 영국의 의회에서 고안된 것에서 출범하여 행정부와 사법부에 대한 국회의 통제를 실현하는 의회의 본래적이고 고전적인 대정부통제제도로 발달하였다. 미합중국, 영국, 프랑스, 독일, 일본국 등 여러 나라에서 국정조사제도를 채택하고 있다.

우리나라의 국정감사 · 조사제도의 변천

헌법 / 항목	1948년헌법-1960년11월헌법	1962년헌법-1969년헌법	1972년헌법	1980년헌법	1987년헌법
국정감사	○	○	×	×	○
국정조사	×	×	×	○	○
내용	국회는 국정을 감사하기 위하여 필요한 서류를 제출케 하며 증인의 출석과 증언 또는 의견의 진술을 요구할 수 있다.	국회는 국정을 감사하며, 이에 필요한 서류의 제출, 증인의 출석과 증언이나 의견의 진술을 요구할 수 있다. 다만, 재판과 진행 중인 범죄수사·소추에 간섭할 수 없다.	없음(*1975년국회법에서 국정조사제도 채택)	국회는 특정한 국정사안에 관하여 조사할 수 있으며, 그에 직접 관련된 서류의 제출, 증 인의 출석과 증언이나 의견의 진술을 요구할 수 있다. 다만, 재판과 진행 중 인 범죄수사 · 소추에 간섭할 수 없다.	① 국회는 국정을 감사하거나 특정한 국정사안에 대하여 조사할 수 있으며, 이에 필요한 서류의 제출 또는 증인의 출석과 증언이나 의견의 진술을 요구할 수 있다. ② 국정감사 및 조사에 관한 절차 기타 필요한 사항은 법률로 정한다.

(3) 성 질

국정감사와 국정조사는 헌법이 국회에 부여한 기능(특히 국정통제기능)을 실효적으로 수행할 수 있도록 하는 독립적 권한이라는 점에서는 동일한 성질을 가지고 있으나, 감사 또는 조사 대상의 범위, 실시 시기 등에서 서로 구별되는 성질을 가진다.

(a) 독립적 권능

국정감사와 국정조사는 정부의 활동에 대하여 사후적 심사와 비판 · 문책을 행하는 국회의 대정부통제기능을 실효적으로 보장하기 위하여 헌법이 국회에 부여한 국정에 대하여 사후에 사실을 조사하고 정보를 수집할 수 있는 헌법적 권능이다. 이런 점에서 국정감사와 국정조사에 관한 권한은 국정통제라는 국민대표기관의 본래적 기능을 수행하는 독립적 권한이다(독립적 권한설. 일본국의 신독립권능설. 반대: 보조적 권한설). 국정조사는 국정운영에 대한 국민의 알 권리를 충족시키고, 국정을 통제하며, 국정운영상의 의혹을 밝혀내고, 의정활동에 필요한 정보를 얻기 위한 제도이다. 국정감사와 국정조사를 통해 입법, 재정 등의 기능을 수행하는데 필요한 정보를 얻을 수 있는데, 사실조사와 정보수집은 국정통제와 불가분의 일체를 이루고 있다. 이런 점에서 국정감사와 국정조사는 모두 독립적 권능으로서의 성질을 가진다.

일본국에서는 국정조사권에 대하여 「독립적 권능설」(獨立的 權能說)과 「보조적 권능설」(補助的 權能說)이 대립되어 왔는데, 독립적 권능설은 국회가 국가의 최고기관이라는 것을 근거로 한다는 점에서 국정조사를 입법기능과 독립된 기능으로 보는 점에서는 동일하지만 그 근거를 국회의 최고기관성이 아니라 정부에 대하여 국회가 가지는 본래적인 통제기능이라는 점에서 찾는 「신독립적 권능설」(新獨立的 權能說)과 구별된다. 신독립적 권능설이 타당하다. 우리나라에서는 일본국의 독립적 권능설을 취할 여지가 없으므로 신독립적 권능설이 곧 우리가 말하는 독립적 권한설과 일치한다.

국정감사는 우리나라에서 특유하게 발달한 제도이고 다른 나라에서는 그 유례를 찾기가 쉽지 않으나, 국정조사와 달리 그 기능에서 예산안 심사와 연계하여 국회의 기능을 실효성이 있게 하고 이를 통하여 권력을 효율적으로 통제할 수 있게 하는 데 그 제도적 의의가 있다.

국정조사만으로 국회의 통제기능을 충분히 실현할 수 있다고 보는 견해는 국정감사제도를 폐지하자고 제안한다. 그런데 이러한 경우에는 국정조사를 효율적이고 실효성 있게 하기 위하여 국정조사권의 발동을 용이하게 하고, 국정조사활동을 지원하는 시스템과 인력을 충분히 구축하여야 하며, 국회를 연중국회로 운영하고, 예산통제를 실질화시키는 장치를 마련하여 국정조사가 본래의 기능을 충분히 수행할 수 있도록 하는 것이 선결적으로 이루어져야 할 것이다.

《국정감사와 감사원의 감사》

국회의 국정감사는 그 주체에 있어 감사원의 감사와 구별되고, 목적이나 기능 등에 서도 아래의 비교와 같이 구별된다.

구분 / 항목	국정감사	감사원 감사
목적	통제, 의정활동의 정보수집	대행정부 감찰
대상	모든 국가기관	행정기관
내용	국정 전반에 대한 감사	회계검사, 직무감찰
성질	대국가기관 외부통제	행정부 내부통제

국회와 감사원이 협동하는 경우로는 국회가 감사원에 사안을 특정하여 감사를 요구하고 감사원이 3개월 내에 감사결과를 국회에 보고하는 감사요구제도(국회법 §127의2)가 있다.

(b) 포괄적/제한적 조사

국정감사나 국정조사는 국정에 대하여 조사를 한다는 점과 이를 통하여 권력을 통제하는 점에서는 동일하지만, 국정감사는 국정의 전반에 대하여 실시하는 포괄적 조사(=전반적 조사)임에 반하여, 국정조사는 특정한 국정사안에 한하여 실시하는 제한적 조사(=특정적 조사)라는 점에서 구별된다.

(c) 정기적/수시적 조사

국정감사는 예산안의 의결과 관련하여 매년 1회 정기적으로 행해지는 정기적인 행위인 반면, 국정조사는 수시로 필요한 때에 행해지는 수시적인 행위이다.

II. 국정감사 · 조사의 주체

헌법 제61조는 국회가 국정감사와 국정조사의 권한을 가지는 것으로 정하고 있으나, 이는 추상적인 표현에 지나지 않는다. 국회법과 「국정감사 및 조사에 관한 법률」에 의하면, 국회의 본회의와 상임위원회는 국정감사에 관한 권한을 가지고, 본회의와 특별위원회 또는 상임위원회는 국정조사에 관한 권한을 가진다. 국회의 소관 상임위원회는 국정전반에 관하여 국정감사를 행하는 주체이고(국회법 §127; 국감법 §2①), 재적의원 4분의 1 이상의 요구에 의하여 특별위원회 또는 상임위원회는 국정의 특정 사안에 관하여 국정조사를 행하는 주체가 된다(국감법 §3①). 본회의도 국정감사와 국정조사에 있어 시기를 변경하거나(동법 §2①) 조사를 승인하거나 하는 행위를 하기 때문에 그에 관하여 주체가 된다(동법 §3④).

이와 같이 본회의와 상임위원회는 국정감사의 주체이고 본회의와 특별위원회 또는 상임위원회는 국정조사의 주체이기 때문에 국정감사나 국정조사와 관련하여 권한쟁의가 발생하면 본회의, 상임위원회, 특별위원회가 권한쟁의심판에서 당사자로서의 지위를 가진다.

Ⅲ. 국정감사 · 조사의 범위

국회의 국정감사와 국정조사는 국회가 가지고 있는 광범한 기능과 권한을 실행하는데 필요한 범위에서 허용되기 때문에 그 범위는 광범하다. 이에는 국회의 권능에 해당하는 입법, 행정부의 행정, 헌법재판소나 법원의 사법행정, 국회의 자율에 관한 사항이 포함된다. 매회 권한행사의 범위에 있어서 국정감사는 국정의 전반에 대하여 실시하고 국정조사는 특정한 사안에 대하여 실시하는 것에 차이가 있다.

(1) 입법에 관한 사항

국회는 국정의 전 영역에 걸쳐 입법하거나 또는 헌법을 개정하는 경우에 이와 관련하여 국정감사나 국정조사를 할 수 있다. 국회가 법률을 제정한 때 위임한 대로 행정부가 하위법규를 제정하였는지에 대해서도 이러한 감사나 조사를 실시할 수 있다(위임입법의 여부 및 범위 준수에 대한 감사 또는 조사). 자치단체의 입법에 대해서도 마찬가지다.

(2) 행정에 관한 사항

국회는 행정에 관한 사항에 대하여 국정감사나 국정조사를 할 수 있다. 다만, 국정감사의 대상에 대해서는 국정감사및조사에관한법률은 i) 정부조직법 기타 법률에 의하여 설치된 국가기관, ii) 지방자치단체 중 특별시 · 광역시 · 도(다만, 그 감사범위는 국가위임사무와 국가가 보조금 등 예산을 지원하는 사업에 한정), iii) 「공공기관의 운영에 관한 법률」 제4조의 규정에 따른 공공기관, 한국은행, 농업협동조합중앙회, 수산업협동조합중앙회, iv) 이러한 기관 이외에 본회의가 특히 필요하다고 의결한 경우에 한하여 인정되는 지방행정기관 · 지방자치단체 · 감사원법에 의한 감사원의 감사대상기관으로 한정하고 있다(국감법 §7).

국정감사나 국정조사에 있어 본회의 · 위원회 또는 소위원회는 그 의결로 국정감사나 국정조사와 직접 관련된 보고 또는 서류의 제출을 정부 · 행정기관 기타에 대하여 요구할 수 있다. 다만, 위원회가 국정감사 또는 국정조사와 관련된 서류제출요구를 하는 경우에는 그 의결 또는 재적위원 3분의 1 이상의 요구로 할 수 있다(국회법 §128①).

(3) 사법행정에 관한 사항

헌법재판소나 법원과 같은 재판기관과 관련된 사항 가운데 해당 기관의 예산운용, 재판의 신속한 운영, 재판관을 지원하는 헌법연구관이나 법관 및 법관을 지원하는 인력의 적절한 충원과 배치 등과 같은 사법행정이나, 헌법재판소 또는 법원의 사무규칙이 정하는 사항에 대해서는 국정감사나 국정조사를 할 수 있다. 이러한 사항에 대한 국정감사나 국정조사는 헌법재판의 독립 또는 법원의 재판의 독립에 영향을 미치지 않는다.

이와 같은 국정감사나 국정조사는 국회가 가지고 있는 헌법재판소나 법원에 대한 통제권(헌법재판소 또는 법원의 예산심의 · 확정권, 헌법재판소 재판관과 법관에 대한 탄핵소추권, 헌법재판소법과 법원조직법의 제정 · 개정권 등)을 실효성 있게 만드는 데 기여한다.

(4) 국회의 내부운영에 관한 사항

국회는 국회의 운영 및 규칙, 의원의 징계와 자격심사, 국회의원의 체포와 관련된 사항, 청원 또는 진정에 관한 사항 등에 대해서는 국정감사나 국정조사를 스스로 실시할 수 있다(동지: 김철수b, 1631; 권영성, 920). 그러나 자기에 대하여 스스로 조사를 행하는 이러한 국정감사 또는 국정조사가 실효성에서는 한계가 있을 수 있다.

Ⅳ. 국정감사 · 조사의 한계

(1) 재판에 관한 간섭 금지

국정감사나 국정조사는 헌법재판소의 재판이나 법원의 재판에 대해 간섭할 수 없다. 이는 헌법재판소의 헌법재판이나 법원의 재판에서 요구되는 재판의 독립을 실현하기 위한 것이다. 따라서 국회는 국정감사나 국정조사를 행하면서 헌법재판소나 법원에 계속 중인 사건의 소송지휘나 재판진행, 사건에 대한 재판관이나 법관의 견해 또는 태도, 사건의 당사자 등의 태도 등을 탐색 · 판단하거나 영향을 주기 위한 조사를 해서는 안 된다. 재판을 방해하는 행위는 위법한 행위로써 금지된다. 1980년헌법에서는 「재판과 진행 중인 범죄수사 · 소추에 간섭할 수 없다」라고 정하고 있었으나 1987년헌법에서는 이를 삭제하였다. 그러나 「국정감사 및 조사에 관한 법률」은 국정감사 또는 국정조사는 계속 중인 재판에 관여할 목적으로 행사되어서는 안 된다고 정하고 있다(국감법 §8). 여기서 「관여할 목적」은 직 · 간접으로 재판에 영향을 미칠 것을 추구하는 것을 의미한다.

국정감사나 국정조사는 법적인 사안에 대한 조사(예: 수사)가 아니고 사실조사를 통하여 국정운영상의 모든 사안의 실체를 국민 앞에 드러나게 하고, 권력을 통제하는 데 목적을 두고 있는 정치적인 성격을 가지는 조사이다. 따라서 국회는 과거 사건에 관해서도 국정조사를 실시할 수 있고, 이와 관련하여 재판자료나 관계자에 대하여 조사할 수 있다.

국회는 현재 헌법재판소나 법원에서 재판이 진행 중인 사건과 경찰이나 검찰에서 수사 중인 사건이라도 이와 병행하여 해당 사건에 대해 독자적으로 국정조사를 실시할 수 있다(병행조사). 국가 내에서 발생한 어떤 사건의 실체를 밝히는 일이 수사기관이나 재판기관의 독점적인 사항이 아닐 뿐 아니라, 국회가 본래의 기능을 수행하기 위해 사건의 실체를 국민 앞에 드러내고 공론의 장에서 논의할 필요가 있는 경우에는 당연히 이러한 임무를 수행하여야 하기 때문이다. 국회가 헌법재판소나 법원과 따로 동일한 사건에 대하여 독자적으로 조사하는 것은 위법여부에 한정되지 않고 사건과 관련된 모든 사실들에 대한 것이고, 이러한 것이 헌법재판소나 법원의 재판을 간섭하거나 방해하는 것은 아니다. 국회가 병행조사를 실시하는 때에 헌법재판소나 법원의 재판을 방해하지 않고 당사자 또는 이해관계인의 이익을 침해하지 않는 한도 내에서는 헌법재판소나 법원에 제출된 재판자료를 열람하거나 복사할 수 있다.

(2) 범죄의 수사 · 소추에 대한 간섭 금지

국정감사나 국정조사는 수사 중인 사건의 소추에 관여할 목적으로 행사될 수 없다(국감법 §8). 이는 형사사건의 공정한 처리를 보장하기 위한 것이다. 여기서 「관여할 목적」은 직 · 간접으로 수사 또는 소추에 영향을 미칠 것을 목적으로 하는 것을 의미한다.

과거의 어떤 형사사건에 대하여 경찰 또는 검찰 등 수사기관이 어떻게 처리하였는지에 대해서는 국정조사를 할 수 있다.

국회는 현재 수사기관에서 수사 중이거나 공소제기되어 재판이 진행 중인 사건에 대해서도 이와 병행하여 독자적으로 조사할 수 있다(병행조사. 예: 독일, 프랑스, 일본국 등. 동지: 정만희, 199). 국회가 본래의 직무를 수행하기 위하여(탄핵소추, 국무총리 또는 국무위원에 대한 해임건의, 공직 임명에 대한 동의 등) 어떤 사건의 실체를 밝혀야 할 필요가 있는 경우에는 수사 중인 사건에 대해 조사하는 것이 필요하다. 국정조사는 정치적인 성격의 조사제도이므로 수사기관이 대상으로 하고 있는 것보다 더 넓게 조사를 할 수 있다.

《병행조사》

병행조사는 법원에서 재판을 하고 있거나 경찰 또는 검찰과 같이 수사 또는 소추기관에서 수사하거나 처리를 하고 있는 사건에 대하여 국회가 이와 병행하여 국정감사 또는 국정조사를 행하는 것을 말한다. 이러한 병행조사는 재판, 수사, 소추에 관여할 목적으로는 행할 수 없고, 국정감사 또는 국정조사의 원래 목적을 실현하기 위해서만 행할 수 있다. 재판, 수사, 소추는 그 목적이 병행조사의 목적과 다르므로 병행조사의 결과나 사실에 대한 평가에 구속되지 않는다. 그런 반면 법원, 수사기관, 소추기관은 국회의 국정감사와 국정조사에 응해야 하는 의무를 진다. 독일의 경우에는 연방헌법(§44)과 국정조사위원회법(Untersuchungsausschüssgesets §18)의 취지상 병행조사가 인정되고 있고, 일본국에서도 국정조사로 병행조사를 하고 있다(예: 「록히드 사건」). 프랑스에서도 이를 인정하고 있다. 우리나라의 경우 2011년 부산 상호저축은행의 불법행위에 따른 부실로 예금자에게 엄청난 피해를 입힌 사건에 대하여 검찰의 수사와 법원의 재판이 진행되고 있는 중에 국회는 「저축은행비리 의혹 진상규명을 위한 국정조사특별위원회」를 구성하여 6.29.-8.12 동안 이 사건을 포함하여 저축은행의 부실과 이에 대한 감독의 부실, 저축은행에 관련한 검찰의 수사과정 등에 관하여 국정조사를 실시하였다.

⑶ 기본권 보장에 의한 한계

국회가 국정감사나 국정조사를 행하는 경우에도 국민의 기본권을 침해해서는 안 된다. 국정감사나 국정조사도 국가의 행위이므로 어떤 경우에도 이로 인한 국민의 자유와 권리의 침해가 있어서는 안 된다.

그러나 국민의 기본권도 헌법 제37조 제2항이 정하는 바에 따른 제한이 가능하므로, 국정감사나 국정조사가 그 목적을 달성할 수 있는 한도 내에서는 법률로써 제한할 수 있다. 이에는 헌법상의 과잉금지원칙이 적용된다. 이와 관련하여 「국정감사 및 조사에 관한 법률」은 국정감사 또는 국정조사는 개인의 사생활을 침해해서는 안 된다고 정하고 있으나(국감법 §8), 이러한 기본권의 침해금지는 사생활에만 한정하여 적용되는 것이 아니고 모든 기본권에 적용된다. 「국회에서의 증언·감정 등에 관한 법률」에서 증거조사에 있어 증인으로 하여금 형사소송법 제148조 또는 제149조의 규정에 해당하는 경우에 선서·증언 또는 서류제출을 거부할 수 있게 하거나 감정인으로 하여금 형사소송법 제148조에 해당하는 경우에 선서 또는 감정을 거부할 수 있게 하는 것(동법 §3 ①,②)도 그 한 예이다.

⑷ 국익 보호를 위한 한계

국정감사나 국정조사는 본질적으로 국회의 기능을 올바로 수행하기 위한 것이며, 이는 대한민국의 국익과 국민의 전체이익에 기여하게 하는 것이다. 그리하여 국정감사나 국정조사가 대한민국의 국익을 침해하는 경우에는 그에 필요한 제한을 받는다. 예컨대 증거조사에서 국회로부터 공무원 또는 공무원이었던 자가 증언의 요구를 받거나, 국가기관이 서류제출을 요구받은 경우에 군사·외교·대북관계의 국가기밀에 관한 사항으로서 그 발표로 말미암아 국가안위에 중대한 영향을 미친다는 주무부장관(대통령 및 국무총리의 소속 기관에서는 당해 관서의 장)의 소명이 증언 등의 요구를 받은 날로부터 5일 이내에 있는 경우에는 증언이나 서류제출을 거부할 수 있다(증감법 §4①).

⑸ 지방자치에 의한 한계

지방자치를 보장하는 면에서 볼 때, 국정감사나 국정조사는 지방자치단체의 고유한 업무에 대해서는 할 수 없고, 국가의 위임사무와 국가가 보조금 등 예산을 지원하는 사업에 대해서는 할 수 있다(국감법 §7ii). 지방자치단체의 비리나 의혹 등을 밝히기 위해서는 국정감사나 국정조사를 할 수 있다.

V. 국정감사 · 조사의 행사

(1) 행사기간

국정감사는 매년 정기회 집회일 이전에 감사시작일부터 30일 이내의 기간을 정하여 감사를 실시한다. 다만, 본회의 의결로 정기회 기간 중에 감사를 실시할 수 있다(국감법 §2①).

국정조사에서는 본회의에서 승인하는 조사계획서에서 정한 조사위원회의 활동기간 동안 조사를 행한다(동법 §3④). 그러나 본회의는 이 기간을 연장하거나 단축할 수 있다(동법 §9 ①,②). 다만, 조사계획서에 활동기간이 확정되지 아니한 경우에는 조사위원회의 조사결과가 본회의에서 의결될 때까지 조사활동을 할 수 있다(동조 ③).

(2) 행사방법

(a) 서류등제출 및 증거조사

국정감사나 국정조사를 함에 있어서 조사의 주체는 그 의결로 감사 또는 조사와 관련된 보고 또는 서류 등(서류 및 해당기관이 보유한 사진 · 영상물)의 제출을 관계인 또는 기관 기타에 요구하고, 증인 · 감정인 · 참고인의 출석을 요구하고 검증을 행할 수 있다(국감법 §10①). 이러한 증거의 채택 또는 증거의 조사를 위하여 청문회를 열 수도 있다(동조 ③). 국정감사 또는 국정조사를 위한 증인 · 감정인 · 참고인의 증언 · 감정 등에 관한 절차는 「국회에서의 증언 · 감정 등에 관한 법률」이 정하는 바에 의한다(동조 ⑤).

(b) 장　　소

국정감사 또는 국정조사는 이를 행하는 위원회에서 정하는 바에 따라 국회 또는 감사 · 조사대상이 되는 현장이나 기타의 장소에서 할 수 있다(동법 §11).

(c) 공개주의 원칙

국정감사 및 국정조사는 공개로 한다. 다만, 위원회의 의결로 달리 정할 수 있다(동법 §12).

(d) 제척 및 회피

국정감사 또는 국정조사에서 사안에 직접 이해관계가 있거나, 공정을 기할 수 없는 현저한 사유가 있는 경우에는 국회의원은 그 사안에 한하여 감사 또는 조사에 참여할 수 없다. 제척(除斥)과 회피(回避)가 인정된다(동법 §13).

(e) 주의의무

국정감사 또는 국정조사를 할 때에는 그 대상기관의 기능과 활동이 현저히 저해되거나 기밀이 누설되지 아니하도록 주의하여야 하며, 국회의원 및 사무보조자는 감사 또는 조사를 통하여 알게 된 비밀을 정당한 사유 없이 누설하여서는 아니 된다(동법 §14). 이러한 주의의무를 위반한 경우에는 국회법이 정하는 바에 따라 징계할 수 있다(동법 §17).

Ⅵ. 국정감사 · 조사의 결과 보고 및 처리

(1) 결과의 보고

위원회는 국정감사 또는 국정조사를 마친 때에는 감사 또는 조사의 경과와 결과 및 처리의견을 기재하고 그 중요 근거서류를 첨부한 보고서를 작성하여 의장에게 제출하고, 의장은 이를 지체 없이 본회의에 보고한다(국감법 §15).

(2) 결과의 처리

국회는 본회의의 의결로 감사 또는 조사결과를 처리한다. 감사 또는 조사결과 정부 또는 해당기관의 시정(관계자의 문책 등 포함)을 필요로 하는 사유가 있을 때에는 국회는 그 시정을 요구하고, 정부 또는 해당기관에서 처리함이 타당하다고 인정되는 사항은 정부 또는 해당기관에 이송한다. 이러한 시정요구나 이송받은 사항에 대해서는 정부 또는 해당기관은 이를 지체 없이 처리하고 그 결과를 국회에 보고하여야 한다. 국회는 이런 처리결과보고에 대하여 적절한 조치를 취할 수 있다(국감법 §16).

국정감사와 국정조사

항 목 \ 구 분	국정감사	국정조사
대 상	국정 전반(포괄적 조사)	특정 사안(제한적 조사)
성 질	독립적 권한	독립적 권한
주 체	소관 상임위원회, 본회의	특별위원회, 상임위원회, 본회의
시 기	정기회 집회일 이전 실시가 원칙	부정기적, 재적의원 1/4 이상의 의결
기 간	소관 상임위별로 30일 이내의 기간을 정함	의결로 정함
공개여부	공개원칙	공개원칙

[440] 제4 국방 · 외교정책에 대한 동의

국회는 선전포고(宣戰布告), 강화조약(講和條約), 국군의 외국에의 파견 또는 외국군대의 대한민국 영역 안에서의 주류(駐留)에 대한 동의권을 가진다(헌법 §60①,②).

국방과 전쟁에 관한 권한을 대통령에게만 독점시키는 것은 국가와 국민의 운명에 있어 매우 위험하기 때문에 우리나라는 국회와 대통령이 이를 협동하여 행사하도록 정하고 있다. 국회가 가지는 사전동의권은 해당 업무를 대통령과 협동하여 수행하는 것인 동시에 통제하는 것이기도 하다.

[441] 제5 행정부의 구성과 운용에 대한 통제

Ⅰ. 국무총리 임명에 대한 동의

대통령이 국무총리를 임명함에 있어서는 사전에 국회의 동의를 얻어야 한다(헌법 §86①). 이러한 것은 국무총리의 임명에 민주적 정당성을 부여하는 것인 동시에 인사권의 남용을 통제하는 것이기도 하다.

Ⅱ. 국무총리 · 국무위원에 대한 국회의 출석요구

(1) 헌법 규정

국회나 그 위원회의 요구가 있을 때에는 국무총리 · 국무위원 또는 정부위원은 출석 · 답변하여야 하며, 국무총리 또는 국무위원이 출석요구를 받은 때에는 국무위원 또는 정부위원으로 하여금 출석 · 답변하게 할 수 있다(헌법 §62②).

국회법은 본회의나 위원회가 특정한 사안에 대하여 질문하기 위하여 대법원장, 헌법재판소장, 중앙선거관리위원회위원장, 감사원장 또는 그 대리인의 출석을 요구할 수 있다고 정하고 있다(국회법 §121④). 이와 같이 우리나라에서 국회가 헌법기관의 장이나 국가기관의 장 등에 대하여 국회에 출석할 것을 요구할 수 있는 제도로는 헌법에서 정하고 있는 경우와 법률에서 정하고 있는 경우의 두 가지가 있는 셈이다.

(2) 제도적 취지

국무총리 · 국무위원 · 정부위원에 대한 국회의 출석 요구는 대통령과 행정부의 국정운영과 관련하여 발생하는 잘못을 국회가 통제하는 기능도 가지는 동시에 국정의 운영에 있어서 국회와 행정부 간의 의사소통을 원활하게 하고 서로 이해할 수 있게 하는 기능도 한다. 대통령제국가에서 이러한 제도는 대통령과 행정부에 대한 국회의 견제장치이기도 하고, 국회와 대통령 간에 있어 대화와 설득의 정치를 가능하게 만들어 주는 장치이기도 하다. 대통령제국가에서는 자칫 국회와 대통령 간에 대화의 단절과 오해가 발생하기 쉽고, 그 결과 서로 대립하여 국정이 마비되거나 경화될 우려가 큰데, 이러한 출석요구제도를 생산적으로 활용하면 대통령제가 안고 있는 한계를 극복하는데 기여할 수 있다.

(3) 출석요구 및 질문의 절차

국무총리 · 국무위원 · 정부위원에 대한 국회의 출석을 요구할 수 있기 위해서는 국회의원 20인 이상이 이유를 명시한 서면으로 발의를 하거나 위원회가 독자적으로 의결하여야 한다(국회법 §121①,②).

의원이 정부에 서면으로 질문(서면질문)하려고 할 때에는 질문서를 의장에게 제출하여야 하고 의장은 지체 없이 이를 정부에 이송한다(동법 §122). 본회의 회기 중 기간을 정하여 국정전반 또는 국정의 특정분야를 대상으로 정부에 대하여 질문(대정부질문)을 하는 경우에는 질문을 하고자 하는 의원이 미리 질문요지와 소요시간을 기재한 질문요지서를 국회의장에게 제출하여야 하고, 국회의장은 늦어도 질문시간 48시간 전까지 질문요지서가 정부에 도달되도록 송부하여야 한다(동법 §122의2 ①,⑦).

> 국회법은 국회의 회기 중 대정부질문 시에 제기되지 않은 사안으로서 긴급히 발생한 중요문제 또는 사건에 대하여, 국회의원 20인 이상의 찬성으로 대정부질문을 요청할 수 있도록 하는 긴급현안질문제도를 정하고 있다(동법 §122의3). 이러한 것은 국무총리·국무위원·정부위원에 대한 국회출석요구제도로 효과적으로 대응할 수 없는 사태가 발생한 경우에 국민대표기관이 이에 적절히 대응할 수 있도록 마련한 장치이다.

(4) 출석요구의 효과

국회나 그 위원회의 요구가 있을 때에는 국무총리·국무위원 또는 정부위원은 반드시 출석·답변하여야 한다. 이러한 국회의 출석요구를 거부하면 국무총리·국무위원의 경우에 이는 탄핵사유가 되며, 해임건의의 사유도 된다. 국무총리 또는 국무위원이 출석요구를 받은 때에는 국회의장 또는 위원장의 승인을 얻어 국무위원 또는 정부위원으로 하여금 출석·답변하게 할 수는 있다(헌법 §62②; 국회법 §121③).

Ⅲ. 국무총리·국무위원의 해임건의

(1) 헌법 규정

국회는 국무총리 또는 국무위원의 해임을 대통령에게 건의할 수 있다(헌법 §63①). 이러한 국회의 해임건의는 국회재적의원 3분의 1 이상에 의한 발의 및 국회재적의원 과반수의 찬성이 있어야 한다(헌법 §63②).

(2) 제도적 취지

우리 정치사의 경험상 대통령이 인사권을 남용하여 부적합한 인물을 국무총리나 국무위원에 임명하고, 이들이 국정 운영에서 무능을 노정하거나 위법한 행위를 저지른 경우가 많이 발생하였고, 이런 문제가 발생한 경우에도 대통령은 이를 바로잡으려고 하지 않은 예가 비일비재했기 때문에 헌법에 이러한 장치를 둔 것이다.

또 대통령을 보좌하는 국무총리와 국무위원에 대하여 국회가 해임을 피력함으로써 국정운영에서 나타난 대통령의 실책과 무능에 대하여 견제하는 기능도 한다. 대통령제 국가에서는 국정운영에서의 실책과 무능을 이유로 국회가 직접 대통령의 거취를 결정할 수 없기 때문에(의회주의제에서의 내각불신임과 대조) 국무총리나 국무위원에 대한 해임건의는 대통령에게 간접적으로 책임을 묻는 효과도 가진다. 대통령제국가에서도 이는 권력통제의 요청상 인정될 수 있다.

우리나라의 경우에 이러한 제도는 국정운영과 정치의 현실에서 누적된 경험상의 요구로 인하여 제도화되었다는 한국적인 특성을 지니기 때문에 그 상황에 적합하게 운영하여야 원래의 기능이 살아날 수 있다. 따라서 국회는 이러한 권한을 정치적 공격의 무기로 남발하지 말아야 하고, 국가운영의 관점에서 신중하게 행사하여야 할 것이다. 국회가 숙고하여 건의를 한 경우에는 대통령은 국회의 건의를 수용하는 것이 국정운영상 바람직하다.

(3) 해임건의의 요건

국무총리와 국무위원의 해임을 건의하는 경우 그 사유에는 제한이 없다. 위법한 행위가 있는 경우뿐만 아니라 부당한 행위를 하거나 부도덕한 행위를 한 경우도 이에 포함된다. 그리고 업무의 수행에서 무능력하거나 실책이 있는 경우도 이에 해당한다. 따라서 이러한 해임건의의 사유는 「직무집행에 있어서 헌법이나 법률에 위배한 때」(헌법 §65①)에 한정되는 탄핵사유보다 훨씬 광범하다.

(4) 해임건의의 절차

어떠한 경우에 해임건의를 할 것인가는 전적으로 국회가 판단한다. 국회재적의원 3분의 1 이상의 발의에 의하여 국회재적의원 과반수의 찬성이 있으면 해임건의가 이루어진다(헌법 §63②). 해임건의안이 발의되면 본회의에 보고된 때로부터 24시간 이후 72시간 이내에 무기명투표로 표결한다. 이 기간 안에 표결하지 아니한 때에는 해임건의안은 폐기된 것으로 본다(국회법 §112⑦).

해임건의 대상자는 1인일 수도 있고 수인일 수도 있다. 대상자가 다수인 경우에 개별적으로 해임건의를 할 수도 있고, 일괄하여 해임건의를 할 수도 있다.

(5) 해임건의의 효과

(a) 구속력의 유무

국회의 국무총리 또는 국무위원에 대한 해임건의는 법적 성격상 대통령을 구속하지 않는다(반대: 김철수b, 1622; 성낙인, 952). 이러한 점이 건의와 요구의 차이이다. 따라서 대통령은 국회의 건의가 부당하다고 판단하는 경우에는 이를 수용하지 않을 수 있다.

1962년헌법과 1969년헌법이 채택했던 국무총리 · 국무위원해임건의제도에서는 「건의가 있을 때에는 대통령은 특별한 사유가 없는 한 이에 응하여야 한다」(동헌법 §59③)고 헌법에 명시적으로 정하였다.

(b) 연대책임의 여부

국무총리에 대한 해임건의가 국무위원들에게도 미치는가 하는 문제가 있다. 이에 대해서는 국무총리에 대한 해임건의는 국무총리의 국무위원 임명제청권과 관련하여 모든 국무위원들에게도 미친다는 견해가 있으나(김철수b, 1622; 성낙인, 953), 우리나라의 경우는 기본적으로 대통령제 정부형태를 취하고 있고, 국무총리와 국무위원이 공동으로 국회에 대하여 연대책임을 지는 것이 아니므로 국무총리에 대한 해임건의가 국무위원에게 미친다고 할 수 없다(동지: 권영성, 926). 따라서 국무총리나 국무위원에 대하여 해임을 건의하는 경우에는 해당 국무총리나 해당 국무위원 각각에 대하여 해임건의를 하여야 할 것이다. 실제에서도 개별적으로 행해지고 있다.

1980년헌법은 「국무총리에 대한 해임의결이 있을 때에는 대통령은 국무총리와 국무위원 전원을 해임하여야 한다」(헌법 §99③)라고 정하고 있었으나, 현행 헌법에서는 이를 폐지하였다.

(6) 해임건의의 제한

국회가 해임건의권을 행사함에 있어서는 아무런 제한이 없다. 국회는 해임건의의 사유나 시간에서 제한을 받지 않는다.

1980년헌법은 「국무총리에 대한 해임의결은 국회가 임명동의를 한 후 1년 이내에는 할 수 없다」(헌법 §99①)라고 정하고 있었으나, 현행 헌법에서는 이를 폐지하였다.

[442] 제6 국가긴급권에 대한 통제

Ⅰ. 긴급명령에 대한 승인

대통령이 긴급명령을 발한 경우에는 지체 없이 국회에 보고하여 그 승인을 얻어야 한다(헌법 §76 ②,③). 국회의 승인을 얻지 못한 때에는 그 긴급명령은 그 때부터 효력을 상실하고, 이 경우 그 명령에 의하여 개정 또는 폐지되었던 법률은 그 명령이 승인을 얻지 못한 때부터 당연히 효력을 회복한다(헌법 §76④). 대통령은 국회의 승인을 얻었거나 얻지 못한 경우에는 그 사유를 지체 없이 공포하여야 한다(헌법 §76⑤).

이러한 국회의 승인권은 사후적인 것인데, 이는 긴급명령이 발해지는 상황이 긴박하기 때문에 인정되는 것이다. 긴급명령을 발하는 경우 사전에 국회의 동의를 얻도록 하는 것은 긴급명령으로 긴급한 상황에 효과적으로 대처하는 기능을 어렵게 하거나 약화시킬 수 있다.

긴급명령에 대하여 국회가 사후승인권을 가지는 것은 대통령의 국가긴급권의 행사에 대하여 통제하고 동시에 정당성을 부여하기 위한 것이다.

II. 긴급재정경제처분 · 명령에 대한 승인

대통령이 긴급재정경제처분 · 명령을 발한 경우에도 지체 없이 국회에 보고하여 그 승인을 얻어야 한다(헌법 §76①,③). 국회의 승인을 얻지 못한 때에는 그 처분이나 명령은 그 때부터 효력을 상실하고, 이 경우 그 명령에 의하여 개정 또는 폐지되었던 법률은 그 명령이 승인을 얻지 못한 때부터 당연히 효력을 회복한다(헌법 §76④). 이 경우에도 대통령은 국회의 승인을 얻었거나 얻지 못한 경우에는 그 사유를 지체 없이 공포하여야 한다(헌법 §76⑤).

국회로 하여금 사후적으로 승인하게 한 것은 긴급명령의 경우와 동일하다. 대통령의 긴급재정경제처분 · 명령에 대하여 국회가 사후승인권을 가지고 행사하게 하는 것도 대통령의 국가긴급권의 행사에 대한 통제와 정당성의 부여를 동시에 실현시키는 것이다.

III. 계엄의 해제 요구

대통령이 계엄을 선포한 때에는 대통령은 지체 없이 국회에 통고하여야 한다(헌법 §77④). 국회가 재적의원 과반수의 찬성으로 계엄의 해제를 요구한 때에는 대통령은 이를 해제하여야 한다(헌법 §77⑤). 대통령이 국회에 대하여 행하는 이러한 통고도 의무적인 것이고 계엄해제요구에 따른 계엄의 해제도 의무적인 것이다.

계엄은 실질적으로 군정을 행하는 것이어서 입헌민주국가의 국가운영에서 매우 예외적인 것인 만큼 국가의 기능과 국민의 자유와 권리에 심대한 왜곡과 침해를 가져올 우려가 있다. 우리 헌정사에서 경험하였듯이, 대통령은 계엄을 이용하여 자기 권력을 강화하고 독재로 나아갈 우려가 있다. 이러한 계엄의 기능왜곡을 방지하고 계엄이 원래의 기능을 수행할 수 있게 하기 위하여 국회에게 계엄의 해제를 요구하는 권한을 부여한 것이다. 국회의 계엄해제요구가 있으면 반드시 대통령은 이에 복종하여야 하며, 이를 거부하는 행위는 탄핵사유가 된다.

[443] 第7 일반사면에 대한 동의

국회는 대통령이 일반사면을 하는 경우에 사전에 동의권을 가진다. 이러한 국회의 동의권은 일반사면에 있어서 대통령과 협동하여 이를 행하는 의미도 가지는 동시에 일반사면에 관한 대통령의 권한행사를 통제하는 기능도 한다(헌법 §79②).

4. 헌법기관의 구성

[444] 제1 개 설

헌법은 국민대표기관인 국회로 하여금 일정한 헌법기관의 구성에 관여하도록 하고 있다. 이러한 권한은 헌법기관을 타 기관과 협동적으로 구성하는 권한인 동시에 헌법기관의 구성에 함께 관여하는 기관의 권한남용을 통제하는 기능도 가진다.

헌법기관의 구성에 관여하는 권한으로는 헌법재판소의 구성, 대법원의 구성, 중앙선거관리위원회의 구성, 국무총리의 임명, 감사원장의 임명에 관한 권한이 있다. 국가원수이고 행정부의 수반인 대통령의 선거에서도 결선투표를 하는 경우에는 국회에서 행하는데, 이는 대통령이라는 헌법기관의 구성에 관여하는 권한으로서의 성격을 가진다.

국회의 헌법기관 구성에 대한 권한행사를 위해 일정한 경우 인사청문회를 실시하는데 이를 위하여 인사청문특별위원회를 둔다(국회법 §46의3). 인사청문특별위원회는 헌법에 의하여 그 임명에 국회의 동의를 요하는 대법원장 · 헌법재판소장 · 국무총리 · 감사원장 및 대법관과 국회에서 선출하는 헌법재판소 재판관 및 중앙선거관리위원회 위원에 대한 임명동의안 또는 의장이 각 교섭단체 대표의원과 협의하여 제출한 선출안 등을 심사한다.

[445] 제2 헌법재판소의 구성에 관여

Ⅰ. 헌법재판소장의 임명에 대한 동의

헌법 제111조 제4항은 「헌법재판소의 장은 국회의 동의를 얻어 재판관 중에서 대통령이 임명한다」라고 정하여 대통령이 헌법재판소장을 임명할 때에는 사전에 국회의 동의를 얻도록 하고 있다.

Ⅱ. 재판관 3인에 대한 선출

헌법 제111조 제3항은 헌법재판소 재판관의 임명에 있어 재판관 9인 가운데 3인은 먼저 국회에서 선출하도록 하고, 이렇게 선출된 자를 대통령이 재판관으로 임명하도록 하고 있다.

[446] 제3 대통령선거에서의 결선 투표

헌법 제67조 제2항은 대통령선거에 있어서 최고득표자가 2인 이상인 때에는 국회의 재적의원 과반수가 출석한 공개회의에서 다수표를 얻은 자를 당선자로 한다고 하여, 대통령의 결선투표를 국회에서 하도록 정하고 있다. 이러한 범위에서 국회는 대통령이라는 헌법기관을 구성하는 역할을 수행한다.

[447] 제4 대법원의 구성에 관여

Ⅰ. 대법원장의 임명에 대한 동의

헌법 제104조 제1항은 「대법원장은 국회의 동의를 얻어 대통령이 임명한다」라고 정하여 대통령이 대법원장을 임명할 때 사전에 국회의 동의를 받도록 하고 있다.

Ⅱ. 대법관의 임명에 대한 동의

헌법 제104조 제2항은 「대법관은 대법원장의 제청으로 국회의 동의를 얻어 대통령이 임명한다」라고 정하여 대통령이 대법관을 임명할 때 사전에 대법원장의 제청을 받도록 할 뿐 아니라 국회의 동의를 받도록 하고 있다.

[448] 제5 중앙선거관리위원회의 구성에 관여

국회는 중앙선거관리위원회의 위원 9인 가운데 3인의 위원을 선출한다(헌법 §114②).

[449] 제6 국무총리의 임명에 대한 동의

대통령은 국회의 동의를 얻어 국무총리를 임명하는데(헌법 86①), 이 점에서 국회는 행정부의 구성에서도 일부 관여한다.

[450] 제7 감사원장의 임명에 대한 동의

대통령은 감사원장을 국회의 동의를 얻어 임명하는데, 이와 같이 감사원장의 임명에서는 대통령과 국회가 협동하는 관계에 있다(헌법 §98②).

5. 중요조약의 체결 · 비준에 대한 동의

[451] 제1 개 설

Ⅰ. 헌법 규정

헌법 제60조 제1항은 「국회는 상호원조 또는 안전보장에 관한 조약, 중요한 국제조직에 관한 조약, 우호통상항해조약, 주권의 제약에 관한 조약, 강화조약, 국가나 국민에게 중대한 재정적 부담을 지우는 조약 또는 입법사항에 관한 조약의 체결 · 비준에 대한 동의권을 가진다」라고 정하고 있다. 이와 같이 국회는 중요한 조약의 체결 · 비준에 대하여 동의권을 가진다. 여기서 말하는 동의란 대통령 또는 그 위임을 받은 자가 체결이나 비준의 형태로 조약에 대한 구속적인 동의의사를 표시하는 행위(헌법 §73)에 대하여 그렇게 해도 좋다는 찬동의 의사표시를 말한다.

미합중국에서는 조약(treaties)의 체결에 있어서 상원의 조언과 동의를 얻어야 하고(미합중국헌법 Art. II. Sec. 2[2]), 일본국에서는 조약의 체결에 국회의 승인을 얻도록 하고 있다(일본국헌법 §73). 이탈리아, 네덜란드, 영국, 캐나다, 인도, 아르헨티나, 이디오피아 등에서는 조약의 체결에 입법부가 관여하고 있고, 독일, 오스트리아, 프랑스 등에서는 대통령이 주도하고 의회는 관여할 여지가 거의 없다.

중요조약의 체결·비준에 대한 동의권은 국회의 권한이지 국회의원의 권한이 아니다. 국회가 헌법 제60조 제1항에 따라서 조약의 체결·비준에 대한 동의권한을 행사하는 경우에, 국회의원은 조약의 체결·비준 동의안에 대하여 헌법 제40조 및 제41조 제1항과 국회법 제93조 및 제109조 내지 제112조가 정하고 있는 심의·표결할 권한을 가진다. 그런데 국회의 동의권이 개별 국회의원의 심의·표결절차를 거쳐 행사되기는 하지만, 국회의 동의권과 국회의원의 심의·표결권은 권한의 귀속주체에서 다르고, 심의·표결권의 행사는 국회의 의사를 형성하기 위한 국회 내부의 행위로서 구체적인 의안처리와 관련하여 각 국회의원에게 부여되는 권한임에 비하여, 동의권의 행사는 국회가 그 의결을 통하여 다른 국가기관에 대한 의사표시로서 행해지는 것이고 대외적인 법적 효과가 발생한다는 점에서 서로 구별된다(예: 憲 2007. 7. 26.-2005헌라 8; 2007. 10. 25.-2006헌라5; 2008. 1. 17. -2005헌라10). 그리고 권한쟁의 심판에서는 제3자 소송담당이 인정되지 않기 때문에 국회의 이러한 동의권의 침해에 대하여 국회의원(1인이든 다수이든 불문)은 다툴 수 없다(예: 憲 2007. 7. 26.- 2005헌라8; 2007. 10. 25.-2006헌라5; 2008. 1. 17.-2005헌라10).

[憲 2007.7.26.-2005헌라8] 「국회가 헌법 제60조 제1항에 따라서 조약의 체결·비준에 대한 동의권한을 행사하는 경우에, 국회의원은 헌법 제40조 및 제41조 제1항과 국회법 제93조 및 제109조 내지 제112조에 따라서 조약의 체결·비준 동의안에 대하여 심의·표결할 권한을 가진다. 그런데 국회의 동의권과 국회의원의 심의·표결권은 비록 국회의 동의권이 개별 국회의원의 심의·표결절차를 거쳐 행사되기는 하지만 그 권한의 귀속주체가 다르고, 또 심의·표결권의 행사는 국회의 의사를 형성하기 위한 국회 내부의 행위로서 구체적인 의안 처리와 관련하여 각 국회의원에게 부여되는데 비하여, 동의권의 행사는 국회가 그 의결을 통하여 다른 국가기관에 대한 의사표시로서 행해지며 대외적인 법적 효과가 발생한다는 점에서 구분된다. 따라서 국회의 동의권이 침해되었다고 하여 동시에 국회의원의 심의·표결권이 침해된다고 할 수 없고, 또 국회의원의 심의·표결권은 국회의 대내적인 관계에서 행사되고 침해될 수 있을 뿐 다른 국가기관과의 대외적인 관계에서는 침해될 수 없는 것이므로, 국회의원들 상호 간 또는 국회의원과 국회의장 사이와 같이 국회 내부적으로만 직접적인 법적 연관성을 발생시킬 수 있

을 뿐이고 대통령 등 국회 이외의 국가기관과 사이에서는 권한침해의 직접적인 법적 효과를 발생시키지 아니한다. 따라서 피청구인 대통령이 국회의 동의 없이 조약을 체결·비준하였다 하더라도 국회의 체결·비준 동의권이 침해될 수는 있어도 국회의원인 청구인들의 심의·표결권이 침해될 가능성은 없다고 할 것이므로……」

II. 동의를 요하는 조약

조약의 체결에 있어서 국회의 동의를 요하는 것은 헌법 제60조 제1항이 열거하고 있는 조약에 한정된다. 이는 예시규정이 아니라 열거규정이다. 조약의 명칭에는 관계없이 내용이나 성질이 이에 해당하면 국회의 동의를 먼저 받아 조약을 체결하여야 한다.

헌법 제60조 제1항이 예시규정인가 열거규정인가 하는 점을 판단함에 있어서, 조약의 체결에는 원칙적으로 국회의 개입이 필요하다고 보는 관점에서는 이를 예시규정으로 해석하려고 한다. 그러나 이를 예시규정으로 보는 경우 각종의 조약 가운데 그 체결에 있어서 국회의 동의가 필요한 경우와 이러한 동의가 필요 없는 경우를 구별하기 어렵게 되고, 헌법의 명문상 예시라고 보기에는 너무 많은 7개나 되는 종류의 조약을 명시하고 있는 점에서 열거규정으로 해석하는 것이 타당하다. 조약의 체결에 있어 모든 조약의 경우에 국회의 동의를 필요로 하게 할 것인가, 동의를 필요로 하는 조약의 종류를 더 늘릴 것인가 하는 문제는 헌법정책적인 문제로 고려할 성질의 것이기 때문에 헌법 제60조 제1항의 해석과는 구별하는 것이 타당하다. 비교법적으로 보면, 우리나라와 같이 조약의 체결에 의회가 적극 관여하는 나라는 미합중국, 일본국, 이탈리아를 제외하면 발견하기 쉽지 않다.

「상호원조 또는 안전보장에 관한 조약」은 침략국으로부터 국가의 안전을 보장하기 위하여 군사적 원조 또는 경제적 원조를 하기로 하거나 군사동맹을 형성하는 등 이에 관한 모든 형태의 조약을 말한다. 「중요한 국제조직에 관한 조약」은 국제질서에서 중요한 의미를 가지는 국제기구(예: 국제연합과 그 관련기구 등)나 조직에 관한 조약을 말한다. 「우호통상항해조약」(友好通商航海條約)은 조약체결국 국민의 입국, 거주·이전, 영업, 통상, 항해 등에 관하여 내국민대우 또는 최혜국민대우를 정하는 조약도 이에 해당한다(1970년대부터 국제사회에서는 이런 조약은 대부분 사라졌으며, 오늘날에는 거의 체결하지 않고 있다. 대부분 다자조약을 통하여 이를 보장하고 있으므로 양자조약으로 이를 체결할 실익도 없어져 가고 있다). 「주권의 제약에 관한 조약」은 대한민국이 가지는 주권이나 주권자로서 국민이 가지는 지위에 대하여 제약을 가하는 조약을 말한다.

국제법의 원리와 국가주권원리에 의할 때, 조약의 체결에 있어서 위헌조약의 체결은 자체 모순으로써 허용되지 않는다. 이런 점에서 볼 때, 헌법 제60조 제1항에서 「주권의 제약에 관한 조약」을 정하고 있는 것이 타당한가 하는 문제가 있다. 헌법 제60조 제1항의 문어적 표현만 보면, 일응 정부는 국회의 동의만 얻기만 하면 대한민국의 주권을 제약하는 모든 조약을 체결 · 비준할 수 있다고 해석할 여지가 있다. 그러나 이 규정이 영토의 할양 · 매매(예컨대, 독도를 일본국에 넘겨주거나 백두산은 중국에 넘겨주는 것), 국민의 지위 변경(예컨대, 대한민국 국민에서 일본이나 중국 등 외국의 국민으로 변경하는 것), 국가안위에 관한 사항 등 주권의 핵심적인 사항에 대한 결정을 모두 대의기관에게 맡겨두었다고 할 것인지는 의문이 있다. 공동체와 공동체 구성원의 운명을 결정짓는 핵심적인 사항은 무엇보다 국민이 스스로 결정할 문제이다. 따라서 국민의 의사에 반하여 주권의 핵심적인 사항을 국회나 대통령과 같은 대의기관이 결정하는 것은 국민주권원리에도 합치하지 않고, 저항권의 법리에서도 허용되기 어렵다. 헌법이론적으로는 이러한 경우는 국민투표로 결정하는 것이 합당하다. 국민투표를 통하여 헌법에 반하는 조약을 체결하기로 했다고 해도 이에는 헌법개정이 필요하다. 그러나 현행 헌법에는 이러한 조약의 체결에 대하여 국민투표를 할 수 있는 규정은 없다. 현재로서는 대통령이 제72조에 따라 조약을 체결하기 전에 국민투표에 부의하여 국민의 의사에 따라 처리하는 것이 가장 바람직하다. 그러나 대통령이 이러한 사안을 국민투표에 회부를 하지 않거나 국민투표에 회부한 경우에도 국민투표의 결과로 나타난 국민의 의사에 반하여 조약을 체결하는 경우에는 어떻게 할 것인가 하는 문제가 있다. 이러한 경우에는 헌법재판소에서 위헌여부 심판을 하는 것이 타당하다([113]Ⅲ). 그런데 우리나라는 규범통제에서 구체적 규범통제와 규범에 대한 헌법소원만 인정하고 사전적 규범통제나 추상적 규범통제를 인정하고 있지 않기 때문에 이러한 조약이 재판의 전제가 되거나 개인의 기본권을 침해하는 경우에만 헌법재판소가 심판을 할 기회를 가지게 되어 현실적으로 헌법재판소에게 이러한 조약의 위헌여부를 심판할 수 있는 기회가 부여되기는 쉽지 않다. 문제는 헌법재판소도 합헌이라고 하면 어떻게 되는가 하는 문제가 있다. 이때에는 대한민국 국민이 대한민국과 자기의 운명에 대한 결정권을 가지고 있기 때문에 저항권의 문제로 돌아간다. 따라서 현재로서는 대통령이 주권을 제약하는 조약을 체결하기 전에 제72조에 따라 국민투표에 부의하여 국민의 의사에 따라 처리하는 것이 가장 바람직하다. 헌법을 개정하여 이러한 조약의 체결여부는 구속적 국민투표를 통하여 결정하는 것이 타당하다. 그러하지 않으면 조약의 체결에 앞서 헌법재판소에 위헌여부의 심사를 하게 하고 그에 따라 처리한다. 헌법재판소에서 해당 조약이 위헌이라고 심판하면 해당 조약을 체결할 수 없다. 이러한 경우에도 조약을 체결하려면 헌법을 개정하여 위헌의 요소를 제거해야 한다.

프랑스에서는 조약에 대한 헌법재판소(Conseil constitutionnel)의 위헌여부심사를 인정하면서 동시에 「대통령, 수상, 어느 한 원의 의장, 하원의원 60인, 상원의원 60인의 제소에 따라 헌법재판소가 특정한 국제협약이 헌법에 위반되는 조항을 포함하고 있다고 선언하면 해당 국제협약의 비준이나 승인은 헌법개정 이후에만 적용될 수 있다」고 정하고 있다(헌법 §54). 스페인에서도 헌법에 저촉되는 조약을 체결하고자 하는 경우에는 헌법의 개정이 필요하고, 이러한 경우에 정부, 하원, 상원은 해당 조약의 헌법위반여부에 대하여 헌법재판소에 심판을 청구할 수 있다(헌법 §95). 이러한 조약의 위헌여부심사는 사전적 규범통제의 형태를 띠고 있다. 오스트리아에서는 조약에 대하여 헌법재판소(Verfassungsgerichtshof)에 의한 불법여부심사를 인정하면서(헌법 §140a), 이에는 법률의 효력을 가지는 조약만 아니라 헌법적 효력을 가지는 조약도 널리 포함시키고 있고, 조약이 법률에 위반되는지의 여부도 심사한다.

「강화조약」은 교전국 간에 전쟁을 종결시키고 전후문제를 처리하기 위하여 체결하는 조약을 의미한다. 「국가나 국민에게 중대한 재정적 부담을 지우는 조약」은 조약에의 가입으로 인하여 국고 또는 별도 재원으로부터 재정적인 지출을 필요로 하거나 국민에게 재정적인 부담이 돌아가게 하는 조약을 의미한다. 관세나 세율에 영향을 주거나 차관도입협정 또는 차관지불보증협정과 같이 주채무나 보증채무를 부담하게 하는 조약도 이에 포함된다(오늘날에는 거의 없다. 이런 경우는 상대국가와 기업 등이 직접 계약을 체결하여 해결한다). 조약에의 가입으로 인하여 회비납부 또는 지불출자를 부담하는 경우도 이에 포함된다. 여기서 말하는 「중대한」이라는 의미는 경미하지 아니한 경우를 모두 일컫는다. 차관공여협정도 국가에 재정적 부담을 주는 것이라면 국회의 동의를 받아야 한다(포괄적 협정을 체결함에 동의를 받았어도 개별적으로 차관을 줄 때에는 그 때마다 동의를 받아야 한다). 따라서 이 의미는 가능한 한 넓게 해석하는 것이 타당하다. 「입법사항에 관한 조약」은 조약의 내용을 이루는 부분이 법률의 제 · 개정을 필요로 하는 것을 말한다(이미 존재하는 법률의 내용과 동일한 내용의 조약을 체결 하는 때에는 국회의 동의를 받지 않는 것이 실무관행이다).

헌법재판소는 「대한민국과 아메리카합중국 간의 상호방위조약 제4조에 의한 시설과 구역 및 대한민국에서의 합중국 군대의 지위에 관한 협정」(SOFA)(1967. 2. 9. 조약 제232호)은 그 명칭에도 불구하고 내용상 국회의 동의를 요하는 조약이라고 판시하였다(예: 憲 1999. 4. 29. -97 헌가14).

> [憲 1999.4.29.-97헌가14] 「이 사건 조약은 그 명칭이 "협정"으로 되어 있어 국회의 관여 없이 체결되는 행정협정처럼 보이기도 하나 우리나라의 입장에서 볼 때에는 외국군대의 지위에 관한 것이고, 국가에게 재정적 부담을 지우는 내용과 근로자의 지위, 미군에 대한 형사재판권, 민사청구권 등 입법사항을 포함하고 있으므로 국회의 동의를 요하는 조약으로 취급되어야 하는 것이고……」

조약의 체결에 대한 동의가 있은 이상 해당 조약의 위임에 따른 사항이나 조약의 실시를 위하여 필요한 사항, 조약의 이행을 위한 정부의 행정적인 사항에 대해서는 따로 동의를 필요로 하지 않는다.

Ⅲ. 필요적 동의절차

헌법 제60조 제1항에서 정하고 있는 조약의 체결에는 반드시 국회의 동의절차를 거쳐야 한다(동지: 김철수b, 1611). 국회는 이러한 조약의 체결에 있어서 동의권을 포기할 수 없다. 국회의 동의는 국회의 권한인 동시에 직무상의 의무이므로 이를 포기할 수 없고, 동의를 받지 않고 체결한 조약은 헌법에 위반되어 국내적으로 무효이다.

Ⅳ. 동의의 성격

(1) 조약체결의 협동적 행위

조약의 체결에 대한 국회의 동의는 조약의 체결에 있어서 정부와 국회의 협동적 행위로서의 성질을 가진다. 따라서 어느 하나의 행위가 흠결되면 조약은 법적인 효력을 발생하지 못한다.

(2) 조약체결권의 남용 통제

국회의 동의는 조약의 체결권자로 하여금 조약의 체결에서 그 권한을 남용하지 못하게 하여 체결권자의 권한남용으로 국가나 국민에게 미칠 피해를 미리 방지하는 기능을 가진다.

[452] 제2 동의의 시기

헌법 제60조 제1항에서 정하는 국회의 동의는 사전동의를 뜻한다. 조약의 성립에서는 여러 형태의 절차가 있기 때문에 사전동의는 그에 합당하게 이루어진다. 이러한 조약의 체결에 사후승인은 인정되지 않는다.

Ⅰ. 서명만으로 조약이 성립하는 경우

정부에서 전권위임장을 수여한 전권위원의 서명만으로 조약이 성립하고 더 이상 대통령의 비준을 필요로 하지 않는 경우에는 먼저 가서명(假署名)을 하여 조약문을 확정한 다음에 국회의 동의를 받는 방법과 국내적 조치(국회의 동의)를 받아 통보하는 것을 효력발생조건으로 하여 조약이 성립하게 하는 방법이 있다. 서명만으로 조약이 성립하는 경우에는 그 서명이 있기 전 단계에서 국회의 동의를 받아야 한다.

Ⅱ. 비준으로 조약이 성립하는 경우

전권위원의 서명만으로 조약이 성립하지 않고 대통령의 비준을 필요로 하는 경우에는 국회의 동의는 전권대사의 서명이 있은 후 대통령의 비준이 있기 전에 행하여야 한다. 따라서 이 경우 국회의 동의는 대통령의 비준이 있기 전에 행해진다는 점에서 사전동의로서의 성질을 가진다. 조약의 성립에 서명의 단계에 이어 대통령의 비준까지 필요한 경우에는 국회는 대통령이 비준을 하기 전에 동의여부를 결정한다. 비준이 필요없이 서명만으로 성립하는 조약의 경우에는 이 서명의 단계가 체결에 해당하지만, 비준을 필요로 하는 조약의 체결은 비준까지의 과정이 체결이므로 조약의 교섭이나 서명의 단계에서는 국회의 동의가 요구되지 않고 비준의 단계에서만 국회의 동의가 요구된다.

《비준이 필요한 조약에 대한 2회 동의 문제》

헌법 제60조 제1항에서는 국회의 동의가 행해지는 것이 「체결 · 비준」이라고 되어 있어 헌법 조항의 해석을 놓고 국회의 동의절차가 어느 단계에서 이루어지는가 하는 문제가 있다. 즉 비준이 필요없는 조약의 성립의 경우에는 서명의 단계가 곧 조약의 체결이기 때문에 이 경우에는 서명을 하기 바로 전 단계에서 국회의 동의가 요구된다고 할 것이고, 이에는 의문이 제기될 여지가 없다. 문제는 서명 이외에 비준이 필요한 조약의 경우에 교섭을 하고 서명하는 단계에서도 국회의 동의가 요구되고 그 다음 비준의 단계에서도 또 국회의 동의가 요구되는가 하는 점이다. 헌법 제60조 제1항의 「체결 · 비준」을 해석하면서, 비준을 필요로 하는 조약의 경우에 체결은 서명을 하는 단계를 의미하고, 비준은 그 다음 단계를 의미한다고 해석하여 각 경우에 모두 국회의 동의가 필요하기 때문에 이 경우에는 국회의 동의가 2회 행해진다는 해석의 가능성이 제기된다. 이러한 해석은 체결이라는 용어의 다의적인 점과 조약성립에 대한 정부와 국회의 기능 그리고 동의행위의 기능에 대한 오해에서 비롯한다고 본다. 위에서 보았듯이, 조약의 형태나 성립의 단계에서 체결이라는 용어가 일의적으로 사용되고 있지는 않지만([113]), 국가의 작용이나 기능상 정부의 하나의 행위에 국회의 동의를 2회로 하는 경우도 없고, 조약이 성립하기까지의 일련의 단계에 국회의 동의를 필요로 하는 경우를 두더라도 이러한 동의는 조약의 형태에 따라 최종적인 단계에서 행하는 것이고(어떤 정부형태이든 이는 마찬가지다), 헌법 제60조 제1항의 「체결 · 비준」은, 조약의 법리상 앞의 「체결」은 비준을 필요로 하지 않는 형태의 조약의 성립(협의의 체결)을 의미하고, 뒤의 「비준」은 비준을 필요로 하는 조약의 성립(광의의 체결)을 의미한다. 따라서 이러한 체결과 비준에 국회의 동의가 필요하다는 의미는 비준을 필요로 하지 않고 서명만으로 성립하는 형태의 조약의 성립(협의의 체결)에는 그 체결에 대한 동의를 의미하고(체결에 대한 동의권 행사), 비준을 필요로 하는 조약의 성립(광의의 체결)에는 그 비준에 대한 동의를 의미한다고(비준에 대한 동의권 행사) 할 것이므로, 조약의 체결에는 그 형태에 관계없이 각 경우에 국회의 동의는 1회만 행해진다고 할 것이다.

[453] 제3 동의안의 수정가능여부

국회는 동의의 대상이 된 조약에 대하여 수정하여 동의할 수 있는가 하는 문제가 있다.

가능설은 국회는 동의의 대상이 된 조약에 대하여 상대국과의 협의하에 수정하도록 조건부로 수정동의할 수 있다고 본다(김철수b, 1612).

불가능설은 국회는 동의의 대상이 된 조약에 대하여 수정을 할 수 없으며, 국회가 수정을 한 경우에는 그 행위는 국회의 부동의라고 본다(권영성, 890).

국회의 동의는 조약체결에서의 협동적 행위이지만, 조약의 내용을 교섭하고 정하는 것은 아니므로 동의절차에서 조약에 대하여 수정하여 동의할 수 없다. 국회가 수정을 하여도 이는 부동의가 된다. 다만, 조건을 붙여 동의하는 경우는 있다. 국회로부터

동의를 얻지 못할 경우, 조약체결권자는 필요하면 다시 교섭을 하게 된다.

[454] 제4 동의와 동의거부의 효과

Ⅰ. 동의의 효과

조약에 대한 국회의 동의가 있으면, 서명만으로 조약이 성립하는 경우에는 이로써 효력발생조건이 충족되어 유효하게 되고, 비준이 필요한 경우에는 체결권자인 대통령은 조약의 체결을 비준할 수 있다. 국회의 동의가 조약체결을 강제하는 것은 아니므로 국회의 동의를 받은 후라도 대통령은 사정변경에 따라 조약을 비준하지 않을 수 있다.

조약의 체결에 대한 국회의 동의는 조약의 체결에 있어서 대통령과 국회가 협동하여 행하는 협동적 행위로서의 성격을 가지므로 이로 인하여 조약이 법률로서 성격을 가지거나 법률적 효력을 가지는 것은 아니다. 조약이 국내적으로 어떠한 수준의 효력(법률동의적 효력, 법률하위적 효력, 법률상위적 효력 등)을 가지는가 하는 것은 조약의 성격과 우리나라가 해당 조약을 국내적으로 어떻게 적용할 것인가에 따라 결정된다.

Ⅱ. 동의거부의 효과

조약의 체결에 있어 국회가 동의를 거부하면 조약은 성립하지 못한다. 즉 우리나라는 조약의 당사국이 되지 못하며, 해당 조약은 우리나라에 대하여 아무런 법적인 효력을 가지지 못한다.

서명만으로 이루어지는 조약에서는 국회의 동의를 얻지 못하면 서명이 존재하더라도 국내적으로 법적인 효력을 발생하지 않아 적용되지 못한다. 대통령이 비준하기 이전에 국회의 동의를 얻지 못하면 비준할 수 없으며, 국회의 동의 없이 비준서를 교환하여도 이는 법적으로 아무런 효력을 가지지 못한다. 국회의 동의를 받지 못하였음에도 대통령이 헌법 제60조 제1항에서 정하는 조약을 체결하는 행위를 한 경우에는 탄핵사유가 된다.

[455] 제5 동의받아 체결한 조약의 종료

국회의 동의를 받아 체결한 조약을 종료시킬 경우에 국회의 동의를 받아야 하는가 하는 문제가 있다. 이에 대하여 정하고 있는 실정법의 규정은 없으며, 이론상 긍정설과 부정설이 대립한다.

긍정설은 i) 헌법 제60조에 의한 조약의 체결은 행정부와 국회의 협동적 행위이므로 그 종결에서도 협동적 행위를 한 국회의 동의가 있어야 한다는 점, ii) 국회의 동의를 받은 조약은 통상 법률적 효력을 지니는 것이 대부분이고 국민에게 권리·의무를 부여하는 근거가 될 수 있으므로 이를 행정부가 단독으로 종결시키는 것은 타당하지 않다는 점, iii) 조약의 체결·비준이 대통령의 외교권 행사에 해당하지만 타 기관의 견제가 허용된다는 점을 근거로 한다.

부정설은 i) 조약의 체결에 있어 국회의 동의를 받도록 하는 헌법규정(§60)은 있으나 조약의 종료에 국회의 동의를 받도록 정하는 헌법규정이 없는 점, ii) 국회의 동의를 받은 국가행위도 대통령이 단독으로 종결시킬 수 있는 점(예: 국회동의를 받아 임명한 국무총리·감사원장을 대통령이 단독으로 해임시키는 것), iii) 성질상 조약은 법률과 다르며, 국회동의를 받은 경우에도 대통령이 비준을 하지 않을 수도 있는 점, iv) 조약종료는 국가의 국제의무해제이고 국내적 효력은 부수적이라는 점, v) 조약의 종료는 대통령의 외교권행사의 일종이고, 대통령의 외교권은 고도의 정책적 판단에 의해 행사되어야 하며 대통령은 이에 필요한 정보를 가장 많이 보유하고 있다는 점을 근거로 한다.

네덜란드나 오스트리아 등에서는 동의를 받아 종료할 수 있게 하고 있으나 이는 예외적인 것이고, 독일, 일본국 등에서는 국회의 동의를 받지 않고 대통령이 단독으로 조약을 종료시킬 수 있다고 본다.

조약에 종기가 정해져 있어 기간의 만료로 인하여 종료하는 경우, 상대국의 국제법적 지위의 변동으로 인하여 조약이 종료하는 경우, 기존의 조약을 대체하는 신조약의 성립으로 구조약이 종료하는 경우는 아예 국회가 개입할 여지가 없다.

6. 자 율

[456] 제1 개 설

Ⅰ. 개 념

국회의 자율이라 함은 국회의 조직이나 활동 및 내부사항에 대하여 다른 국가기관의 개입을 받음이 없이 국회가 자주적으로 이를 정한다는 것을 말한다.

Ⅱ. 성 질

국회의 자율은 헌법상의 원칙인 동시에 국회에게 부여된 헌법상의 권한이다. 이는 국회의 권한일뿐 국회의원의 권한이 아니다.

Ⅲ. 연 혁

국회의 자율원칙은 왕권으로부터 의회가 분리되어 발전해온 영국에서 의회의 발달과 함께 형성되고 정착된 것으로 그 이후 여러 나라의 헌법 또는 의회관계법에 실정화되었다.

[457] 제2 내 용

Ⅰ. 규칙제정상의 자율

헌법은, 국회는 헌법과 법률에 저촉되지 아니하는 범위 안에서 의사와 내부규율에 관한 규칙을 제정할 수 있다고 정하고 있다(헌법 §64①). 이에 따라 제정된 국회규칙은 국회의 회기 내에서만 효력을 가지는 것이 아니라 회기와 무관하게 효력을 가지며, 국회의 구성이 변경되더라도 효력을 가진다. 규칙의 개정은 규칙에서 정하고 있는 바에 따라 행해진다.

헌법은 규칙제정의 자율을 명시적으로 정하고 있어 당연히 헌법상 보장되고 있지만, 규칙제정상의 자율은 헌법의 근거규정이 없어도 인정된다는 것에 그 본래의 의미가 있다. 다만, 어떤 경우나 그러한 규칙은 헌법과 법률의 범위 내에서만 인정되는 것이다.

Ⅱ. 의원신분상의 자율

국회의원의 신분의 문제에 관하여 국회는 기본적으로 자율적으로 결정한다. 이는 전통적으로 군주나 행정부의 권력으로부터 국민대표자의 지위가 박탈되는 것을 방지하기 위한 법리로 정착되었다. 이는 현재도 권력분립원리에 의하여 인정된다. 그러나 의원신분상의 문제에 있어서도 국회는 권한을 남용할 수 있는데, 이를 자율권이라는 이름으로 정당화할 수는 없다. 국회의원의 직이 유지되는 범위 내에서 국회의원의 신분에 대한 조치는 자율권의 범위라고 할 수 있으나, 국회가 국회의원의 직을 상실시키는 행위는 국회의원을 선출한 국민의 주권자적인 지위를 뒷받침하는 국민주권원리와 충돌하므로 이러한 영역에서의 권력남용에 대해서는 통제가 필요하다. 즉, 의원신분상의 자율에도 한계가 있다.

(1) 자격심사

(a) 의 의

국회는 스스로 국회의원의 자격을 심사할 수 있다(헌법 §64②). 국회법은 의원이 다른 의원의 자격에 대하여 이의가 있을 때에는 30인 이상의 연서(連署)로 자격심사를 의장에게 청구할 수 있다고 정하고 있다(국회법 §138). 국회의원의 자격심사는 윤리특별위원회의 심사보고서의 제출에 따라 본회의에서 자격의 유무를 의결로 결정하는데, 재적의원 2/3 이상의 찬성으로 피심의원이 국회의원의 자격이 없음을 의결한다(동법 §142③).

여기서 말하는 국회의원의 자격은 국회의원이라는 지위를 보유하는 것을 가능하게 하는 실정법상의 법적 요건을 말한다. 따라서 자격심사에서는 당선무효소송의 사유가 되는 행위와 국회법이 정하는 겸직금지의 위반여부가 그 기준이 된다(동지: 김철수b, 1640). 의원이 당선되기 전부터 겸직이 금지된 직(국회법 §29①)을 가진 경우에는 임기개시일에 그 직에서 해직되기 때문에(동조 ②) 문제가 발생하지 않으나, 임기개시일 이후에 겸직이 금지된 직을 가진 경우는 자격심사의 사유가 된다. 의정능력에서 무능하다거나 정치적 언행이 부적절하다거나 징계사유에 해당하는 사항은 자격심사의 사유에 해당하지 않는다.

자격심사와 징계

구분 / 항목	자격심사	징 계
사유	당선무효소송사유, 겸직금지위반	헌법상 청렴의무위반, 이권운동, 모욕발언, 회의진행 방해 등
요구	의원 30인	의원 20인
의결	재적의원 2/3 이상 찬성	경고 · 사과 · 출석정지: 일반의결 정족수 제명: 재적의원 2/3 이상 찬성
법원에의 제소	불허	불허
헌법소원심판청구	가능	가능

《당선무효소송과 자격심사》

국회의원의 지위를 유지할 수 없는 경우라는 것은 당선무효사유에 해당하는 것이다. 당선무효사유로는 공직선거법 第52조(등록무효)와 第192조(피선거권상실로 인한 당선무효 등)가 정하고 있다. 이러한 사유가 있는 경우에 국회의원선거에서 당선의 효력에 이의가 있는 정당이나 후보자가 대법원에 당선무효소송을 제기하여 원고가 승소하면 국회의원당선자는 취임 전이든 취임 후이든 국회의원직을 상실한다. 사유가 있음에도 당선무효소송이 제기되지 않은 상태에서는 국회에서 자격심사를 통하여 국회의원직을 상실시키게 된다. 당선무효소송과 자격심사는 제도상 병렬적인 지위에 있어 어느 하나가 다른 하나를 배제하지 않는다.

(b) 심사의 효력

(i) 자격상실 자격심사의 대상이 된 자가 자격심사에서 자격이 없는 것으로 결정되면 국회의원의 직을 상실한다. 자격상실의 효력은 장래에 향해서만 발생한다. 따라서 자격상실의 결정이 있기 이전에 국회의원의 지위에서 행한 권한행사나 의무의 이행은

모두 유효하다(동지: 김철수b, 1571).

(ii) 법원에의 제소 금지 국회의원에 대한 자격상실의 결정에 관한 국회의 처분에 대해서는 법원에 제소할 수 없다(헌법 §64④).

국회의원에 대한 국회의 자격심사제도는 1948년헌법에서 정한 이래 현재까지 계속유지되고 있고, 자격유무에 대한 결정에 대하여 법원에 제소를 금지한 것은 1962년헌법에서 채택하였다.

(iii) 헌법소원심판의 청구 국회의 자격 없음의 결정에 대하여 피심의원은 헌법소원심판을 통하여 다툴 수 있는가 하는 문제가 있다. 국회의 자격심사도 헌법이 허용하는 범위 내에서만 인정되는 것이므로 자격심사가 국회의원의 기본권을 침해한 경우에는 헌법소원심판을 통하여 다툴 수 있다고 할 것이다. 이러한 범위에서 국회의 자율에는 한계가 있다.

《형의 선고로 인한 당선무효와 자격심사》

공직선거법은 제263조(선거비용의 초과지출로 인한 당선무효), 제264조(당선인의 선거범죄로 인한 당선무효), 제265조(선거사무장 등의 선거범죄로 인한 당선무효)에서 후보자가 일정한 형의 선고를 받은 경우에는 법에 따라 당연히 당선을 무효로 정하고 있다. 이 경우에 법원에서 당선이 무효로 되는 법정의 형보다 낮은 그 미만의 형을 선고한 때에는 피고인이었던 국회의원은 국회의원의 직을 유지할 수 있다. 이러한 경우에 법원의 재판에 의해서는 국회의원직이 상실되지 않았지만, 국회가 법원의 재판에도 불구하고 자격심사를 하여 국회의원직을 상실시킬 수 있는가 하는 문제가 있다. 형사재판과 그에 따른 효과의 문제와 국회의 자격심사는 그 성질에서 별개의 것이므로 같은 사유에 대하여 형사재판이 있었다고 하더라도 국회는 다시 자격심사를 할 수 있다. 이는 일사부재리(一事不再理)에 어긋나지 않는다.

(2) 징 계

국회는 국회의원에 대하여 국회법이 정하는 바에 따라 징계를 할 수 있다(국회법 §155-§164). 징계라 함은 국회의원으로서의 활동을 제한하는 제재이다.

국회의원에 대한 징계는 국회의장(동법 §156①), 위원회의 위원장(동조 ②), 의원 20인 이상(동조 ③), 모욕당한 국회의원(동조 ④), 윤리특별위원회의 위원장 또는 위원 5인 이상(동조 ⑥)이 요구할 수 있다. 징계의 요구가 있으면 윤리특별위원회에서 심사하고, 본회의에서 의결한다. 징계에 관한 회의는 공개하지 아니하며, 본회의 또는 위원회의 의결이 있을 때에만 공개할 수 있다(동법 §158). 징계를 의결한 때에는 의장은 공개회의에서 이를 선포한다(동법 §163⑤).

징계의 종류에는 공개회의에서의 경고, 공개회의에서의 사과, 30일 이내의 출석정지, 제명의 4가지가 있다(동법 §163①). 국회의원에 대한 징계의 사유를 정하고 있는 것으로는 국회법, 「국정감사 및 조사에 관한 법률」(동법 §22), 공직자윤리법(동법 §17)이 있다.

징계로 제명된 자는 국회의원직을 상실할 뿐 아니라 그로 인하여 궐위(闕位)된 의원의 보궐선거에 입후보할 수 없다(동법 §164). 제명이 의결되지 아니한 때에는 본회의는 다른 징계의 종류를 의결할 수 있다(동법 §163④). 국회의원이 위헌정당으로 해산된 정당의 당원으로 활동한 경우에는 해당 정당의 해산으로 당연히 의원직을 상실하므로, 징계의 여지가 없고, 국회법 제155조가 정하고 있는 징계사유에 포함되어 있지도 않다.

국회의원에 대한 징계종류에 제명이 포함될 수 있는가 하는 문제가 있다. 제명은 국회의원의 직을 상실시키는 것이고, 이는 선거법의 위반으로 인한 당선무효소송의 재판이나 자격심사의 자격상실처분과도 구별되는 별개의 국회의 징계행위이기 때문에 그 정당성이 문제가 된다. 국회의원직의 부여는 국민의 선거에 의하여 이루어지고 이러한 선거법의 법리나 대의원리에 의거할 때 국회의원직을 유지할 수 없게 만드는 사유가 아닌 한 주권자의 지위에 있는 국민이 아닌 국회가 스스로 국회의원의 직을 박탈할 수 있는가 하는 문제가 발생하기 때문이다. 현재 국회법 제155조가 정하고 있는 제명의 사유는 매우 광범위하고 다른 징계종류와 제명을 구별할 기준도 명확하지 아니하여 정치적으로 남용될 위험이 크다.

국회의원에 대한 징계처분이나 제명에 대해서는 법원에 제소할 수 없다(헌법 §64④). 그러나 이러한 징계나 제명이 국회의원의 기본권을 침해한 경우에 해당하는 때에는 헌법소원심판으로 다툴 수 있다고 할 것이다(동지: 권영성, 932).

Ⅲ. 국회조직상의 자율

국회는 의장과 부의장을 선출하고, 각종 위원회를 조직하며, 해당 위원을 선정하고, 국회의 직원을 임명하는 권한을 가진다.

Ⅳ. 국회의사상의 자율

국회는 의사진행에 있어 헌법과 법률에서 허용하는 범위 내에서 자율권을 가진다. 이러한 자율적인 의사진행에 관하여는 국회규칙에서 정하는데, 국회규칙에서 정하지 아니한 사항에 대해서도 자율에 따라 정한다.

헌법재판소는 국회의 의사절차나 입법절차에 헌법이나 법률의 규정을 명백히 위반한 흠이 있는 경우가 아닌 한, 그 자율권은 권력분립의 원칙이나 국회의 위상과 기능에 비추어 존중되어야 한다고 판시하였다(예: 憲 1997. 7. 16.-96헌라2; 1998. 7. 14.-98헌라3).

[憲 1998.7.14.-98헌라3] 「표결절차에 관하여 국회법은 모든 사항에 관하여 빠짐없이 규율하고 있는 것이 아니라 기본적이고 중요한 사항만을 국회법 제109조 내지 제114조

> 에서 정해 놓고 있는바, 이 규정들을 살펴보아도 임명동의안에 관한 위 투표가 과연 적법하게 진행되어 정상적으로 종결된 것인지 분명히 밝히기 어렵다. 또한 이에 관하여 국회법을 보충해 주는 국회규칙도 없으며, 확립된 국회의 의사(議事)관행도 존재하는 것 같지 않다(청구인 측과 피청구인 측 모두 이에 관한 국회관행을 주장하지 않고 있다). 한편 헌법 제64조는 국회가 법률에 저촉되지 아니하는 범위 안에서 의사와 내부규율에 관한 규칙을 제정할 수 있고, 의원의 자격심사·징계·제명에 관하여 자율적 결정을 할 수 있음을 규정하여 국회의 자율권을 보장하고 있는바, 국회는 국민의 대표기관이자 입법기관으로서 의사(議事)와 내부규율 등 국회운영에 관하여 폭넓은 자율권을 가지므로 국회의 의사절차나 입법절차에 헌법이나 법률의 규정을 명백히 위반한 흠이 있는 경우가 아닌 한 그 자율권은 권력분립의 원칙이나 국회의 위상과 기능에 비추어 존중되어야 한다. 따라서 그 자율권의 범위 내에 속하는 사항에 관한 국회의 판단에 대하여 다른 국가기관이 개입하여 그 정당성을 가리는 것은 바람직하지 않고, 헌법재판소도 그 예외는 아니다.」

국회는 헌법과 법률에 저촉되지 아니하는 범위 내에서 자율적으로 집회하고 개회하며, 휴회 또는 폐회를 한다. 대통령은 임시회를 요구하는 권한을 가지지만, 국회는 이에 법적으로 기속되지는 않는다.

V. 질서유지상의 자율

국회의 운영과 의정활동의 정상화를 위하여 질서를 유지할 필요가 있는데, 이러한 질서를 유지하기 위하여 헌법과 법률이 정하는 범위 내에서 자율권에 따른 조치를 할 수 있다.

국회법은 국회의 질서를 유지하기 위하여 법률의 수준에서 의장의 경호권, 내부경찰권, 회의장 출입의 제한, 방청의 금지, 방청인에 대한 퇴장명령 등에 대하여 정하고 있다(국회법 §143-§154). 이러한 국회의 내부경찰권과 국회가택권은 국회의장에게 속한다.

[458] 제3 범위와 한계

국회의 자율이 인정되는 범위 내에서 행한 국회의 결정이나 조치에 대해서는 다른 국가기관이 개입하여 그 옳고 그름을 판단하는 것은 권력분립원리상 허용되지 않는다.

그러나 국회의 자율권으로 보장되는 범위가 아닌 영역에 대해서는 권력분립원리에 따라 권력통제가 가능하다. 국회의 자율도 헌법과 법률이 정하는 범위 내에서 인정되는 것이므로 국회의 결정이나 조치가 헌법이나 법률에 위반된 경우에는 다른 국가기관으로 하여금 판단하게 하는 것이 필요하다. 현행법상 국회의 이러한 조치나 결정이 헌법 또는 법률에 위반된 경우에는 권한쟁의심판 또는 헌법소원심판 등과 같은 헌법재판을 통하여 다툴 수 있는 길이 있다. 헌법재판소는 야당의원들에게 개의일시를 통지하지 않음으로써 출석의 기회를 박탈한 채 본회의를 개의하여 법률안을 가결처리한 경우는 국회의 의사상의 자율로 인정되지 않는 것이고, 이는 권한쟁의심판의 대상이 된다고 판시하였다(예: 憲 1997. 7. 16.-96헌라2).

[憲 1997.7.16.-96헌라2] 「국회는 국민의 대표기관, 입법기관으로서 폭넓은 자율권을 가지고 있고, 그 자율권은 권력분립의 원칙이나 국회의 지위, 기능에 비추어 존중되어야 하는 것이지만, 한편 법치주의의 원리상 모든 국가기관은 헌법과 법률에 의하여 기속을 받는 것이므로 국회의 자율권도 헌법이나 법률을 위반하지 않는 범위 내에서 허용되어야 하고 따라서 국회의 의사절차나 입법절차에 헌법이나 법률의 규정을 명백히 위반한 흠이 있는 경우에도 국회가 자율권을 가진다고는 할 수 없다. 헌법 제64조도 국회의 자율권에 관하여 국회는 법률에 저촉되지 아니하는 범위 안에서 의사와 내부규율에 관한 규칙을 제정할 수 있고, 의원의 자격심사 · 징계 · 제명에 관하여 자율적 결정을 할 수 있다고 규정하고 있다. 이 사건은 국회의장이 국회의원의 헌법상 권한을 침해하였다는 이유로 국회의원인 청구인들이 국회의장을 상대로 권한쟁의심판을 청구한 사건이므로 이 사건 심판대상은 국회의 자율권이 허용되는 사항이라고 볼 수 없고, 따라서 헌법재판소가 심사할 수 없는 국회내부의 자율에 관한 문제라고 할 수는 없다.」

7. 헌법의 개정

[459] 제1 헌법개정의 제안

헌법 제128조 제1항은 「헌법개정은 국회재적의원 과반수 또는 대통령의 발의로 제안된다」라고 정하고 있다. 우리 헌법의 개정에 대한 발의권은 대통령과 함께 국회가 가지는데, 국회가 가지는 헌법개정발의권은 구체적으로 재적의원 과반수에 의해 행사된다. 헌법개정은 이러한 발의로 제안된다.

헌법개정에 대한 제안권은 국회가 국민대표기관의 지위에서 가지는 권한이다.

[460] 제2 헌법개정안의 의결

헌법 제130조 제1항은 「국회는 헌법개정안이 공고된 날로부터 60일 이내에 의결하여야 하며, 국회의 의결은 재적의원 3분의 2 이상의 찬성을 얻어야 한다」라고 정하고 있다. 이런 헌법의 규정에 의하면, 헌법개정안에 대한 의결은 국회가 가지는 독점적인 권한이다. 대통령이 헌법개정을 제안한 경우에도 그 헌법개정안에 대한 의결은 국회가 행한다.

헌법개정안에 대한 의결권도 국회가 국민대표기관의 지위에서 가지는 권한이다.

국회로 하여금 이러한 의결을 하도록 한 것은 국회가 합의체기관으로서 가지는 제도적 성질을 바탕으로 하여 국민대표자인 국회의원들이 헌법개정안에 대하여 충분히 토론하고 논의하여 헌법개정안을 검토한 후 국민투표에 붙이기 위한 것이다.

헌법개정안에 대한 의결권은 국회가 독점적으로 가지지만, 이 과정에서 전개되는 논의를 국민들이 충분히 알 수 있도록 하고, 국민들이 참여할 수 있도록 하는 것이 필요하다.

제 5 절 국회의 회의운영과 의사원칙

1. 국회의 회의운영

[461] 제1 국회의 회기

Ⅰ. 회기의 개념

국회의 회기(會期 session, Sitzungsperiode)는 국회가 의안(議案)을 처리하기 위하여 집회한 날로부터 폐회하는 날까지 활동할 수 있는 기간을 말한다. 국회는 이런 회기 동안 의사활동을 할 수 있는 능력을 보유하기 때문에 폐회기간 동안에는 원칙적으로 의사활동을 할 수 없다. 이 때 말하는 국회는 본회의와 위원회를 포함한다. 폐회기간 동안 처리한 의안은 법적인 효력을 가지지 못한다. 다만, 예외적으로 폐회 중에도 위원회가 개회되는 경우가 있는데, 이 때 위원회의 결정은 유효하다.

《폐회 중의 위원회 활동》

국회법은 폐회 중에 위원회와 상임위원회가 개회되는 경우를 정하고 있다. 위원회는, 국회가 폐회 중이라도 i) 회기 중 미리 본회의의 의결이 있는 경우, ii) 국회의장 또는 위원회의 위원장이 필요하다고 인정할 때, iii) 위원회의 재적위원 4분의 1 이상의 요구가 있을 때에 개회한다(동법 §52). 국회운영위원회와 정보위원회를 제외한 상임위원회(소위원회 포함)는 폐회 중 3월·5월의 세 번째 월요일부터 1주간 정례적으로 개회(정례 회의)한다. 정례회의는 당해 상임위원회에 계류 중인 법률안 및 청원 기타 안건과 주요현안 등을 심사한다. 정보위원회는 3월·5월에 월 1회 이상 개회한다(동법 §53). 위원회의 청원심사소위원회는 폐회 중에 청원심사를 위한 활동을 할 수 있다(동법 §125②).

Ⅱ. 연중회기제도

오늘날에는 국가적 과제의 증대와 국회의 업무의 증가 및 활성화를 위해 이미 잉글랜드나 아메리카합중국의 경우와 같이 연중 국회가 개회되어 활동하는 연중회기제도(年中會期制度)로 나아가고 있으며, 폐회 중에도 위원회가 활동하는 경우가 빈번해지고 있다. 우리나라의 경우에도 국회의 연중 상시운영을 위하여 각 교섭단체대표의원과의 협의를 거쳐 매년 12월 31일까지 다음 연도의 국회운영기본일정(국정감사를 포함)을 정하여야 한다(국회의원총선거 후 처음 구성되는 국회의 당해연도의 국회운영기본일정은 6월 30일까지 정하여야 함). 국회운영기본일정은 2월·4월 및 6월 1일과 8월 16일에 임시회를 집회하도록 하고(다만, 국회의원총선거가 있는 월의 경우에는 그러하지 아니하며, 집회일이 공휴일인 때에는 그 다음날에 집회), 정기회의 회기는 100일로, 앞의 임시회의 회기는 30일(8월 16일에 집회하는 임시회의 회기는 8월 31일까지)로 하도록 정하였다(국회법 §5의2).

Ⅲ. 회기와 의회기의 구별

국회의 회기는 총선거를 통해 국회가 구성된 때부터 의원의 임기가 만료될 때까지 존속하는 의회기(議會期=立法期 Legislaturperiode)와 구별하여야 한다. 의회기는 원칙적으로 의원의 임기와 일치한다. 의회기는 통상 「제○대 국회」라고 부를 때 그 제○대 국회가 활동하는 기간 전체를 지칭한다. 따라서 한 의회기 내에 여러 회기가 존재한다.

Ⅳ. 회기와 회기불계속원칙

회기가 법적으로 특히 중요한 의미를 가지는 경우는 아메리카합중국의 경우와 같이 회기불계속(會期不繼續)의 원칙(原則)을 채택하는 경우이다. 회기불계속의 원칙을 채택하는 경우에는 회기 내에 처리하지 못한 의안은 자동으로 폐기되기 때문에 회기는 법적 효과에서 중요한 의미를 가진다. 회기의 기산일(起算日)은 집회일이며, 종료일(終了日)은 폐회일이다. 회기의 계산은 개회식이나 폐회식의 실시여부나 실시시기와 관련이 없다. 휴회한 기간도 회기의 일수에 포함된다.

Ⅴ. 회기의 결정과 연장

국회의 회기는 의결로 정하며, 의결로 연장할 수 있다(국회법 §7①). 회기를 연장하는 경우에도 그 기간은 정기회와 임시회의 법정기간의 제한을 받는다(헌법 §47②). 국회는 집회 후 즉시 회기를 정하여야 한다(국회법 §7②). 대통령이 임시회를 요구하는 때에는 기간을 정하도록 하고 있으므로 이런 회기를 정하는 문제는 발생하지 않는다.

그런데 국회법 제7조 제2항의 해석상, 국회가 집회 후 즉시 회기를 정하지 않는 때에는 어떠한 법적 효과가 발생하는가 하는 것이 문제가 된다. 이에 대해서는 집회 당일에 회기를 정하지 않으면 그 다음날 자동으로 폐회된다고 하는 견해와 집회일부터 회기가 계속되며 차후 회기를 정한 때 소급하여 기간이 확정된다고 하는 견해가 있을 수 있다. 법문의 「즉시」라는 말이 반드시 당일을 의미한다고 할 수 없는 점, 회기의 최장 기일이 정해져 있는 점, 회기의 확정이 집회개시의 효력요건이 아닌 점, 회기계속의 원칙을 취하고 있는 점, 집회의 목적상 개회를 한 이상 의안을 처리하여야 한다는 점 등에 비추어 볼 때, 회기를 정하지 않더라도 집회는 법정기간 상한일까지 유효하다고 할 것이고, 즉시가 의미하는 시일 내에 회기가 정해지면 집회개시일부터 소급하여 회기가 정해진다고 할 것이다. 다만 이 경우 회기를 정할 때에는 이미 경과한 일수 이상이어야 하며 그 미만으로 정하는 것은 효력이 없다고 할 것이다. 회기는 집회 당일이나 당일이 어려운 때에는 그 다음날에 정하는 것이 바람직하다고 할 것이다(동지: 박봉국, 269).

Ⅵ. 휴 회

국회는 회기 중에 기간을 정하여 휴회할 수 있다. 휴회는 회기 중에 국회의 본회의의 활동을 정지하는 것을 말한다. 휴회의 기간과 횟수에는 제한이 없다. 그런데 휴회 중에도 i) 대통령의 요구가 있을 때, ii) 국회의장이 긴급한 필요가 있다고 인정할 때, iii) 재적의원 4분의 1 이상의 요구가 있을 때에는 회의를 재개한다(국회법 §8②). 국회가 휴회 중인 때에도 국회의 재적의원 4분의 1 이상에 의한 국정조사요구서가 제출된 경우에는 그 조사요구서에 의해 회의 재개의 요구가 있는 것으로 본다(국감법 §3③).

휴회 중 본회의가 재개되면 종래의 휴회의 효과는 소멸한다. 따라서 다시 휴회하고자 하는 경우에는 새로운 휴회를 하여야 한다.

[462] 제2 국회의 집회

헌법은 국회의 집회를 정기회와 임시회로 나누어 정하고, 국회의 회기에 있어서 정기회(定期會 regular session)를 집회하는 경우와 임시회(臨時會 extraordinary session)를 집회하는 경우에 그 기간을 다르게 정하고 있다.

《정기회와 임시회의 변천》

우리 헌법사의 전개과정을 보면, 최초헌법인 1948년헌법부터 국회의 회기를 정기회와 임시회로 나누었다. 국회의 기능을 약화시키고자 했던 독재시기에는 연간 회기일수를 전체적으로 제한하는 사태까지 발생하였다. 그러나 오늘날에는 연중회기제도나 국회의 상시개회가 국회개혁의 일환으로 추구되고 있다. 2000년 2월 16일 국회법은 국회의 연중 상시운영을 실현하기 위하여 임시회를 짝수의 달에 개회하도록 하고, 1년간의 국회운영기본일정을 전년도에 미리 정하도록 하여 연중회기제도의 이념을 추구하고 있다. 연중회기제도를 철저히 추구하기 위해서는 정기회와 임시회를 구분하는 헌법상의 규정을 개정하여 양자를 구별하는 것을 폐지하는 것이 바람직하다. 미합중국, 영국, 독일, 네덜란드, 이탈리아, 룩셈부르크 등에서는 연중 국회가 활동하도록 하고 있다. 우리나라에서 있은 정기회와 임시회의 변천 내용을 보면 아래의 표와 같다.

헌법 항목	1948년헌법-1952년헌법-1954년헌법-1960년6월헌법-1960년11월헌법	1962년헌법-1969년헌법-	1972년헌법	1980년헌법	1987년헌법
정기회	없음	120일 이내	90일 이내	→	100일 이내
임시회	없음	30일이내	→	→	→
전체일수 제한	없음	→	연간 150일 이내	→ (대통령 요구에 의한 임시회 일수는 불산입)	없음

Ⅰ. 정 기 회

(1) 집 회

국회의 정기회는 국회가 매년 1회 정기적으로 행하는 집회를 말한다. 정기회는 법률이 정하는 바에 의하여 매년 1회 집회되는데(헌법 §47①), 국회법은 매년 9월 1일에 정기회를 집회하되, 그 날이 공휴일인 때에는 그 다음날에 집회한다고 정하고 있다(국회법 §4).

(2) 회 기

정기회의 회기는 100일을 초과할 수 없다(헌법 §47②).

(3) 처리 안건

통상 정기회에서는 다음 연도의 예산안을 처리한다. 국회는 예산안을 회계연도 개시 30일 전(12월 2일)까지 의결하여야 하고(헌법 §54②), 예산과 관련된 법안을 처리하여야 한다. 회계연도는 국가의 예산편성과 집행의 기준기간을 말하는데, 우리나라의 회계연도는 매년 1월 1일에 시작하여 12월 31일에 종료한다(국재법 §2). 정기회의 기간 동안에는 예산안의 처리에 집중하고 국정감사의 내용을 예산안의 처리에 반영하기 위하여 정기회기간 동안에는 원칙적으로 국정감사를 하지 않는다. 그리하여 국회는 국정전반에 관하여 소관 상임위원회별로 매년 정기회 집회일 이전에 감사시작일부터 30일 이내의 기간을 정하여 감사를 실시한다. 그러나 예외적으로 정기회의 기간 동안이라도 국정감사를 실시할 필요가 있는 경우가 있으므로 이 경우에는 본회의 의결로 정기회 기간 중에 감사를 실시한다(국감법 §2①).

II. 임 시 회

(1) 집 회

국회의 임시회는 필요에 따라 수시로 행하는 집회이다. 임시회 가운데도 연중 국회운영의 이념에 따라 필요적으로 집회하여야 하는 경우도 있다. 이러한 것은 국회법에서 정하고 있다. 즉, 2월 · 4월 및 6월 1일과 8월 16일에 임시회를 집회한다. 다만, 국회의원총선거가 있는 월의 경우에는 그러하지 아니하며, 집회일이 공휴일인 때에는 그 다음날에 집회한다(국회법 §5의2②i).

임시회는 대통령 또는 국회재적의원 4분의 1 이상의 요구에 의하여 집회된다(헌법 §47①). 최소한 국회재적의원 4분의 1로 하여금 임시회의 집회를 요구할 수 있게 한 것은 집권세력이나 다수(majority)의 횡포에 대하여 소수(minority)가 대항할 수 있게 하는 것으로 소수를 보호하는 민주주의의 관점에서 중요한 의미를 가진다. 따라서 이런 제도의 구체적인 운용도 소수의 보호라는 관점에서 이해할 필요가 있다.

대통령이 임시회의 집회를 요구할 때에는 기간과 집회요구의 이유를 명시하여야 한다(헌법 §47③). 임시회의 집회요구가 있을 때에는 의장은 집회기일 3일 전에 공고한다. 다만, 2개 이상의 집회요구가 있을 때에는 집회일이 빠른 것을 공고하되, 집회일이 같은 때에는 그 요구가 먼저 제출된 것을 공고한다(국회법 §5①).

국회의원총선거 후 최초의 임시회는 의원의 임기개시 후 7일에 집회하며(동조 ③), 이 때에는 사무총장이 국회의장의 권한을 대행하여 집회공고를 행한다(동법 §14). 처음 선출된 국회의장의 임기가 만료되는 때가 폐회 중인 경우에는 늦어도 임기만료일 5일 전에 집회한다. 그러나 그 날이 공휴일인 때에는 그 다음날에 집회한다(동법 §5③).

(2) 회 기

임시회의 회기는 30일을 초과할 수 없다(헌법 §47②).

대통령이 요구한 임시회의 경우에도 회기를 연장할 수 있는가 하는 것이 문제가 된다. 대통령이 국회의 임시회의 집회를 요구하는 것은 국회의 자율권에 대한 제약이기는 하지만, 대통령이 임시회의 집회를 요구한 경우는 의안이 긴급한 것이 대부분이어서 빨리 처리해야 할 필요가 있는 점, 회기계속의 원칙을 채택하고 있어 대통령이 요구한 임시회의 폐회로 의안이 폐기되지 않는 점, 불가피하게 대통령이 정한 기간보다 시일이 더 요구되는 경우가 있을 수 있는 점을 고려하면 이 경우에도 회기를 연장할 수 있다고 할 것이다. 그러나 고의로 대통령이 요구한 의안의 처리를 지연시킬 목적으로 회기를 연장하는 것은 허용되지 않는다고 할 것이다. 대통령에게 임시회의 집회를 요구할 수 있는 권한을 인정한 제도의 취지에 부합하지 않기 때문이다.

1972년헌법과 1980년헌법은 대통령의 요구에 의해 집회된 임시회에서는 대통령이 집회요구시에 정한 기간에 한하여 개회한다고 하여 회기의 연장을 금지하였다. 1987년헌법에서 이 규정을 삭제한 것은 이 경우에도 회기의 연장을 가능하게 하기 위한 것이라고 문언적 해석을 가능하게 할 여지는 있으나, 이런 문언적 해석보다는 위와 같은 이유에 비추어 회기의 연장이 예외적으로 가능하다고 해석하는 것이 타당하다고 할 것이다.

(3) 처리 안건

임시회에서 다루는 안건에는 아무런 제한이 없다. 어떠한 의안도 다룰 수 있다. 다만, 대통령이 요구한 임시회의 경우에 있어서는 대통령이 요구한 안건만 처리하여야 한다는 견해와 국회가 스스로 결정하여 다른 안건도 처리할 수 있다고 하는 견해(박봉국, 271)가 있을 수 있다. 대통령이 임시회를 요구하는 경우는 긴급한 사유가 있는 경우이고, 국회는 이 의안에만 집중하여야 할 필요가 있고, 다른 안건은 국회 스스로 임시회를 집회하여 처리할 수 있으므로 대통령이 요구한 임시회에서는 대통령이 요구한 안건 이외에 다른 안건은 처리할 수 없다고 할 것이다.

1972년헌법과 1980년헌법은 대통령의 요구에 의해 집회된 임시회에서는 정부가 제출한 의안에 한하여 처리하여야 한다고 정하였다. 1987년헌법에서 이 규정을 삭제한 것은 대통령의 요구에 의해 집회된 임시회에서도 정부가 제출한 안건 이외의 다른 안건도 처리할 수 있도록 하기 위한 것이라고 해석할 여지가 있으나, 대통령의 임시회집회요구제도의 취지에 비추어 볼 때, 정부가 제출한 안건 이외의 다른 안건은 처리할 수 없다고 하는 것이 타당하다고 할 것이다.

2. 국회의 의사원칙

[463] 제1 의사의 공개

I. 원칙적 공개

(1) 내 용

헌법 제50조 제1항은 「국회의 회의는 공개한다」라고 정하여 국회의 의사(議事)를 공개하는 것을 원칙으로 하고 있다. 국회의 회의의 공개는 국회의 활동을 주권자인 국민이 알 수 있도록 하는데 필요하다. 국민으로 하여금 국회의 회의의 내용을 알 수 있도록 하는 것은 단순히 회의의 내용과 정보를 취득할 수 있게 하는 것에 그치지 않고 국민으로 하여금 국민대표기관과 국회의원을 평가할 수 있게 하고, 논의의 대상이 된 의제에 대하여 의견을 발표할 수 있는 정보를 제공하며, 국가의사결정의 과정에 참여할 수 있도록 하는 기회를 제공한다. 따라서 국회의 회의의 공개는 대의민주주의정치에서 필수적으로 요구되는 사항이다.

(2) 적용범위

국회의 의사에 적용되는 회의공개의 원칙은 본회의, 위원회, 소위원회 모두에 적용된다. 소위원회도 공개원칙에 따라 회의를 공개하여야 한다. 국회법도 이를 원칙으로 정하고 있다(국회법 §57⑤).

[憲 2000.6.29.-98헌마443등] 「의사공개원칙의 헌법적 의미를 고려할 때, 위 헌법조항은 단순한 행정적 회의를 제외하고 국회의 헌법적 기능과 관련된 모든 회의는 원칙적으로 국민에게 공개되어야 함을 천명한 것이다. 오늘날 국회기능의 중점이 본회의에서 위원회로 옮겨져 위원회중심주의로 운영되고 있고, 법안 등의 의안에 대한 실질적인 심의가 위원회에서 이루어지고 있음은 주지의 사실인바, 헌법 제50조 제1항이 천명하고 있는 의사공개의 원칙은 위원회의 회의에도 당연히 적용되는 것으로 보아야 한다. 의사공개에 관한 국회법의 규정 또한 이러한 헌법원칙을 반영하고 있다. 국회법 제75조 제1항은 "본회의는 공개한다"고 하여 본회의공개원칙을, 동법 제65조 제4항은 "청문회는 공개한다"고 하여 위원회에서 개최하는 청문회공개원칙을 분명히 밝히고 있으며, 국회법 제71조는 본회의에 관한 규정을 위원회에 대하여 준용하도록 규정하고 있다. 결국 본회의든 위원회의 회의든 국회의 회의는 원칙적으로 공개하여야 하고, 원하는 모든 국민은 원칙적으로 그 회의를 방청할 수 있는 것이다.」

(3) 방 법

국회의 회의를 공개하는 방법으로는 회의의 내용을 방청(국회법 §152-§154), 보도, 중계방송(동법 §149의2)하는 방법이 있는데, 회의록의 공개는 필수적으로 요구된다(동법 §118).

II. 예외적 비공개

(1) 내 용

대의민주주의의 요청에 따라 국회의 회의를 공개하는 것이 원칙이라고 하더라도 국가의사를 결정하는 과정이 공개되었을 때 외국이 알아서는 안 되는 경우와 국가와 국민 전체에게 이익이 되지 않는 경우가 있을 수 있는데, 이러한 경우에는 예외적으로 비공개할 수 있다. 이러한 상황에 대비하여 헌법 제50조 제1항은 단서에서 「출석의원 과반수의 찬성이 있거나 의장이 국가의 안전보장을 위하여 필요하다고 인정할 때에는 공개하지 아니할 수 있다」라고 정하고 있다. 출석의원 과반수의 찬성으로 비공개를 하는 경우에는 이를 정당화할 수 있는 사유가 있어야 한다. 아무런 사유 없이 출석의원 과반수가 찬성했다는 이유만으로 비공개하는 것은 의사공개원칙에 부합하지 않는다.

[憲 2000.6.29.-98헌마443등] 「국회법 제55조 제1항은 "위원회에서는 의원이 아닌 자는 위원장의 허가를 받아 방청할 수 있다"고 규정하고 있는바, 이는 위에서 본 바와 같은 위원회의 공개원칙을 전제로 한 것이다. 청구인들의 주장과 같이 비공개를 원칙으로 하여 위원장의 자의에 따라 공개여부를 결정케 한 것이 아니다. 위 조항은 위원회 회의가 공개되는 경우에도 방청을 허용하여서는 아니 될 사유가 있을 때에는 위원장이 방청을 허가하지 아니할 수 있도록 하고 있는 규정이다. 그러나 위원장이라고 하여 아무런 제한 없이 임의로 방청불허 결정을 할 수 있는 것은 아니다. 의사공개원칙에 관한 헌법과 법률의 위와 같은 취지에, 위원장에게 질서를 유지하고 사무를 감독할 책무가 부여되어 있는 점(국회법 제49조), 위원장은 질서를 유지하기 위하여 필요한 때에는 방청인의 퇴장을 명할 수 있는 점(국회법 제55조 제2항), 본회의에 관하여도 질서유지를 위하여 필요한 경우에 한하여 의장이 방청인수를 제한할 수 있도록 한 점(국회법 제152조 제2항) 등을 보태어 보면, 위원장이 방청을 불허하는 결정을 할 수 있는 사유란 회의장의 장소적 제약으로 불가피한 경우, 회의의 원활한 진행을 위하여 필요한 경우 등 결국 회의의 질서유지를 위하여 필요한 경우로 제한된다고 할 것이다. 이와 달리 국회법 제55조 제1항을 위원장에게 아무런 사유의 제한 없이 방청을 불허할 수 있는 재량권을 부여한 것으로 풀이한다면 헌법과 국회법에서 정한 위원회공개의 원칙이 공동화되어 부당하다. 이와 같이 방청불허를 할 수 있는 사유 자체는 제한적이지만 그러한 사유가 구비되었는지에 관한 판단, 즉 회의의 질서유지를 위하여 방청을 금지할 필요성이 있는지에 관한 판단은 국회의 자율권 존중의 차원에서 위원장에게 폭넓은 판단재량을 인정하여야 할 것이다. 국회법 제55조 제1항을 위와 같이 합당하게 이해하는 한, 이 조항은 헌법에 규정된 의사공개의 원칙에 저촉되지 않으면서도 국민의 방청의 자유와 위원회의 원활한 운영 간에 적절한 조화를 꾀하고 있다고 할 것이므로 이를 두고 국민의 기본권을 침해하는 위헌조항이라 할 수는 없다.」

(2) 적용범위

국회의 의사에 적용되는 회의비공개는 본회의, 위원회, 소위원회 모두에 적용된다. 국회법은 정보위원회의 기능에 비추어 이 위원회의 회의는 비공개로 한다고 특별히 정하고 있다(국회법 §54의2).

소위원회의 경우에는 사안의 성격상 비공개로 하는 경우가 있을 수 있다. 국회법은 소위원회의 의결로 회의를 공개하지 않을 수 있다고 정하고 있다(동법 §57⑤). 그러나 이러한 경우에도 비공개를 정당화할 수 있는 사유가 있어야 한다. 비공개를 정당화할 수 있는 사유가 없는데도 출석의원이 비공개하기로 의결하였다는 이유만으로 비공개하는 것은 헌법의 의사공개의 원칙에 부합하지 않는다.

헌법재판소는 국회법 제57조 제5항에서 「소위원회의 회의는 공개한다. 다만, 소위원회의 의결로 공개하지 아니할 수 있다」라고 정한 내용 중 단서부분은 헌법 제50조 제1항의 단서내용을 이어 받은 규정이어서 헌법에 위반되지 않는다고 판시하였다(예: 憲 2009. 9. 24.-2007헌바17).

[憲 2009.9.24.-2007헌바17] 「국회에 설치된 소위원회는 법률안 기타 안건의 심사를 전문적·효율적으로 하기 위하여 국회법 제57조에 따라 두는 것으로, 법률안에 대한 구체적·실질적 심사, 수정안 작성, 위원회안의 기초 작업 등을 한다. 오늘날 국회기능의 중점이 본회의에서 위원회로 이동하여 위원회 중심으로 운영되고 있고, 법안 등의 의안에 대한 실질적인 심의가 위원회에서 이루어지고 있는 현실에서, 헌법 제50조 제1항 본문이 천명한 국회 의사공개의 원칙은 위원회의 회의에도 적용되며, 소위원회의 회의에도 당연히 적용되는 것으로 보아야 한다. 따라서 국회법 제57조 제5항 본문에서 "소위원회의 회의는 공개한다"라고 규정한 것은 헌법 제50조 제1항 본문에서 천명한 국회 의사공개의 원칙을 확인한 것에 불과하다 할 것이다. 헌법 제50조 제1항 본문의 의사공개 원칙이 위원회와 소위원회에도 적용되는 것과 마찬가지로, 동항 단서의 예외적인 회의 비공개에 관한 규정 역시 본회의 뿐 아니라 위원회, 소위원회에 적용되는 것으로 봄이 마땅하다. 소위원회 회의를 예외 없이 공개한다면 경우에 따라서는 의원이 자신의 선거구민을 의식한 정치적인 홍보성 발언과 표결에 치중하여 국민의 대표자로서의 역할이 왜곡·축소될 수 있다. 또한 법안처리 과정에서 각종 이익단체나 사회적 압력으로부터 자유로운 정치적 의사표현에 부정적 영향을 받을 수 있고, 특히 경제 관련 법안 등의 경우에는 법안 논의과정의 공개 그 자체만으로 경제에 불의의 영향을 미칠 소지도 있으며, 모든 발언과 표결의 공개는 오히려 정당한 조정과 타협의 과정이라는 정치의 본질을 훼손시킬 위험도 있음을 부정하기 어렵다. 국회법 제57조 제5항 단서는 국회회의의 공개 여부에 관하여 회의 구성원의 자율적 판단을 허용하는 헌법 제50조 제1항 단서를 이어받아, 소위원회의 공개 여부 또한, 소위원회 관장 업무의 성격, 심사대상 의안의 특성, 회의 공개로 인한 장단점, 그간의 의사관행 등 여러 사정을 종합하여 소위원회가 합리적으로 결정할 수 있게 하였다. 즉 동항 단서 부분은 소위원회 고유의 자율권을 따로이 부여한 조문이 아니라 국회 의사공개의 원칙 및 알 권리에 대한 헌법유보에 해당하는 헌법 제50조 제1항 단서의 취지를 소위원회의 경우에도 그대로 반영한 것에 불과하다 할 것이다. 또한 국회법 제54조는 위원회의 의결은 재적위원 과반수의 출석과 출석위원 과반수의 찬성으로 함을 규정하고 있고, 이 규정은 국회법 제57조 제7항에 의하여 소위원회에 준용되므로, 소위원회의 비공개의결에는 출석위원 과반수의 찬성이라는 절차적 요건이 충족되어야 하며, 이는 국회회의의 비공개의결에 출석의원 과반수의 찬성을 요하도록 절차적 통제를 가한 헌법의 규정과 궤를 같이하는 것이라고 볼 수 있다. 한편 국회법 제57조 제7항, 제71조, 제118조 제4항 단서에 의하면, 회의 비공개결정을 한 이후에 비공개의 사유가 소멸되었다고 판단되는 경우에는 소위원회의 의결 또는 그 위원장의 결정으로 회의 내용을 공표할 수 있다. 즉 국회법 제57조 제5항 단서는 회의 비공개의 사유 및 절차 등 요건을 헌법이 규정한 비공개요건에 비하여 더 완화시키

고 있는 것이 아니므로, 기본권을 법률로서 제한할 때 문제되는 과잉금지의 원칙에 어긋난다고 볼 여지가 없다. 헌법 제50조 제1항 단서가 국회 의사비공개에 관하여 정한 것 이상으로 국회법에서 소위원회의 비공개 영역을 넓힌다면 법률에 의한 기본권제한의 정당성에 관한 위헌심사를 할 여지가 있을 것이나, 국회법에서 소위원회 회의의 비공개 요건을 헌법이 규정한 것보다 더욱 엄격하게 규정함으로써 헌법상 규정된 국회 의사공개의 원칙을 확대하여 관철하는 것은 물론, 국회법 제57조 제5항 단서와 같이 헌법의 규정과 동등한 수준으로 규정하는 것은 위헌의 소지가 발생하지 않는다고 보아야 할 것이다. 결국 국회법 제57조 제5항 단서 조항은 헌법 제50조 제1항 단서가 국회 의사공개 원칙에 대한 예외로서의 비공개 요건을 규정한 내용을 소위원회 회의에 관하여 그대로 이어받아 규정한 것에 불과하므로, 헌법 제50조 제1항에 위반하여 국회 회의에 대한 국민의 알 권리를 침해하는 것이라거나 과잉금지의 원칙을 위배하는 위헌적인 규정이라 할 수 없다.」

《소위원회의 비공개 운영의 문제》

국회의 상임위원회는 특정한 안건의 심사를 위하여 소위원회를 둘 수 있고, 정보위원회를 제외한 상임위원회는 그 소관사항을 분담·심사하기 위하여 상설소위원회를 둘 수 있다. 소위원회는 위원회가 의결로 정하는 범위에 한하여 활동하는데, 여기서도 의사공개의 원칙이 적용되지만, 실제에서 상임위원회는 대부분의 안건에 대하여 소위원회로 하여금 심사하게 하고 있고, 소위원회는 대부분의 경우에 의결로 회의를 비공개로 하고 있다. 이러한 회의방식은 밀실정치를 낳게 하고 국회의 활동을 국민이 알기 어렵게 할 뿐 아니라, 정책과정에서의 국민의 참여를 봉쇄하고 소위원회에 대한 이익단체나 압력단체 기타 정치단체 또는 시민단체의 음성적인 로비행위를 할 수 있게 하여 국가정책을 왜곡시키고 정치부패를 가져올 위험이 크다. 따라서 소위원회의 비공개는 그 정당한 사유가 있어야 헌법상의 의사공개원칙에 부합하므로, 비공개의 사유를 국회법에 명시하는 것이 필요하다.

(3) 회의록의 공표

공개하지 아니한 회의라고 하더라도 시간의 경과나 사안의 성질에 비추어 일정한 경우에는 공개할 수 있다. 헌법은 이러한 경우에 대하여 「공개하지 아니한 회의내용의 공표에 관하여는 법률이 정하는 바에 의한다」(헌법 §50②)라고 정하고 있다. 국회법은 공개하지 아니한 회의의 내용은 공표되어서는 안 된다는 것을 원칙으로 정하고, 본회의의 의결이나 국회의장의 결정으로 국회법 제118조에서 정하는 「비밀을 요하거나 국가안전보장을 위하여 필요하다」는 사유가 소멸되었다고 판단되는 경우에는 이를 공표할 수 있다고 정하고 있다(국회법 §118④). 국회의원이 공표가 금지된 내용을 공개한 경우에는 징계사유가 된다(동법 §155vii)

비공개회의의 경우 위원회에서 위원장이 국회의원으로부터 비공개회의록 기타 비밀참고자료의 열람의 요구가 있을 때에는 심사·감사 또는 조사에 지장이 없는 한 이를 허용하도록 하고 있으나, 국회 밖으로 대출하지는 못한다(동법 §62).

[464] 제2 회기의 계속

Ⅰ. 의 의

국회에 제출된 의안이 회기 중에 의결되지 못한 때의 효과에 대해서는 회기불계속의 원칙을 취하는 경우와 회기계속의 원칙을 취하는 경우가 있다. 회기불계속의 원칙을 취하는 경우에는 의결되지 못한 의안은 자동으로 폐기되고, 회기계속의 원칙을 취하는 경우에는 의안이 폐기되지 않고 다음 회기에 계속된다.

회기불계속의 원칙은 영국의회에서 유래한 것으로 오늘날 아메리카합중국에서도 이를 채택하고 있다. 이것은 국회는 회기 중에만 의안을 처리할 수 있는 능력을 가진다고 본다. 같은 의회기 내라고 하더라도 전회기와 다음 회기는 서로 별개의 것이라고 본다. 그러나 회기불계속의 방식을 취하는 경우에는 i) 회기 중 처리하지 못한 안건은 폐기되어 다음 회기에 신 안건으로 다시 제출하여야 하므로 국회운영상 비효율적이라는 점, ii) 제한된 기간의 회기 내에 의안을 처리해야 하므로 의안이 졸속으로 처리될 위험

회기계속여부의 변천

헌법 / 항목	1948년헌법-1960년11월헌법	1962년헌법-1969년헌법	1972년헌법	1980년헌법	1987년헌법
회기계속 여부	회기불계속의 원칙	회기계속의 원칙	→	→	→
헌법규정	헌법 규정 없음	국회에 제출된 법률안 기타의 의안은 회기 중에 의결되지 못한 이유로 폐기되지 아니한다. 다만, 국회의원의 임기가 만료된 때에는 예외로 한다.	국회에 제출된 법률안 기타의 의안은 회기 중에 의결되지 못한 이유로 폐기되지 아니한다. 다만, 통일주체국민회의에서 선거되지 아니한 국회의원의 임기가 만료되거나 국회가 해산된 때에는 예외로 한다.	국회에 제출된 법률안 기타의 의안은 회기 중에 의결되지 못한 이유로 폐기되지 아니한다. 다만, 국회의원의 임기가 만료되거나 국회가 해산된 때에는 예외로 한다.	국회에 제출된 법률안 기타의 의안은 회기 중에 의결되지 못한 이유로 폐기되지 아니한다. 다만, 국회의원의 임기가 만료된 때에는 그러하지 아니하다.

이 있다는 점, iii) 폐회 중에도 위원회의 활동을 인정하는 한 의안을 폐기하는 것은 타당하지 않다는 점 등과 같은 문제가 생긴다.

국가의 업무가 증대하면서 국회가 처리해야 할 과제가 많아지고 이에 따라 국회를 보다 능률적으로 운영해야 할 필요에 부응하여 우리나라는 회기계속의 원칙을 취하고 있다. 과거 제1대 국회부터 제5대 국회까지에는 회기불계속의 원칙을 채택하였으나 제6대 국회부터 회기계속의 원칙을 채택하여 지금에 이르고 있다.

II. 회기계속의 원칙

헌법은 「국회에 제출된 법률안 기타의 의안은 회기 중에 의결되지 못한 이유로 폐기되지 아니한다. 다만, 국회의원의 임기가 만료된 때에는 그러하지 아니하다」(헌법 §51)라고 정하여 회기계속의 원칙을 취하고 있다. 국회는 동일한 의회기 내에 있는 한 회기의 구분에 관계없이 안건을 처리할 수 있는 능력을 가진다고 본다. 따라서 당해 회기에 의결되지 못한 의안은 차기 회기에 계속하여 처리된다.

회기계속의 원칙을 취하는 경우에도 동일한 성격의 국회가 의안을 처리할 수 있는 능력은 당해 의회기 내에서만 가능하다고 할 것이므로 의원의 임기가 만료된 때나 국회가 자진 해산한 때에는 의안은 다음 회기로 계속되지 않고 폐기된다. 선거에 의해 국회를 구성하는 대의민주주의의 원리에 근거를 두고 있다. 차기의 의회기에는 새로 구성된 국회가 종래의 국회와는 별도로 의안을 다루는 능력을 가진다.

[465] 제3 일사부재의

I. 의 의

국회법 제92조는 「부결된 안건은 같은 회기 중에 다시 발의 또는 제출하지 못한다」라고 하여 국회의 의사에 있어서 일사부재의(一事不再議)의 원칙을 정하고 있다. 이러한 일사부재의는 국회의 의사의 단일화와 회의운영의 효율성을 보장하고 소수의 의사방해(filibuster)를 방지하기 위한 것이다.

《발언에 의한 의사방해의 방지와 '무제한 토론'》

국회의 의사에서 발언의 방법으로 의사를 방해하는 경우가 있는데, 국회법은 발언허가(국회법 §99), 동일의제에 대한 발언의 2회 제한(동법 §103), 발언시간의 제한(동법 §104)의 방법을 채택하여 이러한 의사방해를 방지하고 있다. 다만, 국회법상 이른바 '무제한 토론'을 도입하여 의원이 본회의에 부의된 안건에 대하여 국회법의 다른 규정에도 불구하고 시간의 제한을 받지 아니하는 토론을 할 수 있도록 하였다. 무제한 토론은 본회의 심의 안건에 대하여 재적의원 3분의 1 이상의 요구가 있는 경우 실시할 수 있다. 이 경우 의원 1인당 1회에 한정하여 토론할 수 있다. 무제한 토론을 실시하는 본회의는 '1일 1차 회의'의 원칙에도 불구하고 무제한 토론 종결 선포 전까지 산회하지 아니하도록 하며, 무제한 토론 종결은 더 이상 토론할 의원이 없거나, 재적의원 3분의 1 이상이 제출한 토론 종결동의를 재적의원 5분의 3 이상의 찬성으로 의결한 경우 또는 무제한 토론 중 회기가 종료된 경우에 하도록 하였다(동법 §106의2).

II. 적용영역

일사부재의를 경직되게 적용하는 경우에는 국정운영이 왜곡되고, 다수에 의해 악용되어 다수의 횡포를 합리화하는 수단으로 전락할 수 있다. 따라서 일사부재의는 그 운용에서 신중함이 요청된다. 일사부재의의 성질에 비추어 볼 때, 한번 철회한 안건을 다시 부의하는 것, 사유를 달리 하는 해임건의안의 재의, 회기를 달리하는 안건의 재의, 위원회에서 처리한 안건을 본회의에서 다시 제안하는 것 등은 일사부재의에 해당하지 않는다고 할 것이다(동지: 김철수b, 1557; 허영a, 883).

회의를 진행하거나 안건을 처리하는데 필요한 수인 정족수(定足數)를 재적의원의 일정수만으로 정하는 것이 아니라, 안건의 의결에 필요한 출석자의 수인 의사정족수(議事定足數)를 정하고 출석한 의원 중 일정수의 찬성으로 의결을 하는 의결정족수(議決定足數)를 정하여 이 두 요건을 충족하는 경우에 정족수를 충족하는 것으로 구성하는 경우가 있다. 이러한 경우에 의사정족수를 충족시키지 못한 채 행해진 표결행위는 법이 정하고 있는 의결이 행해졌다고 볼 것인가 아니면 의결이 부존재한다고 볼 것인가 하는 점이 문제가 된다. 의결이 있다고 보면 같은 회기 중에 다시 동일 안건에 대하여 표결하는 것은 일사부재의에 반하는 것이 되고, 의결이 부존재한다고 보면 다시 안건을 처리하는 것은 일사부재의에 반하지 않는 것이 된다.

헌법재판소는 법률안의 처리에 있어 법률안의 정족수를 의사정족수와 의결정족수를 모두 충족하는 것을 요건으로 정하고 있는 경우에 의사정족수를 충족시키지 못한 상태에서 행해진 표결행위는 법이 정하고 있는 의결이 행해진 것이라고 하고 같은 회기 중에 동일 안건에 대하여 다시 표결한 행위는 일사부재의에 반하는 것이라고 5:4로 판시하였다(憲 2009. 10. 29. -2009헌라8등). 뒤에서 보듯이, 이는 잘못된 것이다([466]II).

[466] 제4 정 족 수

헌법과 국회법은 국회의 회의가 성립하기 위한 최소한의 출석의원수인 의사정족수(議事定足數)와 안건에 대한 국회의 의결을 유효하게 성립시키는 의결정족수를 정하고 있다. 이러한 의사정족수와 의결정족수(議決定足數)는 국회의 운영에 있어서 민주주의원리와 법치주의원리를 실현시키기 위한 것이다. 이로 인하여 국민대표기관인 국회가 행하는 의결은 민주적 정당성과 절차적 정당성을 획득하고 합법성을 확보한다.

Ⅰ. 의사정족수

의사정족수는 국회의 회의를 개의하기 위하여 필요한 국회의원의 인원수를 말한다. 이를 개의정족수(開議定足數)라고도 한다. 헌법은 의사정족수에 관하여 정하고 있는 바가 없다. 국회법 제73조는 본회의의 의사정족수에 대하여 「본회의는 재적의원 5분의 1 이상의 출석으로 개의한다」라고 정하고 있고(동조 ①), 본회의가 개의한 후에 출석의원의 이탈로 의사정족수를 충족시키지 못하는 때에는 원칙적으로 국회의장으로 하여금 회의의 중지 또는 산회(散會)를 선포하게 하면서(동조 ③본문), 예외적으로 국회의장은 교섭단체대표위원이 의사정족수의 충족을 요청하는 경우 외에는 효율적인 의사진행을 위하여 회의를 계속할 수 있다고 정하고 있다(동조 ③단서). 그리고 국회법 제54조는 위원회의 의사정족수에 대하여도 「위원회는 재적위원 5분의 1 이상의 출석으로 개회하고……」라고 정하고 있다. 의사정족수만을 충족시키고 의결정족수를 충족시키기 못하는 경우에는 비록 회의가 개의되었다고 하더라도 안건에 대하여 의결할 수 없게 된다.

《국회 의사정족수의 문제점》

국회법은 위에서 본 바와 같이 국회의 본회의나 위원회의 경우 의사정족수를 공히 재적의원 1/5 이상으로 정하고 있는데, 의사정족수를 이처럼 완화한 형태로 하는 것은 의사진행의 능률만을 고려한 것일 뿐이고 위원회의 경우도 그러하지만 본회의의 경우에는 특히 회의를 형해화시키는 것이어서 국회가 합의제 의사결정기관이라는 성격과 기능을 왜곡시키며, 민주주의와 법치주의에서 요구되는 절차적 정당성의 요구를 충족시키기 어렵게 만들 위험이 크다. 의사정족수를 높이고 국회의원의 출석의무를 실효성있게 하는 방법(예: 불출석에 대한 필요적 세비의 감봉, 지원인력의 감축, 의정활동 감시 등)으로 이 문제를 해결하는 것이 타당하다. 국회법 제73조 제3항의 단서규정은 헌법의 대의민주주의와 법치주의(절차적 정당성 또는 적법절차)에 위반되므로 폐지하는 것이 타당하다.

Ⅱ. 의결정족수

의결정족수는 국회의 의결이 유효하게 성립하는데 필요한 국회의원의 인원수를 말한다. 이에는 사안의 성질에 따라 일반정족수(一般定足數)와 특별정족수(特別定足數)가 있다.

(1) 일반정족수

헌법 제49조는 「국회는 헌법 또는 법률에 특별한 규정이 없는 한 재적의원 과반수의 출석과 출석의원 과반수의 찬성으로 의결한다. 가부동수인 때에는 부결된 것으로 본다」라고 정하여 의결정족수에 있어서 통상의 안건에 적용하는 일반정족수를 정하고 있다. 국회법 제109조는 「의사는 헌법 또는 이 법에 특별한 규정이 없는 한 재적의원 과반수의 출석과 출석의원 과반수의 찬성으로 의결한다」라고 하여 이를 확인하고 있다.

이러한 일반정족수는 본회의뿐만 아니라 위원회에도 적용된다(국회법 §54).

국회의 정족수

<table>
<tr><th rowspan="3">정족수
항목</th><th rowspan="3">의사정족수</th><th colspan="4">의결정족수</th></tr>
<tr><th rowspan="2">일반정족수</th><th colspan="3">특별정족수</th></tr>
<tr><th>재적의원 과반수</th><th>재적의원 2/3
이상 찬성</th><th>재적의원 과반수
출석+출석의원
2/3 이상 찬성</th></tr>
<tr><td>의원의 수</td><td>재적의원 1/5
이상 출석</td><td>재적의원
과반수
출석+출석의원
과반수 찬성</td><td>•국무총리·국무위원
해임건의(§63②)
•계엄의
해제요구(§77⑤)
•국무총리 등
탄핵소추(§65②)</td><td>•헌법개정안의
의결(§130①)
•국회의원
제명(§64③)
•대통령
탄핵소추(§65②)</td><td>•거부된 법률안의
재의결(§54④)</td></tr>
<tr><td>적용 영역</td><td>본회의
위원회</td><td>본회의 위원회</td><td colspan="3">본회의</td></tr>
</table>

(2) **특별정족수**

헌법은 국회가 의결하여야 하는 사안 가운데 특별히 신중을 요한다고 판단되는 안건에 대해서는 일반정족수의 적용을 배제하고 일반정족수보다 상향시켜 특별히 정하는 정족수에 따라 의결하도록 정하고 있다.

헌법이 특별정족수로 정하고 있는 것으로는 i) 재적의원 과반수의 찬성이 필요한 경우(국무총리·국무위원의 해임건의(§63②), 계엄의 해제요구(§77⑤), 대통령을 제외한 국무총리 등에 대한 탄핵소추(§65②)), ii) 재적의원 2/3 이상의 찬성이 필요한 경우(헌법개정안의 의결(§130①), 국회의원의 제명(§64③), 대통령에 대한 탄핵소추(§65②)), iii) 재적의원 과반수 출석과 출석의원 2/3 이상의 찬성이 필요한 경우(거부된 법률안의 재의결(§53④))가 있다.

(3) **회의의 정족수가 의사정족수와 의결정족수로 구성된 경우**

회의의 정족수를 재적의원의 일정수만으로 정하는 것이 아니라, 안건의 의결에 필요한 출석자의 수인 의사정족수를 정하고 출석한 의원 중 일정수의 찬성으로 의결하는 의결정족수를 정하여 이 두 요건을 충족하는 경우에 정족수를 충족하는 것으로 구성하는 경우가 있다(예: 헌법 §49). 이러한 경우에 의사정족수를 충족시키지 못한 채 표결행위가 행해진 경우에 법이 정하고 있는 의결이 행해졌다고 볼 것인가 아니면 의결이 부존재한다고 볼 것인가 하는 점이 문제가 된다. 예컨대 재적의원 과반수의 출석과 출석의원 과반수의 찬성으로 의결하는 경우에 재적의원 과반수의 출석이 이루어지지 않은 상태에서 안건에 대하여 표결한 경우이다. 이 경우에는 의사정족수가 먼저 충족되어 필요한 출석자가 있어야 의사를 진행할 수 있으므로 의사정족수가 충족되지 못한 상태에서 행해진 표결행위는 의결이 부존재(=불성립)한다고 할 것이다. 의사정족수가 충족되지 않은 상태에서는 법률안에 대하여 표결절차를 진행해서는 안 되고, 표결행위가 고의 또는 착오에 의해 행해졌다고 하더라도 이는 법규정에 위반하여 행해진 것이므로 적법한 의결이 이루어졌다고 할 수 없다. 의사정족수가 충족되지 않은 상태에서 표결절차를 진행한 경우에는 결과에 관계없이 안건을 다시 처리하여야 한다(재처리하는 안건은 먼저 의사정족수의 충족여부를 확인한 다음에 진행하므로 재처리가 무한정으로 반복되는 경우는 없다). 이러한 경우에 안건을 다시 처리하는 것은 일사부재의에 해당하지 않는다. 일단 의사정족수를 충족시킨 후에 일정 수의 의원이 회의장에서 이석 또는 퇴장을 하여 의사정족수에 미달하는 의원이 출석한 상태에서 표결을 한 경우에는 이석하거나 퇴장한 의원은 표결에서 기권을 한 것으로 보아야 하므로 이러한 표결행위는 유효하다.

헌법재판소는 권한쟁의심판에서 법률안의 처리에 있어 법률안의 정족수를 의사정족수와 의결정족수를 모두 충족하는 것을 요건으로 정하고 있는 경우에 의사정족수를 충족시키지 못한 상태에서 행해진 표결행위는 법이 정하고 있는 의결이 행해진 것이라고 판시(성립의견 5: 불성립의견 4)하였다(憲 2009. 10. 29. -2009헌라8등).

[467] 제5 다 수 결

Ⅰ. 헌법 규정

헌법은 국회의 의사결정의 방법으로 다수결원리(多數決原理 majority rule, Mehrheitsprinzip)를 채택하고 있다. 즉 헌법 제49조는 「국회는 헌법 또는 법률에 특별한 규정이 없는 한 재적의원 과반수의 출석과 출석의원 과반수의 찬성으로 의결한다. 가부동수인 때에는 부결된 것으로 본다」라고 정하여 다수결을 의사결정의 원리로 인정하고 있다.

Ⅱ. 민주주의원리와 다수결

민주주의를 다수의 지배라고 보는 관점에서는 다수결은 민주주의에서 의사결정의 유일한 방법이고 민주주의의 본질이라고 이해하였으나, 민주주의에서 소수의 보호(Minderheitsschutz)도 중요하고 민주주의를 의사와 이익에서의 타협과 조화라고 보는 관점에서는 이는 유일한 방법이 아니고 불가피한 수단에 지나지 않는 것으로 본다. 그리고 진정한 민주주의는 사안에 대한 결정에서 바로 표결로 들어가 결판을 낼 것이 아니라 가능한 한 전원일치에 도달하려는 것을 목표로 두고 서로 충분히 설득을 하고 숙의(deliberation)를 하는 것이 보다 민주주의에 부합한다고 본다. 따라서 민주주의는 소수에 대한 다수의 지배가 아니며, 다수의 지배가 국민의 지배와 동일시될 수는 없으며, 다수결은 공동체의 의사를 결정하는데 유일한 방법도 아니다. 다수결은 단독결정이 독단적이고 독재로 변질될 위험 때문에 배제되고 전원일치를 도출하는 것이 항상 용이하지 않기 때문에 불가피하게 차선의 방법으로 선택된 것에 지나지 않는다. 다수결은 의사결정에서 불가피한 승복의 장치에 지나지 않는 것이기 때문에 결론을 도출하는 과정이 합리적이어야 하며, 이러한 합리적인 절차를 거치지 않은 다수의 의결에 의한 결정은 민주주의원리에 부합하지 않는다. 다수결은 민주주의의 본질이라기보다는 민주주의를 실현하는 하나의 방법에 지나지 않는다([71]III).

III. 다수결의 정당화 요건

다수결은 이와 같이 불가피한 방법으로 채택되는 것이므로 이것이 의사결정의 방법으로 정당한 것이 되기 위해서는 그 정당화(legitimation)의 요건을 갖추는 것이 필요하다([71]III(3)(4)).

정당화의 요건이 갖추어지지 않은 상태에서 다수라는 수에만 의지하여 결정을 하는 것은 수에 의존하는 「다수의 횡포」이고 「다수의 폭력」이며 소수에 대한 다수의 독재에 지나지 않는다. 이는 민주주의원리와 법치주의원리에 비추어 허용되지 않는다.

IV. 다수결과 헌법재판

국회에서 다수결에 의해 정책이 결정되었다고 하더라도 이러한 다수결만으로 그 결정이 정당화되지는 않는다. 다수의 결정으로 결론을 도출하였다고 하더라도 그 결론의 도출과정이 소수의 의사를 무시하거나 합리적이지 않고 헌법이 정하는 내용과 합치하지 않을 경우에는 이를 교정하는 장치가 필요하다.

다수결에 의한 오류를 바로잡고 민주주의에서 소수의 의사를 보호하기 위한 장치로 위헌법률심판(=규범통제), 법률에 대한 헌법소원심판, 권한쟁의심판 등이 있다. 특히 추상적 규범통제는 소수의 보호를 실현함에 있어 큰 실효성을 가지는 장치이다. 이런 점에서 헌법재판은 진정한 민주주의를 실현함에 있어 필수불가결하게 요구되는 것이라고 할 것이고, 여기에서 입헌주의와 민주주의는 조화를 이루게 된다.

[468] 제6 의사의 기록

국회의 의사는 국가행위이므로 기록되어야 한다. 국회와 국회의원의 활동의 내용을 기록으로 남겨 국가행위의 존재와 효력을 분명히 하고, 국민으로 하여금 국민대표기관의 활동을 알 수 있게 하는 것이다. 이는 대의민주주의와 참여민주주의의 원리에 의할 때 필수적으로 요청되는 것이다.

국회의 의사를 기록하는 것은 헌법상의 원칙으로 요구되는 것은 아니지만, 의사공개원칙을 충실히 실현하고 절차적 민주주의와 법치주의를 실현하는데 기여한다.

의사의 기록을 위하여 국회는 본회의와 위원회의 회의에서 회의록을 작성하고, 속기의 방법으로 이를 기록한다(국회법 §69①,②, §115①,②). 회의록은 국회의원에게 배포하고 일반 국민에게 반포한다(동법 §118①). 이러한 것은 의사공개원칙의 귀결이기도 하다. 그런데 의사의 기록에서도 국가이익이나 전체 국민의 이익을 고려하여 기록하지 아니할 필요가 발생하므로 이에 대한 조치가 필요하다. 국회법은 의장이 비밀을 요하거나 국가안전보장을 위하여 필요하다고 인정한 부분에 관하여는 발언자 또는 그 소속교섭단체대표의원과 협의하여 이를 게재하지 않을 수 있다고 정하고 있다(동항 단서).

《소위원회의 의사의 기록》

2005년 7월 28일에 개정되기 전 국회법 제69조 제4항은 소위원회의 경우에도 위원회의 경우와 같이 속기의 방법으로 의사를 기록하도록 하면서, 예외적으로 소위원회의 의결이 있는 경우에는 속기의 방법이 아니라 그 요지만을 기록할 수 있도록 정하고 있었다. 이에 대해서는 소위원회가 의사의 요지만을 기록하는 것으로 의결하는 것이 빈번할 때에는 회의의 내용이 사실상 은폐되는 결과를 가져온다는 지적이 있었다. 이에 국회법 개정을 통하여 소위원회 회의에 대하여도 속기방법에 의한 회의록의 작성을 의무화함으로써(동법 §69④) 의정활동의 투명성과 책임을 강화하였다.

제 6 절 국회의원

1. 헌법상의 지위

[469] 제1 국민의 대표자

헌법상 국회의원이 가지는 지위 가운데 가장 중요한 것이 국민의 대표자로서의 지위이다. 국회의원은 선거구를 기반으로 하여 선출된 지역구 국회의원이든 정당을 기반으로 한 비례대표국회의원이든 전체 국민의 대표자로서의 지위를 가진다. 이러한 국민의 대표자로서의 지위는 대의원리에서 도출된다.

국회의원은 국민의 대표자이기 때문에 자신의 선거구의 이익이나 특정 정당의 이익을 대변하는 대표자나 대리인이 아니다. 따라서 국회의원은 언제나 특수이익(特殊利益)을 떠나 전체 국민에게 이익으로 돌아가는 전체이익(全體利益)을 추구하며 그 권한을 행사하고 의무를 수행하여야 한다. 전체 국민에게 이익이 되는 이러한 이익은 결과적으로 국가이익으로 나타난다. 헌법이 국회의원은 국가이익(國家利益)을 우선하여 직무를 수행하여야 한다고 정하고 있는 것(헌법 §46②)도 이러한 법리를 정하고 있는 것이다.

국회의원이 전체 국민의 대표자로서 활동할 수 있도록 하기 위하여 헌법은 명령적 위임을 배제하여 국회의원으로 하여금 양심에 따라 직무를 수행하게 하고(헌법 §46②), 의정활동상 행위에서 책임을 면제하여 자유로이 전체 국민의 이익을 추구하며 활동할 수 있게 하고(헌법 §45), 불체포특권을 인정하여 국가권력으로부터의 제약이나 억압을 방지하고 있다(헌법 §44).

[470] 제2 국회의 구성원

국회의원은 국민의 대표기관인 국회의 구성원이기도 하다. 국회가 국민의 대표기관으로서 그 기능을 할 수 있기 위해서는 구체적으로 국회의원이 그 구성원으로 활동을 하여야 하는데, 이러한 범위에서 국회의원은 국회의 운영 및 활동에 있어서 구성원으로서 각종 권한을 보유하고 의무를 진다.

국회의원은 국회의 구성원으로서 의정활동상 의안발의권, 질의권, 질문권, 토론권, 표결권, 국회의장과 부의장의 선출권, 위원회에 위원으로서의 참여권, 수당수령권 등을 가진다.

> [憲 1995.2.23.-90헌마125] 「입법권은 헌법 제40조에 의하여 국가기관으로서의 국회에 속하는 것이고, 국회의원이 국회 내에서 행사하는 질의권·토론권 및 표결권 등은 입법권 등 공권력을 행사하는 국가기관인 국회의 구성원의 지위에 있는 국회의원에게 부여된 권한으로서 국회의원 개인에게 헌법이 보장하는 권리 즉 기본권으로 인정된 것이라고 할 수는 없다.」

[471] 제3 정당의 소속원

Ⅰ. 의 의

국회의원 가운데는 정당에 소속된 경우도 있고 그렇지 아니한 경우도 있는데, 국회의원이 정당에 소속된 경우에는 정당의 소속원(=당원)으로서의 지위를 가진다. 국회의원이 정치단체인 정당의 구성원인 경우에는 소속 정당의 당원으로서 권리와 의무를 진다.

1962년헌법 제36조 제3항과 1969년헌법 제36조 제3항은 각 「국회의원 후보가 되려는 자는 소속정당의 추천을 받아야 한다」라고 정하고 있었다. 따라서 이 당시에는 정당국가를 강조하는 형태를 취하여 무소속 국회의원이 존재할 수 없도록 하였다.

Ⅱ. 정당과 소속 국회의원

국회의원이 정당의 소속원인 경우에는 해당 정당은 소속 국회의원을 통하여 국정에 영향을 미친다. 이러한 영향은 간접적인 것도 있지만, 특정 정당이 국회 내 교섭단체(交涉團體)를 구성하는 경우에는 그 정당의 영향은 국회의 운영과 활동에 직접 영향을 미친다. 특히 교섭단체의 구속이 강한 경우에는 국회의원은 자신의 권한의 행사와 의무의 이행에 있어 자신의 양심에 따라 자발적으로 활동하기보다는 자신이 소속한 정당의 이익이나 입장을 고려하게 되거나 정당의 지시나 명령에 따라 행동하게 된다. 이렇게 되면 국회의원은 전체 국민의 대표자라기보다는 특정 정당이나 그 정당을 지지하는 특수세력의 이익을 실현하는 대변인이나 거수기로 전락하고, 대의민주주의는 왜곡되어 그 기능을 상실하며, 국회는 특정세력의 부분이익이나 특수이익을 추구하는 기구로 변질된다.

대의원리에 의하면, 국회의원은 전체 국민의 대표자이기 때문에 비록 국회의원이 정당의 당원이라고 할지라도 정당의 이익을 전체 국민의 이익에 우선시킬 수는 없다. 헌법은 국회의원은 국가이익을 우선하여 직무를 수행하여야 한다고 정하고 있기 때문에(헌법 §46②) 국회의원은 어떤 경우에도 정당의 이익을 국가이익에 우선시킬 수 없으며, 이러한 것에 위반하는 행위는 헌법위반행위에 해당한다.

[憲 1994.4.28.-92헌마153] 「자유위임제도를 명문으로 채택하고 있는 헌법하에서는 국회의원은 선거모체인 선거구의 선거인이나 정당의 지령에도 법적으로 구속되지 아니하며, 정당의 이익보다 국가의 이익을 우선한 양심에 따라 그 직무를 집행하여야 하며, 국회의원의 정통성은 정당과 독립된 정통성이다. 이런 자유위임하의 국회의원의 지위는 그 의원직을 얻은 방법 즉 전국구로 얻었는가, 지역구로 얻었는가에 의하여 차이가 없으며, 전국구의원도 그를 공천한 정당을 탈당하였다고 하여도 별도의 법률규정이 있

는 경우는 별론으로 하고 당연히 국회의원직을 상실하지는 않는다는 것이다. 과거 제3공화국 헌법은 그 제38조에서 "의원이 임기 중 당적을 이탈하거나 변경한 때 또는 소속정당이 해산된 때에는 그 자격을 상실한다"고 규정한 바 있었다. 그러나 청구인정당 소속 전국구의원 조윤형이 청구인정당을 탈당한 1993. 6. 11. 이전인 1972.12.27.의 헌법개정으로 헌법에 국회의원이 그를 공천한 소속정당에서 탈퇴할 때 국회의원의 직을 상실한다는 규정은 폐지되어 오늘에 이르렀다. 헌법 제7조 제1항의 "공무원은 국민전체에 대한 봉사자이며, 국민에 대해 책임을 진다"라는 규정, 제45조의 "국회의원은 국회에서 직무상 행한 발언과 표결에 관하여 국회 외에서 책임을 지지 아니한다"라는 규정 및 제46조 제2항의 "국회의원은 국가이익을 우선하여 양심에 따라 직무를 행한다"라는 규정들을 종합하여 볼 때, 헌법은 국회의원을 자유위임의 원칙하에 두었다고 할 것이다. 또 헌법 제8조 제3항의 "정당은 법률이 정하는 바에 의하여 국가의 보호를 받으며……"라는 규정이나 제41조 제3항의 "비례대표제 기타 선거에 관한 사항은 법률로 정한다"라는 규정도 전국구의원이 그를 공천한 정당을 탈당할 때 의원직을 상실하게 하는 내용은 아니다. 따라서 별도의 법률규정이 있는 경우는 별론으로 하고, 전국구의원이 그를 공천한 소속정당을 탈당하였다 하여 의원직을 상실하지는 않는다고 할 것이다.」

[憲 2003.10.30.-2002헌라1] 「현대의 민주주의가 종래의 순수한 대의제 민주주의에서 정당국가적 민주주의의 경향으로 변화하고 있음은 주지하는 바와 같다. 다만, 국회의원의 국민대표성보다는 오늘날 복수정당제하에서 실제적으로 정당에 의하여 국회가 운영되고 있는 점(憲 1997. 7. 16. -96헌라2 참조)을 강조하려는 견해와, 반대로 대의제 민주주의 원리를 중시하고 정당국가적 현실은 기본적으로 국회의원의 전체 국민대표성을 침해하지 않는 범위 내에서 인정하려는 입장이 서로 맞서고 있다. 무릇 국회의원의 원내활동을 기본적으로 각자에 맡기는 자유위임은 자유로운 토론과 의사형성을 가능하게 함으로써 당내민주주의를 구현하고 정당의 독재화 또는 과두화를 막아주는 순기능을 갖는다. 그러나 자유위임은 의회 내에서의 정치의사형성에 정당의 협력을 배척하는 것이 아니며, 의원이 정당과 교섭단체의 지시에 기속되는 것을 배제하는 근거가 되는 것도 아니다. 또한 국회의원의 국민대표성을 중시하는 입장에서도 특정 정당에 소속된 국회의원이 정당기속 내지는 교섭단체의 결정(소위 당론)에 위반하는 정치활동을 한 이유로 제재를 받는 경우, 국회의원 신분을 상실하게 할 수는 없으나 "정당내부의 사실상의 강제" 또는 소속 "정당으로부터의 제명"은 가능하다고 보고 있다. 그렇다면, 당론과 다른 견해를 가진 소속 국회의원을 당해 교섭단체의 필요에 따라 다른 상임위원회로의 전임(사·보임)하는 조치는 특별한 사정이 없는 한 헌법상 용인될 수 있는 "정당내부의 사실상 강제"의 범위 내에 해당한다고 할 것이다.」

Ⅲ. 교섭단체와 국회의원

국회에서 교섭단체를 법적으로 인정하는 경우에도 국회의원은 언제나 국민 대표자의 지위에서 자신의 판단에 따라 자유로이 발언하거나 표결할 수 있어야 한다. 교섭단체가 그에 소속한 국회의원에 대하여 행하는 구속(교섭단체의 구속)이 국회의원이 가지는 국민의 대표자로서의 지위를 제약하는 경우에는 이는 헌법에 위반된다. 국회의원에게 자유투표(自由投票=交叉投票 cross-voting)가 인정되는 것(국회법 §114의2)도 국회가 가지는 국민대표기관으로서의 성격과 국회의원이 가지는 국민의 대표자로서의 지위에서 나오는 법리상의 귀결이다. 국회에서의 표결에 있어 실정법이 자유투표를 인정하고 있든 아니면 이에 대하여 정하고 있지 않든 자유투표는 당연히 인정되는 것이며, 실정법이 이를 부정하는 규정을 두는 경우에 이 규정은 헌법의 대의민주주의원리에 위반된다.

2. 선거와 임기

[472] 제1 개 설

I. 선 거

국회의원의 선거는 국회의원직에 취임할 자를 선출하는 선거권자의 행위이다. 그런데 국회의원의 권한과 행위능력은 이러한 선거라는 행위에 의해 부여되는 것이 아니므로 선거와 국회의원의 자격의 발생은 구별된다.

II. 의원자격의 발생

국회의원의 자격은 국회의원으로서 적법한 권한을 행사하고 일정한 의무를 수행할 수 있는 능력을 의미한다. 국회의원은 국회의원으로서의 자격을 가질 때, 비로소 헌법과 법률이 정하고 있는 권한을 행사할 수 있고, 직무상의 책무가 부여되며 이를 이행할 의무가 발생한다.

국회의원의 선거는 국회의원이 될 자를 선출하는 행위이고, 당선은 이러한 선거에 의해 국회의원직에 취임할 자가 결정된 것이다. 국회의원의 당선은 지역구국회의원의 경우에는 선거구선거관리위원회가 당해 국회의원지역구에서 하는 당선인의 결정으로 이루어지고(공선법 §188①), 비례대표국회의원의 경우에는 중앙선거관리위원회가 정당별 비례대표국회의원후보자명부에 기재된 순위에 따라 하는 비례대표국회의원의석의 당선인 결정으로 이루어진다(동법 §189④). 국회의원 당선의 효력은 이러한 유권적인 당선인의 결정으로 발생하며, 선거구선거관리위원회위원장의 당선인 결정의 공고나 당선인에 대한 당선증의 교부가 있어야 발생하는 것이 아니다.

국회의원의 자격은 헌법과 법률이 정하는 임기의 개시와 동시에 발생한다(동지: 권영성, 937; 김철수b, 1568; 허영a, 923). 국회의원은 임기의 개시와 함께 국회의원으로서의 권한을 행사할 수 있고 책무를 이행해야 할 책임을 진다.

국회의원의 자격은 임기의 개시와 동시에 발생하지만, 선거에서의 당선과 임기의 개시는 항상 일치하지 않으므로 주의를 요한다. 공직선거법 제14조 제2항은 「국회의원……의 임기는 총선거에 의한 전임의원의 임기만료일의 다음날부터 개시된다. 다만, 의원의 임기가 개시된 후에 실시하는 선거……에 의한 의원의 임기는 당선이 결정된 때부터 개시되며……」라고 정하고 있기 때문에, 총선거에 의하여 당선된 국회의원의 임기는 당선이 결정되었어도 전임의원의 임기만료일의 다음날부터 개시되므로 당선일과 임기개시일이 일치하지 않고, 보궐선거에서 당선된 국회의원의 임기는 당선이 결정된 때부터 개시되므로 당선일과 임기개시일이 일치한다.

[473] 제2 지역구국회의원

Ⅰ. 선 거

지역구국회의원은 국민의 보통 · 평등 · 직접 · 비밀선거에 의하여 선출하는데(헌법 §41①), 당해 국회의원지역구에서 유효투표의 다수를 얻은 자를 당선인으로 결정한다(공선법 §188①). 상대다수대표의 방식에 따라 당선인을 결정하고 있다.

국회의 의원정수는 지역구국회의원 253명과 비례대표국회의원 47명을 합하여 300명으로 한다(동법 §21①). 하나의 국회의원지역선거구에서 선출할 국회의원의 정수는 1인으로 한다(동조 ②). 1선거구1인제의 방식을 취하고 있다.

선거권자는 지역구국회의원의 선거에서 1인이 1표를 가진다(동법 §146②).

Ⅱ. 임 기

지역구국회의원의 임기는 4년이다(헌법 §42). 국회의원의 임기는 현재 재임 중인 국회의원의 임기가 만료하는 다음날부터 개시한다.

국회의원의 임기가 개시된 후에 실시하는 선거(=보궐선거)에 의한 국회의원의 임기는 당선이 결정된 때부터 개시되며 전임자의 잔임기간으로 한다(공선법 §14②).

1987년헌법 부칙 제3조 제1항은 「이 헌법에 의한 최초의 국회의원선거는 이 헌법공포일로부터 6월 이내에 실시하며, 이 헌법에 의하여 선출된 최초의 국회의원의 임기는 국회의원선거 후 이 헌법에 의한 국회의 최초의 집회일로부터 개시한다」라고 정하고 있고, 이에 따라 처음 구성된 제13대 국회의 국회의원의 임기는 1988년 5월 30일에 개시되어 1992년 5월 29일에 만료되었다. 따라서 1987년헌법하에서는 국회의원의 임기개시일은 4년을 주기로 하여 5월 30일에 개시되고 5월 29일에 만료된다. 지역구국회의원이든 비례대표국회의원이든 마찬가지다.

[474] 제3 비례대표국회의원

Ⅰ. 정당에 대한 투표

비례대표국회의원은 각 정당이 그 순위를 정한 후보자명부를 첨부한 후보자등록신청서를 제출하여 후보자를 등록하고(공선법 §49①,②), 선거권자는 중앙선거관리위원회에 제출된 정당별 비례대표국회의원후보자명부를 보고, 자신이 지지하는 정당에 대하여 투표한다.

비례대표국회의원은 전국을 하나의 선거구로 하여 선거하고(동법 §20①), 비례대표국회의원의 선거에서 선거권자는 지역구국회의원의 선거와 분리되어 1인이 1표씩을 가지고 투표한다(동법 §146②).

Ⅱ. 의석의 배분

중앙선거관리위원회는 비례대표국회의원의 의석의 배분에서는 정당투표에서 유효투표총수의 100분의 3 이상을 득표하였거나 지역구국회의원총선거에서 5석 이상의 의석을 차지한 각 정당(=의석할당정당)에 대하여 당해 의석할당정당이 비례대표국회의원선거에서 얻은 득표비율에 따라 비례대표국회의원의석을 배분한다(공선법 §189①). 여기서 말하는 득표비율은 각 의석할당정당의 득표수를 모든 의석할당정당의 득표수의 합계로 나누어 산출한다(동조 ②). 의석할당정당에 제한을 둔 것은 파편정당(破片政黨)의 출현을 방지하기 위한 것이다.

2020년에 개정된 공직선거법은 준연동형 비례대표제를 도입하였다. 기존에 비례대표제는 비례대표 의석을 지역구 선거 결과와 독립적으로 배분하였던 것과 달리 새로운 제도는 비례대표 의석 중 30석을 지역구 선거결과와 연동하여 배분하고, 17석에 대해서는 병립형을 적용하여 정당 득표율에 따라 단순 배분하는 방식이다.

연동형 비례대표제는 각 정당이 획득하는 총 의석 비율을 정당 득표율과 최대한 일치시키는 데 목적이 있는 제도인데, 총 의석수를 증가시키지 않고, 연동의석수를 줄이기 위한 제도를 고안하다 보니 독특한 형태의 비례대표제를 시행하기에 이르렀다.

비례대표국회의원의석은 다음 방식에 따라 각 의석할당정당에 배분한다(동조 ②).

i) 각 의석할당정당에 배분할 의석수(이하 이 조에서 "연동배분의석수"라 한다)는 다음 계산식에 따른 값을 소수점 첫째자리에서 반올림하여 산정한다. 이 경우 연동배분의석수가 1보다 작은 경우 연동배분의석수는 0으로 한다(동항 i).

$$\text{연동배분 의석수} = \left[\left(\text{국회의원 정수} - \text{의석할당정당이 추천하지 않은 지역구 국회의원당선인수}\right) \times \text{해당 정당의 비례대표국회의원선거 득표비율} - \text{해당 정당의 지역구국회의원당선인수}\right] \div 2$$

ii) 제1호에 따른 각 정당별 연동배분의석수의 합계가 비례대표국회의원 의석정수에 미달할 경우 각 의석할당정당에 배분할 잔여의석수(이하 이 조에서 "잔여배분의석수"라 한다)는 다음 계산식에 따라 산정한다. 이 경우 정수(整數)의 의석을 먼저 배정하고 잔여의석은 소수점 이하 수가 큰 순으로 각 의석할당정당에 1석씩 배분하되, 그 수가 같은 때에는 해당 정당 사이의 추첨에 따른다(동항 ii).

$$\text{잔여배분의석수} = (\text{비례대표국회의원 의석정수} - \text{각 연동배분의석수의 합계}) \times \text{비례대표국회의원선거 득표비율}$$

iii) 제1호에 따른 각 정당별 연동배분의석수의 합계가 비례대표국회의원 의석정수를 초과할 경우에는 제1호 및 제2호에도 불구하고 다음 계산식에 따라 산출된 수(이하 이 조에서 "조정의석수"라 한다)를 각 연동배분의석 할당정당의 의석으로 산정한다. 이 경우 산출방식에 관하여는 제2호 후단을 준용한다(동항 iii).

$$\text{조정의석수} = \text{비례대표국회의원 의석정수} \times \text{연동배분의석수} \div \text{각 연동배분의석수의 합계}$$

비례대표국회의원선거 득표비율은 각 의석할당정당의 득표수를 모든 의석할당정당의 득표수의 합계로 나누어 산출한다(동조 ③).

중앙선거관리위원회는 제출된 정당별 비례대표국회의원후보자명부에 기재된 당선인으로 될 순위에 따라 정당에 배분된 비례대표국회의원의 당선인을 결정한다(동조 ④). 정당에 배분된 비례대표국회의원의석수가 그 정당이 추천한 비례대표국회의원후보자수를 넘는 때에는 그 넘는 의석은 공석으로 한다(동조 ⑤).

중앙선거관리위원회는 비례대표국회의원선거에 있어서 제198조(천재·지변 등으로 인한 재투표)의 규정에 의한 재투표 사유가 발생한 경우에는 그 투표구의 선거인수를 전국선거인수로 나눈 수에 비례대표국회의원 의석정수를 곱하여 얻은 수의 정수(1 미만의 단수는 1로 본다)를 비례대표국회의원 의석정수에서 뺀 다음 제1항부터 제4항까지의 규정에 따라 비례대표국회의원의석을 배분하고 당선인을 결정한다. 다만, 재투표결과에 따라 의석할당정당이 추가될 것으로 예상되는 경우에는 추가가 예상되는 정당마다 비례대표국회의원 의석정수의 100분의 3에 해당하는 정수(1미만의 단수는 1로 본다)의 의석을 별도로 빼야 한다(동조⑥).

과거에 비례대표국회의원의 의석배분을 지역구국회의원의 선거에서의 득표비율을 기준으로 한 적이 있었는데, 이는 헌법에 위반되는 것이었다. 헌법재판소도 이러한 의석배분의 방식은 민주주의원리, 직접선거의 원칙, 평등선거의 원칙에 위배되어 위헌이라고 판시하였다(예: 憲 2001. 7. 19.-2000헌마91).

Ⅲ. 궐원된 의석의 승계

비례대표국회의원에 궐원이 생긴 때에는 선거구선거관리위원회는 궐원통지를 받은 후 10일 이내에 그 궐원된 의원이 그 선거 당시에 소속한 정당의 비례대표국회의원 후보자명부에 기재된 순위에 따라 궐원된 국회의원 및 지방의회의원의 의석을 승계할 자를 결정하여야 한다. 그럼에도 불구하고 의석을 승계할 후보자를 추천한 정당이 해산되거나 임기만료일 전 120일 이내에 궐원이 생긴 때에는 의석을 승계할 사람을 결정하지 아니한다(공선법 §200③).

과거에 공직선거법은 임기만료일 전 180일 이내에 궐원이 생긴 때에는 비례대표국회의원의 의석승계를 인정하지 않았는데, 헌법재판소는 이러한 제한에 대하여 헌법에 합치하지 않는다고 판시하였다(憲 2009. 6. 25. -2008헌마413).

[憲 2009.6.25.-2008헌마413] 「(2) 대의제 민주주의 원리에 위배되는지 여부 (가) 대의제 민주주의는 헌법의 기본원리에 속하는 것으로서, 대의제 민주주의를 원칙으로 하는 오늘날의 민주정치 아래에서의 선거는 국민의 참여가 필수적이고, 주권자인 국민이 자신의 정치적 의사를 자유로이 결정하고 표명하여 선거에 참여함으로써 민주사회를 구성하고 움직이게 하는 것이다. 공직선거법은 비례대표국회의원선거에 있어 앞에서 본 바와 같이 정당의 비례대표국회의원 후보자명부상의 순위가 처음부터 정당에 의하여 고정적으로 결정되는 이른바 고정명부식 비례대표제를 택하고 있고, 투표의 방식에 관해서도 국회의원선거에 있어서 지역구의원선거 및 비례대표의원선거마다 1인 1표를 행사하도록 하고 있으며, 비례대표국회의원 의석의 할당은 원칙적으로 당해 선거에서 얻은 정당의 득표비율에 따라 이루어지도록 규정하고 있으므로, 결국 선거에 참여한 선거권자들의 정치적 의사표명에 의하여 직접 결정되는 것은 어떠한 비례대표국회의원 후보자가 비례대표국회의원으로 선출되느냐의 문제라기보다는 비례대표국회의원 의석을

할당받을 정당에 배분되는 비례대표국회의원의 의석수라고 할 수 있다. (나) 그런데 심판대상조항은 임기만료일 전 180일 이내에 비례대표국회의원에 궐원이 생긴 때에는 정당의 비례대표국회의원 후보자명부에 의한 의석승계를 인정하지 아니함으로써 결과적으로 그 정당에 비례대표국회의원 의석을 할당받도록 한 선거권자들의 정치적 의사표명을 무시하고 왜곡하는 결과가 된다. 이는 국민주권의 원리 내지 대의제 민주주의를 근간으로 하는 우리 법체계 하에서는 원칙적으로 용인되기 어려운 것이다. (다) 또한 다음과 같은 사정, 즉 비례대표국회의원에 궐원이 생긴 때에는 지역구국회의원에 궐원이 생긴 때와는 달리 원칙적으로 상당한 비용이나 시간이 소요되는 보궐선거나 재선거가 요구되지 아니하고 정당이 제출한 후보자명부에 기재된 순위에 따라서 간명하게 승계 여부가 결정되는 점, 헌법에서 정한 국회의원의 임기는 4년이고(제42조), 정기회의 회기는 100일을, 임시회의 회기는 30일을 초과할 수 없도록 되어 있는바(제42조 제2항), 국회의원으로서의 의정활동준비나 업무수행이 임기만료일 전부터 180일이라는 기간 내에는 불가능하다거나 현저히 곤란한 것으로 단정하기는 어려운 점 등을 종합해 볼 때, '임기만료일 전 180일 이내에 비례대표국회의원에 궐원이 생긴 때'를 일반적인 경우와 달리 취급하여 특별히 그 궐원된 의석의 승계를 허용하지 않아야 될 합리적인 이유가 있는 것으로 보기도 어렵다. 독일의 연방선거법이나 일본의 공직선거법에서도 궐원된 비례대표의원의 의석승계가 명부에 의하여 이루어지는 경우에 있어서는 보궐선거가 필요한 경우를 제외하고는 심판대상조항과 같은 승계원칙의 예외를 규정하고 있지 아니한 것도 이와 같은 맥락에서 이해할 수 있는 것이다. (라) 더욱이 심판대상조항과 같이 임기만료일 전 180일 이내에 비례대표국회의원에 궐원이 생긴 때에 그 의석의 승계를 허용하지 아니할 경우에는 극단적으로는 임기만료일 전 180일 이내에 비례대표국회의원에 상당수의 궐원이 생길 수도 있어 의회의 정상적인 기능수행을 부당하게 제약하는 결과를 초래할 수도 있다. 임기만료일로부터 180일이라는 기간은 대의제 민주주의하에서의 의회의 기능측면에서나 국민의 대표자인 비례대표국회의원의 의정수행활동 측면에서 결코 무시될 수 없는 기간이기 때문이다. (마) 따라서 심판대상조항은 선거권자의 의사를 무시하고 왜곡하는 결과를 낳을 수 있고, 의회의 정상적인 기능수행에 장애가 될 수 있다는 점에서 헌법의 기본원리인 대의제 민주주의 원리에 부합되지 않는다고 할 것이다.」

비례대표선거국회의원에 당선된 자가 선거범죄로 인하여 당선이 무효로 되어 궐원이 생긴 때에 의석을 승계할 수 없도록 하는 것이 허용되는가 하는 문제가 있다. 이에 대하여 헌법재판소는 이러한 궐원이 발생한 경우 의석의 승계를 금지하는 것은 선거권자의 정치적 의사표명을 무시하는 것으로 대의민주주의원리에 위반되고, 자기책임원리에 위반되며, 당선인의 선거범죄에 대하여 귀책사유가 없는 차순위 후보자의 공무담임권을 침해하는 것이어서 위헌이라고 판시하였다(예: 憲 2009. 10. 29.-2009헌마350등).

Ⅳ. 임 기

비례대표국회의원의 임기도 4년이다(헌법 §42). 비례대표국회의원의 임기도 현재 재임 중인 국회의원의 임기가 국회의원의 선거로 인하여 만료하는 다음날부터 개시한다.

궐원된 국회의원의 의석을 승계한 비례대표국회의원의 임기는 승계가 결정된 때부터 개시되며 전임자의 잔임기간(殘任期間)으로 한다(공선법 §14②).

V. 기 탁 금

국회의원선거 후보자는 지역구국회의원과 비례대표국회의원을 불문하고, 기탁금 1,500만 원을 관할선거구선거관리위원회에 납부하여야 했으나, 헌법재판소는 비례대표 기탁금조항은 기탁금 액수가 지나치게 과다하여 정당 활동의 자유 등을 침해한다고 헌법불합치 결정을 하였다.

정당에 대한 선거로서의 성격을 가지는 비례대표국회의원선거는 인물선거의 성격을 갖는 지역구국회의원선거와 성격이 다를 뿐만 아니라, 선거운동에 있어서 선거의 혼탁이나 과열이 발생할 가능성이 낮은데 이러한 차이를 고려하지 않은 채 지역구국회의원선거와 동일한 기탁금을 부여할 수 없다고 본 것이다(예: 憲 2016. 12. 29.-2015헌마509 등). 현재는 500만 원으로 하향 조정되었다(공선법 §56①).

3. 의정활동상의 권한과 임무

[475] 제1 개 설

국회는 합의제 국민대표기관이고 국회의원이 국민의 대표자로서 의정활동을 충실히 하기 위해서는 이를 가능하게 하는 권한이 부여되어야 하고, 이는 충실히 보장되어야 한다. 그래서 이러한 권한은 헌법이나 국회법 등에서 법적 권한으로 보장하고 있다. 이러한 권한은 대의민주주의를 실현하기 위하여 필수적으로 요청되는 것이므로 그 보유는 물론이고 그 행사도 왜곡되거나 침해되어서는 안 된다.

[476] 제2 내 용

Ⅰ. 발 의 권

국회의원이 가지는 발의권이란 국회에서 의제로 될 수 있는 안건을 제출하는 권한을 말한다.

국회의원이 발의권을 행사하는 경우에는 단독 또는 다수로 하는데, 통상의 의안의 발의에서는 국회의원 10인 이상의 찬성이 필요하며(국회법 §79), 예산 또는 기금상의 조치를 수반하는 의안의 발의에서는 그 의안의 시행에 수반될 것으로 예상되는 비용에 대한 국회예산정책처의 추계서 또는 국회예산정책처에 대한 추계요구서를 아울러 제출하여야 한다(국회법 §79의2①).

헌법이 정하는 발의권으로서는 법률안제출권(헌법 §52), 탄핵소추발의권(헌법 §65②), 헌법개정안제출권(헌법 §128①) 등이 있다. 헌법개정안제출권이나 탄핵소추발의권에는 특별히 정하는 정족수를 충족시킬 것이 요구된다.

Ⅱ. 질 문 권

국회의원은 정부에 대하여 국정과 관련된 모든 사항에 대하여 질문할 수 있는 권한을 가진다. 여기서 말하는 질문(質問)이라 함은 국무총리, 국무위원, 정부위원에 대한 질문을 의미한다.

질문의 형식에는 서면질문과 구두질문이 있다(국회법 §122, §122의2). 대정부질문은 20분을 초과할 수 없다(동법 §122의2②). 국회의원은 20인 이상의 찬성으로 긴급현안질문을 할 수 있다(동법 §122의3).

Ⅲ. 질 의 권

국회의원은 현재 의제가 되어 있는 안건에 대하여 위원장, 발의자, 국무위원, 정부위원에 대하여 의문이 있는 사항을 물을 수 있다(국회법 §108). 질의(質疑)는 실제에서 어떤 것을 묻는다는 점에서 질문과 유사하지만, 의제가 된 안건에 대상이 한정되고, 안건심의상의 절차이며 통상 구두로 하는 점에서 구별된다.

Ⅳ. 발 언 권

국회의원은 국회가 관장하는 업무나 의사진행 등과 관련하여 발언(發言)할 수 있다. 발언권은 합의제 국민대표기관인 국회제도를 설치하고 있는 제도에서 당연히 도출된다. 국회제도를 정하고 있는 헌법 제40조, 국회의원제도를 정하고 있는 헌법 제41조 제1항, 발언에 대하여 구체적으로 정하고 있는 헌법 규정(예: 헌법 §45)으로부터 도출된다.

국회의원의 발언은 필수적인 것이지만, 국회의 원활한 운용과 다른 국회의원의 발언권의 보장을 위하여 일정한 통제를 받는다. 국회법은 국회의원이 발언하려고 하는 경우에는 미리 국회의장에게 통지하여 허가를 받도록 하고 있으며(국회법 §99), 발언의 합리적인 보장을 위하여 발언원칙과 발언횟수의 제한 등을 정하고 있다(동법 §100-§105). 국회의장이 표결을 선포한 때에는 누구든지 해당 안건에 대하여 발언할 수 없다(동법 §110②).

V. 토 론 권

국회의원은 현재 의사일정에 올린 안건에 대하여 찬반의 토론(討論)을 할 수 있다. 이러한 토론은 안건을 심의하는데 있어서 필요한 경우도 있으므로 이를 보장한 것이다. 국회의원이 토론을 하고자 하는 경우에는 미리 반대 또는 찬성의 의사를 국회의장에게 통지하여야 한다(국회법 §106). 이는 의사진행을 원활하게 하고 토론으로 상대방의 발언이나 의사의 진행을 방해하는 것을 방지하기 위한 것이다.

안건에 대하여 진지하게 심의하기 위하여 안건에 대한 토론을 실질화할 필요가 있다. 이를 위하여 국회의원에게 무제한 토론을 가능하게 한다. 다만 이러한 무제한 토론이 안건처리를 왜곡하거나 방해하는 것을 방지하기 위하여, 국회의원 1인당 1회에 한하여 할 수 있게 하되, 무제한 토론을 하고자 하는 안건별로 재적의원 3분의 1 이상이 서명한 요구서를 의장에게 제출하도록 하고 있다. 이러한 요구서의 제출이 있으면 의장은 무제한 토론을 할 수 있게 해야 한다(동법 §106의2).

사안의 성질에 따라서는 토론 없이 바로 표결하게 할 수 있다(예: 동법 §108③).

VI. 표 결 권

국회의원은 본회의와 위원회 등에 참가하여 표결(票決)할 수 있는 권한을 가진다. 이러한 표결은 국회의 의결을 성립시키는 방법으로 채택하고 있으므로 표결권은 국가의사결정권을 행사함에 있어 필수불가결하게 요청되는 권한이다.

표결권은 헌법 제40조의 국회제도와 제41조 제1항의 국회의원제도 및 이를 구체적으로 정하고 있는 헌법 규정(예: 헌법 §49)으로부터 도출되는 헌법상의 권한이다. 헌법재판소는 심의권과 표결권의 헌법적 근거를 헌법 제40조, 제41조 제1항, 제49조라고 본다(예: 憲 1997. 7. 16.-96헌라2; 2000. 2. 24.-99헌라1; 2009. 10. 29.-2009헌라8등). 국회법은 표결에 관하여 절차와 방법 등을 정하고 있다(국회법 §109-§114의2).

> [憲 2009.10.29.-2009헌라8등] 「국회의원은 국민에 의하여 직접 선출되는 국민의 대표로서 여러 가지 헌법상·법률상의 권한이 부여되어 있지만 그 중에서도 가장 중요하고 본질적인 것은 입법에 대한 권한임은 두 말할 나위가 없고, 이 권한에는 법률안 제출권(헌법 §52)과 법률안 심의·표결권이 포함된다. 국회의원의 법률안 심의·표결권은 의회민주주의의 원리, 입법권을 국회에 귀속시키고 있는 헌법 제40조, 국민에 의하여 선출되는 국회의원으로 국회를 구성한다고 규정하고 있는 헌법 제41조 제1항 및 국회의결에 관하여 규정한 헌법 제49조로부터 당연히 도출되는 헌법상의 권한이다. 그리고 이러한 국회의원의 법률안 심의·표결권은 헌법기관으로서의 국회의원 각자에게 모두 보장되는 것 또한 의문의 여지가 없다.」

의정활동에서 정당이 적극적인 역할을 하는 경우에 구체적인 안건의 표결에 있어서 소속 국회의원에 대하여 일정한 방향을 제시하거나(예: 당론의 결정), 행동의 방침을 정하고 이를 요구하는 경우가 있으나, 대의민주주의의 요청상 이러한 경우에도 국회의원은 소속 정당의 방향제시나 요구에 구애됨이 없이 자유로이 표결한다. 국회의원이 특정 정당에 소속되어 있다고 하더라도 다른 정당의 입장에 동조하여 표결할 수 있는데, 이러한 표결을 자유투표(=교차투표)라고 한다. 국회의원은 명문의 규정이 없어도 헌법상의 대의원리에 의거하여 자유투표를 할 수 있으며, 이를 법으로 금지하거나 제한하는 것은 대의원리에 위반되어 위헌이다. 국회법은 「의원은 국민의 대표자로서 소속정당의 의사에 기속되지 아니하고 양심에 따라 투표한다」라고 정하여(동법 §114의2) 자유투표를 명시적으로 보장하고 있다.

Ⅶ. 자 율 권

국회의원은 국회가 국회의장이나 부의장을 선출함에 있어서 투표를 하거나(국회법 §15) 임시국회의 소집을 요구(헌법 §47①)하는 등 자율권(自律權)을 가진다.

이러한 자율권은 헌법이나 법률의 범위 내에서 인정되는 것이며, 실정 법규의 규정이 없어도 헌법상의 국회제도에 의하여 인정되는 것이다. 국회의장과 부의장을 선출하는 것은 국회의 조직자율권으로서의 성격을 갖는데, 이는 헌법에서 정하는 직무상의 권한인 동시에 의무이기도 하다. 따라서 국회는 국회의장과 부의장을 선출하여 국회를 조직하여야 한다.

[477] 제3 법적 성격

국회의원이 가지는 이러한 권한은 국회의원의 지위와 직무수행의 필요에 의해 법에 의하여 부여되는 권한(Kompetenz)이다. 이는 직무상의 권한이기 때문에 직무상의 의무로서의 성격도 가진다.

국회의원에게 부여된 이러한 권한은 국회의원의 지위에서 가지는 권한이므로 국회의 권한이 아니다. 국회의원의 발의나 표결로 이루어지는 행위를 하는 권한은 국회의 권한이 되는 경우가 있다. 예컨대 조약에 대한 동의(헌법 §60①), 국무총리등의 해임 건의(헌법 §63), 탄핵의 소추(헌법 §65①), 헌법개정안의 의결(헌법 §130①), 대통령의 각종 행위에 대한 동의 등이 그에 해당한다.

국회의원의 권한은 국민대표자로서 국회의원의 직을 수행하는데 필요하여 부여하는 직무상의 권한이기 때문에 개인의 지위에서 인정되는 권리(right)가 아니다. 따라서 이러한 것이 헌법에 의하여 부여된 경우라고 할지라도 이는 헌법상의 기본권(constitutional right)이 아니다.

[478] 제4 침해와 구제

국회의원의 이러한 권한이 침해된 경우에 국회의원은 권한쟁의심판절차를 통하여 다툴 수 있다(예: 憲 1997. 7. 16.-96헌라2). 그러나 이러한 권한은 헌법상의 기본권이 아니기 때문에 헌법소원심판절차를 통하여 다툴 수는 없다(예: 憲 1995. 2. 23.-90헌마125; 1998. 8. 27.-97헌마8등).

[憲 1997.7.16.-96헌라2] 「국회의원은 헌법 제41조 제1항에 따라 국민의 선거에 의하여 선출된 헌법상의 국가기관으로서 헌법과 법률에 의하여 법률안제출권, 법률안 심의·표결권 등 여러 가지 독자적인 권한을 부여받고 있으며, 피청구인인 국회의장도 헌법 제48조에 따라 국회에서 선출되는 헌법상의 국가기관으로서 헌법과 법률에 의하여 국회를 대표하고 의사를 정리하며, 질서를 유지하고 사무를 감독할 지위에 있고, 이러한 지위에서 본회의 개의시의 변경, 의사일정의 작성과 변경, 의안의 상정, 의안의 가결선포 등의 권한을 행사하게 되어 있다. 따라서 국회의원과 국회의장 사이에 위와 같은 각자 권한의 존부 및 범위와 행사를 둘러싸고 언제나 다툼이 생길 수 있고, 이와 같은 분쟁은 단순히 국회의 구성원인 국회의원과 국회의장간의 국가기관 내부의 분쟁이 아니라 각각 별개의 헌법상의 국가기관으로서의 권한을 둘러싸고 발생하는 분쟁이라고 할 것인데, 이와 같은 분쟁을 행정소송법상의 기관소송으로 해결할 수 없고 권한쟁의심판 이외에 달리 해결할 적당한 기관이나 방법이 없으므로(행정소송법 제3조 제4호 단서는 헌법재판소의 관장사항으로 되는 소송을 기관소송의 대상에서 제외하고 있으며, 같은 법 제45조는 기관소송을 법률이 정한 경우에 법률이 정한 자에 한하여 제기할 수 있도록 규정하고 있다) 국회의원과 국회의장은 헌법 제111조 제1항 제4호 소정의 권한쟁의심판의 당사자가 될 수 있다고 보아야 할 것이다.」

[憲 1995.2.23.-90헌마125] 「입법권은 헌법 제40조에 의하여 국가기관으로서의 국회에 속하는 것이고, 국회의원이 국회 내에서 행사하는 질의권·토론권 및 표결권 등은 입법권 등 공권력을 행사하는 국가기관인 국회의 구성원의 지위에 있는 국회의원에게 부여된 권한으로서 국회의원 개인에게 헌법이 보장하는 권리 즉 기본권으로 인정된 것이라고 할 수는 없다. 그러므로 국회의 구성원인 지위에서 공권력작용의 주체가 되어 오히려 국민의 기본권을 보호 내지 실현할 책임과 의무를 지는 국회의원이 국회의 의안처리과정에서 위와 같은 권한을 침해당하였다고 하더라도 이는 헌법재판소법 제68조 제1항에서 말하는 "기본권의 침해"에는 해당하지 않으므로, 이러한 경우 국회의원은 개인의 권리구제수단인 헌법소원을 청구할 수 없다고 할 것이다.」

4. 직무상의 면책과 특권

[479] 제1 직무상의 면책

Ⅰ. 의 의

(1) 개 념

국회의원이 가지는 면책(免責 immunity, Indemnität)이라 함은 국회의원이 국회에서 직무상 행한 발언과 표결에 관하여 대외적으로 책임을 지지 않는 것을 말한다. 헌법 제45조는 「국회의원은 국회에서 직무상 행한 발언과 표결에 관하여 국회 외에서 책임을 지지 아니한다」라고 정하여 이러한 면책을 헌법의 수준에서 보장하고 있다.

(2) 연 혁

국회의원에 대한 면책은 영국 의회주의의 발달과정에서 왕에 대한 의회의 투쟁의 산물로 생겨난 것이다. 이는 왕에 의해 가해지는 의회에 대한 탄압을 방지하기 위한 수단으로 생겨난 것이다. 우리나라에서 국회의원에 대한 면책은 1948년헌법 이래 줄곧 헌법에서 정하고 있다.

헌법 / 내용	1948년헌법-1952년헌법-1954년헌법-1960년 6월헌법-1960년11월헌법	1962년헌법-1969년헌법-1972년헌법-1980년 헌법-1987년헌법
규정	국회의원은 국회 내에서 발표한 의견과 표결에 관하여 외부에 대하여 책임을 지지 아니한다.	국회의원은 국회에서 직무상 행한 발언과 표결에 관하여 국회 외에서 책임을 지지 아니한다.

(3) 제도적 의의

국회의원에게 면책을 인정하는 것은 국회의원으로 하여금 의정활동을 수행함에 있어 자유로운 발언과 결정을 통하여 전체 국민에게 이익이 되는 전체이익 또는 국가이익을 추구할 수 있게 하고, 행정부나 사법부 등에 대한 통제권을 행사함에 있어서 그 책임을 면제하여 행정부나 사법부로부터의 압력이나 탄압을 방지하며, 각종의 의정활동에서 국회의 독립성과 자율성을 보장하고자 하는데 그 제도적 의의가 있다(예: 大 1992. 9. 22.-91도3317; 1996. 11. 8.-96도1742).

[大 1996.11.8.-96도1742] 「헌법 제45조는 "국회의원은 국회에서 직무상 행한 발언과 표결에 관하여 국회 외에서 책임을 지지 아니한다"고 규정하여 국회의원의 면책특권을 인정하고 있는바, 그 취지는 국회의원이 국민의 대표자로서 국회 내에서 자유롭게 발언하고 표결할 수 있도록 보장함으로써 국회가 입법 및 국정통제 등 헌법에 의하여 부여된 권한을 적정하게 행사하고 그 기능을 원활하게 수행할 수 있도록 보장하는 데에 있다.」

II. 법적 성질

국회의원이 가지는 이러한 책임의 면제는 일체의 법적인 책임의 면제를 의미한다. 따라서 국회의원이 국회에서 직무상 행한 발언과 표결의 행위가 형사적으로 범죄행위를 구성한다고 하더라도 형사적 책임을 지지 않고, 대외적으로 민사적인 불법행위에 해당하더라도 민사상 불법행위의 책임을 지지 않는다.

국회의원의 발언이나 표결이 국가 또는 국민에게 피해를 초래한 경우에도 차기 선거에서 정치적으로 책임을 물을 수 있을 뿐이고, 이와 관련하여 해당 국회의원에게 국가나 국민이 직접 법적인 책임을 물을 수는 없다. 국회의원이 자신의 표결행위에 대하여 법적 책임을 지지 아니하는 것은 대의원리에서 도출되는 결론이다. 국회의원의 표결행위는 곧 정책결정권 또는 국가의사결정권의 행사에 해당하기 때문에 대의원리상 이러한 행위에는 법적인 책임을 지울 수 없다.

> 헌법원리적으로 볼 때, 국회의원의 표결에 대하여 법적인 책임을 지지 않는 것은 대의원리의 요소에 해당하지만, 국회에서의 발언에 대하여 법적인 책임을 면제하는 것은 대의원리가 아니라 행정부 또는 사법부의 억압이나 탄압으로부터 국회의원을 보호하기 위하여 인정하는 것이다(정종섭 a, 264).

면책은 대의제도가 정상적으로 작동함에 있어서 국회의원이 가지는 기능을 보장하기 위하여 대외적으로 책임을 지는 것을 면제하는 것이므로 이는 성질상 특권(privilege)에 해당하지 않는다. 따라서 이에는 처음부터 국회의원이 아닌 자와의 관계에서 평등권이나 평등원칙의 위배문제는 발생하지 않는다.

III. 주　체

국회의원이 가지는 이러한 면책은 오직 국회의원(헌법 §41①)에게만 인정된다.

국회의원 이외에는 대통령을 포함하여 어느 누구에게도 헌법 제45조가 정하는 면책이 인정되지 않는다. 국회의원과 국무위원을 겸한 자에 있어서는 그 자가 국회의원의 지위에서 국회의원의 직무를 수행하는 경우에 한하여 이러한 책임면제가 인정된다. 국무위원으로서 발언한 행위에 대해서는 이러한 면책이 인정되지 않는다(동지: 허영a, 932; 권영성, 941. 반대: 김철수b, 1577).

국회의원을 보좌하는 보좌관, 비서관, 국회 위원회의 직원 등 보조인력의 경우에도 비록 그 업무가 국회의원의 직무를 보좌하는 것이라고 하더라도 원칙적으로 이러한 면책이 인정되지 않는다. 다만, 이러한 보조인력의 행위가 국회의원의 행위와 일체를 이루어 하나로 평가할 수 있는 경우에는 면책의 보호를 받을 여지가 있다고 할 것이다(Doe v. McMillan (1973) 참조).

국회의원의 행위와 관련하여 공범으로서의 지위에서 가담한 자(공동정범, 교사범, 방조범)에게는 형사상 면책이 인정되지 않으며, 민사상으로도 공동불법행위의 책임이 인정되는 범위에서 국회의원은 책임이 면제되지만 국회의원이 아닌 자에게는 책임이 면제되지 않는다.

Ⅳ. 면책의 요건

국회의원에게 책임이 면제됨에 있어서는 국회의원이 국회에서 직무상 행한 발언과 표결일 것이 요구된다(헌법 §45).

(1) 발언과 표결의 행위

면책의 대상이 되는 발언이란 의제에 관한 일체의 의사표시를 말한다. 이에는 의제에 관한 발의, 토론, 질문, 설명, 진술 등 모든 종류의 의사표시가 이에 해당한다. 구두로 행한 발언뿐 아니라 서면으로 작성하여 공표한 의사표시도 포함된다.

책임이 면제되는 발언은 허위의 발언이어서는 안 된다. 명백히 허위임을 알면서도 허위의 사실을 적시하여 타인의 명예를 훼손하는 경우는 책임이 면제되지 않는다. 그러나 발언 내용이 허위라는 점을 인식하지 못하였다면, 비록 발언 내용에 다소 근거가 부족하거나 진위 여부를 확인하기 위한 조사를 제대로 하지 않았다고 하더라도 그것이 직무 수행의 일환으로 이루어진 때에는 면책의 대상이 된다(예: 大 2007. 1. 12.-2005다57752).

면책의 대상이 되는 표결이란 의제에 관하여 찬성 또는 반대의 의사를 표시하는 것을 말한다. 그 방법에는 아무런 제한이 없고, 표결 시에 표결을 하지 아니하거나 회의장에서 퇴장하는 행위도 이에 해당한다.

발언이나 표결의 행위는 그 행위 자체에만 한정되지 않고, 자료제출의 요구와 같이 이에 통상적으로 부수하여 행해지는 행위도 이에 포함된다(예: 大 1996. 11. 8.-96도1742).

> [大 1996.11.8.-96도1742] 「면책특권의 대상이 되는 행위는 국회의 직무수행에 필수적인 국회의원의 국회 내에서의 직무상 발언과 표결이라는 의사표현행위 자체에만 국한되지 않고 이에 통상적으로 부수하여 행하여지는 행위까지 포함된다고 할 것이다(大 1992. 9. 22.-91도3317 참조). 국회의원이 국회의 위원회나 국정감사장에서 국무위원 · 정부위원 등에 대하여 하는 질문이나 질의는 국회의 입법활동에 필요한 정보를 수집하고 국정통제기능을 수행하기 위한 것이므로 면책특권의 대상이 되는 발언에 해당함은 당연하고, 또한 국회의원이 국회 내에서 하는 정부 · 행정기관에 대한 자료제출의 요구는 국회의원이 입법 및 국정통제활동을 수행하기 위하여 필요로 하는 것이므로 그것이 직무상 질문이나 질의를 준비하기 위한 것인 경우에는 직무상 발언에 부수하여 행하여진 것으로서 면책특권이 인정되어야 한다.」

(2) 직무상의 행위

국회의원에게 인정되는 면책은 국회의원의 직무상의 행위(official capacity)에 한하여 인정된다. 여기서 말하는 직무란 헌법과 법률이 정하는 바에 따라 인정된 일체의 권한 행사 또는 의무 이행과 관련한 직무를 말하며, 정당한 직무를 말한다.

면책의 대상이 되는 「직무상」의 행위는 직무행위 그 자체에만 한정되는 것이 아니라, 직무행위와 관련이 있는 선후의 행위나 직무집행에 통상적으로 부수되는 행위도 포함된다. 어떠한 것이 이러한 행위에 포함되는가 하는 것은 면책의 제도적 의의에 비추어 해당 행위의 목적, 장소, 태양 등 여러 상황을 종합적으로 고려하여 판단한다(예: 大 1992. 9. 22.-91도3317). 예컨대 본회의장에서 발언할 내용을 인쇄한 문건을 본회의장에 들어가기 직전에 국회의사당 내의 기자실에서 배포하고 본회의장에서 그대로 발언한 경우에 있어 발언문건의 사전배포 행위는 이러한 부수행위에 해당한다.

[大 1992.9.22.-91도3317] 「면책특권의 대상이 되는 행위는 직무상의 발언과 표결이라는 의사표현행위 자체에 국한되지 아니하고 이에 통상적으로 부수하여 행하여지는 행위까지 포함한다고 할 것이고, 그와 같은 부수행위인지 여부는 결국 구체적인 행위의 목적, 장소, 태양 등을 종합하여 개별적으로 판단할 수밖에 없다고 할 것이다. 원심판결의 이유에 의하면, 원심은 피고인이 신한민주당 소속 제12대 국회의원으로서 1986.7.경 제131회 정기국회 본회의에서의 정치분야 대정부 질문자로 내정되어 그 질문 원고를 작성함에 있어 우리나라의 통일정책과 관련하여 '이 나라의 국시는 반공이 아니라 통일이어야 한다', '통일이나 민족이라는 용어는 공산주의나 자본주의보다 그 위에 있어야 한다'는 등 통일을 위해서라면 공산화통일도 용인하여야 한다는 취지 등을 담은 원고를 완성하고 비서인 공소외 양◯석으로 하여금 50부를 복사하게 한 다음, 같은해 10.13.13 : 30 국회의사당 내 기자실에서 위 양◯석을 통하여 그 중 30부를 국회 출입기자들에게 배포함으로써 반국가단체인 북괴의 활동에 동조하여 이를 이롭게 한 것이다라는 공소사실에 대하여, 피고인이 배포한 원고의 내용이 공개회의에서 행할 발언내용이고(회의의 공개성), 원고의 배포시기가 당초 발언하기로 예정된 회의시작 30분 전으로 근접되어 있으며(시간적 근접성), 원고배포의 장소 및 대상이 국회의사당 내에 위치한 기자실에서 국회출입기자들만을 상대로 한정적으로 이루어졌고(장소 및 대상의 한정성), 원고배포의 목적이 보도의 편의를 위한 것이라는(목적의 정당성) 등의 사실을 인정한 후 이와 같은 사실을 종합하여 피고인이 국회 본회의에서 질문한 원고를 위와 같이 사전에 배포한 행위는 국회의원의 면책특권의 대상이 되는 직무부수행위에 해당한다고 판시하고 있는바, 기록에 비추어 원심의 판단은 옳게 수긍이 되고 거기에 국회의원의 면책특권에 관한 법리를 오해하였거나 채증법칙을 어긴 위법이 없다. 그리고 피고인이 자신의 발언내용이 국회 회의록에 게재되지 못할 것이라는 정을 알고 있었다거나, 원고의 내용을 본회의에서 그대로 발언하게 될 가능성이 없어 결국 외부에 공포될 수 없음을 예견하였다고 인정되지 아니하는 바에야 이를 전제로 한 주장들은 어느 것이나 받아들일 수 없다.」

직무와 관련이 없이 타인에 대하여 비난·모욕을 하거나 명예훼손 또는 폭행 기타 폭력행위를 하는 것은 국회 내에서 행해졌다고 하더라도 직무상의 행위가 될 수 없으므로 성질상 면책의 보호영역에 해당되지 않는다. 또 국회에서 발언을 해주겠다고 외부인과 약속을 한 후 발언한 행위(이에는 청실이 개입할 수 있고, 뇌물수수도 있을 수 있다)도 면책의 대상이 되지 않는다.

국회법은 「의원은 본회의나 위원회에서 다른 사람을 모욕하거나 다른 사람의 사생활에 대한 발언을 하여서는 아니 된다」고 정하고 있으며(동법 §146), 이를 위반한 행위를 징계사유로 정하고 있다(동법 §155). 독일연방헌법은 의원의 책임면제(Indemnität)는 중상적(中傷的)인 명예훼손(verleumderische Beleidigung)에는 효력이 없다고 정하고 있다.

(3) 국회 내에서의 행위

국회 내란 국회의사당의 건물만 의미하는 것이 아니라 본회의나 위원회가 개최되고 있는 일체의 장소를 말한다. 책임면제가 인정되는 것은 원칙적으로 장소적 개념이지만, 국회의 기능에 해당하는 이상 반드시 국회의사당 건물만에 한정되는 것은 아니다. 국정감사나 국정조사가 행해지는 장소에서의 발언은 책임면제의 대상이 된다. 교섭단체에서의 발언은 해당 교섭단체의 모임이 국회의 기능에 해당하는 경우에 한하여 책임이 면제된다.

그러나 국회의 기능에 해당하지 않는 장소에서의 발언에 대해서는 책임면제가 인정되지 않는다. 예컨대, 국회의원의 현장조사대상의 장소, 대중집회, 의정보고대회, 자기 선거구의 사무실, 소속 정당행사장, 기자회견장, 인터넷 홈페이지에서의 발언에 대해서는 책임이 면제되지 않는다.

V. 면책의 효과

국회의원이 위에서 본 바와 같은 요건을 갖춘 행위를 한 이상 국회 외에서 책임을 지지 않는다.

(1) 법적 책임의 면제

국회의원에게 인정되는 면책의 범위는 일체의 법적인 책임(legal accountability)이 면제됨을 의미한다. 형사상, 민사상, 또는 기타 실정법상의 일체의 책임이 면제된다. 따라서 면책의 대상에 해당하는 행위에 대해서는 공소를 제기할 수 없으며, 그러함에도 공소가 제기된 경우에는 공소권이 없음에도 공소가 제기된 것이어서 법원은 형사소송법 제327조 제2호에 따라 공소를 기각하는 판결을 하여야 한다(예: 大 1992. 9. 22.-91도 3317. 동지: 신동운, 1003).

(2) 「국회 외」에서의 면책

(a) 대외적 면책

국회의원의 면책은 「국회 외」에서 책임을 지지 아니하는 것을 의미한다. 따라서 다른 국가기관에 대해서나 사회 또는 국민에 대하여 아무런 책임을 지지 아니한다. 국회의원은 국민의 대표자로서 발언하고 표결하기 때문에 그러한 행위가 국회 내에서 국민의 대표자의 지위에서 행해지는 한 이에 대해서는 어떤 책임도 물어서는 안 되는데, 명령적 위임을 배제하는 것을 그 내용의 한 요소로 하고 있는 헌법의 대의원리상으로도 이는 필수적으로 요구되는 사항이다(예: 憲 1994. 4. 28.-92헌마153).

[憲 1994.4.28.-92헌마153] 「헌법 제7조 제1항의 "공무원은 국민전체에 대한 봉사자이며, 국민에 대해 책임을 진다"라는 규정, 제45조의 "국회의원은 국회에서 직무상 행한 발언과 표결에 관하여 국회 외에서 책임을 지지 아니한다"라는 규정 및 제46조 제2항의 "국회의원은 국가이익을 우선하여 양심에 따라 직무를 행한다"라는 규정들을 종합하여 볼 때, 헌법은 국회의원을 자유위임의 원칙하에 두었다고 할 것이다.」

(b) 대내적 면책 문제

헌법 제45조는 국회의원의 면책에 대하여 「국회 외에서 책임을 지지 아니한다」고 정하고 있기 때문에 「국회 내」에서는 책임을 지는가 하는 문제가 있다. 국회의원이 국민의 대표자로서 국정을 수행하기 위하여 발언하고 토론하고 표결하는 행위를 하는 이상 이것에 대해서 국회 내에서도 원칙적으로 책임을 지지 않아야 합당하다. 국회나 국회의원이 가지는 기능을 수행하기 위하여 인정된 권한을 행사하거나 의무를 이행하기 위한 과정에서의 의사표시가 국가나 국민에게 결과적으로 불이익을 초래하였다고 하더라도 이러한 잘못에 대해서는 원칙적으로 정치적 책임만 질 뿐 국회 내에서도 법적인 책임을 지지 아니한다(반대: 김철수b, 1579; 권영성, 943; 허영a, 932; 성낙인, 903). 따라서 국회의 다수의원은 표결에서 반대되는 견해를 표명한 소수의원에 대해서는 원칙적으로 징계 기타 어떠한 불이익한 조치도 취할 수 없다. 다만, 국회의원의 발언이 대외적으로 면책되는 경우라도 중대한 국익(예: 중대한 국가기밀)이나 공익을 침해하는 경우에는 징계할 수 있다. 직무와 관련이 없는 위법한 것인 경우(예: 타인에 대한 모욕, 명예훼손, 사생활의 침해)에는 대외적으로 면책도 되지 않을 뿐 아니라 징계도 할 수 있다.

미합중국헌법에서는 「상하 양원의 의원은 어떠한 장소에서도 양원에서 행한 발언이나 토론을 이유로 책임을 지지 않는다」(for any Speech or Debate in either House, they shall not be questioned in any other Place)고 정하고 있다(Art. Ⅰ, Sec.).

(3) 시간적 범위

국회의원의 면책은 국회의원의 임기 중에 한하지 않고 국회의원의 직에서 퇴직한 경우에도 인정된다. 국회의원의 책임면제는 국회의원의 자격을 획득하고 이를 유효하게 유지하고 있는 동안에 인정되고, 국회의원으로서 활동하는 기간 동안에 책임이 이미 면제되기 때문에 사후에 국회의원의 직을 상실하더라도 책임면제는 유효하다. 따라서 사후에 선거무효나 당선무효의 판결, 자격심사, 징계에 의한 제명, 임기만료, 정당해산 결정, 기타 법률이 정하는 사유(예: 공선법 §192④의 당적이탈 · 변경, 이중당적보유)로 의원직을 상실한 경우에도 그 이전에 국회의원으로서 활동했던 당시의 발언과 표결에 대해서는 이미 책임이 면제되었기 때문에 이에 대해서는 책임을 지지 않는다.

Ⅵ. 한 계

국회의원에 대한 면책은 그 목적에 있어서 국회 내에서의 활동(legislative business 입법활동, 조사활동 등 포함. 예: Eastland v. United States Servicemen's Fund(1975))을 보호하기 위한 것이기 때문에 국회의원이 정치인으로서 행하는 일반적인 정치적 활동(political activities)을 보호하는 수단으로는 인정되지 않는다.

따라서 면책의 대상이 되는 행위라고 하더라도 다시 국회 밖에서 이를 발표하거나 출판하는 행위 등은 면책되지 않는다(동지: 권영성, 943; 허영a, 933; 김철수b, 1579). 국회에서 발언한 이후의 이러한 행위는 국회의 기능과 그와 관련된 의원활동에 해당하지 않으므로 책임면제의 대상이 되지 않는다. 국회의 기능을 수행하기 위하여 한 발언이 국가이익이나 전체 국민의 이익에 반하는 것이지만 면책조항에 의하여 보호를 받았더라도 이를 다시 외부 출판사를 통하여 그 내용을 출판하는 것은 면책의 보호를 받지 못한다(예: Gravel v. United States(1972). 또 국회 내에서 한 발언을 행정부의 공무원에게 전화를 하여 말하거나 신문에 공표하거나 언론사에 알리는 것도 면책의 보호를 받지 못한다(예: Hutchinson v. Proxmire(1979)).

그러나 발언이나 표결이 있은 회의록이 공개된 경우에 이를 다시 인용하는 것은 면책의 대상이 된다. 법률이나 국회규칙에서 비밀을 요한다고 하여 회의내용이 비공개로 된 경우에 이를 공표하는 행위는 면책되지 않는다.

[480] 제2 불체포특권

Ⅰ. 의 의

(1) 개 념

국회의원에게 인정되는 불체포특권(不逮捕特權 privilege of freedom from arrest, Immunität)이라 함은 국회의원이 현행범인이 아닌 이상 회기 중 국회의 동의 없이 체포 또는 구금되지 아니하고, 회기 전에 체포 또는 구금된 경우라 할지라도 현행범인이 아닌 한 국회의 요구가 있으면 회기 중 석방될 수 있는 특권을 말한다. 헌법 제44조는 「① 국회의원은 현행범인인 경우를 제외하고는 회기 중 국회의 동의 없이 체포 또는 구금되지 아니한다. ② 국회의원이 회기 전에 체포 또는 구금된 때에는 현행범인이 아닌 한 국회의 요구가 있으면 회기 중 석방된다」라고 정하여 이를 보장하고 있다.

(2) 연 혁

국회의원의 불체포특권은 1948년헌법에서 채택한 이래 계속하여 헌법에서 인정하여 왔다.

헌법 / 내용	1948년헌법	1952년헌법-1954년헌법-1960년6월헌법-1960년11월헌법	1962년헌법-1969년헌법-1972년헌법-1980년헌법-1987년헌법
규정	국회의원은 현행범을 제한 외에는 회기 중 국회의 동의 없이 체포 또는 구금되지 아니하며 회기 전에 체포 또는 구금되었을 때에는 국회의 요구가 있으면 회기 중 석방된다.	국회의원은 현행범을 제외한 외에는 회기 중 그 원의 동의 없이 체포 또는 구금되지 아니하며 회기 전에 체포 또는 구금되었을 때에는 그 원의 요구가 있으면 회기 중 석방 된다.	① 국회의원은 현행범인인 경우를 제외하고는 회기 중 국회의 동의 없이 체포 또는 구금되지 아니한다. ② 국회의원이 회기 전에 체포 또는 구금된 때에는 현행범인이 아닌 한 국회의 요구가 있으면 회기 중 석방된다.

국회의원의 불체포특권은 15세기 의회가 발달하기 시작한 영국에서 처음 생겨났는데, 군주의 자문기관으로서의 지위에 있던 초창기 의회가 민사재판의 당사자로부터 방해를 받지 않고 공무를 정상적으로 수행할 수 있도록 하기 위하여 「민사재판을 위한 구인」(civil arrest)을 금지하는 것에서 비롯되었다. 1603년 의회특권법(Privilege of Parliament Act)은 이를 명문화하였다. 그 후 군주와의 투쟁과정에서 의회의 자율성이 강조되면서 군주로부터 의회활동을 수호하는 방법으로 발전하였다. 그러나 어느 경우에도 영국에서는 형사상 범죄혐의가 있는 경우에는 이런 특권은 인정되지 않았다. 불체포특권이 의회의 자율성과 의원의 활동의 자유를 보호하기 위한 장치로 헌법상 보장된 것은 아메리카 식민지시대에서 1777년에 13개의 state들이 연합하여 「연합규약」(Articles of Confederation and Perpetual Union)에서 의회의 의원은 반역죄, 중죄, 치안을 해하는 죄를 범한 경우를 제외하고는 의회에 출석하고 있거나 출퇴근을 하는 기간 중에는 체포되거나 수감되지 않는다고 정한 것(Article 5)과 1787년에 제정된 미합중국연방헌법(The Constitution of the United States)에서 「상원과 하원의 회기 중에는 출석하고 있거나 출석을 위하여 출근 또는 출석 후 귀가하는 의원은 반역죄(Treason), 중죄(Felony), 치안을 해하는 죄(Breach of Peace)를 범한 경우를 제외하고는 체포되지 아니한다」고 정한 규정(Article I, Section 6)에서 비롯한다. 그러나

대부분의 형사범죄가 치안을 해하는 죄에 해당하기 때문에(Williamson v. U.S.(1908); Long v. Ansell(1934)) 형사상 범죄혐의가 있는 경우에는 불체포특권은 인정되지 않는 셈이다. 프랑스에서는 중죄사건과 경죄사건에서는 의원이 소속된 院의 동의 없이 체포할 수 없으나, 현행범이나 유죄의 확정판결이 있는 경우에는 의회의 동의 없이 체포할 수 있다. 독일은 현행범인 경우와 그 다음날 체포되는 경우를 제외하고는 의원은 임기 동안 형사범죄와 관련하여 연방의회의 동의가 없는 한 그에 대한 책임을 지지 않으며 체포되지 아니한다(GG §46 ②,③).

(3) 제도적 의의

불체포특권의 제도적 의의는 행정부에 의하여 국회의 기능이 무력화되거나 국회의원의 활동이 제약되는 것을 방지하여 국회와 국회의원이 정상적으로 활동할 수 있도록 하는 데 있다.

II. 법적 성질

불체포특권은 국회의 정상적인 기능과 국회의원의 자유로운 의정활동을 보장하기 위하여 국회의원에게 특별히 특혜를 주는 특권(privilege)이다. 국회의원은 이러한 특혜를 침해당한 경우에 불체포특권을 권리로서 주장할 수 있다.

이러한 불체포특권은 특권이기 때문에 국회의원이 아닌 자와의 관계에서 평등의 문제가 발생하는데, 이러한 특권은 전체 국민의 이익을 추구하는 국회의 기능과 국회의원의 활동을 보장하기 위하여 국민의 대표자에게 인정하는 것이므로 이러한 한도 내에서 평등원칙에 합치한다. 따라서 이러한 특권을 국회의원의 직무수행상의 필요를 넘어 국회의원 개인의 사적인 이익을 추구하는 수단으로 이용할 수는 없다.

III. 주　　체

국회의원이 가지는 불체포특권은 오직 국회의원(헌법 §41①)에게만 인정된다. 국회의원 이외에 대통령을 포함하여 어느 누구도 헌법 제44조가 정하는 불체포특권을 가지지 못한다.

국회의원과 국무위원을 겸한 자에 있어서는 그 자가 국회의원의 지위에서 국회의원의 직무를 수행하는 경우에 한하여 불체포특권이 인정된다. 국무위원으로서 활동하는 이상 국회의원직을 겸하고 있다고 하더라도 불체포특권이 인정되지 않는다.

IV. 불체포특권의 내용

불체포특권은 일반인과 달리 국회의원의 경우에는 일반인의 경우라면 체포 또는 구금될 수 있는 경우라도 체포 또는 구금되지 아니한다는 것과 국회의원이 이미 체포 또는 구금된 경우라고 하더라도 일정한 경우에는 석방된다는 것을 그 내용으로 한다.

(1) 원 칙

불체포특권은 현행범인이 아닌 한 일정한 경우에 국회의원에 대한 체포 또는 구금을 금지하거나 체포 또는 구금된 국회의원을 석방하는 것을 내용으로 한다. 이러한 것이 인정되는 경우는 다음과 같다.

(a) 체포 또는 구금의 금지

국회의원은 회기 중에 체포 또는 구금되지 아니한다(헌법 §44①). 회기 중이라 함은 집회일부터 폐회일까지의 기간을 말하며, 이에는 휴회 중인 기간도 포함된다. 여기서 말하는 체포 또는 구금이란 일정기간 신체활동의 자유를 제한하여 일정한 장소에 강제로 유치하는 강제처분을 말하므로 형사소송법상의 강제처분뿐 아니라 경찰관직무집행법에 의한 보호조치, 감호조치, 격리처분과 같은 행정상의 강제처분도 포함한다(동지: 권영성, 945; 김철수b, 1574).

계엄 시행 중에는 국회의원은 현행범인인 경우를 제외하고는 체포 또는 구금되지 아니한다(계엄법 §13). 대통령의 계엄선포라는 방법을 통하여 국회의 기능을 마비시키려고 하는 의도를 차단하기 위한 것이다.

(b) 체포 또는 구금된 자의 석방

정부는 체포 또는 구금된 국회의원이 있을 때에는 지체 없이 국회의장에게 영장의 사본을 첨부하여 이를 통지하여야 한다. 구속기간의 연장이 있을 때에도 마찬가지이다(국회법 §27). 국회의원은 회기 전에 체포 또는 구금된 때에도 회기 중에는 국회의 요구가 있으면 석방된다(헌법 §44②). 회기 전이라 함은 회기의 직전뿐만 아니라 전회기도 포함된다. 전회기에 국회가 체포 또는 구금에 대하여 동의를 하였다고 하더라도 현회기 중에는 다시 석방을 요구할 수 있다.

국회의원이 체포 또는 구금된 의원의 석방요구를 발의할 때에는 재적의원 4분의 1 이상의 연서로 그 이유를 첨부한 요구서를 의장에게 제출하여야 한다(국회법 §28). 석방요구는 일반의결정족수에 따라 재적의원 과반수의 출석과 출석의원 과반수의 찬성으로 의결한다(헌법 §49).

(2) 예 외

불체포특권은 특권을 정당화하는 필요한 경우에 한하여 인정하는 것이므로 이에는 예외가 있다.

(a) 현행범인

현행범인에게는 불체포특권은 인정되지 않는다(헌법 §44①). 현행범인에게까지 특권을 인정하여야 할 이익이 존재하지 않기 때문이다. 회기 중이더라도 현행범인인 국회의원을 체포하거나 회기 전에 체포 또는 구금한 현행범인인 국회의원을 회기 중에 석방하지 않더라도 이러한 행위로 인하여 국회의 기능이 왜곡되거나 국회의원으로서의 정당한 활동이 침해되지 않는다.

그러나 현행범인인 국회의원을 체포하는 경우에도 국회의 자율권을 존중해야 할 필요는 인정되므로 회의장 내에서 현행범인인 국회의원을 체포하는 때에는 국회의장의 명령이 있어야 한다(국회법 §150). 이러한 것은 불체포특권의 내용이 아니고 국회의 자율권의 내용에 해당한다.

(b) 국회의 동의가 있는 경우

국회의 동의가 있는 경우에는 불체포특권은 인정되지 않는다(헌법 §44①). 다시 말해 국회의 동의가 있으면 회기 중이라도 국회의원을 체포하거나 구금할 수 있다.

국회는 회기 중이라도 어떤 국회의원이 그의 범법행위로 인하여 체포 또는 구금되더라도 국회의 운영이나 활동에 지장이 없고 해당 국회의원이 해당 회기 중에 활동하는 것보다는 범법행위에 대한 책임을 지는 것이 보다 타당하다고 판단하는 경우에는 체포 또는 구금에 동의를 한다. 이러한 경우에는 국회에 의해 불체포특권의 배제가 이루어진다.

국회의원의 체포 또는 구금에 대하여 동의를 구하는 절차는 먼저 관할법원의 판사가 영장을 발부하기 전에 체포동의요구서를 정부에 제출하여야 하고, 정부는 이를 수리한 후 지체 없이 그 사본을 첨부하여 국회에 체포동의를 요청하여야 하며(국회법 §26①), 국회의장은 이러한 체포동의를 요청받은 후 처음 개의하는 본회의에 이를 보고하고, 본회의에 보고된 때부터 24시간 이후 72시간 이내에 표결한다. 다만, 체포동의안이 72시간 이내에 표결되지 아니하는 경우에는 그 이후에 최초로 개의하는 본회의에 상정하여 표결한다(동조 ②). 정부의 체포동의요청이 있는 경우에 국회가 이에 기속되는가 하는 문제가 있다. 불체포특권이 가지는 제도적 의의에 비추어 볼 때, 국회는 정부의 이런 요청에 기속되지 않고 재량으로 판단하여 동의여부를 결정한다(동지: 김철수b, 1575; 권영성, 946). 체포나 구금에 대한 동의를 함에 있어서는 조건이나 기한을 붙일 수 없다(동지: 허영a, 930; 권영성, 946. 반대: 김철수b, 1576; 성낙인, 906).

《국회의원 체포동의 사건》

2010.9.2. 국회는 본회의에서 특정경제범죄가중처벌법을 위반한 혐의가 있는 국회의원 강OO에 대한 체포동의안을 가결하여 국회의원의 체포에 대하여 동의하였다. 2012. 7. 11. 국회는 공직선거법을 위반한 혐의가 있는 국회의원 박OO에 대한 체포동의안을 가결하여 해당 국회의원의 체포에 동의하였고, 2012. 9. 6. 공직선거법을 위반한 혐의가

있는 국회의원 현OO에 대한 체포동의안을 가결하여 해당 국회의원의 체포에 동의하였다. 2013. 9. 4. 국회는 본회의에서 내란음모 등 형법을 위반한 혐의가 있는 국회의원 이OO에 대한 체포동의안을 총 투표수 289표 중 가 258표, 부 14표, 기권 11표, 무효 6표로 가결하여 해당 국회의원의 체포에 동의하였다. 2015. 8. 13. 국회는 정치자금법을 위반한 혐의가 있는 국회의원 박OO에 대한 체포동의안을 가결하여 해당 국회의원의 체포에 동의하였다.

(c) 석방요구가 없는 경우

불체포특권은 회기 전에 체포 또는 구금된 현행범인이 아닌 국회의원에 대하여 국회가 회기 중에 석방을 요구하면 석방된다는 것이므로 국회가 스스로 판단하여 이러한 석방을 요구할 필요가 없다고 하여 석방요구를 하지 않으면 해당 국회의원의 불체포특권은 배제된다.

V. 불체포특권의 효과

불체포특권의 내용에서 본 바와 같이 헌법이 정하는 일정한 요건이 갖추어진 경우에는 해당 국회의원을 체포하거나 구금할 수 없고, 또 이미 체포되거나 구금된 국회의원에 대해서는 이를 석방하여야 한다.

VI. 한 계

불체포특권은 그 내용에 의해 확정되므로 헌법이 정하는 내용을 넘어선 효과는 발생하지 않는다.

(1) 형사상의 책임

불체포특권은 범법행위로 인한 체포에 있어서 일반인의 경우와 달리 체포 또는 구금을 어렵게 하거나 체포 또는 구금된 자에 대한 석방을 용이하게 하는 특별한 혜택을 주는 것에 불과하므로 이는 당해 국회의원에 대하여 형사상의 책임을 감경하거나 면제하는 것이 아니다.

(2) 수사 및 형집행

불체포특권이 인정되는 국회의원에 대해서도 수사를 할 수 있고, 기소할 수 있다. 헌법상의 불체포특권은 불수사특권이나 불기소특권(=불소추특권)이 아니다. 그리고 회기 중에 유죄의 판결이 확정되면 그 형을 집행할 수 있다.

(3) 재체포 또는 재구금

회기 중에 석방된 자에 대해서는 회기가 종료하면 다시 체포 또는 구금할 수 있다.

5. 의 무

[481] 제1 헌법상의 의무

Ⅰ. 청렴유지의 의무

(1) 의 의

헌법 제46조 제1항은 「국회의원은 청렴의 의무가 있다」라고 정하여 국회의원에게 청렴을 유지할 것을 헌법상의 의무로 정하고 있다. 이러한 청렴의무는 국가의사결정권의 행사에 있어서 금력에 의한 의사결정의 왜곡과 부패를 방지하기 위하여 정하고 있는 것이다. 공직에 재직하는 동안 청렴의무는 대통령, 국회의원을 포함하여 모든 공직자에게 요구되는 헌법상의 의무에 해당하는 것이지만, 국회의원은 국민의 대표자이기 때문에 이를 특히 강조하여 명문으로 정하고 있는 것이다.

(2) 내 용

국회의원의 청렴의무는 국회의원에 재직하는 동안에는 오로지 전체국민의 이익을 위하여 공명정대하게 권한을 행사하게 하기 위한 것이고, 사익을 추구하지 못하게 하는 것이다. 국회의원선거의 입후보자의 재산등록(공선법 §49④ii)과 국회의원의 재산공개(공륜법 §3①, §10①)는 이러한 청렴의무에서 도출되는 헌법상의 요청은 아니지만, 청렴의무를 실현하는데 기여한다. 국회의원으로 재직하는 동안 그 재산을 신탁하게 하는 것도 청렴의무를 실현하는 하나의 방법이다.

(3) 적용범위

국회의원의 청렴의무는 국회의원 본인에게만 적용되고, 국회의원의 가족이나 친인척의 영리행위나 사익추구행위를 금지하는 것이 아니다. 그러나 국회의원이 이러한 자들의 영리행위나 사익추구행위에 실질적으로 관여하거나 영향을 주는 행위(정보제공, 알선, 청탁, 직·간접적인 지원, 후원, 광고 등)는 청렴의무에 위반된다.

Ⅱ. 직무수행상 국가이익우선의 의무

(1) 의 의

헌법 제46조 제2항은 「국회의원은 국가이익을 우선하여 양심에 따라 직무를 행한다」라고 정하여 국회의원에게 직무의 수행에 있어서 국가이익을 우선할 것을 헌법상의 의무로 정하고 있다. 이는 국가의 정책을 결정함에 있어 언제나 전체국민의 이익을 우선시켜야 하는 대의제도의 당연한 내용을 이루는 것으로 헌법에서 이를 확인하고 있는 것이다. 여기서의 국가이익은 전체국민에게 이익으로 돌아가는 것을 의미하는 결과적 개념이다.

(2) 양심에 따른 직무수행

헌법 제46조 제2항에서 말하는 「양심」은 국회의원이 국민의 대표자로서 자기 책임하에 정책을 결정함에 있어서 사안의 타당여부에 대한 인식을 말하는 것으로 직무상의 양심을 의미한다. 따라서 이는 헌법 제19조에서 정하고 있는 양심의 자유에서 말하는 개인의 주관적 양심과 다르다. 국회의원은 국가의사를 결정함에 있어서 헌법 제19조에서 보장하는 자신의 주관적 양심과 헌법 제46조 제2항에서 정하는 직무상의 양심이 일치하는 경우에는 문제가 없지만, 양자가 서로 충돌하는 경우에는 언제나 자신의 주관적인 양심을 후퇴시켜야 한다. 이러한 점은 대통령에 있어서도 동일하다.

Ⅲ. 지위남용의 금지

헌법 제46조 제3항은 「국회의원은 그 지위를 남용하여 국가·공공단체 또는 기업체와의 계약이나 그 처분에 의하여 재산상의 권리·이익 또는 직위를 취득하거나 타인을 위하여 그 취득을 알선할 수 없다」라고 정하여 국회의원의 지위를 남용하는 것을 금지하고 있다.

이는 일반적인 권력의 남용을 금지하는 의미도 지니지만, 대의원리에 따라 국회의원에게 부여된 권한이 본래의 역할에 합치하여 행사되도록 하는데 목적이 있다. 이러한 지위남용의 금지는 헌법상의 의무이므로 이를 위반하는 행위는 헌법을 침해한 것이 된다. 이를 위반하는 행위를 한 경우에는 징계사유가 된다(국회법 §155 i).

Ⅳ. 겸직의 금지

헌법 제43조는 「국회의원은 법률이 정하는 직을 겸할 수 없다」라고 정하여 겸직금지를 헌법상의 의무로 정하되, 그 구체적인 내용은 법률로 정하도록 하고 있다. 국회법은 과거에는 국회의원의 겸직을 비교적 폭넓게 허용하고 있었으나, 2013년 법을 개정하여 국회의원은 국무총리 또는 국무위원의 직 이외의 다른 직을 겸할 수 없다고 하되, 예외로 ① 공익 목적의 명예직, ② 다른 법률에서 의원이 임명·위촉되도록 정한 직, ③ 「정당법」에 따른 정당의 직의 세 가지만을 규정하여 겸직 금지의 범위를 대폭 확대하였다(동법 §29①).

《국회의원의 국무총리 또는 국무위원의 겸직 문제》

현행법에 의할 때, 국회의원이 국무총리 또는 국무위원을 겸직하는 것은 허용된다. 따라서 우리나라의 정부형태는 기본적으로 대통령제임에도 의회주의제에서 볼 수 있는 이러한 요소가 들어 있다. 이러한 점은 긍정적인 면에서는 국회와 행정부의 협력을 원활하게 만들어 낼 수 있는 점이 있으나, 부정적인 면에서는 국회의원이 대통령의 지시와 명령을 받는 지위에 있게 되고, 국회에 의한 행정부 통제 기능을 약화시킬 수 있는 점이 있다. 종래 통상 국회의원이 국무총리로 취임한 경우에는 국회의원직을 사직하였다.

[482] 제2 국회법상의 의무

국회법은 국회의원에게 국회의원으로서의 직분에 맞게 행위하고 권한을 행사하게 하기 위하여 여러 가지 의무를 부여하고 있다. 이러한 것으로는 품위유지의 의무(국회법 §25), 영리업무 종사금지(동법 §29의2), 본회의 및 위원회의 출석의무(동법 §32, §155viii), 정보위원회위원으로서 지득한 국가기밀의 공개 또는 누설금지(동법 §54의2②), 발언규칙의 준수의무(동법 §102-§104), 특정 회의록의 열람 · 전재 · 복사금지의무(동법 §118③), 비공개회의의 내용의 공개금지(동조 ④), 국회의장 또는 위원장의 회의장의 질서유지를 위한 명령에 대한 복종의무(동법 §145), 모욕 등의 발언 금지(동법 §146), 발언방해 등의 금지(동법 §147), 회의진행에 방해가 되는 물건 또는 음식물의 회의장 내 반입금지(동법 §148), 의장석 또는 위원장석의 점거 금지(동법 §148의2), 회의장 출입의 방해 금지(동법 §148의3), 탄핵소추사건의 조사시의 주의의무준수의무(동법 §155ix) 등이 있다.

[483] 제3 기타 법령상의 의무

국회의원은 헌법이나 국회법에서 정하고 있는 의무 이외에도 「국정감사 및 조사에 관한 법률」, 공직자윤리법, 국회의원윤리강령, 국회의원윤리실천규범이 정하는 의무를 준수하고 이행하여야 한다.

[484] 제4 의무위반에 대한 제재

Ⅰ. 징 계

국회의원이 헌법이나 국회법이 정하는 의무를 위반한 경우에 이를 제재하는 방법으로 강력한 실효성을 가지는 것이 징계이다. 이 징계에 대해서는 국회법이 정하고 있다(국회법 §155).

Ⅱ. 국회의장 또는 위원장의 제재조치

국회의원이 본회의나 위원회에서 국회법이나 국회규칙을 위반하여 회의장의 질서를 문란하게 한 경우에는 국회의장 또는 위원장이 질서유지를 위하여 필요한 조치를 할 수 있다(국회법 §145).

Ⅲ. 의정감시활동

국회의원이 그 의무에 위반하는 경우에 법적인 제재는 아니지만, 국민이 자발적으로 이를 제재하는 것으로는 의정활동을 감시하는 운동이 있다. 국회의원으로서 그 의무를 위반하는 것은 국회의원으로서의 본분을 저버리는 행위이고 국민대표자로서의 직분을 망각한 행위이므로 유권자가 이에 대하여 심판하는 것이 효과적이다. 이러한 심판을 하기 위해서는 국회의원에 대한 의정감시활동을 펼치고 이를 공개하여 유권자로 하여금 의정활동상의 정보를 정확히 알 수 있게 하는 것이 필요하다.

6. 자격의 소멸

[485] 제1 개 설

국회의원이 임기가 만료하면 자격이 소멸하지만, 임기 중에 있더라도 그 자격이 소멸하는 경우가 있다. 선거소송에서 선거무효 또는 당선무효의 판결이 있거나 퇴직, 사직, 제명이 있거나 자격심사에서 「자격 없음」으로 의결된 경우에는 국회의원의 자격이 소멸한다. 국회의원의 자격이 소멸하면 국회의원의 지위가 소멸하므로 국회의원으로서 가지는 권한과 의무가 모두 없어진다.

국회의원의 자격소멸과 관련하여, 국회의원이 소속한 정당에서 이탈하거나 당적을 변경한 경우 또는 소속 정당이 해산된 경우에 헌법의 법리상 의원직이 유지되는가 상실되는가 하는 문제가 있다.

[486] 제2 임기의 만료

국회의원의 자격은 임기의 개시로 발생하고, 임기 동안 유지되며, 임기의 만료로 소멸한다. 국회의원의 임기는 4년이므로(헌법 §42) 4년의 기간 경과로 소멸한다.

국회의원의 임기가 개시된 후에 실시하는 선거(=보궐선거)에 의한 국회의원의 임기는 당선이 결정된 때부터 개시되며 전임자의 잔임기간으로 하기 때문에(공선법 §14②), 이 잔임기간의 만료로 해당 국회의원의 임기는 만료된다.

[487] 제3 선거무효와 당선무효

선거에 관한 소송의 판결 결과 선거무효 또는 당선무효가 되면(공선법 §224) 국회의원은 자격을 상실한다. 당선무효에는 i) 당선소송에 의한 당선무효(동법 §223), ii) 선거비용의 초과 지출로 인한 당선무효(동법 §263), iii) 당선인(동법 §264) 또는 선거사무장 등의 선거범죄로 인한 당선무효(동법 §26) 등이 있다.

[488] 제4 퇴　　직

국회의원의 자격은 국회의원이 해당 직에서 퇴직함으로써 상실한다. 국회의원이 임기 중에 퇴직하는 경우는 i) 의원이 겸할 수 없는 직(국회법 §29②)에 취임한 때, ii) 국회법 제29조 제2항의 규정에 의하여 임기개시일 이후에 해직된 직의 권한을 행사한 때, iii) 공직선거법 제53조의 규정에 의하여 사직원을 제출하여 공직선거후보자로 등록된 때(동법 §136①), iv) 법률에 규정된 피선거권이 없게 된 때(동조 ②)이다. 공직선거법은 i) 금치산선고를 받은 자, ii) 선거범, 정치자금법 제45조(정치자금부정수수죄) 및 제49조(선거비용관련위반행위에 관한 벌칙)에 규정된 죄를 범한 자 또는 그 재임 중의 직무와 관련하여 형법(특정범죄가중처벌등에 관한 법률 제2조에 의하여 가중처벌되는 경우를 포함한다) 제129조 내지 제132조, 「특정범죄 가중처벌 등에 관한 법률」 제3조에 규정된 죄를 범한 자로서, 100만 원 이상의 벌금형의 선고를 받고 그 형이 확정된 후 5년 또는 형의 집행유예의 선고를 받고 그 형이 확정된 후 10년을 경과하지 아니하거나 징역형의 선고를 받고 그 집행을 받지 아니하기로 확정된 후 또는 그 형의 집행이 종료되거나 면제된 후 10년을 경과하지 아니한 자(형이 실효된 자도 포함), iii) 법원의 판결 또는 다른 법률에 의하여 선거권이 정지 또는 상실된 자, iv) 금고 이상의 형의 선고를 받고 그 형이 실효되지 아니한 자, v) 법원의 판결 또는 다른 법률에 의하여 피선거권이 정지되거나 상실된 자에게 피선거권이 없다고 정하고 있다(공선법 §19, §18① i, iii, iv).

[489] 제5 사　　직

국회의원의 자격은 국회의원이 해당 직에서 사직함으로써 상실한다. 국회의원은 언제나 어떤 이유로나 자유로이 사직의 의사를 표시할 수 있다. 국회의원은 선거민과의 관계에서 법적으로 명령적 위임의 관계에 있지 않으므로 사직의 금지를 강제할 수 없다.

현행법은 국회의원이 사직을 함에 있어서는 국회의 허가를 얻도록 하는 제한을 두고 있다. 국회의원이 사직하고자 할 때에는 사직서를 의장에게 제출하고, 국회는 사직의 허가여부에 대하여 본회의에서 토론을 거치지 않고 무기명투표로 표결하여 결정한다. 폐회 중에는 국회의장이 사직을 허가할 수 있다(국회법 §135①,③, §112⑤).

[490] 제6 제 명

국회는 재적의원 3분의 2 이상의 찬성으로써 의원을 제명할 수 있다(헌법 §64③). 국회의원이 헌법 제46조의 청렴의무 등에 위반되는 행위를 하거나 국회법에 규정된 징계사유에 해당하는 행위를 한 때(국회법 §155)에는 국회가 징계를 할 수 있다. 국회의 징계에는 제명도 포함되어 있는데, 이러한 제명이 의결되면 국회의원은 의원의 자격을 상실한다.

징계로 제명된 자는 국회의원의 자격을 상실할 뿐 아니라, 그로 인하여 궐원된 의원의 보궐선거에 있어서는 후보자가 될 수 없다(동법 §164).

박정희정부의 말기인 1979년 10월 4일 국회는 당시 여당이던 민주공화당(民主共和黨)과 유신정우회(維新政友會)에 소속된 여당의 국회의원들만이 참석한 본회의에서 헌정사상 처음으로 야당 당수인 김영삼(金泳三)의원을 제명하였다. 제명 이유는 국회의원으로서의 본분을 일탈하여 반국가적인 언동을 함으로써 국회의 위신과 국회의원의 품위를 손상시켰다는 것이었다. 그 달 26일 박정희(朴正熙)대통령은 중앙정보부장인 김재규(金載圭)에 의해 피살되어 박정희 장기집권의 막이 내렸다.

[491] 제7 자격심사

국회의원의 자격은 위에서 본 바와 같이 국회의 의원에 대한 자격심사에서 국회가 윤리특별위원회의 심사를 거쳐(동법 §138-§142), 본회의에서 재적의원 2/3 이상의 찬성으로 피심의원에 대하여 국회의원의 자격이 없음을 의결하면(동법 §142③), 국회의원의 직을 상실한다.

미합중국연방헌법은 상하양원에서 각기 의원의 자격심사를 할 수 있게 하고 있고, 일본국헌법도 중의원(衆議院)과 참의원(參議院)에서 각기 의원의 자격에 관한 쟁송에 대하여 재판하게 하고 있다(일본국헌법 §55). 프랑스에서는 헌법재판소에서 상하의원선거의 적법성을 심사하게 하고(동헌법 §59), 따로 의회에서 의원자격을 심사하는 것을 인정하고 있지 않다.

[492] 제8 당적의 변경

국회의원이 임기 중에 소속정당을 탈퇴하거나 다른 정당으로 당적을 변경하는 때에 국회의원의 직을 상실하는가 하는 문제가 있다. 이와 관련하여 1962년헌법 제38조는 「의원이 임기 중 당적을 이탈하거나 변경한 때…에는 그 자격을 상실한다」라고 정하고 있었으나, 1969년헌법에서는 이를 폐지하여 그 이후 이러한 조항은 헌법에서 사라졌다(다만, 1994년 공직선거및선거부정방지법(1994. 3. 16. 법률 제4739호) 제192조 제4항은 「전국구국회의원이 소속정당의 합당·해산 또는 제명 외의 사유로 당적을 이탈·변경하거나 2 이상의 당적을 가지고 있는 때에는 국회법 제136조[퇴직]의 규정에 불구하고 퇴직된다」고 규정하고 있었다).

현행 헌법에는 1962년헌법의 조항과 같은 조항은 없기 때문에 현재로서는 이론상의 문제만 남아 있다. 이에 대해서는 지역구국회의원과 비례대표국회의원으로 나누어 살펴보는 것이 필요하다.

Ⅰ. 지역구국회의원

헌법은 국회의원을 국민의 대표자로 정하고 있으며, 대의원리에 따라 명령적 기속을 배제하고 있으므로 지역구국회의원은 정당의 기속을 받지 아니한다. 따라서 지역구국회의원이 소속 정당을 변경하거나 탈퇴하더라도 의원직을 상실하지 않는다.

Ⅱ. 비례대표국회의원

공직선거법 제192조 제4항은 「비례대표국회의원이 소속정당의 합당·해산 또는 제명 외의 사유로 당적을 이탈·변경하거나 2 이상의 당적(黨籍)을 가지고 있는 때에는 국회법 제136조(퇴직)의 규정에 불구하고 퇴직된다」라고 정하고 있다(비례대표의원이 국회의장에 당선되어 국회법 규정에 의해 당직을 이탈한 경우는 퇴직되지 않는다). 그런데 정당에 대한 투표를 기초로 하여 의석을 배분하는 비례대표로 국회의원에 취임한 경우에 정당을 변경하거나 탈퇴하면 국회의원직을 상실하는가 하는 점에 대해서는 헌법이론상 논란이 있다.

(1) 학 설

(a) 자격상실설

자격상실설은 「정당투표-정당대표-정당기속」이라는 틀 속에서 명령적 위임에 기초한 이러한 정당기속(Parteigebundenheit)이나 교섭단체강제(Fraktionszwang)를 실현하기 위해서는 비례대표로 의원직에 취임한 국회의원이 소속 정당을 이탈하거나 변경하는 때에는 국회의원직을 상실하게 하는 것이 필요하다고 하기도 하고, 비례대표는 정당에 대한 투표를 근거로 의원직을 획득하였으므로 당적을 변경, 이탈한 때에는 그 근거가 없어지기 때문에 의원직이 상실된다고 보기도 하며, 국회의원이 정당을 옮겨감으로 인하여 정당정치가 훼손되고 정치질서를 혼란스럽게 하기 때문에 이를 방지하기 위하여 의원직을 상실케 해야 한다고 하기도 한다.

(b) 자격비상실설

자격비상실설은 헌법은 명령적 위임을 배제하는 대의원리를 채택하고 있기 때문에 정당 투표에 기초한 비례대표의 방법으로 국회의원의 의석을 배분하여도 국회의원은 전체 국민의 대표자일 뿐 정당의 대표자가 아니기 때문에 의원직을 상실하지 않는다고 본다.

(c) 사 견

헌법은 명령적 위임을 구체화하는 정당기속이나 교섭단체강제를 인정하지 않을 뿐 아니라, 비례대표의 방식은 명령적 위임을 실현하는 정당투표가 아니라 후보자 선정을 정당으로 하여금 하게 하고 국민이 그 후보자 중에서 국회의원에 적합한 인물을 결정하는 방식이고, 「대의제국가-전체 국민의 대표-명령적 위임의 배제」라는 기본축에서 고안된 선거제도이므로 비례대표국회의원이 비례대표의 방식에 의해 의석을 가진다고 하더라도 당적의 이탈이나 변경으로 인하여 국회의원직을 상실하지 않는다고 본다(정종섭a, 228; 김철수b, 1571).

따라서 공직선거법 제192조 제4항에서 비례대표국회의원이 소속정당의 합당 · 해산 또는 제명 외의 사유로 당적을 이탈 · 변경한 때에 퇴직된다고 정하고 있는 내용은 헌법에 위반된다고 할 것이다(정종섭 a, 241).

(2) 판 례

헌법재판소의 판례는 기본적으로 자격비상실설을 따르되, 별도의 법률규정이 있는 경우에는 비례대표국회의원은 그를 공천한 정당을 탈당하면 국회의원직을 상실할 수 있다는 입장을 보이고 있다. 자격비상실설을 취하는 이상 이러한 판례의 견해에는 논리일관성이 없어 동의하기 어렵다(정종섭 a, 233).

[憲 1994.4.28.-92헌마153] 「국회의원의 법적인 지위 특히 전국구의원이 그를 공천한 정당을 탈당한 때 국회의원직을 상실하는 여부는 그 나라의 헌법과 국회의원선거법 등의 법규정, 즉 법제에 의하여 결정되는 문제이다. 즉 국회의원의 법적 지위 특히 전국구의원이 그를 공천한 정당을 탈당할 때 의원직을 상실하는 여부는 그 나라의 헌법과 법률이 국회의원을 이른바 자유위임(또는 무기속위임)하에 두었는가, 명령적 위임(또는 기속위임)하에 두었는가, 양 제도를 병존하게 하였는가에 달려 있다. 역사적으로는 유럽의 중세기 등족회의에서의 의원은 특정사회층의 이익이나, 특정지역의 이익을 대표하였던 까닭에 의회에서의 행동에 대하여 각각 선거민에 대하여 책임을 지는 명령적 위임(또는 기속 위임)이었으나, 1791년 프랑스헌법에서 "의원은 전 국민의 대표자이고, 특정지역의 대표자가 아니며, 의원에 대하여 위임을 부여할 수 없다"고 규정한 것을 위시하여 오늘날 독일 · 영국 · 프랑스 · 일본 등 자유민주주의국가에서는 거의가 헌법에 국회의원을 전 국민의 대표자라고 규정하여 자유위임하에 두는 제도를 채택하고 있다. 자유위임제도를 명문으로 채택하고 있는 헌법하에서는 국회의원은 선거모체인 선거구의 선거인이나 정당의 지령에도 법적으로 구속되지 아니하며, 정당의 이익보다 국가의 이익을 우선한 양심에 따라 그 직무를 집행하여야 하며, 국회의원의 정통성은 정당과 독립된 정통성이다. 이런 자유위임하의 국회의원의 지위는 그 의원직을 얻은 방법 즉 전국구로 얻었는가, 지역구로 얻었는가에 의하여 차이가 없으며, 전국구의원도 그를 공천한 정당을 탈당하였다고 하여도 별도의 법률규정이 있는 경우는 별론으로 하고 당연히 국회의원직을 상실하지는 않는다는 것이다.」

[493] 제9 소속정당의 해산

헌법재판소의 정당해산심판으로 정당이 해산된 경우에 해당 정당에 소속한 국회의원의 자격은 상실하는가 하는 문제가 있다. 1962년헌법 제38조는 「의원이 임기중……소속정당이 해산된 때에는 그 자격을 상실한다」라고 정하고 있었으나, 1969년헌법에서는 이를 폐지하였고 그 이후 이러한 조항은 헌법에서 사라졌다(다만, 1994년 공선법 §192④은 이러한 경우 소속정당이 해산된 때에는 퇴직된다고 정하고 있었다).

현행 헌법에는 1962년헌법에서와 같은 조항은 없으나, 이에 관하여 이론상 자격상실설과 자격비상실설이 대립하고 있다. 정당해산심판이 가지는 헌법보호의 기능에 비추어 볼 때, 정당해산심판으로 정당이 해산된 경우에는 소속 비례대표국회의원이든 지역구국회의원이든 국회의원의 자격은 상실된다고 하는 것이 타당하다([622] II (2)). 헌법재판소는 통합진보당 해산결정에서, 헌법재판소의 해산결정으로 해산되는 정당 소속 국회의원의 의원직 상실은 정당해산심판 제도의 본질로부터 인정되는 기본적 효력으로 봄이 상당하므로, 이에 관하여 명문의 규정이 있는지 여부는 고려의 대상이 되지 아니하고, 그 국회의원이 지역구에서 당선되었는지, 비례대표로 당선되었는지에 따라 아무런 차이가 없이, 정당해산결정으로 인하여 신분유지의 헌법적인 정당성을 잃으므로 그 의원직은 상실되어야 한다고 하였다(憲 2014. 12. 19.-2013헌다1).

제 7 절 국회의 조직

1. 의장과 부의장

[494] 제1 지 위

국회는 국회의장 1인과 부의장 2인을 선출한다(헌법 §48).

국회의장은 국회를 대표하고(국회대표자의 지위), 의사를 정리하며(의사정리자=의사지휘권자의 지위), 질서를 유지하고(국회질서유지권자의 지위), 사무를 감독하는(국회사무감독자의 지위) 지위에 있다(국회법 §10).

국회의장은 국회의 수장으로서 국회를 대표하는 지위에 있기 위해서는 당파적이고 정파적인 이해관계를 넘어 중립적이고 공평무사하게 권한을 행사하여야 하는데, 이를 보장하기 위하여 국회법은 국회의장으로 당선된 다음날부터 그 직에 있는 동안 국회의장의 당적보유를 금지하고, 국회의장이 국회의원총선거에 입후보하고자 하는 경우와 임기를 만료한 경우에만 당적을 보유할 수 있게 하고 있다(동법 §20의2①). 비례대표국회의원이 국회의장으로 선출되어 당적을 이탈한 경우에는 그 밖의 비례대표국회의원과 달리 퇴직되지 않고 의원직을 유지한다(공선법 §192④단서).

부의장은 의장직무를 대리하거나 대행하는 지위에 있고(국회법 §12), 전원위원회의 위원장을 맡는 지위에 있다(동법 §63의2③). 이러한 업무 이외에 부의장은 국회의장과의 관계에서 국회의장을 보좌하거나 국회의장의 지시에 따르는 복종관계에 있지 않다.

《국회의사당》

국회가 활동하는 공간을 국회의사당이라고 한다. 국회의사당은 대한민국 건국 이후 서울에 소재해왔는데, 「세종특별자치시 설치 등에 관한 특별법」에 따른 세종특별자치시에도 국회 분원으로 의사당을 두고 있다. 국회세종의사당의 설치와 운영, 그 밖에 필요한 사항은 국회규칙으로 정한다(국회법 §22의4).

[495] 제2 선출과 임기

I. 선 출

국회의장과 부의장을 선출하는 권한은 국회의 자율에 속하는 것으로 국회의 권한이다. 이러한 선출은 구체적으로 국회의원의 투표권의 행사로 실행된다. 국회의장과 부의장을 선출하는 것을 침해하는 행위는 국회의 선출권을 침해하는 것이 되며, 이러한 침해행위가 국회의원의 투표권을 침해하는 경우에는 국회의원의 투표권도 침해하는 것이 된다.

국회의원총선거 후 최초의 임시회집회공고는 사무총장이 국회의장의 직무를 대행하여 행하고(국회법 §14), 개원국회의 국회의장직무는 최다선의원이 대행하며, 최다선의원이 2인 이상인 경우에는 그 중 연장자가 이를 대행한다(동법 §18).

II. 임 기

국회의장과 부의장의 임기는 2년이다. 다만, 국회의원총선거 후 처음 선출된 의장과 부의장의 임기는 그 선출된 날부터 개시하여 의원의 임기개시 후 2년이 되는 날까지로 한다(국회법 §9①). 보궐선거에 의하여 당선된 의장 또는 부의장의 임기는 전임자의 잔임기간으로 한다(동조 ②).

[496] 제3 권 한

국회의장의 지위를 보장하기 위하여 그에 필요한 권한이 광범하게 부여되어 있다. 이에 관한 구체적인 것은 국회법에서 정하고 있다. 이것 이외에도 국회의장은 의정활동이나 국회운영과 관련하여 광범한 권한을 부여받고 있는데, 위원회에의 출석·발언(동법 §11), 겸직의원의 겸직해당 통보(동법 §29 ④, ⑥), 국회의원의 청가허가(국회법 §32①), 폐회 중의 의원의 사직허가(동법 §135①), 폐회 중의 위원장의 사임허가(동법 §41 ⑤, §47③)에 관한 권한이 그러한 것들이다.

부의장은 위에서 본 바와 같이, 의장직무의 대리와 대행에 관한 권한을 가진다. 전원위원회의 위원장이 되면, 그 위원장으로서의 권한을 가진다.

2. 위 원 회

[497] 제1 위원회제도

Ⅰ. 제도적 의의

국회의 위원회(委員會)는 소수의 의원으로 이루어진 합의제기관으로서, 국회 본회의(本會議)에서 의안심의를 하기 전에 의안을 예비적으로 검토하여 본회의의 의안심의를 원활하게 한다.

현대 국가의 기능 확대와 더불어 의회가 결정해야 할 안건은 날로 다양화되고 전문화되고 있어 모든 안건을 처음부터 본회의에서 처리하는 방식은 토론과 심의가 실질적으로 이루어지기 어렵게 만들어 민주주의를 형해화시킬 가능성이 높고 국정운영에서 비효율적일 뿐만 아니라 현실적으로도 거의 불가능하게 되었다. 따라서 당해 안건에 대한 전문지식을 가진 소수의 의원들로 구성된 위원회로 하여금 그 안건을 처리하기 전에 이에 대하여 심사·검토하게 하고, 판단자료를 본회의에 제출하게 함으로써 본회의의 의안처리의 효율성 제고를 꾀하게 되었는데, 이를 위원회제도라고 하고, 의회가 이러한 상임위원회를 중심으로 운영되는 시스템을 상임위원회중심주의라고 한다.

오늘날 위원회제도가 활성화되어 위원회가 실질적으로 국회의 기능을 대신하는 현상이 발생하였는데, 위원회를 소국회라고 부르는 것도 이러한 이유 때문이다. 국회법은 국회가 위원회를 중심으로 하여 운영되는 위원회중심주의에 입각하고 있다(예: 憲 2000. 2. 24.-99헌라1; 2003. 10. 30.-2002헌라1).

[憲 2003.10.30.-2002헌라1] 「상임위원회(Standing Committee)를 포함한 위원회는 의원 가운데서 소수의 위원을 선임하여 구성되는 국회의 내부기관인 동시에 본회의의 심의 전에 회부된 안건을 심사하거나 그 소관에 속하는 의안을 입안하는 국회의 합의제기관

이다. 위원회의 역할은 국회의 예비적 심사기관으로서 회부된 안건을 심사하고 그 결과를 본회의에 보고하여 본회의의 판단자료를 제공하는 데 있다. 우리나라 국회의 법률안 심의는 본회의 중심주의가 아닌 소관 상임위원회 중심으로 이루어진다. 소관 상임위원회에서 심사·의결된 내용을 본회의에서는 거의 그대로 통과시키는 이른바 "위원회 중심주의"를 채택하고 있는 것이다. 오늘날 의회의 기능에는 국민대표기능, 입법기능, 정부감독기능, 재정에 관한 기능 등이 포함된다. 의회가 이러한 본연의 기능을 수행함에 있어서는 국민대표로 구성된 의원 전원에 의하여 운영되는 것이 이상적일 것이나, 의원 전원이 장기간의 회기 동안 고도의 기술적이고 복잡다양한 내용의 방대한 안건을 다루기에는 능력과 시간상의 제약이 따른다. 이러한 한계를 극복하기 위한 방안으로 위원회제도가 창설된 것이다. 그리하여 상임위원회의 구성과 활동은 의회의 업적과 성패를 실질적으로 결정짓는 변수가 되고 있다고 평가되고 있다.」

II. 장점과 단점

(1) 장 점

위원회제도의 장점으로는 i) 의안 처리의 전문성을 제고시키고, ii) 방대한 안건을 효율적으로 처리할 수 있게 하며, iii) 결과적으로 의회의 기능을 강화하여 의회주의의 정상화에 기여한다는 점을 들 수 있다.

(2) 단 점

위원회제도는 다른 한편으로 운영되는 과정에서 많은 문제점을 노정하였는바, i) 위원회와 소관 행정관청이 지나치게 유착하는 현상이 발생하여 국회의 대정부 통제기능을 약화시킬 우려가 있고, ii) 위원회를 구성하는 의원들은 관장사항에 대하여 이해관계가 있음에도 전문성을 들어 해당 사안을 처리하는 경우에는 이해관계의 충돌(conflict of interest) 현상이 발생하여 의안 처리의 공정성(→ 국가정책의 공정성)이 문제될 수 있으며, iii) 위원회가 자기 분야만의 이익을 고집하여 다른 분야의 위원회와 충돌이 발생할 가능성도 있고, iv) 위원회에서는 당리당략적인 의사방해가 발생할 개연성이 높아 오히려 효율성을 저해할 수도 있으며, v) 본회의를 형식적으로 만들어 의회의 기능을 약화시키고 민주주의를 형해화시킬 우려도 있다.

III. 본회의와 위원회

위원회는 본회의의 심의에 앞서 안건을 심사하고 검토한다. 국회는 어디까지나 본회의에서 최종결정을 하는데, 위원회는 이러한 본회의 결정에 이르기까지 절차에서의 민주성, 합리성, 공정성과 내용에서의 전문성을 확보하는 역할을 한다.

따라서 위원회는 어디까지나 본회의의 기능을 강화하고 합리적으로 하는 것에서 그 존재이유가 있기 때문에 위원회의 권한을 강화하여 본회의를 형해화하는 것은 타당하지 않다. 이런 점에서 의회주의에서는 여전히 본회의가 주가 되고, 위원회는 이를 뒷받침하는 역할을 한다.

위원회 가운데는 본회의와 혼동하기 쉬운 전원위원회(全院委員會 committee of the whole)가 있는데, 그 구성원에서는 본회의와 전원위원회가 일치하지만, 그 역할에서 전원위원회는 어디까지나 위원회의 기능을 수행하며 본회의의 기능을 대체하는 것이 아니다.

《전원위원회》

1. 개 념 전원위원회란 국회의원 전원으로 구성되는 위원회이다(국회법 §63의2①). 본회의도 국회의원 전원으로 구성되지만, 그 기능과 권한에서 위원회에 해당한다는 점에서 구별된다. 우리나라에서는 제1대 국회에서 제5대 국회 초반까지 이 제도를 두었다가 그 이후 폐지하였다(1960. 9. 19). 2000년 2월 16일의 국회법 개정에서 이를 다시 부활시켰다.

2. 기 능 전원위원회는 의안심사를 심도있게 하고, 안건심사에 탄력성을 확보하여 본회의에서의 의안심사가 형식적이고 졸속으로 처리될 수 있는 취약점을 보완하고, 국회의원 전원이 의안을 심사한다는 점에서 위원회제도의 약점도 보완하는 기능을 가지고 있다.

3. 구 성 전원위원회는 의원 전원으로 구성된다. 전원위원회에는 위원장 1인을 두되 국회의장이 지명하는 국회부의장으로 한다. 전원위원회는 국회의장이 위원장을 지명한 때 구성된 것으로 본다(전원위운영규칙 §3).

4. 개 회 전원위원회는 국회 재적의원 4분의 1 이상의 요구가 있고, 재적위원 5분의 1 이상의 출석이 있는 경우에 한하여 개회할 수 있다. 다만, 국회의장은 각 교섭단체 대표의원의 동의를 얻어 전원위원회를 개회하지 아니할 수 있다(동조 ①,④).

5. 권 한 위원회의 심사를 거치거나 위원회가 제안한 의안 가운데, 정부조직에 관한 법률안, 조세 또는 국민에게 부담을 주는 법률안 등 주요의안을 심사하는 권한을 가진다(동조 ①). 위원회의 심사를 거치지 않거나 본회의에 바로 상정되는 의안은 전원위원회의 심사대상이 되지 못한다.

6. 의결정족수 전원위원회는 재적위원 4분의 1 이상의 출석과 출석위원 과반수의 찬성으로 의결한다(동조 ④).

[498] 제2 위원회의 종류

국회의 위원회는 상임위원회와 특별위원회의 2종으로 한다(국회법 §35, §44).

Ⅰ. 상임위원회

상임위원회는 일정한 소관사항에 속하는 직무를 수행하게 하기 위하여 상설로 설치된 위원회를 말한다.

(1) 종 류

국회법 제37조 제1항에서는 상임위원회의 종류로 국회운영위원회, 법제사법위원회, 정무위원회, 기획재정위원회, 과학기술정보방송통신위원회, 교육문화체육관광위원회, 외교통일위원회, 국방위원회, 행정안전위원회, 농림축산식품해양수산위원회, 산업통상자원중소벤처기업위원회, 보건복지위원회, 환경노동위원회, 국토교통위원회, 정보위원회, 여성가족위원회의 16개 위원회를 두고, 그 소관사항에 대하여 규정하고 있다. 어느 상임위원회에도 속하지 아니하는 사항에 대해서는 국회의장이 국회운영위원회와 협의하여 소관 상임위원회를 정한다(동조 ②).

(2) 구 성

상임위원회의 위원정수는 국회규칙으로 정하되, 다만, 정보위원회의 위원정수는 국회법에서 12인으로 정하고 있다(국회법 §38). 의원은 둘 이상의 상임위원이 될 수 있고(동조 §39①), 각 교섭단체의 대표의원은 국회운영위원회의 위원이 되며(동조 ②), 의장은 상임위원이 될 수 없다(동조 ③). 국무총리 · 국무위원 · 국무조정실장 · 처의 장, 행정각부의 차관 기타 국가공무원의 직을 겸한 의원은 상임위원을 사임할 수 있다(동조 ④). 상임위원은 교섭단체소속의 원수의 비율에 의하여 각 교섭단체대표의원의 요청으로 의장이 선임 및 개선한다(동법 §48①). 어느 교섭단체에도 속하지 아니하는 의원의 상임위원선임은 의장이 이를 행한다(동조 ②).

상임위원의 임기는 2년이다(동법 §40①). 상임위원회에는 위원장 1인을 두는데(동법 §41①), 상임위원장은 당해 상임위원 중에서 임시의장선거의 예(재적의원 과반수 출석, 출석의원 다수의 득표)에 준하여 본회의에서 선거한다(동조 ②). 위원회에 각 교섭단체별로 간사 1인을 두는데, 간사는 위원회에서 호선한다(동법 §50 ①,②).

(3) 업 무

상임위원회는 그 소관에 속하는 의안과 청원 등의 심사 기타 법률에서 정하는 직무를 행한다(국회법 §36). 위원회는 그 소관에 속하는 사항에 관하여 법률안 기타 의안을 제출할 수 있다(동법 §51①).

II. 특별위원회

특별위원회는 특별히 필요한 경우 본회의의 의결로 설치하거나 국회법에서 별도로 설치할 것을 규정하고 있는 위원회를 말한다. 특별위원회는 원칙적으로 일시적으로 설치되는 것이나, 국회법이 규정한 특별위원회 중에는 상설인 것도 있다(예산결산특별위원회, 윤리특별위원회).

(1) 종 류

특별위원회에는 국회 본회의의 의결로 설치되는 특별위원회(국회법 §44)와 국회법에서 명시적으로 설치할 것을 규정하고 있는 특별위원회(동법 §45-§46의3)가 있다. 후자의 특별위원회에는 예산결산특별위원회(동법 §45), 윤리특별위원회(동법 §46), 인사청문특별위원회(동법 §46의3)가 있다.

특별위원회는 활동기한을 정하여 구성되나(동법 §44 ②,③), 예산결산특별위원회, 윤리특별위원회에서는 동 규정의 적용을 배제하여(동법 §45 ⑤, §46④) 상설로 운영된다.

(2) 구 성

특별위원회의 위원은 의장이 상임위원회의 규정(동법 §48 ①,②)에 따라 상임위원 중에서 선임한다(동조 ④). 특별위원회에 위원장 1인을 두는데, 위원장은 위원회에서 호선한다(동법 §47).

예산결산특별위원회는 50인의 위원으로 구성되는데, 그 선임은 교섭단체소속 의원수의 비율과 상임위원회의 위원수의 비율에 의하여 각 교섭단체대표의원의 요청으로 의장이 행하며(동법 §45②), 위원의 임기는 1년으로 하고(동조 ③), 위원장은 예산결산특별위원회의 위원 중에서 임시의장선거의 예에 준하여 본회의에서 선거한다(동조 ④).

윤리특별위원회는 구성에 관하여 필요한 사항을 국회규칙으로 정하도록 하고 있고(동법 §46⑥), 윤리특별위원회의 위원의 임기, 위원장의 임기, 위원장의 선거에 대하여는 상임위원회의 규정을 준용하도록 하고 있으므로(동조 ⑤), 위원 및 위원장의 임기는 2년이고, 위원장은 윤리특별위원회의 위원 중에서 임시의장선거의 예에 준하여 본회의에서 선거한다. 「윤리특별위원회 구성 등에 관한 규칙」 제2조에 의하면 동 위원회는 위원장 1인을 포함한 15인의 위원으로 구성되며(동조 ①), 위원장을 제외한 위원의 2분의 1은 제1교섭단체 소속의 의원으로 하고, 잔여 2분의 1은 제1교섭단체를 제외한 교섭단체소속의원수의 비율에 의하여 구성한다. 다만 어느 교섭단체에도 속하지 아니하는 의원의 위원수에 대하여는 의장이 제1교섭단체를 제외한 교섭단체대표의원과 협의하여 정한다(동조 ②).

윤리특별위원회는 의원의 징계에 관한 사항을 심사하기 전에 윤리심사자문위원회의 의견을 청취하여야 한다. 이 경우 윤리특별위원회는 윤리심사자문위원회의 의견을 존중하여야 한다(국회법 §46③).

국회에 두는 윤리심사자문위원회는 의원의 겸직, 영리업무 종사와 관련된 의장의 자문, 의원 징계에 관한 윤리특별위원회의 자문, 의원의 이해충돌 방지에 관한 사항에 관한 사무를 수행한다(동법 §46조의2 ①). 윤리심사자문위원회는 위원장 1명을 포함한 8명의 자문위원으로 구성하며, 자문위원은 각 교섭단체 대표의원의 추천에 따라 의장이 위촉한다(동조 ②). 자문위원의 임기는 2년으로 한다(동조 ③). 각 교섭단체 대표의원이 추천하는 자문위원 수는 교섭단체 소속 의원 수의 비율에 따른다. 이 경우 소속 의원 수가 가장 많은 교섭단체 대표의원이 추천하는 자문위원 수는 그 밖의 교섭단체 대표의원이 추천하는 자문위원 수와 같아야 한다(동조 ④). 윤리심사자문위원회 위원장은 자문위원 중에서 호선하되, 위원장이 선출될 때까지는 자문위원 중 연장자가 위원장의 직무를 대행한다(동조 ⑤) 의원은 윤리심사자문위원회의 자문위원이 될 수 없다(동조 ⑥). 자문위원은 「형법」의 뇌물죄 규정을 적용할 때에는 공무원으로 본다(동조 ⑦). 자문위원은 제1항 각 호의 사무와 관련하여 직접적인 이해관계가 있거나 공정을 기할 수 없는 현저한 사유가 있는 경우에는 심사에 참여할 수 없다. 이 경우 윤리심사자문위원회는 그 의결로 해당 자문위원의 심사를 중지시킬 수 있다(동조 ⑨).

인사청문특별위원회의 구성에 대하여는 따로 법률을 두도록 정하고 있으며(동법 §46의3②), 이에 따라 제정된 인사청문회법(2000. 6. 23. 법률 제6271호, 일부개정 2014. 5. 28. 법률 제12677호)에 의하면, 동 위원회는 임명동의안 등이 국회에 제출된 때에 구성된 것으로 보며(동법 §3①), 위원정수는 13인으로 하고(동조 ②), 위원은 교섭단체 등의 의원수의 비율에 의하여 각 교섭단체대표의원의 요청으로 국회의장이 선임 및 개선한다(동조 ③).

(3) 업 무

국회가 수 개의 상임위원회 소관과 관련되거나 특히 필요하다고 인정한 안건을 효율적으로 심사하기 위하여 본회의의 의결로 특별위원회를 두므로(국회법 44①), 특별위원회는 그러한 안건을 심사한다. 국회법에서 따로 규정을 두고 있는 특별위원회의 업무에 대해서는 국회법에서 그 업무를 규정하고 있다. 예산결산특별위원회는 예산안 · 기금운용계획안 및 결산(세입세출결산 및 기금결산을 말한다)을 심사하고(동법 §45①), 윤리특별위원회는 의원의 자격심사 · 징계에 관한 사항을 심사하며(동법 §46①), 인사청문특별위원회는 헌법에 의하여 그 임명에 국회의 동의를 요하는 대법원장 · 헌법재판소장 · 국무총리 · 감사원장 및 대법관과 국회에서 선출하는 헌법재판소 재판관 및 중앙선거관리위원회 위원에 대한 임명동의안 또는 의장이 각 교섭단체대표의원과 협의하여 제출한 선출안 등을 심사한다(동법 §46의3 ①본문). 대통령당선인이 국무총리후보자에 대한 인사청문의 실시를 요청하는 경우 의장이 각 교섭단체대표의원과 협의하여 인사청문특별위원회를 두어 이를 심사한다(동항 단서).

[499] 제3 위원회의 운영

위원회는 본회의의 의결이 있거나 의장 또는 위원장이 필요하다고 인정할 때, 재적위원 4분의 1 이상의 요구가 있을 때에 개회한다(국회법 §52). 다만 상임위원회는 위와 같은 직무를 행하기 위하여 설치된 상설적인 기구이고, 국회법은 이를 보장하기 위하여 국회운영위원회를 제외한 상임위원회는 폐회 중 3월·5월의 세 번째 월요일부터 1주간(정보위원회는 3월·5월에 월 1회 이상) 정례적으로 개회(=정례회의)하도록 규정하고 있다(동법 §53①).

위원회는 재적위원 5분의 1 이상의 출석으로 개회하고, 재적위원 과반수의 출석과 출석위원 과반수의 찬성으로 의결한다(동법 §54). 국회운영위원회를 제외한 위원회는 본회의의 의결이 있거나 의장이 필요하다고 인정하여 각 교섭단체대표의원과 협의한 경우를 제외하고는 본회의 중에는 개회할 수 없다(동법 §56).

위원장은 위원회(소위원회는 제외한다) 회의가 종료되면 그 다음 날까지 소속 위원의 회의 출석 여부를 국회공보 또는 인터넷 홈페이지 등에 게재하는 방법으로 공개하여야 한다(동법 §49의3). 위원회는 소관 사항을 분담·심사하기 위하여 상설소위원회를 둘 수 있고, 필요한 경우 특정한 안건의 심사를 위하여 소위원회를 둘 수 있다. 이 경우 소위원회에 대하여 국회규칙으로 정하는 바에 따라 필요한 인원 및 예산 등을 지원할 수 있다(국회법 §57①) 상임위원회는 소관 법률안의 심사를 분담하는 둘 이상의 소위원회를 둘 수 있다(동조 ②). 소위원회의 위원장은 위원회에서 소위원회의 위원 중에서 선출하고 이를 본회의에 보고하며, 소위원회의 위원장이 사고가 있을 때에는 소위원회의 위원장이 소위원회의 위원 중에서 지정하는 위원이 그 직무를 대리한다(동조 ③). 소위원회의 활동은 위원회가 의결로 정하는 범위에 한한다(동조 ④). 예산결산특별위원회는 위의 소위원회 외에 심사를 위하여 필요한 경우에는 이를 여러 개의 분과위원회로 나눌 수 있다(동조 ⑨).

소관위원회는 다른 위원회와 협의하여 연석회의를 열고 의견을 교환할 수 있으나 표결은 할 수 없다(동법 §63①). 그리고 위원회, 소위원회는 공청회를 열 수도 있으며, 필요한 경우에 청문회도 개최한다(동법 §64①, §65①).

위원회는 안건의 심사를 마친 때에는 심사경과와 결과 기타 필요한 사항을 서면으로 의장에게 보고하여야 한다(동법 §66①). 이 보고서에는 소수의견의 요지 및 관련위원회의 의견요지를 기재하여야 한다(동조 ②).

3. 교섭단체

[500] 제1 개 설

I. 개 념

국회법에서 정하고 있는 교섭단체(交涉團體 Fraktion, negotiation group)라 함은 국회에 일정수 이상의 의석을 가지는 정당에 소속된 국회의원들로 구성되는 국회 내의 정파적 집단(parliamentary group, parliamentary party)을 말한다. 교섭단체는 통상 정당소속의 국회의원들로 구성되지만, 입법정책에 따라 정당에 소속되지 아니한 국회의원도 교섭단체를 구성하게 할 수 있다.

II. 연 혁

우리나라에서 교섭단체는 1949년 7월 29일에 개정된 국회법(1949. 7. 29. 법률 제38호)을 통하여 처음으로 도입되었다. 1948년 10월 2일에 제정된 국회법(1948. 10. 2. 법률 제5호)에서는 교섭단체를 인정하지 않았다.

[501] 제2 구성과 지위

I. 구 성

국회에 20인 이상의 소속의원을 가진 정당은 하나의 교섭단체가 된다. 그러나 다른 교섭단체에 속하지 아니하는 20인 이상의 의원으로 따로 교섭단체를 구성할 수도 있다(국회법 §33①). 따라서 20인 이상의 의석을 가진 정당은 국회법에 의하여 자동으로 하나의 교섭단체가 되고, 이러한 요건을 갖추지 못한 경우에는 따로 20인 이상의 국회의원이 모여 교섭단체를 구성할 수 있다(예: 20인 미만의 2개 이상의 정당으로 구성하는 경우, 20인미만의 1개 정당+무소속의원, 무소속의원만으로 구성하는 경우).

교섭단체가 된 정당에 소속한 국회의원은 다른 교섭단체를 형성할 수 없을 뿐 아니라, 임의로 교섭단체의 구성원이 되거나 안 되거나를 선택할 수도 없다.

이미 형성된 교섭단체라고 하더라도 도중에 20인 이상의 의석요건을 충족시키지 못하는 경우에는 20인 미만의 의석이 되는 때부터 교섭단체로서의 지위를 상실한다.

II. 지 위

(1) 국회운영상의 지위

교섭단체는 소속 국회의원들의 의사를 종합하고 조정하며, 다른 교섭단체와 의사소통을 통하여 국회를 원활하게 운영함에 있어서 중요한 지위를 가진다. 이러한 것은 의사일정이나 국회의 운영에 있어서 국회의장이나 위원장으로 하여금 교섭단체대표의원이나 교섭단체에서 추천한 간사와 협의하도록 하고 있는 데서도 나타난다.

(2) 헌법재판상의 지위

교섭단체는 권한쟁의심판에서 당사자의 지위를 가진다고 할 것이며, 제3자 소송담당자로서 국회의 권한을 침해하는 기관에 대하여 권한쟁의심판을 청구할 수 있다고 할 것이다. 교섭단체가 제3자 소송담당으로서 권한쟁의심판을 청구하는 경우에는 국회에서 다수의석을 점하고 있는 정당에 속하는가의 여부는 문제가 되지 않는다(정종섭 I, [210] II).

(3) 기타 정치활동상의 지위

정당정치가 행해지는 현대 의회정치에서 의정활동은 주로 교섭단체를 중심으로 행해진다. 원내로 진출한 정치세력 간에 대화, 교섭, 협상, 타협이 이루어지는 것은 주로 교섭단체에 의해 이루어진다. 이런 교섭단체는 의정활동에서 소속의원의 의사를 조정하고 통합하는 역할을 하지만, 이로 인하여 국회의원 개개인이 국민대표자로서 지니는 지위와 역할이 제한되어서는 안 된다.

[502] 제3 기능과 법적 성격

I. 기 능

교섭단체가 의회 내의 집단으로서 지위를 가지는 것은 대의제도하에서 정당이 활동하는 현대 정당정치적 의회제도의 특징을 보여 주고 있다. 복수정당제도가 인정되는 현대 민주정치에서 복수의 정당들은 상생하고 경쟁적인 관계를 유지하며, 소속 의원들과 긴밀한 의사소통을 하면서 의정활동에 개입하는데, 정당이 공식적으로 의정활동에 개입하는 대표적인 형태가 교섭단체이다.

이러한 교섭단체는 한편으로는 정당 간의 의사소통을 효율적이고 활발하게 하여 의정활동을 원활하게 만드는 면이 있으나, 정당 간에 갈등과 대립이 심각한 경우에는 국회의원이 가지는 국민대표자로서의 역할이 제약을 받거나 왜곡되는 면도 있다. 따라서 교섭단체와 국회의원 간에는 이를 지배하는 상위원리가 존재하지 않으면 안 되는데, 이러한 지배원리로서 대표적인 것이 대의민주주의의 원리이다. 교섭단체가 국회법에 의하여 인정된다고 하더라도 어떠한 경우에도 헌법상의 대의원리를 왜곡하거나 침해해서는 안 된다.

[憲 2003.10.30.-2002헌라1] 「교섭단체(Negotiation Group)는 원칙적으로 국회에 일정수 이상의 의석을 가진 정당에 소속된 의원들로 구성되는 원내의 정당 또는 정파를 말한다. 정당은 국민의 정치적 의사형성을 목적으로 하는 국민의 자발적 조직이다. 따라서 원내에 의석을 확보한 정당은 정당의 정강정책을 소속의원을 통하여 최대한 국정에 반영하고 소속의원으로 하여금 의정활동을 효율적으로 할 수 있도록 권고·통제할 필요가 있다. 법은 국회에 20인 이상의 소속의원을 가진 정당은 하나의 교섭단체가 되며, 국회 내 상임위원회의 구성은 교섭단체 소속의원수의 비율에 의하여 각 교섭단체대표의원의 요청으로 의장이 선임 및 개선한다고 규정하고 있어(제33조 제1항, 제48조 제1항), 국회운영에 있어 교섭단체의 역할을 제도적으로 보장하고 있다. 교섭단체는 정당국가에서 의원의 정

당기속을 강화하는 하나의 수단으로 기능할 뿐만 아니라 정당소속 의원들의 원내 행동 통일을 기함으로써 정당의 정책을 의안심의에서 최대한으로 반영하기 위한 기능도 갖는다.」

II. 법적 성격

교섭단체는 국회의원들로 구성된 권리능력이 있는 단체(rechtsfähige Vereinigung)이다. 이는 소송에서 소송주체가 될 수 있는 당사자능력을 가진다.

이러한 교섭단체는 이중적인 법적 성격을 지니고 있다. 한편으로는 「국회의 조직」으로서의 성격을 지니고 있고, 다른 한편으로는 「독자적인 단체」로서의 성격을 지니고 있다. 교섭단체는 대외적으로 공권력을 행사하지 않기 때문에 그 활동은 공행정에 속하지 않는다. 교섭단체의 법적 성격은 사법상의 사단(社團)으로서의 성격을 가진다. 따라서 교섭단체에 소속된 직원은 근로계약의 관계에 있고, 교섭단체가 행한 법률행위는 사법상의 법률행위로서 효력을 가진다.

[503] 제4 교섭단체대표의원

I. 선 출

교섭단체대표의원은 해당 교섭단체를 대표하는 지위에 있는 국회의원을 말한다. 이러한 대표의원은 해당 정당이 정하는 규정에 따라 자율적으로 선출된다.

II. 권한과 의무

(1) 권 한

(a) 국회법상의 권한

교섭단체대표의원은 소속 정당의 의사와 입장을 국회에 반영하고 국회의 원활한 운영을 위하여 국회법에서 많은 권한을 부여받고 있다. 국회법은 국회의장의 권한에 속하는 대부분의 사항을 교섭단체대표의원과 협의하도록 하고, 교섭단체대표의원이 국회운영위원회 및 정보위원회의 위원이 되도록 규정하고 있다(국회법 §39②, §48③단서).

교섭단체대표의원회의에서는 국회 운영에 대한 각 정당의 의견을 조율하여 국회 운영의 효율성을 제고한다.

[憲 2003.10.30.-2002헌라1] 「앞에서 본 교섭단체의 역할에 비추어 볼 때, 국회의장이 국회의 의사(議事)를 원활히 운영하기 위하여 상임위원회의 구성원인 위원의 선임 및 개선에 있어 교섭단체대표의원과 협의하고 그의 "요청"에 응하는 것은 국회운영에 있어 본질적인 요소라고 아니할 수 없다. 따라서 교섭단체대표의원의 "요청"이 헌법 또는 법

률에 명백히 위반되는 것이 아닌 한, 교섭단체대표의원이 상임위원의 개선에 있어 청구인의 주장대로 "당해 위원이 위원회의 구성원으로서의 지위를 계속 유지하기에 적합하지 않다고 판단될 만한 불법 또는 부당한 사유를 가지고 있는 경우에" 한하여 그의 개선을 요청할 수 있다고 볼 것은 아니다. 교섭단체대표의원의 상임위원 개선 "요청"이 헌법 또는 법률에 위반되는 것이 아닌 한 국회의장이 이에 따르는 것은 정당국가에서 차지하는 교섭단체의 의의와 기능을 고려할 때 입법취지에도 부합하는 것이다.」

(b) 당헌상의 권한

각 정당은 원내활동에 대한 의사결정기관으로 의원총회를 두고 있는데, 의원총회의 소집권한 및 그 회의를 주재하는 권한을 교섭단체대표의원이 갖는다. 그리고 당의 주요 대책을 협의·조정하기 위하여 의원총회의 수임기관으로 당헌(黨憲)상 원내대책위원회를 두는 것이 일반적인데, 그 위원장은 교섭단체대표의원이 겸한다.

(2) 의 무

교섭단체대표의원은 국회법이 정하는 의무를 진다. 교섭단체의 대표의원은 그 단체의 소속의원이 연서(連署)·날인(捺印)한 명부를 국회의장에게 제출하여야 하며, 그 소속의원에 이동이 있거나 소속정당의 변경이 있을 때에는 그 사실을 지체 없이 국회의장에게 보고하여야 한다. 다만, 특별한 사유가 있을 때에는 당해 국회의원이 관계서류를 첨부하여 이를 보고할 수 있다(국회법 §33②).

4. 국회의 보조기구

[504] 제1 국회사무처

I. 의 의

국회사무처는 국회의 입법·예산결산심사 등의 활동을 지원하고 행정사무를 처리하기 위하여 국회에 설치된 국회의 조직이다(국회법 §21①). 국회사무처에 관하여 필요한 사항은 국회사무처법에서 정하고 있다.

II. 직 무

국회사무처는 의장의 지휘·감독을 받아 국회 및 국회의원의 입법활동과 국회의 행정업무에 관련된 사무를 처리하는데(국사처법 §2), 그 사무로는 i) 법률안, 청원 등의 접수·처리, ii) 국회의 법안심사, 예산결산심사, 국정감사 및 조사, 국가정책평가 등의 지원,

iii) 국회의 본회의 및 위원회회의에 관한 지원, iv) 국회의원의 의정활동지원, v) 국회의 의사중계방송 및 홍보, vi) 국회의 의원외교활동지원, vii) 국회소속공무원에 대한 교육훈련과 의회제도 및 운영에 관한 연수, viii) 국회의 청사관리 · 경비 및 후생, ix) 국회의 직장민방위대 및 직장예비군의 편성 · 운영과 비상대비업무, x) 국가공무원법 · 국가재정법 · 국유재산법 기타 다른 법령의 규정에 의하여 사무처 또는 사무총장의 권한에 속하는 사항, xi) 감사업무 기타 의장이 필요하다고 인정하여 지정하는 사항 등이 있다.

Ⅲ. 조 직

국회사무처는 국회사무총장(국회법 §21②), 입법차장, 사무차장(국사법 §3, §5①), 의장비서실장(동법 §6①) 기타 보조기관 등으로 구성된다.

[505] 제2 국회예산정책처

Ⅰ. 의 의

국회예산정책처는 국가의 예산결산 · 기금 및 재정운용과 관련된 사항에 관하여 연구분석 · 평가하고 의정활동을 지원하는 국회의 조직이다(국회법 §22의2). 국회예산정책처의 설치에 관하여 필요한 사항을 정하기 위하여 국회예산정책처법이 제정되었다. 국회예산정책처는 국회의장 소속하에 있지만, 그 직무에 관하여는 독립성이 존중되어야 한다(동법 §2②).

Ⅱ. 직 무

국회예산정책처는 국가의 예산결산 · 기금 및 재정운용과 관련되어 i) 예산안 · 결산 · 기금운용계획안 및 기금결산에 대한 연구 및 분석, ii) 예산 또는 기금상의 조치가 수반되는 법률안 등 의안에 대한 소요비용의 추계, iii) 국가재정운용 및 거시경제동향의 분석 및 전망, iv) 국가의 주요사업에 대한 분석 · 평가 및 중 · 장기 재정소요 분석, v) 국회의 위원회 또는 국회의원이 요구하는 사항의 조사 및 분석 등의 직무를 수행한다(국회예산처법 §3).

Ⅲ. 조 직

국회예산정책처는 국회예산정책처장(국회법 §22의2②), 기타 보조기관(국예처법 §7)으로 구성된다.

[506] 제3 국회입법조사처

Ⅰ. 의 의

국회입법조사처는 입법 및 정책과 관련된 사항을 조사 · 연구하고 관련 정보 및 자료를 제공하는 등 입법정보서비스와 관련된 의정활동을 지원하는 국회의 보조기구이다(국회법 §22의3①). 국회입법조사처는 국회의장 소속하에 있지만, 그 직무에 관하여는 독립성이 존중되어야 한다(국회입법조사처법 §2). 국회의원의 입법 및 정책과 관련된 활동을 지원하는 인력으로는 각 국회의원실에 소속된 보조인원도 있지만, 국회입법조사처의 전문적이고 제도적인 보조·지원은 의정활동에서 중요한 의미를 가진다. 이러한 보조기구의 체계적인 활동과 전문성의 강화는 입법 및 국가정책과 관련한 의정활동의 수월성을 높이는데 큰 역할을 한다.

Ⅱ. 직 무

국회입법조사처는 입법 및 정책과 관련하여 i) 국회의 위원회 또는 국회의원이 요구하는 사항의 조사·분석 및 회답, ii) 입법 및 정책 관련 조사·연구 및 정보의 제공, iii) 입법 및 정책 관련 자료의 수집·관리 및 보급, iv) 국회의원 연구단체에 대한 정보의 제공, v) 외국의 입법동향의 분석 및 정보의 제공 등의 사무를 처리한다(국회입법조사처법 §3).

Ⅲ. 조 직

국회입법조사처에는 처장 1인과 필요한 공무원을 둔다. 처장은 국회의장이 국회운영위원회의 동의를 얻어 임면한다(국회법 §22의3②,③).

[507] 제4 국회도서관

국회도서관은 국회의 입법활동을 지원하기 위하여 도서 기타 입법자료에 관한 봉사업무를 수행하는 국회의 조직이다(동법 §22). 국회도서관의 설치에 대하여 필요한 사항은 국회도서관법이 정한다.

제2장 대통령과 행정부

제1절 대 통 령

1. 대통령의 헌법상의 지위

[508] 제1 헌법상의 지위

헌법은 대통령제정부를 채택하여 대통령(大統領 president)을 두고 그에게 헌법상의 기능에 합당한 지위를 부여하고 있다. 헌법은 국가권력을 입법권, 집행권, 사법권, 헌법재판권으로 나누어 권력분립을 실현하고 있는데, 집행권(광의의 행정권 executive power)에 대통령의 권한과 행정부의 권한(협의의 행정권)을 포함시키고 있다. 국가권력 가운데 집행권을 보유·행사하는 대통령의 지위는 성질상의 지위와 직무상의 지위로 나누어지며, 헌법은 이런 지위에 적합한 권한과 의무를 부여하고 있다.

대통령이라는 말은 미합중국의 헌법에서 비롯하는 president를 의미한다. 미합중국에서 president라는 용어는 1774년 9월 필라델피아(Philadelphia)에서 열린 제1차 대륙회의(the First Continental Congress)에서 그 회의를 주재하고 진행하기(preside) 위해 선출한 회의의 leader를 의미하는 말로 사용된 것에 그 기원을 두고 있다(정부기구로서 congress라는 용어를 사용한 것도 이 때가 처음이다). 이 때 아메리카 대륙의 각 state는 영국의 王(king)과 같은 지위에서 강력한 권력을 행사하는 1인 우월적 지위를 혐오하였기 때문에 식민지 대륙의 각 state에 지배력이나 영향력을 미치는 권력자라는 의미를 대신하여, 전체 식민지인을 대변할 대륙회의에서 단순히 회의를 진행하는 회의의 주재자로서의 지위만을 의미하는 president라는 용어를 사용하였다. 원래 이런 약한 지위를 의미했던 president는 그 후 미합중국의 역사에서 점차 강한 지위를 확보하여 오늘날에 이르고 있다. 동양에서 서양개념의 번역은 주로 1800년대 중반부터 이루어지는데, 미합중국의 president를 「大統領」이라고 번역한 것은 1854년 美日和親條約에서 처음 등장한다. 이미 1844년 淸나라에서는 미합중국의 president라는 말을 音譯에 의미를 부가하여 「(大)伯理璽天德」이라고 번역하여 사용하였고, 우리나라도 1882년 강화도조약에서 시작하여 1901년까지 왕래한 조선과 미국의 공식문건에는 president를 지칭할 때 伯理璽天德이라는 번역어를 사용했다. 일본국에서 서양의 법률용어를 한자어로 많이 번역한 箕作麟祥이 1873년에 출간한 「佛蘭西憲法」에는 프랑스의 1852년헌법을 번역하면서 大統領이라는 말을 사용하였는데, 대통령이라는 한자어는 주로 일본국에서 사용되었다. 1881년 紳士遊覽團의 일원으로 일본국을 방문했던 李憲寧의 「日集略」에서 일본국 신문에 사용된 米國大統領이라는 말을 기록한 것이 있고, 1883년 高宗이 미합중국을 방문한 洪英植과 문답하며 大統領이라는 말을 사용한 적이 있다. 미합중국은 1885년 고종에게 보낸 國書부터 외교문서에 大統領이라는 한자어를 사용했다. 1895년에 간행된 兪吉濬의 「西遊見聞」에는 국민이 나라를 다스리는 「合衆正體」에는 임금 대신 대통령이 있다고 하여 大統領이라는 말을 사용했다. 이와 달리 중국에서는 근대화 과정중 辛亥革命이 발생한 1911년에 제정된 「中華民國臨時政府之組織大綱」에서 미합중국의 president를 수용하여 大總統으로 번역하고 vice-president를 副總統으로 번역하면서 이후 (大)總統이라는 용어로 굳어졌다. 현재 타이완의 「中華民國憲法」에는 總統, 副總統으로 되어 있다. 우리 헌법사에서는 1919년 9월의 「大韓民國臨時憲法」에서 臨時大統領制를 채택하면서 大統領이라는 말을 처음 사용했다.

Ⅰ. 성질상의 지위

헌법이 정하고 있는 대통령은 성질상 i) 국민대표기관으로서의 지위, ii) 국정조정자로서의 지위, iii) 헌법수호자로서의 지위, iv) 기본권보호기관으로서의 지위를 가진다.

(1) 국민대표기관

대통령제국가에서 대통령은 국민대표자의 지위에 있다(대의적 기능 Repräsentationsfunktion). 대통령은 국가적 수준의 중요한 결정을 할 수 있는 권한을 헌법으로부터 부여받음과 동시에 그 권한에 비례한 민주적 정당성을 확보하고 있다. 대통령은 국가운영에서 일정한 부분 국가의사를 결정하는 권한을 가지는 동시에 이에 비례하여 원칙적으로 국민의 직접선거에 의해 선출된다(헌법 §67①). 대통령은 그의 권한을 뒷받침하는 강력한 민주적 정당성을 바탕으로 하여 자기책임하에 국가운영에서 필요한 정책적 판단을 행한다. 대통령의 권한행사 가운데는 국회 등과 같이 다른 기관의 관여가 인정되는 경우도 있으나, 이 경우에도 최종 결정은 대통령이 한다.

대통령은 국가의사를 자기책임하에 결정하고, 그 결정의 부당함에 대해서는 법적인 책임을 지지 않는다. 대통령이 탄핵으로 대통령직에서 파면되는 경우도 직무집행에 있어 헌법이나 법률을 위배한 경우에 한하며(헌법 §65①), 정책적 판단의 잘못이나 국정수행능력의 부족을 이유로 탄핵할 수 없다. 대통령은 그의 직무집행에 있어 적법한 권한행사에 대해서는 국민에 대해 정치적인 책임만 진다.

이와 같이 대통령이 국민에 의해 직접 선출되고, 일정한 영역에서 국회처럼 국가의사를 직접 결정하는 권한을 가지며, 이러한 권한을 자기책임하에 행사한다는 점에서 대통령은 국민대표기관(=대의기관 Representativorgan)으로서의 지위를 가진다고 할 것이다. 대의원리에 의할 때, 국민대표기관은 그의 권한행사에 대하여 국민에게 정치적인 책임을 지고, 이러한 정치적인 책임을 묻는 가장 중요한 방법이 차기 선거에서 투표로 연임여부를 결정하는 것이다. 그러나 우리 헌법은 대통령의 임기를 5년 단임으로 정하고 있기 때문에 대통령에 대해 차기선거에서 정치적 책임을 묻는 것은 인정될 여지가 없다.

헌법은 대통령으로 하여금 국민대표기관으로서 중요한 국가의사를 결정하게 하므로 그의 권한남용은 국가와 국민에게 심대한 피해를 초래할 수 있다. 국회가 다수 국회의원들의 토론과 심사를 거쳐 다수결에 따른 표결로 국가의사를 결정하는 합의체의사결정기관인 것과는 달리, 대통령은 1인이 단독의사결정기관으로서 국가의사를 결정하므로 권한남용의 가능성은 훨씬 높다. 따라서 대통령이 그의 권한을 남용할 수 없도록 권력남용을 통제하는 장치를 충분히 마련할 필요가 있다.

대통령 직선의 경우 선거과정을 보면, 당해 선거의 이슈에 따라 대통령 후보자가운데 특정인을 선정하는 것이 국민이 특정한 정책을 선택하는 것과 같은 결과를 가져와, 선출된 대통령은 국민의 이러한 경험적인 의사에 강한 영향을 받아 때로 전체국민의 이익과 충돌되는 방향으로 국가의사를 결정하는 경우도 있다. 이런 경우에는 대통령에 대한 직선은 직접민주주의와 유사한 기능(referendum 또는 plebiscite)을 하는 현상이 나타나기도 하지만, 대통령은 특수이익(=부분이익)이나 경험적 의사를 추구할 것이 아니라 전체국민의 이익을 추구하여 권한을 행사하여야 하므로 여전히 국민대표기관으로서의 지위를 가지고 있다. 대통령이 국민전체에게 이익이 되는 공공복리나 국가적 이익을 내팽개치고 사회의 특정세력의 이익이나 자신과 관련된 부분이익을 추구하여 권한을 행사하는 경우에는 파당적이 되어 국가의 중립성을 훼손하거나 부정하는 결과를 가져온다.

(2) 국정조정자

대통령은 국가운영에 있어 국정을 조정하고 통합하는 국정조정자의 지위(통합적 기능 Integrationsfunktion)에 있다. 대통령제국가에서 대통령은 단독의사결정기관으로서 국정운영의 실질적인 중심에 있다. 대통령에게 국가의 독립, 영토의 보전, 국가의 계속성과 헌법을 수호할 책무를 강하게 지우고, 조국의 평화적 통일을 위한 성실한 책무를 부과하여 국정운영에 실질적인 책임을 지게 하는 동시에 헌법기관이나 국가기관의 구성에 광범하게 관여하게 하고, 국가 전체적으로 중요한 사항에 대하여 직접 처리하게 하는 것도 대통령으로 하여금 국정의 조정자로서 역할을 하게 하기 위한 것이다. 헌법재판소의 장과 재판관의 임명(헌법 §111②,④), 대법원장과 대법관의 임명(헌법 §104①,②), 중앙선거관리위원회의 위원 3인 임명(헌법 §114②), 감사원장과 감사위원의 임명(헌법 §98②,③)에 관한 권한이나 헌법개정의 발의(헌법 §128①), 중요정책의 국민투표회부(헌법 §72), 법률안의 제출(헌법 §52), 법률안의 재의요구(헌법 §53②,③), 사면(헌법 §79), 영전의 수여(헌법 §80) 등에 관한 권한은 국정조정자로서 지위를 확보해주는 특징적인 것들이다.

대통령에게 국정운영상 광범한 권한을 부여하여 국정의 조정자로서의 역할을 강화시킨 것은 한국 대통령제가 가지고 있는 특징이기도 하다. 대통령이 가지는 이러한 국정조정자로서의 역할은 국정운영에서 구심점을 형성하고 효율성을 추구하며, 헌법기관이나 국가기관 간에 갈등이나 대립의 발생을 사전에 해소시키는 기능을 한다. 그러나 국정 전체에 관여하는 이런 대통령의 지위가 권력남용으로 변질되면, 대통령의 독재나 권위주의통치를 초래할 우려가 있다. 현행 헌법 아래 국정운영의 실제에서 「제왕적 대통령」이라는 비판이 제기되기도 한 것은 대통령이 국정조정자로서의 지위에서 가지는 권한을 그 기능에 적합하게 행사하지 않고 자의적으로 행사하여 국가의 기능을 왜곡하거나 국민의 기본권을 침해하는 행위를 했기 때문이다. 따라서 대통령은 이런 지위에 따른 권한을 그 기능에 적합하게 행사해야 하며(기능적합성), 그 권한의 남용을 통제할 수 있는 장치를 마련해둘 필요가 있다(통제필요성).

(3) 헌법수호자

대통령은 국가가 비상사태에 직면하였을 때, 국가긴급권을 발동하여 헌법의 규범력을 유지 · 확보하고 비상사태를 극복하여야 하는 헌법수호자로서의 지위에 있다. 입헌민주국가에서 헌법을 수호하는 책무는 대통령뿐만 아니라 국회, 법원, 헌법재판소 등 모든 국가기관에게 주어져 있다. 따라서 대통령만이 헌법의 수호자의 지위를 독점하는 것은 아니다. 국가의 비상사태가 발생한 경우에도 국회의 집회가 가능하면 국회와 대통령 모두 국가비상사태를 극복하기 위한 조치를 하여야 한다. 그러나 국회의 집회를 기다릴 여유가 없을 정도로 사태가 급박하여 신속하게 대처할 필요가 있거나(헌법 §76), 국군통수권자인 대통령이 병력으로 국가비상사태를 극복하여야 할 필요가 있는 경우(헌법 §77)에는 대통령으로 하여금 국가긴급권의 행사를 통하여 국가비상사태를 극복하고 헌법을 수호하도록 하고 있다.

대통령이 가지는 헌법수호자로서의 지위는 평상시나 비상시나 공히 인정되는 것이므로 헌법 제66조 제2항은 특히 「대통령은 국가의 독립, 영토의 보전, 국가의 계속성과 헌법을 수호할 책무를 진다」라고 강조하고 있다. 국가의 독립, 영토의 보전, 국가의 계속성이 심각하게 위협받는 상황은 국가비상사태에 해당하므로 헌법 제66조 제2항은 대통령이 헌법수호자로서의 책무도 지고 있다는 점을 확인하고 강조한 것이다.

대통령이 헌법수호자로서의 지위에서 보유하는 권한은 그 성질상 의무이기도 하므로 마땅히 수행하여야 할 권한행사를 하지 않거나 태만히 하는 때에는 헌법수호자로서의 지위를 방기하는 것이어서 탄핵의 사유가 된다. 대통령이 헌법수호자로서의 지위에서 가지는 권한도 무한정한 것은 아니기 때문에 그 권한의 남용은 통제된다. 국가긴급권의 행사에도 헌법상 과잉금지원칙이 적용되고, 국회의 사후승인을 얻어야 하며(헌법 §76③,④), 국회의 해제요구가 있는 경우에는 이를 해제하여야 한다(헌법 §77⑤).

헌법상 누가 최후의 헌법수호자인가 하는 논의가 있다. 헌법정책의 면에서, 대통령제를 취하면서 대통령의 국가긴급권의 행사에 대하여 사법적 통제를 배제하는 방안과 이를 인정하는 방안이 있을 수 있다. 전자의 경우에는 최후의 헌법수호자는 대통령이 되겠지만, 후자의 경우에는 사법적 통제를 하는 기관이 최후의 헌법수호자가 된다. 전자는 독재나 권위주의대통령제에서 볼 수 있는 것이므로 오늘날 입헌민주국가에서는 대통령제를 취하더라도 후자의 방안을 채택한다. 우리나라의 경우에는 대통령이 헌법수호자로서 가지는 권한을 남용하거나(예: 국회의 승인을 얻지 못했음에도 국가긴급권을 강행하거나, 국회의 계엄해제 요구가 있음에도 병력사용을 계속하는 행위), 소극적으로 행사하지 않거나 태만히 하여 헌법침해를 방치하는 경우에는 국회의 탄핵소추에 따라 헌법재판소가 탄핵심판을 하고, 대통령의 모든 권력행사가 헌법재판소의 헌법소원심판의 대상이 되므로, 규범적으로 볼 때, 최후의 헌법수호자는 헌법재판소가 된다. 모든 국가기관이 헌법침해의 불법을 행하는 헌법부정의 예외적 상황에서는 주권자인 국민이 저항권을 행사하여 헌법을 수호하여야 하는 사태가 발생하는데, 이런 극한적인 경우에는 국민이 최후의 헌법수호자가 된다. 통상적인 경우이든 비상적인 경우이든 헌법을 수호하여야 할 제1차적인 책임은 헌법기관과 국가기관에 부과되어 있으므로 국민이 헌법을 수호하기 위하여 직접 행동으로 나서는 상황은 이미 중대한 불법이 행해진 경우에 한정된다.

(4) 기본권보호기관

대통령은 국민의 기본권을 보호하는 기관이다. 모든 국가기관이 국민의 기본권을 실현해야 하는 의무를 가지지만, 대통령은 국정조정자와 행정부의 수반으로서 광범한 권한을 행사하므로 어느 기관보다도 그 권력행사는 국민의 기본권 실현과 밀접한 관계를 가지고 있다.

대통령이 가지는 광범하고 강력한 권한은 기본권의 실현에 있어 큰 실효성을 거둘 수도 있지만, 이의 남용은 국민의 기본권에 심대한 피해를 가져올 수도 있다. 따라서 대통령이 점하는 기본권보호기관으로서의 지위가 가지는 의미는 중요하고, 이는 국정 수행에 있어 항상 강조되어야 한다. 대통령의 기본권보호의무는 헌법 제10조와 대통령의 헌법수호의무를 정하고 있는 헌법 제66조 제2항, 국민의 자유와 복리증진에 노력해야 한다는 취임선서를 정하고 있는 헌법 제69조 등에서도 확인되어 있지만, 법률안제출권(헌법 §52), 법률안공포권(헌법 §53①)과 재의요구권(헌법 §53 ②,③), 대통령령발령권(헌법 §75), 사면권(헌법 §79), 국가긴급권(헌법 §76, §77)도 국민의 기본권 보호에서 중요한 기능을 한다.

II. 직무상의 지위

대통령은 직무의 수행상 국가원수(國家元首)로서의 지위, 헌법기관구성권자로서의 지위, 행정부수반(行政府首班)으로서의 지위를 가진다.

(1) 국가의 원수

헌법은 「대통령은 국가의 원수이며, 외국에 대하여 국가를 대표한다」(헌법 §66①)라고 정하고 있다. 이에 따라 헌법상 대통령은 국가의 원수(head of state)로서의 지위를 가진다. 대통령이 국가원수로서 가지는 지위는 국제법상 대한민국을 대표하여 활동하는 것이므로 국제정치 또는 국제법상의 대외적인 업무에 한정되며, 대내적인 업무에 관한 것이 아니다(동지: 허영a, 935). 헌법 제73조에서 정하고 있는, 대통령의 조약의 체결·비준에 관한 권한, 외교사절의 신임·접수·파견에 관한 권한, 선전포고와 강화에 관한 권한은 국가원수로서의 지위를 뒷받침하고 있다.

국내의 행정업무 가운데 대외적인 것도 있으므로(예: 통상·무역, 공무원의 해외연수 등에 관한 업무) 모든 대외적인 업무가 국가원수로서의 지위에서 행하는 것은 아니다.

대통령이 국가원수로의 지위에 있기 때문에 대통령은 개별적인 정파로부터 초월하여 국가적 과제를 수행하여야 하고 일상 정치에서 초연한 입장을 취하여야 한다. 따라서 대통령은 정당정치로부터 초연하고 중립적인 지위에 있을 것이 요구된다(parteipolitische Neutralität). 의회주의제정부에서 대통령은 이러한 요구를 잘 실현할 수 있어 정당정치로부터 중립적인 지위에서 업무를 수행할 수 있다. 그러나 대통령제에서는 대통령이 국가원수인 동시에 행정부의 수반으로서 국가운영에서 가장 중심적인 지위에 있기 때문에 대통령이 정당정치에서 초연하게 있기 어렵게 된다. 대통령제에서는 대통령 1인에게 초정파적인 국가원수로서의 역할과 정파적인 행정부 수반으로서의 역할이 동시에 요구되어 서로 모순적인 상태에 있게 된다. 국가원수로서의 지위를 강조하여 정당에서 중립적인 지위에 있게 되면 행정부수반으로서의 역할을 수행하는데 애로를 겪게 되고, 행정부수반으로서의 지위를 강조하여 정파적인 성격을 강하게 유지하게 되면 초정파적인 지위에서 업무를 수행해야 하는 국가원수로서의 역할이 약화된다. 대통령제에서 대통령의 당적보유금지의 문제가 의회주의제에서 대통령의 당적보유금지의 문제보다 복잡한 것은 이런 이유이다.

(2) 헌법기관구성권자

대통령은 헌법재판소의 장과 재판관의 임명(헌법 §111②,④), 대법원장과 대법관의 임명(헌법 §104①,②), 중앙선거관리위원회의 위원 3인 임명(헌법 §114②), 감사원장과 감사위원의 임명(헌법 §98②,③)에 관한 권한을 가진다. 이로써 대통령은 헌법기관을 구성하는 권한을 가지는 지위에 있다.

> 헌법정책상 대통령이 헌법기관을 구성하는 것이 타당한가 하는 문제가 있다. 특히 정치적인 중립이 보장되어야 하는 재판기관이나 유권적 결정을 내리는 기관을 구성함에 있어 대통령이 관여하는 것은 대통령으로의 권력집중을 초래할 위험이 있다. 헌법재판소의 장은 헌법재판소 재판관들이 선출하고, 대법원장은 대법관들이 선출하는 방식은 정치적 중립을 보다 강하게 보장할 수 있는 하나의 방안이다. 대통령제정부에서 대통령이 반드시 헌법기관을 구성하는 권한을 가져야 하는 것은 아님을 유의할 필요가 있다.

(3) 행정부의 수반

헌법은 제66조 제4항에서 「행정권은 대통령을 수반으로 하는 정부에 속한다」라고 정하고 있다. 이에 따라 헌법상 대통령은 행정부의 수반(head of government)으로서의 지위를 가진다. 대통령이 행정부의 수반으로서 가지는 지위는 대통령제국가에서 대통령이 가지는 통상적인 지위에 해당한다.

대통령은 행정부의 수반으로서 공무원의 임면권(헌법 §78)을 행사하여 행정부를 조직하고, 행정업무를 총괄한다. 대통령이 국무회의의 의장으로 국무회의를 주재하며(헌법 §88③) 행정각부의 업무를 총괄하고 조정하는 것도 행정부의 수반으로서 행하는 권한 행사이다. 법률안제출권(헌법 §52), 대통령령을 발령하는 권한(헌법 §75), 예산안제출권(헌법 §54②), 예산을 집행하는 권한, 감사원장과 감사위원을 임명하는 권한(헌법 §98②,③)도 행정부의 수반으로서 가지는 권한이다. 대통령이 가지는 국군통수권(헌법 §74)은 대내적인 국방업무를 수행함에 있어서는 행정부의 수반으로서 행사하는 권한에 속하지만, 선전포고, 강화, 군대의 외국에의 파견과 관련한 업무를 수행함에 있어서는 국가원수로서 행사하는 권한에 속한다.

대통령은 행정부의 수반이므로 행정업무에 대하여 최종적인 결정권을 가진다. 국무총리도 대통령의 명을 받아 행정각부를 통할할 뿐 독자적으로 업무를 수행할 수 없다(헌법 §86②).

대통령이 행정부의 수반으로서 행정부를 운영하고 행정업무를 수행하지만, 모든 행정업무를 대통령이 직접 수행하는 것은 아니다. 통상 대통령은 행정각부의 장에게 일정한 권한을 위임하여 행정각부를 운영한다.

우리나라에서 그간 오래 지속되어온 대통령 1인으로의 권력집중에 의한 권위주의대통령(제왕적 대통령)의 양상을 극복하고 대통령제정부를 효율적으로 운용하는 하나의 방안으로서, 대통령이 행정부의 수반으로서 가지는 권한을 국무총리에게 대폭 위임하여, 대통령은 국방, 외교, 안보, 통일업무와 핵심적 국가과제인 「대통령의 과제」(President's agenda)에 집중하고, 국무총리는 행정각부를 실질적으로 조정하고 통할하는 방식으로 국정을 운영하는 방안(정종섭 d, 13)도 대통령의 권한을 위임하는 방식에 근거하고 있다([534]). 따라서 이런 국정운영에서도 국무총리에게 고유한 권한은 인정되지 않으며, 국무총리는 여전히 대통령의 명을 받아 행정각부를 통할하는 지위에 있다. 우리 헌법상 이는 대통령제정부를 운영하는 운영방식의 문제이고, 법적으로 이원정부제에 해당하는 것은 아니다.

《대통령의 사인으로서의 지위》

대통령의 직무상의 지위는 위에서 본 바와 같다고 하더라도, 여느 공무원과 같이 대통령은 직무와 무관한 부분에서는 사인(私人)으로서의 지위를 가진다. 일반개인과 같이 대통령은 기본권을 향유한다. 다만 직무와 관련해서는 일반 사인과 달리 더 많은 제한을 받을 수 있다. 헌법재판소는 대통령도 사인으로서 기본권의 주체가 됨을 인정하고, 헌법소원심판을 청구할 수 있는 청구인적격을 제한적으로 긍정하고 있다(예: 憲 2008. 1. 17.-2007헌마700).

[憲 2008.1.17.-2007헌마700] 「청구인은 국가기관으로서의 대통령이 아닌 국민 또는 자연인으로서 정치적 표현의 자유를 침해받았다고 주장하고 있으므로, 개인의 지위를 겸하는 국가기관이 기본권의 주체로서 헌법소원을 제기할 적격이 있는지를 살핀다. 원칙적으로 국가나 국가기관 또는 국가조직의 일부나 공법인은 공권력 행사의 주체이자 기본권의 '수범자'로서 기본권의 '소지자'인 국민의 기본권을 보호 내지 실현해야 할 책임과 의무를 지니고 있을 뿐이므로, 헌법소원을 제기할 수 있는 청구인적격이 없다(憲 1994. 12. 29.-93헌마120; 2001. 1. 18.-2000헌마149). 그러나 국가기관의 직무를 담당하는 자연인이 제기한 헌법소원이 언제나 부적법하다고 볼 수는 없다. 만일 심판대상 조항이나 공권력 작용이 넓은 의미의 국가 조직영역 내에서 공적 과제를 수행하는 주체의 권한 내지 직무영역을 제약하는 성격이 강한 경우에는 그 기본권 주체성이 부정될 것이지만, 그것이 일반 국민으로서 국가에 대하여 가지는 헌법상의 기본권을 제약하는 성격이 강한 경우에는 기본권 주체성을 인정할 수 있다(憲 1995. 3. 23.-95헌마53; 1998. 4. 30.-97헌마100; 1999. 5. 27.-98헌마214; 2006. 7. 27.-2003헌마758등). 결국 개인의 지위를 겸하는 국가기관이 기본권의 주체로서 헌법소원의 청구적격을 가지는지 여부는, 심판대상조항이 규율하는 기본권의 성격, 국가기관으로서의 직무와 제한되는 기본권 간의 밀접성과 관련성, 직무상 행위와 사적인 행위 간의 구별가능성 등을 종합적으로 고려하여 결정되어야 할 것이다. 그러므로 대통령도 국민의 한사람으로서 제한적으로나마 기본권의 주체가 될 수 있는바, 대통령은 소속 정당을 위하여 정당활동을 할 수 있는 사인으로서의 지위와 국민 모두에 대한 봉사자로서 공익실현의 의무가 있는 헌법기

관으로서의 지위를 동시에 갖는데 최소한 전자의 지위와 관련하여는 기본권 주체성을 갖는다고 할 수 있다(憲 2004. 5. 14.-2004헌나1).」

[509] 제2 불소추특권

Ⅰ. 의 의

헌법 제84조는 「대통령은 내란 또는 외환의 죄를 범한 경우를 제외하고는 재직 중 형사상의 소추를 받지 아니한다」라고 하여 대통령에게 형사상의 특권을 부여하고 있다. 대통령에게 형사상의 불소추특권(不訴追特權 prosecutorial privilege)을 인정한 것은 대통령이 헌법상 가지는 지위에 따른 권위를 유지하면서 일상적인 업무를 수행할 수 있게 하기 위한 것이다. 따라서 대통령이 재직 중에 내란죄나 외환죄를 범하지 아니하는 이상 형사피고인으로 재판을 받지 아니한다.

[憲 1995.1.20.-94헌마246] 「대통령의 불소추특권에 관한 헌법의 규정이, 대통령이라는 특수한 신분에 따라 일반국민과는 달리 대통령 개인에게 특권을 부여한 것으로 볼 것이 아니라, 단지 국가의 원수로서 외국에 대하여 국가를 대표하는 지위에 있는 대통령이라는 특수한 직책의 원활한 수행을 보장하고, 그 권위를 확보하여 국가의 체면과 권위를 유지하여야 할 실제상의 필요 때문에 대통령으로 재직 중인 동안만 형사상 특권을 부여하고 있음에 지나지 않는 것으로 보아야 할 것이다. 헌법 제84조의 근본취지를 이와 같이 해석하는 한, 그 규정에 의하여 부여되는 대통령의 형사상 특권은 문언 그대로 "재직 중 형사상의 소추를 받지 아니하는" 것에 그칠 뿐, 대통령에게 일반국민과는 다른 그 이상의 형사상 특권을 부여하고 있는 것으로 보아서는 안 될 것이다.」

대통령의 불소추특권은 대통령의 직무수행상 특정한 범죄에 한하여 특정한 기간 동안 형사피고인으로 재판을 받지 않게 하는데 있으므로 민·형사상의 책임이 면제되는 것이 아니다. 이는 대통령이 민·형사상의 재판과 관련하여 증인으로 출석하는 것을 금지하는 것이 아니다. 대통령을 증인으로 출석시켜 증인신문을 해야 할 필요가 있는

대통령의 불소추특권

헌법 / 항목	1948년헌법-1952년헌법-1954년헌법	1960년6월헌법-1960년11 월헌법	1962년헌법-1969년헌법-1972년헌법-1980년헌법-1987년헌법
정부형태	대통령제	의회주의제	대통령제
형사상 불소추특권	대통령은 내란 또는 외환의 죄를 범한 때 이외에는 재직 중 형사상의 소추를 받지 아니한다.		대통령은 내란 또는 외환의 죄를 범한 경우를 제외하고는 재직 중 형사상의 소추를 받지 아니한다.

경우에는 대통령은 법원에 출석하여야 하며, 대통령이 이를 거부하는 경우에는 법원은 강제구인을 할 수 있다고 할 것이다(반대: 권영성, 965).

대통령에 대한 불소추특권에 대해서는 1948년헌법부터 현재와 동일한 내용을 줄곧 인정하여 왔다.

II. 내란죄와 외환죄의 경우

대통령이 내란 또는 외환의 죄를 범한 경우에는 대통령이 이미 헌법수호자의 지위를 스스로 부정하고 자신의 권력을 오용하여 헌법질서와 국민의 기본권을 침해하고 있으므로 더 이상 특권을 인정할 여지가 없다. 여기서 말하는 내란죄와 외환죄는 통상 형법상의 내란죄(형법 §87), 내란목적살인죄(형법 §88), 양죄의 미수(형법 §89), 양죄의 예비 · 음모 · 선전 · 선동의 죄(형법 §90)를 의미하는 내란의 죄와 외환유치죄(형법 §92), 여적죄(형법 §93), 모병이적죄(형법 §94), 시설제공이적죄(형법 §95), 시설파괴이적죄(형법 §96), 물건제공이적죄(형법 §97), 간첩죄(형법 §98), 일반이적죄(형법 §99), 이들 범죄의 미수(형법 §100), 이들 범죄의 예비 · 음모 · 선전 · 선동의 죄(형법 §101)를 의미하는 외환의 죄를 뜻한다. 내란죄나 외환죄의 처벌을 통하여 보호하고자 하는 보호법익이 동일한 이상 다른 특별법에서 정하고 있는 동종의 범죄도 헌법 제84조에서 말하는 내란 또는 외환의 죄에 해당한다.

대통령이 내란 또는 외환의 죄를 범하여 형사상의 소추를 당하여 법원의 재판을 받는 것은 대통령이 재직 중에 이러한 죄를 범한 경우와 취임 이전에 이러한 범죄를 범한 경우를 모두 포함한다. 어떤 경우에도 국민이 정한 헌법질서를 부정하여 내란 또는 외환의 죄를 범한 범인으로 하여금 대통령직을 수행하게 할 수는 없다.

통상 대통령이 범죄행위를 하였을 때는 국회가 탄핵소추를 한다. 내란 또는 외환의 죄의 경우에는 국회의 탄핵소추와 헌법재판소의 탄핵심판절차를 거쳐 파면한 후 기소하여 처벌하기에는 시간이 많이 소요되고 그 동안 헌법질서가 매우 위태로워질 것이므로 이 때는 바로 수사하여 기소하도록 하는 것이다. 이런 내란 또는 외환의 죄에 대해서는 대통령의 재직 중에 기소를 할 수 있으므로 공소시효의 법리상으로는 대통령의 재직 중에도 형사소송법상의 공소시효가 진행된다. 그러나 「헌정질서 파괴범죄의 공소시효 등에 관한 특례법」에 의해 형법 제2편 제1장 내란의 죄, 제2장 외환의 죄와 군형법 제2편 제1장 반란의 죄, 제2장 이적의 죄(이상 헌정질서파괴범죄라고 정함)에 대해서는 형사소송법상의 공소시효의 적용이 배제되고 있다(동법§2, §3).

헌정질서파괴범죄의공소시효등에관한특례법(1995. 12. 21. 법률 제5028호)이 제정되기 전에 행해진 대통령의 내란 또는 외환의 죄에 대해서는 기소할 수 있는가 하는 것이 문제가 된다. 이의 구체적인 사건이 1979년의 12 · 12사건과 1980년의 5 · 18사건인데, 이와 관련하여 전두환, 노태우 전직 대통령에 대한 기소를 가능하게 하기 위하여 「5 · 18민주화운동 등에 관한 특별법」(1995. 12. 21. 법률 제5029호)을 제정하여, 1979년 12월 12일과 1980년 5월 18일을 전후하여 발생한 「헌정질서 파괴범죄의 공소시효 등에 관한 특례법」 제2조의 헌정질서파괴범죄 행위에 대하여 국가의 소추권 행사에 장애사유가 존재한 기간은 공소시효의 진행이 정지된 것으로 본다고 하고, 여기서 말하는 "국가의 소추권 행사에 장애사유가 존재한 기간"이라 함은 당해 범죄행위의 종료일부터 1993년 2월 24일(노태우 대통령 재임기간 만료일)까지의 기간이라고 정하였다. 이러한 입법이 공소시효의 적용을 사후에 소급적으로 배제하는 소급효를 가지는 입법인가 하는 점이 헌법재판소에서 다투어졌는데, 9인의 재판관 가운데 이는 공소시효의 법리를 확인한 확인적 입법에 지나지 않아 합헌이라는 3인의 의견, 소급적 효력을 가진 형성적 입법이어서 당연히 위헌여부의 문제가 제기될 수밖에 없다고 한 2인의 의견, 공소시효의 정지여부는 법원의 판단사항이고, 이 법률을 확인적 입법이라고 단정할 수도 없어 헌법재판소가 판단하기에 적합하지 않다는 4인의 의견으로 갈라진 상태에서, 헌법재판소로서는 당해 사건을 재판하는 법원에 의하여 특별법 시행 당시 공소시효가 완성된 것인지의 여부가 아직 확정되지 아니한 터이므로 위 두 가지 경우를 가정하여 판단할 수밖에 없다고 하고, 공소시효가 완성되지 않았다고 보는 경우에는 합헌이라고 판단하고, 공소시효가 완성되었다고 보는 경우에 대해서는 4인의 합헌의견과 5인의 한정위헌의견으로 갈라져 결국 위헌결정정족수를 충족시키지 못하여 합헌으로 선고되었다(憲 1996. 2. 16. -96헌가2등).

대통령이 대통령의 직위를 이용하여 헌법을 부정하거나 위태롭게 하는 경우는 이것 이외에도 많은 경우가 있다. 공무상 기밀누설행위, 뇌물수수행위, 해외세력으로부터 정치자금을 수수하거나 부정한 돈을 세탁하는 행위 등으로 헌법질서를 문란하게 하는 경우 바로 수사하여 기소하게 할 것인가 아니면, 탄핵심판절차를 거쳐 대통령직에서 파면한 후 기소하여 처벌할 수 있게 할 것인가 하는 것은 헌법정책상의 문제이다. 현행 헌법상으로는 이런 경우에는 탄핵심판으로 대통령직에서 파면한 후에 비로소 기소할 수 있다고 할 것이다.

Ⅲ. 「형사상의 소추」의 금지

(1) 기소의 금지

헌법 제84조에서 말하는 「형사상의 소추」는 기소를 의미한다. 대통령은 내란 또는 외환의 죄에 해당하지 아니하는 죄를 범한 경우에는 재직 중에 기소(공소의 제기)되어 법원의 재판을 받지 않는다는 의미이다. 따라서 내란 또는 외환의 죄 이외에 대통령이 범한 죄에 대하여 기소한 경우에는 법원의 재판권이 존재하지 않으므로 법원은 공소기각(公訴棄却)의 판결(형소법 §327 i)을 한다. 법원의 재판을 받는 것을 전제로 하는 체포(逮捕)나 구속(拘束)도 금지된다고 할 것이다(동지: 권영성, 965).

(2) 공소시효의 진행 정지

대통령에게 불소추특권이 인정되어 재직 중 기소되지 아니하는 범죄의 경우에는 공소시효의 진행이 정지된다(예: 憲 1995. 1. 20.-94헌마246).

[憲 1995.1.20.-94헌마246] 「공소시효제도나 공소시효정지제도의 본질에 비추어 보면, 비록 헌법 제84조에는 "대통령은 내란 또는 외환의 죄를 범한 경우를 제외하고는 재직 중 형사상의 소추를 받지 아니한다"고만 규정되어 있을 뿐 헌법이나 형사소송법 등의 법률에 대통령의 재직 중 공소시효의 진행이 정지된다고 명백히 규정되어 있지는 않다고 하더라도, 위 헌법규정의 근본취지를 대통령의 재직 중 형사상의 소추를 할 수 없는 범죄에 대한 공소시효의 진행은 정지되는 것으로 해석하는 것이 원칙일 것이다. 즉 위 헌법규정은 바로 공소시효진행의 소극적 사유가 되는 국가의 소추권행사의 법률상 장애사유에 해당하므로, 대통령의 재직 중에는 공소시효의 진행이 당연히 정지되는 것으로 보아야 한다.」

(3) 수사의 가능

법원의 재판을 전제로 하는 공소의 제기와 이와 연관된 체포나 구속이 금지되는 것이므로 수사기관의 수사는 가능하다. 따라서 대통령이 내란 또는 외환의 죄에 해당하지 아니하는 죄를 범한 경우에 수사기관은 수사를 할 수 있다. 수사를 하는 이상 수사의 방법으로 압수·수색을 하는 것도 가능하다(반대: 권영성, 963). 시간이 경과하면 증거를 수집하기 어려우므로 대통령의 재직 중에 행해진 범죄행위에 대해서도 수사기관은 언제나 수사할 수 있어야 한다. 대통령이 재직하고 있는 중에 자기에 대한 임면권을 가지는 대통령에 대해 경찰이나 검찰이 공정하게 수사하는 것은 쉽지 않으므로, 이해관계충돌(conflict of interest)의 법리상 대통령의 영향력이 미칠 수 없는 독립된 특별수사기관(예컨대 특별검사)으로 하여금 수사하게 하는 것이 타당하다(정종섭b, 383, 정종섭c, 349).

검찰청법에 의하면 법무부장관은 구체적 사건에 대하여 검찰총장을 지휘·감독할 수 있으므로(동법 §8), 검사가 대통령에 대하여 수사를 하는 경우 대통령의 지시를 받는 법무부장관이 이 지휘·감독권을 행사하여 수사를 방해할 수 있다. 이런 경우에는 검찰의 정치적 중립성이 침해된다.

(4) 민사책임의 불면제

대통령에게 불소추특권이 인정되는 경우에도 민사상의 책임이 면제되는 것은 아니므로 대통령의 범죄행위로 인하여 타인에게 손해를 가한 경우에는 재직 중에도 민사상의 책임을 진다. 따라서 피해자는 재직 중의 대통령에 대하여 민사소송으로 다툴 수 있고, 대통령은 민사소송의 당사자의 지위에 있을 수 있다.

(5) 탄핵심판과의 관계

대통령의 불소추특권과 탄핵심판은 서로 아무런 연관성이 없다. 대통령이 재직 중 내란 또는 외환의 죄에 해당하지 아니하는 죄를 범한 경우에 기소할 수는 없어도 국회는 대통령에 대하여 탄핵소추할 수 있다.

Ⅳ. 파면 · 퇴임 후의 기소

헌법 제84조가 정하는 대통령의 형사상의 불소추특권은 대통령이 내란 또는 외환의 죄에 해당하지 아니하는 죄를 범한 경우에 재직 중에는 기소되어 법원의 재판을 받지 않는다는 의미이므로 형사상의 책임이 면제되는 것이 아니다. 따라서 대통령이 탄핵되어 파면되거나 퇴임하여 대통령의 직에서 물러난 경우에는 기소하여 재판을 받게 할 수 있다.

[510] 제3 대통령의 직무수행상의 면책

대통령은 현직에 있으면서 국정운영상 행한 모든 적법한 행위에 대해서는 법적인 책임을 지지 아니한다. 대통령은 국정운영상 자신의 권한행사에 대해서는 면책(immunity)을 받는다. 대통령이 권한을 행사하면서 사안을 올바로 이해하지 못하거나 판단을 잘못하여 국가와 국민에게 피해를 가져올 수도 있지만, 이러한 정책판단이나 정책집행상의 오류에 대해서는 법적인 책임이 면제된다. 이는 대통령이 가지는 국민대표자로서의 지위와 국가작용의 원리에서 도출된다. 대통령의 이러한 오류에 따른 피해는 그를 대통령으로 선출한 국민이 스스로 감수해야 한다.

그러나 대통령의 면책이 위법한 행위나 범죄행위에도 인정되는 것은 아니다. 대통령이 자신의 권한이 아닌 권한을 행사하거나 위법한 행위를 하거나 범죄행위를 한 경우에는 법적인 책임을 진다. 탄핵뿐만 아니라 형사상의 책임이나 민사상의 책임도 진다.

2. 대통령의 선거와 임기

[511] 제1 대통령의 선거

Ⅰ. 선출방법

(1) 원칙: 국민의 직접선거

우리 헌법사에서는 대통령제를 취하면서도 국민이 대통령을 직접 선출하지 못한 경우가 있었지만, 현행 헌법하에서는 국민이 직접 대통령을 선출한다(헌법 §67①). 국민주권원리와 민주주의원리에 의할 때, 국민대표기관의 지위에서 강력한 권한을 행사하는 기관은 민주적 정당성을 가져야 하므로, 위와 같은 지위에 있는 대통령을 국민이 직접 선출하는 것은 당연하다. 대통령제를 취하는 국가에서 국민이 대통령을 직접 선거하는 것은 국민에게 정부를 선택하는 권리를 보장하는 것이기도 하다. 대통령제국가에서는 대통령의 교체가 정부의 정책 방향과 국정을 운영할 정치세력을 교체하는 의미도 가지므로 국민이 대통령의 선거와 관련하여 정부선택권을 행사하는 것은 민주주의에서 중요한 의미를 가진다.

헌법은 「대통령은 국민의 보통·평등·직접·비밀선거에 의하여 선출한다」(헌법 §67①)라고 정하여, 입헌민주국가의 선거원칙에 따라 국민이 대통령을 선출하게 하고 있다. 대통령의 선거도 자유선거에 의하여야 함은 의문의 여지가 없다.

국민주권원리와 민주주의원리에 의할 때, 국민이 대통령을 직접 선출하는 때에도 선거권자(=유권자)의 과반수의 지지를 얻는 것이 타당하다. 민주주의를 실현하기 위하여 선거로 민주적 정당성을 확보하는 때에 선거권을 가진 자의 과반수의 지지를 획득하는 것은 그 원리상 최소한의 요청이다. 그러나 헌법은 이 문제에 대하여 명시적으로 정하고 있지도 않고, 대통령후보자가 1인인 경우 이외에는 당선에 필요한 득표율을 아예 정하고 있지 않다. 따라서 헌법상으로는 대통령의 선거에서 후보자 가운데 유권자의 과반수의 지지를 얻지 못했지만, 상대적으로 최다득표를 한 자는 대통령으로 당선될 수 있게 되어 있다(plurality system. 예컨대 10명 이상의 후보가 나와 유권자의 10% 이하 지지를 얻고도 대통령에 당선될 수 있다). 단지 헌법은 「대통령후보자가 1인일 때에는 그 득표수가 선거권자 총수의 3분의 1 이상이 아니면 대통령으로 당선될 수 없다」(헌법 §67③)고 하여, 후보자가 1명인 경우에 한해서만 당선 하한선을 정하고 있을 뿐이다. 이 경우도 대통령후보자는 선거권자의 과반수의 지지를 얻지 못해도 당선될 수 있다. 이는 국민주권원리와 민주주의원리에 합치하지 않는 것이다.

이 문제를 국민주권원리와 민주주의원리에 합치하도록 해결하는 방법은 대통령후보자 가운데 1위 득표자와 2위 득표자를 대상으로 결선투표를 실시하여 과반수를 획득한 후보자를 대통령으로 당선되게 하는 방안이다(majority system). 이 경우 당선득표율을 유권자의 과반수로 할 것인가 투표자의 과반수로 할 것인가 하는 문제가 있는데, 유권자의 과반수로 하는 것이 원리상 합당하지만, 결선투표에서 유권자의 불참으로 인하여 과반수가 형성되기 어려운 예외적인 경우가 있을 수 있다는 점을 고려하면 투표자의 과반수로 하는 것이 타당할 것이다. 통상의 경우에는 결선투표에서 최다득표를 한 자는 유권자의 과반수와 투표자의 과반수의 지지를 얻을 것이다.

대통령 선거방법의 변천

헌법 / 항목	1948년헌법	1952년헌법-1954년헌법	1960년6월헌법-1960년11월헌법	1962년헌법-1969년헌법	1972년헌법	1980년헌법	1987년헌법
정부형태	대통령제	→	의회주의제	대통령제	→	→	→
대통령	이승만	→	윤보선	박정희	→	전두환	노태우-김영삼-김대중-노무현-이명박-박근혜
	국회의 선출 (대통령과 부통령은 국회에서 무기명투표로 선거. 국회재적의원 2/3 이상의 출석+출석의원 2/3 이상의 찬성으로 결정. 2/3 이상의 득표자가 없는 때에는 2차투표)	**국민의 직선 +국회의 선출** (대통령과 부통령을 국민이 직선. 최고득표자가 2인 이상인 경우 국회의 양원합동회의에서 다수결로 결정)	**국회의 선출** (대통령은 국회의 양원합동회의에서 재적의원 2/3 이상의 찬성으로 선출. 1차투표에서 당선자가 없을 때에는 2차투표. 2차투표에서도 당선자가 없을 때에는 재적의원 2/3 이상의 출석 + 출석의원 과반수 득표자가 당선됨	**국민의 직선** (대통령은 국민이 직선. 최고득표자가 2인 이상인 때에는 국회의 재적의원 과 반수가 출석한 공개회의에서의 다수득표자가 당선됨. 대통령 후보자가 1인일 때에는 그 득표수가 선거권자 총수의 1/3 이상이 아니면 대통령으로 당선될 수 없음) **국회 선출** (대통령이 궐위된 경우에 잔임기간이 2년 미만인 때에는 국회에서 선거)	**통일주체국민회의의 선출** (토론 없이 무기명투표로 선거. 재적대의원 과반수의 찬성으로 결정. 이런 득표자가 없을 때에는 2차투표)	**대통령선거인단의 선출** (무기명투표로 선거. 재적 대통령선거인 과반수의 찬성으로 선출. 이런 득표자가 없을 때에는 2차투표)	**국민의 직선 + 국회의 선출** (대통령을 국민이 직선. 최고득표자가 2인 이상인 때에는 국회의 재적의원 과반수가 출석한 공개회의에서의 다수표자가 당선됨. 대통령 후보자가 1 인일 때에는 그 득표수가 선거권자 총수의 1/3 이상이 아니면 대통령으로 당선될 수 없음)
결선투표	2차투표에도 2/3 이상의 득표자가 없는 때에는 최고득표자 2인에 대하여 결선투표. 다수 득표자가 당 선됨	없음	없음	국회의 대통령선거는 재적의원 2/3 이상의 출석+출석의원 3분의 2 이상의 찬성으로 결정. 이런 득표자가 없는 때에 2차투표. 2차투표에도 이런 득표자가 없는 때에는 최고득표자가 1인이면 최고득표자와 차점자에 대하여, 최고득표자가 2인 이상이면 최고득표자에 대하여 결선투표. 다수득표자가 당선됨	2차투표에도 과반수득표자가 없는 때에는 최고득표자가 1인이면 최고득표자와 차점자에 대하여, 최고득표자가 2인 이상이면 최고득표자에 대하여 결선투표. 다수득표자가 당선됨	→	없음

(2) 예외: 국회에서의 간접선거

헌법은 대통령의 선거에 있어서 최고득표자가 2인 이상인 때에는 국회의 재적의원 과반수가 출석한 공개회의에서 다수표를 얻은 자를 당선자로 한다고 정하고 있다(헌법 §67②). 국민이 대통령을 직접 선출하여 민주적 정당성을 부여하는 방식을 채택하면서 최고득표자가 2인 이상인 경우에 국회에서 간접선거로 선출하도록 하는 것은 민주주의원리에 위반될 뿐 아니라 대통령직선방식의 체계정합성에 어긋난다. 이러한 방식은 정당한 근거를 찾기 어려운 것이다(성낙인, 987).

대통령선거에서 선거권자의 과반수의 득표율을 얻은 자를 당선자로 하고, 과반수의 득표율을 얻은 자가 없는 경우에는 결선투표를 실시하여(최고득표자가 2인 이상인 경우 최고득표자만을 대상으로 결선 투표를 실시한다) 당선자를 결정하면 이러한 규정은 의미가 없다. 헌법을 개정하여 대통령선거방법을 원리에 합당하게 정비할 필요가 있다.

II. 선 거

(1) 선거권과 피선거권

국민은 법률이 정하는 바에 의하여 대통령선거권을 가지는데(헌법 §24), 연령상으로는 18세 이상이어야 한다(공선법 §15). 그러나 선거일 현재 i) 금치산선고(禁治産宣告)를 받은 자, ii) 1년 이상의 징역 또는 금고의 형의 선고를 받고 그 집행이 종료되지 아니하거나 그 집행을 받지 아니하기로 확정되지 아니한 사람. 다만, 그 형의 집행유예를 선고받고 유예기간 중에 있는 사람은 제외, iii) 선거범(공선법 제16장 벌칙에 규정된 죄와 국민투표법 위반의 죄를 범한 자), 정치자금법 제45조(정치자금부정수수죄) 및 제49조(선거비용관련위반행위)에 규정된 죄를 범한 자 또는 대통령 · 국회의원 · 지방의회의원 · 지방자치단체의 장으로서 그 재임 중의 직무와 관련하여 형법(「특정범죄 가중처벌 등에 관한 법률」 제2조에 의하여 가중처벌되는 경우를 포함) 제129조(수뢰 · 사전 수뢰죄) 내지는 제132조(알선수뢰) · 「특정범죄 가중처벌 등에 관한 법률」 제3조(알선수재)에 규정된 죄를 범한 자로서 100만 원 이상의 벌금형의 선고를 받고 그 형이 확정된 후 5년 또는 형의 집행유예(執行猶豫)의 선고를 받고 그 형이 확정된 후 10년을 경과하지 아니하거나 징역형의 선고를 받고 그 집행을 받지 아니하기로 확정된 후 또는 그 형의 집행이 종료되거나 면제된 후 10년을 경과하지 아니한 자(형이 실효된 자도 포함한다), iv) 법원의 판결 또는 다른 법률에 의하여 선거권이 정지 또는 상실된 자는 선거권이 없다(동법 §18 ①,②).

대통령으로 선거될 수 있는 자는 국회의원의 피선거권이 있고, 선거일 현재 40세에 달하여야 하며(헌법 §67④), 5년 이상 국내에 거주하고 있는 자(공무로 외국에 파견된 기간과 국내에 주소를 두고 일정기간 외국에 체류한 기간은 국내거주기간으로 본다)이어야 한다(공선법 §16①). 그러나 선거일 현재 i) 선거권이 없는 자에 해당하는 사유 중 위 i), iii), iv)에 해당하는 자, ii) 금고 이상의 형의 선고를 받고 그 형이 실효되지 아니한 자, iii) 법원의 판결 또는 다른 법률에 의하여 피선거권이 정지되거나 상실된 자는 피선거권이 없다(동법 §19).

(2) 선거구와 투표구

대통령의 선거에서 선거구는 전국을 하나의 단위로 하는 단일선거구이다(공선법 §20①). 투표구는 읍·면·동에 두되, 구·시·군선거관리위원회는 하나의 읍·면·동에 2 이상의 투표구를 둘 수 있다(동법 §31 ①,②).

(3) 대통령후보자와 후보 등록

대통령의 선거에서 후보자는 정당의 추천을 받거나 무소속으로 입후보할 수 있다. 정당은 선거구별로 선거할 정수범위 안에서 그 소속당원을 후보자로 추천할 수 있는데(공선법 §47①), 대통령선거의 선거구는 전국 단위의 단일선거구이므로(동법 §20①) 소속당원 1인에 한하여 대통령후보로 추천할 수 있다. 무소속후보자가 되고자 하는 자는 관할선거구선거관리위원회가 교부하는 추천장(대통령의 임기만료에 의한 선거에 있어서는 후보자등록신청개시일 전 30일, 대통령의 궐위로 인한 선거 등에 있어서는 그 사유가 확정된 후 3일부터 교부)을 사용하여 5개 이상의 시·도에 나누어 하나의 시·도에 주민등록이 되어 있는 선거권자의 수를 700인 이상으로 하여 총 3,500인 이상 6,000인 이하의 선거권자의 추천을 받아야 한다(동법 §48②).

대통령의 선거에 있어 후보자의 등록은 선거일 전 24일부터 2일간(후보자등록기간) 관할선거구선거관리위원회에 서면으로 신청하여야 한다(동법 §49①). 정당추천후보자의 등록은 추천정당이 신청한다(동조 ②). 무소속후보자가 되고자 하는 자는 선거권자의 추천을 받은 추천장을 첨부하여 등록한다(동조 ③). 후보자등록을 신청하는 자는 정당추천후보자이든 무소속후보자이든 공히 등록신청시에 후보자 1인마다 3억 원의 기탁금을 중앙선거관리위원회에 납부하여야 한다(동법 §56①).

(4) 선거절차

대통령선거에서 임기만료에 의한 선거의 선거일은 그 임기만료일 전 70일 이후 첫 번째 수요일이다. 다만, 선거일이 국민생활과 밀접한 관련이 있는 민속절 또는 공휴일인 때와 선거일의 전일이나 그 다음 날이 공휴일인 때에는 그 다음 주의 수요일에 선거가 실시된다(공선법 §34). 대통령의 궐위로 인한 선거 또는 재선거(§197의 선거의 일부무효로 인한 재선거는 제외)는 그 선거의 실시사유가 확정된 때부터 60일 이내에 실시하되, 선거일은 늦어도 선거일 전 50일에 대통령 또는 대통령권한대행자가 공고한다(동법 §35①). 대통령의 선거에 관한 사항은 법률로 정하기 때문에(헌법 §67⑤), 대통령의 선거에 있어서 선거운동, 선거절차, 선거소송 등에 관해서는 공직선거법에서 정하고 있다.

⑸ 당선인의 결정

대통령의 선거에 있어 유효투표의 다수를 얻은 자가 대통령에 당선된다. 중앙선거관리위원회는 유효투표의 다수를 얻은 자를 당선인으로 결정하고, 이를 국회의장에게 통지하여야 한다(공선법 §187①). 중앙선거관리위원회위원장은 당선인의 결정을 공고하고, 지체 없이 당선인에게 당선증을 교부한다(동조 ③). 후보자가 1인인 때에는 그 득표수가 선거권자 총수의 3분의 1 이상에 달하여야(헌법 §67③) 당선인으로 결정할 수 있다(공선법§187 ①단서).

최고득표자가 2인 이상인 때에는 중앙선거관리위원회의 통지에 의하여 국회는 재적의원 과반수가 출석한 공개회의에서 다수표를 얻은 자를 당선인으로 결정한다(헌법 §67②; 공선법 §187②). 이 경우 국회의장은 이를 공고하고, 지체 없이 당선인에게 당선증을 교부한다(공선법 §187③).

천재·지변 기타 부득이한 사유로 인하여 개표를 모두 마치지 못하였다고 하더라도 개표를 마치지 못한 지역의 투표가 선거의 결과에 영향을 미칠 염려가 없다고 인정되는 때에는 중앙선거관리위원회는 우선 당선인을 결정할 수 있다(동조 ④).

[512] 제2 취 임

Ⅰ. 취임과 직무수행개시일

대통령에 당선된 자는 임기개시일에 취임을 한다. 임기의 개시는 시간적인 의미에서 대통령의 업무가 시작됨을 말하고, 취임은 사항적인 의미에서 직무의 수행이 시작함을 말한다. 따라서 대통령의 직무는 임기개시의 시점부터 시작하므로 대통령의 취임도 이 시점부터 시작한다.

우리나라의 경우 대통령의 업무개시일은 0시에 시작하게 되어 있어(공선법 §14①), 대통령 취임의 의례인 취임식은 대통령직에의 취임 시에 일치시켜 행할 수 없다. 따라서 현실상 대통령의 취임식은 이미 대통령이 취임한 후인 시점에 행해진다. 대통령의 취임식이 대통령직 취임의 성립요건은 아니다.

Ⅱ. 취임선서

헌법 제69조는 대통령은 취임에 즈음하여 취임선서를 하도록 정하고 있다. 이에 의해 대통령은 취임에 즈음하여 「나는 헌법을 준수하고 국가를 보위하며 조국의 평화적 통일과 국민의 자유와 복리의 증진 및 민족문화의 창달에 노력하여 대통령으로서의 직책을 성실히 수행할 것을 국민 앞에 엄숙히 선서합니다」라고 선서한다(헌법 §69). 헌법에서 대통령의 취임선서를 특별히 정하고 있는 것은 헌법이 보장하는 대통령의 지위가 중하기 때문이다.

대통령의 취임선서는 헌법에서 정하고 있기 때문에 단순히 의례적인 것이 아니다. 대통령이 직무의 수행과 관련하여 이 취임선서의 내용에 위반되는 행위를 한 때에는 헌법에 위반하는 것이 되어 탄핵의 사유가 된다. 통상 대통령이 이런 취임선서의 내용에 위반되는 구체적인 행위를 한 때에는 특정의 법률이나 헌법의 조항에 위반하는 것이 되어 탄핵의 사유가 되겠으나, 대통령의 행위가 저촉되는 개별 헌법조항이나 법률조항이 없고 이 선서규정에 위반하는 때에도 헌법위반으로 탄핵사유가 된다.

[513] 제3 임 기

Ⅰ. 5년 단임

대통령의 임기는 5년이고, 중임할 수 없다(헌법 §70). 중임이란 현재의 임기만료 후 바로 연이어 취임(연임)하거나 그렇지 않고 퇴임한 후 일정한 기간이 경과한 후에 다시 취임하는 것을 모두 지칭한다. 따라서 현행 헌법이 효력을 발휘하고 있는 동안 대통령에 취임한 자는 임기만료 직후 또는 그 이후에 실시되는 대통령선거에서 당선될 수 없다.

이러한 단임은 주권자인 우리 국민의 결단에 의한 것이다. 그간 우리 헌정사에서 나타난 대통령 1인의 독재와 권위주의통치의 폐단을 제거하고, 재임을 위한 정치의 왜곡과 권력의 남용, 정책의 왜곡을 방지하며, 국민이 주기적으로 평화적 정권 교체를 할 수 있도록 하기 위한 장치이다. 그러나 단임에는 이러한 장점과 동시에 국정의 비효율적인 운영과 대의민주주의의 수정이라는 문제점도 있으므로 단임방식과 중임방식 중 어느 것을 선택할 것인가는 헌법정책적으로 결정할 문제이다.

대통령직에서 사직하거나 파면으로 궐위한 경우에도 다시 대통령직에 취임할 수 없다. 대통령이 궐위하여 보궐선거로 당선된 후임 대통령의 경우에도 그 임기는 전임자의 임기의 잔여기간이 아니고, 새로 대통령에 취임한 때로부터 5년이다.

헌법 제128조 제2항은 「대통령의 임기연장 또는 중임변경을 위한 헌법개정은 그 헌법개정 제안 당시의 대통령에 대하여는 효력이 없다」라고 정하고 있으므로, 현행 헌법하에서 대통령에 재임하는 동안 헌법의 개정이 있고, 새 헌법에서 중임금지를 정하지 않은 때라 하더라도 헌법 개정 당시에 대통령직에 있었던 자는 다시 새 헌법하에서 대통령에 취임할 수 없다.

대통령 임기의 변천

헌법 / 항목	1948년헌법-1952년헌법	1954년헌법	1960년6월헌법-1960년11월헌법	1962년헌법	1969년헌법	1972년헌법	1980년헌법	1987년헌법
정부형태	대통령제	→	의회주의제	대통령제	→	→	→	→
대통령	이승만	→	윤보선	박정희	→	→	전두환	노태우-김영삼-김대중-노무현-이명박-박근혜
임기	4년	→	5년	4년	→	6년	7년	5년
중임	1차중임	→ 공포당시의 대통령에게는 중임제한 적용 않음	→	→	3기에 한해 계속 재임 가능	규정 없음	중임 금지	→

II. 개시일과 만료일

(1) 임기의 개시와 만료의 시점

대통령의 임기는 전임대통령의 임기만료일의 다음날 0시부터 개시된다. 다만, 전임자의 임기가 만료된 후에 실시하는 선거와 궐위로 인한 선거에 의한 대통령의 임기는 당선이 결정된 때부터 개시된다(공선법 §14①). 대통령의 취임식은 임기개시의 조건이 아니다.

대통령의 임기는 5년의 임기가 만료하는 해의 2월 24일 자정에 만료된다(헌법 부칙 §1, §2②).

(2) 입법론상의 문제

국가운영의 현실상 대통령의 집무시간과 업무의 연속성을 현실성 있게 하기 위해서는 대통령의 임기개시의 날짜와 시간을 헌법에 명시하되, 임기개시 시기는 업무수행의 현실과 합당하게 오전 10시 이후의 어느 시간을 정하는 것이 바람직하다.

대통령 취임식이 법적인 효력을 가지는 행위가 되려면 전임 대통령과 후임 대통령 간의 대통령직의 교체를 시간을 기준으로 정하여 해당 시간에 정확하게 취임식을 거행하는 것이 필요하다. 현재와 같이 대통령의 임기만료를 일을 단위로 하고, 대통령의 취임식이 행해지는 날의 오전 00 : 00부터 대통령의 권한행사가 개시되는 것으로 하면서 오전 10 : 00에 취임식을 행하는 이상 이런 취임식을 대통령 권한행사의 효력발생요건으로 할 수는 없다. 따라서 법적으로 엄격히 말하면, 현재와 같은 관행에서도 대통령의 선서는 대통령 취임식에서 행할 것이 아니라 대통령의 권한행사가 개시되는 시점에 행해져야 한다. 헌법정책적으로 보면 대통령직의 교체를 시간을 단위로 정하되(예컨대 오전 10 : 00), 대통령의 취임이라는 법적 행위와 대통령 취임식이라는 현실의 의례를 합치시켜 대통령직에의 취임행위를 취임식이라는 방법을 통하여 행하도록 하는 것이 타당하며, 이렇게 되면 당연히 취임선서는 이러한 취임행위의 일부로 행해지게 된다. 참고로 미합중국의 경우를 보면 수정조항(Amendment) 제20조에서 대통령과 부통령의 임기는 원칙적으로 임기가 만료하는 해의 1월 20일 정오에 종료한다고 정하고 있다.

3. 대통령의 권한

대통령은 헌법이 인정하는 지위에서 그 직무를 수행하기 위하여 그에 적합한 권한을 가진다. 이를 대통령의 권한(presidential power)이라고 한다. 대통령의 권한은 직무상의 권한(Kompetenz)이기 때문에 재량적인 것이 아닌 한 의무로서의 성격도 함께 지닌다.

[514] 제1 국가원수업무에 관한 권한

대통령의 국가원수로서의 지위는 대외적인 것이므로, 대한민국을 대표하여 행하는 대외활동에 관한 권한이 이에 해당한다. 헌법 제73조는 이에 관한 중요한 권한을 정하고 있다.

대통령은 조약을 체결하고 비준한다(헌법 §73). 대통령이 조약을 체결하고 비준하는 때에는 사전에 조약안에 대해 국무회의의 심의를 거쳐야 한다(헌법 §89 iii). 상호원조 또는 안전보장에 관한 조약, 중요한 국제조직에 관한 조약, 우호통상항해조약, 주권의 제약에 관한 조약, 강화조약, 국가나 국민에게 중대한 재정적 부담을 지우는 조약 또는 입법사항에 관한 조약의 체결·비준을 함에 있어서는 사전에 국회의 동의도 얻어야 한다(헌법 §60①).

대통령은 외교사절을 신임하고 접수하며 파견하는 권한을 가진다(헌법 §7). 여기서 외교사절이란 국가를 대표하여 외국과 교섭하는 자로서 외국에 파견되는 사절을 말한다. 신임이라 함은 우리나라의 외교사절에 신임장을 수여하는 행위를 말한다. 접수란 외국의 외교사절이 우리나라에서 적법하게 외교활동을 할 수 있음을 수락하는 것을 말한다. 파견이란 우리나라의 외교사절을 외국이나 국제조직 또는 국제기구에 보내는 것을 말한다.

대통령은 선전포고와 강화에 관한 권한을 가진다(헌법 §73). 선전포고란 다른 나라에 대하여 전쟁을 개시함을 선언하는 의사표시를 말하고, 강화란 전쟁을 종결하기 위하여 적국과 행하는 합의를 말한다. 헌법은 침략적 전쟁을 금지하고 있으므로(헌법 §5①) 대통령의 선전포고는 우리 국토를 방위하기 위한 선전포고를 의미한다. 대통령이 선전포고나 강화조약을 체결하는 때에는 사전에 국무회의의 심의를 거쳐야 할 뿐 아니라(헌법 §89 ii), 사전에 국회의 동의도 얻어야 한다(헌법 §60 ①,②). 대통령은 국군을 외국에 파견하거나 외국의 군대를 우리 영역 안에 주류하게 할 수도 있는데, 이런 권한도 국가원수로서 대외적으로 행사하는 것이다. 군대의 외국에의 파견이나 외국군대의 이런 주류에 대한 결정을 하는데도 국무회의의 심의를 거쳐야 하고(헌법 §89 i, ii, vi), 사전에 국회의 동의를 얻어야 한다(헌법 §60②).

[515] 제2 헌법기관구성에 관한 권한

Ⅰ. 헌법재판소의 구성에 관한 권한

대통령은 9인의 헌법재판소 재판관을 임명한다. 헌법재판소의 구성에 있어서 재판관 9인 가운데 3인의 재판관은 대통령이 직접 선정하여 임명한다(헌법 §111 ②,③).

> 대통령이 재판관 3인을 선정하는 데는 아무런 통제장치가 없다. 이로 인해 헌법재판소의 재판관을 선정하는데 대통령의 사사로운 의견이나 이해관계가 개입할 여지가 있다. 헌법기관의 구성에서 대통령 개인의 사사로운 의견이 개입하는 것은 국가작용의 성질상 합당하지 않다. 현재의 제도하에서도 대통령의 사사로운 의견이 지배할 수 없도록 하는 장치를 마련할 필요가 있다(예컨대 헌법재판소장 및 재판관추천위원회의 추천, 인사자료 조사위원회의 보고 등).

대통령은 헌법재판소 재판관 중에서 국회의 동의를 얻어 헌법재판소의 장을 임명한다(헌법 §111④). 국회의 동의를 얻는다고 하더라도 헌법재판소의 장을 대통령이 선정하는 것은 헌법재판소의 독립성을 보장함에 있어서 바람직하지 않다.

> 대통령이 헌법재판기관의 구성에 관여하는 권한이 당연히 인정되는 것은 아니다. 헌법재판소의 독립성을 확보하기 위해서는 대통령이 헌법재판소의 구성에 관여할 수 없도록 하는 것이 바람직하다. 헌법재판소의 장도 헌법재판소 재판관들이 선출하는 것이 헌법재판소의 독립을 확보하는 데 더 바람직하다. 중앙선거관리위원회의 위원장도 동 위원회의 위원들이 호선하는 것에 비추어 보면, 헌법재판기관의 장을 대통령이 선정하는 것은 헌법의 전체 구조상으로도 체계부정합적인 것이다. 이는 헌법 개정 사항이다.

Ⅱ. 대법원의 구성에 관한 권한

대통령은 대법원의 구성에 강하게 개입한다. 대통령은 국회의 사전 동의를 얻어 대법원장과 대법관을 임명하고(헌법 §104 ①,②), 대법관은 대법원장의 제청을 받아 임명한다(헌법 §104②).

> 대법원장의 선정에서 대통령의 사사로운 의견이나 이해관계가 개입할 여지가 있다. 대통령이 대법원장을 선정하면 대법원장이 대법관을 제청함에 있어서도 간접적으로 영향을 미칠 수 있다(예컨대 대통령에 의해 임명된 대법원장은 대법관의 제청에서 대통령이 선호하는 인물을 고려할 여지가 있다). 국회의 동의절차에서 어느 정도 통제할 수 있으나, 국회의 동의절차에서는 대법원장이나 대법관으로서의 적합성을 검증하므로 대통령 개인의 사사로운 이해관계의 개입을 통제하기가 쉽지 않다.

최고법원의 구성에서 대통령이 이렇게 강하게 개입하는 것은 최고법원의 독립과 공적 성격을 확보하는 데 바람직하지 않다. 특히 일반 법관을 임명하는 권한을 가지는 대법원장을 대통령이 직접 선정하는 방식은 법원과 재판의 독립 보장에 비추어 지양하는 것이 바람직하다.

대법원을 포함한 법원을 구성하는 방법에는 사법의 원리에 합당하게 구성하는 방법이 있다. 대법원장을 법관 또는 사법부 내에서 구성하는 선거인단이 선거하거나 대법관들이 선출하는 방법이 그 한 예에 해당한다. 그리고 대법관도 선정위원회에서 선정하거나 선거하는 방법도 있다.

Ⅲ. 중앙선거관리위원회의 구성에 관한 권한

대통령은 중앙선거관리위원회의 구성에서 위원 9인 가운데 3인의 위원을 직접 선정하여 임명한다(헌법 §114②). 위원 9인 가운데 1/3에 해당하는 인원을 대통령이 직접 선정하여 임명하는 것은 대통령이 집권당의 당원 또는 당수로 있는 한 선거의 공정한 관리를 어렵게 만들 위험이 있다. 대통령의 선거를 포함한 국가의 모든 선거를 공정하고 엄격하게 관리해야 하는 중앙선거관리위원회의 정치적 중립성을 확보함에 있어서 대통령의 이와 같은 강력한 개입은 바람직하지 않다.

우리 정치사에서 역대 정부가 출범할 때마다 중앙선거관리위원회의 요직을 자기 사람으로 채우는 것(특히 지역주의가 우리 정치를 지배한 종래에는 지역연고에 따라 요직에 자기편 사람을 임명하였다)에 적극적인 태도를 취한 것에 비추어 보면, 중앙선거관리위원회가 선거의 공정성과 정치적 중립성을 제대로 유지하지 못했다는 것을 보여주고, 집권세력은 중앙선거권리위원회를 장악하여 선거에서 집권세력에게 유리한 환경을 만들고자 한 것을 알 수 있다. 중앙선거관리위원회의 엄정한 업무수행과 선거관리의 중립성 및 공정성을 완전히 보장하기 위해서는 중앙선거관리위원회를 독립기관으로 만들고, 그 구성에서는 대통령이 관여할 수 없게 하는 것이 타당하다. 특히 대통령의 연임이 가능한 구조에서라면 대통령의 선거를 관리하는 중앙선거관리위원회의 구성에 대통령이 관여하는 것은 이해관계충돌의 회피(conflict of interest)법리에 저촉된다.

Ⅳ. 감사원의 구성에 관한 권한

감사원은 헌법체계상 행정부에 속해 있지만, 그 관할권이 국가의 세입·세출의 결산이나 국가 및 법률이 정하는 단체의 회계검사와 같이 국가 전 영역에 걸치는 경우도 있으므로 행정부의 기관에 그치는 것이 아니라 헌법기관으로서의 성격도 가진다. 헌법은 이런 감사원의 구성에서 대통령이 국회의 사전동의를 얻어 감사원장을 임명하게 하고(헌법 §98②), 대통령에 의하여 임명된 감사원장의 제청을 받아 대통령이 감사위원 전원을 임명하게 하고 있어(헌법 §98③), 대통령은 감사원의 구성에 강하게 개입을 한다.

감사원이 단순히 행정부 내의 기관이 아님에도 대통령이 그 구성에서 전면적인 영향력을 행사하는 것은 감사원을 대통령으로부터 자유롭지 못하게 만들어 감사활동의 중립성과 공정성 확보에 실패할 위험성을 높이고 있다.

종래 감사원이 대통령 1인의 권위주의적 통치의 강력한 무기로 동원된 것도 결국 감사원의 구성에서 강력한 권한을 가지고 있는 대통령의 의중에 따라 감사원의 권한이 왜곡되어 행사되었기 때문이다. 대통령에 협조하지 않는 기관에 대하여 감사활동을 강화하여 해당 기관의 활동을 약화시키거나 국정운영이나 선거에 있어 집권세력에게 불리한 감사내용을 은폐하거나 왜곡하는 것도 감사원이 대통령에게 장악되어 있기 때문이다. 국가의 예산·결산에 관한 국회의 기능과 활동을 강화하여 국가의 세입·세출의 결산, 국가 및 법률이 정한 단체의 회계검사에 관한 권한을 국회로 이관하고, 감사원은 행정기관으로서 행정기관과 행정부 공무원의 직무감찰에 관한 권한만 가지게 하는 방안도 국가의 권력분립과 기능합리화의 면에서 고려해 볼 만하다.

[516] 제3 국정수행에 관한 권한

I. 행정에 관한 권한

헌법 제66조 제4항은 「행정권은 대통령을 수반으로 하는 정부에 속한다」라고 정하고 있는데, 대통령은 행정부의 수반으로서 국가의 행정에 관한 최종적인 결정권자로서 행정업무를 수행한다. 대통령은 국가의 행정업무를 수행하기 위하여 행정부를 조직하고 운영한다. 대통령은 행정권을 행사하더라도 모든 행정업무를 수행하는 것이 아니라, 구체적인 행정업무는 행정부의 기관과 조직으로 하여금 수행하게 하고, 대통령은 행정부의 수반으로서 행정부의 조직을 지휘하고 감독한다. 정부조직법은 이를 확인하여, 대통령은 정부의 수반으로서 법령에 따라 모든 중앙행정기관의 장을 지휘·감독한다고 정하고 있다(정조법 §11①). 이에 따라 대통령은 구체적으로 행정업무를 수행하기 위한 공무원조직(=관료조직)을 구성하고 운영하며, 법률을 집행하고, 국가의 운영에 필요한 재정과 국군통수에 관한 권한을 행사한다.

(1) 행정부의 구성과 운영에 관한 권한

대통령은 행정부의 수반으로서 행정업무에 필요한 행정부의 관료조직을 구성하고 운영한다. 행정부의 조직과 권한에 대한 기본적인 사항은 국회가 법률을 제정하여 정하지만, 대통령은 행정업무를 수행할 구체적인 조직을 관리·운영한다. 헌법은 대통령에게 헌법과 법률이 정하는 바에 의하여 공무원을 임면할 수 있는 공무원임면권(公務員任免權 appointment and removal power)을 부여하고 있다(헌법 §78).

(a) 행정부의 조직과 구성

(i) 공무원 임면권 대통령은 공무원임면권을 행사하여 공무원을 충원하고 공무원 조직을 운영한다. 공무원임면권의 내용이 되는 임면에는 임명, 파면뿐만 아니라 전직, 휴직, 징계도 포함된다. 행정부의 기관의 설치, 조직, 직무범위에 관한 기본법으로는 정부조직법이 있고, 공무원의 조직과 그 운영에 관한 기본법으로는 국가공무원법이 있다. 행정기관소속 5급 이상 공무원 및 고위공무원단에 속하는 일반직공무원은 소속장관의 제청으로 인사혁신처장과 협의를 거친 후에 국무총리를 거쳐 대통령이 임용한다. 그 이외에는 소속장관이 소속공무원에 대하여 임용권(任用權)을 가지되, 소속장관은 그 임용권의 일부를 대통령령이 정하는 바에 따라 보조기관 또는 그 소속기관의 장에게 위임할 수 있다(동법 §32①,②,③).

헌법 제78조가 정하는 대통령의 공무원임면권은 행정부 공무원의 임면에 대해서는 대통령이 독점적인 권한을 가지는 것을 보장하지만, 나머지 국가공무원의 경우에는 독점적인 권한을 가지고 있지 않다. 헌법재판소의 장 및 재판관(헌법 §111②,④), 대법원장 및 대법관(헌법 §104①,②), 감사원장 및 감사위원의 임명(헌법 §98②,③)과 같이 헌법에서 명시적으로 대통령에 의한 임명을 정하고 있는 경우를 제외하고는, 대통령은 행정부 이외의 국가기관의 공무원에 대해 당연히 임면권을 가지는 것이 아니다(국공법 §32④,⑤,⑥,⑦). 국회소속 공무원에 대해서는 직급에 따라 국회의장과 사무총장이 임면권을 가지고(국회사무처법 §3②), 법원소속 공무원에 대해서는 대법원장이 임용권을 가지며(헌법 §104③, 법조법 §53), 헌법재판소의 공무원에 대해서는 헌법재판소장이 임용권을 가진다(헌재법 §19, §19의2, §18④). 중앙선거관리위원회 소속 5급 이상 공무원에 대해서는 중앙선거관리위원회의 의결을 거쳐 중앙선거관리위원회위원장이 임면권을 가진다(국공법 §32⑦).

헌법이 정하고 있는 사항 이외에 국가의 운영에서 행정부에 소속되지 않은 공무원을 선출하거나 대통령이 아닌 자에 의한 임면방식의 채택이 필요한 경우에는 법률로써 그 방식을 결정할 수 있다. 헌법 제78조는 「헌법과 법률이 정하는 바에 의하여」 대통령이 공무원을 임면할 수 있도록 규정하고 있으므로 법률로써 대통령이 아닌 자가 공무원을 임명하게 할 수도 있다. 따라서 대통령이 유일한 공무원임면권자는 아니다(동지: 허영a, 952).

대통령이나 그 친인척 또는 대통령 주위의 권력핵심부의 인사나 집권세력이 개입된 부정부패사건을 수사하기 위하여 특별검사를 설치하는 경우에 대통령이 특별검사를 임명하는 것은 이해관계의 충돌(conflict of interest)의 문제가 발생한다. 이런 경우에는 법원에서 특별검사를 선임하게 하는 것도 하나의 방법이다.

(ii) 공무원 임면에서의 제약 대통령의 임면권의 행사에는 일정한 제약이 있다. 공무의 특성상 공무원의 임명에 일정한 자격이 요구되는 경우(예: 헌법재판소의 장, 대법 원장, 대법관, 검사, 교육공무원, 기술직 공무원 등)에는 자격요건을 갖춘 자에 한하여 임명하여야 한다. 법률이 공무원 임명의 자격에 일정한 제한을 부과하고 있는 경우에는 그러한 자격을 가지지 아니한 자를 공무원으로 임명할 수 없고, 임명하여도 공무원의 자격을 가질 수 없다. 공무원의 임명에 있어 타 기관의 제청을 요하는 경우(대법관, 국무위원, 행정각부의 장, 감사위원), 타 기관의 선출을 요하는 경우(국회에서 선출하 판관는 헌법재판소 재3인), 타 기관의 지명을 요하는 경우(대법원장이 지명하는 헌법재판소 재판관 3인), 국회의 동의를 요하는 경우(헌법재판소의 장, 대법원장, 대법관, 감사원장, 국무총리), 국무회의의 심의를 요하는 경우(검찰총장, 합참의장, 학교총장, 각군참모총장, 국립대 대사)에도 그러한 사전절차를 거쳐 해당 공무원을 임명하여야 한다. 이러한 사전절차를 밟지 않고 행한 임명행위는 적법한 효력을 가지지 못한다.

공무원은 형의 선고 · 징계처분 또는 국가공무원법에 정하는 사유에 의하지 않고는 그 의사에 반하여 휴직 · 강임 또는 면직을 당하지 아니하기 때문에 대통령의 인사권도 이에 제한을 받는다. 다만, 1급공무원과 제23조에 따라 배정된 직무등급이 가장 높은 등급의 직위에 임용된 고위공무원단에 속하는 공무원은 그러하지 않다(국공법 §68). 임명에서 국회 등의 동의를 요하는 공무원의 해임 또는 파면에 있어서는 해당 동의기관의 동의가 없이도 대통령은 해당 공무원을 해임 또는 파면할 수 있다(통설). 국회가 해임건의권을 행사하여 해임을 건의한 공무원에 대해서는 특별한 사유가 없는 한 대통령은 해당 공무원을 해임하여야 한다(동지: 김철수b, 1738; 성낙인, 1029). 그렇지 아니하면 해임건의제도의 제도적 취지가 부정되기 때문이다.

(b) 행정부의 운영

대통령은 행정부의 운영과 행정업무의 수행상 필요한 경우에는 권한을 위임할 수 있다. 대통령뿐만 아니라 행정기관도 그 조직의 운영과 직무의 수행상 필요한 경우에는 법령이 정하는 바에 의하여 권한을 위임하여 업무를 수행한다(정조법 §6).

(2) 법률집행에 관한 권한

대통령은 국회가 입법한 법률을 공포하고 집행한다. 넓은 의미에서 보면, 법원이나 헌법재판소도 법률의 해석을 통하여 법률을 적용하지만, 좁은 의미에서 법률을 집행하는 것은 행정부이다. 따라서 행정부의 수반인 대통령은 법률을 집행한다. 법률의 집행행위는 다양한 종류의 행정행위로 행해진다. 대통령의 명령제정권의 행사도 법률의 집행행위에 속한다.

권력분립원리에 따를 때, 의회가 모든 사항을 규율할 수도 없고 해서도 안 되기 때문에 국회는 원칙적으로 법률을 제정하고(예외적으로 직접성을 가지는 법률은 집행행위의 개입이 없이 바로 적용된다) 대통령과 행정부는 법률을 집행하는 역할을 맡고 있다. 법률이 어떤 사항을 규율하는 경우에도 구체적인 세세한 사안을 모두 예측하고 규율할 수 없기 때문에 법률의 집행과 관련하여 구체화하여야 할 사항은 하위규범인 명령에 위임(delegation)을 한다. 성질상 법률에만 내용을 정해두고 행정부는 이를 단순히 집행하는 경우에는 집행명령을 발한다.

헌법은, 대통령이 법률을 집행함에 있어서 법률에서 구체적으로 범위를 정하여 위임받은 사항과 법률을 집행하기 위하여 필요한 사항에 관하여는 대통령령을 발할 수 있다고 정하여 대통령의 명령제정권을 보장하고 있다(헌법 §75). 전자를 위임명령(委任命令)이라고 하고, 후자는 집행명령(執行命令)이라고 한다.

(a) 위임명령

(i) 의의 및 성질 위임명령이라 함은 헌법에 근거하고 법률의 구체적이고 개별적인 위임에 의해 발하는 명령이다. 따라서 위임명령은 그 내용과 효력의 발생·상실에서 모법인 법률의 위임규정에 종속된다(예: 憲 1997. 4. 24.-95헌마273).

(ii) 범위와 한계 헌법 제75조는 위임입법의 필요성을 인정하면서 동시에 그 범위와 한계를 정하고 있는 규정이다(예: 憲 1991. 7. 8.-91헌가4; 1999. 3. 25.-98헌가11등; 2000. 1. 27.-96헌바95등; 2000. 3. 30.-98헌가8; 2000. 7. 20.-99헌가15). 이에 의할 때, 법률의 위임은 반드시 구체적이고 개별적으로 한정된 사항에 대하여 행해져야 한다. 그렇지 아니하고 일반적이고 포괄적인 위임을 한다면 이는 사실상 입법권을 백지위임하는 것이나 다름없어 의회입법의 원칙이나 법치주의를 부인하는 것이 되고 행정권의 부당한 자의와 기본권에 대한 침해를 초래할 수 있다(포괄적 위임입법의 금지)([76] II (2)).

헌법 제75조의「법률에서 구체적으로 범위를 정하여 위임받은 사항」이라 함은 법률에 미리 위임의 목적·내용·범위와 그 위임에 따른 행정입법에서 준수하여야 할 목표·기준 등의 요소가 규정되어 있어야 함(大 2000. 10. 19.-98두6265)과 국민이 장래 대통령령으로 규정할 내용을 일일이 예견할 수는 없다고 할지라도 대통령령으로 규정될 내용 및 범위의 기본사항이 법률에 구체적으로 규정되어 있어서 누구라도 당해 법률로부터 대통령령에 규정될 내용의 기본적인 윤곽만은 예측할 수 있어야 함을 의미한다(예: 憲 1991. 7. 8.-91헌가4; 1995. 9. 28.-93헌바50; 1997. 11. 27.-96헌바12; 1998. 5. 28.-96헌가1; 1999. 9. 25.-97헌바63; 1999. 7. 22.-97헌바16 등; 2002. 9. 19.-2002헌바2; 2007. 4. 26.-2004헌가29 등).

위임입법의 이러한 구체성·명확성의 요구 정도는 문제된 해당 법률이 의도하는 규제대상의 종류와 성질에 따라 달라지고, 예측가능성의 유무를 판단함에 있어서는 당해 특정 조항 하나만을 놓고 판단하는 것이 아니라 관련 법조항 전체를 유기적·체계적으로 종합하여 판단하며, 각 대상법률의 성질에 따라 구체적·개별적으로 검토하여 판단한다(예: 憲 1994. 6. 30.-93헌가15등; 1994. 7. 29.-93헌가12; 1997. 10. 30.-96헌바92등). 헌법재판소와 대법원은 위임의 구체성 · 명확성의 요구에서 처벌법규나 조세법규와 같은 기본권제한적인 법규의 경우에는 그 정도가 강화되어 그 위임의 요건과 범위가 일반적인 급부행정의 경우보다 더 엄격하게 제한적으로 규정되어야 하고, 규율대상이 극히 다양하거나 수시로 변화하는 성질의 법규일 때에는 그 정도가 완화되어야 한다고 판시하였다(憲 1997. 2. 20.-95헌바27; 1998. 3. 25.-96헌바57; 1999. 3. 25.-98헌가11등; 2002. 6. 27.-2000헌가10; 2007. 4. 26.-2004헌가29등; 大 2000. 10. 19.-98두6265).

[憲 1999.3.25.-98헌가11등] 「위임의 구체성 · 명확성의 요구 정도는 그 규율대상의 종류와 성격에 따라 달라질 것이지만 특히 처벌법규나 조세법규와 같이 국민의 기본권을 직접적으로 제한하거나 침해할 소지가 있는 법규에서는 구체성 · 명확성의 요구가 강화되어 그 위임의 요건과 범위가 일반적인 급부행정의 경우보다 더 엄격하게 제한적으로 규정되어야 하는 반면에, 규율대상이 지극히 다양하거나 수시로 변화하는 성질의 것일 때에는 위임의 구체성 · 명확성의 요건이 완화되어야 할 것이다.」

[憲 2007.4.26.-2004헌가29등] 「법률이 어떤 사항에 관하여 대통령령에 위임할 경우에는 국민이 장래 대통령령으로 규정될 내용을 일일이 예견할 수는 없다고 할지라도 적어도 그 기본적 윤곽만은 예측할 수 있도록 기본적인 사항들에 관하여 법률에서 구체적으로 규정하여야 한다. 위임의 구체성 · 명확성의 요구 정도는 그 규율대상의 종류와 성격에 따라 달라질 것이지만, 특히 처벌법규나 조세법규 등 국민의 기본권을 직접적으로 제한하거나 침해할 소지가 있는 법규에서는 구체성 · 명확성의 요구가 강화되어 그 위임의 요건과 범위가 일반적인 급부행정법규의 경우보다 더 엄격하게 제한적으로 규정되어야 하는 반면에, 규율대상이 지극히 다양하거나 수시로 변화하는 성질의 것일 때에는 위임의 구체성 · 명확성의 요건이 완화되어야 할 것이다. 즉 급부행정 영역에서는 기본권침해 영역보다는 구체성의 요구가 다소 약화되어도 무방하다고 해석되며 다양한 사실관계를 규율하거나 사실관계가 수시로 변화될 것이 예상될 때에는 위임의 명확성의 요건이 완화된다. 뿐만 아니라 위임조항에서 위임의 구체적 범위를 명확히 규정하고 있지 않다고 하더라도 당해 법률의 전반적 체계와 관련규정에 비추어 위임조항의 내재적인 위임의 범위나 한계를 객관적으로 분명히 확정할 수 있다면 이를 일반적으로 포괄적인 백지위임에 해당하는 것으로 볼 수 없다.」

[大 2000.10.19.-98두6265] 「헌법 제75조의 규정상 대통령령으로 정할 사항에 관한 법률의 위임은 구체적으로 범위를 정하여 이루어져야 하고, 이 때 구체적으로 범위를 정한다고 함은 위임의 목적 · 내용 · 범위와 그 위임에 따른 행정입법에서 준수하여야 할 목표 · 기준 등의 요소가 미리 규정되어 있는 것을 가리킨다. 그리고 이러한 위임이 있는지 여부를 판단함에 있어서는 직접적인 위임 규정의 형식과 내용 외에 당해 법률의 전반적인 체계와 취지 · 목적 등도 아울러 고려하여야 하고, 규율 대상의 종류와 성격에 따라서는 요구되는 구체성의 정도 또한 달라질 수 있으나, 국민의 기본권을 제한하거나 침해할 소지가 있는 사항에 관한 위임에 있어서는 위와 같은 구체성 내지 명확성이 보다 엄격하게 요구된다.」

위임명령은 위임을 받은 구체적인 범위 내에서는 모법이 명시적으로 정하고 있지 않은 사항도 규율할 수 있다. 유의할 것은, 헌법 제37조 제2항에 의할 때 기본권을 제한하는 행정행위는 언제나 법률에 근거를 두거나 법률의 구체적인 위임을 받은 명령을 근거로 하여야 하고, 기본권을 제한하는 명령도 법률에서 기본적인 중요사항을 정하고 이를 집행하는 내용이거나 법률의 구체적인 위임을 받은 경우에만 허용된다는 점이다.

위임명령(예: 대통령령인 시행령)이 모법인 법률에서 위임받은 사항을 그보다 하위의 법규범(예: 총리령이나 부령인 시행규칙)에 다시 재위임(再委任)을 하는 경우에는 법률에서 위임받은 사항의 대강을 반드시 정하고 이 대강을 세부적으로 정하는 것을 하위규범에 위임하는 것만 허용된다. 위임명령이 법률에서 위임받은 내용을 전혀 정하지 않은 채 보다 하위 법규범에 그대로 다시 위임하는 것(복위임)은 위임명령으로 모법의 위임사항을 거부하는 것이 되어 법치주의와 법효력의 단계를 침해하는 것이 된다(통설)(예: 憲 1996. 2. 29.-94헌마213). 헌법상 이런 복위임(複委任)은 금지된다(복위임의 금지).

[憲 1996.2.29.-94헌마213] 「사실상 입법권을 백지위임하는 것과 같은 일반적이고 포괄적인 위임은 의회입법과 법치주의를 부인하는 것이 되어 행정권의 부당한 자의와 기본권행사에 대한 무제한적 침해를 초래할 것이기 때문에 법률로 대통령령에 위임을 하는 경우라도 적어도 법률의 규정에 의하여 대통령령으로 규정될 내용 및 범위의 기본사항을 구체적으로 규정함으로써 누구라도 당해 법률로부터 대통령령에 규정될 내용의 대강을 예측할 수 있도록 하여야 할 것인바, 헌법 제75조에서 규정하는 "구체적으로 범위를 정하여"는 위와 같은 의미로 해석된다.……헌법 제95조는……재위임의 근거를 마련하고 있지만, 대통령령의 경우와는 달리 "구체적으로 범위를 정하여"라는 제한을 규정하고 있지 아니하므로 대통령령으로 위임받은 사항을 그대로 재위임할 수 있는가에 관하여 의문이 있다. 살피건대 법률에서 위임받은 사항을 전혀 규정하지 않고 재위임하는 것은 "위임받은 권한을 그대로 다시 위임할 수 없다"는 복위임금지의 법리에 반할 뿐 아니라 수권법의 내용변경을 초래하는 것이 되고, 부령의 제정 · 개정절차가 대통령령에 비하여 보다 용이한 점을 고려할 때 재위임에 의한 부령의 경우에도 위임에 의한 대통령령에 가해지는 헌법상의 제한이 당연히 적용되어야 할 것이다. 따라서 법률에서 위임받은 사항을 전혀 규정하지 아니하고 그대로 재위임하는 것은 허용되지 않으며 위임받은 사항에 관하여 대강을 정하고 그 중의 특정사항을 범위를 정하여 하위법령에 다시 위임하는 경우에만 재위임이 허용된다.」

[憲 1997.4.24.-95헌마273] 「위임입법의 내용에 관한 헌법적 한계는 그 수범자가 누구냐에 따라 입법권자에 대한 한계와 수권법률에 의해 법규명령을 제정하는 수임자에 대한 한계로 구별할 수 있다. 즉 국회가 법률에 의하여 입법권을 위임하는 경우에도 헌법 등 상위규범에 위반해서는 아니 된다는 것이 전자의 문제이고, 반면에 법률의 우위원칙에 따른 위임입법의 내용적 한계는 후자에 속한다. 일반적으로 위임입법의 내용적 한계라고 하는 경우에는 주로 후자가 문제되고 있으며…… 위임명령의 내용은 수권법률

이 수권한 규율대상과 목적의 범위 안에서 정해야 하는데 이를 위배한 위임명령은 위법이라고 평가되며, 여기에서 모법의 수권조건에 의한 위임명령의 한계가 도출된다. 즉 모법상 아무런 규정이 없는 입법사항을 하위명령이 규율하는 것은 위임입법의 한계를 위배하는 것이다.」

헌법 제75조가 위임입법을 인정한다고 하더라도 헌법이 직접 법률에서 정할 사항이라고 명시하고 있는 국회의 전속적(專屬的) 입법사항은 위임할 수 없다. 즉 헌법은 국적취득의 요건(헌법 §2①), 조세의 종목과 세율(헌법 §59), 지방자치단체의 종류(헌법 §117②) 등은 법률사항이라고 명시적으로 정하고 있으므로 이를 대통령령에 위임할 수 없다(통설).

헌법 제12조 제1항에서 「처벌」은 법률과 적법한 절차에 의하도록 정하고 있다. 따라서 이를 위임입법에서 정할 수는 없기 때문에 처벌의 대상이 되는 범죄의 구성요건과 형의 종류 및 형량의 한도는 반드시 법률에서 정하여야 한다. 다만, 처벌의 수단과 정도는 모법이 최고한도를 정한 후 그 범위 내에서 명령으로써 구체적인 범위를 정하도록 위임할 수 있다(동지: 권영성,1007; 김철수b, 1834; 성낙인, 1017). 헌법재판소는 처벌법규의 위임에 관하여 i) 특히 긴급한 필요가 있거나 미리 법률로써 자세히 정할 수 없는 부득이한 사정이 있는 경우에 한정되어야 하며, ii) 이러한 경우에도 법률에서 범죄의 구성요건은 처벌대상행위가 어떠한 것일 것이라고 예측할 수 있을 정도로 구체적으로 정하고, iii) 형벌의 종류 및 그 상한과 폭을 명백히 규정하여야 한다고 판시하였다(憲 1997. 5. 29.-94헌바22; 1991. 7. 8.-91헌가4; 1994. 6. 30.-93헌가15등).

(b) 집행명령

(i) 의의 및 성질　　집행명령이라 함은 헌법에 근거하여 법률을 집행하는데 필요한 세부 시행사항을 발하는 명령이다. 입법에 있어 법률은 그 집행의 모든 경우를 예상하여 일체의 세세한 것까지 정할 수는 없기 때문에 법률이 정한 범위 내에서 이를 개별적이고 구체적인 사안에 적용하여 시행하는데 필요한 세부적인 시행세칙이 필요하다. 이러한 시행세칙이 행정입법의 하나인 집행명령이다. 따라서 집행명령도 그 내용과 효력의 발생·상실에서 모법인 근거 법률에 종속된다.

(ii) 한　　계　　집행명령은 단지 법률을 집행하기 위하여 필요한 세부시행사항을 정하는 것이므로 법률에 없는 내용을 정할 수 없다. 따라서 근거 법률인 모법의 내용을 변경하거나 보충하는 것은 허용되지 않는다.

[大 1990.9.28.-89누2493] 「대통령은 법률에서 구체적으로 범위를 정하여 위임받은 사항과 법률을 집행하기 위하여 필요한 사항에 관하여만 대통령령을 발할 수 있는 것이므로(헌법 §75), 법률의 시행령은 모법인 법률에 의하여 위임받은 사항이나 법률이 규정한

범위 내에서 법률을 현실적으로 집행하는데 필요한 세부적인 사항만을 규정할 수 있을 뿐, 법률에 의한 위임이 없는 한 법률이 규정한 개인의 권리·의무에 관한 내용을 변경·보충하거나 법률에 규정되지 아니한 새로운 내용을 규정할 수는 없다고 할 것인바, 일정한 권리에 관하여 법률이 규정한 존속기간을 뜻하는 제척기간은 권리관계를 조속히 확정시키기 위하여 권리의 행사에 중대한 제한을 가하는 것이므로, 모법인 법률에 의한 위임이 없는 한 시행령이 함부로 제척기간을 규정할 수는 없다고 할 것이다.」

대통령이 법률을 집행하는 권한과 의무를 지고 있음에도 이를 수행하지 않는 경우가 있다. 대통령이 법률을 집행하기 위한 대통령령(위임명령 또는 집행명령)을 발하지 않거나(대통령령입법의 부작위) 법률에 위반하는 내용을 정하는 경우가 이에 해당하는데, 이러한 권한의 남용은 통제할 필요가 있다. 그 통제방법의 하나로 국회법은, 법률에서 위임한 사항이나 법률을 집행하기 위하여 필요한 사항을 규정한 대통령령이 제정·개정 또는 폐지된 때에는 중앙행정기관의 장은 10일 이내에 이를 국회의 소관상임위원회에 제출하고, 그 기간 이내에 제출하지 못한 경우에는 그 이유를 소관상임위원회에 통지하도록 하는 의무를 부과하고, 상임위원회는 위원회 또는 상설소위원회를 정기적으로 개회하여 제출된 대통령령에 대하여 법률에의 위반여부 등을 검토하여 당해 대통령령이 법률의 취지 또는 내용에 합치되지 아니하다고 판단되는 경우에는 소관 중앙행정기관의 장에게 그 내용을 통보할 수 있다(동법 §98의2). 행정입법의 이행을 보장하는 장치로서는 약한 수준의 통제방법이다. 법률로 대통령령의 구체적 내용을 직접 기속하는 것은 권력분립원리에 어긋난다. 법률에서 구체적으로 범위를 정하여 대통령령으로 정하도록 했음에도 대통령이 이에 필요한 위임명령을 발하지 않으면 직무유기의 책임을 질 뿐만 아니라 탄핵사유에 해당한다.

(c) 대통령령의 법적 지위

헌법 제75조가 정하는 대통령령(대통령령은 「시행령」의 형식을 가진다)이 헌법 제95조가 정하는 총리령과 부령(총리령과 부령은 「시행규칙」의 형식을 가진다)에 대하여 우위에 있는가 하는 문제가 있다. 총리령과 부령은 동위에 있지만, 대통령령은 대통령이 행정부의 수반인 점에 비추어 원칙적으로 총리령이나 부령보다 상위에 있다고 할 것이다. 다만, 국회는 법률을 제정하면서 대통령령에 위임하지 않고 바로 총리령이나 부령으로 위임할 수 있으므로(예: 「공정거래위원회와 그 소속기관 직제 시행규칙」; 「국가보훈처와 그 소속기관 직제 시행규칙」; 「국가유공자 등 단체의 수익사업에 관한 규칙」) 대통령령, 총리령, 부령이 모두 법률에서 바로 위임된 위임명령인 경우에는 서로 동위에 있다고 할 것이다. 서로 동위에 있는 이런 위임명령들이 충돌하면 이 위임명령의 모법인 법률의 내용들 간에도 충돌이 생기므로 먼저 법률의 개정을 통하여 규범 간의 저촉을 해결하여야 한다(모법 간에 신법우선의 원칙이 적용되는 경우에는 하위 위임명령 간에도 이 원칙이 적용된다고 할 것이다).

(d) 대통령령에 대한 통제

대통령령에 대한 통제장치로는 사전통제와 사후통제가 있다.

(i) 사전통제 대통령령을 발령하기 전에 국무회의의 심의를 거치는 것(헌법 §89iii), 국무총리와 관계국무위원이 부서(副署)하는 것(헌법 §82)은 대통령령에 대한 사전통제의 기능을 한다.

(ii) 사후통제 대통령령에 대한 사후통제에는 국회에 의한 통제, 헌법재판소에 의한 통제, 법원에 의한 통제가 있다.

국회는 대통령령의 근거가 되는 법률을 개정, 폐지하거나 새로운 법률을 제정하여 대통령령을 통제할 수 있다. 입법례에 따라서는 국회가 대통령령을 비롯한 행정입법에 대하여 사전동의 혹은 사후승인(예: 미합중국의 입법부의 거부 legislative veto)을 하게 하거나, 사후에 국회가 행정입법의 효력을 소멸시키는 권한을 부여하는 경우도 있으나, 우리나라의 경우에는 단지 행정입법의 제정 · 개정 · 폐지시 국회에 대하여 통지하는 통지제도와 국회에 의한 대통령령 등에 대한 위법여부심사 · 통지제도만을 규정하고 있을 뿐이다(국회법 §98의2). 대통령이 위헌 혹은 위법인 대통령령을 제정하고 시행하는 경우에 국회는 대통령에 대하여 탄핵소추를 할 수도 있다.

헌법재판소는 대통령령에 대하여 헌법소원심판을 통하여 통제할 수 있다. 종래 법규명령에 대하여 헌법소원심판을 청구할 수 있는지에 대하여 견해가 대립하였으나, 헌법재판소는 법령이 집행행위를 기다리지 아니하고 현재, 직접적으로 청구인의 기본권을 침해한 경우 헌법소원심판으로 그 위헌여부를 다툴 수 있다고 판시하였다(예: 憲 1990. 10. 15.-89헌마178; 1991. 7. 22.-90헌마174; 1992. 6. 26.-91헌마25).

> [憲 1990.10.15.-89헌마178] 「헌법 제107조 제2항이 규정한 명령 · 규칙에 대한 대법원의 최종심사권이란 구체적인 소송사건에서 명령 · 규칙의 위헌여부가 재판의 전제가 되었을 경우 법률의 경우와는 달리 헌법재판소에 제청할 것 없이 대법원이 최종적으로 심사할 수 있다는 의미이며, 헌법 제111조 제1항 제1호에서 법률의 위헌여부심사권을 헌법재판소에 부여한 이상 통일적인 헌법해석과 규범통제를 위하여 공권력에 의한 기본권침해를 이유로 하는 헌법 제107조 제2항의 규정이 이를 배제한 것이라고는 볼 수 없다. 그러므로 법률의 경우와 마찬가지로 명령 · 규칙 그 자체에 의하여 직접 기본권이 침해되었음을 이유로 헌법소원심판을 청구하는 것은 위 헌법규정과는 아무런 상관이 없는 문제이다. 그리고 헌법재판소법 제68조 제1항이 규정하고 있는 헌법소원심판의 대상으로서의 "공권력"이란 입법 · 사법 · 행정 등 모든 공권력을 말하는 것이므로 입법부에서 제정한 법률, 행정부에서 제정한 시행령이나 시행규칙 및 사법부에서 제정한 규칙 등은 그것들이 별도의 침해행위를 기다리지 않고 직접 기본권을 침해하는 것일 때에는 모두 헌법소원심판의 대상이 될 수 있는 것이다.」

법원은 명령 · 규칙심사권을 행사하여 대통령령을 통제할 수 있다(헌법 §107②). 명령 · 규칙심사권은 대법원뿐만 아니라 모든 법원이 가지는 권한이다. 현재 우리의 제도하에서는 법원이 재판의 전제가 된 대통령령에 대하여 위헌 또는 위법이라고 판단하더라도 그 효력은 원칙적으로 당해 사건에만 미칠 뿐, 일반적인 효력은 발생하지 않는다. 하지만 행정소송법 제6조에서는 행정소송에 대한 대법원판결에 의하여 명령·규칙이 헌법 또는 법률에 위반된다는 것이 확정된 경우에는 대법원은 지체 없이 그 사유를 행정안전부장관에게 통보하여야 하며(동조 ①), 이러한 통보를 받은 행정안전부장관은 지체 없이 이를 관보에 게재하도록 규정하고 있어(동조 ②) 법원의 명령·규칙심사권의 실효성을 일정 정도 담보하고 있다.

(3) 재정에 관한 권한

대통령은 국가와 행정부의 운영에 있어서 일정한 수준에서 재정에 관한 권한을 가지고 있다. 국가의 예산안에 대한 권한과 기타 재정에 관한 권한이 그것이다. 대통령은 행정부의 수반으로서 국가의 운영에 필요한 예산안을 각 회계연도마다 편성하여 회계연도 개시 90일 전까지 국회에 제출하고, 국회의 의결을 거쳐 집행한다(헌법 §54②). 한 회계연도를 넘어 계속 지출할 필요가 있는 경우에는 계속비(繼續費)를 편성하고(헌법 §55①), 예측하기 어려운 항목에 대한 지출이나 예산초과지출에 충당할 필요가 있는 경우에는 예비비(豫備費)를 편성하며(헌법 §55②), 예산에 변경을 가할 필요가 있는 경우에는 추가경정예산안(追加更正豫算案)을 편성하여 국회에 제출할 수 있다(헌법 §56).

대통령은 일상적인 재정에 관한 권한을 행사할 뿐 아니라, 국가의 운영에서 예외적으로 발생하는 재정적인 사태에 대응하기 위하여 긴급재정경제처분과 명령을 발할 수 있는 권한을 가지고(헌법 §76①), 국채의 모집이나 예산 외에 국가의 부담될 계약도 체결할 수 있는 권한을 가진다(헌법 §58).

대통령이 가지는 재정에 관한 권한은 국가의 운영상 통상적으로 필요한 것이거나 예외적으로 필요한 것을 포괄하는 광범한 것인데, 이러한 재정에 관한 권한의 구체적인 행사는 국민에게 부담을 주게 되고 국민의 재산권을 제한하는 결과를 가져오기 때문에 국민대표기관인 국회의 통제를 받게 하고 있다.

(4) 국군통수에 관한 권한

헌법 제74조는 「① 대통령은 헌법과 법률이 정하는 바에 의하여 국군을 통수한다. ② 국군의 조직과 편성은 법률로 정한다」라고 정하고 있다. 이로써 대통령은 국가의 안전보장과 국토방위의 신성한 의무를 수행함을 사명으로 하는 국군(헌법 §5②)을 통수하는 권한을 가지는 국군통수권자(國軍統帥權者 commander in chief of the military)의 지위에 있다(국조법 §6).

(a) 국군통수권의 의의와 성질

대통령은 군사와 관련하여 대외적으로는 선전포고 및 강화에 관한 권한, 국군의 해외파견에 관한 권한, 외국군대의 국내주류에 관한 권한을 가지고 행사하며, 대내적으로는 일상적으로 국방업무를 수행하기 위해 국군을 통수하고 예외적으로 계엄에 관한 권한을 행사한다. 대통령의 군사에 관한 권한은 헌법질서를 수호하고 유지하며 국가를 방위하는 책무를 지고 있는 대통령이 국방과 관련하여 국가원수로서의 역할과 행정부의 수반으로서의 역할을 수행할 수 있도록 보장해 주는 것이다.

(b) 국군의 통수

대통령의 국군통수란 대통령이 국군의 최고지휘자로서 군작전상 군을 현실적으로 지휘·명령하고 통솔하는 군사상의 행위(군령)와 군대를 조직하고 유지하며 관리·운영하는 군행정상의 행위(군정)를 포함하여 국군을 통솔·관할함을 말한다. 대통령의 국군통수권은 국방부장관을 통하여 행해지는데, 국방부장관은 군령(軍令)업무는 합동참모부의장을 통하여, 군정(軍政)업무는 각군 참모총장을 통하여 수행한다(국조법 §8, §9, §10). 헌법이 군령과 군정에 관한 권한을 모두 국군의 통수권이라는 이름으로 대통령에게 부여하는 것은 군령·군정일원주의(병정통합주의)를 정하는 것인 동시에 국가운영에 있어 민간인에 의한 국가운영, 즉 문민통제(文民統制 civil control)를 실현하는 것이다. 이는 대통령으로 하여금 국군통수권자로서의 지위를 보장하는 것인 동시에 헌법하에서 군사정부(軍事政府 military government)가 불가함을 정하고 있는 것이기도 하다.

국군의 운영에 있어서 군령과 군정을 분리하여 군령에 관한 권한은 군인이 가지고 군정에 관한 권한은 민간인이 가지는 군령·군정이원주의(=병정분리주의)와 이 두 권한을 모두 민간인에게 부여하는 군령·군정일원주의(=병정통합주의)가 있다. 이원주의는 제정시대 독일이나 패전 전의 일본국의 경우와 같이 국가운영에서 군국주의나 군사주의가 지배하는 경우에 작동하는 방식이므로 오늘날 민주국가에서는 일원주의를 취하고 있다.

대통령은 국군통수권을 평상시뿐만 아니라 전시에도 가진다. 전쟁시에 가지는 국군통수권은 전쟁수행권(war-making power)이라고도 한다. 대통령은 선전을 포고한 이후에 전쟁수행권을 행사하여 전쟁을 실제로 수행한다. 이러한 전쟁수행권도 헌법 제5조에 의해 기속되기 때문에 침략전쟁을 수행할 수는 없으나, 대한민국을 침략하려는 적국의 의도가 현실에 존재하는 경우에는 대한민국의 영토를 방어함에 있어 군사작전상 요구되는 모든 종류의 국군통수권이 인정된다. 방어를 하기 위한 적에 대한 선제공격도 인정된다.

(c) 국군의 조직과 편성

헌법 제74조 제2항은 대통령의 국군통수권의 대상이 되는 국군의 조직과 편성은 법률로 정하도록 명문화하고 있다(법정주의). 국군의 조직과 편성을 법률로 정하게 하는 것은 대통령이 이를 자의적으로 할 수 없게 하고, 국민에게 경제적 부담이 되는 군대유지의 비용을 국회가 정하게 하기 위함이다. 이에 따라 국군조직법이 제정되어 시행되고 있다. 이에 의하면, 국군은 육군·해군 및 공군으로 조직하며, 해군에 해병대를 두고 있고, 각군의 전투를 주임무로 하는 작전부대에 대한 작전지휘·감독과 합동 및 연합작전의 수행을 위하여 국방부에 합동참모본부를 두고 있다. 군사상 필요할 때에는 대통령령으로 정하는 바에 따라 국방부장관의 지휘·감독하에 합동부대와 그 밖에 필요한 기관을 둘 수 있게 하고 있다(국조법 §2).

(d) 국군통수권의 통제

대통령의 군대운용에 관한 권한은 곧 병력을 사용하는 권한이므로 이러한 권한의 남용은 국가와 국민에 막대한 피해를 가져온다. 따라서 헌법은 대통령의 군대에 대한 권한의 행사에 관하여 민주적인 통제의 방법을 마련하고 있다. 대외적으로 선전포고나 강화 및 국군의 해외파견 등에 관해서는 국무회의의 심의를 거치고(헌법 §89 ii), 국무총리와 관계국무위원이 부서를 하게 하고(헌법 §82), 국회의 동의를 얻도록 정하고 있다(헌법 §60②). 국군통수권의 행사에서도 헌법과 법률이 정하는 바에 의하여 그 권한을 행사할 수 있도록 할 뿐 아니라(헌법 §74①), 침략적 전쟁에 군대를 사용할 수 없도록 하고 있다(헌법 §5①). 또 군사에 관한 중요한 정책, 합동참모의장·각군참모총장의 임명에 관하여는 국무회의의 심의를 거치게 하고 있고(헌법 §89), 특히 국가안전보장에 관련되는 대외정책·군사정책과 국내정책의 수립에 관하여는 국무회의의 심의에 앞서 미리 국가안전보장회의의 자문을 구하게 하고(헌법 §91①), 국군통수권의 행사에서도 국무총리와 관계국무위원의 부서를 하도록 하고 있다(헌법 §82). 계엄과 관련하여 대통령은 계엄을 선포한 때에는 지체 없이 국회에 통고하고(헌법 §77④), 국회가 재적의원 과반수의 찬성으로 계엄의 해제를 요구한 때에는 대통령으로 하여금 이를 해제하도록 정하고 있다(헌법 §77⑤). 그 이외에도 국회는 국정감사·조사권을 행사하거나 군사에 관한 예산의 심의권과 결산심사권을 행사하여 대통령의 국군통수권을 통제한다.

《군의 정치적 중립》

헌법 제5조 제2항은 「국군은……그 정치적 중립성은 준수된다」라고 정하고 있다. 국가의 안전보장과 국토방위를 목적으로 하는 군제도의 본질상 군의 행위는 정치적인 성격을 가질 수 없다. 군사정부가 아닌 한 이러한 것은 사물의 본질상 당연한 것이다. 그런데 현행 헌법은 이러한 당연한 내용을 명시하고 있다. 이러한 것은 우리 헌정사의 경험에 바탕을 둔 규정이다. 1948년헌법에서 「국군은 국토방위의 신성한 의무를 수행함을 사명으로 한다」고 정한 이래 1960년 11월헌법까지 그대로 유지되어 왔으나, 1961년 「5 · 16군사쿠데타」에 의해 박정희정부가 출범하면서 1962년헌법에서는 이것이 삭제되었다. 1979년 「10 · 26사태」로 박정희정부가 종말을 맞이한 후, 그 해 「12 · 12사태」로 불리는 군사쿠데타로 전두환정부가 등장하면서 개정된 1980년헌법에서는 다시 1948년헌법의 규정이 부활하였으나, 그 실질은 군의 정치적인 영향력과 개입이 강하게 나타난 정치가 전개되었다. 전두환정부에서 군의 정치적 영향력이 강하게 작용한 현실에 대한 반성으로 1987년헌법에서 문민정치와 국가의 중립성을 실질적으로 보장하기 위하여 군의 정치적 중립성 준수를 명시하게 이르렀다. 그 결과 군은 i) 어떠한 경우에도 정치적 활동(예: 군인 개인 또는 군조직의 정치 개입, 정당활동, 특정 정치세력에 대한 지지 · 수용 · 비판 · 반대 등의 의사표시 및 행동)을 할 수 없고, ii) 대통령도 헌법이 정하고 있는 경우 이외에 정치적인 목적이나 의도로 군을 통수할 수 없으며(이러한 경우에는 군은 대통령의 지시를 거부할 수 있다), iii) 헌법이 정하고 있는 경우가 아닌 한 국회도 군에 개입할 수 없으며, iv) 어떠한 정치세력도 군에 개입하거나 이를 이용할 수 없다. 군형법은 「정치단체에 가입하거나 연설 또는 문서 기타의 방법으로 정치적 의견을 공표하거나 기타 정치운동을 한 자」를 정치관여죄로 처벌하고 있다(동법 §94).

II. 국회와 국회입법에 관한 권한

(1) 국회에 관한 권한

대통령은 국정운영에 있어서 필요한 범위 내에서 국회에 관한 권한을 가지는데, 국회의 임시회의 집회를 요구할 수 있는 권한과 국회에 출석하여 발언하거나 서한으로 의견을 표시할 수 있는 권한이 이에 해당한다.

(a) 임시회의 집회요구권

대통령은 국회의 임시회(special session)의 집회를 요구할 수 있다(헌법 §47①). 대통령이 임시회의 집회를 요구할 때에는 국무회의의 심의를 거쳐야 하고(헌법 §89 vii), 기간과 집회요구의 이유를 명시하여야 한다(헌법 §47③). 이것은 국회가 집회를 하지 아니하여 대통령의 권한을 행사할 수 없는 경우를 대비하여 둔 권한으로서 대통령의 권한행사에 국회가 관여하는 경우 국회가 집회를 하지 아니하는 이유로 대통령이 그 권한을 행사할 수 없어서는 안 되기 때문이다.

대통령이 긴급재정경제처분, 긴급재정경제명령, 긴급명령을 발한 때에는 이를 지체 없이 국회에 보고하여 승인을 얻어야 하고(헌법 §76③), 계엄을 선포한 경우에는 이를 지체 없이 국회에 통고를 하여야 하는데(헌법 §77④), 이 경우 국회가 휴회 중이거나 폐회 중이면 임시회의 집회요구권을 행사하여 국회를 열게 하고 그 보고나 통고를 한다.

임시회의 집회를 요구하는 대통령의 권한은 대통령의 권한행사와 관련해서만 인정되는 것이기 때문에 이와 무관하게 아무때나 임시회의 집회를 요구할 수는 없다. 대통령은 국회를 통제하는 수단으로 이 권한을 행사할 수 없다. 그러나 임시회의 집회요구가 긴급한 경우에만 한정하여 인정되는 것은 아니다.

우리 헌법사에서 대통령의 임시회 집회요구권은 1948년헌법 이래 계속 인정하여 온 것이다. 1948년헌법부터 1969년헌법까지는 「긴급한 필요가 있을 때」라는 제한이 있었으나, 1972년헌법에서 이런 제한을 없앤 후 현재까지 제한이 없는 임시회 집회요구권을 정하고 있다. 미합중국의 경우에는 대통령이 「특별한 경우」(extraordinary occasions)에만 임시회 집회를 요구할 수 있도록 하고 있으며, 이러한 권한은 아주 드물게 행사된다. 미합중국의 대통령은 주기적으로 국가의 사정을 의회에 알려주어야 하는 의무를 지고 있다. 통상의 경우에 대통령은 의회와의 협조로 의회에서 회의가 열렸을 때 의회에 나가 국가의 사정과 상황 등을 의원들에게 알려 준다. 따라서 대통령이 의회의 임시회를 열 것을 요구하는 경우는 거의 없다. 대통령은 이런 기회에 국정운영상 의회가 대통령과 행정부의 정책을 지지해 줄 것을 호소하거나 설득하기도 하여 의회의 협조를 얻어 낸다.

(b) 국회에 대한 의견표시권

대통령은 국회에 출석하여 발언하거나 서한(書翰)으로 의견을 표시할 수 있다(헌법 §81). 이는 대통령이 국정운영상 국회에 대하여 자신의 의사를 전달할 수 있게 하기 위한 장치이다. 대통령은 국정운영상 국회를 설득하거나 협조를 구하여야 할 필요도 있고, 국회가 대통령의 국정운영을 정확히 알고 있을 필요도 있으므로 이러한 대국회 의견표시 제도를 둔 것이다. 이에 따라 통상 대통령은 신년에 국회에서 국정에 관한 연설을 하기도 하고 연두교서(年頭敎書)를 전달하기도 한다.

국회에 대한 대통령의 이러한 권한은 헌법 제81조의 문언상 대통령의 재량권으로 정하고 있으므로 의무를 수반하지 않는다. 따라서 국회는 대통령으로 하여금 국회에 출석하여 발언하게 하거나 서한으로 의견을 표시할 것을 강제할 수 없다(동지: 권영성, 996; 김철수b, 1729; 성낙인, 1009). 이런 점에서 헌법 제62조가 정하고 있는 국무총리 · 국무위원 · 정부위원의 국회출석 · 답변의무와 다르다.

(2) 국회입법에 관한 권한

대통령은 국회의 입법에 관해서도 일정한 권한을 가진다. 법률안을 제안하거나 국회가 의결한 법률안을 공포하거나 그 공포를 거부하는 권한이 이에 해당한다.

(a) 법률안제출권

국회의원과 정부는 법률안을 제출할 수 있다(헌법 §52). 정부가 법률안을 제출하는 것은 행정부의 수반인 대통령의 명의로 하는 것이므로 대통령이 법률안의 제출권을 가진다고 할 수 있다. 행정각부의 장이 대통령에게 어떤 법률안을 제안할 필요가 있다고 건의하더라도 대통령은 행정부의 수반으로서 이의 제안을 거부할 수 있다.

대통령이 법률안을 제안하는 경우에는 사전에 국무회의의 심의를 거쳐야 한다(헌법 §89iii). 대통령이 법률안을 아무때나 제안하는 것을 통제하기 위하여 국회법은 2000년 2월부터 법률안제출계획의 통지제도를 마련하였다. 이에 따라 정부는 부득이한 경우를 제외하고는 매년 1월 31일까지 당해 연도에 제출할 법률안에 관한 계획을 국회에 통지하여야 하며, 그 계획을 변경한 때에는 분기별로 주요사항을 국회에 통지하여야 한다(국회법 §5의3).

미합중국의 대통령제에서 볼 수 있듯이, 대통령제 정부에서 법률의 제정에 있어서는 입법부가 독점권을 가지므로 행정부에 법률안을 제안할 권능을 인정하지 않는다. 그러나 우리나라의 경우에는 행정부에 이러한 권한을 부여하고 있다. 이러한 제도는 국정의 운영에서 국회와 행정부 간의 협조적인 관계를 형성하는 면도 가지고 있으나, 대통령으로 하여금 법률안 거부권과 함께 법률안 제출권을 가지게 하여 입법에 있어 실질적인 중심 내지는 우두머리(chief legislator)의 역할을 하게 만들어 국회의 기능을 약화시키고 대통령의 우월적인 지위를 확보해 주는 면도 가지고 있다. 특히 법률에서 하위법에 위임하는 범위가 확대되고, 행정입법에 대한 의회의 통제가 취약한 경우에는 대통령은 실질적인 입법자로 활동하게 된다. 여기에 대통령이 소속한 정당이 국회의 다수의석을 점하는 경우에는 이러한 상황은 더욱 심화된다.

헌법정책적인 면에서 볼 때, 국회와 행정부 간의 기능을 독립적으로 분리시키는 대통령제를 취하는 이상, 행정부의 법률안 제출권은 폐지하는 것이 바람직하다. 국회만이 법률안의 제출권을 가질 때, 국회가 활성화되고 대통령과 행정부에 대한 국회의 통제기능이 살아나 실질적인 권력분립을 달성할 수 있다. 그동안 우리나라에서 국회의 입법기능이 약화되고 국회가 국정운영의 중심이 되지 못하도록 만들며 대통령이 국회에 대하여 우월적인 지위를 가진 큰 원인 중에는 이와 같이 행정부에 법률안 제안권을 부여한 것도 포함된다. 우리 헌법사에서 대통령제를 채택하면서 행정부에 법률안 제출권을 인정한 것은 1948년헌법부터 현재까지 계속되고 있다.

(b) 법률공포권

국회에서 의결된 법률안은 정부에 이송되어 15일 이내에 대통령이 공포한다(헌법 §53①). 대통령의 법률공포권은 헌법이 정하는 바에 따라 거부를 하지 않는 이상 공포하여야 하는 의무로서의 성격도 가진다. 헌법은 대통령이 법률공포권을 남용하는 경우를 대비하여 대통령이 위 기간 내에 공포하지 아니한 때에도 그 법률안은 법률로서 확정된다고 정하고 있다(헌법 §53⑤).

대통령으로 하여금 법률안을 공포하게 한 것은 대통령의 법률안 거부권과 연계하여 인정하는 것이다. 국회가 법률안을 의결하였다고 하더라도 대통령에게 다시 이를 심사하게 하여 입법의 신중을 기하고 국회의 입법권을 통제할 필요가 있다.

대통령이 거부권을 행사하였으나 국회가 재의결하여 확정된 법률도 대통령이 지체 없이 공포하여야 한다(헌법 §53⑥). 대통령에게 공포권을 부여한 이상 이런 경우에도 일차적으로 대통령으로 하여금 법률을 공포하게 한 것이다. 그러나 이런 헌법의 규정에도 불구하고 대통령이 법률을 공포하지 아니하는 경우에는 이에 대응하는 조치를 마련하여 법률이 효력을 가지도록 하여야 한다. 이에 따라 헌법은 예외적인 경우에 보충적으로 국회의장에게 법률공포권을 부여하고 있다. 즉, 대통령이 법률의 공포기간 내에 공포나 재의의 요구를 하지 아니하여 법률이 확정된 후 또는 국회의 재의결로 확정된 법률이 정부에 이송된 후 5일 이내에 대통령이 공포하지 아니할 때에는 국회의장이 이를 공포하도록 정하고 있다(헌법 §53⑥).

「법령 등 공포에 관한 법률」에 의하면 법률공포문의 전문에는 국회의 의결을 받은 사실을 적고, 대통령이 서명한 후 대통령인을 찍고 그 공포일을 명기하여 국무총리와 관계국무위원이 부서하도록 하고 있고(법공법 §5①), 위와 같이 국회의장이 공포하는 법률공포문의 전문에는 국회의 의결을 얻은 뜻 및 헌법 제53조 제6항의 규정에 의하여 공포한다는 뜻을 적고, 국회의장이 서명한 후 국회의장인을 찍고 그 공포일을 명기하도록 하고 있다(동조 ②). 법률은 법률에 번호를 붙여(동법 §10①) 관보에 게재하여 공포하고(동법 §11①), 법률의 공포일은 그 법률을 게재한 관보가 발행된 날이다(동법 §12). 법률은 특별한 규정이 없는 한 공포한 날로부터 20일을 경과함으로써 효력을 발생한다(헌법 §53⑦). 다만, 국민의 권리제한 또는 의무부과와 직접 관련되는 법률은 긴급히 시행하여야 할 특별한 사유가 있는 경우를 제외하고는 공포일로부터 적어도 30일이 경과한 날부터 시행되도록 하고 있다(법공법 §13의2).

(c) 법률안거부권

(i) 개념과 제도적 의의 헌법은, 대통령이 국회에서 이송되어 온 법률안(bill)에 이의가 있을 때에는 법률공포기간인 15일 내에 이의서를 붙여 국회로 다시 환부하고, 그 재의를 요구할 수 있게 정하고 있다. 이는 국회의 폐회 중에도 마찬가지이다(헌법 §53②동).

이와 같이 대통령제정부에서 입법부인 국회가 의결하여 행정부에 이송한 법률안에 대하여 대통령이 이의를 가지는 경우에 그 법률안이 법률로서 확정되는 것을 저지하기 위하여 이를 바로 공포하지 않고 국회로 하여금 다시 재의하게 하는 제도를 법률안의 거부(veto, disapprove)라고 하고, 그 권한은 법률안거부권 또는 법률안재의요구권이라고 한다. 이러한 재의의 요구가 있는 경우에 국회가 법률안을 재의결하면 법률로서 확정되고(헌법 §53④), 재의결을 하지 않으면 폐기된다.

> 대통령제정부에서 대통령이 가지는 법률안에 대한 거부권은 대통령으로 하여금 그 공포단계에서 법률을 실질적으로 심사하게 만드는 것이기도 하다. 이는 미합중국에서 대통령제를 고안하면서 만든 제도인데, 미합중국의 헌법을 제정하던 당시 입법부인 의회가 막강한 권력을 가지고 횡포를 부릴 것을 우려하여 이에 대비하여 만든 것이다. 미합중국에서는 대통령에게 법률안의 거부권을 인정하는 동시에 이런 거부권의 남용에 대비하여 다시 그 거부에 대하여 상원이나 하원에서 각각 2/3의 찬성으로 재의결하여 법률로 확정함으로써 대통령의 거부를 무시할 수 있도록 고안하였다.

대통령의 법률안의 거부는 국회로 하여금 보다 신중하고 올바르게 입법권을 행사하도록 통제할 수 있게 하고, 헌법을 침해하는 입법행위에 대해 법률의 적용 이전 단계에서 대통령으로 하여금 위헌여부를 다시 살펴보도록 하여 헌법질서를 수호할 수 있게 한다.

(ii) 법적 성격 대통령의 법률안거부권은 재량적인 성격을 가지므로 대통령이 법률안에 대하여 이의를 가지더라도 거부권을 행사하지 않을 수 있다.

대통령의 법률안의 거부는 국회의 입법을 봉쇄하고자 하는 제도가 아니므로 어디까지나 국회가 법률안에 대하여 재의결할 때까지 법률로서의 확정을 저지시키는 것에 지나지 않으며, 확정된 법률의 효력을 정지시키거나 소멸시키는 것이 아니다. 대통령은 법률안에 대해 거부를 하면서 재의를 요구하였더라도 다시 판단하여 법률로서 공포하여 효력을 발생하게 할 필요가 있다고 결정한 때에는 국회가 재의결을 하기 전까지 그 재의의 요구를 철회할 수 있다(동지: 김철수b, 1730).

(iii) 종 류 법률안에 대한 대통령의 거부에는 그 방식에서 환부거부와 보류거부가 있다.

환부거부(還付拒否 direct veto)란 대통령이 국회가 정부에 이송한 법률안에 대하여 지정된 기간 내에 이의서를 붙여 국회에 재의를 요구하는 환부의 방식으로 거부를 하는 것을 말한다. 헌법 제53조 제2항은 「법률안에 이의가 있을 때에는 대통령은 제1항의 기간(법률공포기간인 15일) 내에 이의서를 붙여 국회로 환부하고, 그 재의를 요구할 수 있다. 국회의 폐회 중에도 또한 같다」라고 정하여 이러한 환부거부의 방식을 채택하고 있다. 이에 의할 때 대통령은 이송되어 온 법률안에 대하여 이의가 있으면 환부거부를 하거나 아니면 법률안에 서명하여 공포하여야 한다.

대통령이 법률안에 대하여 국회에 환부하여 재의를 요구하지도 않고 공포도 하지 않는 경우가 발생할 수 있는데, 이를 그대로 방치할 수는 없다. 헌법은 이러한 경우에는 법률안이 법률로서 확정되도록 정하고 있다(헌법 §53⑤).

보류거부(保留拒否 pocket veto)란 국회의 개회 중에는 대통령이 국회에서 이송되어 온 법률안에 대하여 국회에 환부하여 재의를 요구할 수 있지만, 국회의 폐회 중에는 이런 재의를 요구할 수 없게 하는 동시에 대통령이 법률안에 대하여 법률로 공포하지 않고 보류하고 있으면 자동적으로 폐기되도록 하는 것을 말한다. 헌법은 국회의 폐회 중에도 법률안에 대하여 거부할 수 있게 하고 있고(헌법 §53②), 대통령이 거부권을 행사하지 않으면 법률로서 확정된다고 정하고 있으며(헌법 §53⑤) 동시에 그 공포절차를 정하고 있으므로(헌법 §53⑥) 이런 보류거부는 인정되지 않는다.

그런데 국회의원의 임기가 만료되거나 국회가 해산되고 새로 국회의 회기가 시작되지 않은 공백기간에는 아예 법률안을 처리할 국회가 존재하지 않는다. 이 경우에 법률안이 국회에 계류되어 있었지만 의결되지 못한 상태에서 국회의원의 임기가 만료된 때에는 그 법률안은 폐기된다(헌법 §51). 국회가 해산된 경우도 마찬가지라고 보아야 한다. 한편 위와 같은 경우에 법률안이 국회에서 의결되어 이미 정부에 이송된 때에는 대통령이 법률안에 대하여 재의결을 요구할 대상이 존재하지 않으므로 재의결을 요구할 수는 없다. 그런데 이 경우에 정부로 이송된 법률안에 대해 대통령이 이의가 있어 법률로서 공포를 하지 않으면 이 법률안이 폐기되는가, 아니면 법률로서 확정되는가 하는 문제가 있다. 해석상 폐기설과 확정설로 견해가 갈린다.

① 폐 기 설 폐기설은 이 경우에는 대통령이 법률안에 대하여 이의를 가지고 있는 경우이지만 재의를 요구할 국회가 없으므로 그 법률안은 폐기된다고 한다(권영성, 1000; 허영a, 956). 이러한 경우에 법률을 제정하려면 차기국회에서 새로 법률안을 제안하여 의결하여야 한다.

② 확 정 설 확정설은 이 경우에 법률안이 폐기된다는 헌법의 명문규정이 없고, 이를 보류거부에 해당한다고 볼 수도 없으며, 법률로서 확정되더라도 정부는 법률안제출권과 대통령·국무총리·국무위원·정부위원의 국회출석권을 행사하여 이의를 제기할 수 있기 때문에 법률안은 법률로서 확정된다고 본다(김철수b, 1731).

③ 사 견 헌법 제51조 단서에서 국회의원의 임기가 만료한 때에는 법률안 기타 의안이 의결되지 못하여 폐기된다고 정하고 있는 것은, 국회에 법률안 기타 의안이 계류중인 상태에서 국회의원의 임기가 만료하여 처리되지 못하는 경우 이런 의안이 새로 회기가 시작하는 차기국회에로 넘어가지 않고 폐기된다는 의미일 뿐, 이미 국회가

의결하여 정부에 이송한 법률안이 폐기된다는 의미가 아니며, 법률의 제정 · 개정 · 폐지에 관하여 종국적으로 결정하는 권한은 입법부인 국회만이 가지고(헌법재판소에 의한 법률의 폐지 제외), 대통령이 법률안 거부권을 가지더라도 이는 법률안의 폐기에 종국적인 영향을 줄 수 없는 저지적인 것에 불과하며, 확정설의 위 근거도 수용할 수 있는 타당한 근거가 되므로, 이런 경우 법률안은 헌법 제53조 제5항에 의하여 법률로서 확정된다고 할 것이다(반대: 성낙인, 1011). 위와 같은 경우에는 대통령이 법률을 공포하지 않으면 법률을 공포할 수 있는 국회의장이 존재하지 않으므로 대통령은 헌법 제53조 제6항에 따라 반드시 법률을 공포하여야 한다. 이런 경우에 대통령이 법률을 공포하지 않으면 탄핵사유가 되고 직무유기의 책임을 진다.

(iv) 행사요건 　대통령이 법률안을 거부하기 위해서는 이의가 있어야 한다(헌법 §53②). 여기서 말하는 이의는 정당한 이의를 의미하는데, 대통령의 개인의 수준에서 의문을 가지는 것이 아니라 국가이익과 국민전체의 이익의 관점에서 법률로 공포할 수 없다고 확신하는 것이어야 한다. 예컨대 법률안의 내용의 전부 또는 일부가 헌법에 위반하는 것인 경우, 법률의 집행이 불가능한 경우, 법률의 집행에서 예산의 뒷받침이 없는 경우 등이 이에 해당한다(동지: 허영a, 956; 성낙인, 1011; 김철수b, 173).

(v) 절　차 　대통령이 법률안에 대해 거부를 하는 경우에는 법률안이 정부로 이송된 후 15일 내에 국무회의의 심의를 거쳐 이의서를 붙여 국회로 환부하고, 그 재의를 요구한다(헌법 §53②,①). 이의서에는 국무총리와 관계국무위원이 부서를 하여야 한다. 대통령은 법률안의 일부에 대하여(일부거부) 또는 법률안을 수정하여(수정거부) 재의를 요구할 수는 없다(헌법 §53③). 헌법은 법률안 전부에 대한 재의요구권만 인정하고 있다.

(vi) 통　제 　대통령의 재의의 요구가 있을 때에 국회는 이를 재의에 붙이는데, 재적의원 과반수의 출석과 출석의원 3분의 2 이상의 찬성으로 전과 같은 의결을 하여 그 법률안을 법률로서 확정시킬 수 있다(헌법 §53④). 이로써 국회는 대통령의 법률안 거부권의 행사에 대응하여 이를 통제할 수 있다. 즉 대통령의 법률안의 거부에 대하여 국회는 재의결함으로써 대통령의 거부를 무력화시킬 수 있다.

대통령의 법률안 거부가 국회에 의해 무력화되었을 때에 대통령은 이 법률의 공포를 거부하면서 국회에 대항하려고 할 수 있는데, 이런 경우에 대비하여 헌법은 국회의 재의결로 확정된 법률이 정부에 이송된 후 5일 이내에 대통령이 공포하지 아니할 때에는 국회의장이 이를 공포한다고 정하고 있다(헌법 §53⑥). 국회의장의 법률공포권은 권한인 동시에 의무로서의 성질을 가진다.

Ⅲ. 사법에 관한 권한

(1) 개 설

사법의 의미는 광의와 협의로 사용된다. 광의의 사법에는 헌법재판도 포함되나 협의의 사법에는 법원의 재판만 해당된다. 대통령이 사법에 관하여 가지는 권한에는 대법원의 구성에 관한 권한과 사면권, 감형권, 복권권이 있다. 대법원의 구성에 관한 권한에 대해서는 헌법기관구성에 관한 권한에서 설명하였으므로 여기서는 사면권, 감형권, 복권권을 살펴본다.

(2) 사면 · 감형 · 복권에 관한 권한

(a) 의 의

원래 사면권, 감형권, 복권권은 군주국가시대에 군주주권에 기초한 군주의 은사(=은전)권에서 출발한 것이다. 군주주권하에서 국가의 어떠한 기관보다도 우월한 지위에 있는 군주가 사법부의 사법권 행사의 결과도 무시할 수 있는 권한이었던 것이다. 그런데 군주주권에 기초한 은사로서의 사면 등은 국민주권과 법치주의가 지배하는 현대 국가에서는 더 이상 존재할 가치를 상실하고 있다. 그래서 오늘날 사면 · 감형 · 복권은 법원의 확정된 재판의 결과가 사후에 부당하다고 판단한 경우에 이를 교정하기 위해서 인정된다. 사면 · 감형 · 복권에 관한 대통령의 권한은 법원의 판단을 침해하고 법원의 재판작용의 권위와 법치주의를 저해할 우려가 있으므로 엄격한 조건하에서 행사되도록 통제하는 것이 필요하다.

(b) 사면 · 감형 · 복권의 거부

대통령의 사면 · 감형 · 복권에 대하여 대상자는 이를 거부할 수 있다. 예컨대 무죄임을 주장하는 자에 대한 사면 · 감형 · 복권은 유죄를 인정하는 결과를 가져오므로 해당자는 대통령의 사면 · 감형 · 복권에 대하여 이를 거부할 수 있다. 이와 같이 사면 · 감형 · 복권을 거부하는 자에 대하여 대통령이 사면 · 감형 · 복권을 하여도 이는 효력을 가지지 못한다고 할 것이다.

(c) 연 혁

우리나라의 사면 · 감형 · 복권에 관한 제도는 1948년헌법이 제정된 이래 현재까지 그 내용에서는 변화된 것이 없고, 그에 관한 권한도 대통령이 줄곧 보유하여 왔다. 단지 1960년6월헌법과 1960년11월헌법에서는 사전에 국무회의의 의결을 거쳐 대통령이 그 권한을 행사하도록 정하고 있었다. 이에 관한 법률로는 1948년 제정된 사면법이 있다. 사면법은 사면 · 감형 · 복권에 대해서만 정하고 있는 것이 아니라, 집행유예를 선고받은 자에 대하여 그 유예기간을 단축하는 권한도 대통령에게 부여하고 있다.

사면 · 복권 · 감형제도의 변천

항목 \ 헌법		1948년헌법-1952년헌법-1954년헌법	1960년6월헌법-1960년11월헌법	1962년헌법-1969년헌법-1972년헌법-1980년헌법-1987년헌법
정부형태		대통령제	의회주의제	대통령제
권한보유자		대통령	국무회의 의결+대통령	국무회의 심의+대통령
사면	일반사면	국회동의 필요	→	→
	특별사면	국회동의 불필요	→	→
감형		국회동의 불필요	→	→
복권		국회동의 불필요	→	→

(3) 사 면 권

헌법 제79조는 대통령은 법률이 정하는 바에 의하여 사면을 명할 수 있고(헌법 §79①), 일반사면을 명하려는 경우에는 국회의 동의를 얻어야 한다고 정하고 있다(동조 ②).

(a) 사면의 의의

헌법은 대통령에게 사면하는(grant pardons) 권한을 부여하고 있다. 사면은 법원의 재판의 결과를 변경하는 것으로 법치주의에 대한 중대한 제한이다. 따라서 이는 필요한 경우에 한하여 예외적으로 행사되어야 한다.

대통령의 사면권의 행사에 대한 통제가 효과적으로 이루어지지 않고 대통령이 자의적으로 사면권을 행사하여 법치주의를 왜곡하고 자기 세력들의 위법한 행위나 범죄행위에 대해 면죄부를 주는 것은 「초권력적 대통령제」(hyper-presidentialism)의 특징으로 지적된다. 사면권의 자의적인 행사는 대통령제에 「권력의 인격화」를 초래하고 정치부패를 조장하는 폐단을 가져오기도 한다. 우리 헌정사에서 그 동안 대통령의 취임이나 경축일에 '국민의 대화합'이라는 이름을 걸고 사면의 대상자에 대통령의 세력들이나 권력형 부정부패의 범죄자들 또는 정치세력 간의 흥정대상자 등을 끼워 넣어 사면한 권한남용의 행위가 반복되어 왔다. 이는 대통령 1인에 권력이 집중된 독재 또는 권위주의 통치의 한 면을 보여주는 것이기도 하다. 진정한 법치주의를 실현하기 위해서는 이러한 사면권에 대한 개선과 통제가 필요하다.

(b) 사면의 종류와 내용

헌법은 사면에 대하여 일반사면을 정하고 있고, 사면법에서 일반사면 이외에 특별사면을 정하고 있다(사면법 §2). 따라서 현재 실정법상으로는 사면에는 일반사면과 특별사면이 있다. 일반사면과 특별사면은 국회의 동의를 필요로 하는가 하는 절차상의 면에서 뿐만 아니라 대상 및 효력의 면에서도 차이가 있다.

(i) 일반사면 일반사면은 모든 종류의 죄를 범한 자를 대상으로 한다(사면법 §3 i). 일반사면은 형이 선고된 자나 아직 형의 선고를 받지 않은 자를 대상으로 한다. 일반사면은 사전에 국회의 동의를 얻어야 한다(헌법 §79②). 일반사면은 죄의 종류를 정하여 하되(사면법 §8), 형의 선고를 받은 자에 대해서는 형의 선고의 효력이 상실되며, 형의 선고를 받지 않은 자에 대하여는 공소권이 상실된다. 다만, 특별한 규정이 있을 때에는 예외로 한다(동법 §5① i). 일반사면은 대통령령으로 행한다(동법 §8).

(ii) 특별사면 특별사면은 형의 선고를 받은 자에 대하여 행한다(동법 §3 ii). 특별사면받은 자는 형의 집행이 면제된다. 다만, 특별한 사정이 있을 때에는 이후 형의 선고의 효력을 상실하게 할 수 있다(동법 §5① ii). 형의 집행유예의 선고를 받은 자에 대하여는 형의 선고의 효력을 상실하게 하는 특별사면을 할 수 있다(동법 §7). 법무부장관이 대통령에게 상신하여 대통령의 명으로서 한다(동법 §10, §21). 법무부장관이 특별사면을 상신할 때에는 사면심사위원회의 심사를 거쳐야 한다(동법 §10의2). 여러 개의 형이 병과된 자에 있어서 일부에 대하여 특별사면이 행해진 경우에는 나머지 병과형에 대해서는 특별사면의 효력이 미치지 않는다(예: 大 1997. 10. 13.-96모33).

> [大 1997.10.13.-96모33] 「형법 제41조, 사면법 제5조 제1항 제2호, 제7조 등의 규정의 내용 및 취지에 비추어 보면, 여러 개의 형이 병과된 사람에 대하여 그 병과형 중 일부의 집행을 면제하거나 그에 대한 형의 선고의 효력을 상실케 하는 특별사면이 있은 경우, 그 특별사면의 효력이 병과된 나머지 형에까지 미치는 것은 아니라고 해석함이 상당하다고 할 것이다. 같은 취지에서, 징역형의 집행유예와 벌금형이 병과된 신청인에 대하여 징역형의 집행유예의 효력을 상실케 하는 내용의 이 사건 특별사면이 그 벌금형의 언도의 효력까지 상실케 하는 것은 아니라고 판단한 원심결정은 정당하고……」

일반사면의 경우이든 특별사면의 경우이든 형의 선고에 의한 기성의 효과는 이러한 사면으로 인하여 변경되지 않는다(동법 §5②).

(4) 감 형 권

헌법 제79조는 대통령은 법률이 정하는 바에 의하여 감형을 명할 수 있다고 정하여(헌법 §79①), 대통령에게 감형권을 인정하고 있다.

(a) 감형의 의의

감형은 형의 선고를 받은 자에 대하여 그 형을 변경하거나 형의 집행을 경감하는 것을 말한다(사면법 §3ⅱ, §5①ⅲ, ⅳ).

(b) 감형의 종류와 내용

감형에는 죄나 형의 종류를 정하여 일반적으로 형을 변경하는 일반감형과 형의 선고를 받은 특정한 자에 대하여 그 형의 집행을 경감하거나 형을 변경하는 특별감형이 있다.

(i) 일반감형 일반에 대한 감형은 죄나 형의 종류를 정하여 하되(동법 §8), 특별한 규정이 없는 경우 형을 변경하는 효과를 가진다(동법 §5①ⅲ). 대통령령으로 행한다(동법 §8).

(ii) 특별감형 특정한 자에 대한 감형은 형의 집행을 경감한다. 다만, 특별한 사정이 있을 때에는 형을 변경할 수 있다(동법 §5①ⅳ). 법무부장관이 대통령에게 상신하여 대통령의 명으로서 한다(동법 §10, §21). 이 경우에도 법무부장관은 법무부장관 소속의 사면심사위원회의 심사를 거쳐야 한다(동§10의2).

일반감형의 경우이든 특별감형의 경우이든 형의 선고에 의한 기성의 효과는 이러한 감형으로 인하여 변경되지 않는다(동법 §5②).

(5) 복 권 권

헌법 제79조는 대통령은 법률이 정하는 바에 의하여 복권을 명할 수 있다고 정하였다(헌법 §79①). 대통령에게 복권권을 인정하고 있다.

(a) 복권의 의의

복권은 형의 선고를 받아 법령에서 정한 바에 의한 자격이 상실되거나 정지된 자에 대하여 그 자격을 회복시키는 것을 말한다(사면법 §3ⅴ). 복권은 형의 집행을 종료하지 않은 자 또는 집행의 면제를 받지 않은 자에 대하여는 행하지 않는다(동법 §6).

(b) 복권의 종류와 내용

복권은 형의 선고의 효력으로 인하여 상실 또는 정지된 자격을 회복한다(동법 §5①ⅴ). 복권에는 효력에서는 차이가 없지만 일반적으로 죄나 형의 종류를 정하여 하는가, 아니면 특정인을 대상으로 하는가에 따라 일반복권과 특별복권으로 나뉜다.

(i) 일반복권 일반적으로 죄나 형의 종류를 정하여 행하는 복권을 말한다. 대통령령으로 행한다(동법 §8).

(ii) 특별복권 특정한 자에 대하여 행하는 복권을 의미한다. 법무부장관이 대통령

에게 상신하여 대통령의 명으로서 한다(동법 §10, §21). 이 경우에도 법무부장관은 법무부장관 소속의 사면심사위원회의 심사를 거쳐야 한다(동법 §10②).

일반복권의 경우이든 특별복권의 경우이든 형의 선고에 의한 기성의 효과는 이러한 복권으로 인하여 변경되지 않는다(동법 §5②).

(6) 사면 · 감형 · 복권의 한계 및 통제

대통령의 사면 · 감형 · 복권에 관한 권한은 법원의 재판의 결과가 위법하거나 부당하고 이를 교정할 다른 방법이 존재하지 않는 경우에 이를 행사할 수 있다. 따라서 대통령의 이러한 권한은 그 제도의 목적에 적합하게 행사되어야 하고, 법원의 권한을 침해하지 않는 범위 내에서 행사되어야 한다.

법원의 재판권을 부정하는 사면 · 감형 · 복권은 인정할 수 없다. 대통령의 개인적인 판단하에 은혜를 베풀거나 특정인에게 혜택을 주기 위하여 이런 권한을 행사하는 것은 허용되지 않는다. 대통령의 자기 행위에 대한 사면 · 감형 · 복권, 탄핵심판을 받은 자에 대한 사면 · 복권, 재판의 확정 직후의 사면 · 감형 · 복권, 대통령의 취임 · 생일이나 국가경축일을 축하하기 위한 사면 · 감형 · 복권은 인정되지 않는다고 할 것이다. 선거에서 특정행위를 사면 · 감형 · 복권해 주겠다는 공약을 내건 경우도 이를 인정하지

사면 · 감형 · 복권 등

사면 등 \ 항목		대상자	효 력	국회의 동의	형 식
사면	일반사면	죄를 범한 자	형선고 효력 상실, 공소권 상실	필요	대통령령
	특별사면	형선고받은 자, 집행유예자	형집행 면제, 형선고 효력 상실(집행유예자 포함)	불필요	사면심사위원회의 심사+법무부장관 상신+대통령의 명
감형	일반감형	형선고받은 자	형의 변경	불필요	대통령령
	특별감형	형선고받은 자, 집행유예자	형집행 감경, 형의 변경 (집행유예자 포함)	불필요	사면심사위원회의 심사+법무부장관 상신+대통령의 명
복권	일반복권	일반적	자격의 회복	불필요	대통령령
	특별복권	특정한 자	자격의 회복	불필요	사면심사위원회의 심사+법무부장관 상신+대통령의 명
유예기간단축		집행유예자	유예기간의 단축	불필요	

않는 것이 타당하다.

> 대통령의 측근의 범법행위도 대통령과 공범으로 이루어진 경우에는 대통령의 자기 행위에 대한 사면 · 감형 · 복권과 동등한 가치를 가지므로 자연적 정의(natural justice)에 위반되는 것이 되어 법치주의상 인정되지 않는다고 할 것이다. 한편 사면법에는 탄핵심판으로 파면된 자는 사면 · 감형 · 복권의 대상자로 정해져 있지 않다(동법 §3, §4). 미합중국 연방헌법은 탄핵심판을 받은 자에 대해서는 사면(pardon)이나 집행연기(reprieve)를 금지하고 있다(동헌법 art. II, sec. 2).

사면, 감형, 복권에 관한 권한의 행사에 있어서도 통제할 필요가 있다. 헌법은 사면 · 감형 · 복권에 관한 권한의 행사에 대하여 국무회의의 심의를 거치도록 하고(헌법 §89ix) 특히 일반사면의 경우에 국회의 동의를 받을 것을 요구하고 있는데(헌법 §79②) 국회는 이런 동의권을 행사하여 일반사면을 통제할 수 있다.

대통령의 사면, 감형, 복권에 대한 권한의 행사가 정당성을 가지지 않는 경우에는 권한의 자의적인 행사로 법원의 재판을 부정하는 것에 해당하고, 객관적인 기준에 따라 그에 해당하는 사람을 모두 포함시키지 않는 한 이는 법의 집행에서 국민을 차별하는 평등권의 침해라는 결과를 가져오므로 이에 대해서는 법원이나 헌법재판소의 심판대상이 된다고 할 것이다(반대: 권영성, 1014. 동지: 성낙인, 1024).

> 사면 · 감형 · 복권에 대한 대통령의 권한은 법치주의를 왜곡시키거나 부정하는 결과를 초래하고, 특히 대통령 1인으로의 권력을 집중시키는 권위주의 통치를 야기할 수 있으므로 이에 대해서는 효과적인 통제가 필요하다. 사면의 경우에는 일반사면과 특별사면의 구별을 없애고 모두 국회의 동의를 얻게 하고, 감형과 복권의 경우에는 사전에 대법원의 동의를 얻게 하거나 의견을 구하게 하는 것도 하나의 방안이 될 수 있다(동지: 김철수a, 1734). 우리 헌정사에서 그 동안 대통령에 의해 남용되어온 특별사면 · 감형 · 복권에 대하여 통제하는 하나의 방법으로 대상자의 성명, 죄명, 형의 종류, 형기 등을 1주일 전에 국회에 통보하여 국회의 의견을 듣도록 하는 사면법의 개정이 2004. 3. 2. 국회에 의해 의결되었으나 대통령의 거부권의 행사로 인하여 실현되지 못하였다. 사면 · 감형 · 복권의 대상인 자에 대한 정보는 정보공개의 대상이 된다.

Ⅳ. 국민투표부의에 관한 권한

헌법 제72조는 「대통령은 필요하다고 인정할 때에는 외교 · 국방 · 통일 기타 국가안위에 관한 중요정책을 국민투표에 붙일 수 있다」고 정하고 있다.

(1) 제도의 의의

헌법 제72조에서 대통령에게 외교 · 국방 · 통일 기타 국가안위에 관한 중요정책을 국민투표(國民投票 referendum)에 붙일 수 있게 하는 것(국민투표부의제도)은 외교·국방·통일 기타 국가안위(國家安危)에 관한 사항에 대한 국가의사를 결정함에 있어서 국민의 대표자가 이에 관하여 국가의사를 결정하기 이전 단계에서 사전에 국민의 경험적인 의사를 먼저 알아보는 제도이다.

이 제도에서는 국민의 대표자인 대통령이 국민투표의 부의여부(附議與否)를 재량으로 결정한다는 점에서 대의원리가 유지되고 있어 순수한 직접민주주의의 형태라고 할 수 없으나, 일단 이러한 사안이 국민투표에 부의된 이후에는 부의된 사안에 대한 국가의사의 결정은 사실상 국민투표의 결과에 강한 영향을 받는다는 점에서 대의원리에 일정한 변화를 가져온다. 이는 대의민주주의원리와 직접민주주의원리가 결합되어 있는 형태이다.

《국민투표제도의 변천》

국가의사를 결정함에 있어서 국민투표제도를 채택한 것은 1954년헌법이다. 이 헌법 제7조의2는 「대한민국의 주권의 제약 또는 영토의 변경을 가져올 국가안위에 관한 중대사항은 국회의 가결을 거친 후에 국민투표에 부하여 민의원의원선거권자 3분지 2 이상의 투표와 유효투표 3분지 2 이상의 찬성을 얻어야 한다. 전 항의 국민투표의 발의는 국회의 가결이 있은 후 1개월 이내에 민의원의원선거권자 50만인 이상의 찬성으로써 한다. 국민투표에서 찬성을 얻지 못한 때에는 제1항의 국회의 가결사항은 소급하여 효력을 상실한다」라고 정하고 있었다. 이는 대한민국의 주권의 제약 또는 영토의 변경을 가져올 국가안위에 관한 중대사항은 국회의 가결을 거친 후에 국민투표에 부(付)하여 국민투표로 정한다는 것을 헌법에서 명확하게 정하고 있어 국민투표제도라고 할 수 있다. 일본국의 식민지배에서 해방이 된 지 10년이 채 못된 상황에서 대한민국이라는 공동체가 다시 다른 나라에 복속되거나 대한민국 영토의 일부를 다른 나라에 할양하는 사태가 발생할 경우 이를 전적으로 국민의 대표자에게 맡겨놓을 수 있는가 하는 문제에 대해, 대의민주주의의 요청상 이러한 문제는 국민의 대표자가 일차적으로 결정하되 최종적으로는 국민이 대표자의 결정의 유효여부를 결정하도록 하자는 취지로 채택된 것이다. 주권의 제약이나 영토의 변경의 문제는 공동체와 공동체 내에 살고 있는 구성원 그리고 그 공동체의 미래 세대의 운명을 결정짓는 중대한 사안이므로 통상의 국가의사의 결정문제와 다른 성질을 가진다. 이런 경우 이를 전적으로 국민대표자의 판단에 맡길 것인가 아니면 국민이 최종적으로 결정할 것인가 하는 문제에서는 그 공동체의 상황에 따라 다양한 헌법정책적인 고려를 할 수 있다. 1954년헌법은 이러한 경우 대의기관인 국회가 해당 사안에 대하여 일차적으로 결정한 다음 최종적으로 그 국회의 결정의 유효여부를 국민투표로 결정하는 방법을 채택하였다. 공동체의 운명을 결정하는 중대한 사안 가운데 주권의 제약과 영토의 변경에 관한 국가의사를 결정하는 경우에 한하여 국민투표를 하는 방식을 채택한 1954년헌법의 규정은 우리 헌법사에서 헌법의 개정 이외에 국민투표를 실시하는 최초의 것이었다. 1960년6월헌법과 1960년11월헌

국민투표제도의 변천

헌법 항목	1948년헌법-1952년헌법	1954년헌법	1960년6월헌법-1960년11월헌법	1962년헌법-1969년헌법	1972년헌법	1980년헌법-1987년헌법
정부형태	대통령제	→	의회주의제	대통령제	→	→
국민투표의 대상	없음	대한민국의 주권의 제약 또는 영토의 변경을 가져올 국가안위에 관한 중대사항	→	없음	국가의 중요한 정책	외교·국방·통일 기타 국가 안위에 관한 중요정책
부의권자	없음	민의원의원선거권자 50만 이상	→	없음	대통령	→
사전절차	없음	국회의 가결	→	없음	→	→

법에서도 이 내용은 동일하게 유지되어 오다가 1962년헌법에서 폐지되었다. 그 후 헌법은 헌법개정 이외에는 국민투표를 채택하지 아니하였다. 그런데 1972년헌법, 즉 유신헌법(維新憲法)을 시행하면서 대통령에게 국정의 일정한 사항에 대하여 국민투표에 부의할 수 있게 하는 국민투표부의제도(國民投票附議制度)를 창설하고 그 대상도 광범하게 확대하여 대통령이 필요하다고 인정하는 때에는 「국가의 중요한 정책」을 국민투표에 부의할 수 있게 창설하였다. 이는 당시 박정희 대통령의 장기집권과 독재를 국민에게 직접 호소하여 정당화하려는 의도에서 마련된 것인데, 1975년 2월 12일 유신헌법과 대통령의 계속 재임여부를 국민에게 직접 묻는 방식으로 국민투표에 붙여 98.3%의 지지를 얻었다. 독재와 권위주의통치에서 신임투표(plebiszit)로 국민투표를 이용하는 전형적인 예에 해당한다. 이러한 경험을 한 후 국민투표를 독재를 정당화하는 수단으로 활용한다는 비판이 제기되어 1980년헌법에서는 종래의 포괄적인 대상을 「외교·국방·통일 기타 국가안위에 관한 중요정책」으로 축소하는 선에서 이러한 제도를 계승하였고, 주권의 제약에 관한 조약은 국회의 동의를 얻어 대통령이 체결·비준하는 방식을 취하였다. 이러한 것이 1987년헌법인 현행 헌법에도 그대로 이어졌다.

(2) 국민투표부의의 성질

헌법이 정하는 국민투표부의제도는 외교·국방·통일 기타 국가안위에 관한 중요정책에 대하여 대통령이 스스로 판단하여 적합하다고 인정하는 경우에 국민투표에 부의하는 임의적인 국민투표제도이다. 국가안위에 관한 중요정책이라고 하더라도 반드시 국민투표에 부의하여야 하는 것은 아니므로 어떠한 경우에 국민투표에 부의할 것인가 하는 것은 대통령이 재량으로 결정한다. 이런 사항을 필요적으로 국민투표로 정하게 하면 대의원리의 예외가 되겠지만, 현행 제도는 대통령이 임의적으로 판단하게 하고 있으므로 대의원리의 수정에 해당한다. 이런 점에서 대통령의 국민투표부의권의 행사에 따른 국민투표는, 헌법개정에서 요구되는 필요적 국민투표(obligatory referendum)와 달리 임의적 국민투표(optional referendum)라는 점을 유의할 필요가 있다.

이러한 국민투표부의제도는 국가안위에 관한 중요정책에 대하여 국민의 경험적 의사가 대립하여 있고 대통령이 정상적인 권위에 기초한 권한의 행사로서는 해당 사안에 대하여 책임있는 결정을 하기 어려운 경우에 국민의 경험적인 의사를 물어보는 예외적인 제도이다.

국민투표부의제도는 헌법에서 「국민투표제도」로 명시적으로 정하고 있지 않고 대통령에 의한 국민투표부의라는 의미로만 정하고 있고, 국민투표법(1962. 10. 12. 법률 제1166호, 개정 2016. 5. 29. 법률 제14184호)은 대통령이 부의하는 사항에 대하여 국민이 찬반투표를 하는 것으로만 되어 있을 뿐 그 투표결과의 구속력에 대해서는 아무 것도 정하고 있지 않기 때문에 헌법상의 국민투표부의제도가 국민투표를 정하고 있는 것인지, 아니면 문자 그대로 국민투표부의제도를 정하고 있는지 분명하지 않다. 이 제도에 대한 헌법학자들의 설명에서 그 내용이 명확하지 않거나 혼선이 있는 것도 현행 제도의 성질에 대한 이해의 차이에서 비롯한다고 보인다. 이 제도를 특정 사안에 대하여 국민이 직접 투표로 최종 결정하는 본래 의미의 국민투표제도(referendum)로 볼 것인가, 아니면 본래 의미의 국민투표제도를 수정한 우리 헌법상의 특수한 제도로 볼 것인가에 따라 국민투표가 가지는 효력도 달라진다.

(3) 국민투표부의의 대상

대통령이 국민투표에 부의할 수 있는 대상은 헌법이 명시적으로 정하고 있는 바와 같이, 「외교 · 국방 · 통일 기타 국가안위에 관한 중요정책」이다. 그런데 이 문구의 의미가 외교에 관한 중요정책, 국방에 관한 중요정책, 통일에 관한 중요정책, 기타 국가안위에 관한 중요정책을 의미하는가, 아니면 국민투표에 부의할 수 있는 대상은 「국가안위에 관한 중요정책」에만 한정되는가 하는 해석상의 문제가 제기된다.

(a) 대 상

헌법은 대의민주주의를 채택하여 국민대표기관인 대통령과 국회를 두고, 이런 국민대표기관으로 하여금 국가의사를 결정하는 시스템을 취하고 있으며, 국민투표에 부의하는 경우란 이러한 대의기관이 정상적으로 작동하지 않는 경우에 대비하는 것이므로 국민투표에 부의하는 사안은 극히 예외적이고 한정적인 것이 되지 않으면 안 된다. 따라서 국민투표에 부의할 수 있는 대상은 「국가안위에 관한 중요정책」이라고 할 것이되, 국가안위에 관한 중요정책은 주로 외교 · 국방 · 통일의 분야에서 있지만 반드시 그에 국한되지 않으므로 기타의 여러 국정분야에서도 있을 수 있다고 할 것이다. 그러한 의미에서 외교 · 국방 · 통일은 예시적인 문구라고 할 것이고, 이러한 분야를 포함한 국가운영상 모든 영역에서 있을 수 있는 「국가안위에 관한 중요정책」이 국민투표에 부의할 수 있는 대상이 된다고 할 것이다(동지: 권영성, 986; 성낙인, 1005). 국가의 안위란 대한민국의 존립에 직접 영향을 주는 상황을 의미한다.

(b) 법률의 제 · 개정과 국민투표부의

대통령은 「국가안위에 관한 중요정책」에 관한 법률의 제정이나 개폐를 국민투표에 부의할 수 있는가 하는 문제가 있다. 대통령은 법률안제안권을 보유하고 있으므로 국가안위에 관한 중요정책에 관한 법률의 제정이나 개폐가 필요하다면 법률안 제안권을 행사하면 족하고, 국민투표가 국회를 대신하여 법률을 제정하거나 개폐할 수는 없는 것이므로 이는 인정되지 않는다. 따라서 현행 헌법상 국민투표부의의 방법으로 법률을 제정하거나 개폐하는 것은 불가능하다(동지: 김철수b, 1726. 반대: 성낙인, 1007). 국가안위에 관한 중요사항에 관하여 법률의 제정이나 개정 또는 폐지가 필요한 경우에는 언제나 국회가 입법권을 행사하여 이를 실행한다.

(c) 헌법의 개정과 국민투표부의

국민투표부의권을 행사하여 헌법의 개정을 할 수 있는가 하는 문제가 있다. 헌법은 헌법개정에 관하여 제10장에서 따로 명시적으로 정하고 있으므로 이러한 국민투표부의권을 행사하여 헌법을 개정할 수는 없다. 헌법의 내용과 상치하는 내용을 국민투표에 부의하여 정할 수도 없다. 대통령이 헌법을 개정하는 것이 필요하다고 판단하는 경우에는 헌법 제128조 제1항이 정하는 바에 의하여 대통령이 헌법개정을 발의하는 방법을 통하여 이를 실행한다.

(d) 신임투표와 국민투표부의

대통령은 국민투표부의권을 행사하여 임기 중 자신의 사임여부를 국민투표에 붙일 수 있는가 하는 문제(plebiscite의 인정문제)가 있다. 대통령은 임기제로 직무를 수행하고 국민의 선거에 의해 선출되었고, 헌법에서 임기 중에 재신임을 물어 강제로 사임하게 하는 방법을 정하고 있지 않으므로 국민투표로 대통령을 강제로 사임시킬 수는 없다. 즉 국민에게는 현직 대통령에 대하여 사퇴할 것을 요구하는 정치적 의사표현의 권리는 인정되지만, 헌법 제72조를 근거로 하여 현직 대통령의 사퇴여부를 국민투표에 부칠 것을 요구할 권리는 인정되지 않는다. 우리 헌법상 국민이 대통령을 임기 중에 사임시키고자 원하는 경우에는 정치적으로 이를 행하는 방법(대통령 퇴진운동, 시위 등)밖에는 없다.

(i) 재신임을 위한 국민투표의 허용여부 대통령이 국정운영에 위기를 맞이하여 이를

타개하는 방법으로 자신에 대한 국민의 재신임을 묻기 위해 이를 헌법 제72조가 정하는 국민투표에 회부하는 것은 인정되지 않는다(동지: 김철수b, 1726; 성낙인, 1007). 대통령의 임기 중 사임여부는 헌법 제72조의 「국가안위에 관한 중요정책」에 해당하지 않는다. 헌법재판소도 이는 헌법상 허용되지 않는다고 판시하였다(예: 憲 2004. 5. 14.-2004헌나1). 대통령이 자진하여 사임하기를 원하는 경우에는 국민투표에 부의할 필요 없이 바로 사임한다.

1987년 대통령선거에서 민주정의당 노태우후보는 집권하면 중간평가를 받겠다고 하여 신임투표를 실시할 것이라는 암시를 주었고, 중간평가와 관련하여 신임투표의 가능성에 대하여 논란이 있었으나 이를 실시하지는 않았다. 2003년 10월 13일 노무현 대통령은 제243회 국회 본회의에서 행한 시정연설을 통하여 자신에 대한 국민의 신임여부를 묻는 국민투표를 2003년 12월 15일경 실시하고자 한다고 밝혀 헌법적인 논란을 불러일으켰다. 이에 일부 국회의원들은 대통령의 이런 행위로 인하여 자신들의 행복추구권, 양심의 자유, 국민표결권, 재산권 등이 침해된다고 주장하면서 헌법소원심판을 청구하였으나 헌법재판소는 대통령의 이런 행위는 공권력의 행사에 해당하지 않는다는 이유로 청구를 각하하였다(憲 2003.11. 27.-2003헌마694등).

(ii) 재신임과 연계한 국민투표의 허용여부 독재나 권위주의통치의 형태에서 대통령이 사임을 촉구하는 국민의 비판과 저항에 대응하여 자신의 권력기반을 강화하기 위하여 권력기반을 강화하는 방안(국가위기를 고의적으로 유도하거나 분단국의 경우 통일을 이용하여 이런 상황을 조성하기도 한다)과 자신의 사임여부를 결합하여 국민투표에 부의하는 경우가 있다(예: 한국의 경우, 1969년 10월 17일의 헌법개정안에 대한 국민투표('3선개헌' 국민투표), 1975년 2월 12일의 헌법개정안에 대한 국민투표). 이를 「국민투표제적 독재」(plebiscitary dictatorship)라고도 한다(예: 1802년의 Napoléon의 국민투표, 1933년의 Hitler의 국민투표, 1958년의 Nasser의 국민투표). 이런 경우에는 권력기반을 강화하려는 대통령이 진정으로 사임하기를 원하지는 아니할 것이므로 결국 국민투표는 대중선동과 여론의 조작에 의해 국민동원의 방식으로 이용된다. 과거 박정희정부에서 우리 국민들이 이런 부정적인 경험을 하고(예: 한국의 이른바 「유신체제」), 이를 청산하기 위해 그 후 헌법개정이 있었던 점과 신임투표와 헌법 제72조의 제도가 구별되는 점을 고려하면, 현행 헌법상 국가안위에 관한 중요정책을 국민투표에 붙이면서 동시에 대통령에 대한 재신임여부를 결합시키는 것도 인정되지 않는다(반대: 허영a, 942; 성낙인, 1007). 국가안위에 관한 중요정책을 국민투표에 붙이면서 대통령의 재신임여부를 결합시키는 경우에는 헌법 제72조가 정하는 정책에 대한 국민투표의 본래적 의미가 변질된다.

헌법재판소도 대통령의 재신임을 헌법 제72조의 국민투표와 결부·연계시키는 것은 헌법상 허용되지 않는다고 하면서, 이러한 국민투표를 공개적으로 제안하거나 이를 실행하기 위한 행동으로 나아가면 탄핵사유가 된다고 판시하였다(憲 2004. 5. 14.-2004헌나1).

[憲 2004.5.14.-2004헌나1] 「헌법 제72조는 대통령에게 국민투표의 실시 여부, 시기,

구체적 부의사항, 설문내용 등을 결정할 수 있는 임의적인 국민투표발의권을 독점적으로 부여함으로써 대통령이 단순히 특정 정책에 대한 국민의 의사를 확인하는 것을 넘어서 자신의 정책에 대한 추가적인 정당성을 확보하거나 정치적 입지를 강화하는 등 국민투표를 정치적 무기화하고 정치적으로 남용할 수 있는 위험성을 안고 있다. 이러한 점을 고려할 때, 대통령의 부의권을 부여하는 헌법 제72조는 가능하면 대통령에 의한 국민투표의 정치적 남용을 방지할 수 있도록 엄격하고 축소적으로 해석되어야 한다. ㈐ 이러한 관점에서 볼 때, 헌법 제72조의 국민투표의 대상인 '중요정책'에는 대통령에 대한 '국민의 신임'이 포함되지 않는다. 선거는 '인물에 대한 결정', 즉 대의제를 가능하게 하기 위한 전제조건으로서 국민의 대표자에 관한 결정이며, 이에 대하여 국민투표는 직접민주주의를 실현하기 위한 수단으로서 '사안에 대한 결정', 즉 특정한 국가정책이나 법안을 그 대상으로 한다. 따라서 국민투표의 본질상 '대표자에 대한 신임'은 국민투표의 대상이 될 수 없으며, 우리 헌법에서 대표자의 선출과 그에 대한 신임은 단지 선거의 형태로써 이루어져야 한다. 대통령이 이미 지난 선거를 통하여 획득한 자신에 대한 신임을 국민투표의 형식으로 재확인하고자 하는 것은 헌법 제72조의 국민투표제를 헌법이 허용하지 않는 방법으로 위헌적으로 사용하는 것이다. 대통령은 헌법상 국민에게 자신에 대한 신임을 국민투표의 형식으로 물을 수 없을 뿐만 아니라, 특정 정책을 국민투표에 붙이면서 이에 자신의 신임을 결부시키는 대통령의 행위도 위헌적인 행위로서 헌법적으로 허용되지 않는다. 물론 대통령이 특정 정책을 국민투표에 붙인 결과 그 정책의 실시가 국민의 동의를 얻지 못한 경우, 이를 자신에 대한 불신임으로 간주하여 스스로 물러나는 것은 어쩔 수 없는 일이나, 정책을 국민투표에 붙이면서 이를 신임투표로 간주하고자 한다는 선언은 국민의 결정행위에 부당한 압력을 가하고 국민투표를 통하여 간접적으로 자신에 대한 신임을 묻는 행위로서, 대통령의 헌법상 권한을 넘어서는 것이다. 헌법은 대통령에게 국민투표를 통하여 직접적이든 간접적이든 자신의 신임여부를 확인할 수 있는 권한을 부여하지 않는다. ㈑ 뿐만 아니라 헌법은 명시적으로 규정된 국민투표 외에 다른 형태의 재신임 국민투표를 허용하지 않는다. 이는 주권자인 국민이 원하거나 또는 국민의 이름으로 실시하더라도 마찬가지이다. 국민은 선거와 국민투표를 통하여 국가권력을 직접 행사하게 되며, 국민투표는 국민에 의한 국가권력의 행사방법의 하나로서 명시적인 헌법적 근거를 필요로 한다. 따라서 국민투표의 가능성은 국민주권주의나 민주주의원칙과 같은 일반적인 헌법원칙에 근거하여 인정될 수 없으며, 헌법에 명문으로 규정되지 않는 한 허용되지 않는다. ㈒ 결론적으로 대통령이 자신에 대한 재신임을 국민투표의 형태로 묻고자 하는 것은 헌법 제72조에 의하여 부여받은 국민투표부의권을 위헌적으로 행사하는 경우에 해당하는 것으로, 국민투표제도를 자신의 정치적 입지를 강화하기 위한 정치적 도구로 남용해서는 안 된다는 헌법적 의무를 위반한 것이다. 물론 대통령이 위헌적인 재신임 국민투표를 단지 제안만 하였을 뿐 강행하지는 않았으나, 헌법상 허용되지 않는 재신임 국민투표를 국민들에게 제안한 것은 그 자체로서 헌법 제72조에 반하는 것으로 헌법을 실현하고 수호해야 할 대통령의 의무를 위반한 것이다.」

(4) 국민투표의 방법과 절차

헌법 제72조에서 정하고 있는 국민투표의 실시에 관하여는 국민투표법이 정하고 있다.

(a) 투표권자

국민투표의 투표권자는 19세 이상의 국민이되(투표법 §7), 국민투표법 제9조에 해당하는 사유가 없는 자이다. 투표권자의 연령은 국민투표일 현재로 산정한다(동법 §8). 대한민국 국적을 가지고 있는 재외국민도 주민등록여부에 관계없이 국민투표권을 가진다(예: 憲 2007. 6. 28. -2004헌마644등). 헌법재판소는, 국민투표는 선거와 달리 국민이 직접 국가의 정치에 참여하는 절차이므로, 국민투표권은 대한민국 국민의 자격이 있는 사람에게 반드시 인정되어야 하는 국민의 본질적 지위에서 도출되는 권리인데 이를 추상적 위험 내지 선거기술상의 사유로 배제하는 것은 헌법이 부여한 참정권을 사실상 박탈한 것과 다름없다고 보았다. 따라서 국내에 주민등록이 되어 있거나 국내거소신고를 할 것을 요구하는 국민투표법조항은 재외선거인의 국민투표권을 침해한다고 판시하였다(憲 2014. 7. 24. -2009헌마256등).

> [憲 2007.6.28.-2004헌마644등] 「국민투표권을 구체화하는 법률로 국민투표법이 제정되어 있으며 국민투표법 제7조는 일정 연령 이상의 국민에게 원칙적으로 국민투표권을 부여하고 있다. 그런데 이 사건 국민투표법 조항은 투표인명부 작성의무자로 하여금 국민투표일공고일 현재 그 관할 구역 안에 주민등록이 된 투표권자만을 투표인명부에 등재하도록 하고 있어 청구인들과 같이 주민등록을 할 수 없는 재외국민들은 국민투표권을 전혀 행사할 수 없도록 하고 있다. 국민투표는 위에서 본 바와 같이 국가의 중요정책이나 헌법개정안에 대해 주권자로서의 국민이 그 승인 여부를 결정하는 절차인데, 주권자인 국민의 지위에 아무런 영향을 미칠 수 없는 주민등록 여부만을 기준으로 하여 주민등록을 할 수 없는 재외국민의 국민투표권 행사를 전면적으로 배제하고 있는 이 사건 국민투표법 조항은 앞서 본 국정선거권의 제한에 대한 판단에서와 동일한 이유에서 청구인들의 국민투표권을 침해한다고 할 것이다.」

(b) 방 법

국민투표는 전국을 하나의 단위로 실시한다(동법 §10). 대통령은 늦어도 국민투표일 전 18일까지 국민투표일과 국민투표안을 동시에 공고하여야 한다(동법 §49). 중앙선거관리위원회는 공고된 국민투표안을 투표권자에게 주지시키기 위하여 게시하여야 한다(동법 §22①). 국민투표에 관한 운동은 국민투표일의 공고일로부터 투표일 전일까지에 한하여 국민투표법이 정하는 바에 의하여 할 수 있다(동법 §26, §27). 국가 또는 지방자치단체는 그 발행하는 관보·공보 등의 간행물에 국민투표안에 대한 찬성 또는 반대의 의견을 게재할 수 없다(동법 §37). '관제국민투표(官制國民投票)'를 방지하고 국민의 자유롭고 자율적인 판단을 보장하기 위한 것이다.

국민투표는 기표방법에 의한 투표로써 한다(동법 §50①). 투표는 직접 또는 우편으로 하되 1인 1표로 하며(동조 ②), 투표인의 성명을 표시하여서는 아니 된다(동조 ③). 국민투표는 사안에 대한 찬반을 묻는 것이기 때문에 투표용지에는 찬성과 반대의 양란을 두고, 이에 표시를 한다(동법 §53 ①, §60). 투표의 비밀을 보장하기 위하여 투표인은 투표에 관하여 누구에게도 진술할 의무가 없으며 국가 또는 어떠한 기관이라도 이를 질문하거나 진술을 요구할 수 없도록 법으로 정하고 있다(동법 §67②). 투표인은 자신이 기표한 투표지의 내용을 공개할 수 없으며, 공개한 투표지는 무효로 한다(동조 ③).

(c) 확 정

중앙선거관리위원회는 투표에 대한 총집계를 하고, 집계가 끝나면 즉시 그 결과를 공표하고, 이를 대통령과 국회의장에게 통보하여야 한다(동법 §89). 대통령은 이러한 국민투표의 결과를 통보받은 때에는 즉시 이를 공포하여야 한다(동법 §91). 국민투표의 결과는 중앙선거관리위원회의 결과 공표로 확정되는 것이 아니라 대통령의 결과 공포로 확정된다.

(d) 무효소송과 재투표

국민투표의 효력에 관하여 이의가 있는 투표인은 투표인 10만인 이상의 찬성을 얻어 중앙선거관리위원회위원장을 피고로 하여 투표일로부터 20일 이내에 대법원에 제소할 수 있다(국민투표무효소송)(동법 §92). 대법원은 국민투표무효소송에 있어서 국민투표에 관하여 국민투표법 또는 그 법에 의하여 발하는 명령에 위반하는 사실이 있는 경우라도 국민투표의 결과에 영향을 미쳤다고 인정하는 때에 한해서만 국민투표의 전부 또는 일부의 무효를 판결한다(동법 §93). 국민투표법이나 그 법에 의한 명령에 위반하는 사실이 있지만 그것이 국민투표의 결과에 영향을 미치지 아니한 경우에는 무효판결을 할 수 없다는 의미이다.

국민투표의 전부 또는 일부의 무효판결이 있을 때에는 재투표를 실시하여야 한다(동법 §97①). 투표의 전부무효판결이 있을 때에는 그 판결이 확정된 날로부터 30일 이내에 재투표를 실시하여야 하고, 투표일은 늦어도 투표일 전 18일까지 대통령이 공고하여야 한다(동조 ②). 투표의 일부무효판결이 있을 때에는 중앙선거관리위원회는 투표가 무효로 된 당해 투표구의 재투표를 실시하여 총집계를 다시 한 후 이를 대통령과 국회의장에게 통보하여야 한다(동조 ③). 국민투표의 일부가 무효인 경우라도 다시 투표를 하지 아니하고 국민투표의 결과를 결정할 수 있을 때에는 일부 재투표를 실시하지 아니한다(동조 ⑦). 이러한 재투표는 판결이 확정된 날로부터 20일 이내에 실시하되, 중앙선거관리위원회는 7일 전에 재투표일을 공고하여야 한다(동조④).

(5) 국민투표와 국가의사의 결정

헌법 제72조에 의하여 국민투표가 실시되어 국민투표의 결과가 확정된 경우 그 확정된 국민투표의 결과는 어떠한 효력을 가지는가 하는 것이 문제가 된다.

(a) 재부의의 금지

헌법 제72조에 의한 국민투표를 실시한 이상 법치주의의 일사부재의의 원리로 인하여 대통령은 동일한 사안을 다시 국민투표에 붙일 수 없다.

(b) 기 속 력

국민투표의 확정된 결과가 국가기관을 기속하는가 하는 기속력에 대하여 헌법이나 국민투표법은 아무 것도 정하고 있지 않다. 이에 관해서는 헌법 제72조가 상정하는 국민투표의 성격을 어떻게 이해하는가에 따라 두 가지의 해석이 가능하다.

(i) 자문적 국민투표설 헌법 제72조가 상정하고 있는 국민투표는 자문적인 성질을 가지고, 따라서 그 국민투표의 결과는 대통령이나 국회를 법적으로 기속하지 않는다고 본다. 즉 헌법 제72조의 국가중요정책에 대한 찬반투표의 의미를 가지는 것으로 본다(김철수b, 1727). 이는 대통령이나 국회는 국민투표에서 나타난 결과를 고려하여 국민대표자의 지위에서 자유로이 정책을 결정하면 된다고 본다(권영성, 987). 이는 헌법상의 대의제도에 더 많은 무게를 두고 국민투표가 대의원리를 변경시킬 수 없다고 보는 태도이다.

(ii) 기속적 국민투표설 헌법 제72조가 상정하고 있는 국민투표를 기속적인 국민투표라고 해석하는 견해이다. 이는 헌법상의 대의원리는 헌법 제72조에 의해 일정한 범위에서 수정된다고 보는 태도이다. 이 견해에 의하면, 외교 · 국방 · 통일 기타 국가안위에 관한 중요정책을 국민투표에 부의하여 해당 사안에 대하여 국민투표로 찬성 또는 반대의 결론이 난 경우에는 그 결과는 모든 국가기관을 구속한다고 본다(허영a, 943). 따라서 국가안위에 관한 중요정책의 해당 사안에 있어 대통령이나 국회는 국민투표의 결과에 합치하는 행위를 하여야 한다. 다만, 헌법 제72조가 상정하는 국민투표의 결과가 기속력을 가진다고 해석하더라도 헌법재판소나 법원의 기존의 재판의 결과에는 영향을 미치지 않는다고 본다.

(iii) 사 견 헌법 제72조에 따른 국민투표는 국회, 대통령, 법원, 헌법재판소에 대하여 기속력을 가지지 않는다. 이는 대통령이 헌법 제72조에서 정하는 국가의 중요정책에 대하여 스스로 결정하기 전에 국민에게 찬반의 의사를 물어 그 결과를 참작하

여 결정할 수 있게 한 자문적 국민투표이기 때문이다. 다만 대통령이 헌법 제72조에 따라 국가의 중요정책을 국민투표에 부의한 경우에는 국민투표의 결과에 대하여 사실상 정치적으로 부담을 지게 된다.

> 국민투표를 실시한 경우에도 국민투표의 정당성이 문제가 되는 경우가 있다. 예컨대 국민투표의 결과가 유효투표수의 비율에서 49:51과 같이 국민의 경험적 의사가 근소한 차이로 나타나고 투표권자의 참여율도 저조한 경우에 상대적 우위를 점하는 51%(찬성이든 반대이든)라는 것만을 이유로 이러한 수치가 대통령이나 국회를 사실상 구속할 수 있느냐 하는 문제가 발생한다. 현행의 국민투표부의제도는 제도적으로도 명확하지 않고 국가의사결정의 방식에서도 불안정하다. 대한민국의 주권의 제약(주권의 전부 또는 일부포기)이나 영토의 변경(영토의 전부 또는 일부 포기, 양도, 매각 등)의 경우에 한하여 국민투표부의를 할 수 있게 개선하거나 1954년헌법의 경우와 같은 국민투표제도를 두는 방식으로 개선하고, 이 경우에도 국민투표의 결과가 가지는 효력의 객관적 범위, 주관적 범위, 기속력 등을 명확하게 정할 필요가 있다. 주권의 제약이나 영토의 변경에 관한 사항에 대하여 국민이 직접 결정하는 방식을 취하는 경우에는 일반정족수인 과반수의 찬성으로 결정하는 것이 타당한지 2/3의 찬성과 같은 특별정족수로 결정하는 것이 타당한지에 대해서도 헌법정책적으로 신중한 고려가 필요하다.

V. 영전수여에 관한 권한

헌법 제80조는 「대통령은 법률이 정하는 바에 의하여 훈장(勳章) 기타의 영전(榮典)을 수여한다」라고 정하고 있다. 이에 관련된 법률로는 상훈법(賞勳法)이 있다. 대통령은 영전수여권을 행사함에 있어 법률이 정하는 바에 따라 하여야 할 뿐 아니라, 이런 영전에 어떤 종류의 특권도 부여할 수 없다(헌법 §11③). 다만, 부상(副賞)은 같이 줄 수 있다(상훈법 §32). 대통령이 영전을 수여하는 경우에는 사전에 국무회의의 심의를 거쳐야 한다(헌법 §89viii).

대통령이 외국인에 대하여 훈장이나 기타 영전을 수여하는 경우에는 국가원수의 지위에서 대한민국을 대표하여 이를 행한다.

상훈법에 의하면, 대한민국훈장 및 포장(褒章)은 원칙적으로 대한민국국민이나 우방국민으로서 대한민국에 뚜렷한 공로를 세운 자에게 수여하고(상훈법 §2), 서훈기준(敍勳基準)은 서훈대상자의 공적내용, 그 공적이 국가사회에 미친 효과의 정도 및 지위 기타 사항을 참작하여 결정한다(동법 §3). 상훈법이 정하는 훈장과 포장은 대통령이 수여하고(동법 §29), 서훈의 추천은 중앙행정기관의 장(대통령직속기관 및 국무총리직속기관의 장을 포함), 국회사무총장, 법원행정처장, 헌법재판소사무처장, 중앙선거관리위원회사무총장이 행하되, 이들의 소관에 속하지 아니하는 서훈의 추천은 행정안전부장관이 행한다(동법 §5). 훈장 등을 받을 자는 국무회의의 심의를 거쳐 대통령이 결정한다(동법 §7).

[517] 제4 헌법수호에 관한 권한

대통령은 헌법을 수호하는 지위에 있는데, 이는 국가의 위기 시에도 국가의 존립과 계속성을 유지하고 이렇게 계속 존속하는 공동체에서 헌법이 끊어짐이 없이 효력을 발휘할 수 있도록 대처하여야 하는 헌법수호자로서의 지위를 의미한다. 이러한 지위에서 국가의 비상사태 또는 국가긴급사태가 발생하는 경우 헌법의 규범력을 유지하고 비상적인 상황을 극복하기 위한 국가긴급권(emergency power)이 대통령에게 부여된다.

국가긴급권은 독재나 권위주의체제에서 대통령의 우월적 지위를 유지하는 수단으로 동원되기도 하는데, 이는 국가긴급권의 정상적인 기능이 아니다. 우리 헌법사에서도 국가긴급권을 독재나 권위주의체제를 유지하는 수단으로 고안하여 헌법에 정한 예가 있다. 대표적인 경우가 1972년헌법과 1980년헌법의 국가긴급권이다. 현재는 이러한 부정적인 요소를 배제하고 국가비상사태를 극복하는 합리적인 수단으로 정하고 있다. 현행의 국가긴급권은 1962년헌법과 1969년헌법의 수준으로 돌아간 수준을 유지하고 있다.

우리 헌법사에서는 대통령의 국가긴급권의 행사의 부정적인 사례가 남아 있어 이에 대한 정상적인 이해를 저해하는 점도 남아 있지만, 국가긴급권은 헌법의 규범력을 지속하게 하고 국가의 존립과 계속성을 유지하는 수단으로 중요한 의미를 가진다. 국가긴급권의 행사로 국가비상사태의 상황을 극복하여야 국민이 기본권을 정상적으로 향유할 수 있으므로 국가긴급권은 기본권의 보장에서도 중요한 의미를 가진다.

헌법의 수호는 대통령만이 독점적으로 수행하는 직무가 아니다. 국민의 대표기관인 국회도 국가의 위기와 국가긴급사태를 극복할 의무가 있으므로 대통령의 국가긴급권의 행사에 관여한다. 국회는 대통령의 국가긴급권의 행사에 대한 관여를 통하여 국가긴급권의 남용을 통제하기도 하지만, 국가의 위기와 국가긴급사태에 대한 인식을 공유하고 이를 극복하기 위하여 협력하기도 한다. 따라서 국회는 대통령의 국가긴급권의 행사에서 자기에게 부여된 역할을 충실히 수행하여야 한다.

헌법은 다양한 성격과 정도의 국가비상사태의 상황에 대처하고 극복할 수 있도록 대통령에게 국가긴급권으로서 긴급명령권, 긴급재정경제처분권, 긴급재정경제명령권, 계엄선포권을 부여하고 있다.

국가긴급권의 변천

항목 \ 헌법		1948년헌법-1952년헌법-1954년헌법	1960년6월헌법-1960년11월헌법	1962년헌법-1969년헌법	1972년헌법	1980년헌법	1987년헌법
정부형태		대통령제	의회주의제	대통령제	→	→	→
국가긴급권의 종류	긴급명령	○ (내우·외환·천재·지변 또는 중대한 재정경제상의 위기에 제하여 공공의 안녕질서를 유지하기 위하여)	×	○ (국가의 안위에 관계되는 중대한 교전상태에 있어서 국가를 보위하기 위하여)	×	×	○ (국가의 안위에 관계되는 중대한 교전상태에 있어서 국가를 보위하기 위하여)
	긴급재정경제명령	×	국무총리: 긴급재정처분의 집행명령(법률적 효력)	○ (내우·외환·천재·지변 또는 중대한 재정경제상의 위기에 있어서 공공의 안녕질서를 유지 하기 위하여)	×	×	○ (내우·외환·천재·지변 또는 중대한 재정경제상의 위기에 있어서 국가의 안전보장 또는 공공의 안녕질서를 유지하기 위하여)
	긴급재정경제처분	○ 긴급재정처분(긴급명령과 동일사유)	○ 대통령: 긴급 재정처분(내우·외환·천재·지변 또는 중대한 재정경제상의 위기에 제하여 공공의 안녕질서를 유지하기 위하여)	○ (위와 같음)	×	×	○ (위와 같음)
	긴급조치	×	×	×	○*	×	×
	비상조치	×	×	×	×	○**	×
	계엄	○	○	○	○	○	○

* 대통령은 천재·지변 또는 중대한 재정경제상의 위기에 처하거나, 국가의 안전보장 또는 공공의 안녕질서가 중대한 위협을 받거나 받을 우려가 있을 때. 국정전반에 걸쳐 필요한 긴급조치. 국민의 자유와 권리를 잠정적으로 정지하는 긴급조치. 정부나 법원의 권한에 관한 긴급조치.

** 대통령은 천재·지변 또는 중대한 재정경제상의 위기에 처하거나, 국가의 안전을 위협하는 교전상태나 그에 준하는 중대한 비상사태에 처하여 국가를 보위하기 위하여. 국정전반에 걸쳐 필요한 비상조치. 국민의 자유와 권리를 잠정적으로 정지하는 비상조치. 정부나 법원의 권한에 관한 비상조치.

Ⅰ. 긴급명령권

(1) 개념과 제도적 의의

헌법 제76조 제2항은 「대통령은 국가의 안위에 관계되는 중대한 교전상태에 있어서 국가를 보위하기 위하여 긴급한 조치가 필요하고 국회의 집회가 불가능한 때에 한하여 법률의 효력을 가지는 명령을 발할 수 있다」라고 정하여 대통령에게 국가긴급권의 하나로 법률의 효력을 가지는 긴급명령을 발할 수 있는 권한을 부여하고 있다.

국가긴급사태가 중대한 교전상태와 같이 중대한 것인 경우에 국정의 최고책임자의 지위에 있는 대통령에게 이에 대처하도록 하기 위한 것이다. 긴급명령은 헌법에서 인정하고 있는 것과 같이 국회의 집회가 불가능한 때에만 인정하는 형태가 있고(협의의 긴급명령), 국회의 집회가능성의 여부와 관계없이 인정하는 형태가 있다(광의의 긴급명령). 후자의 경우는 대통령의 지위를 보다 우월적인 것으로 만든다. 헌법 제76조 제2항은 과거 국가긴급권의 악용으로 인한 국가와 국민에 대한 피해를 거울삼아 국회의 집회가 가능한 때는 국회가 먼저 비상사태에 대처하도록 하고, 국회의 집회가 불가능한 경우에 한하여 대통령이 이에 대처하도록 하는 형태만 인정하고 있다.

(2) 긴급명령의 내용

긴급명령의 발동은 대통령이 국가긴급사태에 대처하고 이를 극복하기 위하여 국회의 입법권에 대하여 그 예외로 보충적인(subsidiary) 지위에서 법률적 효력을 가지는 법규범을 제정하는 것을 말하므로, 국회가 법률로 규율할 수 있는 모든 사항에 대하여 정할 수 있다. 기존의 법률을 개정하는 명령을 발할 수도 있고 이를 폐지하는 명령을 발할 수도 있다. 기존의 법률이 규율하지 않고 있는 사항에 대하여 새로 규율하는 명령을 발할 수도 있다. 헌법 제76조 제1항이 정하는 긴급재정경제명령이 그 규율대상에서 경제적 사항과 재정적 사항에 한정됨에 비하여 헌법 제76조 제2항이 정하는 긴급명령은 규율의 대상에서 아무런 제한을 받지 않는다.

긴급명령이 국회의 승인을 필요로 하고 법률의 효력을 가지는 것이라고 하더라도 이는 비상입법이므로 통상의 국회의 입법절차를 따르지 않고 헌법이 정하는 절차에 따른다. 그러나 긴급명령이 비상입법이라고 하더라도 헌법에 합치되어야 하므로 긴급명령은 헌법상의 과잉금지원칙에 적합하여야 한다.

긴급명령은 법률적 효력을 가지므로 긴급명령으로 헌법을 개정할 수도 없고(동지: 권영성, 972), 일시적으로 정지시킬 수도 없다(동지: 김철수b, 1744). 지배적인 견해이다.

긴급명령으로 국회를 해산할 수도 없다. 헌법기관의 존폐에 대해서는 헌법이 명문으로 인정하여야 하는데 헌법은 이를 정하고 있지 않고, 긴급명령의 발동에는 국회의 승인을 효력발생에서 절차적인 요건으로 요구하고 있으므로 어떤 경우에도 긴급명령으로는 국회를 해산하지 못한다(동지: 권영성, 972).

우리나라의 국가긴급권의 변천사를 보건대, 과거의 긴급조치나 비상조치와 같이 국정전반에 걸쳐 조치를 하거나 국회, 헌법재판소, 법원의 권한에 관하여 특별한 조치를 할 수 있는가 하는 물음이 제기될 수 있다. 헌법의 명문 규정상 1972년헌법의 긴급조치나 1980년헌법의 비상조치와 달리 그러한 내용을 정하고 있지 않을 뿐 아니라, 현행 국가긴급권은 1972년헌법 이래 1980년헌법까지의 헌법이 취했던 국가긴급권의 문제점을 극복하기 위하여 개선한 것이고, 국회, 헌법재판소, 법원은 긴급명령에 대하여 사후통제를 하는 권한을 가지고 그 역할을 수행하여야 하므로 긴급명령의 발동으로 국회, 헌법재판소, 법원의 권한에 관하여 특별한 조치를 할 수는 없다(동지: 권영성, 972).

헌법의 긴급명령으로는 군정을 실시할 수도 없고, 병력을 동원할 수도 없다. 대통령이 국정운영에서 병력을 동원할 수 있는 것은 통상의 국군통수권을 행사하여 국가를 방위하는 경우와 헌법 제77조가 정하고 있는 계엄을 발동할 때만 가능하다.

(3) 긴급명령의 발동요건

대통령이 헌법 제76조 제2항이 정하는 긴급명령을 발할 수 있기 위해서는 다음과 같은 실질적 요건과 절차적 요건이 충족되어야 한다.

(a) 실질적 요건

긴급명령의 발동에는 다음의 세 가지 실질적인 요건이 충족될 것이 요구된다.

첫째, 국가의 안위에 관계되는 중대한 교전상태가 있어야 한다(헌법 §76②). 국가의 안위에 관계되는 중대한 교전상태라 함은 대한민국의 안전이 위협을 받는 중대한 교전상태로서 정규전과 비정규전을 포함한 대규모의 무력충돌을 의미한다(동지: 허영a, 945). 교전상대는 모든 외국의 국가와 대한민국을 상대로 무력을 행사하는 모든 단체를 의미한다. 북한도 포함된다. 대통령이 통상의 국군통수권을 행사하여 교전상태를 극복할 수 있는 정도의 상황은 이러한 중대한 교전상태에 해당하지 않는다. 따라서 긴급명령을 발함에 있어서는 교전상태의 중대성이 요구된다(중대성).

둘째, 국가를 보위하기 위하여 긴급한 조치가 필요하여야 한다(헌법 §76②). 긴급명령은 국가의 존속과 안전을 보장하고 방어하기 위하여 필요한 조치여야 하고(필요성), 이런 조치는 긴급명령을 발하지 않으면 안 될 긴급한 사태에 대응하는 것이어야 한다(긴급성). 현재의 상태를 개선할 필요가 있다는 것만으로는 이런 요건을 충족시킬 수 없다(동지: 허영a, 946).

셋째, 국회의 집회가 불가능하여야 한다(헌법 §76②). 긴급명령은 대통령에게 국가비상사태를 극복하기 위하여 법률과 대등한 명령을 발하는 입법권을 인정하는 것이므로 국회의 집회가 불가능한 경우이어야 한다(보충성). 법률로서 국가비상사태를 극복하여야 하는 상황에서 국회의 집회가 가능하면 국회가 이런 사태를 극복할 수 있는 법률을 제정하여 해결한다. 국회의 집회가 불가능한 경우라 함은 법적으로나 사실상으로 국회가 집회할 수 없는 때를 말하며, 국회의 개회·휴회·폐회를 불문하고, 국회의 집회가 불가능하게 된 원인도 불문한다. 그러나 어떤 형태로든 긴급명령을 발하기 위하여 고의로 국회의 집회를 불가능하게 만든 경우는 이에 해당하지 않는다(동지: 허영a, 946).

(b) 절차적 요건

긴급명령의 발동에는 절차적으로 요구되는 요건을 충족시켜야 한다.

첫째, 국무회의의 심의를 거쳐야 한다(헌법 §89 v). 긴급명령을 발하는 경우에는 반드시 국무회의의 심의를 거쳐야 한다. 이 절차를 거치지 않은 긴급명령은 헌법에 위반되어 효력을 가지지 못한다. 긴급명령이 국가의 안전보장에 관한 사항일 때에는 헌법 제91조 제1항에 따라 국무회의에서 심의하기 이전에 국가안전보장회의의 자문을 거쳐야 한다(동지: 권영성, 971).

둘째, 긴급명령의 발동도 대통령의 국법상의 행위이므로 국무총리와 관계국무위원이 부서한 문서로써 하여야 한다(헌법 §82).

셋째, 대통령은 긴급명령을 발한 때에는 지체 없이 국회에 보고하여 그 승인을 얻어야 한다(헌법 §76③). 국회가 집회할 수 있으나 폐회 중인 경우에는 대통령은 국회의 임시회의 집회를 요구하여(헌법 §47①) 긴급명령의 승인을 처리하여 줄 것을 요청하여야 한다. 국회의 승인을 얻지 못한 때에는 그 긴급명령은 그 때부터 효력을 상실한다. 이 경우 그 긴급명령에 의하여 개정 또는 폐지되었던 법률은 그 긴급명령이 승인을 얻지 못한 때부터 당연히 효력을 회복한다(헌법 §76④). 국회의 승인을 얻지 못하여 긴급명령이 효력을 상실하는 것은 국회에서 승인을 얻지 못한 때(승인안이 부결된 때)부터이므로 그 이전에 긴급명령으로 행해진 행위는 유효하다. 긴급명령에 의하여 개정 또는 폐지되었던 법률이 효력을 회복하는 경우도 소급하여 효력을 회복하는 것이 아니라 승인을 얻지 못한 때부터 유효한 법률로서 효력을 발한다.

대통령의 「지체 없는」 사후보고는 보고할 국회가 존재한다는 것을 전제로 한다. 즉 대통령이 긴급명령을 발한 당시에는 국회의 집회가 불가능하였지만, 긴급명령을 발한 후에는 국회의 집회가 가능한 것을 전제로 한다. 그런데 대통령이 긴급명령을 발한 이후에 지체 없이 국회에 보고하려고 했을 때 국회가 여전히 집회할 수 없는 상태(국회의원의 임기만료, 국회의 해산)에 있으면 대통령이 보고를 하고 국회의 승인을 받으려고 해도 받을 수가 없다. 이런 경우에는 예외적으로 대통령의 지체 없는 사후보고가 없더라도 긴급명령은 국회의 집회가 가능할 때까지 효력을 가진다고 보아야 한다. 그렇지 않으면 대통령이 국가비상사태를 극복하기 어렵기 때문이다. 이렇게 대통령의 「지체 없는」 사후보고가 없이 긴급명령이 효력을 발생한 경우에도 그 이후 국회의 집회가 가능하면 그 즉시 대통령은 국회에 보고하여 국회로부터 정식 승인을 얻어야 하며, 이런 승인이 있어야 긴급명령은 계속 효력을 유지할 수 있다.

넷째, 대통령은 긴급명령을 발하고 국회의 승인을 얻은 경우나 국회의 승인을 얻지 못한 경우에 그 사유를 지체 없이 공포하여야 한다(헌법 §76⑤). 헌법 제76조 제5항의 규정의 취지로 보건대, 대통령이 긴급명령을 발하고 국회에 승인을 요청한 단계에서도 긴급명령을 발한 사유와 국회에 승인을 요청하였다는 사실을 지체 없이 공포하여야 한다고 할 것이다.

(4) 긴급명령에 대한 통제

긴급명령이 남용되거나 오용되지 않고 그 기능에 적합하게 발동하도록 하기 위해서는 이에 대한 통제장치가 필요하다. 이에는 사전통제와 사후통제가 있다.

(a) 사전통제

긴급명령의 발동에 있어서 국무회의의 심의를 거치는 것(헌법 §89 v)과 국무총리와 관계국무위원의 부서(헌법 §82) 또는 국가안전보장회의의 자문은 사전통제의 기능을 한다. 따라서 이런 절차를 거치지 않은 긴급명령은 효력을 가질 수 없다.

(b) 사후통제

긴급명령에 대한 사후통제에는 국회에 의한 통제, 헌법재판소에 의한 통제, 법원에 의한 통제가 있다.

(i) 국회에 의한 통제　긴급명령의 발동에 있어서 요구되는 대통령의 지체 없는 국회에의 보고와 승인의 획득(헌법 §76③)은 사후통제의 기능도 수행한다. 긴급명령에 대한 통제로서 가장 효과적인 방법은 국회가 승인을 거부하는 것이다. 그리고 국회가 긴급명령을 승인하는 경우에도 긴급명령 가운데 적합하지 아니한 내용에 대해서는 이를 수정하거나 삭제할 수 있다. 국회는 긴급명령 전체에 대하여 거부할 수 있는 권한을 가지고, 또 법률을 제정하여 긴급명령의 내용 중 일부 또는 전부를 폐지하거나 변경할 수 있는 이상 수정승인권도 인정된다고 할 것이다(동지: 권영성, 974). 국회는 대통령의 긴급명령이 헌법

을 위반한 것인 경우에는 긴급명령의 승인을 거부하는 동시에 대통령에 대하여 탄핵소추도 할 수 있다.

(ii) 헌법재판소에 의한 통제 긴급명령은 헌법재판의 대상, 즉 위헌법률심판의 대상이나 헌법소원심판의 대상이 된다. 따라서 국민은 긴급명령이 재판의 전제가 된 경우에 그 위헌여부를 다툴 수 있고, 기본권을 직접 침해당한 경우에는 헌법재판소에 헌법소원심판을 청구할 수 있다.

(iii) 법원에 의한 통제 긴급명령이 재판의 전제가 된 경우에 법원의 직권제청으로 그 위헌여부심판을 헌법재판소에 구하는 것도 법원에 의한 사후통제로서 그 의미를 가진다.

(5) 긴급명령의 폐지

대통령은 긴급명령이 그 목적을 달성하였다고 판단한 경우에는 이를 폐지(해제)할 수 있다. 긴급명령은 법률적 효력을 가지므로 그 해제는 긴급명령의 형식으로 하며, 국무회의의 심의를 거쳐야 한다(헌법 §89v).

긴급명령이 발해진 이후에 국회의 집회가 가능하면 국회는 법률로서 긴급명령을 폐지하거나 변경할 수 있는가 하는 문제가 있다. 국회가 긴급명령의 발동에 대하여 승인을 하였다고 하더라도 그 긴급명령의 내용이 목적을 달성하는데 적합하지 않다거나 이미 긴급명령이 목적을 달성하였음에도 대통령이 이를 폐지하지 않고 있는 경우에는 국회는 법률을 제정하여 긴급명령의 내용을 변경하거나 긴급명령을 폐지할 수 있다. 원래 국가비상사태에 있어서 법률로써 규율할 필요가 있는 때에는 국회의 집회가 가능하면 국회가 법률을 제정하거나 개정하여 이에 대처하는 것이므로 국회는 법률로써 대통령의 긴급명령을 폐지하거나 그 내용을 변경할 수 있다고 할 것이다.

II. 긴급재정경제처분 및 명령권

(1) 개념과 제도적 의의

(a) 개 념

헌법 제76조 제1항은 「대통령은 내우(內憂)·외환(外患)·천재(天災)·지변(地變) 또는 중대한 재정·경제상의 위기에 있어서 국가의 안전보장 또는 공공의 안녕질서를 유지하기 위하여 긴급한 조치가 필요하고 국회의 집회를 기다릴 여유가 없을 때에 한하여 최소한으로 필요한 재정·경제상의 처분을 하거나 이에 관하여 법률의 효력을 가지는 명령을 발할 수 있다」라고 정하고 대통령에게 국가긴급권의 하나로 긴급재정·경제처분을 발하거나 법률의 효력을 가지는 긴급재정·경제명령을 발할 수 있는 권한을 부여하고 있다.

긴급재정경제처분은 통상적인 행정처분으로 사태를 해결할 수 없을 때 행하는 구체적인 개별 행정처분이다. 주로 상위의 근거법률이 없어서 일반적인 행정처분으로 대처할 수 없는 경우이거나 국회의 의결을 거쳐 집행해야 할 재정적인 조치를 국회의 의결을 거치지 않고 긴급하게 조치하여야 할 경우가 이에 해당할 것이다. 즉 긴급재정경제처분은 상위의 근거법률을 제정하거나 국회의 의결을 거치기에는 시간적인 여유가 없어서 발하는 긴급행정처분이다. 긴급재정경제명령은 국회의 법률에 대신하여 국가긴급사태에 대처하고 이를 극복하기 위하여 법규범을 제정하는 행위이다. 따라서 국회의 법률과 동일한 법률적 효력을 가진다. 긴급재정경제처분은 긴급재정경제명령과 달리 행정처분이기 때문에 이와 저촉하는 법률이 존재하는 경우에는 긴급재정경제처분을 발할 수 없다. 이런 경우에는 저촉하는 법률의 내용을 폐지하거나 변경하는 내용의 긴급재정경제명령을 발하고 그 명령을 집행하는 처분을 한다.

긴급재정경제처분은 개별적인 구체적 처분을 말하고, 긴급재정경제명령은 법규범으로서 원칙적으로 일반성과 추상성을 지니는 법률적 효력을 가지는 명령을 의미한다(개별사항을 규율하는 법률이 허용되는 범위 내에서는 개별사항을 규율하는 긴급재정경제명령도 발할 수 있다). 대통령이 재정경제상의 위기를 극복하는 방법으로 긴급재정경제처분을 선택할 것인가 긴급재정경제명령을 선택할 것인가 하는 것은 사안과 발동하는 행위의 성격과 형태에 따라 결정하는 것이며, 긴급재정경제처분을 우선적으로 발하고 이로써 사태를 극복할 수 없을 때 한하여 긴급재정경제명령을 발하는 것은 아니다. 양자는 보충적인 관계에 있는 것이 아니라, 선택적인 관계에 있다(선택적 관계).

긴급재정경제처분과 긴급재정경제명령의 관계와 관련하여, 헌법 제76조 제1항의 「이에 관하여」라는 의미를 "긴급재정경제처분에 관하여" "그 효력을 보장하기 위하여"라고 해석하고, 이에 근거하여 긴급재정경제명령은 긴급재정경제처분을 명령으로써 뒷받침할 필요가 있는 경우에 발하는 것이라고 해석하는 견해가 있다(권영성, 977). 그러나 위에서 본 바와 같이 긴급재정경제처분과 긴급재정경제명령은 사안과 이에 대응하여 취하는 조치의 성격과 형태에 따라 결정되는 선택적인 관계에 있고, 헌법 제76조 제1항의 「이에 관하여」라는 문구는 '재정 · 경제상의 사항에 관하여'라는 의미라고 해석하는 것이 타당하다고 할 것이다. 헌법 제76조 제1항의 「이에 관하여」라는 문구는 넣지 아니하여도 무방하나 이를 넣은 것은 긴급재정경제처분과 긴급재정경제명령을 발하는 사유가 동일하고 이를 동일한 조항에 통합하여 정함에 있어서 명령을 발하는 대상인 사항을 재정 · 경제상의 것에 한정하기 위한 것이다. 이 조항의 문구를 보다 명확하게 하기 위해서는 「재정 · 경제상의 처분을 하거나 이에 관하여 법률의 효력을 가지는 명령을 발할 수 있다」라는 표현을 「재정 · 경제상의 처분을 하거나 법률의 효력을 가지는 재정 · 경제상의 명령을 발할 수 있다」로 하는 것이 타당하다고 할 것이다.

(b) 제도적 의의

국가긴급사태가 내우·외환·천재·지변으로 국가의 재정이나 국민의 경제에 심각한 상황이 초래된 경우와 이와 다른 원인으로 인하여 중대한 재정경제상의 위기가 발생한 경우에 이에 대처하기 위한 것이다.

(2) 긴급재정경제처분 및 명령의 내용

긴급재정경제처분은 대통령이 국가의 재정이나 경제적 긴급사태에 대처하여 이를 극복하기 위하여 행하는 긴급행정처분이고, 긴급재정경제명령은 이러한 사태를 극복하기 위하여 대통령이 발하는 법률적 효력을 지니는 명령이다.

긴급재정경제처분은 그 내용에서 재정적 사항과 경제적 사항에 한정되고 그 이외 다른 사항에 대하여 조치할 수 없다.

긴급재정경제명령도 그 내용에서는 재정적 사항과 경제적 사항에 한정되지만, 국회의 입법권에 대하여 그 예외로서 보충적인 지위에서 행해지는 비상입법이다. 긴급재정경제명령은 법률적 효력을 가지므로 규율 사항이 재정적인 사항이거나 경제적인 사항인 이상 이에 관한 기존의 법률을 개정하거나 폐지하는 명령을 발할 수도 있다. 기존의 법률이 규율하지 않고 있는 사항에 대하여 새로 규율하는 명령을 발할 수도 있다.

(3) 긴급재정경제처분 및 명령의 발동요건

대통령이 헌법 제76조 제1항이 정하는 긴급재정경제명령을 발할 수 있기 위해서는 실질적 요건과 절차적 요건이 충족되어야 한다.

(a) 실질적 요건

긴급재정경제처분이나 명령의 발동에는 다음의 네 가지 실질적인 요건이 충족될 것이 요구된다.

첫째, 내우·외환·천재·지변 또는 중대한 재정·경제상의 위기가 발생하여야 한다(헌법 §76①). 내우·외환·천재·지변뿐만 아니라 그 이외에 다른 원인으로 인하여 중대한 재정경제상의 위기가 발생한 경우를 말하므로(중대성) 내우·외환·천재·지변은 예시적인 것이고 그 이외의 다른 사태나 변고(變故)도 해당한다. 긴급재정경제명령을 발할 수 있는 중대한 재정경제상의 위기상황의 유무에 관한 제1차적인 판단은 대통령의 재량에 속한다. 그러나 여기에는 대통령의 판단을 객관적으로 정당화할 수 있을 정도의 위기상황이 존재하여야 한다(예: 憲 1996. 2. 29.-93헌마186). 대통령의 주관적인 판단만으로는 부족하다.

[憲 1996.2.29.-93헌마186] 「긴급재정경제명령을 발할 수 있는 중대한 재정경제상의 위기상황의 유무에 관한 제1차적 판단은 대통령의 재량에 속한다. 그러나 그렇다고 하더라도 그것이 자유재량이라거나 객관적으로 긴급한 상황이 아닌 경우라도 주관적 확신만으로 좋다는 의미는 아니므로 객관적으로 대통령의 판단을 정당화할 수 있을 정도의 위기상황이 존재하여야 한다.」

둘째, 국가의 안전보장 또는 공공의 안녕질서를 유지하기 위하여 긴급한 조치가 필요하여야 한다(헌법 §76①). 긴급재정경제처분이나 명령은 국가의 안전보장 또는 공공의 안녕질서를 유지하기 위하여 필요한 것이어야 하고(필요성), 이러한 처분이나 명령은 긴급재정경제처분이나 명령을 발하지 않으면 안 될 만큼 긴급한 사태에 대응하는 것이어야 한다(긴급성). 여기서의 「국가의 안전보장」과 「공공의 안녕질서의 유지」는 헌법 제37조 제2항에서 정하고 있는 「국가안전보장」과 「질서유지」와 동일한 의미라고 할 것이다.

셋째, 국회의 집회를 기다릴 여유가 없어야 한다(헌법 §76①). 국회의 집회를 기다려 국회의 동의를 얻어 대통령이 행정처분을 하거나 국회가 법률로써 이러한 상황을 극복할 수 있는 경우에는 대통령은 긴급재정경제처분이나 명령을 발할 수 없다(보충성). 긴급명령과는 달리 국회의 집회가 불가능한 때뿐만 아니라, 집회가 가능하지만 집회를 기다릴 여유가 없을 때에도 긴급재정경제명령을 발할 수 있다. 국회가 폐회 중이거나 휴회 중인 경우에는 어떠한가에 대하여 학설이 갈린다.

제1설은 국회가 폐회 중이거나 휴회 중이거나 불문하고 대통령이 판단하여 객관적으로 집회를 기다릴 여유가 없다고 판단한 경우에는 긴급재정경제명령을 발할 수 있다고 한다.

제2설은 국회가 폐회 중인 경우에 한하여 긴급재정경제명령을 발할 수 있다고 한다(김철수b, 1745; 권영성, 975).

살피건대 대통령이 국가긴급권을 행사하여야 할 만큼 긴박한 「국회의 집회를 기다릴 여유가 없을 때」란 국회가 폐회 중인 때만 발생하는 것이 아니고 국회가 휴회 중인 때에도 발생할 수 있다. 국회의 휴회 중에도 중대한 사태의 발생으로 대통령이 긴급하게 긴급재정경제처분이나 명령을 발할 필요가 있다고 판단되는데도 국회가 회의를 재개하기 어려운 사태에 빠져 있거나 회의의 재개를 지연하고 있는 경우가 있을 수 있기 때문이다. 따라서 이는 국회의 폐회에 한정하느냐 휴회도 포함하느냐 하는 것으로 판단할 것이 아니라, 객관적으로 판단하여 사실상 국회의 집회를 기다릴 여유가 없느냐의 여부를 결정하여야 한다. 이러한 점에서 제1설이 타당하다.

넷째, 긴급재정경제처분이나 명령은 최소한으로 필요한 것이어야 한다(헌법 §76①). 긴급재정경제처분이나 명령은 국가의 안전보장 또는 공공의 안녕질서를 유지하기 위해서 최소한의 조치만 하는 범위 내에서 인정되는 소극적인 것이기 때문에 국가안전보장이나 공공의 안녕질서를 현재보다 더 향상시키거나 개선하기 위한 적극적인 목적으로는 발할 수 없다(최소성). 따라서 긴급재정경제처분이나 명령은 사태에 대처하고 수습하는 범위 내에서만 인정된다.

헌법재판소도 긴급재정경제명령의 발동에 있어서는 실질적 요건을 엄격하게 충족시킬 것을 요구하고 있다(예: 憲 1996. 2. 29.-93헌마186).

[憲 1996.2.29.-93헌마186] 「고도의 정치적 결단에 의한 행위로서 그 결단을 존중하여야 할 필요성이 있는 행위라는 의미에서 이른바 통치행위의 개념을 인정할 수 있고, 대통령의 긴급재정경제명령은 중대한 재정·경제상의 위기에 처하여 국회의 집회를 기다릴 여유가 없을 때에 국가의 안전보장 또는 공공의 안녕질서를 유지하기 위하여 필요한 경우에 발동되는 일종의 국가긴급권으로서 대통령이 고도의 정치적 결단을 요하고 가급적 그 결단이 존중되어야 할 것임은 법무부장관의 의견과 같다. 그러나 이른바 통치행위를 포함하여 모든 국가작용은 국민의 기본권적 가치를 실현하기 위한 수단이라는 한계를 반드시 지켜야 하는 것이고, 헌법재판소는 헌법의 수호와 국민의 기본권 보장을 사명으로 하는 국가기관이므로 비록 고도의 정치적 결단에 의하여 행해지는 국가작용이라고 할지라도 그것이 국민의 기본권 침해와 직접 관련되는 경우에는 당연히 헌법재판소의 심판대상이 될 수 있는 것일 뿐만 아니라, 긴급재정경제명령은 법률의 효력을 갖는 것이므로 마땅히 헌법에 기속되어야 할 것이다. 따라서 이 사건 긴급명령이 통치행위이므로 헌법재판의 대상이 될 수 없다는 법무부장관의 주장은 받아들일 수 없다.……긴급재정경제명령은 정상적인 재정운용·경제운용이 불가능한 중대한 재정경제상의 위기가 현실적으로 발생하여(그러므로 위기가 발생할 우려가 있다는 이유로 사전적·예방적으로 발할 수는 없다) 긴급한 조치가 필요함에도 국회의 폐회 등으로 국회가 현실적으로 집회될 수 없고 국회의 집회를 기다려서는 그 목적을 달할 수 없는 경우에 이를 사후적으로 수습함으로써 기존질서를 유지·회복하기 위하여(그러므로 공공복리의 증진과 같은 적극적 목적을 위하여는 발할 수 없다) 위기의 직접적 원인의 제거에 필수불가결한 최소의 한도 내에서 헌법이 정한 절차에 따라 행사되어야 한다. 그리고 긴급재정경제명령은 평상시의 헌법 질서에 따른 권력행사방법으로서는 대처할 수 없는 중대한 위기상황에 대비하여 헌법이 인정한 비상수단으로서 의회주의 및 권력분립의 원칙에 대한 중대한 침해가 되므로 위 요건은 엄격히 해석되어야 할 것이다.」

(b) 절차적 요건

긴급재정경제처분이나 명령의 발동에는 절차적으로 요구되는 요건을 충족시켜야 한다. 긴급재정경제처분이나 명령의 발동에 요구되는 절차적 요건의 내용은 긴급명령의 그것과 같다.

(4) 긴급재정경제처분 및 명령에 대한 통제

긴급재정경제처분이나 명령이 남용되거나 오용되지 않고 그 기능에 적합하게 발동하도록 하기 위해서는 이에 대한 통제장치가 필요하다. 이에는 사전통제와 사후통제가 있다.

(a) 사전통제

긴급재정경제처분이나 명령의 발동에 있어서 국무회의의 심의를 거치는 것(헌법 §89 v)과 국무총리와 관계국무위원의 부서(헌법 §82) 또는 국가안전보장회의의 자문은 사전통제의 기능을 한다. 따라서 이런 절차를 거치지 않은 긴급재정경제처분이나 명령은 효력을 가질 수 없다.

(b) 사후통제

긴급재정경제처분이나 명령에 대한 사후통제에는 각각 그에 합당한 국가기관에 의한 통제가 있다.

(i) 국회에 의한 통제 긴급재정경제처분이나 명령의 발동에 있어서 요구되는 대통령의 지체 없는 국회에의 보고와 승인의 획득(헌법 §76③)은 사후통제의 기능도 수행한다. 긴급재정경제처분이나 명령에 대한 통제로서 가장 효과적인 방법은 국회가 승인을 거부하는 것이다. 국회가 긴급재정경제처분이나 명령을 승인하는 경우에도 긴급재정경제처분이나 명령 가운데 적합하지 아니한 내용에 대해서는 이를 수정하거나 삭제할 수 있다(동지: 권영성, 976). 국회가 긴급재정경제처분이나 명령 전체에 대하여 거부할 수 있는 권한을 가지고, 또 법률을 제정하여 직접 긴급재정경제명령의 내용 일부 또는 전부를 폐지하거나 변경할 수 있고, 긴급재정경제처분의 내용 일부나 전부를 간접적으로 무력화시킬 수 있는 내용의 법률을 제정할 수 있는 이상 이러한 수정승인권(修正承認權)은 인정된다고 할 것이다.

국회는 긴급재정경제처분이나 명령이 헌법을 위반한 것인 경우에는 긴급재정경제처분이나 명령의 승인을 거부하는 동시에 대통령에 대하여 탄핵소추도 할 수 있다.

(ii) 헌법재판소에 의한 통제 긴급재정경제명령은 법률적 효력을 가지는 법규범이므로 위헌법률심판의 대상이나 헌법소원심판의 대상이 된다. 따라서 국민은 긴급재정경제명령이 재판의 전제가 된 경우에 그 위헌여부를 다툴 수 있고, 기본권을 직접 침해당한 경우에는 헌법소원심판을 청구할 수 있다(예: 憲 1996. 2. 29.-93헌마186). 긴급재정경제처분이 기본권을 직접 침해한 경우에도 헌법소원심판을 청구할 수 있다.

(iii) 법원에 의한 통제 긴급재정경제처분은 행정처분으로서의 성격을 가지므로 위

헌이거나 위법인 경우에는 법원에 그 무효확인 또는 취소를 구할 수 있다. 긴급재정경제명령이 재판의 전제가 된 경우에 법원의 직권제청으로 그 위헌여부심판을 헌법재판소에 구하는 것도 법원에 의한 사후통제로서 그 의미를 가진다.

(5) 긴급명령의 폐지

대통령은 긴급재정경제처분이나 명령이 그 목적을 달성하였다고 판단한 경우에는 이를 폐지(해제)할 수 있다. 긴급재정경제처분이나 명령의 해제는 국무회의의 심의를 거쳐야 한다(헌법 §89 v). 긴급재정경제명령은 법률적 효력을 가지므로 긴급재정경제명령의 형식으로 그 해제를 한다.

긴급재정경제처분이나 명령이 발해진 이후에 국회는 법률을 제정하여 긴급재정경제명령의 내용 일부 또는 전부를 폐지하거나 변경할 수 있고, 긴급재정경제처분의 내용 일부나 전부를 간접적으로 무력화시킬 수 있는 내용의 법률을 제정할 수 있다. 국회가 긴급재정경제명령의 발동에 대하여 승인을 하였다고 하더라도 그 긴급재정경제명령의 내용이 목적을 달성하는데 적합하지 않다거나 이미 긴급재정경제명령이 목적을 달성하였음에도 대통령이 이를 폐지하지 않고 있는 경우에는 국회는 법률을 제정하여 긴급재정경제명령의 내용을 변경하거나 이를 폐지할 수 있다. 그러나 국회는 대통령의 긴급재정경제처분을 직접 폐지하거나 내용을 변경하는 법률을 제정할 수는 없다.

Ⅲ. 계엄선포권

(1) 개념과 제도적 의의

헌법 제77조 제1항은 「대통령은 전시·사변 또는 이에 준하는 국가비상사태에 있어서 병력으로써 군사상의 필요에 응하거나 공공의 안녕질서를 유지할 필요가 있을 때에는 법률이 정하는 바에 의하여 계엄을 선포할 수 있다」라고 정하여 대통령에게 계엄선포권을 부여하고 있다. 계엄에 대한 구체적인 것은 계엄법(戒嚴法)이 정하고 있다.

계엄은 국가의 비상사태에 대응하여 병력을 동원하여 이를 극복하는 국가긴급권이다. 평상시에 대통령은 국토의 방위와 국가의 안전보장을 위하여 국군통수권을 행사하는 방법만을 통하여 병력을 운용할 수 있을 뿐 그 이외에는 병력을 동원할 수 없다. 그러나 대통령이 평상시의 방법만으로 사태를 수습할 수 없는 경우에는 예외적으로 병력을 동원하여 국가비상사태를 해결한다. 이러한 병력의 동원은 국토의 방위나 전투에 한하지 않고 국정상 필요한 영역에도 이용하고, 이에 따라 정상적인 국가기관의 업무가 제한되며, 국민의 기본권도 제한된다. 특히 비상계엄의 경우에는 비상계엄이 선포된 지역에서는 계엄사령관이 모든 행정사무와 사법사무를 관장하므로 입법업무를 제외하고는 군정을 실시하는 것이다. 따라서 계엄은 헌법이 정하는 요건을 충족시킬 수 있는 경우에만 선포되어야 하고, 그 요건은 엄격히 준수되어야 한다.

계엄을 선포하더라도 국회의 기능을 무력화시킬 수는 없다. 국회는 국민대표기관으로서 여전히 정상적인 활동을 하여야 하고, 대통령의 계엄선포가 적법하지 않거나 부당한 경우에는 그 해제를 요구하여야 하기 때문에 국회의 기능은 어떤 경우에도 제한되거나 정지될 수 없다. 이러한 국회의 기능을 보호하기 위하여 특히 계엄법은 「계엄 시행 중 국회의원은 현행범인인 경우를 제외하고는 체포 또는 구금되지 아니한다」고 정하고 있다(계엄법 §13).

(2) 계엄의 종류

헌법 제77조 제2항은 「계엄은 비상계엄과 경비계엄으로 한다」라고 하여 계엄의 종류를 헌법이 직접 정하고 있다. 따라서 헌법이 인정하는 비상계엄과 경비계엄 이외에는 어떠한 종류의 계엄도 선포하지 못한다. 대통령은 계엄의 종류를 변경할 수 있다(계엄법 §2④). 대통령이 계엄을 변경하고자 할 때에는 국무회의의 심의를 거쳐야 한다(헌법 §89; 계엄법 §2⑤).

(a) 비상계엄

비상계엄은 대통령이 전시 · 사변 또는 이에 준하는 국가비상사태시 적과 교전(交戰) 상태에 있거나 사회질서가 극도로 교란(攪亂)되어 행정 및 사법(司法) 기능의 수행이 현저히 곤란한 경우에 군사상 필요에 따르거나 공공의 안녕질서를 유지하기 위하여 선포한다(동법 §2②).

(b) 경비계엄

경비계엄은 대통령이 전시 · 사변 또는 이에 준하는 국가비상사태시 사회질서가 교란되어 일반 행정기관만으로는 치안을 확보할 수 없는 경우에 공공의 안녕질서를 유지하기 위하여 선포한다(동법 §2③).

(3) 계엄의 내용과 효력

(a) 비상계엄

헌법 제77조 제3항은 「비상계엄이 선포된 때에는 법률이 정하는 바에 의하여 영장제도, 언론 · 출판 · 집회 · 결사의 자유, 정부나 법원의 권한에 관하여 특별한 조치를 할 수 있다」라고 하여 비상계엄의 내용에 대하여 명시적으로 정하고 있다. 비상계엄은 경비계엄과 달리 정상적인 때의 국가의 업무시스템을 수정하고 국민의 기본권도 심대하게 제한하는 사태가 발생할 수 있기 때문이다.

계엄법 제2조 제2항은 「비상계엄은 대통령이 전시 · 사변 또는 이에 준하는 국가비상사태 시 적과 교전상태에 있거나 사회질서가 극도로 교란되어 행정 및 사법기능의 수행이 현저히 곤란한 경우에 군사상 필요에 따르거나 공공의 안녕질서를 유지하기 위하여 선포한다」라고 정하고 있으며, 제2조 제3항은 「경비계엄은 대통령이 전시 · 사변 또는 이에 준하는 국가비상사태 시 사회질서가 교란되어 일반 행정기관만으로는 치안을 확보할 수 없는 경우에 공공의 안녕질서를 유지하기 위하여 선포한다」라고 정하고 있다.

헌법 제77조 제3항은 비상계엄이 선포된 때에 「법률이 정하는 바에 의하여 정부나 법원의 권한에 관하여 특별한 조치를 할 수 있다」라고 정하고 있고, 이를 근거로 계엄법은 비상계엄의 선포와 동시에 계엄사령관은 계엄지역의 모든 행정사무와 사법사무를 관장한다고 정하고 있다(동법 §7①). 비상계엄이 선포된 지역에 정부나 법원의 기능에 있어서 실질적으로 군정이 실시됨을 의미한다. 이에 따라 통상의 행정업무는 계엄사령관의 지휘권 내에 속하게 된다. 비상계엄이 선포되어도 계엄업무에 필요한 범위 이외에는 법원이 정상적으로 제 기능을 하여야 하므로 법원의 권한에 관하여 특별한 조치를 하는 경우에도 이는 법원의 행정사무 및 법집행사무에 한하며 법률이 특별히 정하고 있지 않는 한 법원의 재판업무에 대해서는 특별한 조치를 할 수 없다고 할 것이다.

비상계엄이 선포된 경우 재판의 관할을 보면, 비상계엄지역에서 계엄법 제14조에서 정하고 있는 계엄법위반의 죄와 내란의 죄, 외환의 죄, 국교에 관한 죄, 공안을 해하는 죄, 폭발물에 관한 죄, 공무방해에 관한 죄, 방화의 죄, 통화에 관한 죄, 살인의 죄, 강도의 죄, 국가보안법에 규정된 죄, 「총포 · 도검 · 화약류 등 단속법」에 규정된 죄, 군사상 필요에 의하여 제정한 법령에 규정된 죄를 범한 사람에 대한 재판은 군사법원이 한다. 다만, 계엄사령관은 필요한 경우에는 해당 관할법원으로 하여금 이를 재판하게 할 수 있다(계엄법 §10①). 그러나 비상계엄지역 안에 법원이 없거나 해당 관할법원과의 교통이 차단된 경우에는 제1항에도 불구하고 모든 형사사건에 대한 재판을 군사법원이 행한다(동조 ②). 헌법 제110조 제4항은 「비상계엄하의 군사재판은 군인 · 군무원의 범죄나 군사에 관한 간첩죄의 경우와 초병 · 초소 · 유독음식물공급 · 포로에 관한 죄 중 법률이 정한 경우에 한하여 단심(單審)으로 할 수 있다. 다만, 사형을 선고한 경우에는 그러하지 아니하다」라고 정하여 비상계엄하의 군사재판에서도 단심으로 하는 경우는 특별히 헌법에서 명시하여 열거하고 있다. 국민의 재판을 받을 권리를 특별히 보호하기 위한 것이다. 비상계엄하에서도 민사사건이나 행정사건 등은 일반법원이 종래와 같이 재판을 한다.

헌법 제77조 제3항은 비상계엄이 선포된 때에 「법률이 정하는 바에 의하여 영장제도, 언론 · 출판 · 집회 · 결사의 자유에 관하여 특별한 조치를 할 수 있다」라고 정하고, 이에 근거하여 계엄법은 비상계엄지역에서 계엄사령관은 군사상 필요할 때에는 체포 · 구금 · 압수 · 수색 · 거주 · 이전 · 언론 · 출판 · 집회 · 결사 또는 단체행동에 대하여 특별한 조치를 할 수 있으며, 이 경우 계엄사령관은 그 조치내용을 미리 공고하여야 한다고 정하고 있다(계엄법 §9①). 또 계엄사령관은 비상계엄지역에서 법률이 정하는 바에 따라 동원 또는 징발(徵發)할 수 있으며, 필요한 경우에는 군수(軍需)로 제공할 물품의 조사 · 등록과 반출금지를 명할 수 있다고 정하고 있으며(동조 ②), 작전상 부득이한 경우에는 국민의 재산을 파괴 또는 소각(燒却)할 수 있다(동조 ③). 이러한 경우에 발생한 손실에 대하여는 대통령령이 정하는 절차에 따라 정당한 보상을 한다(동법 §9의2).

비상계엄을 선포한 경우 헌법의 명문은 「법률이 정하는 바에 의하여 영장제도, 언론 · 출판 · 집회 · 결사의 자유에 관하여 특별한 조치를 할 수 있다」라고 되어 있는데, 과연 계엄법에서 영장제도와 언론 · 출판 · 집회 · 결사의 자유 이외에 거주 · 이전 또는 단체행동 등에 대하여 특별한 조치를 취할 수 있게 정하고 있는 것이 헌법상 합치하느냐 하는 문제에 대하여 종래 헌법해석상 합헌설(예: 김철수, 1448)과 위헌설(예: 권영성, 983)의 대립이 있었다. 전쟁 · 사변 또는 이에 준하는 국가비상사태를 수습하고 극복하기 위한 비상계엄의 경우에는 군사상 필요한 때 일정한 지역의 출입을 금지하거나 특정 지역의 사람을 소개하는 등 일반적인 이동 · 여행의 자유를 제한할 필요가 발생할 수 있을 뿐 아니라, 필요하면 사람을 강제로 동원하거나 재산을 징발할 필요도 생길 수 있으며, 군작전상 필요한 경우에는 국민의 재산을 파괴하거나 소훼할 수도 있다. 국가비상사태의 경우가 아닌 정상적인 경우에도 헌법 제37조 제2항은 모든 기본권에 대하여 법률로써 제한을 가할 수 있다고 정하고 있는데 이보다 더 심각한 국가비상사태의 경우에 영장제도와 언론 · 출판 · 집회 · 결사의 자유에 한해서만 제한할 수 있다고 하는 것은 계엄제도의 기능과 합치하지 않는다. 따라서 국회가 법률로써 정한다면 헌법에서 명시한 영장제도와 언론 · 출판 · 집회 · 결사의 자유 이외의 기본권에 대해서도 특별한 조치를 할 수 있다고 할 것이다. 다만, 이런 경우에도 헌법상의 과잉금지원칙을 침해해서는 안 된다.

(b) 경비계엄

경비계엄의 선포와 동시에 계엄사령관은 계엄지역의 군사에 관한 행정사무와 사법사무를 관장한다(계엄법 §7②). 군사에 관한 사항이 아닌 사항에 관한 행정사무와 사법사무는 기존의 행정기관이나 법원이 정상적인 때와 동일한 방법과 절차에 따라 그 업무를 수행한다. 따라서 경비계엄이 선포된 경우에는 비상계엄이 선포된 경우와 달리 영장제도나 국민의 기본권에 대하여 특별한 조치를 할 수 없다.

(4) 계엄의 발동요건

대통령이 계엄을 선포하는 때에는 그에 요구되는 실질적인 요건과 절차적인 요건을 충족시켜야 한다.

(a) 실질적 요건

계엄의 선포에는 다음의 두 가지 실질적인 요건이 충족될 것이 요구된다.

첫째, 전시·사변 또는 이에 준하는 국가비상사태가 발생하여야 한다(헌법 §77①). 「전시」란 전쟁을 수행하는 모든 상황을 말한다. 「사변」이라 함은 국토를 참절하거나 헌법질서를 문란하게 할 목적으로 봉기한 모든 형태의 무장반란집단의 폭동을 의미한다. 「이에 준하는 국가비상사태」라고 함은 전시와 사변에는 해당하지 않지만 무장 또는 비무장을 한 집단이나 세력들이 사회질서를 심하게 교란하여 평상의 질서를 유지하기 어렵거나 자연적인 재난으로 인하여 사회질서가 심대하게 교란상태에 빠진 경우를 말한다.

계엄을 선포할 수 있기 위해서는 국가비상사태가 현실적으로 발생하여야 한다. 장차 국가비상사태가 발생할 개연성이나 가능성이 있다는 것을 이유로 계엄을 선포할 수는 없다. 국가비상사태가 발생할 개연성이 있거나 가능성이 있는 경우에는 통상의 경찰력이나 행정력으로 이에 대처하여야 한다.

둘째, 병력으로써 군사상의 필요에 응하거나 공공의 안녕질서를 유지할 필요가 있어야 한다(헌법 §77①). 계엄은 국가비상사태가 발생한 경우에 반드시 병력으로 이를 수습하여야 하는 경우에 한정하여 인정된다. 경찰력으로 이러한 사태를 수습할 수 있는 경우에는 계엄을 선포할 수 없다. 군사상의 필요는 군작전상 필요한 모든 경우를 말한다. 공공의 안녕질서란 국가의 안전과 국민들의 생활상의 안전과 평온을 유지하는데 필요한 질서를 의미한다.

(b) 절차적 요건

계엄의 선포에는 다음의 세 가지 절차적인 요건이 충족될 것이 요구된다.

첫째, 대통령은 계엄을 선포하고자 하는 때에는 국무회의의 심의를 거쳐야 한다(헌법 §89v; 계엄법 §2⑤). 국방부장관 또는 행정안전부장관은 국무총리를 거쳐 대통령에게 계엄의 선포를 건의할 수 있다(동법 §2⑥).

둘째, 대통령이 계엄을 선포할 때에는 그 이유, 종류, 시행일시, 시행지역 및 계엄사령관을 공고하여야 한다(계엄법 §3). 계엄사령관은 현역 장관급 장교 중에서 국방부장관이 추천한 사람을 국무회의의 심의를 거쳐 대통령이 임명한다(동법 §5①). 계엄사령관의 계엄업무를 시행하기 위하여 계엄사령부를 두고 계엄사령관은 계엄사령부의 장이 된다(동조 ②). 계엄사령관은 계엄지역이 2개 이상의 도(특별시와 광역시를 포함한다)에 걸치는 경우에는 그 직무를 보조할 지구계엄사령부와 지구계엄사령부의 직무를 보조하는 지역계엄사령부를 둘 수 있다(동조 ③). 계엄사령부의 직제는 대통령령으로 정한다(동조 ④).

셋째, 대통령이 계엄을 선포하였을 때에는 지체 없이 국회에 통고하여야 한다(헌법 §77④; 계엄법 §4①). 이 경우에 국회가 폐회 중인 때에는 대통령은 지체 없이 국회의 집회를 요구하여야 한다(계엄법 §4②).

(5) 계엄의 선포권자

계엄을 선포할 수 있는 권한은 대통령만이 가진다. 대통령의 권한이기 때문에 대통령의 권한을 대행하고 있는 권한대행자도 계엄을 선포할 수 있다(예: 大 1981. 1. 23.- 80도2756; 1981. 9. 22.-81도1833). 대통령과 대통령의 권한대행자 이외에는 어느 누구도 계엄을 선포할 수 없다. 대통령은 계엄을 선포할 수 있는 지위에 있으므로 계엄의 지휘와 감독권도 당연히 가진다.

> [大 1981.1.23.-80도2756] 「계엄사령관의 1979. 10. 27.자 포고 제1호는 당시의 헌법 제54조, 계엄법 제1조, 제4조 등의 따라 행하여진 대통령권한대행의 동일자 비상계엄선포 및 계엄법 제13조에 의하여 국가의 안전과 공공의 안녕질서를 확립하고 국민의 생명과 재산을 보호하기 위하여 체포, 구금, 수색, 언론, 출판, 집회 또는 단체행동에 관하여 한 특별조치임이 명백하여 그 조치가 위헌, 위법이라 할 수 없으며……」

계엄의 시행에서는 대통령은 실제 계엄사령부의 장인 계엄사령관을 통하여 구체적인 업무를 행하는데, 통상의 경우에는 국방부장관으로 하여금 계엄의 시행에 관하여 계엄사령관을 지휘 · 감독하게 하고, 전국을 계엄지역으로 하는 경우와 대통령이 직접 지휘 · 감독을 할 필요가 있는 경우에는 대통령이 직접 계엄사령관을 지휘 · 감독한다(계엄법 §6①). 이와 같이 계엄사령관을 지휘 · 감독할 때 국가정책에 관계되는 사항은 국무회의의 심의를 거쳐야 한다(동조 ②).

계엄이 선포되면, 계엄지역의 행정기관(정보 및 보안업무를 관장하는 기관을 포함한다)과 사법기관은 지체 없이 계엄사령관의 지휘 · 감독을 받는다(계엄법 §8①). 계엄사령관이 계엄지역의 행정기관 및 사법기관을 지휘 · 감독할 때 그 지역이 1개의 행정구역에 국한될 때에는 그 구역의 최고책임자를 통하여 하고, 2개 이상의 행정구역에 해당될 때에는 당해 구역의 최고책임자 또는 주무부처의 장(법원의 경우에는 법원행정처장)을 통하여 행한다(동조 ②).

(6) 계엄에 대한 통제

(a) 사전통제

계엄의 선포는 국무회의의 심의를 거쳐야 하고(헌법 §89 v, vi; 계엄법 §2⑤), 국무총리와 관계국무위원이 부서한 문서로써 하여야 한다(헌법 §82).

(b) 사후통제

대통령의 계엄선포의 요건은 헌법에서 명시적으로 정하고 있으므로 어떤 경우에도 헌법에 위반하는 계엄의 선포는 효력을 가질 수 없다. 부당한 계엄선포도 허용될 수 없다.

(i) 국회에 의한 통제 계엄의 사후통제에 대해서는 국회의 계엄해제요구권(헌법 §77⑤)이 강력한 효력을 가진다. 국회는 이 권한을 행사하여 계엄의 위법여부뿐만 아니라 부당여부까지 심사한다.

(ii) 헌법재판소에 의한 통제 대통령의 계엄선포행위가 헌법에 합치하는 것인가는 헌법재판소의 심판의 대상이 된다. 위헌인 계엄선포행위나 그 계엄선포에 기초한 행위로 국민의 기본권이 침해된 경우에는 국민은 헌법재판소에 헌법소원심판을 청구하여 이를 다툴 수 있다. 다만, 헌법재판소는 계엄선포의 위헌여부만을 심판할 수 있기 때문에 계엄선포의 당·부당에 대해서는 헌법재판소는 판단할 수 없다고 할 것이다.

과거 헌법재판소가 존재하지 않던 시기에 대법원의 판례는 계엄선포가 당연무효이면 사법심사의 대상이 되지만, 법원이 계엄선포요건의 구비여부나 그 당·부당을 심사하는 것은 사법권의 한계를 넘어서는 것이라는 입장을 취해왔다(예: 大 1979. 12. 7.-79초 70; 1981. 1. 23.-80도2756; 1981. 2. 10.-80도3147; 1981. 4. 28.-81도874; 1981. 5. 26.-81도1116; 1981. 9. 22.-81도1833). 또한 대법원은 비상계엄의 선포나 확대가 원칙적으로 사법심사의 대상이 되지는 않지만, 이것이 국헌문란의 목적으로 행해진 경우에는 법원이 범죄성립여부를 심사할 수 있다고 판시하였다(大 1997. 4. 17.-96도3376).

[大 1981.9.22.-81도1833] 「어떠한 사태에 직면한 경우, 국가를 보위하며 국민의 자유와 복리의 증진에 노력하여야 할 국가원수인 동시에 행정의 수반이며, 국군의 통수자인 대통령(권한대행)이 그 제반의 객관적 상황에 비추어서 그 재량으로 비상계엄을 선포함이 상당하다는 판단 밑에 이를 선포하였을 경우 그 행위는 고도의 정치적·군사적 성격을 띠는 행위라고 할 것이어서 그 선포의 당, 부당을 판단할 권한과 같은 것은 헌법상 계엄의 해제요구권이 있는 국회만이 가지고 있다고 할 것이고, 그 선포가 당연무효의 경우라면 몰라도 사법기관인 법원이 계엄의 선포요건의 구비여부나 선포의 당, 부당을 심사하는 것은 사법권의 내재적인 본질적 한계를 넘어서는 것이 되어 적절치 못하다고 함은 당원이 종전부터 유지하여 오는 견해이므로……」

[大 1997.4.17.-96도3376] 「대통령의 비상계엄의 선포나 확대 행위는 고도의 정치적·군사적 성격을 지니고 있는 행위라 할 것이므로, 그것이 누구에게도 일견하여 헌법이나

법률에 위반되는 것으로서 명백하게 인정될 수 있는 등 특별한 사정이 있는 경우라면 몰라도, 그러하지 아니한 이상 그 계엄선포의 요건 구비 여부나 선포의 당·부당을 판단할 권한이 사법부에는 없다고 할 것이나, 이 사건과 같이 비상계엄의 선포나 확대가 국헌문란의 목적을 달성하기 위하여 행하여진 경우에는 법원은 그 자체가 범죄행위에 해당하는지의 여부에 관하여 심사할 수 있다.」

대법원의 판례 가운데 「계엄선포요건의 존부는 사법심사의 대상이 되지 못하는 것이므로(당원 1964. 7. 21자, 64초4 재정 참조) 소론 비상계엄이 요건 없이 선포된 무효의 계엄이라는 논지는 채용할 수 없다」라고 판시한 것(대법관: 정태균(재판장), 윤일영, 김덕주, 오성환)이 있으나, 계엄선포요건의 충족여부는 헌법의 명시적인 사항을 준수하였는지의 여부의 문제이기 때문에 전형적인 사법심사의 대상이 된다고 할 것이므로 이는 잘못된 판시이다. 현재로서는 헌법재판소가 계엄선포의 위헌여부심판을 함에 있어서는 계엄선포의 요건충족여부도 당연히 심판의 대상에 포함된다.

(7) 계엄의 해제

계엄의 해제에는 자발적 해제와 강제적 해제가 있다. 계엄의 해제에도 그 법적인 절차가 요구되고, 계엄이 해제되면 그 해제에 따른 법적 효과가 발생한다.

(a) 자발적 해제와 강제적 해제

헌법 제77조 제5항은 「국회가 재적의원 과반수의 찬성으로 계엄의 해제를 요구한 때에는 대통령은 이를 해제하여야 한다」라고 정하고 있다. 이는 계엄의 해제에 있어서 국회의 계엄해제요구권을 정한 것이다. 계엄의 해제에 있어서 대통령은 스스로 판단하여 국가긴급사태가 평상상태를 회복하였다고 판단되면 계엄을 해제할 수 있다. 이를 계엄의 자발적 해제라고 한다면 국회의 계엄해제요구권의 행사에 따라 대통령으로 하여금 계엄을 해제하도록 하는 것은 헌법적 기속력을 가지는 강제적 해제에 해당한다. 국회가 대통령에 대하여 계엄해제를 요구하는 경우란 계엄의 선포가 위법하거나 부당한 경우 그리고 더 이상 계엄을 유지할 필요가 없다고 판단한 경우이다.

(b) 계엄해제의 절차

대통령은 계엄상황이 평상상태로 회복되거나 국회가 계엄의 해제를 요구한 경우에는 지체 없이 계엄을 해제하여야 하고, 이를 공고하여야 한다(계엄법 §11①). 국방부장관 또는 행정안전부장관은 계엄상황이 평상상태로 회복된 경우 국무총리를 거쳐 대통령에게 계엄의 해제를 건의할 수 있다(동조 ③). 이러한 계엄의 해제건의는 국회의 계엄의 해제요구와 달리 기속력을 가지지 않는다.

계엄해제가 자발적인 것이든 국회의 해제요구에 의한 것이든 대통령이 계엄을 해제하고자 할 때에는 국무회의의 심의를 거쳐야 한다(헌법 §89v; 계엄법 §11②). 국회의 계엄해제요구가 있는 때에는 대통령은 반드시 계엄을 해제하여야 한다. 대통령은 국회의 계엄해제요구가 타당한지 여부를 심사할 수 없다. 국회의 계엄해제요구가 있음에도 대통령이 이를 거부하면 국회의 업무를 방해한 책임을 질 뿐 아니라 탄핵사유가 된다.

(c) 계엄해제의 효과

계엄이 해제되면 모든 헌법질서와 국가작용은 평상상태로 복귀한다. 계엄이 해제되면 해제된 그 날부터 모든 행정사무와 사법사무는 평상상태로 복귀한다(계엄법 §12①).

계엄이 해제되어도 계엄이 선포된 당시에 행해진 행위의 효력에는 아무런 변화가 없다. 계엄상태하에서 범한 계엄법위반의 죄나 기타 범죄행위도 여전히 처벌된다. 대법원의 판례도 계엄이 선포된 기간 중 계엄포고위반의 죄는 계엄이 해제된 이후에도 행위당시의 법령에 따라 처벌된다고 판시하였다(예: 大 1963. 1. 31.-62도257; 1981. 3. 24.-81도304; 1981. 3. 31.-81도426; 1981. 5. 7.-81도1002; 1983. 6. 14.-83도647; 1985. 5. 28.-81도1045). 그러나 대법원은 1972년헌법하에서 발해진 긴급조치의 효력은 1980년헌법이 효력을 발생한 때에는 계속효를 가지지 못한다고 판시하였다(大 1985. 1. 29.-74도3501).

[大 1985.5.28.-81도1045] 「계엄은 국가비상사태에 당하여 병력으로서 국가의 안전과 공공의 안녕질서를 유지할 필요가 있을 때에 선포되고 평상상태로 회복되었을 때에 해제하는 것으로서 계엄령의 해제는 사태의 호전에 따른 조치이고 계엄령이 부당하다는 반성적 고려에서 나온 조치는 아니다. 그러므로 계엄이 해제되었다고 하여 계엄하에서 행해진 위반행위의 가벌성이 소멸된다고 볼 수 없는 것으로서 계엄기간 중의 계엄포고위반의 죄는 계엄해제 후에도 행위당시의 법령에 따라 처벌되어야 하고 계엄의 해제를 범죄 후 법령의 개폐로 형이 폐지된 경우와 같이 볼 수 없다는 것이 당원이 견지해온 견해이다.」

[大 1985.1.29.-74도3501] 「구 헌법 제53조는……대통령에게 긴급조치에 관한 권한을 부여하였으며 이에 의하여 선포된 대통령긴급조치 제1호 내지 제9호는 비록 그 해제에 관한 특별한 조치가 없는 대통령긴급조치 제1, 2, 4호라고 하더라도 그 근거법인 구 헌법 제53조가 1980. 10. 27. 제5공화국 헌법의 제정공포에 따라 폐지됨으로써 일단 실효되었다고 할 것이다. 그런데 헌법부칙 제9조는 이 헌법시행 당시의 법령과 조약은 이 헌법에 위배되지 아니하는 한 그 효력을 지속한다고 규정하여 그 계속효 또는 잠정효를 선언하고 있는 바 헌법 제51조에는……고 규정하고 있다.……그러므로 구 헌법 제53조의 대통령긴급조치권이나 헌법 제51조의 대통령비상조치권은 다같이 그 연혁이나 성질에 있어 강학상의 국가긴급권에 연유하는 것으로 각 그 적법성에는 의심할 여지가 없으나 각 그 정하는 바 그 발동요건이나 통제기능에 있어 구 헌법 제53조의 대통령긴급조치권은 헌법 제51조의 대통령비상조치권과는 현저한 차이가 있어 우리 제5공화국의 국가이념이나 그 헌법정신에 위배됨이 명백하여 그 계속효가 부인될 수밖에 없어 헌법 제51조의 규정은 위 대통령긴급조치 제1호, 제2호 및 제4호의 법적 근거가 될 수

없으므로 이 점에 있어서도 위 대통령긴급조치 각 호는 1980. 10. 27. 제5공화국헌법의 제정공포와 더불어 실효되었다고 함이 마땅할 것이다.」

비상계엄 시행 중 군사법원에 계속 중인 재판사건의 관할은 비상계엄의 해제와 동시에 일반법원에 속한다. 다만, 대통령이 필요하다고 인정할 때에는 군사법원의 재판권을 1개월의 범위에서 연기할 수 있다(계엄법 §12②). 계엄이 해제된 이후에도 군사법원의 재판권을 연장하는 이런 단서규정이 헌법에 합치되는가 하는 문제가 있다. 대법원은 판례에서 다수의견에 따라 이를 합헌이라고 판시하였다(大 1985. 5. 28.-81도1045). 이에 대해서는 국민은 비상계엄이 선포·시행 중인 경우를 제외하고는 군사법원의 재판을 받지 않을 권리를 가지므로 위헌이라는 견해가 있다(예: 김철수b, 1752).

[大 1985.5.28.-81도1045] 「위 규정내용은 계엄해제의 효력은 원칙적으로 해제와 동시에 발생하지만 대통령이 필요하다고 인정하여 1개월 이내의 기간을 정하여 군법회의의 재판권을 연기한 때에는 그 비상계엄해제의 효력 중 군법회의에 계속 중인 재판사건의 재판권이 일반법원에 속하게 되는 효력은 그 연기기간이 경과된 때에 발생한다는 것을 규정한 것이라고 할 것인바 연혁적으로 보아 비상계엄제도가 통상적으로 일반법원의 기능마비의 경우에 인정되는 것임을 생각할 때 비상계엄지역 내의 사회질서는 정상을 찾았으나 일반법원이 미처 기능회복을 하지 못하여 군법회의에 계속 중인 재판사건을 넘겨 받아 처리할 수 있는 태세를 갖추지 못하고있는 경우와 같이 일시적으로 군법회의의 재판권을 인정하여야 할 필요성이 있는 상황은 있을 수 있을 것이고 구 계엄법 제23조가 비상계엄해제의 효력이 위와 같이 단계적으로 발생할 수 있음을 규정한 입법목적은 바로 이러한 국가비상사태와 관련하여 생긴 상황에 대처하기 위한 것으로 보인다.……구계엄법이 국가비상사태가 평상상태로 회복되었다는 사실 자체만으로 계엄해제의 효력을 인정하지 아니하고 대통령의 계엄해제에 의하여 비로소 계엄의 효력이 소멸하는 것이라고 규정하여 계엄해제의 효력발생시기의 선택을 대통령의 판단에 맡기면서 구 계엄법 제23조 제2항에서 계엄해제 시의 대통령의 조치에 의하여 비상계엄해제의 효력 중 군법회의에 계속 중인 재판사건의 재판권이 일반법원에 속하게 되는 효력만이 1개월 이내의 기간 안에 단계적으로 발생할 수 있음을 규정한 것이 국가비상사태가 평상상태로 회복되었음에도 불구하고 국민의 군법회의를 받지 않을 권리를 일시적으로 제한한 것임은 분명하지만 그렇다고 하여 위 제23조 제2항의 규정이 국민의 군법회의를 받지 않을 권리자체를 박탈하는 것이라거나 그 권리의 본질적 내용을 침해하는 것이라고 할 수 없을 뿐 아니라 앞서 본 위 조항의 입법목적에 비추어 보면 국가비상사태와 관련하여 생긴 상황에 대처하기 위하여 국민의 군법회의를 받지 않을 권리를 일시 제한한 위 규정의 합목적성이 인정되는 바이므로 위 규정이 헌법의 위임범위를 넘어선 것으로서 헌법 제52조나 제26조 제2항에 위배되는 것이라고 할 수는 없다. 또 헌법상 계엄의 해제요구권을 가진 국회가 스스로 제정한 구 계엄법에서 계엄해제의 효력에 관하여 규정하면서 제23조 제2항에서 예외적으로 그 효력이 단계적으로 발생할 수

있음을 규정한 것은 국회의 계엄해제요구에 의한 계엄해제 시에도 대통령의 조치에 의하여 비상계엄해제의 효력이 그 규정과 같이 단계적으로 발생하는 것을 용인한다는 국회의 의사를 반영한 것이라 할 것이므로 그 규정이 헌법에서 인정한 국회의 계엄해제요구권을 침해하는 것으로서 헌법 제52조 제5항에 위반되는 것이라고도 할 수 없다.」 이에는 대법원판사 4인의 위헌이라는 반대의견이 있다.

Ⅳ. 정당해산제소권

(1) 제소권자

정당의 목적이나 활동이 민주적 기본질서에 위배될 때에는 정부는 헌법재판소에 그 해산을 제소할 수 있다(헌법 §8④). 이는 방어적 민주주의를 실현하기 위한 것으로 정부만이 정당해산심판의 청구권자가 된다. 이 때 「정부」가 구체적으로 의미하는 바가 무엇인지 논란이 있을 수 있는데, 헌법상 대통령의 지위뿐만 아니라 헌법에서 정당해산의 제소를 국무회의의 심의사항으로 정하고 있음을 볼 때(헌법 §89xiv), 정당해산제소권은 대통령의 권한으로 보는 것이 타당하다.

(2) 제소권 행사의 성격

이러한 제소권의 행사가 기속행위인지, 재량행위인지, 아니면 기속재량행위인지에 대하여 학설의 대립이 있다(정종섭I, 444).

(a) 기속행위설

헌법 제8조의 「제소할 수 있고」와 헌법재판소법 제55조의 「청구할 수 있다」라는 문언적인 표현에도 불구하고 헌법보호의 수단이라는 정당해산심판이 가지는 기능에 비추어 볼 때, 정부는 정당의 목적이나 활동이 민주적 기본질서에 위배된다는 것을 발견한 경우에 해당 정당에 대한 해산심판을 헌법재판소에 청구하여야 한다고 본다. 이 때 민주적 기본질서에 위배된다는 것을 발견한 경우란 정당의 목적이나 활동이 민주적 기본질서에 위배된다는 것을 인식하거나 위배된다는 의심이 든 경우를 포함한다. 따라서 이와 같은 경우에는 정부에게 정당해산심판을 헌법재판소에 청구해야 하는 의무가 발생한다고 본다.

위헌정당을 해산시키는 것은 헌법에 위반하는 모든 경우를 의미하는 헌법위반적인 수준의 문제가 아니라 헌법의 근본을 부정하는 헌법적대적인(verfassungsfeindlich) 수준의 문제이므로 헌법적대적인 정당에 대하여 해산심판을 청구할 것인가를 재량으로 보는 것은 인정될 수 없다고 본다. 특히 심판청구권자가 국가기관인 경우에는 국가기관은 어떤 경우에도 헌법을 수호하여야 할 의무를 지기 때문에 헌법적대적인 정당에 대한 해산심판을 청구하는 것은 헌법적 의무이지 재량이 될 수 없다고 본다. 헌법재판소의 정당해산심판에 의해 정당의 해산여부가 결정되는 이상 정부의 해산심판청구로 정당활동이 침해되는 일은 없고, 헌법적대적인 정당을 그대로 방치하는 것은 헌법내부의 적을 국가기관이 키우는 결과를 가져오기 때문에 정당해산심판의 청구는 기속행위라고 본다. 특히 정당에 대하여 국고보조금을 지급하는 경우에 헌법적대적인 정당에 대해 해산심판을 청구하지 않는 것은 국민의 세금으로 헌법을 부정하는 헌법의 적을 키우는 것이라고 하며, 국가기관이 헌법수호의무와 기본권실현의무를 포기하는 것이라고 한다.

정당해산심판의 청구를 기속행위라고 보면, 심판의 청구에 있어서 법적인 요건이 요구되므로 이런 요건을 충족시키는 때만 해산심판을 청구할 수 있다고 본다. 따라서 정당의 정당한 활동은 보다 철저히 보호되고 해산심판청구권의 남용도 줄어든다고 본다. 정당해산심판의 청구를 기속행위라고 해야 정당해산심판제도가 추구하는 헌법의 보호와 정당의 보호라는 가치가 가장 철저하게 실현된다고 본다.

> 의원내각제의 정부형태를 취하고 있었던 1960년6월헌법 제13조와 1960년11월헌법 제13조는 「정당의 목적이나 활동이 헌법의 민주적 기본질서에 위배될 때에는 정부가 대통령의 승인을 얻어 소추하고, 헌법재판소가 판결로써 그 정당의 해산을 명한다」라고 정하여 정부가 대통령의 승인을 얻은 때에는 정당해산의 소추를 하여야 하는 의무가 발생하도록 정하고 있었다. 이 경우에도 정부가 어떤 정당에 대해 위헌정당으로 소추하기 위하여 대통령의 승인을 얻을 것인가를 결정하는 것(여기에는 어떤 정당에 대해 위헌정당으로 소추할 필요가 있는가의 여부에 대한 판단도 포함되어 있다)이 재량인가 아닌가 하는 문제는 여전히 발생한다.

(b) 자유재량행위설

정부의 정당해산심판청구권의 행사는 재량에 속하는 것이라고 보아, 청구의 여부나 청구의 시기 등의 결정은 정부의 재량적 판단에 달려 있다고 본다. 헌법 제8조와 헌법재판소법 제55조의 문언상의 표현이 「할 수 있다」고 되어 있는 것은 이런 재량을 표시한 것이라고 본다. 따라서 심판청구권자인 정부에게 있어서 정당해산심판의 청구는 기속적인 의무가 아니라고 본다. 이러한 견해에 따르면 정당해산심판의 청구는 재량에 해당하므로 엄격한 증거가 뒷받침되어야 청구할 수 있는 것은 아니라고 보고, 제3자의 요구가 있어도 정부는 이에 기속당하지 않는다는 결론에 이른다. 정당해산심판의 청구가 정부의 재량이라고 보면, 정당의 목적이나 활동이 헌법질서에 중대한 위험을 야기하고 위헌성이 명백하더라도 이를 사법적 판단에 의존하지 않고 정치적 논쟁에 붙일 여지가 많아진다. 어떤 정당의 목적이나 활동의 위헌성이 명백하더라도 민주적 기본질서나 국가안전보장을 위태롭게 하지 않는 정당은 해산제소할 필요가 없다고 하는 견해(

예: 김철수a, 1068)도 있다(이를 자유재량행위설에 포함시키기에는 애매한 점이 있다).

심판청구권자를 대통령이라고 보는 경우에는 자유재량행위설에 의하면, 대통령이 위헌정당으로 의심되는 정당에 소속되어 있는 경우에 발생하는 문제를 해결하기 어렵다. 이런 경우에도 정당해산심판의 청구가 순전히 재량이라고 보면 정당해산심판제도가 가지는 헌법보호의 기능을 형해화할 위험이 있다. 심판청구권의 행사를 재량으로 보는 경우 심판청구권자를 정부 하나에만 한정하는 것이 헌법보호의 관점에서 타당한가 하는 문제도 있다. 이런 경우에는 심판청구권자를 복수로 하는 것(예: 독일)이 판단의 오류로 인한 위험을 줄일 수 있을 것이다. 자유재량행위설을 취하는 견해는 찾아보기 어렵다.

(c) 기속재량행위설

정부의 정당해산심판청구권의 행사는 기본적으로는 정부의 재량에 속하지만, 정당해산심판제도가 가지는 헌법보호의 기능에 비추어 볼 때, 헌법을 보호하기 위해서는 위헌정당을 그대로 방치하는 것이 위험하다고 객관적으로 판단되는 경우에는 재량의 여지는 소멸되고 정부에게는 해당 정당에 대한 해산심판을 헌법재판소에 청구하여야 하는 의무가 발생한다고 본다. 정당의 목적이나 활동이 헌법의 침해나 제거에 관해 구체적인 위험으로 존재하는 경우도 이런 경우에 해당한다. 헌법 제8조와 헌법재판소법 제55조의 「할 수 있다」는 문언은 이런 법리와 충돌하지 않는다고 본다. 기속재량행위설에 의하면, 해산심판청구권의 행사가 기본적으로는 정부의 재량에 속하기 때문에 위헌정당의 해산여부를 정치적 논쟁에 맡겨둘 여지는 충분하고, 예외적으로 헌법보호에 긴요한 경우에만 청구의무를 인정하기 때문에 헌법보호에도 충실한 것이라고 한다. 정부가 정당해산심판절차가 아닌 다른 방법으로 정당으로부터의 헌법침해를 막을 수 있다고 확신하는 경우에는 심판청구를 하지 않을 수 있다고 보는 견해(예: 허영d, 282; BVerfGE 5, 85)도 이에 해당한다.

독일의 판례에서 말하는 「정치적 재량」(politisches Ermessen)(BVerfGE 5, 85; 39, 334)이라는 것은 위헌성을 띤다고 판단되는 정당에 대하여 심판청구권자가 지는 정치적인 책임에 따른 의무에 대응하는 재량을 말하는데, 이는 위헌정당에 대하여 법적으로 대응할 것인가 정치적으로 대응할 것인가는 심판청구권자의 재량이라고 본다. 그런데 이 경우의 재량은 청구의 의무가 완전히 제거된 것이 아니라 「의무가 따르는 재량」(pflichtgemäßes Ermessen)(BVerfGE 5, 85; 40, 287), 즉 기속재량이므로 이런 정치적 재량에서도 특별히 위험이 존재하는 경우, 즉 위헌임이 명백한 경우에는 재량은 심판청구의무(Antragspflicht)로 축소될 수 있다는 것이 도출된다고 보는 견해도 있다(v. Mangoldt, 407 각주 169). 이러한 견해에 따르면 정당해산심판의 청구에 대해 정치적 재량행위라고 하는 의미와 기속재량행위라고 하는 의미가 서로 다른 것이 아닌 것으로 보인다.

정당해산심판절차에서 심판청구권자인 정부를 대통령이라고 보면, 정당해산심판권의 행사가 기속행위냐 재량행위냐 하는 문제는 대통령이 정당해산심판청구권을 행사하지 않은 것이 탄핵사유로 될 수 있는 경우가 발생하는가 하는 문제와 직결된다. 기속행위설이나 기속재량행위설에 의하면 정부, 즉 대통령에게 정당해산심판청구의 의무가 발생했음에도 이러한 의무를 이행하지 아니하면 대통령은 헌법 제8조 제4항, 제66조 제2항, 헌법재판소법 제55조를 위반한 것으로 탄핵사유가 된다. 이와 달리 자유재량행위설에 의하면, 정당해산심판의 청구는 순전히 정치적 판단에 지나지 않는 것이므로 대통령이 정당해산심판권을 행사함에 있어서 잘못이 있은 경우에는 정치적으로 책임을 지는 것에 그칠 뿐 위법행위의 책임은 지지 않는다. 따라서 어떤 정당에 대하여 정당해산심판을 청구해야 할 상황임에도 불구하고 정당해산심판권을 행사하지 않은 것은 탄핵사유가 되지 않는다는 결론에 이른다. 여기서 유의할 것은 정당해산심판청구권의 불행사가 대통령의 탄핵사유가 될 수 있는 경우에도 그 때 탄핵사유가 되는 것은 어떤 정당이 위헌정당임을 대통령이 알고 있었는데도 해산심판을 청구하지 않은 것이 아니라, 일정한 상태에서 해산심판을 청구하여야 하는 의무가 발생하였음에도 해산심판을 청구하지 않았다는 것이라는 점이다. 만일 어떤 정당이 위헌정당임을 대통령이 알고 있었는데도 해산심판을 청구하지 않은 것이 탄핵사유라고 하면, 헌법재판소가 탄핵심판절차에서 탄핵여부를 결정하기 위한 선결문제(先決問題)로서 문제가 된 정당의 목적이나 활동이 헌법에 위배되는지를 결정하여야 하는 결론에 도달하기 때문이다. 이렇게 되면 탄핵심판절차에서 정당해산심판을 하는 결과가 된다. 또 정당해산심판청구권의 불행사가 탄핵사유가 될 수 있음을 인정하는 때에도 정당해산심판의 청구에서는 먼저 국무회의의 심의를 거치므로 탄핵심판과 관련해서 국무회의의 심의에 참여한 국무총리와 국무위원들도 탄핵소추를 할 수 있는가 하는 문제가 발생한다. 국무회의는 정부의 권한에 속하는 중요한 정책을 심의하는 기관이므로 국무총리와 국무위원은 정당해산심판을 청구할 권한이 없다는 점에서 탄핵소추되지 않는다고 보아야 한다. 대통령이 정당해산심판의 청구와 관련하여 탄핵소추가 문제될 수 있는 경우는 국무회의에서 심의한 결과 정당해산심판을 청구하는 것이 필요하다고 하였음에도 대통령이 정당해산심판을 청구하지 않은 때에 주로 발생할 수 있다. 어떤 정당에 대하여 해산심판을 청구해야 할 상황임에도 대통령이 해당 정당에 대한 정당해산의 제소 문제를 국무회의에 상정하지도 않거나 거부하면서 정당해산심판권을 행사하지 않은 때에도 탄핵소추의 사유가 될 수 있다.

정부가 가지는 정당해산심판의 청구권은 직무상의 권한이므로 직무상의 권한이 가지는 의무로서의 성격은 언제나 가지고 있다. 이런 점에서 특정 정당에 대한 위헌여부의 제1차적 판단은 정부의 권한이고 의무라는 견해(예: 권영성, 197)도 성립할 수 있다. 그리고 정당해산심판제도가 헌법보호의 기능을 가질 뿐 아니라 예방적 기능도 가지므로 이런 점을 고려하면, 위헌정당의 활동이 심각한 수준에 있음에도 정부가 이를 방치하는 것은 제도의 본질상 허용될 수 없다고 할 것이다. 헌법을 침해하는 정당의 활동을 방치하는 경우에 구체적인 상황에 따라서는 대통령은 헌법수호의무(헌법 §66②)의 위반으로 탄핵소추될 수 있다. 뿐만 아니라 이러한 상황은 국민의 저항권의 행사 요건을 충족시키는 하나의 사유도 될 수 있다.

[518] 제5 헌법개정에 관한 권한

Ⅰ. 헌법개정의 발의

헌법은 「헌법개정은 국회재적의원 과반수 또는 대통령의 발의로 제안된다」고 정하여(헌법 §128①) 국민대표기관인 국회의원의 일정수에게도 헌법개정을 발의할 수 있게 하는 동시에, 국민대표기관의 지위에 있는 대통령에게도 헌법개정을 발의할 수 있게 하는 권한을 부여하고 있다. 헌법개정의 필요성이 인정됨에도 국회가 헌법개정을 발의하지 않는 경우를 대비한 것이다. 대통령이 헌법개정을 발의하는 때에는 사전에 국무회의의 심의를 거쳐야 한다(헌법 §89ⅲ).

대통령이 가지는 헌법개정발의권은 권력통제의 관점에서도 의미를 가진다. 대통령의 특정한 행위가 헌법에 위반되어 헌법재판에 의해 효력을 상실한 경우에 대통령은 자신의 행위가 국정운영상 정당하고 계속 필요하다는 것을 헌법의 개정을 통하여 관철하려고 시도할 수 있다. 기존의 헌법으로는 위헌이지만 국정운영상 이런 위헌행위를 합헌으로 수용할 수 있는 헌법개정이 필요하다고 판단하는 경우이다. 이 경우에도 국민이 헌법의 개정을 최종 확정하지만, 대통령의 헌법개정발의권은 헌법재판의 결과에 대한 항의적 성격을 지니게 된다.

Ⅱ. 헌법개정안의 공고 및 신 헌법의 공포

대통령은 헌법개정을 발의하여 제안할 수 있을 뿐만 아니라, 헌법의 개정절차에 있어 제안된 헌법개정안을 20일 이상의 기간 동안 공고하여야 하고(헌법 §129), 헌법개정이 확정되면 즉시 이를 공포하여야 한다(헌법 §130③). 이는 대통령의 권한이면서 의무이기도 하다.

4. 대통령권한의 행사방법과 대행

[519] 제1 대통령권한의 행사방법

Ⅰ. 개 설

대통령의 지위에 따라 부여된 다양한 권한은 언제나 그 기능에 부합하게 행사되어야 한다. 대통령제국가에서 대통령은 많은 경우 독자적인 판단에 따라 그 권한을 행사한다. 그러나 국가권력은 어떤 경우에도 자의적으로 행사될 수 없고, 국가기관의 권한은 국정의 운영에 있어 필요에 적합하게 권한이 부여되어 있으므로 그 권한은 언제나 기능합치적으로 행사되어야 한다. 대통령의 권한도 대통령 마음대로 자의적으로 행사할 수는 없다. 대통령이 지니는 중요한 지위에 부응하여 부여된 그 권한도 철저하게 그 본래의 기능과 역할에 적합하게 행사되어야 하기 때문이다. 대통령의 이러한 권한의 기능합치적인 행사를 보장하고 그 권한이 남용되지 않게 하기 위해서 헌법과 법률은 이에 관하여 적절한 장치를 마련해두고 있다.

헌법은 대통령의 권한행사의 방법과 절차를 정하고 있을 뿐 아니라 대통령의 권한남용에 대한 통제수단도 마련하고 있다. 대통령의 권한행사가 적법한 것으로 효력을 가지기 위해서는 문서로 해야 한다거나 일정하게 요구되는 절차를 거칠 것을 요구하고 있고, 권한의 행사가 권력남용에 해당하는 경우에는 이에 대해 다툴 수 있게 하는 장치를 마련하고 있다. 하위법률은 이러한 권한행사의 법리를 더 구체화하여 세부적으로 정하고 있다.

Ⅱ. 권한행사의 방법

(1) 문서주의

헌법은 대통령의 국법상 행위는 반드시 문서로써 하여야 한다고 정하고 있으며, 군사에 관한 것도 예외가 아니라고 정하고 있다(헌법 §82). 대통령의 국법상의 행위를 문서로 하게 하는 이유는 대통령의 권한행사를 명확하게 하여 그 내용과 법적 효력을 분명하게 하고, 그 권한행사에 따른 책임소재를 확실하게 하여 책임을 물을 수 있게 증거를 남기며, 대통령이 그의 권한을 신중하고 합당하게 행사하도록 하고, 대통령의 공적인 행위내용에 대해 국민의 접근을 용이하게 하고자 함이다.

대통령의 권한행사에 있어서 문서주의(文書主義)를 확실히 하기 위해서는 대통령이 행하는 국법상의 행위를 문서화하도록 강제하고 이를 체계적으로 보관하도록 하는 시스템이 마련되어야 한다. 우리나라에서는 그 동안 대통령이 퇴임 시에 공문서를 폐기하거나 사사로이 가지고 가는 행위가 방치되었는데, 이러한 행위를 방지하는 장치를 마련할 필요가 있다. 부본의 작성도 엄격히 통제할 필요가 있다. 이와 관련하여 2007년 4월 27일부터 「대통령기록물 관리에 관한 법률」이 시행되고 있다. 여기서는 특히 대통령관련 기록물관리에서 대통령과 그 보좌기관이 대통령의 직무수행과 관련하여 생산 또는 접수한 모든 기록물은 대통령기록물생산기관의 기록관의 장이 이를 수집하여 보존하도록 하고, 누구든지 이런 대통령관련 기록물을 무단으로 폐기·훼손하거나 보존하고 있는 공공기관 밖으로 반출하는 것을 금지하고, 이를 위반한 경우 형사처벌을 하도록 정하고 있다(동법 §2, §14, §30).

여기서 말하는 「국법상의 행위」는 헌법과 법령이 대통령의 권한으로 정하고 있는 모든 행위를 말한다. 대통령의 국법상의 행위는 언제나 문서로 하여야 하므로 구두 등 문서 이외의 방법으로 의사표시를 하는 행위는 국법상의 행위로서 법적 효력을 가지지 못한다. 대외적으로 법적인 효력을 가지지 못하는 비공식적인 행위는 구두로 자유로이 할 수 있지만, 대외적으로 법적인 효력을 가지는 국법상의 행위는 반드시 문서로 행해야 한다.

(2) 부서제도

헌법은 이러한 문서주의를 정하면서 대통령이 문서로 국법상의 행위를 하는 경우에는 이 문서에 국무총리와 관계 국무위원이 부서하여야 한다고 정하고 있으며, 군사에 관한 것도 예외가 아니라고 정하고 있다(헌법 §82).

(a) 부서의 의의

부서(副署 countersign)라 함은 대통령이 국법상의 행위를 하면서 생산한 문서에 대통령이 행한 서명에 이어 국무총리 또는 관계 국무위원이 하는 서명을 말한다. 관계 국무위원이라고 함은 해당 사무를 관장하는 국무위원을 말한다. 현행 정부조직법상으로는 행정각부의 장관이 아닌 국무위원이 존재하지 않으므로 여기서 말하는 관계 국무위원은 해당 사무를 관장하는 행정각부의 장관을 의미한다.

헌법이 대통령의 국법상의 행위에 있어 이러한 부서제도를 두는 취지는 대통령의 권한행사의 오류와 남용을 사전에 방지하고, 국정에 있어서 대통령을 보좌하는 지위에 있는(헌법 §86②, §87②) 국무총리와 관계 국무위원의 책임 소재를 분명하게 하기 위함이다(동지: 권영성, 1015). 헌법상 국회는 국무총리와 국무위원의 해임을 대통령에게 건의할 수 있고(헌법 §63), 다른 한편 국무총리도 국무위원의 해임을 대통령에게 건의할 수 있게 하고 있으므로(헌법 §87③), 부서제도가 가지는 국무총리와 관계 국무위원의 책임소재를 명확히 하는 기능은 중요한 의의를 지니고 있다. 군사에 관해서도 군인이 아닌 국무총리와 관계 국무위원으로 하여금 이러한 부서를 하는 것은 헌법이 정하고 있는 문민통제(civil control)의 시스템(헌법 §86③, §87④)을 보장하는 장치이기도 하다.

(b) 부서의 법적 성격

부서가 가지는 법적인 성격이 무엇인가 하는 것은 대통령이 부서가 없이 국법상의 행위를 할 때 부각된다. 이에 대해서는 종래 의견이 대립되어 왔다.

제1설은 부서는 대통령의 권력남용을 방지하고, 부서권자로 하여금 대통령을 보좌하는 기관으로서의 책임을 지우고, 동시에 이에 따르는 부서권자로서의 책임소재를 분명하게 하는 것이라는 견해(보좌책임설)이고(김철수b, 1767; 권영성, 1015; 허영a, 968), 제2설은 헌법상 국무회의는 심의기관에 지나지 않고 국무총리와 국무위원은 원칙적으로 국회에 대하여 책임을 지지 않으므로 부서는 대통령의 전제를 방지하거나 부서권자의 책임소재를 분명히 하고자 하는 것이 아니고 단순히 부서권자가 대통령의 국법상의 행위에 참여하였다는 물적 증거를 의미하는 것에 지나지 않는다는 견해(물적증거설)이다(한태연a, 545, 552). 제1설이 통설이며 타당하다.

(c) 부서 없는 문서의 효력

부서의 법적 성격이 이러하다고 할 때, 만일 부서가 없는 국법상의 행위가 행해졌을 때 그 문서는 적법한 효력을 가지는가 아니면 효력을 가지지 못하는가 하는 문제가 발생한다. 위의 물적증거설에 의하면 의심할 여지없이 부서 없는 문서도 유효하다는 결론에 도달할 것이지만, 보좌책임설에 의할 때에도 문서의 효력과 부서간의 관계를 어떻게 보는가에 따라 유효설과 무효설이 대립한다.

(i) 유 효 설　　부서는 대통령의 국법상의 행위의 유효요건이 아니라고 보아 부서가 없는 문서도 법적으로는 유효하다고 본다. 다만, 이러한 문서의 유효와는 별개로 이런 행위는 대통령에 대한 탄핵사유가 된다고 본다(권영성, 1016).

(ii) 무 효 설　　부서는 그 기능과 성질에 비추어 볼 때(특히 대통령의 권력남용에 대한 견제기능) 대통령의 국법상의 행위를 유효하게 만드는 유효요건이라고 보아, 부서가 없는 문서는 효력을 가지지 못한다고 본다(김철수b, 1768; 허영a, 969; 성낙인, 1045).

(iii) 사　견　　헌법상 부서제도의 실효성을 보장하기 위해서는 부서가 없이 한 대통령의 국법상의 행위는 원칙적으로 무효라고 할 것이다. 부서가 없이 국법상의 행위를 한 대통령의 행위는 헌법에 위반되어 대통령에 대한 탄핵사유가 된다. 헌법 제82조에 의할 때, 대통령은 국법상의 행위를 할 때 당연히 국무총리와 관계 국무위원에게 부서할 것을 고지하여야 하므로, 대통령이 고의적으로 국무총리나 국무위원에게 부서할

기회를 봉쇄하거나 부서행위를 방해하고 독단적으로 국법상의 행위를 한 경우에는 형법상의 직무유기죄 또는 공무집행방해죄의 책임도 면할 수 없다고 할 것이다. 그러나 대통령이 문서로 하고자 하는 국법상의 행위가 헌법이나 다른 법률에 위반하지 않고 대통령이 부서권자에게 부서할 것을 고지하였음에도 국무총리나 국무위원이 부서를 거부하고 국정운영상 긴급하게 해당 국법상의 행위를 하여야 할 정당한 사유가 있는 경우(예컨대 부서를 거부하는 국무총리나 국무위원을 해임하고 새 국무총리나 국무위원을 임명하기에 시간이 부족한 경우도 포함됨)에는 부서가 없는 국법상의 행위도 유효하다고 할 것이다. 이런 예외적인 경우에는 대통령이 부서가 없이 한 국법상의 행위는 적법하고 유효하므로 탄핵사유가 되지 않고 다른 법적인 책임도 지지 않는다.

부서제도는 본질적으로 부서가 없는 행위를 유효하지 않게 하기 위한 제도이다. 입헌군주제 헌법인 프로이센헌법(1850)에서도 대신의 부서에 대하여 「왕의 대신은 책임을 진다. 왕의 모든 통치행위는 그 행위가 유효하기 위해서는 대신의 부서를 필요로 하고, 대신은 그것에 의하여 책임을 진다」(동헌법 §44)라고 정하고 있었으며, 비스마르크헌법(1871)에서도 「황제는 제국법률의 인증, 공포와 그 시행을 감독할 권한을 가진다. 황제의 명령과 처분은 제국의 이름으로 제정되며, 이것이 유효하기 위해서는 제국수상의 부서를 필요로 하고, 이로써 제국수상은 책임을 진다」(동헌법 §17)라고 정하고 있었으며, 바이마르헌법(1919)에서도 「제국대통령의 모든 명령과 처분이 유효하기 위해서는 제국수상 또는 소관 대신의 부서가 필요하다. 국사(國事)에 관한 것에 대해서도 마찬가지다. 부서에 의하여 책임이 발생한다」(동헌법 §50)라고 정하였다. 독일연방헌법(1949)도 「연방대통령의 모든 명령과 처분이 유효하기 위해서는 연방수상 또는 소관 연방장관의 부서가 필요하다」(동헌법 §58)라고 정하고 있다. 유럽의 부서제도를 수용한 대일본제국헌법(大日本帝國憲法 1889)에서도 천황이 법률이나 칙령 기타 국무에 관한 조칙을 발함에 있어서는 국무대신의 부서를 필요로 한다고 정하였는데, 여기서도 부서가 없으면 그러한 행위는 무효로써 효력을 가질 수 없는 것이었다(伊藤博文,「新譯憲法義解」, 126). 우리의 경우도 해석상의 논란을 없애기 위해 유효요건임을 명시하는 것이 필요하다.

(d) 부서권자의 부서 거부

부서권자는 대통령의 행위에 대하여 부서를 거부할 수 있는 법적 권한을 가지는가 하는 문제가 있다. 이에 관해서는 부서하는 권한은 재량이 인정되는 권한이므로 대통령의 일정한 권한행사에 동의하지 않으면 부서를 거부할 수 있다고 보는 견해(권영성, 1016)와 대통령이 국무회의에서 심의·결정하지 않은 사항에 대한 권한을 행사한다든지 국무회의의 의결과 다르게 행사할 때를 제외하고는 부서를 거부할 자유가 없다고 하는 견해(김철수b, 1767)가 대립하고 있다.

살피건대 헌법은 대통령제를 취하면서 국무총리와 국무위원을 대통령의 명을 받아 대통령을 보좌하는 지위에 있는 것으로 설정하고 있고(헌법 §86②, §87②), 부서권은 성질상 동의권과 다른 것이므로 대통령의 행위에 대하여 부서권자는 재량으로 부서를 거부할 수는 없다고 할 것이다. 대통령의 행위에 찬성하기 어려운 경우에는 사전에 자신의 의견을 피력하고 그러함에도 대통령이 이를 수용하지 아니하는 때에는 사임하거나 사임하지 않으면 부서를 해야 한다. 다만, 부서권자는 대통령이 문서로 하고자 하는 국법상의 행위가 헌법이나 다른 법률에 위반하는 경우에는 부서를 거부할 수 있다. 부서는 적법한 행위에 대해서만 할 수 있기 때문이다. 따라서 부서권자는 대통령이 문서로 하고자 하는 국법상의 행위가 헌법이나 다른 법률에 위반하지 않으면 부서권자는 부서를 거부하지 못한다고 할 것이다. 대통령의 국법상의 행위가 총리령이나 부령에 위반되는 경우에는 먼저 대통령이 총리령이나 부령을 취소할 수 있으므로(정조법 §11②) 대통령의 행위가 총리령이나 부령에 위반한다는 이유로 국무총리와 행정각부의 장관이 부서를 거부하는 사태는 발생하지 않는다. 대통령이 하고자 하는 행위가 국무회의의 심의사항임에도 국무회의에서 심의하지 않은 것이거나 심의한 내용과 상이할 경우에는 국무총리와 국무위원은 부서를 거부할 수 있다. 이러한 부서거부는 적법하고 정당한 권한의 행사이므로 대통령은 부서의 거부를 이유로 해당 부서권자를 해임해서는 안 된다.

대통령이 국법상의 행위를 함에 있어서 부서권자에게 부서할 것을 고지했음에도 부서권자가 정당한 사유 없이 고의로 부서를 하지 않는 경우에는 대통령은 해당 국무총리나 관계 국무위원을 해임할 수 있고, 해당 부서권자는 경우에 따라 형법상의 직무유기죄의 책임도 면할 수 없다.

(e) 대통령의 부서권 침해행위

대통령이 국법상의 행위를 함에 있어 부서권자의 부서권을 침해한 경우에 부서권자는 대통령에게 의사를 표시하여 교정할 수도 있고, 권한쟁의심판을 통하여 바로잡을 수도 있다(부서권자가 권한쟁의심판을 청구한 후 대통령이 해당 부서권자를 해임한 경우에는 권한쟁의심판을 청구한 청구인은 청구인능력을 상실한다). 부서권을 침해하고 행한 대통령의 행위가 국민의 기본권을 침해한 경우에는 헌법소원심판을 통하여 다툴 수 있다.

Ⅲ. 권한행사의 절차

대통령의 권한은 그 직무의 기능에 적합하게 효율적으로 행사되어야 하는바, 헌법은 기본적으로 대통령이 자기의 권한을 독자적으로 행사하는 것을 보장하고 동시에 권한의 남용을 방지하고 권한이 적절하게 행사될 수 있도록 그에 필요한 장치를 마련하고 있다. 대통령이 권한을 행사함에 있어서 일정한 사항에 대해서는 국무회의의 심의를 거칠 것을 요구하거나 국회의 사전동의를 얻거나 승인을 얻도록 하는 것이 이에 해당한다. 대통령의 자문기관을 두는 것도 대통령의 권한이 독선과 전제에 빠져 오류를 범하지 않고 사안에 적합하게 행사될 수 있도록 하고자 함이다.

(1) 독자적 행사

대통령제 정부형태에서 대통령은 기본적으로 자신의 권한을 독자적으로 행사한다. 대통령은 국민의 대표기관으로서의 지위도 가지므로 대통령은 국민전체의 이익을 실현하기 위하여 임기 동안 자기 책임하에 스스로 판단하여 권한을 행사한다. 대통령이 가지는 여러 지위에서 행해지는 각종의 권한행사는 기본적으로 헌법과 법률이 정하고 있는 범위 내에서 대통령의 독자적인 판단에 따라 이루어진다.

(2) 국무회의의 심의

헌법은 대통령이 그의 권한을 행사하여 직무를 수행하는 경우에 헌법 제89조에서 정하고 있는 일정한 사항에 대해서는 사전에 국무회의의 심의를 거치도록 하고 있다. 국정의 중요사항을 대통령을 보좌하는 국무총리와 국무위원으로 구성되는 국무회의를 거치도록 하는 것은 행정부의 운영에 관여하는 구성원으로 하여금 사전 논의를 통하여 의견을 조정하고 사안을 이해하게 하여 국정의 원활한 운영과 통일성을 기하고자 하는 것임과 동시에 대통령 1인의 독단으로 인한 국가운영에서의 오류와 피해를 방지하고자 함이다.

국무회의의 심의사항임에도 국무회의의 심의를 거치지 않고 한 대통령의 행위는 무효이고(동지: 허영a, 963; 김철수b, 1777), 대통령이 독단적으로 결정하여 권력을 행사한 경우에는 탄핵사유에 해당한다.

대통령은 국무회의의 심의를 거친 결과에 법적으로 기속되지는 않는다. 심의는 의결과 달리 법적인 구속력은 없다. 국무회의의 심의를 거친 이상 최종적인 판단은 대통령이 하는데, 대통령이 국무회의의 결정과 달리 결정하는 경우에는 정치적인 부담을 안게 된다.

(3) 국회의 동의 · 의결 또는 승인

헌법은 일정한 사항에 대하여 대통령이 권한을 행사하는 경우 사전에 국회의 동의를 얻거나 사후에 국회의 승인을 얻도록 정하고 있다. 이러한 것은 대통령제에서 국회로 하여금 대통령을 견제하게 하여 국가 전체적으로 권력작동에서 균형을 실현하고자 함이다. 이러한 국회의 동의와 승인의 절차는 한편으로 대통령의 권한행사를 견제하는 기능도 하지만 다른 한편으로는 국정운영상 중요한 일정한 사항에서 대통령과 국회가 함께 참여하여 민주주의적이고 신중하게 국가를 운영하게 하는 기능도 가지고 있다.

대통령이 권한을 행사함에 있어 국회의 사전동의나 의결을 얻어야 하는 것으로는 계속비·예비비의 설치(헌법 §55), 국채의 모집과 예산 외에 국가에 부담이 될 계약의 체결(헌법 §58), 헌법 제60조 제1항에서 정하고 있는 조약들의 체결·비준(헌법 §60①), 선전포고·국군의 외국에의 파견·외국군대의 대한민국 영역 안에서의 주류(헌법 §60②), 일반사면(헌법 §79②), 국무총리의 임명(헌법 §86①), 감사원장의 임명(헌법 §98②), 대법원장의 임명(헌법 §104①), 대법관의 임명(헌법 §104②), 헌법재판소장의 임명(헌법 §111④) 등이 있다.

국회의 승인을 얻어야 하는 것으로는 예비비의 지출(헌법 §55②), 긴급명령의 발령(헌법 §76③), 긴급재정경제처분·명령의 발령(헌법 §76③) 등이 있다.

(4) 자문기관의 자문

대통령은 그 권한을 행사함에 있어서 자문기관의 자문을 거치는 경우가 있다. 헌법상 필요적 자문기관의 경우에는 일정한 경우 반드시 그 자문을 거쳐야 하고, 임의적 자문의 경우에는 필요한 경우 그 자문을 구한다. 헌법이 대통령의 권한행사에 자문을 구할 수 있도록 정하고 있는 자문기관에는 국가안전보장회의, 국민경제자문회의, 민주평화통일자문회의, 국가과학기술자문회의, 국가원로자문회의가 있다.

(a) 국가안전보장회의의 자문

국가안전보장회의는 국가안전보장에 관련되는 대외정책·군사정책과 국내정책의 수립에 관하여 국무회의의 심의에 앞서 대통령의 자문에 응한다(헌법 §91①). 이러한 국가안전보장회의는 필요적으로 설치해야 하는 자문기관이고, 대통령이 주재한다(헌법 §91②). 국무회의에서 심의하는 사항에 있어서 국가안전보장회의의 자문을 거쳐야 하는 사항은 반드시 이러한 절차를 먼저 거쳐야 한다. 대통령이 국가안전보장회의의 자문을 받지 않고 긴급명령을 발한 경우에는 그 긴급명령은 효력을 가지지 못한다.

(b) 국민경제자문회의의 자문

국민경제자문회의는 국민경제의 발전을 위한 중요정책의 수립에 관하여 대통령의 자문에 응하는데(헌법 §93①), 이는 임의적 자문기관이다. 대통령이 필요하다고 인정하는 경우에 이 자문회의를 구성하여 자문을 구할 수 있다.

현행법에 의하면, 국민경제자문회의는 국민경제의 발전을 위한 전략 및 주요 정책방향의 수립, 국민복지의 증진과 균형발전을 위한 제도의 개선과 정책의 수립, 국민경제의 대내외 주요 현안과제에 대한 정책대응방향의 수립, 그 밖에 국민경제의 발전을 위하여 대통령이 부의하는 사항에 관하여 대통령의 자문에 응한다(경제회의법 §2).

(c) 민주평화통일자문회의의 자문

민주평화통일자문회의는 평화통일정책의 수립에 관한 대통령의 자문에 응하는데(헌법 §92①) 이는 임의적 자문기관이다. 현재 설치되어 있는 민주평화통일자문회의는 국내외 통일여론 수렴, 통일에 관한 국민적 합의 도출, 범민족적 통일의지와 역량의 결집, 그 밖에 대통령의 평화통일정책에 관한 자문·건의를 위하여 필요한 사항에 관하여 대통령에게 건의하고 자문에 응한다(민주평화통일자문회의법 §2).

현재까지 민주평화통일자문회의는 대통령의 통일정책에 자문을 하는 기관이라기보다 당시 정부의 통일정책을 홍보하고 확산하는 일에 주로 이용되었다. 일종의 국민동원기관과 유사한 성격을 노정하였다. 진정한 대통령의 정책자문기관으로 기능을 하는 것이 필요하다.

(d) 국가교육과학기술자문회의의 자문

국가는 과학기술의 혁신과 정보 및 인력의 개발을 통하여 국민경제의 발전에 노력하여야 하는데(헌법 §127①), 이 목적을 달성하기 위하여 대통령은 필요한 자문기구를 둘 수 있다(헌법 §127③). 이에 따라 설치하는 국가교육과학기술자문회의는 임의적 자문기관인데, 중장기 교육·인재 정책의 방향에 관한 사항, 교육·인재 정책 분야의 제도 개선 및 주요 정책 개발에 관한 사항, 국가과학기술의 혁신과 정보 및 인력의 개발을 위한 과학기술 발전 전략 및 주요 정책방향에 관한 사항, 국가과학기술 분야의 제도 개선 및 정책에 관한 사항, 그 밖에 교육·인재 정책 및 과학기술 분야의 발전을 위하여 필요하다고 인정하여 대통령이 자문회의에 부치는 사항에 관하여 대통령의 자문에 응한다(국가교육과학기술자문회의법 §2).

(e) 국가원로자문회의의 자문

국정의 중요한 사항에 관한 대통령의 자문에 응하기 위하여 국가원로로 구성되는 국가원로자문회의를 둘 수 있다(헌법 §90①). 이는 임의적인 자문기구이다. 현재 이는 설치되어 있지 않다.

Ⅳ. 권한행사에 대한 통제

대통령은 국가의 운영에 있어서 여러 영역에 걸쳐 강력한 권한을 행사하므로 그 권한의 행사에서 남용할 가능성이 높고, 그러한 권한의 남용이 있는 경우에는 국민이나 국가에 막대한 피해를 초래할 수 있다. 따라서 대통령의 권한은 그 기능에 적합하고 적법하게 행사되도록 통제할 필요가 있다. 대통령의 권한행사에 대한 통제는 국가영역과 국가영역의 바깥에 있는 사회영역으로 나누어 볼 필요가 있다.

(1) 국가영역에서의 통제

국가영역에서 이루어지는 대통령의 권한에 대한 통제야말로 대통령의 권한에 대한 가장 실효성이 높은 통제이므로 이러한 통제시스템을 정밀하게 마련할 필요가 있다. 국가영역에서 이루어지는 통제는 행정부 내에서 이루어지는 통제와 행정부 외에서 이루어지는 통제로 나누어볼 수 있다.

(a) 행정부 내에서의 통제

행정부 내의 통제는 국무회의의 심의(헌법 §88, §89), 자문기관의 자문, 국무총리의 국무위원임명제청권(헌법 §87③), 국무총리의 국무위원에 대한 해임건의권(헌법 §87①), 국무총리와 관계 국무위원의 부서제도(헌법 §82) 등에 의해 이루어진다.

이러한 행정부 내의 통제는 대통령이 행정부의 수반으로 있기 때문에 효과적인 통제는 아니다. 대통령의 권한행사가 보다 신중하고 합리적인 것이 될 수 있도록 하는 낮은 수준의 통제로서 기능한다. 그러나 이런 내부통제는 국정운영에서 외부적으로 파장이 적고 행정부의 운영을 안정적으로 만들어 주므로 경시하면 안 된다. 이런 내부적인 통제스시템이 원활하게 작동하여 행정부 외부에서의 통제를 줄이면 국정을 안정적으로 수행할 수 있고, 국가의 안정성(stability)이 높아진다.

(b) 행정부 외에서의 통제

행정부 외의 통제는 권력분립에 따라 행정부가 아닌 다른 국가기관으로 하여금 통제하게 하는 것이다. 이는 대통령이 속하지 않은 기관에서 행하는 것이므로 권한남용에 대한 통제로서 실효성이 높다. 헌법은 우리나라의 권력을 헌법재판소, 국회, 대통령 및 행정부, 법원으로 나누어 놓고 있으므로, 대통령과 행정부를 제외한 나머지 헌법기관 즉 헌법재판소, 국회, 법원으로 하여금 권력분립에 합당하게 대통령의 권력을 통제하게 하고 있다.

(i) 헌법재판소에 의한 통제　　헌법재판소는 헌법재판을 통하여 대통령의 권한남용을 통제한다(헌법 §111). 대통령의 권한행사(대통령령, 긴급명령, 긴급재정경제처분과 명령 포함)가 국민의 기본권을 침해한 경우에는 헌법소원심판절차를 통하여 통제하고, 대통령이 직무를 수행하면서 헌법이나 법률에 위반한 때에는 국회의 탄핵소추에 의해 탄핵심판을 통하여 통제한다. 그리고 대통령이 그 권한의 행사로 다른 국가기관이나 지방자치단체의 권한을 침해한 경우에는 권한쟁의심판을 통하여 통제한다. 헌법재판소의 위헌법률심판절차에서 근거 법률이 위헌으로 선고될 때에는 근거 법률의 위임을 받아 제정된 대통령령이나 그 조항도 위헌으로 효력이 상실한다. 특히 대통령제 정부형태에서 대통령의 권한남용에 대한 효과적인 통제

방법은 탄핵이므로 탄핵제도가 활성화되어야 한다. 미합중국에서 대통령의 권한남용에 대해 의회가 강력하게 통제할 수 있는 것은 의회의 양원이 가지고 있는 탄핵심판권을 적절히 행사하기 때문이다.

(ii) 국회에 의한 통제　국회는 대통령의 일정한 사항에 관한 권한행사에 있어 사전 동의나 의결 또는 사후승인을 통하여 대통령의 권한이 적법하고 적절하게 행사될 수 있게 통제하고 있을 뿐 아니라, 대통령의 권한남용에 대하여 탄핵소추권(헌법 §65①)을 행사하여 효과적으로 통제할 수 있다. 국회는 국정감사 · 조사권(헌법 §61), 국무총리 · 국무위원에 대한 해임건의권(헌법 §63①), 계엄해제요구권(헌법 §77⑤)을 행사하여 대통령의 권한남용을 통제할 뿐 아니라, 국회가 입법한 법률을 집행하는데 있어 필요한 대통령령을 제정하지 않는 것을 통제하기 위해 국회법은 대통령령의 국회제출제도를 두고 있다(국회법 §98의2). 약한 수준의 통제이지만 행정입법에 대한 국회의 통제를 가능하게 만들어 주는 것이다.

한편 국회는 국무총리나 국무위원 등에 대한 국회출석요구 및 질문권(헌법 §62②)을 행사하여 대통령이 수반으로 있는 행정부를 통제한다. 이는 대통령의 국정운영에 대한 통제로서 간접적인 효과를 가진다.

(iii) 법원에 의한 통제　법원은 대통령령이 헌법이나 법률에 위반되는지의 여부가 재판의 전제가 된 경우에 심사를 하여 대통령의 권한행사를 통제한다(헌법 §107②). 법률의 효력을 가지는 긴급명령이나 긴급재정경제명령이 재판의 전제가 된 경우에는 헌법재판소에 위헌여부심판을 제청하여 대통령의 권한행사를 간접적으로 통제할 수 있다(헌법 §111① i).

(2) 사회영역에서의 통제

국가권력의 남용에 대한 통제는 강제력을 가지고 있는 국가권력 상호 간에 통제하는 것이 가장 효과적이다. 이것이 헌법상의 권력분립이 추구하는 진정한 목적이기도 하다. 그러나 국가영역 내에서의 통제 이외에 국가영역의 바깥 즉 사회영역에서도 통제를 할 수 있다. 국가영역 외에서의 권력통제의 대표적인 것이 정당에 의한 통제이지만, 현대 국가에서 시민사회영역이 활발해지고 시민사회에서 국가권력의 남용에 대한 감시활동(의정감시, 행정감시, 사법감시)은 권력통제의 메커니즘에서도 중요한 의미를 가지는데, 대통령의 권한행사에 대한 통제에서도 마찬가지로 큰 의미를 가진다.

(a) 정당에 의한 통제

대통령의 권한남용에 대한 통제는 정당 특히 야당에 의해 효과적으로 수행될 수 있다. 야당은 대통령의 부적절한 권한행사나 위법한 권한행사에 대하여 정치적인 공격을 가하고 국민에게 호소하여 여론으로써 대통령의 권한남용을 효과적으로 통제할 수 있다. 이런 관점에서 야당의 자유 즉 야당의 결성과 활동의 자유는 권력통제에서도 중요한 의미를 가진다. 정당에 의한 통제는 야당만에 의해 이루어지는 것은 아니다. 여당도 대통령의 권한행사가 관료이익에 의해 지배될 때 이를 견제하여 대통령의 권한행사가 올바로 이루어지도록 한다.

(b) 국민에 의한 통제

국민은 대통령의 권한남용에 대하여 일상적으로 여론을 통하여 통제한다. 그러나 효과적인 것은 국민이 단체를 형성하여 보다 조직적으로 권력의 남용을 감시하고 통제하는 일이다. 국가권력 내부에서 권력의 남용이 은폐되는 경우에 국민이 힘을 모아 이를 폭로하고 시정을 요구하는 것이 필요하다. 이는 국민의 권리이자 의무이기도 하다.

이러한 국민의 통제활동을 효과적으로 만들어 주는 것이 비영리·비정치적인 시민단체(NGO)를 통한 권력감시활동이다. 이런 시민단체가 대통령뿐만 아니라 행정부의 권력작용을 세밀하게 감시하고 그 권한남용을 밝혀냄으로써 대통령의 권한행사를 통제할 수 있다. 대통령의 권한행사가 범죄행위에 해당할 때는 국민이 고발권을 행사하여 효과적으로 통제할 수 있고, 그 권한행사가 기본권을 침해하는 경우에는 헌법소원심판을 통하여 효력을 상실시킬 수 있다. 최후적으로는 저항권을 행사할 수도 있지만 이는 한계상황에서나 적합하다.

이러한 일반적인 통제활동 이외에 개별적인 사안에서 대통령의 권한을 통제하는 것으로는 대통령이 부당하고 무리하게 헌법개정을 발의하거나(헌법 §128①) 특정사안을 국민투표에 회부하여(헌법 §72) 관철시키려고 하는 경우에 국민이 국민투표에서 이를 부결시켜 대통령의 권력행사를 통제하는 것이 있다.

[520] 제2 대통령권한의 대행

Ⅰ. 제도 및 연혁

(1) 제도적 의의

대통령은 헌법기관이기 때문에 임기 동안 어떤 경우에도 그 직무의 공백이 있어서는 안 된다. 따라서 대통령이 직무를 수행할 수 없는 경우에는 다른 사람으로 하여금 대통령의 권한을 행사하게 하여 헌법기관의 업무정지사태를 방지한다.

헌법 제71조는 「대통령이 궐위되거나 사고로 인하여 직무를 수행할 수 없을 때에는 국무총리, 법률이 정한 국무위원의 순서로 그 권한을 대행한다」라고 정하고 있다. 이로써 우리 헌법도 대통령이 직무를 수행할 수 없을 때 대통령의 직무상의 공백을 방지하기 위하여 대통령의 권한을 대행하는 제도를 마련하고 있다.

대통령의 권한대행 및 대통령직 승계제도의 변천

항목 \ 헌법	1948년헌법-1952년헌법-	1954년헌법	1960년6월헌법-1960년11월헌법	1962년헌법-1969년헌법	1972년헌법	1980년헌법	1987년헌법
정부형태	대통령제	→	의회주의제	대통령제	→	→	→
부통령 존치 여부	존치	→	폐지	→	→	→	→
국무총리 존치 여부	존치	폐지	존치	→	→	→	→
권한대행의 사유	대통령이 사고로 인하여 직무를 수행할 수 없을 때	→	대통령이 궐위되거나 사고로 인하여 직무를 수행할 수 없을 때	→	→	→	→
권한 대행 자	대통령의 유고시: 부통령 대통령·부통령 동시 유고시: 국무총리	대통령의 유고시: 부통령 대통령·부통령 동시 유고시: 법률이 정하는 국무위원의 순	참의원의장, 민의원의장, 국무총리의 순	국무총리, 법률이 정한 국무위원의 순	→	→	→
후임자의 선거 등	대통령 또는 부통령의 궐위시: 즉시 후임자 선거	부통령 궐위시: 즉시 후임자 선거 대통령·부통령 모두궐위시: 법률이 정하는 국무위원의 순으로 권한대행하되, 3월 이내에 대통령·부통령 선거	대통령 궐위시: 양원합동 회의에서 즉시 후임자 선거	대통령 궐위시: 즉시 후임자 선거	대통령 궐위시: 3월 이내 통일주체국민회의에서 후임자 선거. 잔여기간이 1년 미만인 때 후임자 선거하지 않음	대통령 궐위시: 새로 대통령선거인단을 구성하여 3월 이내 후임자 선거	대통령 궐위시: 60일 이내 후임자 선거
대통령직 승계제도	없음	대통령 궐위시: 부통령이 승계	없음	→	→	→	→
후임자의 재임기간	규정 없음	대통령 또는 부통령의 후임자는 잔여 기간 동안 재임	규정 없음	대통령의 후임자는 잔여 기간 동안 재임	→	규정 없음	→
대통령 당선자 유고시의 조치	규정 없음	→	→	대통령당선자의 사망 또는 판결 기타 사유로 자격 상실시: 즉시 후임자 선거	규정 없음	→	대통령당선자의 사망 또는 판결 기타 사유로 자격 상실시: 60일 이내 후임자 선거

(2) 연 혁

우리나라의 경우 이러한 대통령의 권한대행제도는 헌법의 개정으로 여러 차례 변천을 거쳐왔다. 대통령권한대행제도만을 둔 경우와 대통령권한대행제도와 대통령직의 승계제도를 둔 경우도 있었다. 현행 헌법은 대통령제를 취하면서 대통령권한대행제도만을 두고 대통령직의 승계제도는 두지 않고 있다.

이러한 대통령권한대행제도는 대통령의 궐위시 후임자를 선출할 것인가 하는 후임자선거(=보궐선거) 문제와도 연관을 가지는데, 우리나라는 1948년헌법 이래 현행헌법에 이르기까지 대통령이 궐위된 경우에는 후임자를 선출하는 방식을 취하고 있다. 우리 헌법사에서 대통령의 권한대행제도와 대통령직 승계제도의 변천은 앞의 표와 같다.

Ⅱ. 권한대행의 사유

헌법 제71조에 의할 때, 대통령의 권한을 대행하는 사유는 대통령이 궐위되거나 사고로 인하여 직무를 수행할 수 없는 상태의 발생이다.

(1) 대통령의 궐위

대통령권한대행의 사유인 대통령의 궐위(presidential vacancy)라 함은 현직의 대통령이 대통령직에서 이탈한 모든 상태를 의미한다. 헌법상의 대통령직에 대통령이 법적으로 존재하지 않는 경우이다. 사망, 헌법재판소의 탄핵심판에 의한 파면, 판결 등 기타 사유로 인한 자격의 상실, 대통령 취임 후 선거무효 또는 당선무효로 인한 자격상실, 사임 등으로 대통령직에서 이탈한 경우가 이에 해당한다.

대통령이 궐위된 경우는 객관적인 경험적 사실로서 판명되므로 유권기관(有權機關)이 이를 확인하여야 궐위의 효과가 발생한다고 할 수 없다. 궐위라는 사실의 발생으로 헌법 제71조에 의해 권한대행권자에게 당연히 대통령의 권한을 대행하는 권한이 발생한다(동지: 권영성, 966).

궐위로 인한 대통령권한의 대행이 있게 되는 경우, 유권기관이 궐위를 확인하거나 결정하여야만 권한대행의 효력이 발생한다고 하면 대통령의 권한행사에 있어 공백이 발생한다. 따라서 궐위하는 사실의 발생으로 대통령의 권한을 대행할 수 있는 권한이 발생한다. 그런데 국정수행의 명확성을 확보하기 위해서는 이렇게 중요한 궐위의 사실을 유권기관이 확인하거나 사후에 확정할 필요는 있다고 할 것이다. 궐위 사실이 발생한 경우 즉시 헌법재판소가 이를 확인 · 선언하도록 하는 것도 하나의 방법이다. 현재 궐위의 경우 통상 제일 먼저 행하는 국무회의는 대통령의 궐위로 인한 대통령권한의 대행자가 소집하고 주재한다. 아무튼 유권기관이 궐위를 확인하는 절차를 두는 경우에도 그런 유권기관의 확인행위는 이에 의해 권한대행의 법적 효과를 발생하게 하는 것이 아니고, 확인이라는 사실행위에 지나지 않는다. 이 문제는 권한대행자의 자격발생의 시점을 확정함에 있어 중요한 문제이다. 국무회의의 이런 확인행위를 행정법상의 준법률적 행정행위에 해당하는 '확인'이라고 하기는 어렵다.

(2) 대통령의 직무수행불능

대통령권한대행의 사유인 사고로 인하여 직무를 수행할 수 없는 때, 즉 대통령의 직무수행불능(presidential disability)이라 함은 현직의 대통령이 대통령직에 재직하고 있으나 대통령의 권한을 행사하는 것이 불가능한 모든 상태를 의미한다. 질병, 요양, 국회의 탄핵소추의결에 의한 권한행사의 정지, 외국방문, 장기간의 해외여행 등으로 직무를 수행할 수 없을 때가 이에 해당한다.

대통령 권한대행의 사유에 해당하는 「사고로 인하여 직무를 수행할 수 없을 때」란 단순히 사고의 발생을 의미하는 것이 아니라 그로 인하여 대통령의 직무수행이 불가능한 것을 의미하므로, 「사고의 발생」과 함께 「직무를 수행할 수 없는 상태의 발생」이라는 두 가지의 요건이 충족되어야 한다. 따라서 여기서는 대통령이 사고에 의해 직무를 수행할 수 있는지 없는지에 대한 유권기관의 결정이 필요하다(김철수b, 1723; 권영성, 967). 대통령이 스스로 직무를 수행할 수 있다고 주장하더라도 객관적으로 판단하여 직무의 수행이 불가능한 경우에는 권한의 대행이 이루어져야 하기 때문이다. 우리 실정법에는 누가 이런 판단을 하는가에 대해 아무런 규정이 없다. 현재로서는 이러한 문제가 발생하면 국무총리 또는 국무위원이 국무회의의 심의사안으로 제출하기 때문에 국무회의 심의사항으로 되겠으나, 이러한 국무회의의 심의가 「사고로 인하여 직무를 수행할 수 없음」을 법적으로 확정하는 효과를 가져온다고 하기는 어렵다. 권한대행의 기간을 정해야 하는 경우 그 기간의 결정도 마찬가지이다.

사고로 인한 대통령의 직무수행의 가능여부에 대한 유권기관의 결정과 관련해서는 대통령 스스로 직무의 수행이 불가능하다고 판단하여 결정하는 경우와 제3자가 대통령의 직무수행이 불가능하다고 결정하는 경우로 나누어 살펴볼 필요가 있다. (1) 대통령 스스로 판단하여 직무의 수행이 불가능하다고 의사표시를 한 경우에는 대통령의 판단을 존중하여 권한대행자로 하여금 권한대행을 하게 하는 것이 필요하다. 이러한 경우 어떠한 방식과 절차를 거칠 것인가에 대해서는 실정법으로 정해두는 것이 필요하다. 이러한 경우 대통령이 서면 또는 구술로 단순히 의사표시를 하는 것으로 족하다고 할 것인가, 또는 특정기관에 의사표시를 하게 하고 특정기관이 확인하게 할 것인가 하는 것을 정할 필요가 있다. 다만, 대통령이 스스로 직무의 수행이 불가능하다고 판단하여 결정하는 경우라고 하더라도 그 행위가 고의로 직무의 수행을 회피하거나 거부하는 것이 명백한 경우에는 직무유기가 된다. (2) 제3자가 대통령의 직무수행이 불가능하다고 결정하는 경우는 대통령이 스스로 자기가 직무를 수행할 수 없는지의 여부를 판단하는 것이 어렵거나 대통령은 직무를 수행할 수 있다고 주장하더라도 객관적인 사정으로 볼 때 정상적으로 직무를 수행하기 어렵다고 보이는 경우가 이에 해당한다. 이러한 때에는 대통령과 대통령이 직무를 수행하기 어렵다고 주장하는 기관이 아닌 제3의 기관에서 대통령이 직무를 수행하기 어려운가 아닌가의 여부를 결정하는 것이 타당하다. 현행 헌법상으로는 권한대행자가 국무총리 및 국무위원이므로 국무회의에서 결정하는 것은 타당하지 않다고 보인다. 이러한 문제는 헌법재판소로 하여금 처리하게 하는 것이 현행 헌법의 구조상 합리적이라고 할 것이다. 이렇게 하려면 헌법의 개정이 필요하다. 현행 헌법상의 대통령의 권한대행에 관한 내용은 충분하지 못하므로 헌법의 개정을 요하지 않는 사항은 법률로 정하여 이를 보완할 필요가 있다. 대통령권한대행에관한법률을 제정하는 방안이 있다. 이런 경우 이런 법률의 조항은 실질적 의미의 헌법으로 기능한다.

《한국헌정사에 있어서 대통령의 권한대행사건》

사건발생일	권한대행 사유의 발생	권한대행
1960. 4. 27.	이승만 대통령의 사임	1960년 4·19로 인하여 대통령 사임. 대행 제1순위인 외무부장관 허정이 대통령 권한을 대행함
1962. 3. 24.	윤보선 대통령의 사임	1961년 5·16군사쿠데타로 정권을 장악한 박정희 장군이 국가재건최고회의 의장의 지위에서 1962년 윤보선 대통령이 사임하자 국가재건비상조치법에 따라 대통령 권한을 대행함
1979. 10. 26.	박정희 대통령의 사망	1979년 10·26사건으로 박정희 대통령이 중앙정보부장에 의해 피살되어 대행 제1순위인 국무총리 최규하가 대통령 권한을 대행함
2004. 3. 12.	노무현 대통령에 대한 탄핵소추의결에 의한 권한행사 정지	2004년 국회에서 현직 노무현 대통령에 대하여 탄핵소추를 의결하여 권한행사가 정지되어 대행 제1순위인 국무총리 고건이 대통령 권한을 대행함
2016. 12. 9.	박근혜 대통령에 대한 탄핵소추의결에 의한 권한행사 정지 및 헌법재판소의 탄핵결정으로 인한 파면	2016년 국회에서 현직 박근혜 대통령에 대하여 탄핵소추를 의결하여 권한행사가 정지되어 대행 제1순위인 국무총리 황교안이 대통령 권한을 대행하였고, 2017년 3월 10일 헌법재판소가 탄핵심판에서 인용결정을 함으로써 대통령이 파면되었음. 제19대 대통령선거일인 2017년 5월 9일까지 권한을 대행함

Ⅲ. 권한대행자

(1) 권한대행의 순서

헌법은 대통령의 권한을 대행함에 있어서 그 권한대행자에 대하여 「국무총리, 법률이 정한 국무위원의 순서로 그 권한을 대행한다」(헌법 §71)라고 정하고 있다. 따라서 국무총리가 제1순위의 권한대행자이고, 나머지는 법률이 정하는 순서에 따른다. 정부조직법에 의할 때, 국무회의의 의장인 대통령이 사고로 인하여 직무를 수행할 수 없는 경우에는 부의장인 국무총리가 그 직무를 대행하고, 의장과 부의장이 모두 사고로 직무를 수행할 수 없는 경우에는 부총리가 그 업무를 대행하며, 부총리가 직무를 수행할 수 없는 경우에는 정부조직법 제26조 제1항에 규정된 순서에 따라 국무위원이 그 직무를 대행한다고 정하고 있는데(정조법 §12②), 권한행사의 면에서 보면, 이는 대통령의 권한대행에 관한 것이다. 따라서 정부조직법상의 「사고」에는 헌법 제71조에서 정하는 궐위도 포함되고, 어느 경우에나 권한대행을 하여야 하는 때에는 국무총리, 기획재정부장관, 교육부장관, 과학기술정보통신부, 외교부장관, 통일부장관, 법무부장관, 국방부장관, 행정안전부장관, 문화체육관광부장관, 농림축산식품부장관, 산업통상자원부장관, 보건복지부장관, 환경부장관, 고용노동부장관, 여성가족부장관, 국토교통부장관, 해양수산부장관, 중소벤처기업부장관의 순으로(정조법 §26①) 대통령의 권한을 대행한다.

국민으로부터 선출되지 않은 국무총리나 국무위원이 국민이 직선한 대통령의 권한을 대행하게 하는 것은 민주주의원리, 국민적 정당성의 면에서 타당하지 않다. 헌법정책적으로 보면, 현재와 같은 정부형태에서도 국회의장을 대통령의 권한대행자로 하는 것을 고려해볼 여지가 있다. 의회를 양원제로 하고, 하원의 경우에 해산이 가능하도록 하고 있는 경우에는 상원의장을 대통령 권한대행자로 하는 것이 타당하다. 하원의장이 권한대행자가 되는 경우에는 하원이 해산되면 하원의장의 의원으로서의 지위가 상실되어 권한대행자로서의 지위가 상실되기 때문이다.

정부조직법의 규정은 조직법에 따라 조직운영의 면에서 국무회의의 의장인 대통령의 직무를 대행하는 사항을 정하고 있으나, 이는 권한행사의 면에서는 대통령의 권한대행에 해당하는 규정이다. 따라서 정부조직법의 규정에 따라 「법률이 정하는 국무위원의 순서」가 정해진다고 할 것이다. 대통령 권한대행에 관한 법률을 제정하여 대통령의 권한대행시스템을 정비하고 체계적으로 정할 필요가 있다.

(2) 권한대행자의 취임선서 등

대통령의 권한대행자에게 취임선서규정, 형사특권규정, 겸직금지규정이 적용되느냐 하는 문제가 제기된다. 이러한 규정은 대통령의 지위를 승계하는 경우와 달리 권한을 대행하는 경우에는 취임선서규정이나 형사특권규정은 적용되지 않는다고 보는 것이 타당하다. 겸직금지규정은 대행권자가 대행의 업무가 종료되면 원래의 직으로 복귀하여야 할 필요도 있으므로 특별한 사정이 없는 한 겸직금지규정은 적용되지 않는다고 할 것이다. 물론 대통령의 권한을 대행하는 기간 동안 다른 직은 휴직하여야 할 것이다. 권한대행자에 대해서도 헌법 제65조에 의한 탄핵소추를 할 수 있다. 대통령의 권한을 대행하는 자도 대통령과 마찬가지로 그 직무집행에 있어서 헌법이나 법률을 위배한 때에는 공직에서 파면시켜야 할 경우가 있을 수 있기 때문이다.

Ⅳ. 권한대행자의 직무범위

대통령이 궐위되거나 사고로 인하여 직무를 수행할 수 없을 때 대통령의 권한을 대행하는 자는 대통령의 권한을 행사함에 있어서 법적으로는 아무런 제한을 받지 않기 때문에 대통령의 모든 권한을 행사할 수 있다. 그러나 국정의 공백(power vacuum)을 메우기 위해 불가피하게 인정되는 권한대행제도의 성격상 가능한 한 권한을 대행하는 자는 실제 권한을 행사함에 있어서는 최단기간 동안에 국정운영에 필요한 적정한 수준의 직무에 대해서만 그 권한을 행사하는 것이 바람직하다(동지: 성낙인, 996. 다만 국민투표부의권과 헌법개정발의권은 권한대행자에게 인정되지 않는다고 해석한다). 적정한 수준의 권한행사는 현상유지일 수도 있고 현상변경일 수도 있다.

권한대행자의 직무범위에 대해서는 헌법해석상 다른 견해들이 있다. (1) 제1설: 그 원인이 무엇이든 권한대행자의 직무범위는 대통령의 직무범위와 결코 같을 수는 없다라고 보는 견해이다(허영a, 939). (2) 제2설: 원칙적으로는 대통령의 권한 전반에 걸치지만, 임시대리의 성질로 보아 다만 잠정적인 현상유지에만 국한되고, 정책의 전환, 인사의 이동과 같이 현상유지를 벗어나는 직무는 대행할 수 없다라고 보는 견해이다(김철수b, 1724). 제1설과 제2설은 권한대행자가 대행하는 권한은 원래의 대통령의 권한보다 좁은 것으로 본다. 그러나 헌법 제71조와 다른 어떤 규정에도 이런 해석을 가능하게 하는 점은 어디에도 없고, 대행의 법리에 합당하지 않다. 대통령이 궐위되고 후임 대통령을 선출할 시간적인 여유가 없이 국정운영의 상황이 급박한 경우라든지 후임 대통령의 선거기간 중이라도 종래의 정책을 전환하거나 인사를 새로 단행하여야 할 필요가 있는 경우에는 권한대행자는 당연히 이에 필요한 대통령의 권한을 행사할 수 있다. 국정운영상 경우에 따라서 대통령의 중요한 권한을 행사하여야 함에도 현상유지만을 고집하여 권한을 제때에 행사하지 않으면 국가에 큰 손해를 끼칠 수도 있음을 고려한다면 권한대행자의 법적으로 인정된 권한의 범위를 제한하는 것은 타당하지 않다. 권한대행자가 국정운영상 권한행사의 실제에 있어서 필요최소한의 권한을 행사하는 것이 타당하다는 것과 처음부터 권한대행자의 권한이나 직무의 범위가 대통령의 것과 법적으로 다르다고 하는 것은 구별할 필요가 있다. 대통령의 권한을 대행하는 자는 헌법이 정하고 있는 대통령의 모든 권한을 행사할 수 있다고 할 것이고, 이러한 행사는 합헌적이고 유효하다. 이러한 권한의 행사는 직무의 수행이기 때문에 상황에 적절하게 권한을 행사할 의무도 포함하고 있다. (3) 제3설: 대통령이 궐위된 경우에는 권한대행자는 대통령의 권한 전반에 걸쳐 직무를 대행하지만 대통령이 사고로 인하여 직무를 수행할 수 없는 경우에는 권한대행자의 직무는 잠정적인 현상유지에 국한되고 기본정책의 전환 · 인사이동 등 현상유지를 벗어나는 직무는 대행할 수 없다고 보는 견해이다(권영성, 966). 국정운영의 실제에 있어 대통령이 사고로 인하여 직무를 수행할 수 없는 기간이 장기화되는 경우라든지 현상유지만으로 국정운영이 어려운 경우에는 권한대행자라고 하더라도 필요한 대통령의 권한을 행사하지 않으면 안 되는 경우가 있다. 이런 경우를 고려하면 대통령이 사고로 인하여 직무를 수행할 수 없는 경우에도 권한대행자는 대통령의 모든 권한을 행사할 수 있다고 하지 않을 수 없다. 필요한 경우에는 상황에 요청되는 권한을 행사해야 한다. 예컨대 국가긴급권의 행사, 선전포고와 강화, 국군통수 등에서 이러한 점을 확인할 수 있다. 대통령이 궐위된 경우와 사고로 인하여 직무를 수행할 수 없는 경우를 구별하여 그 직무범위에 차이를 두어야 할 이유는 없다고 할 것이다. 헌법정책적으로 보면, 그 나라의 정부형태, 대통령의 지위와 권한의 양태 등에 따라 대통령의 일정한 권한은 대통령의 권한대행자가 행사할 수 없도록 헌법에서 정할 수 있다. 예컨대 프랑스의 정부형태에서는 대통령에게 국민투표부의권과 의회해산권을 부여하면서도 대통령의 권한대행자에게는 이런 권한을 행사할 수 없게 정하고 있다(동헌법 §7④).

V. 권한대행의 기간

(1) 궐위의 경우

대통령이 궐위된 경우에 권한대행자의 권한대행기간이 얼마인지에 대해서는 헌법이 직접 정하고 있는 부분은 없다. 헌법 제68조 제2항은 대통령이 궐위된 때에는 60일 이내에 후임자를 선거하도록 정하고 있을 뿐이다. 권한대행의 법리는 대통령이 직무를 수행할 수 없고 후임자가 없는 상태를 극복하기 위한 것인 만큼 후임자가 정해지면 권한대행의 필요성은 소멸된다고 할 것이다. 따라서 현행제도 아래에서도 헌법 제68조 제2항에 의해 후임자가 선출되면 대통령의 권한을 대행하던 자는 더 이상 대통령의 권한을 대행할 수 없다고 할 것이다.

공직선거법의 규정(§14①단서, §187①)에 의할 때, 궐위로 인한 선거에 의한 대통령은 대통령당선인으로 결정된 날의 당선결정 시부터 대통령의 권한을 행사할 수 있으며, 이 시점에서 대통령의 권한을 대행하는 자는 더 이상 대통령의 권한을 대행할 수 없다. 따라서 우리 실정법상 권한대행자가 궐위된 대통령의 권한을 대행할 수 있는 기간은 대통령이 궐위된 때로부터 최장 60일이며, 이 기간 내에 후임자가 선출되면 대통령의 권한을 대행하던 자는 후임 대통령의 대통령 당선결정 시 직전까지만 대통령의 권한을 대행할 수 있다.

(2) 사고의 경우

(a) 대통령이 추후 복귀 가능한 경우

궐위된 경우를 제외한 모든 종류의 사고로 인하여 대통령의 직무를 수행할 수 없는 경우에 대통령의 권한을 대행하는 자는, 대통령이 다시 대통령직에 복귀하면 더 이상 대통령의 권한을 대행할 수 없다. 대통령이 대통령직에 다시 복귀하면 그 복귀와 동시에 대통령의 권한을 대행하던 권한대행자로서의 지위는 소멸한다.

대통령이 스스로 사고를 이유로 직무를 수행할 수 없다고 의사를 표시하여 권한의 대행이 이루어진 경우에는 대통령이 직무로의 복귀의사를 서면 또는 구두로 밝히고, 그 의사표시가 수신자에게 도달하면 권한대행이 종료한다고 보아야 할 것이다. 제3의 기관에서 권한대행의 사유가 발생하였다고 확인·결정한 결과 권한대행이 이루어진 경우에는 권한대행기간의 만료 역시 제3의 기관에서 결정한다. 이런 경우 절차상 대통령은 먼저 권한대행의 사유가 발생했다고 결정한 기관에 복귀의사를 표시하여야 할 필요가 있다. 제3의 기관이 대행기간을 정할 수 있게 하는 경우에는 그 기간의 만료로 권한대행은 종료된다고 할 것이다. 제3의 기관이 대행기간을 정할 수 있게 하는 경우에는 반드시 기간의 연장제도를 두어야 한다.

> 사고인 경우 현재 우리 헌법상의 제도로서는 국무회의에서 그 기간을 정할 수밖에 없다고 해석하는 견해가 있다(허영a, 940; 성낙인, 995). 제도가 제대로 갖추어지지 않은 현재의 상태에서는 현실상 이렇게 운영될 것이다. 그러나 법적으로는 국무회의의 심의에 의해 권한대행의 기간을 확정하는 법적인 효과가 발생하는가 하는 점에는 의문이 있다. 이러한 것도 헌법재판소가 결정하도록 하는 것이 필요하다고 본다. 여기에는 헌법의 개정이 필요하다.

(b) 대통령이 추후 복귀불가능한 경우

대통령의 사고로 인하여 권한대행이 발생한 경우에는 통상 추후에 대통령이 복귀할 수 있기 때문에 후임자를 선거할 필요가 없다. 그런데 사고로 인하여 권한대행이 발생한 경우에 추후에 대통령이 그 직에 복귀할 수 없음이 확정적인 상황(예: 수술 후 회복하는 기간 중에 소생불능의 상태가 발생한 경우)이 생길 수 있는데, 이 경우에 후임 대통령을 선출하지 않고 권한대행체제로 국정을 운영할 것인가 아니면 후임 대통령을 선거해야 하는가 하는 문제가 있다. 이러한 경우에는 대통령이 그 직으로 복귀가 불가능하다는 점에서 궐위의 경우와 동일한 사유가 발생한 것이므로 후임 대통령을 선거하는 것이 타당하다고 할 것이다(동지: 성낙인, 995). 제3의 기관에서 대통령 권한대행사유가 발생하였다고 결정한 경우에는 이러한 상황의 확인·결정도 제3의 기관에서 하게 된다. 헌법 제68조 제2항에 비추어 볼 때, 이러한 후임 대통령의 선거는 제3의 기관에서 이러한 상황을 확인·결정한 때로부터 60일 이내에 행해져야 한다고 할 것이다.

[521] 제3 대통령의 궐위와 후임 대통령의 선출

Ⅰ. 선거의 실시

헌법은 대통령이 궐위된 경우에 60日 이내에 후임자를 선거하도록 하고 있다(헌법 §68②). 이를 위해 대통령의 권한을 대행하는 자는 대통령이 궐위된 경우에는 지체 없이 중앙선거관리위원회에 이를 통보하여야 한다(공선법 §200③).

헌법 제68조 제2항의 해석과 관련하여 후임 대통령 당선인이 정해진 상태에서 대통령이 궐위된 경우에도 헌법 제68조 제2항에 따라 또 후임자를 선거하여야 하는가 하는 문제가 있다. 즉 헌법 제68조 제1항에 따라 대통령의 임기만료 70일 내지 40일 전에 후임자를 선거하여 후임 대통령 당선인이 결정된 상태에서 대통령이 궐위되는 사태가 발생할 수 있는데, 이 경우 권한대행체제에서 헌법 제68조 제2항에 따라 다시 후임 대통령을 선출하여야 하는가 아니면 권한대행자가 잔여임기 동안 대통령의 권한을 대행하는 것으로 족한가 하는 문제가 생긴다. 이 경우 다시 후임 대통령을 선거하면 이미 대통령 당선인으로 결정된 사람을 포함하여 후임 대통령이 2명이라는 사태가 발생한다. 헌법이 후임 대통령이 2인이 되는 이런 경우를 예정하고 있다고 하기는 어렵다. 이런 경우에 대비하여 헌법이 명시적으로 정하는 규정이 없기 때문에 헌법해석상 논란이 있을 수 있으나, 이미 후임 대통령 당선인이 결정되어 있는 상태에서는 대통령이 궐위되더라도 후임자를 선거하지 않고 권한대행자에 의한 권한대행만 있다고 해석하는 것이 타당하다. 헌법정책적인 관점에서 이런 경우 대통령 당선인이 바로 취임할 수 있게 하는 방법도 있으나, 현행 공직선거법 제14조에 의하면 이 경우 대통령 당선인은 전임자의 임기만료 후에 실시된 선거나 궐위로 인한 선거에서 당선된 자가 아니므로 전임 대통령의 임기만료일의 다음 날부터 대통령직을 수행할 수밖에 없다. 따라서 현행 실정법상 이런 경우에는 대통령권한대행이 있게 된다.

대통령의 궐위시에는 헌법이 보궐선거를 인정하지만, 대통령이 사고로 인하여 직무를 수행할 수 없는 경우에는 보궐선거의 실시가 불가능한 것인가 하는 문제가 제기된다. 이 문제에 대해서는 경우를 나누어 살펴보는 것이 필요하다. 대통령이 사고로 인하여 직무를 수행할 수 없는 경우는 대통령이 직무에 복귀할 가능성이 있는 경우와 그렇지 못한 경우가 있다. 현행 헌법상의 명문 규정을 보면 그 어느 경우에나 후임 대통령의 선거에 관한 규정이 없어 헌법해석상으로는 대통령의 잔여임기까지 권한대행자가 대통령의 권한을 대행하지 않으면 안 된다. 헌법은 이 기간 동안에 필요하다고 하더라도 대통령을 새로 선출하는 것을 인정하지 않는다. 우리 헌법 아래에서 이런 경우 새로 대통령을 선출하여야 할 필요가 있는 경우에는 현직의 대통령으로 하여금 사임하게 하는 것이 필요하다. 그러나 대통령의 사임이 문제가 되는 경우에도 대통령이 사임의 의사를 표시하는 것이 불가능한 때(예컨대 의식불명, 식물인간, 정신질환 등)에는 문제가 된다. 이런 상태를 해결하는 규정은 헌법에 없다. 현행 헌법의 명문 규정에 의하면 이런 경우에도 후임 대통령을 선출할 수 없고, 대통령 권한의 대행만 가능하다.

대통령이 취임하자마자 의식불명이나 정신질환 등의 상태에 빠져 단기간 내에 직무에 복귀하기 어렵고, 남은 잔여임기가 장기인 경우에 국민에 의해 선출되지 않은 국무총리가 이런 장기의 잔여임기 동안 내내 대통령의 권한을 대행하는 것은 문제라고 하지 않을 수 없다. 장기간이 경과할 때까지 대통령이 대통령직에 복귀하여 직무를 수행하지 못하는 경우에는 궐위의 경우와 같이 후임자를 선거하게 하는 것이 대통령제에 합치된다고 할 것이다. 이에 관한 실정법상의 규정을 두는 것이 필요하다. 부통령을 두는 경우에는 이런 경우 권한대행을 하게 하는 것보다 대통령직을 승계하게 하는 것이 바람직하다. 부통령이 있는 경우 이런 경우에 후임자를 선출하게 할 필요는 없다고 할 것이다.

Ⅱ. 취임의 선서

대통령의 궐위로 인하여 선출된 후임 대통령이 대통령의 권한을 행사하는 것은 그 자체가 바로 대통령직에의 취임이므로 대통령의 권한을 행사함에 있어서는 대통령의 취임에서 요구되는 헌법 제69조의 취임선서를 하여야 한다고 할 것이다. 현실에서 행해지는 대통령 취임식은 의례에 지나지 않으므로 대통령의 권한행사의 효력발생요건이 되는 것은 아니다.

Ⅲ. 재임기간

대통령이 궐위되어 후임 대통령을 선출한 경우 그 대통령은 전임 대통령의 잔여임기 동안만 재임하는가 아니면 헌법 제70조가 정하는 5년의 기간 동안 재임하는가 하는 것이 헌법해석상 문제가 된다. 우리 헌법사에서는 대통령이 궐위되어 후임자를 선출하는 경우 후임자의 재임기간을 전임자의 잔여임기 동안으로 제한한 경우도 있었으나 ([520] I (2)), 현행 헌법은 이러한 제한을 두고 있지 않다. 따라서 현행 헌법 아래에서는 후임자는 새 대통령으로서 헌법 제70조가 정하고 있는 5년의 임기 동안 대통령직에 재임한다고 할 것이다(동지: 김철수b, 1718; 성낙인, 997). 즉 헌법 제68조에 의해 선출된 대통령의 임기는 헌법 제70조가 정하는 임기를 의미한다.

후임 대통령의 취임은 새로운 대통령의 취임이므로 대통령직의 승계가 아니다. 대통령제에서 대통령을 선출하는 때에 부통령을 함께 선출하면 원칙적으로 후임자의 선출문제는 발생하지 않고 대통령직의 승계문제가 발생한다. 우리 헌법은 대통령제를 채택하면서도 부통령을 두고 있지 않으므로 대통령직의 승계가 없고, 이와 같은 후임자의 선출로 대통령의 궐위 시의 문제를 해결하고 있다.

Ⅳ. 후임 대통령의 조기 취임 문제

대통령의 임기만료를 앞두고 헌법 제68조 제1항에 의해 후임자가 선출된 후 대통령이 궐위되거나 사고로 인하여 직무를 수행할 수 없을 때 권한대행자의 권한대행기간 중에 후임 대통령 당선자가 대통령직에 취임할 수 있느냐 하는 문제가 있다. 후임 대통령이 선출된 상태라고 하더라도 대통령이 궐위되거나 사고로 인하여 직무를 수행할 수 없는 경우에는 헌법 제71조에 따라 대통령의 권한의 대행이 이루어지므로 헌법을 개정하지 아니하고는 이러한 경우 후임 대통령의 임기가 바로 개시되게 할 수는 없다. 이는 헌법이 정하고 있는 사항이므로 법률로도 이를 가능하게 할 수 없다. 다만, 현실에서는 이러한 경우에 대통령의 권한을 대행하는 자는 후임 대통령 당선자와 협력하여 국정을 수행하는 것이 바람직하다고 할 것이다.

5. 직무상의 의무

[522] 제1 헌법수호의무

대통령은 국가원수와 행정부의 수반으로서 무엇보다 헌법을 수호하고 이를 실현할 의무를 지니고 있다. 이러한 헌법수호의무는 헌법질서를 유지·수호하고 실현하는 의무이다. 헌법수호의무는 모든 국가공무원의 법적 의무이지만 대통령의 경우에 이러한 의무가 특히 강조되는 것은 대통령이라는 지위가 가지는 중요성 때문이다. 헌법 제66조 제2항은 「대통령은……헌법을 수호할 책무를 진다」라고 하여 이러한 헌법수호의무를 실정화시키고 있다.

대통령의 헌법수호의무에서 구체적으로 문제가 되는 것은 대통령은 헌법수호를 이유로 국회가 제정한 법률이나 법원의 재판을 부정할 수 있는가 하는 문제이다. 법률의 위헌여부는 헌법재판소가 최종적으로 판단하는 권한을 독점적으로 가지고 있으므로 헌법재판소에 의하여 위헌으로 결정되지 아니하는 이상 대통령 스스로 위헌이라고 판단하여 법률의 적용을 배제하거나 거부하지 못한다. 헌법재판소의 판례도 동일한 취지이다(예: 憲 2004. 5. 14. -2004헌나1). 대통령은 위헌이라고 의심이 있는 법률에 대한 통제는 법률안거부권을 통하여 할 수 있고, 이를 통하여 헌법수호의무를 수행할 수 있을 뿐이다. 법원의 재판이 헌법에 위반되었다고 판단하는 경우에는 사면권을 통하여 이를 시정하는 방법이 있고, 헌법이 인정하는 이러한 방법 이외에는 대통령은 법원의 판결에 대하여 위헌이라는 의심이 있더라도 이를 거부하거나 부정할 수 없다.

대통령은 헌법수호의무를 지고 이러한 것을 헌법 제69조에 따라 취임 시에 선서까지 하므로 어떠한 경우에도 헌법을 부정하거나 왜곡하는 언행을 할 수 없다. 이러한 헌법수호의무를 위반하는 때에는 대표적으로 탄핵사유가 되고, 그 외에 형사상의 책임도 지게 된다.

> [憲 2004.5.14.-2004헌나1] 「헌법은 제66조 제2항에서 대통령에게 '국가의 독립 · 영토의 보전 · 국가의 계속성과 헌법을 수호할 책무'를 부과하고, 같은 조 제3항에서 '조국의 평화적 통일을 위한 성실한 의무'를 지우면서, 제69조에서 이에 상응하는 내용의 취임선서를 하도록 규정하고 있다. 헌법 제69조는 단순히 대통령의 취임선서의무만을 규정한 것이 아니라, 헌법 제66조 제2항 및 제3항에 규정된 대통령의 헌법적 책무를 구체화하고 강조하는 실체적 내용을 지닌 규정이다. 헌법 제66조 제2항 및 제69조에 규정된 대통령의 '헌법을 준수하고 수호해야 할 의무'는 헌법상 법치국가원리가 대통령의 직무집행과 관련하여 구체화된 헌법적 표현이다. 헌법의 기본원칙인 법치국가원리의 본질적 요소는 한 마디로 표현하자면, 국가의 모든 작용은 '헌법'과 국민의 대표로써 구성된 의회의 '법률'에 의해야 한다는 것과 국가의 모든 권력행사는 행정에 대해서는 행정재판, 입법에 대해서는 헌법재판의 형태로써 사법적 통제의 대상이 된다는 것이다. 이에 따라, 입법자는 헌법의 구속을 받고, 법을 집행하고 적용하는 행정부와 법원은 헌법과 법률의 구속을 받는다. 따라서 행정부의 수반인 대통령은 헌법과 법률을 존중하고 준수할 헌법적 의무를 지고 있다. '헌법을 준수하고 수호해야 할 의무'가 이미 법치국가원리에서 파생되는 지극히 당연한 것임에도, 헌법은 국가의 원수이자 행정부의 수반이라는 대통령의 막중한 지위를 감안하여 제66조 제2항 및 제69조에서 이를 다시 한번 강조하고 있다. 이러한 헌법의 정신에 의한다면, 대통령은 국민 모두에 대한 '법치와 준법의 상징적 존재'인 것이다. 이에 따라 대통령은 헌법을 수호하고 실현하기 위한 모든 노력을 기울여야 할 뿐만 아니라, 법을 준수하여 현행법에 반하는 행위를 해서는 안 되며, 나아가 입법자의 객관적 의사를 실현하기 위한 모든 행위를 해야 한다. 행정부의 법존중 의무와 법집행 의무는 행정부가 위헌적인 것으로 간주하는 법률에 대해서도 마찬가지로 적용된다. 위헌적인 법률을 법질서로부터 제거하는 권한은 헌법상 단지 헌법재판소에 부여되어 있으므로, 설사 행정부가 특정 법률에 대하여 위헌의 의심이 있다 하더라도, 헌법재판소에 의하여 법률의 위헌성이 확인될 때까지는 법을 존중하고 집행하기 위한 모든 노력을 기울여야 한다.」

[523] 제2 국가의 독립 · 보전의무

대통령은 국가가 주권적으로 독립하고 계속적으로 존속할 수 있도록 직무를 수행하여야 할 책임과 의무를 진다. 공동체의 유지 · 존속은 국민의 기본권과 아울러 공동체의 본질적인 최고의 가치이므로 국가원수이고 국정최고책임자인 대통령이 이에 대한 직무상의 의무를 지는 것은 당연하다.

헌법의 수호는 국가의 독립과 영토의 보전 및 국가의 계속성이 유지될 때 가능하기 때문에 국가의 독립 · 보전의무는 광의의 헌법수호의무에 포함되기도 한다.

헌법 제66조 제2항은 「대통령은 국가의 독립 · 영토의 보전 · 국가의 계속성……을 수호할 책무를 진다」라고 하여 이러한 국가의 독립 · 보전의무를 실정화시키고 있다. 따라서 대통령은 어떠한 경우에도 이러한 의무를 위반할 수 없다. 국가긴급권의 행사도 이러한 의무에 합치하여야 한다.

[524] 제3 직무수행의무

대통령의 직무수행의 의무는 대통령이 취임에 즈음하여 헌법 제69조가 정하는 바에 따라 행하는 선서에 잘 나타나 있다. 이러한 선서는 단순히 정치적인 것이 아니라 헌법적인 서약이다. 헌법 제69조는 「나는 헌법을 준수하고 국가를 보위하며 조국의 평화적 통일과 국민의 자유와 복리의 증진 및 민족문화의 창달에 노력하여 대통령으로서의 직책을 성실히 수행할 것을 국민 앞에 엄숙히 선서합니다」라는 선서를 하도록 하고 있다. 이러한 선서의 내용은 대통령의 직무수행에 있어서 일반적이고 포괄적인 의무내용을 정하고 있고, 구체적인 직무수행에 따르는 의무는 대통령의 개별적인 직무에서 도출된다.

대통령의 직무는 대통령의 권한과 책무를 이행하는 형태로 이루어지는데, 대통령의 권한은 공적인 권능과 의무가 함께 포함되어 있으므로 대통령은 권한행사에 있어서도 당연히 이를 적절하게 행사해야 할 의무도 포함되어 있다. 대통령이 권한을 행사해야 할 경우에 이를 행사하지 아니하는 때에는 부작위의 책임을 진다.

대통령이 직무를 수행함에 있어서 헌법과 법률을 위반한 경우에는 탄핵소추의 사유가 된다. 탄핵의 사유는 헌법이나 법률을 위반한 위법한 경우이지만, 대통령의 권한행사나 의무이행이 부당하여서도 안 된다. 헌법 제69조가 정하고 있는 대통령직의 성실수행의무는 적법한 직무수행과 정당한 직무수행을 함께 포함하고 있다.

대통령의 성실한 직책수행의무는 헌법상 의무이지만, 이를 위반했을 때, 탄핵사유가 되는지가 문제될 수 있다. 헌법재판소는 헌법수호의무와 달리 사법적 판단의 대상이 되기는 어렵다는 이유로 탄핵사유가 될 수 없다고 보았다(예: 憲 2017. 3. 10.-2016헌나).

[憲 2017.3.10.-2016헌나1] 「헌법 제69조는 대통령의 취임 선서를 규정하면서 대통령으로서 직책을 성실히 수행할 의무를 언급하고 있다. 헌법 제69조는 단순히 대통령의 취임 선서의 의무만 규정한 것이 아니라 선서의 내용을 명시적으로 밝힘으로써 헌법 제66조 제2항 및 제3항에 따라 대통령의 직무에 부과되는 헌법적 의무를 다시 한 번 강조

하고 그 내용을 구체화하는 규정이다.
대통령의 '직책을 성실히 수행할 의무'는 헌법적 의무에 해당하지만, '헌법을 수호해야 할 의무'와는 달리 규범적으로 그 이행이 관철될 수 있는 성격의 의무가 아니므로 원칙적으로 사법적 판단의 대상이 되기는 어렵다. 대통령이 임기 중 성실하게 직책을 수행하였는지 여부는 다음 선거에서 국민의 심판의 대상이 될 수 있다. 그러나 대통령 단임제를 채택한 현행 헌법 하에서 대통령은 법적으로 뿐만 아니라 정치적으로도 국민에 대하여 직접적으로는 책임을 질 방법이 없고, 다만 대통령의 성실한 직책수행 여부가 간접적으로 그가 소속된 정당에 대하여 정치적 반사이익 또는 불이익을 가져다 줄 수 있을 뿐이다.」

[525] 제4 겸직금지

헌법은 「대통령은 국무총리 · 국무위원 · 행정각부의 장 기타 법률이 정하는 공사의 직을 겸할 수 없다」라고 정하고 있다(헌법 §83). 이러한 대통령의 다른 공직의 겸직금지는 권력분립과 국가기관의 기능상의 분리를 실현하기 위하여 필요하다. 대통령이 사적인 직업을 가질 수 없는 것은 대통령 개인의 이해관계를 떠나 국민의 대표자의 지위에서 공무를 공명정대하게 수행하도록 하기 위한 것이다. 대통령이 강력한 권한을 보유하고 사적인 직업을 가지거나 영업행위를 하는 것은 곧 공적인 국가권력의 사유화를 불러올 위험이 있다. 헌법의 취지로 볼 때, 대통령은 어떠한 경우에도 영업행위를 할 수 없다고 할 것이다. 법률로써 대통령이 사직을 겸할 수 없도록 정할 수 있다.

대통령이 재임 중 재산증식행위를 할 수 있는가 하는 문제가 있다. 대통령으로 당선되기 전에 하던 영업은 계속할 수 없다고 할 것이다. 대통령으로 당선되기 전에 한 주식투자나 부동산투자 등 각종의 투자행위는 대통령의 당선이라는 이유만으로 이를 금지할 수 없다. 그러나 대통령에 재직하면서 이러한 투자행위를 계속하는 것은 자신의 재산증식에 공적인 정보나 힘을 직접 또는 간접으로 이용할 위험이 있기 때문에 문제가 있다. 이를 해결하는 하나의 방법으로는 대통령으로 당선되면 즉시 그 재산을 신탁회사에 신탁하고, 대통령은 이에 관여할 수 없도록 하는 방안이 있다.

대통령이 사직을 겸할 수 없도록 정하고 있더라도 사실상 타인을 앞세워 사직을 수행하거나 영업행위를 하는 경우가 있다. 이러한 것은 권력부패와 정치부패의 원인이 되고 있다. 우리나라에서 항상 문제가 되어 온 것이 대통령이 은밀하게 개입한 이권행위이다. 대통령은 사직을 겸하는 것이 금지되어 있지만 대통령의 가족, 친인척, 측근인물들은 이러한 행위가 금지되어 있지 아니하므로 대통령이 이들을 통하여 사실상 사직을 겸한 효과를 얻거나 영업행위를 하거나 부를 축적하는 행위를 하는 경우도 있다.

헌법이 정하는 대통령의 겸직금지의무의 법리에 따를 때, 이러한 간접적인 겸직이나 영업행위를 통제하는 장치를 체계적으로 마련하는 것이 필요하다. 이러한 장치가 작동하지 않는 한 헌법상의 겸직금지의무는 규범력을 가지기 어렵다.

[526] 제5 평화통일노력의무

대통령은 통일에 있어서는 평화통일을 할 수 있도록 성실히 노력하여야 하는 의무를 진다. 헌법은 통일에 대하여 제4조에서 대한민국은 자유민주적 기본질서에 입각한 평화적 통일을 지향하는 것으로 정하고 있기 때문에 통일에 대한 대통령의 의무는 이미 헌법수호의무에 포함되어 있다. 그렇지만 헌법은 통일의 중대성에 비추어 다시 헌법 제66조 제3항에서 이를 강조하여 「대통령은 조국의 평화적 통일을 위한 성실한 의무를 진다」라고 명시하고 있다.

6. 퇴임 후의 예우

[527] 제1 전직대통령의 예우

헌법 제85조는 「전직대통령의 신분과 예우에 관하여는 법률로 정한다」라고 정하고 있다. 대통령은 국가의 원수로서의 지위를 가졌던 점을 고려하여 퇴임 후에도 다른 헌법기관과는 달리 특별히 예우를 하고 있다. 이에 따라 「전직대통령 예우에 관한 법률」이 제정되어 있다.

이 법률에 의하면, 대통령을 지낸 본인과 일정한 범위의 유족에 대해서는 연금이 지급된다(동법 §4①). 연금지급액은 전직대통령은 지급 당시의 대통령보수년액의 100분의 95 상당액으로 하고(동조 ②), 유족은 100분의 70 상당액으로 한다(동조 §5①). 이 법에 따라 연금을 지급받는 자는 다른 법에 의한 연금을 지급받지 못한다(동법 §8).

그 이외에 전직대통령은 비서관 3인을 둘 수 있고(동법 §6①), 전직대통령 또는 그 유족은 관계법령이 정하는 바에 따라 ① 필요한 기간의 경호·경비, ② 교통·통신 및 사무실의 제공 등의 지원, ③ 본인 및 그 가족에 대한 가료, ④ 그 밖에 전직대통령으로서의 필요한 예우의 혜택을 받는다(동조 ④). 그러나 전직대통령이 재직 중 탄핵결정을 받아 퇴임한 경우, 금고 이상의 형이 확정된 경우, 형사처분을 회피할 목적으로 외국정부에 대하여 도피처 또는 보호를 요청한 경우, 대한민국의 국적을 상실한 경우에는 위 ②, ③, ④의 예우를 하지 않는다(동법 §7②). 또 이 법률은 전직대통령을 위한 기념사업을 민간단체 등이 추진하는 경우에는 관계법령이 정하는 바에 따라 필요한 지원을 할 수 있게 정하고 있다(동법 §5의2). 이 법률은 대한민국정부의 수립 후의 전직대통령과 그 유족에 대하여 모두 적용된다(동법 부칙).

[528] 제2 국가원로자문회의 의장

헌법 제90조에 따라 국가원로자문회의를 두는 경우에는 전직대통령 가운데 직전대통령은 국가원로자문회의의 의장이 된다(헌법 §90②).

제2절 행정부

1. 국무총리

[529] 제1 국무총리제도

헌법 제86조는 「① 국무총리는 국회의 동의를 얻어 대통령이 임명한다. ② 국무총리는 대통령을 보좌하며, 행정에 관하여 대통령의 명을 받아 행정각부를 통할한다. ③ 군인은 현역을 면한 후가 아니면 국무총리로 임명될 수 없다」라고 정하여 국무총리제도를 두고 있다.

연혁으로 보면, 국무총리(國務總理 Prime Minister)는 1919년에 공포된 「대한민국임시헌장(大韓民國臨時憲章)」(1919. 4. 11.)과 「대한민국임시정부장정(大韓民國臨時政府章程)」(1919. 4. 25.) 및 「대한민국임시헌법(大韓民國臨時憲法)」(1919. 9. 11) 등 대한민국임시정부의 여러 헌법에도 나타났던 제도이다. 대한민국헌법에서는 1948년헌법 이래 그 제도의 내용에서는 변화를 겪으면서 1954년헌법에서 한번 폐지된 것을 제외하고는 현행 헌법에 이르기까지 내려오고 있다. 명칭은 국무총리이지만, 의회주의제의 정부형태를 취한 1960년6월헌법과 1960년11월헌법이 채택한 국무총리제도는 나머지 대통령제를 채택한 정부형태에서의 국무총리와 성질을 달리한다. 우리 헌법사에서는 대통령제정부형태를 채택한 때에도 국무총리를 두면서 부통령을 둔 경우도 있고, 부통령을 두지 않은 경우도 있었으며, 국무총리를 폐지하고 부통령만 둔 경우도 있었다. 현행 헌법은 대통령제정부형태를 취하면서 부통령을 두지 않고 국무총리를 두고 있다.

국무총리제도의 변천

헌법 / 항목	1948년헌법	1952년헌법	1954년헌법	1960년6월헌법-1960년11월헌법	1962년헌법-1969년헌법	1972년헌법-1980년헌법-1987년헌법
정부형태	대통령제	→	대통령제	의회주의제	대통령제	→
부통령 존폐	○	○	○	×	×	×
국무총리 존폐	○	○	×	○	○	○
국무회의	의결기관	→	→	→	심의기관	→
국무총리 지위	대통령보좌 • 국무회의 부의장 • 행정각부 감독 • 각부관할 이외 행정 업무 담임	→	폐지	국무원대표 • 국무회의 의장	대통령보좌 • 국무회의 부의장 • 대통령의 명받아 행정각부 통 할	→
국무총리 임명·취임	대통령 임명 +국회 승인	국무총리 제청 +대통령 임명	폐지	대통령의 지명+ 민의원의 동의	대통령 임명	국회의 동의+ 대통령 임명
국무위원 임명	대통령 임명	→	대통령 임명	국무총리 임명 +대통령 확인	국무총리 제청 +대통령 임명	→
대통령 권한대행	부통령, 국무총리 순		부통령, 국무위원 순	참의원의장, 국무총리 순	국무총리, 국무위원 순	→

국무총리의 권한에서도 변화가 있었다. 1948년헌법과 1952년헌법은 국무총리가 행정각부를 감독하는 이외에 행정각부 관할 이외의 행정업무를 담임하게 하였지만, 1962년헌법부터 현재까지는 대통령의 명을 받아 행정각부를 통할만 할 수 있을 뿐 고유의 행정업무를 담임할 수 없게 하고 있다.

국무총리제도는 1889년 일본국의 「大日本帝國憲法」에서 서구의 내각제도를 도입하여 변형시킨 國務大臣制度에 그 뿌리를 두고 있다. 여기서 總理大臣은 천황에 의해 임명되어 天皇을 보좌하는 기관이었으며, 내각의 各省을 통할하는 지위에 있었다. 천황의 국법상의 행위에 대하여 副署하는 권한을 가지고 閣議의 의장의 지위에 있었다. 總理大臣이라는 직명은 그 이전에 1861년 청나라에서 설치한 總理各國事務衙門에서 등장하였는데, 내각의 우두머리로서 헌법에서 정부조직으로 체계화된 것은 「대일본제국헌법」이 채택한 입헌군주제에서 군주를 보좌하는 지위에 있는 총리대신제도이다. 이러한 국무대신제도는 1895년 乙未改革 때 일본에 의해 조선에 도입되어 시행되다가 대한제국의 수립으로 폐지되었다. 이러한 국무대신으로 구성되는 내각의 총리대신은 중국의 辛亥革命 후 1912년에 제정된 「中華民國臨時約法」에서 최초로 國務總理라는 명칭으로 등장하여 국가원수이자 행정수반인 大總統을 보좌하는 지위에 있었다. 이후 중국 上海에 있었던 대한민국임시정부의 1919년 「大韓民國臨時憲法」에서 임시대통령을 보좌하는 국무총리제도로 채택되었다. 이러한 국무총리제도는 1913년의 「中華民國憲法草案」과 1923년의 「中華民國十二年憲法」에도 이어졌고, 1932년 滿洲國의 政府組織法에서도 국가원수인 執政을 보좌하는 기관으로 채택되었다. 우리나라에서는 1948年憲法에서 대통령제하의 국무총리제도를 채택하였는데, 1954年憲法에서 폐지된 이후 1962年憲法에서 다시 부활하여 현재까지 유지되고 있다. 우리나라 국무총리제도는 기원에서는 「大日本帝國憲法」의 내각제도에 바탕을 둔 총리대신제도에 뿌리를 두고, 중국의 근대 헌법들에서 나타난 국무총리제도와 이에 영향을 받아 제정된 「大韓民國臨時憲法」의 국무총리제도, 그리고 만주국의 국무총리제도에 영향을 받아 1948年憲法에 受容된 것으로 추론되며, 현실정치의 역학관계에 따라 조금씩 변형되어 총리령을 발할 수 있다든가, 임명에서 국회의 동의를 얻어야 한다든가, 국무위원의 임명에 관여한다든가, 대통령의 권한을 대행한다든가 하는 권한이 추가되었다(정종섭e, 231).

[530] 제2 국무총리의 헌법상 지위

헌법 제86조 제2항은 「국무총리는 대통령을 보좌하며, 행정에 관하여 대통령의 명을 받아 행정각부를 통할한다」라고 정하고 있다. 이러한 형태의 국무총리는 대통령제 정부형태에서 보기 힘든 것이다. 헌법이 정하는 국무총리는 대통령에 의해 임명된 공무원으로서 대통령의 명을 받아 행정각부를 통할하기 때문에 의회에서 선출되어 행정부의 수반의 지위에 있는 의원내각제의 수상과는 전혀 성질을 달리 한다. 국무총리는 대통령의 권한대행자의 제1순위에 있는 자이나, 대통령제에서 대통령의 궐위 시에 대통령직의 승계권자와 대통령이 직무를 수행할 수 없는 경우 대통령의 권한을 대행하는 권한대행권자의 지위에 있으면서 국민에 의해 직접 선출되어 민주적 정당성을 가지는 부통령과도 다르다. 현행 헌법의 국무총리는 우리 헌법이 채택하고 있는 고유한 제도로서 다음의 지위와 역할을 가진다.

Ⅰ. 대통령의 보좌기관

국무총리는 대통령의 보좌기관이다. 국무총리는 대통령의 직무를 수행함에 있어서 이를 일상적으로 보좌하는 지위에 있다. 대통령의 국법상의 행위로 행하는 모든 문서에 국무총리는 부서하고(헌법 §82), 국회에 출석하여 발언과 답변을 통하여 국회와 행정부 간의 업무를 원활하게 한다(헌법 §62). 국무회의에서는 의장인 대통령을 보좌하여 부의장으로서도 활동한다(헌법 §88③).

[憲 1994.4.28.-89헌마86] 「헌법 제86조 제2항은 "국무총리는 대통령을 보좌하며, 행정에 관하여 대통령의 명을 받아 행정각부를 통할한다"고 규정하고 있는 바, 이 조항은 그 위치와 내용으로 보아 국무총리의 헌법상 주된 지위가 대통령의 보좌기관이라는 것과 그 보좌기관인 지위에서 행정에 관하여 "대통령의 명을 받아" 행정각부를 통할할 수 있다는 그 행정각부 통할권을 규정한 것일 뿐, 청구인의 주장처럼 국가의 공권력을 집행하는 행정부의 조직은 감사원, 국가안전보장회의 등과 같이 헌법상 예외적으로 열거되어 있거나 대통령비서실, 대통령경호실과 같이 그 성질상 대통령직속기관으로 설치할 수 있는 것을 제외하고는 모두 국무총리의 통할을 받아야 하며 그 통할을 받지 않는 행정기관은 법률에 의하더라도 이를 설치할 수 없음을 의미한다고는 볼 수 없고 이 점은 우리 헌법이 국무총리제도를 둔 이유에서 보아도 마찬가지이다. 그것은 우리나라의 정부형태, 국무총리의 헌법상의 지위 특히 대통령과의 관계 등에 관련된 문제로서, 우리나라의 정부형태는 약간의 의원내각제적 요소도 있기는 하나 기본적으로는 대통령제(또는 대통령중심제)로서 행정권 행사에 관한 최고·최후의 결정권자는 대통령이라고 해석되는 점, 국무총리의 권한 중에는 국무위원 및 행정각부의 장 임명제청권(헌법 §87①, 194), 대통령의 국법상 행위에 관한 문서에의 부서권(헌법 §82) 등 대통령의 권한행사에 대하여 다소의 견제적 기능을 할 수 있다고 보여지는 것이 있기는 하나, 우리 헌법이 대통령제정부형태를 취하면서도 국무총리제도를 둔 주된 이유가 부통령제를 두지 않았기 때문에 대통령 유고시의 그 권한대행자가 필요하고 또 대통령제의 기능과 능률을 높이기 위하여 대통령을 보좌하고 그 의견을 받들어 정부를 통할·조정하는 보좌기관이 필요하다는 데 있었던 점과 대통령에게 법적 제한 없는 국무총리해임권이 있는 점(헌법 §78, §86①) 등을 고려하여 총체적으로 보면, 우리 헌법상 국무총리의 지위의 바탕은 그가 대통령의 첫째가는 보좌기관인 점에 있다고 보여진다. 그렇다면 비록 국무총리가 헌법상의 정부의 제2인자인 지위에 있다고 하더라도 그 사실만으로 곧 국무총리의 통할을 받지 않는 행정기관은 법률에 의하더라도 이를 설치할 수 없다든가 또는 모든 행정기관은 헌법상 예외적으로 열거된 경우 등 이외에는 반드시 국무총리의 통할을 받아야 한다고는 볼 수 없고, 이는 그 기관이 관장하는 사무의 성질에 따라 국무총리가 대통령의 명을 받아 통할할 수 있는 기관으로 설치할 수도 있고 또는 대통령이 직접 통할하는 기관으로 설치할 수도 있다 할 것이다.」

II. 임명직 공무원

국무총리는 국회의 동의를 얻어 대통령이 임명한다. 따라서 국무총리는 대통령에 의해 임명되는 임명직 공무원이다. 행정부의 공무원의 구조에서 대통령 다음으로 제2인자의 서열에 있다.

Ⅲ. 행정각부의 통할기관

국무총리는 행정에 관하여 대통령의 명을 받아 행정각부를 통할한다. 통할한다는 말은 지휘하고 감독한다는 의미이다. 행정부의 업무를 수행함에 있어서 각부의 업무를 조정하거나 종합하는 업무도 포함한다. 국무총리는 중앙행정기관의 장의 명령이나 처분이 위법 또는 부당하다고 인정될 경우에는 대통령의 승인을 받아 이를 중지 또는 취소할 수 있다(정조법 §18②).

국무총리는 행정각부를 통할하기 때문에 행정각부의 소관사항을 국무총리의 고유관할로 할 수 없다. 행정부의 모든 업무는 행정각부의 소관사항으로 배분하여야 하고, 국무총리는 이런 행정각부를 통할하기만 한다. 1948년헌법과 1952년헌법은 국무총리로 하여금 행정각부를 감독하는 동시에 행정각부의 관할 이외의 행정업무를 담임한다고 하여 국무총리의 고유업무를 인정하였으나, 1954년헌법 이래 국무총리의 고유업무를 인정하는 것은 폐지하였고, 현행 헌법도 이를 인정하지 않고 오로지 대통령의 명을 받아 행정각부를 통할하는 것만 정하고 있다.

> 정부조직법은 행정부에 속하는 업무 가운데 이를 행정각부의 소관으로 정하지 않고, 국무총리의 소관으로 정하고 있는 것이 있는데, 법제처, 국가보훈처, 인사혁신처 등의 설치와 업무가 그것이다(동법 §23, §24). 헌법상 이러한 것은 국무총리의 고유업무영역으로 할 수 없도록 되어 있기 때문에 행정각부의 소관사항으로 하는 것이 타당하다. 뿐만 아니라, 우리 헌법상으로는 성질상 예외적인 경우 이외에는 행정부의 업무는 모두 대통령이 통할하는 행정각부에 배분되어야 하는바, 이러한 행정각부에 배분되어야 할 업무를 대통령관할과 국무총리관할로 나눌 수는 없다. 국무총리는 오로지 대통령의 명을 받아 행정각부만 통할할 수 있을 뿐이다. 폐지되었다가 다시 부활된 부총리제도(경제부총리와 교육·사회·문화 부총리, 동법 §19)의 경우에도 국무총리의 행정각부 통할권에 대한 제약이 될 수 있어 바람직하지 않다고 할 것이다.

국무총리는 「행정각부」만을 통할하기 때문에 행정부에 속하는 기관이라고 하더라도 이러한 행정각부에 속하지 아니하는 기관은 통할할 수 없다. 헌법재판소는 국가안전기획부를 이러한 행정각부에 속하지 아니하는 기관이기 때문에 국무총리는 대통령의 직속기관으로 설치된 국가안전기획부를 통할할 수 없다고 판시하였다(憲 1994. 4. 28.-89헌마86).

국무총리의 업무수행은 항상 대통령의 명을 받아서만 수행한다. 행정부의 업무에 있어서 최종적인 결정권은 행정부의 수반인 대통령이 가지며, 대통령의 명을 받아 행정각부를 통할하는 국무총리는 최종적인 결정권을 가지지 못한다(憲 1994. 4. 28.-89헌마221). 다만, 대통령이 권한을 위임하여 국무총리로 하여금 결정을 하게 하는 경우에는 가능하다. 따라서 국무총리는 대통령의 직무상의 명이 위법한 것이 아닌 한 이를 거부할 수 없으며, 대통령의 직무상의 명을 따를 수 없을 때에는 사임하여야 한다. 대통령은 국무총리의 명령이나 처분이 위법 또는 부당하다고 인정할 때에는 이를 중지 또는 취소할 수 있다(정조법 §11②). 대통령의 이러한 권한은 대통령이 행정부의 수반으로서 행정부를 지휘·감독하며, 행정에 관한 최종결정권을 가지는 데서 나오는 결과이다.

[憲 1994.4.28.-89헌마221] 「국무총리에 관한 헌법상 위의 제 규정을 종합하면 국무총리의 지위가 대통령의 권한행사에 다소의 견제적 기능을 할 수 있다고 보여지는 것이 있기는 하나, 우리 헌법이 대통령중심제의 정부형태를 취하면서도 국무총리제도를 두게 된 주된 이유가 부통령제를 두지 않았기 때문에 대통령 유고시에 그 권한대행자가 필요하고 또 대통령제의 기능과 능률을 높이기 위하여 대통령을 보좌하고 그 의견을 받들어 정부를 통할·조정하는 보좌기관이 필요하다는 데 있었던 점과 대통령에게 법적 제한 없이 국무총리해임권이 있는 점(헌법 §78, §86①) 등을 고려하여 총체적으로 보면 내각책임제 밑에서의 행정권이 수상에게 귀속되는 것과는 달리 우리나라의 행정권은 헌법상 대통령에게 귀속되고, 국무총리는 단지 대통령의 첫째가는 보좌기관으로서 행정에 관하여 독자적인 권한을 가지지 못하고 대통령의 명을 받아 행정각부를 통할하는 기관으로서의 지위만을 가지며, 행정권 행사에 대한 최후의 결정권자는 대통령이라고 해석하는 것이 타당하다고 할 것이다.」

국무총리는 행정부의 제2인자로서 행정각부를 통할하는 지위에서 국무위원의 임명을 대통령에게 제청하고(헌법 §87①), 국무위원의 해임을 대통령에게 건의한다(헌법 §87③).

대통령이 국무총리에게 명을 하여 행정각부를 통할하게 한 경우에 대통령이 행정각부를 지휘하고 통할하는 권한이 배제되는 것은 아니다. 대통령은 국무총리에게 행정각부를 통할하게 한 경우에도 여전히 행정부의 수반으로 행정각부를 통할한다. 대통령은 언제든지 국무총리에게 명하여 행정각부를 통할하지 못하게 할 수도 있다.

Ⅳ. 국무회의의 구성원

헌법 제88조에 의할 때, 국무총리는 대통령, 국무위원과 함께 국무회의를 구성하는 동일한 구성원이며(헌법 §88②). 국무회의에서는 부의장의 지위를 가진다(헌법 §88③). 따라서 국무총리는 국무회의에 출석하여 발언하고 심의사항으로 처리되는 안건에 대하여 결정하는 권한을 가진다. 동시에 국무총리는 국무회의에서 부의장으로서 의장을 보좌하고, 의장인 대통령의 직무를 대행하는 지위에 있다(정조법 §12②). 부의장으로서 의장을 보좌하는 것은 국무회의의 진행상 그러한 역할을 맡는 것일 뿐, 국무회의에서 구성원으로서의 권한을 행사함에 있어서는 대통령을 보좌하는 지위에 있지 않고 서로 동등한 지위에 있다.

V. 대통령의 권한대행권자

국무총리는 대통령이 궐위되거나 사고로 인하여 직무를 수행할 수 없을 때 행해지는 권한의 대행에서 제1순위의 권한대행권자의 지위에 있다(헌법 §71). 민주적 정당성에 의해 뒷받침되는 대통령의 강력한 권한을 임명직 공무원인 국무총리가 대행하는 것은 국가권력과 민주적 정당성의 비례관계에 비추어 볼 때 합당하지 않다.

[531] 제3 국무총리의 임명과 해임

I. 국무총리의 임명

(1) 임명의 절차

국무총리는 국회의 동의를 얻어 대통령이 임명한다(헌법 §86①). 이에 따라 대통령이 국무총리를 임명하는 경우에는 반드시 사전에 국회의 동의를 얻어야 한다. 이러한 국무총리의 임명의 절차를 보면, 먼저 국무총리로 임명할 자를 찾아 지명을 하고, 이러한 국무총리피지명자를 국무총리로 임명하는데 필요한 국회의 동의를 구한다. 국회는 국무총리피지명자에 대한 국무총리임명동의를 요청받으면, 인사청문회를 개최하여 인사청문을 실시하고(국회법 §46의3①, §65의2), 동의안에 대하여 표결하여 동의여부를 결정한다. 국회의 동의를 받으면 대통령은 국무총리피지명자를 국무총리로 임명한다. 국회의 동의를 얻지 못한 국무총리피지명자는 국무총리로 임명될 수 없다. 이에 의할 때, 국무총리의 임명절차는 「대통령의 지명 → 국무총리피지명자에 대한 국회의 동의 요청 → 국회의 동의 → 대통령의 국무총리의 임명」의 순으로 진행된다.

(2) 국무총리서리의 문제

우리 헌법사에서는 대통령이 국무총리피지명자에 대하여 국회의 동의를 얻지 않은 단계에서 이를 「국무총리서리(國務總理署理)」라는 이름으로 임명장을 주고 국무총리의 업무를 수행하도록 한 예가 있다. 이러한 것은 국회의 동의를 무시한 대통령의 우월적인 태도에서 초래되기도 하고, 국회의 동의를 얻기 어려운 자를 국무총리로 임명하기 위하여 이를 기정사실화시키는 수법으로 동원하기도 하였다. 「국무총리서리」라는 직은 헌법과 법률 등 어떤 실정법에도 존재하지 않는 허무직이고, 국회의 동의를 얻어 국무총리로 임명되지 아니한 상태에서는 국무총리권한대행자를 제외하고는 어느 누구도 국무총리의 직을 수행할 수 없으므로 이러한 행위는 헌법에 위반된다(동지: 정만희, 238). 이러한 종래의 위헌행위를 제거하고 입헌국가를 실현하기 위하여 김영삼정부에서는 모든 경우에 국회의 사전동의를 얻어 국무총리를 임명하였으나, 김대중정부에서는 많은 비판이 제기되었음에도 대통령은 임기 동안 수차에 걸쳐 고의적으로 「국무총리서리」를 임명하여 국무총리직을 수행하게 하였다. 이는 중대한 헌법부정행위이다(정종섭c, 281).

「국무총리서리」를 임명하는 행위가 헌법에 위반되는가 하는 점이 헌법재판에서 대통령과 국회의원 간의 권한쟁의(국회의원 150인이 대통령을 상대로 권한쟁의심판 제기)로 다투어졌으나, 헌법재판소는 재판관들 간의 의견이 대립하여 본안판단을 하지 못하고 각하결정을 하였다(憲 1998. 7. 14.-98헌라1).

(3) 문민통제

군인은 현역을 면한 후가 아니면 국무총리로 임명될 수 없다(헌법 §86③). 현역군인을 국무총리로 임명할 수 없도록 한 것은 민주법치국가의 문민통제를 실현하는 것이며, 군정을 부정하는 것이기도 하다.

(4) 국회의원 겸직의 문제

국회의원을 국무총리로 임명할 수 있는가 하는 문제가 있다. 헌법상 국무총리가 국회의원을 겸직할 수 없다고 정하고 있는 명시적인 규정은 없다. 그리고 헌법 제43조는 「국회의원은 법률이 정하는 직을 겸할 수 없다」라고만 정하고 있어, 법률이 정하기에 따라 국회의원이 국무총리로 임명되는 것을 금지할 수도 있고 허용할 수도 있게 되어 있다. 국회법 제29조 제1항은 국회의원이 겸직할 수 없는 직을 정하고 있는데, 이에는 국무총리가 적시되어 있지 않고, 동법 제39조 제4항에서는 「국무총리 · 국무위원 · 국무조정실장 · 처의 장, 행정각부의 차관 기타 국가공무원의 직을 겸한 의원은 상임위원을 사임할 수 있다」라고 정하고 있음에 비추어 볼 때, 현행법상으로는 국회의원을 국무총리로 임명할 수 있다(동지: 김철수b, 1763; 권영성, 1025; 허영a, 966; 성낙인, 1052).

국무총리가 국회의원을 겸직하는 것은 대통령제정부형태의 원리와는 부합하지 않는다. 국무총리가 국회의원을 겸직하면, 행정부와 국회 간의 협조와 원활한 관계를 유지시킬 수 있는 장점도 있지만, 행정부에 대한 국회의 통제를 어렵게 하는 단점도 있다.

II. 국무총리의 해임

대통령은 언제든지 국무총리를 해임할 수 있다. 이러한 국무총리의 해임권은 대통령의 재량에 속한다. 국회의 동의를 얻어 국무총리를 임명하였다가 해임할 때도 국회의 동의를 받아야 하는 것은 아니다.

국회는 국무총리의 해임을 건의할 수 있다(헌법 §63①). 국무총리의 해임건의는 국회재적의원 3분의 1 이상의 발의에 의하여 국회재적의원 과반수의 찬성이 있어야 한다(헌법 §63②). 이것은 우리 헌법사에서 반복되어온 대통령 1인의 독주를 방지하고 대통령의 강력한 지위와 권한을 통제하기 위한 수단으로 채택한 것이다. 그러나 이러한 국회의 국무총리해임의 건의는 대통령에게 법적인 기속력을 가지지 않는다(동지: 권영성, 1026). 정치적으로만 영향을 준다. 따라서 국회가 국무총리의 해임을 건의한 경우에도 대통령은 스스로 판단하여 국무총리를 해임하지 않을 수 있다. 다만, 국무총리의 해임건의가 정당한 것인 경우에는 대통령은 정치적인 부담을 안거나 국회와의 갈등이나 저항에 직면하게 된다. 국무총리의 해임건의가 잘못된 것이 아니거나 특별한 사유가 없는 한 대통령은 이를 수용하여 국무총리를 해임하는 것이 이 제도의 취지에 합치한다. 1962년헌법과 1969년헌법은 현재와 같은 국무총리해임건의제도를 채택하면서, 국회의 해임건의가 있을 때에는 「대통령은 특별한 사유가 없는 한 이에 응하여야 한다」라고 정하고 있었다(헌법 §59).

이 국무총리해임건의제도는 대통령제 정부형태와는 합치하지 않는 것이지만, 국무총리제도를 가지는 우리 정부형태의 특성상 고안된 것이다. 1972년헌법과 1980년헌법은 국회가 국무총리나 국무위원의 해임을 의결할 수 있도록 하고, 이런 해임의결이 있으면, 대통령으로 하여금 해당 국무총리나 국무위원을 해임하도록 강제하고 있었다. 즉 이런 해임의결은 법적 기속력을 가지고 있다는 점에서 현행의 해임건의와 구별된다.

국회의 국무총리의 해임건의와 관련하여 대통령의 권한을 대행하는 국무총리의 해임을 건의할 수 있는가 하는 문제가 있다. 대통령이 궐위된 경우이든 사고로 인하여 직무를 수행할 수 없는 경우이든 대통령의 권한을 대행하는 국무총리의 해임을 건의할 여지는 없다. 대통령의 권한을 대행하는 체제에서는 대통령의 권한대행자인 국무총리를 해임할 수 있는 대통령이 존재하지 않기 때문이다. 대통령이 궐위된 경우에는 현실에 대통령이 아예 존재하지 않고, 대통령이 사고로 인하여 직무를 수행할 수 없어 국무총리가 대통령의 권한을 대행하는 경우에는 현실에 대통령이 존재한다고 하더라도 정상적으로 대통령의 법적인 권한을 행사할 수 없기 때문에 이런 해임권을 적법하게 행사하는 것이 불가능하다. 또 국무총리의 해임건의제도는 대통령이 존재하는 것을 전제로 하여 대통령을 보좌하고 행정각부를 통할하는 행정부의 제2인자의 지위에 있는 자를 통제를 하기 위한 것이고 대통령의 모든 권한을 대행하여 실질적으로 대통령의 직무를 수행하는 자를 그 직에서 배제시키는 것이 아니기 때문에 제도의 성질상으로도 대통령의 권한을 대행하는 국무총리에 대하여 국회는 해임건의권을 행사할 수 없다고 할 것이다.

Ⅲ. 국무총리의 사임

국무총리는 언제나 자유로이 사임할 수 있다. 국회의 동의가 있고, 대통령의 임명이 있었다고 하더라도 국무총리는 어떤 경우에도 그의 사임에 따른 법적 책임을 지지 않는다. 국민의 기본권인 공무담임권의 행사에 해당하기 때문이다.

국무총리가 사임하거나 해임된 경우에 그가 헌법 제87조 제1항에 따라 제청하여 임명된 국무위원이나 헌법 제94조에 따라 제청하여 임명된 행정각부의 장도 같이 사임하거나 해임되는가 하는 문제가 있다. 이에 대해서는 이런 경우에는 모두 같이 사임하여야 한다는 견해(김철수b, 1765)와 국무총리의 사임이나 해임은 국무총리 1인에 한하여 정치적 책임을 지거나 지우는 것일뿐 그가 제청한 국무위원이나 행정각부의 장에게까지 법적 책임을 지우는 것이 아니므로 모두 사임할 이유가 없다는 견해(권영성, 1028)가 대립한다.

살피건대 현행 헌법상 국무총리가 사임하거나 해임된 경우에 그가 제청하여 임명된 국무위원이나 행정각부의 장도 같이 사임한다는 명문의 규정이 없고, 국무위원이나 행정각부의 장의 임명에 있어서 국무총리의 제청은 대통령에게 해당 인물을 해당 직에 임명하여 줄 것을 천거하는 의사표시이고, 이런 제청에 대통령이 기속되는 것은 아니며, 임명된 국무위원이나 행정각부의 장이 스스로 사임하지 않는 한 그 해임은 임명권자인 대통령의 권한이고 국무총리의 제청이 이런 대통령의 해임권을 제약할 수 없기 때문에 헌법해석상 국무총리가 사임하거나 해임된 경우에 그가 제청한 국무위원이나 행정각부의 장이 당연히 그 직에서 배제된다는 결론은 나오지 않는다고 할 것이다. 따라서 국무총리가 사임하거나 해임된 경우에 어떤 국무위원도 사임해야 할 책임은 지지 않는다(동지: 권영성, 1028; 허영a, 968). 다만, 현행 헌법상으로는 이에 관한 명시적인 규정이 없는 상태이므로 헌법정책상 필요한 경우에는 법률로써 국무총리가 사임하거나 해임된 경우에 국무위원 전원을 동시에 해임하게 할 수는 있다고 할 것이다.

> 1972년헌법과 1980년헌법에서 채택한 국무총리 또는 국무위원에 대한 국회의 해임의결 제도에서는 국회가 국무총리에 대하여 해임의결을 한 경우에는 대통령이 국무총리와 국무위원 「전원」을 해임하여야 했다.

[532] 제4 국무총리의 권한

Ⅰ. 행정각부의 통할에 관한 권한

국무총리는 대통령을 보좌하는 자로 행정각부를 통할한다. 행정각부의 업무를 조정하고 중재하여 행정각부의 업무를 원활히 수행할 수 있게 한다. 행정부의 운영상 행정각부 간의 의견의 대립과 갈등이 발생하는데, 이러한 대립과 갈등을 해소하고 각부간의 협력과 의사소통을 원활하게 하는데 국무총리의 중요한 기능이 있다. 물론 이러한 행정각부간의 대립이나 갈등은 대통령의 명으로 조정할 수 있지만, 일상적인 행정업무의 수행에서 발생하는 모든 사건을 대통령이 직접 처리할 수는 없다. 특히 행정부의 효율적이고 체계적인 운영을 실현하기 위한 하나의 방법으로 「행정부의 이원적 운영」을 실행하는 경우에는 국무총리가 가지는 이러한 조정, 통제, 종합의 기능은 중요한 의미를 가진다.

이러한 국무총리의 업무를 원활하게 수행할 수 있도록 하기 위해서는 행정각부의 장의 명령이나 처분이 위법하거나 부당한 경우에는 국무총리가 이를 중지하거나 취소할 수 있어야 한다. 정부조직법은 이를 실현할 수 있도록 하기 위하여 국무총리는 중앙행정기관의 장의 명령이나 처분이 위법 또는 부당하다고 인정될 경우에는 대통령의 승인을 얻어 이를 중지 또는 취소할 수 있다고 정하고 있다(정조법 §18②). 국무총리는 대통령의 명을 받아 행정각부를 통할하는 지위에 있기 때문에 중앙행정기관의 장의 명령이나 처분을 중지하거나 취소하는 경우에도 독자적으로 이를 할 수 없고 대통령의 명을 받아 행한다.

II. 국무위원 등의 임면에 관한 권한

국무총리는 국무위원과 행정각부의 장의 임명에 있어 제청하는 권한을 가지는 동시에 대통령에게 국무위원의 해임을 건의하는 권한을 가진다. 국무총리에게 이러한 권한을 부여한 것은 행정각부를 통할하는 권한을 가지는 국무총리로 하여금 행정각부를 효율적으로 지휘·감독할 수 있게 하기 위한 것이다.

대통령이 국무위원과 행정각부의 장을 임명하는 절차에서 국무총리의 제청을 요건으로 하고 있는 시스템에서 국무총리의 이러한 제청권은 국무회의 또는 행정각부의 구성에 관한 권한이기 때문에 국무총리의 통상의 권한과 달리 직무대행자가 이를 대행할 수 없다. 국무위원의 해임건의권도 국무총리가 행사하는 권한이고, 국무총리 직무대행자가 행사할 수 없다. 국무총리가 궐위 또는 사고로 인하여 직무를 수행할 수 없는 경우에 후임 국무총리를 임명하기까지 장기간이 소요되지 않기 때문에 직무대행자가 이러한 권한을 행사해야 할 긴박성도 존재하지 않는다.

(1) 국무위원 등의 임명제청권

헌법 제87조 제1항은 「국무위원은 국무총리의 제청으로 대통령이 임명한다」라고 정하고 있고, 헌법 제94조는 「행정각부의 장은 국무위원 중에서 국무총리의 제청으로 대통령이 임명한다」라고 정하고 있다. 따라서 국무총리는 대통령이 국무위원이나 행정각부의 장을 임명함에 있어서 먼저 그 직에 적합한 자를 골라 대통령에게 국무위원 또는 행정각부의 장으로 임명하여 줄 것을 요청할 수 있는 권한과 의무를 진다.

이러한 국무총리의 제청은 국무총리가 제청하는 자가 해당 직에 적합할 것이라는 의사를 대통령에게 표시하는 것이므로 대통령은 국무총리의 제청에 법적으로 기속되지 않는다(동지: 권영성, 1028; 김철수b, 1765; 허영a, 967; 성낙인, 1055). 국무총리의 제청이 있더라도 대통령이 해당자가 국무위원으로 적합하지 않다고 판단하면 국무위원이나 행정각부의 장으로 임명하지 않을 수 있는데, 이는 행정부의 수반으로서 가지는 국무회의 또는 행정각부를 구성하는 권한의 법리적 귀결이다.

국무총리가 가지는 국무위원임명제청권이나 행정각부의 장에 대한 임명제청권은 행정부의 구성에 있어서 부여받은 직무상의 권한이기 때문에 이 권한의 행사는 의무이기도 하다. 따라서 국무총리는 이러한 권한의 행사를 포기하지 못한다. 국무총리가 이러한 권한을 고의로 행사하지 아니하는 경우에는 직무유기의 책임을 진다.

국무총리의 국무위원 등의 임면에 관한 권한과 관련하여, 대통령이 국무위원이나 행정각부의 장을 임명할 때 국무총리의 제청 없이 국무위원이나 행정각부의 장을 임명할 수 있는가 하는 문제가 있다. 이에 대해서는 대통령이 국무총리의 제청 없이 국무위원이나 행정각부의 장을 임명하는 행위는 유효하다는 견해와 무효라는 견해가 대립한다.

(a) 유 효 설

국무총리의 국무위원 등의 임명제청권은 대통령의 명시적 또는 묵시적 승인을 전제로 하는 보좌적 기능이라는 의미에서 명목적인 권한에 불과하므로 제청 없이 한 이런 임명행위는 유효하다고 본다(예: 허영a, 967). 다만, 이 경우 대통령의 행위는 헌법위반으로 탄핵소추의 사유가 된다고 한다(예: 권영성, 1027).

(b) 무 효 설

헌법상의 국무총리제도의 취지에 비추어 볼 때 무효라고 한다(예: 김철수b, 1764).

(c) 사 견

국무총리의 제청은 국무위원 또는 행정각부의 장의 임명에 있어 헌법에서 명시적으로 정하고 있는 절차이고, 헌법이 특유한 국무총리제도를 채택하면서 국무총리의 역할을 보장함과 동시에 대통령의 국무위원 등의 임명에 관한 권한의 행사를 이러한 일정 수준에서 통제하는 기능도 부여하고 있다. 이러한 기능을 가지는 헌법상의 명시적 권한을 명목적인 권한이라고 할 수도 없으므로 이와 같은 절차를 무시한 행위는 헌법을 위반한 것으로 무효라고 할 것이다.

(2) 국무위원의 해임건의권

헌법 제87조 제3항은「국무총리는 국무위원의 해임을 대통령에게 건의할 수 있다」라고 정하고 있다. 따라서 국무총리는 대통령에게 국무위원의 일부 또는 전부에 대해서 해임하여 줄 것을 건의할 수 있다. 헌법상 행정각부의 장은 반드시 국무위원 가운데서만 임명하도록 하기 때문에 국무총리의 이런 국무위원해임건의권은 행정각부의 장의 해임을 건의하는 방법으로도 사용된다.

국무총리의 국무위원 해임건의는 대통령에게 특정 국무위원이나 국무위원 전원을 해임하여 달라는 의사의 표시이고, 이는 기속력을 가지지 않는다(동지: 권영성, 1027; 김철수b, 1765, 허영a, 967). 따라서 대통령은 국무총리로부터 이러한 국무위원의 해임건의를 받은 경우에도 스스로 그 해임여부를 결정할 수 있다. 국무총리가 특정 국무위원을 해임할 것을 강력히 건의하였음에도 대통령이 이를 거부한 경우에는 대통령과 국무총리 간에 정치적인 갈등이 발생할 수 있고, 상황에 따라서는 국무총리가 사임하는 사태에 도달할 수 있다.

국무총리의 국무위원 해임건의는 국무위원의 임명에서 요구되는 절차인 제청과 달리 필요적으로 요구되는 절차가 아니므로 대통령은 국무총리의 해임건의가 없어도 언제든지 국무위원을 해임할 수 있다. 이는 대통령이 행정부의 수반으로서의 지위에서 가지는 국무회의 또는 행정각부를 구성하는 권한의 법리적 귀결이다.

Ⅲ. 국무회의의 구성원으로서의 권한

헌법 제88조에 의할 때, 국무총리는 국무회의를 구성하는 구성원이고(헌법 §88②), 국무회의의 부의장이 된다(헌법 §88③). 따라서 국무총리는 대통령, 국무위원과 동일하게 국무회의의 구성원으로서의 지위를 가진다. 국무회의에 출석하고 발언하고 심의사항으로 처리되는 안건에 대하여 결정하며, 국무회의에서 심의할 사항을 제출할 권한(헌법 §89 x vii) 등 그 구성원으로서 가지는 권한을 모두 가진다. 국무총리가 국무회의에서 구성원으로 권한을 행사하는 경우에는 대통령과 동일한 구성원의 지위에 있기 때문에 국무회의의 안건 심의에 있어서 대통령의 지시나 명령을 받지 않고, 독자적으로 권한을 행사한다. 이러한 권한의 행사를 법률로 제한할 수 없다.

국무총리는 국무회의의 부의장이기 때문에 의장인 대통령이 사고로 인하여 직무를 행할 수 없을 때에는 부의장인 국무총리가 그 직무를 대행한다(정조법 §12②).

Ⅳ. 부 서 권

국무총리는 대통령이 국법상의 행위로 하는 문서에 부서하는 권한을 가진다(헌법 §82). 국무총리의 권한이자 의무이므로 대통령의 국법상의 행위에 대해서는 원칙적으로 부서를 하여야 할 의무가 있고, 정당한 사유가 있는 경우에 한해서만 부서를 거부할 수 있다. 국무총리의 부서는 국무위원의 부서와 달리 대통령의 모든 국법상의 행위에 대하여 행해진다.

V. 총리령 발령권

(1) 의 의

국무총리는 소관사무에 관하여 법률이나 대통령령의 위임 또는 직권으로 총리령을 발할 수 있다(헌법 §95). 헌법은 이와 같이 국무총리의 행정입법권을 정하고 있는 것이다. 이 헌법의 규정에 의할 때, 국회는 법률을 제정하면서 하위 법규명령에 위임하는 경우 반드시 대통령령에 위임하는 것이 아니라 대통령령이나 총리령 또는 부령에 바로 위임할 수 있다.

(2) 종 류

헌법 제95조에 의하면, 총리령에는 법률이나 대통령령의 위임에 따라 발하는 위임명령과 직권으로 발하는 직권명령이 있다.

(a) 위임명령

위임명령은 법률이나 대통령령의 위임에 따라 발하는 법규명령이기 때문에 위임의 범위 내에서는 국민의 권리나 의무에 관한 사항도 규율할 수 있다.

(b) 직권명령

직권명령은 국무총리가 직권으로 발하는 행정상의 집행명령이다. 그런데 이러한 직권명령이 어떠한 성질을 가지는 것인가에 대하여 학설상 논란이 있다.

(i) **행정규칙설** 직권명령은 국무총리가 법령에 의한 수권 없이 직무상의 권한범위 내에서 업무를 수행하기 위하여 발하는 행정규칙 또는 행정명령에 해당하는 것이라고 한다. 따라서 직권명령은 국민의 권리나 의무에 관한 사항을 규율할 수 없고, 대외적으로 효력을 가지지 못하는 것이라고 한다(예: 김철수b, 1769).

(ii) **법규명령설** 직권명령은 국무총리가 법률을 집행하기 위하여 발하는 법규명령이라고 한다. 따라서 직권명령도 위임명령과 같이 법규명령이기 때문에 국민의 권리와 의무에 관한 사항을 규율할 수 있고, 대외적으로도 효력을 가진다고 한다(예: 권영성, 1030).

(iii) **사 견** 국무총리는 대통령을 보좌하는 지위에서 행정부의 업무를 수행함에 있어서 법률이나 대통령령을 집행한다. 이에는 법률이나 대통령령이 위임하는 바에 따라 명령을 발하기도 하고, 단순히 법률이나 대통령령의 위임명령을 집행하기 위하여 직

권으로 명령을 발하기도 하는데, 이 후자의 경우를 직권명령이라고 보는 것이 타당하다. 따라서 이런 직권명령은 절차적인 집행명령이므로 국민의 권리나 의무에 관한 사항을 규율할 수 없고(동지: 김철수b, 1769; 허영a, 969), 특별한 경우가 아닌 한 대외적으로 효력을 가지지 않는다. 헌법 제95조는 국무총리와 행정각부의 장이 발할 수 있는 법규명령으로서의 위임명령과 절차적 집행명령으로서의 직권명령을 발하는 권한을 정하고 있는 것이며, 위임명령 이외의 법규명령을 직권으로 발할 수 있음을 정한 것이라고 보기는 어렵다. 이런 점에서 보건대, 국무총리가 발하는 총리령에는 대외적 효력을 가지는 법규명령으로서의 명령과 대내적으로만 효력을 가지는 명령(예: 大 1992. 4. 14. -91누9954)이 있다.

> [大 1992.4.14.-91누9954] 「공무원징계양정등에관한규칙은 그 형식은 총리령으로 되어 있으나, 그 제2조가 규정하는 징계양정의 기준의 성질은 행정기관 내부의 사무처리준칙에 지나지 아니한 것이지 대외적으로 국민이나 법원을 기속하는 것이 아니므로……」

⑶ 공 포

총리령을 공포할 경우에는 그 일자를 명기하고, 국무총리가 서명한 후 총리인을 날인하여(법공법 §9①) 그 번호를 붙여서 공포하되(동법 §10①), 관보에 게재하여 이를 한다(동법 §11①). 공포일은 그 법령 등을 게재한 관보 또는 신문이 발행된 날로 하고(동법 §12), 특별한 규정이 없으면 공포한 날로부터 20일이 경과함으로써 효력을 발생한다(동법 §13). 국민의 권리제한 또는 의무부과와 직접 관련되는 총리령은 긴급히 시행하여야 할 특별한 사유가 있는 경우를 제외하고는 공포일로부터 적어도 30일이 경과한 날부터 시행되도록 하여야 한다(동법 §13의2).

⑷ 총리령과 부령

헌법 제95조는 「국무총리 또는 행정각부의 장은 소관사무에 관하여 법률이나 대통령령의 위임 또는 직권으로 총리령 또는 부령을 발할 수 있다」라고 하여 행정입법권에 관하여 국무총리와 국무위원을 동일하게 정하고 있으며, 총리령과 부령과의 우열에 대해서는 헌법이 명시적으로 정하고 있는 것이 없다.

양자의 효력에 대하여 헌법해석상으로는 양자가 법적으로 동위에 있다는 견해(예: 권영성, 1031)와 양자가 법적으로는 동위에 있으나 행정각부의 통할권을 가지는 국무총리의 총리령이 실질적으로 우위에 있다는 견해(예: 김철수b, 1769)가 있다. 어느 쪽 견해에 의하든 법적인 효력에서는 양자가 대등하다는 점에서는 일치한다. 헌법이 정하고 있는 바와 같이, 총리령이나 부령은 모두 법률이나 대통령령의 위임을 받아 정하는 위임명령이거나 이를 집행하기 위한 집행명령이므로 그 법적 효력에서는 대등하다(동지: 허영a, 969). 총리령과 부령간에 서로 내용이 저촉하는 경우에는 신법우선의 원칙에 따라 해결하거나 상위 근거법령을 개정하여 해결한다.

정부조직법 제18조 제2항은 「국무총리는 중앙행정기관의 장의 명령이나 처분이 위법 또는 부당하다고 인정될 경우에는 대통령의 승인을 받아 이를 중지 또는 취소할 수 있다」고 정하고 있고, 중앙행정기관의 장에는 행정각부의 장도 포함하고 있으므로 여기서 정하고 있는 명령이 부령을 포함하는 것인가 하는 것이 문제가 된다.

Ⅵ. 국회에의 출석 · 발언권

헌법 제62조 제1항은 「국무총리 · 국무위원 또는 정부위원은 국회나 그 위원회에 출석하여 국정처리상황을 보고하거나 의견을 진술하고 질문에 응답할 수 있다」라고 정하여 국무총리에게 국무위원 또는 정부위원과 동일하게 국회에 출석하여 의견을 진술하고 질문에 응답할 수 있다고 정하고 있다. 국무총리가 국회에 출석하여 발언할 수 있게 하는 이러한 제도는 국정의 운영에서 국회와 행정부 간의 의사소통을 원활하게 하는데 기여한다. 국회로 하여금 행정부의 업무상황을 충분히 이해하게 만들고, 국회를 설득하여 행정부의 업무수행에 협조를 구할 수 있게 해준다. 대통령을 보좌하며 행정각부의 장을 통할하는 국무총리가 이러한 권한을 가지는 것은 국정운영의 효율을 높이는 데도 기여한다.

대통령은 수많은 국가적 과제 가운데 직접 처리하여야 할 과제를 선택하고, 업무수행에서도 직접 처리해야 하는 사안에 역량을 집중하여 효율적으로 처리하여야 하므로 대통령이 세세한 일까지 국회에 나가 설명하고 국회의 협조를 구하기에는 시간과 역량이 충분하지 않다. 국회를 설득하는 일도 대통령이 직접 나서야 하는 사안이 있고, 국무총리나 국무위원이 나서야 하는 사안이 있다. 이런 점에서 국무총리가 가지는 국회출석 · 발언권은 행정부의 운영에서 대통령과 역할을 분담하여 국회를 설득하고 협조를 구한다는 점에서 중요한 기능을 한다.

Ⅶ. 대통령권한의 대행권

헌법 제71조에 의하면, 대통령이 궐위되거나 사고로 인하여 직무를 수행할 수 없을 때에는 국무총리가 그 권한을 대행하는 제1순위에 있다. 이로써 국무총리는 대통령의 권한을 대행하는 권한을 가진다. 이에 대해서는 앞에서 본 바와 같다([520]).

[533] 第5 국무총리권한의 대행

국무총리의 이러한 헌법상의 권한에 대한 대행에 대하여 헌법은 정하는 바가 없다. 정부조직법은 「국무총리가 사고로 인하여 직무를 수행할 수 없는 경우에는 기획재정부장관이 겸임하는 부총리, 교육부장관이 겸임하는 부총리의 순으로 직무를 대행하고, 국무총리와 부총리가 모두 사고로 직무를 수행할 수 없는 경우에는 대통령의 지명이 있으면 그 지명을 받은 국무위원이, 지명이 없는 경우에는 제26조 제1항에 규정된 순서에 따른 국무위원이 그 직무를 대행한다」라고 하여(동법 §22), 그 직무대행을 정하고 있다. 이 때의 직무대행은 권한대행을 의미한다. 정부조직법은 직무대행사유로 「사고로 인하여 직무를 수행할 수 없는 경우」라고 정하고 있는데, 권한대행 또는 직무대행의 법리에 따를 때, 이 때의 「사고」에는 당연히 궐위도 포함된다. 국무총리가 궐위된 때에 그 국무총리직을 공백으로 두어 행정부의 업무를 마비시킬 수 없기 때문이다.

국정의 운영에 있어 공직수행에 공백이 발생하면 안 된다. 그리하여 국가기관의 업무수행에서는 이러한 업무수행상의 공백을 방지하기 위하여 권한대행(=직무대리)제도를 두고 있다. 우리 헌법과 법률상의 국가기관에도 이러한 업무수행상의 공백을 방지하기 위한 규정을 두고 있다. 현재 업무수행상 공백이 발생하는 경우는 없다. 정부조직법은 행정기관의 장의 권한대행, 국무회의의 의장으로서의 대통령의 권한대행과 부의장인 국무총리의 권한대행, 국무총리의 직무대행에 대하여 정하고 있다(동법 §7②, §12②, §22). 주요 국가기관의 권한대행을 보면 다음과 같다.

권한대행	권한대행자
대통령	국무총리 및 법률이 정한 순서의 국무위원(헌법 §71)
국회의장	의장이 지정하는 부의장. 직무대리자를 지정할 수 없는 때에는 소속의원수가 많은 교섭단체소속인 부의장의 순. 의장과 부의장이 동시 궐위시에는 선출한 임시의장(국회법 §12, §13)
헌법재판소장	• 일시적 사고시: 재판관 중 임명일자 순(임명일자가 동일한 때에는 연장자순) • 궐위 또는 1월 이상 사고시: 재판관회의에서 대행자로 선출된 재판관(대행자가 선출시까지는 일시적 사고시의 대행자)(헌재법 §12④, 헌재소장권한대행규칙 §2, §3①)
대법원장	선임 대법관(법조법 §13③)
국무총리	부총리, 대통령이 지명하는 국무위원, 지명이 없는 경우에는 정부조직법에 정한 순서의 국무위원(정조법 §22)
감사원장	감사위원으로 최장기간 재직한 감사위원(재직기간이 같은 감사위원이 2명 이상인 경우에는 연장자)(감사원법 §4③)
중앙선거관리위원회 위원장	상임위원 또는 부위원장(위원장·상임위원·부위원장이 모두 사고가 있을 때에는 위원 중에서 호선한 임시위원장)(선관위법 §5⑤)

[534] 제6 행정부의 2원적 운영

국무총리제도는 대통령제 정부형태에서는 보기 어려운 제도이지만, 우리 헌법이 채택해온 제도이다. 그런데 우리나라의 대통령제는 그 동안 대통령 1인에게 권력이 집중되는 독재 또는 권위주의정부의 양상을 노정하고, 대통령제정부의 운영에서 상당한 파행을 겪어 왔으므로, 이를 극복하고 국정을 보다 효과적으로 운영하며 대통령제에 따른 위험을 완화시키는 방법으로 헌법상의 국무총리제도를 활용하여 대통령과 국무총리 간의 사실상의 역할을 조정하여 행정부를 2원적으로 운영하게 하는 방법이 있다(정종섭d, 135). 이는 대통령제정부에서 대통령은 국정의 운영에서 시간, 인적·물적 자원, 역량에서 분명한 한계가 있다는 점을 전제로 하여, 제한된 시간과 자원 속에서 국정을 성공적으로 운영할 수 있게 하는 방안이다.

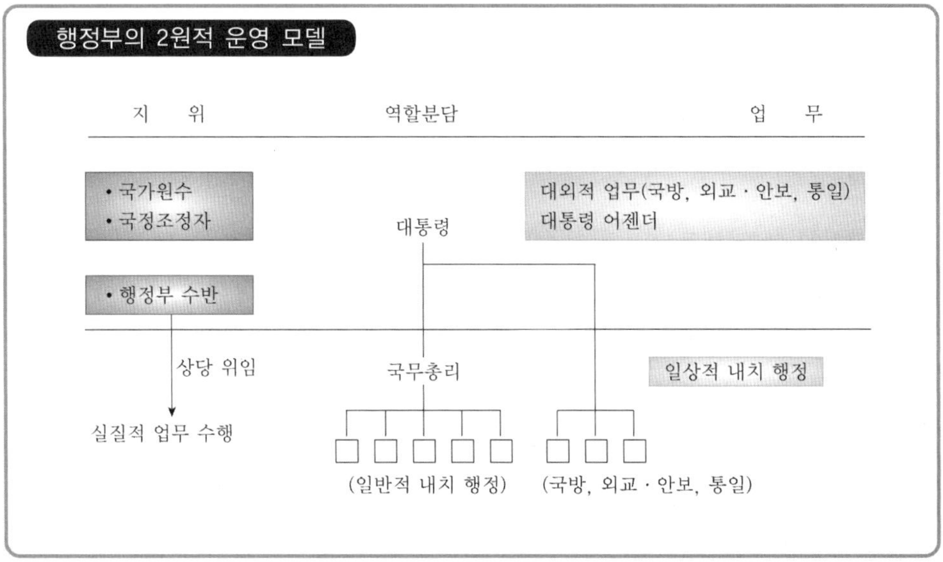

이는 대통령의 지위 가운데 국가원수로서의 지위와 국정조정자 또는 최고책임자의 지위에서 가지는 권한은 현실에서도 대통령이 그대로 행사하되, 행정부의 수반으로서의 지위에서 가지는 권한의 상당 부분을 국무총리에게 위임하여 사실상 국무총리로 하여금 그 영역을 관장하게 하는 방법이다. 이에 의하면, 대통령은 대외적인 국방, 외교, 안보, 통일의 업무와 「국가과제」(national agenda) 또는 「대통령과제」(President's agenda)로 선정한 업무에 집중하고, 나머지 내치업무는 대통령으로부터 권한을 위임받은 국무총

리가 처리한다. 물론 이 경우에도 국무총리는 헌법이 정하는 지위를 그대로 유지하므로 국무총리가 관장하는 업무는 고유의 것이 아니고 어디까지나 대통령으로부터 위임받은 것이므로 대통령의 지시나 명령에 복종하여야 한다.

이러한 국정운영의 방법은 헌법이 인정하는 범위 내에서 가능한 모델이므로 이는 정부형태의 변경도 아니고 혼합제정부의 방식도 아니다. 헌법상의 국무총리를 운영하는 방법 가운데 하나에 해당한다.

[535] 第7 국무총리의 책무

Ⅰ. 대통령에 대한 책무

국무총리는 대통령에 의해 임명되어 대통령을 보좌하는 지위에 있으면서 헌법이 부여한 행정각부를 통할할 책임을 진다. 또 국무총리는 국무회의의 구성원인 동시에 부의장의 지위에 있으므로 그에 따르는 책무를 다해야 한다. 국무총리는 대통령의 국법상의 행위가 위법하지 않는 한 부서를 거부하지 못하고 부서를 해야 하므로 이러한 부서에 따르는 책임을 져야 한다. 따라서 국무총리가 부서한 정책이 실패한 경우 이를 대통령의 책임으로만 미룰 수는 없고 대통령과 함께 그에 따르는 정치적 책임을 져야 한다.

Ⅱ. 국회에 대한 책무

국무총리는 국회에 대하여 일정한 책무를 진다. 이에는 국회에 출석하여 답변할 의무, 국회의 해임건의에 따른 책임, 국회의 탄핵소추에 따른 책임 등이 있다.

(1) 국회에의 출석 · 답변

헌법에 의하면 국무총리는 국회나 그 위원회의 요구가 있을 때에는 국회나 그 위원회에 출석하여 답변하여야 한다(헌법 §62②). 이는 헌법이 정하는 법적인 의무이다. 다만, 이 경우 국무총리가 국회나 그 위원회로부터 출석요구를 받은 때에는 국무위원 또는 정부위원으로 하여금 출석하여 답변하게 할 수 있다(헌법 §62②).

(2) 국회의 해임건의에 따른 책임

위에서 본 바와 같이 국회는 대통령에게 국무총리의 해임을 건의할 수 있다. 국회의 해임건의가 있는 경우 대통령에게 국무총리를 반드시 해임시켜야 하는 의무는 발생하지 않는다. 따라서 국무총리도 이런 해임건의에 의해 정치적인 부담은 가지지만 법적인 책임을 지는 것은 아니다. 그러나 대통령은 이런 국회의 해임건의가 있으면 특별한 사정이 없는 한 국무총리를 해임하는 것이 제도의 취지에 부합한다. 대통령이 국회의 해임건의를 받아들여 국무총리를 해임하면 국무총리는 그 직에서 배제된다.

(3) 국회의 탄핵소추에 따른 책임

국회는 국무총리가 그 직무집행에 있어서 헌법이나 법률을 위배한 때에는 탄핵의 소추를 의결할 수 있다(헌법 §65①). 탄핵소추의 의결을 받은 자는 탄핵심판이 있을 때까지 그 권한행사가 정지되기 때문에(동조 ③), 국무총리가 국회에 의해 탄핵소추를 받으면 탄핵심판이 있을 때까지 그 권한을 행사할 수 없다. 국무총리가 헌법재판소에 의해 탄핵되면 그 직에서 파면되고 그에 따른 책임을 진다.

2. 국무위원

헌법 제87조는 「① 국무위원은 국무총리의 제청으로 대통령이 임명한다. ② 국무위원은 국정에 관하여 대통령을 보좌하며, 국무회의의 구성원으로서 국정을 심의한다. ③ 국무총리는 국무위원의 해임을 대통령에게 건의할 수 있다. ④ 군인은 현역을 면한 후가 아니면 국무위원으로 임명될 수 없다」라고 하여 국무위원(國務委員)에 대하여 정하고 있다.

[536] 제1 국무위원의 헌법상 지위

Ⅰ. 국무회의의 구성원

헌법의 규정에 의하면, 국무회의는 대통령, 국무총리와 함께 국무위원으로 구성한다(헌법 §88②). 국무위원은 국무회의에서 이들과 법적으로 동등한 지위에서 구성원으로서 활동한다(동지: 권영성, 1034). 따라서 대통령이나 국무총리는 국무회의에서 안건의 심의와 관련하여 국무위원에게 지시나 명령을 할 수 없다. 국무위원이 행정각부의 장인 경우에는 대통령이 행정부의 수반으로서 지시를 할 수 있고, 국무총리도 대통령의 명을 받아 행정각부를 통할하는 범위 내에서 지시를 할 수 있지만, 이는 국무회의가 아닌 경우이다.

이와 달리 국무위원은 국무회의에서 대통령이나 국무총리와 동위에서 대등한 권한을 가지지 않는다고 하는 견해가 있다(김철수b, 1771). 실제에서는 행정부의 수반의 지위에 있는 대통령이나 행정각부를 통할하는 국무총리가 국무회의에서도 그 지위에 따른 영향을 미칠 수 있으나, 이는 사실상의 문제이고, 심의사항을 심의함에 있어서 가지는 법적인 권한에서는 국무위원은 대통령이나 국무총리와 동등한 권한을 가진다.

II. 대통령의 보좌기관

국무위원은 국정에 관하여 대통령을 보좌하는 지위에 있는데(헌법 §87②), 대통령의 국법상의 행위에 대하여 부서하는 것도(헌법 §82) 이런 보좌하는 행위로서의 한 측면을 가진다. 따라서 이러한 부서를 함에 있어서 국무위원은 대통령의 국법상의 행위가 위법한 것이 아닌 한 부서를 하여야 하는 책무를 진다. 대통령을 보좌한다는 것은 무조건 대통령의 의사를 추종한다는 의미가 아니라 대통령이 그 권한을 정당하고 적법하게 행사할 수 있도록 조언하고 지원한다는 것을 말한다.

[537] 제2 국무위원의 임명과 해임

I. 국무위원의 임명

국무위원은 국무총리의 제청으로 대통령이 임명한다(헌법 §87①). 따라서 대통령이 국무위원을 임명하기 전에 반드시 국무총리의 제청을 거쳐야 한다. 국무총리는 국무위원의 임명에 있어 사전에 대통령과 상의하거나 상의하지 않고 해당자를 제청할 수 있다.

국무위원의 수는 15인 이상 30인 이하로 한다(헌법 §88②).

군인은 현역을 면한 후가 아니면 국무위원으로 임명될 수 없다(헌법 §87④). 이는 문민통제의 원리를 관철하여 군정을 방지하고, 민주법치주의를 실현시키기 위함이다.

국무위원이 국회의원을 겸직할 수 있는가 하는 문제가 생기는데, 헌법은 이에 대하여 명시적으로 정하고 있는 바가 없고, 국무총리의 경우에서 본 바와 같이([531]) 현행법에서는 국무위원은 국회의원을 겸할 수 있다. 그러나 국무위원이 국회의원을 겸하는 것은 대통령제의 원리와는 부합하기 어렵다. 국무위원으로 하여금 국회의원을 겸하게 하는 경우에는 국회와 행정부 간의 협력을 수월하게 하는 장점이 있으나, 권위주의적 대통령제하에서는 자신의 추종자를 행정부와 국회에 동시에 배치하여 국회를 장악하는 수단으로 악용될 수 있다. 그 나라의 정당이 처한 상황에 따라서는 국무위원으로 하여금 국회의원을 겸하게 하는 것은 국회의 대행정부 통제기능을 약화시킬 우려도 있다.

II. 국무위원의 해임

대통령은 언제든지 국무위원을 해임할 수 있다. 국무총리의 동의를 요하지 않는다. 국무위원의 해임사유는 대통령의 재량에 속하는 사항이다.

국무위원을 해임함에 있어 국무총리는 대통령에게 해임을 건의할 수 있다(헌법 §87③). 이러한 해임건의는 해임을 건의하는 국무총리가 제청하여 임명된 국무위원뿐만 아니라 자신이 제청하지 아니한 국무위원에 대해서도 가능하다. 국회도 국회재적의원 3분의 1 이상의 발의와 국회재적의원 과반수의 찬성으로 대통령에게 국무위원의 해임을 건의할 수 있다(헌법 §63 ①,②).

국회나 국무총리의 국무위원 해임건의는 국무위원 일부 또는 전부에 대해서 행할 수 있다. 그런데 국회나 국무총리의 해임건의는 대통령을 기속하지는 않는다. 따라서 이러한 해임건의가 있는 경우에도 대통령은 스스로 판단하여 해당 국무위원의 해임여부를 결정한다.

Ⅲ. 국무위원의 사임

국무위원은 언제나 자발적으로 그 직을 사임할 수 있다. 국무총리나 대통령의 동의를 필요로 하지 않는다. 국무위원직의 사임은 국민의 공무담임권의 행사에 해당하므로 대통령이 이를 방해할 수 없다.

[538] 제3 국무위원의 권한

Ⅰ. 국무회의의 구성원으로서의 권한

헌법 제88조에 의할 때, 국무위원은 국무회의를 구성하는 구성원이 된다(헌법 §88②). 국무위원은 대통령, 국무총리와 동등하게 국무회의에 출석하고 발언하고 심의사항으로 처리되는 안건에 대하여 결정하며, 국무회의에서 심의할 사항을 제출할 권한(헌법 §89 xvii)을 모두 가진다. 위에서 보았듯이, 국무위원이 국무회의에서 그 구성원으로서 권한을 행사하는 경우에는 대통령이나 국무총리와 동일한 지위에 있기 때문에 국무회의의 안건 심의에 있어서 대통령이나 국무총리의 지시나 명령을 받지 않고, 독자적으로 권한을 행사한다. 이러한 권한의 행사를 법률로 제한할 수 없다.

국무위원은 국무회의의 의장에게 의안을 제출하고 국무회의의 소집을 요구할 수 있다(정조법 §12③).

Ⅱ. 부 서 권

국무위원은 대통령이 국법상의 행위로 하는 문서에 부서하는 권한을 가진다(헌법 §88②). 국무위원의 권한이자 의무이므로 대통령의 국법상의 행위에 대해서는 원칙적으로 부서를 하여야 할 의무가 있고, 정당한 사유가 있는 경우에 한해서만 부서를 거부할 수 있다. 이는 국무총리의 부서에서 살펴본 바와 같다.

국무위원의 부서는 국무총리의 부서와 달리 대통령의 해당 국법상의 행위에 관련된 국무위원만 이를 한다. 해당 사안과 관련이 없는 국무위원은 당해 사안에 대하여 부서할 수 없다. 자신의 업무와 관련이 있는 국무위원은 모두 부서를 해야 한다.

Ⅲ. 국회에의 출석 · 발언권

헌법 제62조 제1항은 「국무총리 · 국무위원 또는 정부위원은 국회나 그 위원회에 출석하여 국정처리상황을 보고하거나 의견을 진술하고 질문에 응답할 수 있다」라고 정하여 국무위원에게 국회에의 출석 · 발언권을 부여하고 있다. 국무위원이 국회에 출석하여 발언할 수 있게 하는 이러한 제도는 국무총리의 경우와 마찬가지로 국정의 운영에서 국회와 행정부 간의 의사소통을 원활하게 하고, 국회로 하여금 행정부의 업무상황을 충분히 이해하게 만들어 주며, 행정부의 업무수행에 있어 국회의 협조를 구할 수 있게 해준다.

국무위원이 가지는 이러한 국회에의 출석 · 발언권은 국무위원이 국회의원을 겸할 수 있는 경우에 인정되는 것도 아니고, 이러한 국회에의 출석 · 발언권에서 국무위원과 국회의원이 겸직할 수 있다는 결론이 도출되는 것도 아니다.

Ⅳ. 대통령권한의 대행권

헌법 제71조에 의하면, 대통령이 궐위되거나 사고로 인하여 직무를 수행할 수 없을 때에는 국무총리가 제1순위로 그 권한을 대행하지만, 국무총리도 대통령의 권한을 대행할 수 없는 경우에는 법률이 정하는 순위에 따라 국무위원이 대통령의 권한을 대행한다. 이에 대해서는 앞에서 본 바와 같다.

[539] 제4 국무위원직무의 대행

국무위원의 권한대행에 대해서는 실정법상 따로 정하고 있는 바가 없다. 현행법상으로는 국무위원은 모두 행정각부의 장이므로 행정각부의 장의 직무대행에 의해 그 권한의 대행이 이루어진다.

[540] 제5 국무위원의 책무

Ⅰ. 대통령에 대한 책무

국무위원은 대통령에 의해 임명되어 대통령을 보좌하는 지위에 있으면서 국정을 심의하므로 그에 따르는 책임을 진다. 국무위원은 대통령의 행위에 부서한 책임도 진다. 따라서 관계국무위원이 부서한 정책이 실패한 경우 이를 대통령이나 국무총리의 책임으로만 돌릴 수 없고, 관계국무위원도 그에 따르는 정치적 책임을 져야 한다.

II. 국회에 대한 책무

국무위원은 국회에 대하여 일정한 책무를 진다. 이에는 국회에 출석하여 답변할 의무, 국회의 해임건의에 따른 책임, 국회의 탄핵소추에 따른 책임 등이 있다.

(1) 국회에의 출석 · 답변

헌법에 의하면, 국무위원은 국회나 그 위원회의 요구가 있을 때에는 국회나 그 위원회에 출석하여 답변하여야 한다(헌법 §62②). 이는 헌법이 정하는 법적인 의무이다. 다만, 이 경우 국무위원이 국회나 그 위원회로부터 출석요구를 받은 때에는 정부위원으로 하여금 그에 출석하여 답변하게 할 수 있다(헌법 §62②).

(2) 국회의 해임건의에 따른 책임

위에 본 바와 같이, 국회는 대통령에게 국무위원의 해임을 건의할 수 있다. 국회의 해임건의가 있는 경우 국무위원은 정치적인 부담은 가질지언정 법적인 책임을 지는 것은 아니지만, 대통령은 국회의 해임건의가 있으면 특별한 사정이 없는 한 국무위원을 해임하는 것이 제도의 취지에 부합한다.

(3) 국회의 탄핵소추에 따른 책임

국회는 국무위원이 그 직무집행에 있어서 헌법이나 법률을 위배한 때에는 탄핵의 소추를 의결할 수 있다(헌법 §65①). 탄핵소추의 의결을 받은 자는 탄핵심판이 있을 때까지 그 권한행사가 정지되기 때문에(동조 ③), 국무위원이 국회에 의해 탄핵소추를 받으면 탄핵심판이 있을 때까지 그 권한을 행사할 수 없다.

3. 국무회의

헌법 제88조는 「① 국무회의는 정부의 권한에 속하는 중요한 정책을 심의한다. ② 국무회의는 대통령 · 국무총리와 15인 이상 30인 이하의 국무위원으로 구성한다. ③ 대통령은 국무회의의 의장이 되고, 국무총리는 부의장이 된다」라고 정하고 있으며, 헌법 제89조는 국무회의에서 심의할 사항을 정하고 있다.

[541] 제1 국무회의의 헌법상 지위

I. 심의기관

헌법 제88조 제1항은 「국무회의는 정부의 권한에 속하는 중요한 정책을 심의한다」

라고 정하고 있는바, 헌법이 정하고 있는 국무회의(國務會議 State Council)는 행정부의 권한에 속하는 중요한 정책을 심의하는 기관이다. 따라서 이러한 국무회의의 심의의 결론은 대통령을 법적으로 구속하지 못한다(동지: 김철수 b, 1778). 대통령은 국무회의의 결론을 고려하여 심의대상이 되었던 정책에 대하여 최종적인 결정을 한다. 이러한 점에서 의회주의제정부에서 의결기관인 내각회의와 구별되고, 미합중국 대통령제에서 대통령의 임의적 자문기관인 각료회의와 구별된다.

우리 헌법사에서는 그 동안 국무회의의 성격을 다양하게 규정하였다. 의회주의제에 유사한 정부형태를 채택한 경우에는 의결기관으로 하여 의회주의제에서의 내각회의의 성격을 가지는 것으로 하였으나, 대통령제에 유사한 정부형태를 채택한 경우에도 국무회의를 의결기관으로 정한 경우가 있었고, 현재와 같이 심의기관으로 정한 경우도 있었다.

헌법상의 국무회의는 그 구성원이 동등한 지위에서 동등한 권한을 가지고 안건을 심의하기 때문에 비록 국무위원이 행정각부의 장을 겸하고 있다고 하더라도 국무회의에서 대통령이나 국무총리는 이들 국무위원에게 안건과 관련하여 지시하거나 명령하지 못한다. 따라서 국무회의에서는 대통령의 지시사항이나 국무총리의 지시사항을 전할 수 없다. 오로지 안건의 심의만 하여야 한다. 이런 점에서 국무회의는 행정각부의 장 등이 참석하고 여기서 대통령이나 국무총리가 행정각부의 장에게 업무상의 지시를 하는 통상의 각료회의(閣僚會議 Cabinet meeting)와는 구별하여야 한다.

> 행정각부의 장이 해당 부처의 업무나 사항을 대통령에게 보고하거나 타 부처와의 협의사항을 건의하거나 대통령이 행정각부의 업무와 관련된 사항을 지시하는 것은 국무회의가 아니라 각료회의에서 하여야 한다. 무임소장관(=특임장관)을 두는 경우를 제외하면 국무위원과 행정각부의 장은 동일한 자연인이기 때문에 현실에서는 이 둘의 기능과 역할이 서로 다른 것을 구별하지 못하여 국무회의와 각료회의를 정확히 구별하지 않고 회의가 행해지고 있다.

II. 헌법상 필수기관

국무회의는 헌법이 특정한 사항에 대하여 반드시 심의를 하도록 명시적으로 정하고 있는 기관이다. 따라서 헌법 제89조가 정하는 정부의 권한에 속하는 중요한 정책에 대해서는 반드시 국무회의의 심의를 거쳐야 한다. 이런 점에서 미합중국 대통령제에서 볼 수 있는 것과 같은 임의기관인 각료회의와 다르다. 국무회의가 이렇게 헌법이 정하고 있는 필수기관이라는 점에서 헌법 제89조가 정하고 있는 사항에 대하여 국무회의의 심의를 거치지 않고 대통령이 결정을 하면 이는 효력을 가지지 못한다. 대통령이 국무회의의 심의결과에 구속되지 않고 해당 사항에 대하여 결정할 수 있지만, 국무회의에서 심의를 거치지 않는 것은 허용되지 않는다.

국무회의는 헌법이 행정부에 필수적으로 설치하도록 정하고 있는 기관이기 때문에 법률로써 이를 폐지하거나 국무회의 심의사항의 전부 또는 일부를 변경하거나 배제할 수 없다. 국무회의를 폐지하거나 성격을 변경하는 것과 국무회의 심의사항의 전부 또는 일부를 변경하거나 배제하는 것에는 헌법의 개정이 필요하다.

Ⅲ. 행정부 내 최고심의기관

국무회의는 행정부 내에서 최고심의기관이다. 즉 행정부에 속하는 정책에 대해서는 행정부의 각 부처 내에서도 자문을 하거나 심의하거나(예: 차관회의) 의결하는 등의 기구를 설치할 수 있지만, 이는 어디까지나 부처 내의 의사를 결정하기 위한 것이고, 행정부 전체의 수준에서 논의하는 것은 아니다. 행정부 전체의 수준에서 심의하는 곳은 국무회의뿐이다.

국무회의의 성격 변천

헌법 / 항목	1948년헌법-1952년헌법	1954년헌법	1960년6월헌법-1960년 11월헌법	1962년헌법-1969년헌법-1972년헌법-1980년헌법-1987년헌법
정부형태	대통령제	대통령제	의회주의제	대통령제
부통령 존폐	○	○	×	×
국무총리 존폐	○	×	○	○
국무회의	의결기관	→	→	심의기관

국무회의가 이러한 최고심의기관으로서의 성격을 가지는 것은 대통령이 그 구성원과 의장으로 참여하고 있다는 점, 국가안전보장에 관련되는 대외정책·군사정책과 국내정책의 수립에 관한 사항에 대해서는 먼저 국가안전보장회의의 자문을 거쳐 국무회의에서 심의한다는 점(헌법 §91①), 헌법 제89조가 국무회의에서 심의할 사항을 명기하여 행정부 내에서 국무회의만이 이를 심의하게 한다는 점, 헌법 제89조에서 정하고 있는 심의사항이 행정부의 업무에서 중요한 업무에 속하는 것이라는 점 등에 그 근거를 두고 있다.

국무회의가 행정부 내의 최고심의기관이라는 것은 국무회의가 대통령의 업무를 보좌하는 기관이라 할지라도 대통령에 부속되거나 종속된 기관이 아니라는 점도 의미한다. 따라서 국무회의를 대통령의 직속기관으로 설치할 수 없다.

국무회의는 행정부 내에 타 기관과 구별되어 설치된 독립된 기관이지만, 대통령을 보좌하는 지위에서 정부의 중요정책을 심의하는 회의기관이므로 대외적으로 독자적인 의사를 표현할 수 없다. 따라서 대외적으로 효력을 가지는 '국무회의의 의사'라는 것은 존재할 수 없다.

헌법재판소는 국무회의의 의결은 국가기관의 내부적 의사결정행위에 지나지 않는 것이어서 국민에 대하여 직접적인 법률효과를 발생시키는 행위가 아니라고 판시하였다(예: 憲 2003. 12. 18.-2003헌마255).

[憲 2003.12.18.-2003헌마255] 「헌법재판소법 제68조 제1항에 의하면, 공권력의 행사 또는 불행사로 인하여 헌법상 보장된 기본권을 침해받은 자는 법원의 재판을 제외하고는 헌법재판소에 헌법소원심판을 청구할 수 있는바, 공권력의 행사에 대하여 헌법소원심판을 청구하기 위하여는 공권력의 주체에 의한 권력의 발동으로서 국민의 권리·의무에 대하여 직접적인 법률효과를 발생시키는 행위가 있어야 한다. 이 사건에서 심판의 대상이 되는 국무회의의 이 사건 파병동의안 의결이 이러한 공권력의 행사인지의 점에 관하여 살피건대, 국군을 외국에 파견하려면, 대통령이 국무회의의 심의를 거쳐 국회에 파병동의안 제출, 국회의 동의(헌법 §60②), 대통령의 파병결정, 국방부장관의 파병 명령, 파견 대상 군 참모총장의 구체적, 개별적 인사명령의 절차를 거쳐야 하는바, 이러한 절차에 비추어 파병은 대통령이 국회의 동의를 얻어 파병 결정을 하고, 이에 따라 국방부장관 및 파견 대상 군 참모총장이 구체적, 개별적인 명령을 발함으로써 비로소 해당 국민, 즉 파견 군인 등에게 직접적인 법률효과를 발생시키는 것이고, 대통령이 국회에 파병동의안을 제출하기 전에 대통령을 보좌하기 위하여 파병 정책을 심의, 의결한 국무회의의 의결은 국가기관의 내부적 의사결정행위에 불과하여 그 자체로 국민에 대하여 직접적인 법률효과를 발생시키는 행위가 아니므로 헌법재판소법 제68조 제1항에서 말하는 공권력의 행사에 해당하지 아니한다.」

Ⅳ. 회의제기관

국무회의는 서로 동등한 권한을 가진 다수의 구성원들이 자유로운 발언과 토론을 통하여 안건을 심의한다는 점에서 회의제기관(會議制機關)이며(동지: 허영a, 973), 독임제기관(獨任制機關)(예: 대통령)이 아니다. 헌법상 국무회의는 안건에 대하여 심의를 할 뿐 의결을 하지 않는다는 점에서 언제나 반드시 하나의 결론을 도출해야 하는 것은 아니다. 국무회의 구성원들 간에 안건에 대하여 논의를 하여 전체적인 의견의 분포를 확인할 수도 있고, 하나의 결론을 도출해야 할 필요가 있는 경우에는 의결의 방법을 통하여 하나의 결론을 도출할 수도 있다. 이런 점에서 국무회의는 회의제기관이고 회의에 참여한 구성원들을 구속하거나 대외적 효력을 가지는 조치를 할 수 있는 합의제기관(合議制機關)

(예: 국회, 헌법재판소, 합의제행정기관)은 아니다(합의제기관이라고 보는 견해가 있다. 권영성, 1039).

「국무회의 규정」에 의하면 국무회의에는 의결사항과 보고사항이 있는 것으로 정하고 있는 동시에(동규정 §3④), 국무회의는 구성원 과반수의 출석으로 개의하고, 출석구성원 3분의 2 이상의 찬성으로 의결한다고 정하고 있다(동규정 §6①). 여기서 의결이란 안건에 대하여 결론을 정하는 심의의 방법을 말한다. 또 국내외 중요정보 분석상황, 정부의 역점사업 추진현황, 국민생활에 영향을 미치는 중요시책의 추진현황, 대국민 홍보를 적극적으로 행하여야 할 중요사항, 부처 간의 협조를 필요로 하는 사항, 대통령 및 국무총리의 지시사항을 수시로 보고하여야 하는 것으로 정하고 있다(동규정 §3⑥). 대통령이 필요에 따라 각료를 소집하여 지시나 보고를 받는 각료회의와 국무회의를 구별해야 하는 관점에서 보면, 현재의 「국무회의 규정」이나 국무회의의 실제는 개선해야 할 점이 많다.

[542] 제2 국무회의의 구성

국무회의는 대통령·국무총리와 15인 이상 30인 이하의 국무위원으로 구성한다(헌법 §88②). 대통령은 국무회의의 의장이 되고, 국무총리는 부의장이 된다(헌법 §88③).

국무회의가 구성되기 위해서는 최소 15인의 국무위원이 임명되어야 한다. 국무회의의 개의는 국무회의가 구성됨을 전제로 하기 때문에, 국무위원이 15인 미만인 상태에서는 국무회의를 개의할 수도 없고, 심의사항을 처리할 수도 없다. 행정각부의 장이 궐위된 상태에서는 차관이 그 직무를 대행하는데, 이 경우 직무의 대행은 행정각부의 장의 직무를 대행할 뿐 국무위원의 지위를 대행하는 것이 아니므로 차관으로 국무회의를 구성하거나 국무회의를 개의할 수는 없다.

15인 이상의 국무위원으로 국무회의가 구성된 이후에 일부 국무위원의 궐위가 발생하여 국무위원의 수가 15인에 미달하는 경우에는 새로 국무위원을 임명하여 최소 15인의 요건을 갖추어야 국무회의가 구성되고 그 권한을 행사할 수 있다. 국무위원을 15인으로 하는 경우에는 모두 출석해야 국무회의가 가능하기 때문에 국무회의 운영에 어려움이 발생할 수 있다.

[543] 제3 국무회의의 심의

Ⅰ. 심의의 의의

헌법 제88조와 제89조가 정하는 「심의」라 함은 대통령이나 국무총리나 국무위원이 동일한 지위에서 헌법 제89조가 정하는 안건에 대하여 발언과 토론을 통하여 자유로이 의사를 표시하고 의견을 교환하거나 조정하는 것을 의미하며, 최종적인 확정을 하는 것을 뜻하지 않는다. 안건에 따라서는 하나의 결론을 도출하여야 할 필요가 있는 경우도 있고, 국무회의의 구성원의 다양한 의견을 교환하고 결론을 도출하지 못하는 경우도 있다. 그리고 찬반의 결론을 내려야 하거나 어떠한 하나의 결론을 내려야 하는 경우 그 형식이 「의결」(때로는 표결)을 거치는 경우(국무회의 규정 §6①)라도 이는 심의대상이 된 정책이 의결된 결론과 같이 확정하는 것이 아니기 때문에 국무회의의 심의의 결론이 그러한 것으로 도달하였다는 의미만 가진다. 이런 점에서 안건에 대하여 하나의 결론을 도출하고 최종 결정을 하는 의결기관의 의결과 구별된다.

II. 심의의 대상

국무회의가 심의하는 사항은 헌법 제89조가 정하고 있다. 이에 의하면, 1. 국정의 기본계획과 정부의 일반정책, 2. 선전 · 강화 기타 중요한 대외정책, 3. 헌법개정안 · 국민투표안 · 조약안 · 법률안 및 대통령령안, 4. 예산안 · 결산 · 국유재산처분의 기본계획 · 국가의 부담이 될 계약 기타 재정에 관한 중요사항, 5. 대통령의 긴급명령 · 긴급재정경제처분 및 명령 또는 계엄과 그 해제, 6. 군사에 관한 중요사항, 7. 국회의 임시회 집회의 요구, 8. 영전수여, 9. 사면 · 감형과 복권, 10. 행정각부 간의 권한의 획정, 11. 정부안의 권한의 위임 또는 배정에 관한 기본계획, 12. 국정처리상황의 평가 · 분석, 13. 행정각부의 중요한 정책의 수립과 조정, 14. 정당해산의 제소, 15. 정부에 제출 또는 회부된 정부의 정책에 관계되는 청원의 심사, 16. 검찰총장 · 합동참모의장 · 각군참모총장 · 국립대학교총장 · 대사 기타 법률이 정한 공무원과 국영기업체관리자의 임명, 17. 기타 대통령 · 국무총리 또는 국무위원이 제출한 사항이 그에 해당한다. 이러한 사항은 반드시 국무회의의 심의를 거쳐야 한다. 헌법 제89조에서 정하고 있는 사항이 아닌 것은 심의의 대상이 될 수 없다.

III. 심의의 절차

국무회의의 심의의 절차에 대해서는 헌법이 따로 정하는 바가 없다. 구체적인 것은 「국무회의 규정」에서 정하고 있다. 이에 의하면, 대통령 · 국무총리 또는 국무위원은 헌법 제89조 및 법령에 규정된 국무회의의 심의사항을 의안으로 제출한다(동규정 §3①). 국무회의에 상정할 의안으로서 2개 이상의 부 · 처에 관련되는 의안은 사전에 관계 부 · 처 간에 합의를 얻어서 제출하여야 한다. 다만, 합의를 얻지 못한 때에는 그 사유를 명시하여 국무회의에 상정할 수 있다(동규정 §4). 국무회의에 제출된 의안은 먼저 차관회의의 심의를 거쳐야 한다. 다만, 긴급한 의안은 그러하지 아니하다(동규정 §5①). 심의사항이 의결을 거치는 것인 경우에는, 구성원 과반수의 출석으로 국무회의를 개의하되, 출석한 구성원 3분의 2 이상의 찬성으로 이를 의결한다(동규정 §6①).

Ⅳ. 심의의 효과

(1) 심의결과의 구속력

국무회의의 심의의 성격이 위에 본 바와 같으므로, 국무회의의 결론은 대통령을 법적으로 구속하지 못한다(통설). 「국무회의 규정」에서 정한 바와 같이 의결이라는 형식으로 안건을 심의한 경우에도 마찬가지이다.

다만, 현실에서 대통령이 국무회의의 심의의 결과에 따르는 경우에는 국무회의가 사실상 의결기관의 역할을 할 수 있고, 의원내각제의 내각회의의 기능과 유사한 효과를 거둘 수 있다. 이러한 경우에는 대통령이라는 1인의 독임제기관에 의한 의사결정이 야기할 경솔함과 실수를 방지하고 국가운영에 신중을 기하는 성과를 얻을 수 있다. 이러한 효과를 거두기 위해서는 그 전제로 국무위원의 업무수행능력과 역량이 충분한 국무총리와 국무위원이 요구된다. 위에서 본 바와 같이, 「행정부의 이원적 운영모델」에서는 국무회의를 사실상 의결기관으로 운영하면 보다 큰 성과를 거둘 수 있다.

(2) 심의를 거치지 않은 대통령의 행위의 효력

국무회의의 심의의 성격과 관련하여, 대통령이 국무회의의 심의를 거치지 않고 국법상의 행위를 한 경우에 그 행위는 효력을 가지는가 하는 문제가 있다. 이에 대해서는 유효하다는 견해와 무효라는 견해가 있다.

(a) 유 효 설

국무회의의 성격은 의결기관이 아니고 대통령을 보좌하는 심의기관에 지나지 않기 때문에 국무회의의 심의는 대통령의 국법상의 행위의 효력발생요건이 아니라 적법요건이므로 이러한 심의를 거치지 않고 한 대통령의 국법상의 행위는 유효하다고 한다. 적법요건이므로 탄핵사유는 된다고 한다(권영성, 1041).

(b) 무 효 설

국무회의는 헌법이 정하는 필수적인 최고심의기관이고, 이러한 필수적인 절차는 유효요건이므로 국무회의의 심의를 거치지 않고 한 대통령의 국법상의 행위는 무효라고 한다(김철수b, 1777; 허영a, 974; 성낙인, 1072).

(c) 사 견

헌법상의 국무회의는 자문기관이 아니라 심의기관이고, 헌법 제89조는 명시적으로 해당 사항에 대하여 「국무회의의 심의를 거쳐야 한다」라고 정하고 있고, 이러한 헌법의 명시규정은 국가권력의 작용상 절차를 구체적으로 정하고 있는 법치주의의 표현으로서 대통령의 국법상의 행위의 적법요건인 동시에 효력발생요건이며, 국무회의는 대통령, 국무총리, 국무위원이 동등한 권한을 가지고 참여하는 국가운영상 중요한 비중을 가지는 기관이고, 국무회의가 대통령의 국법상의 행위가 적법하고 정당하게 행사될 수 있도록 보좌하며 동시에 대통령 1인의 판단에 따르는 경솔과 오류 및 권력의 남용을 사전에 통제하는 기능도 가지므로, 이러한 역할을 고려하여 헌법이 명문으로 국무회의의 심의를 거치도록 한 것을 배제하고 행한 대통령의 국법상의 행위는 무효라고 할 것이다. 이러한 행위는 대통령에 대한 탄핵사유도 된다.

> 유효설에 의하면, 대통령이 소속한 정당의 국회의원이 국회의석 1/3을 넘고, 이들이 탄핵소추에 반대하면 대통령은 언제나 국무회의의 심의를 거치지 않고 독단적으로 국법상의 행위를 해도 괜찮다는 결론에 이른다. 그러면 행정각부의 장을 소집하는 회의만 두면 되지 왜 헌법이 이와 별개의 지위를 가지는 국무회의를 두었는지를 설명하기 어렵게 된다.

[544] 제4 국무회의의 운영

Ⅰ. 국무회의의 소집 · 주재

대통령은 국무회의 의장으로서 회의를 소집하고 이를 주재한다(정조법 §12①). 의장이 사고로 인하여 직무를 수행할 수 없을 때에는 부의장인 국무총리가 그 직무를 대행하고, 의장과 부의장이 모두 사고로 직무를 수행할 수 없는 경우에는 부총리가 그 업무를 대행하며, 부총리가 직무를 수행할 수 없는 경우에는 정부조직법 제26조 제1항에 규정된 순서에 따라 국무위원이 그 직무를 대행한다(동조 ②). 국무위원은 정무직으로 하며 의장에게 의안을 제출하고 국무회의의 소집을 요구할 수 있다(동조 ③). 국무회의의 운영에 관하여 필요한 사항은 대통령령으로 정한다(동조 ④). 「국무회의 규정」이 이에 대하여 정하고 있다.

국무회의는 정례국무회의와 임시국무회의로 구분되고, 정례국무회의는 매주 1회 소집하고, 임시국무회의는 필요에 따라 그때그때 소집한다(국무회의 규정 §2②).

Ⅱ. 국무회의의 운영

국무회의는 구성원 과반수의 출석으로 개의하고, 출석구성원 3분의 2 이상의 찬성으로 의결한다(동규정 §6①). 국무위원이 국무회의에 출석하지 못할 때에는 그 부 · 처의 차관이 대리하여 출석한다(동규정 §7①). 대리 출석한 차관은 관계의안에 관하여 발언할 수 있으나 표결에는 참가할 수 없다(동조 ②).

국무조정실장 · 국가보훈처장 · 인사혁신처장 · 법제처장 · 식품의약품안전처장 그 밖에 법률로 정하는 공무원은 필요한 경우 국무회의에 출석하여 발언할 수 있다(정조법 §13①).

종래 국무회의의 실제를 보면, 심의사항에 대해서 소관부처의 장관인 국무위원이 설명하면 다른 부처의 장관들은 이를 놓고 따지거나 토론을 하거나 하지 않고 대부분 발언을 하지 않는다. 그래서 국무회의에서 활발한 토론이나 의견의 교환이 이루어지는 경우는 거의 없었다. 이러한 것은 독재 또는 권위주의 대통령의 지배라는 오랜 현실에서 빚어진 폐습이기도 하지만, 국무회의가 이런 양상을 띠게 되면 이는 군주정치하의 「어전회의」에 불과하게 된다. 그래서 종래 국무회의는 대부분 대통령이 지시사항을 하달하고 국무위원들은 노트에 이를 받아 적는 시대착오적인 장면도 자주 보였다. 이러한 것은 헌법이 구상하고 있는 국무회의가 아니므로 국무회의를 정상적으로 운영하고 활성화하는 방향으로 개선해야 할 필요가 있다.

4. 행정각부

[545] 제1 행정각부의 헌법상 지위

Ⅰ. 중앙행정기관

헌법 제4장 제2절 제3관에는 행정각부를 정하고 있다. 행정각부는 헌법에서 정하고 있는 위치에서 보는 바와 같이 행정부에 속하는 기관이다. 이는 행정부를 구성하는 중앙행정기관으로 대통령과 국무총리의 통할하에 있다. 행정각부는 대통령과 행정부에 속하는 행정권을 집행하는 실제적인 기관이다. 행정각부는 대통령이 국무회의의 심의를 거쳐 결정한 정책과 그 이외의 행정부에 속하는 각종의 사항을 실제로 집행하는 중앙행정기관이므로 이는 행정상의 관청이다. 따라서 행정각부가 대통령이나 국무총리의 통할하에 있다고 하더라도 단순한 자문기관은 아니다.

[憲 1994.4.28.-89헌마221] 「헌법이 "행정각부"의 의의에 관하여는 아무런 규정도 두고 있지 않지만, "행정각부의 장(長)"에 관하여는 "제3관 행정각부"의 관(款)에서 행정각부의 장은 국무위원 중에서 임명되며(헌법 §94) 그 소관사무에 관하여 법률이나 대통령령의 위임 또는 직권으로 부령을 발할 수 있다(헌법 §95)고 규정하고 있는바, 이는 헌법이 "행정각부"의 의의에 관하여 간접적으로 그 개념범위를 제한한 것으로 볼 수 있다. 즉, 성질상 정부의 구성단위인 중앙행정기관이라 할지라도 법률상 그 기관의 장(長)이 국무위원이 아니라든가 또는 국무위원이라 하더라도 그 소관 사무에 관하여 부령을 발할 권한이 없는 경우에는 그 기관은 우리 헌법이 규정하는 실정법적(實定法的) 의미의 행정각부로는 볼 수 없다는 헌법상의 간접적인 개념제한이 있음을 알 수 있다. 따라서 정부의 구성단위로서 그 권한에 속하는 사항을 집행하는 모든 중앙행정기관이 곧 헌법 제86조 제2항 소정의 행정각부는 아니라 할 것이다. 또한 입법권자는 헌법 제96조에 의하여 법률로써 행정을 담당하는 행정기관을 설치함에 있어 그 기관이 관장하는 사무의 성질에 따라

국무총리가 대통령의 명을 받아 통할할 수 있는 기관으로 설치할 수도 있고 또는 대통령이 직접 통할하는 기관으로 설치할 수도 있다 할 것이므로 헌법 제86조 제2항 및 제94조에서 말하는 국무총리의 통할을 받는 행정각부는 입법권자가 헌법 제96조의 위임을 받은 정부조직법 제26조에 의하여 설치하는 행정각부만을 의미한다고 할 것이다.」

정부조직법은 「중앙행정기관의 설치와 직무범위는 법률로 정한다」라고 정하고 (동법 §2①), 동시에 「중앙행정기관은 이 법과 다른 법률에 특별한 규정이 있는 경우를 제외하고는 부·처 및 청으로 한다」라고 정하고 있으므로(동조 ②), 행정각부만이 중앙행정기관인 것은 아니다. 처와 청도 중앙행정기관에 속한다.

II. 대통령과 행정각부

대통령은 국민에 의해 선출되어 국가정책 가운데 행정에 속하는 사항을 이런 행정각부를 통하여 집행하므로 대통령과 관계에서 행정각부는 지시·복종의 관계에 있다. 따라서 행정각부와 이에 속하여 행정업무에 종사하는 공무원은 대통령의 지시나 명령이 위법하지 않는 한 이를 거부하지 못하며 따라야 한다. 행정각부의 장이나 행정각부에 속하는 공무원이 대통령의 지시나 명령에 복종하지 아니하는 경우에는 행정각부의 장을 해임하거나 관련 공무원에 대하여 행정상 징계조치를 취할 수 있다. 행정각부는 국민의 대표기관이 아니고 이에 종사하는 공무원도 국민의 대표자의 지위에 있지 아니하므로 독자적으로 행위할 수 없다.

대통령이 행정각부와 행정기관을 통하여 정책을 집행한 것에 대한 대외적 책임은 대통령만이 진다. 행정각부나 그에 종사하는 공무원은 정책의 실패에 대한 책임을 지지 않는다. 행정부 내에서 내부적으로는 정책의 입안이나 집행과 관련하여 승진이나 호봉 등과 관련하여 책임을 물을 수 있다.

대통령은 국정의 운영에서 필요한 경우 언제나 행정각부의 장을 소집하여 회의를 할 수 있다. 그 형식이나 절차에서는 제한이 없다. 그리고 안건에서도 행정부의 권한에 속하는 사항인 이상 아무런 제한이 없다. 대통령은 수시로 해당 장관을 불러 국정의 사안에 대하여 논의하거나 지시할 수 있고, 장관의 일부 또는 전부가 참석하는 회의를 소집하고 주재할 수 있다. 그리고 국무총리도 행정각부를 통할하는 범위 내에서는 대통령과 마찬가지로 행정각부의 장을 불러 사안에 대하여 논의하거나 각종 형태의 회의를 소집하여 주재하고, 각부 간의 업무를 조정해줄 수 있다. 행정각부의 장이 다양한 형태로 참석하는 이러한 종류의 회의는 국무회의와 구별된다.

III. 행정부의 업무와 행정각부

행정부의 업무는 모두 행정각부의 소관으로 배분되어야 하는가 하는 문제가 있다.

즉 행정부에 속하는 업무라고 하더라도 행정각부에 소관시키지 않고 대통령의 직접적인 소관으로 정하는 것이 헌법상 인정되는가 하는 문제가 있다. 헌법 제86조 제2항에 의하면, 국무총리는 행정에 관하여 대통령의 명을 받아 행정각부를 통할한다고 정하고 있으므로 행정각부는 예외 없이 국무총리의 통할을 받게 되어 있고, 대통령이 국무총리에게 명하여 행정각부를 통할하도록 하는 경우에는 행정각부의 일부 부처에만 한정시킬 수 없고 모든 부처에 대하여 통할하게 하여야 하는바, 행정부의 업무 가운데는 성질상 이러한 국무총리의 통할하에 두기 어려운 영역이 있으므로 이런 업무를 수행하는 기관은 행정부의 업무에 속한다고 하더라도 헌법 제86조, 헌법 제94조-제96조에서 정하는 「행정각부」에 해당한다고 할 수 없다. 그러나 성질상 행정각부에 속하는 업무는 행정각부의 소관사항으로 하여야 할 것이며, 이를 행정각부에서 자의적으로 분리할 수는 없다고 할 것이다(예컨대 군대를 국방부의 소관에서 분리하여 대통령의 직속으로 설치할 수 없고, 검찰을 사법부에 소속시킬 수는 있으나 대통령의 직속기구로 정할 수는 없다).

이 문제와 관련하여 헌법재판소는 법률에 의하여 행정각부의 설치·조직·직무범위를 정하므로 역시 법률로서 행정부의 업무 중 일부를 행정각부에 속하지 않게 하고 다른 기관에 속하게 하는 것도 가능하다는 취지의 판시를 하였다(예: 憲 1994. 4. 28.-89헌마86).

> [憲 1994.4.28.-89헌마86] 「헌법이 감사원, 국가안전보장회의 등의 설치근거 규정을 두고 있는 것은 헌법적 시각에서 본 그 기관의 성격, 업무의 중요성 등을 감안하여 특별히 헌법에 그 설치근거를 명시한 것에 불과할 뿐 이것이 그 설치근거를 법률에 두는 법률기관의 설치를 금지하는 취지는 아니다.……헌법 제86조 제2항의 취지가 국무총리의 통할을 받지 않는 행정기관은 헌법상 예외적으로 열거된 경우 등 외에는 법률에 의하더라도 이를 설치할 수 없음을 의미한다고는 볼 수 없다.」

[546] 제2 행정각부의 장

Ⅰ. 헌법상의 지위

행정각부의 장(Heads of Executive Ministries)은 헌법이 정하는 행정각부를 지휘·감독하는 지위에 있는 책임자이다. 행정각부의 장은 행정부의 업무를 수행함에 있어서 대통령과 국무총리의 지시나 명령에 따르는 지위에 있기 때문에 행정각부의 장은 어떠한 경우에도 그 지위에서 대통령이나 국무총리와 대등한 지위에 있을 수 없다.

이러한 행정각부의 장의 헌법상의 지위에 따를 때, 행정각부의 장이 국무위원의 자격을 가지는 경우에도 그 역할에서는 국무위원과 행정각부의 장은 서로 구별된다는 점을 유의할 필요가 있다. 국무위원은 심의기관인 국무회의의 구성원인데 비하여 행정각부의 장은 행정부 내의 집행기관의 책임자이다. 국무위원이 국무회의에서 대통령이나 국무총리와 대등한 권한과 지위를 가짐에 비하여 행정각부의 장은 대통령과 국무총리에 대하여 통할을 받는 종속적인 지위에 있다. 국무위원은 국정을 심의함에 있어 소관사무가 정해져 있지 아니함에 비하여 행정각부의 장은 부별로 각기 소관사무가 정해져 있다.

Ⅱ. 행정각부의 장의 임명과 해임

헌법 제94조는 「행정각부의 장은 국무위원 중에서 국무총리의 제청으로 대통령이 임명한다」라고 정하여 행정각부의 장으로 임명하기 위해서는 국무위원의 자격을 가질 것을 요한다. 국무위원이 아닌 자를 행정각부의 장으로 임명하는 행위는 효력을 가지지 못한다.

헌법상으로는 국무위원 가운데는 행정각부의 장이 아닌 국무위원, 즉 무임소국무위원(無任所國務委員 minister without portfolio)도 있을 수 있다(예컨대 과거 정부조직법상의 정무장관).

Ⅲ. 행정각부의 장의 권한

행정각부의 장은 행정부의 업무를 수행하기 위하여 소관업무를 통할하고 지휘하는 권한과 부령을 발하는 권한 및 기타 행정업무의 수행에 필요한 권한을 가진다.

(1) 소관업무통할 · 지휘권

행정각부의 장은 소관사무를 통할하고 소속공무원을 지휘 · 감독한다(정조법 §7①). 이는 행정각부의 장이 소관사무를 집행하기 위하여 당연히 가지는 권한이다. 이러한 권한은 행정각부의 장들 간에 서로 침해할 수 없다.

(2) 부령 발령권

(a) 의 의

행정각부의 장은 소관사무에 관하여 법률이나 대통령령의 위임 또는 직권으로 부령을 발할 수 있다(헌법 §95). 행정각부의 장의 행정입법권이다. 이 헌법의 규정에 의할 때, 국회는 법률을 제정하면서 하위 법규명령인 부령에 바로 위임할 수 있다.

행정각부의 장이 명령을 발하는 권한을 가지지만, 이러한 명령은 대통령령이나 총리령에 저촉될 수 없다. 대통령은 중앙행정기관의 장의 명령이나 처분이 위법 또는 부당하다고 인정할 때에는 이를 중지 또는 취소할 수 있는데(정조법 §11②), 이는 대통령이 가지는 행정부의 수반으로서의 지위에서 나오는 당연한 귀결이다. 대통령이 직접(동법 §11②) 또는 국무총리가 대통령의 승인을 얻어(동법 §18②) 중지 또는 취소할 수 있는 명령은 집행명령인 부령에만 한정되고 위임명령인 부령은 이에 해당하지 않는다고 할 것이다.

(b) 종 류

헌법 제95조에 의하면, 부령에는 법률이나 대통령령의 위임에 따라 발하는 위임명령과 직권으로 발하는 직권명령이 있다.

(i) 위임명령 위임명령은 법률이나 대통령령의 위임에 따라 발하는 법규명령이기 때문에 위임의 범위 내에서는 국민의 권리나 의무에 관한 사항도 규율할 수 있다. 부령에 이러한 위임명령이 있기 때문에 국회는 법률을 제정하면서 일정한 사항을 대통령령에 위임하여 그 다음 대통령령에서 다시 부령으로 위임하게 할 수도 있고, 대통령령에 위임함이 없이 바로 부령에 위임할 수도 있다(예: 憲 1998. 2. 27. -97헌마64). 헌법 제75조에서는 법률에서 대통령령으로 위임할 때 「구체적인 범위를 정하여」라고 명시되어 있고 헌법 제95조에는 이러한 문구가 없으나, 법률에서 총리령이나 부령으로 직접 위임하는 경우에는 법률에서 대통령령으로 위임하는 경우와 마찬가지로 위임의 원칙과 위임입법의 한계에 부합하여야 한다.

[憲 1998.2.27.-97헌마64] 「헌법 제75조는 "대통령은 법률에서 구체적으로 범위를 정하여 위임받은 사항과 법률을 집행하기 위하여 필요한 사항에 관하여 대통령령을 발할 수 있다"고 규정하여 위임입법의 근거를 마련함과 아울러 위임입법의 범위와 한계를 명시하고 있다. 그리고 헌법 제75조는 대통령에 대한 입법권한의 위임에 관한 규정이지만, 국무총리나 행정각부의 장으로 하여금 법률의 위임에 따라 총리령 또는 부령을 발할 수 있도록 하고 있는 헌법 제95조의 취지에 비추어 볼 때, 입법자는 법률에서 구체적으로 범위를 정하기만 한다면 대통령령뿐만 아니라 부령에 입법사항을 위임할 수도 있음은 당연하다고 할 것이다.」

(ii) 직권명령 직권명령은 행정각부의 장이 직권으로 발하는 행정상의 집행명령이다. 그런데 이러한 직권명령이 어떠한 성질을 가지는 것인가에 대하여 학설상 행정규칙설과 법규명령설이 대립하고 있으나, 행정규칙설이 타당하다는 것은 앞에서 본 바와 같다. 따라서 이런 직권명령은 국민의 권리나 의무에 관한 사항을 규율할 수 없고, 대외적으로 효력을 가지지 못한다. 법률이나 대통령령으로 정하여야 할 사항을 부령으로 정하는 것은 위헌으로 무효이다(예: 大 1962. 1. 25. -4294민상9).

[大 1962.1.25.-4294민상9] 「헌법 제74조는 '행정각부 장관은 그 담임한 직무에 관하여 직권 또는 특별한 위임에 의하여 부령을 발할 수 있다'고 규정하고 있으므로 행정각부 장관이 부령으로 제정할 수 있는 범위는 법률 또는 대통령령이 위임한 사항이나 또는 법률 또는 대통령령을 실시하기 위하여 필요한 사항에 한정되므로 법률 또는 대통령령으로 규정할 사항은 부령으로 규정하였다고 하면 그 부령은 무효임을 면치 못한다.」

(c) 공 포

부령을 공포할 경우에는 그 일자를 명기하고, 당해 부의 장관이 서명한 후 당해 장관인을 날인하여(법공법 §9②) 그 번호를 붙여서 공포하되(동법 §10①), 관보에 게재하여 이를 한다(동법 §11①). 공포일과 효력발생일은 총리령의 경우와 동일하다.

(3) 기타 권한

행정각부의 장은 소관사무에 관한 정책을 수립하고 이를 집행하는 데 관련한 권한을 가지며, 소관사무에 관하여 지방행정의 장을 지휘·감독하는 권한도 가진다(정조법 §26③). 행정각부의 장은 해당 부 소속의 5급 이상 공무원을 임명함에 있어 대통령에게 제청하는 권한을 가지며(국공법 §32①), 6급 이하의 공무원을 임용하는 권한을 가진다(동조 ②).

Ⅳ. 행정각부의 장의 권한대행

정부조직법 제7조 제2항은 「차관(제29조 제2항·제34조 제3항 및 제37조 제2항에 따라 과학기술정보통신부·행정안전부 및 산업통상자원부에 두는 본부장을 포함한다. 이하 이 조에서 같다) 또는 차장(국무조정실 차장을 포함한다. 이하 이 조에서 같다)은 그 기관의 장을 보좌하여 소관사무를 처리하고 소속공무원을 지휘·감독하며, 그 기관의 장이 사고로 직무를 수행할 수 없으면 그 직무를 대행한다. 다만, 차관 또는 차장이 2명인 기관의 장이 사고로 직무를 수행할 수 없으면 대통령령이 정하는 순서에 따라 그 직무를 대행한다」라고 정하고 있는바, 행정각부의 장의 권한의 대행은 이에 의하여 이루어진다.

[547] 제3 조직과 직무범위

헌법 제96조는 「행정각부의 설치·조직과 직무범위는 법률로 정한다」라고 정하고 있다. 이에 따라 정부조직법이 제정되어 이에 관하여 정하고 있다. 정부조직법 제26조 제1항에 의하면, 행정각부는 대통령만이 통할한다고 정하고 있다. 국무총리는 오로지 대통령의 명을 받아서만 행정각부를 통할할 수 있기 때문에 본원적으로 행정각부를 통할하는 권한은 대통령이 독점하고 있다. 대통령제정부에서 대통령이 가지는 행정부의 수반으로서의 지위에서 도출되는 결론이다.

이러한 행정각부에는 기획재정부, 교육부, 과학기술정보통신부, 외교부, 통일부, 법무부, 국방부, 행정안전부, 문화체육관광부, 농림축산식품부, 산업통상자원부, 보건복지부, 환경부, 고용노동부, 여성가족부, 국토교통부, 해양수산부, 중소벤처기업부가 있다(정조법 §26①).

대통령의 통할을 받는 기관이지만, 행정각부에 속하지 않고 대통령소속기구로 되어 있는 것으로는 국가정보원이 있다. 국가정보원의 조직·직무범위 기타 필요한 사항은 따로 법률로 정하는데(정조법 §17), 이에 관한 법률이 국가정보원법이다.

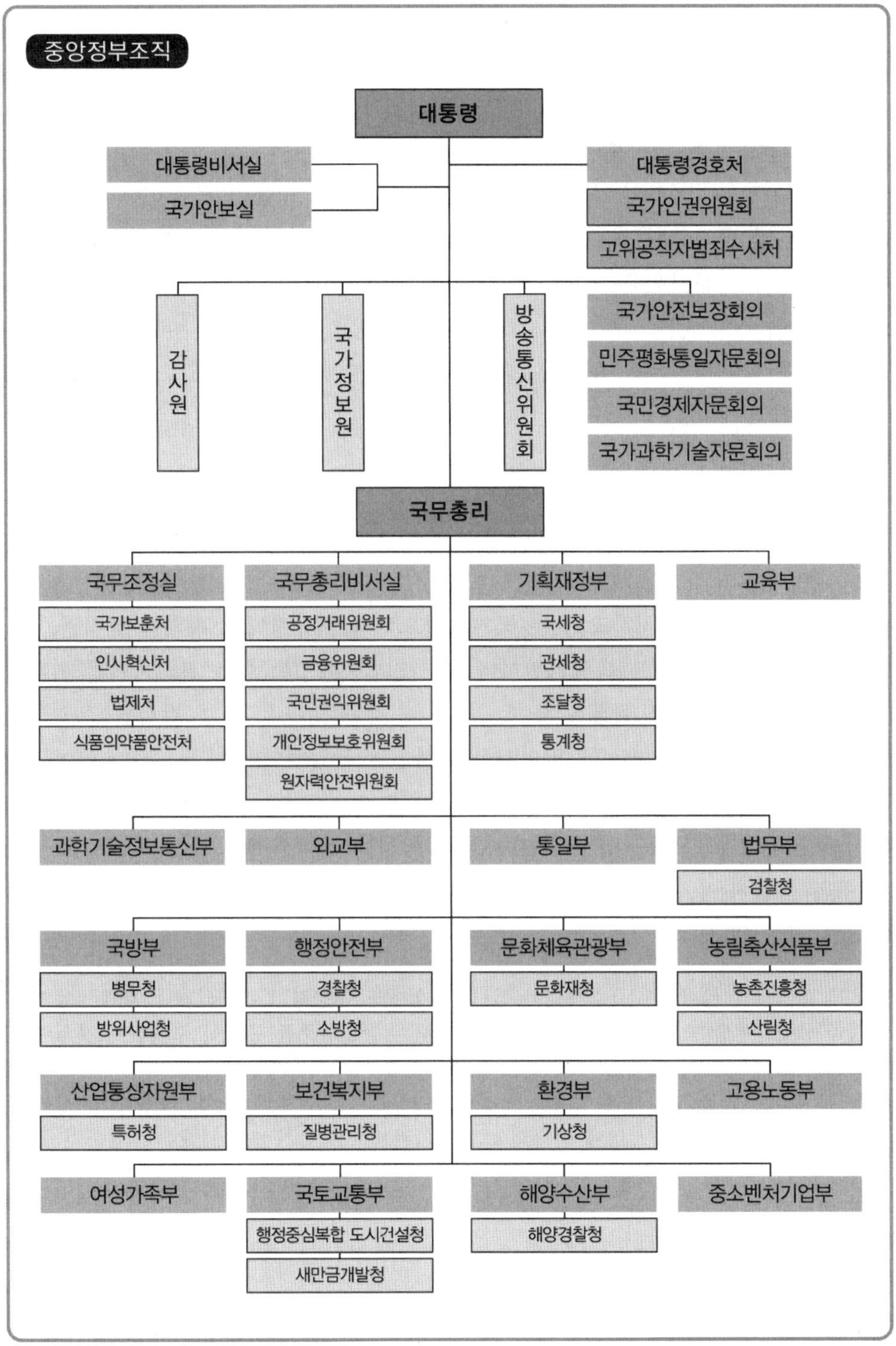
중앙정부조직
대통령
대통령비서실
국가안보실
대통령경호처
국가인권위원회
고위공직자범죄수사처
감사원
국가정보원
방송통신위원회
국가안전보장회의
민주평화통일자문회의
국민경제자문회의
국가과학기술자문회의
국무총리
국무조정실
국가보훈처
인사혁신처
법제처
식품의약품안전처
국무총리비서실
공정거래위원회
금융위원회
국민권익위원회
개인정보보호위원회
원자력안전위원회
기획재정부
국세청
관세청
조달청
통계청
교육부
과학기술정보통신부
외교부
통일부
법무부
검찰청
국방부
병무청
방위사업청
행정안전부
경찰청
소방청
문화체육관광부
문화재청
농림축산식품부
농촌진흥청
산림청
산업통상자원부
특허청
보건복지부
질병관리청
환경부
기상청
고용노동부
여성가족부
국토교통부
행정중심복합 도시건설청
새만금개발청
해양수산부
해양경찰청
중소벤처기업부

5. 대통령 소속기관

[548] 제1 감 사 원

I. 감사원의 헌법상의 지위

헌법 제97조는 「국가의 세입 · 세출의 결산, 국가 및 법률이 정한 단체의 회계검사와 행정기관 및 공무원의 직무에 관한 감찰을 하기 위하여 대통령 소속하에 감사원을 둔다」라고 정하여 감사원을 설치하고 있다.

(1) 대통령 소속기관

감사원은 조직상으로는 행정각부와 달리 대통령에 소속되어 있는 기관이다(헌법 §97).

(2) 헌법상 필수기관

감사원은 헌법에 의해 필수적으로 설치하도록 되어 있는 기관이다. 따라서 법률로써 감사원을 폐지할 수 없으며, 이를 폐지하는 것은 헌법의 개정에 의해서만 가능하다.

(3) 독립기관

감사원은 헌법이 설치하고 있는 국가기관으로서 대통령에 소속되어 있지만, 그 업무의 성격상 독립되어 있는 독립기관이다. 감사원법 제2조는 이를 확인하여 「① 감사원은 대통령에 소속하되, 직무에 관하여는 독립의 지위를 가진다. ② 감사원 소속공무원의 임면, 조직 및 예산의 편성에 있어서는 감사원의 독립성이 최대한 존중되어야 한다」라고 정하고 있다.

이러한 독립기관으로서의 지위는 국회나 행정부에 대해서도 마찬가지다. 감사원과 그 업무의 독립성 유지를 위하여 감사위원은 정당에 가입하거나 정치운동에 관여하는 것이 금지되어 있다(감사원법 §10).

우리 헌정사의 실제에서는 감사원이 독립기관임에도 대통령이 관련되거나, 대통령에게 정치적으로 부담이 되는 부정과 비리에 대해서는 감찰업무를 충실히 수행하지 못하여 비판의 대상이 되어 왔다. 독재정부와 권위주의정부에서는 대통령이 감사원의 독립성을 무시하고 이를 장악하여 권력의 남용이 통제되는 것을 방해하기도 하였다. 현실에서 감사원은 사실상 대통령에 종속되어 독립기관으로서의 기능을 올바로 수행하지 못하고 있다. 국회의 대행정부 통제기능을 강화하고 감사원을 폐지하자는 감사원폐지론도 이러한 현실의 경험을 근거로 제기되고 있다.

(4) 합의제기관

감사원은 감사원장과 감사위원 전원으로 구성하는 감사위원회의에서 업무를 처리하는 합의제기관이다(감사원법 §11①). 감사위원회의는 안건을 의결로 처리하는데, 재적감사위원 과반수의 찬성으로 의결한다(동조 ②). 감사위원회의에서 감사원법 제12조 제1항이 정하는 의결사항을 처리함에 있어서는 감사원장과 나머지 감사위원은 법적으로 대등한 지위에 있다. 감사원장은 감사위원회의의 의장으로서(동조 ①) 회의를 주재할 뿐이다.

II. 감사원의 구성

(1) 감사원의 구성

감사원은 원장을 포함한 5인 이상 11인 이하의 감사위원으로 구성한다(헌법 §98①). 감사원의 원장도 감사위원이다. 따라서 감사원은 원장인 감사위원과 나머지 감사위원으로 구성된다.

(2) 감사원장과 감사위원의 임명

감사원장은 국회의 동의를 얻어 대통령이 임명한다(헌법 §98②). 대통령이 감사원장을 임명하는 경우에도, 국무총리와 마찬가지로 먼저 감사원장으로 임명할 자를 지명하고, 그 이후에는 감사원장피지명자를 감사원장으로 임명함에 있어 사전에 국회에 동의를 요청하여야 하고, 국회가 동의한 자만 감사원장으로 임명하여야 한다. 국무총리의 경우와 마찬가지로 「감사원장서리」라는 허무직은 허용되지 않는다.

감사위원은 감사원장의 제청으로 대통령이 임명한다(헌법 §98③). 감사원장에게 감사위원 임명제청권을 인정한 것은 감사원의 동질성을 확보하고 대통령이 감사위원을 정파적인 고려하에 임명하여 감사원의 독립성과 중립성을 침해하거나 왜곡하는 것을 방지하기 위한 것이다. 따라서 대통령이 감사원장의 제청을 받지 않고 감사위원을 임명하는 행위는 헌법을 위반한 것으로 무효이다.

감사위원(원장인 감사위원 포함)은 i) 국가공무원법 제2조의2에 따른 고위공무원단에 속하는 공무원 또는 3급 이상 공무원으로 8년 이상 재직한 사람, ii) 판사 · 검사 · 군법무관 또는 변호사의 직에 10년 이상 재직한 사람, iii) 공인된 대학에서 부교수 이상의 직에 8년 이상 재직한 사람, iv) 「자본시장과 금융투자업에 관한 법률」 제9조 제15항 제3호에 따른 주권상장법인 또는 「정부투자기관 관리기본법」 제2조 제1항의 규정에 따른 정부투자기관에서 20년 이상 근무한 사람으로서 임원으로 5년 이상 재직한 사람 가운데서 임명한다(감사원법 §7). 이러한 자격을 가지지 못한 사람은 감사위원으로 임명할 수 없다.

(3) 감사원장과 감사위원의 임기 및 정년

감사원장의 임기는 4년으로 하며, 1차에 한하여 중임할 수 있다(헌법 §98②). 감사위원의 임기는 4년으로 하며, 1차에 한하여 중임할 수 있다(헌법 §98③). 이러한 임기제를 보장한 것은 감사원의 독립성과 중립성을 보장하기 위한 것이다. 따라서 감사원장이나 감사위원의 임기 중 대통령은 이들을 해임하지 못한다.

감사위원의 정년은 65세이고, 원장인 감사위원의 정년은 70세이다(감사원법 §6②).

⑷ 감사위원의 신분보장

감사위원은 i) 탄핵결정이나 금고 이상의 형의 선고를 받았을 때, ii) 장기의 심신쇠약으로 직무를 수행할 수 없게 된 때에 해당하는 경우가 아니면 그 의사에 반하여 면직되지 아니한다(감사원법 §8①). 다만, 탄핵결정이나 금고 이상의 형의 선고를 받았을 때에는 당연히 퇴직되며, 장기의 심신쇠약으로 직무를 수행할 수 없게 된 때에는 감사위원회의의 의결을 거쳐 원장의 제청으로 대통령이 퇴직을 명한다(동조 ②).

⑸ 감사위원의 중립성 보장

독립기관으로서의 감사원이 업무를 충실히 수행함에 있어서 필요한 독립성과 중립성을 확보하기 위하여 감사위원에게 겸직을 금지하고, 정치운동 등을 금지하고 있다.

감사위원은 재직 중 i) 국회 또는 지방의회의 의원의 직, ii) 행정부서의 공무원의 직, iii) 이 법에 의하여 감사의 대상이 되는 단체의 임·직원의 직, iv) 그 밖에 보수를 받는 직을 겸할 수 없고, 영리를 목적으로 하는 사업을 영위할 수 없으며(감사원법 §9), 정당에 가입하거나 정치운동에 관여할 수 없다(동법 §10).

Ⅲ. 감사원의 권한과 의무

⑴ 국가의 결산 및 회계의 검사권

감사원은 국가의 세입·세출의 결산과 회계검사, 법률이 정한 단체의 회계검사를 하는 권한을 가진다(헌법 §97).

감사원은 이러한 회계검사에 있어서 i) 국가의 회계, ii) 지방자치단체의 회계, iii) 한국은행의 회계와 국가 또는 지방자치단체가 자본금의 2분의 1 이상을 출자한 법인의 회계, iv) 다른 법률에 의하여 감사원의 회계검사를 받도록 규정된 단체 등의 회계에 대한 검사는 필요적으로 하여야 하고(감사원법 §22), 그 이외 감사원법 제23조에서 정하고 있는 사항에 대해서는 감사원이 필요하다고 인정한 때 또는 국무총리의 요구가 있는 때에 선택적으로 검사를 할 수 있다(동법 §23). 이러한 필요적 회계검사와 선택적 회계검사에는 수입과 지출, 재산(물품·유가증권·권리 등을 포함)의 취득·보관·관리 및 처분 등의 검사도 포함한다(동법 §22②).

(2) 직무감찰권

감사원은 행정기관 및 공무원의 직무에 관한 감찰을 하는 권한을 가진다(헌법 §97). 감사원은 i) 정부조직법 및 그 밖의 법률에 따라 설치된 행정기관(소장급 이하의 장교가 지휘하는 전투를 주임무로 하는 부대 및 중령급 이하의 장교가 지휘하는 부대를 제외한 군기관과 교육기관을 포함)의 사무와 그에 소속한 공무원의 직무, ii) 지방자치단체의 사무와 그에 소속한 지방공무원의 직무, iii) 한국은행의 회계와 국가 또는 지방자치단체가 자본금의 2분의 1 이상을 출자한 법인 및 민법 또는 상법 외의 다른 법률에 의하여 설립되고 그 임원의 전부 또는 일부나 대표자가 국가 또는 지방자치단체에 의하여 임명되거나 임명승인되는 단체의 사무와 그에 소속한 임원 및 감사원의 검사대상이 되는 회계사무와 직접 또는 간접으로 관련이 있는 직원의 직무, iv) 법령에 따라 국가 또는 지방자치단체가 위탁하거나 대행하게 한 사무와 그 밖의 법령에 따라 공무원의 신분을 가지거나 공무원에 준하는 자의 직무에 대하여 감찰한다(감사원법 §24①,②).

국회 · 법원 및 헌법재판소에 소속한 공무원의 직무는 감찰할 수 없다(동조 ③). 권력분립에 의한 것이다. 또한 국무총리로부터 국가기밀에 속한다는 소명이 있는 사항 및 국방부장관으로부터 군기밀 또한 작전상 지장이 있다는 소명이 있는 사항은 감찰할 수 없다(동조 ④).

(3) 감사결과와 관련된 권한

감사원은 감사결과와 관련하여 변상책임 유무의 판정권(감사원법 §31), 징계등의 요구 · 권고권(동법 §32, §32의2, §34의2), 시정등의 요구 · 권고권(동법 §33, §34의2), 법령등의 개선요구 · 권고권(동법 §34, §34의2), 수사기관에의 고발권(동법 §35), 재심의청구처리권(동법 §38, §39) 등 감사원법이 정하는 권한을 가진다.

(4) 세입 · 세출의 결과 보고

감사원은 국가의 세입 · 세출의 결산을 매년 검사하여 대통령과 차년도국회에 그 결과를 보고하여야 한다(헌법 §99). 이는 대통령과 국회에 대한 감사원의 헌법상의 의무이다. 감사원 이외의 다른 기관이 이를 행할 수 없다는 점에서 이는 감사원의 권한이기도 하다.

(5) 규칙제정권

감사원은 감사에 관한 절차, 감사원의 내부규율과 감사사무처리에 관한 규칙을 제정할 수 있다(감사원법 §52). 이러한 감사원규칙의 제정권은 헌법에서 인정하는 것이 아니고 감사원법에서 인정하는 것이다. 따라서 이는 헌법에서 인정하는 규칙(예: 헌법재판소규칙, 대법원규칙, 중앙선거관리위원회규칙)과 달리 법규명령으로서의 성격을 가지지 못하고, 행정규칙으로서의 성질을 가진다. 감사원규칙에는 국민의 권리나 의무에 관한 사항을 정할 수 없다(동지: 권영성, 1051).

[549] 제2 대통령자문기관

헌법은 국가운영에 있어서 중요한 비중을 차지하는 정책을 수립하고 집행함에 있어서 자문기구를 설치하여 대통령으로 하여금 일정한 자문을 구할 수 있게 하고 있다. 이러한 자문기관은 대통령의 업무의 수행에 있어서 전문적 지식, 축적된 경험, 직무수행의 합리성, 집약된 정보, 미래적 전망 등을 제공하여 대통령의 권한이 합리적으로 행사될 수 있게 해준다. 헌법은 이러한 자문기관으로 국가안전보장회의, 국민경제자문회의, 민주평화통일자문회의, 국가교육과학기술자문회의, 국가원로자문회의를 필요적으로 설치하게 하거나 임의적으로 설치할 수 있게 정하고 있다.

Ⅰ. 국가안전보장회의의 자문

국가안전보장에 관련되는 대외정책·군사정책과 국내정책의 수립에 관하여 국무회의의 심의에 앞서 대통령의 자문에 응하기 위하여 국가안전보장회의를 둔다(헌법 §91①). 이러한 국가안전보장회의는 필요적으로 설치해야 하는 자문기관인데, 대통령이 주재한다(헌법 §91②).

국가안전보장회의의 조직·직무범위 기타 필요한 사항은 법률로 정하는데(헌법 §91③), 이에 따라 국가안전보장회의법이 제정되어 시행되고 있다. 국가안전보장회의는 대통령·국무총리·외교부장관·통일부장관·국방부장관 및 국가정보원장과 대통령령이 정하는 약간의 위원으로 구성한다(안보회의법 §2①).

Ⅱ. 국민경제자문회의의 자문

국민경제의 발전을 위한 중요정책의 수립에 관하여 대통령의 자문에 응하기 위하여 국민경제자문회의를 둘 수 있다(헌법 §93③). 이는 임의적 자문기관이다. 필요하면 대통령은 이 자문회의를 구성하여 자문을 구할 수 있다.

국민경제자문회의의 조직·직무범위 기타 필요한 사항은 법률로 정한다(헌법 §93②). 이에 따라 국민경제자문회의법이 제정되어 시행되고 있다. 국민경제자문회의는 의장인 대통령과 부의장 1명, 당연직위원 5명 이내(기획재정부장관과 대통령비서실의 경제업무를 보좌하는 정무직 비서관 그 밖에 대통령령으로 정하는 사람), 위촉위원 30명 이내 및 지명위원으로 구성한다(경제회의법 §3). 국민경제자문회의는 국민경제의 발전을 위한 전략 및 주요 정책방향의 수립, 국민복지의 증진과 균형발전을 위한 제도의 개선과 정책의 수립, 국민경제의 대내외 주요 현안과제에 대한 정책대응방향의 수립, 그 밖에 국민경제의 발전을 위하여 대통령이 자문회의의 회의에 부치는 사항에 관하여 대통령의 자문에 응한다(동법 §2).

Ⅲ. 민주평화통일자문회의의 자문

평화통일정책의 수립에 관한 대통령의 자문에 응하기 위하여 민주평화통일자문회의를 둘 수 있다(헌법 §92①). 이는 임의적 자문기관이다. 민주평화통일자문회의의 조직·직무범위 기타 필요한 사항은 법률로 정한다(헌법 §92②). 이에 따라 민주평화통일자문회의법이 제정되어 시행되고 있다. 민주평화통일자문회의는 주민이 선출한 지역대표와 정당·직능단체·주요 사회단체 등의 직능분야의 인사 중에서 대통령이 위촉하는 7,000인 이상의 자문위원으로 구성한다(평통회의법 §3). 민주평화통일자문회의는 국내외 통일여론 수렴, 통일에 관한 국민적 합의 도출, 범민족적 통일의지와 역량의 결집, 그 밖에 대통령의 평화통일정책에 관한 자문·건의를 위하여 필요한 사항에 관하여 대통령에게 건의하고 자문에 응한다(동법 §2). 현재까지 민주평화통일자문회의는 대통령의 통일정책에 자문을 하는 기관이라기보다 통일정책을 홍보하고 확산하는 일에 주로 이용되었다.

Ⅳ. 국가과학기술자문회의의 자문

국가는 과학기술의 혁신과 정보 및 인력의 개발을 통하여 국민경제의 발전에 노력하여야 하는데(헌법 §127①), 이 목적을 달성하기 위하여 대통령은 필요한 자문기구를 둘 수 있다(헌법 §127③).

국가과학기술자문회의법에 의하면, 국가과학기술자문회의는 의장인 대통령과 부의장 1인을 포함한 30인 이내의 위촉위원(과학기술에 관한 학식과 경험이 풍부한 전문가 중에서 의장이 위촉)과 지명위원(자문회의에 상정된 안건과 관련 있는 산업계·학계·연구기관의 교수 및 임원·직원 그 밖에 대통령이 정하는 관련전문가 중에서 회의 시마다 의장이 지명)으로 구성한다(과기회의법 §3). 국가과학기술자문회의는 중장기 교육·인재 정책의 방향에 관한 사항, 교육·인재 정책 분야의 제도 개선 및 주요 정책 개발에 관한 사항, 국가과학기술의 혁신과 정보 및 인력의 개발을 위한 과학기술 발전 전략 및 주요 정책방향에 관한 사항, 국가과학기술 분야의 제도 개선 및 정책에 관한 사항, 그 밖에 교육·인재 정책 및 과학기술 분야의 발전을 위하여 필요하다고 인정하여 대통령이 자문회의에 부치는 사항에 관하여 대통령의 자문에 응한다(동법 §2).

Ⅴ. 국가원로자문회의의 자문

국정의 중요한 사항에 관한 대통령의 자문에 응하기 위하여 국가원로로 구성되는 국가원로자문회의를 둘 수 있다(헌법 §90①). 이는 임의적인 자문기구이다. 국가원로자문회의를 설치하는 경우에 그 의장은 직전대통령이 되고, 직전대통령이 없을 때에는 대통령이 지명한다(헌법 §90②).

국가원로자문회의의 조직·직무범위 기타 필요한 사항은 법률로 정한다(헌법 §90③).

헌법 제90조 제3항에 의해 과거 국가원로자문회의법(1988. 2. 24. 법률 제4002호)이 제정되어 시행된 적이 있다. 당시 국가원로자문회의는 의장과 원로위원으로 구성하였는데, 원로위원은 35인 이내로 하되, 대통령의 직에 있던 자, 국회의장, 대법원장 또는 국무총리의 직에 있던 자, 기타 정치 · 경제 · 사회 · 문화 · 종교 등 각계의 원로 중에서 의장의 추천으로 대통령이 위촉하였다(원로회의법 §2). 이 자문회의는 국정의 중요사항에 관하여 대통령의 자문에 응하거나, 대통령에게 건의할 사항을 심의하였는데, 자문회의의 활동과 관련하여서는 정부는 국가원로자문회의의 건의사항 또는 국정에 관한 의견을 존중하고, 이를 가능한 한 국정에 반영하도록 노력하여야 한다고 정하고 있었다(동법 §5). 이 국가원로자문회의법은 전두환정부에서 노태우정부로 정부가 이양된 초기인 1988년 2월 25일부터 시행되다가 1989년 3월 29일 법률 제4100호로 폐지되었다. 그 후 현재까지 국가원로자문회의는 구성된 적이 없다.

[550] 제3 국가정보원

Ⅰ. 법적 지위

국가정보원은 헌법에서는 정하고 있지 아니한 기관이다. 이는 정부조직법과 국가정보원법이 정하고 있는 국가기관이다. 이 법률에 의하면, 국가정보원은 대통령소속하에 두며(정조법 §17①; 국정원법 §2), 대통령의 지시와 감독을 받는다(국정원법 §2).

국가정보원이 대통령의 소속으로 되어 있고, 대통령의 지시와 감독을 받지만, 위법한 지시에는 복종하지 않는다. 대통령이 헌법을 부정 또는 왜곡하거나 국가의 정체성과 국가안전보장을 위태롭게 하는 때에는 국가정보원은 대통령을 상대로 그 임무를 수행하여야 한다. 대통령의 직무수행을 감시하는 의미에서는 국가정보원은 대통령으로부터 독립성을 가지는 기관이기도 하다.

헌법재판소의 판례에 의하면, 국가정보원을 행정각부에 속하게 하지 않은 것은 헌법에 위반되는 것이 아니라고 한다(憲 1994. 4. 28. -89헌마221).

Ⅱ. 업무와 조직

(1) 업 무

국가정보원은 국가안전보장에 관련되는 정보 · 보안 및 범죄수사에 관한 사무를 담당하는데(정조법 §17①), 구체적으로는 i) 국외정보 및 국내보안정보(대공 · 대정부전복 · 방첩 · 대테러 및 국제범죄조직)의 수집 · 작성 및 배포, ii) 국가기밀에 속하는 문서 · 자재 · 시설 및 지역에 대한 보안업무(각급기관에 대한 보안감사는 제외), iii) 형법 중 내란의 죄, 외환의 죄, 군형법 중 반란의 죄, 암호부정사용죄, 「군사기밀 보호법」에 규정된 죄, 국가보안법에 규정된 죄에 대한 수사, iv) 국정원 직원의 직무와 관련된 범죄에 대한 수사, v) 정보 및 보안업무의 기획 · 조정의 직무를 수행한다(국정원법 §3①).

(2) 조 직

국가정보원의 조직은 국가정보원장이 대통령의 승인을 받아 정한다(국정원법 §4①). 국가안전보장의 중요한 업무를 수행하는 국가정보기구의 조직은 대외적으로 비밀이 유지되어야 하고, 어떤 경우에도 이는 공개되어서는 안 된다. 따라서 국가정보원법도 그 조직은 국가정보원장과 대통령만이 알 수 있도록 하고 있다. 국가정보원장이나 대통령이 퇴임한 후에도 이를 공표할 수 없다. 한 국가의 정보기구의 조직은 외국 정보기관들의 활동의 중요한 표적이 되고, 이의 노출은 국가이익과 국가안전보장에 중대한 손실을 초래하므로 철저하게 비밀이 유지되어야 한다. 국가정보원법 제6조는 「국정원의 조직 · 소재지 및 정원은 국가안전보장을 위하여 필요한 경우에는 그 내용을 공개하지 아니할 수 있다」라고 정하고 있다.

국가정보원에는 원장 · 차장 및 기획조정실장과 기타 필요한 직원을 둔다(동법 §5①). 원장 · 차장 및 기획조정실장은 다른 직을 겸할 수 없고(동법 §8), 원장 · 차장 및 기타 직원은 정당 그 밖의 정치단체에 가입하거나 정치활동에 관여하는 행위는 금지된다(동법 §9).

제 3 절 선거관리위원회

[551] 제1 선거관리위원회의 헌법상의 지위

Ⅰ. 선거관리기관

선거관리위원회는 선거의 공정한 관리를 하는 유일한 기관이다(헌법 §114①). 대의민주주의와 지방자치의 성공에는 선거의 성공이 필수적이다. 국민의 대표자를 선출하거나 지방자치단체의 장이나 지방의회의 의원을 선출함에 있어서 선거가 공정하고 평온하게 이루어지지 못하면 국민의 선거권이 침해될 뿐 아니라, 선거의 기능도 왜곡되며, 민주주의도 달성할 수 없다. 따라서 선거제도를 두는 이상 선거의 공정과 평온을 확보하기 위한 선거의 관리는 필수적으로 요구된다. 헌법은 이러한 민주주의의 요구를 실현시키기 위하여 선거관리에 관한 규정을 두고 있다.

Ⅱ. 국민투표관리기관

선거관리위원회는 국민투표의 공정한 관리를 하는 유일한 기관이다(헌법 §114①). 국민투표법은 선거관리위원회가 국민투표관리기관으로서 그 기능을 할 수 있도록 권한과 의무를 정하고 있다.

Ⅲ. 정당사무처리기관

선거관리위원회는 정당에 관한 사무를 처리하는 기관이다(헌법 §114①). 선거관리위원회가 정당에 관한 사무를 처리하는 구체적인 내용은 정당법에서 정하고 있다.

Ⅳ. 헌법상 독립기관

선거관리위원회는 선거와 국민투표를 공정하게 관리하는 독립기관이며, 헌법에서 설치하는 기관이다(헌법 §114). 따라서 선거관리위원회는 국회, 대통령, 행정부, 법원, 헌법재판소로부터 독립되어 있으며, 법률로써 이를 폐지할 수 없다. 헌법은 선거관리위원회의 독립성을 보장하고 그 사무수행의 공정성을 기하기 위하여 선거관리위원회 위원의 신분도 보장하고 있다(헌법 §114⑤).

Ⅴ. 합의제기관

선거관리위원회는 구성원의 합의로서 업무를 처리한다. 이러한 합의에 있어서 위원장을 포함한 위원은 모두 동등한 지위를 가진다. 각급선거관리위원회는 위원과반수의 출석으로 개의하고 출석위원 과반수의 찬성으로 의결하며(선관위법 §10①), 위원장도 표결권을 가지고 가부동수인 때에는 위원장이 결정권을 가진다(동조 ②). 중앙선거관리위원회도 마찬가지이다.

《선거관리에 대한 규정 방식》

헌법에서 중앙선거관리위원회를 정하는 것은 1960년 3·15부정선거를 겪고 그에 대한 반성적인 의미에서 처음 등장한 것이다. 그런데 선거관리를 하는 기구에 관하여 헌법에서 구성과 그 위원의 지위, 권한에 대하여 직접 정하는 것은 다른 국가기관과 비교하여 체계상 문제가 있다. 이러한 예를 찾기에 흔하지 않다(예: 일본국에서는 중앙선거관리회가 총무성 산하의 특별기관으로 설치되어 있다). 다른 헌법기관과 비교하여 볼 때, 선거관리에 관한 규정만 헌법에서 정하고(예: 헌법 §9로 규정), 선거관리기구의 구성, 조직, 운영에 대해서는 법률로 정하는 것이 타당하다. 즉 헌법 제8조의 정당규정 다음에 헌법 제9조로 「① 선거와 국민투표의 공정한 관리 및 정당에 관한 사무를 처리하기 위하여 선거관리위원회를 둔다. ② 선거관리위원회의 구성, 조직과 운영 기타 필요한 사항은 법률로 정한다. ③ 각급 선거관리위원회는 선거인명부의 작성 등 선거사무와 국민투표사무에 관하여 관계 행정기관에 필요한 지시를 할 수 있다. ④ 제1항의 지시를 받은 당해 행정기관은 이에 응하여야 한다. ⑤ 선거운동은 각급 선거관리위원회의 관리하에 법률이 정하는 범위 안에서 하되, 균등한 기회가 보장되어야 한다. ⑥ 선거에 관한 경비는 법률이 정하는 경우를 제외하고는 정당 또는 후보자에게 부담시킬 수 없다」라고 정한다. 선거관리에 관한 기구의 규정방식은 각 나라마다 다양하다. 이를 유형별로 비교하여 보면 다음과 같다.

선거관리기구의 형태

구 분		국 가 명
독립위원회형	헌법기관	한국, 필리핀, 인디아, 엘살바도르
	법률기관	미합중국(연방), 캐나다, 일본국, 독일, 영국(법제정), 오스트리아, 스페인, 오스트레일리아, 멕시코, 페루
의회형		덴마크
사법부형	헌법기관	터키, 브라질, 칠레, 코스타리카
	법률기관	이탈리아
행정부형		미합중국(주), 프랑스(중앙기관은 헌법재판소), 영국(선거관리), 스웨덴, 노르웨이, 스위스

[552] 제2 선거관리위원회의 종류와 구성

Ⅰ. 종 류

선거관리를 하는 선거관리위원회에는 중앙선거관리위원회와 각급선거관리위원회가 있다(헌법 §114). 각급 선거관리위원회의 조직·직무범위 기타 필요한 사항은 법률로 정한다(헌법 §114⑦). 중앙선거관리위원회는 선거 및 국민투표의 관리와 정당에 관한 사무를 통할·관리하며, 각급선거관리위원회는 이러한 사무를 수행함에 있어 하급선거관리위원회를 지휘·감독한다(선관위법 §3③).

Ⅱ. 구 성

(1) 중앙선거관리위원회

중앙선거관리위원회는 대통령이 임명하는 3인, 국회에서 선출하는 3인과 대법원장이 지명하는 3인의 위원으로 구성한다. 위원장은 위원 중에서 호선한다(헌법 §114②).

위원의 임기는 6년으로 한다(헌법 §114③). 위원은 정당에 가입하거나 정치에 관여할 수 없다(헌법 §114④). 위원은 탄핵 또는 금고 이상의 형의 선고에 의하지 아니하고는 파면되지 아니한다(헌법 §114⑤).

(2) 각급선거관리위원회

각급선거관리위원회에는 특별시 · 광역시 · 도선거관리위원회, 구 · 시 · 군선거관리위원회, 읍 · 면 · 동선거관리위원회가 있다(선관위법 §2①). 시 · 도선거관리위원회의 위원은 일정한 자격을 갖춘 자 중에서 중앙선거관리위원회가 위촉하고(동법 §4②), 구 · 시 · 군선거관리위원회의 위원은 일정한 자격을 갖춘 자 중에서 시 · 도선거관리위원회가 위촉하며(예외적인 경우에 한해 당해 구 · 시 · 군선거관리위원회가 위촉)(동조 ③), 읍 · 면 · 동선거관리위원회의 위원은 일정한 자격을 갖춘 자 중에서 구 · 시 · 군선거관리위원회가 위촉한다(동조 ④). 각급선거관리위원회에는 위원장 1인을 두며(동법 §5①), 각급선거관리위원회의 위원장은 당해 선거관리위원회위원 중에서 호선한다(동조 ②).

각급선거관리위원회위원의 임기는 6년으로 한다. 다만, 구 · 시 · 군선거관리위원회위원의 임기는 3년으로 하되, 한 차례만 연임할 수 있다(동법 §8). 각급선거관리위원회의 위원은 선거인명부작성기준일 또는 국민투표안공고일로부터 개표종료 시까지 내란 · 외환 · 국교 · 폭발물 · 방화 · 마약 · 통화 · 유가증권 · 우표 · 인장 · 살인 · 폭행 · 체포 · 감금 · 절도 · 강도 및 국가보안법위반의 범죄에 해당하는 경우를 제외하고는 현행범인이 아니면 체포 또는 구속되지 아니하며 병역소집의 유예를 받는다(동법 §13).

각급선거관리위원회의 위원은 i) 정당에 가입하거나 정치에 관여한 때, ii) 탄핵결정으로 파면된 때, iii) 금고 이상의 형의 선고를 받은 때, iv) 정당추천위원으로서 그 추천정당의 요구가 있거나 추천정당이 국회에 교섭단체를 구성할 수 없게 된 때와 국회의원선거권이 없음이 발견된 때, v) 시 · 도선거관리위원회의 상임위원인 위원으로서 국가공무원법 제33조 각호의 1에 해당하거나 상임위원으로서의 근무상한에 달하였을 때에 해당하지 않으면 해임 · 해촉 또는 파면되지 아니한다(동법 §9). 이는 선거와 국민투표의 관리가 공정하고 충실하게 이루어질 수 있도록 하기 위한 조치이다.

[553] 제3 선거관리위원회의 기능과 권한

Ⅰ. 선거관리에 관한 권한

선거관리위원회는 선거가 공정하고 평온하게 실시될 수 있도록 선거의 준비, 실시, 개표 등 일련의 선거의 과정을 관리하고 선거운동을 관리한다. 이에 따라 선거관리위원회는 국가 및 지방자치단체의 선거와 법령의 규정에 따라 선거관리위원회가 관리하는 공공단체의 선거(위탁 선거)에 관한 사무를 관장하는 권한을 가진다(선관위법 §3①).

각급 선거관리위원회는 선거인명부의 작성 등 선거사무에 관하여 관계 행정기관에 필요한 지시를 할 수 있으며(헌법 §115①), 이 지시를 받은 당해 행정기관은 이에 응하여야 한다(헌법 §115②).

II. 국민투표에 관한 권한

국민투표가 평온한 상태에서 국민이 자유로이 참여하고 자신의 자율적인 의사에 따라 이루어지도록 하는 것은 국민투표제도에 내재하여 있는 법리적인 요구이다. 이와 같이 국민투표의 공정하고 평온한 실시를 위하여 국가가 이에 관한 사무를 처리할 필요가 있다. 이에 따라 선거관리위원회는 헌법 제72조에 의한 국민투표와 헌법 제130조가 정하는 국민투표에 관한 사무를 관장하는 권한을 가진다(헌법 §114①; 선관위법 §3①ii). 국민투표와 관련하여 선거관리위원회가 가지는 권한은 국민투표법에서 정하고 있다.

각급 선거관리위원회는 국민투표사무에 관하여 관계 행정기관에 필요한 지시를 할 수 있으며(헌법 §115①), 이 지시를 받은 당해 행정기관은 이에 응하여야 한다(헌법 §115②).

III. 정당사무에 관한 권한

선거관리위원회는 정당법이 정하는 바에 따라 정당의 설립과 활동, 등록 및 등록취소, 해산 등에 관한 사무를 처리하는 권한을 가진다(선관위법 §3①iii).

IV. 정치자금사무에 관한 권한

선거관리위원회는 정치자금법이 정하는 바에 의하여 정치자금에 관한 사무를 처리하는 권한을 가진다. 정치자금은 자본주의국가에서 민주주의의 실현을 위하여 필요최소한으로 인정할 수밖에 없는 부분이 있지만, 이를 아무런 통제 없이 방치하는 경우에는 국민의 대표기관의 구성과 국가의사결정의 과정이 왜곡되고 정치부패가 만연하여 대의민주주의를 실패하게 만든다. 따라서 국가는 정치자금에 대하여 통제하여야 하는데, 우리나라에서는 이에 관한 업무를 선거관리위원회가 담당하고 있다.

V. 규칙제정권

중앙선거관리위원회는 법령의 범위 안에서 선거관리·국민투표관리 또는 정당사무에 관한 규칙을 제정할 수 있으며, 법률에 저촉되지 아니하는 범위 안에서 내부규율에 관한 규칙을 제정할 수 있다(헌법 §114⑥).

VI. 입법의견의 제출

중앙선거관리위원회는 중앙선거관리위원회는 선거·국민투표·정당관계법률과 주민투표·주민소환관계법률(이 경우 선거관리위원회의 관리 범위에 한정한다)에 해당하는 법률의 제정·개정 등이 필요하다고 인정하는 경우에는 국회에 그 의견을 서면으로 제출할 수 있다(선거관리위원회법 제17조 제2항).

[554] 제4 선거의 관리와 선거의 공영

Ⅰ. 선거의 관리와 선거운동의 관리

(1) 개 념

선거의 관리는 선거의 실시를 위한 준비, 실시, 개표, 확정 등의 선거의 전과정에 대한 관리를 의미하는 동시에 선거운동의 관리도 포함하고 있다. 선거운동이 관리되지 않고 방치되면 정치적·사회적·경제적 힘에 따라 강자에 의해 약자의 선거운동의 기회와 정치적 의사표현의 자유가 침해된다. 이러한 문제를 해결하기 위하여 선거관리는 선거운동의 관리도 그 개념에 포함하고 있다.

현행법은 이러한 선거관리를 시행하기 위하여 각급선거관리위원회는 선거권자의 주권의지의 앙양을 위하여 상시계도를 실시하도록 하고 있으며(선관위법 §14①), 선거 또는 국민투표가 있을 때에는 각급선거관리위원회는 그 주관하에 문서·도화·시설물·신문·방송 등의 방법으로 투표방법·기권방지 기타 선거 또는 국민투표에 관하여 필요한 계도를 실시하도록 하고 있다(동조 ②).

(2) 선거운동의 관리

(a) 선거운동의 의의

선거운동은 선험적인 개념이 아니라, 대의제도의 구성요소인 선거제도에 의해 규정되는 개념이다. 선거운동은 대의제도에서 선거제도를 채택하면서 선거가 본래의 기능을 수행할 수 있도록 하는 범위 내에서 인정되는, 선거에서 입후보한 자를 당선되거나 되지 못하게 하기 위한 행위를 말한다.

공직선거법 제58조는 제1항에서 「이 법에서 '선거운동'이라 함은 당선되거나, 되게 하거나, 되지 못하게 하기 위한 행위를 말한다. 다만, 다음 각호의 어느 하나에 해당하는 행위는 선거운동으로 보지 아니한다. 1. 선거에 관한 단순한 의견개진 및 의사표시, 2. 입후보와 선거운동을 위한 준비행위, 3. 정당의 후보자 추천에 관한 단순한 지지·반대의 의견개진 및 의사표시, 4. 통상적인 정당활동, 5. 설날·추석 등 명절 및 석가탄신일·기독탄신일 등에 하는 의례적인 인사말을 문자메시지로 전송하는 행위」라고 정하고 있다(공선법 §58①). 헌법재판소는 특히 법에 의해 관리와 보장의 대상이 되는 선거운동이라고 하기 위해서는 행위의 표지가 개념에 합당하게 나타나야 한다는 점을 강조한다(예: 憲 1994. 7. 29. -93헌가4등).

[憲 1994.7.29.-93헌가4등] 「법 제33조는 선거운동을 "당선되거나 되게 하거나 되지 못하게 하기 위한 행위"라고 정의하고, 선거에 관한 단순한 의견의 개진, 입후보를 위한

준비행위 및 선거운동을 위한 준비행위와 정당의 통상적인 활동은 선거운동이 아니라고 규정하고 있다. 여기에서 "당선되거나 되게 하거나 되지 못하게 하기 위한 행위"라는 말과 "단순한 의견개진"이라는 말은 애매하고 불명확한 요소가 있고, 광범위한 해석의 여지가 없지 아니하다. 그러나 이러한 입법의 애매성은 통상적인 해석방법에 의하여 해소될 수 있는 것인가가 문제이고 해석으로 선거운동과 단순한 의견개진 등 선거운동이 아닌 것과의 구별을 가능하게 하는 잣대를 제공할 수 있다면 위헌이라고 말할 수 없다. 위 법률조항들의 입법목적, 법에 규정된 선거운동 규제조항의 전체적 구조 등을 고려하면 선거운동이라 함은 특정 후보자의 당선 내지 이를 위한 득표에 필요한 모든 행위 또는 특정 후보자의 낙선에 필요한 모든 행위 중 당선 또는 낙선을 위한 것이라는 목적의사가 객관적으로 인정될 수 있는 능동적, 계획적 행위를 말하는 것으로 풀이할 수 있다. 즉, 단순한 의견개진 등과 구별되는 가벌적 행위로서의 선거운동의 표지로 당선 내지 득표(반대후보자의 낙선)에의 목적성, 그 목적성의 객관적 인식가능성, 능동성 및 계획성이 요구된다 할 것이다.」

(b) 선거운동의 성질

선거운동은 본질적으로 선거제도를 전제로 하는 것이므로 선거운동도 헌법이 채택하고 있는 대의민주주의와 선거제도의 목적에 부합하는 범위 내에서만 인정된다. 선거제도의 목적과 기능을 부정하거나 왜곡하는 선거운동은 어떤 경우에도 인정되지 않는다. 후보자의 선거운동행위가 헌법상 인정된다고 하더라도 이것은 어디까지나 대의민주주의의 기능과 선거제도의 본질적 역할과 기능(선거의 공정, 적합한 국민 대표 선택, 입후보자 간의 실질적 평등 등), 그리고 선거권자의 선거권 행사(선거인의 공정한 판단, 선거권 행사의 평온과 자유 등)를 침해하지 않는 한도 내에서 인정된다. 선거운동은 대의제도에 기초한 선거의 기능과 피선거권과 선거권이 보장되는 범위에서 인정되는 자유와 권리일 뿐 선거를 떠나 그 이전에 존재하는 정치적 의사표현의 자유로 인정되는 것은 아니다. 선거운동의 자유는 대의제도를 채택할 때 인정되는 것이지만, 정치적 표현의 자유는 대의제도의 채택여부 이전에 인정되는 기본권이다.

입후보한 자가 유권자에게 자기를 알릴 자유는 대의민주주의의 본질, 유권자의 선거권 행사에서의 알 권리, 입후보한 자의 표현의 자유를 근거로 인정되며, 헌법상 보장되는 기본권이라고 할 수 있다. 후보자가 유권자에게 자기를 당선시켜 달라고 하는 행위는 정치적 자유 또는 정치적 표현의 자유로 인정된다고 할 것이고, 헌법 제21조 제1항과 헌법 제116조가 그 근거가 된다.

헌법재판소는 선거운동을 선거권 · 정치적 표현의 자유 · 자유선거원칙의 내용으로 설시하기도 하고(예: 憲 1994. 7. 29.-93헌가4등; 1995. 4. 20.-92헌바29; 1999. 6. 24.-98헌마153; 2001. 8. 30.-99헌바92등), 선거권 · 정치적 표현의 자유의 내용으로 설시하기도 하며(예: 憲 2000. 3. 30.-99헌바113), 정치적 표현의 자유의 한 양태라고 하기도 한다(예: 憲 2008. 5. 29.-2006헌마1096).

[憲 1994.7.29.-93헌가4등] 「자유선거의 원칙은 선거의 전 과정에 요구되는 선거권자의 의사형성의 자유와 의사실현의 자유를 말하고, 구체적으로는 투표의 자유, 입후보의 자유, 나아가 선거운동의 자유를 뜻한다. 선거운동의 자유는 널리 선거과정에서 자유로이 의사를 표현할 자유의 일환이므로 표현의 자유의 한 태양이기도 하다. 표현의 자유, 특히 정치적 표현의 자유는 선거과정에서의 선거운동을 통하여 국민이 정치적 의견을 자유로이 발표·교환함으로써 비로소 그 기능을 다하게 된다 할 것이므로 선거운동의 자유는 헌법에 정한 언론·출판·집회·결사의 자유 보장규정에 의한 보호를 받는다. 또한 우리 헌법은 참정권의 내용으로서 모든 국민에게 법률이 정하는 바에 따라 선거권을 부여하고 있는데, 선거권이 제대로 행사되기 위하여는 후보자에 대한 정보의 자유교환이 필연적으로 요청된다 할 것이므로, 선거운동의 자유는 선거권 행사의 전제 내지 선거권의 중요한 내용을 이룬다고 할 수 있다.」 선거운동을 자유선거원칙이나 선거권의 내용으로 파악하는 헌법재판소의 결정에는 동의하기 어렵다.

(c) 선거운동의 기회균등

선거운동에서의 기회균등은 선거에서 선거운동을 인정하는 경우에는 필연적으로 보장되어야 하는 법리이다. 선거운동의 방법에서는 여러 제한이 따른다고 하더라도 선거운동의 기회에서의 균등은 철저히 보장되어야 한다. 선거운동에서의 기회균등이 올바로 보장되지 못하면 선거가 왜곡되고 대의제도도 올바로 작동하지 못한다. 선거운동의 기회균등을 보장함에 있어서는 선거의 공정성이 확보되어야 한다(예: 憲 1994. 7. 29.-93헌가4등).

이와 같이 선거운동에서의 기회균등은 대의민주주의에서 중요한 의미를 가지기 때문에 헌법은 선거운동의 기회균등을 보장하기 위하여 「선거운동은 각급 선거관리위원회의 관리하에 법률이 정하는 범위 안에서 하되, 균등한 기회가 보장되어야 한다」(헌법 §116①)라고 정하여 명시적인 규정을 두고 있다. 이에 대한 자세한 것은 공직선거법에서 정하고 있다.

그러나 선거운동에서의 기회균등을 보장하는 것이 모든 경우에 절대적으로 평등하게 기회를 보장하는 것을 의미하는 것은 아니다. 선거와 관련된 여러 제도나 사회의 여건에 따라 합리적으로 차별하는 것이 정당한 경우에는 기회균등에서 차별을 둘 수 있다(예: 憲 1989. 5. 24.-89헌가37등; 1992. 4. 28.-90헌바27등; 1997. 10. 30.-96헌마94; 1998. 8. 27.-97헌마372등).

정당제도를 두고 있는 나라의 선거에서 무소속후보자와 정당소속후보자 간에 합리적이고 상대적으로 차별을 두는 것은 인정된다(예: 憲 1996. 3. 28.-96헌마9등). 다만, 정당추천후보자에게 별도로 정당연설회를 할 수 있도록 하는 것은 무소속후보자와 비교하여 월등하게 유리한 위치에서 선거운동을 하게 한 불평등한 규정으로 위헌이다(憲 1992. 3. 13.-92헌마37등). 그러나 선거운동기간 전에 정당이 소속당원의 훈련연수 등의 형태로 당원교육을 실시하고 당원을 모집하거나 입당원서를 배부하는 것을 허용하는 것(憲 1995. 11. 30.-94헌마97; 1996. 8. 29.-96헌마99), 정당에만 선거대책기구의 설치를 허용하고 무소속후보자에게는 이를 금지하는 것(憲 1996. 3. 28.-96헌마9등), 정당·국회의원·국회의원입후보등록자에게 후원회를 둘 수 있게 하면서 후보등록을 하지 않은 입후보예상자에게 이를 인정하지 않는 것(憲 1995. 11. 30.-94헌마97; 1996. 8. 29.-96헌마99; 1997. 5. 29.-96헌마85), 무소속후보자에게 선거운동용신분증명서를 발급하지 못하게 하는 것(憲 1996. 3. 28.-96헌마9등), 국회의원에게 선거운동기간이 개시하기 전에 의정활동보고를 할 수 있게 하는 것(憲 1996. 3. 28.-96헌마9등), 정당에게 통상적인 정당활동에 부수되는 음식물의 제공행위를 허용하는 것(憲 1996. 3. 28.-96헌마18등), 정당추천후보자와 달리 무소속후보자에게 선거권자의 추천을 받을 것을 요구하는 것(憲 1996. 8. 29.-96헌마99), 선거기간의 개시 전에 정당이 당사에 선전물을 부착하는 것(憲 1996. 8. 29.-96헌마99), 연설회 개최의 기회와 시간에서는 불합리하지 않은 상태에서 무소속후보자에게 단독연설회만 인정하고 공동연설회를 불허하는 것(憲 1997. 10. 30.-96헌마94), 공직선거에 특정 정당이나 후보자를 지지·반대하거나 지지·반대할 것을 권유하는 선거운동을 함에 있어서 노동조합이 아닌 각종 단체에 대하여 선거운동을 허용하지 아니한 것(憲 1999. 11. 25.-98헌마141), 대학교원에게는 정당가입과 선거운동의 자유를 허용하면서 초·중등학교의 교원에 대해서는 이를 금지하는 것(憲 2004. 3. 25.-2001헌마710), 국회의원과 지방의회의원에게는 선거운동이 허용되지만 지방자치단체장에게는 선거운동이 금지되는 것(憲 2005. 6. 30.-2004헌바33), 공직선거법상 중증장애인의 선거운동을 위하여 선거운동원 추가 등을 배려하지 않고 일률적으로 선거운동을 제한한 것(예: 憲 2009. 2. 26.-2006헌마626. 5인의 반대의견 있음)은 헌법에 합치한다.

(d) 선거운동의 제한

위에서 본 선거운동의 성격에 비추어 볼 때, 선거제도에서 선거운동행위의 제한은 본질필연적으로 요구되는데, 선거운동의 관리는 이러한 법리에 의해 이루어진다. 선거운동의 제한은 대의원리에 따른 법리적인 귀결이고, 이는 선거운동의 관리의 한 내용이다. 대의제도의 기능을 정상적으로 유지하고, 국민으로 하여금 대표자를 올바로 선출할 수 있게 하기 위해서는 선거에서의 평온과 공정이 요구되는데, 선거제도의 본래의 기능과 선거권 행사의 평온 및 공정이라는 가치보다 후보자의 당선을 위한 활동의 자유가 우선할 수는 없다. 입후보한 자의 활동도 대의민주주의의 기능을 올바로 유지하게 하고, 선거가 대의민주주의에서 요구하는 본래의 기능을 할 수 있게 하는 데 있다. 선거를 시민사회에 전적으로 맡길 수 없고 국가로 하여금 책임을 지고 운영하게 하는 이유도 이런 선거제도의 기능에 바탕을 두고 있다. 따라서 헌법 또는 법률로 국가가 선거를 관리하고, 선거운동에서도 합법적인 것으로 보장하는 선거운동과 위법한 행위로 제재하는 선거운동을 구별한다.

그러나 선거운동행위의 제한이 과도하여 피선거권의 행사나 선거의 기능을 제약해서는 안 되므로 선거운동행위의 제한에도 한계가 있다(예: 憲 1994. 7. 29.-93헌가4등; 1995. 4. 20.-92헌바29; 1999. 6. 24.-98헌마153; 1999. 9. 16.-99헌바5; 2000. 3. 30.-99헌바113). 선거운동행위의 제한에 있어서는 선거가 작동하는 나라의 역사적·공간적·문화적·사회적·정치적 여건과 국민의 수준과 구성 등 해당 국가의 사정에 따라 개별적으로 판단하여야 할 여지가 다른 기본권과 비교하여 상당히 광범하다고 할 것이지만(예: 憲 1997. 3. 27.-95헌가17; 1997. 11. 27.-96헌바60), 이러한 제한이 대의민주주의와 선거의 기능을 왜곡하거나 심하게 제약하는 것이어서는 안 된다. 선거운동행위의 제한에서도 다른 기본권의 제한의 경우와 같이 헌법 제37조 제2항이 제한의 근거인 동시에 제한의 한계를 설정하는 규범으로 작용한다. 여기에도 법치주의에서 요구되는 과잉금지원칙이 적용된다.

이와 관련하여 헌법 제116조 제2항의 「선거운동은……법률이 정하는 범위 안에서 하되……」의 의미가 문제가 된다. 이 규정이 선거운동의 보장은 법률수준에서 보장되는 성질의 것이라는 점을 정한 것인가 아니면 헌법에서 보장되고 법률로 제한할 수 있는 성질의 것이라는 점을 정한 것인가 하는 점이다. 위에서 보았듯이, 선거운동의 자유는 대의민주주의와 분리하여 인정할 수 없는 자유이기는 하지만 헌법에서 보장하는 내용이므로, 헌법 제116조 제2항에서 정하고 있는 것은 선거운동의 자유를 헌법 제37조 제2항을 근거로 법률로 제한할 수 있음을 헌법에서 대의제도와 선거제도의 기능에 합당하게 확인하는 규정이라고 보는 것이 타당하다.

공직선거법은 「누구든지 자유롭게 선거운동을 할 수 있다. 그러나 이 법 또는 다른 법률의 규정에 의하여 금지 또는 제한되는 경우에는 그러하지 아니하다」라고 정하고 있다(공선법 §58②). 이 법은 각종의 선거에서 있게 되는 선거운동의 보장과 제한에 관하여 개별적이고 구체적으로 정하고 있다.

[憲 1994.7.29.-93헌가4등] 「민주적 의회정치의 기초인 선거는 본래 자유로와야 하는 것이지만 그것은 동시에 공정하게 행하여지지 아니하면 아니 된다. 금권, 관권, 폭력 등에 의한 타락선거를 방지하고, 무제한적이고 과열된 선거운동으로 말미암아 발생할 사회경제적 손실과 부작용을 방지하고, 실질적인 선거운동의 기회균등을 보장하기 위하여는 선거의 공정성이 확보되어야 한다. 선거의 공정성 확보를 위하여는 어느 정도 선거운동에 대한 규제가 행하여지지 않을 수 없고, 이는 곧 선거운동의 자유를 제한하는 셈이 되므로 기본권제한의 요건과 한계에 따라야 한다. 그러므로 우리 헌법상 선거운동의 자유도 다른 기본권과 마찬가지로 헌법 제37조 제2항에 따라 국가안전보장·질서유지·공공복리를 위하여 필요한 경우에 한하여 법률로 제한할 수 있되, 다만 선거운동의 자유에 대한 본질적 내용은 침해할 수 없다. 한편 헌법 제116조 제1항은 "선거운동

은 각급 선거관리위원회의 관리하에 법률이 정하는 범위 안에서 하되, 균등한 기회가 보장되어야 한다"라는 별도의 규정을 두고 있다. 그러나 이 규정의 의미를 선거운동의 허용범위를 아무런 제약 없이 입법자의 재량에 맡기는 것으로 해석하여서는 아니 된다. 오히려 위에서 본 바와 같이 선거운동은 국민주권 행사의 일환일 뿐 아니라 정치적 표현의 자유의 한 형태로서 민주사회를 구성하고 움직이게 하는 요소이므로 그 제한입법에 있어서도 엄격한 심사기준이 적용된다 할 것이다. 민주정치는 선거를 바탕으로 유지·발전되는 것이고, 선거는 국민의 자유로운 의사결정과 후보자들의 공정한 경쟁을 통하여 훌륭한 대표자를 선출하는 것을 그 이상으로 한다. 따라서 입법자는 선거에 관한 입법을 함에 있어서 위와 같은 선거의 이상이 실현될 수 있도록 선거의 공정성을 크게 해치지 아니하는 한 국민의 선거운동의 자유를 최대한 보장하여야 하고, 그 시대에 있어서의 국민총체의 정치·사회발전단계, 민주시민의식의 성숙도, 종래에 있어 왔던 선거풍토 기타 제반상황을 종합하여 자유·공정의 두 이념이 슬기롭게 조화되도록 정하여야 한다.」

헌법재판소는 경우를 따지지 않고 공무원이 선거운동의 기획행위를 하는 모든 경우를 금지하는 것은 정치적 표현의 자유를 침해하는 것이라고 판시하였다(憲 2008. 5. 29. 2006헌마1096).

[憲 2008.5.29.-2006헌마1096] 「선거운동의 자유는 널리 선거과정에서 자유로이 의사를 표현할 자유의 일환으로 정치적 표현의 자유의 한 태양인바, 이 사건 법률조항은 공무원에 대하여 '선거운동의 기획에 참여하거나 그 기획의 실시에 관여하는 행위'(이하 이를 '선거운동의 기획행위'라고 한다)를 금지함으로써 공무원의 정치적 표현의 자유를 제한하고 있다고 볼 것이다. 한편 공무원이 공직선거의 출마예정자일 경우 이 사건 법률조항은 입후보를 위한 선거운동의 기획행위를 금지한다는 측면에서 공무담임권(피선거권)을 제한하는 측면도 있다. 이 사건에서 정치적 표현의 자유와 공무담임권의 제한은 하나의 규제로 인하여 동시에 제약을 받을 수 있는 기본권경합의 성격을 지니는바, 선거운동의 기획행위는 공직출마를 곧바로 제한하는 것은 아니어서 공무담임권보다는 정치적 표현의 자유와 더 밀접한 관계에 있으므로, 이 사건 법률조항이 비례의 원칙에 위배하여 청구인의 정치적 표현의 자유를 침해하고 있는지 여부를 중심으로 살펴보기로 한다. 공직선거법은 제85조 제1항에서 선거의 형평성과 공정성을 보장하기 위하여 공무원의 선거운동을 금지하고 있는데, 더 나아가 이 사건 법률조항은 소위 관권선거나 공적 지위에 있는 자의 선거 개입의 여지를 철저히 불식시킴으로써 선거의 공정성을 확보하기 위하여 공무원에 대하여 선거운동의 기획행위를 전적으로 금지하고 있는바, 그 입법목적의 정당성은 인정된다. 공직선거법은 금지되는 선거운동의 개념에서 '입후보와 선거운동을 위한 준비행위'를 제외하고 있으므로 그러한 준비행위는 통상 자유롭게 행할 수 있는 것인데도, 이 사건 법률조항은 다시 공무원에게 선거운동의 기획행위를 포괄적으로 금지하고 있다. 공무원이 선거운동의 기획행위를 하게 되는 경우 그 지위에 따른 영향력으로 인하여 선거의 공정성을 해할 수 있으나, 공무원도 개인으로서 새로운 공직선거에 출마하거나 배우자, 친지 등의 선거운동의 기획행위를 도와줄

자유를 지니므로, 선거의 공정성의 보장과 그러한 개인의 자유는 서로 조화되어야 하며 불필요한 규제는 피해야 한다. 이 사건 법률조항이 공무원이 선거운동의 기획행위를 모두 금지시키는 것은 공무원의 선거개입의 여지를 철저히 불식시키고자 하는 것이나, 선거의 공정성이 침해될 수 있다는 개연성만으로 공무원의 정치적 표현의 자유 내지 선거운동의 자유를 제한하는 것은 바람직하지 않다. 선거의 공정성을 확보하기 위하여 선거에 대한 부당한 영향력의 행사 기타 선거결과에 영향을 미치는 행위를 금지하여 선거에서의 공무원의 중립의무를 실현하고자 한다면, 공무원이 '그 지위를 이용하여' 하는 선거운동의 기획행위를 막는 것으로 충분하며, 그 지위를 이용함이 없이 하는 선거운동의 그러한 준비행위를 허용한다고 해서 그것이 선거에 영향을 미친다고는 보이지 않는다. 이러한 점에서 이 사건 법률조항은 수단의 적정성과 피해의 최소성 원칙에 반한다고 할 것이다. 다만 지위를 이용한 경우에 한정하여 그러한 규제를 한다고 할 때, 어떤 것이 지위를 이용한 경우에 해당되는지 구분이 어려울 수 있지만, 이미 공직선거법이 제85조에서 '그 지위를 이용하여' 선거운동을 하는 것을 처벌하므로 그러한 개념이 법률에서 사용되고 있으며, 외국 입법례(일본 공직선거법 §136의2)에서도 '그 지위를 이용하여' 선거운동의 기획에 관여하거나 그 기획의 실시에 대하여 지시·지도하거나 타인으로 하여금 이를 하게 하는 것만을 금지하고 있는 것을 볼 때, 입법적으로 그러한 한정적 규제가 충분히 가능하다고 볼 것이다. 여기서 '그 지위를 이용하여'라는 개념은 공무원이 개인의 자격으로서가 아니라 공무원의 지위와 결부되어 행위가 행해지는 것을 뜻하며 구체적인 내용은 사법부에 의하여 판단될 수 있을 것이나, 공무원의 지위에 있기 때문에 특히 선거운동의 기획행위를 효과적으로 할 수 있는 영향력 또는 편익을 이용하는 것이고, 구체적으로는 그 지위에 수반되는 신분상의 지휘감독권, 직무권한, 담당사무 등과 관련해서 공무원이 직무를 행하는 사무소 내부 또는 외부의 사람에게 작용하는 것을 포함한다고 볼 수 있다. 한편 이 사건 법률조항이 '그 지위를 이용하여' 한 행위에 대하여 한정적으로 규제한다면 이는 공무원의 지위와 영향력으로 인한 선거의 불공정성을 방지하기 위하여 필요한 것으로서 정치적 표현의 자유 등 기본권을 침해하는 것이라 볼 수 없다. 공무원의 편향된 영향력 행사를 배제하여 선거의 공정성을 확보한다는 공익은 그 지위를 이용한 선거운동 내지 영향력 행사만을 금지하면 대부분 확보될 수 있으므로 공무원이 그 지위를 이용하였는지 여부에 관계없이 선거운동의 기획행위를 일체 금지하는 것은 정치적 의사표현의 자유라는 개인의 기본권을 중대하게 제한하는 것이며, 한편 그러한 금지가 선거의 공정성이라는 공익의 확보에 기여하는 바는 매우 미미하다는 점에서 이 사건 법률조항은 법익의 균형성을 충족하지 못한다. 이상의 이유에서 이 사건 법률조항은 공무원의 정치적 표현의 자유를 침해한다. 그런데 그러한 위헌성은 공무원이 '그 지위를 이용하여' 하는 선거운동의 기획행위 외에 사적인 지위에서 하는 선거운동의 기획행위까지 포괄적으로 금지하는 것에서 비롯된 것이므로, 이 사건 법률조항은 공무원의 지위를 이용하지 아니한 행위에까지 적용되는 한 헌법에 위반된다고 할 것이다.」

특히 합법적으로 인정되는 선거운동에 대하여 기간의 제한을 두는 것은 합헌이지만(예: 憲 1994. 7. 29.-93헌가4 등; 1995. 11. 30.-94헌마97), 시기와 종기에 제한을 두는 것이 선거운동의 의미와 기능을 부정하는 과도한 것이면 헌법에 위반된다.

헌법재판소는 선거일 전 180일부터 선거일까지 선거에 영향을 미치게 하기 위하여 일정한 내용의 문서 기타 이와 유사한 것의 배부 등을 금지하는 공직선거법 제93조 제1항 중 「기타 유사한 것」 부분은 죄형법정주의의 명확성 원칙에 반하지 아니하고, 위 조항에 따라 일정한 내용의 이용자제작콘텐츠(UCC) 배포를 금지하는 것은 과잉금지원칙에 위배하여 선거운동의 자유를 침해한다고 볼 수 없어 합헌이라고(합헌: 3, 위헌: 5) 보았으나(憲 2009. 7. 30.-2007헌마718), 이후 이에 대한 입장을 변경하여 "공직선거법 제93조 제1항 및 제255조 제2항 제5호 중 제93조 제1항의 각 '기타 이와 유사한 것' 부분에 '정보통신망을 이용하여 인터넷 홈페이지 또는 그 게시판·대화방 등에 글이나 동영상 등 정보를 게시하거나 전자우편을 전송하는 방법'이 포함되는 것으로 해석하는 한 헌법에 위반된다"는 한정위헌 결정을 내렸다(憲 2011. 12. 29.-2007헌마1001등).

[憲 2011.12.29.-2007헌마1001등] 「이 사건 금지조항을 포함한 이 사건 법률조항은 헌법 제116조 제1항의 선거운동 기회균등 보장의 원칙에 입각하여 선거운동의 부당한 경쟁 및 후보자들 간의 경제력 차이에 따른 불균형이라는 폐해를 막고, 선거의 평온과 공정을 해하는 결과의 발생을 방지함으로써 선거의 자유와 공정의 보장을 도모하여 선거관계자를 포함한 선거구민 내지는 국민 전체의 공동이익을 달성하고자 하는 것으로 그 입법목적이 정당하다(헌재 2009. 7. 30. 2007헌마718, 판례집 21-2상, 311, 324).……우선, 후보자들 간의 경제력 차이에 따른 불균형이라는 폐해를 방지한다는 입법목적에 관련하여 보면, 인터넷은 누구나 손쉽게 접근 가능한 매체이고, 이를 이용하는 비용이 거의 발생하지 아니하거나 또는 적어도 상대적으로 매우 저렴하여 선거운동비용을 획기적으로 낮출 수 있는 정치공간으로 평가받고 있고, 오히려 매체의 특성 자체가 '기회의 균형성, 투명성, 저비용성의 제고'라는 공직선거법의 목적에 부합하는 것이라고도 볼 수 있으므로, 이 사건 금지조항에서 인터넷 상 선거운동 내지 정치적 표현을 제한하는 것이 후보자들 간의 경제력 차이에 따른 불균형 해소라는 입법목적을 달성하기 위하여 적합한 수단이라고 볼 수 없다.……다음으로, 선거운동의 부당한 경쟁이란 금권, 관권 및 폭력에 의한 선거, 흑색선전을 통한 선거를 의미한다 할 것인데, 그 중 금권에 의한 선거는 앞서 언급한 경제력 차이에 따른 불균형의 문제이고, 관권 및 폭력에 의한 선거는 일정기간 일정한 내용의 정치적 표현을 규제하는 이 사건 금지조항의 입법목적과는 거리가 있으므로, 이 사건 금지조항에 의해 방지하고자 하는 부당한 경쟁의 폐해란 후보자에 대한 인신 공격적 비난, 허위사실 적시를 통한 비방 등 무분별한 흑색선전이 난무하여 공정을 해하는 결과가 발생할 우려를 의미한다고 할 수 있다. …… 그러나, 후보자에 대한 인신공격적 비난이나 허위사실 적시를 통한 비방, 선거권 없는 19세 미만 국민, 외국인 등 선거운동을 할 수 없는 자의 선거운동을 막는 것 등은 그 행위를 직접적으로 금지하고 처벌하는 규정으로 대처하여야 할 문제이고, 이러한 법률규정은 이미 도입되어 있다. 즉, 공직선거법은 누구

든지 선거운동을 위하여 후보자(후보자가 되고자 하는 자를 포함한다), 후보자의 배우자와 직계존·비속이나 형제자매의 출생지·신분·직업·경력 등·재산·인격·행위·소속단체 등에 관하여 허위의 사실을 공표할 수 없으며, 공연히 사실을 적시하여 사생활을 비방할 수 없다고 규정하고(제110조), 허위사실을 공표하거나 후보자를 비방하는 경우의 형사처벌을 규정하고(제250조, 제251조), 선거운동을 할 수 없는 자가 선거운동을 하거나 하게 한 자도 형사처벌을 하도록 규정하고 있으며(제255조 제1항 제2호, 제60조 제1항), 모두 이 사건 처벌조항보다 법정형이 높다. 따라서 인터넷 상에서 인신공격적 비난이나 허위사실 적시를 통한 비방 등을 하거나 선거운동을 할 수 없는 자가 선거운동에 포함되는 글을 올린 경우에는 위 규정들에 의하여 직접 처벌을 받게 되고, 이에 속하지 않는 경우, 즉 선거운동을 할 수 있는 사람이 후보자나 정당에 대한 지지·반대견해를 표시하였으나 허위사실, 비방 등이 포함되지 아니한 경우만 이 사건 법률조항에 의하여 금지되고 처벌되는 것이 되는바, 이는 이 사건 법률조항의 입법목적, 즉 흑색선전을 통한 부당한 경쟁의 방지라는 목적과의 관련성을 상실한 것이라고 할 것이다.……또한, 인터넷에 의한 의사표현의 신속성·확산성을 경계하여 인터넷 상의 선거운동 내지 표현의 자유를 제한할 필요성을 강조하는 입장도 있을 수 있으나, 앞서 본 바와 같이 비방, 흑색선전을 직접적으로 금지하는 규정은 이미 별도로 마련되어 있을 뿐만 아니라, 선거운동기간 중에는 누구에게나 인터넷을 이용한 선거운동을 허용하면서(공직선거법 제82조의4 제1항 제1호), 그보다 선거와의 시간적 거리가 있어 흑색선전 등을 교정할 여유를 가질 수 있는 선거운동기간 이전의 일정기간에 있어서 정치적 표현의 자유 행사를 부정할 필요는 없을 것이다.

나아가, 선거운동기간 외에도 인터넷상 정치적 표현 내지 선거운동을 상시적으로 허용한다면 선거의 조기과열로 선거의 평온이 저해될 우려가 있다는 견해도 있으나, 선거의 공정과 균등한 기회의 보장은 헌법 제114조 제1항, 제116조 제1항, 공직선거법 제1조 등에 의하여 명시적으로 요구되는 헌법적 요구인 반면, 선거의 평온은 그와 동등한 차원의 공익으로 보기 어려울 뿐만 아니라, 인터넷을 이용한 정치적 표현의 경우에는 이를 접하는 수용자 또는 수신자가 그 의사에 반하여 정보를 수용하게 되는 것이 아니고, 자발적, 적극적으로 이를 선택(클릭)한 경우에 정보를 수용하게 된다는 점에서 선거의 평온을 해할 가능성이 크지 않으며, 민주주의 사회에서의 선거과정은 국민주권주의의 실현과정, 국민의 가치결단의 표현과정, 국정수행 대표자에 대한 검증과정으로서의 의미를 가지는 것이므로, 그 과정에서 발생하는 정치적 관심과 열정의 표출을 반드시 부정적으로 볼 것은 아니다.

또한, 현재로서는 인터넷의 적극적 활용계층이 주로 젊은 층에 집중되어 있어 각계각층의 다양한 의사의 반영을 위한 여건이 충분히 성숙되어 있다고 보기 어려우므로, 이를 통한 선거운동을 금지하는 것이 선거의 공정에 이바지할 것이라는 이유로 이 사건 금지조항에 의한 규제를 정당화하는 의견도 있으나(헌재 2009. 7. 30. 2007헌마718, 판례집 21-2상, 311, 325 참조), 이러한 주장은 선거운동이 인터넷에만 집중될 경우 정보격차가 발생하여 일정한 연령층이나 계층의 소외를 가져 올 수 있으므로 다양한 선거운동 방법을 강구할 필요가 있다는 논거가 될 수 있을 뿐, 그러한 사유만으로 인터넷에서 일반유권자의 정치적 표현을 금하는 이유가 될 수는 없을 것이다. 오늘날 인터넷의 이용이 전 연령층에 거쳐 상당한 정도 보편화되어 있을 뿐만 아니라, 매체에의 용이한 접근성과 독점 배제의 분산력, 정보유통의 투명성이라는 점에서 다른 매체들과 뚜렷한 차이점을 갖는 인터넷에서 '기회의 불균형성', '불투명성', '고비용성'으로 인한 선거의 불공정성 문제가 발생할 위험은 크지 않다고 볼 것이기 때문이다.」

II. 선거에서의 여론조사결과의 공표 금지 문제

선거에서 선거 전에 여론조사를 하여 그 결과를 공표할 수 있는가 하는 문제가 있다. 일반적으로 할 수 있다고 할 것이다(동지: 정만희, 414). 따라서 이러한 여론조사결과를 공표하는 행위를 전면적으로 금지하는 것은 정치적 표현의 자유와 알 권리를 침해하는 것이라고 할 것이다. 이러한 경우에 행해지는 여론조사는 충분히 신뢰성이 있고, 객관적이며 과학적으로 조사될 것이 요구되고, 이를 관장하는 기관이 있어야 한다. 그리고 조사의 주체, 대상자, 조사자, 조사의 방법, 조사의 절차, 자료의 보관 등이 투명하게 공개되어야 한다.

문제는 선거에 영향을 줄 수 있는 기간 내에 이러한 여론조사를 하여 발표하는 것을 금지할 수 있는가 하는 문제이다. 이는 합리적인 정당화 사유가 존재하는 범위 내에서 인정된다고 할 것이다.

헌법재판소는 선거에 영향을 미칠 염려가 있는 기간 동안은 여론조사결과 공표를 금지할 수 있다고 판시하였다. 이는 대통령 선거뿐 아니라 다른 종류의 선거에서도 마찬가지이다(예: 憲 1995. 7. 21.-92헌마177등; 1998. 1. 28.-98헌바64; 2005. 9. 29.-2003헌바52).

[憲 2005.9.29.-2003헌바52] 「헌법재판소는 1995. 7. 21. 92헌마177등(병합) 대통령선거법 제65조에 대한 위헌확인 사건에서 구 대통령선거법 제65조가 합헌임을 이유로 심판청구를 기각하는 결정을 선고한 바 있다. 위 결정의 요지는 「대통령선거에 관한 여론조사는 그것이 공정하고 정확하게 이루어졌다 하더라도 그 결과가 공표되면 투표자로 하여금 승산이 있는 쪽으로 가담하도록 만드는 이른바 밴드왜곤효과(bandwagon effect)나 이와 반대로 불리한 편을 동정하여 열세에 놓여 있는 쪽으로 기울게 하는 이른바 열세자효과(underdog effect)가 나타나게 됨으로써 선거에 영향을 미쳐 국민의 진의를 왜곡하고 선거의 공정성을 저해할 우려가 있다. 더구나 선거일에 가까워질수록 여론조사결과의 공표가 갖는 부정적 효과는 극대화되고, 특히 불공정하거나 부정확한 여론조사결과가 공표될 때에는 선거의 공정성을 결정적으로 해칠 가능성이 높지만 이를 반박하고 시정할 수 있는 가능성은 점점 희박해진다. 따라서 대통령선거의 중요성에 비추어 선거의 공정을 위하여 선거일을 앞두고 어느 정도의 기간 동안 선거에 관한 여론조사결과의 공표를 금지하는 것 자체는 그 금지기간이 지나치게 길지 않는 한 위헌이라고 할 수 없다. 선거에 관한 여론조사결과의 공표금지기간을 어느 정도로 할 것인가는 그 나라의 입법당시의 시대적 상황과 선거문화 및 국민의식수준 등을 종합적으로 고려하여

입법부가 재량에 의하여 정책적으로 결정할 사항이라 할 것인데, 우리 나라에서의 여론조사에 관한 여건이나 기타의 상황 등을 고려할 때, 대통령선거의 공정성을 확보하기 위하여 선거일공고일로부터 선거일까지의 선거기간 동안 선거에 관한 여론조사의 결과 등의 공표를 금지하는 것은 필요하고도 합리적인 범위 내에서의 제한이라고 할 것이므로, 이 규정이 헌법 제37조 제2항이 정하고 있는 한계인 과잉금지의 원칙에 위배하여 언론·출판의 자유와 알 권리 및 선거권을 침해하였다고 할 수 없다」라는 것이다.…… 국회의원선거·지방의회의원 및 지방자치단체의 장의 선거에 있어서 여론조사결과의 공표를 허용할 것인지 여부에 관하여 대통령선거와 달리 취급하여야 할 아무런 합리적인 이유를 찾아볼 수 없다.」

공직선거법은 누구든지 선거일 전 6일부터 선거일의 투표마감시각까지 선거에 관하여 정당에 대한 지지도나 당선인을 예상하게 하는 여론조사(모의투표나 인기투표에 의한 경우를 포함)의 경위와 그 결과를 공표하거나 인용하여 보도하는 것을 금지하고 있고(동법 §108①), 누구든지 선거일 전 60일(선거일 전 60일 후에 실시사유가 확정된 보궐선거 등에서는 그 선거의 실시사유가 확정된 때) 또는 정당(후보자가 되고자 하는 자를 포함)부터 선거일까지 선거에 관한 여론조사를 투표용지와 유사한 모형에 의한 방법을 사용하거나 후보자(창당준비위원회를 포함)의 명의로 선거에 관한 여론조사를 할 수 없다(동조 ②). 누구든지 공표 또는 보도를 목적으로 선거에 관한 여론조사를 하는 경우에는 피조사자에게 여론조사기관·단체의 명칭, 주소 또는 전화번호와 조사자의 신분을 밝혀야 하고, 당해 조사대상의 전계층을 대표할 수 있도록 피조사자를 선정하여야 하며, 1. 특정 정당 또는 후보자에게 편향되도록 하는 어휘나 문장을 사용하여 질문하는 행위, 2. 피조사자에게 응답을 강요하거나 조사자의 의도에 따라 응답을 유도하는 방법으로 질문하거나, 피조사자의 의사를 왜곡하는 행위, 3. 오락 기타 사행성을 조장할 수 있는 방법으로 조사하거나 제13항에 따라 제공할 수 있는 전화요금 할인 혜택을 초과하여 제공하는 행위(동법 §108⑤iii), 4. 피조사자의 성명이나 성명을 유추할 수 있는 내용을 공개하는 행위에 해당하는 행위를 하여서는 아니 된다(동조 ⑤). 누구든지 선거에 관한 여론조사의 결과를 공표 또는 보도하는 때에는 조사의뢰자와 조사기관·단체명, 피조사자의 선정방법, 표본의 크기, 조사지역·일시·방법, 표본오차율, 응답률, 질문내용 등을 함께 공표 또는 보도하여야 하며, 선거에 관한 여론조사를 실시한 기관·단체는 조사설계서·피조사자선정·표본추출·질문지작성·결과분석 등 조사의 신뢰성과 객관성의 입증에 필요한 자료와 수집된 설문지 및 결과분석자료 등 당해 여론조사와 관련있는 자료일체를 당해 선거의 선거일 후 6월까지 보관하여야 한다(동조 ⑥).

공직선거법은 이러한 여론조사의 결과를 공표하는 행위를 제한함에 비하여 선거

당일 출구조사는 허용하고 있다(동법 §167②)([374]Ⅳ).

Ⅲ. 호별방문의 금지 문제

(1) 학 설

선거기간 중에 선거운동을 하거나 입당을 권유하는 등 선거와 관련된 행위를 하기 위하여 주택, 공장, 사무실, 점포, 다방 등을 개별적으로 방문하는 것이 인정되는가 하는 문제가 있다. 이에는 합헌설, 위헌설, 절충설이 있다.

합헌설은 유권자에 대한 매수, 이해유도, 협박, 위력시위 등의 행위를 방지하여 선거의 공정을 유지하고, 후보자들 간의 격렬한 경쟁으로 인한 선거운동의 과열화를 방지하며, 사회적 약자가 특정 후보자나 정당을 지지하도록 강제당하지 않도록 하여 비밀투표의 원칙을 보장하고, 선거가 혈연, 학연, 지연 등의 연고에 의하여 좌우되지 않도록 하기 위하여 호별방문(戶別訪問)은 금지되어야 한다고 한다(동지: 일본국 최고재판소 판례).

위헌설은 호별방문은 후보자가 유권자를 직접 방문하고 만나 자신의 견해를 전달하는 정치적 의사표현의 방법이고 선거운동의 자유에 해당하므로 이를 전면적으로 금지하는 것은 위헌이라고 한다.

절충설은 호별방문은 기본적으로 인정되어야 하고, 이를 금지할만한 정당한 사유가 있는 경우에만 금지할 수 있다고 본다(동지: 김철수a, 1075; 정만희, 401). 현존하고 명백한 위험이 존재하는 경우에만 금지할 수 있다고 보는 견해도 이에 포함된다.

(2) 현행제도

공직선거법은 호별방문을 전면적으로 금지하고 있지는 않고, 제한하고 있다. 공직선거법은 누구든지 선거운동을 위하여 또는 선거기간 중 입당의 권유를 위하여 호별로 방문할 수 없다. 그러나 선거운동을 할 수 있는 자는 이에도 불구하고 관혼상제의 의식이 거행되는 장소와 도로 · 시장 · 점포 · 다방 · 대합실 기타 다수인이 왕래하는 공개된 장소에서 정당 또는 후보자에 대한 지지를 호소할 수 있다(동법 §106 ①,②). 그리고 누구든지 선거기간 중 공개장소에서의 연설 · 대담의 통지를 위하여 호별로 방문할 수 없다(동조 ③).

호별방문금지는 1951년 국회의원선거법의 개정 때 채택되어 전면적으로 금지되어 오다가 현재 완화된 형태를 띠고 있다. 일본국에서는 1925년 보통선거법에서 전면적 금지를 채택하여 현재까지 유지되고 있다.

현행 제도에 관하여 최근 확정된 고등법원의 판례 가운데는 아래의 것이 주목된다(대구고법 2007. 3. 15.-2007노38).

[대구고법 2007.3.15.-2007노38] 「공직선거법 제106조 제1항에서 호별방문을 금지하는 취지는, 첫째 일반 공중의 눈에 띄지 않는 장소에서의 대화가 의리나 인정 등 다분히 정서적이고 비본질적인 요소에 치우쳐 선거인의 냉정하고 합리적인 판단을 방해할 우려가 있고, 둘째 비공개적인 장소에서의 만남을 통하여 매수 및 이해유도죄 등의 부정행위가 행하여질 개연성이 상존하며, 셋째 선거인의 입장에서는 전혀 모르는 후보자 측의 예기치 않는 방문을 받게 되어 사생활의 평온이 침해될 우려가 있고, 넷째 후보자 측의 입장에서도 필요 이상으로 호별방문의 유혹에 빠지게 됨으로써 경제력이나 선거운동원의 동원력이 뛰어난 후보자가 유리하게 되는 등 후보자 간의 선거운동의 실질적 평등을 보장하기 어려운 폐해가 예상되기 때문이다. 따라서 방문시기, 방문자 또는 피방문자의 수, 범위, 방문자와 피방문자와의 관계, 방문장소에서의 언동 등 제반정황을 고려하여, 사회통념상 방문 장소가 위와 같은 폐해가 예상되는 곳이고 방문의 취지가 선거운동을 위한 것으로 볼 수 있으면 호별방문죄가 성립한다고 보아야 할 것이다. 또 호별방문죄가 성립하는 방문 장소의 전형적인 예는 '거택'이라고 할 것이나, 공직선거법 제106조는 제1항에서 "누구든지 선거운동을 위하여 또는 선거기간 중 입당의 권유를 위하여 호별로 방문할 수 없다"고 규정하고, 제2항에서 "선거운동을 할 수 있는 자는 제1항의 규정에 불구하고 관혼상제의 의식이 거행되는 장소와 도로·시장·점포·다방·대합실 기타 다수인이 왕래하는 공개된 장소에서 정당 또는 후보자에 대한 지지를 호소할 수 있다"고 규정하고 있는 점에 비추어 보면, 호별방문죄가 성립하는 방문 장소는 위 제2항의 '관혼상제의 의식이 거행되는 장소와 도로·시장·점포·다방·대합실 기타 다수인이 왕래하는 공개된 장소'가 아닌 곳으로서, 비록 피방문자가 일시적으로 거주하는 경우라도 불특정·다수인의 자유로운 출입이 제한된 비공개적인 장소도 포함된다고 볼 것이다.」

Ⅳ. 선거의 공영

(1) 제도적 의의

선거는 국가의 존속과 국민의 전체 이익을 위하여 국가의 공적 업무를 수행할 국민의 대표자를 선출하는 행위이므로 이에 소요되는 비용은 국가가 부담하는 것이 타당하다. 즉 선거비용을 국민 모두의 공평부담(세금)으로 하는 것이다. 이와 같이 선거의 관리·운영에 필요한 비용을 당사자에게 부담시키지 않고, 국가가 부담하는 것을 선거의 공영(公營)이라고 한다.

국가가 선거공영제도를 실시하는 경우에는 그 비용이 국민의 공평부담으로 돌아가므로 반드시 선거에 필요한 경비에 국한하여야 한다는 점을 유의할 필요가 있다. 선거에 참여하는 당사자(개인 또는 정당)의 사적인 이익으로 돌아가는 부분에 대해서 국가가 경비를 지출하는 것은 선거공영의 원리에 부합하지 않는다.

지방자치의 수준과 형태에 따라 지방자치단체의 장이나 지방의회 의원을 선출하는 지방자치선거의 비용은 해당 지방자치단체가 부담하게 할 수 있다. 지방자치의 독자성이 강해지고 지방자치의 재정적 독립성이 강조되는 경우에는 각 지방자치단체는 각자의 선거비용을 부담하여야 하며, 이를 다른 지방자치단체에 나누어 부담하게 하는 것은 지방자치단체의 재산권의 침해가 될 수 있다.

(2) 내 용

(a) 선거비용의 국가부담

헌법은 「선거에 관한 경비는 법률이 정하는 경우를 제외하고는 정당 또는 후보자에게 부담시킬 수 없다」라고 정하여(헌법 §116②), 선거공영제도를 정하고 있다. 선거비용에 관하여 입법을 하는 경우에는 경비가 지출되는 사항이 선거에 필요한 것인가 하는 적합성의 문제와 해당 사항에 대한 경비가 국가와 당사자 중 어느 쪽이 부담하는 것이 타당하며, 일방이 부담해야 하는가 공동으로 나누어 부담해야 하는가, 국가와 당사자가 공동으로 부담하는 경우에는 그 배분을 어떻게 정하는 것이 적합한가 하는 경비부담의 주체 문제에 대하여 정확히 고려하여야 한다.

선거비용의 국가부담은 국민에게 과도한 부담을 지우므로 이를 악용하는 행위를 방지하는 조치가 필요하다. 예컨대 선거의 입후보만 하더라도 선거에 입후보하는 이유는 다양하다. 영리적 또는 비영리적으로 선전할 목적에서 입후보하거나 장차 공직에 나올 목적으로 선전하기 위해 이용하기도 한다. 따라서 선거에서 무한정한 입후보를 인정하고 이에 소요되는 비용을 국민이 모두 부담하는 것은 선거공영의 목적과 부합하기 어렵다. 이러한 선거공영제도의 악용을 방지하기 위해 낙선자에 대해 기탁금 국고귀속제도와 같은 장치를 마련하고 있다.

그러나 국고에 귀속시키는 기탁금의 액수가 입후보의 기회를 현저하게 제한하는 경우에는 이 역시 고액의 기탁금을 납부할 수 있는 사람만 선거에 입후보할 수 있는 금권정치를 야기하고, 국민의 공무담임권인 피선거권과 선거공영의 법리를 침해할 수 있다(예: 憲 1989. 9. 8. -88헌가6).

[憲 1989.9.8.-88헌가6] 「일반서민 계층이나 2·30대의 젊은 계층의 정상적인 수입으로는 마련할 수 없는 금액을 선거법에서 입후보자의 기탁금으로 기탁케 한 것은 그들에게 입후보할 헌법상 국민의 기본권과 자유를 박탈하는 결과를 가져오며, 그들의 이해를 대변할 대표자를 의회에 진출시키지 못하여 민주적인 국민적 화합을 이룩할 수가 없어 평온한 민주질서를 기대할 수 없고 그들의 기본권을 보장한 헌법상 여러 조항에 위반된다고 아니할 수 없다. 국회가 법률로써 선거를 통제할 수 있는 권한은 인정하나 합리적이고 합헌적 방법에 의하여 그 목적을 달성하도록 하여야 하며 결코 일반 서민

층이나 젊은 세대들의 의회진출의 길을 막거나 군소정당이나 재력이 없는 무소속 후보자들에게 정치적인 자유와 입후보할 기회를 불합리하게 제한하는 것까지 용인하는 것은 아니다. 그러므로 국회는 선거제도의 원리와 정신에 맞는 범위 내에서 법률로 제한할 수 있는 것이며, 일반국민에게도 헌법상 보장된 피선거권과 참정권을 가질 수 있도록 다른 방법이 제도적으로 보장되지 않는 한 그 다액의 기탁금을 일률적으로 요구하는 것은 위헌을 면할 수 없다. 따라서 헌법 제11조와 헌법 제24조, 제25조에 위배된다고 할 것이다.」

(b) 선거비용의 통제

국가가 선거공영제도를 운영하는 이상 당사자가 선거에 필요한 비용을 제한 없이 사용하는 것은 통제된다. 이를 방치하는 경우에는 자금을 많이 가진 자가 선거에서 승리할 것이고, 이러한 것은 국민대표자의 선출이라는 이념에 합당하지 않다. 대의민주주의의 원리상 국민의 대표자를 선거하는 것은 국민이 선출(election)하는 의미와 함께 국민대표자의 직에 적합한 자를 정확히 선발(selection)하는 의미를 가지므로 선거에 있어 선거비용의 제한 없는 사용은 형식적으로는 선출행위가 있다고 하더라도 적합한 대표자를 선발하는 과정이 금력으로 왜곡되는 것을 방치하는 것이기 때문이다. 이는 민주정치가 금권정치로 타락하는 것을 의미한다.

(c) 한 계

국가가 선거를 공영으로 관리하고 운영한다고 하더라도 선거에 필요하지 않은 사항에 대하여 국고를 지출해서는 안 된다. 선거공영이 선거에 입후보하는 모든 사람의 모든 비용을 부담하는 것은 아니기 때문이다. 선거공영이라는 이유로 국고를 낭비하는 것은 국민 또는 지방자치단체의 주민이 부담할 이유가 없는 재정적 부담을 국민이나 주민에게 강제로 부과하는 결과가 되어 국민의 재산권을 침해하는 것이 된다. 그러나 선거비용을 절약한다는 이유로 선거에 필요한 행위를 금지하거나 이에 필요한 경비를 당사자에게 부담시켜서는 안 된다.

이런 관점에서 보면, 선거에 필요한 경비를 국가가 충분히 부담하고 있음에도 정당에 대하여 국고에서 보조금을 지급하는 것은 문제가 있다(정종섭b, 141). 기본적으로 정당에 대한 국고보조금은 선거경비를 정당에 지급하는 방식인데, 우리는 선거공영제로 그 경비를 국민부담으로 하면서도 정당에 대한 국고보조금을 지급하고, 더 나아가 선거가 있는 해에는 추가보조금을 더 지급하고 있다.

[憲 1996.8.29.-95헌마108] 「대통령선거 등 다른 선거에 있어서와 마찬가지로 시·도지사선거에서도 후보자가 난립할 경우 선거관리가 복잡해짐은 물론 선거운동이 과열·

혼탁해지기 쉽고 선거비용이 과다하게 소요되며 유권자의 지지표가 분산되어 당선자의 민주적 정당성이 약화될 뿐 아니라, 나아가 주민들로서는 적절한 후보자를 선택하기 어려워 지방자치 및 선거자체에 대하여 무관심해질 염려도 있으므로 무분별한 후보난립을 방지할 필요성은 크다고 할 수 있다. 공직선거법상 위반행위에 대한 과태료 및 불법시설물 등에 대한 대집행비용은 그 성격상 당락이나 득표율 여하를 불문하고 후보자에게 부담시키는 것이 당연하다. 또한 헌법 제116조 제2항은 법률이 정하는 경우에는 선거에 관한 경비의 일부를 후보자에게 부담시킬 수 있도록 규정하고 있고, 시·도지사선거에 들어가는 일체의 비용을 지방자치단체가 부담하도록 하는 것은 주민의 조세부담이나 지방재정형편에 비추어 반드시 적절하다고 할 수 없으므로 당선될 가능성이 희박함에도 무리하게 입후보를 한 것으로 보여지는 득표율이 저조한 후보자에 대하여는 선거비용의 일부인 선전벽보 및 선거공보의 작성비용을 부담시키는 것이 부당하다고 할 수 없다. 그러므로 시·도지사선거에서 후보난립을 방지하고, 아울러 위 과태료 및 대집행비용과 선전벽보 및 선거공보의 작성비용 등을 예납하도록 하기 위한 기탁금제도는 그 기탁금액이 지나치게 많지 않는 한 이를 위헌이라고 할 수는 없다.」

헌법재판소는, 예비후보자의 선거비용을 보전대상에서 제외하고 있는 공직선거법의 규정은 헌법에 위반되는 것이 아니라고 한다. 예비후보자의 선거운동은 제한적으로만 비용이 많이 들지 않는 선거운동에 한하여 허용하고 있고, 선거비용을 예비후보자 개인의 자산이 아닌 후원회 기부금으로부터 지출할 수 있으며, 예비후보자 기간 동안의 선거운동보다는 집중적인 선거운동이 이루어지는 선거일 전 14일 동안의 선거운동에 선거비용을 더 투입할 것으로 예상할 수 있기 때문에 이러한 상황에서 예비후보자의 선거비용을 보전대상에서 제외하는 것은 선거가 조기에 과열되거나 불필요한 선거운동이 남용되어 선거 과정이 혼탁해지는 것을 방지하고, 선거공영제를 운영함에 있어 국가예산의 효율적 집행을 도모하려는 입법목적에 부합하는 것이고 달리 예비후보자의 권리를 침해는 점이 없다고 본다(예: 憲 2018.7.26. -2016헌마524등).

V. 선거법 위반의 연좌책임

선거에 입후보한 후보자가 선거법에서 정하고 있는 선거운동 등에 관한 규정을 위반한 경우에 후보자의 당선을 무효화하고 향후 일정기간 동안 선거권과 피선거권의 행사를 금지하는 등의 책임을 부과하여 선거법을 준수하게 하는 것이 있다. 이러한 시스템은 후보자가 특정의 선거운동위반 등 선거법위반행위를 하는 경우에는 당연히 당선이 무효화되고 일정한 법적 책임을 져야 하는데, 후보자를 대신하여 행동하는 자(예: 친족, 비서, 선거책임자, 선거운동원, 지역주재자, 출납책임자 등)로 하여금 이러한 행위를 하게 그 법적 책임을 회피하고자 하는 것을 방지하기 위한 것이다.

이러한 연좌책임제도(連坐責任制度)의 구조는 후보자였던 자 이외에 일정한 대상자(연좌대상자)가 선거범죄를 범하여 일정한 법적 조치를 받은 경우(연좌요건)에 당선된 자의 당선을 무효로 하는 등의 제재효과(연좌효과)를 발생시키게 하는 것이다. 이러한 것은 선거의 메커니즘상 연좌대상자의 행위는 실질적으로 후보자의 행위와 동일하기 때문에 후보자에 대하여 법적 책임이 발생하는 것이어서 자기행위에 따른 자기책임과는 무관한 타인의 행위로 자기가 책임을 지는 헌법 제13조 제3항의 연좌제와는 무관하다([200]III).

일본국에서는 1925년 중의원선거법에서 연좌책임제도를 도입한 후 계속하여 연좌대상자의 범위를 확대해오고 있다.

공직선거법은 이에 대하여 정하고 있다. 공직선거법 제122조(선거비용제한액의 공고)의 규정에 의하여 공고된 선거비용제한액의 200분의 1 이상을 초과지출한 이유로 선거사무장, 선거사무소의 회계책임자가 징역형 또는 300만 원 이상의 벌금형의 선고를 받은 때에는 후보자의 당선은 무효가 된다. 다만, 다른 사람의 유도 또는 도발에 의하여 당해 후보자의 당선을 무효로 되게 하기 위하여 지출한 때에는 그러하지 아니하다(동법 §263①). 그리고 「정치자금법」 제49조(선거비용관련 위반행위에 관한 벌칙) 제1항 또는 제2항 제6호의 죄를 범함으로 인하여 선거사무소의 회계책임자가 징역형 또는 300만 원 이상의 벌금형의 선고를 받은 때에는 그 후보자(대통령후보자, 비례대표국회의원후보자, 비례대표지방의회의원후보자 제외)의 당선은 무효가 된다(동법 §263②. 이 경우 제1항 단서의 규정을 준용한다). 또 선거사무장·선거사무소의 회계책임자(선거사무소의 회계책임자로 선임·신고되지 아니한 자로서 후보자와 통모하여 당해 후보자의 선거비용으로 지출한 금액이 선거비용제한액의 3분의 1 이상에 해당되는 자를 포함) 또는 후보자 또는 후보자가 되고자 하는 자의 직계존·비속 및 배우자가 당해 선거에 있어서 제230조(매수 및 이해유도죄) 내지 제234조(당선무효 유도죄), 제257조(기부행위의 금지 제한 등 위반죄) 제1항 중 기부행위를 한 죄 또는 「정치자금법」 제45조(정치자금부정수수죄) 제1항의 정치자금 부정수수죄를 범함으로 인하여 징역형 또는 300만 원 이상의 벌금형의 선고를 받은 때(선거사무장, 선거사무소의 회계책임자에 대하여는 선임·신고되기 전의 행위로 인한 경우 포함)에는 후보자(대통령후보자, 비례대표국회의원후보자, 비례대표지방의회의원후보자 제외)의 당선은 무효가 된다. 다른 사람의 유도 또는 도발에 의하여 당해 후보자의 당선을 무효로 되게 하기 위하여 죄를 범한 때에는 그러하지 아니하다(동법 §26).

헌법재판소도 이러한 연좌책임은 헌법 제13조 제3항에서 정하고 있는 연좌제금지와는 무관하다고 판시하였다(예: 憲 2005. 12. 22.-2005헌마19).

[憲 2005.12.22.-2005헌마19] 「헌법 제13조 제3항은 "모든 국민은 자기의 행위가 아닌 친족의 행위로 인하여 불이익한 처우를 받지 아니한다"고 규정하고 있다. 이 조항은 1980년의 헌법개정 시 처음으로 규정되었는데, 그 취지는 남북분단이라는 특수한 시대

적 상황으로 말미암아 그 무렵까지 여전히 잔존하던 전근대적인 연좌(緣坐)의 사회적 병폐를 해소하겠다는 데에 있었던 것으로 보인다. 개인의 존엄과 자율성을 인정하는 바탕 위에 서 있는 우리 헌법질서하에서는 자기의 행위가 아닌 타인의 행위에 대하여 책임을 지지 않는 것이 원칙이지만, 사람은 타인과의 연관 속에 살아가는 사회적 존재이므로 타인과의 사이에 일정한 법적 연관이 형성되는 것은 불가피하고, 이는 친족과의 관계에 있어서도 마찬가지이다. 혼인과 출산을 고리로 형성되는 친족관계의 속성상 필요한 때 또는 어떤 입법목적을 추구하기 위하여 필요한 때에 법은 친족 간의 신분이나 재산 그 밖의 법률관계에 관하여 일정한 자유를 제약하거나 책임을 부담시킬 수 있다. 그러나 이러한 법적 규율들이 모두 헌법 제13조 제3항에 의하여 금지되는 것이 아니다. 헌법 제13조 제3항은 '친족의 행위와 본인 간에 실질적으로 의미있는 아무런 관련성을 인정할 수 없음에도 불구하고 오로지 친족이라는 사유 그 자체만으로' 불이익한 처우를 가하는 경우에만 적용된다. 원래 연좌제(緣坐制)라는 것이 본인과 아무런 관련이 없는 사태에 대하여 오로지 가족 또는 친족이라는 이유만으로 처벌하거나 불이익을 주는 제도를 말하고 바로 그 이유로 봉건적 인습으로 여겨져 폐기된 제도이므로, 이렇게 보는 것이 이 헌법조항이 우리 헌법전에 도입된 취지나 역사적 맥락에 맞닿은 해석일 뿐만 아니라, 그 밖의 경우에는 문제된 불이익을 보호하는 다른 헌법규범이나 기본권규범을 찾아 그 친족과의 관계에서 본인에게 그러한 불이익을 주는 것이 과연 합리적 근거가 있는지, 또는 입법목적 달성을 위해 필요한 한도 내의 수단인지를 살펴봄으로써 그러한 법적 규율의 정당성 여부를 충분히 판단할 수 있기 때문이다. 선거에서는 다수 득표를 한 자의 당선의 효력을 가능한 한 그대로 유지시키는 것이 원칙이겠지만, 선거가 '국민의 자유로운 의사와 민주적인 절차에 의하여 공정히'(법 §1) 행해지지 아니하고 선거과정에서 선거범죄가 심각하게 개재된 경우에 선거의 결과를 그대로 유지시키는 것은 대의제 이념에 반하고 나아가 선거제도 자체에 대한 신뢰를 훼손할 수 있다. 선거과정에서 현저히 부정한 행위가 존재하는 경우에는 선거의 공정성 확보를 위하여 선거결과를 번복시킬 수도 있을 것이고, 때로는 후보자가 선거부정행위에 직접 관여하지 아니하였더라도 당선의 효력을 부인하는 것이 필요할 수 있다. 선거에서는 후보자를 중심으로 선거사무장, 후보자의 배우자 등이 일체가 되어 후보자의 당선이라는 공동목표를 위하여 조직적·체계적으로 선거운동을 하게 되므로, 그 과정에서 이들이 중대한 선거범죄를 범한 경우에는 그 후보자를 위한 선거운동 전체가 부정한 방법으로 이루어진 것이라고 보아 그러한 불공정한 선거방법을 통하여 얻어진 당선이라는 선거결과를 부정하는 것에 바로 이 사건 법률조항의 본질이 있다. 종래의 선거법에서는 선거사무장의 행위에 대해서만 후보자에게 책임을 추궁하도록 되어 있었으나, 1994.3.16. 법률 제4739호로 제정된 공직선거및선거부정방지법에서부터 연대책임을 강화하여 선거사무소의 회계책임자, 후보자의 직계 존·비속 및 배우자의 행위에까지 후보자의 책임범위를 확대한 것이다. 이는 후보자의 가족 등이 선거의 이면에서 음성적으로 또한 조직적으로 역할을 분담하여 불법·부정을 자행하는 경우가 많은 우리 선거의 실상에 직면하여 이러한 불법·부정을 근절하고 공명하고 깨끗한 선거풍토를 확립하기 위해서는 후보자와 이를 보좌하는 선거관계자와의 연대책임을 강화하는 것이 절실하다는데 입법자의 의지가 모아졌기 때문이다. 이러한 제도는 선거관계자 및 후보자의 친족 등이 저지른 일정한 중대선거범죄는 선거에 있어서 전적으로 후보자의 당선을 위하여, 또한 후보자와의 의사연락 하에 이루어진 행위로서 총체적으로는 후보자 자신의 행위와 다를 바 없다고 보아, 후보자를 공범으로 인정하여 형사처벌은 하지 않는다 하더라도 그러한 불법행위에 따른 이익을 박탈하는 것이 정당하다는 고려에 터잡은 것이다. 특히 배우자는 후보자와 일상을 공유하는 자로서 선거에서는 후보자의 최측근에서 수시로 후보자와 협의할 수 있고, 후보자와 유기적으로 역할을 분담하여 당선에 유리한 여러 활동을 할 수 있으며, 선거사무장, 선거사무소의 회계책임자 등에 대하여 실질적인 지시를 할 수 있는 등 후보자의 분신과도 같은 역할을 하게 된다. 그리하여 입법자는 배우자의 중대한 위법행위에 대해서도 후보자가 연대하여 책임을 지는 것, 즉 후보자 자신의 선거범죄로 인한 당선무효제도를 배우자의 선거범죄에까지 확장하는 것 또한 필요하다고 보아 이 사건 법률조항을 두게 된 것인데, 이러한 입법자의 사실적 · 정책적 판단은 나름의 합리적 근거가 있다 할 것이므로 이를 존중하여야 할 것이다. 이와 같이 이 사건 법률조항은 '친족인 배우자의 행위와 본인 간에 실질적으로 의미있는 아무런 관련성을 인정할 수 없음에도 불구하고 오로지 배우자라는 사유 그 자체만으로' 불이익한 처우를 가하는 것이 아니다. 배우자가 죄를 저질렀다는 이유만으로 후보자에게 불이익을 주는 것이 아니라, 후보자와 불가분의 선거운명공동체를 형성하여 활동하게 마련인 배우자의 실질적 지위와 역할을 근거로 후보자에게 연대책임을 부여한 것이므로, 이 사건 법률조항은 헌법 제13조 제3항에서 금지하고 있는 연좌제에 해당하지 아니한다.」

제3장 법 원

제1절 사법과 사법권

[555] 제1 헌법조항

헌법 제101조 제1항은 「사법권은 법관으로 구성된 법원에 속한다」라고 정하여 사법권이 입법부, 행정부, 헌법재판소와는 독립된 별개의 국가기관인 법원에 속한다는 것을 정하고 있다. 이는 헌법의 권력분립을 구체화하고 있는 조항인 동시에 사법의 독립을 정하고 있는 조항이기도 하다.

이와 같이 사법권을 입법부나 행정부 등으로부터 독립된 법원에 속하도록 하는 방식을 헌법이 채택한 것은 1948년헌법 이래 지금까지 일관되게 유지되고 있다. 이러한 방식은 오늘날 자유민주주의체제와 법치민주국가의 일반적인 유형에 해당한다. 예외적인 형태로는 예컨대 프랑스에서는 특유의 역사적인 배경에 의하여 모든 법원이 검찰청과 함께 행정부의 법무부에 소속되어 있다.

우리 역사상 사법권이 집행권으로부터 분리되기 시작하는 것은 1894년(甲午年) 6월 28일 軍國機務處(1894. 6. 25. 설치)가 종전의 刑曹를 폐지하고 法務衙門을 설치하여 7월 8일 議案으로 모든 범죄인에 대한 사법관에 의한 재판권이 법무아문에 있음을 공표한 것에서 비롯한다. 1894년 12월 16일 議禁司를 法務衙門權設裁判所로 개명하고 지방재판 이외의 종래 법무아문이 맡았던 모든 재판을 관장하였다. 다만, 재판은 사법관이 아니라 法務大臣이나 協辦, 參議 등이 담당하였다. 1895년(乙未年) 4월 19일 법률 제1호로 裁判所構成法을 공포하고 4월 25일부터 시행되었고, 재판소는 지방재판소, 한성 및 인천 기타 개항장재판소, 순회재판소, 고등재판소, 특별법원의 5종으로 하였다. 檢事는 재판소에 소속된 직원이었다. 1895년 5월 9일 法務令 제1호로 漢城裁判所를 설치하면서 비로소 사법관에 의한 재판이 가능하게 되었다. 분리된 재판기관에서 재판을 수행할 司法官을 양성하기 위하여 1895년 4월 19일 法官養成所規程(勅令 제49호)을 공포하여 5월 6일 법관양성소를 설치하고 그 해 11월 10일(음력) 속성으로 양성된 47명의 졸업생을 배출하여 각 재판소의 판사와 검사로 임명하였다. 그 후 사법관과 지방관을 통합하는 일도 있었고, 법관양성소가 일시 폐소되기도 하였지만, 우리 역사에서는 이것이 사법권 분리의 효시이다.

[556] 제2 사법과 사법권의 개념

사법권(司法權 judicial power)은 국가와 국민 간 또는 국민 상호 간에 발생한 법적인 권리 · 의무에 관한 분쟁을 해결하거나 국가의 형벌권을 실행하기 위하여 해당 사건에 대하여 유권적으로(authoritative) 재판(=법의 인식 · 적용)하는 국가의 권력적 권한이다(실질적 의미의 사법). 국가의 이러한 권한의 행사로 인한 재판작용을 사법작용이라고 한다.

사법의 의미에는 그 나라의 제도가 가지는 양상에 따라 헌법재판을 포함하는 광의의 사법을 의미하는 경우도 있으나, 우리나라에서는 헌법재판은 법원과 별개로 설치된 헌법재판소가 관장하기 때문에(헌법 §111①) 이를 제외한 민사재판, 형사재판, 행정재판 등 일반법원이 관장하는 재판을 의미한다(형식적 의미의 사법). 나라에 따라서는 행정재판을 일반법원의 관장사항으로 하지 아니하는 행정국가모델을 취하고 있는 경우도 있으나(예컨대 프랑스의 행정법원, 독일의 행정법원은 일반법원과 분리되어 있다), 우리나라에서는 일반법원이 행정재판을 관장하는 사법국가(司法國家 Justizstaat)모델을 취하고 있다.

실질적으로는 국가의 재판작용에 해당한다고 하더라도 헌법에서 각종의 재판작용 가운데 특정한 재판을 일반법원과 별개의 기관으로 하여금 관장하게 할 수 있다. 헌법재판소의 헌법재판(헌법 §111①), 행정기관에 의한 행정심판(헌법 §107③), 군사법원의 군사재판(헌법 §110①) 등이 그에 해당한다. 따라서 헌법 제101조 제1항에서 정하고 있는 「사법권」은 실질적 의미의 사법권이 아니고 헌법 제101조 제1항과 제2항이 정하고 있는 「법원」에 속하는 재판권만 의미하는 형식적 의미의 사법권을 뜻한다(동지: 김철수b, 1960; 성낙인, 1136). 법원조직법도 이에 따라 「법원은 헌법에 특별한 규정이 있는 경우를 제외한 모든 법률상의 쟁송을 심판하고, 이 법과 다른 법률에 따라 법원에 속하는 권한을 가진다」라고 정하고 있으며(법조법 §2①), 행정기관에 의한 전심으로서의 심판을 금하지 아니한다고 명시하고 있다(동조②).

제 2 절 법원의 헌법상의 지위

[557] 제1 재판기관

대법원과 각급법원으로 조직되는 법원은 재판기관이다. 이 법원은 구체적인 사건에서 적용할 법을 인식 · 해석하고 이를 적용하여 분쟁을 해결하거나 형벌권을 행사하는 유권적인 재판기관이다. 헌법이 정하고 있는 비상계엄이 발동한 예외적인 경우(헌법 §77③)

이외에는 헌법상 어떠한 기관도 법원의 이러한 재판권을 대신하여 행사하지 못한다.

법원은 재판기관이기 때문에 법원의 모든 권한행사에는 일차적으로 재판의 원리가 적용된다. 재판의 독립에 관한 법리나, 법원의 사법행정이 일반행정과 구별되어 재판의 이념과 합치하여야 하는 법리는 법원이 가지는 재판기관으로서의 지위에서 요구되는 것이다.

[558] 제2 중립적 권력기관

법원은 중립적 권력기관이다. 우리 헌법은 국민주권을 실현하는 방법으로 대의민주주의를 채택하여 입법권과 행정권의 정당성을 확보하고, 그에 따라 국회가 입법권을 행사하고 행정부가 행정권을 행사한다. 그런데 이러한 입법권과 행정권은 실질에 있어서는 국민의 대표자와 관료인 공무원들에 의해 행사되고 이해당사자의 영향력이 개입하기 때문에 한편으로 정치적인 성격을 띠게 되고, 다른 한편으로 언제나 권한행사에서 남용과 오용의 위험성이 수반된다. 이러한 권력의 남용이나 오용으로부터 국민을 보호하고, 정치적인 영향을 받지 아니하고 공정하게 분쟁을 해결하거나 형벌권을 집행하기 위해서는 입법기관이나 행정기관과는 다른 제3의 중립적인 권력기관이 필요한데, 법원이 그에 해당한다.

법이 만들어지는 것은 정치적인 힘이 작용하는 정치영역이지만, 일단 제정된 법을 적용하는 것은 공정성이 확보되어야 하므로 법의 적용은 비정치적이어야 하며 중립적이어야 한다. 재판의 형식으로 법을 적용하는 법원이 중립적 기관이 되어야 하는 근거는 이와 같이 법적용의 본질과 권력분립에서 나온다.

따라서 법원은 본질적으로 입법기관이나 행정기관과는 달리 정치적인 힘으로부터 자유로운 중립적인 영역에 있어야 한다. 재판은 물론이고 법원의 구성이나 운영도 이러한 중립적 권력의 법리에 의해 지도되어야 하는 이유는 이 때문이며, 여기에서 사법의 독립의 법리가 요구된다. 권력통제의 법리가 허용하는 범위가 아닌 이상 법원의 구성이나 운영에는 입법부나 행정부의 영향력이 미쳐서는 안 된다.

한편, 법원이 중립적 권력기관이라고 하더라도, 그 역시 권력기관이므로 중립적 기관이라는 이유로 내부에서 발생하는 비민주적 관료주의(bureaucracy)나 재판권력의 남용·오용이 정당화되는 것은 아니다. 진정한 중립적 권력기관을 실현하기 위해서는 법원의 구성이나 운영에서 발생하는 관료주의와 권력의 남용을 방지하거나 제거하는 장치를 확보하는 것이 요구되는데(예컨대 법관의 충원과 인사에서의 민주화, 법원행정의 민주화를 위한 시스템의 구축), 이러한 방법에는 법원에 대한 외부에서의 통제와 법원 내부에서의 통제가 있다.

[559] 제3 헌법수호기관

법원은 헌법수호기관이다. 법원은 다른 헌법기관과 같이 헌법을 수호하는 기능을 하는데 특히 재판작용을 통하여 헌법을 수호하는 점에서 차이가 있다. 재판을 통하여 헌법을 수호하는 가장 중요한 기능은 헌법재판소가 담당하고 있더라도, 법원도 일반재판을 통하여 헌법을 수호한다. 따라서 법원은 언제나 구체적인 사건에서 헌법에 합치되도록 법을 해석하고 적용하여야 한다. 헌법 제103조에서 「법관은 헌법과 법률에 의하여 그 양심에 따라 독립하여 심판한다」고 정하면서 헌법에 따라 심판하도록 하는 이유도 여기에 있다. 법관이 직무수행에서 헌법을 위반하는 경우에는 탄핵사유가 되어 파면되는 것도 법원의 헌법수호기관으로서의 지위를 보장한다.

법원은 헌법수호기관으로서 일반재판에서만 그 역할을 하는 것이 아니라, 헌법재판소에 위헌법률심판을 제청하기도 하고(헌법 §111① i), 명령·규칙·처분의 위헌·위법여부를 심사하기도 하며(헌법 §107②), 선거소송을 통해서도 헌법과 헌법질서를 수호한다.

[560] 제4 기본권보장기관

법원은 재판을 통하여 헌법상 보장된 국민의 기본권을 구체적으로 실현하는 기관이다. 군주주권시대에 법원은 군주의 지배권을 확보하기 위하여 군주의 명령을 집행하는 기능을 담당하였지만, 군주주권에서 국민주권으로 정당성의 전환이 있으면서 법원은 국민의 권리와 자유를 수호하고 실현시키는 기능을 담당하게 되었다.

오늘날 입헌민주국가에서는 헌법에서 공동체 생활에 필수적으로 요구되는 국민의 자유와 권리를 보장하고 있음에 따라 법원은 이제 헌법이 정하고 있는 기본권을 수호하고 실현시키는 것이 그 제일의 임무로 되었다. 국가에 의해 행해지는 기본권의 침해뿐만 아니라, 사인에 의해 행해지는 기본권의 침해에 대해서도 이를 방지하고 구제하여야 한다. 국가의 형벌권을 집행하는 경우에도 죄와 형벌이 비례하고 적합하도록 하여 국민의 기본권이 부당하게 침해되는 경우가 없어야 한다. 형사재판권을 행정부에 부여하지 않고 중립적 재판기관인 법원에 부여하는 것도 형벌권의 적정한 행사를 실현하고 국민의 기본권을 보장하기 위한 것이다.

제3절 사법의 독립

[561] 제1 의 의

I. 개 념

사법의 독립(judicial independence)은 법원이 행사하는 사법권의 공정성과 중립성을 보장하기 위하여 법원의 업무수행을 법원 이외의 다른 국가기관과 외부 세력으로부터 독립시키는 것을 말한다.

사법의 독립에서 가장 중요한 것은 법원이 수행하는 재판에서 독립을 확보하는 재판의 독립인데, 협의에서의 사법의 독립은 이러한 재판의 독립을 의미한다. 법관의 독립과 법원의 독립은 재판의 독립을 이루기 위해 필수불가결하게 요구되는 조건이다. 이 세 가지 요소는 서로 밀접불가분한 관계를 형성하고 있어 통상 사법의 독립은 「재판의 독립」, 「법관의 독립」, 「법원의 독립」을 그 개념요소로 한다고 말한다. 재판의 독립은 사법의 독립의 핵심을 이루기 때문에 아무리 법관의 독립과 법원의 독립이 이루어져 있다고 하더라도 재판의 독립을 이룰 수 없으면 사법의 독립은 이룰 수 없다. 헌법은 제103조에서 「법관은 헌법과 법률에 의하여 그 양심에 따라 독립하여 심판한다」라고 명문화하여 재판의 독립을 분명하게 실정화하고 있다.

II. 목 적

오늘날 사법의 독립은 권력분립을 그 중추적 내용 중의 하나로 하는 자유민주주의 체제의 특징적 징표이고 법치주의의 요소를 이루고 있어, 자유민주주의체제를 가지는 나라의 헌법은 예외 없이 사법의 독립을 보장하고 있다. 헌법이 사법의 독립을 보장하는 것은 사법의 독립으로 실현하고자 하는 목적을 가지고 있기 때문이다. 사법에서 독립을 보장하는 것은 첫째, 법관의 자율(autonomy)을 보장하여 법의 적용과 집행에서 불편부당성(judicial impartiality)을 확보하고, 둘째, 재판이 공정하게 이루어지도록 하여 국가의 분쟁해결의 정당성(legitimacy)을 확보하게 하며, 셋째, 국가권력의 남용으로부터 국민의 자유와 권리를 보호하여 법치주의를 실현하는데 목적을 두고 있다.

우리 헌법은 사법의 독립을 실현하기 위하여 사법권을 법관으로 구성되는 법원에만 속하게 하여(헌법 §101①) 국회, 헌법재판소, 행정부로부터 사법권의 법원독점을 실현하고, 법원과 법관이 이들 기관들로부터 독립되어 있음을 명시적으로 정하고 있다. 법원의 조직도 국회가 제정하는 법률로 정하도록 하여(헌법 §102③) 헌법재판소나 행정부의 간섭을 배제하고 있고, 최고법원인 대법원에 자율입법권인 규칙제정권을 보장하여 법원의 자율성을 보장하고 있다(헌법 §108).

헌법은 법관의 독립을 보장하기 위하여 제103조에서 사법권 독립의 대원리를 명문화하고 있을 뿐만 아니라, 법관의 임기와 연임을 정하고 있는 동시에(헌법 §105) 법관자격을 법률로 정하도록 하고 있으며(헌법 §101③), 법관의 신분도 강하게 보장하고 있다(헌법 §106).

사법의 독립은 군주주권에서는 인정되지 않았다. 군주주권에서 사법권은 군주의 명령을 집행하고 군주의 지배를 공고히 하는 권력적 수단으로 인정되었다. 그러하던 것이 군주주권에서 국민주권으로 이행하는 과정에서 군주의 권력에서 입법권이 분리되고, 이어서 재판권력 또한 분리되어야 한다는 사상이 확산되어 비로소 사법의 독립이라는 관념이 형성되었다. 사법의 독립이 권력분립의 관점에서 분명하게 제시된 것은 Montesquieu(Charles-Louis de Secondat, baron de Montesquieu 1689-1755)의 「법의 정신」(De L'esprit des Lois, 1748)에서 비롯한다. 여기서 Montesquieu는 권력의 분리뿐 아니라 국가권능의 기능적인 배분도 추구하면서 국가권능을 입법권과 집행권 그것과 분리된 또 하나의 권능인 사법권으로 나누었다. 그는 이 책에서 「재판권이 입법권과 집행권에서 분리되지 않으면 자유는 존재하지 않는다. 만일 재판권이 입법권과 결합하면 시민의 생명과 자유에 대한 권력의 행사가 자의적으로 될 것이다. 왜냐하면 재판관이 입법자를 겸하는 것이 되기 때문이다. 그리고 재판권이 집행권과 결합하면 재판관은 압제자의 권력을 가지게 될 것이다」라고 하며, 권력분립의 관점에서 사법권의 독립에 대한 논거를 제시하였다. 이러한 사법권의 독립은 국민주권이 정립되고 근대 입헌민주국가가 출범하면서 헌법에 성문화되기 시작하였다. 사법의 독립은 미합중국에서 본격적으로 성문화되어 나타났는데, 권력분립의 사상이 발전하여 1776년에 제정된 「버지니아 권리선언」(The Virginia Declaration of Rights)은 제5조에서 「국가의 입법권과 집행권은 사법으로부터 분리되고 구별되어야 한다」라고 명시하였고, 이는 미합중국의 헌법제정과정에서도 분명하게 제기되어 1787년의 미합중국연방헌법(The Constitution of the United States of America)은 사법의 독립을 성문화한 최초의 근대헌법으로 자리잡았다. 이어 1789년의 프랑스의 인권선언에도 성문화되었다. 프랑스혁명 이후 최초의 헌법인 1791년헌법도 사법의 독립을 명문화하였다. 한편, 20세기 후반에 권위주의체제(authoritarian regime)와 사회주의체제의 붕괴로 나타난 전지구적 민주화(global democratization)와 자유화의 확산으로 과거의 인민민주주의(people's democracy) 또는 권위주의체제에서 자유민주주의체제로 이행한 많은 나라들에서 민주화의 징표적인 내용의 하나로 헌법재판과 사법의 독립을 제도화하였다. 오늘날 21세기 현대 국가에서 사법의 독립은 국가의 구조원리에서나 운영에서 필수불가결한 요소로 되었다. 사법의 독립이 민주화의 제도적 실현의 중요한 내용을 이루게 된 것은 자유민주주의체제에 대한 원리적 인식의 결과에서 기인하기도 하지만, 사법의 독립이 보장되지 않았을 때 초래된 국가의 실패와 불행을 체험한 인간의 실존적 결단의 성과에서도 기인한다.

Ⅲ. 사법의 자율성과 책임성

사법의 독립에서 원리적으로 문제가 되는 것 가운데 하나가 사법의 자율성(judi-cial autonomy)과 사법의 책임성(judicial accountability)을 어떻게 조화시킬 수 있는가 하는 문제이다. 사법의 자율성은 원리적으로 자유주의적 법치주의에 기반을 두고 있으며, 사법의 책임성은 민주주의에 기반을 두고 있다. 사법의 독립이 법원이나 법관의 전횡을 허용하는 것이 아닌 만큼 사법의 독립이 보장되면 법원의 서비스도 그에 상응하여야 한다. 사법의 책임성을 강조하는 관점에서는 법관은 국민 전체에 대한 봉사자의 지위에서 사회 현실과 그의 변화를 광범한 시각에서 이해하고 법의 집행에 있어 단순한 법기술전문가의 시각을 극복할 것을 요구한다. 뿐만 아니라 재판에 있어 법관은 공정하고 효율적이며 품위 있는 태도를 유지하여야 하고, 법원은 법정의 운영이나 재판과 관련된 절차에서 법원의 이용자에게 편리하고 효율적이며 만족스러운 사법 서비스를 제공하여야 하며, 법원의 예산을 그 목적에 적합하게 합리적이고 효율적으로 집행하여야 할 것이 요구된다.

사법의 책임성을 실현하는 제도에는 법관의 임명에 선출직 정치인을 관여시키는 제도, 법관의 재임명제도, 법관평가제도, 법관징계제도, 법원감시제도, 민원·고충처리제도, 사법옴부즈맨제도, 재판에 대한 헌법소원심판제도 등이 있다.

사법의 자율성과 책임성은 서로 조화되어야 하고 균형을 이루어야 한다. 법관의 연수·훈련이나 충원에서 길드조직과 유사한 시스템을 가지고 있는 나라(예: 독일, 일본국, 한국)에서는 비정치적 사법전문가(judicial technocrat)에 의한 거대한 관료주의를 생산하게 되어 사법의 독립이 오히려 사법관료주의를 강화하는 결과를 초래할 위험성을 안고 있다. 그러나 사법의 책임성을 지나치게 강조하면 사법의 자율성이 억제되어 사법의 독립이 침해되고 파괴될 수 있다는 점을 유의할 필요가 있다.

[562] 제2 재판의 독립

Ⅰ. 개 념

재판의 독립이라 함은 국가의 재판이 재판업무를 수행하는 법관 이외의 어떠한 권력적 압력·영향이나 외부의 통제를 받지 않고 독립되어 행해져야 한다는 법리를 일컫는다. 흔히 법관의 「재판상의 독립」 또는 「직무상의 독립」이라고도 한다. 헌법은 「법관은 헌법과 법률에 의하여 그 양심에 따라 독립하여 심판한다」(헌법 §103)라고 명문화하여, 재판의 독립을 명시적으로 성문화하고 있다.

재판의 독립이 이루어진다고 하여 당연히 재판이 공정하게 이루어지는 것은 아니다. 재판의 독립이 이루어지더라도 법관이 재판에서 사고와 판단을 함에 있어서 불편부당한 태도를 취하여야 공정한 재판이 이루어질 수 있다.

II. 내 용

재판의 독립에 관한 헌법의 규정에 의할 때, 재판의 독립은 헌법과 법률에 의한 재판, 법관의 양심에 따른 재판, 외부적 힘으로부터 독립된 재판을 그 내용으로 한다.

(1) 헌법과 법률에 의한 재판

(a) 의 의

법관은 헌법 제103조가 정한 바에 따라 헌법과 법률에 의하여 재판을 하여야 한다. 법치국가와 헌법국가의 원리상 법관이 헌법과 법률에 의하여 재판하여야 하는 것은 당연하다. 따라서 법관은 헌법과 법률이 존재함에도 이를 무시하고 다른 법규범이나 비법규범을 적용하여 재판할 수 없다(예: 大 1963. 5. 15.-63도103; 1983. 2. 22.-82누252). 이를 위반한 재판은 재판으로서 그 효력을 가지지 못한다.

[大 1983.2.22.-82누252] 「법원은 헌법과 법률에 의하여 심판할 뿐 행정관서 간의 질의응답 등에 기속을 받는 것이 아니므로 원심판시 내용이 설사 갑 제13호증의 1, 2 추계결정에 따른 인정상여소득의 귀속대표자에 관한 재무부장관의 질의응답 내용에 어긋나는 것이라고 하더라도 이를 들어 위법이라고 할 수 없을 뿐만 아니라……」

(b) 「헌법」과 「법률」의 의미

헌법 제103조에서 정하고 있는 헌법이란 대한민국 헌법과 이와 동등한 효력을 가지는 법규범을 의미하고, 법률도 국회가 제정한 법률과 이와 동일한 효력을 가지는 법규범을 의미한다. 실체에 관한 법과 절차에 관한 법을 모두 포함한다. 법률적 효력을 가지는 명령(예: 헌법 §76의 긴급재정경제명령, 긴급명령)도 이에 포함되고, 법률과 동일한 효력을 가지는 국제법규범도 이에 포함된다.

법관이 헌법과 법률에 의하여 재판을 한 이상 자유심증에서 오류를 범하여도 이는 헌법 제103조에 위반한 것이 아니다(예: 大 1963. 5. 15.-63도103).

[大 1963.5.15.-63도103] 「상고이유 제2점에 대하여 판단한다. 논지는 원심판결을 자유심증을 이룩함에 있어서 사회정의와 형평의 이념을 몰각하고 논리와 경험의 법칙에 따르지 않아서 원심판결을 파기하지 아니하면 현저하게 정의에 위반한다고 인정될 정도의 사실오인이 현출되고 있으므로 이 위반은 헌법 제77조에 규정한 "법률에 의하여 심판한다"에 위반된 것이라 함에 있다. 그러나 헌법 제77조에 "법관은 헌법과 법률에 의

하여 독립하여 심판한다"의 뜻은 법관은 법률 · 명령 기타 적법하게 제정 · 공포된 법령 기타 규칙 · 조례 등에 의하여 독립하여 재판하는 것이고 개개의 사건에 관하여 여하한 훈령에 의하여 재판하지 않는다는 뜻으로 해석되므로 원심판결에 소론과 같은 위법이 있다고 하더라도 이를 지목하여 헌법 제77조에 위반한 것으로는 논할 수 없다 할 것이다.」

입헌주의가 지배하는 헌법국가에서는 법률에 의한 재판은 당연히 「합헌인 법률」에 의한 재판을 의미한다. 헌법과 배치되는 법률이 존재하는 경우 헌법은 적용하지 않고 법률만을 적용하여 재판하는 것은 헌법 제103조에 위반된다. 위헌인 법률을 적용한 재판은 효력을 가지지 못한다(예: 憲 1993. 7. 29.-90헌바35). 헌법재판소법에 의하면, 법관이 재판의 전제가 된 법률에 대하여 합리적인 의심을 가지는 경우에는 해당 법률의 위헌여부심판을 헌법재판소에 제청하여 헌법재판소의 심판결과에 따라 재판하도록 하고 있다(헌재법 §41①; 憲 1993. 12. 23.-93헌가2). 합헌적인 법률에 의한 재판을 충실히 실현하기 위해서는 법원의 재판에 대한 헌법소원심판을 인정할 필요가 있다.

[憲 1993.7.29.-90헌바35] 「헌법 제27조 제1항은 "모든 국민은 헌법과 법률이 정한 법관에 의하여 법률에 의한 재판을 받을 권리를 가진다"라고 규정하여 이른바 재판청구권을 기본권으로 인정하고 있다. 여기서 "법률에 의한 재판"이라 함은 합헌적인 법률로 정한 내용과 절차에 따라, 즉 합헌적인 실체법과 절차법에 따라 행하여지는 재판을 의미한다. 따라서 형사재판에 있어서 합헌적인 실체법과 절차법에 따라 행하여지는 재판이라고 하려면, 적어도 그 기본원리라고 할 수 있는 죄형법정주의와 위에서 살펴본 적법절차주의에 위반되지 아니하는 실체법과 절차법에 따라 규율되는 재판이 되어야 할 것이다.」

법관이 법률을 적용하는 때에는 구법보다 신법을 우선 적용하여 재판하여야 하고(신법우선의 원칙), 일반법보다 특별법을 우선 적용하여 재판하여야 한다(특별법우선의 원칙).

관습법이나 조리에 의한 재판은 실정법인 헌법과 법률에 저촉되지 아니하는 경우에만 허용된다. 그러나 형사재판에서는 어떠한 경우에도 관습법이나 조리에 근거하여 재판할 수 없다.

법관은 소송절차에 관하여 정하고 있는 대법원규칙(법률의 근거 없이 제정된다)에 따라서도 재판을 하지만, 소송에 관한 절차를 정하는 대법원규칙은 법률에 저촉할 수 없으므로(헌법 §108) 대법원규칙에 의한 재판이 헌법과 법률에 의한 재판과 상치되는 경우는 발생하지 않는다.

(2) 법관의 양심에 따른 재판

법관도 인간으로서 당연히 헌법 제19조가 정하는 양심을 가진다. 법관도 한 개인으로서 여느 사람과 같이 선악·시비에 대한 주관적이고 개인적인 의식을 가지며, 자신의 인격의 정체성과 동질성을 유지해주는 가치판단에 대한 자기만의 개인적인 통일적 의식을 가진다. 그러나 국가의 권력작용인 재판을 함에 있어 법관에게 양심에 따라 재판할 것을 요구하는 것은 법관이 가지는 이러한 개인으로서의 양심의 자유에 의하여 재판하라는 것이 아니다. 법관이 가지는 개인적 양심의 자유에 따라 재판을 하게 되면 재판이 객관성과 공정성을 상실하고 법관 개인의 다양한 주관적인 판단에 의하여 동일한 성질의 사건에서까지 구구한 결론이 나오게 된다. 이러한 것은 재판으로서 공정성과 정당성을 상실한 것이다.

따라서 헌법 제103조에서 정하고 있는 양심은 헌법 제19조의 양심을 의미하는 것이 아니다. 헌법 제103조에서 정하는 양심은 법관이 재판을 함에 있어서 자신의 개인적인 가치관이나 사사로운 선입견을 배척하고 재판 및 법관의 본질과 기능에 합당한 자세를 유지하고 공평무사하게 합리적인 논증의 과정을 거쳐 결론을 내리는 의사작용을 의미한다. 이러한 의미의 양심은 법관이 법관의 지위에서 가지는 직업적·기능적 양심이다(동지: 김철수b, 1930; 성낙인, 1153). 헌법 제103조가 정하는 「양심에 따른 재판」의 법리에 의할 때, 법관이 재판을 함에 있어서 헌법 제19조가 정하는 자신의 개인적 양심과 헌법 제103조가 정하는 법관으로서의 양심이 일치하지 않을 경우에는 자신의 개인적 양심을 후퇴시키고 법관으로서의 양심을 우선시켜 재판하여야 한다([210]I(2)(c)).

《법관의 양심에 따른 재판》

재판의 독립을 보장하는 규정에 헌법과 법률에 의한 재판 이외에 「법관의 양심에 따른 재판」을 규정하고 있는 것은 1962년헌법에서 시작하여 현재까지 유지되고 있다. 1948년헌법 이래 그 전까지는 「법관은 헌법과 법률에 의하여 독립하여 심판한다」고 정하였다. 이러한 양심에 따른 재판을 정하고 있는 것은 입법례상 다른 나라의 경우는 찾아보기 어려우며 일본국헌법에서 이를 정하고 있는 것을 발견할 수 있다(동헌법 §76③). 우리 헌법의 이 문구는 일본국헌법의 해당 문구를 수용한 것으로 보인다. 일본국에서도 이때의 양심을 재판관으로서 가져야 하는 직업상의 윤리감이라고 해석하면서 재판관의 개인적인 내심에서도 독립하여야 한다는 의미라고 본다. 이러한 것은 당연한 내용이므로 이를 명시하지 않아도 무방하다. 오히려 제19조가 정하고 있는 양심의 자유에서 말하는 양심과 혼동을 가져올 수 있다.

(3) 외부적 힘으로부터 독립된 재판

재판의 독립을 실현하기 위해서는 재판을 수행하는 법관이 외부의 힘으로부터도 독립되어야 한다. 법관은 재판의 당사자로부터 독립되어야 할 뿐 아니라, 사인, 사회세력, 국가기관 등으로부터도 독립되어야 한다. 재판의 독립은 법관이 동료 법관이나 상급법원으로부터도 독립될 것을 요구하고, 정치세력이나 사회의 각종 세력에 의한 간섭을 배제할 것도 요구한다.

(a) 소송당사자 등으로부터의 독립

재판의 독립이 이루어지기 위해서는 법관은 재판의 당사자로부터 독립하여 재판하여야 한다. 법관은 민사소송이나 행정소송에서 원고와 피고의 양당사자로부터 독립하여 제3자의 지위에서 재판하여야 하고, 형사재판에서는 검사와 피고인으로부터 독립하여 제3자의 지위에서 재판하여야 한다.

소송당사자 등으로부터의 독립은 당사자에 대한 법관의 불편부당성을 확보하여 재판의 공정성을 실현하기 위한 것이다. 따라서 법관은 재판을 어느 쪽 당사자에게도 편향되게 진행하여서는 안 되고, 석명권을 행사하는 경우에도 어느 한쪽 당사자에게 유리한 결과를 가져오게 해서는 안 된다. 법관의 제척 · 기피 · 회피제도는 소송당사자로부터 재판의 독립을 확보하는데 기여한다.

(b) 다른 국가기관으로부터의 독립

재판의 독립은 법원 이외의 다른 국가기관으로부터의 독립을 요구한다. 헌법재판소, 국회, 행정부, 중앙선거관리위원회 등 어떠한 국가기관도 법원의 재판에 개입할 수 없다.

(i) 헌법재판소로부터의 독립 헌법재판소도 법원의 재판에 관여할 수 없다. 헌법재판소의 결정이 가지는 기속력에 따라 법원이 이에 기속되는 것은 헌법재판의 당연한 효과이므로 재판의 독립과 무관하다. 법원의 재판에 관한 헌법소원심판을 인정하는 경우에도 법원의 확정된 재판에 대하여 사후에 재판의 위헌여부에 대하여 심판하는 것이어서 재판의 독립과 배치되지 않는다.

위헌법률심판절차에서 법원이 심판제청을 하지 아니하는 경우에 헌법재판소가 소송당사자의 신청에 기초하여 법원에 대해 심판제청을 강제하게 하는 방법이 있는데(일종의 certiorari), 이러한 것은 위헌법률심판의 법리를 충실히 하는 것이어서 법원의 독립이나 재판의 독립과 배치되지 않는다. 우리나라의 경우 소송당사자의 심판제청신청이 있었음에도 법원이 이를 배척하고 심판제청을 하지 아니하는 경우에는 소송당사자가 헌법재판소법 제68조 제2항에 따른 헌법소원심판을 헌법재판소에 청구할 수 있으므로 헌법재판소가 직접 법원에 대하여 심판제청을 강제하는 방식을 채택할 실익은 거의 없다.

(ii) 국회로부터의 독립 재판의 독립상 국회도 법률로 법원의 관할사항을 입법화한 이상, 그 관할에 따른 법원의 재판에는 관여할 수 없다. 그러나 법원의 권한이나 소송절차 또는 형벌에 대하여 헌법에서 정하고 있지 아니하는 한 이는 국회의 입법사항에 해당하므로 국회가 헌법상 권력분립원리에 근거하여 법원의 관할, 권한의 범위와 한계, 권한행사의 절차를 정하는 것은 헌법 제103조가 정하는 바에 의하여 법원이 재판을 할 수 있는 근거법률을 제정하는 행위이어서 법원의 독립과 상치하지 않는다. 그러나 국회가 헌법이 정하는 법원의 기능과 권한을 부정하거나 왜곡하는 법률을 제정하는 것은 헌법의 권력분립과 법원의 독립을 침해하는 것으로 위헌이다.

[憲 1997.8.21.-93헌바60] 「강도상해죄는 그 법정형의 하한이 7년 이상의 유기징역으로 한정되어 있어 법률상 다른 감경사유가 없는 한 작량감경을 하여도 집행유예의 선고를 할 수 없도록 되어 있다고 하나, 이는 앞서 본 바와 같은 입법재량의 범위를 일탈하지 아니한 것이다. 즉 어떤 범죄에 대한 법정형의 종류와 범위를 정하는 것은 기본적으로 입법자의 형성의 자유에 속하는 사항으로서, 입법자는 앞서 본 제반사정을 종합하여 강도상해의 범행을 저지른 자에 대하여는 법률상 다른 형의 감경사유가 있다는 등 특단의 사정이 없는 한 작량감경만으로는 집행유예의 판결을 선고할 수 없도록 함으로써 그러한 범죄자에 대하여는 반드시 장기간 사회에서 격리시키도록 하는 것이 형사정책적 측면에서 바람직하다는 판단에 따라 강도상해죄의 법정형의 하한을 징역 7년으로 제한하였다고 할 것이므로, 이러한 입법자의 입법정책적 결단은 기본적으로 존중되어야 한다. 또한 법관이 형사재판의 양형에 있어 법률에 기속되는 것은 법률에 따라 심판한다고 하는 헌법규정(§103)에 따른 것으로 헌법이 요구하는 법치국가원리의 당연한 귀결이며, 법관의 양형판단재량권 특히 집행유예 여부에 관한 재량권은 어떠한 경우에도 제한될 수 없다고 볼 성질의 것은 아니다.……집행유예제도는 원칙적으로 단기자유형을 선고해야 할 경우 범정이 가벼워서 현실적으로 반드시 형의 집행을 하여야 할 필요성이 없을 때에 선고하는 것이므로, 장기의 자유형을 선고하는 경우에도 집행유예의 판결을 선고할 수 있도록 한다면 오히려 집행유예제도의 취지에 반하여 중범죄를 저지른 자들에게 특혜를 주는 결과를 초래하게 될 것이다. 따라서 집행유예선고의 요건에 관한 제한은 반드시 필요한 것이고, 다만 어떠한 형을 선고하는 경우에 집행유예의 선고를 할 수 있느냐의 기준은 나라마다의 범죄자에 대한 교정처우의 실태, 범죄발생의 추이 및 범죄억제를 위한 형사정책적 판단, 각종 형벌법규에 규정된 법정형의 내용 등 제반사정을 종합적으로 고려하여 결정할 입법권자의 형성의 자유에 속하는 문제이다. 따라서 그 입법형성이 입법재량의 한계를 명백히 벗어난 것이 아닌 한 헌법위반이라고는 할 수 없는바 형법 제62조 제1항 본문 중 "3년 이하의……"라는 요건제한은 위에서 본 제반사정에 비추어 입법재량의 한계를 벗어난 것이라고 볼 수 없다. 위와 같은 이유로,

형법 제337조의 법정형은 현저히 형벌체계상의 정당성과 균형을 잃은 것으로서 헌법상의 평등의 원칙에 반한다거나 인간의 존엄과 가치를 규정한 헌법 제10조와 기본권제한 입법의 한계를 규정한 헌법 제37조 제2항에 위반된다거나 또는 사법권의 독립 및 법관의 양형판단권을 침해한 위헌법률조항이라 할 수 없고, 또 형법 제62조 제1항 본문 중 "3년 이하의 징역 또는 금고의 형을 선고할 경우"라는 집행유예의 요건한정부분은 법관의 양형판단권을 근본적으로 제한하거나 사법권의 본질을 침해한 위헌법률조항이라 할 수 없다.」

[憲 2001.11.29.-2001헌가16] 「어떤 범죄를 어떻게 처벌할 것인가 하는 문제, 즉 법정형의 종류와 범위의 선택은 그 범죄의 죄질과 보호법익에 대한 고려뿐만 아니라 우리의 역사와 문화, 입법당시의 시대적 상황, 국민일반의 가치관 내지 법감정 그리고 범죄예방을 위한 형사정책적 측면 등 여러 가지 요소를 종합적으로 고려하여 입법자가 결정할 사항으로서 광범위한 입법재량 내지 형성의 자유가 인정되어야 할 분야이다. 따라서 어느 범죄에 대한 법정형이 그 범죄의 죄질 및 이에 따른 행위자의 책임에 비하여 지나치게 가혹한 것이어서 현저히 형벌체계상의 균형을 잃고 있다거나 그 범죄에 대한 형벌 본래의 목적과 기능을 달성함에 있어 필요한 정도를 일탈하였다는 등 헌법상의 평등의 원칙 및 비례의 원칙 등에 명백히 위배되는 경우가 아닌 한 쉽사리 헌법에 위반된다고 단정하여서는 안 된다.」

국회가 법원이나 재판부에 대하여 국정감사나 국정조사를 하는 경우에도 법원의 재판 자체에 대해서는 간섭할 수 없다. 그러나 법원에 재판이 계속 중인 사건이라고 하더라도 재판에 간섭하거나 관여할 목적이 아니고 실체를 밝히기 위하여 따로 해당 사건에 대하여 국정조사를 할 수 있고, 국정조사에 필요한 범위 내에서는 재판기록상의 자료를 조사하는 것도 가능하다(병행조사). 이에 대해서는 법원에 계속 중인 소송사건에 대해서는 감사·조사할 수 없다는 견해도 있다(김철수b, 1632; 32; 성낙인, 960). 「국정감사 및 조사에 관한 법률」은 감사 또는 조사가 「계속 중인 재판」에 「관여할 목적으로」 행사되어서는 아니 된다고 정하고 있다(동법 §8).

법원의 재판에 영향을 줄 목적으로 국회 또는 국회의원의 명의로 사건의 처리에 대한 견해를 미리 표명하거나 국민을 선동하거나 여론을 조성하는 것은 재판의 독립을 침해하는 위법행위이다.

재판을 진행하고 있는 법관에 대하여 국회가 탄핵소추를 하는 것은 재판의 독립에 배치되지 않는다. 법관이 재판을 진행하고 있다고 하더라도 직무와 관련하여 헌법과 법률을 위반한 경우에는 국회가 탄핵소추를 하는 것이 오히려 재판의 공정성과 합법성을 확보할 수 있기 때문이다.

(iii) 행정부로부터의 독립 재판의 독립은 행정부가 법원의 재판에 간섭하는 것을

금지한다. 행정소송의 경우에도 소송당사자인 행정청은 당사자의 지위에서 소송에 참여할 수 있을 뿐이다. 대법원의 재판의 경우 대통령은 대법관의 연임을 거부하는 방법으로 재판의 방향에 대하여 영향을 줄 수 있으나, 국회의 동의에서 통과된 자에 대하여 법적인 하자가 없는 이상 대법관의 연임을 거부하는 것은 타당하지 않다.

대법관의 임명에 있어서 국회의 동의나 대통령의 임명은 대법관의 재판에 간접적으로 영향을 줄 수 있다. 대법관의 연임에 있어서 국회의 동의를 위한 인사청문절차에서 국회가 구체적인 재판결과에 대하여 간섭을 하고 공격을 하는 것은 타당하지 않다. 이는 인사청문권의 남용에 해당한다. 뿐만 아니라 대통령이 국회가 임명에 동의한 사람에 대하여 그가 한 과거의 재판의 내용을 들어 대법관의 임명을 거부하는 것도 대통령의 대법관임명권의 남용에 해당한다. 이러한 행위는 강력히 통제되어야 한다. 국회나 대통령의 이러한 행위를 허용하게 되면 대법관이 되고자 하는 사람에게 미리 국회나 대통령의 기호에 합치되게 재판하도록 간접적으로 강제하는 길을 열어주는 것이 된다. 대법관선발위원회나 대법관추천위원회의 방식을 채택하여 법원이 독립적으로 대법관을 임명하는 방법도 구상할 수 있다. 이런 위원회에 행정부의 인사가 참여하는 것은 사법부의 독립상 타당하지 않다. 현재 법원조직법은 대법관후보추천위원회를 구성하여 대법관 후보자를 정하는 방식을 취하고 있다. 이러한 방식에서도 법원행정처장이나 수석대법관 또는 법관을 통하여 대법원장의 의견이 지배력을 가지거나 법무부장관의 의견이 영향력을 미치게 되면 원래의 기능이 왜곡된다는 점을 유의할 필요가 있다.

(c) 상급법원 등으로부터의 독립

법관은 상급법원으로부터도 독립하여 있다. 각급 법원은 심급상 분류되는 것이므로 각급 법원의 법관들 사이에는 재판에 있어서 상하의 위계가 성립하지 않는다. 모든 법관은 재판관으로서 동일한 지위에 있다.

법원행정이나 조직에서는 행정상의 위계(hierarchy)가 성립하는 경우라고 하더라도 이러한 것은 사법상 지시 · 명령의 체계를 인정하는 것이 아니기 때문에 법관의 독립을 침해하는 것은 아니다. 상급법원이 하급법원에 대하여 법원행정상 합리적인 지시를 하거나 감독하는 행위는 재판의 독립에 배치되지 않는다. 그러나 심급구조로 되어 있는 상급법원과 하급법원이 행정상의 위계로 인하여 상급법원의 행위가 하급법원을 통제하거나 어떠한 영향을 미치는 결과를 초래하거나 직 · 간접적인 방법으로(상급법원 판사의 직접적인 청탁 또는 유 · 무형의 압력 행사, 법관의 승진 · 보수 · 연수 기회 등의 이익 제공 등) 법관을 통제하는 결과를 가져오는 것(=사법의 독립에 대한 구조적인 침해)은 재판의 독립과 법관의 독립을 침해할 수 있다.

법관징계제도를 고안하는 경우에도 상급법원이 하급법원을 지배하는 결과를 가져오게 하는 것은 타당하지 않다. 법관징계위원회의 구성은 각종 심급의 법원이 가지는 비중이 동일하게 고려되어야 하고, 재판의 독립에 영향이 미치지 않도록 하여야 한다. 법관평가제도를 두는 경우에도 마찬가지이다. 상급법원의 법관이 하급법원의 법관에게 일방적으로 영향을 미치는 방식은 상급법원에 의한 재판의 간섭을 초래할 여지를 만들 수 있다.

하급법원의 판례가 상급법원의 판례에 사실상 구속되는 경우가 있으나, 하급법원이 반드시 상급법원의 판례에 합치하게 재판을 하여야 하는 것은 아니므로 이는 재판의 독립을 침해하는 것이 아니다. 상급법원의 재판에서의 판단은 해당 사건에 관하여 하급심을 기속한다(법조법 §8). 이는 심급제도의 법리에 따른 것으로 재판의 독립을 침해하는 것이 아니다.

(d) 법원 내부로부터의 독립

법관은 재판을 함에 있어서 법원 내부의 다른 법관이나 행정조직으로부터도 독립된다(법관의 내부적 독립 internal independence of judge). 동료 법관들로 구성되는 각종의 회의(예컨대, 판사회의)나 법원의 사법행정(judicial administration)상의 행위가 법관의 재판에 어떠한 영향도 미칠 수 없어야 한다.

종래 각급 법원장 등은 사법행정의 일환으로서 「관련사건, 쟁점이 동일한 사건, 사안의 내용이 복잡하거나 심판이 다수의 이해관계인 또는 사회에 미치는 영향이 중대한 사건 기타 특별한 사정이 있는 사건은 사건배당 주관자가 적정한 심판 또는 사무분담의 공평을 고려하여 적절하게 배정할 수 있다」(구 법관등의 사무분담 및 사건배당에 관한 예규 §18②iii)고 하였는데, 이러한 사건배당에 관한 재량권이 경우에 따라서는 소속 법관의 독립을 침해하는 수단으로 남용될 우려가 있다는 비판이 제기되어 2009.5.18. 「업무부담의 현저한 불균형이 발생하는 등 제2항에 의한 배당방법에 따르기 어려운 부득이한 사정이 명백한 경우에는 관계되는 재판장들과의 협의를 거친 후 이와 다른 방법으로 배정할 수 있다. 협의의 방법 및 절차에 관하여는 각급법원의 내규로 정한다」로 개정되었다(동 예규 §18③).

합의부에 의한 재판의 경우에도 합의부를 구성하는 법관은 재판의 결론에 대한 각자의 의견의 형성에 있어 서로 간섭할 수 없다. 합의부의 각 법관이 각자 자유로이 자신의 의견을 제시하고 합의를 도출하는 행위는 각 법관에 대한 간섭이 아니다. 합의부의 재판에서 법원의 의견과 달리 하는 관여 법관의 의견을 따로 표시하게 할 것인가는 법률정책적인 문제이다. 대법원의 재판에서는 대법원 재판서에 합의에 관여한 모든 대법관의 의견을 필요적으로 표시하도록 하고 있다(법조법 §15).

(e) 사회세력 등으로부터의 독립

재판의 독립이 이루어지기 위해서는 재판은 정치세력이나 각종의 사회세력으로부터 독립하여 행해져야 한다. 오늘날 시민사회 영역의 역량이 강화됨에 따라 각종의 이익단체와 압력단체의 활동이 더욱 활발해지고 있고, 이에 따라 이들은 여러 가지 방법(뇌물제공, 청탁, 회유, 협박, 위해 등)을 동원하여 자기와 이해관계가 있는 재판에 영향을 미치려고 노력한다. 비영리 비정부단체(NPO 또는 NGO)도 적지 않게 공익을 가장하여 재판에 영향을 미치려는 시도를 한다. 더 나아가 오늘날 경제, 정치, 문화 등의 영역에서 종래 국민국가(nation-state)가 가졌던 영토적 국경의 의미와 주권의 의미가 희박해지고 각 나라의 이해관계가 국경을 넘어 긴밀하게 연관되면서 외국 정부나 외국의 영리단체 또는 비영리단체도 원격조정을 하며 다양한 방법으로 한 나라의 재판에 영향을 미치려고 한다. 이와 같이 오늘날 사법의 독립은 과거 그 어느 때보다 국내외의 정치세력이나 각종 사회세력의 이익추구로부터 나오는 강한 도전에 직면하고 있기도 하다.

법치주의를 실현하는 재판에서 다양한 방법으로 여론을 조작하거나 동원하여 재판에 영향을 미치게 하는 행위나 다중의 위력을 이용하여 재판에 직접 또는 간접으로 영향을 미치는 행위는 재판의 공정성과 객관성을 확보할 수 없게 만든다. 정당, 언론사, 노동조합, 압력단체, 각종의 영리 또는 비영리단체 등이 각종의 명분을 만들어 가시적이거나 비가시적인 집단의 힘을 이용하여 재판에 영향을 주는 행위는 어떠한 경우에도 허용되지 않는다. 외형적으로는 사건에 대한 전문가의 의견임을 가장하고 배후에서 재판에 영향을 미치려는 어떠한 시도도 재판의 독립을 침해하는 것이다. 많은 자유민주주의 국가에서는 현재 심리 중인 사건에 대하여 공공연하게 비평하는 행위를 제한하고 있다.

그런데 법관이 재판을 편파적이거나 불공정하게 진행하거나 위법하게 진행하는 경우에 전문가나 언론 등이 이를 비판하는 것은 재판의 독립을 침해하는 것이 아니다. 법관의 독립은 법관의 행동과 활동에 대한 국민의 감시와 저촉되지 않는다. 국민은 법원이 제 기능을 할 수 있게 하기 위하여 법관이 헌법과 법률이 정하는 바에 따라 행동하고 활동하는지를 감시할 수 있는 권리를 가진다. 법관에 대한 국민의 감시는 국민의 사법감시에 포함되는 사항이다. 그러나 법관에 대한 인신공격이나 정치적 압력 등 여러 가지 방법으로 법관 개인에게 직접 영향을 주는 강압, 공격, 비난은 재판의 독립과 법관의 독립에 대한 침해가 된다. 이러한 침해행위를 효과적으로 제재하기 위한 장치가 필요하다.

《판례에 대한 비평》

법원의 재판의 결과에 대한 비평이나 비판은 재판기관의 행위결과에 대한 국민의 의사표현이고, 이는 기존의 판례에 대하여 다시 성찰하는 기회를 제공하며, 미래의 재판에 대해 건설적으로 고려하게 하는 계기를 만들 수 있을 뿐 아니라, 국가권력에 대한 통제와 기본권 보장의 한 수단이기도 하므로 재판의 독립과 부합한다. 판례에 대한 비평이나 비판은 누구나 할 수 있지만, 전문가의 합리적인 비평이나 비판이 보다 재판의 독립을 유지하게 하면서 미래의 재판에 대한 개선에 충실하게 기여할 수 있다. 법원의 판례에 대하여 합리적인 비평이나 비판을 넘어 과도한 비난이나 공격을 가하는 것은 재판의 독립에 악영향을 줄 수 있다. 판례에 대한 비평이나 비판의 행위가 다른 실정법을 위반하는 경우(예: 명예훼손, 모욕 등)에는 당연히 위법한 것이 된다.

[563] 제3 법관의 독립

Ⅰ. 개 념

법관의 독립이란 국가의 재판권을 행사하는 주체인 법관이 재판에서 필요한 판단을 함에 있어서 여타의 개인이나 제도 등 외부의 통제나 압력·영향력으로부터 독립되어 집단적으로나 개인적으로 자율성(autonomy of judge)을 확보하여야 한다는 것을 말한다. 이는 법관 전체가 외부의 개인이나 제도로부터 독립됨을 의미하는 동시에 법관 개인도 여타의 법관을 포함한 모든 개인이나 제도로부터 독립되어 자율성을 가져야 하는 것을 의미한다. 법관의 독립은 재판의 독립을 보장하는 필요불가결한 조건을 이루고 있다.

법관이 집단적으로나 개인적으로 자율성을 가진다는 것은, 법관 전체가 「제도로서의 사법」(judiciary as institution)으로서 법관이 아닌 기관이나 개인으로부터 자율성을 가지는 것을 의미하는 차원과 법관 개개인이 자기 이외의 외부 존재로부터 자율성을 가지는 것을 의미하는 차원을 포함한다. 두 가지 차원 가운데 어느 경우나 법관 개개인이 외부로부터 독립되어야 한다는 것은 법관의 독립에 항상 포함되어 있다. 여기에서 재판의 주체인 법관은 법원 외부로부터나 법원 내부로부터나 독립되어야 한다는 것이 법관의 독립의 내용으로 도출된다.

법관의 독립이 보장된다고 하여 이로부터 당연히 법관이 불편부당하고 공정하게 사고하고 판단할 것이라는 결론은 나오지 않는다. 여기에는 법관이 재판에서 취해야 할 공정한 태도가 요구된다. 그러나 법관의 독립은 법관이 공정하게 판단할 수 있도록 만들어 주는 조건이 된다.

II. 내 용

법관의 독립을 보장하는 구체적인 방법으로는 법관의 재판에 대한 책임면제, 법관의 인사의 독립, 법관의 자격제, 법관의 임기보장, 법관의 신분보장, 행위의 제한 등이 있다. 헌법도 이러한 법관의 독립에 대하여 정하고 있다.

(1) 재판에 대한 책임면제

법관은 헌법과 법률이 정하는 바에 따라 적법하게 재판을 한 이상 재판의 결론에 대하여 어떠한 법적 책임도 지지 아니한다. 이를 재판에 대한 책임면제(immunity)라고 한다. 재판의 결론이 틀렸다고 하더라도 이는 상급심법원에 의해 교정될 성질의 것이고, 사후에 어떠한 책임도 지지 아니한다. 이러한 책임면제가 인정되지 않으면 법관은 지위의 불안으로 재판을 할 수 없으며 법관의 독립도 이루어지지 못한다.

(2) 법관인사의 독립

법관의 독립이 이루어지기 위해서는 법관의 임용, 전보 등 인사에서 법원 이외의 외부적 영향으로부터 독립되어야 한다. 법관의 독립이라는 법리에 의할 때, 법관의 인사는 법원의 자율적인 사항이 되지 않으면 안 된다.

법관인사의 독립이 법관의 인사가 언제나 외부로부터 차단되어 행해져야 함을 의미하는 것은 아니다. 법관인사의 독립을 구체화하는 제도에 있어 내부의 비민주적 관료주의가 발생하는 경우에 이를 해소하기 위하여 법관인사의 독립원리가 침해되지 않는 범위 내에서 외부인을 참여하게 하는 것은 가능하다(예: 법관인사위원회 또는 법관추천위원회에서의 외부인의 참여). 법원조직법은 법관인사위원회제도를 두고 외부인을 참여시키고 있다(법조법 §25의2).

현실에서 보면, 각 나라의 역사적 배경이나 사정에 따라 법관의 충원 방식에서 다양한 양상을 보이고 있다. 법원에 의한 자율적 임명방식, 유권자에 의한 법관선거방식, 의회에 의한 법관선출방식, 법관 또는 법관으로 구성된 선거인단에 의한 최고법원의 법관선거방식, 의회와 행정부의 협동으로 법관을 임명하는 방식, 행정부에 의한 법관임명방식, 임명권자의 임명과 연임여부에 대한 국민투표(또는 주민투표)를 결합한 방식 등 다양하다. 심급에 따라 각기 다른 방식을 채택하는 경우도 있다. 이러한 다양한 방식들이 제도로서 정당성을 가지기 위해서는 그 제도가 무엇보다 재판의 독립이라는 법치주의의 요구를 충족시켜야 한다.

헌법은 대법원장과 대법관의 임명에서는 국회와 대통령이 협동하여 임명하는 방식을 채택하고 있지만, 그 외 일반법관의 경우에는 대법원장이 임명하는 방식을 취하고 있다. 헌법은 「대법원장과 대법관이 아닌 법관은 대법관회의의 동의를 얻어 대법원장이 임명한다」(헌법 §104③)고 정하고 있고, 법원조직법은 「판사의 보직은 대법원장이 행한다」(법조법 §44①)고 정하고 있다.

법관의 인사에 있어 법원의 자율에 일임하는 방식에서도 우리나라와 같이 대법원장이 임명하는 방식 이외에, 심급에 따라 각급법원별로 임명하는 방식, 법관인사위원회가 결정하는 방식, 법관인사위원회와 법원의 장이 협동하는 방식, 법관들이 대법원장이나 대법관을 직접 선거하는 방식, 법관으로 구성된 선거인단이 선거하는 방식 등이 있다. 법관의 인사에서 법원의 자율에 일임하는 방식을 취하는 경우에도 인사의 합리성, 공정성, 객관성을 실현하는 것이 중요하다.

(3) 법관자격의 법정주의

재판의 독립성과 전문성을 확보함에 있어서 재판업무를 수행하는 자는 그에 합당한 능력, 지식, 소양을 갖추어야 한다. 따라서 법관에게 일정한 자격을 요구하는 것은 필수적이다. 이러한 것은 민주주의라는 이름하에 법치주의를 부정하는 인민재판(=민중재판)을 행하는 것을 부정하는 것을 의미한다.

법관의 자격을 법률로써 정하여 일정한 자격을 가진 자만이 법관이 되게 하는 것은 입법부나 행정부로부터 법관의 독립을 유지하게 해준다. 국회의원이나 행정부의 공무원이 임의로 법관을 대신하여 재판을 할 수 없게 하는 것이다. 이와 같이 법관의 자격제도는 법관의 독립을 실현하여 사법의 독립을 유지하게 하는데 필수적이다.

헌법사에서 보건대, 우리나라는 1948년헌법 이래 현재까지 일관되게 법관의 임명에서 특별한 자격을 요구하고 있다.

헌법은 「법관의 자격은 법률로 정한다」(헌법 §101③)라고 정하고 있고, 법원조직법은 법관의 자격에 대하여 구체적으로 정하고 있다. 대법원장과 대법관은 20년 이상 i) 판사 · 검사 · 변호사, ii) 변호사의 자격이 있는 사람으로서 국가기관, 지방자치단체, 「공공기관의 운영에 관한 법률」 제4조에 따른 공공기관, 그 밖의 법인에서 법률에 관한 사무에 종사한 사람, iii) 변호사의 자격이 있는 사람으로서 공인된 대학의 법률학 조교수 이상으로 재직한 사람으로서 45세 이상의 사람 중에서 임용하고(법조법 §42①), 판사는 10년 이상의 위 각 호의 직에 있던 사람 중에서 임용한다(동조 ②).

재판에 필요한 일정한 자격을 갖추지 않은 자가 재판에 관여하는 것으로는 예컨대, 미합중국에서 형사재판의 일정한 경우와 일부 민사재판에서 채택하고 있는 배심재판제도(jury system)를 볼 수 있다. 배심재판제도에서도 소송의 진행은 법률가의 자격을 갖춘 법관이 행하고 평결만 일반인인 배심원이 행한다. 이러한 배심재판제도는 영국에 그 기원을 두고 있는 것으로 알려져 있는데, 영국의 배심재판제도가 과거 영국의 식민지로 확산되면서 여러 나라에 수용되었다. 영국, 미합중국, 캐나다, 뉴질랜드, 아일랜드, 스코틀랜드, 오스트레일리아 등에서 일부 재판에서 채택하고 있다. 그러나 무작위로 선정한 일반인을 공정성과 전문성이 요구되는 재판에 관여하게 하는 것이 타당한가·하는 문제를 놓고 배심재판제도의 존폐에 대한 찬반논쟁은 계속 이어지고 있다. 원래 이 제도의 수출국이었던 영국에서는 배심재판제도가 계속 쇠퇴하고 있다.

우리나라에서는 형사재판에서 선택적으로 국민참여재판을 할 수 있게 하고, 이러한 국민참여재판에서는 법정형에 따라 7 또는 9인의 배심원이 참여하는데(피고인 또는 변호인이 공판준비절차에서 공소사실의 주요내용을 인정한 때에는 5인의 배심원이 참여하게 할 수 있음), 이러한 배심원은 직업판사가 아닌 일반인이 맡는다. 이러한 일반인 배심원은 국민참여재판을 하는 사건에 관하여 사실의 인정, 법령의 적용 및 형의 양정에 관한 의견을 법관에게 제시할 권한을 가지고 있다(형참법 §12①).

(4) 법관의 임기와 정년

(a) 법관의 임기

공직의 근무에서 임기제도란 법률이 정하는 사유가 없는 한 일정한 임기(limited term) 동안 그 직에서 해임되지 않는다는 것을 말한다. 법관이 그 업무를 수행함에 있어서 법률이 정하는 특별한 사유가 없는 한 임기 동안 그 직에서 해임되지 않게 하는 것은 외부의 힘이나 영향력으로부터 법관의 독립을 실현하는데 중요한 의미를 가진다. 법관이 법관으로서 공명정대하게 재판업무에 충실하는 한 그 재판의 결과에 따른 아무런 영향도 받지 않고 재판업무를 계속 수행할 수 있어야 재판의 공정성과 객관성을 확보할 수 있다. 법관이 재판의 결과에 따라 인사권자, 입법부 또는 행정부의 조치, 여론의 영향력에 의해 법관직에의 근무여부가 결정된다면, 재판은 이러한 인사권자나 외부의 힘에 의해 좌우되어 공정성과 객관성을 잃게 되고 국민의 행위준칙이 아무렇게나 변경되어 법적 안정성은 붕괴되고 법치주의는 그 바탕을 상실하게 된다.

법관으로 하여금 그 직에서 쉽게 배제(해임, 파면)될 수 없게 하는 것은 사법의 독립에서 핵심적인 내용을 형성하고 있다. 현대 법치국가에서 사법의 독립을 보장함에 있어서는 이를 가장 중요한 제도적 장치로 여기고 있다.

헌법은 법관의 독립을 보장하기 위하여 이러한 법관의 임기제도를 정하고 있다. 헌법은 대법원장의 임기를 6년으로 정하면서 중임(重任)할 수 없게 정하고(헌법 §105①), 대법관의 임기는 6년으로 하되 법률이 정하는 바에 의하여 연임(連任)할 수 있게 정하고 있다(동조 ②). 중임의 금지는 연임을 포함하여 대법원장에 재직한 자는 어떤 경우에도 다시 대법원장에 임명될 수 없음을 의미한다. 따라서 대법원장은 임기에 있어서 단임(single nonrenewable term)으로 재직한다. 연임은 한번의 임기가 끝난 후 바로 이어 재임하는 것을 의미한다. 연임은 앞의 임기를 합법적이고 정당하게 마친 것을 전제로 한다. 임기도중에 대법관이나 법관직에서 사임하였거나 강제 퇴직당한 자는 연임할 수 없다. 휴직을 한 자는 연임할 수 있다. 일반법관의 임기는 10년으로 하되, 법률이 정하는 바에 의하여 연임할 수 있게 정하고 있다(동조③). 현행 법률에 의할 때, 대법관이나 일반법관의 연임에는 횟수의 제한을 두지 않고 있다. 따라서 연임이 되는 한 정년에 이르기까지 연임할 수 있다.

법관의 임기제도는 임기 동안 법관의 독립을 보장하는 의미를 가지는 동시에 임기 동안 법관의 업무수행에 충실할 것을 요구하는 의미도 가진다. 따라서 일정한 기간마다 법관으로서 적합성을 가지는지를 심사하여 법관으로서 적합성을 가지지 않는 자를 법관의 직에서 배제시키는 것도 필요하다. 이는 법관의 독립을 보장하는 역할도 수행할 뿐 아니라, 법관에게 요구되는 법률전문가로서의 지식과 능력의 퇴화와 법관직에 대한 직업의식의 안이화에 따르는 문제를 해소하고, 재판의 전문성 · 공정성 · 객관성 · 정당성 · 책임성을 확보하는데 기여한다. 법관임기제도가 가지는 이러한 기능이 제대로 작동하도록 하기 위해서는 법관으로서의 적합성 심사제도가 합리적이고 객관적이어야 하며 공정하여야 한다.

(b) 법관의 정년

법관의 정년(tenure)제도는 법관이 일정한 연령에 이르면 퇴직하게 하는 제도이다. 이는 법원의 노화를 방지하고 신진대사를 촉진하는 기능을 한다. 임기제도가 없이 정년제도만 있는 경우에는 특별한 사유가 없는 한 법관으로 하여금 정년까지의 재직여부에 외부의 영향을 미칠 수 없게 하여 법관의 독립을 보장해준다. 우리나라는 임기제도를 두는 동시에 정년제도를 두어 임기제도로서 우선적으로 법관의 독립을 보장하고 정년제도로 법원의 노화를 방지한다. 헌법은 「법관의 정년은 법률로 정한다」라고 정하고 있고(헌법 §105④), 법원조직법은 대법원장과 대법관의 정년을 70세, 일반판사의 정년을 65세로 정하고 있다(법조법 §45④). 법관의 정년제도는 법관의 신분보장과 배치되지 않는다(예: 憲 2002. 10. 31. -2001헌바68).

법관에 대하여 임기제도를 두지 않고 정년 때까지 재임할 수 있게 하거나, 종신으로 재임할 수 있게 하는 방식(lifetime tenure)을 채택하는 경우에는 법관으로서의 적합성을 심사할 수 있는 장치를 두어 법관으로 적합하지 않은 자를 법관직에서 배제하는 제도를 마련할 필요가 있다(예컨대 법관감독제도). 이는 사법의 책임성을 실현하는 것으로 사법의 독립을 침해하는 것이 아니다.

헌법사에서 보건대, 1948년헌법에서는 법관의 임기제도만 두고 정년제도를 두지 않았으나, 그 이후의 헌법은 모두 양 제도를 함께 두었다. 대법원장과 대법관의 임기에 변화가 있었고, 대법원장의 연임여부에 있어서는 인정한 경우도 있었고, 부정한 경우도 있었다.

법관의 임기 및 정년

헌법 / 항목	1948년헌법-1952년헌법-1954년헌법-1960년6월헌법-1960년11월헌법	1962년헌법-1969년헌법	1972년헌법	1980년헌법	1987년헌법
법관의 임기	10년, 연임 가능	대법원장: 6년, 연임 불가 나머지 법관: 10년, 연임 가능	대법원장: 6년, 연임 가능 나머지 법관: 10년, 연임 가능	대법원장: 5년, 중임 불가 대법원판사: 5년, 연임 가능 일반법관: 10년, 연임 가능	대법원장: 6년, 중임 불가 대법관: 6년, 연임가능 일반법관: 10년, 연임 가능
법관의 정년	×	65세	법률로 정함	→	→

(5) 법관의 신분보장

재판의 독립을 실현하기 위하여 법관의 독립을 보장하는 데는 법관의 신분보장이 필수적으로 요구된다. 이는 법관의 독립을 실현함에 있어서 법관의 개인적인 결단이나 지조만을 요구하는 것이 주관적인 것이어서 안정적이지 않기 때문에 객관적인 제도로서 법관의 독립을 보장하려는 장치이다. 법관의 신분보장이 이루어지지 않을 때 재판은 공정성을 확보하기 어렵다. 헌법재판소도 법관의 신분보장을 재판의 독립에 있어서 필수적인 조건이라고 본다(예: 憲 1992. 11. 12.-91헌가2).

[憲 1992.11.12.-91헌가2] 「법관에 대하여 헌법이 직접적으로 그 신분보장규정을 두고 있는 이유는 사법권의 독립을 실질적으로 보장함으로써 헌법 제27조에 의하여 보장되고 있는 국민의 재판청구권이 올바로 행사될 수 있도록 하기 위한 것임은 의문의 여지가 없다.……사법권의 독립은 재판상의 독립 즉 법관이 재판을 함에 있어서 오직 헌법과 법률에 의하여 그 양심에 따라 할 뿐 어떠한 외부적인 압력이나 간섭도 받지 않는다는 것뿐만 아니라 그 수단으로서 법관의 신분보장도 차질없이 이루어져야 함을 의미하는 것이다. 특히 신분보장은 법관의 재판상의 독립을 보장하는데 있어서 필수적인 전제로서 정당한 법절차에 따르지 않은 법관의 파면이나 면직처분 내지 불이익처분의 금지를 의미하는 것이다.」

헌법사를 보건대, 법관의 신분보장에 있어서는 다소간의 변천이 있었다. 1948년헌법부터 1960년11월헌법까지는 징계에 의한 법관의 파면을 인정하였다.

헌법은 법관의 신분보장을 실현하기 위하여 파면, 불리한 처분, 임기종료 전의 강제퇴직에서 제한을 두고 있다(헌법 §106). 헌법이 보장하는 법관의 신분보장은 법관도 공무원이지만 일반 공무원과 비교할 때 가중하여 법관의 신분을 더욱 두텁게 보장하고 있다(예: 憲 1992. 11. 12. -91헌가2). 이는 법관이 특수신분이기 때문이 아니라 공정성이 생명인 재판업무를 수행하기 때문이다.

법관의 신분보장

헌법 / 항목	1948년헌법-1954년헌법-1960년6월헌법-1960년11월헌법	1962년헌법-1969년헌법	1972년헌법	1980년헌법	1987년헌법
법관의 신분보장	탄핵, 형벌, 징계처분에 의한 파면, 정직, 감봉	탄핵, 형벌에 의한 파면; 징계 처분에 의한 정직, 감봉, 불이익처분	탄핵, 형벌, 징계처분에 의한 파면, 정직, 감봉, 불이익 처분	탄핵, 형벌에 의한 파면; 징계처분에 의한 정직, 감봉, 불이익 처분	탄핵, 금고 이상 형선고에 의한 파면; 징계처분에 의한 정직, 감봉, 불이익 처분
법관의 강제퇴직	×	중대한 심신상장애로 직무 수행 불능	→	→	→

(a) 파면의 제한

헌법은, 법관은 탄핵 또는 금고 이상의 형의 선고에 의하지 아니하고는 파면되지 아니한다고 정하고 있다(헌법 §106①). 법관도 그 직무를 수행하기에 적합하지 아니한 경우에는 그 직에서 배제되어야 하는 것은 당연하다. 법관이 그 직무집행에 있어서 헌법이나 법률을 위반한 경우에는 탄핵사유가 되어 헌법재판소에 의한 탄핵심판에 의해 파면되고(헌법 §65①, §111①), 범죄를 저질러 금고 이상의 형의 선고를 받은 경우에는 더 이상 법관의 직에 적합하지 아니하여 파면되지만, 이러한 사유 이외에는 파면되지 아니한다.

그런데 법관의 경우 그 임명에는 법률이 정하고 있는 일정한 자격이 요구되므로 이러한 자격을 갖추지 못한 사람을 법관으로 임명하는 것은 무효이다. 다른 법령에 따라 공무원으로 임용하지 못하는 사람, 금고 이상의 형을 선고받은 사람, 탄핵으로 파면된 후 5년이 지나지 아니한 사람이 법관으로 임명된 경우에는 그 임명은 무효이다(법조법 §43).

(b) 불리한 처분의 제한

헌법은 「법관은 징계처분에 의하지 아니하고는 정직·감봉 기타 불리한 처분을 받지 아니한다」고 정하고 있다(헌법 §106①). 법관의 징계에 대해서는 법관징계법이 이를 정하고 있다. 이에 의하면, 법관의 징계사유는 법관이 직무상 의무를 위반하거나 직무를 게을리 한 경우와 법관이 그 품위를 손상하거나 법원의 위신을 떨어뜨린 경우에 한하고(동법 §2), 법관에 대한 징계처분은 일반 공무원과 달리 정직, 감봉, 견책에 한하여 정하고 있다(동법 §3). 법관의 징계는 법관징계위원회가 의결로서 결정하는데(동법 §4), 징계대상자가 징계처분에 대하여 불복하고자 하는 경우에는 징계처분이 있음을 안 날부터 14일 이내에 전심절차를 거치지 아니하고 대법원에 징계처분의 취소를 청구하여야 하고, 대법원이 이 취소청구사건을 단심으로 재판한다(동법 §27).

(c) 강제퇴직의 제한

헌법은 「법관이 중대한 심신상의 장해로 직무를 수행할 수 없을 때에는 법률이 정하는 바에 의하여 퇴직하게 할 수 있다」고 정하고 있어(헌법 §106②), 이러한 사유 이외에는 어떠한 경우에도 법관을 임기 종료 전에 강제로 퇴직시킬 수 없다. 법원조직법은 법관이 중대한 심신상의 장해로 직무를 수행할 수 없을 때에는 대법관인 경우에는 대법원장의 제청으로 대통령이, 판사인 경우에는 대법원장이 인사위원회의 심의를 거쳐 퇴직을 명할 수 있다고 정하고 있다(동법 §47).

(d) 강제휴직의 금지

이러한 강제퇴직의 제한법리에 비추어 볼 때, 법관은 어떠한 경우에도 강제로 휴직을 강요당하지 아니한다고 할 것이다. 법원조직법에 의하면, 대법원장은 법관이 병역법에 의한 병역복무를 위하여 징집·소집되었을 때 또는 국내외 법률연구기관·대학 등에서의 법률연수나 본인의 질병요양 등을 위하여 휴직을 청원하는 경우에 그 청원내용이 충분한 이유가 있다고 인정될 때에는 2년 이내의 범위에서 기간을 정하여(병역법에 의한 징집이나 소집의 경우는 그 복무기간의 만료시까지) 이를 허가할 수 있다고 정하고 있다. 이와 같이 휴직사유는 한정되어 있기 때문에(동법 §51) 어떤 경우에도 법관에 대하여 휴직을 강제할 수 없다. 법관의 휴직청원이 위법하거나 부당한 경우에 대법원장은 이를 허가하지 않을 수 있다.

(6) 법관의 신변 안전

법관이 재판을 함에 있어서 그 결과에 따라 국가, 당사자, 이해관계인, 이익단체,

여론, 대중전달매체 등으로부터 법관이나 그 가족이 협박, 위해, 폭력, 명예훼손, 모욕 등 여러 형태로 가해지는 괴롭힘을 당하면 재판의 독립이나 법관의 독립은 달성할 수 없다. 법관이나 법관의 가족에게 행해지는 여러 형태의 괴롭힘은 통상 형법상의 범죄행위에 해당하여 처벌되지만, 형법상의 범죄행위에 해당하지 아니하는 행위도 많다. 따라서 이에 대해서는 특별히 법관과 그 가족의 신변 안전을 보장하는 장치를 마련할 필요가 있다. 법관의 신변에 대한 위협은 재판의 독립이나 법관의 독립에 대한 직접적인 침해행위이므로 이에 대해서는 사후의 법적인 조치도 필요하지만, 사전에 이러한 행위를 방지하고 법관과 그 가족의 신변을 보호하는 효과적인 장치가 필요하다.

(7) 행위의 제한

법관의 독립을 보장하기 위해서는 이를 실현할 수 있는 여건을 법관에게 보장하여 줌과 동시에 법관의 독립을 침해하거나 침해할 우려가 있는 일정한 행위를 할 수 없도록 금지하는 것이 필요하다. 법관의 독립은 법관이라는 지위의 독립을 의미하는데, 이는 법관이 개인의 자격에서 행하는 사사로운 행위에 의해서도 침해될 수 있다. 따라서 법관의 독립을 위해서는 특별한 행위에 대한 제한이 요구된다.

(a) 겸임의 제한

법관이 법관의 직 이외에 다른 직을 겸임하는 경우에는 재판의 독립과 법관의 독립에 영향을 줄 수 있다. 따라서 법관은 재판의 독립과 법관의 독립에 영향을 주는 직을 겸직해서는 안 된다. 그러나 법관의 공정한 제3자적 지위에서의 역할이 필요한 부분이고, 재판의 독립과 법관의 독립에 영향을 미치지 아니하는 직을 겸하는 것은 가능하다. 법원조직법에 의하면, 대법원장은 법관을 사건의 심판 이외의 직(재판연구관을 포함한다)에 보하거나 그 직을 겸임하게 할 수 있으나(동법 §52①), 국회의원, 지방의회의원, 행정부서의 공무원, 그 밖에 대법원규칙으로 정하는 직을 겸할 수 없다(동법 §49). 이에 관한 대법원의 규칙으로는 「법관이 관여할 수 없는 직무 등에 관한 규칙」이 있다. 그러나 대법원장의 허가를 받은 경우에 한하여 보수 있는 직무나 유보수 또는 무보수의 국가기관 외의 법인·단체 등의 고문·임원·직원 등의 직위에 취임할 수 있는 길을 열어놓고 있는데(동법 §49), 문제가 있다고 보인다.

(b) 파견근무의 제한

법관이 재판의 직무와 관계없이 다른 기관에 파견하여 근무하는 것은 법원과 법관의 중립성을 오염시킬 우려가 있다. 특히 정치적인 기관에 법관이 파견되어 근무하는 것은 법원이나 법관으로 하여금 정치적으로 변질되게 하고 다른 국가기관에 대한 권력통제의 기능도 올바로 수행할 수 없다. 우리 정치사에서는 법관들이 청와대나 정보기관 등 타 국가기관에 파견되어 근무한 사례가 있고, 사법의 독립에 그 폐해(사법의 독립 침해, 법원 및 법관의 정치권력화)가 적지 아니하여 이에 대하여 제한을 두고 있다.

법원조직법은 「대법원장은 다른 국가기관으로부터 법관의 파견근무 요청을 받은 경우에 업무의 성질상 법관을 파견하는 것이 타당하다고 인정되고 해당 법관이 파견근무에 동의하는 경우에는 그 기간을 정하여 이를 허가할 수 있다」라고 정하고 있다(동법 §50). 이 규정은 문언의 의미가 불명확하고 광범하여 문제가 있다고 보인다. 이러한 법원조직법의 규정에 의하더라도 법관의 다른 기관에의 파견근무는 신중해야 한다. 헌법재판소법에 의할 때, 헌법재판소장은 다른 국가기관에 대하여 그 소속공무원을 헌법연구관으로 근무하게 하기 위하여 헌법재판소에의 파견근무를 요청할 수 있다고 정하고 있으므로 헌법재판소장의 요청이 있으면 법관은 헌법재판소에 파견되어 헌법연구관으로 근무할 수 있다(동법 §19⑨).

(c) 정치에의 관여 금지

사법의 정치적 중립성(political neutrality)은 사법의 독립에 있어 필수적이다. 법원이 정치적인 기관으로 변질될 때, 재판은 정치적인 이해관계에 따라 변질되고 법치주의는 그 기반을 상실하고 만다. 역사적으로도 사법권의 독립은 사법권을 정치적인 입법권이나 집행권으로부터 분리하는 것에서부터 출발하였다. 사법의 정치적 중립성은 법원의 바깥에서 오는 정치적 영향력으로부터의 독립과 법원의 내부에서 정치적 행위로 발생하는 정치적 영향력으로부터의 독립을 말한다. 법관에게 정치에의 관여를 금지하는 것은 법관의 정치관여로 재판의 주체가 정치적인 파당성을 띠는 것을 방지하고, 법관이 외부의 정치세력과 연계되거나 정치적인 이해관계 속에서 당사자의 어느 한편에 더 기울어지는 것을 방지하고자 하는데 목적을 두고 있다.

오늘날 법치국가에서는 어느 나라를 막론하고 사법의 독립을 확보하기 위하여 사법의 정치적 중립을 보장하고 있다. 법원조직법은 법관이 정치활동을 염두에 두고 「정치운동」에 관여하는 일을 금지하고 있다(동법 §49iii). 여기서 말하는 「정치운동」은 그 내용이나 범위에서 명확하지 않지만, 넓게 해석하는 것이 타당하다. 정당에 가입하거나 정치활동에 참여하거나 정치적인 성격을 가지는 행사나 활동에 참여하는 행위 등은 이러한 정치운동에 포함된다. 그러나 법관이 법원업무의 개선이나 사법권의 독립을 확보하기 위하여 내부적 또는 외부적으로 개인 또는 집단의 단위로 의사를 표명하거나 활동하는 행위는 이러한 정치운동에 해당하지 않는다.

사법의 정치적 중립을 확보함에 있어서 법관의 정당가입의 허용여부가 문제가 된다. 나라의 역사적 배경이나 그 정치적인 환경에 따라서는 법관의 정당가입을 금지하지 아니하는 경우도 있으나, 재판의 공정성과 정치적 중립성을 실현하는 데는 법관의 정당가입을 금지하는 것이 타당하다. 법관의 정당가입을 허용하면 대부분의 경우 당시 지배정당이나 여당 또는 대통령이 속한 대통령의 당에 가입할 경향이 농후하고, 대통령은 대법관 등의 임명에서 자기 정당에 소속한 법관을 이에 임명할 가능성이 높다. 이렇게 되는 경우에는 사법의 독립에 심각한 문제가 발생한다. 미합중국과 달리 독일에서는 법관의 정당가입이 허용되기 때문에(실제에서는 하급법원 판사의 1/3 정도가 정당에 가입한 것으로 추산된다) 법원은 국회로부터의 영향력을 차단하는 데는 취약하여 이에 대한 비판이 제기되고 있다.

법관이 국회의원이나 대통령의 선거에 입후보하는 것과 같이 정치활동을 염두에 두고 있는 경우 자기의 정치적 인기나 이익을 고려하여 재판을 할 위험성이 있다. 이러한 것을 방지하기 위해서는 입후보 등록을 하기 전 일정한 시일 이전에 미리 사직을 하도록 하는 것이 필요하고, 해당 판사가 정치적인 이익을 고려하여 재판한 것인지에 대해서는 사법감시(司法監視)의 차원에서 감시하고 비판할 필요가 있다. 현행 공직선거법에 의하면, 법관이 국회의원이나 대통령선거에 입후보하려면 선거일 전 90일까지 그 직을 그만두어야 한다(공선법 §53①i).

(d) 영리행위의 금지

법관이 영리행위에 종사하는 경우에는 재판에서 공정성을 유지하기 어렵다. 법관의 영리적인 이해관계에 따른 판단이 개입할 수 있고, 이와 관련한 외부의 영향이 재판에 미칠 우려가 있기 때문이다. 따라서 재판의 공정성과 법관의 독립을 확보하기 위해서는 법관의 영리행위를 금지하는 것이 타당하다. 법원조직법은 법관으로 하여금 금전상의 이익을 목적으로 하는 업무에 종사하는 일을 금지하고 있고(동법 §49v), 「법관이 관여할 수 없는 직무 등에 관한 규칙」은 모법의 금전상의 이익을 목적으로 하는 업무에 종사하는 일을 상업 · 공업 · 금융업 기타 영리적인 업무를 경영하는 일, 상업 · 공업 · 금융업 기타 영리를 목적으로 하는 사기업체의 이사 · 감사 · 업무를 집행하는 무한책임사원 · 발기인 등 임원이 되거나 지배인 기타 사용인이 되는 일, 그 직무와 관련이 있는 타인의 기업에 투자하는 일, 기타 계속적으로 재산상의 이득을 목적으로 하는 업무에 종사하는 일이라고 구체화하고 있으나, 위에서 본 바와 같이 대법원장이 허락하면 보수 있는 직무와 유보수 또는 무보수의 국가기관 외의 법인 · 단체 등의 고문 · 임원 · 직원 등의 직위에 취임할 수 있게 광범한 길을 열어 놓고 있어 문제가 있다.

법관의 영리행위의 금지가 법관의 가족이나 친척 또는 인척의 영리행위를 제한하거나 금지하게 할 수는 없다.

(8) 법관의 지위 존중과 보수

법관의 독립을 실현하기 위해서는 법관의 지위가 존중되어야 하고, 법관의 직무와 품위에 상응하게 정당한 보수(fair remuneration)가 보장되어야 한다. 법원조직법은 「법관의 보수는 직무와 품위에 상응하도록 따로 법률로 정한다」고 규정하고 있다(법조법 §46②). 이에 따라 구체적인 내용은 「법관의 보수에 관한 법률」이 정하고 있다. 법관의 보수에 관한 예산을 국회 또는 행정부가 합리적인 이유가 없이 고의적으로 삭감하거나 동결하는 조치는 법관의 독립을 침해하는 것이어서 헌법에 위반된다.

[564] 제4 법원의 독립

Ⅰ. 개 념

법원의 독립이란 재판의 독립을 유지하기 위하여 법원의 구성이나 조직 · 운영에서 외부로부터의 독립을 유지하는 것을 말한다. 이러한 법원의 독립은 권력분립의 당연한 내용을 이루는 것으로 특히 다른 국가기관으로부터의 독립이 핵심을 이룬다.

법원의 독립이 보장된다고 하여 이로부터 법관의 독립이 당연히 도출되는 것은 아니다. 법원 구조 내에 계급구조가 존재하거나 관료주의가 발생하여 법원 내부에서 개별 법관에 대하여 영향력을 미치는 경우에는 법원의 독립은 있더라도 법관의 독립은 이루어지지 않는 결과를 가져온다. 그러나 법원의 독립은 재판의 독립과 법관의 독립을 수월하게 만드는 조건이 된다.

헌법 제101조 제1항에서 「사법권은 법관으로 구성된 법원에 속한다」라고 정하고 있는 것에는 법원의 구성 · 조직 · 운영이 다른 국가기관으로부터 독립되어 있다는 내용이 포함되어 있다.

Ⅱ. 내 용

(1) 법원의 구성에서의 독립

법원의 독립은 법원의 구성에서의 독립을 포함하고 있다. 법원은 그 구성에서 원칙적으로 헌법재판소, 국회, 행정부로부터 독립되어 구성되어야 재판의 공정성을 확보할 수 있다. 법원이 그 구성에서부터 법원 이외의 국가기관에 의해 좌우되는 경우에는 법원은 그 국가기관에 종속될 수밖에 없다. 이렇기 때문에 재판의 독립이라는 법리에서 법원의 독립은 인정되지 않으면 안 되는 것이다.

헌법은 대법원을 제외하고는 각급법원의 법관을 대법원장이 임명하도록 정하여(헌법 §104③)

각급법원의 구성에서의 독립을 보장하고 있다.

(a) 헌법재판소로부터의 독립

대법원이나 각급법원은 그 구성에 있어 헌법재판소로부터 독립되어 있다. 헌법재판소는 어떠한 경우에도 법원의 구성에 관여할 수 없고, 헌법재판소의 재판관은 대법원장, 대법관, 일반법원의 법관을 겸할 수 없다. 법원의 관할과 헌법재판소의 관할은 분리되어 있기 때문에 각기 자신의 관할사항에 대해서만 재판한다. 따라서 헌법재판소는 법원의 재판을 행할 수 없다.

(b) 국회로부터의 독립

법원의 독립이 보장되려면 그 구성에 있어 국회로부터도 독립되어야 한다. 따라서 국회의원은 대법원장, 대법관, 일반법원의 법관을 겸할 수 없다. 국회는 법률을 제정하여 법원의 관할사항을 국회의 관할사항으로 할 수 없다. 국회는 법원의 재판에 관여하거나 특정인을 직접 처벌하거나 구체적인 사건에 대한 결론을 정하는 법률을 제정할 수 없다.

국회는 원칙적으로 법원을 구성하는데 관여할 수 없다. 다만, 헌법은 대법원장과 대법관의 임명에서 국회의 동의를 받도록 하고 있기 때문에 이 범위 내에서 국회는 대법원의 구성에 관여한다. 이러한 국회의 관여도 어디까지나 법원의 기능 및 독립과 부합하는 것이어야 한다. 따라서 국회가 대법원장이나 대법관의 임명에 대한 동의절차에서 해당 인물의 해당직에의 적합성을 객관적으로 판단하지 않고 대법원을 길들이거나 대법원에 대하여 국회의 지배권을 형성하려는 목적으로 동의절차를 이용하는 것은 허용되지 않는다.

(c) 행정부로부터의 독립

법원의 독립은 그 구성에서 행정부로부터의 독립도 포함하고 있다. 따라서 행정부는 법원의 구성에 관여할 수 없고, 어떠한 공무원도 법관을 겸할 수 없다. 다만, 헌법은 대법원장과 대법관을 대통령이 임명한다고 정하고 있어(헌법 §104 ①,②) 이 범위 내에서 대통령은 대법원의 구성에 관여한다. 헌법정책적으로는 대법원의 구성에서 대통령이 전혀 관여할 수 없게 하는 방식으로 헌법을 개정할 필요가 있다.

《법원구성에서의 외부인의 참여》

법원의 구성은 원칙적으로 법원 스스로 하는 것이 바람직하다. 그러나 법원의 구성에 있어서 법원의 자율성이 법원의 기능을 저하시키거나 왜곡하는 경우에는 법원 내부의 인물만으로 법원을 구성하는 것이 충분하지 않을 수 있다. 여기서 법원의 구성에서 외부인의 참여가 필요한 경우가 있을 수 있는데, 외부인이 법원의 구성을 좌우하지 않는 한 이러한 참여는 법원의 독립과 충돌하지 않는다. 예컨대 법관추천위원회 또는 대법원장 및 대법관추천위원회에 변호사나 법학교수 등이 참여하는 것을 들 수 있다. 그러나 법원의 구성에서 외부인의 참여를 인정하는 경우에도 법원 이외의 다른 국가기관의 공무원을 참여시키는 것은 타당하지 않다. 법원의 독립은 무엇보다 다른 국가권력으로부터 독립하는데 그 본질이 있으므로 이러한 공무원의 참여는 법원의 구성에서 사실상 다른 국가기관이 영향력을 행사하는 길을 열어주는 것이고, 다른 국가기관에 대한 권력통제를 어렵게 만든다.

(2) 법원의 조직 · 운영에서의 독립

법원의 독립은 법원의 조직 · 운영에서의 독립을 그 내용으로 한다. 법원의 조직과 운영에서 다른 국가기관이 간섭하거나 관여하면 해당 국가기관의 권력적 영향력이 법원에 미치게 되고, 이는 결국 재판의 공정성을 확보하기 어렵게 만든다.

(a) 법원 조직의 법률주의

헌법은 법원의 조직과 운영에서의 독립을 보장하기 위하여 「대법원과 각급법원의 조직은 법률로 정한다」고 하여(헌법 §102③), 법원조직의 법률주의를 취하고 있으며, 대법원은 법률에 저촉하지 아니하는 범위 안에서 법원의 내부규율과 사무처리에 관한 규칙을 제정할 수 있다고 하여 자율규칙제정권을 대법원에 부여하고 있다(헌법 §108).

이에 따르면, 법원의 조직은 오로지 국회가 제정하는 법률에 의해서만 정해지므로 다른 어떠한 국가기관도 법원의 조직에 관여하는 행위를 할 수 없다.

(b) 규칙제정권

대법원은 사법부 내의 사법행정상 최고법원의 지위에서 대법원 및 각급법원에 적용되는 내부규율과 사무처리에 관한 규칙을 정하는데, 이러한 영역에서도 대법원 이외에 어떠한 국가기관도 관여할 수 없다. 법원의 내부규율과 사무처리에 있어서는 오직 법률과 대법원이 정하는 규칙에 따르며, 다른 국가기관이 정하는 규칙이나 조치에는 따르지 않는다.

Ⅲ. 한 계

법원의 독립에는 실정법상 또는 법리상의 한계가 있다. 우리 헌법의 경우에도 일정한 수준에서 법원의 독립에 한계를 정하고 있다.

(1) 대법원의 구성에서의 한계

헌법은 대법원장과 대법관을 국회의 동의를 거쳐 대통령이 임명하게 하고 있으므로 대법원의 구성에 있어서는 법원의 독립에서 이러한 헌법상의 한계를 지니고 있다. 이러한 것은 현행 실정법상의 한계인데, 대법원의 구성방식에 있어 사법의 독립에 합치하는 보다 적합하고 타당한 방법이 있는 때에는 헌법을 개정하여 이를 변경할 수 있다.

(2) 법원의 설치 · 폐지에서의 한계

법원의 설치에 있어서 헌법에서 명시적으로 정하고 있지 아니하는 종류의 법원의 설치나 폐지, 구성방법, 관할의 변경이나 폐지는 국회가 제정하는 법률에 의하여야 하므로 이러한 범위에서 국회는 법원의 설치나 폐지, 구성방법, 관할에 대하여 영향을 미친다. 국회가 헌법이 인정하는 특별법원의 설치와 관할 및 권한 등을 정하는 입법을 하여도 법원의 독립을 침해하는 것이 아니다(예: 憲 1996. 10. 31.-93헌바25). 이러한 범위에서 법원의 설치, 폐지, 구성 등에서의 독립에는 일정한 한계를 가진다.

[憲 1996.10.31.-93헌바25] 「군사법원법 제6조가 일반법원과 따로 군사법원을 군부대 등에 설치하도록 하였다는 사유만으로 청구인이 주장하는 바와 같이 헌법이 허용한 특별법원으로서 군사법원의 한계를 일탈하여 사법권의 독립을 침해하고 위임입법의 한계를 일탈한 것이거나 헌법 제27조 제1항의 재판청구권, 헌법 제11조의 평등권을 본질적으로 침해한 것이라고 할 수 없고 또한 같은 법 제7조, 제23조, 제24조, 제25조가 일반법원의 조직이나 재판부구성 및 법관의 자격과 달리 군사법원에 관할관을 두고 군검찰관에 대한 임명, 지휘, 감독권을 가지고 있는 관할관이 군판사 및 심판관의 임명권 및 재판관의 지정권을 가지며 심판관은 일반장교중에서 임명할 수 있도록 규정하였다고 하여 바로 위 조항들 자체가 청구인이 주장하는 바와 같이 군사법원의 헌법적 한계를 일탈하여 사법권의 독립과 재판의 독립을 침해하고 죄형법정주의에 반하거나 인간의 존엄과 가치, 행복추구권, 평등권, 신체의 자유, 정당한 재판을 받을 권리 및 정신적 자유를 본질적으로 침해하는 것이라고 할 수 없다.」

국회는 비록 법원의 설치나 폐지 그리고 새로운 법원의 설치시 구성방법 및 조직 · 운영 등을 법률로서 정할 수 있지만, 이 경우에도 법원의 의견을 무시하고 국회만의 판단에 의존할 것이 아니라 법원의 의견을 존중하는 것이 바람직하다. 국회가 일정한 범위에서 법원에 관한 입법권을 가지고 있지만, 이러한 입법권의 행사가 국가의 사법작용을 왜곡하거나 사법원리와 배치되는 것이어서는 안 된다.

법원조직법은 법원의 조직, 인사, 운영, 재판절차, 등기, 가족관계등록, 그 밖의 법원업무와 관련된 법률의 제정 또는 개정이 필요하다고 인정하는 경우에는 대법원장이 국회에 서면으로 그 의견을 제출할 수 있도록 하여 이러한 필요성을 어느 정도 충족시키고 있다(동법 §9③). 국회의 입법권에서 나오는 이러한 법원의 독립에서의 한계성을 이용하여 국회가 법원에 정치적인 영향력을 행사하는 것은 삼가는 것이 바람직하다.

법원의 설치나 폐지, 구성, 관할 등을 국회가 법률로써 변경할 수 있도록 할 것인가, 이를 헌법에 정하여 국회로 하여금 변경할 수 없도록 할 것인가 하는 점에 있어서는 사법의 독립 보장이라는 관점에서 신중하게 고려할 필요가 있다. 법원의 설치나 폐지, 구성, 관할 등에 관한 기본적이고 중요한 사항에 대해서는 헌법에서 명시적으로 정해두는 것이 사법의 독립을 보장하는데 더 철저한 방법이다.

(3) 예산편성상의 한계

헌법에 의할 때, 법원의 예산은 행정부가 편성하고, 국회가 심의·확정한다. 이러한 범위에서 법원의 운영에 필요한 예산편성의 독립은 인정되지 않는다. 그런데 행정부가 법원의 예산의 편성을 이용하여 법원에 대하여 영향력을 행사하려고 한다든지(예컨대 행정소송에서 행정부의 패소율이 높은 것을 통제하기 위하여 법원의 예산을 적게 편성하는 것) 국회가 법원의 재판을 통제하기 위하여 법원의 예산을 삭감하는 것(예컨대 선거법위반의 재판에서 의원의 당선무효판결의 비율이 높은 것이나 의원에 대한 체포·구금영장의 발부율이 높은 것을 통제하기 위해 법원의 예산을 삭감하는 것)은 권한의 남용에 해당한다.

법원의 독립을 충실히 실현하기 위해서는 법률이 정하는 일정한 예산편성의 원칙에 따라 법원이 스스로 예산을 편성하게 하는 것이 바람직하다(동지: 김철수b, 1922; 허영a, 1001). 그러나 법원의 예산편성권이 법원의 자의적이고 비민주적인 예산운영을 정당화하는 것이 되어서는 안 된다. 법원의 예산에 대한 국회의 통제가 필요한 것도 이 때문이다. 법원조직법은 법원의 경비는 독립하여 국가의 예산에 계상하도록 하고 있고, 법원의 예산을 편성함에 있어서는 사법부의 독립성과 자율성을 존중하도록 정하고 있다(동법 §82 ①,②).

(4) 권력통제상의 한계

법원의 독립이 법원의 구성과 법원의 운영에서의 독립을 의미하지만, 법원의 작용도 권력작용이기 때문에 사법권력이나 사법행정권력의 남용이 발생할 가능성은 상존하고 있다. 따라서 법원의 권력남용에 대해서는 통제장치가 필요하다. 이러한 권력통제상 필요한 범위 내에서 행해지는 조치는 사법의 독립이나 법원의 독립을 침해하는 것이 아니다. 법원의 독립과 관련하여 권력통제상 헌법이 인정하는 제도로는 국회의 국정감사·조사와 대통령의 사면이 있다.

(a) 국회의 국정감사·조사와 법원의 독립

법원에 대한 국회의 국정감사·조사는 이러한 법원의 권력남용을 통제하는 수단으로서 기능을 한다. 따라서 법원의 독립을 내세워 이러한 통제를 거부하지 못한다.

(b) 대통령의 사면과 법원의 독립

법원의 재판이 재판권력의 남용으로 인하여 잘못되었고, 재판절차상의 상소나 재심의 방법으로 이를 바로잡을 길이 없는 경우에는 대통령이 사면권을 행사하여 이러한 재판권력의 남용에 의한 피해를 구제할 수 있다. 이러한 범위에서 법원은 재판의 독립이나 법원의 독립을 근거로 하여 사면을 부정할 수 없다. 그러나 대통령의 사면권이 합리적이고 정당한 근거 없이 자의적으로 행사되는 경우에는 사법의 독립을 침해하고, 법치주의를 붕괴시킬 위험이 있다. 사면이 법원의 권력남용을 통제하는 한 수단이기도 하지만, 사면권도 남용될 수 있으므로 이에 대한 통제도 필요하다.

제 4 절 재판의 심급과 관할

[565] 제1 심급제도

Ⅰ. 개 념

헌법은 법원을 대법원과 각급법원으로 조직하고, 대법원을 최고법원으로 두고 최종심을 관할하게 하므로(헌법 §101②), 기본적으로 제1심과 최종심이 존재하는 심급구조(審級構造)를 가지고 있다. 대법원이 제1심이면서 최종심인 단심재판의 경우에만 하나의 단일한 심급을 가진다(뒤에 보듯이 고등법원에서 단심재판하는 경우가 있으나 헌법상 허용여부가 문제가 된다). 따라서 헌법은 헌법에서 단심재판을 정하고 있는 경우 이외에는 최소한 2심의 구조를 가지는 재판구조를 정하고 있다고 할 것이다(예: 憲 1992. 6. 26.-90헌바25; 1993. 11. 25.-91헌바8).

이와 같이 심급에서 헌법이 최소한 2심급을 정하고 있는 것 이외에는 헌법은 그 심급의 구체적인 내용을 정하고 있지 않으므로 이는 법률이 정하는 사항에 해당한다. 어떤 재판에 대해서 2심급의 구조로 할 것인가, 3심급의 구조로 할 것인가, 4심급의 구조로 할 것인가는 법률정책적으로 결정할 문제이다.

[憲 1992.6.26.-90헌바25] 「대저 재판이란 사실확정과 법률의 해석적용을 본질로 함에 비추어 법관에 의하여 사실적 측면과 법률적 측면의 한 차례의 심리검토의 기회는 적어도 보장되어야 할 것이며, 또 그와 같은 기회에 접근하기 어렵도록 제약이나 장벽을 쌓아서는 안 된다고 할 것으로, 만일 그러한 보장이 제대로 안되면 재판을 받을 권리의 본질적 침해의 문제가 생길 수 있다고 할 것이다. 그러나 모든 사건에 대해 똑같이 세

차례의 법률적 측면에서의 심사의 기회의 제공이 곧 헌법상의 재판을 받을 권리의 보장이라고는 할 수 없을 것이다.」

[憲 1995.1.20.-90헌바1] 「헌법 제101조 제2항은 "법원은 최고법원인 대법원과 각급 법원으로 조직된다"고 규정하였고 제102조 제3항은 "대법원과 각급 법원의 조직은 법률로 정한다"고 규정하여 대법원을 최고법원으로 하고 그 아래에 심급을 달리 하여 각급 법원을 두도록 하고 있다. 헌법이 위와 같이 대법원을 최고법원으로 규정하였다고 하여 곧바로 대법원이 모든 사건을 상고심으로서 관할하여야 한다는 결론이 당연히 도출되는 것은 아니다. 헌법 제102조 제3항에 따라 법률로 정할 "대법원과 각급 법원의 조직"에는 그 관할에 관한 사항도 포함되며, 따라서 대법원이 어떤 사건을 제1심으로서 또는 상고심으로서 관할할 것인지는 법률로 정할 수 있는 것으로 보아야 하기 때문이다. 헌법 제110조 제2항은 군사법원의 상고심을 대법원에서 관할하도록 정하고 같은 조 제4항은 군사법원에서의 단심재판을 제한하도록 규정하고 있으나, 군사법원은 헌법 제110조 제1항이 정한 특별법원으로서 군사법원의 재판은 헌법 제27조 제1항이 규정하는 법률이 정한 법관에 의한 재판이라고 보기 어렵기 때문에 국민의 재판을 받을 권리가 침해되는 것을 방지하기 위하여 예외적으로 규정한 것일 뿐 위 조항을 근거로 하여 모든 사건에 관하여 반드시 대법원이 상고심으로서 관할하여야 한다고 할 수는 없다. 한편 헌법 제107조 제2항은 명령·규칙 또는 처분의 위헌·위법 여부에 대한 최종적 심사권이 대법원에 있음을 규정하고 있으므로 명령·규칙 또는 처분의 위헌·위법 여부에 관한 사건에서 대법원의 상고심 재판이 배제된다면 이는 위 헌법조항에 위배된다고 할 수 있을 것이나, 그 이외의 다른 모든 경우에도 심급제도를 인정하여야 한다거나 대법원을 상고심으로 하는 것이 헌법상 요구된다고 할 수는 없고, 이러한 문제는 법률로써 정할 수 있는 입법사항에 속할 따름이라고 보아야 할 것이다.」

II. 내 용

(1) 3심재판

헌법은 3심제를 정하고 있지 않다. 2심급의 구조가 보장되는 이상 3심재판의 구조를 채택하든 4심재판의 구조를 채택하든 이는 법률정책적인 사항에 해당한다. 3심재판을 채택하는 경우에는 제3심의 재판은 대법원의 관장사항이지만, 4심재판을 채택하는 경우에는 제4심의 재판이 대법원의 관장사항이 된다. 현재 민사재판, 형사재판, 행정재판은 3심재판으로 행해진다.

(2) 2심재판

대법원을 최종심으로 하는 2심재판은 인정된다. 그런데 어떤 재판을 2심재판으로 할 것인가에 대해서는 헌법이 정하고 있지 않다. 따라서 이는 법률로 정할 수 있는 사항이다. 현재 2심재판으로 행하는 것으로는 특허재판이 있다(법조법 §28의4i,ii, §14i).

(3) 단심재판

헌법은 기본적으로 최소한 2심급의 구조를 상정하고 있기 때문에 단심재판에 대해서는 예외적인 경우에 한하여 명시적으로 정하고 있다. 따라서 헌법상 단심재판은 예외적인 경우에만 인정된다.

(a) 비상계엄하의 군사재판

헌법은 「비상계엄하의 군사재판은 군인·군무원의 범죄나 군사에 관한 간첩죄의 경우와 초병(哨兵)·초소(哨所)·유독음식물공급(有毒飮食物供給)·포로(捕虜)에 관한 죄중 법률이 정한 경우에 한하여 단심(單審)으로 할 수 있다. 다만, 사형을 선고한 경우에는 그러하지 아니하다」라고 직접 정하고 있으므로(헌법 §110④) 헌법이 인정하는 이러한 경우를 제외하고는 형사재판에서 단심으로 재판할 수 없다. 이러한 경우 이외에 단심재판을 허용하는 법률은 위헌으로 효력을 가지지 못한다.

(b) 선거재판

선거의 효력을 다투는 선거소송이나 당선의 효력을 다투는 당선소송에서는 공직선거법이 단심으로 재판하는 것으로 정하고 있다. 대통령선거 및 국회의원선거에 있어서 선거소송과 당선소송은 대법원이 단심으로 재판하고, 지방의회의원 및 지방자치단체의 장의 선거에 있어서 선거소송과 당선소송은 비례대표시·도의원선거 및 시·도지사선거의 경우는 대법원이, 지역구시·도의원선거, 자치구·시·군의원선거 및 자치구·시·군의 장선거의 경우는 그 선거구를 관할하는 고등법원이 재판한다(공선법 §222, §223).

선거재판은 대의제도의 기능을 정상적으로 유지하기 위한 장치이므로 이는 성질상 일반재판과 다르다. 따라서 이는 법률로 단심재판으로 정하는 것도 가능하지만, 단심재판이 허용되는 경우를 헌법이 직접 정하고 있는 헌법 제110조 제4항에 비추어 보면, 선거소송에서 단심재판을 하는 경우에는 헌법에 명시하는 것이 타당하다. 또 현행법하에서 고등법원에서 단심재판을 할 수 있는가 하는 점에서는 대법원이 최고법원으로서 최종심법원의 지위를 가진다는 점에서 문제가 있다(정종섭a, 59). 선거재판은 성질상 헌법재판에 해당하므로 헌법재판소의 관할로 하는 것이 타당하다. 1960년6월헌법은 대통령, 대법원장, 대법관의 선거에 관한 소송을 헌법재판소의 관장사항으로 정하고 있었다(동 헌법 §83의3).

(c) 단심재판의 허용문제

단심재판을 허용하는 것은 오판에 따른 피해구제보다 우선하는 이익이 있을 경우(예컨대 빠른 시간 안에 분쟁을 종결하고 질서를 확정시켜야 할 이익이 있는 경우)나 오판에 따른 피해가 국민에게 발생하지 않는 경우에 가능하다. 오판에 따른 피해의 구제가 보다 중요한 경우란 국민의 자유와 권리의 보호가 다른 가치보다 우월한 경우이다. 이런 점을 고려하면, 헌법 제110조 제4항에 비추어 볼 때, 국민의 자유와 권리를 보장하는 일반재판의 경우에는 단심재판이 허용되지 않는다고 보아야 한다.

제1심에서 재판을 받은 당사자에게는 이에 대해 불복하고 다툴 수 있는 길이 보장되어야 한다. 일반재판에서는 헌법이 직접 정하고 있는 경우에만 단심재판이 허용된다는 점(헌법 §110④)과 대법원이 최고법원으로서 최종심을 관장한다는 점(헌법 §101②)에서 볼 때, 헌법해석으로는 일반재판에서 제1심의 재판을 받은 당사자로 하여금 최소한 한번은 이에 대해 불복하고 다툴 수 있는 길이 보장되어 있다고 할 것이고, 제1심 재판에 대해 상소할 수 있는 권리는 기본권으로 보장되는 것이라고 할 것이다(정종섭a, 53). 헌법재판소도 상소권을 기본권으로 보되(예: 憲 1993. 7. 29.-90헌바35), 모든 사건에 대해 획일적으로 상소할 수 있는 것을 보장하는 것은 아니라고 한다(예: 憲 1992. 6. 26.-90헌바25; 1993. 11. 25.-91헌바8; 1995. 1. 20.-90헌바 1; 1995. 10. 26.-94헌바28; 1996. 2. 29.-92헌바8; 1997. 10. 30.-97헌바37등).

[憲 1993.7.29.-90헌바35] 「피고인이 아무리 중죄를 범한 자이고, 또 외국에 도피하고 있더라도 체포되거나 임의로 출석하지 아니하면 상소를 할 수 없게 제한한 것은, 결국 상소권을 본질적으로 박탈하는 것이어서 적법절차주의에 반할 뿐만 아니라, 재판청구권을 침해하는 것이라고 보지 않을 수 없다. 또한 상소제기기간의 도과가상소권자의 책임 없는 사유로 말미암은 것인지 여부와 피고인이 외국에 도피하고 있는 중이라는 것은 직접 관계가 없는 것이므로, 상소권회복청구 자체를 전면 봉쇄한 것 역시 적법절차주의위반인 동시에 재판청구권의 침해라고 보지 않을 수 없다.」

[憲 1992.6.26.-90헌바25] 「모든 사건에 대해 똑같이 세 차례의 법률적 측면에서의 심사의 기회의 제공이 곧 헌법상의 재판을 받을 권리의 보장이라고는 할 수 없을 것이다. 국가에 따라서는 국민에게 상고심에서 재판을 받을 권리를 헌법상 명문화한 예도 있다. 그러나 그와 같은 명문규정이 없고 상고문제가 일반 법률에 맡겨진 것이 우리 법제라면 헌법 제27조에서 규정한 재판을 받을 권리에 모든 사건에 대해 상고법원의 구성법관에 의한, 상고심 절차에 의한 재판을 받을 권리까지도 포함된다고 단정할 수 없을 것이고, 모든 사건에 대해 획일적으로 상고할 수 있게 하느냐 않느냐는 특단의 사정이 없는 한 입법정책의 문제라고 할 것으로……」

[566] 제2 제1심과 관할법원

Ⅰ. 민사사건, 형사사건, 가사사건에 대한 재판의 제1심은 사물관할에 따라 지방법원의 합의부 또는 단독판사, 가정법원의 합의부 또는 단독판사가 관장한다.

Ⅱ. 행정사건에 대한 재판의 제1심은 행정법원이 관장한다.

Ⅲ. 특허사건 중 권리의 유·무효에 대한 심결취소소송은 2심의 구조를 가지고 있는데, 제1심은 특허법원이 관장한다(법조법 §28의4i).

Ⅳ. 고등법원이 법률이 정하는 바에 따라 제1심의 사건을 관장하는 경우도 있을 수

있다(법조법 §28).

[567] 제3 항소심과 관할법원

I. 민사재판, 형사재판, 행정재판의 항소심은 원칙적으로 고등법원이 관장한다. 다만, 법원조직법 제28조의4 제2호에 따른 특허권 등에 대한 침해소송의 경우 특허법원이 항소심을 관장한다(법조법 §28).

II. 지방법원본원합의부(춘천지방법원 강릉지원 합의부 포함)는 법원조직법이 정하는 바에 따라 지방법원 단독판사의 판결·결정·명령에 대한 항소 또는 항고사건 중 일부에 대한 제2심을 관장한다(동법 §32). 가정법원본원합의부(춘천지방법원 강릉지원 합의부 포함)는 법원조직법이 정하는 바에 따라 가정법원단독판사의 판결·결정·명령에 대한 항소 또는 항고사건 중 일부에 대한 제2심을 관장한다(동법 §40②).

[568] 제4 상고심과 관할법원

일반법원의 모든 상고심과 군사법원의 상고심은 대법원이 관장한다(헌법 §110②; 법조법 §14). 특허사건은 2심의 재판으로 종결되는데, 따라서 특허재판의 제2심은 상고심이며, 이는 대법원이 관장한다.

제5절 법원의 구성과 조직

[569] 제1 개 설

I. 일반법원

헌법은 헌법재판소, 국회, 행정부와 독립된 법원의 조직에 대하여 별도로 정하고 있다. 헌법 제101조 제2항은 「법원은 최고법원인 대법원과 각급법원으로 조직된다」라고 정하고 있고, 제102조 제3항은 「대법원과 각급법원의 조직은 법률로 정한다」라고 정하고 있다. 따라서 사법부의 조직에 있어서 헌법이 정하는 사항은 대법원과 각급법원으로 조직된다는 것이고, 각급법원을 어떻게 정할 것인가는 법률에 맡기고 있다. 각급법원의 존재는 헌법이 정하고 있는 사항이므로 법률로 각급법원을 설치하지 아니하는 것은 허용되지 않는다.

헌법의 위 규정에 따라 대법원과 각급법원의 조직을 정하고 있는 법률로서 대표적인 것으로는 법원조직법이 있다. 그 이외에 각급법원의 조직과 관련된 법률로는 「각급법원의 설치와 관할구역에 관한 법률」, 「각급 법원 판사 정원법」 등이 있다. 법원조직법이 정하는 바에 의하면, 법원에는 대법원, 고등법원, 특허법원, 지방법원, 가정법원, 행정법원, 회생법원의 7종류의 일반법원이 설치되고, 지방법원과 가정법원의 사무의 일부를 처리하게 하기 위하여 그 관할구역 내에 지원, 가정지원, 시 · 군법원, 등기소를 설치할 수 있다(법조법 §3①,②).

법원의 구조 및 심급

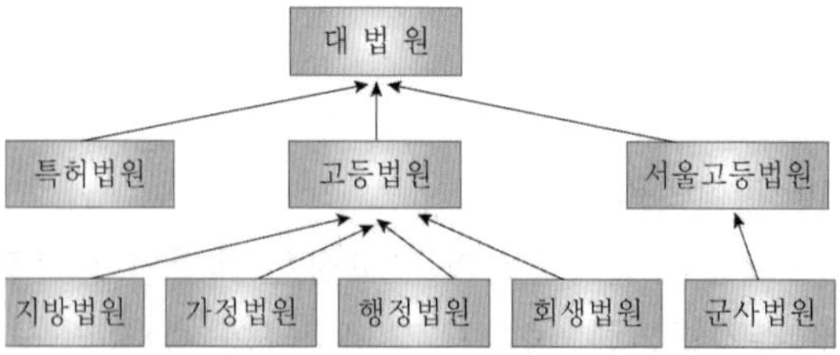

II. 군사법원

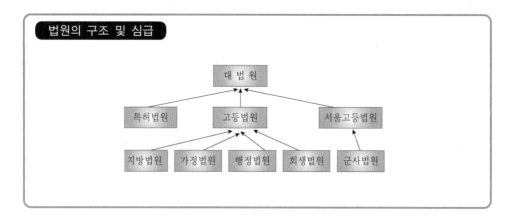

헌법은 이러한 일반법원 이외에 군사재판을 관할하기 위하여 특별법원으로서 군사법원을 설치할 수 있다고 정하고 있어(헌법 §110①), 헌법상 법원은 일반법원으로서 위 6개의 종류의 법원과 특별법원으로서 군사법원이 있는 셈이다. 다만, 유의할 것은 군사법원이 특별법원이라고 하더라도 군사법원의 상고심은 대법원에서 관할하도록 하고 있고(헌법 §110②), 군사법원의 내부규율과 사무처리에 관한 군사법원규칙도 군법무관회의의 의결을 거쳐 대법원이 정한다(군법원법 §4①,②)는 점이다.

[570] 제2 대 법 원

I. 헌법상의 지위

대법원(大法院)은 헌법상 우리나라 법원의 최고법원을 일컫는 명칭인데, 대법원은 헌법상 최고법원으로서의 지위, 기본권보호기관으로서의 지위, 권력통제기관으로서의 지위, 최고사법행정기관으로서의 지위를 가진다.

(1) 최고법원

대법원은 최고법원으로서의 지위를 가진다. 헌법 제101조 제2항은 대법원이 최고법원임을 정하고 있다(헌법 §101②). 대법원이 최고법원이라는 것은 헌법재판소를 제외한 일반법원의 구조에서 최고 정점에 있다는 의미이며, 이는 일반법원의 재판구조에서 최종심을 관장하는 법원임을 의미한다.

대법원은 최종심을 관장하는 법원이기 때문에 일반법원의 상소절차에서의 최종심을 관할한다. 이로 인하여 일반법원의 재판을 받는 국민은 대법원에서 최종심의 재판을 받을 권리를 가진다. 앞에서 본 바와 같이 헌법 제101조 제2항과 헌법 제27조 제1항에 의할 때, 대법원에서 최종심의 재판을 받을 권리는 헌법이 정하고 있는 국민의 기본권이다.

헌법 제110조 제2항은 특별법원인 군사법원의 상고심을 대법원에서 관할한다고 정하고 있으므로, 군사재판에서도 대법원이 최고법원의 지위에 있다. 군사재판에서 대법원이 최고법원의 지위에 있다는 것은 헌법 제101조 제2항이 아니라 헌법 제110조 제2항에서 도출되는 결론이다.

(2) 기본권보호기관

대법원은 기본권보호기관으로서의 지위를 가진다. 각급법원이 원래 국민의 자유와 권리를 보호하고 실현하는 기능을 하지만, 대법원은 최종심법원의 지위에서 법해석과 재판기준의 통일을 통하여 각급법원에서 기본권보호에 충실하지 못한 점을 바로잡아 일반재판의 최종적 단계로 기본권을 보호하는 기능을 수행한다. 현행 헌법재판소법에 의하면 법원의 재판에 의한 기본권의 침해행위에 대하여 헌법소원심판이 원칙적으로 인정되지 않으므로(헌재법 §68①), 대법원이 수행해야 하는 기본권보호기관으로서의 임무는 보다 중요한 의미를 가진다.

대법원은 명령 · 규칙 · 처분의 위헌여부에 대한 최종심사권을 행사하여(헌법 §107②) 이러한 국가권력작용의 기본권 침해로부터 국민의 기본권을 보호한다.

(3) 권력통제기관

권력분립원리에 의할 때, 모든 종류의 법원은 권력통제기관으로서의 지위를 가진다. 특히 형사재판과 행정재판을 통하여 법원은 권력통제를 효과적으로 수행한다. 그런데 대법원은 이러한 형사재판이나 행정재판의 최종심의 법원으로서 국가의 형벌권이나 행정권력에 대한 재판적 통제를 함에 중요한 역할을 하고, 상고심을 관할하는 법원으로서 하급심의 재판에 대하여도 통제한다.

대법원은 재판의 전제가 된 법률의 위헌여부심판제청권(헌법 §107①)이나 명령 · 규칙 · 처분의 위헌여부심사권을 행사하여(헌법 §107②) 입법권과 행정권에 대한 권력통제기관으로서의 임무를 수행한다.

(4) 최고사법행정기관

법원의 업무에는 재판 이외에 법원의 조직이나 운영과 관련하여 필요한 행정업무가 있다. 이러한 것은 법원의 재판업무를 지원하는 업무이다. 이를 사법행정이라고 한다. 사법행정에 관하여 헌법은 일반법관을 대법원장이 임명하는 것(헌법 §104③)과 대법원이 소송에 관한 절차, 법원의 내부규율과 사무처리에 관한 자율적인 규칙을 제정할 수 있다(헌법 §108)고 정하고 있다. 대법원의 규칙제정은 엄격한 의미에서는 사법입법을 뜻하지만, 넓은 의미의 사법행정에는 이러한 사법입법도 포함된다. 대법원이 사법행정에 있어서 각급법원에 대하여 최고기관으로서의 지위를 가진다는 것은 이러한 범위에서 인정된다.

그런데 대법원이 지니는 사법행정에서의 최고기관성은 헌법 제104조와 제108조가 정하는 범위에서만 헌법적 지위로서의 의미를 가진다. 따라서 사법행정에서 대법원이 점하는 최고기관으로서의 지위는 헌법 제101조 제2항이 정하고 있는 「최고법원」의 의미에 속하지 않는다. 따라서 사법행정의 모든 영역에서 언제나 대법원이 각급법원에 대하여 최고기관의 지위를 점하는 것은 아니다. 각급법원이란 심급에 따른 개념이지 사법행정상의 개념이 아니라는 점을 고려하면 모든 법원은 재판에서 동등한 지위에 있으며, 각급법원은 사법행정의 일정한 범위에서만 대법원의 하급기관으로 존재한다.

현재 대법원은 법원조직법에 의해 사법행정에서의 최고기관성을 더 강화하고 있는데, 헌법이 정하는 사항 이외에서는 최고기관이라고 하더라도 어디까지나 법률상의 지위에 지나지 않는다. 사법행정은 각급법원의 법관의 독립과 재판의 독립에도 영향을 주므로 심급에 따른 대법원과 각급법원의 조직구조를 사법에서의 상하구조로 이해하거나, 각급법원이 대법원의 지시와 명령에 따라 움직이는 일사불란한 조직으로 이해해서는 안 된다.

《법원의 관료화와 분권화》

현행 법원조직법이 정하고 있는 법원의 사법행정구조에 의하면 대법원이 전국의 모든 법관과 법원공무원의 임명, 승진, 전보, 각급법원의 예산, 인력 운용 등 사법행정상 모든 영역에서 각급법원을 통제한다. 특히 사법행정상 각급법원의 법관과 법원공무원에 대한 권한행사는 대법원장을 정점으로 하는 대법원에 집중되어 있다(현재 법원행정처는 대법원으로의 권력집중을 실행하는 대표적인 기구이다). 특히 대법원장에 대한 인사권과 재정권의 권력집중은 사법관료주의뿐만 아니라 사법독재의 폐단을 초래하고, 대법원장을 중심으로 한 사법부 내의 정치화를 야기시킬 위험이 크다. 이러한 결과 법원 내의 관료화, 비민주화, 독재화의 문제가 발생하여 항상 사법개혁의 최대과제로 되어 있다. 사법행정에서는 현재와 같은 대법원에의 집중방식 이외에 각급법원간의 협의방식, 각급법원의 자치방식 등 다양한 방식이 있을 수 있고, 이는 법원조직법의 개정으로 제도화가 가능하다. 법원 내의 관료화, 권위주의화, 비민주화, 권력집중화를 해소하는 방법으로는 사법행정에서의 분권화, 민주화, 수평화를 추구하는 제도정비의 방법이 있다.

II. 구 성

(1) 구 성

대법원은 대법원장과 대법관으로 구성한다. 대법원장은 국회의 동의를 얻어 대통령이 임명한다(헌법 §104①). 대법관은 대법원장의 제청으로 국회의 동의를 얻어 대통령이 임명한다(헌법 §104②). 이와 같이 헌법은 대법원장과 국회 및 대통령이 협동하여 대법원을 구성하는 방식을 취하고 있다. 이러한 방식은 기본적으로 정치인인 대통령과 국회에 의해 법관을 임명하는 「선출된 정치인에 의한 법관임명방식」(appointment by elected politician)인데, 대법원장으로 하여금 대법관의 임명에 관여하도록 하여 대법원의 구성에 있어 대통령의 전횡을 통제하고 그 범위에서 사법의 독립을 실현하고자 하는 시스템이다.

나머지 각급법원의 경우에는 자격을 갖춘 자에 대하여 대법원장이 법관을 충원(임명·전보)하는 방식을 취하고 있는데, 이를 「전문 경력제 법관충원방식」(appointment into a professional career judiciary)이라고 한다. 이러한 법관의 충원방식은 「선출된 정치인에 의한 법관임명방식」과 함께 대륙법(civil law) 국가와 보통법(common law) 국가에서 가장 많이 채택하고 있는 방식이다.

(2) 대법관의 수

대법관의 수는 대법원장을 포함하여 14명으로 한다(법조법 §4②).

(3) 자 격

대법원장과 대법관은 20년 이상 i) 판사·검사·변호사, ii) 변호사의 자격이 있는 사람으로서 국가기관, 지방자치단체, 「공공기관의 운영에 관한 법률」 제4조에 따른 공공기관, 그 밖의 법인에서 법률에 관한 사무에 종사한 사람, iii) 변호사의 자격이 있는 사람으로서 공인된 대학의 법률학 조교수 이상으로 재직한 사람으로서 45세 이상의 사람 중에서 임용한다(동법 §42①).

(4) 대법관이 아닌 법관

대법원에는 법률이 정하는 바에 의하여 대법관이 아닌 법관을 둘 수 있다(헌법 §102②). 대법원장도 아니고 대법관도 아닌 대법원에 두는 판사는 대법원을 구성하는 인원이 아니다. 이 대법원의 판사는 대법원에서 종사하는 재판연구관(동법 §24)과 다르다.

Ⅲ. 관　　할

(1) 관　　할

대법원은 i) 고등법원 또는 항소법원·특허법원의 판결에 대한 상고사건, ii) 항고법원·고등법원 또는 항소법원·특허법원의 결정·명령에 대한 재항고사건, iii) 다른 법률에 따라 대법원의 권한에 속하는 사건을 종심(終審)으로 심판한다(법조법 §14).

(2) 심 판 권

대법원은 그 관할에 속하는 사건을 처리함에 있어 심판권의 행사에서는 합의체와 부로 나누어진다.

원칙적으로 대법원의 심판권은 대법관 전원의 3분의 2 이상의 합의체에서 행사하며, 대법원장이 재판장이 된다. 예외적으로, 대법관 3명 이상으로 구성된 부에서 먼저 사건을 심리하여 의견이 일치한 경우에 한정하여, 그 부에서 재판할 수 있는데, 다만, i) 명령 또는 규칙이 헌법에 위반된다고 인정하는 경우, ii) 명령 또는 규칙이 법률에 위반된다고 인정하는 경우, iii) 종전에 대법원에서 판시한 헌법·법률·명령 또는 규칙의 해석적용에 관한 의견을 변경할 필요가 있다고 인정하는 경우, iv) 부에서 재판하는 것이 적당하지 아니하다고 인정하는 경우에 해당하지 않아야 한다(법조법 §7①).

대법원장은 필요하다고 인정하는 경우에 특정한 부로 하여금 행정·조세·노동·군사·특허 등 사건을 전담하여 심판하게 할 수 있다(동조 ②).

Ⅳ. 조　　직

(1) 대법원장

대법원에는 대법원장을 두는데, 사법부 내에서 대법원장은 대법관이 아닌 법관의 임명이나 보직에서부터 각급법원의 사법행정사무를 총괄하기에 이르기까지 광범한 권한을 가진다. 특정한 사항에 있어서는 대법관 전원으로 구성하는 대법관회의에서 의결하고 대법원장이 이를 집행하지만, 그 이외의 경우에는 대법원장이 스스로 판단하고 집행한다.

(a) 판사의 임명·보직

판사는 인사위원회의 심의를 거치고 대법관회의의 동의를 받아 대법원장이 임명하지만(법조법 §44①), 판사의 보직은 대법원장이 전속적인 권한으로 이를 행한다(동법 §41③).

(b) 사법행정사무의 총괄

대법원장은 사법행정사무를 총괄하며, 사법행정사무에 관하여 관계공무원을 지휘·감독하며(동법 §9①), 대법원의 직원과 각급법원 및 그 소속기관의 사법행정사무에 관하여 직원을 지휘·감독한다(동법 §13②). 대법원장은 법원조직법이 정하는 바에 의하여 권한의 일부를 위임할 수 있다(동법 §9②).

대법원장은 법원행정처장을 포함한 법원공무원을 임명하는 권한을 가진다(동법 §53).

(c) 입법의견의 제출

대법원장은 법원의 조직, 인사, 운영, 재판절차, 등기, 가족관계등록 기타 법원업무에 관련된 법률의 제정 또는 개정이 필요하다고 인정하는 경우에는 국회에 서면으로 그 의견을 제출할 수 있다(동법 §9③).

(d) 대법원 사무의 총괄

대법원장은 대법원의 일반사무를 관장한다(동법 §13②).

대법원장은 강력한 법적 권한을 가지고 있다. 대법관에 대한 임명제청권(헌법 §104②), 헌법재판소 재판관 중 3인에 대한 지명권(헌법 §111③), 중앙선거관리위원회 위원 중 3인에 대한 지명권(헌법 §114②), 국가인권위원회 위원 중 3인에 대한 지명권(국위법 §5②), 국민권익위원회 비상임 위원 중 3인에 대한 추천권(부패방지 및 국민권익위원회의 설치와 운영에 관한 법률 §13③), 법원행정처장을 포함한 법원공무원에 대한 임명권(법조법 §53), 모든 법관에 대한 임용·재임용권(동법 §41③) 등이 그것이다. 모든 각급법원에 대한 인사·재정·행정에 대한 대법원과 대법원장의 지배권은 사법관료주의와 대법원장의 사법독재의 중요한 원인이 되고 있다. 또 정부가 교체될 때마다 대법관과 대법원장을 정치적으로 해당 정부에 친한 사람으로 임명하려고 하는, 「대법원과 대법원장의 정치화」를 불러오는 원인이 되기도 한다.

(2) 대법관회의

대법원에는 대법관으로 구성하는 대법관회의를 두는데, 대법원장이 그 의장이 된다(법조법 §16①).

대법관회의는 i) 판사의 임명 및 연임에 대한 동의, ii) 대법원규칙의 제정과 개정 등에 관한 사항, iii) 판례의 수집·간행에 관한 사항, iv) 예산요구, 예비금지출과 결산에 관한 사항, v) 다른 법령에 따라 대법관회의의 권한에 속하는 사항, vi) 특히 중요하다고 인정되는 사항으로서 대법원장이 회의에 부친 사항에 대하여 의결하는데(동법 §17), 대법관전원의 3분의 2 이상의 출석과 출석인원 과반수의 찬성으로 의결한다. 의장은 의결에서 표결권을 가지며, 가부동수일 때에는 결정권을 가진다(동법 §16 ②,③).

(3) 법원행정처

사법행정사무를 관장하기 위하여 대법원에 법원행정처를 둔다. 법원행정처는 법원의 인사 · 예산 · 회계 · 시설 · 통계 · 송무 · 등기 · 가족관계등록 · 공탁 · 집행관 · 법무사 · 법령조사 및 사법제도연구에 관한 사무를 관장한다(법조법 §19, §67-§71).

(4) 기 타

대법원에는 위의 기구 이외에 판사 및 예비판사의 연수와 사법연수생의 수습에 관한 사무를 관장하는 사법연수원(법조법 §20, §72-§7), 사법제도 및 재판제도의 개선에 관한 연구를 하기 위한 사법정책연구원(동법 §20의2), 법원직원 · 집행관 등의 연수 및 양성에 관한 사무를 관장하는 법원공무원교육원(동법 §21, §77-§80), 법원도서관(동법 §22, §81), 대법원장비서실(동법 §23), 대법원장의 자문기관인 사법정책자문위원회(동법 §25), 법관의 인사에 관한 중요사항을 심의하기 위한 법관인사위원회(동법 §25의2), 양형기준을 설정 · 변경하고, 이와 관련된 양형정책을 연구 · 심의하기 위한 양형위원회(동법 §81의2-12) 등이 있다.

[571] 제3 고등법원

Ⅰ. 구 성

고등법원(高等法院)에는 판사인 고등법원장과 판사가 있다(법조법 §26①,②). 판사의 보직은 대법원장이 행한다(동법 §44①). 고등법원장 및 고등법원의 부장판사는 15년 이상 법원조직법 제42조 제1항 각호의 직에 있던 사람 중에서 대법원장이 보한다(동조 ②).

고등법원에는 부를 설치하고, 부에 부장판사를 두며(동법 §27①), 그 심판권은 판사 3인으로 구성된 합의부에서 이를 행한다(동법 §7③). 부장판사는 해당 합의부의 재판장이 된다(동법 §27③).

Ⅱ. 관 할

고등법원은 i) 지방법원합의부 · 가정법원합의부 또는 행정법원의 제1심 판결 · 심판 · 결정 · 명령에 대한 항소 또는 항고사건, ii) 지방법원단독판사 · 가정법원단독판사의 제1심 판결 · 심판 · 결정 · 명령에 대한 항소 또는 항고사건으로서 형사사건을 제외한 사건 중 대법원규칙으로 정하는 사건, iii) 다른 법률에 따라 고등법원의 권한에 속하는 사건을 심판한다(법조법 §28).

Ⅲ. 조 직

고등법원장은 그 법원의 사법행정사무를 관장하며, 소속공무원을 지휘 · 감독한다(법조법 §26③). 고등법원에 사무국을 두며, 대법원규칙이 정하는 고등법원에 사무국 외의 국을 둘 수 있다(동법 §10①).

[572] 제4 특허법원

Ⅰ. 구 성

특허법원(特許法院)에는 판사인 특허법원장과 판사가 있다(법조법 §28의2①,②). 판사의 보직은 대법원장이 행한다(동법 §44①). 특허법원장 및 특허법원의 부장판사는 15년 이상 법원조직법 제42조 제1항 각호의 직에 있던 사람 중에서 대법원장이 보한다(동조 ②).

특허법원에는 부를 설치하고, 부에 부장판사를 두며(동법 §28의3), 그 심판권은 판사 3명으로 구성된 합의부에서 이를 행사한다(법조법 §7③).

Ⅱ. 관 할

특허법원은 i) 특허법 제186조 제1항, 실용신안법 제33조, 디자인보호법 제166조 및 상표법 제85조의3 제1항이 정하는 제1심사건, ii) 「민사소송법」 제24조 제2항 및 제3항에 따른 사건의 항소사건, iii) 다른 법률에 따라 특허법원의 권한에 속하는 사건을 심판한다(법조법 §28의4).

특허심판절차는 특허심판원 → 특허법원 → 대법원으로 진행된다.

Ⅲ. 조 직

특허법원장은 그 법원의 사법행정사무를 관장하며, 소속공무원을 지휘·감독한다(법조법 §28의2③). 특허법원에 사무국을 둔다(동법 §10①).

[573] 제5 지방법원

Ⅰ. 구 성

(1) 지방법원

지방법원(地方法院)에는 판사인 지방법원장과 판사를 둔다(법조법 §29①,②). 판사의 보직은 대법원장이 행한다(동법 §44①). 지방법원장은 15년 이상 법원조직법 제42조 제1항 각 호의 직에 있던 자 중에서 대법원장이 보한다(동조 ②).

지방법원의 심판권은 단독판사가 이를 행한다(동법 §7④). 지방법원에서 합의심판을 하여야 하는 경우에는 판사 3인으로 구성된 합의부에서 심판권을 행사한다(동조 ⑤, 동법 §30).

(2) 지방법원의 지원과 가정지원

지방법원의 지원(支院)과 가정지원에는 판사인 지원장과 판사를 둔다(법조법 §31①,②). 지원장과 판사의 보직은 대법원장이 행한다(동법 §44①). 나머지는 위에서 본 지방법원의 경우와 동일하다.

(3) 시 · 군법원

대법원장은 지방법원 또는 그 지원 소속판사 중에서 그 관할구역에 있는 시 · 군법원의 판사를 지명한다(법조법 §33①). 시 · 군법원의 심판권은 단독판사가 행사한다(법조법 §7④). 판사의 보직은 대법원장이 행한다(동법 §44①).

II. 관　할

(1) 지방법원 및 지방법원의 지원

지방법원과 그 지원의 합의부는 i) 합의부에서 심판할 것으로 합의부가 결정한 사건, ii) 민사사건에 관하여는 대법원규칙으로 정하는 사건, iii) 사형 · 무기 또는 단기 1년 이상의 징역 또는 금고에 해당하는 사건(형법 §258의2, §331, §332(§331의 상습범으로 한정한다)와 그 각 미수죄에 해당하는 사건, §363에 해당하는 사건, 「폭력행위 등 처벌에 관한 법률」 §2③ii · iii · vi, §3①, §6(§2③ii · iii의 미수죄로 한정한다), §9에 해당하는 사건, 병역법 위반사건, 「특정범죄 가중처벌 등에 관한 법률」 §5의3①, §5의4, §5의⑤i · iii 및 §5의11에 해당하는 사건, 「보건범죄 단속에 관한 특별조치법」 §5에 해당하는 사건, 「부정수표 단속법」 §5에 해당하는 사건, 도로교통법 §148의2① · ②i에 해당하는 사건은 제외), iv) 앞의 iii)의 사건과 동시에 심판할 공범사건, v) 지방법원판사에 대한 제척 · 기피사건, vi) 다른 법률에 따라 지방법원합의부의 권한에 속하는 사건을 제1심으로 심판한다(법조법 §32①).

지방법원본원 합의부는 지방법원단독판사의 판결 · 결정 · 명령에 대한 항소 또는 항고사건 중 법원조직법 제28조 제2호(고등법원에서 처리하는 항고 · 항소사건)에 해당하지 아니하는 사건을 제2심으로 심판한다(동조 ②). 춘천지방법원 강릉지원 합의부의 경우에도 마찬가지이다.

(2) 가정지원

가정지원은 가정법원이 설치되지 아니한 지역에서 지방법원에 소속된 지원으로서 가정법원의 권한에 속하는 사항을 관할한다. 다만, 가정법원단독판사의 판결 · 심판 · 결정 · 명령에 대한 항소 또는 항고사건에 관한 심판에 해당하는 사항은 제외한다(법조법 §31의2).

(3) 시 · 군법원

시 · 군법원은 i) 소액사건심판법의 적용을 받는 민사사건, ii) 화해 · 독촉 및 조정에 관한 사건, iii) 20만 원 이하의 벌금 또는 구류나 과료에 처할 범죄사건, iv) 「가족관계의 등록 등에 관한 법률」 제75조에 따른 협의상 이혼의 확인사건을 관할한다(법조법 §34①). 앞의 ii)와 iii)의 사건이 불복신청으로 제1심법원에 계속하게 된 경우에는 그 지역을 관할하는 지방법원 또는 그 지원이 관할한다. 다만, 소액사건심판법의 적용을 받는 사건은 그 시 · 군법원에서 관할한다(동조 ②). iii)에 해당하는 범죄사건에 대해서는 즉결심판을 한다(동조 ③).

Ⅲ. 조　　직

지방법원장은 그 법원과 소속지원, 시·군법원 및 등기소의 사법행정사무를 관장하며, 소속공무원을 지휘·감독한다(법조법 §29③). 지방법원에 사무국을 두며, 대법원규칙이 정하는 지방법원에 사무국 외의 국을 둘 수 있다(동법 §10①).

[574] 제6 가정법원

Ⅰ. 구　　성

(1) 가정법원

가정법원(家庭法院)에는 판사인 가정법원장과 판사를 둔다(법조법 §37①,②). 판사의 보직은 대법원장이 행한다(동법 §44①). 가정법원장은 15년 이상 법원조직법 제42조 제1항 각호의 직에 있던 사람 중에서 대법원장이 보한다(동조 ②).

가정법원의 심판권은 단독판사가 행사한다(동법 §7④). 가정법원에서 합의심판을 하여야 하는 경우에는 판사 3인으로 구성된 합의부에서 심판권을 행사한다(동조 ⑤).

(2) 가정법원지원

가정법원지원은 가정법원에 소속된 지원으로서 이에는 지원장과 판사를 둔다(법조법 §39①). 나머지는 위의 가정법원과 동일하다.

Ⅱ. 관　　할

가정법원 및 가정법원지원의 합의부는 i) 가사소송법에서 정한 가사소송과 마류 가사비송사건 중 대법원규칙으로 정하는 사건, ii) 가정법원판사에 대한 제척·기피사건, iii) 다른 법률에 따라 가정법원합의부의 권한에 속하는 사건을 제1심으로 심판한다(법조법 §40①).

가정법원본원합의부는 가정법원단독판사의 판결·심판·결정·명령에 대한 항소 또는 항고사건 중 법원조직법 제28조 제2호에 해당하지 아니하는 사건을 제2심으로 심판한다(동조 ②). 춘천가정법원 강릉지원 합의부의 경우에도 마찬가지이다.

Ⅲ. 조　　직

가정법원장은 그 법원과 소속지원의 사법행정사무를 관장하며, 소속공무원을 지휘·감독한다. 다만, 법원조직법 제3조 제2항 단서의 규정에 따라 1개의 지원을 두는 경우에는 가정법원장은 그 지원의 가사사건, 소년보호 및 가족관계등록에 관한 사무를 지휘 · 감독한다(법조법 §37③). 지원장은 소속가정법원장의 지휘를 받아 지원의 사법행정사무를 관장하며, 소속공무원을 지휘 · 감독한다(동법 §39②). 가정법원에 사무국을 둔다(동법 §10①).

[575] 제7 행정법원

Ⅰ. 구 성

행정법원(行政法院)에는 판사인 행정법원장과 판사를 둔다(법조법 §40의2①,②). 판사의 보직은 대법원장이 행한다(동법 §44①). 행정법원장은 15년 이상 법원조직법 제42조 제1항 각호의 직에 있던 사람 중에서 대법원장이 보한다(동조 ②).

행정법원에는 부를 설치하고, 부에 부장판사를 두며(동법 §40의3), 그 심판권은 판사 3인으로 구성된 합의부에서 행사한다. 다만, 행정법원에 있어서 단독판사가 심판할 것으로 행정법원 합의부가 결정한 사건의 심판권은 단독판사가 행사한다(동법 §7③).

Ⅱ. 관 할

행정법원은 행정소송법에서 정한 행정사건과 다른 법률에 따라 행정법원의 권한에 속하는 사건을 제1심으로 심판한다(법조법 §40의4).

행정쟁송절차는 행정심판을 거치거나 거치지 아니하고(행소법 §18①) 행정법원에서 제1심 재판으로 시작하며, 고등법원에서 항소심을 관장하고, 대법원에서 상고심을 관장한다.

Ⅲ. 조 직

행정법원장은 그 법원의 사법행정사무를 관장하며, 소속공무원을 지휘 · 감독한다(법조법 §40의2③). 행정법원에 사무국을 둔다(동법 §10①).

[576] 제8 회생법원

Ⅰ. 회생법원의 신설

변화된 경제 여건과 상황에 맞는 회생 · 파산 제도의 운영이라는 국민적 기대에 부응하기 위하여 회생법원을 2017년 3월 1일자로 신설하였다. 회생법원은 재정적 어려움으로 파탄에 직면해 있는 채무자의 효율적인 회생을 도모하기 위하여 채권자 및 주주 등 여러 이해관계인과의 법률관계를 조정하는 역할을 담당하고 있다.

Ⅱ. 구 성

회생법원(回生法院)에는 판사인 회생법원장과 판사를 둔다(법조법 §40의5①,②). 회생법원장은 그 법원의 사법행정사무를 관장하며, 소속 공무원을 지휘 · 감독한다(동조 ③). 회생법원장이 궐위되거나 부득이한 사유로 직무를 수행할 수 없을 때에는 수석부장판사, 선임부장판사의 순서로 그 권한을 대행한다. 회생법원에 회생법원장비서관을 둔다. 회생법원장비서관은 법원사무관 또는 5급 상당의 별정직공무원으로 보한다(동조 ④에 따른 §26④부터 ⑥까지의 규정 준용).

회생법원에 부를 둔다(§40의6①). 부에 부장판사를 둔다. 부장판사는 그 부의 재판에서 재판장이 되며, 고등법원장의 지휘에 따라 그 부의 사무를 감독한다(동조 ②에 따른 §27② 및 ③ 준용).

Ⅲ. 관 할

회생법원의 합의부는 i) 「채무자 회생 및 파산에 관한 법률」에 따라 회생법원 합의부의 권한에 속하는 사건, ii) 합의부에서 심판할 것으로 합의부가 결정한 사건, iii) 회생법원판사에 대한 제척기피사건 및 「채무자 회생 및 파산에 관한 법률」 제16조에 따른 관리위원에 대한 기피사건, iv) 다른 법률에 따라 회생법원 합의부의 권한에 속하는 사건을 제1심으로 심판한다(§40의7①).

회생법원 합의부는 회생법원단독판사의 판결 · 결정 · 명령에 대한 항소 또는 항고사건을 제2심으로 심판한다(동조②).

[577] 제9 군사법원

Ⅰ. 개 설

(1) 헌법상의 지위

군사법원(軍事法院)은 헌법 제110조의 규정에 의하여 설치되는 특별법원이다. 군사재판을 관할할 군사법원의 조직 · 권한 · 재판관의 자격 및 심판절차에 대해서는 군사법원법(軍事法院法)이 정하고 있다.

이러한 군사법원은 헌법이 인정하는 특별법원으로서의 지위를 가지는데, 이러한 경우에도 헌법이 정하는 한계가 있다(예: 憲 1996. 10. 31.-93헌바25).

[憲 1996.10.31.-93헌바25] 「헌법 제110조는 군사재판을 관할하기 위하여 특별법원으로서 군사법원을 둘 수 있고(제1항) 군사법원의 상고심은 대법원에서 관할하며(제2항) 군사법원의 조직 권한 및 재판관의 자격은 법률로 정한다(제3항)고 규정하여 헌법에 직접 특별법원으로서 군사법원을 설치할 수 있는 근거를 두고 있다.…… (1) 그런데 헌법 제110조 제1항에서 "특별법원으로서 군사법원을 둘 수 있다"는 의미는 군사법원을 일반법원과 조직 권한 및 재판관의 자격을 달리하여 특별법원으로 설치할 수 있다는 뜻으로 해석되므로 법률로 군사법원을 설치함에 있어서 군사재판의 특수성을 고려하여 그 조직 권한 및 재판관의 자격을 일반법원과 달리 정하는 것은 헌법상 허용되고 있다. (2) 그러나 아무리 군사법원의 조직 권한 및 재판관의 자격을 일반법원과 달리 정할 수 있다고 하여도 그것이 아무런 한계 없이 입법자의 자의에 맡겨질 수는 없는 것이고 사법권의 독립 등 헌법의 근본원리에 위반되거나 헌법 제27조 제1항의 재판청구권, 헌법 제11조 제

1항의 평등권, 헌법 제12조의 신체의 자유 등 기본권의 본질적 내용을 침해하여서는 안 될 헌법적 한계가 있다고 할 것이다.」

군사법원의 내부규율과 사무처리에 관한 「군사법원규칙」은 대법원이 정한다. 국방부장관을 위원장으로 하고, 국방부장관이 지정하는 변호사 자격이 있는 고위공무원 1명, 군사법원장 5명, 군인사법 제21조에 따라 각 군 참모총장이 임명한 법무병과장 각 1명으로 구성되는 군사법원운영위원회의 의결을 거쳐 대법원이 이를 정한다(군법원법 §4①, §4의2). 「군사법원규칙」을 이러한 방법으로 정하는 것은 군사법원이 가지는 법원으로서의 성격과 군사재판을 수행하는 특별재판기관으로서의 성격을 서로 조화시키고자 하는 데 있다.

(2) 관 할

군사법원은 i) 군형법 제1조 제1항부터 제4항까지에 규정된 사람, ii) 국군부대가 관리하고 있는 포로에 해당하는 자가 범한 죄에 대하여 재판권을 가진다(군법원법 §2①). 다만, 그중에서 i) 군형법 제1조 제1항부터 제3항까지에 규정된 사람이 범한 성폭력범죄(「성폭력범죄의 처벌 등에 관한 특례법」 제2조의 성폭력범죄 및 같은 법 제15조의2의 죄, 「아동·청소년의 성보호에 관한 법률」 제2조 제2호의 죄), ii) 군형법 제1조 제1항부터 제3항까지에 규정된 사람이 사망하거나 사망에 이른 경우 그 원인이 되는 범죄, iii) 군형법 제1조 제1항부터 제3항까지에 규정된 사람이 그 신분취득 전에 범한 죄에 대해서는 전시·사변 또는 이에 준하는 국가비상사태 시를 제외하고 일반법원이 재판권을 가지며(동법 §2②), 국방부장관은 국가안전보장, 군사기밀보호, 그 밖에 이에 준하는 사정이 있는 때 해당 사건을 군사법원에 기소하도록 결정할 수 있다(동조 ④).

군사법원은 또한 계엄법에 따른 재판권과 군사기밀보호법 제13조의 죄와 그 미수범에 대하여 재판권을 가진다(동법 §3).

(3) 지역별 설치

과거에 군사법원은 고등군사법원과 보통군사법원으로 구성되었으나, 군사법제도 개혁으로 평시에는 고등군사법원이 폐지되어 서울고등법원이 그 역할을 맡고(동법 §10②), 보통군사법원은 국방부장관에 소속된 5개의 지역군사법원(중앙지역군사법원 및 제1부터 제4지역군사법원)으로 통합·개편되었다(동법 §6).

각 군사법원은 고유의 관할을 가지고 있으나, 예외적으로 국가긴급권이 발동된 계엄지역 안에 있어서는 국방부장관이 지정하는 군사법원이 계엄법에 따른 재판권을 가진다(동법 §12).

(4) 군 판 사

군사법원의 재판관은 군판사로 한다(동법 §22). 군판사는 군판사인사위원회의 심의를 거치고 군사법원운영위원회의 동의를 받아 국방부장관이 임명한다(동법 §23①). 군판사의 소속은 국방부로 한다(동조 ②).

(5) 전시 특례

전시·사변 또는 이에 준하는 국가비상사태 시 군사법원은 고등군사법원과 보통군사법원으로 구성된다(동법 §534의2).

전시 군사법원의 재판관은 군판사와 심판관으로 하고, 재판장은 선임군판사가 된다(동법 §534의8). 심판관은 i) 법에 관한 소양이 있는 사람, ii) 재판관으로서의 인격과 학식이 충분한 사람으로서 영관급 이상의 장교 중에서 관할관이 임명한다(동법 §534의10).

전시 군사법원은 행정사무를 관장하는 관할관을 둔다(동법 §534의4①). 고등군사법원의 관할관은 국방부장관으로 하고, 보통군사법원의 관할관은 그 설치되는 부대와 지역의 사령관, 장 또는 책임지휘관으로 한다(동조 ②, ③). 관할관은 재판관과 주심군판사를 지정하는 권한을 가지고(동법 §534의11, §534의12), 무죄, 면소, 공소기각, 형의 면제, 형의 선고유예, 형의 집행유예의 판결을 제외한 보통군사법원의 판결에 대하여 형법 제51조 각호의 사항을 참작하여 그 형이 과중하다고 인정할 만한 사유가 있을 때 그 형을 감경할 수 있는 확인조치권을 가진다(동법 §534의7).

관할관제도는 과거 평시에도 존재했고, 헌법재판소는 이러한 관할관제도를 헌법에 합치하는 것이라고 판시했으나(예: 憲 1996. 10. 31.-93헌바25), 현재는 전시에만 한하여 둔다.

Ⅱ. 군사법원의 구성과 관할, 조직

(1) 구 성

군사법원은 군판사 3명을 재판관으로 한다(동법 §22①). 다만 약식절차에서는 군판사 1명을 재판관으로 한다(동조 ②).

군사법원에 부를 두고, 부에 부장군판사를 두며, 부장군판사는 그 부의 재판에서 재판장이 된다(동법 §8).

군사법원장은 군판사로 하고(동법 §7②), 그 군사법원의 사법행정사무를 관장하며, 소속 직원을 지휘·감독한다(동조 ④).

《전시 군사법원의 구성》

현행법은 과거와 달리 군사법원을 평시와 전시의 경우로 나누어 달리 구성하는 것으로 정하고 있다. 전시의 군사법원의 구성은 군사법원법 제534조의8~제534조의14에서 정하고 있다.

(2) 관 할

군사법원은 자신이 재판권을 가지는 사건을 제1심으로 심판한다(동법 §11).

군사법원의 관할은 범죄지, 피고인의 근무지나 피고인이 소속된 부대 또는 기관의 소재지, 피고인의 현재지로 한다(동법 §12의4①). 국외에 있는 대한민국 선박 내에서 범한 죄에 관하여는 위 관할 외에 선적지 또는 범죄 후의 선착지도 관할로 하고, 국외에 있는 대한민국 항공기 내에서 범한 죄에 관해서도 이를 준용한다(동조 ②, ③). 다만, 중앙지역군사법원은 이러한 규정에도 불구하고 장성급 장교가 피고인인 사건과 그 밖의 중요 사건을 심판할 수 있다(동조 ④).

(3) 조 직

군사법원에는 서기와 법정경위를 두며(동법 §31①), 통역인과 기사를 둘 수 있다(동조 ②).

제 6 절 사법권의 범위와 한계

[578] 제1 개 설

국가작용 가운데 무엇을 사법작용으로 보는가에 대해서는 앞서 본 바와 같이 실질적 의미의 사법과 형식적 의미의 사법으로 개념의 구분이 있다. 실정헌법이 정하는 법원의 재판권의 범위를 정함에 있어서는 형식적 의미의 사법에 의거하여 판단하는 것이 권력분립의 구체적인 모습과 기관의 권한 및 그 범위를 분명히 함에 있어 보다 합당하고, 헌법 제101조 제1항에서 정하고 있는 「사법권」(司法權 judiciary power)은 형식적 의미의 사법을 의미하므로 아래에서는 형식적 의미의 사법이라는 개념에 따라 우리 헌법상의 사법권의 범위와 한계를 살펴본다.

[579] 제2 사법권의 범위

Ⅰ. 법원의 재판권

헌법이나 각종 법률이 정하는 바에 따라 일반 법원이 가지는 재판권의 범위를 보면 아래와 같다.

(1) 민사재판

법원은 민사사건에 대하여 재판권을 가진다. 제1심에서부터 제3심에 이르기까지 일반법원이 민사재판을 관장한다.

(2) 형사재판

법원은 형사사건에 대하여 재판권을 가진다. 원칙적으로 제1심에서부터 제3심에 이르기까지 일반법원이 형사재판을 관장한다. 다만, 군사상의 특별한 사유가 있는 경우에는 법률이 정하는 특정 형사사건에 대해서는 군사법원이 제1심과 제2심을 관장하고, 제3심을 대법원이 관장한다.

(3) 행정재판

행정재판을 어느 기관의 관장사항으로 할 것인가 하는 것은 역사적으로 복잡하게 진행되었다. 이 문제는 먼저 행정재판도 행정작용이라는 관점에서 행정재판을 복잡한 행정에 대한 이해와 지식이 부족한 사법관이 관장하는 것은 국가의 기능배분과 행정의 성질에 부합하지 않는다고 보아, 행정재판을 다루는 기관을 따로 설치하는 양태를 보이기도 하고(예컨대 독립된 행정재판기관의 설치 방식, 행정재판기구의 구성에서 법원과 달리 하는 방식), 행정재판도 분쟁에 대한 해결시스템인 만큼 행정부가 아닌 제3자의 지위에 있는 사법관이 관장하는 것이 타당하다고 보아 일반 법원에서 관장하는 양태를 보이기도 한다. 이는 과연 행정과 사법의 경계선상의 문제에 대한 국가작용 가운데 무엇을 행정이라 하고, 무엇을 사법이라 할 것인가 하는 문제에서 인식상의 차이에서 비롯한다.

우리나라에서는 행정재판에서 제1심을 행정법원이 관장하고, 제2심을 고등법원이 관장하며, 제3심을 대법원이 관장한다.

(4) 특허재판

법원은 특허사건에 대해서 재판권을 가진다. 특허법원이 제1심으로 재판하고 대법원이 종심인 제2심을 관장한다.

(5) 선거재판

법원은 대통령, 국회의원, 지방의회의원, 지방자치단체장의 선거에 대한 재판을 관장한다. 이는 성격상 국가재판의 성격을 가지는 것이어서 헌법재판기관이 관장하는 것이 타당하지만, 헌법 제111조 제1항에서 열거하고 있는 헌법재판소의 관장사항에 속하지 아니하여 법률에 의해 법원이 선거재판을 관장하는 것으로 정하고 있다.

(6) 헌법재판

헌법재판은 원칙적으로 헌법재판소가 관장하지만, 예외적으로 헌법 제107조 제2항에 따라 대법원이 명령, 규칙, 처분의 위헌여부심사를 하는 경우도 있다. 이런 한정된 범위에서 대법원은 헌법재판에 대한 재판권을 가진다(정종섭1, 21).

II. 헌법상의 기능배분

국가의 사법작용 가운데 기능상의 배분에 따라 일반법원이 아닌 기관에서 행하는 것이 있다.

(1) 국회의원의 자격심사 · 제명

국회의원의 자격심사나 제명은 유권적 판단이고 이에 대해서는 다툼이 있을 수 있으나, 헌법은 이를 국회의 전속적 관할사항으로 정하고 이에 대해서는 법원에 제소할 수 없다고 정하고 있다(헌법 §64②,③,④). 따라서 이는 사법권의 범위 밖에 있으며, 법원은 이에 대해 재판권을 가질 수 없다.

(2) 비상계엄하의 군사재판

비상계엄하의 군사재판은 군인 · 군무원의 범죄나 군사에 관한 간첩죄의 경우와 초병 · 초소 · 유독음식물공급 · 포로에 관한 죄 중 법률이 정한 경우에 한하여 단심으로 할 수 있다. 이러한 범위 내에서는 법원은 이에 대해 재판권을 가지지 못하며(헌법 §110④), 대법원에 상고도 할 수 없다.

[580] 제3 사법권의 한계

I. 사법본질상의 한계

사법권은 사법이라는 개념이 가지는 본질을 넘어설 수 없다. 사법이라는 개념을 충족시키든, 사법과 사법이 아닌 것을 구별하는 기준으로 작용하든 어느 경우나 사법이 가지는 본질적인 한계가 판단의 기준이 된다.

사법이 사법으로서의 개념적인 징표와 정체성을 확보하기 위해서는 i) 사법의 대상이 구체적이고 현실적인 권리 · 의무관계에서의 분쟁이어서 사건성을 가져야 하며(사건성 case), ii) 당사자 간에 분쟁이 있어 당사자가 당사자적격을 가지고 법원에 사건을 해결하여 달라고 청구할 수 있는 소의 이익이 있어야 하며(당사자적격 standing), iii) 법원이 재판할 사안은 현실적이고 구체적이어서 현재 유권적인 판단이 필요할 정도로 성숙된 것(성숙성 ripeness)이어야 한다.

(1) 사 건 성

법원이 재판권을 행사하기 위해서는 구체적이고 현실적인 법적인 권리 · 의무관계에서 분쟁이 발생하여야 한다. 이러한 분쟁이 발생하지 않고 단순히 법적인 의문을 제기하거나 추상적인 실정법 조항의 해석을 요구하는 것은 재판의 대상이 될 수 없다(예: 大 1992. 5. 8.-91누11261).

[大 1992.5.8.-91누11261] 「원심은……행정소송은 구체적 사건에 대한 법률상 분쟁을 법에 의하여 해결함으로써 법적 안정을 기하자는 것이므로 부작위위법 확인소송의 대상이 될 수 있는 것은 구체적 권리의무에 관한 분쟁이어야 하고 추상적인 법령에 관하여 제정의 여부 등은 그 자체로서 국민의 구체적인 권리의무에 직접적 변동을 초래하는 것이 아니어서 행정소송의 대상이 될 수 없으므로 이 사건 소는 부적법하다고 판단하였다.……원심의 이와 같은 판단은 수긍이 가고……」

(2) 당사자적격

재판을 청구할 수 있는 자는 자신의 권리를 침해당한 자로서 쟁송사건에 있어서 법적인 이해관계를 가져야 한다. 특히 원고의 당사자적격을 원고적격이라고 한다. 당사자가 적격을 가지기 위해서는 자신이 청구한 소송에 있어 소의 이익이 인정되어야 한다(예: 大 1985. 6. 25.-84누579). 소의 이익이 없으면 법원이 재판의 대상을 삼을 수 없다.

[大 1985.6.25.-84누579] 「행정소송은 행정처분으로 인하여 법률상 직접적이고 구체적인 이익을 가지게 되는 사람만이 제기할 이익이 있는 것이고, 다만 사실상이며 간접적인 관계를 가지는데 지나지 않는 사람은 제기할 이익이 없는 것인 바……」

(3) 성 숙 성

법원의 사법권은 현재 발생한 사건에 대해 법원의 유권적 판단이 요구되는 사건에만 행사할 수 있고 장래의 미래적 사건에 대해서는 행사할 수 없다.

이러한 사법의 개념에 따를 때, 법원은 구체적인 사건성을 가지지 아니하는 추상적인 사안이나 소의 이익이 없는 사안이나 아직 사건이 성숙되지 않아 미래적이고 가정적인 것에 그치는 사안에 대해서는 재판권을 행사할 수 없다. 다만, 특별한 사유가 있는 경우에는 미래적인 사안에 대해서 법원은 재판을 하는 경우가 있다.

II. 권력분립상의 한계

사법권이 가지는 권력분립상의 한계는 사법권과 다른 국가권력 간의 관계를 설정하는 문제이다. 이는 쌍방향에서 사법권의 범위를 정하고 사법권과 다른 국가권력 간에 서로 넘을 수 없는 한계를 정하는 문제이다. 이는 한 방향에서 보면, 사법작용으로 국회의 입법작용, 행정부의 행정작용, 헌법재판소의 헌법재판작용을 행할 수 없다는 것을 의미하고, 다른 방향에서 보면, 국회의 입법작용, 행정부의 행정작용, 헌법재판소의 헌법재판작용이 사법작용을 대체하거나 사법의 독립을 침해하지 못한다는 것을 의미한다.

이러한 사법권의 한계를 설정하는 것은 개념논리적으로는 명확하지만, 실제 국가의 작용에서는 명확하지 않다.

(1) 사법권과 입법권

사법권과 입법권의 관계에서 사법권의 한계로 문제가 되는 것은 사법권에 의한 입법권에의 개입과 입법권에 의한 사법권에의 개입에 관한 것이다.

(a) 사법권에 의한 입법권에의 개입

사법권과 입법권의 관계에서 보건대, 사법권으로 입법권을 대체할 수는 없다. 그러나 법원이 재판을 하며 법률의 해석이라는 이름으로 실질상 새로 입법을 하는 것과 동일한 결과를 가져오는 것인 경우 과연 어느 범위에서 허용될 수 있는가 하는 점이 항상 문제가 된다(해석론과 입법론의 관계). 이와 관련하여 법관에게 법발견의 권한만 있는가, 아니면 법창조와 법형성의 권한도 있는가 하는 문제가 제기된다(법발견과 법창조의 문제).

(b) 입법권에 의한 사법권에의 개입

국회가 법률의 제정을 통하여 법원의 재판권에 어느 정도 개입할 수 있는가 하는 점이 문제가 된다. 법원이 가지는 재판관할의 변경 또는 폐지나 재판의 효력에서의 변경 또는 소멸을 국회의 입법을 통하여 할 수 있는가 하는 점이 문제가 된다. 이러한 쟁점에 대해서 실정헌법이 명시적으로 정하고 있으면, 헌법상의 명시적인 기능배분에 따라 해결되지만, 그렇지 못한 경우에는 입법권과 사법권의 한계가 항상 문제가 된다. 이와 관련해서는 다음과 같은 판례가 있다.

대법원은 국회가 군법회의에 의해 선고된 확정판결의 효력을 상실시키는 법률을 제정·시행하는 것은 사법권의 독립을 침해하는 것이 아니라고 판시한 바 있다(예: 大 1965. 3. 25.-63수3). 국회가 법률로써 법원의 확정판결의 효력을 소멸시키는 것은 사법권에 대한 중대한 침해가 된다고 할 것이다. 이를 인정하면, 국회가 법원의 권한을 언제나 무력화시킬 수 있게 된다.

헌법재판소는 국회가 법률로써 반국가사범에 대하여 과도하게 불합리한 궐석재판을 할 수 있게 한 것에 대하여 이를 형사재판에서의 적법절차를 위반한 것으로 본다(예: 憲 1996. 1. 25.-95헌가5). 이는 뒤집어 보면, 국회의 입법이 법원의 형사재판권을 침해한 사례라고 볼 수 있다.

대법원의 상고심 재판을 받을 권리를 국회가 법률로써 제한하는 것이 어느 범위에서 인정되는가 하는 문제가 있다. 대법원은 이에 대해 이는 전적으로 국회의 입법형성의 자유에 속하는 입법정책의 문제이므로 국회가 적의(適宜) 규정할 수 있다고 하는 태도를 취하고 있다(예: 大 1997. 7. 11.-97도1355). 그러나 대법원의 재판을 받을 권리는 국민의 기본권이고, 이러한 기본권을 보호하는 범위에서는 대법원의 상고심 재판권은 헌법이 인정하는 것이므로(정종섭 a, 21) 국회가 상고심을 제한하는 법률을 제정한 경우에도 헌법이 정하는 기본권제한의 법리에 합치하여야 한다.

> [大 1997.7.11.-97도1355] 「대법원의 재판권에 관하여 헌법은 그 제107조 제2항의 규정 외에는 아무런 규정을 두고 있지 아니하고 있어, 위 규정 외의 대법원의 재판권에 관한 사항은 적의 규정할 수 있는 것이므로 형사사건에서 어떤 사유를 이유로 하여 상고할 수 있도록 하느냐의 문제는 입법정책의 문제일 뿐만 아니라, 양형부당을 사유로 한 상고이유를 제한한 형사소송법 제383조 제4호의 규정은 입법권자에게 허용된 형성의 자유의 영역에 속하는 것이라고 할 것이므로(大 1987. 10. 13.-87도1807 참조), 위 법률의 규정이 헌법 제101조 제2항이나, 대법원의 재판을 받을 국민의 권리를 규정하고 있는 헌법규정에 위반되는 것이라고 할 수 없다.」

(2) 사법권과 행정권

사법권과 행정권의 관계에서 사법권의 한계로 문제가 되는 것은 사법권에 의한 행정권에의 개입과 행정권에 의한 사법권에의 개입에 관한 것이다.

(a) 사법권에 의한 행정권에의 개입

대법원은 대통령의 비상계엄의 선포의 요건 구비여부나 선포의 당·부당을 판단할 권한이 법원에는 없다고 판시하였다(예: 大 1997. 4. 17.-96도3376). 그러나 현행 헌법하에서는 법원이 이러한 권한을 가지지 않는다고 하더라도 헌법재판소가 헌법재판을 담당하므로 대통령의 행위가 헌법에 위반되는지의 여부는 행위의 형식이나 종류에 관계없이 위헌법률심판, 권한쟁의심판, 헌법소원심판 등을 통하여 위헌여부를 심판할 수 있다.

> [大 1997.4.17.-96도3376] 「대통령의 비상계엄의 선포나 확대 행위는 고도의 정치적·군사적 성격을 지니고 있는 행위라 할 것이므로, 그것이 누구에게도 일견하여 헌법이나 법률에 위반되는 것으로서 명백하게 인정될 수 있는 등 특별한 사정이 있는 경우라면 몰라도, 그러하지 아니한 이상 그 계엄선포의 요건구비여부나 선포의 당·부당을 판단할 권한이 사법부에는 없다고 할 것이나, 이 사건과 같이 비상계엄의 선포나 확대가 국헌문란의 목적을 달성하기 위하여 행하여진 경우에는 법원은 그 자체가 범죄행위에 해당하는지의 여부에 관하여 심사할 수 있다고 할 것이고……」

(b) 행정권에 의한 사법권에의 개입

대통령의 사면권은 헌법이 인정하는 것이어서 사면권에 의한 사법권에의 개입은 허용된다. 그러나 법치국가에서는 사면권의 행사도 무한정한 것이 아니어서 이것이 법원의 재판의 존재가치를 무의미하게 만드는 것이 되어서는 안 된다.

(3) 사법권과 헌법재판권

사법권과 헌법재판권의 관계에서 사법권의 한계로 문제가 되는 것은 사법권에 의한 헌법재판권에의 개입과 헌법재판권에 의한 사법권에의 개입에 관한 것이다.

(a) 사법권에 의한 헌법재판권에의 개입

법원의 사법권은 헌법재판소의 헌법재판권에 개입할 수 없다. 그러나 위헌법률심판의 절차에서 법원이 재판의 전제가 된 법률이나 법률조항의 위헌여부에 대하여 헌법재판소에 심판을 구하는 제청은 헌법재판소의 헌법적 판단에 대한 개입이 아니므로 이는 허용된다.

(b) 헌법재판권에 의한 사법권에의 개입

헌법재판소는 법원의 사법권에 개입할 수 없다. 다만, 법원의 사법권의 행사가 국민의 기본권을 침해하는 결과를 가져오거나 다른 국가기관의 권한을 침해하는 경우에는 이를 바로잡기 위하여 헌법재판소가 개입한다. 재판에 대한 헌법소원심판이나 권한쟁의심판이 이에 해당한다. 이러한 것은 사법권의 침해가 되지 않는다. 우리나라의 경우 법원의 재판에 대한 헌법소원심판은 예외적으로만 인정되고(헌재법 §68①; 憲 1997. 12. 24.-96헌마172등; 2002. 5. 30.-2001헌마781), 권한쟁의심판은 헌법재판의 하나로 인정되고 있다(헌법 §111①). 재판의 지연행위에 대한 헌법소원심판은 인정된다.

Ⅲ. 국제법상의 한계

외국 국가의 주권적 행위에 대해서는 우리나라의 사법권이 미치지 않는다. 이러한 것은 국가가 가지는 대외적인 독립성에 기초를 두고 있다.

명령이나 규칙과 동일한 효력을 가지는 국제규범이 헌법이나 국내 법률에 위반되는지 여부에 대해서는 대법원은 헌법 제107조 제2항의 명령·규칙심사권을 행사하여 심사할 수 있다. 그러나 당사국 간에 조약을 체결하여 당사국 간에 발생하는 분쟁에 관한 관할권을 특정하는 경우에는 이를 관할하는 해당 국가의 재판권이 행사된다. 이러한 경우에 해당 관할권이 우리나라로 정해진 경우에는 우리나라의 법원이 외국 국가의 행위에 대하여 재판권을 행사할 수 있다.

특별한 사정이 없는 한 외국의 사법적인 행위에 대하여는 당해 국가를 피고로 하여 우리나라의 법원이 재판권을 행사할 수 있다(예: 大 1998. 12. 17.-97다39216).

[大 1998.12.17.-97다39216] 「국제관습법에 의하면 국가의 주권적 행위는 다른 국가의 재판권으로부터 면제되는 것이 원칙이라 할 것이나, 국가의 사법적(私法的) 행위까지 다른 국가의 재판권으로부터 면제된다는 것이 오늘날의 국제법이나 국제관례라고 할 수 없다. 따라서 우리나라의 영토 내에서 행하여진 외국의 사법적 행위가 주권적 활동에 속하는 것이거나 이와 밀접한 관련이 있어서 이에 대한 재판권의 행사가 외국의 주권적 활동에 대한 부당한 간섭이 될 우려가 있다는 등의 특별한 사정이 없는 한, 외국의 사법적 행위에 대하여는 당해 국가를 피고로 하여 우리나라의 법원이 재판권을 행사할 수 있다고 할 것이다.」

제7절 국민의 사법참여

[581] 제1 개 설

사법에 있어서 국민의 참여는 국민으로 하여금 법원의 구성이나 활동에 참여하게 하여 사법권력의 민주적 정당성을 확보하게 하고, 사법의 책임성을 실현시켜 국가의 구조원리인 민주주의원리를 충족시키고자 하는 것을 일컫는다. 이는 참여민주주의의 이념을 실현하고자 하는 것이기도 하다. 사법에서는 법치주의와 사법의 독립이 핵심적 원리이지만, 민주주의와 사법의 책임성도 중요하다.

그런데 국민의 사법참여(司法參與)도 그 역사적 배경이나 그 나라가 처한 여건이나 환경에 따라 다양한 모습을 보이고 있는데, 사법참여가 민주주의의 원리에서 기인하는 만큼 이것만이 사법을 지배하는 원리로 작용할 수는 없다. 따라서 국민의 사법참여도 법치주의원리 및 사법권독립의 원리와 조화되고 균형을 이루어야 한다. 여기에 사법참여가 지니고 있는 본질적인 한계가 있다. 그뿐만 아니라 국민의 사법참여에는 그 나라의 재판제도의 시스템과 합치하여야 하는 체계정합성이 요구되므로 이러한 범위에서 정당성을 가진다.

[582] 제2 제도적 형태

Ⅰ. 재판에서의 참여

재판에 국민이 참여하는 것으로는 재판의 당사자, 증인, 참고인, 이해관계인 등으로 참여하는 것이 대표적이다. 그러나 이는 재판절차의 본질 또는 재판을 받을 권리에서 나오는 당연한 것인 만큼 여기에서 따로 다룰 필요는 없다. 이 절에서 다루는 국민의 사법참여로서 국민이 재판에 참여하는 것은 국가의 재판권의 행사에 참여하는 것을 의미한다. 재판이란 본질적으로 분쟁의 이해관계자로부터 객관적인 지위에 있는 제3자가 행하는 것이므로 사법참여는 이러한 제3자의 지위에 참여하는 것이다.

이러한 재판에서의 참여를 제도화한 것으로는 일반인이 배심원(陪審員 jury)으로 재판에 참여하여 사실의 인정 또는 법률의 적용에 대해 평결을 하는 배심재판제도, 일반인이 참심원(參審員=裁判員)으로 법관과 함께 재판부를 구성하여 재판을 하는 참심재판제도(=시민재판원제도), 형사재판에서 일반인이 양형절차에 참여하거나 양형기준표의 작성에 참여하는 제도, 형사재판에서 유죄피고인에 대한 판결의 선고를 앞두고 양형의 기초가 될 자료를 조사하는 판결전 조사절차에 일반인이 참여하는 제도, 비소송적 분쟁해결절차(ADR: Alternative Dispute Resolution)에 일반인이 참여하는 제도, 법률가가 비전임(=비상근 part-time)으로 법관에 임명되어 재판을 하는 비전임법관제도 등이 있다(정종섭b, 336). 이러한 제도에서 일반인이 어떤 사람을 의미하는가(직업, 전문가, 경력, 나이, 지식 등)에 따라 제도의 내용과 기능은 달라진다.

현행 제도상으로는 국민의 사법참여는 형사재판에서 선택적 배심재판의 형태를 가지고 있는 국민참여재판에 만 20세 이상의 일반 국민이 배심원으로 참여하여 사건에서 평의와 평결을 한 후(형참법 §16, §46) 사실의 인정, 법령의 적용, 형의 양정에 관하여 법관에게 의견을 제시하는 형태(동법 §12)와 형사재판에서의 양형을 정함에 있어 양형기준을 설정하거나 변경하고, 이와 관련된 양형정책을 연구 · 심의하는 양형위원회에 참여하는 형태로 실현되고 있다(법조법 §81의2). 헌법재판소는 배심원의 자격을 만 20세 이상의 국민으로 정한 것이 평등원칙에 위반되지 않는다고 본다(예: 憲 2021. 5. 27.-2019헌가19).

양형위원회는 법관 4명, 법무부장관이 추천하는 검사 2명, 대한변호사협회장이 추천하는 변호사 2명, 법학 교수 2명, 학식과 경험이 있는 사람 2명으로 구성되는데(동법 §81의3), 여기서 양형기준을 정하고 양형기준은 공개된다(동법 §81의6④).

법관이 형의 종류를 선택하고 형량을 정함에 있어서 양형기준은 법적 구속력을 갖지 않지만, 이를 존중하여야 한다. 법원이 양형기준을 벗어난 판결을 하는 경우에는 판결서에 양형의 이유를 기재하여야 하는 것으로 양형기준은 법관에게 간접적으로 구속력을 발휘하고 있다(동법 §81의7).

II. 법원구성에서의 참여

국민의 사법참여에는 재판에 일반인이 참여하는 것 이외에 재판은 법관에게 전적으로 맡겨놓고, 법원의 구성이나 법관의 충원절차에만 일반인이 참여하는 것이 있다. 이러한 것은 재판을 수행하는 제3자의 지위를 법원이나 법관에게 독점시켜 공정성을 확보하고, 이러한 재판을 수행하는 법원이나 법관이 그에 적합하게 구성되거나 충원되도록 하려는 방식이다. 이에는 유권자가 법관을 직접 선거하는 법관선거제도, 법관을 선발하는 법관선발위원회에 일반인이 참여하는 제도, 법관의 임명에 일반인으로 하여금 추천하게 하는 제도, 법관으로 임명되어 일정한 기간을 지난 법관에 대하여 계속하여 재임하게 할 것인가에 대해 유권자로 하여금 투표하게 하는 국민심사제도 등이 있다(정종섭b, 357). 이러한 제도에서도 일반인이 어떤 사람을 의미하는가(개인 또는 단체, 전문가 또는 비전문가, 직업, 경력, 나이, 지식 등)에 따라 제도의 내용과 기능은 달라진다. 일반 유권자에 의한 법관선거방식은 사법의 독립에 심대한 침해를 가져올 우려가 있다는 비판이 강하다. 우리나라에서는 법관인사위원회와 대법관추천위원회에 법관이 아닌 일반인도 참여할 수 있게 하여 법관의 인사나 대법원의 구성에 참여하고 있다.

Ⅲ. 감시활동에서의 참여

재판을 직업법관에게 독점시키든, 아니면 국민이 재판에 참여하든 재판의 절차나 공정성 또는 재판에 관여하는 법관, 배심원, 참심원 등 각종의 참여자의 업무수행, 행동양태, 능력, 지식 등에서 재판에의 적합성 여부를 관찰하고 감시하며 잘못이 있을 때 이를 교정하게 하는 것은 국민의 권리이다. 이러한 것을 사법감시활동이라고 한다.

사법감시활동은 그 양상에서 다양하게 나타나지만, 재판 자체에 대한 감시활동, 법관 등 재판관여자의 행동양태에 대한 감시활동, 법원의 조직 또는 운영에 대한 감시활동으로 나눌 수 있다. 대상자에 대한 일상적인 관찰과 평가활동, 법원의 구성이나 법관의 임명·충원에서 의견서를 관계 기관에 제출하는 활동, 법원의 운영에 대한 평가활동도 이에 해당한다(정종섭b, 363).

[583] 제3 기능과 한계

Ⅰ. 기 능

국민의 사법참여가 가지는 기능은 구체적인 제도의 구조와 성격이 어떠한가에 따라 차이가 있을 수 있다. 구체적인 제도에서 나타나는 이런 기능상의 차이나 상이점에도 불구하고 사법참여는 i) 국민주권의 이념을 국가의 사법작용에 실현시키고, 국가의 재판권력에 민주주의원리를 관철시켜, 사법에서의 책임성을 실현시키는데 기여하고, ii) 직업법관(career judge)으로 재판을 담당하는 우리나라의 법원구조에서 사법의 관료화를 방지하는데 기여하며, iii) 재판의 정당성을 확보하여 재판의 설득력을 강화하는데 기여하고, iv) 사법에 대한 신뢰형성에 기여한다(정종섭b, 366).

II. 한 계

국가의 사법작용에는 국가의 구성원리가 적용된다. 그래서 국가의 재판작용에도 법치주의와 민주주의가 적용된다. 그러나 재판에는 법치주의원리가 민주주의원리보다 더 강하게 지배하므로 사법에 민주적 정당성을 부여하는 법리도 재판의 본질과 기능에 부합하여야 한다. 국민의 사법참여가 개념필연적으로 재판의 본질이나 기능에 부합하여야 하는 이유도 여기에 있다.

국민의 사법참여에서도 참여의 면만 강조하면 자칫 재판의 독립, 법관의 독립, 법원의 독립을 침해할 수 있다. 사법참여가 참여 그 자체에 중점이 있는 것이 아니라, 국가기능에 합치하는 본래의 사법을 전제로 한 참여에 중점이 있으므로 사법참여도 재판의 기능과 사법의 독립의 법리에서 허용하는 범위에서만 인정된다.

제 4 장 헌법재판소

제 1 절 헌법상의 지위

[584] 제1 헌법재판기관

헌법은 제6장에서 헌법재판기관으로서 헌법재판소(憲法裁判所 constitutional court)를 독립하여 설치하고, 이에 대하여 정하고 있다. 이는 제3장에서 국회, 제4장에서 정부, 제5장에서 법원을 정한 것과 구별되는 것으로 헌법재판소가 국회, 정부, 법원이 아닌 독립된 헌법재판기관임을 정하고 있는 것이다.

헌법재판은 입법, 행정, 사법과 구별되는 국가작용이므로 헌법재판의 기능과 본질에 비추어 볼 때, 헌법재판소는 국회, 행정부, 법원과 따로 존재하는 독립적인 지위를 가진다.

헌법재판기관으로서의 헌법재판소는 재판작용 · 입법작용 · 정치작용의 복합적 성질을 가지는 제4의 국가작용을 수행하면서([404]-[406]), 국회, 대통령, 대법원과 동렬의 지위에 있는 최고의 헌법기관이다.

[585] 제2 헌법수호기관

헌법재판소는 헌법재판을 통하여 헌법의 규범력을 보장하는 헌법수호기관이다.

헌법에 의해 창설된 기관인 이상 어느 헌법기관이나 헌법을 수호하고 헌법을 실현하여야 하는 의무를 지지만, 국가기능의 배분상 헌법재판소는 다른 헌법기관이나 국가기관과 달리 최후의 헌법수호기관로서의 지위를 가진다. 헌법재판소는 특히 다른 국가기관이 헌법을 침해하는 경우에 헌법재판을 통하여 이를 통제함으로써 명실공히 최후의 헌법수호기관으로서 그 역할을 한다. 따라서 헌법재판소의 헌법해석은 최종적인 해석이고, 국민 또는 국가기관 어느 누구도 이를 부정할 수 없다.

헌법재판소는 사회영역과 국가영역에서 발생하는 여러 형태의 헌법침해로부터 위헌법률심판, 탄핵심판, 정당해산심판, 권한쟁의심판, 헌법소원심판을 통하여 헌법을 보호한다. 헌법재판이 헌법보호의 기능을 충실하게 수행하기 위해서는 재판에 대한 헌법소원심판, 선거재판, 기본권상실재판 등을 관장하고 이를 수행하는 것이 필요하다. 우리 헌법재판소는 아직 이러한 제도를 채택하지 않고 있다.

[586] 제3 기본권보장기관

헌법재판소는 헌법재판을 통하여 헌법이 정하고 있는 국민의 기본권을 보장하는 기관이다. 헌법상의 기본권을 보호하고 실현하는 의무는 모든 국가기관에게 부과되어 있지만, 국회, 정부, 법원이 이러한 의무를 수행하지 않거나 권한을 남용하는 경우에는 최후로 기본권을 효과적으로 보장하는 장치가 필요하다. 헌법재판소는 입헌주의와 실질적 민주주의의 요구에 따라 헌법재판이라는 권력적 작용을 통하여 기본권 보장의 최후 보루로서 그 역할을 수행한다.

헌법재판소는 헌법소원심판과 위헌법률심판이라는 심판절차를 통하여 기본권을 보호하고, 탄핵심판, 정당해산심판, 권한쟁의심판을 통하여 간접적으로 기본권을 보호한다. 기본권의 보장을 실효성있게 하기 위해서는 법원의 재판에 대하여 국민이 헌법소원심판으로 다툴 수 있게 하는 것이 필요한데, 현행 헌법재판소법은 이를 부정하고 있다. 헌법재판이 기본권보호의 기능을 충실히 수행하기 위해서는 재판에 대한 헌법소원심판제도를 채택하는 것이 필요하다.

[587] 제4 권력통제기관

헌법재판소는 국가권력의 남용을 통제하는 기관이다. 국회, 행정부, 법원의 권력이 남용되는 경우에 이를 통제하고, 지방자치단체의 권력이 남용되는 경우에도 이를 통제한다. 헌법재판소는 구체적으로 위헌법률심판, 헌법소원심판, 권한쟁의심판, 탄핵심판을 통하여 국가권력을 통제한다.

제2절 헌법재판소의 구성과 조직

1. 헌법재판소의 구성

[588] 제1 구성원리

I. 개 설

헌법재판소의 구성원리는 국가의 구조원리와 헌법재판의 특성에 의해 정해진다. 앞에서 보았듯이, 헌법재판은 국가의 입법작용, 행정작용, 재판작용과 다른 제4의 국가작용으로서 독특한 성질을 지니고 있다. 따라서 이러한 헌법재판을 수행하는 헌법재판소는 헌법재판의 특성과 그 법리에 따라 구성된다. 또한 헌법재판의 특성은 기본적으로 헌법과 헌법해석이 지니는 특성에 의해 지배되고 있으므로 헌법재판소의 구성은 헌법과 헌법해석이 가지는 특성에 따라 이루어진다. 헌법재판소의 구성에서 포착되는 이런 특수한 점이 다른 헌법기관을 구성하는 경우와 서로 다른 점이다.

헌법재판소의 구성에서도 국가의 구조원리인 법치국가원리와 민주국가원리가 적용된다. 이러한 헌법재판소의 구성에 관한 원리에 따를 때, 헌법재판소의 구성에는 전문성의 원리, 민주적 정당성의 원리, 독립성의 원리가 요구된다. 법치국가원리나 민주국가원리 또는 전문성(專門性)의 원리나 민주적 정당성(民主的 正當性)의 원리는 그 성질에서 원리(principle)이므로 양자가 서로 결합하는 경우에는 어느 하나의 원리가 다른 원리를 배제하지는 못하고, 각 원리들은 헌법재판의 본질에 합당하게 조절된다. 따라서 이들 원리들간의 결합에서는 각 원리가 작동하는 조건에 따라 각 원리들이 가지는 비중에서 차이를 보일 수 있다.

II. 전문성의 원리

(1) 원 리

헌법재판소의 구성원리는 헌법재판의 특성에 의해 결정된다. 헌법재판이 공동체 구성원의 다수의 의사에 의해 행해지지 않고 전문적인 지식과 능력을 가진 인물들로 하여금 헌법재판을 행하게 하는 것은 공동체적 삶의 원리, 법의 원리와 본질, 규범질서의 원리 등을 정확히 인식하고 이를 밝혀내어 구체적인 사건을 해결하는 일에는 전문적인 지식, 식견, 경험, 능력 등이 요구되기 때문이다.

급진적 민주주의론에 의하면, 공동체의 모든 진리와 규범가치는 오로지 다수의 의사에 의해 결정된다고 보지만, 공동체 구성원의 다수 의지가 항상 보편적인 진리와 인간의 행복을 결정할 수 있는 것은 아니며, 최고의 법원리와 같은 보편적인 법원리와 사물의 본성과 이치가 다수의 의사에 의해 결정되는 것은 아니다. 인간이 지니고 있는 이기적 욕망, 자의성, 가변성, 파당성 등은 항상 권력의 자의적인 행사를 초래할 위험성을 가지고 있다. 이런 위험성을 지니고 있는 것에 사물의 옳고 그름에 대한 판단 및 다툼이 있는 분쟁의 해결을 맡기는 것은 타당하지 않다. 여기에 법치주의가 민주주의와 함께 공동체를 지도하는 원리로 작동하는 이유가 있다.

인간 속에 내재하고 있는 자의성, 가변성, 이기적 욕심 등을 통제하면서 공동체의 존속과 삶의 질서를 안정되게 하는 보편적인 가치와 일반적인 규범을 찾아내는 작업은 법치주의에서 가능하다. 재판에 있어서 전문성과 능력을 요구하는 것은 재판의 공정성과 정확성을 확보하고자 하는 것이고, 재판의 공정성과 정확성은 판단의 자의성과 판단기준의 가변성을 통제한다. 재판에서 요구되는 전문성의 원리는 이러한 법치국가원리에 의해 요구되는 것이다.

그런데 전문성의 원리에서 의미하는 전문성은 지식의 전문성만에 한정되는 것은 아니고, 경험에 의해서도 확보될 수 있다는 점을 고려하는 것이 필요하다. 이 점은 재판관의 자격을 결정하는 판단기준을 설정함에 있어서 중요한 의미를 가진다. 헌법재판은 국가의 헌법질서를 형성하고 국가의 운명과 발전에 영향을 주는 결정이므로, 헌법재판을 수행하는 재판관의 자격 요건을 일반 법관으로서의 자격이나 법지식에만 한정할 수 없고, 인간의 삶, 공동체의 존속과 발전, 국가의 운영 · 발전, 미래에 대한 전망과 통찰력 등 공동체와 국가를 전체적으로 이해할 수 있는 능력과 경험도 요구된다.

(2) 원리의 구현

헌법재판소의 구성에 있어서 전문성의 원리는 헌법재판소 재판관의 자격요건을 제한하는 방식으로 구현되고 있다. 헌법은 헌법재판소의 재판관이 법관의 자격을 가질 것을 요구하고 있고(헌법 §111②). 헌법재판소법은 헌법재판소 재판관의 경우 15년 이상 i) 판사 · 검사 · 변호사, ii) 변호사의 자격이 있는 사람으로서 국가기관, 국 · 공영기업체, 「공공기관의 운영에 관한 법률」 제4조에 따른 공공기관 또는 그 밖의 법인에서 법률에 관한 사무에 종사한 사람, iii) 변호사의 자격이 있는 사람으로서 공인된 대학의 법률학 조교수 이상의 직에 있던 사람일 것과 그와 동시에 나이가 40세 이상일 것을 자격요건으로 정하고 있다(헌재법 §5①).

헌법재판소법은 헌법재판의 전문성을 강화하기 위하여 헌법연구관제도를 두어 헌법연구관으로 하여금 재판업무에서 전문적 지식에 기초하여 재판관들을 보좌하도록 하고 있다. 재판관들의 경륜, 식견, 지식, 신중성 등에 헌법연구관들의 지식, 참신성을 보완하여 헌법재판이 본래의 기능을 잘 수행할 수 있도록 하기 위한 시스템이다.

Ⅲ. 민주적 정당성의 원리

(1) 원 리

헌법재판기관의 구성에서는 전문성의 원리 이외에 민주국가원리에서 도출되는 민주적 정당성의 원리가 구성원리로 요구된다. 민주적 정당성의 원리는 전문성의 원리를 실현하는 수준에서도 요구되고, 헌법재판소를 구성하는 방법에서도 요구된다.

헌법질서와 국가의 근본규범에 관한 판단은 하나의 획일적인 판단기준에 의해 결정되는 것이 아니다. 이 문제에 있어서는 다양한 관점들이 경쟁하므로 헌법재판기관은 각기 다양한 가치관과 시각을 가진 인물들을 고루 배치하여 구성하는 것이 필요하다. 따라서 헌법재판소는 헌법재판에 필요한 높은 수준의 지식, 식견, 경륜 등을 가진 인물들로 구성하되, 가치관에 있어서 하나의 특정한 가치관이나 성향을 가지는 인물들로 통일되어서는 안 되고, 헌법해석에서 다양한 가치관과 성향이 경쟁하여 합리적인 결론이 도출될 수 있도록 배치하여야 할 필요가 있다. 이런 다양한 가치관과 성향의 경쟁은 결국 공동체 구성원들이 가지고 있는 다양한 가치관과 성향의 경쟁을 반영하는 것이 되고, 이것은 헌법의 해석에 있어서 다양한 견해들 간의 경쟁을 의미한다. 재판관의 수도 임의적으로 결정하는 것이 아니라 이런 기능이 충분히 발휘될 수 있는 조건을 갖추는 수준에서 결정된다(이런 점에서 재판관이 배제되는 경우 예비재판관을 충원하여 그 수를 충족시키는 것은 중요한 의미를 가진다). 가치관과 시각에 있어서 다양성을 확보하는 것은 전문성의 원리에서 요구되는 것인 동시에 민주적 정당성의 원리에서 요구되는 것이기도 하다.

헌법은 공동체 구성원들이 국민주권에 의거하여 결정한 최고규범이기 때문에 이런 최고규범의 의미를 구체화하고 확정하는 일은 기본적으로 공동체 구성원 스스로 하여야 하지만, 헌법재판에서는 재판으로서의 특성과 전문성의 원리 때문에 그 형태가 수정된다. 그러나 그 수정된 형태가 국민과 단절된 사람들에 의한 헌법해석이 되어서는 안 된다. 모든 국가작용이 그렇듯이 헌법재판에서도 국민과 연결된 국민으로부터 부여받은 정당성을 가져야 한다. 이것이 민주적 정당성이다. 국민들이 헌법재판에서 요구되는 수준의 전문성을 갖춘 재판관을 선출하여 헌법재판소를 구성하는 방법이나, 재판관에 대한 신임투표로 연임여부를 결정하는 방법은 이런 민주적 정당성의 원리를 헌법재판기관의 구성에 있어서 실현하는 한 예이다.

(2) 원리의 구현

헌법에서는 국민에 의해 선출된 대통령이 헌법재판소의 재판관을 임명하되, 재판관 9인 중 3인은 대법원장이 지명하고, 3인은 국회에서 선출하며, 나머지 3인은 대통령이 바로 임명하는 방식을 취하고, 헌법재판소의 장은 국회의 동의를 얻어 재판관 중에서 대통령이 임명하는 방식을 취하고 있다(헌법 §111③,④). 이를 통해 볼 때, 헌법재판소의 구성에서 요구되는 민주적 정당성을 확보함에 있어서는 취약한 점이 있다.

국회법의 인사청문제도에 따라(국회법 §46의3, §65의2; 헌재법 §6②) 헌법재판소장을 포함한 모든 헌법재판소의 재판관에 대하여 인사청문을 실시한다. 국회, 대통령, 대법원장의 협동적 구성방식을 취하고 있고, 실질적으로 여당을 장악하고 있는 대통령이 주도적인 역할을 하는, 현재 헌법재판소의 구성방법에서는 공개로 진행되는 인사청문은 국민에게 그 과정을 알리어 헌법재판소의 구성에서 민주적 정당성을 확보하는데 기여하는 점이 있다.

Ⅳ. 독립성의 원리

(1) 원 리

헌법재판은 그 본질과 성질상 국가작용 가운데 입법작용, 행정작용, 법원의 사법작용과 다른 것이므로 이를 관장하는 기관은 국회, 대통령, 행정부, 법원과 독립되어 구성된다. 이러한 것은 국가작용의 성질에 의하여 결정되는 국가기능의 배분에 따른 것으로 법치국가원리에 의하여 요구되는 것이다.

이러한 것은 형식은 물론이고 실질에서도 헌법재판기관은 입법부, 대통령과 행정부, 법원 어느 하나에 소속되어서는 안 된다는 것을 의미한다. 형식에서는 헌법재판기관을 이들 헌법기관과 독립된 기관으로 하더라도 실질에서 어느 기관이 주도적으로 구성하여 그 영향이 미치도록 하는 것은 타당하지 않다. 예컨대 국회에서 헌법재판소 재판관을 모두 선출한다고 하더라도 헌법재판소는 국회와 분리되어 설치되어야 하고, 헌법재판을 함에 있어 국회의 영향력이 미쳐서는 안 된다.

헌법재판소의 구성에 적용되는 이러한 독립성의 원리는 헌법재판권의 작용에도 적용되어 헌법재판소의 독립이라는 것으로 구현된다.

(2) 원리의 구현

헌법은 헌법재판소를 제3장 입법부, 제4장 대통령과 행정부, 제5장 법원과 독립하여 제6장에서 따로 설치하고 있다. 그리고 헌법재판소를 구성함에 있어 국회, 대통령, 대법원장이 관여하는 방식을 취하고 있어, 국회, 대통령과 행정부, 법원 가운데 어느 하나의 기관에 속하도록 하지 않고 있으며, 헌법재판소의 구성에 국회, 대통령, 대법원장이 관여하여도 재판관을 선출한 다음에는 이들 중 어떤 기관으로부터도 영향을 받지 못하게 하고 있다.

우리 헌법사에서도 1948년헌법 이래 지금까지 이러한 독립성의 원리에 따라 헌법재판기관을 구성하여 왔으며, 다만 1962년헌법과 1969년헌법에서는 탄핵심판은 탄핵심판위원회를 설치하여 그로 하여금 관장하게 하고, 위헌법률심사만 통상법원인 대법원으로 하여금 관장하게 하였다.

[589] 제2 구 성

I. 구성방법

(1) 협동적 구성방식

헌법재판소의 재판관(justice)은 대통령이 임명한다(헌법 §111②). 다만, 재판관 9인 가운데 3인은 국회에서 선출(選出 election)하고, 3인은 대법원장이 지명(指名 nomination)하는데, 이들 6인을 재판관으로 임명(任命 appointment)하는 권한은 대통령이 보유하고 있다. 나머지 3인은 대통령이 다른 절차 없이 직접 임명한다(헌법 §111②). 이와 같이 헌법재판소는 국회, 대통령, 대법원장의 협동으로 구성된다.

국회에서 3인을 선출한다는 의미는 국회 본회의에서 국회의원이 자유로이 판단하여 선거하는 것을 의미한다. 그러나 정치 현실에서는 헌법재판소 출범 이후 3인의 재판관 중 2인을 여당의 몫 그리고 1인은 야당의 몫으로 한 적도 있으나, 통상 1인은 여당 추천, 1인은 야당 추천, 1인은 여야 합의로 선출해왔고 지금도 이러한 관행은 유지되고 있다. 국회에서 선출한 재판관이 퇴임하거나 사임한 경우에 그 재판관이 있었던 자리가 여당의 몫이었는가 야당의 몫이었는가에 따라 해당 몫을 가지는 교섭단체가 실질적으로 후임 재판관을 정하여 의견을 제시하고 다른 정당은 이를 인정하는 태도를 취하고 있다.

우리 헌법재판제도의 역사에서 보건대, 헌법재판기관의 구성에 국회, 대통령, 법원이 협동하는 이러한 방식은 1972년헌법의 헌법위원회의 구성에서 채택된 후 현재까지 이어지고 있다. 헌법기관을 구성함에 있어 대통령이나 대법원장의 개인의 주관적 선호와 의사가 실질적인 영향을 미칠 수 있게 하는 것은 타당하지 않다. 개선이 필요하다.

(2) 국회의 인사청문

국회법과 헌법재판소법에 의하면, 헌법재판소장을 포함한 모든 헌법재판소의 재판관은 국회의 선출, 대법원장의 지명, 대통령의 임명에 앞서 먼저 국회에서 실시하는 인사청문을 거쳐야 한다(국회법 §46의3,§65의2; 헌재법 §6②).

헌법재판기관 구성방법의 변천

헌법 / 항목	1948년헌법- 1952년헌법- 1954년헌법	1960년6월헌법- 1960년11월헌법	1962년헌법- 1969년헌법-	1972년헌법- 1980년헌법-	1987년헌법
헌법재판기관	헌법위원회 탄핵재판소	헌법재판소	대법원 탄핵심판위원회	헌법위원회	헌법재판소
구성	헌법위원회: 11인 위원(부통령, 대법관 5인, 국회의원 5인 [1952년헌법: 민의원 의원 3인, 참의원의원 2인]) 탄핵재판소: 11인 심판관(재판장 1인, 대법관 5인, 국회의원 5인)	9인 심판관(대통령·대법원·참의원 각 3인 선임)	대법원(대법원장, 대법원판사) 탄핵심판위원회 (대법원장, 대법원판사 3인, 국회의원 5인)	9인 위원(국회 선출: 3인, 대법원장 지명: 3인, 대통령 임명: 3인)	9인 재판관(국회선출: 3인, 대법원장 지명: 3인, 대통령 임명: 3인)
임명 등	헌법위원회: 대법관인 위원·예비위원(대통령의 임명), 국회의원인 위원·예비위원 (국회에서 선출) 탄핵재판소: 대법관인 심판관 (대법원회의에서 선거), 국회의원인 심판관(국회에서 선거)	대법원의 심판관 선임: 대법관 회의에서 선거. 참의원의 심판관 선임: 선거 → 6인의 심판관 선임에 대해 대통령의 선임 확인. 대통령의 심판관 선임: 나머지 3인	대법원장: 법관 추천위원회의 제청+국회의 동의+대통령의 임명 대법원판사: 법관추천회의의 동의얻어 대법원장의 제청+대통령의 임명 탄핵심판위원회: 대법원판사인 심판위원(대법원판사회의에서 선출), 국회의원인 심판위원(국회에서선출)	대통령의 임명	→

II. 재 판 관

(1) 재판관의 지위

헌법재판소의 재판관은 대통령에 의해 임명되지만, 헌법재판소에 소속한 재판관이다. 이런 점에서 헌법재판소 재판관은 일반법원의 법관과는 직무상 분리되어 있을 뿐만 아니라 다른 국가기관으로부터도 직무상 독립되어 있다.

헌법재판소는 헌법기관이지만 헌법재판소 재판관은 헌법기관이 아니며, 헌법재판소에 소속한 재판관이다. 헌법재판소의 재판관은 서로 간에 독립되어 있다. 모든 재판관은 동일하고 동등한 권한과 지위를 가진다.

⑵ 재판관의 임명

헌법재판소의 재판관은 대통령이 임명한다(헌법 §111②). 국회에서 선출하는 3인과 대법원장이 지명하는 3인을 재판관으로 임명하는 권한도 대통령이 가지고 있다. 나머지 3인은 대통령이 직접 임명한다(헌법 §111 ②,③).

재판관의 임기가 종료된 후에 종전의 재판관직에 있었던 사람에 대해서는 다시 연임할 수 있게 임명할 수 있으나, 재판관이 임기 중에 사퇴한 경우에는 그를 다시 재판관에 임명하여 6년 동안 재판관으로 재직하게 할 수는 없다. 이를 부정하고 재판관직에서 사퇴한 자를 연임시키는 것은 연임의 가능성이 없는 재판관이 편법으로 임기를 연장하는 길을 여는 것이 되어 헌법상의 임기제도의 취지를 침해하는 것이며, 후임 국회, 후임 대법원장, 후임 대통령의 헌법재판소 구성권을 침해하는 것이어서 헌법에 위반된다. 2006년에 있었던 「헌법재판소장 임명파동」은 이러한 예에 해당한다(이른바 「전효숙 파동」).

> 노무현 대통령은 재직 중인 전효숙 재판관을 임기 6년의 헌법재판소장으로 임명하기 위하여 그를 사퇴하게 한 후 다시 재판관에 임명하고 헌법재판소장으로 임명하려고 시도하였는데, 이러한 방법은 편법에 의한 임기연장일 뿐 아니라 후임 대통령의 헌법재판소 재판관 임명권을 침해하는 것이어서 위헌인 것이었다.

재판관의 임기가 만료되거나 정년이 도래하는 경우에는 임기만료일 또는 정년도래일까지 후임자를 임명하여야 한다(헌재법 §6③). 임기 중 재판관이 결원된 경우에는 결원된 날부터 30일 이내에 후임자를 임명하여야 한다(헌재법 §6④). 제3항 및 제4항에도 불구하고 국회에서 선출한 재판관이 국회의 폐회 또는 휴회 중에 그 임기가 만료되거나 정년이 도래한 경우 또는 결원된 경우에는 국회는 다음 집회가 개시된 후 30일 이내에 후임자를 선출하여야 한다(헌재법 §6⑤).

⑶ 재판관의 자격

헌법재판소 재판관으로 임명되는 자는 법관의 자격을 가지고 있어야 한다(헌법 §111②). 법관의 자격에 대해서는 앞서 본 것과 같다([588]). 헌법재판소법은 재판관의 임명자격요건으로서 15년 이상 i) 판사 · 검사 · 변호사, ii) 변호사의 자격이 있는 사람으로서 국가기관, 국 · 공영기업체, 「공공기관의 운영에 관한 법률」 제4조에 따른 공공기관 또는 그 밖의 법인에서 법률에 관한 사무에 종사한 자, iii) 변호사의 자격이 있는 사람으로서 공인된 대학의 법률학 조교수 이상의 직에 있던 사람으로서(2 이상의 직에 있던 자의 재직기간은 이를 통산한다) 40세 이상일 것을 정하고 있다(헌재법 §5①). 재판관의 자격요건으로 경력과 나이의 요건을 정하는 것은 헌법재판에서 요구되는 전문성을 충분히 확보하기 위한 것이다.

이런 재판관의 자격요건에서 볼 때, 우리나라 헌법재판소는 법관자격을 가진 법조인만으로 구성되는 재판기관이라고 할 수 있다.

헌법정책적으로 볼 때, 재판관 9인 중 4인 정도는 실제 법원에서 법관으로 근무한 경력을 가진 자로 정해두는 것이 필요하다. 법관으로서 재판을 하면서 법발견을 한 경험을 헌법재판에 반영하는 것이 필요하기 때문이다. 나머지 5인 정도는 검사, 변호사, 법학교수, 장관 등의 경력을 가진 자 가운데서 임명하는 것도 바람직한 방법 가운데 하나이다. 헌법재판의 특성에 비추어 볼 때, 재판관의 다수를 법률가들로 구성하는 것은 좋으나, 법관만으로 구성하는 것은 바람직하지 않다. 재판관의 성향에 있어서도 다양성을 갖출 수 있게 하는 것이 필요하다. 예컨대, 오스트리아에서는 재판관의 자격요건으로 법학이나 정치학의 과정을 이수한 자로 하되, 법관의 자격은 요구하지 않는다. 다만, 법률가, 행정공무원, 법학교수의 경력으로 전문성을 확보하고 있다. 이탈리아에서는 재판기관의 전·현직판사, 법학교수, 20년 이상 법조실무경력을 가진 변호사를 자격요건으로 요구하고 있다. 스페인에서는 재판관의 자격으로 법관, 검찰관, 대학교수, 공무원, 변호사 중 15년 이상 종사한 경력을 요구한다. 프랑스에서는 전직 대통령이 당연직 재판관이 되고, 그 이외에는 자격요건이 광범하게 열려 있다. 변호사, 법학교수, 외교관, 국회의원, 장관 출신의 인사들이 다수 재판관으로 봉직하였다. 독일의 경우 연방헌법재판소법은 연방헌법재판소 재판관이 되고자 하는 사람에게 법관의 자격을 가질 것을 요구하고 있어 연방헌법재판소로 하여금 순수한 법률가로 구성하는 재판기관(reines Juristengericht)으로서의 성격을 가지게 하고 있고, 8인으로 구성되는 2개의 재판부(Senat)마다 각각 3인의 재판관은 연방법관(Bundesrichter)에서 선출하도록 정하고 있다. 재판관이 법관의 자격을 가져야 하는지에 관하여 독일연방헌법에는 명시적으로 정하고 있는 규정이 없다. 독일의 경우 법학교수는 법관의 자격을 가지고 있으므로 헌법재판소 재판관으로 활동하는데 지장이 없다. Land의 국사재판소(國事裁判所 Staatsgericht)나 헌법재판소(Verfassungsgericht)에서는 부분적으로 법관의 자격이 없는 자도 재판관이 될 수 있다(정종섭b, 302 이하).

헌법재판기관의 지위에서 볼 때, 그 재판관의 임명요건은 엄격하고 헌법재판의 기능에 적합해야 한다. 헌법재판소법은 i) 다른 법령에 따라 공무원으로 임용하지 못하는 사람, ii) 금고 이상의 형을 선고받은 사람, iii) 탄핵에 의하여 파면된 후 5년이 지나지 아니한 사람, iv) 정당의 당원 또는 당원의 신분을 상실한 날부터 3년이 경과되지 아니한 사람, v) 공직선거에 후보자(예비후보자를 포함한다)로 등록한 날부터 5년이 경과되지 아니한 사람, vi) 대통령선거에서 후보자의 당선을 위하여 자문이나 고문의 역할을 한 날부터 3년이 경과되지 아니한 사람은 재판관으로 임명할 수 없다고 정하고 있다(헌재법 §5②).

Ⅲ. 헌법재판소장

헌법은 「헌법재판소의 장은 국회의 동의를 얻어 재판관 중에서 대통령이 임명한다」라고 정하고 있기 때문에 헌법재판소장은 언제나 재판관 가운데서 임명된다(헌법 §111④). 헌법재판소장은 헌법재판소의 장인 동시에 재판관으로서의 지위를 가지므로 헌법재판에서는 다른 재판관과 동일한 권한과 지위를 가진다. 헌법재판에서 헌법재판소장은 재판부를 구성하는 다른 재판관들과의 관계에서 동료 중의 1인이다. 따라서 헌법재판소장은 심판에 있어 다른 재판관에 대하여 어떠한 지시도 할 수 없고, 영향을 미칠 수도 없다.

[590] 제3 합의제 단일재판부

Ⅰ. 재 판 부

헌법재판소는 9인의 재판관으로 구성되는 단일의 재판부(裁判部)로 이루어져 있다. 헌법소원심판절차에 존재하는 지정재판부와 구별하기 위하여 강학상 이를 「전원재판부」(全員裁判部)라고 부르기도 한다.

헌법재판소의 관할은 헌법과 헌법재판소법에 의해 열거적으로 정해져 있다(헌법 §111①; 헌재법 §2). 단일의 재판부가 관장하는 것은 재판의 전제가 된 법률의 위헌여부심판(=구체적 규범통제), 정당해산심판, 권한쟁의심판, 법률이 정하는 헌법소원심판, 탄핵심판에 한정된다.

Ⅱ. 지정재판부

헌법재판은 이런 합의제 단일재판부를 중심으로 행해진다. 다만, 헌법재판소법은 「헌법재판소장은 헌법재판소에 재판관 3명으로 구성되는 지정재판부(指定裁判部)를 두어 헌법소원심판의 사전심사를 담당하게 할 수 있다」(헌재법 §72①)고 정하여 헌법소원심판절차에서 임의적으로 지정재판부를 둘 수 있게 정하고 있다. 「지정재판부의구성과운영에관한규칙」은 헌법재판소에 제1지정재판부, 제2지정재판부, 제3지정재판부를 둔다고 정하여(동규칙 §2①) 현재 3개의 지정재판부가 설치되어 있다. 각 지정재판부의 구성원은 재판관회의의 의결을 거쳐 헌법재판소장이 편성한다(동규칙 §3). 제1지정재판부의 재판장은 헌법재판소장이 된다(동규칙 §4). 헌법소원심판절차에서 지정재판부를 두는 경우에도 한정된 사항(헌재법 §72③)에 대하여 심판청구의 적법성심사만 할 뿐이지, 본안판단은 하지 않는다.

현행법에 의하면 지정재판부는 헌법소원심판절차에서 심판청구의 적법성을 심사하여 사건을 재판부로 회부할 것인가 아니면 청구를 각하(却下)할 것인가를 결정한다. 헌법재판소의 실무에서는 이런 헌법소원심판의 청구가 헌법재판소법 제68조 제1항에 의한 헌법소원심판청구이든 동법 제68조 제2항에 의한 헌법소원심판청구이든 구별하지 않고 지정재판부에서 사전심사를 한다. 헌법소원심판절차에서도 그 심판청구가 적법하지만 본안판단의 대상이 되는 청구인의 주장이 전혀 터무니 없는 것인 경우에는 지정재판부에서 예외적으로 기각(棄却)하는 결정을 할 수 있게 하는 것이 보다 효율성이 높다고 지적하는 견해도 있다. 단일재판부가 존재하는 상태에서 지정재판부에서 인용결정을 하는 것은 예외적인 경우라고 하더라도 바람직하지 않다고 보인다.

2. 헌법재판소의 조직

[591] 제1 재판관회의

헌법재판소법은 재판관회의(裁判官會議)를 두고 있다(헌재법 §16). 재판관회의는 재판관전원으로 구성된다는 점에서는 재판부와 동일하지만, 재판권을 행사하지 아니한다는 점에서 심판절차에서의 재판부와 구별된다.

재판관회의는 재판관 전원으로 구성하며, 헌법재판소장이 의장이 된다(동조 ①). 재판관회의는 헌법재판소규칙의 제정과 개정, 입법의견의 제출에 관한 사항, 예산요구·예비금지출과 결산에 관한 사항, 사무처장 임면의 제청과 사무차장, 헌법재판연구원장, 헌법연구관 및 3급 이상 공무원의 임면에 관한 사항, 특히 중요하다고 인정되는 사항으로서 헌법재판소장이 재판관회의에 부치는 사항 등을 의결한다(동조 ④). 재판관회의는 재판관 7명 이상의 출석과 출석인원 과반수의 찬성으로 의결한다(동조 ②). 재판관회의의 운영에 관한 사항은 「헌법재판소 재판관회의 규칙」에서 정하고 있다.

[592] 제2 헌법재판소장

Ⅰ. 헌법재판소의 최고책임자

헌법재판소장(憲法裁判所長)은 헌법재판소를 대표하고, 헌법재판소의 사무를 총괄하며, 소속공무원을 지휘·감독한다(헌재법 §12③). 이러한 지위에서 헌법재판소장은 헌법재판소의 최고책임자로서 사무처의 공무원을 임면한다.

Ⅱ. 재판관회의의 의장

헌법재판소장은 재판관회의의 의장이 되며(헌재법 §16①), 회의를 주재하고 의결된 사항을 집행한다.

Ⅲ. 권한대행

헌법재판소장이 궐위되거나 부득이한 사유로 직무를 수행할 수 없을 때에는 다른 재판관이 헌법재판소규칙으로 정하는 순서에 따라 그 권한을 대행한다(헌재법 §12④).

[593] 제3 헌법연구관

Ⅰ. 헌법연구관

(1) 임용 등

헌법재판소에 헌법재판소규칙으로 정하는 수의 헌법연구관(憲法硏究官)을 둔다(헌재법 §19①). 헌법연구관은 특정직국가공무원으로 한다(동조 ②). 재판관은 헌법연구관을 채용할 수 없다. 헌법연구관의 임기는 10년으로 하되, 연임할 수 있고, 정년은 60세로 한다(동조 ⑦).

(2) 업무와 권한

헌법연구관은 헌법재판소장의 명을 받아 사건의 심리 및 심판에 관한 조사 · 연구에 종사한다(헌재법 §19③). 그리고 헌법재판소장은 헌법연구관으로 하여금 사건의 심리 및 심판에 관한 조사 · 연구업무 외의 직에 임명하거나 겸임하게 할 수 있다(동조 ⑪).

(3) 역 할

헌법재판에서 헌법연구관의 역할은 중요하다. 법이론에 대한 전문지식을 바탕으로 한 헌법재판에 대한 기초자료의 조사 · 연구와 보고서는 재판관의 사건심리와 재판소 및 재판관의 의견 작성에 있어서 중요한 의미를 가진다.

Ⅱ. 재판관과 헌법연구관

헌법연구관은 그 역할이나 기능상 어떤 경우에도 재판에 관여할 수 없다. 헌법연구관이 헌법재판에 어느 정도로 영향을 미치는가는 외부에서 알 수 없다. 이 문제는 재판관과 헌법연구관 사이에 있을 수 있는 개인적인 부분이다. 헌법연구관을 어떻게 활용하고 재판관과 헌법연구관 간의 관계를 어떻게 설정하는가는 해당 재판관이 개인적으로 판단하는 성질의 것이다.

[594] 제4 사 무 처

헌법재판소의 행정사무를 처리하기 위하여 헌법재판소에 사무처를 둔다(헌재법 §17①). 사무처는 오로지 헌법재판소의 행정사무를 처리하는 것을 위하여 존재하므로 헌법재판에 관여하거나 영향을 주는 업무는 어떤 경우에도 할 수 없다.

헌법재판소의 조직

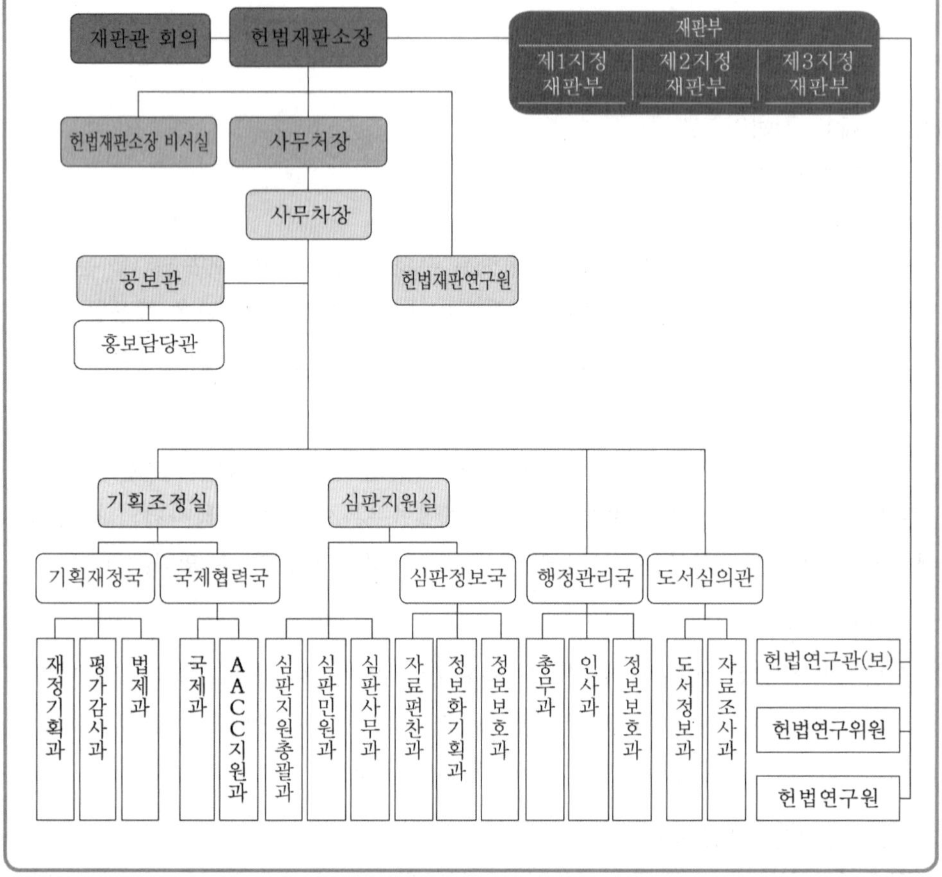

사무처의 공무원은 헌법재판소장이 임면한다. 다만, 3급 이상의 공무원의 경우에는 재판관회의의 의결을 거쳐야 한다(동법 §18④). 헌법재판소장은 다른 국가기관에 대하여 그 소속공무원을 사무처 공무원으로 근무하게 하기 위하여 헌법재판소에의 파견근무를 요청할 수 있다(동조 ⑤).

[595] 제5 헌법재판연구원

헌법 및 헌법재판 연구와 헌법연구관, 사무처 공무원 등의 교육을 위하여 헌법재판소에 헌법재판연구원을 둔다(헌재법 §19의4①). 헌법재판연구원의 정원은 원장 1명을 포함하여 40명 이내로 하고(동조 ②), 원장은 헌법재판소장이 재판관회의의 의결을 거쳐 헌법연구관으로 보하거나 1급인 일반직국가공무원으로 임명한다(동조③).

제3절 헌법재판의 독립

[596] 제1 의 의

헌법재판의 독립이라 함은 헌법재판소가 행사하는 헌법재판권의 행사의 공정성과 중립성을 보장하기 위하여 헌법재판소의 업무수행을 헌법재판소 이외의 다른 국가기관으로부터 독립시키는 것을 말한다.

헌법재판의 독립은 「재판의 독립」, 「재판관의 독립」, 「헌법재판소의 독립」을 그 내용으로 하고 있다. 헌법재판의 독립에서도 가장 중요한 요소는 재판의 독립이다. 재판관의 독립과 헌법재판소의 독립은 헌법재판에 있어 재판의 독립을 달성하기 위해 필수불가결하게 요구되는 조건이다. 재판의 독립은 헌법재판의 독립에서 핵심을 이루기 때문에 아무리 재판관의 독립과 헌법재판소의 독립이 이루어져 있다고 하더라도 재판의 독립을 이룰 수 없으면 헌법재판의 독립은 달성할 수 없다.

헌법은 법원의 편에서 정하고 있는 제103조와 같은 명문의 규정을 두고 있지 않으나 헌법재판의 독립은 헌법이 정하고 있는 헌법재판의 본질에서 당연히 도출되는 헌법원리이다. 헌법재판소법은 이를 명문화하여 「재판관은 헌법과 법률에 의하여 양심에 따라 독립하여 심판한다」라고 정하고 있다(헌재법 §4).

독립된 헌법재판기관에 의해 수행되는 형태의 헌법재판은 20세기 후반 전지구적으로 퍼져나간 「전지구적 민주화」(global democratization)에 따른 「새로운 민주주의」(new democracy)의 중심적이고 보편적인 내용을 이루고 있는데, 이런 헌법재판기관이 관장하는 헌법재판에 있어 헌법재판의 독립은 현대 헌법국가와 자유민주주의체제의 징표적 요소를 이루고 있다. 우리 헌법은 헌법재판의 독립을 실현하기 위하여 헌법 제111조가 정하는 헌법재판권을 재판관으로 구성하는 헌법재판소에만 속하게 하여(헌법 §111①) 국회, 행정부, 법원으로부터 헌법재판권의 독점을 구현하고, 헌법재판소와 재판관이 이들 국가기관으로부터 독립되어 있음을 명문화하고 있다. 헌법재판소의 조직도 국회가 제정하는 법률로 정하도록 하여(헌법 §113③) 행정부나 법원의 간섭을 배제하고 있고, 헌법기관인 헌법재판소에게 자율입법권인 규칙제정권을 보장하여 헌법재판소의 자율성을 보장하고 있다(헌법 §113②). 동시에 헌법은 재판관의 임기를 정하고 법률이 정하는 바에 따라 연임을 정하고(헌법 §112),

재판관의 자격을 명시하고 있으며(헌법 §111②), 재판관의 정치적 중립(헌법 §112②)과 신분(헌법 §112③)도 두텁게 보장하고 있다.

[597] 제2 재판의 독립

Ⅰ. 개 념

헌법재판소의 재판관은 헌법재판에 영향을 줄 수 있는 어떠한 영향력으로부터도 독립하여 재판하여야 한다. 재판관은 오로지 헌법과 법률에 의하여 직무상의 양심에 따라 독립하여 심판한다(헌재법 §4). 헌법재판이 정치적 성질을 지니고 있다고 하더라도 정치적인 파당성을 띠거나 정치적인 영향을 받아 심리·결정되어서는 안 된다.

헌법재판의 독립에 대하여 헌법재판소법 제4조는「재판관은 헌법과 법률에 의하여 양심에 따라 독립하여 심판한다」라고 정하고 있다. 그러나 이 내용이 헌법에는 명시적으로 규정되어 있지 않다. 그 사항의 성질이 헌법적 사항이라는 점(실질적 의미의 헌법)과「법관은 헌법과 법률에 의하여 그 양심에 따라 독립하여 심판한다」라고 법관의 독립에 대하여 정하고 있는 헌법 제103조의 규정에 비추어 볼 때, 헌법재판의 독립에 관한 규정도 헌법에 명시하는 것이 타당하다. 1987년의 헌법개정시 발생한 헌법입법(constitution-making)에서의 불비이다. 물론「양심에 따라」라는 말은 재판관이든 법관의 경우이든 이를 삭제하는 것이 헌법 제19조의 양심의 자유와 관련하여 혼동을 피할 수 있다([562] Ⅱ(2)).

Ⅱ. 내 용

헌법재판에서의 재판의 독립은 헌법과 법률에 의한 재판, 재판관의 양심에 의한 재판, 외부적 힘으로부터의 독립된 재판을 그 내용으로 한다.

(1) 헌법과 법률에 의한 재판

헌법재판소법 제4조가 정하고 있는 바에 따라, 헌법재판소의 재판관은 헌법재판을 함에 있어서는 헌법과 법률에 의하여 재판하여야 한다.

(a) 헌법과 법률에의 구속

헌법재판소 재판관은 헌법재판을 함에 있어 오로지 헌법과 법률에 따라 재판하기 때문에(헌재법 §4), 명령, 규칙, 처분 등에는 구속되지 않는다. 여기서 말하는「헌법」이란 재판의 규준이 되는 헌법규정과 헌법재판의 근거, 절차 등에 관하여 정하고 있는 헌법규정을 뜻한다. 재판관은 어떤 경우에도 헌법재판의 심판규준이 되는 헌법의 내용을 법률로 대체하여 재판할 수 없다. 헌법재판에서「법률」은 원칙적으로 헌법재판의 규준이 되지 못하지만, 탄핵심판이나 권한쟁의심판에서는 법률의 규정이 심판의 규준으로 적용되는 때가 있다. 헌법재판의 각종의 심판은 이의 구체적인 내용과 절차를 정하고 있는 법률(대표적인 예: 헌법재판소법)에 따라 행해져야 한다. 이런 범위 내에서 재판관은 법률이 정하는 절차와 내용에 따라 헌법재판을 행한다.

(b) 헌법과 법률의 해석 · 적용상의 한계

헌법과 법률에 따라 재판을 한다고 할 때에도 헌법과 법률의 해석과 적용에서 재판관이 어느 정도의 권한을 가지는가 하는 것이 문제가 된다. 실정 헌법을 가지고 있는 이상 헌법제정권자가 정한 범위를 넘어선 해석은 헌법개정에 해당하는 것이어서 헌법해석의 한계를 벗어난 것이라고 할 것이다. 따라서 재판관은 헌법과 법률에 따라 재판을 하는 경우에도 헌법과 법률의 해석의 한계를 벗어나지 않아야 한다는 한계를 지니고 있다.

(c) 합헌인 법률의 적용

재판관이 헌법과 법률에 따라 재판을 하는 경우에도 위헌인 법률을 적용하여 재판하는 것은 헌법재판의 본질에 어긋난다. 헌법재판에서도 법률에 의한 재판이라고 함은 합헌인 법률에 의한 재판을 의미한다. 헌법재판의 절차와 관련하여 어떤 법률이나 법률조항의 위헌여부가 문제되는 경우에는 헌법재판소가 선결적으로 먼저 위헌인 법률이나 법률조항을 제거하고 재판하여야 한다.

(2) 재판관의 양심에 의한 재판

헌법재판소법 제4조가 정하고 있는 바에 따라, 헌법재판소 재판관은 헌법재판을 함에 있어서는 양심에 따라 재판하여야 한다.

(a) 양심의 의미

재판관이 양심에 따라 재판을 한다고 하는 의미는 재판관이 개인적으로 지니는 주관적인 양심의 자유가 아니라 재판업무를 공정하게 수행하면서 헌법의 인식 · 적용에서 정확성을 확보하는 객관적인 재판의 주체인 「재판관으로서의 양심」을 의미한다. 따라서 재판관은 자신이 신봉하는 주관적인 인간관, 세계관, 사회관, 종교관, 신념에 입각하여 자신의 주관적 세계의 명령에 따라 재판할 것이 아니라 헌법재판의 본질을 직시하고 해당 사안을 객관적이고 합리적으로 해결하기에 가장 적합한 법인식을 얻을 수 있게 하는, 직무수행에서 요구되는 「직무상의 양심」의 명령에 따라 재판하여야 한다([562] II(2)). 지배적인 학설이다.

(b) 「직무상 양심」의 우선

재판관이 재판을 함에 있어 자신의 주관적이고 개인적인 양심과 직무상의 양심이 충돌하는 경우에는 자신의 개인적인 양심에 따를 것이 아니라 직무상의 양심에 따라야 한다. 이런 점에서 재판관이 재판을 함에 있어 헌법 제19조에 의해 보장받는 양심과 헌법재판소법 제4조에 의해 요구되는 양심이 충돌하는 경우에는 전자를 후퇴시켜야 한다. 재판관은 재판을 함에 있어 헌법 제19조의 양심과 직무상의 양심이 충돌하는 경우에는 헌법 제19조에서 정하고 있는 양심의 자유를 주장할 수 없다([210] I (2)(c)).

(3) 외부적 힘으로부터 독립된 재판

헌법재판의 독립을 실현하는 데는 재판을 수행하는 재판관이 재판관 이외의 외부의 힘으로부터 독립되어야 한다.

(a) 소송당사자 등으로부터의 독립

재판의 독립이 이루어지기 위해서는 재판관은 헌법재판의 각종 심판에서 당사자나 이해관계인 또는 참고인 등으로부터 독립하여 제3자의 지위에서 재판하여야 한다. 소송당사자 등으로부터의 독립은 재판관의 당사자 등에 대한 불편부당성을 확보하여 재판의 공정성을 실현하기 위한 것이다. 재판관의 제척 · 기피 · 회피제도는 소송당사자로부터 재판의 독립을 보장하는데 기여한다(헌재법 §24).

(b) 다른 국가기관으로부터의 독립

재판의 독립은 헌법재판소 이외의 다른 국가기관으로부터의 독립을 요구한다. 국회, 행정부, 법원, 중앙선거관리위원회 등 국가기관은 법이 인정하는 범위에서 심판절차상 의견을 제출할 수는 있으나, 헌법재판소의 재판에 개입할 수 없다.

(i) 국회로부터의 독립 헌법재판의 독립상 국회는 헌법재판소의 재판에 관여할 수 없다. 국회의원이 재판관을 겸하는 것은 허용되지 않는다(헌재법 §14 i). 헌법재판소의 권한에 대해서는 헌법이 직접 정하고 있으므로 국회는 법률로써 헌법재판소의 권한을 폐지하거나 변경할 수 없다.

국회가 헌법재판소에 대하여 국정감사나 국정조사를 하는 경우에도 헌법재판소의 재판 자체에 대해서는 간섭할 수 없다. 그러나 헌법재판소에 재판이 계속 중인 사건과 관련해서는 재판에 간섭하거나 관여할 목적이 아니고 실체를 밝히기 위하여 따로 병행하여 해당 사건에 대하여 국정조사를 할 수 있고, 국정조사에 필요한 범위 내에서는 재판기록상의 자료를 조사하는 것도 가능하다(병행조사). 헌법재판소의 재판에 영향을 줄 목적으로 국회 또는 국회의원의 명의로 사건에 관한 견해를 미리 표명하거나 국회의원이 국민을 선동하거나 여론을 조작·조성하여 사건을 일정한 방향으로 유도하는 것은 재판의 독립을 침해하는 위법행위이다.

재판을 진행하고 있는 재판관에 대하여 국회가 탄핵소추를 하는 것은 재판의 독립에 배치되지 않는다. 재판관이 재판을 진행하고 있다고 하더라도 직무와 관련하여 헌법과 법률을 위반한 경우에는 국회가 탄핵소추를 해야 헌법을 수호하고 헌법재판의 공정성과 합법성을 확보할 수 있기 때문이다. 헌법재판 중에 재판관에 대한 탄핵소추가 있는 경우에는 탄핵심판사건부터 먼저 처리하여야 한다.

(ii) 행정부로부터의 독립　재판의 독립은 행정부가 헌법재판소의 재판에 간섭하는 것을 금지한다. 행정기관이 소송당사자이거나 의견을 제출할 수 있을 때에는 그 지위에서만 소송절차에 참여할 수 있을 뿐이다.

헌법재판소장의 임명에 있어서 국회의 동의나 대통령의 임명은 헌법재판에 간접적으로 영향을 줄 수 있다. 재판관의 연임에 있어서 국회가 선출절차에서 과거 특정 재판에서 표시한 해당 재판관의 의견에 대하여 간섭을 하고 공격을 하는 것은 타당하지 않다. 대통령이 국회가 선출하거나 대법원장이 지명한 인사에 대하여 그가 표시한 과거의 재판상의 의견을 들어 재판관의 임명을 거부하는 것도 대통령의 재판관임명권의 남용에 해당한다. 대통령의 이러한 권한남용에 대해서는 강력히 통제하여야 한다. 국회나 대통령의 이러한 행위를 허용하게 되면 재판관이 되고자 하는 사람을 미리 국회나 대통령의 기호에 합치되도록 길들이는 것을 용인하는 것이 된다. 이런 점에서 재판관의 임명에 대한 현재의 방식에 관하여는 재검토가 필요하다.

(iii) 법원 등으로부터의 독립　법원은 헌법재판소의 재판에 관여할 수 없다. 권한쟁의심판이나 헌법소원심판(예: 재판 또는 재판지연에 대한 헌법소원심판)에서 법원이 당사자로 참여할 수 있으나 헌법재판소의 재판에는 관여할 수 없다. 헌법재판소 재판관은 법원의 공무원의 직을 겸할 수 없다(헌재법 §14 ii).

(iv) 헌법재판소 내부로부터의 독립　재판관은 헌법재판을 함에 있어서 헌법재판소 내부의 다른 재판관으로부터도 독립된다. 재판관은 재판의 결론에 관하여 평의에서 논의를 하지만, 재판관 각자가 의견을 형성하고 표시함에 있어 서로 간섭할 수 없다.

재판에서 「헌법재판소의 의견」과 달리 하는 재판관의 개별의견을 따로 표시하게 할 것인가 하는 것은 법률정책적인 문제인데, 현행법상 심판에 관여한 재판관은 결정서에 의견을 표시하여야 한다(헌재법 §36③). 이러한 개별의견의 표시는 재판의 독립을 보장하는 데 기여한다.

(v) 사회세력 등으로부터의 독립　헌법재판에서도 재판의 독립을 실현하기 위해서는

재판이 정치세력이나 각종의 사회세력으로부터 독립하여 행해져야 한다. 이는 법원의 재판의 경우와 동일하다([562] II (3)(e)).

[598] 제3 재판관의 독립

I. 개 념

재판관의 독립이란 헌법재판권을 행사하는 주체인 재판관이 재판업무를 공정하게 수행할 수 있도록 하기 위하여 외부의 영향력으로부터 독립되어야 한다는 것을 말한다. 헌법재판이 독립성을 확보함에 있어서는 재판업무를 수행하는 재판관의 신분이 다른 국가기관이나 외부의 간섭으로부터 독립되어 있을 것이 불가결의 요건이다.

헌법은 재판관의 독립을 보장하기 위하여 재판관의 재판에 대한 책임면제, 자격의 법정주의, 임기와 정년의 보장, 정치적 중립의 보장, 신분의 보장을 정하고 있다.

II. 내 용

(1) 재판에 대한 책임면제

헌법재판소 재판관이 헌법과 법률에 따라 적법하게 재판을 한 이상 그 재판의 결과에 대하여 어떠한 책임도 지지 아니한다. 이를 재판에 대한 책임면제라고 한다.

(2) 재판관 자격의 법정주의

헌법재판의 독립성과 전문성을 확보함에 있어서 재판업무를 수행하는 재판관은 그에 합당한 능력, 지식, 소양, 경륜 등을 갖추어야 한다. 따라서 재판관에게는 그 직무에 적합한 일정한 자격이 필수적으로 요구된다. 일정한 자격을 가진 자만 재판관이 될 수 있게 하는 것은 국회, 행정부, 법원으로부터 재판관의 독립을 유지하게 해준다. 이와 같이 재판관의 자격제도는 재판관의 독립을 유지하는데 필수적이다.

헌법은 재판관의 자격으로 법관의 자격을 가질 것을 요구하고 있고(헌법 §111②), 헌법재판소법은 헌법재판소 재판관의 경우 15년 이상 i) 판사 · 검사 · 변호사, ii) 변호사의 자격이 있는 사람으로서 국가기관, 국 · 공영기업체, 「공공기관의 운영에 관한 법률」 제4조에 따른 공공기관 또는 그 밖의 법인에서 법률에 관한 사무에 종사한 사람, iii) 변호사의 자격이 있는 사람으로서 공인된 대학의 법률학 조교수 이상의 직에 있었던 사람일 것과 그와 동시에 나이가 40세 이상일 것을 자격요건으로 정하고 있다(헌재법 §5①).

재판관의 임명에는 헌법과 법률이 정하고 있는 일정한 자격과 요건이 요구되므로(동조 ②), 이러한 자격과 요건을 갖추지 못한 자가 재판관으로 임명된 경우에는 당연히 그 임명은 무효이고 해임된다.

(3) 재판관의 임기와 정년

헌법재판소 재판관의 임기는 6년이며, 법률이 정하는 바에 의하여 연임할 수 있다(헌법 §112①). 헌법재판소장에 대해서는 따로 연임을 금지하는 규정이 없으므로 헌법재판소장도 연임할 수 있다(중임이 금지된 대법원장의 경우와 차이가 있다). 헌법에서는 정하고 있지 않지만, 헌법재판소법은 재판관의 정년을 헌법재판소장의 정년과 차등 없이 70세로 정하고 있다(헌재법 §7②).

우리나라는 헌법재판소 재판관의 경우 임기제도와 정년제도를 동시에 두는 방식을 통하여 재판관의 독립을 보장하는 동시에 헌법재판의 신진대사를 원활하게 하고 헌법재판의 책임성을 보장하고 있다.

(a) 임 기

공직의 근무에서 임기제도란 법률이 정하는 사유가 없는 한 임기 동안 그 직에서 해임되지 않는다는 것을 말한다. 헌법재판소 재판관에 대하여 임기를 두는 것은 임기 동안에 재판관의 신분적 변동이 없게 하여 재판관의 독립을 보장하는 동시에 일정한 기간 이후 헌법재판소의 구성을 변경하여 헌법재판이 가지는 책임성을 실현하고 헌법재판에서의 신진대사를 원활하게 한다.

재판관이 그 업무를 수행함에 있어 법이 정하는 사유가 없는 한 임기 동안에는 그 직에서 해임되지 않도록 하는 것은 외부의 힘으로부터 재판관의 독립을 보장하는데 있어 중요한 기여를 한다. 이와 동시에 재판관의 임기제도는 일정한 기간마다 재판관으로서 적합성을 가지지 않는 자를 재판관의 직에서 배제시키는 기능도 하고, 새로운 인물을 충원하는 기능도 한다. 이는 헌법재판이 가지는 민주주의적 책임성을 실현하는 기능이다. 이처럼 임기제도는 재판관의 독립을 보장하고, 헌법재판의 전문성 · 공정성 · 민주성 · 책임성을 실현시키는데 기여한다.

헌법재판소 재판관을 연임할 수 있게 하는 것은 헌법재판의 계속성을 유지하는데 기여하는 면도 있으나, 헌법재판소의 독립에 영향을 미칠 수 있다. 연임(連任 renewable term)의 방식은 연임하고자 하는 재판관으로 하여금 정치적으로 고려하게 할 여지를 만들어 주고, 이로 인하여 헌법재판에서 국회, 대통령, 정당, 대법원장 등의 의사와 이해관계 등을 고려하게 만들 위험이 있으며, 연임하는 수가 많은 경우에는 헌법재판의 신진대사를 저해하고 책임성을 약화시킬 우려가 있다.

헌법재판에서 독립성과 책임성간에 균형을 유지하며 이를 조화롭게 실현하는 방안으로는 임기(예: 9년 또는 12년)를 두되, 재판관을 1/3씩 교체하고, 연임을 금지하는 방안이 적합성에서 우월하다고 보인다. 스페인에서는 재판관의 임기는 9년이고 3년마다 1/3씩 교체하며,

연임은 허용하지 않고 있다. 이탈리아에서는 재판관의 임기는 9년이고, 연임을 금지하고 있다. 독일에서는 연방헌법재판소 재판관은 임기가 12년이고, 연임이 금지되어 있는데, 이에 대해서는 헌법재판의 독립성과 책임성을 보장하기 위한 것이라고 본다. 재판관의 정년은 68세이다. 오스트리아에서는 헌법재판소 재판관은 임기가 없이 70세를 정년으로 재직한다. 재판관의 신분을 보장하는 다른 방법으로는 재판관직을 종신직으로 할 수 있다. 예컨대 미합중국의 연방최고법원(U.S. Supreme Court)의 재판관은 임기가 없다. 그런데 종신제는 재판관의 신분보장에서는 임기제도보다 강화된 것이지만, 헌법재판에서의 신진대사를 저해하고 책임성을 약화시키는 요인이 된다.

(b) 정　　년

재판관의 정년제도는 재판관이 일정한 연령에 이르면 퇴직하게 하는 제도이다. 이는 헌법재판소의 노화를 방지하고 신진대사를 촉진하는 기능을 한다. 임기제도가 없이 정년제도만 두는 경우에는 재판관은 법이 정하는 사유가 없는 한 정년까지 재직여부에 영향을 받지 않을 수 있어 재판관의 독립이 강하게 보장되지만, 종신제와 유사하게 헌법재판의 노화를 초래하고 책임성을 약화시키는 요인이 되기도 한다.

(4) 재판관의 신분보장

재판관의 독립은 재판관의 신분을 보장함을 통해서도 보장된다.

(a) 파면의 제한

재판관의 신분을 보장하기 위하여 헌법은 탄핵 또는 금고 이상의 형의 선고에 의하지 아니하고는 재판관을 파면할 수 없도록 정하고 있다(헌법 §112③).

재판관에 대한 탄핵은 권력통제의 기능을 가지는 동시에 신분보장의 기능도 가진다. 헌법재판소 재판관에 대한 탄핵여부는 헌법재판소가 스스로 심판하는데, 재판의 성격상 불가피한 방법이다.

(b) 불리한 처분 등의 금지

헌법이나 헌법재판소법이 적극적으로 정하고 있지는 않지만, 이에 관하여 아무런 규정을 두고 있지 않으므로 당연히 헌법재판소의 재판관은 직무와 관련하여 일체의 불리한 처분을 받지 아니하고, 어떠한 경우에도 재판관을 강제로 휴직하게 할 수 없다.

(c) 강제퇴직의 제한

헌법에는 재판관의 강제퇴직에 관한 규정이 없다(법관의 경우 헌법 §106②이 있는 것과 차이가 있다). 따라서 헌법재판소의 재판관에 대해서는 원칙적으로 강제로 퇴직하게 할 수 없다고 할 것이다.

헌법재판소 재판관에 대한 강제퇴직의 문제에 있어서는 재판관이 중대한 심신상의 장해로 인하여 직무를 수행할 수 없는 경우가 문제가 된다. 이 경우에는 우선적으로 재판관이 사임하는 방법으로 해결하지만, 재판관이 사임하기를 거부하는 경우에는 재판업무의 성질에 비추어 볼 때 헌법 제106조 제2항을 유추하여 예외적으로 임명권자인 대통령이 퇴직하게 할 수 있다고 할 것이다. 이에 관하여는 헌법의 개정이 있을 때까지는 헌법재판소법에 명시적으로 정해두는 것이 필요하다.

⑸ 재판관의 지위의 존중과 보수

재판관의 신분보장에 있어서는 헌법재판소의 장이나 재판관의 지위에 적합한 대우를 하여 신분보장을 실질화하는 것이 필요하다. 헌법재판소가 국회, 정부, 대법원과 동렬의 헌법기관이라면 헌법재판소장과 재판관도 이에 상응하게 대우하는 것이 신분보장을 실질화할 수 있다. 헌법재판소법은 헌법재판소장의 대우와 보수는 대법원장의 예에 따르며, 재판관은 정무직으로 하고, 그 대우와 보수는 대법관의 예에 따른다고 정하고 있다(헌재법 §15). 재판관의 보수에 관한 예산을 국회 또는 행정부가 합리적인 이유가 없이 고의적으로 삭감하거나 동결하는 조치는 재판관의 독립을 침해하는 것이어서 헌법에 위반된다.

⑹ 행위의 제한

재판관의 독립을 보장하기 위하여 재판관에게는 재판에 영향을 미칠 다른 공직을 맡거나 영리행위 또는 정치적·사회적 활동을 하는 것을 금지하는 것이 필요하다. 헌법재판을 함에 있어서 이해관계의 충돌(conflict of interest)을 회피하고 정치적·국가적·사회적 영향력을 배제하여 헌법재판의 공정성을 보장하여야 하기 때문이다.

(a) 겸직의 제한

헌법재판소법 등은 재판관이 i) 국회 또는 지방의회의 의원의 직, ii) 국회·정부 또는 법원의 공무원의 직, iii) 법인·단체 등의 고문·임원 또는 직원의 직을 겸하는 것을 금지하고 있다(헌재법 §14; 지자법 §35① ii). 지방자치단체의 장도 겸직할 수 없다(지자법 §96① i). 재판관이 국회의원선거의 후보자가 되고자 하는 경우에는 지역구 국회의원 선거일 전 90일까지 그 직을 그만두어야 하고, 비례대표국회의원선거나 비례대표지방의회의원선거 및 보궐선거 등에서 후보자가 되고자 하는 경우에는 후보자등록신청 전까지 그 직을 그만두어야 한다(공선법 §53①,②).

이러한 것은 헌법재판의 공정성과 정치적 중립성을 보장하여 헌법재판의 독립을 실현하기 위한 것이다.

헌법재판소 재판관의 겸직제한은 헌법재판의 독립과 관련이 없는 부분에는 적용되지 않는다. 따라서 헌법재판을 보다 성숙시키고 발전시킬 수 있는 직은 재판관이 겸직할 수 있다. 따라서 헌법재판소법에서 정하고 있는 직 이외의 직은 겸직할 수 있다. 다만, 헌법재판소법에서 겸직을 금지하고 있지는 않지만 사실상 헌법재판의 공정성과 권위에 좋지 않는 영향을 줄 우려가 있는 직은 맡지 않는 것이 바람직하다. 대학교수의 직은 겸직할 수 있다. 이론과 실무 간의 대화와 상호영향은 헌법재판의 설득력과 발전 등에 기여할 수 있으므로 헌법재판소 재판관과 대학교수를 겸직하게 하는 것은 바람직하다고 보인다. 독일의 경우에 연방헌법재판소법은 연방헌법재판소 재판관이 다른 직을 겸직할 수 없도록 정하고 있으나, 대학교수의 직은 겸할 수 있게 하고 있다.

(b) 파견근무의 금지

헌법재판의 공정성과 정당한 권위를 확보해야 하는 점에서 볼 때, 헌법재판소의 재판관은 다른 국가기관에 파견되어 근무할 수 없다. 파견근무의 금지를 정하고 있는 명시적인 규정은 없지만, 국가의 작용과 헌법재판의 기능에 비추어 보면 헌법재판소의 재판관이 다른 국가기관에 파견되어 근무해야 할 여지가 존재하지 않는다.

(c) 정치에의 관여 금지

헌법 제112조 제2항이 재판관으로 하여금 정당에 가입하거나 정치에 관여하는 것을 금지하고 있는 것도 헌법재판이 정치적인 영향을 받는 것을 방지하고 정치적 중립성을 보장하는 데에 기여한다. 헌법재판소법도 이를 명시하고 있다(헌재법 §9).

(d) 영리행위의 금지

헌법재판소의 재판관은 영리를 목적으로 하는 사업을 영위할 수 없다(헌재법 §14). 영리를 목적으로 하는 이상 일체의 사업행위가 금지된다. 일상적인 재산증식행위(예: 저축, 주식투자 등)는 금지되지 않는다. 이러한 영리행위의 금지는 재판관의 가족, 친척, 인척에게는 미치지 않는다.

[599] 제4 헌법재판소의 독립

Ⅰ. 개 념

헌법재판소의 독립이란 헌법재판의 독립을 유지하기 위하여 헌법재판소의 구성이나 조직·운영에서 외부로부터의 독립을 유지하는 것을 말한다. 헌법재판소의 독립은 권력분립의 당연한 내용을 이루는 것으로 법원의 독립과 마찬가지로 다른 국가기관으로부터의 독립이 핵심을 이룬다.

헌법 제111조 제1항에서 헌법재판소의 관장사항을 명시적으로 정하고 있는 것에는 헌법재판소의 권한, 조직, 운영이 다른 국가기관으로부터 독립되어 있다는 내용을 포함하고 있다.

II. 내 용

(1) 헌법재판소 구성에서의 독립

헌법재판소의 독립은 헌법재판소 구성에서의 독립을 포함하고 있다. 헌법재판소는 원칙적으로 법원, 국회, 행정부로부터 독립되어 구성되어야 재판의 공정성을 확보할 수 있다. 이렇기 때문에 헌법재판의 독립이라는 법리로부터 헌법재판소의 독립이 도출된다.

(a) 국회로부터의 독립

헌법재판소의 독립이 보장되려면 그 구성에 있어 국회로부터도 독립되는 것이 바람직하다. 그러나 헌법은 9인의 재판관 가운데 3인에 대해서는 국회에서 선출한 자를 대통령이 임명하게 정하고 있고, 헌법재판소장을 포함한 헌법재판의 재판관 전부에 대해서는 국회에서 인사청문을 하게 하고 있으므로 이 한도 내에서 국회는 헌법재판소의 구성에 관여하고 있다.

> 헌법재판소의 구성에서 이러한 국회의 관여가 인정된다고 하더라도 이런 관여가 헌법재판의 독립에 어떠한 제약도 야기하지 않도록 하는 것이 필요하다. 국회에서의 선출절차나 인사청문도 헌법재판소의 기능 및 독립과 부합하는 것이어야 한다. 따라서 국회가 헌법재판소장의 임명에 대한 동의절차나 3인의 재판관의 선출절차 및 재판관 전원에 대한 인사청문절차에서 해당 인물의 해당 직에의 적합성을 객관적으로 판단하지 않고 헌법재판소 재판관을 길들이거나 헌법재판소에 대하여 국회의 지배권을 형성하려는 목적으로 이런 절차를 이용하는 것은 허용되지 않는다.

(b) 행정부로부터의 독립

헌법재판소의 독립은 그 구성에서 행정부로부터의 독립도 포함하고 있다. 따라서 행정부는 헌법재판소의 구성에 관여할 수 없고, 어떠한 공무원도 재판관을 겸할 수 없다. 다만, 헌법은 헌법재판소장과 재판관을 대통령이 임명한다고 정하고 있어(헌법 §111 ②,④) 이 범위 내에서 대통령은 헌법재판소의 구성에 관여한다. 헌법정책적으로는 헌법재판소의 구성에 대통령이 관여할 수 없게 하는 방식으로 헌법을 개정하는 것을 고려할 수 있다.

(c) 법원으로부터의 독립

헌법재판소의 독립은 그 구성에서 법원으로부터도 독립하는 것이 타당하다. 이에 따라 법원의 법관은 헌법재판소의 재판관을 겸직할 수 없다. 다만 헌법은 9인의 재판관 가운데 3인의 재판관에 대해서는 대법원장이 지명하므로 이 범위 내에서 대법원장은 헌법재판소의 구성에 관여한다. 이러한 방식은 문제가 많다. 헌법정책적으로 재검토를 요한다.

(2) 헌법재판소의 조직 · 운영에서의 독립

헌법재판소의 독립은 헌법재판소의 조직 · 운영에서의 독립을 그 내용으로 한다. 헌법재판소의 조직과 운영에서 다른 국가기관이 간섭하거나 관여하면 해당 국가기관의 권력적 영향력이 헌법재판소에 미치게 되어 헌법재판의 공정성을 확보하기 어렵게 된다.

(a) 헌법재판소의 조직과 운영의 법률주의

헌법은 헌법재판소의 조직과 운영에서의 독립을 보장하기 위하여 「헌법재판소의 조직과 운영 기타 필요한 사항은 법률로 정한다」고 하여(헌법 §113③), 헌법재판소의 조직에서 법률주의를 취하고 있다. 이는 행정부의 행정행위로 인한 헌법재판소에의 간섭을 배제하는 것이다. 헌법재판소가 가지는 자율규칙제정권도 법률에 저촉하지 아니하는 범위 안에서 인정된다(헌법 §113②).

(b) 규칙제정권

헌법재판소는 국회, 대법원과 같이 자신의 사무처리에 관하여 자율적으로 규칙을 정하는 권한을 가진다(헌법 §113②; 헌재법 §10①). 이러한 규칙제정권은 헌법에 의하여 헌법재판소에 부여된 것이기 때문에 따로 근거법률을 필요로 하지 않는다. 이에 의하여 제정되는 규칙을 헌법재판소규칙이라고 하는데, 헌법재판소규칙은 관보에 게재하여 이를 공포한다(동조 ②).

헌법재판소의 자율적인 규칙제정권은 헌법재판소의 직무와 행정의 독립을 보장한다. 따라서 헌법재판소는 직무의 수행에 있어서 원칙적으로 어느 기관으로부터도 감독을 받지 않는다. 헌법재판소장은 헌법재판소에 소속하는 공무원을 임명하거나 면직하는 권한을 가지며, 헌법재판소에 소속한 공무원의 최고 상관으로서 헌법재판소 소속 공무원에 대해 직무상 지시와 감독을 하는 권한을 가진다(헌재법 §12③).

(c) 입법의견의 제출

헌법재판소의 조직은 국회가 제정하는 법률에 의해서만 정해지므로 국회 이외의 다른 어떠한 국가기관도 헌법재판소의 조직에 관여하는 행위를 할 수 없다. 국회가 헌법재판소의 조직이나 운영 등에 관하여 입법권을 가진다고 하더라도 이런 국회의 입법권이 헌법재판소의 기능을 변질시키는 것이 되어서는 안 된다. 그래서 헌법재판소법은,

헌법재판소장이 헌법재판소의 조직 · 인사 · 운영 · 심판절차와 그 밖에 헌법재판소의 업무와 관련된 법률의 제정 또는 개정이 필요하다고 인정하는 경우에는 그로 하여금 국회에 서면으로 그 의견을 제출할 수 있도록 정하고 있다(헌재법 §10의2). 이는 헌법재판소의 조직과 활동이 국회에 종속되는 것을 방지하고 헌법재판소의 독립을 보장하기 위한 것이다.

Ⅲ. 한 계

헌법재판소의 독립에는 실정법상 또는 법리상의 한계가 있다.

(1) 헌법재판소 구성상의 한계

헌법은 헌법재판소장을 국회의 동의를 거쳐 대통령이 임명하게 하고 있고, 9인의 재판관 가운데 3인은 국회에서 선출하게 하고 3인은 대법원장이 지명하게 하여 대통령이 임명하도록 하고 있으므로 헌법재판소의 구성상의 독립에서는 이러한 헌법상의 한계가 있다.

이러한 것은 현행 실정법상의 한계인데, 헌법정책적으로는 헌법재판소의 구성방식에 있어 헌법재판의 독립에 합치하는 보다 적합하고 타당한 방법을 고안할 수 있고 헌법을 개정하여 이를 변경할 수 있다.

(2) 예산편성상의 한계

헌법에 의할 때, 헌법재판소의 예산은 행정부가 편성하고, 국회가 심의 · 확정한다. 이러한 범위에서 헌법재판소의 운영에 필요한 예산에 있어서 독립은 인정되지 않는다.

그런데 행정부가 헌법재판소의 예산을 편성하는 점을 이용하여 행정부나 대통령이 헌법재판소에 대하여 영향력을 행하려고 한다든지 국회가 헌법재판소의 재판을 통제하기 위하여 헌법재판소의 예산을 삭감하는 것은 권한의 남용에 해당한다. 법률의 위헌여부심판, 탄핵심판, 권한쟁의심판, 정당해산심판 등에서 헌법재판소와 국회는 의견을 달리 할 가능성이 상존하므로 헌법재판소의 결정이 국회의 정치적 의도와 합치하지 않을 때에는 예산을 통하여 헌법재판소를 통제할 가능성이 있다(우리 정치현실에서 이러한 일이 발생하고 있다).

헌법재판소의 독립을 충실히 실현하기 위해서는 법률이 정하는 일정한 예산편성의 원칙에 따라 헌법재판소가 스스로 예산을 편성하게 하는 것이 바람직하다. 헌법재판소법은 헌법재판소의 경비를 독립하여 국가의 예산에 계상하도록 하고 있고, 이 경비 중에는 예비금도 포함된다고 정하고 있다(헌재법 §11①,②).

(3) 권력통제상의 한계

헌법재판소의 독립이 헌법재판소의 구성과 운영에서의 독립을 의미하지만, 헌법재판행위도 권력작용이기 때문에 헌법재판권의 남용이 발생할 가능성은 항상 존재하고 있다. 따라서 헌법재판소의 권력남용에 대해서는 통제하는 장치가 필요하다. 이러한 권력통제상 필요한 범위에서 행해지는 행위는 헌법재판의 독립이나 헌법재판소의 독립을 침해하는 것이 아니다.

헌법재판소는 「국정감사 및 조사에 관한 법률」에 따라 국회에 의해 국정감사나 국정조사를 받는데, 이러한 것은 권력통제원리에 의하여 인정되는 것이므로 헌법재판소의 독립을 침해하는 것이 아니다. 헌법재판소에 대한 국회의 국정감사·조사는 헌법재판소의 권력남용을 통제하는 수단으로서 그 역할을 수행한다. 따라서 헌법재판소의 독립을 내세워 이러한 통제를 거부하지 못한다.

제 4 절 일반심판절차

[600] 제1 재판부의 구성

Ⅰ. 원 칙

헌법재판소의 심판은 헌법재판소법에 특별한 규정이 있는 경우를 제외하고는 재판관 전원으로 구성되는 「재판부」에서 관장한다(헌재법 §22①). 지정재판부와 구별하기 위해 강학상 「전원재판부」라고 부르기도 한다. 재판부는 재판의 주체이므로 똑같이 재판관 전원으로 구성되더라도 행정조직인 재판관회의(동법 §16)와 구별된다.

Ⅱ. 예 외

전원재판부의 예외로 헌법재판소법이 인정하는 것으로는 헌법재판소법 제68조 제1항의 헌법소원심판절차에서 사전심사를 담당하는 「지정재판부」(指定裁判部)가 있다. 지정재판부는 재판관 3명으로 구성되므로(헌재법 §72①), 헌법재판소에는 3개의 지정재판부가 구성된다.

지정재판부는 헌법소원심판절차에서 심판청구의 적법성을 심사하여(헌재법 §68①. 실무에서는 동법§68②에도 적용) 사건을 재판부로 회부할 것인가 아니면 청구를 각하할 것인가를 결정한다. 지정재판부가 전원의 일치된 의견으로 심판청구를 각하하지 아니하는 경우에는 결정으로 그 사건을 전원재판부에 회부하여야 한다. 헌법소원심판의 청구 후 30일이 지날 때까지 각하결정이 없는 때에는 심판에 회부하는 결정이 있는 것으로 본다(동법 §72④).

Ⅲ. 재판관의 배제

헌법재판소법이 인정하는 지정재판부 이외에 재판관 전원으로 구성되지 않는 예외적인 재판부의 구성으로는 재판관이 해당 재판에서 배제된 경우를 들 수 있다. 예컨대 재판관이 제척, 기피, 회피(헌재법 §24)로 재판에서 배제되거나 공무상의 출장 또는 휴가 등으로 배제된 경우가 이에 해당한다.

헌법재판소법은 기피의 경우 동일 당사자에 대하여 2명 이상의 재판관을 기피할 수 없다고 제한하고 있는데(헌재법 §24④), 이는 재판의 공정성이라는 측면에서 문제가 있다. 기피 대상의 재판관수를 제한할 것이 아니라 예비재판관제도(豫備裁判官制度)를 채택하여 문제를 해결하는 것이 보다 타당하다.

[601] 제2 심판정족수

Ⅰ. 심리정족수

헌법재판소의 재판부는 재판관 7명 이상의 출석으로 사건을 심리한다(헌재법 §23①). 헌법재판소법 제72조 제1항에 의해 구성되는 지정재판부는 항상 재판관 3명의 출석으로 사건을 심리한다.

Ⅱ. 결정정족수

(1) 단순다수결

헌법재판소의 재판부는 헌법재판소법에서 특별다수결로 정하고 있는 경우를 제외하고는 종국심리(終局審理)에 관여한 재판관의 과반수의 찬성으로 사건에 관한 결정을 한다(헌재법 §23②). 예컨대 권한쟁의심판에서는 과반수의 찬성으로 사건에 관한 결정을 한다. 가처분심판도 단순다수결에 의한다.

(2) 특별다수결

(a) 특별다수결의 경우

헌법재판소의 재판부가 i) 법률의 위헌결정을 하는 경우, ii) 탄핵의 결정을 하는 경우, iii) 정당해산의 결정을 하는 경우, iv) 헌법소원에 관한 인용결정을 하는 경우, v) 종전에 헌법재판소가 판시한 헌법 또는 법률의 해석적용에 관한 의견을 변경하는 경우에는 재판관 6명 이상의 찬성이 있어야 한다(헌법 §113①; 헌재법 §23②단서).

(b) 위헌결정 정족수의 계산 방법

위헌법률심판에서 단순위헌이라는 재판관수는 6인 미만이지만 한정합헌 또는 한정위헌이라는 재판관의 수와 합하여 6인 이상이 되는 경우에는 한정합헌 또는 한정위헌의 부분에서 일치하므로 이러한 일치하는 부분이 주문으로 선고된다고 보는 것이 헌법재판소의 판례이다(예: 憲 1992. 2. 25.-89헌가104). 또 헌법재판소는 위헌의견의 재판관수가 5인이고 헌법불합치의견의 재판관수가 2인인 경우에는 헌법불합치의 결정을 선고하고 있다(예: 憲 1997. 7. 16.-95헌가6 등; 2009. 9. 24.-2008헌가25).

> [憲 1992.2.25.-89헌가104] 「이 사건에 있어서 관여재판관의 평의의 결과는 단순합헌의견 3, 한정합헌의견 5, 전부위헌의견 1의 비율로 나타났는데, 한정합헌의견(5)은 질적인 일부위헌의견이기 때문에 전부위헌의견(1)도 일부위헌의견의 범위 내에서는 한정합헌의 의견과 견해를 같이 한 것이라 할 것이므로 이를 합산하면 헌법재판소법 제23조 제2항 제1호 소정의 위헌결정정족수(6)에 도달하였다고 할 것이며 그것이 주문의 의견이 되는 것이다.」

(c) 「위헌불선언」의 문제

위헌법률심판의 결정에서 재판관 6인 이상의 찬성이 없어서 위헌으로 선고할 수는 없지만 재판관 9인 중 과반수인 5인이 위헌이라는 의견을 낸 경우에 헌법재판소는 초기에 주문에서 「위헌불선언」으로 표시하였다(예: 憲 1989. 12. 22.-88헌가13; 1993. 5. 13.-90헌바22등; 1994. 6. 30.-92헌바23). 그러나 이후 헌법재판소는 「위헌불선언」이라는 주문을 택하지 않고 합헌결정의 주문으로 표시하고 있다(예: 憲 1996. 2. 16.-96헌가2 등; 1999. 7. 22.-98헌가3). 헌법재판소법 제68조 제1항에 의한 법률에 대한 헌법소원심판에서 위헌의견의 재판관수가 5인인 경우에도 헌법재판소는 청구기각의 주문을 표시한다(예: 憲 1997. 12. 24.-96헌마16).

[602] 제3 신청주의와 소송대리

Ⅰ. 신청주의

(1) 의 의

헌법재판소법은 헌법재판에서 신청주의를 정하고 있다(헌재법 §41①, §68②, §68①, §49②, §55, §61①). 즉 헌법재판은 심판청구에 의하여 개시된다. 헌법재판에서 심판청구가 있으면 헌법재판소는 이에 대하여 결정으로 응답할 법적인 의무를 진다.

(2) 심판의 청구

(a) 의 의

헌법재판에서 심판청구는 청구권자가 헌법재판소에 대해 일정한 내용의 심판을 구하는 신청이다.

(b) 방 식

헌법재판절차에서 심판청구는 서면주의(書面主義)와 도달주의(到達主義)에 의한 방식을 취하고 있다. 심판청구는 심판절차별로 정해진 청구서(전자문서 포함)를 헌법재판소에 제출함으로써 이루어진다. 다만, 위헌법률심판에 있어서는 법원의 제청서, 탄핵심판에서는 국회의 소추의결서(訴追議決書)의 정본(正本)으로 이에 갈음한다(헌재법 §26①, §76).

(c) 증거서류 등의 첨부

청구서에는 필요한 증거서류 또는 참고자료를 첨부할 수 있다(동조②).

(d) 청구서의 송달

헌법재판소가 청구서를 접수한 때에는 지체 없이 그 등본을 피청구기관 또는 피청구인에게 송달하여야 한다(헌재법 §27①).

(e) 심판청구의 보정

심판청구에 따라 사건이 접수되면 사건의 구분에 따라 사건부호가 달리 부여된다. 심판청구서가 접수되고, 주심 재판관이 청구서를 심사한 결과 부적법하다고 판단한 경우에, i) 보정할 수 있는 때에는 보정할 것을 요청하고, ii) 보정할 수 없는 때에는 부적법각하의 의견을 제출한다.

사건의 구분에 따른 사건부호

사건 부호	사건의 구분	사건 부호	사건의 구분
헌가	위헌법률심판사건	헌마	헌재법 §68① 헌법소원심판사건
헌나	탄핵심판사건	헌바	헌재법 §68② 헌법소원심판사건
헌다	정당해산심판사건	헌사	각종 신청사건
헌라	권한쟁의심판사건	헌아	각종 특별사건

(f) 심판청구의 취하

청구의 취하란 청구인이 헌법재판소에 대하여 한 심판청구의 전부 또는 일부를 철회하는 의사표시를 말한다.

헌법재판의 각종 심판절차에 대하여 심판청구의 취하가 허용되는지, 심판청구의 취하가 허용되더라도 그 효과가 제한되어 예외적으로 소송이 종료되지 않고 심판의 이익이 존재하는 경우가 있는지 등에 대하여 논란이 있다. 개별심판별로 살펴볼 필요가 있다(정종섭I, [43]). i) 위헌법률심판은 객관소송이므로 법원의 제청은 원칙적으로 철회할 수 없고 당해 사건의 전제가 된 법률의 개정 또는 폐지와 형사재판에서의 공소취소 등 예외적인 경우에 한하여 철회할 수 있다. ii) 탄핵심판에서 소추위원은 심판청구를 취하할 수 없다. 국회가 청구를 취하할 수 있는가에 대해서는 명시적인 규정이 없으므로 논란의 여지가 있다. iii) 정당해산심판절차에서 어떤 정당의 목적이나 활동이 민주적 기본질서에 위배되었다는 이유로 정부가 해산심판을 청구한 경우에는 청구상 현저한 잘못이 없는 한 사후에 그 심판청구를 취하할 수 없다고 할 것이다(기속행위설). iv) 권한쟁의심판절차는 청구인과 피청구인이 대립하는 대립당사자의 구조를 취하고 있는데, 이에 따라 기본적으로 당사자의 처분권주의가 인정된다(예: 憲 2001. 5. 8.-2000헌라1). 그러나 권한쟁의심판제도는 민사소송과 달리 객관소송으로서의 성격을 지니고 있으므로 국가의 이익이나 헌법질서 또는 국가질서의 유지를 위해 필요한 경우에는 청구의 취하가 제한된다. 이런 점에서 권한쟁의심판에서 인정되는 처분권주의는 한계를 가지고 있다. 헌법재판소도 청구의 취하에 민사소송법의 규정이 준용된다고 하여 권한쟁의심판에서 청구의 취하를 인정하고, 이 경우 심판절차종료선언의 주문을 표시한다(예: 憲 2001. 6. 28.-2000헌라1). v) 헌법소원심판절차에서는 원칙적으로 처분권주의가 적용되고, 기본권침해에 대한 구제를 주된 목적으로 하므로 청구인은 심판청구를 취하할 수 있다.

청구의 취하요건에 피청구인의 동의가 필요한지, 취하의 효과로 소송이 종료되는지에 대해서는 긍정설과 부정설의 학설이 대립되고 있다. 헌법재판소는 검사의 불기소처분에 대한 헌법소원심판절차에서 민사소송법 제266조가 준용된다고 하면서 심판청구의 취하가 있는 경우에는 심판절차가 종료된다고 결정하였다(예: 憲 1995. 12. 15.-95헌마221등).

청구의 취하는 소송행위이므로 사기, 강박, 착오를 이유로 청구취하의 철회나 취소를 주장할 수 없다(예: 憲 2005. 2. 15.-2004헌마911). 그런데 청구취하의 의사표시가 타인의 강요나 폭행 등 범죄행위에 의하여 이루어진 경우에는 민사소송법 제452조 제1항 제5호의 사유를 유추하여 무효 또는 취소를 주장할 수 있다고 할 것이다(예: 大 1985. 9. 24.-82다카312등 참조).

청구가 취하되면 처음부터 소송계속이 없었던 것으로 되므로 소송이 종료되는 것이 원칙이다. 그러나 헌법재판의 각종 심판절차에서는 예외적으로 소송이 종료되지 않고 심판이익이 존재하여 헌법재판소가 심판을 해야 하는 경우가 있다.

[憲 2005.2.15.-2004헌마911] 「헌법소원심판청구의 취하는 청구인이 제기한 심판청구를 철회하여 심판절차의 계속을 소멸시키는 청구인의 우리 재판소에 대한 소송행위이고 소송행위는 일반 사법상의 행위와는 달리 내심의 의사보다 그 표시를 기준으로 하여 그 효력 유무를 판정할 수밖에 없는 것인바, 청구인의 주장대로 청구인이 피청구인의 기망에 의하여 이 사건 헌법소원심판청구를 취하하였다고 가정하더라도 이를 무효라고 할 수도 없고, 청구인이 이를 임의로 취소할 수도 없다 할 것이므로(대법원 1983. 4. 12.-80다3251; 1997. 6. 27.-97다6124; 1997. 10. 24.-95다11740 등 참조), 청구인의 위 주장은 받아들일 수 없다.」

II. 소송대리

(1) 변호사강제주의

헌법재판의 각종 심판절차에서 당사자인 사인(私人)은 변호사를 대리인으로 선임하지 아니하면 심판청구를 하거나 심판 수행을 하지 못한다. 다만, 그가 변호사의 자격이 있는 경우에는 그러하지 아니하다(헌재법 §25③). 각종 심판절차에서 정부가 당사자인 경우에는 법무부장관이 정부를 대표하고(동조 ①), 당사자인 국가기관 또는 지방자치단체는 변호사 또는 변호사의 자격이 있는 소속 직원을 대리인으로 선임하여 심판을 수행하게 할 수 있다(동조 ②).

이와 같이, 우리나라에서는 변호사만이 헌법재판에서 소송대리를 할 수 있는데, 이것을 소송대리의 변호사강제주의(辯護士强制主義)라고 한다.

(2) 변호사강제주의의 합헌성

변호사강제주의가 합헌인지에 대하여 논란이 있다. 헌법재판소는 변호사강제주의가 헌법에 위반되지 않는다고 판시하였다. 그 근거로 변호사강제주의는 재판업무에 분업화원리의 도입이라는 긍정적 측면과 재판을 통한 기본권의 실질적 보장, 사법의 원활한 운영과 헌법재판의 질적 개선, 재판심리의 부담경감 및 효율화, 사법운영의 민주화 등 공공복리에 기여도가 큰 점, 이 제도로 얻을 수 있는 이익이 변호사 선임비용을 지출하지 않는 이익보다는 크다는 점, 무자력자에 대한 국선대리인제도라는 대상조치가 별도로 마련되어 있는 점을 들고 있다(예: 憲 1990. 9. 3.-89헌마120등; 2001. 9. 27.-2001헌마152; 2004. 4. 29.-2003헌마783).

(3) 변호사강제주의의 효과

헌법재판에서는 변호사의 자격을 가진 자로 하여금 소송을 수행하도록 강제하고 있으므로, 변호사가 대리인으로 선임되지 않은 심판청구나 소송수행은 부적법하다(소송의 적법 요건). 따라서 변호사의 자격을 가지지 아니한 사인의 소송수행은 효력이 없으며, 차후에 국선대리인 등 변호사인 대리인이 추인한 경우에만 그러한 소송수행이 적법하게 된다. 이러한 추인에는 묵시적 추인도 포함된다(예: 憲 1992. 6. 26.-89헌마132; 1995. 2. 23.-94헌마105). 청구인이 주장하는 위헌사유와 대리인이 주장하는 위헌사유가 다른 경우 헌법재판소는 대리인이 주장한 사유에 대해서만 판단한다(예: 憲 2009. 12. 29.-2008헌바64). 변호사인 대리인이 이미 행한 소송행위는 그 후 심리과정에서 대리인이 사임하고 다른 대리인을 선임하지 않았더라도 여전히 유효하다(예: 憲 1992. 4. 14.-91헌마156).

[603] 제4 사건의 심리

Ⅰ. 심리의 방식

(1) 구두변론

구두변론(口頭辯論)이란 당사자 등이 변론기일에 심판정에서 구술(=말)로 재판부에 사실과 증거에 관한 재판자료를 제출하는 행위를 말한다.

헌법재판소법은 탄핵심판, 정당해산심판 및 권한쟁의심판은 구두변론에 의한다고 규정하여(헌재법 §30①) 이들 절차에 대하여 필요적 구두변론을 정하고 있다. 한편 위헌법률심판과 헌법소원심판에서는 재판부가 필요하다고 인정하는 경우에만 변론을 열어 당사자, 이해관계인 그 밖의 참고인의 진술을 들을 수 있다고 규정하여(동조 ②단서), 이들 절차에 대하여는 임의적 구두변론을 정하고 있다.

(2) 서면심리

서면심리는 헌법재판에서 서면으로 제출된 재판자료에 의해 심리하는 것을 말한다. 위헌법률심판과 헌법소원심판은 원칙적으로 서면심리에 의한다(헌재법 §30②본문).

Ⅱ. 증거조사 등

(1) 증거조사

재판부는 사건의 심리를 위하여 필요하다고 인정하는 경우에는 직권 또는 당사자의 신청에 의하여 증거조사를 할 수 있다(헌재법 §31①).

(2) 사실조회 · 자료제출요구

재판부는 결정으로 다른 국가기관 또는 공공단체의 기관에 심판에 필요한 사실을 조회하거나, 기록의 송부나 자료의 제출을 요구할 수 있다. 다만, 재판 · 소추 또는 범죄수사가 진행 중인 사건의 기록에 대하여는 송부를 요구할 수 없다(헌재법 §32).

(3) 당사자 등의 의견제출

위헌법률심판에서 당해 소송사건의 당사자 및 법무부장관은 헌법재판소에 법률의 위헌 여부에 대한 의견서를 제출할 수 있고(헌재법 §44, §74②), 헌법소원심판에 이해관계가 있는 국가기관 또는 공공단체와 법무부장관은 헌법재판소에 그 심판에 관한 의견서를 제출할 수 있다(동법 §74①). 국가인권위원회도 인권의 보호와 향상에 중대한 영향을 미치는 재판이 계속 중인 경우 헌법재판소에 사실상 및 법률상의 사항에 관하여 의견을 제출할 수 있다(인권위법 §28).

Ⅲ. 평 의

(1) 절 차

헌법재판소의 심리가 종결되면 사건에 대한 평의(評議)를 한다. 평의는 공개하지 아니한다(헌재법 §34①).

(2) 방 식

(a) 종 류

사건에 대하여 평의를 하고 표결하는 방식에는 i) 청구의 적법요건에 대한 판단과 본안판단을 구별하여 먼저 적법요건에 대한 표결을 하여 적법여부를 결정한 후, 적법하다고 판단하면 그 다음에는 부적법하다는 의견을 낸 재판관도 청구가 적법하다는 전제하에 본안에 대한 의견을 내고, 본안에서도 각 쟁점별로 순차로 표결을 하는 순차표결방식(=쟁점별 합의)과 ii) 청구의 적법요건에 대한 판단과 본안판단을 구별하지 않고, 또 본안에서의 쟁점에 대해서도 개별적으로 순차로 표결하지 않고 각 쟁점에 대하여 재판관마다 의견을 동시에 내어 결정정족수를 충족시키는지를 정하는 동시표결방식(=주문별 합의)이 있다.

동시표결방식에 따른 판례상의 주문

사 건	재판관의 의견	주 문
1989. 7. 14.-88헌가5등	각하: 2, 합헌: 5, 위헌: 2(위헌법률심판)	합헌
1992. 2. 25.-89헌가104	각하: 3, 한정합헌: 5, 위헌: 1(위헌법률심판)	한정합헌
1997. 7. 16.-95헌가6등	각하: 2, 헌법불합치: 2, 위헌: 5(위헌법률심판)	헌법불합치
2009. 9. 24.-2008헌가25	합헌: 2, 헌법불합치: 2, 위헌: 5(위헌법률심판)	헌법불합치
2007. 3. 29.-2005헌바33 2009. 7. 30.-2008헌가1	합헌: 3, 일부위헌 일부헌법불합치: 1, 전부 헌법불합치: 5(위헌법률심판)	헌법불합치
2003. 4. 24.-99헌바110등	각하: 4, 헌법불합치: 4, 위헌: 1(위헌법률심판)	합헌
1997. 7. 16.-96헌라2	각하: 3, 인용: 3, 기각: 3(권한쟁의심판)	기각
2000. 2. 24.-97헌마13등	각하: 4, 인용: 5(헌법소원심판)	기각

(b) 판 례

헌법재판소는 동시표결방식을 취하고 있다(예: 憲 1994. 6. 30.-92헌바23).

(c) 사 견

평의에서 표결방식을 정함에 있어서는 i) 소송절차의 본질상 심판청구의 적법성은 본안판단을 할 수 있기 위한 본안재판요건(Sachentscheidungsvoraussetzung)이고 본안심리요건(Sachverhandlungsvoraussetzung)이라는 점, ii) 소송에서는 하나의 결론을 도출하여야 한다는 점, iii) 재판관의 의견도 오류를 범할 수 있기 때문에 모든 의견이 동등하게 공존할 수 없다는 점, iv) 동시표결방식으로는 결론이 도출되지 못하는 경우가 발생한다는 점을 고려할 때, 쟁점별로 순차로 표결하여 결론을 도출하는 것이 타당하다(순차표결방식=쟁점별 합의).

[604] 제5 심 판

Ⅰ. 심판의 기간

헌법재판소는 심판사건을 접수한 날부터 180일 이내에 종국결정의 선고를 하여야 한다. 다만, 재판관의 궐위로 7명의 출석이 불가능한 경우에는 그 궐위된 기간은 심판기간에 산입하지 아니한다(헌재법 §38).

Ⅱ. 심판의 공개

심판의 변론과 결정의 선고는 공개한다. 다만, 서면심리와 평의(評議)는 공개하지 아니한다(헌재법 §34①). 한편 법원조직법 제57조 제1항 단서, 제2항, 제3항의 규정은 헌법재판소의 심판에 관하여 이를 준용하므로(동조 ②), 심판의 변론의 경우에도 국가의 안전보장·안녕질서 또는 선량한 풍속을 해할 우려가 있는 때에는 결정으로 이를 공개하지 아니할 수 있다.

Ⅲ. 심판의 지휘

헌법재판소의 각종 심판에서 심판정의 질서유지는 재판장이 이를 행한다(헌재법 §35).

Ⅳ. 심판비용, 공탁금

헌법재판소의 심판비용은 국가가 부담한다(헌재법 §37①). 그러나 헌법재판소는 헌법소원심판의 청구인에 대하여 헌법재판소규칙으로 정하는 공탁금의 납부를 명할 수 있다(동조 ②). 이러한 공탁금은 성질상 남소제재금(濫訴制裁金)에 해당한다. 헌법재판소법은 i) 헌법소원의 심판청구를 각하하는 경우와 ii) 헌법소원의 심판청구를 기각하는 경우에 그 심판청구가 권리의 남용이라고 인정되는 경우에는 헌법재판소로 하여금 헌법재판소 규칙이 정하는 바에 따라 공탁금의 전부 또는 일부의 국고귀속을 명할 수 있다고 정하고 있다(동조 ③).

V. 종국결정

(1) 의 의

헌법재판의 각종 심판절차에서 재판부가 심리를 마쳤을 때에는 종국결정을 한다(헌재법 §36①). 종국결정의 형태는 각종 심판절차에 따라 다른데, 이에는 각하결정, 기각결정, 합헌결정, 위헌결정, 변형결정, 탄핵결정, 정당해산결정, 권한과 의무의 확인결정 등이 있다.

헌법재판소는, 청구인이 사망하였는데 소송의 수계가 허용되지 않는 경우(예: 憲 1992. 11. 12.-90헌마22), 청구인이 헌법재판의 청구를 취하한 경우(예: 憲 1995. 12. 15. -95헌마221등) 등에서는 심판절차가 종료되었다고 확인하고 아무런 본안판단을 하지 않는 심판절차종료선언을 하고 있다. 다만, 심판절차가 종료되었다고 하더라도 심판의 이익이 인정되는 경우에는 본안판단에 나아가게 된다(예: 憲 2020. 4. 23. -2015헌마1149).

> [憲 2020.4.23.-2015헌마1149] 「청구인 백OO는 이 사건 심판절차가 계속 중이던 2016. 9. 25. 사망하였다. 청구인 백OO가 침해받았다고 주장하는 기본권인 생명권, 신체의 자유, 표현의 자유, 인격권, 행복추구권, 인간으로서의 존엄과 가치, 집회의 자유 등은 일신전속적인 성질을 가지므로 기본권의 주체가 사망한 경우 승계되거나 상속될 수 있는 것이 아니다. 이처럼 청구인 백OO의 이 사건 직사살수행위에 대한 심판청구는 청구인 백OO의 상속인들이 수계할 성질의 것이 아니므로, 청구인 백OO의 사망으로 그 심판절차가 종료되는 것이 원칙이다(헌재 2002. 5. 30. 2001헌마849; 헌재 2015. 4. 30. 2012헌마38; 헌재 2016. 2. 25. 2011헌마165; 헌재 2016. 9. 29. 2014헌마341 참조). 그러나 헌법소원제도는 개인의 권리구제뿐만 아니라 객관적인 헌법질서의 보장기능도 가지므로, 기본권 침해행위가 장차 반복될 위험이 있거나 그 심판대상에 대한 위헌 여부의 해명이 헌법적으로 중요한 의미를 가지고 있고, 헌법소원심판청구인이 심판대상인 기본권 침해행위로 인하여 사망한 경우에는 예외적으로 심판의 이익이 인정되어 심판절차가 종료되지 않는다고 봄이 타당하다.」

(2) 개별의견의 표시

헌법재판소법은 심판에 관여한 재판관은 결정서에 의견을 표시하여야 한다고 정하고 있다(헌재법 §36③). 위헌법률심판, 권한쟁의심판, 헌법소원심판, 탄핵심판, 정당해산심판의 모든 개별심판절차에서 재판관은 개별의견을 표시해야 할 의무를 지고 있다.

구헌법재판소법 제36조 제3항은 「법률의 위헌심판, 권한쟁의심판 및 헌법소원심판에 관여한 재판관은 결정서에 의견을 표시하여야 한다」고 정하고 있었는데, 동 조항은 2005.7.29. 개정되어 「심판에 관여한 재판관은 결정서에 의견을 표시하여야 한다」라고 하여 모든 개별심판에 있어서 의견을 표시하도록 하고 있다. 구 헌법재판소법 아래에서 헌법재판소는 탄핵심판에는 개별의견의 표시가 허용되지 않는다고 판시하였다(예: 憲 2004. 5. 14.-2004헌나1). 그런데 탄핵심판과 정당해산심판은 다른 헌법재판과 달리 고도의 정치적인 상황이나 집권세력과 반대세력 간의 정치투쟁의 상황 속에서 재판을 하게 되므로 이러한 경우에 재판관에게 의견표시를 강제하면 재판의 독립과 공정성을 확보하기 어렵게 될 위험이 크다. 특히 우리나라와 같이 헌법재판소의 구성방법상 대통령의 영향력이 압도적이고 재판관의 연임이 인정되는 구조에서는 이러한 위험성은 한층 높아질 수 있고, 집권세력에게 유리하게 결론이 날 가능성이 크다. 따라서 이들 심판에서는 개별의견의 표시를 금지하는 것이 타당하다고 할 것이다.

[憲 2004.5.14.-2004헌나1] 「헌법재판소법 제34조 제1항에 의하면 헌법재판소 심판의 변론과 결정의 선고는 공개하여야 하지만, 평의는 공개하지 아니하도록 되어 있다. 이때 헌법재판소 재판관들의 평의를 공개하지 않는다는 의미는 평의의 경과뿐만 아니라 재판관 개개인의 개별적 의견 및 그 의견의 수 등을 공개하지 않는다는 뜻이다. 그러므로 개별 재판관의 의견을 결정문에 표시하기 위해서는 이와 같은 평의의 비밀에 대해 예외를 인정하는 특별규정이 있어야만 가능하다. 그런데 법률의 위헌심판, 권한쟁의심판, 헌법소원심판에 대해서는 평의의 비밀에 관한 예외를 인정하는 특별규정이 헌법재판소법 제36조 제3항에 있으나, 탄핵심판에 관해서는 평의의 비밀에 대한 예외를 인정하는 법률규정이 없다. 따라서 이 탄핵심판사건에 관해서도 재판관 개개인의 개별적 의견 및 그 의견의 수 등을 결정문에 표시할 수는 없다고 할 것이다.」

헌법재판에서는 당연히 「헌법재판소의 의견」(憲法裁判所의 意見=法廷意見 court opinion)이 있어야 하고, 이런 의견은 당연히 표시되므로 의견표시의무의 대상이 되는 의견은 헌법재판소의 의견이 아닌 재판관들의 「개별의견」(個別意見 individual opinion)이다. 개별의견에는 헌법재판소의 의견과 결론을 달리 하는 「반대의견」(反對意見 dissenting opinion), 헌법재판소의 의견과 결론에서는 동일하지만 이유나 논증에서 차이를 가지는 「보충의견」(補充意見 concurring opinion)이 있다. 보충의견은 실무상으로는 「별개의견」 또는 「별도의견」이라고도 한다. 이러한 개별의견에는 규범력이 인정되지 않는다.

(3) 종국결정의 효력

(a) 자기구속력

헌법재판소가 동일한 사건에서 한번 결정을 선고하면 그것으로 재판은 확정되고, 헌법재판소는 당해 절차에서 그 결정을 취소하거나 철회할 수 없으며 변경할 수도 없다. 이러한 효력을 자기구속력(自己拘束力)이라고 하며, 그 성질을 불가철회성(不可撤回性=不可變更性 Unwiderruflichkeit) 또는 자박성(自縛性)이라고 한다. 자기구속력은 선고와 동시에 발생한다.

(b) 형식적 확정력

헌법재판소의 결정은 선고와 동시에 확정되어 누구도 더 이상 통상의 소송절차를 통하여 불복하여 다툴 수 없다. 이를 형식적 확정력이라고 하고, 불가쟁성(不可爭性=不可爭力)이라고 부르기도 한다.

(c) 기 판 력

소송법에서 기판력(旣判力)은 종국재판이 확정되면 그 재판에 표시된 판단이 향후 당사자 간의 법률관계를 규율하는 규준이 되므로 동일한 사건이 다시 문제가 될 때 당사자는 앞의 판단과 모순되는 주장을 하여 다시 다툴 수 없는 효력을 말한다. 자기구속력 및 형식적 확정력과는 달리 기판력은 전소(前訴)와 후소(後訴)의 관계에 있어서 발생하는 효력이다. 헌법재판에서도 이런 의미의 기판력은 원칙적으로 인정된다고 본다(헌재법 §40①; 민소법 §216①, §218①).

(d) 기 속 력

헌법재판소법은 위헌법률심판에서 위헌결정, 권한쟁의심판의 결정, 헌법소원심판에서 인용결정이 있는 경우에 기속력이 발생한다고 정하고 있다(헌재법 §47①, §67①, §75①,⑥). 법률에 대한 합헌결정은 기속력을 가지지 않는다.

기속력은 전소와 후소의 관계를 나타내는 기판력과 달리, 미래의 행위에 대한 것으로 헌법재판소의 결정에 모순되는 행위를 금지하고 헌법재판소의 결정에 따라 적극적으로 위헌 또는 위법인 상태를 제거해야 하는 실체법적인 의무를 부과하는 효력이다. 따라서 기속력이 인정되는 결정이 선고되면 법원을 포함한 모든 국가기관이나 지방자치단체는 헌법재판소의 결정을 부정할 수 없고 이와 배치되는 행위도 할 수 없다.

(i) 기속력의 객관적 범위　기속력은 헌법재판소 결정의 주문 이외에 이유에도 인정되는지 견해가 대립한다. 긍정설은 주문을 도출한 이유 가운데 결정적인 중요한 논증은 기속력이 있다고 한다. 그러나 중요한 이유와 중요하지 않은 이유를 구분하는 것이 분명하지 않고 기속력의 범위가 구구해지면 헌법재판의 규범력과 정당성을 약화시킨다는 점에서 헌법재판의 한계나 권력분립의 원리에 비추어 부정하는 것이 타당하다.

(ii) 기속력의 주관적 범위　법률에 대한 위헌결정의 기속력이 국회의 입법행위에도 미치는가 하는 문제에 대해 기속설과 비기속설이 대립한다. 국회도 기속력이 미치는

국가기관에 포함된다고 해석될 여지도 있으나(헌재법 §47①), 국회는 민주적 정당성을 가진 국민대표기관이라는 점, 입법에 있어서는 민주주의원리가 강하게 적용되는 점, 헌법재판의 오류 가능성을 인정하여야 한다는 점에서 비기속설이 타당하다.

(e) 일반적 효력

일반적 효력이란 헌법재판소가 위헌으로 결정한 법률의 효력상실의 효과도 법률이 일반적 효력을 가지듯이 소송당사자와 모든 국가기관 및 지방자치단체 그리고 일반 국민을 포함하는 모든 규범수신자에게 일반적으로 미친다는 것을 뜻한다. 엄밀히 말하자면, 이는 위헌결정의 효력이 아니라 위헌결정된 법률의 효력이다. 위헌법률심판에서 한 위헌결정(헌재법 §47②), 기타 다른 결정에서 한 법률에 대한 위헌결정(헌재법 §75⑥, §47②), 법률에 대한 헌법소원심판에서 법률이 위헌이라는 이유로 한 인용결정에는 일반적 효력(=법률적 효력)이 인정된다.

(f) 집 행 력

헌법재판소법에는 헌법재판소의 결정이 가지는 집행력에 대하여 일반적으로 정하고 있는 규정이 없다. 정당해산심판의 경우에만 집행력을 명시적으로 정하고 있다(헌재법 §60).

[605] 제6 재 심

Ⅰ. 의 의

재심이란 헌법재판소의 확정된 종국결정에 재심사유에 해당하는 중대한 하자가 있는 경우에 그 결정의 취소와 이미 종결된 사건의 재심판을 구하는 비상의 불복신청방법이다. 재심제도는 법적 안정성과 잘못된 결정으로 침해된 개인의 권리를 구제해야 한다는 구체적 타당성의 요청을 조화시키려는 제도이다.

Ⅱ. 허용여부

헌법재판소법은 헌법재판소의 결정에 대한 재심이 허용되는지에 관하여 별도의 규정을 두고 있지 않기 때문에, 동법 제40조에 따라 민사소송에 관한 법령의 규정을 준용하여 헌법재판에 있어서도 재심을 일반적으로 허용할 것인지(일반적 허용설), 아니면 각종 심판절차의 종류에 따라 개별적으로 허용할 것인지(개별적 허용설)에 대하여 학설이 대립한다.

헌법재판소의 판례는 헌법재판은 그 심판의 종류에 따라 그 절차의 내용과 결정의 효과가 한결같지 아니하기 때문에 재심의 허용 여부 내지 허용 정도는 심판절차의 종류에 따라 개별적으로 판단되어야 한다는 입장으로 개별적 허용설의 취지와 같다(예: 憲 1995. 1. 20.-93헌아1).

Ⅲ. 판 례

(1) 헌법재판소법 제68조 제2항에 의한 헌법소원의 경우

헌법재판소는 헌법재판소법 제68조 제2항의 헌법소원심판에서는 재심이 허용되지 않는다고 본다(예: 憲 1992. 6. 26.-90헌아1; 1994. 12. 29.-92헌아1; 1995. 1. 20.-93헌아1).

> [憲 1992.6.26.-90헌아1] 「헌법재판소에 의한 법률의 위헌결정이 있으면, 이는 법원 기타 국가기관 및 지방자치단체를 기속하고, 위헌으로 결정된 법률 또는 법률의 조항은 그 결정이 있는 날로부터, 특히 형벌에 관한 법률 또는 법률의 조항은 소급하여, 그 효력을 상실한다(헌재법 §75⑥, §47). 이처럼 헌법재판소법 제68조 제2항에 의한 헌법소원에 있어서 인용결정은 위헌법률심판의 경우와 마찬가지로 이른바 일반적 기속력과 대세적·법규적 효력을 가진다. 이러한 효력은 법원에서의 구체적·개별적 소송사건에서 확정된 판결이 그 기속력이나 확정력에 있어서 원칙적으로 소송당사자에게만 한정하여 그 효력이 미치는 것과 크게 다른 것이다. 따라서 만약 헌법재판소법 제68조 제2항에 의한 헌법소원심판청구사건에 있어서 선고된 헌법재판소의 결정에 대하여 재심에 의한 불복방법이 허용된다면, 종전에 헌법재판소의 위헌결정으로 효력이 상실된 법률 또는 법률조항이 재심절차에 의하여 그 결정이 취소되고 새로이 합헌결정이 선고되어 그 효력이 되살아날 수 있다거나 종래의 합헌결정이 후일 재심절차에 의하여 취소되고 새로이 위헌결정이 선고될 수 있다 할 것이다. 그러나 이러한 결과는 그 문제된 법률 또는 법률조항과 관련되는 모든 국민의 법률관계에 이루 말할 수 없는 커다란 혼란을 초래하거나 그 법적 생활에 대한 불안을 가져오게 할 수도 있다.……따라서 헌법재판소의 이러한 결정에는 재심에 의한 불복방법이 그 성질상 허용될 수 없다고 보는 것이 상당하다고 할 것이다.」

(2) 헌법재판소법 제68조 제1항의 헌법소원의 경우

헌법재판소법 제68조 제1항의 헌법소원심판에서는 재판부의 구성이 위법한 경우 등 절차상 중대하고도 명백한 위법이 있어서 재심을 허용하지 아니하면 현저히 정의에 반하는 경우에 한하여 제한적으로 인정된다고 본다(예: 憲 1995. 1. 20.-93헌아1). 판단유탈의 경우 재심사유가 되지 아니한다는 취지로 판시한 바 있으나(예: 憲 1995. 1. 20.-93헌아1; 1998. 3. 26.-98헌아2), 판례를 변경하여 재심의 사유가 된다고 판시하였다(憲 2001. 9. 27.-2001헌아3). 그러나 법률에 대한 헌법소원심판에서는 재심이 허용되지 않는다(예: 憲 2002. 9. 19.-2002헌아5; 2004. 2. 10.-2004헌아4; 2004. 11. 23.-2004헌아47; 2006. 9. 26.-2006헌아37).

그 밖에 재심을 허용한 경우로 헌법재판소가 청구기간을 잘못 계산하여 청구기간이 경과한 것으로 보고 각하한 결정에 대하여 청구인이 재심대상결정의 취소를 구하는 헌법소원심판을 청구한 경우에, 헌법재판소는 재심대상사건에는 헌법재판소 제40조 제

1항에 의하여 준용되는 민사소송법 제451조 제1항 제9호의 「판결에 영향을 미칠 중요한 사항에 관하여 판단을 누락한 때」에 준하는 재심사유가 있다고 보아, 재심을 허용하고 재심대상결정을 취소한 사례가 있다(예: 憲 2007. 10. 4.-2006헌아53).

(3) 정당해산심판의 경우

헌법재판소는 정당해산심판에서는 재심이 허용된다고 보았다(憲 2016. 5. 26.-2015헌아20).

[憲 2016.5.26.-2015헌아20] 「정당해산심판은 일반적 기속력과 대세적 · 법규적 효력을 가지는 법령에 대한 헌법재판소의 결정과 달리 원칙적으로 해당 정당에게만 그 효력이 미친다. 또 정당해산결정은 해당 정당의 해산에 그치지 않고 대체정당이나 유사정당의 설립까지 금지하는 효력을 가지므로, 오류가 드러난 결정을 바로잡지 못한다면 현 시점의 민주주의가 훼손되는 것에 그치지 않고 장래 세대의 정치적 의사결정에까지 부당한 제약을 초래할 수 있다. 따라서 정당해산심판절차에서는 재심을 허용하지 아니함으로써 얻을 수 있는 법적 안정성의 이익보다 재심을 허용함으로써 얻을 수 있는 구체적 타당성의 이익이 더 크므로 재심을 허용하여야 한다. 한편, 이 재심절차에서는 원칙적으로 민사소송법의 재심에 관한 규정이 준용된다.」

[606] 제7 준용 및 절차의 창설

Ⅰ. 준 용

헌법재판소법의 규정은 헌법재판을 수행하기에 완벽할 정도로 모든 절차에 대해 정하고 있지 못하기 때문에 이러한 문제를 해결하는 하나의 방법으로 다른 소송법 또는 절차법에 관한 규정을 준용하는 준용규정을 두고 있다(헌재법 §40). 따라서 헌법재판의 절차에 관하여 헌법재판소법에서 명시적으로 정하고 있지 않은 사항에 대해서는 헌법재판의 성질에 비추어 그에 합당하게 다른 법률의 규정을 준용하여 재판한다.

헌법재판소는 이런 준용규정을 근거로 하여 헌법재판에서 판단유탈이 재심사유가 된다고 하였고(예: 憲 2001. 9. 27.-2001헌아3), 헌법소원심판절차에 소의 취하에 관한 민사소송법규정이 준용된다고 하였다(예: 憲 1995. 12. 15.-95헌마221 등; 2003. 4. 24.-2001헌마386).

Ⅱ. 절차의 창설

헌법재판에서는 헌법재판소법이 정하고 있는 명시적인 규정과 준용규정만을 가지고는 재판을 하기에 절차상 불충분한 경우가 발생할 수 있다. 이러한 경우 헌법재판소는 헌법재판의 각종 절차에서 스스로 절차를 창설하는 권한을 가진다고 할 것이다. 기본적인 절차가 마련되어 있고, 부분적으로 절차에서 미비한 점이 있는 경우에 이런 절차상의 미비한 점을 이유로 하여 헌법재판을 거부할 수는 없기 때문이다.

그리고 주문의 형식과 표시에 대해 헌법재판소법이 명시적으로 정하고 있지 아니하는 한 헌법재판소는 전적으로 자율적인 형성의 자유를 가진다. 헌법재판소의 판례도 같은 취지이다(예: 憲 1989. 9. 8.-88헌가6). 이러한 점에 비추어 보면 헌법재판소가 변형결정(變形決定)의 주문을 스스로 만드는 것은 자기의 권한에 속하는 것이기 때문에 타당하다. 다양한 변형결정의 주문이 당해 사건에서 어느 정도로 정확한 것인가 하는 문제가 남을 뿐이다.

[憲 1989.9.8.-88헌가6] 「재판 주문을 어떻게 내느냐의 주문의 방식문제는 민사소송에서 그러하듯 헌법재판에 대하여서도 아무런 명문의 규정이 없으며, 따라서 재판의 본질상 주문을 어떻게 표시할 것인지는 재판관의 재량에 일임된 사항이라 할 것이다.」

[607] 제8 가 처 분

I. 의 의

헌법재판에서 가처분은 헌법재판의 본안사건에 대한 결정의 실효성을 확보하고 국가작용의 혼선과 헌법질서의 동요를 방지하기 위하여 본안결정이 있기 전에 본안사건과 관련하여 다툼이 있는 법관계를 잠정적이고 임시적으로 규율하는 것을 내용으로 하는 헌법재판소의 결정이다.

가처분은 본안사건이 헌법재판소에 계속되어 있지 않을 때에도 가능하지만, 가처분의 본질상 본안사건에서 다투어지는 사안을 전제로 하여서만 존재할 수 있기 때문에 가처분심판의 대상은 본안심판의 대상과 직접적인 연관성이 있어야 한다. 이를 「본안사건에 대한 종속성」(=본안사건관련성)이라고 한다.

가처분은 이처럼 잠정적이고 본안에 대하여 종속적이므로 가처분의 결정을 통해 본안결정을 선취할 수는 없고(본안결정선취금지 Nichtvorwegnahme der Entscheidung in der Haupsache. 반대설 있음), 원칙적으로 본안결정 이상의 것을 얻을 수도 없다. 그러나 실제 소송에서는 가처분이 법질서나 국가작용에 미치는 위력이 강하여 본안결정으로 해결되어야 할 것들이 사실상 가처분단계에서 해결되는 경우가 많은데, 이러한 것을 가처분의 본안소송화경향이라 한다.

II. 허용여부

(1) 근 거

헌법재판소법은 정당해산심판(헌재법 §57)과 권한쟁의심판(헌재법 §65)에서만 가처분을 인정하는 명시적인 규정을 두고 있고, 나머지 심판에서는 이를 규정하지 않고 있다. 가처분을 명시적으로 정하고 있지 아니한 심판절차에서 가처분이 허용되는지 여부에 대해서는 논란이 있다. 헌법재판소는 헌법소원심판절차에서 가처분을 허용한 바 있다(예: 憲 2000. 12. 8.-2000헌사471; 2002. 4. 25.-2002헌사129).

생각건대 위헌법률심판, 헌법소원심판, 탄핵심판에서 가처분에 대한 명시적인 규정이 없는 것은 절차규정의 흠결(欠缺)로 보아 헌법재판소가 가지고 있는 헌법재판의 절차를 창설할 수 있는 힘에 의해 가처분을 선고할 수 있다고 보는 것이 타당하다. 이 경우 당사자의 신청이나 헌법재판소의 직권으로 가처분을 할 수 있다.

(2) 개별심판에서의 가처분

(a) 헌법소원심판

헌법소원심판의 경우에 가처분에 대한 명시적 규정이 없으나 절차규정의 흠결이라고 할 것이고, 헌법소원심판절차의 성질에 비추어 가처분을 선고할 수 있다고 할 것이다. 헌법재판소의 판례도 같은 취지이다(예: 憲 2000. 12. 8.-2000헌사471).

우선 법령에 대한 헌법소원심판에서 청구를 인용할 경우에 심판대상인 법령이나 법령의 조항이 위헌으로 결정된 때에는 효력의 상실에 있어서 일반적 효력을 가지므로 이는 규범통제에서 가처분이 인정되는가 하는 문제와 동일한 수준에서 논의되어야 한다. 헌법재판소는 법률과 대통령령에 대한 헌법소원심판절차에서 가처분을 인정한다(예: 憲 2000. 12. 8.-2000헌사471; 2002. 4. 25.-2002헌사129; 2006. 2. 23.-2005헌사754). 위헌으로 선고된 법령이 일반적으로 효력을 상실하는 법령에 대한 헌법소원심판에서 가처분이 인정되면 이와 동일하게 위헌으로 선고된 법령의 효력상실이 일반적 효력을 가지는 규범통제에서도 원칙적으로 가처분을 인정하여야 한다.

그러나 입법부작위(立法不作爲)에 대한 헌법소원심판에서는 성질상 가처분이 허용되지 않는다. 검사의 불기소처분에 대한 헌법소원심판도 원래의 헌법소원심판의 기능에 부합하지 아니하기 때문에 가처분(예: 기소명령, 불기소처분의 효력 정지)을 허용하는 것은 제도의 모순만 가중시키므로 가처분이 적합하지 않다고 할 것이다.

> [憲 2001.12.8.-2000헌사471] 「헌법재판소법은 정당해산심판과 권한쟁의심판에 관해서만 가처분에 관한 규정(같은법 제57조 및 제65조)을 두고 있을 뿐, 다른 헌법재판절차에 있어서도 가처분이 허용되는가에 관하여는 명문의 규정을 두고 있지 않다. 그러나 위 두 심판절차 이외에 같은 법 제68조 제1항 헌법소원심판절차에 있어서도 가처분의 필요성은 있을 수 있고, 달리 가처분을 허용하지 아니할 상당한 이유를 찾아볼 수 없으므로 위 헌법소원심판청구사건에서도 가처분이 허용된다고 할 것이다.」

(b) 탄핵심판

(i) 피소추자의 권한행사정지와 가처분 국회의 탄핵소추가 있으면 소추를 당한 자에 대하여 업무를 정지시킬 필요가 있고, 따라서 헌법재판소에 의한 피소추자의 업무를 정지시키는 가처분결정이 있게 된다. 그러나 우리 헌법재판소법은 탄핵소추의 효과를 강

하게 보장하기 위하여 권한정지제도를 두고 있어 이러한 업무정지가처분을 할 여지는 존재하지 않는다.

(ii) 탄핵소추의결의 효력정지 가처분 한편, 탄핵소추의 효력을 정지시키는 가처분이 인정되느냐 하는 문제가 있는데, 헌법재판소법이 채택하고 있는 권한정지제도는 국회의 탄핵소추 즉시 피소추자로 하여금 업무를 수행할 수 없게 하려는 취지이므로 탄핵소추의 효력을 정지시키는 효력정지가처분은 할 수 없다고 보는 것이 체계정합적이다.

(c) 규범통제

법령에 대한 헌법소원심판에서 가처분이 인정되는 이상 헌법재판소법 제41조 제1항의 구체적 규범통제와 동법 제68조 제2항의 헌법소원심판에서도 가처분을 인정하지 않을 수 없다. 이 경우 가처분은 규범에 대한 직접적인 가처분 이외에 헌법재판소법 제68조 제2항의 절차에서 당해 법원에 계속 중인 재판의 정지를 명하는 가처분과 재판의 집행을 정지하는 가처분이 있다. 그러나 법률의 적용을 일반적으로 중지하는 가처분은 국회의 입법권에 대한 중대한 제한이 되고 법적 안정성을 동요시키는 결과를 가져오므로 엄격하고 신중할 필요가 있다.

헌법재판소는 헌법재판소법 제68조 제2항에 의한 헌법소원심판에서 당해 소원의 심판이 있을 때까지 그 소원의 전제가 된 민사소송절차의 일시정지를 구하는 가처분신청을 이유 없다고 하여 기각한 결정이 있다(예: 憲 1993. 12. 20.-93헌사81). 다만, 이 판례를 들어 헌법재판소법 제68조 제2항의 헌법소원심판에서 가처분을 인정한 것이라고 속단하기는 어렵다.

Ⅲ. 가처분결정의 요건

헌법재판의 각종 심판절차의 성질에 반하지 않는 범위 내에서 원칙적으로 민사집행법의 규정이 준용된다. 따라서 대체로 헌법재판에서 기존의 상태를 그대로 유지하는 경우에 당사자 등의 이익, 공공복리, 정상적인 국가작용, 헌법질서의 유지 등에 현저한 손해를 피하거나 급박한 위험을 방지하기 위하여 또는 기타 필요한 이유에 의하여 가처분을 명할 수 있다(헌재법 §40①; 민집법 §300).

이에 의할 때, 가처분결정의 요건으로 i) 기존의 상태를 그대로 유지하는 경우 당사자 등의 이익이나 법질서에 회복하기 어려운 손해를 피하거나, 급박한 위험을 방지하거나 또는 기타 필요한 이유가 있고(가처분결정의 사유), ii) 그 효력을 긴급하게(긴급성), iii) 정지시켜야 할 필요가 있을 것(필요성)을 들 수 있다(예: 憲 1999. 3. 25.-99헌사98; 2000.12.8.-2000헌사471; 2002. 4. 25.-2002 헌사129).

[憲 2001.12.8.-2000헌사471] 「헌법재판소법 제40조 제1항에 따라 준용되는 행정소송법 제23조 제2항의 집행정지규정과 민사소송법 제714조의 가처분규정에 비추어 볼 때,

이와 같은 가처분결정은 헌법소원심판에서 다투어지는 '공권력 행사 또는 불행사'의 현상을 그대로 유지시킴으로 인하여 생길 회복하기 어려운 손해를 예방할 필요가 있어야 하고 그 효력을 정지시켜야 할 긴급한 필요가 있어야 한다는 것 등이 그 요건이 된다 할 것이므로, 본안심판이 부적법하거나 이유없음이 명백하지 않는 한, 위와 같은 가처분의 요건을 갖춘 것으로 인정되고, 이에 덧붙여 가처분을 인용한 뒤 종국결정에서 청구가 기각되었을 때 발생하게 될 불이익과 가처분을 기각한 뒤 청구가 인용되었을 때 발생하게 될 불이익에 대한 비교형량을 하여 후자의 불이익이 전자의 불이익보다 크다면 가처분을 인용할 수 있는 것이다.」

(1) 가처분결정의 사유

가처분결정을 함에 있어 기존의 상태를 그대로 유지하는 경우에 당사자 등의 이익(주관적 이익)이나 법질서(객관적 이익)에 회복하기 어려운 손해를 피하거나, 급박한 위험을 방지하거나 또는 기타 필요한 이유가 있어야 한다.

(2) 긴 급 성

가처분에서는 기존의 법률관계나 공권력의 행사의 효력 등을 긴급하게 정지시킬 필요가 있어야 한다. 긴급하다고 하는 것은 가처분결정을 지체할 수 없거나 가처분결정의 사유에 해당하는 상태 또는 현상이 시간적으로 매우 근접해 있다는 것을 의미한다.

(3) 필 요 성

가처분결정을 함에 있어서는 가처분을 명할 필요성이 존재하여야 한다. 이러한 필요성을 판단함에 있어서는 가처분을 발한 뒤 본안에서 청구가 기각되었을 때 발생하게 될 불이익과 가처분을 발하지 않고 청구가 인용되었을 때 발생하게 될 불이익을 서로 비교형량하여 후자의 불이익이 전자의 불이익보다 큰 경우에 필요성의 존재를 인정하는 것이 보통이다(통상 이중가설(Doppelhypothese) 이론이라고 한다.).

이러한 형량은 미리 본안판단을 하는 것과 구별되므로 이런 이익형량에 본안에서의 성공가능성(=승소가능성)이 고려되어서는 안 된다. 그러나 실제에서는 본안소송에서 청구가 부적법하거나 이유 없음이 명백하여 성공할 수 없음이 확실한 때에는 가처분결정을 할 수 없을 것이다. 이러한 한도 내에서는 사실상 본안의 선취가 있게 되어 본안결정선취금지원칙의 예외가 있게 된다.

헌법재판소는 본안소송이 배척되는 것이 명백하지 않는 한 원칙적으로 본안의 성공가능성을 가처분의 요건으로 고려하지는 않는 태도를 보이고 있다(예: 憲 1999.3.25.-98 헌사98; 2000. 12. 8.-2000헌사471).

Ⅳ. 가처분의 절차

(1) 가처분 절차의 개시

가처분의 절차는 원칙적으로 당사자 등의 신청에 의해 개시된다. 가처분 신청은 서면으로 하여야 하며, 변호사에 의한 대리가 필요하다. 신청 기간에는 제한이 없으나, 헌법재판에서 본안에 대한 심리절차가 종국결정을 할 수 있을 정도로 성숙되었거나 종국결정을 선고한 후에 행해진 가처분은 적법하지 않다.

한편 헌법재판소법에서는 정당해산심판과 권한쟁의심판에서 가처분을 인정하면서 각각의 가처분에서 직권에 의한 가처분을 인정하고 있다(헌재법 §57, §65). 실정법에 명문의 규정이 없는 경우에 헌법재판소가 직권으로 가처분을 할 수 있는지가 문제되나, 가처분제도의 기능 및 헌법재판이 갖는 객관소송으로서의 성질을 고려하면, 이러한 경우에도 직권에 의한 가처분을 할 수 있다고 할 것이다.

(2) 심 리

가처분의 재판에는 변론기일을 열어야 하나, 그 기일을 열어 심리하면 가처분의 목적을 달성할 수 없는 사정이 있는 때에는 구두변론 없이 결정할 수 있다(헌재법 §40; 민집법 §304).

(3) 가처분에 대한 결정

가처분의 신청에 대한 결정의 종류로는 각하결정, 기각결정 및 가처분결정이 있다. 가처분의 인용결정은 전원재판부에서 할 수 있으며 지정재판부에서는 이를 할 수 없다. 헌법재판소는 지정재판부에서 본안사건을 각하하는 경우에는 동시에 가처분신청을 각하하거나 기각하고 있다(예: 憲 1997. 12. 17.-97헌사189; 2005. 10. 25.-2005헌사657).

가처분결정은 그 내용대로 법관계를 형성하는 효력(형성력) 및 피청구인 또는 모든 국가기관을 기속하는 효력(기속력)을 갖는다.

(4) 가처분의 취소

헌법재판소는 가처분결정을 한 후에도 가처분결정의 실체적 요건, 즉「가처분결정의 사유」,「긴급성」,「필요성」중 일부 또는 전부가 소멸하였다고 인정한 경우에는 당사자의 신청 또는 직권으로 가처분을 취소할 수 있다.

제 5 절 특별심판절차

1. 개 설

헌법재판소는 법원의 제청에 의한 위헌법률심판, 탄핵심판, 정당해산심판, 국가기관 상호 간·국가기관과 지방자치단체 및 지방자치단체 상호 간의 권한쟁의에 관한 심판, 법률이 정하는 헌법소원에 관한 심판을 관장한다(헌법 §111①).

헌법사를 보건대, 1948년 최초로 헌법을 제정한 때에는 헌법재판의 목록에 위헌법률심판과 탄핵재판만이 있었다. 그러던 것이 1960년 4·19 민주화운동으로 인한 한국민주주의 발전의 전환점을 맞아 개정된 1960년6월헌법에서는 헌법재판을 획기적으로 제도화하였다. 당시 헌법재판소는 법률의 위헌여부심사, 헌법에 관한 최종적 해석, 국가기관 간의 권한쟁의, 정당의 해산, 탄핵재판, 대통령·대법원장·대법관의 선거에 관한 소송을 관장하였다. 그러나 불행하게도 1961년 5·16 군사쿠데타의 발발로 인하여 헌법재판소가 구성되지 못하는 비운을 겪고 말았다. 1962년헌법 이후부터는 헌법재판이 축소되었고 실제에서도 헌법재판이 활발하게 행해지지 못한 침체기로 들어가 국민

헌법재판기관과 관할의 변천

헌법 / 항목	1948년헌법- 1952년헌법- 1954년헌법	1960년6월헌법- 1960년11월헌법	1962년헌법- 1969년헌법	1972년헌법- 1980년헌법	1987년헌법
정부형태	대통령제	의회주의제	대통령제	→	→
헌법재판 기관	헌법위원회 탄핵재판소	헌법재판소	대법원 탄핵심판위원회	헌법위원회	헌법재판소
관할	헌법위원회: 법률의 위헌여부재판 탄핵재판소: 탄핵심판	1. 법률의 위헌여부심사 2. 헌법에 관한 최종적 해석 3. 국가기관 간의 권한쟁의 4. 정당의 해산 5. 탄핵재판 6. 대통령·대법원장·대법관의 선거에 관한 소송	대법원: 법률의 위헌여부심사, 정당해산 탄핵심판위원회: 탄핵심판	1. 법률의 위헌여부 심판 2. 탄핵심판 3. 정당의 해산	1. 법률의 위헌여부 심판 2. 탄핵심판 3. 정당해산심판 4. 권한쟁의심판 5. 헌법소원심판

에게서도 헌법재판은 잊혀져 갔다. 그러던 것이 1987년 6월 한국민주화에 대한 국민의 열망이 요원의 불길처럼 다시 타올라 1987년헌법을 꽃피우게 만들었다. 1987년헌법에 와서 헌법재판은 우리 헌법사상 최초로 헌법소원심판제도를 채택하고 제도의 정상화로 나아가는 모습을 띠게 되었지만, 1960년6월헌법에서 정하고 있었던 헌법재판의 모습과 비교하면 부족한 점도 있다(추상적 규범통제, 선거재판을 헌법재판으로 채택하지 않은 점).

2. 위헌법률심판

[608] 제1 개념과 성질

I. 개 념

헌법이 정하고 있는 위헌법률심판이라 함은 법률이 헌법에 위반되는지 여부가 재판의 전제가 된 때 당해 사건을 담당하는 법원(군사법원 포함)이 직권 또는 당사자의 신청에 의하여 결정으로 헌법재판소에 위헌여부의 심판을 제청하고 헌법재판소가 이에 대해 심판하는 것을 말한다.

위헌법률심판은 1948년헌법에서부터 채택하였는데, 제도의 구체적인 내용에서는 변화가 있었다. 그 변천 내용을 표로 보면 아래와 같다.

위헌법률심판제도의 변천

항목 \ 헌법	1948년헌법-1952년헌법-1954년헌법	1960년6월헌법-1960년11월헌법	1962년헌법-1969년헌법	1972년헌법-1980년헌법	1987년헌법
심판기관	헌법위원회	헌법재판소	대법원	헌법위원회	헌법재판소
위헌법률 심판	법률의 위헌여부 재판	법률의 위헌여부 심사	법률의 위헌여부 심사	법률의 위헌여부 심판	법률의 위헌여부 심판
결정정족수	위원 2/3 이상의 찬성	심판관 6인 이상의 찬성	과반수(1970. 8. 7. 이후 대법원판사 전원의 3분의 2 이상의 출석과 출석인원 3분의 2 이상의 찬성)	위원 6인 이상의 찬성	재판관 6인 이상의 찬성

Ⅱ. 성 질

위헌법률심판은 법률의 위헌여부가 구체적인 재판의 전제가 된 경우에 한하여 행해지므로 성질상 이를 구체적 규범통제(konkrete Normkontrolle, concrete review)라고 한다. 또 헌법이 정하고 있는 위헌법률심판은 공포되고 시행된 법률의 위헌여부에 대해서 심판하는 것이므로 사후적 규범통제에 해당한다(예: 憲 1997. 9. 25.-97헌가4; 1997. 9. 25.-97헌가5).

[憲 1997.9.25.-97헌가4] 「법률의 위헌여부심판의 제청 대상 법률은 특별한 사정이 없는 한 현재 시행 중이거나 과거에 시행되었던 것이어야 하기 때문에 제청 당시에 공포는 되었으나 시행되지 않았고 이 결정 당시에는 이미 폐지되어 효력이 상실된 법률은 위헌여부심판의 대상 법률에서 제외하는 것으로 해석함이 상당하다.」

법률의 위헌여부에 대한 심판, 즉 규범통제의 방식에는 구체적 사건의 계속여부에 따라 구체적 규범통제와 추상적 규범통제로 구분하고, 심판대상이 되는 법률의 시행여부에 따라 사전적 규범통제(=예방적 규범통제)와 사후적 규범통제(=교정적 규범통제)로 구분한다. 추상적 규범통제(abstract review)는 어떤 법률이 일반법원에 계속된 소송사건의 재판의 전제가 되어 있지 않더라도 법률에 대해 위헌여부의 재판을 하는 것을 말하고, 구체적 규범통제(concrete review)는 일반법원에 계속된 소송사건의 재판의 전제가 되어 있는 법률에 대해 위헌여부의 재판을 하는 것을 말한다. 사전적 규범통제(priori review)는 법률의 시행이전에 해당 법률의 위헌여부를 재판하는 것을 말하고, 사후적 규범통제(posteriori review)는 법률의 시행이후에 해당 법률의 위헌여부를 재판하는 것을 말한다. 구체적 규범통제는 사후적 규범통제에 해당하지만, 추상적 규범통제에는 사전적 규범통제에 해당하는 것도 있고(예: 프랑스), 사후적 규범통제에 해당하는 것도 있다(예: 독일, 오스트리아, 스페인). 이 헌법 제111조 제1항과 헌법재판소법 제2조에서 정하고 있는 우리나라의 위헌법률심판제도는 구체적 규범통제이고 사후적 규범통제에 해당한다.

Ⅲ. 제도의 목적

위헌법률심판은 i) 국회가 입법한 법률에 의해 헌법이 침해되는 것을 방지하여 헌법의 최고규범성과 헌법질서를 수호하고 유지하고, ii) 국민주권에 바탕을 둔 입헌주의를 실현하며, iii) 국회의 입법권의 남용으로부터 국민의 기본권을 보호하고, iv)다수의 횡포가 법률의 형식으로 나타날 때 이를 억제하여 소수를 보호함으로써 실질적 민주주의를 실현하는데 목적을 둔다.

[609] 제2 요 건

Ⅰ. 심판의 대상

위헌법률심판은 법률의 위헌여부에 대하여 심판하는 것이므로 심판의 대상은 법률이다.

(1) 법　률

(a) 현행 법률

위헌법률심판의 대상이 되는 법률은 국회가 입법한 형식적 의미의 법률이어야 하고, 현재 시행되고 있는 법률이어야 한다. 따라서 헌법재판소에 의해 위헌이라고 선고되어 효력을 상실한 법률이나(예: 憲 1989. 9. 29.-89헌가86; 2012. 12. 27 -2012헌바60) 시행되고 있지 아니한 법률(예: 憲 1997. 9. 25.-97헌가4)은 심판의 대상이 되지 못한다. 형식적 의미의 법률이 아닌 법규명령이나 행정규칙도 심판의 대상이 되지 못하고, 대법원규칙(예: 憲 2001. 2. 22.-99헌바87등)이나 조례(예: 憲 1998. 10. 15.-96헌바77)도 심판의 대상이 되지 못한다.

다만 현행 헌법하에서는 명령이나 규칙이 위헌인지 여부가 재판의 전제가 된 경우에는 대법원이 이를 최종적으로 심사할 권한을 갖도록 되어 있으므로(헌법 §107②), 구체적 규범통제절차가 그 심판대상에 따라 이원화되어 있는데, 이로 인하여 헌법해석의 통일성이 저해되는 등 많은 문제점이 발생한다([399] Ⅱ).

(b) 폐지된 법률

원칙적으로 폐지된 법률이나 법률조항은 재판의 전제가 되지 아니하므로 위헌법률심판에서는 심판의 대상으로 되지 않는 경우가 많다. 그러나 예외적으로 폐지된 법률이라도 그 위헌여부가 관련 소송사건의 재판의 전제가 되어 있다면 심판의 대상이 되는 경우가 있다. 헌법재판소의 판례도 같은 견해이다(예: 憲 1989. 4. 17.-88헌마4; 1989. 5. 24.-88헌가12; 1989. 7. 14.-88헌가5등; 1989. 12. 18.-89헌마32등; 1994. 6. 30.-92헌가18).

[憲 1989.12.18.-89헌마32등] 「법률은 원칙적으로 발효 시부터 실효 시까지 효력이 있고, 그 시행 중에 발생한 사건에 적용되기 마련이므로 법률이 폐지된 경우라 할지라도 그 법률의 시행 당시에 발생한 구체적 사건에 대하여서는 법률의 성질상 더 이상 적용될 수 없거나 특별한 규정이 없는 한 폐지된 법률이 적용되어 재판이 행하여질 수밖에 없는 것이고, 이 때 폐지된 법률의 위헌여부가 문제로 제기되는 경우에는 그 위헌여부 심판은 헌법재판소가 할 수밖에 없는 것이다. 만일 헌법재판소가 폐지된 법률이라는 이유로 위헌심사를 거부하거나 회피하면 구체적 사건에 대한 법적 분쟁을 해결하여야 하는 법원으로서는 법률에 대한 위헌여부결정권이 없다는 것을 이유로 하여 위헌문제가 제기된 법률을 그대로 적용할 수밖에 없는 불합리한 결과가 생겨나게 되기 때문이다.」

(c) 1987년헌법 이전의 법률

1948년헌법이 시행된 후에 제정된 법률인 이상 현행 헌법재판제도가 도입된 1987년헌법 이전에 제정되어 시행되고 있는 법률도 당연히 심판의 대상이 된다.

(d) 관 습 법

법원의 판례에 의하여 법률과 동일한 효력을 가지는 관습법의 존재와 내용이 인정된 경우에 그 관습법은 위헌법률심판의 대상이 된다(예: 憲 2013. 2. 28. -2009헌바129).

(e) 입법과정에 대한 심사

헌법상의 명시적인 절차규정을 위반하여 제정되거나 개정된 법률은 위헌인 것이 되어 효력을 가지지 못한다. 그런데 충실하고 최적의 입법을 함에 있어서 실질적으로 요구되는 절차적인 사항들을 준수하지 않고 입법된 법률을 헌법상의 민주주의원리나 법치주의원리 또는 입법권의 보장과 입법의무 등에 위반된다는 이유로 위헌이라고 할 수 있는지에 대해서는 견해가 대립한다([431]).

(f) 입법부작위

입법부작위는 진정입법부작위(眞正立法不作爲)와 부진정입법부작위(不眞正立法不作爲)로 나누어 고찰할 필요가 있다. 전자는 입법을 해야 할 법적인 의무가 있음에도 아무런 입법을 하지 아니하는 것을 의미하고, 후자는 입법의무를 이행하여 현실에 법률이 존재하지만 입법의무를 불완전하게 이행하여 일정한 부분에 있어서 입법의무를 다하지 아니한 것을 의미한다. 진정입법부작위의 위헌여부에 대해서는 위헌법률심판절차로 다툴 수 없으나, 부진정입법부작위의 경우에는 불완전한 법률 조항 자체를 위헌법률심판으로 다툴 수 있다(예: 憲 1996. 3. 28. -93헌바27).

(2) 긴급재정경제명령 · 긴급명령

헌법 제76조 제1항의 긴급재정경제명령과 헌법 제76조 제2항의 긴급명령은 법률의 효력을 가지므로 심판의 대상이 된다. 긴급재정경제명령이나 긴급명령이 국가긴급권의 행사로서 「통치행위」(統治行爲)에 해당한다고 하더라도 사법심사의 대상이 된다. 헌법재판소는 긴급재정경제명령에 대한 헌법소원심판에서 심판대상이 고도의 정치적 결단에 의해 행해지는 국가작용이라 하더라도 그것이 국민의 기본권 침해와 관련되는 경우에는 헌법소원의 심판 대상이 된다고 보았다(예: 憲 1996. 2. 29. -93헌마186).

헌법재판소는 1972년헌법에서 정하고 있었던 대통령의 긴급조치(緊急措置)는 최소한 법률과 동일한 효력을 가지는 것이라고 하고, 그 위헌 여부 심사권한도 헌법재판소에 전속한다고 판시하였다(예: 憲 2013. 3. 21. -2010헌바132등).

(3) 조 약

조약에 대하여 위헌여부의 심판이 가능한지 문제된다. 헌법재판소가 국내법의 위헌여부를 심판하는 이상 국내법의 효력을 가지는 조약이나 국제법규의 위헌여부에 대해서도 심판할 수 있다. 이 경우 조약은 자기집행조약이든 비자기집행조약이든 마찬가지이다. 헌법재판소도 법률과 동일한 효력을 가지는 조약은 위헌법률심판의 대상이 된다고 본다(예: 憲 2001. 9. 27.-2000헌바20).

헌법재판소가 조약이나 국제법규에 대하여 위헌이라고 선언한 경우, 조약이나 국제법규의 효력이 국제법적으로 무효화되지는 않는다. 단지 대한민국에서 국내법으로서만 효력을 가지지 못한다.

(4) 헌법의 개별규정

헌법의 개별규정은 주권자인 국민이 정한 것이므로, 헌법에 의해 창설된 기관인 헌법재판소는 헌법에서 명시하지 않는 한 이를 심사할 수 없다. 헌법재판소의 판례도 현행 헌법재판절차를 통해서는 헌법의 개별규정에 대하여 심사를 할 수 없다고 본다(예: 憲 1995. 12. 28.-95헌바3; 1996. 6. 13.-94헌바20; 2001. 2. 22.-2000헌바38).

[憲 2001.2.22.-2000헌바38] 「헌법 제111조 제1항 제1호 및 헌법재판소법 제41조 제1항은 위헌법률심판의 대상에 관하여, 헌법 제111조 제1항 제5호 및 헌법재판소법 제68조 제2항, 제41조 제1항은 헌법소원심판의 대상에 관하여 그것이 법률임을 명문으로 규정하고 있고, 여기서 위헌심사의 대상이 되는 법률이 국회의 의결을 거친 이른바 형식적 의미의 법률을 의미하는 것이므로, 헌법의 개별규정 자체는 헌법소원에 의한 위헌심사의 대상이 아니다. 한편, 헌법은 전문과 각 개별조항이 서로 밀접한 관련을 맺으면서 하나의 통일된 가치체계를 이루고 있는 것으로서 이념적·논리적으로는 규범 상호 간의 우열을 인정할 수 있다 하더라도, 그러한 규범 상호 간의 우열이 헌법의 어느 특정규정이 다른 규정의 효력을 전면적으로 부인할 수 있을 정도의 개별적 헌법규정 상호 간에 효력상의 차등을 의미하는 것이라고는 볼 수 없으므로, 이 점에서도 헌법의 개별규정에 대한 위헌심사는 허용될 수 없다.」

II. 심판의 제청

(1) 제청권자

위헌법률심판은 일반법원의 결정에 의한 심판의 제청이 있어야 한다. 일반법원의 제청은 직권 또는 당사자의 신청에 의하여 행해진다. 따라서 위헌법률심판절차에서 헌법재판소에 심판을 제청하는 권한은 국내법원이 가진다. 이 법원에는 법원조직법에서 정하고 있는 법원, 군사법원, 합의부, 단독판사, 수명법관, 수소법원, 집행법원, 비송사건담당법원이 해당한다. 개인은 어떠한 경우에도 제청권을 가지지 못한다(예: 憲 1994. 6. 30.-94헌아5).

위헌법률심판절차에서 법원의 제청은 법원의 권한인 동시에 의무이다.

(2) 재판의 의미

법원이 헌법재판소에 재판의 전제가 된 법률의 위헌여부심판을 제청할 수 있기 위해서는 먼저 당해 법원에 구체적인 소송사건이 계속 중이어야 한다. 여기서 「재판」이라 함은 원칙적으로 모든 재판을 의미한다. 따라서 재판의 형식이나 절차의 형태에 따라 정해지는 것이 아니라 실질적으로 법원의 사법권 행사에 해당하는가에 따라 결정된다. i) 판결 · 결정 · 명령, ii) 심리절차 · 판결절차 · 집행절차, iii) 소송절차 · 비송절차, iv) 준비절차 · 본안절차, v) 종국판결 · 중간판결, vi) 전부판결 · 일부판결 · 잔부판결 등뿐만 아니라, 소송비용에 관한 재판(예: 憲 1994. 2. 24.-91헌가3), 압류명령, 보정명령(예: 憲1994. 2. 24.-91헌가3), 법관의 제척 · 기피 · 회피의 결정, 이의신청에 대한 재판, 구속적부심사(예: 憲 1995. 2. 23.-92헌바18), 영장발부재판(예: 憲 1996. 2. 16.-96헌가2등), 보석허가결정(예: 憲 1993. 12. 23.-93헌가2), 증거채부결정(예: 憲 1996. 12. 26.-94헌바1) 등도 이런 재판에 해당한다.

Ⅲ. 재판의 전제성

(1) 적법요건으로서의 전제성

재판의 전제성은 위헌법률심판의 적법요건이다. 재판의 전제성이 인정되지 않으면 헌법재판소는 각하결정을 한다(위헌제청신청에 대하여 법원이 재판의 전제성이 인정되지 않는다고 하여 배척하는 경우에는 기각결정을 한다).

(2) 전제성의 구성요소

위헌법률심판에서 요구되는 재판의 전제성이란 i) 소송사건이 법원에 계속 중이어야 하고, ii) 위헌여부가 문제되는 법률 또는 법률조항이 당해 소송사건의 재판에 적용되어야 하며, iii) 그 법률 또는 법률조항의 위헌여부에 따라 당해 사건을 담당한 법원이 다른 내용의 재판을 하게 되는 경우를 말한다. 헌법재판소의 판례도 같은 견해이다(예: 憲 1993. 11. 25.-92헌바39; 1993. 12. 23.-93헌가2; 2000. 1. 27.-99헌바23).

(a) 소송사건이 법원에 계속 중일 것

소송사건이 일반법원에 계속 중이라는 의미는 「적법하게」 계속되어 있어야 함을 뜻한다. 해당 소송사건이 부적법한 청구이어서 법률의 위헌여부를 따져 볼 필요조차 없이 각하될 수밖에 없는 경우에는 재판의 전제성이 흠결되었다고 할 것이다(예: 憲 1992. 8. 19.-92헌바36; 2009. 10. 29.-2008헌바73).

원칙적으로 제청법원에 계속 중이던 소송사건이 종료한 경우에는 재판의 전제성이 소멸하여 전제성이 인정되지 않는다. 그러나 재판의 전제성이 없다고 하여 심판을 할 수 없는 것은 아니다. 위헌법률심판에서 재판의 전제성이 없으면 원칙적으로 심판을 할 수 없지만, 예외적으로 심판의 필요성이 인정되는 경우가 있다.

(b) 위헌여부가 문제되는 법률 또는 법률조항이 당해 소송사건의 재판에 적용될 것

(i) 직접 적용되는 법률 어떤 법률 또는 법률조항이 당해 소송사건의 재판에 적용된다고 하는 것은 당해 사건의 재판에 기여할 수 있는 것이어야 한다. 위헌여부가 문제된 법률이나 법률조항의 위헌여부에 대해 의심이 있더라도 당해 사건에 적용될 것이 아니면 재판의 전제가 된다고 할 수 없다(예: 憲 1998. 2. 27.-97헌가10등).

헌법재판소는 공소가 제기되지 않은 법률조항(예: 憲 1989. 9. 29.-89헌마53), 공소장에 적시된 법률조항이라 하더라도 구체적 소송사건에서 법원이 적용하지 아니한 법률조항(예: 憲 1997. 1. 16.-89헌마240), 당해 재심사건에 적용될 법률이 아닌 것(예: 憲 1993. 11. 25.-92헌바39)은 재판의 전제성을 가지지 못한다고 본다. 확정된 유죄판결에서 처벌의 근거가 된 법률조항은 재심의 개시 여부를 결정하는 재판에서는 재판의 전제성이 인정되지 않고, 재심의 개시 결정 이후의 '본안사건에 대한 심판'에 있어서만 재판의 전제성이 인정된다(예: 憲 2016. 3. 31.-2015헌가36). 그리고 종료된 행정처분이 취소사유를 가지는 경우에는 그 행정처분에 대한 무효확인소송에서 해당 근거법률은 재판의 전제성을 가지지 않지만, 그 근거법률의 위헌선고로 인하여 그 행정처분이 당연무효로 되는 경우라면 해당 근거법률은 재판의 전제성을 가진다고 본다(예: 憲 1994. 6. 30.-92헌바23; 2001. 9. 27.-2001헌바38).

(ii) 간접 적용되는 법률 심판대상 법률이 당해 소송사건의 재판에 직접 적용되지 않더라도 재판의 전제성이 인정되는 경우가 있는가 하는 문제가 있다. 헌법재판소는 제청 또는 청구된 법률조항의 위헌여부에 따라 당해 사건의 재판에 직접 적용되는 법률조항의 위헌여부가 결정되거나, 당해 재판의 결과가 좌우되는 경우 등과 같이 양 규범 사이에 내적 관련이 있는 경우에는 간접 적용되는 법률규정에 대하여도 재판의 전제성을 인정할 수 있다고 하였다(예: 憲. 2000.1.27.-99헌바23; 2001.10.25.-2000헌바5).

헌법재판소는 재판에 직접 적용되는 시행령의 위헌여부가 법률의 위임규정의 위헌여부에 달려 있는 경우에 법률의 위임규정을 심판의 대상으로 삼을 수 있다고 본다(예: 憲 1994.6.30.-92헌가18; 1996.8.29.-95헌바36).

(c) 위헌여부에 따라 당해 법원이 다른 내용의 재판을 하게 될 것

(i) 주문이 달라지는 경우 해당 법률 · 법률조항의 위헌여부에 따라 당해 법원이 다른 내용의 재판을 하게 되는 대표적인 경우가 재판의 결론이나 주문의 변경을 가져오는 경우이다. 재판의 결론이나 주문의 변경이 당해 법원의 제청신청인의 권리에 어떤 영향이 있어야 하는 것을 의미하는 것은 아니다. 헌법재판소의 판례도 같다(예: 憲 1989. 12. 18. -89헌마32등; 1990.6. 25.-89헌가98등; 2001.1.18.-2000헌바29).

(ii) 이유 등이 달라지는 경우 헌법재판소는 문제된 법률의 위헌여부가 비록 재판의

주문 자체에는 아무런 영향을 주지 않는다고 하더라도 재판의 결론을 이끌어 내는 이유를 달리하는 데 관련되어 있거나 또는 재판의 내용과 효력에 관한 법률적 의미가 전혀 달라지는 경우에는 재판의 전제성이 있는 것으로 본다(예: 憲 1992. 12. 24.-92헌가8; 1993. 12. 23.-93헌가2; 2000.1.27.-99헌바23).

따라서 헌법재판소는 제청된 법률이 위헌으로 심판되는 여부가 법원이 앞으로 진행될 소송절차와 관련한 중요한 문제점을 선행하여 결정하여야 하는 여부의 판단에 영향을 미치는 경우에도 전제성이 있다고 보았다(예: 憲 1994. 2. 24.-91헌가3). 또한 헌법재판소는 당해 소송의 원고를 특정한 급부의 수혜대상으로부터 제외시키고 있는 법률규정의 경우와 같이 위헌 또는 헌법불합치결정만으로는 당사자가 당해 급부를 청구할 수 없는 경우에 대하여, 처음에는 재판의 전제성이 없다고 하기도 하였으나(예: 憲 1993. 11. 25.-90헌바47등), 이후 심판대상 조항에 대해 위헌결정이 내려지고 결정의 취지에 따라 당해 규정이 개정되는 경우 당해 사건의 결정에 영향을 미칠 가능성이 있다는 이유로 재판의 전제성을 인정하고 있다(예: 憲 1999. 7. 22.-98헌바14; 2000. 6. 21.-2000헌바47).

(3) 전제성에 대한 판단

(a) 주 체

(i) 법원이 재판의 전제성을 인정한 경우 제청법원이 당해 소송사건에서 재판의 전제가 된다고 하여 법률이나 법률조항의 위헌여부심판을 제청한 경우에 이를 배척할 만한 특별한 사정이 없으면 헌법재판소는 재판의 전제성을 인정하는 것이 바람직하다. 따라서 제청법원이 재판의 전제성이 인정된다고 판단한 것이 명백하게 잘못된 것이 아닌 한 헌법재판소는 재판의 전제성이 인정된다고 보아야 한다. 헌법재판소의 판례도 같은 취지이다(예: 憲 1993. 5. 13.-92헌가10등; 1999. 6. 24.-98헌바42; 2002. 4. 25.-2001헌가27). 다만, 제청법원에 계속된 사건이 당해 법률의 위헌여부와 관계없이 각하되어야 할 사건인 때에는 제청법원의 제청에도 불구하고 재판의 전제성이 인정될 수 없는 경우에 해당한다고 보아 헌법재판소가 독자적으로 전제성에 대하여 판단한 사례도 있다(예: 憲 2003. 10. 30.-2002헌가24).

(ii) 법원이 재판의 전제성을 부정한 경우 법원이 재판의 전제성이 없다고 판단한 경우에 우리나라 위헌법률심판절차의 특성으로 인하여 예외적으로 헌법재판소가 전제성을 인정하는 경우가 발생할 수 있다. 즉 법원이 재판의 전제성이 인정되지 않는다는 이유로 당사자의 제청신청을 기각하여 당사자가 헌법재판소법 제68조 제2항의 심판청구를 한 경우에 헌법재판소가 전제성을 인정하는 경우가 발생할 수 있다. 이 경우 헌법재판소는 당해 법원의 소송사건의 사실관계를 알 수 없기 때문에 청구인의 주장을 바탕으로 전제성의 유무를 판단할 수밖에 없다. 헌법재판소의 판례도 같은 취지이다(예: 憲 1998. 9. 30.-98헌가7등).

(b) 재판의 전제여부 결정의 효력

어떤 법률이나 법률조항이 법원의 소송사건의 재판의 전제가 되느냐 하는 것에 대한 헌법재판소의 결정은 당해 법원은 물론이고 다른 법원을 기속하지 않는다.

(c) 기준시점

원칙적으로 재판의 전제성은 위헌법률심판을 청구하는 시점뿐만 아니라 헌법재판소가 이에 대한 결정을 하는 시점에도 갖추어져 있어야 한다. 헌법재판소의 판례도 같은 취지이다(예: 憲 1993. 12. 23.-93헌가2).

(d) 전제성이 인정되지 않는 때의 결정

헌법재판소는 위헌법률심판의 대상이 된 법률이나 법률조항이 처음부터 재판의 전제성을 가지지 못하는 경우 청구가 부적법한 것임을 이유로 이를 각하한다(예: 憲 1989. 9. 29.-89헌마53; 1997. 9. 25.-97헌가 5; 2001. 6. 28.-2001헌바16). 헌법재판소가 적극적으로 심판의 대상을 변경한 경우도 있다(예: 憲 1998. 3. 26.-93헌바12). 심리중 전제성이 소멸한 경우에는 심판의 청구를 철회 또는 취하하지 아니하면 당해 청구를 각하하여야 하나, 예외적으로 위헌법률심판이 가지는 객관소송으로서의 성질과 헌법질서의 수호·유지라는 제도적 본질에 비추어 본안에 대하여 판단할 수도 있다(예: 憲 1993. 12. 23.-93헌가2).

[憲 1993.12.23.-93헌가2] 「일찍이 당재판소는 법률에 대한 헌법소원심판에 있어서 "침해행위가 이미 종료되어서 이를 취소할 여지가 없기 때문에 헌법소원이 주관적 권리구제에 별 도움이 안 되는 경우라도 그러한 침해행위가 앞으로도 반복될 위험이 있거나 당해 분쟁의 해결이 헌법질서의 수호·유지를 위하여 긴요한 사항이어서 그 해명이 헌법적으로 중대한 의미를 지니고 있는 경우에는 헌법소원의 이익을 인정하여야 할 것이다"라고 판시한 바 있다. 이러한 법리는 구체적 규범통제로서의 법원의 제청에 의한 법률의 위헌여부심판절차에서도 존중되어야 할 것이다. 따라서 위헌여부심판이 제청된 법률조항에 의하여 침해된다는 기본권이 중요하여 동 법률조항의 위헌 여부의 해명이 헌법적으로 중요성이 있는데도 그 해명이 없거나, 동 법률조항으로 인한 기본권의 침해가 반복될 위험성이 있는데도 좀처럼 그 법률조항에 대한 위헌여부심판의 기회를 갖기 어려운 경우에는 설사 그 심리기간 중 그 후의 사태진행으로 당해 소송이 종료되었더라도 헌법재판소로서는 제청 당시 전제성이 인정되는 한 예외적으로 객관적인 헌법질서의 수호·유지를 위하여 심판의 필요성을 인정하여 적극적으로 그 위헌 여부에 대한 판단을 하는 것이 헌법재판소의 존재이유에도 부합하고 그 임무를 다하는 것이 될 것이다.」

[610] 제3 절 차

Ⅰ. 제 청

위헌법률심판의 절차는 법원이 결정으로 심판을 제청함으로써 개시한다. 법원은 재판의 전제가 된 법률이나 법률조항의 위헌여부에 대하여 위헌이라는 확신을 가지는 때가 아니라 위헌이라는 합리적인 의심이 있으면 심판을 제청한다(예: 憲 1993. 12. 23. -93헌가2).

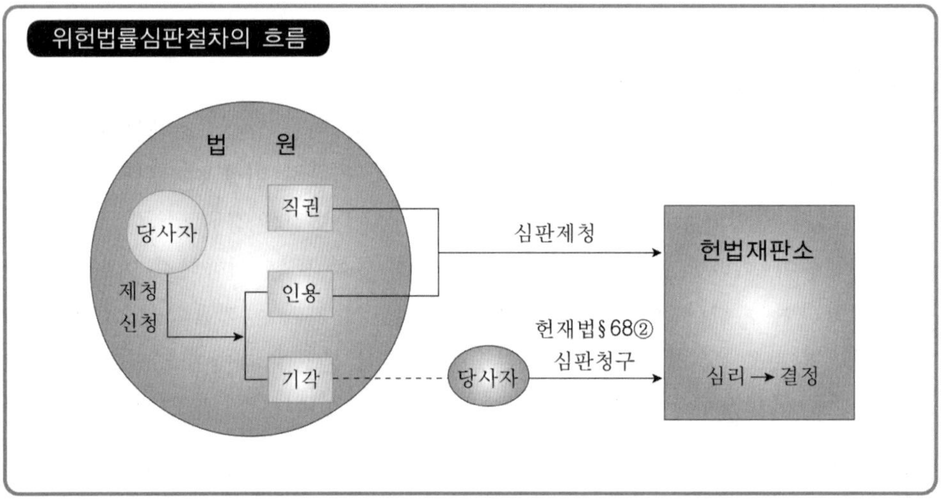

법원의 제청은 직권 또는 당사자의 신청에 의한다(헌재법 §41①). 당사자의 제청신청이 있는 경우에는 법원은 제청신청사건부터 먼저 처리하고 제청에 관한 결정을 한다. 당사자의 제청신청에 대하여 법원이 기각결정을 한 때에는 당사자는 당해 사건의 소송절차에서 동일한 사유를 이유로 하여 다시 위헌여부심판의 제청을 신청할 수 없다(동법 §68②).

그러나 당사자의 제청신청에 대하여 당해 법원이 기각결정(재판의 전제성이 없는 경우에는 기각결정을 한다. 헌법재판소가 재판의 전제성이 없는 경우에 각하결정을 하는 것과 차이가 있다)을 한 경우에 당사자는 헌법재판소법 제68조 제2항에 의거하여 헌법재판소에 헌법소원심판을 청구할 수 있다. 헌법재판소법 제68조 제2항에 의한 이러한 헌법소원심판청구는 성질상 위헌법률심판절차에 해당한다.

법원이 법률의 위헌 여부의 심판을 헌법재판소에 제청한 때에는 당해 소송사건의 재판은 헌법재판소의 위헌 여부의 결정이 있을 때까지 정지된다. 다만, 법원이 긴급하다고 인정하는 경우에는 종국재판 외의 소송절차를 진행할 수 있다(동법 §42①).

위헌 여부 심판의 제청에 관한 결정에 대하여는 항고할 수 없다(동법 §41④). 따라서 당사자는 당해 법원이 위헌 여부 심판의 제청신청을 각하 또는 기각한 결정에 대하여 항고

등의 방법으로 다툴 수 없다.

법원이 헌법재판소에 위헌법률심판의 제청을 한 후 이를 철회할 수 있는지 문제된다. 위헌법률심판은 객관소송이므로 법원이 제청한 이상 원칙적으로 이를 철회할 수 없다. 그러나 예외적으로 당해 사건의 전제가 된 법률이 개정 또는 폐지되어 제청 요건이 존재하지 않는 경우와, 형사재판에서 공소가 취소된 경우나 민사재판과 행정재판에서 당해 사건의 소취하로 인하여 제청법원에서 당해 사건이 종료된 경우에는 제청법원은 이미 행한 제청을 철회할 수 있다. 법원이 제청을 철회한 경우에는 심판절차가 종료된 것으로 처리하여야 할 것이다.

II. 심 리

법원의 심판의 제청이 있으면 헌법재판소는 심판의 대상에 대하여 심리를 하고, 심리를 마친 때에는 결정을 한다. 위헌법률심판은 원칙적으로 서면심리에 의한다(헌재법 §30② 본문).

(1) 위헌법률심판의 기준

위헌법률심판의 기준은 헌법이다. 여기서 말하는 헌법은 무엇보다도 실정헌법인 헌법전이 가장 중요한 의미를 가진다. 헌법재판소가 행하는 구체적 규범통제의 심사기준은 원칙적으로 헌법재판을 할 당시에 규범적 효력을 가지는 헌법이라 할 것이다. 그러므로 헌법재판소는 유신헌법당시의 긴급조치들의 위헌성을 심사하는 준거규범은 유신헌법이 아니라 현행헌법이라고 보았다(예: 憲 2013. 3. 21.-2010헌바132등). 같은 규범통제라도 법률에 대한 헌법소원심판에서는 헌법상의 기본권 조항이 심판의 기준이 됨에 반하여 위헌법률심판에서는 이런 제한이 없기 때문에 헌법의 모든 규정이 심판의 기준이 된다. 위헌법률심판의 기준이 되는 「헌법」은 헌법의 원칙, 원리, 근본적 결단 등 모든 것을 포함한다(예: 憲 1996. 4. 25.-92헌바47).

관습헌법도 심판의 기준이 된다(예: 憲 2004. 10. 21.-2004헌마554등). 다만, 실정헌법이 존재하는 오늘날의 입헌국가에서는 헌법해석을 통하여 대부분의 헌법분쟁을 해결할 수 있으므로 관습헌법을 쉽게 인정하는 것은 타당하지 않다는 점을 유의할 필요가 있다.

국제조약은 법규범의 효력구조에서 헌법보다 하위에 있으므로 심판의 기준이 될 수 없다. 국제법과 국내법의 효력에 관해 국내법우위설과 국제법우위설이 대립하나, 국가의 독립성과 주권성에 비추어 일반적인 국제조약은 그 효력에 있어서 헌법보다 하위에 있으므로 심판의 기준이 될 수 없다. 따라서 인권에 관한 국제조약도 위헌법률심판에서 심판의 기준이 될 수 없다.

(2) 심판의 범위

헌법재판소는 제청법원이나 제청신청인이 주장하는 관점에서 뿐만 아니라 모든 헌법적 관점에서 법률의 위헌성을 심판한다. 법원의 위헌제청을 통해서 제한되는 것은 심판의 대상인 법률조항이지 위헌심판의 법적 관점이 아니다. 헌법재판소도 같은 입장이다(예: 憲 2002. 8. 29.-2000헌가5등; 1996. 12. 26.-96헌가18).

[憲 1996.12.26.-96헌가18] 「헌법재판소는 헌법 제107조 제1항, 제111조 제1항 제1호에 의한 위헌법률심판절차에 있어서 규범의 위헌성을 제청법원이나 제청신청인이 주장하는 법적 관점에서만이 아니라 심판대상규범의 법적 효과를 고려하여 모든 헌법적인 관점에서 심사한다. 법원의 위헌제청을 통하여 제한되는 것은 오로지 심판의 대상인 법률조항이지 위헌심사의 기준이 아니다.」

[611] 제4 결 정

Ⅰ. 의 의

헌법재판소가 위헌법률심판절차에서 심리를 마친 때에 사건에 대하여 심판을 하는 형식을 「결정」이라고 한다. 결정은 헌법재판의 각종의 심판절차에서 유일한 형식인데, 위헌법률심판에서도 결정으로 심판한다.

위헌법률심판의 결정에서는 심판에 관여한 재판관은 결정서에 의견을 표시하여야 한다(헌재법 §36③). 헌법재판소의 결정서에는 헌법재판소의 의견이 주문의 형식으로 표시되는데, 재판관의 의견에는 다수의견, 반대의견, 보충의견이 있다.

Ⅱ. 각하결정

법원의 제청이 형식적 요건을 결여하여 부적법한 경우 헌법재판소는 이에 대하여 각하의 결정을 한다. 재판의 전제성이 없는 법률이나 법률조항에 대하여 심판을 구하는 경우, 이미 헌법재판소가 위헌으로 선고한 법률이나 법률조항에 대하여 심판을 구하는 경우(예: 憲 1989. 9. 29.-89헌가86; 2000. 8. 31.-97헌가12)에도 각하결정을 한다.

Ⅲ. 합헌결정

위헌법률심판절차에서 본안심리를 한 결과 재판의 전제가 되는 법률 또는 법률조항이 헌법에 위반되는 점이 발견되지 아니한 경우에는 헌법에 위반되지 아니한다」라는 합헌결정(合憲決定)을 한다.

헌법재판소가 결정을 선고하는 시점에서는 심판대상인 법률이나 법률조항이 헌법에 위반하지 않지만 상황의 변화로 일정한 시간이 경과하면 위헌으로 된다고 판단되는 경우에는「아직은 합헌」이라는 주문(「아직은 헌법에 위반되지 않는다」)을 표시할 수 있다.

그리고 해당 법률이나 법률조항이 법리적으로는 헌법에 위반되지 않아 합헌의 결정을 하지만, 부당하거나 실정법 전체의 체계상 합당하지 아니한 경우에 국회에게 법률의 개정을 촉구하는「법률개선촉구」결정도 함께 할 수 있다. 헌법재판소도 이러한 경우를 인정하고 있다(예: 憲 1993. 7. 29.-93헌마23; 1996. 2. 29.-92헌바8).

헌법재판소가 재판의 전제가 된 법률이나 법률조항에 대하여 합헌결정을 하더라도 합헌결정은 합헌을 확인한 결정이 아니라 위헌이 아니라고 판단한 결정이므로, 해당 법률이 합헌이라는 점에 관하여 기속력이 발생할 여지가 없고, 해당 법률은 합헌결정과 무관하게 통용력에 의해 효력을 유지하게 된다. 헌법재판소의 판례도 같은 취지이다(예: 憲 1993. 3. 11.-90헌가70; 1998. 2. 27.-96헌마92). 따라서 법률이나 법률조항에 대하여 합헌결정이 있은 이후라 하더라도 다른 소송에서 법원은 다시 위헌의 합리적 의심이 드는 경우 위헌법률심판의 제청을 할 수 있고 국민은 헌법재판소법 제68조 제2항에 의한 헌법소원심판을 청구할 수 있으며, 이 때 헌법재판소는 그러한 제청이나 청구를 부적법하다고 배척할 것이 아니라 새로이 그 위헌여부를 판단하여야 한다. 이 경우 헌법재판소는 종전의 견해를 유지할 수도 있고, 변경할 수도 있다. 국회는 합헌으로 결정된 법률이나 법률조항에 대해 이를 폐지하거나 개정할 수도 있다.

Ⅳ. 위헌결정

(1) 의　의

헌법재판소는 위헌법률심판절차에서 심판의 대상이 된 법률이나 법률조항이 헌법에 위반된다고 인정한 경우에 위헌결정(違憲決定)을 한다.

(2) 위헌결정의 범위

(a) 부분위헌결정

헌법재판소는 위헌법률심판절차에서 당해 소송사건의 재판의 전제가 된 법률이나 법률조항 가운데 일부는 위헌이고 일부는 합헌일 경우, 합헌인 부분에 대해서는 합헌결정을 하고 위헌인 부분에 대해서는 위헌결정(違憲決定)을 한다(예: 憲 1998. 9. 30.-98헌가7등). 이는 단순위헌의 결정이고, 변형결정이 아니다(양적 일부위헌결정).

(b) 법률전부 위헌결정

헌법재판소는 원칙적으로 법원이 헌법재판소에 제청한 법률조항에만 한정하여 판단하지만, 법률조항의 위헌결정으로 인하여 해당 법률 전부를 시행할 수 없다고 인정할 때에는 그 전부에 대하여 위헌결정을 할 수 있다(헌재법 §45 단서).

(c) 부수적 위헌결정

헌법재판소법 제45조 단서의 규정은 특정한 법률조항이 심판의 대상으로 된 때, 그 조항에 대하여 위헌결정을 할 경우 논리필연적으로 위헌이 되거나 상호관계상 법적으로 독립된 의미를 가지지 못하는 개별 조항에 대해서도 적용된다. 헌법재판소의 판례도 같다(예: 憲 1989. 11. 20.-89헌가102; 2003. 9. 25.-2001헌가22).

(d) 위헌법률에 의해 위임된 하위규범

효력을 상실한 법률이나 법률조항에 의해 위임된 명령이나 규칙과 같은 하위규범의 효력에 대하여 헌법재판소법은 명시적으로 정하고 있지 않다. 법질서 전체의 통일성을 유지하기 위해서는 헌법재판소법에 이에 대한 명문의 규정을 두는 것이 바람직하다.

법률에 대한 헌법소원심판에서 시행령의 해당 조항이 모법인 법률의 해당 조항의 내용과 일체를 이루어 동일한 법률관계를 규율대상으로 하고 있는 경우에, 헌법재판소는 시행령의 해당 조항도 심판의 대상이 된다고 하여 심판대상을 확장하는 방법으로 이 문제를 해결한 적이 있다(예: 憲 2001. 11. 29.-99헌마494). 대법원은 위임규정인 법률조항이 위헌결정으로 효력을 상실하면 그 법률조항의 위임에 의하여 제정된 하위법규도 당연히 효력을 상실한다고 한다(예: 大 1996. 4. 9.-95누11405).

(e) 심판대상의 확장 · 축소

(i) 가 능 성 위헌법률심판은 객관소송이고 직권주의가 지배하므로 헌법재판소는 위헌법률심판절차에서 심판의 대상을 축소하거나 확장할 수 있다. 헌법재판소도 규범통제의 기능과 직권주의를 들어 같은 견해를 보이고 있다(예: 憲 1996. 11. 28.-96헌가13; 2000. 8. 31.-97헌가12).

(ii) 심판대상의 확장 제청법원이 제청한 법률조항과 체계적으로 밀접불가분의 관계에 있거나 동일한 심사척도가 적용되는 경우에는 심판의 대상으로 삼을 수 있으며(예: 憲 1999.1.28.-98헌가17; 2005. 2. 3.-2001헌가9등), 법질서의 정합성이나 소송경제적인 면에서 필요한 경우에도 심판의 대상을 확장할 수 있다(예: 憲 2000. 8. 31.-97헌가12).

(iii) 심판대상의 축소 위헌법률심판에서 헌법재판소는 심판대상을 축소할 수 있다. 하지만 헌법재판소는 제청법원이 재판의 전제성이 인정된다고 한 경우에는 제청법원의 의견을 존중하여 심판대상을 축소하지 않는 태도를 보이고 있다. 헌법재판소법 제68조 제2항의 심판절차에서는 청구인이 주장한 내용 중에서 재판의 전제성이 인정되지 않는 부분에 대하여 각하결정을 하지 않고 이를 심판대상에서 배제한 다음 결정한

것이 있다(예: 憲 1998. 4. 30.-96헌바78).

(iv) 심판대상의 적극적 변경 법원이 헌법재판소에 위헌법률심판을 제청한 경우 헌법재판소가 제청법원의 견해를 배척하고 심판의 대상을 적극적으로 변경하기는 어렵다. 헌법재판소법 제68조 제2항의 심판절차에서 헌법재판소가 심판의 대상을 적극적으로 변경하여 결정한 예는 있다(예: 憲 1998. 3. 26.-93헌바12; 2000. 8. 31.-98헌바27등).

(3) 위헌결정된 법률의 효력상실

(a) 개 설

헌법재판소법에 의해 위헌으로 결정된 법률 또는 법률의 조항은 그 결정이 있는 날부터 효력을 상실한다(헌재법 §47②). 다만 형벌에 관한 법률 또는 법률의 조항은 소급하여 그 효력을 상실한다. 다만 해당 법률 또는 법률의 조항에 대하여 종전에 합헌으로 결정한 사건이 있는 경우에는 그 결정이 있는 날의 다음 날로 소급하여 효력을 상실한다(헌재법 §47③). 위헌으로 결정된 법률의 효력상실에 대해서는 이론적으로 당연무효설과 폐지무효설이 대립한다. 그리고 위헌결정이 갖는 소급효의 범위도 심판대상이 형벌에 관한 법률인지 여부에 따라 나누어 고찰할 필요가 있다.

(b) 효력 상실의 성질

(i) 당연무효설 당연무효설은 헌법에 위반되는 법률은 처음부터(ex-tunc) 당연히(ipso iure) 효력이 발생하지 아니한 것으로 원천적으로 무효라고 한다. 따라서 헌법재판소의 위헌결정은 무효인 것을 사후에 유권적으로 확인하여 선언하는 것에 지나지 않으며, 위헌으로 결정된 법률은 소급하여 무효(ex-tunc-Nichtigkeit)라는 것이 된다. 당연무효설은 헌법의 최고규범성, 실정법질서의 통일성 등을 주요 논거로 한다.

(ii) 폐지무효설 폐지무효설은 헌법재판소의 결정이라는 법률의 효력을 상실시키는 조치에 의하여 비로소 법률의 효력이 폐지될 수 있다고 본다. 따라서 헌법재판소의 위헌결정은 단순한 위헌확인의 선언적인 것이 아니라 형성적인 행위이며, 위헌으로 결정된 법률도 당연히 처음으로 소급하여 효력이 상실되는 것은 아니다. 소급효(遡及效 ex-tunc-Wirkung)로 하되 법적 안정성을 해치지 않는 시점까지 소급하여 효력을 상실시킬 수도 있고, 위헌결정이 있은 시점 이후부터 효력을 상실시키는 향후효(向後效=將來效 ex-nunc-Wirkung)로 할 수도 있으며, 헌법재판소의 결정 시부터 일정한 기간이 경과한 뒤의 시점부터 효력을 상실시키는 미래효(未來效 ex-post-Wirkung)로 할 수도 있다. 폐지무효설은 헌법에 위반된다는 것이 법리상 본질필연적으로 당연무효가 되는 것은 아니라는 점, 법적 안정성 등을 주요 논거로 한다.

(iii) 사 견 헌법재판소의 위헌결정이 있기 전에는 법률은 입법형성권을 가진 국가기관인 국회가 행한 입법작용의 결과로써 통용력(通用力)을 가지고 있기 때문에 유효하다고 보아야 할 것이다. 따라서 법률에 대한 헌법재판소의 위헌결정은 형성적인 성질을 가지는 것이라고 할 것이다. 헌법에서 당연무효를 정하고 있지 않을 뿐 아니라, 헌법재판소법 제47조 제2항에서 「위헌으로 결정된 법률 또는 법률의 조항은 그 결정이 있는 날부터 효력을 상실한다」라고 정하고 있는 점, 동법 제47조 제1항, 제75조 제5항의 각 문언적 표현을 고려하면 실정법의 해석상으로도 당연무효설을 취하기는 어렵다.

(c) 소 급 효

헌법재판소법 제47조 제2항에 의할 때, 위헌으로 결정된 형벌에 관한 법률 또는 법률조항은 소급하여 효력을 상실하지만, 형벌에 관한 것이 아닌 법률 또는 법률조항에 대해 헌법재판소의 위헌결정이 있으면 소급하지 않고 그 결정이 있는 날로부터 효력을 상실한다는 결론에 이른다. 이런 비소급효의 규정이 구체적 규범통제제도나 헌법상의 평등보호조항과 합치될 수 있는지가 문제된다.

(i) 형벌에 관한 법률 헌법재판소법 제47조 제3항에 의해 위헌으로 결정된 형벌에 관한 법률 또는 법률조항은 소급하여 효력을 상실한다. 다만 형벌에 관한 법률이라 하더라도 이를 소급적으로 위헌 무효화하는 것이 당사자에게 형사상 불이익한 결과를 초래하는 경우에는 소급효가 인정되지 않는다(예: 憲 1997. 1. 16.-90헌마110등). 위헌결정 이전에 공소가 제기되어 법원에 계속 중인 사건에서는 위헌결정 이후 면소판결을 할 것이 아니라 무죄를 선고하여야 하고(형소법 §325), 법원의 유죄판결이 이미 선고되었으나 확정되기 전에는 피고인은 유죄판결에 대해 상소할 수 있으며(동법 §361의5, §383i), 이미 유죄판결이 확정된 경우에는 재심을 청구할 수 있다. 재심에 관하여는 후술한다.

(ii) 형벌에 관한 법률이 아닌 법률 헌법재판소법 제47조 제2항에 의하면 이러한 경우 위헌으로 결정된 법률은 소급적으로 효력을 상실하지 않으며, 향후 무효가 된다.

그러나 위헌결정의 소급여부와 별개로 구체적 규범통제의 본질상 위헌법률심판을 구한 당해 사건에서는 위헌으로 결정된 법률이나 법률조항은 무효가 된다고 하지 않을 수 없다. 이러한 것은 헌법 제111조 제1항 제1호와 헌법재판소법 제41조 제1항, 제68조 제2항에 당연히 포함되어 있다고 해석할 수 있다. 헌법재판소와 대법원도 같은 견해이다(예: 憲 1993. 5. 13.-92헌가10등; 大 1991. 6. 11.-90다5450).

한편 규범통제의 성질상 당해 사건에 있어서는 위와 같은 소급효가 인정된다고 하더라도 당해 사건의 당사자와 다른 국민들 간 평등의 문제가 발생하면 헌법이 보장하는 평등보호의 요구를 충족시켜야 하므로 이 한도 내에서 소급효를 인정하지 않을 수 없다. 헌법재판소와 대법원은 판례를 통하여 소급효의 적용범위를 확장하여 왔다.

《소급효의 범위의 확장》

헌법재판소는 다음과 같이 판시하였다.「형벌법규 이외의 일반 법규에 관하여 위헌결정에 불소급의 원칙을 채택한 법 제47조 제2항 본문의 규정 자체에 대해 기본적으로 그 합헌성에 의문을 갖지 않지만 위에서 본바 효력이 다양할 수밖에 없는 위헌결정의 특수성 때문에 예외적으로 그 적용을 배제시켜 부분적인 소급효의 인정을 부인해서는 안 될 것이다. 우선 생각할 수 있는 것은, 구체적 규범통제의 실효성의 보장의 견지에서 법원의 제청·헌법소원의 청구 등을 통하여 헌법재판소에 법률의 위헌결정을 위한 계기를 부여한 당해 사건, 위헌결정이 있기 전에 이와 동종의 위헌여부에 관하여 헌법재판소에 위헌제청을 하였거나 법원에 위헌제청신청을 한 경우의 당해 사건, 그리고 따로 위헌제청신청을 아니하였지만 당해 법률 또는 법률의 조항이 재판의 전제가 되어 법원에 계속 중인 사건에 대하여는 소급효를 인정하여야 할 것이다. 또 다른 한 가지의 불소급의 원칙의 예외로 볼 것은, 당사자의 권리구제를 위한 구체적 타당성의 요청이 현저한 반면에 소급효를 인정하여도 법적 안정성을 침해할 우려가 없고 나아가 구법에 의하여 형성된 기득권자의 이익이 해쳐질 사안이 아닌 경우로서 소급효의 부인이 오히려 정의와 형평 등 헌법적 이념에 심히 배치되는 때라고 할 것으로, 이 때에 소급효의 인정은 법 제47조 제2항 본문의 근본취지에 반하지 않을 것으로 생각한다. 어떤 사안이 후자와 같은 테두리에 들어가는가에 관하여는 다른 나라의 입법례에서 보듯이 본래적으로 규범통제를 담당하는 헌법재판소가 위헌선언을 하면서 직접 그 결정주문에서 밝혀야 할 것이나, 직접 밝힌 바 없으면 그와 같은 경우에 해당하는가의 여부는 일반 법원이 구체적 사건에서 해당 법률의 연혁·성질·보호법익 등을 검토하고 제반이익을 형량해서 합리적·합목적적으로 정하여 대처할 수밖에 없을 것으로 본다」(예: 憲 1993. 5. 13.-92헌가10등). 한편 대법원은 판례를 통하여, 위헌결정의 소급효는 i) 위헌결정이 있기 전에 이와 동종의 위헌여부에 관하여 헌법재판소에 위헌여부심판제청을 하였거나 법원에 위헌여부심판제청신청을 한 경우의 당해 사건, ii) 따로 위헌제청신청은 아니하였지만 당해 법률 또는 법률의 조항이 재판의 전제가 되어 법원에 계속 중인 사건, iii) 위헌결정 이후에 위와 같은 이유로 제소된 일반사건에 미친다고 본다(예: 大 1993. 1. 15.-92다12377; 1993. 1. 15.-91누 5747; 1993. 7. 16.-93다3783; 1994. 10. 25.-93다42740). 이는 원칙적으로 모든 사건에 소급효가 미친다고 보는 태도이다. 다만, 이런 경우에도 법적 안정성의 유지나 당사자의 신뢰보호를 위하여 불가피한 경우에 위헌결정의 소급효를 제한할 수 있다고 본다(예: 大 1994. 10. 25.-93다42740).

(4) 위헌결정된 법률에 근거한 행정처분의 효력

헌법재판소에 의하여 어떤 법률이 위헌으로 결정된 경우에, 그 법률에 근거하여 행하여진 행정처분의 효력은 어떻게 되는가 하는 문제가 있다. 이에 대해서는 (a) 무효설과 (b) 취소사유설이 있다.

(a) 무 효 설

헌법재판소에서 위헌으로 결정한 법률은 무효이고, 이러한 무효인 법률에 근거한 행정처분은 당연히 무효라고 본다. 따라서 이러한 행정처분의 하자를 다투는 때에는 무효확인소송(청구기간의 제한이 없음)을 제기하면 된다고 본다.

대법원의 판례 가운데 이러한 입장을 취하고 있는 것이 있다(예: 大 1991. 6. 28.-90누9346; 1993. 1. 15.-91누5747; 1993. 1. 15.-91누5747; 1993. 2. 26.-92누12247; 1996. 7. 12.-94다52195).

헌법재판소는 방론(傍論)에서 무효설을 취하는 태도를 보이는 판례가 있고(예: 憲 1994. 6. 30.-92헌가18), 비형벌법규에는 소급효가 발생하지 않고 장래효만 발생한다는 전제하에, 근거법률이 소급적으로 당연무효는 되지 않기 때문에 그에 근거한 처분도 원칙적으로 당연무효는 아니고 예외적인 경우에 한하여 무효가 된다는 법리를 전개하는 것도 보인다(예: 憲 1994. 6. 30.-92헌바23). 헌법재판소가 언급한 예외적인 경우란 행정처분 자체의 효력이 쟁송기간 경과 후에도 존속 중인 경우, 특히 그 처분이 위헌법률에 근거하여 내려진 것이고 그 행정처분의 목적달성을 위해서는 후행 행정처분이 필요한데 후행 행정처분은 아직 이루어지지 않은 경우에 그 행정처분을 무효로 하더라도 법적 안정성을 크게 해치지 않은 반면에 그 하자가 중대하여 그 구제가 필요한 경우가 이에 해당하며, 이러한 경우에는 당연무효사유로 보아서 쟁송기간 경과 후에라도 무효확인소송을 제기할 수 있다고 한다. 그런데 비형벌법규도 당해 사건, 병행사건, 동종사건의 경우에 소급효가 발생하고, 헌법재판소와 대법원의 판례도 이를 인정하므로 이러한 내용을 취하는 판례는 기본적으로 무효설의 입장에 있다고 보인다.

[大 1993.2.26.-92누12247] 「위헌결정의 소급효가 미치는 이상 위헌결정된 국가보위입법회의법 부칙 제4항 후단의 규정에 의하여 이루어진 면직처분은 당연무효의 처분이다.」

[大 1996.7.12.-94다52195] 「면직처분의 근거가 된 국가보위입법회의법 부칙 제4항 후단이 헌법재판소에 의하여 위헌으로 결정되어 그 위헌결정의 효력이 위헌결정 이후에 제소된 당해 사건에도 미치는 이상 그 면직처분은 당연무효이고, 그 면직처분의 상대방이 당해 사건 이전에 제기한 면직처분 무효확인 소송에서 정년이 넘어 소의 이익이 없다는 이유로 소각하 판결을 받았다고 하더라도 그 면직처분이 당연무효임에는 아무런 변함이 없다.」

[憲 1994.6.30.-92헌가18] 「상위법인 특별조치법 제5조 제4항의 위헌 여부는 하위법인 특별조치령의 위헌 여부 및 효력 유무의 전제가 되고 특별조치법 제5조 제4항에 대하여 위헌결정이 되면 자동적으로 이 위헌법률조항에 근거한 특별조치령도 위헌·무효가 되고 아울러 위헌무효인 특별조치령에 근거한 수용처분도 위헌·무효가 될 수 있기 때문이다(위헌 법령에 기한 행정처분의 무효 여부는 당해 사건을 재판하는 법원이 위헌성의 정도 등에 따라 판단할 사항이다).」

(b) 취소사유설

법률에 근거하여 행정처분이 발하여진 후에 헌법재판소가 그 행정처분의 근거가 된 법률을 위헌으로 결정한 경우에는 결과적으로 그 행정처분은 법률의 근거가 없이 행하여진 것과 마찬가지가 되어 하자가 있는 것이 된다. 그러나 하자 있는 행정처분이 당연무효가 되기 위하여는 그 하자가 중대할 뿐만 아니라 명백한 것이어야 하는데, 일반적으로 법률이 헌법에 위반된다는 사정이 헌법재판소의 위헌결정이 있기 전에는 객관적으로 명백한 것이라고 할 수는 없으므로 헌법재판소의 위헌결정 전에 행정처분의 근거되는 당해 법률이 헌법에 위반된다는 사유는 특별한 사정이 없는 한 그 행정처분의 취소소송의 전제가 될 수 있을 뿐 당연무효사유는 아니라고 한다. 행정처분의 근거가 되는 법률이 위헌으로 결정되면 이는 원칙적으로 행정처분의 취소사유가 되고 예외적으로 무효사유가 된다는 견해이다. 따라서 이러한 행정처분의 하자를 다투는 때에는 원칙적으로 취소소송을 제기하여야 하고(청구기간의 제한이 있음), 예외적으로 무효확인소송을 제기할 수 있다고 본다.

대법원의 판례 가운데 이러한 입장을 취하고 있는 것이 있다(예: 大 1994. 10. 28.-92누9463; 1995. 3. 3.-92다55770; 1995. 9. 26.-94다54160; 1995. 12. 5.-95다39137; 1996. 6. 11.-96누1689; 1998. 4. 10.-96다52359; 2000. 6. 9. -2000다16329; 2001. 3. 23.-98두5583).

헌법재판소의 판례 가운데 이와 유사한 취지의 입장을 취하고 있는 것이 있다(예: 憲 2004. 1. 29. -2002헌바73).

[大 1994.10.28.-92누9463] 「법률에 근거하여 행정처분이 발하여진 후에 헌법재판소가 그 행정처분의 근거가 된 법률을 위헌으로 결정하였다면 결과적으로 행정처분은 법률의 근거가 없이 행하여진 것과 마찬가지가 되어 하자가 있는 것이 되나, 하자 있는 행정처분이 당연무효가 되기 위하여는 그 하자가 중대할 뿐만 아니라 명백한 것이어야 하는데, 일반적으로 법률이 헌법에 위반된다는 사정이 헌법재판소의 위헌결정이 있기 전에는 객관적으로 명백한 것이라고 할 수는 없으므로 헌법재판소의 위헌결정 전에 행정처분의 근거되는 당해 법률이 헌법에 위반된다는 사유는 특별한 사정이 없는 한 그 행정처분의 취소소송의 전제가 될 수 있을 뿐 당연무효사유는 아니라고 봄이 상당하다. 위헌인 법률에 근거한 행정처분이 당연무효인지의 여부는 위헌결정의 소급효와는 별개의 문제로서, 위헌결정의 소급효가 인정된다고 하여 위헌인 법률에 근거한 행정처분이 당연무효가 된다고는 할 수 없고, 오히려 이미 취소소송의 제기기간을 경과하여 확정력이 발생한 행정처분에는 위헌결정의 소급효가 미치지 않는다고 보아야 한다. 어느 행정처분에 대하여 그 행정처분의 근거가 된 법률이 위헌이라는 이유로 무효확인청구의 소가 제기된 경우에는 다른 특별한 사정이 없는 한 법원으로서는 그 법률이 위헌인지 여부에 대하여는 판단할 필요 없이 그 무효확인청구를 기각하여야 한다.」

[憲 2004.1.29.-2002헌바73] 「위헌결정의 효력은 그 결정 이후에 당해 법률이 재판의 전제가 되었음을 이유로 법원에 제소된 일반사건에도 미치므로, 당해 법률에 근거하여

행정처분이 발하여진 후에 헌법재판소가 그 행정처분의 근거가 된 법률을 위헌으로 결정하였다면 결과적으로 행정처분은 법률의 근거가 없이 행하여진 것과 마찬가지가 되어 하자가 있는 것이 되나, 이미 취소소송의 제기기간을 경과하여 확정력이 발생한 행정처분의 경우에는 위헌결정의 소급효가 미치지 않는다고 보아야 할 것이고, 일반적으로 법률이 헌법에 위반된다는 사정이 헌법재판소의 위헌결정이 있기 전에는 객관적으로 명백한 것이라고 할 수는 없으므로 특별한 사정이 없는 한 이러한 하자는 행정처분의 취소사유에 해당할 뿐 당연무효 사유는 아니다(大 1998. 4. 10.-96다52359 ; 2001. 3. 23. -98두5583; 2002. 11. 8.-2001두3181).」

(c) 사 견

헌법에 위반되는 법률은 무효로써 효력을 가지지 못한다. 이렇게 무효이기 때문에 효력을 가지지 못하는 법률에 근거하여 행해진 명령, 규칙, 처분 등 모든 국가행위도 본질필연적으로 무효가 된다. 어떤 법률이 위헌으로 결정되기 전에는 통용력에 의하여 유효하게 적용되고 있는 것일 뿐이고, 이러한 통용력에 의한 효력이 위헌결정으로 무효로 되었을 때에는 그에 기초한 모든 국가행위는 무효가 된다. 이러한 무효의 효력은 위헌결정으로 인하여 소급효를 가지는데, 이 경우에 어느 정도까지 법적 안정성을 보장할 것인가 하는 문제만 남는다. 행정처분의 하자가 중대명백한 경우에만 무효라는 중대명백설은 수용함에 있어서도 비판이 많을 뿐 아니라, 이를 취하는 경우에도 하자가 명백한지의 여부는 위헌결정을 한 시점에서 소급효에 의하여 판단되는 것이고, 위헌인 법률에 근거한 행정처분의 하자는 처음부터 중대할 뿐 아니라 명백한 것으로 된다. 그리고 위헌으로 결정되기 전의 행정처분은 통용력을 가지는 법률에 근거하여 행해진 것으로 행정처분이 유효한 것은 합법률성과 통용력에 기초하고 있는 것이지 하자가 명백하지 않기 때문인 것은 아니다. 따라서 위 취소사유설은 설득력이 없는 것이라고 할 것이고, 무효설이 타당하다고 할 것이다.

(5) 위헌결정의 효력

(a) 기 속 력

법률이나 법률조항에 대해 헌법재판소가 한 위헌결정은 법원과 그 밖의 국가기관 및 지방자치단체를 기속(羈束)한다(헌재법 §47①). 헌법재판소는 여기서 말하는 국가기관에 포함되지 않는다.

위헌결정이 국가기관 가운데 국회를 기속하는가에 대하여는 견해대립이 있다. 기속설은 위헌결정은 모든 국가를 기속하므로 국회도 당연히 포함된다고 하고, 따라서 국회는 동일한 법률을 다시 제정할 수 없다고 한다. 독일에서 연방헌법재판소 제2원이 취하고 있고, 학설의 소수 견해이다. 비기속설은 위헌결정은 국회의 입법권을 기속하지 못한다고 본다. 독일 연방헌법재판소 제1원이 취하는 견해이며, 학설의 지배적인 견해이다.

입법권은 행정권이나 사법권과 달리 헌법질서에만 기속되며 헌법보다 하위에 있는 법률에는 기속되지 않기 때문에 새로운 법률의 제정으로 동일한 수준의 법률인 헌법재판소법의 기속규정의 적용은 배제된다. 비기속설이 타당하다. 변동하는 사회적인 요청과 변화하는 질서에 법질서를 적절하게 적응시켜야 하는 것은 민주적 정당성을 지닌 입법자에게 부여된 특별한 책임이며, 이를 수행하는 것은 입법자에게 주어진 입법형성의 자유와 입법형성의 책임을 다하는 것이다. 국회가 위헌결정에 기속당하면 이런 책임을 수행할 수 없다. 헌법재판소가 스스로 판례를 수정할 수 없는 점을 고려하면 국회가 헌법재판소의 오류를 바로잡거나 판례를 수정할 기회를 갖는 것이 법의 고착화를 방지하여 법발전에 기여한다.

헌법재판소는 2006.5.25. 시각장애인에 한하여 안마사(按摩師) 자격인정을 받을 수 있도록 하는 안마사에관한규칙(2000. 6. 16. 보건복지부령 제153호로 개정된 것)의 해당 규정에 대하여 위헌결정을 하였다(憲 2006. 5. 25. -2003헌마715). 이 결정에 대하여 시각장애인들의 반대가 거세게 전개되는 상황이 발생하였는데, 국회는 2006.9.27. 종래「안마사가 되고자 하는 자는 시·도지사의 자격인정을 받아야 한다」라는 의료법의 해당규정(§61①)의「안마사는 '장애인복지법'에 따른 시각장애인 중 다음 각호의 어느 하나에 해당하는 자로서 시·도지사의 자격인정을 받아야 한다」로 개정하여「장애인복지법」에 따른 시각장애인만이 안마사 자격을 취득할 수 있게 하고 일반인은 안마사자격을 취득할 수 없게 정하였다. 이 사건은 법규범의 한 형태인 명령에 대한 위헌결정이 가지는 기속력이 발생하였음에도 헌법재판소가 위헌으로 결정한 내용과 동일한 내용을 국회가 다시 법률로 입법한 것이다. 시각장애인에게 한정하여 안마사자격을 취득하게 하는 것이 헌법에 위반되는가의 문제는 별개로 하고, 이 사건은 위헌결정의 기속력이 국회에 미치지 않는 경우에 해당한다.

기속력이 주문에만 한정되는지 이유에도 인정되는지 논의가 있다. 주문에만 한정된다는 주문한정설과 주문 이외에 이유 중 주문을 근거 있게 만드는 데 밀접하게 연관된 중요한 이유에도 기속력이 발생한다고 보는 중요이유포함설이 있다. 주문에 한해서만 기속력이 인정된다고 할 것이다.

(b) 일반적 효력

헌법재판소법 제47조 제2항은 위헌으로 결정된 법률은「효력을 상실한다」고 정하여 헌법재판소에 의해 위헌으로 결정된 법률의 효력이 일반적으로 상실되어 이를 적용하지 못한다는 일반적 효력(Allgemeinverbindlichkeit)을 인정하고 있다. 이를 법률적 효력(Gesetzeskraft) 또는 법률유사적 효력(Gesetzsähnlichkeit)이라고도 한다.

(c) 위헌결정에 근거한 재심

(i) 형사 재심 헌법재판소법은 형벌에 관한 법률이나 법률조항을 위헌으로 결정하면 그러한 위헌결정은 소급효를 갖는다고 규정하고 있고(헌재법 §47③본문), 이러한 소급효를 관철시키기 위하여 재심절차를 규정하고 있다(동조 ④, 동법 §75⑦,⑧). 즉 위헌으로 결정된 형벌에 관한 법률이나 법률의 조항에 근거한 유죄의 확정판결에 대해서는 재심을 청구할 수 있다. 보안처분(保安處分)의 근거법률이 위헌으로 결정된 경우 그 법률조항으로 보호감호를 선고받은 자도 재심을 청구할 수 있다. 대법원도 같은 견해이다(예: 大 1991. 7. 26.-91재감도58).

(ii) 민사 재심 등 형벌에 관한 법률 이외의 법률 또는 법률조항은 헌법재판소가 위헌결정을 하더라도 그 결정이 있는 날부터 효력을 상실할 뿐이다(헌재법 §47②본문). 한편 구체적 규범통제절차의 성질상 혹은 평등보호의 요구를 충족시키기 위하여 위와 같은 법률조항에 대한 위헌결정이 소급효를 갖는 경우가 있기는 하나, 대법원은 확정판결이 선고되어 기판력이 발생한 경우에는 위헌결정의 소급효가 미치지 않는다고 본다(예: 大 1993. 4. 27.-92누9777). 따라서 민사재판이나 행정재판 등에서 판결을 선고받고 그 재판이 확정된 경우에는 그 이후에 당해 사건에 적용된 법률에 대하여 헌법재판소의 위헌결정이 있다 하더라도 그 사건의 당사자였던 자는 재심을 청구할 수 없다. 헌법재판소법도 이러한 경우에 대하여 별도의 재심사유를 정하고 있지 않다.

V. 변형결정

(1) 의의 및 가능성

위헌법률심판절차에서 헌법재판소는 단순합헌결정이나 단순위헌결정이 아닌 형태의 결정을 하는데, 이런 결정을 통칭하여 변형결정(變形決定)이라 부르기도 한다.

헌법재판소법 제45조에서는 위헌법률심판에서 「헌법재판소는 제청된 법률 또는 법률조항의 위헌여부만을 결정한다」고 정하고 있어, 이 규정의 해석을 둘러싸고 변형결정을 인정할 수 있는지 문제된다.

부정설은 헌법재판소법 제45조의 「위헌여부」라는 문언의 의미를 단순합헌과 단순위헌의 두 개 주문형식 중 어느 하나를 선택할 수 있을 뿐이라고 본다. 그러나 규범통제의 성질상 변형결정이 필요한 경우가 있고, 헌법재판소법 제45조의 「위헌여부」에 변형결정이 포함된다고 볼 수 있으며, 주문의 표시방법 선택은 헌법재판소의 재량이므로 긍정설이 타당하다. 헌법재판소의 견해도 같다(예: 憲 1989. 9. 8.-88헌가6).

[憲 1989.9.8.-88헌가6] 「위헌심판 결정의 주문에 헌법에 합치하지 아니한다고 선고하면서 일정기한까지 그 법률의 효력을 지속시키는 법적 이유는 다음과 같다. 헌법재판

소법 제45조 본문의 "헌법재판소는 제청된 법률 또는 법률조항의 위헌여부만을 결정한다"라는 뜻은 헌법재판소는 법률의 위헌여부만을 심사하는 것이지 결코 위헌제청된 전제사건에 관하여 사실적, 법률적 판단을 내려 그 당부를 심판하는 것은 아니라는 것으로 해석하여야 한다. 전제사건에 관한 재판은 법원의 고유권한에 속하기 때문이다. 그리고 현대의 복잡다양한 사회현상, 헌법상황에 비추어 볼 때 헌법재판은 심사대상 법률의 위헌 또는 합헌이라는 양자택일 판단만을 능사로 할 수 없다. 양자택일 판단만이 가능하다고 본다면 다양한 정치 · 경제 · 사회현상을 규율하는 법률에 대한 합헌성을 확보하기 위한 헌법재판소의 유연 신축성 있는 적절한 판단을 가로막아 오히려 법적 공백, 법적 혼란 등 법적 안정성을 해치고, 입법자의 건전한 형성자유를 제약하는 등 하여, 나아가 국가사회의 질서와 국민의 기본권마저 침해할 사태를 초래할 수도 있다. 이리하여 헌법재판소가 행하는 위헌여부 판단이란 위헌 아니면 합헌이라는 양자택일에만 그치는 것이 아니라 그 성질상 사안에 따라 위 양자의 사이에 개재하는 중간영역으로서의 여러 가지 변형재판이 필수적으로 요청된다. 그 예로는 법률의 한정적 적용을 뜻하는 한정무효, 위헌법률의 효력을 당분간 지속시킬 수 있는 헌법불합치, 조건부 위헌, 위헌성의 소지있는 법률에 대한 경고 혹은 개정촉구 등을 들 수 있고, 이러한 변형재판은 일찍이 헌법재판제도를 도입하여 정비한 서독 등 국가에서 헌법재판소가 그 지혜로운 운영에서 얻어 낸 판례의 축적에 의한 것이다. 헌법재판소법 제45조의 취지가 위와 같다면 동법 제47조 제2항 본문의 "위헌으로 결정된 법률 또는 법률의 조항은 그 결정이 있는 날로부터 효력을 상실한다"라는 규정취지도 이에 상응하여 변형해석하는 것이 논리의 필연귀결이다. 즉 제45조에 근거하여 한 변형재판에 대응하여 위헌법률의 실효여부 또는 그 시기도 헌법재판소가 재량으로 정할 수 있는 것으로 보아야 하며 이렇게 함으로써 비로소 헌법재판의 본질에 적합한 통일적, 조화적인 해석을 얻을 수 있는 것이다. 단순위헌의 결정을 하여 그 결정이 있은 날로부터 법률의 효력을 즉시 상실하게 하는 하나의 극에서부터 단순합헌의 결정을 하여 법률의 효력을 그대로 유지시키는 또 하나의 극 사이에서, 문제된 법률의 효력 상실의 시기를 결정한 날로부터 곧바로가 아니라 새 법률이 개정될 때까지 일정기간 뒤로 미루는 방안을 택하는 형태의 결정주문을 우리는 "헌법에 합치되지 아니한다"로 표현하기로 한 것이다. 재판 주문을 어떻게 내느냐의 주문의 방식문제는 민사소송에서 그러하듯 헌법재판에 대하여서도 아무런 명문의 규정이 없으며, 따라서 재판의 본질상 주문을 어떻게 표시할 것인지는 재판관의 재량에 일임된 사항이라 할 것이다.」

(2) 한정합헌결정

(a) 의 의

한정합헌결정(限定合憲決定)은 위헌법률심판의 대상이 된 법률 또는 법률의 조항의 해석에 있어서 다의적인 해석이 가능하여 합헌으로 해석되는 여지와 위헌으로 해석되는 여지가 병존하는 경우 그 법률의 해석 · 적용에 있어서 헌법에 위반되는 의미를 배제시키고 합헌적인 내용으로 축소 한정하여 해석하여 그 의미로서만 해당법률의 효력을 유지하게 하는 결정이다. 헌법재판소도 한정합헌결정의 필요성을 인정하고 있다(예: 憲 1990. 6. 25.-90헌가11).

(b) 효 력

한정합헌결정은 합헌결정인지 위헌결정인지가 문제된다. 합헌결정에는 기속력이 인정되지 않고, 위헌결정에만 기속력이 인정되기 때문이다. 헌법재판소는 한정합헌결정이 위헌결정에 해당하고, 따라서 기속력을 가진다고 한다(예: 憲 1990. 6. 25.-90헌가11; 1992. 2. 25.-89헌가104). 이에 의하면 헌법재판소가 한정합헌결정을 했을 때, 심판의 대상이 된 법률 또는 법률의 조항을 헌법재판소가 합헌적이라고 해석한 의미 이외의 내용으로 해석·적응하는 것은 헌법에 위반된다. 헌법재판소가 한정합헌을 질적 일부위헌이라고 하는 이유도 여기에 있다. 다만, 해석과 적용이 다양한 경우에는 법원의 재판을 제약할 수가 있으므로 그 결정에 신중을 기해야 할 것이다.

[憲 1992.2.25.-89헌가104] 「이 사건 머리에 적은 주문 "……그러한 해석하에 헌법에 위반되지 아니한다"라는 문구의 취지는 군사기밀보호법 제6조, 제7조, 제10조, 제2조 제1항 소정의 군사상의 기밀의 개념 및 그 범위에 대한 한정축소해석을 통하여 얻어진 일정한 합헌적 의미를 천명한 것이며 그 의미를 넘어선 확대해석은 바로 헌법에 합치하지 아니하는 것으로서 채택될 수 없다는 뜻이다.……한정합헌의견은 질적인 일부위헌의견이기 때문에……」

[憲 1997.12.24.-96헌마172등] 「헌법재판소의 법률에 대한 위헌결정에는 단순위헌결정은 물론 한정합헌, 한정위헌결정과 헌법불합치결정도 포함되고, 이들은 모두 당연히 기속력을 가진다.」

(3) 한정위헌결정

(a) 의 의

한정위헌결정(限定違憲決定)은 위헌법률심판의 대상이 된 법률 또는 법률조항의 해석에 있어서 다의적인 해석이 가능하여 일단 위헌으로 해석되는 여지가 존재하는 것이 분명하고 나머지 부분에 있어서는 합헌으로 해석할 여지도 부분적으로 있고 또 분명하게 위헌이라고 단정할 수도 없는 부분이 있는 경우 그 법률의 해석·적용에 있어서 위헌으로 해석되는 의미부분만을 해당 법률의 의미에서 제거하는 결정이다(질적 일부위헌결정). 한정위헌결정은 헌법재판소가 법률의 위헌여부를 심사하는 과정에서 헌법에 합치되도록 법률을 해석한 결과 생겨나는 것이다. 헌법재판소는 한정위헌결정의 유형을 인정하면서(예: 憲 1992. 6. 26.-90헌가23;1993. 5. 13.-91헌바17; 2012. 12. 27.-2011헌바117), 한정합헌결정과 한정위헌결정을 실질적으로 동일한 것으로 파악한다(예: 憲 1997. 12. 24.-96헌마172등. 반대: 정종섭I, [148]).

[憲 2012. 12. 27.-2011헌바117] 「규범으로서의 법률은 그 적용영역에 속하는 무수한 사례를 포괄적으로 규율해야 하기 때문에 일반적 · 추상적으로 규정될 수밖에 없으므로 개별적 · 구체적인 법적분쟁에 법률을 적용하는 경우에는 당해 사건에 적용할 가장 적합한 규범을 찾아내고 그 규범의 의미와 내용을 확정하는 사유과정인 법률해석의 과정을 거칠 수밖에 없게 되는 것이다. 따라서 법률조항은 그 자체의 법문이 아무리 간단명료하다고 하더라도 이를 개별적 · 구체적 사건에 적용함에 있어서는 (관념상으로라도) 법률조항에 대한 해석이 불가결하게 선행될 수밖에 없는 것이므로, 결국 법률조항과 그에 대한 해석은 서로 별개의 다른 것이 아니라 동전의 양면과 같은 것이어서 서로 분리될 수 없는 것이다. 따라서 '법' 제41조 제1항의 '법률'이나 '법' 제68조 제2항의 '법률'의 의미는 당해 사건과는 관계없는 일반적 · 추상적인 법률규정 그 자체가 아니라, 당해 사건 재판의 전제가 되고, 해석에 의하여 구체화 · 개별화된 법률의 의미와 내용을 가리키는 것이다. 종래 법 실증주의적인 개념법학(Begriffsjurisprudenz)에서는 실정법의 완결성과 무흠결성을 전제로 '법'과 '법해석'을 구별하려고 하였으나 그러한 주장은 이미 20세기 초에 구체적 타당성을 추구하는 목적론적 · 개별적인 법해석론에 의하여 극복되어 이제는 폐기된 역사적 유물에 불과하게 되었다. 따라서 더 이상 개념법학적 관념을 기초로 하여 '법률'과 '법률의 해석'을 별개의 것으로 인식할 것은 아닌 것이다. 그리고 이러한 법리는 구체적 규범통제절차인 위헌법률심판절차에 관한 '법' 제43조와 이를 준용하고 있는 '법' 제71조 제2항에서도 잘 나타나 있다. 즉, '법' 제43조에서는, 법원이 법률의 위헌 여부를 헌법재판소에 제청하는 경우, 제청서에는 "위헌이라고 해석되는 법률 또는 법률의 조항"(제3호)을 기재하여야 할 뿐만 아니라, 나아가서 "위헌이라고 해석되는 이유"를 기재하도록 규정(제4호)하고 있는바, 이는 '법률 또는 법률조항'과 '법률 또는 법률조항의 해석'은 결코 분리된 별개의 것이 아니며, 따라서 당해 사건 재판의 전제가 되는 법률 또는 법률조항에 대한 규범통제는 결국 해석에 의하여 구체화된 법률 또는 법률조항의 의미와 내용에 대한 헌법적 통제라는 점을 보여주는 것이다. 일반적으로 민사 · 형사 · 행정재판 등 구체적 법적 분쟁사건을 재판함에 있어 재판의 전제가 되는 법률 또는 법률조항에 대한 해석과 적용권한은 사법권의 본질적 내용으로서 대법원을 최고법원으로 하는 법원의 권한에 속하는 것이다. 그러나 다른 한편 헌법과 헌법재판소법은 구체적 규범통제로서의 위헌법률심판권과 '법' 제68조 제2항의 헌법소원심판권을 헌법재판소에 전속적으로 부여하고 있다. 그리고 헌법재판소가 이러한 전속적 권한인 위헌법률심판권 등을 행사하기 위해서는 당해 사건에서 재판의 전제가 되는 법률조항이 헌법에 위반되는지의 여부를 심판하여야 하는 것이고, 이때에는 필수적으로 통제규범인 헌법에 대한 해석 · 적용과 아울러 심사대상인 법률조항에 대한 해석 · 적용을 심사하지 않을 수 없는 것이다. 그러므로 일반적인 재판절차에서와는 달리, 구체적 규범통제절차에서의 법률조항에 대한 해석과 적용권한은 (대)법원이 아니라 헌법재판소의 고유권한인 것이다. 그럼에도 불구하고 구체적 규범통제절차에서도 헌법재판소의 법률에 대한 해석 · 적용 권한을 부정하고 오로지 법원만이 법률의 해석 · 적용권한을 가지고 있다는 주장은 일반 재판절차에 있어서의 법률의 해석 · 적용권한과 규범통제절차에 있어서의 법률의 해석 · 적용권한을 혼동한 것이다. 나아가 헌법재판소가 구체적 규범통제권을

행사하기 위하여 법률조항을 해석함에 있어 당해 법률조항의 의미가 다의적이거나 넓은 적용영역을 가지는 경우에는 가능한 한 헌법에 합치하는 해석을 선택함으로써 법률조항의 효력을 유지하도록 하는 것(헌법합치적 법률해석의 원칙)은 규범통제절차에 있어서의 규범유지의 원칙이나 헌법재판의 본질에서 당연한 것이다. 나아가 구체적 규범통제절차에서 당해 사건에 적용되는 법률조항이 다의적 해석가능성이나 다의적 적용가능성을 가지고 있고 그 가운데 특정한 해석이나 적용부분만이 위헌이라고 판단되는 경우, 즉 부분적·한정적으로 위헌인 경우에는 그 부분에 한정하여 위헌을 선언하여야 하는 것 역시 당연한 것이다. 즉 심판대상 법률조항의 해석가능성이나 적용가능성 중 부분적·한정적으로 위헌부분이 있는 경우에는 당해 법률조항 전체의 합헌을 선언할 수 없음은 앞서 본 법리에 비추어 자명한 것이고, 반면에 부분적·한정적인 위헌 부분을 넘어 법률조항 전체의 위헌을 선언하게 된다면, 그것은 위헌으로 판단되지 않은 수많은 해석·적용부분까지 위헌으로 선언하는 결과가 되어 규범통제에 있어서 규범유지의 원칙과 헌법합치적 법률해석의 원칙에도 부합하지 않게 될 것이다. 헌법재판소가 종래 규범통제절차 등에서 당해 법률조항에 대한 다의적인 해석이나 적용가능성 중에서 특정한 해석이나 적용부분을 한정하여 위헌이라고 선언한 한정위헌결정들은 이러한 법리에 근거한 것으로서 법률조항에 대한 위헌심사절차에서는 당연하면서도 불가피한 결론이며, 따라서 독일을 비롯한 선진각국의 헌법재판에서 일상적으로 활용되고 있는 위헌결정방식인 것이다. 그리고 이러한 한정위헌결정도 위헌결정의 한 형태이고, 일부 위헌결정의 한 방식인 이상, 법 제47조 제1항에 의하여 법원 기타 국가기관을 기속하는 것이다. 따라서 한정위헌결정이 선고된 경우에는 심판대상인 법률조항 그 자체의 법문에는 영향이 없지만 법원 기타 국가기관은 장래에는 한정적으로 위헌으로 선언된 내용으로 해석하거나 집행하지 못하게 되는 법적 효력이 발생하는 것이다.」

[憲 1997.12.24.-96헌마172등] 「헌법재판소의 법률에 대한 위헌결정에는 단순위헌결정은 물론, 한정합헌, 한정위헌결정과 헌법불합치결정도 포함되고 이들은 모두 당연히 기속력을 가진다. 즉, 헌법재판소는 법률의 위헌여부가 심판의 대상이 되었을 경우, 재판의 전제가 된 사건과의 관계에서 법률의 문언, 의미, 목적 등을 살펴 한편으로 보면 합헌으로, 다른 한편으로 보면 위헌으로 판단될 수 있는 등 다의적인 해석가능성이 있을 때 일반적인 해석작용이 용인되는 범위 내에서 종국적으로 어느 쪽이 가장 헌법에 합치되는가를 가려, 한정축소적 해석을 통하여 합헌적인 일정한 범위 내의 의미내용을 확정하여 이것이 그 법률의 본래적인 의미이며 그 의미 범위 내에 있어서는 합헌이라고 결정할 수도 있고, 또 하나의 방법으로는 위와 같은 합헌적인 한정축소 해석의 타당영역 밖에 있는 경우에까지 법률의 적용범위를 넓히는 것은 위헌이라는 취지로 법률의 문언 자체는 그대로 둔 채 위헌의 범위를 정하여 한정위헌의 결정을 선고할 수도 있다. 위 두 가지 방법은 서로 표리관계에 있는 것이어서 실제적으로는 차이가 있는 것이 아니다. 합헌적인 한정축소해석은 위헌적인 해석 가능성과 그에 따른 법적용을 소극적으로 배제한 것이고, 적용범위의 축소에 의한 한정적 위헌선언은 위헌적인 법적용 영역과 그에 상응하는 해석 가능성을 적극적으로 배제한다는 뜻에서 차이가 있을 뿐, 본질적으로는 다 같은 부분위헌결정이다.」

헌법재판소법 제41조 제1항의 제청이든 동법 제68조 제2항의 심판청구이든 구체적 규범통제에서 법원 또는 청구인이 한정위헌결정을 구하는 것은 원칙적으로 적법하게 허용된다는 것이 헌법재판소의 태도이다(예: 憲 2012. 12. 27.-2011헌바117). 종래에는 한정위헌결정을 구하는 제청이나 청구는 원칙적으로 허용되지 않고 예외적으로만 허용되는 것이라고 했으나(예: 憲 2006. 2. 23.-2004헌바79; 2007. 4. 26.-2004헌바60), 그 후 판례를 변경하여 이는 원칙적으로 허용되고, 예외적으로 한정위헌청구의 형식을 취하고 있으면서도 실제로는 당해 사건 재판의 기초가 되는 사실관계의 인정이나 평가 또는 개별적 · 구체적 사건에서의 법률조항의 단순한 포섭 · 적용에 관한 문제를 다투거나 의미 있는 헌법문제를 주장하지 않으면서 법원의 법률해석이나 재판결과를 다투는 경우 등은 규범통제제도에 어긋나는 것이기 때문에 허용될 수 없다고 판시하였다(예: 憲 2012. 12. 27.-2011헌바117).

(b) 효 력

한정위헌결정은 본질적으로 위헌결정이므로 위헌으로 선고된 의미부분은 효력을 상실하고, 효력이 상실된 범위에서 기속력 · 소급효 · 일반적 효력을 가진다. 헌법재판소도 한정위헌결정에 기속력이 당연히 인정된다는 견해이다(예: 憲 1994. 4. 28.-92헌가3; 1997. 12. 24.-96헌마172등; 2012. 12. 27.-2011헌바117). 이에 반해 대법원은 한정위헌결정이 법원을 기속하지 않는다고 하여 법원에 대한 기속력을 부정하고 있다(예: 大 1996. 4.9.-95누11405; 2013. 3. 28.-2012재두299). 대법원의 견해는 잘못된 것이다.

[憲 1997.12.24.-96헌마172등] 「대법원은 구체적 사건에서의 법령의 해석 · 적용권한은 사법권의 본질적 내용을 이루는 것이므로 비록 어떤 법률조항에 대한 헌법재판소의 한정위헌의 결정이 있다 하더라도 법률문언의 변화가 없는 한 당해 법률조항에 대한 해석권은 여전히 대법원을 최고법원으로 하는 법원에 전속되는 것이라고 주장한다. 물론 구체적 사건에서의 법률의 해석 · 적용권한은 사법권의 본질적 내용을 이루는 것임이 분명하다. 그러나 법률에 대한 위헌심사는 당연히 당해 법률 또는 법률조항에 대한 해석이 전제되는 것이고, 헌법재판소의 한정위헌의 결정은 단순히 법률을 구체적인 사실관계에 적용함에 있어서 그 법률의 의미와 내용을 밝히는 것이 아니라 법률에 대한 위헌성심사의 결과로서 법률조항이 특정의 적용영역에서 제외되는 부분은 위헌이라는 것을 뜻한다 함은 이미 앞에서 밝힌 바와 같다. 따라서 헌법재판소의 한정위헌결정은 결코 법률의 해석에 대한 헌법재판소의 단순한 견해가 아니라, 헌법에 정한 권한에 속하는 법률에 대한 위헌심사의 한 유형인 것이다. 만일 대법원의 견해와 같이 한정위헌결정을 법원의 고유권한인 법률해석권에 대한 침해로 파악하여 헌법재판소의 결정유형에서 배제해야 한다면, 헌법재판소는 앞으로 헌법합치적으로 해석하여 존속시킬 수 있는 많은 법률을 모두 무효로 선언해야 하고, 이로써 합헌적 법률해석방법을 통하여 실현하려는 입법자의 입법형성권에 대한 존중과 헌법재판소의 사법적 자제를 포기하는 것이 된다. 또한 헌법재판소의 한정위헌결정에도 불구하고 위헌으로 확인된 법률조항이 법

률문언의 변화없이 계속 존속된다고 하는 관점은 헌법재판소결정의 기속력을 결정하는 기준이 될 수 없다. 헌법재판소의 변형결정의 일종인 헌법불합치결정의 경우에도 개정입법시까지 심판의 대상인 법률조항은 법률문언의 변화없이 계속 존속하나, 법률의 위헌성을 확인한 불합치결정은 당연히 기속력을 갖는 것이므로 헌법재판소결정의 효과로서의 법률문언의 변화와 헌법재판소결정의 기속력은 상관관계가 있는 것이 아니다.」

[大 2013. 3. 28.-2012재두299] 「법률 조항 자체는 그대로 둔 채 그 법률 조항에 관한 특정한 내용의 해석 · 적용만을 위헌으로 선언하는 이른바 한정위헌결정에 관하여는 헌법재판소법 제47조가 규정하는 위헌결정의 효력을 부여할 수 없으며, 그 결과 한정위헌결정은 법원을 기속할 수 없고 재심사유가 될 수 없다는 것이 확립된 대법원의 판례이다.……법원과 헌법재판소 간의 권력분립 구조와 사법권 독립의 원칙에 관한 헌법 규정의 내용과 취지에 비추어 보면, 구체적인 사건에서 어떠한 법률해석이 헌법에 합치되는 해석인가를 포함하는 법령의 해석 · 적용에 관한 권한은 대법원을 최고 법원으로 하는 법원에 전속한다. 헌법재판소는 헌법 제111조 제1항 제1호에 의하여 국회가 제정한 '법률'이 위헌인지 여부를 심판할 제한적인 권한을 부여받았을 뿐, 이를 넘어서 헌법의 규범력을 확보한다는 명목으로 법원의 법률해석이나 판결 등에 관여하여 다른 해석 기준을 제시할 수 없다. 이와 달리 보는 것은 헌법재판소의 관장사항으로 열거한 사항에 해당하지 않는 한 사법권은 포괄적으로 법원에 속하도록 결단하여 규정한 헌법에 위반된다.……헌법재판소법 제47조 제1항에서 규정한 '법률의 위헌결정'은 국회가 제정한 '법률'이 헌법에 위반된다는 이유로 그 효력을 상실시키는 결정만을 가리키고, 단순히 특정한 '법률해석'이 헌법에 위반된다는 의견을 표명한 결정은 '법률'의 위헌 여부에 관한 결정이 아닐 뿐만 아니라 그 결정에 의하여 법률의 효력을 상실시키지도 못하므로 이에 해당하지 아니함이 명백하다. 따라서 헌법재판소가 '법률'이 헌법에 위반된다고 선언하여 그 효력을 상실시키지 아니한 채 단지 특정한 '법률해석'이 헌법에 위반된다고 표명한 의견은 그 권한 범위를 뚜렷이 넘어선 것으로서 그 방식이나 형태가 무엇이든지 간에 법원과 그 밖의 국가기관 등을 기속할 수 없다. 또한 그 의견이 확정판결에서 제시된 법률해석에 대한 것이라 하더라도 법률이 위헌으로 결정된 경우에 해당하지 아니하여 법률의 효력을 상실시키지 못하는 이상 헌법재판소법 제47조 제3항에서 규정한 재심사유가 존재한다고 할 수 없다.……헌법재판소가 법률의 해석기준을 제시함으로써 구체적 사건의 재판에 관여하는 것은 독일 등 일부 외국의 입법례에서처럼 헌법재판소가 헌법상 규정된 사법권의 일부로서 그 권한을 행사함으로써 사실상 사법부의 일원이 되어 있는 헌법구조에서는 가능할 수 있다. 그러나 우리 헌법은 사법권은 대법원을 최고법원으로 한 법원에 속한다고 명백하게 선언하고 있고, 헌법재판소는 사법권을 행사하는 법원의 일부가 아님이 분명한 이상, 법률의 합헌적 해석기준을 들어 재판에 관여하는 것은 헌법 및 그에 기초한 법률체계와 맞지 않는 것이고 그런 의견이 제시되었더라도 이는 법원을 구속할 수 없다.……헌법재판소법 제41조 제1항에 의한 법률의 위헌 여부 심판의 제청은 법원이 국회가 제정한 '법률'이 위헌인지 여부의 심판을 헌법재판소에 제청하는 것이지 그 법률의 의미를 풀이한 '법률해석'이 위헌인지 여부의 심판을 제청하는 것이 아니다. 그렇다면 당사자가 위헌제청신청이 기각된 경우 헌법재판소에

헌법소원심판을 청구할 수 있는 대상도 '법률'의 위헌 여부이지 '법률해석'의 위헌 여부가 될 수 없음은 분명하다. 따라서 헌법재판소가 '법률해석'에 대한 헌법소원을 받아들여 특정한 법률해석이 위헌이라고 결정하더라도, 이는 헌법이나 헌법재판소법상 근거가 없는 결정일 뿐만 아니라 법률의 효력을 상실시키지도 못하므로, 이를 가리켜 헌법재판소법 제75조 제1항에서 규정하는 '헌법소원의 인용결정'이라거나, 헌법재판소법 제75조 제7항에서 규정하는 '헌법소원이 인용된 경우'에 해당된다고 볼 수 없고, 이러한 결정은 법원이나 그 밖의 국가기관 등을 기속하지 못하며 확정판결 등에 대한 재심사유가 될 수도 없다.」

(4) 헌법불합치결정

(a) 의 의

헌법불합치결정(憲法不合致決定)은 해당 법률이나 법률조항이 헌법에 위반되는 경우에도 단순위헌결정을 하는 것이 아니라 헌법에 합치하지 않는다는 것을 선언하고, 그 효력을 일정기한까지 유지시키는 것을 말한다. 헌법재판소도 이러한 헌법불합치결정을 변형결정의 하나로 인정하고 있다(예: 憲 1989. 9. 8.-88헌가6; 1991. 3. 11.-91헌마21; 1994. 7. 29.-92헌바49등).

헌법불합치결정은 단순위헌결정으로 인하여 법적 공백이 발생하거나(예: 憲 1995. 9. 28.-92헌가11등; 1995. 5. 27.-98헌바70; 2002. 11. 28. -2001헌가28; 1999. 10. 21.-97헌바26), 평등조항의 위반으로 법률의 효력을 없앨 경우에 국가로부터 받는 급부가 중단되는 것을 회피하기 위하여(예: 憲, 2001. 11. 29.-99헌마494; 2001. 6. 28.-99헌마516; 2001. 9. 27.-2000헌마512; 2000. 8. 31.-97헌가12), 헌법에 합치하지 않는 법률이나 법률조항이라도 일정기간 동안 효력을 유지시킬 필요가 있는 경우에 행한다.

헌법재판소는 자유권의 침해가 있는 경우에도 예외적으로 헌법불합치결정을 선고하거나(예: 憲 2004. 5. 27.-2003.헌가1), 입법형성권 존중의 이유로 헌법불합치결정을 하는 경우가 있으나(예: 憲 1991. 3.11.-91헌마21; 1997. 8. 21.-94헌바19등; 1998. 12. 24.-89헌마214등; 2002. 9. 19.-2000헌바84; 2001. 5. 31.-99헌가18; 2003. 2. 27.-2000헌바26; 2003. 7. 24.-2000헌바28), 비판의 여지가 있다. 이런 것은 헌법재판소가 위헌법률심판의 권한을 사실상 포기한 것과 다름없기 때문이다.

(b) 성 질

헌법불합치결정은 본질상 단순위헌결정과 같고, 심판대상인 법률이나 법률조항의 효력을 일정한 시점까지 효력을 유지시키는 점에서만 단순위헌결정과 구별된다. 헌법재판소도 헌법불합치결정을 변형결정의 하나로 인정하고 있다(예: 憲 1989. 9. 8.-88헌가6; 1998. 8. 27.-96헌가22). 헌법불합치결정과 단순위헌결정간에는 법리상 호환성이 인정되지 않는다. 단순위헌으로 결정해야 하는 경우에 헌법불합치의 결정을 하거나 헌법불합치로 결정해야 하는 경우에 단순위헌의 결정을 하는 것은 주문이 틀린 것이다.

헌법불합치결정의 주문에서는 시한을 정하는 표시를 하는 것이 보통이다. 헌법재판소의 판례 중에는 헌법불합치결정을 하면서 법률조항의 효력이 상실되는 시기를 정하지 아니한 것이 있으나(예: 憲 1994. 7. 29.-92헌바49등; 1997. 3. 27.-95헌가14등; 2003. 2. 27.-2000헌바26; 2003. 9. 25.-2003헌바16), 헌법재판으로서의 기능과 실효성 차원에서 이러한 결정은 지양하는 것이 타당하다.

헌법불합치의 결정을 하는 때에는 통상 「법률개선촉구」의 결정을 함께 한다. 헌법재판소도 헌법불합치의 결정을 할 때에는 통상 법률개선촉구의 결정을 함께 하고 있다(예: 憲 1993. 3. 11.-88헌마5; 1994. 7. 29.-92헌바49등; 1997. 1. 16.-92헌바6등; 1999. 5. 27.-98헌바70).

(c) 효　력

(i) 위헌확인과 효력의 유지　헌법불합치의 결정이 있게 되면 심판대상인 법률이나 법률조항은 헌법에 위반됨에도 불구하고 그 효력은 바로 상실하지 않고 그대로 유지된다.

대법원은 형벌규정의 경우에는 헌법재판소가 주문에서 개정 시까지 해당 법률규정이 계속 적용되고, 개정시한을 경과하면 효력이 상실된다고 명하더라도 소급하여 효력이 상실한다고 본다(예: 大 2011. 6. 23.-2008도7562).

(ii) 기한의 경과와 효력의 상실　헌법불합치결정을 하는 경우에 심판대상인 법률이나 법률조항이 효력을 유지하는 기한을 정하기 때문에 그 기한을 경과하면 효력을 상실한다. 이 때 제청법원에 계속된 재판은 헌법불합치라고 선고된 법률이나 법률조항의 효력유지기간에 대하여 주문에서 표시를 하던 하지 않던 개정된 신법(이 경우 신법은 소급효를 가진다)이 시행될 때까지 정지되며, 제청법원은 신법의 시행을 기다려 재판을 하여야 한다.

(iii) 법률의 적용 중지 문제　헌법재판소는 헌법불합치결정을 하면서 해당 법률을 그대로 적용할 수 있게 하기도 하고, 그 적용의 중지를 함께 결정하는 경우도 있다. 여기에는 다시 i) 주문에서 단순히 적용중지만을 표시한 것(예: 憲 2003. 7. 24.-2000헌바28), ii) 적용중지와 효력상실을 같이 표시한 것(예: 憲 1997. 7. 16.-95헌가6등; 1997. 8. 21.-94헌바19등; 1998. 8. 27.-96 헌가22등; 1999. 12. 23.-99헌가2 등; 2000. 1. 27.-96헌바95등; 2003. 9. 25.-2003헌바16), iii) 이유에서만 중지됨을 설시하고 주문에서는 단순히 「헌법에 합치되지 아니한다」라고 표시한 것(예: 憲 1994. 7. 29.-92헌바49등; 1997. 3. 27.-95헌가14등; 1998. 12. 24.-90헌바16)이 있다.

헌법불합치는 성질에서 위헌이므로 해당 법률조항의 효력을 일정 기간 동안 유지시켜야 할 필요가 인정되지 않고 일반적으로 그 적용을 중지시켜야 할 경우에는 위헌결정(단순위헌결정, 한정위헌결정)을 하여 바로 효력을 상실시켜야 하며, 헌법불합치결정을 하여서는 안 된다.

(iv) 기 속 력　헌법불합치결정의 기속력의 경우 결정 주문 중 「헌법에 합치하지 아니한다고 한 부분」과 「해당 법률의 효력을 유지시키는 부분」에는 기속력이 인정되고(예: 憲 1997. 12. 24.-96헌마172등; 1999. 10. 21.-96헌마61등; 2013. 9. 26.-2012헌마806), 「법률개선을 촉구한 부분」은 기속력이 인정되지 않는다(예: 憲. 1997. 3. 27.-95헌가14).

[憲 2013. 9. 26.-2012헌마806] 「법률에 대한 헌법재판소의 위헌결정에는 단순위헌결정은 물론, 한정합헌, 한정위헌결정과 헌법불합치결정도 포함되고 이들은 모두 당연히 기속력을 가진다(예: 憲 1997. 12. 24.-96헌마172등 참조). 헌법재판소가 위헌으로 판단한 법률의 적용을 중지하는 헌법불합치결정을 하는 경우, 위헌적 법률은 효력을 상실하여 법질서에서 소멸하는 것이 아니라 형식적으로 존속하게 되나 원칙적으로 위헌적 법률의 적용이 금지되고, 헌법심판의 계기를 부여한 당해 사건은 물론 심판대상 법률이 적용되어 법원에 계속 중인 모든 사건의 재판절차가 정지된다. 이는 입법자가 위헌법률을 합헌적인 상태로 개정할 때까지 법원의 판단이 보류되어야 하며 법원이 개정된 법률에 의하여 판단을 함으로써 사건의 당사자가 개정 법률의 결과에 따른 혜택을 받을 수 있는 기회를 그 때까지 열어 놓아야 한다는 것을 뜻한다(예: 憲 1999. 10. 21.-96헌마61등 참조). 그러나 헌법재판소가 헌법불합치결정을 하면서 예외적으로 위헌으로 판단한 법률을 계속 적용할 것을 명하는 경우가 있다. 헌법재판소는 위헌결정을 통하여 위헌법률을 법질서에서 제거하는 것이 법적 공백이나 혼란을 초래할 우려가 있는 경우, 즉 위헌법률을 잠정적으로 적용하는 위헌적인 상태가 오히려 위헌결정으로 인하여 초래되는 법적 공백 또는 혼란이라는 합헌적인 상태보다 예외적으로 헌법적으로 더욱 바람직하다고 판단되는 경우에, 법적 안정성의 관점에서 법치국가적으로 용인하기 어려운 법적 공백과 그로 인한 혼란을 방지하기 위하여 입법자가 합헌적인 방향으로 법률을 개선할 때까지 일정 기간 동안 위헌법률을 잠정적으로 적용할 것을 명할 수 있고(憲 1999. 10. 21.-96헌마61등; 2008. 11. 13.-2006헌바112; 2010. 6. 24.-2008헌바128 참조), 이와 같이 헌법불합치결정을 하면서 계속 적용을 명하는 경우 모든 국가기관은 그에 기속되고, 법원은 이러한 예외적인 경우에 위헌법률을 계속 적용하여 재판을 할 수 있다(憲 1999. 10. 21.-96헌마61등 참조).」

(v) 소 급 효 헌법불합치결정으로 효력상실시기가 도과하여 해당 법률조항이 효력을 상실하면 위헌결정으로 효력을 상실한 경우와 동일한 상태가 된다. 따라서 소급효의 문제는 위헌결정의 경우와 원칙적으로 동일하다. 헌법재판소의 판례도 헌법불합치결정의 소급효를 인정한다(예: 憲 1995. 7. 27.-93헌바1등). 대법원의 판례도 같은 취지이다(예: 大 2002. 4. 2.-99다3358).

(vi) 개선된 신법의 소급효 헌법불합치의 결정이 있은 후 국회가 법률개선의무를 수행하여 법률을 개정하면, 개정된 신법은 원칙적으로 소급하여 효력을 가지는 것이 되어야 한다. 헌법재판소는 신법에서 명시적으로 소급효를 정하지 아니한 경우에도 당연히 신법이 소급하여 적용된다고 본다(예: 憲 1995. 7. 27.-헌바1 등; 2000. 1. 27.-96헌바95등). 대법원은 형벌규정의 경우에는 개선입법이 있더라도 적용법률이 헌법불합치로 소급하여 효력을 상실했다는 점을 근거로 무죄를 선고하고(예: 大 2009. 1. 15.-2004도7111), 비형벌규정의 경우에는 개선된 신법을 소급하여 적용한 예도 있지만, 대법원은 소급적용에 관한 명시적인 규정이 있을 경우에는 그에 따르지만, 이러한 규정이 없을 경우에는 신법의 소급적용을 부정하는 것이 원칙이라는 입장이다(예: 大 2015. 5. 29.-2014두35447).

[大 2015. 5. 29.-2014두35447] 「어떠한 법률조항에 대하여 헌법재판소가 헌법불합치

결정을 하여 입법자에게 법률조항을 합헌적으로 개정 또는 폐지하는 임무를 입법자의 형성 재량에 맡긴 이상, 개선입법의 소급적용 여부와 소급적용의 범위는 원칙적으로 입법자의 재량에 달린 것이다. 따라서 어느 법률 또는 법률조항에 대한 적용중지의 효력을 갖는 헌법불합치결정에 따라 개선입법이 이루어진 경우 헌법불합치결정 이후에 제소된 일반사건에 관하여 개선입법이 소급하여 적용될 수 있는지 여부는, 그와 같은 입법형성권 행사의 결과로 만들어진 개정법률의 내용에 따라 결정되어야 하므로, 개정법률에 소급적용에 관한 명시적인 규정이 있는 경우에는 그에 따라야 하고, 개정법률에 그에 관한 경과규정이 없는 경우에는 다른 특별한 사정이 없는 한 헌법불합치결정 전의 구법이 적용되어야 할 사안에 관하여 개정법률을 소급하여 적용할 수 없는 것이 원칙이다.」

[612] 제5 재 심

위헌법률심판에서 헌법재판소가 한 결정에 대해서 재심이 허용되는지 문제되는데, 이에 대해서는 헌법재판소법에 명문의 규정이 없으므로 이론적으로 해결해야 한다. 앞에서 본 바와 같이 헌법재판에서 재심의 허용여부는 개별적으로 판단하여 결정하는 것이 타당하다([605]).

위헌법률심판은 객관소송이고 일반적 효력을 가지는 법률이 형성하는 법질서에서 법적 안정성의 확보와 유지가 무엇보다 중요하므로 헌법재판소의 법률의 위헌여부에 대한 결정에 대해서는 재심을 청구할 수 없다고 할 것이다. 헌법재판소는 헌법재판소법 제41조 제1항의 위헌법률심판이든 동법 제68조 제2항에 의한 헌법소원심판이든 어느 경우에나 헌법재판소의 결정에 대해서는 재심이 인정되지 않는다는 태도를 보이고 있다(예: 憲 1992. 6. 26.-90헌아1; 1995. 1. 20.-93헌아1; 2004. 11. 23.-2004헌아47). 다만 위헌법률심판에서도 재판부의 구성에 위법이 있다면 재심을 인정하는 것이 타당하다. 이는 재판의 주체에서 위법성이 있는 경우이므로 재판의 정당성을 인정하기 어렵기 때문이다.

[613] 제6 가 처 분

위헌법률심판절차에서 가처분이 인정되는가 하는 문제가 있다. 문제가 되는 것은 재판의 전제가 된 법률이나 법률조항의 적용을 정지시키는 가처분과, 법원의 재판이나 재판의 집행을 정지시키는 가처분이다.

위헌법률심판절차에서 재판의 전제가 된 법률이나 법률조항의 적용을 정지시키는 가처분이 인정되느냐 하는 문제에 있어서는 견해가 대립된다. 법령에 대한 헌법소원심판절차에서 법규범에 대한 가처분이 인정된다면 위헌법률심판절차에서도 법규범에 대한 가처분을 인정하지 않을 수 없다.

재판을 정지시키는 가처분은 헌법재판소법 제41조 제1항의 심판절차에서는 인정되지 않는다. 법원의 제청이 있으면 재판이 정지되기 때문이다. 그러나 헌법재판소법 제68조 제2항의 헌법소원심판절차에서 당해 소송사건은 정지됨이 없이 진행되므로 이러한 가처분이 인정되는지 문제에 대해 숙고해볼 점이 있다. 비록 동법 제75조 제7항에서 재심청구의 길이 보장되어 있다 하더라도 사안의 성질상 당해 법원의 재판을 정지해야 할 불가피한 사유가 있는 경우에는 헌법재판소는 당해 소송사건의 재판에 대하여 정지를 명하는 처분을 할 수 있다고 할 것이다. 헌법재판소는 헌법재판소법 제68조 제2항에 의한 헌법소원심판절차에서 당해 헌법소원심판의 결정이 있을 때까지 그 헌법소원심판을 청구함에 바탕이 된 당해 법원의 민사소송절차의 일시정지를 구하는 가처분신청을 이유 없다고 하여 기각한 적이 있다(예: 憲 1993. 12. 20.-93헌사81).

재판의 집행을 정지시키는 가처분 역시 위와 같은 이유로 헌법재판소법 제68조 제2항의 헌법소원심판절차에서 문제된다. 이 가처분은 재판의 정지를 명하는 가처분과 별개의 것으로, 양자가 동시에 인정되는 경우 재판의 집행을 정지하는 가처분으로 목적을 달성할 수 있다면 동일 상황에서 재판의 정지를 명하는 가처분은 지양할 필요가 있다.

[614] 第7 헌법재판소법 제68조 제2항의 헌법소원심판

Ⅰ. 법적 성질

헌법재판소법 제68조 제2항에서 사용하고 있는 「헌법소원심판」이라는 용어에도 불구하고 이 절차는 성질상 위헌법률심판절차이다. 헌법재판소는 초기에 약간의 혼선이 있었으나 이를 구체적 규범통제, 즉 우리 헌법상의 위헌법률심판절차로 이해하는 것이 판례상 확립된 태도이다(예: 憲 1990. 6. 25.-89헌마107; 1990. 9. 10.-89헌마82). 헌법재판소법 제68조 제2항의 심판절차에는 헌법재판소법 제41조에서 정하고 있는 법률의 위헌여부심판절차에 관한 규정들이 대부분 그대로 적용된다. 따라서 심판청구의 요건으로 헌법소원의 대상이 되는 법률, 재판의 전제성 등이 요구된다. 이하에서는 헌법재판소법 제68조 제2항의 심판절차에만 특유한 사항에 대하여 간략히 살펴본다.

Ⅱ. 요 건

(1) 심판의 청구

헌법재판소법 제41조 제1항의 규정에 의하여 일반법원에 계속 중인 사건에서 그 재판의 전제가 되는 법률에 대하여 당해 법원에 위헌법률심판제청을 신청하였다가 그 제청신청이 기각된 당해 신청자가 청구인이 된다(헌재법 §68②). 헌법재판소법 제68조 제2항의 심판을 청구하더라도 재판이 정지되지 않으며, 당사자는 심판의 청구가 인용된 경우에 해당 소송사건이 이미 확정된 때에는 재심을 청구할 수 있다(동법 §75⑦).

(2) 청구기간

위헌법률심판의 제청신청을 기각하는 결정을 통지받은 날부터 30일 이내에 청구하여야 한다(헌재법 69②).

Ⅲ. 심판의 절차

헌법재판소법 제68조 제2항의 심판절차는 위헌법률심판절차이므로 지정재판부에 의한 사전심사를 거치는 것은 법리상 타당하지 않다. 그러나 실무상 헌법재판소법 제68조 제2항의 심판절차에서도 헌법재판소법 제68조 제1항에 의한 헌법소원심판절차와 마찬가지로 사전심사를 거치고 있다.

Ⅳ. 결 정

헌법재판소법 제68조 제2항의 심판절차는 규범통제절차이므로 헌법소원에서와 같이 각하·기각·인용의 결정을 하는 것이 아니라, 각하·합헌결정·인용결정(위헌결정, 변형결정)을 한다.

3. 탄핵심판

[615] 제1 개념과 성질

탄핵제도의 개념, 성질, 요건, 탄핵소추의 절차 등에 대해서는 앞서 국회 부분([438])에서 살펴본 바와 같다. 탄핵심판은 1948년헌법에서부터 채택하였는데, 제도의 구체적인 내용에 대해서는 변화가 있었다.

[616] 제2 요 건

Ⅰ. 절차적 요건

헌법재판소가 탄핵심판을 함에 있어서는 i) 법이 정한 소추대상자에 대하여 적법한 탄핵소추의 의견이 있어야 하고, ii) 소추위원이 탄핵심판을 청구하여야 하며, iii) 소추의결서의 정본이 제출되어야 한다([438]Ⅲ, Ⅳ, Ⅴ). 국회가 탄핵소추의결을 할 때, 필요한 증거를 수집하지 않는 것에 대하여 위법하다는 논란이 있었으나, 헌법재판소는 “국회

탄핵심판제도의 변천

헌법 항목	1948년헌법-1952년헌법	1954년헌법	1960년6월헌법-1960년11월헌법	1962년헌법-1969년헌법	1972년헌법-1980년헌법	1987년헌법
심판기관	탄핵재판소	→	헌법재판소	탄핵심판위원회	헌법위원회	헌법재판소
탄핵소추	대통령 · 부통령 · 국무총리 · 국무위원 · 심계원장 · 법관 기타 법률이 정하는 공무원이 그 직무수행에 관하여 헌법 또는 법률에 위배한 때에는 국회는 탄핵의 소추를 결의할 수 있다.	대통령 · 부통령 · 국무위원 · 심계원장 · 법관 기타 법률이 정하는 공무원이 그 직무수행에 관하여 헌법 또는 법률에 위배한 때에는 국회는 탄핵의 소추를 결의할 수 있다.	대통령 · 헌법재판소심판관 · 법관 · 중앙선거위원회위원 · 심계원장 기타법률이 정하는 공무원이 그 직무수행에 관하여 헌법 또는 법률에 위배한 때에는 국회는 탄핵의 소추를 결의할 수 있다.	대통령 · 국무총리 · 국무위원 · 행정각부의 장 · 법관 · 중앙선거관리 위원회위원 · 감사위원 기타 법률에 정한 공무원이 그 직무집행에 있어서 헌법이나 법률을 위배한 때에는 국회는 탄핵의 소추를 의결할 수 있다.	대통령 · 국무 총리 · 국무위원 · 행정각부의 장 · 헌법위원회위원 · 법관 · 중앙선거 위원회위원 · 감사위원 기타 법률에 정한 공무원이 그 직무집행에 있어서 헌법이나 법률을 위배한 때에는 국회는 탄핵의 소추를 의결할 수 있다.	대통령 · 국무총리 · 국무위원 · 행정각부의 장 · 헌법재판소 재판관 · 법관 · 중앙선거위원회위원 · 감사원장 · 감사위원 기타 법률이 정한 공무원이 그 직무집행에 있어서 헌법이나 법률을 위배한 때에는 국회는 탄핵의 소추를 의결할 수 있다.
탄핵판결(결정)의 효과	탄핵판결은 공직으로부터 파면함에 그친다. 단 이에 의하여 민사상이나 형사상의 책임이 면제되는 것은 아니다.	→	→ (탄핵소추결의를 받은 자는 탄핵심판이 있을 때까지 권한행사 정지)	탄핵결정은 공직으로부터 파면함에 그친다. 그러나 이에 의하여 민사상이나 형사상의 책임이 면제되지는 아니한다 (1962년헌법에는 권한 행사정지 규정 없음. 1969년헌법에 권한행사 정지 규정 있음).	→ (탄핵소추의결을 받은 자는 탄핵결정이 있을 때까지 권한행사 정지)	→ (탄핵소추의 의결을 받은 자는 탄핵심판이 있을 때까지 권한행사 정지)
결정 정족수	심판관 2/3 이상의 찬성	→	심판관 6인 이상의 찬성	구성원 6인 이상의 찬성	위원 6인 이상의 찬성	재판관 6인 이상의 찬성

법 제130조 제1항은 탄핵소추의 발의가 있을 때 그 사유 등에 대한 조사 여부를 국회의 재량으로 규정하고 있으므로 국회가 탄핵소추사유에 대하여 별도의 조사를 하지 않았다거나 국정조사결과나 특별검사의 수사결과를 기다리지 않고 탄핵소추안을 의결하였다고 하여 그 의결이 헌법이나 법률을 위반한 것이라고 볼 수 없다"고 결정하였다(憲 2004. 5. 14.-2004헌나1; 2017. 3. 10.-2016헌나1).

II. 실체적 요건

헌법재판소가 탄핵심판에서 탄핵결정을 함에 있어서는 i) 피청구인이 그 직무집행에 있어서 헌법이나 법률을 위배하고, ii) 더 이상 피청구인으로 하여 그 직을 계속 수행할 수 없도록 하는 사유가 있어야 한다. 즉 i) 피청구인의 행위가 직무관련성을 가져야 하고(직무관련성), ii) 이러한 직무수행행위가 헌법이나 법률을 위배한 것이어야 하며(위법행위의 존재), iii) 피청구인으로 하여금 그 직을 계속 수행할 수 없게 하는 사유가 인정되어야 한다(직무수행의 불가성)([438]IV).

헌법재판소는 노무현 대통령에 대한 탄핵심판에서 직무수행의 불가성이 인정되지 않는 것으로 판단하여 심판청구를 기각하였다(憲 2004. 5. 14. -2004헌나1). 반면에, 박근혜 대통령에 대한 탄핵심판에서 헌법재판소는 헌법과 법률 위배행위는 국민의 신임을 배반한 행위로서 헌법수호의 관점에서 용납될 수 없는 중대한 법 위배행위라고 보아야 한다면서, 대통령을 파면함으로써 얻는 헌법수호의 이익이 대통령 파면에 따르는 국가적 손실을 압도할 정도로 크다는 이유로 인용하였다(憲 2017. 3. 10. -2016헌나1).

[617] 제3 절 차

국회가 탄핵소추를 하여 소추위원이 헌법재판소에 탄핵심판을 청구하면(헌재법 §49①), 헌법재판소는 심판의 대상에 대하여 심리를 하고, 심리를 마친 때에는 결정을 한다. 탄핵심판은 구두변론에 의한다(동법 §30①). 피청구인에 대한 탄핵심판청구와 동일한 사유로 법원에서 형사소송이 진행되고 있는 때에는 헌법재판소의 재판부는 탄핵심판의 절차를 정지할 수 있다(동법 §51).

탄핵심판절차의 흐름

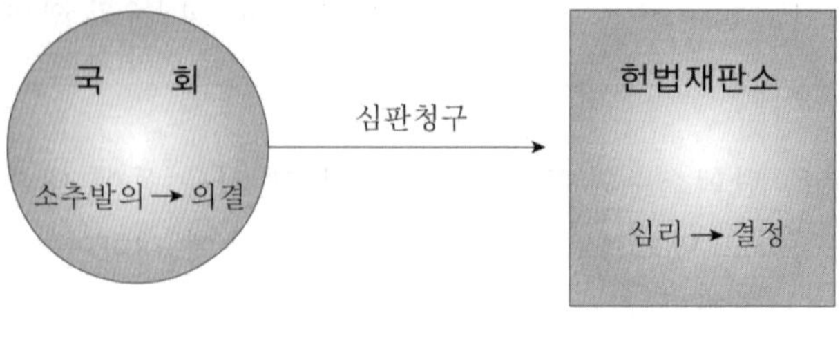

[618] 제4 결 정

Ⅰ. 의 의

탄핵심판절차에서 헌법재판소가 행하는 결정에는 각하결정, 기각결정, 파면결정이 있다. 탄핵심판의 청구가 형식적 요건을 갖추지 못하여 부적법한 것일 경우에는 각하결정을 한다. 재판부가 본안의 판단에 들어가 심리를 종결한 때에는 종국결정을 하는데, 청구가 이유가 있는 경우에는 파면결정을 하고(헌법 §65④; 헌재법 §53①), 청구가 이유가 없는 경우에는 기각결정을 한다. 탄핵결정을 할 때에는 재판관 9인 중 6인 이상의 찬성이 있어야 한다(헌법 §113①).

탄핵심판의 결정에 관여한 재판관은 결정서에 의견을 표시하여야 한다(헌재법 §36③). 그런데 탄핵심판에서 재판관으로 하여금 의견을 표시하도록 강제하는 것은 재판의 독립과 공정성의 면에서 문제가 있다([604]V(2)).

Ⅱ. 탄핵결정의 효력

(1) 공직에서의 파면

헌법재판소의 파면결정이 있으면, 피청구인(=피소추인)은 해당 공직에서 파면되고(헌재법 §53①), 파면결정의 선고와 동시에 피청구인은 그 직을 상실한다.

(2) 공직취임의 제한

파면결정으로 파면된 자는 결정선고가 있은 날부터 5년이 지나지 아니하면 공무원이 될 수 없다(헌재법 §54②).

(3) 사면의 금지

탄핵심판으로 파면된 자에 대하여는 사면을 할 수 없다(동지: 김철수b, 2101; 허영a, 841; 성낙인,1294). 사면법의 규정에 의하면, 탄핵결정으로 파면을 당한 자는 사면의 대상자에 포함되어 있지 않다(사면법 §3).

(4) 다른 법적 책임의 불면제

파면결정이 있어도 피청구인의 민사상 또는 형사상의 책임 등 다른 법적인 책임이 면제되지 않는다(헌재법 §54①).

4. 정당해산심판

[619] 제1 개념과 성질

Ⅰ. 개 념

헌법이 정하고 있는 정당해산심판제도는 정당의 목적이나 활동이 민주적 기본질서에 위배될 때 정부의 해산심판청구에 따라 헌법재판소가 이에 대하여 심판하는 것을 말한다(헌법 §8④, §111①).

이러한 정당해산심판은 1960년에 발생한 4·19 이후 1960년6월헌법에 정할 때 헌법재판제도를 정비하면서 처음 실정화된 이후 현재까지 유지되고 있다. 정당해산심판을 관장하는 기관에서는 변화가 있었다.

Ⅱ. 성 질

정당해산심판제도는 행정적인 조치로 정당을 해산할 수 없게 하고, 오로지 중립적인 재판기관의 재판에 의해서만 강제로 해산할 수 있게 하는 것이다.

정당해산심판제도의 변천

항목 \ 헌법	1948년헌법-1952년헌법-1954년헌법	1960년6월헌법-1960년11월헌법	1962년헌법-1969년헌법	1972년헌법	1980년헌법	1987년헌법
심판기관	없음	헌법재판소	대법원	헌법위원회	→	헌법재판소
정당해산심판	없음	정당의 목적이나 활동이 헌법의 민주적 기본질서에 위배될 때에는 정부가 대통령 의 승인을 얻어 소추하고, 헌법재판소가 판결로써 그 정당의 해산을 명한다.	정당의 목적이나 활동이 민주적 기본질서에 위배될 때에는 정부는 대법원에 그 해산을 제소할 수 있고, 정당은 대법원의 판결에 의하여 해산된다.	정당의 목적이나 활동이 민주적 기본질서에 위배되거나 국가의 존립에 위해가 될 때에는 정부는 헌법위원회에 그 해산을 제소할 수 있고, 정당은 헌법위원회의 결정에 의하여 해산된다.	정당의 목적이나 활동이 민주적 기본질서에 위배될 때에는 헌법위원회에 그 해산을 제소할 수 있고, 정당은 헌법위원회의 결정에 의하여 해산된다.	정당의 목적이나 활동이 민주적 기본질서에 위배될 때에는 정부는 헌법재판소에 그 해산을 제소 할 수 있고, 정당은 헌법재판소의 결정에 의하여 해산된다.
결정 정족 수	없음	심판관 과반수의 찬성	대법원 법관 정수의 3/5 이상의 찬성	위원 6인 이상의 찬성	→	재판관 6인이상의 찬성

Ⅲ. 제도의 목적

정당해산심판제도는 i) 「조직된 헌법의 적」에 의한 헌법침해를 방지하여 헌법을 수호하고 보호하며(헌법의 보호), ii) 합헌적인 정당의 활동과 국가권력으로부터 정당의 조직과 활동을 보호하는데(정당의 보호) 목적을 둔다.

[620] 제2 요 건

Ⅰ. 청 구 인

정당해산심판을 청구할 수 있는 권한은 정부가 독점적으로 가진다(헌법 §8④). 헌법 제8조 제4항과 헌법재판소법 제55조에서 정하고 있는 정부란 대한민국이라는 국가를 의미하는 것이 아니라, 헌법 제4장에서 정하고 있는 정부를 말하며, 구체적으로는 대통령이 정당해산심판청구권을 가진다(통설).

헌법정책적으로 보건대, 정당해산심판청구권을 반드시 정부에 독점적으로 부여해야 할 이유는 없다. 국회나 일정 수 이상의 국회의원에게도 이러한 권한을 부여할 수 있다. 독일의 경우에는 Land에 한정된 지역정당이 아닌 한 연방의회, 연방참사원, 연방정부가 각각 정당해산심판청구권을 가지고 있다.

Ⅱ. 피청구인

피청구인은 원칙적으로 정당법에서 정하는 정당으로서의 등록을 마친 정당이다. 정당의 부분조직이나 창당준비위원회도 피청구인이 될 수 있다. 정당의 방계조직, 위장정당, 사이비정당, 대체정당은 피청구인이 되지 못한다. 피청구인의 확정은 심판청구시를 기준으로 결정한다.

현행 우리 실정법하에서는 일반적인 결사·단체에 대하여 국가가 강제로 해산할 수 있게 하는 법률이 없다. 일반적인 결사·단체가 헌법질서를 침해하는 경우에 이를 해산하게 하는 것은 헌법 제37조 제2항에 의하여 가능하다.

Ⅲ. 위헌인 정당의 목적이나 활동

정당해산심판으로 정당을 해산하기 위해서는 피청구 정당의 목적이나 활동이 민주적 기본질서에 위반되어야 한다. 헌법 제8조 제4항에서 정하는 「민주적 기본질서」는 정당해산심판이 헌법을 보호하는데 목적을 두고 있으므로 당연히 「헌법의 민주적 기본질서를 말한다(1960년6월헌법과 1960년11월헌법에서는 「헌법의 민주적 기본질서」라고 정하고 있었다). 학설에 따라서는 민주적 기본질서를 자유민주적 기본질서라고 해석하는 견해(권영성, 195)와 이보다 넓은 개념이라고 해석하는 견해(김철수a, 200)가 있으나, 이는 대한민국 헌법이 정하고 있는 헌법질서를 의미한다고 할 것이다. 인간의 존엄과 가치, 자유, 평등, 정의를 부정하거나 헌법이 정하고 있는 기본가치 · 기본원리와 국가의 존립이나 대의제도, 권력분립과 같은 기본적인 통치원리와 제도를 부정하고 이를 전복하고자 하는 것은 민주적 기본질서에 위반된다. 헌법재판소는 통합진보당 해산 결정에서, 「민주적 기본질서」의 의미에 관하여 다음과 같이 판시하였다(憲 2014. 12. 19.-2013헌다1).

[憲 2014.12.19.-2013헌다1] 「정당해산심판제도가 수호하고자 하는 민주적 기본질서는 우리가 오늘날의 입헌적 민주주의 체제를 구성하고 운영하는 데에 필요한 가장 핵심적인 내용이나 요소를 의미하는 것으로서, 민주적이고 자율적인 정치적 절차를 통해 국민적 의사를 형성 · 실현하기 위한 요소, 즉 민주주의 원리에 입각한 요소들과, 이러한 정치적 절차를 운영하고 보호하는 데에 필요한 기본적인 요소, 즉 법치주의 원리에 입각한 요소들 중에서 필요불가결한 부분이 중심이 되어야 한다. 이는 이것이 보장되지 않으면 우리의 입헌적 민주주의 체제가 유지될 수 없다고 평가되는 최소한의 내용이라 하겠다. 결국 위에서 본 바와 같은 입헌적 민주주의의 원리, 민주 사회에 있어서의 정당의 기능, 정당해산심판제도의 의의 등을 종합해 볼 때, 우리 헌법 제8조 제4항이 의미하는 민주적 기본질서는, 개인의 자율적 이성을 신뢰하고 모든 정치적 견해들이 각각 상대적 진리성과 합리성을 지닌다고 전제하는 다원적 세계관에 입각한 것으로서, 모든 폭력적 · 자의적 지배를 배제하고, 다수를 존중하면서도 소수를 배려하는 민주적 의사결정과 자유 · 평등을 기본원리로 하여 구성되고 운영되는 정치적 질서를 말하며, 구체적으로는 국민주권의 원리, 기본적 인권의 존중, 권력분립제도, 복수정당제도 등이 현행 헌법상 주요한 요소라고 볼 수 있다.」

정당해산사유를 보다 명확하게 명시할 필요가 있다. 중화민국헌법(中華民國憲法)은 「정당의 목적이나 행위가 중화민국의 존재 또는 자유민주적 헌정질서를 위해하는 때」라고 정하고 있고(동수정헌법 §5), 독일연방헌법은 「정당의 목적이나 당원의 활동이 자유민주적 기본질서를 침해 또는 폐지하거나 독일연방공화국의 존립을 위태롭게 하는 정당은 위헌이다」고 정하고 있다(동헌법 §21). 우리의 경우도 「정당의 목적이나 활동이 자유민주적 기본질서에 위배되거나 대한민국의 존립을 위태롭게 할 때에는……」으로 고치는 방안을 생각해볼 수 있다.

[621] 제3 절 차

Ⅰ. 정부의 제소

정당해산심판은 정부의 제소로 개시한다. 제소여부에 대한 결정은 국무회의의 심의를 거쳐(헌법 §89; 헌재법 §55) 대통령이 하고, 실제의 소송수행은 법무부장관이 정부의 법률상 대표자로서 이를 수행한다.

정당해산심판제도의 제도적 목적에 의할 때, 정부의 정당해산심판의 제소(=청구)가 있은 후에는 해당 정당은 정당해산결정의 법적 효력을 피하기 위하여 자진 해산할 수 없다. 해산하여도 법적으로 해산의 효과가 발생하지 않는다. 정당해산심판이 있으면 제소 당시의 정당에 대하여 그 효과가 발생한다.

정당해산심판절차의 흐름

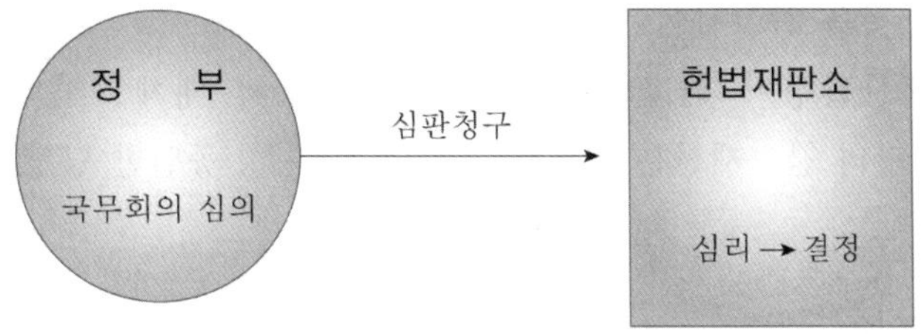

II. 심 리

정부에 의한 정당해산심판의 청구가 있으면, 헌법재판소는 심판의 대상에 대하여 심리를 하고, 심리를 마쳤을 때에는 결정을 한다(헌재법 §36①). 정당해산심판은 구두변론에 의한다(동법 §30①). 헌법재판소는 정당해산심판의 청구를 받은 때에는 직권 또는 청구인의 신청에 의하여 종국결정의 선고 시까지 피청구인의 활동을 정지하는 가처분 결정을 할 수 있다(헌재법 §57).

[622] 제4 결 정

I. 의 의

정당해산심판절차에서 헌법재판소가 행하는 결정에는 각하결정, 기각결정, 해산결정이 있다. 심판의 청구가 부적법한 것인 경우에는 각하결정을 한다. 본안판단에서 청구가 이유 없는 경우에는 기각결정을 하며, 청구가 이유 있는 경우에는 인용결정, 즉 해당 정당을 해산하는 결정을 한다. 헌법재판소가 정당의 해산을 명하는 결정을 선고한 때에는 그 정당은 해산된다(헌법 8④; 헌재법 §59). 정당해산결정을 하는 때에는 재판관 9인 중 6인 이상의 찬성이 필요하다(헌법 §113①).

정당해산심판에서도 재판관은 결정서에 의견을 표시하여야 한다(헌재법 §36③). 그런데 정당해산심판에서 재판관으로 하여금 개별의견을 표시하게 강제하는 경우 정당해산심판에서 재판의 독립, 재판관의 독립, 재판의 정치적 중립성을 해칠 위험이 있다([604]V(2)).

II. 정당해산결정의 효력

(1) 정당해산 및 부수효과

정당해산결정이 선고되면 해당 정당은 해산된다(헌재법 §59). 헌법재판소의 이러한 정당해산결정은 형성적 효력을 가진다. 따라서 정당은 헌법재판소의 결정으로 선고와 동시에 바로 해산되는 것이며, 선거관리위원회의 집행으로 해산되는 것이 아니다. 헌법재판소의 해산결정의 통지가 있을 때에는 당해 선거관리위원회는 그 정당의 등록을 말소하고 지체 없이 그 뜻을 공고하여야 한다(정당법 §47).

또한 정당해산결정이 선고되면 부수적 효과로서 대체조직의 결성이 금지되며(정당법 §40), 해당 정당의 잔여재산은 국고에 귀속되고(정당법 §48②), 동일한 당명을 사용하지 못한다(동법 §41②).

(2) 의원직의 상실

해산된 정당에 소속되었던 국회의원의 자격이 상실하는가 하는 점에 대해서는 견해가 대립한다.

(a) 자격상실설

이 견해는 정당해산제도가 가지고 있는 헌법보호의 취지나 방어적 민주주의의 이념과 원리상 정당이 위헌으로 해산되면 그 정당에 소속되었던 국회의원의 자격이 상실되는 것은 당연하다고 본다(예: 허영a, 842; 권영성, 197, 1157).

(b) 자격비상실설

이 견해는 의원은 전체 국민의 대표이고 정당의 소속과는 무관하게 독립된 지위와 정당성을 가진다는 근거(비례대표제에 의한 국회의원도 마찬가지이다)를 제시하는 견해도 있고, 위헌정당으로 정당이 해산된 경우 국회의원의 자격 유지의 문제는 국회의 자율적 결정사항이므로 국회의 자격심사나 제명처분에 의해서만 국회의원의 자격을 상실하고 그렇지 아니하면 국회의원의 자격을 종전과 같이 유지한다는 견해도 있다(예: 김철수b, 2103).

국회법은 징계의 종류로 제명을 정하고 있지만(국회법 §163①), 헌법이나 국회법 어디에도 국회의원에 대한 징계처분에 포함되는 제명의 사유로 정당해산심판에 의한 소속 정당의 해산을 정하고 있는 것은 없기 때문에(동법 §155), 현행법상 이러한 경우에 해산결정된 정당에 소속하였던 국회의원을 제명할 수 있는 여지는 없다. 국회법상 자격심사의 경우에 「자격없음」으로 결정함에 있어서는 재적의원 2/3의 찬성이 필요하므로(동법 §142③), 이론상으로 위헌정당으로 해산된 정당의 당적을 가졌던 국회의원이 재적의원의 1/3 이상인 경우에는 「자격없음」의 결정을 할 수 없다는 결론에 이른다. 자격심사에서 「자격없음」의 의결정족수를 어떻게 정하든 위헌정당으로 해산된 정당의 당적을 가졌던 국회의원의 수로 인하여 이러한 의결정족수를 충족시키지 못하는 경우에는 자격심사로 의원직을 상실시킬 수 없게 된다. 제명의 의결정족수도 이를 어떻게 정하든 위헌정당으로 해산된 정당의 당적을 가졌던 국회의원의 수로 인하여 의결정족수를 충족시키지 못하는 경우에는 국회의원을 제명할 수 없게 된다.

정당해산심판제도가 가지는 헌법보호의 기능에 비추어 볼 때, 어떤 정당이 위헌정당이라는 이유로 해산이 되면 해당 정당에 소속한 비례대표국회의원은 자격을 상실하고(공선법 §192④), 지역구국회의원도 국회의원의 자격을 상실한다고 할 것이다. 이 점을 분명히 하기 위해서는 법률에 명시하는 것이 필요하다. 헌법재판소는 통합진보당 해산 결정에서, 헌법재판소의 해산결정으로 해산되는 정당 소속 국회의원의 의원직 상실은 정당해산심판 제도의 본질로부터 인정되는 기본적 효력으로 봄이 상당하므로, 이에 관하여 명문의 규정이 있는지 여부는 고려의 대상이 되지 아니하고, 그 국회의원이 지역구에서 당선되었는지, 비례대표로 당선되었는지에 따라 아무런 차이가 없이, 정당해산결정으로 인하여 신분유지의 헌법적인 정당성을 잃으므로 그 의원직은 상실되어야 한다고 하였다(憲 2014. 12. 19. -2013헌다1).

(3) 국회의원정수의 상실여부

해당 국회의원이 의원직을 상실한 경우에 그 수만큼 국회의 의원정수가 상실하는가 하는 문제가 있다. 헌법재판소의 정당해산심판은 정당의 해산으로 해체되어 버린 정당에 소속했던 국회의원이 그 의원직을 상실하는 것까지만 효력을 미치기 때문에 국회의 의원정수에는 변경을 가져오지 않는다. 따라서 지역구국회의원의 경우에는 정당해산으로 상실된 수만큼의 의원직을 다시 선출하는 보궐선거가 실시되고, 비례대표국회의원의 경우에는 그 선거결과에 따라 선거에 참여한 각 정당에 의석이 재배분된다.

Ⅲ. 집 행

정당의 해산을 명하는 헌법재판소의 결정은 중앙선거관리위원회가 정당법의 규정에 따라 집행한다(헌재법 §60).

[623] 제5 가 처 분

정당의 활동이 헌법에 위반되는가 하는 점이 문제가 되어 정부에 의해 헌법재판소에 해산심판을 청구할 정도가 되면 현실에서 해당 정당의 활동은 헌법의 보호라는 면에서 볼 때 심각한 수준에 이른다. 따라서 헌법재판소의 심판이 있을 때까지 피청구인

정당의 활동을 정지시킬 필요가 있다. 헌법재판소법은 정당해산심판의 청구를 받은 때에 헌법재판소는 직권 또는 청구인의 신청에 의하여 종국결정의 선고 시까지 피청구인의 활동을 정지하는 결정을 할 수 있다고 정하고 있다(헌재법 §57). 헌법재판소가 피청구인에 대하여 가처분의 결정을 하면 피청구인의 활동은 정지되며, 헌법재판소장은 가처분을 한 사실을 국회와 중앙선거관리위원회에 통지하여야 한다(동법 §58①).

5. 권한쟁의심판

[624] 제1 개념과 성질

I. 개 념

권한쟁의심판제도는 국가기관 상호 간, 국가기관과 지방자치단체 간 및 지방자치단체상호 간에 그 권한의 유무 또는 범위에 관하여 다툼이 있을 때 재판으로 그 권한의 유무나 범위를 확정하는 것을 말한다(헌법 §111①; 헌재법 §61, §62).

독일에서 권한쟁의심판제도는 19세기 입헌주의체제의 전개과정에서 그 萌芽가 형성되었다. 領主(Landesherr=Monarch)와 身分的 等族(Stände) 또는 國民代表會議(Volksvertretung=Parlament) 사이에 헌법상의 분쟁이 발생하여 서로 합의로 해결할 수 없을 때 이를 해결하는 방법으로 國事裁判所(Staatsgerichtshof)로 하여금 분쟁을 해결하게 한 것에서 비롯한다(예: 1831년의 작센헌법(sächsische Verfassung)). 이는 본질적으로 國事裁判으로서 성격을 지닌 것이었고, 헌법의 영역 내에 존재하는 각 주체들 사이에 존재하는 다툼이라는 의미에서 憲法爭議(Verfassungsstreitigkeit)라고 부르기도 했다. 이러한 것은 1849년의 파울스키르헤헌법(Paulskirchenverfassung)에서도 구상되었다. 그러나 이런 헌법쟁의는 1848년과 1849년 이후의 왕정복고의 반동기(Reaktionszeit)에는 헌법에 등장하지 않았다. 이런 사정은 1871년의 라이히헌법(Reichsverfassung)에서도 마찬가지였다. 특히 프로이센제국에서는 비스마르크(Otto v. Bismarck)가 국왕(Krone)과 領主國議會(Landtag) 사이의 권한분배나 그에 관한 분쟁을 사법관에게 맡겨 해결하는 것은 적합하지 않다고 보아 권한쟁의심판제도는 발달하지 못했다. 1919년의 바이마르헌법도 라이히의 憲法機關들 간의 권한쟁의에 대한 심판권을 라이히 國事裁判所(Staatsgerichtshof)에 부여하지 않았다. 이 당시 國事裁判所는 州의 요구가 있는 경우에 주내부의 헌법쟁송을 처리하였다. 실무상으로는 차츰 州內部의 헌법쟁송에서 벗어나 관할의 확대가 시도되었으나 이는 당시 헌법이 인정한 것이 아니었다. 1926년 독일법률가대회에서 라이히 國事裁判所의 관할을 라이히헌법쟁의(Reichsverfassungsstreitigkeit)로까지 확장하여야 한다는 주장이 나왔다. 1949년의 基本法(Grundgesetz)에 와서 비로소 권한쟁의심판제도를 헌법상의 제도로 체계화하였다.

이러한 권한쟁의심판은 1960년6월헌법에서 헌법재판제도를 정비하면서 처음 채택하여 실정화되었고, 1962년헌법에서는 폐지되었다가 1987년헌법에서 발전된 형태로 부활하였다.

II. 성 질

권한쟁의심판은 객관소송으로서의 성질과 국사재판으로서의 성질을 가지며, 국가의 구성과 권한의 배분의 구조를 의미하는 전통적인 헌법 영역에서 발생하는 분쟁을 해결하는 진정한 헌법쟁송으로서의 성질을 가지고 있다.

III. 제도의 목적

권한쟁의심판제도는 i) 국가기관이나 지방자치단체 상호 간에 있어 발생하는 권한과 의무에 관한 분쟁을 해결하고, ii) 권력분립을 실현하며, iii) 국가기관이나 지방자치단체의 관할을 분명히 하여 국가의 기능과 작용이 원활하고 합헌적으로 이루어지도록 하고, iv) 소수의 보호를 통하여 민주주의를 실질화하여 헌법질서를 유지하는데 목적을 둔다.

권한쟁의심판제도의 변천

헌법 / 항목	1948년헌법-1952년헌법-1954년헌법	1960년6월헌법-1960년11월헌법	1962년헌법-1969년헌법-1972년헌법-1980년헌법	1987년헌법
심판기관	없음	헌법재판소	폐지	헌법재판소
권한쟁의심판	없음	국가기관 간의 권한쟁의	폐지	국가기관 상호 간, 국가기관과 지방자치단체 간, 지방자치단체 상호 간의 권한쟁의심판
결정정족수	없음	과반수의 찬성	폐지	과반수의 찬성

IV. 행정기관 간의 권한 분쟁

(1) 행정기관 간의 권한 분쟁

행정부 내에서 행정각부 또는 행정기관 간에 권한상의 혼선과 다툼이 있는 경우에는 국무회의에서 심의를 거쳐 대통령이 해결한다(헌법 §89). 이러한 것이 국무회의에서 해결되지 못하는 예외적인 경우에는 헌법재판소가 심판을 통하여 해결하여야 하지만, 국가의 기능과 운영상 이런 문제는 국무회의의 심의를 거쳐 대통령이 해결하는 것이 바람직하다.

(2) 권한쟁의심판과 기관소송

행정소송법 제3조 제4호는 국가 또는 공공단체의 기관 상호 간에 있어서의 권한의 존부 또는 그 행사에 관한 다툼이 있을 때에 이에 대하여 제기하는 소송을 기관소송이라고 하여 행정소송의 하나로 정하면서, 다만 헌법재판소법 제2조의 규정에 의하여 헌법재판소의 관장사항으로 되는 소송은 제외한다고 정하고 있다. 헌법은 제111조 제1항 제4호에서 권한쟁의심판의 관할권을 정하여 헌법재판소에 독점적으로 부여하고 있고, 헌법재판소법 제2조는 헌법 제111조 제1항을 확인하여 동일하게 정하고 있는 것이므로 헌법의 하위법인 행정소송법에서 기관소송을 정하면서 헌법이 정한 사항을 우선적으로 하고 행정소송법이 정한 기관소송규정을 보충적으로 정한 것은 당연하다.

V. 지방자치단체 간의 권한분쟁

(1) 지방자치단체 간의 분쟁조정과 권한쟁의

지방자치법에 의하면, 지방자치단체 상호 간 또는 지방자치단체장 상호 간 사무를 처리함에 있어서 다툼이 있는 경우에는 당사자의 신청 또는 직권에 의하여 행정안전부장관 또는 시·도지사가 조정할 수 있다. 따라서 지방자치단체 상호 간 또는 지방자치단체장 상호 간에 권한의 유무나 범위에 대하여 다툼이 있는 경우에는 통상 먼저 이런 조정을 거치게 된다(지자법 §165 이하). 그러나 당사자가 헌법재판소에 권한쟁의심판을 청구하기 전에 반드시 이러한 조정절차를 거쳐야 하는 것은 아니다. 헌법재판의 권한쟁의심판절차에서는 보충성이 인정되지 않는다.

(2) 지방자치소송과 권한쟁의

현행 지방자치법에 의하면 상·하급 지방자치단체장간에(지자법 §188, §189) 또는 지방의회와 지자체간에(동법 §120, §192) 일정한 분쟁이 있는 경우 일방 당사자는 대법원에 소를 제기할 수 있도록 하고 있으며, 현행 「지방교육자치에 관한 법률」에서도 지방자치법의 규정을 준용하고 있다(동법 §3). 그러나 이러한 경우에도 다툼이 권한·의무의 존부나 범위에 대한 것일 경우에는 당사자는 헌법재판소에 권한쟁의심판을 청구하여 다투어야 한다. 권한쟁의심판은 헌법 제111조 제1항 제4호에 의해 헌법재판소만이 관할권을 가지기 때문이다.

[625] 제2 당 사 자

Ⅰ. 의 의

헌법 제111조 제1항 제4호에서는 헌법재판소의 관장사항으로 「국가기관 상호 간, 국가기관과 지방자치단체 간 및 지방자치단체 상호 간의 권한쟁의에 관한 심판」을 규정하고 있고, 헌법재판소법 제62조에서는 이를 구체화시키고 있다. 여기서 말하는 국가기관 및 지방자치단체의 의미가 무엇인지 문제된다.

Ⅱ. 국가기관

헌법재판소법은 국가기관 상호 간의 권한쟁의심판에서 국가기관은 국회, 정부, 법원 및 중앙선거관리위원회를 의미한다고 정하고 있다(헌재법 §62① i). 그런데 헌법재판소법 제62조 제1항 제1호가 열거적인 규정인지, 아니면 예시적인 규정인지 문제된다. 헌법재판소는 과거 열거조항으로 파악한 경우가 있으나(예: 憲 1995. 2. 23.-90헌라1), 판례를 변경하여 예시적인 규정으로 보고 당사자의 범위를 확대하였다. 즉 헌법재판소는 헌법 제111조 제1항 제4호에서 정하는 국가기관에 해당하는지 아닌지를 판별함에 있어서는 그 국가기관이 헌법에 의하여 설치되고 헌법과 법률에 의하여 독자적인 권한을 부여받고 있는지 여부, 헌법에 의하여 설치된 국가기관 상호 간의 권한쟁의를 해결할 수 있는 적당한 기관이나 방법이 있는지 여부 등을 종합적으로 고려하여 국가기관의 범위를 헌법해석을 통하여 개별적으로 판단해야 한다고 하면서, 국회의원과 국회의장을 권한쟁의심판의 당사자로 인정하고(예: 憲 1997. 7. 16.-96헌라2; 2000. 2. 24.-99헌라2), 국회의원과 상임위원회 위원장을 권한쟁의삼판의 당사자로 인정하고 있다(예: 憲 2010. 12. 28.-2008헌라7).

[憲 1997.7.16.-96헌라2] 「헌법 제111조 제1항 제4호에서 헌법재판소의 관장사항의 하나로 "국가기관 상호 간, 국가기관과 지방자치단체 간 및 지방자치단체 상호 간의 권한쟁의에 관한 심판"이라고 규정하고 있을 뿐 권한쟁의심판의 당사자가 될 수 있는 국가기관의 종류나 범위에 관하여는 아무런 규정을 두고 있지 않고, 이에 관하여 특별히 법률로 정하도록 위임하고 있지도 않다. 따라서 입법자인 국회는 권한쟁의심판의 종류나 당사자를 제한할 입법형성의 자유가 있다고 할 수 없고, 헌법 제111조 제1항 제4호에서 말하는 국가기관의 의미와 권한쟁의심판의 당사자가 될 수 있는 국가기관의 범위는 결국 헌법해석을 통하여 확정하여야 할 문제이다. 그렇다면 헌법재판소법 제62조 제1항 제1호가 비록 국가기관 상호 간의 권한쟁의심판을 "국회, 정부, 법원 및 중앙선거관리위원회 상호 간의 권한쟁의심판"이라고 규정하고 있다고 할지라도 이 법률조항의 문언에 얽매여 곧바로 이들 기관 외에는 권한쟁의심판의 당사자가 될 수 없다고 단정할 수는 없다. 국가기관 상호 간에는 그 권한의 존부와 행사를 둘러싸고 항시 다툼과 대립이 생길 수 있고, 그러한 분쟁이 자체적으로 조정, 해결되지 아니하는 한 제3의 국가기관

에 의한 해결을 도모할 수밖에 없다. 우리나라에서는 이를 위한 제도로서 헌법 제111조 제1항 제4호에 의하여 헌법재판소가 관장하는 권한쟁의심판제도와 행정소송법 제3조 제4호에 의하여 법원이 관할하는 기관소송제도를 마련하고 있다. 그런데 헌법이 특별히 권한쟁의심판의 권한을 법원의 권한에 속하는 기관소송과 달리 헌법의 최고 해석·판단기관인 헌법재판소에 맡기고 있는 취지에 비추어 보면, 헌법 제111조 제1항 제4호가 규정하고 있는 '국가기관 상호 간'의 권한쟁의심판은 헌법상의 국가기관 상호 간에 권한의 존부나 범위에 관한 다툼이 있고 이를 해결할 수 있는 적당한 기관이나 방법이 없는 경우에 헌법재판소가 헌법해석을 통하여 그 분쟁을 해결함으로써 국가기능의 원활한 수행을 도모하고 국가권력 간의 균형을 유지하여 헌법질서를 수호·유지하고자 하는 제도라고 할 것이다. 따라서 헌법 제111조 제1항 제4호 소정의 '국가기관'에 해당하는지 아닌지를 판별함에 있어서는 그 국가기관이 헌법에 의하여 설치되고 헌법과 법률에 의하여 독자적인 권한을 부여받고 있는지 여부, 헌법에 의하여 설치된 국가기관 상호 간의 권한쟁의를 해결할 수 있는 적당한 기관이나 방법이 있는지 여부 등을 종합적으로 고려하여야 할 것이다.……헌법재판소법 제62조 제1항 제1호의 규정도 한정적, 열거적인 조항이 아니라 예시적인 조항으로 해석하는 것이 헌법에 합치된다고 할 것이다.」

이러한 전제하에서 헌법재판소는 권한쟁의심판에서 당사자가 되는 국가기관은 헌법에 의하여 설치되는 국가기관에 한하는 것이며, 오로지 법률에 설치의 근거를 두고 있는 기관은 이에 해당하지 않는다고 보아, 국가인권위원회는 권한쟁의의 당사자가 되지 않는다고 판시하였다(예: 憲 2010. 10. 28.-2009헌라6). 국회의 교섭단체 역시 국회법상 조직일 뿐 헌법이 예정한 것이 아니라는 점에서 권한쟁의심판의 당사자능력이 인정되지 않는다고 하였고(憲 2020. 5. 27.-2019헌라6등), 국회의 소위원회 및 그 위원장도 당사자능력이 없다고 보았다(憲 2020. 5. 27.-2019헌라4; 2020. 5. 27.-2019헌라5).

[憲 2010. 10. 28.-2009헌라6] 「헌법은 제111조 제1항 제4호에서 헌법재판소의 관장사항의 하나로 "국가기관 상호 간, 국가기관과 지방자치단체 간 및 지방자치단체 상호 간의 권한쟁의에 관한 심판"이라고 규정하고 있을 뿐 권한쟁의심판의 당사자가 될 수 있는 국가기관의 종류나 범위에 관하여는 아무런 규정을 두고 있지 않고, 이에 관하여 특별히 법률로 정하도록 위임하고 있지도 않다. 따라서 입법자인 국회는 권한쟁의심판의 종류나 당사자를 제한할 입법형성의 자유가 있다고 할 수 없고, 헌법 제111조 제1항 제4호에서 말하는 국가기관의 의미와 권한쟁의심판의 당사자가 될 수 있는 국가기관의 범위는 결국 헌법해석을 통하여 확정하여야 할 문제이다. 그런데 헌법이 특별히 권한쟁의심판의 권한을 법원의 권한에 속하는 기관소송과 달리 헌법의 최고 해석·판단기관인 헌법재판소에 맡기고 있는 취지에 비추어 보면, 헌법 제111조 제1항 제4호가 규정하고 있는 "국가기관 상호 간"의 권한쟁의심판은 헌법상의 국가기관 상호 간에 권한의 존부나 범위에 관한 다툼이 있고 이를 해결할 수 있는 적당한 기관이나 방법이 없는 경우에 헌법재판소가 헌법해석을 통하여 그 분쟁을 해결함으로써 국가기능의 원활한 수

행을 도모하고 국가권력 간의 균형을 유지하여 헌법질서를 수호 · 유지하고자 하는 제도라고 할 것이다. 따라서 헌법 제111조 제1항 제4호 소정의 "국가기관"에 해당하는지 아닌지를 판별함에 있어서는 그 국가기관이 헌법에 의하여 설치되고 헌법과 법률에 의하여 독자적인 권한을 부여받고 있는지 여부, 헌법에 의하여 설치된 국가기관 상호 간의 권한쟁의를 해결할 수 있는 적당한 기관이나 방법이 있는지 여부 등을 종합적으로 고려하여야 할 것이다(憲 1997. 7. 16. -96헌라2 참조). 청구인은, 헌법에 설치근거를 갖지 아니하고 단지 법률에 의하여 설치된 국가기관이라고 하더라도 그 권한이 기본권 보장 등 헌법상 국가에 부여된 업무 수행에 관한 것이고, 헌법에 설치근거를 둔 국가기관에 준할 정도의 독립성이 부여되어 있는 등 헌법상 국가기관에 준하는 지위를 부여받고 있다고 보이는 한편, 그 권한분쟁에 관하여 헌법재판소에 의한 권한쟁의심판 절차에 의하지 아니하고는 권한분쟁을 해결할 수 있는 적당한 기관이나 방법이 따로 존재하지 않는다면, 해당 국가기관에 대하여 권한쟁의심판의 당사자능력을 인정하여야 한다고 주장한다. 그러나 권한쟁의심판은 국회의 입법행위 등을 포함하여 권한쟁의 상대방의 처분 또는 부작위가 헌법 또는 법률에 의하여 부여받은 청구인의 권한을 침해하였거나 침해할 현저한 위험이 있는 때 제기할 수 있는 것이다. 그런데 헌법상 국가에게 부여된 임무 또는 의무를 수행하고 그 독립성이 보장된 국가기관이라고 하더라도, 오로지 법률에 설치근거를 둔 국가기관이라면 국회의 입법행위에 의하여 존폐 및 권한범위가 결정될 수 있으므로, 이러한 국가기관은 '헌법에 의하여 설치되고 헌법과 법률에 의하여 독자적인 권한을 부여받은 국가기관'이라고 할 수 없다. 즉, 청구인이 수행하는 업무의 헌법적 중요성, 기관의 독립성 등을 고려한다고 하더라도, 국회가 제정한 국가인권위원회법에 의하여 비로소 설립된 청구인은 국회의 위 법률 개정행위에 의하여 존폐 및 권한범위 등이 좌우되므로, 헌법 제111조 제1항 제4호 소정의 헌법에 의하여 설치된 국가기관에 해당한다고 할 수 없다. 법률에 의하여 설치된 기관의 경우는 그 권한을 둘러싼 분쟁이 헌법문제가 아니라 단순한 법률문제에 불과하다. 따라서 권한쟁의심판의 당사자능력을 법률에 의하여 설치된 국가기관으로까지 넓게 인정한다면 헌법해석을 통하여 중요한 헌법상의 문제를 심판하는 헌법수호기관으로서의 헌법재판소의 지위와 기능에도 맞지 아니하고 헌법재판소와 법원의 관할을 나누어 놓고 있는 헌법체계에도 반한다. 또한, 청구인은 중앙행정기관에 해당하고 타 부처와의 갈등이 생길 우려가 있는 경우에는 피청구인의 명을 받아 행정 각부를 통할하는 국무총리나 피청구인에 의해 분쟁이 해결될 수 있고, 청구인의 대표자가 국무회의에 출석해 국무위원들과 토론을 통하여 문제를 해결할 수 있는 점에 비추어서도 청구인이 헌법 제111조 제1항 제4호 소정의 "국가기관"에 해당한다고 보기 어렵다. 그리고 행정소송법상 기관소송이 그 관할범위가 협소하여 국가기관의 권한분쟁에 대한 해결수단으로 미흡하다면, 이는 입법적으로 기관소송의 범위를 확대하는 등의 방법으로 해결해야지, 헌법상 권한쟁의심판의 대상 범위를 확장하여 해결할 것은 아니다. 결국, 권한쟁의심판의 당사자능력은 헌법에 의하여 설치된 국가기관에 한정하여 인정하는 것이 타당하므로, 법률에 의하여 설치된 청구인에게는 권한쟁의심판의 당사자능력이 인정되지 아니한다.」

「기관의 부분」이 전체기관의 권한에 관하여 전체기관을 갈음하여 당사자의 지위에서 권한쟁의심판을 청구할 수 있는지 문제가 되는데(제3자 소송담당), 헌법재판소는 권한쟁의심판에서는 제3자 소송담당이 허용되지 않는다고 판시하였다(예: 憲 2007. 7. 26.-2005헌라8; 2015. 11. 26.-2013헌라3).

[憲 2007.7.26.-2005헌라8] 「국회의 구성원인 국회의원이 국회의 권한침해를 주장하여 권한쟁의심판을 청구할 수 있기 위하여는 이른바 '제3자 소송담당'이 허용되어야 한다. 소위 '제3자 소송담당'이라고 하는 것은 권리주체가 아닌 제3자가 자신의 이름으로 권리주체를 위하여 소송을 수행할 수 있는 권능이다. 권리는 원칙적으로 권리주체가 주장하여 소송수행을 하도록 하는 것이 자기책임의 원칙에 부합하므로, '제3자 소송담당'은 예외적으로 법률의 규정이 있는 경우에만 인정된다. 그런데 권한쟁의심판에 있어 헌법재판소법 제61조 제1항은 "국가기관 상호 간에 권한의 존부 또는 범위에 관하여 다툼이 있을 때에는 당해 국가기관은 헌법재판소에 권한쟁의심판을 청구할 수 있다"고, 제2항은 "제1항의 심판청구는 피청구인의 처분 또는 부작위가 헌법 또는 법률에 의하여 부여받은 청구인의 권한을 침해하였거나 침해할 현저한 위험이 있는 때에 한하여 이를 할 수 있다"고 규정함으로써 권한쟁의심판의 청구인은 청구인의 권한침해만을 주장할 수 있도록 하고 있다. 즉 국가기관의 부분기관이 자신의 이름으로 소속기관의 권한을 주장할 수 있는 '제3자 소송담당'의 가능성을 명시적으로 규정하고 있지 않다(이에 반해 권한쟁의심판에 있어 '제3자 소송담당' 을 허용하고 있는 독일은 기본법과 연방헌법재판소법에 부분기관이 소속된 기관을 위하여 권한쟁의 심판을 청구할 수 있도록 명문의 규정을 두고 있다). 권한쟁의심판에 있어서의 '제3자 소송담당'은, 정부와 국회가 원내 다수정당에 의해 주도되는 오늘날의 정당국가적 권력분립구조 하에서 정부에 의한 국회의 권한침해가 이루어지더라도 다수정당이 이를 묵인할 위험성이 있어 소수정당으로 하여금 권한쟁의심판을 통하여 침해된 국회의 권한을 회복시킬 수 있도록 이를 인정할 필요성이 대두되기도 하지만, 국회의 의사가 다수결에 의하여 결정되었음에도 다수결의 결과에 반대하는 소수의 국회의원에게 권한쟁의심판을 청구할 수 있게 하는 것은 다수결의 원리와 의회주의의 본질에 어긋날 뿐만 아니라, 국가기관이 기관 내부에서 민주적인 방법으로 토론과 대화에 의하여 기관의 의사를 결정하려는 노력 대신 모든 문제를 사법적 수단에 의해 해결하려는 방향으로 남용될 우려도 있다. 따라서 권한쟁의심판에 있어 '제3자 소송담당'을 허용하는 법률의 규정이 없는 현행법 체계하에서 국회의 구성원인 청구인들은 국회의 조약에 대한 체결·비준 동의권의 침해를 주장하는 권한쟁의심판을 청구할 수 없다 할 것이므로……」

Ⅲ. 지방자치단체

헌법재판소법에 의하면, 권한쟁의심판의 당사자가 되는 지방자치단체는 특별시, 광역시, 특별자치시도, 특별자치도, 시, 군, 지방자치단체인 구를 의미한다(헌재법 § 62①ii, iii). 지방자치단체의 의결기관인 지방의회를 구성하는 지방의회 의원과 그 지방의회의 대표자인 지방의회 의장 간의 권한쟁의심판은 헌법 및 헌법재판소법에 의하여 헌법재판소가 관장하는 지방자치단체 상호 간의 권한쟁의심판의 범위에 속한다고 볼 수 없다(憲 2010. 4. 29. -2009헌라11 헌법재판소는 이 판례에서 헌재법 §62①i와는 달리 동항 iii은 예시적으로 해석할 필요성과 법적 근거가 없다고 보았다). 권한쟁의가 「지방교육자치에 관한 법률」 제2조의 규정에 따른 교육·학예에 관한 지방자치단체의 사무에 관한 것인 경우에는 교육감이 제1항 제2호 및 제3호의 당사자가 된다(동조②). 한편, 교육감과 해당 지방자치단체 상호 간의 권한쟁의심판은 '서로 상이한 권리주체 간'의 권한쟁의심판청구가 아니고, 헌법재판소법 제62조 제1항 제3호를 예시적으로 해석할 필요성 및 법적 근거가 없다면서 교육감과 해당 지방자치단체 사이의 내부적 분쟁과 관련된 심판청구는 헌법재판소가 관장하는 권한쟁의심판에 속하지 아니한다고 보았다(憲 2016. 6. 30. -2014헌라1).

Ⅳ. 정당의 문제

정당은 국가기관이 아니므로 권한쟁의심판절차에서 당사자능력을 가지지 못한다. 헌법재판소도 정당의 당사자능력을 인정하지 않는다(예: 憲 2020. 5. 27. -2019헌라6등).

> [憲 2020.5.27.-2019헌라6등] 「정당은 국민의 자발적 조직으로, 그 법적 성격은 일반적으로 사적·정치적 결사 내지는 법인격 없는 사단으로 파악된다(헌재 2007. 10. 30. 2007헌마1128 참조). 비록 헌법이 특별히 정당설립의 자유와 복수정당제를 보장하고, 정당의 해산을 엄격한 요건하에서 인정하는 등 정당을 특별히 보호하고 있으나, 이는 정당이 공권력의 행사 주체로서 국가기관의 지위를 갖는다는 의미가 아니고 사인에 의해서 자유로이 설립될 수 있다는 것을 의미한다. 따라서 정당은 특별한 사정이 없는 한 권한쟁의심판절차의 당사자가 될 수는 없다.」

[626] 제3 요 건

Ⅰ. 청구인

청구인은 국가기관 또는 지방자치단체이다(헌법 §111①; 헌재법 §61①).

Ⅱ. 피청구인

권한쟁의심판에서 피청구인은 특정한 처분 또는 부작위로 청구인의 권한을 침해하였거나 침해할 현저한 위험을 야기(惹起)한 국가기관 또는 지방자치단체이다(헌법 §111①; 헌재법 §61①).

Ⅲ. 직무상의 권한과 의무에 대한 분쟁

(1) 직무상의 권한과 의무

권한쟁의심판청구는 당사자의 직무상의 권한과 의무에 관한 분쟁이어야 한다. 이러한 권한이나 의무는 헌법뿐만 아니라 법률에 의해 부여받은 것도 포함한다(헌재법 §61②).

권한쟁의심판에서 말하는 권한과 의무에는 위임받은 권한과 의무도 포함되는가 하는 문제가 있다. 헌법재판소는 지방자치단체가 국가로부터 위임을 받은 사무에 관해서는 권한쟁의심판에서 자기의 권한이라고 주장할 수 없다고 보아 이를 부정한다(예: 憲 1999. 7. 22.-98헌라4).

한편 대통령, 국무총리, 국회의원 등과 같이 자연인 또는 법인이 기관의 직을 보유하고 있는 경우에 다른 기관의 처분이나 부작위로 그 지위의 박탈이나 침해 등이 발생한 때 권한쟁의심판절차로 다툴 수 있는가 하는 문제가 있다. 이 문제는 헌법이나 헌법재판소법에서 정하고 있는 권한이 본래 의미의 직무상의 권한에 한정되는가 아니면 기관이 가지는 주관적 권리도 포함하는가 하는 것으로 권한한정설과 권리포함설이 대립한다. 생각건대 우리 헌법과 헌법재판소법은 권한쟁의심판제도와 헌법소원심판제도를 동시에 두고 있고, 권한쟁의심판에서는 명시적으로 권한에 대한 다툼으로 정하고 있으므로 원칙적으로 권한한정설이 타당하다.

(2) 침해 또는 침해의 현저한 위험의 존재

헌법재판소법 제61조 제2항에 의하면, 피청구인의 처분이나 부작위가 청구인의 권한을 침해하였거나 침해할 현저한 위험이 있는 때에 한하여 권한쟁의심판을 청구할 수 있다. 이 때의 침해란 현실적인 침해를 말하고, 권한을 침해할 현저한 위험이란 권한을 침해할 개연성이 예상되고 구체적으로 분쟁이 거론될 수 있을 정도로 상황이 구체화된 경우를 의미한다.

《소극적 권한쟁의》

어떤 권한에 대해 서로 다른 기관이 각각 해당 권한을 자기의 권한이라고 하는 경우에는 적극적 권한쟁의로 문제가 해결될 수 있다. 그러나 어떤 권한이나 의무에 대해 자기의 권한이나 의무라고 하는 기관이 전혀 없고 국가기능상 이 권한이나 의무는 행사되어야 하는 경우에는 소극적 권한쟁의를 인정하여 다툼이 되고 있는 권한이 어느 기관의 것인지를 확인하여야 하는가 하는 문제가 제기된다. 즉 어떤 국가기관이나 지방자치단체가 어떠한 권한이나 의무에 대해 자기의 권한이나 의무가 아님을 확인하는 것을 구하는 심판청구가 인정되는가 하는 것이다. 부정설은 i) 헌법재판소법 제61조 제2항의 해석상 적극적 권한쟁의심판만 규정하고 있는 것으로 보이므로 소극적 권한쟁의심판은 허용될 수 없고, ii) 어떠한 국가기관이나 지방자치단체가 특정 권한을 가지고 있지 않는지의 여부는 이해관계인이 어느 기관에게 신청을 하여 거부처분을 받은 뒤 거부처분의 취소소송을 통하여 밝힐 수 있으므로 소극적 권한쟁의를 인정할 필요가 없으며, iii) 소극적 권한쟁의를 인정하면 어떤 권한의 존부와 범위에 대해 항고소송에서의 법원의 판단과 권한쟁의심판에서의 헌법재판소의 판단간에 불일치가 발생한다는 점을 근거로 든다. 한편 긍정설은 i) 헌법 제111조 제1항 제4호는 권한쟁의심판에 대하여 포괄적으로 정하고 있고, 헌법재판소법 제61조 제2항이 소극적 권한쟁의를 부정하는 것으로 해석되지는 않으며, ii) 헌법재판소법 제66조 제1항에서 제2항과 구별하여 권한의 존부 또는 범위에 대해 독자적으로 판단한다고 정하고 있는 것에서 소극적 권한쟁의를 인정할 여지를 발견할 수 있고, iii) 권한쟁의심판제도의 원래 기능을 충분히 살리기 위해서 소극적 권한쟁의를 인정할 필요가 있으며, iv) 소극적 권한쟁의를 인정하지 않을 경우 국가기관이나 지방자치단체가 어떤 사안에 대해 자기의 권한이 없다고 하여 방치하는 사태가 발생할 수 있고, v) 취소소송이 존재하더라도 이는 우회적인 방법일 뿐이며 소극적 권한쟁의를 인정하는 것이 문제를 해결하는 직접적인 방법이며, vi) 법원의 판단과 헌법재판소의 판단 사이에 불일치가 발생할 가능성이 있는 것은 적극적 권한쟁의에서도 마찬가지이며, 이 경우 권한쟁의심판이 가지는 기속력에 의해 헌법재판소의 판단으로 귀결된다는 것 등을 근거로 든다. 헌법재판소의 판례 가운데 아직 소극적 권한쟁의를 정면으로 인정한 사건은 없으나, 사건의 성질상 소극적 권한쟁의로 보이는 것은 있었다(예: 憲 1998.6.25.-94헌라1; 1998. 8. 27.-96헌라1).

Ⅳ. 심판의 대상

권한쟁의심판절차에서의 심판의 대상은 피청구기관의 처분(處分 Maßnahme)이나 부작위(不作爲 Unterlassung)가 청구기관의 권한이나 의무를 침해하는지의 여부에 대한 다툼이다. 소극적 권한쟁의를 인정하면 권한의 「침해」만에 한정하지 않고, 권한과 의무의 존부 그 자체에 대한 다툼도 심판의 대상이 된다고 본다.

권한쟁의심판에서 심판의 대상이 되는 처분은 넓은 의미에서의 국가기관 또는 지방자치단체의 작위행위를 말한다. 그리고 권한쟁의심판에서 다툴 수 있는 부작위는 헌법이나 법률 등 법규범에 의하여 어떤 작위를 행할 것이 법적인 의무로 되어 있음에도 이를 행하지 아니하는 것을 말한다. 헌법재판소의 판례는 이런 부작위에서 문제가 되는 작위의무는 헌법상 또는 법률상 유래하는 작위의무라고 본다(예: 憲 1998. 7. 14.-98헌라3).

Ⅴ. 청구기간

권한쟁의심판은 그 사유가 있음을 안 날부터 60일 이내에, 그 사유가 있은 날부터 180일 이내에 청구하여야 한다(헌재법 §63①). 이 청구기간은 불변기간이다(동조 ②). 부작위에 대한 권한쟁의심판을 청구함에 있어서는 그 성질상 청구기간의 제약을 받음이 없이 청구할 수 있다.

헌법재판소는 청구기간에서 그 사유가 있음을 안 날의 의미에 대하여, 다른 국가기관 등에 의하여 자신의 권한이 침해되었다는 사실을 특정할 수 있을 정도로 현실적으로 인식하고 이에 대하여 심판청구를 할 수 있게 된 때를 말하고, 그 처분의 내용이 확정적으로 변경될 수 없게 된 것까지를 요하는 것은 아니라고 판시하였다(예: 憲 2007. 3. 29.-2006헌라7).

Ⅵ. 권리보호의 이익

권한쟁의심판에서 권한은 개인 또는 기관이 가지는 주관적 권리와 구별되므로 사법상의 권리를 다투는 소송에서 말하는 권리보호이익은 요구되지 않는다. 여기서는 다만 권한의 침해나 침해위험을 다투거나(적극적 권한쟁의) 국가기관이나 지방자치단체가 자기에게 특정한 권한이나 의무가 없다는 것을 확인하고자 하는 것(소극적 권한쟁의)이므로 직무상 그러한 필요가 있는 것으로 족하다.

권한쟁의심판에서 심리 중에 권한침해행위가 소멸한 경우가 있는데, 권한의 존부나 범위를 확인해둘 필요가 있는 때에는 이 경우에도 권한의 유무나 범위에 대하여 심판을 할 수 있다. 헌법재판소의 판례도 같은 견해이다(예: 憲 2003. 10. 30. -2002헌라1).

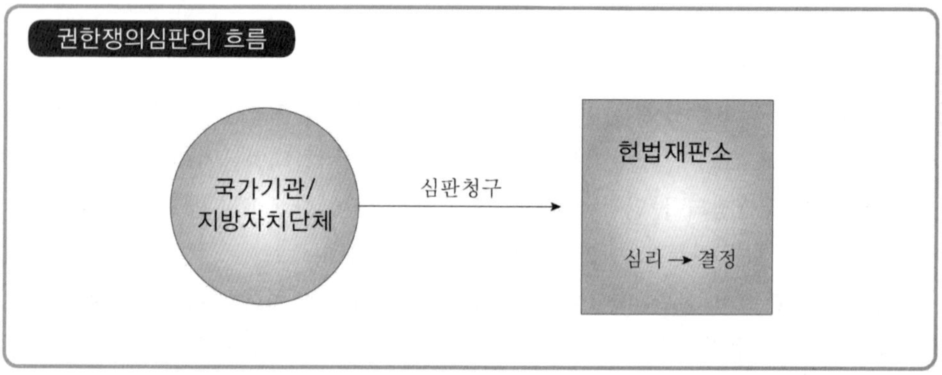

[627] 제4 절 차

I. 청 구

권한쟁의심판은 청구인의 청구로 개시한다. 권한쟁의심판에서 청구인은 심판청구를 취하할 수 있다. 헌법재판소는 청구의 취하에 민사소송법의 규정이 준용된다고 하여 권한쟁의심판에서 청구의 취하를 인정하며, 이 경우 심판절차종료선언의 주문을 표시하고 있다(예: 憲 2001. 6. 28. -2000헌라1).

II. 심 리

권한쟁의심판의 청구가 있으면, 헌법재판소는 심판의 대상에 대하여 심리를 하고, 심리를 마쳤을 때에는 결정을 한다(헌재법 §30①). 권한쟁의심판은 구두변론에 의한다(동법 §36①).

III. 심판의 기준

헌법재판소법 제61조 제1항은 헌법 또는 법률에 의하여 부여받은 권한이라고 정하고 있으므로 심사기준 또는 심사규준은 헌법에 한정되지 않고 법률도 심사기준이 된다.

[628] 제5 결 정

I. 의 의

권한쟁의심판에서는 종국심리에 관여한 재판관 과반수의 찬성으로 사건에 관한 결정을 한다(헌재법 §23②). 결정의 종류에는 심판청구가 부적법한 경우에 행하는 각하결정, 권한의 침해나 침해의 현저한 위험이 인정되지 않을 때 행해지는 기각결정, 그리고 심판청구를 받아들이는 인용결정이 있다.

II. 인용결정의 종류

헌법재판소는 심판의 대상이 된 국가기관 또는 지방자치단체의 권한의 유무 또는 범위에 관하여 판단하는데, 권한침해의 원인이 된 피청구인의 처분을 취소하거나 그 무효를 확인할 수 있다(헌재법 §66). 권한쟁의심판의 인용결정에는 권한존부확인결정, 권한범위확인결정, 취소결정, 무효확인결정, 부작위위법확인결정이 있다.

헌법재판소법 제66조 제2항에서는 청구인의 권한침해의 원인이 된 피청구인의 처분을 취소하거나 그 무효를 확인할 수 있다고 정하고 있다. 여기서 말하는 취소란 이미 행해진 국가기관 또는 지방자치단체의 처분의 효력을 헌법재판소의 선고로 상실시키는 것을 뜻하기 때문에 「폐지」를 의미한다. 그런데 취소를 이와 같이 이해한다면 같은 조항에서 규정하고 있는 처분에 대한 무효확인 결정은 원칙적으로 인정할 필요가 없다고 할 것이다. 헌법재판소는 권한쟁의심판에서 행정행위의 하자이론에 의거하여 취소의 경우와 무효의 경우를 구별하고 있으나(예: 憲 1999. 7. 22.-98헌라4), 이에는 찬동하기 어렵다.

행정소송에서 하자 있는 행정행위를 무효와 취소로 구별하는 실익은 다음과 같다. 행정행위의 하자가 중대·명백한 경우(중대명백설)에는 ① 행정심판전치주의가 적용되지 않으며, ② 제소기간의 제한을 받지 않고, ③ 사정판결을 할 수 없다. 그러나 권한쟁의심판에서는 ① 전심절차는 처음부터 없고, ② 청구기간은 원칙적으로 적용되며, ③ 사정판결이 적용될 여지가 없으므로 행정소송에서와 같이 처분의 무효와 취소를 구별할 실익이 거의 없다. 다만, 권한쟁의심판에서도 권한의 침해가 처분의 불존재에 버금가거나 너무 압도적으로 중대하고 명백하여 국가의 기능과 작용면에서 볼 때 도저히 그대로 놓아둘 수 없는 경우에 이미 청구기간이 도과하였다면, 청구기간적용의 예외를 인정할 수는 있을 것이다.

III. 효 력

헌법재판소의 권한존부확인결정이나 권한범위확인결정에 의하여 국가기관 또는 지방자치단체가 가지고 있는 권한의 존부와 범위가 확정된다. 헌법재판소가 처분을 취소하는 결정을 하면 그 처분은 취소되고 효력을 상실한다(형성적 효력). 다만 국가기관 또는 지방자치단체의 처분을 취소하는 결정은 그 처분의 상대방에 대하여 이미 생긴 효력에 영향을 미치지 아니한다(헌재법 §67②). 헌법재판소가 처분에 대하여 무효를 확인하는 결정을 한 때에는 피청구인의 처분이 처음부터 효력을 가지지 못한다는 것이 확정된다. 헌법재판소가 부작위에 대한 심판청구를 인용하는 결정을 한 때에는 피청구인은 결정 취지에 따른 처분을 하여야 한다(동법 §66②). 헌법재판소의 권한쟁의심판의 결정은 모든 국가기관과 지방자치단체를 기속한다(동법 §67①).

[629] 제6 가 처 분

헌법재판소가 권한쟁의심판의 청구를 받았을 때에는 직권 또는 청구인의 신청에 의하여 종국결정의 선고 시까지 심판대상이 된 피청구인의 처분의 효력을 정지하는 결정을 할 수 있다(헌재법 §65).

6. 헌법소원심판

[630] 제1 개념과 성질

Ⅰ. 개 념

헌법과 헌법재판소법이 정하고 있는 헌법소원심판(憲法訴願審判 Verfassungsbeschwerde, constitu-tional complaint)은 국가의 공권력의 행사 또는 불행사로 인하여 국민의 기본권이 침해당한 경우에 국민이 헌법재판소에 이의 구제를 직접 청구하고 헌법재판소가 이에 대하여 심판하는 것을 말한다.

헌법소원심판제도

헌법 / 항목	1948년헌법-1952년헌법-1954년헌법	1960년6월헌-1960년11월헌법	1962년헌법-1969년헌법	1972년헌법-1980년헌법	1987년헌법
심판기관	없음	→	→	→	헌법재판소
헌법소원심판	없음	→	→	→	법률이 정하는 헌법소원에 관한 심판
결정정족수	없음	→	→	→	재판관 6인 이상의 찬성

우리 헌법사상 이러한 헌법소원심판제도는 현행 1987년헌법에서 처음으로 채택한 제도이다. 우리나라 헌법재판제도사에 있어서 채택하였던 그 전의 헌법재판제도에서는 헌법소원심판제도가 없었다.

II. 성 질

국가의 법규범 질서상 국민의 자유와 권리가 침해당한 경우에는 먼저 통상의 재판절차와 같은 일반적 권리구제절차를 통하여 이의 침해가 구제된다. 헌법소원심판제도는 기본권의 구제에서 이러한 일반적 권리구제절차가 있는 경우에는 이를 먼저 거친 다음에 최후적이고 보충적으로 작용하는 보충적 권리구제제도이다. 일반적 권리구제절차가 없는 경우에는 헌법소원심판제도는 일반적 권리구제제도로서 기능을 한다.

헌법소원심판제도는 기본권의 침해에 대한 구제라는 점에서는 주관적인 소송으로서의 성질을 가지지만, 동시에 위헌적인 공권력의 행사나 불행사를 헌법질서에서 배제하여 헌법에 의하여 형성된 질서를 보호하고 유지하는 객관적인 소송으로서의 성질도 가진다. 이를 헌법소원심판제도의 이중적 성질 또는 이중적 기능이라고 한다.

한편, 헌법재판소법 제68조 제2항에 의한 헌법소원심판절차는 성질상 위헌법률심판절차이다([614]).

III. 제도의 목적

헌법소원심판제도는 i) 국가권력의 남용이나 오용으로부터 국민의 기본권을 보호하고, ii) 국가권력에 의한 헌법침해를 제거하여 헌법에 의해 형성된 질서를 보호하는 것을 목적으로 한다.

[631] 제2 요 건

I. 청 구 인

(1) 개 설

헌법소원심판을 청구할 수 있는 자는 공권력의 행사 또는 불행사(不行使)로 인하여 헌법상 보장된 기본권을 침해받은 자이다(헌재법 §68①). 청구권자는 헌법상 기본권의 주체이기 때문에 국가, 국가기관은 기본권의 주체가 될 수 없어 청구권자의 지위에 있지 않다(예: 憲 1994. 12. 29.-93헌마120; 1995. 2. 23.-90헌마125).

헌법재판소는 국회의 노동위원회에 출석하지 않은 증인에 대한 검사의 불기소처분에 대하여 노동위원회가 헌법소원심판을 청구하는 것(憲 1994. 12. 29.-93헌마120), 국회의원이 국회 내에서 행사하는 질의권·토론권 및 표결권 등을 국회의장에 의해 침해당하였다고 하여 헌법소원심판을 청구하는 것(憲 1995. 2. 23.-90헌마125), 국회의 정보위원회로 배정해달라는 요청을 거절한 국회의장의 거절행위에 대하여 거절당한 국회의원이 헌법소원심판을 청구하는 것(憲 2000. 8. 31.-2000헌마156), 교육위원이 법률에 대한 헌법소원심판을 청구하는 것(憲 1995. 9. 28.-92헌마23등), 농지개량조합이 법률에 대한 헌법소원심판을 청구하는 것(憲 2000. 11. 30.-99헌마190)은 부적법하다고 판시하였다.

공법인은 그 성질상 원칙적으로 기본권의 주체가 될 수 없다. 그러나 예컨대 지방자치단체, 국·공립대학, 국·공립공영방송국, 국가에서 독립된 국책은행 등과 같이 예외적으로 특정한 사항(예컨대 재산권, 학문의 자유, 방송의 자유 등)에서는 기본권의 주체로서 기본권을 주장할 수 있는 여지가 있으므로 이러한 예외적인 경우에는 공법인도 헌법소원심판을 청구할 수 있다. 헌법재판소의 판례도 같다(예: 憲 1994. 12. 29.-93헌마120).

(2) 자 연 인

대한민국 국민은 우리 헌법에서 보장된 기본권의 주체이므로 당연히 헌법소원심판을 청구할 권리를 가진다(예: 憲 2011. 9. 29.-2007헌마1083).

그러나 외국인의 경우에는 대한민국 헌법의 효력이 당연히 외국인에게 미치는 것은 아니므로 대한민국 헌법에서 정하고 있는 기본권이 외국인에게 인정되는 경우에 한하여 예외적으로만 헌법소원심판을 청구할 수 있다(예: 憲 2011. 9. 29.-2007헌마1083).

(3) 법 인

사법상의 법인은 기본권의 성질상 인정되는 일정한 종류, 범위, 정도 내에서 헌법이 보장하는 기본권의 주체가 되는 경우가 있으므로 그 경우에 한하여 헌법소원심판의 청구권자가 될 수 있다. 헌법재판소도 같은 견해이다(예: 憲 1991. 6. 3.-90헌마56).

그런데 헌법재판소는 법인이나 단체는 특별한 예외적인 경우를 제외하고는 단체 자신의 기본권을 직접 침해당한 경우에만 그의 이름으로 헌법소원심판을 청구할 수 있고, 그 구성원을 위하여 또는 구성원을 대신하여 헌법소원심판을 청구할 수 없다고 판시하였으며(예: 憲 1991. 6. 3.-90헌마56; 1995. 7. 21.-92헌마177등), 중학교나 고등학교는 학교법인이 아니고 교육시설에 지나지 않으므로 헌법소원심판의 청구인이 될 수 없다고 판시하였다(예: 憲 1993. 7. 29.-89헌마123). 사이버대학교는 사립학교법 및 고등교육법을 근거로 설립된 교육을 위한 시설에 불과하여 헌법소원심판을 제기할 청구인능력이 없다(憲 2016. 10. 27.-2014헌마1037).

(4) 권리능력 없는 사단·재단

사법상의 권리능력이 없는 사단이나 재단의 경우에도 헌법에서 인정하고 있는 기본권을 보유하고 있는 경우에는 헌법소원심판을 청구할 수 있다. 헌법재판소의 견해도 이와 같다(예: 憲 1991. 6. 3.-90헌마56; 1995. 7. 21.-92헌마177등).

(5) 정 당

정당을 그 법적 성질에 있어서 사법상의 사단이라고 보든 또는 정당법에 의해 인정되는 사단이라고 보든 어디까지나 국가기관이 아닌 정치단체이므로 헌법에 의하여 보장된 기본권을 보유하고 있는 한 그 범위 내에서 헌법소원심판을 청구할 수 있다. 헌법재판소도 동일한 견해이다(예: 憲 1991. 3. 11.-91헌마21; 1994. 4. 28.-92헌마153; 1994. 7. 29.-91헌마137).

(6) 노동조합

노동조합도 헌법에 의해 보장되는 기본권을 보유하고 있는 범위 내에서는 헌법소원심판을 청구할 수 있다. 헌법재판소도 동일한 견해이다(예: 憲 1998. 2. 27.-94헌바13; 1999. 11. 25.-95헌마154).

II. 피청구인

피청구인은 국민의 기본권을 침해한 공권력의 행사 또는 불행사의 주체이다. 성질에 따라서는 피청구인을 특정하기 어려운 경우도 있다.

III. 공권력의 행사 또는 불행사

(1) 개 설

헌법소원심판을 청구하기 위해서는 기본권을 침해한 공권력의 행사나 불행사가 있어야 한다(헌재법 §68①). 여기서 말하는 공권력에는 헌법에 의해 창설된 국회의 입법권력, 대통령의 권력과 행정부의 행정권력, 법원의 재판권력이 해당한다. 헌법재판소는 헌법소원심판의 대상이 되는 「공권력」은 입법권 · 행정권 · 사법권을 행사하는 모든 국가기관 · 공공단체 등의 고권적 작용이라고 본다(예: 憲 1998. 8. 27.-97헌마372 등; 2001. 3. 21.-99헌마139). 다만, 헌법재판소법은 이러한 공권력의 행사에서 법원의 재판을 제외하고 있다(헌재법 §68①).

헌법소원심판의 대상이 되는 것은 기본권을 침해한 「공권력의 행사 또는 불행사」이기 때문에 사법상의 행위나 정당의 행위(예: 憲2007. 10. 30.-2007헌마1128)는 헌법소원심판의 대상이 되지 않는다.

> 헌법재판소는 「공공용지의취득및손실보상에관한특례법」에 의한 토지 등의 협의취득에 따른 보상금의 지급행위(예: 憲 1992. 11. 12.-90헌마160), 「공공용지의취득및손실보상에관한특례법」에 의해 취득한 토지에 대한 보상용 대체토지의 공급조건 통보행위(憲 1994. 2. 24.-93헌마213등), 하천법상의 폐천부지의 교환행위(憲 1992. 11. 12.-90헌마160), 정부투자기관이 출자한 회사가 한 인사상의 차별 및 해고(憲 2002. 3. 28.-2001헌마464)는 사법상의 행위에 해당하여 헌법소원의 심판이 될 수 없다고 보았다.

공권력의 행사 또는 불행사가 성질상 기본권의 보장과 아무런 연관이 없는 경우에는 헌법소원심판청구는 부적법한 것이 된다(예: 憲 1994. 4. 28.-91헌마55). 그리고 외국기관 또는 국제기구의 공권력은 헌법소원심판의 대상이 되는 공권력에 해당하지 않는다(예: 憲 1997. 9. 25.-96헌마159).

(2) 공권력의 행사

헌법소원심판의 대상이 되는 공권력은 헌법에 의해 창설된 국가권력을 의미한다. 따라서 헌법의 규정은 이러한 공권력 행사의 결과에 해당하지 않는다(예: 憲 1995. 12. 28. -95헌바3; 1996. 6. 13.-94헌마144; 1989. 7. 24.-89헌마141). 헌법재판권력의 행사나 불행사도 헌법소원심판의 대상이 되지 않는다(예: 憲 1989. 7. 10.-89헌마144; 1989. 7. 24.-89헌마141).

(a) 입법작용

공권력의 행사로서 입법작용에 해당하는 것에는 국회가 제정하는 법률과 행정부에서 제정하는 행정입법 이외에 법원이나 헌법재판소에서 제정하는 사법입법이 있다. 그 이외에 지방자치입법이 있다.

(i) 법 률 국회가 제정한 법률도 헌법재판소법 제68조 제1항이 정하고 있는 「공권력의 행사」에 해당한다(예: 憲 1989. 7. 21.-89헌마12; 1999. 5. 27.-98헌마372). 헌법소원심판의 대상이 되는 법률이라 함은 입법행위의 결과를 말하며, 입법과정상의 문제는 심판의 대상이 되지 않는다(예: 憲 1998. 8. 27.-97헌마8등). 입법부작위에 대한 헌법소원심판 가운데 부진정입법부작위의 경우에는 법률이 존재하므로 법률에 대한 헌법소원심판청구의 형식으로 다투어야 한다.

(ii) 행정입법 법규명령은 헌법소원심판의 대상이 된다(예: 憲 1999. 12. 23.-98헌마363; 1997. 3. 27.-93헌마159; 1993. 5. 13.-92 헌마80). 행정규칙의 경우, 내부적인 효력을 가지는 경우에는 헌법소원심판의 대상이 되지 않는다(예: 憲 2000. 6. 29.-2000헌마324). 가령, 헌법재판소는 '변호인의 피의자신문 참여 운영 지침'에 대하여 검찰청 내부의 업무처리지침 내지 사무처리준칙으로서 대외적인 구속력이 없기 때문에 공권력의 행사에 해당하지 않는다(憲 2017. 11. 30.-2016헌마503)고 보았다. 행정규칙이 법령의 직접적인 위임을 받아 이를 구체화하거나 법령의 내용을 구체적으로 보충하는 경우이거나(예: 憲 1990. 9. 3.-90헌마13; 1997. 7. 16.-97헌마70) 고시, 지침, 통보 등 행정규칙의 형식이면서도 실질이 법규명령인 경우에는(예: 憲 1992. 6. 26.-91헌마25; 2000. 7. 20.-99헌마455) 헌법소원심판의 대상이 되는 공권력의 행사에 해당한다.

(iii) 사법입법 대법원규칙과 같은 법원이 제정하는 사법적 입법에 대해서도 헌법소원심판을 청구할 수 있다(예: 憲 1989. 3. 17.-88헌마1; 1990. 10. 15.-89헌마178).

(iv) 자치입법 지방의회가 제정한 조례도 자치입법권력의 행사로서 공권력의 행사에 해당하므로 조례에 대해서도 헌법소원심판을 청구할 수 있다(예: 憲 1994. 12. 29. -92헌마216; 1995. 4. 20.-92헌마264등). 다만, 대법원의 판례 가운데 조례가 집행행위의 개입 없이 그 자체로서 직접 국민의 구체적인 권리의무나 법적 이익에 영향을 미치는 등의 법률상 효과를 발생하는 경우에는

항고소송의 대상이 되는 행정처분에 해당한다고 본 것이 있다(예: 大 1996. 9. 20.-95누8003).

(b) 행정작용

행정작용으로서 헌법재판소법 제68조 제1항이 정하는 공권력의 행사에 해당하는가의 여부와 관련하여 살펴볼 중요한 것으로는 행정행위, 통치행위, 사법행정, 검사의 불기소처분이 있다.

(i) 행정행위 권력적 행정행위는 공권력의 행사에 해당한다. 행정행위에 의하여 기본권이 침해된 경우에는 보충성의 원칙(헌재법 § 68①단서)에 의하여 우선적으로 행정소송을 통하여 구제를 받는다. 헌법소원심판에서 실제로 심판의 대상이 되는 행정행위는 원칙적으로 행정소송의 대상이 되지 아니하는 행정행위이다.

헌법재판소는 행정자치부 공고로 한 행정자치부장관의 공무원임용시험시행계획의 공고행위(예: 憲 2001. 9. 27.-2000헌마159), 선거운동방법으로서의 방송토론회를 주관하는 공영방송사의 대통령선거방송토론위원회의 결정 및 공표행위(예: 憲 2004. 3. 25.-2003헌마404), 공정거래위원회의 무혐의 조치(예: 憲 2002. 6. 27. 2001헌마381)와 심사불개시결정(예: 憲 2004. 3. 25.-2002헌마402), 구속적 행정계획(예: 憲 2003. 6. 26.-2002헌마402) 및 비구속적 행정계획안이나 행정지침의 경우에도 기본권 침해가 있고 장래 법령에 의해 실시가 틀림없는(예: 憲 2000. 6. 1.-99헌마538등) 경우 등을 헌법소원의 심판의 대상이 된다고 하였다.

이와 달리 어린이헌장의 제정 · 선포행위(예: 憲 1989. 9. 2.-89헌마170), 한국방송공사의 보상금지급결정의 통지(예: 憲 1993. 12. 23.-89헌마281), 개발제한구역제도개선방안(예: 憲 2000. 6. 1.-99헌마538등), 중앙선거관리위원회의 정당명칭 사용불가 결정 · 공표행위(憲 2021. 3. 25.-2020헌마94) 등은 공권력의 행사에 해당하지 않는다고 보았다. 그리고 지목변경신청에 대한 지적공부 소관청의 반려행위에 대하여, 헌법재판소는 이를 공권력의 행사에 해당한다고 하고 대법원이 반복적인 판례를 통하여 행정소송의 대상이 되는 행정처분이 아니라고 했기 때문에 달리 사전에 권리구제절차를 거칠 여지가 없어 헌법소원심판의 대상이 된다고 하였는데(예: 憲 1999. 6. 24.-97헌마315; 2002. 1. 31.-99헌마563), 대법원이 그 후에 기존의 판례를 변경하여 이러한 반려행위는 항고소송의 대상이 되는 행정처분이라고 판결하였다(예: 大 2004. 4. 22.-2003두9015). 따라서 현재의 상황에서는 이러한 반려행위에 대하여 바로 헌법소원심판으로 다툴 수는 없다고 보인다.

(ii) 원행정처분 법원의 재판을 거처 확정된 행정처분, 이른바 원행정처분에 대하여 헌법소원심판을 청구할 수 있느냐 하는 것이 문제된다. 이에 대하여 부정설은 헌법 제107조 제2항의 규정, 확정재판의 기판력 침해, 재판에 대한 헌법소원이 불가능한 점을 근거로 하고, 긍정설은 모든 공권력은 헌법의 통제를 받아야 하며, 헌법소원심판의 보충성 원칙, 기본권 보장의 공백 해결, 헌법재판소법 제75조 제3항 · 제4항 · 제5항의

규정, 기속력에 의해 기판력은 깨어질 수 있다는 점 등을 근거로 한다.

헌법재판소는 원칙적으로 이를 부정하나, 다만 당해 행정처분을 심판의 대상으로 삼았던 법원의 재판이 예외적으로 헌법소원의 심판대상이 되어 그 재판 자체가 취소되는 경우에 한하여 청구할 수 있다는 견해를 취하고 있다(예: 憲 1997. 12. 24.-96헌마172등; 1998. 5. 28.-91헌마98등; 1998. 6. 25.-95헌바24).

[憲 1997.12.24.-96헌마172등] 「행정처분이 헌법에 위반되는 것이라는 이유로 그 취소를 구하는 행정소송을 제기하였으나 법원에 의하여 그 청구가 받아들여지지 아니한 후 다시 원래의 행정처분에 대하여 헌법소원심판을 청구하는 것이 원칙적으로 허용될 수 있는지의 여부에 관계없이, 이 사건의 경우와 같이 행정소송으로 행정처분의 취소를 구한 청구인의 청구를 받아들이지 아니한 법원의 판결에 대한 헌법소원심판의 청구가 예외적으로 허용되어 그 재판이 헌법재판소법 제75조 제3항에 따라 취소되는 경우에는 원래의 행정처분에 대한 헌법소원심판의 청구도 이를 인용하는 것이 타당하다.」

(iii) **권력적 사실행위** 권력적 사실행위도 헌법소원심판의 대상이 된다(예: 憲 1993. 7. 29.-89헌마31). 비권력적 사실행위는 헌법소원심판의 대상이 되는 공권력의 행사에 해당하지 않는다(예: 憲 1993. 11. 25.-92헌마 293; 2001. 10. 25-2001헌마113).

헌법재판소가 헌법소원심판의 대상이 되는 권력적 사실행위로 본 판례로는 제일은행장에 대하여 재무부장관이 한 국제그룹의 해체준비착수와 언론발표의 지시행위(憲 1993. 7. 29.-89헌마327), 미결수용자에 대한 교도소장의 서신검열 · 지연발송 · 지연교부행위(憲 1995. 7. 21.-92헌마144), 교도소 내 접견실의 칸막이 설치행위(憲 1997. 3. 27.-92헌마273), 구치소장이 미결수용자가 수사나 재판을 받을 때 재소자용 의류를 입게 한 행위(憲 1999. 5. 27.-97헌마137), 경찰서장이 유치장 내의 차폐시설이 불충분한 화장실의 사용을 강제한 행위(憲 2001. 7. 19.-2000헌마546), 경찰서장이 현행범을 유치장에 수용하는 과정에서 흉기를 검색하기 위하여 피의자의 신체를 정밀수색한 행위(憲 2002. 7. 18.-2000헌마327), 대한민국이 1980. 11. 12.자 언론통폐합계획에 따라 동아일보사에게 한 일련의 공권력의 행사(憲 2003. 3. 27.-2001헌마116), 규제적 · 구속적 성격을 상당히 강하게 갖는 행정지도인 교육인적자원부장관의 대학총장들에 대한 학칙시정요구(憲 2003. 6. 26.-2002헌마337등), 법학전문대학원 졸업예정자에 한하여 필기전형을 실시하도록 정한 법원행정처장의 '재판연구원 신규 임용 계획' 및 법학전문대학원 졸업예정자에 한하여 실무기록평가를 실시하도록 정한 법무부장관의 '검사 임용 지원안내'(憲 2015. 4. 30.-2013헌마504), 피의자신문에 참여하고자 하는 변호인에 대한 검찰 수사관의 후방착석요구행위(憲 2017. 11. 30.-2016헌마503), 특정 문화예술인이나 단체를 국가의 지원사업에서 배제한 행위(憲 2020. 12. 23.-2017헌마416) 등이 있다.

헌법재판소가 비권력적 사실행위이므로 헌법소원심판의 대상이 되지 않는다고 본 판례로는, 공납금을 완전히 납부하지 않으면 졸업장의 교부와 졸업증명서의 발급을 하지 않겠다고 한 공립중학교의 통고(憲 2001. 10. 25.-2001헌마113), 경제기획원장관의 정부투자기관예산편성공통지침의 통보행위(憲 1993. 11. 25.-92헌마293), 제20대 국회의원 선거 및 제19대 대통령 선거에서 투표지분류기 등을 이용하는 행위(이른바 '개표행위')(憲 2016. 3. 31.-2015헌마1056 등), 외부인으로부터 연예인 사진을 교부받을 수 있는지에 관한 청구인의 문의에 대하여 청구인이 '마약류수용자'로 분류되어 있고 연예인 사진은 처우상 필요한 것으로 인정하기 어려워 불허될 수 있다는 취지로 청구인에게 고지한 행위(憲 2016. 10. 27.-2014헌마626)가 있다.

(iv) 통치행위 일반적인 행정행위와 구별하여 통치행위라는 개념을 인정한다고 하더라도 헌법소원심판의 대상이 된다. 헌법재판소도 통치행위라는 개념을 인정하되, 통치행위도 헌법소원심판의 대상이 된다고 본다(예: 憲 1996. 2. 29.-93헌마186).

긴급재정경제명령에 대하여 헌법소원심판이 청구된 [憲 1996.2.29.-93헌마186] 사건에서 헌법재판소는 고도의 정치적 결단에 의한 행위로서 그 결단을 존중하여야 할 필요성이 있는 행위라는 의미에서 이른바 통치행위의 개념을 인정할 수 있다 하더라도 그것이 국민의 기본권 침해와 직접 관련되는 경우에는 당연히 헌법재판소의 심판대상이 될 수 있다고 하여 긴급재정경제명령을 헌법소원심판의 대상이 되는 공권력의 행사로 보았다. 그러나 헌법재판소는 [憲 2004.4.29.-2003헌마814] 사건에서 군대의 해외파견에 대한 대통령의 결정과 그에 대한 국회의 동의행위는 고도의 정치적인 결단에 해당하므로 헌법재판소는 이의 위헌여부에 대한 판단은 자제하는 것이 타당하다는 이유로 이에 대한 헌법소원심판청구를 각하하였다. 이에 의하면, 해외파병행위는 헌법소원심판의 대상이 되지 않는다는 것이다. 헌법재판소의 이 결정에는 동의하기 어렵다.

(v) 사법행정 법원 등과 같은 사법기관의 행정적 행위에 의해 국민의 기본권의 침해여부가 다투어질 때에는 헌법소원심판의 대상이 된다. 헌법재판소에 의해 행해진 행정행위에 대해서는 헌법소원심판을 청구할 수 없다.

(c) 법원의 재판

헌법은 재판에 대한 헌법소원심판에 대하여 명시적으로 정하고 있지 않다. 이런 상태에서 헌법재판소법 제68조 제1항은 재판을 헌법소원심판의 대상에서 명시적으로 제외하고 있다. 이런 실정법하에서 재판에 대한 헌법소원심판이 허용되는지에 대하여 논란이 있다. 헌법재판소는 초기에는 헌법재판소법 제68조 제1항을 근거로 하여 일률적으로 법원의 재판은 헌법소원심판의 대상이 되지 않는다고 하는 견해를 유지하다가 헌법재판소가 위헌으로 결정한 법령을 적용함으로써 국민의 기본권을 침해한 재판에 한하여 헌법소원심판을 청구할 수 있다고 하고, 헌법재판소법 제68조 제1항의 「재판」에 헌법재판소가 위헌으로 결정한 법률을 적용한 재판도 포함되는 것으로 해석하는 한도 내에서 동 조항은 위헌이라고 견해를 변경하였다(예: 憲 1997. 12. 24.-96헌마172등; 1999. 5. 27.-98헌마357; 2001. 2. 22. -99헌마461등).

[憲 1997.12.24.-96헌마172등] 「헌법소원에 관한 헌법의 규정은 헌법 제111조제1항 제5호가 '법률이 정하는 헌법소원에 관한 심판'이라고 규정하여 그 구체적인 형성을 입법자에게 위임함으로써, 입법자에게 헌법소원제도의 본질적 내용을 구체적인 입법을 통하여 보장할 의무를 부과하고 있다.……헌법 제111조 제1항 제5호가 '법률이 정하는 헌법소원에 관한 심판'이라고 규정한 뜻은 결국 헌법이 입법자에게 공권력작용으로 인하여 헌법상의 권리를 침해받은 자가 그 권리를 구제받기 위한 주관적 권리구제절차를 우리의 사법체계, 헌법재판의 역사, 법률문화와 정치적·사회적 현황 등을 고려하여 헌법의 이념과 현실에 맞게 구체적인 입법을 통하여 구현하게끔 위임한 것으로 보아야 할 것이므로, 헌법소원은 언제나 '법원의 재판에 대한 소원'을 그 심판의 대상에 포함하여야만 비로소 헌법소원제도의 본질에 부합한다고 단정할 수 없다 할 것이다.……법원의 재판도 헌법소원심판의 대상으로 하는 것이 국민의 기본권보호의 실효성 측면에서 바람직한 것은 분명하다. 그러나 현재의 법적 상태가 보다 이상적인 것으로 개선되어야 할 여지가 있다는 것이 곧 위헌을 의미하지는 않는다. 법원의 재판을 헌법소원심판의 대상에 포함시켜야 한다는 견해는 기본권보호의 측면에서는 보다 이상적이지만, 이는 헌법재판소의 위헌결정을 통하여 이루어질 문제라기보다 입법자가 해결해야 할 과제이다. 그렇다면 헌법재판소법 제68조 제1항은 국민의 기본권(평등권 및 재판청구권 등)의 관점에서는 입법형성권의 헌법적 한계를 넘는 위헌적인 법률조항이라고 할 수 없다.……헌법재판소법 제68조 제1항이 위와 같이 원칙적으로 헌법에 위반되지 아니한다고 하더라도 법원이 헌법재판소가 위헌으로 결정하여 그 효력을 전부 또는 일부 상실하거나 위헌으로 확인된 법률을 적용함으로써 국민의 기본권을 침해한 경우에도 법원의 재판에 대한 헌법소원이 허용되지 않는 것으로 해석한다면, 위 법률조항은 그러한 한도 내에서 헌법에 위반된다고 보지 아니할 수 없다.」

(d) 조 약

국내법의 효력을 가지는 조약이나 국제법규에 대한 헌법재판소의 규범통제도 가능하므로 성질이 허용되는 범위에서는 국민에 대하여 국내적인 효력을 미치는 조약이나 국제법규에 대하여 헌법소원심판을 청구할 수 있다(예: 憲 2001. 3. 21.-99헌마139등).

헌법 제6조에서 정하고 있는 조약 가운데는 성질상 별도의 입법 시행의 조치가 없이 바로 국내에 적용되는 자기집행조약(自己執行條約 self-executing treaty)과 그 시행에 있어서 국내 법률로 조약을 구체화하는 것이 필요한 비자기집행조약(非自己執行條約 non-self-executing treaty)을 구분할 필요가 있다. 자기집행조약의 경우는 조약에 대하여 바로 헌법소원심판을 청구할 수 있다고 할 것이나, 비자기집행조약의 경우에는 조약을 대상으로 바로 헌법소원심판을 청구할 수는 없고, 그 조약의 시행을 위하여 국내 법령으로 조약을 구체화한 법률 또는 명령에 대하여 헌법소원심판을 청구할 수 있다고 할 것이다.

조약과는 별도로 조약의 체결행위(締結行爲)에 대하여 헌법소원심판을 청구할 수 있는가 하는 문제가 있다. 국제법상 조약을 체결하는 과정에 관여하는 국가의 행위는 국민에 대한 공권력의 행사가 아니므로 이는 헌법소원심판의 대상이 되지 않는다고 할 것이다. 헌법재판소는 조약인 「한 · 일어업협정」의 체결행위는 헌법소원심판의 대상이 된다고 보았다(예: 憲 2001. 3. 21.-99헌마139등).

⑶ 공권력의 불행사

헌법소원심판에서는 국가의 소극적인 공권력의 불행사가 기본권을 침해하였음을 다툴 수 있다. 공권력의 불행사에 대해 헌법소원심판으로 다툴 수 있기 위해서는 헌법에서 인정하고 있는 작위의무가 인정되어야 한다(예: 憲 1989. 3. 17.-88헌마1; 1991. 9. 16.-89헌마163). 이러한 의무는 헌법에서 유래하는 것으로 헌법에 명시적으로 직접 규정되어 있기도 하고, 헌법의 해석을 통하여 도출되기도 한다. 헌법재판소는 이런 작위의무는 헌법규범을 준수하여야 하는 일반적인 의무가 아니라 개별 사안에 있어서 이행해야 할 구체적인 작위의무를 뜻한다고 판시하였다(예: 憲 1999. 9. 16.-98헌마75). 작위의무가 존재하지 않음에도 불구하고 이를 전제로 하여 청구한 헌법소원심판의 청구는 부적법하다.

[憲 1989.3.17.-88헌마1] 「입법부작위에 대한 헌법재판소의 재판관할권은 극히 한정적으로 인정할 수밖에 없다고 할 것인바, 생각건대 헌법에서 기본권보장을 위해 법령에 명시적인 입법위임을 하였음에도 입법자가 이를 이행하지 않을 때, 그리고 헌법 해석상 특정인에게 구체적인 기본권이 생겨 이를 보장하기 위한 국가의 행위의무 내지 보호의무가 발생하였음이 명백함에도 불구하고 입법자가 전혀 아무런 입법조치를 취하고 있지 않은 경우가 여기에 해당될 것이며, 이 때에는 입법부작위가 헌법소원의 대상이 된다고 봄이 상당할 것이다.」

(a) 입법부작위

(i) 국회의 입법부작위 입법부작위는 단순입법부작위, 진정입법부작위, 부진정입법부작위로 나누어진다.

단순입법부작위는 입법을 할 것인가와 법률의 내용을 어떻게 정할 것인가 하는 것이 전적으로 국회에게 맡겨진 경우에 국회의 입법형성의 자유에 의하여 입법을 하지 아니하는 것을 말한다. 이러한 경우 국회는 입법의무를 지지 않으므로 국민은 이에 대하여 다툴 수 없다(예: 憲 1989. 3. 17.-88헌마1; 1989. 9. 29.-89헌마13).

부진정입법부작위는 헌법이 국회에게 입법의무를 지우고 있고, 그에 따라 국회가 입법의무를 이행하여 법률을 제정하거나 개정하였지만, 그 법률이 헌법상의 입법사항에 있어서 불완전하거나 불충분하게 규정하여 입법행위의 적극적인 부분과 소극적인 부분이 나누어져 그 소극적인 불완전 또는 불충분한 부분에 있어서 사실상 입법작용이 없는 경우를 말한다. 국회가 헌법상의 입법의무를 이행하기는 하였으나, 불완전하게 이행한 경우로 법률이 존재하는 경우이다(입법의무의 불완전이행). 즉 부진정입법부작위는 적극적인 입법행위의 흠결이 아니라, 입법행위에 흠(Fehler)이 있는 경우를 말한다. 부진정입법부작위는 공권력의 행사로 보아 법률에 대한 헌법소원심판의 형식으로 다투어야 한다(예: 憲 1989. 7. 28.-89헌마1; 1993. 9. 27.-89헌마248; 2009. 6. 25.-2008헌마393).

[憲 2009.6.25.-2008헌마393] 「이 사건의 경우와 같이 입법자가 혜택부여규정에서 일정 인적 집단을 배제한 경우, 그 규정의 인적 대상범위의 확대를 구하는 헌법소원은 비록 외형적으로는 진정입법부작위에 대한 소원과 흡사하나, 실질은 그러하지 아니하다. 입법자의 하자있는 행위는 언제나 올바른 행위의 부작위로 해석될 수 있다는 의미에서 이러한 부작위는 입법자가 혜택부여규정의 제정을 통하여 내린 적극적인 결정의 반사적 효과일 뿐이기 때문이다. 청구인의 이 사건 청구는 평등원칙의 관점에서 입법자가 이 사건 법률의 적용대상에 군사정전에 관한 협정 체결 이전 납북자도 당연히 협정 체결 이후 납북자와 같이 포함시켰어야 한다는 주장에 지나지 아니하므로, 이는 헌법적 입법의무에 근거한 진정입법부작위에 해당하는 것이 아니라 단지 혜택부여규정의 인적 범위의 제한에 따른 결과에 지나지 아니하여 이른바 부진정입법부작위에 해당할 뿐이다. 이러한 부진정입법부작위의 경우에는 불완전한 법규 자체를 대상으로 하여 그것이 평등원칙에 위배된다는 등의 이유로 헌법소원을 제기하여야 하는 바……」

진정입법부작위는 헌법이 국회에 입법의무를 지우고 있음에도 국회가 현실적으로 그 입법의무를 이행하지 아니하여 법률이 존재하지 아니하는 경우를 말한다. 즉 헌법상 국회에게 주어진 법률을 제정할 의무를 전혀 이행하지 아니한, 입법의무의 이행이 영인 경우이다(입법의무의 불이행). 즉 적극적인 입법행위가 흠결(Lücke)된 경우를 말한다. 헌법소원심판의 대상이 되는 공권력의 불행사로서의 입법부작위는 진정입법부작위를 의미한다.

헌법재판소는 입법부작위를 진정입법부작위와 부진정입법부작위로 구별하고 있으며, 이는 확립된 판례이다(예: 憲 1989. 3. 17.-88헌마1; 1996. 10. 31.-94헌마204; 2008. 8. 19.-2008헌마505).

[憲 2008.8.19.-2008헌마505] 「넓은 의미의 입법부작위에는 첫째, 입법자가 헌법상 입법의무가 있는 어떤 사항에 관하여 전혀 입법을 하지 아니함으로써 입법행위의 흠결이 있는 경우(즉 입법권의 불행사)와 둘째, 입법자가 어떤 사항에 관하여 입법은 하였으나 그 입법의 내용·범위·절차 등이 당해 사항을 불완전·불충분 또는 불공정하게 규율함으로써 입법행위에 결함이 있는 경우(즉 결함이 있는 입법권의 행사)가 있는데, 일반적으로 전자를 "진정입법부작위," 후자를 "부진정입법부작위"라고 부르고 있다. 그런데 우리 재판소의 판례에 의하면, 이른바 "진정입법부작위" 즉 본래의 의미에서의 입법부작위를 대상으로 하여 헌법소원을 제기하려면 헌법에서 기본권보장을 위하여 법령에 명시적인 입법위임을 하였음에도 불구하고 입법자가 상당한 기간 내에 이를 이행하지 아니하거나 또는 헌법의 해석상 특

정인에게 구체적인 기본권이 생겨 이를 보장하기 위한 국가의 행위의무 내지 보호의무가 발생하였음이 명백함에도 불구하고 입법자가 아무런 입법조치를 취하지 않고 있는 경우이어야 하고, "부진정입법부작위"를 대상으로, 즉 입법의 내용·범위·절차 등의 결함을 이유로 헌법소원을 제기하려면 이 경우에는 결함이 있는 당해 입법규정 그 자체를 대상으로 하여 그것이 평등의 원칙에 위배된다는 등 헌법위반을 내세워 적극적인 헌법소원을 제기하여야 하며, 이 경우에는 헌법재판소법 소정의 청구기간을 준수하여야 한다.」

헌법재판소는 헌법에서 기본권보장을 위해 법령에 명시적인 입법위임을 하였음에도 입법자가 이를 이행하지 않을 때와 헌법 해석상 특정인에게 구체적인 기본권이 생겨 이를 보장하기 위한 국가의 행위의무 내지 보호의무가 발생하였음이 명백함에도 불구하고 입법자가 전혀 아무런 입법조치를 취하고 있지 않은 경우에 진정입법부작위가 성립한다고 한다(예: 憲 1989. 3. 17.-88헌마1; 1994. 12. 29.-89헌마2).

(ii) **행정입법의 부작위 등** 행정입법권을 가진 행정기관이 행정입법을 할 의무가 있음에도 행정입법을 하지 아니하여 기본권을 침해한 경우에는 헌법소원심판을 통하여 다툴 수 있다(예: 憲 1998. 7. 16.-96헌마246). 이 경우에도 국회의 입법부작위에서 살펴본 진정입법부작위와 부진정입법부작위에 대한 법리가 적용된다(예: 憲 1998. 11. 26.-97헌마310).

헌법재판소는 지방자치단체가 지방공무원법 제58조 제2항의 위임에 따라 '사실상 노무에 종사하는 공무원의 범위'를 정하는 조례를 제정하지 아니한 것은 정당한 사유 없이 조례를 제정하여야 할 헌법상 의무를 해태함으로써 청구인들이 단체행동권을 향

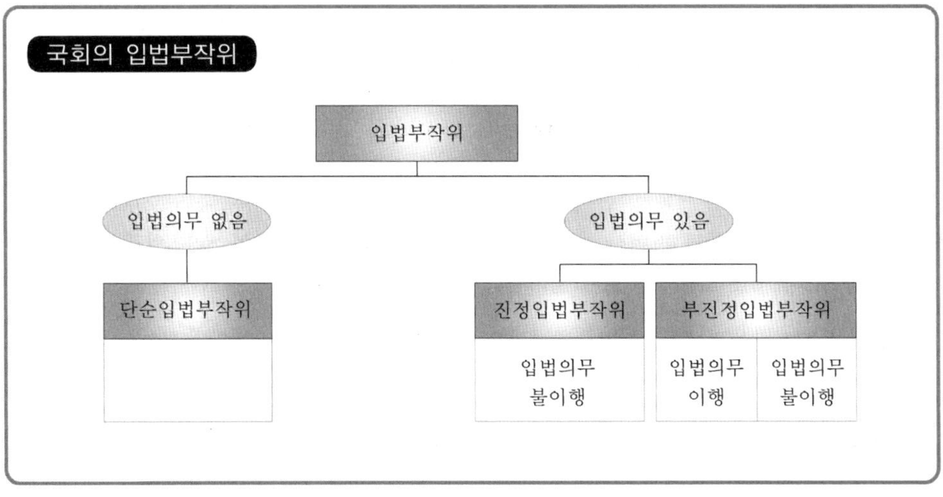

유할 가능성 자체를 봉쇄한 것으로 헌법에 위반된다고 판시하였다(憲 2009. 7. 30.-2006헌마358). 대통령이 국군포로법 제15조의5 제2항의 위임에 따른 대통령령을 제정하지 아니한 행정입법부작위가 명예권을 침해했다고 결정하기도 했다(憲 2018. 5. 31.-2016헌마626).

사법입법(예: 憲 1997. 5. 29.-96헌마4)의 경우나 자치입법의 경우도 마찬가지이다.

(b) 행정부작위

행정기관이 공권력을 행사할 의무가 있음에도 이를 행사하지 아니하여 국민의 기본권을 침해한 경우에는 이에 대하여 헌법소원심판을 청구하여 다툴 수 있다. 이러한 경우에도 당연히 행정기관에게 공권력을 행사하여야 할 작위의무가 인정되어야 한다(예: 憲 1991. 9. 16.-89헌마163; 1994. 4. 28.-92헌마153; 2011. 8. 30.-2006헌마788; 2011. 8. 30.-2008헌마648). 거부처분은 적극적인 거부행위가 존재하므로 부작위에 해당하지 않는다(예: 憲 1993. 5. 10.-93헌마92).

[憲 2011.8.30.-2006헌마788] 「행정권력의 부작위에 대한 헌법소원은 공권력의 주체에게 헌법에서 유래하는 작위의무가 특별히 구체적으로 규정되어 이에 의거하여 기본권의 주체가 행정행위 내지 공권력의 행사를 청구할 수 있음에도 공권력의 주체가 그 의무를 해태하는 경우에만 허용된다(憲 2000. 3. 30.-98헌마206). 위에서 말하는 "공권력의 주체에게 헌법에서 유래하는 작위의무가 특별히 구체적으로 규정되어"가 의미하는 바는 첫째, 헌법상 명문으로 공권력주체의 작위의무가 규정되어 있는 경우, 둘째, 헌법의 해석상 공권력주체의 작위의무가 도출되는 경우, 셋째, 공권력 주체의 작위의무가 법령에 구체적으로 규정되어 있는 경우 등을 포괄하고 있는 것으로 볼 수 있다(憲 2004. 10. 28.-2003헌마898)……위와 같은 헌법규정들 및 이 사건 협정 제3조의 문언에 비추어 볼 때, 피청구인이 위 제3조에 따라 분쟁해결의 절차로 나아갈 의무는 일본국에 의해 자행된 조직적이고 지속적인 불법행위에 의하여 인간의 존엄과 가치를 심각하게 훼손당한 자국민들이 배상청구권을 실현할 수 있도록 협력하고 보호하여야 할 헌법적 요청에 의한 것으로서, 그 의무의 이행이 없으면 청구인들의 기본권이 중대하게 침해될 가능성이 있으므로, 피청구인의 작위의무는 헌법에서 유래하는 작위의무로서 그것이 법령에 구체적으로 규정되어 있는 경우라고 할 것이다.」 헌법재판소는 이 사건에서 청구인들이 일본국에 대하여 가지는 일본군위안부로서의 배상청구권이 '대한민국과 일본국 간의 재산 및 청구권에 관한 문제의 해결과 경제협력에 관한 협정' 제2조 제1항에 의하여 소멸되었는지 여부에 관한 한일 양국 간 해석상 분쟁을 위 협정 제3조가 정한 절차에 따라 해결하지 아니한 외교통상부장관의 부작위를 적법한 심판대상으로 보고 본안판단에 나아갔다. 원폭피해자의 배상청구권의 경우도 마찬가지다(憲 2011. 8. 30.-2008헌마648).

헌법재판소는 다음과 같은 헌법소원심판의 청구는 작위의무가 인정되지 않아 부적법한 것이라고 하였다. 전국구 국회의원의 탈당으로 궐원이 된 경우에 중앙선거관리위원회가 전국구 국회의원의석 승계결정을 하지 아니하였다는 주장의 청구(憲 1994. 4. 28.-92헌마153), 기업자가 토지수용법상의 환매토지 발생을 통지하지 아니하였다는 주장의 청구(憲 1995. 3. 23.-91헌마143), 위헌결정이 있은 후 교육부장관이 중등교사를 우선 임용할 조치를 아니하였다는 주장의 청구(憲 1995. 5. 25.-90헌마196), 국회가 탄핵소추를 의결하지 아니하였다는 주장의 청구(憲 1996. 2. 29.-93헌마186), 경찰공무원의 권총오발에 의한 피해에 대하여 내무부장관 또는 법무부장관이 국가배상을 하지 아니하거나 불허하였다는 주장의 청구(憲 1996. 6. 13.-94헌마118), 도시계획도로의 예정지로 결정한 후 부산광역시장이 해당 토지를 수용 또는 준용도로지정을 하지 아니하였다는 주장의 청구(憲 1996. 11. 28.-92헌마237), 부산광역시장이 조선총독부 고시에 의해 고시된 도시계획결정을 취소하지 아니하였다는 주장의 청구(憲 1999. 11. 25.-99헌마198), 국가유공자유족에 대해 국방부장관이 국가유공자예우등에관한법률상의 보상을 받을 수 있도록 유가족으로 등록하거나 직접 대리등록을 하는 등 보상을 받을 수 있는 실질적 조치를 하지 아니하였다는 주장의 청구(憲 1998. 2. 27.-97헌마354), 독일정부의 우리나라 국민에 대한 '미성년자보호 관련 관헌의 관할권 및 준거법에 관한 협약'의 적용을 피하기 위하여 우리나라 정부가 위 협약에 가입, 수정가입, 일부가입 또는 독일과의 별도조약을 체결하지 아니하였다는 주장의 청구(憲 1998. 5. 28.-97헌마282), 정부가 재일 피징용부상자의 보상청구권을 위하여 일본국에 중재를 하지 아니하였다는 주장의 청구(憲 2000. 3. 30.-98헌마206), 서울특별시 지방경찰청이 제주도 폭동진압을 위한 특별부대요원으로 근무한 공로로 공훈훈장을 받았다고 주장하는 청구인의 공훈사실을 확인 · 등재하지 아니한 행위(憲 2000. 6. 29.-98헌마391), 도시계획결정 및 지적승인의 고시 · 공람까지 이루어졌으나 실시계획의 인가가 이루어지지 아니한 토지에 대하여 행정청이 수용을 하지 않았다는 주장의 청구(憲 2002. 5. 30.-2001헌마708), 장애인을 위한 저상버스를 도입해야 할 국가의 구체적 의무를 이행하지 아니하였다는 주장의 청구(憲 2002. 12. 18.-2002헌마52), 국방부장관이 청구인에게 이미 지급한 예비군 훈련보상비 외에 추가적으로 훈련보상비를 지급하지 않고 있는 부작위가 청구인의 기본권을 침해하였다는 주장의 청구(憲 2003. 6. 26.-2002헌마484), 정신질환을 앓고 있던 수용자가 출소한 후, 국가가 정신질환 수용자를 위한 전문적인 치료시설인 치료감호소를 설치하지 않아 충분하게 치료를 받지 못함으로써 자신의 기본권인 행복추구권, 보건권 등이 침해당하였다는 주장의 청구(憲 2009. 2. 26.-2007헌마128), 구치소장이 수용자인 청구인에게 특정한 의약품을 지급해주지 않은 행위에 대한 심판청구(憲 2016. 11. 24.-2015헌마11), 환경부장관이 자동차 제작자에게 자동차교체명령을 하지 않았다는 심판청구(憲 2018. 3. 29.-2016헌마795) 등이 있다.

(c) 사법부작위

법원은 법령에서 구체적으로 정한 재판청구행위에 대해서만 재판하는 의무를 진다. 따라서 이런 재판의무가 인정되지 않는 경우에는 재판을 할 작위의무가 존재하지 않는다. 재판에서 판단을 유탈하거나 탈루한 것에 대해서는 헌법소원심판을 청구할 수 없다. 헌법재판소도 같은 견해이다(예: 憲 1996. 4. 25.-92헌바30).

재판을 정당한 이유 없이 심리하지 않거나 선고하지 않고 시간을 끄는 재판의 지연행위에 대해서는 헌법소원심판을 청구할 수 있다. 이러한 경우에도 재판을 하여야 할 법적인 의무가 인정되어야 한다(예: 憲 1994. 6. 30.-93헌마161).

Ⅳ. 기본권의 침해

기본권의 침해는 헌법소원심판청구의 요건인 동시에 심판의 요건이기도 하다. 청구인은 헌법소원심판을 청구함에 있어서 자신의 어떤 기본권이 침해되고 있는지를 구체적으로 주장하여야 하고, 기본권 침해의 원인이라고 하는 공권력의 행사 또는 불행사를 특정하여 밝혀야 한다. 이러한 기본권의 침해는 원칙적으로 청구인 자신의 기본권에 대한 현재 직접적으로 행해지고 있는 침해를 말한다. 이를 법적 관련성이라고 하며, 자기관련성(eigene Betroffenheit), 직접관련성(unmittelbare Betroffenheit), 현재관련성(gegenwärtige Betroffenheit)이 그 요소이다.

(1) 자기관련성

헌법소원심판의 청구에서는 원칙적으로 청구인 자신이 관련되어 있어야 한다. 즉 공권력의 행사 또는 불행사의 직접 상대방이 아니고, 단순히 간접적 · 사실적 또는 경제적인 이해관계에 있을 뿐인 제3자는 원칙적으로 헌법소원심판을 청구할 수 없다(제3자 소송담당 금지). 헌법재판소의 판례도 같은 취지이다(예: 憲 1990. 12. 26.-90헌마20; 1998. 11. 26.-94헌마207).

그러나 예외적인 경우에 한하여 제3자에게도 헌법소원심판의 청구가 허용될 수 있다. 헌법재판소는 입법의 목적, 실질적인 규율대상, 법규정에서의 제한이나 금지가 제3자에게 미치는 효과나 진지성의 정도 및 규범의 직접적인 수규자에 의한 헌법소원심판 청구의 기대가능성 등을 판단기준으로 하여 예외적으로 제3자의 자기관련성을 인정하고 있다(예: 憲 1997. 9. 25.-96헌마133; 1998. 11. 26.-94헌마207).

(2) 직접관련성

직접관련성이라 함은 공권력의 행사 또는 불행사가 청구인의 기본권을 직접 침해하여야 한다는 의미이다. 공권력의 불행사로 인한 기본권의 침해가 발생한 경우에는 이러한 직접관련성은 언제나 충족된다. 따라서 부작위에 대한 헌법소원심판에서는 직접관련성의 요건을 적용할 여지가 없다고 할 수도 있다. 직접관련성이 실제로 의미를 가지는 것은 통상 집행행위가 뒤따르는 법령과 같은 법규범에 대하여 헌법소원심판을 청구하는 경우이다.

법령에 대한 헌법소원심판에서 요구되는 직접관련성은 그 법령을 집행하기 위한 구체적인 집행행위가 존재하지 않고 바로 법령 그 자체에 의해 기본권의 침해가 있어야 한다는 것을 의미한다. 헌법재판소는 법률규정의 구체화를 위하여 하위규범의 시행을 예정하고 있는 경우에는 당해 법률 규정의 직접성은 부인된다고 판시하였고(예: 憲 1996. 2. 29.-94헌마213; 2002. 12. 18.-2001헌마111), 법령을 집행하기 위한 구체적인 집행행위가 존재하는 경우에도 당해 법률 규정의 직접성은 부인된다고 하였다(예: 憲 1998. 4. 30.-97헌마141; 2003. 7. 24.-2003헌마3).

> 이런 집행행위는 법령의 내용을 구체화시키는 집행권의 의사에 의해 영향을 받는 것이기 때문에 법령의 해당규정을 기계적으로 행하는 행위는 이에 포함되지 않는다(예: 憲 1997. 5. 29.-헌마33). 집행행위의 유무나 내용에 의해 좌우될 수 없을 정도로 법규범에 의하여 권리관계가 확정된 때에는 집행행위의 존재에도 불구하고 법령에 의한 기본권 침해의 직접성이 인정된다(예: 憲 1997. 7. 16.-97헌마38).

다만, 헌법재판소는, 집행행위가 존재하는 경우라도 그 집행행위를 대상으로 하는 구제절차가 없거나 구제절차가 있더라도 구제의 기대가능성이 없고 단지 기본권침해를 당한 청구인에게 불필요한 우회적인 절차를 강요하는 것밖에 되지 않는 경우에는 법률에 대한 헌법소원이 가능하다고 하였다(예: 憲 1992. 4. 14.-90헌마82; 1997. 8. 21.-96헌마48).

그리고 직접관련성의 요건을 요구하는 것이 먼저 불법을 행할 것을 요구하는 것이어서는 안 된다. 예컨대 해당 법령에 대한 헌법소원심판을 청구하기 전에 먼저 형법이나 행정형벌 또는 행정벌을 정한 조항에 위반하여 처벌이나 불이익 조치를 받고 그러한 조치에 대하여 다투도록 요구하는 결과를 가져와서는 안 된다. 헌법재판소의 판례도 같은 취지이다(예: 憲 1996.2.29.-94헌마213; 1998.4.30.-97헌마141).

(3) 현재관련성

현재관련성이라 함은 헌법소원심판을 청구하는 청구인의 기본권이 공권력의 행사 또는 불행사로 인하여 현재인 지금 현실적으로 침해되어야 한다는 뜻이다. 헌법재판소도 이런 현재관련성을 헌법소원심판청구의 요건으로 하고 있어, 과거에 기본권의 침해가 있었고 헌법소원심판을 청구하는 당시에는 이미 그 침해가 종료되었거나, 단순히 미래에 발생할 잠재적인 침해를 이유로 한 헌법소원심판의 청구는 허용되지 않는다고 본다(예: 憲 1989. 7. 21.-89헌마12).

다만, 헌법재판소는 아직 기본권의 침해가 발생하지는 않았으나 장차 기본권의 침해가 발생할 것이 확실히 예측되는 시점도 현재관련성이 있다고 본다(예: 憲 1990. 6. 25.- 89헌마220; 2001. 2. 22.-2000 헌마25). 그리고 과거에 기본권의 침해가 있었고 이미 그 침해가 종료되어 권리보호이익이 존재하지 않는 경우에도 반복위험이 인정된다는 이유로 본안판단을 한 것이 있다(예: 憲 2001.7.19.-2000헌마 546; 2003.12.18.-2001헌마163).

> 법률에 대한 헌법소원심판의 청구에서는 헌법소원심판을 청구하는 당시에 기본권의 침해가 현존하는 때에 한하여 청구기간을 적용하여야 하며, 장차 기본권의 침해가 발생할 것이 확실히 예상되어 기본권이 현실적으로 침해되는 시점보다 앞당겨 헌법소원심판을

청구하는 경우에는 청구기간을 적용할 수 없다. 이러한 경우에는 청구기간을 기산할 시점을 확정하기 어렵기 때문이다. 헌법재판소의 판례도 같은 취지이다(예: 憲 1999.12.23.-98헌마363; 2001. 2. 22.-2000헌마25).

V. 권리보호이익과 심판이익

(1) 권리보호이익

헌법소원심판제도는 국민의 기본권을 구제하는 기능을 가지므로 헌법재판소에 헌법소원심판을 청구하려면 권리보호이익(=권리보호의 필요)이 있어야 한다(예: 憲 1989. 4. 17.-88헌마3; 1989. 7. 28.-89 헌마65). 권리보호이익은 헌법소원심판이 가지는 이중적 성질 가운데 주관소송으로서 가지는 성질로 인하여 요구되는 청구의 적법요건이다. 이러한 권리보호이익은 헌법소원심판을 청구할 때뿐만 아니라 헌법재판소가 결정할 때에도 존재하여야 한다(예: 憲 1997. 3. 27.-92헌마273).

헌법재판소는 불기소처분에 대한 헌법소원심판에서 다음의 경우에 권리보호이익이 인정된다고 판시하였다. 기소유예처분을 받은 피의자가 이에 불복하여 헌법소원심판을 제기하였고, 그 처분의 대상이 된 범죄의 공소시효가 이미 완성된 경우(예: 憲 1997. 5. 29.-95헌마188; 2012. 7. 26.-2011헌마214), 기소유예처분에 대하여 일반사면이 있은 사건에서 그 피의자가 헌법소원심판을 청구한 경우(예: 憲 1996. 10. 4.-95헌마318). 2008년 1월 1일 형사소송법 개정으로 검사의 불기소처분에 대한 재정신청이 전면허용되었기 때문에 과거와 달리 이에 대한 헌법소원심판사건은 대폭 줄어들었다.

> [憲 2012.7.26.-2011헌마214] 「기소유예처분을 받은 피의자가 검사의 피의사실 인정에 불복하고 자기의 무고함을 주장하여 헌법소원을 제기한 경우 그 피의사실에 대한 공소시효가 완성된 때에는, 헌법재판소가 이를 인용하여 그 처분을 취소하더라도 검사로서는 "공소권없음"의 처분을 할 것으로 보이나, 기소유예처분이 그 피의자에 대하여 피의사실을 인정하는 것과는 달리 "공소권없음"의 처분은 범죄혐의의 유무에 관한 실체적 판단을 하는 것이 아니고 단지 공소권이 없다는 형식적 판단을 하는 것으로서 기소유예처분보다는 피의자에게 유리한 것이므로, 비록 그 범행에 관한 공소시효가 이미 완성되었다고 하더라도, 그 사실만으로 피의자가 제기한 헌법소원이 권리보호이익이 없다고 할 수 없다.」

헌법재판소가 권리보호이익이 인정되지 않는다고 본 사례로는 공소시효가 완성된 이후에 불기소처분에 대하여 피해자가 헌법소원심판을 청구한 경우(예: 憲 1989. 4. 17.-88헌마31; 1989. 12. 22.-89헌마22), 심판을 청구하기 이전에 법무부장관의 출국금지조치가 해제된 경우(憲 1990. 1. 6.-89헌마269), 국가안전기획부의 변호인접견거부처분이 있은 며칠 후 접견이 이루어지고, 그 후 해당 사건이 검찰에 송치되어 국가안전기획부 관하에서 접견목적이 이루어지기 불가능하게 된 경우(憲 1991. 7. 8.-89헌마181), 법원에 위헌여부심판제청을 신청한 후 재판지연이라는 이유로 헌법소원심판을 청구하였으나 심판 계속 중 당해 법원이 제청신청을 기각하는 결정을 한 경우(憲 1993.11. 25.-92헌마169), 교도소의 변호인접견실에 변호인석과 재소자석 사이에 설치된 칸막이가 심판청구가 있은 후 철거된 경우(憲 1997. 3. 27.-92헌마273), 「혐의없음」을 이유로 불기소처분을 받기 위한 전제절차로 피의자가 「공소권없음」을 이유로 한 불기소처분의 취소를 구한 경우(憲 2003. 2. 27.-2002헌마309), 검사의 수사 불이행을 다투는 헌법소원심판청구가 제기된 이후에 피고발인들에 대한 수사를 위하여 특별검사가 임명되고, 피고발인들이 기소된 경우(憲 2003. 9. 25.-2003헌마161) 등이 있다.

(2) 심판이익

심판이익은 헌법소원심판이 청구된 사건에 있어서 헌법재판소가 심판의 대상에 대해 본안판단을 하여야 할 필요를 의미한다. 헌법소원심판에 있어서 주관적 권리보호이익이 존재하는 경우에는 통상의 재판에서와 같이 심판의 이익이 존재한다. 그러나 헌법소원심판에서는 통상의 재판과 달리 주관적 권리보호의 이익이 존재하지 아니하더라도 예외적으로 심판의 이익이 존재하는 경우가 있다. 이는 헌법소원심판이 가지는 객관소송으로서의 기능 때문이다. 헌법재판소도 판례를 통하여 이러한 예외적인 경우를 인정하고 있으며, 그 요건으로 i) 기본권의 침해행위가 반복될 위험이 있거나(예: 憲 1991. 7. 8.-89헌마181; 1994. 7. 29.-91헌마137), ii) 헌법질서의 수호와 유지를 위하여 긴요한 사항이어서 헌법적으로 그 해명이 중대한 의미를 지니고 있는 경우일 것을 요구하고 있다(예: 憲 1992. 1. 28.-91헌마111; 2003. 5. 15.-2001헌마565).

헌법재판소가 권리보호이익이 존재하지 않더라도 심판의 이익이 있다고 판시한 사례로는 변호인접견권을 침해한 위헌적인 공권력의 행사임을 이유로 취소되어야 할 사건에서 그 침해행위가 이미 종료된 경우에 반복적으로 행해질 위험이 있고 변호인 접견방해행위를 시정하고 헌법상 보장된 변호인 접견권의 내용을 명백히 하기 위하여 심판이익을 인정하여 위헌임을 확인한 사례(1992. 1. 28.-91헌마111), 기초의회의원선거에서 후보등록신청시에 기탁금 200만원을 기탁하도록 하는 법률조항의 위헌여부에 관하여는 아직 그 해명이 이루어진 바 없고, 심판청구 후 청구인들이 입후보하려 한 기초의회의원선거가 이미 종료되었고 해당 법률도 폐지된 사안에서 신법인 공직선거및선거부정방지법의 시행으로 동종의 기본권침해의 위험이 상존하고 있어 해당 법률조항의 위헌여부에 관한 헌법적 해명이 중대한 의미를 지니고 있는 경우에 해당한다고 판단한 사례(憲 1995. 5. 25.-91헌마44), 미결수용자에게 재소자용 의류를 입게 한 행위에 대한 헌법소원심판이 계속 중 청구인들이 석방되어 권리보호이익이 소멸되었지만 심판의 이익을 인정한 사례(憲 1999. 5. 27.-97헌마137등), 구속적부심사건 피의자의 변호인이 수사기록 중 고소장과 피의자 신문조서의 열람·등사를 신청하자 해당 경찰서장이 정보비공개결정을 한 후 피의자에 대한 구속적부심사는 물론이고 형사공판의 본안절차까지 끝나 주관적 권리보호이익은 소멸되었으나 심판청구이익은 인정한 사례(憲 2003. 3. 27.-2000헌마474), 교도소장의 과도한 계구사용에 대하여 헌법소원심판을 청구한 이후 계구 사용행위가 종료하여 주관적 권리보호이익은 소멸되었으나 심판이익을 인정한 사례(憲 2003. 12. 18.-2001헌마163), 경찰청장이 집회참가자들을 촬영한 행위는 종료되었지만 예외적으로 심판의 이익을 인정한 사례(憲 2018. 8. 30.-2014헌마843) 등이 있다.

[632] 제3 절 차

I. 청 구

헌법소원심판절차는 청구인의 심판청구로 개시한다. 헌법소원심판의 청구에도 변호사강제주의가 적용되며(헌재법 §25③), 이에 대한 보완장치로 헌법재판소법은 국선대리인제도를 마련하고 있다(동법 §70). 그리고 헌법소원심판의 청구에는 보충성의 원칙이 적용되며 청구기간이 준수되어야 한다.

(1) 보충성의 원칙

(a) 의 의

헌법소원심판은 일반적 권리구제수단과의 관계에서 예외적이고 보충적인 지위에 있다. 따라서 이러한 헌법소원심판의 성질로부터 보충성이 인정되는데 헌법재판소법 제68조 제1항 단서에서는 「다른 법률에 구제절차가 있는 경우에는 그 절차를 모두 거친 후에 청구할 수 있다」고 되어 있어 보충성의 원칙(Grundsatz der Subsidiarität)을 정하고 있다.

(b) 사전구제절차의 의미

헌법재판소법 제68조 제1항의 사전구제절차는 당시에 침해된 기본권을 직접 구제할 수 있는 절차를 말하며, 간접적인 구제절차나 보충적인 구제절차는 이에 해당하지 않는다(예: 憲 1989. 4. 17.-88헌마3; 1998. 7. 16.-96헌마246). 그리고 이러한 사전구제절차는 적법한 것이어야 한다(예: 憲 1992. 6. 26.-91헌마68; 1999. 9. 16.-98헌마265).

검사의 불기소처분에 대하여 고소인 · 고발인이 헌법소원심판을 청구하기 위해서는 다른 법률의 구제절차인 검찰청법의 항고 · 재항고 절차를 거친 후 헌법소원심판을 청구하여야 하며(예: 憲 1989. 2. 14.-89헌마9), 불기소처분에 대한 형사소송법의 재정신청과 검찰청법의 항고절차는 선택적 제도이므로 검찰항고를 거치고 재정신청을 거치지 아니하였다고 하더라도 다른 법률에 의한 절차를 모두 거친 것으로 해석해야 한다(예: 憲 1997. 7. 29.-92헌마262). 군검찰관의 불기소처분에 대한 헌법소원심판은 고등군사법원에 대한 재정신청과 대법원에 대한 즉시항고의 구제절차를 거친 후 청구하여야 한다(예: 憲 1990. 10. 8.-89헌마278). 실체적 경합범관계에 있는 수죄의 고소사실에 대한 불기소처분 중 일부 죄의 고소사실에 관하여만 적법한 구제절차를 거친 경우 나머지 죄의 고소사실에 관한 헌법소원심판 청구는 부적법하다(예: 憲 2002. 2. 28.-2001헌마633).

헌법재판소는 개발제한구역의 지정행위(憲 1991.6.3.-89헌마46), 구청장의 택지초과소유부담금 부과처분(憲 1999.4.29.-96헌마424), 법관에 대한 대법원장의 전보발령(憲 1993.12.23.-92헌마247), 서울특별시장의 과징금

부과처분(憲 1995.2.23.-92헌마282), 행정공개의 거부처분(憲 2000.12.29.-2000헌마797), 진정사건기록에 대한 등사신청을 거부한 검찰의 처분(憲 1998.2.27.-94헌마77), 확정재판기록 중 피해자의 법정증언 및 탄원서에 대한 등사신청 거부처분(憲 1999.9.16.-98헌마246), 불기소사건기록 열람·등사청구의 거부처분(憲 1998.2.27.-97헌마101), 수사기록의 등사신청 거부처분(憲 2000.2.24.-99헌마96), 교도소장의 이송처분(憲 1992.6.19.-92헌마110), 미결수용자의 서신 발송을 거부한 행위(憲 1995.7.21.-92헌마144), 기결수용자의 서신 발송을 거부한 행위(憲 1998.8.27.-96헌마398), 미결수용자의 접견신청에 대한 교도소장의 불허행위(憲 1998.2.27.-96헌마179) 등에 대해서는 행정심판 및 행정소송 등의 구제절차를 거쳐야 하므로 이를 거치지 않고 바로 헌법소원심판을 청구한 것은 부적법하다고 판시하였다. 체포의 경우에는 체포적부심사라는 구제절차가 존재하므로 이를 거치지 않고 제기된 헌법소원은 부적법하다고 보았다(憲 2010. 9. 30.-2008헌마628. 이 결정에는 체포적부시사는 적절한 구제절차가 될 수 없다는 반대의견이 있다). 「표시·광고의 공정화에 관한 법률」 위반을 이유로 한 공정거래위원회의 경고는 침익적 처분으로 행정소송의 대상이 되는데, 이를 통한 구제절차를 모두 거치지 아니한 채 제기된 헌법소원심판청구는 부적법하다고 보았다(憲 2012. 6. 27.-2010헌마508). 헌법재판소는 종전 결정에서 국가인권위원회의 진정 각하 또는 기각결정에 대해 보충성 요건을 충족하였다고 보고 본안판단을 한 바 있다. 그러나 최근 헌법재판소는 판례를 변경하여 국가인권위원회가 진정을 각하 및 기각결정을 할 경우 이는 항고소송의 대상이 되는 행정처분에 해당하므로, 우선 행정심판이나 행정소송을 거쳐야 한다고 보았다(憲 2015. 3. 26. 2013헌마214 등).

보충성의 요건이 흠결된 경우에도 청구인이 심판을 청구한 후 헌법재판소의 심리종결시까지 사전구제절차를 거칠 것을 충족시키면 심판의 청구는 보충성의 요건을 갖추었다고 할 것이다. 헌법재판소도 보충성 요건 흠결의 치유를 인정한다(예: 憲 1991. 4. 1.-90헌마194; 1995. 4.20.-91헌마52).

(c) **보충성 원칙의 예외**

(i) **내 용** 헌법재판소는 법률상 다른 권리구제절차가 없는 경우, 헌법소원심판을 청구한 청구인의 귀책사유로 돌릴 수 없는 정당한 이유로 전심절차를 거치지 아니한 경우, 통상의 권리구제절차로 권리가 구제될 가능성이 희박한 경우, 특정한 경우에 통상의 권리구제절차가 허용되는지가 객관적으로 분명하지 아니한 경우, 기타 전심절차를 거칠 것을 기대하기 어려운 경우 등에는 보충성의 원칙을 적용할 여지가 없다고 하며 보충성 원칙에 대한 예외를 인정하고 있다(예: 憲 1989. 9. 4.-88헌마22; 1992.1.28.-91헌마111; 2003. 12. 18.-2001 헌마163; 2006. 6. 29.-2005 헌마415; 2006. 7. 27.-2004 헌마924).

(ii) **구체적인 사례** 헌법재판소가 보충성 원칙의 예외가 허용되는 경우로 본 사례로는 행정입법인 보건복지부장관의 시행규칙을 제정하지 않은 행위(憲 1998. 7. 16.-96헌마246), 법령(예: 憲 1989. 3. 17.-88헌마1), 조례(예: 憲 1995. 4. 20.-92헌마264), 법무사법시행규칙(憲 1990. 10. 15.-89헌마178), 생활보호법의 위임에 따른 보건복지부장관의 「94년 생계보호기준」(憲 1997. 5. 29.-94헌마33), 국가안전기획부장의 접견거부처분에 대해 준항고절차에 의한 법원의 취소결정이 있었음에도 이를 무시하고 재차

접견거부를 한 행위(憲 1991. 7. 8.-89헌마181), 대통령선거방송토론위원회가 정한 결정 및 그 공표행위(憲 1998. 8. 27.-97헌마372등), 공정거래위원회가 고발권을 행사하지 않은 행위(憲 1995. 7. 21.-94헌마136), 수사관의 변호인접견 방해행위(憲 1992. 1. 28.-91헌마111), 미결수용자가 보는 신문의 기사를 삭제한 교도소장의 행위(憲 1998. 10. 29.-98헌마4), 고소사건을 진정사건으로 수리하여 공람종결한 처분(憲 1999. 1. 28.-98헌마85), 경찰서장이 구속적부심사건 피의자의 변호인이 수사기록 중 고소장과 피의자신문조서의 열람·등사신청에 대하여 한 정보비공개결정(憲 2003. 3. 27.-2000헌마474), 검사가 공소제기 후 공판 전 단계에서 변호인의 수사기록 열람·등사신청을 거부한 행위(憲 1997. 11. 27.-94헌마60), 세무대학장의 교수재임용추천 거부행위(憲 1993. 5. 13.-91헌마190), 기소유예처분에 대한 피의자의 헌법소원심판청구(예: 憲 1992. 10. 1.-91헌마169), 불기소처분에 대한 고소하지 않은 범죄피해자의 헌법소원심판청구(예: 憲 1992. 1. 28.-90헌마227), 대외적인 구속력을 가지는 법규명령의 기능을 하는 문화관광부장관의 공고에 대한 헌법소원심판청구(憲 2006. 7. 27.-2004헌마924), 법원이 형사소송법 제266조의4 소정 불복절차에서 수사기록 열람·등사를 허용하였음에도 검사가 해당 수사서류의 열람, 등사를 거부한 경우(憲 2010. 6. 24.-2009헌마257; 2017. 12. 28.-2015헌마632), '변호인이 되려는 자'의 피의자 접견신청에 대하여 검사가 이를 허용하기 위한 조치를 취하지 않은 경우(憲 2019. 2. 28. 2015헌마1204) 등이 있다.

(2) 대리인의 선임

헌법소원심판을 청구하는 경우에도 변호사 강제주의가 적용된다(헌재법 §25③). 다만 헌법소원심판제도는 국민의 기본권을 구제하는 기능을 가지므로 다른 심판절차와 달리 특별히 국선대리인제도를 두고 있다. 헌법소원심판을 청구하려는 자가 변호사를 대리인으로 선임할 자력이 없는 경우에는 헌법재판소에 국선대리인을 선임하여 줄 것을 신청할 수 있고(동법 §70①), 헌법재판소가 공익상 필요하다고 인정할 때에는 이러한 요건과 무관하게 국선대리인을 직권으로 선임할 수 있다(동조 ②).

(3) 청구의 취하

헌법소원심판절차에서 청구인은 심판청구를 취하할 수 있다. 이 때 민사소송법의 소취하 요건(민소법 §266)이 준용되어 피청구인의 동의가 필요한가 하는 문제가 발생하는데, 여기에 대하여 견해가 대립한다. 헌법재판소는 청구인과 대립되는 상대방 당사자로서 피청구인이 존재하는지 여부를 기준으로 판단하고 있다(憲 2021. 6. 24.-2020헌마1572). 검사의 불기소처분에 대한 취소(憲 1995. 12. 14.-95헌마221등), 법원의 재판에 대한 취소(憲 2003. 2. 11.-2001헌마386), 교도소장의 종교집회 참가요청 불허행위에 대한 취소(憲 2005. 2. 15.-2004헌마911)에 관한 사안에서는 민사소송법 제266조가 준용되어 피청구인이 취하에 동의하거나 동의한 것으로 간주되면 심판절차가 종료되었다. 반면, 법령에 대한 헌법소원심판절차(憲 2021. 6. 24.-2020헌마1572)에서는 민사소송법 제266조가 준용되지 않아 상대방 당사자의 동의 내지 동의간주와 상관없이 청구인의 청구취하로 심판절차가 종료되었다. 심판청구가 취하되면 심판절차가 종료되나 예외적으로 종료되지 않는 경우가 있다고 보는 견해도 있다.

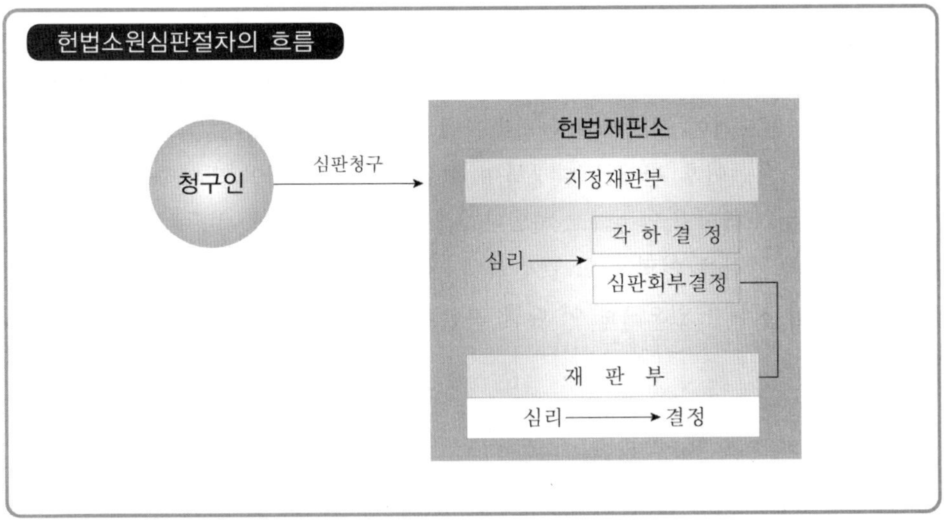

(4) 청구기간

헌법소원심판의 청구는 그 사유가 있음을 안 날부터 90일 이내에, 그 사유가 있은 날부터 1년 이내에 청구하여야 한다(헌재법 § 69① 본문). 다만, 다른 법률에 따른 구제절차를 거친 헌법소원의 심판은 그 최종결정을 통지받은 날부터 30일 이내에 청구하여야 한다(동항 단서). 「안 날」 규정과 「있은 날」 규정의 관계가 문제되는데, 헌법소원심판의 청구가 「안 날」 규정이나 「있은 날」 규정 가운데 어느 하나에 저촉하면 청구기간을 도과한 것으로 부적법한 청구가 된다(예: 憲 1992. 10. 1.-90헌마5; 1993. 7. 29.-89헌마31).

> 헌법재판소법 제69조 제1항의 「그 사유가 있음을 안 날」이란 공권력의 행사로 인하여 기본권을 침해당한 사유가 있음을 안 날이므로 기본권을 침해당한 공권력의 행사가 있은 사실을 현실적으로 안 날이다. 헌법재판소는 공권력의 행사에 의한 기본권 침해의 사실관계를 특정할 수 있을 정도로 현실적으로 인식하여 심판청구가 가능해진 때로 이해한다(예: 憲 1993. 7. 29.-89헌마31). 동항의 「그 사유가 있은 날」이란 기본권을 침해한 공권력의 행사가 현실적으로 효력을 발생한 날이다(大 1977. 11. 22.-77누195 참조).

헌법소원심판의 청구가 청구기간 내에 청구되지 않은 경우라도 그 청구기간 내에 국선대리인의 선임신청이 있은 때에는 그 국선대리인의 선임신청이 있은 때에 심판의 청구가 있은 것으로 보고 청구기간의 도과여부를 판단한다(예: 憲 1997. 6. 26. -94헌마52).

법령에 대한 헌법소원심판청구에 청구기간을 적용할 것인지에 대하여 견해의 대립이 있다. 헌법재판소는 적용설의 견해를 취하고 있다(예: 憲 1992.6.26.-91헌마25; 1996.6.13.-95헌마115). 법령에 대한 헌법소원심판청구에서 「사유가 발생한 날」의 의미에 대하여 헌법재판소는 종래 「당해 법령이 청구인의 기본권을 명백히 구체적으로 현실 침해하였거나 그 침해가 확실히 예상되는 등 실체적 제요건이 성숙하여 헌법판단에 적합하게 된 때」(이른바 「상황 성숙성 이론」)라고 하였으나(예: 憲 1990. 6. 25.-89헌마220; 1996.2.29.-94헌마213), 이후 판례를 변경하여 현실로 침해한 때만 의미하고 침해가 확실히 예상되는 때는 포함되지 않는다고 하였다(예: 憲 1996. 3. 28. -93헌마198). 법령의 시행에서 유예기간을 둔 경우 청구기간의 기산을 어떻게 할 것인지에 대해서 헌법재판소는 법령의 시행일에 기본권의 현실적인 침해가 있으므로 이 때를 기산점으로 삼아야 한다고 판시하였다(예: 憲 2003. 1. 30.-2002헌마516).

공권력의 불행사에 대한 헌법소원심판의 청구에서는 그 성질상 청구기간을 적용할 여지가 없다(예: 憲 1994. 12. 29.-89헌마2; 1998. 7. 16.-96헌마246).

헌법소원심판의 청구에서 헌법재판소법이 정하고 있는 청구기간을 준수하지 않고 이를 도과하여 행해진 심판의 청구는 부적법하다. 하지만 헌법재판소는 헌법재판소법 제40조를 근거로 행정소송법의 규정을 준용하여 청구인에게 귀책사유가 없는 정당한 경우에는 청구기간을 경과한 심판의 청구도 적법하다고 판시하였다(예: 憲 1993. 7. 29. -89헌마31; 2020. 12. 31. -2017 헌마416).

II. 심 리

헌법재판의 다른 심판절차와 달리 헌법소원심판절차에서는 그 심리에 있어 지정재판부의 사전심사를 먼저 거치고, 지정재판부에서 심판회부결정이 있는 경우에 재판부(=전원재판부)에서 심리를 개시한다. 헌법소원심판은 원칙적으로 서면심리에 의한다(헌재법 §30②본문).

(1) 사전심사

헌법소원심판절차에서는 3명의 재판관으로 구성하는 지정재판부에서 헌법재판소법이 정하는 바에 따라 사전심사를 행한다(헌재법 §72). 지정재판부는 전원의 일치된 의견으로 심판의 청구가 부적법한 경우에는 각하결정을 하고 각하결정을 하지 아니하는 경우에는 심판회부결정을 한다(동조 ③,④). 헌법소원심판의 청구 후 30일이 지날 때까지 각하결정이 없는 때에는 심판회부결정이 있는 것으로 본다(동조 ④).

(2) 재판부의 심리

지정재판부에서 재판부로 사건이 회부되면 재판부는 심리를 한다. 재판부에서도 청구가 부적법하면 각하결정을 한다. 헌법소원심판의 심리에는 직권주의가 적용된다. 따라서 헌법재판소는 청구서의 청구취지나 당사자의 주장에 얽매이지 않고 심판대상을 확장하거나 축소할 수 있으며 청구인의 주장을 종합적으로 판단하여 심판대상을 확정 재판한다. 헌법재판소의 판례도 같은 취지이다(예: 憲1989. 9. 4.-88헌마22; 2000. 7. 20.-98헌마52).

[633] 제4 결 정

I. 의 의

헌법재판소는 심리를 마친 때에 결정으로 심판을 한다. 지정재판부의 심판이나 재판부의 심판이나 모두 결정으로 심판한다.

II. 종 류

(1) 각하결정

헌법재판소는 헌법소원심판의 청구가 부적법한 경우에 각하결정을 한다. 헌법재판소는 헌법소원심판절차 진행 도중 청구인이 사망한 때에 소송절차를 수계할 당사자가 없거나 수계의사가 없는 경우(예: 憲 1992. 11. 12.-90헌마33)와 청구인이 심판청구를 취하한 경우(예: 憲 1995. 12. 15.-95헌마221등)에 각하결정을 하지 않고 심판절차를 종료하는 결정을 하고 있다.

헌법재판소는 공소시효가 완성된 불기소처분에 대한 헌법소원심판의 청구에 대하여 각하결정을 한 것도 있고(예: 憲 1989. 4. 17.-88헌마3), 기각결정을 한 것도 있다. 기각결정을 한 헌법재판소의 결정에는 각하결정을 하여야 한다는 반대의견이 있었다(예: 憲 2001. 7. 19.-2001헌마148). 공소시효가 완성된 경우 이외에도 피고소인의 사망을 이유로 불기소처분을 한 경우(예: 憲 2002. 7. 18.-2002헌마255), 친고죄(親告罪)에서 고소가 부적법하여 무효라는 이유로 불기소처분을 한 경우(예: 憲 2002. 9. 19.-2002헌마469), 친족상도례(親族相盜例)에 의한 형면제사유에 해당한다는 이유로 불기소처분을 한 경우(예: 憲 2002. 10. 31.-2001헌마477), 공소시효가 완성된 혐의사실을 고소하였으므로 무고죄에 해당하지 않는다는 이유로 불기소처분을 한 경우(예: 憲 2003. 6. 26.-2002헌마81)에도 동일한 견해의 대립이 있었다.

(2) 기각결정

헌법재판소는 헌법소원심판의 청구에 대하여 본안심리를 한 결과 이유가 없는 때에는 청구를 기각하는 결정을 한다.

(3) 인용결정

헌법재판소는 헌법소원심판의 청구에 대하여 본안심리를 한 결과 청구가 이유가 있는 경우에는 청구를 인용하는 인용결정을 한다. 헌법소원심판에서는 인용결정을 하는 경우 재판관 6명 이상의 찬성이 있어야 한다(헌재법 §23②). 인용결정에는 공권력의 행사를 취소하는 취소결정, 공권력의 불행사 또는 침해가 종료된 공권력의 행사에 대하여 위헌임을 확인하는 위헌확인결정이 있고(동법 §75③), 공권력의 행사 또는 불행사가 위헌인 법률 또는 법률의 조항에 기인한 것이라고 인정될 때에는 인용결정에서 당해 법률 또는 법률의 조항이 위헌임을 선고할 수 있다(동조 ⑤). 법률에 대한 헌법소원심판의 경우에는 규범통제에서와 마찬가지로 위헌결정 및 변형결정을 한다.

Ⅲ. 효 력

헌법소원의 인용결정은 모든 국가기관과 지방자치단체를 기속한다(헌재법 §75①). 헌법재판소가 공권력의 불행사에 대한 헌법소원을 인용하는 결정을 한 때에는 피청구인은 결정취지에 따라 새로운 처분을 하여야 한다(동법 §75④). 법률에 대한 헌법소원심판에서 위헌결정을 한 경우에 위헌으로 결정된 법률 또는 법률조항은 일반적 효력(=법률적 효력)을 가진다. 즉 일반적으로 효력이 상실된다.

[憲 1993.11.25.-93헌마113] 「헌법재판소법 제75조 제1항에는 헌법소원의 인용결정은 모든 국가기관과 지방자치단체를 기속한다고 규정되어 있다. 이 규정이 헌법소원의 피청구인에 대하여 가지는 뜻은 헌법소원의 인용결정이 있으면 피청구인은 모름지기 그 인용결정의 취지에 맞도록 공권력을 행사하여야 한다는 데에 있다고 할 것이다. 헌법재판소법 제75조 제4항은 헌법재판소가 공권력의 불행사에 대한 헌법소원을 인용하는 결정을 한 때에는 피청구인은 결정취지에 따라 새로운 처분을 하여야 한다고 규정함으로써, 공권력의 불행사에 대한 헌법소원의 인용결정에 관하여는 이 뜻을 명백히 하고 있다. 따라서 검사의 불기소처분을 취소하는 헌법재판소의 결정이 있는 때에 그 결정에 따라 불기소한 사건을 재기수사하는 검사로서는 헌법재판소가 그 결정의 주문 및 이유에 설시한 취지에 맞도록 성실히 수사하여 결정을 하여야 할 것이다.」

[634] 제5 재 심

헌법재판소법에는 헌법소원심판의 결정에 대한 재심에 대해서는 정하고 있는 바가 없다. 헌법재판소의 판례는 헌법재판소법 제68조 제1항의 헌법소원심판에서 재판부의 구성이 위법한 경우 등 절차상 중대·명백한 위법이 있어서 재심을 허용하지 아니하면 현저히 정의에 반하는 경우에는 이에 한하여 재심이 제한적으로 인정된다고 하고(예: 憲 1995. 1. 20.-93헌아1), 판단유탈도 종래에는 재심사유가 되지 않는다고 하는 태도를 유지하다가(예: 憲 1995. 1. 20.-93헌아1; 1998. 3. 26.-98헌아2) 이후 판례를 변경하여 재심사유가 됨을 인정하고 있다(예: 憲 2001. 9. 27.-2001헌아3).

[635] 제6 가 처 분

헌법재판소법은 헌법소원심판절차에 있어서는 가처분에 대하여 아무런 규정을 두고 있지 않다. 이런 입법의 불비를 절차규정의 흠결로 보아 헌법소원심판절차에서도 가처분을 선고할 수 있다고 할 것이다. 헌법재판소는 헌법재판소법 제68조 제1항의 헌법소원심판에서도 가처분을 인정할 수 있다고 판시하여 판례로써 해결하고 있다(예: 憲 2000. 12. 8.-2000헌사471). 헌법재판소는 법률(예: 憲 2006. 2. 23.-2005헌사754)과 대통령령(예: 憲 2000. 12. 8.-2000헌사471; 2002. 4. 25.-2002헌사129) 등 법령에 대한 헌법소원심판절차에서 종국결정의 선고 시까지 그 효력을 정지시키는 가처분결정을 한 사례가 있다.

판례색인

[헌법재판소]

[대법원]

[고등법원]

사항색인

著　者

서울大學校 法科大學 卒業
第24回 司法試驗 合格, 法學博士
憲法裁判所 憲法硏究官, 建國大學校 敎授
서울大學校 法科大學 學長 / 法學專門大學院 院長
法學專門大學院協議會 理事長
韓國憲法學會 會長
行政自治部 長官
國會議員
韓國國學振興院長

主要著作

「憲法學原論」
「憲法과 政治制度」
「憲法과 基本權」
「判例韓國憲法」
「憲法訴訟法」
「憲法裁判講義」
「判例憲法訴訟法」
「憲法硏究 1」
「憲法硏究 2」
「憲法硏究 3」
「憲法硏究 4」
「憲法硏究 5」
「憲法裁判硏究 1」
「憲法判例硏究 1」
「韓國의 司法制度와 發展모델」
「韓國憲法史文類」
「基本權의 槪念」
「객관식 헌법」
「선비의 붓 명인의 칼」
「대한민국 헌법을 읽자」
「정종섭교수와 함께 보는 대한민국 헌법」
「정종섭과 김중만이 함께 읽는 대한민국 헌법」
「대한민국 헌법」
「대한민국 헌법 이야기」

第13版(全面改訂版)
憲法學原論

초판발행 2006년 1월 30일
제13판발행 2022년 3월 15일

지은이 정종섭
펴낸이 안종만 · 안상준

편 집 박가온
기획/마케팅 조성호
표지디자인 이수빈
제 작 고철민 · 조영환

펴낸곳 (주) 박영사
서울특별시 금천구 가산디지털2로 53, 210호(가산동, 한라시그마밸리)
등록 1959. 3. 11. 제300-1959-1호(倫)
전 화 02)733-6771
f a x 02)736-4818
e-mail pys@pybook.co.kr
homepage www.pybook.co.kr
ISBN 979-11-303-4148-4 93360

정 가 65,000원